MEYERS NEUES LEXIKON

In zehn Bänden

MEYERS NEUES LEXIKON

In zehn Bänden

Herausgegeben und bearbeitet von
Meyers Lexikonredaktion

Zweiter Band

Beo - Dis

MEYERS LEXIKONVERLAG
Mannheim · Leipzig · Wien · Zürich

Redaktionelle Leitung: Dr. Gerd Grill M. A.

Redaktionelle Bearbeitung: Ariane Braunbehrens M. A.,
Ines Groh, Hildegard Hogen M. A., Jürgen Hotz M. A.,
Dipl.-Ing. Helmut Kahnt, Klaus M. Lange,
Dipl.-Inf. Veronika Licher, Heike Pfersdorff M. A.,
Dr. Erika Retzlaff, Dr. Uschi Schling-Brodersen,
Maria Schuster-Kraemer M. A., Irmgard Theobald,
Dr. Joachim Weiss, Johannes-Ulrich Wening

Redaktionsschluß des zweiten Bandes: 15. März 1993

Einbandgestaltung: Markus Lüpertz

Die Deutsche Bibliothek – CIP-Einheitsaufnahme
Meyers neues Lexikon: in 10 Bänden/hrsg. und bearb. von Meyers Lexikonred.
[Red. Leitung: Gerd Grill. Red. Bearb.: Ariane Braunbehrens ...]. –
Mannheim; Leipzig; Wien; Zürich: Meyers Lexikonverl.
ISBN 3-411-07501-5
NE: Grill, Gerd [Red.]
Bd. 2. Beo –Dis. – 1993
ISBN 3-411-07521-X

Als Warenzeichen geschützte Namen sind durch das Zeichen Ⓦ
kenntlich gemacht. Etwaiges Fehlen dieses Zeichens bietet keine Gewähr dafür,
daß es sich um einen nicht geschützten Namen handelt, der von jedermann
benutzt werden darf

Das Wort MEYER ist für Bücher aller Art für den Verlag
Bibliographisches Institut & F.A. Brockhaus AG als Warenzeichen geschützt.
Alle Rechte vorbehalten
Nachdruck, auch auszugsweise, verboten
© Bibliographisches Institut & F.A. Brockhaus AG, Mannheim 1993
Satz: Bibliographisches Institut & F.A. Brockhaus AG (DIACOS Siemens)
und Mannheimer Morgen Großdruckerei und Verlag GmbH
Druck und Bindearbeit: Neue Stalling GmbH, Oldenburg
Papier: 115 g Offsetpapier holzfrei mattgestrichen, chlorfrei,
der Papierfabrik Håfreström, Schweden
Printed in Germany
Gesamtwerk: ISBN 3-411-07501-5
Band 2: ISBN 3-411-07521-X

Beo

Beobachtung, aufmerksame Wahrnehmung, die mit der Zielvorstellung verbunden ist, ein bestimmtes Objekt oder einen bestimmten Vorgang bezügl. der interessierenden Momente möglichst genau zu erfassen.

Beobachtungsstufe ↑Orientierungsstufe.

Beograd ↑Belgrad.

Beowulf, altengl. Stabreimepos; ältestes und einziges vollständig erhaltenes altgerman. Heldenlied, in der heute vorliegenden Textform wahrscheinlich im 10. Jh. nach Quellen entstanden, die aus dem 8. Jh. stammen und auf das 6. Jh. zurückgehen; episod. Darstellung der heldenhaften Kämpfe von B., einem [südschwed.] Gautenfürsten, gegen Ungeheuer am dän. Hof (Grendel und seine Mutter) und später im eigenen Land, wobei er den Tod findet.

Beppu, jap. Stadt an der NO-Küste von Kyūshū, 135 000 E. Heilbad mit über 2000 Thermalquellen (bis 100 °C); Fischereihafen.

Beran, Josef, *Pilsen 29. Dez. 1888, †Rom 17. Mai 1969, tschech. kath. Theologe, Erzbischof von Prag und Primas von Böhmen (seit 1946), Kardinal (seit 1965). – 1911 Priester, seit 1942 in den KZ Theresienstadt und Dachau inhaftiert; 1951 aus Amt und Bistum vertrieben und bis 1963 interniert; seit 1965 als Kurienkardinal in Rom.

Béranger, Pierre Jean de [frz. berã'ʒe], *Paris 19. Aug. 1780, †ebd. 16. Juli 1857, frz. Lyriker. – Populärer frz. Liederdichter, verherrlichte Napoleon I. und trug maßgeblich zur Bildung der Napoleonlegende bei.

Beratung, im gerichtl. Verfahren die abschließende Diskussion und Meinungsbildung des Richterkollegiums, die mit der Abstimmung endet.

Berber, europide Stämme in NW-Afrika, u. a. Kabylen, Rif, Guanchen, Tuareg, etwa 10 Mill.; meist Bauern und Viehzüchter; leben in vaterrechtl. Großfamilien. Die B. waren z. T. Karthago tributpflichtig und gehörten zur röm. Prov. Africa. Durch die arab. Eroberung Nordafrikas im 7. Jh. islamisiert, im 11. Jh. arabisiert.

Berber, in N-Afrika gezüchtete Pferderasse; anspruchslose ausdauernde Reitpferde (häufig Schimmel); Widerristhöhe nicht über 150 cm, Rücken kurz; kleine, sehr harte Hufe.

Berber

▷ von den Berbern in NW-Afrika geknüpfter, derber, hochfloriger Teppich aus naturfarbener Wolle, auch mit Rautenmustern.

Berbera, Hafenstadt am Golf von Aden, in NW-Somalia, 65 000 E. Fischerei; ⚓.

Berberian, Cathy [engl. bə'bɛrɪən], *Attleboro (Mass.) 4. Juli 1928, †Rom 6. März 1983, amerikan. Sängerin (Sopran). – Wirkte als Interpretin zeitgenöss. Musik in zahlr. Uraufführungen mit, u. a. in Werken von Milhaud und Cage.

Berberin [mittellat.], gelbes Alkaloid aus der Berberitzenwurzel (Berberis vulgaris). Wird als Färbemittel sowie in Arzneimitteln gegen Tropenkrankheiten und in der Homöopathie verwendet.

Berberis [mittellat.], svw. ↑Sauerdorn.

Berberitze [mittellat.], (Heckenberberitze, Gemeiner Sauerdorn, Berberis vulgaris), bis 3 m hoher Strauch der Gatt. Sauerdorn in Europa und M-Asien; Blätter der Langtriebe zu Dornen umgewandelt, Blätter der Kurztriebe eiförmig, dornig; Blüten gelb, in Trauben an Kurztrieben; scharlachrote, säuerl., eßbare Beerenfrüchte; einer der Zwischenwirte für den ↑Getreiderost, daher in Getreideanbaugebieten weitgehend ausgerottet und nur selten als Zierstrauch gepflanzt.

▷ svw. ↑Sauerdorn.

Berberitze. Oben: Zweig mit Blütenständen. Unten: Fruchtstand

Berbersprachen, zu den hamitosemit. Sprachen gehörend; nicht als standardisierte Hochsprache, sondern nur in verschiedenen Dialekten existent; in N- und NW-Afrika und in großen Teilen der Sahara gesprochen.

Berblinger, Albrecht Ludwig, gen. *Schneider von Ulm,* *Ulm 24. Juni 1770, †ebd. 28. Jan. 1829, dt. Flugpionier. – Konstruierte 1811 einen halbstarren Hängegleiter, mit dem er bei der Vorführung am 31. Mai 1811 über der Donau abstürzte.

Berceo, Gonzalo de [span. bɛr'θeo], *Berceo (Prov. Logroño) um 1195, †ebd. nach 1264, span. Dichter. – Weltgeistlicher, ältester namentlich bekannter span. Dichter; verfaßte Marienlegenden.

Berceuse [frz. bɛr'søːz], Wiegenlied, auch Instrumentalstück.

Berchem, Nicolaes [Pietersz.], ≈ Haarlem 1. Okt. 1620, †Amsterdam 18. Febr. 1683, niederl. Maler und Ra-

Beowulf. Seite aus einer angelsächsischen Handschrift, 10. Jh. (London, British Museum)

Berchtesgaden. In der Bildmitte die zwei Türme der ehemaligen Augustiner-Chorherrenstiftskirche (12.–16. Jh.), davor die ehemalige Pfarrkirche Sankt Andreas (1397, 1699 umgebaut), im Hintergrund das Watzmannmassiv

dierer. – Schüler u. a. seines Vaters Pieter Claesz. Bedeutendster italienisierender niederl. Landschaftsmaler.

Berchet, Giovanni [italien. berˈʃɛ], Pseud. Crisostomo, *Mailand 23. Dez. 1783, †Turin 23. Dez. 1851, italien. Dichter frz. Abkunft. – Vertreter der italien. Romantik, v. a. Lyriker mit patriot. Themen („Romanze", 1822–24).

Berching, Stadt in der Fränk. Alb, Bayern, 383 m ü. d. M., 7 500 E. Metallverarbeitung. – 883 erwähnt, im 13. Jh. Markt, 1314 Stadt gen. – Stadtmauer (15. Jh., mit Türmen), roman. Kirche Sankt Lorenz (im 17. Jh. umgestaltet), frühgot. Pfarrkirche (1756 ff. erweitert).

Berchtesgaden, Marktgemeinde nördlich des Watzmann, Bayern, 570 m ü. d. M., 7 500 E. Fachschule für Holzschnitzerei, Salzbergwerk. Heilklimatischer Kurort und Wintersportplatz. – Propstei B. 1120 gegr., seit 1142 päpstl. Eigenkloster, 1803 säkularisiert; 1809/10 an Bayern. – Ehem. Augustiner-Chorherrenstiftskirche (12.–16. Jh.), ehem. Pfarrkirche Sankt Andreas (1397, 1699 umbaut), ehem. Stiftsgebäude (sog. Schloß; 13. Jh., heute Museum).

Berchtesgadener Land, Landkr. in Bayern.

B. L., Landschaft in den westl. Kalkalpen, zw. Salzach und Saalach; umfaßt das von der im Königssee entspringenden Berchtesgadener Ache durchflossene, vom Untersberg im N, Hohem Göll im SO, dem Steinernen Meer im S, dem Watzmann im SW, von Reither Alpe und Lattengebirge im NW begrenzte **Berchtesgadener Becken;** bed. Fremdenverkehrs- und Erholungsgebiet.

Berchtold, Leopold Graf, *Wien 18. April 1863, †Schloß Peresznye bei Ödenburg 21. Nov. 1942, östr.-ungar. Diplomat und Politiker. – 1912–15 Außenmin.; löste mit dem Ultimatum an Serbien (23. Juli 1914) die zum 1. Weltkrieg führende Julikrise aus.

Berckheyde, Gerrit [Adriaensz.], ≈ Haarlem 6. Juni 1638, †ebd. 14. Juni 1698, niederl. Maler. – Malte v. a. kühle Stadtansichten aus Haarlem und Amsterdam.

Berdjajew, Nikolai Alexandrowitsch, *Obuchowo bei Kiew 19. März 1874, †Clamart bei Paris 23. März 1948, russ. Philosoph. – Als Student Marxist (deshalb 3 Jahre Verbannung), später Hinwendung zum Christentum. Nach der Revolution 1917 Prof. für Philosophie in Moskau. 1922 wegen seiner radikalen Kritik an Materialismus und Atheismus ausgewiesen. Seit 1924 in Paris. B. betonte die Rolle der „schöpfer." Persönlichkeit. – *Werke:* Die Philosophie des freien Geistes (1927), Das Christentum und der Klassenkampf (1931), Selbsterkenntnis. Versuch einer philosophischen Autobiographie (1949).

Berdjansk, Stadt an der N-Küste des Asowschen Meeres, Ukraine, 132 000 E. PH, Maschinenbau, Erdölverarbeitung; Hafen, Eisenbahnendpunkt. – An der Küste Kureinrichtungen. – Gegr. 1827.

berechenbare Funktion, in der *Informatik* und *mathemat. Logik* eine Funktion, für die es einen Algorithmus gibt, der für jeden Eingabewert, für den die Funktion definiert ist, nach endlich vielen Schritten abbricht und das Ergebnis liefert.

Beregnung, bodenschonende Bewässerungsform, bei der das Wasser (Klarwasser, Abwasser) hauptsächlich mit Drehstrahlregnern regenartig verteilt wird. Die B. dient v. a. der Wasserversorgung der Kulturpflanzen in regenarmen Zeiten oder Gebieten; kann auch zur Düngung benutzt werden.

Bérégovoy, Pierre [Eugène] [frz. beregoˈvwa], *Deville-les-Rouen (Dep. Seine-Inférieure) 23. Dez. 1925, frz. Politiker (Parti Socialiste). – Seit 1982 mehrfach Min., 1992/93 Premierminister.

Bereicherung, im Recht jeder Vermögenszuwachs. Ein rechtsgültiger Rechts- oder Vermögenserwerb kann, wenn er ohne rechtl. Grund auf Kosten eines anderen erlangt wurde, nach den Vorschriften des BGB über die *ungerechtfertigte B.* ausgeglichen werden (Herausgabe oder Wertersatz, § 812 ff.).

Bereicherungsverbot, Grundsatz der Schadenversicherung; ersetzt wird vom Versicherer auch bei Übersicherung nur der entstandene Schaden.

Bereitschaftspolizei, kasernierte Polizeieinheiten der Länder mit folgenden Aufgaben: 1. Unterstützung des allg. Polizeivollzugsdienstes; 2. Abwehr drohender Gefahren für den Bestand oder die freiheitlich demokrat. Grundordnung des Bundes oder eines Landes gemäß Art. 91 GG; 3. Ausbildung des Nachwuchses für den allg. Polizeivollzugsdienst.

Berelson, Bernard [Reuben] [engl. ˈbɛrəlsn], *Spokane (Wash.) 2. Juni 1912, †North Tarrytown (N. Y.) 25. Sept. 1979, amerikan. Soziologe. – Entwickelte v. a. die soziologische Inhaltsanalyse wesentlich weiter.

Berengar, Name von Königen von Italien:

B. I., *um 850, †Verona 7. April 924, König (seit 888). – Enkel Kaiser Ludwigs des Frommen, 873 Markgraf von Friaul; 915 zum Kaiser gekrönt; unterlag Rudolf von Hochburgund und wurde ermordet.

B. II., *um 900, †Bamberg 6. Aug. 966, König (seit 950). – Enkel B. I.; Markgraf von Ivrea; von Otto d. Gr. 952 zur Lehnsnahme gezwungen, 961 abgesetzt und 963 nach Deutschland verbannt.

Berengar von Tours, *zw. 1000 und 1010, †Priorat Sankt Cosmas (heute Saint-Côme) bei Tours 1088, scholast. Theologe. – 1030 Lehrer an der Schule von Tours, 1040 deren Leiter und Archidiakon von Angers. Entwickelte eine symbol. Eucharistielehre.

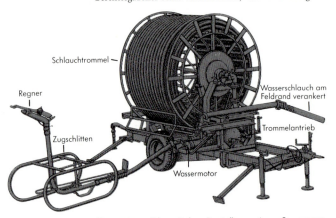

Beregnung. Schematische Darstellung einer Beregnungsmaschine

Berenike, Name hellenist. Königinnen:
B., †um 279 v. Chr., ptolemäische Königin. – Seit etwa 317 ∞ mit Ptolemaios I., dem sie Arsinoe II. und Ptolemaios II. gebar.
B., †Antiochia am Orontes um 246 v. Chr., seleukid. Königin. – Tochter Ptolemaios' II. und Arsinoes I.; 253 ∞ mit dem Seleukiden Antiochos II.; löste den 3. Syr. Krieg (246–41) aus, wurde ermordet.
B., †221 v. Chr. (ermordet), ptolemäische Königin. – Seit 246 ∞ mit Ptolemaios III., für dessen glückl. Rückkehr aus dem 3. Syr. Krieg sie eine Locke ihres Haupthaares gelobte (nach der Legende in ein Sternbild verwandelt).
Berenike, *28, †nach 79, jüd. Prinzessin. – Tochter des Herodes Agrippa I.; lebte nach mehreren Ehen mit ihrem Bruder Herodes Agrippa II. zusammen; wurde 67 Geliebte des späteren Kaisers Titus.
Berenike, Haupthaar der, ↑Sternbilder (Übersicht).
Berens-Totenohl, Josefa, eigtl. J. Berens, *Grevenstein (Sauerland) 30. März 1891, †Meschede 6. Sept. 1969, dt. Schriftstellerin. – Ihre Romane (u. a. „Der Femhof", 1934) spiegeln die westfäl. bäuerl. Welt.
Berent, Wacław, *Warschau 28. Sept. 1873, †ebd. 22. Nov. 1940, poln. Schriftsteller. – Übte in ästhetisierenden Romanen Kritik an der gesellschaftl. Dekadenz der Jh.wende, u. a. „Edelfäule" (1903).
Beresina, rechter Nebenfluß des Dnjepr, Weißrußland, entspringt nördlich von Minsk, mündet bei Gomel, 613 km lang, 500 km schiffbar. – 1812 erlitt die Große Armee Napoleons I. auf dem Rückzug aus Rußland beim Übergang über die B. schwere Verluste.

Max Berg. Jahrhunderthalle in Breslau, 1912–13

Berg, Alban, *Wien 9. Febr. 1885, †ebd. 24. Dez. 1935, östr. Komponist. – 1904–10 Schüler von Schönberg. Sein Hauptwerk ist die Oper „Wozzeck" (nach Georg Büchners Dramenfragment „Woyzeck"). Aus der 1921 abgeschlossenen Oper wurden 1924 „Drei Bruchstücke für Gesang und Orchester" in Frankfurt am Main uraufgeführt, die B. über Nacht berühmt machten. Die Uraufführung der gesamten Oper folgte 1925 in Berlin. Eine zweite Oper, „Lulu" (nach den Tragödien „Erdgeist" und „Die Büchse der Pandora" von Frank Wedekind), 1928 begonnen, blieb Fragment. B. komponierte außerdem Lieder, Kammermusik, Orchestermusik und ein Violinkonzert (1935), seit 1925 unter Verwendung der Zwölftontechnik.
B., Bengt [schwed. bærj], *Kalmar 9. Jan. 1885, †Bokenäs am Kalmarsund 31. Juli 1967, schwed. Ornithologe und Schriftsteller. – Bekannt durch seine Tierbücher, die er anschaulich gestaltete. – *Werke:* Mein Freund der Regenpfeifer (1917), Die Liebesgeschichte einer Wildgans (1930).
B., Claus, *Lübeck um 1475, †nach 1532, dt. Bildschnitzer. – Sein Allerheiligenaltar für die Franziskanerkirche in Odense (etwa 1517–22, heute in der Knudskirche) ist süddt. Werken der Spätgotik verwandt. Zugeschrieben werden C. B. u. a. eine Gruppe von Aposteln im Dom von Güstrow (nach 1532).
B., Max, *Stettin 17. April 1870, †Baden-Baden 24. Jan. 1947, dt. Architekt. – Seine Jahrhunderthalle in Breslau (1912/13) war eine der kühnsten Stahlbetonbauten seiner Zeit.
B., Paul [engl. bəːg], *New York 30. Juni 1926, amerikan. Biochemiker. – Prof. an der Stanford University; entwickelte die Technologie der Genchirurgie, die es ermöglicht, ein Stück DNS in ein anderes DNS-Molekül einzusetzen und in Zellen zu vermehren; erhielt 1980 (zus. mit W. Gilbert und F. Sanger) den Nobelpreis für Chemie.
Berg, histor. Territorium zw. Rhein, Ruhr und Sieg. Die Grafen (1101–1225) von B. gehörten zu den mächtigsten und reichsten Dynastengeschlechtern zw. Lippe und Sieg. 1160/61 Gründung einer Seitenlinie (B.-Altena), aus der die späteren Grafen von Mark stammten. B. kam 1348 an eine Nebenlinie der Herzöge von Jülich, die B. (seit 1380 Hzgt.) territorial endgültig abrundete (Residenz Düsseldorf). 1423 Vereinigung von Jülich und B.-Ravensberg, 1511 von Jülich-B.-Ravensberg mit dem Hzgt. Kleve-Mark (in Personalunion). Das kath. gebliebene B. kam mit Jülich nach dem Jülich-Kleveschen Erbfolgestreit 1614 (endgültig 1666) an Pfalz-Neuburg, wurde 1685 kurpfälz. und 1777 bayr.; 1806 napoleon. Großhzgt. unter Joachim Murat, 1809–15 prakt. Teil Frankreichs; danach zu Preußen, 1946 zu Nordrhein-Westfalen.
Berg, über die Umgebung deutlich herausragende Geländeerhebung, isoliert oder Teil eines Gebirges, gegliedert in Fuß, Hang und Gipfel. Die Form hängt ab vom Gestein und der geolog. Vergangenheit des Berges.
Religionsgeschichtlich zählten B. von jeher zu den hl. Elementen und galten als Sitze von Geistern, Dämonen und Gottheiten, z. B. der Adam's Peak auf Ceylon, der Fujiyama, der Olymp der Griechen, der Sinai des A. T. Ersatz für fehlende B. waren z. B. die Stufenpyramiden Mesopotamiens und Altamerikas sowie die Pyramiden Ägyptens.
Bergahorn (Acer pseudoplatanus), Ahorngewächs der Mittelgebirge und Alpen M-Europas; bis etwa 25 m hoher Baum mit fünflappigen, ungleich grob gezähnten Blättern, gelbgrünen Blüten in hängenden Rispen und geflügelten Früchten; oft als Allee- und Parkbaum angepflanzt.
Bergakademie, Hochschule für die wiss. und prakt. Ausbildung von Berg- und Hütteningenieuren sowie von Ingenieuren bzw. Naturwissenschaftlern artverwandter Wissenschaften in enger Verbindung mit der Forschung auf diesen Gebieten. Eine frühe Gründung ist die B. Freiberg (gegr. 1765).
Bergama, türk. Stadt, 80 km nördlich von İzmir, 35 000 E. Archäolog. und ethnograph. Museum; Thermalbad, Fremdenverkehr. – B. liegt an der Stelle von ↑Pergamon. Rote Halle (2. Jh. n. Chr.), seldschuk. Minarett (16. Jh.).
Bergama ↑Orientteppiche (Übersicht).
Bergamasca [italien.], im 16. Jh. Bez. für ein Tanzlied in bergamask. Dialekt.
Bergamasker Alpen, italien. Hochgebirgsgruppe zw. Comer See und Val Camonica, im vergletscherten Pizzo di Coca 3 052 m hoch.
Bergamo, italien. Stadt 50 km nö. von Mailand, Lombardei, 366 m ü. d. M., 119 000 E. Hauptstadt der Prov. B.; Bischofssitz. In der Neustadt (Unterstadt) Nahrungsmittel-, Maschinenbau-, Textil- und Baustoffind. – Die Altstadt (Oberstadt) ist von Befestigungen (16. Jh.) umgeben. – In der Antike **Bergomum**, 452 von Attila geplündert, später Mittelpunkt eines langobard. Hzgt., in fränk. Zeit Sitz eines Grafen. Im 12. Jh. übernahm die Kommune die Stadtherrschaft; 1329 an Mailand, 1427–1797 zu Venedig, dann zum Kgr. Italien; seit 1815 östr., teilte die Schicksale des Kgr. Lombardo-Venetien. – Kirche Santa Maria Maggiore (1137–87, erneuert 1580–1650, Apsis und Turm 1400), Dom (1459–1650; 1680 und im 19. Jh. erneuert), Cappella

Alban Berg

Paul Berg

Berg. Schematische Darstellung von Bergformen. Von oben: Pyramide, Horn, Kegel, Zinnen, Kuppe, Tafel

Bergamotte

Colleoni (1470–76, mit Deckenfresken von Tiepolo), Palazzo della Ragione (12. Jh.), Rocca (Festung, 14. Jh.).
Bergamotte [zu türk. beg armudy „Herrenbirne"], Birnensorte; hauptsächlich in Liebhabergärten.
▷ Rautengewächs mit süßlich riechenden Blüten und meist runden, glatten, blaßgelben birnenähnl. Zitrusfrüchten, deren Schalen das *Bergamottöl* liefern; dieses dient zur Herstellung von Parfümen und zur Aromatisierung von Tee.
Bergamt ↑ Bergrecht.
Bergander, Rudolf, * Meißen 22. Mai 1909, † Dresden 10. April 1970, dt. Maler und Graphiker. – Schüler von O. Dix; v. a. Porträts, auch Landschaften, Stilleben.
Berganza, Teresa [span. berˈɣanθa], * Madrid 16. März 1935, span. Sängerin (Mezzosopran). – V. a. Mozart- und Rossini-Interpretin.
Bergarnika, svw. Bergwohlverleih (↑ Arnika).
Bergaufsicht ↑ Bergrecht.
Bergbadachschan, Autonomes Gebiet, autonomes Gebiet innerhalb Tadschikistans, im Pamir, 63 700 km², 161 000 E (1989), Hauptstadt Chorog. Hochgebirgsland. Vorkommen von Gold, Eisenerz, Kochsalz; Seidenraupen- und Viehzucht. – Das A. G. B. besteht seit 1925.
Bergbahn, auf einen Berg führende Schienen- oder Seilbahn zur Beförderung von Personen und Gütern; die Schienenbahn ist meist als **Zahnradbahn** ausgeführt, da infolge der großen Steigung der Strecke die Reibungskraft der Triebräder nicht ausreicht. Die häufigste ist die Seilbahn. Die erste B. Europas war die im Mai 1871 eröffnete Vitznau-Rigi-Bahn (Zahnradbahn) im Kanton Luzern.
Bergbaldrian (Valeriana montana), in den Kalkalpen, Karpaten, Pyrenäen und Gebirgen der Balkanhalbinsel vorkommende, 20–60 cm hohe Art der Gatt. Baldrian; Staude; Blütenstengel mit 6–16 gegenständigen, eiförmigen bis lanzettförmigen, leicht gezähnten, an der Basis behaarten Blättern; Blüten hellila bis weiß, in Trugdolden.
Bergbau, das Aufsuchen (Prospektion), Gewinnen und Fördern sowie die Aufbereitung von Bodenschätzen. Der Abbau erfolgt bei oberflächennaher Lagerstätte bei bestimmten Gesteinen im Steinbruch mit Hilfe von Handarbeit und/oder durch Bagger bzw. im *Tagebau* (z. B. bei Braunkohle) durch Schaufelradbagger mit Tagesleistungen bis über 200 000 m³. Im *Tiefbau* (Abbau unter Tage, z. B. zur Gewinnung von Steinkohle) werden zunächst Schächte angelegt (Schachtabteufen), von denen aus im Bereich des eigtl. Lagerstätte in verschiedenen Niveaus sog. Strecken vorgetrieben werden. Je nach Lagerstättenverhältnis unterschiedl. Abbauverfahren, z. B. *Strebbau* im flachgelagerten Flözbergbau der Steinkohle (der bis über 300 m lange Abbauraum rückt beim Abbau quer zu seiner Längserstreckung vor), *Kammerabbau* im Kali-B. (scheibenweise von unten nach oben geführt, über 10 m hohe Großräume). Je nach Gebirgsbeschaffenheit stehen die Grubenbaue frei ohne bes. Abstützung oder müssen durch den *Grubenausbau* offengehalten bzw. gesichert werden. Die *Grubenbewetterung* sorgt für ausreichende Frischluftzufuhr, die *Wasserhaltung* für das Abpumpen des aus dem Gebirge zufließenden Wassers. Der Abbau ist heute weitgehend mechanisiert: Schrämmaschinen und [Kohle]hobel lösen z. B. das Gestein, das auf Band- oder Kettenförderern zu den Förderwagen und mit diesen im Schacht zu Tage gelangt. Computer überwachen und steuern häufig die Förderung. – In der BR Deutschland werden Stein- und Braunkohle, Erze, Salze, Basalt, Bauxit, Feld- und Flußspat, Gips, Graphit, Kalkstein, Kieselerde, Sand, Quarzit, Schiefer, Schwerspat, Ton, Kaolin u. a. abgebaut.
Geschichte: Der B. reicht in seinen Anfängen bis in die Jungsteinzeit zurück und diente urspr. insbes. der Gewinnung von Feuerstein in offenen Gruben und in unterird. Steinbrüchen. Zu Beginn der Stabilisierung der Großreiche der mittelmeer. Hochkulturen finden sich Kupferbergwerke auf der Halbinsel Sinai, in Palästina, Syrien, Ägypten und insbes. auf Zypern, das im 2. Jt. v. Chr. Zentrum der Kupfergewinnung wurde. In Ägypten wurde daneben Gold- und Türkis-B. betrieben. Von Zypern aus verbreiteten die Phöniker ihre B.technik über den Mittelmeerraum. Das nördl. Alpengebiet und Gallien waren reich an Eisenerzen; in Spanien wurden Gold, Zinn, Blei, Eisen, Kupfer, Quecksilber und insbes. Silber abgebaut, in Britannien Zinn und Blei. In Indien gab es Kupferbergwerke und Bleigruben. In China war die Gegend um die alte Yin-Hauptstadt Anyang (9. Jh. v. Chr.) reich an Zinn- und Kupfererzen. Im vorkolonialen Amerika wurde Kupfer in Michigan, Gold, Silber, Kupfer und Zinn in Mexiko, Bolivien, Peru und Ecuador abgebaut. Die ersten Berichte über den B. im ma. Mitteleuropa stammen u. a. aus Banská Štiavnica (745) [SR], Goslar (970), Freiberg (1170) und Sankt Joachimsthal (ČR). Hier wurden hauptsächlich Silber und Kupfer abgebaut, verhüttet und verarbeitet. Der B. wurde ursprünglich von den Grundherren durch Fronarbeiter betrieben. Seit dem 13. Jh. wurde der B. vielfach auf der Rechtsgrundlage einer „Gewerkschaft" betrieben, deren Teilhaber (Gewerken) Miteigentümer des Bergwerks waren und persönlich hafteten, während die Bergleute als „Knappen" und „Steiger" im Lohnverhältnis arbeiteten. Zw. dem 10. und 13. Jh. entstanden der Erzabbau im Harz, der Kupferschieferabbau bei Mansfeld, der Zinn-B. am Südabhang des Erzgebirges, der Silber-B. in Freiberg und der Erz-B. in Freiburg im Breisgau. Im 15. und 16. Jh. schufen die dt. Bergleute die techn. Möglichkeiten für den Abbau in größeren Tiefen. Einen guten Überblick über diese Technik des B. und Hüttenwesens geben die Werke G. Agricolas („Bermannus", 1530, „De re metallica", 1556). Durch das Einströmen von Edelmetallen aus der span. Kolonien verloren die mitteleurop. Erzgruben an Bed. Statt dessen setzte, von England ausgehend, im 17. Jh. der Steinkohlen-B. ein. In den folgenden Jahren schritt die Mechanisierung des B. stürmisch voran. Dampfmaschinen als Antrieb für Wasserpumpen und Förderanlagen, Sicherheitslampen (1815 von Davy und Stephenson konstruiert), Gesteinsbohrmaschinen wurden eingesetzt. Die techn. Entwicklung im 20. Jh. und insbes. nach dem 2. Weltkrieg ist bei den Ind.nationen gekennzeichnet durch größere Sicherheitsvorkehrungen und eine zunehmende Automatisierung des Abbaus und der Förderung.
Soziales: Die Bergleute haben unter den Arbeitnehmern stets eine Sonderstellung eingenommen. Bereits im 13. Jh. schlossen sie sich zu Knappschaften zusammen, die bei Unfall und Krankheit ihren Mitgliedern soziale Fürsorge boten. Die heutige Knappschaftsversicherung hat hier ihren Ursprung. – Gesetzl., tarifvertragl. und betriebl. Regelungen sichern die Bergleute in bes. Maße. Bergleute erhalten für jede volle Schicht unter Tage steuer- und sozialversicherungsfreie Prämien (Gesetz vom 20. 12. 1956 i. d. F. vom 12. 5. 1969). Auch beim Abbau von Arbeitsplätzen im B. erhalten die freiwerdenden Bergleute Beihilfen und Abfindungen.
Volkskunde: Die *religiöse* Fundierung der *Bergmannskultur* ist u. a. in der Verehrung bes. Berufsheiliger erkennbar. Gruben wurden nach christl. Mysterien (Hl. Kreuz, Dreifaltigkeit, Hl. Blut u. a.) und Heiligen (Barbara, Anna, Daniel) benannt. Bes. Pflege erfuhren das Volksschauspiel, der Gruppentanz; es gab „Bergmusiken" und „Bergsänger". Die *Berufssprache* des Bergmanns hat auch den Wortschatz der Gemeinsprache bereichert (↑ Berufssprachen). Ein großer Komplex der *Sagen,* die Berggeistsagen, verdankt sein Entstehen der Gefährdung und Angst der Bergleute. Die *Bergmannstracht* – als Standestracht im Erzgebirge v. a. im 18. Jh. entwickelt – zeigt häufig Uniformcharakter (mit Rangstufen). Wichtige Bestandteile sind bis heute: Grubenkittel, Bergleder (zum Rutschen), Kniebügel, Schachthut, dazu Grubenlicht, Grubentasche und Bergbarte (Beil). Die urspr. Kapuze wurde schon früh durch die Schachtmütze ersetzt, an der „Schlägel" (Hammer) und „Eisen" (Meißel) als Abzeichen getragen werden.
Bergbaustadt, funktionaler Stadttyp, Sonderform der ↑ Industriestadt.
Bergbehörde ↑ Bergrecht.
Bergell (italien. Val Bregaglia), durch die Maira zum Comer See entwässertes Tal, vom Malojapaß (1 815 m) bis Chiavenna (320 m), Schweiz/Italien, etwa 25 km lang.

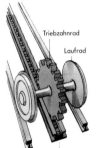

Zahnradbahn mit stehendem Zahnrad

Triebzahnrad
Laufrad
Sprossenzahnstange

Triebzahnrad
Triebzahnrad
Doppelzahnstange
Zahnradbahn mit liegenden Zahnrädern

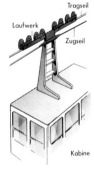

Tragseil
Laufwerk
Zugseil
Kabine

Bergbahn. Von oben: schematische Darstellung zweier Antriebsarten für Zahnradbahnen und des Laufwerks einer Kabinenbahn

Bergelson, David, *Ochrimowo bei Sarny 12. Aug. 1884, †Moskau 12. Aug. 1952, jidd. Schriftsteller. – Floh 1921 nach Berlin, kehrte 1933 in die UdSSR zurück; unter Stalin ermordet. Schilderte das Leben der Juden in russ. Kleinstädten sowie die jüd. Intelligenz; dt. u. a. „Am Bahnhof" (Novellen, 1909), „Das Ende vom Lied" (R., 1919).

Bergen [ˈ––], Stadt im südl. Teil der Lüneburger Heide, Nds., 70 m ü. d. M., 12 200 E. Bauind., Sägewerke; Fremdenverkehr. – Sw. von B. liegt das ehem. KZ **Bergen-Belsen.**

B. [niederl. ˈbɛrxə], niederl. Gemeinde, 5 km nw. von Alkmaar, 14 000 E. Besteht aus **Bergen-Binnen** (Künstlerzentrum und Sommerfrische) und aus **Bergen aan Zee** (Nordseebad); Fremdenverkehr.

B. [niederl. ˈbɛrxə], belg. Stadt, ↑Mons.

Bergen. Hanseviertel Bryggen

B. [norweg. bæɾɡən], norweg. Hafenstadt am Byfjord, 211 000 E. Sitz des Verw.-Geb. Hordaland und des Bischofs von Bjørgvin; Univ. (gegr. 1948), Theater; Werften, Stahlerzeugung, Maschinenbau, Erdölind., Fischfang, Nahrungsmittelind. ⚓. – Altnorweg. **Bjørgvin** (Bergweide), 1070 gegr.; seit dem 12. Jh. norweg. Krönungsstadt, bis etwa 1880 wichtigster Hafen und größte Stadt Norwegens. Hansekontor um 1343 eröffnet. – Die **Union von Bergen** zw. Dänemark und Norwegen (1450) bestätigte die dän.-norweg. Personalunion von 1380. – Hanseviertel Tyskebryggen (heute Bryggen; von der UNESCO zum Weltkulturerbe erklärt) mit alten Lagerhäusern, Marienkirche (12.–13. Jh.), Dom (1248; 1537 und 1870 erneuert), ehem. Festung Bergenhus (13. Jh.), Håkonshalle (1247).

Bergen-Enkheim, ehem. hess. Stadt, eingemeindet in Frankfurt am Main.

Bergengruen, Werner [...gryːn], *Riga 16. Sept. 1892, †Baden-Baden 4. Sept. 1964, dt. Schriftsteller. – Ausgewogene Erzählkunst und Fabulierfreude kennzeichnen sein Werk, das häufig histor. Stoffe mit religiöser Thematik in kath. Sicht behandelt.
Werke: Das große Alkahest (R., 1926, 1938 u. d. T. Der Starost), Der Großtyrann und das Gericht (R., 1935), Der Tod von Reval (E., 1939), Der span. Rosenstock (Nov., 1941), Das Feuerzeichen (R., 1949), Der letzte Rittmeister, Die Rittmeisterin, Der dritte Kranz (R.-Trilogie, 1952, 1954 und 1962), Räuberwunder (Novellen, 1964).

Bergen op Zoom [niederl. ˈbɛrxə ɔp ˈsoːm], niederl. Stadt in der Prov. Nordbrabant, an der Oosterschelde, 47 000 E. Metallverarbeitende Ind., Spargelanbau, Austern- und Hummerzucht. – Seit dem 13. Jh. Stadt. Zur Zeit des niederländ. Freiheitskampfes wurde es von Herzog Alba stark befestigt.

Bergen/Rügen, Stadt auf der Insel Rügen, Meckl.-Vorp., 40 m ü. d. M., 19 000 E. Verw.sitz des Kr. Rügen. Nahrungsmittel- und Bekleidungsind. – 1193 Gründung eines Zisterzienserklosters, bei dem im 13. Jh. der Flecken B. entstand; seit 1613 Stadt. – Marienkirche (12., 14. Jh.) mit spätgot. Wandmalereien. – In der Nähe der Rugard (91 m ü. d. M.) mit Ernst-Moritz-Arndt-Turm.

Berger, Erna, *Cossebaude bei Dresden 19. Okt. 1900, †Essen 14. Juni 1990, dt. Sängerin. – Gehörte zu den bedeutendsten dt. Koloratursopranistinnen ihrer Zeit.

B., Hans, *Neuses a. d. Eichen bei Coburg 21. Mai 1873, †Jena 1. Juni 1941, dt. Neurologe und Psychiater. – Seit 1919 Prof. in Jena; entdeckte das Hirnstrombild (↑Elektroenzephalogramm).

B., Ludwig, eigtl. L. Bamberger, *Mainz 6. Jan. 1892, †Schlangenbad 18. Mai 1969, dt. Regisseur und Schriftsteller. – 1919–24 Regisseur bei M. Reinhardt; bes. verdient um Shakespeare-Dramen; drehte die Filme: „Ein Walzertraum" (1926), „Pygmalion" (1936).

Bergerac, Cyrano de [frz. beʒaˈrak] ↑Cyrano de Bergerac.

Bergerac [frz. bɛʒəˈrak], frz. Stadt an der Dordogne, Dep. Dordogne, 28 000 E. B. ist Zentrum einer alten Weinbauregion; Wein- und Tabakbau; Tabakforschungsinst. und -museum, Maschinenbau. – Im 12. Jh. als **Bragerac** erstmals erwähnt; Handelsstadt an der Pilgerstraße nach Santiago de Compostela. 1577 Sicherheitsplatz der Hugenotten; 1621 geschleift.

Bergère [frz. bɛrˈʒɛːr], ein um 1735 in Frankreich aufgekommener Polstersessel mit geschlossenen Armlehnen.

Berger-Mischung, Gemisch aus Zinkstaub und Tetrachlorkohlenstoff, das beim Entzünden starken Rauch entwickelt; Nebelmittel.

Bergflockenblume (Centaurea montana), Korbblütler der Gatt. Flockenblume; in den dt. und frz. Mittelgebirgen, Alpen, Karpaten und Pyrenäen; 30–50 cm hohe Staude mit längl. eiförmigen Blättern und einzelnen großen Blütenköpfchen; randständige Blüten kornblumenblau, Scheibenblüten rotviolett.

Bergföhre, svw. ↑Bergkiefer.

Bergfreiheit (Bergbaufreiheit), Freiheit des Schürfens und Mutens (↑Mutung). Durch das Bergrecht sind die wichtigsten Mineralien dem Verfügungsrecht des Grundstückseigentümers entzogen worden. Diese sog. bergfreien Bodenschätze sind im BundesbergG vom 13. 8. 1980 aufgezählt. Alle nicht der B. unterliegenden Mineralien, die sog. **grundeigenen Bodenschätze,** stehen im Eigentum des Grundstückseigentümers.

Bergfried [zu mittelhochdt. perfrit „hölzerner Belagerungsturm"], meist freistehender Hauptturm der ma. Burg; diente der Verteidigung und war letzter Zufluchtsort, aber nicht zum Wohnen eingerichtet (im Ggs. zum frz. ↑Donjon).

Berggeister, im Volksglauben Bergdämonen, Verkörperung der dem Bergmann begegnenden Gefahren, häufig Sagengestalten.

Teresa Berganza

Erna Berger

Werner Bergengruen

Bergbau. Streckenvortriebsmaschine im Steinkohlebergbau

Bergh

Ruth Berghaus

Friedrich Bergius

Hjalmar Fredrik Elgérus Bergman

Ingmar Bergman

Ingrid Bergman

Bergh, Herman van den [niederl. bɛrx], *Amsterdam 30. Jan. 1897, †Rom 1. Aug. 1967, niederl. Schriftsteller und Journalist. – Als Lyriker und Essayist v. a. in seinem Frühwerk einer der bedeutendsten Vertreter des Expressionismus in den Niederlanden.

Berghähnlein, svw. ↑ Narzissenblütige Anemone.

Berghänfling (Carduelis flavirostris), 13 cm langer Finkenvogel, v. a. in den Gebirgen Großbritanniens, W-Skandinaviens, Klein- und Z-Asiens; oberseits dunkelbraun mit schwarzer Längsstreifung und (beim ♂) rötl. Bürzel, unterseits weißlich mit gelblichbrauner Kehle; Zugvogel, Wintergast der dt. Nord- und Ostseeküste.

Berghaus, Heinrich, *Kleve 3. Mai 1797, †Stettin 17. Febr. 1884, dt. Kartograph und Geograph. – Leitete 1839–48 eine private „Geograph. Kunstschule" in Potsdam zur Ausbildung von Kartographen. – *Werke:* Physikal. Atlas (1838–48), Allg. Länder- und Völkerkunde (1837–40).

B., Ruth, *Dresden 2. Juli 1927, dt. Regisseurin, Choreographin, Tänzerin. – Arbeitet für das Schauspiel- und Musiktheater. Ab 1970 Regisseurin und 1971–77 Intendantin am Berliner Ensemble, seit 1977 Regisseurin an der Deutschen Staatsoper Berlin; internat. gefragte Gastinszenierungen. Brachte Opern ihres Ehemanns P. Dessau zur Uraufführung. Ihr eigenwilliger, z. T. experimenteller Inszenierungsstil besitzt große Ausstrahlungskraft insbes. auf das moderne Musiktheater.

Bergheim, Kreisstadt an der Erft, NRW, 85 m ü. d. M., 54 500 E. Verwaltungssitz des Erftkreises. Tonerdewerk, Braunkohlenbergbau, chem., Hüttenind. – B., entstanden aus einer durch die Grafen von Jülich gegründeten Burg, erhielt 1317 Stadtrecht. – Roman.-got. Pfarrkirche Sankt Remigius, Teile der Stadtbefestigung (14.–15. Jh.).

Berghoheit, Gesamtheit der bergrechtl. Hoheitsrechte des Staates, z. B. Ausübung der Bergpolizei (Bergaufsicht).

Bergischer Dom ↑ Altenberg.

Bergisches Land, Teil des rechtsrhein. Schiefergebirges mit den nach W anschließenden Rheinterrassen, reicht von der Ruhr im N bis zur Sieg im S, im Unnenberg 506 m ü. d. M. – Auf der Niederterrasse der Rheins entwickelte sich seit Ende des 19. Jh. eine verkehrsorientierte Großind. Wichtigste Städte sind Düsseldorf und Leverkusen. Es folgt die Mittelterrasse, das größte zusammenhängende Waldgebiet des B. L. Auf den höher liegenden, älteren Terrassen teilweise fruchtbare Lößböden, Anbau von Getreide und Futterpflanzen. Das östlich anschließende Gebirge hat v. a. im SO, im Oberberg. Land, Mittelgebirgscharakter mit Wald und Grünland. Die vorindustrielle Gewerbezweige nutzten die Wasserkraft der dichten Gewässernetzes. Aus ihnen entwickelte sich im 19. Jh. eine vielseitige Ind. Ballungsräume sind Wuppertal, Solingen und Remscheid.

Bergisch Gladbach, Krst. am W-Abhang des Berg. Landes, NRW, 85–282 m ü. d. M. 101 000 E. Verwaltungssitz des Rhein.-Berg. Kr.; Papier-, Nahrungsmittel-, pharmazeut. Ind., Maschinen- und Fahrzeugbau. Im Ortsteil **Bensberg** Inst. für Blutgruppenforschung, Erdbebenwarte. – Neues Schloß (1706–10). – 1271 erstmals als Gladbach genannt, 1856 Stadt (mit mehreren Gemeinden zus.).

Bergisel, 749 m hohe Erhebung im südl. Stadtgebiet von Innsbruck, Skisprungschanze. – Hier fanden im Tiroler Freiheitskampf 1809 fünf Schlachten statt; Andreas-Hofer-Denkmal (1893).

Bergius, Friedrich, *Goldschmieden (= Breslau) 11. Okt. 1884, †Buenos Aires 30. März 1949, dt. Chemiker. – Entwickelte 1911 das nach ihm ben. Verfahren zur direkten Kohlehydrierung, das erst 1926 nach entscheidenden Verbesserungen durch M. Pier techn. durchgeführt wurde. Er erhielt 1931 mit C. Bosch den Nobelpreis für Chemie.

Bergius-Pier-Verfahren ↑ Kohlehydrierung.

Bergjuden, Bez. für einen Teil der jüd. Bevölkerung Kaukasiens.

Bergkamen, Stadt im östl. Ruhrgebiet, NRW, 80 m ü. d. M., 47 700 E. Chem., metallverarbeitende und Textilind., zwei Steinkohlezechen. – Entstand 1966 durch Zusammenschluß mehrerer Gemeinden.

Bergkarabach (russ. Nagorny Karabach), autonomes Gebiet innerhalb Aserbaidschans, 4 400 km^2, 188 000 E (1989), davon $^3/_4$ Armenier und $^1/_4$ Aserbaidschaner, Hauptstadt Chankendy (Stepanakert). – Das Bestreben des mehrheitlich von Armeniern bewohnten B., sich Armenien anzuschließen, führte seit 1988 wiederholt zu nationalistisch geprägten blutigen Unruhen zw. Aserbaidschan und Armenien, seit 1990 zum Bürgerkrieg, seit 1992 zum offenen Konflikt zw. Armenien und Aserbaidschan. Im Sept. 1991 erklärte B. seine Unabhängigkeit von Aserbaidschan.

Bergkiefer (Bergföhre, Pinus mugo, Pinus montana), meist strauchig wachsende Gebirgskiefer, von den Pyrenäen bis zum Balkan sowie in den dt. Mittelgebirgen; mit schwärzl. Rinde, dicht stehenden Nadelpaaren und Quirle bildenden Zweigen; Zapfen festsitzend, im reifen Zustand glänzend.

Bergkrankheit, svw. ↑ Höhenkrankheit.

Bergkristall, reine, glasklare Art von ↑ Quarz.

Berglaubsänger (Phylloscopus bonelli), etwa 10 cm langer Singvogel (Gatt. Laubsänger) in lichten Wäldern NW-Afrikas, S- und M-Europas; mit hellgraubrauner Oberseite, weiß. Unterseite, weiß. Augenstreif und einem gelben Fleck auf dem Bürzel.

Berglöwe, svw. ↑ Puma.

Bergman [schwed. ‚bærjman], Bo Hjalmar, *Stockholm 6. Okt. 1869, †ebd. 17. Nov. 1967, schwed. Schriftsteller. – Schrieb schwermütige, melod. Lyrik in schlichter Sprache und kunstvoller Form, trag. Novellen.

B., Hjalmar Fredrik Elgérus, *Örebro 19. Sept. 1883, †Berlin 1. Jan. 1931, schwed. Schriftsteller. – Erfindungsreichtum und gute Charakterisierung kennzeichnen sein Werk; u. a. „Markurell" (R., 1919), „Der Eindringling" (R., 1921), „Der Nobelpreis" (Kom., 1925).

B., Ingmar, *Uppsala 14. Juli 1918, schwed. Film- und Theaterregisseur und Drehbuchautor. – Seine Filme zeichnen sich aus durch eigenwillige Fragestellung, zuweilen schockierende Offenheit der Darstellung und die unkonventionelle Anwendung der film. Ausdrucksmittel. 1963–66 war B. Leiter des Königl. Dramat. Theaters in Stockholm, er lebte seit 1976 in München; seit 1981 auch wieder in Schweden (u. a. „Hamlet"-Inszenierung). Wichtige Filme sind: „Abend der Gaukler" (1953), „Das Lächeln einer Sommernacht" (1955), „Das siebente Siegel" (1956), „Wilde Erdbeeren" (1957), „Wie in einem Spiegel" (1960), „Licht im Winter" (1961), „Das Schweigen" (1962), „Persona" (1966), „Schreie und Flüstern" (1973), „Szenen einer Ehe" (1974), „Die Zauberflöte" (1975), „Das Schlangenei" (1977), „Herbstsonate" (1978), „Fanny und Alexander" (1982); Erinnerungen „Laterna magica" (1987).

B., Ingrid, *Stockholm 29. Aug. 1915, †London 29. Aug. 1982, schwed. Filmschauspielerin. – 1951–57 ⚭ mit R. Rossellini. Spielte u. a. in den Filmen: „Intermezzo" (1936), „Dr. Jekyll und Mr. Hyde" (1941), „Casablanca" (1942), „Wem die Stunde schlägt" (1943), „Angst" (1954), „Lieben Sie Brahms?" (1960), „Herbstsonate" (1978), „Golda Meir" (1981).

B., Torbern, *Katrineberg 20. März 1735, †Medevi (Östergötland) 8. Juli 1784, schwed. Chemiker und Mineraloge. – Entwickelte ein System der chem. Nomenklatur und entwarf eine Theorie über die Struktur der Kristalle; gilt als Begründer der analyt. Chemie. Sein Buch „Physical. Beschreibung der Erdkugel" (1769) war das erste grundlegende Werk über die physikal. Geographie.

Bergmann, Ernst von, *Riga 16. Dez. 1836, †Wiesbaden 25. März 1907, dt. Chirurg. – Vater von Gustav von B.; Prof. in Dorpat, Würzburg und seit 1882 in Berlin. Pionier u. a. auf den Gebieten der asept. Wundbehandlung und der Hirnchirurgie.

B., Gustav von, *Würzburg 24. Dez. 1878, †München 16. Sept. 1955, dt. Internist. – Sohn von Ernst von B.; Prof. in Marburg, Frankfurt, Berlin und München. Arbeitete v. a. über Stoffwechselkrankheiten und Funktionsstörungen des Herzens.

Bergmann-Pohl, Sabine, *Eisenach 20. April 1946, dt. Politikerin. – Ärztin; seit 1981 Mgl. der CDU in der DDR;

am 5. April 1990 zur Präsidentin der Volkskammer gewählt; gleichzeitig amtierendes Staatsoberhaupt der DDR. Nach der Wiedervereinigung Deutschlands am 3. Okt. 1990 bis Jan. 1991 Bundesministerin für bes. Aufgaben; seit Dez. 1990 MdB und seit Jan. 1991 Parlamentar. Staatssekretärin im Gesundheitsministerium.

Bergmannsche Regel, von Carl Bergmann (* 1814, † 1865) 1847 aufgestellte biolog. Regel, nach der bei Vögeln und Säugetieren nahe verwandte Arten sowie die Populationen derselben Art von den warmen Zonen zu den Polen hin an Größe zunehmen. Große Tiere erleiden danach geringeren Wärmeverlust, da sie eine im Verhältnis zum Volumen des Körpers kleinere Oberfläche besitzen.

Bergmannsrente, Rente der knappschaftl. Rentenversicherung, die in der BR Deutschland bei Verminderung der bergmänn. Berufsfähigkeit und Erfüllung einer Wartezeit von 60 Monaten oder nach Vollendung des 50. Lebensjahres bei Erfüllung einer Wartezeit von 300 Monaten und ständiger Arbeit unter Tage gewährt wird. Die gesetzl. Grundlage der B., das ReichsknappschaftsG, gilt in den Ländern der ehem. DDR nicht.

Bergmolch (Alpenmolch, Triturus alpestris), etwa 10 cm langer Molch in am stehenden und fließenden Gewässern, v. a. des Hügellandes und der Gebirge M- und S-Europas; ♂ oberseits grau bis bläulich, mit dunkler Marmorierung; ♀ oberseits dunkel marmoriert auf bräunl. Grund.

Bergmönch, Sonderform des Grubendämons im Oberharz, Erzgebirge und in Siebenbürgen; großer gebückter Mann, in Kutte und Kapuze, mit Grubenlicht.

Bergmüller, Johann Georg, *Türkheim 15. April 1688, †Augsburg 30. März 1762, dt. Maler. – Einer der führenden Augsburger Barockmaler. Fresken in der ehemaligen Stiftskirche in Dießen am Ammersee (1736) und in der ehem. Prämonstratenserklosterkirche in Steingaden (1741–51); auch zahlreiche Altäre.

Bergner, Elisabeth, eigtl. E. Ettel, *Drogobytsch (Galizien) 22. Aug. 1897, † London 12. Mai 1986, östr. Schauspielerin. – Feierte v. a. im Berlin der 1920er Jahre große Triumphe (am Dt. Theater), bes. als Hauptdarstellerin in Strindbergs „Königin Christine" und „Fräulein Julie", Shaws „Hl. Johanna" sowie G. Hauptmanns „Hanneles Himmelfahrt". Drehte auch Filme, u. a. „Fräulein Else" (1929), „Ariane" (1931). 1933 heiratete sie den Regisseur Paul Czinner. 1934–49 lebte und spielte sie in England und in den USA. Nach 1945 Gastspielreisen nach Deutschland.

Bergognone [italien. berɡoɲˈnoːne] (Borgognone), eigtl. Ambrogio da Fossano, italien. Maler des 15./16. Jh. (nachweisbar 1481–1522). – 1488–94 arbeitete er für die Certosa di Pavia (Altargemälde und Fresken). Sein Spätwerk ist das Apsisfresko in San Simpliciano in Mailand.

Bergpartei (frz. Montagne), während der Frz. Revolution Bez. für die radikalste Gruppe im Konvent, wo ihre Mgl. (**Montagnards**) auf den höher gelegenen Sitzreihen Platz nahmen; Gegenspieler der gemäßigten Girondisten; nach 1795 unterdrückt.

Bergpolizei (Bergaufsicht) ↑ Bergrecht.

Bergpredigt, die von Matthäus nach älteren Quellen aus Sprüchen Jesu zusammengestellte Rede Jesu auf einem Berg (Matth. 5–7). Kennzeichnend ist ihr sozialeth. Gehalt (u. a. Verzicht auf Besitz, Gewalt) und die Schärfe der ethischen Forderungen, die im Gebot der unbedingten Nächstenliebe münden. Wesentl. Bestandteile der B. sind die Seligpreisungen (5, 3–12), das Vaterunser (6, 9–13) und die „Goldene Regel" (7, 12). Mit anderen Akzenten bei Lukas (6, 20–49) als *Feldrede* überliefert. – Radikal bes. von sozial orientierten christl. Bewegungen rezipiert (z. B. Waldenser), erhielt die B. jüngst innerhalb der Friedensfrage aktuelle Deutung.

Bergrecht, Gesamtheit der für den Bergbau geltenden Sonderrechtssätze. Bereits im 12. Jh. entwickelte sich das **Bergregal.** Dieses gab seinem Inhaber das Verfügungsrecht über bergbaul. Minerale. 1865 wurde das *Allgemeine Berggesetz* [für die preuß. Staaten] (ABG) eingeführt, dem die meisten dt. Staaten ihr B. anglichen. Das ABG beseitigte das Bergregal. Durch das BundesbergG vom 13. 8. 1980 ist das

B. bundeseinheitl. geregelt worden. Seine wesentl. Grundsätze sind: 1. Trennung des Rechts zur Gewinnung der Bodenschätze vom Grundeigentum; 2. Regelung der Vergabe von Bergbauberechtigungen hinsichtlich bergfreier Bodenschätze; 3. Regelung des Interessenkonflikts zw. Grundeigentümer und Bergbauberechtigtem. Der Bergbau steht unter der Aufsicht der staatl. **Bergbehörden,** d. h. der Bergämter, der Oberbergämter und der Wirtschaftsmin. der Länder. Die **Bergaufsicht** *(Bergpolizei)* erstreckt sich insbes. auf die Sicherheit der Baue, des Lebens und der Gesundheit der Arbeiter sowie auf den Schutz der Oberfläche.

In *Österreich* ist das Bergwesen in Gesetzgebung und Vollziehung Bundessache. Die Berghauptmannschaft hat umfassende Aufsichtsbefugnisse.

In der *Schweiz* ist das B. kantonales Recht.

bergrechtliche Gewerkschaft, eine (meist rechtsfähige) Personenvereinigung zur Nutzung von Bergwerkseigentum. Das BundesbergG bestimmte die Auflösung der b. G. oder ihre Überführung in andere Rechtsformen zum 1. 1. 1986.

Bergreihen (Bergkreyen), im 16. und 17. Jh. Bez. für Lieder der Bergleute, bes. verbreitet im sächs. Erzgebirge. Die meisten B. sind ohne Melodien überliefert, doch finden sich auch mehrstimmige Sätze.

Bergrutsch ↑ Erdrutsch.

Bergschäden, Schäden an der Erdoberfläche (v. a. an Gebäuden) als mögl. Folge von durch Untertagebau verursachter Absenkung von Gebirgsschichten.

Bergsche Maas, Unterlauf der Maas.

Bergschlipf ↑ Erdrutsch.

Bergschrund, Gletscherspalte zw. dem in Bewegung befindl. Gletschereis und dem an der Rückwand eines Kars festgefrorenen Firn.

Bergson, Henri, *Paris 18. Okt. 1859, † ebd. 4. Jan. 1941, frz. Philosoph poln.-engl. Herkunft. – 1900 Prof. am Collège de France, 1914 Mgl. der Académie française. Baute insbes. gegen den Positivismus in der Tradition der Mystik eine spiritualist. Lebensphilosophie auf. Die Grundbegriffe seiner Philosophie sind: der gegen den naturwissenschaftl. Zeitbegriff gerichtete Begriff der subjektiven, unwiederholbaren Zeit, der „Dauer" (durée) und der antirevolutionäre Begriff des zweckgerichteten „Lebenstriebs" (élan vital). B. übte insbes. auf die nachnaturalist. Literatur Frankreichs (z. B. den Existentialismus) bed. Einfluß aus. Erhielt 1927 den Nobelpreis für Literatur. – *Werke:* Zeit und Freiheit (1889), Materie und Gedächtnis (1896), Schöpferische Entwicklung (1908), Durée et simultanéité (1922).

Bergsteigen, Bez. für jede Art sportl. oder tourist. Unternehmungen im Gebirge, vom Bergwandern bis zum Klettern in Fels und Eis. Urspr. Ziel des B. war zunächst der Gipfel, später der Weg dorthin. Das Klettern auf bestimmten schwierigen Routen wird z. T. durch Anbringung von [Draht]seilen und Metalleitern erleichtert. Das Seil benutzt der Bergsteiger zur Sicherung. Dazu seilt er sich an und verbindet sich durch das Seil mit Kameraden zu einer Seilschaft. Den Rhythmus des Vordringens einer Seilschaft bestimmt die Seillänge, die dem Vorsteiger zur Verfügung steht, um den nächsten Standplatz anzuklettern, dort zuerst sich, dann den nachsteigenden Kameraden zu sichern. Beim Eisgehen werden Stufen ins Eis geschlagen. Auf diese Weise ist es leichter möglich, steile und schwere Flanken zu durchsteigen. Heute werden meist Steigeisen, Eishaken und Eisschrauben verwendet.

Geschichte: Das sportl. B. entstand in den Alpen (daher Alpinismus). Nach langen, von H. B. de Saussure geförderten Versuchen erreichten 1786 M. Paccard und J. Balmat den Gipfel des Montblanc. Dessen 2. Ersteigung am 3. Aug. 1787 durch Saussure gilt als „Geburtstag" des Alpinismus. Es folgten 1800 den Großglockner, 1804 der Ortler, 1811 die Jungfrau, 1820 die Zugspitze, 1832 der Dachstein, 1865 das Matterhorn. Nach Gründung von ↑ Alpenvereinen begann die planmäßige Erschließung der Alpen. – In den außereurop. Hochgebirgen erfolgten die ersten überlieferten Unternehmungen v. a. aus wiss. Interesse (Anden: A. von Humboldt [1802], M. Wagner [1858]; Himalaja: Gebrüder

Ernst von Bergmann

Elisabeth Bergner

Henri Bergson

Arnold Bergsträsser

Ludwig Bergsträsser

Bergstraße

Bergsteigen. Links: freie Kletterei in einer Wandflucht. Rechts: Abseilen mit Karabinerhaken

Sune K. Bergström

Lawrenti Pawlowitsch Berija

Luciano Berio

Schlagintweit [1855–56]). Nach 1865 durchstreiften engl. Führertouristen Kaukasus, Anden und Himalaja. Der Kampf um die höchsten Gipfel zwang zu straff organisierten und häufig wiederholten Großexpeditionen. 1950 wurde als erster Achttausender der Annapurna von einer frz. Expedition bestiegen; der Gipfel des Mount Everest wurde 1953 von E. Hillary und Tenzing Norgay bezwungen (1978 von R. Messner und P. Habeler ohne Sauerstoffgeräte; 1980 von R. Messner ohne Sauerstoffgerät im Alleingang). Aufsehen erregte seinerzeit der Alleingang des Tirolers H. Buhl 1953 auf den Nanga Parbat.

Bergstraße, von Wiesloch bis Darmstadt reichende klimatisch begünstigte Landschaftseinheit zw. Odenwald und Rheinebene. Agrar. Nutzung mit Kern- und Steinobst, Mandeln, Edelkastanien, Walnüssen und Wein.

B., Landkr. in Hessen.

Bergsträsser, Arnold, *Darmstadt 14. Juli 1896, †Freiburg im Breisgau 24. Febr. 1964, dt. Kulturhistoriker und Politikwissenschaftler. – 1928 Prof. in Heidelberg; emigrierte 1937 in die USA (bis 1950), dort Prof. am Claremont College (Kalifornien); seit 1954 Prof. in Freiburg i. Br.; 1955–59 Direktor des Forschungsinstituts der Dt. Gesellschaft für Auswärtige Politik, Bonn. – Abb. S. 11.

B., Ludwig, *Altkirch (Elsaß) 23. Febr. 1883, †Darmstadt 23. März 1960, dt. Historiker und Politiker. – 1924–28 MdR (DDP); 1928 Übertritt zur SPD; 1948/49 Mgl. des Parlamentar. Rates, 1949–53 MdB (SPD); 1945 Prof. in Frankfurt am Main, seit 1950 in Bonn; schrieb u. a. „Geschichte der polit. Parteien in Deutschland" (1921, [11]1965). – Abb. S. 11.

Bergström, Sune K., *Stockholm 10. Jan. 1916, schwed. Biochemiker. – Seit 1977 Vors. des Beratenden Komitees für medizin. Forschung bei der Weltgesundheitsorganisation (WHO) in Genf. Erhielt zus. mit B. J. Samuelson und J. R. Vane 1982 den Nobelpreis für Physiologie oder Medizin.

Bergsturz, plötzl. Abriß von Gesteinsmassen, zuerst im freien Fall, dann auf tieferen Hangpartien lawinenartig. Im Auslauf der Sturzbahn entstehen Blockfelder; ein kleinerer B. wird als Felssturz bezeichnet.

Bergtataren ↑ Balkaren.

Bergufer, das infolge der Rechtsablenkung der Flüsse auf der Nordhalbkugel der Erde (↑ Coriolis-Kraft) entstandene hohe, steile rechte Ufer großer Tieflandströme, im Ggs. zum niedrigen linken Ufer. Auf der Südhalbkugel entsprechende Linksablenkung.

Bergung: allg.: die Befreiung einer Person oder einer Sache aus einer Gefahr. Im *Schiffahrtsrecht* die Rettung eines Schiffes oder der an Bord befindl. Sachen aus Seenot, und zwar durch Besitzergreifung von Schiff und Sachen, nachdem die Besatzung die Gewalt über das Schiff verloren bzw. (in der Binnenschiffahrt) das Schiff verlassen hat. B. begründet nach dem HGB einen Anspruch auf den Berge- und Hilfslohn.

Bergungsschiff, Spezialschiff 1. zum Heben *(Hebeschiff)* gesunkener Schiffe mit Hilfe bordeigener Kräne und/oder durch Auftriebsvergrößerung nach Leerpumpen (Lenzen) von Ballasttanks; 2. zum [Frei]schleppen *(Bergungsschlepper)* auf Grund aufgelaufener oder manövrierunfähiger Schiffe; große Schleppkraft erforderlich.

Bergwacht, 1920 in München als Deutsche B. gegr. Organisation, seit 1945 selbständige Sonderformation des Bayer. Roten Kreuzes. Außerhalb Bayerns gibt es B. des Dt. Roten Kreuzes in Baden-Württemberg und Hessen, in Südbaden eine B. Schwarzwald e. V. Ähnl. Organisationen bestehen u. a. auch in der Schweiz, in Österreich u. a. Ländern und Regionen.

Bergwerk, Bez. für alle über- und untertägigen Anlagen zur Gewinnung mineral. Rohstoffe (↑Bergbau).

Bergwerkseigentum, das ausschließl. Recht auf Aufsuchung und Gewinnung des in der Verleihungsurkunde benannten Minerals innerhalb des vom Oberbergamt verliehenen Bergwerksfeldes.

Bergwind, talabwärtsgerichtete, kühle, nächtl. Luftströmung; entsteht beim Abfließen von Kaltluft, die sich durch nächtl. Ausstrahlung an Berghängen und auf Hochflächen ausgebildet hat.

Bergwohlverleih ↑ Arnika.

Bergzabern, Bad ↑ Bad Bergzabern.

Bergzweiblatt, svw. Kleines ↑ Zweiblatt.

Beriberi [singhales.] (Kakke), Vitamin-B_1-Mangelkrankheit des Menschen, v. a. in ost- und südostasiat. Ländern, deren Bev. sich hauptsächlich von ungeschältem (oder poliertem) Reis ernährt; Symptome sind u. a. Nervenentzündungen mit Lähmungen, Beinödeme und Herzschwäche.

Berichterstatter, 1. im Gerichtsverfahren derjenige Beisitzer eines Kollegialgerichts, der die Entscheidung gutachtl. vorzubereiten und nach der Beratung und Abstimmung schriftlich abzufassen hat; 2. in parlamentar. Ausschüssen diejenigen Mgl., die für den Ausschuß über dessen Beratung und Entschließung dem Plenum berichten. ▷ (Reporter) in der Publizistik Autor von Hörfunk-, Fernseh-, Film-, Bild- und Zeitungsberichten.

Berichtigung, im Recht 1. die Richtigstellung des Inhalts öff. Bücher, Register und Urkunden. 2. Die B. von falschen Aussagen vor Gericht (wirkt strafmildernd; §§ 158, 163 Abs. 2 StGB). 3. Im Presserecht ↑Gegendarstellung.

Berichtsjahr, Zeitraum (Geschäftsjahr), über den z. B. nach dem Aktienrecht Vorstand, Aufsichtsrat und Abschlußprüfer zu berichten haben.

Berija, Lawrenti Pawlowitsch, *Mercheuli bei Suchumi 29. März 1899, †Moskau 23. Dez. 1953 (erschossen), sowjet. Politiker. – Leitete 1931–36 die transkaukas., 1936–38 die georg. KP-Organisation; seit 1938 Volkskommissar des NKWD (später MWD) und damit Chef des gesamten Polizei-, Nachrichten- und Sicherheitsdienstes, den er nach Beendigung der von ihm mitgetragenen „großen Säuberungen" Stalins reorganisierte und perfektionierte; Marschall der Sowjetunion (1945), stellv. Min.präs. und Mgl. des Politbüros des ZK der KPdSU (1946); nach Stalins Tod Ende Juni 1953 gestürzt.

Bering, Vitus Jonassen [dän. ˈbeːrən], *Horsens (Jütland) 1680, †auf der Beringinsel 19. Dez. 1741, dän. Seeoffizier in russ. Diensten. – Fand 1728 das bereits 1648 entdeckte NO-Kap Asiens wieder und stellte die Trennung Asiens von Amerika fest; entdeckte als Leiter der Großen Nord. Expedition 1741 die S-Küste Alaskas sowie die Aleuten.

Beringinsel, größte Insel der Kommandeurinseln, im Beringmeer, 1 660 km², 85 km lang, etwa 40 km breit, bis 751 m ü. d. M.

Beringmeer, nördlichster Teil des Pazifik, zw. NO-Sibirien, Alaska und den Aleuten, durch die **Beringstraße** – an der schmalsten Stelle etwa 90 km breit – mit dem Nordpolarmeer verbunden. – Über eine hier im Pleistozän bestehende Landbrücke kamen die ersten Menschen nach Nordamerika. 1648 entdeckt, nach V. J. Bering benannt.

Beringstraße ↑ Beringmeer, ↑ Alaska.

Berio, Luciano, *Oneglia (= Imperia) 24. Okt. 1925, italien. Komponist. – 1955–59 Leiter des Studios für elektron. Musik des Senders Mailand; einer der führenden italien. Komponisten der Moderne mit seriellen und elektron. Kompositionen.

Bériot, Charles Auguste de [frz. be'rjo], *Löwen 20. Febr. 1802, †Brüssel 8. April 1870, belg. Violinist und Komponist. – Triumphale Konzertreisen. Schrieb u. a. 10 Violinkonzerte und eine Violinschule (1858).

Berisha, Sali [alban. be'riʃa], *Tropoje 1. Aug. 1944, alban. Politiker (Demokrat. Partei). – Kardiologe; 1990 Mitbegründer der Demokratischen Partei; Staatspräs. seit April 1992.

Berka, Bad ↑ Bad Berka.

Berke, Hubert, *Buer (= Gelsenkirchen) 22. Jan. 1908, †Köln 24. Nov. 1979, dt. Maler und Zeichner. – Seine Kunst hält Linie, Zeichen und Farben in der Schwebe; auch skurrile kinet. Objekte.

Berkefeld-Filter [nach dem dt. Erfinder W. Berkefeld, *1836, †1897], Hohlzylinder aus gebranntem Kieselgur zur Trinkwasserentkeimung im Labor- und Hausgebrauch.

Hendrik Petrus Berlage. Börse in Amsterdam, 1897–1903

Berkeley, George [engl. 'ba:kli], *Kilkenny (Irland) 12. März 1685, †Oxford 14. Jan. 1753, ir. Theologe und Philosoph. – 1734 anglikan. Bischof von Cloyne (Südirland). 1752 Übersiedlung nach Oxford. Bereits die erste bed. Schrift, „An essay towards a new theory of vision" (1709), enthält die zentralen Teile einer Theorie der Wahrnehmung und des Wissens (Erkenntnis), mit der B. die Tradition der angelsächs. Rationalismuskritik fortsetzt. Das Sein aller Dinge besteht bei B. in ihrem Wahrgenommenwerden („esse est percipi").

Berkeley [engl. 'bə:klı], Stadt in W-Kalifornien, USA, im nö. Vorortbereich von San Francisco, 103 000 E. Hauptsitz der University of California (gegr. 1868), mehrere Colleges und Inst.; metallverarbeitende, chem., pharmazeut. Ind.

Berkelium [nach der kaliforn. Stadt Berkeley], chem. Symbol Bk, radioaktives, nur künstlich darstellbares metall. Element aus der Gruppe der ↑ Actinoide; Ordnungszahl 97. Das beständigste Bk-Isotop (Bk 247) hat eine Halbwertszeit von 1 380 Jahren.

Berkshire [engl. 'ba:kʃɪə], südostengl. Grafschaft.

Berlage, Hendrik Petrus [niederl. 'bɛrla:xə], *Amsterdam 21. Febr. 1856, †Den Haag 12. Aug. 1934, niederl. Architekt. – Die Börse in Amsterdam (1897–1903) gehört zu den ersten Bauten der modernen Architektur.

Berleburg, Bad ↑ Bad Berleburg.

Berlengainseln, Inselgruppe vor der portugies. W-Küste.

Berlepsch, Hans Hermann Freiherr von, *Dresden 30. März 1843, †Schloß Seebach bei Bad Langensalza 2. Juni 1926, preuß. Politiker. – 1890–96 als preuß. Min. für Handel und Gewerbe Initiator der Politik des neuen Kurses; Mitbegründer der „Internat. Vereinigung für gesetzlichen Arbeiterschutz".

Berlepsch ↑ Äpfel (Übersicht).

Berlichingen, Götz (Gottfried) von, *Jagsthausen 1480, †Burg Hornberg (= Neckarzimmern) 23. Juli 1562, Reichsritter. – Verlor im Landshuter Erbfolgekrieg 1504 die rechte Hand, die durch eine kunstvoll gefertigte eiserne ersetzt wurde; 1512, erneut 1518 geächtet; 1525 im Bauernkrieg durch den Odenwälder Haufen zur Übernahme der Hauptmannschaft gezwungen; verließ seine Schar vor der Entscheidungsschlacht. Sein Lebensbericht (hg. 1731) diente Goethe als Quelle für sein Drama „Götz von B. mit der eisernen Hand" (1773).

Berlin, Irving [engl. 'bə:lɪn], eigtl. Israel Baline, *Temun (Sibirien) 11. Mai 1888, †New York 22. Sept. 1989, amerikan. Komponist russ. Herkunft. – Erfolgreiche Musicals („Annie get your gun", 1946), Filmmusiken („White Christmas") u. a.

Berlin, Hauptstadt Deutschlands, Stadtstaat (Bundesland) sowie Sitz des Bundes-Präs., 883 km², 3,41 Mill. E (1990), 3 862 E/km²; verwaltungsmäßig in 23 Bez. unterteilt.

B. liegt in einem eiszeitl. Urstromtal (30–40 m ü. d. M.) und er es umgebenden Grundmoränenlandschaft. Die Stadt wird von der Havel, der Spree, die in B.-Spandau mündet, sowie der Panke durchflossen; große Parks wie Tiergarten und Treptower Park sind ehem. Spreeauenwälder. Die Müggelberge sind mit 115 m die höchste natürl. Erhebung, der künstl. Trümmerberg im Grunewald ist über 120 m hoch.

Gliederung: Baulich und funktional läßt sich B. in drei Zonen gliedern: City, wilhelmin. Großstadtgürtel und Außenstadt. Die *City*, heute zum größten Teil des Bez. Mitte, umfaßt das Gebiet der Stadtkerne Altberlin und Alt-Cölln sowie die bis zur Mitte des 19. Jh. erbauten Vorstädte, bis zum 2. Weltkrieg Standort der wichtigsten zentralen Einrichtungen. Als Folge der Teilung 1945–90 entstanden neue Zentren um den Bahnhof Zoo und den Kurfürstendamm im ehem. B. (West) und um den Alexanderplatz im ehem. B. (Ost). Charakterist. für den *wilhelmin. Großstadtgürtel* ist die enge Mischung von Wohn- und Gewerbefunktion (Hinterhof- bzw. Flügelhausbetriebe, Kleingewerbe; bes. typ. in Kreuzberg und Wedding). Einen deutl. Kontrast boten die westl. Stadtteile Tiergarten, Charlottenburg und Wilmersdorf als Wohngebiete des wohlhabenden Bürgertums. In der *Außenstadt* dominiert die lockere Bebauung. Die einzelnen Siedlungskerne lassen meist noch deutlich die alte Dorfanlage erkennen. Hier entstanden aber auch, v. a. seit den 20er Jahren, neue, geplante Wohnsiedlungen. Zu den Naherholungsgebieten zählen v. a. die ausgedehnten Kiefernwaldgebiete der Stadtforste Grunewald, Spandau, Köpenick und Friedrichshagen sowie die Seen mit

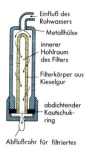

Berkefeld-Filter

George Berkeley

Götz von Berlichingen

Bergsturz im Huauratal im westlichen Peru

Berlin

Berlin
Hauptstadt Deutschlands

3,41 Mill. E

erste urkundl. Erwähnung 1237

seit 1709 Residenzstadt

Zweiteilung 1948–1990 (Berliner Mauer)

Wirtschaftszentrum und Verkehrsknotenpunkt

Museumsinsel

lebendige Kulturszene

günstigen Wassersportmöglichkeiten: Wannsee, Tegeler See, Großer Müggelsee, Langer See u. a. In der Außenstadt liegen die wichtigsten Ind.betriebe, die sich z. T. zu eigenen Stadtteilen entwickelten, wie z. B. Borsigwalde oder Siemensstadt.

B. beherbergt zahlr. öff. wie kulturelle Institutionen: ev. und kath. Bischofssitz, Humboldt-Univ. (gegr. 1809/10), Freie Univ. (gegr. 1948) und TU (gegr. 1946) sowie zahlr. andere Hochschulen (u. a. zwei Kunsthochschulen, Kirchl. Hochschule, Hochschule für Musik, PH, Staatl. Schauspielschule und Staatl. Ballettschule), Dt. Akad. der Wiss., Akad. für bildende Künste, Dt. Film- und Fernsehakademie, wiss. Forschungseinrichtungen (u. a. mehrere Max-Planck-Institute, Hahn-Meitner-Inst.), Dt. Staatsbibliothek, Theater (Dt. Oper Berlin, Staatsoper, Kom. Oper, Schiller-Theater, Dt. Theater, Schloßparktheater, Berliner Ensemble), Konzerthaus (im ehem. Schauspielhaus), zahlr. Museen (Pergamonmuseum auf der Berliner Museumsinsel, Staatl. Museen der Stiftung Preuß. Kulturbesitz, Nationalgalerien, Museumsdorf in Zehlendorf) und Galerien. B. ist Sitz mehrerer Bundesbehörden (u. a. Bundeskartellamt, Umweltbundesamt, bis zur Verlegung des Reg.sitzes Außenstellen des Bundeskanzleramts und der Bundesministerien); außerdem Kongreßhalle, neuer Friedrichstadtpalast, Ausstellungsgelände am Funkturm (alljährlich Internat. Grüne Woche und Internat. Funkausstellung), botan. und zoolog. Gärten, Sternwarten und Großplanetarium. Wichtige kulturelle Veranstaltungen sind die Internat. Filmfestspiele, Berliner Festtage, Berliner Festwochen und Berliner Jazztage. Radiostation ist u. a. der Sender Freies Berlin.

Wirtschaft: B. ist der größte Ind.standort Deutschlands; Elektrotechnik/Elektronik und Gerätebau sowie der Maschinen- und Fahrzeugbau sind die dominierenden Zweige, mit Abstand gefolgt von der chem., Leicht- und Lebensmittelind. Wichtigste Ind.betriebe sind AEG Telefunken, Siemens, Osram, DeTeWe, Elektro-Apparate-Werke und Kabelwerke Oberspree.

Verkehr: B. ist ein wichtiger Verkehrsknoten für den Fern- und Nahverkehr. Durch einen Ring um das Stadtgebiet wird der Eisenbahnverkehr aus allen Richtungen aufgenommen und zu den vier Fernbahnhöfen Zoo, Hauptbahnhof, Lichtenberg und Schönefeld geleitet. Die S-Bahn hat ein Streckennetz von etwa 400 km, die U-Bahn von über 120 km Länge. – Die ✈ Tegel sowie Schönefeld werden von internat. Fluggesellschaften angeflogen. – Große Teile des Güterverkehrs von und nach B. werden über Binnenwasserstraßen (182 km) abgewickelt; Haupthäfen sind West- und Osthafen an der Spree. – Ein Autobahnring umgibt das Stadtgebiet.

Geschichte: Um die Burgen Köpenick und Spandau entstanden im 12. Jh. Siedlungen, gleichzeitig die Fernhandelssiedlung Cölln (erste urkundl. Erwähnung 1237). Zw. 1230

Berlin

 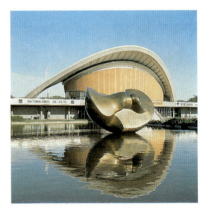

Links: das Pergamonmuseum auf der Museumsinsel, 1925–30 nach Entwurf von Alfred Messel erbaut. Rechts: die Kongreßhalle von Hugh A. Stubbins, 1957, 1980 teilweise eingestürzt, 1986 wiederaufgebaut, davor die Plastik „Large Butterfly" von Henry Moore, 1986

Links: Schloß Charlottenburg, Mittelbau, ab 1695 von Johann Arnold Nering erbaut, ab 1705 von Johann Friedrich Nilsson Eosan (Freiherr von Göthe) erweitert, nach Brand 1943 ab 1950 wiederaufgebaut, davor im Ehrenhof das Reiterdenkmal des Großen Kurfürsten von Andreas Schlüter, 1700. Rechts: das Brandenburger Tor zur Zeit der Grenzöffnung 1989

Berlin

und 1240 gründeten die brandenburg. Markgrafen auf dem rechten Spreeufer die Stadt B. (erste urkundl. Erwähnung 1244). B. und Cölln wuchsen bald zur Doppelstadt (Magdeburger Stadtrecht) zusammen (1307 Union; 1432 Vereinigung); seit 1470 ständige Residenzstadt der Kurfürsten von Brandenburg. Nach dem Dreißigjährigen Krieg nahm die Entwicklung einen neuen Aufschwung, u. a. durch die (seit 1685) starke Ansiedlung von Hugenotten und die Funktion als Hauptstadt des erheblich vergrößerten Brandenburg-Preußens. 1709 wurden (Alt-)B., Cölln und weitere Orte zur Residenzstadt B. mit 56 000 E vereinigt (1800: 172 000 E). 1809/10 Gründung der Univ. Im März 1848 lösten die Straßenkämpfe in B. die Revolution in Preußen aus. Nach 1871 Reichshauptstadt, wurde B. zunehmend von der Industrie geprägt (1880: 1 315 000 E). Der Bau großer Mietskasernen führte zu untragbaren Wohnverhältnissen: 1900 lebte etwa die Hälfte der E von B. in Hinterhofwohnungen. 1918/19 war B. Zentrum der Spartakuskämpfe (Novemberrevolution). 1920 wurde B. mit den umliegenden Städten und Dörfern zur 4-Mill.-Stadt Groß-B. vereinigt. Im 2. Weltkrieg 1943–45 schwer zerstört.

1945 in vier Besatzungssektoren eingeteilt und von den vier Siegermächten zunächst gemeinsam regiert (↑Berlinfrage), fungierte B. als Sitz des Alliierten Kontrollrats. Im Nov. 1945 gestand die UdSSR den Westalliierten drei Luftkorridore nach Westdeutschland zu. Im Mai 1945 ernannte der sowjet. Stadtkommandant einen kommunistisch beherrschten Magistrat unter dem parteilosen Oberbürgermeister A. Werner (1945–46); Wahlen in ganz B. im Okt. 1946 gewann die SPD, der 1947 zum Oberbürgermeister gewählte E. Reuter (SPD) wurde durch sowjet. Einspruch am Amtsantritt (bis Dez. 1948) gehindert; am 16. Juni 1948 zog sich die UdSSR aus der Alliierten Kommandantur für B. zurück. Die Durchführung der Währungsreform in den Westsektoren am 23. Juni 1948 hatte die ↑Berliner Blockade zur Folge, während der B. (West) durch die Luft versorgt wurde. Im Sept. 1948 war B. schließlich politisch in B. (West) und B. (Ost) gespalten.

Berlin (West): Gezwungen vom Verhalten der SED und der sowjet. Besatzungsmacht, verlegten Magistrat und Abg.haus ihren Sitz im Sept. 1948 u. a. ins Rathaus Schöneberg im W der Stadt. Unter E. Reuter begann der wirtsch. und kulturelle Wiederaufbau; im Rahmen der ↑Besatzungsvorbehalte entwickelten sich immer engere Beziehungen zur BR Deutschland, wobei die Westalliierten die Bestimmungen des GG für B. suspendiert hatten und an der Viermächteverantwortung für Groß-B. festhielten. Die Verfassung von 1950 wies zwar B. (West) als Land der BR Deutschland aus, doch galt diese Bestimmung bis 1990 nur eingeschränkt. Auch das Viermächteabkommen von 1971 stellte fest, daß B. (West) „kein konstitutiver Teil" der BR Deutschland sei. Die Hoheitsgewalt über B. (West) wurde von den drei Westalliierten ausgeübt: Die Vertreter von B. (West) im Bundestag (nicht von der Bev., sondern vom Abg.haus gewählt) und im Bundesrat hatten kein volles Stimmrecht. Bundesgesetze bedurften zu ihrer Gültigkeit in B. (West) der Zustimmung des Abg.hauses. Außer 1953–55 (CDU-FDP-Koalition unter W. Schreiber) stellte die SPD bis 1981 den Regierenden Bürgermeister: O. Suhr (1955–57), W. Brandt (1957–66), H. Albertz (1966/67), K. Schütz (1967–77), D. Stobbe (1977–81), H.-J. Vogel (Jan.–Juni 1981). Nach vorgezogenen Wahlen im Mai 1981, bei denen erstmals die Alternative Liste Sitze im Abg.haus errang, bildete die CDU unter R. von Weizsäcker den Senat (seit 1983 Koalition CDU/FDP), seit 1984 unter E. Diepgen (1985 wiedergewählt). Die nach den Wahlen vom Jan. 1989 gebildete Koalition von SPD und Alternativer Liste unter W. Momper brach Ende Nov. 1990 auseinander.

Berlin (Ost): Im Sept. 1948 wurde F. Ebert (SED) Oberbürgermeister im Ostsektor. Obwohl nicht integraler Bestandteil der 1949 gegründeten DDR, behandelte die DDR-Reg. B. (Ost) widerrechtlich als Hauptstadt und praktisch wie einen Bezirk der DDR (z. B. 1962 trotz entmilitarisiertem Status von Gesamt-B. Einführung der Wehrpflicht, seit 1981 Direktwahl der Ostberliner Abg. für die Volkskammer); dabei blieben alliierte Besatzungsvorbehalte (z. B. Bewegungsfreiheit alliierten Personals in Gesamt-B.) immer unangetastet. – Am 17. Juni 1953 war B. (Ost) ein Zentrum des Arbeiteraufstandes gegen das SED-Regime. Nachdem das sowjet. Ultimatum von 1958 (Umwandlung von B. [West] in eine freie entmilitarisierte Stadt gefordert) eine neue B.krise ausgelöst hatte, führte der anhaltende Flüchtlingsstrom aus der DDR am 13. Aug. 1961 zum Bau der ↑Berliner Mauer. Seitdem versuchte die SED, verstärkt in den 70er/80er Jahren (1967–74, E. Fechner, 1974–90 E. Krack [beide SED] Oberbürgermeister), B. (Ost) zum repräsentativen Machtzentrum auf- und auszubauen, z. B. durch aufwendige Renommierbauten und Restaurationsarbeiten (↑Berlin [Kunst]).

Eine ungeahnte Ausmaße annehmende Fluchtbewegung im Sommer und Herbst 1989 sowie anhaltende Massenproteste v. a. in Leipzig und B. (Ost), Höhepunkt: Kundgebung am 4. Nov. 1989 auf dem Alexanderplatz, führten am 9. Nov. 1989 zur Öffnung der Berliner Mauer (am 22. Dez. 1989 des Brandenburger Tores; Abbau der Mauer ab Jan. 1990) und damit zu einem ungehinderten Zugang nach B. (West). Nach den ersten freien Kommunalwahlen in B. (Ost) am 7. Mai 1990 entwickelte sich unter Oberbürgermeister T. Schwierzina (SPD) eine verstärkte Zusammenarbeit beider Stadtteile auf vielen Gebieten.

Berlin
Stadtwappen

Das Schauspielhaus am Platz der Akademie (ehemals Gendarmenmarkt), 1818–21 von Karl Friedrich Schinkel erbaut

Das Rote Rathaus im Neurenaissancestil, Backsteinbau mit Terrakotten, Turm 74 m hoch, 1861–70 von Hermann Friedrich Waesemann erbaut, nach Kriegsschäden 1951–56 wiederhergestellt

Berlin

Verwaltungsgliederung (Stand 1991)	Fläche (km²)	E (in 1 000)
Bezirke		
Charlottenburg	30,3	184,7
Friedrichshain	9,8	107,3
Hellersdorf	28,1	123,4
Hohenschönhausen	25,9	119,1
Köpenick	127,4	109,3
Kreuzberg	10,4	155,0
Lichtenberg	26,4	167,0
Marzahn	31,5	166,7
Mitte	10,7	80,0
Neukölln	44,9	309,4
Pankow	61,9	107,0
Prenzlauer Berg	10,9	143,5
Reinickendorf	89,4	233,2
Schöneberg	12,3	156,0
Spandau	91,9	217,7
Steglitz	31,9	188,3
Tempelhof	40,8	187,9
Tiergarten	13,4	93,4
Treptow	40,6	103,2
Wedding	15,4	164,0
Weißensee	30,1	51,6
Wilmersdorf	34,4	146,9
Zehlendorf	70,5	100,2

Im Zuge der Vereinigung der beiden dt. Staaten (1. Juli 1990 Aufhebung der Grenzkontrollen; 2. Okt. 1990 Suspendierung der alliierten Hoheitsrechte; 3. Okt. 1990 feierl. Staatsakt zum Beitritt der DDR zum GG vor dem Reichstagsgebäude) kam es auch zur Wiederherstellung der Einheit B.; die ersten freien Gesamtberliner Wahlen seit 1946 am 2. Dez. 1990 führten im Jan. 1991 zur Bildung eines CDU-SPD-Senats unter E. Diepgen. – Am 20. Juni 1991 beschloß der Bundestag, den Sitz von Parlament und Reg. nach einer Übergangszeit von Bonn nach B. zu verlegen. Seit 1992 besteht ein Verfassungsgerichtshof. Vorgesehen ist die Fusion B. mit Brandenburg bis 1999.

Verfassung: Nach der seit dem 11. Jan. 1991 für ganz B. gültigen Verfassung West-Berlins von 1950 liegt die Landesgesetzgebung beim Landesparlament, dem *Abgeordnetenhaus,* dessen 241 Mgl. auf 4 Jahre gewählt werden. Träger der Exekutive ist die Landesregierung *(Senat)* mit dem Regierenden Bürgermeister an der Spitze und den Senatoren als Ressortchefs der einzelnen Senatsverwaltungen.

Bauten: Mehrere Dorfkirchen aus dem 13. Jh. Das Jagdschloß Grunewald blieb im Kern als Renaissanceschloß (1542) erhalten, 1593 erweitert, um 1770 ausgebaut. Die Zitadelle Spandau wurde unter Einbeziehung älterer Teile (u. a. Juliusturm; 14. Jh.) 1560–94 in neuitalien. Stil erbaut. – Der preuß. Barock kam in B. unter A. Schlüter zu großer Blüte: Bedeutendster Bau war das B. Schloß (1716, 1950 abgebrochen). Er vollendete 1706 das Zeughaus. – Unter Friedrich d. Gr. entstanden zahlr. Rokokobauten: Königl. Hofoper (1740–47; heute Dt. Staatsoper). Schloß Charlottenburg (1695 ff., Kuppel 1712) erhielt 1740–43 den O-Flügel; 1788–90 Anbau des Schloßtheaters und Vollendung des Belvedere, im Ehrenhof das Reiterdenkmal des Großen Kurfürsten (1697 von A. Schlüter); Hedwigs-Kathedrale (1747–73; beim Wiederaufbau 1963 stark umgestaltet). – Aus der Zeit des Klassizismus stammen u. a. das ↑ Brandenburger Tor mit der Quadriga, die Neue Wache (1816–18; heute Mahnmal für die Opfer des Faschismus und Militarismus). Einheitlichstes Bauensemble ist der Platz der Akademie (ehem. Gendarmenmarkt) mit Schinkels Schauspielhaus (1818–21), flankiert von Dt. und Frz. Dom (1701–08, Kuppeltürme 1780–85). Unter K. F. Schinkel klassizistisch umgestaltet wurden Schloß Kleinglienicke (1814) und Schloß Tegel (1821–23). – Im neugot. Stil erbaute Schinkel die Friedrichswerdersche Kirche (1824–30; restauriert, seit 1987 Schinkel-Museum). – Im 19. Jh. entstanden repräsentative öff. Bauten, u. a. das Rote Rathaus (1861–70; in rotem Backstein mit Terrakotten), das Reichstagsgebäude (1884–94; 1933 und 1945 stark zerstört; wiederaufgebaut), Dom (1894–1905). Ein einmaliges Bauensemble bietet die Museumsinsel mit Altem Museum von Schinkel (1822–30), Nationalgalerie (1866–76), Bodemuseum (1897–1904), Pergamonmuseum (1925–30 anstelle des alten, 1902 errichteten, 1908 abgerissenen Pergamonmuseums erbaut). – Zw. 1900 und 1915 entstanden das Warenhaus Wertheim, das Lette-Haus, die Montagehalle der AEG-Turbinenfabrik, das Hebbeltheater und die Volksbühne, in den 20er Jahren moderne Siedlungen, u. a. Onkel-Toms-Hütte und Siemensstadt. 1924–26 wurde der Funkturm erbaut. – Nach 1933 entstanden der Flughafen Tempelhof, das Olympiastadion, die Waldbühne sowie die Bauten der ehem. Reichskanzlei (zerstört). – Während des 2. Weltkrieges wurde die Innenstadt (v. a. östliche Teile) stark zerstört. Eine einheitl. Stadtplanung des Wiederaufbaus scheiterte an der Spaltung B. Mit der Erneuerung des Zeughauses, der Humboldt-Universität, später des Opernhauses, der Neuen Wache begann die Wiederherstellung des histor. Teiles der „Linden"; es folgten das Prinzessinnenpalais, das Alte Palais, das Alte Museum, die histor. Bauten am Platz der Akademie. – 1949 wurde das Sowjet. Ehrenmal in Treptow errichtet. Als Gedenkstätte für die Hingerichteten in Plötzensee wurde 1961–63 die Kirche Maria Regina Martyrum erbaut. – Nach dem 2. Weltkrieg entstanden zur Interbau 1957 das Hansaviertel am Tiergarten, die Unité d'habitation „Typ Berlin" (von Le Corbusier) und die Kongreßhalle (1957 von H. A. Stubbins, 1980 z. T. eingestürzt, 1986 wiederaufgebaut). E. Eiermann baute neben die Turmruine der Kaiser-Wilhelm-Gedächtniskirche 1959–63 einen Kirchenraum auf achteckigem Grundriß, ein Foyer sowie einen sechseckigen neuen Kirchturm. Die Randbebauung des Alexanderplatzes (u. a. Haus des Lehrers, Kongreßhalle, Hotel „Stadt B.") sowie der 365 m hohe Fernsehturm stammen bis auf das Berolinahaus und das Warenhaus „Centrum" aus den Jahren nach 1960. Anstelle des Berliner Schlosses wurde unter Einbeziehung des histor. Lustgartens der Marx-Engels-Platz angelegt und in das ehem. Staatsratsgebäude (1962–64) als letzter Rest des Schlosses ein zweigeschossiges Barockportal eingefügt. Ein weiteres beherrschendes Element des Platzes ist der Palast der Republik (1973–76). Zu den wichtigsten Einzelbauten gehören im Bezirk Tiergarten die Philharmonie (1960–63), die neue Nationalgalerie (1965–68 von L. Mies van der Rohe) und die neue Staatsbibliothek (1967–78). Neubauten sind auch das Internat. Congress-Centrum (ICC; 1976–79), das Museum für Gestaltung (1976–79). – 1984 entstand der neue Friedrichstadtpalast als modernstes Revuetheater Europas. Bis 1987 erfolgte unter Einbeziehung moderner Bauelemente der Wiederaufbau des Nikolaiviertels mit Nikolaikirche (1230–1470). U. a. im Rahmen der

Berliner Blockade. Versorgung der Westberliner durch amerikanische und britische Flugzeuge

Internat. Bauausstellung B. (IBA) 1987 wurden weitere Neubebauungen und Sanierungen durchgeführt (südl. Friedrichstadt, Luisenstadt).

B., Bistum, auf Grund des preuß. Konkordats (1929) aus der seit 1821 bestehenden Apostol. Delegatur B. 1930 errichtet und der Kirchenprovinz Breslau, seit 1972 direkt dem Hl. Stuhl unterstellt. – ↑katholische Kirche (Übersicht).

Berlinabkommen, Kurzbez. für das Viermächteabkommen über Berlin vom 3. Sept. 1971 zw. den USA, Großbritannien, Frankreich und der UdSSR (trat am 3. Juni 1972 in Kraft). Es bestätigte die Verantwortlichkeiten und Rechte der vier Mächte unter Wahrung ihrer unterschiedl. Rechtspositionen. Die UdSSR verpflichtete sich, den zivilen Transitverkehr zw. Berlin (West) und der BR Deutschland zu erleichtern und nicht zu behindern. Aufrechterhalten und entwickelt werden sollten die Bindungen zw. der BR Deutschland und den Westsektoren Berlins, die kein konstitutiver Teil der BR Deutschland waren und nicht von ihr regiert werden durften. Die „Kommunikationen" zw. Berlin (West) und Berlin (Ost) sowie der DDR sollten verbessert werden. Berlin (West) sollte durch die BR Deutschland im Ausland vertreten werden können. Das B. wurde mit Wiederherstellung der dt. Einheit (3. Okt. 1990) und Verzicht der Alliierten auf noch bestehende Rechte in bezug auf Berlin und Deutschland („Suspendierungserklärung") gegenstandslos.

Berlingle, alljährlich im Sommer in Berlin stattfindende Filmfestspiele.

Berline, viersitziger Reisewagen des 17./18. Jh. (zuerst in Berlin) mit Vollfederung.

Berliner, Emil (Emile), *Hannover 20. Mai 1851, †Washington 3. Aug. 1929, dt.-amerikan. Elektroingenieur. – Erfand 1877 ein Mikrophon und 1887 das Grammophon, das runde, mit einer Wachsschicht versehene Zinkplatten als Tonträger verwendete. – ↑Berliner-Schrift.

Berliner ↑Berliner Pfannkuchen.

Berliner Abendblätter, von H. v. Kleist 1810/11 hg. Berliner Lokalzeitung.

Berliner Blau (Eisencyanblau), Eisen(III)-hexacyanoferrat(II), einer der ältesten künstl. Farbstoffe, der sich aus gelbem oder rotem Blutlaugensalz herstellen läßt.

Berliner Blockade, die von der UdSSR im Zuge der verschärften Ost-West-Spannung verhängte Sperrung der Land- und Wasserwege für den Personen- und Güterverkehr zw. West-Berlin und Westdeutschland vom 24. Juni 1948 bis 12. Mai 1949, während der die Versorgung West-Berlins durch die von den USA und Großbritannien errichtete Luftbrücke sichergestellt werden konnte.

Berliner Ensemble, Schauspieltheater, gegr. 1949 in Berlin (Ost) von B. Brecht und H. Weigel (bis Mai 1971 Leitung); seit März 1954 im eigenen Haus, dem Theater am Schiffbauerdamm. Intendanz 1971–77 R. Berghaus, 1977–91 M. Wekwerth; nach mehreren Interimsbesetzungen sollte Ende 1991 ein Fünfergremium (P. Zadek, P. Palitzsch, M. Langhoff, F. Marquardt, Heiner Müller) die Leitung übernehmen.

Berliner Kongreß, Zusammenkunft führender Staatsmänner der europ. Großmächte und des Osman. Reiches 1878 zur Ordnung der Verhältnisse auf dem Balkan. Als „ehrl. Makler" übernahm der dt. Reichskanzler Bismarck die Aufgabe, den Balkankonflikt zw. Großbritannien, Rußland und Österreich-Ungarn zu schlichten. Die neue Balkanordnung führte jedoch zu neuen Spannungen: Verschärfung der russisch-östr. Rivalität und der nat. Frage auf dem Balkan.

Berliner Maler, att. Vasenmaler des rotfigurigen Stils, tätig etwa von 500–460; ben. nach einer von ihm bemalten Bauchamphora (um 490 v. Chr.), die sich in Berlin (Staatl. Museen) befindet.

Berliner Mauer, von der DDR-Regierung mit Zustimmung der Mgl. des Warschauer Paktes veranlaßte Sperrmaßnahmen, die seit dem 13. Aug. 1961 die Sektorengrenze zw. Berlin (Ost) und Berlin (West) bis auf wenige Übergänge hermetisch abriegelten; sollte v. a. den steigenden Flüchtlingsstrom aus Berlin (Ost) stoppen; beim Versuch, die B. M. von O nach W zu überwinden, wurden über 70 Menschen getötet. Im Zusammenhang mit den polit. Umwälzungen in der DDR öffnete deren Reg. am 9. Nov. 1989 die B. M.; am 1. Juli 1990 wurden die Grenzkontrollen eingestellt. Die B. M. wurde größtenteils abgerissen; Reste bleiben als Denkmäler erhalten.

Berliner Mauer am Potsdamer Platz, 1964

Berliner Morgenpost, dt. Zeitung, ↑Zeitungen (Übersicht).

Berliner Pfannkuchen (Berliner), mit Konfitüre gefülltes Hefegebäck.

Berliner Phänomen, plötzl., starke Erwärmung der Stratosphäre gegen Ende des Winters, die jedoch nicht regelmäßig auftritt (erstmals 1952 über Berlin beobachtet). Die Ursachen sind noch nicht restlos geklärt.

Berliner Philharmoniker (B. Philharmon. Orchester), 1882 aus der 1867 gebildeten Kapelle des Liegnitzer Stadtmusikers Benjamin Bilse (*1816, †1902) hervorgegangenes Orchester, internat. Spitzenorchester. Leiter: H. von Bülow, A. Nikisch, W. Furtwängler, S. Celibidache, H. von Karajan, C. Abbado.

Berliner Porzellan, Porzellan der Berliner Porzellanmanufaktur; eine 1751 gegr., 1761 neugegr. Manufaktur, 1763 von Friedrich d. Gr. übernommen (Königl. Preuß. Manufaktur; KPM erschien jedoch erst seit 1837 in der Marke). Durch Tafelgeschirr mit Blumendekor führend für Deutschland. Auch im Klassizismus und Jugendstil vorzügl. Services. 1945–55 war die Manufaktur in Selb, seitdem wieder in Berlin.

Berliner-Schrift [nach E. Berliner] (Seitenschrift), bei der Schallplattenherstellung ein Tonaufzeichnungsverfahren, bei dem – im Ggs. zur ↑Edison-Schrift – eine horizontale Auslenkung der Graviernadel erfolgt. Eine Kombination beider „Schriften" ist die Stereoschrift.

Berliner Schule (Norddt. Schule), Bez. für die v. a. am Hofe Friedrichs II. wirkende Komponistengruppe (u. a. C. P. E. Bach, J. J. Quantz).

Berliner Singakademie, 1791 von Ch. F. Fasch gegr. älteste Berliner Chorvereinigung, die 1800–32 von C. F. Zelter geleitet wurde. Zelters Nachfolger waren: C. F. Rungenhagen, A. E. Grell, M. Blumner, G. Schumann, M. Lange.

Berliner Tageblatt und Handels-Zeitung, liberale Tageszeitung; erschien 1872–1939 im Verlag R. Mosse.

Berliner Testament, ein gemeinschaftl. Testament von Eheleuten, die sich gegenseitig zu Erben einsetzen und bestimmen, daß nach dem Tode des überlebenden Ehepart-

Berliner Vertrag

ners der Nachlaß beider an einen oder mehrere Dritte fallen soll (§ 2 269 BGB).

Berliner Vertrag, Geheimvertrag zw. König Friedrich Wilhelm I. von Preußen und Kaiser Karl VI. von 1728; hatte die Pragmat. Sanktion und die preuß. Ansprüche auf das Hzgt. Berg zum Gegenstand.

▷ dt.-sowjet. Abkommen von 1926, in dem sich die Partner auf der Grundlage des Rapallovertrages zu strikter Neutralität bei Angriff eines der Vertragspartner durch Dritte und zur Nichtbeteiligung an wirtsch. Boykottmaßnahmen verpflichten; 1931 um 3 Jahre verlängert.

Berliner Weiße, obergäriges Weizen- und Gerstenmalzbier.

Berliner Zeitung, dt. Zeitung, ↑ Zeitungen (Übersicht).

Berlinförderungsgesetz, Kurzbez. für das Gesetz zur Förderung der Berliner Wirtschaft i. d. F. vom 23. 2. 1982 (1964–70: **Berlinhilfegesetz**); sah steuerl. Maßnahmen zugunsten der Wirtschaft Berlins (West) vor. Lief Ende 1991 aus.

Berlinfrage, als Teil der ↑ deutschen Frage nach dem 2. Weltkrieg ein Hauptkrisenpunkt der europ. Politik. Auf Grund des Berliner Viermächtestatus vom 5. Juni 1945 wurde Berlin seit Juli 1945 von amerikan., brit., frz. und sowjet. Truppen besetzt und, in vier Sektoren aufgeteilt, gemeinsam verwaltet. 1948 beendeten die Auseinandersetzungen zw. den Westalliierten und der UdSSR fakt. die Viermächteverwaltung der Stadt. Die UdSSR stellte im Juni ihre Mitarbeit in der Alliierten Hohen Kommandantur Berlin ein und verhängte die ↑ Berliner Blockade. Seit Sept. 1948 war auch die dt. Selbstverwaltung der Stadt gespalten. Die Berlinkonferenzen der folgenden Jahre brachten keine Lösung. 1958 verlangte die UdSSR ultimativ die Umwandlung von Berlin (West) in eine entmilitarisierte freie Stadt und kündigte die Vereinbarungen über Berlin. Dieses Vorgehen wurde von den Westalliierten zurückgewiesen. Die verschärften Spannungen eskalierten am 13. Aug. 1961 mit dem Bau der Berliner Mauer. Die polit. Vorstöße der UdSSR und der DDR zielten seit 1963 verstärkt auf die Isolierung Berlins (West) von der BR Deutschland. Seit März 1970 fanden Verhandlungen der vier Mächte statt, die am 3. Sept. 1971 mit dem ↑ Berlinabkommen abgeschlossen wurden. Ihre endgültige Lösung fand die B. mit der Wiederherstellung der Dt. Einheit 1990.

Berlinghieri, Berlinghiero, *um 1190, †Lucca um 1242, italien. Maler. – Tätig in Lucca. Sein Hauptwerk ist ein für das Kloster Santa Maria degli Angeli in Lucca geschaffenes Kruzifix (um 1220; heute Lucca, Pinacoteca Nazionale).

Hector Berlioz

Bermudainseln
Wappen

Berlingske Tidende [dän. ˈbɛrlɛŋsɡə ˈtiːðənə], dän. Zeitung, ↑ Zeitungen (Übersicht).

Berlinguer, Enrico, *Sassari 25. Mai 1922, †Padua 11. Juni 1984, italien. Politiker. – Seit 1959 im Parteivorstand der italien. KP (PCI); seit 1972 Generalsekretär der Partei; verstärkte durch seinen eurokommunist. Kurs und seine Strategie des „histor. Kompromisses" mit den Christdemokraten deutl. den polit. Einfluß der KP.

Berlinhilfegesetz ↑ Berlinförderungsgesetz.

Berlinklausel, Gesetzes- bzw. völkerrechtl. Vertragsklausel, nach der auf Grund des Genehmigungsvorbehaltes der Besatzungsmächte die vom Bundestag beschlossenen Gesetze in Berlin (West) nicht unmittelbar galten, jedoch unter bestimmten Bedingungen im Gesetzgebungswege vom Berliner Abg.haus in Geltung gesetzt werden konnten; durch Verzicht der Alliierten auf noch bestehende Rechte in bezug auf Berlin und Deutschland („Suspendierungserklärung", 2. Okt. 1990) entfallen.

Berlioz, Hector [frz. bɛrˈljoːz], *La Côte-Saint-André (Isère) 11. Dez. 1803, †Paris 8. März 1869, frz. Komponist. – Trotz großer Erfolge im Ausland blieb ihm in Frankreich die Anerkennung weitgehend versagt. B. ist ein Vertreter der Programmusik, der er mit einer als Ausdrucksmittel bis dahin unerhörten Ausnutzung des instrumentalen Klangfarben im Orchester neue Wege wies. – *Werke:* Programmsinfonien: Symphonie fantastique (1830), Harold in Italien (1834), Romeo und Julia (1839); Opern: Benvenuto Cellini (1838, dazu 2. Ouvertüre 1844), Beatrice und Benedikt (1862), Die Trojaner (II. Teil 1863, I. Teil 1890); Requiem (1837); Tedeum (1855); Fausts Verdammnis (dramat. Legende, 1846); Die Kindheit Christi (bibl. Trilogie, 1854).

Berlitzschulen, private Unterrichtsanstalten, in denen ausschließlich ausländ. Lehrkräfte in ihrer Muttersprache Sprachunterricht erteilen. Dabei werden Dinge, Bilder, Gesten u. a. zur Hilfe genommen. Die erste B. wurde 1878 durch M. D. Berlitz (*1852, †1921) in Providence (R. I., USA) gegründet.

Berlocke [frz.], Ziergehänge, im 18. und 19. Jh. an der Uhrkette getragen.

Berme [niederl.], waagrechter oder schwach geneigter Absatz in einer Böschung.

Bermejo, Bartolomé [span. bɛrˈmɛxo] (Vermejo), *Córdoba um 1430, †nach 1495, span. Maler. – Geschult an fläm. Malerei, u. a. bei van Eyck; sehr expressiver Stil. U. a. „Pietà des Archidiakons Luis Desplá" (1490; Barcelona, Kathedrale).

Bermejo, Río [span. ˈrrio βɛrˈmɛxo], Nebenfluß des Paraguay, entspringt in der bolivian. Kordillere, mündet 70 km ssw. von Formosa, Argentinien; 1 500 km lang.

Bermudadreieck, Teil des Atlantiks, etwa zw. den Bermudainseln, Hispaniola und Florida, in dem sich auf bisher nicht befriedigend erklärte Weise Schiffs- und Flugzeugunglücke häufen.

Bermudainseln, brit. Kronkolonie, Inselgruppe im westl. Nordatlantik, 53 km², 59 600 E (1990), Hauptstadt Hamilton. Die einer submarinen vulkan. Schwelle aufsitzenden B. bestehen aus etwa 360 Inseln, umgeben von Korallenriffen. Die 7 größten Inseln sind durch Brücken miteinander verbunden. Das vom Golfstrom beeinflußte Klima ist subtrop.-maritim. – Knapp $2/3$ der Bev. sind Schwarze und Mischlinge. Wichtigster Wirtschaftszweig ist der ganzjährige Fremdenverkehr. ✈ auf Saint David's Island.

Geschichte: Anfang des 16. Jh. entdeckt; Besiedlung und Übergang in engl. Besitz 1609–12; gingen 1684 an die engl. Krone über; im 18. Jh. zum brit. Flottenstützpunkt ausgebaut. 1941 verpachtete die brit. Regierung ein Areal im NW der B. an die USA auf 99 Jahre zur Anlage von Marine- und Luftwaffenstützpunkten.

Verfassung: Die Verfassung von 1968 brachte der Kronkolonie B. die Selbstverwaltung. An der Spitze der *Exekutive* steht der von der brit. Krone ernannte Gouverneur; er ist für Außenpolitik, Verteidigung und innere Sicherheit zuständig und ernennt den Premiermin. Die *Legislative* be-

Bern. Blick auf die Altstadt in der Aareschleife

steht außer ihm aus den 11 ernannten Mgl. des gesetzgebenden Rats und den 40 gewählten Mgl. des Abg.hauses. Es gibt zwei *Parteien:* die United Bermuda Party und die Progressive Labour Party. Auf den B. gilt engl. *Recht.*

Agnes Bernauer. Grabstein in Straubing, 1435–45

Bẹrn, Hauptstadt der Schweiz und des Kt. B., an der Aare, 540 m ü. d. M., 141 000 E. Sitz der schweizer. Reg. und zahlr. B.-Behörden. Univ. (gegr. 1834), Konservatorium; Sitz des Weltpostvereins und wiss. und kultureller Gesellschaften; Museen, u. a. Schweizer. Alpines Museum, Naturhistor. Museum, Kunstmuseum, Schweizer. Landesbibliothek; botan. Garten. Maschinen-, Apparate- und Fahrzeugbau, graph., Textil-, chem.-pharmazeut. und Nahrungsmittelind. – 1191 von Herzog Berthold V. von Zähringen gegr. (dabei u. U. Übertragung des Namens „Verona"); 1218 Reichsstadt. Während des Interregnums Anschluß an Savoyen. Im Laupenkrieg (1339) Unterstützung durch die Waldstätte, mit denen es 1353 ein ewiges Bündnis schloß. Im 14. Jh. brachte B. die meisten umliegenden Städte und Gebiete in seinen Besitz. Annäherung an die Eidgenossenschaft nach 1415; führte 1476/77 die Eidgenossen in den Kriegen gegen Burgund. Die Reformation wurde z. T. mit Gewalt eingeführt. 1536 schloß B. die savoyische Waadt; neben Zürich Vormacht der Eidgenossenschaft. Aufstände gegen die patriz. Reg. und der Landschaft gegen die Stadt (1653, 1723, 1749). 1798 frz. besetzt, Oberland, Aargau und Waadt wurden selbständige Kt. Seit 1848 B.-Hauptstadt. – Regelmäßige Anlage der Altstadt (von der UNESCO zum Weltkulturerbe erklärt) auf einem von der Aare umflossenen Sporn, an dessen Spitze Burg Nydegg (12./13. Jh.) liegt. Spätgot. Münster Sankt Vinzenz (15.–16. Jh.), barocke Heiliggeistkirche (1729 geweiht), spätgot. Nydeggkirche (1468–98), Rathaus (1406–16; restauriert), B.-Haus (1894–1902 in florentin. Renaissancestil), Stadttheater (1901–03), zahlr. Bauten des 18. Jh.

B., zweitgrößter Kt. der Schweiz, 6 049 km², 945 500 E (1990), Hauptstadt Bern; umfaßt, von S nach N, Teile der Berner Alpen, des Schweizer. Mittellandes und des schweizer. Jura. Die zu 80 % prot. Bev. ist größtenteils dt.sprachig, nur im Jura überwiegt die frz. Sprache. Im Mittelland werden v. a. Weizen und Zuckerrüben angebaut, in den Alpen wie auch im Jura dominiert Grünlandwirtschaft und Viehhaltung. Die Klimagunst am Rande des Jura erlaubt den Anbau von Gemüse, Tabak, Obst und Wein. – Führend ist die im Jura beheimatete Uhrenind.; Maschinen-, Apparate- und Fahrzeugbau sowie metallverarbeitende Ind. sind v. a. in den Ballungsräumen Bern und Biel (BE) angesiedelt. Die Nahrungsmittelind. umfaßt v. a. Großmolkereien und Käsereien.

Geschichte: Entstand aus ehem. Untertanengebiet der Stadt Bern; 1798 wurden Aargau, Oberland und Waadt eigene Kantone (Oberland 1803 wieder eingegliedert); 1815 Angliederung eines großen Teils des säkularisierten Bistums Basel; 1979 wurde der neugebildete Kanton Jura abgetrennt.

Verfassung: Nach der Staatsverfassung vom 26. April 1893 liegt die *Exekutive* beim vom Volk auf 4 Jahre gewählten Regierungsrat (9 Mgl.). Die *Legislative* bilden der vom Volk auf 4 Jahre gewählte Große Rat (200 Mgl.) und das Volk selbst (obligator. Referendum).

Bernadette [frz. bɛrnaˈdɛt] hl., ↑Soubirous, Bernadette.

Bernadotte [frz. bɛrnaˈdɔt, schwed. ˌbærnaˈdɔt], urspr. in Béarn (SW-Frankreich) ansässiges frz. Geschlecht, dem Jean-Baptiste B., der spätere schwed. König Karl XIV. Johann, entstammte.

B., Folke, Graf von Wisborg, *Stockholm 2. Jan. 1895, †Jerusalem 17. Sept. 1948, schwed. Philanthrop. – Neffe König Gustavs V. Adolf von Schweden. 1943 Vizepräs., 1946 Präs. des schwed. Roten Kreuzes; 1948 in Palästina von jüd. Extremisten ermordet, als er im Auftrag der UN zw. Arabern und Israelis zu vermitteln suchte.

Bernanos, Georges, *Paris 20. Febr. 1888, †Neuilly-sur-Seine 5. Juli 1948, frz. Dichter. – Künder einer geistigen Erneuerung auf kath. Grundlage. Stellt den Kampf mit dem Bösen als Ringen zw. Gott und Satan im Menschen dar. Höhepunkt seines Schaffens: „Tagebuch eines Landpfarrers" (1936) und „Die begnadete Angst" (Dr., 1949). – *Weitere Werke:* Die Sonne Satans (R., 1926), Die tote Gemeinde (R., 1943).

Bernard [frz. bɛrˈnaːr], Claude, *Saint-Julien (Rhône) 12. Juli 1813, †Paris 10. Febr. 1878, frz. Physiologe. – Prof. am Collège de France (1855); B. erkannte u. a. die Funktion der Bauchspeicheldrüse und der Leber bei Verdauungsvorgängen.

B., Émile, *Lille 28. April 1868, †Paris 16. April 1941, frz. Maler, Zeichner, Graphiker und Kunstkritiker. – B. entwickelte den „Cloisonnismus" (Umrandung farbiger Flächen durch dunkle Konturen). Trat als Publizist für die Art nouveau, van Gogh, Cézanne ein.

Bernardin de Saint-Pierre, Jacques Henri [frz. bɛrnardɛ̃səˈpjɛːr], *Le Havre 19. Jan. 1737, †Éragny bei Paris 21. Jan. 1814, frz. Schriftsteller. – Mit seiner Naturauffassung gilt er als Vorläufer F. R. de Chateaubriands und A. de Lamartines. u. a. „Betrachtungen über die Natur" (4 Bde., 1784–88) und der Erzählung „Paul und Virginie" (1788), die seinen literar. Ruhm begründete.

Bernardino de Sahagún [span. bɛrnarˈðino ðe saaˈyun], eigtl. B. Ribeira, *Sahagún (Prov. León) vermutlich 1499 oder 1500, †Tlatelolco (= Mexiko) 23. Okt. 1590, span. Franziskaner und Ethnologe. – Seit 1529 Missionar in Mexiko. Seine „Historia general de las cosas de Nueva España" (12 Bde.) ist das bedeutendste Quellenwerk für die Kultur der Azteken vor der span. Eroberung.

Bernardone, Giovanni ↑Franz von Assisi.

Bernart de Ventadour [frz. bɛrnardəvãtaˈduːr], auch B. von Ventadorn, *Schloß Ventadour (Corrèze) zw. 1125 und 1130, †vermutlich um 1195, provenzal. Troubadour. – Nach 1152 am Hof der Eleonore von Aquitanien, der er zahlr. Minnelieder (rd. 40 erhalten) widmete.

Bernatzik, Hugo Adolf [–'– –], *Wien 26. März 1897, †ebd. 9. März 1953, östr. Ethnologe. – Hg. der „Großen Völkerkunde" (3 Bde., 1939), des „Afrika-Handbuchs" (2 Bde., 1947).

Bernau, Landkr. in Brandenburg.

Bernau b. Berlin, Stadt im Ballungsraum Berlin, in Brandenburg, 60 m ü. d. M., 19 000 E. Lederind. – Um 1230 gegr., 1296 erstmals als Stadt erwähnt.

Bernauer (Pernauer, Perner, Berner), Agnes, †Straubing 12. Okt. 1435, Augsburger Badertochter. – Wohl 1432 heimlich ∞ mit Herzog Albrecht III. von Bayern-München, von dessen Vater Ernst 1435 gefangengesetzt und als Hexe in der Donau bei Straubing ertränkt. – Tragödie F. Hebbels „Agnes B." (1855), C. Orffs Musikdrama „Die Bernauerin" (1947).

Bernburg, Landkr. in Sachsen-Anhalt.

Georges Bernanos

Claude Bernard

Bern
Hauptstadt der Schweiz (seit 1848)

141 000 E

zähring. Gründung (1191)

regelmäßige, überwiegend rechtwinklige Anlage der Altstadt auf einem von der Aare umflossenen Sporn

Sitz des Weltpostvereins

Bern
Stadtwappen

Bern
Kantonswappen

Bernburg/Saale

Bernburg/Saale
Stadtwappen

Bernburg/Saale, Krst. in der südl. Magdeburger Börde, Sa.-Anh., 55 m ü.d.M., 41 000 E. Landw. Hochschule; Theater; Steinsalzbergbau, Sodafabrik, Serumwerk, Maschinenbau. – Aus den Siedlungskernen Tal- (Stadtrecht 1278) und Bergstadt (Stadtrecht zw. 1442/57) zusammengewachsen. 1251–1468 und 1603–1863 Residenz des anhalt. Fürstenhauses. – In der Bergstadt Renaissanceschloß (Museum).

Berneck i. Fichtelgebirge, Bad ↑ Bad Berneck i. Fichtelgebirge.

Berner ↑ Bernauer.

Berner Alpen (Berner Oberland), Teil der Westalpen, v. a. im Kt. Bern gelegen, zw. dem Rhonetal im W und S, dem Reußtal im O und dem Schweizer Mittelland im N. Der nördl. Teil erreicht Höhen zw. 1900 und 2400 m ü.d.M.; der S-Teil begleitet das alpine Längstal der Rhone und setzt sich aus mehreren Bergmassiven und -ketten zus., die alle stark vergletschert sind, höchste Gipfel in der ↑ Finsteraarhorngruppe (Finsteraarhorn 4274 m). Bed. Fremdenverkehr, Almwirtschaft.

Berner Klause, Engtalstrecke der Etsch, ↑ Veroneser Klause.

Berner Konvention, svw. ↑ Berner Übereinkunft.

Berner Laufhund, schweizer. Laufhund mit großen, schwarzen Platten und einzelnen Tupfen auf weißem Fellgrund, roten Feuerflecken über den Augen, an Schnauze und Backen; fährtensicherer Jagdhund.

Berner Oberland, svw. ↑ Berner Alpen.

Berner Sennenhund, in der Schweiz gezüchtete Rasse mittelgroßer, bis 70 cm schulterhoher, kräftiger, langhaariger Haushunde mit glänzend schwarzem Fell und braunroten bzw. weißen Abzeichen und Hängeohren. Urspr. Hütehund, heute v. a. Schutz- und Begleithund (Blindenhund).

Berner Übereinkunft, (B. Konvention) in Bern 1874 abgeschlossener internat. Vertrag, durch den der Allg. Postverein, der Vorgänger des Weltpostvereins, gegr. wurde. ▷ 1886 geschlossener völkerrechtl. Vertrag zum Schutz des Urheberrechtes an Werken der Literatur, Musik und der bildenden Kunst. Die B. Ü. wurde in der Folge mehrfach durch Zusatzverträge abgeändert bzw. neueren Verhältnissen angepaßt (Paris 1896, Berlin 1908, Bern 1914, Rom 1928, Brüssel 1948, Stockholm 1967, Paris 1971). Ihr gehören fast alle europ. und zahlr. außereurop. Staaten an (die USA und die UdSSR traten nicht bei). ▷ am 25. 2. 1961 in Bern abgeschlossenes internat. Übereinkommen über den Eisenbahn-, Personen-, Fracht- und Gepäckverkehr, dem die meisten europ. Staaten beitraten; in Kraft seit 1. 1. 1965.

Berneuchener Bewegung, eine 1923 auf dem Gut Berneuchen gegr. Erneuerungsbewegung; pflegt das Gemeinschaftsleben, die Feier der Messe, das Stundengebet und veranstaltet Freizeiten zur Rückgewinnung von der Kirche entfremdeten Christen.

Bernhard, Name von Herrschern:
Niederlande:
B., *Jena 29. Juni 1911, Prinz der Niederlande (seit 1937), Prinz von Lippe-Biesterfeld. – Seit 1937 ⚭ mit Juliana, Kronprinzessin, 1948–80 Königin der Niederlande; wurde 1970 Generalinspekteur der niederl. Streitkräfte; trat 1976 im Zusammenhang mit einem Bestechungsvorwurf von allen öff. Ämtern zurück.
Sachsen:
B., Graf von Aschersleben (Anhalt), *um 1140, †Bernburg/Saale 9. Febr. 1212, Herzog (seit 1180). – Sohn Albrechts des Bären, erbte 1170 den askan. Stammbesitz zw. Harz und Elbe; 1180 mit dem Hzgt. Sachsen belehnt.
Sachsen-Weimar:
B., *Weimar 16. Aug. 1604, † Neuenburg (Baden) 18. Juli 1639, Herzog und Feldherr. – Kämpfte seit 1631 auf der Seite Gustav Adolfs; übernahm nach dessen Tod das Kommando; erhielt 1633 den Oberbefehl in Süddeutschland und wurde mit dem Hzgt. Franken belehnt; verlor nach Niederlage bei Nördlingen sein Hzgt.; trat 1635 in frz. Dienste und erhielt die Landgrafschaft Elsaß sowie die Landvogtei Hagenau.

Thomas Bernhard

Sarah Bernhardt

Leonard Bernstein

Bernhard von Clairvaux [frz. klɛr'vo], hl., *Schloß Fontaine bei Dijon um 1090, † Clairvaux (Aube) 20. Aug. 1153, Zisterzienserabt, Mystiker. – Stammte aus burgund. Adel, 1112 Mönch in Cîteaux, 1115 Gründer und Abt des Klosters Clairvaux, von dem zu seinen Lebzeiten weitere 68 Filialgründungen ausgingen. Der Orden der ↑ Zisterzienser wurde von ihm wesentlich mitgeprägt. Seine Mystik wurde bestimmend für das ganze MA, sein Einfluß auf Predigt und geistl. Leben reicht bis weit in die Neuzeit. Hauptwerk: „De consideratione" (1149–52). – Sein Beiname *„Doctor mellifluus"* („honigfließender Lehrer" wegen seiner Beredsamkeit), im 15. Jh. aufgekommen, ließ ihn zum Patron der Imker und Wachszieher werden. Dargestellt u. a. mit einem Bienenkorb, mit Kreuz oder Passionswerkzeugen, mit einem gefesselten Teufel. 1174 heiliggesprochen, 1830 zum Kirchenlehrer erhoben. – Fest: 20. August.

Bernhardiner

Bernhard, Christoph, *Kolberg 1. Jan. 1628, † Dresden 14. Nov. 1692, dt. Komponist. – Seit 1681 Kapellmeister der Hofkapelle in Dresden; einer der bedeutendsten Vertreter norddt.-prot. Musiktradition.
B., Thomas, *Kloster bei Heerlen (Niederlande) 10. Febr. 1931, †Gmunden 12. Febr. 1989, östr. Schriftsteller. – Düster-melanchol. Lyrik, eigenwillige Prosa (u.a. „Frost", R., 1963), z.T. autobiographisch („Die Ursache", R., 1975; „Der Keller", R., 1976; „Der Atem", R., 1978; „Die Kälte", R., 1981), z.T. verbissen zeitkritisch („Wittgensteins Neffe", R., 1982; „Holzfäller", R., 1984; „Auslöschung", R., 1986); auch tragikom., provokante Dramen (u.a. „Vor dem Ruhestand", 1979; „Heldenplatz", 1988).

Bernhardin von Siena (italien. Bernardino da Siena), hl., *Massa Marittima (Prov. Grosseto) 8. Sept. 1380, † L'Aquila 20. Mai 1444, italien. Franziskaner (seit 1402). – Volksprediger. 1450 heiliggesprochen. – Fest: 20. Mai.

Bernhardiner, nach ↑ Bernhard von Clairvaux geprägter Name der ↑ Zisterzienser.

Bernhardiner, bereits 1665 auf dem Großen Sankt Bernhard gezüchtete Rasse kräftiger, bis 80 cm schulterhoher Haushunde mit großem Kopf, kurzer Schnauze, überhängenden Lefzen, Hängeohren, kräftigen Gliedmaßen und breiten Pfoten; charakterist. Weißfärbung mit roten, gelben oder braunen Platten; Schutz- und Wachhund, auch Lawinensuchhund.

Bernhardinerinnen, der weibl. Zweig der ↑ Zisterzienser oder Reformgruppen dieses Ordens.

Bernhardt, Sarah [frz. bɛr'naːr], eigtl. Henriette Rosine Bernard, *Paris 22. Okt. 1844, †ebd. 26. März 1923, frz. Schauspielerin. – Debütierte 1862 an der Comédie Française; gab seit 1880 zahlr. Auslandsgastspiele; übernahm 1899 das Théâtre des Nations, das ihren Namen trägt.

Berni, Francesco, *Lamporecchio (Prov. Pistoia) 1497 oder 1498, † Florenz 26. Mai 1535, italien. Dichter. – Berühmt v. a. wegen seiner parodist. Sonette und sog. Capitoli mit politisch-satir. Nebensinn („poesia bernesca").

Berninagruppe, Gebirgsstock der Rät. Alpen, Schweiz, im **Piz Bernina** 4049 m hoch.

Berninapaß ↑ Alpenpässe (Übersicht).

Berni̱ni, Gian Lorenzo, *Neapel 7. Dez. 1598, †Rom 28. Nov. 1680, italien. Baumeister und Bildhauer. – Einer der hervorragendsten Meister des italien. Hochbarock. Kam um 1605 nach Rom, spätestens seit 1623 im päpstl. Dienst. 1665 folgte er einer Einladung Ludwigs XIV. nach Paris. Seine Bauten sind durch Bewegung und perspektiv. Wirkungen geprägt. Schöpfer der Kolonnaden des Petersplatzes in Rom (1656–67). Bed. Kirchenbauten, u. a. Sant'Andrea al Quirinale in Rom (1658 ff.), und der Umbau des Palazzo Odescalchi (Chigi) in Rom (1664–67) mit dreigeteilter Fassade und der Kolossalordnung von Pilastern auf einer hohen Basis im Mittelteil. Sein Entwurf für die O-Fassade des Louvre in Paris (1665) wurde abgelehnt. Das bildhauer. Werk umfaßt Porträts, Festdekorationen, Brunnen (Vierströmebrunnen auf der Piazza Navona, 1648–51), mytholog. Figuren („Apoll und Daphne", in der Villa Borghese, 1625), Heilige („Verzückung der hl. Therese" in Santa Maria della Vittoria, 1647–52), Grabmäler (v. a. Grabmal Urbans VIII. in der Peterskirche, 1628–47) sowie den Baldachin (1624–33) und die Cathedra Sancti Petri (1656–66) in der Peterskirche. Auch bed. Zeichnungen.

Berni̱s, François Joachim de Pierre de, *Saint-Marcel-d'Ardèche 22. Mai 1715, †Rom 2. Nov. 1794, frz. Kardinal (1758), Politiker und Schriftsteller. – 1757/58 Min. des Auswärtigen; ab 1769 Gesandter in Rom, wo er die Wahl Klemens' XIV. und die Aufhebung des Jesuitenordens (1773) betrieb.

Be̱rnkastel-Kues [ˈkuːs], Stadt an der Mosel, Rhld.-Pf., 110 m ü. d. M., 6 800 E. Moselweinmuseum, Weinbauschule; Weinbau, auch Fremdenverkehr. – 1291 Stadtrechte; wirtsch. Blüte v. a. im 15. und 16. Jh. 1794 frz. besetzt, 1801–15 zu Frankreich. – *Kues,* 1030 erstmals urkundl. erwähnt, seit 1905 mit Bernkastel zusammengeschlossen. – Ruine der Burg Bernkastel; Pfarrkirche Sankt Michael (14. Jh.), Rathaus (1608); Sankt-Nikolaus-Hospital (1447 gestiftet von Nikolaus von Kues).

Be̱rnkastel-Wi̱ttlich, Landkreis in Rheinland-Pfalz.

Bernoulli [bɛrˈnʊli], schweizer. Gelehrtenfamilie niederl. Herkunft. Als Protestanten verfolgt, wanderte die Familie um 1570 aus Antwerpen aus und kam über Frankfurt nach Basel, dort seit 1622 eingebürgert; bed.:

B., Daniel, *Groningen 8. Febr. 1700, †Basel 17. März 1782, Mathematiker, Physiker und Mediziner. – Sohn von Johann B.; wurde mit seinem Hauptwerk „Hydrodynamica sive de viribus et motibus fluidorum commentarii" (1738) zum Begründer der Hydrodynamik.

B., Jakob, *Basel 6. Jan. 1655, †ebd. 16. Aug. 1705, Mathematiker. – Prof. in Basel (seit 1687). Trug zus. mit seinem Bruder Johann B. entscheidend zur Verbreitung und Erweiterung der Infinitesimalrechnung bei. Verfaßte Abhandlungen über die Reihenlehre und Anwendung der Infinitesimalrechnung auf zahlr. geometr. Einzelprobleme. Mit seiner 1713 erschienenen „Ars conjectandi" wurde er zum Mitbegründer der Wahrscheinlichkeitsrechnung.

B., Johann, *Basel 6. Aug. 1667, †ebd. 1. Jan. 1748, Mathematiker. – Bruder von Jakob B.; Prof. in Groningen, seit 1705 in Basel. Abhandlungen zur Theorie der Differentialgleichungen und über Extremalprobleme der Geometrie; wandte die Infinitesimalrechnung auf physikal. Probleme an, benutzte das Prinzip der virtuellen Arbeit und den Satz von der Erhaltung der „lebendigen Kraft" (kinet. Energie).

Bernoullische Gleichung [bɛrˈnʊli], von D. Bernoulli 1738 aufgestellte Gleichung für die stationäre Strömung inkompressibler, reibungsfreier Flüssigkeiten und Gase. Danach ist (ohne Berücksichtigung der Schwerkraft) die Summe aus dem stat. Druck p und dem dynam. Staudruck $\varrho v^2/2$ eine Konstante:

$$p + \frac{1}{2}\varrho v^2 = \text{const.}$$

(ϱ Dichte, v Geschwindigkeit des strömenden Stoffes). Der stat. Druck ist daher um so kleiner, je größer die Geschwindigkeit ist, was z. B. bei Tragflügeln zum dynam. ↑Auftrieb führt.

Bernstein, Eduard, *Berlin 6. Jan. 1850, †ebd. 18. Dez. 1932, dt. Politiker. – Schloß sich 1872 der Sozialdemokrat. Arbeiterpartei an; seit 1881 Leiter des Parteiorgans „Sozialdemokrat"; 1887–1901 in London; vertrat in den Auseinandersetzungen um den Revisionismus die These von der Reform der zeitgenöss. wirtsch. und polit. Verhältnisse als dem naheliegenden Ziel der Sozialdemokratie. 1902–06, 1912–18 und 1920–28 MdR. 1917 Mgl. der USPD, trat 1920 wieder in die SPD ein und bestimmte wesentlich deren Görlitzer Programm.

B., Leonard [engl. ˈbəːnstaɪn], *Lawrence (Mass.) 25. Aug. 1918, †New York 14. Okt. 1990, amerikan. Komponist und Dirigent. – 1959–69 Chefdirigent des New York Philharmonic Orchestra; auch Pianist und erfolgreicher Operndirigent; komponierte u. a. Sinfonien, Kammermusik, Ballette und Musicals („Westside story", 1957) sowie Bühnen- und Filmmusiken.

Bernstein [eigtl. „Brennstein", zu mittelniederdt. bernen „brennen"], fossiles, jahrmillionenaltes Harz. Kommt typischerweise in klargelben und weißlich-opaken, aber auch in roten, blauen, grünen und anderen Farbtönen vor. Nicht-kristallin (amorph), weich (Mohshärte zw. 2 und 3), leicht (1,05–1,1 g/cm³), elektr. Isolator. B. ist ein Polyester aus Kohlenstoff, Wasserstoff und Sauerstoff, der

Gian Lorenzo Bernini (Selbstporträt; Windsor, Königliche Bibliothek)

Gian Lorenzo Bernini. Der Baldachin in der Peterskirche, Bronze, vergoldet, 1624–33

Bernsteinküste

Bernstein. Zikade (links) und Gallmücke (rechts) in einem zum Schmuckstück geschliffenen dominikanischen Bernstein (Stuttgart, Staatliches Museum für Naturkunde)

vorwiegend in Form von Harzsäuren vorkommt; er ist weltweit verbreitet in Sedimenten der Tertiär- und Kreidezeit und enthält oft fossile Insekten, Pflanzenteile u. ä. (20–120 Mill. Jahre alt). Hauptlagerstätten: Ostseebereich, v. a. Ostpreußen (Samland), ferner Rumänien, Dominikan. Republik, Mexiko, Japan, Birma, China, Borneo. B.schmuck und B.amulette gibt es seit der Steinzeit; früher Handel in M-Europa (**Bernsteinstraßen**). Vom 12.–19. Jh. Staatsmonopol (B.regal), im 17. und 18. Jh. reich verzierte B.kunstwerke (z. B. das B.zimmer König Friedrichs I.; seit 1945 verschollen).

Bernsteinküste, W- und N-Küste des Samlandes, in Ostpreußen, zw. dem Pillauer Seetief und der Rantauer Spitze, bed. Vorkommen von Bernstein.

Bernsteinsäure (Butandisäure), aliphat. Dicarbonsäure der Zusammensetzung HOOC–CH$_2$–CH$_2$–COOH. In der Natur tritt B. in unreifen Früchten, in Algen, Pilzen und bei Destillation von Bernstein auf. Ihre Salze und Ester sind die ↑Succinate.

Bernsteinschnecken (Succinea), Gatt. der Landlungenschnecken mit 6 einheim. Arten; meist an feuchten Stellen, bes. Gewässerrändern, oft an Sumpf- und Wasserpflanzen; Gehäuse etwa 7–25 mm lang, zugespitzt-eiförmig, sehr dünnschalig, durchscheinend.

Bernsteinstraßen ↑Bernstein.

Bernstorff, dt. Adelsgeschlecht, seit Anfang des 14. Jh. auf dem Besitz in Mecklenburg nachweisbar; bed.: **B.,** Albrecht Graf von, *Dreilützow (Landkr. Hagenow) 22. März 1809, †London 26. März 1873, preuß. Diplomat. – 1861 preuß. Außenmin.; trat als Botschafter in London (1862–73) für einen Ausgleich der preuß.-engl. Spannungen ein.

Bernwardinische Kunst. Silberleuchter (Hildesheim, Domschatz)

B., Albrecht Graf von, *Berlin 6. März 1890, †ebd. 25. April 1945, dt. Diplomat. – Enkel von Albrecht Graf von B.; machte sich als Mgl. der dt. Botschaft in London 1922–33 um die Entwicklung der dt.-engl. Beziehungen verdient; aktiver Widerstandskämpfer, von der Gestapo ermordet.

B., Andreas Peter Graf von, *Hannover 28. Aug. 1735, †Kopenhagen 21. Juni 1797, dän. Staatsmann. – Neffe von Johann Hartwig Ernst Graf von B.; Gegner Struensees; 1773–80 und seit 1784 dän. Staats- und Außenmin.; konnte mit der Bereinigung der Gottorffrage 1773 den dän. Gesamtstaat herstellen; machte sich verdient um die Bauernbefreiung (1788), bereitete die Aufhebung der Leibeigenschaft in Schleswig-Holstein vor.

B., Johann Hartwig Ernst Graf von, *Hannover 13. Mai 1712, †Hamburg 18. Febr. 1772, dän. Staatsmann. – 1751–70 Außenmin.; wahrte die Neutralität im Siebenjährigen Krieg, bahnte 1767 den Ausgleich mit Rußland in der Gottorffrage an; 1770 von Struensee verdrängt; förderte Kunst, Wissenschaft und Bildungswesen.

B., Johann Heinrich Graf von, *London 14. Nov. 1862, †Genf 6. Okt. 1939, dt. Diplomat. – Warnte als Botschafter in Washington (1908–17) die dt. Regierung vor Wiederaufnahme des unbeschränkten U-Boot-Kriegs und bemühte sich, die USA vom Kriegseintritt abzuhalten.

Bernward, hl., *um 960, †Hildesheim 20. Nov. 1022, Bischof von Hildesheim (seit 993). – Bis zu seiner Berufung zum Reichsbischof 993 Erzieher Ottos III. Förderer kirchl. Reformen und der Kunst, Patron der Goldschmiede. – Fest: 20. November.

bernwardinische Kunst, von Bischof Bernward angeregte Kunstwerke in Hildesheim, Höhepunkte der otton. Kunst. Es sind v. a. die **Bernwardstür** (1015; urspr. für Sankt Michael, seit etwa 1030 im Dom) und die 3,79 m hohe bronzene **Bernwardssäule** (nach 1015; vielleicht erst 1033) für Sankt Michael (seit 1895 im Dom); außerdem Leuchter, Kruzifixe.

Beroe [...ro-e; griech.], Gatt. der Rippenquallen mit wenigen, bis etwa 20 cm großen Arten in allen Meeren; Körper nahezu fingerförmig, seitl. zusammengedrückt, ohne Fangarme; besitzen Leuchtvermögen. In der Nordsee und westl. Ostsee kommt v. a. die Art **Beroe cucumis** vor.

Beroia ↑Weria.

Berolina, weibl. Personifikation Berlins; die B. von E. Hundrieser (1895) auf dem Alexanderplatz wurde Ende des 2. Weltkrieges eingeschmolzen.

Beromünster, Gemeinde im schweizer. Kt. Luzern, 20 km nnw. von Luzern, 646 m ü. d. M., 1 900 E. Standort des Landessenders B. – Das Kloster B. wurde 980 gegründet und im 13. Jh. in ein weltl. Chorherrenstift umgewandelt. – Barokisierte Stiftskirche (11.–12. Jh.); wertvoller Stiftsschatz.

Berossos (Berosos, lat. Berossus, Berosus), *etwa 345, †bald nach 270, Priester des Marduk in Babylon und Geschichtsschreiber. – Verfaßte in griech. Sprache auf Grund einheim. akkad. Urkunden eine babylon. Geschichte (erhalten sind nur Fragmente).

Berruguete, Alonso González de [span. bɛrru'ɣete], *Paredes de Nava (Prov. Palencia) um 1490, †Toledo Sept. 1561, span. Bildhauer. – Beeinflußt vom italien. Manierismus; u. a. Retabel von San Benito in Valladolid (1526–32; heute in Valladolid, Museo Nacional de Escultura Policromada), Grabmal des Kardinals Tavera in San Juan Bautista de Afuera in Toledo (1554).

Berry, Charles Ferdinand Herzog von [frz. bɛ'ri], *Versailles 24. Jan. 1778, †Paris 14. Febr. 1820, frz. Prinz. – Sohn des Grafen von Artois, des späteren frz. Königs Karl X.; ∞ mit Karoline von Bourbon-Sizilien; als bourbon. Thronerbe ermordet.

B., Jean Herzog von [frz. bɛ'ri], *Vincennes 30. Nov. 1340, †Paris 15. Juni 1416, frz. Kunstmäzen und Bibliophile. – 3. Sohn König Johanns II., des Guten, von Frankreich. Mitregent für Karl VI. Förderte Kunst und Wissenschaften, u. a. die Brüder von ↑Limburg.

Berry, Chuck, eigtl. Charles Edward B. [engl. 'bɛrɪ], *St. Louis (Mo.) 18. Okt. 1931, amerikan. Rockmusiker (Gesang und Gitarre). – Wirkte mit seinen Rock'n'Roll-Hits seit 1955 anregend auf brit. Rockmusikgruppen (Beatles, Animals u. a.); 1969 erfolgreiches Comeback.

B., Walter ['bɛri], *Wien 8. April 1929, östr. Sänger. – Seit 1950 an der Wiener Staatsoper, seit 1953 auch bei den Salzburger Festspielen; erweiterte sein Fach vom Baßbuffo zum Heldenbariton.

Berry [frz. bɛ'ri], histor. Gebiet in Frankreich, erstreckt sich im südl. Pariser Becken von der Loire im O bis zur Mündung der Gartempe in die Creuse im W; Zentrum ist die ehem. Hauptstadt Bourges. – Das Gebiet der kelt. Bituriger wurde 52 v. Chr. römisch, unterstand vom 6.–10. Jh. den Grafen von Bourges; 1200 ganz frz.; diente häufig als Apanage.

Bersaglieri [bɛrsal'jɛːri; italien.], italien. Elitetruppe, als Scharfschützen eingesetzt.

Berserker [zu altnord. berserkr „Bärenfell"], in der altnord. Sage ein fellvermummter Krieger, der sich durch diese Verkleidung die Kräfte des Tieres anzueignen glaubte, ein ekstat. Kämpfer im Dienst des Gottes Odin. Davon abgeleitet ist der heutige Sprachgebrauch, der mit B. einen blindwütig rasenden Menschen meint.

Berson, [Joseph] Arthur [Stanislaus], *Neusandez (= Nowy Sącz) 6. Aug. 1859, †Berlin 3. Dez. 1942, dt. Meteorologe und Aeronaut. – Führte zahlr. Ballonfahrten durch (1901 bis zu einer Höhe von 10 800 m), durch die er das Vorhandensein der Stratosphäre nachwies.

Bertalanffy, Ludwig von, *Atzgersdorf bei Wien 19. Sept. 1901, †Buffalo (N.Y.) 12. Juni 1972, östr. Biologe. – Seit 1949 Prof. in Ottawa, später in Los Angeles; Arbeiten zur Biophysik offener Systeme und zur theoret. Biologie.

Berté, Heinrich [ungar. 'bɛrte:], *Galgócz 8. Mai 1857, †Perchtoldsdorf (Niederösterreich) 23. Aug. 1924, ungar. Komponist. – Schrieb eine Oper, Ballette und Operetten, u. a. „Das Dreimäderlhaus" (1916) nach Melodien von F. Schubert.

Bertelsmann AG, zweitgrößter Medienkonzern der Welt; Hauptsitz Gütersloh; *Gliederung:* 1. Buch- und Zeitschriftenverlage: u. a. C. Bertelsmann Verlag, Blanvalet Verlag, Bertelsmann Lexikon Verlag, Bantam Doubleday Dell Publishing Group, Beteiligung an der Unternehmensgruppe Gruner+Jahr. 2. Buch- und Schallplattengemeinschaften: u. a. Bertelsmann Lesering (gegr. 1950). 3. Musik und Video: u. a. Bertelsmann Music Group (Ariola, RCA u. a.). 4. Elektron. Medien: Film und Rundfunk (u. a. Ufa, Beteiligung an RTL und Premiere), Speichermedien (Sonopress). 5. Druck- und Ind.betriebe (Belser, Mohndruck u. a.), Dienstleistungen. – 1989/90 erzielte die B. AG mit rd. 43 500 Mitarbeitern einen Umsatz von rd. 13,3 Mrd. DM.

Bertha (Bertrada), *um 725, †Choisy-au-Bac (Oise) 12. Juli (?) 783, Königin im Fränk. Reich. – Gemahlin Pippins d. J.; versuchte vergeblich im Streit zw. ihren Söhnen Karl d. Gr. und Karlmann zu vermitteln.

Bertha, *um 780, †nach 829, Tochter Karls d. Gr. – Geliebte Angilberts und Mutter des Chronisten Nithard. Die Sage von „Eginhard und Emma" bezieht sich wohl auf sie.

Berthelot, Marcelin Pierre Eugène [frz. bɛrtə'lo], *Paris 25. Okt. 1827, †ebd. 18. März 1907, frz. Chemiker. – Gehört zu den bedeutendsten Chemikern des 19. Jh. Durch seine zahlr. Synthesen organ. Verbindungen aus einfachen Bausteinen wurde er zu einem der Begründer der synthet. organ. Chemie.

Berthier, Alexandre [frz. bɛr'tje], *Versailles 20. Nov. 1753, †Bamberg 1. Juni 1815, Fürst von Neuchâtel und Herzog von Valangin (seit 1806), frz. Marschall. – Wurde 1795 Generalstabschef, 1798 Oberbefehlshaber der frz. Armee in Italien; 1799–1807 Kriegsmin., 1804 Marschall; in den Napoleon. Feldzügen Generalstabschef, seit 1807 Vizekonnetable des Reiches; ging 1814 zu den Bourbonen über.

Berthold, Name von Herrschern:

Mainz:

B. von Henneberg, *1441/42, †21. Dez. 1504, Erzbischof und Kurfürst (seit 1484). – Setzte als Kurerzkanzler auf dem Reichstag zu Worms 1495 gegen Maximilian I. Hauptziele der ständ. Reichsreform durch. Initiator des gescheiterten Reichsregiments (1500–02).

Zähringen:

B. II., *um 1050, †12. April 1111, Markgraf, Herzog von Kärnten, Schwaben und Zähringen. – Wurde 1092 von der kaiserfeindl. Partei zum [Gegen]herzog von Schwaben gewählt (bis 1097).

Berthold der Schwarze (Bertholdus Niger), Mönch (vermutlich Zisterzienser oder Franziskaner) der 2. Hälfte des 14. Jh. in Freiburg im Breisgau (?). – Angebl. Erfinder des Schießpulvers und der Feuerwaffen; soll wegen seiner Erfindung um 1388 zum Tode verurteilt worden sein.

Berthold von Regensburg, *Regensburg zw. 1210 und 1220, †ebd. 13. oder 14. Dez. 1272, dt. Franziskaner. – Wander- und Bußprediger; durchzog ganz Mitteleuropa; dt. gehaltene, aber lat. aufgezeichnete Predigten, einer der Schöpfer der dt. Prosa.

Bertholet, Alfred, *Basel 9. Nov. 1868, †Münsterlingen 24. Aug. 1951, schweizer. prot. Theologe und Religionswissenschaftler. – Verfaßte u. a. „Kulturgeschichte Israels" (1919), „Wörterbuch der Religionen" (1952).

Berthollet, Claude Louis Graf von (seit 1804) [frz. bɛrtɔ'lɛ], *Talloires bei Annecy 9. Dez. 1748, †Arcueil bei Paris 6. Nov. 1822, frz. Chemiker. – Verwendete Lavoisiers antiphlogist. System bei der Schaffung einer neuen chem. Nomenklatur. B. führte Chlor als Bleichmittel in die Textilind. ein.

Bertholletia [...'le:tsia; nach C. L. Graf von Berthollet], svw. ↑Paranußbaum.

Bertillon, Alphonse [frz. bɛrti'jõ], *Paris 22. April 1853, †ebd. 13. Febr. 1914, frz. Anthropologe und Kriminalist. – Schuf ein anthropometr. System zur Identifikation von Personen, das vor Einführung der ↑Daktyloskopie weltweit verbreitet war.

Berto, Giuseppe, *Mogliano Veneto (Prov. Treviso) 27. Dez. 1914, †Rom 2. Nov. 1978, italien. Schriftsteller. – Sein Roman „Meines Vaters langer Schatten" (1964) gilt als eines der großen ep. Werke der italien. Literatur der Gegenwart.

Bertola de'Giorgi, Aurelio [italien. ...'dʒordʒi], *Rimini 4. Aug. 1753, †ebd. 30. Juni 1798, italien. Schriftsteller. – Machte durch einführende Schriften und Übersetzungen (u. a. die „Idyllen" Geßners) die dt. Dichtung in Italien bekannt.

Bertoldo di Giovanni [italien. ...dʒo'vanni], *Florenz um 1420, †Poggio a Caiano 28. Dez. 1491, italien. Bildhauer und Medailleur. – Schüler Donatellos; schuf Kleinplastik. Sein Hauptwerk ist das Bronzerelief einer Reiterschlacht (Florenz, Bargello).

Bertolucci, Bernardo [italien. berto'luttʃi], *Parma 16. März 1941, italien. Filmregisseur. – Begann als Assistent P. P. Pasolinis. Seine Filme „Il conformista" (in der BR Deutschland auch u. d. T. „Der große Irrtum", 1969) und „Die Strategie der Spinne" (1970) fanden große Beachtung. Sein Film „Der letzte Tango in Paris" (1972) verhalf ihm zu Weltruhm. 1975 drehte er „1900", 1987 „Der letzte Kaiser", 1990 „Himmel über der Wüste".

Berton [frz. bɛr'tõ], Henri Montan, *Paris 17. Sept. 1767, †ebd. 22. April 1844, frz. Komponist. – Sohn von Pierre Montan B.; komponierte u. a. 48 Opern.

B., Pierre Montan, *Maubert-Fontaine (Ardennes) 7. Jan. 1727, †Paris 14. Mai 1780, frz. Dirigent und Komponist. – Vater von Henri Montan B.; machte sich als Direktor der Pariser Oper (seit 1759) um die Aufführung der Werke Glucks verdient.

Bertrada, fränk. Königin, ↑Bertha.

Bertram, Meister, ↑Meister Bertram.

Bertram, Adolf Johannes, *Hildesheim 14. März 1859, †Schloß Johannesberg (Nordmähr. Gebiet) 6. Juli 1945, dt. kath. Theologe, Kardinal (seit 1916). – 1906 Bischof von Hildesheim, 1914 Fürstbischof, 1930 Erzbischof von Breslau, Metropolit der ostdt. Kirchenprovinz. Gegner des Nationalsozialismus.

Bertram (Anacyclus), Korbblütlergatt. im Mittelmeergebiet mit 15 Arten. Bekanntere Arten: **Anacyclus radiatus,** bis 30 cm hohe, einjährige Sommer- und Schnittblume mit oberseits gelben, unterseits roten bis bräunl. Zungenblüten, in Gärten und Anlagen kultiviert. – **Deutscher Bertram** (Bertramswurz, Anacyclus officinarum), aus dem westl. Mittelmeergebiet, mit 1 cm breiten Köpfchen und weißen, unterseits oft roten Zungenblüten.

Bertran de Born (Bertrand de B.) [frz. bɛrtrãd'bɔrn], Vicomte de Hautefort, *um 1140, †Kloster Dalon (?) vor 1215, provenzal. Troubadour. – Neben weniger bed. Minneliedern sind 27 Sirventes (aus den Jahren 1181–1195) erhalten, in denen er v. a. in die Auseinandersetzung zw. König Heinrich von England und dessen Söhnen eingriff.

Bertrand [frz. bɛr'trã], Aloysius, eigtl. Louis Jacques Napoléon B., *Ceva bei Savona 20. April 1807, †Paris 29. April 1841, frz. Dichter. – Schuf in seinem „Junker Voland. Phantasien in der Art von Rembrandt und Callot" 1842 das Prosagedicht. Wirkung auf Baudelaire, Mallarmé u. a.

Chuck Berry

Pierre Eugène Marcelin Berthelot

Bernardo Bertolucci

B., Louis, *Spincourt (Meuse) 20. März 1866, †Antibes 6. Dez. 1941, frz. Schriftsteller. – Schrieb realist.-anschaul. Romane aus dem Mittelmeerraum (v. a. Algerien), krit. Schriften, Biographien; Hg. der Werke Flauberts.

Bertrand-Linse, svw. ↑Amici-Bertrand-Linse.

Bertrich, Bad ↑Bad Bertrich.

Bertuch, Friedrich Justin, *Weimar 30. Sept. 1747, †ebd. 3. April 1822, dt. Schriftsteller. – Übersetzte u. a. Cervantes' „Don Quijote" (1775–77), gab das „Magazin der span. und portugies. Literatur" (1780–82) heraus; 1785 Mitbegründer der „Allg. Literaturzeitung".

Beruf [zu mittelhochdt. beruof „Leumund", seit Luther in der heutigen Bed., zunächst als „Berufung", dann auch für „Stand" und „Amt"], die hauptsächl. Tätigkeit (Erwerbstätigkeit) des einzelnen, die auf dem Zusammenwirken von Kenntnissen, Erfahrungen und Fertigkeiten beruht und durch die er sich in die Volkswirtschaft eingliedert. Der B. dient meist als Existenzgrundlage. Es war v. a. der „asket. Protestantismus" (Kalvinismus, Pietismus), der die sittl. Leistung der Arbeit stark betonte und den B. zum Gebot der Pflichterfüllung steigerte. Diese Haltung hat sich als **Berufsethos,** als innere, enge Verbundenheit des Menschen mit seinem B., teilweise bis heute erhalten. Starke Antriebe zur Verweltlichung der B.auffassung gingen vom dt. Idealismus aus, der im B. das Postulat der Persönlichkeitsentfaltung entdeckte. Heute wird der B. in den Industrienationen auch und v. a. verstanden als Ergebnis einer volkswirtsch. und gesellschaftl. notwendigen Arbeitsteilung und fachl. Spezialisierung und zugleich als Mittel zum Erwerb des Lebensunterhaltes („Job"). Andererseits ist der B. in den industriellen Leistungs- und Lerngesellschaften zum sozialen Statussymbol geworden. Die unterschiedl. Qualifikationsebenen der B. lassen sich aus der Art der Ausbildung ableiten, näml. Einarbeitung, Lehrausbildung (Ausbildungsberufe), Ausbildung an Berufsfachschulen oder entsprechenden, z. T. betriebl. Einrichtungen, Studium an Fachschule, Fachhochschule oder Hochschule. Die schnellen Entwicklungen in den Produktions- und Leistungsbereichen der industriellen Gesellschaften verlangen vom Berufstätigen dauernde Umstellung auf neue Aufgaben und dauernde Anpassung an neue Verfahren, eine Mobilität also, die vom einmal in einer bestimmten Weise und in einem bestimmten festen Rahmen erlernten B. wegführt in einen größeren Bereich auf derselben Qualifikationsebene (horizontale Mobilität), die aber auch auf der Basis zusätzl. berufl. Bildung in Bereiche höherer Qualifikationsstufen (vertikale Mobilität) führen kann. Die Entlohnung für die als unterschiedlich qualifiziert eingeschätzte Arbeit ist vielfach Anlaß sozialer Spannungen.

berufen (beschreien, bereden), jemandem Schadenzauber durch Worte, Gebärden oder durch den „bösen Blick" zufügen.

Berufkraut (Berufskraut, Feinstrahl, Erigeron), weltweit verbreitete Gatt. der Korbblütler mit über 200 (in Deutschland 7 einheim.) Arten, hauptsächl. in gemäßigten oder gebirgigen Gegenden. – Vorwiegend Gebirgspflanzen, z. B. das **Alpenberufkraut** (Erigeron alpinus), eine 5–20 cm hohe Staude mit bis zu zehn 2–3 cm breiten Blütenköpfchen mit violetten bis purpurroten Zungenblüten.

berufliche Bildung, zusammenfassende Bez. für Maßnahmen der Berufsausbildung, Fortbildung und Umschulung. **Berufsausbildung:** der Erwerb der für das Ausbildungsziel und für die darauf folgende Erwerbstätigkeit benötigten Kenntnisse und Fertigkeiten. Berufsausbildung i. e. S. meint den betriebl., überbetriebl. und außerbetriebl. Ausbildung (berufl. Schulen) in den Berufen, die nach dem Berufsbildungsgesetz als Ausbildungsberufe staatlich anerkannt sind oder die als Ausbildungsberufe nach diesem Gesetz gelten, sowie solche Ausbildungen, die an weiterführenden Ausbildungsstätten, wie Fachschulen, Fachoberschulen, Fachhochschulen zu einem anerkannten Abschluß führen. **Berufliche Fortbildung** baut auf einer Berufsausbildung oder auf berufl. Erfahrung auf; sie dient der Erweiterung berufl. Kenntnisse und Fertigkeiten oder der Anpassung an techn. Entwicklungen in den Berufen.

Berufliche Umschulung: Zweitausbildung, die absolviert wird, um einen anderen Beruf ergreifen zu können. Gründe hierfür sind z. B. Arbeitslosigkeit in überlaufenen Berufen oder Aussterben eines Berufes (↑Ausbildungsförderung).

berufliches Schulwesen, zusammenfassende Bez. für öff. und private *berufsbildende (berufl.) Schulen,* die eine berufsbezogene Bildung vermitteln. Es umfaßt v. a. ↑Berufsschulen und ↑Berufsfachschulen sowie ↑Fachschulen und ↑Fachoberschulen, aber auch Einrichtungen wie ↑Berufsgrundschulen, ↑Berufsaufbauschulen.

berufliche Umschulung ↑berufliche Bildung.

berufliche Weiterbildung, svw. berufl. Fortbildung, ↑berufliche Bildung.

Berufsakademie, berufliche Studienanstalt; vermittelt eine wissenschaftsbezogene und zugleich praxisorientierte berufl. Bildung. Voraussetzung zur Aufnahme sind Abitur und ein betriebl. Ausbildungsplatz kooperierender Firmen. Die Ausbildung erfolgt abwechselnd jeweils 8–10 Wochen in der Akademie und in den Betrieben.

Berufsaufbauschulen, Einrichtungen des ↑zweiten Bildungsweges, die von Hauptschulabsolventen neben oder nach ihrer Berufsausbildung oder Berufstätigkeit besucht werden können und eine über das Ziel der Berufs[pflicht]schule hinausgehende allg. und fachtheoret. Bildung vermitteln. Die einzelnen Lehrgänge schließen ab mit einer Prüfung zum Nachweis der ↑Fachschulreife. Schulorganisatorisch sind die B. als Aufbauzüge allg.-gewerbl., gewerblich-techn., hauswirtsch., sozialpfleger., landw. und kaufmänn. Richtung den Berufsschulen oder Berufsfachschulen des gleichen Schulträgers angegliedert.

Berufsausbildung ↑berufliche Bildung.

Berufsausbildungsbeihilfe ↑Ausbildungsförderung.

Berufsberatung, Beratung von Jugendlichen und Erwachsenen durch die Arbeitsämter in allen Fragen der Berufswahl und des berufl. Fortkommens, berufl. Fortbildung und Umschulung. Informiert wird über Anforderungen und Aussichten der verschiedenen Berufe, über Wege und Förderung der berufl. Bildung sowie über beruflich bedeutsame Entwicklungen.

Berufsbild, Beschreibung eines Berufes mit Darstellung des Ausbildungsganges, der Prüfungsanforderungen und Aufbaumöglichkeiten. Die Berufsbeschreibung findet ihren Niederschlag in der **Ausbildungsordnung,** die als Rechtsverordnung erlassen wird.

berufsbildende höhere Schule, östr. Entsprechung der ↑Fachoberschulen.

berufsbildende mittlere Schulen, östr. Entsprechung der ↑Berufsfachschulen.

berufsbildende Pflichtschule, östr. Entsprechung der ↑Berufsschule.

berufsbildende Schulen ↑berufliches Schulwesen.

Berufsbildungsgesetz, BG vom 14. 8. 1969 (mehrfach novelliert), das den betriebl. und überbetriebl. Teil der berufl. Bildung regelt (der schul. Teil fällt in die Länderkompetenz); gilt nicht für die Berufsbildung in einem öff.-rechtl. Dienstverhältnis. Danach wird das Berufsausbildungsverhältnis (Lehre) durch schriftl. Vertrag begr., dessen Mindestinhalt im B. fixiert ist. *Rechte und Pflichten:* Der Ausbildende hat dafür zu sorgen, daß dem Auszubildenden in der vorgesehenen Ausbildungszeit planmäßig, zeitlich und sachlich gegliedert die notwendigen Fertigkeiten und Kenntnisse vermittelt werden. Ausbildungsmittel sind kostenlos zur Verfügung zu stellen; dem Auszubildenden dürfen nur Verrichtungen übertragen werden, die dem Ausbildungszweck dienen und seinen körperl. Kräften angemessen sind. Der Auszubildende ist zur Teilnahme am Berufsschulunterricht freizustellen. Am Ende des Berufsausbildungsverhältnisses muß der Ausbildende ein Zeugnis ausstellen. Der Ausbildende hat eine angemessene Vergütung zu zahlen (tarifl. Vereinbarung). Der Auszubildende hat sich seinerseits zu bemühen, das Ausbildungsziel zu erreichen; er untersteht der Weisungsbefugnis des Ausbildenden und anderer Weisungsberechtigter. Abweichend vom allg. Arbeitsvertragsrecht gelten bes. Vorschriften über Beginn und Beendigung des Berufsausbildungsverhältnisses.

Abschluß durch Gesellen-, Facharbeiter- oder Kaufmannsgehilfenprüfung.

Berufsethos, sittl. Gesinnung und Haltung, die als innere Norm die berufl. Tätigkeit des einzelnen als zugleich gesellschaftlich relevante Tätigkeit bestimmt und durch den jeweiligen Berufsstand geprägt ist.

Berufsfachschulen, berufsvorbereitende Schulen v. a. gewerbl. (Gewerbeschulen), hauswirtschaftl., pfleger., landw. und kaufmänn. (Handelsschulen) Richtung. Sie bauen in der Regel auf dem Hauptschulabschluß auf, meist zweijährig; der Abschluß berechtigt zum Besuch der Fachoberschule. Ihr Besuch hat eine Verkürzung (1 Jahr) des späteren Ausbildungsverhältnisses zur Folge und entbindet von der Teilnahme am Unterricht der Berufsschule. Lehrgänge bis zu einem Jahr sind **Berufsfachlehrgänge**.

Berufsfeuerwehr ↑ Feuerwehr.

Berufsfreiheit, aus dem Prinzip der Gewerbefreiheit entwickeltes Grundrecht. Art. 12 Abs. 1 GG gewährleistet jedem Deutschen das Recht, jede Tätigkeit, für die er sich geeignet glaubt, als Beruf zu ergreifen sowie Arbeitsplatz und Ausbildungsstätte frei zu wählen. Unter „Beruf" ist grundsätzlich jede *sinnvolle, erlaubte Tätigkeit* zu verstehen. Die B. unterliegt der Regelungsbefugnis des Gesetzgebers. In *Österreich* und in der *Schweiz* gilt das Prinzip der Freiheit der Berufswahl; bei der Ausübung eines Berufes sind die gesetzl. Bestimmungen zu beachten.

Berufsgeheimnis, nur einem beschränkten Personenkreis bekannte Tatsache (Geheimnis), die jemandem in seiner berufl. Eigenschaft bekannt geworden oder anvertraut worden ist. Offenbart z. B. ein Arzt, Apotheker, Rechtsanwalt, Wirtschaftsprüfer, Sozialarbeiter unbefugt ein B., so wird er nach § 203 StGB mit Geldstrafe oder Freiheitsstrafe bis zu einem Jahr bestraft. Bezüglich eines B. besteht i. d. R. ein Zeugnisverweigerungsrecht. Die Offenbarung von B. kann jedoch gesetzlich, z. B. auf Grund einer Anzeigepflicht, geboten sein.
Im *östr.* und *schweizer. Recht* gilt im wesentlichen eine dem dt. Recht entsprechende Regelung.

Berufsgenossenschaften, Träger der gesetzl. Unfallversicherung, die die Aufgabe haben, Arbeitsunfälle zu verhüten bzw. nach Eintritt eines Arbeitsunfalles den Verletzten, dessen Angehörige oder Hinterbliebene zu unterstützen durch Wiederherstellung der Erwerbsfähigkeit (Rehabilitation), durch Arbeits- und Berufsförderung und durch Erleichterung der Verletzungsfolgen oder durch Rentengewährung. Mgl. der B. sind alle Unternehmer unmittelbar kraft Gesetzes. Diese sind auch allein beitragspflichtig. Die B. sind Körperschaften des öff. Rechts mit dem Recht der Selbstverwaltung.

Berufsgerichtsbarkeit (Ehrengerichtsbarkeit), Sondergerichtsbarkeit für die Angehörigen bestimmter Berufe. Die B. ist im wesentl. auf Rechts- und Patentanwälte, Wirtschaftsprüfer, Steuerberater und -bevollmächtigte, Ärzte, Apotheker und – in einigen Bundesländern – Architekten beschränkt. Aufgabe der B. ist es, Verstöße gegen die Berufspflichten zu ahnden. Als Strafen (Maßnahmen) sind u. a. vorgesehen: Verwarnung (Warnung), Verweis und Geldbuße, auch Ausschluß aus dem Beruf oder der Kammer.

Berufsgrundschulen, Bez. meist einjähriger wahlfreier Vollzeitschulen, die in mehreren B.ländern entweder als 10. Klasse der Hauptschule angegliedert, als Berufsgrundschuljahr, Berufsvorklasse, Berufsgrundjahr den berufl. Schulen vorgelagert oder auch in betrieb. bzw. überbetriebl. Ausbildungssysteme eingegliedert sind.

Berufskolleg, in Bad.-Württ. eingeführter dreijähriger berufl. Schultyp, der betriebl. (Praktikantenlehrtätigkeit im 2., 4. und 5. Semester) und schul. Ausbildung miteinander verbindet. Voraussetzung ist die mittlere Reife. Nach dem 5. Semester Abschluß in einem Ausbildungsberuf des Handwerks oder der Ind., nach dem 6. als „Assistent" einer Fachrichtung.

Berufskrankheiten (früher Gewerbekrankheiten), im Recht der gesetzl. Unfallversicherung einem Arbeitsunfall gleichgestellte, meist chron. Erkrankungen (§ 551 RVO); Schädigungen, die bei Angehörigen bestimmter Berufsgruppen durch die Arbeitsweise, das Arbeitsverfahren (z. B. Lärm- oder Strahlenbelastung) oder den zu bearbeitenden Rohstoff entstehen und sich nach einem längeren Zeitraum als Krankheit manifestieren. Diese typ. B. sind in einer RechtsVO der Bundesregierung zusammengestellt (Berufskrankheiten-VO [BKVO] vom 20. 6. 1968 [mit Änderungsverordnung vom 8. 12. 1976]) und fallen wie Arbeitsunfälle unter die Meldepflicht. Unter den entschädigungspflichtigen B. nimmt die Lärmschwerhörigkeit den ersten Platz ein.
In *Österreich* und in der *Schweiz* gilt eine ähnl. Regelung.

Berufskunde, Gesamtheit der Untersuchungen über Eigenart und Leistungsvoraussetzungen der Berufe und ihrer histor., sozialen und kulturellen Bedeutung sowie über die Berufsgliederung (Klassifizierung der Berufe), Berufsstatistik und allgemeine Fragen der Berufswahl und der Berufseignung.

Berufspädagogik, Sondergebiet der Pädagogik, das die Theorie und die Praxis der Vorbereitung auf eine berufl. Tätigkeit in der modernen Arbeits- und Wirtschaftswelt zum Inhalt hat; entwickelte sich v. a. in den 60er Jahren des 20. Jh. mit dem Ausbau des beruft. Schulwesens, der die differenzierte Ausbildung von Lehrern erforderte. Die B. beinhaltet auch Teile der Berufskunde.

Berufsrichter ↑ Richter.

Berufsschule, Pflichtschule für alle Absolventen allgemeinbildender Schulen, in der Mehrheit Absolventen der Hauptschule, die in ein Ausbildungs- oder Arbeitsverhältnis eintreten oder arbeitslos sind und der ↑ Berufsschulpflicht unterstehen. Die B. setzt die allgemeinbildenden Bemühungen fort und übernimmt die Kurse der berufl. Ausbildung bei Auszubildenden (als begleitender Unterricht zur betriebl. Ausbildung). Die Schulaufsicht liegt bei den Kultusministern der Länder. Entsprechend den verschiedenen Berufszweigen unterscheidet man gewerbl., kaufmänn., hauswirtschaftl. und landwirtsch. B. bzw. Abteilungen, Klassen. Die B. geht in ihrem Ursprung zurück auf die im letzten Drittel des 19. Jh. aus der religiösen Sonntagsschule entstandene Fortbildungsschule.

Berufsschullehrer, Lehrkräfte an beruflichen Schulen; heute ist ein Hochschulstudium Voraussetzung (Studienratslaufbahn).

Berufsschulpflicht, auf die Vollzeitschulpflicht folgende dreijährige Schulpflicht (bis zum 18. Lebensjahr). Der Besuch weiterführender Schulen oder berufsvorbereitender Schulen oder Klassen (z. B. einer Berufsfachschule) befreit während dieser Zeit von der Berufsschulpflicht.

Berufssoldat, Soldat, der sich freiwillig verpflichtet hat, auf Lebenszeit Wehrdienst zu leisten. Voraussetzungen nach dem dt. Soldatengesetz i. d. F. vom 19. 8. 1975: dt. Staatsangehörigkeit, das jederzeitige Eintreten für die freiheitl. demokrat. Grundordnung und die zur Erfüllung der Aufgaben als Soldat erforderl. charakterl., geistige und körperl. Eignung. B. können nur Soldaten mit einem Dienstgrad vom Feldwebel aufwärts sein.

Berufssonderschulen, spezielle Einrichtungen für ehem. Sonderschüler zur Ableistung ihrer Berufsschulpflicht. Ihr Ausbau ist vom sonderpädagog. Standpunkt aus sehr wichtig, da diese Schüler in Berufsschulen oft scheitern, obwohl sie sich in den Betrieben bewähren.

Berufssoziologie, Gesamtheit der Untersuchungen, deren Gegenstand unter den allg. Fragestellungen der Soziologie der Mensch im Beruf ist; nur schwer abgrenzbare Disziplin, da einige ihrer Forschungsgegenstände auch von anderen Teildisziplinen der Soziologie untersucht werden.

Berufssprachen, ↑ Sondersprachen mancher (bes. handwerkl.) Berufsstände, hauptsächlich für den speziellen Tätigkeitsbereich, z. B. Seemannssprache. Mit ihrem eigenständigen Wortschatz befruchten sie immer wieder nachhaltig die Gemeinsprache, bes. durch Wörter der Bergmannssprache (z. B. Ausbeute, Stichprobe, Schicht, Gewerkschaft, Zeche). Die moderne Technik bringt z. T. neue B. hervor, z. B. die Sprache der Piloten oder die der Programmierer.

berufsständische Ordnung

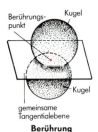

Berührung

Beryll

Bes aus dem Serapeion in Sakkara, Statuette aus Sandstein, um 600 v. Chr. (Paris, Louvre)

berufsständische Ordnung ↑Ständestaat.
Berufsstatistik, Teil der amtl. Statistik; dient insbes. der Berufszählung sowie der Beobachtung von Trends. Zur Gliederung der Berufe wurde eine **Berufssystematik** geschaffen. Die Klassifizierung erfolgt nach den charakterist. Eigenarten und Verwandtschaftsgraden der Berufe.
Berufsunfähigkeit, die durch Krankheit oder andere Gebrechen hervorgerufene Unmöglichkeit, den bisherigen Beruf auszuüben. In der Rentenversicherung begründet die B. Anspruch auf Rente (**Berufsunfähigkeitsrente**). Sie ist gegeben, wenn die Erwerbsfähigkeit unter die Hälfte derjenigen gesunder Versicherter gesunken ist. Von der B. ist die Erwerbsunfähigkeit zu unterscheiden.
Berufsverbände, vorwiegend auf freiwilliger Basis gebildete fachlich und/oder regional organisierte Vereinigungen mit dem Ziel, gemeinsame berufl., wirtsch. und auch kulturelle Interessen der Mgl. zu wahren und nach außen hin zu vertreten.
Berufsverbot, teilweise oder vollständige Untersagung der Berufsausübung für einen bestimmten Zeitraum oder für immer durch Strafurteil (bei Begehung einer rechtswidrigen Tat unter Mißbrauch des Berufs oder Gewerbes [§ 70 StGB]) oder Verwaltungsakt (z.B. bei [berufl.] Unzuverlässigkeit eines Gewerbetreibenden). – Im allg. Sprachgebrauch auch Bez. für die Auswirkungen des sog. ↑Extremistenbeschlusses.
Berufung, im Sprachgebrauch der Bibel der Ruf Gottes, der unerwartet an einen Menschen, z. B. Abraham, die Propheten, ergeht. Im allg. religiösen Sprachgebrauch die göttl. Bestimmung zu einem bestimmten Beruf.
▷ Verfahren, mittels dessen Lehrstühle für Hochschullehrer (Prof.) an wiss. Hochschulen besetzt werden, wobei i. d. R. die Fakultät (Fachbereich) dem zuständigen Min. eine Liste mit drei Namen vorlegt.
▷ Im *Recht* ein gegen die meisten erstinstanzl. Urteile gegebenes Rechtsmittel. Die Einlegung der B. hemmt die Rechtskraft des Urteils und läßt das Gericht der nächsthöheren Instanz (**Berufungsgericht**) zuständig werden. Das B.gericht ist Tatsacheninstanz; es hat das Urteil in vollem Umfang zu überprüfen, also auch hinsichtlich des Sachverhaltes, von dem das Gericht erster Instanz ausgegangen ist. Die **Berufungsfrist** beträgt im Zivilprozeß, Verwaltungsprozeß, Arbeitsgerichtsverfahren und Sozialgerichtsverfahren 1 Monat ab Zustellung des Urteils, im Strafprozeß 1 Woche ab Verkündung des Urteils.
Nach *östr. Recht* ist mit der B. nur das Strafmaß anfechtbar. Im *schweizer. Recht* untersteht die B. (**Appellation**) unterschiedl. kantonalen Bestimmungen.
Berufungsfrist ↑Berufung.
Berufungsgericht ↑Berufung.
Beruhigungsmittel (Sedativa), uneinheitliche Gruppe von Arzneimitteln, die auf die Erregbarkeit des Zentralnervensystems dämpfend wirken. Man unterscheidet drei Hauptgruppen: ↑Schlafmittel, ↑Tranquilizer und ↑Neuroleptika.
Berührung, in der Mathematik das Zusammenfallen der Tangenten zweier Kurven in einem ihnen gemeinsamen B.punkt. In diesem Punkt müssen außer den Funktionswerten auch die 1. Ableitungen der beiden zu Grunde liegenden Funktionen gleich sein. Analog definiert man die B. von Kurven mit Flächen und von Flächen mit Flächen.
Berührungselektrizität, svw. ↑Kontaktelektrizität.
Berührungsspannungsschutz, Sicherheitsmaßnahmen zum Schutz bei Benutzung elektr. Anlagen oder Geräte. Im Schadensfall (Kurzschluß, fehlerhafte Isolation) treten elektr. Berührungsspannungen an leitenden Teilen (z. B. Gehäuse) auf. Bei Berührung ist eine Spannung durch den menschl. Körper von höchstens 65 Volt Wechselspannung oder 100 Volt Gleichspannung zulässig. Höhere Ströme können zum Tode führen (ab 100 mA).
Die wichtigsten Schutzmaßnahmen sind: 1. *Schutzisolierung*, meist ein geschlossenes Kunststoffgehäuse, v.a. bei Haushaltsgeräten und Elektrowerkzeugen. 2. *Schutzerdung*: leitfähige Geräteteile werden über einen Schutzleiter (Schukostecker, Schukosteckdose) niederohmig an einen Erder angeschlossen. Bei einem Kurzschluß trennt die entsprechende Sicherung das Gerät vom Netz.
Bérulle, Pierre de [frz. be'ryl], * Schloß Sérilly (Champagne) 4. Febr. 1575, † Paris 2. Okt. 1629, frz. Theologe, Kardinal (seit 1627). – 1599 Priester, gründete 1611 das frz. Oratorium (↑Oratorianer).
Berwald, Franz [schwed. 'bæːrwald], * Stockholm 23. Juli 1796, † ebd. 3. April 1868, schwed. Komponist. – Komponierte u. a. Opern, Operetten, Orchesterwerke, Klavier- und Kammermusik (3 Streichquartette) sowie Vokalmusikwerke.
Berwickshire [engl. 'bɛrɪkʃɪə], ehem. schott. Grafschaft, seit 1975 Teil der Borders Region.
Beryll [griech.], in reinem Zustand glasklares, farbloses, oft gelbl. Mineral; chem. Zusammensetzung $Be_3Al_2[Si_6O_{18}]$. Dichte 2,6–2,8 g/cm³; Mohshärte 7,5–8,0. Wichtigster Berylliumrohstoff (genuiner B.; z. T. in bis 10 m langen Kristallen). Zur B.gruppe gehören u. a. Aquamarin (blau), Smaragd (grün), Morganit (rosa), Heliodor (hellgelbgrün) oder Gold-B. (leuchtend gelb). Seit dem Altertum als Schmuckstein verwendet.
Beryllium [griech.], chem. Symbol Be, metall. Element (Leichtmetall) aus der II. Hauptgruppe des Periodensystems der chem. Elemente; Ordnungszahl 4, relative Atommasse 9,01218, Dichte 1,85 g/cm³, Schmelzpunkt 1 278 °C, Siedepunkt 2 477 °C (auch 2 970 °C angegeben). B. weist die größte spezif. Wärme aller Metalle auf. In seinen Verbindungen tritt es zweiwertig auf. In der Natur kommt es in rund 30 verschiedenen Mineralen (u. a. im Beryll, Chrysoberyll, Phenakit) vor. B. wird durch Schmelzflußelektrolyse aus Beryll gewonnen. Chemisch ist B. sich leicht oxidierbar, jedoch überzieht es sich sofort mit einer passivierenden Oxidschicht; in wäßrigen Alkalien löst es sich unter Bildung von **Beryllaten**, $M_2^I[Be(OH)_4]$. B. und seine Verbindungen sind giftig. B. hat Bed. als Legierungspartner (↑Berylliumlegierungen); es findet auch als Moderatorsubstanz in Kernreaktoren Verwendung.
Berylliumlegierungen, Metallgemische mit einem Berylliumgehalt von nicht mehr als 8 %. Der Zusatz von Beryllium steigert die Härte, Temperatur- und Korrosionsbeständigkeit von Kupfer, Nickel, Aluminium, Titan und Eisen außerordentlich. Aus Be-Cu-Legierungen (2 bis 8 % Be) werden sehr widerstandsfähige Uhrfedern und funkenfreie Werkzeuge hergestellt. Be-Al- und Be-Ti-Legierungen haben als Strukturelemente in der Luft- und Raumfahrttechnik Bedeutung.
Berylliumoxid, BeO, Sauerstoffverbindung des Berylliums mit sehr hohem Schmelzpunkt (2 570 °C). Wird für feuerfeste und zugleich gasisolierte Geräte und für Spezialgläser sowie in der Elektronik verwendet.
Berytos (Berytus) ↑Beirut.
Berzelius, Jöns Jacob Freiherr von (seit 1835, geadelt 1818) [bɛr'tseːlius; schwed. bær'seːliʊs], * Väversunda Sörgård bei Linköping 20. Aug. 1779, † Stockholm 7. Aug. 1848, schwed. Chemiker. – Bewies, daß die Molekularmasse gleich der Summe der Atommassen ist; entdeckte die Elemente Cer (1803), Selen (1817) und Thorium (1828); führte eine neue Nomenklatur und die heute noch gebräuchl. chem. Symbole für die Elemente ein.
Bes, altägypt. Dämon, meist in Gestalt eines Zwerges; guter Hausgeist.
Besamung, das Eindringen einer männl. Samenzelle in eine Eizelle bei Mensch und Tier; führt normalerweise durch Kernverschmelzung zur ↑Befruchtung, ist mit dieser jedoch nicht gleichzusetzen. Grundsätzlich lassen sich zwei verschiedene Typen der B. unterscheiden, die äußere und die innere B. Die **äußere Besamung** ist nur im Wasser möglich. Dabei werden von den Elterntieren Eier und Spermien gleichzeitig nach außen abgegeben (z. B. bei den meisten Fischen, Fröschen und Kröten). – Bei der **inneren Besamung** verbleiben die Eier im Muttertier und werden dort befruchtet (z.B. bei Schnecken, Insekten, lebendgebärenden Fischen, bei den meisten Schwanzlurchen und bei allen Reptilien, Vögeln und Säugetieren). In den meisten Fällen gelangen die Spermien aktiv über den weibl. Ge-

schlechttrakt zu den Eiern (↑ Kopulation). Die **künstliche Besamung** (Insemination, künstl. Samenübertragung) ist eine in der Haustier- und Fischzucht weitverbreitete Methode. Sie ermöglicht u. a. eine bes. ertragreiche Ausnutzung wertvoller männl. Zuchtexemplare. Bei Rindern wird der Samen in B.stationen mit Hilfe einer künstl. Scheide gewonnen und tiefgefroren. Er ist so längere Zeit haltbar. Bei der künstl. B. wird einer Kuh zum Ovulationszeitpunkt mit einer Spritze etwas von diesem Samen in die Gebärmutter eingebracht. Über künstl. B. beim Menschen ↑ Insemination und ↑ In-vitro-Fertilisation.

Besan [niederl.], das längsschiffs stehende Segel (Schratsegel) des hintersten Mastes eines mehrmastigen Segelschiffes (**Besanmast** oder **Kreuzmast**).

Besançon [frz. bəzã′sõ], frz. Stadt am Doubs, 120 000 E. Verwaltungssitz des Dep. Doubs, Hauptstadt der Region Franche-Comté; Erzbischofssitz; Univ. (seit 1691, gegr. 1422 in Dole); Uhrenfachschule; Observatorium; botan. Garten; internat. Musikfestspiele. Zentrum der frz. Uhrenind., Metallwaren-, Textil- und Bekleidungsind. Zu B. gehört **La Mouillère**, ein Heilbad mit Thermal- und Salinenbädern. – Vorrömisch **Vesontio**, Hauptstadt der kelt. Sequaner, 58 v. Chr. Hauptquartier Cäsars. Unter Kaiser Mark Aurel **Colonia Victrix Sequanorum;** wurde 534 fränkisch, kam mit dem Kgr. Burgund 1033/34 zum Hl. Röm. Reich, 1282 freie Reichsstadt (dt. **Bisanz**); 1678/79 endgültig frz.; Hauptstadt der Prov. Franche-Comté. – Gallorömische Porte Noire (2. Jh.), Amphitheater; romanisch-got. Kathedrale (11. bis 13. Jh.); Rathaus (16. Jh.). B. wird von der Zitadelle aus dem 17. Jh. überragt.

Besant, Annie [engl. beznt], geb. Wood, *London 1. Okt. 1847, † Adyar (Madras) 20. Sept. 1933, engl. Theosophin. – Urspr. marxistisch orientiert; lebte seit 1893 als Theosophin in Indien, 1907 Präs. der Theosoph. Gesellschaft. Nach polit. Tätigkeit 1917 Präs. des „Indian National Congress".
B., Sir Walter [engl. bɪ′zænt], *Portsea (= Portsmouth) 14. Aug. 1836, † London 9. Juni 1901, engl. Schriftsteller. – Schrieb v. a. soziale Romane aus den Londoner Elendsvierteln.

Besatz, Borten, Spitzen, Bänder, Rüschen oder Pelz als an- oder aufgesetzter Rand an Kleidungsstücken.
▷ *wm.* Bez. für den Gesamtbestand an Niederwild oder an Individuen einer Niederwildart in einem Revier.
▷ in der *Fischereibiologie:* durch künstl. Einsetzen von ↑ Setzlingen variier- und auffrischbarer Fischbestand eines stehenden oder fließenden Süßgewässers.

Besatzung, 1. Truppe zur Verteidigung einer Festung oder einer befestigten Anlage. 2. Bemannung von gepanzerten und bewaffneten Fahrzeugen, Kriegsschiffen und Flugzeugen. 3. Truppe, die ein Gebiet besetzt hält.

Besatzungsrecht, im und nach dem 2. Weltkrieg von den Besatzungsmächten für das Gebiet Deutschlands erlassenen Rechtsvorschriften, die von den alliierten Gesetzgebungsorganen (Oberster Befehlshaber der alliierten Streitkräfte, Zonenbefehlshaber, Alliierter Kontrollrat, Alliierte Hohe Kommission und anderen Organen auf Sondergebieten) selbst erlassen wurden (*unmittelbares B.*) oder die auf Veranlassung oder Anweisung der Besatzungsmächte von dt. Stellen ergangen sind (*mittelbares oder verdecktes B.*). Mit Beendigung des Besatzungsregimes (5. Mai 1955) durch den Deutschlandvertrag ist das B., soweit es amtlich veröffentlicht worden ist, bestehengeblieben. Die dt. Gesetzgebungsorgane wurden durch den Überleitungsvertrag vom 26. 5. 1952 jedoch – mit Einschränkungen v. a. Besatzungsvorbehalte) – ermächtigt, es abzuändern und aufzuheben; durch die Herstellung der dt. staatl. Einheit am 3. Okt. 1990 aufgehoben.

Besatzungsstatut, von den drei westl. Besatzungsmächten USA, Großbritannien und Frankreich einseitig erlassene Grundregelung des Verhältnisses ihrer Hoheitsgewalt zu jener der BR Deutschland; auf der Konferenz von Washington 1949 ausgearbeitet; trat 1949 in Kraft. Durch das B. wurde Bund und Ländern die volle gesetzgebende, vollziehende und rechtsprechende Gewalt übertragen. Die Besatzungsmächte behielten sich jedoch die Zuständigkeit hinsichtlich einiger Sachgebiete (v. a. Entwaffnung und Entmilitarisierung, Reparationen, Dekartellisierung, auswärtige Angelegenheiten) und das Recht vor, die Ausübung der vollen Gewalt ganz oder teilweise wieder zu übernehmen, wenn sie dies als unerläßlich für die Sicherheit, die Aufrechterhaltung der demokrat. Ordnung oder die Erfüllung ihrer internat. Verpflichtungen erachten sollten; am 5. Mai 1955 mit Inkrafttreten der Pariser Verträge und des ↑ Deutschlandvertrags aufgehoben.

Besatzungsvorbehalte, aus der Besetzung Deutschlands herrührende Rechte, die die drei westl. Besatzungsmächte bei Beendigung des Besatzungsregimes durch den Deutschlandvertrag noch bis zur Herstellung der dt. staatl. Einheit am 3. Okt. 1990 beibehielten. Das betraf Rechte in bezug auf Berlin und auf Deutschland als Ganzes einschließlich der Wiedervereinigung Deutschlands und einer friedensvertragl. Regelung sowie Rechte auf Stationierung von Truppen.

Besatzungszonen, im Völkerrecht Gebiete, in denen die Ausübung der früheren Gebietshoheit durch eine neue Gebietshoheit eingeschränkt oder ausgeschlossen ist. B. wurden u. a. in Deutschland nach dem 2. Weltkrieg auf dem Territorium des Dt. Reiches und Österreichs gebildet. – Karte S. 28.

Besäumschere, Werkzeug(maschine) zum kontinuierl., von Spannungen und schädl. Verformungen freien Beschneiden von Blechtafeln.

Beschädigtenrente ↑ Kriegsopferversorgung.

Beschaffung, Bereitstellung von Gütern durch Ankauf, Miete, Leihe oder Schenkung. Die **Beschaffungskosten** sind neben dem Einkaufspreis Bestandteil der Einstandskosten von Waren.

Beschäftigung, allg. Tätigkeit, Erwerbstätigkeit; in der Wirtschaftstheorie Bez. für den Einsatz von Produktionsfaktoren, i. e. S. von menschl. Arbeitskraft (als Ggs. zur Arbeitslosigkeit gesehen).

Beschäftigungsgrad (Ausnutzungsgrad), Verhältnis der tatsächl. zur mögl. Auslastung einer Anlage, einer Abteilung oder eines Betriebs (*betriebswirtschaftl. B.*) bzw. der Produktionsfaktoren einer Volkswirtschaft (*volkswirtschaftl. B.*).

Beschäftigungspflicht, aus dem Arbeitsverhältnis resultierende Pflicht des Arbeitgebers, den Arbeitnehmer im Rahmen des Arbeitsvertrages zu beschäftigen.

Beschäftigungspolitik, Teil der staatl. Wirtschaftspolitik; umfaßt alle geld- und fiskalpolit. Maßnahmen zur Erreichung und/oder Sicherung der Vollbeschäftigung.

Beschäftigungstheorie, Teilgebiet der Volkswirtschaftslehre, in dem die Faktoren und Zusammenhänge, die den Beschäftigungsgrad in einer Volkswirtschaft bestimmen, systematisch erforscht und dargestellt werden. Die moderne B. wurde von J. M. Keynes 1936 in seinem Buch „The general theory of employment, interest and money" begr. In seinem Modell werden der Kapitalbestand, das Arbeitskräftepotential, die Produktionstechnik und die Preise als konstant angenommen. In dieser kurzfristigen Betrachtungsweise bestimmt die effektive Nachfrage allein die Höhe der Produktion und, wegen der gegebenen Produktionsfunktion, auch die Höhe der Beschäftigung und des Volkseinkommens. In mittel- und langfristigen Modellen wird insbes. von einer variablen Kapitalausstattung ausgegangen, mithin der Kapazitätseffekt von Investitionen mitberücksichtigt. In neueren Ansätzen werden auch die Zunahme des Arbeitskräftepotentials und der techn. Fortschritt analysiert. In jüngster Zeit wurde unter dem Einfluß des amerikan. Nationalökonomen M. Friedman eine B. entwickelt, in der die Geldmenge als entscheidender Bestimmungsfaktor für die Höhe der Beschäftigung angesehen wird.

Beschäftigungstherapie, Heilbehandlung durch sinnvoll gelenkte Beschäftigung und Arbeit zur Ablenkung und Beruhigung und zur Wiederherstellung (Rehabilitation) seel. und körperl. Funktionen.

beschälen ↑ decken.

Besançon
Stadtwappen

Jöns Jacob von Berzelius

Beschälseuche

Besatzungszonen in Deutschland und Österreich nach dem Zweiten Weltkrieg

Beschälseuche (Dourine, Zuchtlähme), anzeigepflichtige Geschlechtskrankheit der Pferde. Erreger ist das Geißeltierchen Trypanosoma equiperdum, das durch den Geschlechtsakt übertragen wird.
Beschauung ↑ Kontemplation.
Beschauzeichen, gepunzter Stempel auf Goldschmiedearbeiten sowie auf Zinn (Prüfzeichen für Qualität und Feingehalt); i. d. R. Stadt- und Meisterzeichen.
Bescheid, im dt. Recht ein das Verwaltungsverfahren abschließender Verwaltungsakt; auch bloße Mitteilung.
Beschichten, das Aufbringen einer festhaftenden Schicht aus einem geeigneten Material zur Verbesserung der Oberflächeneigenschaften des Grundwerkstoffs, z. B. in der *Holztechnik* das Aufkleben von Kunststoff- oder Metallfolien auf Holzfaser- oder Holzspanplatten. In der *Fertigungstechnik* werden Werkstücke beim B. z. B. durch Aufdampfen, durch Anstreichen, Tauchemaillieren oder durch Plattieren mit formlosem Stoff überzogen.
Beschickung, in der Hüttentechnik die meist maschinelle Einbringung von Erzen, Brennstoff und Zuschlägen in einen metallurg. Ofen (z. B. Hochofen); auch Bez. für die Ofenfüllung (Charge) selbst.

Beschimpfung (Verunglimpfung), eine durch Form oder Inhalt bes. verletzende Äußerung der Mißachtung. Strafbar ist die öff. B. des Bundespräsidenten, der BR Deutschland, ihrer Symbole, ihrer verfassungsmäßigen Ordnung oder eines ihrer Länder (§§ 90, 90 a, 90 b StGB), der Kirchen und Religionsgemeinschaften (§ 166 StGB) und die Verunglimpfung des Andenkens Verstorbener (§ 189 StGB).
Im *östr. Recht* entspricht die Ehrenbeleidigung, im *schweizer.* die Beleidigung der B.
Beschir ↑ Orientteppiche (Übersicht).
Beschkęk ↑ Bischkek.
Beschlag, (Baubeschlag) Verbindungsteil aus Metall oder Kunststoff, das zum Zusammen- oder Festhalten einzelner, häufig bewegl. Teile dient. **Konstruktionsbeschläge** verbinden zerlegbare Möbelteile, durch **Bewegungsbeschläge** werden Türen, Fenster, Klappen u. a. drehbar befestigt, **Verschlußbeschläge** dienen zum Verschließen von Möbeln (insbes. Truhen), Sattler- und Täschnerwaren (Koffer, Taschen). **Zierbeschläge** (v. a. an Türen und Truhen) sind kunstvoll gearbeitete Lang- und Winkelbänder u. a.

Beschleunigung	
Personenzug (elektrisch)	0,25 m/s²
Kraftfahrzeug	(60 kW) 3,00 m/s²
Rennwagen	8,00 m/s²
frei fallender Körper	9,81 m/s²
Geschoß (im Lauf)	500 000,00 m/s²

▷ Schicht aus kondensierter Luftfeuchtigkeit an kalten Oberflächen, deren Temperatur unter dem Taupunkt der Luft liegt.

Beschlagnahme, Wegnahme und amtl. Verwahrung oder sonstige Sicherung von Gegenständen, Grundstücken, Räumen oder Vermögenswerten. – 1. *Strafprozeß:* Besteht der erhebl. Verdacht einer strafbaren Handlung, so können die für den Beschuldigten bestimmten Postsendungen (§ 99 StPO) sowie bes. Gegenstände, die als Beweismittel von Bed. sein können oder der Einziehung unterliegen, beschlagnahmt werden (z. B. Falschgeld, Tatwaffen). Die Anordnung der B. steht nur dem Richter, bei Gefahr im Verzug auch der Staatsanwaltschaft oder ihren Hilfsbeamten zu. 2. *Zivilprozeß:* ↑Pfändung, ↑Zwangsversteigerung. 3. *Abgabenordnung* (AO): Die B. ist durch die Finanz- oder Hauptzollämter zur Sicherung von Zoll- oder Verbrauchsteuerschulden zulässig.

Beschleuniger, in der *Physik* svw. ↑Teilchenbeschleuniger.

beschleunigtes Verfahren, bes. rascher Verlauf des *Strafverfahrens.* Der Staatsanwalt kann ohne Zwischenverfahren und ohne Einreichung einer Anklageschrift gemäß §§ 212 ff. StPO schriftlich oder mündlich im Verfahren vor dem Einzelrichter oder Schöffengericht die Aburteilung im b. V. beantragen, falls der Sachverhalt einfach, die sofortige Aburteilung möglich ist und höchstens eine Freiheitsstrafe von einem Jahr und keine Maßregeln der Sicherung und Besserung verhängt werden.

Beschleunigung, Formelzeichen *a,* Quotient aus der Geschwindigkeitsänderung Δv eines bewegten Körpers und der dazu erforderl. Zeit Δt; $a = \Delta v/\Delta t$. Ist dieser Quotient zeitlich konstant, erfolgt also in gleichen Zeitabschnitten Δt stets die (nach Betrag und Richtung) gleiche Geschwindigkeitsänderung Δv, dann liegt eine *gleichmäßig beschleunigte* Bewegung vor. Andernfalls spricht man von einer *ungleichmäßig beschleunigten* Bewegung. Die Augenblicksbeschleunigung einer solchen Bewegung erhält man als Differentialquotient der Geschwindigkeit nach der Zeit oder als zweite Ableitung des Weges s nach der Zeit: $a = dv/dt = d^2s/dt^2$. Die B. ist ein Vektor. Eine B. liegt also immer dann vor, wenn sich die Geschwindigkeit nach Betrag und/oder Richtung ändert. Erfolgt die B. in Richtung der momentanen Geschwindigkeit (d. h. in Richtung der jeweiligen Bahntangente), so spricht man von **Bahnbeschleunigung (Tangentialbeschleunigung),** erfolgt sie senkrecht dazu, so bezeichnet man sie als **Normalbeschleunigung.** SI-Einheit der B. ist das Meter durch Sekundenquadrat (m/s²). Als bes. Einheit wird in der Luftfahrt- und Raumfahrttechnik die Fallbeschleunigung $g = 9,81$ m/s² verwendet. Man spricht dann von B. von $3g$, $5g$, $10g$ usw. Für die bemannte Weltraumfahrt dürfen die auftretenden B. nicht größer als $6g$ bis $10g$ sein.

Beschleunigungsmesser, Geräte, mit denen eine auf sie wirkende Beschleunigung gemessen werden kann; Meßorgan ist meist eine schwingungsfähig aufgehängte Masse, die über eine Feder mit dem Gehäuse verbunden ist. Die durch Beschleunigungskräfte sich ergebende Relativbewegung der Masse gegenüber dem Gehäuse wird zur Messung benutzt.

Beschluß, gerichtl. Entscheidung, die nicht der strengen Form eines Urteils bedarf, jedoch formal strenger als eine Verfügung ist. Ein B. bedarf nicht stets einer Begründung. B. ergehen i. d. R. ohne mündl. Verhandlung im B.verfahren (z. B. im Arbeitsgerichtsverfahren). Sie sind grundsätzlich mit dem Rechtsmittel der Beschwerde anfechtbar.

Beschlußfähigkeit, an die Anwesenheit einer bestimmten Zahl seiner Mgl. geknüpfte Fähigkeit eines Kollegialorgans, rechtswirksame Beschlüsse zu fassen. Der Dt. Bundestag z. B. ist gemäß § 45 seiner Geschäftsordnung beschlußfähig, wenn mehr als die Hälfte seiner Mgl. im Sitzungssaal anwesend ist.

Beschneidung, rituelle Operation, die zur ↑Initiation gehört und meist an Knaben bei eintretender Reife vorgenommen wird: *Zirkumzision* (Wegschneiden der Vorhaut), *Inzision* (Einschneiden) und *Subinzision* (Aufschneiden der Harnröhre). Bei einigen Naturvölkern werden die Mädchen durch Entfernung der Klitoris oder der kleinen Schamlippen beschnitten. Verbreitung: Afrika, Vorderasien, Indonesien, Australien, Ozeanien, vereinzelt in Amerika. – Für das *Judentum* ist die Zirkumzision des Knaben das Zeichen des Bundes mit Gott und wird kurz nach der Geburt oder der Bekehrung vollzogen. – Im *Islam* gilt die B. ebenfalls als Pflicht.

beschränkt, in der *Mathematik:* gesagt von einer Menge reeller Zahlen, wenn es reelle Zahlen r und s gibt, so daß alle Elemente dieser Menge größer als r *(nach unten b.)* und kleiner als s *(nach oben b.)* sind; r heißt *untere Schranke,* s heißt *obere Schranke.*

beschränkte Haftung ↑Haftungsbeschränkung.

beschreibende Psychologie (deskriptive Psychologie), auf W. Dilthey zurückgehende psychol. Richtung, deren Methode die vom nacherlebenden Individuum im Verstehen oder phänomenologisch durchgeführte Beschreibung psych. Sachverhalte ist.

Beschuldigter, der einer Straftat Verdächtige vor Erhebung der öff. Klage.

beschützende Werkstätten (Werkstätten für Behinderte), Einrichtungen, in denen Arbeitsmöglichkeiten für Personen geschaffen sind, die wegen ihrer (geistigen oder körperl.) Behinderung unter den übl. Bedingungen des allg. Arbeitsmarkts keine Arbeit finden können.

Beschwer, Zulässigkeitsvoraussetzung für die Einlegung von Rechtsmitteln, bes. im Zivilprozeß. Eine B. liegt grundsätzlich nur dann vor, wenn das Urteil von dem Antrag des Rechtsmittelführers ungünstig abweicht (sog. **formelle Beschwer**). In Ausnahmefällen genügt es, daß die ergangene Entscheidung ihrem Inhalt nach für den Rechtsmittelführer irgendwie nachteilig ist (sog. **materielle Beschwer**).

Beschlag. Zierbeschlag einer Sakristeitür mit Kreuzigungsgruppe, 16. Jh. (Nürnberg, Germanisches Museum)

Beschwerde

Beschwerde, 1. die formlose Eingabe an eine übergeordnete Stelle, mit der die Änderung der Maßnahme einer untergeordneten Stelle erstrebt wird (z. B. Dienstaufsichtsbeschwerde); 2. das gesetzlich geregelte förml. Rechtsmittel gegen Gerichtsentscheidungen (Beschlüsse, Verfügungen, nur ausnahmsweise gegen Urteile) und einzelne Behördenakte. Gegen *Gerichtsentscheidungen* ist die B. zulässig beim Vorliegen einer Beschwer; in Kostensachen muß der Wert des B.gegenstandes 100,– DM übersteigen. Für die B. gilt teils eine Beschwerdefrist (**sofortige Beschwerde;** Notfrist: im Zivilprozeß 2 Wochen, im Strafprozeß 1 Woche), teils ist sie nicht fristgebunden (**einfache Beschwerde**). Grundsätzlich hat sie keine aufschiebende Wirkung. – ↑Verfassungsbeschwerde.
Im *östr.* und *schweizer. Recht* gilt Entsprechendes (**Rekurs**).
Beschwerde- und Petitionsrecht ↑Petitionsrecht.
Beschwichtigungsgebärde, Verhalten von Tieren, das den Aggressionstrieb von Artgenossen neutralisiert und eine Umstimmung bewirkt. – ↑Demutsgebärde.
Beschwörung, im mag. Denken Herbeirufen einer stärkeren Macht (Geister, Hexen u. a.) mit mag. Worten (*B.formeln*) und Handlungen, um sie sich untertan zu machen.
Beseitigungsanspruch, Anspruch des Eigentümers gegen den, der sein Eigentum anders als durch Entziehung oder Vorenthaltung des Besitzes beeinträchtigt, auf Beseitigung der Beeinträchtigung (§ 1 004 BGB).
Beseler, Georg, *Rödemis (= Husum) 2. Nov. 1809, † Bad Harzburg 28. Aug. 1888, dt. Jurist und Politiker. – Prof. in Basel, Rostock, Greifswald und Berlin; Mgl. der Frankfurter Nationalversammlung 1848/49 als einer der Führer der Erbkaiserpartei und des Verfassungsausschusses; 1874 MdR; seit 1875 im preuß. Herrenhaus, dessen Vizepräs. 1882–87; berühmt durch seine Arbeiten zur Genossenschaftstheorie.
B., Hans von (seit 1904), *Greifswald 27. April 1850, † Neubabelsberg (= Potsdam) 20. Dez. 1921, preuß. General. – Sohn von Georg B.; Generalgouverneur in Warschau 1915–18; proklamierte 1919 im Namen des Kaisers das Kgr. Polen.
Besen, zum Kehren und Reinigen verwendetes Gerät. Als Material für die Besteckung des aus Holz oder Kunststoff bestehenden B.körpers dienen heute Pflanzenfasern, Tierhaare oder Kunstborsten. – Im Volksglauben stellte man sich die Hexen auf einem B. reitend vor. In manchen Landschaften war es üblich, im Frühjahr alte B. zu verbrennen oder mit brennenden B. lärmend über die Felder zu laufen, um Schaden abzuwehren.
Besenginster (Sarothamnus scoparius), Schmetterlingsblütler in M-Europa; bis 2 m hoher Strauch mit großen, gelben, einzeln oder zu zweien stehenden Blüten; kommt vor in trockenen Wäldern, auf Heiden und Sandboden; kalkmeidend; die Zweige wurden früher zu Besen und grobem Flechtwerk verarbeitet.
Besenheide, svw. ↑Heidekraut.
Besenrauke (Sophienkraut, Descurainia sophia, Sisymbrium sophia), Kreuzblütler in Eurasien und N-Afrika; einjähriges, bis 70 cm hohes Kraut mit kleinen gelben Blüten und aufrechten, 10–20 mm langen, sichelförmigen Schotenfrüchten.
Besessenheit, eine in fast allen Kulturen anzutreffende Erscheinung eingeschränkter oder gestörter psych. Funktionen eines Menschen, die im religiösen Verständnis als Ergriffenwerden durch dämon. Mächte, die sein Reden und Handeln teilweise oder völlig bestimmen, interpretiert wird (↑Exorzismus).
Besetzung, im Völkerrecht die vorläufige Ausübung der tatsächl. Gewalt über ein fremdes Staatsgebiet unter Ausschluß der bisherigen Gebietsherrschaft. Dabei wird die vorhandene Staatsgewalt nicht aufgehoben, sondern lediglich für die Dauer der B. suspendiert. Die **kriegerische Besetzung** feindl. Gebietes erfolgt durch einen Gewaltakt bei bestehendem Kriegszustand. Die **friedliche Besetzung** vollzieht sich entweder durch einen Vertrag mit dem zu besetzenden Staat (z. B. Besetzung des Rheinlandes auf Grund des Versailler Vertrages von 1919) oder durch einen Gewaltakt außerhalb eines Kriegszustandes (z. B. Ruhr-B. 1923–25).
Besetzungsinversion (Besetzungsumkehr), Zustand eines physikal. Systems (z. B. Elektronen der Atomhülle), bei dem mindestens ein angeregtes Energieniveau stärker besetzt ist als energetisch tiefer liegende Niveaus; Voraussetzung für die Funktion von Lasern und Masern.
Besetzungszahl, die Zahl gleichartiger Teilchen eines mikrophysikal. Systems, die sich in einem bestimmten Energie- und Quantenzustand befinden.
Besigheim, Stadt auf einem Sporn zw. Neckar und Enz, Bad.-Württ., 9 200 E. Weinbau, Textilfabriken, Herstellung von Farben, Werkzeugen und Maschinen. – 1153 als **Curtis** genannt, im 13. Jh. Stadt. Reste der ma. Befestigung, Stadtkirche (1383–1448).
Bésigue [be'zi:k; frz.], Kartenspiel, das in der Originalform von 2 Personen mit 2 Spielen Pikettkarten (64 Blatt) gespielt wird.
Besinnungslosigkeit, svw. ↑Bewußtlosigkeit.
Besitz, die tatsächl. Herrschaft einer natürl. oder jurist. Person über eine Sache (§§ 854–872 BGB), im Unterschied zum Eigentum als der rechtl. Zuordnung einer Sache. B. und Eigentum fallen oft zusammen. Wegen der an die tatsächl. Sachherrschaft anknüpfenden Rechtswirkungen steht der B. einem subjektiven Recht gleich. Er ist übertragbar und vererblich, stellt ein sonstiges Recht im Sinne des Schadenersatzrechts (§ 823 Abs. 1 BGB) dar und kann Gegenstand eines Bereicherungsanspruchs (§ 812 BGB), einer Rechtsgemeinschaft (§ 741 BGB) sowie eines Vermächtnisses (§ 2169 BGB) sein.
Arten des Besitzes: 1. *Allein-* und *Mit-B.;* 2. *Voll-* und *Teil-B.* (an abgrenzbaren Sachteilen, z. B. an einer Mietwohnung); 3. *Eigen-* und *Fremd-B.,* je nachdem, ob der Besitzer die Sache als ihm oder einem anderen gehörend besitzt (§ 872 BGB); 4. *unmittelbarer* und *mittelbarer B.* Der mittelbare B. kann ein- oder mehrstufig (gestaffelt) sein, z. B. in der Beziehung Vermieter (zweistufiger mittelbarer Besitzer) – Mieter (erststufiger mittelbarer Besitzer) – Untermieter (unmittelbarer Besitzer); 5. *fehlerfreier* und *fehlerhafter* (durch verbotene Eigenmacht erlangter) *B.;* 6. *rechtmäßiger* und *unrechtmäßiger B.;* 7. B. des *gutgläubigen* und des *bösgläubigen Besitzers* (unrechtmäßiger B. eines Besitzers, der hinsichtlich des Rechts an der Sache nicht in gutem Glauben ist). Nach östr. *Recht* ist B. die Innehabung einer Sache mit dem Willen, sie als die seine zu behalten. Inhaber ist, wer die Sache in seiner Macht und Gewahrsam hat (§ 309 ABGB). Die Regelung des B. in der *Schweiz* stimmt im wesentlichen mit dem dt. Recht überein.
Besitzdiener, derjenige, der auf Grund eines sozialen Abhängigkeitsverhältnisses die tatsächl. Gewalt über eine Sache für einen anderen ausübt, z. B. Ladenverkäufer.
Besitzeinkommen, das aus dem Besitz von Kapital oder Boden fließende Einkommen (Zins, Dividende, Rente).
Besitzmittlungsverhältnis, das zw. dem unmittelbaren Besitzer und dem mittelbaren Besitzer (Oberbesitzer) bestehende Rechtsverhältnis (z. B. Mietverhältnis).
Besitzschutzanspruch, im Zivilrecht 1. der Anspruch des früheren [unmittelbaren] Besitzers einer [bewegl.] Sache gegenüber dem derzeitigen unmittelbaren Besitzer, welcher ihm gegenüber fehlerhaft besitzt, auf Wiedereinräumung des Besitzes; 2. als **Besitzstörungsanspruch** der Anspruch des Besitzers gegenüber demjenigen, welcher ihn durch verbotene Eigenmacht im Besitz stört, auf Beseitigung der Störung bzw. auf Unterlassung künftiger Störungen.
Besitzsteuern, zusammenfassende Bez. für Steuern, die an wirtsch. Positionen anknüpfen (z. B. Einkommensteuer, Gewerbesteuer). Ggs.: Verkehrsteuern.
Beskiden, zusammenfassende Bez. für die nördl. Ketten der Karpaten, in Polen, der SR, der Ukraine und Rumänien, etwa 600 km lang und bis 50 km breit; in der Babia Góra 1 725 m hoch. Bis 1 200 m Laub-, bis 1 500 m Nadelwald, darüber Matten.

Besenginster

Besoldung [↑Sold], die Dienstbezüge der Beamten, Richter und Soldaten (Berufssoldaten und Soldaten auf Zeit). **Dienstbezüge** sind Grundgehalt, Orts- und Kinderzuschläge sowie Amts- und Stellenzulagen, Auslandsdienstbezüge, bei Hochschullehrern auch Zuschüsse zum Grundgehalt. Die B. wird einheitlich geregelt durch das Bundesbesoldungsgesetz – BBesG – i. d. F. vom 6. 2. 1991. Das Landesrecht hat für die Höhe der Dienstbezüge nur noch untergeordnete Bedeutung. Die Bundesregierung ist ermächtigt (Festlegung im Einigungsvertrag 1990), Übergangsregelungen durch RVO für die B. von Beamten, Richtern und Soldaten in den Ländern der ehem. DDR bis zum 30. Sept. 1992 zu erlassen.

Besoldungsordnung, Anlage zum Bundesbesoldungsgesetz, in der die Grundgehaltssätze und die Dienstalters- und Stellenzulagen festgelegt sowie die Amtsbez. angeführt werden. Jede der B. A, B, C und R ist in **Besoldungsgruppen** unterteilt, in denen die Inhaber gleichwertiger Ämter zusammengefaßt sind.

Besomimbüchse [hebr./dt.] ↑Habdala.

Besonnenheit, Bez. einer Haltung, die ein Verhalten ermöglicht, das sich durch Selbstbeherrschung und maßvolles, vernunftgeleitetes Abwägen aller das Handeln bestimmenden Faktoren auszeichnet.

Besprechen, das meist leise Sprechen von Segens-, Gebets- und Spruchformeln mag. Charakters, um Krankheiten zu heilen. Erfolge werden von der Medizin der Beeinflussung durch Suggestion zugeschrieben.

Besprengung, svw. ↑Aspersion.

Besprisornyje [russ. „Aufsichtslose"], eltern- und obdachlose Kinder und Jugendliche in der Sowjetunion, die, entwurzelt durch Revolution, Bürgerkrieg und Hungersnot, in den 1920er Jahren in Horden durch das Land vagabundierten und die Bev. terrorisierten, so daß Miliz und Militär gegen sie eingesetzt werden mußten.

Bessarabien, Gebiet in Moldawien und der Ukraine, zw. Dnjestr, Donau, Pruth und Schwarzem Meer. – Seit dem 3. Jh. v. Chr. Siedlungsgebiet ostgerman. Bastarner; wurde 106 n. Chr. Teil der röm. Provinz Dakien, im 3. Jh. n. Chr. von den Westgoten erobert, denen Hunnen und Bulgaren (5. Jh.), Awaren (6. Jh.), Ungarn (9. Jh.), Petschenegen (11. Jh.) folgten; seit dem 10. Jh. zum altruss. Großfürstentum Kiew; seit 1240 selbständig; im 14. Jh. vom walach. Fürstenhaus der Basarab erobert, nach ihnen B. genannt. Ende des 15. Jh. von den Osmanen erobert, wurde zu einem russisch-türk. Streitobjekt; 1812 Rußland zugesprochen. Zw. 1814 und 1842 Ansiedlung dt. Kolonisten (v. a. aus Schwaben und Mitteldeutschland, B.-Deutsche). 1856 zum Ft. Moldau, 1878 von Rußland zurückgewonnen; 1918 von Rumänien annektiert, 1940 von der UdSSR besetzt (auf Grund eines dt.-sowjet. Vertrages Aussiedlung der etwa 93 000 B.-Deutschen in das Wartheland). 1941 erneut Rumänien angegliedert; 1944/47 zur UdSSR.

Bessarion, Taufname Basileios (auch Johannes), *Trapezunt 2. Jan. 1403 (?), †Ravenna 18. Nov. 1472, byzantin. Theologe, Humanist, Kardinal (seit 1439), lat. Patriarch von Konstantinopel (seit 1463). – 1437 Erzbischof von Nizäa. 1450–55 päpstl. Legat in Bologna. Versuchte, den Platonismus für die christl. Theologie fruchtbar zu machen und förderte die Union der orth. mit der kath. Kirche, zu der er übertrat.

Bessel, Friedrich Wilhelm, *Minden 22. Juli 1784, †Königsberg (Pr) 17. März 1846, dt. Astronom und Mathematiker. – Prof. in Königsberg; schuf die exakten Grundlagen für die Astronomie und bestimmte als erster 1838 die Entfernung eines Fixsterns.

Besseler, Heinrich, *Dortmund 2. April 1900, †Leipzig 25. Juli 1969, dt. Musikforscher. – 1928 Prof. in Heidelberg, 1948 in Jena und 1956–65 in Leipzig. Arbeiten zur Musik des MA, der Renaissance, zur Bachforschung und Musikästhetik.

Bessemer, Sir (seit 1879) Henry [engl. ˈbɛsəmə], *Charlton bei Hitchin (Hertfordshire) 19. Jan. 1813, †London 15. März 1898, engl. Ingenieur. – Erfand u. a. das Bessemer-Verfahren (1855) zur Herstellung von Flußstahl.

Bessemer-Birne [engl. ˈbɛsəmə; nach Sir H. Bessemer] ↑Konverter.

Bessmertnych, Alexander Alexandrowitsch, *Bijsk (Altai) 10. Nov. 1933, sowjet. Politiker und Diplomat. – Jurist; Mgl. der KPdSU seit 1963; 1977–83 Gesandter in den USA; wurde 1983 einer der stellv. Außenmin., 1990 Botschafter in den USA; Jan. bis Aug. 1991 Außenminister.

Besson, Benno, *Yverdon 4. Nov. 1922, schweizer. Regisseur und Theaterleiter. – Assistent bei B. Brecht im Berliner Ensemble (1949–58), 1969–74 künstler. Leiter, Intendant der Volksbühne Berlin (Ost), inszenierte u. a. Werke B. Brechts und Molières; 1982–89 Direktor der Comédie in Genf.

Bessos, †Ekbatana 329 v. Chr., pers. Satrap Baktriens und der Sogdiana. – Zettelte 330 eine Verschwörung gegen den von Alexander d. Gr. geschlagenen König Darius III. an, die zu dessen Ermordung führte; erklärte sich danach als Artaxerxes IV. selbst zum König; an Alexander ausgeliefert und hingerichtet.

Best, Charles Herbert, *West Pembroke (Maine) 27. Febr. 1899, †Toronto 31. März 1978, kanad. Physiologe amerikan. Herkunft. – Entdeckte 1921 zus. mit Sir F. G. Banting das Insulin.

Bestallung, svw. ↑Approbation.

Bestand, in der *Forstwirtschaft* Bez. für einen Waldbezirk, der auf Grund seiner bes. Zusammensetzung (Art, Alter, Wuchs der Bäume) einer spezifischen forstwirtschaftl. Pflege bedarf.

▷ in der *Landw.* Bez. für alle zu einem Betrieb gehörenden Individuen der jeweiligen Haustierart (z. B. Rinder-, Hühnerbestand).

Bestandsaufnahme, svw. ↑Inventur.

Bestandskonten, aktive und passive Konten, auf denen im Ggs. zu den Erfolgskonten (↑Erfolgsrechnung) Zu- und Abgänge mit dem gleichen Wertansatz eingetragen werden.

Bestandteil, im Recht der Teil einer Sache, der mit den übrigen Teilen eine einheitl. Sache bildet (z. B. Schublade im Schrank). B. teilen im allg. das rechtl. Schicksal der Hauptsache, **wesentliche Bestandteile** (§ 93 BGB) in jedem Fall. Nicht wesentl. B. können Gegenstand bes. Rechte sein. Als B. gelten auch die mit dem Eigentum am Grundstück verbundenen *Rechte,* sowie gemeinschaftl. im Grundbuch eingetragene *Flächen.*

Bestätigung, im Recht die Willenserklärung, durch die jemand ein nichtiges oder anfechtbares Geschäft als gültig anerkennt.

Bestattung (Begräbnis, Totenbestattung), Totenfeier und Beisetzung Verstorbener. Die Formen der Erd- und Luft-B. sowie der Leichenverbrennung sind auch religiös bedingt. Mit der B. verbundene Riten **(Funeralriten)** dienen sowohl dem Verstorbenen als auch den Hinterbliebenen (↑Totenkult). Handlungen zum Wohl des *Verstorbenen* sollen diesem die Jenseitsreise oder den Aufenthalt im Totenreich erleichtern (↑Totenbegleitopfer). Gelegentlich glaubt man, daß eine Verbrennung den Weg ins Jenseits erleichtere. Die Balsamierung beruht im Unterschied dazu auf der Annahme, daß nur dem äußerlich unversehrten Körper ein Fortleben möglich sei. Unheilabwehrende Handlungen der *Hinterbliebenen* sollen das Verbleiben des Toten im Haus oder seine Rückkehr (als **Wiedergänger**) verhindern. Andere Riten sollen den Verstorbenen weiterhin mit den Lebenden verbinden, z. B. Hausbestattung, Ahnenkult, Heiligen- und Reliquienverehrung.

Das staatl. B.wesen **(Leichenwesen)** ist in der BR Deutschland, in Österreich und in der Schweiz durch die Länder bzw. Kt. geregelt. Übereinstimmend sind eine Anzeigepflicht für Todesfälle, eine Leichenschau zur Feststellung der Todesursache sowie eine Einsargung vorgesehen. Die B. ist gesetzlich vorgeschrieben, entweder als **Erdbestattung** (Beerdigung, Begräbnis, Beisetzung des Leichnams) oder als **Feuerbestattung** (Beisetzung der Aschenreste, meist in einer Urne, nach der Einäscherung der Leiche in einem Krematorium). Leichen oder Aschen werden herkömmlich in für die Dauer der sog. Ruhefrist (7–30 Jahre)

Friedrich Wilhelm Bessel

Henry Bessemer

Charles Herbert Best

Bestäubung

Bestiarium. Illustration aus einer Dichtung des 12. Jahrhunderts

gemieteten Gräbern beigesetzt, normalerweise auf einem Friedhof, Aschen zunehmend auch im Meer (**Seebestattung**).

Bestäubung, svw. ↑ Blütenbestäubung.

Bestechung, das unter Strafe gestellte Anbieten eines Vorteils als Gegenleistung für eine die Dienstpflichten verletzende Dienstleistung bei Amtsträgern (Beamten, Richtern, Soldaten; sog. **aktive Bestechung**); mit Geldstrafe oder mit Freiheitsstrafe bis zu fünf Jahren bedroht (§ 334 StGB). Ein Amtsträger, der als Gegenleistung für eine pflichtwidrige Diensthandlung einen Vorteil fordert, sich versprechen läßt oder annimmt, wird mit Geldstrafe oder Freiheitsstrafe bis zu fünf Jahren (bei Richtern: bis zu zehn Jahren) bestraft (sog. **passive Bestechung [Bestechlichkeit]**; § 332 StGB). – Im *östr.* und *schweizer.* Recht gilt Entsprechendes.

Besteck, zusammengehörendes Eßgerät (Messer, Gabel, Löffel).
▷ in der *Medizin:* für einen bestimmten Zweck (z. B. Operation) zusammengestellte ärztl. Instrumente.
▷ der durch navigator. Bestimmung der geograph. Länge und Breite festgelegte Ort eines Schiffes auf hoher See (↑ Navigation).

Bestellvertrag, Vertrag auf Herstellung eines geistigen Werkes nach einem Plan, in dem der Besteller dem Verfasser den Inhalt des Werkes sowie die Art und Weise der Behandlung genau vorschreibt. Der B. ist ein Werkvertrag mit dem Inhalt eines Geschäftsbesorgungsvertrages (kein Verlagsvertrag).

Besthaupt (Kurmede, Sterbhaupt, Mortuarium), ma. Abgabe der Erben eines Hörigen an den Herrn, meist das beste Stück Vieh; nahm später den Charakter einer Erbschaftsteuer an, die Naturalleistung wurde in eine Geldleistung umgewandelt.

bestialisch [zu lat. bestia „(wildes) Tier"], (abwertend) unmenschlich, roh, viehisch.

Bestiarium [zu lat. bestia „(wildes) Tier"], ma. allegor. Tierbücher, in denen oft legendäre phantast. Vorstellungen von Tieren heilsgeschichtlich und moralisch gedeutet werden. Sie gehen auf den ↑„Physiologus" zurück. V. a. in Frankreich und England verbreitet. Die Handschriften wurden z. T. prächtig illuminiert.

Bestimmungswort, in einer Zusammensetzung (Kompositum) ein das Grundwort bestimmendes, oft anstelle eines Attributs gebrauchtes Wort, z. B. *Edel*mann.

Bestockung, in der Botanik Bildung von Seitensprossen und Wurzeln an oberird. Knoten des Hauptsprosses, bes. bei Gräsern.

Betain

Hans Albrecht Bethe

Bestrahlung, in der *Medizin* ↑ Strahlentherapie, Kurzwellentherapie (↑ Elektrotherapie), ↑ Rotlicht, ↑ Solarium, ↑ Höhensonne.
▷ in der *Lebensmitteltechnik* Behandlung von Lebensmitteln mit ionisierenden Strahlen zur Keimhemmung, Insektenbekämpfung, Pasteurisierung oder Sterilisation.

Bestrahlungsschäden, svw. ↑ Strahlenschäden (↑ Strahlenschutz).

Bestseller [engl.; zu best „am besten" und sell „verkaufen"], Bez. für ein Buch, das während einer Saison überdurchschnittl. Verkaufserfolge erzielt; **Longseller** erzielen über einen längeren Zeitraum Verkaufserfolge.

Bestuschew-Rjumin, Alexei Petrowitsch Graf, * Moskau 2. Juni 1693, † Petersburg 21. April 1766, russ. Staatsmann. – 1744–58 Großkanzler unter Elisabeth Petrowna; führte Rußland an der Seite Österreichs und Frankreichs in den Siebenjährigen Krieg gegen Preußen; 1758 entlassen und (bis 1762) verbannt.

Beta, zweiter Buchstabe des griech. Alphabets: Β, β.

Betablocker (β-Blocker, Betarezeptorenblocker) ↑ Sympatholytika.

Beta-Cephei-Sterne [...e-i; griech./dt.] (Beta-Canis-Majoris-Sterne), eine Gruppe veränderl. Sterne mit regelmäßigem Pulsationslichtwechsel.

Betain [lat.] (Trimethylammoniumacetat), das Trimethylderivat des Glycins; häufig in vielen Pflanzenteilen. B. senkt den Blutcholesterinspiegel und wird medizinisch u. a. bei Hyperlipidämie, Gallen- und Lebererkrankungen eingesetzt. Nach dem B. werden allg. die sog. *inneren Salze* als *Betaine* (mit anion. und kation. Gruppen im Molekül) bezeichnet.

Beta-Lyrae-Sterne [griech./dt.], Bedeckungsveränderliche mit zwei ellipsoid. Komponenten und einer Lichtwechselperiode von mehr als 24 Stunden.

Betancur Cuartas, Belisario [span. beta'ŋkur 'kuartas], * Amagá (Dep. Antioquia) 4. Febr. 1923, kolumbian. Politiker (Konservative Partei). – Jurist; 1962–63 Arbeitsmin.; 1982–86 Staatspräsident.

Betaspektrometer, Gerät zur Messung der Energie- oder Impulsverteilung von Betastrahlen. *Magnet.* B. beruhen darauf, daß sich in einem homogenen Magnetfeld bewegende geladene Teilchen Kreisbahnen beschreiben, deren Radius dem Teilchenimpuls proportional ist.

Betastrahlen (β-Strahlen), ionisierende Teilchenstrahlen, die beim Betazerfall bestimmter natürl. oder künstl. Radionuklide, den *Betastrahlern*, entstehen. B. bestehen aus *Betateilchen*, schnellen Elektronen (e⁻, β⁻) oder Positronen (e⁺, β⁺) mit Energien bis mehrere Millionen Elektronenvolt (MeV). Reichweite in Luft je nach Energie mehrere Meter, in fester Materie nur wenige Millimeter; Abschirmung der B. durch Stoffe hoher Ordnungszahl oder großer Dichte (Blei, Eisen).

Betateilchen (β-Teilchen) ↑ Betastrahlen.

Betatron [Kw. aus **Beta**strahlen und Elek**tron**] ↑ Teilchenbeschleuniger.

Betäubung, in der Medizin Bez. für: 1. die teilweise Ausschaltung des Bewußtseins durch mechan. Einwirkung (Stoß, Schlag oder Fall) auf das Gehirn, durch Substanzen, die auf das Großhirn lähmend wirken (z. B. Opium, Alkohol) oder auch durch heftige psych. Erregung; 2. die zu medizin. Zwecken künstlich herbeigeführte Aufhebung der Schmerzempfindung (↑ Anästhesie).

Betäubungsmittel, chem. Substanzen, die wegen ihrer schmerzlindernden oder schmerzaufhebenden Wirkung medizinisch angewandt werden (z. B. bei chirurg. Eingriffen). B. führen bei wiederholter Einnahme zu Abhängigkeit und Sucht und unterliegen dem Betäubungsmittelgesetz, weil sie als Rauschgifte zweckentfremdet werden können. Bekannte B. dieser Gattung sind Kokain, Morphin, Opium, Pervitin ⓌⓏ.

Betäubungsmittelgesetz, Kurzbez. für das BG über den Verkehr mit Betäubungsmitteln (Neufassung vom 28. 7. 1981 mit späterer Änderung; früher *Opiumgesetz*); dieser unterliegt der Aufsicht des Bundesgesundheitsamtes (BGA). Einfuhr, Ausfuhr, Anbau, Herstellung, Verarbei-

Betazerfall (β-Zerfall), radioaktiver Zerfall, bei dem ein Atomkern seine Kernladungszahl (Ordnungszahl) um eine Einheit ändert, während die Massenzahl konstant bleibt. Man unterscheidet den **β^--Zerfall** $n \rightarrow p + e^- + \bar{\nu}$, bei dem sich ein Neutron in ein Proton (p) umwandelt und ein Elektron e^- und ein Antineutrino ($\bar{\nu}$) emittiert werden, den **β^+-Zerfall** $p \rightarrow n + e^+ + \nu$, bei dem sich ein Proton in ein Neutron umwandelt und ein Positron e^+ und ein Neutrino (ν) emittiert werden. Dazu zählen dazu der **Elektroneneinfang** $p + e^- \rightarrow n + \nu$, bei dem ein Hüllenelektron vom Kern eingefangen wird, wobei sich ein Proton unter Emission eines Neutrinos in ein Neutron umwandelt sowie die mit der Emission von Leptonen verbundenen **lepton. Zerfälle** der relativ langlebigen instabilen Elementarteilchen. Die aus dem Kern emittierten Betateilchen und Neutrinos entstehen erst während des Zerfalls, sie sind nicht schon vorher im Kern vorhanden. Die Energieverteilung der emittierten Betateilchen, das **Betaspektrum**, ist kontinuierlich und besitzt eine für das betreffende Radionuklid charakterist. obere Grenze. Von bes. Bedeutung ist die Nichterhaltung der Parität beim Betazerfall.

Beteigeuze (Betelgeuse) [arab.], hellster Stern im Sternbild Orion; etwa 400facher Sonnendurchmesser.

Beteiligter, Person, die in einem gerichtl. oder förml. Verwaltungsverfahren eine bestimmte Funktion wahrnimmt (wie das Verfahren zu führen) und mit processualen Rechten (Befugnis zur Stellung von Anträgen und zur Einlegung von Rechtsmitteln usw.) ausgestattet ist. Der Begriff B. ist enger als der des ↑Verfahrensbeteiligten. Im *Verwaltungsprozeß* sind B. Kläger, Beklagter, Beigeladener und der Vertreter des öff. Interesses. Ähnliches gilt für die *Sozialgerichtsbarkeit.* In der *freiwilligen Gerichtsbarkeit* entspricht der Begriff der B. dem der Partei im Zivilprozeß. Im *steuerl. Verfahren* sind B. bes. Antragsteller und Antragsgegner, die Adressaten des Verwaltungsaktes.

Beteiligung, Eigentum an Anteilen von Personen- oder Kapitalgesellschaften, die in der Absicht einer kapitalmäßigen Bindung erworben worden sind und gehalten werden. ▷ im *Strafrecht* zusammenfassender Begriff für Mittäterschaft, Beihilfe und Anstiftung.

Beteiligungsgesellschaft ↑Holdinggesellschaft.

Betelbissen [Malajalam/dt.], Anregungs- und Genußmittel der Eingeborenen in S-Asien und O-Afrika, besteht aus einer gerösteten Betelnußscheibe, die mit Gambir und meist auch Tabak in ein mit Kalk bestrichenes Blatt des **Betelpfeffers** (Chavica betle) eingewickelt, dann intensiv gekaut wird.

Betelgeuse ↑Beteigeuze.

Betelnuß [Malajalam/dt.] (Arekasamen, Arekanuß), Samen der Betelnußpalme; neben Fetten, Zucker und rotem Farbstoff v. a. Alkaloide und Gerbstoffe enthaltend.

Betelnußpalme (Areca catechu), von den Sundainseln stammende Palmenart; in S-Asien, O-Afrika, S-China und auf Taiwan angepflanzt; bis 15 m hoher Baum mit einem Schopf gefiederter Blätter, verzweigten Fruchtständen und bis eiergroßen Früchten, deren dicke, faserige Fruchtwand einen rotbraunen Samen (**Betelnuß**) umschließt.

Beth [hebr. „Haus, Ort"], der zweite Buchstabe des hebr. Alphabets; als hebr. „Haus" Bestandteil von geograph. Namen.

Bethanien, bibl. Ort am Osthang des Ölbergs, Heimat des Lazarus (Joh. 11, 1), deshalb auch Name christl. Krankenpflegeanstalten.

Beth Din [hebr. „Gerichtshof"], im Judentum Rechtsprechungsorgan. Im Staat Israel zuständig für Personenstandsangelegenheiten.

Bethe, Hans Albrecht ['be:tə, engl. 'beɪtɪ], *Straßburg 2. Juli 1906, amerikan. Physiker dt. Herkunft. – Maßgeblich an der Entwicklung der Atombombe beteiligt. Bed. Arbeiten zur Festkörperphysik, Quantenfeldtheorie sowie zur Kernphysik; 1967 Nobelpreis für Physik.

Bethel [hebr. „das Haus Gottes"], bibl. Ort, rd. 18 km nördlich von Jerusalem, vermutlich alte Kultstätte des kanaanit. Gottes El; heute **Baiti.**

Bethel, Krankenanstalten in Bielefeld, ↑Bodelschwinghsche Anstalten.

Bethesda [engl. bə'θɛzdə], Stadt im westl. Maryland, USA, Vorort von Washington, 63 000 E. Medizin. Forschungszentrum.

Bethesda (Bethsaida), Doppelteichanlage nördlich des Tempels in Jerusalem, umgeben von fünf Säulenhallen (Joh. 5, 2–9).

Bethe-Weizsäcker-Zyklus [nach H. A. Bethe und C. F. Freiherr von Weizsäcker] (Kohlenstoff-Stickstoff-Zyklus), ein Zyklus von Kernumwandlungsprozessen, der wahrscheinlich die Hauptenergiequelle massereicher Sterne (Masse größer als 1,5 bis 2 Sonnenmassen) darstellt. Oberhalb von Sterntemperaturen von 10 Mill. Kelvin bilden vier Protonen (p) unter katalyt. Beteiligung eines Kohlenstoffkerns (^{12}C) und unter Abgabe von zwei Positronen (e^+) einen Heliumkern (^{4}He). Je Gramm gebildeten Heliums wird eine Energie von 180 800 kWh frei.

Bethlehem, Stadt im Westjordanland, südlich von Jerusalem, mit **Bait Dschala** und **Bait Sahur** städt. Agglomeration von 30 000 E. – Heimatort des Geschlechts Davids; als Geburtsort Jesu Pilgerziel von Christen und Muslimen; 1099 zum Kgr. Jerusalem, 1187 an Sultan Saladin, 1229 noch einmal in christl. Besitz, 1244 wieder aijubidisch, später mameluckisch, osmanisch und britisch. 1948 zu Jordanien. 1967 von den Israelis besetzt. – Geburtskirche (326–335, erneuert 540), eine fünfschiffige basilikale Anlage mit angefügtem Oktogon.

B. [engl. 'bɛθlɪhɛm], Stadt in Pennsylvania, USA, am O-Abfall der Appalachen, 70 400 E. Hauptsitz der Brüdergemeine in den USA; Univ. (gegr. 1865). – Gegr. 1741 von Indianermissionaren der Brüdergemeine.

bethlehemitischer Kindermord, nach Matth. 2, 13–18 von Herodes d. Gr. angeordnete Tötung aller Knaben unter 2 Jahren in und um Bethlehem, um Jesus zu beseitigen; außerbiblisch nur spät bezeugt.

Bethlehem Steel Corporation [engl. 'bɛθlɪhɛm 'sti:l kɔ:pə'reɪʃən], zweitgrößter amerikan. Konzern der Eisen- und Stahlind. sowie des Schiffsbaus, gegr. 1904 in Bethlehem (Pa.); seit 1909 Sitz in Wilmington (Del.).

Bethlen, Gábor ↑Bethlen von Iktár, Gabriel.

Bethlen von Bethlen, István (Stephan) Graf, *Gernyeszeg 8. Okt. 1874, †bei Moskau 1947, ungar. Politiker. –

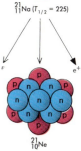

Betazerfall. β^+-Zerfall des Natrium-21-Atomkerns ($T_{1/2}$ Halbwertzeit)

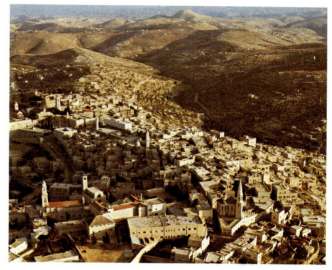

Bethlehem

Bethlen von Iktár

Wichtiger Berater des Reichsverwesers Horthy; Min.präs. 1921–31; bemühte sich v. a. um Wiederherstellung der inneren Ordnung und die wirtsch. Konsolidierung Ungarns; nach dem sowjet. Einmarsch verhaftet und verschleppt.

Bethlen von Iktár, Gabriel (ungar. B., Gábor), * Illye (= Ilia, Rumänien) 1580, † Weißenburg 15. Nov. 1629, Fürst von Siebenbürgen (seit 1613). – Mit osman. Unterstützung zum Fürsten gewählt; kämpfte seit 1619 mit dem Ziel territorialer Erweiterung des selbständigen Siebenbürgen gegen den Kaiser und die habsburg. Rekatholisierung Ungarns; 1620/21 König von Ungarn.

Gabriel Bethlen von Iktár (anonymer Kupferstich, um 1620)

Bethmann, Johann Philipp, ≈ Nassau im Nov. 1715, † Frankfurt am Main 28. Nov. 1793, dt. Bankier. – Besaß zus. mit seinem Bruder *Simon Moritz B.* (* 1721, † 1782) das angesehenste dt. Bankhaus seiner Zeit (Bankhaus Gebrüder B.).

Bethmann Hollweg, Moritz August von (seit 1840), * Frankfurt am Main 8. April 1795, † Schloß Rheineck bei Andernach 14. Juli 1877, dt. Jurist und Politiker. – Großvater von Theobald von B. H.; Prof. in Berlin (1823) und Bonn (1829), Schüler Savignys; Begr. und Präs. (1848–72) der Dt. Ev. Kirchentage; 1858–62 preuß. Kultusminister.

B. H., Theobald, von, * Hohenfinow bei Eberswalde 29. Nov. 1856, † ebd. 2. Jan. 1921, dt. Politiker. – Seit 1899 Oberpräs. der Prov. Brandenburg, seit 1905 preuß. Innenmin., seit 1907 Staatssekretär des Reichsamtes des Innern; 1909 Reichskanzler und preuß. Min.präs., stützte sich im Reichstag auf wechselnde Mehrheiten. Es gelang ihm jedoch nicht, die strukturbedingten innenpolit. Gegensätze durch eine „Politik der Diagonale" zu mildern. In der Außenpolitik duldete er die Kanonenbootpolitik, die 1911 die 2. Marokkokrise auslöste. Nach Ausbruch des 1. Weltkriegs trug B. H. den Annexionsforderungen der Alldt. und anderer zunächst Rechnung, zielte aber schon ab Nov. 1914 auf einen Verständigungsfrieden. V. a. seit Übernahme der Obersten Heeresleitung (OHL) durch Hindenburg und Ludendorff (1916) entglitt ihm zunehmend die polit. Führung. Die Zurückweisung seines Friedensangebots durch die Alliierten und der ultimative Druck der OHL führten schließlich im Juli 1917 zu seinem Rücktritt.

Theobald von Bethmann Hollweg

Beti, Mongo, * Mbalmayo bei Jaunde 30. Juni 1932, kamerun. Schriftsteller. – Lebt seit den 1950er Jahren in Frankreich; frz. Staatsbürger. Kritisiert in seinen tief pessimist. Romanen Kolonialismus und christl. Missionierung wie die nachkoloniale nat. Reg.; u. a. „Besuch in Kala" (1957), „Tam-Tam für den König" (1958), „La Revanche de Guillaume Ismaël Dzewatoma" (1984).

Mongo Beti

Betische Kordillere (Andalus. Gebirgsland), 600 km langes, bis 150 km breites Gebirgsland im SO der Iber. Halbinsel, in der Sierra Nevada 3 478 m hoch.

Beton [be'tõ:; frz.; zu lat. bitumen „Erdharz"], Gemenge aus grobkörnigen Zuschlagstoffen, hydraul. Bindemitteln (meist Zement, aber auch Kalk, Gips und Asphalt) und Wasser, das nach seiner Vermischung verformbar ist, nach einer gewissen Zeit abbindet und durch chem. Reaktionen erhärtet. Nach Materialzusammensetzung (Dichte) unterscheidet man **Schwerstbeton** (3 000 bis 5 000 kg/m³), **Schwerbeton** (1 900–2 800 kg/m³) und **Leichtbeton** (200–1 800 kg/m³); bei letzterem werden Gase als Treibmittel zur Erhöhung des Porenanteils benutzt.
Die Eigenschaften des Zement-B. hängen von der Art und von der Güteklasse des Zements ab und von der Beschaffenheit und der Kornzusammensetzung der *Zuschlagstoffe* (z. B. Kies, Sand, Bims, Kork), vom Mengenverhältnis Zement zu Zuschlagstoff und Wasser sowie von Verdichtung und Nachbehandlung. Die Mindestmengen Zement je m³ B. sind durch amtl. Vorschriften festgelegt. – Im Bauwesen wird unter Anwendung verschiedenster Betonierverfahren auf der Baustelle oder in Fertigbetonanlagen hergestellter B. verwendet: Stampfbeton wird erdfeucht eingestampft, Gußbeton über Rinnen geführt, Spritzbeton mit Druckluft durch Düsen gespritzt; B.rohre und B.masten werden im Schleuderbetonverfahren hergestellt. Zur Erhöhung der geringen Zugfestigkeit werden Stahleinlagen so in den B. eingelegt, daß sie die Zugkräfte aufnehmen. Die Kombination Stahl und B. als **Stahlbeton** ist möglich, weil beide Werkstoffe etwa die gleiche therm. Ausdehnung aufweisen. Im Bauwesen werden heute Fertigteile aus B. benutzt, z. B. Voll- und Hohlblocksteine, B.dachsteine, B.rohre, Schacht- und Brunnenringe, B.pflastersteine, Gehwegplatten und Bordsteine für den Straßenbau. B.dichtungsmittel machen B. wasserundurchlässig. **Terrazzo** ist ein B., dessen Oberflächenschicht aus farbigem Naturstein und Zement besteht. Nach dem Erhärten wird die Oberfläche geschliffen und poliert.
Geschichte: B. wurde bereits im Altertum aus vulkan. Pozzuolanerde, Kalk, Bruchsteinen und Wasser hergestellt. Leonardo da Vinci beschrieb Ende des 15. Jh. ein Verfahren zur Herstellung von B.blöcken für eine Hafenmauer. Mit der Verbreitung des Portlandzements seit der Mitte des 19. Jh. und der Einführung des Stahl- und des Spannbetons fand der B. vielfältige Verwendung.

Betonbau [be'tõ:], Sammelbez. für das Gebiet der Bautechnik, in dem unbewehrter Beton verwendet wird; Ggs.: Stahlbetonbau.

Betonglas [be'tõ:], Glaskörper, die im Stahlbetonbau als lichtdurchlässiges Material für Dächer u. a. verwendet werden.

Betonie (Betonica) [lat.], Gatt. der Lippenblütler mit etwa 10 Arten in Eurasien und Afrika; Stauden mit in dichten Scheinähren angeordneten Blüten. – In M-Europa (in den Alpen) wächst die **Gelbe Betonie** (Fuchsschwanzziest, Betonica alopecuros, Stachys alopecuros) mit gelblichweißen Blüten.

Betonmischmaschine [be'tõ:], Baumaschine zur Herstellung von Betongemischen. Man unterscheidet zw. **Freifallmischer** mit waagerechten Mischtrommel, an deren Wänden Schaufeln angebracht sind, und **Zwangsmischer,** in deren zylindr. Gehäuse eine mit Rührarmen versehene Welle rotiert.

Betonpumpe [be'tõ:], zur Förderung des zubereiteten Betons vom Mischer zur Verarbeitungsstelle über Druckrohre dienende Hochdruckpumpe.

Betonrüttler [be'tõ:] ↑ Rüttler.

Betonstahl [be'tõ:], im Bauwesen als Bewehrungsstahl verwendeter Spezialstahl mit bestimmten Festigkeitseigenschaften.

Betonung ↑ Akzent.

Betonversiegelung [be'tõ:], das Auftragen von Belägen aus elast., widerstandsfähigen Kunstharz- oder Kautschuklacken auf Betonböden zum Schutz der Betonoberfläche gegen Abnutzung und anderes.

betr., Abk. für: **betrifft, betreffs, betreffend.**

Betrag (absoluter Betrag), der B. einer reellen Zahl a, geschrieben $|a|$, ist definiert als $|a| = a$ für $a \geq 0$ und $|a| = -a$ für $a < 0$. Der B. einer komplexen Zahl $z = x + iy$ ist die reelle Zahl $|z| = +\sqrt{x^2 + y^2}$. Der B. eines Vektors ist anschaulich seine Länge.

Betreibung, in der *Schweiz* Verfahren zur zwangsweisen Vollstreckung von Geldforderungen, geregelt im BG über Schuld-B. und Konkurs.

Betrieb, organisierte Wirtschaftseinheit, in der durch den Einsatz von Produktionsfaktoren für den Markt Güter produziert oder Dienstleistungen erbracht werden. Im Unterschied zum ↑ Unternehmen versteht man Betrieb i. d. R. als techn. Einheit.
Nach der B.form gliedert man B. entsprechend der Art der Betätigung in Produktions- und Dienstleistungs-B., nach Fertigungsgraden in B. der Urproduktion (Bergwerke, Land- und Forstwirtschaft) und weiterverarbeitende B., nach Branchen, nach Größen (Klein-, Mittel- und Groß-B.), nach Intensität der eingesetzten Produktionsfaktoren (kapital- und arbeitsintensive B.), nach Fertigungsprinzipien (Massen-, Serien-, Einzelfertigungs-B.). Nach Art des Wirtschaftssystems unterscheidet man marktwirtsch. und planwirtsch. arbeitende Betriebe. Erstere sind u. a. gekennzeichnet durch autonome Erstellung von Produktionsplänen, marktorientierte Preis- und Leistungsgestaltung, selbständige Beschaffung von Produktionsfaktoren und Gewinnstreben. Ein zentral verwalteter B. in einer Planwirtschaft

ist dagegen ein weitgehend unselbständiger Teil eines übergreifenden ökonom. Systems (Volkswirtschaft, Vereinigung, Kombinat) und arbeitet i. d. R. auf der Grundlage staatl. oder genossenschaftl. Eigentums nach relativ starren zentral vorgegebenen Planaufgaben.

betriebliche Alters- und Hinterbliebenenversorgung, unwiderrufl. oder widerrufl. Zusage des Arbeitgebers, dem Arbeitnehmer nach Erfüllung einer Wartezeit und bei Vorliegen bestimmter Voraussetzungen (z. B. Erreichen der Altersgrenze) eine Geldleistung (meist in Form einer Rente) zu gewähren. Das Gesetz zur Verbesserung der betriebl. Altersversorgung vom 19. 12. 1974 regelt u. a. die Erhaltung der Anwartschaft bei Ausscheiden aus einem Betrieb und den Schutz vor Zahlungsunfähigkeit durch den Pensionssicherungsverein.

betriebliche Mitbestimmung ↑ Mitbestimmung.

betriebliche Planung, Analyse wirtsch. Tatbestände und Entwicklungstendenzen, deren Ergebnisse Sollgrößen für jeweils nachgelagerte Plan- oder Ausführungsentscheidungen sind.

betriebliches Rechnungswesen, zusammenfassende Bez. für Finanzbuchhaltung, Bilanzbuchhaltung, Kostenrechnung, betriebl. Statistik, Vergleichs- und Planungsrechnung. Das b. R. hat die Aufgabe, alle zahlenmäßig darstellbaren, auf den Betrieb bezogenen wirtsch. Zustände und Vorgänge zu erfassen und auszuwerten.

Betriebsabrechnung ↑ Kostenrechnung.

Betriebsabrechnungsbogen, Abk. BAB, Hilfsmittel der ↑ Kostenrechnung.

Betriebsart, Art und Weise, in der ein Computer Aufträge bearbeitet. Man unterscheidet Stapel-, Dialog-, Echtzeit- und Mehrprogrammbetrieb.

Betriebsarzt (Werkarzt), nach dem BG über Betriebsärzte, Sicherheitsingenieure und andere Fachkräfte für Arbeitssicherheit vom 12. 12. 1973 vom Arbeitgeber unter bestimmten Voraussetzungen zu bestellender, fest eingestellter oder frei praktizierender Arzt, der den Arbeitgeber beim Arbeitsschutz und bei der Unfallverhütung in allen Fragen des Gesundheitsschutzes beraten und unterstützen soll.

Betriebsausgaben, durch den Betrieb veranlaßte Aufwendungen, die bei der Gewinnermittlung als Kosten anzusetzen sind.

Betriebsausschuß, Ausschuß des Betriebsrats, der die laufenden Geschäfte führt. Der B. ist von Betriebsräten mit neun oder mehr Mgl. zu bilden.

Betriebsberater, svw. ↑ Unternehmensberater.

Betriebsbuchhaltung (kalkulatorische Buchhaltung) ↑ Buchhaltung.

Betriebseinnahmen, zusammenfassende Bez. für alle Güter, die in Geld oder Geldeswert bestehen und dem Steuerpflichtigen im Rahmen seines Betriebes zufließen.

Betriebsergebnis, Saldo der betriebl. Aufwendungen und Erträge.

Betriebserlaubnis, Erlaubnis zur Inbetriebnahme eines Kraftfahrzeuges (Zulassung). Für serienmäßig zu fertigende oder gefertigte Fahrzeuge kann die B. dem Hersteller allg. erteilt werden (sog. Allg. B.). – In Österreich entspricht ihr die **Typengenehmigung.**

Betriebsfläche, die gesamte Grundfläche eines landw. Betriebes, einschließl. Hof, Garten und Wegen.

Betriebsgefahr, Schadensgefahr, die durch den Betrieb techn. Einrichtungen oder durch die Benutzung von Sachen auf öff. Straßen und sonstigen Verkehrswegen entstehen kann. Die B. besteht ohne Verschulden, sie ist Grundlage einer Gefährdungshaftung (z. B. des Halters eines Kraftfahrzeugs).

Betriebsgeheimnis ↑ Geschäftsgeheimnis.

Betriebsgewerkschaftsleitungen, Abk. BGL, in der DDR 1948 gebildete, nur aus Mgl. des FDGB bestehende Gewerkschaftsorgane in den Betrieben, die die Stelle der zwangsweise aufgelösten Betriebsräte einnahmen und als Vertretungen aller Belegschaftsmgl. (auch der nicht gewerkschaftlich organisierten) auf der Grundlage der Beschlüsse und Weisungen der SED, der Reg. und des FDGB als Partner der Betriebsleitungen wirkten, z. B. beim Abschluß betriebl. Dokumente (Betriebspläne, Arbeitsschutzvereinbarungen).

Betriebsjustiz, gebräuchl. Bez. für ein Verfahren zur betriebsinternen Ahndung von Disziplinarverstößen von Arbeitnehmern (kein justizielles Verfahren). Grundlage ist i. d. R. eine von Arbeitgeber und Betriebsrat durch Betriebsvereinbarung geschaffene Betriebsbußenordnung. Mögliche Maßnahmen z. B. wegen Unpünktlichkeit, Beschädigung von Arbeitsgeräten sind Verwarnung, Verweis, Geldbuße u. a.

Betriebskampfgruppen ↑ Kampfgruppen.

Betriebskapital, svw. ↑ Umlaufvermögen.

Betriebsklima, Summe aller sozialen, psycholog., institutionellen, organisator. und weiterer Einflußgrößen, die zus. das System der Arbeitsbedingungen ausmachen, innerhalb derer sich die Aufgabenerfüllung und bes. das Zusammenwirken der Mitarbeiter in einem Betrieb vollziehen.

Betriebskosten, in der *Kostenrechnung* kleiner Betriebe: die Fertigungs-, Material- und Teile der Verwaltungskosten (ohne Vertriebskosten).

Betriebskrankenkassen, Krankenkassen, die ein Arbeitgeber für jeden Betrieb, in dem er regelmäßig mindestens 450 Versicherungspflichtige, für jeden landw. Betrieb, in dem er regelmäßig mindestens 150 Versicherungspflichtige beschäftigt, mit Zustimmung der Versicherungspflichtigen errichten kann. Die satzungsmäßigen Leistungen der B. müssen denen der maßgebenden Krankenkassen mindestens gleichwertig sein.

Betriebsobmann, Bez. für den aus nur 1 Person bestehenden Betriebsrat in Kleinbetrieben (5–20 wahlberechtigte Arbeitnehmer).

Betriebsorganisation, planvolle Verknüpfung von Einrichtungen, Funktionen und Abläufen in einem Betrieb zum Erreichen der Unternehmensziele durch generelle oder spezielle (fallweise) Regelungen. Zum organisator. *Aufbau* des Betriebs gehören: die Zuordnung der betriebl. Funktionen zu den Abteilungen und Arbeitsplätzen (einschließlich Arbeitsplatzbeschreibungen) und die Abgrenzung der Zuständigkeiten zw. den und innerhalb der Abteilungen (funktionale Kompetenzabgrenzung); die Regelung von Leitungsbefugnissen, Delegations-, Mitsprache-, Mitbestimmungs- und Vorschlagsrechten sowie Informationsansprüchen (hierarch. Gliederung).

Betriebspsychologie, Teilgebiet der angewandten Psychologie, das sich mit den psych. Problemen des im Betrieb arbeitenden Menschen beschäftigt. Der Betriebspsychologe befaßt sich u. a. mit Auslese und Plazierung von Arbeitskräften, Anpassung von Arbeitsmitteln und -bedingungen an die Arbeitenden, Arbeitsmotivation, psycholog. Beratung einzelner Betriebsangehöriger sowie Schulung von Führungskräften.

Betriebsrat ↑ Betriebsverfassung.

Betriebsrisiko, i. w. S. die Gefahr, daß Leistungen, die im Zusammenhang mit der Betriebstätigkeit stehen, mißlingen. Unter B. i. e. S. wird die Pflicht des Arbeitgebers zur Lohnzahlung verstanden, wenn die Arbeitnehmer aus betriebstechn. Gründen nicht beschäftigt werden können (z. B. bei Stromausfall) und Verschulden auf beiden Seiten nicht vorliegt.

Betriebssabotage, mit Freiheitsstrafe bis zu 5 Jahren oder Geldstrafe bedrohte Verhinderung oder Störung des Betriebes einer Eisenbahn, der Post oder öff. Verkehrsunternehmen, der öff. oder lebenswichtigen Versorgungsanlagen (Wasser, Licht) oder einer der öff. Sicherheit dienenden Anlage (Notrufanlage) dadurch, daß eine dem Betrieb dienende Sache zerstört, beschädigt, beseitigt oder unbrauchbar gemacht wird (§§ 316 b, 317 StGB).

Betriebsschutz, 1. Teil des Arbeitsschutzes. Nach §§ 120 a ff. Gewerbeordnung ist der Arbeitgeber verpflichtet, Arbeitsräume, Maschinen und Geräte so zu unterhalten, daß Leben und Gesundheit der Arbeitnehmer aus so weit wie möglich vor Gefahren geschützt sind. Die ArbeitsstättenVO vom 20. 3. 1975 enthält Regelungen über Belüftung, Beheizung, Beleuchtung von Arbeitsplätzen, Schutz gegen Dämpfe und Lärm, Nichtraucherschutz; 2. der Schutz von

Betriebssoziologie

Betriebsanlagen gegen Eindringen von Unbefugten, die Abwehr von Werkspionage, Sabotage u. a. durch den **Werkschutz**.

Betriebssoziologie, Spezialgebiet der Soziologie, befaßt sich mit den Auswirkungen des Arbeitsprozesses auf das soziale Verhalten der Betriebsmitglieder, den innerbetriebl. Sozialbeziehungen, der spezif. Sozial- und Organisationsstruktur eines Betriebes, den sozialen Wechselwirkungen zw. Betrieb und Umwelt.

Betriebsstillegung, auf Dauer beabsichtigte Einstellung des ganzen Betriebes oder wesentl. seiner Teile; bei einer B. muß der Betriebsrat nach § 102 BetriebsverfassungsG beteiligt werden.

Betriebsstoffe, Fertigungsmaterialien, die nicht in ein Produkt eingehen, sondern bei der Produktion verbraucht werden.

Betriebssystem, alle Programme eines Computers, die die Ausführung der Benutzerprogramme, die Verteilung der Hard- und Softwarekomponenten auf die einzelnen Benutzerprogramme und die Aufrechterhaltung der ↑ Betriebsart steuern und überwachen. Seine wichtigsten Bestandteile sind Organisations-, Dienst- und Übersetzungsprogramme.

Betriebsunfall ↑ Arbeitsunfall.

Betriebsvereinbarungen, im BetriebsverfassungsG vorgesehene, durch Arbeitgeber und Betriebsrat gemeinsam beschlossene Vereinbarungen als Ergänzung zu einzelvertragl. Regelungen und zum Tarifvertrag, die für die Arbeitnehmer eines Betriebes unmittelbare Geltung haben. B. können Regelungen über die Arbeitszeit, Gehaltsauszahlung, Leistungsprämien enthalten. Auf Zeit abgeschlossene B. enden mit Zeitablauf, andere durch Kündigung.

Betriebsverfassung, Gesamtheit der Normen, die das Verhältnis zw. Arbeitgeber und Arbeitnehmer im Betrieb regeln. Die B. wird heute im wesentlichen durch das **Betriebsverfassungsgesetz** i.d.F. vom 23. 12. 1988 (BetrVG) bestimmt. Das BetrVG gilt für Betriebe mit i. d. R. mindestens 5 ständigen wahlberechtigten Arbeitnehmern, von denen 3 wählbar sein müssen. Arbeitnehmer sind Arbeiter und Angestellte mit Ausnahme der leitenden Angestellten. Wahlberechtigt sind Arbeitnehmer, die das 18. Lebensjahr vollendet haben. Wählbar sind Wahlberechtigte, die dem Betrieb oder Unternehmen 6 Monate angehören. Das Gesetz gilt nicht für den öff. Dienst und nur mit Einschränkungen für ↑ Tendenzbetriebe.

Ziel des BetrVG ist es, die Arbeitnehmer des Betriebes an betriebsbezogenen Entscheidungen des Arbeitgebers zu beteiligen. Als Einzelpersonen haben die Arbeitnehmer jedoch nur Anhörungs-, Erörterungs- und Beschwerderechte sowie das Recht auf Einsicht in die Personalakten; auch die verfaßte Gesamtheit der Arbeitnehmer, die **Betriebsversammlung,** die regelmäßig in jedem Kalendervierteljahr vom Betriebsrat einzuberufen ist, nimmt nur den Tätigkeitsbericht des Betriebsrates entgegen, unterbreitet ihm Anträge und nimmt Stellung zu seinen Beschlüssen. Die Arbeitnehmer werden hauptsächlich durch den **Betriebsrat** beteiligt. Er besteht bei kleineren Betrieben nur aus dem Betriebsobmann, sonst aus einer im BetrVG festgelegten ungeraden Anzahl von Mgl. Die Arbeiter und Angestellten wählen ihn in geheimer, freier Wahl für 3 Jahre. Neben dem Betriebsrat sind unter bestimmten Voraussetzungen zu bestellen: ein **Gesamtbetriebsrat,** ein **Konzernbetriebsrat,** eine **Jugend- und Auszubildendenvertretung** und ein **Wirtschaftsausschuß**.

Die Mgl. des Betriebsrats sind unter Lohnfortzahlung für ihr Amt angemessen von der Arbeit freizustellen, sie genießen u. a. einen bes. Kündigungsschutz. Der Betriebsrat hat vertrauensvoll mit dem Arbeitgeber zusammenzuarbeiten. Arbeitskampfmaßnahmen zw. Arbeitgeber und Betriebsrat sowie parteipolit. Betätigung im Betrieb sind verboten.

Die dem Betriebsrat zugewiesenen Beteiligungsrechte beziehen sich auf soziale Angelegenheiten, auf die Sicherheit am Arbeitsplatz, auf Personalfragen (z. B. Einstellung und Kündigung), bei Betriebsänderungen auf den Interessenausgleich und den Sozialplan zugunsten der betroffenen Arbeitnehmer. Es sind teils nur Informations-, Anhörungs-, Widerspruchsrechte, teils aber auch „echte" Mitbestimmungsrechte, insbes. bei den sozialen Angelegenheiten. Können sich Arbeitgeber und Betriebsrat über solche Angelegenheiten nicht einigen, entscheidet die ↑ Einigungsstelle. Rechtl. Gestaltungsmittel des Zusammenwirkens zw. Arbeitgeber und Betriebsrat sind die Betriebsvereinbarung und die formlose Regelungsabrede. Das BetrVG gewährt den im Betrieb vertretenen Gewerkschaften zur Durchsetzung der Betriebsverfassung zahlr. Aufgaben und Rechte, zu deren Ausführung ihre Beauftragten den Betrieb nach Information des Arbeitgebers betreten dürfen.

Geschichte: Eine erste gesetzl. Regelung von Mitwirkungsrechten der Arbeitnehmer erfolgte in der Novelle vom 1. 6. 1891 zur Gewerbeordnung (sog. Arbeiterschutzgesetz). Mit dem BetriebsräteG vom 4. 2. 1920 wurden Betriebsräte gebildet (1933 aufgelöst), die soziale und personelle Mitwirkungsrechte hatten. Nach dem 2. Weltkrieg kam es verschiedentlich zu landesrechtl. Regelungen, bis das BetrVG vom 11. 10. 1952 durch einheitl. Normierung die vorhandene Rechtszersplitterung beendete. Durch die Neufassung des BetrVG vom 15. 1. 1972 wurde das B.recht in wesentl. Punkten neu gestaltet, z. B. wurde die Mitwirkung des Betriebsrats bei sozialen und personellen Angelegenheiten, bei der Gestaltung von Arbeitsplatz, Arbeitsablauf und Arbeitsumgebung neu aufgenommen.

In *Österreich* bildet das Arbeitsverfassungsgesetz vom 14. 12. 1973 die Grundlage des B.; der Betriebsrat hat ähnl. Rechte und Aufgaben wie im dt. Recht. Die *Schweiz* kennt kein umfassendes B.recht. Die (nicht obligator.) Arbeiterkommissionen (Fabrikkommissionen) haben i. d. R. nur ein Mitspracherecht in einzelnen innerbetriebl. Angelegenheiten (z. B. Gestaltung des Arbeitsverhältnisses).

Betriebsvergleich, systematisch vergleichende Betrachtung von bestimmten betriebsrelevanten Sachverhalten (z. B. Aufwands- und Ertragsgrößen, Kapitalstruktur, Rentabilität, Wachstumsrate). Dabei wird der *innerbetriebl.* B. als Soll-Ist-Vergleich (Vergleich von Soll-, Norm- oder Plangrößen und den Ist-Größen) durchgeführt. Beim B. zw. Betrieben (*zwischenbetriebl.* B.) werden vergleichbare Daten verschiedener Betriebe gegenübergestellt. Der B. dient als Hilfsmittel effektiver Planung, Kontrolle und Steuerung betriebl. Prozesse.

Betriebsvermögen, nach dem Steuerrecht alle dem Betrieb als Anlage- und Umlaufvermögen dienenden Wirtschaftsgüter.

Betriebswirt, Beruf mit Hochschul- (Diplomkaufmann, Diplomökonom) oder Fachhochschulstudium (graduierter B.) oder mit Fachschulausbildung (staatlich geprüfter, prakt., techn. B., B. VWA [= Verwaltungs- und Wirtschaftsakademie], B. DAA [= Dt. Angestellten-Akademie]).

Betriebswirtschaftslehre, Disziplin der Wirtschaftswiss., in der der Aufbau von und die Vorgänge in Betrieben beschrieben und erklärt und Gestaltungsmöglichkeiten untersucht werden. In der *allg.* B. werden, von allen Besonderheiten der Branchen und der Rechtsformen abstrahierend, betriebl. Funktionen und Abläufe beschrieben. Die *speziellen* B. sind Betriebslehren für einzelne Branchen (Ind., Handel, Banken, Versicherungen, Verkehr u. a.). Die *betriebswirtschaftl. Verfahrenstechnik* umfaßt die Beschreibung von Methoden der Wirtschaftspraxis, insbes. Buchhaltung und Bilanztheorie, Kostenrechnung und Kalkulation, Finanzmathematik.

Betrug, im Strafrecht nach § 263 StGB Schädigung des Vermögens eines andern dadurch, daß durch Vorspiegelung falscher oder durch Entstellung oder Unterdrückung wahrer Tatsachen ein Irrtum erregt oder unterhalten wird, um sich oder einem Dritten einen rechtswidrigen Vermögensvorteil zu verschaffen. Der B. wird mit Geldstrafe oder mit Freiheitsstrafe bis zu fünf Jahren, in bes. schweren Fällen bis zu zehn Jahren bestraft. — Im *östr.* und *schweizer. Recht* gilt Entsprechendes.

Betschuana ↑ Tswana.

Betschuanaland ↑ Botswana.

B., Landschaft im S-Teil der Kalahari, in Botswana; extensive Viehzucht; Diamantengewinnung. – 1885 brit. Kronkolonie, 1895 zur Kapkolonie.

Bet Shean [hebr. 'bɛt ʃɛ'an], israel. Stadt im Jordangraben, 14 000 E. Wohnsiedlung landw. Arbeiter, Textilind. – Seit dem 4. Jt. v. Chr. nachweisbar. 1468 v. Chr. durch den ägypt. König Thutmosis III. erobert, danach Militärstützpunkt der Pharaonen. Im 10. Jh. v. Chr. gehörte B. zu Israel. – In hellenist. Zeit **Scythopolis;** seit 64/63 unter röm. Hoheit; im 4.–6. und 12. Jh. Bischofssitz. – Die Siedlungsspuren: ägypt. Festungen 14.–12. Jh., Fundamente von spätbronzezeitl. sowie eisenzeitl. Tempeln. Römisch sind Amphitheater, Thermen und Brücke; aus byzantin. Zeit Mosaiken (6. Jh.).

Betsileo [Malagassi], gebirgige Landschaft im S des Hochlands von Madagaskar, 1 200–1 500 m ü. d. M.; Reisbau.

Bett. Ägyptisches Bett (unter dem Bett die Kopfstütze), Wandmalerei aus einer Mastaba in Gise, 6. Dynastie

Bett [zu althochdt. betti, eigtl. „Schlafgrube", „Boden, auf dem man ausruht"], Nachtlager, Holz- oder Metallgestell mit Auflage, schon in den alten Hochkulturen wie Ägypten und Babylonien bekannt. Die Griechen und Römer pflegten auf der „Kline" liegend auch festl. Mahlzeiten einzunehmen. Im MA benutzte man einen Holzkasten, der auf vier niedrigen Pfosten stand, als B. statt. Man schlief halbsitzend und benutzte ein B. zu mehreren. Im 13. Jh. kam das Himmel-B. auf. In höf. Kreisen wurde das B. zum Prunkmöbel, seit dem 18. Jh. mit vorkragendem Baldachin. Seit dem 17. Jh. verbreitete sich auch der span. ↑ Alkoven. Auf dem Lande wurde v. a. das Himmel-B. tradiert; im Bereich des Niedersachsenhauses blieb das Wandbett, die fest in das Haus eingebaute und durch Türen oder Vorhänge zu schließende „Butze" oder „Durk" vorherrschend. Im 19. Jh. kam das aus eisernen Röhren bestehende B. mit Sprungfedermatratze auf.

▷ (Bach-, Fluß-, Strombett) von fließendem Wasser geschaffene Eintiefung, zu beiden Seiten von Ufern begrenzt.
▷ (Felgenbett) ↑ Felge.

Bettag (eidgenöss. Dank-, Buß- und Bettag), in der Schweiz ein staatl., religiös-patriot. Festtag, 1832 eingeführt und auf den 3. Sonntag im Sept. festgelegt.

Betteln, Erwerb des ganzen oder teilweisen Lebensunterhaltes aus Gaben fremder Mildtätigkeit. In der ma. Feudalgesellschaft ist das B. ein gesellschaftlich integriertes Element. Der Arme hat ein religiös motiviertes Recht auf Hilfe, der Reiche eine Pflicht zur Hilfeleistung. Sowohl das christl. (↑ Bettelorden) als auch das außerchristl. Mönchtum kennt B. als Mittel der Askese und zur Bestreitung des Lebensunterhalts (z. B. im Buddhismus).

Bettelorden (Mendikanten), aus der ma. Armutsbewegung entstandene neue Ordenstypen mit Besitzlosigkeit des Klosters und des Ordens, seelsorger. Tätigkeit und genossenschaftl. Verfassung; erhalten sich durch Arbeit und Betteln. Urspr. ↑ Franziskaner und ↑ Dominikaner; später wurden ihnen weitere Ordensgemeinschaften zugerechnet (u. a. Karmeliten, Augustiner).

Bettelordenskirchen, Kirchen der ↑ Bettelorden, meist einfache, betont schlichte, weiträumige Basiliken oder Saalkirchen ohne Querschiff und ohne Turm. Ausschlaggebend für die Architektur der B. ist ihre Bed. als Predigtkirchen.

Bętti, Ugo, *Camerino (Prov. Macerata) 4. Febr. 1892, †Rom 9. Juni 1953, italien. Schriftsteller. – Sein Thema ist die Verstrickung in Schuld und religiöse Läuterung. Die Dramen haben einen prozeßartigen Aufbau: Untersuchung, Anklage, Sühne. Seine Gedichte stehen dem Bänkelsang nahe.
Werke: Korruption im Justizpalast (Dr., 1944), Die Flüchtende (Dr., 1953).

Bettleroper ↑ Ballad-opera.

Bettnässen (Einnässen, Enuresis), unwillkürl. Entleerung der Blase im Schlaf (*Enuresis nocturna,* am Tag: *E. diurna*), die meist funktionelle und keine organ. Ursachen hat. Bei Kindern ab dem 4.–5. Lebensjahr ist das B. eine meist psychisch bedingte Unfähigkeit, den Entleerungsmechanismus der Blase zu beherrschen. Das B. ist durch Verhaltenstherapie erfolgreich behandelbar.

Bettung (Kiessandbett, Sandbett), im Straßenbau eine Kiessand- oder Sandschicht unmittelbar unter dem Pflaster.

Bettwanzen ↑ Plattwanzen.

Betulaceae [lat.], svw. ↑ Birkengewächse.

Betuwe [niederl. 'beːtyːwə], niederl. Landschaft, eine seit dem 8. Jh. eingedeichte Niederung zw. Lek und Waal; Zentren sind Arnheim und Nimwegen.

Beuel, rechtsrhein. Stadtteil von Bonn; seit 1587 angelegte Schanze (später Fort) zum Schutz Bonns.

Beugel, östr./bayr. hörnchenförmiges Hefegebäck.

Beugemittel ↑ Zwangsmittel, ↑ Ordnungsmittel.

Beugemuskeln (Flexoren), Muskeln, die an zwei über ein Gelenk beweglich miteinander verbundenen Skelettteilen so ansetzen, daß sich bei Kontraktion des Muskels die entfernten Skelettenden einander nähern.

Beugung, in der Grammatik svw. ↑ Flexion.
▷ (Diffraktion) Abweichung der Licht- und allg. jeder Wellenausbreitung vom geometrisch-opt. Strahlengang am Rand eines Hindernisses. Eine Wellenfront, die auf ein Hindernis trifft, erfährt an dessen Rand eine Verformung dergestalt, daß sich die Welle mehr oder weniger in den geometr. Schattenraum ausbreitet. Der Grad dieser Ausbreitung hängt vom Verhältnis der Wellenlänge zur Ausdehnung des Hindernisses ab und ist am größten, wenn beide etwa gleich sind. Die B. kann qualitativ mit dem ↑ Huygensschen Prinzip erklärt werden, nach dem man jeden Punkt einer Wellenfront als Ausgangspunkt einer Elementarwelle ansehen kann: Am Rand eines Hindernisses haben diese Elementarwellen einseitig keine Nachbarwellen, mit denen sie sich überlagern könnten, und breiten sich daher in den Raum hinter dem Hindernis aus. Die Erscheinung der B. kann als Figur aus hellen (Beugungsmaxima) und dunklen (Beugungsminima) Streifen mit nach außen abnehmender Intensität auf einem Projektionsschirm gut sichtbar gemacht werden, der hinter einem engen mit einfarbigem (monochromatischem) Licht beleuch-

Ugo Betti

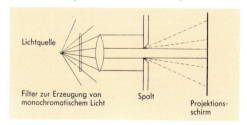

Beugung. Oben: Versuchsanordnung zur Beugung von monochromatischem Licht an einem Spalt. Unten: Beugungsfigur eines Spaltes auf einem Projektionsschirm

Beugungsgitter

teten Spalt aufgestellt wird. – Durch die B. des Lichts am Rand von Blenden (bzw. Linsen oder Spiegeln) ist das Auflösungsvermögen opt. Geräte prinzipiell begrenzt.

Beugungsgitter, zur Erzeugung von Spektren (Beugungsspektren) benutzte Vorrichtung, die zumeist aus zahlr. eng benachbarten, schmalen, parallelen Spalten besteht.

Beukelsz., Jan [niederländ. 'bø:kəls], Führer der Täufer in Münster (Westf.), ↑ Johann von Leiden.

Beule, schmerzhafte Anschwellung der Haut und des Unterhautzellgewebes durch Blutung, Ödem oder Entzündung.

Beumelburg, Werner, * Traben-Trarbach 19. Febr. 1899, † Würzburg 9. März 1963, dt. Schriftsteller. – Schrieb Romane über den 1. Weltkrieg und die dt. Geschichte mit nationalist., später auch gesellschaftskrit. Tendenz: „Sperrfeuer um Deutschland" (R., 1929), „Reich und Rom" (R., 1937), „... und einer blieb am Leben" (1958).

Beuron, Gemeinde an der oberen Donau, Bad.-Württ., 900 E. Luftkurort. – Augustiner-Chorherren-Stift um 1077 gegr., 1803 säkularisiert. Die Erzabtei B. (seit 1884) wurde zu einem Zentrum der monast. und liturg. Erneuerung und zum Mutterkloster der **Beuroner Kongregation** des Benediktinerordens. International bekannte Einrichtungen: Palimpsest-Institut und das Vetus-Latina-Institut (Herausgabe der altlat. Bibel); Bibliothek.

Beuroner Kunst, von dem Maler und Bildhauer P. Lenz in Beuron 1868 begr. Kunstschule, die mit der Rückwendung zu altchristl. Kunst den Realismus des 19. Jh. zu überwinden suchte.

Beuschel, in Österreich und Teilen S-Deutschlands Bez. für Innereien (Herz, Lunge, Leber, Milz), v. a. von Kalb und Lamm.

Beust, Friedrich Ferdinand Graf von (seit 1868), * Dresden 13. Jan. 1809, † Schloß Altenberg bei Greifenstein (Niederösterreich) 24. Okt. 1886, sächs. bzw. östr.-ungar. Politiker. – Seit 1849 sächs. Außen- und Kultusmin., seit 1852 Außen- und Innenmin. (seit 1858 auch Min.präs.); schwenkte nach 1850 als Vertreter der Triaspolitik in eine antipreußisch-proöstr. Richtung um; seit 1866 östr. Außenmin., 1867 auch Min.präs. (Reichskanzler); östr.-ungar. Außenmin. (1867–71); 1871–78 Botschafter in London, 1878–82 in Paris. Schrieb Erinnerungen.

Beutelbär, svw. ↑ Koala.

Beuteldachse (Bandikuts, Peramelidae), Fam. der Beuteltiere mit etwa 20 ratten- bis dachsgroßen Arten (z. B. ↑ Schweinsfuß, ↑ Ohrenbeuteldachse) v. a. in Australien, Tasmanien, Neuguinea und einigen umliegenden Inseln; Fell braun bis rötlich oder grau gefärbt, oft mit hellerer oder dunklerer Zeichnung; Körperlänge (ohne Schwanz) 17–50 cm, Schwanzlänge 7–26 cm; Schnauze lang und spitz, Beutelöffnung hinten unten.

Beutelfrösche (Gastrotheca, Nototrema), Gatt. brutpflegender, bis 10 cm großer Laubfrösche im nordwestl. S-Amerika. Die ♀♀ haben auf dem Rücken eine Tasche aus 2 Hautfalten, in die bei Begattung die Eier das ♀ gelangen. Nach einigen Wochen werden voll entwickelte Jungfrösche oder Kaulquappen abgesetzt.

Beutelmarder (Dasyurinae), Unterfam. der Raubbeutler mit etwa 7 (17 bis 75 cm körperlangen, äußerl. meist wiesel- oder marderähnl.) Arten in Australien, auf Tasmanien und Neuguinea; bekannte Arten ↑ Tüpfelbeutelmarder, ↑ Beutelteufel.

Beutelmaulwürfe, svw. ↑ Beutelmulle.

Beutelmäuse (Phascogalinae), Unterfam. maus- bis rattengroßer Raubbeutler mit rund 40 Arten in Australien, auf Tasmanien und Neuguinea; Körperlänge 5–30 cm, Schwanz meist etwa körperlang; Schnauze spitz zulaufend. Zu den B. gehören u. a. Beutelspringmäuse, ↑ Pinselschwanzbeutler.

Beutelmeisen (Remizidae), Fam. 8–11 cm großer Singvögel mit etwa 10 Arten im südl. N-Amerika und in großen Teilen Eurasiens und Afrikas. B. haben kurze Flügel und einen kurzen Schwanz.

Beutelmulle (Beutelmaulwürfe, Notoryctidae), Fam. maulwurfsähnl. Beuteltiere in Australien; Fell dicht und seidig glänzend, gelblichweiß bis goldrot; Körper walzenförmig, Gliedmaßen sehr kurz; Nasenrücken mit schildförmiger Hornplatte, Augen rückgebildet, unter der Haut verborgen. Bekannt sind zwei Arten: **Großer Beutelmull** (Notoryctes typhlops), 15–18 cm körperlang, und **Kleiner Beutelmull** (Notoryctes caurinus), etwa 9 cm körperlang.

Beutelratten (Didelphidae), Fam. maus- bis hauskatzengroßer Beuteltiere mit etwa 65 Arten, hauptsächlich in S- und M-Amerika; Schwanz meist körperlang oder länger; Beutel gut entwickelt oder fehlend; bes. bekannt ↑ Opossums, ↑ Zwergbeutelratten, ↑ Schwimmbeutler.

Beutelspitzmäuse (Spitzmausbeutelratten, Monodelphis), Gatt. der Beutelratten mit etwa 11 (7–16 cm körperlangen) Arten in S- und M-Amerika; Schwanz etwa halb so lang wie der Körper, kaum behaart; Schnauze lang und spitz, Beutel fehlend.

Beutelteufel (Buschteufel, Sarcophilus harrisi), nur noch auf Tasmanien vorkommender Raubbeutler; Körperlänge etwa 50–70 cm, Schwanzlänge 15–25 cm; kräftig und gedrungen, mit auffallend großen Kiefern; Fell schwarzbraun bis schwarz, meist mit je einem gelblichweißen Fleck an der Kehle, den Schultern und der Schwanzwurzel; Schnauze rosafarben; steht unter Naturschutz.

Beuteltiere (Marsupialia, Metatheria), Unterklasse der Säugetiere mit 250 mausgroßen, bis etwa 160 cm körperlangen Arten, v. a. in Australien, auf Tasmanien, Neuguinea und den umliegenden Inseln. Charakteristisch für die B. ist, daß die (mit ganz wenigen Ausnahmen) ohne echte Plazenta in der Gebärmutter sich entwickelnden Keimlinge noch als solche und erst etwa 0,5–3 cm groß geboren werden und dann aktiv die Zitzen in einem bes. Brutbeutel der Mutter aufsuchen. Bis zum Ende der Säugezeit bleiben die Jungen fest mit der mütterl. Zitze verbunden. Heranwachsende Jungtiere suchen bei Gefahr häufig noch den Beutel der Mutter auf oder werden von dieser auf dem Rücken mitgetragen. 8 Fam.: ↑ Beutelratten, ↑ Raubbeutler, ↑ Beutelmulle, ↑ Beuteldachse, ↑ Opossummäuse, ↑ Kletterbeutler, ↑ Wombats, ↑ Kängurus.

Beutelwolf (Thylacinus cynocephalus), mit 100–110 cm Körperlänge größter fleischfressender Raubbeutler; Schwanz etwa 50 cm lang, steif nach unten abstehend; Fell kurz, braungrau bis gelblichbraun, mit schwarzbraunen Querbinden. Der B. steht unter Naturschutz.

Beuterecht, im Land- und Seekrieg das Recht zur Aneignung feindl. Eigentums (als *Beute*) im feindl. Gebiet oder im Operationsgebiet einer Armee oder auf hoher See. Im Landkrieg unterliegt das gesamte bewegl. staatl. Eigentum des feindl. Staates dem B.; Ausnahmen: Gegenstände des Gottesdienstes, Kulturgüter und Vermögen, das wiss. Zwecken dient. Das B. ist in der Haager Landkriegsordnung von 1907 geregelt. Im Seekrieg darf auch das Vermögen der feindl. Staatsangehörigen eingezogen werden.

Beuthen O. S. (poln. Bytom), Stadt in Oberschlesien, Polen, 280 m ü. d. M., 240 000 E. Oper; eines der größten Ind.zentren Oberschlesiens; Steinkohlen-, Bleierz-, Silbererzbergbau. – Im 11. Jh. Burg B.; 1177 an das oberschles. Hzgt., 1241 von den Tataren zerstört; 1254 mit dt. Recht neu gegr. Seit 1281 Sitz eines piast. Ft., 1355 böhmisch, 1526 an Brandenburg, gehörte von 1617 bis 1742 zu Österreich, dann zu Preußen. – Spätgot. Marienkirche, Heiligegeist-Kirche (1721); Markt und Zentrum nach 1945 wiederaufgebaut.

Beutler, Ernst, * Reichenbach (Vogtl.) 12. April 1885, † Frankfurt am Main 8. Nov. 1960, dt. Literarhistoriker. – Goetheforscher; Hg. von Goethes Werken (1948–54).

Beuys, Joseph [bɔys], * Krefeld 12. Mai 1921, † Düsseldorf 23. Jan. 1986, dt. Objektkünstler, Aktionist und Zeichner. – Seine Objekte und Aktionen dienten seiner Absicht, die Rationalität unserer Gesellschaft bzw. des einzelnen (manifestiert im Vorverständnis von Kunst oder in Verhaltensnormen) aufzubrechen.

BeV, in den USA übl. Abk. für: **b**illion **e**lectron **v**olts; svw. Gigaelektronvolt (GeV); 1 BeV ≡ 1 GeV ≡ 10^9 eV.

Joseph Beuys. Blitzschlag mit Lichtschein auf Hirsch, Rauminstallation, 1958–85 (Frankfurt am Main, Museum für Moderne Kunst)

Bevan, Aneurin [engl. ˈbɛvən], *Tredegar 15. Nov. 1897, †Chesham 6. Juli 1960, brit. Politiker. – Seit 1929 Unterhausabg. für die Labour Party (radikaler Flügel), setzte als Gesundheitsmin. 1945–51 die allg. staatl. Gesundheitsfürsorge durch; 1951 Arbeitsminister.

Bevensen ↑ Bad Bevensen.

Beveridge, William Henry, Baron (seit 1946) [engl. ˈbɛvərɪdʒ], *Rangpur (Bangladesch) 5. März 1879, †Oxford 16. März 1963, brit. Nationalökonom und Politiker. – 1919–37 Leiter der London School of Economics and Political Science; 1941/42 Vors. des interministeriellen Ausschusses für Sozialversicherung, der den *Beveridge-Plan* erarbeitete; 1944–45 liberales Unterhausmitglied.

Beveridge-Plan [engl. ˈbɛvərɪdʒ], 1942 von W. H. Beveridge veröffentlichter Bericht, der die Schaffung eines umfassenden Sozialversicherungs- und Fürsorgesystems und eines staatl. Gesundheitsdienstes sowie eine Politik der Vollbeschäftigung vorsah; Grundlage für die brit. Sozialreformen nach dem 2. Weltkrieg.

Beverly Hills [engl. ˈbɛvəlɪ ˈhɪlz], Stadt innerhalb des Stadtgebietes von Los Angeles, Kalifornien, 33 000 E.

Bevern, Flecken im Wesertal, Nds., 4 500 E. Maschinen- und Möbelbau. – Schloß (1603–12) im Stil der Weserrenaissance.

Bevertalsperre ↑ Stauseen (Übersicht).

Beverwijk [niederl. beːvərˈweik], niederl. Stadt, bildet mit Velsen eine Agglomeration, erstreckt sich bis zur Nordseeküste mit dem Seebad **Wijk aan Zee,** 35 000 E. Stahl-, Waggon-, Papierfabriken, chem., Konservenind. Marktzentrum des umliegenden Intensivkulturgebiets; Hafen am Nordseekanal. – 1298 Stadtrechte.

Bevin, Ernest, *Winsford (Somerset) 9. März 1881, †London 14. April 1951, brit. Gewerkschaftsführer und Politiker (Labour Party). – 1922–40 innenpolitisch einflußreicher Generalsekretär der Transportarbeitergewerkschaft; 1940–45 Min. für Arbeit und nat. Dienst; als Außenmin. 1945–51 maßgeblich am Zustandekommen der Brüsseler Verträge 1948 und der NATO beteiligt.

Bevölkerung, Gesamtheit von Personen, die zu einem bestimmten Zeitpunkt durch ihren Wohnsitz, ihre Arbeitsstätte oder ihre Staatsbürgerschaft einem bestimmten Gebiet zuzuordnen sind (räuml. Abgrenzung) oder die zu einer Gruppe gehören, die durch andere Kriterien (z. B. Sprache, Erwerbstätigkeit, ethn. Zugehörigkeit) definiert ist.

Bevölkerungsbewegung, Veränderung des Bestands einer Bev. durch Geburten und Sterbefälle *(natürl. B.)* oder durch Wanderungen und Umzüge *(räuml. B.).* Zur Analyse der natürl. B. werden Unterlagen aus der Fruchtbarkeits-, der Sterblichkeits-, der Wachstums- und der Ehestatistik ausgewertet. Wichtige Kennzahlen sind: 1. Anzahl der Geburten in einer Periode, bezogen auf die Gesamtbev., die Anzahl der Frauen in gebärfähigem Alter, die Anzahl der Eheschließungen und -scheidungen (jeweils in derselben Periode); 2. spezif. Sterbeziffern; 3. Daten über das natürl. Wachstum (Geburtenüberschuß bzw. -defizit) und den Zuwachs (natürl. Wachstum und Wanderungsgewinne bzw. -verluste). Die Analyse der B. ist eine der Grundlagen nationaler Bevölkerungspolitik.

Bevölkerungsbiologie, svw. ↑ Sozialanthropologie.

Bevölkerungsdichte, die Anzahl von Menschen, die im Durchschnitt auf einer bestimmten Bodenfläche leben (in der Regel bezogen auf 1 km^2).

Bevölkerungsexplosion, Bez. für die rapide Zunahme der Erdbev. allg., bes. aber der Bev. der Dritten Welt in den letzten Jahrzehnten; hervorgerufen v. a. durch die mit der Industrialisierung verbundene Verbesserung der wirtsch. und sozialen Verhältnisse, durch Herabsetzung der Säuglingssterblichkeit, durch die Weiterentwicklung der medizin. Wissenschaft, Verbesserung der hygien. Verhältnisse und Einführung eines öff. Gesundheitswesens (Steigerung der durchschnittl. Lebenserwartung).

Bevölkerungsgliederung, Unterteilung des Bev.bestands nach Alter und Geschlecht, nach Familienstand, Wohnsitz, Beruf, Konfession, Haushaltsgröße oder anderen Merkmalen. B. dienen der Information über eingetretene und zu erwartende Bev.bewegungen, über Frauen- oder Männerüberschüsse und über die Besetzung einzelner Alters- oder sonstiger Gruppen; sie können mithin ein wichtiges Hilfsmittel bei der Planung bevölkerungs- und sozialpolit. Maßnahmen sein.

Bevölkerungspolitik, zusammenfassende Bez. für die Grundsätze der Beeinflussung der Geburtenentwicklung und ihre Verwirklichung. B. wird als Wohlfahrtspolitik unerläßlich, wenn eine übermäßige Zunahme der Bev. deren Gesundheit und Existenzbasis zu gefährden droht. In den Industriestaaten richtet sich B. gegenwärtig vorrangig auf die Entlastung der Mütter von biolog. oder der Familien von wirtsch. Überbeanspruchung. Ziel der B. in den Entwicklungsländern ist z. T. die Eindämmung des Bev.wachstums durch Geburtenkontrolle, z. T. die Steigerung der Geburtenrate aus machtpolit. Erwägungen (expansive B.).

Bevölkerungsprojektion, Vorausschätzung des Bestandes und der Gliederung einer Bev. entsprechend der zuletzt beobachteten Tendenz der Bev.bewegung sowie mit Hilfe von Annahmen über die vermutbaren Veränderungen. Mit der B. wird die Gewinnung von Daten bezweckt, auf deren Grundlage alternative Maßnahmen (z. B. im Wohnungsbau) geplant werden können.

Bevölkerungsstatistik, Zweig der angewandten Statistik, der sowohl die Theorie (Bestimmung der Erhebungsmerkmale und Kenngrößen) als auch die empir. Arbeit (das Erheben, Aufbereiten, Darstellen und Auswerten von demograph. Informationen) umfaßt. Zähleinheit ist die Person. Erhebungsmerkmale sind u. a. die Staatsbürgerschaft oder der Wohnsitz (Volkszählung, Ermittlung des Bestands der Wohnbev.), die Berufsausübung oder die Erwerbstätigkeit, die Haushaltszugehörigkeit. Die Zählung wird als Total- oder als Teilerhebung (Zensus oder Mikrozensus) durchgeführt (Volkszählungen im 10-Jahres-Rhythmus).

Bevölkerungswachstum, absolute oder relative Veränderung des Bestands einer Bev. infolge der natürl. und/oder der räuml. Bev.bewegung. Das natürl. B. (absolut) wird definiert als Differenz zw. der Anzahl der Geborenen und der Anzahl der Sterbefälle in einer Periode; das Gesamt-B. schließt zusätzl. Wanderungsgewinne bzw. -verluste ein.

Um 1650 gab es etwa 500 Mill. Menschen auf der Erde, die Wachstumsrate betrug 0,3 % jährlich; dies entsprach einer Verdoppelungszeit von rund 250 Jahren. 1970 betrug die Weltbev. etwa 3,6 Mrd., 1984 etwa 4,76 Mrd. Menschen bei einer Wachstumsrate von 1,8 % und einer Verdoppe-

William Henry Beveridge

Bevölkerungswissenschaft

lungszeit von 33 Jahren. Das stärkste B. wird in Afrika verzeichnet (2–3 %), das schwächste in Europa (unter 1 %). Seit etwa dem Ausgang des MA unterliegt die Bev.entwicklung derjenigen Völker, die sich in der Einflußsphäre des zivilisatorisch-techn. Fortschritts befinden, einem gesetzmäßigen Mechanismus: Nach einer Periode relativ stabilen Gleichgewichtes bzw. nur geringer Geburtenüberschüsse, in der hohen Geburtenraten entsprechend hohe Sterberaten gegenüberstehen, sinken infolge der Verbesserung der medizin. und hygien. Verhältnisse zunächst die Sterberaten, wodurch hohe Geburtenüberschüsse entstehen. Im weiteren Verlauf passen sich jedoch die Geburtenraten den – weiterhin abnehmenden – Sterberaten an.

Auf relativ hohen Zivilisationsstufen spielt sich i. d. R. wiederum ein Gleichgewicht ein, bei dem die Bev.zahl über lange Zeit stagniert oder sogar zurückgeht. Bestimmende Faktoren hierfür sind der ökonom. und soziale Wandel, die Urbanisation, die Veränderung der Lebensgewohnheiten, die z. B. höhere Aufwendungen für einen angemessenen Lebensstandard des einzelnen erfordern, anderseits die soziale Sicherung der Großfamilie und des Sippenverbandes durch gesellschaftl. Einrichtungen (Sozialversicherung, Altersversorgung) ersetzen und somit die Kleinfamilie begünstigen. Erst in jüngster Zeit treten zusätzlich Familienplanung und Geburtenkontrolle in Erscheinung.

Während die westl. Ind.nationen diesen „Bev.zyklus" nahezu vollständig durchlaufen haben und im wesentlichen stabilisierte, wenn nicht zurückgehende Bev.zahlen aufweisen, befinden sich die Länder der Dritten Welt überwiegend in der Anstiegsphase dieses Prozesses. Bev.veränderungen vollziehen sich in der Dritten Welt vielfach in anderen Größenordnungen als bei den Ind.nationen. Nach Schätzungen der UN wird die Weltbev. im Jahre 2000 rd. 6,3 Mrd., im Jahre 2025 etwa 8,5 Mrd. Menschen betragen.

Bevölkerungswissenschaft, Beschreibung und Erklärung von Bev.gliederungen und -bewegungen sowie Erarbeitung von Bev.projektionen. Die empir. B. (meistens **Demographie** gen.) hat die natürl. Bev.- und die räuml. Wanderungsbewegungen, die Analyse ihrer Ursachen sowie Art und Umfang ihrer Wirkungen auf die Struktur und das Volumen wirkl. Bev. zum Gegenstand.

Bevollmächtigter ↑ Vollmacht.

Bewährung ↑ Strafaussetzung.

Bewährungshelfer, vom Gericht bestellte, haupt- oder nebenamtlich tätige Person, die einen Verurteilten, dem Strafaussetzung zur Bewährung gewährt wurde, beraten und betreuen und seine Lebensführung überwachen soll, bes. die Erfüllung gerichtl. Auflagen (§ 56d StGB, § 24 JugendgerichtsG).

Bewässerung (künstl. B.), die Zufuhr von Wasser an den Boden, um Kulturpflanzen über die natürl. Niederschläge hinaus mit Wasser zu versorgen. B. ist v. a. in trokkenen Gebieten der Subtropen wichtig und ermöglicht dort vielfach erst den Pflanzenbau.

bewegliche Sache ↑ Sache.

Beweglichkeit, der Quotient aus den Beträgen der mittleren Geschwindigkeit, die ein Teilchen in einem Medium mit innerer Reibung annimmt, und einer auf sie wirkenden Kraft (bzw. elektr. Feldstärke bei Ladungsträgern).

Bewegung, Ortsveränderung eines Körpers in bezug auf einen anderen Körper oder auf ein Bezugssystem. Bei der **gleichförmigen Bewegung** ist die Geschwindigkeit des Körpers konstant; bei einer **ungleichförmigen Bewegung** tritt eine ↑ Beschleunigung auf. Die B. ist *geradlinig,* wenn der Geschwindigkeitsvektor ständig seine Richtung beibehält, andernfalls *krummlinig.* Bewegen sich die einzelnen Punkte des Körpers so auf parallelen Geraden, daß in gleichen Zeitabschnitten gleiche Strecken zurückgelegt werden, so handelt es sich um eine **fortschreitende Bewegung** (Translation). Behält ein einzelner Punkt oder eine Gerade des Körpers seine feste Lage im Raum bei, während die anderen Punkte konzentr. Kreise um diesen Punkt oder die Gerade beschreiben, so spricht man von einer **Drehbewegung** (Rotation). Jede B. eines Körpers kann aus Translations- und Rotationsbewegungen zusammengesetzt werden. Eine **periodische Bewegung** liegt vor, wenn der Körper nach einem bestimmten Zeitabschnitt immer wieder in seine Ausgangslage zurückkehrt. – Von einer B. eines Körpers – wie auch von der Ruhe – kann man nur sprechen, wenn man seinen Zustand relativ zu einem Bezugssystem betrachtet; strenggenommen ist also jede B. eine **Relativbewegung,** eine **Absolutbewegung** gibt es nicht. Im tägl. Leben dient als Bezugssystem meist die Erde.

▷ in der *Biologie:* passive oder aktive Orts- bzw. Lageveränderung eines Organismus oder von Teilen des Organismus. Unter **passiver Bewegung** versteht man alle Ortsveränderungen von Organismen, die ohne Eigenleistung unter Ausnutzung von Umweltenergie erfolgen, z. B. Samenverbreitung durch Wind, Wasser oder Tiere, Schwebe- und Segelflug von Vögeln. Die **aktive Bewegung** bezieht sich auf die Lage- oder Ortsveränderung eines Organismus oder seiner Teile, wobei der Organismus die benötigte Energie selbst aufbringen muß. Man unterscheidet im einzelnen zw. intrazellulären B., B. einzelner Zellen und Organ-B. **Intrazelluläre Bewegungen** sind B., die innerhalb einer Zelle stattfinden. Dazu gehören z. B. Chromosomen-B. bei der Zellteilung und Plasma-B. **Bewegung einzelner Zellen (Zellbewegungen):** Durch Verflüssigung von festen Plasmabezirken einer Zelle und anschließendes Wiedererstarren kommt es zur Verschiebung dünnflüssiger Plasmazonen; z. B. bei Amöben und weißen Blutkörperchen. **Organbewegungen** kommen bei Pflanzen und Tieren vor. Die meisten Pflanzen sind nicht zur freien Orts-B. fähig. Um so wichtiger sind die gerichteten (Orientierungs-B.) und ungerichteten B. pflanzl. Organe. Dazu gehören u. a. die Wachstums-B. (z. B. der Keimblätter, Sproßachsen und Wurzeln). Wird die Richtung der Orientierungs-B. eindeutig durch einen steuernden Außenfaktor wie Licht, Schwerkraft, chem. Einwirkung bestimmt, spricht man von ↑ Tropismus. Ist die B. hingegen von der Einwirkungsrichtung des Außenfaktors unabhängig und wird sie lediglich durch die Struktur des reagierenden Organs (z. B. Gelenkbildungen) bedingt, spricht man von ↑ Nastie. – Organ-B. bei Tieren beruhen auf Muskelbewegungen.

▷ (Kongruenzabbildung) in der *Mathematik* eine eineindeutige Abb. des Raumes auf sich, bei der alle Längen erhalten bleiben; Original- und Bildfigur sind kongruent, z. B. Parallelverschiebung (Translation), Drehung um einen Punkt bzw. eine Gerade *(eigtl. B.),* Spiegelung an einer Geraden bzw. Ebene *(uneigtl. B.).*

▷ gemeinsames geistiges oder weltanschaul. Bestreben einer Gruppe und Bez. für diese Gruppe selbst.

Beweinung Christi. Fresko von Giotto di Bondone, vermutlich 1305/06 (Padua, Arenakapelle)

Bewegung der Streitkräfte (portugies. Movimento das Forças Armadas, Abk. MFA), sozialistisch ausgerichtete, schon unter Caetano entstandene lockere Verbindung junger portugies. Offiziere, die zum Träger des Staatsstreichs von 1974 wurde; rückte mit Inkrafttreten der portugies. Verfassung von 1976 in den Hintergrund.

Bewegungsenergie, svw. ↑ kinetische Energie.

Bewegungsgleichung, eine Differentialgleichung, bei der meist die Beschleunigung bzw. die zeitl. Änderung des Impulses eines Körpers oder Massenpunktes mit den auf ihn wirkenden Kräften verknüpft wird und deren Lösungen den zeitl. Bewegungsverlauf des Körpers oder Massenpunktes beschreiben. B., die die Bewegung und das Verhalten mikrophysikal. Systeme beschreiben, werden durch die Quantentheorie, B. für Flüssigkeiten, Gase und Plasmen durch die Hydrodynamik bzw. die Gasdynamik gegeben.

Bewegungsgröße, svw. ↑ Impuls.

Bewegungskrankheit (Kinetose), bei bestimmten Arten des Reisens, z. B. im Personenkraftwagen (**Autokrankheit**), Schiff (**Seekrankheit**), Flugzeug (**Luftkrankheit**) oder Eisenbahn (**Eisenbahnkrankheit**), auftretender Krankheitszustand infolge länger dauernder, starker Reizung des Gleichgewichtsorgans und der vegetativen Zentren im Stammhirn; mit Blässe, Schwindelgefühl, Brechreiz, u. U. auch mit Kreislaufstörungen einhergehend.

Bewegungskrieg, Bez. für eine Kriegsführung, die die Entscheidung durch Operationen schnell bewegl. Verbände sucht; bes. Form: der Blitzkrieg; Ggs.: der Stellungskrieg.

Bewegungslosigkeit, svw. ↑ Akinese.

Bewegungsmangel, unzureichende körperl. Bewegung mit daraus resultierender mangelhafter Anpassung zahlr. Organe und Funktionssysteme an normale Leistungen. Der B. ist ein Risikofaktor für Erkrankungen im Herz-, Kreislauf- sowie im Stoffwechselsystem.

Bewegungssternhaufen, Gruppe von Sternen, die eine nach Richtung und Größe gleiche Bewegung im Raum nach einem Zielpunkt (Vertex) vollführen.

Bewegungsstudien, zu den Arbeitsstudien gehörende Verfahren der Arbeitswissenschaft. Mit Hilfe von photograph. Aufzeichnungen typ. Arbeitsvorgänge werden Bewegungsabläufe in Elementarbewegungen unabhängig vom zeitl. Ablauf zerlegt.

Bewegungstäuschung ↑ Stroboskop.

Bewehrung, (Armierung) Stahleinlagen in Stahlbetonkonstruktionen zur Aufnahme der Zugkräfte.
▷ in der *Elektrotechnik* die Ummantelung von Kabeln mit Stahlbändern oder -drähten gegen mechan. Beanspruchung.
▷ ↑ Wappenkunde.

Beweinung Christi, bildl. Darstellung der um den Leichnam Christi klagenden Maria, Johannes, Nikodemus und Joseph von Arimathia, Maria Magdalena, oft noch Maria Jacobi und Maria Salome, auch Engel. Früheste Darstellungen in der byzantin. Kunst des 11. Jh. (Elfenbeinreliefs); ikonographisch wichtig wurde die Darstellung Giottos in der Arenakapelle in Padua (1305/06).

Beweis, Darlegung der Richtigkeit (Verifikation) von Urteilen durch log. oder empir. Gründe. Als B. gilt die Ableitung eines Urteils aus anderen, die als wahr vorausgesetzt sind (Prämissen), oder auch aus Axiomen oder Definitionen. Hierbei gelten bestimmte Schlußregeln. Dieser *deduktive* oder *axiomat.* B. ist in den exakten Wiss. vorherrschend, v. a. in der Mathematik. In den Erfahrungswiss. werden meist *induktive* B. (z. B. von Hypothesen) mit wahrscheinl. Wahrheitsgehalt durch Beobachtungen, Erfahrungen und Experimente geführt. – Beim *indirekten* B. wird die Wahrheit des zu beweisenden Satzes aus der Darlegung erschlossen, daß die Annahme seiner Falschheit einen log. Widerspruch einschließen würde, wobei der „Satz vom ausgeschlossenen Dritten" vorausgesetzt wird.
▷ im *Recht:* 1. Kurzbez. für Beweismittel, Beweisaufnahme, B.erfolg (= Nachweis, erbrachter B.); 2. im Sinne von **Beweisführung** die Tätigkeit, die der Richter von dem Vorliegen oder Nichtvorliegen eines Sachverhalts überzeugen soll. Zu erbringen ist i. d. R. ein voller B. (mit einem so hohen Wahrscheinlichkeitsgrad, daß für vernünftige Zweifel kein Raum mehr bleibt). Im Bereich der Verhandlungsmaxime (Zivilprozeß) sind nur bestrittene Behauptungen beweisbedürftig. B. wird auf Grund ordnungsgemäßen Beweisantritts durch die beweisbelastete Partei geführt. Demgegenüber kann der Gegner den Gegen-B. (für die Unwahrheit der von der anderen Seite aufgestellten Behauptungen) erbringen. Im Bereich der Untersuchungsmaxime (Strafprozeß) sind ohne Rücksicht auf das Parteivorbringen alle [für die Anwendung eines Rechtssatzes bedeutsamen] Umstände beweisbedürftig, die nach der Überzeugung des Richters noch nicht bewiesen sind. Der B. wird von Amts wegen erhoben. Dem Beweisantrag einer Partei muß jedoch grundsätzlich nachgegangen werden. Geführt werden kann ein unmittelbarer B. oder ein mittelbarer oder **Indizienbeweis**. Das **Beweisergebnis** unterliegt der richterl. Beweiswürdigung. Im *östr.* und *schweizer. Recht* gilt im wesentl. Entsprechendes.

Beweisantrag, im Strafprozeß das in der Hauptverhandlung ausdrücklich geltend gemachte Verlangen eines Prozeßbeteiligten, über eine bestimmte Behauptung (**Beweistatsache**) durch ein bestimmtes Beweismittel Beweis zu erheben. Die gesetzeswidrige Ablehnung begründet die Revision, wenn das Urteil hierauf beruht.

Beweisaufnahme, der gerichtl. Verfahrensabschnitt, in dem der Richter Beweis erhebt. Die B. findet grundsätzlich vor dem mit der Hauptsache befaßten Gericht statt (Grundsatz der Unmittelbarkeit). Die Parteien sind berechtigt, an der B. teilzunehmen und an Zeugen und Sachverständige Fragen zu stellen.

Beweisführer ↑ Beweis.

Beweislast (Beweispflicht), im Prozeß, soweit die Verhandlungsmaxime gilt, die jeder Prozeßpartei obliegende Verpflichtung, ihrem Klagebegehren günstige Tatsachen notfalls auch zu beweisen.

Beweismittel, alles, was dem Richter Wahrnehmungen über den Beweisgegenstand ermöglichen oder vermitteln soll. *Gesetzl.* B. sind der Augenschein, die Urkunde, der Zeuge, der Sachverständige, die Partei- bzw. Beteiligtenvernehmung (außer im Strafprozeß), die amtl. Auskunft. *Nichtgesetzl.* B. sind z. B. eidesstattl. Versicherungen.

Beweispflicht, svw. ↑ Beweislast.

Beweissicherung, die vorsorgliche Beweisaufnahme durch richterl. Augenschein, Vernehmung von Zeugen oder Sachverständigen vor oder während eines Prozesses, in dem eine Beweiserhebung noch nicht angeordnet ist (außer im Strafprozeß).

Beweiswürdigung, die Prüfung im Gerichtsverfahren, ob die Beweisführung gelungen ist. Darüber entscheidet der Richter nach freier richterl. Überzeugung.

Bewertung, geldmäßige Bezifferung von Vermögensgegenständen, Schulden, ganzen wirtschaftl. Einheiten sowie von Güterverzehr zur Leistungserstellung. Das Vorsichtsprinzip bildet den Ausgangspunkt der *handelsrechtl.* B.vorschriften, denen der Vollkaufmann unterliegt. Es dient v. a. den Interessen der Kreditgeber. Aus dem Vorsichtsprinzip leiten sich zwei Bewertungsprinzipien ab: 1. das **Imparitätsprinzip**: Gewinne dürfen erst angesetzt werden, wenn sie durch Umsatz realisiert sind, Verluste müssen schon dann berücksichtigt werden, wenn sie verursacht sind; 2. das **Niederstwertprinzip**: Aktiva dürfen höchstens mit den Anschaffungskosten bewertet werden, bei abnutzbarem Anlagevermögen um die Abschreibungen zu vermindern sind. Selbsterstellte Vermögensgegenstände, bes. nicht abgesetzte Halb- und Fertigfabrikate, sind statt mit Anschaffungs- mit Herstellkosten anzusetzen; diese werden von der Kalkulation ermittelt, dürfen jedoch keine Vertriebs- und keine kalkulator. Kosten enthalten. Dem Niederstwertprinzip auf der Aktivseite der Bilanz entspricht auf der Passivseite das **Höchstwertprinzip**.

Zielsetzung der *steuerrechtl.* B.vorschriften, die für alle Unternehmen gelten, ist eine möglichst richtige B. und damit eine möglichst richtige Vermögens- und Gewinnermittlung im Interesse der Gleichmäßigkeit der Besteuerung. Die B.vorschriften für die Steuerbilanz, die für Zwecke der Ertragsteuern aufzustellen ist, lehnen sich zwar weitgehend an handelsrechtl. B.vorschriften an, bestimmen aber den sog. Teilwert als B.grenze für Gegenstände des Aktivvermö-

Bewetterung

Beyce Sultan. Rekonstruktionszeichnung eines Hörneraltars

gens, sofern dieser nicht höher als die Anschaffungs- oder Herstellkosten ist. **Teilwert** ist derjenige Wert, den ein (fiktiver) Erwerber des Unternehmens, der den Betrieb weiterführen will, im Rahmen des Gesamtkaufpreises für das zu bewertende Wirtschaftsgut bezahlen würde. Für die Steuerbilanz gilt das gemilderte Niederstwertprinzip: Ein niedrigerer Teilwert darf, muß aber nicht angesetzt werden.

Bewetterung ↑ Grubenbewetterung.

Bewick, Thomas [engl. 'bjuːɪk], * Cherryburn (Northumberland) 12. Aug. 1753, † Gateshead (Durham) 8. Nov. 1828, engl. Holzschneider. – Erneuerer der Buchillustration; verwendete als einer der ersten den Holzstich; v. a. Tierdarstellungen.

Bewirtschaftung (Rationierung), Zuteilung von Konsum-, Investitionsgütern und Rohstoffen durch den Staat an private Wirtschaftssubjekte und Unternehmen mit dem Ziele der Einschränkung des Verbrauchs (z. B. in Kriegszeiten).

Bewölkung, Bedeckung des Himmels mit Wolken. Der Grad der B. wird in Achteln des Gesamthimmels angegeben.

Bewurzelung, svw. ↑ Radikation.

Bewußtlosigkeit (Besinnungslosigkeit), völlige Ausschaltung des Bewußtseins, schwerster Grad der ↑ Bewußtseinsstörungen. Die B. kann Sekunden bis Min. (↑ Synkope) oder auch Stunden bis Tage (↑ Koma) anhalten. B ist keine eigenständige Erkrankung, sondern eine Folge von Erkrankungen oder Verletzungen. – ↑ Erste Hilfe.

Bewußtsein, in der *Psychologie* das „Ganze des augenblickl. Seelenlebens" (K. Jaspers), die bes. Art des Erlebens, in der der Mensch seel. Vorgänge als gegenwärtig und in ihrer Zugehörigkeit zum Ich erfährt.
▷ *philosophisch* die Gewißheit des „Ich selbst" in den Akten des Denkens und Wahrnehmens. Für Kant ist das „transzendentale B.", das „Ich denke", der oberste einheitsstiftende Bezugspunkt des Denkens, der Erfahrung.
▷ (gesellschaftl. B.) Begriff des Marxismus für die Gesamtheit der gesellschaftlich vermittelten Ansichten, Gedanken, Ideologien; jeweils abhängig von der konkreten histor. Situation.

Bewußtseinslage, in der *Psychologie* der jeweilige Zustand des Bewußtseins oder die Gesamtheit eines Menschen in einem bestimmten Augenblick gegenwärtigen Inhalte und Bedingungen des Bewußtseins; in der *Psychiatrie* Bez. für das jeweils herrschende Niveau der Bewußtseinsklarheit.

Bewußtseinsstörungen, meist zeitlich begrenzte Zustände von Bewußtseinstrübung. Man unterscheidet B. *qualitativer Art,* die vom Normalen abweichende Bewußtseinsinhalte in Form von Denkstörungen (z. B. Zwangs- und Wahnideen) oder Wahrnehmungsstörungen (abnorme Körperempfindungen, Halluzinationen, Illusionen) aufweisen, und B. *quantitativer Art,* die durch Störungen der Bewußt-

seinsklarheit unterschiedl. Grade (Benommenheit, Somnolenz, Sopor, Koma) gekennzeichnet sind.
▷ im *Strafrecht* ↑ Schuldunfähigkeit.

Bewußtseinsstrom, Bez. für die Erscheinung des unaufhörl. Wechsels der Bewußtseinsinhalte im Erleben; für den Selbstbeobachter entsteht der Eindruck eines zwanghaften, passiven Geschehens.

Bex [frz. be], schweizer. Gemeinde im Kt. Waadt, 20 km südlich von Montreux, 424 m ü. d. M., 4 800 E. Metall-, chem. Industrie, Maschinen- und Apparatebau.

Bey [baɪ; türk. bɛj] ↑ Bei.

Beyce Sultan [türk. 'bɛidʒɛ sul'tan], Ruinenhügel in W-Anatolien, etwa 5 km sw. von Çivril an einem Zufluß des Menderes nehri. Siedlungsschichten vom 5.–1. Jt.; Kultbauten aus dem 3. Jt. v. Chr. enthielten Hörneraltäre, die ebenso wie der Grundriß einer vorhethit. Palastanlage um 1800 v. Chr. an kret. Funde erinnern.

Beyer, Frank, * Nobitz 26. Mai 1932, dt. Filmregisseur. – Neben Theaterarbeit drehte B. v. a. Spielfilme: „Nackt unter Wölfen" (1962), „Spur der Steine" (1966), „Jacob der Lügner" (1974), „Geschlossene Gesellschaft" (Fernsehfilm, 1978), „Der Aufenthalt" (1982), „Der Bruch" (1989), „Ende der Unschuld" (1991).
B., [Johann Christian] Wilhelm, * Gotha 27. Dez. 1725, † Schönbrunn (= Wien) 23. März 1806, dt. Bildhauer und Porzellanmodelleur. – Arbeitete für die Ludwigsburger Porzellanmanufaktur; 1773–81 zahlr. Marmorstatuen in klassizist. Stil für den Park von Schönbrunn.

Beyle, Marie Henri [frz. bɛl] ↑ Stendhal.

Beyme, Karl Friedrich von (seit 1816), * Königsberg (Neumark) 10. Juli 1765, † Steglitz (= Berlin) 10. Dez. 1838, preuß. Politiker. – 1798 zum Geheimen Kabinettsrat ernannt; Anhänger liberaler Ideen, setzte die Bauernbefreiung auf den Domänen fort; 1806/07 (08) Min. des Auswärtigen; Justizmin. 1808–10; Min. für Gesetzesrevisionen 1817–19.

Beyşehir gölü [türk. 'bɛiʃɛˌhir], See im sw. Inneranatolien, Türkei, 1 116 m ü. d. M., 45 km lang, bis 25 km breit.

bez. (bz.), Abk. für: **bez**ahlt, Zusatz hinter dem Kurs auf Börsenzetteln; besagt: es wurden alle unlimitierten, zum notierten Kurs oder höher limitierten Kaufaufträge und alle unlimitierten, zum notierten Kurs oder niedriger limitierten Verkaufsaufträge ausgeführt.

Beza, Theodor, eigtl. Théodore de Bèze, * Vézelay 24. Juni 1519, † Genf 13. Okt. 1605, schweizer. ref. Theologe frz. Herkunft. – Helfer und Nachfolger (1564) Calvins bei der Reformation in Genf und in W-Europa. Unterstützte die schweizer. Reformierten in den Auseinandersetzungen mit den dt. Lutheranern und half den verfolgten Protestanten in Frankreich.

bez. B. (bz. B.), Abk. für: **bez**ahlt und **B**rief, Zusatz hinter dem Kurs auf Börsenzetteln; besagt: zum notierten Kurs bestand weiteres Angebot.

Bèze, Théodore de [frz. bɛːz] ↑ Beza, Theodor.

Bezeichnendes (frz. signifiant) ↑ Signifikant.

Bezeichnetes (frz. signifié) ↑ Signifikat.

bez. G., Abk. für: **bez**ahlt und **G**eld. Zusatz hinter dem Kurs auf Börsenzetteln; besagt: zum notierten Kurs bestand weitere Nachfrage.

Beziehungssatz, Nebensatz, der eine Beziehung (z. B. eine kausale oder finale) ausdrückt; im allg. nicht von den Umstandssätzen (↑ Adverbialsatz) unterschieden.

Beziehungswahn, spezielle Form der Wahnvorstellung, in der meist belanglose Umweltvorgänge ohne Anlaß als auf die eigene Person bezogen erlebt werden, und zwar häufig in dem Gefühl, beeinträchtigt zu sein.

Beziehungswort, Wort, das eine Beziehung von Wörtern (Präposition) oder von Sätzen (Konjunktion) zueinander herstellt.

Béziers [frz. be'zje], frz. Stadt am Orb und Canal du Midi, 60 km sw. von Montpellier, Dep. Hérault, 76 600 E. Weinbau und -handel, archäolog. Kunst- und Weinmuseum. Traktorenbau, Herstellung von Düngemitteln. – Von Iberern als **Beterris** gegr., 120 v. Chr. röm. Kolonie; im 5. Jh. zum westgot., 752 zum fränk. Reich. In den Albigen-

Frank Beyer

Theodor Beza
(Ausschnitt aus einem anonymen Gemälde, 1600)

serkriegen 1209 zerstört, wobei fast die gesamte Bev. umgekommen sein soll. – Vom 4./5. Jh. bis 1801 Bischofssitz. – Ehem. Kathedrale Saint-Nazaire (12.–15. Jh.; Wehrkirche), Basilika Saint-Aphrodise (11.–15. Jh.); Alte Brücke (13. Jh.), Rathaus (18. Jh.).

Bezirk [letztlich zu lat. circus „Kreis"], in der ehem. *DDR* im Zuge der Zentralisation unter Auflösung der ehem. Länder (Brandenburg, Mecklenburg, Sachsen, Sachsen-Anhalt, Thüringen) im Jahre 1952 geschaffene Verwaltungseinheit. Die 14 B. waren keine eigenständigen Gebietskörperschaften, ihre Organe „örtl. Organe der Staatsmacht". 1990 wurden die Länder im Zuge der Wiedervereinigung Deutschlands wiederhergestellt; die Bezirke gingen in den Ländern auf. Nach *östr. Recht* der Sprengel einer Bezirkshauptmannschaft. In der *Schweiz* innerhalb eines Kantons das dem Zuständigkeitsbereich einer unteren oder mittleren Verwaltungs- oder Gerichtsbehörde unterstellte Gebiet.

Bezirksgericht, in der ehem. *DDR* das oberste Rechtsprechungsorgan im jeweiligen Bezirk. Die B. bleiben nach den Festlegungen des Einigungsvertrages 1990 bestehen, bis die Länder durch Gesetz die im GerichtsverfassungsG vorgesehenen Gerichte einrichten. Sie sind zuständig in Straf-, Zivil-, Familien- und Arbeitsrechtssachen sowie in Angelegenheiten der freiwilligen, der Finanz-, Verwaltungs- und Sozialgerichtsbarkeit. Bei den B., in deren Bez. die Landesreg. ihren Sitz hat, werden bes. Senate gebildet. Diese treten im Rahmen ihrer Zuständigkeit an die Stelle der Oberlandesgerichte.

Im *östr. Recht* erstinstanzl. Gericht in Zivil- und Strafsachen. Das B. entscheidet durch den Einzelrichter, in einzelnen Angelegenheiten durch den Rechtspfleger. Gegen die Entscheidungen des B. ist im allg. die Berufung bzw. der Rekurs an den Gerichtshof (Kreisgericht bzw. Landesgericht) möglich.

Auch in den meisten Kt. der *Schweiz* sind B. die erstinstanzl. Gerichte in Zivil- und Strafsachen. Ihnen entsprechen in den übrigen Kt. die Amtsgerichte. Rechtsmittelinstanzen gegen bezirks- bzw. amtsgerichtl. Entscheidungen sind die kantonalen Obergerichte.

Bezirkshauptmannschaft, in Österreich Verwaltungsbehörde erster Instanz in den Ländern, geleitet vom Bezirkshauptmann. Die B. ist Landesbehörde und besorgt die allg. staatl. Verwaltung.

Bezoarstein [pers./dt.] (Magenstein), aus verschluckten und verfilzten Haaren oder Pflanzenfasern bestehende steinartige Konkretion, die sich im Magen verschiedener Säugetiere, hpts. von Pflanzenfressern, bildet.

Bezoarziege [pers./dt.] (Capra aegagrus), Wildziegenart (Stammform der Hausziege) mit mehreren Unterarten; früher in den Gebirgen Vorderasiens und auf den griech. Inseln weit verbreitet, heute im Bestand bedroht; Hörner beim ♂ 80–130 cm lang, Hörner des ♀ 20–30 cm lang; ♀ ohne, ♂ mit dichtem langem Kinnbart; Fell rötlich- bis braungrau.

Bezoarziege. Männliches Tier

Bezogener, bei einem Wechsel oder Scheck derjenige, der die Wechsel- oder Schecksumme zahlen soll.

Bezruč, Petr [tschech. ˈbɛzrutʃ], eigtl. Vladimír Vašek, * Opava 15. Sept. 1867, † Olomouc 17. Febr. 1958, tschech. Dichter. – Stellt in seiner Lyrik soziale und nat. Probleme der Arbeiter und Bauern im polnisch-dt. Grenzgebiet seiner Heimat dar.

Bezugsaktien, neue („junge") Aktien, die bei einer bedingten Kapitalerhöhung ausgegeben werden. Anlässe für die Ausgabe von B.: 1. Umtausch von Wandelschuldverschreibungen; 2. Vorbereitung einer Fusion; 3. Gewährung von Bezugsrechten für Belegschaftsaktien.

Bezugselektrode, in der *Elektrochemie* eine Elektrode mit reproduzierbarem, genau definiertem, konstantem Einzelpotential zur Messung der ↑Normalpotentiale von Stoffen in bezug auf diese B. Als *Standard-B.* dient die Normalwasserstoffelektrode (↑Wasserstoffelektrode).

Bezugsgröße, physikal. Größe, auf die eine gleichartige Meßgröße bezogen wird, z. B. der Bezugsschalldruck.

Bezugsgruppe, in der Sozialpsychologie bzw. Soziologie jede Gruppe, mit deren Normen, Einstellungen und Verhaltensweisen sich der einzelne identifiziert und die sein Verhalten maßgeblich beeinflussen.

Bezugsperson, Person, an der ein Individuum infolge persönl. (enger) Beziehung sein Denken und Verhalten orientiert; von der frühkindl. Phase an für die Entwicklung bedeutend.

Bezugsrecht (Aktien-B.), gesetzlich begründeter Anspruch der Aktionäre einer AG oder einer KG auf Aktien, bei einer Kapitalerhöhung einen ihrem Anteil an dem bisherigen Grundkapital entsprechenden Teil der neuen Aktien zugeteilt zu bekommen.

Bezugssystem, der Messung oder mathemat. Beschreibung eines physikal. Sachverhalts zugrundegelegtes Koordinatensystem, z. B. zur Beschreibung der räuml. Lage von Teilchen oder Körpern, die durch Ortsmessungen (mit Hilfe starrer Maßstäbe) in ihm bestimmt werden kann **(räumliches Bezugssystem)**. Zu einem **räumlich-zeitlichen Bezugssystem**, in dem auch Bewegungsvorgänge gemessen oder beschrieben werden können, gehört außerdem eine mit dem Koordinatensystem fest verbundene

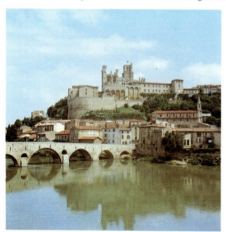

Béziers. Blick auf die Alte Brücke aus dem 13. Jh. und die ehemalige Kathedrale Saint-Nazaire, 12.–15. Jahrhundert

Bezugstemperatur

Uhr. Beim Übergang von einem B. zu einem anderen müssen die Meßergebnisse transformiert werden, und zwar mit derjenigen Transformation, die das eine Koordinatensystem in das andere überführt. Gleichförmig bewegte B., in denen die Bewegung sich selbst überlassener Körper oder Massenpunkte gemäß dem Galileischen Trägheitsgesetz erfolgt, heißen **Inertialsysteme.**

Bharhut. Relief am Steinzaun des Stupas (Kalkutta, Indian Museum)

Benazir Bhutto

Zulfikar Ali-Khan Bhutto

Bezugstemperatur, in der Technik vereinbarte Eich-, Justier- und Meßtemperatur von 20 °C.
BfA, Abk. für: **B**undesversicherungsanstalt **f**ür **A**ngestellte.
BFBS [engl. ˈbiːɛfbiːˈɛs], Abk. für: ↑ **B**ritish **F**orces **B**roadcasting **S**ervice.
BfG, Abk. für: **B**ank **f**ür **G**emeinwirtschaft (↑Banken, Übersicht).
BFH, Abk. für: **B**undes**f**inanz**h**of.
BFK, Abk. für: **b**orfaserverstärkte **K**unststoffe (↑Verbundwerkstoffe).
bfn, Abk. für: **b**rutto **f**ür **n**etto.
BGB, Abk. für: **B**ürgerliches **G**esetz**b**uch.
BGBl, Abk. für: **B**undes**g**esetz**bl**att.
BGH, Abk. für: **B**undes**g**erichts**h**of.
Bhadgaon, nepales. Stadt im Becken von Katmandu, 1 350 m ü. d. M., 48 000 E. Töpferei und Weberei. – Bis ins 18. Jh. Hauptstadt eines Ft. – Bauten des MA, des 17. und 18. Jh., u. a. ehem. Palast (15.–18. Jh.), Nyatapola-Tempel (1703).
Bhagalpur, ind. Stadt im Bundesstaat Bihar, am rechten Ufer des Ganges, 225 000 E. Kath. Bischofssitz; Univ., Seidenforschungsinstitut.
Bhagawadgita [Sanskrit „Gesang des Erhabenen"], ind. religiös-philosoph. Lehrgedicht in 18 Gesängen, das in das 6. Buch des ↑„Mahabharata" eingefügt ist. Es wird von dem Gott Krischna, in der Gestalt des Wagenlenkers König Ardschunas', vorgetragen. Anlaß ist die Weigerung Ardschunas, sich in der Schlacht des Verwandtenmordes schuldig zu machen. Krischna belehrt ihn, daß jeder nach der Pflicht seiner Kaste zu handeln habe, daß Ardschuna daher als Krieger kämpfen müsse. – In der B. sind verschiedene philosoph. Anschauungen zusammengestellt, sie gilt im Hinduismus als hl. Text. Die Zeit ihrer Entstehung ist ungewiß, älteste Schichten vielleicht aus dem 3. Jh. v. Chr.
Bhagawan [Sanskrit und Pali „der Erhabene"], Titel des Buddha, Beiname Wischnus.
Bhagawata [Sanskrit „Verehrer des Erhabenen"], Anhänger einer Richtung des ↑Wischnuismus.
Bhagwan [Hindi, zu Bhagawan], Ehrentitel für religiöse Lehrer des Hinduismus.
Bhagwan-Bewegung (Neo-Sannyas-Bewegung), neureligiöse Bewegung um den ind. Guru Rajneesh Chandra Mohan (* 1931, † 1990), der sich seit 1969 von seinen Anhängern als ›Bhagwan‹ (seit 1989 als ›Osho‹) verehren ließ; beruht auf der Verbindung von Psychologie (Selbsterfahrung) und meditativ-myst. Religionen (bes. Hinduismus, Tantrismus).
Bhakti [Sanskrit „Hingabe, Liebe"], die Liebe zu einem persönl. Gott; bes. von wischnuit. Sekten des Hinduismus als Weg zur Erlösung über den durch Erkenntnis gestellt.
Bharawi, * um 550, † um 600, ind. Dichter. – Einer der großen Epiker der klass. ind. Literatur; schrieb das Kunstepos „Kiratarjuniya" (= Arunja und der Kirata).
Bharhut, Dorf im nördl. Madhya Pradesh, Indien, 9 km südlich von Satna; Fundort von Fragmenten eines reliefgeschmückten buddhist. Stupas aus dem 3. Jh. v. Chr.
Bhartrihari, ind. Dichter des 7. Jh. – Lyriker der klass. Zeit der ind. Literatur; Verf. von drei Spruchsammlungen über Liebe, Lebensklugheit und Weltentsagung.
Bhasa, ind. Dramatiker des 4. oder 5. Jh. – Lange Zeit nur aus Zitaten bekannt, wurden ihm elf 1910 entdeckte, anonym überlieferte Dramen und zwei später gefundene zugeschrieben.
Bhaskara Atscharja (Bhaskara der Gelehrte), * 1114, † um 1185, ind. Mathematiker und Astronom. – Sein um 1150 entstandenes Werk „Kranz der Wissenschaft" bildet den Höhepunkt und Abschluß der ind. Mathematik und Astronomie.
Bhave, Vinoba, * Gagoda (Maharashtra) 11. Sept. 1895, † Paunar Ashram 15. Nov. 1982, ind. Sozialreformer. – Schüler Gandhis; versuchte als Wanderprediger, die Großgrundbesitzer zur Landübertragung an besitzlose Bauern zu bewegen. In der Bhudan-(Landschenkungs-)Bewegung wurden seit 1951 rd. 2,5 Mill. ha übereignet.
Bhavnagar [ˈbauna:gar], ind. Hafenstadt im Bundesstaat Gujarat am Golf von Cambay, 309 000 E. Univ.; metallverarbeitende Ind., Baumwollspinnereien. Hafen sowie offene Reede; ⚓. – Gegr. 1723.
Bhawabhuti, ind. Dramatiker des 7. oder 8. Jh. – Brahmane; seine drei lyr. Dramen bilden den Höhepunkt der Sanskritdramatik.
Bhawatschakra [Sanskrit „Rad des Werdens"], radförmiges Symbol für den Geburtenkreislauf (↑Samsara) im Buddhismus.
BHE, Abk. für: ↑ **B**lock der **H**eimatvertriebenen und **E**ntrechteten.
Bhikkhu [Pali „Bettler"], Mgl. des buddhist. Mönchsordens; weibl. Form: *Bhikkhuni.*
Bhil, Volk im W des ind. Bundesstaates Madhya Pradesh; etwa 3,7 Mill.; spricht Gudscharati; Ackerbauern; Hindus.
Bhilai ↑Durg.
Bhopal, Hauptstadt des ind. Bundesstaates Madhya Pradesh, auf dem Malwaplateau, 672 000 E. Univ.; Elektrogerätebau, Textil- und Nahrungsmittelind., Kunsthandwerk. – Am 3. Dez. 1984 kam es in B. zu einer Giftgaskata-

Bhubaneswar. Tempel, Sandstein, um 850 n. Chr.

Bhutan
Fläche: 47 000 km²
Bevölkerung: 1,57 Mill. E (1990), 33,4 E/km²
Hauptstadt: Thimbu
Amtssprache: Dzongkha
Staatsreligion: Mahajana-Buddhismus
Nationalfeiertag: 17. Dez.
Währung: 1 Ngultrum (NU) = 100 Chetrum
Zeitzone: MEZ + 4½ Stunden

strophe (rd. 3 000 Tote, 200 000 Verletzte), verursacht durch den amerikan. Chemiekonzern Union Carbide Corp.
B-Horizont ↑ Bodenkunde.
BHT-Koks, Kurzbez. für **B**raun**k**ohlen**h**och**t**emperatur**k**oks.
Bhubaneswar, Hauptstadt des ind. Bundesstaates Orissa, im Mahanadidelta, 219 000 E. Univ. (gegr. 1943), landw. Hochschule (gegr. 1962); Agrarzentrum. – Erstmals im 3. Jh. v. Chr. genannt, Residenz verschiedener Dynastien. – Zahlr. Tempel aus dem 8.–11. Jahrhundert.
Bhumibol Adulyadej ↑ Rama IX.

Bhutan. Bäuerliches Anwesen im Himalaja

Bhutan (amtl.: Druk-Yul), konstitutionelle Monarchie in Asien, zw. 26° 50′ und 28° 20′ n. Br. sowie 88° 50′ und 92° 05′ ö. L. **Staatsgebiet:** Erstreckt sich an der S-Abdachung des östl. Himalaja, im N von China (Tibet), im O, W und S von Indien begrenzt. **Verwaltungsgliederung:** 18 Distrikte. **Internat. Mitgliedschaften:** UN, Colombo-Plan.
Landesnatur: B. besitzt ausgesprochenen Gebirgscharakter. Im Bereich des Hohen Himalaja erheben sich vergletscherte Gipfel bis 7 554 m ü. d. M. (Kula Kangri). Der südlich anschließende Vorderhimalaja (2 000 bis 5 000 m ü. d. M.) wird von breiten, N–S-verlaufenden Tälern (Hauptsiedlungsräume) durchzogen. Über die Siwalikketten (bis 1 500 m) und eine Fußhügelzone (bis 600 m) fällt das Land zur Duarzone, einem Ausläufer des Ganges-Brahmaputra-Tieflandes, ab.
Klima: Charakteristisch ist eine Höhenstufung vom subtrop. Monsunklima der Duarzone über das kühlgemäßigte Klima Zentral-B. bis zum extremen Hochgebirgsklima im N. Der Sommermonsun (Juni–Okt.) bringt rd. 80 % des Jahresniederschläge.
Vegetation: Sie reicht von Monsunwäldern über immergrüne Berg-, Höhen- und Nebelwälder, subalpine Birkenwälder bis zur alpinen Stufe.
Bevölkerung: 70 % der Bev. sind Bhotia (tibet. Herkunft), die im N und Z siedeln; 25 % gehören nepales. Volksgruppen an, im S leben auch ind. Einwanderer. Es überwiegen Buddhisten, daneben Hindus.

Wirtschaft: Landw. und Kleinind. sind strukturbestimmend. Angebaut werden Reis, Hirse, Gerste, Mais, Weizen, Kardamom, Äpfel, Orangen u. a. Neben Holzverarbeitung und Weberei sowie Handwerk (Maskenschnitzerei, Silberschmiedekunst, Teeschalenproduktion, Möbelschreinerei) besitzt B. eine Zündholzfabrik und ein Zementwerk. Umfangreiche Wirtschaftshilfe leistet Indien.
Außenhandel: Der gesamte Außenhandel wird über Indien, das zugleich wichtigster Handelspartner ist, abgewickelt. Zur Ausfuhr kommen überwiegend Agrarprodukte und Holz; zweitgrößter Devisenbringer sind Briefmarken, zunehmend auch der Tourismus.
Verkehr: Bis 1961 gelangte man nur auf steilen Pfaden ins Landesinnere. Seither hat Indien ein Straßennetz von über 2 000 km Gesamtlänge ausgebaut; ✈ bei Paro.
Geschichte: Seit dem 7. Jh. Besiedlung und buddhist. Mission von Tibet aus; im 8. Jh. Ft., im 16./17. Jh. Begründung der Staatsreligion (Mahajana-Buddhismus) und der theokrat. Herrschaft; nach krieger. Auseinandersetzungen mit Britisch-Indien im 19. Jh. zur Anerkennung der britisch-ind. Vormacht gezwungen; 1907 Einführung der erbl. Monarchie (Wangchuk-Dynastie), 1968 in eine konstitutionelle Monarchie umgewandelt; in jüngster Zeit verstärkte Bemühungen um volle Unabhängigkeit (seit 1971 Mgl. der UN) und außenpolit. Emanzipation von Indien.
Politisches System: Seit 1968 ist B. eine konstitutionelle Monarchie mit autonomer innerer Verwaltung; die auswärtigen Angelegenheiten werden – gemäß Vertrag von 1949 – durch die Schutzmacht Indien wahrgenommen. *Staatsoberhaupt* ist der König (seit 1972: Jigme Singhye Wangchuk); die *Legislative* liegt bei der Nationalversammlung, die das Recht hat, den König mit Zweidrittelmehrheit abzusetzen und der die *Exekutive* (Min.rat und Königl. Rat) verantwortlich ist; erste Parteibildungsversuche 1990.
Bhutto, Benazir, * Karatschi 21. Juni 1953, pakistan. Politikerin. – Tochter von Zulfikar Ali-Khan B.; übernahm 1979 die Führung der Pakistan People's Party; mehrere Jahre in Haft, im Exil oder unter Hausarrest; war 1988–90 als erste Frau in einem islam. Staat Ministerpräsidentin.
B., Zulfikar Ali-Khan, * Larkana (West-Pakistan) 5. Jan. 1928, † Rawalpindi 4. April 1979 (hingerichtet), pakistan. Politiker. – 1963–66 Außenmin., gründete 1967 die linksgerichtete oppositionelle Pakistan People's Party (PPP); wandte sich entschieden gegen die Separationsbestrebungen Ost-Pakistans (seit 1971 als Bangladesch selbständig). 1971–73 Staatspräs., 1973–77 Min.präs.; nach Militärputsch verhaftet und 1978 wegen Anstiftung zum Mord an einem polit. Gegner zum Tode verurteilt.
Bi, chem. Symbol für ↑ Wismut.
bi..., Bi... [lat.], Bestimmungswort in Zusammensetzungen mit der Bedeutung „zwei..., doppel[t]...".
▷ Präfix der chem. Nomenklatur; kennzeichnend 1. für Verbindungen, die aus 2 gleichen Resten bestehen, z. B. Biphenyl; 2. früher in der anorgan. Chemie für saure Salze, heute durch **hydrogen-** ersetzt, z. B. Natriumhydrogencarbonat statt Natriumbicarbonat.

Bhutan

Staatswappen

1970 1990 1970 1990
Bevölkerung Bruttosozial-
(in Mill.)   produkt je E
             (in US-$)

Bevölkerungsverteilung 1990

Bruttoinlandsprodukt 1990

Biafra

Günter Bialas

Biafra, Name des O-Teils (76 000 km²) Nigerias, unter dem dieses Gebiet sich am 30. Mai 1967 für selbständig erklärte; Hauptstadt Enugu; nach krieger. Auseinandersetzungen wurde B. 1970 wieder in Nigeria eingegliedert.

Biała Podlaska [poln. ˈbjau̯a pɔdˈlaska], poln. Stadt, 140 m ü. d. M., 50 000 E. Hauptstadt der Woiwodschaft B. P.; Konsumgüterind. – Ruine der Schloßanlage der Fam. Radziwiłł (17. Jh.); Pfarrkirche (16. Jh.).

Bialas, Günter, *Bielschowitz (Landkr. Zabrze) 19. Juli 1907, dt. Komponist. – Einer der profiliertesten Vertreter der zeitgenöss. dt. Musik; komponierte u. a. Opern „Hero und Leander" (1966), für Orchester „Sinfonia piccola" (1960), Konzerte für Klavier, Harfe, Flöte, Klarinette, Cello u. a. Instrumente, 3 Streichquartette, Lieder, Chorwerke.

Bialik, Chajim Nachman, *Rady (Wolynien) 9. Jan. 1873, †Wien 4. Juli 1934, hebr. Dichter. – Seit 1923 in Palästina; bemühte sich bes. um die Erneuerung der hebr. Sprache; verbindet in seinen Werken das Gedankengut jüd. Mystik, des rationalen Talmudismus und der Aufklärung.

Chajim Nachman Bialik

Białogard [poln. bjaˈu̯ɔgart] ↑ Belgard (Persante).

Białostocki, Jan [poln. bjau̯ɔˈstɔtski], *Saratow 14. Aug. 1921, †Warschau 25. Dez. 1988, poln. Kunsthistoriker. – War seit 1956 Leiter der Gemäldegalerie am Nationalmuseum in Warschau, daneben ebd. seit 1962 Prof. für Kunstgeschichte. – *Werke:* Stil und Ikonographie. Ges. Aufsätze (1966); Propyläen-Kunstgeschichte, Bd. 7: Spät-MA und beginnende Neuzeit. Die Kunst des 15. Jh. (1972); Dürer and his critics (1984).

Białystok [poln. bjaˈu̯istɔk], poln. Stadt, 180 km nö. von Warschau, 260 000 E. Hauptstadt der Woiwodschaft B.; mehrere Hochschulen; Textilind.; Bahnknotenpunkt. – Im 14. Jh. gegr., 1665 im Besitz, später Residenz der Magnatenfamilie Branicki, 1749 Stadtrecht, 1802 preußisch, 1807 russisch. – Barockes Rathaus, barocker Branicki-Palast (heute Medizin. Akademie).

Biarritz, frz. See- und Solebad am Golf von Biskaya, 26 600 E. Forschungszentrum für Meeressäugetiere; ganzjähriger Fremdenverkehr; 7 Spielkasinos. – Im 12. Jh. Fischerort mit bed. Walfang; Aufstieg zum mondänen Seebad dank Kaiserin Eugénie.

Biarritz. Der alte Fischereihafen, im Hintergrund die Kirche Sainte Eugénie und ein Spielkasino (rechts)

Bias, griech. Staatsmann in Priene (Kleinasien) um die Mitte des 6. Jh. v. Chr. – Einer der sog. Sieben Weisen; berühmt als Richter und Schiedsrichter.

Biathlon [lat./griech.], Skilanglauf über 10, 20, 4 × 7,5 km und 20-km-Mannschaftslauf (Herren), über 7,5, 15 km, 3 × 7,5 km und 15-km-Mannschaftslauf (Damen) mit Schießübungen (Kleinkaliber 5,6 mm) auf Scheiben in 50 m Entfernung.

Biban Al Muluk [arab. „Tore (d. h. Gräber) der Könige"], Doppeltal **(Tal der Könige)** westlich von Theben in Oberägypten mit den Gräbern der Pharaonen des Neuen Reiches (außer Echnaton); berühmte Gräber von Tutanchamun, Sethos I., Amenophis II.

Bibbiena, il, eigtl. Bernardo Dovizi, *Bibbiena (Arrezo) 4. Aug. 1470, †Rom 9. Nov. 1520, italien. Staatsmann, Kardinal (seit 1513) und Dichter. – Im diplomat. Dienst Papst Leos X.; verfaßte u. a. die Verwechslungskomödie „Calandria" (1513).

Bibel [zu mittellat. biblia „Bücher", von griech. biblíon „Schriftrolle, Buch"] **(Buch der Bücher, Heilige Schrift)** die Schriften, die für alle christl. Kirchen und Gemeinschaften als Urkunde der Offenbarung **(Wort Gottes)** und Grundvoraussetzung allen Glaubens, Lehrens und Handelns (Kanon) gelten. Sie bestehen aus dem Alten (A. T.) und Neuen Testament (N. T.).

Altes Testament

Das A. T. wird vom Judentum unterteilt in *Gesetz, Propheten* und *Schriften*. Die Kanonisierung der 39 Schriften des A. T. (noch heute Heilige Schrift der Juden) war wahrscheinlich gegen Ende des 1. Jh. n. Chr. abgeschlossen. Das A. T. ist fast ausschließlich in hebr. Sprache niedergeschrieben; nur wenige Abschnitte in den Büchern Esra (4, 8–6, 18; 7, 11–28) und Daniel (2, 4–7, 28) sind aramäisch. Im Judentum nehmen die fünf ersten Schriften des A. T. eine vorrangige Stellung ein. Sie bilden die **Thora** („Gesetz") und werden in der hebr. Bibel nach ihren Anfangswörtern benannt; so heißt z. B. das 1. Buch Mose *Bereschith* („am Anfang"). Die christl. Kirche nennt sie nach der Hauptgestalt die „Fünf Bücher Mose" (↑ **Pentateuch**); Tertullian führte die lat. Namen *Genesis* („Anfang"), *Exodus* („Auszug"), *Leviticus* („levit. Gesetze"), *Numeri* („Volkszählungen") und *Deuteronomium* („Gesetzeswiederholung") ein. Das Pentateuch beginnt mit der Schöpfungsgeschichte, der Erschaffung der Welt und des Menschen durch Gott. Die Urgeschichte berichtet über Sündenfall und Paradiesvertreibung, Sintflut und Turmbau zu Babel. Mit der Zerstreuung der Völker und der Verwirrung der Sprachen geht die Genesis über zur Geschichte der Patriarchen, der „Väter" des jüd. Volkes. Das Buch Exodus zeigt Moses als Befreier der Israeliten aus ägypt. Knechtschaft und Gesetzgeber vom Berge Sinai. Im weiteren geschichtl. Berichten enthält das Pentateuch gesetzl. und rituelle Vorschriften.

Die Bücher *Josua, Richter* und *Samuel* werden in der jüd. Überlieferung als nur ein Buch angesehen. Zus. mit den *Büchern der Könige* bezeichnet man sie im Judentum als „frühe Propheten". Sie sind histor. Schriften, die die göttlich gelenkte Geschichte des israelit. jüd. Volkes von der Landnahme unter Josua über die Zeiten des Königtums, v. a. des Großreichs des Königs David, bis zur Trennung und zum Untergang der Nord- und Südreichs zum Inhalt haben. Die *Prophetenbücher* berichten über die Verkündigung und das Wirken der Propheten. Ihre Botschaft geißelt die Sünden des Volkes und tröstet in Zeiten der Not, indem sie hinweist auf den zukünftigen Retter, den Messias. Die literar. Gestalt der prophet. Verkündigung gliedert sich nach den Persönlichkeiten der Propheten und unterscheidet die drei großen Prophetenbücher Jesaja, Jeremia und Ezechiel von den zwölf sog. Kleinen Propheten.

Zu den „*Schriften*" zählen die *Psalmen,* das Buch *Hiob* und die Apokalypse des *Daniel*. Die Entstehungsgeschichte der nachexil. Gemeinde bildet den Inhalt der Bücher *Esra* und *Nehemia*. Eine Untereinheit innerhalb der „Schriften" bilden die „Rollen" (hebr. Megilloth), die fünf Bücher *Ruth, Hohelied, Prediger, Klagelieder* und *Esther*.

Neues Testament

Das N. T. enthält Berichte über das Leben und Wirken, die Worte und Taten, den Tod und die Auferstehung Jesu sowie die Geschichte und die christl. Verkündigung der Urgemeinde, insbes. des Apostels Paulus. – Der Urtext des N. T.

ist in der gemeingriech. Sprache der hellenist. Zeit (Koine) niedergeschrieben. Es finden sich auch Aramaismen, Ausdrucksformen, die typisch sind für das Aramäische, das z. Z. Jesu in Palästina gesprochen wurde. Das N. T. umfaßt die *vier Evangelien* nach Matthäus, Markus, Lukas und Johannes, die *Apostelgeschichte,* eine Sammlung von *Briefen* sowie die Offenbarung des Johannes *(Apokalypse).* Zur Briefsammlung gehören die Paulus zugeschriebenen Briefe an die Römer, Korinther (2), Galater, Epheser, Philipper, Kolosser, Thessalonicher (2), an Timotheus (2), an Titus und an Philemon außerdem die sog. Kath. Briefe des Petrus (2), des Johannes (3), des Jakobus und des Judas sowie der Hebräerbrief. Die vermutlich älteste Schrift des N. T., der 1. Thessalonicherbrief, wurde um 50 n. Chr. verfaßt, das Markusevangelium um 70 n. Chr., die übrigen Evangelien etwas später. Bereits um 120 n. Chr. waren alle 27 Schriften des N. T. abgeschlossen. Ein feststehender Kanon bestand mit Sicherheit gegen Ende des 2. Jh. – Die heute übl. Gliederung der B. in Kapitel und Verse entstand im 16. Jahrhundert.

Übersetzungen

In etwa 1750 Sprachen liegen Übersetzungen der B. vor. Die bedeutendste Übersetzung allein des A. T. ist die **Septuaginta** (Abk. LXX; lat. „siebzig"). Ihr Name beruht auf einer Legende, nach der 72 jüd. Gelehrte die Arbeit der Übersetzung (zunächst nur der 5 Bücher Mose) in 72 Tagen vollendet haben sollen. In der syr. Kirche setzte sich als Übersetzung die **Peschitta** (syr. „die Einfache") durch. Wahrscheinlich ist sie das Werk des Bischofs Rabbula von Edessa (5. Jh.). Für das Lat. sind zwei wichtige Übersetzungen zu unterscheiden: Nordafrika, wo das Lat. zuerst zur Kirchensprache wurde, ist wahrscheinlich die Heimat der **Vetus Latina** oder **Itala**. Der kirchlich rezipierte, 1546 auf dem Konzil von Trient für die kath. Kirche als maßgebend erklärte Text wurde die **Vulgata**, die Übersetzung des Hieronymus. Von der got. Bibelübersetzung des Bischofs Ulfilas sind nur Teilstücke erhalten. Die dt. Übersetzung Luthers war von entscheidender Bed. für die Reformation und

Il Bibbiena
(Ausschnitt aus einem Gemälde von Raffael, um 1516; Florenz, Palazzo Pitti)

Bücher der Bibel

Altes Testament (A.T.)

Vulgata	Lutherbibel	Loccumer Richtlinien*	Abkürzungen
Genesis	1. Buch Mose	Genesis	1. Mos.
Exodus	2. Buch Mose	Exodus	2. Mos.
Leviticus	3. Buch Mose	Levitikus	3. Mos.
Numeri	4. Buch Mose	Numeri	4. Mos.
Deuteronomium	5. Buch Mose	Deuteronomium	5. Mos.
Josua	Buch Josua	Buch Josua	Jos.
Richter	Buch der Richter	Buch der Richter	Richter
Ruth	Buch Ruth	Buch Rut	Ruth
1 Samuel (1 Könige)	1. Buch Samuel	1. Buch Samuel	1. Sam.
2 Samuel (2 Könige)	2. Buch Samuel	2. Buch Samuel	2. Sam.
1 Könige (3 Könige)	1. Buch von den Königen	1. Buch der Könige	1. Kön.
2 Könige (4 Könige)	2. Buch von den Königen	2. Buch der Könige	2. Kön.
1 Chronik (1 Paralipomenon)	1. Buch der Chronik	1. Buch der Chronik	1. Chron.
2 Chronik (2 Paralipomenon)	2. Buch der Chronik	2. Buch der Chronik	2. Chron.
Esdras (1 Esdras)	Buch Esra	Buch Esra	Esra
Nehemias (2 Esdras)	Buch Nehemia	Buch Nehemia	Neh.
Tobias (Tobit)	*Buch Tobias*	*Buch Tobias*	*Tob.*
Judith	*Buch Judith*	*Buch Judit*	*Judith*
Esther	Buch Esther	Buch Ester	Esther
1 Makkabäer	*1. Buch der Makkabäer*	*1. Buch der Makkabäer*	*1. Makk.*
2 Makkabäer	*2. Buch der Makkabäer*	*2. Buch der Makkabäer*	*2. Makk.*
Psalmen	Psalter	Psalmen	Ps.
Job (Hiob)	Buch Hiob	Buch Ijob (Job, Hiob)	Hiob
Sprüche	Sprüche Salomos	Buch der Sprichwörter (Sprüche Salomos)	Sprüche
Prediger (Ecclesiastes)	Prediger Salomo	Kohelet (Prediger Salomo)	Pred.
Hoheslied	Hohelied Salomos	Hohelied (Hohelied Salomos)	Hoheslied
Buch der Weisheit	*Weisheit Salomos*	*Buch der Weisheit (Weisheit Salomos)*	*Weisheit*
Jesus Sirach (Ecclesiasticus)	*Buch Jesus Sirach*	*Buch Jesus Sirach*	*Jes. Sir.*
Isaias	Jesaja	Buch Jesaja	Jes.
Jeremias	Jeremia	Buch Jeremia	Jer.
Klagelieder	Klagelieder Jeremias	Klagelieder des Jeremia	Klagel.
Baruch	*Buch Baruch*	*Buch Baruch*	*Baruch*
Ezechiel	Hesekiel	Buch Ezechiel (Hesekiel)	Ezech.
Daniel	Daniel	Buch Daniel	Daniel
Osee (Hosea)	Hosea	Buch Hosea	Hos.
Joel	Joel	Buch Joel	Joel
Amos	Amos	Buch Amos	Amos
Abdias	Obadja	Buch Obadja	Obadja
Jonas	Jona	Buch Jona	Jona
Michäas	Micha	Buch Micha	Micha
Nahum	Nahum	Buch Nahum	Nahum
Habakuk	Habakuk	Buch Habakuk	Habak.
Sophonias	Zephanja	Buch Zefanja	Zeph.
Aggäus	Haggai	Buch Haggai	Hagg.
Zacharias	Sacharja	Buch Sacharja	Sach.
Malachias	Maleachi	Buch Maleachi	Mal.

Bibelerklärung

Bücher der Bibel (Fortsetzung)			
Neues Testament (N. T.)			
Vulgata	Lutherbibel	Loccumer Richtlinien*	Abkürzungen
Matthäus-Evangelium	Evangelium des Matthäus	Evangelium nach Matt(h)äus	Matth.
Markus-Evangelium	Evangelium des Markus	Evangelium nach Markus	Mark.
Lukas-Evangelium	Evangelium des Lukas	Evangelium nach Lukas	Luk.
Johannes-Evangelium	Evangelium des Johannes	Evangelium nach Johannes	Joh.
Apostelgeschichte	Apostelgeschichte des Lukas	Apostelgeschichte	Apg.
Römerbrief	Brief des Paulus an die Römer	Brief an die Römer	Röm.
1. und 2. Korintherbrief	1. und 2. Brief des Paulus an die Korinther	1. und 2. Brief an die Korinther	1./2. Kor.
Galaterbrief	Brief des Paulus an die Galater	Brief an die Galater	Gal.
Epheserbrief	Brief des Paulus an die Epheser	Brief an die Epheser	Eph.
Philipperbrief	Brief des Paulus an die Philipper	Brief an die Philipper	Phil.
Kolosserbrief	Brief des Paulus an die Kolosser	Brief an die Kolosser	Kol.
1. und 2. Thessalonicherbrief	1. und 2. Brief des Paulus an die Thessalonicher	1. und 2. Brief an die Thessalonicher	1./2. Thess.
1. und 2. Timotheusbrief	1. und 2. Brief des Paulus an Timotheus	1. und 2. Brief an Timotheus	1./2. Tim.
Titusbrief	Brief des Paulus an Titus	Brief an Titus	Titus
Philemonbrief	Brief des Paulus an Philemon	Brief an Philemon	Philem.
Hebräerbrief	Brief des Paulus an die Hebräer	Brief an die Hebräer	Hebr.
Jakobusbrief	Brief des Jakobus	Brief des Jakobus	Jak.
1. und 2. Petrusbrief	1. und 2. Brief des Petrus	1. und 2. Brief des Petrus	1./2. Petr.
1., 2., 3. Johannesbrief	1., 2., 3. Brief des Johannes	1., 2., 3. Brief des Johannes	1./2./3. Joh.
Judasbrief	Brief des Judas	Brief des Judas	Jud.
Geheime Offenbarung (Apokalypse)	Offenbarung des Johannes	Offenbarung des Johannes	Apk.

* entsprechend dem „Ökumenischen Verzeichnis der biblischen Eigennamen nach den Loccumer Richtlinien" (Stuttgart 1971)
(*Kursiv* gesetzt sind die apokryphen bzw. deuterokanonischen Bücher)

zugleich von fortwirkendem sprachl. Einfluß. Die erste Gesamtausgabe erschien 1534; die letzte von Luther selbst betreute Ausgabe ist von 1545 (zuletzt 1984 revidiert).
Neben der *Zürcher B.* (letzte Bearbeitung 1907–31; erste Ausgabe des N. T. 1524; Vollbibel 1529) sind moderne Übersetzungen immer mehr verbreitet. Am weitesten in der Anpassung an moderne Sprache geht die „B. in heutigem Deutsch" *(Die gute Nachricht)*. 1980 erschien die kath.-ev. Gemeinschaftsübersetzung „Die B."; 1984 eine neue ev.-kath. Ausgabe des N. T. Eine neuere jüd. Übersetzung lieferten M. Buber und F. Rosenzweig (1926–62). – Im engl. Sprachgebiet ist die *Authorized Version* von 1611 noch immer im offiziellen Gebrauch, im frz. die *Version Synodale* von 1744. Von bes. Bedeutung ist die *Bible de Jérusalem* (seit 1956) mit umfangreichen Anmerkungen.

Bibelerklärung ↑Exegese.

Bibelgesellschaften, urspr. prot. Vereinigungen zur Verbreitung der Bibel. Die älteste aller B. ist die 1710 in Halle gegr. **von Cansteinsche Bibelanstalt** (1938 mit der Preuß. Haupt-B. zusammengelegt, 1951 mit Sitz in Witten neugegr.). Weltweite Bed. erhielt die 1804 gegr. **British and Foreign Bible Society** (Abk.: BFBS). Neben ihr entfaltete die 1816 gegr. **American Bible Society** (Abk. ABS) eine zunehmende internat. Aktivität. 1946 wurde der **Weltbund der Bibelgesellschaften** (United Bible Societies, Sitz Stuttgart) gegr., dem sich nach und nach alle nat. B. anschlossen. – Die dt. B. sind in ihrer Mehrzahl im Anfang des 19. Jh. entstanden (1812: „Württemberg. Bibelanstalt"; 1814: „Preuß. Haupt-B."; 1814: „Sächs. Haupt-B."; 1814: „Berg. B." usw.). Die B. in der BR Deutschland sind seit 1981 in der **Deutschen Bibelgesellschaft** zusammengeschlossen. – Die mißtrauische Haltung der kath. Kirche hat sich seit dem 2. Vatikan. Konzil gewandelt (1968 Vereinbarung über Zusammenarbeit von kath. Kirche und B.; ↑Katholisches Bibelwerk).

Bibelkonkordanz, alphabetisch geordnetes Verzeichnis aller in der Bibel vorkommenden Wörter (Verbalkonkordanz) oder (früher) Sachen und Begriffe (Realkonkordanz).

Bibelkritik ↑Exegese.

Bibelwissenschaft ↑Exegese, ↑Theologie.

Biber (von Bibern), Heinrich Ignaz Franz, * Wartenberg (= Stráž pod Ralskem) 12. Aug. 1644, † Salzburg 3. Mai 1704, östr. Komponist und Violinvirtuose. – Komponierte Violinsonaten, Kammer- und Kirchensonaten, Partiten, Opern (nur eine erhalten).

Bibel. Illuminierte Seite mit Prolog und 1. Kapitel der Sprüche Salomonis (A. T.) aus der „Gutenbergbibel", 1456

Biber

Biber (Castor fiber), einzige Art der Nagetierfamilie Castoridae; früher in ganz Europa und in den gemäßigten Breiten Asiens sowie im größten Teil N-Amerikas verbreitet, heute überall auf kleine Rückzugsgebiete beschränkt; Körperlänge bis 1 m; Schwanz bis über 30 cm lang, stark abgeflacht, unbehaart; Hinterfüße mit Schwimmhäuten, Vorderfüße klein, als Greiforgane entwickelt; Fell mittelbraun bis schwärzlich-mahagonirot, liefert begehrten Pelz; Augen und Ohren sehr klein, Orientierung an Land überwiegend durch den Geruchssinn (Wegmarkierung durch ↑Bibergeil).
Der B. ist ein reiner Pflanzenfresser. Er fällt mit seinen starken Nagezähnen Weichhölzer, v. a. Pappeln und Weiden. Die gefällten Bäume zerlegt er und verwendet sie zum Bau seiner Wohnburgen, für Dammbauten, teilweise auch als Nahrung. Die aus Holz, Schlamm, Steinen und Schilf errichteten umfangreichen Dammsysteme halten den Wasserspiegel in der Umgebung der auf ähnl. Weise gebauten Wohnburgen konstant, damit die Zugänge der Wohnburgen immer unter Wasser münden.

Biberach, Landkr. in Baden-Württemberg.

Biberach an der Riß, Stadt an der Riß, Bad.-Württ., 28 100 E. Verwaltungssitz des Landkr. Biberach; Elektro-, chemisch-pharmazeut., feinmechan. Ind.; Baumaschinenwerk. Wielandmuseum. 5 km sö. das Kneippkurbad **Jordanbad.** – Als Marktsiedlung um 1170 gegr.; wohl um 1218 Stadtrechte; wurde im 14. Jh. freie Reichsstadt. Seit dem 18. Jh. reges Theaterleben (1761 erste Shakespeare-Aufführung in dt. Sprache). – Altes Rathaus (1482), Neues Rathaus (1503), Ulmertor (1410 und 1606), Weißer Turm (1476–84), Pfarrkirche Sankt Maria und Martin, Basilika (14. und 15. Jh., im Innern barockisiert).

Bibergeil (Castoreum), Duftdrüsensekret aus den zw. After und Geschlechtsteilen gelegenen Drüsensäcken des ♂ und ♀ Bibers. B. ist dunkelbraun, wachsartig und hat einen widerl. Geruch.

Bibernelle [mittellat.], (Pimpernell, Pimpinella) Gatt. der Doldenblütler mit etwa 150 Arten in Eurasien, Afrika und S-Amerika; Kräuter oder Stauden mit meist einfach gefiederten Blättern und Dolden aus Zwitterblüten; in M-Europa nur 2 ausdauernde, weiß bis dunkelrosa blühende Arten: die bis 60 cm hohe **Kleine Bibernelle** (Pimpinella saxifraga) und die bis 1 m hohe **Große Bibernelle** (Pimpinella major); beide Arten sind gute Futterpflanzen. ▷ ↑Wiesenknopf.

Bibernellrose, svw. ↑Dünenrose.

Biberratte (Sumpfbiber, Nutria, Myocastor coypus), etwa 45–60 cm körperlanges, braunes Nagetier in den Flüssen und Seen des südl. S-Amerika; Schwanz 30 bis 45 cm lang, drehrund, kaum behaart; Hinterfüße mit Schwimmhäuten. – Die B. baut meist kurze, unverzweigte Erdbaue in Uferböschungen; wird als Pelztier in Farmen gezüchtet.

Biberschwanz ↑Dachziegel.

Bibiena, Galli da, italien. Baumeister- und Malerfamilie des 17. und 18. Jh. Dekorateure und Theaterarchitekten von europ. Bedeutung.

B., G. da, Alessandro, *Parma 1687, † vor 1769. – Sohn von Ferdinando G. da B.; errichtete die Jesuitenkirche (1733–60), das 1795 abgebrannte Opernhaus und den rechten Schloßflügel in Mannheim.

B., G. da, Antonio, *Parma 16. Jan. 1700, † Mailand 1774. – Sohn von Ferdinando G. da B.; schuf u. a. in Siena (1751–53) und Bologna (1756–63) Theaterbauten.; ferner kirchl. Dekorationen.

B., G. da, Ferdinando, *Bologna 18. Aug. 1657, † ebd. 3. Jan. 1743. – Vater von Alessandro, Giuseppe und Antonio G. da B. U. a. in Parma, Turin, Barcelona und Wien tätig. 1731 erbaute er das Hoftheater in Mantua. Er schuf bed. Entwürfe für Theater- und Festdekorationen.

B., G. da, Giuseppe, *Parma 5. Jan. 1696, † Berlin 1756. – Sohn von Ferdinando G. da B.; schuf Fest- und Theaterdekorationen u. a. für Wien, Prag, Dresden, München und Berlin.

Biblia pauperum [lat. „Armenbibel"], ma. Bez. einer Form der ausgewählten Darbietung neutestamentl. Stoffe unter Hinweis auf hierfür typ. Motive aus dem A. T.; verbreitet ab 1300, mit lat. Text, zweisprachig (lat.-dt.) oder dt. seit Mitte des 14. Jh.

Bibliographie [griech.], Bücherverzeichnis und Hilfswiss., die der Erfassung von Publikationen bzw. der Entwicklung der bibliograph. Methoden dient. Eine B. verzeichnet Bücher, Schriften, Veröffentlichungen einer bestimmten Kategorie (z. B. Fach-B., Bio-B. [Personal-B.]). B. eines Themenkreises [als Anhang eines Buches] usw.) und beschreibt diese (insbes. nach Titel, Verf., Erscheinungsdatum und -ort, Band und Seitenzahl). Die allgemeinsten B. sind die National-B., die das gesamte im Buchhandel erschienene nat. Schrifttum erfassen und die gedruckten Kataloge der National-Bibliotheken.

Bibernelle.
Kleine Bibernelle

Biberach an der Riß. Marktplatz mit Giebelhäusern des 15./16. Jh. und der Pfarrkirche Sankt Maria und Martin, 14./15. Jahrhundert

Bibliographisches Institut & F. A. Brockhaus AG, dt. Verlagsunternehmen mit Sitz in Mannheim; entstanden 1984 durch Vereinigung des Bibliograph. Instituts mit F. A. ↑Brockhaus. Das Bibliograph. Institut wurde 1826 von Joseph Meyer in Gotha gegr., 1828 nach Hildburghausen verlegt, seit 1874 in Leipzig, seit 1915 AG; 1946 enteignet und in einen volkseigenen Betrieb umgewandelt (VEB Bibliograph. Institut Leipzig), der die traditionellen Verlagsgebiete pflegte; 1990 erfolgte die Überführung in eine GmbH. – Mannheim wurde 1953 Sitz der Bibliographisches Institut AG. Der Verlag wurde v. a. bekannt durch Meyers Lexika („Das große Conversations-Lexicon für die gebildeten Stände", 1. Aufl. ab 1840), „Meyers Klassiker-Ausgaben", Atlanten, durch Brehms „Tierleben", die Duden-Rechtschreibung und durch illustrierte Standardwerke

Biblioklast

Bedeutende deutsche und ausländische Bibliotheken
(Sowjet. B. nach eigener Zählung, d. h. jedes Zeitschriftenheft für sich; daher die hohen Bestandsangaben)

Stadt	Bibliothek	Bände	Handschriften
Ann Arbor	UB der Univ. Michigan	5 000 000	
Athen	NB	2 000 000	4 000
Basel	UB	2 500 000	50 000
Berkeley	UB der Univ. von Calif.	22 860 000	
Berlin	SB	3 700 000	63 000
Berlin	Dt. SB	6 900 000	89 000
Berlin	UB der Freien Univ.	2 000 000	
Berlin	Amerika-Gedenk-B/ Berliner Zentral-B	742 000	
Berlin	UB	2 400 000	
Bern	Schweizer. LB	1 200 000	110 000
Brüssel	Königl. B	3 000 000	300 000
Budapest	NB Széchenyi	2 370 000	630 000
Bukarest	B der Akad. der Wiss.	7 760 000	
Cambridge	UB	4 500 000	16 000
Cambridge (Mass.)	UB der Harvard Univ.	10 261 000	
Dresden	LB	1 400 000	
Dublin	B des Trinity College	2 800 000	10 000
Edinburgh	NB von Schottland	5 000 000	50 000
Florenz	Biblioteca Medicea Laurenziana	100 000	11 000
Florenz	NB	4 500 000	25 000
Frankfurt am Main/ Leipzig	Die Dt. B		
	Dt. B (Frankfurt am Main)	3 400 000	
	Dt. Bücherei (Leipzig)	8 500 000	
Frankfurt am Main	StB u. UB	2 700 000	15 000
Genf	Öff. u. UB	1 600 000	13 000
Göttingen	SB u. UB	3 200 000	12 200
Hamburg	SB u. UB	1 800 000	8 000
Jerusalem	NB u. UB	2 200 000	10 700
Kairo	NB	2 500 000	
Kiel	B des Inst. für Weltwirtschaft	1 900 000	
Köln	UB u. StB	2 100 000	
Kopenhagen	Königl. B	2 700 000	60 000
Krakau	Jagellon. B	2 700 000	22 400
Kyōto	UB	4 259 000	
Leiden	UB	2 000 000	19 000
Leipzig	UB	3 050 000	8 800
London	NB (British Library)	15 000 000	163 000
Lüttich	UB	2 500 000	5 500
Madrid	StB	3 000 000	27 000
Mailand	Biblioteca Nazionale	1 040 000	2 100
Mailand	Biblioteca Ambrosiana	850 000	36 000
Moskau	Lenin-B	30 000 000	345 000
München	SB (Bayer. SB)	5 200 000	60 600
Neapel	NB	1 700 000	30 000
New Haven	UB der Yale Univ.	8 821 000	
New York	B der Columbia Univ.	5 625 000	
Oxford	Bodleiana	4 780 000	65 000
Paris	NB	11 000 000	500 000
Paris	UB (Sorbonne)	3 200 000	
Paris	B Sainte-Geneviève	2 500 000	4 100
Paris	B Mazarine	400 000	7 100
Prag	SB u. UB	5 000 000	
Princeton	UB	4 200 000	
Rom	NB	3 200 000	6 500
Rom (Vatikanstadt)	Biblioteca Apostolica Vaticana	1 100 000	72 000
Sankt Petersburg	Saltykov-Ščedrin-B	28 500 000	
Stanford	UB	4 360 000	
Stockholm	Königl. B	2 000 000	65 000
Straßburg	UB	3 200 000	6 000
Stuttgart	LB	1 980 000	14 300
Tokio	UB	6 008 000	
Uppsala	UB	4 000 000	33 000
Venedig	B Marciana	806 000	25 000
Warschau	Narodna Biblioteka	6 018 000	12 500
Washington D. C.	Library of Congress	26 000 000	
Wien	NB	2 490 000	99 000
Wolfenbüttel	Herzog-August-B	690 000	12 000
Zürich	Zentral-B	2 200 000	22 000

Abkürzungen: B = Bibliothek; HB = Hochschulbibliothek; LB = Landesbibliothek; NB = Nationalbibliothek; SB = Staats- oder staatl. Bibliothek; StB = Stadtbibliothek; UB = Universitätsbibliothek

("Meyers Universum"). Die heutigen Verlagsgebiete stehen z. T. in der alten Tradition: z. B. Lexika des allg. Wissens (v. a. „Meyers Enzyklopäd. Lexikon", 25 Bde. u. 7 Ergänzungs-Bde., 1971–84, „Brockhaus Enzyklopädie", auf 24 Bde. u. 6 Ergänzungs-Bde. geplant, seit 1986), „Meyers Kleine Lexika", Atlanten, Nachschlagewerke zur dt. Sprache („Duden"), Nachschlagewerke für den Schüler („Schülerduden", „Schülerhilfen", „Abiturhilfen"), Nachschlagewerke des allg. Wissens („Schlag nach!"), Kinder- und Jugendbücher („Meyers Jugendlexikon"), wiss. Bücher (z. B. im B. I.-Wissenschaftsverlag, „B. I.-Hochschultaschenbücher" u. a. zur Informatik).

Biblioklast [griech.], jemand, der aus Sammelleidenschaft Bücher zerstört, indem er bestimmte Seiten herausreißt.

Bibliolatrie [griech.], übertriebene Verehrung hl. Bücher; Buchstabengläubigkeit.

Bibliomanie [griech.], krankhafte Bücherliebe.

Bibliomantie [griech.], Wahrsagerei aus zufällig aufgeschlagenen Buchstellen (bes. der Bibel).

Bibliophilie [griech.], Liebhaberei für schöne und kostbare Bücher.

Bibliothek [zu griech. bibliothékē, eigtl. „Büchergestell"], Sammlung von Büchern sowie der Bau (Raum) zur Aufbewahrung. – Die Geschichte der B. beginnt im 3. Jt. v. Chr. in Mesopotamien. In der griech. Antike ist eine öff. B. in Athen erwähnt, auch das alte Rom kannte neben privaten Sammlungen öff. B. Die Zentren des B.wesens in der Epoche des Hellenismus waren Alexandria und Pergamon. Die frühma. Bibliothekare in den Klöstern und Kirchen des Abendlandes sahen ihre vornehmste Aufgabe neben dem Sammeln und Bewahren antiker und christl. Texte im Herstellen der Codices. Im spätma. Europa entstanden Vorformen der Univ.-B. Erste öff. B. gibt es im Okzident seit dem Zeitalter des Humanismus und der Renaissance. Typisch für das 16. und 17. Jh. sind die Fürsten-B., aus denen die National-, Staats- und Landes-B. hervorgingen. Im 19. Jh. mit dem Aufschwung der Naturwiss. gewannen die Univ.-B. den Vorrang. Zunächst in England, später auch in den USA und Deutschland, wurden Volksbüchereien gegr. 1913 erhielt das Dt. Reich ein zentrales Archiv der dt.sprachigen Buchproduktion in Gestalt der ↑ Deutschen Bücherei in Leipzig.

Baul. Gestalt: Erst im 19. Jh. wurde das Prinzip Buch und Leser in einem Raum, welches MA und Barock beherrscht hatte, zugunsten der Trennung in die Elemente Buch (Magazin)-Leser-Bibliotheksverwaltung aufgegeben. Die Erwerbung, Katalogisierung und Ausleihe der Literatur wird zunehmend mittels EDV gesteuert.

Bibliothekar [griech.], die Ausbildung ist getrennt nach wiss. und öff. Bibliotheken. Laufbahnen: Höherer Dienst (Hochschulstudium beliebiger Fachrichtung mit zweijähriger Zusatzausbildung), gehobener Dienst (Diplom-B. mit dreijähriger verwaltungsinterner bzw. Fachhochschulausbildung), mittlerer Dienst (Bibliotheksassistent mit zweijähriger verwaltungsinterner Ausbildung).

Bibliothek für Zeitgeschichte, seit 1948 Name der 1915 gegr. Weltkriegsbücherei; Sitz: Stuttgart (Württemberg. Landesbibliothek); bedeutendste Spezialbibliothek Deutschlands für alle Fragen der polit. und militär. Geschichte des 20. Jahrhunderts.

Biblis, Gemeinde im Hess. Ried, 8 000 E. Gemüseanbau, Möbel- und Konservenind.; Kernkraftwerk mit zwei Kraftwerksblöcken (zus. 2 500 MW).

biblischer Unterricht (Bibelunterricht) ↑ Religionsunterricht.

Biblizismus [griech.], im Ggs. zur historisch-krit. Bibelforschung der Umgang mit der Bibel, der ein rein wörtl. Verständnis der Bibel als göttl. Offenbarungswort vertritt.

Bibracte, Hauptort der kelt. Äduer auf dem Mont Beuvray (822 m), 20 km westlich von Autun; hier schlug Cäsar 58 v. Chr. die Helvetier; gegen Ende 1. Jh. v. Chr. Umsiedlung der Bev. in das neugegr. Augustodunum.

Bichat, Xavier [frz. bi'ʃa], *Thoirette (Jura) 11. Nov. 1771, † Paris 22. Juli 1802, frz. Mediziner. – War in seiner naturwiss., auf das Experiment gegr. Betrachtungsweise einer der Wegbereiter der modernen Medizin.

Bichon [biˈʃõ:; frz.], Rasse kleiner, lang- und (meist) weißhaariger, bis 32 cm schulterhoher Haushunde mit kurzer, stumpfer Schnauze, Hängeohren und Ringelrute; nach der Behaarung unterscheidet man 4 Unterrassen: ↑ Bologneser, ↑ Havaneser, ↑ Malteser, ↑ Teneriffe.

bichrom [lat./griech.], zweifarbig.

Bichsel, Peter, *Luzern 24. März 1935, schweizer. Schriftsteller. – Schreibt Erzählungen aus dem kleinbürgerl. Alltagsmilieu („Eigentlich möchte Frau Blum den Milchmann kennenlernen", 1964) und Romane („Die Jahreszeiten", 1967); auch „Kindergeschichten" (1969). – *Weitere Werke:* Schulmeistereien (Reden, Essays, 1985), Der Busant (En., 1985), Im Gegenteil. Kolumnen 1986–90 (1990).

Bickbeere [niederdt.], svw. ↑ Heidelbeere.

bicyclische Verbindungen, chem. Verbindungen, deren Molekülstruktur durch das Vorhandensein zweier [kondensierter] Ringe gekennzeichnet ist, z. B. Naphthalin.

Bida [arab. „Neuerung"], im Islam abwertend für Gebräuche oder Glaubensvorstellungen, die nicht durch die tradierten Verhaltensnormen (↑ Sunna) sanktioniert werden.

Bidault, Georges [frz. biˈdo], *Moulins (Allier) 5. Okt. 1899, †Cambo-les-Bains bei Bayonne 27. Jan. 1983, frz. Politiker. – Leitete als Präs. des „Conseil National de la Résistance" (seit 1943) den Pariser Aufstand vom Aug. 1944; 1944 Mitbegr. und 1949–52 Vors. des Mouvement Républicain Populaire (MRP); 1944–46, 1947/48 und 1953/54 Außenmin., 1946 und 1949/50 Min.präs.; wurde als entschiedener Gegner der Algerienpolitik de Gaulles 1959 Präs. des „Rassemblement pour l'Algérie française" und war Mgl. des Exekutivkomitees der OAS; 1962–68 im Exil in Brasilien bzw. Belgien.

Bider, Oskar, *Langenbruck (Basel-Land) 12. Juli 1891, †Dübendorf (Zürich) 7. Juli 1919 (bei Flugzeugabsturz verunglückt), schweizer. Flieger. – Überflog 1913 als erster Pilot die Pyrenäen und die Alpen.

Bidermann, Jakob, *Ehingen (Donau) 1578, †Rom 20. Aug. 1639, dt. Barockdichter. – Bedeutendster Vertreter des nlat. barocken Jesuitendramas mit histor. und bibl. Stoffen, z. B. „Cenodoxus" (UA 1602, dt. 1635).

Bidet [biˈde:; frz.], [Sitz]waschbecken für die Intimhygiene.

Bidonville [frz. bidõˈvil „Kanisterstadt"], urspr. Bez. für die aus Blechkanistern gebauten Elendsviertel in der Randzone nordafrikan. Großstädte; später übertragen auf alle Typen der Notquartiere am Rand großer Städte und Agglomerationen.

Bidschar ↑ Orientteppiche (Übersicht).

Biduum [lat.], Zeitraum von zwei Tagen.

Bié, früherer Name der angolan. Distriktshauptstadt ↑ Kuito.

Bié, Hochland von, Bergland in Angola, Teil der Lundaschwelle, im Moco 2 619 m ü. d. M.; gemäßigtes Klima.

Biedenkopf, Kurt Hans, *Ludwigshafen am Rhein 28. Jan. 1930, dt. Jurist und Politiker. – 1964–70 Prof. in Bochum, 1971–73 Geschäftsführer der Henkel GmbH; 1968–70 Vors. der Mitbestimmungskommission der Bundesregierung; 1973–77 Generalsekretär der CDU, 1976–80 und 1987–90 MdB; ab 1977 Vors. des CDU-Landesverbandes Westfalen-Lippe; 1980–87 in NRW MdL, 1986–87 Vors. des neuen CDU-Landesverbandes NRW; 1990 Gastprof. für Wirtschaftsgeschichte an der Univ. Leipzig; seit 8. Nov. 1990 Min.präs. von Sachsen, führt eine CDU-Reg. mit absoluter Mehrheit; seit Dez. 1991 CDU-Landesvorsitzender.

Biedenkopf, Stadt und Luftkurort am Oberlauf der Lahn, Hessen, 270 m ü. d. M., 14 200 E. Eisenverarbeitende Ind., Kunststoff- und Textilind. – Im Schutz der um 1180 angelegten Burg entstand B. als Bauernsiedlung. – Ev. Pfarrkirche (13. Jh.; 1885–91 erneuert).

Biedermeier, neben Vormärz und Restauration Begriff für die Kultur der Epoche 1815–48 im dt.sprachigen Bereich, die zw. Romantik und Realismus angesiedelt ist. Das Wort B. entstammt der Kritik des Realismus an Haltung und Literatur der Restaurationszeit („Fliegende Blätter" 1855–57). Nach der dt. Jahrhundertausstellung 1906 in Berlin setzte sich B. als Stilbez. für Mode sowie Möbel durch, bald übertragen auf die Malerei. Als literar. Epochenbez. ist B. bis jetzt nicht allg. üblich. B. umfaßt widerstreitende Erscheinungen wie Spätromantik, die ↑ Nazarener, das ↑ Junge Deutschland, die spezif. B.dichtung und B.malerei, die Junghegelianer. Die allg. Gefühlslage äußert sich in der sprichwörtl. „Tränenseligkeit". Die Folge der polit. Restauration war ein Rückzug in den privaten Bereich. Die Häuslichkeit, die Geselligkeit in Familie und Freundeskreis wird zur seelisch-geistigen Grundlage der B.kultur. Das B. kehrte zu dem sachlich-nüchternen Empirismus der Aufklärung des 18. Jh. zurück. Diese zeitgeschichtl. Gefühlslage findet sich bei Malern wie G. F. Kersting, F. G. Waldmüller, F. Krüger, L. Richter, M. von Schwind, C. Spitzweg und Schriftstellern (F. Grillparzer mit „König Ottokars Glück und Ende", 1825; N. Lenau, E. Mörike, Hoffmann von Fallersleben, A. Stifter, die histor. Romane W. Hauffs, L. Schückings, W. Alexis' und v. a. die Romane J. Gotthelfs und z. T. C. Sealsfields). Die B.malerei bevorzugt die intime Thematik (Landschaftsausschnitt, Genremalerei, Porträt). In der *B.dichtung* dominieren, mit Hang zur kleinen Form, bes. historisch-idyll. Stoffe und sensible Stimmungsbilder; es entsteht eine Flut dilettant. Belletristik, die in einer Unzahl Almanachen, Taschen- und Stammbüchern, Haus-, Familien- und Intelligenzblättern gedruckt wurde („Trivial-B."). Bed. erlangten das Volkslustspiel und die Salon- oder Konversationskomödie, neben Schwaben war Österreich die ausgeprägteste literar. B.landschaft (A. Bäuerle, G. A. Gleich, dann v. a. F. Raimund, J. Nestroy, E. von Bauernfeld).

Biegefeder, elastisch federndes Maschinenelement, dessen Querschnitt bei Belastung vorwiegend auf Biegung beansprucht wird. Hierzu gehören die ↑*Blattfeder*, die *Schrauben-B.* und die z. B. als *Uhrfeder* oder als *Rückstellfeder* bei Zeigerinstrumenten verwendete *Spiralfeder*.

Biegemaschine, Werkzeugmaschine zur spanlosen Formgebung räuml. Werkstücke aus ebenen oder stabförmigen Ausgangsmaterialien (Bleche, Bänder, Stäbe, Rohre usw.).

Biegeschwingung, an einem Maschinenteil durch äußere Kräfte auftretende, zumeist störende mechan. Schwingung.

Biegespannung, durch Biegemomente hervorgerufene Spannungen im Innern eines auf Biegung beanspruchten Körpers.

Biegesteifigkeit, Maß für den Widerstand eines auf Biegung beanspruchten Stabes gegenüber einer Formänderung.

Biegung, Beanspruchung von Stäben *(Stab-B.),* Balken *(Balken-B.)* oder Platten *(Platten-B.),* durch die die Krümmung der Stabachse oder die Wölbung der Plattenfläche elastisch oder bleibend verändert wird. Auf B. beanspruchte Bauteile erfahren auf der einen Seite eine Verkürzung durch die dort auftretenden Druckspannungen, auf der anderen Seite eine Verlängerung durch die dort auftretenden Zugspannungen. Dazwischen gibt es eine Nullachse (Nullinie, neutrale Faser), in der weder Verkürzungen noch Verlängerungen eintreten. Diese *neutrale Faser* geht durch den Schwerpunkt der beanspruchten Fläche.

Biel (Byhel, Byel), Gabriel, *Speyer um 1410, †Einsiedel bei Tübingen 7. Dez. 1495, dt. Theologe. – Sein „Collectorium" (1501) ist das klass. Werk des theolog. Nominalismus. Bed. Einfluß auf die Reformation und das Konzil von Trient.

Bielawa [poln. bjɛˈlava] ↑ Langenbielau.

Biel (BE) (frz. Bienne), Hauptort des Bez. Biel am Fuße des schweizer. Jura, Kt. Bern, am N-Ende des Bieler Sees, 52 000 E ($^2/_3$ dt.- und $^1/_3$ frz.sprachig). Lehrerseminar, Uhrmacher- und Holzfachschule, Musikschule; Uhren-, Maschinen-, elektron. Ind. – In der Oberstadt spätgot. Stadtkirche (15. Jh.), Rathaus (1530–34; 1676 restauriert), spätgot. Zeughaus (1589–91; heute Stadttheater).

Peter Bichsel

Kurt Hans Biedenkopf

Bielecki

Bielecki, Jan Krzysztof [bjɛ'lɛtski], *Bromberg 3. Mai 1951, poln. Politiker. – Seit 1980 einer der Wirtschaftsexperten der Gewerkschaft „Solidarność"; seit 1989 als deren Abg. im Abg.haus; Präsidiums-Mgl. des „Liberal-demokrat. Kongresses"; Jan. bis Dez. 1991 Min.präsident.

Bielefeld, Stadt beiderseits des Teutoburger Waldes, NRW, 305 000 E. Univ. (gegr. 1966), kirchl. Hochschule Bethel, Fachhochschulen; Kunsthalle; Tierpark, botan. Garten; Ev. Landeskirchenamt Westfalen. Textil- und Bekleidungsind., Maschinenbau, Leder-, Nahrungsmittel-, chemisch-pharmazeut. Ind. – 1015 genannt, als planmäßig angelegte Stadt neu gegr., um 1214 Stadt, im 13. Jh. befestigt, mit Markt, Zoll und Münze ausgestattet; 1380 Mgl. der Hanse; im 16. Jh. Blüte durch Leinenherstellung und -handel. Brackwede wurde 1973 eingemeindet; zum Ortsteil Gadderbaum gehören die Bodelschwinghschen Anstalten. – Marienkirche in der Neustadt (nach 1293 ff.), got. Nikolaikirche in der Altstadt im 2. Weltkrieg ausgebrannt, 1955 zur modernen Halle umgewandelt; Burg Sparrenberg (1240–50).

Bielefeld Stadtwappen

Bieler, Manfred, *Zerbst 3. Juli 1934, dt. Schriftsteller. – Lebt seit 1968 in der BR Deutschland. Verfasser von Parodien („Der Schuß auf die Kanzel oder …", 1958), satirisch-kom. Hörspielen, Erzählungen, Romanen (u. a. „Maria Morzeck oder Das Kaninchen bin ich", 1969; „Der Mädchenkrieg", 1975; „Der Bär" R., 1983).

Bielerhöhe ↑ Alpenpässe (Übersicht).

Bieler See, See am SO-Fuß des schweizer. Jura, 429 m ü. d. M., 39,8 km², bis 74 m tief.

Bieliden [bi'li:dn, bie...; nach dem dt. Astronomen W. von Biela, *1782, †1856] (Andromediden), ein Meteorstrom; Sternschnuppenfälle zw. dem 18. und 26. November.

Biella, italien. Stadt am Alpensüdrand auf einem Sporn über dem Cervo, Region Piemont, 52 200 E. Bischofssitz; ein Zentrum der italien. Wollind.; Baumwoll-, Papier-, Möbelind. – In der Altstadt (Unterstadt) der Dom (15. und 18./19. Jh.) mit vorroman. Baptisterium (9./10. Jh.). In der Neustadt (Oberstadt) Paläste und Häuser aus dem 15. und 16. Jh.; nahe B. die Wallfahrtsstätte Santuario di Oropa.

Bielski, Marcin [poln. 'bjɛlski], *Biała bei Sieradz 1495, †ebd. 18. Dez. 1575, poln. Humanist und Geschichtsschreiber. – Verfaßte die erste Weltchronik in poln. Sprache.

Bielsko-Biała [poln. 'bjɛlskɔ'bjaua], polnische Stadt am N-Fuß der Beskiden, 178 000 E. Hauptstadt der Woiwodschaft B.-B.; Zentrum der poln. Textilind. – Anfang 13. Jh. erhielt Bielsko, 1723 Biała Stadtrechte; 1951 zu B.-B. vereinigt.

Manfred Bieler

Horst Bienek

Bienek, Horst, *Gleiwitz (Oberschlesien) 7. Mai 1930, †München 7. Dez. 1990, dt. Schriftsteller. – War 1951–55 in einem sowjet. Zwangsarbeitslager (Workuta), danach Übersiedlung in die BR Deutschland. Gestaltet in Prosa und Lyrik die Isoliertheit des modernen Menschen und setzt sich mit der Situation des der äußeren Freiheit Beraubten auseinander; u. a. „Traumbuch eines Gefangenen" (Ged. und Prosa, 1957), Romane („Die Zelle", 1968; „Die erste Polka", 1975; „Septemberlicht", 1977; „Feuer", 1982).

Bienen (Apoidea), mit rund 20 000, etwa 2–40 mm großen Arten weltweit verbreitete, zu den Stechimmen zählende Überfam. der Hautflügler. Zu den B. gehören u. a. Sand-B., Mauer-B., Hummeln, Honig-B., Pelz-B. Alle B. sind Blütenbesucher und haben Sammelapparate aus Haar- und Borstenkämmen (Ausnahme Schmarotzer-B.) zum Eintragen von Pollen und Nektar. Die Königinnen und alle Arbeiterinnen tragen am Körperhinterende einen aus einem Eilegestachel hervorgegangenen Giftstachel. Die Geschlechter sowie die „Kasten" unterscheiden sich in Größe und anderen äußeren Merkmalen.
Die weitaus meisten B.arten sind einzellebend (**solitäre Bienen** oder **Einsiedlerbienen**). Bei diesen Arten ist jedes Nest das Werk eines einzigen ♀. Brutpflege fehlt, lediglich die für das gesamte Wachstum der Larve notwendige Futtermenge wird in jede Brutzelle eingetragen. Die höchstentwickelten **staatenbildenden (sozialen) Bienen** sind die Hummeln und die Honig-B. Sie treiben meist eine intensive Brutpflege, indem sie ihre Larven fortlaufend füttern. Rund ein Viertel aller B. sind Brutschmarotzer (Sozialparasiten), sie werden auch als **Kuckucksbienen** bezeichnet. Sie legen ihre Eier in fertig mit Nahrung versorgte Zellen von Wirtsbienennestern. Die Nester der B. sind unterschiedlich gestaltet. Bei solitären B. sind sie im allg. einfacher als bei den staatenbildenden Arten. Für Honigbienen sind reine Wachswaben charakteristisch, die meist in Höhlungen oder künstl. Hohlräumen angelegt werden. Ein Teil der Zellen enthält die Brut, ein anderer die Nahrungsvorräte.

Orientierung und Verständigung (Bienensprache): Die höchstentwickelten B.arten können anhand der Polarisation des Himmelslichts den Sonnenstand für ihre Orientierung feststellen. In dem sog. Schwänzeltanz angezeigten Winkel (Zielort – Sonne) verändert die Biene synchron mit der „Sonnenbewegung", ohne daß in der Zwischenzeit eine neuerl. Feststellung des Sonnenstandes notwendig wird. Dies zeigt z. B. die beim Schwärmen als Quartiermacherbiene bezeichnete Arbeiterin im dunklen Stock: Sie tanzt längere Zeit und paßt dabei den getanzten Winkel ständig dem sich verändernden Sonnenstand an. Erklärt wird dieses Verhalten durch das Vorhandensein einer sog. inneren Uhr. Die Benachrichtigung über Futterquellen geschieht im Stock auf unterschiedl. Weise. Entweder durch einen deutlich wahrnehmbaren, stoßweise hervorgebrachten hohen Summton oder durch lebhaftes Umherlaufen. Weit komplizierter und exakter ist die Nachrichtenübermittlung bei den ↑ Honigbienen.

Bienenameisen (Ameisenwespen, Mutillidae), weltweit (bes. in den Tropen) verbreitete Fam. der Hautflügler mit etwa 2 000, bis 2 cm großen Arten (davon 8 einheimisch); Chitinpanzer dick und hart, mit pelziger Behaarung, meist bunt gezeichnet.

Bienenfresser (Spinte, Meropidae), Vogelfam. mit 24 sehr bunten, etwa 17–35 cm langen Arten v. a. in Afrika; Flügel lang und spitz, Beine kurz, Schnabel lang, leicht abwärts gekrümmt, spitz. – In Europa nur der **Merops apiaster** (Spint, B. i. e. S.): etwa 28 cm lang, Oberseite rostbraun und gelblich, Kehle leuchtend gelb, Brust und Bauch blaugrün, Flügelenden und Schwanz grünlich.

Die wichtigsten Biersorten			
Biersorten	Stammwürzegehalt in %	Alkoholgehalt in Vol.-%	Charakteristik, Farbe
Lagerbier	11–12	etwa 3,5	untergärig, hell und dunkel, v.a. in Bayern
Pilsner Bier	mehr als 11	etwa 3,5	untergärig, stark gehopft, sehr hell
Exportbier	mehr als 12	etwa 3,5–4,5	untergärig, regional unterschiedl. stark eingebraut; hell und dunkel
Märzenbier	mindestens 12,5	etwa 3,8–4,5	untergärig, mäßig gehopft; hell bis braungold
Bockbier	mehr als 16,0	5,5–6,0	Maibock, untergärig, hell bis goldbraun
Altbier	mindestens 12,5	3,8–4,2	obergärig, stark gehopft; dunkel
Kölsch	mehr als 11	3,5–4,0	obergärig, stark gehopft; hell
Berliner Weiße	7–8	etwa 3,5	obergärig, säuerlicher Geschmack; hell
Weizenbier	11–14	etwa 3,5	obergärig, Hefebodensatz in der Flasche; hell bis goldbraun
Süß- und Karamelbier	2,0–5,5	1,5–1,8	obergärig, Herstellung unterliegt nicht dem Reinheitsgebot; dunkel
Diätpils	10,5–11,5	4,5–5,0	untergärig, hoch vergoren; sehr hell

Bienengift, sauer reagierendes Sekret aus der Giftblase der Honigbiene; Giftwirkung (ähnlich wie bei den Schlangengiften) v. a. durch die im Sekret enthaltenen Eiweiße. – In der medizin. Therapie wird B. u. a. bei Muskelrheumatismus und Gelenkerkrankungen angewandt.

Bienensprache ↑ Bienen, ↑ Honigbienen.

Bienenstich ↑ Insektenstiche.

▷ Hefekuchen mit einem Belag aus geraspelten Mandeln, Butter und Zucker; oft mit (Creme)füllung.

Bier. Das älteste Bild eines deutschen Bierbrauers, um 1397 (Nürnberg, Stadtbibliothek)

Bienenwachs ↑ Honigbienen.

Bienenwolf, (Philanthus triangulum) einheim., 12–16 mm große Grabwespenart mit wespenähnl. schwarzgelber Zeichnung.

▷ svw. ↑ Immenkäfer.

Bienenzucht, svw. ↑ Imkerei.

Bienewitz, dt. Kartograph, ↑ Apian.

bienn [lat.], zweijährig; von Pflanzen mit zweijähriger Lebensdauer, die erst im zweiten Jahr blühen und fruchten. – Ggs. ↑ annuell.

biennal [biɛˈnaːl; lat.], veraltet für: zweijährig, zwei Jahre dauernd oder alle zwei Jahre wiederkehrend.

Biennale [biɛˈnaːlə; lat.-italien.], alle zwei Jahre stattfindende Ausstellung oder Veranstaltung, z. B. B. in Venedig (moderne Kunst) und im Film.

Bienne [frz. bjɛn], frz. Name von ↑ Biel (BE).

Biennium [lat.], veraltet für: Zeitraum von zwei Jahren.

Bier, August, *Helsen (heute zu Arolsen) 24. Nov. 1861, †Sauen (Kr. Beeskow) 12. März 1949, dt. Chirurg. – Prof. in Greifswald, Bonn, seit 1907 in Berlin; führte die **Bier-Stauung** (künstlich herbeigeführte Blutstauung bei Entzündungen) sowie die Lumbalanästhesie ein; befürwortete Homöopathie und Naturheilmethoden.

Bier, i. w. S. Bez. für alle Getränke, die durch alkohol. Gärung aus stärkehaltigen Rohstoffen entstehen und nicht durch anschließende Destillation hinsichtlich ihres Alkoholgehalts konzentriert werden; i. e. S. das aus Gerstenmalz (oder für bestimmte B.sorten auch aus Weizenmalz) gewonnene Getränk, dessen Herstellung in der BR Deutschland einem strengen Reinheitsgebot unterliegt.

Für die *Malzherstellung* wird der Feuchtigkeitsgehalt gereinigter, eiweißarmer, stärkehaltiger Braugerste auf etwa 45–50 % erhöht; anschließend erfolgt die Keimung, wobei in den Körnern Enzyme aktiviert oder gebildet werden, die beim Maischen die weiteren Abbauvorgänge der verschiedenen Stoffgruppen des Malzes steuern. Die Temperatur bei der folgenden Trocknung bestimmt den Charakter des Malzes. Bei diesem Vorgang bilden sich aus den vorliegenden Stärkeabbauprodukten, Aminosäuren, Peptiden und niedermolekularen Eiweißfraktionen die Farbstoffe sowie Geschmacks- und Aromastoffe. Die *Herstellung des B.* erfolgt aus dem Malz mit Hilfe von Wasser, Hopfen (die weibl. Blüten der Hopfenpflanzen liefern Bitterstoffe, die dem Bier u. a. Schaumvermögen und Haltbarkeit verleihen, sowie Gerb- und Aromastoffe) und Hefe in zwei Abschnitten: im ersten Abschnitt wird durch den *Maischvorgang* eine zuckerhaltige Würze gewonnen, im zweiten Abschnitt erfolgt die *Vergärung* dieser Würze durch die Hefe. Der Gärprozeß liefert den Alkohol und die Kohlensäure. Die Gärung beginnt nach dem Zusetzen von B.hefe, die bei kontinentalen Lager-B. untergärigen Charakter besitzt und sich nach der Vergärung des Extrakts auf dem Boden der Gärgefäße absetzt. Weizen-B. sowie Kölsch- und Alt-B. (auch die engl. B. wie Ale und Stout) werden mit obergäriger Hefe vergoren, die dann an die Oberfläche des vergorenen Jung-B. steigt und dort abgehoben wird. Der vorletzte Abschnitt des Gärprozesses ist die *Nachgärung* und *Reifung* des B. in geschlossenen Behältern. Danach wird das B. filtriert (Ausnahme: bayr. obergäriges Hefeweizen-B.) und auf Fässer und Flaschen abgefüllt.

Die sog. Lager-B. haben einen Alkoholgehalt von etwa 3,5–4,5 Vol.-%. Der Bitterstoffgehalt ist bei den verschiedenen B.typen unterschiedlich hoch, ebenso der Anteil an noch vergärbaren Zuckern. Dunkle B. vom Münchner Typ sind schwach vergoren und wenig bitter, während Pilsner B. hochvergoren und kräftig bitter ist. Der *Stammwürzegehalt* ist die in Prozent angegebene Menge an lösl. Substanzen (v. a. Maltose und Dextrine) in der Würze des B. vor Eintritt der Gärung; er liegt zw. 2 und 18 %. Neuerdings wird auch alkoholfreies B. (Alkoholgehalt zw. 0,0 und 0,5 Vol.-%) auf den Markt gebracht.

Fast alle Völker der Erde haben seit frühester Zeit nicht nur aus zuckerhaltigen, sondern auch aus stärkehaltigen Stoffen durch Gärung alkohol. Getränke bereitet. In Mesopotamien war B. ein Volksgetränk und wurde in zahlr. Sorten gebraut. – Um 1300 traten neben die Kloster- und Hausbrauereien, bes. im norddt. Raum die sog. Handelsbrauereien. Im 19. Jh. entwickelte sich die B.brauerei mit zunehmender Kenntnis der chem. und biochem. Vorgänge aus einem handwerksmäßigen Gewerbe zu einer bed. Industrie. 1991 belief sich der B.verbrauch in der BR Deutschland auf 141 l/E (einschl. Säuglinge und Abstinenzler).

Bierbaum, Otto Julius, *Grünberg i. Schlesien 28. Juni 1865, †Dresden 1. Febr. 1910, dt. Schriftsteller. – Schrieb Gedichte, Chansons, heitere Erzählungen, satir. Zeit-

August Bier

Otto Julius Bierbaum

Bier. Ein Bierbrauer knetet Maische durch ein Sieb, ägyptische Terrakottafigur aus Sakkara, 6. Dynastie (Paris, Louvre)

Bierce

romane, Reiseberichte, Künstlerbiographien; u. a. „Irrgarten der Liebe" (Ged., 1901), „Stilpe" (R., 1897), „Prinz Kuckuck" (R., 1907/1908), „Zäpfel Kerns Abenteuer" (E., 1905).

Bierce, Ambrose Gwinnett [engl. bɪəs], * Meigs County (Ohio) 24. Juni 1842, † in Mexiko 1914 (verschollen), amerikan. Schriftsteller. – Grimmiger, „schwarzer" Humor, zyn. Witz, Menschen- und Lebensverachtung sowie Darstellung von Grenzsituationen bestimmen seine Erzählungen, u. a. „Erzählungen von Soldaten und Zivilisten" (1891); dt. Auswahlbände: „Aus dem Wörterbuch des Teufels" (1964), „Das Spukhaus" (1969).

Biermann, Ludwig, * Hamm (Westf.) 13. März 1907, † München 12. Jan. 1986, dt. Astrophysiker. – Arbeiten über physikal. Vorgänge in Sternatmosphären, Höhenstrahlung und Einfluß der Sonnenstrahlung auf Kometenschweife.

B., Wolf, eigtl. Karl-Wolf B., * Hamburg 15. Nov. 1936, dt. Lyriker und Liedersänger. – Siedelte 1953 in die DDR über. Seine Ausbürgerung während einer Konzertreise in die BR Deutschland im Nov. 1976 führte zu scharfen kulturpolit. Auseinandersetzungen in der DDR. Schreibt und komponiert polemisch-krit. Lieder, Balladen, die er selbst vorträgt. U. a. „Die Drahtharfe" (1965), „Mit Marx- und Engelszungen" (1968), „Deutschland. Ein Wintermärchen" (1972), „Preuß. Ikarus" (1978), „Affenfels und Barrikade" (1986); Sammelband „Klartexte im Getümmel – 13 Jahre im Westen ..." (1990). – Georg-Büchner-Preis 1991.

Biersteuer, Verbrauchsteuer auf Bier und bierähnl. Getränke. Das B.aufkommen betrug 1991 1,64 Mrd. DM. Die B. ist als Aufwandsteuer seit Jh. als **Biergeld, Bierpfennig, Bierzise, Umgeld** usw. bekannt.

Bierut, Bolesław [poln. ˈbjɛrut], * Rury Jeznickie bei Lublin 18. April 1892, † Moskau 12. März 1956, poln. Politiker. – Seit 1918 Mgl. der poln. KP; wurde 1944 Vors. des Nationalrates; Staatspräs. 1947–52, Min.präs. 1952–54.

Bierverleger, Biergroßhändler, der im Auftrag einer Brauerei Bier verkauft.

Biese [niederdt.], Ziernaht (Falten), z. B. an Blusen. ▷ schmaler farbiger Stoffstreifen (aus der Naht kommend; Paspel) an Uniformen.

Biestmilch, svw. ↑Kolostrum.

Bietigheim-Bissingen, Stadt am N-Rand des Großraumes Stuttgart, Bad.-Württ., 36 800 E. Dt. Linoleum-Werke, Fabrik für Autozubehör, Druckereimaschinen, Kammgarnspinnerei u. a. – Bietigheim 789 erstmals urkundlich genannt, 1364 Stadtrechte. Am 1. Jan. 1975 mit Bissingen vereinigt. – Spätgot. Pfarrkirche (um 1400), spätgot. Friedhofskirche (gegen 1390), Rathaus (1507).

bifid [lat.], zweispaltig; gegabelt.

Bifokalgläser ↑Brille.

Biforium [lat. „zweiflügelig"], durch eine mittlere Säule gegliedertes Fenster der Gotik.

bifunktionelle Verbindungen, sehr reaktionsfähige Verbindungen der organ. Chemie, die in ihrem Molekül zwei funktionelle Gruppen besitzen, z. B. die Dicarbonsäuren, Aminosäuren, Hydroxysäuren.

Bifurkation [lat.] ↑Fluß.

Biga [lat.], von zwei Pferden gezogener zweirädriger röm. Wagen; bei Festzügen und in Rennen verwendet.

Bigamie [lat./griech.], Eingehung einer Doppelehe; jede [erneute] Eheschließung, die zu Lebzeiten des rechtmäßigen Ehepartners bzw. vor Nichtigerklärung oder Auflösung der früheren Ehe erfolgt. Zivilrechtl. Folgen: Nichtigkeit der späteren Ehe; strafrechtl. Folgen: Geld- oder Freiheitsstrafe bis zu 3 Jahren (§ 171 StGB). – Entsprechendes gilt im *östr.* und *schweizer. Recht.*

Big Band [ˈbɪgbænd; engl. „große Band"], Jazz- oder Tanzorchester, in dem die Ggs. zur Combo einzelne Instrumente mehrfach, z. T. chorisch besetzt sind und sich in Gruppen gegenüberstehen. Die große Besetzung läßt keine freie Improvisation zu, sondern bedingt das ↑Arrangement.

Big Bang [engl. ˈbɪg ˈbæn] ↑Kosmologie.

Big Ben [engl. ˈbɪg ˈbɛn; nach dem brit. Politiker Sir Benjamin („Ben") Hall, * 1802, † 1867], Name der Stundenglocke des Londoner Parlamentsgebäudes sowie des Glockenturms selbst; vollendet 1858.

Big Business [engl. ˈbɪg ˈbɪznɪs „großes Geschäft"], amerikan. Bez. für Großunternehmen und Unternehmenszusammenschlüsse; Großkapital.

BIGFON, Abk. für: **b**reitbandiges **i**ntegriertes **G**lasfaser-**F**ernmelde**o**rts**n**etz, Bez. für ein Kabel-Pilotprojekt der Dt. Bundespost, mit dem über eine einzige Anschlußleitung mehrere Fernmeldedienste (z. B. Fernsprech-, Daten-, Telexverkehr) betrieben werden können. Darüber hinaus sollen mit B. auch Fernseh- und Stereo-Rundfunkprogramme sowie Bildfernsprechen übertragen werden.

Big Hole [engl. ˈbɪg ˈhoʊl] ↑Kimberley.

Bignonie (Bignonia) [nach dem frz. Bibliothekar Jean Paul Bignon, * 1662, † 1743], Gatt. der **Bignoniengewächse** mit der einzigen Art Bignonia capreolata **(Kreuzrebe)** im südöstl. N-Amerika; Kletterpflanze mit glockenförmigen, tieforangeroten Blüten in Trugdolden; in S-Europa Gartenpflanze.

Bigorre [frz. biˈgɔːr], histor. Gebiet in SW-Frankreich. Zentren sind Bagnères-de-Bigorre, Lourdes und Tarbes. – Das von den iber. Bigerrionen bewohnte Gebiet wurde 56 v. Chr. römisch, um 460 westgotisch, 507 fränkisch. Anfang 7. Jh. Einwanderung von Basken. Im 9. Jh. Gft. des Hzgt. Gascogne, 1052 zu Aquitanien, 1293 frz.; 1360 englisch, spätestens 1407 zurückerobert. 1425 an die Grafen von Foix, durch König Heinrich IV. endgültig zu Frankreich.

bigott [frz.], engherzig; scheinheilig, frömmelnd; blindgläubig; **Bigotterie,** strenge, kleinl. Frömmigkeit, Scheinheiligkeit.

Biguanide [lat./indian.], aus zwei Guanidmolekülen unter Abspaltung von NH_3 kondensierte Verbindungen; einige haben blutzuckersenkende Wirkung und werden deshalb als orale Arzneimittel gegen Diabetes eingesetzt (wegen gefährl. Nebenwirkungen nur noch selten).

Bihar, Bundesstaat in N-Indien, 173 876 km^2, 86,34 Mill. E (1991), Hauptstadt Patna. Erstreckt sich vom Fuß des Himalaja über die mittlere Gangesebene bis in die Höhen des Chota Nagpur. Hauptanbaufrucht ist Reis, gefolgt von Hülsenfrüchten, Mais, Zuckerrohr, Weizen und Jute. Kanalbewässerung herrscht vor. B. ist reich an Bodenschätzen (Kohle, Glimmer, Eisenerz, Kupfererz, Bauxit). Ind.betriebe gibt es in Jamshedpur und im Damodartal.
Geschichte: In B. wirkten die Gründer des Buddhismus und des Dschainismus. Die Reiche der Maurja (etwa 320–180 v. Chr.) und der Gupta (etwa 320–500 n. Chr.) nahmen von hier aus ihren Anfang. Im 8. Jh. wurde B. mit Bengalen vereinigt. Beide bildeten unter muslim. Herrschaft (etwa seit 1200) eine Prov., die auch in Britisch-Indien zunächst weiterbestand. 1905 mit Orissa vereinigt, 1936 wieder getrennt.

Bihargebirge [ungar. ˈbihɔr] ↑Westsiebenbürgisches Gebirge.

Bijapur. Gol-Gumbaz-Mausoleum, 1626–56

Wolf Biermann

Bolesław Bierut

Bihari, Oberbegriff für drei im wesentlichen in Bihar gesprochene Dialekte des Neuindoarischen: Maithili, Bhodschpuri und Magahi.

Bijapur, ind. Stadt im Bundesstaat Karnataka, 380 km sö. von Bombay, 147 000 E. College; Baumwollentkörnung, Ölmühlen. – 1489 gegr., 1686 zum Mogulreich. – Zahlr. islam. Bauwerke des 16. und 17. Jh., u. a. Gol-Gumbaz-Mausoleum (1626–56).

Bijou [bi'ʒu:; frz.], Schmuckstück.

Bijouterie [biʒutə'ri:; frz.], [billiger, mod.] Schmuck.

Bika, Al, (Beka, Bekaa) Senke zw. Libanon und Antilibanon, die von Nahr Al Asi nach N und Al Litani nach S entwässert wird, 800–1 200 m ü. d. M., 10–15 km breit.

Bikaner [bikə'nɪə], ind. Stadt im B.staat Rajasthan, 249 000 E. Colleges; Handelszentrum für Agrarprodukte. – 1488 gegründet.

Bikini, Atoll in der Ralikgruppe der Marshallinseln; 6 km², Lagune 594 km². Die Bev. wurde 1946–69 wegen der Atombombenversuche der USA auf den B. evakuiert. Erneute Umsiedlung 1978 wegen radioaktiver Spuren.

Bikini [nach dem Atoll Bikini], zweiteiliger Damenbadeanzug.

Biko, Steve, *King William's Town (Kapprovinz) 18. Dez. 1946, † Pretoria 12. Sept. 1977, südafrikan. Studentenführer. – Gründete 1969 die „South African Students' Organization" (SASO) und war einer der führenden Vertreter der Bewegung „Schwarzes Bewußtsein"; wurde 1977 verhaftet und verstarb (auf bislang ungeklärte Weise) auf einem Gefangenentransport zw. Port Elizabeth und Pretoria.

bikonkav, beiderseits hohl, nach innen gewölbt, z. B. b. ↑ Linsen.

bikonvex, beiderseits erhaben, nach außen gewölbt, z. B. b. ↑ Linsen.

bilabial (beidlippig), mit beiden Lippen gesprochen: [p], [b], [m].

Bilac, Olavo Braz Martins dos Guimarães [brasilian. bi'lak, bi'laki], *Rio de Janeiro 16. Dez. 1865, † ebd. 28. Dez. 1918, brasilian. Dichter. – Wichtigster Vertreter des brasilian. parnass. Schule; schrieb Lyrik (v. a. Liebesgedichte), Erzählungen und Essays.

Bilanz [italien.; zu lat. bilanx „zwei Waagschalen habend"], summar., gegliederte Gegenüberstellung aller am B.stichtag in einem Unternehmen eingesetzten Werte nach ihrer Herkunft (Passiva) und ihrer Verwendung (Aktiva). Die Posten auf der Aktivseite geben Auskunft über das Vermögen, unterteilt nach Anlage- und Umlaufvermögen, die auf der Passivseite über das Kapital, unterteilt nach Eigen- und Fremdkapital. Da beide Seiten alle Werte eines Unternehmens umfassen, ist die B.gleichung Vermögen = Kapital stets erfüllt. Zus. mit der Gewinn-und-Verlust-Rechnung (Erfolgs-B.) bildet die B. den Gesamtabschluß des Rechnungswesens eines Unternehmens für ein Geschäftsjahr.
Arten: Der Charakter der B. wird von dem Zweck bestimmt, zu dem sie erstellt wird. Die periodisch erstellten heißen ordentl. B.: Handels-B., Steuer-B., die auf Grund innerbetriebl. Erfordernisse erstellten kurzfristigen Erfolgs-B. Außerordentl. B. werden bei bestimmten Anlässen, wie Gründung, Umwandlung, Fusion, Sanierung, Liquidation von Unternehmen, erstellt. Von geringerer Bed. sind die Unterscheidungen nach den Adressaten (interne und externe B.) oder der Bilanzierungsperiode (Jahres- oder Zwischen-B.).
Theorien: Nach der stat. B.theorie (H. Nicklisch) hat die B. eine Gegenüberstellung der aktiven und der passiven Vermögensgegenstände zu liefern. Aktiva sind danach die der Leistungserstellung dienenden Wirtschaftsgüter, Passiva sind die hierfür verwendeten Finanzierungsmittel; die Differenz zw. Aktiva und Passiva am Jahresende ist der B.erfolg (B.gewinn oder -verlust). Eine solche (auch handelsrechtl. geforderte) B. dient primär der Rechenschaftslegung gegenüber den Kapitalgebern. Die *dynam. B.theorie* (E. Schmalenbach) sieht in der Erfolgsermittlung den Hauptzweck des Jahresabschlusses. Demgemäß genießt die Erfolgsrechnung Priorität vor der B. Diese weist als Aktiva die liquiden Mittel (Bargeld und sofort verfügbare Guthaben) sowie alle aktiven Vermögensgegenstände aus, die am B.stichtag noch nicht im Leistungsprozeß verwertet oder abgesetzt sind; demgegenüber sind Passiva das Kapital und alle von dem Unternehmen noch nicht eingelösten Verpflichtungen sowie der abgelaufenen Periode zuzurechnender, aber unterlassener Aufwand (dynam. Rückstellungen). Danach ist die B. eine Zusammenstellung der schwebenden Vorgänge, die bei ihrer endgültigen Realisierung dann ihren Niederschlag in der Erfolgsrechnung finden, also eine Art rechner. Kräftespeicher. Die Aussagekraft der stat. und der dynam. B. will die *organ. B.theorie* miteinander kombinieren. Nach der *totalen B.theorie* (W. la Coutre) sind für den Jahresabschluß eine Kapitalbestands-B. und verschiedene Kapitalbewegungs-B. aufzustellen, die neben der Erfolgsermittlung und der Rechenschaftslegung der allg. Betriebserkenntnis, der Betriebsführung und der Betriebskontrolle zu dienen haben. Entsprechend der Tendenz zur betriebl. Planung wollen neuere Theorien die Vergangenheitsbezogenheit der B. überwinden und die B. als Planungsinstrument einsetzen. Mit ihr soll der „ökonom. Gewinn" als Vermehrung des Erfolgskapitals ermittelt werden; dieses errechnet sich aus den mit den vorhandenen Wirtschaftsgütern in der Zukunft noch erzielbaren, auf den B.stichtag abgezinsten Einzahlungsüberschüssen.

Bilanzanalyse, innerhalb (interne B.) oder außerhalb eines Unternehmens (externe B.) durchgeführte Untersuchung und Interpretation einer Bilanz zum Zweck der Abschlußprüfung, der Erfolgskontrolle, der Kreditwürdigkeitsprüfung oder generell der Datensammlung für eine Bilanzkritik.

Bilanzberichtigung, Abänderung einer beim Finanzamt eingereichten Vermögensübersicht (Bilanz) durch den Steuerpflichtigen. Entspricht die Bilanz nicht den Grundsätzen ordnungsmäßiger Buchführung, spricht man von B.; wird ein zulässiger Wertansatz durch einen anderen ersetzt, spricht man von **Bilanzänderung.**

Bilanzbuchhalter, Buchhalter mit den Aufgaben: Zusammenstellung und Bewertung von Beständen bzw. Salden der Konten zur Bilanz und zur Gewinn-und-Verlust-Rechnung nach Handels- und nach Steuerrecht.

Bilanzgewinn ↑ Gewinn.

Bilanzierungsgrundsätze, die eng mit den Grundsätzen ordnungsmäßiger Buchführung zusammenhängenden Grundsätze ordnungsmäßiger Bilanzierung: 1. **Bilanzklarheit:** Der Jahresabschluß ist klar und übersichtlich aufzustellen und muß im Rahmen der Bewertungsvorschriften einen möglichst umfassenden Einblick in die Vermögens- und Ertragslage der Gesellschaft geben. 2. **Bilanzwahrheit:** Richtigkeit und Vollständigkeit der Bilanzansätze, Übereinstimmung nach Inhalt und Benennung, die richtige Bewertung und korrekte Errechnung der einzelnen Bilanzpositionen. 3. **Bilanzkontinuität:** Sie bedeutet gleichbleibende Bewertung, sowohl die angewendeten Bewertungsgrundsätze als auch die Wertansätze, also die Bewertung bestimmter Vermögensgegenstände betreffend, und sie beinhaltet die **Bilanzidentität** (auch: **Bilanzkongruenz**), das ist die formale und materielle Übereinstimmung der Schlußbilanz eines Geschäftsjahrs mit der Anfangsbilanz des folgenden Geschäftsjahres.

Bilanzprüfer, svw. ↑ Wirtschaftsprüfer.

Bilanzstichtag, letzter Tag des Geschäftsjahres, zu dem der Jahresabschluß aufzustellen ist.

Bilanzsumme, Summe der Aktiva (= Summe der Passiva) einer Bilanz.

Bilanztheorien ↑ Bilanz.

Bilanzwahrheit ↑ Bilanzierungsgrundsätze.

bilateral, zweiseitig, von zwei Seiten ausgehend, zwei Seiten betreffend.

bilaterales Monopol, Marktkonstellation mit nur einem Anbieter und nur einem Nachfrager.

Bilbao, span. Ind.stadt am Nervión, 12 km oberhalb seiner Mündung in den Golf von Biskaya, 382 000 E. Verwaltungssitz der Prov. Vizcaya; Bischofssitz; Univ. (gegr.

Bilche

1967); Bank- und Börsenzentrum, mit seinen Satellitenstädten größter Ind.ballungsraum des Landes, Zentrum der Roheisen- und Stahlproduktion sowie der Metallverarbeitung. Der Binnenhafen liegt am kanalisierten, für Seeschiffe befahrbaren Nervión; ⚓. – 1300 gegr.; der Hafen vermittelte im 14. und 15. Jh. den Verkehr mit N- und W-Europa, später mit Amerika. Im Span. Bürgerkrieg 1936/37 Zentrum des baskisch-republikan. Widerstands. – Kathedrale (14./15. Jh.) mit got. Kreuzgang, Klosterkirche de la Encarnación (1554–60).

Bilche (Schlafmäuse, Gliridae, Muscardinidae), Fam. der Nagetiere mit rund 30 Arten in Eurasien und Afrika; Körperlänge etwa 6–20 cm, Schwanzlänge rd. 7–15 cm; Fell weich und dicht, vorwiegend braun bis grau. In gemäßigten Gebieten halten die B. einen bis über 7 Monate dauernden Winterschlaf. In Deutschland kommen 4 Arten vor: ↑Baumschläfer, ↑Gartenschläfer, ↑Siebenschläfer und ↑Haselmaus.

Bild, auf einer Fläche mit künstler. Mitteln Dargestelltes (Gemälde, Zeichnung); Photographie, gedruckt Wiedergegebenes; auf dem Fernsehschirm Erscheinendes; Abbild, Spiegelbild.

▷ in der *Stilanalyse* die verschiedensten Formen bildl. Ausdrucksweise, z. B. Vergleich, Metapher; typisch für die poet. Sprache, aber auch die Alltagssprache ist voll von meist verblaßten B., z. B. „be-sitzen".

▷ in der *Dramaturgie* svw. Akt oder Szene.

▷ in der *Religionsgeschichte* Darstellungen, die vom roh behauenen Stein oder geschnitzten Holzpfahl bis zu kunstvollen bzw. symbol. Repräsentationen von Göttern oder Heiligen reichen. Die Wertung des B. ist in den einzelnen Religionen sehr unterschiedlich. Am bilderfreudigsten unter den lebenden Religionen sind Hinduismus und Buddhismus. Im Judentum setzte sich der Protest der Propheten gegen das B. durch. Er betraf sowohl Darstellungen des eigenen Gottes als auch solche der Götter in der Umwelt der israelit. Religion. Die B.feindlichkeit, die der Islam im religiösen Bereich vertrat, bewirkte, daß sich die künstler. Tätigkeit der Muslime auf das Ornament und auf die kunstvolle Gestaltung der arab. Schrift fixierte. – Im Christentum sind die Anfänge der **Bilderverehrung** unklar. Die vorkonstantin. Zeit der Kirche kannte symbol. (Kreuzanker, Fisch, Brotkorb, Guter Hirt) und szen. (z. B. Abendmahl) Darstellungen der Heilsgeschichte, bes. an Grabstätten (Katakombenmalerei). Seit dem 4. Jh. nahmen die Kirchenväter Stellung zur Bilderfrage. Den Kerngedanken der Verehrung von B. hatte bereits Basilius d. Gr. im 4. Jh. ausgesprochen: Die Ehre, die dem Bild erwiesen wird, geht über auf das Urbild, d. h. auf Christus, Maria, die Heiligen. Die Verehrung gilt also im eigtl. Sinn dem Dargestellten. Wichtig für das Verständnis der B. ist die theoret. Unterscheidung zw. Anbetung, die Gott allein erwiesen werden darf, und der „Verehrung" oder „Ehrenbezeigung", die dem B. entgegengebracht wird. Stärkster Ausdruck der Verfolgung der B. und ihrer Anhänger (Ikonoklasmus) war der **Bilderstreit** des 8. und 9. Jh. 730 erließ Kaiser Leon III. das Edikt gegen die B. Sein Nachfolger, Konstantin V. Kopronymos, ließ die B. zerstören und verfolgte die B.freunde (Ikonodulen) mit Folter und Hinrichtung. Der B.streit wurde erneut durch die Kaiser Leon V., Michael II. und Theophilos geführt. In der kath. Theologie kommt den B. kein kult. Eigenwert zu. Nach Luthers Kritik an der überkommenen B.verehrung zogen radikalere Reformatoren (Karlstadt, Müntzer) prakt. Konsequenzen zur Beseitigung des B.; erstmals kam es in Wittenberg in Abwesenheit Luthers unter Führung Karlstadts zu einem **Bildersturm** (Jan. 1522). In Zürich (Zwingli) wurden 1523 B. und Messe abgeschafft. Im Bereich der kalvin. Reformation fielen die B. ebenfalls. Das Luthertum hat später B. wieder zugelassen, soweit kein Mißbrauch damit verbunden war.

▷ ↑Abbildung.

Bildabtaster, svw. ↑Bildzerleger.

Bildbühne (Filmbühne, Negativbühne), 1. Einrichtung an Kameras, die das Aufnahmematerial plan hält. Sie besteht aus dem *Bildfenster,* das das Bildfeld freigibt, den *Filmgleitrippen,* auf denen der Film beim Transport gleitet, und einer an der Kamerarückwand angebrachten federnden *Andruckplatte,* die den Film gegen die Filmgleitrippen drückt; 2. Halterung für das Diapositiv oder das Filmbild im Strahlengang des Projektors.

Bilddevise ↑Wappenkunde.

bildende Kunst, zusammenfassende Bez. für Baukunst, Plastik, Malerei, Graphik und Kunstgewerbe (bzw. Kunsthandwerk).

Bilderbibel, Bilderfolgen ohne oder ohne vollständigen Bibeltext, oft nur mit knappen Bilderläuterungen. Seit der Erfindung des Buchdruckes weite Verbreitung von Holzschnitt-B., bes. graph. Folgen (auch Kupferstiche) aus Passion und Apokalypse: Dürer, Schongauer, L. Cranach d. Ä. und H. Holbein d. J. Im 19. Jh. sind v. a. die Bibelillustrationen von J. Schnorr von Carolsfeld (1852–62) und von G. Doré (Tours 1866) von Bed.; auch das 20. Jh. kennt illustrierte Bibelausgaben.

Bilderbogen, einseitig bedruckte Blätter, die ein Bild oder eine Bilderfolge mit kurzen volkstüml. Textkommentaren (meist in Reimpaaren) enthalten. Sie wurden zunächst von ↑Briefmalern beschriftet und koloriert, der Druck mit bewegl. Lettern erlaubte bald längere Textbeigaben (Mitte des 15. Jh.). Neben religiös-moral. Motiven wurden belehrende (Ständepyramiden, Altersstufen) und v. a. satirisch-witzige Themen („Altweibermühle", „verkehrte Welt", Kuriositäten) beliebt. Im Zeitalter der Reformation wurde der B. auch als Informations- und Kampfmittel eingesetzt (↑Flugblatt). Bed. Künstler beteiligten sich an der Herstellung von B. (z. B. Dürer); S. Brant, H. Sachs, T. Murner, Hutten, Luther, Melanchthon schrieben für B. oder ließen Teile größerer Werke als B. erscheinen (z. B. Brant, „Das Narrenschiff"). Die im 17. Jh. neben den traditionellen gröberen Holzschnitt-B. aufkommenden B. mit an-

Bilderbogen aus Épinal

spruchsvolleren Kupferstichfolgen und Texten (z. B. von Moscherosch) sprachen vorwiegend ein städt. Publikum an. Führender Vertreter der Kupferstich-B. war P. Fürst in Nürnberg. Berühmt wurden die Neuruppiner Bilderbogen, auch die mehrsprachigen B. von Pellerin in Épinal (seit 1796) und die B. von J. W. Wentzel („Weißenburger B.", seit 1831). Die pädagogisch-didakt. Ausrichtung der ↑Münchner Bilderbogen ist kennzeichnend für die Entwicklung der B. im frühen 20. Jh. Elemente des B. leben weiter in Comic strips und Photoromanen.

Bilderbuch von Maurice Sendak, Wo die wilden Kerle wohnen, 1963

Bilderbuch, illustriertes Kinderbuch; entsprechend den jeweiligen Altersstufen bietet es einfache Gegenstände (und Tiere) aus der Erfahrungs- und Phantasiewelt des Kindes (ohne Text), Bildgeschichten oder Illustrationen zu längeren Texten (zum Vorlesen). Die Geschichte des B. beginnt mit den illustrierten ABC- und Elementarbüchern (Fibeln) des späten MA und illustrierten Fabelausgaben des 16./17. Jh. Die B. der Aufklärung waren pädagogisch sehr engagiert (z. B. J. S. Stoy, J. B. Basedow, C. G. Salzmann, J. K. A. Musäus). Im 19. Jh. (bes. im Biedermeier) entstanden v. a. Bearbeitungen von urspr. für Erwachsene gedachten Märchen und Sagen (illustriert u. a. von L. Richter). Die noch immer beliebten Bildergeschichten H. Hoffmanns („Struwwelpeter", 1845), W. Buschs („Max und Moritz", 1865) oder F. Poccis sind heute pädagogisch umstritten. Seit der Jh.wende ist das B. um Kindgemäßheit bemüht. Stilistisch z. T. vom Jugendstil geprägt sind die phantasieanregenden Tier- und Blumenmärchen von E. Kreidolf, E. Beskow, S. von Olfers. Die Kinderreime P. und R. Dehmels, illustriert von K. Hofer, wirkten bis in die 1930er Jahre. In derselben künstler. (expressionist.) Tradition stehen die B. von T. Seidmann-Freud. Nach dem 2. Weltkrieg kamen – im internat. Rahmen – zahlr. in Bild und Text psychologisch wohlfundierte und phantasievolle B. auf den Markt, z. T. auch mit neuen Anliegen gesellschaftspolit. oder sozialer Art. Diese Entwicklung ging v. a. von amerikan., tschechoslowak. und poln. B.künstlern aus. Gen. seien: A. Carigiet, E. Carle, R. Duvoisin, L. Fromm, Janosch, A. Lamorisse, H. Lemke, L. Lionni, Ali Mitgutsch, J. Müller, C. Piatti, W. Schlote, M. Sendak, T. Ungerer, F. K. Waechter, B. Wildsmith, R. Zimnik, die z. T. auch Texte verfassen. Ideen und Texte zu B. stammen auch von J. Krüss, P. Bichsel, R. Kunze, P. Härtling, G. Herburger, E. Borchers.

Bilderrätsel, spezif. Art von graphisch dargestellten Rätseln: Gegenstände werden abgebildet und so zusammengestellt, daß sich aus der ganzen oder teilweisen Lautfolge ihrer Benennungen ein neuer, mit den Bildern in keinem log. Zusammenhang stehender Begriff ergibt.

Bilderschrift (Piktographie), graph. Darstellung von Sachverhalten durch Bilder oder Symbole, im Ggs. zur Wort- (Begriffs-), Silben- und Buchstabenschrift. Urtüml. Formen solcher B. finden sich schon in der Steinzeit. Zu den höher entwickelten Formen gehören die chin. Wortbildschrift und die phonetisierte B. der ägypt. ↑Hieroglyphen. Auch die ↑Keilschrift geht auf Bildzeichen zurück.

Bildersturm ↑Bild [Religionsgeschichte].

Bilderverehrung ↑Bild [Religionsgeschichte].
Bildfeldwölbung ↑Abbildungsfehler.
Bildfernsprecher, svw. ↑Bildtelefon.
Bildfrequenz (Bildfolgefrequenz, Bildwechselfrequenz), in der Kine- und Fernsehtechnik die Anzahl der je Sekunde belichteten bzw. wiedergegebenen Bilder, beim Film i. d. R. 24, beim Fernsehen 25.
Bildgedicht ↑Figurengedicht, ↑Gemäldegedicht.
Bildhauerkunst (Bildnerei, Plastik, Skulptur), 1. Gesamtheit der dreidimensionalen Werke aus weichem Material wie Ton, Wachs, Gips (auch gegossene Bildwerke), Gold und Silber, in unserem Jh. auch Kunststoffe, Stahl, Eisen (i. e. S. „Plastik") oder hartem Material wie Stein, Holz, Elfenbein (i. e. S. „Skulptur"). 2. das künstler. Vermögen, plast. Werke zu schaffen. Aus prähistor. Kulturen (Jungpaläolithikum) sind Idole, Statuetten sowie Steinmale (Menhire) erhalten. In den Hochkulturen des Altertums im 3. Jt. v. Chr. entstand die monumentale Rundplastik (Vollplastik) als Sitzbild und Statue (zus. mit der Entwicklung des Sakralbaus), die monumentale Bauplastik sowie das Relief. Die Ausbildung der Freifigur war eine bed. Leistung der Griechen. Neben Stein wurde Bronze verwendet, für kleinere Objekte Gold und Elfenbein. Die Großplastik setzt erst im hohen MA wieder ein als roman. Bauplastik, auch als Holzbildhauerei (Kruzifixe). Eine grundlegende Erneuerung der B. ging von Chartres aus. Die got. Skulptur begann sich von der Architektur loszulösen. Neben Mariendarstellungen (Pietà, Schöne Madonnen) nahmen in der Gotik Grabmäler und Flügelaltäre einen breiten Raum ein (V. Stoß, T. Riemenschneider). Die B. der Renaissance griff wieder auf die Antike zurück (Freifigur, Reiterdenkmal). Im Barock wurde die B. mit Architektur und Malerei zum Gesamtkunstwerk vereint. Daneben entwickelte sich das repräsentative Denkmal, das bes. im 19. Jh. Verbreitung fand. Kennzeichnend für die B. des 20. Jh. ist v. a. die ↑Objektkunst. – Abb. S. 58.
Bildhauerwerkstatt ↑Sternbilder (Übersicht).
Bildhauerzeichnung, zeichner. Entwurf eines Bildwerks von Bildhauern, aber auch von Malern; vom späten 13. Jh. an bezeugt.
Bildkontrollempfänger, svw. ↑Monitor.
Bildleiter ↑Glasfaseroptik.
Bildleitkabel, svw. Lichtleitkabel (↑Glasfaseroptik).

Bilderschrift der Sumerer. 1 Wasser; 2 Feld; 3 Brunnen; 4 Kopf; 5 Auge; 6 Geheimnis

Bildhauerkunst. Michelangelo, Sklave, 1519 begonnen (Florenz, Accademia)

Bildnis

Bildhauerkunst. Oben: Camille Claudel, Ausschnitt aus Das reife Alter, Gips, 1895. Unten: Joan Miró, Frau und Vogel, bemalte Bronzeplastik, zw. 1966 und 1971 (Barcelona)

Bildnis, Darstellung eines Menschen mit den Mitteln der Plastik, Malerei, Zeichnung usw.; die Bez. wird bes. bei typologisierten Wiedergaben benutzt; ist individuelle Ähnlichkeit angestrebt, spricht man meist von *Porträt*. Die Figur wird ganz oder teilweise einbezogen, auch reine Gesichts- (En-Face-) und Profildarstellungen; neben Einzel- auch Doppel- und Gruppenbildnisse. – Im Altertum finden sich großartige B. in der ägypt. und altmesopotam. Kunst, im Hellenismus und – mit erhöhtem Ähnlichkeitsanspruch – bei den Römern (Porträtbüsten). Das MA kennt das Herrscher-B., jedoch ohne Porträtähnlichkeit zu suchen. Eine neue Entwicklung kündigt sich im 14. (Parler-Büsten) und im 15. Jh. (Frührenaissance in Florenz, die Niederländer J. van Eyck, R. Campin, R. van der Weyden) an mit Porträts, die am Anfang der großen B.leistungen der europ. Malerei stehen; bed. B.maler waren u. a. Dürer, Holbein d. J., van Dyck, Rembrandt, Hals, Velázquez, Goya, David. Im 19./20. Jh. wurde die B.-Malerei auch durch die Photographie nicht völlig verdrängt.

Bildnisschutz, der Schutz des Persönlichkeitsrechts am eigenen Bild. Ohne Einwilligung einer Person ist es grundsätzlich verboten, ihr Bild zu verbreiten oder öffentlich zur Schau zu stellen (§ 22 KunsturheberG vom 9. 1. 1907). Ausnahmen gelten nur, wenn das Bild 1. eine Person der Zeitgeschichte darstellt, 2. Beiwerk (z. B. zu einer Landschaft) ist, 3. eine Versammlung von Menschen wiedergibt, 4. Zwecken der Kunst, 5. (wie beim Steckbrief) Zwecken der Rechtsprechung oder der öff. Sicherheit dient.

Bildplatte, svw. ↑Videoplatte.

Bildrauschen, schwarzweißer Hintergrund beim Fernsehbild („Schneegestöber"); durch zu geringe, in der Höhe des Störpegels liegende Eingangsspannung verursachte Bildstörung.

Bildröhre, die in Fernsehgeräten enthaltene ↑Elektronenstrahlröhre.

Bildsamkeit, Bildungsfähigkeit; die Möglichkeit und Bereitschaft des Menschen, sich den formenden Einflüssen von außen zu öffnen; die Grundvoraussetzung für jedes Lernen.
▷ plast. Formveränderungsvermögen der Werkstoffe unter Einwirkung äußerer Kräfte.

Bildsatire, aus dem niederl. Genrebild entwickelte gesellschaftskrit. Darstellung (u. a. W. Hogarth, H. Daumier).

Bildschirm, der Leuchtschirm in Fernsehempfängern bzw. allg. in Braunschen Röhren.
▷ (Datensichtgerät, Display, Monitor) elektron. Gerät mit Elektronenstrahlröhre, Plasma- oder Flüssigkristallbildschirm, das den Zustand oder die Ausgabe eines Computers anzeigt. *Alphanumer. B.* können meist 24 Zeilen anzeigen, wobei jede Zeile bis zu 80 alphanumer. Zeichen enthält. *Graphikfähige B.* können außer Zeichen auch Zeichnungen und Bilder darstellen, entweder zweifarbig oder mehrfarbig. Die Eingabe erfolgt durch Tastatur oder Abrollgerät (Maus) bzw. bei Sensor-B. durch Berührung bestimmter Bereiche der Bildschirmoberfläche.

Bildschirmspiele (Fernseh-, Tele-, TV-, Videospiele), Spiele, die mit Hilfe eines an einen Fernsehempfänger anschließbaren Zusatzgeräts auf dem Bildschirm (der als Spielfeld oder Spielbrett dient) gespielt werden können; die Spieler steuern ihre Aktivitäten von Hand z. B. über eine Tastatur oder einen als *Joystick* bezeichneten kleinen Steuerknüppel; auch Bez. für die Zusatzgeräte und die hierfür verwendeten Datenträger.

Bildschirmtext, Abk. Btx (BTX), im Rahmen des Fernmeldedienstes der Dt. Bundespost arbeitendes Informationssystem, bei dem zentral und in sog. externen Rechnern gespeicherte Informationen (Texte und Graphiken) von Informationsanbietern unterschiedlichster Art (Versandhäuser, Behörden, Datenbanken usw.) über das Telefon abgerufen und über eine Anschlußbox (Modem) eines mit einem Decoder ausgerüsteten Fernsehempfängers dargestellt werden können. Das System ermöglicht auch einen Dialogverkehr (Bestellungen, Buchungen, Mitteilungen). Die auf dem Bildschirm dargestellten Seiten können mit entsprechenden Zusatzgeräten auch ausgedruckt oder auf Datenträger gespeichert werden. 320 000 Teilnehmer (1992).

Bildschirmzeitung (Teletext, Videotext, engl. Ceefax), Informationssystem auf der Grundlage des Fernsehens. Die Information (z. B. Nachrichten in Textform) wird nur während der Sendezeiten vom Fernsehsender in der sog. Austastlücke gesendet. Der gesendete Text umfaßt insgesamt 100 Seiten à 24 Zeilen und wird alle 25 Sek. wiederholt. Ein Zusatzgerät *(Teletext-Decoder)* im Fernsehempfänger speichert jeweils nur 1 Seite und wandelt sie in ein stehendes Bild um. Der Vorgang wiederholt sich, wenn eine andere Seite gewünscht wird. Im ungünstigsten Fall ist die Wartezeit (Zugriffszeit) 25 Sekunden.

Bildschreiber, Gerät zur elektr. Übermittlung von Buchstaben, das auf der Senderseite wie ein Drucktelegraph arbeitet und auf der Empfängerseite entsprechend den eintreffenden Stromimpulsen das Zeichenbild jedes übertragenen Buchstabens aus einem gerasterten Papierstreifen aus einzelnen schwarzen Bildelementen nach festgelegtem Schema zusammensetzt, z. B. in sieben Längsstreifen beim Hell-Schreiber.

Bildsehen, das Sehvermögen des höherentwickelten Auges.

Bildsignal (Videosignal), elektr. Impuls, in den beim punkt- oder zeilenweisen Abtasten eines Bildes die mittlere Leuchtdichte eines Bildflächenelements durch einen elektroopt. Wandler (z. B. eine Photozelle bei Lichtabtastung, eine Fernsehaufnahmeröhre bei elektron. Abtastung) umgewandelt wird; liefert bei der Wiedergabe einen Bildpunkt.

Bildspeicherröhre, in der Fernsehtechnik eine Bildaufnahmeröhre, bei der das opt. Bild an einer Photokathode in ein Emissionsbild von Photoelektronen umgesetzt und dieses elektronenoptisch auf eine Speicherplatte aus einem Isolator (Glas, Glimmer) abgebildet und für eine bestimmte Zeit in Form eines sog. Ladungsbildes gespeichert wird. Die entsprechend dem opt. Bild in unterschiedl. Zahl von den einzelnen Stellen der Photokathode emittierten Photoelektronen laden durch Auslösen von Sekundärelektronen die Speicherplatte gegenüber einer in sehr geringem Abstand dahinter befindl. Metallplatte an den verschiedenen Stellen unterschiedlich auf; dadurch entsteht ein dem opt. Bild entsprechendes positives **Ladungsbild.** Dieses wird dann zeilenweise von einem scharf gebündelten Elektronenstrahl abgetastet.

Bildstock (Betsäule), häufig an Wegen errichtetes Stein- oder Holzmal mit gemalten, reliefierten oder (seit dem 17. Jh.) auch plast. religiösen Darstellungen; häufig mit Inschriften. Im 14. Jh. entstanden, in der Barockzeit größte Blüte. Das **Marterl** nimmt auf einen Unglücksfall Bezug.

Bildt, Carl, *Halmstad 15. Juli 1949, schwed. Politiker. – Redakteur; seit 1986 Vors. der konservativen „Moderata Samlingspartiet"; seit Okt. 1991 Min.präsident.

Bildtelefon (Bildfernsprecher), Einrichtung mit elektron. Kamera und Bildschirm zur Übertragung der Bilder beider Gesprächspartner; technisch sehr aufwendig, da vorhandene Fernsprechleitungen nicht zur Bildübertragung geeignet sind.

Bildtelegraf, Gerät auf elektronisch-opt. Grundlage zur Übertragung von Halbtonbildern *(Bildtelegramm)* über Draht oder Funk. Die auf eine rotierende Trommel aufgespannte Bildvorlage wird durch einen Lichtstrahl punktweise abgetastet; Helligkeitsschwankungen werden in Photozellen in Spannungsschwankungen umgesetzt. Im Empfänger werden diese wieder in Helligkeitsschwankungen umgewandelt und auf einer mit einer lichtempfindl. Schicht bespannten, synchron und phasengleich umlaufenden Trommel aufgezeichnet.

Bildteppich, mit bildl. Darstellung geschmückter Wandteppich, der im allg. gewirkt ist. Zu den B. zählen auch gestickte (z. B. der ↑ Bayeux-Teppich), mit Applikationen versehene oder (seit dem 19. Jh.) gewebte Exemplare. Zu den ältesten erhaltenen B. des MA gehören die B. im Dom von Halberstadt (12. Jh.). Die Blüte des B. beginnt im 14. und 15. Jh., z. B. die Serie der „Apokalypse von Angers" (1375–80) oder der „Dame mit dem Einhorn" (Ende 15. Jh.; Paris, Musée de Cluny). Im 16. und 17. Jh. sind bes. die flandr. Werkstätten führend (Raffaels B. für den Vatikan wurden 1516–19 in Brüssel gewirkt). Vom späten 17. Jh. an bis ins 18. Jh. belieferte die königl. Manufaktur in Paris alle europ. Höfe (Gobelins). Die Wiederbelebung der B.kunst in der Gegenwart begann in Frankreich (J. Lurçat). – Abb. S. 60.

Bildumwandler, Betrachtungsgerät für photograph. Negative, in dem diese als Positive erscheinen; arbeitet meist mit einer Fernsehbildröhre mit bildumkehrender Verstärkerschaltung.

Bildung, sowohl der Prozeß, in dem der Mensch seine geistig-seel. Gestalt gewinnt, als auch diese Gestalt selbst („innere B."); auch Wissen (v. a. Allgemeinwissen auf traditionell geisteswiss. Gebiet), heute auch „berufl. B.". Die Lehre, daß das wahre Wesen des Menschen („humanitas") sich in der Harmonie seiner „Person" manifestiert, hat durch Vermittlung von Ciceros Werk „Über die Pflichten" die spätere Tradition, v. a. die Renaissance (Castiglione: „Il libro del cortegiano") und die Goethezeit (Schiller: „Über die ästhet. Erziehung des Menschen") beeinflußt; B. wird nun als „Humanismus" verstanden. – Ein zweiter Ausgangspunkt für die B.tradition war die bibl. Aussage 1. Mos. 1, 27: „Und Gott schuf den Menschen ihm zum Bilde ...". In diesem Sinne hat Paulus die platon. Lehre von der Übereinstimmung von Mensch und Welt als „Angleichung des Menschen an Gott" umgedeutet (2. Kor. 3, 17 und 18). Herder hat diese u. a. Traditionen aufgenommen, mit seinem Begriff der „Humanität" und dem der „Geschichte der Menschheit" in Verbindung gebracht und so das geistige Medium für das „B.zeitalter" des dt. Idealismus geschaffen. – Der dritte Faktor der B.tradition ist die ↑ Paideia der Sophisten. Der röm. Gelehrte M. Varro brachte deren „freie Künste" in das System der ↑ Artes liberales (wirksam im ganzen MA und darüber hinaus), in dessen Mittelpunkt die Rhetorik stand. Die aufsteigende Naturwiss. und Technik fand in diesem System keinen angemessenen Platz. Es entwickelte sich die Trennung zw. B. (Allgemeinbildung) und Ausbildung (Berufsausbildung) bzw. Geisteswiss. und Naturwiss. und Technik. – Die B.theorie der dt. Pädagogik des 19. und 20. Jh. war einer krit. Analyse der neu entstehenden sozialen Probleme, des geistigen Bedarfs und der polit. Strukturen der Ind.gesellschaft nicht gewachsen. Der tradierte B.begriff steht einer notwendigen Neuorientierung eher im Wege.

Bildungsforschung, interdisziplinärer Forschungszweig, der die verschiedenen Formen der Bildung untersucht, ihre Organisation und Planung, ihre Voraussetzungen und Folgen, ihre Veränderungen.

Bildungsgefälle, an der Schulbildung gemessene Unterschiede im Bildungsstand der verschiedenen Bev.schichten. Die Gründe des B. liegen in traditionellen Vorstellungen, was für eine bestimmte Gruppe an [Schul]bildung nötig sei, neben anderen Faktoren (z. B. Umgebung, sozialer Status selbst).

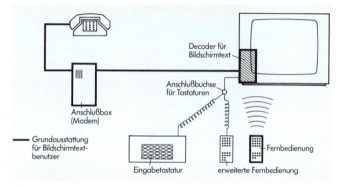

Bildschirmtext. Schematische Darstellung

Bildschreiber

Bildnis. Diego Rodríguez de Silva y Velásquez, Die Infantin Margareta Theresia, 1659 (Wien, Kunsthistorisches Museum)

Bildstock mit Kreuzigungsgruppe in Euerhausen bei Ochsenfurt, 1592

Bildungsgewebe

Bildungsgewebe (Embryonalgewebe, Teilungsgewebe), Gewebe, aus denen durch fortgesetzte Zellteilung neue Gewebe entstehen. Man unterscheidet tier. B. (↑ Blastem) von pflanzl. (↑ Meristem).

Bildungsinvestitionen, Bez. für Aufwendungen, mit denen die für den Produktionsprozeß notwendigen Kenntnisse und Fähigkeiten erworben, verbessert und erneuert werden, v. a. die Ausgaben für Schul-, Hochschul- und Berufsausbildung und der Aufwand für die Erforschung und Entwicklung neuer Produktionsverfahren.

Bildungskommission ↑ Deutscher Bildungsrat.

Bildungsnotstand, Schlagwort ab Mitte der 1960er Jahre zur Signalisierung einer Krise im Bildungswesen der BR Deutschland. Es schien die Ausbildung für Wirtschaft und Schulwesen nicht mehr gewährleistet. Seither hat eine rege Tätigkeit, zunehmend auch unter dem Gesichtspunkt der Chancengleichheit im Bildungswesen von seiten des Bundes und der Länder eingesetzt. Im Vordergrund der Bemühungen standen zunächst die Erhöhung der Abiturientenzahlen, dazu kamen der Auf- und Ausbau weiterer Bildungsmöglichkeiten (↑ zweiter Bildungsweg), eine wirkungsvollere Studienförderung, die Schaffung neuer Studienplätze. In den 1970er Jahren hat sich die Situation vollständig geändert durch Zusammentreffen starker Jahrgänge, der Auswirkung der Bildungspolitik (viele Abiturienten), einer dafür nicht zureichenden Anzahl von Studienplätzen und einer wirtsch. Rezession.

Bildungsökonomie, zu den Aufgaben der B. zählen die Berechnung der Kosten und der „Rentabilität" einzelner Bildungsinvestitionen, der Kosten von (alternativen) Planungen sowie die Abschätzung der Folgen, wenn Investitionen unterbleiben.

Bildungsplanung, der detaillierte und begr. Entwurf gegenwärtiger und zukünftiger Bildungsaufgaben. Die B. hat die Aufgabe, die quantitative Entwicklung sowie die innere (↑ Curriculum) und äußere Struktur (Schulsystem) des Bildungswesens und sich ständig verändernden Verhältnissen und Bedürfnissen der Gesellschaft kontinuierlich und vorausschauend anzupassen.

Bildungspolitik, als Teil der staatl. Kultur-, Gesellschafts- und Wirtschaftspolitik die Erhaltung und Weiterentwicklung des nat. Bildungswesens, v. a. durch Gesetzgebung und Verwaltung.

Bildungsrat ↑ Deutscher Bildungsrat.

Bildteppich. Die Dame mit dem Einhorn, Ende des 15. Jh. (Paris, Musée de Cluny)

Bildungsroman, in der Weimarer Klassik entstandener, spezifisch dt. Romantypus, in dem die innere Entwicklung (Bildung) eines Menschen gestaltet wird; u. a. „Wilhelm Meister" (Goethe), „Flegeljahre" (Jean Paul), „Heinrich von Ofterdingen" (Novalis), „Hyperion" (Hölderlin), „Maler Nolten" (Mörike), „Der grüne Heinrich" (Keller), „Der Nachsommer" (Stifter), „Das Glasperlenspiel" (Hesse).

Bildungsurlaub, neben dem Erholungsurlaub gewährter, bes. der polit. und berufl. Weiterbildung der Arbeitnehmer dienender Urlaub. B. ist bundeseinheitlich bisher nur für Betriebsratsmitglieder geregelt.

Bildungsunfähigkeit, schulrechtl. Terminus für Kinder äußerst geringer Bildungsfähigkeit, die auch mit den vorhandenen Sonderschuleinrichtungen nicht mehr gefördert werden können. B. befreit von der Schulpflicht.

Bildungsvereine ↑ Arbeitervereine.

Bildungswesen ↑ Schulen.

Bildverarbeitung, Bearbeitung (photograph.) Bilder mit Datenverarbeitungssystemen, z. B. zur Objekterkennung oder bei Suchprozessen. Dazu muß ein Bild zunächst abgetastet werden, d. h. die kontinuierl. Bildsignale werden nach Fläche und Amplitude quantisiert, die so erzeugten diskreten Signale gespeichert und verarbeitet. Insbes. auf einem Matrix- oder Rasterbildschirm ist eine Bilddarstellung möglich, die spezielle Operationen erlaubt (u. a. Konturen verschärfen, Bilder mit Falschfarben versehen).

Bildwandler, Vorrichtung zur Verwandlung lichtschwacher in lichtstarke Bilder (z. B. bei der astronom. Beobachtung weit entfernter Objekte) oder unsichtbarer, d. h. mit infrarotem oder ultraviolettem Licht entworfener Bilder in sichtbare (z. B. in Nachtsichtgeräten).

Bildwechselfrequenz, svw. ↑ Bildfrequenz.

Bildwechselzahl, Kehrwert der ↑ Bildfrequenz.

Bildweite, bei einer opt. Abbildung der Abstand eines Bildpunktes von der bildseitigen Hauptebene des opt. Systems.

Bild Zeitung, dt. Zeitung, ↑ Zeitungen (Übersicht).

Bildzerleger, (Bildabtaster) in der Bildtelegrafie ein Gerät, das ein opt. Bild in eine Folge elektr. Impulse umwandelt.

▷ (elektron. B.) zur Fernsehwiedergabe von Diapositiven und Kinefilmen verwendete Vorrichtung: Der auf dem Leuchtschirm einer Braunschen Röhre erzeugte Leuchtfleck dient als wandernde Punktlichtquelle hoher Lichtintensität und wird auf dem Diapositiv bzw. Film abgebildet, so daß sein Bild alle Punkte desselben zeilenweise nacheinander beleuchtet; in einer dahinter angebrachten photoelektrisch empfindl. Rasterschicht wird entsprechend der jeweils durchgelassenen Lichtmenge eine Folge elektr. Impulse hervorgerufen, die dann bei der fernsehtechn. Übertragung einer Trägerwelle aufmoduliert werden.

Bileam (Balaam) [hebr.], Seher z. Z. der Landnahme Israels (um 1200 v. Chr., 4. Mos. 22–24).

Bilge [ˈbɪlʒə; engl.], tiefste Stelle im Schiffsboden, an der sich Leck- und Schwitzwasser (*B.wasser*) sammelt.

Bilharz, Theodor, * Sigmaringen 23. März 1825, † Kairo 9. Mai 1862, dt. Anatom und Pathologe. – Beschrieb 1851 die nach ihm ben. ↑ Bilharziose.

Bilharzia [nach T. Bilharz], frühere Bez. der Saugwurmgattung Schistosoma (↑ Pärchenegel).

Bilharziose [nach T. Bilharz] (Schistosomiasis), in Afrika, bes. Ägypten, und Ostasien verbreitete Wurmkrankung des Menschen, hervorgerufen durch Pärchenegel (früher Bilharzia gen.), übertragen beim Baden und durch infiziertes Trinkwasser. Je nach Erregerart Befall von Harnwegen mit Blasenschmerzen und blutigem Harn, des Darms mit ruhrähnl. Erscheinungen sowie der Leber und Milz mit Leberschrumpfung.

Bilimbi, svw. ↑ Blimbing.

Bilinearform, ein Polynom in $2n$ Variablen $x_1, ..., x_n$ und $y_1, ..., y_n$, das sowohl bezüglich der x_k als auch der y_k ($k = 1, ..., n$) linear, d. h. vom 1. Grade ist, z. B.

$$3x_1y_2 + 2x_2y_3 + 4x_3y_1 - 5x_4y_4.$$

Bildungsroman. Titelblatt der Erstausgabe von Adalbert Stifters Bildungsroman „Der Nachsommer"

Bilinguismus (Bilinguität) [lat.], Zweisprachigkeit.

Bilirubin [zu lat. bilis „Galle" und ruber „rot"], rötlichbrauner ↑Gallenfarbstoff, der beim oxidativen Abbau des Hämoglobins entsteht.

Bilirubinurie [lat./griech.], Auftreten von Bilirubin im Harn, der eine braune Farbe annimmt und mit gelbem Schaum bedeckt ist; tritt auf, wenn der Bilirubingehalt im Blutplasma den Schwellenwert von 2 mg/100 ml übersteigt. Symptom verschiedener Lebererkrankungen.

Bilis [lat.], svw. ↑Galle.

Biliverdin [lat.] ↑Gallenfarbstoffe.

Bill, Max, *Winterthur 22. Dez. 1908, schweizer. Maler, Bildhauer, Architekt, Graphiker und Designer, Kunsttheoretiker und Publizist. – 1927–29 Studium am Bauhaus in Dessau, auch beeinflußt von der Stijl-Gruppe. Propagiert eine umfassende künstler. Formung unserer Umwelt. Entwickelte u. a. Schleifenplastiken aus dem ↑Möbiusschen Band (1935 ff.), baute 1936 und 1951 die Schweizer Pavillons der Triennalen von Mailand sowie 1953–55 die Ulmer Hochschule für Gestaltung, deren Rektor er 1951–56 war.

Bill [mittellat.-engl.], in der angloamerikan. Rechtssprache Bez. für Urkunden, schriftl. Erklärungen und Rechtsakte verschiedenster Art.

Billard ['biljart; frz.], rechteckiger Tisch (internat. Maße der Spielfläche: 284,5 cm lang, 142,25 cm breit; aber nicht bei Snooker Pool und Billard-Kegeln) mit ebener Schieferplatte, die mit einem grünen Tuch bespannt ist, begrenzt durch ebenfalls mit grünem Tuch überzogene, 36–37 mm hohe Banden aus Gummi. Gespielt wird mit massiven Bällen, die mit dem Spielstock **(Queue)** gestoßen werden, der gewöhnlich zw. 460 und 600 g schwer ist und an der Spitze mit einem Lederplättchen versehen ist. Heute gibt es drei Hauptspielarten: **Snooker Pool** (Taschen-B.): Beide Spieler benutzen denselben weißen Spielball, mit dem sie 15 numerierte Bälle in bestimmte Löcher treiben. **Billardkegeln** (Boule): Die an festgelegten Punkten des Tisches aufgestellten Kegel sind mit (möglichst!) beiden angespielten Bällen, nicht jedoch mit dem eigenen Ball umzuwerfen. **Karambolagebillard:** Dabei gilt es, mit zwei weißen und einem roten Ball möglichst viele Karambolagen zu erzielen, die dann zustande kommen, wenn der eigene (weiße) Ball den weißen Ball des Gegners und den roten Ball getroffen hat (Reihenfolge beliebig). Bei der **Cadrepartie** ist das Spielfeld in bestimmte Felder eingeteilt (6 bzw. 9 Felder).

Billerbeck, Stadt im Zentrum der Baumberge, NRW, 9 700 E. Kleinind.; Fremdenverkehr. – 809 erstmals erwähnt, 1318 Stadt. – Johanniskirche im westfäl. Übergangsstil von der Spätromanik zur Gotik, Ludgerusdom (19. Jh.).

Billet [frz. bi'jɛ; zu lat. bulla (↑Bulla)], Brief, Dokument, z. B. **Billet doux,** kleiner Liebesbrief.

Billetdoux, François [frz. bijɛ'du], *Paris 7. Sept. 1927, †ebd. 26. Nov. 1991, frz. Schriftsteller. – Seine Romane und Dramen sind teilweise von E. Ionesco und S. Beckett beeinflußt; u. a. „Tschin-Tschin" (Dr., 1959), „Durch die Wolken" (Dr., 1964), „La nostalgie, camarade" (Dr., 1974).

Billeteur [bɪljɛ'tø:r; frz.], östr. für: Platzanweiser im Theater oder Kino; schweizerisch für: Schaffner.

Billett [bɪ'ljɛt; frz.; zu lat. bulla (↑Bulla)], veraltet für: Brief, Zettel, kurzes Schreiben; östr. für: kleines Briefchen, Glückwunschkarte in einem Umschlag.

▷ veraltet (außer schweizerisch) für: Eintrittskarte, Fahrkarte.

Billiarde [frz.], tausend Billionen, 10^{15}.

billige Flaggen, im Seeverkehr die Flaggen von Staaten (z. B. Panama, Honduras, Liberia, Zypern), unter denen Schiffe ausländ. Reedereien wegen finanzieller Vorteile fahren (niedrigere Steuern und Gebühren, geringere Sozialverpflichtungen und weniger strenge Sicherheitsbestimmungen). Zahlr. Tankerhavarien haben in letzter Zeit den Ruf nach schärferen Sicherheitsmaßnahmen verstärkt.

billiges Geld (amerikan. easy money), Bez. für billige Kredite. Unter einer *Politik des b. G.* versteht man Maßnahmen der Notenbank zur Senkung des Zinsniveaus mit dem Ziel, die Konjunktur zu beleben.

billiges Recht, svw. ↑Billigkeit.

Billigkeit (billiges Recht), in Ergänzung zum strengen (begrifflich-formalen) Recht rechtl. Bewertungsmaßstab nach den bes. Umständen des Einzelfalles.

Billigung von Straftaten, nach § 140 StGB wird mit Freiheitsstrafe bis zu 3 Jahren oder mit Geldstrafe bestraft, wer eine der in § 138 Abs. 1 StGB gen. rechtswidrigen Handlungen belohnt oder öff. billigt, nachdem sie begangen oder versucht worden sind (z. B. Hoch- und Landesverrat, Mord).

Richard Billinger

Max Bill. Unendliche Schleife, Bronze, 1956 (Antwerpen, Openluchtmuseum vor Beeldhouwkunst Middelheim)

Billing, Hermann, *Karlsruhe 7. Febr. 1867, †ebd. 2. März 1946, dt. Architekt. – B. schuf vom Jugendstil beeinflußte Bauten, u. a. Kunsthalle in Mannheim (1907) und Baden-Baden (1909), Rathaus in Kiel (1911).

Billinger, Richard, *Sankt Marienkirchen (Oberösterreich) 20. Juli 1890, †Linz 7. Juni 1965, östr. Schriftsteller. – Schrieb v. a. Gedichte („Sichel am Himmel", 1931) und Dramen mit Zügen des Volkstheaters („Das Perchten-

Billion

Bilsenkraut

Bingelkraut. Einjähriges Bingelkraut

Theodor Billroth

Karl Ludwig Lorenz Binding

spiel", 1928; „Rauhnacht", 1931; „Der Gigant", 1937; „Paracelsus", Festspiel, 1943).

Billion [frz.], eine Mill. Millionen (1 000 Milliarden), 10^{12}; in der ehem. UdSSR und in den USA svw. 1 000 Mill. (= 1 Mrd., 10^9).

Bill of Rights [engl. bɪləv'raɪts], das *engl.* Staatsgrundgesetz, im Febr. 1689 von Wilhelm III. von Oranien und Maria II. angenommen und von einem ordentl. Parlament im Okt. 1689 bestätigt. Die 13 Artikel untersagten u. a. die Thronfolge kath. oder kath. verheirateter Könige, verboten Steuererhebungen, Erlaß und Aufhebung von Gesetzen durch die Krone und den Unterhalt eines stehenden Heeres im Frieden ohne Zustimmung des Parlaments, beseitigten geistl. Gerichtshöfe, forderten regelmäßige Geschworenengerichte, gaben das Petitionsrecht frei und sicherten die parlamentar. Rede- und Verfahrensfreiheit. – Im *amerikan.* Verfassungsrecht bezeichnet B. of R. die 1791 in Kraft getretenen 10 ersten Zusatzartikel zur Verfassung der USA von 1787. Wichtigste Bestimmungen sind u. a. Freiheit der Religionsausübung, Rede-, Presse- und Versammlungsfreiheit, Recht auf Sicherheit der Person und des Besitzes.

Billon [bɪ'ljõ; frz.] (engl. Bullion), in Frankreich im 13. Jh. (in Großbritannien bis heute) Bez. für ungeprägtes Gold oder Silber, für Edelmetallbarren; seit dem 15. Jh. in verschiedenen Ländern Bez. für mit Kupfer-, Zinn- und Zinkzusatz gestrecktes Edelmetall und für Münzen mit wenig Silbergehalt.

Billroth, Theodor, *Bergen auf Rügen 26. April 1829, † Abbazia (= Opatija) 6. Febr. 1894, östr. Chirurg dt. Herkunft. – Prof. in Zürich und Wien; hervorragender Operateur (u. a. zwei Methoden der Magenresektion); erfand einen wasserdichten Verbandsstoff (B.-Batist). B. war führend auf dem Gebiet der Kriegschirurgie tätig.

Bilsenkraut (Schwarzes B.: Hyoscyamus niger), giftiges Nachtschattengewächs in Europa, N-Afrika und Indien; wächst auf Schutt und stickstoffreichen Standorten; bis 80 cm hohes, drüsig behaartes und unangenehm riechendes Kraut mit glockenförmigen, gelben, violettgeaderten Blüten und Kapselfrüchten. – ↑Giftpflanzen [Übersicht].

Biluxlampe (Bilux Wz), Glühlampe für Kfz-Scheinwerfer mit zwei Glühfäden, wobei der Glühfaden für das Fernlicht im Brennpunkt des Scheinwerferspiegels, der Glühfaden für das Abblendlicht vor dem Brennpunkt sitzt.

Bimetallismus (Doppelwährung), Münzwährung, die auf zwei Metallen beruht (meistens Gold und Silber). Die Werte der Metalle müssen in einem festen Verhältnis zueinander stehen.

Bimetallstreifen, Streifen aus zwei miteinander verbundenen Metallen mit verschiedenem Wärmeausdehnungskoeffizienten. Der B. krümmt sich bei Temperaturänderung. Verwendung z. B. in Bimetallschaltern zur Temperaturregelung (z. B. Bügeleisen).

Bimetallthermometer, ein Thermometer, bei dem die Deformation eines meist spiralförmig gewickelten Bimetallstreifens ein Maß für die herrschende Temperatur ist.

Bims [Rotwelsch], Brot, Geld.

Bimsbaustoffe, bes. für den Leichtbau geeignete Stoffe, die aus Bimssteinen und hydraul. Bindemitteln hergestellt werden, gute Putzhaftung zeigen und feuerbeständig sind. An Stelle von Naturbims kann auch sog. **Hüttenbims,** eine geblähte Hüttenschlacke, verwendet werden. Zu den B. zählt u. a. **Bimsbeton,** ein Leichtbeton aus Zement und Bimskies. **Bimsstuff** ist ein Tuff aus Trachyt; er wird ohne Aufbereitung bes. zu sog. Schwemmsteinen verarbeitet und findet als Füllmaterial für Gasflaschen Verwendung. Aus Bimskies wird **Bimssand** hergestellt. **Bimsmehl** wird als porenfüllendes Mittel bei Schleif- und Polierprozessen und als Reinigungsmittel (Sandseife) in der Ind. verwendet.

Bimsstein [zu lat. pumex „Schaumstein"], glasig erstarrtes vulkan. Gestein; sehr porös (schwimmfähig); Verwendung für Baustoffe und als Schleif- und Poliermittel.

binär [lat.], aus zwei Einheiten (Stoffen, Ziffern, Zahlen) bestehend, zweistellig; fähig, zwei verschiedene Werte, Stellungen, Phasen oder Zustände anzunehmen.

Binärcode, aus einem Zeichenvorrat von nur zwei Zeichen aufgebauter ↑Code; diese **Binärzeichen** werden meist durch 0 und 1 symbolisiert. Ein wichtiger B. ist der Binär-Dezimal-Code oder ↑BCD-Code.

Binärsystem, svw. ↑Dualsystem.

Binärwaffen, chem. Waffen, die binäre Kampfstoffe enthalten (↑ABC-Waffen).

binaural [lat.], svw. zweiohrig bzw. zweikanalig. Binaurales Hören ermöglicht es, die Richtung zu bestimmen, aus der eine Schallinformation kommt. Sinngemäß wird auch die zweikanalige elektroakust. Schallübertragung b. genannt (Ggs.: monaural). – ↑Stereophonie.

Binchois, Gilles [frz. bɛ̃'ʃwa], *Mons (Hennegau) um 1400, †Soignies (Hennegau) 20. Sept. 1460, niederl. Komponist. – War seit 1430 Kaplan in der Hofkapelle Herzog Philipps des Guten von Burgund; komponierte Meßsätze, Motetten und Chansons.

Binde, gewebter (mit Webkante) oder geschnittener (ohne Webkante) Stoffstreifen aus verschiedenen Materialien, z. B. Mull, Gaze, Trikot, Gummi, u. U. mit Gipsmehl bestreut **(Gipsbinde)** oder mit Zinkleim bestrichen (für Verbände, Abdeckung von Wunden, Ruhigstellung von Gelenken).

Bindegewebe, aus dem ↑Mesenchym entstandenes Stütz- und Füllgewebe, das die Gewebe, Organe und Organsysteme untereinander und mit dem Körper verbindet. Das B. besteht aus Zellen, die ein schwammartiges Gewebe bilden, dessen Lücken eine salz- und eiweißreiche Flüssigkeit enthalten. Das B. baut u. a. Milz, Knochenmark und Lymphknoten auf, bildet die Umhüllung von Muskeln und speichert Fett in seinen Zellen oder Wasser in der Interzellularsubstanz. Es verschließt ferner Wunden und bildet Antikörper. Durch Einlagerung von Knorpelsubstanz und anorgan. Salzen entstehen ↑Knorpel und ↑Knochen sowie das Dentin (Zahnbein) der Zähne. Durch Einlagerung von elast. Kollagenfasern werden die zugfesten Sehnen und Bänder aufgebaut.

Bindegewebsknochen, svw. ↑Deckknochen.

Bindegewebsmassage (Reflexzonenmassage), Form der Massage, bei der durch intensives Streichen mit den Fingerkuppen ein Reiz auf das Unterhautbindegewebe ausgeübt wird, wodurch reflektorisch eine günstige funktionelle Beeinflussung der den massierten Körpersegmenten zugeordneten inneren Organe (↑Head-Zonen) angestrebt wird. Anwendung z. B. bei Funktionsstörungen innerer Organe, Durchblutungsstörungen der Beine.

Bindehaut (Konjunktiva), bei Wirbeltieren (einschließl. Mensch) Augenschleimhaut, die die Lidinnenfläche und den vorderen Teil der Lederhaut überzieht und sich in nen an die Hornhaut anschließt (↑Auge).

Bindehautentzündung (Konjunktivitis), Erkrankung der Bindehaut des Auges, verursacht durch Infektion, Allergien, UV-Strahlen, Einwirken von Staub und kleinen Fremdkörpern, chem. Schädigung. Anzeichen der *akuten* B. sind Rötung, Schwellung, Brennen und Tränen des Auges, oft Lidrandentzündung, Lichtscheu. Die *chron.* B. geht mit geringer Rötung und Absonderung (hier v. a. von zähem Schleim) einher. Charakteristisch sind das langwierige Brennen mit Sandkorngefühl und die papilläre Wucherung der Bindehaut.

Bindemittel, chem., mineral. oder organ. Stoffe zur Bindung oder Verkittung, z. B. im Bauwesen Mörtel und Bitumen, in der Malerei Leim und Öl. Man unterteilt in **nichthydraulische Bindemittel (Luftbinder),** die nur an der Luft erhärten (z. B. Weißkalk, Anhydrit-, Gips- und Aschenbinder) und **hydraulische Bindemittel,** die an Luft und unter Wasser erhärten (hydraul. Kalk, Zement).

Binder, Haupttragwerk der Dachkonstruktion.
▷ svw. ↑Binderstein.
▷ im *Straßenbau* Zwischenschicht zw. Baugrund und Straßendecke, z. B. Asphaltbinder.

Binderfarben, svw. ↑Dispersionsfarben.

Binderstein (Binder, Strecker), Mauerstein, der im Mauersteinverband im Ggs. zum Läufer[stein] senkrecht zur Mauerflucht liegt.

Binderverband, nur aus Bindersteinen bestehender Mauersteinverband, bei dem sich die Steine in den übereinanderliegenden Schichten jeweils um eine halbe Steinbreite überdecken.

Bindewort ↑ Konjunktion.

Bindigkeit, innerer Zusammenhalt feinkörniger Bodenarten.
▷ (Bindungswertigkeit) in der *Chemie* die Anzahl der von einem Atom in einem Molekül betätigten Elektronenpaarbindungen. Die B. eines Atoms läßt sich in der Valenzstrichformel an den zw. zwei Atomen befindl. Strichen ablesen; nur zu einem Atom gehörende Striche bezeichnen freie Elektronenpaare.

Binding, Karl Ludwig Lorenz, *Frankfurt am Main 4. Juni 1841, †Freiburg im Breisgau 7. April 1920, dt. Straf- und Staatsrechtslehrer. – Vater von Rudolf G. B.; Prof. in Basel, Freiburg, Straßburg und Leipzig (1873–1913). Führender Vertreter des wiss. Rechtspositivismus. Haupt der sog. klass. Strafrechtsschule, schuf zugleich die rechtsdogmat. Grundlagen der Euthanasie. Grundlegend sein Hauptwerk „Die Normen und ihre Übertretung. Eine Untersuchung über die rechtmäßige Handlung und die Arten des Delikts" (4 Bde., 1872–1920).

B., Rudolf G[eorg], *Basel 13. Aug. 1867, †Starnberg 4. Aug. 1938, dt. Schriftsteller. – Sohn von Karl B.; Neuklassizist in der Nachfolge C. F. Meyers, bewußte Sprachgestaltung. – Werke: Keuschheitslegende (E., 1919), Reitvorschrift für eine Geliebte (1926), Moselfahrt aus Liebeskummer (Nov., 1932).

Bingen am Rhein. Der Mäuseturm, 1208–20

Bindung, der durch B.kräfte unterschiedl. Art bewirkte Zusammenhalt von Atomen in Molekülen bzw. in festen und flüssigen Stoffen (↑chemische Bindung, ↑Kristall) sowie der durch die Kernkräfte bewirkte Zusammenhalt der Nukleonen im Atomkern (↑Kernbindung).
▷ in der *Psychologie* der stetige emotionale Kontakt eines Menschen zum Mitmenschen, das innere Verhaftetsein eines Individuums an Ordnungen, Symbole, Werte bzw. an deren Träger.
▷ in der *Graphologie* eine diagnostisch aufschlußreiche Grundform der Handschrift, wie z. B. Arkaden-, Doppel-, Faden-, Girlandenbindung.
▷ ↑Bindungslehre.
▷ ↑Ski.
▷ im *Fechtsport* Bez. für das Abdrängen der gegner. mit der eigenen Klinge.

Bindungsenergie ↑Energie.

Bindungslehre, Lehre von den *Bindungen,* d. h. von den Arten der Verkreuzung oder Verschlingung von Fäden bzw. Garnen bei der Herstellung hauptsächlich textiler Gewebe. Die Bindung bestimmt die Struktur (oft auch das Muster) und die Haltbarkeit eines Stoffes. Zur Herstellung eines Gewebes sind mindestens zwei sich rechtwinklig verkreuzende Fadensysteme erforderlich, damit es Zusammenhalt bekommt. Die in der Webmaschine parallel und in einer Ebene liegenden Längsfäden heißen **Kettfäden,** die sie rechtwinklig kreuzenden Querfäden **Schußfäden,** ihre Kreuzungsstellen **Bindungspunkte.** Damit ein Gewebe mit der gewünschten Bindung hergestellt werden kann, muß die Webmaschine zuvor entsprechend eingerichtet werden. Dazu wird eine Zeichnung der Bindung, die *Patrone,* benötigt; aus ihr ist die Art der Fadenverkreuzung ersichtlich. Jedes Bindungsmuster wiederholt sich nach einer bestimmten Anzahl von Kett- und Schußfäden. Diese Mindestanzahl von Kreuzungen ist der **Bindungsrapport.** Die Kreuzungsmöglichkeiten sind sehr groß, lassen sich jedoch auf drei Grundsysteme (**Grundbindungen**) zurückführen: 1. die Leinwand-, Tuch- oder Taftbindung, 2. die Köperbindung, 3. die Atlasbindung. Aus den Grundbindungen können eine sehr große Anzahl von abgeleiteten Bindungen – z. B. durch Zusetzen oder Wegnahme von Bindungspunkten – sowie Gewebe mit mehreren Kett- und Schußsystemen entwickelt werden.

Bindungswertigkeit, svw. ↑Bindigkeit.

Bin-el-Ouidane [frz. binɛlwi'dan], größter Stausee Marokkos, faßt 1,3 Mrd. m³ Wasser.

Binet, Alfred [frz. bi'nɛ], *Nizza 11. Juli 1857, †Paris 18. Nov. 1911, frz. Psychologe. – Bekannt v. a. durch die gemeinsam mit dem Psychologen Théodore Simon (*1873, †1961) aufgestellte Testreihe zur Ermittlung des Intelligenzstandes bei Kindern (**Binet-Simon-Test**). Ab 1908 erarbeitete er noch heute verwendete Standardtestserien mit je 5 Intelligenzaufgaben (**Staffeltest**) für jedes Lebensalter zw. 3 und 15 Jahren und errechnete ein sog. individuelles Intelligenzalter.

Bingel, Horst, *Korbach 6. Okt. 1933, dt. Schriftsteller. – Verfasser iron. und witziger Gedichte („Kleiner Napoleon", 1956) sowie von skurrilen Geschichten („Herr Sylvester wohnt unter dem Dach", 1967).

Bingelkraut (Mercurialis), Gatt. der Wolfsmilchgewächse mit 8 Arten im Mittelmeerraum und in Eurasien; Kräuter oder Stauden ohne Milchsaft, mit gegenständigen Blättern, in M-Europa 3 Arten, häufig das **Einjährige Bingelkraut** (Mercurialis annua) mit bis 60 cm hohem, vierkantigem, reich verzweigtem Stengel und lanzett- oder eiförmigen Blättern; Blüten meist zweihäusig.

Bingen, Hildegard von ↑Hildegard von Bingen.

Bingen am Rhein, Stadt an der Mündung der Nahe in den Rhein, Rhld.-Pf., 23 100 E. Bed. Weinhandel und -verarbeitung, Wohnwagen-, Apparatebau u. a.; Hafen. – Schon in kelt. Zeit besiedelt, um 11 v. Chr. röm. Kastell **Bingium.** – Pfarrkirche (nach 1405); Nahebrücke, sog. Drususbrücke (10./11. Jh.; mit unterird. Kapelle). Auf einer Rheininsel steht der **Mäuseturm** (Zollturm, 1208–20; heute Signalwarte).

Binger Loch, Stromenge und Untiefe am Beginn des oberen Mittelrheintales bei Bingen; für die Schiffahrt gibt es seit 1974 ein 2,1 m tiefes und 120 m breites Fahrwasser.

Bingerwald, Teil des ↑Hunsrücks.

Bingium ↑Bingen am Rhein.

Bingo [engl., nach dem Ausruf des Gewinners], engl. Glücksspiel, eine Art Lotto.

Binnendeich, zusätzl. Damm im Polder zur Begrenzung der Schäden bei etwaigem Wasserdurchbruch.

Binnenfischerei ↑Fischerei.

Binnengewässer (Eigengewässer), die völkerrechtlich der Gebietshoheit eines Staates unterstehenden Gewässer: innerhalb der Staatsgrenzen liegende Wasserläufe, Binnenseen, Buchten, Flußmündungen, Förden, Haffe, Wattenmeere.

Binnenhafen ↑Hafen.

Binnenhandel, Handel im Inland mit Erzeugnissen aus der inländ. Produktion, mit importierten Gütern (außer der unmittelbaren Einfuhr) und mit Gütern, die für den Export bestimmt sind (außer der unmittelbaren Ausfuhr).

Binnenland, der meerferne Teil eines Festlandes.
▷ das durch Deiche gegen Überschwemmung geschützte Land im Ggs. zum **Butenland** (Außenland), das zw. Deich und Meer liegt.

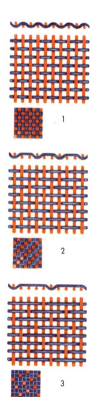

Bindungslehre.
Bindung: 1 Leinwand-, Tuch- oder Taftbindung; 2 Köperbindung; 3 Atlasbindung

Binnenmeer

Gerd Binnig

Binnenmeer (Binnensee), 1. rings von Land umgebene Süß- oder Salzwasserfläche von bed. Umfang; 2. mit dem offenen Ozean nur durch eine schmale Meeresstraße in Verbindung stehender Meeresteil.

Binnenreim ↑ Reim.

Binnenschiff, Schiff für den Güterverkehr oder als Fahrgastschiff für die Personenbeförderung auf den Binnenwasserstraßen. Die Konstruktion der B. berücksichtigt die (geringen) Wassertiefen, Brückenhöhen, Krümmungsradien der Flußläufe und Schleusenabmessungen.

Binnenschiffahrt, gewerbsmäßige Beförderung von Gütern und Personen auf Binnenwasserstraßen (Flüsse, Seen, Kanäle), ohne Küstenschiffahrt, aber einschließlich Seeverkehr der Binnenhäfen. Die B. hat v. a. Bedeutung als kostengünstiges, wenn auch langsames und witterungsabhängiges Transportmittel für Massengüter. In Deutschland hatte das Netz der schiffbaren Wasserstraßen 1987/88 eine Gesamtlänge von 6 771 km. In Österreich gibt es 859 km schiffbare Flüsse und Kanäle, von wirtsch. Bed. ist v. a. die Donau. Die *schweizer.* B. konzentriert sich v. a. auf die Personenbeförderung auf den Seen und auf die Rheinschiffahrt.

Binnenschiffahrtsrecht, das Recht der gewerbsmäßigen Beförderung von Personen und Gütern auf den zu den Binnengewässern zählenden Binnenwasserstraßen (Ggs. ↑ Seeschiffahrtsrecht). In der BR Deutschland besitzt der Bund das Recht der konkurrierenden Gesetzgebung und nimmt die über den Bereich eines Landes hinausgehenden Verwaltungsaufgaben für die Binnenschiffahrt, bes. die Schiffahrtspolizei, wahr (Art. 89 Abs. 2 Satz 2 GG); Gesetz über die Aufgaben des Bundes auf dem Gebiet der Binnenschiffahrt i. d. F. vom 4. 8. 1986).

Binnensee, svw. ↑ Binnenmeer.

Binnenseeschwalbe, svw. ↑ Trauerseeschwalbe.

Binnenwanderung, Wechsel des Wohnsitzes von Personen oder Haushaltungen innerhalb eines Staates.

Binnenwasserstraßen, natürl. oder künstl. Gewässer (v. a. Flüsse und Kanäle) im Binnenland, auf denen nach Anlage und Ausbau ein Verkehr nennenswerten Umfangs mit Wasserfahrzeugen stattfindet oder stattfinden kann. In der BR Deutschland gibt es Bundes- und Landeswasserstraßen.

Binnenwirtschaft, in einer offenen Wirtschaft derjenige Bereich ökonomischer Aktivitäten, der ohne grenzüberschreitende Waren-, Leistungs- und Geldströme auskommt.

Binnenzölle, die im Innern eines Landes erhobenen Zölle (z. B. in Deutschland im 19. Jh.).

Binturong

Binnig, Gerd, * Frankfurt am Main 20. Juli 1947, dt. Physiker. – Entwickelte mit H. Rohrer das Raster-Tunnel-Mikroskop (Sichtbarmachung atomarer Oberflächenstrukturen); erhielt 1986 (zus. mit E. Ruska und H. Rohrer) den Nobelpreis für Physik.

Binokel [lat.], dem frz. ↑ Bésigue verwandtes Kartenspiel, das von 3 Spielern mit 48 Karten gespielt wird.

binokular [lat.], beidäugig, für beide Augen bestimmt; **binokulare Instrumente** sind opt. Geräte, die für die Benutzung mit zwei Augen eingerichtet sind, z. B. b. Fernrohre (Feldstecher), b. Lupen. Die **binobjektiv-binokularen Instrumente** (b. Instrumente im engeren Sinne), die zwei Objektive und zwei Okulare haben, vermitteln einen gegenüber monokularem (einäugigem) Sehen verbesserten räuml. Eindruck des Objekts.

binokulares Sehen (Binokularsehen), beidäugiges ↑ Sehen mit der Fähigkeit, den Seheindruck zum räuml. Tiefensehen zu verschmelzen.

Binom [lat./griech.], zweigliedriger mathemat. Ausdruck der Form $a+b$ oder $a-b$.

Binomialkoeffizienten [lat./griech./lat.] ↑ binomischer Lehrsatz.

Binomialreihe ↑ binomischer Lehrsatz.

Binomialverteilung, Verteilung einer Zufallsgröße; gibt die Wahrscheinlichkeit dafür an, daß bei n-maliger unabhängiger Wiederholung eines Versuchs mit zwei mögl. Ausgängen die eine Alternative (mit der Wahrscheinlichkeit p) genau x-mal, die andere (mit der Wahrscheinlichkeit $1-p$) also $n-x$-mal auftritt. Diese Wahrscheinlichkeit ist

$$\binom{n}{x} p^x \cdot (1-p)^{n-x}.$$

binomische Formeln, Formeln über die Multiplikation bzw. das Potenzieren von Binomen:

$$(a+b)(a-b) = a^2 - b^2,$$
$$(a \pm b)^2 = a^2 \pm 2ab + b^2,$$
$$(a \pm b)^3 = a^3 \pm 3a^2b + 3ab^2 \pm b^3$$

usw.; die allg. Regel für die Potenzbildung enthält der ↑ binomische Lehrsatz.

binomischer Lehrsatz, Regel zur Entwicklung einer beliebigen Potenz eines Binoms in eine Reihe (**binomische Reihe, Binomialreihe**); für $n = 0, 1, 2, \ldots$ gilt:

$$(a+b)^n = \sum_{k=0}^{n} \binom{n}{k} a^{n-k} b^k = \binom{n}{0} a^n + \binom{n}{1} a^{n-1} b +$$
$$+ \binom{n}{2} a^{n-2} b^2 + \ldots + \binom{n}{n-1} ab^{n-1} + \binom{n}{n} b^n.$$

Die auftretenden Koeffizienten

$$\binom{n}{k} = \frac{n!}{(n-k)! \, k!}$$

bezeichnet man als **Binomialkoeffizienten** (gesprochen: n über k).

Binse, (Juncus) Gatt. der Binsengewächse mit etwa 220 Arten, bes. in gemäßigten und kalten Breiten sowie in trop. Gebirgen, in M-Europa mehr als 30 Arten, an Meer, an Binnenseen u. a. feuchten Standorten; Kräuter oder Stauden, Blätter grasartig oder röhrig, Blüten in kopfchenförmigen Blütenständen, unscheinbar, braun oder grünlich; bekannte einheim. Art ist die ↑ Flatterbinse.
▷ svw. ↑ Simse.

Binsengewächse (Juncaceae), Fam. der Einkeimblättrigen mit 8 Gatt. und etwa 300 Arten v. a. in gemäßigten und kalten Gebieten; einheim. Gatt. sind ↑ Binse und ↑ Hainsimse.

Binsenwahrheit (Binsenweisheit), Selbstverständliches, unbestrittene Behauptung, Gemeinplatz.

Binswanger, Ludwig, * Kreuzlingen 13. April 1881, † ebd. 5. Febr. 1966, schweizer. Psychiater. – Begr. die ↑ Daseinsanalyse.

Bintan, die größte Insel des Riauarchipels, Indonesien, sö. von Singapur, 50 km lang, 1 075 km², Abbau von Bauxit.

Binturong [indones.] (Bärenmarder, Marderbär, Arctictis binturong), etwa 60–95 cm körperlange Schleichkatze in SO-Asien mit 55–90 cm langem, buschigem Greifschwanz; Fell sehr lang und borstig, glänzend schwarz, teilweise grau- und braunmeliert.

Binz, Gem. und Ostseebad an der O-Küste von Rügen, Meckl.-Vorp., 6 000 E.; nahebei das Jagdschloß Granitz (1836–46), Kurhaus (1907).

bio..., Bio... [griech.], Bestimmungswort in Zusammensetzungen mit der Bedeutung „leben..., Leben...".

Biochemie, Wissenschaftszweig, der sich mit der Chemie der lebenden Organismen befaßt. Ein Teilgebiet, die *stat. B.,* beschäftigt sich mit der Feststellung der Zusammensetzung der Substanzen, die in den lebenden Organismen vorkommen, einschl. der Aufklärung ihrer Struktur und Wirkungsweise (↑ Naturstoffchemie). Ein zweites Teilgebiet, die *dynam. B.,* beschäftigt sich mit Änderungen der Zusammensetzung und mit den Reaktionsabläufen in der Zelle; sie versucht das Geschehen innerhalb der Zellen und in den Geweben und Organen als Folge chem. Reaktionen zu verstehen und somit biolog. Sachverhalte auf Eigenschaften der Moleküle und deren Umsetzungen zurückzuführen (u. a. Stoffwechsel, Glykolyse).

Biodynamik, die Wiss. von den Einflüssen physikal. Faktoren, so z. B. Beschleunigung, Stoß, Vibration oder Schwerelosigkeit, auf lebende Organismen.

Bioenergetik, in der *Psychotherapie* Behandlungsmethode zur Befreiung unterdrückter Emotionen mit Hilfe von Aktivitätsübungen (Atem, Bewegung).

Biogas (Faulgas), bei der bakteriellen Zersetzung organ. Stoffe im Faulschlamm, Stalldung usw. durch Methangärung sich entwickelndes Gas, das zw. 60 und 90 % Methan enthält (Rest v. a. Kohlendioxid, daneben Wasserstoff, Stickstoff, Schwefelwasserstoff). B. wird bes. in der Landwirtschaft in speziellen Anlagen gewonnen und als Heizgas verwendet (Heizwert zw. 20 000 und 30 000 kJ/m^3).

biogen, durch Tätigkeit von Lebewesen entstanden, durch [abgestorbene] Lebewesen gebildet (z. B. Erdöl und Kohle).

biogene Amine, Bez. für eine Stoffklasse von Aminen, die in der Zelle aus Aminosäuren entstehen. Viele von ihnen haben eine starke pharmakolog. Wirkung, andere sind wichtige Bausteine für Hormone und Koenzyme.

Biogenese, die Entstehung der Lebewesen; umfaßt sowohl die Entwicklung von Individuen (Ontogenese) als auch die stammesgeschichtl. Entwicklung (Phylogenese).

biogenetisches Grundgesetz, von den dt. Zoologen E. Haeckel und F. Müller aufgestelltes Entwicklungsgesetz; wird heute nur noch als eingeschränkt gültige Theorie angesehen, die besagt, daß die Individualentwicklung eines Lebewesens eine verkürzte Rekapitulation der Stammesgeschichte darstellt.

Biogeographie, Teilgebiet sowohl der Biologie als auch der Geographie, das die Verbreitung der Lebewesen in den verschiedenen Regionen der Erde untersucht und deutet. Die B. erklärt die Unterschiede der Faunen und Floren entweder mit rezent-ökolog. (z. B. Klima, Nahrung, Feinde) oder mit histor. Ursachen (z. B. Verbindungen zw. Inseln und Kontinenten in erdgeschichtl. Vergangenheit) und erforscht Struktur, Funktion, Geschichte und gegenwärtige Veränderung von Arealen und Biozönosen.

Biographie, wiss. oder literar. Darstellung der Lebensgeschichte eines Menschen. Zum biograph. Schrifttum gehören die z. T. monumentalen Sammel- und National-B., Parallel- und Einzel-B. sowie Heiligenviten, Nekrologe, Charakteristiken und biograph. Romane.
Die B. als Gattung läßt sich schon im 4. Jh. v. Chr. nachweisen. Die röm. B. entwickelte sich aus der griechischen. Während des MA dominiert die Heiligenvita. Die neuzeitl., stark das Individuelle akzentuierende B. wird in der Renaissance geboren. Neben einer von England ausgehenden heroisierenden biograph. Literatur entsteht v. a. in Deutschland die auf Quellenstudium basierende „historisch-krit.", heute in der objektivierten Form einer Darstellung geforderte Biographie. Später erhalten Lebensbeschreibungen von einzelnen Autoren psychologisierende Züge.

biographischer Roman, Lebensbeschreibung einer histor. Persönlichkeit in romanhafter Form unter freier Verwertung historisch-biograph. Daten. Als literar. Gattung erst im 20. Jahrhundert.

Bioindikatoren, Organismen mit speziellen Umweltansprüchen, deren Vorkommen oder Fehlen in einem Biotop entsprechende Umweltqualitäten anzeigt (z. B. Flechten als Indikatoren für Luftverschmutzung, Saprobionten zur Beurteilung der Wasserqualität).

Auswahl biogener Amine		
Aminosäure	Decarboxylierungsprodukt = biogenes Amin	Vorkommen bzw. Bedeutung
Lysin	Kadaverin	Ribosomen; Bakterien
Ornithin	Putrescin	Ribosomen; Bakterien
Arginin	Agmatin	Bakterien (Darmflora)
Serin	Äthanolamin	Phosphatide
Threonin	Propanolamin	Vitamin B_{12}
Cystein	Cysteamin	Koenzym A
Asparaginsäure	β-Alanin	Koenzym A, Pantothensäure
Glutaminsäure	γ-Aminobuttersäure	Gehirn, Rückenmark
Histidin	Histamin	blutdrucksenkend
Tyrosin	Tyramin	uteruskontrahierend
3,4-Dihydroxyphenylalanin	Dopamin	Vorstufe von [Nor]adrenalin
5-Hydroxytryptophan	Serotonin	Gewebshormon

Biokatalysatoren, Wirkstoffe, die die Stoffwechselvorgänge der lebenden Zelle steuern (z. B. Enzyme, Hormone, Vitamine); der Begriff ist heute meist auf die Enzyme beschränkt.

Bioklimatologie (Bioklimatik), Teilgebiet der Meteorologie; untersucht die Einflüsse klimat. Verhältnisse oder spezieller meteorolog. Gegebenheiten (**Biometeorologie**) auf den lebenden Organismus.

Bioko (bis 1979 Fernando Póo), Insel im Golf von Guinea, 2 017 km^2, bis 3 008 m ü. d. M. Teil der Republik Äquatorialguinea mit der Landeshauptstadt Malabo. Trop. Regenwald, in höheren Lagen Savanne; Kakaoplantagen. Kaffee- und Bananenanbau, Ölpalmkulturen; Verarbeitung landwirtschaftlicher Produkte.

Biokybernetik, Teilgebiet der Kybernetik, das durch Analyse der Steuerungs- und Regelungsprozesse in biolog. Systemen und durch Aufstellen von Modellen und Systemtheorien eine Klärung des Ablaufs biolog. Vorgänge zu geben versucht.

Biolithe [griech.], Sedimente, die vorwiegend aus tier. oder pflanzl. Resten entstanden sind. Brennbare B. (**Kaustobiolithe**) sind v. a. Kohlengesteine, nichtbrennbare B. (**Akaustobiolithe**) sind v. a. Kieselschiefer, Kalkgesteine.

Biologie, Wissenschaft, die die Erscheinungsformen lebender Systeme (Mensch: Anthropologie; Tier: Zoologie; Pflanze: Botanik), ihre Beziehungen zueinander und zu ihrer Umwelt sowie die Vorgänge, die sich in ihnen abspielen, beschreibt und untersucht. Unter dem Begriff *allgemeine B.* faßt man die folgenden Teildisziplinen zusammen: Biophysik, Biochemie, Molekularbiologie, Physiologie, Genetik (Vererbungslehre), Anatomie, Histologie (Gewebelehre), Zytologie (Zellenlehre), Morphologie (Formenlehre), Taxonomie (Systematik), Paläontologie, Phylogenie (Stammesentwicklung), Ontogenie (Individualentwicklung), Ökologie und Verhaltensforschung. Wichtiger Forschungsgegenstand der allg. B. ist das Leben der Zellen; denn die wichtigsten Lebensvorgänge (wie z. B. Stoffwechsel und Fortpflanzung) stellen hierarchisch geordnete molekulare Prozesse dar, deren geordneter Ablauf an die Strukturen der Zelle gebunden ist. – Im Ggs. zur allg. B. befaßt sich die *spezielle B.* mit bestimmten systemat. Gruppen von Organismen, z. B. mit den Insekten (Entomologie), den Fischen (Ichthyologie), den Vögeln (Ornithologie), den Säugetieren (Mammologie), den Pilzen (Mykologie). – Die *angewandte B.* beschäftigt sich mit Problemen der Land- und Forstwirtschaft, der Schädlingsbekämpfung, des Natur- und Umweltschutzes, der Landschaftsgestaltung, des Gesundheitswesens, der Lebensmittelüberwachung und der Abwasserreinigung.

Geschichte: Die wiss. Erforschung von Lebewesen begann in der griech. Antike, wobei die Naturbeobachtung meist in ein kosmolog. System einbezogen wurde. Aristoteles beschrieb Körperbau, Entwicklung und Lebensweise einzelner Tiere und versuchte eine systemat. Gliederung des Tierreichs. Theophrast gilt als Begründer der Botanik. Die Erfindung des Mikroskops lenkte im 17. Jh. das Augenmerk der

biologisch

Biologen auf die Mikrobiologie und die Pflanzenanatomie. Um die Mitte des 19. Jh. vollzog sich die Wende zur modernen Biologie. Anatomie und Morphologie wurden stärker gegen die Physiologie abgegrenzt, die experimentelle Physiologie wurde durch physikal. und chem. Erkenntnisse und Methoden (Mikroskop) gefördert. Etwa seit 1915 gelangen die Kultur und Züchtung lebender Gewebe außerhalb des Organismus.

biologisch, naturbedingt; auf die Biologie bezogen.
Biologische Anstalt Helgoland ↑ biologische Stationen.
biologische Medizin, medizin. Richtung, die v. a. natürl. Heilmittel (Luft, Wasser, Sonne, Diät u. a.) bevorzugt und die Selbstheilungskräfte des Körpers durch Umstimmung und Reizbehandlung zu fördern sucht.
biologischer Landbau ↑ ökologischer Landbau.
biologische Schädlingsbekämpfung ↑ Schädlingsbekämpfung.
biologische Stationen, Institute zur biolog. Erforschung von Pflanzen und Tieren in ihrer natürl. Umwelt, in neuerer Zeit auch zur chemisch-physikal., geolog. und meteorolog. Untersuchung ihrer Lebensräume. Die **Biologische Anstalt Helgoland** ist ein Institut der Bundesforschungsanstalt für Fischerei (mit der Aufgabe, Grundlagenforschung auf dem Gebiet der Meeresbiologie zu betreiben). Ferner besteht die **Forschungsanstalt für Meeresgeologie und Meeresbiologie „Senckenberg"** in Wilhelmshaven. Süßwasserstationen bestehen u. a. in Plön, in Krefeld-Hülserberg, in Falkau (Schwarzwald) und in Langenargen am Bodensee.
biologische Uhr, svw. ↑ physiologische Uhr.
biologische Waffen ↑ ABC-Waffen.
Biologismus [griech.], philosoph. Richtung, vertreten u. a. von Nietzsche, Kolbenheyer und E. Krieck, die philosoph. Fragestellungen ausschließlich unter biolog. Gesichtspunkten erörtert und aus der biophys. Verfaßtheit des Menschen (Erbanlagen, Umweltbedingungen) sowie seinen biolog. Bedürfnissen und Gesetzmäßigkeiten die Normen menschl. Erkennens und Handelns ableitet. Die Theorien Kolbenheyers und Kriecks dienten als „wiss." Absicherung der nationalsozialist. Rassenideologie.
Biolumineszenz ↑ Chemilumineszenz.
Biom [zu griech. bíos „Leben"], Organismengemeinschaft eines größeren, einer bestimmten Klimazone entsprechenden geograph. Lebensraums, in dem sich ein einigermaßen ausgewogenes biolog. Gleichgewicht eingestellt hat. Ein B. wird nach der vorherrschenden Vegetation benannt (z. B. Nadelwaldstufe, trop. Regenwald, Tundra, Savanne).
Biomasse, die Gesamtheit aller lebenden, toten und zersetzten Organismen und der von ihnen stammenden Substanz (v. a. innerhalb eines bestimmten Lebensraums).

Biomathematik, Anwendung mathemat. Methoden auf biolog. Fragen; bes. die Untersuchung mathemat. Modelle für Organismen und Systeme von Organismen.
Biometrie [griech.] (Biometrik, Biostatistik), die Übertragung mathemat. Methoden (bes. der Methoden der mathemat. Statistik) zur zahlenmäßigen Erfassung, Planung und Auswertung von Experimenten auf Objekte der Biologie, Medizin und Landwirtschaft.
Biomonitoring [griech./engl.], Verfahren, bei dem durch Untersuchung und Beobachtung möglichst standorttreuer Vögel und Säugetiere der Grad der Gefährdung eines Ökosystems durch umweltbelastende Stoffe zuverlässig bestimmt werden kann. So kann man durch quantitativen Nachweis von Schwermetallen (z. B. Blei und Cadmium in Vogelfedern während der Mauser) Rückschlüsse auf die Belastung des betrachteten Ökosystems mit diesen Metallen ziehen.
Bionik [Kw. aus ↑ bio... und engl. electro**nics**], Bereich der Technik, der die Funktionsweise der Organe von Lebewesen hinsichtlich ihrer Eignung als techn. Modelle untersucht (z. B. Temperaturunterscheidungsorgan der Klapperschlange als Vorbild für das Wärmespürgerät von Raketen).
Biophagen, Bez. für Organismen, die sich von lebenden Organismen ernähren.
Biopharmazie, Fachgebiet der Pharmazie; untersucht die Einflüsse der physikalisch-chem. Eigenschaften der Arzneimittel und ihrer Anwendungsformen (z. B. Tablette, Injektion) als Voraussetzung für deren Wirkung (↑ Bioverfügbarkeit).
Biophylaxe [griech.] (Bioprotektion), Schutz und Erhaltung der natürlichen Lebensbedingungen für Mensch, Tier und Pflanzen.
Biophysik, Wiss., die sich auf dem Grenzgebiet zw. den physikalisch-techn. und den biolog. Wiss. entwickelt hat. Sie hat die physikal. und physikalisch-chem. Analyse biolog. Systeme und die Anwendung entsprechender Methoden in den biolog. Disziplinen zum Inhalt (z. B. Röntgenstrukturanalyse). Wichtige Teilgebiete der B. sind Biomechanik, Biorheologie, Bioakustik, Biooptik, Bioenergetik und Thermodynamik offener Systeme, molekulare B. und Quantenbiologie, Strahlen-B., medizin. Physik. Vielfältige Berührungspunkte bestehen zu Physiologie, Biochemie, Biokybernetik, Bionik und Medizintechnik. – In der ersten Hälfte dieses Jahrhunderts erlangte der Strahlen-B. (Strahlenbiologie), die sich mit der Einwirkung ionisierender Strahlung beschäftigt, große Bedeutung, so daß längere Zeit unter B. vorwiegend dieses Teilgebiet verstanden wurde.
Biopsie [griech.], Untersuchung von Gewebe, das dem lebenden Organismus durch ↑ Punktion oder ↑ Exzision zur Krankheitserkennung entnommen wird.
Biorheologie, Teilgebiet der Biophysik. Die B. untersucht Strömungsvorgänge in lebenden Systemen sowie plast. und elast. Eigenschaften biolog. Gewebe und Flüssigkeiten.
Biorhythmus (Biorhythmik), die Erscheinung, daß bei Organismen manche Lebensvorgänge in einem bestimmten tages- oder jahreszeitl. Rhythmus ablaufen; man unterscheidet den *exogenen B.,* der von äußeren (u. a. klimat.) Faktoren bestimmt wird (z. B. Winterschlaf bei Tieren), und den *endogenen B.,* der von inneren (z. B. hormonalen) Mechanismen gesteuert wird (z. B. Eisprung, Schlaf-Wach-Rhythmus).
Bios [griech.], die belebte Welt des Kosmos.
Biosen [lat.], einfache Kohlenhydrate (Monosaccharide) mit zwei Sauerstoffatomen im Molekül (z. B. Glykolaldehyd, $C_2H_4O_2$).
Biosensor, Gerät zur Messung physikal. und chem. Lebensvorgänge, wie Atmung, bioelektr. Potentiale (EKG, EEG), Blutdruck, Herzfrequenz, Körpertemperatur.
Biosoziologie, Disziplin der empir. Sozialforschung, die sich mit den Wechselbeziehungen zw. biolog. und gesellschaftl. Faktoren befaßt.
Biosphäre, Gesamtheit des von Lebewesen besiedelten Teils der Erde; umfaßt eine dünne Oberflächenschicht, die Binnengewässer und das Meer.

Biotit

organische Rest- oder Rohstoffe chemische Energie					
trockenes Material Holz, Stroh, Trockenkot u. a.	nasses Material Gülle, Grüngut, nasse Abfälle		Lignozellulose-, stärke-, zuckerhaltige Substrate		ölhaltige Substrate
Direktverbrennung	Ver- oder Entgasung	anaerobe Fermentation (Faulung)	biologische Oxidation	Vergärung	Extraktion oder Auspressen
Heizgas	Schwelgas	Biogas	Wärme	Alkohol	Pflanzenöle
(Kraft) Wärme	Kraft Wärme Chemie	Kraft Wärme Chemie	Wärme	(Wärme) Kraft Chemie	(Wärme) Kraft Chemie

Quelle: Bundesminister für Ernährung, Landwirtschaft und Forsten. Bericht über die Energiesituation in der Land- und Forstwirtschaft, 1980

Biomasse. Schematische Darstellung der Umwandlung und Nutzung von Energie aus Biomasse

Biosphärenreservat, Bez. für ein von der UNESCO innerhalb ihres 1968 begonnenen Programmes „Mensch und Biosphäre" unter Schutz gestelltes Gebiet, das für das jeweilige ↑Biom repräsentativ ist oder eine Besonderheit darstellt, z. B. der Nationalpark Bayerischer Wald sowie das B. Mittlere Elbe (Sa.-Anh.).

Biostatistik, svw. ↑Biometrie.

Biostratigraphie, relative Altersbestimmung von Gesteinen mittels Fossilien.

Biosynthese, Aufbau chem. Verbindungen in den Zellen des lebenden Organismus im Rahmen der physiol. Prozesse.

Biot, Jean-Baptiste [frz. bjo], * Paris 21. April 1774, † ebd. 3. Febr. 1862, frz. Physiker. – Prof. in Paris; Mitarbeit an der frz. Meridianvermessung; Arbeiten über Doppelbrechung, Polarisation und Elektromagnetismus; Begründer der opt. Saccharimetrie.

Biotechnologie, Wiss. von den Methoden und Verfahren, die zur techn. Nutzbarmachung biolog. Prozesse und bei der Umwandlung von Naturprodukten angewendet werden. Die B. erarbeitet in erster Linie die Grundlagen für die Verwendung von lebenden Organismen, v. a. Mikroorganismen, in techn. Prozessen (z. B. bei der biolog. Abwasserreinigung, bei Gärungsprozessen, bei der Herstellung von Enzymen, Antibiotika u. a.).

Biotelemetrie, Funkübermittlung von biolog. und medizin. Meßwerten.

Biotin [griech.], das in Leber und Hefe auftretende Vitamin H; von Bedeutung für Wachstumsvorgänge.

biotisch [griech.], auf lebende Organismen bzw. Lebensvorgänge bezogen.

Biotit [nach J.-B. Biot], dunkelgrünes oder -braunes bis schwarzes Mineral aus der Gruppe der ↑Glimmer:

$$K(Mg,Fe)_3[(OH,F)_2|AlSi_3O_{10}].$$

Dichte 3,02–3,12 g/cm^3; Mohshärte 2,5–3.

Biotop [griech.], svw. ↑Lebensraum.

Biotransformation (Metabolisierung), Umwandlung von körpereigenen oder körperfremden Stoffen in pharmakologisch wirksamere *(Giftung, Bioaktivierung)* oder weniger wirksame *(Entgiftung)* Verbindungen im tier. oder menschl. Organismus. Art und Stärke der B. bestimmen wesentlich Wirkung und Wirkungsdauer von Arzneistoffen.

Biot-Savartsches Gesetz [frz. bjo, sa'va:r], von den frz. Physikern J.-B. Biot und F. Savart im Jahre 1820 aufgestelltes grundlegendes Gesetz der Elektrodynamik, das den Zusammenhang zw. einem stationären elektr. Strom und dem von ihm aufgebauten Magnetfeld beschreibt.

Bioturbation [griech./lat.], Zerstörung des urspr. Sedimentgefüges durch grabende Meerestiere (z. B. im Watt).

Bioverfügbarkeit, im Organismus vorhandene Menge eines Arzneimittels nach dem Verabreichen, die den Blutkreislauf erreicht. Die B. ist von der Freisetzung aus der Arzneiform (z. B. Tabletten, Zäpfchen) und der Resorption abhängig.

Biowissenschaften, zusammenfassende Bez. für alle zur ↑Biologie gehörenden Fachgebiete.

Bioy Casares, Adolfo [span. 'bioi ka'sares], * Buenos Aires 15. Sept. 1914, argentin. Schriftsteller. – Neben J. L. Borges einer der wichtigsten Vertreter der phantast. argentin. Literatur. Utopisch-philosoph. Roman „Morels Erfindung" (1940).

Biozide [griech./lat.], chem. Stoffe (v. a. Pestizide, aber auch andere Umweltchemikalien), die Organismen abtöten.

Biozönose ↑Lebensgemeinschaft.

Biprisma, gleichschenkliges Prisma mit einem brechenden Winkel von nahezu 180° zur Erzeugung von Interferenzen.

biquadratische Gleichung, Gleichung vierten Grades, d. h. vom Typ $ax^4+bx^3+cx^2+dx+e=0$; b. G. sind stets durch Wurzelausdrücke lösbar.

Biratnagar, nepales. Stadt im fruchtbaren Terai, 94 000 E. Wichtigster Ind.standort des Landes (u. a. Zuckerfabrik, Jutegewinnung).

Bircher-Benner, Maximilian, * Aarau 22. Aug. 1867, † Zürich 24. Jan. 1939, schweizer. Arzt. – Gründete 1897 eine Privatklinik am Zürichberg, in der er mit seiner Ernährungstherapie (B.-B.-Diät; Rohkosternährung) gute Heilerfolge hatte.

Bircher-Müsli (Bircher-Benner-Müsli) [nach M. Bircher-Benner], Diätspeise aus rohen Hafer- u. a. Getreideflocken (Hirse, Gerste), geriebenem Apfel, Rosinen, gemahlenen Nüssen oder Mandeln und Zitronensaft; eingeweicht in Milch.

Birck (Birk), Sixt[us], latinisiert Xystus Betulius oder Betulejus, * Augsburg 24. Febr. 1501, † ebd. 19. Juni 1554, dt. Dramatiker. – Begründete das deutschsprachige Schuldrama, übersetzte seine Dramen später ins Lateinische (u. a. „Susanna", dt. 1532, lat. 1537).

Bird [engl. bə:d], Robert Montgomery, * New Castle (Del.) 5. Febr. 1806, † Philadelphia 23. Jan. 1854, amerikan. Schriftsteller. – Begann mit Dramen. Der Grenzerroman „Nick of the woods, or The Jibbenainosay" (1837) gilt als sein gelungenstes Werk.

B., William ↑Byrd, William.

Jean-Baptiste Biot (anonymer Stich)

Bireme (Biremis) [lat.], antikes Seefahrzeug mit zwei zu beiden Seiten übereinander angeordneten Ruderreihen.

Birendra, Bir Bikram Schah, * Katmandu 28. Dez. 1945, König von Nepal seit 1972 (Krönung Febr. 1975).

Birett [mittellat.], aus dem ↑Barett entwickelte Kopfbedeckung der kath. Geistlichen; vierkantig mit drei oder vier bogenförmigen Aufsätzen; mit oder ohne Quaste.

Birgel, Willy, eigtl. Wilhelm Maria B., * Köln 19. Sept. 1891, † Dübendorf bei Zürich 29. Dez. 1973, dt. Schauspieler. – 1924–34 am Mannheimer Nationaltheater; zahlr. Filmrollen. u. a. „... reitet für Deutschland" (1941).

Birger Jarl [schwed. 'birjər 'jo:rl], * um 1200, † 21. Okt. 1266, schwed. Regent. – Aus dem Geschlecht der sog. Folkunger; 1250–66 Vormund seines bereits zum König gewählten Sohnes Waldemar; erweiterte und festigte durch einen Kreuzzug nach Finnland die schwed. Herrschaft im O; sicherte durch Handelsverträge mit der Hanse den steigenden schwed. Wohlstand; gilt als Gründer Stockholms.

Adolfo Bioy Casares

Birgitta (B. von Schweden), hl., * Hof Finstad bei Uppsala um 1303, † Rom 23. Juli 1373, schwed. Mystikerin. – Seit 1349 in Rom; gründete den Birgittenorden; 1391 heiliggesprochen. Berühmt v. a. durch ihre Visionen („Revelationes"). – Fest: 23. Juli.

Birgittenorden (Erlöserorden; lat. Ordo Sanctissimi Salvatoris; Abk. OSSalv), von Birgitta von Schweden 1346 (?) in Vadstena gegr. Doppelorden (Doppelkloster für Männer und Frauen, Leitung bei der Äbtissin).

Birk, Sixtus ↑Birck, Sixtus.

Birka, im 9. und 10. Jh. bedeutendster Handelsort der Wikinger; um 800 auf der Insel Björkö im Mälarsee (Schweden) gegr., um 970 aufgegeben.

Birke (Betula), Gatt. der Birkengewächse mit etwa 40 Arten auf der nördl. Halbkugel; Bäume oder Sträucher mit wechselständigen, gezähnten Blättern; Blüten einhäusig; Blütenstände kätzchenförmig; Früchte (Nußfrüchtchen) geflügelt, werden bei der Reife durch Zerfall der Kätzchen frei. – Viele Arten sind in Mooren und Tundren vorherrschend; in M-Europa heim. Arten sind v. a. ↑Hängebirke, ↑Moorbirke, ↑Strauchbirke, ↑Zwergbirke. Ausländ. Nutz- und Ziergehölze sind u. a. ↑Papierbirke und ↑Zuckerbirke.

Maximilian Bircher-Benner

Birkenfeld, Krst. u. Verw. von Idar-Oberstein, Rhld.-Pf., 5 700 E. Versehrtenfachschule für Bautechnik und Maschinentechnik. Metallverarbeitende, Leder-, Kunststoffind. – 981 erstmals urkundlich erwähnt, erhielt 1332 Stadtrecht.

B., Landkr. in Rheinland-Pfalz.

Birkengewächse (Betulaceae), Fam. der zweikeimblättrigen Pflanzen mit den beiden Gatt. Birke und Erle.

Birkenhead [engl. 'bə:kənhɛd], engl. Hafenstadt an der Mündung des Mersey, in der Metropolitan County Merseyside, 124 000 E. Gezeitenforschungsinst.; große Hafenanlagen; Mühlenind.; Werften, Schwermaschinenbau, Elektro-, Kraftfahrzeug- u. a. Industrie; mit Liverpool durch Tunnels und Fähren verbunden.

Birkenholz ↑Hölzer (Tabelle).

Willy Birgel

Birken-Kiefern-Zeit

Birma
Fläche: 676 552 km²
Bevölkerung: 41,28 Mill. E (1990), 61 E/km²
Hauptstadt: Rangun (Yangon)
Amtssprache: Birmanisch
Nationalfeiertag: 4. Jan. (Unabhängigkeitstag)
Währung: 1 Kyat (K) = 100 Pyas (P)
Zeitzone: MEZ + 5½ Stunden

Birma

Staatswappen

Internationales
Kfz-Kennzeichen

Birken-Kiefern-Zeit ↑ Holozän (Übersicht).
Birkenknospenöl, aus Birkenblattknospen gewonnenes, gelbl., würzig riechendes äther. Öl; wird mit Birkensaft zu Haarwässern verarbeitet.
Birkenmaus (Waldbirkenmaus, Sicista betulina), 5–7 cm körperlange Hüpfmaus, in feuchten, unterholzreichen Gebieten Asiens und O-Europas; rötlich-graubraun, mit scharf abgesetztem, schwarzem, auf dem Kopf beginnendem Aalstrich.
Birkenpilz, svw. ↑ Birkenröhrling.
Birkenreizker, svw. ↑ Giftreizker.
Birkenrindenöl, angenehm riechendes, farbloses oder gelbl. äther. Öl, das durch Wasserdampfdestillation der Rinde kanad. Birkenarten gewonnen wird. Verwendung zur Parfümherstellung.
Birkenröhrling (Graukappe, Birkenpilz, Leccinum scabrum), etwa 15 cm hoher Röhrenpilz mit grau- bis schwarzbraunem Hut, weißl. Porenfeld und weißl., grau bis hellbraun beschupptem Stiel; jung ein wohlschmeckender Speisepilz.
Birkhoff, George David [engl. ˈbəːkɔf], * Overisel (Mich.) 21. März 1884, † Cambridge (Mass.) 12. Nov. 1944, amerikan. Mathematiker. – Prof. an der Univ. Princeton und an der Harvard University; Arbeiten zur Theorie der Differenzen- und Differentialgleichungen, zur theoret. und statist. Mechanik und zur allg. Relativitätstheorie.
Birkhuhn (Lyrurus tetrix), etwa 40 (♀) bis 53 (♂) cm großes Rauhfußhuhn in Europa sowie in gemäßigten Gebieten Asiens; ♂ glänzend-blauschwarz, mit leierförmigem Schwanz; ♀ hell- und dunkelbraun gesprenkelt bis gebändert; beide Geschlechter mit weißer Flügelbinde und leuchtend roten „Rosen" über den Augen.
Birkkarspitze, höchster Gipfel des Karwendelgebirges in Tirol, Österreich, 2 756 m hoch.
Birma (Myanmar; amtl. Vollform: Myanmar Naingngan [Union Myanmar; Union von Birma]; engl. Union of Burma), Republik in SO-Asien, zw. 10° und 28° 34′ n. Br. sowie 92° und 101° ö. L. **Staatsgebiet:** Umfaßt den westlichsten Teil Hinterindiens, der im NO bzw. O von China, Laos und Thailand, im W von Indien, Bangladesch und dem Golf von Bengalen begrenzt wird; erstreckt sich im S mit einem schmalen Gebietsstreifen auf der Halbinsel Malakka bis zum Isthmus von Kra und schließt noch den der Küste vorgelagerten Merguiarchipel ein. **Verwaltungsgliederung:** 7 „States" und 7 „Divisions". Internat. Mitgliedschaften: UN, Colombo-Plan, GATT.
Landesnatur: B. wird durch zwei N–S-ziehende Gebirgssysteme gegliedert. Der westl. Gebirgswall (bis 3 826 m ü. d. M.) schließt das Land gegen Indien ab. Den östl. Landesteil nimmt das Schanhochland ein (durchschnittl. 1 000 m ü. d. M.). Beide Gebirgszüge begrenzen eine etwa 160 km breite, vom Irawadi durchflossene Grabenzone. Mit einer Längserstreckung von rd. 1 100 km bildet das Irawadibecken den zentralen Raum des Landes. Im S hat der Irawadi ein ständig wachsendes Delta aufgebaut. Im äußersten N liegen in den Ausläufern der tibet. Randgebirge die höchsten Erhebungen von B. (bis 5 885 m ü. d. M.). Der Fortsatz auf Malakka wird im wesentlichen von der Tenasserim Range (bis über 2 000 m) gebildet.
Klima: B. hat trop. Monsunklima. Während der sommerl. Regenzeit von Mitte Mai–Mitte Okt. erhalten die im Luv gelegenen westl. Randgebirge bes. hohe Niederschläge. Im Herbst und im Winter ist es relativ kühl und trocken.
Vegetation: In den niederschlagsreichen Gebieten ist trop. Regenwald verbreitet, an den Küsten z. T. Mangroven. Im Lee der Gebirge findet sich feuchter Monsunwald mit Teakholzbeständen sowie Bambuswald. Die Bergwälder werden häufig von immergrünen Eichen gebildet. Im äußersten N auch Kiefern- und Rhododendronwälder.
Bevölkerung: Die größte Gruppe der Bev. sind die Birmanen (68 %); die Vielzahl ethn. Minderheiten (Schan, Karen) verursacht anhaltende innenpolit. Spannungen. Der Buddhismus überwiegt (86 %). 34 % der Bev. sind Analphabeten. Schulpflicht besteht vom 6.–10. Lebensjahr. B. hat 35 Hochschulen, u. a. die Univ. in Rangun (gegr. 1920) und Mandalay (gegr. 1964).
Wirtschaft: B., ein traditionelles Agrarland, ist in hohem Grade von der z. T. genossenschaftlich organisierten Landw. und deren Hauptprodukt Reis abhängig. Der Anbau von Jute, Baumwolle und Erdnüssen wird gefördert (Lehrfarmen, Versuchsfelder). Wichtig ist der Holzeinschlag (v. a. Teakholz). Fischzucht und Hochseefischerei verzeichnen starke Zuwachsraten. – B. ist reich an Bodenschätzen, v. a. an Erzen und Edelsteinen, daneben Erdöl- und Erdgasvorkommen. Die überwiegend im Raum Rangun konzentrierte Ind. verarbeitet vorwiegend Agrar- und Bergbauprodukte.
Außenhandel: Die Ausfuhr von Reis steht an erster Stelle, gefolgt von Holz (Teak), Baumwolle, Jute und Edelsteinen. Die wichtigsten Handelspartner sind Japan, die EG (bes. die BR Deutschland) und Singapur.
Verkehr: Die staatl. Eisenbahn hat ein Streckennetz von 4 464 km. Das Straßennetz ist 23 384 km lang. B. besitzt rd. 5 500 km leistungsfähige Binnenwasserstraßen (Irawadi, Chindwin, Saluen), darunter 97 km Kanäle. Die Küstenschiffahrt hat insbes. Bed. für die über Land schlecht erreichbaren Küstenregionen. Der Außenhandel wird v. a. über den Hafen von Rangun abgewickelt sowie über die Häfen Akyab, Bassein und Moulmein; internat. ✈ in Rangun.
Geschichte: Seit dem 1. Jh. n. Chr. existierten auf dem Geb. B. unter ind. Kultureinfluß stehende Reiche. Durch die Eroberung des mächtigen Mon-Reiches von Thaton (Sudhammavati) dehnte das erste birman. Reich unter König Anŏratha (1044–77) seinen Machtbereich bis nach S-B. aus. Der Einfall der Mongolen unter Khubilai-Khan setzte der Pagan-Dyn. (1044–1287) ein Ende. Nach einer Periode wechselvoller Kämpfe zw. Birmanen, Schan und Mon um die Vorherrschaft einigte Alaungpaya, der Gründer der letzten birman. Konbaung-Dyn. (1752 bis 1885), das Reich. Nach drei britisch-birman. Kriegen wurde B. 1886 Britisch-

Indien einverleibt. Nach dem Saya-San-Aufstand 1930 billigte Großbritannien 1935 B. die Selbstverwaltung unter einer eigenen Regierung mit frei gewähltem Parlament zu. Im 2. Weltkrieg besetzte Japan das Land. Am 4. Jan. 1948 erlangte B. die staatl. Unabhängigkeit. Obwohl Premiermin. U Nu über die parlamentar. Mehrheit verfügte, führten kommunist. Unruhen und Aufstände ethn. Minderheiten 1948–52 zu einer prekären innenpolit. Situation. 1958 trat U Nu zurück und übertrug die Staatsgewalt General Ne Win, übernahm aber nach einem überwältigenden Wahlsieg 1960 erneut die Reg. 1962 stürzte General Ne Win die Reg.; er wurde neuer Präs. (bis 1981), die Verfassung von 1947 wurde außer Kraft gesetzt. Der „birman. Weg zum Sozialismus" brachte das Land durch den Abbruch der Außenhandelsbeziehungen – die VR China ausgenommen – in die Isolierung. 1974 erhielt B. eine neue sozialist. Verfassung. 1988 trat Ne Win als Vors. der Einheitspartei zurück. In der Folge kam es zu Unruhen und mehrfachem Wechsel im Präsidentenamt. Im Sept. 1988 übernahm das Militär unter General Saw Maung vorerst die Macht und löste das Parlament auf. Nach Zulassung von Parteien im Sept. 1988 formierte sich rasch eine Opposition (Entstehung von mehr als 200 Parteien); die Einheitspartei Burma Socialist Programme Party (BSPP) bildete sich in die National Unity Party (NUP) um. 1989 wurde der Staatsname in „Union Myanmar" geändert. Aus den Parlamentswahlen vom Mai 1990 ging trotz zahlreicher Restriktionen durch die Militärregierung die Oppositionspartei National League for Democracy (NLD) siegreich hervor; dennoch blieben die Militärs an der Macht, die sie erst nach Verabschiedung einer neuen Verfassung abgeben wollen. Die Opposition bildete daraufhin im Dez. 1990 mit Sein Win an der Spitze die Gegen-Reg. („National Coalition Government of the Union of Burma") unter Führung der NLD. Im April 1992 wurde Saw Maung durch General Than Shwe an der Spitze der Militärjunta abgelöst.

Politisches System: Nach der formal noch existierenden Verfassung ist B. eine Republik, die sich seit 1988 in einem revolutionären Umbruch befindet.

Der Nat. Volkskongreß – als Einkammerparlament Organ der *Legislative* – wurde 1988 aufgelöst. Ein neues Parteiengesetz trat in Kraft, und eine Neubildung von Parteien setzte ein. Die Exekutive wurde umstrukturiert und die Legislative mit ihr zusammengelegt. Seither ist ein 19köpfiger State Law and Order Restoration Council (SLORC), dem ausschließlich hohe Militärs angehören, oberstes Machtorgan. An der Spitze der *Verwaltungseinheiten* auf den verschiedenen Ebenen stehen gewählte Volksräte (mit Exekutivkomitees), die für wirtsch. und soziale Angelegenheiten und die Verwaltung auf lokaler Ebene verantwortlich sind. Oberster Gerichtshof ist der aus Mgl. der Volksversammlung gebildete Rat der Volksgerichtshöfe. Darunter gibt es auf den verschiedenen Verwaltungsebenen Gerichtshöfe, deren Mgl. den lokalen Volksräten angehören.

Birmakatze

Birmakatze, wahrscheinlich in Frankreich zw. 1920/30 gezüchtete Hauskatzenrasse, vermutlich aus einer Kreuzung zw. Siam- und Perserkatze hervorgegangen; Fell

Birma. Dorf im Schanhochland

elfenbeinfarbig mit halblangen, seidig glänzenden Haaren, meist ziemlich große, dunkle Ohren und helle Pfoten.

Birmanen, staatstragendes Volk in Birma, etwa 27 Mill. B.; sprechen eine tibeto-birman. Sprache; die B. sind überwiegend Buddhisten.

birmanische Sprache, der tibeto-birman. Sprachfam. zugehörige, aus einsilbigen unveränderl. Grundwörtern bestehende Tonsprache.

Birmastraße, von den Chinesen 1937–39 zw. Kunming und dem birman. Eisenbahnendpunkt Lashio erbaute, 1 100 km lange strateg. Gebirgsstraße.

Birmingham [engl. 'bəːmɪŋəm], Stadt in M-England, 1,01 Mill. E. Verwaltungssitz der Metropolitan County West Midlands, anglikan. Bischofs- und kath. Erzbischofssitz; zwei Univ. (gegr. 1900 bzw. 1966), Musikhochschule, zwei Hochschulen für bildende Künste; botan. Garten. – Maschinen- und Fahrzeugbau, Elektro-, Elektronik- und chem. Ind. Zentrum des Druckerei- und Verlagswesens, zwei Münzpressen. – Angelsächs. Siedlungskern, etwas weiter sw. lag der ma. Markt- und Gewerbeflecken. Die Industrialisierung begann mit Boulton und Watt's Dampfmaschinenfabrik, der ersten der Erde (1775). – Kath. Kathedrale Saint Chad (19. Jh.), Pfarrkirche Saint Martin (1873) an der Stelle einer normann. Kapelle (13. Jh.); klassizist. Rathaus (1834), Justizpalast (1887–91), Symphony Hall (1991).

B., Stadt im nördl. Z-Alabama, USA, 284 000 E. Sitz eines anglikan. und eines kath. Bischofs; Univ. (gegr. 1841), Colleges, Zentrum der eisen- und stahlverarbeitenden Ind. im S der USA; durch Wasserwege mit dem Golf von Mexiko verbunden. – 1871 gegründet.

Birnau, Wallfahrtskirche (Zisterzienserkirche Sankt Maria) am Bodensee. 1222 erstmals erwähnt; 1241–1803 (säkularisiert) im Besitz der Zisterzienserabtei Salem, die auf ihrem Grundbesitz von P. Thumb einen Neubau errichten ließ (1747–49). Stuckdekorationen von J. A. Feuchtmayer, Deckenfresken von G. B. Götz; bedeutendste Barockkirche am Bodensee; seit 1919 erneut Wallfahrtskirche. – Abb. S. 70.

Birnbaum, (Pyrus, Pirus) Gatt. der Rosengewächse mit etwa 25 Arten in Eurasien und N-Afrika; meist sommergrüne Bäume mit schwarzer bis hellgrauer Borke; Blätter wechselständig, gesägt oder ganzrandig; Blüten weiß, zu mehreren an Kurztrieben sitzend; Frucht (↑ Birne): Sammelfrucht. In M-Europa kommen neben dem als Obstbaum kultivierten ↑ Gemeinen Birnbaum drei Wildarten vor, darunter der ↑ Wilde Birnbaum. In O-Asien sind weitere Arten als Obstbäume in Kultur, u. a. der in M- und W-China beheimatete Sand-B. (Pyrus pyrifolia). Einige Arten werden auch als Ziergehölze gepflanzt, u. a. die ↑ Schneebirne.
▷ svw. ↑ Gemeiner Birnbaum.

Birmingham
Stadtwappen

Birne

Birnau. Innenraum der 1747–49 von Peter Thumb erbauten Wallfahrtskirche Sankt Maria mit Stuckdekorationen von Joseph Anton Feuchtmayer und Deckenfresken von Gottfried Bernhard Götz

Bisamrüßler

Birne im Längsschnitt. Oben: Blüte. Unten: Frucht. 1 Kelch; 2 Griffel; 3 Fruchtblätter; 4 Leitbündel; 5 Steinzellennester; 6 Samen; 7 Schale; 8 Staubblätter; 9 verholzter Blütenstiel

Birne [zu lat. pirum „Birne"], längl., gegen den Stiel zu sich verschmälernde Sammelfrucht der Birnbaumarten; das Fruchtfleisch geht aus dem krugförmig sich entwickelnden Blütenboden hervor; jedes der 4–5 Fruchtblätter wird zu einem pergamenthäutigen Balg als Teil des Kerngehäuses mit 2 braunen Samen (Kernen).
▷ verdicktes Zwischenteil zw. Mundstück und Röhre der Klarinette.
Birnengallmücke (Contarinia pyrivora), etwa 3 mm große, dunkelbraune Gallmücke; legt ihre Eier in Birnenblütenknospen ab. Die sich entwickelnden Larven bewirken ein rascheres Wachstum der jungen Früchte und deren vorzeitiges Abfallen.
Birnengitterrost (Birnenrost, Gitterrost, Gymnosporangium sabinae), mikroskopisch kleiner, schädl. Rostpilz; lebt in Blättern des Birnbaumes und erzeugt verdickte rötl. Flecken auf der Blattoberseite.
Birnmoos (Bryum), mit etwa 800 Arten artenreichste, weltweit verbreitete Gatt. der Laubmoose mit birnenförmigen, nickenden Sporenkapseln; am bekanntesten das Rasen bildende **Silberbirnmoos** (Bryum argenteum) mit silber glänzenden Blättchen.
Birobidschan, Hauptstadt des Autonomen Gebietes der Juden, im Fernen Osten von Rußland, an der Bira, 82 000 E. Textil-, Möbelind., Maschinenbau; Bahnknotenpunkt. – 1928 gegr.
Biron, urspr. Bühren, kurländ. Geschlecht westfäl. Herkunft, 1638 in den poln. Adel aufgenommen, stellte 1737–95 die Herzöge von Kurland und Semgallen; deren Nachkommen lebten auf im 18. Jh. in Schlesien erworbenen Besitzungen, der Herrschaft Wartenberg (1734) und dem Hzgt. Sagan (1786), als Prinzen B. von Curland. Bed.:
B., Ernst Johann Reichsgraf von (seit 1730), *Kalnciems (Kurland) 23. Nov. 1690, † Jelgava 29. Dez. 1772, russ. Politiker. – Sekretär und Günstling von Anna Iwanowna (seit 1730 russ. Kaiserin), die ihm die Regierungsgeschäfte überließ, seit 1737 Herzog von Kurland und Semgallen, von Anna unmittelbar vor ihrem Tod (Okt. 1740) zum Regenten für ihren unmündigen Neffen Iwan VI. ernannt; im Nov. 1740 gestürzt und verbannt; 1762–69 erneut Herzog von Kurland.
B., Wilhelmine Prinzessin B. von Kurland, *Mitau 8. Febr. 1781, † Wien 29. Nov. 1839, Herzogin von Sagan (seit 1800). – Enkelin von Ernst Johann Reichsgraf von B.; übte als Geliebte Metternichs und Gegnerin Napoleons polit. Einfluß auf dem Wiener Kongreß aus.
Birr, Abk. Br, Währungseinheit in Äthiopien; 1 B. = 100 Cents.
Birrus (Byrrus) [lat.], im alten Rom ein Kapuzenmantel.
Birsfelden, Stadt im schweizer. Halbkanton Basel-Landschaft, an der Mündung der **Birs** (einem 73 km langen Fluß im schweizer. Jura) in den Rhein, 12 500 E. Eng mit Basel verflochten, Nahrungsmittel-, pharmazeut. Ind., Maschinenbau; Hafen und Kraftwerk am Rhein.
Biruni, Al, Abul Raihan Muhammad Ibn Ahmad, *Chiwa 4. Sept. 973, † Ghazni (Afghanistan) um 1050, arab. Gelehrter choresm. Herkunft. – Lebte in Persien, Indien und in Ghazni. B. schrieb Werke über Astronomie, Mathematik, Physik, Mineralogie, Pharmazie sowie Geographie und Geschichte. Bestimmte als erster die Dichte mit Hilfe des Pyknometers.
bis [lat. „zweimal"], in der Notenschrift verwendet, verlangt die Wiederholung eines oder mehrerer Takte; in einer Aufführung als Zuruf die Aufforderung zur Wiederholung.
bis- [lat.], Präfix der chem. Nomenklatur zur Kennzeichnung des zweifachen Auftretens solcher Molekülteile, in deren Namen bereits Zahlwörter vorkommen, z. B. 4,4'-Bis[dimethylamino]-benzophenon.
Bisam [hebr.-mittellat.], Handelsbez. für Bisamrattenfelle, die durch dichte, feine Grundwolle und doppelt so lange, glänzende Deckhaare gekennzeichnet sind. Die Felle werden meist gefärbt, wodurch man sehr gute Imitationen anderer Pelze erhält. Durch Schwarzfärbung und Kurzscheren erhält man den sog. **Sealbisam.**
▷ svw. ↑Moschus.
Bisamkörner (Moschuskörner), die stark nach Moschus duftenden Samen des **Bisameibisch,** eines bis 2 m hohen, einjährigen Malvengewächses in Indien. Das äther. Öl der Samen wird in der Parfümerie verwendet.
Bisamkraut, svw. ↑Moschuskraut.
Bisamkrautgewächse ↑Moschuskrautgewächse.
Bisamratte (Ondatra zibethica), etwa 30–40 cm körperlange Wühlmausart in N-Amerika, heute auch in Europa und Asien; Schwanz etwa 20–27 cm lang, seitlich abgeplattet; Zehen seitlich mit Schwimmborsten besetzt; Fell dicht und weich; errichtet im flachen Wasser große, kegelförmige Wohnhügel aus Pflanzenteilen oder gräbt Erdhöhlen in Uferwände.

Bisamratte

Bisamrüßler (Bisamspitzmäuse, Desmaninae), Unterfam. der Maulwürfe mit 2 Arten auf der nördl. Pyrenäenhalbinsel und im Einzugsgebiet von Don, Wolga und Ural; Körperlänge rd. 11–22 cm, Schwanz etwa körperlang, Füße mit vorn kleinen, hinten gut entwickelten Schwimmhäuten; Schnauze rüsselförmig verlängert; leben an und in Gewässern.
Bischkek (Beschkek; bis 1926 Pischkek, 1926–91 Frunse), Hauptstadt von Kirgisien, am N-Fuß des Kirgis. Alatau, 750–900 m ü. d. M., 616 000 E. Univ. (1951 gegr.), Kirgis. Akad. der Wiss., 7 Hochschulen, Gemäldegalerie, 3 Museen, 4 Theater, Philharmonie; Schlangenfarm, botan. Garten; Maschinenbau, Metallverarbeitung, Kammgarn-, Lebensmittelind. Internat. ✈. – 1862 Eroberung der Festung **Pischpek** durch Rußland und Ausbau zur Stadt.

Bischof [zu griech. epískopos, eigtl. „Aufseher"], leitender Geistlicher der christl. Gemeinden. In der *kath. Kirche* in der ↑ apostolischen Sukzession stehender Vorsteher einer Diözese *(Bistum)*, durch B.weihe ausgestattet mit der Vollmacht des Lehr-, Priester- und Hirtenamtes. Der B. besitzt die oberste geistl. Gerichtsbarkeit und die Weihegewalt; zu seiner Amtstracht gehören Brustkreuz, B.ring, B.hut, B.stab sowie die ↑ Mitra. Er wird i. d. R. vom Papst frei ernannt. Alle B. bilden das **Bischofskollegium**, das im Papst (als Nachfolger des Petrus) sein Haupt hat. Im teilkirchl. Bereich treten die B. zu gemeinsamer Ausübung des bischöfl. Dienstes in **Bischofskonferenzen** (seit dem 19. Jh.) zusammen. Ihre Beschlüsse sind nach Bestätigung (Approbation) durch den Papst für die Bistümer des Konferenzbereichs rechtlich verbindlich. Seit 1965 gibt es außerdem die dem Papst direkt verantwortl. **Bischofssynode**, die das gesamte Episkopat der kath. Kirche repräsentiert und den Papst berät und der vom Papst Entscheidungsbefugnisse übertragen werden können. – In den *ev. Kirchen*: Nahezu alle Landeskirchen haben (seit 1933) das B.amt (Landes-B.), verschiedene haben einen anderen Titel (z. B. Kirchenpräsident). Die apostol. Sukzession wird aber anders aufgefaßt; der B. hat keine höheren Weihen und keine größere Lehrbefugnis als die ihm unterstellten Pfarrer. Der B. wird i. d. R. von der Synode auf Lebenszeit gewählt, kann aber u. U. wieder abberufen werden. – Auch die *Ostkirchen* kennen die apostol. Sukzession im B.amt, gegenüber der Gemeinde ist hier der B. „Bild" (Typos) Gottes und Vertreter Christi, v. a. bei der gottesdienstl. Feier. Er wird i. d. R. von einer bes. Wahlversammlung (B., Vertreter von Klerus und Laien) gewählt. – Zur Geschichte ↑ Hierarchie, ↑ Kirche, ↑ geistliche Fürsten.

Bischoff, Friedrich, bis 1933 Fritz Walter B., * Neumarkt (Schlesien) 26. Jan. 1896, † Großweier (Baden) 21. Mai 1976, dt. Schriftsteller. – Seit 1929 Rundfunkintendant in Breslau, 1933 amtsenthoben; 1945–65 Intendant des Südwestfunks; maßgebl. Wegbereiter des Hörspiels; von der schles. Mystik geprägter lyr. und erzähler. Werk, u. a. „Schles. Psalter" (Ged., 1936), „Der Wassermann" (R., 1937).

Bischoffwerder, Johann (Hans) Rudolf von, * Ostramondra bei Kölleda 13. Nov. 1741, † Marquardt bei Potsdam 31. Okt. 1803, preuß. General und Politiker. – Hatte entscheidenden Einfluß auf König Friedrich Wilhelm II.; wurde 1789 dessen Generaladjutant; seit 1791 eigtl. Leiter der preuß. Außenpolitik; 1797 entlassen.

Bischofshofen, östr. Marktgemeinde 45 km südlich von Salzburg, 551 m ü. d. M., 9 500 E. Flachglasherstellung, metallverarbeitende Ind.; Wintersport. Bahnknotenpunkt. – Schon in der Bronzezeit besiedelt (Kupferbergbau).

Bischofshut, außerliturg. Kopfbedeckung des kath. Bischofs, ein schwarzer Hut mit breiter Krempe und grüner Kordel.

Bischofskollegium ↑ Bischof.
Bischofskonferenzen ↑ Bischof.

Ernst Johann
Reichsgraf von Biron
(anonymer Stich)

Birnen				
Name	Frucht (Form, Farbe)	Fruchtfleisch	Geschmack	Verwendung
Alexander Lucas	groß, stumpfkegelförmig, zum Kelch hin dickbauchig	weiß, saftig	süß und leicht gewürzt	Tafelbirne
Bosc's Flaschenbirne	mittelgroß bis groß, flaschen- bis keulenförmig, kelchbauchig, rauhe, trockene Schale, hellgrün bis goldgelb, umbrafarbene Berostung	gelblich, saftig, schmelzend	süß, fein gewürzt	Tafelbirne
Champagnerbratbirne (Deutsche Bratbirne)	klein, mittel- bis kelchbauchig, gelblichgrün, fein bräunlich punktiert	weiß, grobkörnig, saftig		Mostbirne
Clapps Liebling	mittelgroß bis groß, dickbauchig, nach dem Stiel zu länglich ausgezogen, hellgrün bis goldgelb, fein rot punktiert, sonnenseits zinnoberrot verwaschen	gelblichweiß, saftig	angenehm aromatisch	Tafelbirne
Diels Butterbirne	groß bis sehr groß, breitbauchig, hellgrün bis ockergelb, rostrot punktiert bis rotfleckig	gelblichweiß, saftig, halbschmelzend	süß und würzig	Tafelbirne
Frühe aus Trévoux	mittelgroß bis länglichrund, grünlichgelb, später gelb, sonnenseits rotstreifig und getupft	weiß, schmelzend, saftig	wohlschmeckend, fein säuerlich gewürzt	Tafel- und Einmachbirne
Gellerts Butterbirne (Hardys Butterbirne)	mittelgroß bis groß, länglich-bauchig, rauhe, grünlich bis ockergelbe Schale, z. T. zimtfarbig berostet	gelblichweiß, sehr saftig	süßsäuerlich, stark aromatisch	Tafelbirne
Gräfin von Paris	groß, lang, gelblichgrün bis strohgelb, mit starker Berostung	schmutzigweiß, schmelzend	süß, schwach aromatisch	Tafelbirne
Grüne Jagdbirne	kaum mittelgroß, rundlich, graugrün, braun gepunktet mit rötlichem Schimmer	rötlichweiß, saftig	sehr herb	Mostbirne
Gute Luise (Gute Luise von Avranches)	mittelgroß, lang, hellgrün bis hellockerfarben, sonnenwärts rote, bräunlich punktierte Schale	gelblichweiß, saftig	feinwürzig, süß	Tafelbirne
Köstliche von Charneu (Bürgermeisterbirne)	mittelgroß, unregelmäßig geformt, grüngelb bis zitronengelb, sonnenseits bräunlichrot verwaschen, wachsartig bereift	gelblichweiß, saftig	süß, feinwürzig	Tafelbirne
Madame Verté	mittelgroß, breit kegelförmig, Schale hart, hellgelb bis orangefarben, berostet	gelblichweiß, schmelzend	süß, mit feinsäuerlichem Aroma	Tafel- und Wirtschaftsbirne
Pastorenbirne (Grüne Langbirne)	groß, lang, kelchbauchig, grüngelb, sonnenseits hellbräunlichrot, gepunktet	schmutzigweiß, halbschmelzend	süßsäuerlich, schwachwürzig	Tafel- und Wirtschaftsbirne
Präsident Drouard	meist groß, kelchbauchig, grünlichgelb	gelblichweiß, sehr saftig, schmelzend	süß, leicht gewürzt	Tafelbirne
Schinkenbirne (Hardenponts Winterbutterbirne, Amalia von Brabant)	mittelgroß bis groß, stark bauchig und beulig, derbe, hellgelbe Schale	weiß bis gelblich, sehr saftig	erfrischend	Tafelbirne
Vereins-Dechantsbirne	mittelgroß bis groß, kelchbauchig, zum Kelch hin gerippt, grün bis gelb, sonnenseits blaßrotbraun, punktiert	weißgelb, schmelzend, sehr saftig	angenehm würzig	Tafelbirne
Williams Christbirne	mittelgroß bis groß, mit deutlichen Erhebungen, kelchwärts schmal gerippt, gelbgrün bis hellgelb, mit zahlreichen zimtfarbenen Punkten	gelblichweiß, schmelzend, sehr saftig	feines, eigenartiges Aroma	Tafel- und Einmachbirne
Winter-Dechantsbirne	mittelgroß bis groß, rundlich, auch leicht beulig, dicke, schmutziggrüne bis gelbliche, sonnenwärts rötliche Schale, stark berostet	gelblichweiß, schmelzend, saftig	würzig	Tafel- und Wirtschaftsbirne

Bischofsmütze

Bischofsmütze, gärtner. Bez. für 2 nah verwandte Kakteenarten; beliebte, leicht zu ziehende Zierpflanzen: **Astrophytum capricorne** aus dem nördl. Mexiko, bis 25 cm hoch, zylindr., mit mehreren schmalen, vorspringenden Längsrippen, unregelmäßig gebogenen Dornen und trichterförmigen, zitronengelben Blüten mit tiefrotem Schlund; **Astrophytum myriostigma** aus M-Amerika, 5–8 Rippen, dornlos, aber dicht mit weißen Wollflöckchen bedeckt; Blüten hellgelb.
▷ ↑Mitra.

Bischofsring (Pastoralring, Pontifikalring), der goldene, mit Edelsteinen und einer Reliquie geschmückte Ring, den der kath. Bischof (auch Kardinal und Abt) als Zeichen der geistl. Vermählung mit seiner Kirche trägt.

Bischofsstab (lat. Baculus pastoralis; Krummstab), langer Stab (Schaft) mit oben meist spiralförmiger Krümmung (Krümme), Zeichen der bischöfl. Würde. Wie der *Bischofsring* zuerst im 7. Jh. in Spanien bezeugt und anfangs nur außerhalb des Gottesdienstes benutzt (Jurisdiktionszeichen).

Bischofsstab

Bischofswerda, Krst. in der Oberlausitz, Sa., 13 000 E. Glas-, Eisen-, keram. und Textilind. — Erstmals 1227, 1361 als Stadt erwähnt; 1813 von frz. Truppen niedergebrannt. **B.,** Landkr. in Sachsen.

Bise [frz. bi:z], trockenkalter Nord- bis Nordostwind im Vorland der schweizer. und frz. Alpen bei winterl. Hochdrucklagen.

Biserta, tunes. Hafenstadt und Seebad am Mittelmeer und am Zufahrtskanal zum **See von Biserta,** einer etwa 110 km² großen Lagune, 95 000 E. Verwaltungssitz des Governorats B.; Erdölraffinerie, Zement-, Reifenfabrik; Fischereihafen. — Im 11. Jh. v. Chr. phönik. Kolonie **Hippo Diarrhytus** (erster Kanalbau); 310 v. Chr. unter der Herrschaft des Tyrannen von Syrakus, dann römisch, im 7. Jh. arabisch, 1535–72 spanisch; 1620–42 Erneuerung des Forts (Piratenstützpunkt); 1881–1963 frz. — Altstadt mit Kasba, Großer Moschee (17. Jh.) und andalus. Viertel.

Bisexualität (Doppelgeschlechtlichkeit, Zweigeschlechtlichkeit), Sexualempfindung sowohl gegenüber einem Partner des gleichen als auch des anderen Geschlechts.

Bishop, Michael J. [engl. 'bɪʃəp], *York (Pa.) 22. Febr. 1936, amerikan. Mediziner. — Wiss. Tätigkeit in Washington, Hamburg, seit 1968 an der University of California (San Francisco) auf den Gebieten der Mikrobiologie und Immunologie. Erhielt 1989 den Nobelpreis für Physiologie oder Medizin (mit H. E. Varmus) für die Entdeckung des zellulären Ursprungs retroviraler Krebs- bzw. Onkogene.

Michael J. Bishop

Bishop-Ring [engl. 'bɪʃəp; nach dem amerikan. Missionar Sereno E. Bishop, †1909], atmosphär. Leuchterscheinung; breiter, rotbrauner Ring im Abstand von 20° bis 30° um die Sonne, der ein bläulichweiß leuchtendes Gebiet um die Sonne einschließt; bes. nach größeren Vulkanausbrüchen sichtbar.

Bisk, Stadt im nördl. Vorland des Altai, an der Bija, Rußland, 233 000 E. PH; Maschinenbau, Nahrungsmittel-, Textilind. Endpunkt der Bahnlinie von Nowoaltaisk. — Gegr. 1709; seit 1782 Stadt.

Biskaya, Golf von, 194 000 km² großer Golf des Atlant. Ozeans zw. der W-Küste Frankreichs und der N-Küste Spaniens; größte Tiefe 5 872 m; der Teil vor der span. Küste wird **Kantabrisches Meer** gen.; wegen seiner Stürme berüchtigt.

Biskayawal ↑Glattwale.

Biskra, alger. Oasenstadt am S-Fuß des Aurès, 124 m ü. d. M., 91 000 E. Hauptstadt des Wilayat B.; Kabelwerk; Dattelpalmenhaine, Anbau von Oliven u. a.; Erholungsort mit trockenem, kühlem Winterwetter; ⚕. — An der Stelle des röm. **Vescera** 1844 als frz. Militärstützpunkt gegr.

Biskuit [bɪs'kvi:t; frz.; zu lat. bis coctum „zweimal Gebackenes"], Feingebäck aus einem schaumigen Teig von Eiern, Zucker und Mehl.

Biskuitporzellan ↑Porzellan.

Biskupin, poln. Gemeinde 33 km nördlich von Gniezno (Gnesen), mit ehem. Inselsiedlung der Lausitzer Kultur; im 6.–5. Jh. durch eine 6 m hohe Holz-Erde-Mauer befestigt und durch eine Flügeltoranlage und einen Bohlenweg über den See zugänglich; im Innern gingen von einer Ringstraße 11 parallele Querstraßen ab mit Reihen rechteckiger Holzhäuser mit je einem Herd- und Wohnraum.

Bismarck (Bismark), altmärk. Adelsgeschlecht ab 1270; 1562 Tausch des altmärk. Sitzes gegen die ostelb. Besitzungen Schönhausen, Fischbeck und Crevese; wenig später Trennung in die beiden Hauptlinien *B.-Crevese* und *B.-Schönhausen;* 1817 entstand durch Heirat der gräfl. Zweig *B.-Bohlen* der Schönhausener Hauptlinie. Bed. Vertreter der Linie B.-Schönhausen:

B., Herbert Fürst von (seit 1898), *Berlin 28. Dez. 1849, †Friedrichsruh 18. Sept. 1904, dt. Diplomat. — Sohn von Otto Fürst von B.-Schönhausen, 1874–81 vorwiegend als dessen Privatsekretär tätig; Botschaftsrat 1882–84; 1886 Staatssekretär im Auswärtigen Amt; 1888–90 preuß. Staatsmin.

B., Klaus von, *Jarchlin (Pommern) 6. März 1912, dt. Rundfunkintendant. — Großneffe von Otto Fürst von B.-Schönhausen; 1960–76 Intendant des Westdt. Rundfunks Köln; 1977–89 Präs. des Goethe-Instituts.

Roger Bissière. Grün, 1960 (Paris, Galerie Bucher)

B., Otto von B.-Schönhausen (seit 1865 Graf, 1871 Fürst, 1890 Herzog von Lauenburg), *Schönhausen (Altmark) 1. April 1815, †Friedrichsruh 30. Juli 1898, preuß.-dt. Staatsmann. — Studierte in Göttingen und Berlin Jura. Dem Referendardienst (1836–39) folgten Jahre als Gutsherr. Sein Leben erhielt eine Wendung, als er im pietist. Freundeskreis seiner künftigen Frau Johanna von Puttkamer (⚭ 1847) Religiosität fand, die ihn später sein Handeln als Ausdruck göttl. Willens begreifen ließ. 1845 Abg. im sächs. Provinziallandtag, 1847 stellv. Mgl. des Vereinigten Landtags. Die Verteidigung der Vormachtstellung des landbesitzenden preuß. Adels wurde B. Leitprinzip. Aus dem Erlebnis der Revolution von 1848 und der Gegenrevolution wurden die Furcht vor dem Umsturz wie die Alternative eines Staatsstreichs Konstanten seines Denkens. Mitbegr. der Kreuzzeitung und der konservativen Partei, Mgl. der 2. preuß. Kammer (seit 1849) und des Erfurter Parlaments (1850/51). 1851–59 Vertreter Preußens am Bundestag in Frankfurt am Main, 1859–62 Gesandter in Rußland, seit dem Frühjahr 1862 in Frankreich. Als der preuß. Verfassungskonflikt und

Otto von Bismarck

die preußisch-östr. Auseinandersetzung um die polit. und wirtsch. Vorherrschaft in Mitteleuropa sich zuspitzten, wurde B. zum preuß. Min.präs. berufen (23. Sept. 1862, Außenmin. 8. Okt. 1862). Seine Lösung bestand darin, die innere und äußere Krise zusammenzuführen und dem Machtanspruch der Liberalen durch Lösung der dt. Frage „von oben" zu begegnen. Der Erfolg der Dt. Einigungskriege 1864, 1866, 1870/71 und ihre Ergebnisse (1866 Auflösung des Dt. Bundes, 1867 Gründung des Norddt. Bundes und 1871 Gründung des Dt. Reiches) beruhten auf der Verbindung festumrissener Kriegsziele nach außen und kalkulierter Integrationswirkung nach innen. 1871–90 war B. Reichskanzler, preuß. Min.präs. (außer 1872/73), Leiter der auswärtigen Politik und seit 1880 preuß. Min. für Handel und Gewerbe. B. Innenpolitik versuchte, die bestehende Sozialordnung mittels staatl. Autorität zu bewahren. B. förderte entscheidend den Zerfall des Liberalismus, um der Unterwerfung der monarch. Exekutive unter parlamentar. Mehrheiten vorzubeugen. Der Stärkung des preußisch-konservativen Charakters des Reiches sollte die Bekämpfung des polit. Katholizismus im Kulturkampf (seit 1872) und der Sozialdemokratie durch das Sozialistengesetz (1878) dienen sowie das Interessenbündnis von ostelb. Junkertum und Schwerindustrie in der Schutzzollpolitik (1879). Als epochemachend gilt bis heute die Einführung der Sozialversicherung. Nach 1871 war B. Außenpolitik zurückhaltend und auf Ausgleich bedacht. Aus der Furcht vor einem Deutschlands Existenz gefährdenden Zweifrontenkrieg war ihr Ziel die Sicherung des Friedens durch die Isolierung Frankreichs, Annäherung an Österreich-Ungarn und gute Beziehungen zu Rußland (Dreikaiserbund 1873 und 1881, Zweibund 1879, Dreibund 1882, Mittelmeerabkommen und Rückversicherungsvertrag 1887). Polit. Gegensätze zur militär. Führung, zur Umgebung des Kaisers und dessen ehrgeizigem Amtsverständnis führten im März 1890 zu B. Entlassung durch Wilhelm II. In der Bewertung B. nach 1945 stehen neben Reichsgründung und der Politik der Absicherung nach innen wie außen auch die Alternativen, die durch die vorläufige Oberhand der Machtstaates über Liberalismus und Demokratie verschüttet wurden. Ergebnisse seiner Politik waren auch Obrigkeitsstaat und Untertanengeist, Militarismus und die polit. Isolierung der Arbeiterschaft.

Bismarck [engl. 'bɪzmɑːk], Hauptstadt des Bundesstaates North Dakota, USA, am Missouri, 44500 E. Kath. Bischofssitz; Histor. Museum; Flußhafen und Handelszentrum. — Entstand 1873; seit 1889 Hauptstadt. — State Capitol (1932).

Bismarckarchipel, von Melanesiern bewohnte Inselgruppe nö. von ↑Papua-Neuguinea; z.T. vulkan., z.T. Koralleninseln.

Bismarckgebirge (Bismarck Range), eine der großen Gebirgsketten Neuguineas, bis 4694 m ansteigend.

Bismarckheringe [von einem Fischindustriellen nach Otto Fürst von Bismarck-Schönhausen ben.], in Essig mit Zwiebeln, Senfkörnern u. a. marinierte Heringe.

Bismillah [arab. „im Namen Gottes"], Formel, mit der jede Koransure beginnt.

Bison [german.-lat.], Gatt. massiger, bis 3,5 m körperlanger und bis 2 m schulterhoher Wildrinder mit 2 Arten: europ. ↑Wisent und der nordamerikan. **Bison** (Bison bison), bis etwa 3 m körperlang und bis 1,9 m schulterhoch, ♀♀ deutlich kleiner; dichtes Fell, gelblich-rotbraun bis dunkelbraun, der Vorderkörper schwarzbraun, Haare dort stark verlängert, zw. den Hörnern dicke Kappe bildend. ♂ und ♀ mit kurzen, seitlich stehenden Hörnern; ernährt sich hauptsächlich von Gräsern.

Bispel, kleinere mittelhochdt. ep. Reimpaardichtung, bei der sich an einen auf eine Skizze reduzierten Erzählteil eine umfangreichere Auslegung anschließt.

Biß ↑Gebiß.

Bissagosinseln, Inselgruppe vor der Küste von Guinea-Bissau, etwa 1500 km², größte Insel **Ilha de Orango**; dicht besiedelt; feuchtheißes, ungesundes Klima. — 1462 von Portugiesen entdeckt.

Bissau, Hauptstadt von Guinea-Bissau, 109000 E. Wichtigster Hafen und Hauptindustriezentrum des Landes; internat. ⚓. — 1687 gegründet.

Bissier, Julius Heinrich (Jules) [frz. bi'sje], * Freiburg im Breisgau 3. Dez. 1893, † Ascona 18. Juni 1965, dt. Maler. — Um 1930 löste er sich von gegenständl. Darstellung und gelangte zu einem eigenen abstrakten Stil; v. a. Tuschzeichnungen, seit 1947 Monotypien, seit 1956 farbige „Miniaturen".

Bison. Nordamerikanische Bisons

Bissière, Roger [frz. bi'sjɛːr], * Villeréal (Lot-et-Garonne) 22. Sept. 1888, † Marminiac (Lot) 2. Dez. 1964, frz. Maler. — Abstrakte Bilder, vorwiegend in Grün, Braun und Goldocker; sie sind durch ein feines Raster aus dunklen Strichen gegliedert.

Bißwunden, stichartige oder stumpfe, u. U. mit Quetschungen verbundene Verletzungen durch den Biß von Tier oder Mensch. Bes. Bisse von Tieren können durch die Übertragung von Krankheitserregern zu Entzündungen führen. Bei allen B. ist umgehende ärztl. Versorgung erforderlich.

bistabil, zwei stabile Zustände aufweisend.

Bister [frz.], aus Holzruß hergestellte bräunl. Wasserfarbe, zum Lavieren von Zeichnungen; zuerst im 14. Jh. in Italien.

Bistriţa [rumän. 'bistritsa] (dt. Bistritz), rumän. Stadt in Siebenbürgen, 73000 E. Hauptstadt des Verw.-Geb. B.-Năsăud; Nahrungsmittelind., Holzverarbeitung. — Im 12. Jh. von dt. Kolonisten angelegt; 1353 privilegierte Freistadt mit Marktrecht.

Bistritz ↑Bistriţa (Stadt).

B. (rumän. Bistriţa), rechter Nebenfluß des Sereth, Rumänien, entspringt als **Goldene Bistritz** im Rodnaer Gebirge, mündet 10 km südlich von Bacău, 290 km lang.

Bistro [frz.], in Frankreich kleine Schenke oder kleines Gasthaus.

Bistum ↑Diözese, ↑Stift.

Bisulfate, veraltete Bez. für ↑Hydrogensulfate.

Bisulfite, veraltete Bez. für ↑Hydrogensulfite.

Bisutun (pers. „Götterstätte"; nicht belegte Form Behistan), Felsmassiv im Sagrosgebirge, Iran, etwa 30 km nö. von Bachtaran; an der fast senkrecht aufsteigenden Ostwand des Felsmassivs in über 60 m Höhe ein bed. Denkmal des Darius I.: Relief (etwa 3 × 5,5 m) und dreisprachige altpersisch-elamisch-babylon. Inschrift. Das Relief zeigt links in Überlebensgröße den Großkönig, seinen linken Fuß auf den unter ihm liegenden Usurpator ↑Gaumata stellend, vor ihm neun gefangene Aufständische, sowie den Gott Ahura Masda als geflügelte Sonnenscheibe. Die Inschrift lieferte den Schlüssel zur Entzifferung der babylon. Keilschrift. — Abb. S. 74.

Bit (bit) [Kw. aus engl.: **bi**nary dig**it** „binäre Ziffer"], in der *Datenverarbeitung* und *Nachrichtentechnik* verwendete Einheit für die Anzahl von Zweierschritten (Binärentscheidungen), auch für die Zweierschritte selbst oder die einzelnen „Stellen" eines Binärcodeworts, die nur mit 0 oder 1 belegt sein können. Häufig verwendete Vielfache sind das *Kilobit* (kbit), 1 kbit = 2^{10} B. = 1024 B., und das *Megabit* (Mbit), 1 Mbit = 2^{20} B. = 1048576 Bit.

Bitburg

Bitburg, Krst. in der Eifel, Rhld.-Pf., 10 700 E. Verwaltungssitz des Landkr. B.-Prüm; Textilind., Maschinenbau, Brauerei. – 1262 Stadtrecht. Reste des röm. Kastells.

Bitburger Land, dt. Anteil am ↑Gutland.

Bitburg-Prüm, Landkr. in Rheinland-Pfalz.

Bitche [frz. bitʃ] ↑Bitsch.

Biterolf und Dietleib, bald nach 1250 wohl in der Steiermark entstandenes mhd. Heldenepos, in dem sich die Gestalten des Nibelungen- und des Dietrichkreises im Kampf messen.

Bithynien (lat. Bithynia), im Altertum Landschaft in NW-Kleinasien (etwa identisch mit dem heutigen türk. Verw.-Geb. Kocaeli); ben. nach dem thrak. Stamm der Bithynier; kam um 550 v. Chr. zu Lydien, 546 an Persien; Ende 5.Jh. v. Chr. erster größerer polit. Zusammenschluß; Erweiterung des bithyn. Gebietes und zunehmende Hellenisierung; 75 durch den Kg. testamentarisch an Rom übertragen, 74 als Prov. konstituiert und 64/63 mit Teilen von Pontus zu einer Prov. vereinigt, ab 395 n. Chr. oström.

Bitlis, türk. Stadt 20 km sw. des Vansees, 1 500 m ü. d. M., 23 000 E. Hauptstadt des Verw.-Geb. B.; Garnison, Tabakindustrie.

Bitola, Stadt südlich von Skopje, in Makedonien, 81 000 E. Theater, Museum, Univ. (gegr. 1979); Möbel-, Textil-, Leder-, Metallind. – Das antike **Herakleia Lynkestis** wird 1014 erstmals B. gen. 1395 von Türken erobert, im 17. Jh. (als **Monastir**) sunnit. Theologenschule; 1913 an Serbien. – Orientalisch geprägtes Stadtbild.

Bitonalität, Bez. für die gleichzeitige Verwendung zweier Tonarten, häufigste Form der ↑Polytonalität.

Bitonto, Stadt im Hinterland von Bari, Region Apulien, 51 200 E. Bischofssitz; Speiseölfabrikation, Wein-, Obst- und Gemüsehandel. – Kathedrale (1175–1200).

Bitow, Andrei Georgijewitsch, *Leningrad (= St. Petersburg) 27. Mai 1937, russ. Schriftsteller. – Gehört zur sog. Leningrader Schule der neuen russ. Erzählprosa; B. bevorzugt offene Formen wie das Reisebild. – *Werke:* Der große Luftballon (En., 1963), Armenische Lektionen (E., 1969), Die Rolle (R., 1976), Das Puschkinhaus (R., 1978), Statji is romana (Essays, 1986).

Bitsch (amtl. Bitche), Ort in Lothringen, Dep. Moselle, Frankreich, 5 600 E. Porzellanwarenherstellung, Kristallglasfabrik.

Bittage, Tage, an denen Bittprozessionen stattfinden. I. e. S. der Montag, Dienstag und Mittwoch vor Christi Himmelfahrt.

Bittel, Kurt, *Heidenheim an der Brenz 5. Juli 1907, †ebd. 30. Jan. 1991, dt. Prähistoriker und Archäologe. – 1938–45 und 1953–60 Direktor des Dt. Archäolog. Institutes in Istanbul; leitete ab 1931 die Ausgrabungen der Hethiterhauptstadt Hattusa (bei Boğazkale, Türkei); schrieb grundlegende Arbeiten zum prähistor. und frühantiken Kleinasien.

bittere Mandel (Bittermandel), Samen der Bittermandel, einer Varietät des Mandelbaums; enthält 30–50 % fettes Öl, 25–35 % Eiweißstoffe und bis 4 % Amygdalin. B. M. sind durch die bei fermentativem Abbau des ↑Amygdalins entstehende Blausäure giftig. Der Genuß größerer Mengen (bei Erwachsenen 50–60, bei Kindern 5–12) wirkt tödlich.

Bittererde ↑Magnesiumoxid.

Bitterfeld, Krst. im N der Leipziger Tieflandsbucht, Sa.-Anh., 20 000 E. Auf der Grundlage von Braunkohle (Tagebau) Chemiewerk, Ursache für starke Umweltbelastung in und um B.; Rohrleitungsbau, Baustoffind. – 1224 erstmals erwähnt, 1290 an das Hzgt. Sachsen, spätestens 1382 Stadt.

B., Landkr. in Sachsen-Anhalt.

Bitterling, (Bitterfisch, Blecke, Rhodeus sericeus) Karpfenfisch mit 2 Unterarten: im Amurbecken und in N-China der **Chinesische Bitterling** (Rhodeus sericeus sericeus); in langsam fließenden oder stehenden Gewässern M-, O- und SO-Europas sowie in Teilen Kleinasiens der **Europäische Bitterling** (Rhodeus sericeus amarus), bis knapp 10 cm lang, hochrückig, Rücken graugrün bis schwärzlich, Seiten heller, Bauch weiß; bis zur Schwanzwurzel blaugrüner Längsstrich; Aquarienfisch.

▷ (Blackstonia, Chlora) Gatt. der Enziangewächse mit nur wenigen Arten im Mittelmeergebiet und in M-Europa.

Bittermandel, svw. ↑bittere Mandel.

Bittermandelöl, meist aus Aprikosenkernen, seltener aus bitteren Mandeln, Kirsch- oder Pflaumenkernen gewonnenes äther. Öl, das bei der Spaltung des ↑Amygdalins entsteht. Vor der Verwendung des natürl. B. in der Lebensmittel- und Parfümind. muß die Blausäure (bis 3 %) wegen ihrer starken Giftigkeit entfernt werden.

Bittermittel (Amarum), bitter schmeckender Extrakt aus äther. Öle und Bitterstoffe enthaltenden Pflanzen (Wermut, Enzian), die appetitanregend und verdauungsfördernd wirken.

Bitterorange, svw. ↑Pomeranze.

Bitterpilz, svw. ↑Gallenröhrling.

Bitterroot Range [engl. ˈbɪtəruːt ˈreɪndʒ], Teil der Rocky Mountains, USA, im Trapper Peak 3 101 m hoch, im südl. auch **Beaverhead Range** genannt.

Bittersalz (Epsomit, Reichardtit), bitter schmeckendes Mineral, $MgSO_4 \cdot 7H_2O$; Dichte 1,68 g/cm^3, Mohshärte 2,5. B. ist ein kräftig abführendes, in vielen Mineralwässern (↑Bitterwässer) auftretendes Salz.

Bittersee, Großer ↑Großer Bittersee.

Bittersee, Kleiner ↑Kleiner Bittersee.

Bitterspat, svw. ↑Magnesit.

Bitterstoffe, Pflanzeninhaltsstoffe, die sich durch bitteren Geschmack auszeichnen, z. B. das Lupulon und das Humulon des Hopfens oder das Absinthin des Wermuts. Die B. wirken v. a. regulierend auf die Drüsen der Verdauungsorgane.

Bittersüß (Bittersüßer Nachtschatten, Solanum dulcamara), Nachtschattengewächs in den gemäßigten Zonen Eurasiens sowie in N-Afrika, in M-Europa in feuchten Gebüschen und Auwäldern; Halbstrauch, Blüten in Doldentrauben; mit roten, giftigen Beeren von anfangs bitterem, später süßl. Geschmack (↑Tabelle Giftpflanzen).

Bitterwasser (Bitterquelle), Mineralwasser mit relativ hohem Gehalt an Sulfationen, bes. Glauber- und Bittersalz (Natrium- bzw. Magnesiumsulfat), das zur Trinkkur geeignet ist; angewendet v. a. bei Erkrankungen von Magen, Darm, Leber und Galle.

Bittgebet ↑Gebet.

Bittner, Julius, *Wien 9. April 1874, †ebd. 10. Jan. 1939, östr. Komponist. – Komponierte volkstüml. Opern nach eigenen Texten, u. a. „Der Musikant" (1910), „Das höllisch Gold" (1916) sowie Orchester- und Kammermusik, Klavierwerke und Lieder.

Bittschrift, im Recht svw. ↑Petition.

Bitumen [lat. „Erdharz, Bergteer"], natürlich vorkommendes, braungelbes bis schwarzes Gemisch hochmoleku-

Bisutun. Denkmal des Darius I., Felsrelief, um 520 v. Chr.

Georges Bizet

Bjørnstjerne Bjørnson

larer Kohlenwasserstoffe (Naturasphalt), das bei der Vakuumdestillation des Erdöls nach Abtrennen der niedermolekularen, d. h. leichter flüchtigen Bestandteile zurückbleibt. B. dient als Bindemittel beim Bau von asphaltierten Straßendecken, als Abdichtungsmittel, wäßrige B.emulsionen als Kleb- und Bindemittel, der säureunempfindl. B.mörtel zur Kabelisolierung.

Biturigen (Bituriger), kelt. Stamm in Aquitanien, mit den Teilstämmen der Bituriges Cubi, Hauptort Avaricum (= Bourges), und der Bituriges Vivisci, Hauptort Burdigala (= Bordeaux).

Bitzler ↑ Federweißer.

Biuret [Kw.], das Amid der Allophansäure $H_2N-CO-NH-CO-NH_2$; entsteht durch Ammoniakabspaltung aus Harnstoff. Mit Kupferionen reagiert B. in alkal. Lösungen unter Bildung einer intensiv violetten Komplexverbindung; diese als *Biuretreaktion* bezeichnete Komplexbildung ist charakteristisch für alle Eiweißstoffe, Peptone und Peptide mit mindestens zwei CO–NH-Gruppen im Molekül.

Bivalvia [lat.], svw. ↑ Muscheln.

Biwa [jap.], jap. Lauteninstrument (Baßlaute) chin. Herkunft (Biba), mit birnenförmigem Korpus.

Biwak [frz.; zu niederdt. biwake „Beiwache"], Lager im Freien (auch in Zelten oder Hütten), bes. von Soldaten oder Bergsteigern.

Biwasee, größter See Japans, auf Honshū, 675 km², bis 96 m tief; fischreich.

Bixin [indianisch] ↑ Orlean.

Biya, Paul, * Mvoméka (S-Kamerun) 13. Febr. 1933; kamerun. Politiker. – 1975–82 Premiermin.; wurde 1982 Staatspräs. und 1983 Vors. der Union Nationale Camerounaise.

BIZ, Abk. für: **B**ank für **I**nternat. **Z**ahlungsausgleich.

bizarr [italien.-frz.], seltsam, absonderlich geformt; schrullig; **Bizarrerie**, Absonderlichkeit, wunderl. Idee.

Bizeps [lat.], Muskel mit 2 Ursprüngen (Köpfen); im besonderen der zweiköpfige Oberarmmuskel, der vom Schulterblatt zum Unterarm zieht und den Arm im Ellbogengelenk beugt.

Bizet, Georges [frz. bi'zɛ], eigtl. Alexandre César Léopold B., * Paris 25. Okt. 1838, † Bougival (Hauts-de-Seine) 3. Juni 1875, frz. Komponist. – Seine frühen Opern „Die Perlenfischer" (1863) und „Das schöne Mädchen von Perth" (1867) zeigen Einflüsse v. a. von Gounod, Meyerbeer und Verdi; sein Durchbruch erfolgte mit der Suite „L' Arlésienne" (1872); die Oper „Carmen" (1875) brachte nach anfängl. Mißerfolg Welttruhm. B. komponierte neben weiteren dramat. Werken auch Orchestermusik (u. a. Sinfonie C-Dur), Kirchenmusik, Klavierstücke und Lieder.

Bizone, Bez. für den 1947 erfolgten Zusammenschluß der amerikan. und brit. Besatzungszone zu einem einheitl. Wirtschaftsgebiet. Der Wirtschaftsrat der B. stellte als eine Art Wirtschaftsparlament eine Vorform der westdt. Regierung dar; am 8. April 1949 durch Anschluß der frz. Besatzungszone zur Trizone erweitert.

Bjerknes, Vilhelm [norweg. ‚bjærkne:s], * Kristiania 14. März 1862, † Oslo 9. April 1951, norweg. Geophysiker. – Stellte eine Theorie über die Entwicklung eines Tiefdruckgebietes (↑ Polarfronttheorie) auf und entwickelte neue Arbeitsmethoden für die Meteorologie und die Ozeanographie.

Björkö, finn. Insel im Bottn. Meerbusen; hier unterzeichneten Kaiser Wilhelm II. und Zar Nikolaus II. ein vorherige diplomat. Absprache – am 24. Juli 1905 Kaiser Wilhelm II. und Zar Nikolaus II. ein dt.-russ. Defensivbündnis.

Bjørnson, Bjørnstjerne [norweg. 'bjø:rnsɔn], * Kvikne (Østerdal) 8. Dez. 1832, † Paris 26. April 1910, norweg. Dichter und Politiker. – Theaterleiter in Bergen und Oslo; engagierte sich politisch, trat für die Unabhängigkeit Norwegens und eine norweg. Demokratie ein, bemühte sich um die Norwegisierung des Theaters und die Volkshochschulbewegung; Hg. verschiedener Zeitschriften. Seine dichter. Anfänge zeigen ihn im Bann der Romantik. Beeinflußt von G. Brandes und den frz. Realisten, fand er zum Realismus und wurde zum Erneuerer der norweg. Literatur. Nobelpreis 1903. – *Werke:* Synnøve Solbakken (E., 1857), Arne (E., 1858), Sigurd Slembe (Dr., 1862), Arnljot Gelline (Epos, 1875), Über die Kraft (Dr., 1883), Flaggen über Stadt und Land (R., 1884), Auf Gottes Wegen (R., 1889), Paul Lange (Dr., 1899).

Björnsson, Sveinn [isländ. 'bjœsɔn], * Kopenhagen 27. Febr. 1881, † Bessastaðir bei Reykjavík 25. Jan. 1952, isländ. Politiker. – Während der dt. Besetzung Dänemarks 1941–43 isländ. Reichsvorsteher; 1944–52 erster Präs. der Republik Island.

Bk, chem. Symbol für ↑ Berkelium.

BKA, Abk. für: **B**undes**k**riminal**a**mt.

B. L., Abk:
▷ für **B**enevole **L**ector [lat. „geneigter Leser"].
▷ für **B**achelor of **L**aw [engl. „Bakkalaureus der Rechte"].

Blacher, Boris, * Niuzhuang (Prov. Liaoning, China) 19. Jan. 1903, † Berlin 30. Jan. 1975, dt. Komponist. – 1953–70 Direktor der Staatl. Hochschule für Musik in Berlin. Komponierte Orchestermusik (u. a. „Concertante Musik", 1937; Konzerte für Klavier, Violine und Bratsche), Klavier- und Kammermusik (5 Streichquartette), Opern („Abstrakte Oper Nr. 1", 1953; „Yvonne, Prinzessin von Burgund", 1972), Ballette („Hamlet", 1949; „Tristan", 1965), Oratorien und Lieder.

Boris Blacher

Black, [engl. blæk], Sir (seit 1981) James Whyte, * Uddingston (Schottland) 14. Juni 1924, brit. Pharmakologe. – Prof. in London; erhielt für bahnbrechende Forschungsarbeiten zur Entwicklung von Arzneimitteln (mit G. B. Elion und G. H. Hitchings) 1988 den Nobelpreis für Physiologie oder Medizin.

B., Joseph, * Bordeaux 16. April 1728, † Edinburgh 10. Nov. 1799, schott. Chemiker. – Prof. in Glasgow und Edinburgh; wurde dank genauer quantitativer Untersuchungen neben Lavoisier einer der Schöpfer der exakten pneumat. Chemie; zur physikal. Chemie leistete er einen wichtigen Beitrag durch die Entdeckung der latenten Wärme.

Black Belt [engl. 'blæk bɛlt], Zone dunkler Böden in den USA, die sich in einer Breite von 15–50 km von O-Alabama aus bis nach NO-Mississippi erstreckt.

B. B., Bez. für von Schwarzen bewohnte Viertel nordamerikan. Großstädte.

Black-Bottom [engl. 'blæk bɔtəm], amerikan. Modetanz vom Ende der 1920er Jahre in synkopiertem ⁴/₄-Takt, gehört musikalisch zur Gattung des Ragtime.

Black Box ['blæk bɔks; engl. „schwarzer Kasten"], Teil eines kybernet. Systems mit unbekanntem innerem Aufbau, von dem man nur eine an Ausgang ablesbare Reaktion auf bekannte Eingangssignale kennt. Aus den Beziehungen zw. Eingangs- und Ausgangssignalen läßt sich u. U. die Struktur der B. B. erschließen.

James Whyte Black

Blackburn [engl. 'blækbə:n], Stadt in NW-England, 30 km nw. von Manchester, bildet mit **Darwen** eine Agglomeration von 88 000 E. Anglikan. Bischofssitz; Maschinenbau, chem., Papier- und Elektroindustrie.

Blackett, Patrick Maynard Stuart Baron B. of Chelsea (seit 1969) [engl. 'blækit], * London 18. Nov. 1897, † ebd. 13. Juli 1974, brit. Physiker. – Prof. in Manchester und London; Arbeiten auf dem Gebiet der Kernphysik, der Höhenstrahlung sowie des Erdmagnetismus. Beobachtete erstmals die Bildung von Elektron-Positron-Paaren aus Gammaquanten. Nobelpreis für Physik 1948.

Blackfoot [engl. 'blækfut] (Schwarzfuß[indianer]), Konföderation von drei Algonkinstämmen in den nördl. Great Plains: Blackfoot, **Blood** und **Piegan** (etwa 18 000).

Black Hills ['blæk 'hilz], Bergland im sw. South Dakota und in NO-Wyoming, USA, im Harney Peak 2 207 m ü. d. M.

Patrick Maynard Stuart Blackett

Black Muslims ['blæk 'mʊslimz; engl. „schwarze Muslime"], straff organisierte religiöse Bewegung von Schwarzen in den USA, die sich offiziell *„Lost-Found Nation of Islam in North America"* („Verlorene und wiedergefundene Nation des Islams in Nordamerika") nennt; 1932 von Elijah Muhammad begr. Die religiöse Sonderstellung des Gründers und das Ziel der Regierung der Erde durch die

Blackout

Schwarzen sondert die B. M. vom übrigen Islam ab. Schätzungen über die Zahl der B. M. schwanken zw. 100 000 und 200 000.

Blackout ['blɛkaʊt; eigtl. „Verdunkelung"], plötzl. Abdunkeln der Szene bei Bildschluß im Theater.
▷ im Theater, Film oder Fernsehen kurze Szenenfolge, die eine unvermittelte Schlußpointe setzt.
▷ kleiner Sketch, der eine unvermittelte Schlußpointe setzt und/oder mit plötzl. Verdunkeln endet.
▷ in der *Medizin* vorübergehende Einschränkung der Sehfähigkeit infolge ungenügender Durchblutung der Netzhaut; kann unter Einwirkung hoher Beschleunigung beim Fliegen auftreten. Auch für gleichartige Zustände bei akutem Ausfall der Hirntätigkeit angewandt. Umgangssprachlich auch für plötzl., vorübergehenden Verlust des Erinnerungsvermögens (sog. Gedächtnislücke).
▷ Aussetzen des Empfangs von Radiowellen (Kurzwellen) infolge des Mögel-Dellinger-Effektes. Auch Bez. für den Ausfall jegl. Funkverbindung zw. einem Raumflugkörper und den Bodenstationen bei seinem Eintritt in die Erdatmosphäre (infolge Ionisation der umgebenden Atmosphäre).
▷ totaler Stromausfall.

Black Panther Party [engl. 'blæk 'pænθə 'pɑːti], radikale Organisation von Schwarzen in den USA; im Rahmen der Black-Power-Bewegung 1966 in Oakland (Calif.) gegr.; ben. nach ihrem Symbol, einem springenden Panther; seit 1973 ging ihre Bedeutung stark zurück.

Blackpool [engl. 'blækpuːl], Seebad 45 km nördlich von Liverpool, Großbritannien, 144 000 E. Internat. Geschenkartikelmesse; Leichtmaschinenbau, Flugzeug-, Textil-, Nahrungsmittelind.; ⚓.

Black Power ['blæk 'paʊə; engl. „schwarze Macht"], seit 1965/66 Schlagwort des radikaleren Teils der Bürgerrechtsbewegung in den USA; bezeichnet den Versuch der Kontrolle der polit., sozialen und kulturellen Sphären durch die amerikan. Schwarzen. Im Selbstverständnis dieser Bewegung wurde dem Erfolgsdrang, Geschäftsgeist und Rationalismus der Weißen ein reicheres Seelenleben der Schwarzen als Kern ihrer Überlegenheit gegenübergestellt („Soul", „Black supremacy", „black is beautiful"). Vor dem Hintergrund der Rassenunruhen 1963–68 betonten Gruppen wie Black Panther Party und Black Muslims die B.-P.-Ideologie. Heute erstreckt sich die seit 1973 nicht mehr einheitl. B.-P.-Bewegung über ein breites ideolog. Spektrum, das „schwarzen Kapitalismus" ebenso umfaßt wie die polit. Mobilisierung von Schwarzen für Wahlen oder die Aufforderung zum bewaffneten Kampf; ihre Ziele reichen vom Bekenntnis zum gesellschaftl. Pluralismus bis zum Separatismus.

Eugene Carson Blake

Blackstone, Sir William [engl. 'blækstən], *London 10. Juli 1723, †ebd. 14. Febr. 1780, engl. Jurist. – 1753–63 Prof. in Oxford; berühmt durch seine „Commentaries on the Laws of England" (1765–69), die das damals geltende engl. Recht allg. verständlich darstellten und die Rechtsentwicklung in Großbritannien und v. a. in den USA in ungewöhnl. Maße beeinflußten.

Blaffert [german.-mittellat., eigtl. „der Bleichfarbene"], (Blafferdt, Blappart, Plappart, Plappert) Münze in Form eines Brakteaten, 1329–1542 in Norddeutschland geprägt.
▷ in Süddeutschland geprägte Münze; frz. Groschen und Halbgroschen, dann jeder Halbgroschen, v. a. in der Schweiz.

Blagonrąwow, Anatoli Arkadjewitsch, *Ankowo bei Moskau 1. Juni 1894, †Moskau 4. Febr. 1975, sowjet. Ingenieur und Generalleutnant der Artillerie. – Konstruierte die Stalinorgel und war am Entwurf russ. Raumfahrzeuge beteiligt.

Blagowęschtschensk, Hauptstadt des Gebietes Amur in Rußland, O-Sibirien, 206 000 E. Vier Hochschulen; Werft, Maschinenbau; Stichbahn zur Transsib, ⚓. – 1856 gegr., seit 1858 Stadt.

Blähungen (Blähsucht, Flatulenz, Meteorismus), Dehnung des Magen-Darm-Traktes durch übermäßige Gasfüllung (Stickstoff, Kohlendioxid, Schwefelwasserstoff oder Methan). Die Gase entstehen im Dickdarm **(Darmgase)** durch abnorm starke Gärungs- und Fäulnisprozesse nach Genuß blähender Nahrungsmittel (z. B. Hülsenfrüchte, Kohl, frisches Schwarzbrot) oder z. B. durch Verschlucken größerer Luftmengen. Bei Tieren ↑Trommelsucht.

Blaich, Hans Erich, dt. Schriftsteller, ↑Owlglaß, Dr.

Blaine, James Gillespie [engl. bleɪn], *West Brownsville (Pa.) 31. Jan. 1830, †Washington 27. Jan. 1893, amerikan. Politiker; Mitbegründer der Republikanischen Partei; nach erfolglosen Präsidentschaftskandidaturen 1881 und 1889–92 Außenmin.; berief 1889 den ersten Panamerikan. Kongreß ein.

Blair [engl. blɛə], Eric Arthur ↑Orwell, George.
B., Hugh, *Edinburgh 7. April 1718, †ebd. 27. Dez. 1800, schott. Geistlicher und Schriftsteller. – Einflußreicher Prediger; seine „Vorlesungen über Rhetorik und schöne Wissenschaften" (4 Bde., dt. 1785–89) beeinflußten die engl. Romantiker.
B., Robert, *Edinburgh 17. April 1699, †Athelstaneford (East Lothian) 4. Febr. 1746, schott. Geistlicher und Dichter. – Steht mit seiner religiös-schwermütigen Blankversdichtung „The grave" (1743) im Rahmen der Friedhofspoesie.

Blaj [rumän. blaʒ] (dt. Blasendorf), siebenbürg. Stadt, Rumänien, nö. von Alba Iulia, 22 500 E. Erzbischofssitz. Holzverarbeitung. – Erstmals 1271 als **Villa Herbordi** erwähnt. Auf dem Freiheitsfeld bei B. forderten 1848 über 40 000 siebenbürg. Rumänen die Aufhebung der Leibeigenschaft sowie Gleichberechtigung.

Blake [engl. bleɪk], Eugene Carson, *Saint Louis 7. Nov. 1906, †Stamford (Conn.) 31. Juli 1985, amerikan. presbyterian. Theologe. – 1966–72 Generalsekretär des Ökumen. Rates der Kirchen.
B., Robert, *Bridgwater (Somerset) im Aug. 1599, †auf See vor Plymouth 7. Aug. 1657, engl. Admiral. – Anhänger Cromwells, der ihm 1649 den Oberbefehl über die Flotte übertrug; Mitbegr. der engl. Seeherrschaft.
B., William, *London 28. Nov. 1757, †ebd. 12. Aug. 1827, engl. Dichter und Maler. – Ausbildung als Kupferstecher. Seit 1795 schuf B. große Farbdrucke sowie Gemälde zu Themen aus der Bibel (Buch „Hiob"), nach Shakespeare und Milton, zu Youngs „Nachtgedanken", zu Dantes „Göttl. Komödie" sowie zu eigenen literar. Werken in einem phantast. Stil und flächiger Auffassung. B. gilt als Vorläufer der Präraffeliten sowie des Jugendstils. Als Dichter entwickelte er für seine irrationale mytholog. und kosmogon. Dichtung eine verrätselnde Symbolik. – *Literar. Werke:* Lieder der Unschuld (Ged., 1789), Lieder der Erfahrung (Ged., 1794), The book of Urizen (Epos, 1794), Milton (Epos, 1808),

William Blake. Elohim erschafft Adam, 1795 (London, Tate Gallery)

Blakey, Art [engl. 'blɛɪkɪ], * Pittsburgh 11. Okt. 1919, † New York 16. Okt. 1990, amerikan. Jazzmusiker. – Explosivrhythm. Schlagzeuger des Hard-Bop mit starkem Interesse für afrokuban. und die bes. vielfältige ind. Rhythmik.

Blamage [bla'ma:ʒə; zu frz. blâmer „tadeln" (von griech.-lat. blasphemare „lästern")], Beschämung, Bloßstellung, Schande; **blamieren,** bloßstellen, beschämen.

Blanc, [Jean Joseph] Louis [frz. blã], * Madrid 29. Okt. 1811, † Cannes 6. Dez. 1882, frz. Sozialist und Historiker. – Forderte in seiner 1839 erschienenen populären Schrift „L'organisation du travail" vom Staat die Errichtung „sozialer Werkstätten" in Form von Arbeiterproduktionsgenossenschaften. Nach der Februarrevolution 1848 versuchte er als Mgl. der Provisor. Reg. und Präs. ihrer Arbeiterkommission erfolglos, seine Vorstellungen zu realisieren („Nationalwerkstätten"); mußte 1848 aus Paris fliehen; lebte 1854–70 in Großbritannien.

Blanc [blã:; frz. „Weißer"], gering silberhaltige frz. Groschenmünze, 1352 eingeführt.

Blanca, Bahía [span. ba'ia 'βlaŋka], eine 70 km tief ins Land reichende Bucht des Atlantiks in Argentinien.

Blanca, Cordillera [span. kɔrði'jera 'βlaŋka], der östl. Teil der Westkordillere im westl. Z-Peru, im Huascarán 6768 m hoch.

Blanc fixe [frz. blã'fiks] ↑ Bariumsulfat.

Blanchard, Jean-Pierre (auch François gen.) [frz. blã-'ʃa:r], * Les Andelys (Eure) 4. Juli 1750, † Paris 7. März 1809, frz. Ballonfahrer. – Überquerte 1785 zus. mit dem Amerikaner J. Jeffries als erster den Kanal.

Blanche de Castille [frz. blãʃdəka'stij], Königin von Frankreich, ↑ Blanka.

Blanchieren [blã'ʃi:rən; frz.], kurzzeitiges Erhitzen von Lebensmitteln zur Zerstörung von Enzymen, zum Abtöten von Mikroorganismen und zur Beseitigung unerwünschter, bitterer Geschmacksstoffe.
▷ Glätten der Fleischseite von gegerbtem Leder.

Blanchot, Maurice [frz. blã'ʃo], * Quain (Saône-et-Loire) 19. Juli 1907, frz. Schriftsteller. – B. zählt zu den Anregern des Nouveau roman und der Nouvelle critique. Schrieb u. a. „Die Frist" (R., 1948), „L'espace littéraire" (Essay, 1955), „Le pas au-dela" (Prosa, 1973).

Blanco Fombona, Rufino, * Caracas 17. Juni 1874, † Buenos Aires 16. Okt. 1944, venezolan. Schriftsteller. – Als Lyriker wichtigster Vertreter des venezolan. Modernismo, als Romancier behandelt er mit naturalist. Techniken die gesellschaftl. und polit. Zustände in Venezuela; auch Essayist und Historiker.

Blank, Theodor, * Elz (Hessen) 19. Sept. 1905, † Bonn 14. Mai 1972, dt. Politiker. – MdB (CDU) seit 1949; 1955/56 erster Verteidigungsmin. der BR Deutschland, 1957–65 Bundesmin. für Arbeit und Sozialordnung.

Blanka (Blanche de Castille), hl., * Palencia 4. März 1188, † Kloster Maubuisson (= Paris) 26. oder 27. Nov. 1252, Königin von Frankreich. – Tochter Alfons' VIII. von Kastilien, seit 1200 ∞ mit König Ludwig VIII. von Frankreich; beendete während der Regentschaft für ihren unmündigen Sohn Ludwig IX. (1226–34) die Albigenserkriege. – Fest: 1. Dezember.

Blänke, seemänn. Bez. für den ersten Tagesschimmer.

Blankenberge [niederl. 'blaŋkənbɛrxə], belg. Nordseebad 15 km nw. von Brügge, 15 200 E. Fischereihafen.

Blankenburg, Bad ↑ Bad Blankenburg.

Blankenburger Allianz ↑ Evangelische Allianz.

Blankenburg/Harz, Stadt im Harz, Sa.-Anh., 19 000 E. Metallind. – Entstand um 1200 im Schutz der Burg (12. Jh. ⌂) auf dem Blankenstein; Stadtrecht um 1350. – Barockes Schloß (1705–18), Kleines Schloß (1725; 1777 umgestaltet); Rathaus im Renaissancestil.

Blankenstein ↑ Hattingen.

Blankett [frz.], 1. Bez. für das einem anderen mit einer Blankounterschrift übergebene Schriftstück, das dieser absprachegemäß vervollständigen soll. 2. Wertpapiervordruck, zu dessen Rechtsgültigkeit noch wichtige Eintragungen fehlen.

Blankettgesetz, Rechtsvorschrift, die eine Rechtsfolge anordnet, aber die Bestimmung der Voraussetzungen hierfür anderen Rechtsvorschriften (meist Ausführungsbestimmungen) überläßt.

blanke Waffen, im Ggs. zu den Feuerwaffen die Hieb- und Stichwaffen wie Säbel, Seitengewehr, Dolch und Lanze.

Blankleder, Leder für Koffer, Riemen u. a.; meist pflanzlich gegerbtes Rindsleder.

blanko [zu italien. bianco „weiß" (d. h. unbeschrieben)], *Papier:* svw. unbedruckt, unliniert (nicht notwendigerweise: weiß); *Wertpapiere:* svw. nicht vollständig ausgefüllt, d. h. mindestens ein wesentl. Bestandteil fehlt.

Blankoakzept, ein noch nicht vollständig ausgefülltes Akzept. Der Akzeptant erklärt die Annahme, obwohl Wechselsumme oder Verfalltag noch nicht eingetragen sind.

Blankokredit (Personalkredit), nicht dinglich gesicherter Kredit.

Blankoscheck, unterschriebener Scheck, bei dem der Betrag nachträglich eingesetzt wird.

Blankounterschrift, Unterschrift vor Fertigstellung des dazugehörenden Textes.

Blankovollmacht, svw. Generalvollmacht.

Blankozession, Abtretung einer Forderung oder eines Rechts durch eine Urkunde, in der Name des neuen Gläubigers offengeblieben ist.

Blankvers [zu engl. blank verse „reiner, reimloser Vers"], reimloser Jambus i. d. R. mit fünf ↑ Hebungen (Füßen). Als Dramenvers findet sich der B. zuerst in der engl. Literatur, wo er u. a. von C. Marlowe und Shakespeare zum Vers des elisabethan. Dramas gemacht wurde. Im 17. Jh. fand er Eingang in das engl. Epos. Seit dem 18. Jh. (J. E. Schlegel, Lessing, Wieland, Klopstock) verdrängte er ↑ Alexandriner aus dem dt. Drama. Er wurde v. a. der Vers des klass. dt. Dramas (Schiller, Goethe).

Blanqui, Louis Auguste [frz. blã'ki], * Puget-Théniers (Alpes-Maritimes) 1. Febr. 1805, † Paris 1. Jan. 1881, frz. Sozialist und Revolutionär. – Nahm als einer der Führer der republikan. Opposition aktiv an allen Aufständen gegen die Julimonarchie teil; organisierte 1848 Arbeiterdemonstrationen. 1865–70 im Exil; nach Verhaftung 1871 in den Rat der Pariser Kommune gewählt. Wegen seiner Putschversuche verbrachte B. insgesamt 36 Jahre im Gefängnis (1879 begnadigt); er verfaßte Schriften zur polit. Ökonomie sowie Abhandlungen über die Technik der Verschwörung und des bewaffneten Aufstandes, die die spätere kommunist. Bewegung wesentlich beeinflußten. Seine Anhänger nannten sich **Blanquisten.**

Blanton, Jimmy [engl. 'blæntən], * Saint Louis (Mo.) 1921, † Monrovia (Calif.) 30. Juli 1942, amerikan. Jazzmusiker. – Als Bassist 1939–41 Mgl. des Orchesters Duke Ellingtons; Vorbild für die bedeutendsten nachfolgenden Jazzbassisten.

Blantyre [engl. blæn'taɪə], größte Stadt Malawis und Verwaltungszentrum einer Region, im S des Landes, 1 100 m ü. d. M., 355 000 E. Sitz eines kath. Erzbischofs und anglikan. Bischofs. Polytechnikum; Nationalmuseum; Handels-, Ind.- und Verkehrszentrum des Landes; internat. ✈. – B., 1876 als Missionsstation gegr., erhielt 1895 Stadtrecht und wurde 1956 mit **Limbe,** gegr. 1909, vereinigt.

Blanvalet Verlag ↑ Verlage (Übersicht).

Blappart, svw. ↑ Blaffert.

Blarer (Blaurer), Ambrosius, * Konstanz 4. April 1492, † Winterthur 6. Dez. 1564, dt. Reformator. – Freund Melanchthons; Prior im Benediktinerkloster Alpirsbach; seit 1525 Prediger in Konstanz; führte die Reformation in Süddeutschland mit ein.

Bläschenausschlag (Bläschenflechte), in der Medizin eine akute Virusinfektion der Haut (↑ Herpes).

Bläschendrüse, paarige, am Grund der Harnblase gelegene Geschlechtsdrüse des Mannes und vieler männl. Säugetiere (veraltet Samenblase), deren Sekret Bestandteil der Samenflüssigkeit ist.

Bläschenfollikel ↑ Eifollikel.

Art Blakey

Louis Auguste Blanqui

Blaschke

Wilhelm Johann Eugen Blaschke

Vicente Blasco Ibáñez

Johannes Albrecht Blaskowitz

Blaschke, Wilhelm Johann Eugen, *Graz 13. Sept. 1885, †Hamburg 17. März 1962, östr. Mathematiker. – Prof. u. a. in Hamburg; zahlr. Arbeiten v. a. auf den Gebieten der affinen Differentialgeometrie, der Integralgeometrie und der Kinematik; begr. die topolog. Differentialgeometrie.

Blasco Ibáñez, Vicente [span. 'blasko i'βaɲeθ], *Valencia 29. Jan. 1867, †Menton (Frankreich) 28. Jan. 1928, span. Schriftsteller. – Wurde als Republikaner mehrfach verhaftet; bedeutendster Vertreter des span. Naturalismus. Nach Romanen und Erzählungen aus seiner Heimat behandelte er sozialist. und antiklerikale Themen; schrieb später histor. Romane. – *Werke:* Die Scholle (R., 1901), Die Bodega (R., 1905), Die apokalypt. Reiter (R., 1916).

Blase, (Vesica) in der *Anatomie* sackförmiges, mit Schleimhaut ausgekleidetes Hohlorgan zur Aufnahme von Körperflüssigkeiten (z. B. Gallen-B., Harn-B.) oder von Gasen (z. B. die Schwimm-B. bei Fischen).
▷ (Bulla, Hautblase) in der *Medizin* die blasenförmige Ablösung der obersten Schicht von Haut und Schleimhaut, unter der sich Luft oder Flüssigkeit (z. B. Wasser-B., Eiter-B., Blut-B.) ansammeln kann; verursacht durch Quetschung, Verbrennung, Wundlaufen oder Infektion.
▷ ältere Bez. für einen Behälter, der zur Durchführung einer Destillation dient.

Blasebalg, Gerät zur Erzeugung eines Luftstroms, im einfachsten Fall ein [Leder]balg, der zw. zwei durch ein Gelenk verbundenen [Holz]platten befestigt ist. Beim Auseinanderziehen der Platten wird Luft durch ein sich nach innen öffnendes Ventil in den Balg gesaugt, beim Zusammendrücken durch einen Austrittsstutzen aus ihm hinausgeblasen.

Blasenauge ↑ Auge.
Blasenausschlag (Blasensucht, Pemphigus), Oberbegriff für durch Blasenbildung charakterisierte, meist chron. Erkrankungen der Haut und Schleimhäute mit gestörtem Allgemeinbefinden. Wucherungen und Narben können auftreten. Die Ursache ist unbekannt.
Blasenblutung, svw. ↑ Blutharnen.
Blasendorf ↑ Blaj.
Blasenentzündung ↑ Harnblasenkrankheiten.
Blasenfarn (Cystopteris), fast weltweit verbreitete Gatt. der Tüpfelfarngewächse mit 5 Arten, v. a. in Bergwäldern; zierl., niedrige Farne mit feingefiederten Blättern, Sporangienhäufchen an der Blattunterseite von einem blasenförmigen Häutchen umgeben.
Blasenfüße (Fransenflügler, Thysanoptera), weltweit verbreitete Ordnung 1–2 mm langer, unscheinbarer brauner oder schwarzer (auch gelber) Insekten mit etwa 2 000 Arten, davon ca. 300 einheimisch; Körper fast immer langgestreckt; Beine kurz und kräftig, mit endständiger Haftblase zw. den beiden Krallen des letzten Fußgliedes. Viele Arten werden an Kulturpflanzen schädlich.
Blasenkäfer, svw. ↑ Ölkäfer.
Blasenkammer (Glaser-Kammer), kernphysikal. Gerät, bestehend aus einem Gefäß mit einer überhitzten und unter Druck stehenden Flüssigkeit (z. B. flüssiger Wasserstoff) zw. den Polen eines Magneten. In die B. eintretende Teilchen erzeugen längs ihrer Bahn (durch örtl. Aufhebung des Siedeverzugs) Dampfbläschen. Aufnahmen der Bahnspuren geben Aufschluß über Teilchenreaktionen in der B.; aus Bahnlänge und -krümmung lassen sich Energie, Impuls und Ladung berechnen.
Blasenkatarrh, svw. Blasenentzündung (↑ Harnblasenkrankheiten).
Blasenkrampf ↑ Harnblasenkrankheiten.
Blasenkrankheiten, svw. ↑ Harnblasenkrankheiten.
Blasenkrebs ↑ Harnblasenkrankheiten.
Blasenläuse (Pemphigidae), weltweit verbreitete Fam. der Blattläuse, die häufig an Laubbäumen und Kräutern blasenförmige Gallen erzeugen. Schädlinge an Kulturpflanzen (z. B. ↑ Blutlaus).
Blasenmole (Traubenmole), Schwangerschaftsstörung mit blasenförmiger Entartung der Chorionzotten der Plazenta. Der normale Stoffaustausch ist gestört, die Leibesfrucht stirbt infolgedessen frühzeitig ab; es tritt eine Fehlgeburt mit oft starken Blutungen ein.
Blasenspiegel ↑ Endoskope.
Blasensprung, selbsttätiges Einreißen der Eihäute der Fruchtblase, kenntlich am Abgang des Fruchtwassers während der Geburt.
Blasensteine ↑ Harnblasenkrankheiten.
Blasenstrauch (Colutea), Gatt. der Schmetterlingsblütler mit etwa 20 Arten, von S-Europa bis zum Himalaja; sommergrüne Sträucher mit gelben bis rotbraunen Blüten in wenigblütigen Trauben; Frucht eine mehrere cm lange, häutige, bauchig aufgeblasene Hülse; auch Zierpflanze.
Blasentang (Fucus vesiculosus), bis 1 m lange Braunalge an den Küsten des Atlant. Ozeans (einschließlich Nord- und Ostsee) und des westl. Mittelmeers; Thallus bandförmig, stark verzweigt, beiderseits der Mittelrippen paarig angeordnete (den Tang im Wasser aufrecht haltende) Schwimmblasen.
Blasentuberkulose ↑ Harnblasenkrankheiten.
Blasenwurm, (Kleiner Hundebandwurm, Echinococcus granulosus), 4–6 mm langer Bandwurm im Dünndarm von Raubtieren, Haushunden und Hauskatzen; besteht nur aus dem Kopf und 3–4 Gliedern, deren letztes die von Eischalen umhüllten Larven enthält. Zwischenwirte sind außer dem Menschen viele pflanzenfressende Säugetiere (bes. Huftiere). Die im Darm des Zwischenwirtes schlüpfenden Larven durchbohren dessen Darmwand und gelangen mit dem Blutstrom meist in die Leber. Im Zwischenwirt, in dem die faust- bis kindskopfgroßen Finnenblasen (Echinokokkenblasen) gebildet werden, kommt es nie zur vollen Entwicklung des B. Der B. ist einer der gefährlichsten Bandwürmer des Menschen.
Blasenwurmkrankheit ↑ Echinokokkenkrankheit.
blasiert [frz.], übersättigt, hochnäsig, hochmütig.
Blasinstrumente, Gruppe von Musikinstrumenten, die zur primären Tonerzeugung einen Luftstrom benutzen; dieser Luftstrom regt die von einem in ein Rohr umschlossene Luftsäule zu Eigenschwingungen an (Ausnahmen: ↑ Akkordeon, ↑ Mundharmonika und ↑ Harmonium). Einteilung: A) Trompeteninstrumente: Hörner, Trompeten, Posaunen; B) Flöteninstrumente: Längsflöten (Blockflöte), Querflöten, Querpfeifen; C) Rohrblattinstrumente: Oboen und Fagotte mit Doppelrohrblattzungen, Klarinetten und Saxophone mit einfacher Rohrblattzunge. Im Sinne von B) und C) zählt auch die ↑ Orgel zu den Blasinstrumenten. Die Tonhöhe des B. hängt ab von Länge und Schwingungsform der zu Longitudinalschwingungen angeregten Luftsäule. Die ventil- und klappenlosen Signal- und Jagdhörner bringen nur die sog. Naturtöne hervor. Die Ventilinstrumente (z. B. Waldhorn, Trompete, Kornett) ermöglichen Tonänderungen durch Ein- und Ausschalten von Zusatzrohrbögen mittels der [Umschalt]ventile, die die Länge der schwingenden Luftsäule ändern. Bei der Posaune ist die stufenlose Änderung der Tonhöhe durch teleskopartiges Verschieben des U-Rohrbogens möglich. Von wesentl. Einfluß auf die Klangfarbe ist die Rohrform (konisch oder zylindrisch) der Instrumente; daneben üben auch Material (**Blechblasinstrumente, Holzblasinstrumente**) und Wandstärke sowie Bohrung und Form der Mundstücke eine klangformende Wirkung aus.
Die Tonhöhenänderung der Flöten erfolgt ebenfalls durch Längenänderung der schwingenden Luftsäule, indem seitl. Bohrungen im Flötenrohr gedeckt oder freigegeben werden, bei den Blockflöten (Längsflöten) als Grifflöcher ausgeführt. Die primäre Tonerzeugung der Blockflöten erfolgt an der Öffnung des Labiums durch Anblasen durch die Kernspalte. Die Querflöten besitzen eine seitlich am Flötenrohr angebaute Mechanik aus Griffhebeln, Wellen und Klappen. Die im Kopfteil befindl. Anblasöffnung wird quer zur Rohrachse angeblasen und ermöglicht eine individuelle Gestaltung des Klangs. Bei den Rohrblattinstrumenten wird der Ton erzeugt, indem die Luft durch einen Spalt zw. zwei Rohrblattzungen („Doppelrohrblatt") oder zw. einer Rohrblattzunge und ihrer Auflage hindurchströmt und dadurch das Blatt zum Schwingen bringt.

Blasius, hl., †316 (?), Märtyrer, Bischof von Sebaste (Armenien). – Nach der Legende soll er im Gefängnis ein Kind, das wegen einer verschluckten Fischgräte zu ersticken drohte, gerettet haben. Im Spät-MA wurde er den 14 ↑ Nothelfern zugezählt. Angerufen bei Halskrankheiten, gegen die an seinem Festtag, dem 3. Febr., mit zwei überkreuzten Kerzen der **Blasiussegen** gespendet wird.

Blaskowitz, Johannes Albrecht, * Paterswalde (Ostpreußen) 10. Juli 1883, † Nürnberg 5. Febr. 1948 (Selbstmord), dt. Generaloberst. – Seit Okt. 1939 Oberbefehlshaber Ost; protestierte gegen die SS-Greuel in Polen, im Mai 1940 abgesetzt; zuletzt Oberbefehlshaber in den Niederlanden. 1948 in Nürnberg angeklagt.

Blason [bla'zõ:; frz.], Wappenschild (↑ Heraldik).
▷ in der frz. Literatur des 15./16. Jh. Preis- oder Scheltgedicht.

Blasonieren [frz.], fachgerechte Beschreibung eines Wappens (vom Träger aus gesehen) nach den Regeln der herald. Kunstsprache.

Blasphemie [griech.], Lästerung Gottes (urspr. auch des Menschen).

Blasrohr, v. a. in Indonesien und S-Amerika verwendete Jagdwaffe aus Holz oder Bambus, aus der durch Blasen Kugeln oder [vergiftete] Pfeile verschossen werden.

Blaß, Ernst, * Berlin 17. Okt. 1890, † ebd. 23. Jan. 1939, dt. Lyriker. – Seine formstrenge Lyrik steht dem Expressionismus nahe.

Bläßgans (Bleßgans, Anser albifrons), etwa 65–76 cm große Feldgänseart im hohen N Asiens und N-Amerikas sowie im SW Grönlands; dunkel graubraun mit meist hellerer Unterseite, am Bauch unregelmäßig schwarze Querflecken; Stirn und Schnabelgrund weiß, Schnabel blaßrötlich oder gelborange, Beine orangefarben; im Winter auch an der Nordseeküste.

Bläßhuhn (Bleßhuhn, Bläßralle, Bleßralle, Belchen, Fulica atra), kräftige, knapp 40 cm große Rallenart in Europa und Asien, N-Afrika und Australien; matt grauschwarz, Kopf schwarzglänzend mit weißer Stirnplatte (Blesse) und weißem Schnabel; Beine grünlich, Zehen mit breiten Schwimmlappen; lebt v. a. auf größeren, offenen Gewässern.

Bläßhuhn

Blastem [griech.], tier. Bildungsgewebe (noch undifferenzierter Zellen), aus denen sich schrittweise die Körpergrundgestalt entwickelt.

Blastese [griech.], svw. ↑ Kristalloblastese.

Blastoderm [griech.], einschichtiges Epithel der Blastulawand. Aus dem B. gehen die Keimblätter hervor.

Blastokoline [griech.], Stoffe (z. B. Kumarine, Salicylsäure, Senföle), die die Keimung der Samen höherer Pflanzen hemmen.

Blastom [griech.] ↑ Geschwulst.

Blastomykosen [griech.], durch hefeartige Pilze verursachte Erkrankungen, zunächst meist im Bereich der Haut und Schleimhäute (mit Absiedlungen in Lymphknoten, Lunge, Eingeweiden, Gelenken und im Zentralnervensystem); treten gelegentlich auch als primäre Erkrankung innerer Organe auf.

Blastula [zu griech. blastós „Keim, Trieb"], frühes Entwicklungsstadium des Embryos; im Verlauf der Furchungsteilungen aus der Eizelle entstehender, meist hohler Zellkörper. Aus der B. geht die ↑ Gastrula hervor.

Blasverfahren ↑ Stahlerzeugung.

Blatt, zweiseitig-symmetr. seitl. Anhangsorgan der Sproßachse bei Sproßpflanzen. *B.bau:* Die Blätter einiger primitiver Farnpflanzen sind schuppenförmig, ein- bis wenigschichtig, nervenlos oder mit zarten Leitgewebesträngen versehen. Am Aufbau der Blätter der höher entwickelten Farnpflanzen und der Samenpflanzen sind parenchymat., leitende und meist auch mechan. Gewebe beteiligt. Die Leitgewebe sind als Stränge (↑ Leitbündel), die als **Blattnerven (Blattadern)** bezeichnet werden, in das Grundgewebe eingebettet und bilden die B.nervatur. Fast stets ist ein Mittelnerv vorhanden. An der B.basis geht das B.gewebe kontinuierlich in das Sproßgewebe über. Bei den Samenpflanzen lassen sich von der Sproßbasis bis zur -spitze insgesamt folgende Blattarten nach Bau und Funktion unterscheiden: ↑ Keimblatt, ↑ Niederblätter, ↑ Laubblatt, ↑ Hochblätter, ↑ Kelchblatt, ↑ Blumenblätter, ↑ Staubblatt, ↑ Fruchtblatt.
▷ wm. Bez. für die Schultergegend des Wildes.
▷ ↑ Webeblatt.
▷ (Mz. Blatte) Holzverbindung in Längs-, Quer- und Schrägrichtung in den verschiedensten Formen; z. B. schräge Eckenüberblattung.
▷ *seemännisch:* der ins Wasser eintauchende flache Teil des ↑ Riemens oder ↑ Ruders.

Blattdornen ↑ Laubblatt.

Blattella [lat.], Gatt. der ↑ Schaben, in M-Europa nur die ↑ Hausschabe.

Blatterkohl ↑ Gemüsekohl.

Blättermagen (Psalter, Omasus), zw. Netzmagen und Labmagen liegender Abschnitt des Wiederkäuermagens (↑ Magen) mit ausgeprägten, blattartig nebeneinanderliegenden Schleimhautlängsfalten. Im B. wird der bereits wiedergekäute Nahrungsbrei zerrieben und der größte Teil seiner Flüssigkeit ausgepreßt, bevor er in den Labmagen gelangt.

Blattern, volkstüml. Bez. für ↑ Pocken.

Blätterpilze, svw. ↑ Lamellenpilze.

Blätterteig, Wasserteig, der mehrmals ausgerollt, mit Butter bestrichen und zusammengefaltet wird; für B.gebäck.

Blattfeder, elast. Maschinenelement zum Abfangen von Stößen; als geschichtete B. häufig bei Schienen- und Kraftfahrzeugen.

Blattfingergeckos (Blattfinger, Phyllodactylus), Gatt. kleiner Geckos mit abgeflachten, verbreiterten Finger- und Zehenenden; v. a. in den Tropen und Subtropen der Alten und Neuen Welt; einzige Art in Europa ist der bis 7 cm lange **Europäische Blattfingergecko** (Phyllodactylus europaeus).

Blattflöhe (Springläuse, Psyllina), Unterordnung der Gleichflügler mit der einzigen, weit verbreiteten Fam. **Psyllidae:** rd. 1 000, etwa 2–4 mm große, unscheinbar bräunlich oder grünlich gefärbte Arten; zikadenähnlich, jedoch mit langen Fühlern; zahlr. Arten schädlich an Kulturpflanzen; einheimisch u. a. **Apfelblattsauger.**

Blattfußkrebse (Blattfüßer, Phyllopoda, Branchiopoda), Unterklasse fast ausschließlich im Süßwasser lebender Krebstiere mit rd. 1 000, etwa 0,2 mm bis 10 cm langen Arten; Körper von einem napfförmigen Rückenschild (z. B. bei Wasserflöhen) bedeckt. Zu den B. gehören u. a. die ↑ Muschelschaler und ↑ Wasserflöhe.

Blattgold, zu feinen Folien ausgehämmertes Gold, 0,00014 bis 0,00010 mm Schichtdicke. B. dient zum Vergolden von Buchschnitten und Kunstgegenständen.

Blattgrün, svw. ↑ Chlorophyll.

Blatthornkäfer (Lamellicornia), Familiengruppe der Käfer mit über 22 000, etwa 1 mm bis 15 cm großen Arten, davon rd. 700 in Europa, 150 in Deutschland; Fühler abgewinkelt, an der Spitze fast stets mit nach einer Seite gerichteten, blattartigen, lamellenförmigen Anhängen. 3 Fam.: ↑ Zuckerkäfer, ↑ Skarabäiden, ↑ Hirschkäfer.

Blasenfarn

Blasenstrauch.
Oben: Blütenstände.
Unten: Hülsen

Blatthühnchen

Blatthühnchen (Jacanidae), Vogelfam. mit 7, knapp 15 bis über 50 cm langen Arten, v. a. in den Tropen; sehr hochbeinig mit stark verlängerten Zehen und Krallen; amerikan. Art ↑ Jassana.

Blattkäfer (Chrysomelidae), weltweit verbreitete Käferfam. mit über 34 500, meist kleinen Arten, davon etwa 1 300 in Europa, etwa 480 in Deutschland; überwiegend rundlich bis eiförmig, meist bunt oder metallisch glänzend; einige Arten sind schädlich an Kulturpflanzen, z. B. ↑ Kartoffelkäfer.

Blattkaktus (Epiphyllum, Phyllocactus), Kakteengatt. mit etwa 20 Arten in M- und S-Amerika; epiphyt. Sträucher mit langen, blattartigen, zweikantig geflügelten Sprossen und großen, oft wohlriechenden, trichterförmigen Blüten mit sehr langer Röhre; kultiviert wird z. B. der **Kerbenblattkaktus** (Epiphyllum crenatum, Phyllocactus crenatus) mit bis 22 cm langen, innen weißen oder cremefarbenen, außen grünl. Blüten.

Blattkiemer (Eulamellibranchiata), Ordnung im Meer oder auch im Süßwasser lebender Muscheln; Schalenlänge etwa 1 mm bis 1,5 mm, Kiemen mit zahlr. blättchenförmigen Lamellen (Blattkiemen).

Blattkohl ↑ Gemüsekohl.

Blattläuse (Aphidina), weltweit verbreitete Unterordnung der Pflanzenläuse mit etwa 3 000, selten über 3 mm großen Arten, davon etwa 830 in M-Europa; Körper weichhäutig, mit meist dünnen, langen Schreitbeinen; ♀♀ häufig ungeflügelt, ♂♂ fast stets mit großen, häutigen Flügeln. B. haben einen komplizierten Generationswechsel, häufig verbunden mit Wirtswechsel. Die B. sind Pflanzensauger, viele sind schädlich an Nutzpflanzen. Fam.: ↑ Röhrenläuse, ↑ Blasenläuse, ↑ Tannenläuse, ↑ Zwergläuse, ↑ Maskenläuse, ↑ Zierläuse, ↑ Borstenläuse.

Blattnasen (Phyllostomidae), Fam. der Kleinfledermäuse mit etwa 140 Arten vom südl. N-Amerika bis N-Argentinien und auf den Westind. Inseln; Körperlänge etwa 4 bis 14 cm, Flügelspannweite 20–70 cm. Die B. haben meist häutige Nasenaufsätze.

Blattpflanzen, allg. Bez. für Zierpflanzen (z. B. Gummibaum, Palmen, Philodendron) mit großen, dekorativen Blättern.

Blattranken ↑ Laubblatt.

Blattrippe ↑ Laubblatt.

Blaubeuren. Der Wandelaltar in der Klosterkirche, 1493/94

Blattschneiderameisen, Bez. für mehrere Gatt. etwa 2–15 mm großer Ameisen mit etwa 100 Arten in den Tropen und Subtropen Amerikas. Die B. leben in Erdnestern, in die sie zerschnittene Blätter eintragen.

Blattschneiderbienen (Tapezierbienen, Megachile), mit über 1 000 Arten weltweit verbreitete Gatt. 10–38 mm großer Bienen, von denen 22 Arten in M-Europa vorkommen; bilden für die Brut fingerhutförmige Zellen, die aus ovalen, herausgeschnittenen Blattstückchen zusammengefügt werden.

Blattschreiber ↑ Fernschreiber.

Blattschwanzgeckos (Phyllurus), Gatt. bis etwa 25 cm langer Geckos in S-Asien und Australien; Baumbewohner mit langen, dünnen Kletterzehen; Schwanz blattartig verbreitert.

Blattschwanzgecko

Blattspitzen, blattförmige, vorwiegend beidseitig retuschierte Steingeräte unterschiedl. Funktion (Speerspitze, Messer); ältestes Auftreten im Mittelpaläolithikum, im Jungpaläolithikum Ostmitteleuropas und W-Europas, in Afrika in verschiedenen Gruppen des Middle Stone Age und Atérien; zu den B. zählen in N-Amerika Clovis- und Folsomspitzen.

Blattsteigerfrösche (Phyllobates), Gatt. der Färberfrösche in M- und S-Amerika; etwa 20 Arten; wenige cm lang, oft leuchtend bunt, Finger und Zehen mit Haftscheiben versehen. Die Haut der B. sondert ein giftiges Drüsensekret ab, das von den Indianern zur Herstellung von Pfeilgift benutzt wird.

Blattstiel ↑ Laubblatt.

Blattütenmotten (Miniermotten, Lithocolletidae), Fam. kleiner Schmetterlinge mit sehr schmalen, lange Fransen tragenden Flügeln; einheimisch über 50 Arten aus der Gatt. *Lithocolletis,* mit metallisch glänzenden Flecken auf den meist silberweißen Vorderflügeln.

Blattvögel, (Irenidae) Fam. der Sperlingsvögel mit etwa 14, rd. 15–50 cm langen Arten in S- und SO-Asien. – ↑ Elfenblauvögel.

▷ (Chloropsis) Gatt. der Fam. Irenidae mit etwa 8, 17–20 cm langen Arten in den Regenwäldern des südl. und sö. Asiens; schlank, mit ziemlich langem, leicht nach unten gebogenem Schnabel; Gefieder überwiegend leuchtend grasgrün, Kopf der ♂♂ oft leuchtend bunt; z. B. ↑ Goldstirnblattvogel.

Blattwanzen (Lygus), Gatt. der Blindwanzen mit 8 einheim., rd. 5–6 mm langen, länglichovalen Arten; schädlich an landw. Kulturen.

Blattwespen (Tenthredinidae), fast weltweit verbreitete Fam. der Pflanzenwespen mit rd. 4 000, etwa 3–15 mm großen, oft auffallend bunten Arten, davon etwa 850 in Europa. Schädlinge sind z. B. ↑ Sägewespen.

Blau, Sebastian ↑ Eberle, Josef.

Blau ↑ Blautopf.

Blau, Bez. für jede vom Gesichtssinn vermittelte Farbempfindung, die durch Licht einer Wellenlänge zw. 440 und 485 nm **(blaues Licht)** oder durch additive Farbmischung von Grün und Violett bzw. durch subtraktive Mischung von Blaugrün (Cyan) und Purpur (Magenta) hervorgerufen wird.

Blaualgen (Spaltalgen, Cyanophyta), einzellige, fadenförmige Organismen, die zus. mit den Bakterien als Prokaryonten gegenüber Pflanzen und Tieren als selbständige systemat. Einheit aufgefaßt werden. B. kommen als Einzeller, Zellkolonien, unverzweigte oder verzweigte Fäden in allen Lebensräumen (Ausnahme: Luftraum) vor. Sie sind v. a. im Süßwasser verbreitet; sie besiedeln extreme Standorte und sind Erstbesiedler auf Rohböden und nacktem Gestein. – Die Fortpflanzung erfolgt nur durch Zellteilung. Der Zellkern fehlt. Das für die Photosynthese wichtige Chlorophyll kommt zus. mit blauem (Phykozyan) oder rotem Farbstoff (Phykoerythrin) im Zytoplasma vor. Einige B. bilden mit Pilzen Symbiosen (Flechten).

Blaubart (frz. Barbe-Bleue), Märchen von C. Perrault in der Sammlung „Contes de ma mère l'oye" (1697). Ritter B. bringt seine Frauen um, sobald sie sein Verbot brechen, ein bestimmtes Zimmer (das Mordzimmer) zu betreten. Seine letzte Frau wird von ihren Brüdern gerettet.

Blaubeere, svw. ↑ Heidelbeere.

Blaubeuren, Stadt am S-Rand der Schwäb. Alb, Bad.-Württ., am ↑ Blautopf, 516 m ü. d. M., 10 800 E. Zementproduktion, Textil-, Elektro- und Pharmaind. – Entstand im Anschluß an ein 1085 gegr. Benediktinerkloster (seit 1817 ev. theolog. Seminar); 1267 Stadtrechte. – Klosterkirche (1491–99) mit spätgot. Wandelaltar (1493/94).

Blaubuch ↑ Farbbücher.

blaue Blume, Symbol der romant. Poesie in Novalis' fragmentar. Roman „Heinrich von Ofterdingen" (1802). Die Suche nach der b. B. steht in der Romantik für die Sehnsucht nach Aufhebung aller Erfahrungsgrenzen.

Blaue Division (División Azul), span. Freiwilligenverband in Gesamtstärke von etwa 47 000 Mann, der seit Sommer 1941 auf dt. Seite am Krieg gegen die UdSSR teilnahm; wurde 1943 von Franco auf Druck der Alliierten zurückgezogen.

Blaufelchen

blaue Erde, im Oligozän entstandener, glaukonithaltiger Sand, der sich durch seinen Gehalt an Bernstein auszeichnet.

Blaue Grotte ↑ Capri.

Blaueisenerz, svw. ↑ Vivianit.

Blaue Lupine, svw. Schmalblättrige Lupine (↑ Lupine).

Blauen, Berg im südl. Schwarzwald, sö. von Badenweiler, Bad.-Württ., 1 165 m hoch.

Blauer Eisenhut (Echter Sturmhut, Aconitum napellus), Hahnenfußgewächs; in den Gebirgen M-Europas (v. a. der Alpen); bis 1,5 m hohe Staude mit fünf- bis siebenteiligen, handförmigen Blättern und blauvioletten, helmförmigen, bis 2 cm großen Blüten in dichten Trauben; Wurzelknollen und Blätter durch ↑ Aconitin sehr giftig.

Blauer Nil, Fluß in NO-Afrika, entspringt als **Abbai** in Äthiopien, bildet bei Khartum zus. mit dem Weißen Nil den Nil. Seine große Bed. erhält der B. N. durch Staudämme zur Bewässerung der wichtigsten Anbaugebiete der Republik Sudan.

Blauer Peter, internat. Signalflagge P (weißes Rechteck auf blauem Grund); wird von Schiffen gesetzt, die innerhalb von 24 Stunden aus dem Hafen auslaufen.

Blauer Reiter (Der B. R.), Künstlergemeinschaft, erhielt ihren Namen nach der von W. Kandinsky und F. Marc 1911 in München gegr. Redaktion „Der B. R.", die Ausstellungen veranstaltete und 1912 den Almanach „Der B. R." herausgab. Dieser brachte neben Äußerungen zur Kunst und Arbeiten der Gruppe Volks- und Kinderkunst, Ethnographica, naive Malerei (Rousseau), Bilder der Brücke-Maler, von Delaunay, Matisse, Picasso, auch musiktheoret. Abhandlungen sowie Musikbeilagen (von Schönberg, A. Berg, A. von Webern usw.). Mgl. wurden A. Macke, G. Münter, A. Kubin und P. Klee. R. Delaunay nahm an den Münchner Ausstellungen teil, an der Berliner Ausstellung, die H. Walden 1913 im „Sturm" organisierte, beteiligten sich auch A. von Jawlensky und M. von Werefkin. Der gemeinsame Nenner dieser Künstler war die Wendung gegen das akademische wirklichkeitsnachahmende Bild und hemmende (impressionist.) Traditionen.

Blaues Band, (B. B. des Ozeans) Auszeichnung für die schnellste Überquerung des Atlantiks zw. Bishop's Rock auf den brit. Scilly-Inseln und dem Ambrose-Leuchtfeuer von New York durch ein Passagierschiff.

▷ Auszeichnung (seit 1869) für den Sieger im Dt. Galoppderby (Pferderennsport).

blaues Blut (Blaublütigkeit), volkstüml. Bez. für adelige Herkunft. Der Ausdruck hat seinen Ursprung in Spanien („sangre azul"), wo schon zur Zeit der Maurenherrschaft die westgot. Edlen in der Umgebung dunkelhäutiger Menschen durch die unter der hellen Haut an Schläfen und Handrücken bläulich schimmernden Venen auffielen.

Blaues Kreuz, Name und Abzeichen einer Vereinigung zur Bekämpfung des Alkoholismus; gegr. 1877 in Genf. Das **Blaue Kreuz in Deutschland e. V.** hat seinen Sitz in Wuppertal-Barmen.

Blaufelchen (Große Schwebrenke, Coregonus wartmanni), bis 10 kg schwere, bis 70 cm lange Renkenart in sauerstoffreichen Seen der Alpen, der Voralpen, von N-Deutschland und N-Europa; Rücken blau- bis dunkelgrün, Seiten und Bauch weißlich-silbern. B. werden als schmackhafte Speisefische geschätzt.

Blaufeuer, hellblaues Licht zum Herbeirufen eines Lotsen bei Nacht; Brenndauer $\frac{1}{2}$ bis 1 min. im Abstand von 15 min.

Blaufichte ↑ Stechfichte.

Blaufuchs, Farbvariante des ↑ Polarfuchses; Sommerfell braungrau, das im Pelzhandel begehrte langhaarige Winterfell blaugrau.

Blaugel, Kieselgel mit Feuchtigkeitsindikator (meist Kobaltsalze, die sich bei zunehmendem Feuchtigkeitsgehalt von Blau nach Rosa verfärben); Verwendung als mildes Trockenmittel.

Blauhai (Prionace glauca), meist 2,5–4 m lange, sehr schlanke, spitzschnäuzige Art der ↑ Menschenhaie, v. a. in den Meeren trop. und subtrop. Breiten (im Sommer und Herbst im Mittelmeer häufig, seltener in der Nordsee, gelegentlich in der westl. Ostsee); Oberseite und Flossen dunkelblau bis blaugrau, Seiten heller, Bauch weiß; Brustflossen sehr lang, sichelförmig.

Blauheide (Moosheide, Phyllodoce), Gatt. der Heidekrautgewächse mit etwa 7 Arten in den arkt. und alpinen Gebieten der nördl. Halbkugel; niedrige, immergrüne Zwergsträucher mit glockenförmigen weißen, gelbl., rosa oder purpurroten Blüten.

Blauholz (Blutholz), sehr hartes, rotes, später dunkelviolettes Holz des Kampescheholzbaums (Haematoxylon campechianum). Verwendung für Geigenbögen und zur Gewinnung von ↑ Hämatoxylin.

Blauer Peter

Blaues Kreuz

Blauer Reiter. Titelblatt des Almanachs „Der blaue Reiter" von Wassily Kandinsky

Blaukehlchen

Blaukehlchen. Männchen

Blaukehlchen (Luscinia svecica), etwa 14 cm große Drosselart, v. a. in Uferdickichten und sumpfigen Wiesen, in Europa sowie im gemäßigten und nördl. Asien; Oberseite dunkelgraubraun, Bauch weißl., ♂ zur Brutzeit mit leuchtend blauer Kehle.

Blaukissen, svw. ↑Aubrietie.

Blaukochen, svw. ↑Blausieden.

Blaukraut (Blaukohl, Rotkohl, Rotkraut, Brasica oleracea var. capitata f. rubra), Kulturform des Gemüsekohls mit Kopfbildung; Blätter blaurot gefärbt.

Blaulicht, von einer bes. Kennleuchte **(Rundumleuchte)** ausgesendetes *blaues Blinklicht.* B. ist nach der Straßenverkehrsordnung nur an bestimmten bevorrechtigten Kraftfahrzeugen der Polizei und Feuerwehr, des Techn. Hilfswerks sowie an Unfallhilfs- und Krankenwagen zugelassen.

Bläulinge (Lycaenidae), weltweit verbreitete Fam. kleiner bis mittelgroßer Tagfalter mit über 4 000 Arten, v. a. in den Tropen (76 Arten in Europa); Flügel der ♂♂ oft mit lebhaft blauem oder rotem Metallglanz; Flügel der ♀♀ überwiegend braun bis grau, seltener auch blau gefärbt. In M-Europa u. a. ↑Silberfleckbläuling, ↑Dukatenfalter, ↑Zipfelfalter.

Blaumeise (Parus caeruleus), kleine, gedrungene, etwa 11 cm große Meisenart in Europa, W-Asien und NW-Afrika; Rücken olivgrün, Unterseite gelb; Scheitelplatte, Flügel und Schwanz glänzend kobaltblau.

Blaunase, svw. ↑Schnäpel.

▷ svw. ↑Zährte.

Blaupause, Lichtpause von transparenten Originalen; Herstellung beruht auf der Lichtempfindlichkeit einer Eisen(III)-verbindung, wobei durch Lichteinwirkung eine blaue Komplexverbindung entsteht.

Blauracke

Blauracke (Coracias garrulus), etwa 30 cm große Rakkenart in Europa, in W-Asien und NW-Afrika; hell türkisblau mit leuchtend zimtbraunem Rücken, Flügelenden und Schwanz metallisch dunkelblau.

Blausäure [nach dem Berliner Blau, aus dem sie 1782 zuerst hergestellt wurde] (Cyanwasserstoffsäure), sehr schwache, wenig stabile Säure der Formel HCN; ihre Salze sind die ↑Cyanide. Verwendung als Schädlingsbekämpfungsmittel und zur Herstellung zahlreicher chem. Zwischenprodukte (Methylmethacrylat, Adipinsäurenitril u. a.). Die B. zählt zu den stärksten und am schnellsten wirkenden Giften (blockiert die zelluläre Sauerstoffversorgung).

Blauschimmel (Peronospora tabacina), Algenpilz, der v. a. an Tabakpflanzen erhebl. Schaden anrichten kann.

Blausieden (Blaukochen), Garen von Süßwasserfischen in Essigwasser.

Blauspat, svw. ↑Lazulith.

Blaustern, svw. ↑Szilla.

Blaustich, bei Farbphotos Farbtonverschiebung zum blauen Spektralbereich hin.

Blaustrumpf, Frau, die zugunsten der geistigen Arbeit die als typisch weiblich geltenden Eigenschaften zurückgedrängt hat. „Bluestocking" war Spottname für die Teilnehmerin des „Bluestocking" war Spottname für die Teilnehmerin des schöngeistigen Zirkels der Lady Montague Mitte des 17. Jh., in dem der Botaniker B. Stillingfleet statt mit den übl. schwarzseidenen in blauen Wollstrümpfen erschien. Der dt. Ausdruck wurde um 1830 durch die Schriftsteller des Jungen Deutschlands populär.

Blausucht (Zyanose), blaurote Verfärbung von Haut und Schleimhäuten infolge verminderter Sauerstoffsättigung des Blutes; bei Herzinsuffizienz und schweren Lungenkrankheiten.

Blautanne, svw. Blaufichte (↑Stechfichte).

Blautopf, Karstquelle der Blau, eines linken Nebenflusses der Donau, in Blaubeuren; die durchschnittl. Schüttung beträgt 2 200 l/s. Der Quelltopf setzt sich als B.höhle fort.

Blautopf in Blaubeuren

Blauwal (Balaenoptera musculus), in allen Weltmeeren vorkommender, meist bis 30 m langer, bis über 130 t schwerer Furchenwal; Körperoberseite stahlblau bis blaugrau mit kleinen hellen Flecken, Unterseite etwas heller; Rückenfinne sehr klein, Brustflossen lang und spitz. Der B. ernährt sich fast ausschließlich von ↑Krill, von dem sein Magen etwa 2 000 l aufnehmen kann. B. sind durch starke Bejagung selten geworden.

Blåvands Huk [dän. blɔvansˈhuɡ, ˈhoɡ], Kap an der W-Küste Jütlands, westlichster Punkt Dänemarks; Leuchtturm, Küstenfunk- und Wetterstation.

Blavatsky, Helena Petrovna, geb. Hahn von Rottenstern, *Jekaterinoslaw (= Dnepropetrowsk) 12. Aug. 1831, †London 8. Mai 1891, russ. Theosophin. – Gründete zusammen mit H. S. Olcott am 17. Nov. 1875 in New York die ↑Theosophische Gesellschaft.

Blazer [ˈbleːzər; engl.; zu blaze „leuchten" (nach der Farbe)], urspr. blaue Herrenklubjacke mit Klubabzeichen sowie daraus entwickeltes sportl. Damen- oder Herrenjackett.

Blech, Leo, *Aachen 22. April 1871, †Berlin 25. Aug. 1958, dt. Dirigent und Komponist. – Wirkte 1905–37 in Berlin, 1941–49 in Stockholm, 1949–53 wieder in Berlin. Als Komponist trat B. u. a. mit Opern („Aschenbrödel", 1905) hervor.

Blech [zu althochdt. bleh, eigtl. „Glänzendes"], aus metall. Werkstoffen durch Walzen hergestelltes Halbzeug in Form von Tafeln, Platten, Bändern oder Streifen; nach ihrer Stärke werden die B. unterteilt in Fein-B. (bis 3 mm), Mittel-B. (3 bis 4,76 mm) und Grob-B. (über 4,76 mm).

Blechblasinstrumente, im Ggs. zu den Holzblasinstrumenten die aus Metall gefertigten Trompeten- und Horninstrumente.

Blechen, Karl, *Cottbus 29. Juli 1798, †Berlin 23. Juli 1840, dt. Maler. – Seine Bilder und v. a. die Ölskizzen mit ihrer lichterfüllten Atmosphäre ließen B. zum Wegbereiter von Realismus und Impressionismus werden.

Blechnum [griech.], svw. ↑Rippenfarn.

Blechschraube (Gewindeschneidschraube), Schraube, die sich beim Einschrauben in eine Bohrung z. B. von Metallblechen im Karosseriebau das Muttergewinde selbst

Blauwal

schneiden kann. Die Köpfe der B. besitzen vielfach einen Kreuzschlitz.

Blechverarbeitung, die Herstellung von Hohlkörpern und Profilen aus blechförmigem Ausgangsmaterial nach verschiedenen Verfahren. Am Beginn steht meist ein Trennverfahren, wie z. B. *Schneiden, Schlitzen, Lochen, Stechen* und *Durchbrechen*. Durch *Biegen* und *Abkanten* auf Abkantpressen lassen sich Winkel und Profile verschiedenster Art herstellen. Das *Rollen* mit einer Rollstanze wird zur Formung von Ösen, Scharnieren und Wülsten an Hohlkörpern eingesetzt. *Formstanzen (Formschlagen, Biegestanzen)* wird zur Formung von Hohlkörpern herangezogen, wobei häufig mit vorgeformten Teilen gearbeitet wird. Dem Richten von Blechteilen dient das *Flachstanzen* zw. ebenen Arbeitsflächen. Diese sind entweder glatt oder aber für dünne Bleche gerieffelt, wodurch das Blech eine waffelartige Oberfläche und zusätzl. Versteifung bekommt. *Falzen* dient vorwiegend der Verbindung von Blechteilen. Falze entstehen durch Umbiegen der Kanten und Ineinanderschieben der beiden Teile. *Bördeln* ist das Hochstellen eines Randes und *Sicken* das Formen von rinnenartigen Vertiefungen; dadurch zusätzl. Versteifung. Unter *Kelchen* versteht man das Formen eines kelchförmigen Randes mit Kelchwinkeln bis zu 60° an Rohren und Hohlkörpern. Durch *Tiefziehen* werden Hohlkörper aller Art, wie Töpfe, Dosen, Behälter, Karosserieteile u. a. hergestellt. Beim *Ausbauchen* wird der Werkstoff mit Spreizdornen, Sand oder Gummikissen oder mittels Explosionsdruck in eine Form gedrückt. *Drücken (Abstreckdrücken, Außenformdrücken, Planieren)* stellt ein Verfahren dar, bei dem sich Blechteile durch Anpressen des Bleches mit einem Drückstab oder einer Drückrolle an eine umlaufende Form zu runden Hohlkörpern pressen lassen (auch zum Glätten gezogener Teile).

Bled (dt. Veldes), Ort in den Jul. Alpen, in Slowenien, 501 m ü. d. M., 5 500 E. Alpenluftkurort mit Thermalquelle; Wallfahrtskirche auf einer Insel im **Bleder See.**

Blei, Franz, *Wien 18. Jan. 1871, † Westbury (N. Y.) 10. Juli 1942, östr. Schriftsteller. – 1933 Emigration; Essayist, Kritiker, Hg. und Übersetzer; schrieb die Satire „Das große Bestiarium der modernen Literatur" (1920, erweitert 1924).

Blei [zu althochdt. blīo, urspr. „das (bläulich) Glänzende"] (lat. Plumbum), chem. Symbol Pb; metall. Element aus der IV. Hauptgruppe des Periodensystems der Elemente; Ordnungszahl 82, relative Atommasse 207,19, Dichte 11,39 g/cm³, Schmelzpunkt 327,5 °C, Siedepunkt 1 751 °C, weiches, blaugraues Schwermetall. B. ist an der Luft oxidierbar, die entstehende Oxidhaut verhindert eine weitere Oxidation; beständig gegenüber Säuren. In Verbindungen ist B. zwei- oder vierwertig. B.staub, B.dampf und B.verbindungen sind giftig. In der Natur kommt es als B.glanz vor.

Die mächtigsten Bleivorkommen finden sich in Birma, weitere in N-Amerika, Mexiko und Brasilien. B. wird aus Bleiglanz im Röstreduktionsverfahren gewonnen; Bleiglanz wird dabei in Bleioxid übergeführt und dieses mit Koks zu Blei reduziert. Das erhaltene unreine *Rohblei* enthält noch Verunreinigungen wie Kupfer, Antimon, Arsen und Zinn, die durch verschiedene Raffinationsverfahren entfernt werden, ferner Silber, das meist nach dem ↑ Parkes-Prozeß herausgelöst wird. B. wird in großen Mengen verwendet für Kabelmäntel (biegsam, korrosionsfest), Rohre, Akkumulatoren, als Strahlenschutz gegen Röntgen- und Gammastrahlen, als Gefäßmaterial für aggressive Flüssigkeiten in der chem. Ind. (z. B. Schwefelsäure) sowie für Schrotkugeln. Häufige Verwendung finden die Bleilegierungen mit härtenden Zusätzen wie Arsen, Antimon und Kupfer. Zu den techn. wichtigsten B.verbindungen zählen die in der Anstrichtechnik verwendeten ↑ Bleipigmente, die als ↑ Antiklopfmittel eingesetzten Alkylderivate des B. (↑ Bleitetraäthyl) sowie die Bleioxide, die u. a. in der Glasind. den Schmelzen bestimmter Gläser zugesetzt werden (↑ Bleiglas). Die B.produktion der Welt betrug 1990 (Bergwerksproduktion, bezogen auf den B.inhalt) 3,31 Mill. metr. t. Haupterzeugerländer (1990): Australien und Ozeanien (560 000 t), USA (495 200 t), ehem. Sowjetunion (490 000 t), VR China (315 300 t), Kanada (232 100 t), Mexiko (180 000 t), Peru (189 000 t). Die B.erzeugung der BR Deutschland belief sich 1990 auf 8 600 t.

▷ svw. ↑ Brachsen.

Bleiacetate, Bleisalze der Essigsäure. Das technisch wichtige Blei(II)-acetat wird wegen seines metallisch-süßl. Geschmacks auch als **Bleizucker** bezeichnet. Mit Blei(II)-acetat getränktes Filterpapier **(Bleipapier)** wird als Reagenz zum Nachweis von Schwefelwasserstoff in der analyt. Chemie verwendet.

Bleiakkumulator ↑ elektrochemische Elemente.
Bleialter ↑ Bleimethode.
Bleiäquivalent, svw. ↑ Bleigleichwert.
Bleiazid, Pb(N$_3$)$_2$, Bleisalz der Stickstoffwasserstoffsäure, Initialsprengstoff.
Bleiberg ob Villach ↑ Bad Bleiberg.

Bleibtreu, Karl, *Berlin 13. Jan. 1859, † Locarno 30. Jan. 1928, dt. Schriftsteller. – Seine Schrift „Revolution der Literatur" (1886) wurde zum Programm des Frühnaturalismus.

Bleibtreu-Paulsen, Hedwig, *Linz 23. Dez. 1868, † Wien 24. Jan. 1958, östr. Schauspielerin. – Seit 1893 am Wiener Burgtheater; auch Filmrollen (u. a. „Der dritte Mann").

Bleicarbonat (Blei(II)-carbonat), PbCO$_3$, das Bleisalz der Kohlensäure. Im Gemisch mit Bleihydroxid ist es eines der wichtigsten ↑ Bleipigmente. In der Natur tritt B. in Form des Minerals Zerussit auf.

Bleichen, Aufhellen der Farbe, entweder physikalisch durch Adsorption (z. B. Reinigung von Speiseölen mit Aktivkohle) oder chemisch durch Zerstörung der Farbstoffe mit oxidierenden oder reduzierenden Chemikalien, z. B. Wasserstoffperoxid, Perborate, Schwefeldioxid.

Bleicherden, (Podsole) ↑ Bodenkunde.
▷ Tonerdehydrosilicate unterschiedl. Benennung *(Floridaerde, Fullererde, Bentonit, Walkerde);* wichtig ist ihre hohe Adsorptionskraft, dienen deshalb zum Entfärben von Pflanzen- und Mineralölen. Die B. bestehen aus Gemischen von Montmorillonit, Attapulgit, Sepiolith und Kaolinit.

Bleicherode, Stadt sw. von Nordhausen, Thür., am NO-Rand des Eichsfeldes, 8 500 E; Kalisalzbergbau, Textil- und Holzindustrie. – Stadtrecht in der 1. Hälfte des 14. Jahrhunderts.

Bleichröder, Gerson von, *Berlin 22. Dez. 1822, † ebd. 19. Febr. 1893, dt. Bankier. – Brachte das von seinem Vater gegründete Bankhaus zu voller Blüte, wurde Hofbankier des Hauses Hohenzollern und Vertrauter Bismarcks. Durch seine Beziehungen zur Rothschild-Bank in Paris beschaffte B. für Bismarck wichtige polit. Informationen.

Bleichromat, svw. ↑ Chromgelb.

Franz Blei

Karl Bleibtreu

Gerson von Bleichröder

Blei. Reduktion im Hochofen

Bleichsucht

Bleichsucht (Chlorose), nur noch selten auftretende Form der Eisenmangelanämie (↑ Anämie) bei Mädchen im Entwicklungsalter und bei jungen Frauen.

Bleifarben, anorgan., meist giftige Bleiverbindungen von hoher Deckkraft (↑ Bleipigmente).

bleifreies Benzin ↑ Vergaserkraftstoffe.

Bleigießen, alter europ. Orakelbrauch, heute am Silvesterabend; geschmolzenes Blei wird in Wasser gegossen, um aus den entstehenden Formen die Zukunft zu deuten.

Bleiglanz (Galenit), kub. Kristalle bildendes, bleigraues Mineral, Mohshärte 2,5; Dichte 7,4–7,6 g/cm³; kann bis 1 % Silber enthalten und ist daher das wichtigste Blei- und Silbermineral.

Bleiglanz

Bleiglas, Glas mit hohem Gehalt an Bleioxid, dient wegen seiner großen Brechzahl u. a. für opt. Glas und Kunstglas, wegen der Absorption energiereicher Strahlung als Strahlenschutzglas. B. wird für opt. Geräte mit Bleioxidanteilen bis 80 %, als **Bleikristall** (**Bleikristallglas**) für Glaswaren mit 18 bis 32 % geschmolzen.

Bleiglätte ↑ Bleioxide.

Bleigleichwert (Bleiäquivalent), Maß für den Grad der Schwächung von ionisierenden Strahlen durch eine absorbierende Schicht; gibt die Dicke einer Bleischicht an mit der gleichen Schutzwirkung wie die vorliegende Abschirmschicht.

Bleigummi, flexibler, bleihaltiger Kunststoff zur Abschirmung ionisierender Strahlung; u. a. für Schürzen und Handschuhe.

Bleiguß, eine schon im Altertum verwendete Gußtechnik für Kleinplastiken, Gefäße, Reliefplatten, seit dem MA auch für Siegel, Schaumünzen, Kästchen, Särge; für Großplastiken v. a. im späten 17. und im 18. Jh. (u. a. G. R. Donner, Mehlmarktbrunnen in Wien, 1737–39).

Bleihornerz, svw. ↑ Phosgenit.

Bleikammern (italien. piombi), berüchtigtes Gefängnis (seit 1591) unter dem Bleidach des Dogenpalastes in Venedig; 1797 zerstört.

Bleikammerverfahren ↑ Schwefelsäure.

Bleikrankheit ↑ Bleivergiftung.

Bleikristall ↑ Bleiglas.

Bleilegierungen, Legierungen des Bleis mit anderen Metallen, deren Zusatz größere Härte und mechan. Festigkeit verleiht. Die wichtigsten Zusätze sind Antimon, Cadmium, Kupfer und Zinn. Die B. werden in chem. Apparatebau, bei der Fertigung von Bleikabelmänteln und bei der Herstellung von Gleitlagern sowie als Schriftmetalle und für niedrigschmelzende Lote verwendet.

Bleilochtalsperre ↑ Stauseen (Übersicht).

Bleimantelleitung, Kabel mit Bleiumhüllung zur Installation in Feuchträumen.

Bleimethode, Methode zur Altersbestimmung (sog. *Bleialter*) von Gesteinen durch Vergleich des Gehaltes an Uran und Uranblei (^{206}Pb) oder Thorium und Thorblei (^{208}Pb), die durch natürl. radioaktiven Zerfall jeweils auseinander hervorgehen. Anwendungsbereich: 10^7–10^9 Jahre.

Bleinitrat (Blei(II)-nitrat), Pb(NO$_3$)$_2$, das Bleisalz der Salpetersäure; findet Verwendung als Oxidationsmittel, in der Pyrotechnik und in der Zündholzindustrie.

Bleioxide, Verbindungen des Bleis mit Sauerstoff; *Blei(II)-oxid* (*Bleioxid, Bleimonoxid, Bleiglätte*), PbO, tritt in einer roten und einer gelben Modifikation auf; wird durch Oxidation von geschmolzenem Blei gewonnen und dient zur Herstellung von Glas- und Metallkitten, von Bleiglas sowie von keram. Glasuren; das schwarzbraune *Blei(IV)-oxid* (*Bleidioxid*), PbO$_2$, ist ein gutes Oxidationsmittel; Verwendung in der Pyrotechnik und in der Zündholzindustrie. – ↑ Mennige.

Bleipapier ↑ Bleiacetate.

Bleipigmente, Verbindungen des Bleis, die wegen ihrer Farbigkeit und Deckkraft als Pigmente Verwendung finden, z. B. das sehr witterungsbeständige **Bleiweiß** (bas. Bleicarbonat), v. a. in Malerfarben.

Bleiregion, svw. ↑ Brachsenregion.

Bleisatz, Satz, dessen Drucktypen und Blindmaterial aus einer Bleilegierung bestehen.

Blende. Irisblende. Oben: fast geschlossen. Unten: teilweise geöffnet

Bleistift, Schreibstift mit einer in Holz eingebetteten Graphitmine. Rohstoffe für die Herstellung der Mine sind möglichst reiner Graphit (C-Gehalt über 99 %) und hochplast. Ton, deren Mischungsverhältnis sich nach der gewünschten Härte der Mine richtet: sehr weiche Minen enthalten bis zu 90 % Graphit, sehr harte höchstens 20 %.

Bleisulfid (Blei(II)-sulfid), PbS, schwarzes Bleisalz der Schwefelwasserstoffsäure; die Bildung von B., verursacht durch den Schwefelwasserstoffgehalt der Luft, ist verantwortlich für das Nachdunkeln der weißen Bleipigmente. In der analyt. Chemie dient die Ausfällung von B. zum Nachweis des Bleis. Das natürlich vorkommende B. ist der **Bleiglanz**.

Bleisulfidzelle, infrarotempfindl. Photowiderstand mit einer Bleisulfidschicht.

Bleitetraäthyl, giftige, ölige, farblose Flüssigkeit, Pb(C$_2$H$_5$)$_4$, die als Antiklopfmittel Vergaserkraftstoffen für Ottomotoren zugesetzt wird. Die Zugabe von 0,1 ml B. je Liter Kraftstoff führt zu einer Erhöhung der Oktanzahl um 5 bis 10 Einheiten. Ähnlich wirkt das thermisch beständigere *Bleitetramethyl*, das v. a. aromatenreichen Benzinen zugesetzt wird.

Bleivergiftung (Bleikrankheit, Saturnismus), melde- und entschädigungspflichtige Berufskrankheit, verursacht durch chron. Einatmen von Bleistaub, Bleirauch und Bleidampf. Man unterscheidet *akute B.* (sehr selten) mit Magen-Darm-Störungen von *chron. B.,* die jedoch nur bei schweren, wiederholten Vergiftungen Dauerschäden verursachen. Symptome sind Kopf- und Gliederschmerzen, Schwäche, Koliken, schwärzlich-grauer Saum am Zahnfleisch, fahlgraue Gesichtsfarbe, Blutarmut und tox. Veränderungen des Blutbildes.

Bleiverglasung, Verglasung von Fenstern oder Lampen, bei der kleinere, oft farbige Glasscheiben in Bleistege eingesetzt und zu einer Glasfläche zusammengefügt werden.

Bleiweiß ↑ Bleipigmente.

Bleiwurzgewächse (Grasnelkengewächse, Strandnelkengewächse, Plumbaginaceae), weltweit verbreitete Fam. der Zweikeimblättrigen mit 15 Gatt. und über 500 Arten; hauptsächlich Salz- oder Trockenpflanzen; Sträucher oder Halbsträucher, seltener Kräuter; Blüten in Blütenständen; Nuß- oder Kapselfrüchte; Zierpflanzen in den Gatt. **Bleiwurz,** ↑ Grasnelke, ↑ Widerstoß.

Bleizucker ↑ Bleiacetate.

Blekinge, schwed. Verw.-Geb. und histor. Prov. an der Hanöbucht der Ostsee, 2 941 km², 150 000 E; Hauptstadt Karlskrona; Moränenlandschaft mit Wäldern und Ackerland, stark gegliederte Küste mit zahlr. Schären. Bev. und Ind. konzentrieren sich im Küstenbereich. — Das dän. B. wurde 1329 an die Grafen von Holstein verpfändet, die es an Schweden verkauften. 1360–1658 wieder dänisch, danach schwedisch.

Blende, in der *Baukunst* der glatten Wand (gelegentlich auch Nischen) vorgesetztes Schmuck- und Gliederungsmotiv, z. B. **Blendbogen** (Bogenblende) und (als Reihe solcher Bögen) **Blendarkade** (roman. und got. Baukunst), **Blendfenster, Blendmaßwerk** über got. Fenstern oder Portalen, **Blendtriforium** (d. h. ein Triforium ohne Laufgang); auch ganze Fassaden werden vorgeblendet (**Blendfassade**).

▷ bei *opt. Geräten* (Linsen, Photoapparaten, Mikroskopen, Fernrohren usw.) Vorrichtung zur Begrenzung des Querschnitts von Strahlenbündeln. Da die Bildqualität wesentlich vom Durchmesser der an der Bilderzeugung beteiligten Strahlenbündel abhängt, haben B. einen entscheidenden Einfluß auf die Abbildungseigenschaften eines opt. Systems. Als B. dienen die Fassungen von Linsen bzw. Spiegeln selbst oder gesonderte Lochscheiben, die an beliebigen Stellen des opt. Systems in den Strahlengang gebracht werden können. Eine **Irisblende** ist eine B., bei der sich der Durchmesser der B.öffnung stetig verändern läßt. Irisblenden werden insbes. bei Photoapparaten verwendet.

▷ gerade oder [meist] schräg geschnittener Stoffstreifen, der als Verzierung an Kleidern oder Tischwäsche aufgenäht ist.

Blenden [nach der Zinkblende (frühere Bez. „Blende")], Metall-Schwefel-Verbindungen, die zus. mit den Kiesen, Glanzen und Fahlen die Gruppe der ↑ Sulfidminerale bilden.

Blendenautomatik ↑ photographische Apparate.

Blendrahmen, bei Türen, Fenstern u. a. fest mit der Mauer verbundener Rahmen aus Holz, Metall oder Kunststoff, an den die Flügel angeschlagen werden.

Blendung, Störung des Sehvermögens durch allzu hohe Leuchtdichten *(positiver B.effekt)*. B. tritt ein, wenn die kurzfristig ansprechenden Schutzmechanismen des Auges (reflektor. Verkleinerung der Lidspalte, Verengung der Pupille) bei plötzl. und starkem Lichteinfall nicht mehr genügen, worauf es zu einer Störung der lokalen Lichtanpassung in der Netzhaut kommt; entsteht auch dann, wenn auf einer umschriebenen Netzhautstelle allzu große Leuchtdichteunterschiede liegen (z. B. durch Autoscheinwerfer).
▷ Zerstörung des Sehvermögens als Strafe nach antikem und ma. Recht für Meineid, Diebstahl, Falschmünzerei u. a.

Blendverband (Blenderverband, Zierverband), Mauersteinverband, bei dem die Flächenwirkung des Mauerwerks durch verschiedenartige Anordnung der Steinfolge erhöht wird.

Blenheim Palace [engl. 'blɛnɪm 'pælɪs], monumentales engl. Schloß in der Gft. Oxford; 1705–22 von J. Vanbrugh für den Herzog von Marlborough erbaut und nach dessen Sieg bei Blenheim (↑ Höchstädt a. d. Donau) benannt; Geburtsort von Sir W. Churchill. – Von der UNESCO zum Weltkulturerbe erklärt.

Blennorrhö [griech.], allg. Bez. für schleimige oder eitrige Schleimabsonderung; im speziellen Sinn svw. Augen-B. (Ophthalmo-B.; ↑ Augentripper).

Blériot, Louis [frz. ble'rjo], * Cambrai 1. Juli 1872, † Paris 1. Aug. 1936, frz. Flugpionier. – Überquerte als erster mit einem von einem 25-PS-Motor angetriebenen Eindecker am 25. Juli 1909 den Ärmelkanal.

Louis Bériot landet in Dover (zeitgenössischer Stich)

Bles, Herri met de, * Bouvignes (= Dinant) um 1510, † Antwerpen oder Ferrara nach 1555, niederl. Maler. – Malte in der Nachfolge seines Onkels (?) J. Patinir phantasievolle und realist. Landschaften, u. a. so neuartige Themen wie „Die Kupfermine" (Florenz, Uffizien).

Blesse, weißes Abzeichen an der Vorderseite des Kopfes verschiedener Tiere; beim Pferd: weißer Streifen auf dem Nasenrücken.

blessieren [frz.], veraltet für: verwunden, verletzen;
Blessur, Verwundung.

Blessing, Karl, * Enzweihingen bei Vaihingen an der Enz 5. Febr. 1900, † Rasteau (Vaucluse) 25. April 1971, dt. Bankfachmann. – 1920–39 im dt. und internat. Bankwesen tätig, 1958–69 Präs. der Dt. Bundesbank.

B., Karlheinz, * Eislingen/Fils 12. Mai 1957, dt. Politiker (SPD). – Volkswirt; ab 1984 beim Vorstand der IG Metall beschäftigt; Ende Mai 1991 zum Bundesgeschäftsführer der SPD gewählt.

Bleßralle, svw. ↑ Bläßhuhn.

Bleu [blø:; frz.], [leicht ins Grünliche spielendes] Blau; blasses Blau.

Bleuler, Eugen, * Zollikon bei Zürich 30. April 1857, † ebd. 15. Juli 1939, schweizer. Psychiater. – Prof. in Zürich und Direktor der Heilanstalt Burghölzli; Forschungen zur Schizophrenie.

Bleyle, Wilhelm, * Feldkirch (Vorarlberg) 7. April 1850, † Stuttgart 16. Febr. 1915, dt. Fabrikant. – Gründer der Firma W. Bleyle, Stuttgart, die erstmals Strickwaren in großindustrieller Fertigung herstellte.

Bliaud (Bliaut) [frz. bli'o], Oberbekleidung, die aus der Tunika hervorgegangen ist (Frankreich 10.–13. Jh.).

Blick, schweizer. Zeitung, ↑ Zeitungen (Übersicht).

Blicke (Güster, Blicca bjoerkna), etwa 20–30 cm langer Karpfenfisch in Europa, seitlich stark zusammengedrückt, Rücken graugrün bis schwärzlich oliv, Seiten heller, silberglänzend, Bauch weiß bis rötlichweiß.

Blickfeld, der Teil des Raumes, der bei unbewegtem Kopf, aber bewegten Augen noch scharf wahrgenommen werden kann.

Blida, alger. Stadt sw. von Algier, 270 m ü. d. M., 191 000 E. Hauptstadt des Wilayat B., landw. Handelszentrum.

Blies, rechter Nebenfluß der Saar, entspringt nw. von Sankt Wendel, mündet bei Saargemünd; 96 km lang; die untere B. bildet die dt.-frz. Grenze.

Bliesgau, hügelige Muschelkalkhochfläche im südl. Saarland, durchschnittlich 300–400 m ü. d. M., von der Blies in einem bis 200 m tief eingeschnittenen Tal durchflossen.

Blieskastel, Stadt an der Blies, Saarland, 201–401 m ü. d. M., 22 300 E. Elektroind., Werkzeugbau, Kneippkurort. Der 6,60 m hohe **Gollenstein** bei B. ist der größte Menhir Deutschlands. – 1098 erwähnt, seit 1343 Stadt. – Vom Schloß (um 1640) blieb nur die Orangerie erhalten; Rathaus (1775).

Bligh, William [engl. blaɪ], * Tyntan (Cornwall) 9. Sept. 1754, † London 7. Dez. 1817, brit. Seefahrer. – Kapitän der „Bounty", deren Besatzung auf der Rückfahrt von Tahiti 1789 meuterte und ihn in der Südsee in einem Boot aussetzte; entdeckte die Neuen Hebriden.

Blimbing (Bilimbi) [malai.], hellgelbe, bis 8 cm lange, gurkenähnl. Beerenfrucht des ↑ Gurkenbaums; für Säfte, Marmelade, Kompott oder kandierte Früchte verwendet.

blind, in der *Medizin* ↑ Blindheit.
▷ *übertragen* (in der Bed.: nicht dem eigtl. Wesen entsprechend) u. a. in den Wendungen *b. Passagier, b. Alarm.*

Blindanflug (Instrumentenanflug), Reihenfolge genau festgelegter Flugmanöver unter Instrumentenflugbedingungen (IFR) vom Beginn des B. bis zur Blindlandung oder bis zum Übergang zur Landung unter Sichtflugbedingungen (VFR). Der B. erfolgt entweder nach dem ↑ GCA-Verfahren oder dem ↑ VOR-Verfahren oder mit Hilfe des ↑ Instrumentenlandesystems (ILS).

Blindband, verbindl. Musterband, der den opt. Eindruck des fertigen Buches vermittelt; wird aus den endgültigen Materialien hergestellt, die Bogen sind meist unbedruckt.

Blinddarm (Zäkum, Caecum oder Coecum), blind endende, meist unpaare Aussackung des Enddarms am Dickdarmanfang vieler Wirbeltiere. Der B. ist u. a. Vermehrungsort der für die Verdauung unentbehrl. Darmbakterien. Bei Fleischfressern ist er im allg. kurz, bei (zelluloseverdauenden) Pflanzenfressern meist relativ lang ausgebildet (beim Hausrind z. B. bis 70 cm lang). – Der 6–8 cm lange B. des Menschen, meist ganz vom Bauchfell überzogen, liegt rechts im Unterbauch direkt unterhalb der Einmündungsstelle des Dünndarms in den Dickdarm. An ihm hängt blindsackartig der bleistiftdicke, etwa 8 cm lange **Wurmfortsatz** (Processus vermiformis, Appendix vermi-

Karl Blessing

Eugen Bleuler

Blinddarmentzündung

formis, Kurzbez. Appendix), in der Umgangssprache auch B. gen., ein rudimentäres, an lymphat. Gewebe reiches, relativ häufig entzündetes Organ (↑ Blinddarmentzündung).

Blinddarmentzündung, irrige, aber in der Umgangssprache allg. gebräuchl. Bez. für eine Entzündung des Wurmfortsatzes des Blinddarms (**Appendizitis,** Wurmfortsatzentzündung). Zu Beginn der akuten B. treten zunächst nur unbestimmte Bauchschmerzen, meist in der Magengegend auf; später wandert der Schmerz in den rechten Unterbauch. Die Körpertemperatur ist anfangs meist wenig erhöht. Als alarmierendes Zeichen ist später häufig auftretendes Erbrechen zu werten. Zu den wichtigsten Symptomen zählen die ↑ Abwehrspannung und die Auslösbarkeit des **Loslaßschmerzes,** der nach Eindrücken und unvermitteltem Loslassen der linken Unterbauchgegend im rechten Unterbauch wahrgenommen wird. Um bei der akuten B. einen Durchbruch (Folge: Vereiterung der Bauchhöhle) zu vermeiden, ist operative Entfernung des Wurmfortsatzes (Blinddarmoperation) erforderlich.

Blinde Fliege ↑ Regenbremse.

Blindenabzeichen, weißer Stock und gelbe Armbinde mit drei schwarzen Punkten, v.a. für Blinde, Sehbehinderte, Schwerhörige (zum Schutz im Straßenverkehr).

Blindenbibliotheken, Blindenschriftbüchereien. Als erste wurde 1894 durch private Initiative die heutige Dt. Zentralbücherei für Blinde in Leipzig gegr.; es folgten die Gründungen der Centralbibliothek für Blinde in Hamburg 1904 und der Blindenhochschulbücherei der Dt. Blindenstudienanstalt in Marburg a. d. Lahn 1916. Heute sind z. T. **Blindenhörbüchereien** angeschlossen (Tonbänder, Kassetten).

Blindenfürsorge, 1. i. w. S. Sammelbegriff für die Blinden gewährten Fürsorgeleistungen der öff. Hand. Kriegsblinde können als Kriegsbeschädigte nach dem BundesversorgungsG neben den Regelleistungen Pflege- und Schwerstbeschädigtenzulage erhalten. Zivilblinde können bei Bedürftigkeit Leistungen (↑ Blindenhilfe) nach dem BundessozialhilfeG beanspruchen. Einige Länder der BR Deutschland gewähren eine von der Bedürftigkeit unabhängige Blindenversorgung in Gestalt des **Blindenpflegegeldes** unter Anrechnung anderer Leistungen. Weitere Vergünstigungen im Arbeitsleben gewährt allen Blinden das SchwerbeschädigtenG. – 2. i. e. S. die Leistungen der Kriegsopferfürsorge für Kriegsblinde nach §§ 25 ff. BundesversorgungsG.

Blindenhilfe, zusätzl. Barleistung gemäß § 67 BundessozialhilfeG (BSHG) zum Ausgleich der durch Blindheit bedingten Mehraufwendungen; darüber hinaus können bedürftige Blinde grundsätzlich die allg. Barleistungen nach den übl. Regelsätzen sowie bei Erwerbstätigkeit einen Mehrbedarfszuschlag beanspruchen; auch Eingliederungshilfe nach § 39 BSHG kommt in Betracht.

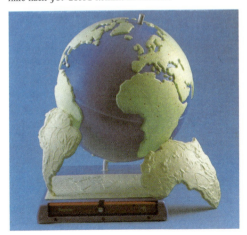

Blindenhilfsmittel. Reliefglobus mit Beschriftung in Punktschrift

Blindenhilfsmittel. Oben: Blindenschriftmaschine. Unten: Alphabet der Blindenschrift

Blindenhilfsmittel, das wichtigste B. ist die **Blindenschrift.** Sie wurde von L. Braille 1825 entwickelt: Die Grundlage der Buchstabenbezeichnung bilden 6 Punkte („Zelle"), mit ihnen sind 63 Kombinationen möglich. Die für die einzelnen Buchstaben relevanten Punkte sind jeweils erhaben. Die Punktschrift wird auch für die *Blindennotenschrift* sowie für eine *Kurzschrift* verwendet. Die Blindennotenschrift ist nicht sofort abspielbar, sondern die Noten müssen Takt für Takt erlernt werden. Das einfachste Schreibmittel für Blinde ist eine *Schreibtafel,* die aus einer Platte mit Löchern, den Punkten der Blindenschrift entsprechend, und einem Gitter, das den Blindenschriftzellen angepaßt ist, besteht. Nachdem dickeres Papier dazwischengelegt ist, werden Platte und Gitter zusammengeklappt. Dann können die Buchstaben- und Satzzeichenpunkte mit einem Griffel in das Papier gedrückt werden. Die **Blindenschriftmaschine** hat nicht für jedes Zeichen, sondern für jeden der 6 Punkte eine Taste. Besteht ein Zeichen aus mehreren Punkten, so müssen die entsprechenden Tasten gleichzeitig betätigt werden. Die Punktschrift wird mit der Blindenschrift-Bogenmaschine auf ein Blatt und mit der Blindenschrift-Stenographiermaschine auf einen Streifen geprägt. Beim Braillocord, einem elektron. Schreib- und Lesegerät, wird die Schrift in Form codierter Impulse auf Tonband gespeichert. *Weitere Hilfsmittel:* Tonbandgerät bzw. Kassettenrecorder, Tastmarken an Geldscheinen, Stock und Blindenführhund sowie techn. Orientierungshilfen, die auf dem Prinzip der Reflexion oder der Auswertung der unterschiedl. Lichtintensität beruhen und die so erfaßten Strukturen der Umwelt dem Blinden hörbar oder fühlbar machen. Uhren, Meßgeräte, Landkarten, Spiele usw. werden so hergestellt, daß sie für Blinde abtastbar sind. Für Sehbehinderte werden Texte in Großdruck hergestellt; zudem gibt es Geräte, die die Größe der vorliegenden Schrift und die Intensität des Kontrastes nach Belieben verändern und dem Sehvermögen des Behinderten anpassen können. B. werden von der Dt. Blindenstudienanstalt in Marburg a. d. Lahn und dem Verein zur Förderung der Blindenbildung in Hannover hergestellt. 1970 wurde eine Forschungs- und Entwicklungs-Gesellschaft für orthopäd. und techn. B. gegründet.

Blindenpflegegeld ↑ Blindenfürsorge.

Blindenschrift ↑Blindenhilfsmittel.
Blindenschulen, Schulen für Sehbehinderte und Blinde (etwa 0,5 % der Schulpflichtigen). Sie vermitteln den Hauptschullehrstoff, einige wenige die mittlere Reife oder das Abitur (Marburg a. d. Lahn, Zürich).
blinder Fleck ↑Auge.
blinder Passagier, jemand, der die Beförderung durch ein Verkehrsmittel (Schiff, Flugzeug) in der Absicht erschleicht, das Entgelt nicht zu entrichten; mit Freiheitsstrafe bis zu einem Jahr oder Geldstrafe bedroht (§ 265a StGB).
Blindfische (Trugkärpflinge, Amblyopsoidei), Unterordnung der Barschlachse mit der einzigen Fam. Amblyopsidae im sö. N-Amerika; wenige, etwa 5–15 cm lange Arten; Körper langgestreckt, spindelförmig; in Höhlen lebende Arten haben rückgebildete Augen; z. T. Aquarienfische.
Blindflansch, deckelartiger ↑Flansch, der ein Rohr abschließt.
Blindflug, svw. ↑Instrumentenflug.
Blindgänger, Geschoß, dessen Sprengladung wegen Versagens des Zünders nicht explodiert ist.
Blindheit, das völlige Fehlen (**Amaurose**) oder eine starke Verminderung der Sehfähigkeit. Die Begriffsbestimmungen sind sehr unterschiedlich. Nach der von der Weltgesundheitsorganisation verwendeten und in vielen Ländern v. a. im angloamerikan. Bereichs gebräuchl. Definition gilt als blind, wer ein Sehvermögen hat, das geringer als $1/10$ ist. In der BR Deutschland besteht ein bes. enger B.begriff; danach gelten offiziell als blind Beschädigte, die das Augenlicht vollständig verloren haben. Als blind sind auch die Beschädigten anzusehen, deren Sehschärfe so gering ist, daß sie sich in einer ihnen nicht vertrauten Umgebung ohne fremde Hilfe nicht zurechtfinden können. Dies wird im allgemeinen der Fall sein, wenn bei freiem Blickfeld auf dem besseren Auge nur eine Sehschärfe von etwa $1/50$ besteht.
Blindlandung, svw. ↑Allwetterlandung.
Blindleistung, Leistungsanteil bei Wechselstrom, der nicht zur nutzbaren Energieumformung beiträgt. Die B. ist das Produkt aus Spannung U, Stromstärke I und dem Sinus des Phasenwinkels φ (Zeichen Q; SI-Einheit Volt · Ampere [VA]).
Blindmäuse (Spalacidae), Nagetierfam. mit der einzigen, nur 3 Arten umfassenden Gatt. **Spalax** in SO-Europa, S-Rußland, Kleinasien und im östl. N-Afrika; Körper auffallend plump walzenförmig, etwa 18–30 cm lang, Kopf und Hals kaum vom Körper abgesetzt; auffallend kräftige, vorstehende Schneidezähne; Augen funktionslos, unter der Haut liegend; meist unterirdisch in meist weit verzweigten Gangsystemen lebend.
Blindmulle (Mullmäuse, Myospalacini), Gattungsgruppe etwa 15–27 cm körperlanger Wühler (Überfam. Mäuseartige) mit der einzigen, aus 5 Arten bestehenden Gatt. **Myospalax** in den gemäßigten Zonen Asiens; Gestalt maulwurfähnlich; Kopf keilförmig; Fell ziemlich langhaarig, meist hellgrau bis gelbbraun.
Blindmunition, beim ↑Anschießen verwendete Munition.
Blindprägung, farblose Hochprägung von Schriftzeilen oder Zeichen durch Reliefprägeformen.
Blindschlangen (Typhlopidae), Schlangenfam. mit etwa 200, 10 bis etwa 75 cm langen Arten im trop. Amerika, in Afrika und in SO-Asien; Körper durchgehend von gleicher Dicke, Kopf abgestumpft, Schwanz kurz mit nach unten gekrümmtem Schuppendorn; Augen rückgebildet; meist unterirdisch lebend.
Blindschleiche (Anguis fragilis), etwa 40–50 cm lange Schleichenart in Europa, im westl. N-Afrika und in Vorderasien; Kopf eidechsenartig; Schwanz wird leicht abgestoßen und regeneriert danach als kurzer, kegelförmiger Stumpf; Körperoberseite bleigrau, graubraun oder kupferbis bronzefarben glänzend, meist mit feiner schwarzer Mittellinie; ernährt sich v. a. von Nacktschnecken und Würmern.

Blindspiel, beim Schachspiel das Spielen ohne Ansicht des Brettes allein aus dem Gedächtnis.
Blindstrom ↑Wechselstrom.
Blindversuch, Methode zur Erfassung und Bewertung der Wirksamkeit von Arzneimitteln, bei der die Versuchspersonen über die Art bzw. über die (vermutete) Wirkungsweise der verabreichten Präparates nicht informiert sind. Ist auch der Versuchsleiter ohne diese Information, spricht man von **Doppelblindversuch.** Mit dem B. sollen mögl. Suggestionseffekte ausgeschaltet werden.
Blindwanzen (Weichwanzen, Schmalwanzen, Miridae), mit etwa 6000 Arten formenreichste, weltweit verbreitete Fam. der Landwanzen; einheimisch über 300, etwa 2–12 mm große Arten; überwiegend Pflanzensauger. – Bekannt ist die Gatt. ↑Blattwanzen.
Blindwiderstand ↑Wechselstrom.
Blindwühlen (Schleichenlurche, Gymnophiona), Ordnung der Lurche mit etwa 165 Arten, in den Tropen und Subtropen Amerikas, Afrikas, Asiens; etwa 6,5 bis 150 cm lang, wurmförmig; Augen meist rückgebildet; überwiegend grabende Landbewohner.
Blini [russ.], Hefepfannkuchen aus Buchweizenmehl.
Blinke, svw. ↑Ukelei (ein Fisch).
Blinker, in der *Angelfischerei* blinkender Metallköder.
▷ Richtungsanzeiger an Kraftfahrzeugen.
Blinkleuchte ↑Kraftfahrzeugbeleuchtung.

Blindschleiche

Blinklichtanlage, Lichtsignalanlage, die *gelbes Blinklicht* aussendet und damit die Aufmerksamkeit v. a. auf ein vorfahrtregelndes Verkehrszeichen, einen Fußgängerüberweg oder eine Baustelle lenkt.
▷ Warnanlage vor einem unbeschrankten Bahnübergang; wird bei Annäherung eines Zuges durch einen Schienenkontakt eingeschaltet und gibt rotes Blinklicht.
Bliss, Sir (seit 1950) Arthur, *London 2. Aug. 1891, †ebd. 27. März 1975, engl. Komponist und Dirigent amerikan. Herkunft. – Schrieb u. a. Sinfonien, Filmmusik, Ballette, Kammermusik zunächst in antiromant. Haltung, später in der spätromant. Tradition E. Elgars.
Blitz, Funkenentladung, wie sie in der Natur zw. verschieden aufgeladenen Wolken oder zw. Wolken und Erde auftritt. Spannung einige 10^8 Volt, Stromstärke $\sim 10^5$ Ampere, Dauer $\sim 10^{-5}$ s, Energie ~ 40 kWh; B.gestalt: Linien-, Kugel-, Perlschnurblitz.
Blitzableiter ↑Blitzschutz.
Blitzgerät ↑Elektronenblitzgerät.
Blitzkrieg, zu Beginn des 2. Weltkriegs entstandene Bez. für die innerhalb kurzer Zeit entschiedenen Feldzüge (Polenfeldzug, Frankreichfeldzug); dann allg. für jeden rasch entschiedenen Krieg.
Blitzlicht, kurzzeitige künstl. Beleuchtung für photograph. Aufnahmen; früher für die stoßartige Verbrennung von *B.pulver* (Gemisch von Magnesium oder Cereisen mit Kaliumchlorat), heute meist als 20–60 ms dauernde Verbrennung von Zirkon oder Magnesium in einer Sauerstoffatmosphäre im Innern eines Glaskolbens *(Kolbenblitz)* oder als Gasentladung von 0,02–1 ms Dauer (↑Elektronenblitzgerät). Kolbenblitzlampen hoher Leistung haben Edison-

Blitz. Linienblitz

Blitzlichtsynchronisation

Tania Blixen

Ernst Bloch

Felix Bloch

Sockel; sie wurden in Blitzgeräten mit Reflektor verwendet und über einen batteriegespeisten Kondensator elektrisch vom Blitzkontakt des Kameraverschlusses gezündet. Blitzlampen für den Amateurgebrauch haben Glassockel mit Kontaktstiften; vielfach sind mehrere Blitzlampen in ein streifen- oder würfelförmiges Aggregat zusammengefaßt *(Flashbar, Blitzwürfel),* das Blitzaufnahmen in rascher Folge ermöglicht. Diese Aggregate werden auf die Kamera aufgesteckt und meist mechanisch-chemisch (über einen Stößel) oder piezoelektrisch gezündet. – Die Farbtemperatur von ungefärbten Kolbenblitzen liegt bei 3400–3800 K und macht die Verwendung von Kunstlichtfarbfilmen erforderlich. Für Tageslichtfilme gibt es Lampen mit blaugefärbtem Glaskolben. Über die prakt. Lichtausbeute einer B.quelle gibt ihr ↑ Leitzahl Auskunft.

Blitzlichtsynchronisation, Vorrichtung in Photoapparaten, die die Übereinstimmung zw. Verschlußöffnungszeit und Lichtstrom der Blitzlichtlampen und Elektronenblitze herstellt.

Blitzröhren (Blitzsinter, Fulgurite), im Sand durch Blitzeinschlag entstandene, bis zu mehreren Metern lange Röhren, deren Wände versintert sind.

Blitzschlag ↑ Blitzschutz.

Blitzschutz, Sammelbez. für alle Maßnahmen, die dazu dienen, die beim Einschlagen eines Blitzes auftretenden hohen Stromstärken möglichst gefahrlos abzuleiten. B.anlagen, meist als **Blitzableiter** bezeichnet, haben die Aufgabe, Bauwerke, deren Bewohner und Inventar gegen die Gefahren von Blitzschlägen zu schützen. Eine B.anlage besteht im wesentlichen aus folgenden Teilen: der Auffangvorrichtung, den Ableitungen und der Erdungsanlage. Die **Blitzauffangvorrichtung** wird durch Metallstangen, Dachleitungen und ähnl. Vorrichtungen gebildet. Wichtig sind gute Erdung und starke Spitzenwirkung, damit hohe Feldstärken entstehen und die Luft ionisiert wird. Als **Ableitung** bezeichnet man den Teil der Schutzanlage, der die Auffangvorrichtung mit der Erdungsanlage verbindet. Ableitungen müssen einen bestimmten Querschnitt haben. Als Material sind Stahl, Aluminium und Kupfer zulässig. Diese Leitungen müssen oberirdisch gelegt werden. Eine B.anlage hat nur dann die gewünschte Schutzwirkung, wenn ihre **Erdungsanlage** richtig bemessen und angeordnet ist. Der Erdungswiderstand soll möglichst niedrig sein und für lange Zeit erhalten bleiben. Als Erder kommen Metallbänder aus verzinktem Bandstahl (sog. *Banderder,* meist ringförmig angelegt als *Ringerder*) in Frage; sie müssen mindestens 0,5 m tief im Boden verlegt werden. Menschen werden vom **Blitzschlag** selten direkt getroffen. Bei den meisten Unfällen handelt es sich um einen elektr. Schlag infolge des sog. Spannungstrichters, der durch das Fließen des Blitzstromes im Erdboden entsteht. Je nach der Schrittweite überbrückt der Mensch in der Nähe der Einschlagstelle eine mehr oder weniger große Spannung, die **Schrittspannung,** die eine für ihn gefährl. Spannung durch seinen Körper treibt. Die Todesrate der vom Blitzschlag getroffenen Personen beträgt 40 %. Todesursachen sind Atemlähmung, Herzfrequenzstörung und schwerste Verbrennungen. Bei Überlebenden stellen sich häufig neurolog. Ausfälle ein, meist in Form von Lähmungen, Linsentrübungen, evtl. mit völliger Erblindung **(Blitzstar),** und baumartig verästelte, braunrote Hautverfärbungen **(Blitzfiguren).**

Blitzsinter ↑ Blitzröhren.

Blitzwürfel ↑ Blitzlicht.

Blixen, Tania [dän. 'blegsən], eigtl. Baronin Karen Christence B.-Finecke, *Rungsted 17. April 1885, †Rungstedlund 7. Sept. 1962, dän. Schriftstellerin. – Schrieb hintergründige Romane und Erzählungen, die sich durch kultivierten Stil und ausgeprägtes Gefühl für Stimmung und Musikalität auszeichnen, u. a. „Afrika, dunkel lockende Welt" (1937; 1985 von S. Pollack verfilmt), „Schicksalsanekdoten" (1955), „Schatten wandern übers Gras" (Erinnerungen, 1960).

Blizzard [engl. 'blɪzəd], durch arkt. Kaltlufteinbrüche bewirkter winterl. Schneesturm in N-Amerika.

Bljucher, Wassili Konstantinowitsch (Blücher), eigtl. W. Gurow, *Barschtschinka (Gouv. Jaroslawl) 1. Dez. 1890, †9. Nov. 1938, sowjet. General. – 1921/22 Führer des erfolgreichen bolschewist. Kampfes gegen Japan in Sibirien. 1924–27 militär. Berater der chin. Kuomintang-(Guomindang-)Regierung; 1929–38 Befehlshaber der sowjet. „Fernöstl. Streitkräfte"; 1935 Marschall der Sowjetunion; 1938 wahrscheinlich im Zusammenhang mit dem Prozeß gegen Tuchatschewski von Stalin liquidiert; 1956 postum rehabilitiert.

Bloch, Ernest [engl. blɔk], *Genf 24. Juli 1880, †Portland (Oreg.) 15. Juli 1959, amerikan. Komponist schweizer. Herkunft. – Vertritt in seinen Werken oft einen national-jüd. Stil („Trois poèmes Juifs" für Orchester, 1913; Sinfonie „Israel", 1912–16).

B., Ernst, *Ludwigshafen am Rhein 8. Juli 1885, †Tübingen 4. Aug. 1977, dt. Philosoph. – 1933 Emigration; 1948 Rückkehr nach Deutschland. Prof. in Leipzig; 1955 Nationalpreis der DDR. Wegen zunehmender polit. Divergenzen (Beschränkung seiner Publikations- und Lehrtätigkeit, 1957 Zwangsemeritierung) 1961 Übersiedlung in die BR Deutschland, Gastprof. in Tübingen; 1967 Friedenspreis des Dt. Buchhandels.
Im Mittelpunkt seines Werkes steht die Hoffnung, die B., beeinflußt von jüd.-christl. Eschatologie, in der gesamten philosoph. Tradition wie in allen anderen kulturellen Phänomenen herauszuarbeiten versucht. Hoffnung als das Gewahrwerden von Möglichkeiten für eine umfassende Humanisierung des Lebens auch in Verhältnissen, die diese verhindern (der „Vorschein" des „Noch nicht"), ist nach B. grundlegende Antriebskraft des Marxismus. So versteht sich B. als Marxist, der die Vorstellungen insbes. des jungen Marx mit den naturrechtl. Postulaten der Aufklärung verbinden will.
Werke: Vom Geist der Utopie (1918, 2. Fassung 1923), Thomas Münzer als Theologe der Revolution (1922), Spuren (1930, erweiterte Neuausgabe 1959), Subjekt-Objekt (1951), Das Prinzip Hoffnung (3 Bde., 1954–59), Naturrecht und menschl. Würde (1961), Tübinger Einleitung in die Philosophie (2 Bde., 1963/64, erweiterte Neuausgabe 1970), Atheismus im Christentum (1968).

B., Felix, *Zürich 23. Okt. 1905, †ebd. 10. Sept. 1983, schweizer.-amerikan. Physiker. – Prof. an der Stanford University (Calif.); Arbeiten u. a. über Ferromagnetismus; entwickelte eine Kernresonanzmethode zur genauen Messung der magnet. Momente von Atomkernen. 1952 Nobelpreis für Physik (mit E. M. Purcell).

B., Konrad [Emil] [engl. blɔk], *Neisse 21. Jan. 1912, amerikan. Biochemiker dt. Herkunft. – Emigrierte 1936 in die USA; Prof. in Chicago und Cambridge; klärte den Mechanismus und die Regulierung des Cholesterin- und Fettsäurestoffwechsels und erhielt hierfür gemeinsam mit F. Lynen 1964 den Nobelpreis für Physiologie oder Medizin.

Block, allg. kompakter, kantiger Brocken aus hartem Material.
▷ Einrichtung zur Sicherung des Eisenbahnverkehrs auf Bahnhöfen und Strecken.
▷ in sich geschlossene, ein Viereck bildende Gruppe von [Wohn]häusern.
▷ Gußstück aus Stahl, das in einer Kokille mit quadrat. Querschnitt erstarrt ist; Vormaterial für Walzwerke (Halbzeug).
▷ an einer kurzen Formatseite geleimte oder geheftete Papierlage.
▷ in der *Philatelie* Erinnerungsblatt mit einem oder mehreren Postwertzeichen.
▷ in der *Medizin* svw. ↑ Herzblock.
▷ (frz. bloc) Bez. für die enge Zusammenarbeit polit. Parteien zur Unterstützung der Reg., als Wahlbündnis zur Übernahme der Reg.verantwortung oder zur Organisation der Opposition. – In der Endphase des dt. Kaiserreichs be-

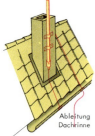

Blitzschutz. Oben: Bei einem Satteldach sind die Dachrinnen an die Blitzschutzanlage angeschlossen, der Schornstein ist mit einer Auffangeinrichtung versehen. Unten: Der Schornstein liegt in der Nähe der Dachrinne, die Ableitung wird an die Dachrinne angeschlossen

deutete **Blockpolitik** z. T. die Verwirklichung von Vorformen des Parlamentarismus (↑ Kartell). – Seit 1945 spielte das **Blocksystem** in den Volksdemokratien des Ostblocks als Zusammenfassung aller zugelassenen und im Parlament vertretenen Parteien **(Blockparteien)** eine zentrale Rolle bei deren polit. Gleichschaltung sowie bei der Durchsetzung der antifaschistisch-demokrat. Ordnung und im Übergang zum Sozialismus nach sowjet. Modell; verlor in der DDR seit 1949/50 an Bed. gegenüber der Politik der Nat. Front.

Blockbuch. Seite aus dem Codex Palatinus Germanicus, 1455–58 (Heidelberg, Universitätsbibliothek)

Blockade [frz.; zu bloc „Klotz"], im Völkerrecht die Absperrung der internat. Verbindungswege eines anderen Staates, insbes. seiner Seeverbindungen *(See-B.)* unter Einsatz von Streitkräften. Eine B. ist nur zulässig als Recht der Staaten der Selbstverteidigung oder bei entsprechendem Beschluß des UN-Sicherheitsrates. Der **Blockadebruch** (Umgehung oder Durchbrechung des **Blockadegürtels**) berechtigt zur Aufbringung und Einziehung des betreffenden Schiffes.

Blockbau, in Europa seit der Eisenzeit nachweisbare Form des Holzbaus; das **Blockhaus** besteht aus waagerecht aufeinandergeschichteten langen Rundhölzern oder Balken, deren Enden in unterschiedl. Weise verschränkt (verblattet, verkämmt) werden.

Blockbild ↑ Blockdiagramm.

Blockbuch, aus einzelnen Holztafeldrucken zusammengefügtes Buch (um 1420 bis um 1530). Ein B. bestand entweder aus einseitig bedruckten Blättern, deren leere Seiten zusammengefaltet wurden, oder später aus beidseitig bedruckten Seiten. Den Hauptteil nehmen meist (grobe) Holzschnitte (oft handkoloriert) ein, der Text ist handschriftlich eingefügt, später auch auf den Block geschnitten und mitgedruckt, später (oft ganzseitig) mit bewegl. Lettern gedruckt. Erhalten sind rd. 100 Ausgaben spätma. Gebrauchs- und Erbauungsliteratur.

Block der Heimatvertriebenen und Entrechteten, Abk. BHE, 1950 in Schl.-H. von W. Kraft als Interessenvertretung der Vertriebenen und Kriegsgeschädigten gegr. Partei, die sich 1950 auf Länderebene, 1951 auch auf Bundesebene konstituierte; nahm 1952 den Namen Gesamtdt. Block (GB) an; 1961 Fusion mit der Dt. Partei zur Gesamtdt. Partei (GDP/BHE).

Blockdiagramm, graph. Darstellung des Ablaufs der Verarbeitung von Daten und der hierfür nötigen Operationen in einem Datenverarbeitungssystem.
▷ (Blockbild) schemat. Zeichnung eines Ausschnitts der Erdkruste, in der sowohl die Oberfläche als auch der innere Bau dargestellt wird.

Blockflöte, einstimmiges Blasinstrument (Sopran-, Alt-, Tenor- und Baßlage); der Name rührt von dem Pflock her, der in dem schnabelförmigen Mundstück die Kernspalte bildet. – Die B. ist in Europa seit dem 11. Jh. nachweisbar, ihre größte Bed. hatte sie im 16./17. Jahrhundert. – Abb. S. 90.

Blockflur ↑ Flurformen.

blockfreie Staaten, Staaten, die sich im Ost-West-Konflikt als neutral bezeichneten und weder den östl. noch den westl. Bündnissystemen angehörten; traten 1961 erstmals in der Belgrader Konferenz zusammen; gewannen bes. in den UN in der Folgezeit polit. Gewicht, wenngleich bislang kein dauerhaftes geschlossenes Handeln erreicht wurde; 108 Mgl. (1992).

Blockguß ↑ Gießverfahren.

Blockhaus ↑ Blockbau.

Blockheftung, seitl. Heftung, bei der der Buchblock nahe am Rücken mit Drahtklammern durchstochen wird.

Blockieren [frz.], Stillstand der Drehbewegung der Räder beim Abbremsen, während sich das Fahrzeug noch weiterbewegt.

Blockkraftwerk, Großkraftwerk, das aus verschiedenen, unabhängig voneinander arbeitenden Blöcken besteht.

Blockmeer (Felsenmeer), durch Verwitterung entstandene Anhäufung von Blöcken grobklüftiger Gesteine; finden sich entweder am Ort der Bildung oder als zungenförmige **Blockströme,** die sich hangabwärts bewegt haben. – ↑ Solifluktion.

Blocksberg, Name des ↑ Brocken und anderer Berge in Deutschland, die v. a. in der Walpurgisnacht als Versammlungsorte von Hexen und Unholden gelten.

Blockschaltbild, funktionelle Darstellung eines techn. Systems, bei der jeder techn. Teilbereich bzw. Anlagenteil durch einen rechteckigen „Block" dargestellt wird. Die Blöcke werden entsprechend der Gesamtfunktion miteinander verbunden.

Blockschrift, lat. Druckschrift (Antiqua) mit gleichmäßig stark gezogenen, blockförmig erscheinenden Buchstaben (↑ Egyptienne und ↑ Groteskschriften).

Blockunterricht, in Berufsschulen der auf einige Wochen zusammengezogene Unterricht (statt kontinuierlich begleitenden Unterrichts zweimal in der Woche).
▷ fächerübergreifender Unterricht, bei dem für mehrere Tage oder auch Wochen mehrere Unterrichtsfächer zur Behandlung eines bestimmten Themenbereiches zusammengefaßt werden.

Blockverband ↑ Mauersteinverband.

Blockwalzwerk, Walzwerkanlage zum Auswalzen von Rohblöcken zu Halbzeug.

Blödauge (Wurmschlange, Typhlops vermicularis), einzige Art der Blindschlangen in SO-Europa und Vorder-

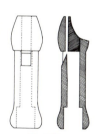

Blockflöte. Schematische Darstellung des Mundstücks einer Blockflöte von vorn und von der Seite

Konrad Bloch

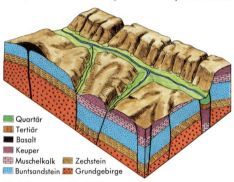

Blockdiagramm (Blockbild)

Blödit

asien; etwa 30 cm lang, knapp 1 cm dick, wurmförmig, Kopf nicht vom Rumpf abgesetzt; Mundöffnung sehr klein, Augen winzig; Körperoberfläche glänzend gelblichbraun; Unterseite heller.

Blödit, svw. ↑ Astrakanit.

Bloemaert, Abraham Cornelisz. [niederl. ˈbluːmaːrt], * Gorinchem 25. Dez. 1564, † Utrecht 27. Jan. 1651, niederl. Maler. – Seit 1592 in Utrecht. Als Caravaggist (seit etwa 1620) richtungweisend für die Utrechter Malerschule des 17. Jahrhunderts.

Bloembergen, Nicolaas [ˈbluːmbərɡən], * Dordrecht 11. März 1920, amerikan. Physiker niederl. Herkunft. – Seit 1951 Prof. an der Harvard University in Cambridge (Mass.). Schuf theoret. Grundlagen der Laserspektroskopie, wofür er 1981 (zus. mit A. L. Schawlow und K. M. Siegbahn) den Nobelpreis für Physik erhielt.

Nicolaas Bloembergen

Bloemfontein [engl. bluːmˈfɒnteɪn], Hauptstadt der südafrikan. Prov. Oranjefreistaat, 1392 m ü. d. M., 233 000 E. Anglikan. Bischofs- und kath. Erzbischofssitz; Sitz des Obersten Gerichtshofes; Univ. (gegr. 1855, seit 1949 Univ.); astronom. Observatorium; Maschinenbau, Möbel-, Nahrungsmittelind.; Verkehrsknoten. – 1846 als Fort gegründet.

Blohm & Voss AG, bed. dt. Schiffswerft, 1877 gegr., Sitz in Hamburg. Haupttätigkeiten: Schiffbau, Schiffsreparaturen, Motoren-, Turbinen-, Kessel- und Maschinenbau. Hauptaktionär ist die August Thyssen-Hütte AG.

Blois [frz. blwa], frz. Stadt an der Loire, 49 400 E. Verwaltungssitz des Dep. Loir-et-Cher; Bischofssitz; Handels-

Abraham Cornelisz. Bloemaert. Landschaft mit Bauerngehöft und Landvolk, 1598 (Berlin, Staatliche Museen, Nationalgalerie)

zentrum, u. a. Nahrungs- und Genußmittelind., Maschinen- und Gerätebau, Elektro- und Lederind. – Im 6. Jh. erstmals erwähnt, im 10. Jh. Zentrum der Gft. B., wohl 1196 Stadtrecht. 1397 an Hzg. Ludwig von Orléans verkauft, seit 1498 zur frz. Krondomäne; bis 1589 ständige Residenz der frz. Könige. – Eines der schönsten Schlösser des Loiretals ist Schloß B. (13.–17. Jh.); Kathedrale Saint Louis (Krypta 10. und 11. Jh.), roman.-got. Kirche Saint-Nicolas (1138–86), Basilika Notre-Dame de la Trinité (20. Jh.).

Blok, Alexandr Alexandrowitsch, * Petersburg 28. Nov. 1880, † ebd. 7. Aug. 1921, russ. Dichter. – Bed. symbolist. Lyriker; sprachl. Musikalität verbindet sich mit der Erschließung neuer formaler Möglichkeiten. Berühmt ist sein Beitrag zur Revolutionsdichtung, das ep. Poem „Die Zwölf" (1918). Bed. lyr. Versdramen, u. a. „Die Schaubude" (1905), „Die Unbekannte" (1906), „Rose und Kreuz" (1912); Gedichte, u. a. „Die Verse von der schönsten Dame" (1904), „Die Skythen" (1918); auch Übersetzer (u. a. Byron).

Blomberg (Blumberger, Plumberger), Barbara, * Regensburg um 1528, † Ambrosero (Spanien) 18. Dez. 1597, Bürgertochter. – Geliebte Kaiser Karls V. und Mutter von Don Juan d'Austria. Ihr Leben wurde seit dem 18. Jh. mehrfach literarisch bearbeitet, zuletzt von C. Zuckmayer.

B., Werner von, * Stargard i. Pom. 2. Sept. 1878, † Nürnberg 14. März 1946, dt. Generalfeldmarschall (seit 1936). – Ließ als Reichswehrmin. (seit 1933) nach dem Tode Hindenburgs die Reichswehr auf Hitler vereidigen; seit 1935 Reichskriegsmin. und Oberbefehlshaber der Wehrmacht; 1938 wegen nicht standesgemäßer Heirat verabschiedet.

Blomdahl, Karl-Birger [schwed. ˈblumdɑːl], * Växjö 19. Okt. 1916, † Stockholm 14. Juni 1968, schwed. Komponist. – Seine Werke sind der freien Tonalität, der Zwölftontechnik und der elektron. Musik verpflichtet; u. a. Opern, Instrumentalkonzerte, Sinfonien.

blond [frz.], hellhaarig, umfassende Bez. der hellen Skala von Haartönungen (neben braun, schwarz und rot). Die b. Haarfarbe kommt nur bei europiden Rassen vor.

Blondeel, Lancelot, * Poperinge 1498, † Brügge 4. März 1561, fläm. Maler und Baumeister. – Entwarf u. a. den Prachtkamin im Schöffensaal des Justizpalastes in Brügge (1528–33).

Blondel [frz. blõˈdɛl], André Eugène, * Chaumont 28. Aug. 1863, † Paris 15. Nov. 1938, frz. Physiker. – Konstruierte 1895 den ersten Oszillographen; grundlegende Arbeiten zur Photometrie.

B., François, * Ribemont-sur-Ancre (Somme) 1618, † Paris 21. Jan. 1686, frz. Baumeister und Architekturtheoretiker. – Schuf die Porte Saint-Denis in Paris (1671–73). Begr. mit seinen „Cours d'architecture" (1675) den Klassizismus als Kunstprogramm.

B., Maurice, * Dijon 2. Nov. 1861, † Aix-en-Provence 4. Juni 1949, frz. Philosoph. – Entwickelte eine Philosophie der Aktion, mit der der Ggs. von Freiheit und Notwendigkeit überwunden wird und menschl. Aktivität und das Sein als eine dynamisch-dialekt. Einheit aufgefaßt werden, wobei

Blockflöte. Von links: Baß-, Sopran-, Alt-, Tenorblockflöte

in diesem Denkmodell für die (mögl.) Offenbarung Gottes Raum bleibt. – *Werke:* Die Aktion (1893), Das Denken (1934), La philosophie et l'esprit chrétien (1944–46), Philosoph. Ansprüche des Christentums (1950).

Blondel de Nesle [frz. blõdɛldə'nɛl], altfrz. Dichter der 2. Hälfte des 12. Jh. aus Nesle (Somme). – Rund 25 Liebeslieder sind von ihm erhalten.

Blondiermittel, kosmet. Mittel zum Bleichen der Kopfhaare; wirksamer Bestandteil ist i. d. R. Wasserstoffperoxid, durch das die dunklen Pigmente des Kopfhaares oxidativ zerstört werden.

Błoński, Pawel Petrowitsch, *Kiew 26. Mai 1884, †Moskau 15. Febr. 1941, sowjet. Pädagoge und Psychologe. – Begründete nach der russ. Revolution Produktionsschulen, die sich selbst tragen sollten (↑Arbeitsschule). Schrieb „Die Arbeitsschule" (1918).

Blood [engl. blʌd] ↑Blackfoot.

Blood, Sweat & Tears [engl. 'blʌd 'swɛt ənd 'tɪəz „Blut, Schweiß und Tränen", nach einem Churchill-Zitat], 1968 von Al Kooper (*1944) gegr. amerikan. Rockmusikgruppe, die Elemente aus Jazz, Blues und klass. Musik mit einbezieht.

Bloody Sunday ↑Blutsonntag.

Bloomfield, Leonard [engl. 'blu:mfi:ld], *Chicago 1. April 1887, †New Haven 18. April 1949, amerikan. Sprachwissenschaftler. – Prof. u. a. in Chicago und seit 1940 an der Yale University. Begr. der behaviorist. Sprachforschung („Language", 1933).

Blois. Achteckiger Treppenturm des Schlosses, 1515–24

Bloomsbury group [engl. 'blu:mzbəri 'gru:p], nach dem Londoner Stadtteil Bloomsbury benannter Freundeskreis von engl. Verlegern (L. Woolf), Kritikern und Schriftstellern (V. Woolf, C. Bell, D. MacCarthy, R. Fry, D. Garnett, L. Strachey, E. M. Forster), Malern (D. Grant), Wissenschaftlern (R. Trevelyan, J. M. Keynes) und Philosophen (G. E. Moore), der von 1907 bis etwa 1930 bestand.

Blöße, Nacktheit des Körpers oder eines Körperteils, bes. des Genitalbereichs; übertragen für: schwache Stelle, Schwäche.
▷ im *Fechtsport* der von der eigenen Waffe ungedeckte Teil der gültigen Trefffläche.

Blouson [blu'zõ:; frz.], über Rock oder Hose getragene, unterhalb der Taille zusammengezogene Bluse.

Bloy, Léon [frz. blwa], *Périgueux (Dordogne) 11. Juli 1846, †Bourg-la-Reine bei Paris 3. Nov. 1917, frz. Schriftsteller. – Wegbereiter der modernen kath. Literatur (bed. Einfluß auf Bernanos, Mauriac, Claudel u. a.). – *Werke:* Der Verzweifelte (R., 1886), Das Heil und die Armut (1892), Die Armut und die Gier (1897).

B. L. S., Abk. für lat.: **b**enevolo **l**ectori **s**alutem („dem geneigten Leser Heil").

Blücher, Franz, *Essen 24. März 1896, †Bad Godesberg (=Bonn) 26. März 1959, dt. Politiker. – 1945 Mitbegr., 1949–54 Bundesvors. der FDP; 1949–58 MdB (FDP); 1949–57 Vizekanzler und Bundesmin. für den Marshallplan bzw. Min. für wirtsch. Zusammenarbeit, wechselte 1956 zur Freien Volkspartei, später zur Dt. Partei.

B., Gebhard Leberecht Fürst B. von Wahlstatt (seit 1814), *Rostock 16. Dez. 1742, †Krieblowitz (Schlesien) 12. Sept. 1819, preuß. Generalfeldmarschall (1813). – Stand im Siebenjährigen Krieg zunächst in schwed., seit 1760 in preuß. Diensten; nahm 1770 seinen Abschied, kehrte 1787 zurück; 1801 Generalleutnant, errang in den Befreiungskriegen mit Gneisenau Siege als Oberbefehlshaber der schles. Armee über Napoleon I.; überschritt 1813/14 siegreich bei Kaub den Rhein; entschied mit Wellington den Feldzug 1815 in der Schlacht bei Belle-Alliance (Waterloo).

B., Wassili Konstantinowitsch, ↑Bljucher, Wassili Konstantinowitsch.

Bludenz, Bez.-Hauptstadt im östr. Bundesland Vorarlberg, 550–681 m ü. d. M., 13 000 E. Textil-, Baustoff-, Metall- und Nahrungsmittelind.; Fremdenverkehr. – 1296 als Stadt erwähnt. – Spätgot. Pfarrkirche (16. und 17. Jh.), alte Spitalkirche (17. Jh.); Schloß Gayenhofen (Neubau um 1746).

Blue baby [engl. 'blu:beɪbɪ], Neugeborenes, das unmittelbar nach der Geburt an intensiver ↑Blausucht leidet.

Bluebacks [engl. 'blu:bæks] ↑Greenbacks.

Blue-box-Verfahren [engl. 'blu:bɔks] ↑Blue-screen-Verfahren.

Blue chips [engl. 'blu: 'tʃɪps], erstklassige Wertpapiere (Spitzenwerte) in den USA.

Bluefields [engl. 'blu:fi:ldz], Hauptstadt des Dep. Zelaya, Nicaragua, an der Moskitoküste, 28 000 E. Hafen. Der Vorhafen **El Bluff** ist Fischereizentrum.

Blue jeans ['blu:dʒi:ns; engl.; zu blue „blau" und jean „Baumwolle" (vielleicht nach Genua, das ehem. wichtiger Baumwollausfuhrhafen war)], strapazierfähige, meist blau eingefärbte Hose aus Baumwollköper, kam um 1955 aus den USA nach Europa.

Blue Mountains [engl. 'blu: 'maʊntɪnz], Gebirge auf Jamaika, bis 2 256 m hoch.

B. M., Bergland im nördl. Bereich des Columbia Plateau, USA, im Rock Creek Butte 2 775 m hoch; Eisenerzvorkommen.

B. M., Teil der südl. Ostaustral. Kordilleren, bis 1 362 m hoch.

Blue notes [engl. 'blu: 'noʊts] ↑Blues.

Blues [blu:s; amerikan.], urspr. weltl. Volkslied der schwarzen Sklaven in den Südstaaten der USA, entstand in der 2. Hälfte des 19. Jh.; zunächst nur gesungen („ländl. B."), mit schwermütig getragener Grundstimmung; maßgeblich an der Ausbildung des Jazz beteiligt. Als Standardform entwickelte sich zu Beginn des 20. Jh. die sog. **Bluesformel,** ein Akkord- und Taktschema, das in drei viertaktige Teile gegliedert ist. Die Melodik ist gekennzeichnet durch die **Bluestonalität,** in der die 3. und 7. Stufe (Terz und Septime) neutral intoniert werden **(Blue notes).**
▷ Gesellschaftstanz im langsamen $^4/_4$-Takt.

Blue-screen-Verfahren ['blu:skri:n; engl. „blauer Schirm, Hintergrund"] (Bluebox-Verfahren), mit zwei Kameras arbeitendes Trickverfahren in der Fernsehstudiotechnik zur künstl. Hintergrundgestaltung. Kamera I nimmt das Vordergrundbild (z. B. Nachrichtensprecher) vor intensiv blauem Schirm auf, Kamera II das im Verlauf der Sendung häufig wechselnde Hintergrundbild (z. B. Landkarte). Im „Trickmischer" werden die Bildsignale I und II Zeile für Zeile verarbeitet und zu *einem* Bild zusammengesetzt. Solange Signal I „blau" ist, wird ausschließlich Signal II vom Mischer verarbeitet.

Bluff [blʊf, blœf; engl.], gerissene Irreführung, Täuschung; **bluffen,** irreführen, durch dreistes Auftreten täuschen, verblüffen.

Blüher, Hans, *Freiburg in Schlesien 17. Febr. 1888, †Berlin 4. Febr. 1955, dt. philosoph. Schriftsteller. – Einflußreicher Theoretiker der Jugendbewegung. Glorifizierte unter Berufung auf Nietzsche den „held.", „überlegenen" Menschen in seinem angeblich revolutionären Kampf ge-

Gebhard Leberecht Fürst Blücher von Wahlstatt (Lithographie nach einem Gemälde von Friedrich Carl Gröger, 1816)

Alexandr Alexandrowitsch Blok

Léon Bloy

Blum

gen den „bürgerl. Typus". – *Werke:* Wandervogel. Geschichte einer Jugendbewegung (1912), Die dt. Wandervogelbewegung als erot. Phänomen (1912).

Blum, Ferdinand, *Frankfurt am Main 3. Okt. 1865, †Zürich 15. Nov. 1959, dt. Physiologe und Chemiker. – Arbeitete über die histolog. Anwendung des Formaldehyds, über Physiologie und Endokrinologie, über die Nebennieren, der Bauchspeicheldrüse und der Schilddrüse; entdeckte die blutzuckersteigernde Wirkung des Adrenalins.

B., Léon, *Paris 9. April 1872, †Jouy-en-Josas (bei Paris) 30. März 1950, frz. Politiker. – Gründete 1902 mit J. Jaurès die reformist. Parti socialiste français (ab 1905 SFIO), seit 1919 Führer der Parlamentsfraktion der SFIO; setzte als Min.präs. (1936/37 und 1938) weitgehende soziale Reformen und das Verbot der faschist. Wehrverbände durch. 1940 verhaftet, 1943–45 in mehreren dt. KZ interniert; 1946/47 erneut Min.-Präsident.

Léon Blum

B., Robert, *Köln 10. Nov. 1807, †Brigittenau (= Wien) 9. Nov. 1848, dt. Politiker. – 1848 Vizepräs. des Frankfurter Vorparlaments, in der Nationalversammlung Mgl. des Verfassungsausschusses, im Parlament Führer der radikalliberalen Fraktion; trat für das Prinzip der Volkssouveränität und für die Einführung der Republik mit legalen Mitteln ein, beteiligte sich in Wien am Widerstand gegen Windischgrätz; nach dem Sieg der reaktionären Kräfte standrechtlich erschossen.

Blüm, Norbert, *Rüsselsheim 21. Juli 1935, dt. Politiker (CDU). – Zunächst Werkzeugmacher, dann Studium; 1968–75 Hauptgeschäftsführer der CDU-Sozialausschüsse; seit 1969 Mgl. des Bundesvorstandes der CDU; 1972–81 sowie seit 1983 MdB; 1977–87 Vors. der CDU-Sozialausschüsse; seit Okt. 1982 Bundesmin. für Arbeit und Sozialordnung; seit 1987 CDU-Vors. in NRW.

Robert Blum

Blumberg, Baruch Samuel [engl. ˈblʌmbəːg], *New York 28. Juli 1925, amerikan. Mediziner. – Seit 1970 Prof. in Philadelphia; durch Anwendung des von ihm entwickelten Tests *(B.-Test)* können Träger der Serumhepatitis (Hepatitis B) identifiziert werden. 1976 erhielt B. (zus. mit D. C. Gajdusek) den Nobelpreis für Physiologie oder Medizin.

Blumberg, Stadt am SW-Rand der Schwäb. Alb, Bad.-Württ., 705 m ü.d.M., 10 000 E. Metallverarbeitende, Kunststoff-, Textilind. – 1420 erstmals als Stadt erwähnt.

Blumberger ↑Blomberg.

Blume, Friedrich, *Schlüchtern 5. Jan. 1893, †ebd. 22. Nov. 1975, dt. Musikforscher. – 1933–58 Prof. an der Univ. Kiel, Hg. der Enzyklopädie „Die Musik in Geschichte und Gegenwart".

Norbert Blüm

Blume, volkstümliche Bezeichnung für blühende Pflanzen, bes. für die einzelnen Blütenstengel mit Blüte oder Blütenstand (Schnittblumen).
▷ *wm.* Bez. für den Schwanz von Hase und Kaninchen.
▷ weißes Abzeichen auf der Stirn des Pferdes.
▷ svw. ↑Bukett.
▷ Schaum des frisch eingeschenkten Bieres.

Blumenau, brasilianische Stadt am Rio Itajaí-Açu, 150 000 E. Univ. (gegr. 1968); Zentrum eines überwiegend von dt. Auswanderern besiedelten Agrargebiets. – 1852 gegr. von dem dt. Kolonisten H. Blumenau.

Blumenbach, Johann Friedrich, *Gotha 11. Mai 1752, †Göttingen 22. Jan. 1840, dt. Naturforscher und Mediziner. – Prof. der Medizin in Göttingen. B. förderte die vergleichende Anatomie, wodurch er auch der Zoologie wiss. Bedeutung verschaffte. Er gilt als einer der Begründer der Anthropologie.

Blumenblätter (Blumenkronblätter, Petalen), die Blätter der Blumenkrone, oft auffallend gefärbt, meist zart.

Blumenfeld ↑Tengen.

Blumenfliegen (Anthomyidae), weltweit verbreitete Fam. der Fliegen; rund 1 000, meist wenige mm lange, unscheinbare Arten; leben oft auf Blüten; Larven sind teilweise als Kulturpflanzenschädlinge gefürchtet, z. B. Brachfliege, Kohlfliege, Zwiebelfliege.

Blumenkohl (Brassica oleracea var. botrytis), Kulturform des Gemüsekohls, dessen junger Blütenstand samt Knospen und kräftiger Hauptachse meist gekocht gegessen wird.

Blumenkrone (Blütenkrone, Korolle), Gesamtheit der inneren, meist auffällig gefärbten Hüllblätter einer Blüte mit doppelter Blütenhülle. Die Blattorgane der B. (Blumenblätter) sind entweder frei oder mehr oder weniger zu einer Röhre verwachsen.

Blumenorden ↑Nürnberger Dichterkreis.

Blumenquallen (Anthomedusae), weltweit verbreitete Unterordnung der Nesseltiere mit vielen Arten, fast ausschließlich im Meer. Die meist festsitzende Polypengeneration bildet durch Knospung freischwimmende, meist hochglockige Medusen (Quallen).

Hermann Blumenthal. Hockender mit Tuch, Bronze, 1937 (Mannheim, Städtische Kunsthalle)

Blumenrohr (Kanna, Canna), einzige Gatt. der Blumenrohrgewächse mit etwa 50 Arten an sumpfigen, sonnigen Standorten im trop. Amerika; bis etwa 2 m hohe Stauden mit meist knollig verdicktem Wurzelstock, langen fiedernervigen Blättern und in Blütenständen angeordneten Blüten. Die Wurzelstöcke einiger Arten (z. B. Canna edulis) werden wie Kartoffeln gegessen, auch Stärkemehl wird daraus gewonnen. – Einige Arten sind beliebte, nicht winterharte Zierpflanzen: v. a. die unter dem Namen **Canna generalis** zusammengefaßten Hybriden.

Blumensprache, ein urspr. im Orient und im Fernen Osten heim. Brauch, durch Blumen Gedanken und Empfindungen auszudrücken. Beispiele: Rose – Symbol für die Liebe (im christl. Bereich auch für das Blut Christi); Lilie – für Unschuld und Reinheit; Iris, Akelei, Maiglöckchen für Tugend.

Blumenthal, Hermann, *Essen 31. Dez. 1905, ✕ in Rußland 17. Aug. 1942, dt. Bildhauer. – Schuf Figürliches (bes. Jünglingsgestalten), Bildnisbüsten und Flachreliefs in Zink, Terrakotta und Bronze.

B., Oskar, *Berlin 13. März 1852, †ebd. 24. April 1917, dt. Schriftsteller. – Gründer und bis 1897 Leiter des Lessing-Theaters in Berlin; schrieb u. a. Lustspiele, z. B. „Im weißen Rößl" (1898, zus. mit G. Kadelburg).

Blumentiere (Blumenpolypen, Korallentiere, Anthozoa, Actinozoa), Klasse in allen Meeren verbreiteter Nesseltiere mit rd. 6500, fast ausschließlich festsitzenden Arten, davon etwa 20 in Nord- und Ostsee; die Durchmesser der Tentakelkrone eines Tieres variieren zw. wenigen Millimetern und etwa 1,5 m; oft bunt gefärbt. B. sind z. T. wichtige Riffbildner.

Blumenzwiebeln, Bez. für die ↑Zwiebeln von Zierpflanzen.

blümerant [zu frz. bleu mourant „blaßblau"], umgangssprachlich für: schwach, schwindlig, flau.

Blumhardt, Christoph, *Möttlingen bei Calw 1. Juni 1842, †Bad Boll 2. Aug. 1919, dt. ev. Theologe und Politiker. – Begründer des ↑religiösen Sozialismus (Einfluß auf Karl Barth). B. verlor seinen Pfarrertitel, als er in die SPD eintrat (1899); 1900–1906 Landtagsabgeordneter in Württemberg.
B., Johann Christoph, *Stuttgart 16. Juni 1805, †Bad Boll 25. Febr. 1880, dt. ev. Theologe. – Pfarrer in Möttlingen bei Calw (1838–1852). Dem württemberg. Pietismus verbunden, war B. mit seinem Sohn Christoph B. führend in einer seit 1852 von Bad Boll ausgehenden Erweckungsbewegung. Behandelte seelisch Kranke; beeinflußte L. Ragaz, H. Kutter und K. Barth.

Blümlisalp, Bergkette in den Berner Alpen, Schweiz, im B.horn 3 664 m hoch.

Bluntschli, Alfred, *Zürich 29. Jan. 1842, †ebd. 27. Juli 1930, schweizer. Baumeister. – B. war Schüler G. Sempers, 1881 Prof. in Zürich. V.a. Villen und Wohnhäuser.
B., Johann Kaspar, *Zürich 7. März 1808, †Karlsruhe 21. Okt. 1881, schweizer.-dt. Staatsrechtslehrer und Politiker. – 1833 Prof. in Zürich, 1848–61 in München, danach in Heidelberg; führender Staatstheoretiker; als liberaler Politiker 1861–71 Mgl. der bad. Ersten Kammer und des dt. Zollparlaments (seit 1867); zahlr. wiss. Werke.

Bluse [frz.], lose sitzendes Kleidungsstück, das in oder über Rock oder Hose getragen wird. Die B. war oft auch Teil der Uniform (Matrosen-B., Litewka, Feldbluse).

Blut (Sanguis), in Hohlraumsystemen bzw. im Herz-Kreislauf-System (↑Blutkreislauf) zirkulierende Körperflüssigkeit, die aus dem B.plasma und den B.zellen (als den geformten Elementen) besteht. Hauptaufgaben des B. sind: die Atemfunktion, d. h. der Sauerstofftransport von der Lunge zu den Geweben; die Entschlackungsfunktion, d. h. der Transport von Kohlensäure aus den Geweben zur Lunge und von Stoffwechselabbauprodukten zu den Nieren; die Ernährungsfunktion, d. h. der Transport von Nährstoffen aus Darm und Leber zu den Geweben hin; der Transport von Vitaminen und Hormonen; die B.gerinnung im Dienste der B.stillung; Abwehrfunktionen gegen Krankheitserreger und körperfremde Stoffe und schließlich die Ableitung überschüssiger Wärme aus dem Körperinneren an die Körperoberfläche. Das B. sorgt für ein gleichbleibendes chem. Milieu mit möglichst konstantem Ionengewicht und pH-Wert (zw. 7,35–7,4). Die B.menge des Menschen beträgt etwa 7–8 % des Körpergewichtes **(Blutvolumen).** Ein Erwachsener von 70 kg hat 5–6 l Blut. Davon entfallen auf die B.zellen etwa 45 %, auf das B.plasma etwa 55 %. Das **Blutplasma** ist eine leicht gelbl. Flüssigkeit, die anorgan. Salze, Kohlenhydrate (v. a. Traubenzucker, den sog. Blutzucker), Fette, Vitamine, Schlackenstoffe und die Plasmaeiweiße enthält. Die Salze des B.plasmas sind in Ionen zerfallen. Von den Kationen überwiegt v. a. das Natrium; Kalium, Calcium und Magnesium sind in wesentlich geringeren Konzentrationen vorhanden. Von den Anionen überwiegt Chlorid; dann folgt Hydrogencarbonat und schließlich Phosphat und Sulfat. Zus. mit Traubenzucker und Harnstoff halten die dissoziierten Salze den osmot. Druck des B.plasmas aufrecht. Er entspricht dem einer physiolog. (0,9 %ig) Kochsalzlösung. Die Calciumionen spielen bei der Aufrechterhaltung der normalen Nervenund Muskelerregbarkeit eine entscheidende Rolle. Außer niedermolekularen Stoffen enthält das B.plasma auch noch etwa 7 % Proteine: Albumine, Globuline und das für die B.gerinnung wichtige Fibrinogen. Der durch die Plasmaeiweiße erzeugte osmot. Druck liegt weit unter dem osmot. Druck der niedermolekularen Stoffe. Die bei der B.gerinnung sich aus dem B.kuchen abscheidende klare, nicht mehr gerinnungsfähige Flüssigkeit heißt **Blutserum.** Die geformten Bestandteile des B. **(Blutzellen, Blutkörperchen, Hämozyten)** bestehen zu 99 % aus den roten B.körperchen. Den Rest bilden die weißen B.körperchen und die B.plättchen. Die **roten Blutkörperchen (Erythrozyten)** der Säugetiere (einschließlich Mensch) haben keinen Zellkern (im Ggs. zu den übrigen Wirbeltieren). Sie bestehen aus einem Gerüst (Stroma) und dem eingelagerten roten B.farbstoff (↑Hämoglobin). Ihre durchschnittl. Lebensdauer beträgt beim Menschen gewöhnlich 4 Monate. Die normale Erythrozytenzahl liegt bei 5 bis 5,5 Mill./mm^3. Die Erythrozyten gleichen einer flachen, auf beiden Seiten eingedellten Scheibe. Sie haben einen Durchmesser von rd. 8 μm und eine Dicke von maximal 2 μm. Diese Form gewährleistet kurze Diffusionswege und erleichtert so den Gasaustausch der Erythrozyten. – Die **weißen Blutkörperchen (Leukozyten)** stellen im Ggs. zu den Erythrozyten eine uneinheitl. Gruppe von kernhaltigen Zellen verschiedener Größe und Form dar. Die Normalzahl der weißen B.körperchen liegt zw. 5 000 und 10 000 je mm^3. Die größte Gruppe der Leukozyten mit etwa 70 % der Gesamtzahl stellen die **Granulozyten** mit gekörntem Zellplasma und vielgestaltigem Kern. Die **Lymphozyten** (etwa 25 %) sind kleiner und haben einen großen, runden Kern. Am größten sind die **Monozyten** (etwa 5 %) mit gelapptem Kern. Monozyten und einige Granulozyten können aus der Gefäßbahn auswandern und Bakterien durch Aufnahme in den Zelleib unschädlich zu machen (Phagozytose). Die Lymphozyten treten v. a. bei chron. Infekten vermehrt im B. auf. Sie sind durch die Abgabe von γ-Globulinen an der Infektabwehr und auch sonst an Immunvorgängen beteiligt (Abstoßungsreaktion nach Transplantationen). Die Granulozyten werden im Knochenmark, die längerlebigen Lymphozyten in den Lymphknoten und in der Milz gebildet. Die **Blutplättchen (Thrombozyten)** sind mit nur 1,2–4 μm groß. Sie haben eine Lebensdauer von etwa 2–10 Tagen (Abbau in der Milz). Ihre Normalzahl liegt zw. 250 000 und 400 000 je mm^3. Sie entstehen durch Abschnürung aus den Riesenzellen des Knochenmarks und spielen sowohl bei der B.gerinnung als auch bei der B.stillung eine wichtige Rolle.
Geschichte: Das B. wurde schon früh als eine für das physiolog. Geschehen bedeutsame Körperflüssigkeit angesehen. Die babylon. Ärzte unterschieden bereits helles (arterielles) „Tagblut" und dunkles (venöses) „Nachtblut". In Ägypten nahmen die Ärzte an, daß das Herz, der Sitz der Seele, wie eine Pumpe das B. im Körper verteile. – 1673/74 entdeckte A. van Leeuwenhoek die roten B.körperchen beim Menschen. 1771 entdeckte W. Hewson die Lymphozyten; 1842 beschrieb A. Donné die B.plättchen.
In den *Religionen* der Völker gilt das B. in bes. Weise als Träger des Lebens, der Seele, der Lebenskraft, das mit dem Tod aus dem Körper fließt; man schreibt ihm übelabwendende (apotropäische), sühnende wie auch gemeinschaftsstiftende Wirkung zu. Im Christentum weiß man sich durch das B. Christi mit Gott versöhnt. Die ↑Blutwunder gingen in manche Ursprungslegenden von Wallfahrtsorten ein. Mit eigenem B. weihte man sich Gott oder Maria, verschrieb sich dem Teufel, mit B. führte man verschiedene abergläub. Praktiken aus.

Blutadern, svw. ↑Venen.

Friedrich Blume

Johann Christoph Blumhardt

Johann Kaspar Bluntschli

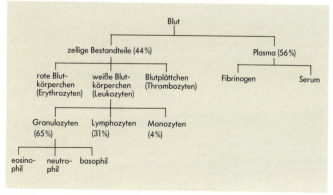

Blut. Schematische Darstellung der Hauptbestandteile des Blutes

Blutalgen

Blutalgen, Bez. für einige Arten der einzelligen Grünalgen aus den Gatt. Haematococcus und Chlamydomonas, deren Chlorophyll durch sekundär entstehende orangefarbene oder rote Farbstoffe verdeckt wird und die daher rot erscheinen. – ↑Blutschnee.

Blutalkoholbestimmung ↑Blutprobe.

Blutandrang, subjektiv empfundene Blutwallung in Kopfgefäßen bei Mehrdurchblutung infolge Gefäßerweiterung, z. B. bei verstärkter Organtätigkeit.

Blutarmut, svw. ↑Anämie.

Blutauffrischung, in der Tierzucht das meist einmalige Einkreuzen eines nicht verwandten ♂ Tiers derselben Rasse zur Verhinderung von Degenerationserscheinungen.

Blutaustausch, svw. ↑Austauschtransfusion.

Blutbank ↑Bluttransfusionsdienst.

Blutbann ↑hohe Gerichtsbarkeit, ↑Bann.

Blutbanner ↑Blutfahne.

Blutbild (Hämogramm, Blutstatus), Ergebnisse verschiedener Untersuchungen des menschl. Blutes; dazu gehören die Hämoglobinbestimmung, die Zählung der roten und weißen Blutkörperchen sowie der Blutplättchen, die Errechnung des Färbeindexes und die Ermittlung der prozentualen Anteile der verschiedenen weißen Blutkörperchen.

Blutbildung (Hämatopoese), Entstehung der Blutzellen und der organ. Bestandteile des Blutplasmas, bes. der Eiweiße. Die roten Blutzellen *(Erythrozyten)* entstehen im roten Knochenmark aus kernhaltigen Mutterzellen *(Erythroblasten)*, verlassen aber ohne Zellkern das Knochenmark in Richtung Blut. Die weißen Blutzellen *(Leukozyten)* entstehen in Lymphknoten, dem weißen Knochenmark und der Milz. Die Blutplättchen *(Thrombozyten)* entstehen aus Riesenzellen des Knochenmarks. Die Plasmaeiweiße werden vorwiegend in der Leber synthetisiert. Bei Mangel an Sauerstoff kann die B. beschleunigt werden, z. B. bei Höhenaufenthalt.

Blutblume (Haemanthus), Gatt. der Amaryllisgewächse, etwa 80 Arten im trop. und südl. Afrika; Zwiebelpflanzen, oft mit nur 2 ledrigen Blättern, dichter Blütendolde mit weißen, roten oder orangefarbenen Blüten.

Blutbrechen, svw. ↑Bluterbrechen.

Blutbuche (Fagus sylvatica f. atropurpurea), Kulturform der Rotbuche mit schwarzroten, später tief dunkelbraunen Blättern.

Blutdepot, svw. ↑Blutspeicher.

Blutdialyse ↑künstliche Niere.

Blutdorn, svw. ↑Rotdorn.

Blutdruck, durch die Pumpleistung des Herzens erzeugter, von den großen Arterien bis zu den herznahen Venen ständig abnehmender Druck im Gefäßsystem, der den Blutkreislauf in Gang bringt und aufrechterhält. – Beim Menschen (ähnlich auch bei Tieren mit geschlossenem Kreislauf) hängt die Höhe des B. einerseits von der Förderleistung (d. h. Schlagfrequenz und Schlagvolumen) des Herzens und andererseits von der peripheren Gefäßweite ab. Im kleinen Kreislauf (Lungenkreislauf) sind die Werte niedriger als im großen (Körperkreislauf). Unter B. wird gemeinhin der störanfälligere und daher wesentlich häufiger krankhaft veränderte *arterielle B.* im großen Kreislauf verstanden. Die konstante Regelung des arteriellen B. erfolgt mit Hilfe von Blutdruckzentren im Zwischenhirn und verlängerten Rückenmark. Diese erhalten ihre Informationen über die ↑Pressorezeptoren, die sich in der Wand der großen Schlagadern, Aorta und Karotis befinden. Diese Rezeptoren „messen" den arteriellen B. und bewirken über das Zentralnervensystem reflektorisch Veränderungen der Herztätigkeit und der Blutgefäßweite, so daß seine Abweichungen vom Sollwert korrigiert werden. Die **Blutdruckmessung** gilt als wichtigste Maßnahme zur Beurteilung der Kreislauffunktion. Zur Messung des arteriellen B. wird eine zunächst leere Gummimanschette, die mit einem Manometer verbunden ist, um den Oberarm gelegt. Die Manschette wird so lange aufgepumpt, bis der Blutstrom in der Armschlagader völlig abgedrosselt und der Pulsschlag nicht mehr zu tasten ist. Wird der Manschettendruck wieder vermindert, kann man durch ein im Bereich der Ellenbeuge aufgesetztes Stethoskop das Geräusch des wieder in die Armarterie einfließenden Blutes hören. Der dabei abgelesene Manometerwert zeigt den Spitzendruck (**systolischer Blutdruck;** z. B. 120 mm Quecksilber) an. Verschwindet bei weiterer Reduzierung des Manschettendrucks das pulssynchrone Geräusch, so kann der Talddruck (**diastolischer Blutdruck;** z. B. 80 mm Quecksilber) abgelesen werden. Die Differenz zw. systol. und diastol. B. wird als **Blutdruckamplitude** bezeichnet. Gemessen wird der B. seit langem in mm Quecksilber (Hg), als neuere Druckeinheit wird auch das Kilopascal (kPa) verwendet (Umrechnung: mm Hg × 0,133 = kPa). Elektron. B.meßapparate nehmen über ein Mikrophon in der Manschette die Pulsgeräusche auf und ermöglichen eine einfache Ablesung oder die automat. Registrierung.

Unter **Bluthochdruck (Hochdruckkrankheit, Hypertonie, Hypertension)** versteht man die anhaltende Steigerung des mittleren arteriellen B. im Körperkreislauf mit Werten über 140 mm bzw. über 90 mm Quecksilber (Festlegung durch die Weltgesundheitsorganisation). Unterschieden werden zwei Formen: 1. der **essentielle Bluthochdruck** (rund 80 %) mit unbekannter Ursache (als Risikofaktoren gelten Ernährungsgewohnheiten, z. B. fett- und kochsalzreiche Nahrung, Nikotingenuß, Übergewicht, psych. Streß sowie erbl. Veranlagung) und 2. der **symptomatische Bluthochdruck**, der ein Symptom einer bestimmten Grundkrankheit sein kann. Am häufigsten (etwa 14 %) ist der durch Nierenkrankheiten bedingte hohe Blutdruck.

Unter **niedrigem Blutdruck (Hypotonie)** versteht man das längerdauernde Vorhandensein von B.werten, die unter

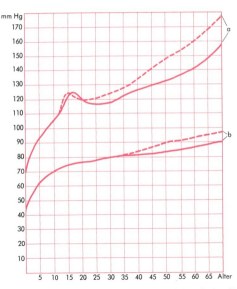

Blutdruck. Normalwerte des systolischen (a) und diastolischen (b) Blutdrucks bei Männern (durchgehende Kurve) und Frauen

Mittelwerte des Blutdrucks in Abhängigkeit vom Lebensalter		
Alter	Blutdruck in mmHg (kPa)	
	systolischer	diastolischer
Geburt	70 (9,3)	40 (5,3)
bis 10 Jahre	105 (14,0)	70 (9,3)
10.–30. Jahr	110 (14,7)	75 (10,0)
30.–40. Jahr	125 (16,7)	85 (11,3)
40.–60. Jahr	140 (18,7)	90 (12,0)
über 60 Jahre	145 (20,0)	90 (12,0)

der altersbedingten Norm liegen (d. h. im allg. systolisch unter 100–105 mm Hg, im höheren Lebensalter auch weniger). Der **essentielle niedrige Blutdruck** ist anlagebedingt und kommt v. a. bei Menschen mit asthen. Körperbau vor, der **symptomatische niedrige Blutdruck** ist eine Begleiterscheinung u. a. von Kollaps, Schock, Herzinsuffizienz, hochfiebrigen Erkrankungen. Symptomatisch sind für beide Formen Schwächegefühl, verminderte Leistungsfähigkeit, Neigung zu kalten Händen und Füßen, Schwindel, Ohnmachtsanfälle (bes. bei längerem Stehen).

Blutdruckzügler, svw. ↑ Pressorezeptoren.

Blüte, bei Samenpflanzen ein Sproß begrenzten Wachstums, der der geschlechtl. Fortpflanzung dient und dementsprechend umgebildete Blätter trägt. Die **Blütenachse** ist gestaucht; an ihr stehen schraubig oder wirtelig (quirlig) die Blütenglieder. In der Regel liegen fünf Wirtel vor, die sich aus zwei Kreisen von Blütenhüllblättern, zwei Kreisen von Staubblättern und einem Kreis von Fruchtblättern zusammensetzen. Sind alle Blütenblätter der ↑ Blütenhülle gleichgestaltet und gefärbt, liegt ein **Perigon** vor (z. B. bei der Tulpe). Bei unterschiedl. Ausbildung unterscheidet man den äußeren grünen **Kelch** und die oft lebhaft gefärbte **Krone.** Es gibt eingeschlechtige und zwittrige Blüten. – Hinsichtlich ihrer Symmetrie unterscheidet man: 1. *radiäre* Blüten mit mehreren Symmetrieebenen (z. B. Tulpe); 2. *bilaterale* Blüten mit zwei Symmetrieebenen (z. B. Tränendes Herz); 3. *dorsiventrale* Blüten mit einer Symmetrieebene (z. B. Lippenblütler); 4. *asymmetr.* Blüten ohne Symmetrieebene (z. B. Canna). – ↑ Blütenstand.

▷ umgangssprachl. Bez. für Falschgeldschein.

Blutegel (Egel, Hirudinea), Ordnung der Ringelwürmer mit rd. 300, etwa 0,5–30 cm langen, überwiegend im Wasser lebenden Arten, davon 28 einheimisch; Körper wurmförmig oder länglich-eiförmig mit 2 Saugnäpfen; je ein Saugnapf am Vorder- und Hinterende; Epidermis von einer sekundär entwickelten Kutikula bedeckt. – B. sind Zwitter. Die blutsaugenden Arten haben zahlr. seitl. Magenblindsäcke, in denen große Mengen Blut gespeichert werden können. Die bekannteste Art ist der **Medizinische Blutegel** (Dt. B., Hirudo medicinalis), ein bis 15 cm langer, meist dunkelbrauner bis olivgrüner B., v. a. in flachen, stehenden Gewässern Eurasiens. Um geschlechtsreif zu werden, muß er an Lurchen, Fischen und Säugetieren (einschl. Mensch) saugen. Er kann bis zu 15 cm³ Blut aufnehmen; die Wunde blutet (durch das ↑ Hirudin) noch 6–10 Std. nach. Der Medizin. B. wurde und wird beim Menschen für den Aderlaß angesetzt.

Blütenbestäubung (Pollination), die Übertragung von Blütenstaub; erfolgt durch ↑ Selbstbestäubung oder ↑ Fremdbestäubung.

Blütenhülle (Perianth), Gesamtheit der Hüllblätter (Blütenblätter, Blütenhüllblätter) der Blüte von Samenpflanzen. Die *einfache B.* wird von einem einzigen Kreis meist gleich gestalteter Hüllblätter gebildet. Die *doppelte B.* besteht aus zwei oder mehr Kreisen von Hüllblättern.

blütenlose Pflanzen, svw. ↑ Kryptogamen.

Blütenöle, äther. Öle, die von vielen Blüten als Duftstoffe zur Anlockung von Bestäubern gebildet werden; z. T. von wirtsch. Bed. (z. B. Jasmin-, Lavendel-, Rosen-, Orangen-B.); Verwendung in der Parfümindustrie.

Blütenpflanzen, svw. ↑ Samenpflanzen.

Blütenstand (Infloreszenz), mehrere bis viele Blüten tragender, und meist deutlich abgesetzter Teil des Sproßsystems vieler Samenpflanzen. Die einzelnen Blüten stehen meist in den Achseln von Tragblättern. Die Seitenachsen eines B. können unverzweigt sein und je eine einzige Blüte tragen (einfacher B.) oder verzweigt sein und mehrblütige Teilblütenstände besitzen (zusammengesetzter B.).

Einfacher Blütenstand: Die Grundform ist die **Traube** mit mehr oder weniger gleich langen Seitenachsen. Bei der **Doldentraube** nimmt die Länge der Seitenachsen von unten nach oben ab, so daß die Blüten annähernd in einer Ebene liegen. Die **Dolde** ist eine Traube mit gestauchter Hauptachse, bei der die Seitenachsen scheinbar von einem Punkt ausgehen. Bei der **Ähre** sitzen die Einzelblüten ungestielt an der Hauptachse. Ist diese Hauptachse fleischig verdickt, spricht man von einem **Kolben;** ein verholzter Kolben heißt **Zapfen. Kätzchen** sind hängende Ähren aus unscheinbaren Blüten, die als Ganzes abfallen. Beim **Köpfchen** ist die Hauptachse verdickt und gestaucht, beim **Körbchen** scheibenförmig abgeflacht.

Zusammengesetzte Blütenstände: Die Teilblütenstände können wie Trauben oder solche Formen, die von der Traube abgeleitet sind, ausgebildet sein. Die **Doppeltraube** hat traubig angeordnete Teilblütenstände; entsprechend sind die **Doppelähre,** die **Doppeldolde** und das **Doldenköpfchen** zusammengesetzt. Die **Rispe** zeigt eine von unten nach oben abnehmende Anzahl der Verzweigungen in den Teilblütenständen. Die **Doldenrispe (Schirmrispe, Ebenstrauß)** entspricht der Doldentraube. Bei der **Spirre** liegen die äußeren (unteren) Blüten höher als die inneren (oberen), so daß durch Übergipfelung der B. Trichterform erhält. Komplizierter B. sind **Wickel** (abwechselnd nach rechts und links abgehende Verzweigung), **Schraubel** (Verzweigung nach immer der gleichen Seite), **Fächel** (abwechselnd nach vorn und hinten gerichtete Verzweigung) und **Sichel** (Verzweigungen alle zur gleichen Seite gerichtet). Eine Sonderform stellt die **Trugdolde (Scheindolde)** dar, bei der alle Seitenachsen mit Ausnahme des eigentl. Blütenteils gestaucht bleiben und so einer Dolde ähneln.

Blütenstaub, svw. ↑ Pollen.

Blütenstecher (Anthonomus), Gatt. kleiner Rüsselkäfer mit 17 einheim., etwa 2 bis 5 mm großen Arten; länglichoval, mit langem, leicht gebogenem Rüssel; Eiablage und Entwicklung der Larven v. a. in Blütenknospen.

Blutentnahme, svw. ↑ Blutprobe.

Bluter, svw. Hämophiler (↑ Bluterkrankheit).

Bluterbrechen (Blutbrechen, Hämatemesis), Erbrechen blutvermischten Mageninhaltes, meist als Zeichen einer bedrohl. Erkrankung des Magens oder der Speiseröhre.

Bluterguß (Hämatom), Blutaustritt unter die Haut, ins Bindegewebe, in Muskeln oder Gelenke nach Eröffnung, meist Zerreißung von Blutgefäßen durch äußere Einwirkung oder infolge krankhafter Durchlässigkeit von Gefäßwänden.

Bluterkrankheit (Hämophilie), geschlechtsgebundene, rezessiv vererbbare Erkrankung, die sich als mangelnde Gerinnungsfähigkeit des Blutes äußert. Bluter sind fast immer männl. Geschlechts; die Vererbung erfolgt ausschließlich durch Frauen, die selbst gesund bleiben. Charakterist. Anzeichen der B. sind flächenhafte Blutungen an Haut und Schleimhäuten und Blutungen in die Gelenke, die schon nach geringfügigen Traumen (auch Stoß oder Druck) auftreten können. Häufig kommen auch ohne erkennbare Ursachen Blutharnen und nur schwer stillbare Magen- und Darmblutungen vor.

Blutersatz, ungenaue Bez. für ↑ Plasmaersatzstoffe.

Blutfahne, (Blutbanner) rote Fahne, die bei der Vergabe eines mit der hohen Gerichtsbarkeit (Blutbann) verbundenen Reichslehens verwendet wurde.

▷ Hakenkreuzfahne, die auf dem Marsch zur Feldherrnhalle 1923 mit dem Blut ihres Trägers getränkt worden sein soll und mit der alle anderen Fahnen der NSDAP durch Berührung geweiht wurden.

Blutfarbstoff ↑ Hämoglobin.

Blutfaserstoff, svw. ↑ Fibrin.

Blutfleckenkrankheit (Purpura), Auftreten von punktförmigen Blutergüssen (mit Fleckenbildung) in der Haut und in den Schleimhäuten. Ursache können Erkrankungen der Blutgefäße (bes. Kapillaren) und Störungen der Blutgerinnung (v. a. Verminderung der Blutplättchen) z. B. auf Grund tox. oder allerg. Prozesse sein. Die Blutflecken treten meist in großer Zahl bevorzugt an Druckstellen und an den Beinen auf.

Blutformelkarte, Ausweis **(Blutpaß),** z. B. in Form von Unfallschutzkarte oder Blutspenderpaß, in den die Blutformel (Blutgruppe und Rhesusfaktor) des Besitzers eingetragen wird und bei rasch erforderl. Blutübertragungen, z. B. nach einem Unfall, zur Bestätigung des im Schnelltest erzielten Ergebnisses dient.

Blutegel. Medizinischer Blutegel

Blutgefäße

Blutgefäße (Adern), Röhren oder Schläuche mit verschiedenem Durchmesser, in denen das Blut, angetrieben vom Herzen, durch den Körper fließt. Nach Aufbau und Funktion unterscheidet man die vom Herzen wegführenden *Arterien,* die zum Herzen hinführenden *Venen* und die vorwiegend für den Stoffaustausch in den Geweben bzw. Organen verantwortl. *Kapillaren.* Zus. bilden sie das **Blutgefäßsystem.**

Blutgeld, 1. im MA und im Großbritannien des 18. Jh. Belohnung für die Entdeckung und Anzeige eines Verbrechers; 2. ↑Wergeld; 3. Abgabe an den Inhaber der hohen Gerichtsbarkeit.

Blutgerinnsel, die im Verlauf der Blutgerinnung aus Fibrin und Blutkörperchen entstehende und sich unter Auspressen des Serums langsam zusammenziehende Vorstufe des Blutkuchens.

Blutgerinnung, Erstarrung des Blutes, die kurze Zeit nach Austritt von Blut aus einem Blutgefäß *(extravasale B.),* in seltenen Fällen u. U. auch schon in der Gefäßbahn erfolgt *(intravasale B.).* Die B., neben der Transportfunktion die wichtigste Eigenschaft des Blutes, dient v. a. der Blutstillung. Die B. erfolgt in Teilschritten. Es wird eine Reihe von Vorgerinnungsfaktoren nacheinander aktiviert, so daß ein Aktivierungssystem für das Prothrombin entsteht; ein wichtiger Bestandteil dieses Systems ist das **Thromboplastin.** Es kommt sowohl aus dem Blut (aus den Blutplättchen) als auch aus dem Gewebe. Das aktivierte Thrombin verwandelt **Fibrinogen,** ein Plasmaeiweiß, in Fibrin. Durch Aneinanderlagerung seiner sehr langen Moleküle entstehen Fäden, die ein Gerüst bilden. Zusammen mit den sich in ihm verfangenden Blutzellen stellt es den **Blutkuchen** dar. Er haftet an den Wundrändern. Da das Gerüst sich zusammenziehen kann, begünstigt es den Verschluß der Wunde. Der aus erfolgter B. resultierende flüssige Anteil des Blutes ist das **Blutserum.** – ↑Bluterkrankheit.

Blutgerinnungsfaktoren (Gerinnungsfaktoren), Sammelbez. für sämtl. im Blutplasma und in den Blutplättchen vorkommenden, an der Blutgerinnung beteiligten Faktoren. Ein angeborenes oder erworbenes Fehlen eines oder mehrerer B. bedingt eine charakterist. Blutungsbereitschaft, eine Aktivitätssteigerung dieser Faktoren dagegen eine Gefahr der Blutgerinnselbildung (Thrombose).

Blutgerinnungszeit, Zeit, die nach einer Blutentnahme bis zur Gerinnung des Blutes verstreicht; Normalwert 5–8 Minuten.

Blutgifte, Sammelbez. für blutschädigende Stoffe, deren Wirkung auf unterschiedl. Mechanismen beruht. **Blutfarbstoffgifte** (z. B. Kohlenmonoxid und Oxidationsmittel) hemmen durch Hämoglobinveränderung den für den Organismus lebensnotwendigen Sauerstofftransport; **Hämolysegifte** (z. B. Schlangengifte, Chinin, Saponine) lösen die Membran der roten Blutkörperchen auf und setzen dadurch Hämoglobin frei; **Blutgerinnungsgifte** (z. B. Heparine und Kumarine) hemmen die Blutgerinnung in verschiedenen Stufen der Gerinnungskette; **Blutbildungsgifte** (z. B. Benzol, Senfgas, Stickstoff-Lost und radioaktive Stoffe) hemmen die Bildung der roten Blutkörperchen.

Blutgruppen, erbbedingte, auf spezif. Antigene zurückzuführende Merkmale menschl. Gewebe, die beim Blut zu sog. B.systemen zusammengefaßt werden können und die, in zahlr. Kombinationen vorkommend, die unveränderl. Blutindividualität und außerdem die immunspezif. Struktur des Organismus bedingen. Die Bed. der B. liegt v. a. darin, daß die antigenhaltigen Erythrozyten beim Kontakt mit antikörperhaltigem Fremdserum aufgelöst und verklumpt werden und so zu Transfusionszwischenfällen führen können. Weiterhin kann die Untersuchung der Blutindividualität zur Feststellung der wahrscheinl. Abstammung herangezogen werden (Vaterschaftsnachweis). Das für die prakt. Medizin wichtigste **Blutgruppensystem** umfaßt die auf K. Landsteiner (1901) zurückgehenden klass. oder AB0-(AB-Null-)Gruppen. In diesem **AB0-System** unterscheidet man die 4 Hauptgruppen: 0 und A (in Mitteleuropa 38 % bzw. 42 % der Bev.), B und AB (13 % bzw. 7 % der Bevölkerung). Innerhalb des AB0-Systems unterscheidet man die beiden antigenen B.merkmale A und B, die in der Blutgruppe AB gemeinsam vorkommen bzw. beide fehlen können (Blutgruppe 0). Die Erythrozyten der Blutgruppe A enthalten das Antigen A, die Erythrozyten der Blutgruppe B das Antigen B, die Erythrozyten der Blutgruppe AB die Antigene A und B, die Erythrozyten der Blutgruppe 0 keines von beiden. In den Blutkörperchen der Blutgruppe 0 lassen sich bestimmte andere, gruppen- und artspezif. Antigene nachweisen. Die klass. Antigene A und B werden auch *Agglutinogene* genannt, da sie den Erythrozyten die Fähigkeit verleihen, durch spezif. Antikörper, die Agglutinine, verklumpt zu werden. Die Verteilung der Antigene und Antikörper auf die vier B. entspricht der *Landsteiner-Regel.* – Enthalten die Erythrozyten ein Agglutinogen, so fehlt im Plasma das korrespondierende Agglutinin; fehlt ein bestimmtes Agglutinogen, so ist das korrespondierende Agglutinin vorhanden. So enthält das Plasma von Angehörigen der Blutgruppe 0 z. B. beide Agglutinine. Bringt man die verschiedenen Blutkörperchen (mit ihren antigenen Merkmalen) mit ihren korrespondierenden Antikörpern zusammen, so kommt es zur Agglutination. Die *B.bestimmung* ist eine unerläßl. Voraussetzung für die Bluttransfusion (↑Kreuzprobe). Es darf nur gruppengleiches Blut transfundiert werden.

Neben dem AB0-System ist v. a. das 1940 von Landsteiner und Wiener entdeckte **Rhesussystem (Rh-System)** von großer prakt. Bed. 85 % der Bev. haben das antigene Erythrozytenmerkmal Rh **(Rhesusfaktor);** sie sind Rh-positiv (Rh +). Bei 15 % fehlt das Rh-Antigen; sie sind Rh-negativ (Rh –). Rh-negative Menschen bilden leicht Antikörper gegen das Rh-Antigen; sie werden beim Kontakt mit Rh-positivem Blut sensibilisiert.

Blutharnen (Blasenblutung, Hämaturie), krankhafte Ausscheidung roter Blutkörperchen mit dem Harn, der dadurch rot gefärbt ist. Als Ursachen kommen u. a. Entzündungen und Verletzungen durch Harnsteine in Betracht.

Blut-Hirn-Schranke, Bez. für das System zweier Mechanismen, die im Dienst des Stoffaustauschs zw. Blut und Hirngewebe bzw. zw. Blut und Zerebrospinalflüssigkeit **(Blut-Liquor-Schranke)** die Schutzfunktion einer Barriere ausüben, die verhindert, daß bestimmte chem. Stoffe, v. a. Gifte und Medikamente, auch bestimmte Mineralstoffe und Hormone, in die Nervenzellen von Gehirn und Rükkenmark übertreten können.

Blüthner, Julius Ferdinand, * Falkenhain bei Merseburg/Saale 11. März 1824, † Leipzig 13. Okt. 1910, dt. Klavierbauer. – Gründete 1853 eine berühmte Klavierfabrik in Leipzig.

Bluthochdruck, svw. hoher ↑Blutdruck.

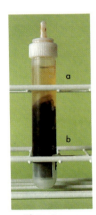

Blutgerinnung.
a Blutserum;
b Blutkuchen

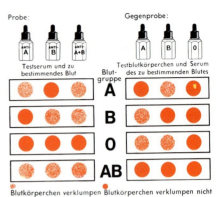

Blutgruppen. Schema der Blutgruppenbestimmung

Blutkreislauf. Offener Blutkreislauf eines Insekts (die Pfeile kennzeichnen den Verlauf des Blutstroms): 1 Antenne; 2 Kopfampulle; 3 Aorta; 4 Rückenampulle; 5 Flügel; 6 Ostium; 7 Herz; 8 Herzbeutelbereich; 9 oberes Diaphragma; 10 Bauchmarkbereich; 11 unteres Diaphragma; 12 Darmbereich

Blutholz, svw. Blauholz.

Bluthund (Bloodhound), eine der ältesten europ. (engl.) Hunderassen; Schulterhöhe 65–70 cm; lange Rute, schmaler Kopf mit langen Hängeohren, Gesichtsfalten, Hängelefzen und Kehlwamme; Behaarung kurz, meist schwarz und lohbraun.

Bluthusten (Hämoptoe, Hämoptyse), Aushusten von blutigem Auswurf nach Zerreißung kleiner Blutgefäße im Rachenraum, in den Luftwegen und bes. in der Lunge (bei Embolie, Krebs und Tuberkulose).

Blutkonserve, steril abgefülltes, serologisch geprüftes und mit gerinnungshemmenden Flüssigkeiten vermischtes Blut zur Bluttransfusion. **Vollblutkonserven,** die alle Blutbestandteile enthalten, sind bei 4 °C bis zu sechs Wochen, **Plasmakonserven,** die man nach Abtrennung der Blutkörperchen erhält, sind unter den gleichen Bedingungen etwa zwölf Monate lang haltbar. **Frischblutkonserven** nennt man B., die von Dauerspendern gewonnen werden und nicht älter als sechs Stunden sind. Zur Herstellung von **Trockenkonserven,** die fast unbegrenzt haltbar sind, werden Blutplasma und Blutkörperchen getrennt und gefriergetrocknet; im Bedarfsfall können sie in physiolog. Kochsalzlösung aufgeschwemmt und dann infundiert werden.

Blutkörperchen, svw. Blutzellen (↑Blut).

Blutkörperchensenkungsgeschwindigkeit (Blutsenkung, Blutsenkungsgeschwindigkeit), Abk. BSG; die Geschwindigkeit, mit der die roten Blutkörperchen im stehenden, ungerinnbar gemachten Blut unter standardisierten Bedingungen auf Grund ihrer Schwere absinken. Zur Feststellung der B. wird das mit Natriumcitratlösung ungerinnbar gemachte Blut (2 cm³) in einem Röhrchen bis zu einer Höhe von 200 mm aufgezogen. Nach einer und nach zwei Stunden wird die Höhe der von den abgesunkenen Blutkörperchen befreiten Plasmasäule an der Grenze zw. den dunkelroten Erythrozyten und dem klaren Plasma abgelesen. Normale Werte sind beim Mann 3–8 mm und 5–18 mm, bei der Frau 6–12 mm und 6–20 mm; eine erhöhte B. tritt z. B. bei chron. Entzündungen und bösartigen Geschwülsten auf.

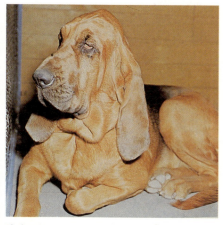

Bluthund

Blutkrankheiten (Hämatopathien), Sammelbez. für Erkrankungen des Blutes und der blutbildenden Organe. Die drei wichtigsten Gruppen der B. sind: 1. die verschiedenen Formen der Blutarmut (↑Anämie), 2. der ↑Leukämie und leukämieähnl. Erkrankungen; 3. die verschiedenen Blutungsübel, d. h. Erkrankungen mit erhöhter Blutungsneigung (↑hämorrhagische Diathese).

Blutkrebs, volkstüml. Bez. für ↑Leukämie sowie ↑Hämoblastosen.

Blutkreislauf, der Umlauf des Blutes im tier. bzw. menschl. Körper, und zwar entweder in einem offenen System oder (bei allen höheren Tieren) in einem geschlossenen Blutgefäßsystem. Der B. als Transportsystem des Körpers hat die Aufgabe, die Sauerstoffversorgung, Ernährung und Entschlackung der Körperzellen zu gewährleisten. Niedere Tiere (Einzeller, Hohltiere, niedere Würmer u. a.) benötigen keinen Blutkreislauf. Mit zunehmender Größe und Spezialisierung der Organe wird jedoch ein Röhrensystem mit eigenen Wandungen aufgebaut, in dem das Blut zirkuliert. Bei kleineren Tieren genügen noch die Körperbewegungen zum Umwälzen des Blutes. Die meisten Tiere haben jedoch spezielle Pumpmechanismen, z. B. bilden sich aus einzelnen Gefäßabschnitten hochdifferenzierte Herzen. In einem **geschlossenen Blutkreislauf** fließt das Blut überall in Gefäßen. Die vom Herzen wegführenden Arterien verzweigen sich in immer kleinere Gefäße, bis sie sich in den Organen in Kapillaren verästeln. Diese sind netzartig miteinander verbunden. Nur hier findet der Sauerstoffaustausch mit dem umgebenden Gewebe statt. Aus den Kapillaren gehen wieder größere Gefäße hervor, die sich zu abführenden Venen zusammenschließen. Bei der Ausbildung eines **offenen Blutkreislaufs** sind nur in der Herznähe Gefäße vorhanden. Ein auf der Rückenseite gelegenes Herz pumpt das Blut in eine kurze Arterie; von dort ergießt es sich frei in die Körperhöhle und umspült die Organe. Für eine einsinnige Strömungsrichtung sorgen Bindegewebsmembranen. Alle Wirbeltiere haben einen geschlossenen B.; Gefäße die zum Herzen hinführen, nennt man Venen, diejenigen, die vom Herzen wegführen, Arterien. Im Verlauf der Stammesentwicklung erfährt das B.system erhebl. Umbildungen, die hauptsächlich mit dem Übergang vom Wasser- zum Landleben zusammenhängen. Die Atmung über Kiemen wird auf Lungenatmung umgestellt; es entwickelt sich ein vom **Körperblutkreislauf** getrennter **Lungenblutkreislauf** und ein zweikammeriges Herz, wodurch es zu einer Trennung von sauerstoffreichem und -armem Blut kommt. Im Lungen-B. fließt venöses Blut vom Herzen zur Lunge und kehrt von dort mit Sauerstoff beladen zurück. Im Körper-B. wird das sauerstoffreiche Blut vom Herzen in den Körper gepumpt und gelangt sauerstoffarm wieder zum Herzen.

Blutkreislaufsystem des Menschen: Der B. des Menschen entspricht weitgehend dem der Säugetiere. Kreislaufmotor ist das ↑Herz. Die Herzklappen, die als Ventile funktionieren, sorgen für eine gerichtete Strömung des Blutes. Vom Herzen gelangt das Blut in große, relativ dickwandige Arterien. Die beiden nicht miteinander in Verbindung stehenden Herzhälften verknüpfen zwei hintereinander liegende Kreisbahnen, den großen und den kleinen Kreislauf. Der *große B. (Körperkreislauf)* versorgt die Organe mit sauerstoffreichem (arteriellem) Blut und führt die Stoffwechselschlacken (v. a. Kohlendioxid) aus der Körperperipherie im verbrauchten (venösen) Blut zum Herzen zurück. Er geht von der linken Herzkammer aus, führt über die Hauptschlagader (Aorta), über die Äste (die verschiedenen Körperarterien), über Kapillaren, kleinere Blutadern (Venen) und die großen Hohlvenen, schließlich über den rechten Vorhof zur rechten Herzkammer zurück. Der *kleine B. (Lungenkreislauf)* geht von der rechten Herzkammer aus und schließt über die linke Herzkammer wieder an den großen Kreislauf an. Der Lungenkreislauf dient v. a. dazu, das venöse Körperblut in der Lunge von Kohlendioxid zu befreien und wieder mit Sauerstoff zu beladen.

Funktion des menschlichen Blutkreislaufs: Zur Aufrechterhaltung des B. ist ein bestimmtes Druckgefälle zw. dem Anfang und dem Ende der beiden Blutkreisbahnen erforderlich, das im großen Kreislauf höher ist als im kleinen Kreislauf. Die wesentlich mehr Druckarbeit leistende linke Herzkammer ist daher muskelstärker als die rechte Herzkammer, ebenso haben die Aorta und ihre Verzweigungen

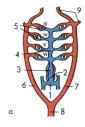

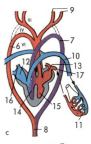
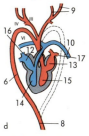

Blutkreislauf der Wirbeltiere: a Fische; b Lurche; c Kriechtiere; d Vögel. III–VI Arterienbögen (arterielles Blut rot, venöses Blut blau, Mischblut violett); 1 sackförmiger Gefäßteil; 2 Vorhof; 3 Herzkammer; 4 Arterienstamm; 5 Kiemenkapillaren; 6 rechte Aortenwurzel; 7 linke Aortenwurzel; 8 Aorta; 9 Kopfarterien; 10 Lungenarterie; 11 Lungenkapillaren; 12 rechter Vorhof; 13 linker Vorhof; 14 rechte Kammer; 15 linke Kammer; 16 Körpervene; 17 Lungenvene

Blutkuchen

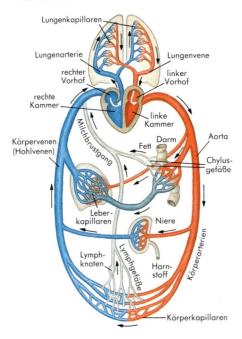

Blutkreislauf des Menschen. Schematische Darstellung (arterielles Blut rot, venöses Blut blau)

Blutlaus

dickere Wandungen als die Lungenarterien. Das Herz wirft bei körperl. Ruhe in jeder Minute etwa 4–5 l Blut aus. An der Einstellung eines möglichst gleichmäßigen Blutstroms (auch während der Herzpause), an der Regulierung des Blutdrucks und an der Blutverteilung zw. den Organen sind neben dem Herzen die großen und kleineren Arterien beteiligt. Bes. die Aorta und ihre Hauptäste sind auf Grund ihres elast. Aufbaus dazu befähigt, den systol. Druckstoß der linken Herzkammer aufzufangen und den Blutstrom kontinuierlich weiterzuleiten. In den mittleren und v. a. in den kleineren Arterien (Arteriolen) erfolgt diese Regulierung des Blutstroms mit Hilfe der in diesen Gefäßen bes. stark ausgeprägten glatten Muskulatur der mittleren Gefäßwand. Auch in den Blutkapillaren wird das Blut durch den vom Herzen erzeugten Druck befördert. Der Stoffaustausch, d. h. die Abgabe von Nährstoffen und die Aufnahme von Stoffwechselendprodukten, wird durch die geringe Geschwindigkeit des Kapillarstroms und die durch große Verästelung erzielte Oberflächenvergrößerung der Gefäßwand gefördert. Die Gesamtlänge der Kapillaren beträgt bei einem mittelgroßen Menschen etwa 100 000 km, ihre Oberfläche 6 000–7 000 m². Die Kapillaren münden in kleine Venen oder Venolen, diese in immer größere Venen und schließlich in den rechten Vorhof. Die Wandungen der kleinen und mittelgroßen Venen sind bes. elastisch und außerdem (unter dem Einfluß sympath. Nerven) in bestimmtem Umfang kontraktil; sie können ihren Innendurchmesser schon bei geringen Druckschwankungen verändern, d. h. entweder viel Blut abgeben oder als Blutspeicher dienen. Wichtigster Speicher des menschl. Kreislaufs ist das Lungenstrombett mit dem „zentralen Blutvolumen", das u. a. beim Sichaufrichten aus der Horizontallage zur Füllung der sich dehnenden Bein- und Beckenvenen mobilisiert werden kann. Durch Venenklappen wird aber ein Absacken des Blutes beim Stehen verhindert. Muskelkontraktionen helfen beim Rücktransport des Blutes zum Herzen, der gesteigerte Muskeltonus wirkt – durch Einengung der Venenkapazität – im gleichen Sinn: Jeder Schritt, jeder Händedruck preßt Venenblut dem Herzen zu. In ähnl. Weise wirkt die Pulsation der Arterien, die zu einer Kompression der benachbarten Venen führt, wobei das Blut der Venenklappenstellung gemäß nur nach dem Herzen zu ausweichen kann. In den großen Venen wird der Blutrückfluß zum Herzen durch den Sog unterstützt, der bei der Einatmung und bei der Herzkontraktion entsteht. – Die **Blutströmungsgeschwindigkeit** ist in der Aorta mit etwa 0,5 m/s am größten, im Bereich der Kapillaren liegt sie bei etwa 0,5 mm/s, im Bereich kleiner Venen bei etwa 0,5–1,0 cm/s, im Inneren der großen Hohlvenen bei 0,2–0,3 m/s. Die gesamte Blutmenge des Körpers benötigt für einen vollständigen Umlauf im Durchschnitt etwa 60 Sekunden.

Blutkuchen ↑ Blutgerinnung.

Blutlaugensalze, Kaliumsalze der Hexacyanoeisen(II)- und der Hexacyanoeisen(III)-säure; gelbes Blutlaugensalz, Kaliumhexacyanoferrat(II), $K_4[Fe(CN)_6]$, dient u. a. zur Herstellung von Berliner Blau und als chem. Reagenz in der analyt. Chemie, *rotes Blutlaugensalz,* Kaliumhexacyanoferrat (III), $K_3[Fe(CN)_6]$, wird u. a. als Abschwächer in der Photographie verwendet (giftig!).

Blutlaus (Eriosoma lanigerum), knapp 2,5 mm große, in der Alten Welt weit verbreitete Blasenlaus; scheidet durch die Rückenröhren feine, wachsartige Fäden aus, die das Tier wie weiße Watteflocken umgeben; saugt v. a. an Apfelbäumen.

Blutleere, i. e. S. die Herabsetzung des Blutgehalts einer Gliedmaße durch Zusammendrücken eines Blutgefäßes *(künstl. B.),* von F. von Esmarch eingeführt; angewendet zur Blutstillung und zur Verminderung der Blutverluste vor Amputationen u. a. chirurg. Eingriffen; i. w. S. die krankhafte Verminderung oder Aufhebung der Blutzufuhr zu einem Gewebe bei Durchblutungsstörungen.

Blutlinie, in der Tierzucht die über mehrere Generationen reichende Nachzucht eines wertvollen, meist ♂ Stammtiers.

Blut-Liquor-Schranke ↑ Blut-Hirn-Schranke.

Blutmole, in den ersten zwölf Wochen abgestorbener, aber nicht ausgestoßener Embryo mit nachträgl. Blutung in Ei und Eihöhle.

Blutorange (Citrus sinensis var. sanguinea), Kulturform der Orangenpflanze; Frucht mit rotem Fruchtfleisch und rötl. Schale.

Blutparasiten (Blutschmarotzer), im Blut von Menschen und Tieren lebende Parasiten, bes. Einzeller, Fadenwürmer und einige Saugwurmarten. Die B. leben frei in der Blutflüssigkeit oder in Blutzellen. Sie werden durch blutsaugende Mücken, Zecken sowie Saugwurmarten u. a. übertragen. Zahlr. B. sind Krankheitserreger (Malaria, Schlafkrankheit, Bilharziose, Elefantiasis).

Blutpaß ↑ Blutformelkarte.

Blutpfropf, volkstüml. Bez. für ↑ Embolus und ↑ Thrombus.

Blutplasma ↑ Blut.

Blutplättchen ↑ Blut.

Blutprobe (Blutentnahme), eine zu Untersuchungszwecken (Bestimmung von Blutbild, Blutzucker u. a.) oder als therapeut. Maßnahme entnommene Blutmenge. Rechtlich gesehen besteht eine erzwingbare Verpflichtung zur Duldung der B. 1. zur Durchführung einer Blutgruppenuntersuchung (insbes. zur Feststellung der Abstammung); 2. nach § 81 a StPO in bestimmten Fällen im Strafverfahren. Die B. wird durch den Richter, den Staatsanwalt oder dessen Hilfsbeamten angeordnet; sie darf nur von einem Arzt durchgeführt werden. Am häufigsten wird die B. als Alkohol-B. (Alkoholprobe) zur Ermittlung des ↑ Alkoholgehalts bei Verdacht auf Trunkenheitsdelikte angewandt (**Blutalkoholbestimmung**).

Blutrache, Recht und Pflicht, eine Verletzung der Sippenehre, v. a. die Tötung eines Angehörigen, am Täter oder seiner Sippe zu rächen; konnte durch Geld (↑ Wergeld) abgelöst werden; bei Naturvölkern und in frühgeschichtl. Zeit, in Korsika, Sizilien (↑ Vendetta), im Kaukasus und bei den Roma bis ins 20. Jh. üblich.

Blutregen, durch rötl. Staubbeimengungen (z. B. Wüstenstaub aus der Sahara) gefärbter Regen. Die rote Verfärbung von Regenpfützen beruht oft auf einer Massenentwicklung von Blutalgen.

Blutreinigung, die Reinigung des Blutes von schädl. Stoffen mit Hilfe mildwirkender, hauptsächlich abführender, schweiß- und harntreibender Mittel sowie durch Fastenkuren oder Mineralwassertrinkkuren.

Blutsauger, Insekten (z. B. Flöhe, Läuse), die sich von Warmblüterblut ernähren.
▷ ↑ Vampire.

Blutsbrüderschaft, bei vielen Völkern verwandtschaftsähnl. Beziehung unter nicht miteinander verwandten Männern; unter feierl. Ritual abgeschlossene Verpflichtung (meist Treuegelöbnis und Blutvermischung), einander wie leibl. Brüder zu behandeln.

Blutschande (Inzest), svw. ↑Beischlaf zwischen Verwandten.

Blutschmarotzer, svw. ↑Blutparasiten.

Blutschnee, rötlich verfärbter Schnee im Hochgebirge und in den Polargebieten, durch ↑Blutalgen verursacht.

Blutschwamm, svw. ↑Hämangiom.
▷ svw. ↑Leberpilz.
▷ svw. ↑Zunderschwamm.

Blutsegen, mag. Beschwörungsformel zur Stillung des Blutes oder zur Heilung von Wunden **(Wundsegen);** schon aus der jüd., antiken und ma. Überlieferung bekannt.

Blutsenkung, svw. ↑Blutkörperchensenkungsgeschwindigkeit.

Blutserum ↑Blut.

Blutsonntag, der 22. Jan. 1905, an dem in Petersburg ein vom Priester G. A. Gapon geführter Bittgang von rd. 150 000 Menschen (v. a. aus den Arbeitervierteln) zum Zaren Nikolaus II. von zarist. Truppen niedergeschossen wurde, wobei es mehr als 1 000 Tote gab; Anlaß und Beginn der russ. Revolution 1905–07.
▷ (Bloody Sunday), gewaltsamer Zwischenfall, bei dem am 30. 1. 1972 in Derry (Londonderry) 13 nordirische Demonstranten den Schüssen brit. Soldaten zum Opfer fielen; er gilt als Markstein der Unversöhnlichkeit zw. der kath. Minderheit und der prot. Mehrheit der Bevölkerung.

Blutspeicher (Blutdepot), Bez. für Organe mit Gefäßsystemen, in denen Blut gespeichert und bei Bedarf wieder freigegeben werden kann. In der Leber können bis zu 20 %, in der Haut bis zu 15 % des gesamten Blutes enthalten sein. Bes. viel Blut (bis zu 30 % der Gesamtblutmenge) kann in den gut dehnbaren Gefäßen der Lunge enthalten sein. Dieses Depotblut kann bei Bedarf rasch in den großen Kreislauf überführt werden. Die menschl. Milz spielt als B. keine Rolle.

Blutspendedienst, svw. ↑Bluttransfusionsdienst.

Blutspender, Person, die sich bis zu 500 ml Blut für klin. (v. a. zur Bluttransfusion), für Forschungs- oder industrielle Zwecke (Gewinnung von Eiweißfraktionen oder Testseren) entnehmen läßt; zw. wiederholten Spenden sollte eine Erholungsfrist von 8–10 Wochen liegen.

Blutspiegel, Bez. für die Konzentrationshöhe natürlich vorkommender oder künstlich zugeführter Stoffe im Blutserum, z. B. der Blutzuckerspiegel.

Blutstatus, svw. ↑Blutbild.

Blutstauung (passive Hyperämie, venöse Hyperämie), vermehrte Blutfülle in einem Organ oder in begrenzten Körperabschnitten infolge verminderten Blutabflusses bei freiem Blutzufluß, z. B. bei chron. Herzversagen.

Blutstein ↑Hämatit.

Blutstillung (Hämostase, Stypsis), zur Stillung einer Blutung führende körpereigene Vorgänge oder therapeut. Maßnahmen. – ↑Erste Hilfe (Übersicht).

Blutströpfchen, volkstüml. Bez. für verschiedene Pflanzenarten mit kleinen, roten Blüten (z. B. Ackergauchheil, rotblühende Adonisröschenarten, Blutauge).
▷ svw. ↑Widderchen.

Blutsturz (Hämatorrhö), plötzl. Massenblutung aus Mund und Nase; stets lebensbedrohl. Zustand, der sofortige ärztl. Versorgung verlangt (↑Bluthusten, ↑Bluterbrechen).

Blutsverwandtschaft ↑Verwandtschaft.

Bluttaufe, im christl. Altertum Märtyrertod von Nichtgetauften, der die sakramentale Taufe ersetzte.

Bluttransfusion (Blutübertragung), Übertragung von Spenderblut auf einen Empfänger. Spender und Empfänger müssen, möglichst auch hinsichtlich des Rhesusfaktors, verträgl. Blutgruppen angehören. Bei der nur in Notfällen vorgenommenen **direkten Bluttransfusion** wird das Blut unmittelbar vom Spender auf den Empfänger übertragen. Bei der **indirekten Bluttransfusion** wird das Spenderblut zunächst als ↑Blutkonserve gelagert und erst im Bedarfsfall übertragen. Die Gefahren der B. liegen in der Unverträglichkeit verschiedener Blutgruppen sowie in der mögl. Übertragung von Krankheiten, z. B. Gelbsucht, Syphilis oder Aids.

Bluttransfusionsdienst (Blutspendedienst), Einrichtung, die Blutkonserven herstellt, überprüft, lagert **(Blutbank)** und verteilt. Jeder B. verfügt über ein serolog. Labor, in dem die Blutgruppe ermittelt wird und die vorgeschriebenen Hepatitis-, Syphilis- und Aidstests durchgeführt werden. – ↑Blutspender.

Blut-und-Boden-Dichtung, eine vom Nationalsozialismus geförderte Spielart der Heimatdichtung, in der u. a. dessen kulturpolit. Idee einer artreinen Führungsrasse offen zutage tritt. Sie umfaßt v. a. die das Bodenständige überhöhenden Bauern-, Siedler- und Landnahmeromane. Vertreter: u. a. G. Schumann, H. Böhme, H. Anacker, H. Menzel.

Blut und Eisen ↑Eisen und Blut.

Blutung (Hämorrhagie), Blutaustritt aus Blutgefäßen infolge krankhafter Veränderung der Gefäßwand oder auf Grund von Verletzung. Man unterscheidet arterielle, venöse und kapillare B. Aus den Arterien spritzt stoßweise hellrotes Blut; aus den Venen rinnt gleichmäßig dunkelrotes Blut; bei Kapillarblutungen sickert das Blut nur tropfenweise aus. Bei der **äußeren Blutung** tritt das Blut von der Blutungsquelle an die Körperoberfläche aus; bei der **inneren Blutung** dringt das Blut zw. Gewebsschichten oder in Körperhöhlen ein. Kleinere Blutungen werden innerhalb von 2–3 Minuten durch den körpereigenen Mechanismus der Blutstillung zum Stillstand gebracht, bei größeren Blutungen sind Hilfs- bzw. Rettungsmaßnahmen nötig.

Blutungsanämie ↑Anämie.

Blutungsübel, svw. ↑hämorrhagische Diathese.

Blutvergiftung, svw. ↑Sepsis.

Blutwäsche, Bez. für verschiedene, i. w. S. der Blutreinigung und Blutauffrischung dienende Verfahren, u. a. 1. der Austausch von eigenem (krankem) gegen fremdes (gesundes) Blut; 2. Blutreinigung mit Hilfe einer ↑künstlichen Niere.

Blutwunder, scheinbar frisches Blut oder Blutungen an Hostien (Bluthostien) oder Christusbildern, z. T. erklärbar durch den Befall mit dem als „Hostienpilz" bezeichneten Bakterium Serratia marcescens. Zahlr. Wallfahrten (z. B. Andechs, Walldürn, Bolsena) knüpfen an B. an.

Blutwurz (Aufrechtes Fingerkraut, Potentilla erecta), Rosengewächs der Gatt. Fingerkraut in Eurasien; auf Wiesen, Heiden, in Wäldern und Mooren wachsende Staude mit etwa 10–40 cm hohem, abstehend behaartem Stengel, Blätter mit Fiedern und einzelnen, gelben Blüten. Wurzelstock bis 3 cm dick, innen rot; wird als Mittel bei Darmstörungen und zur Pinselung der Mundhöhle verwendet.

Blutzellen, svw. Blutkörperchen (↑Blut).

Blutzucker, der Glucosegehalt des Blutserums; die Höhe der Glucosekonzentration im Blut **(Blutzuckerspiegel)** ist normal 4,5–5,5 mmol/l bzw. 80–100 mg % (mg in 100 cm³). Erhöhung der B.menge (Hyperglykämie) nach Kohlenhydratmahlzeiten und bei Diabetes mellitus; Senkung der B.menge (Hypoglykämie) bei Hunger und nach Insulininjektion. Steigt der B. über 180 mg % an, tritt Zucker in den Harn über (Harnzucker, Glukosurie).

Blyton, Enid [engl. ˈblaitən], *Beckenham (Kent) 11. Aug. 1896, †London 28. Nov. 1968, engl. Schriftstellerin. – Schrieb etwa 400 Kinder- und Jugendbücher, die in zahlr. Sprachen (im Dt. u. a. die Reihen „Fünf Freunde" und „Hanni und Nanni") übersetzt wurden.

B. M. V., Abk. für lat.: **B**eata **M**aria **V**irgo („selige Jungfrau Maria").

BMW, Abk. für: **B**ayerische **M**otoren **W**erke AG.

Blutwurz

Enid Blyton

B'nai B'rith

Franz Boas

Johannes Bobrowski

Luigi Boccherini
(anonymer Stich)

B'nai B'rith [hebr. „Söhne des Bundes"], jüd. Orden (Loge), gegr. 1843 in New York mit dem Ziel der Selbsterziehung und der Förderung humanitärer Ideen unter Juden.

B-Note, Bewertung der Kürübung im Eis- und Rollkunstlauf; berücksichtigt werden u. a. Harmonie des Aufbaus, Anpassung des Laufes an die Musik, Körperhaltung und Erfindungsgabe. – ↑A-Note.

Bo [engl. boʊ], Prov.hauptstadt im südl. Sierra Leone, an der Bahnlinie Freetown-Pendembu, 64 000 E. Kath. und ev. Lehrerseminare; Handelszentrum eines Agrargebiets; Möbelfabrik; ✈.

Bö (Böe) [niederl.], Windstoß, plötzl. starke Zunahme der Windgeschwindigkeit.

Boabdil [boap'dil, span. boaβ'ðil] (arab. Abu Abd Allah Muhammad), genannt „el Chico" („der Junge"), eigtl. Abu Abd Allah Muhammad XII., † Fès 1533 (oder 1518), letzter arab. König von Granada (1482/83 und 1487–92). – Aus der Dynastie der Nasriden; geriet 1483 vorübergehend in die Gefangenschaft der Kath. Könige; fand nach der Eroberung der letzten arab. Stützpunkte in Spanien 1492 Zuflucht in Marokko.

Board [engl. bɔːd], in der angloamerikan. Rechtssprache Vorstand oder Behörde.

Boarding school [engl. 'bɔːdɪŋ 'skuːl], engl. Bez. für eine Internatsschule, in der Schüler verschiedenen Alters zu Hausgemeinschaften zusammengefaßt werden.

Boas, Franz, *Minden 9. Juli 1858, †New York 21. Dez. 1942, amerikan. Ethnologe und Anthropologe dt. Herkunft. – Prof. an der Columbia University. Arbeiten über Kulturen und Sprachen der nordamerikan. Indianer; entschiedener Gegner des Rassismus.

Boaschlangen (Boas, Boinae), Unterfam. etwa 0,5–8 m langer, ungiftiger Riesenschlangen mit etwa 40 Arten im trop. Amerika; den Pythonschlangen ähnlich, gebären jedoch lebende oder unmittelbar nach der Eiablage aus den dünnen Eihüllen schlüpfende Junge. Bekannte Gatt. sind Sandboas und *Boa* mit der bekanntesten Art Abgottoder Königsschlange.

Boat people [baʊt 'piːpl; engl. „Bootsleute"], Bez. für Flüchtlinge aus Vietnam, die seit Ende der 1970er Jahre aus wirtsch. bzw. polit. Gründen das Land mit kleinen Booten über das Südchin. Meer verlassen; in den Ankunftsländern (u. a. Malaysia, Thailand, Singapur; v. a. aber die brit. Kronkolonie Hongkong) oft abgewiesen oder nur vorübergehend aufgenommen.

Bob [engl.; zu bob „ruckartig bewegen"] (Bobsleigh), verkleideter Stahlsportschlitten für zwei oder vier Fahrer; mit Sägebremse und zwei Kufenpaaren, davon das vordere durch Seil- (überwiegend) oder Radsteuerung lenkbar; wird auf vereisten Bahnen gefahren.

Boaschlangen. Königsschlange

Boat people. Ein Fluchtboot kentert beim Anlegen an das Rettungsschiff „Kap Anamur"

Der erste B.rennschlitten wurde 1888 in Sankt Moritz konstruiert, wo auch 1903 die erste B.bahn eröffnet wurde. Rennen werden im Zweier- und im Vierer-B. ausgetragen. Die Mindestlänge der Bahn beträgt 1 200 m, das Durchschnittsgefälle muß mindestens 8 % (höchstens 15 %) betragen.

Bobak [poln.], svw. ↑Steppenmurmeltier.

Bobby [engl. 'bɔbɪ], volkstüml. Bez. für brit. Polizisten, ben. nach Sir Robert (Bobby) Peel, dem Reorganisator der brit. Polizei.

Bobek, Hans, *Klagenfurt 17. Mai 1903, †Wien 15. Febr. 1990, östr. Geograph. – Prof. in Freiburg im Breisgau und Wien; einer der Begründer der modernen Stadtgeographie und der Sozialgeographie.

Bober, linker Nebenfluß der Oder, Polen, entspringt im Riesengebirge, mündet westlich von Crossen (Oder), 272 km lang.

Bober-Katzbach-Gebirge, Bergland in Schlesien, Polen, in der Melkgelte 724 m ü. d. M.

Bobigny [frz. bɔbi'ɲi], frz. Ind.stadt im nö. Vorortbereich von Paris, 43 700 E. Verwaltungssitz des Dep. Seine-Saint-Denis.

Bobine [frz.], (Pfeife) Garnspule in der [Baumwoll]spinnerei.

▷ endloser Papierstreifen zur Herstellung von Zigarettenhülsen u. a.

Bobinet [frz.-engl.], Bez. für netz-, gitter- oder spitzenartige textile Flächengebilde, bei denen sich meist drei Fadensysteme umschlingen.

Böblingen, Krst. am Schönbuch, Bad.-Württ., 464 m ü. d. M., 42 600 E. Elektron., chem., Stahlind., Maschinen- und Fahrzeugbau. – Um 1250 in planmäßiger Anlage gegr., um 1350 württembergisch.

B., Landkr. in Baden-Württemberg.

Böblinger, Matthäus, *Altbach bei Esslingen am Nekkar um 1450, †Esslingen am Neckar 1505, dt. Baumei-

Bob. Zweierbob in einer Steilkurve

ster. – 1480–93 Bauleiter des Ulmer Münsters; ebd. Ölberg (1474).

Bobo-Dioulasso [bɔbodjulaˈso], zweitgrößte Stadt der Republik Burkina Faso, Straßenknoten an der Bahnlinie Abidjan–Ouagadougou, 460 m ü. d. M., 231 000 E. Prov.-hauptstadt, Wirtschaftszentrum des Landes. Sitz eines kath. Bischofs; internat. ✈. – Moscheen (Lehmbauten).

Bobrowski, Johannes, *Tilsit 9. April 1917, †Berlin (Ost) 2. Sept. 1965, dt. Schriftsteller. – Seine Werke spiegeln das Erlebnis der östl. Landschaft und die Probleme und Spannungen zw. den Nationalitäten (Ged. „Sarmatische Zeit", 1961; „Schattenland Ströme", 1962; R. „Levins Mühle", 1964, verfilmt; „Litauische Claviere", 1966; E. „Mäusefest", 1965, u. a.).

Bobrujsk, Stadt an der Beresina, Weißrußland, 223 000 E. Bahnknotenpunkt. – Urkundlich erstmals im 14. Jh. erwähnt, 1649–1793 polnisch, seit 1795 Stadt.

Bobsleigh [engl. ˈbɔbsleɪ], svw. ↑Bob.

Bobtail [engl. ˈbɔbteɪl] (Altengl. Schäferhund), langzottiger, mittelgroßer Schäferhund von gedrungenem Körperbau; Fell grau oder grau- bis blaumeliert.

Bocage, Manuel Maria Barbosa du [portugies. buˈkaʒɨ], *Setúbal 15. Sept. 1765, †Lissabon 21. Dez. 1805, portugies. Dichter. – Einer der bedeutendsten und populärsten portugies. Dichter des 18. Jahrhunderts.

Bocage [frz. bɔˈkaːʒ], Bez. für die Heckenlandschaft Frankreichs.

Boccaccio, Giovanni [bɔˈkatʃo, italien. bokˈkattʃo], *wahrscheinlich Florenz (oder Certaldo?) 1313, †Certaldo bei Florenz 21. Dez. 1375, italien. Dichter. – Studierte die Rechte, wandte sich jedoch humanist. Studien und der Dichtung zu; seit 1340 Notar und Richter in Florenz; in den späten Lebensjahren mit Petrarca befreundet. B. veranlaßte u. a. die erste vollständige Übersetzung Homers ins Lat. und schrieb auch in lat. Sprache. Sein reiches literar. Werk wird gekrönt durch die zw. 1348 und 1353 entstandene, 1470 gedruckte Novellensammlung (100 Novellen) „Decamerone" (dt. 1472/73), mit der die italien. Novelle zur Kunstform erhob und auf Jahrhunderte festlegte.
Weitere Werke: Il Filostrato (Versepos, um 1338, gedruckt 1480), Teseida (ep. Dichtung, 1339/40, gedruckt 1475), Ninfale d'Ameto (E., um 1341, gedruckt 1478), L'amorosa visione (allegor. Ged., 1342/43 gedruckt 1521), Fiammetta (Vers-R., 1343, gedruckt 1472), Die Nymphe von Fiesole (um 1345, gedruckt 1477), Corbaccio (Satire, 1354/55, gedruckt 1487), De Casibus virorum illustrium (etwa 1355–60, gedruckt um 1475), Das Leben Dantes (um 1360, gedruckt 1477), De claris mulieribus (Biographien, etwa 1360–62, gedruckt 1439).

Boccalini, Traiano [italien. bokkaˈliːni], *Loreto 1556, †Venedig 16. Nov. 1613, italien. Schriftsteller. – Verfasser der einflußreichen „Ragguagli di Parnaso" (1612/13), in denen er die literar. und polit. Verhältnisse seiner Zeit scharf kritisiert.

Boccherini, Luigi [italien. bokkeˈriːni], *Lucca 19. Febr. 1743, †Madrid 28. Mai 1805, italien. Violoncellist und Komponist. – Seine über 400 Werke umfassen neben einer Oper, Oratorien, Kirchen- und Orchestermusik (u. a. 20 Sinfonien) und Solokonzerten (v. a. für Violoncello) bes. Kammermusik.

Boccia [bɔtʃa; italien. „Kugel"], v. a. in Italien verbreitetes Kugelspiel, bei dem die Spieler versuchen, die B.kugeln (10–13 cm Durchmesser, aus Hartholz) möglichst nahe an die zuvor ins Spielfeld gebrachte Zielkugel (**Pallino,** 4 cm Durchmesser) zu werfen.

Boccioni, Umberto [italien. botˈtʃoːni], *Reggio di Calabria 19. Okt. 1882, ⚔ Sorte bei Verona 17. Aug. 1916, italien. Maler, Zeichner und Bildhauer. – Haupttheoretiker des Futurismus; stellt in facettierter Weise die moderne Zeit in ihrem Tempo und ihrer Technik dar („Der Lärm der Straße dringt in das Haus", 1911).

Boch [bɔx], urspr. aus Luxemburg stammende saarländ. Industriellenfamilie, die die Villeroy & Boch Keramische Werke KG gründete. Bed. Vertreter:

Umberto Boccioni. Der Lärm der Straße dringt in das Haus, 1911 (Hannover, Landesgalerie)

B., Eugen Anton von (seit 1812), *Septfontaines (Luxemburg) 22. Mai 1809, †Mettlach 11. Nov. 1898, Industrieller. – Übernahm 1829 die 1809 gegr. Steingutfabrik der B. in Mettlach, die er 1836 mit der Steingutfabrik der Familie Villeroy vereinigte, und gründete 1841 eine Manufaktur in La Louvière; errichtete in Mettlach das größte private Museum für Keramik.

Boche [frz. bɔʃ], seit Ende des 19. Jh. geringschätzige Bez. der Franzosen für den Deutschen; möglicherweise eine Abk. von Alboche, dem Argotwort für „dt.", oder aus *tête de caboche* (harter Schädel).

Bochenski, Joseph Maria [poln. bɔˈxɛiski], *Czuszow 30. Aug. 1902, poln. Philosoph. – Dominikaner (Ordensname: Innozenz), 1945–72 Prof. in Freiburg (Schweiz); Veröffentlichungen zur Geschichte der Logik, zur Wissenschaftstheorie, ferner Analysen, bes. zum dialektischen Materialismus.

Bocher [zu hebr. bachur „junger Mann"], im Judentum 1. Schüler einer Talmudschule; 2. Junggeselle.

Bocholt, Stadt im Niederrhein. Tiefland, NRW, 25 m ü. d. M., 67 000 E. Textil-, Elektroind., Maschinen- und Apparatebau. – 779 erwähnt, 1222 Stadt. – Pfarrkirche Sankt Georg (1415–86).

Bochum, Stadt am Hellweg, NRW, 45–196 m ü. d. M., 386 000 E. Ruhr-Univ.; Inst. für Weltraumforschung, Sitz der Bundesknappschaft, der Westfäl. Berggewerkschaftskasse und der Bergbau-Berufsgenossenschaft; Schauspiel-

Giovanni Boccaccio (Ausschnitt aus einem Fresko von Andrea del Castagno, 1446; Florenz, Kirche Santa Apollonia)

Bobo-Dioulasso. Moschee im Lehmbaustil

Bock

Bochum
Stadtwappen

schule; Sternwarte, Planetarium; Bergbaumuseum. Umstrukturierung nach Stillegung der meisten Steinkohlenzechen: Eisen- und Stahlgewinnung, Maschinenbau, Automobil-, Kunststoff- und Elektroind. – Um 890 zuerst, 1298 als Marktsiedlung erwähnt; 1321 stadtähnl. Rechte. Im 2. Weltkrieg starke Schäden. – Propsteikirche (15./16. Jh.). Modern sind Rathaus (1926–32), Bergbaumuseum (1936–54), Schauspielhaus (1951–53) und Kammerspiele (1965–66), Christuskirche (1957–59), Ruhr-Univ. (1961 gegr., 1965 eröffnet). Im 1975 eingemeindeten **Wattenscheid** neugot. Propsteikirche.

Bock, Fedor von, *Küstrin 3. Dez. 1880, ⚔ Lensahn (Schl.-H.) 5. Mai 1945, dt. Generalfeldmarschall. – Oberbefehlshaber verschiedener Heeresgruppen; nach dem gescheiterten Vorstoß auf Moskau im Dez. 1941 abgelöst; endgültig nach Protest gegen den gleichzeitigen Vormarsch in Richtung Stalingrad und Kaukasus 1942 abgesetzt.

Fedor von Bock

B., Hieronymus, latinisiert H. Tragus, *vermutlich Heidesbach bei Zweibrücken 1498, †Hornbach 21. Febr. 1554, dt. Botaniker. – Erforschte die Flora S-Deutschlands. In seinem Kräuterbuch (1539 ohne Abb., 1546 mit Abb.) beschrieb er einheim. Pflanzen und machte Angaben über Fundort und Heilwirkung.

Bock, das ausgewachsene ♂ Tier bei Reh, Schaf, Ziege, Kaninchen u. a.
▷ standfestes Gestell, Unterbau kleinerer Arbeitsgerüste für Maurerarbeiten.

Bockbier ↑Bier (Übersicht).
Bockbüchse ↑Büchse.
Böckchen (Zwergantilopen, Neotraginae), zu den Antilopen zählende Unterfam. der Paarhufer mit etwa 13 hasen- bis rehgroßen Arten in Buschsteppen und Halbwüsten Afrikas; u. a. ↑Klippspringer, ↑Moschusböckchen, ↑Zwergspringer.
Böcke (Caprini), Gattungsgruppe der Unterfam. Ziegenartige mit etwa 9 Arten in Europa, N-Afrika, Asien und N-Amerika; hervorragend kletternde Tiere; Hörner sehr kräftig entwickelt, vielfach stark gekrümmt oder gewunden. Zu den B. gehören die Gatt. ↑Ziegen, ↑Mähnenspringer, ↑Tahre und ↑Schafe.
Böckh, August, *Karlsruhe 24. Nov. 1785, †Berlin 3. Aug. 1867, dt. klass. Philologe. – Prof. in Heidelberg und Berlin. Begründer der griech. Altertumswissenschaft und der wiss. Epigraphik.

August Böckh
(Lithographie nach einem Gemälde von Franz Krüger)

Bockkäfer (Cerambycidae), weltweit verbreitete Käferfam. mit über 25 000, etwa 4 mm bis 16 cm großen Arten (annähernd 600 in Europa, 182 einheimisch); Körper meist schlank mit langen Beinen und langen Fühlern. Die B. sind z. T. gefährl. Holz- und Pflanzenschädlinge. Bekannte Vertreter: ↑Alpenbock, ↑Hausbock, ↑Heldbock, ↑Rothalsbock, ↑Sägebock.

Böckler, Hans, *Trautskirchen bei Neustadt a. d. Aisch 26. Febr. 1875, †Düsseldorf 16. Febr. 1951, dt. Gewerkschafter und Politiker. – 1928–33 MdR (SPD); als führender Kopf der illegalen Gewerkschaftsbewegung in der NS-Zeit verfolgt und zeitweise verhaftet; organisierte nach 1945 den Wiederaufbau der Gewerkschaften und deren einheitl. Zusammenfassung im DGB, dessen 1. Vors. er 1949–51 war.
Bocklet, Bad ↑Bad Bocklet.
Böcklin, Arnold, *Basel 16. Okt. 1827, †San Domenico bei Fiesole 16. Jan. 1901, schweizer. Maler. – Lebte 1850–57 in Rom („Deutschrömer"), dann u. a. in der Schweiz, in München und Florenz, seit 1892 in Fiesole. Landschaften mit mytholog. Gestalten oder Personifikationen (von Ideen, Begriffen, Stimmungen) in kräftig leuchtendem Kolorit; u. a. „Toteninsel" (1880; Basel, Kunstmuseum).
Bocksbart (Tragopogon), Gatt. der Korbblütler mit etwa 45, Milchsaft führenden Arten in Eurasien und N-Afrika; mit schmalen, meist ganzrandigen Blättern; Blütenstand ausschließlich mit Zungenblüten. Von den 3 einheim. Arten wächst der etwa 30–70 cm hohe gelbblühende **Wiesenbocksbart** (Tragopogon pratensis) mit grasartigen Blättern auf Wiesen und an Rainen.
Bocksbeutel [nach der Ähnlichkeit mit dem Hodensack eines Bockes], bauchig-breite, grüne Weinflasche v. a. für Frankenweine.
Bocksdorn (Teufelszwirn, Lycium), Gatt. der Nachtschattengewächse mit etwa 110 Arten in den gemäßigten und subtrop. Gebieten der Alten und Neuen Welt. In SO-Europa heimisch ist der **Gemeine Bocksdorn** (Lycium halimifolium), mit überhängenden Zweigen, graugrünen Blättern und schmutzigvioletten, etwa 1,5 cm langen Blüten.
Böckstein ↑Badgastein.
Bocskai, István (Stephan) [ungar. 'botʃkɔi], *Klausenburg 1557, †Kaschau (= Košice) 29. Dez. 1606, Fürst von Siebenbürgen (ab 1605). – Erreichte als Führer einer Erhebung ungar. prot. Magnaten gegen die habsburg. Herrschaft 1606 ständ. und religiöse Freiheiten im habsburg. Ungarn.
Bodaibo, Stadt im Gebiet Irkutsk, in Rußland, 16 000 E. Zentrum der Goldgewinnung in O-Sibirien.
Bođani [serbokroat. 'bɔdza:ni] (Bodjani), Kloster in der Batschka, Jugoslawien, gegr. 1478; die heutige Klosterkirche wurde 1722 erbaut, 1737 durch H. Žefarović ausgemalt.
Bodden [niederdt.], flachgründige Meeresbucht der mecklenburg.-pommerschen Ostseeküste.
Bode, Johann Elert, *Hamburg 19. Jan. 1747, †Berlin 23. Nov. 1826, dt. Astronom. – Gab 1801 den ersten größeren Sternatlas heraus; machte die von J. D. Titius er kannte Beziehung über die Planetenabstände (↑Titius-Bode-Reihe) bekannt.
B., Wilhelm von (seit 1914), *Calvörde bei Magdeburg 10. Dez. 1845, †Berlin 1. März 1929, dt. Kunsthistoriker. – 1905–20 Generaldirektor der Berliner Museen; gestaltete v. a. das Kaiser-Friedrich-Museum (1904; seit 1960 B.-Museum). Kunstwiss. Arbeiten bes. zur dt., niederl., italien. Malerei und Plastik.
Bode, linker Nebenfluß der Saale, entspringt im Harz (Quellflüsse Kalte und Warme Bode); mündet bei Nienburg/Saale, 169 km lang, acht Talsperren (bes. Rappbodetalsperre); am Harzrand bei Thale/Harz tief eingeschnittenes B.tal (Naturschutzgebiet).
Bodega [span.; zu griech. apothéke „Abstellraum"], Weinlager, Weinkeller; Weinschenke, in der urspr. der Wein aus dem Faß gezapft wurde.
Bodel, Jean, *Arras um 1165,†ebd. 1210, altfrz. Dichter. – Schrieb u. a. ein Epos über den Sachsenkrieg Karls d. Gr., „Saisnes", das Mirakelspiel „Li jus de Saint Nicolas" (um 1200).
Bodelschwingh, seit 1320 nachweisbares westfäl. Adelsgeschlecht. Bed. Vertreter:
B., Friedrich von, *Lengerich (Haus Marck) 6. März 1831, †Bethel (= Bielefeld) 2. April 1910, ev. Theologe. – 1872 Leiter der ↑Bodelschwinghschen Anstalten in Bethel seit

Arnold Böcklin. Toteninsel, 1880 (Basel, Kunstmuseum)

Bodenkunde

1882 gründete er Arbeiterkolonien zur Fürsorge für Wanderarbeiter. – Abb. S. 104.

B., Friedrich von *Bethel (= Bielefeld) 14. Aug. 1877, † ebd. 4. Jan. 1946, ev. Theologe. – Sohn von Friedrich von B., 1910 dessen Nachfolger in der Leitung von Bethel; konnte seine Kranken vor der nat.-soz. Euthanasie schützen. – Abb. S. 104.

Bodelschwinghsche Anstalten, ev. Krankenanstalten in Bethel (= Bielefeld): Anstalt **Bethel** (gegr. 1867, v. a. für Anfallskranke und milieugeschädigte Jugendliche), **Westfälische Diakonissenanstalt Sarepta** (gegr. 1869) und **Westfälische Diakonenanstalt Nazareth** (gegr. 1877). Die B. A. umfassen u. a. Pflegehäuser, Kliniken, Forschungseinrichtungen für Epilepsieforschung, Arbeiterkolonien, Erziehungs- und Altenheime und Schulen (kirchl. Hochschule).

Bodenerosion

Boden, im *volkswirtsch. Sinn* Produktionsfaktor neben Arbeit und Kapital. Der Faktor B. umfaßt die Erdoberfläche, die B.schätze als standortgebundene Rohstoffe, die naturgegebenen Energiequellen und – wegen der Unbeweglichkeit – auch das Klima. Die spezif. Einkommensart, durch den wirtsch. Einsatz des B. erzielt wird, heißt Grundrente oder B.rente (bzw. Pachtzins, wenn der Eigentümer den B. nicht selber nutzt). B. unterscheidet sich von anderen Produktionsfaktoren durch Unbeweglichkeit, grundsätzl. Unvermehrbarkeit (trotz Neulandgewinnung bzw. -erschließung durch Rodung, Entwässerung oder Eindeichung) und, in seiner Eigenschaft als Standort, durch die fehlende Abnutzung.

Böden ↑ Bodenkunde.

Bodenanzeiger (bodenanzeigende Pflanzen, Indikatorpflanzen), Pflanzenarten, aus deren Auftreten man auf eine bestimmte Bodenart schließen kann, da sie nur oder vorzugsweise auf bestimmten Böden vorkommen *(Bodenstetigkeit)*, etwa ↑ Kalkpflanzen und ↑ Salzpflanzen.

Bodenarten ↑ Bodenkunde.

Bodenbiologie, Teilgebiet der ↑ Bodenkunde; beschäftigt sich mit der Lebensweise und Tätigkeit der Bodenorganismen und ihrem Einfluß auf den Boden.

Bodendenkmal, Kulturdenkmal aus vor- und frühgeschichtl. Zeit.

Bodendruck ↑ hydrostatischer Druck.

Bodenentseuchung (Bodendesinfektion), Bekämpfung von pflanzl. und tier. Schädlingen im Boden; erfolgt durch Behandlung des Bodens mit Wasserdampf oder durch Zufuhr von Chemikalien (Formalin).

Bodenerosion (Soil erosion), durch Abholzen von Wäldern, Überweidung, Ackerbau auf Steppenböden u. a. verursachte Abtragung von Böden. Der durchschnittl. jährl. Bodenverlust beträgt in den Baumwoll-, Erdnuß- und Maismonokulturen Afrikas und der USA bis über 700 t/km², auf landw. genutzten Flächen Europas etwa 80 t/km². Gegenmaßnahmen: Anbau von Bodenschutzpflanzen, dem Gelände angepaßter Streifenanbau, hangparalleles Pflügen, Anlage von Hecken- und Baumreihen, Hangterrassen u. a.

Bodenertrag, der aus einer Nutzfläche erzielte Ernteertrag.

Bodenfilter, dränierte Böden ohne landw. Nutzung, die als Versickerungsanlage für Abwasser und Oberflächenwasser eingesetzt werden und zur mechan. und biolog. Reinigung sowie v. a. zur Grundwasseranreicherung dienen. Abwasser muß mechanisch vorgereinigt sein, da Schlamm die B. unwirksam macht.

Bodenfließen ↑ Solifluktion.

Bodenfräse (Ackerfräse), Bodenbearbeitungsmaschine mit Schlagmessern zum Lockern und Zerkrümeln des Bodens.

Bodenfreiheit, der kleinste Abstand eines bis zum zulässigen Gesamtgewicht belasteten Kraftfahrzeuges von der Standebene.

Bodenfrost, Frost unmittelbar in Bodennähe. Temperaturen unter 0 °C lassen das in den obersten Bodenschichten enthaltene Porenwasser gefrieren, was zu einer Volumenvergrößerung bzw. zu Aufwölbungen und Frostaufbrüchen führt. Die Frosttiefe beträgt in M-Europa etwa 1 m.

Bodengare (Ackergare), der für den landw. Anbau günstigste Zustand des Bodens: gute Krümelstruktur, gute Durchlüftung, hohes Wasserhaltevermögen, annähernd neutrale Bodenreaktion (pH-Wert um 7).

Bodenheizung, svw. Fußbodenheizung (↑ Heizung).

Bodenhorizont ↑ Bodenkunde.

Bodenkunde (Pedologie), naturwiss. Disziplin, untersucht Entstehung, Entwicklung und Eigenschaften der Böden, ihre räuml. Verbreitung, ihre Nutzung für Land- und Forstwirtschaft. Böden sind ein Produkt der Verwitterung, abhängig v. a. von Gesteinsart und Klima. Die **Bodenarten** werden durch die Korngröße unterschieden: Grobböden (über 2 mm Durchmesser) sind mager, trocken, leicht; Feinböden (unter 2 mm Durchmesser) sind bindig, fett, naß, schwer. Wichtige Bestandteile sind außerdem das Bodenwasser, neugebildete Minerale und Salze sowie die Bodenluft, die den bodenbewohnenden Tieren und den Pflanzenwurzeln das Atmen ermöglicht. Der Aufbau eines jeden Bodens in **Bodenhorizonte** läßt sich in einem **Bodenprofil** schematisch darstellen.

Flachgründig sind **Rendzinaböden** auf Kalk-, Dolomit- und Gipsgesteinen; hier ist der B-Horizont nicht ausgebildet. **Staunässeböden** entstehen durch Sickerwasser, das sich auf wasserundurchlässigen Schichten sammelt. Grundwasser verursacht **Gleiböden** (Oxidation im Schwankungsbereich des Grundwassers); steigt der Humusgehalt auf 15–30 %, so spricht man von **anmoorigen Böden,** bei über 30 % von Torf bzw. Moor. Durch Eingriffe des Menschen entstehen **Kulturböden:** die Ackernutzung verändert v. a. den Oberboden; durch Wasserstau entstehen z. B. die Reisböden; Sonderformen sind u. a. Weinberg- und Gartenböden.

Hans Böckler

Wilhelm von Bode

Bodenkunde: Bodenarten (stark vereinfacht)				
	Bezeichnung	Korngrößen Durchmesser in mm	Körnige Bestandteile	Nutzung in M-Europa
Grobböden	Schutt	> 20	Gesteinsbruchstücke bzw. Gerölle	Ödland
	Grus	20–2	kleine Steine bzw. Feinkies	Weideland
Feinböden	Sand	2–0,063	überwiegend Quarzkörner	Nadelwald, Roggen, Kartoffeln
	Schluff	0,063–0,002	Quarzkörner Tonminerialien	Laubwald, Wiesen, Weizen
	Ton	< 0,002	Tonmineralien	Buchenwald, Wiesen, Zuckerrüben, Hopfen

Bodenleitfähigkeit

Friedrich von Bodelschwingh (Vater)

Friedrich von Bodelschwingh (Sohn)

In verschiedenen Klimaten werden aus ein und demselben Gestein unterschiedl. **Bodentypen** ausgebildet. In feuchtgemäßigtem Klima entsteht reichlich Humus, die Niederschläge bewirken eine Stoffwanderung von oben nach unten, lösl. Salze und färbende Eisenhydroxide werden aus dem A-Horizont ausgewaschen und im B-Horizont ausgefällt, so z. B. beim **Podsol** (Bleicherde); die Podsolierung kann bis zur Bildung von Ortstein gehen. Sehr fruchtbar, da reich an Wasser, Humus und Mineralsalzen sind die **Schwarzerden** (Tschernoseme), die sich bei kontinentalem Klima auf Löß bildeten. Die in M-Europa weit verbreiteten **Braunerden** entstanden nach der letzten Kaltzeit. Bei Auswaschung von Ton aus dem A-Horizont und seiner Anreicherung im B-Horizont entstehen sog. **Sols lessivés**. Bei warmhumidem Klima erfolgt eine Rotfärbung durch Umsetzung brauner Eisenhydroxide in rote Eisenoxide (**Terra rossa** auf Kalkstein), bei den **Roterden** (Latosole) werden Aluminium- und Eisenoxide angereichert; in den wechselfeuchten Tropen entstehen **Laterite**. Im trockenen Klimabereich wird das Bodenwasser nach oben gesaugt, wo es verdunstet; dabei werden Salze im Boden angereichert bzw. Lösungen an der Oberfläche als Kruste ausgeschieden (**Solontschak** und **Solonez**).

Bodenleitfähigkeit, Kehrwert des spezif. ↑Bodenwiderstands.

Bodenmais, Marktgemeinde am S-Fuß des Großen Arber, Bayern, 689 m ü. d. M., 3 300 E. Luftkurort und Wintersportplatz; Holzverarbeitung, Glasind., Lederfabrik. – Entwickelte sich seit dem Spät-MA auf der Grundlage des Bergbaus (bis 1964).

Bodenmechanik (Erdbaumechanik), Wiss. von den physikal.-mechan. Eigenschaften des Erdbodens sowie den Bewegungen und Kräften im Boden. Die *prakt. B.* befaßt sich mit Anwendungen in der Baupraxis sowie mit techn. Prüfverfahren zur Ermittlung bodenmechan. Kennziffern natürl. Bodenarten, insbes. bezügl. Tragfähigkeit, Standfestigkeit, Plastizität und Steifeziffer.

Bodenmüdigkeit, verminderte Bodenfruchtbarkeit, beruht auf Verarmung des Bodens an Spurenelementen, Verseuchung mit Krankheitserregern oder Anhäufung von schädl. pflanzl. Stoffwechselprodukten. Der B. kann man z. B. durch Anbauwechsel entgegenwirken.

Bodennebel, ein nur in bodennächsten Luftschichten herrschender Nebel; entsteht in windstillen Nächten, wenn sich Boden und bodennahe Schichten infolge ungehinderter Ausstrahlung gegen den wolkenlosen Himmel unter den Taupunkt abkühlen.

Bodenpolitik, Teil der Agrarpolitik; Aufgaben: Bodenordnung in bezug auf die Eigentumsverhältnisse am Boden sowie Erschließung, Erhaltung und Verbesserung des Bodens.

Bodenrecht, i. e. S. das Grundstücksrecht des BGB, i. w. S. sämtl. Vorschriften, die sich mit Grund und Boden befassen (Agrarverfassung, Siedlungsgesetzgebung, Raumordnung, Landesplanung, Enteignungsrecht, Bodenreform u. a.).

Bodenreform (Bodenbesitzreform), die Veränderung der Rechtsverhältnisse an landw. genutztem Boden bzw. an Bauland, und zwar entweder durch Überführung dieses Grund und Bodens in Gemeineigentum oder durch seine Umverteilung. Die Bestrebungen für eine B. tauchten bereits im 18. Jh. insbes. in England und Amerika auf (T. Spence, W. Ogilvie). Im 19. Jh. forderte u. a. K. Marx die Aufhebung des privaten Grundeigentums und die Überführung von Grund und Boden in Gemeineigentum (↑Agrarkommunismus). Die anderen Befürworter einer B. (H. George, J. S. Mill, in Deutschland v. a. A. Damaschke) hielten jedoch im wesentlichen am Privateigentum fest, forderten aber u. a. eine andere Besitzverteilung, um monopolartige Machtstellungen und unangemessene Bereicherung durch Bodenspekulation oder Bodenwucher zu verhindern (Agrarsozialismus). Die in den kommunistisch beherrschten osteurop. Ländern durchgeführten B. nach dem 2. Weltkrieg waren Ausgangspunkt der ↑Kollektivierung. Im Gebiet der *westl. Besatzungszonen Deutschlands* ergingen nach 1945 in den einzelnen Ländern B.gesetze, die im wesentlichen der Beschaffung von Land zur Seßhaftmachung von heimatvertriebenen Bauern, aber auch dem polit. Ziel dienten, den Großgrundbesitz zu reduzieren. Die in den Ländern der *SBZ* Anfang Sept. 1945 auf Betreiben der SMAD und nach dem Konzept der KPD verabschiedeten B.verordnungen führten zur entschädigungslosen Enteignung von 14 000 landwirtschaftl. Groß- und Spezialbetrieben mit etwa 3,3 Mill. ha Land, die zunächst v. a. an Landarbeiter, landlose Bauern und Vertriebene verteilt wurden; durch die Kollektivierung ging dieses Land zumeist in das Eigentum von ↑landwirtschaftlichen Genossenschaften über. In der „gemeinsamen Erklärung der Regierungen der BR Deutschland und der DDR zur Regelung offener Vermögensfragen" vom 15. Juni 1990 (Anlage III zum Einigungsvertrag) wurde festgeschrieben, daß Enteignungen in der SBZ auf besatzungsrechtl. und besatzungshoheitl. Grundlage (1945 bis 1949) nicht mehr rückgängig zu machen sind. Das Bundesverfassungsgericht bestätigte am 23. April 1991 die Verfassungsmäßigkeit dieser Festlegung.

Bodenschätze, natürl. Anreicherungen von Mineralen, Gesteinen, chem. Verbindungen, deren Gewinnung von volkswirtsch. Bed. ist, wie Erze, Kohlen, Salze, Bitumina, Erdöl, Erdgas, Steine, Erden, Schwefel; auch das Grund- und Quellwasser zählt zu den B.

Bodenschätzung, durch das Gesetz über die Schätzung des Kulturbodens *(B.gesetz)* vom 16. 10. 1934 angeordnete Bewertung der landw. nutzbaren Flächen des Reichsgebiets, die nach diesen Bestimmungen auch heute noch auf dem Gebiet der BR Deutschland durchgeführt wird. Über den Zweck einer gerechten Verteilung der Steuern (Ermittlung des Einheitswertes) hinaus bezweckt die B. eine planvolle Gestaltung der Bodennutzung und eine Verbesserung der Beleihungsunterlagen.

Bodenschutz, der Schutz des Erdbodens vor zunehmender Belastung durch Schadstoffe, zunehmendem Landverbrauch, Verlust heim. Tier- und Pflanzenarten u. a. Gefährdungen. In der BR Deutschland wurde im Febr. 1985 eine B.konzeption beschlossen, in der u. a. Lösungsansätze für konkrete Schutzmaßnahmen vorgeschlagen werden.

Bodensee, 538 km² großer Alpenvorlandsee am Ausgang des Alpenrheintales mit dt., schweizer. und östr. Anteil, maximal 252 m tief; gegliedert in **Obersee**, **Überlinger See** mit der Mainau und **Untersee** mit der Reichenau. Ober- und Untersee werden vom Rhein durchflossen, der am Ostende des Seebeckens sein Delta immer weiter in den See vorbaut. – Der B. ist ein wichtiges Trinkwasserreservoir

Bodensee. Die Altstadt von Lindau auf einer Insel, die durch eine Straßenbrücke und einen Eisenbahndamm mit dem Festland verbunden ist, im Hintergrund der Bregenzer Wald

Bodman-Ludwigshafen

Bodenwerder. Münchhausen-Brunnen

(Fernversorgung bis Stuttgart). Wichtigster Wirtschaftsfaktor ist der Fremdenverkehr. Im Umland hat der Obstbau (v. a. Tafeläpfel) den Weinbau zurückgedrängt, bei Tettnang wird Hopfen, auf der Reichenau Gemüse angebaut. – Die Besiedlung reicht bis ins Neolithikum zurück; in der Antike hieß der B. **Brigantinus lacus** nach den Brigantiern; der heutige Name geht auf die beim B. gelegene karoling. Pfalz Bodman zurück. Bischofs-, Reichs- und Klosterstädte unterstreichen die Bed., die diese Kulturlandschaft im MA hatte. – Völkerrechtlich ungeklärt ist die Frage, ob der Obersee unter dem Kondominium der Uferstaaten steht oder unter ihnen real geteilt ist.

Bodenseekreis, Landkrs. in Baden-Württemberg.

Bodensee-Oberschwaben, Region in Baden-Württemberg.

Bodenspekulation, Bodenerwerb als Vermögensanlage in der spekulativen Erwartung zukünftiger Preis- und Wertsteigerung der Grundstücke und in der Absicht, durch spätere Veräußerung des Bodens beträchtl. Spekulationsgewinne zu erzielen.

Bodenstedt, Friedrich Martin von, *Peine 22. April 1819, †Wiesbaden 18. April 1892, dt. Schriftsteller. – Prof.

Bodh Gaya. Obergeschoß des Mahabodhitempels (Tempel der Großen Erleuchtung) mit dem zentralen Schrein

in München. Verfasser der „oriental." Gedichte „Die Lieder des Mirza Schaffy" (1851), die lange als Übertragungen galten.

Bodenstein, Max [Ernst August], *Magdeburg 15. Juli 1871, †Berlin 3. Sept. 1942, dt. Physikochemiker. – Beschäftigte sich mit der experimentellen Erforschung der chem. Kinetik.

Bodentemperatur, sowohl die Temperatur der Luft an der Bodenoberfläche (gemessen in 2 m Höhe, als Temperatur am Erdboden in 5 cm Höhe) als auch die Temperatur im Erdboden. Die B. liegt am Tage infolge Absorption der vom Boden reflektierten Sonnenstrahlen in den bodennahen Luftschichten über der allg. Lufttemperatur, in der Nacht unter dieser. Im Erdboden zeigt die B. mit zunehmender Tiefe abnehmende Tagesschwankungen.

Bodenturnen, als Teil des olymp. Acht- (Frauen) bzw. Zwölfkampfes (Männer) die zu einem rhythmisch-harmon. Ablauf verbundenen Körperübungen; sie werden auf einer im Wettkampf 12 × 12 m großen Bodenfläche ausgeführt: Schwungübungen (Rollen, Wälzer, Überschläge, Sprünge u. a.) und Kraftübungen (Kopf- und Handstand, Standwaage u. a.).

Bodentypen ↑Bodenkunde.

Bodenwasser, dem Boden aus Niederschlägen zugeführtes Wasser, in dem die für die Pflanzen wichtigen Nährstoffe gelöst sind.

Bodenwelle, der Anteil einer elektromagnet. Welle, der sich längs der Erdoberfläche ausbreitet und damit auch jenseits der opt. Sichtweite empfangen werden kann (bes. Lang- und Mittelwellen).

Bodenwerder, Stadt in Nds., beiderseits der Weser, 75 m ü. d. M., 6 000 E. Werften, Baustoffind.; jodhaltige Solquelle. – 1287 Stadt. – Stadtkirche Sankt Nicolai (1407–11); Rathaus (um 1605), ehem. Herrenhaus der Frhr. von Münchhausen, z. T. Museum, Fachwerkhäuser des 17. Jahrhunderts.

Bodenwiderstand, der elektr. Widerstand des Erdbodens; der *spezif.* B. (Widerstand eines 1 m langen Bodenstücks mit dem Querschnitt 1 m²) schwankt je nach Bodenzusammensetzung und Feuchtigkeit zw. 100 und über 3 000 Ωm; sein Kehrwert ist die spezif. *Bodenleitfähigkeit.*

Bodenwrange, Querverband des Schiffsbodens.

Bode-Titius-Reihe [nach J. E. Bode und dem dt. Naturwissenschaftler Johann Daniel Titius, *1729, †1796], svw. ↑Titius-Bode-Reihe.

Bodh Gaya (Buddh G.), ind. Dorf in Bihar bei Gaya; Ort, an dem Buddha seine Erleuchtung unter einem Feigenbaum **(Bodhibaum)** sitzend erlangt hat. Kultische Bauten, u. a. das 526 gegr. turmartige Bauwerk, aus dem durch Umbauten (um 1100 und 1306–09) die heutige Gestalt des Mahabodhitempels (Tempel der Großen Erleuchtung) entstand.

Bodhisattwa [Sanskrit „Erleuchtungswesen"] (Pali Bodhisattva), im Mahajana-Buddhismus ein Wesen auf dem Weg zur Buddhaschaft. Ein B. versucht, durch Übertragung seiner Verdienste auf alle Wesen zu ihrer Erlösung aus dem Geburtenkreislauf beizutragen, z. B. die B. ↑Awalokiteschwara, ↑Mandschuschri, ↑Samantabhadra.

Bodin, Jean [frz. bɔˈdɛ̃], *Angers 1529 oder 1530, †Laon 1596, frz. Staatstheoretiker und Philosoph. – Seit 1577 Kronanwalt in Laon; erlangte geschichtl. Bed. als Wortführer der Gruppe der „Politiker", die zur Überwindung der anarch. Konsequenzen der Hugenottenkriege den modernen, in der Herrschaftsgewalt entscheidend gestärkten Staat forderten.

Bodleiana (Bibliotheca Bodleiana, Bodleian Library) [nach Sir T. Bodley] ↑Bibliotheken (Übersicht).

Bodley, Sir Thomas [engl. ˈbɔdlɪ], *Exeter 2. März 1545, †London 28. Jan. 1613, engl. Diplomat und Gelehrter. – Gründete 1598 die Universitätsbibliothek Oxford (Bodleiana) neu und eröffnete sie 1602.

Bodman-Ludwigshafen, Gemeinde am Überlinger See, Bad.-Württ., 3 300 E. – Reste von Pfahlbauten (Neolithikum und Bronzezeit), Münzstätte zur Merowingerzeit, unter den Karolingern Pfalz.

Jean Bodin

Standwaage (seitlings)

Standwaage (vorlings)

Spagat (quergegrätscht)

Spagat (seitengegrätscht)

Brücke

Kniestand-Brücke

Spreizsprung

Handstand

Bodenturnen. Schematische Darstellung verschiedener Übungen

Bodmer

Bodmer, Johann Carl, *Zürich 11. Febr. 1809, †Barbizon 30. Okt. 1893, schweizer. Maler und Lithograph. – B. wurde v. a. bekannt durch seine Indianerdarstellungen. Er war Begleiter von Maximilian Prinz zu Wied, dessen Reisebericht („Reise in das innere Nord-America in den Jahren 1832–1834", 1839–41, 2 Bde.) er mit detailgetreuen Zeichnungen ergänzte.

Johann Carl Bodmer. Péhriska-Rúhpa als Tänzer der Hundegesellschaft der Hidatsa, Kupferstich aus dem ersten Band des Reiseberichts von Maximilian Prinz zu Wied über Nordamerika

B., Johann Jakob, *Greifensee bei Zürich 19. Juli 1698, †Gut Schönenberg bei Zürich 2. Jan. 1783, schweizer. Literaturkritiker und Schriftsteller. – Studierte Theologie, Prof. für Geschichte und Politik am Zürcher Gymnasium. Verteidigte zus. mit Breitinger gegen Gottsched („Crit. Abhandlung von dem Wunderbaren in der Poesie", 1740) die schöpfer. Phantasie, die Einbildungskraft, das Wunderbare, die Nachahmung der Natur als wesentl. Elemente der Dichtung. Hg. ma. Literatur; auch Übersetzer.
B., Walter, *Basel 12. Aug. 1903, †ebd. 3. Juni 1973, schweizer. Maler und Plastiker. – Neben konsequent ungegenständl. Bildern schwerelos wirkende Drahtreliefs (-bilder).

Bodmerei [niederdt.], Darlehensvertrag des früheren Seerechts, den der Kapitän eines Seeschiffs in Notfällen eingehen durfte. Dabei wurden Schiff, Fracht und/oder Ladung verpfändet; wurde durch das Seerechtsänderungsgesetz vom 21. 6. 1972 abgeschafft.

Bodø [norweg. ˌbuːdøː], Stadt in N-Norwegen, 36 000 E. Hauptstadt des Verw.-Geb. Nordland; Sitz eines luth. Bischofs; Reedereien; Fisch-, Holzverarbeitung; Endpunkt der Nordlandbahn; ⚓. – Im Mai 1940 Sitz der norweg. Reg.; durch einen dt. Bombenangriff völlig zerstört. – Domkirche von 1956.

Bodoni, Giambattista, *Saluzzo (Piemont) 16. Febr. 1740, †Parma 29. Nov. 1813, italien. Buchdrucker. – Seit 1768 in Parma, seit 1791 besaß er eine eigene Druckerei. Seine Ausgaben waren hervorragend in Druck, Papier und Satz. B. schnitt selbst Lettern, klassizist. Typen (u. a. die *Bodoni*).

Bodrum ↑ Halikarnassos.

Body-art [engl. ˈbɔdɪ ˌɑːt], Aktionskunst, in der der menschl. Körper künstler. Objekt (z. B. Bemalung des Körpers) oder künstler. Mittel (z. B. Körperabdrücke) ist.

Bodybuilding [engl. ˈbɔdɪˌbɪldɪŋ; zu body „Körper" und build „(auf)bauen"], Bestreben, durch gezieltes Muskeltraining mit den verschiedensten, bes. zu diesem Zweck konstruierten Geräten zur Vervollkommnung der Körperformen zu gelangen, wobei ein mod. Schönheitsideal erreicht werden soll.

Bodycheck [engl. ˈbɔdɪˌtʃɛk; zu body „Körper" und check „aufhalten"], beim Eishockeyspiel erlaubtes Rempeln (Stoß mit Schulter oder Hüfte) des Gegners.

Johann Jakob Bodmer

Giambattista Bodoni (Kupferstich)

Boeck-Krankheit [nach dem norweg. Dermatologen Caesar Boeck, *1845, †1917], svw. ↑ Sarkoidose.
Boehm, Theobald [bøːm], *München 9. April 1794, †ebd. 25. Nov. 1881, dt. Flötist. – Konstruierte die **Boehmflöte,** eine Querflöte, bei der die verschließbaren Grifflöcher nach rein akust. Gesetzen angeordnet sind.
Boehmeria [bø...; nach dem dt. Botaniker Georg Rudolph Boehmer, *1723, †1803], Gatt. der Nesselgewächse mit etwa 60 Arten, v. a. in den Tropen; Kräuter, Sträucher oder Bäume mit meist großen Blättern und unscheinbaren Blüten in eingeschlechtigen Blütenständen; als *Ramie[pflanze]* bekannte Kulturpflanze: **Boehmeria nivea** (Weiße Nessel, Chin. Nessel), 2–2,5 m hoch, mit breit herzförmigen, etwa 15 cm langen, unterseits weißfilzigen Blättern. Die Bastfaser der Rinde liefert den Textilrohstoff Chinabast **(Chinagras),** der zur verspinnbaren ↑ Ramie weiterverarbeitet wird.
Boehmflöte ↑ Boehm, Theobald.
Boehringer Ingelheim Zentrale GmbH, pharmazeut. Unternehmen mit den Tochtergesellschaften C. H. Boehringer Sohn KG und Boehringer Ingelheim International GmbH, gegr. 1885, Sitz Ingelheim am Rhein.
Boeing Company Inc. [engl. ˈbəʊɪŋ ˈkʌmpənɪ ɪnˈkɔːpəreɪtɪd], amerikan. Unternehmen der Luft- und Raumfahrtind., gegr. 1916 von W. E. Boeing (*1881, †1956), Sitz Seattle (Wash.).
Boerhaave, Hermann [niederl. ˈbuːrhaːvə], *Voorhout bei Leiden 31. Dez. 1668, †Leiden 23. Sept. 1738, niederl. Mediziner und Chemiker. – Ab 1709 Prof. in Leiden; faßte die medizin. Anschauungen seiner Zeit in einer universellen Krankheitslehre zus., führte die Unterweisung am Krankenbett ein und vervollkommnete die klin. Diagnostik.
Boethius, Anicius Manlius Severinus [boˈeːtiʊs, ...tsiʊs], *Rom um 480, †Pavia 524, röm. Philosoph, Schriftsteller und Staatsmann. – Ratgeber am Hof des Ostgotenkönigs Theoderich, später wegen seines Eintretens für einen angeklagten Freund des Hochverrats beschuldigt, eingekerkert und hingerichtet. Im Kerker schrieb er sein berühmtes, während des ganzen MA weitverbreitetes Buch „Trost der Philosophie" („De consolatione philosophiae").
Bœuf [frz. bœf; zu lat. bos „Rind"], Ochse, Rindfleisch; **Bœuf braisé,** geschmortes, **Bœuf bouilli,** in der Suppe gekochtes Rindfleisch, **Bœuf stroganoff,** Rindfleisch (in 1 cm dicken Streifen) mit Zwiebeln und Champignons geschmort.
Boeynants, Paul van den [niederl. ˈbuːinants], *Forest bei Brüssel 22. Mai 1919, belg. Politiker. – Seit 1949 Mgl. der Abg.kammer für die Parti Social Chrétien (PSC); 1961–66 und 1979–81 Präs. der PSC; Premiermin.

Body-art. Klaus Rinke, Primärdemonstration, 1971

Germain Boffrand. Ovaler Salon im Hôtel Soubise in Paris, 1735–40

1966–68 und 1978/79; mehrfach Min. (u. a. 1972–79 für Verteidigung).

Boff, Leonardo, *Concórdia (Brasilien) 14. Dez. 1938, brasilian. kath. Theologe. – Nach langjährigen Auseinandersetzungen mit der Amtskirche legte B., einer der Begründer der ↑ Befreiungstheologie, 1992 sein Priesteramt nieder.

Boffrand, Germain [frz. bɔˈfrã], *Nantes 7. Mai 1667, †Paris 18. März 1754, frz. Baumeister. – B. baute Schlösser, Stadthäuser in Paris und in der Prov. mit bed. Innenraumausstattungen (v. a. Hôtel Soubise in Paris, 1735–40) des frz. Rokoko.

Bofist (Bovist), Gruppe der Bauchpilze mit rundl. Fruchtkörpern, Bodenbewohner; in Wäldern der giftige ↑ Kartoffelbofist, auf Weiden der junge eßbare ↑ Riesenbofist.

Bogart, Humphrey [engl. ˈboʊgɑːt], eigtl. H. de Forest B., *New York 25. Dez. 1899, †Los Angeles-Hollywood 14. Jan. 1957, amerikan. Filmschauspieler. – Wirkte v. a. in Abenteuer- und Kriminalfilmen mit; u. a. „Casablanca" (1942), „Die Caine war ihr Schicksal" (1954), „Schmutziger Lorbeer" (1956). – Abb. S. 108.

Boğazkale [türk. bɔːˈazkalɛ] (bis 1937 Boğazköy), türk. Dorf 150 km östl. von Ankara mit den ausgedehnten Ruinen von **Hattusa,** der alten Hauptstadt der Hethiter; 1834 entdeckt, Ausgrabungen seit 1905. Besiedelt seit dem 3. Jt. v. Chr. Im 18. Jh. v. Chr. von den Hethitern erobert, ab 1570 v. Chr. Hauptstadt des Hethiterreiches. Die meisten Bauten im Stadtgebiet stammen aus dem 13. Jh. v. Chr.; Funde von zahlr. Tontafeln in babylon. Keilschrift; außerhalb der Stadt liegt im NW das Felsenheiligtum **Yazılıkaya** mit seinen Götterreliefs. Vom 9.–4. Jh. bed. Siedlung der Phryger. – Die Ruinen von Hattusa wurden von der UNESCO zum Weltkulturerbe erklärt.

Boğazköy [türk. bɔːˈazˌkœi] ↑ Boğazkale.

Bogdan, mit 1604 m ü. d. M. höchster Berg der Sredna gora, Bulgarien.

Bogdanovich, Peter [engl. bɔgˈdænəvɪtʃ], *New York 30. Juli 1939, amerikan. Filmregisseur. – Zunächst Filmtheoretiker; danach der erste Spielfilm „Bewegl. Ziele" (1968); es folgen perfekt inszenierte Filme wie „Is' was, Doc" (1972), „Paper Moon" (1973), „Die Maske" (1985), „Texasville" (1990). – Abb. S. 108.

Bogdanow, Alexandr Alexandrowitsch [russ. bagˈdanɛf], eigtl. A. A. Malinowski, *Tula 22. Aug. 1873, †Moskau 7. April 1928, russ. Philosoph, Soziologe und Mediziner. – 1903 Anhänger der Bolschewiki; versuchte gegen Plechanow und Lenin eine Modifizierung der marxist. Theorie: das Bewußtsein konstruiere und „organisiere" die Wirklichkeit; gesellschaftl. Sein und Bewußtsein seien identisch. B. forderte v. a. Brechung des Wissensmonopols der herrschenden Klasse. – Werke: Die Wissenschaft und die Arbeiterklasse (dt. 1920), Allg. Organisationslehre: Tektologie (dt. 2 Bde., 1926–28).

Bogda Shan [ʃaːn] (Bogdo Ula), vergletscherte nördl. Randkette des östl. Tian Shan (China), etwa 300 km lang, bis 5445 m hoch.

Bogen, Stadt an der Einmündung des Bogenbaches in die Donau, Bay., am SW-Abfall des Vorderen Bayer. Waldes, 332 m ü. d. M., 8200 E. Wallfahrtsort; Kunststoffwerk. – Im 8. Jh. erstmals erwähnt; kam 1242 an Bayern; 1952 Stadt.

Bogen, in der Baukunst ein gewölbtes Tragwerk. Der *Rund-B.* gelangte bei den Römern zu hoher künstler. und techn. Vollendung. Er ist auch charakteristisch für die roman. Baukunst und wieder für die Renaissance. Der *Kleeblatt-B.* tritt v. a. in der Spätromanik auf, der *Flach-, Stich-* oder *Segment-B.* taucht ebenfalls im 12. Jh. auf, ist aber v. a. eine Form der Renaissance und des Barocks. Der *Spitz-B.* ist das charakterist. Merkmal der Gotik, in seiner überspitzten Form wird er als *Lanzett-B.* bezeichnet. In der Spätgotik wird der Spitz-B. mannigfach variiert, u. a. in Form des *Kiel-B.,* der auch eine typ. Form der islam. Kunst ist, in Form des *Eselsrückens,* eines geknickten Kiel-B., des *Vorhang-B.* und *Tudor-B.* der engl. Spätgotik. Der *Korb-B.,* vereinzelt schon in der Spätgotik vertreten, ist v. a. eine beliebte Form des Barocks. Der *Hufeisen-B.* ist v. a. in der islamischen Kunst vorherrschend. Eine B.reihe heißt Arkade.

▷ im *Leitungsbau* gekrümmtes Rohr (Knie).

▷ (Papierbogen) ungefalztes, i. d. R. rechtwinkelig geschnittenes *Papierblatt;* im Handel ein Blatt, das größer als DIN A3 ist und dessen Größe (Format) genormt ist (↑ Papierformate). Der Druckbogen ist gefalzt.

▷ in der *Mathematik* ein Kurvenstück. Wird z. B. eine ebene Kurve durch die Gleichung

$$y = f(x) \text{ mit } a \leq x \leq b$$

Boğazkale. Die Ruinen von Hattusa, Götterrelief am Königstor

Boğazkale. Die Ruinen von Hattusa, Blick auf das Felsenheiligtum Yazılıkaya

Hermann Boerhaave

Leonardo Boff

Rundbogen

Kleeblattbogen

Flachbogen

Spitzbogen

Vorhangbogen

Hufeisenbogen (maurischer Bogen)

Bogen Baukunst

Bogenbrücke

und eine stetigen Ableitung $f'(x)$ beschrieben, so berechnet sich ihre *B.länge l* nach der Formel

$$l = \int_a^b \sqrt{1+[f'(x)]^2}\, dx.$$

Humphrey Bogart

▷ in der *Musik* 1. ein Stab aus elast. Hartholz, der mit einem an seinen Enden (Frosch und Spitze) befestigten bandförmigen Bezug (aus Pferdehaaren) versehen ist und zur Tonerzeugung bei Streichinstrumenten dient. Die Spannung des Bezugs wird seit der 2. Hälfte des 17. Jh. durch eine Stellschraube am Frosch fixiert. 2. Graph. Zeichen der Notation seit dem 16. Jh., das als Halte-B. zwei Noten gleicher Tonhöhe zu einem durchgehaltenen Gesamtwert summiert, als Legato-B. in der Artikulation den durch kein Absetzen unterbrochenen, „gebundenen" (↑ legato) Vortrag einer Tonfolge fordert.

Bogen in der Notenschrift. a Haltebogen; b Legatobogen

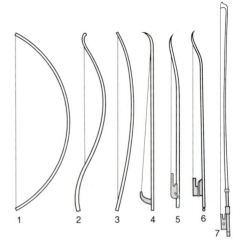
Bogen (Musik). 1–3 Formen des Mittelalters und der Renaissance; 4–5 Formen des 17. Jh. mit festem Frosch (4) und mit verstellbarem Frosch (5); 6 um 1700–1730 gebräuchlicher Corelli-Bogen; 7 bis heute gebräuchlicher Bogen, seit 1785

Peter Bogdanovich

▷ Teil eines Wertpapiers, der als selbständige Urkunde die Erträgnisscheine (Zins- oder Gewinnanteilscheine) und den Erneuerungsschein (Talon) enthält. Zus. mit dem Mantel, der das Anteils- oder Gläubigerrecht verbrieft, stellt der B. das Wertpapier dar.

▷ schon im Neolithikum (etwa 8./7. Jt. v. Chr.) vorwiegend als Jagd-, später als Kriegswaffe verwendetes Gerät zum Verschießen von Pfeilen (seltener auch Kugeln). Heute als Sportwaffe gebräuchlich (*Bogenschießen*). – Der B. besteht aus dem aus flexiblem Material gefertigten B.stab und einer an seinen beiden Enden befestigten Sehne, die beim einfachen B. stets gespannt ist, beim zusammengesetzten B. jedoch nur bei Gebrauch. Geschwindigkeit des Pfeils zw. 100 und 300 km/h, Flugweite zw. 200 und 300 m (selten weiter). – Neben dem Pfeil-B. gibt es teilweise heute noch im südl. S-Amerika, in S- und M-Asien und in China den Kugel-B., mit dem Ton- und Steinkugeln vornehmlich zur Vogeljagd verschossen werden.

Bogenbrücke, ↑ Brücken.
Bogenentladung, elektr. Gasentladung hoher Strom- und Leuchtdichte. Eine B. bzw. ein **Lichtbogen** bildet sich z. B. aus, wenn man zwei Kohlestäbe, an die eine Spannung von mindestens 60 Volt gelegt wurde, unter Vorschaltung eines Widerstands zur Berührung bringt und sie dann wieder auseinanderzieht. B. sind intensive Lichtquellen; sie

Bogenfries. Oben: romanischer Bogenfries Unten: romanischer Rundbogenfries mit überkreuzten Bogen

Bogen. Odysseus tötet die Freier der Penelope, Darstellung auf einem attischen Trinkgefäß, um 450 v. Chr. (Berlin, Staatliche Museen)

werden außerdem zur Materialbearbeitung, Stromgleichrichtung und in Plasmatrons verwendet.
Bogenfries, Ornament der roman. Baukunst, eine Folge von meist reich profilierten Rundbogen.
Bogengänge, in der *Anatomie* ein Teil des Gleichgewichtsorgans im Innenohr der Wirbeltiere (↑ Labyrinth).
Bogenhanf (Sansevieria), Gatt. der Agavengewächse mit etwa 50 Arten in den Tropen; Blätter fleischig, flach oder stielrund, Blüten in rispigem Blütenstand. – Beliebte Zimmerpflanzen; die ↑ Bajonettpflanze, deren Blattfasern, wie die einiger anderer Arten, den **Sansevieriahanf** liefern, ist wichtiger Rohstoff für Seile und Taue.
Bogenharfe ↑ Harfe.
Bogenlampe, früher in Scheinwerfern und Projektionsgeräten verwendete Lampe, bei der ein Lichtbogen zw. zwei Kohleelektroden (**Kohlenbogenlampe**) als Lichtquelle dient. Die Elektroden einer B. sind einem ständigen *Abbrand* unterworfen, der zu einer Abnahme des Elektrodenmaterials führt. Sie müssen daher durch einen bes. Regelmechanismus auf konstantem Abstand gehalten werden
Bogenmaß (Arkus), Zeichen arc, Maß für die Größe eines ebenen Winkels; Verhältnis aus Länge des zum Mittelpunktswinkel der Größe α gehörenden Kreisbogens b und Radius r des Kreises;

$$\operatorname{arc}\alpha = \frac{b}{r} = 2\pi\,\frac{\alpha}{360°} = \pi\,\frac{\alpha}{180°}.$$

Zum B. 1 gehört der Winkel 1 rad.
Bogensignatur, Kennzeichnung der Druckbogen zur Angabe der Reihenfolge für den Buchbinder; z. B. beim 8. Bogen: 8 (Prime) und 8* (Sekunde).
Bogenspektrum, ein Linienspektrum von neutralen Atomen oder Molekülen, das man v. a. in Bogenentladungen erhält.
Bogoljubow, Nikolai Nikolajewitsch, *Nischni Nowgorod 21. Aug. 1909, sowjet. Mathematiker und Physiker. – Prof. in Kiew und Moskau; seit 1965 Direktor des Vereinigten Inst. für Kernforschung in Dubna. Arbeiten zur nichtlinearen Mechanik, Quantenfeldtheorie und statist. Physik.
Bogoljubowo [russ. bɐgɐˈljubəvɛ], Dorf nö. von Wladimir, in Rußland, 3 900 E. – Der N-Turm der Kathedrale der Palastanlage des Fürsten Andrei von Wladimir († 1175) sowie ein Treppenturm und Verbindungsgang des alten Palastes sind erhalten. Die Pokrow-Kirche bei B. (um 1165) ist eine bed. Kreuzkuppelkirche.

Bogomilen (Bogumilen) [slaw.], Anhänger einer Strömung des Neumanichäismus (↑Manichäismus), die im 10. Jh. in Bulgarien entstand (daher auch **Bulgari** gen.) und sich auf dem Balkan und in Kleinasien bis zum Ende des 14. Jh. hielt. Wegen ihrer Ablehnung der christl. Kirchenordnungen im 12. Jh. aus dem Byzantin. Reich vertrieben, sie erreichten ihre größte Verbreitung im 12. und 13. Jh. in Bulgarien und Bosnien.

Bogomolez, Alexandr Alexandrowitsch, *Kiew 24. Mai 1881, †ebd. 19. Juli 1946, sowjet. Arzt und Physiologe. – Prof. in Moskau; entwickelte das **Bogomolez-Serum,** ein aus der Milz und dem Knochenmark des Menschen hergestelltes antigenhaltiges Serum, das durch Steigerung körpereigener Abwehr krankheitsverhütend, darüber hinaus stärkend wirken soll.

Bogor (Buitenzorg), indones. Stadt in W-Java, 247 000 E. Sitz eines kath. Bischofs; landw. Hochschule (gegr. 1963), zwei private Univ. (beide gegr. 1958), bed. botan. Garten (1818); zweiter Sitz der Reg.; beliebter Wohnort. – 1745 als Sommersitz des Generalgouverneurs von Niederl.-Ostindien gegr.; 1877 wurden im botan. Garten aus Brasilien geschmuggelte Schößlinge von Parakautschukpflanzen gesetzt, Grundstock der südostasiat. Kautschukplantagen.

Bogotá [span. boɣo'ta], Hauptstadt von Kolumbien und des Dep. Cundinamarca, in einem Hochbecken der Ostkordillere, 2 640 m ü. d. M., 4,2 Mill. E. Erzbischofssitz; wichtigstes Kultur-, Handels- und Finanzzentrum des Landes; mehrere Univ., u. a. Nationaluniv. (gegr. 1573), päpstl. Univ. (gegr. 1622); PH, wiss. Akademien, Observatorium, Goethe-Inst., Nationalarchiv, Nationalbibliothek, Planetarium. Textil-, Metall-, chem., pharmazeut. Ind. Seit 1961 mit der Magdalenabahn verbunden; internat. ✈. – 1538 von Spaniern als **Villa de la Santa Fé** (später **Santa Fé de Bogotá,** seit 1819: B.) an der Stelle der Chibchasiedlung **Teusaquillo** im Schachbrettschema gegr.; seit 1564 Erzbischofsstadt. Die Gründung der Dominikaner- und Jesuitenuniv. machte B. im 17. und 18. Jh. zum geistigen Zentrum Südamerikas. 1718 Hauptstadt des Vize-Kgr. Neugranada, 1819–31 von Großkolumbien, 1831–58 der Republik Neugranada, bis 1863 der Granadin. Konföderation, 1863–86 der Vereinigten Staaten von Großkolumbien. – Zahlr. Kirchen, u. a. La Concepción (spätes 16. Jh.), San Francisco (um 1569–1622); klassizistische Kathedrale (1807–23), Theater, Präs.palast und Kapitol.

Bogotácharta [span. boɣo'ta-], Gründungsakte der Organization of American States (↑OAS) 1948.

Bogumilen ↑Bogomilen.

Bogusławski, Eduard von, *Köthen (Anhalt) 30. Dez. 1905, dt. Botaniker. – Prof. für Pflanzenbau und Pflanzenzüchtung in Gießen; züchtete zahlr. neue Sorten von Öl- und Futterpflanzen.

Bogusławski, Wojciech [poln. bɔgu'suafski], *Glinno bei Posen 9. April 1757, †Warschau 23. Juli 1829, poln. Dramatiker. – Schöpfer des nat. poln. Theaters; viele Bearbeitungen oder Übersetzungen westeurop. Vorlagen.

Boheme [bo'ε:m; frz.; zu mittellat. bohemus „Böhme, Zigeuner"], Bez. für Künstlerkreise, die sich bewußt außerhalb der bürgerl. Gesellschaft etablieren. Zum ersten Mal in diesem Sinne faßbar um 1830 in Paris (Quartier Latin, Montmartre). Das B.leben ist Thema von H. Murgers Roman „Scènes de la vie de Bohème" (1851) und Puccinis darauf fußender Oper „La Bohème" (1896).

Bohemia, nlat. Name für ↑Böhmen.

Bohemien [bo-emi'ɛ̃; frz.], Angehöriger der ↑Boheme; unbekümmerte, leichtlebige und unkonventionelle Künstlernatur.

Bohl, Friedrich, *Rosdorf (bei Göttingen) 5. März 1945, dt. Jurist und Politiker (CDU). – 1970–80 MdL in Hessen, seit 1980 MdB; seit April 1989 Erster Parlamentar. Geschäftsführer der Unionsfraktion, seit Nov. 1991 Bundesmin. für besondere Aufgaben und Chef des Bundeskanzleramtes.

Böhlau Verlag ↑Verlage (Übersicht).

Bohlen, besäumte und unbesäumte Schnitthölzer von rechteckigem Querschnitt; Maße: 35–100 mm dick, doppelt so breit wie dick.

Bohlen, Stadt südlich von Leipzig, Sa., 6 000 E. Braunkohlenind. (Chemie-, Kraftwerk). – 1288 erstmals erwähnt.

Bohlenweg (Bohlweg), ein aus Bohlen, Pfählen, Sträuchern und ähnl. Materialien in verschiedener Bauweise künstlich angelegter Weg, bes. auf moorigem Untergrund.

Böhler, Lorenz, *Wolfurt (Vorarlberg) 15. Jan. 1885, †Wien 20. Jan. 1973, östr. Chirurg. – Prof. in Wien; Begründer der neuzeitl. Unfallchirurgie; gründete und leitete seit 1925 das Unfallkrankenhaus in Wien.

Bohley [-lai], Bärbel, *Berlin 24. Mai 1945, dt. Künstlerin und Bürgerrechtlerin. – Freischaffende Malerin und Graphikerin; trat schon in Initiativgruppen der Friedensbewegung hervor, deshalb 1983/84 und 1988 in Haft. 1989 Mitbegründerin des Neuen Forums.

Bohlwerk (Bollwerk), senkrechte Stützwand aus Bohlen und Pfählen bzw. Platten zur Begrenzung von Erdeinschnitten und zur Uferbefestigung; auch aus Stahl oder Stahlbeton.

Bohm, Hark, *Hamburg 18. Mai 1939, dt. Filmregisseur. – Wurde bekannt mit den Filmen „Tschetan, der Indianerjunge" (1972), „Nordsee ist Mordsee" (1976), „Der

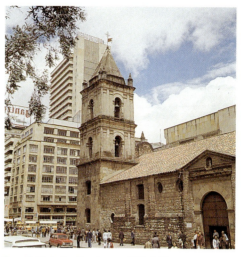

Bogotá. Kirche San Francisco, um 1569–1622

Bogotá
Hauptstadt von Kolumbien
·
4,2 Mill. E
·
Handels- und Finanzzentrum
·
gegr. 1538 als Villa de la Santa Fé
·
bed. Univ. der Dominikaner und Jesuiten
·
1948 Gründungsort der Organisation Amerikan. Staaten

Bogotá
Stadtwappen

Lorenz Böhler

Bärbel Bohley

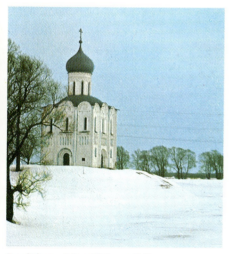

Bogoljubowo. Pokrow-Kirche, um 1165

Böhm

Fall Bachmeier: Keine Zeit für Tränen" (1984), „Yasemin" (1988).

Böhm, Dominikus, *Jettingen (Schwaben) 23. Okt. 1880, †Köln 6. Aug. 1955, dt. Kirchenarchitekt. – Vater von Gottfried B.; gilt als richtungweisend für die moderne kath. Kirchenbaukunst: Sankt Johann Baptist in Neu-Ulm (1923–26), Sankt Engelbert in Köln-Riehl (1930–32), Sankt Maria Königin in Köln-Marienburg (1953–54).
B., Gottfried, *Offenbach am Main 23. Jan. 1920, dt. Architekt und Bildhauer. – Sohn von Dominikus B.; Prof. an der TH Aachen. *Werke:* Rathaus in Bensberg (1962–67), Wallfahrtskirche in Neviges (1962–64), Verwaltungsgebäude der Firma Züblin in Stuttgart-Vaihingen (1985 vollendet).
B. (Beheme), Hans, gen. der Pfeifer von Niklashausen oder Pfeiferhänsle, *Helmstadt (bei Würzburg) um 1450, †Würzburg 19. Juli 1476 (verbrannt), Hirte und Dorfmusikant. – B. löste mit seinen Predigten (seit 1476) und seinem Programm (Gleichheit der Menschen, Abschaffung der Abgaben) die radikalste Volksbewegung vor der Reformation aus.
B., Karl, *Graz 28. Aug. 1894, †Salzburg 14. Aug. 1981, östr. Dirigent. – 1934–43 Direktor der Dresdner Staatsoper, 1943–45 und 1954–56 der Wiener Staatsoper; danach Gastdirigent; v. a. Interpret der Werke von Mozart, R. Strauss und Wagner.
B., Karlheinz, *Darmstadt 16. März 1928, dt. Film- und Bühnenschauspieler. – Sohn von Karl B.; wurde bekannt in Unterhaltungsfilmen, u. a. „Sissi"-Filme (1955–57); Wandlung zum Charakterdarsteller u. a. in „Augen der Angst" („Peeping Tom", 1959) und Filmen von R. W. Fassbinder; begründete 1981 das Hilfswerk „Menschen für Menschen" für die Hungernden der Sahelzone.
Böhm-Bawerk, Eugen Ritter von (Böhm von Bawerk) [...verk], *Brünn 12. Febr. 1851, †Kramsach (Tirol) 27. Aug. 1914, östr. Nationalökonom. – Lehrte in Innsbruck und Wien; zw. 1895 und 1904 mehrfach Finanzmin.; bekannt wurde seine Agiotheorie (Kapitalzinstheorie). B.-B. war ein bed. Vertreter der Grenznutzenschule.
Böhme, Ibrahim, *Leipzig 18. Nov. (?) 1944, dt. Politiker. – Historiker; zählte 1989 in der DDR zu den Mitbegründern der später mit der SPD verschmolzenen Sozialdemokrat. Partei (SDP); deren Vors. Febr. bis April 1990 (Rücktritt wegen Verdachtes der Stasi-Mitarbeit).
B., Jakob, *Alt-Seidenberg bei Görlitz 1575, †Görlitz 17. Nov. 1624, dt. Mystiker und Theosoph. – Schuhmacher, Autodidakt; Studium der Bibel, myst. und naturwiss. *Schriften.* 1612 Veröffentlichung von „Aurora oder Morgenröte im Aufgang" (vollständiger Druck 1656). Trotz Schreibverbots veröffentlichte er 1619 noch 21 Schriften. Er löst die Frage nach dem Bösen, indem er ein negatives Prinzip in Gott selbst verlegt. Da B. erstmalig philosoph. Schriften in dt. Sprache veröffentlichte, wurde er „Philosophus Teutonicus" genannt.

Karl Böhm

Karlheinz Böhm

Jakob Böhme

Böhmen
Historisches Wappen

Dominikus Böhm. Kirche Sankt Engelbert in Köln-Riehl, 1930–32

Böhmen (tschech. Čechy), histor. Gebiet im W der ČR, zw. Böhmerwald, Erzgebirge, Sudeten und Böhm.-Mähr. Höhe. B. wurde seit dem 2. Jh. v. Chr. von german., seit Ende 6. Jh. von westslaw. Stämmen besiedelt, von denen die Tschechen (um Prag) im 9./10. Jh. unter ihren Herzögen (↑Przemysliden) die Führung gewannen. Obwohl B. stets als Teil des Hl. Röm. Reiches galt und seine Herrscher später zu den Kurfürsten (Erzmundschenk) gezählt wurden, bewahrte B. seine Selbständigkeit (1198/1203 Aufstieg Ottokars I. zur Königswürde). Um 1029 kam Mähren, 1322 das Egerland, unter den Luxemburgern (1310–1437) der größte Teil Schlesiens (1327/29–1742) an B. Karl I. machte B. zum Kernland des Reiches. Die Hussitenkriege (1419/20–1433/34) brachten jedoch ein Erstarken des tschech. Nationalbewußtseins und die Abdrängung der seit dem 11. Jh. eingewanderten Deutschen mit sich. Nach kurzer jagellon. Herrschaft (Vereinigung von B. mit Polen 1471 und Ungarn 1490) fielen die böhm. Ländern 1526 an die Habsburger. Die Zuspitzung des konfessionellen Gegensatzes in B. führte trotz des kaiserl. Majestätsbriefs (1609) für die Protestanten 1618 zum Böhm. Aufstand, nach dessen Niederschlagung (Prager Blutgericht) sich landesfürstl. Absolutismus und Gegenreformation in B. auf lange Sicht durchsetzten. Aufklärung und Romantik brachten eine Wiedergeburt des tschech. Nationalbewußtseins. Unter dem Einfluß F. Palackýs trat die nat. Frage in den Vordergrund. Nach dem von A. Fürst Windischgrätz niedergeschlagenen Prager Pfingstaufstand der Radikalen (1848) wandte sich die tschech. Nationalbewegung zunächst einer gemäßigten Politik zu, doch wurden ihre Hoffnungen von der Regierung Schwarzenberg enttäuscht. Der sich nun verschärfende dt.-tschech. Gegensatz wurde in der Folge zu einer existenzbedrohenden Belastung der Donaumonarchie. Mehrere Ausgleichsversuche der östr. Regierungen scheiterten. 1913 wurden wegen Arbeitsunfähigkeit des böhm. Landtags Landesverfassung und Autonomie suspendiert, B. wurde von einer Landesverwaltungskommission und im 1. Weltkrieg mit Hilfe des Ausnahmezustands regiert. 1918/19 ging B. in der neugegründeten Tschechoslowakei auf (seit 1969 bzw. 1990 Teil der ↑Tschechischen Republik).

Böhmerwald, seit dem 10. Jh. **(silva bohemica)** belegte zusammenfassende Bez. für das etwa 250 km lange Grenzgebirge zw. der BR Deutschland, Österreich und der ČR, gegliedert in Oberpfälzer und Hinterer Bayer. Wald auf dt. bzw. Český les und Šumava auf tschech. Seite.

Böhmische Brüder (böhmische und mährische Brüder), Anhänger einer vorreformator. Reformbewegung, in der zweiten Hälfte des 15. Jh. aus dem Kreis um den Laientheologen Peter von Cheltschitz (Petr Chelčický, *um 1380, †nach 1452) entstanden, 1467 unter dem lat. Namen *Unitas Fratrum* („Brüderunität") zusammengeschlossen; sie pflegte brüderl. Gesinnung, Sanftmut und ein einfaches Leben unter Verwerfung von Kriegsdienst und Eid. Unter Lukas von Prag (*um 1460, †1528) trotz Differenzen Kontakte mit Luther. Nach 1528 wurde die Brüderunität zur selbständigen Kirche.

Gottfried Böhm. Wallfahrtskirche im neuen Pilgerzentrum in Neviges (Teil der Stadt Velbert), 1962–64

Jakob Böhme. Titelseite von „Aurora oder Morgenröte im Aufgang", Autograph

Böhmische Malerschule, infolge der kulturellen Förderung durch Karl IV. sich entfaltende Malerschule in Prag. Anfänglich war sie von Italien (Tommaso da Modena) und Frankreich beeinflußt: „Liber viaticus" des Johann von Neumarkt (etwa 1355–60; Prag, Landesmuseum) in der Buchmalerei, Hohenfurther Altar (um 1350; Prag, Nationalgalerie) in der Tafelmalerei und die frühe Wandmalerei der Burg Karlstein. Dann folgten einheim. Meister, insbes. der Meister Theoderich von Prag und der Meister von Wittingau (Passionsaltar um 1380; Prag, Nationalgalerie), erneut auch die Buchmalerei (v. a. die Wenzelsbibel in Wien und Antwerpen).

Böhmische Masse, seit ihrer Faltung im Algonkium versteifte Gesteinsscholle im östl. M-Europa, zw. Erzgebirge/Sudeten (diese einschließend) und etwa der Donau; durch Bruchtektonik in Teilschollen zerlegt, die z. T. als Gebirge herausgehoben wurden (u. a. Böhmerwald, Bayer. Wald).

Böhmisches Mittelgebirge, von der Elbe durchbrochenes Bergland südlich des Elbsandsteingebirges in der ČR, im Milleschauer 837 m ü. d. M.

Böhmisches Paradies, Naturschutzgebiet im NO der ČR, zw. Turnov und Jičín, rd. 125 km², mit Basaltkuppen durchsetztes Quadersandsteingebiet; Touristen- und Bergsteigerzentrum.

Böhmisch-Mährische Höhe, flachwelliges Bergland in SO-Böhmen, ČR, etwa 150 km lang und bis zu 60 km breit, in den Iglauer Bergen (im SW) bis 837 m, in den Saarer Bergen (im NO) bis 836 m hoch. Wasserscheide zw. Elbe und Donau.

Böhmit [nach dem dt. Physikochemiker J. Böhm, * 1895, † 1952], farbloses bis gelbl., sprödes Mineral der chem. Zusammensetzung AlO(OH) bzw. $Al_2O_3 \cdot nH_2O$; Hauptbestandteil vieler Bauxite. Mohshärte 6,5 bis 7; Dichte 3,3 bis 3,5 g/cm³.

Bohn, René, * Dornach (heute zu Mülhausen) 7. März 1862, † Mannheim 6. März 1922, dt. Chemiker. – Entwickelte 1901 die ersten Indanthrenfarbstoffe.

Bohne (Phaseolus), Gatt. der Schmetterlingsblütler mit etwa 200 Arten, v. a. in den Tropen und Subtropen (bes. Amerikas); meist windende Kräuter mit mehrsamigen, seitlich zusammengedrückten Hülsenfrüchten. – Einige B.arten sind wichtige Kulturpflanzen, z. B. ↑Gartenbohne, ↑Feuerbohne, ↑Asukibohne, ↑Mondbohne.

Bohne, Bez. für einen Samen (auch für die ganze Frucht) von Pflanzen der Gattung B., allg. auch für andere Samen ähnl. Form, z. B. Kaffee-, Kakaobohne.
▷ svw. ↑Kunde.

Bohnen, Michael, * Köln 2. Mai 1887, † Berlin 26. April 1965, dt. Sänger (Baßbariton). – 1922–33 Mgl. der New Yorker Metropolitan Opera, 1935–45 am Dt. Opernhaus Berlin, 1945–47 Intendant der Berliner Städt. Oper.

Bohnenblattlaus (Schwarze B., Aphis fabae), etwa 2 mm große, graugrüne bis schwarze, geflügelt oder ungeflügelt auftretende Blattlaus (Fam. Röhrenläuse) in Europa, SW-Asien, Afrika und Amerika.

Bohnenkäfer, (Speisebohnenkäfer, Acanthoscelides obtectus) 2–5 mm großer, eiförmiger Samenkäfer; oberseits gelbgrün mit gelbrot behaartem Hinterleibsende; Larve entwickelt sich in Speisebohnen und in Freilandbohnen.
▷ (Wickensamenkäfer, Bruchus atomarius) 2–3,5 mm großer, rundl. Samenkäfer; grau mit weißlichgelbem Längsfleck; Larven schädlich durch Fraß in Hülsenfrüchten.
▷ (Pferdebohnenkäfer, Bruchus rufimanus) 3,5 bis 5 mm großer, grauer, meist gelblich und weiß gefleckter Samenkäfer; schädlich hauptsächlich an Samen der Pferdebohne.

Bohnenkraut, (Sommer-B., Echtes B., Satureja hortensis) einjähriger, weiß bis lila blühender Lippenblütler; aus S-Europa und dem Orient stammende Gartenpflanze; Küchengewürz, v. a. für Bohnengemüse.

Bohnerwachse (Bohnermassen), feste oder flüssige Gemische aus Wachsen und wachsartigen Stoffen zur Pflege von Stein-, Holz- und Kunststoffböden sowie Möbeln. B. reinigen beim Auftragen vom Schmutz und verhindern gleichzeitig das Eindringen von neuem Schmutz und von Feuchtigkeit. Der Glanz der B. entsteht durch Verreiben der Wachsteilchen nach Verdunsten des Lösungsmittels zu einer glatten geschlossenen Fläche.

Bohnerz, Varietät des ↑Brauneisensteins.

Bohol, philippin. Insel sö. von Cebu, 3 864 km², bis etwa 870 m ü. d. M.; Hauptort Tagbilaran.

Bohr, Aage [Niels], * Kopenhagen 19. Juni 1922, dän. Physiker. – Sohn von Niels B.; seit 1956 Prof. in Kopenhagen; erkannte 1950/51 unabhängig von J. Rainwater das Auftreten von Kollektivbewegungen der Nukleonen in den Atomkernen; in Zusammenarbeit mit B. Mottelson entwik-

Bohnenblattlaus. Schwarze Bohnenblattlaus

Bohnenkraut

Böhmische Malerschule. Geburt Christi, Tafel des Hohenfurther Altars, um 1350 (Prag, Nationalgalerie)

Bohr-Effekt

kelte er eine Theorie der Kernstruktur bzw. der Kerndeformationen (Kollektivmodell); erhielt 1975 zus. mit Mottelson und Rainwater den Nobelpreis für Physik.
B., Harald [August], *Kopenhagen 22. April 1887, †ebd. 22. Jan. 1951, dän. Mathematiker. – Prof. in Kopenhagen; Bruder von Niels B.; Arbeiten zur Funktionentheorie und Funktionalanalysis; begründete die Theorie der fastperiod. Funktionen.
B., Niels [Hendrik David], *Kopenhagen 7. Okt. 1885, †ebd. 18. Nov. 1962, dän. Physiker. – Prof. in Kopenhagen, 1943 Emigration in die USA, dort am Atombombenprojekt beteiligt, 1945 Rückkehr nach Kopenhagen; auf den Rutherfordschen Vorstellungen über den Atombau aufbauend, gelang ihm 1913 durch Einführung seiner Quantenbedingungen die Aufstellung des nach ihm benannten Atommodells; auf der Basis seines von A. Sommerfeld erweiterten Atommodells konnte B. eine theoret. Erklärung des Periodensystems der chem. Elemente geben (1922), indem er für die Atome einen Schalenaufbau annahm. Nach der Aufstellung der Quantenmechanik gelang es B. 1926/27 in Zusammenarbeit mit Heisenberg, die Entwicklung der Quantentheorie vorläufig abzuschließen, wobei er zu der Überzeugung kam, daß zur vollständigen Beschreibung der atomaren Erscheinungen zwei verschiedene Bilder, das Teilchenbild und das Wellenbild, notwendig seien, die sich zwar gegenseitig ausschließen, aber trotzdem ergänzen (Komplementarität). B. entwickelte das sog. Tröpfchenmodell des Atomkerns sowie eine Theorie der Kernspaltung. 1922 Nobelpreis für Physik.

Aage Bohr

Niels Bohr

Bohr-Effekt [nach dem dän. Physiologen Christian Bohr, *1855, †1911], in der *Physiologie* Bez. für die Beeinflussung des Sauerstoffbindungsvermögens des Hämoglobins im Blut, wenn sich der pH-Wert des Blutes oder des umgebenden Gewebes ändert.

Bohren, Herstellen eines vorwiegend zylindr. Hohlraumes (Bohrung, Bohrloch) in festem Material. Materialeigenschaften, z. B. Härte, Zähigkeit u. a. bestimmen Bohrverfahren, Bohrgeschwindigkeit und Werkzeug.
Bohren in Holz: *Spiralbohrer* mit und ohne Zentrierspitze, *Forstnerbohrer* bzw. *Kunstbohrer* zum B. von Sacklöchern, *Schlangenbohrer* zum Durchbohren von Balken o. ä.; *Nagelbohrer* zum Vorbohren für (kon.) Holzschrauben; *Versenker (Krauskopf)* für Senkkopfschrauben mit 90° Spitzenwinkel; *Langlochbohrer* zum B. und Ausfräsen schlitzförmiger Löcher.
Bohren in kurzspanenden Materialien (z. B. Messing, Bronze, Eisen, Stahl, harte Kunststoffe, Pertinax, Marmor, Schiefer): *Spiralbohrer mit kleinem Spanwinkel.*
Bohren in langspanenden Werkstoffen (z. B. Aluminium, Kupfer, Messing, weiche Kunststoffe): *Spiralbohrer mit großem Spanwinkel.*
Bohren in Mauerwerk und Beton: *Steinbohrer* mit eingelöteter Hartmetallschneide aus Widia-Stahl *(Widia-Bohrer);* häufigste Verwendung beim Dübellöchern, *Hartmetall-Wendelbohrer* für Mauerdurchbrüche, hartmetallbestückte *Bohrkronen* (bis 50 mm Durchmesser für Mauerdurchbrüche) bzw. *Dosensenker* (über 50 mm Durchmesser für Schalter- und Verteilerdosen) mit Zentrierbohrer.
Bohren in der Zahnmedizin erfolgt mit ↑Zahnbohrern und ↑Zahnturbinen.
Bohren in Gestein (Steinbruch, Bergbau, Tunnelbau, Tiefbohrungen u. a.): *Schlagendes B.:* Ein elektrisch oder pneumatisch betriebener Bohrhammer schlägt auf den Bohrer mit keilförmiger Schneide; Zertrümmerung des Gesteins durch Kerbwirkung. *Drehendes B.:* allg. mit Bohrmeißeln, wobei das Gestein drehend zerspant wird. Bohrwerkzeuge: *Kegelrollenmeißel* mit gezahnten Hartmetallrollen, *Bohrkronen; Vollbohrkronen* für Vollbohrungen, *Kernbohrkronen* zum Kernbohren (Fräsen eines ringförmigen Bohrloches). Tiefbohrungen erfolgen mit dem *Rotary-Verfahren* (↑Erdöl).
Bohrmaschinen für Haushalt und Heimwerker: a) *für Handbetrieb: Bohrwinde (Brustleier)* ohne und mit Knarre (zum Umschalten für Rechts- und Linksgang) und Zweibacken-Spannfutter für [Bohr]werkzeuge mit Vierkantschaft. *Drillbohrer* (mit Seilgewindestange), der durch Auf-

und Abbewegung eines Griffstücks angetrieben wird. *Handbohrmaschinen* in verschiedenen Ausführungen mit 1 oder 2 Übersetzungen.
b) *mit elektr. Antrieb (elektr. Handbohrmaschinen):* im Prinzip ein hochtouriger Elektromotor (bis 25 000 Umdrehungen pro Min.), dessen Drehmoment über ein Untersetzungsgetriebe auf eine Bohrspindel bzw. ein Bohrfutter übertragen wird.

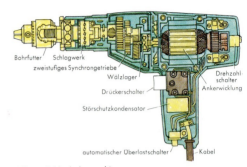

Bohren. Schlagbohrmaschine

Elektr. Schlagbohrmaschinen (Schlagbohrer) mit abschaltbarem Schlagwerk, das der Spindel axiale Schläge (etwa 20 Schläge pro Umdrehung, Hubhöhe etwa 1 mm) erteilt; zum Bohren in Mauerwerk und Beton.
Bohrmaschinen für Handwerk und Industrie: Neben elektr. oder druckluftbetriebenen *Handbohrmaschinen* gibt es für den Dauerbetrieb bes. *stationäre Bohrmaschinen (Tisch-, Ständer- und Säulenbohrmaschinen)* mit hochtourigem *Feinbohrwerk* zum Erreichen einer hohen Oberflächengüte. Für die Massenfertigung werden mehrspindelige Bohrmaschinen eingesetzt. Bohrautomaten führen die auf einem Rundtisch aufgespannten Werkstücke selbsttätig von einer Bohrspindel zur anderen; nach dem Weiterrücken wird an sämtl. Spindeln zugleich selbsttätig gebohrt.

Bohren. Bohrer: 1 Spiralbohrer; 2 Forstnerbohrer; 3 Schlangenbohrer; 4 Nagelbohrer; 5 Versenker; 6 Steinbohrer

Durchführung einer Bohrung: Kleine Bohrungen (bis 10 mm Durchmesser) in einem Arbeitsgang, größere Bohrungen in mehreren Schritten: 1. *Vorbohren (Vollbohren* bzw. B. *ins Volle).* 2. *Aufbohren* bzw. *Ausbohren* (Durchmesser der Vorbohrung mindestens gleich der Kerndicke des zum Aufbohren verwendeten Bohrers). Kühlung des Bohrers (mit Wasser beim B. in Gestein, mit einer spezifisch schweren Flüssigkeit bei Tiefbohrungen oder mit Bohr- oder ↑Schneidölen beim Bearbeiten von Metallen) verlängert die Standzeit des Bohrwerkzeugs; gleichzeitig erfolgt Abtransport des Bohrkleins (Bohrschlamm) mit Hilfe des Bohrspülmittels.

Bohren. Oben: Vollbohrer (Diamantmeißel). Mitte: Kernbohrer (Diamanthohlkrone). Unten: Rollenmeißel

Bohrfliegen, svw. ↑ Fruchtfliegen.
Bohrfutter, Haltevorrichtung für Bohrwerkzeuge (z. B. Spiralbohrer). Die häufigste Ausführung ist das *Dreibacken-B.,* bei dem der Bohrer von 3 Backen zentriert und gehalten wird; daneben auch Zwei- und Vierbacken-B.; elektr. Handbohrmaschinen oft mit *Schnellspann-B.* mit Rändelung zum Spannen von Hand, Schlagbohrmaschinen mit *Zahnkranz-B.,* das mit einem B.schlüssel gespannt wird.
Bohrgestänge, nahtlos gezogene Stahlrohre zum Abteufen von Bohrungen. Das B. ist im Bohrturm aufgehängt, trägt das Bohrwerkzeug, überträgt die Antriebsenergie und dient als Rohrleitung für die Spülung.
Bohrinsel, frühere Bez. für Bohrplattform (↑ Off-shore-Technik).
Bohrkäfer, (Bostrychidae) weltweit verbreitete Käferfam. mit rund 490, etwa 2 bis über 30 mm großen Arten, davon 29 in Europa; walzenförmiger Körper, meist schwarz oder braun; Larven leben v. a. in Balken, Fußböden, Möbeln.
▷ (Buchenwerftkäfer, Hylecoetus dermestoides) 6–18 mm großer einheim. Werftkäfer; ♀♀ rötlich gelbbraun, ♂♂ schwärzlich, kleiner als ♀♀; leben v. a. in gefälltem und gelagertem Laubholz; bohren ungegabelte Gänge, an deren Mündung sich Bohrmehl in charakterist. kraterähnl. Häufchen ansammelt.
Bohrkern, Gesteinssäule, die beim Bohren mit einer Bohrkrone im Inneren des Ringraumes der Krone entsteht und im Kernrohr aufgenommen wird.
Bohrklein, das beim Bohren anfallende lose oder zerspante Material.
Bohrkrone ↑ Bohren.
Bohrlochabsperrvorrichtung (Blow-out-preventer), Vorrichtung zum schnellen Verschließen (20 Sekunden) von Bohrlöchern bei Gas- und Ölausbrüchen.
Bohrmaschinen ↑ Bohren.
Bohrmuscheln, zusammenfassende Bez. für (meeresbewohnende) Muscheln, die sich mechanisch oder durch die Wirkung abgeschiedener Säure in das Substrat ihres Standortes (Ton, Kalk-, Sandstein, Holz u. a., auch in die Ummantelung von Überseekabeln) einbohren.
▷ (Echte B., Pholadidae) Fam. mariner Muscheln mit gleichklappigen, am Vorder- und Hinterende klaffenden Schalen; Schalenoberfläche mit gezähnten Rippen; Bohrtätigkeit durch seitliche Bewegungen, wobei die Schalenoberfläche als Raspel wirkt; bekannt ist die an der amerikan. und europ. Nordatlantikküste vorkommende, bis 8 cm lange, gelblichgraue **Rauhe Bohrmuschel** (Zirfaea crispata), die bes. in Kreidefelsen und Holz bohrt.
Bohröle ↑ Schneidöle.
Bohrplattform ↑ Off-shore-Technik.
Bohrsche Postulate ↑ Atommodell.
Bohrscher Radius (nach N. Bohr), der Radius der innersten Elektronenbahn im Bohrschen Atommodell des Wasserstoffatoms: $a_0 = \hbar^2/(me^2) = 0{,}529 \cdot 10^{-8}$ cm ($\hbar$ das Plancksche Wirkungsquantum, dividiert durch 2π, m Elektronenmasse, e Elementarladung).
Bohrsches Atommodell ↑ Atommodell.
Bohrsches Magneton ↑ Magneton.
Bohrschiff ↑ Off-shore-Technik.
Bohrschwämme (Cliona), weltweit verbreitete Gatt. meeresbewohnender, auffallend (meist gelb) gefärbter Schwämme. Die B. „bohren" u. a. in Kalkstein, Korallen und in den Schalen von Weichtieren kleine Kammern.
Bohr-Sommerfeld-Atommodell ↑ Atommodell.
Bohrturm ↑ Erdöl.
Bohrung ↑ Bohren.
Bohrwurm, svw. ↑ Schiffsbohrwurm.
Bohuslän [schwed. ‚bu:hu:slɛ:n], histor. Prov. in W-Schweden, zw. dem Götaälv im S und der norweg. Grenze im N, umfaßt einen unterschiedlich breiten Küstenstreifen am Skagerrak mit breitem Schärenhof. – Früh besiedelt (Felsbilder bei Tanum, Bautasteine bei Grebbestad, bronzezeitl. Grabhügel).
Boiankultur, nach einer dorfartigen Inselsiedlung im Boiansee (Rumänien) ben. neolith. mehrphasige Kulturgruppe (Ende des 6. bis Mitte des 5. Jt. v. Chr.) in der Walachei, Siebenbürgen, an der Moldau und im nordbulgar. Gebiet; gekennzeichnet durch schnitt- und ritzverzierte sowie weiß bemalte Tonware und Steingeräte.
Boiardo, Matteo Maria, Graf von Scandiano, *Scandiano bei Reggio nell'Emilia um 1440, †Reggio nell'Emilia 19. Dez. 1494, italien. Dichter. – Verfasser des „Orlando innamorato" (1495, dt. 1819/20 u. d. T. „Rolands Abenteuer"), einem unvollendeten Epos mit Motiven aus dem Sagenkreis um Karl den Großen.
Boie (Boje), Heinrich Christian ['bɔyə], *Meldorf 19. Juli 1744, †ebd. 3. März 1806, dt. Dichter. – Mgl. des „Göttinger Hains"; gründete mit F. W. Gotter den „Göttinger Musenalmanach", 1771–75 dessen Alleinhg.; 1776–88 Hg. der Zeitschrift „Dt. Museum" und 1789–91 von deren Forts. „Neues Dt. Museum"; bed. u. a. als literar. Anreger und Mittler; Übersetzer.

Matteo Maria Boiardo

Boieldieu, François Adrien [frz. bɔjɛl'djø], *Rouen 16. Dez. 1775, †Jarcy (bei Paris) 8. Okt. 1834, frz. Komponist. – Von seinen zahlr. kom. Opern wurde „Die weiße Dame" (1825) sein größter Erfolg.
Boileau-Despréaux, Nicolas [frz. bwalodepre'o], *Paris 1. Nov. 1636, †ebd. 13. März 1711, frz. Schriftsteller. – B.-D. gilt als „Kunstpapst" seiner Zeit. Stelle in dem Lehrgedicht „L'art poétique" (1674, „Die Dichtkunst") die für den frz. Klassizismus gültigen Regeln Klarheit, Maß, Folgerichtigkeit auf. Seine Poetik hat bis zur Romantik bestimmend auf die Literatur gewirkt. Er schrieb Satiren, Huldigungsgedichte und war als Übersetzer tätig.
Boiler [engl.; von boil „erhitzen"], elektrisch beheiztes Gerät zum Bereiten von Heißwasser.
Boineburg ↑ Boyneburg.
Bois, Curt [bwa], *Berlin 5. April 1901, †ebd. 25. Dez. 1991, dt. Schauspieler und Regisseur. – Nach Emigration in die USA (1933) seit 1950 wieder in Berlin; letzte Rolle in W. Wenders „Der Himmel über Berlin" (1987).
Boise [engl. 'bɔɪsɪ], Hauptstadt des Bundesstaates Idaho, USA, 102 000 E. Sitz eines anglikan. und eines kath. Bischofs; Holzwirtschaft, Gießereien. – Hauptstadt seit 1856. – State Capitol (1905–20).

Nicolas Boileau-Despréaux (Ausschnitt aus einem Gemälde, 1706)

Boisserée, Sulpiz [frz. bwa'sre], *Köln 2. Aug. 1783, †Bonn 2. Mai 1854, dt. Kunstsammler. – Mit seinem Bruder *Melchior B.* (*1786, †1851) Wiederentdecker der altdt. ma. Kunst. 1827 erwarb König Ludwig I. von Bayern die Sammlung (v. a. altdt. und niederl. Bilder) für die Alte Pinakothek in München. B. setzte sich für die Vollendung des Kölner Doms ein. Bed. Tagebücher.
Boito, Arrigo, *Padua 24. Febr. 1842, †Mailand 10. Juni 1918, italien. Komponist und Dichter. – Schrieb Libretti für eigene Opern (u. a. „Mefistofele", 1868) und die anderer Komponisten (u. a. für Verdis „Otello", 1887, „Falstaff", 1893, sowie für A. Ponchiellis „La Gioconda", 1876); vielseitiger Musikkritiker und Übersetzer.
Boizenburg/Elbe, Stadt an der Einmündung der Boize in die untere Elbe, Meckl.-Vorp., 12 000 E. Elbhafen mit Werft, Fliesenwerk. – Im 13. Jh. planmäßig angelegt; 1267 lüb. Stadtrecht; 1358 an das Hzgt. Mecklenburg.
Bojana, südwestl. Vorort von Sofia (1961 eingemeindet), Bulgarien. – Bed. Fresken (1259) in der Kirche von Bojana.
Bojar [russ.], zuerst Name für den freien Gefolgsmann der fürstl. Druschina im Kiewer Reich, seit dem 12. Jh. für den Angehörigen der gehobenen Schicht in der Gefolgschaft der Fürsten und Teilfürsten (nichtfürstl. Adel Altrußlands); zeitweise politisch einflußreiche Kraft; seit dem 15. Jh. von den Moskauer Großfürsten entmachtet, im 16. und 17. Jh. mit den Pomeschtschiki zu einem neuen Dienstadel verschmolzen. – Abb. S. 114.
▷ als **Bajorai** Bez. für den litauischen Adel.
▷ Bez. für den protobulgar., nichtslaw. Adel bis etwa zum 10. Jahrhundert.
▷ in der Walachei und der Moldau 14. Jh. und Mitte 17. Jh. Bez. für die grundbesitzende Oberschicht (**Boier** oder **Boer**).
Boje, Heinrich Christian ↑ Boie, H. C.

Sulpiz Boisserée

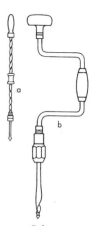

Bohren. a Drillbohrer; b Bohrwinde

Henry Saint John Bolingbroke

Simón Bolívar

Boje [niederdt.], Schwimmkörper aus Stahlblech, Kunststoff, Holz oder Kork, der durch einen Betonklotz am Gewässergrund verankert ist. Dient als schwimmendes Seezeichen, als Ankerboje oder als Festmache-B. zum Festhalten von Schiffen.

Bojer, Johan, *Orkdal (Drontheim) 6. März 1872, †Oslo 3. Juli 1959, norweg. Schriftsteller. – Stellt in seinem Erzählwerk in einfacher Sprache das Leben des norweg. Volkes und die norweg. Landschaft dar. – *Werke:* Der große Hunger (R., 1916), Die Lofotfischer (R., 1921).

Bojer [Boier; lat. Boii, Boj], kelt. Stamm, der von Gallien um 400 v. Chr. teils nach Oberitalien einwanderte (193 v. Chr. von Rom besiegt), teils anscheinend über das Gebiet zw. Main und Donau in die Gegend des heutigen Böhmen eindrang, diese im Jahre 60 v. Chr. aber mehrheitlich wieder verließ.

Bokassa, Jean Bedel, *Bobangui 22. Febr. 1921, zentralafrikan. Politiker. – 1966 nach Militärputsch Präs. und Reg.chef der Zentralafrikan. Republik; proklamierte 1976 das Zentralafrikan. Kaiserreich und ließ sich zum Kaiser Bokassa I. ausrufen; 1979 gestürzt, Flucht ins Ausland; 1980 und 1987 zum Tode verurteilt, nach Rückkehr 1988 zu lebenslanger Zwangsarbeit begnadigt.

Bokchoris [gräzisierte Namensform], ägypt. König der 24. Dynastie (720–715). – Berühmt als Gesetzgeber; von Schabaka von Napata besiegt und hingerichtet.

Bokmål [norweg. ˌbukmoːl] ↑ norwegische Sprache.

Bol, Ferdinand, ≈ Dordrecht 24. Juni 1616, □ Amsterdam 24. Juli 1680, niederl. Maler und Radierer. – Schüler Rembrandts; malte bibl. Themen, vorzügl. Porträts und Gruppenbildnisse.

Bola [span. „Kugel"], Wurf- und Fanggerät, das aus zwei oder mehreren an Wurfleinen befestigten Kugeln besteht, die sich um die Beine des Viehs oder Wildes wickeln. Nur eine Kugel hat die *Bola perdida* (Kriegswaffe). Gebräuchlich in S-Amerika, bei Tschuktschen und Eskimo (westl. Inuit) sowie auf den Südseeinseln.

Bolanpaß, 96 km lange Schlucht in Belutschistan, einzige Verkehrsverbindung (Straße und Bahn) von Quetta in das Industiefland; 1792 m ü. d. M.

Bojar. Reiche Bojaren trugen pelzbesetzte Brokat- und Samtkaftane, die hohe Fellmütze verweist auf den Rang des Trägers

Bolden, Charles („Buddy" oder „King") [engl. bouldn], *New Orleans um 1868, †Jackson (La.) 4. Nov. 1931 (?), amerikan. Jazzmusiker. – Legendärer Kornettist des New-Orleans-Jazz; leitete die erste klass. Jazzband.

Boldrewood, Rolf [engl. ˈbouldəwud], eigtl. Thomas Alexander Browne, *London 6. Aug. 1826, †Melbourne 11. März 1915, austral. Erzähler. – Verfasser spannender, jedoch romantisierender Romane (u. a. „Die Reiter vom Teufelsgrund", 1888).

Bolero [span.], span. Tanz im $^3/_4$-Takt, mit Kastagnetten begleitet; fand Eingang in die Kunstmusik u. a. bei Ravel. ▷ buntbestickte, offene Jacke der span. Torreros, auch in die Damenmode eingegangen; gleichfalls Bez. für den dazu getragenen Hut.

Boleslaw (tschech. Boleslav), Name von Herrschern; *Böhmen:*

B. I., der Grausame, Herzog (929–967 oder 935–972). – Ermordete seinen Bruder Wenzel, um das Hzgt. an sich zu bringen; mußte 950 die Oberhoheit Kaiser Ottos I. anerkennen; konnte nach 955 seinen Machtbereich bis nach Kleinpolen ausdehnen.

B. II., der Fromme, Herzog (972 [967 ?]–999). – Sohn von B. I. Erreichte die Gründung des Bistums Prag (973); konnte die Grenzen Böhmens weiter nach O verschieben, stärkte die Stellung der Przemysliden durch Ausrottung der Slavnikiden (995).

Polen:

B. I. Chrobry („der Tapfere"), *966, †17. Juni 1025, Herzog (seit 992), König (seit 1025). – Aus dem Haus der Piasten; vollendete die staatl. Einigung Polens; führte gegen Kaiser Heinrich II. mehrere Kriege.

B. II. Szczodry („der Freigebige") oder **Śmiały** („der Kühne"), *um 1040, †Ossiach 1083, Herzog (seit 1058), König (1076–79). – Geriet in Ggs. zu Kaiser Heinrich IV.; die durch eine Adelsopposition vorbereitete Empörung zwang B. zur Flucht nach Ungarn.

B. III. Krzywousty („Schiefmund"), *1085, †1138, Herzog (seit 1102). – Brachte 1102–22 Pommern in seine Abhängigkeit, dessen Christianisierung er veranlaßte und für das er 1135 Lothar III. den Lehnseid leisten mußte.

Schlesien:

B. I., der Lange, †18. Dez. 1201, Herzog von (Nieder-)Schlesien (seit 1163). – Stammvater der niederschles. Piasten.

Bolesławiec [poln. bɔlɛˈsuavjɛts], ↑ Bunzlau.

Boleyn, Anna [engl. ˈbulɪn] ↑ Anna (A. Boleyn), Königin von England.

Bolgary, russ. Dorf nahe der Wolga, 20 km wsw. von Samara. In der Nähe die Ruinen der Hauptstadt des ehem. Wolgabulgar. Reiches (10.–13. Jh.).

Bolid [griech.-lat.] ↑ Meteorite.
▷ einsitziger Rennwagen.

Bolingbroke, Henry Saint John, Viscount (seit 1712) [engl. ˈbɔlɪŋbruk], *Battersea (= London-Wandsworth) 16. Sept. 1678, †ebd. 12. Dez. 1751, brit. Politiker und Schriftsteller. – Seit 1701 als Tory im Unterhaus; 1710 Min. des Äußeren, an den Utrechter Friedensverhandlungen (1713) maßgebl. beteiligt; als Gegner des Hauses Hannover 1715–23 im Exil in Frankreich; beeinflußte als Schriftsteller das polit. Denken über das Parteiwesen und die Funktion parlamentar. Opposition.

Bolívar, Simón [span. boˈliβar], *Caracas 24. Juli 1783, †San Pedro Alejandrino bei Santa Marta (Kolumbien) 17. Dez. 1830, Staatsmann, Anführer der lateinamerikan. Unabhängigkeitsbewegung. – Entstammte einer im 16. Jh. nach Amerika ausgewanderten bask. Hidalgofamilie; gehörte der Junta an, die sich im April 1810 gegen die span. Herrschaft erhob und die erste lokal gewählte Regierung in Spanisch-Amerika bildete; ein v. a. auf Betreiben von B. einberufener Kongreß beschloß am 5. Juli 1811 die Unabhängigkeit Venezuelas; am 14. Okt. 1813 zum Libertador (Befreier) proklamiert; nach wechselvollen und schließlich siegreichen Kämpfen gegen die Spanier 1819 zum Präs. Venezuelas gewählt; vereinigte Venezuela und Neugranada zur Republik Groß-Kolumbien; befreite 1822 das heutige Ecuador, 1824 Peru; organisierte die Reg. in Oberperu, das sich nach ihm Bolivien nannte; seit Aug. 1827 Präs. von Peru, das er Groß-Kolumbien anschloß; trat nach vergebl. Versuchen, diese Union zu erhalten, 1830 zurück.

Bolivien

Bolivien

Fläche: 1 098 581 km²
Bevölkerung: 6,73 Mill. E (1990), 6,1 E/km²
Hauptstadt: Sucre
Regierungssitz: La Paz
Amtssprachen: Spanisch, Quechua, Aymará
Nationalfeiertag: 6. Aug. (Unabhängigkeitstag)
Währung: 1 Boliviano (Bs) = 100 Centavos
Zeitzone: MEZ −5 Stunden

Bolívar [span. bo'liβar], Prov. in Z-Ecuador, in den Anden, 4271 km², 170 600 E (1990); Hauptstadt Guaranda.
B., Dep. in N-Kolumbien, am Karib. Meer, 25 978 km², 1,29 Mill. E (1985); Hauptstadt Cartagena; Tiefland am linken Ufer des Río Magdalena; Anbau von Baumwolle, Reis und Tabak; Rinderhaltung; Erdölförderung.
B., größter Staat Venezuelas, zw. dem Orinoko und der Grenze gegen Brasilien und Guyana. 238 000 km², 932 500 E (1988); Hauptstadt Ciudad Bolívar; im Bereich des stark bewaldeten Berglandes von Guayana. Bergbau auf Eisenerze, Gold, Diamanten, Manganerze und Bauxite.
Bolívar, Cerro [span. 'sɛrɾo bo'liβar], Bergmassiv im N des Berglandes von Guayana, bis 802 m hoch, mit der bedeutendsten Eisenerzlagerstätte Venezuelas (über 60 % Fe-Gehalt; Tagebau).
Bolívar, Pico [span. 'piko bo'liβar], höchster Berg Venezuelas, in der Cordillera de Mérida, 5 007 m hoch; vergletschert.
Boliviano, Währungseinheit in Bolivien; 1 B. = 100 Centavos.
Bolivien (amtl. Vollform: República de Bolivia), Republik in Südamerika, zw. 10° 20′ und 23° s. Br. sowie 69° und 58° w. L. **Staatsgebiet:** B. grenzt im N und O an Brasilien, im SO an Paraguay, im S an Argentinien, im SW an Chile, im NW an Peru. **Verwaltungsgliederung:** 9 Dep. **Internat. Mitgliedschaften:** UN, OAS, ALADI, SELA, Andengruppe, GATT.
Landesnatur: B. zählt zu den Andenstaaten, obwohl ²⁄₃ seines Gebietes Tiefland im Einzugsgebiet des Amazonas und Paraná sind. Kernraum ist das über 3500 m ü. d. M. gelegene Hochland, das im W und O durch die West- bzw. Ostkordillere (Illampu 6 550 m, Illimani 6 882 m) begrenzt wird. Im Hochland liegt der Altiplano mit dem Titicaca- und dem Poopóesee und das Ostbolivian. Bergland mit klimatisch begünstigten Tälern.
Klima: Das Klima ist tropisch; die Temperatur ist jedoch weniger von der Breitenlage als von der Höhe abhängig. Die Niederschläge nehmen von O nach W und von N nach S stark ab.
Vegetation: Der waldlose Altiplano und die angrenzenden Regionen der Kordilleren bis zu 4800 m Höhe sind von Büschelgräsern, Zwergsträuchern und Polsterpflanzen bestanden. Auf der O-Seite gehen die trop. Berg- und Nebelwälder in den immerfeuchten trop. Regenwald des nördl. Tieflands über; nach S schließen sich Feucht-, Trocken- und Dornstrauchsavanne an.
Bevölkerung: Etwa 55 % der Bev. sind Indianer, 30 % Mestizen (Cholos), 15 % Weiße. ⁴⁄₅ der Bev. wohnen im Hochland, der Rest v. a. am östl. Andenabfall; das Tiefland ist kaum besiedelt. Die Indianer des Hochlands (Quechua im S, Aymará im N) sind noch großenteils ihrer traditionellen Lebens- und Wirtschaftsweise verhaftet. 26 % der Erwachsenen sind Analphabeten; der Schulpflicht (6–14 Jahre) wird nur ungenügend nachgekommen. B. verfügt über eine Univ. in Sucre (gegr. 1624) und zwei in La Paz (gegr. 1830; kath. Univ. [gegr. 1966]).

Wirtschaft: Die Landw. und der Bergbau sind für die Wirtschaft B. strukturbestimmend. Die wichtigsten landw. Gebiete liegen um den Titicacasee und in den Talbecken des Ostbolivian. Berglands. Angebaut werden Kartoffeln, Mais, Bohnen, in günstigen Lagen auch Obst, Kakao, Kaffee, Bananen u. a. Nach Schätzungen nimmt der illegale Anbau von Kokasträuchern rd. 75 % der Nutzfläche ein. Auf dem Hochland werden Schafe, Rinder, Schweine, Lamas und Alpakas gehalten, im Tiefland v. a. Rinder. – B. ist der zweitwichtigste Produzent von Zinnerzen, die zu 70 % von einer staatl. Gesellschaft abgebaut werden, z. T. in extrem ungünstiger Höhenlage; daneben Vorkommen von Eisenerzen, Gold, Silber, Wolfram, Blei, Antimon u. a. Erdöl und Erdgas werden im Tiefland gefördert. Eine Erdölpipeline führt nach Chile, eine Erdgaspipeline nach Argentinien. Außer Anlagen zur Verhüttung der Erze und fünf Erdölraffinerien umfaßt die Ind. v. a. Nahrungsmittel-, Textil-, Holz-, Kunststoff-, Papierfabriken. – Der Fremdenverkehr ist schwach entwickelt.
Außenhandel: Ausgeführt werden überwiegend Erdgas und Erze, eingeführt Weizenmehl, Eisen- und Stahlerzeugnisse u. a. Die wichtigsten Handelspartner sind Argentinien, die USA, Brasilien, die EG und Japan.
Verkehr: Das Eisenbahnnetz besteht aus zwei untereinander nicht verbundenen Systemen im O und W (zus. 3 770 km lang). Die Städte des Hochlands und die Erzminen sind durch die Eisenbahn mit den chilen. Häfen Arica und Antofagasta verbunden. Eine Fähre über den Titicacasee vermittelt den Anschluß an das peruan. Netz; von Santa Cruz aus Verbindung mit dem argentin. Netz. Eisenbahnnetz. Die Länge des Straßennetzes beträgt 40 987 km, davon knapp ⅓ mit fester Decke. Wichtigste Fernstraße ist die Carretera Panamericana. Binnenschiffahrt ist auf dem Titicacasee und einigen Tieflandflüssen möglich. Durch Vertrag hat B. auch Zugang zum Paraguay, außerdem verfügt das Land über eine Freizone im argentin. Binnenhafen Rosarío am Paraná. Internat. ✈ in La Paz und Santa Cruz.
Geschichte: Die indian. Geschichte B. ist weitgehend mit der Perus verbunden. Kultureller Mittelpunkt von B. war das südl. Titicacabecken, in dem zw. 200 v. und 600 n. Chr. das stadtähnl. Kulturzentrum Tiahuanaco entstand, Zentrum eines auch große Teile des übrigen bolivian. Hochlandes und der pazif. Küste umfassenden Reiches; nach 800 n. Chr. zersplittert. Um 1460 unterwarf der Inka Pachacutic den das Titicacabecken beherrschenden Aymárastamm der Lupaca. Bis zur span. Eroberung war das ganze nördl. Hochland Teil des Inkareiches. 1533 zogen die ersten Spanier zum Titicacasee. Während des größten Teiles der Kolonialzeit war das heutige (damals Oberperu gen.) B. eng mit Peru verbunden. Bei den Unabhängigkeitskämpfen zu Beginn des 19. Jh. erlangte die Prov. als Bollwerk der span. Herrschaft eine eigenständige Bed. Erst 1824 konnte A. J. de Sucre y de Alcalá in B. einmarschieren. Am 6. Aug. 1825 erklärte Oberperu seine Unabhängigkeit. Sucre gab dem Land den Namen Bolivien nach S. Bolívar, der auch für wenige Monate der erste Präs. des Landes war.

Staatswappen

Internationales
Kfz-Kennzeichen

1970 1990 1970 1990
Bevölkerung Bruttosozial-
(in Mill.) produkt je E
(in US-$)

Bevölkerungsverteilung
1990

Bruttoinlandsprodukt
1990

Boll

Ihm folgte der als Vizepräs. fungierende Sucre (bis 1828). Sein Nachfolger wurde A. de Santa Cruz (bis 1839), der 1836 nach Eroberung von Peru die bolivian.-peruan. Union (1839 aufgelöst) verkündete. Verbündet mit Peru verlor B. im Pazif. Krieg gegen Chile (1879–83) das umstrittene Gebiet Atacama, nach dem Krieg 1902/03 gegen Brasilien das Acre-Gebiet, nach dem Chacokrieg gegen Paraguay (1932–35) den größten Teil des Gran Chaco. Die finanziellen Belastungen führten zu einem Zusammenbruch der bolivian. Wirtschaft und zur Errichtung der Militärdiktatur. 1952 übernahm die Nat. Revolutionsbewegung (Movimiento Nacionalista Revolucionario) unter Paz Estenssoro mit Hilfe der Minenarbeiter die Macht. Der neue Präs. verfügte die Nationalisierung der Zinnminen und leitete eine Bodenreform ein. Im Verlauf schwerer wirtsch. Krisen übernahm 1964 die Armee unter General Barrientos die Macht. Mit amerikan. Hilfe gelang die Unterdrückung eines Partisanenkrieges der von E. „Che" Guevara geführten Guerillagruppe. Die folgende Staats- und Reg.krise führte zur direkten Übernahme der Macht durch die Armee. Unter der seit Sept. 1969 von General A. Ovando Candia geführten Junta wurde ein außen- und wirtschaftspolitisch links orientiertes Programm (Verstaatlichung amerikan. Erdöl- und Bergbaufirmen, Aufnahme diplomat. Beziehungen zur UdSSR) zu realisieren versucht. Die v. a. auch innerhalb der Armee starke Opposition der Konservativen unternahm seit 1970/71 mehrere Putsche, in deren Verlauf die Militärs die Macht oft nur für kurze Zeit an sich reißen konnten: J. Torres (1970/71), H. Banzer Suárez (1971–78), J. Pereda Asbun (1978), D. Padilla Arancibia (1978/79). Die im Sommer 1979 abgehaltenen Präsidentschaftswahlen brachten keine klare Mehrheit, so daß weitere, von unterschiedl. Koalitionen getragene Putsche folgten. Aus der Wahl vom Juni 1980 ging die Unión Demócrata Popular (UDP) mit deutl. Vorsprung vor dem MNR als Sieger hervor. Deren Präsidentschaftskandidat H. Siles Zuazo konnte jedoch erst nach erneuter Militärherrschaft und Präsidentschaftswahlen im Okt. 1982 die Regierung übernehmen. Landesweite Generalstreiks hatten die Rückkehr zu gewählten Staatsorganen erzwungen. Putschversuche rebell. Militärs (1984 und 1985) blieben erfolglos, lähmten aber, wie mehrere Generalstreiks, die wirtschaftl. Entwicklung. Die Präsidentschaft V. Paz Estenssoros (MNR) 1985–89 war, trotz seines Versuchs eines Sparprogramms, durch weiteren wirtsch. Niedergang infolge des Verfalls des Zinnpreises und durch soziale Unruhen gekennzeichnet. Seit Aug. 1989 ist J. Paz Zamora (MIR) Präsident. Zu seinen Hauptzielen gehört auch die Bekämpfung des Drogengeschäfts.

Heinrich Böll

Bolivien. Landwirtschaftliches Gebiet am Titicacasee

Politisches System: Nach der 1964 anstelle der Verfassung von 1961 wieder in Kraft gesetzten Verfassung von 1947, die aber nur noch auf dem Papier gilt, ist B. eine Republik mit Präsidialsystem. *Staatsoberhaupt* ist der vom Volk auf 4 Jahre gewählte Präs., der zugleich als Reg.chef oberster Inhaber der *Exekutive* ist und die übrigen Mgl. des Kabinetts ernennt und entläßt. Erreicht einer der Bewerber um das Präs.amt die absolute Mehrheit der Stimmen nicht, entscheidet das Parlament. Der Präs. ist nicht unmittelbar wiederwählbar. Oberstes Organ der *Legislative* ist das Zweikammerparlament, bestehend aus Senat (27 vom Volk nach Dep. für 4 Jahre gewählte Mgl.) und Abg.haus (130 vom Volk für 4 Jahre gewählte Abg.).
Von den *Parteien* bzw. Parteigruppierungen sind die wichtigsten der zur reformist. Linken zählende Movimiento de Izquierda Revolucionaria (MIR), die Mitte-Rechts-Partei Movimiento Nacionalista Revolucionario (MNR) und die rechtsgerichtete Alianza Democrática Nacionalista (ADN). Bedeutendster Verband der *Gewerkschaften* ist der Central Obrero Boliviano (COB).
Verwaltungsmäßig ist B. in 9 Dep. gliedert, denen vom Präs. ernannte Präfekten vorstehen. Die Dep. sind weiter unterteilt in Prov., diese in Kantone.
Das *Rechtswesen* ist am frz. Vorbild orientiert. Neben dem Obersten Gerichtshof bestehen Distrikts- sowie Provinz- und Gemeindegerichte.

Boll, Gemeinde am NW-Abfall der Schwäb. Alb, Bad.-Württ., 425 m ü. d. M., 4200 E. Im Ortsteil **Bad Boll** (Schwefelquellen) Ev. Akad., Sitz der ↑Brüdergemeine.

Böll, Heinrich, * Köln 21. Dez. 1917, † Kreuzau (Kr. Düren) 16. Juli 1985, dt. Schriftsteller. – Seine frühen Werke sind harte Anklagen, die, teils satirisch, das Grauen des Krieges und seiner Folgen, Erlebnisse von Heimkehrern, von vereinsamten Frauen, vaterlosen Kindern, Jugend- und Eheprobleme darstellen. In späteren Werken polemisiert er gegen die Restauration in der Nachkriegszeit, wobei der Katholik B. seine Kritik auch auf den kath. Klerus und die breite Masse der oft indifferenten Gläubigen ausdehnt. Bemerkenswert ist die Prägnanz der Darstellung, sein Vermögen, die Gestalten seiner Werke in unerhörter Unmittelbarkeit lebendig werden zu lassen. Verfasser zahlr. Hörspiele, auch Übersetzer. B. engagierte sich in gesellschaftspolit. Fragen. 1970–72 Präs. des P.E.N.-Zentrums der BR Deutschland und 1971–74 Präs. des internat. PEN-Clubs. Er erhielt 1967 den Georg-Büchner-Preis und 1972 den Nobelpreis für Literatur. – *Werke:* Wanderer kommst du nach Spa... (En., 1950), Wo warst du, Adam? (R., 1951), Und sagte kein einziges Wort (R., 1953), Haus

Bolivien. Indianersiedlung auf dem Altiplano, die Häuser sind aus Lehmziegeln erbaut

ohne Hüter (R., 1954), Das Brot der frühen Jahre (E., 1955), Irisches Tagebuch (E., 1957), Doktor Murkes gesammeltes Schweigen (Satiren, 1958), Billard um halbzehn (R., 1959), Ansichten eines Clowns (R., 1963), Entfernung von der Truppe (E., 1964), Ende einer Dienstfahrt (E., 1966), Gruppenbild mit Dame (R., 1971), Die verlorene Ehre der Katharina Blum (E., 1974), Du fährst zu oft nach Heidelberg (En., 1979), Fürsorgl. Belagerung (R., 1979), Frauen vor Flußlandschaft (R., 1985), Der Engel schwieg (R., hg. 1992).

Bolland, Gerardus, *Groningen 9. Juni 1854, †Leiden 11. Febr. 1922, niederl. Philosoph. – Seit 1896 Prof. in Leiden, Begründer und Hauptvertreter des niederl. Neuhegelianismus.

Bollandisten, Mgl. des Jesuitenordens, die in Gemeinschaftsarbeit das Werk des Kirchenhistorikers Jean Bolland (*1596, †1665) fortführen, Sitz in Brüssel. Sie arbeiten weiter an den „Acta Sanctorum" (Quellensammlung zum Leben aller kath. Heiligen).

Böller, urspr. Bez. für Schleudermaschinen (1343 zuerst erwähnt), später Bez. für Feuerwaffen, mit denen Stein- und Eisenkugeln verschossen wurden; seit dem 19. Jh. für Geschütze kleineren Kalibers (zum Salut-, Signal- und Festschießen).

Bollnow, Otto Friedrich [...no], *Stettin 14. März 1903, †Tübingen 7. Febr. 1991, dt. Philosoph und Pädagoge. – Seit 1939 Prof. in Gießen, seit 1946 in Mainz, 1953–70 in Tübingen. Veröffentlichte Arbeiten zur philosoph. Anthropologie, Ethik und zur Pädagogik. – *Werke:* Existenzphilosophie (1943), Französ. Existentialismus (1965), Sprache und Erziehung (1966).

Bollwerk, svw. ↑Bohlwerk.

Bologna, Giovanni da [italien. bo'loɲɲa], fläm.-italien. Bildhauer, ↑Giovanni da Bologna.

Bologna [italien. bo'lɔɲja], Hauptstadt der norditalien. Region Emilia-Romagna und der Prov. B., am S-Rand der Poebene, 427 000 E. Erzbischofssitz; eine der ältesten europ. Univ. (gegr. vor 1200); Kunstakad., Pinacoteca Nazionale, Bibliotheken; Nahrungs- und Genußmittelind., Maschinenbau, opt., feinmechan. und chem. Werke, Gerbereien und Schuhfabriken; Buch- und Handelsmessen. – Das etrusk. **Felsina** wurde im 4. Jh. v. Chr. von gall. Bojern erobert (**Bononia**); 189 v. Chr. röm. Kolonie; im 6. Jh. zum byzantin. Exarchat Ravenna, 727/728 von den Langobarden zerstört, dann in fränk. Abhängigkeit. Mgl. des Lombardenbundes (seit 1167), im Spät-MA freier Stadtstaat. 1506 und 1815–60 an den Kirchenstaat, 1860 zu Italien. – Mittelpunkt der Altstadt ist die Piazza Maggiore mit den wichtigsten Bauwerken, u. a. Basilica di Santo Stefano (umfaßt mehrere Kirchen; 5., 11. und 12. Jh.); Basilika San Petronio (nach 1390). Paläste aus dem 13.–18. Jh., u. a. Palazzo Comunale (13. und 15. Jh., Rathaus) und Palazzo del Podestà (13.–17. Jh.).

Bologneser [boloˈnjeːzɐr; nach der Stadt Bologna], knapp 30 cm schulterhohe Zuchtvarietät des ↑Bichons; zierlicher, weißer Hund.

Bolometer [griech.], photoelektr. Wandler, bei dem die einfallende Strahlung eine Temperaturerhöhung und damit Widerstandsänderung von Metallfolien oder Halbleitern bewirkt.

Bolotnikow, Iwan Issajewitsch, †Kargopol 1608 (hingerichtet), Führer des ersten großen Bauernaufstandes in Rußland (1606/1607). – Nach mehreren Siegen über die Truppen des Zaren Wassili Schuiski, den B. stürzen wollte, belagerte er mit einem Bauern- und Kosakenheer 1606 (Okt.–Dez.) erfolglos Moskau; zog sich 1607 nach Tula zurück, wo er noch im selben Jahr unterlag.

Bölsche, Wilhelm, *Köln 2. Jan. 1861, †Schreiberhau 31. Aug. 1939, dt. Schriftsteller. – Mitbegr. des Berliner Naturalismus; verfaßte Biographien Darwins (1898) und Haeckels (1900), pries die „natürl. Liebe" („Das Liebesleben in der Natur", 1900–03).

Bolschewiki [russ. „Mehrheitler"], Selbstbez. von Lenin und seinen Anhängern auf Grund einer Mehrheit (von 2 Stimmen), die ihre Fraktion 1903 bei einer Abstimmung der Sozialdemokrat. Arbeiterpartei Rußlands erreichte, 1918–52 Beiname der Kommunist. Partei Rußlands bzw. der Sowjetunion: KPR (B); seit 1925 KPdSU (B).

Bolschewismus [russ.], im kommunist. Sprachgebrauch bis zu Stalins Tod (1953) übl., seither seltener benutzter Sammelname für Theorie und Praxis des Sowjetkommunismus (einschl. Marxismus-Leninismus, Stalinismus) und der von ihm beeinflußten kommunist. Parteien und sonstigen Organisationen des Weltkommunismus.

Bolschoi-Ballett, das dem *Bolschoi-Theater* in Moskau angeschlossene Ballettensemble, eines der bedeutendsten der Welt; Gastspielreisen seit Mitte der 50er Jahre auch in W-Europa und den USA.

Bolsena, italien. Stadt am B.see, Region Latium, 4 000 E. Ob B. auf das röm. **Volsinii novi** oder vielleicht auf das etrusk. **Volsinii veteres** zurückgeht, ist umstritten. Ausgrabungen bei B. brachten Reste u. a. eines Amphitheaters, eines Tempels, einer mehrere km langen Mauer und von Katakomben zutage. B. kam im 8. Jh. von den Langobarden an den Kirchenstaat, war 1186–1251 und wieder seit 1294 fiel B. endgültig an den Kirchenstaat. 1451 fiel B. endgültig an den Kirchenstaat. – In der Kirche Santa Cristina (11. Jh.; Renaissancefassade, 1492–94) soll zur Zeit Urbans IV. das „*Wunder von B."* stattgefunden haben: Ein an der Lehre der Transsubstantiation zweifelnder böhm. Priester soll durch eine blutende konsekrierte Hostie überzeugt worden sein.

Bolsenasee, in der Antike **Lacus Volsiniensis,** größter See des Vulkanhügellandes in Latium, Italien, nnw. von Viterbo, 305 m ü. d. M., 115 km², bis 146 m tief.

Bolson [span.], intramontanes (= im Gebirge eingesenktes) abflußloses Becken in ariden und semiariden Gebieten Amerikas.

Bologna
Stadtwappen

Bologna. An der Piazza Maggiore der Palazzo Comunale, 13. und 15. Jahrhundert

Bolt, Robert Oxton [engl. boʊlt], *Sale bei Manchester 15. Aug. 1924, engl. Dramatiker. – Seine Schauspiele, Hör- und Fernsehspiele bestechen durch ihre starke sprachl. Wirkung; Verfasser von Filmdrehbüchern. *Werke:* Blühende Träume (Schsp., 1958), Thomas Morus (Schsp., 1960), State of revolution (Dr., 1977).

Bolton [engl. ˈboʊltən], engl. Ind.stadt in der Metropolitan County Greater Manchester, 147 000 E. Theater, Museum, Kunstgalerie; Textil-, Maschinenbau-, chem. Ind. – 1251 Marktrecht, Stadt seit 1888.

Boltraffio, Giovanni Antonio, *Mailand 1467, †ebd. 15. Juni 1516, italien. Maler. – Schüler Leonardos, später Einfluß A. Solarios. Altarbilder und hervorragende Porträts. – Abb. S. 118.

Boltzmann, Ludwig, *Wien 20. Febr. 1844, †Duino bei Triest 5. Sept. 1906 (Selbstmord), östr. Physiker. – U. a. Prof. in Wien; bestätigte 1872 die damals umstrittene Maxwellsche Elektrodynamik, indem er den Zusammenhang

Ludwig Boltzmann

Boltzmann-Konstante

zw. opt. Brechzahl und Dielektrizitätskonstante experimentell nachwies; behauptete die reale Existenz der Atome und war einer der Begründer der kinet. Gastheorie; er fand 1877 den Zusammenhang zw. Entropie und Wahrscheinlichkeit. 1884 begründete er das ↑ Stefan-Boltzmannsche Gesetz theoretisch.

Boltzmann-Konstante [nach L. Boltzmann], Formelzeichen k, physikal. Konstante: $k = 1{,}38 \cdot 10^{-23}$ J/K. Die B.-K. ist der Quotient aus der allg. Gaskonstante und der Avogadro-Konstante.

Boltzmann-Statistik, die von L. Boltzmann aufgestellte, sog. klass. Statistik für Systeme aus sehr vielen gleichen, aber unterscheidbaren Teilchen (z. B. Moleküle). Grundannahme der B.-S. ist, daß die wahrscheinlichste Verteilung der Teilchen auf die verschiedenen mögl. Zustände (z. B. Geschwindigkeiten) im thermodynam. Gleichgewicht auch tatsächlich vorliegt. Die B.-S. liefert die Maxwellsche Geschwindigkeitsverteilung, den Gleichverteilungssatz der Energie, das Rayleigh-Jeanssche Strahlungsgesetz u. a.; sie erklärt jedoch nicht Erscheinungen bei sehr tiefen Temperaturen sowie das abweichende statist. Verhalten der Elektronen. Diese Mängel überwindet die Quantenstatistik.

Bolyai [ungar. ˈboːjɔi], János (Johann), *Klausenburg 14. Dez. 1802, †Marosvásárhely (Tîrgu Mures) 27. Jan. 1860, ungar. Ingenieuroffizier und Mathematiker. – Begründete neben Gauß und N. I. Lobatschewski die nichteuklid. Geometrie (1832).

Bolz, Eugen, *Rottenburg am Neckar 15. Dez. 1881, †Berlin 23. Jan. 1945, dt. Jurist und Politiker. – MdL in Württemberg und MdR 1912–33 (Zentrum); 1919–23 Justiz-, 1923–33 Innenmin., 1924 zeitweise auch Finanzmin. und 1928–33 gleichzeitig Staatspräs. von Württemberg; nach dem 20. Juli 1944 verhaftet und hingerichtet.

B., Lothar, *Gleiwitz 3. Sept. 1903, †Berlin (Ost) 29. Dez. 1986, dt. Jurist und Politiker. – Seit 1929 Mgl. der KPD; 1939–46 in der UdSSR; Mitbegr. des Nat.komitees Freies Deutschland; 1948–72 Vors. der NDPD; im ersten Kabinett der DDR 1949–53 Aufbaumin., 1950–67 stellv. Min.-präs. und 1953–65 Außenmin. der DDR.

Bolzano, Bernard, *Prag 5. Okt. 1781, †ebd. 18. Dez. 1848, Philosoph, Mathematiker und Religionswissenschaftler. – 1805 Priester; Professor in Prag; Führer der sog. „Böhm. Aufklärung" (vernunftorientiertes Verständnis des Katholizismus, soziale Reformen). 1819 seines Amtes enthoben. B. leistete bed. Beiträge zur Mathematik, insbes. nahm er in „Paradoxien des Unendl." (1851) wesentl. Begriffe und Aussagen der Mengenlehre vorweg. Seine „Wissenschaftslehre" (1837) kann als Vorläufer der modernen Logik gelten. Seine Auffassung von Religion ist moralphilosophisch begründet.

Bolzano ↑ Bozen.

Bolzen, Geschoß der Armbrust, Holzstab mit aufgesetzter Eisenspitze.
▷ ↑ Bolzenverbindung.

Bolzenschußapparat, zum Betäuben von Schlachttieren verwendete Vorrichtung, mit der ein Stahlbolzen gegen die Stirn des Schlachttiers geschossen wird.

Eugen Bolz

Bernard Bolzano

Bombay
Stadtwappen

Bombay
bedeutendste
Hafenstadt Indiens
•
8,24 Mill. E
•
1708–73
Hauptniederlassung
der Ostind. Kompanie
•
Univ. (gegr. 1857)
•
Zentrum der Parsen

Bombay. Blick auf das indische Bombay

Giovanni Antonio Boltraffio. Bildnis eines Knaben, undatiert (Washington, National Gallery of Art)

Bolzenschußgerät (Dübelsetzer), pistolenähnl. Gerät zum Einschießen von Stahlbolzen in Mauerwerk, Beton.

Bolzenverbindung, lösbare, vorwiegend gelenkige Verbindung zw. Bauteilen, bei denen das verbindende Element ein kurzer, dicker Metallstift, der Bolzen, ist (z. B. zur Lagerung von Scheiben, Rollen, Hebeln).

Boma, Stadt in Zaire, am rechten Ufer des Kongo, 94 000 E. Kath. Bischofssitz; wichtiger Exporthafen (bes. Holz). – Im 16. Jh. von Portugiesen gegr., 1884–1927 Hauptstadt von Belg.-Kongo.

Bombage [bɔmˈbaːʒə; griech.-frz.], Aufwölben der Böden oder Deckel von Konservenbehältern durch Gasentwicklung des Inhalts. Vom Verzehren des Inhalts bombierter Dosen ist grundsätzlich abzuraten.

Bombarde [griech.-frz.], spätma. kurzes Belagerungsgeschütz mit großem Kaliber.
▷ (Bomhart) Bez. für ein Zungenregister der Orgel, meist im Pedal (16 und 32 Fuß).

Bombardement [bɔmbardəˈmãː; griech.-frz.], 1. anhaltender Beschuß mit meist großkalibrigen Sprengkörpern; 2. massierter Abwurf von Fliegerbomben auf ein begrenztes Terrain.

Bombardierkäfer [griech.-frz./dt.] (Brachyninae), weltweit verbreitete Unterfam. der Laufkäfer mit 3, etwa 4–13 mm großen einheim. Arten, in trockenem Gras- und Kulturland. Die B. besitzen im Hinterleibsende 2 Drüsenkammern, aus denen in einer kleinen heißen Gaswolke das aus Hydrochinon und Wasserstoffperoxid entstehende Chinon ausgestoßen wird, um Angreifer abzuwehren.

Bombardon [griech.-frz.], Baßtuba mit 3 oder 4 Ventilen, meist in Es (↑ Tuba).

Bombast [engl., eigtl. „Baumwollgewebe (zum Auswattieren)", danach Bez. für: Aufgebauschtes], Wortschwall, [Rede]schwulst; **bombastisch,** hochtrabend, schwülstig.

Bombax [mittellat.], svw. ↑ Seidenwollbaum.

Bombay [ˈbɔmbeɪ], bedeutendste Hafen- und zweitgrößte Stadt Indiens, auf B. Island vor der W-Küste Vorderindiens, dehnt sich als Greater B. über weitere Inseln bis an den Fuß der Westghats aus, 8,24 Mill. E. Hauptstadt des Bundesstaates Maharashtra; Univ. (gegr. 1857), Frauenuniv., verschiedene Hochschulen; Museen, zoolog. Garten. – Die wirtsch. Entwicklung wurde mit dem Eisenbahnbau 1853 und dem damit verbundenen Baumwollhandel eingeleitet, 1854 wurde die 1. Baumwollspinnerei eingerichtet; bis heute blieb die Textilind. der führende Wirtschaftszweig, daneben Kunstfaserind., Maschinenbau, Automobil-, Nahrungsmittel-, pharmazeut., chem. und Konsumgüterind., Druckereien; Filmstudios. 9,5 m tiefer Hafen auf der O-Seite von B. Island; internat. ✈ in Santa Cruz. – 1348 dem islam. Reich von Gujarat einverleibt; 1534 von Portugiesen besetzt. 1661 kam B. als Heiratsgut der portugies. Prinzessin Katharina, Gemahlin Karls II., an England; 1668 der brit. Ostind. Kompanie unterstellt, 1708–73 deren Hauptniederlassung. – Die City breitet sich um den histor. portugies. Siedlungskern. Nördlich der City das *indische B.*, dessen Viertel nach Religions- und Sprachzugehörigkeit der Bev. unterteilt sind. Anschließend auf dem Malabar Hill ein elegantes Wohngebiet mit dem Gouverneurspalast, dem Tempel des Walkeswar (um 1000 v. Chr.) und den Fünf Türmen des Schweigens. Zahlr. Bauten im viktorian. und engl.-neugot. Stil; zahlr. Hindutempel. – In der Bucht von B. liegt die Felseninsel ↑Elephanta mit shivaitischen Höhlentempeln.

Bombe [frz., zu griech. *bómbos* „dumpfes Geräusch"], in der Waffentechnik Bez. für einen mit Sprengstoff gefüllten tonnenförmigen Hohlkörper; solche B. werden als **Fliegerbomben** von Kriegsflugzeugen in bes. Einrichtungen transportiert und auf Boden- und Seeziele abgeworfen oder als **Wasserbomben** von Schiffen zur Bekämpfung von getauchten Unterseebooten verwendet. Ihre Hauptwirkung beruht auf der bei der Detonation des (durch Aufschlagoder Zeitzünder gezündeten) Sprengstoffs entstehenden Druckwelle.

▷ vulkan. Auswurfsprodukt: Lavafetzen, der im Flug durch Drehbewegungen eine bestimmte Form annimmt und erstarrt zu Boden fällt.

Bombenflugzeug (Bomber), schweres Angriffsflugzeug, das Bombenlasten über größere Entfernungen transportieren kann und durch Bombenabwurfeinrichtungen zur Bekämpfung und Zerstörung von Bodenzielen geeignet ist.

Bombenrohr (Einschmelzrohr), starkwandiges Rohr aus Spezialglas, in dem chem. Reaktionen bei hohen Temperaturen durchgeführt werden können.

Bomber, ugs. für ↑Bombenflugzeug.

Bomberg, Daniel [niederl. 'bɔmbɛrx], *Antwerpen zw. 1470 und 1480, †Venedig 1550 (?), fläm. Buchdrucker. – Betrieb seit 1516 in Venedig eine Druckerei, in der er rund 200 hebr. Bücher druckte, darunter die erste hebr. Bibel mit vollständigem Text (1516/17).

Bombois, Camille [frz. bõ'bwa], *Venarey-les-Laumes (Côte-d'Or) 3. Febr. 1883, †Paris 11. Juni 1970, frz. Laienmaler. – Vertreter der naiven Malerei; dörfl. und kleinstädt. Szenen sowie Athleten und Artisten.

Bombykol [griech.-arab.], Sexuallockstoff des weibl. Seidenspinners; wird vom ♂ noch in äußerst geringer Konzentration wahrgenommen. Die Strukturaufklärung und Synthese von B. gelang A. Butenandt.

Bomhart [frz.], (Pommer) um 1400 aus der Schalmei hervorgegangene Fam. von Blasinstrumenten mit doppeltem Rohrblatt und kon. Bohrung, 6–7 Grifflöchern und 1–4 Klappen in Alt-, Tenor- und Baßlage; im 17. Jh. von Oboe und Fagott abgelöst.

▷ Bez. für ein Zungenregister der Orgel (↑Bombarde).

Bon [bõ; frz.], Gutschein, Kassenzettel einer Registrierkasse.

Bon, die Urreligion Tibets, durch mag. und dämon. Züge gekennzeichnet. Himmel, Luftraum und Erde gelten als Aufenthaltsorte unzähliger Götter und Geister, die durch Opfergaben besänftigt werden müssen. Die Beschwörung der Geister lag in Händen von Priestern.

Bonaberi ↑Duala.

Bona Dea [lat. „gute Göttin"], röm. Segens- und Heilgöttin.

bona fide [lat. „in gutem Glauben"], Rechtsgrundsatz des ↑guten Glaubens.

Bonaire [niederl. boːˈnɛːr], niederl. Insel der Kleinen Antillen, 288 km², bis 240 m ü. d. M., Hauptort Kralendijk. – 1499 von A. Vespucci entdeckt.

Bonampak [zu Maya *bonam* „gefärbt" und *pak* „Wand"], Ruinenstätte der Maya im mex. Staat Chiapas, nahe der Grenze gegen Guatemala. 1946 wurden die relativ gut erhaltenen Wandmalereien (um 800 n. Chr., Szenen aus dem Hofleben, Prozessionen, Kriegshandlungen) an den Innenwänden von drei Räumen eines der Bauwerke entdeckt.

Bonampak. Wandmalerei mit der Darstellung einer Gefangenenopferung bei einer Siegesfeier, um 800 n. Chr.

Bonang [javan.], ein in verschiedenen Gamelanorchestern Südostasiens, v. a. auf Java und Bali vorkommendes Gongkesselspiel.

Bonanus von Pisa, italien. Bildhauer und Bronzegießer der 2. Hälfte des 12. Jh. – Außer der signierten Bronzetür am Dom von Monreale (1185) wird ihm die Bronzetür am Ostportal des südl. Querschiffs des Doms von Pisa (um 1180) zugeschrieben. Neben byzantin. sind deutl. Anregungen aus antiken und einheim., roman. Werken zu erkennen. – Abb. S. 120.

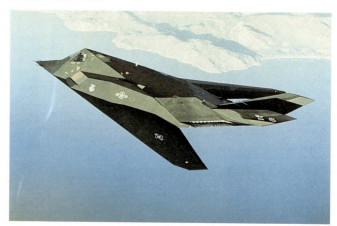

Bombenflugzeug. Tarnkappenbomber F 117 A, der auf Grund seiner Bausteine und Formgebung für Radarstrahlen nahezu unauffindbar ist

Bonaparte

Edward Bond

Dietrich Bonhoeffer

Bonaparte [bona'parte, ...tə; frz. bɔnapart], urspr. Buonaparte, kors. Patrizierfamilie italien. Herkunft; kam 1529 von Sarzana nach Ajaccio und ließ sich dort 1567 endgültig nieder; Napoléon B. und seine vier Brüder begr. die Dyn. Bonaparte; bed.:

B., Charles Louis Napoléon ↑ Napoleon III., Kaiser der Franzosen.

B., Charles Marie (Carlo Buonaparte), *Ajaccio 29. März 1746, †Montpellier 24. Febr. 1785, kors. Jurist. – Vater Napoleons I.; 1773 königl. Rat.

B., Jérôme ↑ Jérôme, König von Westfalen.

B., Joseph ↑ Joseph, König von Spanien.

B., Maria Letizia (Laeticia), geb. Ramolino, *Ajaccio 24. Aug. 1750, †Rom 2. Febr. 1836, Mutter Napoleons I. – Heiratete 1764 Charles Marie B.; bekannt als „Madame Mère"; lebte seit 1815 in Rom.

B., Louis ↑ Ludwig, König von Holland.

B., Lucien, Prinz, *Ajaccio 21. Mai 1775, †Viterbo 29. Juni 1840, Fürst von Canino und Musignano (seit 1807). – Bruder Napoleons I.; als Präs. des Rates der Fünfhundert führend am Staatsstreich des 18. Brumaire (9. Nov. 1799) beteiligt; widersetzte sich den monarch. Ambitionen seines Bruders.

B., Marie-Annonciade, gen. Karoline ↑ Murat, Joachim.

B., Napoléon ↑ Napoleon I., Kaiser der Franzosen.

B., Napoléon François ↑ Reichstadt, Napoleon Herzog von.

B., Napoléon Joseph Charles (Jérôme), gen. Plon-Plon, Prinz, *Triest 9. Okt. 1822, †Rom 18. März 1891, frz. General und Politiker. – Sohn von Jérôme B.; nahm als Divisionsgeneral am Krimkrieg teil; in der 2. Republik Abg. der extremen Linken; später Senator und Min. für Algerien und die Kolonien.

Bonapartismus, nach Napoleon I. und v. a. Napoleon III. ben. autoritäre Herrschaftstechnik, die Negation von Ancien régime und bürgerl. Parlamentarismus in der Übergangsphase zur bürgerl.-industriewirtsch. Gesellschaft ausgebildet; Voraussetzung war ein ungefähres Machtgleichgewicht zw. agrar.-konservativen und städt.-liberalen Bev.gruppen, das zunehmend durch das Aufkommen einer beide Sozialgruppen bedrohenden Industriearbeiterschaft gefährdet wurde. Diese Situation förderte das Einverständnis mit einer von der Bürokratie getragenen und vom Heer gedeckten teilweisen Modernisierung von Staat, Gesellschaft und Wirtschaft; sie sicherte dem Bürgertum die Freisetzung der Wirtschaftskräfte wie den Ausbau des Rechtsstaats, enthielt ihm aber die eigtl. Macht im Staate vor, die in der Hand des bonapartist. Staatsmannes konzentriert blieb. Elemente des B. finden sich in den autoritären und faschist. Regimen des 20. Jh. wieder.

Bonar Law [engl. 'boʊnə'lɔː], brit. Politiker, ↑ Law, Andrew Bonar.

Bonaventura, hl., vorher Johannes Fidanza, *Bagnoregio (Prov. Viterbo) um 1221 (1217/18 ?), †Lyon 15. Juli 1274, italien. Theologe, Philosoph und Mystiker. – Seit 1243 Franziskaner, seit 1257 General des Ordens; 1273 Kardinal. – Neuplatoniker und Augustinist, setzte sich aber auch mit Aristoteles auseinander. B. Hauptwerk ist der „Sentenzenkommentar" (1248 begonnen). Nach B. steht der menschl. Intellekt von den ewigen Wahrheiten in Berührung. Theolog. Hauptwerke: „Quaestiones disputatae", „De reductione artium ad theologiam" (beste Einleitung des MA in die Theologie), „Collationes in Hexaëmeron" (über die Schöpfung [1273]; nur in Nachschriften erhalten), „Itinerarium mentis in Deum" (1259). Letzteres Werk schildert den Aufstieg der Seele zu Gott in sechs Stufen, die sechs Seelenkräften entsprechen. B. wirkte weit bis in die Neuzeit durch seine myst. Schriften, bes. auf Seuse, Gerson und Franz von Sales. – 1482 heiliggesprochen, 1588 als „Doctor seraphicus" zum Kirchenlehrer erklärt. – Fest: 15. Juli.

B., Pseud. für den Verfasser des romant. Romans „Die Nachtwachen des B." (1804), wahrscheinlich E. A. Klingemann.

Bonbonniere [bõbɔni'ɛːrə; frz.], Pralinenschachtel.

Bonbons [bõ'bõːs; zu frz. bon „gut"], Zuckerwaren, die durch Einkochen von Zuckerlösung mit Stärkesirup (Glucose- bzw. Bonbonsirup) oder Invertzucker sowie geruch- und geschmackgebenden Zusätzen und gesetzlich zugelassenen Farbstoffen hergestellt werden. **Hartbonbons** *(Drops, Rocks)* haben hartsplittrige, **Weichbonbons** *(Toffees)* zähplast. Konsistenz.

Bönburg ↑ Boyneburg.

Bond, Edward, *London 18. Juli 1934, engl. Dramatiker. – Bedeutender Vertreter einer polit. Richtung im engl. Nachkriegsdrama; auch Filmdrehbücher (u. a. zu „Blow up", 1965) und Texte für H. W. ↑ Henze. – Werke: Gerettet (Dr., 1967), Die Hochzeit des Papstes (Dr., 1971), Lear (Dr., 1971), Die See (Dr., 1973), Der Irre (Dr., 1973), Jackets II (1990).

B., James ↑ James Bond.

Bond [engl.], festverzinsl., auf den Inhaber lautendes Wertpapier in Großbritannien und in den USA.

Bondartschuk, Sergei Fjodorowitsch, *Belosjorka (Gebiet Odessa) 25. Sept. 1920, sowjet. Filmschauspieler und -regisseur. – Titelrolle in „Othello" (1956); errang als Regisseur Welterfolg mit „Ein Menschenschicksal" (1959) und „Krieg und Frieden" (1965/1966).

Bondone, italien. Maler und Baumeister, ↑ Giotto.

Bondy, Luc, *Zürich 17. Juli 1948, schweizer. Regisseur. – Inszeniert an führenden deutschsprachigen Bühnen (München, Berlin); auch Opernregie; drehte den Film „Die Ortliebschen Frauen" (1980). 1986–88 Mgl. des Direktoriums der Berliner Schaubühne.

Bône [frz. boːn] ↑ Annaba.

Bonellia [nach dem italien. Naturforscher Francesco Andrea Bonelli, *1784, †1830], Gattung der Igelwürmer; ♀♀ mit eiförmigem, bis etwa 15 cm langem Körper und ei-

Bonanus von Pisa. Bronzetür des Doms von Pisa, Ausschnitt (Das Abendmahl), um 1180

nem bis auf 30 cm Länge ausstreckbaren Rüssel; die sehr viel kleineren ♂♂ (Länge 1–3 mm, langgestreckt-oval) leben in Eileiterkammern der ♀♀.

Bongo [amerikan.-span.], lateinamerikan. einfellige Trommel, die paarweise verwendet wird. Die fest aneinandermontierten B. werden meist zw. den Knien gehalten und mit den Fingern gespielt.

Bongo

Bongs, Rolf, *Düsseldorf 5. Juni 1907, †ebd. 20. Nov. 1981, dt. Schriftsteller. – Vom Kriegserlebnis geprägter Lyriker, Erzähler und Dramatiker; zeitkrit. Stoffe, u. a. „Das Londoner Manuskript" (R., 1969), „Oberwelt = Overworld" (Ged., 1977).

Bonhoeffer, Dietrich, *Breslau 4. Febr. 1906, † (hingerichtet) KZ Flossenbürg 9. April 1945, dt. ev. Theologe. – Sohn von Karl B. 1934 beratendes Mgl. des Ökumen. Rates und 1935 Leiter des (illegalen) Predigerseminars der Bekennenden Kirche in Finkenwalde. Rede- und Schreibverbot seit 1941; schloß sich der polit. Widerstandsbewegung um Canaris an. Am 5. März 1943 verhaftet. B. versuchte eine nichtreligiöse Interpretation bibl. Begriffe und betonte die Diesseitigkeit des Christentums in einer „mündig" gewordenen Welt. – *Werke:* Nachfolge (1937, ¹⁷1988), Ethik (hg. 1949, ¹²1988), Widerstand und Ergebung (hg. 1951, ¹⁴1990).

B., Karl, *Neresheim 31. März 1868, †Berlin 4. Dez. 1948, dt. Psychiater. – Vater von Dietrich B.; Prof. u. a. in Heidelberg und Berlin; beschrieb eine Form der symptomat. Psychose infolge von Infektionen oder Vergiftungen.

Bonhomie [bɔnɔˈmiː; frz.], Gutmütigkeit, Einfalt, Biederkeit; **Bonhomme,** gutmütiger, einfältiger Mensch.

Bonifacio [frz. bɔnifaˈsjo], Stadt an der S-Küste Korsikas, 2 700 E. Hafen; Fremdenverkehr. – Altstadt mit engen Gassen, Zitadelle (15.–18. Jh.).

Bonifacio, Straße von [frz. bɔnifaˈsjo], Meeresstraße zw. Korsika und Sardinien, etwa 12 km breit, bis 70 m tief.

Bonifatius, hl., eigtl. Winfrid, *im Königreich Wessex 672/673, †bei Dokkum (Friesland) 5. Juni 754, bed. Vertreter des angelsächs. Mission (gen. „Apostel der Deutschen"). – 719 von Papst Gregor II. mit der Germanenmission beauftragt. Wirkte zunächst in Thüringen und Friesland, seit 721 auch in Hessen (Gründung der Klöster Amöneburg und Fritzlar). 722 in Rom zum Bischof geweiht, 723 Fortsetzung der Missionstätigkeit in Hessen (Fällung der Donareiche, vermutlich in Geismar bei Fritzlar). Seit 725 kam es auch in Thüringen mit Hilfe angelsächs. Missionare zu Klostergründungen. B. war bestrebt, die fränk. Kirche neu zu organisieren. 732 Ernennung zum Erzbischof in Rom. 737/738 gründete er in Bayern die Bistümer Passau, Regensburg und Freising (745 auch Eichstätt) sowie Würzburg, Büraburg und Erfurt. Wohl 746 übernahm er das Bistum Mainz. Starb als Märtyrer in der Friesenmission. – Fest: 5. Juni.

Bonifatius, Name von Päpsten:
B. VIII., *Anagni um 1235, †Rom 11. Okt. 1303, vorher Benedetto Caetani, Papst (seit 24. Dez. 1294). – In Neapel einstimmig zum Nachfolger Cölestins V. gewählt. Durch sofortige Übersiedlung nach Rom beendete er die Abhängigkeit von Neapel. Seine durchweg von Mißerfolgen begleitete Politik wurzelte in der Auffassung von der Überordnung des Papsttums über alle Institutionen der Welt (Bulle „Unam sanctam" vom 13. Nov. 1302). B. führte das erste „Hl. Jahr" (1300) ein.

B. IX., *Neapel um 1350, †Rom 1. Okt. 1404, vorher Pietro Tomacelli, Papst (seit 2. Nov. 1389). – Im Abendländ. Schisma gewählt als Nachfolger Urbans VI., gelang ihm die Durchsetzung und Sicherung seiner Herrschaft in Rom und im Kirchenstaat. Alle Vorschläge Benedikts XIII. zur Beendigung der Spaltung lehnte er ab.

Bonifatius II., *um 1155, ⚔ Mosynopolis (Makedonien) 1207, Markgraf von Montferrat, König von Thessalonike. – Als Führer des 4. Kreuzzugs (1202–04) maßgeblich an der Eroberung Konstantinopels (1204) beteiligt; gründete in Makedonien und Thessalien das Kgr. Thessalonike (bis 1224).

Bonifatiuspfennige, svw. ↑ Trochiten.

Bonifatiuswerk der deutschen Katholiken (bis 1967: Bonifatiusverein für das kath. Deutschland), 1849 in Regensburg gegr. Vereinigung zur Förderung der kath. Diasporaseelsorge in Deutschland; Sitz: Paderborn.

Bonifikation [lat.], Gewährung eines Preisnachlasses.

Bonin, hinterpommer. Adelsgeschlecht, urkundlich erstmals 1294 erwähnt, teilte sich seit dem 14. Jh. in mehrere Linien.

Bonininseln [engl. ˈboʊnɪn, ˈboʊniːn], jap. Inselgruppe im westl. Pazifik, rd. 1 000 km ssö. von Tokio, trop. Klima. – Seit 1593 bekannt, erst 1830 besiedelt, seit 1876 japanisch. Nach dem 2. Weltkrieg bis Mitte 1968 unter amerikan. Verwaltung.

bonis auspiciis [...tsi-is; lat.], unter guten Vorzeichen.

bonis avibus [lat.], unter guten Vorzeichen (eigtl. unter guten Vögeln).

Bonität [lat.], *allg.* die Güte einer Ware, in Land- und Forstwirtschaft die Güte oder der Wert des Bodens, in der Fischereiwirtschaft des Wassers. Im *Bankwesen* der (gute) Ruf, die Kreditwürdigkeit einer Person oder eines Unternehmens.

Bonitierung [lat.], nach verbindlich vereinbarten Bewertungsmaßstäben durchgeführte Gütebeurteilung von Böden, Pflanzen, Zuchttieren, Wolle.

Bonito [span.] (Echter B., Katsuwonus pelamis), etwa 70 bis 100 cm lange Makrelenart in allen warmen und gemäßigten Meeren; Rücken metallisch blau, über der Brustflosse großer längsovaler, grünl. Fleck, Seiten und Bauch weißlich mit 4–7 dunklen Längsstreifen; wirtsch. wichtiger Speisefisch; kommt als Thunfisch in den Handel.
▷ (Unechter B., Auxis thazard) bis etwa 60 cm lange Makrelenart in warmen und gemäßigten Meeren; Oberseite metallisch blau bis blaugrün, Seiten und Bauch heller; Fleisch dunkel gefärbt; Speisefisch.

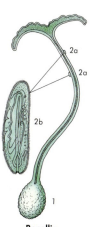

Bonellia.
1 Weibchen;
2a Männchen,
2b stark vergrößertes Männchen

Bonn. Villa Hammerschmidt

Bonmot

Bonmot [bõ'mo:; frz., eigtl. „gutes Wort"], treffende, geistreiche Bemerkung.

Bonn, Reg.sitz der BR Deutschland (bis zur Verlegung nach Berlin) im S der Kölner Bucht, am Rhein, NRW, 50–165 m ü. d. M., 277 000 E. Sitz des Bundespräsidenten (Villa Hammerschmidt), des Bundestages, der Bundesregierung, der Bundesministerien, zahlr. Bundesbehörden, der diplomat. Vertretungen; zahlr. wiss. Forschungsinst., wiss. Gesellschaften, Sitz zahlr. Stiftungen, Organisationen und Verbände; Univ. (gegr. 1818), Max-Planck-Inst. für Radioastronomie, Max-Planck-Inst. für Mathematik, Verwaltungs- und Wirtschaftsakad., Landesvermessungsamt NRW; Sternwarte; Rhein. Landesmuseum, Museum Alexander Koenig, Beethovens Geburtshaus, Städt. Kunstsammlungen; Theater, Orchester; Bibliotheken. Ind. u. a. in Beuel, B.-Oberkassel und B.-Duisdorf. Tagungs- und Kongreßstadt (Beethovenhalle), in B.-Bad Godesberg Kurbetrieb (Säuerling für Trink- und Badekuren) – Abb. S. 121.

Bonn. Beethovens Geburtshaus (heute Museum)

Geschichte: Röm. Legionslager **Castra Bonnensia** bzw. **Bonna** um 50 n. Chr. Keimzelle der Siedlung war eine römerzeitl. Märtyrerkapelle außerhalb des Lagers **(Villa Basilica).** Das Legionslager wurde nach der fränk. Eroberung (um 400) befestigte Siedlung, verödete nach 881. Im 12. Jh. im Besitz der Erzbischöfe von Köln. Die bürgerl. Marktsiedlung wurde 1244 bestätigt, 1286 Ratsverfassung. 1254 Teilnahme am Rhein. Städtebund. Ab 1525 Verwaltungszentrum und Residenz des Kölner Kurfürstentums, ab 1658 zur Festung ausgebaut, 1689 zerstört; im 18. Jh. Blüte als kurfürstl. Residenz. 1949 bis 3. Okt. 1990 [provisor.] Hauptstadt. Am 20. Juni 1991 beschloß der Bundestag die Verlegung des Sitzes von Parlament und Regierung nach Berlin.

Bauten: Spätroman. Münster (11. Jh. ff.), got. Minoritenkirche (1274–1317), Jesuitenkirche (1686–1717); ehem. Kurfürstl. Residenz (1697 bis 1702; Vierflügelanlage; heute Univ.), Poppelsdorfer Schloß (1715–56), Rathaus (1737/1738). Moderne Bauten sind u. a. das Bundeshaus (1930 bis 1933 als PH erbaut, 1949 erweitert, seit 1987 im Umbau), Beethovenhalle (1956–59), Stadttheater (1962–65), Abg.hochhaus (1966–69), Stadthaus (1973–78), Neubau des Ministeriums für Post und Telekommunikation (1984 bis 1987), B.-Bad Godesberg die Redoute (um 1790 – um 1820; heute für Empfänge der B.regierung genutzt).

Bonnard, Pierre [frz. bɔ'na:r], *Fontenay-aux-Roses 13. Okt. 1867, †Le Cannet (bei Cannes) 23. Jan. 1947, frz. Maler. – V. a. neoimpressionist. Interieurs, Straßenszenen, Stilleben und Landschaften. B. illustrierte auch (u. a. Werke von Verlaine) und gewann Einfluß auf die Buchkunst. Auch Lithographien, Plakatentwürfe, Bühnenbilder.

Bonner Durchmusterung, Abk. BD; von F. W. A. Argelander an der Bonner Univ.sternwarte erstellter Sternkatalog, der die Örter von 324 198 Sternen zw. dem Nordpol und −2° Deklination enthält. Die von E. Schönfeld geschaffene Erweiterung bis −23° Deklination enthält weitere 133 659 Sternpositionen *(Südl. Bonner Durchmusterung).*

Bonner Konvention ↑ Deutschlandvertrag.

Bonnet, Charles [frz. bɔ'nɛ], *Genf 13. März 1720, †Landgut Genthod bei Genf 20. Mai 1793, schweizer. Naturforscher und Philosoph. – Arbeitete über die parthenogenet. Fortpflanzung der Insekten, entdeckte den Generationswechsel bei Blattläusen; botan. Studien bes. zur Ernährung der Pflanzen.

Bonneville, Lake [engl. 'leɪk 'bɒnɪvɪl] ↑ Great Salt Lake.

Bonniers Förlag AB ↑ Verlage (Übersicht).

Bonobo [afrikan.] (Zwergschimpanse, Pan paniscus), Menschenaffenart in den zentralafrikan. Regenwaldgebieten südlich des Kongos; wesentlich kleiner, schlanker und zierlicher als der Schimpanse; mit braunschwarzem Haarkleid und bes. bei ♂♂ auffallend stark entwickeltem Backenbart; Gesicht und Ohren stets dunkel, Lippen lebhaft fleischfarben.

Bonomi, Ivanoe, *Mantua 18. Okt. 1873, †Rom 20. April 1951, italien. Politiker. – Einer der Führer und Haupttheoretiker des reformist. Flügels der Sozialist. Partei Italiens. 1912 ausgeschlossen; Interventist; 1920/21 Kriegsmin.; 1921/22 Min.präs.; seit 1943 Präs. des antifaschist. Nat. Befreiungskomitees, 1944/45 Min.präs. einer provisor. Regierung; ab 1948 Senatspräsident.

Bononcini (Buononcini), Giovanni Battista [italien. bonon'tʃi:ni], *Modena 18. Juli 1670, †Wien 9. Juli 1747, italien. Komponist und Violoncellist. – Kirchenkapellmeister in Bologna, Hofkomponist in Wien, kurze Zeit am Hof der Königin Sophie Charlotte in Berlin; ging 1720 als Opernkomponist nach London (mit Händel rivalisierend), später in Paris, Lissabon und Wien. Er komponierte etwa 30 Opern, Oratorien, ein Te Deum, Kantaten und Instrumentalmusik.

Bonsai [jap.], jap. Zwergbäume (Höhe rd. 15–80 cm); werden aus Samen, Stecklingen oder Pfropfreisern durch bes. Behandlung (Beschneiden der Zweige und Wurzeln) gezogen.

Bonsels, Waldemar, *Ahrensburg 21. Febr. 1880, †Holzhausen am Starnberger See 31. Juli 1952, dt. Schriftsteller. – Stellte in der Neuromantik nahestehenden Erzählungen und Romanen die Natur mythisch-beseelt dar; märchenhaft-kindertüml. Roman „Die Biene Maja und ihre Abenteuer" (1912), Reisebuch „Indienfahrt" (1916).

Bonus [lat.-engl.], 1. *Sondervergütung,* insbes. bei Kapitalgesellschaften nach einem günstigen Geschäftsjahr anstelle oder zus. mit einer Dividendenerhöhung; 2. *Mengen-* oder

Pierre Bonnard. Akt im Gegenlicht, 1908 (Brüssel, Musées Royaux des Beaux-Arts)

Treuerabatt des Lieferanten an die Abnehmer; 3. *Schadensfreiheitsrabatt,* der bei der Kfz-Haftpflichtversicherung gewährt wird.

Bonvalot, Pierre-Gabriel [frz. bõva'lo], * Epagne (Aube) 14. Juli 1853, † Paris 9. Dez. 1933, frz. Asienforscher. – Drang 1886/87 mit seinem Landsmann G. Capus als erster Europäer über den Alai, Transalai und Pamir nach Indien vor. Nahm 1889/90 an der ersten wiss. Durchquerung Tibets teil.

Bonsai. 90 Jahre alter Wacholder, Höhe 25 cm

Bonvin, Roger [frz. bõ'vẽ], * Icogne (Kt. Wallis) 12. Sept. 1907, † Sitten 5. Juni 1982, schweizer. Politiker. – Seit 1955 Nationalrat (Konservative Volkspartei); 1962–73 Bundesrat (u. a. Departement Verkehr und Energiewirtsch.), 1967 und 1973 Bundespräs.

Bonvivant [bõvivã:; frz.], Lebemann (in Frankreich nicht gebräuchl.); im dt. Theater Rollenfach (eleganter Gesellschaftsheld).

Bonze [frz.; zu jap. bōzu „Priester"], in der Aufklärungszeit Spottbez. für: Geistlicher; heute auch für den Vorgesetzten, v. a. abwertend für: Funktionär, Parteigröße. ▷ buddhist. Mönch, Priester.

Boogie-Woogie ['bugi'vugi; amerikan.], urspr. im Jazz Art der Klavierbegleitung beim Blues, dann Bez. für den durch den Pianisten interpretierten Blues, mit rollenden, ständig wiederholten Baßfiguren. Zu dieser Musik entwickelten sich verschiedene moderne Gesellschaftstänze.

Book of Common Prayer [engl. 'buk əv 'kɔmən 'preə] ↑ Common Prayer Book.

Boole, George [engl. bu:l], * Lincoln 2. Nov. 1815, † Ballintemple bei Cork (Irland) 8. Dez. 1864, brit. Mathematiker und Logiker. – Erkannte die Unabhängigkeit jedes mathemat. Formalismus von der speziellen inhaltl. Deutung sowie von der prakt. Anwendung und wandte diese Erkenntnis auf die im [mathemat.] Denken verwendeten log. Gesetze selbst an; entwickelte als erster einen brauchbaren Logikkalkül; begr. so die ↑ Algebra der Logik und damit die mathemat. Logik überhaupt.

Boolescher Verband (Boolesche Algebra) [engl. bu:l; nach G. Boole], ein distributiver komplementärer ↑ Verband. Beispiel eines B. V. ist die Gesamtheit aller Teilmengen einer gegebenen Menge mit der Vereinigung und dem Durchschnitt als Verknüpfungen. B. V. werden in der Schaltalgebra, der Mengenlehre und Aussagenlogik angewendet.

Boom [engl. bu:m], Konjunkturaufschwung, Hochkonjunktur; Börsenhausse.

Boomslang [Afrikaans] (Dispholidus typus), bis über 1,5 m lange, grüne oder graubraune, unterseits gelbe, giftige Trugnatter in den Savannen M- und S-Afrikas.

Boone [engl. bu:n], Charles Eugene „Pat", * Jacksonville (Florida) 1. Juni 1934, amerikan. Popmusiker (Sänger). – Hatte seine größten Erfolge mit verwässerten Versionen schwarzer Rhythm-and-Blues-Songs; engagiertes Mgl. einer prot. Sekte.

B., Daniel, * Berks County (Pa.) 2. (?) Nov. (?) 1734, † Saint Charles County (Mo.) 26. Sept. 1820, amerikan. Trapper und Pionier. – Erschloß als einer der ersten weißen Siedler den Weg nach Kentucky; Mitbegr. verschiedener Siedlungen, u. a. Boonesborough, das seinen Namen trägt; Vorbild für J. F. Coopers „Lederstrumpf".

Boor, Helmut de, * Bonn 24. März 1891, † Berlin 4. Aug. 1976, dt. Germanist. – Seit 1949 Prof. an der FU Berlin; v. a. Arbeiten zur nord. Philologie und zur älteren dt. Sprache und Literatur; Hg. (1940) und Übersetzer (1959) des „Nibelungenliedes".

Booster [engl. 'bu:stə „Förderer"], in der *Luft-* und *Raumfahrt* allg. svw. Hilfstriebwerk; bei Flugzeugen eine Startrakete, bei Raketen ein Zusatztriebwerk, aber auch Bez. für die Erststufe von mehrstufigen Trägerraketen.

Boot [niederdt.], ein offenes, teilweise oder ganz gedecktes, kleineres Wasserfahrzeug (Länge bis etwa 20 m), das durch Staken, Wriggen, Rudern oder Paddeln, durch Windkraft oder Motorkraft fortbewegt wird. B. werden aus Holz, Stahl, Leichtmetall sowie glasfaserverstärkten Kunststoffen hergestellt, Faltboote aus wasserdichtem Segeltuch, aufblasbare Schlauchboote aus wasserdichtem Segeltuch oder Gummi. Je nach Verwendung gibt es verschiedene B.formen und -größen. Man unterscheidet bei den *Gebrauchs-B.* selbständig operierende B. wie Fischer-, Fähr-, Feuerlösch-, Seenotrettungsboote u. a. und von Schiffen mitgeführte B., z. B. Rettungs-, Bei-, flachgebaute Brandungsboote. Nach der Größe unterteilt man die B. in **Barkassen** (bis 80 Personen), **Pinassen** (bis 35 Personen) und **Kutter** (bis 20 Personen). – Für Sport und Erholung dienen die sog. *Sport-B.:* Kanus, Ruder-B. (Einer, Zweier, Vierer und Achter), Segel-B. oder Motorboot.

Bootaxtkultur, nach der typ. Streitaxtform (bootähnl.) ben. Kultur um die Mitte des 3. Jt. v. Chr., zu der man heute den balt., finn. und schwedisch-norweg. Zweig der Streitaxtkulturen zählt; Funde meist aus kleinen Gräberfeldern mit Hockerbestattungen.

Bootes [griech. „der Pflüger"] ↑ Sternbilder (Übersicht).

Bootgrab, vor- und frühgeschichtl. Form der Beisetzung in einem Boot, vorwiegend aus N-Europa überliefert. Abgesehen von Bestattungen in Einbäumen aus dem späten Neolithikum und der Bronzezeit N- und M-Europas sind Bootgräber bes. in Skandinavien seit dem 6. Jh. n. Chr. nachgewiesen.

Bootgrab von Oseberg, Mitte des 9. Jh. (nach der Ausgrabung)

Booth [engl. bu:θ], Edwin, * Belair (Md.) 13. Nov. 1833, † New York 7. Juni 1893, amerikan. Schauspieler. – Berühmt in Shakespeare-Rollen; sein Bruder, *John Wilkes B.* (* 1839, † 1865), war der Mörder Präs. Lincolns.

Roger Bonvin

George Boole (Zeichnung)

Boothia Peninsula

William Booth

Franz Bopp

Katharina von Bora
(Ausschnitt aus einem Gemälde von Lucas Cranach d. Ä., 1529; Basel, Kunstmuseum)

Rudolf Borchardt

B., William, *Nottingham 10. April 1829, †London 20. Aug. 1912, Gründer und erster General der Heilsarmee. – 1852 Prediger der Methodistenkirche, seit 1861 Leiter der „Christian Mission", die er 1878 zur ↑Heilsarmee umwandelte.

Boothia Peninsula [engl. ˈbuːθɪə pɪˈnɪnsjʊlə], Halbinsel, nördlichster Teil des kanad. Festlandes. – 1829–33 erforscht.

Böotien [...tsiən], Landschaft und Verw.-Geb. in Griechenland, zw. dem Golf von Euböa und dem Golf von Korinth. Anbau von Baumwolle, Tabak, Wein, Zitrusfrüchten, Getreide; in den Gebirgen Weidewirtschaft; Abbau von Marmor, Bauxit. Wichtigste Städte sind Lewadia und Theben.
Geschichte: Älteste Siedlungsspuren aus der Steinzeit; 1900 bis 1600 Kernland des Minyerreiches; in myken. Zeit saßen in Theben bed. Herrscherdynastien; spielte nach Gründung des Böot. Bundes im 5. und 4. Jh. eine bed. polit. Rolle; im 13./14. Jh. Kernland des Hzgt. Athen.

Böotischer Bund, 447 v. Chr. unter polit. Führung Thebens gebildeter Bundesstaat; stand im Peloponnes. Krieg auf seiten Spartas; nach antispartan. Politik 386 aufgelöst; durch Theben 379 erneuert, unter dessen Hegemonie dominierende Macht Griechenlands; endete als polit. Institution 146 v. Chr. (Errichtung der röm. Prov. Macedonia); danach noch kult. Funktion.

Bootlegger [ˈbuːtlɛgər; engl.-amerikan.; zu *bootleg* „Stiefelschaft" (in dem der verbotene Alkohol versteckt wurde)], in den USA Bez. für Alkoholschmuggler.

Boots [engl. buːts „Stiefel"], bis über die Knöchel reichende Wildlederstiefel.

Bootshaken, Rundholz mit Spitze und Haken aus Stahl zum Verholen von Booten.

Bootslacke, bes. wasserbeständige, gegen Salze und Chemikalien weitgehend unempfindl. Lacke zum Anstrich von Booten; meist Kunstharzlacke, Phenolharzlacke oder Holzöle.

Bootsmann, auf Handelsschiffen das für den Decksbereich verantwortl. seemänn. Besatzungsmitglied.
▷ ↑Dienstgradbezeichnungen (Übersicht).

Bootsschleppe, schiefe Ebene neben Staustufen zum Transport von Booten per Hand oder Bootswagen.

Bootsschleuse, kleine Schleuse speziell für den Bootsverkehr.

Bopfingen, Stadt im Ostalbkreis, Bad.-Württ., im Tal der Eger, 468 m ü. d. M., 11 300 E. Textil-, Leder-, Seifenind. – Erhielt Stadtrecht durch die Staufer, Reichsstadt seit 1242; kam 1810 zu Württemberg. – Frühgot. Pfarrkirche, Rathaus von 1586. – Auf dem **Ipf,** einem Zeugenberg der Ostalb, befinden sich ausgedehnte Burgwallanlagen der Hallstattkultur.

Bophuthatswana, ehem. Heimatland der Tswana in Südafrika, 44 000 km² in sechs Teilgebieten, 2,3 Mill. E (1989; de jure 3,2 Mill. E [1985]), Hauptstadt Mmabatho bei Mafikeng. Extensive Viehwirtschaft, nach O und N zunehmend Ackerbau und Milchwirtschaft. Abbau von Platin, Asbest, Chrom-, Mangan-, Vanadinerzen und Flußspat. Diamantenvorkommen. – B. erhielt als zweites Bantuheimatland 1972 Selbstverwaltung, im Dez. 1977 die (formal) volle Unabhängigkeit. Nur von der Republik Südafrika anerkannt.

Bopp, Franz, *Mainz 14. Sept. 1791, †Berlin 23. Okt. 1867, dt. Sprachwissenschaftler und Sanskritist. – Seit 1821 Prof. in Berlin. Begründer der vergleichenden Sprachwissenschaft. Er führte den methodisch exakten Beweis für die Verwandtschaft indogerman. Sprachen. Sein Hauptwerk „Vergleichende Grammatik des Sanskrit, Zend, Griech., Lat., Litthauischen, Goth. und Deutschen" (6 Bde., 1833–52) wurde für die Sprachwissenschaft des 19. Jh. maßgebend.

Boppard, Stadt am linken Ufer des Mittelrheins, Rhld.-Pf., 70 m ü. d. M., 15 400 E. Kneippschule, Weinbau, Kosmetik- und metallverarbeitende Ind. Kneippheilbad. Im Ortsteil **Bad Salzig** Sulfatquellen. – Im 4. Jh. angelegtes röm. Kastell **Boudobriga;** seit dem 13. Jh. Reichsstadt (bis 1312); 1794–1815 unter frz. Verwaltung. – Pfarrkirche Sankt Severus (12./13. Jh.), got. ehem. Karmeliterkirche (1319–1430).

Boquerón [span. bokeˈrɔn], Dep. in Paraguay, 46 708 km², 12 000 E (1985); Hauptstadt Dr. Pedro P. Peña. Rinderzucht und Holzwirtschaft; außerdem Tanningewinnung. – 1944 gebildet.

Bor [pers.], chem. Symbol B; chem. Element der III. Hauptgruppe des Periodensystems der chem. Elemente; Ordnungszahl 5, relative Atommasse 10,81; tritt in mehreren Modifikationen auf (*amorphes B.,* Dichte 1,73 g/cm³ und *kristallines B.,* Dichte 2,34 g/cm³, Mohshärte 9,5). B. zählt damit zu den härtesten Stoffen überhaupt; Schmelzpunkt 2 100 °C, Siedepunkt 2 550 °C. Das Element zählt zu den Halbmetallen, die Leitfähigkeit nimmt mit steigender Temperatur rasch zu. In der Natur findet sich B. in Form zahlr. Minerale wie Kernit, Boracit, Borax, Pandermit, Colemanit und Turmalin. B. wird technisch durch Reduktion von B.trioxid mit Magnesium (amorphes B.), aus B.halogeniden oder B.hydriden durch therm. Zersetzung oder aus B.halogeniden durch Reduktion mit Wasserstoff im Hochspannungslichtbogen (kristallines B.) hergestellt. In seinen Verbindungen ist B. dreiwertig. Verwendung findet B. bes. als Heißleiter und Thermistor sowie zur Dotierung von Silicium- und Germaniumhalbleitern. Daneben dient es zur Herstellung von Hartstoffen (Boride, B.nitrid), von B.fasern und Haarkristallen (Whisker), als Neutronenabsorber in Kernreaktoren und wegen seiner hohen Sauerstoffaffinität in Glühlampen, Elektronenröhren u. a. als Getter. In Form von Ferro-B. wird es zur Erzeugung von Stählen mit bes. hoher Härte verwendet. Hauptproduzent für B. und B.verbindungen sind die USA, die über 90 % des Weltbedarfs decken. – B. ist ein wichtiges Spurenelement, bes. für höhere Pflanzen, die es in Form von Borationen aufnehmen.

Bora, Katharina von, *Lippendorf bei Leipzig 29. Jan. 1499, †Torgau 20. Dez. 1552, Ehefrau Martin Luthers. – Floh 1523 aus dem Zisterzienserkloster in Nimbschen bei Grimma, heiratete Luther am 13. Juni 1525.

Bora [griech.-italien.], kalter, stürm. und trockener Fallwind an der dalmatin. Küste, auch an der Schwarzmeerküste auftretend.

Boracit, farbloses bis grünl. oder bräunl. Mineral, $Mg_3[Cl|B_7O_{13}]$; Dichte 2,95 g/cm³, Mohshärte 7; existiert in zwei Modifikationen: kubisch B., rhombisch *Staßfurtit.*

Borane [pers.] (Borwasserstoffe, Borhydride), Verbindungen des Bors mit Wasserstoff. Das auf Grund der Dreiwertigkeit des Bors einfachste Boran, BH_3, ist nicht existenzfähig und dimerisiert zum *Diboran,* B_2H_6; die Verknüpfung erfolgt durch eine sog. ↑Dreizentrenbindung, bei der drei Atome (B–H–B) durch ein Elektronenpaar gebunden werden. Die B. neigen zu Additionsreaktionen; sie werden z. T. als hochenerget. Treibstoffe für Feststoffraketen verwendet.

Borås [schwed. buˈroːs], südschwed. Stadt im Verw.-Bez. Älvsborg, 101 000 E. B. ist das Textilzentrum Schwedens und hat ein volkskundl. Freilichtmuseum.

Borate [pers.], die Salze und Ester der Borsäure; bilden viele Minerale. Rohstoffe für die chem. Ind. sind Borax, Pandermit, Colemanit, Boracit, Ulexit, Probertit u. a.

Borax [pers.], farbloses, weißes bis blaß gefärbtes Mineral, $Na_2B_4O_7 \cdot 10H_2O$; Dichte 1,7–1,8 g/cm³, Mohshärte 2–2,5; wichtiger Rohstoff für die chem. Industrie. Beim raschen Erhitzen entsteht zunächst unter Aufblähung eine klare, glasige Masse (*B.glas*), die in Form der *Boraxperle* als Vorprobe auf metall. Bestandteile in der analyt. Chemie verwendet wird.

Borcarbid, B_4C, sehr hartes, hitzebeständiges, chemisch widerstandsfähiges Material; verwendet zur Herstellung von Schleifmaterial sowie als Neutronenabsorber in Kernreaktoren.

Borchardt, Ludwig, *Berlin 5. Okt. 1863, †Paris 12. Aug. 1938, dt. Ägyptologe. – Ausgrabungen in Abu Sir und Amarna. Gründer des dt. Instituts für ägypt. Altertumskunde in Kairo. – *Werke:* Quellen und Forschungen zur Zeitbestimmung der ägypt. Geschichte (3 Bde., 1917–38).

Denkmäler des Alten Reiches im Museum von Kairo (2 Bde., 1937–64).
B., Rudolf, *Königsberg (Pr) 9. Juni 1877, †Trins bei Steinach (Tirol) 10. Jan. 1945, dt. Schriftsteller. – Konservative Gesinnung. Schuf neben Nachdichtungen (bes. Pindar, Dante) Essays, Lyrik, Prosa und Dramen. – *Werke:* Der Durant (Epos, 1920), Die Päpstin Jutta (Dr., 1920), Das hoffnungslose Geschlecht (En., 1929), Vereinigung durch den Feind hindurch (R., 1937).

Borchert, Jochen, *Nahrstedt 25. April 1940, dt. Politiker (CDU). – Landwirt; seit 1980 MdB; seit Jan. 1993 Bundesmin. für Ernährung, Landw. und Forsten.
B., Wolfgang, *Hamburg 20. Mai 1921, †Basel 20. Nov. 1947, dt. Dichter. – Gestaltete in dem Heimkehrerdrama „Draußen vor der Tür" (1947, auch Hsp.) Elend und Einsamkeit der Kriegsgeneration nach den desillusionierenden Kriegsende; auch Gedichte und Erzählungen.

Bord [niederdt.], Schiffsseite, auch die Oberkante des Schanzkleides; in der Seemannssprache das Schiff selbst; **an Bord,** auf dem Schiff (auch im Flugzeug) befindlich.

Borda, Jean Charles de, gen. le Chevalier de B., *Dax (Landes) 4. Mai 1733, †Paris 20. Febr. 1799, frz. Physiker und Geodät. – Maßgeblich an der Entwicklung des dezimalen Maßsystems beteiligt (die Bez. „Meter" stammt von ihm). Er entwickelte naut. und geodät. Instrumente.

Bordcase [...kɛɪs; engl.], kofferähnl. Gepäckstück.

Bordcomputer [...kɔmˈpjuːtər; engl.], elektron. Datenverarbeitungsanlage an Bord von Flugzeugen, Raumflugkörpern und teilweise von Kfz für die Auswertung und Anzeige von Daten des bordeigenen Kontrollsystems.

Börde [urspr. niederdt. „Gerichtsbezirk"], fruchtbare (Lößboden), überwiegend agrarwirtsch. genutzte Ebene, z.B. Magdeburger Börde, Soester Börde.

Bordeaux [frz. bɔrˈdo], größte Stadt und wichtigster Hafen SW-Frankreichs, an der Garonne, 100 km vom offenen Meer entfernt, 211 000 E. Verwaltungssitz des Dep. Gironde und der Region Aquitanien; Erzbischofssitz (seit dem 4. Jh.); Univ. (gegr. 1441), Akad. der Wiss., Literatur und Künste (gegr. 1712), Landw. Hochschule, Observatorium; Museen, u. a. Musée d'Aquitaine; Theater; internat. Messe. Zum Hafenkomplex gehören mehrere an der Gironde gelegene Vorhäfen und der Erdölhafen Le Verdon-sur-Mer. Nahrungs-, Genußmittel-, Zement-, Elektro-, Flugzeugind., Schiffbau und -reparaturen; Erdölraffinerien, chem., petrochem. Industrie; bed. Weinhandel.
Geschichte: Als **Burdigala** im 3. Jh. v. Chr. gegr. Hauptstadt der kelt. Biturigen. 56 v. Chr. römisch, 28 v. Chr. Hauptstadt der Prov. Aquitania (seit 297 n. Chr. von Aquitania II). Im 3. Jh. neu angelegt. Ab 418 westgotisch, nach 419 mehrmals Königsresidenz; seit 507 fränkisch, ab 628 zum merowing. Teil-Kgr. Aquitanien. Seit 911 Hauptstadt des Hzgt. Gascogne, mit diesem 1052 zu Aquitanien, 1152 zum Haus Plantagenet; seit 1154 wirtsch. und polit. Zentrum der frz. Besitzungen Englands. 1235 Stadtrecht; wurde 1451 französisch.
Bauten: Überreste eines Amphitheaters aus dem 3. Jh.; got. Kathedrale Saint-André (12.–15. Jh.) mit isoliert stehendem Glockenturm „Tour-Pey-Berland" (1440–66), Kirchen Saint-Seurin (um 1175 bis 14. Jh.; mit Krypta des 11. Jh.), Sainte-Croix (12./13. Jh.), Sainte-Eulalie (12.–16. Jh.), Basilika Saint-Michel (14.–16. Jh.), Stadttore (12.–15. Jh.); Repräsentativbauten des 18. Jh. (z. B. das Große Theater).

Bordeauxweine [bɔrˈdoː], Rot- und Weißweine aus dem ↑Bordelais.

Bordelais [frz. bɔrdəˈlɛ], südwestfrz. Weinbaulandschaft, Herkunftsgebiet der Bordeauxweine; weitere Umgebung von Bordeaux mit dem Unterlauf von Garonne und Dordogne sowie der Gironde; größtes Qualitätsweinbaugebiet der Erde mit rd. 100 000 ha Rebfläche und einer Jahresproduktion von 3–5 Mill. hl Wein.

Bordell [altfrz.-niederl., urspr. „Bretterhüttchen"], ein auf die Erzielung von Gewinn gerichtetes Unternehmen, dessen Inhaber Räume zur Ausübung der ↑Prostitution zur Verfügung stellt. Das Betreiben eines B. ist als Förderung der Prostitution in bestimmten Formen nach § 180a StGB mit Freiheits- oder Geldstrafe bedroht, z. B. wenn die Prostituierten in persönl. oder wirtsch. Abhängigkeit gehalten werden.

Bördeln ↑Blechverarbeitung.

Borden, Sir Robert Laird [engl. bɔːdn], *Grand Pré (Nova Scotia) 26. Juni 1854, †Ottawa 10. Juni 1937, kanad. Politiker. – Seit 1901 Führer der Konservativen Partei; 1911–20 Premiermin.; unterzeichnete auf der Pariser Friedenskonferenz 1919 für Kanada den Friedensvertrag; gilt als einer der „Väter" des British Commonwealth of Nations.

Borders Region [engl. ˈbɔːdəz ˈriːdʒən], Region in S-Schottland.

Bordesholm, Gemeinde ssw. von Kiel, Schl.-H., 6 700 E. – Das 1127 gegr. Augustiner-Chorherrenstift Neumünster wurde vor 1327 auf die damalige Insel B. verlegt. 1566 wurde das Stift aufgehoben und eine Gelehrtenschule eingerichtet, die bis zur Gründung der Univ. Kiel 1665 bestand. – Got. ehem. Klosterkirche (14.–16. Jh.; bed. Altar von H. Brüggemann, 1514–21; heute im Dom von Schleswig).

Bordet, Jules [frz. bɔrˈdɛ], *Soignies 13. Juni 1870, †Brüssel 6. April 1961, belg. Bakteriologe. – Beschrieb die für die Serologie grundlegende Komplementbindungsreaktion und erhielt dafür 1919 den Nobelpreis für Physiologie oder Medizin; mit O. Gengou entdeckte er 1906 den Keuchhustenerreger.

Bordetella [nach J. Bordet], gramnegative Bakteriengatt.; bekannt ist **Bordetella pertussis,** der Erreger des Keuchhustens.

Bordflugzeug, ein auf Schiffen mitgeführtes kleineres Flugzeug.

Bordighera [italien. bordiˈɡeːra], italien. Seebad an der ligur. Küste, 12 km östlich der frz. Grenze, 12 000 E; Blumenzucht.

Wolfgang Borchert

Jules Bordet

Bordeaux. Stadtmitte mit der Kathedrale Saint-André, 12.–15. Jh., rechts daneben der frei stehende Glockenturm „Tour-Pey-Berland", 1440–66

Bordun [italien.] (frz. bourdon), in der *Musik* Begleitton oder auch -stimme in tieferer (meist gleichbleibender) Lage.
▷ bei *Musikinstrumenten* in gleichbleibender Tonhöhe mitklingende Pfeifen oder Saiten.
▷ bei der *Orgel* gedackte 32-, 16- oder 8-Fuß-Register.

Bordüre [frz.], (farbiger) Geweberand, Einfassung, Besatz.

Bordwaffen, fest eingebaute Waffen, z. B. Kanonen in einem Panzer, Maschinenwaffen oder Raketen in einem Flugzeug, Geschütze, Raketen auf einem Kampfschiff.

Boreaden, Söhne des ↑Boreas.

boreal [griech.], dem nördl. Klima Europas, Asiens und Amerikas zugehörend (Pflanzen- und Tiergeographie).

Boreal [griech.], Zeitabschnitt der Nacheiszeit, ↑Holozän (Übersicht).

Bordeaux Stadtwappen

Émile Borel

Björn Borg

Jorge Luis Borges

Cesare Borgia

Lucrezia Borgia

borealer Nadelwald, an die Arktis nach S anschließender Nadelwaldgürtel des eurosibir. und nordamerikan. Kontinents.

Boreas, griech.-thrak. Gott des Nordwindes; entführt Oreithyia, die Tochter des athen. Königs Erechtheus, nach Thrakien, wo sie Mutter der **Boreaden** Kalais und Zetes wird.

Borée, Karl Friedrich [bɔ're:], eigtl. K. Boeters, *Görlitz 29. Jan. 1886, †Darmstadt 28. Juli 1964, dt. Schriftsteller. – Schrieb Liebesromane, antimilitarist. Kriegsromane, Erzählungen, Essays. – *Werke:* Dor und der September (R., 1930), Frühling 45 (R., 1954).

Borel, Émile [Félix Édouard Justin] [frz. bɔ'rɛl], *Saint-Affrique (Aveyron) 7. Jan. 1871, †Paris 3. Febr. 1956, frz. Mathematiker, Politiker und Philosoph. – Prof. in Paris; Radikalsozialist (Abg. 1924–36), Marinemin. 1925; begr. zus. mit R. Baire und H. Lebesgue die moderne Theorie der reellen Funktionen und veröffentlichte Arbeiten zur Analysis, Maßtheorie, Funktionentheorie, Mengenlehre, Wahrscheinlichkeitsrechnung und Spieltheorie.

Boretsch ↑ Borretsch.
▷ svw. Karausche (ein Fisch).
Boretschgewächse, svw. ↑ Rauhblattgewächse.
Borfasern ↑ Verbundwerkstoffe.
Borg, Björn [schwed. bɔrj], schwed. Tennisspieler, *Södertälje 6. Juni 1956; erster Spieler, der das Herreneinzelturnier in Wimbledon fünfmal hintereinander (1976–80) gewinnen konnte. B. wurde auf Grund vieler bed. Turniersiege dreimal als WCT-Profi-Weltmeister (World Championship Tennis) nominiert (1976, 1978, 1979); 1975 siegte er mit der schwed. Mannschaft im Davispokalwettbewerb. 1983 trat B. vom Turniersport zurück; Comebackversuch 1991.

Borgå [schwed. 'bɔrgo:] ↑ Porvoo.
Borgen, Johan, *Kristiania 28. April 1902, †Hvaler (Østfold) 16. Okt. 1979, norweg. Schriftsteller und Literaturkritiker. – Zentrales Thema seiner Romane, Novellen, Dramen und Hörspiele ist das Identitätsproblem; u. a. ,,Alles war anders geworden" (En., 1954).

Borgentreich, Stadt 35 km w. von Kassel, NRW, 200 m ü. d. M., 9 200 E. Orgelmuseum (seit 1980). – 1280 erstmals, 1283 als Stadt erwähnt. – Pfarrkirche (1833–36) mit der größten erhaltenen Orgel mit Springladen (J. P. Möller; um 1735).

Borges, Jorge Luis [span. 'bɔrxes], *Buenos Aires 24. Aug. 1899, Genf 14. Juni 1986, argentin. Dichter. – Begann als Lyriker, übertrug den Ultraismo auf Argentinien. Später v. a. Essays und Erzählungen; entwickelte eine spezif. Form der phantast. Kurzgeschichte. – *Werke:* Das Eine und die Vielen (Essays, 1925), Der schwarze Spiegel (En., 1935), Fiktionen (En., 1944), Das Aleph (En., 1949), Lob des Schattens (Ged., 1969), David Brodies Bericht (En., 1970), Das Sandbuch (En., 1975), Los conjurados (Ged., 1985).

Borgese, Giuseppe Antonio [italien. bor'dʒe:se], *Polizzi Generosa bei Palermo 12. Nov. 1882, †Fiesole 4. Dez. 1952, italien. Schriftsteller. – 1910–30 Prof. in Rom und Mailand; emigrierte 1931 in die USA, lehrte ab 1949 wieder in Mailand; Schwiegersohn T. Manns. Bed. als Kritiker, Interpret (D'Annunzio, Goethe).

Borghese [italien. bor'ge:se], röm. Adelsfamilie, seit dem 13. Jh. in Siena nachzuweisen. Ihr Aufstieg begann mit Camillo B., der 1605–21 als Paul V. Papst war; sein Neffe Kardinal Scipione B. (*1576, †1633) gründete die ↑Villa Borghese und die berühmte Sammlung. Sein Bruder Marcantonio II. (*1598, †1658) war Stammvater der noch bestehenden Linie.

Borgholm [schwed. ˌbɔrjhɔlm], Hauptort der Insel Öland, Schweden, Seebad und Hafen am Kalmarsund, 11 000 E. – 1281 erstmals erwähnt, seit 1816 Stadt. – Ruine des Schlosses B. (1572–80; auf Fundamenten einer Burg des 12. Jh.); Königl. Sommerresidenz **Solliden**.

Borgia [italien. 'bɔrdʒa], aus Spanien stammendes Adelsgeschlecht **(Borja),** seit dem 13. Jh. in Játiva (Valencia) nachweisbar. Mit Alonso B. begann die polit. bed. Rolle der B. in Italien. Als Päpste haben Alonso B. (Kalixt III., 1455–58) und Rodrigo B. (Alexander VI., 1492–1503) durch Nepotismus Reichtum und Einfluß der B. stark vergrößert. 1748 starb das Geschlecht aus. Bed.:
B., Cesare, *Rom im Sept. 1475, ⚔ Viana (Kastilien) 12. März 1507, italien. Renaissancefürst. – Sohn von Papst Alexander VI.; 1492 Erzbischof von Valencia (Spanien), 1493 Kardinal; gab 1498 die geistl. Laufbahn auf, wurde 1498 von Ludwig XII. von Frankreich mit dem Hzgt. Valentinois belehnt; kehrte 1499 nach Italien zurück und eroberte Imola, 1500 Forlì; zielte mit weitgespannten militär. Unternehmungen auf die Bildung eines mittelitalien. Kgr.; 1503/04 (Tod des Vaters, Gegnerschaft Papst Julius II., 1503/04 und 1504–06 gefangengesetzt; frz.-span. Annäherung) scheiterten B. polit. Pläne; fiel als Kondottiere im Dienste seines Schwagers, des Königs von Navarra. – Vorbild für Machiavellis ,,Principe".
B., Francisco de, hl., ↑ Franz von Borgia.
B., Lucrezia, *Rom 18. April 1480, †Ferrara 24. Juni 1519, italien. Fürstin. – Tochter von Papst Alexander VI.; Schwester von Cesare B.; viermal verheiratet, zuletzt (seit 1501) mit Alfonso I. d'Este, Herzog von Ferrara; zog namhafte Dichter und Gelehrte an den Hof von Ferrara (u. a. Ariosto); ihr unrühml. Nachruf beruht auf zeitgenöss. Verleumdung.

Borgis [entstellt aus frz. bourgeois ,,bürgerlich"], Bez. für den Schriftgrad von 9 Punkt.

Borgruppe, Sammelbez. für die Elemente Bor, B, Aluminium, Al, Gallium, Ga, Indium, In, und Thallium, Tl, aus der III. Hauptgruppe des Periodensystems der chem. Elemente.

Borgentreich. In der Pfarrkirche die Orgel von Johann Patroclos Möller, um 1735

Borgward-Werke AG, ehem. dt. Konzern der Kfz-Industrie in Bremen. Gegr. 1928 von Carl F. W. Borgward (*1890, †1963); ging 1961 in Konkurs.

Borhalogenide, Verbindungen des Bors mit den Elementen der Halogengruppe, F, Cl, Br und J. **Bortrifluorid,** BF_3, ein farbloses, erstickend riechendes Gas; dient als Fluorierungsmittel in der analyt. Chemie und als Katalysator bei Alkylierungen und Polymerisationen. **Bortrichlorid,** BCl_3, ist Katalysator und Ausgangsstoff für die Gewinnung reinen Bors.

Borhydride, svw. ↑ Borane.

Boride [pers.], sehr harte und hochschmelzende, nichtstöchiometr. Verbindungen des Bors mit Metallen. Die B. dienen zur Herstellung von Schleifmitteln, Schneidwerkzeugen, Raketentriebwerken u. a.

Boris, Name von Herrschern:
Bulgarien:
B. I., † 2. Mai 907, Fürst (852–889), bulgar. Nationalheiliger. – Begründer des 1. bulgar. Reiches und der bulgar. Nationalkultur; trat 864 mit einem Teil seines Volkes zum Christentum über; unterstellte sein Land 870 dem Patriarchen von Konstantinopel; zog sich 889 in ein Kloster zurück. – Fest: 7. Mai.
B. III., *Sofia 30. Jan. 1894, † ebd. 28. Aug. 1943, König (seit 1918). – Behauptete sich als König nach der Abdankung seines Vaters Ferdinand I. 1918; führte sein 1934 ein autoritäres Regime ein, seit 1935 Königsdiktatur; trat 1941 dem Dreimächtepakt bei. Sein plötzl. Tod ist ungeklärt.
Rußland:
B. [Fjodorowitsch] Godunow, Zar, ↑Godunow, Boris [Fjodorowitsch].

Borjas Cevallos, Rodrigo [span. 'bɔrxes sɛ'ßajos], *Quito 19. Juni 1935, ecuadorian. Politiker. – Jurist; gründete 1970 die sozialdemokratisch orientierte Izquierda Democrática (Demokrat. Linke; Abk. ID), 1988–92 Staatspräsident.

Borke [niederdt.], (Rhytidom) abgestorbener, verkorkter Teil der Rinde bei Holzgewächsen, der oft in Platten, Schuppen (Schuppen-B.) oder Streifen (Streifen-, Ringel-B.) abgeworfen wird. Die braune Färbung beruht auf der Einlagerung von fäulnishemmenden Phlobaphenen. – Die B. der Korkeiche wird wirtsch. genutzt.
▷ in der *Medizin* svw. ↑Schorf.

Borken, Krst. im sw. Münsterland, NRW, 45–50 m ü. d. M., 34 200 E. Grenzlandtechnikum, Textil-, Glas-, Metallind. – Das Dorf B. entstand an einer Furt der Bocholter Aa, zw. 1222/1226 Stadtrecht, 1249 Marktrecht. 1803–05 Hauptstadt des Ft. Salm; seit 1815 preuß. Moderner Wiederaufbau nach Zerstörungen im 2. Weltkrieg. – Propsteikirche (1433). Teile der Stadtmauer (15. Jh.) mit mehreren Rundtürmen.
B., Kreis in Nordrhein-Westfalen.

Borkenflechte, svw. ↑Glatzflechte.

Borkenkäfer (Scolytidae), weltweit verbreitete Käferfam. mit etwa 4600, meist wenige mm langen Arten, davon etwa 225 in Europa; Färbung meist braun bis schwarz; überwiegend in und unter der Rinde von Holzgewächsen bohrend. – Zahlr. B. sind Forstschädlinge. Zu den B. gehören u. a. ↑Buchdrucker, ↑Waldgärtner, ↑Riesenbastkäfer, ↑Kupferstecher, ↑Ulmensplintkäfer.

Borkenkäferwolf (Thanasimus formicarius), nützl., etwa 7–10 mm langer, einheim. Buntkäfer; Kopf schwarz, Brustschild braunrot, Flügeldecken an der Basis braunrot, im hinteren Teil schwarz mit 2 weißl. Querbinden; hauptsächlich an gefällten Fichten und Kiefern, wo er sich von Borkenkäfern sowie deren Larven und Puppen ernährt.

Borkenkrepp (Rindenkrepp), Gewebe mit baumrindenähnl. Oberfläche, hervorgerufen u. a. durch Verwendung von schrumpffähigem Garn oder durch Prägen.

Bór-Komorowski, Tadeusz, urspr. Graf Komorowski, *bei Terebowlja (Gebiet Tarnopol) 1. Juni 1895, † Grove Farm (Buckinghamshire) 24. Aug. 1966, poln. General und Politiker. – Unter dem Decknamen Bór (Wald) ab 1943 Befehlshaber der im Untergrund tätigen „Heimatarmee" (Armia Krajowa); leitete 1944 den Warschauer Aufstand; lebte nach dt. Gefangenschaft seit 1945 in Großbritannien im Exil; u. a. 1947–49 Min.präs. der polnischen Exilregierung.

Borkou, wüstenhafte Beckenlandschaft im N der Republik Tschad, mit großen Dattelpalmoasen; Weidegebiet von Nomaden; Salzgewinnung.

Borkum, größte und westlichste der Ostfries. Inseln, Nds., 30,7 km², besteht aus zwei Dünenkernen, dem West- und Ostland, die seit 1860 durch Marschland miteinander verbunden sind. An der Westküste Stadt und Seebad **Borkum**; 5700 E; Fährverbindung von Emden. – Erste urkundl. Erwähnung 1398; 1749 preußisch, seit 1815 zu Hannover.

Borlaug, Norman Ernest [engl. 'bɔːlɔːg], *Cresco (Iowa) 25. März 1914, amerikan. Agrarwissenschaftler. – Erwarb sich bes. Verdienste bei der Entwicklung von hochertragreichen Getreidesorten. Für seine Bemühungen um eine Lösung des Welternährungsproblems erhielt er den Friedensnobelpreis 1970.

Borman, Frank [engl. 'bɔːmən], *Gary (Ind.) 14. März 1928, amerikan. Astronaut. – Unternahm u. a. als Kommandant von „Apollo VIII" (1968) den ersten bemannten Flug um den Mond.

Bormann, Martin, *Halberstadt 17. Juni 1900, verschollen seit dem 1. Mai 1945 und amtsgerichtlich für tot erklärt, dt. Politiker. – Schloß sich 1928 der NSDAP an; seit 1930 in der obersten Parteiverwaltung tätig; seit 1941 Leiter der Parteikanzlei mit Min.rang und 1943 „Sekretär des Führers"; gewann seitdem großen Einfluß auf Hitler. 1946 vom Nürnberger Gerichtshof in Abwesenheit zum Tode verurteilt.

Bormio (dt. Worms), italien. Stadt und Thermalkurort am Oberlauf der Adda, Region Lombardei, 1225 m ü. d. M., 4100 E. Radioaktive Therme; Wintersport. – Im MA Sitz von Gft., gehörte 1512–1797 Graubünden, seit 1814 österr., seit 1859 italien.

Born, Max, *Breslau 11. Dez. 1882, † Göttingen 5. Jan. 1970, dt. Physiker. – Prof. in Berlin, Breslau, Frankfurt am Main, Göttingen; emigrierte 1933; 1936–53 Prof. in Edinburgh. Gilt als einer der bedeutendsten Wegbereiter der modernen theoret. Physik. Neben seinen Arbeiten zur Festkörperphysik sowie zur Relativitätstheorie und Optik widmete er sich der Entwicklung einer Theorie atomarer Vorgänge (Quantenmechanik); dies gelang ihm 1925 zus. mit seinen Schülern W. Heisenberg und P. Jordan in Form der (Heisenbergschen) Matrizenmechanik. Für seine 1926 gegebene statist. Interpretation der Quantenmechanik sowie für seine Gittertheorie der Kristalle erhielt er 1954 den Nobelpreis für Physik (zus. mit W. Bothe).

Borna, Krst. im S der Leipziger Tieflandbucht, Sa., 150 m ü. d. M., 23 200 E, inmitten eines Braunkohlengebietes. Braunkohlenind. (Tagebau, Brikettfabriken, Kraftwerke, Chemiebetrieb). – Entstand wohl Anfang des 11. Jh., spätestens seit 1265 Stadtrecht. – Roman. Kunigundenkirche (vor 1200); Marienkirche (12., 15. Jh.) mit Schnitzaltar (1511, H. Witten); Reichstor (1753).
B., Landkr. in Sachsen.

Borna-Krankheit [nach der Stadt Borna, wo sie Ende des 19. Jh. zuerst auftrat] (Kopfkrankheit), durch ein Virus verursachte ansteckende Gehirn-Rückenmark-Erkrankung der Pferde und Schafe; in einigen Ländern der BR Deutschland meldepflichtig.

Bornan [Kw.], Grundkörper der bicycl. Terpene. – ↑Kampfer.

Börne, Ludwig, eigtl. Löb Baruch, *Frankfurt am Main 6. Mai 1786, † Paris 12. Febr. 1837, dt. Schriftsteller. – Seit 1830 in Paris; Schriftsteller des Jungen Deutschland, leidenschaftl. Einsatz für die Demokratie als Voraussetzung für soziale und geistige Freiheit. „Briefe aus Paris" (6 Tle., 1832–34). Wegbereiter der krit. Prosa des Feuilletons; witzig, intelligent, bissig. Seine Werke sind als Zeitdokumente zu werten.

Borneo (indones. Kalimantan), größte der Großen Sundainseln, drittgrößte Insel der Erde, 743 384 km². 73 % sind indones. Staatsgebiet, der Rest gehört zu Malaysia und Brunei. – Stark reliefierte, von einem dichten Gewässernetz zerschnittene Gebirgsketten, im Kinabalu 4101 m ü. d. M. Es herrscht äquatoriales Regenklima. Der größte Teil der Insel war urspr. ganz von trop. Regenwald bedeckt (durch verheerende Waldbrände 1982/83 Vernichtung von rd. 4 Mill. ha Urwald). Bes. im SO und W sind weite Teile als Folge des Brandrodungsfeldbaus von Alang-Alang-Grasfluren überzogen; an den Küsten Mangrovewälder. – Die Bev. besteht aus einer Vielzahl von Volks- und Sprachgruppen unterschiedl. Gesellschafts- und Wirtschaftsentwicklung. In den Wäldern leben die Dajak, die zahlr. altmalaiische

Tadeusz
Bór-Komorowski

Norman Ernest
Borlaug

Max Born

Ludwig Börne

Borneol

Borobudur. Links: Das gesamte Bauwerk hat die Form eines dreidimensionalen Mandalas. Rechts: Relief

Borobudur. Schematischer Grundriß, er stellt ein Mandala dar

Borretsch

Bornholm. Ruine der Festung Hammershus, 13. Jahrhundert

Volksgruppen umfassen, in den Küstenräumen leben jungmalaiische Volksgruppen; planmäßige Ansiedlung von Javanern vor dem 2. Weltkrieg. Die im 19. und 20. Jh. eingewanderten Chinesen sind wirtsch. sehr aktiv. Einige Kautschukplantagen arbeiten für den Export, die Landw. dient überwiegend der Eigenbedarfsdeckung. Wachsende Bed. hat der Holzeinschlag, Fischerei wird an den Küsten und in Binnengewässern betrieben. Bed. Erdölvorkommen, rückläufiger Kohleabbau.

Geschichte: Seit dem 1. Jt. n. Chr. ind. Kolonien an den Flußmündungen; im 14. Jh. an den Küsten Vasallenstaaten des Reiches von Madjapahit; im 15. und 16. Jh. von muslim. Malaien kolonisiert; Gründung von Sultanaten: Brunei, Banjarmasin und Kutei. 1518 kamen erstmals Portugiesen, 1598 Niederländer, die den ganzen S der Insel unterwarfen.

Borneol [Kw.], bicycl. Terpenalkohol, Hauptbestandteil des *Borneokampfers* und Nebenbestandteil vieler anderer äther. Öle (Lavendelöl, Baldrianöl u. a.). Durch Oxidation entsteht aus B. Kampfer.

Börner, Holger, *Kassel 7. Febr. 1931, dt. Politiker (SPD). 1957–76 MdB; 1961–64 Bundesvors. der Jungsozialisten, 1967–72 parlamentar. Staatssekretär im Bundesministerium für Verkehr; 1972–76 Bundesgeschäftsführer der SPD; 1976–87 hess. Ministerpräsident; seit Dez. 1987 Vors. der Friedrich-Ebert-Stiftung.

Bornholm, dän. Insel in der westl. Ostsee, 588 km², 46 100 E. B. erreicht im Zentrum eine Höhe von 162 m. An der N-Küste hat die Brandung eine Klippenlandschaft erzeugt, im S kommen in Anlandungsgebieten Dünenketten vor. Im Innern liegt das Waldgebiet Almindingen. Hauptort ist Rønne; Land- und Forstwirtschaft, Fischerei, Stein- und Keramikind. Fähr- und Flugverbindung mit Kopenhagen; im Sommer auch Fähren von Schonen und Lübeck. – Im MA *Burgundarholm,* im 11. Jh. christianisiert; 1525–76 an Lübeck verpfändet, 1645 und 1658–60 schwedisch. Nach dt. Besetzung im 2. Weltkrieg 1945/46 von sowjet. Truppen besetzt. – Ruine der Festung Hammershus (13. Jh.); 4 Rundkirchen (12. und 13. Jh.). Auf B. stehen auch einige der größten Bautasteine Skandinaviens.

Bornholmer Krankheit (Myalgia epidemica, epidem. Pleurodynie), durch Coxsackie-Viren verursachte, an der Ostsee bes. verbreitete Infektionskrankheit. Kennzeichen sind Fieber und Schmerzen im Brust- und Bauchbereich; der Verlauf ist gutartig.

borniert [frz.], geistig beschränkt, engstirnig, uneinsichtig.

Bornkamm, Günther, *Görlitz 8. Okt. 1905, †Heidelberg 18. Febr. 1990, dt. ev. Theologe. – Bruder von Heinrich B.; 1934 Dozent in Königsberg (Pr.), 1936 in Heidelberg, 1946 Prof. in Göttingen, 1949 in Heidelberg. Bed. Werke zum N. T. und zum Urchristentum, u. a. „Jesus von Nazareth" (1956), „Paulus" (1969).

B., Heinrich, *Wuitz (Kreis Zeitz) 26. Juni 1901, †Heidelberg 21. Jan. 1977, dt. ev. Theologe. – Bruder von Günther B.; 1927 Prof. in Gießen, 1935 in Leipzig, 1948 in Heidelberg. *Werke:* Luther im Spiegel der dt. Geistesgeschichte (1955), Das Jh. der Reformation (1961).

Bornu ↑ Kanem-Bornu.

Borobudur, um 1830 entdecktes buddhist. Heiligtum in Z-Java, nnw. von Yogjakarta, Indonesien, errichtet um 800 n. Chr.; im späten 19. Jh. z. T. restauriert, Gesamtrestaurierung 1975–83 mit Unterstützung der UNESCO. Der über 40 m hohe pyramidale, auf einem quadrat. Sockel errichtete Bau besteht aus 9 Terrassen und ist von einem Zentralstupa gekrönt; die drei oberen Terrassen tragen 72 Stupas. Ein Innenraum fehlt. Die um die Terrassen laufenden galerieähnl. Umgänge sind mit etwa 1300 steinernen Flachreliefs (vom Guptastil beeinflußt) und 432 Nischen mit Buddhastatuen verziert. – Von der UNESCO zum Weltkulturerbe erklärt.

Borodin [russ. bɐrɐˈdin], Alexandr Porfirjewitsch, *Petersburg 12. Nov. 1833, †ebd. 27. Febr. 1887, russ. Komponist. – Mgl. der „Gruppe der 5" um M. A. ↑Balakirew. B. ist stärker als deren andere Mgl. der klass. Musik verpflichtet. Neben Einflüssen der russ. Folklore ist seine Musik durch oriental. Kolorit gekennzeichnet, z. B. „Eine Steppenskizze aus Mittelasien" für Orchester (1880) und die Oper „Fürst Igor" (seit 1869, von Rimski-Korsakow und Glasunow beendet; darin die „Polowezer Tänze").

Boron, Robert de ↑Robert de Boron.

Boronatrocalcit [pers./ägypt. – arab./lat.], svw. ↑Ulexit.

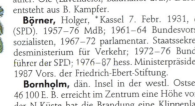

Borough [engl. 'bʌrə], städt. Siedlungszentren im England des MA und der Neuzeit mit bes. wirtsch. und verwaltungstechn. Privilegien; im 13. und 14. Jh. z. T. eine eigenständige, körperschaftl. organisierte Administration; hatten seit Heinrich III. das Recht, Vertreter ins Parlament zu entsenden; 1832 Abschaffung der „rotten boroughs" (entvölkerte, aber noch mit Wahlrecht ausgestattete B.); seit 1888 Unterscheidung zw. grafschaftsangehörigen („municipal boroughs") und grafschaftsfreien B. („county boroughs"). 1972 abgeschafft (Ausnahme Groß-London). In den USA wird B. nur in New Jersey, Pennsylvania, Connecticut und Minnesota als Bez. für kleinere Städte gebraucht, in Groß-New York für die Verwaltungseinheiten Manhattan, Brooklyn, Queens, Bronx und Richmond.

Borrelia (Borrelien) [nach dem frz. Bakteriologen A. Borrel, *1867, †1936], Spirochätengatt. mit etwa 5 Arten, darunter **Borrelia recurrentis,** Erreger des ↑Rückfallfiebers.

Borretsch [mittellat.] (Gurkenkraut, Borago officinalis), einjähriges Rauhblattgewächs aus dem Mittelmeergebiet, in M-Europa verwildert; Blüten himmelblau, radförmig; oft als Gewürzpflanze angebaut.

Borretschgewächse, svw. ↑Rauhblattgewächse.

Borries, Bodo von ['bɔriəs], *Herford 22. Mai 1905, †Köln 17. Juli 1956, dt. Physiker. – War maßgeblich an der Entwicklung des Elektronenmikroskops beteiligt.

Borris, Siegfried, *Berlin 4. Nov. 1906, †Berlin (West) 23. Aug. 1987, dt. Komponist und Musikwissenschaftler. – Prof. in Berlin. Komponierte u. a. Sinfonien, Konzerte, Kammermusik, Chöre. In seinen Schriften befaßte er sich v. a. mit zeitgenöss. Musik.

Borromäerinnen (Barmherzige Schwestern vom hl. Karl Borromäus), Schwesternkongregationen für christl. Karitasarbeit, 1652 gegr.; etwa 830 Mgl. in 130 Niederlassungen (1992).

Borromäische Inseln, Inselgruppe im mittleren Lago Maggiore; auf den beiden größten Inseln Villen und Parks der Mailänder Adelsfamilie Borromeo (17./18. Jh.).

Borromäus, Karl (Carlo Borromeo), hl., *Arona (Novara) 2. Okt. 1538, †Mailand 3. Nov. 1584, italien. Theologe. – Seit 1563 Priester und Bischof, bemüht um die vom Konzil von Trient eingeleiteten Reformen. Gründete in Mailand ein Priesterseminar, mehrere Knabenseminare und Schulen. – 1610 heiliggesprochen. – Fest: 4. November.

Borromäusverein (Verein vom hl. Karl Borromäus e.V.), 1844 gegr. kath. Bücherverein mit dem Ziel, gute Bücher zum Eigenbesitz zu vermitteln. Der B. hat ein umfangreiches Bibliothekswesen aufgebaut.

Borromeo, Carlo ↑Borromäus, Karl.

Borromini, Francesco, *Bissone am Luganer See (Tessin) 25. Sept. 1599, †Rom 2. August 1667 (Selbstmord), italien. Baumeister schweizer. Herkunft. – Schüler und Mitarbeiter von C. Maderno in Rom (seit 1620). Schulebildend die röm. Kirche San Carlo alle Quattro Fontane (1638–41; die Fassade 1665–68) in hochbarocker Raumverschmelzung über geschwungenem Grundriß. Als Hauptwerk gilt die röm. Kirche Sant'Ivo della Sapienza (Universitätskirche) über einem als sechsstrahliger Stern ausgebildeten Grundriß (1642–50).

Borsalbe ↑Borsäure.

Borsäure (Orthoborsäure), B(OH)$_3$, eine schwache, dreibasige Säure, die in schuppigen, weißen Blättchen kristallisiert. Verwendung in der Porzellan-, Emaille- und Glasindustrie, als Flammschutzmittel für Textilien, zur Herstellung anderer Borverbindungen u. a. Die Anwendung von borhaltigen Verbindungen in Arzneimitteln (bes. **Borsalbe, Borwasser**) ist in der BR Deutschland seit dem 25. 7. 1983 nicht mehr zugelassen. B. führte v. a. bei Säuglingen und Kleinkindern zu resorptiven Vergiftungen.

Borschtsch [russ.], russ. Nationalgericht, eine Kohlsuppe mit Fleisch, roten Rüben, etwas ↑Kwaß und saurer Sahne.

Börse [niederl.], Geldbeutel, Portemonnaie.

Börsen [niederl., wohl nach einer Brügger Kaufmannsfamilie von der Burse, vor deren Haus sich Kaufleute zu Geschäftszwecken trafen], Märkte für Waren, Wertpapiere oder Devisen, an denen nach festen Gebräuchen und Vorschriften Preise ausgehandelt und Umsätze getätigt werden, ohne daß die entsprechenden Güter gleichzeitig und am Ort der B.versammlung übergeben und bezahlt werden. Auch die Gebäude, in denen die Versammlungen stattfinden, werden meistens B. genannt. – *Gegenstand* des B.handels sind vertretbare Sachen, also bewegl. Sachen, die im Verkehr nach Zahl, Maß oder Gewicht bestimmt zu werden pflegen. – Die *Einteilung* der B. erfolgt nach den gehandelten Sachen: Wertpapier-B. (B. im engeren Sinn; an ihr werden Aktien und Rentenpapiere gehandelt), Devisen-B., Waren-B.; uneigtl. B.: Dienstleistungs-B. (z. B. sog. Versicherungs-B.), Briefmarken-B. u. a.

Die *wirtsch. Bed.* der B. liegt in dem Ausgleich von Angebot und Nachfrage, die den Preis (Ausführung unlimitierter Orders) bestimmen. In der räuml. und zeitl. Zusammenfassung von Angebot und Nachfrage, in der Vereinheitlichung der Transaktionen und der Transparenz liegt die Besonderheit der Börsen. Die Mobilität des Kapitals wird erhöht; durch die Möglichkeit, jederzeit Wertpapiere erwerben und veräußern zu können, wird die Grundlage zu einer ständigen Bewertung der Kapitalgesellschaften geschaffen.

Grundlagen für das B.wesen sind das *Börsengesetz* von 1896 i. d. F. vom 28. 4. 1975, das Börsenzulassungsgesetz vom 1. 5. 1987 und die *Börsenordnung.* Die B. haben die Rechtsform einer öff.-rechtl., körperschaftsähnl. Einrichtung. B.organ ist der **Börsenvorstand,** der insbes. über die Zulassungen und den Ausschluß von B.mitgliedern, Festsetzung von B.usancen (-gewohnheiten) und die amtl. Aufstellung des Kurszettels, d. h. des Verzeichnisses der Preise von Wertpapieren und Waren an der jeweiligen B. entscheidet. Die Maklerkammer ist die Standesvertretung für Kursmakler an der Börse. Der amtl. Makler erhält seine Zulassung vom B.vorstand und vermittelt den An- und Verkauf von Wertpapieren und Waren. Freie Makler wirken nicht an der amtl. Kursfestsetzung mit. Sie dürfen unbeschränkt für eigene Rechnung verkaufen und kaufen. Der **Börsenkurs** ist grundsätzlich die Notierung für je 100 DM Nennbetrag in Prozenten (z. B. VW-Aktie im Nennwert von 100 DM mit

Alexandr Porfirjewitsch Borodin

Karl Borromäus

Francesco Borromini. Die sechsstrahlige Kuppel der Kirche Sant' Ivo della Sapienza, 1642–50

Börsenblatt für den Deutschen Buchhandel

August Borsig

Carl Bosch

Robert Bosch

Borstenzähner mit Jungtier

Börsenkurs 112: eine Aktie kostet 112,- DM). Bei Aufträgen kann dem Makler eine Kursbegrenzung angegeben werden (Kurslimit). Soweit das B.geschäft erst zu einem späteren Zeitpunkt erfüllt werden soll, der Kaufpreis aber bereits vereinbart ist, handelt es sich um ein B.termingeschäft; der Normalfall sind Kassageschäfte. Die B.tendenz als Spiegel der Kursentwicklung ist häufig ein Gradmesser für die wirtsch. Entwicklung eines Landes.
In der *BR Deutschland* gibt es 8 Wertpapier-B.: Berlin, Bremen, Düsseldorf, Frankfurt am Main, Hamburg, Hannover, München und Stuttgart.
Der einzige B.platz in *Österreich* ist Wien. Das Bundesministerium für Finanzen entscheidet über die Zulassung von Wertpapieren zum B.handel und zur Notierung im amtl. Kursblatt, und zwar nach Anhörung der „Wiener Börsekammer", der die Leitung der Börse obliegt. Die 3 Haupt-B. in der *Schweiz* (Zürich, Basel, Genf) unterstehen einer mehr oder weniger weitgehenden Aufsicht des Staates. Als Neben-B. sind Bern, Lausanne, Neuenburg und St. Gallen von regionaler Bedeutung.
The Stock Exchange, London, ist der Anzahl der Mgl. und den Umsätzen nach die größte B. Europas. Juristisch ist sie ein Privatunternehmen. Mgl. können Einzelpersonen und Firmen mit unbeschränkter Haftung sein. Banken sind nicht am B.handel beteiligt.
Der bedeutendste B.platz der USA und der ganzen Welt ist die **New York Exchange,** nach dem Domizil auch als **Wall Street** bekannt. Wie in London handelt es sich bei ihr um eine privatrechtl. Maklerbörse.
Geschichte: Börsenartige Versammlungen sind schon für große Handelsplätze im Altertum überliefert. Im ausgehenden MA entwickelten sich börsenartige Märkte für Waren, Wechsel und Sorten; aber erst vom 15. Jh. an nahmen die B.gründungen, bes. in M- und W-Europa, rasch zu: Brügge 1409, Antwerpen 1460, Lyon 1462, Amsterdam 1530, Augsburg und Nürnberg 1540, London 1554, Wien 1753, New York 1792. Wichtige Einschnitte in der Geschichte des B.wesens bedeuteten der aufkommende Handel mit Aktien, Staatsanleihen und Pfandbriefen. Aufschwünge nahm das B.wesen im 17. Jh. mit dem aufkommenden Ostindienhandel, im 18. Jh. durch die Einrichtung der Waren-B. und im Laufe des 19. Jh. durch die wachsende Bed. des Effektenhandels. Anfang des 19. Jh. war Frankfurt am Main bereits der führende dt. B.platz.
Börsenblatt für den Deutschen Buchhandel, 1834 gegr. Verbandszeitschrift des Börsenvereins des Dt. Buchhandels. Seither erscheint es in ununterbrochener Reihenfolge, seit dem Ende des 2. Weltkrieges bis 1990 in einer Frankfurter (zweimal wöchentlich) und einer Leipziger (wöchentlich) Ausgabe. Ab 1991 erscheint die Zeitschrift als B. f. d. D. B. für den Gesamtverband der fusionierten Börsenvereine in Frankfurt am Main.
Börsenumsatzsteuer ↑ Kapitalverkehrsteuer.
Börsenverein des Deutschen Buchhandels e. V., 1825 wurde in Leipzig als Standesorganisation der dt. Verleger und Buchhändler der Börsenverein der Dt. Buchhändler gegr.; unter diesem Namen bestand er bis 1990 in Leipzig. Nach dem Zusammenbruch des Dt. Reiches wurde in Frankfurt am Main 1948 und 1955 unter Anschluß von 10 Landesverbänden und zahlr. Arbeitsgemeinschaften der B. d. D. B. e. V. als Gesamtberufsverband der westdt. Verleger, Buchhändler und Zwischenbuchhändler neu organisiert. Seit 1951 verleiht der Börsenverein jährlich den ↑ Friedenspreis des Börsenvereins des Deutschen Buchhandels. Er hat als wirtsch. Tochterunternehmen die Buchhändlervereinigung GmbH, in der u. a. das „Börsenblatt für den Dt. Buchhandel" und die „Dt. Bibliographie" erscheinen. Die Börsenvereine in Frankfurt und Leipzig fusionierten 1991 zu einem gemeinsamen Verband, der den Frankfurter Namen fortführt und seinen Hauptsitz in Frankfurt am Main hat. Der B. d. D. B. e. V. zählt rd. 7 000 Mgl. Mit der Einrichtung eines ständigen Büros am Leipziger Standort soll der Ausbau der Deutschen Bücherei unterstützt, die Förderung der Leipziger Buchmesse und die Gründung eines Literaturhauses verbunden werden.

Boscoreale. Wandgemälde, Darstellung des makedonischen Königs Antigonos II. und seiner Mutter Phila, römische Kopie eines griechischen Vorbildes, um 40 v. Chr. (Neapel, Museo Archeologico Nazionale)

Borsig, [Johann Friedrich] August, *Breslau 23. Juni 1804, †Berlin 6. Juli 1854, dt. Industrieller. – Gründete 1837 in Berlin eine Maschinenbaufirma, aus der sich die größte Lokomotivfabrik des europ. Kontinents entwickelte. Heutige Firma: B. GmbH, im Besitz der Dt. Babcock AG.
Borsten, die steifen, relativ dicken Haare vom Haus- und Wildschwein; diese *Natur-B.* werden neben pflanzl. Erzeugnissen (z. B. Kokosfasern) für Besen, Bürsten und Pinsel verwendet; sie werden aber durch die aus Polyamiden, Polyurethanen oder Polyvinylchlorid hergestellten *Kunst-B.* verdrängt.
Borstengras, (Aristida) Grasgattung mit über 300 Arten; Ährchen meist in Rispen; Granne der Deckspelzen dreifach fingerförmig geteilt; typ. Vertreter der Graslandschaften Afrikas und N-Amerikas.
▷ (Borstgras, Nardus) Süßgrasgatt. mit der einzigen Art **Steifes Borstgras** (Nardus stricta) auf moorigen Wiesen in Eurasien; steife borstenähnl. Blätter und blaue bis violette Ährchen.
Borstenhirse (Fennich, Setaria), Gatt. der Süßgräser mit etwa 120 Arten, in M-Europa 4 Arten auf Brachland, Schuttplätzen und in Gärten; Ährchen in Rispen; angebaut wird die ↑ Kolbenhirse.
Borstenigel (Madagaskarigel, Tanreks, Tenreks, Tenrecidae), Fam. ausschließl. auf Madagaskar heim. Insektenfresser mit rund 30, etwa 4 bis knapp 40 cm körperlangen Arten; Schwanz 3–16 cm lang, auch fehlend; Fell borstig bis stachelig oder haarig; Schnauze oft rüsselartig verlängert.
Borstenläuse (Chaitophoridae), Fam. der Blattläuse mit etwa 28 einheim. Arten v. a. auf Ahorn-, Weiden- und Pappelarten; Körper stark beborstet.
Borstenschwänze (Thysanura), Ordnung der Urinsekten mit rund 600 (davon 15 einheimisch) meist 9–15 mm großen Arten; Körper langgestreckt, am Hinterende mit 3 langen, beborsteten Anhängen; u. a. ↑ Silberfischchen, ↑ Ofenfischchen, ↑ Felsenspringer.
Borstentiere, svw. ↑ Schweine.
Borstenwürmer (Chaetopoda), veraltete systemat. Einheit der Ringelwürmer; umfaßt die ↑ Vielborster und die ↑ Wenigborster.
Borstenzähner (Chaetodontidae), Fam. der Knochenfische mit über 200, meist etwa 10–20 cm langen Arten an

den Meeresküsten, v. a. der trop. Gebiete; Färbung bunt und kontrastreich; beide Kiefer mit zahlr. borstenartigen Zähnen; z. T. beliebte Aquarienfische.

Bort, svw. ↑Ballas.

Borte, gewebtes oder besticktes Band, als Besatz z. B. an Kleidern, Polstermöbeln u. a.

Bortnjanski, Dmitri Stepanowitsch [russ. bart'njanskij], *Gluchow (Ukraine) 1751, †Petersburg 10. Okt. 1825, russ. Komponist. – Kaiserl. Kapellmeister in Petersburg; komponierte kirchl. Chor- und Orchesterwerke in italien. Stil; vertonte u. a. G. Tersteegens „Ich bete an die Macht der Liebe".

Bortnyik, Sándor (Alexander), *Marosvásárhely 3. Juli 1893, †Budapest 31. Dez. 1976, ungar. Maler und Graphiker. – 1917 Gründung der Gruppe „MA" (Heute) mit Moholy-Nagy u. a. in Budapest. 1922–24 in Weimar. Seine Privatschule für angewandte Graphik („Műhely", 1928–38) gilt als „Budapester Bauhaus".

Borussia, lat. Name für Preußen; auch weibl. Personifikation Preußens.

Borwasser ↑Borsäure.

Borwasserstoffe, svw. ↑Borane.

Boryl- [pers./griech.], Bez. der chem. Nomenklatur für die Atomgruppierung —BH$_2$.

Bos [lat.] ↑Rinder.

Bosanquet, Bernard [engl. boʊznkɪt], *Rock Hall (Northumberland) 14. Juni 1848, †London 8. Febr. 1923, engl. Philosoph. – 1903–08 Prof. in Saint Andrews (Schottland); Vertreter des Neuidealismus, stark beeinflußt von Hegel, R. H. Lotze und Treitschke. Seine Staatsphilosophie und Ethik baute er auf den Begriff vom Gemeinschaftswillen auf. – *Werke:* The philosophical theory of the state (1899), Some suggestions in ethics (1918).

Bosch, Carl, *Köln 27. August 1874, †Heidelberg 26. April 1940, dt. Chemiker. – Neffe von Robert B.; wurde 1935 Vors. des Aufsichts- und Verwaltungsrates der I. G. Farbenindustrie AG; entwickelte in den Jahren 1910–13 ein großtechn. Verfahren zur Ammoniakgewinnung (**Haber-Bosch-Verfahren**). Erhielt 1931 mit F. Bergius den Nobelpreis für Chemie.

B., Gavino Juan [span. bɔs], *La Vega 30. Juni 1909, dominikan. Politiker und Schriftsteller. – 1937–61 im Exil; Febr.–Sept. 1963 (Militärputsch) gewählter Präs.; 1966–70 im Exil in Spanien und Frankreich; soziolog. und polit. Essays, Romane und Erzählungen.

B., Hieronymus [niederl. bɔs], eigtl. Jheronimus B. van Aken, genannt Jeroen, *Herzogenbusch um 1450, □ ebd. 9. Aug. 1516, niederl. Maler. – Die Künstlersignatur nennt wohl die Vaterstadt des Malers ('s-Hertogen*bosch*). Zur Darstellung der Triebhaftigkeit, Sündhaftigkeit und Dummheit des Menschen personifiziert B. die Laster in monströsen Mißgestalten in grotesken Szenen, mit denen er den gesamten Bildraum bedeckt. In der weltverneinenden Tendenz der Werke und im Ausdruck der Angst gehört B. zum MA, in der Selbständigkeit der Auffassung aber, in der Lösung von jeder ikonograph. Bindung ist er durchaus der Neuzeit zugehörig.

Werke: Narrenschiff (Paris, Louvre), Versuchungen des hl. Antonius (Triptychon in Lissabon, Museu Nacional de Arte Antiga), Der Heuwagen (Escorial bei Madrid), Der Garten der Lüste (Madrid, Prado), Kreuztragung (Gent, Musée des Beaux-Arts), Altar mit den Hl. Drei Königen (Madrid, Prado).

B., Robert, *Albeck bei Ulm 23. Sept. 1861, †Stuttgart 12. März 1942, dt. Industrieller. – Onkel von Carl B.; gründete 1886 die „R. B.", Werkstätte für Feinmechanik und Elektrotechnik", aus der 1937 die „Robert Bosch GmbH" hervorging. Er entwickelte die Magnetzündung für Verbrennungskraftmaschinen und versah als erster Kfz mit einheitl. elektr. Ausrüstung.

Bosch GmbH, Robert, dt. Konzern der Elektroind. (v. a. Kfz-Elektrik, Haushaltsgeräte, Radio- und Fernsehgeräte, Sitz Stuttgart, gegr. 1886 (seit 1916 AG, seit 1937 GmbH). Tochtergesellschaften und Verkaufsbüros in 140 Ländern.

Böschung, Neigung des Geländes zw. verschieden hohen Ebenen. Gegen Erdrutsch werden B. durch Bepflanzung oder Steinabdeckung gesichert; hohe B. werden durch Stufen (Bermen) unterbrochen, um die Erosion durch herabströmendes Wasser zu mindern.

Bosco, Giovanni [italien. ˈbɔsko], gen. Don B., hl., *Becchi bei Turin 16. Aug. 1815, †Turin 31. Jan. 1888, italien. Priester und Sozialpädagoge. – Errichtete 1846 in Turin-Valdocco ein Jugenddorf für etwa 700 verwahrloste Kinder und Jugendliche, das zum Modell für über 500 ähnl. Einrichtungen in Europa und Übersee wurde. 1857 gründete er in Turin die Kongregation der ↑Salesianer; 1934 heiliggesprochen. – Fest: 31. Januar.

Boscoreale [italien. boskoreˈaːle], südital. Gemeinde am Fuß des Vesuvs, östl. von Neapel, 25 000 E. Fundort eines berühmten Schatzes (Schmuck, Goldmünzen, v. a. Silber- und Bronzegeschirr aus Augusteischer Zeit) und bed. Wandmalereien des 2. pompejan. Stils (um 40 v. Chr.,

Don Bosco

Hieronymus Bosch. Hölle, rechter Seitenflügel des Triptychons „Der Garten der Lüste", 1503–04 (Madrid, Prado)

Boscovich

Bosnien und Herzegowina
Fläche: 51 129 km² (Bosnien: 42 010 km², Herzegowina: 9 119 km²)
Bevölkerung: 4,48 Mill. E (1989), 87,6 E/km²
Hauptstadt: Sarajevo
Amtssprache: Serbokroatisch
Währung: 1 Jugoslaw. Dinar (DIN) = 100 Para (p)
Zeitzone: MEZ

Bosnien und Herzegowina
Staatswappen

heute u. a. in Neapel, Museo Archeologico Nazionale, und in New York, Metropolitan Museum).

Boscovich [italien. -vitʃ], Ruggiero Giuseppe ↑ Bošković, Ruđer Josip.

Bose, Satyendra Nath, *1. Jan. 1894, †Kalkutta 4. Febr. 1974, ind. Physiker. – 1924 stellte er für Lichtquanten die dann von Einstein auf materielle Teilchen (Bosonen) ausgedehnte und nach beiden benannte ↑ Bose-Einstein-Statistik (eine Quantenstatistik) auf.

B., Subhas Chandra, *Cuttack (Orissa) 23. Jan. 1897, †Taipeh (Formosa) 18. Aug. 1945 (Flugzeugunglück), ind. Politiker. – Radikaler Führer der ind. Unabhängigkeitsbewegung; 1938/39 Vors. der Kongreßpartei; stellte 1943 in Japan eine „Nationalarmee" auf und erklärte als Chef einer ind. „Nationalregierung" in Singapur 1943 Großbritannien und den USA den Krieg.

Böse (das Böse) [zu althochdt. bōsi, eigtl. „aufgeblasen, geschwollen"], 1. der dem Guten entgegengesetzte Seinsbereich (das *metaphys. B.*); 2. das den religiösen Wertsetzungen und Normen zuwiderlaufende Denken und Handeln (das *eth.* bzw. *moral. B.*). Das metaphys. B. schließt das eth. B. ein, während das eth. B. ohne die Annahme eines metaphys. B. denkbar ist. – Die bibl. Religionen Judentum und Christentum lehren, daß das B. durch Abfall des Urmenschen (und außermenschl. personaler Geistwesen) von Gott in die Welt kam. Die Neuplatoniker erkennen den Ursprung des B. in der Welt in der Vergänglichkeit und Unvollkommenheit des Irdischen als eines Gegenbildes zum unvergängl. göttl. Sein. Origenes, Augustinus u. a. verbinden diese Vorstellung mit der christl. Lehre von der Schöpfung und beeinflussen so die christl. Theologie, v. a. die Scholastik. Für Hegel liegt das B. in der Entzweiung, es ist insofern notwendiges Durchgangsstadium des Weltprozesses. Nach Nietzsche dient die Kategorie des (moral.) B. wie des Guten (entworfen von den Ohnmächtigen und Schlechtweggekommenen) der Beherrschung anderer Menschen. Nach Jaspers wird durch die philosoph. Objektivierung des B. der Welt und der menschl. Existenz das B. verharmlost. – Von der Verhaltensforschung her erklärt K. Lorenz das B. als (reparable) Entartungserscheinung im Gefolge des Aggressionstriebs.

Bose-Einstein-Statistik [nach S. N. Bose und A. Einstein], Quantenstatistik für gleichartige, aber ununterscheidbare Teilchen mit ganzzahligem Spin **(Bosonen)** eines nur Wärme austauschenden Systems. Der Austausch der Orte und Impulse zweier Teilchen ergibt hier im Ggs. zur Boltzmann-Statistik keinen neuen Mikrozustand; die quantenmechan. Wellenfunktion des Systems ist vollständig symmetr. in den Koordinaten aller Teilchen; es können sich daher mehrere Bosonen im gleichen Quantenzustand befinden. Für ein ideales **Bose-Gas** (Gesamtheit wechselwirkungsfreier Bosonen) bestimmt die B.-E.-S. aus allen mögl. Mikrozuständen den wahrscheinlichsten Zustand.

böser Blick, eine bestimmten Menschen, Tieren oder Dämonen zugeschriebene Befähigung, durch den Blick Schadenzauber zu bewirken. Der b. B. wurde bes. Personen zugeschrieben, denen auf Grund ihrer sozialen Stellung Neid und Mißgunst zugetraut wurden und die allg. als zauberkundig galten (z. B. Hexen und Landfahrer).

Bosetzky, Horst, dt. Schriftsteller, veröffentlicht unter dem Pseudonym ↑ -ky.

böse Wetter, bergmänn. Bez. für giftige explosive Grubenluft.

Bosio, François Joseph Baron [frz. bo'zjo], *Monaco 19. März 1769, †Paris 29. Juli 1845, frz. Bildhauer. – Schuf u. a. die Quadriga auf dem Arc de Triomphe, Büsten Napoleons und der kaiserl. Familie (Louvre).

Boskett [italien.-frz.], beschnittene Busch- und Baumgruppen, die in Barockgärten den Kontrapunkt zur Architektur des Schlosses bilden.

Boskop ↑ Äpfel (Übersicht).

Bošković, Ruđer Josip [serbokroat. 'bɔʃkɔvitɕ] (Boscovich, Ruggiero Giuseppe), *Dubrovnik 18. Mai 1711, †Mailand 13. Febr. 1787, kroat. Physiker, Mathematiker und Astronom. – Jesuit; Prof. in Rom, Pavia und Mailand; verfaßte Arbeiten über Kegelschnitte und zur sphär. Trigonometrie. Von großem Einfluß waren seine Vorstellungen von der Atomen, die er als ausdehnungslose, von einer Kraftatmosphäre umgebene mathemat. Punkte auffaßte.

Bosna ↑ Bosnien.

B., rechter Nebenfluß der Save in Bosnien und Herzegowina, entspringt sw. von Sarajevo, mündet bei Bosanski Šamac, 308 km lang.

Bosniaken, die südslaw. Muslime in Bosnien und der Herzegowina.

▷ Name für Lanzenreiter, meist poln. und bosn. Herkunft, im preuß. Heer im 18. Jh.

Bosnien (serbokroat. Bosna), Gebiet im N von Bosnien und Herzegowina, erstreckt sich von der Saveebene bis in die sw. der Linie Vrbas-Neretva liegende Hochkarstzone (700–2000 m ü. d. M.).

Bosnien und Herzegowina [hɛrtsego'viːna, hɛrtse'goːvina] (amtl. Vollform: serbokroatisch: Republika Bosna i Hercegovina; dt.: Republik Bosnien und Herzegowina), Staat in SO-Europa, auf der Balkanhalbinsel, zw. 42,6° und 45,3° n. Br. und 15,8° und 19,6° ö. L. **Staatsgebiet:** B. u. H. grenzt im S, W und N an Kroatien und im O an Jugoslawien (Serbien und Montenegro). Im SW hat es einen schmalen Zugang (20 km) zum Adriat. Meer (ohne Hafen). Im N liegt der Landesteil Bosnien (Hauptstadt: Sarajevo), im SW der Landesteil Herzegowina (Hauptstadt: Mostar). **Internat. Mitgliedschaft:** UN, KSZE.

Landesnatur. Etwa 90 % der Landesfläche wird von Gebirgsland eingenommen, dessen zentraler Teil überwiegend aus Schiefer und Sandstein aufgebaut und bewaldet ist. Der S und SW, von der Neretva zum Adriat. Meer entwässert, gehören zur waldarmen Hochkarstzone des Dinar. Gebirges mit Gebirgsstöcken bis 2 228 m ü. M. (Pločno) und Hochflächen, in die große fruchtbare Becken (Poljen) eingesenkt sind. Entlang der Save an der N-Grenze erstreckt sich eine ausgedehnte Niederung (Posavina), das Hauptanbaugebiet des Landes.

Bosporanisches Reich

Klima: Es ist im N-Teil im Bereich der Savenniederung gemäßigt kontinental, in der nördl. Gebirgszone kühl und feucht, nahe der Adriaküste mediterran geprägt.

Vegetation: Etwa 40 % der Landesfläche sind waldbedeckt; $3/5$ der Waldfläche sind Laub- (Eichen, Buchen), $2/5$ Nadelwald (Fichten, Kiefern). Bosnien gehört zum Pont., die Herzegowina mit ihrer trockenen Karstzone mit kargem Weideland zum mediterranen Florenbereich (Macchien, Pinien).

Bevölkerung: B. u. H. ist ein Vielvölkerstaat. Etwa 40 % der Bewohner sind Muslime (mehrheitlich in den zentralen Landesteilen), die als staatstragende Nation gelten, 33 % Serben (im O und an der bosn. Grenze zu Kroatien) und 18 % Kroaten (in der westl. Herzegowina). Zw. den Serben einerseits und den Kroaten und Muslimen andererseits tobt nach Erlangung der staatl. Unabhängigkeit im März 1992 ein blutiger Bürgerkrieg. Als kleine Volksgruppen leben noch Montenegriner, Ungarn und Albaner in B. u. H. Die Serben gehören der orth., die Kroaten der römisch-kath. Kirche an. Allg. Schulpflicht besteht vom 7.–15. Lebensjahr. Eine Univ. (ger. 1949) gibt es in Sarajevo.

Wirtschaft: Vor dem Zerfall des Vielvölkerstaates trug B. u. H. 1989 13 % am jugoslaw. Bruttosozialprodukt bei. Der ab 1990 beschrittene Entwicklungsweg von der sozialistisch zur marktwirtsch. geprägten Wirtschaftsform wurde durch den Bürgerkrieg jäh unterbrochen. Die Zerstörung wichtiger Wirtschafts- und Verkehrseinrichtungen und der Abbruch des ökonomisch bedeutsamen Fremdenverkehrs führten zu chaot. Zuständen in weiten Wirtschaftsbereichen. Trotz umfangreicher Landw. (weitgehend auf privater Basis) ist B. u. H. auf Nahrungsmittelzufuhr (bis 1992 aus Serbien) angewiesen. Neben dem Anbau von Mais, Weizen, Tabak, Kartoffeln, Zuckerrüben sowie dem Obst- und Weinanbau ist die Viehzucht (Schafhaltung in den Karstgebieten, Schweine- und Rinderzucht im N) bedeutsam. Die reichen Boden- und Naturschätze (Braunkohle, Lignit, Eisen-, Zink-, Bleierze, Bauxit, Salz, Holz, Wasserkraft) begünstigten nach 1945 eine starke Ind.entwicklung, in deren Verlauf Betriebe zur Eisenerzverhüttung, Kohleverarbeitung, der Maschinenbau, der Erdölverarbeitung und chem. Industrie entstanden. Gleichzeitig wurden traditionelle Gewerbezweige wie Holzverarbeitung, Textil- und Nahrungsmittelind. ausgebaut. Wichtige Ind.standorte sind Sarajevo, Tuzla, Zenica, Vareš, Banja Luka.

Außenhandel: Nach dem Austritt aus dem jugoslaw. Staatsverband wurden nach dem weitgehenden Handelsabbruch mit Serbien verstärkt Handelsbeziehungen mit Kroatien, Slowenien und anderen ehem. jugoslaw. Teilrepubliken, mehreren EG-Staaten und anderen Ländern aufgenommen. Ausgeführt wurden bes. Ind.güter und Rohstoffe, eingeführt Nahrungsmittel, Brennstoffe und Gebrauchsgüter.

Verkehr: Trotz des weithin verkehrsfeindl. Reliefs bestehen gute Verkehrsverbindungen, darunter 1350 km Autostraßen und 1035 km Eisenbahnlinien. Bei Sarajevo und Mostar liegen internat. ✈.

Geschichte: 9 n.Chr. von den Römern unterworfen, wurde B. u. H. der Prov. Dalmatia eingegliedert; kam 395 zum Weström. Reich, Ende 5. Jh. zum Ostgotenreich, um 530 zum Byzantin. Reich. Anfang des 7. Jh. siedelten sich Südslawen an. Bosnien war zw. Serbien, Kroatien, Byzanz, Zeta und Ungarn umstritten. Im 14. Jh. als Kgr. bed. Macht; umfaßte Serbien und das Land Hum (ab Ende des 15. Jh. Herzegowina); 13.–15. Jh. Zentrum der Bogomilen. Ab 1463–82 unter osman. Herrschaft (weitgehende Islamisierung); B. u. H. blieben als Paschalik (ab 1580) vereint; seit 1834 allmähl. osman. Rückzug. 1908 formlose Annexion durch Österreich; 1918 wurden B. u. H. Teil des neugegr. (späteren) Jugoslawien. Im 2. Weltkrieg ein Zentrum der Widerstandsbewegung (↑ Četnici). Seit 1946 Teilrepublik des Bundesstaates Jugoslawien; Ende Juli 1990 durch Verfassungsänderung Abkehr vom Einparteiensystem. Nach den ersten Mehrparteienwahlen nach 1945 vom 30. Nov. 1990 wurde der Führer der Demokrat. Aktionspartei, der Muslim A. Izetbegovic (* 1925), Präs. Nach dem Scheitern aller Pläne zum Erhalt Jugoslawiens auf föderativer Grundlage erklärte B. u. H. am 14. Okt.1991 seine Unabhängigkeit. Das von der EG als Vorbedingung für die Anerkennung der Unabhängigkeit geforderte Referendum (erfolgreich durchgeführt 28. Febr./1. März 1992) führte wegen des Boykotts durch die serb. Bev.gruppe zur polit. Frontenbildung; diese eskalierte seit April zum anhaltenden blutigen Bürgerkrieg zw. Territorialeinheiten von Muslimen wie Kroaten und den von Četnici und der ehem. Bundesarmee unterstützten Serben. Ein von den Vertretern aller 3 Staatsnationen ausgehandeltes neues Staatsmodell für den territorialen Erhalt B. u. H. auf kantonaler Basis (18. März 1992) konnte nicht verwirklicht werden. Auf die internat. Anerkennung der Unabhängigkeit (7. April 1992) antwortete die serb. Bev.gruppe mit der Ausrufung einer eigenständigen serb. Republik, die sich dem von Serbien und Montenegro Ende April 1992 gebildeten neuen Jugoslawien anzuschließen trachtete; die Einigung zw. Serben und Kroaten (Mai 1992) über „tiefgreifende Kantonalisierung" führte zur fakt. Teilung des Landes. Im Juni 1992 besetzte eine UN-Friedenstruppe den Flughafen von Sarajevo, um die Versorgung der belagerten und beschossenen Stadt durch Hilfsflüge zu sichern. Seit Aug. 1992 wurden auf Konferenzen in London und Genf zahlr. Friedensinitiativen (u. a. durch C. Vance und D. Owen Vorschlag der Errichtung von zehn autonomen Prov.) eingebracht. – Karte ↑ Jugoslawien.

Boso, Graf von Vienne, † 11. Jan. 887, König von Niederburgund. – 875 zum Herzog und Statthalter Italiens ernannt; ließ sich 879 zum König von Niederburgund (↑ Arelat) krönen und verteidigte es erfolgreich gegen die Karolinger.

Bosonen ↑ Bose-Einstein-Statistik.

Bosporanisches Reich, antikes Reich an der N-Küste des Schwarzen Meeres zu beiden Seiten der Straße von Kertsch (sog. Kimmer. Bosporus); um 480 gegr.; seit Ende des 2. Jh. v. Chr. in Personalunion mit dem Reich von Pontus verbunden; von 17 v. Chr. bis 3. Jh. n. Chr. röm. Klientelstaat; um 8 v. Chr. wieder unabhängig vom Pont. Reich.

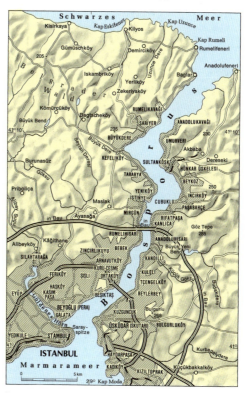

Bosporus

Bosporus

Bosporus. Die 1973 vollendete, 1 074 m lange Hängebrücke verbindet die Istanbuler Stadtteile Ortaköy und Boylerbey und damit Europa und Asien

Bosporus, türk. Meerenge (ehem. Flußtal); verbindet das Marmarameer mit dem Schwarzen Meer, trennt Europa von Asien, 31,7 km lang, an der engsten Stelle 660 m breit; bis 120 m tief. Am S-Ende befindet sich die Bucht *Goldenes Horn* mit dem Hafen von Istanbul; von 2 Hängebrücken (1 074 m [seit 1973]; 1 090 m [seit 1988]) überspannt. – Karte S. 133.

Bosporus, Kimmerischer ↑ Kimmerischer Bosporus.

Bosquet, Alain [frz. bɔs'kɛ], eigtl. Anatole Bisk, * Odessa 28. März 1919, frz. Schriftsteller russ. Herkunft. – Von Surrealismus und Existentialismus beeinflußt; schrieb v. a. klass. stilisierte Gedichte und zahlr. Essays sowie u. a. den Roman „Die Sonne ist weiß wie die Zeit, wenn sie stillsteht" (1965).

Boß [amerikan.; zu niederl. baas „Meister"], zunächst in den USA in der Umgangssprache Bez. für leitende Person, dann auch für Gewerkschafts- oder Parteiführer; heute auch umgangssprachlich im Deutschen.

Boss, Lewis, * Providence (R. I.) 26. Okt. 1846, † Albany (N. Y.) 5. Okt. 1912, amerikan. Astronom. – Erarbeitete den 1910 hg. „Preliminary General Catalogue" (PGC) der Örter von 6 188 Sternen, den sein Sohn Benjamin B. (* 1880, † 1970) zum „General Catalogue" (GC) von 33 342 Sternen erweiterte. B. entdeckte 1908 den ersten Bewegungssternhaufen im Sternbild Taurus.

Bossa Nova [portugies., eigtl. „neue Welle"], aus Südamerika stammender Modetanz, seit 1960 in Europa.

Boston. Skyline, im Vordergrund der Charles River

Bosse [frz.], Rohform eines Bildwerks (Skulptur, Kapitell) oder Werksteins (↑ Buckelquader), im Verband ↑ Bossenwerk.

Boßeln [niederdt.], u. a. in Ostfriesland betriebenes Wurfspiel mit einer Kugel (Durchmesser 12,5 cm), die auf ein Ziel geworfen wird oder weit zu werfen ist.

bosseln ↑ bossieren.

Bossenwerk (Rustika), ein Quadermauerwerk, bei dem die Quader an den Vorderseiten roh belassen und meist an den Rändern geglättet sind. Das B. kommt an röm. Bauten vor, im MA an den Wehrbauten der Stauferzeit, in der toskan. Frührenaissance, in der Hochrenaissance und im Barock.

Bossert, Helmuth Theodor, * Landau in der Pfalz 11. Sept. 1889, † Istanbul 5. Febr. 1961, dt. Archäologe. – Verfaßte u. a. mehrere Werke zur Kunst des Alten Orients („Altanatolien", 1942; „Altsyrien", 1951). Leistete wichtige Beiträge zur Entzifferung der hethit. Hieroglyphen dank einer von ihm in ↑ Karatepe ausgegrabenen phönik.-hieroglyphenhethit. Inschrift.

Bossi, italien. Stukkatorenfamilie, die im 18. Jh. in Deutschland tätig war, u. a.:

B., Giuseppe Antonio, * Porto Ceresio (Luganer See), † Würzburg 10. Febr. 1764. – 1719–29 in Ottobeuren tätig, seit 1734 in Würzburg, wo er im Dom und in der Residenz (Hofstukkateur) arbeitete. Führender Meister des rhein.-fränk. Barock.

Bossi, Marco Enrico, * Salò (Lombardei) 25. April 1861, † auf See bei der Rückreise von Amerika nach Europa 20. Febr. 1925, italien. Organist und Komponist. – Leiter der Konservatorien von Venedig (1895–1902), Bologna (1902–11) und Rom (Santa Cecilia, 1916–23). Spätromant. Kompositionen, v. a. Orchester- und Kammermusik, Orgel- und Chorwerke.

bossieren (bosseln) [frz.], einen Werkstein roh bearbeiten; es entsteht die Bosse.

▷ in Wachs (Bossierwachs) freihändig modellieren.

Bossuet, Jacques Bénigne [frz. bɔ'sɥɛ], * Dijon 27. Sept. 1627, † Paris 12. April 1704, frz. Theologe und Historiker. – 1652 Priester in Metz. Widmete sich seit 1670 v. a. der Erziehung des Dauphins, für den er eine vom Standpunkt der christl. Heilsgeschichte bestimmte Darstellung von der Erschaffung der Welt bis zum Reich Karls d. Gr. schrieb („Discours sur l'histoire universelle ...", veröffentlicht 1681). 1681 Bischof von Meaux; 1697 Staatsrat. In seiner Schrift „Politique tirée des propres paroles de l'Écriture Sainte" (1709 veröffentlicht) lieferte er eine theoret. Begründung des Absolutismus und des Gottesgnadentums. Betrieb die Aufhebung des Edikts von Nantes. 1682 verfaßte er die Deklaration des Klerus über die gallikan. Freiheiten (↑ Gallikanismus).

Boston [engl. 'bɔstən], engl. Hafen- und Ind.stadt, am Witham, Gft. Lincoln, 26 000 E. Textil-, chem. Ind., Maschinenbau. – Im 7. Jh. gegr.; Wollstapelrecht (1369), 1545 Stadt- und Marktrecht. – Bauten aus dem 15. Jh.

B., Hauptstadt des Bundesstaates Massachusetts, USA, an der Mündung des Charles River in die Massachusetts Bay, 572 000 E. Kath. Erzbischofs- und anglikan. Bischofssitz; vier Univ. (gegr. 1839, 1898, 1906 und 1964); Colleges, Konservatorien, Akad. der Künste und Wiss. (gegr. 1780), Bibliotheken, Museen, Goethe-Inst.; Planetarium. – Einer der bedeutendsten Atlantikhäfen der USA, Zentrum des Schiffbaus und Verlagswesens, U-Bahn, ✈. – 1630 von engl. Puritanern an der Stelle des heutigen Salem gegr., bald danach auf eine Halbinsel in der Boston Bay verlegt. Im 18. Jh. größte und wichtigste Stadt der Neuenglandprov., führend im Widerstand gegen die brit. Politik (u. a. Boston Tea Party 1773). Nach Erlangung der Unabhängigkeit Zentrum des Chinahandels, der amerikan. Seeschiffahrt und des Schiffbaus.

Boston [nach der amerikan. Stadt Boston], Kartenspiel mit 52 Blatt für 4 Personen, Mitte des 19. Jh. durch Bridge verdrängt.

▷ (Valse Boston) amerikan. langsamer Walzer, um 1920 in Europa Modetanz.

Boston Tea Party [engl. 'bɔstən 'tiː 'paːtɪ], Vernichtung einer brit. Teeladung im Hafen von Boston (Mass.) durch als Indianer verkleidete Mgl. der Geheimorganisation „Sons of Liberty" 1773; verschärfte den Konflikt der nordamerikan. Kolonien mit dem Mutterland am Vorabend des Unabhängigkeitskrieges.

Boswell, James, *Edinburgh 29. Okt. 1740, †London 19. Mai 1795, schott. Schriftsteller. – Befreundet mit S. Johnson, dessen Leben er in der Biographie „Denkwürdigkeiten aus Johnson's Leben" (1791, 2 Bde.), darstellte. Tagebücher.

Boswellia [wohl nach J. Boswell], svw. ↑ Weihrauchbaum.

Botalli-Gang [nach dem italien. Chirurgen Leonardo Botallo, *1530, †um 1571] (Ductus arteriosus [Botalli]), Gefäßverbindung zw. der Lungenarterie und der Aortenwurzel beim menschl. Fetus zur Umgehung der noch funktionslosen Lunge; schließt sich normalerweise in den ersten 3 Monaten nach der Geburt. Der offenbleibende B.-G. stellt einen angeborenen Herzfehler dar.

Fernando Botero. Rubens und seine Frau, 1965 (München, Galerie Buchholz)

Botanik [zu griech. botanikós „Kräuter betreffend"] (Pflanzenkunde, Phytologie), Teilgebiet der Biologie; urspr. hauptsächl. als Heilpflanzenkunde im Rahmen der Medizin betrieben, erst später setzte die Erforschung der Organisation und der Lebensfunktionen der Pflanzen ein. Die **allgemeine Botanik** bearbeitet die allen pflanzl. Organismen gemeinsamen Bau- und Funktionsprinzipien. Zu ihr zählen die *Morphologie,* die den äußeren (makroskop.) Bau der Pflanzen und ihrer Teile beschreibt; die *Pflanzenanatomie,* die auf mikroskop. Weg die Strukturen der Zellen (Zytologie), Gewebe (Histologie) und Organe der Pflanzen (Organographie) untersucht; die *Pflanzenphysiologie* (mit den Arbeitsgebieten Stoffwechsel-, Reiz- und Entwicklungsphysiologie), die sich mit der Untersuchung der Lebensvorgänge der Pflanzen, ihren physikal.-chem. Grundlagen und Zusammenhängen befaßt.
Die **spezielle Botanik** erforscht die unterschiedl. pflanzl. Formen und ihre räuml. und zeitl. Verteilung. Teilgebiete sind: *Pflanzensystematik (Taxonomie), Pflanzengeographie (Geobotanik), Pflanzenökologie* und *Pflanzensoziologie.* Mit der Untersuchung der Pflanzenwelt früherer erdgeschichtl. Epochen beschäftigt sich die *Paläobotanik.*
Die **angewandte Botanik** umfaßt die Lehre von den Heilpflanzen, die Pflanzenzüchtung und die Erforschung der Pflanzenkrankheiten *(Phytopathologie).* Diese Gebiete stehen in engem Zusammenhang mit der Medizin, Forst-, Land- und Gartenbauwissenschaft.

botanischer Garten, meist öff. zugängl. gärtner. Anlage (z. T. mit Gewächshäusern), in der einheim. und ausländ. Pflanzen zu Lehr- und Forschungszwecken gezogen werden. Der erste dt. b. G. wurde vor 1580 in Leipzig gegründet. – ↑Übersicht zoologische und botanische Gärten.

botanisieren [griech.], Pflanzen zu Studienzwecken sammeln.

Bote, Überbringer einer Nachricht oder einer Sache; im *Recht* jemand, der, ohne selbst eine Willenserklärung abzugeben, die [schriftl. oder mündl.] Willenserklärung eines andern übermittelt; Ggs.: Vertreter.

Botenbericht, Kunstgriff der Dramentechnik. Durch einen ep. Bericht werden Ereignisse, die sich außerhalb der Szene abspielten, aber für die Handlung von Bed. sind, auf der Bühne vergegenwärtigt.

Botenlauben, Otto von ↑Otto von Botenlauben.

Boten-RNS, svw. ↑Messenger-RNS.

Botero, Fernando [span. bo'tero], *Medellín 19. April 1932, kolumbian. Maler. – Lebt v. a. in New York. Ballonartig aufgeblähte (z. T. sozialkrit.) Darstellungen in lasierendem Farbauftrag; seit 1976 auch Skulpturen.

Botew ↑Balkan.

Botha, Louis, *Greytown (Natal) 27. Sept. 1862, †Rusthof (Pretoria) 28. Aug. 1919, südafrikan. General und Politiker. – Seit 1900 Oberbefehlshaber der Transvaal-Streitkräfte im Burenkrieg; wirkte nach 1902 erfolgreich für eine Aussöhnung mit Großbritannien; 1907 erster Premiermin. von Transvaal, 1910 erster Premiermin. der Union von Südafrika; besetzte 1915 Dt.-Südwestafrika.

B., Pieter Willem, *im Paul-Roux-Bezirk (Oranjefreistaat) 12. Jan. 1916, südafrikan. Politiker. – 1948–84 Parlamentsabg. für die National Party (NP), 1966–80 Verteidigungsmin.; 1978–89 Vors. der NP, 1978–84 Premiermin. und 1984–89 Staatspräs.; 1990 Austritt aus der NP.

B., Roelof Frederik, gen. Pik [Afrikaans „Pinguin"], *Rustenburg (Transvaal) 27. April 1932, südafrikan. Politiker (National Party). – Rechtsanwalt; 1975–77 Botschafter in den USA, seit 1977 Außenminister.

Bothe, Walter, *Oranienburg 8. Jan. 1891, †Heidelberg 8. Febr. 1957, dt. Physiker. – Prof. in Gießen und Heidelberg; entwickelte die Koinzidenzmethode und wies damit den Teilchencharakter der Höhenstrahlung nach; entdeckte die künstl. Kerngammastrahlung. Nobelpreis für Physik 1954 (zus. mit M. Born).

Bothwell, James Hepburn, Earl of [engl. 'bɔθwəl], *um 1536, †Dragsholm (Seeland) 14. April 1578, schott. Adliger. – Für die Ermordung Lord Darnleys, Maria Stuarts 2. Gemahl, verantwortlich; heiratete 1567 selbst die Königin; floh nach Marias Sturz nach Norwegen, starb in dän. Gewahrsam.

Botokuden [zu port. botoque „Faßspund"], fast ausgestorbener Indianerstamm in Brasilien; trägt Ohr- und Lippenpflöcke.

Botoșani [rumän. boto'ʃanj], Hauptstadt des Verw.-Geb. B. in NO-Rumänien, 105 000 E. Staatstheater, Museum; Nahrungsmittel- und Textilind. – Erstmals im 15. Jh. erwähnter Marktort, im 15. und 16. Jh. zeitweilig Sitz der Herrscher der Moldau. – Popăuți-Kirche (1492), Georgskirche (1552).

Botrange [frz. bɔ'trãːʒ], höchste Erhebung des Hohen Venn, Belgien, 694 m hoch.

Botryomykose [griech.], chron. Infektionskrankheit der Pferde in Form von pilzartig gestielten bis nußgroßen Granulationsgeschwülsten.

Botrytis [griech.], Gatt. der Schlauchpilze mit etwa 50 Arten, hauptsächlich an verletzten, faulenden Pflanzenteilen. Am bekanntesten ist **Botrytis cinerea,** verursacht Grauschimmel an verschiedenen Pflanzen sowie die Edelfäule der Trauben.

Bötsch, Wolfgang, *Bad Kreuznach 8. Sept. 1938, dt. Politiker (CSU). – Jurist; seit 1976 MdB; 1989–93 Vors. der CSU-Landesgruppe im Bundestag; seit Jan. 1993 Bundesmin. für Post und Telekommunikation.

Botschaft, die von einem Botschafter im Ausland geleitete Behörde des Sendestaates. Zu den völkerrechtl. Aufga-

Jacques Bénigne Bossuet

James Boswell (Zeichnung von George Dance, 1793)

Louis Botha

Walter Bothe

Botschafter

Botswana

Fläche: 581 730 km²
Bevölkerung: 1,22 Mill. E (1990), 2,1 E/km²
Hauptstadt: Gaborone
Staatssprache: Tswana (Amts- und Handelssprache z. T. noch Englisch)
Nationalfeiertag: 30. Sept.
Währung: 1 Pula (P) = 100 Thebe
Zeitzone: MEZ +1 Stunde

Botswana
Staatswappen

RB
Internationales
Kfz-Kennzeichen

ben der B. gehören die Vermittlung des Verkehrs zw. den beiden Reg., die Berichterstattung über Vorgänge im Empfangsstaat und die Ausübung des Schutzrechtes über die dort lebenden Staatsangehörigen.
Botschafter, nach dem Wiener Reglement vom 19. März 1815, dem Aachener Protokoll vom 21. Nov. 1818 und dem Wiener Übereinkommen vom 18. April 1961 die erste Rangklasse der diplomat. Vertreter. Sie repräsentieren persönl. das Staatsoberhaupt und genießen daher Ehrenrechte.
Botswana (amtl. Vollform: Republic of Botswana), Republik im südl. Afrika, zw. 18° und 27° s. Br. sowie 20° und 29° ö. L. **Staatsgebiet:** B. grenzt im N und W an Namibia, im S und SO an die Republik Südafrika, im NO an Simbabwe. Die Grenze zu Sambia ist nur punktuell im Sambesi. **Verwaltungsgliederung:** 12 Distrikte. **Internat. Mitgliedschaften:** UN, OAU, Commonwealth, dem GATT und der EWG assoziiert.
Landesnatur: B. ist größtenteils eine weite, nach innen einfallende Ebene in 900–1 100 m ü. d. M.; B. umfaßt den größten Teil des Kalahari mit Sanddünen, Dornstrauch- und Trockensavanne; im N das Okawangobecken mit ausgedehnten Sümpfen (Binnendelta des Okawango), dem Ngamisee und der Makarikari-Salzpfanne.
Klima: Wegen der Binnenlage weisen die Temperaturen große tages- und jahreszeitl. Schwankungen auf. Die geringen Niederschläge fallen in der Regenzeit (Nov. bis April), nur der SO-Rand erhält dank der morpholog. Gegebenheiten um 500 mm/Jahr; deshalb hier der eigtl. Lebensraum der Bev.
Vegetation: Im NO gibt es Mopanewälder, die nach SW in Trocken- und Dornstrauchsavannen und schließlich in Halbwüsten- und Wüstenvegetation (Gräser) übergehen.
Tierwelt: In den wildreichen Okawangosümpfen leben Wasservögel, Krokodile, Flußpferde u. a.
Bevölkerung: 75 % gehören dem Bantuvolk der Tswana an, daneben andere ethn. Gruppen wie Schona (12 %), Hottentoten (2 %), Buschmänner (3 %), Ndebele (1 %) sowie Europäer, Asiaten und Mischlinge; 50 % Christen, 49 % Anhänger traditioneller afrikan., 1 % asiat. Religionen. Die Analphabetenquote liegt bei etwa 30 %. Ein Teil der männl. Bev. arbeitet in der Republik Südafrika.
Wirtschaft: Wichtigster Zweig ist der Bergbau mit der Diamantengewinnung (die Diamantenfelder von Orapa gehören zu den reichsten der Erde) und der Förderung von Kupfer-Nickel-Erzen (Lagerstätten von Selebi-Phikwe) und Steinkohle. In der auf Selbstversorgung ausgerichteten Landw. ist die Rinderzucht am bedeutendsten.
Außenhandel: Die wichtigsten Partner sind Südafrika und Großbritannien. Ausgeführt werden Bergbauerzeugnisse, Vieh und tier. Produkte; eingeführt werden Getreide, Zucker, Erdölderivate, Eisen und Stahl, Maschinen, Fahrzeuge.
Verkehr: Das Eisenbahnnetz hat eine Länge von 705 km, davon entfallen 634 km auf die Strecke Mafikeng (Südafrika) nach Bulawayo (Simbabwe). Das Straßennetz ist 8 026 km lang (3 133 km befestigt). Neben dem internat.

in Gaborone existieren mehrere ✈ für den Inlandverkehr. Nationale Fluggesellschaft ist die Air Botswana.
Geschichte: B. wurde in der ersten Hälfte des 19. Jh. v. a. von brit. Missionaren erforscht. 1884 besetzte Großbritannien **Betschuanaland** (Bechuanaland); 1885 wurde der nördl. Teil brit. Protektorat, der südl. Teil Kronkolonie (später der Kapkolonie angegliedert). 1961 erhielt B. die innere Autonomie. 1962 gründete der Häuptlingssohn Seretse Khama die Betschuanaland (Botswana) Democratic Party (BDP), an deren Spitze er zum polit. Führer des Landes aufstieg. Am 30. Sept. 1966 entließ Großbritannien B. in die Unabhängigkeit; Staatspräs. wurde Seretse Khama (* 1921, † 1980). Als einer der schwarzafrikan. „Frontstaaten" im Rhodesienkonflikt (bis 1979) befand sich B. wegen seiner starken wirtsch. Abhängigkeit von der Republik Südafrika in einer bes. exponierten Position. Nach dem Tod von Präs. Khama wurde Quett K. J. Masire (* 1925) sein Nachfolger; 1984 und 1989 wiedergewählt.

Botswana. Buschmanngruppe unterwegs in der Kalahari

Politisches System: Nach der Verfassung von 1966 ist B. eine präsidiale Republik innerhalb des Commonwealth. *Staatsoberhaupt* und Träger der *Exekutive* als Reg.chef ist der von der Nat.versammlung im Zusammenhang mit den Wahlen zur Nat.versammlung alle 5 Jahre gewählte Präs., zugleich auch Oberbefehlshaber der Streitkräfte. Das Zweikammerparlament, das den Präs. wählt, und bei dem die *Legislative* liegt, besteht aus der Nat.versammlung (34 wählbare Sitze) und dem House of Chiefs (Beratungsgremium; 15 Mgl., darunter die Häuptlinge der 8 Hauptstämme). Die *Parteien* sind vorwiegend nach der Stammeszugehörigkeit ihrer Mgl. zu unterscheiden. Neben der bei weitem stärksten Partei, Botswana Democratic Party gibt es vier Oppositionsparteien. Die 18 *Gewerkschaften* sind Mgl. des Dachverbands B. Federation of Trade Unions. Den Distrikten als *Verwaltungs*einheiten stehen Distrikträte vor, deren Mgl. gewählt werden sollen, von den Häuptlingen in den Stammesdistrikten aber ernannt werden. Im *Rechts*wesen bestehen traditionelles Stammesrecht und südafrikan. Recht nebeneinander.

Botta, Mario, *Mendrisio (Kt. Tessin) 1. April 1943, schweizer. Architekt. – Vertreter der Tessiner Schule. Strebt eine klare Geometrie des Bauwerks im Kontrast zur natürl. Umwelt an; u. a. Verwaltungsgebäude der Staatsbank in Freiburg im Üechtland (1977–82), Geschäfts-, Wohn- und Verwaltungsgebäude in Lugano (1982–85), Watari-um-Museum in Tokio (1985–90).

Böttcher, Jürgen, Pseud. Strawalde, *Strahwalde (Oberlausitz) 8. Juli 1931, dt. Filmregisseur, Maler und Zeichner. – Seit 1960 im DEFA-Studio für Dokumentarfilme („Ofenbauer", 1962; „Stars", 1963; „Martha", 1978); sein 1966 verbotenes Spielfilmdebüt „Jahrgang 45" wurde 1990 erstmals öff. aufgeführt; der Streifen „Die Mauer" (1990) dokumentiert nur mit der Sprache der Bilder die Ereignisse Ende 1989 in Berlin; auch Assemblagen.

Böttcherei, Handwerksbetrieb zur Herstellung von hölzernen Gefäßen (Bottiche, Kübel, Fässer).

Böttger (Böttiger), Johann Friedrich, *Schleiz 4. Febr. 1682, †Dresden 13. März 1719, dt. Alchimist. – Zus. mit dem Mathematiker und Physiker Tschirnhaus, der bereits keram. Schmelzversuche durchgeführt hatte, erfand er 1707 das sog. rote B.steinzeug und nach Tschirnhaus' Tod das anfangs gelbl., erst um 1717 weiße Porzellan; leitete die Porzellanmanufaktur in Meißen.

Botticelli, Sandro [italien. bottiˈtʃɛlli], eigtl. Alessandro di Mariano Filipepi, *Florenz 1445, †ebd. 17. Mai 1510, italien. Maler. – Schüler von Fra Filippo Lippi. Sein zur Frührenaissance zählendes Werk ist bestimmt von mythol.-allegor. und religiösen Themen, u. a. die „Geburt der Venus" (um 1485; Florenz, Uffizien), „Pietà" (Alte Pinakothek, München). Schuf Fresken für die Sixtin. Kapelle in Rom (1481–83). Ferner Porträts, Federzeichnungen zu Dantes Divina Commedia (zw. 1482/1503; Kupferstichkabinett, Berlin).

Böttiger, Johann Friedrich ↑ Böttger.

Bottine [frz.], Damenhalbstiefel mit kleinem Absatz, geschnürt oder geknöpft.

Bottlinger, Kurt Felix [Ernst], *Spandau 12. Sept. 1888, †Berlin 19. Febr. 1934, dt. Astronom. – Untersuchte als einer der ersten den physikal. Aufbau der Gestirne und der interstellaren Materie.

Bottnischer Meerbusen, nördlichster Teil der Ostsee, zw. Schweden und Finnland, durch die Ålandsee und die Ålandinseln vom Hauptteil der Ostsee getrennt; gliedert sich in die *Bottensee* (im S) und die *Bottenwiek* (im N).

Bottomness [engl. ˈbɔtəmnəs], ladungsartige Quantenzahl von Elementarteilchen. – ↑ Quarks.

Bottrop, Stadt im Ruhrgebiet, NRW, 60 m ü. d. M., 114 600 E. Steinkohlenbergbau, Kokerei, Baustoff-, chem., Elektro- und metallverarbeitende Ind. – Um 1092 zuerst erwähnt, 1423 Marktrecht, im 15. Jh. unter kurköln. Herrschaft, 1815 preußisch; infolge des Kohlenbergbaus ab Mitte 19. Jh. starke Zuwanderung, auch von Polen; 1919 Stadt, 1975 Zusammenschluß mit Kirchhellen.

Botulismus [zu lat. botulus „Darm, Wurst"] (Allantiasis), anzeigepflichtige Lebensmittelvergiftung nach dem Genuß verdorbener Wurst-, Fisch-, Fleisch-, Gemüse- und Obstkonserven. Ausgelöst wird die Erkrankung durch den Giftstoff **Botulin.** Da durch Abkochen zwar die Giftstoffe, nicht aber die Sporen abgetötet werden, können die B.erreger auch in abgekochten Lebensmitteln schnell neu auskeimen und wiederum Giftstoffe bilden. – Symptome sind Kopf- und Gliederschmerzen, Erbrechen, Seh- und Schluckstörungen. In schweren Fällen kann Lähmung der Atemmuskulatur oder allg. Entkräftung zum Tode führen. Therapeut. Maßnahmen sind in erster Linie Magenspülungen und Verabreichung von B.serum. B. kommt auch bei Tieren (bes. bei Haustieren) vor. Die Giftstoffe werden über das Futter (hauptsächlich Tierkadaver) aufgenommen. Die Symptome sind Bewegungsstörungen und Lähmungen.

Bouaké [frz. bwaˈke], zweitgrößte Stadt der Republik Elfenbeinküste, 364 m ü. d. M., 335 000 E. Kath. Bischofssitz; Baumwollverarbeitung, Zigarettenfabrik; Mittelpunkt und Handelszentrum eines Agrargebietes (Reisanbau); internat. ✈.

Mario Botta. Einfamilienhaus in Lugano-Pregassona, 1981

Boubín [tschech. ˈbɔubiːn] (früher Kubany), Berg im Böhmerwald (Šumava) in der ČR; 1 362 m; am Osthang befindet sich ein unter Naturschutz stehendes Naturwaldgebiet (50 ha).

Bouchardon, Edme [frz. buʃarˈdõ], *Chaumont (Haute-Marne) 29. Mai 1698, †Paris 27. Juli 1762, frz. Bildhauer. – 1723–32 in Rom. In Paris entstanden u. a. die strengen (vorklassizist.) Figuren der Chorpfeiler von Saint-Sulpice (1734 ff.), die Brunnenanlage in der Rue de Grenelle (1739–46) und das Reiterdenkmal Ludwigs XV. (1763 aufgestellt, 1792 zerstört).

Boucher, François [frz. buˈʃe], *Paris 29. Sept. 1703, †ebd. 30. Mai 1770, frz. Maler. – Seine galanten, delikat gemalten Bilder sind glänzende Zeugnisse des frz. Rokokos. B. schuf auch Entwürfe für Tapisserien; zahlr. [Vor]zeichnungen.

Bouches-du-Rhône [frz. buʃdyˈroːn], Dep. in Frankreich.

Johann Friedrich Böttger

Sandro Botticelli. Porträt des Giuliano de' Medici, 1478 (Washington, National Gallery of Art)

Bouclé

Bouclé [buˈkle:; frz.], Gewebe aus frottéartigen Effektzwirnen mit gekräuselter, rauher Oberfläche.
▷ (Bouclétepppich) Haargarnteppiche mit unaufgeschnittenen Polschlingen.

Boudoir [budoˈaːr; frz., eigtl. „Schmollwinkel"], im 18./19. Jh. elegantes, im Geschmack der Zeit eingerichtetes Zimmer einer Dame.

Bougainville, Louis-Antoine Comte de [frz. bugɛ̃ˈvil], *Paris 11. Nov. 1729, †ebd. 31. Aug. 1811, frz. Offizier und Seefahrer. – Leitete 1766–69 die 1. frz. Erdumseglung, auf der er in Melanesien mehrere Inseln entdeckte (Wiederauffindung der Salomoninseln).

Bougainville [engl. ˈbuːɡənvil], größte Insel der Salomoninseln, im westl. Pazifik, gehört zu Papua-Neuguinea, 10 049 km², 160 000 E; Verw.-Sitz ist Arawa (12 600 E). Die ganze Insel wird von einem dicht bewaldeten Gebirge durchzogen (im tätigen Vulkan Mount Balbi 2 743 m hoch). Ehem. bed. Kupferbergbau (1990 eingestellt). Hafen und ⚓ in **Kieta** (2 400 E). – 1768 von L.-A. Comte de Bougainville entdeckt. Seit 1988 Autonomiebestrebungen.

Bougainvillea [bugɛ̃ˈvilea; nach L.-A. Comte de Bougainville], Gatt. der Wunderblumengewächse mit nur wenigen Arten im trop. und subtrop. S-Amerika; Sträucher oder kleine Bäume; Blüten rosa, gelblich oder weiß; z. T. Zierpflanzen.

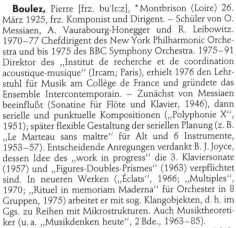

Bougainvillea

Bougie [buˈʒi; frz. „Kerze", nach Bougie, dem früheren Namen der alger. Stadt Bejaïa], Dehnsonde zur Erweiterung enger Körperkanäle (v. a. der Harn- und Speiseröhre).

Bougram [buˈgrã; frz.; nach der Stadt Buchara] (Bougran, Buckram), Baumwoll- oder Zellwollgewebe (in Leinwandbindung).

Bouguer, Pierre [frz. buˈgɛːr], *Le Croisic (Loire-Atlantique) 10. Febr. 1698, †Paris 15. Aug. 1758, frz. Naturforscher. – Mgl. der Académie des sciences; Teilnahme an der großen frz. Meridianmessung (Gestaltmessung der Erde); Mitbegründer der Photometrie. Konstruierte das Heliometer.

Bouguersches Gesetz ↑ Extinktion.

Bouillabaisse [bujaˈbɛːs; frz.], würzige provenzal. Fischsuppe; besteht aus Fischen, Muscheln, Krustentieren sowie versch. Gewürzen und Gemüsen.

Bouillon, Gottfried von ↑Gottfried von Bouillon.

Bouillon [frz. buˈjõ], belg. Stadt an der Semois, in den südl. Ardennen, 230 m ü. d. M., 6 000 E. 1795–1814 frz., 1815 niederl., 1830 zu Belgien. Oberhalb der Stadt die Stammburg Gottfrieds von B. aus dem 11. Jahrhundert. B., ehem. Gft. im Hzgt. Niederlothringen, die 1096 Gottfried von B. dem Bischof von Lüttich verpfändete, um die Kosten für seinen (1.) Kreuzzug zu bestreiten; seit 1678 selbständiges Herzogtum.

Pierre Boulez

Houari Boumedienne

Bouillon [bʊˈjõ; zu lat. bullire „aufwallen"], Kraft-, Fleischbrühe.

Boulanger [frz. bulãˈʒe], Georges, *Rennes 29. April 1837, †Ixelles bei Brüssel 30. Sept. 1891 (Selbstmord), frz. General und Politiker. – 1886/87 Kriegsmin.; Wortführer der Revanchisten; führte eine Koalition der mit dem bestehenden Regime unzufriedenen Kräfte (Boulangisten) herbei, wagte aber nicht, 1889 den Elyséepalast zu stürmen; des Staatsstreichs angeklagt; floh nach Brüssel.

Boulder [engl. ˈbəʊldə], Stadt in N-Colorado, USA, 1690 m ü. d. M., 81 000 E. Univ. (gegr. 1861); Erholungsort; Handelszentrum in einem Ackerbau- und Bergbaugebiet; Herstellung von Satelliten und elektron. Geräten.

Boule [buːl; frz. „Kugel"], Sammelbez. für frz. Kugelspiele.

Boulevard [buləˈvaːr; frz.; zu niederdt. bolwerk „Bollwerk"], urspr. Wall, Bollwerk; dann ein auf dem Wall angelegter Weg oder eine Prachtstraße (bes. in Frankreich).

Boulevardpresse [buləˈvaːr], sensationell aufgemachte, in hohen Auflagen erscheinende und daher billige Zeitungen, die überwiegend im Straßenverkauf abgesetzt werden.

Boulevardtheater [buləˈvaːr], kleine Privattheater in Paris (gegr. um die Jahrhundertwende an den großen Boulevards); heute allg.: Theater mit leichtem Unterhaltungsrepertoire.

Boulez, Pierre [frz. buˈlɛːz], *Montbrison (Loire) 26. März 1925, frz. Komponist und Dirigent. – Schüler von O. Messiaen, A. Vaurabourg-Honegger und R. Leibowitz. 1970–77 Chefdirigent des New York Philharmonic Orchestra und bis 1975 des BBC Symphony Orchestra. 1975–91 Direktor des „Institut de recherche et de coordination acoustique-musique" (Ircam; Paris), erhielt 1976 den Lehrstuhl für Musik am Collège de France und gründete das Ensemble Intercontemporain. – Zunächst von Messiaen beeinflußt (Sonatine für Flöte und Klavier, 1946), dann serielle und punktuelle Kompositionen („Polyphonie X", 1951); später flexible Gestaltung der seriellen Planung (z. B. „Le Marteau sans maître" für Alt und 6 Instrumente, 1953–57). Entscheidende Anregungen verdankt B. J. Joyce, dessen Idee des „work in progress" die 3. Klaviersonate (1957) und „Figures-Doubles-Prismes" (1963) verpflichtet sind. In neueren Werken („Éclats", 1966; „Multiples", 1970; „Rituel in memoriam Maderna" für Orchester in 8 Gruppen, 1975) arbeitet er mit sog. Klangobjekten, d. h. im Ggs. zu Reihen mit Mikrostrukturen. Auch Musiktheoretiker (u. a. „Musikdenken heute", 2 Bde., 1963–85).

Boulle, André Charles [frz. bul], *Paris 11. Nov. 1642, †ebd. 28. Febr. 1732, frz. Kunstschreiner. – Er fertigte bes. als Hoflieferant Ludwigs XIV. Prunkmöbel aus Ebenholz in bewegt kurviger Form, die er mit reichen Intarsienarbeiten und mit feuervergoldeten Bronzebeschlägen schmückte. Die B.technik wurde im ganzen 18. Jh. für bes. kostbare Möbel nachgeahmt.

André Charles Boulle. Schrank aus Ebenholz mit Einlagen von Kupfer, Zinn und Schildpatt (Paris, Louvre)

Boullée, Étienne-Louis [frz. buˈle], *Paris 12. Febr. 1728, †ebd. 6. Febr. 1799, frz. Architekt und Architekturtheoretiker. – Seine monumentalen Kompositionen aus stereometr. Körpern (Kugelform 1784) und ungegliederten Wandflächen beeinflußten den Klassizismus und verhalfen aufgeklärtem Gedankengut zum architekton. Ausdruck (↑ Revolutionsarchitektur).

Boulogne, Bois de [frz. bwadubuˈlɔɲ], 800 ha großer Waldpark am W-Rand von Paris, ehem. königl. Jagdgebiet; Pferderennbahnen.

Boulogne-sur-Mer [frz. bulɔɲsyrˈmɛːr], frz. Hafenstadt im Dep. Pas-de-Calais, an der Mündung der Liane in den Kanal, 48 000 E. Seebad, Fischerei-, Handels- und Passagierhafen (Brit. Inseln); Holz-, Papier-, metall- und fischverarbeitende Ind. – In der Unterstadt vorröm. Hafen **Gesoriacum** der kelt. Moriner, 43 v. Chr. Ausgangspunkt für die röm. Eroberung Britanniens; von den Römern gegr. Oberstadt **Bononia**; seit dem 5. Jh. fränkisch, von Karl d. Gr. befestigt. 1435–77 burgundisch, dann zur frz. Krone. – Basilika Notre-Dame (1866), Beffroi (13. und 17. Jh.), Rathaus und Justizpalast (beide 18. Jh.).

Boumedienne, Houari [frz. bumeˈdjɛn] (arab. Bumidjan, Huwari), eigtl. Mohammed Boukharouba, *Guelma 23. Aug. 1927, †Algier 27. Dez. 1978, alger. Offizier und Politiker. – Schloß sich 1954 der FLN an; seit 1960 Generalstabschef der Befreiungsarmee und Kommandeur der alger. Streitkräfte in Tunesien und Marokko; unterstützte anfangs Ben Bella; seit 1962 Verteidigungsmin., seit 1963 zugleich stellv. Min.präs.; stellte sich 1965 an die Spitze eines Revolutionsrates, der Ben Bella absetzte und B. als Staatschef einsetzte.

Bounty Islands [engl. ˈbaʊntɪ ˈaɪləndz], neuseeländ. Inselgruppe (13 Felseninseln) im sw. Pazifik, etwa 650 km osö. von Dunedin, 1,3 km², unbewohnt. – 1788 von W. Bligh, dem Kapitän der „Bounty", entdeckt.

Bouquinist [bukiˈnɪst; frz.; zu niederl. boeckin „kleines Buch"], Straßenbuchhändler (antiquar. Bücher v. a.), heute noch am Seineufer in Paris.

Bourbaki [frz. burbaˈki], Charles Denis Sauter, *Pau 26. April 1816, †Bayonne 22. Sept. 1897, frz. General griech. Herkunft. – Übernahm 1870 den Befehl über die kaiserl. Garde; mit seinen Truppen in Metz eingeschlossen; verhandelte in Großbritannien mit Kaiserin Eugénie erfolglos über einen dt.-frz. Frieden.

B., Nicolas, Pseud. für eine Gruppe führender, meist frz. Mathematiker des 20. Jh. – Herausgeber des Standardwerks „Éléments de mathématique" (1939 ff.), worin in streng log.-axiomat. Aufbau die gesamte Mathematik zur Darstellung kommen soll.

Bourbon [frz. burˈbõ] (Bourbonen), nach dem Herrschaftssitz B.-l'Archambault (heute Dep. Allier) benannte Seitenlinie der ↑Kapetinger, begr. durch Graf Ludwig I. von Clermont (*1270, †1342), einen Enkel Ludwigs IX. von Frankreich, der 1327 zum Herzog von B. erhoben wurde. Die auf seine Söhne zurückgehenden Hauptlinien (*ältere Linie,* erloschen 1521/27; *jüngere Linie B.-Vendôme,* erloschen 1883) teilten sich in zahlr. Nebenlinien. Die jüngere Linie gelangte mit Heinrich IV. auf den frz. Thron (1589–1792, 1814–30), ebenso 1830–48 mit Louis Philippe die 1660 von ihr abgespaltene Nebenlinie ↑Orléans. In Spanien begründete 1700 König Philipp V., ein Enkel Ludwigs XIV., die Linie *B.-Anjou* (1808–14, 1868–75 und 1931–75 des Throns enthoben), die 1735–1860 in Neapel-Sizilien und 1748–1802 sowie 1847–59/60 in Parma-Piacenza Sekundogenituren innehatte.

Bourbon [engl. ˈbəːbən; nach dem gleichnamigen County in Kentucky, USA], aus Mais hergestellter amerikan. Whiskey.

Bourbonnais [frz. burbɔˈnɛ], histor. Gebiet in Frankreich, am N-Rand des Zentralmassivs und im Übergangsbereich zum Pariser Becken, durchflossen von Allier und Cher; Zentrum ist die ehem. Hauptstadt Moulins. – Die Herrschaft Bourbon bestand vom 9. Jh. an; 1327 Hzgt. einer Nebenlinie der Valois; seit 1587 Gouvernement.

Bourdelle, Antoine [frz. burˈdɛl], *Montauban 30. Okt. 1861, †Le Vésinet (Yvelines) 1. Okt. 1929, frz. Bildhauer. – Rhythmisierte Bewegung charakterisiert sein von Pathos und monumentalem Anspruch erfülltes Werk; u. a. Beethoven-Büsten, „Herakles mit Bogen" (1909, Paris, Musée Bourdelle), Reliefs für das Théâtre des Champs-Élysées in Paris (1912).

Bourdichon, Jean [frz. burdiˈʃõ], *Tours um 1457, †ebd. 29. Juli 1521, frz. Maler. – Illuminierte u. a. das „Stundenbuch der Anne von Bretagne" (1500–07; Paris, Bibliothèque Nationale). Zugeschrieben wird ihm auch ein Marientriptychon (Neapel, Palazzo di Capodimonte).

Bourg-en-Bresse [frz. burkãˈbrɛs], frz. Stadt, 55 km nö. von Lyon, 41 000 E. Verwaltungssitz des Dep. Ain; Museum; Markt- und Handelszentrum der Bresse; gehört zur Ind.region von Lyon. – 1184 erstmals erwähnt; 1407 Stadtrecht.

Bourgeois, Léon Victor [frz. burˈʒwa], *Paris 29. Mai 1851, †Schloß Oger (bei Épernay) 29. Sept. 1925, frz. Politiker. – 1890–1917 mehrfach Min., 1895/96 Min.präs., 1920–23 Senatspräs.; wurde 1919 erster Vors. des Völkerbundrates und vertrat die frz. Forderung nach größeren Exekutiv- und Sanktionsbefugnissen des Völkerbundes; erhielt 1920 den Friedensnobelpreis.

Bourgeois [burʒoˈa; frz.], Angehöriger der Bourgeoisie.

Bourgeoisie [burʒoaˈziː; frz.], urspr. im Frz. gebraucht zur Bez. der sozialen Schicht zw. Adel und Bauernschaft, entsprechend etwa dem dt. „Bürgertum". Das Wort B. taucht nicht vor dem 13. Jh. auf. – In der *marxist. Terminologie* Bez. für die herrschende Grundklasse der kapitalist. Gesellschaft, die, im Ggs. zur ausgebeuteten Arbeiterklasse, im Besitz der Produktionsmittel ist.

Bourges. Kathedrale Saint-Étienne, 12. und 13. Jahrhundert

Bourges [frz. burʒ], Stadt in Z-Frankreich, auf einem Sporn am Zusammenfluß von Yèvre und Auron, 79 000 E. Erzbischofssitz (seit etwa 250); technolog. Universitätsinst.; Theater; Museen; Fremdenverkehr; Handels- und Ind.zentrum (u. a. Flugzeugind., Waffen-, Munitions- und Reifenfabrikation), ⚒. – *Avaricum* war einer der Hauptorte der Biturigen, von Cäsar 52 v. Chr. erobert, seit Diokletian Hauptstadt der Prov. Aquitania prima, 507 fränk. Im 8. Jh. Hauptort der Gft. B., 1101 zur frz. Krondomäne. – Got. Kathedrale Saint-Étienne (12. und 13. Jh.) mit unvollendeten Türmen (14.–16. Jh.) und Krypta (12. Jh.), Hôtel Jacques-Cœur (15. Jh.).

Bourget, Paul [frz. burˈʒɛ], *Amiens 2. Sept. 1852, †Paris 25. Dez. 1935, frz. Schriftsteller. – Wandte sich gegen die Milieutheorie des Naturalismus und schrieb psycholog., von der kath. Tradition bestimmte Romane, Dramen, Essays, Reiseberichte und Lyrik. – *Werke:* Psycholog. Abhandlungen über zeitgenöss. Schriftsteller (1883–86), Eine Liebestragödie (R., 1886), Der Schüler (R., 1889), Des Todes Sinn (R., 1915)

Bourguiba, Habib [frz. burgiˈba] ↑Burgiba, Habib.

Bournemouth [engl. ˈbɔːnməθ], Stadt und Seebad an der engl. Kanalküste, am Bourne, 145 000 E. Prähistor. Museum; Elektro-, Flugzeug- und Pharmaind.; ⚒.

Bourrée [burˈeː; frz.] (italien. Borea), alter frz. Volkstanz (im 2- oder 3zeitigen Takt), war in Oper und Ballett (Lully) sowie in der Instrumentalmusik (Bach, Händel) beliebt.

Bourride [frz. buˈrid], südfrz. Fischgericht aus kleinen Seefischen.

Bourtanger Moor [ˈbuːr...], Moorlandschaft an der dt.-niederl. Grenze (⅓ gehört zur BR Deutschland).

Bourvil [frz. burˈvil], eigtl. André Raimbourg, *Pétrot-Vicquemare (Seine-Maritime) 27. Juli 1917, †Paris 23. Sept. 1970, frz. Filmschauspieler. – Filmkomiker; u. a. in „Zwei Mann, ein Schwein und die Nacht von Paris" (1956), „Vier im roten Kreis" (1970).

Bousset, Wilhelm [ˈbusɛt], *Lübeck 3. Sept. 1865, †Gießen 8. März 1920, dt. ev. Theologe. – Prof. in Göttingen und Gießen; Mitbegründer der ↑religionsgeschichtlichen Schule.

Boussingault, Jean Baptiste [frz. busɛˈgo], *Paris 2. Febr. 1802, †ebd. 11. Mai 1887, frz. Chemiker. – Prof.

Bourges Stadtwappen

Bourbon Wappen

Boutique

in Lyon und Paris; erkannte als erster die Bed. von Nitraten und Phosphaten für die Bodendüngung.

Boutique [buˈtiːk; frz.; zu griech. apothḗkē „Abstellraum"], kleiner Laden, in dem mod. Neuheiten angeboten werden.

Bouton [buˈtõː; frz.], Schmuckknopf für das Ohr, Brillantanhänger, Ansteckblume.

Boutros Ghali, Boutros ↑Ghali, Boutros Boutros.

Dieric Bouts. Maria mit dem Kind (London, National Gallery)

Daniel Bovet

Elizabeth Bowen

Bouts, Dieric (Dirk) [niederl. bɔuts], *Haarlem zw. 1410/20, †Löwen 6. Mai 1475, niederl. Maler. – Einer der führenden altniederl. Maler, steht in der Nachfolge der Brüder van Eyck und v. a. Rogier van der Weydens. Seine Gestalten sind schmal, fast asket. Typs; buntfarbig stimmungsvolle Landschaften als Bildhintergrund. – Sein Hauptwerk ist der Abendmahlsaltar in der Sint-Pieterskerk in Löwen (1464–67).

Boveri, Theodor [boˈveːri], *Bamberg 12. Okt. 1866, †Würzburg 15. Okt. 1915, dt. Zoologe. – Prof. in Würzburg; erkannte die Bed. der Zentrosomen für die Zellteilung und begr. die Chromosomentheorie der Vererbung.

Bovet, Daniel [frz. bɔˈvɛ], *Neuenburg (Schweiz) 23. März 1907, †Rom 8. April 1992, italien. Pharmakologe schweizer. Herkunft. – War an der Entdeckung der Sulfonamide beteiligt; erforschte die Mutterkornalkaloide und Antihistamine; bed. Arbeiten über Kurare. 1957 Nobelpreis für Physiologie oder Medizin.

Bovist ↑Bofist.

Bowdenzug [engl. baʊdn; nach dem brit. Industriellen Sir H. Bowden, *1880, †1960], Drahtkabel zur Übertragung von Zug- und Druckkräften (in einem metall. Schlauch).

Bowen, Elizabeth [engl. ˈbəʊɪn], *Dublin 7. Juni 1899, †London 22. Febr. 1973, engl. Schriftstellerin. – Ihre gesellschaftskrit. Romane und Kurzgeschichten enthalten zunehmend sensible Analysen zwischenmenschl. Beziehungen. Auch Essays. – *Werke:* Der letzte September (R., 1929), Der Tod des Herzens (R., 1938), Die kleinen Mädchen (R., 1964), Seine einzige Tochter (R., 1969).

Bowiemesser [ˈboːvi; nach dem amerikan. Abenteurer James Bowie, *1796, †1836], dolchartiges Jagdmesser mit nur einer Schneide.

Bowle [ˈboːlə; engl. bəʊl], kaltes alkohol. Getränk aus Wein, Sekt, aromat. Früchten oder Würzstoffen und wenig Zucker.
▷ Gefäß zum Bereiten und Auftragen einer Bowle.

Bowler [engl. ˈbəʊlə] ↑Melone.

Bowling [ˈboːlɪŋ; engl. ˈbəʊlɪŋ; zu to bowl „rollen (lassen)"], amerikan. Variante des Kegelsports, die mit 10 Kegeln gespielt wird, die in einem (vom Spieler aus gesehen) auf der Spitze stehenden gleichseitigen Dreieck aufgestellt sind. Die Kugel (Durchmesser 21,8 cm, Gewicht zw. 4550 und 7257 g), mit 3 Löchern zum Halten versehen, wird auf waagerechter Lauffläche gerollt.
▷ ↑Bowls.

Bowls [engl. bəʊlz] (Bowling), in Großbritannien stark verbreitetes Kugelzielspiel auf Rasen.

Box [engl.; zu vulgärlat. buxis „(aus Buchsbaumholz hergestellte) Büchse"], svw. ↑Boxkamera.
▷ abgeteilter Einstellplatz für Wagen in einer Großgarage; ein an einer Rennstrecke gelegener Werkstattraum zur Wartung und Reparatur von Motorsportfahrzeugen.
▷ Verschlag für Haustiere (v. a. Pferd, Schaf, Schwein, Rind; hauptsächlich Jungtiere) in Ställen.

Boxcalf [auch: ˈbɔkskaːf; engl.], feingenarbtes Kalbsoberleder; v. a. als Schuhoberleder verwendet.

Boxen [engl.], mit durch gepolsterte Handschuhe geschützten Fäusten ausgetragener Zweikampf. Erlaubt sind nur Schläge mit geschlossener Faust gegen die Vorderseite des Körpers vom Scheitel bis zur Gürtellinie. Die wichtigsten Schläge sind: die Gerade (aus der Schulter mit gestrecktem Arm geschlagen), der Haken, der Stoppstoß (Kontern bei einem Abwehrstoß) und der Aufwärtshaken. Die *Entscheidungen* können auf verschiedene Arten herbeigeführt werden: Sieg durch Niederschlag (K. o., wenn ein Boxer mindestens 8 Sek. kampfunfähig ist), durch Aufgabe, durch Abbruch (wegen Kampfunfähigkeit oder sportl. Unterlegenheit), durch Punktwertung, durch Disqualifikation des Gegners, durch Unentschieden oder Abbruch ohne Entscheidung. Das Kampfgericht besteht aus 1 Ringrichter und (bei den Amateuren) 3 oder 5 bzw. (bei den Berufsboxern) 2 Punktrichtern. Um eine größere Ausgeglichenheit der Kämpfe zu erzielen, werden die Kämpfer in Gewichtsklassen eingeteilt. Senioren- und Juniorenkämpfe der Amateure gehen über 3 Runden zu je 3 Min. effektiv mit je 1 Min. Pause zw. den Runden. Kämpfe der Berufsboxer liegen zw. 5 und 15 Runden zu je 3 Min. B. wird im **Ring** (Quadrat von 4,90–6,10 m, mit dreifacher Seilumspannung in 40, 80 und 130 cm Höhe über dem Ringboden) ausgetragen. Die wichtigsten *Schutzbestimmungen* bei den Amateurboxern, die z. T. auch von Berufsboxern übernommen wurden, sind Schutzsperren nach K.-o.-Niederlagen. Dennoch sind *gesundheitl. Schäden* nicht auszuschließen. Die schwerste bleibende Folge des B. ist die *traumat. Boxerenzephalopathie* (Boxersyndrom, Dementia pugilistica), eine nach wenigen schweren bzw. häufig wiederholten mittelschweren Kopftreffern v. a. bei Berufsboxern beobachtete Hirnschädigung. Der *Tod im Ring* kann durch eine Gehirnblutung oder (v. a. nach Doping) auch durch Herz- oder Kreislaufversagen bedingt sein.

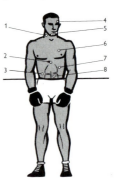

Boxen. Hauptschlagziele: 1 Halsschlagader; 2 Solarplexus; 3 Leber; 4 Schläfe; 5 Kinnwinkel und Kinnspitze; 6 oberhalb des Herzens; 7 Herzspitze; 8 Magen

Geschichte: Hinweise auf den Faustkampf gibt es in zahlr. Hochkulturen. Im antiken Griechenland bestand die Technik des Faustkampfes zunächst darin, den Schlägen geschickt auszuweichen. Mit dem Aufkommen der Berufsathleten nahm er jedoch brutale Formen an. Der Kampf wurde stets bis zur Entscheidung durch Niederschlag oder bis zur Aufgabe eines der Kämpfer ausgetragen. Ähnlich war der Boxkampf im alten Rom. Neubelebt wurde das B. im England des 17. Jh., wo feste Regeln entstanden; 1743 wurden die Boxhandschuhe eingeführt. Entscheidend war die Regelfestsetzung des Marquess of Queensberry (1890), die in ihren Grundzügen noch heute gültig ist. Im Prinzip werden Boxkämpfe nur von Männern und männl. Jugendlichen ausgetragen. Seit einigen Jahren werden jedoch vereinzelt auch Boxkämpfe zw. Frauen veranstaltet (z. B. Meisterschaften in den USA), die jedoch von den offiziellen Verbänden nicht legitimiert sind.

Boxer [engl.; an die Vorstellung von boxenden Fäusten anknüpfende Wiedergabe von chin. yi-he-quan „Fäuste der Rechtlichkeit und Eintracht" (ein Mißverständnis der urspr. Bez. yi-he-tuan „Gesellschaft für Rechtlichkeit und Eintracht")], Mgl. eines christen- und fremdenfeindl. Geheimbundes, der 1900 im N Chinas aus Protest gegen die zahlr. Konzessionen und Gebietsabtretungen an die europ. Mächte mit der Belagerung des Pekinger Gesandtschaftsviertels und der Ermordung des dt. Gesandten K. Freiherr von Ketteler den **Boxeraufstand** auslöste, der durch die militär. Intervention eines internat. Expeditionskorps niedergeschlagen wurde. 1901 mußte China im **Boxerprotokoll** die von den an der Expedition beteiligten Mächten Deutschland, Frankreich, Großbritannien, Japan und USA diktierten Bedingungen akzeptieren (u. a. Sühnegesandtschaft nach Berlin).

Boxer [engl.], zu den Doggen gehörende Rasse kräftiger, bis 63 cm schulterhoher Haushunde mit sehr kurzer, kräftig entwickelter Schnauze, stark herabhängenden Lefzen, hoch angesetzten Ohren sowie kurz- und glatthaarigem, gelblich- bis braunrotem, häufig auch gestromtem Fell; Schwanz kurz kupiert.

Boxeraufstand ↑ Boxer.

Boxermotor, Verbrennungsmotor mit einer Zylinderanordnung, bei der zwei Zylinder oder Zylinderreihen auf gegenüberliegenden Seiten der Kurbelwelle in einer Ebene liegen; wegen seiner niedrigen Bauhöhe häufig als Unterflurmotor eingesetzt.

Boxerprotokoll ↑ Boxer.

Boxheimer Dokument, ein aus Diskussionen hess. NSDAP-Funktionäre im Boxheimer Hof bei Bürstadt hervorgegangener Entwurf eines Katalogs von Sofortmaßnahmen, die im Fall einer nat.-soz. Machtergreifung im Anschluß an einen kommunist. Putsch verwirklicht werden sollten; Hitler distanzierte sich vom B. D. nach dessen Bekanntwerden 1931.

Boxkamera (Box), photograph. Kamera einfachster Bauart für Rollfilm.

Boy [engl.], Junge; Diener, Bote.

Boyacá [span. boja'ka], Dep. in Kolumbien, 23 189 km², 1,15 Mill. E (1985), Hauptstadt Tunja. Der Kernraum liegt in der Ostkordillere; Anbau von Getreide, Kartoffeln, Bohnen, Tabak und Zuckerrohr; Rinder- und Schweinehaltung; Eisenerz-, Kohlevorkommen; Smaragdabbau; Erdölförderung.

Boyd-Orr, John [engl. 'bɔɪd'ɔːr], Baron of Brechin Mearns, *Kilmaurs bei Glasgow 23. Sept. 1880, †Newton bei Moutrose 25. Juni 1971, brit. Ernährungsforscher. – Prof. für Landw. in Aberdeen; trat für die Gründung einer weltweiten Ernährungsorganisation ein, um künftige Hungerkatastrophen zu verhindern; erhielt 1949 den Friedensnobelpreis.

Boye, Karin Maria [schwed. 'bɔjə], *Göteborg 26. Okt. 1900, †Alingsås 24. April 1941 (Selbstmord), schwed. Schriftstellerin. – Hoffnungsvoller Zukunftsglaube sowie Angst und Unruhe stehen sich in ihrer Lyrik unmittelbar gegenüber. – *Werke:* Astarte (R., 1931), Kallocain (R., 1940), Brennendes Silber (Ged., hg. 1963).

Boxer bringen gefangengenommene Europäer zu Beamten, um den Mythos der Unbesiegbarkeit zu unterstreichen (zeitgenössischer chinesischer Bilderbogen)

Boyen, Hermann von, *Kreuzburg (Ostpr.) 23. Juni 1771, †Berlin 15. Febr. 1848, preuß. Min. und Generalfeldmarschall (seit 1847). – Ausbildung an der Königsberger Militärschule. Enger Mitarbeiter von G. J. von Scharnhorst und Graf Neidhardt von Gneisenau. Als Kriegsmin. (1814–19) verankerte er in den Wehrgesetzen von 1814 und 1815 die allg. Wehrpflicht und führte die Landwehr und den Landsturm in Preußen ein; stieß mit seinen Plänen, die Ansätze einer Demokratisierung enthielten, auf heftigsten Widerstand der Kreise der Restauration am Hof; 1841–47 erneut Kriegsminister.

Boyer, Charles [frz. bwa'je], *Figeac (Lot) 28. Aug. 1899, †Phoenix (Ariz.) 26. Aug. 1978 (Selbstmord), amerikan. Schauspieler frz. Herkunft. – Zunächst an Pariser Theatern, ab 1931 erfolgreich in den USA; spielte u. a. in „Barcarole" (1930), „Triumphbogen" (1948).

Boykott [engl.], Verrufserklärung (Ächtung), durch die der Boykottierer auffordert, gegenüber einem Dritten (Firmen, Institutionen, Staaten, Einzelpersonen) rechtl., geschäftl., soziale Beziehungen abzubrechen, um dadurch ein bestimmtes Verhalten zu erzwingen. Ein B. kann sich auch als Ausdruck einer Protest- und Verweigerungshaltung gegen die Teilnahme an Veranstaltungen (z. B. Olympia-B.) oder gegen den Kauf bestimmter Waren richten (Waren-B., Käufer-B.). – Die Bez. „B." rührt wohl von dem engl. Gutsverwalter Charles Cunningham Boycott (*1832, †1897) her, der wegen seiner Rücksichtslosigkeit gegenüber den ir. Landpächtern 1880 durch die ir. Landliga zum Verlassen Irlands gezwungen wurde.
Im *Recht* kommt der B. als Mittel des *Arbeitskampfes* vor (z. B. in Form einer Einstellungssperre für bestimmte Bewerbergruppen). Im *wirtsch. Wettbewerb* ist B. selten geworden, da er als wettbewerbsbeschränkendes Mittel den Vorschriften des Wettbewerbsrechts zuwiderläuft. In den Beziehungen zw. Staaten und Staatengruppen gibt es B. und boykottähnl. Maßnahmen v. a. in Form der ↑ Sanktion und des ↑ Embargos.

Boykotthetze, nach Art. 6 der Verfassung der DDR von 1949 (gültig bis 1968) unbestimmter Tatbestand zur Erfassung aller polit. mißliebigen Handlungen, der bes. zw. 1950 und 1957 die Grundlage der polit. Terrorjustiz bildete; abgelöst durch den Tatbestand der staatsfeindl. Hetze.

Boyle [engl. bɔɪl], Kay, *Saint Paul (Minn.) 19. Febr. 1903, †Millvalley (Calif.) 27. Dez. 1992, amerikan. Schriftstellerin. – Behandelt in ihren Romanen und Kurzgeschichten meist Probleme der Liebe; u. a. „Generation ohne Abschied" (R., 1959).

B., Robert, *Lismore (Irland) 25. Jan. 1627, †London 30. Dez. 1691, engl. Chemiker. – Definierte chem. Elemente als chem. unvermischte Körper, in die vermischte Körper mit Mitteln der Chemie zerlegt werden können. In der Medizin beschrieb B. zahlr. Erscheinungen (Reflexbewe-

John Boyd-Orr

Robert Boyle

Boyle-Gay-Lussacsches Gesetz

gungen, Funktion der Schwimmblase u.a.). – ↑ Boyle-Mariottesches Gesetz.

Boyle-Gay-Lussacsches Gesetz [engl. bɔɪl, frz. gely-'sak], svw. ↑ Gay-Lussacsches Gesetz.

Boyle-Mariottesches Gesetz [engl. bɔɪl, frz. ma'rjɔt], von R. Boyle und E. Mariotte aufgefundene Gesetzmäßigkeit: In einem idealen Gas ist das Produkt aus dem Druck p und dem Volumen V bei gleichbleibender absoluter Temperatur T konstant, oder $p_1 V_1 = p_2 V_2$, wenn das Gas isotherm vom Zustand 1 in den Zustand 2 übergeht.

Boyneburg (Boineburg, Bönburg, Bemelburg, Bemmelberg), hess. Adelsgeschlecht; teilte sich noch im 12. Jh. in die Familien Boyneburgk und Boineburg (gen. Hohenstein); daneben gibt es eine bayr. freiherrl. Linie sowie seit 1859 die großherzogl.-hess. gräfl. Linie B. und Lengsfeld.

Boyomafälle ↑ Kongo.

Boy-Scout ['bɔɪskaʊt; engl.; zu boy „Junge" und scout „Kundschafter"], engl. Bez. für: Pfadfinder.

Boys Town [engl. 'bɔɪz 'taʊn], Ort unmittelbar westlich von Omaha (Nebraska, USA), der ausschließlich von Jungen und männl. Jugendlichen bewohnt und verwaltet wird; 1917 gegr. und 1936 als selbständige Gemeinde anerkannt.

Boz, Pseud. von C. ↑ Dickens.

Bozen. Pfarrkirche Mariä Himmelfahrt, 14./15. Jahrhundert

Bozen
Stadtwappen

Bozen (italien. Bolzano), Hauptstadt der autonomen Provinz Bozen innerhalb der italien. Region Trentino-Südtirol, 262 m ü. d. M., 101 000 E. Bischofssitz; Konservatorium, Landesmuseum, Staatsarchiv; Handelsplatz mit Messen; Kurort; Eisen- und Aluminiumwerke, Kfz-, Maschinenbau; in der Umgebung Wein- und Obstbau. – 14 v. Chr. röm. Straßenstation (**Pons Drusi**). Im 7. Jh. Sitz einer langobard. Gft., im 8. Jh. fränk. (**Bauzanum**); unterstand seit 1027 dem Bischof von Trient, mehrfach besetzt durch die Grafen von Tirol; 1531 endgültig an Tirol. Seit dem MA Zentrum des dt.-italien. Handels. 1805 mit Tirol an Bayern, 1810 an das Napoleon. Kgr. Italien, 1815 an Österreich, 1919 mit Südtirol an Italien. – Altstadt mit ma. Häusern, u. a. in der Laubengasse, z. T. mit barocken Fassaden, z. B. Merkantilgebäude (1708–27); gotische Pfarrkirche Mariä Himmelfahrt (14.–15. Jh.); Franziskanerkloster mit spätroman. Kreuzgang (14. Jh.). In der Nähe bed. Burgen, v. a. Burg Runkelstein.

Bozzetto [italien.], Modell, insbes. plast. Entwurf einer Skulptur in Ton, Wachs u. a.

BP, Abk. für: ↑ **B**ayern**p**artei.

BP Benzin und Petroleum AG, dt. Mineralölunternehmen, Sitz Hamburg, gegr. 1904; Haupttätigkeitsgebiete: Förderung, Verarbeitung und Vertrieb von Erdöl, Erdgas und Mineralen. Muttergesellschaft: Die ↑ British Petroleum Company Ltd.

Bq, Einheitenzeichen für ↑ Becquerel.

Br, chem. Symbol für ↑ Brom.
BR, Abk. für: **B**ayer. **R**undfunk.

Braak, Menno ter, * Eibergen (Prov. Geldern) 26. Jan. 1902, † Den Haag 14. Mai 1940, niederl. Schriftsteller. – Kritiker; beging nach dem Einmarsch der Deutschen Selbstmord; schrieb v. a. zeitkrit. und moralphilosoph. Essays; auch Romane.

Brabançonne [frz. brabã'sɔn; nach der belg. Provinz Brabant], Name der belg. Nationalhymne; der 1830 (Unabhängigkeit) entstandene Text wurde 1860 überarbeitet.

Brabant, histor. Gebiet in Belgien und den Niederlanden. Die Grafen von Löwen erwarben im Verlauf des 11. Jh. ein Gebiet, das etwa dem der belg. Prov. Antwerpen und Brabant und dem der niederl. Prov. Nordbrabant entspricht, das sich nach 1150 Herzöge von B. nannten. Das Hzgt. kam 1430 an Burgund, 1477 an die Habsburger. Die Generalstaaten eroberten das nördl. B. im Achtzigjährigen Krieg und wurden 1648 in dessen Besitz bestätigt. B. wurde in der frz. Zeit (1794–1814) in 3 Dep. aufgeteilt, Grundlage der heutigen Prov., deren beide südl. nach 1830 Kernland des neuen Kgr. Belgien wurden.

Brabant, Herzog von, Titel des belg. Kronprinzen (seit 1840).

Brabanter, svw. ↑ Belgier.

Brabanter Kreuz (Lazarus-, Kleeblattkreuz), Kreuz mit kleeblattförmig endenden Armen.

Brač [serbokroat. braːtʃ], kroat. Adriainsel 15 km südlich von Split, 395 km², 15 000 E; im Vidova gora 778 m hoch; Verwaltungszentrum ist Supetar; Marmorsteinbrüche.

Bracara Augusta ↑ Braga.

Bracciolini [italien. brattʃoˈliːni], Francesco, * Pistoia 26. Nov. 1566, † ebd. 31. Aug. 1645, italien. Dichter. – Parodierte in dem kom. Epos „Dello scherno degli dei" (1618, vollständig 1626) den übertriebenen Gebrauch der klass. Mythologie.
B., Poggio ↑ Poggio Bracciolini.

Brache, urspr. Bed.: Umpflügen („Umbrechen") des Feldes nach der Ernte; später der nicht bestellte Boden, an dem eine Regeneration, meist verbunden mit Pflügen, bewirkt werden soll. – ↑ Sozialbrache.

Bracher, Karl Dietrich, * Stuttgart 13. März 1922, dt. Historiker und Politikwissenschaftler. – Seit 1959 Prof. in Bonn; 1962–68 Präs. der Kommission für Geschichte des Parlamentarismus und der polit. Parteien; 1980–88 Vors. des Beirates des Instituts für Zeitgeschichte. – *Werke:* Die Auflösung der Weimarer Republik (1955), Die nationalsozialist. Machtergreifung (1960; zus. mit W. Sauer und G. Schulz), Die dt. Diktatur (1969), Die totalitäre Erfahrung (1987).

Brachfliege (Getreideblumenfliege, *Hylemyia coarctata*), etwa 6–7 mm große, gelbgraue, schwarz behaarte Blumenfliege; Larven minieren in den Halmen von Weizen, Roggen, Gerste oder Futtergräsern.

brachial [lat.], zum Arm, zum Oberarm gehörend; den Arm betreffend.

Brachialgewalt, rohe Gewalt.

Brachialgie [lat./griech.], Schmerzen im Arm, vorwiegend Oberarm, verursacht u. a. durch Nervenreizung bei degenerativen Halswirbelsäulenveränderungen, Nervenentzündung oder Durchblutungsstörungen.

Brachiatoren [lat.], Bez. für Primaten, deren Arme gegenüber den Beinen stark verlängert sind. Sie bewegen sich überwiegend hangelnd oder schwingkletternd fort; heute noch lebende Vertreter sind die Orang-Utans.

Brachiopoden [lat./griech.], svw. ↑ Armfüßer.

Brachiosaurus [lat./griech.], Gatt. bis nahezu 23 m langer und 12 m hoher Dinosaurier aus dem oberen Jura (Malm) in N-Amerika, O-Afrika und Portugal; Vorderbeine wesentlich länger als Hinterbeine, Hals sehr lang (13 bis zu 1 m lange Halswirbel); Pflanzenfresser.

Brachistochrone [griech.], Kurve zw. zwei in verschiedenen Höhen liegenden Punkten P_1 und P_2, auf der ein reibungslos unter der Einwirkung der Schwerkraft gleitender Massenpunkt in der kürzest mögl. Zeit von P_1 nach P_2 gelangt; ein Zykloidenbogenstück.

Brachium [lat.], svw. Oberarm (↑ Arm).
Brachkäfer (Amphimallon), Gatt. der Laubkäfer mit 5 einheim., etwa 1,5–2 cm großen, bräunlichgelben, braunen oder rostroten Arten; häufigste Art ist der ↑ Junikäfer.
Brachmonat (Brachet), alter dt. Name für den Monat Juni, in dem die Brache stattfand.
Brachpieper (Anthus campestris), rd. 17 cm große Stelzenart in Europa und im mittleren Asien; Oberseite sandbraun, Unterseite heller; mit auffallendem, rahmfarbenem Augenstreif und langen, gelbl. Beinen; lebt v. a. in sandigem Ödland und in Dünengebieten.
Brachschwalbe (Glareola pratincola), etwa 23 cm lange Art der Brachschwalben (Unterfam. der Regenpfeiferartigen) in weiten Teilen S-Europas, Asiens und Afrikas; Oberseite olivbraun, Bauch weiß, Brust gelblichbraun mit blaßgelbem, schwarz umrahmtem Kehlfleck; der tief gegabelte Schwanz schwarz mit weißer Wurzel.
Brachsen (Blei, Brassen, Abramis brama), bis etwa 75 cm langer Karpfenfisch in Europa; sehr hochrückig, seitlich stark zusammengedrückt; Oberseite bleigrau bis schwärzlich, Bauch weißlich, lebt in Seen und langsam fließenden Flüssen; Speisefisch.
Brachsenkraut (Isoetes), Gatt. der Brachsenkrautgewächse (Farnpflanzen) mit etwa 60 (in M-Europa 2) Arten; meist am Boden nährstoffarmer kalter Seen lebende, ausdauernde Pflanzen.
Brachsenregion (Brassenregion, Bleiregion), unterer Abschnitt von Fließgewässern, der sich stromabwärts an die ↑ Barbenregion anschließt. Charakterist. Fischarten sind neben dem Brachsen v. a. Aal, Blicke, Hecht, Zander, Schleie, Karpfen, Karausche, Rotauge, Rotfeder, Nerfling. Stromabwärts folgt auf die B. die ↑ Brackwasserregion.
Bracht, Eugen, *Morges 3. Juni 1842, †Darmstadt 15. Nov. 1921, dt. Landschaftsmaler. – Malte naturalist. Heide- und Gebirgslandschaften.
Brachvogel, Albert Emil, *Breslau 29. April 1824, †Berlin 27. Nov. 1879, dt. Schriftsteller. – Bekannt v. a. als Verfasser des Romans „Friedemann Bach" (1858).
Brachvögel (Numenius), Gatt. der Schnepfenvögel mit 8, etwa 35 bis 60 cm großen Arten in Europa, Asien sowie in N-Amerika; einheim. ist der ↑ Große Brachvogel.
brachy..., Brachy... [griech.], Bestimmungswort in Zusammensetzungen mit der Bedeutung „kurz..., Kurz...".
Brachycera [griech.], svw. ↑ Fliegen.
Brachydaktylie [griech.], Kurzfingrigkeit bzw. Kurzzehigkeit; eine angeborene erbl. Verkürzung einzelner oder mehrerer Finger oder Zehen (**Brachydaktyliesyndrom**).
Brachyura [griech.], svw. ↑ Krabben.
Bracken, Rassengruppe urspr. für die Hetzjagd auf Hochwild gezüchteter Jagdhunde. Aus den urspr. hochbeinigen, etwa 40–60 cm schulterhohen B. (z. B. Deutsche Bracke, ↑ Dalmatiner) wurden für die Niederjagd (bes. auf Füchse, Dachse, Hasen) kurzläufige, etwa 20–40 cm schulterhohe Rassen gezüchtet (z. B. ↑ Dackel, ↑ Dachsbracke, ↑ Bassets).
Brackenheim, Stadt im Zabergäu, Bad.-Württ., 267 m ü. d. M., 10 800 E. Weinbau. – Spätroman. Johanniskirche (13. Jh.), Renaissanceschloß (1556), Rathaus (1780).
Brackett-Serie [engl. ˈbrækɪt; nach dem amerikan. Astronomen F. P. Brackett, *1865, †1953], Spektralserie, die beim Übergang des Wasserstoffatoms von einem höheren zum viertniedrigsten Energieniveau emittiert (im umgekehrten Falle absorbiert) wird. Die Spektrallinien der B.-S. liegen im Infrarot.
brackig [niederdt.], schwach salzhaltig (gesagt von Wasser).
Bracknell [engl. ˈbræknəl], New Town, 45 km westlich von London, Gft. Berkshire, 48 800 E. Hauptsitz des Meteorological Office; Generalstabsakademie der Royal Air Force.
Brackwasser [niederdt.], mit Meerwasser vermischtes Süßwasser, bes. im Mündungsgebiet von Flüssen; auch in Endseen abflußloser Gebiete.
Brackwasserregion, unterster, auf die Brachsenregion folgender Abschnitt der Fließgewässer an deren Mündung ins Meer. Charakterist. für die B. ist der häufig schwankende Salzgehalt des stets sehr trüben Wassers. Kennzeichnende Fischarten der B. sind Flunder, Kaulbarsch, Stichling.
Brackwede, Ortsteil von Bielefeld.
Brackwespen (Braconidae), Fam. der Hautflügler mit über 5 000 Arten; einheimisch u. a. der Weißlingstöter.
Bradbury, Ray Douglas [engl. ˈbrædbərɪ], *Waukegan (Ill.) 22. Aug. 1920, amerikan. Schriftsteller. – Gesellschaftskrit. Science-fiction-Romane und pessimist. Kurzgeschichten. – *Werke:* Der illustrierte Mann (En., 1951), Fahrenheit 451 (R., 1953), Das Böse kommt auf leisen Sohlen (R., 1962), Gesänge des Computers (En., 1969), Der Tod ist ein einsames Geschäft (R., 1985).
Bradford [engl. ˈbrædfəd], engl. Stadt in der Metropolitan County West Yorkshire, 15 km westl. von Leeds, 281 000 E. Anglikan. Bischofssitz; Univ. (seit 1966); Museen; Woll-, Metall- und Pharmaind. u. a. 🚇. – 1311 Markt- und 1888 Stadtrecht. – Kathedrale Saint Peter (1458), Grammar School (16. Jh.), Herrenhaus Bolling Hall (14. bis 17. Jh.), Rathaus (1873).
Bradley [engl. ˈbrædlɪ], Francis Herbert, *Glasbury 30. Jan. 1846, †Oxford 18. Sept. 1924, engl. Philosoph. – Vertreter des engl. Neuhegelianismus; ging in „Erscheinung und Wirklichkeit" (1893) davon aus, daß hinter der Aufspaltung in Subjekt und Objekt ein harmon. Ganzes existiere, das jedoch nur gefühlt, nicht begrifflich gefaßt werden könne.
B., James, *Sherborne (Dorset) Ende März 1693, †Chalford (Gloucestershire) 13. Juli 1762, engl. Astronom. – Prof. in Oxford und Greenwich; entdeckte 1728 die Aberration des Lichtes und berechnete daraus die Lichtgeschwindigkeit.
B., Omar Nelson, *Clark (Mo.) 12. Febr. 1893, †New York 8. April 1981, amerikan. General. – Wirkte als Generalstabschef (seit 1947) beim Abschluß des Nordatlantikpaktes mit, trug als Chef der Vereinigten Generalstäbe (1949–53) die Mitverantwortung für die Operationen im Koreakrieg.
Bradstreet, Anne [engl. ˈbrædstriːt], geb. Dudley, *Northampton (England) 1612 oder 1613, †North Andover (Mass.) 16. Sept. 1672, amerikan. Dichterin. – Gilt als erste Dichterin Amerikas; schrieb Gedichte, Vers- und Prosaerzählungen und eine Autobiographie.
brady..., Brady... [griech.], Bestimmungswort in Zusammensetzungen mit der Bed. „langsam".
Bradykardie (griech.], verlangsamte Herzschlagfolge (unter 60 Schläge je Minute). B. kann (ohne krankhafte Bedeutung) anlagebedingt oder (bei Sportlern) durch Training vorübergehend erworben sein; sie kann auch in der Rekonvaleszenz nach Infektionskrankheiten auftreten. Im Krankheitsfall tritt B. bei Vagusreizung (infolge Druckes auf den Nervenstamm oder infolge Hirndruckerhöhung, etwa bei Hirntumoren oder Hirnblutungen) auf. Auch durch manche Arzneimittel (bes. Betablocker) wird eine B. hervorgerufen.
bradytrophes Gewebe, Körpergewebe mit geringer oder fehlender Kapillarversorgung und verlangsamtem, herabgesetztem Stoffwechsel; z. B. Knorpel, Bandscheiben, Hornhaut, Linse, Trommelfell.
Braga [portugies. ˈbraɣɐ], portugies. Stadt 40 km nnö. von Porto, 63 000 E. Sitz eines Erzbischofs (seit 1104); kath. Univ.; Handelsplatz für landw. Produkte, Ind.standort. – Von den Römern gegr. Ort (**Bracara Augusta**), seit dem 4. Jh. Bischofssitz; seit etwa 411 Hauptstadt der Sweben, um 485 westgotisch, 716 von Arabern zerstört; Ende 11. und Anfang 12. Jh. Residenz der portugies. Könige. – Kathedrale (12. Jh.), Kirche Santa Cruz (1642), Capela dos Coimbras (1524).
Bragança [portugies. brɐˈɣɐ̃sɐ], portugies. Dyn., die in männl. Linie 1640–1853 (mit Unterbrechung 1807–21) in Portugal und 1822–89 auch in Brasilien regierte; begr. 1442 von Alfons I., einem natürl. Sohn König Johanns I., als erstem Herzog von B. Die 1853–1910 in Portugal herrschende Linie Sachsen-Coburg-B. stammt von Maria da Glória (Tochter Kaiser Peters I. von Brasilien) ab.

Ray Douglas Bradbury

Karl Dietrich Bracher

Bragança

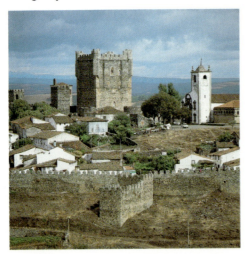

Bragança. Blick auf die von einem Mauerring umschlossene Burganlage, ab 1187

Bragança [portugies. brɐˈɣẽsɐ] (Braganza), Stadt im östl. Hochportugal, 14 100 E. Bischofssitz (seit 1770); Seiden- und Süßwarenind. – Altstadt aus Granit erbaut; Kathedrale (16. Jh.), Burg (1187).

Brägen, svw. ↑ Bregen.

Bragg [engl. bræg], Sir (seit 1920) William Henry, * Wigton (Cumberland) 2. Juli 1862, † London 12. März 1942, brit. Physiker. – Vater von Sir William Lawrence B.; Prof. in Adelaide, Leeds und London. Präs. der Royal Society (1935–40); arbeitete über Radioaktivität; entwickelte zus. mit seinem Sohn das Drehkristallverfahren zur Strukturbestimmung von Kristallen und zur Bestimmung der Wellenlänge von Röntgenstrahlen. Nobelpreis für Physik 1915 zus. mit seinem Sohn.
B., Sir (seit 1941) William Lawrence, * Adelaide 31. März 1890, † Ipswich (Suffolk) 1. Juli 1971, brit. Physiker. – Prof. in Manchester, Cambridge und London. Stellte die ↑ Braggsche Gleichung auf und entwickelte mit seinem Vater das Drehkristallverfahren. Nobelpreis für Physik 1915 zus. mit seinem Vater.

Braggsche Gleichung (Braggsche Reflexionsbedingung) [engl. bræg], von W. L. Bragg 1913 aufgestellte Gleichung für die Beugung monochromat. Röntgenstrahlen an Kristallen.

Bragi, in der nord. Mythologie Sohn Wodans, Gott der Dichtkunst und der Skalden, Gemahl der Idun.

Bragi (B. Boddason), altnorweg. Dichter des 9. Jh., der älteste mit Namen bezeugte Skalde. – Erhalten sind Reste eines Gesanges auf einen Schild mit Bildern aus Sage und Mythologie; später wurde B. als Sprecher in Odins Halle zum Gott der Dichtkunst erhöht.

Brahe, Tycho (Tyge), * Knudstrup (Schonen) 14. Dez. 1546, † Prag 24. Okt. 1601, dän. Astronom. – Seit 1599 Astronom Kaiser Rudolfs II. in Prag; steigerte durch Verbesserung der Beobachtungsverfahren die Meßgenauigkeit, hinterließ Kepler Aufzeichnungen über genaue Positionen des Mars, aus denen dieser die Gesetze der Planetenbewegungen ableitete; B. selbst blieb Anhänger des geozentr. Weltsystems.

Brahm, Otto, eigtl. O. Abraham, * Hamburg 5. Febr. 1856, † Berlin 28. Nov. 1912, dt. Kritiker und Theaterleiter. – 1890 Mitbegr. der „Freien Bühne", 1894 Leiter des Dt. Theaters, 1904–12 des Lessingtheaters in Berlin; Wegbereiter des naturalist. Dramas.

Brahma [Sanskrit], ind. Gott (ohne nennenswerte kult. Verehrung), urspr. höchster Gott des hinduist. Pantheons, von Wischnu und Schiwa später verdrängt.

Brahmagupta, * um 598, † nach 665, ind. Mathematiker und Astronom in Ujjain (Gwalior). – B. verfaßte 628 ein Lehrbuch der Mathematik und Astronomie in Versform, „Brahmasphuṭasiddhānta"; kannte bereits die Null und das Bruchrechnen.

Brahman [Sanskrit], in der wed. Zeit Indiens das machthaltige Wort des Priesters beim Opfer, später zentraler religionsphilosoph. Begriff: Die „Upanischaden" sehen im B. das absolute, allem Seienden zugrunde liegende Prinzip. Die Erkenntnis, daß die individuelle „Seele" (der ↑ Atman) identisch ist mit dem B., führt zur Erlösung und zur Einsicht in den illusionären Charakter der sichtbaren Welt.

Brahmanas [Sanskrit], ind. religiöse Texte in Sanskrit, die sich an die vier Weden anschließen. Sie geben Anweisungen zur Ausführung des wed. Opfers und versuchen mit Hilfe mystisch-philosoph. Spekulation die mag. Kraft des Opfers zu erläutern und eine Kosmologie zu entwerfen.

Brahmane [Sanskrit], Angehöriger der obersten Kaste des Hinduismus, urspr. ausschließl. Priester.

Brahmanismus [Sanskrit], Vorform des Hinduismus, literar. durch den „Weda", die „Brahmanas" und die „Upanischaden" belegt, inhaltlich charakterisiert durch eine zunehmend starre, ausschließlich am Opferwesen orientierte „Wissenschaft", ferner durch Kastensystem und Wiedergeburtslehre.

Brahmaputra [brama'pʊtra, ...'puːtra], Fluß in China (Tibet), Indien (Assam) und Bangladesch, etwa 3000 km lang, 670 000 km² Einzugsbereich; entsteht im tibet. Himalaja in 5600 m Höhe aus 3 Quellflüssen, fließt als **Tsangpo** 1250 km in östl. Richtung, biegt als **Dihang** nach S um, durchbricht in einer 2400 m tiefen Schlucht die Ketten des Himalaja. Fließt, vom Eintritt in das Assamtal (B.tal) ab B. genannt, nach SW, dann nach S, ab Sadiya vielfach verzweigt in einem breiten Sumpfgelände. Gemeinsam mit dem Ganges bildet er ein etwa 44 000 km² großes Delta. Von der Mündung bis Dibrugarh über 1300 km schiffbar.

Brahmasamadsch [Sanskrit „Gemeinde der Gottesgläubigen"], von dem Brahmanen Rammohan Roy (* 1772, † 1833) 1828 in Kalkutta gegr. hinduist. Reformbewegung. Gekennzeichnet durch den Versuch, den Monotheismus in allen (auch den ind.) Religionen zu erkennen und den Hinduismus von dessen volkstüml. Erscheinungsformen zu reinigen und zu reformieren.

Brahmischrift, ind., meist rechtsläufige Schrift, aus der sich alle ind. Schriften entwickelten.

Brahms, Johannes, * Hamburg 7. Mai 1833, † Wien 3. April 1897, dt. Komponist. – Befreundet mit dem Geiger J. Joachim, R. und C. Schumann. 1857–59 wirkte er als Chordirigent und Hofpianist in Detmold. 1862 ging B. nach Wien und leitete dort vorübergehend die Konzerte der Gesellschaft der Musikfreunde; nach 1875 lebte er als freischaffender Künstler in Wien. Den Schwerpunkt seines instrumentalen Schaffens bildet die Kammermusik, deren Gestaltungsprinzipien, die motiv. Verzahnung der Gedanken und die weitgehend selbständige Durchbildung der Einzelstimmen, auch die Sinfonien kennzeichnen. Die Vokalkompositionen reichen vom Klavierlied und von A-cappella-Sätzen im Madrigal- oder Mottettenstil über die ein bis zu orchesterbegleiteten mehrteiligen Chorwerken auf der anderen Seite. In den Klavierliedern dominiert die lyr. Entfaltung der Singstimme. Darüber hinaus sammelte und bearbeitete B. Volkslieder.

Johannes Brahms

Werke: *Orchesterwerke:* 4 Sinfonien: 1. c-Moll op. 68 (1855–76), 2. D-Dur op. 73 (1877), 3. F-Dur op. 90 (1883), 4. e-Moll op. 98 (1884/85); 2 Serenaden: D-Dur op. 11 (1857/58), A-Dur op. 16 (1860); Haydn-Variationen op. 56a (1873); Akadem. Festouvertüre op. 80 (1880); Trag. Ouvertüre op. 81 (1880/81). – *Konzerte:* Violinkonzert D-Dur op. 77 (1878); Klavierkonzert d-Moll op. 15 (1854–58), B-Dur op. 83 (1878–81); Doppelkonzert für Violine und Violoncello a-Moll op. 102 (1887). – *Kammermusik:* 2 Streichsextette op. 18 (1858–60), 36 (1864/65); 2 Streichquintette op. 88 (1882), 111 (1890); Klarinettenquintett op. 115 (1891); 3 Streichquartette op. 51, 1 und 2 (1873), 67 (1875); Klavierquintett op. 34 (1864); 3 Klavierquartette op. 25 (1861), 26 (1881), 60 (1875); 3 Klaviertrios op. 8 (1853/54; 1889), 87 (1880–82), 101 (1886); Horntrio op. 40 (1865); Klarinettentrio op. 114 (1891); 3 Violinsonaten op. 78 (1878/79), 100 (1886), 108 (1886–88); 2 Cellosonaten op. 38 (1862–65), 99 (1866); 2 Klarinettensonaten op. 120, 1 und 2 (1894). – *Klaviermusik:* 3 Sonaten: C-Dur op. 1 (1852/53), fis-Moll op. 2 (1852), f-Moll op. 5 (1854); Variationen, darunter Händel-Variationen op. 24 (1861), Paganini-Variationen op. 35 (1862/ 1863); Balladen, Rhapsodien, Intermezzi u. a. – *Vokalmusik:* „Ein Dt. Requiem" op. 45 (1866–68); Alt-Rhapsodie op. 53 (1869); „Schicksalslied" op. 54 (1871); „Nänie" op. 82 (1881); „Gesang der Parzen" op. 89 (1882); Klavierlieder („Vier ernste Gesänge" op. 121, 1896), Volksliedbearbeitungen für Singstimme und Klavier; Motetten op. 29 (1860), 74 (1877), 110 (1889); 5 Gesänge für gemischten Chor op. 104 (1888); „Fest- und Gedenksprüche" op. 109 (1886–88); Lieder op. 22 (1859), 44 (1859–63), 62 (1874), 93a (1883/84) u. a.

Brahui, literatur- und schriftlose drawid. Sprache in Pakistan im Gebiet um Kalat mit etwa 1,3 Mill. Sprechern.

Brăila [rumän. brə'ilə], Hauptstadt des rumän. Verw.-Geb. B., am linken Ufer der unteren Donau, 235 000 E. Staatstheater, Museen; bedeutendster Donauhafen Rumäniens; u. a. Werften, Zelluloseherstellung. – Neolith. Siedlungsspuren; urkundlich erstmals 1368 erwähnt; 1542–1829 Sitz eines türk. Rajahs.

Braille, Louis [frz. bra:j], *Coupvray (Seine-et-Marne) 4. Jan. 1809, † Paris 6. Jan. 1852, frz. Blindenlehrer. – Erblindete im 3. Lebensjahr; entwickelte 1825 die *B.-Blindenschrift,* indem er das 12-Punkte-System C. Barbiers (* 1767, † 1843) auf 6 reduzierte.

Brain-Drain ['breɪndreɪn; engl. „Abfluß von Intelligenz"], Abwanderung hochqualifizierter Fachkräfte ins Ausland.

Braine, John [engl. breɪn], *Bradford (Yorkshire) 13. April 1922, † London 28. Okt. 1986, engl. Schriftsteller. – Stand der literar. Gruppe der „Angry young men" nahe; Romane, u. a. „Der Weg nach oben" (1957), „Ein Mann der Gesellschaft" (1962), „One and last love" (1981).

Brainstorming ['breɪnstɔmɪŋ; zu engl. brainstorm „Geistesblitz"], Verfahren, durch Sammeln von spontanen Einfällen innerhalb einer Arbeitsgruppe die beste Lösung für ein Problem zu finden.

Brain-Trust [engl. 'breɪntrʌst; zu brain „Gehirn" und ↑Trust], urspr. Bez. für die Berater des Präs. Franklin D. Roosevelt beim New Deal; heute allg. Bez. für ein Gremium von Fachleuten, das auf Grund bes. Erfahrungen und Kenntnisse beratende Funktionen ausübt.

Brainwashing [engl. 'breɪnˌwɔʃɪŋ], engl. Bez. für ↑Gehirnwäsche.

Braithwaite, Richard Bevan [engl. 'breɪθweɪt], *Banbury 15. Jan. 1900, brit. Philosoph. – Seit 1953 Prof. in Cambridge. Wichtige Beiträge zur Wissenschaftstheorie, speziell zu den Grundlagen der Wahrscheinlichkeitstheorie und Statistik. – *Werke:* Scientific explanation. A study of the function of theory, probability, and law in science (1953), An empiricist's view of the nature of religious belief (1955).

Bräker, Ulrich, gen. „der arme Mann im Toggenburg", *Näbis im Toggenburg 22. Dez. 1735, † Wattwil (Kt. Sankt Gallen) 11. Sept. 1798, schweizer Schriftsteller. – Sohn eines Kleinbauern, Hütejunge, Knecht, später Weber. Bed. ist seine autobiograph. „Lebensgeschichte und natürl. Ebentheuer des Armen Mannes im Tockenburg" (1789).

Brake (Unterweser), Krst. in Nds., 16 300 E. Verwaltungssitz des Landkr. Wesermarsch; Schiffahrtsmuseum, Theater, Hafen, Werft, Maschinenbau, Kunststoffverarbeitung. Durch Kanäle mit dem Ind.gebiet Hannover-Braunschweig verbunden. – 1856 Stadt.

Brakteaten [lat.], einseitige Abdrücke oder Durchreibungen antiker griech. Münzen mittels Goldblech, mit hohler Rückseite.
▷ Schmuckscheiben (Schmuck-B.) der Völkerwanderungszeit aus Gold-, Silber- und Kupferblech mit einseitig getriebenen oder geprägten figürl. Darstellungen.
▷ silberne Hohlpfennige (Blech- oder Schüsselmünzen, hole penninghe, denarii concavi) des Hoch-MA mit nur einem Stempel auf weicher Unterlage hergestellt, so daß das Bild der Vorderseite auf der Rückseite vertieft erscheint.

Braktee [lat.] (Tragblatt, Deckblatt, Stützblatt, Bractea), Blatt, aus dessen Achsel ein Seitensproß (z. B. auch eine Blüte) entspringt. Das der B. am Seitensproß folgende Blatt ist die **Brakteole** (Vorblatt).

Bram [niederl.] (Bramstenge), zweitoberste Verlängerung der Masten sowie deren Takelung *(Bramsegel)* bei Segelschiffen.

Bramante, eigtl. Donato d'Angelo, *Monte Asdrualdo bei Fermignano (Prov. Pesaro e Urbino) 1444, † Rom 11. März 1514, italien. Baumeister. – Ursprüngl. Maler. Wurde in Rom zum Begründer der klass. Architektur der Hochrenaissance (u. a. Tempietto, ein Rundtempel im Hof von San Pietro in Montorio; 1502). Seit 1503 für Papst Julius II. tätig; Umgestaltung des Vatikanpalastes und Beginn des Neubaus der Peterskirche nach seinem Entwurf.

Brăila Stadtwappen

Bramante. Rundtempel im Klosterhof von San Pietro in Montorio, 1502

Bramantino, eigtl. Bartolomeo Suardi, *Mailand um 1465, † ebd. 1530, italien. Maler und Baumeister. – Schüler Bramantes; als Maler bed. Vertreter des lombard. Cinquecento. Schuf v. a. religiöse Bilder, u. a. „Kreuzigung" (um 1520; Mailand, Brera).

Bramarbas, kom. Bühnenfigur (seit 1710) des großsprecher. Maulhelden; **bramarbasieren,** prahlen, aufschneiden.

Bramme, quaderförmiges Stahlhalbzeug; als *Roh-B.* ein durch Gießen in Stahlformen (Kokillen) erhaltenes Gußstück zur Herstellung von Blechen und Bändern im Walzwerk.

Bramsegel ↑Bram.

Bramstedt, Bad ↑Bad Bramstedt.

Bramstenge, svw. ↑Bram.

Bram van Velde, niederländ. Maler, ↑Velde, Bram van.

Bramwald, Teil des Weserberglands, im Todtenberg bis 408 m hoch.

Brancati, Vitaliano, *Pachino bei Syrakus 24. Juli 1907, † Turin 25. Sept. 1954, italien. Schriftsteller. – Verfasser satir.-humorist., gesellschaftskrit. Romane und Novellen, bes. aus dem Leben der Sizilianer.

Branche ['brã:ʃə; lat.-frz.], Wirtschafts-, Geschäftszweig.

Branchien

Branchien [griech.], svw. ↑ Kiemen.
Branchiura [griech.], svw. ↑ Kiemenschwänze.
Brâncoveanu, Constantin [rumän. brɨŋkoˈve̯anu] ↑ Brîncoveanu, Constantin.

Constantin Brancusi. Mademoiselle Pogany, 1919 (Privatbesitz)

Brancusi, Constantin; rumän. C. Brâncuşi [frz. brãkyˈsi; rumän. brɨŋˈkuʃj], *Hobiţa, Gem. Peştişani (Verw.-Geb. Gorj) 19. Febr. 1876, †Paris 16. März 1957, frz. Bildhauer rumän. Herkunft. – Seit 1904 in Paris; 1908 entstand als kub. Block „Der Kuß" (Kalkstein), aber vielfach wiederholtes Motiv wird die Eiform als Urform, z. B. in den Bronzeplastiken „Schlafende Muse" (1910), „Prometheus" (1911), „Weltanfang" (1924). Ein weiteres Formmotiv ist die „endlose Säule".

Brand (Gangrän), abgestorbener braunschwarzer Gewebebezirk als Folge eines örtl. Absterbens (Nekrose) von Körperteilen oder Organen bei unzureichender oder vollständig unterbrochener Blutzufuhr. Ursachen der örtl. Durchblutungsstörung sind Druck von außen, Gefäßwandveränderungen, z. B. bei Arteriosklerose oder Diabetes. Beim **trockenen Brand** (auch **Mumifikation**) kommt es durch Austrocknung zur Schrumpfung und lederartigen Verhärtung von Gewebebezirken. Beim **feuchten Brand** (auch **Faulbrand**) tritt eine Zersetzung des Gewebes infolge bakterieller Infektion ein. Wegen der Gefahr einer Sepsis ist meist Amputation notwendig.
▷ svw. ↑ Brandzeichen.

Brandabschnitt, durch feuerbeständige Bauteile begrenzter Gebäudeteil.

Brandauer, Klaus Maria, *Bad Aussee 22. Juni 1943, östr. Schauspieler. – Seit 1972 am Wiener Burgtheater, verkörperte v. a. Schiller- und Shakespeare-Helden; als Filmschauspieler u. a. erfolgreich in „Mephisto" (1981), „Sag niemals nie" (1983), „Jenseits von Afrika" (1985); „Oberst Redl" (1985), „Hanussen" (1987), „Georg Elser – Einer aus Deutschland" (1989; auch Regie); auch Fernsehrollen (u. a. „Der Weg ins Freie", 1984).

Brandberg, granit. Inselberg nördlich von Swakopmund, Namibia, 2 610 m ü. d. M.; Felsmalereien (u. a. sog. Weiße Dame).

Brandbettel ↑ Brandbrief.

Brandblase, Merkmal bei einer Verbrennung zweiten Grades.

Brandbombe, Bombe, die mit leicht entzündl. Stoffen (Napalm, Phosphor) gefüllt ist; gerät beim Aufschlag in Brand.

Brandenburg Historisches Wappen

Klaus Maria Brandauer

Brandbrief, bis in das 18. Jh. bekannte behördl. Erlaubnis zum Betteln durch Brandgeschädigte oder für diese (sog. **Brandbettel**). Heute umgangssprachlich für dringl. Brief.

Brandenburg, Friedrich Wilhelm Graf von (seit 1795), *Berlin 24. Jan. 1792, †ebd. 6. Nov. 1850, preuß. General und Staatsmann. – Sohn König Friedrich Wilhelms II. von Preußen aus der morganat. Ehe mit Sophie Gräfin von Dönhoff; festigte als Min.präs. 1848–50 die Autorität der Regierung durch Auflösung der Nat.versammlung und durch die oktroyierte Verfassung vom 5. Dez. 1848 und stimmte 1850 der Olmützer Punktation zu.

B., Hans, *Barmen (= Wuppertal) 18. Okt. 1885, †Bingen 8. Mai 1968, dt. Schriftsteller. – Humorvolle Erzählungen, Liebes- und Generationsromane (u. a. „Vater Öllendahl", 1938), Gedichte, Essays, Biographien.

Brandenburg (Mark B., Mark), histor. Landschaft im Gebiet der BR Deutschland und Polens, umfaßt in Polen (Neumark) die Woiwodschaft Zielona Góra und den S der Woiwodschaft Szczecin, in der BR Deutschland im wesentl. das Land B. und Berlin. – Nach dem Abzug german. Stämme wanderten im 7. Jh. von O Slawen ein (bed. v. a. die in der späteren Mark siedelnden Liutizen). Nach mehreren vergebl. oder nur vorübergehend erfolgreichen Versuchen, das Land dem Fränk. bzw. ostfränk.-dt. Reich einzugliedern (Kämpfe Karls d. Gr.), wurde B. von dem 1134 mit der Nordmark belehnten Askanier ↑ Albrecht I., dem Bären, endgültig der dt. Ostsiedlung und der Christianisierung erschlossen. Die Markgrafen von B. (Titel seit 1157) stiegen in den Kreis der bedeutendsten R.-Fürsten auf (seit 1177 als R.-Erzkämmerer bezeugt, später Kurfürsten). Nach dem Aussterben der Askanier (1320) gab König Ludwig IV., der Bayer, B. als erledigtes R.-Lehen seinem Sohn Ludwig d. Ä. (⚭ 1323–51), der sich aber ebensowenig wie seine wittelsbach. Nachfolger in der Mark durchsetzen konnte. Die landesfürstl. Macht wurde durch die Autorität der Landstände (1. Landtag 1345) eingeschränkt. König Sigismund belehnte 1417 den Nürnberger Burggrafen Friedrich VI. von Hohenzollern mit der Mark. Dessen Sohn Friedrich II., der Eiserne (⚭ 1440–70), machte Berlin zur Residenz. Albrecht III. Achilles legte mit der ↑ Dispositio Achillea (1473) den Grund zur dauernden territorialen Einheit der Mark, zur Trennung zw. B. und den fränk. Besitzungen der Hohenzollern und zur Festigung der Landesherrschaft. Joachim II. Hektor vollzog, nachdem sich bereits ein großer Teil der Bev. der luth. Lehre angeschlossen hatte, mit der Kirchenordnung von 1539 den entscheidenden Schritt zur Reformation. Nach dem ↑ Jülich-Klevesch. Erbfolgestreit kamen das Hzgt. Kleve, die Gft. Mark und Ravensberg an B. (1614), 1618 das Hzgt. Preußen als poln. Lehen. Im Westfäl. Frieden (1648) erhielt B. Hinterpommern, die Bistümer Halberstadt, Cammin und Minden sowie die Anwartschaft auf das Erzbistum Magdeburg (Anfall 1680). Friedrich Wilhelm, der Große Kurfürst (⚭ 1640–88), schuf den absolutist. brandenburgisch-preuß. Staat. Trotz polit. Entmachtung der Landstände (letzter märk. Landtag 1652/1653) verbesserte die Gutsherren ihre wirtsch. und soziale Stellung, während sich die Lage der Landbev. weitgehend bis zur Leibeigenschaft verschlechterte. 1657/1660 (Vertrag von Wehlau und Friede von Oliva) erlangte der Kurfürst die Souveränität für das Hzgt. Preußen. Ab 1685 wurden Hugenotten und dann auch andere Glaubensflüchtlinge und Auswanderer (Schweizer, Pfälzer u. a.) in der Mark angesiedelt. Nach der Krönung des Kurfürsten zum „König in Preußen" (1701) geht die brandenburg. Geschichte in der Geschichte ↑ Preußens auf.

B., Land der BR Deutschland (seit 1990), 29 059 km², 2,61 Mill. E (1990), Landeshauptstadt Potsdam. B. grenzt im W und SW an Sa.-Anh., im N an Meckl.-Vorp., im S an Sa. und im O mit Lausitzer Neiße und Oder an Polen. Inmitten von B. liegt das Land Berlin.

Landesnatur: B. liegt im Bereich des Norddt. Tieflandes. Die von eiszeitl. Ablagerungen bedeckte Oberfläche ist hügelig bis eben. Im N erstreckt sich von NW nach SO ein schmaler Streifen des zum Jungmoränengebiet gehörenden

Brandenburg

Balt. Landrückens mit bis zu 153 m ü. d. M. liegenden Endmoränen und die sö. Ausläufer der Mecklenburg. Seenplatte (um Templin), jedoch der größte Teil der Mecklenburg. Abdachung, zu der im NW die zur Elbe abfallende Prignitz gehört, besteht v. a. aus trockenen Sanderflächen mit ausgedehnten Forsten. Zw. Havel und der Oderniederung liegt der südl. Teil der Uckermark mit dem wald- und seenreichen Schorfheide. Im SW und S breitet sich das Altmoränengebiet mit dem Fläming (201 m ü. d. M.) und dem Lausitzer Grenzwall (am Südrand der beiderseits der unteren Spree gelegenen Niederlausitz im SO) aus. Den größten Teil von B. nehmen die in W–O-Richtung ziehenden Urstromtäler ein (von N nach S Thorn-Eberswalder, Warschau-Berliner, Glogau-Baruther Urstromtal), die voneinander durch höhergelegene größere (z. B. Barnim, Teltow) und kleinere Platten (sog. Ländchen) getrennt sind. In den Urstromtälern, die von den z. T. seenartig erweiterten Flüssen Havel, Spree, Rhin, Dahme und Elbe (nur mit kurzem Teilstück als Grenzfluß in Sa.-Anh. in B.) durchflossen werden, bildeten sich bei entsprechend hohem Grundwasserstand Feuchtgebiete (Rhinluch, Havelländ. Luch, Spreewald, Oderbruch) aus. – Das Klima wird durch zunehmende Kontinentalität von W nach O bestimmt. – In der Niederlausitz sind große Braunkohlenlager (von Senftenberg–Finsterwalde über Lübben–Cottbus–Bad Muskau bis Forst–Guben reichend) vorhanden. Bei Rüdersdorf Zementkalkvorkommen.

Bevölkerung: Neben der deutschstämmigen Bev. lebt im S in der Niederlausitz die nat. Minderheit der Sorben (Niedersorben). Etwa 45 % der Bewohner bekennen sich zum christl. Glauben, davon ist die überwiegende Mehrheit ev.-luth. und zur Ev. Kirche Berlin-B. gehörig. In B. gibt es 3 Univ. (Potsdam, Frankfurt/Oder, Cottbus). Auf etwa $\frac{1}{5}$ der Landesfläche ist die Hälfte der Bev. konzentriert. Die größte Bev.dichte ist im Nahbereich von Berlin sowie im Ind.gebiet der Niederlausitz anzutreffen.

Wirtschaft: In B. überwiegt die Landw. Die Ind. ist nur im mittleren und südl. Teil stärker vertreten. Der Ackerbau (Anbau von Weizen, Roggen, Kartoffeln, Zuckerrüben) konzentriert sich auf die relativ fruchtbaren Lehmböden der Grundmoränen im NW der Prignitz (um Perleberg-Pritzwalk), im Gebiet von Neuruppin, in der Uckermark um Prenzlau–Angermünde–Schwedt sowie auf den von Lehmböden bedeckten Platten. Um Werder bei Potsdam entstand ein bedeutendes Obstbaugebiet. Die Feuchtgebiete sind die Schwerpunktbereiche des Gemüsebaus (Spreewald, Oderbruch) und der Grünlandwirtschaft mit Rinderzucht. Etwa $\frac{1}{8}$ der Landesfläche ist bewaldet, wobei die Sandböden der Endmoränen des Balt. Schildes, die südl. Uckermark (Schorfheide), die Sandergebiete im Bereich der trockenliegenden Urstromtäler und das Altmoränengebiet große Waldareale tragen. – Wichtigstes Ind.gebiet ist die Stadtrandzone von Berlin mit Eisenhüttenind., Maschinen-, E-Lok-Bau sowie Elektrotechnik/Elektronik in Potsdam, Teltow, Hennigsdorf und Bernau. Ein weiteres entwickelte sich im Braunkohlengebiet der Niederlausitz, wo seit 1952 im Raum Senftenberg (Schwarze Pumpe) – Lauchhammer, um Spremberg, Lübbenau und Cottbus die Braunkohleindustrie mit großen Tagebauen, Großkraftwerken (Boxberg, Jänschwalde, Lübbenau, Vetschau) und chem. Ind. (Guben, Schwarzheide, Spremberg) entstand, die zu schwersten Umweltbelastungen führte. Herkömml. Ind.zweige sind in der Niederlausitz die Textil- (Cottbus, Forst, Guben) und Glasindustrie (bei Forst und Spremberg). Außerhalb des Berliner und Niederlausitzer Ind.bereiches sind bed. Einzelstandorte Eisenhüttenstadt, Brandenburg/Havel und Oranienburg mit Eisenhüttenind., Eberswalde-Finow mit Eisenhüttenind. und Kranbau, Frankfurt/Oder mit elektrotechn./elektron. Ind., Ludwigsfelde, Wildau und Luckenwalde mit Fahrzeug- und Maschinenbau, Schwedt/Oder mit Erdölverarbeitung und Papierind., Premnitz mit Kunstfaserherstellung, Rathenow mit opt. Ind., Wittenberge mit Zellstoffind. und Nähmaschinenbau sowie Pritzwalk mit Zahnradwerk. Rüdersdorf ist ein wichtiger Standort der Zementerzeugung. – Eisenbahnlinien und Fernverkehrsstraßen (einschl. Autobahnen als Teil des Europastra-

ßennetzes) ziehen sternförmig durch B. nach Berlin, sie sind durch den Berliner Auto- und Eisenbahnring, der auf B. Gebiet liegt, miteinander verbunden. Die schiffbaren Flüsse Oder, Spree, Havel und Elbe sind durch Oder-Havel-, Oder-Spree-, Elbe-Havel-Kanal miteinander verbunden. Bedeutendster Binnenhafen ist Königs Wusterhausen, gefolgt von Wittenberge, B. und Potsdam. Seen- und waldreiche Landschaften werden als Erholungsgebiete genutzt (Ruppiner Schweiz um Neuruppin und Rheinsberg, Seenlandschaft um Templin, Schorfheide mit Werbellinsee, Scharmützelsee, Märk. Schweiz um Buckow, Spreewald).

Geschichte: Bis 1945 ↑Brandenburg (Mark). – 1945 als Land auf dem Territorium der SBZ gebildet, wurde B. 1952 in die DDR-Bez. Cottbus, Frankfurt und Potsdam aufgeteilt. 1990 als Land wiederhergestellt. Nach den Landtagswahlen vom 14. Okt. 1990 bildete M. Stolpe eine linksliberale Reg. (Koalition von SPD-FDP-Bündnis 90/Grüne); eine Fusion B. mit Berlin steht bis 1999 in Aussicht.

Verfassung: Die Verfassung des neu gebildeten Landes wurde 1992 vom Landtag verabschiedet und von der Bev.

Brandenburg Landeswappen

Brandenburger Tor. Von Carl Gotthard Langhans 1788–91 erbaut, auf dem Tor die 1794 fertiggestellte Quadriga mit Viktoria von Gottfried Schadow, im 2. Weltkrieg zerstört, 1958 Kopie in Kupfer aufgestellt, 1991 restauriert

Verwaltungsgliederung (Stand 1990)				
	Fläche (km²)	E (in 1000)	Fläche (km²)	E (in 1000)
Kreisfreie Städte			Gransee	945	43

	Fläche (km²)	E (in 1000)
Kreisfreie Städte		
Brandenburg/Havel	167	94
Cottbus	48	128
Eisenhüttenstadt	54	53
Frankfurt/Oder	148	87
Potsdam	101	142
Schwedt/Oder	76	52
Landkreise		
Angermünde	915	34
Bad Freienwalde	588	37
Bad Liebenwerda	600	53
Beeskow	941	37
Belzig	913	33
Bernau	758	73
Brandenburg	882	36
Calau	618	56
Cottbus	727	43
Eberswalde	714	82
Eisenhüttenstadt	537	20
Finsterwalde	645	56
Forst	307	38
Fürstenwalde	924	105
Gransee	945	43
Guben	381	43
Herzberg	667	36
Jüterbog	766	36
Königs Wusterhausen	726	87
Kyritz	809	34
Lübben	806	32
Luckau	703	29
Luckenwalde	588	44
Nauen	894	77
Neuruppin	1 264	65
Oranienburg	857	130
Perleberg	1 066	74
Potsdam	738	99
Prenzlau	795	43
Pritzwalk	762	32
Rathenow	818	63
Seelow	842	39
Senftenberg	598	115
Spremberg	349	43
Strausberg	689	90
Templin	996	35
Wittstock	574	24
Zossen	766	75

Brandenburger Tor

durch Volksentscheid angenommen. Die Legislative liegt beim Landtag, dessen 88 Abg. auf 4 Jahre gewählt werden. Träger der Exekutive ist die Landesreg., bestehend aus dem vom Landtag gewählten Min.präs. und den von ihm ernannten Ministern. Daneben wurden plebiszitäre Elemente verankert.

B., Landkr. im Land Brandenburg.

B., ehem. Bistum. 948 von Otto I. als Missionsbistum gegr., 968 dem Erzbistum Magdeburg unterstellt; 983 aufgegeben; im 12. Jh. neu umschrieben; bis Ende des MA reichsunmittelbar; nach Einführung der Reformation 1571 aufgelöst.

Brandenburger Tor, Berliner Baudenkmal (Unter den Linden), von C. G. Langhans 1788–91 errichtet; Quadriga (1794) nach Modell von G. Schadow; 1961–89 war das B. T. in den Sperrbezirk der Berliner Mauer einbezogen. – Abb. S. 147.

Brandenburg/Havel, Krst. an der Havel, Brandenburg, 31 m ü. d. M., 94 000 E. Theater; Stahl- und Walzwerk, Metall-, Textilind.; Verkehrsknotenpunkt, v. a. auch im Wasserstraßennetz. – Die hevell. Hauptfeste **Brendanburg** wurde 928/929 von König Heinrich I. erobert. 948–983 Bistum (1161 wiederbegr.). Nach mehrfachem Besitzwechsel 1157 von Albrecht I. wiedererobert. Burgbezirk auf der Dominsel; am nördl. Havelufer Marktsiedlung; südlich der Dominsel Gründung der Neustadt vor 1200. 1715 Zusammenschluß von Alt- und Neustadt, die Dominsel wurde 1930 eingemeindet. – Dom Sankt Peter und Paul (1165 ff.); Katharinenkirche (1401 ff.), Steintorturm (nach 1400); Altstädter Rathaus (um 1480; Backsteingotik).

Brandenburgische Halsgerichtsordnung ↑ Bambergische Halsgerichtsordnung.

Brandente (Brandgans, Tadorna tadorna), etwa 60 cm lange Art der Halbgänse in Europa und Asien; weiß mit rostroter Binde um den Vorderkörper; Schultern und Handschwingen schwarz, Armschwingen körpernah rostrot, Flügelspiegel grün, Kopf und Hals grünlichschwarz, Schnabel rot (beim ♂ mit Höcker vor der Stirn), Beine fleischfarben, relativ lang.

Brander, ein mit entzündbarem und explosivem Material beladenes Seefahrzeug (bis etwa 1830 im Seekrieg verwendet); wurde brennend an feindl. Schiffe herangebracht, um diese in Brand zu setzen.

Brand-Erbisdorf, Krst. im Erzgebirge, Sa., 470–500 m ü. d. M., 10 000 E. Metallverarbeitung. – Vor 1209 entstand das Kolonistendorf **Erbisdorf,** seit etwa 1500 Silbererzbau; kam zus. mit der Bergmannssiedlung **Brand** 1532 an Sachsen; 1912 Vereinigung; Bleierzabbau seit 1945.

B.-E., Landkr. in Sachsen.

Brandes, Georg, eigtl. Morris Cohen, * Kopenhagen 4. Febr. 1842, † ebd. 19. Febr. 1927, dän. Literarhistoriker, Kritiker und Biograph. – Hatte großen Einfluß auf das dän. Geistesleben seiner Zeit; trat für Realismus und Naturalismus ein und machte Skandinavien mit der europ. Literatur und dem Werk Nietzsches bekannt. Antiklerikal eingestellt, Gegner Kierkegaards. Brillante Abhandlungen u. a. über Kierkegaard, Disraeli, Shakespeare, Voltaire, Michelangelo.

B., Heinrich Wilhelm, * Groden (Cuxhaven) 27. Juli 1777, † Leipzig 17. Mai 1834, dt. Physiker und Meteorologe. – Regte 1816 die Erstellung synopt. Wetterkarten an und leistete wesentl. Beiträge zur Kenntnis des Wetterablaufs und seiner Vorhersagbarkeit.

Brandgans, svw. ↑ Brandente.

Brandgeschoß ↑ Munition.

Brandi, Karl, * Meppen 20. Mai 1868, † Göttingen 9. März 1946, dt. Historiker. – Seit 1897 Prof. in Marburg, 1902–36 in Göttingen; schrieb u. a. „Dt. Geschichte im Zeitalter der Reformation und Gegenreformation" (2 Bde., 1927–30), „Kaiser Karl V." (2 Bde., 1937–41).

Brandklassen, amtl. Einteilung brennbarer Stoffe bzw. Objekte, die v. a. zur Kennzeichnung des Anwendungsbereiches von Feuerlöschgeräten und -mitteln dient; man unterscheidet 5 Klassen: A = feste Stoffe (außer Metallen), B = flüssige Stoffe, C = gasförmige Stoffe, D = brennbare [Leicht]metalle, E = elektr. Anlagen.

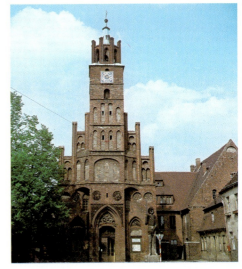

Brandenburg/Havel. Altstädter Rathaus, um 1480, davor der Roland (Höhe 6 m, 1474)

Brandknabenkraut (Brandorchis, Orchis ustulata), v. a. in S-Deutschland auf grasigen, trockenen Kalkhängen vorkommende, bis 40 cm hohe Knabenkrautart; Blütenknospen fast schwarz, Lippe der geöffneten Blüte weiß, spärlich rot punktiert.

Brandkraut (Phlomis), Lippenblütlergatt. mit etwa 70 Arten, vom Mittelmeerraum bis China verbreitet; Kräuter, Halbsträucher oder Sträucher mit gelben, purpurfarbenen oder weißen Blüten.

Brandente. Männchen

Brandl (Prantl), Peter Johannes, ≈ Prag 24. Okt. 1668, † Kuttenberg 24. Sept. 1735, böhm. Maler. – Malte Altarbilder in erregender, barocker pathet. Ausdrucksweise; hervorragende Porträts, u. a. Selbstbildnisse; Genrebilder.

Brandmarkung, v. a. im Altertum und MA gebräuchl. Einbrennen von Zeichen auf den Körper eines Verbrechers; als Strafe oder zur Kennzeichnung.

Brandmauer, svw. ↑ Brandwand.

Brando, Marlon [engl. 'brændoʊ], * Omaha 3. April 1924, amerikan. Filmschauspieler, Regisseur. – Spielte u. a. in „Endstation Sehnsucht" (1951), „Die Faust im Nacken" (1954), „Der Pate" (1971), „Der letzte Tango in Paris" (1972), „Apocalypse now" (1979), „Weiße Zeit der Dürre" (1989), „The Freshman" (1990).

Brandopfer ↑ Opfer.

Brandorchis, svw. ↑ Brandknabenkraut.

Brandpfeil, seit dem Altertum verwendeter, mit Bogen- oder Wurfmaschinen verschossener Pfeil, der vor dem Abschuß in Brand gesetzt wurde.

Brandpilze (Ustilaginales), Ordnung interzellulär in Pflanzen parasitierender Ständerpilze mit etwa 1 000 Arten. Als Erreger der Brandkrankheiten sind die B. bes. schädlich an Getreide (z. B. Maisbeulenbrand, Flug- oder

Brandknabenkraut

Elsa Brändström

Willy Brandt

Staubbrand von Hafer, Gerste, Weizen; Stein- oder Stinkbrand des Weizens); Bekämpfung mit Fungiziden.

Brandrodung, Rodung durch Fällen und anschließendes Abbrennen der Bäume und Sträucher, wobei die Wurzelstöcke vielfach im Boden verbleiben; B. wird v. a. im Rahmen des Wanderfeldbaus und der Landwechselwirtschaft angewandt.

Brandschatzung, [Geld]erpressung unter Androhung von Brandlegung und Plünderung; bes. seit dem Spät-MA und im Dreißigjährigen Krieg angewendet.

Brandschau (Feuerbeschau), regelmäßige behördl. Kontrolle, um brandgefährdete baul. Zustände festzustellen. Sie erstreckt sich auf alle Gebäude (außer Ein- und Zweifamilienhäuser), insbes. auf Räumlichkeiten mit großem Publikumsverkehr.

Brandschutz, bau- und betriebstechn. Schutz von Anlagen gegen Brandgefährdung: Einbau von Brandwänden, Brandschutztüren, Sprinkleranlagen, Nottreppen.

Brandsohle, innere Sohle des Schuhs, aus flexiblem Leder.

Brandstetter, Alois, *Aichmühl (heute zu Pichl bei Wels, Oberösterreich) 5. Dez. 1938, östr. Schriftsteller, Literarhistoriker. – Satir. Prosa, u. a. „Die Abtei" (R., 1977), „Die Burg" (R., 1986), Essays „Kleine Menschenkunde" (1987).

Brandstiftung, gemeingefährl., mit hohen Strafen bedrohtes Gefährdungsdelikt. Wegen **schwerer Brandstiftung** (§ 306 StGB) wird bestraft, wer bestimmte Räumlichkeiten, in denen sich Menschen aufzuhalten pflegen, in Brand setzt. Eine **besonders schwere Brandstiftung** (§ 307) liegt vor, wenn 1. entweder der Tod eines Menschen durch die B. verursacht wurde oder 2. die schwere B. als Vorbereitungshandlung für Mord, Raub, räuber. Diebstahl oder räuber. Erpressung begangen wurde oder 3. der Täter Löschgeräte entfernt oder unbrauchbar gemacht hat, um das Löschen des Feuers zu erschweren oder zu verhindern. Gegenstand der **einfachen Brandstiftung** (§ 308) sind Gebäude und Sachen, die in fremdem Eigentum stehen. Die B. wird mit Freiheitsstrafen von einem Jahr bis zu lebenslängl. Dauer geahndet; die **fahrlässige Brandstiftung** (§ 309) hat Freiheitsstrafen bis zu fünf Jahren oder Geldstrafe zur Folge.
Im *östr.* und im *schweizer. Recht* gelten ähnliche Regelungen.

Brändström, Elsa, *Petersburg 26. März 1888, †Cambridge (Mass.) 4. März 1948, schwed. Philanthropin. – Als Delegierte des schwed. Roten Kreuzes 1914–20 maßgeblich an der Versorgung der Kriegsgefangenen in Rußland und ihrer Rückführung beteiligt („Engel von Sibirien"); beschaffte nach dem 1. Weltkrieg in den USA und in Skandinavien Mittel zur Gründung von Arbeitssanatorien und Waisenhäusern in Deutschland.

Brandt, Willy, früher Herbert Ernst Karl Frahm, *Lübeck 18. Dez. 1913, † Unkel (bei Bonn) 8. Okt. 1992, dt. Politiker. – 1930 Mgl. der SPD, 1931 der SAP; emigrierte 1933 nach Norwegen, journalistisch tätig; 1938 von den dt. Behörden ausgebürgert, nahm die norweg. Staatsbürgerschaft an; 1940 Flucht nach Schweden; kehrte 1945 als Korrespondent skand. Zeitungen nach Deutschland zurück, 1947 Wiedereinbürgerung unter seinem Schriftstellernamen B. und erneut Mgl. der SPD, 1949–57 sowie seit 1969 MdB; 1957–66 Regierender Bürgermeister von Berlin (West); 1964–87 Parteivors., seitdem Ehrenvors.; Außenmin. und Vizekanzler der Großen Koalition 1966–69; entwickelte als Bundeskanzler (seit 1969) auf der Grundlage einer neuen Deutschland- und Ostpolitik Aktivitäten auf außenpolit. Gebiet (Unterzeichnung des Atomwaffensperrvertrags, Abschluß des Dt.-Sowjet. Vertrags 1970 und des Dt.-Poln. Vertrags 1970) sowie in der Deutschland- und Berlinpolitik (Viermächteabkommen über Berlin 1971); erhielt 1971 den Friedensnobelpreis; 1974 Rücktritt als Bundeskanzler (↑Guillaume-Affäre); 1976–92 Vors. der Sozialist. Internationale.

Brandtstaetter, Roman, *Tarnów 3. Jan. 1906, †Poznań 28. Sept. 1987, poln. Schriftsteller. – Entstammte der jüd. Intelligenz, konvertierte zum Katholizismus; begann mit Gedichten; schrieb v. a. histor. und zeitgenöss. Dramen „Das Schweigen" (1957), „Der Tag des Zorns" (1962); „Jezus z Nazarethu" (R., 4 Bde., 1967–73).

Brandung [niederl.], die auf die Küste bzw. auf Untiefen auflaufenden und sich überstürzenden Meereswellen; wirkt meist küstenzerstörend, an Flachküsten durch Sandanlagerung auch küstenaufbauend. An Steilküsten bilden sich **Brandungskehlen** und **Brandungshöhlen**; mit dem entstehenden Geröll wird das Gestein vor der Steilküste zu einer **Brandungsplatte** (Schorre) geschliffen.

Brandungsriff, küstenparallele Sandanhäufung an Flachküsten.

Brandwand (Brandmauer), feuerbeständige und von Grund auf ohne Öffnungen und Hohlräume errichtete Wand, die bei Brand ihre Standsicherheit bewahrt und das Übergreifen von Feuer auf andere Gebäude oder -abschnitte verhindert.

Brandy [ˈbrɛndi; engl.], engl. Bez. für Weinbrand; in Zusammensetzungen auch für Liköre (Cherry-B.).

Brandys, Kazimierz [poln. ˈbrandis], *Łódź 27. Okt. 1916, poln. Schriftsteller. – Seit 1984 in Paris. Behandelt Probleme des Krieges und der Nachkriegszeit in Polen, später auch der Intelligenz; u. a. „Die Verteidigung Granadas" (E., 1956), „Mutter der Könige" (R., 1957), „Der Marktplatz. Erinnerungen aus der Gegenwart" (1968), „Rondo" (1982).

Brandzeichen (Brand), in das Fell wertvoller Zuchttiere (insbes. der Zuchtpferde) gebranntes Kennzeichen, das Auskunft über die (in das Herdbuch eingetragene) Abstammung der Tiere gibt.

Braniewo ↑ Braunsberg (Ostpr.).

Branković [serbokroat. ˈbraːŋkoviːtɕ], serb. Dynastie des 14./15. Jh.; **Đurađ (Georg) Branković** (*um 1375, † 1456), seit 1427 Fürst von Serbien, hatte 1427–29 von Byzanz die Despotenwürde.

Branle (Bransle) [ˈbrɑ̃ːl(ə); frz.], frz. Gruppentanz, sowohl im Zweier- als auch im Dreiertakt, ohne festes Tempo; beliebter Gesellschaftstanz des 16. und 17. Jh.

Branner, Hans Christian, *Kopenhagen 23. Juni 1903, †ebd. 24. April 1966, dän. Schriftsteller. – Schrieb psycholog. Romane sowie Erzählungen, Bühnenstücke und Hörspiele, u. a. „Ein Dutzend Menschen" (R., 1936), „Die Geschichte von Borge" (R., 1942).

Branntkalk, svw. ↑Calciumoxid.

Branntwein, i. w. S. Bez. für jede Flüssigkeit mit einem hohen Gehalt an Äthanol, unabhängig von der Herkunft des Äthanols (durch alkohol. Gärung und anschließende Destillation oder durch chem. Synthese gewonnen); i. e. S. Bez. für den alkohol. Gärung und anschließende Destillation gewonnenen, konzentrierten Alkohol (Äthanol) und Wasser [z. T. auch Geschmacks- und Geruchsstoffe] **(Trinkbranntwein).** Als Rohstoffe für die Herstellung von B. sind alle Stoffe geeignet, die zuckerhaltig sind (Zuckerrüben, Zuckerrohr, Melasse, Molke, Früchte u. a.), oder aus denen durch entsprechende chem. oder biochem. Vorbehandlung vergärfähige Zucker erzeugt werden können (Kartoffeln, Getreide, Holz, Stroh). – Zur Vergärung wird die in den pflanzl. Zellen befindl. Stärke zunächst mit Wasserdampf aufgeschlossen, dann mit Hilfe von Grünmalz oder Darrmalz oder Schimmelpilz- bzw. Bakterienamylase enzymatisch zu Maltose und Glucose gespalten; die zuckerhaltige Maische wird mit Hefe vergoren. Nach der Gärung liegt der Alkoholgehalt bei 8–9 Vol.-%. Die vergorene Maische wird nun „gebrannt", d. h. stark erhitzt. Dabei verdampft der während der Gärung gebildete Alkohol und wird dadurch von den festen Bestandteilen der Maische getrennt. Die fast alkoholfreie sog. **Schlempe,** die aus den unvergorenen, nichtflüchtigen Bestandteilen der Maische besteht, ist wegen ihres hohen Eiweißgehaltes ein hochwertiges Futtermittel für Masttiere. Der Alkoholdampf wird in einem Kondensator niedergeschlagen. Der so gewonnene **Rohsprit** enthält etwa 85–95 % Alkohol. Er wird für techn. Zwecke (z. B. als **Brennspiritus** zur Verbrennung oder als Lösungsmittel) verwendet; aus steuerl. Gründen wird er ungenießbar gemacht (vergällt). **Fein-**

Bayern

Hannover

Hessen

Holstein

Oldenburg

Baden-Wttbg.

Rheinland-Pfalz-Saar

Rheinland

Westfalen

🍁
Trakehner Bundeszucht

Brandzeichen der Zuchtgebiete des Deutschen Reitpferdes

Branntweinmonopol

Georges Braque. Häuser in L'Estaque, 1908 (Bern, Kunstmuseum)

sprit wird in Reindestillationsanlagen aus dem Rohsprit hergestellt. Bei der Reinigung werden durch Auffangen in gesonderten Behältern der aldehydhaltige Vorlauf und der fuselölreiche Nachlauf vom Mittellauf (**Primaspiritus**) getrennt. Der von schädl. Nebenbestandteilen befreite Sprit dient u. a. zur Herstellung von Spirituosen, für medizinisch-pharmazeut. Zwecke und zur Herstellung von Essig. Gesamterzeugung 1989/90 (alte Bundesländer): 2 650 471 hl Alkohol.

Branntweinmonopol, Finanzmonopol in der BR Deutschland; umfaßt fünf ausschließl. Rechte, nämlich 1. die Übernahme des im Monopolgebiet (Bundesgebiet) hergestellten Branntweins, 2. die Herstellung von Branntwein aus Zellstoffen, 3. die Einfuhr von Branntwein, 4. die Reinigung von Branntwein, 5. die Verwertung von Branntwein und den Branntweinhandel. Das B. wird unter der Aufsicht des Bundesmin. der Finanzen von der **Bundesmonopolverwaltung für Branntwein** mit Sitz in Offenbach (Main) verwaltet.

Branntwein wird, soweit er nicht aus dem Ausland stammt, von Monopol- und Eigenbrennereien hergestellt. Diesen wird mit dem zugeteilten **Brennrecht** die Abnahme der entsprechenden Menge Weingeist durch die Monopolverwaltung zu einem festgesetzten **Übernahmepreis** garantiert, der sich bei darüber hinaus produzierten Mengen um den *Überbrandabzug* vermindert. Die Verwertung geschieht durch Verkauf von unverarbeitetem Branntwein (zu ermäßigtem Preis), wobei der Verwendungszweck (als **Brennspiritus** für Heizung, Beleuchtung u. a.) vorgeschrieben ist, und von Monopoltrinkbranntwein.

In *Österreich* und in der *Schweiz* (**Alkoholmonopol**) besteht eine entsprechende rechtl. Regelung.

Branntweinsteuer, Verbrauchsteuer auf weingeisthaltige Flüssigkeiten, gestaffelt je nach dem Verwendungszweck des Branntweins. Eingeführter Branntwein wird entsprechend der B. mit dem Monopolausgleich belegt. Die B. wird von den Bundesfinanzbehörden (Zoll) verwaltet und fließt dem Bundeshaushalt zu (Gesamteinnahmen aus dem Branntweinmonopol 1990 [alte Bundesländer]: 4,23 Mrd. DM).

Brạnt, Sebastian, * Straßburg 1457 oder 1458, † ebd. 10. Mai 1521, dt. Dichter. – War Dekan der jurist. Fakultät in Basel, später Stadtsyndikus und Schreiber in Straßurg. Als volkstüml. Aufklärer nimmt er, unbeeinflußt von der Reformation, eine Mittlerstelle zw. der ma. Weltanschauung und dem Humanismus ein. „Das Narrenschiff" (1494) zeigt in Holzschnitten und gereimten Texten menschl. Torheiten und Unzulänglichkeiten und gilt als Ausgangspunkt der Narrenliteratur. B. schrieb auch religiöse, polit.-histor. Gedichte und gab Spruchsammlungen heraus.

Brạnting, Hjalmar, * Stockholm 23. Nov. 1860, † ebd. 24. Febr. 1925, schwed. Politiker. – 1889 Mitbegr. der Sozialdemokrat. Arbeiterpartei; 1917/18 Finanzmin.; führte als Min.präs. 1920–23 und 1924/25 weitgehende soziale Reformen durch; erhielt 1921 mit C. Lange den Friedensnobelpreis.

Brantôme, Pierre de Bourdeille, Seigneur de [frz. brã-'to:m], * Bourdeilles (Dordogne) um 1540, † Brantôme (Dordogne) 15. Juli 1614, frz. Schriftsteller. – Führte ein abenteuerl. Leben; seine 1665/66 veröffentlichten Memoiren geben ein farbiges Bild der zeitgenöss. frz. Gesellschaft.

Braque, Georges [frz. brak], * Argenteuil 13. Mai 1882, † Paris 31. Aug. 1963, frz. Maler. – 1905 in Paris Bekanntschaft mit den Fauves, 1907 mit Picasso, mit dem er die Grundlage für den ↑Kubismus schuf; Thema ist das Stilleben oder eine Figur (Mandolinenspieler). In der Phase des analyt. Kubismus (1909/10–12) ist es wohl B., der zur rasterhaften Bedeckung (Facettierung) des ganzen Bildraumes, zur Analyse von Gegenstand und Umgebung, vorandrängt. Im synthet. Kubismus (1912/13–20) liegt sein Beitrag bes. in der Einbeziehung von Sand, Buchstaben, Zeitungsausschnitten (erste Collagen) und Holzstrukturen ins Bild. – Seit 1919 entwickelte er den Kubismus zu einem persönl., zunehmend organ. Stil fort, seit 1931 neoklassizist. Periode.

Sebastian Brant (Porträt von Hans Burgkmair d. Ä., um 1508; Karlsruhe, Staatliche Kunsthalle)

Brasch, Thomas, * Westow (Yorkshire) 19. Febr. 1945, dt. Schriftsteller. – Sohn deutscher Emigranten, die 1947 in die spätere DDR übersiedelten; 1968/69 aus polit. Gründen inhaftiert, lebt seit Dez. 1976 in der BR Deutschland. Schreibt Gedichte, subjektivist. Geschichten („Vor den Vätern sterben die Söhne", 1977), Theaterstücke („Rotter. Ein Märchen aus Deutschland", 1976/77; „Mercedes", Uraufführung 1983) und Szenarien. Drehte die Spielfilme „Engel aus Eisen" (1981), „Domino" (1982) und „Der Passagier" (1988). – Kleist-Preis 1987.

Brasidas, ✕ Amphipolis 422 v. Chr., spartan. Heerführer. – Eroberte 424 im Peloponnes. Krieg Amphipolis. In der Schlacht von Amphipolis gegen ein athen. Heer unter Kleon fielen beide Heerführer.

Brasil [span.], Zigarre aus dunklem, brasilian. Tabak.

Brasilholz (Brasilienholz), allg. Bez. für einige südamerikan. Farbhölzer.

Brasília, Hauptstadt Brasiliens (seit 1960) und des Bundesdistrikts B., im östl. Hochland von Goiás, 950 km nnw. von Rio de Janeiro, 1 060 m ü. d. M., 1,2 Mill. E. Sitz eines Erzbischofs; Univ. (gegr. 1962). Verbindung zu den übrigen Landesteilen durch Straßen und v. a. Flugverkehr, seit 1967 Bahnverbindung mit Rio de Janeiro. – Die Gründung einer neuen Hauptstadt im Landesinnern wurde bereits 1823 angeregt. 1956 städtebaul. Wettbewerb; Grundkonzeption ist ein Straßenkreuz aus der 13 km langen, parabel-

Brasília
Stadtwappen

Brasília
Hauptstadt Brasiliens
(seit 1960)

1,2 Mill. E

Univ. (gegr. 1962)

seit 1956 Anlage als
neuer Hauptstadt im
Landesinneren

„flugzeugförmige"
Grundrißplanung

Brasilien

Brasilien

Fläche: 8 511 965 km²
Bevölkerung: 153,77 Mill. E (1990), 18 E/km²
Hauptstadt: Brasília
Amtssprache: Portugiesisch
Nationalfeiertag: 7. Sept. (Unabhängigkeitstag)
Währung: 1 Cruzeiro (Cr$) = 100 Centavos
Zeitzonen (von O nach W): MEZ −4, −5, −6 Stunden

förmigen Hauptverkehrsachse mit den Wohngebieten und der 6 km langen Monumentalachse (N−S) mit den Regierungsgebäuden, den kulturellen und kommerziellen Zentren. Die Achse erweitert sich zu einer Esplanade, eingefaßt von den Ministerien. Hier liegen auch Theater und Kathedrale. Den Abschluß bildet im SO der dreieckige „Platz der drei Gewalten", von O. Niemeyer entworfen, mit Kongreßgebäude, Oberstem Gerichtshof und Regierungsgebäude. B. wurde von der UNESCO zum Weltkulturerbe erklärt.

B., brasilian. Bundesdistrikt im östl. Hochland von Goiás, 5 814 km², 1,8 Mill. E (1990), Hauptstadt Brasília.

brasilianische Kunst, im 20. Jh. wurden zunächst heim. folklorist. Traditionen gepflegt, die Öffnung gegenüber der internat. Entwicklung erfolgte zuerst in der Architektur gegen Ende der 1930er Jahre, in den bildenden Künsten seit den 1950er Jahren (Biennalen von São Paulo). Internat. bekannt wurde v. a. die moderne *Architektur* in Brasilien. Le Corbusier entwarf 1936 in Rio de Janeiro in Zusammenarbeit mit dortigen Architekten (u. a. L. Costa, A. E. Reidy, O. Niemeyer) das Erziehungsministerium, das 1937–43 von L. Costa u. a. erbaut wurde. 1939 erregte der brasilian. Pavillon von O. Niemeyer und L. Costa auf der Weltausstellung in New York Aufsehen. Weitere Bauten: Halle des Flughafens Santos Dumont in Rio de Janeiro von M. Roberto (1944), Wohnhäuser im Eduardo-Guinle-Park ebd. von L. Costa (1948–54), Pedregulho-Wohnsiedlung ebd. von A. E. Reidy (1950–52), Ausstellungsgebäude in São Paulo von O. Niemeyer (1951–55), Krebskrankenhaus von R. Levi ebd. (1954), die städtebaul. Gesamtplanung von Brasília (L. Costa) mit öff. Bauten von O. Niemeyer und Gartenanlagen von R. Burle Marx.

brasilianische Literatur, die Periode völliger kultureller Abhängigkeit vom Mutterland Portugal erstreckte sich bis etwa 1750. Die erste literarisch bed. Persönlichkeit war der Jesuit J. de Anchieta. Beachtlich wegen seiner Naturschilderungen ist das Lobgedicht „Prosopopeia" (1601) von B. Teixeira (* 1545, † 1618). Das bedingt durch die Kämpfe gegen Holländer und Engländer im 17. Jh. erwachende Nationalgefühl der Brasilianer schlug sich nieder in der „História da custódia do Brasil" (1627) des Franziskaners V. do Salvador (* 1564, † 1636) bis hin zur „História da América portuguesa" (1730) des Jesuiten S. da Rocha Pita (* 1660, † 1738). Ab Mitte des 18. Jh. orientierte man sich an frz. und italien. Vorbildern. Neben der Lyrik (T. A. Gonzaga) wurde v. a. die ep. Dichtung gepflegt (J. B. da Gama). Bedeutendster Vertreter der Romantik (um 1830) war A. G. Dias. Als Reaktion auf den romant. Subjektivismus entstand die sozial engagierte *„Escola Condoreira"*. Ihr Anliegen, die Aufhebung der Sklaverei, fand seinen stärksten dichter. Ausdruck in der Lyrik von A. de Castro Alves. Indianist. Romane schrieb J. M. de Alencar. Von den 1870er Jahren an entwickeln sich parallel die Strömungen des *Parnassianismus* und *Symbolismus* in der Lyrik, des *Realismus* und *Naturalismus* in Prosa und Theater. Hauptvertreter des brasilian. Parnaß war O. Bilac. Die wichtigsten Symbolisten sind J. da Cruz e Sousa und A. de Guimarães (* 1870, † 1921). Im Bereich der Prosa übernimmt A. Azevedo (* 1857, † 1913) die naturalist. Techniken Zolas. Außerhalb des Naturalismus nimmt der Romancier J. M. Machado de Assis (* 1839, † 1908) einen überragenden Platz ein. Die Exponenten und Theoretiker des brasilian. Modernismo (seit 1922) waren M. R. M. de Andrade und J. O. de Andrade (* 1890, † 1954). Bed. Lyriker waren M. Bandeira Filho (* 1886, † 1968), J. de Lima (* 1895, † 1953) und C. Meireles (* 1901, † 1964). Auf dem Gebiet der erzählenden Prosa entstanden mehrere große Romanzyklen mit regionaler Thematik, die ihren Höhepunkt in den Romanen und Erzählungen von J. Guimarães Rosa (* 1908, † 1967), A. Aguiar Júnior (* 1915), J. Amado (* 1912), E. Veríssimo (* 1905, † 1975) erlangte. Mit beachtl. Œuvres sind jüngere Prosaautoren hervorgetreten: O. Lins (* 1925), A. Dourado (* 1935), J. U. Ribeiro (* 1944), M. Souza (* 1946).

Brasilianisches Bergland (Planalto), Berg- und Tafelland in Südamerika, zw. Amazonastiefland, Atlantik und Tiefland des Paraná und Paraguay; nimmt mit etwa 5 Mill. km² gut die Hälfte Brasiliens ein; im O bis 2 890 m ü. d. M. (Pico da Bandeira).

Brasilide [nlat.], eine Menschenrasse in den südamerikan. Tropen; kleine, kräftige Gestalt (u. a. Kariben, Aruak und Tupi).

Brasilien (amtl. Vollform: República Federativa do Brasil; dt.: Föderative Republik Brasilien), präsidiale BR in Südamerika, zw. 5° 16' n. Br. und 33° 45' s. Br. sowie 34° 46' und 74° w. L. **Staatsgebiet:** Umfaßt den Großteil des zentralen und nördl. Südamerika (47,3 % von dessen Landfläche), grenzt im N an Französisch-Guayana, Surinam, Guyana und Venezuela, im NW an Kolumbien, im W an Peru, Bolivien und Paraguay, im SW bzw. S an Argentinien und Uruguay, im O an den Atlantik (rd. 7 400 km Küsten-

Brasilien

Staatswappen

Internationales Kfz-Kennzeichen

Bevölkerungsverteilung 1990

Bruttoinlandsprodukt 1990

Brasília. Links: Senatsgebäude (Kuppelbau). Mitte: Regierungsgebäude (Doppelhochhaus). Rechts: das muschelschalenähnliche Gebäude der Abgeordnetenkammer

Brasilien

länge). Zu B. gehören noch mehrere Inseln im Atlantik. **Verwaltungsgliederung:** 26 Bundesstaaten, ein Bundesdistrikt. **Internat. Mitgliedschaften:** UN, OAS, ALADI, SELA, GATT.

Landesnatur und Klima

B., das fünftgrößte Land der Erde, hat im N Anteil am Bergland von Guayana mit der höchsten Erhebung des Landes, dem 3 014 m hohen Pico da Neblina. Das Bergland bricht nach S schroff ab zum größten trop. Tieflandgebiet der Erde, dem rd. 4,5 Mill. km² großen Amazonasbecken. Es folgt ein sanfter Anstieg zum ↑ Brasilianischen Bergland. In Küstennähe ist es herausgehoben und erreicht Höhen bis 2 890 m (Pico da Bandeira); im Landesinnern besteht es aus langgestreckten Abdachungsflächen mit Schichtstufen. Im SW erstreckt sich östlich des Paraguay das Tiefland des Pantanal. Ausgenommen im Bereich des Amazonastieflands ist die Küste B. von einem schmalen, maximal nur 80 km breiten Tieflandstreifen begleitet.

B. ist ein überwiegend trop. Land mit Differenzierungen vom innertrop. Äquatorialklima (im N) über das Klima der wechselfeuchten äußeren Tropen bis zum subtrop. Klima (im S). Die brasilian. O-Küste bis zum NO-Horn erhält durch den SO-Passat ganzjährig Niederschläge. Die im Regenschatten liegenden Binnengebiete sind z. T. arid und von Dürren bedroht. Die Sommer sind im NO und O heiß, die Wintertemperaturen liegen an der Küste bei 20 °C, im Binnenland unter 18 °C. Im Bergland werden die Temperaturen durch die Höhenlage gemildert. Süd-B. hat heiße Sommer, jedoch relativ kühle Winter.

Vegetation und Tierwelt

Fast der gesamte N wird von immergrünem trop. Regenwald (Hyläa) eingenommen. Nach S schließt sich eine Übergangsvegetation von laubabwerfendem Feuchtwald und den feuchtsavannenähnl. Campos cerrados an. Weite Teile des semiariden NO bedecken Trockenwälder (Caatinga) mit Dornsträuchern und Sukkulenten. Im Sertão herrschen Sukkulentenhalbwüsten vor. Im S finden sich subtrop. Feuchtwälder, auf den Hochflächen baumloses subtrop. Grasland und Araukarienwälder. Der Pantanal ist periodisch überschwemmt; an der Küste kommen Mangrovewälder vor.

Im Waldland leben Tapir, Wildschwein, Jaguar, Puma sowie kleinere Wildkatzenarten neben zahlr. Affenarten. Faultier, Gürteltier, Ameisenbär und Leguan kommen als typ. Vertreter der isolierten südamerikan. Fauna vor. Artenreichtum auch bei Vögeln und Insekten. Die Flüsse sind fischreich; in ihnen kommen u. a. der Arapaima, Pirayas, Delphine, der Flußmanati und Kaimane vor. In den Campos cerrados leben Pampashirsch, Waschbär, Nasenbär, Termiten und Blattschneideameisen.

Brasilien

Links: Rodung im tropischen Regenwald des Amazonasgebietes. Rechts: Blick auf das Stadtzentrum von São Paulo, der Wirtschaftsmetropole des Landes

Links: Elendsviertel (Favela) in Rio de Janeiro. Rechts: In einem eleganten Viertel von São Paulo verhört ein Beamter der Militärpolizei ein Straßenkind mit vorgehaltener Waffe

Brasilien

Bevölkerung

Die Bev. ist ethn. stark differenziert; etwa 54 % sind Weiße, rd. 40 % Mulatten, Mestizen und Cafusos, 5 % Schwarze, 1 % Asiaten (v. a. Japaner); die Zahl der in ihrer Existenz bedrohten Indianer wird auf ca. 200 000 geschätzt. Rd. 91 % sind röm.-kath., 5 % prot.; verbreitet sind afro-brasilian. Kulte. Rd. 70 % der Bev. leben im S und SO, große Teile von B. sind unbewohnt. Das schnelle Wachstum der Städte – die Agglomeration São Paulo hat z. B. über 10 Mill. E – ist eine Folge der hohen Geburtenrate und der Landflucht, die sich in ausgedehnten Elendsvierteln (Favelas) verdeutlichen. Es besteht ein krasses Mißverhältnis zw. einer kleinen, wirtsch. starken Oberschicht und der breiten besitzlosen Masse; die Mittelschicht ist relativ klein. Schulpflicht besteht von 7–11 Jahren. Neben zahlr. Hochschulen verfügt B. über 68 Universitäten. Das Gesundheitswesen ist nur in Ballungsräumen besser entwickelt. Die Kindersterblichkeit zählt zu den höchsten in Lateinamerika.

Wirtschaft und Verkehr

B. gehört zu den am stärksten industrialisierten Ländern S-Amerikas und gilt auf Grund seiner vielfältigen und reichen Bodenschätze als typ. Schwellenland. Die Bedeutung der Landw. nimmt seit dem 2. Weltkrieg ab; zahlenmäßig überwiegen Klein- und Mittelbetriebe. Nur 4 % der landw. Nutzfläche sind Acker- und Dauerkulturland, der größte Teil dient als Weideland. Die Nahrungsmittelerzeugung (Kartoffeln, Maniok u. a.) kann den Inlandsbedarf nicht mehr decken; stärkere Importe sind nötig. Hauptanbau- und Ausfuhrprodukt ist Kaffee. Durch die extensive Rinderzucht hat sich B. zu einem der führenden Fleischerzeuger der Welt entwickelt. Mit der Kolonisation, v. a. längs der Transamazônica, ist das Problem der Waldvernichtung gekoppelt, die bedrohl. Ausmaße angenommen hat. Die Reserven an unerschlossenen Bodenschätzen sind noch groß; abgebaut werden v. a. Eisen- und Manganerze, Kalk, Kohle und Salz. B. ist einer der größten Eisenerzexporteure der Welt (Förderung v. a. in Minas Gerais und in der Serra dos Carajás). Die Erdölförderung, auch im Off-shore-Bereich, deckt knapp 20 % des Eigenbedarfs. Die Stromerzeugung stammt zu rd. 90 % aus Wasserkraft; am Paraná wurde 1991 das größte Kraftwerk der Welt (Itaipú mit 14 200 MW), entstanden in Zusammenarbeit mit Paraguay, in Betrieb genommen; am Tocantins wird ein weiteres (8 000 MW) gebaut. Die Ind. konzentriert sich im SO und S des Landes; führend sind Textilind., Autoind. samt Zulieferbetrieben, Werften, Elektro- und Elektronikind., petrochem. und Zelluloseindustrie.

Wichtigster Handelspartner sind die USA, gefolgt von den EG-Ländern (BR Deutschland, Niederlande, Italien, Frankreich), Japan, Argentinien, Kanada, Saudi-Arabien. Die BR Deutschland kauft in B. u. a. Sojabohnen, Eisenerze, Ölkuchen, Rohkaffee, Baumwolle und Baumwollgarne, Bett- und Tischwäsche sowie Kfz-Teile und -Zubehör; sie liefert nach B. u. a. Maschinen, Apparate, Geräte, Eisen und Stahl, chem. Grundstoffe.

Das Eisenbahnnetz (fünf Spurweiten) hat eine Länge von fast 30 000 km, das Straßennetz von 1,59 Mill. km. Bes. wichtig für die Erschließung des Binnenlandes sind die O–W verlaufende Transamazônica und die sie kreuzende, N–S verlaufende Fernstraße Santarém–Cuiabá. Nur im Amazonasgebiet spielt die Binnenschiffahrt eine größere Rolle. B. ist führende Seeschiffahrtsnation S-Amerikas. Größte Seehäfen sind Tubarão, Rio de Janeiro, São Sebastião, Santos, Pôrto Alegre und Paranaguá. Größte internat. ✈ in Brasília, Rio de Janeiro und São Paulo.

Ernte auf einer Kaffeeplantage im Bundesstaat São Paulo. Kaffee zählt zu den wichtigsten Exportprodukten des Landes

Teilansicht des Volkswagenwerks in São Paulo, mit dessen Hilfe Brasilien u. a. seine Industrialisierung vorantreibt

Geschichte

Erste menschl. Spuren sind für etwa 8000 v. Chr. im Inneren B. nachgewiesen (Lagoa Santa). Bereits die ersten Keramiken um 1000 v. Chr. machen die Zweiteilung B. in Amazonasbecken und Süd-B. deutlich. Während für Süd-B. eine Eigenständigkeit angenommen wird, rechnet man im Amazonasbecken mit starken äußeren Einflüssen aus Venezuela, den Guayanas und vom Oberlauf des Amazonas. Als erste Europäer erreichten die Spanier 1500 die Küste des heutigen B. Mit Fahrten entlang der brasilian. Küste sicherte sich aber Portugal seine auf dem Vertrag von Tordesillas beruhenden Ansprüche auf dieses Land. 1532 (Gründung von São Vicente) wurde die systemat. Besiedlung eingeleitet. Während der Vereinigung Portugals mit Spanien (1578–1640) war B. Angriffen der Gegner Spaniens (Engländer, Franzosen, Niederländer) ausgesetzt, die jedoch bis 1654 aus dem Land wieder vertrieben wurden. Im 17. Jh. griffen die „Bandeirantes" aus São Paulo die von span. Jesuiten in Paraná und Santa Catarina gegr. Missionen, die sog. Indianerreduktionen, an. Erst die Niederlage der Bandeirantes (1641) gegen die von den Jesuiten geführten und bewaffneten Indianer beendete die portugies. Ausdehnung. Seit 1650 begann v. a. von São Paulo aus die Durchdringung und Besiedlung des Innern.

Bis Anfang des 19. Jh. war B. ein vom Mutterland Portugal abhängiges Vizekönigreich. Mit dem Einmarsch der Franzosen in Portugal 1807 übersiedelte der portugies. Hof nach Brasilien. Nachdem der Hof 1821 bei seiner Rückkehr nach Portugal die geforderte freiheitl. Verfassung für B. nicht verkündete, antwortete B. am 7. Sept. 1822 mit der Unabhän-

Brasilien

Brasilien. Wirtschaft

gigkeitserklärung. Der zurückgebliebene portugies. Regent, Kronprinz Peter, der sich an die Spitze der Unabhängigkeitsbewegung gestellt hatte, wurde zum konstitutionellen Kaiser Peter I. ausgerufen. 1825 erkannte Portugal die Unabhängigkeit seiner ehemaligen Kolonie an. Unter der Herrschaft Peters II. begann der Aufstieg von B., v. a. seiner S-Provinzen. Konsequent wurde die Einwanderung von Europäern (bis 1889 über 800 000) gefördert. Die brasilian. Wirtschaft stellte sich in dieser Zeit auf den Anbau von Kaffee um. Das Problem des Arbeitskräftemangels in den rasch wachsenden Plantagen wurde durch Import von schwarzen Sklaven aus Afrika gelöst. Auf Grund der geringen Rassenvorurteile setzte in B. eine starke Vermischung der schwarzen und der weißen, bald auch der indian. Rasse ein. Erst 1888 verfügte das Parlament die entschädigungslose Freilassung aller Sklaven. Im Nov. 1889 stürzte ein Militärputsch die Monarchie, die Republik wurde ausgerufen und eine Verfassung nach dem Vorbild der USA verabschiedet. Der 1. Weltkrieg brachte, v. a. im Bundesstaat São Paulo, den Aufbau der Industrie. Er wurde jedoch durch die Weltwirtschaftskrise unterbrochen. Extremist. Parteien (Kommunisten und die faschist. Integralisten) erzielten große Stimmengewinne. Nach dem Aufstand der Kommunisten (1935) und auf Grund der anhaltenden Unruhen ließ Präs. G. Vargas (1930–45) die neu ausgearbeitete Verfassung 1937 aufheben und alle polit. Parteien verbieten. Nach dem Ende des 2. Weltkrieges nahm die Opposition gegen Vargas rasch zu und erzwang 1945 seinen Rücktritt. Vargas wurde jedoch 1950 erneut zum Präs. gewählt. 1954 forderte schließl. das Militär seinen Rücktritt. Unter Präs. Kubitschek (1956–61) wurde der innere Ausbau in B., v. a. die Industrialisierung und die Errichtung der neuen Hauptstadt Brasília, vorangetrieben. 1964–85 übte das Militär die Herrschaft aus; 1969 wurde eine neue Verfassung erlassen. 1985 wurde mit T. Neves ein Zivilist zum Präs. gewählt; nach dessen Tod trat Vizepräs. J. Sarney im April 1985 das Präs.amt an. Er suchte erfolglos durch mehrere Stabilitätsprogramme die Wirtschaftskrise zu bewältigen. Am 27. Juli 1988 wurden die wesentl. Teile einer neuen Verfassung verabschiedet, die am 5. Okt. 1988 in Kraft trat. Neuer Präs. wurde nach den Wahlen im Nov./Dez. 1989 F. Collor de Mello (*1949). Nach seinem Amtsantritt im März 1990 konnte Collor de Mello zwar einige Erfolge (Inflationsbekämpfung, Umweltgipfelkonferenz in Rio de Janeiro im Juni 1992) verbuchen; Korruptionsskandale und der Vorwurf des Amtsmißbrauchs führten jedoch zu Massenprotesten der Bev. und im Dez. 1992 nach Amtsenthebungsverfahren zum Rücktritt; Nachfolger wurde Itamar Franco (*1931).

Politisches System

Der Verfassung von 1988 nach ist B. eine bundesstaatl. Präsidialdemokratie. Staatsoberhaupt ist der vom Volk für 5 Jahre gewählte Präs. (Wiederwahl ist nicht möglich), der als Reg.chef auch Inhaber der *Exekutive* ist. Ein Nat. Verteidigungsrat berät den Präs. in allen wichtigen Fragen (u. a. Verteidigungsfall, Belagerungszustand, Friedensverträge). Die *Legislative* liegt beim Bundesparlament, dem National-

kongreß; er besteht aus Abg.haus (503 Abg.) und Senat (81 Mgl.). Das *Parteiensystem* hat sich seit der Militärherrschaft gewandelt, und das Parteienspektrum erweitert sich ständig durch Neugründungen und Abspaltungen. Polit. am bedeutsamsten sind der PMDB (Partido do Movimento Democrático Brasileiro), der PDT (Partido Democrático Trabalhista), der PTB (Partido Trabalhista Brasileiro) und der 1989 gegr. PRN (Partido da Reconstrução Nacional) um F. Collor de Mello.
Die 26 Bundesstaaten haben bei eigenen Verfassungen unterschiedl. Einrichtungen für die *Verwaltung*, Gesetzgebung und Rechtsprechung, eigene Parlamente als Legislativorgane, direkt gewählte Gouverneure als Inhaber der Exekutive. Die 3 Bundesterritorien unterstehen unmittelbar den Bundesbehörden. Die Hauptstadt Brasília und ihre Umgebung ist ein Bundesdistrikt. Es gilt fortentwickeltes portugies. *Recht.* Das Gerichtswesen gliedert sich in Zivil-, Arbeits-, Wahl- und Militärgerichte. Das Oberste Bundesgericht urteilt über Verfassungsfragen und Anklagen gegen Angehörige der Exekutive und Legislative.

Brasilin [span.], im brasilian. Rotholz enthaltenes Glykosid, das bei Oxidation in den eigtl. Naturfarbstoff **Brasilein** übergeht; findet Verwendung u. a. zur Rotfärbung von Tinten, Hölzern und Textilien sowie als Mikroskopierfarbstoff.

Brasilkiefer (Brasilian. Araukarie, Araucaria angustifolia), Araukariengewächs S-Brasiliens und N-Argentiniens; bestandbildender Nadelbaum mit etwa 25–45 m hohen und 1 m dicken, weitgehend astfreien Stämmen und hoch angesetzter Krone.

Brasillach, Robert [frz. brazi'jak], * Perpignan 31. März 1909, † Paris 6. Febr. 1945 (als Kollaborateur hingerichtet), frz. Schriftsteller. – Schrieb Literaturchroniken und -essays und Romane („Uns aber liebt Paris", 1936; „Ein Leben lang", 1937).

Brasilstrom, warme Meeresströmung im Atlantik vor der Küste S-Amerikas, von Kap Branco bis zur La-Plata-Mündung.

Brașov [rumän. bra'ʃov] ↑ Kronstadt.

Brassaï [frz. bra'sε], eigtl. Gyula Halász, * Kronstadt (= Brașov) 9. Sept. 1899, † Paris 11. Juli 1984, frz. Photograph ungar. Herkunft. – Seit 1923 zunächst als Maler und Journalist in Paris; seine Nachtaufnahmen der Pariser Unter- und Halbwelt (1933 veröffentlicht, dt. 1976 u. d. T. „Das geheime Paris") sind bed. Zeugnisse realist. Photographie. B. machte auch „Graffiti-Photographien", Aufnahmen von in Mauern eingeritzten trivialen Inschriften und Zeichen.

Brasselett [lat.-frz.], Armband; in der Gaunersprache für: Handschelle.

Brassen [niederl.], Taue zum Drehen der Rahen.

Brassen, (Abramis) Gatt. der Karpfenfische mit 3 Arten; ↑ Zobel, ↑ Zope und B. (↑ Brachsen).
▷ (Meerbrassen, Sparidae) Fam. bis 1,3 m langer Barschfische mit etwa 200 Arten, v. a. in den Küstengewässern trop. und gemäßigter Meere; u. a. ↑ Zahnbrasse, ↑ Goldbrasse, ↑ Rotbrasse und ↑ Graubarsch.

Brassenregion, svw. ↑ Brachsenregion.

Brassens, Georges [frz. bra'sɛ̃s], * Sète (Hérault) 22. Okt. 1921, † ebd. 30. Okt. 1981, frz. Chansonnier. – Schrieb Texte und Melodien zahlr. typ. Pariser Chansons und Songs, die er auch selbst vortrug.

Brasseur, Pierre [frz. bra'sœ:r], eigtl. P. Espinasse, * Paris 22. Dez. 1905, † Bruneck 14. Aug. 1972, frz. Schauspieler. – Charakterdarsteller; Filme: „Hafen im Nebel" (1938), „Die Kinder des Olymp" (1945), „Die Mausefalle" (1957), „Affäre Nina B." (1961).

Brassica [lat.], svw. ↑ Kohl.

Braten, das Garen von Fleisch, Fisch, usw. in heißem Fett oder Öl in Pfannen oder anderen Gefäßen oder in Folie im eigenen Saft.

Brătianu [rumän. brə'tjanu], Ion C., * Pitești 14. Juni 1821, † Florica 16. Mai 1891, rumän. Politiker. – Spielte bei der Vereinigung der Donaufürstentümer 1859 eine maßgebende Rolle; förderte die Thronbesteigung Karls von Hohenzollern-Sigmaringen (1866); 1868 und 1876–88 Min.-präs. (mit kurzer Unterbrechung 1881); führte zahlr. Reformen durch (allg. Wahlrecht, Bodenreform).
B., Ion (Ionel) I. C., * Florica 1. Sept. 1864, † Bukarest 24. Nov. 1927, rumän. Politiker. – Sohn von Ion C. B.; 1908–11, 1914–18, 1918/1919 und 1922–26 sowie seit Juni 1927 Min.präs.; seit 1909 Vors. der Liberalen Partei; setzte bei Kriegsausbruch die Neutralität Rumäniens durch; trat 1916 an der Seite der Entente in den Krieg ein.

Bratislava ↑ Preßburg.

Brätling (Bratling, Birnenmilchling, Brotpilz, Milchbrätling, Lactarius volemus), in Mischwäldern wachsende Art der Milchlinge; orangebrauner, weißen Milchsaft führender, bis 12 cm hoher, geschätzter Speisepilz; Hutdurchmesser 7–15 cm.

Bratsche [zu italien. viola da braccio, eigtl. „Armgeige"], das Altinstrument der modernen Violinfamilie, ↑ Viola.

Bratschenschlüssel ↑ Altschlüssel.

Bratsk, russ. Stadt an der Angara, 255 000 E. Industriehochschule; Aluminiumwerk, Holzverarbeitungsind.; Hafen, ✈. – Gegr. 1631 als Festung. Aus einer Zeltstadt des Staudammbaus entwickelte sich das neue B., 1955 Stadt. Das alte B. ist überflutet vom **Bratsker Stausee** (5 470 km², 169,3 Mrd. m³), der 1961–67 durch den Bau eines 125 m hohen Staudammes (Wasserkraftwerk mit 4 500 MW) entstand.

Bratspill ↑ Spill.

Brattain, Walter Houser [engl. brætn], * Amoy (China) 10. Febr. 1902, † Seattle (Wash.) 13. Okt. 1987, amerikan. Physiker. – Gemeinsam mit J. Bardeen entwickelte er 1948 den bipolaren Spitzentransistor. Er erhielt 1956 mit Bardeen und W. Shockley für die Entdeckung und Aufklärung des Transistoreffekts den Nobelpreis für Physik.

Bratteli, Trygve Martin, * Nøtterøy 11. Jan. 1910, † Oslo 20. Nov. 1984, norweg. Politiker. – 1964–75 Vors. der (sozialdemokrat.) Arbeiterpartei; 1971/72 und 1973–76 Ministerpräsident.

Braubach, Stadt am Mittelrhein, Rhld.-Pf., 3 700 E. Wein- und Obstbau; Blei- und Silberhütte. – 691/692 erstmals erwähnt; 1276 Stadtrecht. Die Marksburg ist die einzige unzerstörte Burg am Mittelrhein (13.–18. Jh.; Museum).

Brauch, von der Sitte gefordertes, sozial bestimmtes, bei gewissen Anlässen geübtes traditionelles Verhalten, z. B. Ernte-, Hochzeitsbräuche, Fastnacht. – Gegenstand der *B.forschung* sind die ↑ Tradition, die erneuernde Wiederholung und die Stilisierung, mit der Verhaltensweisen zu überlieferbaren Mustern werden. Heute versucht die B.forschung, Ausbildung und Wandel des B.tums in der Bindung an Ort, Zeit und Trägerschicht sowie an wirtsch., soziale und ideolog. Verhältnisse zu erfassen und in ihrer urspr. Bed. zu erklären. Zu einer umfassenden *B.geschichte* gibt es erst Ansatzpunkte. – Öff. Gebärden, die den Charakter von B. haben, sind z. B. Grundsteinlegung und Richtfest, erster Spatenstich, die Taufe von Schiffen, die Übergabe eines goldenen Stadtschlüssels, die Siegerehrung von Sportlern, die verschiedenen „Tage", z. B. des Kindes, des Baumes.

Brauchitsch, Eberhard von, * Berlin 28. Nov. 1926, dt. Wirtschaftsmanager. – Jurist; als Gesellschafter der „Friedrich Flick Industrieverwaltung KGaA" in die „Parteispenden – Affäre" (1981–87; Vorwurf der Steuerhinterziehung) verwickelt.
B., Walter von, * Berlin 4. Okt. 1881, † Hamburg 18. Okt. 1948, dt. Generalfeldmarschall. – 1938 als Nachfolger von W. von Fritsch zum Oberbefehlshaber des Heeres ernannt; nach wiederholten Differenzen mit Hitler über die strateg. Planung im Dez. 1941 verabschiedet; starb in brit. Haft.

Brauchwasser, für gewerbl. oder industrielle Zwecke bestimmtes Wasser, das nicht als Trinkwasser benutzt werden darf.

Brauer, Erich (Arik), * Wien 4. Jan. 1929, östr. Maler, Radierer und Liedersänger. – Bed. Vertreter der Wiener Schule des Phantast. Realismus; horizontlose Landschaf-

Brätling

Walter Houser Brattain

Brauerei

ten, in denen oft „fürchterlich-prachtvolle" (B.) Gestalten, technisch anmutende Gebilde und seltsame Flugkörper im Mittelpunkt stehen.
B., Ludolph, *Rittergut Hohenhaus (Kreis Thorn) 1. Juli 1865, †München 25. Nov. 1951, dt. Mediziner. – Förderte die Entwicklung von chirurg. Maßnahmen zur Heilung der Lungentuberkulose.
B., Max, *Ottensen (= Hamburg) 3. Sept. 1887, †Hamburg 2. Febr. 1973, dt. Kommunalpolitiker (SPD). – 1919 Bürgermeister, 1924–33 Oberbürgermeister von Altona; bis 1946 in der Emigration; 1946–53 und 1957–60 1. Bürgermeister von Hamburg.
Brauerei, Gewerbebetrieb zur Herstellung (Brauen) von ↑Bier.
Braugerechtigkeit, Recht zum Betrieb des Brauereigewerbes, das i. d. R. mit einem Grundstück verbunden war, aber auch als persönl. Recht ausgestaltet sein konnte; seit 1. Jan. 1873 aufgehoben.
Braugersten, Sommergerstensorten mit geringem Eiweiß- und hohem Stärkegehalt sowie großer Keimschnelligkeit; zur Malzbereitung für Brauereizwecke.
Braun, Alexander [Heinrich], *Regensburg 10. Mai 1805, †Berlin 29. März 1877, dt. Botaniker. – Prof. in Freiburg im Breisgau, Gießen und Berlin. B. schuf ein natürl. System zur Bestimmung von Pflanzen, das mit Ergänzungen die Grundlage des modernen Systems bildet.
B., Caspar, *Aschaffenburg 13. Aug. 1807, †München 29. Okt. 1877, dt. Holzschneider und Verleger. – Gründete 1838 eine „Xylograph. Anstalt", mit dem Buchhändler F. Schneider zum Verlag B. & Schneider erweitert („Münchner Bilderbogen", „Fliegende Blätter").
B., Eva ↑Hitler, Adolf.
B., Felix, *Wien 4. Nov. 1885, †Klosterneuburg 29. Nov. 1973, östr. Schriftsteller. – Schrieb Lyrik („Das Nelkenbeet", 1966), Romane („Der Schatten des Todes", 1910; „Agnes Altkirchner", 1927, 1957 u. d. T. „Herbst des Reiches").
B., Harald, *Berlin 26. April 1901, †Xanten 24. Sept. 1960, dt. Filmregisseur und Drehbuchautor. – Drehte u. a. die Filme „Zwischen Himmel und Erde" (1941), „Nachtwache" (1949), „Königliche Hoheit" (1953).
B., Heinrich, *Pest (= Budapest) 23. Nov. 1854, †Berlin 9. Febr. 1927, dt. Sozialpolitiker. – ∞ mit Lily B.; 1883 Mitbegr. der „Neuen Zeit", 1888–1903 Hg. des „Archivs für soziale Gesetzgebung und Statistik", 1892–95 des „Sozialpolit. Zentralblattes", 1905–07 der „Neuen Gesellschaft", 1911–13 der „Annalen für Sozialpolitik und Gesetzgebung".
B., Karl Ferdinand, *Fulda 6. Juni 1850, †New York 20. April 1918, dt. Physiker. – Prof. in Marburg, Straßburg, Karlsruhe, Tübingen. Entdeckte 1874 den Gleichrichtereffekt bei Sulfiden; erfand 1897 die Braunsche Röhre (↑Elektronenstrahlröhre); bahnbrechende Entwicklungsarbeiten auf dem Gebiet der Funktechnik. Nobelpreis 1909 (mit G. Marconi).
B., Lily, *Halberstadt 2. Juli 1865, †Berlin 8. Aug. 1916, dt. Schriftstellerin. – ∞ mit Heinrich B.; war führend in der Frauenbewegung tätig; Mgl. der SPD. Schrieb Romane, Dramen sowie die „Memoiren einer Sozialistin" (2 Bde., 1909–11).
B., Matthias (M. Braun von Braun), *Oetz (Tirol) 25. Febr. 1684, □ Prag 15. Febr. 1738, böhm. Bildhauer. – Wichtigster Vermittler Berninischer Gedanken für Böhmen. Er schuf hochbarocke Statuen und Gruppen, z. B. die hl. Luitgardis auf der Prager Karlsbrücke (1710), Steinfiguren in der Klemenskirche in Prag (um 1715) und vor dem Hospital in Kuks (um 1719). Im Naturpark „Bethlehem" bei Kuks schlug B. 1726–31 aus dem Gestein Skulpturen von Einsiedlern und bibl. Gestalten.
B., Otto, *Königsberg (Pr) 28. Jan. 1872, †Locarno 15. Dez. 1955, dt. Politiker (SPD). – Seit 1911 im Parteivorstand; Mgl. des preuß. Abg.hauses seit 1913, 1919/20 der Weimarer Nat.versammlung, 1920–33 MdR; 1920–33 preuß. Min.präs. (mit kurzer Unterbrechung 1921 und 1925; „Roter Zar von Preußen"); die kampflose Räumung dieser Machtposition nach der Wahlniederlage und dem Preußenputsch der Reichsregierung von Papen 1932 ebnete Hitler den Weg zur Macht; emigrierte 1933 in die Schweiz.
B., Volker, *Dresden 7. Mai 1939, dt. Schriftsteller. – An Brecht und Majakowski orientierter Lyriker und Dramatiker, der bei Bejahung der sozialist. Utopie die Verhältnisse in der DDR z. T. scharf kritisierte. – *Werke:* Provokation für mich (Ged., 1965), Wir und nicht sie (Ged., 1970), Das ungezwungene Leben Kasts (En., 1972), Unvollendete Geschichte (E., 1977), Hinze-Kunze-Roman (1986), Bodenloser Satz (1990).
B., Wernher Freiherr von, *Wirsitz (= Wyrzysk) 23. März 1912, †Alexandria (Va.) 16. Juni 1977, amerikan. Physiker und Raketeningenieur dt. Herkunft. – Befaßte sich seit 1930 mit Problemen der Raketentechnik; 1932 Mitarbeiter des Heereswaffenamtes, 1937 techn. Direktor des Raketenwaffenprojektes der Heeresversuchsanstalt in Peenemünde. Entwicklung der ersten automatisch gesteuerten Flüssigkeitsrakete A 4 (später V 2). Seit 1945 in den USA; seit 1959 Mitarbeiter der NASA; ab 1960 Entwicklung großer Trägerraketen („Saturn"-Raketen) für das amerikan. Raumfahrtprogramm, an dem er wesentl. Anteil hatte.

Wernher Freiherr von Braun

Braun, Bez. für jede Farbempfindung, die durch ein Gemisch von orangefarbenem bis karminrotem und gelbgrünem bis blauem Licht hervorgerufen wird oder durch Mischung von orangegelben Farben und Schwarz oder Violettblau in unterschiedl. Anteilen zustande kommt.
Braun AG, Unternehmen der Elektroindustrie, Sitz Frankfurt am Main, gegr. 1921 von Wilhelm Max Braun (*1890, †1951); seit 1961 AG; Produktion: Elektrorasierer, Haushalts-, Hörfunk-, Tonband- und Phonogeräte, Filmkameras; Mehrheitsaktionär ist die amerikan. Gillette Co.
Braunalgen (Phaeophyceae), hochentwickelte Klasse der Algen mit rd. 2 000, überwiegend marinen Arten. B. sind, mit Ausnahme der in riesigen Mengen in der Sargassosee treibenden Sargassumarten, festsitzend. Die B.zelle führt mehrere, meist linsenförmige Chromatophoren, in denen (neben Chlorophyll) u. a. das für die braune bis olivgrüne Farbe der meisten B. verantwortl. Karotinoid Fucoxanthin vorkommt. Von industrieller Bedeutung sind die aus B. gewonnene Alginsäure und deren Produkte.
Braunau am Inn, Bezirkshauptstadt an der Mündung der Mattig in den Inn, Oberösterreich, 352 m ü. d. M., 17 000 E. Aluminiumhütte. – 1125 erstmals genannt (**Prounau**); 1779 erstmals, 1816 endgültig zu Bayern zu Österreich. – Got. Pfarrkirche (15. Jh.); Geburtsstadt von A. Hitler.
Braunauge (Dira maera), etwa 5 cm spannender, dunkelbrauner Augenfalter, v. a. in Hügellandschaften Europas; mit je einem mittelgroßen, schwarzen, hell gekernten Augenfleck auf den Vorderflügeln und 2–5 kleinen, schwarzen Augenflecken auf den Hinterflügeln.
Braunbär (Ursus arctos), ursprüngl. über fast ganz N-Amerika, Europa und Asien verbreitete Bärenart mit zahlr. Unterarten; heute in weiten Teilen des ehem. Verbreitungsgebietes ausgerottet und im wesentl. auf große Waldgebiete dünn besiedelter Gegenden (bes. der Gebirge) beschränkt; Vorkommen in Europa: O- und SO-Europa, Skandinavien, Pyrenäen, NW-Spanien; u. a. ↑Eurasischer Braunbär, ↑Alaskabär, ↑Grizzlybär.
Braune, Wilhelm [Theodor], *Großhiemig bei Bad Liebenwerda 20. Febr. 1850, †Heidelberg 10. Nov. 1926, dt. Germanist. – Schrieb Standardwerke der Germanistik wie „Althochdt. Lesebuch" (1875), „Gotische Grammatik" (1880), „Althochdeutsche Grammatik" (1886).
Brauneisenstein (Brauneisenerz, Limonit), Mineralmenge v. a. aus Goethit und Rubinglimmer; eines der wichtigsten, durch Verwitterung anderer eisenhaltiger Minerale entstandenen Eisenerze, das wegen seiner unterschiedl. Erscheinungsformen viele Namen hat, z. B. Raseneisenerz, Brauner Glaskopf, Bohnerz.
Braunelle, (Prunella) Gatt. der Lippenblütler mit 5 Arten, in Europa bis N-Afrika. In M-Europa 3 Arten, darunter die **Gemeine Braunelle** (Prunella vulgaris), bis 30 cm hoch, mit bis 15 mm großen, bläul., selten weißen Blüten.

Braunkehlchen

Braunschweig

auf Wiesen und Waldrändern häufig; ferner die **Großblütige Braunelle** (Prunella grandiflora) mit bis 25 mm langen, bläul., selten weißen Blüten; in Trockenrasen.
▷ svw. ↑Kohlröschen.

Braunellen (Prunellidae), Fam. der Singvögel mit 12 Arten (in der einzigen Gatt. **Prunella**) in Europa und Asien sowie in N-Afrika; etwa 12–18 cm lang, überwiegend braun und grau gefärbt. – Einheim. Arten sind ↑Heckenbraunelle und ↑Alpenbraunelle.

Brauner, Victor [frz. bro'nɛːr; rumän. 'brauner], * Piatra Neamţ 15. Juni 1903, † Paris 12. März 1966, frz. Maler rumän. Herkunft. – Graphisch aufgefaßte, streng ornamental komponierte Bilder voller Bedrohungen.

Brauner Bär (Arctia caja), etwa 65 mm spannender Schmetterling bes. auf Wiesen und Waldlichtungen Europas, Asiens und N-Amerikas; Vorderflügel braun mit weißen Binden, Hinterflügel rot mit schwarzblauen Flecken.

Braunerde ↑Bodenkunde.

Brauner Enzian ↑Enzian.

Brauner Jura ↑Dogger.

Braunfäule, Bez. für verschiedene Pflanzenkrankheiten, bei denen durch Pilzbefall meist braune Flecken auftreten, z. B. Fruchtfäule der Tomaten, Knollenfäule der Kartoffeln, Schwarzadrigkeit des Kohls.

Braunfelchen, Bez. für die aus der Uferregion des Bodensees als ↑Silberfelchen bekannten Fischarten, wenn diese im freien See leben und eine ins Braune gehende Körperfärbung bekommen.

Braunfels, Stadt sw. von Wetzlar, Hessen, 236 m ü.d.M., 9600 E. Luftkurort; Brauerei. – Burg B. (13. Jh.) wurde 1384 Hauptsitz der Grafen von Solms-B. Im 17. Jh. Stadt, 1815 an Preußen. – Zahlr. barocke Fachwerkbauten. Das Schloß (13.–14. Jh.) wurde im 19. Jh. umgebaut.

Braunit [nach dem dt. Kammerrat W. Braun, *1790, †1872] (Hartmanganerz), grau bis braunschwarz glänzendes, tetragonales Mineral, $Mn^{2+}Mn_6^{4+}[O_8|SiO_4]$; Dichte 4,7–5,0 g/cm³, Mohshärte 6–6,5; wichtiges Manganerz.

Braunkehlchen (Saxicola rubetra), etwa 12 cm lange Schmätzerart (Fam. Drosseln) in Europa und M-Asien; Oberseite des ♂ braun mit hellerer Streifung, Unterseite rahmfarben, mit rostbrauner Brust und Kehle, weißer Augenstreif; ♀ etwas heller.

Braunkohl, svw. ↑Grünkohl.

Braunkohle, aus untergegangenen Wäldern hauptsächlich im Tertiär entstandene gelb- bis schwarzbraune Kohle mit niedrigem Inkohlungsgrad. *Weich-B.,* die aus einer Grundmasse von Humussäuren mit Resten von Holz (Xylit) besteht, hat einen Wassergehalt von 45–60 %, in wasser- und aschefreiem Zustand einen Kohlenstoffgehalt von 65–70 %. *Hart-B.* ist ohne sichtbare holzige Einschlüsse und hat einen Wassergehalt von 10–30 %. In wasser- und aschefreiem Zustand weist sie einen Kohlenstoffgehalt von 70–75 % auf. B. lagert oberflächennah und wird im Tagebau gefördert; dient im wesentl. als Brennstoff zur Energieerzeugung in therm. Kraftwerken (Brennwert ↑Kohle). In Deutschland befinden sich große B.ablagerungen um Bitterfeld, Halle/Saale, Leipzig, Borna, Meuselwitz, Zeitz und Weißenfels sowie in der Kölner Bucht, bei Helmstedt, in Hessen und in Bayern.

Die **Weltförderung** betrug 1990 rd. 1,15 Mrd. t. Die Hauptförderländer waren die BR Deutschland (350 Mill. t; davon rd. 250 Mill. t auf dem Gebiet der ehem. DDR), die ehem. UdSSR (160 Mill. t) und die ČSFR (85 Mill. t).

Braunlage, Stadt im Harz, Nds., etwa 600 m ü.d.M., 6800 E. Heilklimat. Kurort und Wintersportplatz. – 1934 Stadt.

Braunsberg (Ostpr.) (poln. Braniewo), Stadt in Ostpreußen, Polen, nö. von Elbing, 17000 E. Lebensmittelindustrie. – Erhielt 1254 als **Brunsberg** Stadtrecht; Mgl. der Hanse; 1466 polnisch, 1722 preußisch; im 2. Weltkrieg stark zerstört. – Erhalten u. a. die barocke Heiligkreuzkirche, die spätgot. Trinitatiskirche, das barocke Rathaus sowie Teile der Stadtmauer (14. und 15. Jh.).

Braunsche Röhre [nach K. F. Braun] ↑Elektronenstrahlröhre.

Braunfels. Fachwerkhäuser am Marktplatz

Braunschliff ↑Holzschliff.

Braunschweig, Stadt an der Oker, Nds., 70 m ü.d.M., 252 000 E. Verwaltungssitz des Reg.-Bez. B.; Biolog. Bundesanstalt für Land- und Forstwirtschaft, Forschungsanstalt für Landw., Physikal.-Techn. Bundesanstalt, Luftfahrt-Bundesamt, Internat. Schulbuchinst.; TU (gegr. 1745), Hochschule für Bildende Künste, Niedersächs. Musikschule, Ev. Akademie; Staatstheater; botan. Garten; Maschinen- und Fahrzeugbau, Nahrungsmittel-, elektron., chem., feinmechan.-opt. Ind., Herstellung von Klavieren; Brauereien und Verlage. – 1031 zuerst erwähnt, aus zwei Kaufmannssiedlungen und einer Burg hervorgegangen. Residenz Heinrichs des Löwen. Stadtrecht 1227 bestätigt; Ende des 13. Jh. Beitritt zur Hanse. Einführung der Reformation 1528; seit 1753 Hauptstadt von B.-Wolfenbüttel. – Sankt Blasius (heute ev. Dom) von Heinrich dem Löwen 1173–95 errichtet, Sankt Ägidien (1278–um 1300), Sankt Martini (um 1275 ff. zur frühgot. Hallenkirche umgestaltet). Burg Dankwarderode (1173–95, 1887 neuromanisch wiederaufgebaut) mit dem ↑Braunschweiger Löwen. Altstadtmarkt mit Altstadtrathaus (14.–15. Jh.), Renaissance-Gewandhaus (1591). Der alte Hauptbahnhof (1843–44) ist einer der ältesten dt. Bahnhofsbauten.

B., Reg.-Bez. in Niedersachsen.

B., Bez. mehrerer Territorien und Häuser der Welfen sowie eines ehem. dt. Hzgt. und Landes. **Altes Haus Braunschweig:** Bei der Teilung des Hzgt. ↑Braunschweig-Lüneburg (1267) erhielt Albrecht I. das Ft. B., das schon um

Braunschweig Stadtwappen

Braunschweig. Burg Dankwarderode, 1173–95, 1887 neuromanisch wiederaufgebaut, davor der Braunschweiger Löwe, 1166 aufgestellt

Braunschweiger Löwe

1286 in die Ft. ↑Grubenhagen, ↑Göttingen und ↑Wolfenbüttel geteilt wurde. – **Mittleres Haus Braunschweig:** Aus einer abermaligen Teilung bildeten sich 1428 neu die Ft. Lüneburg und B. (aus Calenberg, Wolfenbüttel, seit 1463 auch Göttingen; Hauptlinie Calenberg, 1432–73 eigenständiges Wolfenbütteler Ft.). 1495 brachte eine neue Teilung abermals ein eigenes Ft. Wolfenbüttel hervor, das sich nach der Hildesheimer Stiftsfehde (1519–23) mit der Linie Calenberg-Göttingen in das eroberte Stiftsgebiet teilte und 1584 das Ft. Calenberg-Göttingen erbte. Mit der Inbesitznahme von Grubenhagen 1596 (bis 1617) wurde der ganze S des welf. Machtbereichs in einer Hand vereint. 1634 starb die Wolfenbütteler Linie aus. – **Neues Haus Braunschweig:** Gründung des Neuen Hauses B. durch die Dannenberger Linie des Hauses Lüneburg, die das Ft. Wolfenbüttel (ohne Calenberg und Grubenhagen) erhielt (seit 1735 deren Nebenlinie B.-Bevern) und seit 1753 in Braunschweig regierte. Gehörte 1807–13 zum Kgr. Westfalen, konstituierte sich 1813 etwa in den Grenzen des alten Ft. Wolfenbüttel neu, und dort setzte sich die Bez. Hzgt. B. endgültig durch. Nach Erlöschen des Hauses B. (1884) bestand eine preuß. (bis 1906) bzw. mecklenburg. (bis 1913) Regentschaft; 1913–18 regierte Hzg. Ernst August. – **Freistaat:** Kurzlebige Räterepublik, seit 1918 sozialdemokratisch bzw. bürgerlich geführte Regierungen (republikan. Verfassung ab 1921); seit 1933/34 ohne Eigenständigkeit, 1945 wurde B. Teil der brit. Besatzungszone, ging 1946 im Land Nds. auf.

Braunschweiger Löwe, von Heinrich dem Löwen 1166 auf dem Hof der Burg Dankwarderode in Braunschweig als Zeichen seiner Hoheit und Gerichtsbarkeit aufgestelltes Standbild seines Wappentieres.

Braunschweiger Tracht ↑Volkstrachten.

Braunschweigische Staatsbank, 1765–1970 bestehendes ältestes öff.-rechtl. Kreditinstitut Deutschlands.

Braunschweig-Lüneburg, aus dem Besitz (Allod) der Welfen durch die Belehnung Ottos I. (1235) entstandenes dt. Hzgt., das reichsrechtlich bis 1806 bestand, aber schon 1267 in die Ft. ↑Braunschweig und ↑Lüneburg geteilt wurde.

Braunspat, svw. ↑Ankerit.

Braun von Braun, Matthias ↑Braun, Matthias.

Braunwurz (Scrophularia), Gatt. der Rachenblütler mit etwa 150 Arten auf der Nordhalbkugel; in M-Europa 6 Arten, am bekanntesten die in feuchten Wäldern und an Gräben wachsende **Knotige Braunwurz** (Scrophularia nodosa), eine bis 1 m hohe Staude mit kugeligen, trübbraunen Blüten in Rispen und eiförmigen Kapselfrüchten.

Brausepulver ↑Natriumhydrogencarbonat.

Braut, svw. Verlobte (↑Verlöbnis).

Brautente (Aix sponsa), etwa 40 cm lange Ente, v. a. an bewaldeten Steh- und Fließgewässern S-Kanadas und der USA; ♂ im Prachtkleid mit violettfarbenen Kopfseiten, grün schillernder, den Nacken weit überragenden Scheitelfedern und rötl. Schnabel; in Europa in Parkanlagen.

Brautexamen, in der kath. Kirche vorgeschriebene Prüfung vor einer Eheschließung, ob die Bedingungen für eine gültige und erlaubte Ehe vorliegen; i. d. R. verbunden mit einem **Brautunterricht**.

Brautgeschenke ↑Verlöbnis.

Bräutigam, svw. Verlobter (↑Verlöbnis).

Brautkauf ↑Kaufheirat.

Brautkinder, die aus einem Verlöbnis hervorgegangenen Kinder. Ein B. ist nichtehelich, wird gemäß § 1719 BGB jedoch bei Eheschließung ehelich. Wenn das Verlöbnis durch den Tod eines Elternteils aufgelöst worden ist, ist auf Antrag Ehelicherklärung möglich (§ 1740 a ff. BGB).

Brautkleidung, die von der Frau zur Trauung angelegte Kleidung: (seit dem 19. Jh. meist weißes) Brautkleid, Brautkranz (Sinnbild der Jungfräulichkeit) und Schleier (seit dem 17. Jh. belegt), gehörte zur erbrechtlich festgelegten Ausstattung.

Brauttür, Name des NO-Portals got. Kirchen, vor dem Trauungen stattfanden.

Brauweiler ↑Pulheim.

Brazzaville
Stadtwappen

Brazzaville
Hauptstadt der
Republik Kongo
·
600 000 E
·
bed. Ind.zentrum
·
Endpunkt der
Kongoschiffahrt
·
gegr. 1880 von
P. Savorgnan de
Brazza

Bravais, Auguste [frz. bra'vɛ], * Annonay 23. Aug. 1811, † Versailles 30. März 1863, frz. Naturforscher. – Leistete grundlegende Beiträge zur Kristallographie, ermittelte die endl. Anzahl mögl. Symmetrieklassen von Kristallen durch die Ableitung der mögl. Arten von Raumgittern (sog. **Bravais-Gitter**).

Bravais-Gitter [nach A. Bravais], ↑Kristallgitter.

Bravais-Indizes ↑Indizes.

Brave Westwinde, Bez. für die beständigen Westwinde auf den Meeren der gemäßigten Breiten. Auf der Südhalbkugel werden die B. W., da sie in etwa 40° s. Br. mit bes. Heftigkeit auftreten, **Brüllende Vierziger** (engl. roaring forties) genannt.

bravo [italien. „wacker, wild" (zu griech.-lat. barbarus „fremd")], Ausruf oder Zuruf des Beifalls und der Anerkennung: gut!, vortrefflich!; Superlativ: **bravissimo**, sehr gut!

Bravo, Río ↑Rio Grande.

Bravour [bra'vu:r; lat.-frz.], Tapferkeit, Schneid; Geschicklichkeit, Meisterschaft.

Bravourstück [bra'vu:r], Glanzleistung.

Bray-Steinburg, Otto Graf von [frz. brɛ], * Berlin 17. Mai 1807, † München 9. Jan. 1899, bayr. Politiker. – Jurist; 1846/47, 1848/49 Außenmin., 1870/71 Außenmin. und Vors. des Ministerrats; schloß 1870 die Verträge über Bayerns Eintritt in das Dt. Reich ab.

Brazza, Pierre **Savorgnan de** [frz. bra'za], * Castel Gandolfo 26. Jan. 1852, † Dakar 14. Sept. 1905, frz. Afrikaforscher und Kolonisator italien. Herkunft. – Erforschte 1876–78 den Ogowelauf; gründete auf seiner 2. Reise (1880–82) u. a. Brazzaville; Regierungs- (seit 1883) und Generalkommissar (seit 1886) von Frz.-Äquatorialafrika.

Brazzaville [frz. braza'vil], Hauptstadt der Republik Kongo, am rechten Ufer des seenartig zum Stanley Pool erweiterten Kongo, 331 m ü. d. M., 600 000 E. Kath. Erzbischofssitz; Univ. (seit 1972); zoolog. Garten. – Bed. Ind.zentrum (Nahrungsmittel, Textilien, Kunststoffwaren, Metallmöbel u. a.). Endpunkt der Kongoschiffahrt und der Bahnlinie vom Hafen Pointe-Noire, Fährverkehr nach Kinshasa; internat. ✈. – 1880 von P. Savorgnan de Brazza gegr., 1910–58 Hauptstadt von Frz.-Äquatorialafrika.

BRD, häufig verwendete, nichtamtl. Abk. für: **B**undes**r**epublik **D**eutschland.

Brdywald [tschech. 'br̝di], Gebirgszug sö. von Pilsen, ČR; im Praha 862 m hoch; Blei-, Zink-, Silber- und Uranerzvorkommen.

Bréa, Louis [frz. bre'a], * Nizza um 1450, † ebd. um 1523, frz. Maler. – Lombard. und niederländ. Einflüsse, u. a. Paradiesaltar in Santa Maria di Castello in Genua (1513).

Break [bre:k, engl. brɛik „Durchbruch"], im *Sport* Bez. für 1. einen Durchbruch aus der Verteidigung heraus (v. a. beim Eishockeyspiel); 2. Durchbrechen des gegner. Aufschlages (Tennis); 3. Trennkommando des Ringrichters beim Boxkampf.
▷ im *Jazz* kurze, rhythm.-melod. „Kadenz", die vom improvisierenden Instrumentalisten oder Sänger solistisch dargeboten wird, während das Ensemble pausiert.

Breakdance [am. 'breɪkdɛːns; von engl. break „brechen" und dance „Tanz", übertragen „mit dem Körper sprechen"], Anfang der 1970er Jahre in den New Yorker Armenvierteln unter den farbigen Jugendlichen entstandener Straßentanz, vermischt roboterhafte rhythm. Bewegungen mit akrobat. Sprüngen, Pirouetten auf Schultern, Kopf oder Rücken; getanzt zu Funkmusic (↑Funk).

Breakfast [engl. 'brɛkfəst, eigtl. „das Fastenbrechen"], engl. Bez. für Frühstück.

Bream, Julian [engl. bri:m], * London 15. Juli 1933, engl. Gitarrist und Lautenist. – Interpret alter und neuer Musik. Gründer des **Julian-Bream-Consort** zur Pflege alter Musik.

Breccie ['brɛtʃə; italien.] (Bresche, Brekzie), Sedimentgestein, das aus miteinander verkitteten, eckigen Gesteinsbruchstücken besteht. – ↑Konglomerat.

Brechbühl, Beat, * Oppligen (Kt. Bern) 28. Juli 1939, schweizer. Schriftsteller. – Gedichte und Romane mit individualist. und skurrilen Elementen. – *Werke:* Kneuss (R., 1970), Nora und der Kümmerer (R., 1974), Traumhämmer (Ged., Auswahl 1977), Die Glasfrau (En., 1985).

Brechdurchfall, gleichzeitiges Auftreten von Erbrechen und Durchfall infolge akuter Entzündung der Magen-Darm-Schleimhaut. Ursächlich spielen v. a. Infektionen mit Enteroviren, Salmonellen, Shigellen und Kolibakterien eine Rolle, u. a. bei verseuchten Nahrungsmitteln.

Brechen, in der *Textiltechnik* Bez. für das Freilegen der Fasern aus den Pflanzenstengeln durch Zerbrechen der Stengel.
▷ svw. ↑Erbrechen.

Brecher, (Sturzsee) eine Meereswelle mit überstürzendem Wellenkamm und bes. starkem Aufprall; B. entstehen bei Sturm oder in der Brandung im flachen Wasser.
▷ Maschine zur Grobzerkleinerung harter Stoffe durch Druck oder Schlag.

Brechkraft (Brechwert), der Kehrwert der Brennweite f eines abbildenden opt. Systems: $D = 1/f$; kennzeichnet die brechende Wirkung. Die Einheit der B. ist die Dioptrie.

Brechmittel (Emetika), Arzneimittel zur Auslösung des Erbrechens durch reflektor. Einwirkung auf das Brechzentrum, z. B. Apomorphin. Bei akuten Vergiftungen durch die Magenspülung ersetzt.

Brechnußbaum (Strychnos nux-vomica), bis 15 m hoher Baum der Gatt. Strychnos in S-Asien; Blätter eiförmig; Blüten grünlich-gelb, in Trugdolden. Früchte beerenartig, 2,5–6 cm groß, orangerot, mit bitter schmeckenden Samen **(Brechnuß),** die etwa 1 % Strychnin u. a. Alkaloide enthalten und als Brech- und Abführ- sowie als Anregungsmittel bei Schwächezuständen verwendet werden.

Brechreiz, vom Brechzentrum ausgelöste unangenehme, oft mit Übelkeit, Ekel, Speichelfluß, Würgen in Hals und Speiseröhre verbundene Mißempfindung, gewöhnlich unmittelbar vor dem Erbrechen.

Brecht, Arnold, * Lübeck 26. Jan. 1884, † Eutin 11. Sept. 1977, amerikan. Politologe dt. Herkunft. – 1921–27 Ministerialdirektor im Reichsinnenministerium, danach stimmführender Bevollmächtiger Preußens im Reichsrat; 1933 entlassen; 1933–54 in New York; nach 1945 Berater bei der Gründung der BR Deutschland und der Verabschiedung des GG. Wichtige Werke zur polit. Theorie; Memoiren.

B., Bertolt, eigtl. Eugen Berthold Friedrich B., *Augsburg 10. Febr. 1898, † Berlin (Ost) 14. Aug. 1956, dt. Schriftsteller und Regisseur. – Lebte seit 1924 in Berlin, zunächst Dramaturg bei Max Reinhardt, dann freier Schriftsteller und Regisseur; 1933 Emigration; lebte u. a. in der Schweiz, in Dänemark (1933–39), Schweden, Finnland, in den USA (1941–47); 1949 Rückkehr nach Berlin (Ost), wo er mit seiner Frau Helene Weigel das ↑„Berliner Ensemble" gründete. – B. gehört zu den einflußreichsten Autoren des 20. Jh. Bes. bestimmend für sein Leben und Schaffen wurde die Erfahrung des 1. Weltkrieges und die allmähl. Hinwendung zum Marxismus (ab 1926), ohne aber selbst je der kommunist. Partei beizutreten. – Sein Schaffen entwickelte sich vom rauschhaft bejahten Nihilismus und Individualismus der Frühwerke – z. B. „Baal" (entstanden 1918/19, gedruckt 1922), „Im Dickicht der Städte" (1921–24, gedruckt 1927), „Mann ist Mann" (1924–26, gedruckt 1926), „Die Dreigroschenoper" (1928, gedruckt 1929) – zum Glauben an das Kollektiv und zur strengen Disziplin der sog. „Lehrstücke" – z. B. „Die Maßnahme" (1929/30, gedruckt 1931), „Die hl. Johanna der Schlachthöfe" (1929–31, gedruckt 1932) –, um schließlich in den Meisterdramen der Exilzeit – z. B. „Leben des Galilei" (1. Fassung entstanden 1938, 3. Fassung gedruckt 1955), „Mutter Courage und ihre Kinder" (1939, gedruckt 1949), „Herr Puntila und sein Knecht Matti" (1940, gedruckt 1950), „Der gute Mensch von Sezuan" (1938–41, gedruckt 1953), „Der kaukas. Kreidekreis" (1944/45, gedruckt 1949) – diese Gegensätze in dichterisch vollendeter Synthese zu versöhnen. Der Zwiespalt zw. menschl. Freiheit und sozialer Gerechtigkeit, Glücksverlangen des einzelnen und Notwendigkeit des Opfers ist das Grundproblem, um das B. ständig kreist. Fast gleichzeitig mit den Stücken entstand die Theorie des sog. „ep. [später auch dialekt.] Theaters" – dargelegt in „Der Messingkauf" (1939/40, gedruckt 1963) und „Kleines Organon für das Theater" (1948, gedruckt 1949) –, die auf die Aktivierung des Zuschauers durch Erkenntnis zielt und deren Schlüsselbegriff die vieldiskutierte Verfremdung („V-Effekt") ist. – B. schrieb auch Lyrik (u. a. „Hauspostille", 1927; „Svendborger Gedichte", 1939), Romane, Kurzgeschichten, „Kalendergeschichten" (1949), Hörspiele, Dialoge, Pamphlete, lehrhafte Prosa, ein Ballett („Die sieben Todsünden [der Kleinbürger]", 1933, gedruckt 1959) sowie „Schriften zur Literatur und Kunst" (1966), „Schriften zur Politik und Gesellschaft" (1968) sowie aufschlußreiche „Texte für Filme" (1969, alle postum). *Weitere Werke:* Aufstieg und Fall der Stadt Mahagonny (Oper, 1929, mit K. Weill), Dreigroschenroman (1934), Das Verhör [später: Die Verurteilung] des Lukullus (Hsp., 1940; Oper 1951, mit P. Dessau), Der aufhaltsame Aufstieg des Arturo Ui (Dr., 1941, gedruckt 1957), Turandot oder Der Kongreß der Weißwäscher (Dr., 1953/54, gedruckt 1967), Flüchtlingsgespräche (Dialoge, entstanden hauptsächlich 1940/41, gedruckt 1961).

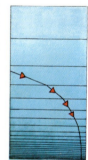

Bertolt Brecht

Brechung, (Refraktion) Änderung der Ausbreitungsrichtung von Wellen an der Grenzfläche zweier Medien, in denen sie verschiedene Ausbreitungsgeschwindigkeiten besitzen. Fällt eine ebene Wellenfront aus einem Medium 1 (in dem die Wellen die Geschwindigkeit v_1 haben) schräg auf die Oberfläche eines anderen Mediums 2 (Wellengeschwindigkeit v_2), so breitet sich von jedem Punkt, der von der Wellenfront getroffen wird, eine als Elementarwelle bezeichnete Kugelwelle aus. Die in das Medium 1 zurücklaufenden Elementarwellen überlagern sich zu der reflektierten Teilwelle, die in das Medium 2 hineinlaufenden zu der gebrochenen Teilwelle mit einer gegen die ursprüngl. Richtung geneigten Wellenfront. Bildet die Ausbreitungsrichtung der einfallenden Welle, d. h. die Richtung der einfallenden Strahlen, mit dem auf der Grenzfläche senkrecht stehenden *Einfallslot* den *Einfallswinkel* α, die Ausbreitungsrichtung der gebrochenen Welle mit dem Einfallslot den *Brechungswinkel* β, so gilt das von W. Snellius formulierte **Snelliussche Brechungsgesetz** $\sin\alpha / \sin\beta = v_1/v_2 = n_{21}$; den für eine bestimmte Wellenlänge konstanten Wert n_{21} dieses Verhältnisses nennt man die **relative Brechzahl** (früher auch Brechungsindex, -koeffizient oder -exponent genannt) des zweiten Mediums in bezug auf das erste. Die relative Brechzahl ist frequenzabhängig. Bei der **Lichtbrechung** wird die Brechzahl i. d. R. auf das Vakuum bezogen. Bezeichnet man die Geschwindigkeit des Lichts im Vakuum mit c_0, so gilt für einen Lichtstrahl, der, vom Vakuum kommend, in einem Medium gebrochen wird, das **Brechungsgesetz** $\sin\alpha / \sin\beta = c_0/c = n$; dabei bezeichnet man n als die **absolute Brechzahl** des Mediums, oft auch als Brechzahl schlechthin. Die Brechzahl des Vakuums ist also gleich 1; für flüssige und feste Stoffe ergeben sich im allg. Werte zw. 1 und 2, z. B. für gewöhnl. Glas 1,5, für Wasser 1,33; für Luft ist $n \approx 1$. Für die relative Brechzahl n_{12} eines Stoffes mit der absoluten Brechzahl n_1 gegen einen anderen mit der absoluten Brechzahl n_2 gilt: $n_{12} = n_1/n_2 = c_2/c_1$, wobei c_1 bzw. c_2 die Geschwindigkeiten des Lichts im Medium 1 bzw. im Medium 2 sind. Gilt $n_1 > n_2$, so bezeichnet man das Medium mit der Brechzahl n_1 als das *optisch dichtere,* das mit der Brechzahl n_2 als das *optisch dünnere* Medium. Die B. ist eines der grundlegenden Phänomene der Optik, auf dem die Wirkungsweise nahezu aller opt. Geräte beruht. Neben Licht werden auch andere elektromagnet. Wellen gebrochen; analoge Erscheinungen gibt es beim Schall.
▷ in der *Sprachwiss.* die Veränderung bestimmter Vokale (unter dem Einfluß eines unbetonten Vokals der Nebensilbe oder bestimmter Folgekonsonanten).

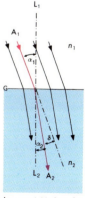

Brechung in einem Medium mit von oben nach unten stetig zunehmender Brechzahl und Dichte

Brechung an einer Wasseroberfläche (G Grenzfläche zwischen zwei Medien, für deren Brechzahlen $n_2 > n_1$ gilt; L_1, L_2 Einfallslot; A_1 einfallender, A_2 gebrochener Strahl; α_1 Einfallswinkel, α_2 Brechungswinkel, δ Abweichung von der geradlinigen Ausbreitung

Brechungsfehler

Bregenz. Festspielhaus und Seebühne

Breisach am Rhein. Das über der Stadt gelegene Münster Sankt Stephan, errichtet etwa ab 1200, ab 1945 wiederhergestellt

Brechungsfehler (Refraktionsanomalien, Refraktionsfehler), meist durch opt. Hilfsmittel korrigierbare Augenfehler, die v. a. dadurch entstehen, daß entweder der Augapfel zu kurz oder zu lang gebaut ist, wodurch sich die parallel einfallenden Strahlen nicht auf der Netzhaut, sondern dahinter oder davor vereinigen.

Brechwert, svw. ↑ Brechkraft.

Brechwurz, svw. ↑ Haselwurz.

Brechwurzel (Ipekakuanha, Cephaelis ipecacuanha), bis 40 cm hohes, halbstrauchiges Rötegewächs in Brasilien; Wurzeln braun mit tiefen, ringförmigen Wülsten, getrocknet als B. (Rio-Ipekakuanha) im Handel, medizinisch zur Schleimlösung verwendet.

Brechzahl ↑ Brechung.

Brechzentrum, im verlängerten Mark, nahe dem Atemzentrum gelegenes vegetatives Nervenzentrum, das den Brechakt auslöst.

Breda, niederl. Stadt, 40 km sö. von Rotterdam, 121 000 E. Kath. Bischofssitz; Akad. der Bildenden Künste, Schauspiel- und Musikschule, Militärakad.; Theater, Bibliotheken und Museen; Waffen- und Munitionsfabrik, Gießerei, Maschinenbau, Elektroind., Textil- und Nahrungsmittelind., Hafen. – Um 1252 Stadtrecht. – Liebfrauenkirche (13. Jh.; brabant. Gotik); Rathaus (1766–68), Schloß (15.–17. Jh.).

Bredel, Willi, * Hamburg 2. Mai 1901, † Berlin 27. Okt. 1964, dt. Schriftsteller. – Mgl. der KPD, 1933 KZ-Haft, Flucht über Prag nach Moskau; lebte seit 1945 in Berlin (Ost); schrieb, dem sozialist. Realismus verpflichtet, v. a. polit. Gesellschaftsromane, u. a. „Verwandte und Bekannte" (Trilogie, 1943–53).

Bredenborn ↑ Marienmünster.

Bredouille [breˈdʊljə; frz.], Verlegenheit, Bedrängnis.

Breeches [ˈbrɪtʃɪs; engl.], Reithose, die an Gesäß und Hüften weit, an Knien und Unterschenkeln eng ist.

Breg, rechter Quellfluß der Donau.

Bregen (Brägen), norddt. Bez. für: Gehirn vom Schlachttier.

Bregenz, Hauptstadt des östr. Bundeslandes Vorarlberg, am O-Ufer des Bodensees, 400 m ü. d. M., 26 000 E. Sitz der Landesregierung, Handelsakad., Techn. Bundeslehr- und Versuchsanstalt, Museum; Hafen. Textil-, Elektro-, Nahrungsmittelind., Theater, seit 1946 alljährlich stattfindende Festspiele mit Aufführungen auf der Seebühne. – Nö. eines röm. Erdkastells entstand die Siedlung **Brigantium;** bis ins 4. Jh. blieb die Oberstadt röm. Festung; Ende des 5. Jh. alemann.; Burg an Stelle der röm. Oberstadt (802 **Castrum Brigancia**); um 1200 Stadtrecht, 1330 Marktprivileg. 1451 an die Habsburger, nun Verwaltungsmittelpunkt von Vorarlberg. – Pfarrkirche Sankt Gallus (1097 erwähnt); Kloster Mehrerau (erneuert 1779–81); Altes Rathaus (1511), zahlr. Barockbauten, u. a. Gasthaus zum Kornmesser (um 1720), Ruinen der Burg Hohenbregenz.

Bregenzerwald, Teil der nördl. Voralpen, östlich des Bodensees, in Vorarlberg und Bayern; die höchsten Gipfel sind Hochifen (2 232 m) und Kanisfluh (2 047 m).

Brehm, Alfred [Edmund], * Renthendorf (Thüringen) 2. Febr. 1829, † ebd. 11. Nov. 1884, dt. Zoologe und Forschungsreisender. – Zoodirektor in Hamburg und Gründer des Berliner Aquariums. Sein Hauptwerk „Tierleben" (6 Bde., 1864–69; Jubiläumsausg., hg. v. C. W. Neumann, 8 Bde., 1928/29) wurde vielfach übersetzt und gilt noch heute als Einstiegswerk für biologisch Interessierte.

B., Bruno, * Ljubljana 23. Juli 1892, † Altaussee (Steiermark) 5. Juni 1974, östr. Schriftsteller. – Schilderte in seinen z. T. umstrittenen Romanen bes. die Welt des alten Österreich (u. a. Trilogien „Die Throne stürzen", 1951; „Das 12jährige Reich", 1961).

B., Christian Ludwig, * Schönau bei Gotha 24. Jan. 1787, † Renthendorf (Thüringen) 23. Juni 1864, dt. luth. Pfarrer und Ornithologe. – Vater von Alfred B.; einer der Begründer der dt. Ornithologie; legte eine Sammlung von etwa 15 000 Vogelbälgen an.

Breinierenkrankheit (Enterotoxämie), in der Veterinärmedizin eine durch Bakterien der Art *Clostridium perfringens,* einem bei Schafen weitverbreiteten Erreger, verursachte hochakute und verlustreiche Erkrankung; keine wirkungsvolle Behandlung möglich.

Breisach am Rhein, Stadt sw. des Kaiserstuhls, Bad.-Württ., 191–227 m ü. d. M., 9 900 E. Zentralkellerei; Weinbau; Rheinhafen. – Um 369 röm. Kastell auf dem Berg **(Mons Brisiacus).** 1002 kam die Burg Breisach in die Hand der Bischöfe von Basel, die vor 1146 eine Stadt gründeten. Im 13.–15. Jh. zeitweise in Reichsbesitz bzw. freie Reichsstadt, 1331 erstmals, 1425 endgültig in habsburg. Hand, seit 1648 frz., als Festung ausgebaut. 1697 an Österreich, 1805 an Baden. Die Werke wurden 1743 geschleift, die Oberstadt 1793 weitgehend, die Unterstadt 1945 vollständig zerstört. – Münster Sankt Stephan, im Kern roman. (um 1300 got. erneuert) mit Wandmalerei des Jüngsten Gerichts von M. Schongauer (1488–91) und spätgot. Hochaltar (1523–26) des Meisters H. L.; Rheintor (1670) mit Prunkfassade.

Breisgau, Landschaft am Oberrhein, Bad.-Württ., zw. dem Rhein im W, dem Schwarzwaldrand im O, dem Markgräfler Land im S und der Ortenau im N. Städt. Zentren sind Freiburg im Breisgau und Breisach am Rhein. – Um 400 erstmals genannt; bezeichnete seit karoling. Zeit eine Gft. (erst zähringisch, kam im 11. Jh. an die Badener, 1190 an ihre hachberg. Linie). Der (nördl.) „niedere" B. wurde 1318 an die Grafen von Freiburg verpfändet. Teile des B. brachten die Habsburger im 14./15. Jh. an sich, machten sie

Alfred Brehm

zu einer Landvogtei und ließen sich 1478 mit der Landgrafschaft im B. belehnen. Seit 1805 zu Baden.

Breisgau-Hochschwarzwald, Landkreis in Baden-Württemberg.

Breit, Ernst, * Rickelshof (Dithmarschen) 20. Aug. 1924, dt. Gewerkschafter. – 1971–82 Vors. der Dt. Postgewerkschaft; 1982–90 Vors. des Dt. Gewerkschaftsbundes.

Breitbach, Joseph, * Koblenz 20. Sept. 1903, † München 9. Mai 1980, dt.-frz. Schriftsteller und Journalist. – Schrieb in dt. und frz. Sprache; sein Roman „Bericht über Bruno" (1962) schildert die Spielregeln der Macht; auch Erzählungen und Dramen.

Breitbandantibiotika (Breitspektrumantibiotika), gegen eine Vielzahl von Mikroorganismen wirksame ↑Antibiotika.

Breitbandkabel, Spezialkabel zur hochfrequenten Signalübertragung, z. B. ↑Koaxialkabel.

Breitbandkommunikation, Sammelbez. für die (meist an ein spezielles Kabelnetz gebundenen) Formen von Telekommunikation, für die wegen der Menge der pro Zeiteinheit übertragenen Informationsgesamtheit aus übertragungstechn. Gründen ein verhältnismäßig großer Frequenzbereich (mehrere MHz) erforderlich ist. Zur B. zählen (im Ggs. zu schmalbandigen Übermittlungsvorgängen wie Hörfunkübertragung, Telefonieren, Fernschreiben) v. a. Fernsehen, Bildtelefonie, Telekonferenzen, schnelle Datenübertragung, bei gleichzeitiger Möglichkeit des Empfängers, mit dem Sender in Kontakt zu treten.

Breitbandstraße (Breitbandwalzwerk), vollautomat. arbeitende Walzstraßenanlage, in der 8–26 cm dicke erhitzte Brammen in mehreren Stufen zu 60–230 cm breiten und 20–1 mm dicken Stahlblechen ausgewalzt werden.

Breitbildverfahren (Breitwandverfahren), in der *Filmtechnik* Verfahren zur Darbietung von Filmen auf bes. großen Bildwänden, deren Breiten-Höhen-Verhältnis größer als bei der Normalbildprojektion (1,375:1) ist, um dem Zuschauer einen Anwesenheitseffekt und pseudoplast. Wirkungen zu vermitteln. Anfänglich haben sich das *Cinemascope-Verfahren* (Breiten-Höhen-Verhältnis 2,55:1) und das *70-mm-Verfahren*, urspr. *Todd-AO-Verfahren* gen. (Breiten-Höhen-Verhältnis 2:1) und das anamorphot. Bildpressung und -entzerrung 3:1), behaupten können, jedoch ist die Anwendung dieser Verfahren u. a. wegen der schlechten Verwendbarkeit für das Fernsehen stark zurückgegangen. Es werden grundsätzl. Methoden von B. unterschieden: a) das *Kaschverfahren,* wobei das Normalbildfeld im Breiten-Höhen-Verhältnis 1,66:1 oder 1,85:1 abgedeckt wird; b) das *anamorphot. Verfahren,* bei dem ebenfalls 35-mm-Normalfilm verwendet wird und die Bildpressung und -entzerrung im Verhältnis 2:1 in horizontaler Richtung erfolgt; c) B., bei dem breiterer Film verwendet wird (in der Wiedergabe 70-mm-Film mit mehrkanaliger Magnettonaufzeichnung).

Breite, (geograph. B.) der Winkel zw. dem in einem Punkt auf die Erdoberfläche gefällten Lot und der Äquatorebene.

▷ (geomagnet. B.) der Winkel zw. der Verbindung eines Punktes der Erdoberfläche mit dem Erdmittelpunkt und der Ebene des magnet. Äquators.

▷ (ekliptikale B.) der Winkelabstand eines Gestirns von der Ekliptik.

Breitenfeld, Ortsteil von Lindenthal bei Leipzig, Sa.; 1631 vernichtende Niederlage des Heeres der Liga unter Tilly durch die Schweden und die mit ihnen vereinigte sächs. Armee; 1642 Sieg der Schweden unter Torstensen über die Kaiserlichen.

Breitenkreise ↑Gradnetz.

Breitenschwankung, Schwankung der Rotationsachse der Erde (und damit der Polhöhe).

Breithaupt, dt. Feinmechanikerfamilie in Kassel. Bed. Vertreter:

B., Friedrich Wilhelm, * Kassel 23. Juli 1780, † ebd. 20. Juni 1855. – Erfand die erste Kreisteilmaschine.

B., Georg August, * Kassel 17. Aug. 1806, † ebd. 14. Febr. 1888. – Sohn von Friedrich Wilhelm B.; baute 1850 die erste Längenteilmaschine auf Meterbasis.

Breithorn, Name zweier vergletscherter Gipfel in den Berner Alpen: Lauterbrunner B. 3 782 m, Lötschentaler B. 3 785 m hoch.

B. (Zermatter B.) vergletscherter Gipfel in den Walliser Alpen, 4 160 m hoch.

Breitinger, Johann Jakob, * Zürich 1. März 1701, † ebd. 13. Dez. 1776, schweizer. Philologe und Schriftsteller. – Freund und Mitarbeiter ↑Bodmers, mit dem er in seiner „Crit. Abhandlung von dem Wunderbaren in der Poesie" (1740) für eine relative Betonung des poet. Enthusiasmus eintrat; nach B. soll das Kunstwerk das Gemüt bewegen.

Breitkopf & Härtel ↑Verlage (Übersicht).

Breitlauch, svw. ↑Porree.

Breitling, seenartige Erweiterung der Unteren Warnow mit dem Überseehafen und der Werft von Rostock.

Breitnasen (Neuweltaffen, Platyrrhina), Überfam. der Affen in M- und S-Amerika; zu den B. gehören ↑Kapuzineraffenartige (↑Springtamarin) und ↑Krallenaffen.

Breitrandschildkröte (Testudo marginata), etwa 25–35 cm lange Landschildkröte in M- und S-Griechenland.

Breitrüßler (Maulkäfer, Anthribidae), weltweit, v. a. in subtrop. und trop. Gebieten verbreitete Käferfam. mit über 2 700 etwa 2–50 mm großen Arten, davon 36 in Europa, 17 einheimisch; einfarbig dunkel oder kontrastreich gezeichnet. Die Larven zahlr. trop. Arten bohren in Samen (Vorratsschädlinge), z. B. der ↑Kaffeekäfer.

Breitscheid, Rudolf, * Köln 2. Nov. 1874, † KZ Buchenwald 24. Aug. 1944, dt. Politiker. – Schloß sich 1912 der SPD an; 1917 Mgl. der USPD; 1919/20 preuß. Innenmin.; MdR 1920–33 zunächst für die USPD, dann die SPD, deren Fraktionsvors. und Hauptsprecher in außenpolit. Fragen; 1926–30 Mgl. der dt. Völkerbundskommission; 1940 von der Vichy-Reg. an die Gestapo ausgeliefert, kam 1944 bei einem Luftangriff ums Leben.

Breitschwanz, Handelsbez. für Pelzwaren aus dem Fell tot- oder frühgeborener Lämmer des Karakulschafs.

Breitseite, Längsseite eines Schiffes.

▷ bei Kriegsschiffen auch Bez. für das gleichzeitige Abfeuern aller Geschütze einer Seite.

Breitspurbahn, Eisenbahn, die im Unterschied zur Normalspurbahn eine größere ↑Spurweite besitzt.

Breitstreifenflur ↑Flurformen.

Breitwandverfahren, svw. ↑Breitbildverfahren.

Breker, Arno, * Elberfeld (= Wuppertal) 19. Juli 1900, † Düsseldorf 13. Febr. 1991, dt. Bildhauer. – 1938–45 Prof. der Staatl. Hochschule für bildende Künste Berlin. Aufträge für die Repräsentationsbauten des Nationalsozialismus. Zahlr. Porträtbüsten (Bronze).

Brekzie ↑Breccie.

Brel, Jacques, * Brüssel 8. April 1929, † Bobigny 9. Okt. 1978, frz. Chansonsänger belg. Herkunft. – Besang in seinen z. T. satir. und sozialkrit. Liedern u. a. seine Heimat Flandern.

Bremen, Hauptstadt des Landes B., an beiden Seiten der unteren Weser, 533 800 E. Univ. (1971 eröffnet), Hochschulen für Nautik, Technik, Sozialpädagogik, Wirtschaft, Kunst, Max-Planck-Inst. für mikrobielle Ökologie; Museen, u. a. Übersemuseum, Focke-Museum, Kunsthalle, Staatsbibliothek, Staatsarchiv; mehrere Theater; Sitz der Landesregierung und zahlr. Behörden; Wertpapierbörse; botan. Garten, Aquarium. – 1619–22 Bau des Vorhafens Vegesack, 1827 Gründung von Bremerhaven, seit 1886 Korrektion der Weser, so daß große Seeschiffe bis B. fahren können. Im 19. Jh. größter europ. Auswandererhafen, Weltmarkt für Baumwolle, Tabak und Petroleum. – In den neuen, überwiegend als Tidehäfen gebauten brem. Häfen verkehren v. a. Regelfrachtschiffe eines weltweiten Linienverkehrs. Hafenorientierte Ind., u. a. Werften, Jutespinnereien, Tabakind., Öl-, Getreide- und Reismühlen, Schokoladenfabriken, Kaffeeröstereien und Tauwerkfabriken; Maschinenbau, Kraftfahrzeug-, Luft- und Raumfahrtind. sowie Elektrotechnik. – Kirchsiedlung auf der Domdüne, hierher 845 Verlegung des Erzbistums Hamburg. Marktprivilegien 888 und 965; am Weserufer entstand eine Kaufmannssiedlung,

Breitrandschildkröte

Bremen
Stadtwappen

Bremen

Bremen. Marktplatz mit dem Dom (11.–13. Jh.), dem Rathaus (1405–10; Bildmitte) und dahinter der Pfarrkirche Unserer Lieben Frauen (1229 begonnen)

Bremerhaven Stadtwappen

Bremsen. Gemeine Rinderbremse (Größe 10–24 mm)

die mit der Domsiedlung verschmolz; 1186 städtische Privilegien. Um 1300 Ummauerung aller Stadtteile (1350: 20 000 E). Bis ins 20. Jh. i. d. R. vom Rats- bzw. Senatspatriziat regiert. Beitritt zur Hanse 1358; 1522 reformiert, später kalvinistisch; Reichsunmittelbarkeit 1541 anerkannt, 1646 bestätigt. 1806 Freie Hansestadt, 1810–13 frz. und 1815–66 Mgl. des Dt., seit 1866 des Norddt. Bunds. seit 1871 zum Dt. Reich, seit 1888 zum Reichszollgebiet. Militärrevolte 1918; Ausrufung der Räterepublik 1919, von der Reichsregierung nach wenigen Wochen gestürzt. Parlamentar.-demokrat. Regierung durch Verfassung 1919/20. Ab 1933 mit Oldenburg von einem Reichsstatthalter regiert. 1945 der amerikan. Militärregierung unterstellt, die 1947 das Land B. errichtete. Seit 1945 stellt die SPD als stärkste Partei den Senatspräs. und Bürgermeister (1945–65 W. Kaisen, 1965–67 W. Dehnkamp, 1967–85 H. Koschnik, seit 1985 [1987 und 1991 in den Bürgerschaftswahlen bestätigt] K. Wedemeier). – Dom (11.–13. Jh.) nach zwei Vorgängerbauten; Rathaus (1405–10) mit bed. Figurenzyklus, 1608–12 Umbau im Stil der Weserrenaissance. Neues Rathaus (1910–14); Roland (um 1405), Schütting (1536–38; heute Handelskammer); Pfarrkirche Unserer Lieben Frauen (1229; im 14. Jh. erweitert). Schwerste Kriegsschäden, 1950–60 Wiederaufbau. Die Böttcherstraße wurde 1926 bis 1931 in ma. und expressionist. Formen gestaltet. Seit 1956 entstand der Stadtteil Neue Vahr (sozialer Wohnungsbau); Stadthalle (1964).

B., (amtl. Freie Hansestadt Bremen) kleinstes Land der BR Deutschland, an der unteren Weser, besteht aus den durch niedersächs. Gebiet voneinander getrennten Städten ↑ Bremen und ↑ Bremerhaven, 403,77 km², 660 000 E (1989). Sitz der Landesregierung ist Bremen. – Die Wirtsch. des Landes ist durch die beiden Häfen geprägt (Güterumschlag 1988: 28,8 Mill. t) sowie durch die mit ihnen verbundenen Ind.zweige. – Autobahnanschluß, ✈.

Geschichte: ↑ Bremen (Stadt).

Verfassung: Nach der Verfassung von 1947 liegt die Gesetzgebung, außer bei einem Volksentscheid, beim Landesparlament, der *Bürgerschaft*, deren 100 Mgl. auf 4 Jahre gewählt werden. Die Landesregierung *(Senat)*, Träger der Exekutive, besteht aus den von der Bürgerschaft gewählten Senatoren und wählt zwei von diesen zu Bürgermeistern, von denen einer gleichzeitig Senatspräs. ist.

B., Hochstift, 787/788 gegr., 864 endgültig aus der Metropolitanhoheit der Erzbischöfe von Köln gelöst und nach B. verlegten Erzbistum Hamburg vereinigt; Zentrum der Missionsaktivität der Reichskirche für die skand. und ostseeslaw. Länder; nach 1236 Aufbau eines Territorialgebiets zw. Niederelbe und Niederweser, Verwaltungsmittelpunkt und Hauptsitz war Bremervörde, da die Stadt Bremen sich frühzeitig der erzbischöfl. Hoheit entzogen hatte; nach 1558 unter luth. Administratoren; 1648 als weltl. Hzgt. der Krone Schweden zugeteilt, 1719 zu Hannover.

Bremen, Name mehrerer Passagierdampfer des Norddt. Lloyd. Die erste B. (2 675 BRT, bis 570 Passagiere) wurde 1858 in Dienst gestellt. Die vierte B. mit 51 735 BRT bot Platz für mehr als 2 200 Passagiere und gewann 1929 auf der Jungfernfahrt mit 27,85 Knoten und erneut 1933 das Blaue Band; fiel 1941 einem Brand zum Opfer. Die 1957 als fünfte B. angekaufte ehem. frz. *Pasteur* (32 360 BRT, 23 Knoten) wurde 1959 in Dienst gestellt, 1971 wieder verkauft.

Bremer, Fredrika, *Tuorla bei Turku 17. Aug. 1801, †Årsta (= Stockholm) 31. Dez. 1865, schwed. Schriftstellerin. – Mit sozial und religiös bestimmten Romanen war sie eine Vorkämpferin der Frauenemanzipation. – *Werke:* Die Familie H. (R., 1829), Hertha (R., 1856).

Bremer Beiträger, eine Gruppe Leipziger Studenten, Hg. und Mitarbeiter der 1744–48 in Bremen erschienenen Zeitschrift „Neue Beiträge zum Vergnügen des Verstandes und Witzes". Die B. B. waren aus der Schule Gottscheds hervorgegangen, neigten aber der freieren Kunstauffassung Hallers, Bodmers und Breitingers zu (u. a. waren J. A. und J. E. Schlegel, J. A. Cramer, K. C. Gärtner, G. W. Rabener, C. F. Gellert, F. W. Zachariae Mitarbeiter).

Bremerhaven, Stadt im Land Freie Hansestadt Bremen, zu beiden Seiten der Geestemündung in die Weser, 127 000 E. Fachhochschulen für Technik, Schiffsbetriebstechnik; Inst. für Meeresforschung; Alfred-Wegener-Institut für Polarforschung; Dt. Schiffahrtsmuseum, Fischereimuseum; Theater; Nordseeaquarium. Fischereigroßhafen, Überseehafen, „Columbusbahnhof" mit modernen Fahrgastanlagen; Reedereien. Die Ind. ist v. a. auf Schiffbau und Fischverarbeitung (Gefrierfisch) ausgerichtet. – 1827 Bau des neuen **Bremer Havens** auf bis dahin hannoverschem Territorium; 1847 Endpunkt der ersten Dampferlinie zw. dem europ. Festland und Amerika, 1851 Stadt, 1857 Haupthafen des Norddt. Lloyd; 1939 Wesermünde angegliedert; der Hafen blieb bremisch; 1947 kam Wesermünde an Bremen, seitdem Bremerhaven.

Bremer Presse, Privatpresse, die 1911 von L. Wolde und W. Wiegand zus. mit H. von Hofmannsthal, R. Borchardt und R. A. Schröder in Bremen gegr. wurde. Die B. P. wurde 1919 nach Bad Tölz verlegt, 1921 von dort nach München, wo sie 1944 einging.

Bremervörde, Stadt an der Oste, Nds., 17 700 E. Kunststoff- und Möbelind. – Nach 1110 Anlage der Burg Vorde und einer Zollstätte, 1219 an die Bremer Erzbischöfe und Ausbau zur Residenz. Im 14. Jh. Marktflecken, seit 1635 B. gen.; 1852 Stadt.

Bremgarten (AG), Hauptort des Bez. Bremgarten im schweizer. Kt. Aargau, 15 km westlich von Zürich, 381 m ü. d. M., 4 700 E. Textil-, Zementind. – Am Reußübergang um 1200 gegr.; 1258 Stadtrecht. – Kirche (13. Jh., im 15./ 16. Jh. erweitert), Kapuzinerkloster (1618–21), Schlößli (gegen 1561; im 17./18. Jh. erweitert); drei Türme der ehem. Stadtbefestigung; gedeckte hölzerne Brücke.

Bremische Evangelische Kirche ↑ Evangelische Kirche in Deutschland (Übersicht).

Bremsbelag ↑ Bremse.

Bremsdynamometer, Meßvorrichtung für das von einer Maschine abgegebene Drehmoment (Bremsmoment). Wird gleichzeitig die Wellendrehzahl gemessen, so läßt sich die von der Kraftmaschine abgegebene Leistung **(Bremsleistung)** errechnen.

Bremse [eigtl. „Nasenklemme" (zu niederdt. prame „Druck")], techn. Vorrichtung zum Verzögern oder Verhindern eines Bewegungsablaufs. *Reib[ungs]-B.* wandeln die Bewegungsenergie in Wärme um bzw. halten den ruhenden Körper durch Reibung fest. Hierzu gehört sowohl die **Backenbremse (Radialbremse),** die als *Außenbacken-B.* oder *Klotz-B.* ihre Bremsbacken radial von außen an den Umfang eines Rades bzw. einer Bremstrommel oder als *Innenbacken-B.* radial von innen an eine Bremstrommel anpreßt *(Trommelbremse),* als auch die **Scheibenbremse**

Bremskraftverstärker

(**Axialbremse**), bei der die Bremskörper zangenförmig von außen an eine umlaufende Scheibe (*Teilscheiben-B.*) oder auch zwei Scheiben, die eine feststehend, die andere umlaufend (*Vollscheiben-B.*), gegeneinander gedrückt werden. Zu diesen Vollscheiben-B. gehört die *Lamellen-B.*, bei der mehrere Scheiben, die abwechselnd mit dem sich drehenden und dem stillstehenden Teil bremsfest verbunden sind, zum Bremsen gegeneinandergedrückt werden. Reib-B. sind die *Bandbremse* und die beim Rangieren zum Abbremsen rollender Schienenfahrzeuge verwendeten *Bremsschuhe* (Hemmschuhe). Auch elektr. Maschinen können als B. verwendet werden. Ein über die Leerlaufdrehzahl angetriebener Gleichstromnebenschlußmotor wirkt als Generator bremsend und dient z. B. bei Bergbahnen wegen der Rückgewinnung elektr. Energie als *Nutz-B.*; Reihenschlußmotoren müssen zum Bremsen vom Netz getrennt und die anfallende Energie in Widerständen vernichtet werden. Als *Senk-B.* für Hebezeuge dienen *Wirbelstrom-B.*, bei denen ein steuerbares Magnetfeld auf eine mit der Welle fest verbundene Eisenscheibe bremsend einwirkt.

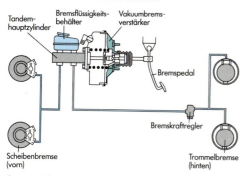

Bremse. Schematische Darstellung einer hydraulischen Zweikreis-Bremsanlage für Pkw; für Vorder- und Hinterachse getrennte Bremsleitungssysteme

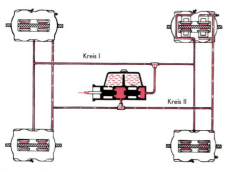

Bremse. Schematische Darstellung einer Zweikreis-Scheibenbremse beim Pkw

Kfz müssen mit zwei unabhängig voneinander arbeitenden Bremssystemen ausgerüstet sein. Personenwagen haben als *Feststell-B.* eine *Hand-B.*, die über Seilzug oder *Bremsgestänge* mechan. auf die Bremsanlage einer Achse einwirkt. Das zweite Bremssystem ist heute eine *hydraul. Bremsanlage*, die auf alle vier Räder wirkt; sie besteht im wesentl. aus dem *Bremspedal*, dem *Haupt[brems]zylinder*, der *Bremsleitung*, den *Rad[brems]zylindern*, den *Bremsbacken* sowie aus den jeweils mit dem Rad verbundenen, bei Fahrt umlaufenden *Bremstrommeln*. Beim Drücken des Bremspedals bewegt sich im Hauptzylinder ein Kolben, verschließt die Ausgleichsbohrung vom Ausgleichsbehälter und verringert das Volumen im Druckraum. Dadurch wird *Bremsflüssigkeit* (Hydrauliköl) verdrängt und im geschlossenen Leitungssystem Druck erzeugt, der die im *Rad[brems]zylinder* bewegl. angeordneten Kolben auseinanderpreßt und die Bremsbacken entgegen der Kraft einer Rückzugsfeder gegen die Bremstrommel drückt. Der auf der Bremsbacke aufgeklebte oder aufgenietete *Bremsbelag* aus hitzebeständigem abriebfestem Material reibt auf der Bremstrommel und wandelt die Bewegungsenergie in Wärmeenergie um. Backen-B. werden in verschiedenen Ausführungen gebaut: Bei der *Simplex-B.* ist je Rad nur ein *Radzylinder* für beide halbkreisförmige Bremsbacken vorhanden. Dagegen wird bei der *Duplex-B.* jede Bremsbacke durch einen Radzylinder betätigt. Die *Auflaufbacken* werden infolge der Reibung durch die drehende Bremstrommel zusätzlich an die Trommel gepreßt, wodurch sich eine Selbstverstärkung der Bremskraft ergibt (*Servo-B.*). Die *Einkreisbremsanlage* verliert bei einer Undichtheit im System ihre gesamte Wirksamkeit. Bei der *Zweikreisbremsanlage* sind zwei unabhängige Bremskreise an einen Tandemhauptzylinder angeschlossen. Bei Ausfall eines Bremskreises bleibt der zweite wirksam.

Infolge schlechter Wärmeabfuhr läßt die Bremsleistung der Trommel-B. nach (*Fading*). Diesen Nachteil weist die *Scheiben-B.* nicht auf. Die durch den Fahrtwind gekühlte *Bremsscheibe* ist von scheibenartigen Bremsbelägen in einem sattelförmigen Gehäuse zangenartig umgeben. Beim Bremsen werden die Beläge beidseitig gegen die Bremsscheibe gepreßt. Scheiben-B. sind weitgehend unempfindl. gegen langdauernde Belastung. Da bei vielen Fahrzeugen eine zu hohe Fußkraft erforderlich werden würde, sind diese mit einem **Bremskraftverstärker** ausgerüstet. Diese Geräte arbeiten auf Grund der Differenz zw. Innendruck im Ansaugkrümmer und Außendruck. Das zylinderförmige Gehäuse des Bremskraftverstärkers wird durch einen membranartigen Arbeitskolben in zwei druckdichte Kammern geteilt. Über den Anschluß ist die eine Kammer mit dem Ansaugrohr verbunden. Bei laufendem Motor herrscht in dieser Kammer Unterdruck; wird das Bremspedal betätigt, so wandert die Kolbenstange mit Arbeitskolben vorwärts, nimmt den flexiblen Teil des Ventilsystems mit, wodurch die Verbindung zw. beiden Kammern unterbrochen wird. Preßt sich der Arbeitskolben an einem Dichtung, so strömt durch das Ventilsystem Außenluft in die zunächst unter Vakuum stehende zweite Kammer. Dadurch wandert der Kolben mit Stange vorwärts, wodurch der Tandemkolben des Tandemhauptzylinders sich ebenfalls vorwärts bewegt. Der dadurch im Hydrauliksystem ansteigende Druck bewirkt den Bremsvorgang. Wird das Bremspedal nicht mehr betätigt, so wandert unter Federkraft die Kolbenstange zurück, und das Ventilsystem gibt die Verbindung zur Steuerbohrung und dem Vakuumkanal frei. Es folgt ein Druckausgleich zw. beiden Kammern, und alle Kolben bewegen sich in ihre Ausgangsstellung zurück. Die B. ist wieder gelöst.

Für schwere Lastwagen reicht der Unterdruck-Bremskraftverstärker nicht aus. Um auch bei einer Vollbremsung mit kleinen Pedalkräften auszukommen, verwendet man bei der *Druckluftbremse* als Hilfskraft Druckluft. Sie wird in einem Kompressor erzeugt und gespeichert. Die Druckluft übernimmt die Funktion der Bremsflüssigkeit. Schwere Kraftfahrzeuge sind vielfach mit einer zusätzl. *Motor-B.* ausgerüstet, bei der durch [teilweises] Verschließen der Auspuffleitung die in den Zylindern zurückgehaltenen Verbrennungsgase bremsend auf den Motor wirken. *Getriebe-B.* greifen bei Fahrzeugen an den kraftübertragenden Teilen an.

Bremsen [niederdt.; zu althochdt. breman „brummen"] (Viehfliegen, Tabanidae), weltweit verbreitete Fam. der Fliegen mit rund 3 000 bis etwa 3 cm langen Arten; meist grauschwarz bis braungelb gefärbt, metallisch glänzend; Kopf kurz und sehr breit, Augen sehr groß. Die ♀♀ haben einen kräftigen, dolchartigen Stechrüssel, mit dem sie an Säugetieren Blut saugen. Die ♂♂ der B. sind ausschließlich Blütenbesucher.

Bremsflüssigkeit ↑ Bremse.

Bremsklappen, in der Tragflächen oder den hinteren Teil des Rumpfes eines Flugzeugs eingelagerte, schwenkbare Platten, die zur Erhöhung des Luftwiderstandes, insbes. beim Landen, ausgefahren werden.

Bremskraftverstärker ↑ Bremse.

Bremse. Oben: Backenbremse. Mitte: Trommelbremse. Unten: Scheibenbremse

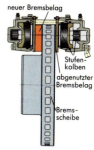

Bremse. Schnitt durch eine Scheibenbremse

Bremsleistung ↑ Bremsdynamometer.
Bremsleitung ↑ Bremse.
Bremsschlupfregler, svw. ↑ Antiblockiersystem.
Bremsschuh (Hemmschuh), keilförmiger Gleitkörper aus Stahl zum Auffangen und Abbremsen von Schienenfahrzeugen im Rangierbetrieb.
Bremsstrahlung, elektromagnet. Strahlung, die ein geladenes Teilchen (z. B. Elektron) beim Durchlaufen des Feldes eines Atomkerns auf Grund der damit verbundenen Ablenkung bzw. Abbremsung aussendet. Beliebige Ablenkwinkel führen zu einem kontinuierl. Spektrum; seine kurzwellige Grenze entspricht der gesamten kinet. Energie des Teilchens und liegt im Gebiet der Röntgenstrahlung.
Bremsweg ↑ Anhalteweg.
Bremszylinder ↑ Bremse.
Brendel, Alfred, *Loučná nad Desnou (Nordmähr. Gebiet) 5. Jan. 1931, östr. Pianist. – V. a. bekannt als Interpret von Mozart, Beethoven, Schubert und Liszt.
Brenneisen, svw. ↑ Thermokauter.
▷ (Brandeisen) Stempel aus Eisen, der im Feuer erhitzt zur Kennzeichnung *(Brennmarke)* von Tieren dient.
Brennelement (Brennstoffelement), ein meist aus vielen **Brenn[stoff]stäben** zusammengesetztes Betriebsteil der Spaltzone eines Kernreaktors. Die Brennstäbe bestehen aus gasdichten Metallhülsen, die den Kernbrennstoff enthalten. In den B. wird der Hauptteil der durch Kernspaltung entstehenden Energie als Wärme freigesetzt und auf das umgebende Kühlmittel übertragen.
Brennen, Verfahren zur Erhöhung der Alkoholkonzentration in alkoholhaltigen Flüssigkeiten.
▷ Verfahren zur chem. Umwandlung durch Einwirkung höherer Temperaturen auf bestimmte Rohstoffe (z. B. Kalk) oder Halbfertigprodukte (z. B. keram. Erzeugnisse).
Brennende Liebe (Lychnis chalcedonica), Lichtnelkenart im östl. Rußland; bis 1 m hohe Staude mit breitlanzett- bis eiförmigen, spitzen, rauhhaarigen Blättern; Blüten scharlachrot, an den Enden der Stengel trugdoldig gehäuft; auch Zierpflanze.
▷ (Verbena peruviana) Eisenkrautart in Argentinien und Brasilien; etwa 15 cm hohe Staude mit liegenden, an den Enden aufgerichteten Stengeln und zinnoberroten Blüten in Köpfchen; als Zierpflanze kultiviert.

Otto Brenner

Brenner, Otto, *Hannover 8. Nov. 1907, †Frankfurt am Main 15. April 1972, dt. Gewerkschafter. – Nach 1945 Mitbegr. der Gewerkschaften und der SPD in Niedersachsen; seit 1952 Vors. der IG Metall; seit 1961 Präs. des „Internat. Metallarbeiterbundes".
Brenner ↑ Alpenpässe (Übersicht).
Brenner, Misch- und Zuführungseinrichtung für Brennstoff und Luft zur geregelten Verbrennung von staubförmigen, flüssigen bzw. gasförmigen Brennstoffen, deren Leuchtkraft oder Brennwert ausgenutzt werden soll. Nach der Art des verwendeten Brennstoffs unterscheidet man Gas-, Öl- und Kohlenstaubbrenner.
▷ Arbeitsgerät zum Autogenschweißen, Schneiden, Schutzgasschweißen, Plasmaschneiden u. a. – ↑ Schweißbrenner.
Brennerei, gewerbl. Betrieb zur Herstellung von Branntwein. Man unterscheidet bei den **Eigenbrennereien** die landw. B. (Kartoffel- und Korn-B.), die gewerbl. B. (meist Melasse-B.) und die Obst-B., zu denen auch die Wein-B. zählen.
Brennessel (Urtica), Gatt. der Nesselgewächse mit etwa 35 Arten in den gemäßigten Gebieten; an Blättern und Stengeln ↑ Brennhaare. – 2 einheim. Arten: **Große Brennessel** (Urtica dioica), bis 1,5 m hohe Ruderalpflanze mit längl.-eiförmigen, am Rand grob gesägten Blättern; **Kleine Brennessel** (Urtica urens), bis 50 cm hohes Gartenunkraut mit rundlich-eiförmigen bis ellipt. Blättern.
Brennfleckenkrankheit, Bez. für verschiedene, durch Deuteromyzeten hervorgerufene Pflanzenkrankheiten, v. a. bei Bohnen, Erbsen, Gurken; gekennzeichnet durch dunkelbraune, eingesunkene Flecken.
Brenngase, brennbare techn. Gase und Gasgemische, die natürl. vorkommen (Erdgas) oder künstl. aus festen (Kohle), flüssigen (Erdöl) oder gasförmigen Rohstoffen (Biogas) hergestellt werden. Techn. Heizgase mit hohem Kohlenwasserstoffgehalt (z. B. Erdgas) werden als **fette Gase** (Starkgase) bezeichnet; an Kohlenwasserstoffen arme B., sog. **Armgase** (Schwachgase), entstehen durch Vergasung fester Brennstoffe.
Brennglas, umgangssprachlich eine Sammellinse, in deren Brennpunkt einfallendes Licht so hohe Temperaturen erzeugt, daß leicht entzündbare Stoffe in Brand geraten.
Brennhaare, (Nesselhaare) v. a. bei Brennesselgewächsen vorkommende, borstenförmige, ein- oder wenigzellige Pflanzenhaare, die im Zellsaft gelöste, hautreizende Giftstoffe enthalten; Wand des Haars im oberen Teil verkieselt, Haarspitze bauchig erweitert und bei Berührung schief abbrechend, so daß der Haarstumpf wie eine Injektionsspritze wirkt.
▷ (Gifthaare, Toxophoren) leicht abbrechende hohle Drüsenhaare bei verschiedenen Schmetterlingsraupen; enthalten ein Sekret, das in der Haut des Menschen starken Juckreiz und heftiges Brennen verursacht.
Brennkammer, ein an einer Seite offener Behälter in Kraftmaschinen und Energiewandlern (z. B. Gasturbinen) bzw. Antriebsaggregaten (z. B. Luftstrahl- und Raketentriebwerke), in dem die Brenn- oder Treibstoffe unter gleichzeitiger Zufuhr verdichteter Luft, reinen Sauerstoffs oder eines Sauerstoffträgers verbrannt werden. Die entstehenden Verbrennungsgase strömen mit hoher Geschwindigkeit durch die Öffnung, dienen also als Antriebsmittel.
Brennofen, mit Gas oder Öl, häufig auch elektrisch betriebener Industrieofen zum Brennen (Sintern) von Ziegelsteinen und keram. Waren bei Temperaturen zw. 800 und 1 500 °C. B. werden kontinuierlich oder periodisch beschickt und meist als Rund-, Ring-, Kanal- oder Tunnelöfen gebaut.
Brennpunkt, (Fokus) derjenige Punkt auf der opt. Achse eines abbildenden opt. Systems (z. B. einer Linse oder eines Hohlspiegels), in dem sich (im Idealfall) parallel zur opt. Achse einfallende Strahlen nach der Brechung bzw. Reflexion schneiden.
▷ in der *Chemie* die niedrigste Temperatur, bei der die von der zu prüfenden Substanz entwickelten Dämpfe bei Annäherung einer Zündflamme von selbst weiterbrennen.
▷ in der *Mathematik* ↑ Kegelschnitte.
Brennschluß, der Zeitpunkt, in dem das Triebwerk einer Rakete zu arbeiten aufhört und der antriebslose Flug beginnt oder der Landevorgang erfolgt. Die bei B. erreichte Fluggeschwindigkeit ist die *B.geschwindigkeit* bzw. die Landegeschwindigkeit.
Brennschneiden, Trennen metall. Werkstoffe mit dem Schneidbrenner. Für Eisenwerkstoffe werden vorzugsweise Gas- bzw. Autogenschneidbrenner eingesetzt, die mit Sauerstoffüberschuß arbeiten: Unter Einwirkung des Sauerstoffs wird das Eisen unter starker Wärmeabgabe zu Eisenoxid (Fe_3O_4) verbrannt und aus der Trennfuge geschleudert. Weitere Möglichkeiten sind Lichtbogen-Schneidverfahren und Elektronenstrahlschneiden.
Brennspiritus ↑ Branntwein, ↑ Branntweinmonopol.
Brennstab ↑ Brennelement.
Brennstoffe, natürl. (Kohle, Erdöl, Erdgas) oder veredelte (Brikett, Koks, Gas, Benzin, Öl) feste, flüssige oder gasförmige Stoffe, die zur wirtsch. Wärmeerzeugung verbrannt werden können. Als wertvolle Hauptbestandteile Kohlenstoff (Hauptträger der Wärmeentwicklung) und Wasserstoff (wesentlich für die Entzündbarkeit und Brennbarkeit), die mit Sauerstoff verbrennen. – ↑ Kernbrennstoffe.
Brennstoffelement, svw. ↑ Brennelement.
▷ svw. ↑ Brennstoffzelle.
Brennstoffzelle (Brennstoffelement), elektr. Stromquelle, in der durch elektrochem. Oxidation („kalte Verbrennung") eines Brennstoffs (z. B. Wasserstoff, Hydrazin,

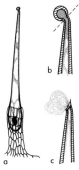

Brennhaare. Brennhaar der Brennessel (a); am verkieselten Köpfchen des Brennhaares befindet sich eine vorgebildete Abbruchstelle (b), an der nach Abbruch des Köpfchens der Zellsaft austritt (c)

Methanol) mit [Luft]sauerstoff chem. Energie direkt in elektr. Energie umgewandelt wird. Die B. besteht im Prinzip aus zwei porösen Metallelektroden (z. B. Silber und Nickel), die in einen Elektrolyten (z. B. Schwefelsäure oder Kalilauge) eintauchen. Von außen wird unter Druck Wasserstoff (H_2) an die Zellenanode, Sauerstoff (O_2) an die Zellenkathode herangeführt. Die Wasserstoffmoleküle werden an der Anode in Wasserstoffionen (Protonen, H^+) und Elektronen (e^-) zerlegt, die Protonen strömen durch den Elektrolyten zur Kathode; die Elektronen laden die Anode negativ auf. Die Sauerstoffmoleküle werden an der Kathode durch Aufnahme von Elektronen in Sauerstoffionen (O^{2-}) bzw. Hydroxidionen (OH^-) umgewandelt, wobei sich die Kathode positiv auflädt. So entsteht zw. beiden Elektroden eine Spannung von etwa 1 V. Verbindet man beide Elektroden miteinander durch Anschließen eines elektr. Verbrauchers, so fließen die Elektronen über diesen von der Anode zur Kathode. Gleichzeitig wandern die Hydroxidionen durch den Elektrolyten und vereinigen sich mit den Wasserstoffionen zu Wasser. B. haben ein günstiges Leistungsgewicht; sie wurden u. a. erfolgreich in der Raumfahrt eingesetzt.

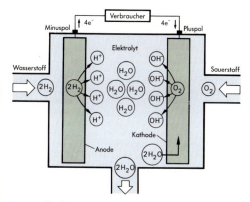

Brennstoffzelle. Schematische Darstellung einer elektrochemischen Reaktion in einer Wasserstoff-Sauerstoff-Brennstoffzelle

Brennweite, Abstand des Brennpunktes von einer Linse, einem Linsensystem oder einem gekrümmten Spiegel, genauer vom Hauptpunkt bei der Gaußschen ↑Abbildung.

Brennwert, bei Heizgeräten (z. B. Ölöfen) die auf eine bestimmte Zeiteinheit bezogene Wärmemengenabgabe, angegeben in kJ/h bzw. kcal/h.

▷ früher als **oberer Heizwert** oder **Verbrennungswärme** bezeichneter Quotient aus der bei vollständiger Verbrennung einer bestimmten Masse eines flüssigen oder festen Brennstoffs freiwerdenden Wärmemenge und der Masse dieser Brennstoffmenge. Voraussetzungen: Temperatur von Brennstoff und Verbrennungsprodukten beträgt 25 °C, gebildetes Wasser ist flüssig, Kohlenstoff wird zu Kohlendioxid und Schwefel zu Schwefeldioxid oxidiert.

▷ in der *Physiologie* die im Stoffwechsel eines Organismus beim Abbau von Eiweißen, Kohlenhydraten und Fetten freiwerdende Energie (**physiologischer Brennwert, biologischer Brennwert**). Der B. beträgt für Eiweiße und Kohlenhydrate 17,2 kJ/g (4,1 kcal/g), für Fett 39 kJ/g (9,3 kcal/g).

Brenta, norditalien. Fluß, entspringt sö. von Trient, mündet südl. von Chioggia in einem künstl. Bett in die Adria, 174 km lang.

Brentagruppe, Gebirgsgruppe in den südl. Kalkalpen, Italien, im vergletscherten Tosa 3 173 m ü. d. M.

Brentano, lombard. Adelsgeschlecht, urkundlich 1282 erstmals erwähnt; teilte sich im 14. Jh. in die Linien Gnosso, Tremezzo, Toccia (erloschen) und Cimaroli (erloschen). Die Linie Tremezzo war seit dem 17. Jh. in Deutschland ansässig; 1888 als **Brentano di Tremezzo** in den hess. Adelsstand erhoben. Bed.:

B., Bernard von, *Offenbach am Main 15. Okt. 1901, †Wiesbaden 29. Dez. 1964, dt. Schriftsteller. – Bruder von Heinrich von B.; 1933 Emigration in die Schweiz, lebte seit 1949 in Wiesbaden. Schrieb Romane, u. a. „Theodor Chindler" (1936), „Franziska Scheler" (1945), Essays.

B., Bettina, ↑Arnim, Bettina von.

B., Clemens, *Ehrenbreitstein (= Koblenz) 8. Sept. 1778, †Aschaffenburg 28. Juli 1842, dt. Dichter. – Sohn von Maximiliane B., Bruder von Bettina von Arnim; ⚭ 1803 mit S. Mereau. Enge Freundschaft mit A. von Arnim, mit dem er die Volksliedersammlung „Des Knaben Wunderhorn" (3 Bde., 1806–08) herausgab. 1809–18 lebte er in Berlin, wo Luise Hensel seine Rückkehr zum kath. Glauben bewirkte. 1819–24 lebte er zurückgezogen in Dülmen bei Münster (Westf.) bei der stigmatisierten Nonne Anna Katharina Emmerick, deren Visionen er literarisch frei verarbeitete. Nach ihrem Tod führte er ein unstetes Leben. – B. war einer der bedeutendsten Dichter der Hochromantik, meisterhafter Erzähler in seinen Novellen und in den teils neu-, teils nachgedichteten Märchen. – *Werke:* Geschichte von den braven Kasperl und dem schönen Annerl (E., 1838), Gockel, Hinkel, Gackeleia (Märchen, 1838), Romanzen vom Rosenkranz (vollständig hg. 1912).

Clemens Brentano

B., Franz, *Marienberg (Rhein-Lahn-Kreis) 16. Jan. 1838, †Zürich 17. März 1917, dt. Philosoph und Psychologe. – B., 1864 Priester, 1874–95 Prof. in Wien, trat 1873 aus Protest gegen Lehrentscheidungen aus der kath. Kirche aus. B. schuf die Grundlagen für die Phänomenologie, indem er psych. Phänomene als auf etwas außerhalb des Bewußtseins Liegendes ausgerichtet (intentional) betrachtete. Untersuchungen zur Logik der Sprache. – *Werke:* Vom Ursprung sittl. Erkenntnis (1889), Psychologie vom empir. Standpunkt (3 Bde., 1874–1928), Wahrheit und Evidenz (1930), Religion und Philosophie (1954).

B., Heinrich von, *Offenbach am Main 20. Juni 1904, †Darmstadt 14. Nov. 1964, dt. Politiker. – Mitbegr. der CDU in Hessen, Mgl. des Parlamentar. Rats, 1949–64 MdB, 1949–55 und 1961–64 Fraktionsvors. der CDU/CSU; vertrat als Außenmin. 1955–61 die Außenpolitik Adenauers; gilt als eigtl. Autor der Hallsteindoktrin.

B., Lujo (Ludwig Josef), *Aschaffenburg 18. Dez. 1844, †München 9. Sept. 1931, dt. Nationalökonom. – Bruder von Franz B.; Prof. in Breslau, Straßburg, Wien, Leipzig und München; Mitbegr. des „Vereins für Socialpolitik"; B. zählt zu den Kathedersozialisten; er setzte sich für die Gewerkschaftsbewegung ein. – *Werke:* Die Arbeitergilden der Gegenwart (2 Bde., 1871/72), Die klass. Nationalökonomie (1888), Der wirtschaftende Mensch in der Geschichte (1923).

B., Maximiliane, *Mainz 31. Mai 1756, †Frankfurt am Main 19. Nov. 1793, Jugendfreundin Goethes. – Tochter von Sophie La Roche, Mutter von Clemens B. und Bettina von Arnim.

Brenz, Johannes, *Weil (= Weil der Stadt) 24. Juni 1499, †Stuttgart 11. Sept. 1570, dt. luth. Theologe. – Seit 1522 Prediger in Schwäbisch Hall, führend beteiligt am Aufbau der luth. Landeskirche Württembergs.

Brenz, linker Zufluß der Donau, Bad.-Württ., entfließt dem B.topf (Karstquelle) in Königsbronn auf der Schwäb. Alb, mündet bei Lauingen (Donau); 56 km lang.

Brenzcatechin (1,2-Dihydroxybenzol), giftiges, stark bakterientötend wirkendes, zweiwertiges Phenol; findet Verwendung als photograph. Entwickler und dient zum Färben von Haaren und Pelzen.

Brenztraubensäure (2-Oxopropansäure, 2-Ketopropansäure), $CH_3 - CO - COOH$; einfachste, aber wichtigste 2-Oxocarbonsäure. Die B. spielt in einer Reihe von Stoffwechselvorgängen (v. a. in Form ihrer Ester, den ↑Pyruvaten) eine bed. Rolle als Zwischenprodukt, so v. a. beim Abbau der Kohlenhydrate im Organismus.

Brera, 1651 ff. nach den Plänen von F. M. Richini erbauter Palast in Mailand (ehem. Jesuitenkolleg); beherbergt u. a. die Pinacoteca di B., eine Gemäldegalerie italien. Meisterwerke.

Bresche ↑Breccie.

Brennessel. Große Brennessel

Breschnew

Leonid Iljitsch
Breschnew

Brest
Stadtwappen

Breslau
Stadtwappen

Breschnew, Leonid Iljitsch [russ. ˈbrjeʒnɪf], * Dneprodserschinsk (Ukraine) 19. Dez. 1906, † Moskau 10. Nov. 1982, sowjet. Politiker. – Seit 1937 hauptamtl. Funktionär der KPdSU; seit 1952 Mgl. des ZK und seit 1957 des Präsidiums der KPdSU; 1960–64, erneut seit 1977 Vors. des Präsidiums des Obersten Sowjets der UdSSR und damit nominelles Staatsoberhaupt; seit Okt. 1964 1. (seit April 1966 General-)Sekretär der KPdSU; außenpolitisch v. a. um die Sicherung der Weltmachtstellung der UdSSR und deren Hegemonie in Osteuropa bemüht, innenpolitisch Fortsetzung des wirtsch.-techn. Modernisierungsprozesses bei restaurativen Tendenzen.

Breschnew-Doktrin [russ. ˈbrjeʒnɪf], zur (nachträgl.) Rechtfertigung der militär. Intervention von Staaten des Warschauer Pakts in der ČSSR 1968 von L. I. Breschnew vertretene Doktrin von der „beschränkten Souveränität" und dem „beschränkten Selbstbestimmungsrecht" aller sozialist. Staaten; 1985 aufgegeben.

Brescia [italien. ˈbreʃʃa], italien. Stadt in der Lombardei, 149 m ü. d. M., 199 000 E. Hauptstadt der Prov. B.; Bischofssitz; Handelshochschule; Museen, Gemäldegalerie, Biblioteca Queriniana; Waffen-, Maschinen-, Kraftfahrzeug- und Flugzeugbau, Bekleidungs- und Elektroind.; alljährl. Ind.messe. – Als **Brixia** Hauptort der gall. Cenomanen. 218 v. Chr. röm. Stützpunkt, 49 v. Chr. Munizipium, seit 27 v. Chr. Kolonie. 452 von Attila zerstört, 6.–8. Jh. Mittelpunkt eines langobard. Hzgt. Nach mehrfachem Herrschaftswechsel war B. 1428–1797 im Besitz der Rep. Venedig und gehörte 1815–59 zu Österreich. – Roman. Alter Dom (Rotonda) (11./12. Jh.) mit Krypta (8. Jh.), Neuer Dom (1604 ff.), Stadtpalast „Loggia" (1492–1574).

Bresgen, Cesar, * Florenz 16. Okt. 1913, † Salzburg 7. April 1988, östr. Komponist. – Prof. am Mozarteum in Salzburg (seit 1939). Komponierte u. a. Jugendopern („Der Igel als Bräutigam", 1949; „Der Mann im Mond", 1958), Orchester-, Kammermusik.

Breslau (poln. Wrocław), Hauptstadt der Woiwodschaft Wrocław in Schlesien, Polen, an der Oder, 119 m ü. d. M., 640 000 E. Sitz eines kath. Erzbischofs, acht Hochschulen, darunter Univ. (gegr. 1811, neu gegr. 1945), Medizin, Wirtschaftsakad., Bibliothek, Staatsarchiv; Museen (u. a. Schles. Museum); sechs Theater; Zoo. Nahrungsmittelind., Maschinen- und Waggonbau, Werft, Elektroind., Herstellung von Präzisionsinstrumenten u. a.; Flußwerft und -hafen. – Im 10. Jh. gegr. **(Wortizlawa)** als befestigte Siedlung auf der Dominsel, 1163 Sitz eines Teil-Hzgt. der schles. Piasten. Neben der 1149 erwähnten Stadt (Civitas) wurde um 1225 eine Marktsiedlung nach dt. Recht gegr.; nach Zerstörung durch die Mongolen (1241) Stadtneugründung. Seit Mitte 14. Jh. Mgl. der Hanse. 1335 zur böhm. Krone; 1523 prot., 1526 an Habsburg. Der Dreißigjährige Krieg führte zur Rekatholisierung. 1742 preuß. Im 2. Weltkrieg stark zerstört. Kam 1945 unter poln. Verwaltung. Die Zugehörigkeit zu Polen wurde 1950 durch den Görlitzer Vertrag und 1990 durch den Deutsch-Poln. Grenzvertrag anerkannt. – Nach 1945 sorgfältige Restauration bzw. Rekonstruktion, u. a. Kathedrale Johannes' des Täufers (13–15. Jh.), got. Pfarrkirche Sankt Elisabeth (14. bis 16. Jh.), barockes Jesuitenkollegium (1728–42; heute Univ.), Ossolineum (1675–1715), got. Rathaus (13. Jh., 14. bis 16. Jh. umgebaut; heute histor. Museum), barocke Patrizierhäuser.

B., Erzbistum, im Jahre 1000 als Suffraganbistum von Gnesen gegründet, es umfaßte das Land beiderseits der oberen Oder. Nach der Säkularisierung wurde B. 1821 erweitert, von Gnesen getrennt und dem Hl. Stuhl direkt unterstellt. 1929/30 wurde B. Erzbistum mit den Suffraganbistümern Berlin, Ermland und der Freien Prälatur Schneidemühl. Seit Juni 1972 gibt es das poln. Erzbistum B. (seit 1976 besetzt), zu dem die Bistümer (zeitweilig Apostol. Administraturen) Cammin-Stettin, Landsberg (Warthe) und Oppeln gehörten; der westlich der Oder-Neiße-Linie liegende Teil, vom Erzbischöfl. Amt Görlitz verwaltet, wurde Apostol. Administratur mit Sitz in Görlitz. Das Bistum Berlin, das als Suffraganbistum zur Kirchenprov. B. gehörte, ist seitdem exemt.

Bresse [frz. brɛs], histor. Gebiet in O-Frankreich, Hauptort Bourg-en-Bresse. – Erstmals im 7./8. Jh. genannt; Ende des 14. Jh. im Besitz der Grafen von Savoyen, 1423 Prov. B. mit der Hauptstadt Bourg-en-Bresse; 1538–59 erstmals, 1601 endgültig frz.

Bresson, Robert [frz. brɛˈsõ], * Bromont-Lamothe (Puy-de-Dôme) 25. Sept. 1901, frz. Filmregisseur. – Drehte Filme von großer kompositor. Strenge, u. a. „Tagebuch eines Landpfarrers" (1950), „Der Prozeß der Jeanne d'Arc" (1962), „Mouchette" (1967), „Der Teufel möglicherweise" (1977), „Das Geld" (1983).

Brest, frz. Hafenstadt an der breton. W-Küste, am N-Ufer der 150 km² großen **Rade de Brest,** deren meerwärtige Öffnung 2 km breit ist, 156 000 E. Univ. (gegr. 1969), ozeanograph. Forschungszentrum, Marinemuseum. Werften; Elektro- und Elektronikind. Kriegs- und Handelshafen; ⚓. – Röm. Kastell **Gesocribate,** im 9. Jh. Burg; kam 1240 an die Hzg. der Bretagne, 1342–97 engl., wurde 1491/99 frz.; seit 1515 in Kronbesitz, 1593 Stadtrecht. 1631 Ausbau zum Kriegshafen; im 2. Weltkrieg größter dt. U-Boot-Stützpunkt am Atlantik; schwere alliierte Bombenangriffe. – Schloß (13. Jh.; im 17. Jh. umgestaltet).

B. [russ. brjest] (bis 1921 Brest-Litowsk), Gebietshauptstadt an der Mündung des Muchawez in den Bug, Weißrußland, 258 000 E. Ingenieurhochschule, PH; Museen, Theater. Nahrungsmittel- und Textilind.; Bahnknotenpunkt (Wechsel der Spurweite) und Hafen; ⚓. – Urkundl. erstmals 1017 erwähnt. Nach der 3. Teilung Polens Rußland zugesprochen, 1921–39 polnisch.

Brest-Litowsk ↑ Brest.

Brest-Litowsk, Frieden von, erster Friedensschluß im 1. Weltkrieg; in der weißruss. Stadt Brest am 3. März 1918 von der Sowjetregierung und den Mittelmächten unterzeichnet. Rußland verlor durch Preisgabe von Finnland, Livland, Estland und Kurland, Polen, Litauen, Ukraine, Georgien und der armen. Gebiete Kars, Ardahan und Batum ein Territorium von 1,42 Mill. km² mit einer Bev. von über 60 Mill. Menschen und 75 % seiner bisherigen Stahl- und Eisenindustrie. Zusätzlich wurde die Sowjetmacht zur Zahlung von 6 Mrd. Goldmark verpflichtet. Im Nov. 1918 für nichtig erklärt.

Brest-Litowsk, Union von, Vereinigung der orth. ukrain. mit der röm.-kath. Kirche zur ↑ ruthenischen Kirche. Die Union wurde am 23. Okt. 1595 in Rom geschlossen.

Breslau. Rathaus; 13. Jh., im 14.–16. Jh. umgebaut

und auf der Synode in Brest-Litowsk (16.–20. Okt. 1596) bestätigt.

Bretagne [brəˈtanjə], größte und westlichste Halbinsel in Frankreich. Zugleich Region, 27 208 km², 2,76 Mill. E. Hauptstadt ist Rennes. Die B. ist ein Rumpfgebirge bis zu 384 m Höhe. Die Küste ist felsig und stark gegliedert. Fast rein ozean. Klima; erst im Becken von Rennes kontinentale Einflüsse; die Winter sind mild und regenreich, die Sommer relativ kühl und trocken; Hecken und Wälle dienen dem Schutz gegen die W-Winde; dünn besiedelt; Streusiedlungen. Intensiv bewirtschaftetes Grünlandgebiet, wichtiger frz. Butter- und Käselieferant; Anbau von Saat- und Frühkartoffeln, Frühgemüse, Artischocken, Tomaten, Erdbeeren; Intensivgeflügelhaltung, Schweine- und Pferdezucht. Die Fischereiwirtschaft konzentriert sich v. a. auf die Häfen Lorient, Douarnenez und Concarneau; Austernzuchten; Tanggewinnung. Abbau von Kaolin, Uran- und Zinnerzen; modernes Gezeitenkraftwerk an der Rance, Kernkraftwerk in den Montagnes d'Arrée; Möbel-, elektrotechn. und elektron. Ind., Maschinen- und Fahrzeugbau. Fremdenverkehr.

Geschichte: Während des Neolithikums eines der Hauptzentren der europ. Megalithkultur. Nach der Mitte des 1. vorchristl. Jt. erfolgte die Einwanderung kelt. Stämme; 56 v. Chr. unterwarf Cäsar die B. (keltisch: **Armorika**) der röm. Herrschaft. Vom 5. Jh. an wanderten kelt. Briten (Bretonen) in Britannien ein. 496 bis etwa 630 unter merowing. Herrschaft, später zeitweise unter lockerer karoling. Oberhoheit (im 8. Jh. die Breton. Mark um Nantes und Rennes), seit 845/846 unabhängiges Territorium; geriet seit Anfang des 10. Jh. unter frz. Lehnshoheit; 952 unter norm̄ann. Schutzherrschaft, seit 1113 engl. Lehen, fiel 1166 an das Haus Plantagenet, 1213 an eine kapeting. Nebenlinie; 1532 endgültig zur frz. Krondomäne.

Breton, André [frz. brəˈtõ], *Tinchebray (Orne) 19. Febr. 1896, †Paris 28. Sept. 1966, frz. Schriftsteller. – Ausgehend von den Symbolisten, gestaltete er unter dem Einfluß Freuds psychoanalyt., später okkultist. Themen; Theoretiker des Surrealismus („Manifeste du surréalisme", 1924; „Second manifeste du surréalisme", 1930). – *Weitere Werke:* Mont de piété (Ged., 1919), Nadja (Prosa, 1928), Arcane 17 (Ged., 1945), L'art magique (1956).

Bretón de los Herreros, Manuel [span. breˈtɔn de los eˈrreɾɔs], *Quel (Prov. Logroño) 19. Dez. 1796, †Madrid 8. Nov. 1873, span. Dichter. – Schrieb etwa 200 Bühnenstücke (u. a. „A Madrid me vuelvo", 1828), auch Lyriker und Satiriker.

Bretonen, i. e. S. Name der kelt. Briten, die sich seit dem 5. Jh. n. Chr. in der ↑Bretagne niederließen und mit kelt. Bewohnern verschmolzen; i. w. S. heutige Bewohner der Bretagne, etwa 1 Mill.

bretonische Literatur, die *ältere b. L.* ist von geringer Bed., da schon im MA die polit. und kulturell führenden Bevölkerungsschichten zur frz. Sprache übergingen. Von der *Mitte des 15. Jh.* an existiert eine *mittelbreton. L.* meist religiösen Inhalts: lat. oder frz. Vorbildern nachgestaltete Mysterienspiele, Passionen, Heiligenleben. Im 19. Jh. beginnt erstmals eine eigenständige b. L. Bed. sind v. a. die von François Marie Luzel gesammelten breton. Volkslieder. Die eigtl. Blüte der b. L. fällt ins *20. Jh.* Wichtige Vertreter sind Jean Pierre Calloc'h (*1888, †1917), der Dramatiker Tanguy Malmanche (*1875, †1953) und Jakez Riou (*1899, †1937) v. a. mit Kurzgeschichten, in der Gegenwart u. a. Youenn Gwernig (*1925), Per Denez (*1921), Ronan Huon (*1922).

bretonische Sprache, zur britann. Gruppe der kelt. Sprachen gehörende Sprache, die im westl. Teil des ehem. Herzogtums der Bretagne (Basse-Bretagne) gesprochen wird. Man unterscheidet *Altbretonisch* (von der Einwanderung bis 1100), *Mittelbretonisch* (1100 bis 1650) und *Neubretonisch* (seit dem 17. Jh.).

Bretten, Stadt im sö. Kraichgau, Bad.-Württ., 170 m ü. d. M., 23 700 E. Melanchthon-Museum; Herstellung von Haushaltsgeräten, Kunststoffverarbeitung. – Aus drei frühma. Siedlungskernen zusammengewachsen, 767 erstmals erwähnt; wurde im 13. Jh. Stadt mit Markt und Münze.

Bretton Woods [engl. ˈbrɛtən ˈwʊdz], Ort in New Hampshire, USA, in den White Mountains. – Nach dem Tagungsort B. W. werden die dort am 23. Juli 1944 geschlossenen Verträge über die Gründung des Internat. Währungsfonds und der Weltbank **Bretton-Woods-Abkommen** genannt.

Brettspiele, Bez. für alle Unterhaltungsspiele, die auf Spielbrettern mit Steinen oder Figuren gespielt werden, z. B. Schach, Mühle, Dame, Halma, Solitär.

Brettwurzeln, seitlich zusammengedrückte, brettförmige Wurzeln, v. a. von trop. Maulbeerbaum- und Sterkuliengewächsen.

Breu (Preu), Jörg, d. Ä., *Augsburg um 1475, †ebd. zw. Mai und Oktober 1537, dt. Maler. – Malte 1496 bis 1502 für östr. Klöster bed. Altarblätter; eines seiner bedeutendsten Werke ist der Passionsaltar in Melk (1501/02). Steht der Donauschule nahe. Das Spätwerk („Geschichte Samsons", um 1530; Basel, Kunstmuseum) ist manieristisch.

Breuel, Birgit, *Hamburg 7. Sept. 1937, dt. Wirtschaftspolitikerin. – Einzelhandelskauffrau; seit 1966 Mgl. der CDU, 1970–78 Abg. in der Hamburger Bürgerschaft, 1976–78 Wirtschaftssprecherin der Hamburger CDU-Bürgerschaftsfraktion; 1978–86 Wirtschaftsmin., 1986–90 Finanzmin. und Min. für Frauenpolitik in Nds. Seit 1990 Vorstandsmgl., seit April 1991 Präs. der Treuhandanstalt in Berlin.

Breuer, Josef [ˈ– –], *Wien 15. Jan. 1842, †ebd. 20. Juni 1925, östr. Arzt. – Untersuchte mit S. Freud die Bed. unverarbeiteter Seeleneindrücke für die Entstehung von Neurosen („Studien über Hysterie", mit S. Freud, 1895).

B., Lee [engl. ˈbrɔɪə], *Philadelphia 6. Febr. 1937, amerikan. Dramatiker. – In seinen innovativen und experimentellen Stücken adaptiert B. dramat. Vorlagen, z. B. von Sophokles, S. Beckett; bemüht sich um Ausweitung des Theaters auf eine visuelle Performance im Sinne des „total theatre" („Sister Suzie cinema", Erstaufführung 1980), auch Performancegedichte („Hajj", 1982).

B., Marcel Lajos [engl. ˈbrɔɪə], *Pécs 21. Mai 1902, †New York 1. Juli 1981, amerikan. Architekt ungar. Herkunft. – Studium am Bauhaus. Konstruierte die ersten Stahlrohrstühle. 1937–46 Prof. an der Harvard University in Cambridge (Mass.). Bed. funktionalist. Bauten mit starker plast. Gliederung.
Werke: Haus Harnischmacher in Wiesbaden (1932), UNESCO-Gebäude in Paris (mit P. L. Nervi und B. Zehrfuß; 1953–58), IBM-Forschungszentrum in La Gaude (1960/1961), Whitney-Museum of American Art in New York (1963–66). – Abb. S. 168.

Bretagne. Atlantikküste

André Breton

Birgit Breuel

Breughel

Breyten Breytenbach

Aristide Briand

Percy Williams Bridgman

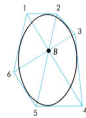
Brianchonscher Satz
(B Brianchonscher Punkt)

B., Peter ['--], *Zwickau (?) um 1472, †ebd. 12. Sept. 1541, dt. Bildschnitzer. – Ausdrucksstarke Werke: „Christus in der Rast" (um 1500; Freiberg, Stadt- und Bergbaumuseum), „Beweinung Christi" in der Marienkirche in Zwickau (um 1502).

Breughel ['brɔʏɡəl, niederl. 'brø:xəl], fläm. Malerfamilie, ↑Bruegel.

Breuil, Henri [frz. brœj], *Mortain (Manche) 28. Febr. 1877, †L'Isle-Adam bei Paris 14. Aug. 1961, frz. Prähistoriker und kath. Geistlicher. – Seit 1910 Prof. in Paris; grundlegende Arbeiten zur Chronologie des Paläolithikums; Begründer der systemat. Erforschung der vorgeschichtl. Kunst.

Breve [lat.], kurzer päpstl. Erlaß.

Breviarium [zu lat. brevis „kurz"], früher Titel für statist. oder jurist. Berichte.

Brevier [lat.], aus mehreren Büchern zum prakt. Gebrauch zusammengestelltes Buch, das das ↑Stundengebet der röm.-kath. Kirche in der Ordnung des Kirchenjahrs enthält; seit dem frühen MA nur unwesentlich verändert, seit dem 2. Vatikan. Konzil auch in den Landessprachen.

brevi manu [lat.], Abk. b. m. oder br. m., kurzerhand, ohne Förmlichkeiten.

Brevis [lat. „kurze (Note)"], musikal. Notenwert der ↑Mensuralnotation.

Brewstersches Gesetz [engl. 'bru:stə; nach dem brit. Physiker Sir D. Brewster, *1781, †1868], Gesetz, wonach Licht bei der Reflexion an einem nichtabsorbierenden Stoff mit der relativen Brechzahl n linear polarisiert wird, wenn für den Einfallswinkel ε **(Brewsterscher Winkel)** gilt: $\tan \varepsilon = n$.

Breysig, Kurt, *Posen 5. Juli 1866, †Bergholz-Rehbrücke bei Potsdam 16. Juni 1940, dt. Kulturhistoriker. – Schüler G. von Schmollers, 1896–1934 Prof. in Berlin; betrachtete die Geschichte der Menschheit als gesetzmäßig verlaufenden Werdeprozeß. Beeinflußte mit seinen Arbeiten O. Spengler; verfaßte u. a. „Der Stufenbau und die Gesetze der Weltgeschichte" (1905).

Breytenbach, Breyten [afrikaans 'brəɪtənbax], Pseudonym Jan Blom, *Bonnievale (Kapprov.) 16. Sept. 1939, afrikaanser Schriftsteller. – Lebte seit 1961 in Paris; wurde 1975 in Südafrika verhaftet und zu neun Jahren Haft verurteilt; 1982 nach Frankreich abgeschoben. In der Haft führte er ein Tagebuch, das als „Wahre Bekenntnisse eines Albino-Terroristen" (1984) erschien. – *Weitere Werke:* Lotus (Ged., 1970), Met ander woorde (1973), Kreuz des Südens, schwarzer Brand (Ged. und Prosa, 1974), Augenblicke im Paradies (R., 1976), Schlußakte Südafrika (Ged. und Prosa 1984).

Březan, Jurij [sorb. 'brjɛzan], *Räckelwitz (bei Kamenz) 9. Juni 1916, sorb. Schriftsteller. – Gilt als wichtigster Vertreter der obersorb. Gegenwartsliteratur, schreibt auch in dt. Sprache. Sein Hauptwerk ist die zeitgeschichtlich interessante Romantrilogie „Der Gymnasiast" (1958), „Semester der verlorenen Zeit" (1960), „Mannesjahre" (1964); B. schrieb auch „Bild des Vaters" (R., 1982).

Březina, Otokar [tschech. 'brʒɛzɪna], eigtl. Václav Jebavý, *Počátky 13. Sept. 1868, †Jaroměřice nad Rokytnou 25. März 1929, tschech. Dichter. – Zählt zu den führenden tschech. Symbolisten; Verdienste um den literar. Essay. – *Werke:* Winde vom Mittag nach Mitternacht (Ged., 1897), Hände (Ged., 1901), Musik der Quellen (Essay, 1903).

Brianchonscher Satz [frz. briɑ̃'ʃõ; nach dem frz. Mathematiker C. Brianchon, *1783, †1864], geometr. Lehrsatz: In jedem Tangentensechseck eines regulären Kegelschnittes schneiden die Verbindungslinien der (jeweils durch zwei Ecken getrennten) Gegenecken einander in einem Punkt, dem **Brianchonschen Punkt**.

Briançon [frz. briɑ̃'sõ], Stadt in den frz. S-Alpen, osö. von Grenoble, mit 1326 m ü. d. M. eine der höchstgelegenen Städte Europas, 11900 E. Fremdenverkehr. – Von Vauban im 17. und 18. Jh. befestigte Altstadt; Kirche Notre-Dame (1705–18).

Briand, Aristide [frz. briɑ̃], *Nantes 28. März 1862, †Paris 7. März 1932, frz. Politiker. – Advokat und Journa-

Marcel Lajos Breuer. Stahlrohrstuhl, 1925/26

list; zw. 1906 und 1932 19 Jahre lang Regierungs-Mgl. als Außenmin. (zuletzt 1925–32) oder Min.präs. (1909–11, 1913, 1915–17, 1921/22, 1925/26, 1929); verließ 1906 die Sozialist. Partei; versuchte nach 1918 durch Abrüstungspolitik und eine Politik der Versöhnung mit Deutschland ein kollektives Sicherheitssystem zu schaffen (u. a. Locarnopakt 1925, Briand-Kellogg-Pakt 1928, Rheinlandräumung 1930); erhielt 1926 zus. mit G. Stresemann den Friedensnobelpreis.

Briand-Kellogg-Pakt [frz. bri'ɑ̃, engl. 'kɛlɔɡ; nach A. Briand und F. B. Kellogg], am 27. Aug. 1928 in Paris durch das Dt. Reich, die USA, Belgien, Frankreich, Großbritannien, Italien, Japan, Polen und die ČSR unterzeichneter völkerrechtl. Vertrag, mit dem der Krieg als Mittel zur Lösung internat. Streitfälle verurteilt und auf ihn als Werkzeug nat. Politik in der zwischenstaatl. Beziehungen verzichtet wurde. Dem Pakt traten zahlr. Staaten, auch die UdSSR, bei (zuletzt 63). Sein materieller Inhalt ging in der Satzung der UN auf.

Bridge [brɪtʃ; engl. brɪdʒ], aus dem Whist hervorgegangenes, von vier Personen mit 52 frz. Karten gespieltes Kartenspiel. Die einander gegenübersitzenden Spieler bilden ein Paar, das gegen das andere spielt.

Bridgeport [engl. 'brɪdʒpɔ:t], Hafen- und Ind.stadt am Long Island Sound, nö. von New York, USA, 143 000 E. Kath. Bischofssitz; Univ. (gegr. 1927). – 1639 angelegt.

Bridgetown [engl. 'brɪdʒtaʊn], Hauptstadt und -hafen von Barbados, an der SW-Küste, 7 500 E. Fremdenverkehr; internat. ✈. – 1627 gegründet.

Bridgman, Percy Williams [engl. 'brɪdʒmən], *Cambridge (Mass.) 21. April 1882, †Randolph (N. H.) 20. Aug. 1961, amerikan. Physiker und Wissenschaftstheoretiker. – Prof. in Harvard; entwickelte Verfahren zur Erzeugung sehr hoher Drücke (bis zu 425 000 bar) und untersuchte die physikal. Eigenschaften von Flüssigkeiten und Festkörpern unter solchen Bedingungen. Nobelpreis für Physik 1946.

Brie [frz. bri], histor. Gebiet in Frankreich, im Zentrum des Pariser Beckens, zw. Seine im S, Marne im N und Paris im W.

Brie [frz. bri], aromat. Weichkäse, urspr. aus der Landschaft Brie.

Brief [zu vulgärlat. breve (scriptum) „kurzes (Schriftstück); Urkunde"], schriftl. Mitteilung an einen bestimmten Adressaten als Ersatz für mündl. Aussprache. – Zum eigtl. privaten B. trat der offizielle B. für Mitteilungen oder Anweisungen, die der dokumentierenden Schriftform bedürfen (Erlasse usw.), und der nur scheinbar an einen einzelnen Empfänger gerichtete, auf polit. Wirkung berechnete „offene Brief".

Die **Geschichte** des B. reicht bis ins *Altertum* zurück: Zahlr. Original-B. auf Papyrus aus Ägypten und auf Tontafeln

Mesopotamien (3.–1. Jt.) sind erhalten. Das A. T. hat viele B. überliefert. Größere B.sammlungen sind aus röm. Zeit erhalten, die auch den B. in Versen als literar. Gattung pflegte (Horaz, Ovid). Die B. des *MA* wurden oft von Klerikern an den Höfen und in den Klöstern verfaßt. Den ersten Höhepunkt in der Geschichte der deutschsprachigen B. stellten die Korrespondenz und die Sendschreiben *Luthers* dar. Eine eigenständige, bis in die Gegenwart fortdauernde B.kultur bildete sich seit dem *17. Jh. in Frankreich* (Pascal, Montesquieu, Voltaire) und *Deutschland* im 18. Jh. Nebeneinander entstanden eine subjektive B.sprache, die von *Pietismus* (Spener) und *Empfindsamkeit* (Klopstock) bis zu den *Romantikern* reicht (Brentano), und ein rationaler B.stil aus dem Umkreis der *Aufklärung* (Lessing, Herder, Winckelmann, Lichtenberg), der *dt. Klassik* (Goethe, Schiller, Humboldt, Kant, Hegel) und der *Realisten* (Storm, Keller, Fontane) verpflichtet sind. Im *20. Jh.* hat die allg. B.kultur an Boden verloren; bed. Nachlaß-B. gibt es z. B. von Rilke, Hofmannsthal, Musil, T. Mann, Kafka, Else Lasker-Schüler. Eine Neubelebung des B. als literar. Form versuchte H. Böll im Anschluß an A. Camus.
▷ verschlossene Postsendung in rechteckiger oder Rollenform (bis 1000 g).
▷ Angebot im Börsenhandel.
Briefadel, im Unterschied zum Uradel der durch Adelsbrief eines Souveräns verliehene Adel.
Briefbombe, Brief mit Sprengstoff, der beim Öffnen explodiert.
Briefdrucksache ↑Drucksache.
Briefgeheimnis, Grundrecht, zus. mit dem Post- und Fernmeldegeheimnis in Art. 10 GG verbürgt, durch §§ 202, 354 StGB strafrechtlich geschützt. Es betrifft alle schriftl. Mitteilungen von Person zu Person. Gesetzl. Einschränkungen des B.: für nachrichtendienstl. Zwecke und Zwecke der Strafverfolgung (§§ 99, 100 StPO), für Zwecke der Untersuchungshaft, des Konkursverfahrens (§ 121 Konkursordnung) und des Zollnachschau (§ 6 Zollgesetz). Einen ähnl. verfassungsrechtl. Schutz genießt das B. in Österreich und in der Schweiz.
Briefing [engl. ˈbriːfɪŋ; zu lat. brevis „kurz"], aus der engl.-amerikan. Militärsprache übernommener Ausdruck für kurze Einweisung, Lagebesprechung, Unterrichtung.
Briefkurs, Kurs, zu dem ein Wertpapier angeboten wird.
Briefmaler, auf das Malen kleiner Heiligenbilder und Spielkarten, später auch auf das Kolorieren von Drucken (Flugblättern usw.) spezialisierte Maler (15.–18. Jh.).
Briefmarken, aufklebbare Wertzeichen zum Freimachen (Frankieren) von Postsendungen, werden von den Postämtern als Quittungen für vorausbezahlte Postgebühren in verschiedenen Wertstufen (Stückelungen) verkauft, als Dienstmarken jedoch auch im innerdienstl. Verkehr der Post verwendet.
Zu den „allg. Ausgaben" gehören v. a. die Dauer- oder Freimarken, die gewöhnlich über Jahre hinweg an allen Postschaltern eines Landes erhältlich sind. Daneben entstehen zu bes. Anlässen (Gedenktage, Jubiläen, Ausstellungen, Olymp. Spiele usw.) **Sonderbriefmarken,** die manchmal auch in Form eines Blocks oder Gedenkblattes ausgeführt werden. – Die erste B. im heutigen Sinne wurde 1840 in Großbritannien eingeführt. Noch in den 40er Jahren des vorigen Jh. gaben auch mehrere schweizer. Kt., Brasilien, die USA, die Insel Mauritius, Belgien und Frankreich B. aus. Die erste dt. B. erschien 1849 in Bayern („schwarzer Einser"), darauf folgten ab 1850 Sachsen, Preußen und andere dt. Bundesstaaten.
Briefmarkenkunde ↑Philatelie.
Briefroman, Roman aus einer Folge von Briefen eines oder mehrerer fingierter Verfasser ohne erzählende Verbindungstexte, Vertreter u. a. S. Richardson, Rousseau; der dt. B. erlebte seinen Höhepunkt in Goethes „Die Leiden des jungen Werthers" (1774).
Briefsteller, urspr. jemand, der für andere Briefe schrieb; seit Mitte des 18. Jh. Titel für ein Buch mit Anleitungen und Mustern für formvollendete Briefe.

Brieftauben (Reisetauben), aus verschiedenen Rassen der Haustaube gezüchtete Tauben von kräftigem, gedrungenem Körperbau mit schlankem Hals und Kopf; B. sind bes. flugtüchtige und ausdauernde Tauben mit ausgeprägtem Heimfindevermögen. Sie legen unter günstigen Bedingungen an einem Tag 800–1000 km zurück. B. wurden bereits seit dem Altertum zur Nachrichtenübermittlung verwendet, insbes. für militär. Zwecke. Meist wird die auf dünnem Papier oder ähnl. Material aufgezeichnete Nachricht in leichten Kapseln am Bein der B. befestigt.
Briefverteilung, von Hand der ersten. Sortieren und Einordnen der von der Post zu befördernden Briefsendungen. In *automat. Briefverteileranlagen* wird ein Brief in mehreren Schritten bearbeitet: 1. *Aufstellen* entsprechend der Position von Anschrift und Briefmarke. 2. *Stempeln*; fluoreszierende Briefmarken (seit 1962 bei der Deutschen Bundespost) werden mit ultraviolettem Licht abgetastet. 3. *Codierung,* d. h. Aufdrucken fluoreszierender, phosphoreszierender oder magnet. Farbcodes entsprechend der Postleitzahl; automat. Codierung bei maschinengeschriebenen Zahlen, sonst Bearbeitung von Hand. 4. *Codeabtastung* und automat. Verteilung in entsprechende Fächer.
Briefwahl, in der BR Deutschland zugelassene Form der Stimmabgabe, bei der der Wähler, wenn er am Wahltag nicht am Wahlort anwesend ist oder durch andere Umstände an der persönl. Ausübung des Wahlrechts verhindert ist, seine Stimme nicht im Wahlraum abzugeben braucht, sondern Wahlschein und Stimmzettel in verschlossenen Umschlägen an den Kreiswahlleiter sendet. In *Österreich* gibt es die B. nicht. In der *Schweiz* wird die B. **Stimmabgabe auf dem Korrespondenzwege** genannt.
Brieg (poln. Brzeg), Stadt in Niederschlesien (Polen), an der Oder, 150 m ü. d. M., 38 000 E. Maschinen-, Elektromotorenbau, Nahrungsmittelind. – 1248 Stadtrecht (1327 Magdeburger Recht); wurde dt. besiedelt, 1675 habsburg., 1742 preuß. Im 2. Weltkrieg zu 80 % zerstört. – Ehem. Kirche der Franziskaner (14. Jh.; im 16. Jh. Zeughaus), barocke Pfarrkirche (17./18. Jh.); Renaissanceschloß der Piasten (14. Jh.).
Brienz (BE), Gemeinde im schweizer. Kt. Bern, am NO-Ende des **Brienzer Sees** (29,8 km², bis 268 m tief, von der Aare durchflossen), 567 m ü. d. M., 2600 E. Geigenbau- und Schnitzerschule; Fremdenverkehr.
Brienzer See ↑Brienz.
Bries, volkstümlich für ↑Thymus; beim Kalb auch **Kalbsmilch** genannt.
Brigach, 43 km langer linker Quellfluß der Donau, entspringt bei St. Georgen im Schwarzwald.
Brigade [frz.; zu italien. briga „Streit"], kleinster Großverband aller Truppengattungen, der in der Lage ist, selbständige Kampfaufträge durchzuführen; bis 1918 Verband zweier Regimenter gleicher Waffengattung.
▷ in kommunist. Staaten nach produktionstechn. Gesichtspunkten gebildetes kleinstes Arbeitskollektiv.
Brigadier [brigadiˈeː; italien.-frz.], Leiter einer Arbeitsbrigade.
Briganten (lat. Brigantes), zahlenmäßig stärkster Stamm der Kelten in Britannien; 79/80 n. Chr. durch die Römer unterworfen; Hauptort Isurium (= Aldborough).
Briganten [italien.], Bez. für Aufwiegler, Unruhestifter, auch für Straßenräuber und Freibeuter; im 14. Jh. auch für die Söldner.
Brigantier (lat. Brigantii), kelt. Vindelikerstamm am Bodensee mit dem Hauptort Brigantium (= Bregenz).
Brigantine [italien.; zu *brigare* „kämpfen"], im Spät-MA getragenes, mit Metallplättchen besetztes Panzerhemd aus Leder oder starkem Stoff.
Brigantinus lacus, lat. Name des Bodensees.
Brigantium ↑Bregenz.

Briefmarken. 1 Großbritannien 1840, 1 Penny, erste Briefmarke der Welt; 2 Bayern 1849, 1 Kreuzer, erste Briefmarke Deutschlands; 3 Preußen 1850, 1 Silbergroschen; 4 Württemberg 1873, 70 Kreuzer; 5 Österreich 1856, 6 Kreuzer zinnober, Zeitungsmarke; 6 Schweiz, Basel 1845, 2½ Rappen, „Baseler Täubchen"; 7 Mauritius 1847, 2 Pence dunkelblau, „blaue Mauritius"

Brigg [engl.; Kurzform von italien. brigantino, eigtl. „Raubschiff"], früher ein kleines Segelschiff mit zwei vollgetakelten, d. h. mit Rahsegeln besetzten Masten (Fock- und Großmast) und zusätzl. Gaffelsegel am Großmast. Bei der *Schoner-B.* (*B.schoner;* v. a. in S-Europa auch als *Brigantine* bezeichnet) ist nur der Fockmast vollgetakelt, am Großmast befinden sich Schratsegel (wie beim Schoner).

Brig-Glis, Hauptort des Bez. Brig im schweizer. Kt. Wallis, 681 m ü. d. M., 9 900 E. Maschinenwerkstätten, Teigwaren- und Strickereifabrik. Bahnknoten am Nordeingang des Simplontunnels. – 1215 erstmals erwähnt. – Barocke Kollegiumskirche der Jesuiten (1685) mit Jesuitenkollegium (1663–73); Stockalper-Palast (1658–78).

Briggssche Logarithmen [nach dem engl. Mathematiker H. Briggs, * 1561, † 1630], dekad. Logarithmen zur Basis 10.

Brighella [zu italien. briga „Mühe, Unannehmlichkeit"], Figur der Commedia dell'arte: ein verschlagener Bedienter, der die Ausführung der von ihm angezettelten Intrigen meist dem Arlecchino (Harlekin) überläßt.

Brighton [engl. braɪtn], Stadt an der engl. Kanalküste, 146 000 E. Univ. (gegr. 1961), TH, Kunstschule, brit. Spielwarenmesse; Leichtind. – Im 18. Jh. Entwicklung vom Fischerdorf zum Bade- und Kurort (Heilquellen); königl. Wochenendresidenz; 1854 Stadt. – Royal Pavilion (1784 bis 1787, 1815–1823) im ind. Mogulstil.

Brigg. Die Brigg Balticum, Gemälde von D. A. Teupcken, 1838

Brighton. Royal Pavilion von Henry Holland, 1784–87, von John Nash 1815–23 im indischen Mogulstil umgestaltet

Brig-Glis. Der Stockalper-Palast, 1658–78

Brigid (Brigida, Brigit, Brigitta), hl., * Fochart (= Faugher, Nordirland) um 453, † Kildare 1. Febr. (☉) 523, ir. Nationalheilige. – Gründerin des Klosters Kildare; Reliquien in Belém (Portugal). – Fest: 1. Februar.

Brigitta, ir. Heilige, ↑ Brigid.

Brijuni [serbokroat. bri,ju:ni] ↑ Brionische Inseln.

Brikett [niederl.-frz.], aus feinkörnigem Material (z. B. getrockneter Braunkohle, Steinkohlenstaub, Feinerze, Futtermittel) mit oder ohne Bindemittel gepreßter Körper in Quader-, Würfel- oder Eiform. Die B.herstellung (**Brikettierung**) ist bei vielen Rohstoffen, die sich in feinkörniger Form nicht oder schlecht verarbeiten lassen, erforderlich.

Bril (Brill), Paul, * Antwerpen 1554, † Rom 7. Okt. 1626, fläm. Maler. – Seit etwa 1582 in Rom. Bed. sind v. a. seine späteren Landschaftsbilder, die unter dem Einfluß A. Elsheimers entstanden.

Brillant [brɪl'jant; frz.; zu briller „glänzen"], in bes. Form (im sog. *Brillantschliff*) geschliffener Diamant, ausgezeichnet durch starke Lichtbrechung und seinen funkelnden Glanz. Die heutige Schliffform des B. entwickelte sich aus der natürl. oktaedr. Kristallform des Diamanten. Dabei erhält der B. insgesamt 56 geometr. genaue Facetten sowie eine Tafel im Oberteil und eine sog. Kalette im Unterteil. Im Oberteil sind rund um die Tafel insgesamt 32 Facetten geschliffen, die Unterseite weist neben der Kalette 8 untere Hauptfacetten und 16 Rondistfacetten auf. Die Ober- und Unterteil trennende Ebene wird als *Rondistebene* bezeichnet, die umlaufende Kante als **Rondiste.**

Brillantine [brɪljanˈtiːnə; frz.], kosmet. Präparat zur Fettung und Fixierung der Haare (pflanzl. und Mineralöle).

Brillanz [brɪlˈjants; frz.], Glanz, Feinheit.

Brillat-Savarin, Jean Anthelme [frz. brijasavaˈrɛ̃], * Belley (Ain) 1. April 1755, † Paris 2. Febr. 1826, frz. Schriftsteller. – Verfaßte eine „Physiologie des Geschmacks" (1825), ein geistvolles Lehrbuch der zeitgenöss. Tafelfreuden.

Brille [urspr. Bez. für das einzelne Augenglas (nach dem Beryll, der in geschliffener Form als Linse verwendet wurde)], Vorrichtung aus einem Traggestell mit Ohrenbügeln aus Horn, Metall, und/oder Kunststoff und zwei miteinander durch eine „Fassung" oder durch Beschläge verbundenen B.gläsern zum Ausgleich der Fehlsichtigkeiten der Augen und zu ihrem Schutz gegen mechan. Einflüsse oder schädl. Strahlung.

Brillengläser ohne optische Wirkung (Sichtscheiben): Verwendung als farbige Schutzgläser (z. B. beim Schweißen) und als *Sonnenschutzgläser.* Diese dienen zur Dämpfung des sichtbaren Lichtes und zur Absorption des ultravioletten Strahlenanteils intensiver Sonnenstrahlung. Man unterscheidet zw. durchgefärbten Gläsern, Überfanggläsern und im Vakuum bedampften Gläsern. *Strahlungsschutzgläser* sind vorzugsweise Sichtscheiben mit starker Absorption in den dem Sichtbaren benachbarten Spektralbereichen (Ultraviolett, Infrarot). *Phototrope (lichtempfindl.) Gläser* ohne oder mit opt. Wirkung sind in unbelichtetem Zustand farblos oder leicht getönt (10 % Absorption); unter der Einwirkung der UV-Strahlung des Sonnenlichts erfolgt Schwärzung (bis 60 % Absorption); nach Aufhören der Be-

strahlung Rückkehr in den Ausgangszustand mit zeitl. Verzögerung.
Brillengläser mit optischer Wirkung (sphär., zylindr. oder prismat. Gläser; Wirkung gemessen in Dioptrien bzw. Prismendioptrien): *Achsensymmetr. B.gläser* sind: 1. *sphär. Gläser* mit beiderseits kugelförmig gekrümmten Oberflächen, z. B. *Plusgläser* (Konvexgläser) mit sammelnder Wirkung zum Ausgleich von Über- bzw. Weitsichtigkeit oder Altersichtigkeit und *Minusgläser* (Konkavgläser) mit zerstreuender Wirkung zum Ausgleich von Kurzsichtigkeit; 2. *asphär. Gläser* mit einer nicht kugelförmigen Oberfläche. Die zweite Fläche kann sphärisch oder torisch (tonnenförmig) sein. Verwendung vorzugsweise als Stargläser. *Achsenunsymmetr. B.gläser* sind: 1. *astigmat. Gläser* mit unterschiedl. Krümmungsradien bzw. Scheitelbrechwerten (Dioptrien) in zwei zueinander senkrechten Meridianschnitten. Diese Differenz wird als Zylinderwirkung bezeichnet. Astigmat. Gläser dienen der Korrektion einer Stabsichtigkeit (Astigmatismus) des Auges. 2. Bei *prismat. Gläsern* ist ein Prisma (Glaskeil) bestimmter Stärke und Basislage aufgeschliffen. Sie dienen zur Unterstützung oder zur Wiederherstellung des binokularen Sehens (Fusion) vorwiegend bei Stellungsanomalien des Auges. 3. Sind in einem B.glas zwei oder drei opt. Wirkungen für verschiedene Sehentfernungen vereinigt, so spricht man von *Zwei-* bzw. *Dreistärkengläsern* (Bi- bzw. Trifokalgläser). Die den Sehentfernungen entsprechenden Bereiche des B.glases werden Fern-, Zwischen- und Nahteil genannt. Der Übergang vom Fern- zum Nahteil erfolgt stufenweise, während er bei *Gleitsicht-* oder *Progressivgläsern* kontinuierlich erfolgt. Diese sog. *Mehrstärkengläser* gleichen bei Alterssichtigen das verringerte Akkommodationsvermögen aus, so daß wieder scharfes Sehen in allen Entfernungen möglich ist. 4. *Lentikulargläser (Tragrandgläser)* weisen starke opt. Plus- oder Minuswirkung auf bei eingeschränktem zentralem Sehteil und dünn geschliffenem Randteil. 5. *Fernrohr-B.* für hochgradig Schwachsichtige haben ein vergrößerndes Fernrohrsystem. Fehlsichtigkeiten sind durch Zusatzlinsen ausgleichbar.

Brillant

Brillenbär (Andenbär, Tremarctos ornatus), etwa 1,5–1,8 m körperlange pflanzenfressende Bärenart in S-Amerika; Schulterhöhe etwa 75 cm, Schwanz rund 7 cm lang; Fell zottig, schwarz bis schwarzbraun, meist mit gelbl. bis weißl. Zeichnung im Gesicht, die häufig eine brillenähnl. Markierung bildet.
Brillenhämatom, brillenförmig aussehender Bluterguß (Hämatom) in beide Ober- und Unterlider; v. a. bei bestimmten Schädelbasisbrüchen.
Brillensalamander (Salamandrina), Salamandergatt. mit der einzigen gleichnamigen Art *(Salamandrina terdigitata)* im westl. Italien; etwa 7–10 cm lang; die Oberseite ist mattschwarz mit je einem gelbroten Fleck über den Augen.
Brillenschlangen, svw. ↑ Kobras.
Brillouin-Streuung [frz. brij'wɛ̃; nach dem frz. Physiker L. Brillouin, *1889, †1969], Streuung von Licht an hochfrequenten Schallwellen in Flüssigkeiten und Festkörpern. Bei der *stimulierten B.*, die bei hohen Lichtintensitäten möglich ist, bestehen feste Phasenbeziehungen zw. einfallender und gestreuter Welle.
Brilon, Stadt und Luftkurort im nö. Sauerland, NRW, 455 m ü. d. M., 24 200 E. Elektro-, Holz-, metallverarbei-

Brille. Ausschnitt (lesender Apostel mit einer Nietbrille) aus dem Pfingstbild des Wildunger Altars von Konrad von Soest, 1404

tende Ind. – Bei dem 973 gen. B. (heute Altenbrilon) 1184 Anlage des befestigten Orts B., um 1220 Stadt, Mgl. der Hanse, im 15. Jh. führende Stadt im Hzgt. Westfalen. – Propsteikirche (13. bis 14. Jh.), Rathaus (mit barocker Fassade 1752).
Brîncoveanu, Constantin (Brâncoveanu), *15. Aug. 1654, †Konstantinopel 26. Aug. 1714, Fürst der Walachei (1688–1714). – Behauptete sich über 25 Jahre gegenüber seinen osman. Oberherren, den Habsburgern und Rußland durch geschickte Balancepolitik; im April 1714 von der Pforte abgesetzt und zusammen mit seinen Söhnen hingerichtet.
Brindisi, italien. Prov.hauptstadt in Apulien, 93 000 E. Erzbischofssitz; chem. und petrochem. Werke, Nahrungs- und Genußmittelind., Häfen; ✈. – Unter röm. Herrschaft (seit 266 v.Chr.) als **Brundisium** Flottenstützpunkt und Endpunkt der Via Appia; 668 von den Langobarden, 868 aus sarazen. Hand von Kaiser Ludwig II. erobert; 1071 normann.; Einschiffungsplatz für die Kreuzfahrer; 1509 an Spanien, 1860 an Italien. – Castello Svevo von Kaiser Friedrich II. nach 1229 errichtet, im 15./16. Jh. erweitert. Dom (13. und 18. Jh.).
Brinellhärte [nach dem schwed. Metallurgen J. A. Brinell, *1849, †1925], Zeichen HB, Einheit für die Härte eines Stoffes, Verhältnis der Kraft F zur Oberfläche des entstandenen Eindrucks.
Bringschuld, Schuld, bei der im Ggs. zur Holschuld die Leistung auf Gefahr und Kosten des Schuldners dem Gläubiger zu übermitteln ist.
Brink, André Philippus [afrikaans brəŋk], *Vrede (Oranje-Freistaat) 29. Mai 1935, südafrikan. Erzähler, Kritiker, Essayist. – Verhalf dem afrikaansen Roman zu internat. Ansehen („Lobola vir die lewe", R., 1962; „Nicolette und der Botschafter", R., 1963); B. bricht sowohl mit literar. Konventionen als auch mit sexuellen, religiösen und polit. Tabus. – *Weitere Werke:* Kennis van die aand (R., 1973; bis 1981 verboten), Die Nilpferdpeitsche (R., 1982), States of Emergency (R., 1988).

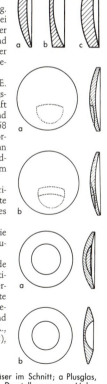

Brille. Oben: schematische Darstellung sphärischer Gläser im Schnitt; a Plusglas, b Minusglas, c prismatisches Glas. Mitte: schematische Darstellungen von Mehrstärkengläsern; a Zweistärkenglas, b Dreistärkenglas. Unten: schematische Darstellungen von Lentikulargläsern; a Lentikularglas mit sammelnder Wirkung, b Lentikularglas mit zerstreuender Wirkung

Brinkman

Brịnkman, Johannes Andreas, *Rotterdam 22. März 1902, †ebd. 6. Mai 1949, niederl. Architekt. – Baute mit Leendert Cornelius van der Vlugt (*1894, †1936) u. a. die Van-Nelle-Fabrik in Rotterdam (1928/29), ein hervorragendes, frühes Beispiel einer funktionalen Stahlbetonkonstruktion. Beide bauten auch das erste scheibenförmige Wohnhochhaus, das Bergpolderhaus in Rotterdam (1934–35).

Brịnkmann, Carl, *Tilsit 19. März 1885, †Oberstdorf 20. Mai 1954, dt. Nationalökonom und Soziologe. – Prof. in Heidelberg, Berlin, Erlangen und Tübingen; versuchte, die Nationalökonomie mit der Soziologie und mit Wirtschafts- und Sozialgeschichte zu verknüpfen.
Werke: Nationalökonomie als Sozialwissenschaft (1948), Soziolog. Theorie der Revolution (1948), Wirtschafts- und Sozialgeschichte (²1953).

B., Rolf Dieter, *Vechta 16. April 1940, †London 23. April 1975 (Unfall), dt. Schriftsteller. – Schrieb von der Pop-art beeinflußte Erzählwerke (u. a. Roman „Keiner weiß mehr", 1968) und Gedichte („Die Piloten", 1968; „Gras", 1970).

Brịnkmann AG, Martin, dt. Konzern der Tabakwarenind., Sitze Bremen und Hamburg, gegr. 1813.

brio (con brio, brioso) [italien.], musikal. Vortragsbez.: mit Feuer, lebhaft.

Brioche [bri'ɔʃ; frz.], feines Hefegebäck.

Brion, Friederike, *Niederrödern 19. April 1752, †Meißenheim bei Lahr 3. April 1813, Jugendgeliebte Goethes. – Pfarrerstochter, die Goethe in seiner Straßburger Zeit 1770 in Sesenheim kennenlernte (Sesenheimer Lieder und Gedichte).

Briọnische Inseln (serbokroat. Brijuni), kroat. Inselgruppe an der Küste des Adriat. Meeres; ehem. Sommerresidenz von Präs. Tito auf der größten Insel Brioni.

brisạnt [frz.], hochexplosiv, sprengend.

Brisạnz [frz.], zertrümmernde Wirkung von Sprengstoffen mit hoher Detonationsgeschwindigkeit.

Brisbane [engl. 'brɪzbən], Hauptstadt von Queensland, Australien, am B. River nahe seiner Mündung in die Korallensee, Metropolitan Area 1,24 Mill. E. Sitz eines anglikan. und eines kath. Erzbischofs; Univ. (gegr. 1909), Nationalgalerie, Museen, Observatorium, zoolog. und botan. Garten. Schwer- und Textilind., Erdölraffinerien, Lebensmittelind.; Hochseehafen; internat. ⚓; Fremdenverkehr (Badestrände). – 1824 Anlage einer Strafkolonie (1842 geschlossen); seit 1859 Hauptstadt.

Brise, leichter Wind, Stärke 2 bis 5 nach Beaufort; günstiger Segelwind.

Brissago, Badeort im schweizer. Kt. Tessin, am W-Ufer des Lago Maggiore, 215 m ü. d. M., 2 000 E. Tabakfabrik. – B. bildete im MA eine eigene Republik, die direkt dem Kaiser unterstand.

Brissot, Jacques Pierre [frz. bri'so], gen. B. de Warville, *Chartres 15. Jan. 1754, †Paris 31. Okt. 1793, frz. Journalist und Revolutionär. – Einer der Führer der Girondisten in

Bristol
Stadtwappen

Brisbane
Stadtwappen

Johannes Andreas Brinkman und Leendert Cornelius van der Vlugt, Tabakfabrik Van Nelle in Rotterdam, 1928/29

der Gesetzgebenden Körperschaft 1791; trat als Vors. des außenpolit. Ausschusses wie danach im Konvent für die Kriegspolitik des revolutionären Frankreich ein; 1793 angeklagt, abgeurteilt und hingerichtet.

Bristol [engl. 'brɪstl], engl. Stadt oberhalb der Mündung des Avon in das Severnästuar, 388 000 E. Verwaltungssitz der Gft. Avon; anglikan. Bischofssitz; Univ. (gegr. 1909), TH; Theaterhochschule, Museum, Kunstgalerie, zwei Theater; Zoo. Luft- und Raumfahrtind.; Maschinen- und Fahrzeugbau, chem. Ind.; Hafen; ⚓. – Frühsächs. und normann. Befestigung; Blüte um 1500–1750 (Monopol für den Zuckerhandel; Sklavenhandel). – Kathedrale (1142 ff., im 14. Jh. erneuert), Theatre Royal (1766), Börse (1743).

Bristol Bay [engl. 'brɪstl 'beɪ], Bucht des Beringmeers an der SW-Küste Alaskas.

Bristolkanal [engl. 'brɪstl], Bucht des Atlantiks zw. walis. S-Küste und Cornwall.

Britạnnicus, Tiberius Claudius Caesar, *12. Febr. 41, †kurz vor dem 12. Febr. 55. – Sohn des Kaisers Claudius und der Valeria Messalina; von seiner Stiefmutter Agrippina d. J. zugunsten Neros aus der Nachfolge verdrängt, auf dessen Befehl vergiftet.

Britạnnien (lat. Britannia), seit Cäsar der lat. Name für England und Schottland. B. war seit dem 6. vorchristl. Jh. den Griechen und Phönikern bekannt; Invasion Cäsars 55 und 54 v. Chr.; 43–96 Eroberung durch Claudius bis zum Humber und Severn, abgeschlossen durch Agricola (78–85); 122 Bau des Hadrianswalls, 142 des Antoninuswalls. 197 in 2 Prov., im Zuge der Diokletian. Neuordnung Ende 3. Jh. in 4 Prov. unterteilt; seit dem 3. Jh. zunehmende Christianisierung; seit dem Ende des 3. Jh. Invasionen aus Schottland (Pikten) und vom Festland her (Sachsen, Franken, Angeln); nach mehrfacher gewaltsamer Befriedung und Abzug röm. Truppen verstärkte sächs. Invasionen und Niedergang der röm. Kultur; im 5./6. Jh. durch die Angelsachsen erobert.

Briten (lat. Britanni, Britones), Sammelname für die kelt. Einwohner Britanniens im Altertum sowie für die Bewohner Großbritanniens und Nordirlands heute.

Britische Inseln, Inselgruppe in NW-Europa, umfaßt Großbritannien, Irland, Man, Anglesey, Wight, die Hebriden, Shetland- und Orkneyinseln sowie viele kleine Inseln.

Britische Salomoninseln ↑Salomoninseln.

Britisches Museum (engl. The British Museum), Bibliothek und Museum in London, gegr. 1753. Erhielt 1823–57 einen klassizist. Neubau nach Entwürfen von Sir R. Smirke (vollendet von dessen Bruder S. Smirke, der 1855–57 den runden Lesesaal schuf, einen der größten Kuppelbauten der Erde; seitdem erweitert). Die *Bibliothek* besitzt seit 1757 das Pflichtexemplarrecht für das Brit. Reich. Unter den reichen Sammlungen sind bes. berühmt die sog. Elgin Marbles, unter denen sich die Skulpturen des Parthenon in Athen befinden. – ↑Bibliotheken (Übersicht), ↑Museen (Übersicht).

Britisches Reich und Commonwealth [engl. 'kɔmənwɛlθ] (engl. British Empire and Commonwealth), Gemeinschaft des Vereinigten Kgr. von Großbritannien und Nord-

Brisbane. Blick auf die in einer Flußschleife des Brisbane River gelegene City

Britisches Reich und Commonwealth

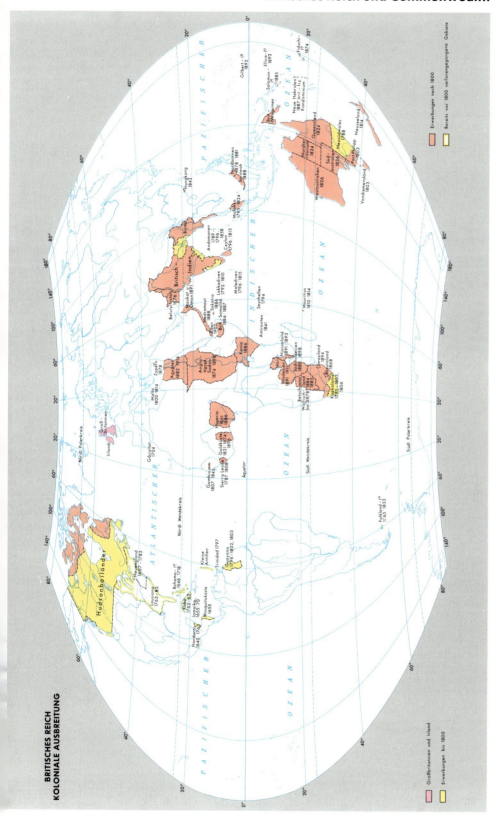

Britisches Reich und Commonwealth

irland mit den Kronkolonien und sonstigen abhängigen Staaten sowie folgenden unabhängigen Staaten: Antigua und Barbuda, Austral. Bund, Bahamas, Bangladesch, Barbados, Belize, Botswana, Brunei, Dominica, Gambia, Ghana, Grenada, Guyana, Indien, Jamaika, Kanada, Kenia, Kiribati, Lesotho, Malawi, Malaysia, Malediven, Malta, Mauritius, Namibia, Nauru (indirekt), Neuseeland, Nigeria, Pakistan, Papua-Neuguinea, Saint Christopher and Nevis, Saint Lucia, Saint Vincent and the Grenadines, Salomonen, Sambia, Seychellen, Sierra Leone, Simbabwe, Singapur, Sri Lanka, Swasiland, Tansania, Tonga, Trinidad und Tobago, Tuvalu (indirekt), Uganda, Vanuatu, Westsamoa, Zypern.

Ursprünge

Die Grundlagen der engl. Seemacht wurden im 16. Jh. gelegt (u. a. 1588 Sieg über die span. Armada). Es folgte die Zeit der großen engl. Handelskompanien, v. a. der Ostind. Kompanie, die 1600 das Monopol für den engl. Ostindienhandel erhielt und den Grund für das brit. Imperium des 19. Jh. legte. Die Afrikakompanie setzte sich an der Goldküste fest, um sich einen Anteil am Sklavenhandel zu sichern. Die Eroberung Jamaikas 1655 gab England eine sichere Basis im Karib. Meer. An der ind. Küste wurde 1639 Madras gegründet. 1662 fiel Bombay an die engl. Krone. Im 17. Jh. entwickelten sich entlang der nordamerikan. O-Küste Siedlungskolonien, denen die Überbevölkerung in England und die Emigration von Puritanern, Mgl. von Sekten und Katholiken zugute kamen. Nach Virginia (1607) und Massachusetts (1621) wurden Connecticut, Rhode Island, Maine, New Hampshire, Vermont, Maryland, North und South Carolina besiedelt. Die Niederländer wurden aus Nieuw Amsterdam vertrieben, das nun den Namen New York erhielt. W. Penn gründete 1681/82 Pennsylvania. Export und Import der Kolonien waren an die engl. Schiffahrt gebunden.

Von 1688 bis 1815

Nach dem Niedergang der span. und dann der niederl. Seemacht wurde Frankreich der Hauptrivale. Der Span. Erbfolgekrieg (1701–13/14) sicherte England/Großbritannien mit dem Erwerb von Gibraltar den Zugang zum Mittelmeer und verschaffte ihm die Hudson-Bay-Länder, Neufundland und Akadien von Frankreich. Die brit.-frz. Kolonialrivalität entlud sich im Siebenjährigen Krieg (1756–63), der das Ende der frz. Herrschaft in Kanada brachte. Die merkantilistisch bestimmte Politik der Londoner Reg. traf auf den offenen Widerstand der 13 Siedlerkolonien in Nordamerika, die sich 1776 als „Vereinigte Staaten von Amerika" für unabhängig erklärten. Im Kampf gegen das revolutionäre Frankreich und Napoleon I. (1793–1815) konnte Großbritannien den Grund für ein neues Kolonialimperium legen: Ceylon (1796), Trinidad (1797), Malta (1800), Tasmanien (1803), Kapstadt (1806). In Indien, das nunmehr Schwerpunkt des brit. Kolonialreiches war, wurde das alte Faktoreiensystem der Kompanien durch polit. Herrschaft ersetzt.

Von 1815 bis 1914

Nach 1815 besaß Großbritannien die absolute Vormachtstellung auf den Weltmeeren. Weitere Stützpunkte wurden Singapur 1819, die Falklandinseln 1833, Aden 1839 und Hongkong 1842. Zunehmend von brit. Siedlern bevölkert wurden Australien (seit 1820) und Neuseeland (seit 1840). Der Welthandel war überwiegend britisch. Erste verantwortl. Selbstreg. entstanden 1840 für das vereinigte Ober- und Niederkanada, 1852 für Neuseeland, 1855 für Neufundland, Neusüdwales, Victoria und Tasmanien, 1856 für Südaustralien, 1859 für Queensland, 1872 für die Kapkolonie, 1890 für Westaustralien und 1893 für Natal. Die Bez. „Dominion" wurde erstmals 1867 für das vereinigte Kanada gewählt. Weitere Zusammenschlüsse benachbarter Gebiete vollzogen sich 1901 in Australien und 1910 in Südafrika. – Nach dem muslim. Aufstand in Indien (1857/58) gingen Territorium und Eigentum der Ostind. Kompanie, die schon 1833 ihre kommerzielle Monopolstellung verloren hatte, an die brit. Krone über; der Generalgouverneur rückte zum Vizekönig auf. Nach 1871 stand die brit. Politik im Zeichen eines offensiven Imperialismus. Der brit. Premiermin. B. Disraeli suchte über die islam. Welt des Nahen Ostens eine Brücke nach Indien aufzubauen (1875 Ankauf der Sueskanalaktien). Er veranlaßte 1876 die Proklamation der Königin Viktoria zur Kaiserin von Indien. 1878 trat die Türkei Zypern an Großbritannien ab. Nach der Besetzung Ägyptens 1882 war die Mittelmeerroute nach Indien ausreichend gesichert. Im imperialist. Ringen um Afrika sicherte sich Großbritannien zw. 1884 und 1900 Njassaland, Betschuanaland, Rhodesien, Kenia, Uganda und Nigeria. Im Sudan wurde 1898 das anglo-ägypt. Kondominat errichtet. Hinter dieser Machtpolitik standen verbreitete Vorstellungen von der Kap-Kairo-Linie und der Singapur-Kairo-Linie als künftigen Achsen des Imperiums. Die Abkehr von dieser imperialen Machtpolitik bahnte sich mit dem Burenkrieg (1899–1902) an, der heftige Kritik im Mutterland auslöste und die weltpolit. Isolierung Großbritanniens offenbar machte. Die Reg. sah sich genötigt, die Entwicklung zur Selbstreg. der weißen Siedlerkolonien weiterzuführen. 1907 bestanden dann folgende Dominions: Kapland, Kanada, Australien, Neuseeland, Natal, Transvaal und Neufundland. Ihnen gegenüber blieb Indien unter dem Vizekönig.

Von 1914 bis 1939

Die brit. Kriegserklärung 1914 wurde für das ganze Empire ausgesprochen und eine gemeinsame Kriegführung durchgesetzt. Aber die Reichskonferenz von 1917 ließ nur noch ein „Imperial Commonwealth" der autonomen Dominions gelten. Indien erreichte den Zutritt zu den Reichskonferenzen, der Dominionstatus blieb ihm allerdings verwehrt. In Versailles 1919 verhandelten und unterzeichneten die Dominions mit; alle, außer Neufundland, wurden Mgl. des Völkerbundes, auch Indien (1920), das auch als Quasi-Dominion den Versailler Friedensvertrag 1919 unterzeichnete. Die Reichskonferenz von 1926 (endgültig das Statut von Westminster 1931) schuf das „British Commonwealth of Nations" mit den Dominions (Irland, Kanada, Neufundland [bis 1934], Australien, Südafrikan. Union und Neuseeland) als „autonomen Gemeinschaften innerhalb des brit. Empire, gleich im Status, in keiner Weise einander in inneren und äußeren Angelegenheiten untergeordnet, obwohl durch eine gemeinsame Bindung an die Krone vereinigt als Mgl. des Brit. Commonwealth of Nations frei assoziiert" (Balfour). Erweiterte konstitutionelle Befugnisse wurden Kenia, Rhodesien, Birma (1923) und Ceylon (1924) gewährt. Eine parlamentar. Verfassung mit allg. Wahlrecht erhielten 1931 Ceylon und 1937 Birma, das von Indien getrennt wurde. Indien blieb das Hauptproblem, das auch die Londoner Round-Table-Konferenzen 1930 bis 1932 mit Vertretern der ind. Nationalbewegung nicht lösen konnten.

Seit 1939

Im 2. Weltkrieg traten die Dominions (mit Ausnahme Irlands) der brit. Kriegserklärung bei. Indien wurde automat. einbezogen, was den scharfen Protest des Indian National Congress hervorrief. 1940 räumte Großbritannien den USA gegen Waffenlieferungen zahlr. Stützpunkte ein. Es verlor durch das jap. Vordringen 1941/42 sämtl. Besitzungen in Ostasien. 1943 erklärte Birma auf jap. Betreiben seine Unabhängigkeit. Nach Indien vermochten die Japaner allerdings nicht vorzudringen. Die USA verbanden ihren Krieg mit einem antikolonialist. Befreiungsprogramm, das ebenso wie die brit.-amerikan. Atlantikcharta (1941) den Emanzipationsbewegungen Auftrieb gab. Nach dem Kriege gewann Großbritannien seine Kolonien und Völkerbundmandate zurück, die nunmehr als „Treuhandgebiete der UN" galten. Der Fortgang der Entkolonisation war aber angesichts der machtpolit. Schwächung Großbritanniens nicht mehr aufzuhalten. Birma wurde endgültig als unabhängige Republik anerkannt und schied aus dem Commonwealth aus (1948). 1947 erhielt Indien seine volle Selbständigkeit. Durch den Ggs. zw. hinduist. Kongreßpartei und Moslemliga bildeten sich zwei Staaten, Indien und Pakistan, die zunächst Dominions, 1950 bzw. 1956 aber Republiken innerhalb des Commonwealth wurden; Pakistan trat 1972 aus. Auch Ceylon erreichte 1948 den Dominionstatus. Aus dem „British Commonwealth of Nations" wurde in der nachkolonialen Ära das „Multiracial Commonwealth", eine neuartige Partnerschaft verschiedener Rassen und Staatsformen, die jedem Mgl. Vorteile bot. In den zwei Jahrzehnten nach 1950 erreichte dann die Mehrzahl der Kolonien ihre Unabhängigkeit. Nur wenige von ihnen gaben ihre Mitgliedschaft in der Gemeinschaft auf, so Irland (1949) und Südafrika (1961), dessen Apartheidpolitik als mit der Commonwealthidee unvereinbar verurteilt wurde. 1948 räumten die brit. Truppen Palästina, wo der jüd. nat. Rat den Staat Israel proklamierte. 1956 wurde der Sudan nach Aufhebung des angloägypt. Kondominats unabhängige Republik. Zypern wurde 1961 unabhängiges Mgl. des Commonwealth, Malta 1964. Bis 1971 gab Großbritannien alle Schutzgebiete östlich von Sues (ausgenommen Kronkolonie Hongkong, Chagos Islands, Brunei) auf. In Ozeanien wurden 1962 Westsamoa, 1970 Tonga und Fidschi (bis 1987 Mgl. des Commonwealth) unabhängig. – In Amerika wurden nach dem Zerfall der 1958 gegr. Westind. Föderation 1962 Jamaika sowie Trinidad und Tobago unabhängige Mgl., 1966 Guyana und Barbados. – Die größten Veränderungen ergaben sich in Afrika. Nach Auflösung der 1953 gebildeten Föderation Rhodesien und Njassaland (1963) wurden 1964 Nordrhodesien als Republik Sambia und Njassaland unter dem Namen Malawi selbständige Mgl., ebenso Ghana (1960), Nigeria (1960), Tanganjika (1961) und Sansibar (1963), die sich 1964 als Tansania zusammenschlossen, Sierra Leone (1961), Uganda (1962), Kenia (1963), Gambia (1965), Betschuanaland als Botswana (1966), Basutoland als Lesotho (1966), Mauritius (1968) und Swasiland (1969). Das seit 1964 Rhodesien gen. Südrhodesien proklamierte zur Aufrechterhaltung seiner weißen Minderheitsherrschaft 1965 einseitig seine Unabhängigkeit. 1979 übergangsweise erneut unter brit. Herrschaft gestellt, erlangte es im Frühjahr 1980 unter dem Namen Simbabwe seine internat. anerkannte Unabhängigkeit unter einer schwarzen Mehrheitsregierung. 1972 wurde das von Pakistan abgespaltene Bangladesch Mgl. des Commonwealth. Ihre Unabhängigkeit erreichten 1973 die Bahamas, 1974 Grenada, 1975 Papua-Neuguinea, 1976 die Seychellen, 1978 die Salomonen, Dominica und die Gilbert Islands (jetzt Tuvalu), 1979 die Ellice Islands (jetzt Kiribati), Saint Lucia und Saint Vincent und die Grenadines, 1980 die Neuen Hebriden (jetzt Vanuatu), 1981 Belize (bis 1973 Brit.-Honduras), Antigua und Barbuda, 1983 Saint Christopher und Nevis, 1984 Brunei. Innere Autonomie wurde 1966 Hongkong, 1967 den Westind. Assoziierten Staaten und 1968 den Bermudainseln gewährt. Kleine Gebiete wie Montserrat, die Falklandinseln u. a. blieben Kronkolonien (1982 Behauptung der brit. Position im Falklandkrieg gegen Argentinien). 1989 trat Pakistan dem Commonwealth wieder bei; neues Mgl. wurde 1990 das unter UN-Aufsicht zur Unabhängigkeit gelangte Namibia.

Britisch-Guayana, ehem. brit. Kolonie an der NO-Küste Südamerikas, ↑ Guyana.

Britisch-Honduras ↑ Belize.

British Aerospace [engl. 'brɪtɪʃ 'ɛərɔspeɪs], Abk. BAe, brit. Unternehmen der Luft- und Raumfahrtindustrie, Sitz London; umfaßt u. a. die British Aircraft Corporation Ltd. (BAC). – Die BAe entstand 1977 durch Fusion bei gleichzeitiger Verstaatlichung; 1985 wieder privatisiert.

British Airways [engl. 'brɪtɪʃ 'ɛəwɛɪz] ↑ Luftverkehrsgesellschaften (Übersicht).

British-American Tobacco Company Ltd. [engl. 'brɪtɪʃ ə'mɛrɪkən tə'bækoʊ 'kʌmpəni 'lɪmɪtɪd], größter Konzern der Tabakwarenind. der Welt, Sitz London.

British Antarctic Territory [engl. 'brɪtɪʃ ænt'ɑktɪk 'tɛrɪtəri], brit. Kolonie in der Antarktis, umfaßt die Süd-Orkney-Inseln, die Süd-Shetland-Inseln und einen Sektor des antarkt. Festlands bis zum Südpol (Souveränitätsansprüche hier laut Antarktis-Vertrag eingefroren). Mehrere Forschungsstationen verschiedener Nationen.

British Broadcasting Corporation [engl. 'brɪtɪʃ 'brɔːdkɑstɪŋ kɔːpə'reɪʃən], Abk. BBC, staatl. brit. Rundfunkgesellschaft; Sitz London; 1922 gegr., war bis 1926 eine privatrechtl. AG („British Broadcasting Company"); 1927 in eine öff.-rechtl. Anstalt umgewandelt. Wird durch Gebühren finanziert; sendet Hörfunk-, seit 1946 auch regelmäßig Fernsehprogramme.

British Columbia [engl. 'brɪtɪʃ kə'lʌmbɪə] (dt. Brit.-Kolumbien), westlichste Prov. Kanadas, 929 730 km², 3,04 Mill. E (1990), 3,27 E/km², Hauptstadt Victoria.
Landesnatur: Im NO hat B. C. Anteil an den Interior Plains, rd. 90 % der Fläche liegen aber im Gebirge. Im O steigen die vergletscherten Rocky Mountains bis 3 954 m ü. d. M. (Mount Robson; Naturpark) an. Es folgt eine breite Zone von Plateaus in Höhen über 1 000 m, nach W begrenzt von den **Coast Mountains,** die im Mount Waddington 4 041 m ü. d. M. erreichen. Der durch Fjorde stark gegliederten Küste sind zahlr. Inseln vorgelagert, u. a. Vancouver Island. Das Klima ist im Küstenbereich relativ ausgeglichen mit hohen Niederschlägen; nach O nehmen diese stark ab. Neben Nadelwald kommen Mischwälder mit Schwarzpappeln und Zedern vor. In den Wäldern leben Grizzly- und Schwarzbär.
Bevölkerung, Wirtschaft: Etwa 2 % der Bev. sind Indianer, bei den Einwanderern dominieren Briten, gefolgt von Deutschen, Skandinaviern, Franzosen, Niederländern und Ostasiaten. Die Wirtsch. verfügt über ein reiches natürl. Potential: auf dem Waldreichtum basieren Zellulose- und Papierfabriken sowie zahlr. Sägewerke. Abgebaut werden Kupfer-, Zink-, Blei- und Molybdänerze, v. a. im Kootenay-Gebiet und bei Merritt; Eisenerze werden u. a. auf Vancouver Island gewonnen. Erdöl- und Erdgasfelder liegen nördl. des Peace River (Pipeline nach Vancouver); der Abbau von Kohle und die Gewinnung von Gold ist zurückgegangen. Bed. Lachsfischerei und -verarbeitung. Die Plateaus sind v. a. Rinderweideland; am Unterlauf des Fraser River wird Gemüse angebaut. Die Nutzung der Wasserkräfte ließ neue Ind. entstehen, z.B. die Aluminiumhütte in Kitimat. Bed. hat u. a. auch die Nahrungsmittel- und die chem. Industrie.
Verkehr: B. C. verfügt über ein Eisenbahnnetz von rd. 7 300 km Länge, darunter zwei transkontinentale Strecken, die den Pazifik bei Vancouver bzw. Prince Rupert erreichen. Zum 43 700 km langen Straßennetz gehören Teile des Transkanada Highway im S und des Alaska Highway im N. Internat. ✈ in Vancouver und Victoria.
Geschichte: 1778 nahm J. Cook das Land für die brit. Krone in Besitz; 1858 Beginn der Besiedlung des Festlandes und Gründung der Kolonie B. C.; 1866 Vereinigung mit der 1849 gebildeten Kronkolonie Vancouver Island zur Kronkolonie B. C., die sich 1871 als 6. Prov. dem Kanad. Bund anschloß.

British Council [engl. 'brɪtɪʃ 'kaʊnsl], Einrichtung Großbritanniens zur Förderung und Verbreitung der engl. Sprache und Kultur im Ausland; gegr. 1934, Hauptsitz: London; Sitz des B. C. in der BR Deutschland ist Köln.

British Empire and Commonwealth [engl. 'brɪtɪʃ 'ɛmpaɪə ənd 'kɔmənwɛlθ] ↑ Britisches Reich und Commonwealth.

British Forces Broadcasting Service [engl. 'brɪtɪʃ 'fɔːsɪz 'brɔːdkɑstɪŋ 'səːvɪs], Abk. BFBS, Sender der brit. Truppen in der BR Deutschland mit Sitz in Köln. Entstand 1964 als Nachfolger des „British Forces Network" (Abk. BFN).

British Indian Ocean Territory [engl. 'brɪtɪʃ 'ɪndɪən 'oʊʃən 'tɛrɪtəri], unter brit. Verwaltung stehendes Gebiet im westl. Ind. Ozean, 60 km². Umfaßt die südlich der Malediven gelegenen Chagos Islands, nur von Militär bewohnt.

British Leyland Ltd. [engl. 'brɪtɪʃ 'leɪlənd 'lɪmɪtɪd], bis 1986 Firmenname des brit. Automobilunternehmens ↑ Rover Group PLC.

British Museum, The

Benjamin Britten

Georg Britting

Hermann Broch

British Museum, The [engl. ðə ˈbrɪtɪʃ mjuːˈziəm] ↑ Britisches Museum.
British Petroleum Company Ltd. [engl. ˈbrɪtɪʃ pɪˈtroʊljəm ˈkʌmpəni ˈlɪmɪtɪd], Abk. BP, brit. Erdölkonzern, Sitz London; entstanden 1954 aus der früheren Anglo-Iranian Oil Company (AIOC).
British Steel Corporation [engl. ˈbrɪtɪʃ ˈstiːl kɔːpəˈreɪʃən], Abk. BSC, brit. Konzern der Eisen- und Stahlind., Sitz London; entstanden 1967 durch Verstaatlichung und Verschmelzung von 14 Unternehmen der Stahlindustrie; seit 1988 privatisiert.
British Virgin Islands [engl. ˈbrɪtɪʃ ˈvəːdʒɪn ˈaɪləndz] ↑ Jungferninseln.
Britomartis, kret. Göttin, der griech. Artemis wesensverwandt.
Britten, Benjamin [engl. brɪtn], *Lowestoft (Suffolk) 22. Nov. 1913, †Aldeburgh (Suffolk) 4. Dez. 1976, engl. Komponist. – Seine Kompositionen kennzeichnet eine flüssige Schreibweise, verbunden mit techn. Versiertheit, und das Vermögen, mit sparsamen Mitteln Wirkung zu erzielen. Bed. auch als Pianist und Dirigent, der alle Uraufführungen seiner Opern selbst leitete. *Opern:* Peter Grimes (1945), The rape of Lucretia (1946), Albert Herring (1947), The beggar's opera (1948), Billy Budd (1951), A midsummer night's dream (1960), Owen Wingrave (1971), Der Tod in Venedig (1973). – *Orchesterwerke:* Variationen über ein Thema von Frank Bridge (1937), Simple symphony (1934), The young person's guide to the orchestra (1945, Variationen über ein Thema von Purcell). – *Chorwerke:* War requiem (1962, zur Einweihung der im 2. Weltkrieg zerstörten Kathedrale von Coventry).
Britting, Georg, *Regensburg 17. Febr. 1891, †München 27. April 1964, dt. Schriftsteller. – Schrieb den humorist. Roman „Lebenslauf eines dicken Mannes, der Hamlet hieß" (1932); phantasievolle Lyrik; im Alterswerk Bevorzugung strenger Formen (Ode, Sonett).
Brixen (italien. Bressanone), italien. Stadt und Kurort am Zusammenfluß von Eisack und Rienz, in der Region Trentino-Südtirol. 16 200 E. Bischofssitz (seit 992); Priesterseminar; Weinbau. – Im 9. Jh. als **Pressena** bezeugt, 901 an die Bischöfe von Säben, deren Sitz seit dem 10. Jh.; 1805 an Bayern, 1815 wieder an Österreich, 1919 an Italien. – Dom (1745–55; roman. Vorgängerbau), im Anschluß an den Dom Kreuzgang (um 1200) mit Freskenzyklen. Die Arkaden der Laubengasse stammen aus dem MA; fürstbischöfliche Hofburg (um 1270, v. a. 1591–1600).
B., Bistum; urspr. in Säben bestehend, in der 2. Hälfte des 10. Jh. nach B. verlegt. 1803 säkularisiert. 1964 wurde das Bistum **Bozen-Brixen** (Bolzano-Bressanone) errichtet und der Kirchenprov. Trient unterstellt.

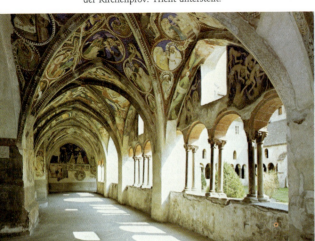
Brixen. Der um 1200 entstandene romanische Kreuzgang mit Freskenzyklen aus dem 14./15. Jahrhundert

Brixia, antike Stadt, ↑Brescia.
Brjansk, russ. Gebietshauptstadt an der Desna, 452 000 E. 3 Hochschulen; Theater; Dieselmotorenbau, Kammgarnkombinat. – Urkundlich erstmals 1146 erwähnt. Vom 13. Jh. bis Mitte 14. Jh. Hauptstadt eines Teil-Ft., 1356 zum Groß-Ft. Litauen, 1500 zum Groß-Ft. Moskau.
Brjussow, Waleri Jakowlewitsch, *Moskau 13. Dez. 1873, †ebd. 9. Okt. 1924, russ. Dichter. – Als wegweisender Formkünstler Führer der russ. Symbolisten; auch histor. Romane, übersetzte Vergil, Dante, Goethe, Poe und Verlaine.
Brno [tschech. ˈbrnɔ] ↑ Brünn.
Broad Church [engl. ˈbrɔːd ˈtʃəːtʃ, eigtl. „breite Kirche"] (Broad Church Party), eine der drei Richtungen in der ↑anglikanischen Kirche, gekennzeichnet durch soziale Aktivitäten und religiöse Toleranz.
Broad Peak [engl. ˈbrɔːd ˈpiːk], Berg im Karakorum; 8 047 m; am 9. Juni 1957 Erstbesteigung.
Broadway [engl. ˈbrɔːdweɪ „breiter Weg"], eine der Hauptstraßen der Stadt New York, USA, verläuft, z. T. schräg zum Schachbrettgrundriß des Straßennetzes, von der S-Spitze von Manhattan bis zur nördl. Stadtgrenze, etwa 25 km lang; v. a. durch seine Theater bekannt.
Broadwood & Sons, Ltd, [engl. ˈbrɔːdwʊd ənd sʌnz ˈlɪmɪtɪd], brit. Klavierfabrik, um 1728 in London gegr.; bis heute eine der führenden Weltfirmen.
Broca, Paul, *Sainte-Foy-la-Grande (bei Bergerac) 28. Juni 1824, †Paris 9. Juli 1880, frz. Chirurg und Anthropologe. – Einer der bedeutendsten Chirurgen seiner Zeit; entdeckte das nach ihm benannte Sprachzentrum im Gehirn.
Broca-Formel [nach P. Broca], Grobregel zur Berechnung des Körpersollgewichtes in kg aus der Körperlänge in cm abzüglich 100. Bei einer Körpergröße von 175 cm ergibt sich demnach ein Körpersollgewicht von 75 kg.
Broccoli [italien.], svw. ↑Spargelkohl.
Broch, Hermann, *Wien 1. Nov. 1886, †New Haven (Conn.) 30. Mai 1951, östr. Dichter. – 1938 verhaftet, emigrierte er nach der Freilassung in die USA, Prof. in New Haven. B. war einer der ersten Erzähler der Moderne in der dt.-sprachigen Literatur, bes. in von J. Joyce beeinflußten Roman „Der Tod des Vergil" (1947) sprengt er die traditionelle Erzählweise. – *Weitere Werke:* Die Schlafwandler (R.-Trilogie, 1931/32), Die Schuldlosen (R., 1950), Der Versucher (R., hg. 1953).
Brochantit [nach dem frz. Mineralogen A. J. F. M. Brochant de Villiers, *1772, †1840], smaragdgrünes bis schwärzlichgrünes, durchsichtiges bis durchscheinendes, in körnigen, monoklinen Kristallen auftretendes Mineral, $Cu_4[(OH)_6/SO_4]$; Mohshärte 3,5 bis 4; Dichte 3,97 g/cm³.
Brock, Bazon, *Stolp (Ostpommern) 2. Juni 1936, dt. Aktionskünstler, Kunsttheoretiker. – Betont die Alltagsästhetik, d. h. Kunst als Kulturtechnik im Alltag. Initiator der Besucherschulen der Documenta und aktivierender neuer Lehrformen (action-teaching). Schrieb u. a. „Ästhetik als Vermittlung" (1977) und „Ästhetik gegen erzwungene Unmittelbarkeit" (1986).
Brockdorff, seit 1220 bezeugtes holstein.-dän. Adelsgeschlecht; es bestehen noch Linien in Schleswig-Holstein und Dänemark (seit 1672 bzw. 1838 gräfl.) sowie der 1706 in den Reichsgrafenstand erhobene fränk. Zweig.
B.-Rantzau, Ulrich Graf von, *Schleswig 29. Mai 1869, †Berlin 8. Sept. 1928, dt. Diplomat und Politiker. – Ab Dez. 1918 als Staatssekretär Leiter des Auswärtigen Amtes, danach Außenmin. Febr. bis Juni 1919; trat aus Anlaß der Unterzeichnung des Versailler Vertrages, den er ablehnte, zurück; ging trotz Bedenken gegen den Rapallovertrag als erster Botschafter in die Sowjetunion (1922–28); trug entscheidend zum Zustandekommen des Berliner Vertrages (1926) bei.
Brocken, höchster Berg des Harzes, 1 142 m hoch; besteht aus Granit, seine Kuppe ist unbewaldet. – In der Mythologie als **Blocksberg** Schauplatz der Walpurgisnacht.
Brockengespenst [nach dem Brocken], vergrößert erscheinender Schatten des Beobachters auf einer Nebelwand bei tiefstehender Sonne.

Brokat

Melchior Broederlam. Detail aus der Verkündigung vom Altar für die Kartause von Champmol, 1394–99 (Dijon, Musée des Beaux-Arts)

Brockhaus (F. A. Brockhaus), Verlag, der 1805 von Friedrich Arnold B. (* 1772, † 1823) in Amsterdam gegründet wurde; ab 1811 in Altenburg, ab 1817/18 in Leipzig, wo auch eine Druckerei angeschlossen wurde. Hauptarbeitsgebiet des seit 1953 in Wiesbaden (nach Enteignung des Leipziger Hauses) wieder als F. A. B. firmierenden Unternehmens sind Lexika; 1809 brachte F. A. B. erstmals ein „Conversations-Lexikon" (6 Bde.) heraus. 1966–74 erschien die 17. Auflage des „Großen Brockhaus" u. d. T. „Brockhaus Enzyklopädie" in 20 Bänden; seit 1986 erscheint in 19. Auflage wieder die „Brockhaus Enzyklopädie" in 24 Bänden, daneben veröffentlicht der Verlag Werke aus Natur-, Erd- und Völkerkunde, Biographien und Musikbücher. 1984 Fusion mit der Bibliographisches Institut AG zur Firma ↑ Bibliographisches Institut & F. A. Brockhaus AG (Unternehmenssitz Mannheim).

Ferdinand Maximilian Brokoff. Evangelist Markus, um 1720 (Prag, Galluskirche)

Brockmann, Hans Heinrich, * Altkloster (heute zu Buxtehude) 18. Okt. 1903, dt. Chemiker. – Prof. in Posen und Göttingen; entwickelte die Adsorptionschromatographie zur Trennung von organ. Verbindungen.

Brod, Max, * Prag 27. Mai 1884, † Tel Aviv-Jaffa 20. Dez. 1968, östr.-israel. Schriftsteller. – Zionist, emigrierte 1939 nach Tel Aviv; Freund Kafkas, dessen Werk er postum herausgab. Vielseitiger Schriftsteller: kulturphilosoph. Essays, histor. Romane, Novellen, Liebesromane, religiöse Dichtung. – *Werke:* Romantrilogie: Tycho Brahes Weg zu Gott (1916), Reübeni, Fürst der Juden (1925), Galilei in Gefangenschaft (1948); F. Kafka (Biogr., 1937), Streitbares Leben (Autobiogr., 1960, erweitert 1969).

Brodem, von heißen Flüssigkeiten aufsteigender Dunst, Dampf.

Brodski, Iossif Alexandrowitsch, * Leningrad 24. Mai 1940, russ. Lyriker. – Lebt in den USA (in der Sowjetunion verfolgt und 1972 ausgebürgert), seit 1977 amerikan. Staatsbürger. Neben persönl. Bekenntnis- und Gedankenlyrik religiös bestimmte Gedichte mit trag. Grundton; auch Essays, Dramen. 1987 Nobelpreis. – *Werke:* Ausgewählte Gedichte (1966), Marmor (Dr., 1984), Erinnerungen an Leningrad (1986).

Brodwolf, Jürgen, * Dübendorf (Kt. Zürich) 14. März 1932, schweizerisch-dt. Maler, Graphiker, Zeichner. – Er begann mit figürl. Darstellungen, Tusch- und Radierzyklen. Seit 1959 entstehen v. a. Objekte und Figurinen.

Broederlam, Melchior [niederl. ˈbruːdərlam], 1381–1409 in Ypern nachweisbarer niederl. Maler. – Das einzig sichere Werk sind die Altarflügel für die Kartause von Champmol (bei Dijon; 1394–99).

Broek, Johannes Hendrik van den [niederl. bruːk], * Rotterdam 4. Okt. 1898, † Den Haag 6. Sept. 1978, niederl. Architekt. – 1937 assoziierte er sich mit J. A. Brinkman, 1948 mit J. B. Bakema (* 1914, † 1981), mit dem er entscheidend am Wiederaufbau Rotterdams beteiligt war.

Bröger, Karl, * Nürnberg 10. März 1886, † Erlangen 4. Mai 1944, dt. Lyriker und Erzähler. – Arbeiterdichter; autobiograph. Bericht: „Der Held im Schatten" (1919).

Broglie [frz. brɔj], frz. Adelsgeschlecht, seit dem 13. Jh. in Piemont beheimatet; 1643 kam von dort der Zweig der Familie nach Frankreich und erhielt 1742 den erbl. Herzogstitel. Aus dieser Familie gingen zahlr. bed. frz. Politiker (u. a. *Achille Léon Victor Herzog von B.* [* 1785, † 1870], 1832–36 frz. Außenmin. sowie 1830 und 1835/36 auch Min.präs., und *Albert Victor Herzog von B.* [* 1821, † 1901], 1873/74 Min. und 1877 Min.präs.), Heerführer (u. a. die Marschälle *François Marie Herzog von B.* [* 1671, † 1745] und *Victor François Herzog von B.* [* 1718, † 1804]) sowie Wissenschaftler hervor, u. a.:

B., Louis Victor Prinz von (seit 1960 Herzog), genannt L. de B., * Dieppe 15. Aug. 1892, † Louveciennes bei Paris 19. März 1987, frz. Physiker. – Prof. in Paris. Konzipierte 1923/24 seine grundlegenden Ideen über den Welle-Teilchen-Dualismus; er führte den Begriff der ↑ Materiewellen ein, mit dem er die Bohrsche Quantenbedingung und das Auftreten stabiler Elektronenbahnen in den Atomen erklären konnte. Gab damit den Anstoß zur Entwicklung der Wellenmechanik durch E. Schrödinger. Nobelpreis für Physik 1929 (zus. mit O. W. Richardson).

B., Maurice 6. Herzog von, genannt M. de B., * Paris 27. April 1875, † Neuilly-sur-Seine 14. Juli 1960, frz. Physiker. – Bruder von Louis Victor Prinz von B.; Mgl. der Académie française; bed. Arbeiten zur Spektroskopie, über Röntgen- und Gammastrahlen.

Brok, tom (ten Brok), ostfries. Häuptlingsgeschlecht des 14./15. Jh.: **Ocko I. tom Brok** (1376–91) machte Aurich zum Mittelpunkt einer ausgedehnten Herrschaft; **Keno II.** (1399–1417) einigte Ostfriesland; **Ocko II.** (1417–27) nannte sich Häuptling von Ostfriesland, unterlag aber im Kampf um die Macht 1427 Focko Ukena und starb 1435 als letzter seines Geschlechts.

Brokat [italien., zu broccare „durchwirken"], Seiden- oder Chemiefasergewebe, häufig von Metallfäden durchzogen.

Max Brod

Iossif Alexandrowitsch Brodski

Louis Victor Herzog von Broglie

Brokat

Brokatglas

Bromberg. Getreidespeicher am Bromberger Kanal

Bromberg
Stadtwappen

Louis Bromfield

Brombeere

Brokatglas, Glas mit eingeschmolzenen Gold- und Silberfäden.

Brokdorf, Gem. am rechten Ufer der Elbe, 15 km sw. von Itzehoe, Schl.-H., 870 E. Kernkraftwerk (1290 MW Leistung), dessen Inbetriebnahme gegen zahlr. Proteste durchgesetzt wurde.

Broken Hill [engl. 'broʊkən 'hɪl], Bergbaustadt in Neusüdwales (Australien), 24 000 E. ⚔. Bei B. H. liegen die bedeutendsten silberhaltigen Blei-Zink-Erzlagerstätten Australiens.

Broker ['broːkər; engl. 'broʊkə], svw. Börsenmakler (angloamerikan. Bereich), in der BR Deutschland v. a. der Makler bei Warentermingeschäften.

Brokkoli [italien.], svw. ↑Spargelkohl.

Brokoff, Ferdinand Maximilian, * Rothenhaus (= Červený Hrádek) bei Komotau 12. Sept. 1688, † Prag 8. März 1731, böhm. Bildhauer. – Einer der bedeutendsten Bildhauer des böhm. Spätbarock. Schuf in Prag u. a. Figuren für die Karlsbrücke (der „Hl. Franz von Borgia", 1710). – Abb. S. 177.

Brom [zu griech. brōmos „Gestank"], chem. Symbol Br, nichtmetall. Element aus der VII. Hauptgruppe des Periodensystems der chem. Elemente; Halogen; Ordnungszahl 35, relative Atommasse 79,904; bei Normaltemperatur ist B. eine dunkelrotbraune Flüssigkeit, die an der Luft giftige Dämpfe entwickelt. Schmelzpunkt $-7,2\,°C$, Siedepunkt $58,78\,°C$, Dichte $3,12\,g/cm^3$. Im gasförmigen Zustand liegt es als Molekül (Br_2) vor. Seine wäßrige Lösung heißt **Bromwasser.** Entsprechend seiner Stellung im Periodensystem tritt B. in seinen Verbindungen überwiegend einwertig auf (Bromide). Kommt in der Natur nur in Form von Bromiden vor, z. B. im Bromkarnallit der Staßfurter Abraumsalze oder als Magnesiumbromid im Meerwasser. B. ist Ausgangsprodukt für eine große Anzahl von organ. Synthesen (Farbstoffe, Arzneimittel, Lösungsmittel u. a.). In der Form des Silberbromids (AgBr) spielt es in der Photoind. eine wichtige Rolle. Als Additiv zu Antiklopfmitteln wird Äthylenbromid (1,2-Dibromäthan), CH_2Br-CH_2Br, verwendet.

Bromaceton (Brompropanon), eine wasserhelle, flüchtige Verbindung, „Tränengas": $CH_3-CO-CH_2Br$; selbst in großer Verdünnung ruft es noch ein Brennen und Tränen der Augen hervor.

Bromakne ↑Bromvergiftung.

Bromate [griech.], die Salze der Bromsäure (↑Bromsauerstoffsäuren), allg. Formel: Me^IBrO_3.

Brombeere [zu althochdt. brama „Dornstrauch"] (Rubus fruticosus), formenreiche Sammelart der Rosengewächsgatt. Rubus mit zahlr., z. T. schwer unterscheidbaren Kleinarten und vielen Bastarden, in Wäldern und Gebüsch; mit kräftigen Stacheln, gefiederten Blättern und schwarzroten bis schwarzen, glänzenden Sammelsteinfrüchten; zahlr., v. a. in N-Amerika gezüchtete Kultursorten (z. B. ↑Loganbeere), manche auch stachellos.

Bromberg (poln. Bydgoszcz), poln. Stadt nö. von Posen, an der Mündung der Brahe in die Weichsel, 373 000 E. Hauptstadt der Woiwodschaft Bydgoszcz. Ingenieur- und landw. Hochschule; Museum, zwei Theater, Philharmonie; Maschinenbau, elektrotechn. Ind., Fahrradherstellung, Schuhfabrik, Nahrungsmittelind.; Binnenhafen (24,7 km langer **Bromberger Kanal** zum Oderzufluß Netze), Verkehrsknotenpunkt. – Entstand im 12. Jh. als Siedlung; 1346 Magdeburger Stadtrecht. Wirtsch. Blüte im 15. und 16. Jh.; 1772–1920 (mit Unterbrechung 1807–15) bei Preußen. – Spätgot. Pfarrkirche (1460–1502).

Bromeliazeen (Bromeliaceae) [zu ↑Bromelie], svw. ↑Ananasgewächse.

Bromelie (Bromelia) [nach dem schwed. Botaniker O. Bromel, * 1639, † 1705], Gatt. der Ananasgewächse mit etwa 35 Arten in trop. Amerika; meist große, ananasähnl., erdbewohnende Rosettenpflanzen; Blätter lang und starr, am Rand mit Dornen besetzt; Blüten in Blütenständen. Die Beerenfrüchte einiger Arten sind eßbar.

Bromfield, Louis [engl. 'brəmfiːld], * Mansfield (Ohio) 27. Dez. 1896, † Columbus (Ohio) 18. März 1956, amerikan. Schriftsteller. – Verfasser erfolgreicher Gesellschafts- und Reiseromane, insbes. Indienromane, u. a. „Der große Regen" (1937).

Bromide [griech.], Salze der Bromwasserstoffsäure, die alle das einwertig negative Bromidion Br^- besitzen. Bes. techn. Bedeutung besitzen das Silber- (Photographie), Ammonium- und Kaliumbromid.

Bromierung [griech.], Einführung von Brom in eine organ. Verbindung.

Bromismus [griech.], svw. ↑Bromvergiftung.

Brompräparate, Arzneimittel, deren wirksamer Bestandteil das Bromidion ist. B. dämpfen die Erregbarkeit des Zentralnervensystems und galten lange als ungefährl., leichte Beruhigungsmittel. Bei fortgesetzter Anwendung ist jedoch eine chron. Bromvergiftung möglich. B. sind inzwischen weitgehend durch andere Beruhigungsmittel ersetzt worden.

Bromsauerstoffsäuren, Verbindungen des Broms, die saure Eigenschaften zeigen und in denen das Brom als Zentralatom negativ geladener Komplexe auftritt. Von der schwachen *Bromsäure(I),* HBrO (hypobromige Säure), sind nur die Salze (Bromate(I)) beständig. Die *Bromsäure(III),* $HBrO_2$ (bromige Säure), und die *Bromsäure(V),* $HBrO_3$, sind nur in wäßriger Lösung beständig; die Salze sind die Bromate(III) bzw. Bromate(V). Die *Bromsäure(VII),* $HBrO_4$ (Perbromsäure), und ihre Salze, die Bromate(VII), sind starke Oxidationsmittel.

Brömsebro [schwed. brœmsəˈbruː], Ort in Schweden, 30 km nö. von Karlskrona, 250 E. Im Frieden von B. (1645) am Ende des schwed.-dän. Krieges verlor Dänemark seine Vormachtstellung im Norden.

Bromsilber, svw. Silberbromid (↑Silberhalogenide).

Bromsilberdruck (Rotationsphotographie), Kopierverfahren zur maschinellen Herstellung von photograph. Abzügen (v. a. für Ansichtskarten), bei dem mit Bromsilbergelatine beschichtetes, auf Rollen aufgewickeltes Papier abschnittsweise unter den montierten Halbtonnegativen hindurchgezogen und automatisch belichtet und entwickelt wird.

Bromthymolblau, Indikator zur pH-Wert-Bestimmung; geht bei den pH-Werten 6,0 bis 7,6 von Gelb in Blau über.

Bromus [griech.-lat.], svw. ↑Trespe.

Bromvergiftung (Bromismus), Krankheitserscheinungen, die auf einer Überempfindlichkeit des Organismus gegen Brom bzw. Bromverbindungen oder auf einer über längere Zeit erfolgenden Einnahme von Brompräparaten beruhen. Charakteristisch sind v. a. Konzentrationsschwäche, Schlaflosigkeit, Halluzinationen, Gewichtsabnahme und Bromakne (Hautausschlag mit entzündeten braunroten Knoten). Auch nach Einatmen von Bromgasen (bes. in der chem. Industrie) kann eine B. auftreten.

Bromwasserstoff, HBr, Wasserstoffverbindung des Broms, bildet ein farbloses, stechend riechendes Gas, dessen wäßrige Lösung als **Bromwasserstoffsäure** bezeichnet wird. Die B.säure ist eine starke Säure, sie löst viele Metalle unter Wasserstoffentwicklung und Bildung von ↑ Bromiden.

bronchial [griech.], zu den Ästen der Luftröhre (oder Bronchien) gehörend, diese betreffend.

Bronchialasthma ↑ Asthma.

Bronchialkatarrh, svw. ↑ Bronchitis.

Bronchialkrebs (Bronchialkarzinom) ↑ Lungenkrebs.

Bronchien (Bronchen, Bronchi, Einz.: Bronchus) [griech.], die Aufzweigungen der Luftröhre. Die Gesamtheit der B. wird als **Bronchialbaum** bezeichnet. Die B. verästeln sich in feine und feinste **Bronchiolen** mit jeweils mehreren blind endenden Alveolen; diese besitzen eine respirator. Membran, an der der Gasaustausch mit dem Blut stattfindet. Die großen B. sind von einer Schleimhaut mit Flimmerepithel ausgekleidet, die durch das Sekret schleimbildender Drüsen befeuchtet wird. Die Muskulatur der durch Knorpel versteiften B.wand kann die B.lichtung in jedem Entfaltungszustand der Lunge aktiv enger oder weiter stellen.

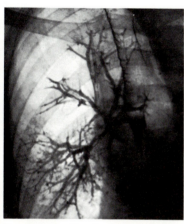

Bronchien. Darstellung des Bronchialbaumes der rechten Lunge (Röntgenbild nach Füllung mit Kontrastmittel)

Bronchiolitis [griech.] ↑ Bronchitis.

Bronchitis [griech.] (Bronchialkatarrh), Schleimhautentzündung der Luftröhrenäste (Bronchien), oft gleichzeitig auch der Luftröhre **(Tracheobronchitis)**. Die **akute Bronchitis**, meist eine Tracheo-B., tritt v. a. bei Unterkühlung des Körpers oder bei vorliegendem Virusinfekt als mehr oder weniger selbständige Erkrankung auf. Die ersten Erscheinungen der akuten B. sind Wundgefühl hinter dem Brustbein, Husten, Auswurf (bes. morgens), Brustschmerzen und allg. Leistungsminderung. Das Fieber steigt über 38 °C an. Die akute B. klingt im allg. innerhalb weniger Tage ab. Die Behandlung besteht v. a. in Inhalationen. Die **chronische Bronchitis** kann bei wiederholtem Rückfall aus der akuten B. entstehen. Bes. die kalte Jahreszeit, feuchtes Nebelklima, allerg. Reaktionen und chron. Rauch-, Staub- oder Chemikalienreize fördern die chron. Bronchitis. Auch Herzkrankheiten oder Staublungenerkrankungen können mit chron. B. einhergehen. Unter den schädl. chem. Faktoren spielt der Tabakrauch eine bes. Rolle **(Raucherbronchitis)**. Haupterscheinung der chron. B. ist der hartnäckige Husten mit schleimigem Auswurf, der oft zum Lungenemphysem (↑ Emphysem) mit folgender Einengung der Lungenstrombahn und Rechtsherzschwäche führt. Die **kapilläre Bronchitis** (B. capillaris, **Bronchiolitis**) ist eine akute virusbedingte Entzündung der feinsten Luftröhrenverzweigungen (Bronchiolen); betroffen sind v. a. Kleinkinder, aber auch ältere Menschen. Kennzeichen sind rascher Fieberanstieg und lebensbedrohl. Atemnot (Nasenflügelatmen, keuchende Atmung, Blässe und schließl. Blausucht).

Bronchographie [griech.], Röntgendarstellung der Luftröhrenäste nach Einfüllung eines Röntgenkontrastmittels.

Bronchopneumonie ↑ Lungenentzündung.

Bronchoskopie [griech.] (Luftröhrenspiegelung), Betrachtung der Luftröhre und ihrer Verzweigungen mit dem Bronchoskop (↑ Endoskope). Die B. dient u. a. der genauen Ortung und Entfernung von Fremdkörpern, zur Früherkennung von Tumoren und zur Entnahme von Gewebsproben (Biopsie).

Bronchospirometrie, Methode der Lungenfunktionsprüfung, bei der v. a. das Atemvolumen, unter Verwendung eines Gasanalysegerätes auch die Sauerstoffaufnahme beider Lungenflügel getrennt geprüft werden können; z. B. zur Voruntersuchung bei Lungenresektionen eingesetzt.

Bronn, Heinrich Georg, *Ziegelhausen (= Heidelberg) 3. März 1800, †Heidelberg 5. Juli 1862, dt. Zoologe und Paläontologe. – Prof. in Heidelberg; Wegbereiter der Abstammungslehre in der Paläontologie; stellte Versteinerungen chronolog. zusammen.

Bronnbach, ehem. Zisterzienserkloster bei Reicholzheim (= Wertheim), Main-Tauber-Kreis, Bad.-Württ.; 1151 gegr., 1803 säkularisiert. Die nach 1157 erbaute Kirche ist eine roman. dreischiffige Basilika. Das Innere wurde später barock ausgestaltet. Nach 1945 von Kapuzinern bezogen.

Bronnen, Arnolt, eigtl. Arnold Bronner, *Wien 19. Aug. 1895, †Berlin 12. Okt. 1959, östr. Schriftsteller. – Einer der Bühnenavantgardisten in Berlin der 20er Jahre, wechselte 1929 von der Linken zur äußersten Rechten über, nach 1945 Kommunist, zuletzt Theaterkritiker in Berlin (Ost). – *Werke:* Vatermord (Dr., 1920), Anarchie in Sillian (Dr., 1924), arnolt bronnen gibt zu protokoll (Autobiogr., 1954), Aisopos (R., 1956).

Bronsart von Schellendorf, Paul, *Danzig 25. Jan. 1832, †Schettnienen bei Braunsberg (Ostpr.) 23. Juni 1891, preuß. General und Min. – Kriegsmin. 1883–89; setzte 1887/88 eine umfassende Reorganisation der Armee durch.

Bronschtein, Leib ↑ Trotzki, Leo.

Brønsted, Johannes Nicolaus [dän. 'brɔnsdɛð], *Varde 22. Febr. 1879, †Kopenhagen 17. Dez. 1947, dän. Chemiker. – Entwickelte mit N. Bjerrum und unabhängig von T. M. Lowry die nach ihm benannte *B.-Säure-Base-Theorie* (↑ Säure-Base-Theorie).

Brontë [engl. 'brɔnti], Anne, *Thornton (Yorkshire) 17. Jan. 1820, †Scarborough (Yorkshire) 28. Mai 1849, engl. Dichterin. – Schrieb einige Gedichte für die Lyrikanthologie ihrer Schwestern Charlotte und Emily Jane und den Roman „Agnes Grey" (1847).

B., Charlotte, *Thornton (Yorkshire) 21. April 1816, †Haworth (Yorkshire) 31. März 1855, engl. Schriftstellerin. – Gab eine Lyrikanthologie (auch mit Gedichten ihrer Schwestern Anne und Emily Jane) heraus. Schrieb vielgelesene Romane, u. a. „Jane Eyre" (1847).

B., Emily Jane, *Thornton (Yorkshire) 30. Juli 1818, †Haworth (Yorkshire) 19. Dez. 1848, engl. Schriftstellerin. – Schwester von Anne und Charlotte B.; Hauptwerk ist der Roman „Wutheringshöhe" (3 Bde., 1847), in dem Motive des Schauerromans durch psycholog. Charakteranalyse verfeinert wurden.

Brontosaurus [griech.] (Apatosaurus), Gatt. ausgestorbener, etwa 20 m langer Dinosaurier im oberen Jura N-Amerikas und Portugals; vordere Extremitäten wesent-

Arnolt Bronnen

Charlotte Brontë (Stahlstich)

Emily Jane Brontë (Ausschnitt aus einem Gemälde)

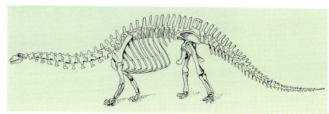

Brontosaurus

Bronx

Bronzekunst.
Edgar Degas,
Tänzerin, um 1883
(Köln, Wallraf-
Richartz-Museum)

lich kürzer als die hinteren, Hals außergewöhnlich kräftig, Schädel klein, gestreckt.

Bronx [engl. brɒŋks], nördl. Stadtteil von New York, USA.

Bronze ['brõːsə; roman.], Sammelbez. für Kupferlegierungen mit mehr als 60 % Kupfergehalt, die nicht als Messing gelten, z. B. *Glocken-B.* (20–30 % Sn). Im engeren Sinne werden Kupfer-Zinn-Legierungen (80–90 % Cu) als B. bezeichnet. B. haben gute Dehnungs- und Bearbeitungseigenschaften, hohe Verschleißfestigkeit und Korrosionsbeständigkeit. – Seit vorgeschichtl. Zeit für Waffen, Geräte, Schmuck und Plastiken verwendet.

Bronzefarben, svw. ↑Bronzepigmente.

Bronzeguß ['brõːsə], Guß von Gebrauchs-, kunsthandwerkl. und künstler. Gegenständen aus Bronze. Der B. ist seit dem 3. Jt. v. Chr. belegt. Die gebräuchlichsten Gußverfahren sind Herdguß, Schalen- oder Kokillenguß, Wachsausschmelzgußverfahren, Teilformverfahren in Formsand (↑Gießverfahren).

Bronzekrankheit ['brõːsə] ↑Addison-Krankheit.

Bronzekunst ['brõːsə], in den verschiedenen Verfahren des Bronzegusses geschaffene Bildwerke.

Frühe Hochkulturen und Antike: Die frühesten Werke entstammen den Hochkulturen des Vorderen Orients (z. B. der akkad. Kopf aus Ninive, 2. Hälfte des 3. Jt. v. Chr.) und der chin. Kunst (2. Jt. v. Chr.). Die antike B. beginnt mit den voll gegossenen minoischen Bronzestatuetten Kretas des 2. Jt. v. Chr. Als Erfinder des Hohlgusses ganzer Statuen gilt Theodoros von Samos (6. Jh. v. Chr.). In der klass. Epoche (5. Jh. v. Chr.) entstanden der Wagenlenker von Delphi und der Gott vom Kap Artemision in Athen. Auch bei den Etruskern und in der röm. Kaiserzeit fand die B. breiteste Anwendung (Reiterstatue des Mark Aurel in Rom).

MA: Eine neue Blütezeit der B. setzte in der Romanik ein. Bed. Beispiele sind die Bernwardstür in Hildesheim, die Grabplatten des Rudolf von Schwaben im Dom zu Merseburg/Saale sowie der Erzbischöfe Friedrich von Wettin und Wichmann im Dom zu Magdeburg, ferner Kruzifixe, Taufbecken und kirchl. Gerät. In der *Gotik* wurde die B. durch (häufig vergoldete) liturg. Geräte (Taufbecken, Schreine, Reliquiare) geprägt.

Neuere Zeit: Die Führung geht mit der Renaissance auf Italien über (Paradiestür von L. Ghiberti, 1425–52). Bronzestatuen schufen Donatello, Giovanni da Bologna, B. Cellini. In Deutschland beherrschte die in Nürnberg ansässige Familie Vischer fast die gesamte Produktion (u. a. für das Grab des hl. Sebaldus, 1507–19, Nürnberg, Sankt Sebald). Im 17. Jh. sind insbes. H. Gerhard und A. Schlüter (Reiterdenkmal des Großen Kurfürsten, 1697–1709) zu nennen, im 20. Jh. A. Rodin, E. Barlach, A. Maillol, H. Moore, A. Giacometti, M. Marini, G. Manzù.

Bronzepigmente ['brõːsə] (Bronzefarben, Pudermetalle), pulver- oder blättchenförmige Metallpigmente, die als Abfälle in Metallschlägereien anfallen oder aus sehr dünn gewalzten Bändern hergestellt werden. **Aluminiumbronzepigmente** bestehen aus reinem Aluminiumpulver, **Goldbronzepigmente** aus Kupfer- oder Kupfer-Zink-Legierung, **Silberbronzepigmente** aus Kupfer-Zink-Nickel-

Bronzekunst

Oben links: sumerisch-akkadische Kunst, Hohlguß des akkadischen Kopfes aus Ninive, um 2250–2200 v. Chr. (Bagdad, Irak-Museum). Oben Mitte: chinesische Kunst der späten Hanzeit, Himmlisches fliegendes Pferd, entdeckt 1969 (Provinz Gansu). Oben rechts: minoische Kunst, Statuette eines Mannes in Gebetshaltung, um 1550 v. Chr. (Heraklion, Archäologisches Museum). Unten links: Magdalena Abakanowicz, Katharsis, 1985 (Privatbesitz). Unten rechts: Peter Vischer d. Ä., Simson, Ausschnitt aus dem Sebaldusgrab, 1507–19 (Nürnberg, Sebalduskirche)

Bronzezeit. Kulturgruppen der mittleren Bronzezeit

Legierung. Durch Erhitzen bilden sie lichtbeständige Anlauffarben, durch Färben mit Teerfarbstoffen **Patentbronzen.**

Bronzezeit ['brõːsə], Kulturperiode zw. Ende 3. und Anfang 1. Jt. v. Chr., in der Bronze das wichtigste Rohmaterial v. a. für Schmuckgegenstände sowie für Waffen und Werkzeuge war. Im Dreiperiodensystem zw. Stein- und Eisenzeit eingeschoben, kann die B. in ihren räuml. und zeitl. Dimensionen mit diesen jedoch kaum verglichen werden. Eine ausgeprägte B. gab es nur im größten Teil Europas (Kerngebiete: M-Europa, N-Italien, O-Frankreich, S-Skandinavien, Baltikum, Polen, NW-Balkan), in Teilen N-Afrikas (Maghreb, N-Mauretanien, ägypt. Niltal) und in vielen Teilen Asiens (Vorder- und Z-Asien, NW-Indien, S-Sibirien, China, z. T. Hinterindien und Indonesien). Eine durchgehende Periodisierung der B. ist nur im zentraleurop. Kerngebiet in großen Zügen möglich: frühe B. (Anfang 2. Jt.–16. Jh.), mittlere B. (16.–13. Jh.) und späte B. (13.–8. Jh.; Urnenfelderzeit). – Wo Bronze zuerst bewußt hergestellt wurde, ist umstritten. Frühe Zentren der B. lagen in Böhmen und M-Deutschland (Aunjetitzer Kultur; Anfang 2. Jt.) und in SW-England (Wessexkultur; wahrscheinl. 1. Hälfte 2. Jt.).

Kennzeichnend für die B. sind eine gewisse soziale Differenzierung (handwerkl. Spezialisierung für Bronzegewinnung und -bearbeitung erforderlich; soziale Hervorhebung einzelner Persönlichkeiten durch die reiche Ausstattung der sog. Fürstengräber belegt) und eine vorwiegend bäuerl. Wirtschaftsform. Unterschiedl. Grabformen (frühe B.: Hockergräber; mittlere B.: überwiegend Hügelgräber; späte B.: Urnenbestattung in Flachgräbern). Zu den Funden (Grabbeigaben, Depot- oder Hortfunde) gehören u. a. Schmuckstücke (Arm-, Bein-, seltener Fingerringe, Anhänger, Nadeln, in der späten B. Fibeln), Waffen (Beile, Äxte, Lanzen- und Pfeilspitzen, Dolche, Dolchstäbe, später Schwerter), seltener und meist erst in der späten B. Rüstungsteile (Helme, Panzer, Beinschienen, Schilde); figurale Kunstwerke selten, getriebene Bronzegefäße in der späten B. häufig. Vorherrschend ist eine abstrakte Ornamentik.

Bronzino, Agnolo [italien. bron'dziːno], eigtl. Agnolo di Cosimo, * Monticelli bei Florenz 17. Nov. 1503, † Florenz 23. Nov. 1572, italien. Maler. – Schüler und Mitarbeiter Pontormos; bed. Vertreter des florentin. Manierismus, v. a. hervorragender Porträtist. – Abb. S. 182.

Bronzit [brõ'siːt; roman.], fasriges, oft bronzeartig schillerndes Mineral, $(Mg, Fe)_2[Si_2O_6]$, rhomb. Augit; Dichte $3{,}2–3{,}5$ g/cm³; Mohshärte $5{,}5$.

Brook, Peter [engl. bruk], * London 21. März 1925, engl. Bühnen- und Filmregisseur. – Inszenierte mit großem Erfolg v. a. Stücke von Shakespeare. Internat. bekannt die Filmversion des Stücks von P. Weiss „Die Verfolgung und Ermordung des Jean Paul Marat ..." (1967), nach G. Bizet „Carmen" (1981; Fernsehfilm 1983) und die Dramatisierung des Sanskrit-Epos „Mahabharata" (1985).

Brooke, Rupert Chawner [engl. bruk], * Rugby (Warwickshire) 3. Aug. 1887, ⚔ auf Skiros bei Euböa 23. April 1915, engl. Dichter. – Sein Sonett „The soldier" wurde zum klass. engl. Gedicht des 1. Weltkrieges.

Brooklyn [engl. 'bruklɪn], Stadtteil von New York, USA, auf Long Island.

Brooks Range [engl. 'bruks 'reɪndʒ] ↑ Alaska (Landesnatur).

Bronzezeit. Links: goldener Halskragen von Gleninsheen (Irland), etwa 14. Jh. v. Chr. Rechts: Kopf einer Radnadel, etwa 15. Jh. v. Chr.

Broonzy, William Lee Conley („Big Bill") [engl. 'bruːnzɪ], * Scott (Miss.) 26. Juni 1893, † Chicago 14. Aug. 1958, amerikan. Jazzmusiker. – Wurde v. a. in den 30er Jahren als Bluesgitarrist und sich selbst begleitender Bluessänger bekannt.

Brosamer, Hans, * Fulda (?) kurz vor 1500, † Erfurt (?) nach 1554, dt. Maler, Holzschneider und Kupferstecher. –

Brosche

Zählt mit seinen Kupferstichen zu den Kleinmeistern unter dem Einfluß H. Aldegrevers; Porträt des Fuldaer Kanzlers Johannes von Othera (1536).

Brosche [zu frz. broche, eigtl. „Spieß"], Anstecknadel aus [Edel]metall, oft mit Steinen verziert. Frühe Formen in der Renaissance. Blütezeit im 19. Jh. (Biedermeier).

Broschüre (Broschur) [frz.], buchartiges Fertigprodukt, dessen Buchblock oder Falzbogen nicht mit einer festen Buchdecke umgeben ist, sondern in einen gefalzten Kartonumschlag eingehängt (d. h. eingeleimt) ist.

Brosio, Manlio Giovanni, *Turin 10. Juli 1897, †ebd. 14. März 1980, italien. Politiker und Diplomat. – Als einer der führenden Liberalen 1943/44 Mgl. des Komitees für Nat. Befreiung; 1946–64 Botschafter, 1964–71 NATO-Generalsekretär.

Brossard, Sébastien de [frz. brɔ'saːr], ≈ Dompierre (Orne) 12. Sept 1655, †Meaux (Seine-et-Marne) 10. Aug. 1730, frz. Komponist und Musiktheoretiker. – Schrieb das erste frz. Musiklexikon, „Dictionnaire de musique" (1703).

Brosse, Salomon de [frz. brɔs], *bei Verneuil-sur-Oise 1571, □ Paris 9. Dez. 1626, frz. Baumeister. – Als Hofbaumeister Heinrichs IV. und der Maria von Medici in Paris erbaute er u. a. das Palais de Luxembourg (1615–31). Für die Kirche Saint-Gervais-Saint-Protais (1616–21) schuf er die erste barocke Kirchenfassade in Frankreich.

Brot [zu althochdt. prōt, eigtl. „Gegorenes"], aus Getreidemehlen (v. a. Weizen- und Roggenmehl) sowie Wasser und Salz unter Verwendung von Triebmitteln (Hefe, Sauerteig) hergestellte Backwaren. Die Ausgangsstoffe werden gemischt und geknetet. Dabei erfolgt die Teigbildung auf Grund der mechan. Behandlung und infolge der verschiedenen im Mehl enthaltenen Stoffe.

Die Teiglockerung erfolgt durch die biolog. und chem. Wirkung von Hefe oder Sauerteig. Hefe wird v. a. bei der Weizenteigbereitung verwendet. Bei Roggenmehl wird vorwiegend Sauerteiggärung angewandt, die v. a. durch Milchsäurebakterien und Essigsäurebildner bewirkt wird.

Das B. wird im Backofen bei Temperaturen von 100 bis 270 °C gebacken. Zu den Hauptbrotsorten zählen neben dem Misch-B., dem reinen Weizen-B. und dem reinen Roggen-B. die Vollkorn-B. (mit Weizen- oder Roggenschrot; z. B. Graham-B., ein Weizenschrot-B.). *Spezial-B.* müssen mindestens eine der folgenden Voraussetzungen erfüllen: 1. Verarbeitung von Mahlerzeugnissen, die nach bes. Verfahren hergestellt werden (z. B. Steinmetz-B.); 2. Verwendung von Rohstoffen, die allg. nicht üblich sind (z. B. Buttermilch-B.); 3. Verwendung von Mahlerzeugnissen, die nicht dem B.getreide entstammen; 4. Anwendung bes. Backverfahren.

Rechtliches: Nach Aufhebung des Brotgesetzes vom 17. 7. 1930 i. d. F. vom 21. 4. 1969 zum 22. 12. 1981 gelten für die Zusammensetzung von B. die allg. Bestimmungen des Lebensmittelrechts. Das Gewicht eines frischen Brotes muß mindestens 500 g betragen und durch 250 ohne Rest teilbar sein, geschnittenes B. darf nur in Packungen von 125 g oder einem Vielfachen davon, höchstens 3 000 g vertrieben werden.

Geschichte: Vorgänger des B. ist der Fladen. Schon früh wurden die Fladen auf heißen Steinen geröstet. Sauerteig-B. war bereits bei den alten Kulturvölkern des Orients bekannt. In Griechenland wurde die Kunst der B.bereitung verfeinert (Zusatz von Milch, Eiern, Fett, Gewürzen). Die Einführung der Hefe als Triebmittel wird den Galliern zugeschrieben. – Seit dem 8. Jh. wurde in M-Europa der Fladen aus Getreidebrei weitgehend durch das B. verdrängt, das seit dem 12./13. Jh. (v. a. aus Roggenmehl hergestellt) zu einem wichtigen Nahrungsmittel wurde.

B. spielt im *Glauben* und *Brauch* eine große Rolle. Brotschänder (und Geizige) wurden in der Sage bestraft. Dem geweihten B. werden bes. Wirkungen zugeschrieben. Ein anderes, auf das A. T. zurückgehendes Legendenmotiv ist das des immerwährenden Brotes. – B. wurde, meist zusammen mit Salz, als Zeichen der Gastfreundschaft oder bei Hochzeiten als Symbol für Ehe und Familie überreicht.

Herbert Charles Brown

Brotfruchtbaum. Zweig mit halbreifer Frucht (links) und zwei männlichen Blütenständen (rechts)

Brotkäfer

Agnolo Bronzino. Bildnis einer Prinzessin aus dem Hause Medici, undatiert (Florenz, Uffizien)

Brosche. René Lalique, Jugendstilbrosche, 1901 (Pforzheim, Schmuckmuseum)

Broteinheit (BE), Einheit zur Berechnung der Kohlenhydratmenge für die Diät (bei Zuckerkrankheit); 1 BE entspricht 12 g Kohlenhydraten.

Brotfruchtbaum (Artocarpus communis), auf Neuguinea und den Molukken heim. Maulbeergewächs; bis 20 m hoher Baum, weit ausladende Krone, eßbare, stärkereiche, kopfgroße, fast kugelige, bis 2 kg schwere Scheinfrüchte (**Brotfrüchte**) mit ölreichen Samen; in den Tropen häufig kultiviert.

Brot für die Welt, Hilfsaktion der EKD und der ev. Freikirchen, um Not und Elend in der Welt zu mindern. Erstmals 1959 durchgeführt; ruft seit 1961 jährlich zu Spendenaktionen auf; soll neben Katastrophenhilfe konstruktive Hilfe geben; gefördert werden u. a. Sozial-, Gesundheits- und Bildungseinrichtungen in Afrika, Asien und S-Amerika.

Brotkäfer (Stegobium paniceum), etwa 2–3 mm großer, längl.-ovaler, rostroter bis brauner, dicht und fein behaarter Klopfkäfer; Haus- und Vorratsschädling, lebt bes. in Backwaren und anderen Mehlprodukten.

Brotnußbaum (Brosimum alicastrum), Maulbeergewächs im trop. Amerika; Baum mit längl., kleinen Blättern

Brownsche Molekularbewegung

und kugeligen Blütenständen; der Kautschuk enthaltende Milchsaft von jungen Pflanzen ist genießbar; Samen haselnußähnlich, werden geröstet oder zu Brot verarbeitet gegessen.

Brotschriften (Textschriften, Werkschriften), im Druckwesen die Schriften, die für den Satz von Büchern, Broschüren und Zeitschriften verwendet werden (mit denen die Drucker „ihr Brot verdienten").

Brotwurzel ↑ Jamswurzel.

Hablot Knight Browne. Illustration zu dem Roman „Bleakhouse" von Charles Dickens

Brougham, Henry Peter Baron B. and Vaux [engl. bru:m], *Edinburgh 19. Sept. 1778, †Cannes 7. Mai 1868, brit. Politiker und polit. Schriftsteller. – Rechtsanwalt; Mgl. des Unterhauses 1810–12 und 1816–30, Lordkanzler 1830–34; trat für die Abschaffung des Sklavenhandels, die Katholikenemanzipation sowie eine Wahlrechts- und Bildungsreform ein.

Brouwer, Adriaen [niederl. ˈbrɔuwər], *Oudenaarde 1605 oder 1606, □ Antwerpen 1. Febr. 1638, fläm. Maler. – Bed. Genremaler. 1624–30 in Haarlem und dort vermutlich Schüler von F. Hals, seit 1631 in Antwerpen. B. malte neben Landschaften v. a. Bauern- und Volksszenen, von denen bes. die Wirtshaus- und Prügelszenen bekannt sind.

Brown [engl. braʊn], Charles, *Uxbridge (heute zu London) 30. Juni 1827, †Basel 6. Okt. 1905, schweizer. Ingenieur brit. Herkunft. – Erfand u. a. die B.-Sulzersche Ventildampfmaschine; gründete 1871 in Winterthur die „Schweizerische Lokomotiv- und Maschinenfabrik".

B., Charles [Eugène Lancelot], *Winterthur 17. Juni 1863, †Montagnola 2. Mai 1924, schweizer. Elektrotechniker. – Gründete 1891 zus. mit Walter Boveri die Firma B., Boveri & Cie. in Baden (Schweiz).

B., Charlie ↑ Peanuts.

B., Clifford, *Wilmington (Del.) 30. Okt. 1930, †Chicago 26. Juni 1956, amerikan. Jazzmusiker. – Brillanter Trompeter des modernen Jazz.

B., Ford Madox, *Calais 16. April 1821, †London 11. Okt. 1893, brit. Maler. – Seit 1844 in London, stieß durch D. G. Rossetti zu den Präraffaeliten.

B., George Alfred, brit. Politiker, † George-Brown, Baron of Jevington.

B., Herbert Charles, *London 22. Mai 1912, amerikan. Chemiker brit. Herkunft. – Prof. an der Purdue University in Lafayette (Ind.); bed. Arbeiten in der physikal., anorgan. und organ. Chemie über die Zusammenhänge zw. Molekülstruktur und chem. Verhalten von Stoffen; erhielt 1979 den Nobelpreis für Chemie (mit G. Wittig).

B., James, *bei Toccoa (Ga.) 4. Juni 1929, amerikan. Popmusiker. – Seit 1956 einer der bedeutendsten Soulmusik-Interpreten.

B., John, *Torrington (Conn.) 9. Mai 1800, †Charlestown (W. Va.) 2. Dez. 1859, amerikan. Abolitionist. – Unterstützte flüchtige Sklaven und bekämpfte mit Mord- und Terroraktionen die Sklavenhalter. Beim Überfall auf ein Waffenarsenal in Harpers Ferry (W. Va.) 1859 von Regierungstruppen gestellt, zum Tode verurteilt und gehängt; wurde in den Nordstaaten zum Märtyrer verklärt.

B., Michael Stuart, *New York 13. April 1941, amerikan. Mediziner. – Prof. und Direktor des Zentrums für molekulare Genetik an der Univ. Dallas (Tex.); erhielt 1985 für Forschungen über den Cholesterinstoffwechsel den Nobelpreis für Physiologie oder Medizin (mit J. L. Goldstein).

B., Raymond Matthews („Ray"), *Pittsburgh 13. Okt. 1926, amerikan. Jazzmusiker. – Einer der bedeutendsten Bassisten des modernen Jazz; auch Komponist und Musikverleger.

B., Robert, *Montrose (Schottland) 21. Dez. 1773, †London 10. Juni 1858, brit. Botaniker. – Entdeckte die Nacktsamigkeit bei Nadelhölzern und Palmfarnen. Er erkannte 1831 den Kern als wesentl. Bestandteil der Zelle („nucleus cellulae") und entdeckte 1827 die ↑ Brownsche Molekularbewegung.

Brown, Boveri & Cie. AG (BBC) ↑ Asea Brown Boveri.

Browne [engl. braun], Charles Farrar, *Waterford (Me.) 24. April 1834, †Southampton 6. März 1867, amerikan. Humorist. – Bekannt als Artemus Ward nach einer von ihm erfundenen humorist. Figur.

B., Hablot Knight, Pseudonym Phiz, *Lambeth (= London) 15. Juni 1815, †West Brighton 8. Juli 1882, brit. Zeichner. – Illustrationen zu Werken von C. Dickens.

Browning [engl. ˈbraʊnɪŋ], Elizabeth Barrett, geb. Barrett, *Coxhoe Hall (Durham) 6. März 1806, †Florenz 29. Juni 1861, engl. Dichterin. – ∞ mit Robert B. Als bedeutendstes Werk gelten die meisterhaften „Sonette aus dem Portugiesischen" (1847, dt. von Rilke). Sozialkritisch bestimmte Werke, z. B. die Gedichte „The cry of the children" (1841).

B., Robert, *Chamberwell (= London) 7. Mai 1812, †Venedig 12. Dez. 1889, engl. Dichter. – ∞ mit Elizabeth Barrett B. Seine Werke sind v. a. durch Streben nach Objektivität und bewußte Psychologisierung gekennzeichnet. – *Werke:* Pippa geht vorüber (lyr. Dr., 1841), Die Tragödie einer Seele (Dr., 1846), Dramatis Personae (Ged., 1864), Der Ring und das Buch (Epos, 4 Bde., 1868/69).

Browning [engl. ˈbraʊnɪŋ; nach dem amerikan. Erfinder J. M. Browning, *1855, †1926], Pistole mit Selbstladeeinrichtung. Kennzeichen: fester Lauf, hin- und hergleitender Verschluß, Patronenmagazin im Griff.

Brownsche Molekularbewegung [engl. braun], erstmals von dem brit. Botaniker R. Brown im Jahre 1827 be-

Michael Stuart Brown

Elizabeth Barrett Browning (Zeichnung)

Robert Browning

Adriaen Brouwer. Dorfbaderstube, um 1620/30 (München, Alte Pinakothek)

Brown-Séquard

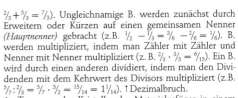

Bruchsal. Blick auf das Schloß, 1722 begonnen, 1960–75 nach kriegsbedingter Zerstörung wiederhergestellt

Charles Édouard Brown-Séquard

Max Bruch

schriebene, durch Molekülstöße verursachte unregelmäßige Bewegung kleinster, in einer Flüssigkeit oder einem Gas verteilter Teilchen.
Brown-Séquard, Charles Édouard [frz. brunse'ka:r], * Port Louis (auf Mauritius) 8. April 1817, † Sceaux (bei Paris) 2. April 1894, frz. Neurologe und Physiologe. – Prof. in Paris; arbeitete v. a. über die Physiologie der Nerven und Muskeln sowie über Nerven- und Rückenmarkserkrankungen; er beschrieb die **Brown-Séquard-Halbseitenlähmung,** eine halbseitige Lähmung nach halber Querdurchtrennung des Rückenmarks.
BRT, Abk. für: **B**rutto**r**egister**t**onne († Registertonne).
Brubeck, Dave [engl. 'bru:bɛk], * Concord (Calif.) 6. Dez. 1920, amerikan. Jazzpianist. – Gründete 1951 das Dave Brubeck Quartett, eines der erfolgreichsten Ensembles des modernen Jazz.
Bruce [engl. bru:s], schott. Adelsgeschlecht anglonormann. Herkunft (11. bis 14. Jh.). Aus ihm stammen die schott. Könige Robert I. (⚭ 1306–29) und sein Sohn David II. (⚭ 1329–71), mit dem die Familie ausstarb.
Bruce, Sir David [engl. bru:s], * Melbourne 29. Mai 1855, † London 27. Nov. 1931, brit. Mikrobiologe austral. Herkunft. – Entdeckte u. a. den Erreger des Maltafiebers (1887) und gilt als Mitentdecker des Erregers der Schlafkrankheit.
Brucellosen [nach Sir D. Bruce], Sammelbez. für seuchenhaft auftretende, meldepflichtige Erkrankungen bei Tier und Mensch, die durch Bakterien aus der Gatt. Brucella hervorgerufen werden (z. B. ↑ Bang-Krankheit, ↑ Maltafieber).
Bruch, Max, * Köln 6. Jan. 1838, † Berlin 2. Okt. 1920, dt. Komponist. – Mit seinen stilistisch an Brahms ausgerichteten Werken war er einer der angesehensten Komponisten seiner Zeit. Von seinen Kompositionen sind heute das Violinkonzert g-Moll (op. 26, 1868) und „Kol Nidrei" für Violoncello und Orchester (op. 47, 1881) am bekanntesten.
B., Walter, * Neustadt an der Weinstraße 2. März 1908, † Hannover 5. Mai 1990, dt. Ingenieur und Fernsehpionier. – Entwickelte u. a. das PAL-Farbfernsehsystem, das die auf den Übertragungsstrecken auftretenden Farbfehler automatisch korrigiert.
Bruch, Quotient zweier ganzer Zahlen; Schreibweise:

$$\frac{p}{q} \text{ oder } p/q \text{ oder } {}^p/_q,$$

wobei der **Nenner** q, nicht notwendig der **Zähler** p, ungleich Null sein muß. Einen B. mit dem Zähler 1 (z. B. $\frac{1}{2}$, $\frac{1}{3}$) nennt man **Stammbruch**. Beim **echten Bruch** (z. B. $\frac{3}{4}$) ist der Zähler kleiner, beim **unechten Bruch** (z. B. $\frac{3}{2}$) größer als der Nenner. B. mit gleichem Nenner heißen **gleichnamige Brüche** (z. B. $\frac{1}{4}$, $\frac{3}{4}$), solche mit ungleichen Nennern **ungleichnamige Brüche**.
Wichtige **Rechenregeln** der B.rechnung: gleichnamige B. werden addiert (subtrahiert), indem man die Zähler addiert (subtrahiert) und den gemeinsamen Nenner beibehält (z. B. $\frac{2}{3} + \frac{5}{3} = \frac{7}{3}$). Ungleichnamige B. werden zunächst durch Erweitern oder Kürzen auf einen gemeinsamen Nenner *(Hauptnenner)* gebracht (z. B. $\frac{1}{2} - \frac{1}{3} = \frac{3}{6} - \frac{2}{6} = \frac{1}{6}$). B. werden multipliziert, indem man Zähler mit Zähler und Nenner mit Nenner multipliziert (z. B. $\frac{2}{3} \cdot \frac{3}{5} = \frac{6}{15}$). Ein B. wird durch einen anderen dividiert, indem man den Dividenden mit dem Kehrwert des Divisors multipliziert (z. B. $\frac{5}{7} : \frac{2}{3} = \frac{5}{7} \cdot \frac{3}{2} = \frac{15}{14} = 1\frac{1}{14}$). ↑ Dezimalbruch.
▷ Trennung des Kristall- oder Materialgefüges in einem Werkstoff unter Einwirkung äußerer Kräfte. Ein **Trennbruch (Trennungsbruch)** wird durch Normalspannungen bewirkt; seine *B.fläche* verläuft senkrecht zur größeren Normalspannung und sieht körnig, rauh und kristallinisch glänzend aus. Ein **Scherbruch (Schiebungsbruch, Gleitbruch)** tritt auf, wenn die größte auftretende Schubspannung die Scherfestigkeit des Werkstoffs erreicht. Die B.fläche ist matt und oft durch die Gleitung geglättet. Nach dem Verformungsgrad unterscheidet man den **Sprödbruch** (geringe Verformung) und den **Verformungsbruch** (mit starker Brucheinschnürung). Nach der Beanspruchung, die zum B. führt, unterscheidet man den **Zugbruch,** den **Druckbruch,** den **Biegebruch** und den **Torsionsbruch (Verdrehbruch).** Zu hohe Schwingungsbeanspruchung führt zum **Dauerbruch (Dauerschwingungsbruch).**
▷ in der *Mineralogie* das Zerbrechen von Mineralen unter Schlageinwirkung in B.stücke mit unterschiedlich geformten B.flächen. Die Beschaffenheit der B.flächen kann zur Identifizierung des Minerals mitberücksichtigt werden. Man unterscheidet *muscheligen B., ebenen B., unebenen B., glatten B., faserigen B., splittrigen B.* und *erdigen B.* (zur Geologie ↑ Verwerfung).
▷ in der Medizin: 1. **(Eingeweidebruch, Hernie)** das Hindurchtreten von Teilen der Bauch- oder Brusteingeweide durch eine vorgebildete oder neu entstandene Lücke *(B.pforte),* die u. U. stark verengt sein kann *(B.ring).* Der **innere Eingeweidebruch** entsteht innerhalb der Bauch- oder Brusthöhle selbst, z. B. beim Hindurchtreten von Baucheingeweiden durch einen Zwerchfellspalt in die Brusthöhle (Zwerchfellbruch). Der **äußere Eingeweidebruch** durchtritt den B.inhalt (u. a. Darmschlingen) durch eine Bauchwandlücke als hautüberzogene Ausstülpung des Bauchfells *(B.sack)* geschwulstähnlich an der Körperoberfläche aus. **Angeborene Eingeweidebrüche** kommen bei intrauteriner Fehlentwicklung und Bindegewebsschwäche vor. Der **erworbene Eingeweidebruch** tritt vorwiegend an schwachen Stellen der Bauchwand, häufig im Bereich natürl. Kanäle, auf; dazu gehören der Leistenkanal (**Leistenbruch;** Anzeichen ist eine sichtbar schmerzhafte Vorwölbung in der Leistengegend, die bes. beim Husten oder Pressen deutlich zu sehen bzw. zu tasten ist), der Nabelring (**Nabelbruch;** entsteht nach Dehnung der Nabelnarbe, beim Kind durch Husten und Schreien, beim Erwachsenen durch Schwangerschaft, Fettleibigkeit u. a.), die Region unterhalb des Leistenbandes (**Schenkelbruch;** v. a. bei Frauen vorkommend, wobei der Bruchsack unterhalb des Leistenbandes austritt) und Zwerchfellücken. Eine lebensgefährl. B.komplikation ist z. B. die *B.einklemmung* infolge Kotstauung und Entzündung; der in der B.pforte eingeklemmte B.sack kann nicht mehr in die Bauchhöhle zurückgleiten und muß operativ behandelt werden. 2. **(Muskelbruch)** Durchtritt eines Muskels durch eine infolge einer Verletzung entstandene Lücke in der anliegenden Bindegewebshülle. 3. **(Knochenbruch, Fraktur)** die vollständige oder teilweise Durchtrennung eines Knochens. Man unterscheidet Dreh-, Biegungs-, Stauchungs-, Abriß- und Abscherbrüche. Beim *offenen B. (komplizierter B.)* sind die Weichteile durchtrennt und die darüber liegende Haut durchbohrt. Die Einrichtung eines gebrochenen Knochens erfolgt unter örtl. oder allg. Betäubung. Zur Ruhigstellung dienen Gipsverband, Dauerzug oder operatives Zusammenfügen (z. B. Knochennagelung). Offene Knochenbrüche erfordern Wundverschluß innerhalb von sechs bis acht Stunden.
▷ svw. Falzbruch († Falzen).
▷ wm. Bez. für einen abgebrochenen grünen Zweig, u. a.

am Hut eines Schützen als Symbol für die Inbesitznahme eines erlegten Stück Wildes.
▷ svw. Sumpfland (↑Moor).

Bruchband, mechan. Hilfsmittel zum Zurückhalten eines Eingeweidebruchs; besteht aus einem Schenkelriemen mit federndem Stahlband, an dem ein daran befestigtes Druckkissen auf die Bruchpforte (↑Bruch) preßt.

Bruchfaltengebirge ↑Gebirge.

Bruchfrucht, svw. ↑Gliederfrucht.

Bruchkraut (Tausendkorn, Herniaria), Gatt. der Nelkengewächse mit etwa 25 Arten in Europa und im westl. Asien; niedrige Kräuter oder Halbsträucher mit winzigen unscheinbaren Blüten; in M-Europa 4 Arten.

Bruchsal, Stadt am W-Rand des Kraichgaus, Bad.-Württ., 115 m ü. d. M., 36 500 E. Landesfeuerwehrschule; Bad. Landesbühne, Schloßmuseum. Metallverarbeitende, elektrotechn. und feinmechan. Ind. – Königshof 796 belegt; um 1090 Bau einer bischöfl. Burg; Anfang 13. Jh. Markt- und Stadtrechte. 1676 von frz. Truppen teilweise, 1689 völlig niedergebrannt. Wiederaufbau im 18. Jh., Verlegung der Residenz der Bischöfe von Speyer nach B. (1720). 1803 an Baden. 1945 stark zerstört. – Pfarrkirche Sankt Peter, Grablege der Speyerer Bischöfe (1740–46). Barockschloß (1722 ff.; wiederaufgebaut) mit Treppenhaus von B. Neumann; Schloßgarten (1746).

Bruchstein, von Felsen abgesprengter Natursein.

Bruchstufe, durch eine Verwerfung bedingte Geländestufe, bei der der tektonisch gehobene Flügel auch die Stufe bildet.

Bruchteilseigentum ↑Miteigentum.

Bruchteilsgemeinschaft, im Recht eine Gemeinschaft, bei der ein Recht mehreren Personen gemeinschaftl. zu bestimmten Anteilen (ideellen Bruchteilen) zusteht, ohne daß sich die Beteiligten [wie bei einer Gesellschaft] zu einem gemeinsamen Zweck verbunden haben (§ 741 ff. BGB). Hauptfall: Miteigentum [nach Bruchteilen]. Der Anteil eines jeden Teilhabers ist ein Recht am ganzen, ungeteilten Gegenstand, das jedoch durch die gleichartigen Rechte der übrigen Mitberechtigten eingeschränkt wird. Keinen Beschränkungen unterliegt das Anteilsrecht selbst, das veräußert, belastet und gepfändet werden kann.

Bruchteilversicherung, Versicherungsform, bei der ein Bruchteil des Gesamtwertes versichert wird (bes. bei der Einbruchdiebstahlversicherung). Der Bruchteil (häufig zw. 5 und 25 %) ist die Höchstgrenze für die Entschädigung durch den Versicherer.

Bruchwald, Gehölzvegetation auf organ. Naßböden in der Verlandungszone von Flachmooren und Gewässern, z. B. Erlenbruch.

Bruchzone, Gebiet großräumiger Verwerfungen.

Brück, Gregor, latinisiert Pontanus, eigtl. Heintze, *Brück (bei Belzig) 1483, †Jena 15. (20.♀) Febr. 1557, kursächs. Jurist und Politiker. – 1519 zum kursächs. Hofrat und 1520 zum Kanzler (bis 1529) berufen; Hauptverfasser der Protestation von Speyer (1529), regte die Abfassung des Augsburger Bekenntnisses an, ermöglichte die Gründung des Schmalkald. Bundes, beeinflußte die Konsistorialverfassung der ev. Landeskirchen und das ev. Eherecht.

Bruck an der Leitha, Bezirkshauptstadt 35 km sö. von Wien, Niederösterreich, 158 m ü. d. M., 7 100 E. Zuckerfabrik. – Bereits früh besiedelter Platz am Übergang einer Römerstraße über die Leitha, seit dem 11. Jh. Dorf mit Martinskirche, daneben im 13. Jh. Stadtanlage (Festung an der ungar. Grenze); Stadt 1239. – Barocke Pfarrkirche (1696–1702 und 1738–40); Harrachsches Schloß (13. Jh.; 18.–19. Jh. erneuert).

Bruck an der Mur, östr. Bezirkshauptstadt in der Steiermark, 487 m ü. d. M., 16 200 E. Bundesförsterschule, -handelsakad.; Kabelherstellung, Papierfabrik. – Früh besiedelt; 860 erstmals genannt; 1263 planmäßige Neuanlage im Schutz der Burg Landskron. – Pfarrkirche (got. umgestaltet); zahlr. Häuser des 16. Jh., „Kornmeßhaus" (1499–1505).

Brücke, Ernst Wilhelm Ritter von, *Berlin 6. Juni 1819, †Wien 7. Jan. 1892, östr. Physiologe dt. Herkunft. – Seit 1849 Prof. in Wien; von bes. Bedeutung waren seine Untersuchungen über Nerven- und Muskelsystem, Blutkreislauf, Verdauung, physikal. und physiolog. Optik, die Physiologie der Körperzelle und die Chemie der Eiweißsubstanzen.

Brücke ↑Brücken.
▷ (Pons) nur bei Säugetieren (einschl. Mensch) vorhandener Teil des Hirnstamms mit charakterist. Oberflächenrelief; liegt zw. verlängertem Mark und Mittelhirn.
▷ in der *Zahnmedizin* der Zahnersatz, der eine Zahnlücke überbrückt und vom übrigen Restgebiß gestützt wird.
▷ svw. ↑Kommandobrücke.
▷ (Meßbrücke) ↑Brückenschaltung.
▷ beim *Ringen* Verteidigungsmaßnahme: Hohlkreuzstellung mit Fersen und Kopf auf dem Boden.
▷ in der *Bodengymnastik* starkes Rückwärtsbeugen des Rumpfes, bis die Hände den Boden berühren.
▷ kleiner längl. [Orient]teppich.

Walter Bruch

Bruck an der Mur. Kornmeßhaus, 1499–1505

Brücke, Die, 1905 in Dresden von E. L. Kirchner, E. Heckel und K. Schmidt-Rottluff gegr. Künstlergemeinschaft, der M. Pechstein (1906–12), E. Nolde (1906/07), O. Mueller (seit 1910), C. Amiet u. a. beitraten; Sammel-

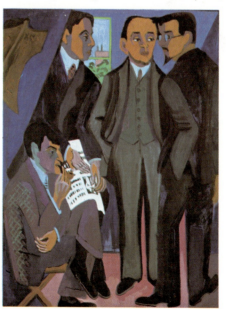

Die Brücke. Ernst Ludwig Kirchner, Die Maler der Künstlervereinigung Die Brücke, 1925 (Köln, Museum Ludwig). Von links: Otto Mueller, Ernst Ludwig Kirchner, Erich Heckel und Karl Schmidt-Rottluff

Brücken

punkt des dt. Expressionismus. Neben der Malerei wandten sich die Mitglieder v. a. dem Holzschnitt und der Lithographie zu. Die B. übersiedelte 1910 nach Berlin und bestand bis 1913.

Brücken, zur Überführung eines oder mehrerer Verkehrswege über Hindernisse wie z. B. Schluchten, Flüsse oder andere Verkehrswege dienendes Bauwerk. Das Hindernis bestimmt im wesentlichen die Stützweite und Höhe der B., mit Ausnahme bewegl. B., die bei nicht ausreichender Höhe durch Drehen, Heben oder Klappen z. B. Schiffen den Weg freigeben. Die Wahl eines B.systems ist vorwiegend durch das vorhandene Geländeprofil, die Baugrundverhältnisse und durch die Art des zu tragenden Verkehrsweges (erforderl. *lichte Weite* und *Höhe*) bestimmt. Ästhet. Gesichtspunkte bei der Einordnung in die Landschaft sind ebenfalls zu beachten. Zur Berechnung der B. sind Lastannahmen festgelegt worden, die in Normen zusammengefaßt sind. Dabei sind u. a. Lastfälle aus Eigenmasse, Verkehr, Temperatur, Wind, Kriechen und Schwinden (bei Beton-B.), Stützensenkung und Vorspannung vom Statiker zu untersuchen. Hauptbestandteile einer B.: *Überbau:* Er überspannt die unter ihm liegende Öffnung; zu ihm zählt man das Haupttragwerk, dessen Lager und die Fahrbahn. *Unterbau:* Besteht aus Widerlagern (Pfeilern) und Fundamenten. **Stahlbrücken:** Die wichtigsten Teile einer Stahl-B. sind die *Fahrbahntafel* (Träger der Verkehrslast), abgestützt auf den *Fahrbahnrost* (Längs- und Querträger); dieser wird getragen vom *Hauptträger,* der über Lager und Stützen die Kräfte an die Unterbauten (Pfeiler und Widerlager) weiterleitet. Neuerdings gliedert man die Fahrbahn in das Tragwerk der B. ein, indem man die Fahrbahn als *orthotrope Platte* ausbildet. Die Fahrbahn kann dann selbst waagerechte Kräfte aufnehmen und einzelne Verbände können entfallen. Diese Bauweise ist außerordentlich wirtschaftlich und zeichnet sich durch große Stahlersparnisse aus. Nach den Bauweisen unterscheidet man: *Vollwand-B.:* Hauptträger bestehen z. B. aus I- oder IP-Walzträgern oder aus Stegblech und Gurtungen, wobei die Stegbleche ausgesteift sind. *Fachwerk-B.:* Die Fachwerke bestehen aus zug- und druckfesten Stäben, die in den Knoten in der modernen Bauweise steif miteinander verbunden werden; meist bei Stützweiten von 100–250 m, bei Eisenbahn-B. schon ab 50 m angewandt. Bes. bekannt sind K-Fachwerk und Rautenfachwerk. *Schrägseil-B.:* Der Hauptträger wird von büschelförmig oder parallel gespannten Seilen gegen Pylonen abgespannt; die Spannweite beträgt meist zw. 200 und 300 m. *Bogen-B.:* Die Stahlbögen (Spannweiten 30–511 m) erhalten i. d. R. zwei Kämpfergelenke. Die Widerlager müssen erhebl. Horizontalkräfte aufnehmen; daher wird oft ein Zugband in das Bogensystem aufgenommen. *Hänge-B.:* Für größte Weiten vorteilhafte Bauweise. Die Hauptträger hängen an Kabeln oder Ketten *(Ketten-B.),* die über Pylone geführt sind.
Massivbrücken: Nach der Bauweise unterscheidet man vorwiegend: *Bogen-B.:* Sie können als Zweigelenk-, Dreigelenk- oder als eingespannte Gewölbe ausgeführt sein. Kennzeichnend ist die Formgebung nach der Stützlinie. Solange die Stützlinie innerhalb des Kernquerschnittes verläuft, treten nur Druckkräfte im Bogen auf, die über die Kämpfer in die Widerlager abgeleitet werden. Die Fahrbahn wird an den Bogen angehängt oder auf den Bogen aufgeständert. *Balken-B.:* Bei kleineren Spannweiten in Form von frei aufliegenden Balken (oder Plattenbalken) oder durchlaufenden Trägern. *Rahmen-B.:* B. mit lotrechten oder schräggestellten Tragsäulen. Die Balken sind an den Stützen fester eingespannt als bei durchlaufenden Trägern, dadurch ergeben sich größere Stützmomente und kleinere Feldmomente; eine geringfügige Erhöhung der Spannweiten gegenüber Durchlaufträgern ist möglich.
Verbundbrücken: Bei diesen B. bestehen die Hauptträger aus Stahlträgern, verbunden mit einer Betonplatte. Die Verbundwirkung setzt voraus, daß die Schubkräfte in der Berührungsfläche zw. Stahlträger und Betonplatte übertragen werden können. Der Beton übernimmt dann die Druckspannungen, der Stahl die Zugspannungen. Mit Beton ummantelte Walzträger werden als Verbundträger bei breiten Eisenbahn-B. mit kleinen Stützweiten verwendet.
Die **Geschichte** des B.baus führt nach primitiven Anfängen in Form einfacher Balken über *Schwebe-B.* zu ersten gewölbten B. aus Stein, die im Bereich der oriental. Hochkulturen errichtet wurden. *Schiffs-B.* dienten u. a. Kriegszwecken. Die Römer erreichten in der Kunst des Baus halbkreisförmig gewölbter B. einen hohen Leistungsstand. Im 6. Jh. v. Chr. entstand die erste röm. *Steinbrücke.* Beispielhaft ist die 136 v. Chr. gebaute Engelsbrücke (Pons Aelius) in Rom. Über *Aquädukte,* meist mehrstöckige Bogenreihen, versorgten die Römer ihre Städte mit Wasser. Bes. ausdrucksvoll ist der im 2. Jh. gebaute Pont du Gard bei Nîmes in Frankreich. In China wurden bereits unter Kaiser Shih Huangdi (⚰ 221–209) Kettenhänge-B. gebaut. Erst Mitte des 12. Jh. (1147) entstand die erste große dt. Brücke mit 16 Bogen über die Donau in Regensburg, etwas später die Elbbrücke in Dresden, die Mainbrücke in Würzburg, die Moldaubrücke (Karlsbrücke) in Prag und 1345 die Ponte Vecchio in Florenz. Der Holzbrückenbau erlebte eine neue Blütezeit. Mittels Bogen, Spreng- und Hängewerken wurden die Fahrbahnträger entlastet und dadurch größere lichte Weiten erzielt (Rheinbrücke Schaffhausen, erbaut 1758, Spannweite 110 m).
In Chazelet (Frankreich) wurde 1875 die erste Eisenbetonbrücke der Welt gebaut. Gegen Ende des 19. Jh. wurde der Beton erstmals durch Anspannen der Stahleinlagen vorgespannt *(Spannbetonbauweise).* Das Zeitalter des Stahlbaues begann mit dem Bau der Severnbrücke (1777–79) bei Coalbrook (Großbritannien), der ersten gußeisernen Bogenbrücke (Spannweite rd. 30 m). In weniger als 200 Jahren führte die Entwicklung bis zur 1964 fertiggestellten Verrazano-Narrows-Brücke in New York (Mittelfeld rd. 1 300 m). Neue Materialien und Techniken, verbunden mit den ständig steigenden Anforderungen des modernen Verkehrswesens, bieten dem B.bau noch weite Entwicklungsmöglichkeiten.

Brückenau ↑ Bad Brückenau.
Brückenbindung, zu den Nebenvalenzbindungen zählende chem. Bindung, bei der ein Atom **(Brückenatom)** oder eine Atomgruppe zwei Molekül[rest]e aneinanderbindet oder Assoziationen bewirkt, z. B. ↑ Wasserstoffbrückenbindung.
Brückenechsen (Rhynchocephalia), Ordnung bis etwa 2,5 m langer, langschwänziger, überwiegend landbewohnender Reptilien mit kurzem Hals; Schädel hat im Schläfenbereich zwei Durchbrechungen, zw. denen ein Knochenstück als „Brücke" zum Schuppenbein bildet; einzige noch lebende Art ↑ Tuatera.
Brückenkopf, im *Militärwesen* Stellung am feindwärts gelegenen Ufer eines Gewässers (Fluß, Kanal, See); die Basis für weitere Kampfhandlungen der eigenen Truppen; i. w. S. Bez. für jeden taktisch oder strategisch wichtigen Stützpunkt, der aus dem Frontverlauf herausragt.
Brückenlegepanzer, gepanzertes Kettenfahrzeug, das eine Brücke in zusammengeklapptem Zustand trägt und sie ohne fremde Hilfe auslegen und einholen kann.
Brückenschaltung (Meßbrücke), elektr. Schaltung zur (genauen) Messung elektr. Wirk- und Blindwiderstände und der Verlustwinkel von Scheinwiderständen. Bei abgeglichener B. ist die Spannung zw. den Punkten A und B null (Nullverfahren) und das Verhältnis der Scheinwiderstände $Z_1 : Z_2 = Z_3 : Z_4$. B. können mit Gleichspannung *(Wheatstone-B.* für Wirkwiderstände) oder Wechselspannung betrieben werden *(Wien-B.* für Kapazitäten, *Maxwell-B.* für Induktivitäten, *Schering-B.* für Verlustwinkel von Kapazitäten). B. werden häufig verwendet, da die Vergleichswiderstände genau herzustellen sind und kein kalibriertes Meßinstrument benötigt wird (der Nullindikator I ist ein empfindl. Spannungsmeßgerät).

Anton Bruckner

Bruckner, Anton, *Ansfelden 4. Sept. 1824, † Wien 11. Okt. 1896, östr. Komponist. – 1845 Lehrer im Stift Sankt Florian, 1848 Organist an der Stiftskirche, 1855 Domorganist in Linz, 1868 Prof. am Wiener Konservatorium, 1878 Hoforganist; berühmter Improvisator. Komponierte erst mit 40 Jahren seine ersten vollgültigen Werke. – Von Wagner übernahm B. Harmonik und Instrumentation, die er jedoch völlig selbständig verwendete. Andere Einflüsse kamen von Beethoven und Schubert, daneben auch aus der geistl. Musik des 16. und 17. Jh. Die chorisch-blockhafte Behandlung des Orchesters, die Mischung von Klangfarben hat B. vom Orgelspiel übernommen. Charakteristisch für seine Werke sind harmon. Kühnheiten, große Steigerungswellen und rhythm. Energie, die u. a. in den oft vom oberöstr. Volkstanz beeinflußten Scherzi hervortritt, ebenso die kontrapunkt. Verarbeitung der Themen.

Werke: *Orchesterwerke:* 9 Sinfonien. 1. c-Moll (1865/66), 2. c-Moll (1871/72), 3. d-Moll (1873), 4. Es-Dur (1874), 5. B-Dur (1875–78), 6. A-Dur (1879–81), 7. E-Dur

Brücken

Links: Augustusbrücke von Narni (Provinz Terni, Italien), Steinbrücke, um 27 v. Chr. Rechts: Europabrücke bei Innsbruck; Balkenbrücke, 1959–63

Links: Harbour Bridge in Sydney; Bogenbrücke, 1932 eingeweiht. Rechts: Kapellbrücke in Luzern; gedeckte Holzbrücke, Anfang des 14. Jahrhunderts

Links: Köhlbrandbrücke in Hamburg; Schrägseilbrücke, vollendet 1974. Rechts: Verrazano Narrows Bridge in New York; Stahlhängebrücke, vollendet 1964

Ferdinand Bruckner

Christine Brückner

Pieter Bruegel d. Ä. Künstler und Kenner, Federzeichnung (Wien, Albertina)

(1881–83), 8. c-Moll (1884–87), 9. d-Moll (1887–96, unvollendet). – *Kammermusik:* Streichquintett (1879). – *Geistliche Musik:* 3 Messen (d-Moll 1864, e-Moll 1866, f-Moll 1867), Te Deum (1881), 150. Psalm (1892).

B., Ferdinand, eigtl. Theodor Tagger, *Wien 26. Aug. 1891, †Berlin 5. Dez. 1958, östr.-dt. Dramatiker. – Gründete das Renaissance-Theater in Berlin (1923), ging 1933 wieder nach Österreich, von hier aus Emigration nach Frankreich und in die USA, nach der Rückkehr 1951 Dramaturg in Berlin (West). B. schrieb kraß naturalist., zeit- und gesellschaftskrit. Dramen, im Spätwerk Versdramen, z. T. mit antiken Stoffen, u. a. „Krankheit der Jugend" (1929), „Die Verbrecher" (1929), „Elisabeth von England" (1930), „Das irdene Wägelchen" (1957).

Brückner, Christine, *Schmillinghausen (= Arolsen) 10. Dez. 1921, dt. Schriftstellerin. – Novellen, Dramen, Hörspiele und Romane, u. a. „Nirgendwo ist Poenichen" (R., 1977), „Die Quints" (R., 1985).

B., Eduard, *Jena 29. Juli 1862, †Wien 20. Mai 1927, dt. Geograph und Klimatologe. – Prof. in Bern, Halle/Saale und Wien. Arbeiten über Klimaschwankungen, Gletscherkunde und Glazialmorphologie.

Bruder, männl. Nachkomme im Verhältnis zu den anderen Nachkommen der gleichen Eltern.
▷ *übertragen:* Freund, Kamerad, nahestehende Person (so auch in der Bibel).
▷ in der *Religionsgeschichte* Mgl. eines Ordens oder einer Vereinigung (↑ Bruderschaften), auch Anrede untereinander (Ordens-B.).
▷ in der *Wirtschafts-* und *Sozialgeschichte* Mgl. einer Vereinigung, z. B. Gesellenbruderschaft, auch Anrede untereinander (Vereins-B.).

Brüdergemeine (Erneuerte Brüderunität, Ev. Brüderkirche, Herrnhuter Brüdergemeine), eine aus dem Pietismus hervorgegangene Religionsgemeinschaft, die die urchristl. Brüderlichkeit verwirklichen will. Keimzelle war die 1722 durch Böhm. bzw. Mähr. Brüder auf den Besitzungen des Grafen ↑ Zinzendorf gegr. Siedlung Herrnhut (Oberlausitz). Das rasch erblühende christlich-soziale Gemeinwesen wurde u. a. von den von Zinzendorf verfaßten Statuten (1727) geprägt. Wegen Spannungen zur sächs. Landeskirche kam es 1736 zur Ausweisung Zinzendorfs aus Sachsen (1737 Weihe zum Bischof der Herrnhuter B.); Tochtergründungen von Herrnhut in der Wetterau (Marienborn 1736; Herrnhaag 1738). Nach der 1749 erfolgten Zustimmung zum Augsburger Bekenntnis erlangte die B. in Sachsen staatl. Anerkennung. Durch die äußere Mission (u. a. Grönland, S-Afrika, N-Amerika) wuchs die B. über eine innerkirchl. Erneuerungsbewegung hinaus. Im Mittelpunkt ihrer

Jan Bruegel d. Ä. Blumenstrauß, um 1600 (München, Alte Pinakothek)

Theologie steht Christus. Sie pflegt ein enthusiast. Christentum der Tat und ist auf missionar. Gebiet äußerst aktiv. Bes. bekannt sind die von ihr jährlich herausgegebenen „Losungen".

Brüder Jesu (Herrenbrüder), an mehreren Stellen des N. T. genannte Personen, so z. B. Mark. 6,3: Jakobus, Joses (Joseph), Judas, Simon. Es werden auch Schwestern Jesu, jedoch nicht namentlich, genannt. Daß es sich um entfernte Verwandte Jesu und nicht um leibl. B. J. handele, wird z. T. mit Blick auf das kath. Dogma von der immerwährenden Jungfräulichkeit Marias behauptet.

Brüderlichkeit, im Christentum neben *Bruderliebe* eine unabdingbare Forderung an jeden einzelnen.
▷ ↑ Fraternité.

Bruderschaften, allgemein eine Gemeinschaft, z. B. im Zunftwesen (Gesellen-B.), im Bergbau (Knappschaft).
▷ in der *kath. Kirche* zu freiwilligen Werken der Frömmigkeit, Buße und Nächstenliebe zusammengefaßte Vereinigungen von Laien. Oft veranstalten sie eigene Andachten, Prozessionen und Wallfahrten. Die Ursprünge gehen auf Kollegien von Totenbestattern und Krankenpflegern des 4. Jh. zurück.
▷ in den *ev. Kirchen* die ↑ Kommunitäten.

Brüder und Schwestern des freien Geistes, libertinist. christl. Laienbewegung des 13.–15. Jh. in Süddeutschland, in der Schweiz, den Niederlanden, in Frankreich und Italien. Sie verwarfen die christl. Lehren von Schöpfung und Erlösung und propagierten die „Freiheit des Geistes" des mit Gott mystisch geeinten Menschen.

Brüder vom gemeinsamen Leben (Fraterherren), Ende des 14. Jh. aus der ↑ Devotio moderna hervorgegangener Zusammenschluß von Klerikern und Laien, die sich ohne feierl. Gelübde einem mönch. Leben verpflichteten und v. a. auf schul. Gebiet wirkten.

Bruegel ['brɔyɡəl, niederl. 'brø:xəl] (Breugel, Brueghel), fläm. Malerfamilie. Bed.:

B., Abraham, *Antwerpen 22. Nov. 1631, †Neapel (?) um 1690. – Sohn von Jan B. d. J.; Blumen- und Früchtestilleben.

B., Jan, d. Ä., gen. der „Samt-" oder „Blumen-B.", *Brüssel 1568, †Antwerpen 12. Jan. 1625. – Sohn von Pieter B. d. Ä.; 1592–94 in Rom, dann in Mailand, 1597 Meister in Antwerpen. Malte neben kleinformatigen Landschaften mit Staffage v. a. Blumenstilleben in einem warmen, zarten, „samtigen" Kolorit.

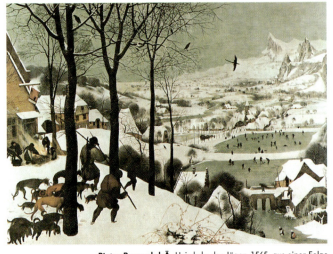

Pieter Bruegel d. Ä. Heimkehr der Jäger, 1565, aus einer Folge von Monatsdarstellungen (Wien, Kunsthistorisches Museum)

B., Jan, d. J., ≈ Antwerpen 13. Sept. 1601, † ebd. 1. Sept. 1678. – Sohn von Jan B. d. Ä.; malte in der Art seines Vaters.

B., Pieter, d. Ä., gen. der „Bauernbruegel", *Breda (?) zw. 1525 und 1530, † Brüssel 5. Sept. 1569. – 1551 Meister in Antwerpen, 1552/53 Italienreise, 1563 siedelte er nach Brüssel über. Seine Werke können dem Manierismus zugerechnet werden. Seine Landschaften mit Staffage, bibl. Szenen, Szenen aus dem Bauernleben, Monatsbilder, Genreszenen u. a. sind oft mit hintergründiger Bed. befrachtet. – *Werke:* Die Sprichwörter (1559), Der Triumph des Todes (um 1560; Madrid, Prado), Kinderspiele (1560; Wien, Kunsthistor. Museum), Turmbau zu Babel (1563; ebd.), Das Schlaraffenland (1567; München, Alte Pinakothek), Die Parabel von den Blinden (1568; Neapel, Museo e Galleria Nazionale di Capodimonte), Bauernhochzeit (um 1568; Wien, Kunsthistor. Museum).

Brugg, Bezirkshauptort im schweizer. Kt. Aargau an der Aare, 8 900 E. Sitz des schweizer. Bauernsekretariats. Metallverarbeitende Ind., Kabelwerke, Textilind. – 1020 erwähnt; 1284 Stadtrecht. – Spätgot. Stadtkirche (1479–81), Rathaus (15. Jh.), Zeughaus (1673).

Brügge (amtl. Brugge, frz. Bruges), belg. Prov.hauptstadt, 118 000 E. Kath. Bischofssitz; Akad. der Bildenden Künste, Konservatorium, Europakolleg; Museen; der Hafen ist mit Gent, Ostende und Sluis durch Kanäle verbunden, über den 12 km langen **Brügger Seekanal** mit dem Vorhafen Zeebrugge an der Nordsee; Containerumschlag; Fischereihafen, Erdgasterminal; Schiffbau und -reparaturen, Motorenbau, Stahl-, Glas-, elektron. Ind. – Entstand um eine Burg der Grafen von Flandern, die 892 erstmals genannt wird. Anfang 13. Jh. Marktort; bald führende Rolle innerhalb Flanderns; Niedergang durch Versandung der Fahrrinne und Rückgang der flandr. Tuchherstellung. – Frühgotische Kathedrale (13./14. Jh.), Liebfrauenkirche (13. bis 15. Jh.) mit den Grabmälern Karls des Kühnen und seiner Tochter Maria von Burgund, Heiligblutkapelle (um 1150), spätgot. Jerusalemer Kirche (1427), Beginenhof (gegr. im 13. Jh.), Tuchhallen (13.–15. Jh.) mit dem 83 m hohen Belfried (Ende 13. Jh.), got. Rathaus (14./15. Jh.), Justizpalast (1722–27), ehem. Stadtkanzlei (1533), Johannishospital (13.–15. Jh.), ehem. Gruuthuse-Palast (15. Jh.); drei Stadttore, zahlr. Backsteinhäuser.

Brüggemann, Hans, *Walsrode um 1480, † nach 1523, dt. Bildschnitzer. – Berühmt ist sein für die Klosterkirche in Bordesholm 1521 vollendeter Hochaltar (seit 1666 im Dom von Schleswig).

Brügger Seekanal ↑ Brügge.

Brugmann (Brugman), Karl, *Wiesbaden 16. März 1849, † Leipzig 29. Juni 1919, dt. Sprachwissenschaftler und Indogermanist. – 1882 und erneut seit 1887 Prof. in Leipzig, 1884 in Freiburg im Breisgau. B. vertrat den Grundsatz der ausnahmslosen Geltung der Lautgesetze und begr. damit das Programm der Junggrammatiker; Hauptwerk: „Grundriß der vergleichenden Grammatik der indogerman. Sprachen" (2 Bde., 1886–92; zweite Bearbeitung 1897 bis 1916).

Brühl, thüring. Adelsgeschlecht; wohl 1344 erstmals urkundlich erwähnt; 1737/38 Erhebung in den Reichsgrafenstand. Bed.:

B., Heinrich Graf von, *Gangloffsömmern (Landkr. Sömmerda) 13. Aug. 1700, † Dresden 28. Okt. 1763, kursächs. Minister. – Setzte 1733 die Wahl Friedrich Augusts II. zum König von Polen (als August III.) durch; 1738 alleiniges Vortragsrecht, 1746 zum Premiermin. ernannt, bestimmte völlig die sächs. Politik; erwarb großen persönl. Reichtum; nach seinem Tod entdeckte man, daß er der Staatskasse 4,6 Mill. Taler schuldete.

Brühl, Stadt sw. von Köln, NRW, 40 700 E. Eisen- und papierverarbeitende Ind., Brauerei. – Um 1180 Burghof, 1284 Burg der Erzbischöfe von Köln, deren bevorzugte Residenz bis ins 16. Jh.; um 1285 Neuanlage der Stadt B. auf gitterförmigem Grundriß; im 18. Jh. kurköln. Nebenresidenz. – Schloß Augustusburg, eine ehem. Wasserburg (1288 errichtet, 1689 zerstört, 1725–70 nach Plänen von

Brügge. Charakteristische Backsteinhäuser an einem Kanal, im Hintergrund der 83 m hohe Belfried, 1282 begonnen, mit achteckigem Aufsatz, 1482

J. C. Schlaun und F. de Cuvilliés d. Ä. wiederaufgebaut; Treppenhaus von B. Neumann, 1744–48) und Jagdschlößchen Falkenlust (1729–40) erklärte die UNESCO zum Weltkulturerbe.

B., Gem. im Rhein-Neckar-Kreis, Bad.-Württ., in der Oberrhein. Tiefebene, 13 600 E. Elektrotechn. Industrie.

Bruhns, Nicolaus, *Schwabstedt (bei Husum) Dez. 1665, † Husum 29. März 1697, dt. Komponist, Organist und Violinist. – Schüler von Buxtehude; von seinen für die Zeit vor Bach bed. Werken sind 12 Kirchenkantaten und einige Orgelstücke erhalten.

Bruitismus [bryi'tɪsmʊs; zu frz. bruit „Lärm"], Richtung in der Musik, die das Geräusch als Material in die Komposition einbezieht.

Brukterer (lat. Bructeri), german. Stamm, Ende 1. Jh. v. Chr. zw. Ems und Lippe siedelnd; 4 n. Chr. von den Römern unterworfen; gingen später in den Franken auf.

Brügge
Stadtwappen

Brühl. Schloß Augustusburg, eine ehemalige Wasserburg, 1288, 1689 zerstört, nach Plänen von Conrad Schlaun und François de Cuvilliés d. Ä. 1725–70 wiederaufgebaut, die Gartenanlage im französischen Stil wurde 1946 nach Plänen von 1750 erneuert

Brüllaffen

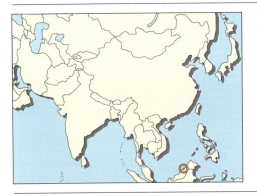

Brunei
Fläche: 5765 km²
Bevölkerung: 372 000 E (1990), 64,5 E/km²
Hauptstadt: Bandar Seri Begawan
Amtssprache: Malaiisch
Nationalfeiertag: 23. Febr.
Währung: 1 Brunei-Dollar (BR$) = 100 Cents
Zeitzone: MEZ +7 Stunden

Brunei

(BRU)
Internationales
Kfz-Kennzeichen

Brüllaffen (Alouattinae), Unterfam. der Kapuzinerartigen in M- und S-Amerika; Körperlänge bis etwa 70 cm, Schwanz etwa körperlang, als Greiforgan ausgebildet; Gliedmaßen relativ kurz und kräftig, Füße und Hände groß; Kopf flach mit vorspringender Schnauze, Gesicht nackt; Fell dicht und weich; Schildknorpel des Kehlkopfs stark vergrößert, dient der Lautverstärkung der bes. bei den ♂♂ außerordentlich kräftigen, brüllenden Stimme. Bekannte Art: **Schwarzer Brüllaffe** (Alouatta caraya) mit schwarzem Fell, ♀ gelblich-olivbraun.
Brüllende Vierziger ↑ Brave Westwinde.
Brumaire [frz. bryˈmɛːr „Nebelmonat"], 2. Monat des Kalenders der Frz. Revolution (22., 23. bzw. 24. Okt. bis 20., 21. bzw. 22. Nov.). – Bekannt ist der 18. B. (9. Nov. 1799), der Tag des Staatsstreichs, durch den Napoléon Bonaparte Erster Konsul wurde.
Brummell, George Bryan [engl. ˈbrʌməl], * London 7. Juni 1778, † Caen (Calvados) 30. März 1840. – Modegeck („Beau Brummell"); zählte zu den Freunden des Prinzen von Wales (des späteren Georg IV.) und gilt als Urbild des Dandy.
Brun I., hl., * Mai 925, † Reims 11. Okt. 965, Erzbischof von Köln (seit 953). – Bruder Ottos I., d. Gr., 951 zum Erzkanzler ernannt; 953 Verwalter des Hzgt. Lothringen; gilt als Schöpfer der otton. Bildungspflege, einer der bedeutendsten Vertreter des otton. Reichskirchensystems.
Brun von Querfurt, hl., genannt Bonifatius, * Querfurt um 974, † in Sudauen (Ostpreußen) 14. Febr. oder 9. März 1009 (erschlagen), sächs. Missionar. – Mit den Ottonen verwandt; seit 998 Benediktiner in Rom; 1004 Erzbischof für die östl. Heiden, missionierte 1003/04 in Ungarn, 1005–07 in Rußland, ab 1008 in Polen. Verfasser mehrerer Viten. – Fest: 9. März.
Brun, Charles le [frz. brœ̃], frz. Maler, ↑ Le Brun, Charles.
B., Rudolf, * um 1300, † Zürich 17. Sept. 1360, Ritter, Bürgermeister von Zürich. – Stürzte 1336 v. a. mit Handwerkern den primär vom Kaufmannsstand getragenen Rat Zürichs; setzte eine erzwungene Verfassungsänderung auf Lebenszeit gewählter Bürgermeister; schloß 1351 ein ewiges Bündnis mit den eidgenöss. Waldstätten.
Brunch [engl. brʌntʃ; Kw. aus engl. **br**eakfast „Frühstück" und l**unch** „Mittagessen"], spätes, ausgedehntes, reichl. [Wochenend]frühstück und zugleich Mittagessen.
Brundage, Avery [engl. ˈbrʌndɪdʒ], * Detroit (Mich.) 28. Sept. 1887, † Garmisch-Partenkirchen 8. Mai 1975, amerikan. Sportfunktionär. – 1952–72 Präs. des Internat. Olymp. Komitees (IOC).
Brundisium, antike Stadt, ↑ Brindisi.
Brundtland, Gro Harlem ↑ Harlem Brundtland, Gro.
Bruneck (italien. Brunico), Hauptort des italien. Pustertals, Region Trentino-Südtirol, 835 m ü. d. M., 11 600 E. Textil- und Holzind., keram. Werkstätten; Fremdenverkehr. – Burg und Stadt B. wurden bald nach 1250 von Bischof Bruno von Brixen gegr. – Schloß B. (1251, mehrfach erweitert); Stadtmauer mit Tortürmen und einem Rund-

turm; spätbarocke Spitalkirche (1765); Häuser (15. und 16. Jh.).
Brunei ↑ Bandar Seri Begawan.
Brunei, (amtl. Vollform: Negara Brunei Darussalam), Sultanat in SO-Asien, liegt an der NW-Küste von Borneo. **Verwaltungsgliederung:** 4 Distrikte. **Internat. Mitgliedschaften:** UN, Commonwealth, ASEAN.
Landesnatur: Beide Teile des durch den malays. Gliedstaat Sarawak zweigeteilten Sultanats liegen größtenteils in der Küstenebene, der nö. reicht 70 km landeinwärts bis zur Crocker Range in 1 850 m Höhe. B. hat äquatoriales Regenklima; rd. 90 % sind mit trop. Regenwald bedeckt.
Bevölkerung: Die Bevölkerung setzt sich zu 65 % aus Malaien, zu 20 % aus Chinesen und 7,9 % aus Altmalaien zus., der Rest sind Gastarbeiter. Der Islam ist Staatsreligion.
Wirtschaft, Verkehr: Grundlage der Wirtschaft und Haupteinnahmequelle sind die reichen Erdöl- und Erdgasvorkommen, die Steuerfreiheit und zahlr. moderne soziale Einrichtungen ermöglichen. Von den landw. Produkten werden Kautschuk und Pfeffer exportiert sowie Holz. – Von den 1 233 km Straßen ist die 102 km lange Autostraße von der Hauptstadt nach Kuala Belait die wichtigste. Internat. ✈ bei Bandar Seri Begawan.
Geschichte: Ein hinduist. Reich B. ist seit dem 9. Jh. nachweisbar; gehörte im 14. Jh. zum Reich von Madjapahit; um 1410 islamisiert. Im 16. Jh. geriet in dessen N unter span. Herrschaft; 1841 kam der S an den Briten J. Brooke; das kleine Restsultanat wurde 1888 brit. Protektorat; 1941–45 jap. besetzt; seit 1984 unabhängig.
Politisches System: Die Verfassung von 1959 ist seit 1962 z. T. außer Kraft gesetzt. Staatsoberhaupt ist der Sultan, der dem Parlament nicht verantwortlich ist. Dem Min.rat (Exekutive) sitzt der Sultan vor. Der Gesetzgebende Rat bestand aus 20 vom Volk gewählten Mgl. und dem vom Sultan ernannten Speaker.
Brunelleschi (Brunellesco), Filippo [italien. bruneʼleski], * Florenz 1377, † ebd. 15. April 1446, italien. Baumeister. – Hauptvertreter der Frührenaissance in Florenz. Zunächst Goldschmied und Bildhauer. Begann als Baumeister nach Beschäftigung mit antiker Baukunst mit der Zweischalenkuppel des Florentiner Doms (1418–36). Die Alte Sakristei in San Lorenzo, die B. 1419 ff. baute, ist der erste Zentralbau der Renaissance. Zur gleichen Zeit begann er auch den Bau des Findelhauses (ältestes Beispiel von bogentragenden Säulen). 1421 ff. erbaute er San Lorenzo. 1430 ff. entstand die Pazzikapelle am Kreuzgang von Santa Croce, ein Zentralbau mit Vorhalle. 1436 begann er den Bau von Santo Spirito, in seinen strengen Maßen der „klass." kirchl. Innenraum der Frührenaissance. B. gilt auch als Entdecker der zentralperspektiv. Konstruktionen.
brünett [frz.], braunhaarig, braunhäutig.
Brunhilde (Brünhild, altnord. Brynhild), german. Sagengestalt. In der nordgerman. Mythologie eine Walküre, die wegen Ungehorsams gegenüber Odin verstoßen und zur Strafe in Schlaf versenkt wird (Märchenmotiv: Dornröschen). – Im „Nibelungenlied" ein Riesenweib, das nu-

durch übermenschliche Taten bezwungen werden kann, was Siegfried anstelle Gunthers gelang (Märchenmotiv: Turandot).

Brunhilde (Brunichilde), * um 550, † 613 (ermordet), fränk. Königin. – Seit 567 ⚭ mit Sigibert I. von Austrien; regierte nach dessen Ermordung (575) im austras., ab 592 auch im burgund. Teilreich; unterlag dem Bündnis des austras. und burgund. Adels.

Bruni, Leonardo, gen. Aretino, * Arezzo um 1369, † Florenz 9. März 1444, italien. Humanist. – Bekannt als Übersetzer griech. Autoren, als latein. Schriftsteller und Briefschreiber, auch als Verfechter der Volkssprache (Volgare; Biographien Dantes, Petrarcas, Boccaccios in italien. Sprache) und als Historiograph.

Brunico ↑ Bruneck.

brünieren [frz.], sehr dünne, anorgan. Schutzschichten auf Eisen-, Aluminium- oder Kupferwerkstoffen durch Eintauchen in oxidierende Lösungen oder in Salzschmelzen erzeugen.

Brünigpaß ↑ Alpenpässe (Übersicht).

Brüning, Heinrich, * Münster 26. Nov. 1885, † Norwich (Vt.) 30. März 1970, dt. Politiker. – Aus kath. Kaufmannsfamilie; 1921–30 Geschäftsführer des christl. Dt. Gewerkschaftsbundes; 1924–33 MdR (Zentrum); setzte als führender Finanzpolitiker 1925 die Begrenzung des Lohnsteueraufkommens auf 1,2 Mrd. Mark durch (Lex B.); übernahm Ende 1928 faktisch die Führung des Zentrums, 1929 die Leitung der Reichstagsfraktion; 1933 Parteivors.; wurde am 30. März 1930 von Hindenburg zum Reichskanzler eines von Fraktionsbindungen unabhängigen Kabinetts berufen. Nahziel B. war eine Sanierung der Reichsfinanzen, um die Voraussetzungen für die Lösung der Reparationsfrage und zur Bekämpfung der Massenarbeitslosigkeit zu schaffen. Ging ab Sept. 1930 zu einer parlamentarisch tolerierten Präsidial-Reg. über, wobei er seine wirtschafts- und finanzpolit. Maßnahmen mit Hilfe von Notverordnungen durchsetzte und sich zur Auflösung des Reichstages bevollmächtigen ließ; schuf bis zum Frühjahr 1932 die wesentl. Voraussetzungen für die Revision der Reparationen; wurde am 30. Mai 1932 auf Betreiben General von Schleichers entlassen. 1934 Flucht in die Niederlande; seit 1935 in den USA (Prof. in Harvard seit 1939); 1951–55 vorübergehend in Deutschland (Prof. in Köln).

Brunn, Heinrich von (seit 1882), * Wörlitz 23. Jan. 1822, † Schliersee 23. Juli 1894, dt. Archäologe. – Prof. in München; unternahm u. a. grundlegende Forschungen, anhand literar. Quellen die klass. griech. Vorbilder für die röm. Kopien zu finden.

Filippo **Brunelleschi.** Zweischalenkuppel des Florentiner Doms, 1418–36

Brunnen. Schöner Brunnen auf dem Marktplatz in Nürnberg, 1385–96, 1902/03 erneuert

Brünn (tschech. Brno), Hauptstadt des Südmähr. Bezirks, ČR, 219 m ü. d. M., 390 000 E. Kath. Bischofssitz; Univ. (gegr. 1919), TH, landw. Hochschule, Konservatorium; Oper, mehrere Theater, Museen (u. a. Mähr. Museum); Zoo. Textilind., Maschinenbau; internat. Messen; ✈. – Burgsiedlung um 800; ab 1197 Residenz der Markgrafen von Mähren. Im 12./13. Jh. Einwanderung von Deutschen; 1243 Iglauer Stadtrecht. Im 19. Jh. Entwicklung zum Ind.zentrum. – Got. Dom (15. Jh.), got. Kirche des Augustinerklosters (14. Jh.), ehem. Kapuzinerkloster (1656), Jesuitenkirche (1589–1602), barocke Minoritenkirche (1729 bis 1733); Altes Rathaus (Spätgotik und Renaissance), Neues Rathaus (ehem. Dominikanerkloster, im 19. Jh. erweitert), Zitadelle (13. Jh.; 1621–1855 östr. Staatsgefängnis); Menin-Stadttor.

Brünne ↑ Rüstung.

Brunnen, techn. Anlage zur Erfassung von Grundwasser[strömen] und Förderung von Trink- und Nutzwasser (bei natürl. B., z. B. den artes. B., tritt Wasser auf Grund seines hydrostat. Überdrucks zutage.

Brunnenarten: Man unterscheidet allg. den *vollkommenen* B., der durch den Grundwasserleiter bis zur darunter befindl. undurchlässigen Schicht reicht, und den *unvollkommenen* B., der nur in den Grundwasserleiter eintaucht. Der **Schachtbrunnen** ist eine Anlage, bei der ein gemauerter oder betonierter Schacht von etwa 1 bis 4 m Durchmesser auf die undurchlässige wassertragende Schicht abgeteuft wird. Das Wasser der wasserführenden Schicht tritt in der in diesem Bereich durchlässigen Wandung in das Innere des Schacht-B. ein und wird von dort abgepumpt. Der **Bohrbrunnen (Rohrbrunnen)** wird bis zur wasserführenden Schicht vorgetrieben und mit einem Metallrohr ausgekleidet. Der einfachste Bohr-B. ist der **abessinische Brunnen (Abessinierbrunnen).** Er ist nur für die Entnahme kleiner Wassermengen geeignet. Wegen der Korrosions- und Verkrustungsgefahr baut man heute prakt. nur noch **Kiesfilterbrunnen.** Dabei muß der B. mit einem so großen Bohrdurchmesser hergestellt werden, daß man zw. Filterrohr und Bohrloch eine ausreichend starke Kiesschüttung einbringen kann; sie soll das Eindringen von Sand verhindern. Wenn die Ausdehnung und der Zulauf des Grundwasserstromes es gestatten, wird zur Gewinnung größerer Wassermengen eine *Brunnenreihe (Brunnengalerie)* angelegt. Eine moderne Bauform zur Förderung von Grundwasser aus nicht zu großer Tiefe ist der **Horizontalfilterbrunnen.** Im Ggs. zur B.reihe bietet er die Vorteile einer großen

Brünn Stadtwappen

Heinrich **Brüning**

Brunnenfaden

Brunnen
Horizontalfilterbrunnen

Brunnenkresse.
Echte Brunnenkresse
(Größe 15–20 cm)

Emil Brunner

Giordano Bruno

betriebl. Einheit (Tagesleistung bis zu 30 000 m³). Der Horizontalfilter-B. besteht aus einem senkrechten Schacht mit meist 4 m Durchmesser. Die Schachttiefe beträgt je nach der Tiefe der günstigsten wasserführenden Schicht 10 bis 40 m. Oberhalb des Schachtgrundes gehen sternförmig waagerecht in die wasserführende Schicht vorgetriebene Fassungsrohre vom Schachtmantel aus. Jedes Fassungsrohr ist im B.inneren zur Regelung des Wasserzuflusses mit einem Schieber verschließbar. Der Schacht wird zur Erdoberfläche meist durch ein Pumpenhaus abgeschlossen.

Geschichte: Seit der Jungsteinzeit sind in M-Europa *Schacht-B.* mit hölzernen Einfassungen belegt. Als Formen finden sich neben dem *Schöpf-* oder *Zieh-B.* der *Röhren-* oder *Lauf-B.* Der städt. B. wurde schon im 6. Jh. v. Chr. in griech. Ansiedlungen architektonisch gestaltet (oft als B.haus), das röm. Nymphäum war reich verziert. Der *Schalen-* oder *Trog-B.* fand in der röm. Stadt Aufstellung im Atrium christl. Basiliken, im islam. Kulturkreis, im MA in den B.häusern an den Kreuzgängen der Klöster und als Markt-B. Typisch ist der *Stock-B.* aus mehreren Schalen (Maulbronn, Goslar). In der Gotik steht neben ihm auch die Form des Stock- oder Röhren-B. als turmartiges Gebilde mit Fialen und Maßwerk sowie Figuren inmitten eines runden oder polygonalen Beckens (Nürnberg, Schöner Brunnen, 1385–96). In der Renaissance trat das figurenbekrönte Säulenmotiv an seine Stelle. Der Schalen- oder Trog-B. wie der Stock-B. wurden in Renaissance und Barock zur Figurenkomposition, beliebt waren auch Felsenmotive. Im 17. und 18. Jh. wurden der *Spring-B.* und die *Fontäne* entwickelt (Gartenkunst). Im 19. Jh. verlor der B. seine eigtl. Funktion, er wird dennoch z. B. als Teil architekturbezogener Kunst bis heute verwendet.

Brunnenfaden (Crenotrix polyspora), fadenförmig wachsendes Bakterium. In eisen- und manganhaltigem Wasser lagern sich die entsprechenden Hydroxide in der das Bakterium umgebenden Scheide ab. Massenentwicklung in Wasserleitungen (**Brunnenpest**).

Brunnenhaus ↑ Brunnen.

Brunnenkrebse (Höhlenkrebse, Niphargus), Gatt. der Flohkrebse mit rd. 50, bis etwa 3 cm langen, farblosen, augenlosen Arten, davon sind 10 einheimisch. Die B. leben gewöhnlich unterirdisch in Höhlengewässern, Brunnen, Quellen und im Grundwasser.

Brunnenkresse (Nasturtium), weltweit verbreitete Gatt. der Kreuzblütler mit etwa 40 Arten; Stauden mit gefiederten Stengelblättern; Blüten in Trauben mit weißen, sich lila verfärbenden Kronblättern. Einheim. 2 Arten in Quellen und Bächen: **Echte Brunnenkresse** (Nasturtium officinale), deren in rundl. Lappen gefiederte Blätter (auch im Winter) einen schmackhaften Salat liefern; **Kleinblättrige Brunnenkresse** (Nasturtium microphyllum) mit im Winter rotbraunem Laub.

Brunnenmolche (Typhlomolge), Gatt. der Lungenlosen Salamander mit 2 Arten, darunter der bis etwa 13,5 cm lange **Texanische Brunnenmolch** (Typhlomolge rathbuni) in Brunnenschächten und Höhlengewässern SW-Texas'; Augen unter der Haut liegend; Gliedmaßen außergewöhnlich lang und dünn.

Brunnenmoose (Bachmoose, Fontinalaceae), Fam. der Laubmoose mit etwa 70 Arten; v. a. in Süßgewässern der gemäßigten und wärmeren Zonen der Nordhalbkugel. Bekanntester Vertreter in M-Europa ist das reich verzweigte, bis 30 cm hohe, v. a. in Fließgewässern vorkommende **Gemeine Brunnenmoos** (Fontinalis antipyretica).

Brunnenpest ↑ Brunnenfaden.

Brunnenvergiftung, zum *Strafrecht* ↑ gemeingefährliche Vergiftung.
▷ svw. Verleumdung; hinterlistige, ehrenrührige Kampfmaßnahmen, bes. in der Politik.

Brunner, Emil, *Winterthur 23. Dez. 1889, †Zürich 6. April 1966, schweizer. ev. Theologe. – 1924–53 Prof. für systemat. und prakt. Theologie in Zürich; Mitbegr. der ↑ dialektischen Theologie, die er teilweise im Ggs. zu K. Barth weiterführte. Seine Ethik steht unter dem Motto „Ordnung" und „Gerechtigkeit". – *Werke:* Der Mittler (1927), Der Mensch im Widerspruch (1937), Dogmatik (3 Bde., 1946–60).
B., Otto, *Mödling 21. April 1898, †Hamburg 12. Juni 1982, östr. Historiker. – Prof. in Wien und Hamburg; Werke zur Verfassungs- und Sozialgeschichte des Spät-MA und der frühen Neuzeit, u. a. „Land und Herrschaft" (1939).

Bruno I. ↑ Brun I., hl.

Bruno von Köln (B. der Kartäuser), hl., *Köln um 1032, † in der Kartause San Stefano (Kalabrien) 6. Okt. 1101, Stifter des Kartäuserordens. – Gründete im Felsengebiet Cartusia bei Grenoble 1084 die erste Kartause (La Grande ↑ Chartreuse), aus der der Orden der ↑ Kartäuser entstand. – Fest: 6. Oktober.

Bruno von Querfurt, hl., ↑ Brun von Querfurt, hl.

Bruno, Giordano, Taufname Filippo B., *Nola bei Neapel 1548, †Rom 17. Febr. 1600, italien. Naturphilosoph. – 1563 Dominikaner in Neapel; fiel 1592 durch Verrat in die Hände der Inquisition, die ihm v. a. wegen seiner Lehren von der Unendlichkeit der Welt und der Vielheit und Gleichwertigkeit der Weltsysteme den Prozeß machte. Er wurde nach siebenjähriger Haft verbrannt. – B. schließt die Unendlichkeit des Weltalls aus der Unendlichkeit Gottes, die die Annahme verbiete, Gott könne nur ein Endliches geschaffen haben. – Neben philosoph. Abhandlungen, Lehrgedichten und Dialogen stehen Sonette und eine Komödie („Il candelaio", 1582).

Brunsberg ↑ Braunsberg (Ostpr.).

Brunsbüttel, Stadt an der Mündung des Nord-Ostsee-Kanals in die Unterelbe, Schl.-H., 12 900 E. Radarstation, Lotsendienst, Fährverkehr, petrochem. Ind., Phosphatwerk, Stahl- und Leichtmetallind., Kernkraftwerk; Hafen- und Schleusenanlagen. – 1907–70 **Brunsbüttelkoog;** 1949 Stadt.

Brunst [zu althochdt. brunst „Brand, Glut"] (Brunft, Östrus), bei Säugetieren ein durch Sexualhormone gesteuerter, periodisch auftretender Zustand geschlechtl. Erregbarkeit und Paarungsbereitschaft. Die B. tritt entweder nur einmal jährlich oder mehrmals jährlich in bestimmten Abständen auf. Die B. ist u. a. von der Reifung der Geschlechtszellen abhängig und äußert sich in bes. Ausprägungen der sekundären Geschlechtsmerkmale sowie in bes. Verhaltensweisen, Paarungsrufen oder in der Produktion stark duftender Locksubstanzen. In der Jägersprache wird die B. des Raubwildes **Ranzzeit,** des Schwarzwildes **Rauschzeit,** die der Hasen und Kaninchen **Rammelzeit** genannt. – ↑ Balz.

Brüsewitz, Oskar, *Willkischken (Litauen) 30. Mai 1929, †(Selbstverbrennung) Zeitz 18. Aug. 1976, Pfarrer. – Sein Tod galt als Protest gegen die Unterdrückung der christl. Erziehung in der ehem. DDR. – **Brüsewitz-Zentrum,** 1977 in Bad Oeynhausen zur Information über Verletzung der Menschenrechte in der ehem. DDR gegründet.

brüsk [italien.-frz.], schroff, barsch, rücksichtslos; **brüskieren,** vor den Kopf stoßen.

Brussa (Bursa) ↑ Orientteppiche (Übersicht).

Brüssel (amtl. frz. Bruxelles, niederl. Brussel), Haupt- und Residenzstadt sowie Region Belgiens, Verwaltungssitz der Prov. Brabant, an der Zenne, 15 bis 74 m ü. d. M., 136 000 E. Die Agglomeration Groß-B. hat 970 000 E. Sitz aller zentralen Verwaltungsstellen, Hauptsitz der Institutionen der EG, Sitz der NATO, Synode der Prot. Kirche in Belgien; zwei Univ. (gegr. 1834 und 1970), staatl. Fakultät für Veterinärmedizin, theolog. Fakultät, Handelshochschulen, Konservatorium, Militärakad., militärgeograph. Institut, Sternwarte, meteorolog. Inst.; Museen, Archive, Nationalbibliothek, Nationaloper, Nationaltheater; Effektenbörse, internat. Messen; Weltausstellung 1958; Maschinen- und Apparatebau, Textil-, Druckerei-, Photo-, Möbel-, Papier- und chem. Ind.; Teppichherstellung, Leder- und Tabakverarbeitung, Nahrungsmittelind. Hafen; U-Bahn (seit 1976); internat. ✈.

Geschichte: Ab Ende 7. Jh. belegt; Ende 10. Jh. Bau einer Burg, Keimzelle der städt. Siedlung (Handelsposten); im 15./16. Jh. Hauptstadt der burgund. Niederlande (höchste kulturelle Blüte). Führende Rolle im Kampf der aufständ. Niederlande gegen die span. Herrschaft, ab 1578 Hauptstadt der Generalstaaten. 1713–94 östr., danach unter frz. Herrschaft; 1815 als 2. Hauptstadt zum Vereinigten Kgr. der Niederlande. Von B. ging 1830 die Revolution aus, die zur Unabhängigkeit Belgiens führte. In beiden Weltkriegen von dt. Truppen besetzt.

Bauten: Kathedrale Saint-Michel (ehem. Stiftskirche Saint-Gudule, 1226–1665), Notre-Dame-de-la-Chapelle (12./13. und 15. Jh.), Notre-Dame-des-Victoires (15. Jh.); Notre-Dame-de-Bon-Secours (1664–69) und Saint-Jean-Baptiste-au-Béguinage (1657–76); Rathaus (1402–50), zahlr. Zunfthäuser sowie das Maison du Roi am histor. Marktplatz. Klassizist. Königl. Platz (Ende 18. Jh.) mit Repräsentativbauten. Justizpalast (1866–83), Börse (1871–73), Königl. Schloß (1740–87; mehrfach verändert), Palast der Nationen (1779–83), die Galerien Saint-Hubert (1846/47, erste überdachte Ladengalerie Europas), 102 m hohes Atomium (1958).

Brüsseler Pakt ↑Westeuropäische Union.

Brüsseler Spitzen, seit dem 17. Jh. in Brüssel geklöppelte oder genähte Spitzen, die aus einzelnen Mustermotiven zusammengesetzt und dabei durch Stäbe auf einem Tüllgrund verbunden werden.

Brüsseler Vertrag ↑Westeuropäische Union.

Brussílow, Alexei Alexejewitsch, *Tiflis 31. Aug. 1853, †Moskau 17. März 1926, russ. General. – Leitete 1916 an der SW-Front die nach ihm benannte erfolgreiche russ. Offensive in Galizien und Wolynien; 1917 Oberbefehlshaber des Heeres.

Brust, (Pectus) bei Mensch und Wirbeltieren der obere oder vordere Teil des Rumpfes, bei Gliederfüßern der mittlere, gegen Kopf und Hinterleib abgegrenzte Teil des Körpers. B. i. w. S. ist der Teil des menschl. Rumpfes, dessen Skelett vom ↑Brustkorb gebildet wird; i. e. S.: die vordere Wand des B.korbes, auch die weibl. ↑Brustdrüsen.

Brustbein (Sternum), in der vorderen Mitte des Brustkorbs der meisten Wirbeltiere gelegene knorpelige oder verknöcherte, schildförmige Bildung; beim Menschen ist das B. ein längl., platter Knochen zur Befestigung des Schlüsselbeins und der oberen Rippen; bildet den vorderen Abschluß des Brustkorbs. – Das B. ist eine wichtige Blutbildungsstätte. Bei Blutkrankheiten führt man hier von außen die ↑Sternalpunktion zur Diagnose durch.

Brüssel. Marktplatz mit Zunfthäusern und Rathaus (links)

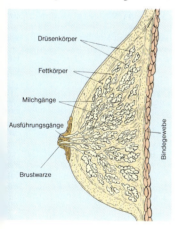

Brustdrüsen. Schematischer Längsschnitt durch die weibliche Brustdrüse

Brustdrüsen (Mammae), bei Menschen und einigen Säugetieren (z. B. Primaten, Fledermäusen, Elefanten) vorkommende brustständige Drüsen mit äußerer Sekretion (↑Milchdrüsen). Die B. des Menschen bestehen aus je 15–20 einzelnen Drüsenläppchen, die von Fett- und Bindegewebe umgeben sind und so die eigtl. **Brüste** bilden. Zw. den Brüsten befindet sich eine Vertiefung, der Busen. Die **Brustwarzen** (Mamillae), in denen die Ausführgänge der Milchdrüsen münden, können sich durch glatte Muskulatur aufrichten (↑erogene Zonen). Die Brustwarze wird vom **Warzenhof** umgeben, der durch das Sekret zahlr. Talgdrüsen geschmeidig gehalten wird.

Brustdrüsenentzündung (Mastitis), in 98 % der Fälle während des Stillens auftretende, durch Infektion verursachte Entzündung der Brustdrüse der Frau; kann bis zur Abszeßbildung führen. Zur Verhütung der B. sind gründl. Brustpflege gegen Schrundenbildung und peinl. Sauberkeit während des Stillens notwendig.

Brustfell (Pleura), spiegelglatte und glänzende Auskleidung der Brusthöhle *(Rippenfell)* und Überkleidung der Lungen *(Lungenfell).* Beide Teile bzw. Blätter umschließen einen mit Flüssigkeit gefüllten Spaltraum *(Pleurahöhle).*

Brustfellentzündung, svw. ↑Rippenfellentzündung.

Brustfellerguß, svw. ↑Pleuraerguß.

Brustfellhöhle, svw. ↑Pleurahöhle.

Brustflossen ↑Flossen.

Brusthöhle, der vom Brustkorb umschlossene, gegen die Bauchhöhle durch das Zwerchfell begrenzte Raum.

Brustkorb (Thorax), knöchernes korbförmiges Gerüst der Brust der Wirbeltiere (einschl. Mensch), das von den Brustwirbeln, Rippen und dem Brustbein gebildet wird und das die in die Brusthöhle eingebetteten Lungen, das Herz, die Hauptschlagadern, die Luft- und die Speiseröhre umschließt. Beim Menschen setzt sich der B. aus 12 mit den Brustwirbeln zweimal gelenkig verbundenen, paarigen Rippen zusammen, wobei die oberen 7 Rippen direkt am Brustbein ansetzen, während die nachfolgenden 3 auf jeder Seite mit der 7. Rippe in Verbindung stehen. Die 11. und 12. Rippe enden frei. – Die durch Bänder geschützten Gelenke zw. den Rippen und Wirbelkörpern und die knorpeligen Rippenansätze am Brustbein ermöglichen die Atembewegungen. Der B. vergrößert und verkleinert sich bei der Atmung.

Brustkrebs (Mammakarzinom), in 99 % aller Fälle bei Frauen auftretende, bösartige Geschwulst der Brustdrüse, die meist vom Drüsenepithel ausgeht. I. d. R. beginnt der B. unmerklich im Innern der Brust, in der man einen (fast immer) schmerzlosen kleinen, harten, gegen das übrige Drüsengewebe nicht verschiebbaren Knoten ertasten kann, der nur allmählich weiterwächst. Oft verwächst die Haut über dem Krebsknoten und sieht dann (wie manchmal auch die Brustwarze) wie eingezogen aus. Schließlich wird die Haut

Brüssel Stadtwappen

Brüssel
Hauptstadt Belgiens

136 000 E

im 15./16. Jh. Hauptstadt der burgund. Niederlande

Hauptsitz der Institutionen der EG

histor. Marktplatz

102 m hohes Atomium (1958)

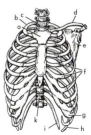

Brustkorb (schematische Darstellung): a Brustbein; b erste Rippe; c erster Brustwirbel; d Schlüsselbein; e Schulterblatt; f Knochen-Knorpelgrenze der Rippen; g Rippenbogen; h elfte Rippe; i zwölfte Rippe; k zwölfter Brustwirbel

durchbrochen, und es entsteht durch Gewebszerfall und Infektion ein Krebsgeschwür. Schon frühzeitig werden die benachbarten Lymphknoten am äußeren Rand des Brustmuskels und in der Achselhöhle von den Krebszellen befallen, die von dort bis zu entfernteren Lymphknoten in der Schlüsselbeingrube, unter dem Schulterblatt und (selten) im Inneren des Brustkorbs vordringen.

Primäre Maßnahmen gegen den B. sind die operative Entfernung der erkrankten Brustdrüse, gegebenenfalls auch der Lymphknoten in der Achselhöhle. Daneben bewährten sich langfristige Behandlungen mit Hormonen sowie mit Zytostatika.

Brustkreuz ↑ Pektorale.

Brustschwimmen ↑ Schwimmen.

Bruststimme (Brustregister), Bez. für die tiefe Lage der menschl. Stimme, bei der hauptsächlich die Brustwand in Schwingungen gerät, im Ggs. zur Kopfstimme.

Brüstung, Geländer an Balkons, Brücken; der Wandteil unterhalb eines Fensters.

Brustwarze ↑ Brustdrüsen, ↑ Zitze.

Brustwerk, ein mit kleineren Pfeifen besetztes Werk der Orgel, das unterhalb des Hauptwerks angebracht ist; seit dem 18. Jh. seltener gebaut.

Brustwurz, svw. ↑ Engelwurz.

brut [bryt; lat.-frz.] ↑ Schaumwein.

Brut, die aus den abgelegten Eiern schlüpfende Nachkommenschaft v. a. bei Vögeln, Fischen und staatenbildenden Insekten (hier nur die Larven).

Brutalismus [lat.], Richtung der modernen Architektur. Das Erscheinungsbild der Bauten soll unmittelbar von Material und Funktion der Bauelemente bestimmt sein, d. h. Konstruktion, Material und techn. Installation bleiben unverhüllt. Zuerst in England (A. und P. Smithson, Secondary School in Hunstanton, 1954). Um 1956 wurde der Begriff auf Le Corbusiers Ausdruck „béton brut" (Beton mit den Spuren der Verschalung) bezogen. Elemente des B. finden sich in der modernen Architektur (z. B. Centre Georges Pompidou in Paris von R. Piano und R. Rogers, eröffnet 1977).

Brutalität [lat.], rohes Verhalten, Gefühllosigkeit, Gewalttätigkeit; dazu: **brutal.**

Brutapparat, elektrisch beheizte Anlage, in der bis mehrere tausend Eier zugleich bei bestimmter Temperatur bebrütet werden.

Brutbeutel (Marsupium), bei den Beuteltieren in der unteren Bauchregion des Muttertiers gelegene Hautfalte zur Aufnahme der Neugeborenen.

Brutblatt (Bryophyllum), Gatt. der Dickblattgewächse mit über 20 Arten auf Madagaskar und 1 Art in den Tropen; Stauden, Halbsträucher oder Sträucher; Blätter am Rande meist Brutknospen bildend; Blüten hängend, in Blütenständen; Zierpflanzen.

Brüten, die Übertragung der Körperwärme von einem Elterntier (meist vom ♀) auf das Eigelege, damit sich die Keime zu schlüpfreifen Jungtieren entwickeln können.

Brutfleck, bei Vögeln während der Brutzeit durch Ausfallen von Federn am Bauch entstehende nackte Hautstelle, die bes. gut durchblutet wird und die Eier direkt der Körpertemperatur aussetzt.

Brutfürsorge, Vorsorgemaßnahmen der Elterntiere für ihre Nachkommenschaft, die mit dem Zeitpunkt der Eiablage oder dem Absetzen der Jungen beendet sind. Alle weiteren pfleger. Maßnahmen werden als ↑ Brutpflege bezeichnet. Die wichtigste Form der B. ist die Eiablage an geeigneten Orten.

Brutkasten, svw. ↑ Inkubator.

Brutknospen (Bulbillen), mit Reservestoffen angereicherte zwiebel- (Brutzwiebeln) oder knollenartige (Brutknöllchen), zur Ausbildung von Seitenwurzeln befähigte Knospen, die sich ablösen und der vegetativen Vermehrung dienen.

Brutkörper, Fortpflanzungseinheiten in Form von Thallus- bzw. Sproßteilen oder Seitensprossen bei Algen, Leber- und Laubmoosen, Farn- und Samenpflanzen.

Brutknospen am Blattrand des Brutblatts

Brutparasitismus, in der Zoologie 1. die Erscheinung, daß manche ♀ Vögel (z. B. der Kuckuck) unter Ausnutzung des Brutpflegeinstinktes einer anderen Vogelart dieser das Ausbrüten der Eier und die Aufzucht der Jungtiere überlassen; 2. das Schmarotzen von Insekten oder deren Larven in den Eiern oder Larven anderer Insekten.

Brutpflege (Neomelie), in der Zoologie Bez. für alle angeborenen Verhaltensweisen der ♀ und ♂ Elterntiere, die der Aufzucht, Pflege und dem Schutz der Nachkommen dienen. Die B. beginnt nach der Eiablage bzw. nach dem Absetzen der Jungen und folgt der ↑ Brutfürsorge. Sie bezieht sich auf die Bewachung und Versorgung der Eier bzw. der Brut, das Herbeischaffen von Nahrung, das Füttern der Larven durch Arbeiterinnen bei staatenbildenden Insekten, das Sauberhalten den und den Unterricht in typ. Verhaltensweisen des Nahrungserwerbs.

Brutreaktor ↑ Kernreaktor.

Brutschrank, elektrisch beheizbarer Laborschrank, dessen Innentemperatur von einem Thermostaten konstant gehalten wird; dient v. a. zur Aufzucht von Mikroorganismen.

Bruttium, antiker Name Kalabriens; nach den **Bruttiern** ben., die nach 356 v. Chr. griech. Kolonien eroberten, 300–295 gegen Syrakus, 278–275 gegen Rom kämpften; 272 von Rom unterworfen.

brutto [lat.-italien.], roh, ohne Abzug (gerechnet), mit Verpackung (gewogen).

brutto für netto, Handelsklausel, der zufolge sich der Preis der Ware nach dem Bruttogewicht richtet.

Bruttogewicht, Gewicht der Ware samt Verpackung.

Bruttogewinn, in der Gewinn-und-Verlust-Rechnung svw. Rohgewinn.

Bruttoinlandsprodukt ↑ Sozialprodukt.

Bruttoinvestition, Gesamtinvestition einer Volkswirtschaft in einer Periode. Die B. umfaßt die Bruttoanlageinvestition und die Vorratsinvestition. Die B., vermindert um die Ersatzinvestition, ergibt die Nettoinvestition.

Bruttoproduktionswert, Summe aus 1. den zu Marktpreisen bewerteten Gütern und Dienstleistungen, die ein Wirtschaftssubjekt in einer Periode anderen in- und ausländ. Wirtschaftssubjekten verkauft; 2. dem zu Herstellungskosten bewerteten Mehrbestand an eigenen Halb- und Fertigerzeugnissen; 3. den zu Herstellungskosten bewerteten selbsterstellten Anlagen. Nach Abzug der Vorleistungen erhält man den Nettoproduktionswert, die sog. **Bruttowertschöpfung.**

Bruttoraumzahl, Abk. BRZ, Schiffsvermessungsbegriff, der im Juli 1982 weltweit die bisher übl. Bruttoregistertonne (BRT) ablöste. Während bei der Vermessung nach BRT die Maße der Innenkanten der Räume genommen wurden, wird nun nach der BRZ alles von der Außenhaut des Schiffes her bemessen. Als **Nettoraumzahl** (Abk. NRZ) wurde das 0,3fache der BRZ festgelegt.

Bruttoregistertonne ↑ Registertonne.

Bruttosozialprodukt ↑ Sozialprodukt.

Bruttovermögen (Rohvermögen), Gesamtwert der Vermögensbestände eines Wirtschaftssubjekts ohne Berücksichtigung der auf diesem Vermögen lastenden Schulden.

Bruttowertschöpfung ↑ Bruttoproduktionswert.

Brutus, Beiname des röm. Geschlechts der Junier; bekannt v. a.:

B., Decimus Junius B. Albinus, *um 81, †43, röm. Offizier. – Vertrauter Cäsars, 48–46 Statthalter in Gallien; designierter Konsul für 42; nahm an der Verschwörung gegen Cäsar teil; kämpfte im sog. Mutinens. Krieg ab 44 gegen M. Antonius, der ihn ermorden ließ.

B., Lucius Junius, nach röm. Überlieferung Begr. der röm. Republik (509 v. Chr.). – Er und Tarquinius Collatinus waren die ersten Konsuln.

B., Marcus Junius, *85, †bei Philippi (Makedonien) etwa Mitte Nov. 42 (Selbstmord), röm. Politiker. – Trat im Bürgerkrieg auf die Seite des Pompejus; war an der Verschwörung gegen Cäsar und dessen Ermordung maßgeblich beteiligt; unterlag Antonius 42 bei Philippi.

Brutzwiebeln ↑ Brutknospen.

Brüx (tschech. Most), tschech. Stadt an der Biela, 70 000 E. Zentrum des nordböhm. Braunkohlenreviers (Tagebau); chem. Ind. – 1273 Stadt. B. wurde seit 1967 zum größten Teil abgerissen und sö. auf flözfreiem Gelände als *Neu-Brüx* (tschech. Nový Most) wieder aufgebaut. Die spätgot. Dekanalkirche (1517–40) wurde 1975 dabei um 841 m verschoben.

Bruxelles [frz. bryˈsɛl] ↑Brüssel.

Bruyère, La ↑La Bruyère, Jean de.

Bruyèreholz [bryˈjɛːr; frz./dt.], Handelsbez. für ein hell- bis rotbraunes, bis kopfgroß verdicktes, häufig schön gemasertes Wurzelholz der Baumheide, aus dem v. a. Tabakspfeifen hergestellt werden.

Bartholomäus Bruyn d. Ä. Bürgermeister Arnold von Brauweiler, 1535 (Köln, Wallraf-Richartz-Museum)

Bruyn [brɔyn], Bartholomäus, d. Ä., *Wesel (?) 1493, †Köln 1555, dt. Maler. – Seit 1515 in Köln tätig. Vertreter eines niederländ. beeinflußten Manierismus. Altarbilder und v. a. treffende Porträts.

B., Günter de, *Berlin 1. Nov. 1926, dt. Schriftsteller. – Beschreibt kritisch-satirisch in Erzählungen, u. a. „Ein schwarzer, abgrundtiefer See" (1962), „Babylon" (1986), und Romanen, u. a. „Der Hohlweg" (1963), „Buridans Esel" (1968), „Neue Herrlichkeit" (1984) die Verhältnisse in der DDR; Autobiographie „Zwischenbilanz. Eine Kindheit in Berlin" (1992). Vizepräs. der Dt. Akad. für Sprache und Dichtung seit 1991.

Bryan, William Jennings [engl. ˈbraɪən], *Salem (Ill.) 19. März 1860, †Dayton (Tenn.) 26. Juli 1925, amerikan. Politiker. – Rechtsanwalt; unterlag in den Präsidentschaftswahlen 1896, 1900 und 1908 als Kandidat der Demokraten; 1913–15 Außenmin.; Sozialreformer und Pazifist.

Bryant, William Cullen [engl. ˈbraɪənt], *Cummington (Mass.) 3. Nov. 1794, †New York 12. Juni 1878, amerikan. Dichter. – Erster bed. Lyriker der USA; seine Gedichte sind v. a. Reflexionen über Leben und Tod („Thanatopsis", 1811).

Bryan-Verträge [engl. ˈbraɪən] (amerikan. Friedensverträge), auf Betreiben von W. J. Bryan 1913/14 zw. den USA und 21 anderen Staaten geschlossenes völkerrechtl. Abkommen zur Vermeidung krieger. Auseinandersetzungen; gelten zumeist noch heute.

Bryaxis, griech. Bildhauer des 4. Jh. v. Chr. – Schuf u. a. vermutlich die Friese der Nordseite des Mausoleums von Halikarnassos (heute im Brit. Museum, London).

Brygos, att. Töpfer, tätig etwa 500–470. – Mit ihm ident. ist vielleicht der sog. **Brygosmaler** (etwa 495–470), einer der Hauptmeister der strengen, rotfigurigen Vasenmalerei.

Bryologie [griech.] (Mooskunde), Wissenschaft und Lehre von den Moosen.

Bryophyten [griech.], svw. ↑Moose.

Bryozoa [griech.], svw. ↑Moostierchen.

BRZ, Abk. für: ↑Bruttoraumzahl.

Brzeg [bʒɛk] ↑Brieg.

BSE-Seuche (Bovine Spongiforme Enzephalopathie), stets tödlich verlaufende Infektionskrankheit der Rinder. Der Erreger ist ein virusähnl. Agens und mit dem der ↑Traberkrankheit (Scrapie) der Schafe verwandt. Nach einer Inkubationszeit von 2–8 Jahren bilden sich typ. Veränderungen im Gehirn (schwammige Strukturen), die zur Krankheitsbez. geführt haben. Weitere Symptome sind zunehmende Verhaltens- und Bewegungsstörungen. Als Übertragungsweg ist bisher nur die Verfütterung von Tierkörpermehl (von Schafen) nachgewiesen, das nicht ausreichend hitzebehandelt war. Hinweise für eine Übertragung auf den Menschen gibt es nicht.

BSP, Abk. für: **B**rutto**s**ozial**p**rodukt.

Btx (BTX), Abk. für: ↑**B**ildschirm**t**ext.

BTX-Aromaten ↑aromatische Ringverbindungen.

bu, Einheitenzeichen für ↑Bushel.

Bubastis, Hauptstadt des 18. unterägypt. Gaues, im östl. Nildelta; Ruinen mehrerer Tempel vom 3. bis 1. Jahrtausend.

Bubblespeicher [ˈbʌbl; engl. „Blase"], svw. Magnetblasenspeicher (↑Magnetspeicher).

Buber, Martin (Mordechai), *Wien 8. Febr. 1878, †Jerusalem 13. Juni 1965, jüd. Religionsforscher und Religionsphilosoph. – Nach Philosophiestudium bei W. Dilthey und G. Simmel begann B. seit 1905 den ostjüd. Chassidismus zu erforschen. Gab die Zeitschriften „Der Jude" (1916–24) und „Die Kreatur" (1926–30, mit J. Wittig und V. von Weizsäcker) heraus. Begann 1925 mit F. Rosenzweig eine neue Deutsche Übersetzung der A. T. ins Deutsche, die er 1929 allein weiterführte und nach gründl. Revision älterer Teile 1961 abschloß. B. lehrte seit 1923 jüd. Religionswissenschaft und Ethik an der Univ. Frankfurt am Main. Sein Buch „Ich und Du" (1923) befruchtete auch christl. Theologie und Ethik. Ging 1938 nach Palästina, wo er bis 1951 Philosophie und Soziologie lehrte, 1952 erhielt er den Friedenspreis des Dt. Buchhandels, 1963 den Erasmus-Preis. – *Weitere Werke:* Begegnung, Autobiograph. Fragmente (1960), Der Jude und sein Judentum (1963), Nachlese (1965).

Martin Buber

Buber-Neumann, Margarete, *Potsdam 21. Okt. 1901, †Frankfurt am Main 6. Nov. 1989, dt. Schriftstellerin und Publizistin. – 1926 Mgl. der KPD; emigrierte 1935 in die UdSSR; 1938–40 in sowjet. Zwangsarbeitslager, wurde 1940 der SS übergeben und im KZ Ravensbrück interniert. Schrieb v. a. über ihr Leben, u. a. „Als Gefangene bei Stalin und Hitler" (1949), „Von Potsdam nach Moskau. Stationen eines Irrweges" (1957).

Bubis, Ignatz, *Breslau 12. Jan. 1927, dt. Kaufmann. – Seit Sept. 1992 Vors. des Zentralrats der Juden in Deutschland.

Bubnoff, Serge von, *Petersburg 27. Juli 1888, †Berlin 16. Nov. 1957, dt. Geologe und Paläontologe. – Prof. in Breslau, Greifswald und Berlin (Ost). Arbeiten zur Lagerstättenkunde, Tektonik und Geologie des kristallinen Grundgebirges, zur regionalen Geologie Deutschlands und zur Entwicklungsgeschichte der Erde.

Bubo [lat.], svw. ↑Uhus.

Bubo (Mrz. Bubonen) [griech.], entzündl. Schwellung der Lymphknoten, bes. in der Leistenbeuge, bei Geschlechtskrankheiten, Furunkulose und Pest.

Bubonenpest ↑Pest.

Bucaramanga, Hauptstadt des Dep. Santander in Kolumbien, auf der W-Abdachung der Ostkordillere, 1018 m ü. d. M., 364 000 E. Bischofssitz; Univ. (gegr. 1948), Metallind., Tabakind., ✈. – Gegr. 1622.

Bucchero [ˈbukero; italien.], etrusk. Vasengattung; schwarze Tongefäße mit Reliefs oder eingeritztem Dekor (8.–4. Jh.).

Günter de Bruyn

William Cullen Bryant

Bucelin, Gabriel [ˈbʊtsəliːn], eigtl. G. Butzlin, *Diessenhofen (Thurgau) 29. Dez. 1599, †Weingarten 9. Juni 1681, schweizer. Historiker und Genealoge. – Benediktiner (seit 1617); 1651–81 Prior in Sankt Johann in Feldkirch; Verfas-

Bucer

ser u. a. von „Germania topo-chrono-stemmatographica sacra et profana" (4 Bde., 1655–78).

Bucer, Martin ['bʊtsər], eigtl. M. Butzer, *Schlettstadt 11. Nov. 1491, †Cambridge 1. März 1551, dt. Reformator und Humanist. – Dominikaner, wurde 1518 Anhänger der Reformation. Verfaßte für den Augsburger Reichstag 1530 die „Confessio Tetrapolitana" und brachte 1536 die Wittenberger Konkordie als Verständigung zw. Luther und den Oberdeutschen zustande. War um die Einheit der ev. Bekenntnisse bemüht. Als Gegner des Augsburger Interims mußte er 1548 Straßburg verlassen und folgte einem Ruf des Erzbischofs Thomas Cranmer von Canterbury nach England; dort Prof. in Cambridge.

Bucerius, Gerd, *Hamm 19. 6. 1906, dt. Verleger und Publizist. – Jurist; 1946 Mitgründer und Verleger der polit. Wochenzeitung „Die Zeit"; 1949–62 MdB (CDU, Parteiaustritt 1962); 1965 Mitgründer des Verlags „Gruner+Jahr".

Buch, Leopold von, Frhr. von Gellmersdorf, *Schloß Stolpe bei Angermünde 26. April 1774, †Berlin 4. März 1853, dt. Geologe und Paläontologe. – Erforschte den Vulkanismus; gab 1826 die erste „geognost. Karte Deutschlands" heraus; er erkannte die chronolog. Bed. der Versteinerungen und prägte den Begriff „Leitfossil".

Buch [zu althochdt. buoh „zusammengeheftete Buchenholztafeln" (auf denen man schrieb)], mehrere, zu einem Ganzen zusammengeheftete bedruckte, beschriebene oder auch leere Blätter, die in einen B.einband (Buchdecke) eingebunden sind; auch das geheftete oder klebegebundene (Broschüre, Taschenbuch) literar. Erzeugnis.

Geschichte: Im Vorderen Orient wurden seit etwa 3000 v. Chr. Schriftzeichen in Tontafeln eingedrückt, die dann getrocknet und manchmal gebrannt wurden. Ein weiterer Beschreibstoff war Leder. In Indien wurden Blätter benutzt, in China mindestens seit 1300 v. Chr. mit Bambus zusammengehaltene Bambus- oder Holzstreifen. Die frühesten erhaltenen Dokumente sind aus pflanzl. Papyri. Zunächst wurden Einzelblätter verwendet, seit dem 2. Jt. v. Chr. finden sich B.rollen aus aneinandergeklebten Einzelblättern. In Kleinasien wurde seit 2. Jh. v. Chr. Pergament zur B.herstellung verwendet. Schreibtafeln sind schon bei Homer bezeugt, mit Wachs bezogene bei Herodot (5. Jh. v. Chr.). Diese Tafeln wurden an der linken Längsseite zusammengebunden oder mit Scharnieren, Ringen und Riemen zusammengehalten. Seit etwa Christi Geburt wurden auch Papyrus- und Pergamenthefte (Kodizes) angelegt. Ein Kodex besteht aus einer Vielzahl gleich großer Pergamentblätter, die, in der Mitte gefaltet, ineinandergelegt und mit Faden geheftet und zw. Holzdeckeln oder -rahmen eingebunden sind.

Martin Bucer
(zeitgenössischer Stich)

James McGill Buchanan

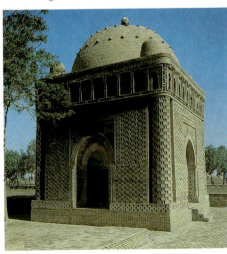

Buchara. Ismail-Samani-Mausoleum, Ende des 9. Jh. n. Chr.

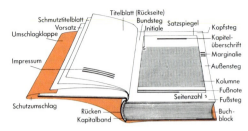

Buch. Schematische Darstellung

Das Papier wurde zwar schon im 2. Jh. v. Chr. in China erfunden, aber erst im 8. Jh. n. Chr. wurde die Technik der Papierherstellung von den Arabern übernommen und gelangte mit ihnen nach S-Europa. Im 15. Jh. bestand ein Großteil der Handschriften bereits aus Papier, nach der Erfindung des Buchdrucks wurde das Pergament rasch durch das billigere Papier verdrängt: seit 1500 etwa hatte das B. weitgehend seine heute noch übl. Gestalt. Die Neuzeit der B.geschichte beginnt mit Gutenbergs Bibeldruck (1455). Gutenberg druckte i. d. R. Auflagen von 150–200 Exemplaren. Nach 1480 stieg die Auflagenhöhe teilweise auf 1000; von Luthers Übersetzung des N. T. (Septemberbibel) wurden 1522 schon 5000 Exemplare gedruckt. 1522–34 gab es 85 Ausgaben von Luthers N. T.; zw. 1534 und 1574 wurden 100 000 Exemplare der vollständigen Bibelübersetzung Luthers verkauft. Neben die religiösen Inkunabeln traten bald wiss. Werke und Dichtungen.

Das B. ist bis heute ein wichtiger Träger der geistigen Kommunikation, des Austausches von Ideen und Informationen geblieben, trotz des Aufkommens von Hörfunk, Fernsehen, Datenverarbeitung. – ↑Buchkunst.

Buchanan [engl. bju:'kænən], George, *Killearn (Stirlingshire) Febr. 1506, †Edinburgh 29. Sept. 1582, schott. Humanist. – Wurde in Schottland wegen seiner gegen die Franziskaner gerichteten satir. Schriften als Ketzer verurteilt und mußte fliehen (über Paris nach Bordeaux). Nach seiner Rückkehr trat er 1561 zum Protestantismus über; Gegner Maria Stuarts; verfocht die Lehre vom Tyrannenmord. Schrieb ein bed. Werk über die Geschichte Schottlands („Rerum Scoticarum historia", 1582), daneben auch lat. Tragödien und Psalmenparaphrasen.

B., James, *Stony Batter bei Mercersburg (Pa.) 23. April 1791, †Wheatland (Pa.) 1. Juni 1868, 15. Präs. der USA (1857–61). – Jurist; 1820–31 als Demokrat Kongreß-Abg.; 1834–45 Senator für Pennsylvania; Außenmin. 1845–49; brachte viel Sympathien für die Einstellung der Südstaaten (z. B. Sklaverei) auf, focht aber im Sezessionskrieg auf seiten der Union.

B., James McGill, *Murfreesboro (Tenn.) 2. Okt. 1919, amerikan. Wirtschaftswissenschaftler. – Seit 1963 Direktor des von ihm gegr. Center for Study of Public Choise (heute Teil der Univ. Fairfax bei Washington), seit 1983 Prof. an der George-Mason-Univ. im US-Staat Virginia; erhielt für die „Entwicklung der kontakttheoret. und konstitutionellen Grundlagen der ökonom. Beschlußfassung" 1986 den sog. Nobelpreis für Wirtschaftswissenschaften.

Buchanan [engl. bju:'kænən], liberian. Bez.hauptstadt an der Mündung des Saint John River in den Atlantik, 24 300 E. Endpunkt der Erzbahn aus den Nimbabergen, Eisenerzaufbereitung und -verschiffung; Fischerei; ✈. 1837 gegründet.

Buchara, Gebietshauptstadt und Mittelpunkt einer gleichnamigen Oase in der Sandwüste Kysylkum, Usbekistan, 224 000 E. PH, Theater; Verarbeitung von Baumwolle und Naturseide, Bearbeitung von Karakulschaffellen; Kunsthandwerk; bei B. Erdgasgewinnung; ✈. – Als Mittelpunkt Transoxaniens mindestens seit dem 7. Jh. v. Chr. besiedelt; urkundlich erstmals im 6. Jh. n. Chr. erwähnt. 709 unter arab. Herrschaft (Sitz eines Emirats innerhalb der Prov. Chorasan). 892 Hauptstadt eines Reichs, das sich vom Kasp. Meer bis zum Indus erstreckte; 999 türkisch.

1220 Eroberung durch Dschingis-Khan, um 1370 durch Timur-Leng und 1500 durch die usbek. Schaibaniden. Abd Allah II. (1556–98) baute die Stadt zur Residenz aus. Sitz eines unabhängigen Khanats bis zur russ. Eroberung des Gebiets B. 1868. – Ismail-Samani-Mausoleum (Ende des 9. Jh. n. Chr.), Kaljan-Moschee (1514), Minarett von 1127, Ulug-Beg-Medrese (1417/18; 1585 renoviert), Mir-Arab-Medrese (1535/36), Abdulasis-Khan-Medrese (1651/52).

Buchara (Bochara) ↑ Orientteppiche (Übersicht).

Bucharin, Nikolai Iwanowitsch, * Moskau 9. Okt. 1888, † ebd. 15. März 1938, sowjet. Politiker und Wirtschaftstheoretiker. – Seit 1906 Mgl. des linken Flügels der Sozialdemokrat. Arbeiterpartei; 1911 Verbannung nach Sibirien und Flucht nach Deutschland; in der Oktoberrevolution Leiter des bolschewist. Aufstands in Moskau, enger Kampfgenosse Lenins (ZK-Mgl. und Chefredakteur der „Prawda" seit 1917); unterstützte als Mgl. des Politbüros (seit 1924) und Vors. der Komintern (seit 1926) zunächst den Kurs Stalins, wandte sich dann jedoch gegen dessen Zwangskollektivierungs- und Industrialisierungspläne; von Stalin ausgeschaltet, verlor 1929 sämtl. polit. Ämter; 1937 verhaftet, nach Schauprozeß hingerichtet; zahlr. Arbeiten zu ökonom. und polit. Fragen, u. a. „Theorie des histor. Materialismus" (1922). 1988 postum rehabilitiert.

Buchau, Bad ↑ Bad Buchau.

Buchbesprechung ↑ Rezension.

Buchbinderei, Handwerks- oder Ind.betrieb, in dem die abschließenden Arbeitsgänge der Buchfertigung durchgeführt werden. Bei der Buchherstellung unterscheidet man nach Ausführung der Druckarbeiten drei Phasen: 1. die Buchblockherstellung, 2. die Deckenherstellung und 3. das Vereinigen *(Einhängen)* von Buchblock und Decke.
In der **Handbuchbinderei** erfolgt die Einzelanfertigung meist wertvoller Bücher in Arbeitsgängen, die stark handwerklich ausgerichtet sind. Der auf Vollständigkeit geprüfte *(kollationierte)* Buchblock, an dem durch Kleben der Vor- und Hintersatz an den ersten und letzten Bogen bereits befestigt, wird auf der Heftlade auf Gaze oder Kordel geheftet, durch Rückenrunden weiterbearbeitet, in die Decke eingehängt und abgepreßt.
In der **industriellen Buchbinderei** werden Bücher maschinell gebunden. Die aus der Druckerei angelieferten bedruckten Bogen (Rohbogen) werden zunächst in einer *Rüttelanlage* Kante an Kante gebracht. Nach dem Schneiden in der *Schneidmaschine* werden die Rohbogen in *Schwert-* oder *Stauchfalzmaschinen* bzw. Kombinationen davon so oft gefaltet, bis sich das Rohformat des Buches und die richtige Reihenfolge der Seitenzahlen ergibt.
Der erste Bogen eines Buches enthält z. B. die Seiten 1–16 oder auch 1–32 und wird als Signatur 1 bezeichnet; der zweite Bogen enthält die Seiten 17–32 oder auch 33–64 (Signatur 2) usw. Diese verschiedenen gefalzten Signaturen werden auf der Zusammentragmaschine zum kompletten Buchblock zusammengelegt. Die Kontrolle der Vollständigkeit *(Kollationierung)* erfolgt durch Prüfen der auf jedem Falzbogen aufgedruckten *Flattermarke.* Das Verbinden der Falzbogen untereinander erfolgt i. d. R. durch Fadenheften oder Klebebinden. Zur engeren Verbindung der Falzbogen untereinander werden die Buchblöcke am Rücken geleimt. Es folgt das Beschneiden der Blöcke im *Dreischneider.* Dann wandert der Buchblock weiter in die *Schnittfärbemaschine,* die den Farbschnitt am Kopf des Buchblocks anbringt, in die *Rundemaschine,* in der der Rücken des Buches gerundet wird, und in die *Kap(i)tal-* und *Hinterklebemaschine.* Dort werden vollautomatisch ein rückenverstärkendes Papier und das kopf- und fußverzierende Kap(i)talband angebracht.
In der *Einhängemaschine* wird der Buchblock in die in gesonderten Arbeitsgängen gefertigte Decke eingehängt. Die Buchdecke wird voll- oder halbautomat. auf der *Deckenmaschine* aus zwei im Format dem Buchblock angepaßten Pappen, der Rückeneinlage und dem Bezugstoff (z. B. Leinengewebe, kunststoffbeschichtete Pappe) mit Heißleim hergestellt. Beim Einhängen wird der Buchblock auf ein Schwert aufgeschoben, das den Buchblock zw. den Leimwalzen hin-

durchführt (wobei die beiden äußeren Seiten des Blocks mit Leim benetzt werden) und ihn dann in die Decke drückt. Das Buch wird kurz vorgepreßt, um dann im großen Stapel in der Stockpresse unter Druck zu trocknen. Es folgen nun noch das Falzeinbrennen (Gelenk, Verbindung Rücken–Decke), das Nachsehen, das Umlegen des Schutzumschlags und das Verpacken des Buches (meist in Schrumpffolie). Beim **Klebebindeverfahren,** einem Buchbindeverfahren bes. für Taschenbücher, Kataloge o. ä., werden die beschnittenen Buchblöcke am Rücken mit einer Spezialleimung versehen.

Buchblock, aus Blättern oder Falzbogen bestehender, gehefteter bzw. klebegebundener, beschnittener Teil des Buches; wird mit der Buchdecke verbunden.

Buchdecke, starrer Einband, der den Buchblock umgibt. – ↑ Buchbinderei.

Buch der Natur, seit Augustinus in der christl. Literatur des MA gebräuchl. Metapher zur Bez. der physikal. Welt als einer „zweiten Schrift", durch die sich Gott neben der Hl. Schrift dem Menschen mitteilt.

Buch der Weisheit ↑ Weisheit.

Buch des Lebens ↑ Lebensbuch.

Buchdruck, ältestes, in der heutigen Form auf die um 1440 erfolgte Erfindung Gutenbergs zurückgehendes Druckverfahren. Der B. zählt zur Gruppe der Hochdruckverfahren, d. h., der Druck erfolgt von einer Druckform, bei der die druckenden Stellen erhöht liegen. Derartige Hochdruckformen werden aus Drucktypen, Gußzeilen, Druckplatten zusammengesetzt. Beim Rotationsdruck werden um den Plattenzylinder der Rotationsdruckmaschine halbrunde Stereos oder Wickeldruckplatten befestigt.
Beim Druckvorgang werden die erhabenen Stellen der Druckplatte mit Druckfarbe eingefärbt und durch Anpressen auf den Bedruckstoff (v. a. Papier) übertragen. Die Wahl der Druckmaschine hängt von Auflagenhöhe u. a. ab. Akzidenzdruck in kleiner Auflage erfolgt mit Tiegeldruckmaschinen, der anspruchsvolle Werk- und Bilderdruck mit Flachform-Zylinderdruckmaschinen; Großauflagen (v. a. Zeitungen und Zeitschriften) werden mit Rotationsdruckmaschinen (sog. *Rotations-B.*), Bücher auch im Offset- und Tiefdruckverfahren gedruckt.
Geschichte: Obgleich bereits im Altertum in Ägypten und Rom eingefärbte Stein- und Metallstempel verwendet wurden und bis ins MA überkommen sind, ist der Beginn des B. in China zu suchen, wo bereits vor mehr als 1 200 Jahren die Technik des Tafel- oder Blockdruckes bekannt war. Im 11. Jh. begann man mit bewegl. Lettern aus Ton zu drukken. Über die Araber gelangte die Technik des Tafeldrucks nach W-Europa (Ende des 14. Jh.). Sie wurde aber bereits kurze Zeit später durch den B. mit bewegl. Lettern aus Metall verdrängt. Gutenberg unternahm seit etwa 1436 in Straßburg, ab 1440 in Mainz Versuche mit einzelnen, beliebig zusammensetzbaren sog. Typenstempeln und druckte etwa ab 1445 mit Hilfe einer von ihm entwickelten Druckerpresse. Seine Leistung lag in der Bewältigung des Problems des Letterngusses und des Druckens. Die Typenstempel waren zunächst aus Holz, dann aus Blei, später auch aus Eisen oder Kupfer. Die neue Technik verbreitete sich schnell über ganz Europa: Druckereien entstanden u. a. in Venedig, Paris, Leiden, Amsterdam, Basel und London. – Die ersten Drucker bemühten sich, die handgeschriebenen Bücher nachzuahmen. Erst in den folgenden Jahrzehnten wurde es allg. üblich, alle Elemente des Buches mechanisch zu vervielfältigen. Um 1570 war die Umstellung von der Handschrift auf den B. vollzogen. Von nun an vervollkommnete sich v. a. das techn. Verfahren des B., bes. seit Ende des 19. Jh. – ↑ Drucken.

Buchdrucker (Ips typographus), etwa 4–6 mm großer, rötl. bis schwarzbrauner, leicht gelb behaarter Borkenkäfer. Durch Fraß der Larven im Bast entsteht das für den B. kennzeichnende, sehr regelmäßige Fraßbild zw. Splintholz und Borke; Forstschädling.

Buche, (Fagus) Gatt. der Buchengewächse mit etwa 10 Arten in der gemäßigten Zone der nördl. Halbkugel; sommergrüne Bäume mit ungeteilten, ganzrandigen oder fein

Nikolai Iwanowitsch
Bucharin

Buchdrucker

Bucheckern

gezähnten Blättern, kugelig gebüschelten Blüten und dreikantigen Früchten (Bucheckern); wichtige Holzpflanzen: ↑Rotbuche sowie **Amerikan. Buche** (Fagus grandiflora) in N-Amerika; Holz mit weißem Splint und rotem Kern, schwer, sehr fest, zäh, sehr dauerhaft; **Orientbuche** (Kaukasus-B., Fagus orientalis) im sö. Europa und in Vorderasien, Blätter vorn verbreitert.

▷ Bez. für das Nutzholz einiger Buchenarten (↑Hölzer, Übersicht).

Bucheckern (Bucheln, Buchelkerne), Früchte der Rotbuche; 12–22 mm lange, einsamige, scharf dreikantige, glänzend braune Nußfrüchte, die zu zweien in einem bei der Reife holzigen, sich mit 4 bestachelten Klappen öffnenden Fruchtbecher sitzen; Samen reich an Öl (bis 43 %), Stärke und Eiweiß.

Bucheinband, aus Buchblock und Buchdecke bestehendes Erzeugnis in Form eines Buches. Bei den Prachtbänden der karolingisch-otton. Zeit ist der vordere Holzdeckel oft mit getriebenem Goldblech überzogen und mit edlen Steinen, Perlen und Email geschmückt; sonst bezog man ihn mit gestempeltem Wildleder. In der hochroman. Zeit verwendete man Kalb- und Ziegenleder und Stempel von großem Formenreichtum, bei den spätgot. Einbänden (Kalb- oder Schweinsleder) setzte die Verwendung von Rollen und Platten anstelle von Einzelstempeln ein. Unter dem Einfluß islam. Einbandtechnik (feines Maroquin, Pappe anstelle des Holzdeckels, Vergoldung, Arabesken- und Mareskenschmuckformen) entwickelte sich der künstlerisch hochstehende europ. Renaissance-B. Die Einbandkunst behauptete auch im 17. und 18. Jh. einen hohen Stand (v. a. auch Silbereinbände, die schon seit dem späteren MA üblich waren), erneut im Jugendstil.

Bucheckern.
Links: Einzelfrucht.
Rechts: Fruchtbecher mit zwei Nüssen

Bucheinband. Hans von Reutlingen, Einband des Reichsevangeliars, Silber vergoldet, Edelsteine, 15. Jh. (Wien, Kunsthistorisches Museum)

buchen, eintragen, registrieren; bezeichnet sowohl die Bestellung durch den Kunden als auch die Registrierung der Bestellung (Buchung).

Buchengallmücke (Buchenblattgallmücke, Mikiola fagi), etwa 4–5 mm große, schwarzbraune Gallmücke. Das ♀ legt seine Eier an Blatt- und Triebknospen der Rotbuche ab. Die Larve erzeugt auf der Oberseite der Buchenblätter anfangs grüne, später rötl. bis bräunl. Gallen.

Buchengewächse (Fagaceae), Fam. zweikeimblättriger Holzgewächse mit 7 Gatt. und etwa 600 Arten in den gemäßigten Breiten und in den Tropen; Früchte einzeln oder gruppenweise von einem Fruchtbecher umgeben; wichtige Nutzpflanzen: ↑Buche, ↑Eiche, ↑Edelkastanie.

Buchenland ↑Bukowina.

Buchen (Odenwald), Stadt an der Grenze des Odenwalds gegen das Bauland, Bad.-Württ., 14 800 E. Maschinenbau, Holz-, Metall-, Kunststoffind. – 774 erstmals gen., um 1255 Stadtrecht. – Spätgot. Stadtpfarrkirche (1503 bis 1507), Rathaus (1717–23).

Buchenrotschwanz (Rotschwanz, Dasychira pudibunda), etwa 4 (♂) bis 5 (♀) cm spannender einheim. Schmetterling; Vorderflügel weißgrau mit mehreren dunklen Querbinden und Flecken, Hinterflügel weißlich mit wenig deutl. dunkler Fleckung, ♂ insgesamt dunkler als ♀; Larven verursachen im Herbst zuweilen Kahlfraß in Buchenwäldern.

Buchenwald, großes nat.-soz. Konzentrationslager auf dem Ettersberg bei Weimar für Kriminelle und aus rass., religiösen oder polit. Gründen Verfolgte; 1937–45 wurden rd. 240 000 Menschen aus 32 Nationen in das B. verschleppt; von ihnen fanden dort schätzungsweise 56 500 den Tod; nach Kriegsende bis 1950 von der sowjet. Besatzungsmacht als Internierungslager benutzt; heute Mahnmal und Gedenkstätte.

Buchenzeit, ein Zeitabschnitt der Nacheiszeit, ↑Holozän (Übersicht).

Bucher, Lothar, *Neustettin 25. Okt. 1817, †Glion bei Montreux 12. Okt. 1892, dt. Publizist und Politiker. – 1848 radikaldemokrat. Abg. der preuß. Nationalversammlung, 1849 der 2. Kammer; 1850–61 in London im Exil; 1864–86 enger Mitarbeiter Bismarcks, half diesem bei der Niederschrift der „Gedanken und Erinnerungen".

Bücherbohrer (Bücherwurm, Ptilinus pectinicornis), etwa 4–5 mm langer, schwarzer oder brauner Klopfkäfer. Der B. (auch die Larven) befällt häufig Möbel und durchbohrt hölzerne Geräte und Bücher mit Holzeinbänden.

Büchergilde Gutenberg, 1924 von den gewerkschaftlich organisierten Verband der Buchdrucker in Leipzig gegr. Buchgemeinschaft, 1947 in Frankfurt am Main neugegründet; seit Febr. 1991 im Besitz des DGB (52,53 %), der Beteiligungsgesellschaft für Gemeinwirtschaft (43,38 %) und der IG Medien (4,09 %).

Bücherläuse (Troctidae), weltweit verbreitete Fam. sehr kleiner, abgeflachter, meist flügelloser Staubläuse; befallen feucht gelagerte Nahrungsmittelvorräte, alte Bücher, Tapeten, auch Insektensammlungen und Herbarien.

Bücher Mose, die ersten fünf Bücher des A. T. (↑Pentateuch). – Ein sog. *6. und 7. Buch Mosis (Moses),* wahrscheinlich 1849 erstmals gedruckt, gilt als Zauberbuch.

Buchersitzung (Tabularersitzung), endgültiger Erwerb eines Grundstücks durch jemanden, der zu Unrecht 30 Jahre lang als Eigentümer im Grundbuch eingetragen war und während dieser Zeit das Grundstück im Eigenbesitz gehabt hat (§ 900 BGB).

Bücherskorpion (Chelifer cancroides), etwa 2,5–4,5 mm großer, bräunl., weltweit verbreiteter Afterskorpion; lebt v. a. in Bücherregalen und Herbarien, ernährt sich hauptsächlich von Staubläusen; hat keinen Giftstachel.

Bücherverbot, im kath. Kirchenrecht das (bis 1966 geltende) Verbot von Büchern, die gegen die kath. Glaubens- und Sittenlehre verstoßen; auch Index librorum prohibitorum.

Bücherverbrennung, aus Anlaß eines polit. oder kirchl. Bücherverbots oder als Zeichen eines Protests geübte Demonstration (bes. seit der Inquisition); 1817 verbrannten Studenten beim Wartburgfest reaktionäre Literatur; am 10. Mai 1933 wurden in den dt. Univ.städten die Bücher verfemter Autoren (u. a. Feuchtwanger, S. Freud, E. Kästner, Kisch, H. Mann, Remarque, Tucholsky, A. Zweig) verbrannt.

Buchfink (Fringilla coelebs), etwa 15 cm große Finkenart in Europa, N-Afrika und Teilen W-Asiens; auffallende weiße Flügelbinde und weiße äußere Steuerfedern; ♂ mit schieferblauem Scheitel und Nacken, kastanienbraunem Rücken, grünl. Bürzel und zimtfarbener Unterseite; ♀ unscheinbar olivbraun, unterseits heller.

Buchformat, Größe von Büchern, in der techn. Herstellung Breite × Höhe, in Bibliotheken Höhe × Breite. Die bibliographischen B. werden nach der Zahl der beim Falzen entstehenden Blätter bezeichnet als *Folio* (2°, 2 Blätter), *Quart* (4°, 4 Blätter), *Oktav* (8°, 8 Blätter), *Duodez* (12°, 12 Blätter), *Sedez* (16°, 16 Blätter) oder, auf die Höhe des Buchrückens bezogen, in Zentimetern angegeben: bis 15 cm Sedez, bis 18,5 cm Klein-Oktav, bis 22,5 cm Oktav, bis 25 cm Groß-Oktav, bis 30 cm Lexikon-Oktav, bis 35 cm Quart, bis 40 cm Groß-Quart, bis 45 cm Folio, darüber Groß-Folio.

Buchführung (Buchhaltung), zeitlich und sachlich geordnete, lückenlose Aufzeichnung aller erfolgs- und vermögenswirksamen Geschäftsfälle. Die B. umfaßt das Sammeln von Belegen, das Formulieren von Buchungssätzen, die Eintragung auf Konten, den Abschluß der Konten (Ermittlung der Salden) zum Ende einer Periode und das Aufstellen des Periodenabschlusses. Einen Überblick über die geführten Konten und die Prinzipien, nach denen sie eingeteilt werden, gibt der Kontenplan. Formal werden die Konten in Kontenklassen, -gruppen und -arten eingeteilt und mit Dezimalzahlen gekennzeichnet. Die B. umfaßt als Teilbereiche die Finanz- (Geschäfts-) und die Betriebsbuchhaltung. Die **Finanzbuchhaltung** dient der Aufzeichnung der Außenbeziehungen einer Betriebswirtschaft. Zur Durchführung dieser laufenden Registrierung sind eine Zahlungs- und eine Leistungsreihe (Geld- und Finanz- bzw. Ein- und Verkaufskonten) erforderlich. Die **Betriebsbuchhaltung** löst sich von den betriebl. Zahlungsströmen, indem sie unmittelbar auf den innerbetriebl., leistungsbezogenen Werteverzehr gerichtet ist. An die Stelle der Erfolgskomponenten Aufwand und Ertrag treten die kalkulator. Begriffe Kosten und Leistungen (↑Kalkulation, ↑Kostenrechnung). – Generell zu unterscheiden sind die kameralist., die einfache und die doppelte Buchführung.

Die **kameralistische Buchführung** (auch Verwaltungs- oder Behörden-B. genannt) verzeichnet Einnahmen und Ausgaben und ermittelt in Form eines Soll-Ist-Vergleichs die Abweichungen von den jeweiligen [Haushalts]plänen. Die **einfache Buchführung** stellt eine Bestandsrechung dar, welche nur die eingetretenen Veränderungen der Vermögensposten in chronolog. Reihenfolge festhält. Dabei besteht jede Buchung lediglich in einer Last- oder Gutschrift. Der Erfolg wird durch Gegenüberstellung des Reinvermögens (Eigenkapital) am Anfang und am Ende einer Rechnungsperiode ermittelt, ohne die einzelnen Erfolgskomponenten (Aufwand und Ertrag) zu berücksichtigen. Die **doppelte Buchführung (Doppik)** ermittelt den Erfolg einmal durch Bestandsvergleich (Bilanz) und andererseits durch eine eigenständige Aufwands-und-Ertrags-Rechnung. Jeder Geschäftsvorfall hat dabei zwei wertgleiche Buchungen (Soll- und Habenbuchung) zur Folge. Die doppelte B. umfaßt somit zwei Kontenreihen, die Bestandskonten (Vermögens- und Kapitalwerte) und die Erfolgskonten (Aufwand und Ertrag).

Die B.vorschriften umfassen die Buchführungspflicht und die Grundsätze ordnungsmäßiger Buchführung. Die allg. **Buchführungspflicht** wird im HGB § 238 Abs. 1 definiert; jeder Kaufmann ist verpflichtet, Bücher zu führen und in diesen seine Handelsgeschäfte und die Lage seines Vermögens ersichtlich zu machen. Eine steuerl. B.pflicht besteht seit Inkrafttreten der Abgabenordnung (AO) 1919.

Buchgeld, svw. ↑Giralgeld.

Buchgemeinschaft (Buchgemeinde, Buchklub, Lesering), verlagsartiges Unternehmen, das für seine Bücher (auch Schallplatten) Käufer sucht, die sich meist ähnlich den Abonnenten von Zeitschriften für eine bestimmte Mindestzeit – meist ein Jahr – zur Abnahme einer festgelegten Anzahl von Büchern verpflichten. Die von der B. angebotenen Bücher sind i. d. R. vorher bereits in einem Verlag erschienen, von dem die betreffende B. eine Lizenz erworben hat. U. a. „Bertelsmann Lesering", „Dt. Bücherbund", „Büchergilde Gutenberg", „Dt. Buchgemeinschaft", in Österreich „Buchgemeinschaft Donauland", in der Schweiz B. „Ex Libris", in den USA „Book-of-the-Month-Club".

Buchgewinn, der sich bei Abschluß der Handelsbücher am Ende einer Periode ergebende Gewinn eines Unternehmens.

Buchhalter, Beruf mit kaufmänn. Ausbildung (z. B. Ind.-Kaufmann), Fachkraft für alle im Rahmen der Buchführung anfallenden Tätigkeiten, oft spezialisiert (Lohn-B., Kontokorrent-B.). Zusätzl. Kenntnisse erfordert die Tätigkeit als Bilanzbuchhalter, der den Jahresabschluß erstellt.

Buchhaltung, svw. ↑Buchführung.

Buchhandel, Wirtschaftszweig, der durch Herstellung, Vervielfältigung und Verbreitung von Büchern jeder Art deren wirtsch. Nutzung ermöglicht. Gegenstände des B. sind durch graph., photomechan. und phonograph. Vervielfältigung marktfähig gemachte geistige Erzeugnisse, insbes. Bücher und Zeitschriften, ferner Landkarten, Atlanten, Globen, Kalender, Kunstblätter, Lehr- und Lernmittel, Spiele, Musikalien, Schallplatten u. a. Bild- und Tonträger sowie sonstige der Information und Unterhaltung dienende Medien, vielfach auch Zeitungen, Schreib- und Büroartikel.

Struktur: Der dt. B. ist als mehrstufiges System strukturiert mit herstellendem B. (Verlag), verbreitendem B. (v. a. Sortiment), Zwischen-B. und den Buchgemeinschaften. Der **Verlagsbuchhandel** entscheidet über die Produktion der zu veröffentlichenden Manuskripte. Der Verlag erwirbt durch Vertrag mit dem Autor das Recht zur wirtsch. Verwendung des „geistigen Eigentums" des Urhebers und nutzt das Verlagsrecht außer zur Buchveröffentlichung auch zur Verbreitung des Werks durch Hörfunk, Fernsehen, Presseabdruck, Bühnenaufführung, Verfilmung, Übersetzung usw. *(Nebenrechte).* Mit der techn. Herstellung seiner Erzeugnisse beauftragt der Verlag fremde oder auch eigene Betriebe (graph. Gewerbe). Er bestimmt über die Buchgestalt, setzt den Verkaufspreis fest (Preisbindung) und bestimmt den Händlerrabatt.

Der **verbreitende Buchhandel** bezieht die fertigen Verlagserzeugnisse direkt beim Verlag oder über den Zwischen-B., er ist die Einzelhandelsstufe zum Verkauf an den Endabnehmer. Die wesentlichste Form ist der *Sortiments-B.* mit offenem Ladengeschäft. Weitere Betriebsformen sind der *Reise-B.,* der seine Kunden durch reisende Buchvertreter anspricht, der *Versand-B.,* der *Buch- und Zeitschriftenhandel,* der *Bahnhofs-B.,* der *Warenhaus-B.* sowie das *Antiquariat,* ferner der *Kunst-* und der *Musikalienhandel.*

Der **Zwischenbuchhandel** übernimmt einen Teil der Sortimentseinkäufe. Seine Betriebsformen sind der Groß-B., Kommissions-B., das Barsortiment und das Großantiquariat.

Organisation: Spitzenorganisation des B. in der BR Deutschland ist der Börsenverein des Dt. Buchhandels e. V., Frankfurt am Main. Träger der wirtsch. Unternehmungen der B.organisation ist die *Buchhändler-Vereinigung GmbH* in Frankfurt am Main, in deren Verlag das Fachorgan des B., das Börsenblatt für den B., die „Dt. Bibliographie", das „Adreßbuch des dt. B.", die „Schriftenreihe des Börsenvereins" und andere Fachveröffentlichungen erscheinen.

Geschichte: In der Antike bestand bei Ägyptern, Griechen und Römern als Vorläufer des B. der Verkauf von Wachsplatten und Papyrusrollen. Im 13. Jh. tauchten in Univ.städten Buchhändler (lat. stationarii) auf, die Andachts-, Gedicht- und Arzneibücher in Abschriften vertrieben. Einen eigtl. B. gibt es erst seit Erfindung der Buchdruckerkunst (um 1440), die die Herstellung des Buches als Massenware ermöglichte. Die „Druckerverleger" vertrieben ihre Erzeugnisse zunächst selbst. Hauptumschlagplatz der Buchproduktion wurden die Buchmessen in Frankfurt am Main und Leipzig. Die Zunahme des Interesses am Lesen beim Mittelstand seit dem 18. Jh., die Ausbreitung der Schulpflicht, schließlich die Aufhebung der Verlagsprivilegien im Dt. Reich 1867 und die Einführung einer begrenzten Schutzfrist bewirkten eine beträchtl. Zunahme an Neuerscheinungen und Auflagen. Dem Rückgang der Entwicklung im B. unmittelbar nach dem 2. Weltkrieg folgte ein bis heute andauernder Wiederanstieg. Zunehmend attraktiver werden Investitionen im elektron. Bereich.

Bücherskorpion

Buchfink.
Männchen

Lothar-Günther
Buchheim

Frank Nathan David
Buchman

Eduard Buchner

Georg Büchner
(Gemälde nach einer
Lithographie von
August Hoffmann)

Buchhändler-Abrechnungs-Gesellschaft mbH, Abk. BAG, vom Verein für buchhändler. Abrechnungsverkehr e. V. und der Buchhändler-Vereinigung GmbH, beide Frankfurt am Main, gemeinsam getragene Clearinggesellschaft zur Rationalisierung der Abrechnungen und Zahlungen innerhalb des Buchhandels, Sitz Frankfurt am Main, gegr. 1953 als Nachfolgegesellschaft der 1923 in Leipzig gegr. BAG.

Buchheim, Lothar-Günther, *Weimar 6. Febr. 1918, dt. Schriftsteller. – Gründete einen Kunstbuchverlag; baute eine bed. Sammlung expressionist. Kunst auf; schrieb u. a. den Kriegsroman „Das Boot" (1973, verfilmt 1981) sowie „Der Luxusliner" (R., 1980).

Buchheister, Carl, *Hannover 17. Okt. 1890, †ebd. 2. Febr. 1964, dt. Maler. – Einer der Pioniere der abstrakten Malerei. 1923–26 lyr., 1926–34 konstruktivist. Bilder, in denen er die Farbwerte z. T. durch Materialwerte ersetzt, nach 1945 Bilder des abstrakten Expressionismus und Materialbilder.

Buchillustration, die Ausstattung gedruckter Bücher mit Bildern auf der Textseite oder auf bes. Blättern bzw. Seiten. – Nach der Erfindung des Buchdrucks im *15. Jh.* werden v. a. die volkssprachl. Bücher mit z. T. kolorierten Holzschnitten ausgestattet. In Frankreich werden die Livres d'heures (Stundenbücher) mit Metallschnitten illustriert. Die „Hypnerotomachia Poliphili" des F. Colonna (Venedig 1499) gilt als schönstes Holzschnittbuch der italien. Renaissance. – Im *16. Jh.* sind die von Kaiser Maximilian angeregten Prunkwerke mit Holzschnitten, u. a. von A. Dürer, H. Schäufelein, ausgestattet. Neben Bibeln (Lutherbibel durch G. Lemberger) werden naturwiss. Werke illustriert. Der Holzschnitt wird nach und nach vom Kupferstich abgelöst. – Im *17. Jh.* entstehen, so von der Familie Merian u. a., topograph. Kupferstichwerke. Dem barocken Lebensgefühl entsprechen die Festbücher. Zahlr. naturwiss. Werke und Reisebücher werden illustriert. Die Ausgaben dt. Romane und Dramen haben meist nur sog. Titelkupfer. – Im *18. Jh.* (Rokoko) werden v. a. auch Kaltnadel und Aquatinta benutzt. In der dt. B. sind die Radierungen D. Chodowieckis populär, in der Schweiz illustriert S. Gessner seine Werke. In England sind die Bilderfolgen von Hogarth Höhepunkt gesellschaftskrit. Illustration. – W. Blake, der als Vorläufer des Surrealismus gilt, leitet mit seinen Radierungen hinüber ins *19. Jh.,* das neue Techniken (Holzstich, Stahlstich, Lithographie und photomechan. Reproduktionsverfahren) einbezieht. Große Mode sind illustrierte Zeitschriften, für die bekannte Künstler wie E. Delacroix, G. Doré, H. Daumier arbeiten. In der Schweiz wirken R. Toepffer und M. Disteli („Münchhausen"). Auch viele bed. dt. Maler arbeiten für die B., so A. von Menzel, M. von Schwind, L. Richter. Eine wichtige illustrierte Zeitschrift sind die „Fliegenden Blätter", eine bekannte Serie die „Münchener Bilderbogen". W. Busch erlangt durch seine Bildergeschichten ebenso große Popularität wie der Arzt H. Hoffmann mit seinem „Struwwelpeter" (†Bilderbuch). Eine Wende erfolgt Ende des *19. Jh.* von England aus. Der Holzschnitt wird neu belebt, das Buch als Gesamtkunstwerk aufgefaßt. – Auch im *20. Jh.* widmen sich führende Künstler der B., u. a. M. Slevogt, L. Corinth, E. Barlach, O. Kokoschka, HAP Grieshaber, H. Antes, P. Picasso, J. Miró, S. Dalí.

Buchklub, svw. †Buchgemeinschaft.

Buchkredit, ein sich im laufenden Geschäftsverkehr ergebender, in den Büchern erscheinender Kredit, meist als Kontokorrentkredit.

Buchkunst, die künstler. Gesamtgestaltung eines Buches von der typograph. Gestaltung über Buchschmuck (Vignetten) und -illustration bis zur Einbandgestaltung. Die B. mittelalterl. Handschriften und Frühdrucke wurde vorbildlich für die **Buchkunstbewegung** Ende des 19. Jh. (Kelmscott Press von W. Morris, 1890–98), die B. des Jugendstils um die Jh.wende und z. T. die Bestrebungen moderner Kunstschulen des 1. Drittels des 20. Jh. (Bauhaus).

Buchmacher, aus dem engl. Begriff „book-maker" übernommene Bez. für einen Unternehmer, der Wetten auf jegl. Ereignisse mit unbestimmtem Ausgang als Risikoträger annimmt; er ist Kontrahent, nicht Vermittler des Wettenden.

Buchmalerei (Buchillumination, Miniaturmalerei), Bildschmuck einer Handschrift. Zur B. rechnen Bild und Ornament: Hauptminiatur sowie Zier der Anfangsbuchstaben (Initial), des Zeilenausgangs und des Blattrandes. Als künstler. Techniken kommen vor: Federzeichnung, aquarellierende Tönung, Grisaille und Deckfarbenmalerei, mit der zus. auch Blattgold verwendet wird. Die ma. B. knüpft v. a. an die Spätantike an. Insulare und merowing. Schulen schufen im 7. und 8. Jh. einen eigenen Stil (kelt. und syrisch-kopt. Vorbilder). In ir. Handschriften wurde die Initialzier entwickelt. Die Aufträge für die Illuminierung liturg. Texte in der Zeit Karls d. Gr. ließen bed. Schulen in Aachen, Reims, Metz und in NO-Frankreich der frankosächs. Schule entstehen. Unter den sächs. Kaisern traten die Reichenau, Köln, Trier-Echternach, Salzburg, Regensburg, Hildesheim und Fulda hervor. Otton. Schulen entfernten sich seit Anfang des 11. Jh. von der illusionist. Raum- und Körperdarstellung spätantiker Tradition (die Reichenau, Köln, Echternach). Die engl. Schulen von Winchester und Canterbury steigern Anregungen aus der karoling. B. zu maler. und graph. Ausdruck großer Erregtheit (Benedictional of Saint Aethelwold, 975–80; London, Brit. Library [Brit. Museum]). In der 2. Hälfte des 11. Jh. verfestigt sich die Kontur allgemein zum Flächenmuster (Albanipsalter, wohl vor 1123; Hildesheim, Sankt Godehard). In Europa gewinnt im 12. Jh. v. a. der antikisierende byzantin. Stil an Einfluß (Große Heidelberger Liederhandschrift, frühes 14. Jh.; Heidelberg, Universitätsbibliothek). Die stilist. Entwicklung wird in der Zeit zw. 1200 und 1400 (Gotik) vom Pariser Hof getragen. Jean Pucelle übernimmt Elemente italien. Tafelmalerei. Für Jean Herzog von Berry (1416) und seine Livres d'heures (Stundenbücher und Psalter waren seit Mitte des 13. Jh. verbreitet) arbeiteten die bedeutendsten Buchmaler der Zeit: Jacquemart de Hesdin, die Brüder Limburg u. a.; alttestamentl. sowie mytholog. und geschichtl. Stoffe werden von den Buchmalern des 13./14. Jh. und des 1. Drittels des 15. Jh. in ritterlich-höf. Szenerie der eigenen Zeit vergegenwärtigt. Im 15. Jh. ragt Jean Fouquet mit seinen flämischen beeinflußten realist. Stilelementen hervor (Antiquités judaïques, wohl 1470–76; Paris, Bibliothèque Nationale), aber auch die Schulen von Gent und Brügge (Breviarium Grimani; Meister der Maria von Burgund). In der mozarab. und roman. B. Spaniens des 10.–12. Jh. überwiegt ein naturferner Flächenstil. Die italien. B. zeigt in der 2. Hälfte des 14. Jh. bed. Beispiele von Naturstudium. Im 15. Jh. tritt Florenz mit der humanist. Buchdekoration hervor.

Buchman, Frank Nathan David [engl. 'bʊkmən], *Pennsburg (Penn.) 4. Juni 1878, †Freudenstadt 7. Aug. 1961, amerikan. Theologe schweizer. Herkunft. – 1921 Gründer der †Oxfordgruppenbewegung.

Büchmann, Georg, *Berlin 4. Jan. 1822, †ebd. 24. Febr. 1884, dt. Philologe. – 1864 Hg. der Zitatensammlung „Geflügelte Worte. Der Citatenschatz des dt. Volkes" (^{36}1986).

Buchmesse †Frankfurter Buchmesse, †Leipziger Buchmesse.

Buch mit sieben Siegeln, nach Apk. 5,1 Bez. für schwer Begreifbares.

Buchner, Eduard, *München 20. Mai 1860, †Focşani (Rumänien) 13. Aug. 1917, dt. Chemiker. – Prof. u. a. in Berlin, Breslau und Würzburg. Entdeckte 1897, daß die alkohol. Gärung des Zuckers durch ein in der Zelle enthaltenes Enzym, die Zymase, bewirkt wird; 1907 Nobelpreis für Chemie.

Büchner, Georg, *Goddelau bei Darmstadt 17. Okt. 1813, †Zürich 19. Febr. 1837, dt. Dramatiker. – Mußte wegen seiner revolutionären Flugschrift „Der hess. Landbote" (1834) im Frühjahr 1835 nach Straßburg fliehen; seit Oktober 1836 Privatdozent für Medizin in Zürich. – B. steht als Dramatiker zw. Romantik und Realismus. Durch die psycholog. Durchleuchtung der Personen und ihrer Handlungen (Revolutionstragödie „Dantons Tod", 1835,

Uraufführung 1912), die scharfe Hervorhebung des Sozialen (Dramenfragment „Woyzeck", 1836, Uraufführung 1913; Oper „Wozzeck" von Alban Berg, 1925) und seine neuartigen stilist. und dramaturg. Mittel ist B. neben Grabbe der bedeutendste Bahnbrecher des neuen Dramas. Seine Technik kann als Vorwegnahme des ep. Stils gelten; entsprechend modern erscheint die Auflösung des klass. Dialogs zu expressionistisch wirkenden Monologfetzen. – *Weitere Werke:* Leonce und Lena (Dr., 1836, Uraufführung 1885), Lenz (Nov.fragment, Nachlaß).

B., Ludwig, *Darmstadt 29. März 1824, †ebd. 1. Mai 1899, dt. Arzt und Philosoph. – Bruder von Georg B.; prakt. Arzt in Darmstadt. Vertrat in seinem weitverbreiteten Hauptwerk „Kraft und Stoff" (1855, in 15 Sprachen übersetzt) einen radikalen Materialismus; propagierte den Darwinismus.

Büchner-Preis ↑Georg-Büchner-Preis.

Buchrolle, die älteste, im Altertum (seit etwa dem 8. Jh. v. Chr.) gebräuchl. Form des Buchs. Die B. (liber, volumen, rotulus) bestand aus Papyrus- oder Pergamentblättern, die zu langen Bahnen aneinandergeklebt und in Spalten (Kolumnen) in der Breite der einzelnen Blätter parallel den Längsseiten beschrieben wurden. Abgelöst wurde die B. seit dem 2. Jh. n. Chr. durch den Kodex (↑Buch).

Buchmalerei

Links: Osiris, Totenbuch, ägyptische Buchmalerei auf Papyrus (Kairo, Ägyptisches Museum). Rechts: Evangelist, Xantener Evangeliar der Hofschule Karls des Großen in Aachen, Anfang 9. Jh. (Brüssel, Bibliothèque Royale)

Links: Verkündigung Mariä, Albani-Psalter, St. Albans, begonnen um 1119 (Hildesheim, St. Godehard). Rechts: Livre d'heures, Nordostfrankreich, Mitte 15. Jh. (Karlsruhe, Badische Landesbibliothek)

Buchsbaum

Buchsbaum.
Zweige mit Blüten (oben) und mit Frucht (unten)

Buchweizen.
Echter Buchweizen

Buchsbaum [lat./dt.] (Buxus), Gatt. der Buchsgewächse mit etwa 40 Arten, vom atlant. Europa und dem Mittelmeergebiet bis nach Japan verbreitet; immergrüne Sträucher oder kleine Bäume; Blätter lederartig, Kapselfrüchte mit 3 Hörnern. Bekannte Arten: **Immergrüner Buchsbaum** (Buxus sempervirens), heimisch im Mittelmeergebiet und in W-Europa; 0,5 bis (selten) 8 m hoher, dichter Strauch; **Japanischer Buchsbaum** (Buxus microphylla), heimisch in Japan, 1–2 m hoch, Zierstrauch.

Buchschriften, Schriftarten, die in ma. handgeschriebenen Büchern (Kodizes) – im Unterschied zu den Geschäfts- und Urkundenschriften, den Kursiven – bzw. in gedruckten Büchern verwendet wurden.

Buchschulden, Verbindlichkeiten, die lediglich in den Büchern eines Kaufmanns oder in einem Staatsschuldenbuch eingetragen und nicht in Wertpapieren verbrieft sind.

Buchse [oberdt. (zu ↑Büchse)], Hohlzylinder aus Metall oder Kunststoff; dient bes. zur Lagerung von Wellen und Achsen (Lager-B.), zur Lagesicherung von Teilen (Distanz-, Paß-B.), als Verschleißteil bei Berührungsdichtungen (Lauf-B.), zur Führung (Führungs-B. oder bei Bohrern Bohr-B.). ▷ (Steckbuchse) Teil einer lösbaren elektr. Verbindung.

Büchse [zu griech.-lat. pyxis „Dose aus Buchsbaumholz"], Gewehr (speziell Jagdgewehr) mit gezogenem Lauf zum Verschießen von Kugelgeschossen aus Patronen (im Ggs. zu der zum Schrotschuß bestimmten Flinte). Gewehre mit zwei Läufen werden als **Doppelbüchse** bezeichnet, speziell solche mit zwei übereinanderliegenden Büchsenläufen als **Bock[doppel]büchsen.** Bei einer **Büchsflinte** sind ein Büchsenlauf und ein Flintenlauf miteinander verbunden (bei der **Bockbüchsflinte** übereinander). ▷ svw. ↑Dose.

Büchsenlicht (Schußlicht), wm. Bez. für den Zeitabschnitt der Morgen- und Abenddämmerung, der dem Jäger eine gerade noch ausreichende Helligkeit zum Schießen bietet.

Büchsflinte ↑Büchse.

Buchsgewächse [lat./dt.] (Buxaceae), Fam. zweikeimblättriger, meist immergrüner Holzgewächse; 6 Gatt. mit etwa 60 Arten, v. a. in gemäßigten und subtrop. Gebieten der Alten Welt; Blätter meist ledrig und ganzrandig; als Zierpflanzen werden manche Arten von ↑Buchsbaum, ↑Pachysandra und ↑Sarcococca kultiviert.

Buchs (SG), Hauptort der schweizer. Bez. Werdenberg nahe der schweizer. Grenze, Kt. Sankt Gallen, 9 100 E. Verkehrsknotenpunkt, Grenzbahnhof an der Strecke Zürich–Innsbruck.

Buchstabe [zu gleichbedeutend althochdt. buohstap (Bez. für das im Unterschied zum Runenstab im Buch verwendete lat. Schriftzeichen)], Schriftzeichen zur graph. Wiedergabe sprachl. Einheiten. – Bes. geheiligten B. wurden im Volksglauben Schutz- und Abwehrkräfte zugeschrieben.

buchstabieren, die Buchstaben eines Wortes in der Reihenfolge angeben, in der sie in dem betreffenden Wort auftreten.

Buchstabiermethode, bis ins 19. Jh. übl. Form des ↑Leseunterrichts.

Buchteln [tschech.], Mehlspeise aus Hefeteig, mit Pflaumenmus oder Mohn gefüllt, in gefetteter Pfanne gebacken.

Buchung, 1. in der Buchführung das Eintragen von Belegen auf Konten; 2. Registrierung einer Bestellung.

Buchungsbeleg, zur buchhalter. Erfassung eines Geschäftsvorfalls dienende Unterlage.

Buchungsmaschinen, Büromaschinen zum Verbuchen von vermögensändernden Geschäftsbelegen sowie für andere Buchungsarbeiten (z. B. Lohnberechnung, Lagerbuchhaltung, Bankkontenführung). Man unterscheidet Buchungs-Schreibmaschinen ohne Rechenwerke und Registrier-Buchungs-automaten (Buchungsregistrierkassen) mit Rechen-, Saldier- und Speicherwerken. Elektron. Buchungsautomaten besitzen Speicher für Programme und Daten, komfortable Rechenwerke und Geräte zur Datenaufzeichnung. B. sind heute weitgehend ersetzt durch Bürocomputer oder zentrale EDV-Anlagen.

Buchungssatz, knappe Anweisung zur Buchung eines relevanten Geschäftsvorfalls. Der B. hat die allg. Form: zu belastendes Konto an zu erkennendes Konto.

Buchweizen (Heide[n]korn, Fagopyrum), Gatt. der Knöterichgewächse mit zwei einjährigen Arten, am bekanntesten der **Echte Buchweizen** (Fagopyrum esculentum); kultiviert in Asien und M-Europa; bis 60 cm hoch, Nußfrüchte etwa 5 mm lang, scharf dreikantig, zugespitzt; die enthülsten Samen werden v. a. als Rohkost, Suppeneinlage und als B.grütze verwendet.

Buchwert, der Ansatz, mit dem Anlage- und Umlaufvermögen in den Büchern und Bilanzen eines Kaufmanns verzeichnet sind.

Buck, Pearl S[ydenstricker] [engl. bʌk], Pseud. John Sedges, *Hillsboro (W. Va.) 26. Juni 1892, †Danby (Vt.) 6. März 1973, amerikan. Schriftstellerin. – Tochter eines Missionars, in China aufgewachsen; 1922–32 Prof. für engl. Literatur in Nanking. B. schildert v. a. die chin. Menschen im Konflikt zw. Tradition und Moderne. Nobelpreis 1938. – Werke: Ostwind–Westwind (R., 1930), Land der Hoffnung, Land der Trauer (R., 1939), Die Frauen des Hauses Wu (R., 1946), Der Regenbogen (R., 1975).

Bückeberge, Höhenzug des Wesergebirges, zw. Bad Eilsen und dem Deister, Nds., bis 367 m hoch.

Bückeburg, Stadt am N-Fuß des Wesergebirges, Nds., 19 600 E. Ev.-luth. Landesbischofssitz; Niedersächs. Staatsarchiv; Geräte-, Maschinen- und Fahrzeugbau; keram. Ind. – Vor 1300 Bau einer Wasserburg am Hellweg, Keimzelle der Siedlung. Nach Bränden (1541 und 1586) Neuanlage. 1609 Stadt. Bis 1946 Hauptstadt des Landes Schaumburg-Lippe. – Stadtkirche (1611–15), Schloß (14. und 16. Jh.), z. T. Weserrenaissance.

Buckel ↑Kyphose.

Buckelfliegen (Rennfliegen, Phoridae), Fam. der Fliegen mit über 1 500 etwa 0,5–6 mm großen Arten. Die B. fliegen wenig, sie laufen mit ruckartigen, schnellen Bewegungen.

Buckelquader, Haustein, die an der Vorderseite nur roh (daher bucklig) bearbeitet wurden. – ↑Bossenwerk.

Buckelrind, svw. ↑Zebu.

Buckelwal (Megaptera novaeangliae), etwa 11,5–15 m langer, etwa 29 t schwerer Furchenwal; am Kopf und an den Flossen knotige Hautverdickungen, auf denen 1–2 Borsten stehen; Oberseite schwarz, Unterseite heller; auf jeder Seite des Oberkiefers etwa 400 bis etwa 60 cm lange Barten; vorwiegend in küstennahen Gewässern.

Buckelzikaden (Buckelzirpen, Membracidae), weltweit verbreitete Zikadenfam. mit rund 3 000 meist bizarr gestalteten, teilweise bunt gezeichneten, kleinen bis mittelgroßen Arten; einheimisch ist die ↑Dornzikade.

Bückeburg. Die nach Osten gerichtete Hauptfassade des Schlosses, 14. und 16. Jh., 1732 nach Brand neu errichtet

Buckingham [engl. ˈbʌkɪŋəm], engl. Earl- und Herzogstitel, zuerst belegt Ende 11. Jh., Herzogstitel in den Familien Stafford 1444–1521, Villiers 1623–87, Sheffield 1703–39, Grenville (Herzöge von B. und Chandos) 1822–89.

Buckingham Palace [engl. ˈbʌkɪŋəm ˈpælɪs], seit 1837 Residenz der engl. Könige in London (Westminster), Anfang des 18. Jh. als Landhaus für den Herzog von Buckingham erbaut, mehrmals erweitert.

Buckingham Palace. Ostfassade der Königlichen Residenz, erbaut Anfang des 18. Jh., links im Vordergrund das Victoria Memorial

Buckinghamshire [engl. ˈbʌkɪŋəmʃɪə], südostengl. Grafschaft.
Bückler, Johann ↑ Schinderhannes.
Bucklige Welt, Hügelland in Niederösterreich und im Burgenland.
Bückling [niederdt.] (Pökling), Handelsbez. für den eingesalzenen und anschließend bei starker Hitze geräucherten Hering.
Buckow [-ko:], Stadt in der Märk. Schweiz, Brandenburg, 2000 E. Erholungsort. – 1225 als Grenzfeste mit slaw. Siedlung gegründet.
Buckram, svw. ↑ Bougram.
Buckwitz, Harry, *München 31. März 1904, †Zürich 27. Dez. 1987, dt. Theaterintendant und Regisseur. – 1945–51 Direktor der Münchener Kammerspiele, 1951–68 Generalintendant der Städt. Bühnen Frankfurt am Main, 1970–77 künstler. Direktor des Schauspielhauses Zürich. – Abb. S. 204.
București [rumän. bukuˈreʃtj] ↑ Bukarest.
Buda ↑ Budapest.
Budaeus, eigtl. Guillaume Budé, *Paris 26. Jan. 1468, †ebd. 23. Aug. 1540, frz. Humanist. – Legte den Grundstock der späteren Bibliothèque Nationale. Grundlegende Werke zur Erforschung des röm. Rechts, des Maß- und Münzsystems sowie der Gräzistik.
Budapest [ungar. ˈbudɔpɛʃt], Hauptstadt von Ungarn, auf beiden Seiten der Donau, 2,1 Mill. E. Ungar. Akad. der Wiss., 6 Univ., zahlr. andere Hochschulen; Nationalbibliothek; Museen, u. a. das Nationalmuseum, 2 Opernhäuser, Theater, Freilichtbühnen; botan. Garten; Zoo. – Wichtigste Ind.stadt Ungarns; Messen, Festspiele, über 50 Thermalheilquellen. Größter Verkehrsknotenpunkt in Ungarn. Hafenanlagen, u. a. Freihafen für die internat. Donauschiffahrt; 6 große Straßenbrücken, 2 Eisenbahnbrücken, zweitälteste U-Bahn (nach London) in Europa (seit 1896); internat. ✈.
Geschichte: 1873 durch die Zusammenlegung der beiden 1148 erstmals erwähnten Städte **Buda** und **Pest** entstanden. Schon früh besiedelt: röm. Legionslager **Aquincum** am pannon. Limes, 124 n. Chr. Stadtrecht, 184 Residenz der Statthalter der Prov. Pannonina inferior. Im 10. Jh. erstes Herrschaftszentrum der Magyaren. 1241 von den Mongolen zerstört. Im 13. Jh. Wiederaufbau der beiden Städte, erste königl. Burg (seit Mitte 14. Jh. ständige Residenz der ungar. Könige); 1541 endgültig durch die Osmanen erobert. Buda war Sitz eines Paschas; 1686 Vertreibung der Osmanen. Im 18. Jh. wurde Buda wieder Hauptstadt Ungarns. 1848 waren Buda und Pest Zentren des ungar. Vormärz. 1872 als B. Hauptstadt der transleithan. Reichshälfte; im 2. Weltkrieg und beim Aufstand 1956 schwere Schäden.
Bauten: In *Aquincum* Überreste aus röm. Zeit, u. a. Amphitheater, Thermen, Grabstelen und Sarkophage. In *Pest:* urspr. roman., im 15. Jh. gotisch erneuerte Pfarrkirche (während der osman. Zeit Moschee, 1725–40 barockisiert), klassizist. Nationalmuseum (1837–47; seit 1978 wieder im Besitz der Stephanskrone), Kunstgewerbemuseum (1893–96; Jugendstil), Staatsoper (1875–84), neugotisches Parlament (1884–1904). In *Buda:* spätbarocke Sankt-Anna-Pfarrkirche (1740–70), Franziskanerkirche (1753–70), türk. Bäder, Burgberg mit der Matthiaskirche (13.–15. Jh.; 16./17. Jh. Moschee), Altes Rathaus (1692 bis 1744: jetzt Burgmuseum), neuroman. Fischerbastei (1901/1902). Das Burgviertel in Buda wurde von der UNESCO zum Weltkulturerbe erklärt.
Budd-Chiari-Syndrom [bʌd-; nach dem brit. Internisten G. Budd (*1808, †1882) und dem Pathologen H. Chiari (*1851, †1916)], durch Verschluß der Lebervenen, z. B. infolge Tumoreinbruchs und Thrombose, gelegentlich nach langfristiger Einnahme empfängnisverhütender Hormone („Pille") bedingtes Krankheitsbild; Kennzeichen sind Oberbauchschmerzen und Bauchwassersucht.
Buddha [Sanskrit „der Erwachte, der Erleuchtete"] (tibet. Sangsgyas, chin. Fo, jap. Butsu) (Ehrentitel des Siddhartha Gautama), *Kapilawastu 560, †bei Kusinara vermutlich 480 v. Chr. (neuere Forschungen datieren auch 100 Jahre später), Stifter des Buddhismus. – B. stammte aus dem Adelsgeschlecht der Schakja von Kapilawastu, daher auch **Schakjamuni** („weiser Einsiedler der Schakjas") gen. Eine häufige Selbstbez. war **Tathagata** („der so [d. h. auf dem Heilsweg] Gegangene").
Im Luxus lebend, beeindruckten den B. die Begegnungen mit einem Alten, einem Kranken, einem Toten und einem Mönch so sehr, daß er, um die Vergänglichkeit der Welt als Asket zu überwinden, mit 29 Jahren nachts heimlich seine Familie verließ. Strenge Askese, die ihn an den Rand des Todes führte, brachte ihn der Erleuchtung nicht näher. Erst als er einen „mittleren Weg" zw. Überfluß und Askese wählte, erlangte er im Alter von 35 Jahren unter einem Feigenbaum bei Bodh Gaya die Erleuchtung (bodhi). Nach einer Predigt im Wildpark Isipatana bei Varanasi (Benares) gründete B. mit 5 Asketen einen Mönchsorden und zog mit seinen ersten Anhängern in Nordindien lehrend umher. Beim Ort Kusinara erkrankte B. an der Ruhr und starb. Später wurde sein Leben und Wirken mit vielen Legenden ausgeschmückt. – Neben dem histor. Siddhartha Gautama kennt der Buddhismus auch andere Verkünder seiner Lehre in Vergangenheit und Zukunft, die aus eigener Kraft zur Er-

Pearl S. Buck

Budapest
Stadtwappen

Budapest
Hauptstadt Ungarns

• 2,1 Mill. E

• entstanden 1873 durch Zusammenlegung der durch die Donau getrennten Städte Buda und Pest

• seit Mitte 14. Jh. ständige Residenz der ungar. Könige

• Burgviertel

• Donaubrücken

Budapest. Blick über die Donau zum Burgberg mit der Matthiaskirche

Buddhismus

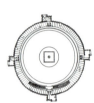

Harry Buckwitz

Buddhistische Kunst. Grundriß des Großen Stupas in Sanchi, Indien

Buddhistische Kunst. Stehender Buddha aus Gandhara; Schiefer, Höhe 70 cm (Rom, Museo Nazionale d'Arte Orientale)

leuchtung gelangt sind. Der Name des nächsten B. ist **Maitreja**.

Buddhismus, Weltreligion, ben. nach ihrem Stifter Buddha; sie beruht auf dessen Lehre und Ordensgründung. Die erste Predigt Buddhas, in der traditionellen Formulierung das „Inbewegungsetzen des Rades der Lehre", war nicht allein der Anfang der Ausbreitung buddhist. Gedanken, sondern zugleich die Begründung der *Ordensgemeinschaft* buddhist. Mönche (des **Sangha**), denen Buddha nach seiner Predigt die erbetene Mönchsweihe erteilte. Erst nach anfängl. Ablehnung nahm Buddha auch Frauen in seinen Orden auf. Nicht den strengen Gesetzen des Mönchtums unterworfen sind die Laienanhänger.

Die *Lehre* Buddhas war häretisch gegenüber dem ↑Brahmanismus, insofern sie mit der religiösen Autorität des ↑Weda brach. Buddha übernahm jedoch die Wiedergeburtslehre. Das gleiche gilt für die qualitative Bestimmung jeder neuen Existenz durch ↑Karma; je nach gutem oder bösem Karma, das durch gute oder böse Taten angesammelt wird, kommt der Mensch nach seinem Tode in eine neue, gute oder schlechte Existenz. Doch distanzierte sich Buddha von der Erlösungslehre der ↑Upanischaden, indem er den Gedanken von der Erlösung durch die Erkenntnis der Identität von ↑Brahman und ↑Atman ersetzte durch den Gedanken des Nirwana, des „Verwehens", der Vernichtung des Leidens, des Verlöschens des „Durstes", d. h. der Lebensgier. Im Mittelpunkt der Predigt des Buddha stehen dementsprechend die „vier edlen Wahrheiten": die edle Wahrheit vom Leiden, von der Entstehung des Leidens, der Vernichtung des Leidens und dem zur Vernichtung des Leidens führenden Weg. Dieser Weg ist der „edle, achtteilige Pfad": rechte Anschauung, rechtes Wollen, rechtes Reden, rechtes Tun, rechtes Leben, rechtes Streben, rechtes Gedenken, rechtes Sichversenken.

Die buddhist. *Ethik* steht im Dienst der Selbsterlösung. Diesem Ziel dienen die Forderungen der Gewaltlosigkeit (Ahimsa), der mitleidigen Liebe (Maitri) sowie der Enthaltsamkeit. Da Buddha sowohl kult. Handlungen als auch metaphys. Fragen bewußt ablehnte, wurde und wird die Frage diskutiert, ob der Ur-B. eine *Religion* sei, denn Gott oder *Götter* besitzen keine absolute oder überwertige Qualität, insofern Buddha die Existenz der Götter zwar nicht leugnete, sie aber als erlösungsbedürftig kennzeichnete und der Existenzweise des Mönches wertmäßig unterordnete.

Der *ind. B.* erfuhr unter der Herrschaft des Königs Aschoka (⌧ 268–227) eine Blütezeit. Doch waren bereits auf dem Konzil zu Vaischali (um 380 v. Chr.) erhebl. Differenzen innerhalb des Ordens zutage getreten. Sie führten zur Spaltung in die beiden Richtungen („Fahrzeuge") des ↑Hinajana-Buddhismus und ↑Mahajana-Buddhismus, die seitdem in ihrer Lehre und Ausbreitungsgeschichte unterschiedl. Wege gingen.

buddhistische Kunst, die vom Buddhismus geprägte Kunst in Indien, Indonesien, Hinterindien, Z- und O-Asien (Entfaltungs- und Blütezeit von etwa 200 v. Chr. bis 1500 n. Chr.). Fast jedem Kunstwerk liegt letztlich ein ind. Prototyp zugrunde, denn von Indien strahlte die b. K. seit der Guptaperiode (4.–7. Jh.) nach allen Richtungen aus. Für den Sakralbau ist hier insbes. der Stupa zu nennen, Malerei und Bildnerei entwickeln feste ikonograph. Traditionen.

Ikonographie: Neben der Gestalt des Buddha wird in der b. K. eine ganze Hierarchie hl. Gestalten dargestellt. Eine Dreiergruppe bildet oft Buddha mit zwei Bodhisattwas. Sie werden meist in ind. Fürstentracht und auch einzeln dargestellt (bes. ↑Awalokiteschwara). Die Dreiergruppe wird häufig vergrößert durch zwei Jünger des Buddha in Mönchstracht. Vier Himmelskönige (Lokapalas), als Krieger gepanzert, schützen Buddha und die Lehre nach den vier Himmelsrichtungen; zwei ebenfalls dräuende Athletengestalten haben als Torwächter (Dwarapalas) dieselbe Aufgabe. Über dem Buddha oder einer anderen hl. Gestalt bringen himml. Wesen (Apsaras) ihre Verehrung mit Blumen und Musik dar. Weisheitskönige (Widjaradschas) verkörpern in dämon. Erscheinung die Weisheit des Buddha Wairotschana. Aus dem ind. Pantheon gingen eine Reihe von

Buddha. Buddhastatue, 7. Jh. (?), (Xi'an, Große-Wildgans-Pagode)

Götterfiguren als Glücksbringer und Nothelfer in die b. K. ein, u. a. Brahma und Indra. Auch der Mensch wird von der b. K. dargestellt: Auf höchster Stufe stehen die bereits erleuchteten Arhats (Schüler des Buddha). Bilder der großen Patriarchen entstanden, z. B. des Bodhidharma (Daruma), des Begründers des Zen-Buddhismus. Die buddhist. Gestalten oder auch ihre Symbole können nach bestimmten Schemata (in einem Mandala) geometrisch angeordnet werden und stellen dann ein Abbild des Weltganzen dar.

Buddleja [nach dem brit. Botaniker A. Buddle, *1660, †1715], svw. ↑Schmetterlingsstrauch.

Budé, Guillaume [frz. by'de], frz. Humanist, ↑Budaeus.

Budget [bʏ'dʒeː; frz.-engl.; zu lat. bulga „lederner Geldsack"], Haushalt einer Körperschaft des öff. Rechts.

Budgetrecht [bʏ'dʒeː], Befugnis der gesetzgebenden Körperschaft (Parlament), die für einen bestimmten Zeitraum erwarteten Staatseinnahmen und -ausgaben (Haushaltsplan) durch Gesetz zu beschließen. Das B. dient der Kontrolle der Regierung. – ↑Haushaltsrecht.

Büdingen, Stadt und Luftkurort nö. von Frankfurt am Main, Hessen, 135 m ü. d. M., 16 900 E. Akkumulatorenfabrik, Fertighausbau, Holzverarbeitung, Textilind. – B. entstand um eine ins 12. Jh. zurückreichende Wasserburg; 1330 Stadtrecht. – Remigiuskirche (um 1047); Stadtkirche (1476–91); Schloß (ehem. stauf. Wasserburg, nach 1160; ausgebaut im 15./16. Jh.); spätgot. Rathaus. Wohnhäuser des 15.–18. Jahrhunderts.

Büdinger Wald, Landschaft am S-Rand des Vogelsberges, Hessen, nach W und SW hin von einer etwa 100 m hohen Landstufe begrenzt.

Budjonny, Semjon Michailowitsch, *Kosjurin (Gebiet Rostow am Don) 25. April 1883, †Moskau 26. Okt. 1973, sowjet. Marschall (1935). – 1919–21 erfolgreicher „roter" Reiterführer im Kampf gegen die „Weißen" und Polen; befehligte im 2. Weltkrieg u. a. die Truppen an der SW-Front (1941); 1939–52 Mgl. des ZK der KPdSU.

Budo [jap.], Oberbegriff für alle jap. Zweikampfkünste mit wertbildenden geistigen und erzieher. Inhalten (z. B. Judo, Karate), die heute als Kampfsport- oder Selbstverteidigungssysteme verbreitet sind.

Budweis (tschech. České Budějovice), Hauptstadt des Südböhm. Bezirks, ČR, an der Mündung der Maltsch in die Moldau, 97 000 E. Kath. Bischofssitz, pädagog. Inst.; Maschinenbau, Holz-, Papier-, Bleistift- und Nahrungsmittelind. – 1265 gegr. mit allen städt. Rechten; 1641 stark zerstört. 1827 wurde die erste Pferdebahn Europas (auf Holzschienen) von Linz nach B. eröffnet. – Got. Marienkirche

Buenos Aires

(13. Jh.), Dom (1649) mit 72 m hohem Glockenturm, ehem. Salzhaus mit spätgot. Treppengiebel (1531), ehem. Fleischbänke (16. Jh.), Barockrathaus (1727–31), Bischofspalast (18. Jh.); Rabensteiner Turm (14./15. Jh.).

Buenaventura, kolumbian. Hafenstadt in der Bahía de B. des Pazifiks, 166 000 E. Fischerei; Tanninfabrik, Sägewerke, Nahrungsmittelind. – Gegr. 1540.

Buenos Aires, Hauptstadt von Argentinien, am Río de la Plata, 2,92 Mill. E; zweitgrößte Stadt der südl. Erdhälfte (Groß-B. A. 9,97 Mill. E). Sitz des Parlamentes und der Bundesregierung, eines Erzbischofs und wiss. Gesellschaften; Nationalbibliothek, Nationalarchiv; zwei staatl. Univ. (gegr. 1821 und 1959), 6 private Univ., TH, Konservatorium, Kunsthochschule, Goethe-Inst., Museen, botan. und zoolog. Garten; viele Theater. Automobilwerke, Textil-, Nahrungs- und Genußmittelind., Holzverarbeitung, chem. Werke. Im Verkehr mit Übersee sind die Häfen von B. A. führend; städt. und internat. ✈. – Puerta de Nuestra Señora Santa María del Buen Aire wurde 1536 gegr., 1541 zwangen Indianerüberfälle die Siedler zum Rückzug. Zweite

Buddhistische Kunst

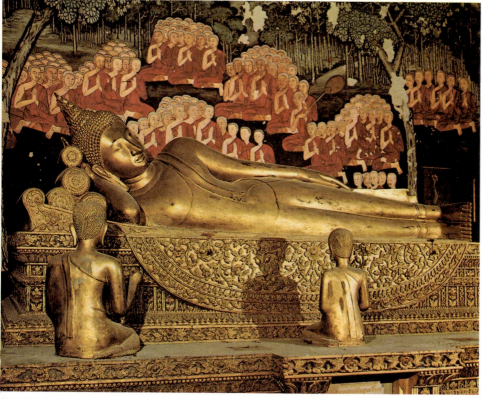

Oben links: Großer Stupa in Sanchi, Indien; Kernbau um die Mitte des 3. Jh. v. Chr., Erweiterungen im 1. Jh. v. Chr. Oben rechts: Bodhisattwa Padmapani; Wandgemälde aus Ajanta, 7. Jh. n. Chr. Unten: Liegender Buddha im Wat Bovonivet, Bangkok; vergoldete Bronze, Länge 3,50 m, 14./15. Jahrhundert

Buenos Aires, Lago

Buenos Aires. Avenida 9 de Julio

Buenos Aires Stadtwappen

Buenos Aires
Hauptstadt
Argentiniens (seit 1880)
•
2,92 Mill. E
•
am Río de la Plata (Hafen)
•
1580 zweite Stadtgründung nach Schachbrettschema
•
zahlr. Univ.

Buffalo Bill

Stadtgründung 1580; 1776 zur Hauptstadt des neugebildeten Vize-Kgr. Río de la Plata erhoben. 1810 Zentrum der Unabhängigkeitsrevolution gegen Spanien, 1880 Hauptstadt der Republik Argentinien. – Die urspr. Stadtanlage von 1580 folgt dem in den span. Kolonien verbindl. Schachbrettschema. Kathedrale (1755–1823), Cabildo (Sitz des Bürgerrats; 1725–51, mehrfach umgestaltet).
B. A., argentin. Provinz in der Pampa húmeda, an der Atlantikküste, südlich des Río de la Plata und des unteren Paraná, 307 571 km², 12,6 Mill. E (1989), Hauptstadt La Plata. Während das Gebiet um Groß-Buenos Aires weitgehend industrialisiert ist, bildet der Rest ein teilweise intensiv genutztes Landw.gebiet.
Buenos Aires, Lago, größter See Patagoniens (Chile und Argentinien), 150 km lang, 2 240 km², 217 m ü. d. M.; entwässert über den Río Baker zum Pazifik.
Büfett [byˈfɛt, byˈfeː; frz.], (Buffet, östr. auch Büffet) Geschirrschrank, Anrichtetisch, Schanktisch.
Buff, Charlotte, *Wetzlar 11. Jan. 1753, †Hannover 16. Jan. 1828. – 1772 Freundin Goethes in Wetzlar; heiratete 1773 J. C. Kestner; in vielen Zügen Vorbild für die Lotte in Goethes „Werther"; ihr Wiedersehen mit Goethe 1816 in Weimar wurde von T. Mann in dem Roman „Lotte in Weimar" dichterisch gestaltet (1939, verfilmt 1975).
Buffa [lat.-italien.], Bez. für Schwank, Posse, Opera buffa.
Buffalo [engl. ˈbʌfəloʊ], Stadt im Bundesstaat New York, USA, am O-Ufer des Eriesees, 339 000 E. Kath. Bischofssitz; Colleges, Kunstakad., Bibliotheken, Museen; einer der Haupthäfen des Sankt-Lorenz-Seeweges; Nahrungsmittelind., Maschinen-, Auto- und Flugzeugbau, Eisen- und Stahlgewinnung. – 1687 frz. Gründung von Fort Niagara; die Siedlung entstand erst Ende des 18. Jahrhunderts.
Buffalo Bill [engl. ˈbʌfəloʊ ˈbil], eigtl. William Frederick Cody, *Scott County (Iowa) 26. Febr. 1846, †Denver (Colo.) 10. Jan. 1917, amerikan. Pionier und Offizier. – Erhielt seinen Namen durch seine Fertigkeit im Erlegen von Bisons als Versorgungsleiter beim Bau der Pazifikbahn 1867/68; seit 1883 in den USA und in Europa bekannt durch seine „Wildwestschau".
Buffalogras [engl. ˈbʌfəloʊ] (Büffelgras, Buchloe dactyloides), in den Kurzgrasprärien der mittleren USA vorherrschendes und bestandbildendes Süßgras.
Büffel [griech.], zusammenfassende Bez. für 2 Gatt. der Rinder in Asien und Afrika; Körper relativ plump, massig, Körperlänge etwa 1,8–3 m, Hörner nach hinten gerichtet oder seitlich stark ausladend; Gatt. Asiat. B. (Bubalus) mit den Arten ↑Anoa, ↑Wasserbüffel; Gatt. Afrikan. B. (Syncerus) mit der einzigen Art ↑Kaffernbüffel.
Büffelbeere (Shepherdia), Gatt. der Ölweidengewächse mit 3 Arten in N-Amerika; zweihäusige Sträucher oder bis 6 m hohe Bäume mit längl. Blättern; Beerenfrüchte gelblichrot bis braunrot, die der Silber-B. (Shepherdia argentea) säuerlich, eßbar.
Buffet, Bernard [frz. byˈfɛ], *Paris 10. Juli 1928, frz. Maler und Graphiker. – Hart konturierte, von Verlassenheit geprägte Bildnisse, Stilleben, Straßenszenen; schuf auch riesige Insektenplastiken.
Buffo [lat.-italien.], Sänger kom. Rollen in der Oper (Opera buffa), nach Stimmlagen unterschieden in Baß-B. und Tenor-Buffo.
Buffon, Georges Louis Leclerc, Graf von [frz. byˈfõ], *Montbard (Côte-d'Or) 7. Sept. 1707, †Paris 16. April 1788, frz. Naturforscher. – Direktor des Jardin des Plantes in Paris; Verfasser einer berühmten 44bändigen „Histoire naturelle générale et particulière". B. lehnte im Ggs. zu Linné ein künstl. System in der Natur ab; nahm vielfach Gedanken der modernen Entwicklungstheorie voraus.
Bufo [lat.], Gatt. der Kröten mit rd. 250 Arten; Körper rundlich, flach, mit ziemlich kurzen Gliedmaßen, mit Schwimmhäuten; Haut meist warzig; 3 einheim. Arten: ↑Erdkröte, ↑Kreuzkröte, ↑Wechselkröte.
Bufotoxine, svw. ↑Krötengifte.
Bug (russ. Sapadny B. „Westl. B."), linker Nebenfluß des Narew (Ukraine, Weißrußland und Polen), entspringt auf der Wolyn.-Podol. Platte, bildet z. T. die Grenze Weißrußlands und der Ukraine gegen Polen, mündet nördlich von Warschau, 772 km lang, 300 km schiffbar.
Bug, vorderster, spitz zulaufender Teil eines Schiffes, auch Vorderteil eines Flugzeuges.
Bug, Südlicher ↑Südlicher Bug.
Bugajew, Boris Nikolajewitsch ↑Bely, Andrei.
Buganda, ehem. Kgr. in Z-Uganda, nw. des Victoriasees; einer der ↑Himastaaten, um 1500 gegr.; der König (Kabaka) herrschte absolutistisch bis in die Kolonialzeit (1894); 1962–67 der wichtigste, weitgehend selbständige Bundesstaat Ugandas.
Bugatti, Ettore [italien. buˈgatti, frz. byˈgati], *Mailand 15. Sept. 1881, †Paris 21. Aug. 1947, frz. Automobilstrukteur italien. Herkunft. – Baute die ersten Kompressorrennwagen und erzielte selbst bed. Erfolge im Rennsport.

Bernard Buffet. Selbstbildnis, 1952

Bügeleisen, Vorrichtung zum Bügeln (Plätten) von Textilien. Heute durchweg elektr. B.; Leistungsaufnahme bis 1 000 Watt. Temperaturregelung über Thermostat und Einstellknopf (Nylon, Seide, Wolle, Baumwolle, Leinen). Elektr. Dampf-B. mit kleinem Wasserbehälter. Auf Knopfdruck tritt Dampf aus Düsen in der (polierten) Bodenplatte und dämpft das Bügelgut.
Bügelhorn, Sammelbez. für Blechblasinstrumente mit weitem, kon. Rohr und Kesselmundstück, z. B. Flügel-, Alt-, Tenorhorn, Bariton, Tuba, Helikon, Sousaphon.
Bügelmaschine, unter hohem Anpreßdruck wird das Bügelgut von einer stoffbespannten, angetriebenen Bügel-

Bügelmeßschraube ↑ Meßschraube.

bügeln (plätten), ein textiles Gewebe durch Anwendung von Wärme, Feuchtigkeit und Druck glattmachen oder ihm eine bes. Form geben (dressieren; z. B. eine Hose mit einer Bügelfalte versehen).

Bügelsäge ↑ Säge.

Bugenhagen, Johannes, *Wollin 24. Juni 1485, †Wittenberg 19. April 1558, norddt. Reformator. – 1509 Priester; 1523 Pfarrer, 1533 Prof. in Wittenberg. Mitarbeiter Luthers, Verfasser zahlr. Kirchenordnungen.

Buggy [ˈbagi, ˈbʊgi; engl. ˈbʌgɪ], leichter, einspänniger, meist offener Wagen; in England urspr. mit zwei, in den USA mit vier hohen Rädern.
▷ in den USA entwickelter Kfz-Typ: geländegängiges Freizeitauto, sog. „fun car", mit offener Karosserie [mit Überrollbügel].

Bühnenbild von Gisbert Jäckel zum Drama „Nachtasyl" von Maxim Gorki, 1992 (Berlin, Schaubühne am Lehniner Platz)

Bugholzmöbel, Möbel (insbes. Sitzmöbel) aus Holzteilen, die nach dem Dämpfen gebogen wurden.

Bugi, jungmalaiisches Kulturvolk in SW-Celebes und auf Borneo; etwa 3 Mill., Muslime; Ackerbau (Reis), hochentwickelte Segelschiffahrt.

Bugsierschiff [niederl./dt.], kleines Schiff zum Schleppen großer Hochseeschiffe im Hafenbereich.

Bugspriet, schräg über den Bug hinausragendes Rundholz bei Segelschiffen; trägt den Klüverbaum, an dem die Stage des Fockmastes befestigt sind.

Bugstrahlruder ↑ Ruder.

Bugwulst (Taylor-Wulst), birnenförmig ausgebildete Vorstevenform unterhalb der Wasserlinie von Seeschiffen; verringert den Wasserwiderstand des Schiffskörpers.

Buhl, Hermann, *Innsbruck 21. Sept. 1924, †am Chagolisa (Indien) 27. Juni 1957 (abgestürzt), öst. Bergsteiger. – Bezwang als erster am 3. Juli 1953 im Alleingang den Nanga Parbat, 1957 den Broad Peak.

Bühl, Stadt sw. von Baden-Baden, Bad.-Württ., 23 300 E. Marktort für das agrar. Umland (Zwetschgenspezialkulturen); chem., Elektro-, metallverarbeitende Ind. – 1283 erstmals erwähnt, 1835 Stadt.

Buhle, urspr. Koseform für Bruder, dann Bez. für nahen Verwandten, schließlich für den Geliebten (die Geliebte; auch *Buhlerin*).

Bühler, Charlotte, *Berlin 20. Dez. 1893, †Stuttgart 3. Febr. 1974, dt. Psychologin. – ∞ mit Karl B.; u. a. Prof. in Wien (1929–38) und Los Angeles (ab 1945); experimentelle Untersuchungen zur Kindes- und Jugendpsychologie und Studien zur Erforschung des menschl. Lebenslaufs. Schuf mit H. Hetzer die ersten, dem Kleinkindalter angepaßten Entwicklungs- bzw. Intelligenztests (*B.-Hetzer-Tests, Baby-Tests*) zur Prüfung von frühkindl. Verhaltensrichtungen. – *Hauptwerke:* Kleinkindertests (1932; zus. mit H. Hetzer), Der menschl. Lebenslauf als psycholog. Problem (1933), Prakt. Kinderpsychologie (1938), Psychologie im Leben unserer Zeit (1962).

B., Karl, *Meckesheim (Baden) 27. Mai 1879, †Los Angeles 24. Okt. 1963, dt. Psychologe. – ∞ mit Charlotte B.; Prof. in München, Dresden, Wien (1922–38), emigrierte 1939 in die USA. Bed. Arbeiten auf den Gebieten der Denk- und Willenspsychologie, der Gestaltpsychologie, der Kinder- und Tierpsychologie und der Sprachtheorie (Systematisierung der Sprach- und Ausdrucksphänomene, ↑Organonmodell). – *Hauptwerke:* Abriß der geistigen Entwicklung des Kindes (1918), Ausdruckstheorie (1933), Sprachtheorie (1934).

Buhne [niederdt.] (Abweiser), ins Flußbett oder Meer hineinragender Dammkörper zur Strömungsregulierung und zum Uferschutz.

Bühne, eine gegen den Zuschauerraum abgegrenzte, meist erhöhte Spielfläche für szen. Darstellungen. – Zur Geschichte der Bühne und der Bühnentechnik ↑Theater.

Bühnenaussprache (Bühnensprache), die auf der Bühne vorgeschriebene reine Aussprache, umfassender auch Hochsprache gen. Für das dt. Sprachgebiet wurde nach früheren Versuchen (u. a. von Goethe) die B. von T. Siebs in dem Werk „Dt. B." 1898 publiziert.

Bühnenbearbeitung, Abänderung einer dramat. Dichtung durch Kürzung, Zusammenziehung, Ergänzung von Szenen für eine Aufführung.

Bühnenbild, einer bestimmten Inszenierung entsprechende künstler. Gestaltung des Bühnenraumes mit Hilfe von Malerei, architekton. und techn. Mitteln und Requisiten. Ob im antiken Theater die Skene bereits illusionistisch ausgestaltet wurde, ist umstritten. Die Bühnen des MA und zum größten Teil noch des 16. Jh. begnügten sich meist mit der Andeutung der räuml. Verhältnisse; an Requisiten wurden Thron, Tisch u. a. verwendet. Die neuzeitl. Illusionsbühne (als Guckkastenbühne) wurde im Italien der Renaissance v. a. für die prunkvolle Ausstattung der Opern entwickelt. Die Szene war perspektivisch gemalt (zunächst Zentralperspektive, seit dem 18. Jh. Winkelperspektive mit mehreren Fluchtpunkten); rückwärtiger Abschluß durch den Prospekt, seitl. durch Kulissen. Die Bühnenmaschinerie wurde ausgebaut (Flugapparate, Versenkungen u. a.), bes. im Barock. Der Forderung der Einheit des Orts der frz. Klassik entsprach eine Vereinfachung des

Georges Louis Leclerc, Graf von Buffon

Johannes Bugenhagen

Bühnenbild. Bühnenbilder zur Oper „Tristan und Isolde" von Richard Wagner. Oben: Modell von Angelo Quagli zur Uraufführung des Werks 1865 im Münchner Residenztheater. Unten: Bühnenbild von Wieland Wagner, 1962 (Bayreuther Festspiele)

Bühnenhaus

B., wie es erneut im frühen 19. Jh. versucht wurde. Die Meininger waren um die histor. Authentizität der Dekorationen und Kostüme bemüht, der Naturalismus um die photographisch exakte Wiedergabe der Wirklichkeit. Im 20. Jh. Rückgriff auf die klassizist. Bühnenarchitektur: einfache geometr. Figuren (Scheiben) als Grundformen der Spielfläche, bewegl. Lichtregie, Treppenbühnen seit dem Expressionismus; Offenlegung der Bühnenmaschinerie seit Brecht (als Desillusionierung). Weitgehender Verzicht auf Dekoration steht heute neben traditionelleren Formen.

Bühnenhaus, Teil des Theatergebäudes, der die Bühne enthält, sowie Ankleide-, Aufenthalts-, Probe-, Lagerräume, Werkstätten.

Bühnenmusik, die zu einem Bühnenwerk (Schauspiel, Oper, Operette) gehörende Musik, die selbst einen Teil der Handlung bildet oder in enger Beziehung zu ihr steht. In der Oper und Operette eine auf der Bühne gespielte Musizierszene (z. B. die Tanzszene in W. A. Mozarts „Don Giovanni"), im Schauspiel die **Inzidenzmusik,** eine für den Handlungsablauf unentbehrl. musikal. Beigabe wie Fanfaren, Märsche, Tanz- oder Liedeinlagen (z. B. Gesang der Ophelia in Shakespeares „Hamlet"). B. wird auf oder hinter der Bühne oder, wenn das Musizieren auf der Szene vorgetäuscht wird, im Orchesterraum gespielt. Zur B. wird meist auch die **Schauspielmusik** gezählt, die die Akte eines Dramas mit Ouvertüre, Zwischenakt- und Schlußmusik umrahmt und Teile der Handlung untermalt oder ausdeutet.

Bühnensprache, svw. ↑ Bühnenaussprache.

Bührer, Jakob, *Zürich 8. Nov. 1882, †Locarno 22. Nov. 1975, schweizer. Schriftsteller. – Setzte sich in seinen satir. Romanen und Dramen kritisch mit der bürgerl. Gesellschaft der Schweiz auseinander.

Buick, David Dunbar [engl. 'bju:ık], *in Schottland 17. Sept. 1854, †Detroit 5. März 1929, amerikan. Ingenieur und Industrieller. – Erfand ein Verfahren, Metall mit Porzellan zu überziehen; gründete 1903 die Buick Motor Car Company (jetzt in der General Motors Corporation).

Builder [engl. bıldə], aus dem Amerikan. übernommene Bez. für Substanzen, die Waschmitteln zur Verbesserung der Waschwirkung zugesetzt werden (z. B. Soda, Alkaliphosphate und Alkalisilicate).

Built-in-flexibility [engl. 'bılt-ın-flɛksı'bılıtı „eingebaute Anpassungsfähigkeit"], in das System öff. Einnahmen und Ausgaben eingebaute Mechanismen, die ohne erneute Entscheidungen des Gesetzgebers oder der Verwaltung bewirken (daher sog. „automat." Stabilisatoren), daß in Phasen der Rezession z. B. durch hohe staatl. Leistungen aus der Arbeitslosenversicherung die private Nachfrage angeregt wird, in Phasen der Hochkonjunktur große (stabilisierend wirkende) Überschüsse bei den Sozialversicherungsträgern entstehen. Ähnliches gilt für die Progression im Einkommensteuertarif (Rezession: Steuereinnahmen steigen langsamer als die privaten Einkommen; Hochkonjunktur: private Nachfrage wird durch schnell steigende Steuer vermindert).

Buin, Piz, Doppelgipfel in der Silvrettagruppe, auf der östr.-schweizer. Grenze, 3 312 bzw. 3 255 m hoch, auf der Nordseite vergletschert.

Buisson, Ferdinand [frz. bui'sõ], *Paris 20. Dez. 1841, †Thieuloy-Saint-Antoine (Oise) 16. Febr. 1932, frz. Pädagoge und Politiker. – 1896–1906 Prof. an der Sorbonne; trat als radikalsozialist. Abg. 1902–24 maßgeblich für die Trennung von Staat und Kirche ein; Mitbegr. und langjähriger Vors. der frz. Liga der Menschenrechte; erhielt 1927 mit L. Quidde den Friedensnobelpreis.

Buitenzorg [niederl. 'bœytənzɔrx] ↑ Bogor.

Bujiden (Buwaihiden), pers. Dyn., herrschte 945 bis 1055.

Bujumbura [frz. buʒumbu'ra], Hauptstadt von Burundi am Tanganjikasee, 275 000 E. Kultur- und Wirtsch.zentrum des Landes, Sitz eines kath. und eines luth. Bischofs; Univ. (gegr. 1960), Verwaltungshochschule. Textil-, Nahrungsmittelind., Metallverarbeitung u. a., Hafen; internat. ✈.

Bukanier [frz.] ↑ Flibustier.

Bukarest (rumän. București), Hauptstadt Rumäniens, 1,98 Mill. E, städt. Agglomeration 2,29 Mill. E. Sitz der Regierung und ihrer Organe, des Patriarchen und Metropoliten der rumänisch-orth. Kirche sowie eines kath. Erzbischofs; Univ. (gegr. 1864), TH; Akad. der Wiss., Bibliotheken, Staatsarchiv, mehrere Theater, Opern- und Operettenhäuser, Staatsphilharmonie, 2 Symphonieorchester; Gemäldegalerie, Museen, u. a. Freilichtmuseum (Dorfmuseum, gegr. 1936); Maschinenbau, metallverarbeitende, elektrotechn., chem., polygraph. Ind.; zwei ✈. – Neolith. Siedlungsspuren; Reste dak. und röm. Niederlassungen. Marktflecken wohl im 13. Jh.; 1459 erstmals urkundlich erwähnt; im 15./16. Jh. Mittelpunkt der Walachei. 1595 von den Osmanen niedergebrannt, im 17. Jh. wiederaufgebaut. 1821 nach dem Volksaufstand unter Tudor Vladimirescu Mittelpunkt des revolutionären Geschehens. Zentrum der Revolution von 1848 und des Kampfes um die Vereinigung der rumän. Fürstentümer; seit 1862 Hauptstadt. Zerstörung im 2. Weltkrieg und durch Erdbeben 1977. Um die Jahreswende 1989/90 eines der Zentren des Volksaufstandes gegen das Ceaușescu-Regime. – Curtea-Veche-Kirche (1545–54), Patriarchalkirche (1654–58), Stavropoleoskirche (1724–30), Schloß Mogoșoaia (1688–1702; Brîncoveanustil), neoklassizist. Königsschloß (1930–37), Athenäum (1886–88), Justizpalast (1890–95), Parlamentsgebäude (1907).

Bukavu, Regionshauptstadt in Zaire, am Kiwusee, 1 500 m ü. d. M., 209 000 E. Kath. Erzbischofssitz; geolog. Museum, botan. Garten; Nahrungsmittel-, Textil-, Pharmaind.; Straßenknotenpunkt, Hafen, internat. ✈; Fremdenverkehr. – 1922 gegründet.

Buke [jap. 'bu,ke, bu'ke], die Familien des jap. Kriegsadels im Ggs. zu denen der Hofadels (↑ Kuge); vom 12. Jh. bis zum Ende der Feudalzeit (1868) politisch führende Schicht in Japan, an deren Spitze der Shōgun mit seiner Familie stand.

Bukett [frz.], Blumenstrauß.
▷ (Blume) Duft- und Geschmacksstoffe des Weins.

Bükkgebirge, zentraler Teil des Nordungar. Mittelgebirges, höchste Erhebung Istállóskő (958 m).

bukolische Dichtung [zu griech. bukolikós „die Hirten betreffend, ländlich"] (Bukolik, Hirtendichtung), Dichtung, die ein Bild vom beschaul. Dasein bedürfnisloser Hirten in einer lieb. Landschaft (vgl. bei Vergil „Arcadia" gen., deshalb auch Bez. **arkadische Poesie**) entwirft. Theokrit ist der erste bed. Vertreter in der griech., Vergil der bedeutendste in der röm. Literatur („Bucolica"). Der bukol. Roman entstand im Hellenismus (erhalten ist nur „Daphnis und Chloe" von Longos). Die b. D. lebte wieder auf in der italien. Renaissance, u. a. bei Petrarca.

Bukowina [russ. buka'vinɛ] (Buchenland), Gebiet am Osthang der Waldkarpaten, im Quellgebiet von Pruth und Sereth mit (1850–1918) 10 442 km²; der N gehört zur Ukraine, der S zu Rumänien. – Im späten 14. Jh. brachte das Ft. Moldau die B. unter seine Kontrolle. Nach dem russisch-türk. Krieg (1768–74) gestand Rußland 1774 die Besetzung der B. durch Österreich zu, 1775 unter östr. Militärverwaltung, ab 1782 Einwanderung von Rumänen, Ukrainern und Deutschen. 1850 erhielt das Hzgt. im Rahmen der Doppelmonarchie den Status eines Kronlandes. 1918 Anschluß an Rumänien; 1940 besetzte die UdSSR die Nord-B.; 1941 gliederte sich Rumänien die Nord-B. wieder ein, mußte sie jedoch 1947 an die UdSSR abtreten, die das Gebiet 1944 besetzt hatte.

Bukowski, Charles, *Andernach am Rhein 16. Aug. 1920, amerikan. Schriftsteller. – Seit frühester Kindheit in den USA; schreibt in knapper, aber drast. Sprache Stories, Romane und Gedichte über das Leben in den Randzonen der bürgerl. amerikan. Gesellschaft u. a. „Aufzeichnungen eines Außenseiters", 1969; „Der Mann mit der Ledertasche", 1971; „Hot Water Music", 1983; „Roter Mercedes", 1989).

Bukranion [griech.], v. a. röm. Dekorationsmotiv in Gestalt eines gemalten oder skulptierten Rinderkopfes oder -schädels.

Bukarest
Stadtwappen

Bukarest
Hauptstadt Rumäniens
(seit 1862)
·
1,98 Mill. E
·
1459 erstmals
urkundlich erwähnt
·
Konzertgebäude
Athenäum (1886–88)
·
Univ. (seit 1864)

Ferdinand Buisson

Charles Bukowski

Nikolai
Alexandrowitsch
Bulganin

Bulgarien

Bulgarien
Fläche: 110 912 km²
Bevölkerung: 9,0 Mill. E (1990), 81,1 E/km²
Hauptstadt: Sofia
Amtssprache: Bulgarisch
Nationalfeiertag: 9. Sept.
Währung: 1 Lew (Lw) = 100 Stótinki (St)
Zeitzone: MEZ +1 Stunde

Bülach, Hauptort des schweizer. Bez. B., Kt. Zürich, im unteren Glattal, 13 100 E. Bahnknotenpunkt, metallverarbeitende Ind., Glashütte; Weinbau.

Bulatović, Miodrag [serbokroat. buˌlaːtɔvitɕ], * Okladi bei Bijelo Polje (Montenegro) 20. Febr. 1930, † Igalo (Montenegro) 15. März 1991, serb. Schriftsteller. – Setzte sich in seinem schonungslosen Erzählwerk mit Kriegszeit und der jüngsten Vergangenheit auseinander. – *Werke:* Der rote Hahn fliegt himmelwärts (R., 1959), Der Held auf dem Rücken des Esels (R., 1964), Godot ist gekommen (Dr., 1965), Der Krieg war besser (R., 1968), Der fünfte Finger (R., 1977).

Bulawayo [engl. bʊləˈweɪoʊ], Prov.hauptstadt in SW-Simbabwe, 1 360 m ü. d. M., 415 000 E. Hauptstadt von Matabeleland, Sitz eines anglikan. Bischofs; Nationalmuseum, internat. Handelsmesse, Textilind., Herstellung von landw. Geräten; nahebei Asbestabbau und Goldgewinnung; internat. ✈. – 1894 gegr.; wurde 1943 City.

Bulbärparalyse [griech.], Lähmung der Lippen-, Zungen-, Gaumen- und Kehlkopfmuskeln infolge Schädigung oder Erkrankung der motor. Hirnnervenkerne im verlängerten Mark. Anzeichen der B. sind verlangsamte, kloßige Sprache (**Bulbärsprache**), Kau- und Schluckbeschwerden, Heiserkeit, zuweilen auch Stummheit.

Bulben [griech.], Bez. für knollige, zwiebelähnl. Pflanzenorgane, v. a. bei Orchideen.

Bulbillen [griech.], svw. ↑Brutknospen.

Bülbüls [arab.-pers.] (Pycnonotidae), Fam. der Singvögel mit rd. 110 sperlings- bis amselgroßen Arten in den Tropen und Subtropen Afrikas und Asiens; Färbung unauffällig. Als Stubenvogel wird der **Rotohrbülbül** (Pycnonotus jocosus) mit weiß und rot gefärbten Ohrdecken gehalten.

Bulbus [griech.], in der *Anatomie* Anschwellung, kugliges Organ, z. B. *B. oculi* („Augapfel").
▷ in der *Botanik* ↑Zwiebel.

Bule [griech.], Bez. für die mit verschiedener Funktion in fast allen altgriech. Staaten nachweisbare Ratsversammlung; Funktionen: u. a. Beaufsichtigung der Staatsverwaltung, Vertretung des Staates nach außen, bes. Staatsgerichtshof. In Athen bestand die B. unter Solon aus 400 gewählten Mgl. **(Buleuten),** nach der Reform des Kleisthenes aus 500 Ratsherrn.

Bulette [zu frz. boulette „kleine Kugel"] ↑Frikadelle.

Buleuten [griech.] ↑Bule.

Bulfinch, Charles [engl. ˈbʊlfɪntʃ], * Boston 8. Aug. 1763, † ebd. 4. April 1844, amerikan. Architekt. – Sein architekton. Stil wurde weitgehend vom engl. Palladianismus bestimmt. Bauleiter des Kapitols in Washington 1817–30. Sein bedeutendster Bau ist wohl das Maine State Capitol in Augusta (1829/30).

Bulgakow, Michail Afanasjewitsch, * Kiew 15. Mai 1891, † Moskau 10. März 1940, russ. Schriftsteller. – Von Gogol beeinflußt, oft wegen seiner objektiven Darstellung des sowjet. Alltags angegriffener satir. Erzähler; wurde erst nach 1953 rehabilitiert. – *Werke:* Die weiße Garde (R., 1925), Hundeherz (E., 1925; hg. 1968; hg. in der Sowjetunion 1987), Die Tage der Geschwister Turbin (Dr., 1926), Der Meister und Margarita (R., postum 1966/67, vollständig 1974).

Bulganin, Nikolai Alexandrowitsch, * Nischni Nowgorod 11. Juni 1895, † Moskau 24. Febr. 1975, sowjet. Politiker. – Bekleidete leitende Positionen in Stalins Partei- und Staatsapparat; seit 1937 Mgl. des ZK, seit 1948 des Politbüros der KPdSU (B); 1947 Marschall der Sowjetunion, 1947–49 und 1952–55 Verteidigungsmin., seit 1955 Min.präs.; 1958 amtsenthoben und aus dem Politbüro ausgeschlossen (1961 auch aus dem ZK).

Bulgaren, südslaw. Volk; etwa 8,7 Mill.; im 7. Jh. durch Mischung aus Innerasien stammender protobulgar. Turkvölker mit slaw., thrak. und awar. Ansässigen entstanden; zumeist Bulgarisch-Orthodoxe, wenige sind Muslime.

Bulgarien, (amtl. Vollform: Republika Balgarija), Republik in SO-Europa, zw. 44° 13′ und 41° 14′ n. Br. sowie 22° 22′ und 28° 37′ ö. L. **Staatsgebiet:** Umfaßt einen Teil der östl. Balkanhalbinsel südlich der Donau; B. grenzt im N an Rumänien, im O an das Schwarze Meer, im SO an die Türkei, im S an Griechenland und im W an Serbien und Makedonien. **Verwaltungsgliederung:** 9 Regionen. **Internat. Mitgliedschaften:** UN, Europarat.

Landesnatur: B. hat Anteil an mehreren von O nach W verlaufenden Landschaftsräumen. Von N nach S folgen auf die breite Donauebene das Donauhügelland (zw. 100 und 400 m ü. d. M.), der Vorbalkan (zw. 100 und fast 1 500 m ü. d. M.) und der Balkan (im Botew 2 376 m hoch). Seiner S-Flanke ist der Gebirgszug der Sredna gora angegliedert. Im mittleren Abschnitt geht sie in die weite Maritzaniederung über. Südlich der Maritza erhebt sich die Thrak. Masse, gegliedert in mehrere Gebirge.

Klima: B. liegt im Übergangsgebiet vom mittelmeer. zum osteurop. Kontinentalklima; die Sommer sind heiß und trocken, die Winter kalt oder kühlregnerisch.

Bevölkerung: 85 % der Bev. sind Bulgaren, 8 % Türken, 2,5 % Rumänen, sonst Makedonier, Roma, Juden und Armenier. Die Mehrzahl der Gläubigen (¹/₃ der Bev.) bekennt sich zur orth. bulgar. Nationalkirche, daneben gibt es Muslime, Katholiken, Protestanten und Juden. Schulpflicht besteht von 7–18 Jahren. B. verfügt über 3 Univ.

Wirtschaft: Das in B. gescheiterte sozialist. Wirtschaftssystem mit uneffektiven Produktionsmethoden hinterließ eine zerrüttete Wirtschaft. Trotz starker Industrialisierung nach 1945 ist der landw. Sektor weiterhin bed. Groß ist der Anteil an Sonderkulturen, u. a. Sonnenblumen, Baumwolle, Tomaten, Paprika, Reis, Wein, Rosen, Tabak, Lavendel. Viehzucht wird v. a. in den Gebirgen betrieben. Das Schwergewicht der Ind. liegt auf Maschinenbau und Hüttenwesen, das die im Land geförderten Erze aufbereitet, ferner auf Elektronik und Elektrotechnik, Leichtmetall- und chem. Ind.; Erdölraffinerie und petrochem. Ind. in Burgas. Bed. sind Nahrungs- und Genußmittelind. sowie Textil- und Bekleidungsind. Erdöl und Erdgas werden im NW und an der Schwarzmeerküste gefördert. Der Tourismus ist eine wichtige Einnahmequelle.

Bulgarien

Internationales Kfz-Kennzeichen

1970 1990 1970 1990
Bevölkerung (in Mill.) Bruttosozialprodukt je E (in US-$)

Bevölkerungsverteilung 1990

Bruttoinlandsprodukt 1990

Bulgarien

Bulgarien. Erdölraffinerie bei Burgas

Außenhandel: Die UdSSR war 1990 der wichtigste Handelspartner, von den EG-Ländern stand Deutschland an 1. Stelle. Wichtigste Ausfuhrgüter sind Lebensmittel, Nichteisenmetalle und -erze, Tabak, Textilien, Lederwaren, Maschinen; eingeführt werden Maschinen und Ausrüstungen, Erdöl, -gas, Stahl, Rohstoffe, Chemikalien.
Verkehr: Das Eisenbahnnetz hat eine Länge von 4 300 km (1989), das Straßennetz ist 36 897 km lang. Die Binnenschiffahrt beschränkt sich auf die Donau (Häfen Lom und Russe). Wichtigste Seehäfen sind Warna und Burgas. Die staatl. Luftverkehrsgesellschaft BALKAN bedient 11 inländ. ✈, davon internat. ✈ bei Sofia, Plowdiw, Warna und Burgas.
Geschichte: Erstes historisch faßbares Volk auf dem Gebiet des heutigen B. sind die Thraker. Sie wurden teilweise verdrängt von den Illyrern, kulturell beeinflußt von den Griechen und im 5. Jh. v. Chr. in das Makedon. Reich einbezogen. Im 2. Jh. kam das heutige B. unter röm. Herrschaft. Das Byzantin. Reich mußte die Gründung des 1. Bulgar. Reiches nach einer schweren Niederlage 681 vertraglich anerkennen. Der byzantin. Einfluß führte zur Annahme des orth. Christentums durch Boris I. (864) und zur Einführung der kyrill. Schrift. Unter Simeon I., d. Gr. (✉ 893–927), erreichte das 1. Bulgar. Reich seine größte Macht und Ausdehnung (Titel „Zar der Bulgaren" seit 918, Erhebung des bulgar. Erzbischofs zum Patriarchen). Unter seinen Nachfolgern zerfiel das Reich. B. wurde Byzanz einverleibt und kirchlich das Erzbistum Ochrid unterstellt. Das 2. Bulgar. Reich entstand nach einem Aufstand unter der Führung der Brüder Peter und Iwan Assen (1185). Die Dyn. der Assen konnte den territorialen Bestand des 1. Bulgar. Reiches wiederherstellen. Nach der Schlacht bei Welbaschd (= Kjustendil) geriet B. 1330 unter serb. Einfluß. Zugleich löste es sich in mehrere Teilreiche auf und wurde 1393 Teil des Osman. Reiches. Erst im 18. Jh. setzte die Wiedergeburt bulgar. Selbstbewußtseins ein. Die erfolgreichen Freiheitskämpfe der Griechen, Serben und Rumänen sowie die Wirkung der russisch-türk. Kriege führten auch in B. zur Bildung bewaffneter Freischärlergruppen. Blutig niedergeschlagene Aufstände führten schließlich zum russisch-türk. Krieg von 1877/78, in dessen Ergebnis (Berliner Kongreß) ein tributäres Ft. entstand. Süd-B. verblieb als autonome Prov. Ostrumelien beim Osman. Reich. Das Ft. B. erhielt unter russ. Ägide eine liberale Verfassung, Alexander von Battenberg wurde zum Fürsten gewählt. Die nat. bulgar. Bestrebungen Alexanders I. führten zur Gegnerschaft Rußlands und schließlich zum Thronverzicht des Fürsten (1886). Als sein Nachfolger wurde 1887 Ferdinand von Sachsen-Coburg-Gotha gewählt, dem es 1908 gelang, die formelle Unabhängigkeit von B. durchzusetzen und sich zum Zaren krönen zu lassen. Als treibende Kraft des Balkanbundes (1912) trug B. die Hauptlast des 1. Balkankrieges und begann den 2. Balkankrieg gegen Serbien und Griechenland (1913). Die bulgar. Armeen wurden jedoch geschlagen. In den Friedensverträgen von Bukarest und Konstantinopel verlor B. große Teile der im 1. Balkankrieg gewonnenen Territorien, zusätzlich die Süddobrudscha an Rumänien. Im 1. Weltkrieg schloß sich B. 1915 den Mittelmächten an und besetzte die von ihm beanspruchten Gebiete. Der Vertrag von Neuilly nahm B. 1919 diese Gebiete wieder ab.
Unter Zar Boris III. (1918–43) kam es im Juni 1923 zu einem Staatsstreich und zur Ermordung von Min.präs. A. Stamboliski. Im Sept. wurde ein kommunist. Aufstand unter W. Kolarow und G. Dimitrow zum Sturz der Reg. A. Zankow niedergeworfen. Nach einem Militärputsch 1934 kam es zur Auflösung der polit. Parteien. Seit 1935 regierte Boris III. durch persönl. Beauftragte. 1940 erwirkte B. die Rückgabe der Süddobrudscha von Rumänien, 1941 schloß sich B. dem Dreimächtepakt an und wurde von dt. Truppen besetzt. Im Sept. 1944 marschierte die Rote Armee in B. ein, das nach einem Putsch der Vaterländ. Front am 28. Okt. in den Krieg gegen Deutschland eintrat. In den Wahlen von 1945 erhielt die Vaterländ. Front, in der die Kommunisten die Oberhand gewonnen hatten, 88,2 % der Stimmen. 1948 erfolgte die Vereinigung der Bulgar. KP mit der Bulgar. Sozialdemokrat. Partei. Nach der Regierung K. Georgiew (1944–46), unter der eine Bodenreform durchgeführt wurde, leiteten G. Dimitrow (1946–49), W. Kolarow (1949–50) und W. Tscherwenkow (1950–56) die Reg. Letzterer wurde als Vertreter des Personenkults im Zuge der Entstalinisierung von A. Jugow (1956–62) abgelöst, der aus ähnl. Gründen seine Ämter auf dem VIII. Parteikongreß an T. Schiwkow (1962) verlor. In der Folge arbeitete B. wirtsch. und politisch sehr eng mit der Sowjetunion zusammen. Die Politik Schiwkows in der 2. Hälfte der 1970er Jahre wurde durch eine v. a. wirtschaftlich motivierte Anlehnung an die Sowjetunion geprägt. Die bulgar. Außenpolitik dieser Zeit war v. a. durch die Verbesserung der Beziehungen zu Jugoslawien gekennzeichnet. Die von Schiwkow betriebene minderheitenfeindl. Politik (ab Mitte der 1980er Jahre verstärkte Zwangsbulgarisierung der türkischstämmigen Bevölkerung) löste ab Mai 1989 schwere Unruhen sowie die Ausreise Hunderttausender bulgar. Türken aus. Orientiert an Reformbestrebungen in der Sowjetunion und anderen Ostblockstaaten, erzwangen oppositionelle Kräfte am 10. Nov. 1989 den Rücktritt Schiwkows als Generalsekretär der Bulgar. KP (am 17. Nov. als Vorsitzender des Staatsrates entbunden). P. Mladenow, sein Nachfolger als Generalsekretär (bis Febr. 1990) und Staatsratsvorsitzender (April/Aug. 1990 Staatspräs.), versuchte, mit der Verkündung eines „neuen Kurses" die sich formierende Reform- und Bürgerrechtsbewegung unter Kontrolle zu bringen. Im Jan. 1990 billigten die Abgeordneten des Parlaments eine Deklaration zur Nationalitätenfrage, die die Rechte der türk. Minderheit wieder herstellte, bei der bulgar. Bevölkerungsmehrheit jedoch nationalistisch motivierte Massenaktionen auslöste. Am 15. Jan. 1990 annullierte das Parlament den verfassungsrechtlich festgeschriebenen Führungsanspruch der Bulgar. KP (seit März 1990 Bulgar. Sozialist. Partei, BSP). Ein Verfassungsgesetz ermöglichte die Bildung von Parteien. Anfang Febr. 1990 wurde A. Lukanow Min.präs. Die Parlamentswahlen im Juni 1990 brachten der BSP die absolute Mehrheit. Ihre wiederholten Bemühungen, eine überparteil. Regierung zu bilden, scheiterten an der Ablehnung der Oppositionsparteien (bes. UDK). Staatspräs. ist seit 1. Aug. 1990 S. Schelew (bestätigt bei der Präs.wahl im Jan. 1992). Nach dem Rücktritt der Reg. im Aug. gelang es Lukanow nicht, eine „Reg. der nat. Einheit" unter Einschluß der Opposition zusammenzustellen, um der tiefen Wirtschaftskrise und den wachsenden sozialen Spannungen zu begegnen. Nach dreiwöchigen Protesten der parlamentar. und außerparlamentar. Opposition (bes. der Gewerkschaften, zuletzt Generalstreik) trat er Ende Nov. 1990 zurück. Die im Dez. 1990 unter dem parteilosen D. Popow gebildete Koalitionsreg. von UDK und BSP stand v. a. vor der Aufgabe, den akuten wirtschaftl. Notstand zu beheben. Ein von allen Parteien am 3. Jan. 1991 unterschriebenes „Abkommen zum friedl.

Übergang zur Demokratie" aus, das die einzelnen Reformschritte in Wirtschaft (v. a. Privatisierung) und Gesellschaft festlegte. Am 12. Juli 1991 nahm das mehrheitlich kommunist. Parlament die 1. nichtkommunist. Verfassung B. an. Am 17. Juli wurde das Parlament aufgelöst und Neuwahlen ausgeschrieben. Aus den Wahlen vom 13. Okt. 1991 ging die UDK siegreich hervor, ohne jedoch die absolute Mehrheit zu erreichen; zweitstärkste Partei wurde die BSP, die ihr Machtmonopol verlor; ins Parlament gelangte auch die Bewegung für Rechte und Freiheit. Im Nov. 1991 wurde F. Dimitrow (UDK) Min.präs., trat jedoch im Okt. 1992 zurück. Sein Nachfolger wurde im Dez. 1992 L. Berow.

Politisches System: Die Verfassung vom 12. Juli 1991 erklärt B. zur parlamentar. Republik, zu einem demokrat. sozialen Rechtsstaat mit polit. Pluralismus und marktwirtsch. System. *Staatsoberhaupt* mit beschränkten Vollmachten ist der aus direkter Volkswahl hervorgehende Präs. (Amtszeit 5 Jahre). Oberstes Organ der *Exekutive* ist das Kabinett unter Vorsitz des Min.präs., das vom Parlament eingesetzt wird und ihm verantwortlich ist. Die Volksversammlung (240 Abg.) als *Legislative* und höchstes Vertretungsorgan wird für jeweils 4 Jahre gewählt. Die *Parteien*landschaft befindet sich im Prozeß der Umprofilierung. Die im alten polit. System herrschende Bulgar. Kommunist. Partei hat sich 1990 in Bulgar. Sozialist. Partei (BSP) umbenannt und ihren Führungsanspruch aufgegeben. Unter den neuen demokrat. Parteien und Bewegungen dominieren die Union der Demokrat. Kräfte (SDS bzw. UDK; in 3 Fraktionen gespalten), die Bewegung für Rechte und Freiheiten (der türk. und muslim. Bev.) sowie der Bulgar. Nat. Bauernbund (BZNS). In der *Gewerkschaft*sbewegung gewinnt neben dem kommunist. Einheitsgewerkschaft Zentralrat der Bulgar. Gewerkschaften die unabhängige Gewerkschaft Podkrepa an Bedeutung. *Verwaltungsmäßig* ist B. in 9 Regionen untergliedert, die begrenzte Selbstverwaltung besitzen. *Das Rechtswesen* mit einem dreistufigen Gerichtssystem (an der Spitze stehen das Oberste Kassations- und das Oberste Verwaltungsgericht) wird umgestaltet, u. a. ist die Bildung eines Verfassungsgerichts vorgesehen.

Bulgarische Kunst. Heiliger Theodor, Unterglasmalerei, 10. Jh. (Preslaw, Archäologisches Museum)

bulgarische Kunst, aus thrak. Zeit sind Fürstengräber erhalten (Kasanlak). Frühbyzantin. Kirchen finden sich in Sofia, Nessebar, Goljamo Belowo und Perutschiza. Nach der Christianisierung der Bulgaren setzte sich der byzantin. Einfluß auf allen Gebieten der Kunst durch. Der interessanteste Kirchenbau ist die Rundkirche von Preslaw (10. Jh.; Ruine). Nur in Bulgarien hat sich ein zweistöckiger (byzantin.) Kirchentypus erhalten (Batschkowo, Bojana). Einige Kirchen in Nessebar gehören stilistisch der mittelbyzantin. Architektur an, dem Übergang von der Kuppelbasilika zur Kreuzkuppelkirche. Die Zeugnisse des 2. Bulgar. Reiches

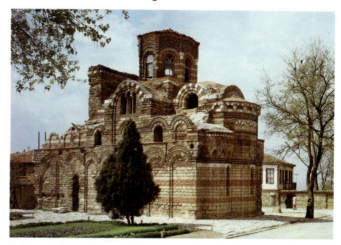

Bulgarische Kunst. Pantokratorkirche in Nessebar, ein Kreuzkuppelbau des 14. Jahrhunderts

sind bis auf wenige Wandmalereien im Komnenenstil (Kloster Bojana, 1259) zerstört. Fresken im Paläologenstil finden sich in der Höhlenkirche von Iwanowo bei Russe (14. Jh.). Vom 15.–18. Jh. wurde die b. K. von der Mönchskunst des Athos bestimmt. Als spezifisch bulgarisch-makedon. Kunst entwickelte sich die Holzschnitzerei (Schulen von Debar und Samokow). Nikola Petrow (* 1881, † 1916) gilt als Begründer der modernen b. K.; ihm zur Seite stellten sich u. a. Sirak Skitnik (* 1883, † 1943) und Wladimir Dimitrow-Maistora (* 1882, † 1960). Künstler der nachfolgenden Generation sind u. a. S. Russew (* 1933), D. Kirow (* 1935), T. Sokerow (* 1943), S. Stoilow (* 1944).

bulgarische Literatur, die *ältere b. L.* knüpft an das kirchlich-literar. Wirken der beiden Slawenlehrer Kyrillos und Methodios (↑ Altkirchenslawisch) an und ist v. a. durch geistl. Inhalte gekennzeichnet. Erste Blüte unter dem bulgar. Zaren Simeon d. Gr. (⌒ 893–927). Vom 12.–14. Jh. kam neben der geistl. Dichtung (Apokryphen, Heiligendichtung) auch weltl. Literatur auf (z. B. Trojaroman, Alexanderroman). Bis ins 17. Jh. gab es keine bed. literar. Leistungen mehr. Unberührt davon aber entwickelte sich eine reiche Volksdichtung. Die *neuere b. L.* setzte im Zuge einer nat. Wiedergeburt ein; sie dichtete zunächst dem Befreiungskampf gegen die osman. Herrschaft und verherrlichte nach 1878 den nat. Sieg. Zu nennen sind v. a. P. R. Slaweikow, C. Botew, I. Wasow und A. J. Konstantinow, der sich von dem Pathos der Freiheitsdichtung distanzierte. Westl. Einflüssen öffneten sich um die Jh.wende die Symbolisten P. Slaweikow und P. Jaworow; in den 1920er Jahren sind die Prosaisten E. Pelin und J. Jowkow zu nennen. Die *b. L. nach dem 2. Weltkrieg* ist wesentlich vom sozialist. Realismus bestimmt (S. Z. Daskalow, D. Dimow, D. Talew), wird jedoch zunehmend eigenständiger, so in der Dorfprosa (G. D. Raditschkow), im histor. Roman (D. S. Futschedschiew, P. Weschinow) und in der Dramatik.

bulgarische Musik, bis zur Befreiung von der osman. Herrschaft 1878 weitestgehend beschränkt auf Volksmusik und einstimmigen Kirchengesang. Die noch heute lebendige bulgar. Volksmusik ist Spiegel der musikal. Kultur der Südslawen. Der einstimmige Kirchengesang nahm seinen Anfang mit den Missionaren Kyrillos und Methodios und deren Schülern (v. a. Kliment) im 9. Jh. Als das Land 1018 unter die Herrschaft der Byzantiner fiel, wurde auch deren Choraltradition übernommen und in den folgenden Jh. gepflegt. Mit der Wiedererlangung der bulgar. Selbständigkeit im Jahre 1878 beginnt die Ausbildung der bulgar. Kunstmusik, deren erster großer Vertreter der Dvořák-Schüler Dobri Christow (* 1875, † 1941) wurde. Die Vertreter der Avantgarde verbinden einheim. Volksmusikelemente mit Einflüssen westl. Kompositionstendenzen.

bulgarische Sprache

Heinrich Bullinger

Bernhard Heinrich Martin Fürst von Bülow

Rudolf Karl Bultmann

Grace Bumbry

Ralph Johnson Bunche

bulgarische Sprache, kyrillisch geschriebene Sprache, die in Bulgarien gesprochen wird und zur südslaw. Sprachgruppe gehört. Bulgar. Sprachkolonien bestehen dazu in N-Griechenland, W-Makedonien, Rumänien und Bessarabien. Die ersten *altbulgar.* Sprachdenkmäler sind aus dem 10. Jh. überliefert († Altkirchenslawisch). Die *mittelbulgar.* Phase umfaßt das 12.–14. Jh. (Übergang zur neubulgar. synthet. Deklination). Der Türkeneinfall (Ende des 14. Jh.) unterbrach die sprachkulturelle Entwicklung für fast 500 Jahre (1878). Das *Neubulgar.,* das sprachlich mit dem 15. Jh. im wesentlichen ausgebildet war, wurde erst im Zuge der nat. Wiedergeburt des 19. Jh. zur Schriftsprache erhoben.

Bulimie [griech.] † Heißhunger.

Bulkcarrier [engl. 'bʌlkkærɪə] † Massengutfrachter.

Bull, John [engl. bʊl], * in Somerset (?) um 1562, † Antwerpen 12. oder 13. März 1628, engl. Komponist. – Schrieb 145 Virginalstücke (45 im „Fitzwilliam Virginal Book"), Anthems und Lamentationen.

B., John † John Bull.

B., Olaf [norweg. bʉl], * Kristiania 10. Nov. 1883, † Oslo 23. Juni 1933, norweg. Lyriker. – Schrieb sprachlich und formal vollendete Gedichte abseits aller literar. Strömungen, z. T. mit pessimist. Grundton.

Bull (Compagnie des Machines B., Abk. CMB) [frz. byl], frz. Unternehmen der Computerind., gegr. 1935, ben. nach dem norweg. Ingenieur F. R. Bull.

Bulla [lat.], hohle Amulettkapsel (rund, herz- oder halbmondförmig) aus Metall oder Leder, die im antiken Rom von Knaben bis zur Mündigkeit, von Mädchen bis zur Heirat und von Triumphatoren getragen wurde.

Bullant, Jean [frz. by'lɑ̃], * Écouen (Val-d'Oise) um 1515, † ebd. 13. Okt. 1578, frz. Baumeister. – 1557–59 und seit 1570 Leiter der königl. Bauten u. a. bei den Tuilerien, in Fontainebleau und in Chambord. Außerdem Schloß Écouen (1556) und als Höhepunkt das Schloß von Chantilly (1567).

Bullauge [niederdt.], dick verglastes, rundes Schiffsfenster.

Bulldogge [engl.] (Englische Bulldogge), kurzhaarige, gedrungene, schwerfällig wirkende, jedoch bewegliche und temperamentvolle engl. Hunderasse (Schulterhöhe 40–45 cm, Zwergform 35–40 cm); mit großem, viereckigem Schädel und verkürztem Schnauzenteil; tief herabhängende Oberlefzen.

Bulldozer [...do:zər; engl.], schwere Planierraupe für Erdbewegungen.

Bulle [lat.], Siegel aus Metall von kreisrunder Form. **Goldbullen** waren den Herrschern vorbehalten und wurden zur Besiegelung bes. feierl. und wichtiger Urkunden v. a. byzantin. und abendländ. Kaiser (seit Justinian bzw. Karl d. Gr.) verwendet. **Silberbullen** sind nur vereinzelt nachweisbar, v. a. in Byzanz und Venedig (16./17. Jh.). **Bleibullen** waren in Südeuropa die geläufigste Siegelform, auch im byzantin. Bereich und seit dem 6. Jh. in der päpstl. Kanzlei. Befestigt wurden die B. an der Urkunde mit Seiden- oder Hanffäden, auch mit Lederriemen.

▷ mit einer B. versiegelte Urkunde. Als Pasturkunden betreffen sie die wichtigsten Rechtsakte des Hl. Stuhls (z. B. Errichtung und Umschreibung von Bistümern, Kanonisationen).

Bulle, männl. geschlechtsreifes Tier bei Rindern, Giraffen, Antilopen, Elefanten, Nashörnern, Flußpferden u. a.: bei Hausrindern häufig als **Stier** bezeichnet.

Bulletin [byl'tɛ̃:; lat.-frz.], amtl. Bekanntmachung, Tagesbericht; auch regelmäßiger Bericht über die Sitzungen wiss. Gesellschaften und Titel wiss. Zeitschriften.

Bullinger, Heinrich, * Bremgarten (AG) 18. Juli 1504, † Zürich 17. Sept. 1575, schweizer. ref. Theologe, Historiker und Kirchenführer. – 1531 Nachfolger Zwinglis als Leiter der Züricher Kirche; verfaßte die Confessio Helvetica posterior (1566).

Bullterrier [engl.], aus Bulldoggen und Terriern gezüchteter mittelgroßer, kurzhaariger, kräftiger engl. Rassehund mit spitzen Stehohren und Hängerute; Kopf lang, mit breiter Stirn.

Bully [engl. 'bʊlɪ], das von zwei Spielern ausgeführte Anspiel beim Hockey, Roll- und Eishockeyspiel (hier offiziell Einwurf).

Bulldogge

Bülow ['by:lo], mecklenburg. Adelsgeschlecht; seit 1229 urkundlich bezeugt; bed.:

B., Bernhard Heinrich Martin Fürst von (seit 1905), * Klein-Flottbek (= Hamburg) 3. Mai 1849, † Rom 28. Okt. 1929, dt. Politiker. – Seit 1874 im diplomat. Dienst; 1897 Staatssekretär im Auswärtigen Amt; 1900 zum Reichskanzler und preuß. Min.präs. berufen. Verkörperte mit seiner Außenpolitik den Drang des industriellen Deutschland zur Weltgeltung und das Bestreben der alten Mächte(lite), das bestehende Gesellschaftsgefüge zu bewahren. Seine unentschlossene Haltung gegenüber Großbritannien und Rußland führte zus. mit dem Flottenbau zur weltpolit. Isolierung des Dt. Reiches. Innenpolitisch trat B. durch die Bildung des konservativ-liberalen „B.-Blocks" im Reichstag hervor. Demissionierte nach Schwächung seiner Position auf Grund der Daily-Telegraph-Affäre, nach Zerbrechen des „B.-Blocks" an der Wahlrechtsreform sowie Ablehnung der Reichsfinanzreform 1909. Bed. seine „Denkwürdigkeiten" (4 Bde., postum 1930–31).

B., Friedrich Wilhelm Graf (seit 1814) B. von Dennewitz, * Falkenberg (Altmark) 16. Febr. 1755, † Königsberg (Pr) 25. Febr. 1816, preuß. General. – Generalmajor seit 1808; bereitete als Generalgouverneur in Ost- und Westpreußen seit 1812 die preuß. Erhebung gegen Napoleon I. vor; zeichnete sich 1813 durch Siege bei Großbeeren und Dennewitz sowie in der Völkerschlacht bei Leipzig aus.

B., Hans Graf von (1810/16), * Essenrode (Landkr. Gifhorn) 14. Juli 1774, † Bad Landeck i. Schl. [in Schlesien] 11. Aug. 1825, preuß. Minister. – Führte als Finanzmin. 1808–11 unter König Jérôme von Westfalen eine erfolgreiche Steuerreform durch; 1813–17 preuß. Finanzmin., seit 1817 Min. für Handel und Gewerbe.

B., Hans Guido Frhr. von, * Dresden 8. Jan. 1830, † Kairo 12. Febr. 1894, dt. Pianist und Dirigent. – Heiratete 1857 F. Liszts Tochter Cosima, die ihn 1868 wegen R. Wagner verließ; 1867 Hofkapellmeister in München, 1877–79 Hofkapellmeister in Hannover, 1880–85 Hofmusikintendant in Meiningen; 1887 Leiter der Abonnementskonzerte in

Bulle. Goldbulle Kaiser Friedrichs I. Barbarossa für Heinrich den Löwen von 1154. Links: Vorderseite mit dem Bildnis des Kaisers. Rechts: Rückseite mit einer Phantasieansicht Roms (Wolfenbüttel, Niedersächsisches Staatsarchiv)

Hamburg und Dirigent der Berliner Philharmoniker. Detaillierte Werkdeutung und seine orchestererzieher. Arbeit machten B. zu einem richtungweisenden Dirigenten.

B., Vicco von ↑ Loriot.

Bultmann, Rudolf Karl, *Wiefelstede 20. Aug. 1884, †Marburg 30. Juli 1976, dt. ev. Theologe. – 1916 Prof. in Breslau, 1920 in Gießen, 1921 in Marburg; Schüler von J. G. W. Herrmann, führender Vertreter der ↑dialektischen Theologie. Im Zusammenhang mit der Anwendung historisch-krit. Methoden entwickelt er die „existentiale Interpretation"; durch den Aufsatz „N. T. und Mythologie" (1941, Nachdr. ³1988) als Programm der ↑Entmythologisierung bekannt wurde, die versuchte, die Botschaft des N. T. vom Kreuz und der Auferstehung Christi aus dem myth. Weltbild herauszulösen und das in der Bibel „zum Ausdruck kommende Verständnis der menschl. Existenz" herauszuarbeiten: Reden über Gott ist nur als Reden über den Menschen möglich.

Werke: Die Geschichte der synopt. Tradition (1921, ⁹1979), Jesus (1926, Neuauflage 1988), Das Johannes-Evangelium (1941, ²¹1986 u. d. T. Das Evangelium des Johannes), Das Urchristentum im Rahmen der antiken Religionen (1949, ⁵1986 u. d. T. Das Urchristentum), Theologie des N. T. (1953, ⁹1984), Die drei Johannesbriefe (1957, ⁸1969).

Bulwer-Lytton, Edward George Earle Lytton, Baron Lytton of Knebworth (seit 1866) [engl. ˈbʊlwə ˈlɪtn], *London 25. Mai 1803, †Torquay 18. Jan. 1873, engl. Schriftsteller und Politiker. – Erfolgreich waren seine Bühnenstücke und histor. Romane („Die letzten Tage von Pompeji", 1834; „Rienzi, der letzte Tribun", 1835, hiernach schuf Wagner seine Oper); Gesellschaftsromane sind „Dein Roman: 60 Spielarten engl. Lebens" (1851/52), „Was wird er damit machen" (1858).

Bumbry, Grace [engl. ˈbʌmbrɪ], *Saint Louis (Mo.) 4. Jan. 1937, amerikan. Sängerin (Mezzosopran). – Sang 1961 als erste Farbige in Bayreuth die Venus in R. Wagners Oper „Tannhäuser"; auch Liedinterpretin.

Bumerang [ˈbuːməraŋ, ˈbʊ...; austral.-engl.], gewinkeltes oder leicht gebogenes Wurfholz der Eingeborenen Australiens (nicht bei allen Stämmen vorkommend), auch Sportgerät. Die Bauart ermöglicht, daß der B. zum Werfer zurückkehrt (jedoch nicht bei allen Arten).

Buna ⓦ [Kw. aus **Bu**tadien und **Na**trium], Handelsname für eine Reihe von Synthesekautschukarten (Buna SR, Buna AP u. a.); urspr. Bez. für ein aus Butadien mit Natrium als Katalysator hergestelltes Polymerisat.

Bunche, Ralph Johnson [engl. bʌntʃ], *Detroit (Mich.) 7. Aug. 1904, †New York 9. Dez. 1971, amerikan. Diplomat. – Seit 1949 im Dienst der UN; vermittelte im 1. Israelisch-Arab. Krieg 1949 einen Waffenstillstand; erhielt 1950 den Friedensnobelpreis.

Bund, in der *Theologie* das bes. Verhältnis des Gottes Israels, Jahwe, zu seinem Volk, aber auch Zentralbegriff für das Verhältnis von Gott und Mensch und der Menschen untereinander. Nach christl. Glauben schloß Gott in Christus den ↑Neuen Bund, der aller Welt angeboten wird.

▷ in der *Soziologie* von H. Schmalenbach definierte Grundform sozialer Gruppen, die zw. den Erscheinungen „Gemeinschaft" und „Gesellschaft" steht. Hauptmerkmale sind die auf gemeinsamer Wert- und Zielorientierung beruhenden engen Beziehungen der B.mgl. untereinander sowie ihre bedingungslose Unterordnung unter die Führungsinstanzen des Bundes.

▷ bei Bundesstaaten Bez. für den Zentralstaat im Gegensatz zu den Gliedstaaten (Ländern).

▷ (Bünde) Querleisten auf dem Griffbrett von Saiteninstrumenten, die die Saiten abteilen und das saubere Greifen eines Tons erleichtern (z. B. bei der Gitarre).

Bund, Der, schweizer. Zeitung, ↑Zeitungen (Übersicht).

BUND, Abk. für: **B**und für **U**mwelt und **N**aturschutz **D**eutschland e. V.

Bund der Deutschen Katholischen Jugend, Abk. BDKJ, 1947 gegr. Dachorganisation der Verbände der dt. kath. Jugend.

Bund der Evangelischen Kirchen in der Deutschen Demokratischen Republik, am 10. Juni 1969 verkündeter und in Kraft getretener Zusammenschluß der 8 ev. Kirchen in der DDR in organisator. Loslösung von der EKD. Organe waren die Synode (Theologen und Laien) und die Kirchenkonferenz. Seit Aug. 1990 nur noch „Bund der Ev. Kirchen" gen.; 1991 mit der EKD vereinigt. Obwohl die Ev. Kirchen lange Zeit Schutz und Entfaltungsmöglichkeiten für oppositionelle Bewegungen boten und großen Anteil an der friedl. Revolution im Herbst 1989 in der DDR hatten, wurde zuletzt (z. B. Synode von Leipzig, Sept. 1990) auch selbstkritisch über die Haltung zum SED-Staat nachgedacht.

Bund der Kommunisten, polit. Organisation dt.-sprachiger Intellektueller, Handwerker und Arbeiter 1847–52, aus dem „Bund der Gerechten" (seit 1837) entstanden; war vor und nach der Revolution von 1848 und 1849 v. a. in London, Brüssel, Paris und in der Schweiz verbreitet: programmatisch seit 1847 wesentlich von Marx und Engels geprägt; erhielt mit dem Kommunist. Manifest eine wirksame Theorie.

Bund der Landwirte, Abk. BdL, 1893 gegr. einflußreicher Interessenverband im Dt. Kaiserreich mit dem Ziel, die durch den Industrialisierungsprozeß gefährdete Vormachtstellung der Landw. in Politik und Wirtschaft zu verteidigen; rückte mit stark antisemitisch geprägter und gegen Liberalismus und Pluralismus gerichteter Propaganda in die Nähe vorfaschist. Bewegungen; ging 1921 im Reichslandbund auf.

▷ Abk. BdL, zur Interessenwahrnehmung sudetendeutscher Bauern in der ČSR 1919 gegr. polit. Partei; löste sich 1938 zugunsten der Sudetendeutschen Partei auf.

Bund der Sozialdemokratischen Parteien der Europäischen Gemeinschaft, 1974 gegr. Zusammenschluß der nat. Mitgliedsparteien der Sozialist. Internationale in den Mgl.staaten der EG; hervorgegangen aus dem seit 1957 bestehenden Verbindungsbüro der sozialist. und sozialdemokrat. Parteien der EWG- bzw. EG-Mitgliedsstaaten.

Bund der Steuerzahler e. V., parteipolitisch neutraler, unabhängiger, gemeinnütziger Verein, der die Interessen der Steuerzahler dem Staat gegenüber vertritt; gegr. 1949, Sitz Wiesbaden.

Bund der Vertriebenen, Vereinigte Landsmannschaften und Landesverbände, Abk. BdV, 1957 durch den Zusammenschluß des **Bundes der vertriebenen Deutschen** und des **Verbandes der Landsmannschaften** gebildete Spitzenorganisation der Heimatvertriebenen; umfaßt 21 Bundeslandsmannschaften und 11 Landesverbände; Sitz: Bonn.

Bund Deutscher Architekten, Abk. BDA, 1903 gegr., 1948 neugegr. Spitzenorganisation der freischaffenden dt. Architekten mit Sitz in Bonn; widmet sich bes. baukünstler. und städtebaul. Aufgaben.

Bund Deutscher Mädel ↑Hitlerjugend.

Bund Deutscher Offiziere, 1943 gegr. Organisation dt. Offiziere in sowjet. Kriegsgefangenschaft unter Vorsitz des Generals W. von Seydlitz. Rief neben dem Nationalkomitee Freies Deutschland die Offiziere der Wehrmacht zur Beendigung des Krieges durch Widerstand gegen Hitler auf; im Nov. 1945 aufgelöst.

Bund Deutscher Pfadfinder ↑Pfadfinder.

Bünde, Stadt im Ravensberger Hügelland, NRW, 39 100 E. Tabak- und Zigarrenmuseum; Zigarrenind. u. a. – Im 9. Jh. zuerst erwähnt, 1719 Stadtrecht. – Stadtkirche (13. Jh.), Fachwerkhäuser (18. und 19. Jh.).

Bündelpfeiler, in der got. Baukunst Pfeiler, um dessen Kern ↑Dienste angeordnet sind.

Bund entschiedener Schulreformer, 1919–33 in Deutschland bestehende pädagog. Vereinigung mit sozialrevolutionären Tendenzen; trat für die elast. ↑Einheitsschule, die eine Lebens- bzw. Produktionsschule (↑Arbeitsschule) sein sollte, sowie für einheitl. Lehrerbildung an Hochschulen, Schulgeldfreiheit u. a. einsetzte.

Bundesadler ↑Hoheitszeichen.

Bumerang. Verschiedene Formen (oben links Wurfholz)

1

2

Bündelpfeiler. 1 Gotischer Bündelpfeiler; 2 Schnitt über dem Sockel

Bundesakademie für öffentliche Verwaltung

> **Bundesämter (B), Bundesanstalten (BA), Bundesforschungsanstalten (BFA), Bundesinstitute (BI) oder Einrichtungen mit ähnlichem Status in der Bundesrepublik Deutschland**
> (Auswahl; geordnet nach den Geschäftsbereichen der Bundesministerien; Stand Juni 1992)

Arbeit und Sozialordnung:
Bundesversicherungsamt, Berlin
BA für Arbeitsschutz und Unfallforschung, Dortmund
BA für Arbeit, Nürnberg

Auswärtiges:
Deutsches Archäologisches Institut, Berlin (Zentraldirektion)

Bildung und Wissenschaft:
BI für Berufsbildung, Berlin

Ernährung, Landwirtschaft und Forsten:
B für Ernährung und Forstwirtschaft, Frankfurt a. M.
Bundessortenamt, Hannover
BFA für Landwirtschaft, Braunschweig
Biolog. BA für Land- und Forstwirtschaft, Braunschweig
BA für Milchforschung, Kiel
BFA für Fischerei, Hamburg
BFA für Forst- und Holzwirtschaft, Hamburg
BFA für Getreide- und Kartoffelverarbeitung, Detmold
BFA für Viruskrankheiten der Tiere, Tübingen
BFA für Rebenzüchtung Geilweilerhof, Siebeldingen
BA für Fleischforschung, Kulmbach
BFA für Ernährung, Karlsruhe
BFA für gartenbaul. Pflanzenzüchtung, Ahrensburg
BA für Fettforschung, Münster
BA für landwirtschaftl. Marktordnung, Frankfurt a. M.

Finanzen:
Bundesmonopolverwaltung für Branntwein/Bundesmonopolamt, Offenbach a. M.
Bundesschuldenverwaltung, Bad Homburg v. d. Höhe
B für Finanzen, Bonn
Bundesaufsichtsamt für das Kreditwesen, Berlin
Bundesaufsichtsamt für das Versicherungswesen, Berlin
Versorgungsanstalt des Bundes und der Länder, Karlsruhe
Kreditanstalt für Wiederaufbau, Frankfurt a. M.
Treuhandanstalt, Berlin

Forschung und Technologie:
Deutsches Historisches Institut, Paris
Deutsches Historisches Institut, Rom
Kunsthistorisches Institut, Florenz
Biologische Anstalt Helgoland, Hamburg

Inneres:
Statistisches Bundesamt, Wiesbaden
Bundesverwaltungsamt, Köln
Bundesarchiv, Koblenz
Institut für Angewandte Geodäsie, Frankfurt a. M.
Bundeszentrale für polit. Bildung, Bonn
BI für ostwissenschaftl. und internat. Studien, Köln
BI für Sportwissenschaft, Köln
B für die Anerkennung ausländ. Flüchtlinge, Zirndorf
B für Verfassungsschutz, Köln
B für Zivilschutz, Bonn

Bundeskriminalamt, Wiesbaden
Akademie für zivile Verteidigung, Bonn
Bundesausgleichsamt, Bad Homburg v. d. Höhe
BI für Bevölkerungsforschung, Wiesbaden

Frauen und Jugend:
B für den Zivildienst, Köln
Bundesprüfstelle für jugendgefährdende Schriften, Bonn

Gesundheit:
Bundesgesundheitsamt, Berlin
B für Sera und Impfstoffe, Paul-Ehrlich-Institut, Frankfurt a. M.
Bundeszentrale für gesundheitl. Aufklärung, Köln

Justiz:
Deutsches Patentamt, München

Post- und Telekommunikation:
Posttechn. Zentralamt, Darmstadt
Fernmeldetechn. Zentralamt, Darmstadt

Raumordnung, Bauwesen und Städtebau:
BFA für Landeskunde und Raumordnung, Bonn
Bundesbaudirektion, Berlin

Umwelt, Naturschutz und Reaktorsicherheit:
Umweltbundesamt, Berlin
BFA für Naturschutz und Landschaftsökologie, Bonn
B für Strahlenschutz, Salzgitter

Verkehr:
Deutscher Wetterdienst, Offenbach a. M.
BA für den Güterfernverkehr, Köln
Kraftfahrt-B, Flensburg
Deutsches Hydrographisches Institut, Hamburg
BA für Flugsicherung, Frankfurt a. M.
Luftfahrt-B, Braunschweig
BA für Straßenwesen, Köln
BA für Gewässerkunde, Koblenz
BA für Wasserbau, Karlsruhe
Bundesoberseeamt, Hamburg

Verteidigung:
B für Wehrtechnik und Beschaffung, Koblenz
Bundeswehrverwaltungsamt, Bonn
Bundessprachenamt, Hürth
Militärgeographisches Amt, Bonn
Militärgeschichtl. Forschungsamt, Freiburg i. Br.

Wirtschaft:
Physikalisch-Technische BA, Braunschweig
B für gewerbliche Wirtschaft, Eschborn
Bundesstelle für Außenhandelsinformation, Köln
Bundeskartellamt, Berlin
BA für Materialprüfung, Berlin
BA für Geowissenschaften und Rohstoffe, Hannover

Bundesakademie für öffentliche Verwaltung, 1969 im Geschäftsbereich des Bundesmin. des Innern errichtete Fortbildungsstätte für Angehörige der öff. Verwaltung; Sitz Bonn.

Bundesakte ↑ Deutsche Bundesakte.

Bundesämter, durch einen das Fachgebiet kennzeichnenden Zusatz ergänzte Bez. für zahlr. Bundesoberbehörden (↑ Übersicht). In *Österreich* sind die B. eigene Behörden des Bundes, die regelmäßig einem Bundesmin. untergeordnet sind und für Vollzugsaufgaben zuständig sind. In der *Schweiz* sind B. den Departementen nachgeordnete Verwaltungseinheiten.

Bundes-Angestelltentarifvertrag, Abk. BAT, Tarifvertrag vom 23. 2. 1961 zw. dem Bund, der Tarifgemeinschaft dt. Länder und der Vereinigung kommunaler Arbeitgeberverbände einerseits sowie der DAG und der Gewerkschaft ÖTV andererseits zur Regelung der Rechtsverhältnisse der Angestellten von Bund, Ländern und Gemeinden in der BR Deutschland (ausgenommen Angestellte der Dt. Bundesbahn und der Dt. Bundespost). Seit dem 1. April 1961 in Kraft; in den neuen Bundesländern gilt der BAT Ost.

Bundesanleihen, [Inhaber]schuldverschreibungen der BR Deutschland oder der Sondervermögen des Bundes, i. w. S. auch der Dt. Bundesbahn, Dt. Bundespost und anderer Sondervermögen des Bundes. Die Emission erfolgt durch das Bundesanleihekonsortium unter Führung der Dt. Bundesbank (ohne Quote).

Bundesanstalten, in der BR Deutschland Einrichtungen des Bundes mit bestimmten Verwaltungs- oder Forschungsaufgaben unter der Aufsicht des zuständigen Bundesministers. – ↑ Bundesämter (Übersicht).

Bundesanstalt für Arbeit, Abk. BA, Körperschaft des öff. Rechts mit Selbstverwaltung im Geschäftsbereich des

Bundesmin. für Arbeit und Sozialordnung; Sitz Nürnberg, errichtet 1952 als **Bundesanstalt für Arbeitsvermittlung und Arbeitslosenversicherung**, seit 1969 jetziger Name. Nach dem ↑ Arbeitsförderungsgesetz obliegen der BA u. a. die Arbeitslosenunterstützung, die Berufsberatung, die Arbeitsvermittlung. Der Hauptstelle unterstellt sind Landesarbeitsämter, Arbeitsämter, Nebenstellen und andere Dienststellen (u. a. die Fachhochschule Mannheim). Die wichtigsten Aufgaben werden durch Selbstverwaltungsorgane gelöst, die sich auf der oberen Ebene zu je einem Drittel aus Vertretern der Arbeitnehmer, der Arbeitgeber und der öff. Körperschaften (Bund, Länder und Gemeinden) zusammensetzen, die Amtsdauer beträgt 6 Jahre. Finanzielle Grundlage der Dienste und Leistungen der BA sind die Beiträge zur Arbeitslosenversicherung. – Der BA obliegt unter der Bez. „**Kindergeldkasse**" die Durchführung des Bundeskindergeldgesetzes.

Bundesanwalt, 1. Angehöriger der Bundesanwaltschaft beim Bundesgerichtshof; 2. der Vertreter des Oberbundesanwaltes beim Bundesverwaltungsgericht. In der *Schweiz* ist der B., der vom Bundesrat gewählt wird und unter dessen Aufsicht und Leitung steht, Chef der **Bundesanwaltschaft,** einer Abteilung des eidgenöss. Justiz- und Polizeidepartements. Er ist v. a. in Bundesstrafsachen als Staatsanwalt tätig; des weiteren leitet er die Spionageabwehr.

Bundesanwaltschaft, staatsrechtl. Bez. für Rechtspflegeorgane, 1. den *Generalbundesanwalt* beim Bundesgerichtshof als selbständiges Glied der Staatsanwaltschaft; zuständig sowohl in den Strafsachen, die zur Zuständigkeit des Bundesgerichtshofs gehören als auch in den zur Zuständigkeit der Oberlandesgerichte im ersten Rechtszug gehörenden Strafsachen (Staatsschutzdelikte); 2. den *Oberbundesanwalt* (tätig als Vertreter des öff. Interesses), 3. den *Bundesdisziplinaranwalt*, 4. den *Bundeswehrdisziplinaranwalt* (alle beim Bundesverwaltungsgericht).

Bundesanzeiger, Abk. BAnz., vom Bundesmin. der Justiz auf kommerzieller Basis herausgegebenes Publikationsorgan, das werktäglich außer montags erscheint. Der B. bringt in seinem amtl. Teil Verkündungen, Bekanntmachungen von Behörden, [staatl.] Ausschreibungen und Sonstiges. Der nichtamtl. Teil enthält im wesentlichen Parlamentsberichterstattung über Bundestag und Bundesrat. Im Teil „gerichtl. und sonstige Bekanntmachungen" werden u. a. öff. Zustellungen und Aufforderungen der Gerichte sowie Bekanntmachungen von Handelsgesellschaften veröffentlicht. Die **Zentralhandelsregister-Beilage** enthält die Publikation der Eintragungen in das Handelsregister.

Bundesapothekerkammer ↑ Apothekerkammer.

Bundesarbeitsgemeinschaft der Freien Wohlfahrtspflege e.V., 1950 gegr. Zusammenschluß der Spitzenverbände der freien Wohlfahrtspflege zur Koordinierung der Arbeit der angeschlossenen Verbände und Mitwirkung an der Sozialgesetzgebung; Sitz: Bonn.

Bundesarbeitsgericht, Abk. BAG, oberster Gerichtshof des Bundes auf dem Gebiet der Arbeitsgerichtsbarkeit; Sitz: Kassel.

Bundesarchiv, zentrales Archiv für die BR Deutschland; untersteht dem Bundesmin. des Innern; 1952 errichtet, Sitz: Koblenz; verwahrt das zur dauernden Aufbewahrung bestimmte Schriftgut der Bundesregierung, der obersten und oberen Bundesbehörden, die Akten der ehem. zonalen und bizonalen Verwaltungen und des Vereinigten Wirtschaftsgebietes; die Archivalien des Dt. Bundes und des Dt. Reiches bis 1945, der Wehrmacht und der abgetrennten dt. Gebiete; Archivgut von Verbänden und Institutionen mit überregionaler Bedeutung und der ehem. polit. Parteien, Nachlässe bed. Persönlichkeiten, Quellen zur Zeitgeschichte, Dokumentarfilme u. a.; zahlr. Veröffentlichungen.

Bundesärztekammer ↑ Ärztekammern.

Bundesassisen, schweizer. Schwurgericht, bestehend aus den 3 Richtern der Kriminalkammer des Bundesgerichts und 12 Geschworenen, das über bestimmte schwere Straftaten urteilt.

Bundesaufsicht, in der BR Deutschland die Befugnis der Bundesregierung, die Ausführung der BG durch die Länder zu beaufsichtigen (Art. 84–85 GG). Führen die Länder die BG *als eigene Angelegenheit* aus, so erstreckt sich die Aufsicht darauf, daß die Länder die BG dem geltenden Recht gemäß ausführen. Führen die Länder die BG *im Auftrag des Bundes* aus, so erstreckt sich die B. auf die Gesetzmäßigkeit und Zweckmäßigkeit der Ausführung.

Bundesauftragsverwaltung ↑ Auftragsverwaltung.

Bundesausbildungsförderungsgesetz, Abk. BAföG, ↑ Ausbildungsförderung.

Bundesausgleichsamt ↑ Bundesämter (Übersicht).

Bundesautobahnen ↑ Autobahn.

Bundesbahn ↑ Deutsche Bundesbahn.

Bundesbahnen ↑ Österreichische Bundesbahnen, ↑ Schweizerische Bundesbahnen.

Bundesbank ↑ Deutsche Bundesbank.

Bundesbaudirektion, 1950 errichtete Bundesoberbehörde mit Sitz in Berlin, im Geschäftsbereich des Bundesmin. für Raumordnung, Bauwesen und Städtebau. Aufgabenbereich: Bearbeitung von Bauangelegenheiten des Bundespräs., Bundesrates, Bundeskanzlers und der Bundesmin. sowie des Bundes im Ausland.

Bundesbaugesetz ↑ Baugesetzbuch.

Bundesbeauftragter für den Zivildienst, durch Kabinettsbeschluß 1970 eingeführte Dienststelle im Bundesmin. für Arbeit und Sozialordnung; Aufgaben: Betreuung der Zivildienstpflichtigen und Fachaufsicht über die Verwaltung des zivilen Ersatzdienstes.

Bundesbehörden, zum dt. Recht ↑ Bundesverwaltung. Nach *östr. Verfassungsrecht* sind B. Verwaltungsorgane, deren Errichtung und Organisation dem Bunde zukommt. Im *schweizer. Recht* sind die B. die Bundesversammlung, der Bundesrat, die Bundeskanzlei, die Bundesgerichte sowie die Ministerien (Departemente) u. a.

Bundesbeteiligungen, kapitalmäßige Beteiligungen des Bundes bzw. seiner Sondervermögen an Unternehmen. B. bestehen in öff.-rechtl. Rechtsform (Anstalt des öff. Rechts) oder in privatrechtl. Rechtsform (i. d. R. als Kapitalgesellschaft).

Bundesblatt, in der Schweiz Organ zur Veröffentlichung von Botschaften des Bundesrates an die Bundesversammlung (Gesetzentwürfe) und der Beschlüsse der Bundesversammlung, gegen welche das Referendum ergriffen werden kann.

Bundesbürgschaften (Bundesgarantien), in der BR Deutschland Bürgschaftsübernahmen bzw. Garantieübernahmen des Bundes gegenüber Kreditgebern (bes. Banken) zur Absicherung privatwirtschaftlich nicht versicherbarer wirtsch. und polit. Risiken v. a. im Außenwirtschaftsbereich (z. B. Zahlungsunfähigkeit des Schuldners).

Bundesdistrikt (Bundesterritorium), in einigen Bundesstaaten ein bundesunmittelbares, zu keinem der Bundesstaaten (Bundesländer) gehörendes Territorium, das Sitz der Bundesbehörden (Hauptstadt) ist und einer Sonderverwaltung untersteht, z. B. in den USA der *District of Columbia* (Washington, D. C.).

Bundesdisziplinaranwalt, der Dienstaufsicht des Bundesmin. des Innern unterstehender Beamter, Sitz: Frankfurt am Main, mit der Aufgabe, die einheitl. Ausübung der Disziplinargewalt zu sichern sowie die Interessen des öff. Dienstes und der Allgemeinheit in jeder Lage des Disziplinarverfahrens wahrzunehmen.

Bundesdisziplinargericht ↑ Disziplinargerichtsbarkeit.

Bundesdruckerei, dem Bundesmin. für Post und Telekommunikation unterstehender Betrieb des Bundes mit Sitz in Berlin und mehreren Fertigungsstätten in der BR Deutschland. Die B. führt Aufträge des Bundes und der Länder aus (u. a. Druck von Banknoten, Postwertzeichen und Gesetzblättern).

bundeseigene Verwaltung (bundesunmittelbare Verwaltung), in Deutschland der Vollzug von BG durch eigene Behörden des Bundes (Art. 86 GG). In b. V. werden z. B. geführt: der auswärtige Dienst, die Bundesfinanzverwaltung, die Dt. Bundesbahn, die Dt. Bundespost, die Verwaltung der Bundeswasserstraßen und der Schiffahrt.

Bundesentschädigungsgesetz, Abk. BEG, Kurzbez. für das „Gesetz zur Entschädigung für Opfer der nat.soz. Verfolgung" vom 29. 6. 1956, u. a. geändert durch das sog. Bundesentschädigungsschlußgesetz vom 14. 9. 1965; regelt im wesentlichen die ↑Wiedergutmachung.

Bundesexekution, im Dt. Bund gemäß Art. 31 der Wiener Schlußakte von 1820 in Verbindung mit der Exekutionsordnung von 1820 ein Mittel zur Vollstreckung gerichtl. und gerichtsähnl. Entscheidungen sowie zum Vollzug der Bundesakte und anderer Grundgesetze des Bundes, von Bundesbeschlüssen und Bundesgarantien gegen „pflichtwidrige" Bundesglieder. Die B. bestand in der mögl. militär. Besetzung eines Gliedstaats oder auch der Suspension der Regierungsgewalt des Landesherrn. Exekutionsbeschlüsse wurden u. a. 1830 gefaßt gegen Karl II., Herzog von Braunschweig, 1834 gegen die Freie Stadt Frankfurt. Von der B. zu trennen ist die ↑Bundesintervention. Zum geltenden Recht ↑Bundeszwang. Im *östr. Verfassungsrecht* ist eine B. gegen die Länder nicht vorgesehen. In der *Schweiz* kann der Bundesrat, um die Kt. zur Erfüllung ihrer bundesmäßigen Verpflichtungen zu zwingen, mit Zustimmung der Bundesversammlung die notwendigen VO zur Ausführung des Bundesrechts erlassen, Bundessubventionen zurückhalten und [sogar militär.] Gewalt anwenden.

Bundesfernstraßen, öff. Straßen, die ein zusammenhängendes Verkehrsnetz bilden und einem weiträumigen Verkehr dienen. Sie gliedern sich in Bundesautobahnen und Bundesstraßen [einschl. der Ortsdurchfahrten]. Eigentümer der B. und Träger der Baulast ist der Bund (B.gesetz i. d. F. vom 1. 10. 1974). Verwaltet werden die B. im Auftrag des Bundes von den Ländern.

Bundesfestungen, Festungen des Dt. Bundes: zunächst Luxemburg und Landau in der Pfalz, später kamen Mainz (1815), Rastatt (1840) und Ulm (1842) hinzu.

Bundesfinanzhof, Abk. BFH, oberster Gerichtshof des Bundes auf dem Gebiet der Finanzgerichtsbarkeit, Sitz: München.

Bundesflagge ↑Hoheitszeichen.

Bundesforschungsanstalten, Einrichtungen des Bundes mit bestimmten Forschungsaufgaben. ↑Bundesämter (Übersicht).

Bundesfürsten, die Landesherren der dt. Einzelstaaten 1871–1918; regierten im wesentlichen als konstitutionelle Monarchen, hatten mit Ausnahme des preuß. Königs jedoch die eigtl. Attribute der Souveränität eingebüßt.

Bundesgarantien ↑Bundesbürgschaften.

Bundesgartenschau ↑Gartenbauausstellungen.

Bundesgendarmerie, in Österreich ein uniformierter, bewaffneter, militärisch organisierter Zivilwachkörper zur Aufrechterhaltung der öff. Ruhe, Ordnung und Sicherheit. Die B. wird durch das im Bundesmin. für Inneres eingerichtete **Gendarmeriezentralkommando** geleitet.

Bundesgenossenkrieg, Krieg Athens 357–355 gegen die vom 2. Att. Seebund abgefallenen Mgl.staaten Chios, Kos, Rhodos, Byzanz; durch die Niederlage Athens in Ionien und ein pers. Ultimatum beendet.

▷ Krieg Philipps V. von Makedonien und des Achäischen Bundes 220–217 gegen den Ätol. Bund und Sparta; führte zum Frieden von Naupaktos.

▷ (Mars. Krieg) der 91–89 bzw. 82 geführte Krieg Roms gegen seine italischen Bundesgenossen, provoziert durch die Forderung der Bundesgenossen nach dem röm. Bürgerrecht. Nach anfängl. Niederlagen lenkte Rom rasch ein. Alle Italiker südlich des Po erhielten das Bürgerrecht (↑Foederati).

Bundesgerichte, in Bundesstaaten Gerichte des Gesamtstaates, die organisatorisch [und oft auch in Instanzenzug] unabhängig neben den Gerichten der Einzelstaaten bestehen. In der BR Deutschland sind gemäß Art. 92, 95, 96 GG B. die obersten Gerichtshöfe des Bundes (Bundesarbeitsgericht, Bundesfinanzhof, Bundesgerichtshof, Bundessozialgericht, Bundesverwaltungsgericht), der Gemeinsame Senat der obersten Gerichtshöfe des Bundes sowie das Bundespatentgericht, das Bundesdisziplinargericht und die Truppendienstgerichte. Einen bes. Platz unter den Gerichten des Bundes nimmt das Bundesverfassungsgericht ein. Nach *östr.* Recht ist die Ausübung der Gerichtsbarkeit ausschließlich Sache des Bundes; alle in Österreich bestehenden Gerichte sind solche des Bundes. In der *Schweiz* sind höchste Gerichte: 1. das **Bundesgericht,** Sitz: Lausanne, entscheidet letztinstanzlich in Zivil- und Strafsachen, über Streitigkeiten zw. Bund und Kantonen, zw. den Kantonen untereinander sowie zw. Privatpersonen und Bund oder Kantonen und 2. das **Eidgenössische Versicherungsgericht,** Sitz: Luzern, das als organisatorisch selbständige Sozialversicherungsabteilung des Bundesgerichts gilt.

Bundesgerichtshof, Abk. BGH, oberster Gerichtshof des Bundes im Bereich der ordentl. Gerichtsbarkeit, Sitz: Karlsruhe. Der BGH ist mit dem Präs., den Senatspräs. als Vors. der einzelnen Senate und Richtern [am B.] besetzt; diese werden durch den Bundesmin. der Justiz gemeinsam mit dem Richterwahlausschuß berufen und vom Bundespräs. ernannt. Der BGH gliedert sich in Zivil- und Strafsenate, jeweils mit 5 Mgl. einschl. des Vors. besetzt. Daneben bestehen Fachsenate u. a. für Anwalts-, Patentanwalts-, Steuerberater-, Wirtschaftsprüfer- und Notarsachen sowie das Dienstgericht für die Bundesrichter. Zur Zuständigkeit des BGH in Zivil- und Strafsachen ↑ordentliche Gerichtsbarkeit (Übersicht).

Beim BGH bestehen ein **Großer Senat für Zivilsachen** sowie ein **Großer Senat für Strafsachen,** die dann entscheiden, wenn in einer Rechtsfrage ein Senat von der Entscheidung eines anderen Senats abweichen will oder wenn es sich um eine Rechtsfrage von grundsätzl. Bed. handelt und für die Fortbildung des Rechts oder die Sicherung einer einheitl. Rechtsprechung die Entscheidung des Großen Senats erforderlich ist. Will ein Zivilsenat von der Entscheidung eines Strafsenats (oder Großen Senats für Strafsachen) oder ein Strafsenat von der eines Zivilsenats (oder Großen Senats für Zivilsachen) bzw. ein Senat von den Vereinigten Großen Senaten abweichen, so entscheiden die **Vereinigten Großen Senate.**

Bundesgesellschaften, privatwirtsch. geführte Kapitalgesellschaften, deren Aktien i. d. R. überwiegend im Besitz der BR Deutschland sind.

Bundesgesetzblatt, Abk. BGBl., Verkündungsblatt für Gesetze und für Rechtsverordnungen (RVO) der BR Deutschland, herausgegeben vom Bundesmin. der Justiz. Die erste Ausgabe vom 23. 5. 1949 enthielt das GG. Das B. erscheint in drei Teilen; Teil I enthält Gesetze, Rechtsverordnungen, Anordnungen; Teil II enthält völkerrechtl. Vereinbarungen; Teil III enthält eine Sammlung des nach der Rechtsbereinigung fortgeltenden Bundesrechts. – Vorläufer war das 1871–1945 erscheinende **Reichsgesetzblatt** (RGBl.). – In *Österreich* ist das B. (Abk. BGBl.) das Verkündungsblatt für Bundesgesetze, Staatsverträge und Rechtsverordnungen des Bundes. In der *Schweiz* entspricht dem B. das Bundesblatt.

Bundesgesetze, Rechtsnormen, die in einem Bundesstaat von den gesetzgebenden Organen des Bundes erlassen werden (↑Gesetzgebung).

Bundesgrenzschutz, Abk. BGS, 1951 errichtete, dem Bundesmin. des Innern unterstellte Sonderpolizei des Bundes (derzeit rd. 25 000 Mann) zum Schutz des Bundesgebietes gegen verbotene Grenzübertritte und sonstige Störungen der öff. Ordnung im Grenzgebiet bis zu einer Tiefe von 30 km und zum Einsatz in gesetzlich geregelten Fällen (BundesgrenzschutzG vom 18. 8. 1972); 1992 Übernahme von Aufgaben der Bahnpolizei und der Luftsicherheit. Im Verteidigungsfall und in Fällen des inneren Notstandes kann der B. im gesamten Bundesgebiet als Polizeitruppe eingesetzt werden. Im Verteidigungsfall haben die Beamten Kombattantenstatus. Der B. setzt sich zusammen aus der **Grenzschutztruppe** und dem **Grenzschutzeinzeldienst.** Eine Spezialeinheit des B. zur Bekämpfung des Terrorismus ist die 1972 gebildete **Grenzschutzgruppe 9 (GSG 9),** die aus rd. 180 Freiwilligen besteht und mit modernsten Geräten und Waffen ausgerüstet ist.

Bundeshauptkasse, die dem Bundesmin. der Finanzen unterstehende Zentralkasse, bei der laufend alle Einnahmen des Bundes zusammengefaßt werden und die alle Bedarfsstellen für ihre Bundesausgaben mit Geld versorgt sowie alle Haushaltseinnahmen und -ausgaben abrechnet und die Gesamtrechnung erstellt.

Bundeshaus, Bez. 1. in der BR Deutschland für das Gebäude des Dt. Bundestags in Bonn, 2. in der Schweiz für den Tagungsort der eidgenöss. Räte.

Bundesheer, das Heer eines Bundesstaates. In Österreich die vom Bund unterhaltene, militärisch organisierte Wehrmacht; Aufgaben: Schutz der Grenze der Republik *(Neutralitätsschutz)* und Assistenzleistung (die Mitwirkung des B. zum Schutz der verfassungsmäßigen Einrichtungen, zur Aufrechterhaltung der Ordnung und Sicherheit im Innern und zur Hilfeleistung bei Katastrophen) sind.

Bundesinstitute, Einrichtungen des Bundes mit vorwiegend wiss. Aufgaben. – ↑Bundesämter (Übericht).

Bundesintervention, im Dt. Bund gemäß Art. 26 der Wiener Schlußakte in Verbindung mit der Exekutionsordnung von 1820 ein Mittel der – erbetenen oder unerbetenen – Bundeshilfe zur Abwehr innerer Unruhen.

Bundesjugendplan, 1950 eingeleitetes Programm der Bundesregierung, das im Zusammenwirken mit den Ländern (Landesjugendpläne), Gemeinden und Gemeindeverbänden sowie den Trägern der freien Jugendhilfe u. a. die polit., kulturelle, sportl., die soziale und berufsbezogene Bildung der Jugend, internat. Jugendarbeit sowie die Jugendarbeit zentraler Organisationen fördert.

Bundesjugendring ↑Deutscher Bundesjugendring.

Bundesjugendspiele, seit 1951 von Schulen, Sport- und Jugendverbänden durchgeführte sportl. Wettkämpfe im Geräteturnen, im Schwimmen und in der Leichtathletik (seit 1980 bis zur Klasse 10 verbindlich).

Bundeskammer der gewerblichen Wirtschaft, in Österreich die zentrale Interessenvertretung von Unternehmen des Gewerbes, der Industrie, des Handels, des Kredit- und Versicherungswesens, des Verkehrs sowie des Fremdenverkehrs. Die B. ist die wichtigste Arbeitgebervertretung bei tarifvertragl. Verhandlungen.

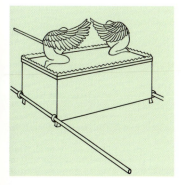

Bundeslade
(schematische Rekonstruktion)

Bundeskanzlei, in der Schweiz die dem Bundespräs. unterstellte Kanzlei der Bundesversammlung und des Bundesrates, an deren Spitze der Bundeskanzler steht. Sie organisiert u. a. die Wahlen und Abstimmungen.

Bundeskanzler, im *Norddt. Bund* (1867–71) der durch das Bundespräsidium ernannte Vors. des Bundesrats und Leiter der Bundesexekutive. Faktisch war das Amt mit dem des preuß. Außenmin. und Min.präs. verbunden.
In der *BR Deutschland* ist der B. Leiter der Bundesregierung; er wird vom Bundestag auf Vorschlag des Bundespräs. ohne Aussprache gewählt (Art. 63 GG). Der B. muß nicht Mgl. des Bundestages sein. Zum B. gewählt ist, wer die Stimmen der Mehrheit der Mgl. des Bundestages auf sich vereinigt. Wird der Vorgeschlagene nicht gewählt, so kann der Bundestag innerhalb von 14 Tagen mit einer entsprechenden Mehrheit einen B. wählen. Kommt auch innerhalb dieser Frist keine Wahl zustande, so findet ein neuer Wahlgang statt, in dem der gewählt ist, der die meisten Stimmen erhält. Der Bundespräs. muß den Gewählten innerhalb von 7 Tagen ernennen, wenn dieser die Mehrheit des Bundestages erhalten hat; erreichte er diese Stimmenzahl nicht, kann ihn der Bundespräs. entweder ernennen oder den Bundestag auflösen. Die übrigen Mgl. der Bundesregierung werden auf Vorschlag des B. vom Bundespräs. ernannt und entlassen (Art. 64 GG). Der B. bestimmt die Richtlinien der Politik und trägt dafür die Verantwortung; er leitet die Geschäfte der Bundesregierung. Zu den Kompetenzen des B. gehört, daß er im Verteidigungsfall der Befehls- und Kommandogewalt über die Streitkräfte hat, die sonst beim Bundesmin. der Verteidigung liegt. Der B. ernennt einen Bundesmin. zu seinem Stellvertreter (Vizekanzler). Nach Art. 69 GG endigt das Amt des B. mit dem Zusammentritt eines neuen Bundestages. Der Bundestag kann dem B. nur dadurch das Mißtrauen aussprechen, daß er mit der Mehrheit seiner Mgl. einen Nachfolger wählt und den Bundespräs. ersucht, den B. zu entlassen; der Bundespräs. muß diesem Ersuchen entsprechen. Zw. Antrag und Wahl müssen 48 Stunden liegen **(konstruktives Mißtrauensvotum).** Findet ein Antrag des B., ihm das Vertrauen auszusprechen, nicht die Zustimmung der Mehrheit der Mgl. des Bundestages, so kann der Bundespräs. auf Vorschlag des B. innerhalb von 21 Tagen den Bundestag auflösen **(Vertrauensfrage).** Als B. der BR Deutschland amtierten K. Adenauer (1949–63), L. Erhard (1963–66), K. G. Kiesinger (1966–69), W. Brandt (1969–74), H. Schmidt (1974–82), H. Kohl (seit 1982).
In *Österreich* ist der B. der Vors. der Bundesregierung, die als Kollegialorgan die Staatsgeschäfte leitet. Er wird vom Bundespräs. ernannt. In der *Schweiz* wird der Vorsteher der Bundeskanzlei als B. bezeichnet. Er wird von der Bundesversammlung gleichzeitig mit dem Bundesrat für 4 Jahre gewählt.

Bundeskanzleramt, Abk. BK, das dem Bundeskanzler unterstellte zentrale Planungs-, Lenkungs- und Koordinierungsorgan, dessen der Bundeskanzler sich zur Vorbereitung und Durchführung seiner Aufgaben bedient (Vorläufer: Reichskanzlei). In Österreich ist das B. die vom Bundeskanzler geleitete Behörde, die instanzen- und organisationsmäßig den Charakter eines Bundesministeriums hat.

Bundeskartellamt ↑Bundesämter (Übersicht), ↑Kartellrecht.

Bundesknappschaft, Körperschaft des öff. Rechts; Sitz: Bochum; Trägerin der Knappschaftsversicherung.

Bundeskriminalamt ↑Bundesämter (Übersicht).

Bundeslade, altisraelit. Heiligtum (bis 587 v. Chr.); Kasten (Lade) aus Akazienholz (5. Mos. 10, 1 ff. u. a.) mit den hölzernen Gesetzestafeln.

Bundesländer, die Gliedstaaten eines Bundesstaates; im GG als Länder bezeichnet.

Bundesliga, in der BR Deutschland in zahlr. Sportarten bestehende höchste Spielklasse, u. a. im Fußball (geteilt in 1. und 2. B.).

Bundesminister ↑Bundesregierung.

Bundesministerien, in einem Bundesstaat die für jeweils einen bestimmten Geschäftsbereich zuständigen obersten Verwaltungsbehörden.
In der *BR Deutschland* steht an der Spitze eines B. ein Bundesmin. Die Ministerialverwaltung wird von einem oder mehreren Staatssekretären geleitet (↑parlamentarischer Staatssekretär). Jedes B. gliedert sich in Abteilungen, Unterabteilungen und Referate. Die Verteilung der Dienstgeschäfte und die Aufteilung des Personals bestimmt der Geschäftsverteilungsplan. Zum Geschäftsbereich eines B. gehören auch Bundesoberbehörden, Bundesanstalten und -institute. Die Zahl der B. wird von der Bundesregierung bestimmt. – ↑Übericht S. 218.

Bundesmonopolverwaltung für Branntwein ↑Branntweinmonopol.

Bundesnachrichtendienst, Abk. BND, aus der „Organisation Gehlen" hervorgegangener, dem Bundeskanzleramt unterstehender Geheimdienst. Aufgaben: Beschaffung von Nachrichten aus dem Ausland, ferner Spionageabwehr

Bundesoberbehörden

Bundesministerien der Bundesrepublik Deutschland	
Bundesministerium* (B.)	Hauptzuständigkeitsbereiche
Auswärtiges Amt (AA)	↑auswärtige Angelegenheiten
B. der Finanzen (BMF)	Bundeshaushalt; oberste Leitung der Bundesfinanzbehörden; Regelung der finanziellen Beziehungen zw. Bund und Ländern; Verwaltung der Bundeshauptkasse; finanzielle Maßnahmen zur Liquidation des Krieges (einschl. Wiedergutmachung), Durchführung des Lastenausgleichs; Währungs-, Geld- und Kreditpolitik
B. der Justiz (BMJ)	Justizgesetzgebung, Rechtswesen des Bundes, Überprüfung von Gesetz- und Verordnungsentwürfen anderer B. auf Einhaltung der Rechts- und Verfassungsmäßigkeit, Vorbereitung der Wahl der Bundesrichter beim Bundesverfassungsgericht und bei allen obersten Gerichtshöfen des Bundes
B. der Verteidigung (BMVtdg)	Verteidigungsfragen, Bundeswehr
B. des Innern (BMI)	Verfassungsrecht, Staatsrecht, allg. Verwaltung, Verwaltungsgerichtsbarkeit, Verfassungsschutz, zivile Verteidigung, Rechtsverhältnisse in der öff. Verwaltung, Sportangelegenheiten, Medienpolitik, Statistik, öff. Fürsorge, Raumordnung und Kommunalwesen
B. für Arbeit und Sozialordnung (BMA)	Versorgung der Kriegsbeschädigten und Kriegshinterbliebenen, Arbeitsgesetzgebung, Betriebsverfassung, Arbeitsschutz, Arbeitsvermittlung, Sozialversicherung einschl. Arbeitslosenversicherung, Absicherung bei Pflegebedürftigkeit, Technik in Medizin und Krankenhaus, Gebührenrecht für Ärzte u. a. Gesundheitsberufe
B. für Bildung und Wissenschaft (BMBW)	Grundsatzfragen in Wissenschaftsförderung, Bildungsplanung und -forschung; Ausbildungsförderung, berufl. Bildung, Rahmengesetzgebung für das Hochschulwesen
B. für Post und Telekommunikation (BMPT)	Unternehmensbereiche Postdienst, Postbank, Telekom der ehem. einheitl. Dt. Bundespost
B. für Ernährung, Landwirtschaft und Forsten (BML)	Ernährungs-, Land- und Forstwirtschaft, Fischereiwesen
B. für Forschung und Technologie (BMFT)	Koordination der Forschung im Zuständigkeitsbereich des Bundes, Grundlagenforschung; Förderung der technolog. Entwicklung, der Datenverarbeitung, Kernforschung, Weltraumforschung
B. für Frauen und Jugend (BMFJ)	Jugendhilfe, Jugendschutz, Frauenfragen, Gleichberechtigung
B. für Familie und Senioren (BMFS)	Schutz der Familie, Ehe- und Familienrecht, familienpolit. Fragen (Steuer-, Sozial- und Wohnungsbaupolitik), Kindergeldgesetzgebung
B. für Gesundheit (BMG)	Gesundheit, Krankenversicherung, Human- und Veterinärmedizin, Arzneimittel, Apothekenwesen, Verbraucherschutz, Lebensmittelwesen
B. für Raumordnung, Bauwesen und Städtebau (BMBau)	Städtebau, Wohnungsbau, Siedlungswesen, Wohnungswirtschaft, Bauten auf dem Gebiet des Zivilschutzes
B. für Verkehr (BMV)	Eisenbahnwesen, Straßenverkehr, Binnenschiffahrt, Seeverkehr, Luftfahrt, Straßenbau, Wasserbau, Wetterdienst
B. für Wirtschaft (BMWi)	Wirtschaftspolitik und -verwaltung (europ. zwischenstaatl. wirtsch. Zusammenarbeit u. a.)
B. für wirtschaftliche Zusammenarbeit (BMZ)	wirtsch. Zusammenarbeit mit dem Ausland, v.a. mit Entwicklungsländern, Grundsätze, Programm und Koordination der Entwicklungspolitik; Durchführung der Techn. Hilfe
B. für Umwelt, Naturschutz und Reaktorsicherheit (BMU)	Reaktorsicherheit, Umweltgrundsatzangelegenheiten

*Frühere Namen von umbenannten Ministerien sind unter „Bundesregierung" in der Übersicht „Kabinette der Bundesrepublik Deutschland" verzeichnet.

und Gegenspionage. Bestimmte Befugnisse sind im BND-Gesetz vom 20. Dez. 1990 geregelt. Sitz: Pullach bei München. Der B. unterliegt nur in beschränktem Umfang einer parlamentar. Kontrolle.

Bundesoberbehörden ↑Bundesverwaltung.
Bundesoberseeamt ↑Bundesämter (Übersicht).
Bundespatentgericht, 1961 gebildetes Bundesgericht u. a. für Entscheidungen über Beschwerden gegen Beschlüsse des Patentamtes sowie über Klagen auf Nichtigerklärung oder Zurücknahme von Patenten; Sitz München.

Bundespolizei, in Österreich die Polizeibehörden des Bundes. Die B. und die auf Landesebene tätigen Sicherheitsdirektionen unterstehen dem Bundesmin. für Inneres.
Bundespost ↑Deutsche Bundespost.
Bundespräsident, das Staatsoberhaupt eines Bundesstaates.
In der *BR Deutschland* wird der B. ohne Aussprache von der Bundesversammlung gewählt. Wählbar ist jeder Deutsche, der das Wahlrecht zum Bundestag besitzt und das 40. Lebensjahr vollendet hat. Die Amtszeit des B. dauert 5 Jahre; einmalige anschließende Wiederwahl ist zulässig. Zur Wahl des B. tritt die Bundesversammlung spätestens 30 Tage vor Ablauf der Amtszeit des B., bei vorzeitiger Beendigung spätestens 30 Tage nach diesem Zeitpunkt zusammen. Als B. ist gewählt, wer die Stimmen der Mehrheit der Mgl. der Bundesversammlung erhält. Wenn diese Mehrheit in zwei Wahlgängen von keinem der Bewerber erreicht wird, ist gewählt, wer in einem dritten Wahlgang die meisten Stimmen erhält. Der B. darf weder der Regierung noch einer gesetzgebenden Körperschaft des Bundes oder eines Landes angehören. Die Befugnisse des B. werden im Falle seiner Verhinderung oder bei vorzeitiger Beendigung des Amtes vom Präs. des Bundesrats wahrgenommen.
Befugnisse: Völkerrechtl. Vertretung der BR Deutschland; Abschluß von Verträgen des Bundes mit auswärtigen Staaten; Vorschlagsrecht für die Wahl des Bundeskanzlers, dessen Ernennung und Entlassung (auf Ersuchen des Bundestages); Ernennung und Entlassung der Bundesmin. auf Vorschlag des Bundeskanzlers; Einberufung des Bundestags und dessen Auflösung (in bestimmten Ausnahmefällen); Ernennung und Entlassung der Bundesrichter, Bundesbeamten, Offiziere und Unteroffiziere, soweit gesetzlich nichts anderes bestimmt ist; Recht der Begnadigung im Einzelfall; Ehrungen; Ausfertigung und Verkündung der Bundesgesetze; Erklärung des Gesetzgebungsnotstandes entsprechend Art. 81 GG.
Anordnungen und Verfügungen des B. bedürfen i. d. R. zu ihrer Gültigkeit der Gegenzeichnung durch den Bundeskanzler oder den zuständigen Bundesmin. Der Bundestag oder der Bundesrat können den B. wegen vorsätzl. Verletzung des GG oder eines anderen Bundesgesetzes mit Zweidrittelmehrheit vor dem Bundesverfassungsgericht anklagen, das den B. nach einem Schuldspruch des Amts entheben kann. Dem B. steht zur Durchführung seiner Aufgaben das **Bundespräsidialamt** zur Verfügung, das von einem Staatssekretär geleitet wird und in Referate gegliedert ist. Als B. der BR Deutschland amtierten T. Heuss (1949–59), H. Lübke (1959–69), G. Heinemann (1969–74), W. Scheel (1974–79), K. Carstens (1979–84), R. von Weizsäcker (seit 1984).
In *Österreich* wird der B. als Staatsoberhaupt vom Volk gewählt und hat eine ähnl. verfassungsrechtl. Stellung wie der B. in der BR Deutschland.
In der *Schweiz* vertritt der B. den Staat nach außen und führt den Vorsitz im Bundesrat. Das Amt wechselt jährlich nach dem Dienstalter, eine unmittelbare Wiederwahl ist ausgeschlossen.
Bundespräsidialamt ↑Bundespräsident.
Bundespressekonferenz, Vereinigung von über 500 Bonner Korrespondenten dt. Zeitungen, Zeitschriften, Nachrichtenagenturen und Rundfunkanstalten; kommt dreimal wöchentlich zusammen, i. d. R. mit dem Regierungssprecher als Gast der Journalisten. Neben der B. gibt es den **Verein der Auslandspresse** in Bonn mit rd. 350 Mitgliedern.
Bundesprüfstelle für jugendgefährdende Schriften, Abk. BPS, Behörde des Bundesmin. für Frauen und Jugend; zuständig für den publizist. Jugendschutz; wird nur auf Antrag tätig.
Bundesrat, föderatives Verfassungsorgan eines Bundesstaates, durch das die Gliedstaaten bei der Gesetzgebung und Verwaltung des Bundes mitwirken.
Im *Norddeutschen Bund* (1867–71) und im *Deutschen Reich* (1871–1918) bestand der B. als oberstes Bundesorgan aus den Vertretern der Mgl. des Bundes. Er umfaßte 1911

61 Stimmen (einschl. Elsaß-Lothringen; davon entfielen auf Preußen 17 Stimmen). Die Reichsgesetzgebung wurde durch B. und Reichstag ausgeübt. Den Vorsitz im B. und die Leitung der Geschäfte hatte der Reichskanzler, der vom Kaiser ernannt wurde.

In der *BR Deutschland* besteht der B. aus Mgl. der Länderregierungen, die diese bestellen und abberufen. Die B.mitglieder der gleichen Regierung können einander vertreten; sie sind im Plenum und in den Ausschüssen (außer im Gemeinsamen Ausschuß und im Vermittlungsausschuß) an die Weisungen ihrer Regierungen gebunden. Jedes Land hat mindestens 3 Stimmen. Länder mit mehr als 2 Mill. E 4, Länder mit mehr als 6 Mill. E 5, Länder mit mehr als 7 Mill. E 6 Stimmen. Jedes Land kann so viele Mgl. entsenden, wie es Stimmen hat. Die Stimmen eines Landes können nur einheitlich abgegeben werden. Der Präs. des B. vertritt den Bundespräs. im Falle seiner Verhinderung oder bei vorzeitiger Beendigung des Amtes. Der B. verhandelt nach Vorberatung durch seine Ausschüsse öff. und faßt Beschlüsse mit der Mehrheit seiner Stimmen. Er wählt ein Drittel der Mgl. des Gemeinsamen Ausschusses sowie die Hälfte der Bundesverfassungsrichter und ist zur Präsidentenanklage befugt. Die Mgl. des B. haben jederzeit Zutritt und Rederecht im Bundestag. Eine gleichzeitige Mitgliedschaft in B. und Bundestag ist ausgeschlossen.

Eine starke Stellung hat der B. im ↑Gesetzgebungsverfahren; für einen Teil der Gesetze ist seine Zustimmung erforderlich, bei den übrigen kann sein Einspruch vom Bundestag überwunden werden. Auch beim Erlaß bestimmter Rechtsverordnungen und Verwaltungsvorschriften ist die Bundesregierung an die Zustimmung des B. gebunden. Weitere Zuständigkeiten besitzt der B. im Gesetzgebungsnotstand und bei anderen Notstandsfällen, bes. im Verteidigungsfall.

In *Österreich* vertritt der B. als 2. Kammer ebenfalls die Länderinteressen (↑Österreich, politisches System).

In der *Schweiz* vertritt der ↑Ständerat die Kantone. Als B. wird die Bundesregierung bezeichnet (↑Schweiz, politisches System).

Bundesräte, in der Schweiz die Mgl. der Regierung des Bundes.

Bundesrechnungshof, Abk. BRH, 1950 eingerichtete selbständige oberste Bundesbehörde; Sitz: Frankfurt am Main. Der B. ist nur dem Gesetz unterworfen, die Bundesregierung hat ihm gegenüber keine Weisungsbefugnis; die Mgl. des B. besitzen richterl. Unabhängigkeit. Der B. prüft auf Grund Art. 114 Abs. 2 GG alle Einnahmen und Ausgaben, das Vermögen und die Schulden des Bundes und überwacht die Haushalts- und Wirtschaftsführung der Bundesbehörden und jener Stellen, die Bundesmittel erhalten (Sozialversicherung, Arbeitslosenversicherung usw.).

Bundesrecht, die in einem Bundesstaat vom Bund erlassenen Rechtsvorschriften (Bundesverfassung, Bundesgesetze, Bundesrechtsverordnungen). In der BR Deutschland gilt ein Teil des ehem. Reichsrechts als B. fort (Art. 124, 125 GG).

Bundesregierung, oberstes kollegiales Organ der Exekutive eines Bundesstaats.

In der *BR Deutschland* besteht die B. aus dem Bundeskanzler und den Bundesmin. (Art. 62 GG). Der Bundeskanzler bestimmt die Richtlinien der Politik und trägt dafür die Verantwortung gegenüber dem Bundestag **(Kanzlerprinzip).** Der B. obliegt die polit. Leitung des Staates; sie entscheidet über alle Angelegenheiten von allg. innen- und außenpolit., wirtsch., sozialer, finanzieller oder kultureller Bed., bes. über Meinungsverschiedenheiten zw. den Min. über Gesetzentwürfe und über bestimmte Ernennungen **(Kollegialprinzip).** Die B. ist in ihrer Amtsführung vom Vertrauen des Bundestages abhängig. Gestürzt werden kann sie jedoch nur dadurch, daß der Bundestag mit der Mehrheit seiner Mgl. einen neuen Bundeskanzler wählt und damit die gesamte B. zum Rücktritt zwingt (konstruktives Mißtrauensvotum). Einzelne Min. dagegen können vom Bundestag nicht gestürzt werden. Die Mgl. der B. müssen dem Bundestag und dem Bundesrat auf Verlangen Rede und Antwort stehen (Interpellationsrecht), haben ihrerseits zu allen Sitzungen des Bundestages und des Bundesrates sowie ihrer Ausschüsse Zutritt und müssen jederzeit gehört werden. Der Bundeskanzler schlägt die Min. dem Bundespräs. zur Ernennung und Entlassung vor, leitet die Geschäfte der B. nach einer vom Kollegium beschlossenen und vom Bundespräs. genehmigten Geschäftsordnung. Innerhalb dieser Richtlinien leitet jeder Min. seinen Geschäftsbereich selbständig und unter eigener Verantwortung **(Ressortprinzip).** – Übersicht S. 220–223.

Nach *östr. Verfassungsrecht* ist die B. das mit den obersten Verwaltungsgeschäften des Bundes betraute Kollegialorgan (↑Österreich, politisches System). In der *Schweiz* entspricht der B. der Bundesrat.

Bundesrepublik Deutschland, Staat in Mitteleuropa, bestand von 1949 bis zum 2. Okt. 1990 aus den Bundesländern Baden-Württemberg, Bayern, Bremen, Hamburg, Hessen, Niedersachsen, Nordrhein-Westfalen, Rheinland-Pfalz, Saarland (seit 1957), Schleswig-Holstein und – mit einem Sonderstatus wegen alliierter Vorbehaltsrechte – Berlin (West). Im Zuge der polit. Umwälzungen in Osteuropa seit 1989 kam es zwischen der BR Deutschland und der ↑Deutschen Demokratischen Republik zunächst zu Verhandlungen über eine Wirtschafts-, Währungs- und Sozialunion, dann über einen Beitritt der DDR zur BR Deutschland, der zum 3. Okt. 1990 erfolgte. Nach dem erfolgreichen Abschluß und der Ratifizierung des ↑Zwei-plus-Vier-Vertrages durch die Siegermächte des 2. Weltkrieges und die Parlamente der beiden dt. Staaten erhielt um die DDR erweiterte BR Deutschland ihre volle Souveränität zurück. – ↑Deutschland, ↑deutsche Geschichte.

Bundesrichter, nichtamtl. Bez. für Richter an den obersten Bundesgerichten.

Bundesschatzbrief, im Jan. 1969 von der Regierung der BR Deutschland am Kapitalmarkt eingeführtes (Inhaber-)Wertrecht. Der B. ist ein Sparbrief mit bes. Eigenschaften (Laufzeit 6 bzw. 7 Jahre, Mindestnennbetrag 100 DM, Zinssatz ansteigend); er soll einerseits der Eigentums- und Vermögensbildung der Bev., andererseits der Kapitalbeschaffung für öff. Investitionen dienen.

Bundes-Seuchengesetz, Gesetz zur Verhütung und Bekämpfung übertragbarer Krankheiten beim Menschen i. d. F. vom 18. 12. 1979; enthält Vorschriften über meldepflichtige Krankheiten, über die Verhütung übertragbarer Krankheiten und deren Bekämpfung und B. Vorschriften für Schulen und sonstige Gemeinschaftseinrichtungen.

Bundessicherheitsrat, Abk. BSR, Ausschuß der Reg. der BR Deutschland, 1955–69 **Bundesverteidigungsrat.** Der B. berät die Bundesregierung in Fragen der Sicherheitspolitik, bes. der Verteidigung und der Abrüstung; der Vorsitz liegt beim Bundeskanzler oder seinem Stellvertreter.

Bundessiegel, Amtssiegel für alle Bundesbehörden. Das *große B.* zeigt den von einem Kranz umgebenen Bundesadler; das *kleine B.* zeigt den Bundesadler und das Signum der siegelführenden Behörde.

Bundessozialgericht, Abk. BSG, oberster Gerichtshof des Bundes auf dem Gebiet der Sozialgerichtsbarkeit; Sitz: Kassel.

Bundessozialhilfegesetz ↑Sozialhilfe.

Bundesstaat, 1. eine staatsrechtl. Verbindung mehrerer Staaten in der Weise, daß ein neuer Staat entsteht (Gesamtstaat), die Gliedstaaten jedoch weiterhin ihre Staatseigenschaft behalten (↑Föderalismus). Im B. haben sowohl die Gliedstaaten als auch der Gesamtstaat eigene, unabgeleitete Staatsgewalt, d. h., die Gliedstaaten leiten ihre Staatsgewalt nicht vom Gesamtstaat ab, sie sind ihm nicht untergeordnet. Die Staatsgewalt ist durch die jeweilige Verfassung zw. Gesamtstaat und Gliedstaaten aufgeteilt. Diese sind zur **Bundestreue** verpflichtet, d. h. alle an dem Bündnis Beteiligten haben zu seiner Festigung und zur Wahrung seiner und der Belange seiner Glieder beizutragen. Ein B. kann durch einen Bündnisvertrag der Gliedstaaten (so die Gründung des Dt. Reiches 1871) oder durch die verfassunggebende Gewalt des Volkes (so die Gründung der Wei-

Bundessiegel. Großes Bundessiegel der Bundesrepublik Deutschland

BUNDESREGIERUNG
Kabinette der Bundesrepublik Deutschland (seit 1949)

Kabinette	konstituiert	Koalition	Bundeskanzler	Vizekanzler
1. K.:	15. 9.1949	CDU, CSU, FDP, DP	K. Adenauer CDU	F. Blücher FDP
2. K.:	20.10.1953	CDU, CSU, FDP, DP, GB/BHE[1]	K. Adenauer CDU	F. Blücher FDP/FVP
3. K.:	28.10.1957	CDU, CSU, DP[2]	K. Adenauer CDU	L. Erhard CDU
4. K.:	14.11.1961	CDU, CSU, FDP	K. Adenauer CDU	L. Erhard CDU
5. K.:	14.12.1962	CDU, CSU, FDP	K. Adenauer CDU	L. Erhard CDU
6. K.:	17.10.1963	CDU, CSU, FDP	L. Erhard CDU	E. Mende FDP
7. K.:	26.10.1965	CDU, CSU, FDP	L. Erhard CDU	E. Mende FDP
8. K.:	1.12.1966	CDU, CSU, SPD	K. G. Kiesinger CDU	W. Brandt SPD
9. K.:	21.10.1969	SPD, FDP	W. Brandt SPD	W. Scheel FDP
10. K.:	15.12.1972	SPD, FDP	W. Brandt SPD	W. Scheel FDP
11. K.:	16. 5.1974	SPD, FDP	H. Schmidt SPD	H.-D. Genscher FDP
12. K.:	15.12.1976	SPD, FDP	H. Schmidt SPD	H.-D. Genscher FDP
13. K.:	5.11.1980	SPD, FDP[3]	H. Schmidt SPD	H.-D. Genscher FDP
14. K.:	4.10.1982	CDU, CSU, FDP	H. Kohl CDU	H.-D. Genscher FDP
15. K.:	30. 3.1983	CDU, CSU, FDP	H. Kohl CDU	H.-D. Genscher FDP
16. K.:	12. 3.1987	CDU, CSU, FDP	H. Kohl CDU	H.-D. Genscher FDP
17. K.:	17. 1.1991	CDU, CSU, FDP	H. Kohl CDU	H.-D. Genscher FDP; ab 27.1.93 K. Kinkel FDP

Kabinette	B.-Min. des Auswärtigen[4]	B.-Min. des Innern	B.-Min. der Justiz	B.-Min. der Verteidigung
1. K.:	K. Adenauer CDU	G. Heinemann CDU; ab 11.10.50 R. Lehr CDU	T. Dehler FDP	–
2. K.:	K. Adenauer CDU; ab 7.6.55 H. v. Brentano CDU	G. Schröder CDU	F. Neumayer FDP (Febr. 56 FVP); ab 16.10.56 H.-J. v. Merkatz DP	T. Blank CDU; ab 16.10.56 F. J. Strauß CSU
3. K.:	H. v. Brentano CDU bis 17.10.61	G. Schröder CDU	F. Schäffer CSU	F. J. Strauß CSU
4. K.:	G. Schröder CDU	H. Höcherl CSU	W. Stammberger FDP	F. J. Strauß CSU
5. K.:	G. Schröder CDU	H. Höcherl CSU	E. Bucher FDP	F. J. Strauß CSU; ab 9.1.63 K.-U. v. Hassel CDU
6. K.:	G. Schröder CDU	H. Höcherl CSU	E. Bucher FDP	K.-U. v. Hassel CDU
7. K.:	G. Schröder CDU	P. Lücke CDU	R. Jaeger CSU	K.-U. v. Hassel CDU
8. K.:	W. Brandt SPD	P. Lücke CDU; ab 2.4.68 E. Benda CDU	G. Heinemann SPD; ab 26.3.69 H. Ehmke SPD	G. Schröder CDU
9. K.:	W. Scheel FDP	H.-D. Genscher FDP	G. Jahn SPD	H. Schmidt SPD; ab 7.7.72 G. Leber SPD
10. K.:	W. Scheel FDP	H.-D. Genscher FDP	G. Jahn SPD	G. Leber SPD
11. K.:	H.-D. Genscher FDP	W. Maihofer FDP	H.-J. Vogel SPD	G. Leber SPD
12. K.:	H.-D. Genscher FDP	W. Maihofer FDP; ab 8.6.78 G. R. Baum FDP	H.-J. Vogel SPD	G. Leber SPD; ab 16.2.78 H. Apel SPD
13. K.:	H.-D. Genscher FDP; ab 17.9.82 H. Schmidt SPD	G. R. Baum FDP; ab 17.9.82 J. Schmude SPD	H.-J. Vogel SPD; ab 28.1.81 J. Schmude SPD	H. Apel SPD
14. K.:	H.-D. Genscher FDP	F. Zimmermann CSU	H. A. Engelhard FDP	M. Wörner CDU
15. K.:	H.-D. Genscher FDP	F. Zimmermann CSU	H. A. Engelhard FDP	M. Wörner CDU
16. K.:	H.-D. Genscher FDP	F. Zimmermann CSU; ab 21.4.89 W. Schäuble CDU	H. A. Engelhard FDP	M. Wörner CDU; ab 18.5.88 R. Scholz CDU; ab 21.4.89 G. Stoltenberg CDU
17. K.:	H.-D. Genscher FDP; ab 18.5.92 K. Kinkel FDP	W. Schäuble CDU; ab 26.11.91 R. Seiters CDU	K. Kinkel FDP; ab 18.5.92 S. Leutheusser-Schnarrenberger FDP	G. Stoltenberg CDU; ab 1.4.92 V. Rühe CDU

Kabinette	B.-Min. für Forschung und Technologie	Kabinette	B.-Min. für Forschung und Technologie
10. K.:	H. Ehmke SPD	14. K.:	H. Riesenhuber CDU
11. K.:	H. Matthöfer SPD	15. K.:	H. Riesenhuber CDU
12. K.:	H. Matthöfer SPD; ab 16.2.78 V. Hauff SPD	16. K.:	H. Riesenhuber CDU
13. K.:	A. v. Bülow SPD	17. K.:	H. Riesenhuber CDU; ab 22.1.93 M. Wissmann CDU; ab 13.5.93 P. Krüger CDU

[1] nach der Kabinettsumbildung am 16.10.1956 CDU, CSU, FVP, DP. – [2] ab 1.7.1960 CDU, CSU. – [3] ab 17.9.1982 SPD-Minderheitskabinett. – [4] seit 15.3.1951.

BUNDESREGIERUNG
Kabinette der Bundesrepublik Deutschland (seit 1949)
(Fortsetzung)

Kabinette	B.-Min. der Finanzen[5]	B.-Min. für Wirtschaft	B.-Min. für Arbeit u. Sozialordnung	B.-Min. für Ernährung, Landw. u. Forsten
1. K.:	F. Schäffer CSU	L. Erhard CDU	A. Storch CDU	W. Niklas CSU
2. K.:	F. Schäffer CSU	L. Erhard CDU	A. Storch CDU	H. Lübke CDU
3. K.:	F. Etzel CDU	L. Erhard CDU	T. Blank CDU	H. Lübke CDU; ab 29.9.59 W. Schwarz CDU
4. K.:	K. H. Starke FDP	L. Erhard CDU	T. Blank CDU	W. Schwarz CDU
5. K.:	R. Dahlgrün FDP	L. Erhard CDU	T. Blank CDU	W. Schwarz CDU
6. K.:	R. Dahlgrün FDP	K. Schmücker CDU	T. Blank CDU	W. Schwarz CDU
7. K.:	R. Dahlgrün FDP; ab 4.11.66 K. Schmücker CDU	K. Schmücker CDU	H. Katzer CDU	H. Höcherl CSU
8. K.:	F. J. Strauß CSU	K. Schiller SPD	H. Katzer CDU	H. Höcherl CSU
9. K.:	A. Möller SPD; ab 13.5.71 K. Schiller SPD; ab 7.7.72 H. Schmidt SPD	K. Schiller SPD	W. Arendt SPD	J. Ertl FDP
10. K.:	H. Schmidt SPD	H. Friderichs FDP	W. Arendt SPD	J. Ertl FDP
11. K.:	H. Apel SPD	H. Friderichs FDP	W. Arendt SPD	J. Ertl FDP
12. K.:	H. Apel SPD; ab 16.2.78 H. Matthöfer SPD	H. Friderichs FDP; ab 7.10.77 O. Graf Lambsdorff FDP	H. Ehrenberg SPD	J. Ertl FDP
13. K.:	H. Matthöfer SPD; ab 28.4.82 M. Lahnstein SPD	O. Graf Lambsdorff FDP; ab 17.9.82 M. Lahnstein SPD	H. Ehrenberg SPD; ab 28.4.82 H. Westphal SPD	J. Ertl FDP; ab 17.9.82 B. Engholm SPD
14. K.:	G. Stoltenberg CDU	O. Graf Lambsdorff FDP	N. Blüm CDU	J. Ertl FDP
15. K.:	G. Stoltenberg CDU	O. Graf Lambsdorff FDP; ab 27.6.84 M. Bangemann FDP	N. Blüm CDU	I. Kiechle CSU
16. K.:	G. Stoltenberg CDU; ab 21.4.89 Th. Waigel CSU	M. Bangemann FDP; ab 9.12.88 M. Haussmann FDP	N. Blüm CDU	I. Kiechle CSU
17. K.:	Th. Waigel CSU	J. Möllemann FDP; ab 22.1.93 G. Rexrodt FDP	N. Blüm CDU	I. Kiechle CSU; ab 22.1.93 J. Borchert CDU

Kabinette	B.-Min. für Post u. Telekommunikation[6]	B.-Min. für Verkehr	B.-Min. für das Gesundheitswesen[7]	B.-Min. für Frauen u. Jugend[8]
1. K.:	K. H. Schuberth CSU	H.-C. Seebohm DP		
2. K.:	S. Balke (1.1.54 CSU); ab 13.1.56 E. Lemmer CDU	H.-C. Seebohm DP		F.-J. Wuermeling CDU
3. K.:	R. Stücklen CSU	H.-C. Seebohm (20.9.60 CDU)		F.-J. Wuermeling CDU
4. K.:	R. Stücklen CSU	H.-C. Seebohm CDU	E. Schwarzhaupt CDU	F.-J. Wuermeling CDU
5. K.:	R. Stücklen CSU	H.-C. Seebohm CDU	E. Schwarzhaupt CDU	B. Heck CDU
6. K.:	R. Stücklen CSU	H.-C. Seebohm CDU	E. Schwarzhaupt CDU	B. Heck CDU
7. K.:	R. Stücklen CSU	H.-C. Seebohm CDU	E. Schwarzhaupt CDU	B. Heck CDU
8. K.:	W. Dollinger CSU	G. Leber SPD	K. Strobel SPD	B. Heck CDU; ab 2.10.68 Ä. Brauksiepe CDU
9. K.:	G. Leber SPD; ab 7.7.72 L. Lauritzen SPD	G. Leber SPD; ab 7.7.72 L. Lauritzen SPD		K. Strobel SPD
10. K.:	H. Ehmke SPD	L. Lauritzen SPD		K. Focke SPD
11. K.:	K. Gscheidle SPD	K. Gscheidle SPD		K. Focke SPD
12. K.:	K. Gscheidle SPD	K. Gscheidle SPD		A. Huber SPD
13. K.:	K. Gscheidle SPD; 28.4.82 H. Matthöfer SPD	V. Hauff SPD		A. Huber SPD; ab 28.4.82 A. Fuchs SPD
14. K.:	C. Schwarz-Schilling CDU	W. Dollinger CSU		H. Geißler CDU
15. K.:	C. Schwarz-Schilling CDU	W. Dollinger CSU		H. Geißler CDU; ab 26.9.85 R. Süssmuth CDU
16. K.:	C. Schwarz-Schilling CDU	J. Warnke CSU; ab 21.4.89 F. Zimmermann CSU		R. Süssmuth CDU; ab 9.12.88 U. Lehr CDU
17. K.:	C. Schwarz-Schilling CDU; ab 22.1.93 W. Bötsch CSU	G. Krause CDU; ab 13.5.93 M. Wissmann CDU	G. Hasselfeldt CSU; ab 6.5.92 H. Seehofer CSU	A. Merkel CDU

[5] Mai 1971–Dez. 1972 mit Wirtschaft vereinigt. – [6] 1949–53: Angelegenheiten des Fernmeldewesens, bis 1989 Post- und Fernmeldewesen. – [7] 1961–69, 1991 als B.-Min. für Gesundheit neu errichtet. – [8] 1953–57: Familienfragen, 1957–63: Familien- und Jugendfragen, 1963–69: Familie und Jugend, 1969–86: Jugend, Familie und Gesundheit, 1986–91: Jugend, Familie, Frauen und Gesundheit.

BUNDESREGIERUNG
Kabinette der Bundesrepublik Deutschland (seit 1949)
(Fortsetzung)

Kabinette	B.-Min. für Familie und Senioren
17. K.:	H. Rönsch CDU [9]

Kabinette	B.-Min. für Raumordnung, Bauwesen u. Städtebau [10]	B.-Min. für Bildung u. Wissenschaft [11]	B.-Min. für wirtschaftl. Zusammenarbeit [12]	B.-Min. für innerdeutsche Beziehungen [13]
1. K.:	E. Wildermuth FDP † 9.3.52; ab 16.7.52 F. Neumayer FDP		F. Blücher FDP	J. Kaiser CDU
2. K.:	V.-E. Preusker FDP (Febr. 56 FVP)	F. J. Strauß CSU; ab 16.10.56 S. Balke CSU	F. Blücher FDP (Febr. 56 FVP)	J. Kaiser CDU
3. K.:	P. Lücke CDU	S. Balke CSU		E. Lemmer CDU
4. K.:	P. Lücke CDU	S. Balke CSU	W. Scheel FDP	E. Lemmer CDU
5. K.:	P. Lücke CDU	H. Lenz FDP	W. Scheel FDP	R. Barzel CDU
6. K.:	P. Lücke CDU	H. Lenz FDP	W. Scheel FDP	E. Mende FDP
7. K.:	E. Bucher FDP; ab 4.11.66 B. Heck CDU	G. Stoltenberg CDU	W. Scheel FDP; ab 8.11.66 W. Dollinger CSU	E. Mende FDP; ab 8.11.66 J. B. Gradl CDU
8. K.:	L. Lauritzen SPD	G. Stoltenberg CDU	H. J. Wischnewski SPD; ab 2.10.68 E. Eppler SPD	H. Wehner SPD
9. K.:	L. Lauritzen SPD	H. Leussink; ab 15.3.72 K. v. Dohnanyi SPD	E. Eppler SPD	E. Franke SPD
10. K.:	H.-J. Vogel SPD	K. v. Dohnanyi SPD	E. Eppler SPD	E. Franke SPD
11. K.:	K. Ravens SPD	H. Rohde SPD	E. Eppler SPD; ab 8.7.74 E. K. Bahr SPD	E. Franke SPD
12. K.:	K. Ravens SPD; ab 16.2.78 D. Haack SPD	H. Rohde SPD; ab 16.2.78 J. Schmude SPD	M. Schlei SPD; ab 16.2.78 R. Offergeld SPD	E. Franke SPD
13. K.:	D. Haack SPD	J. Schmude SPD; ab 28.1.81 B. Engholm SPD	R. Offergeld SPD	E. Franke SPD
14. K.:	O. Schneider CSU	D. Wilms CDU	J. Warnke CSU	R. Barzel CDU
15. K.:	O. Schneider CSU	D. Wilms CDU	J. Warnke CSU	H. Windelen CDU
16. K.:	O. Schneider CSU; ab 21.4.89 G. Hasselfeldt CSU	J. Möllemann FDP	H. Klein CSU; ab 21.4.89 J. Warnke CSU	D. Wilms CDU
17. K.:	I. Schwaetzer FDP	R. Ortleb FDP	C.-D. Spranger CSU	

Kabinette	B.-Min. für Vertriebene, Flüchtlinge und Kriegsgeschädigte [14]	B.-Min. für Angelegenheiten des Bundesrates u. der Länder [15]	Bundesschatzministerium [16]	B.-Min. für besondere Aufgaben [17]
1. K.:	H. Lukaschek CDU	H. Hellwege DP		
2. K.:	T. Oberländer GB/BHE (März 56 CDU)	H. Hellwege DP; ab 7.6.55 H.-J. v. Merkatz DP		R. Tillmanns CDU † 12.11.55; H. Schäfer FDP [18] (Febr. 56 FVP) W. Kraft GB/BHE [18] (Juli 55 CDU) F. J. Strauß CSU bis 19.10.55
3. K.:	T. Oberländer CDU bis 4.5.60; ab 27.10.60 H.-J. v. Merkatz DP (24.8.60 CDU)	H.-J. v. Merkatz DP (24.8.60 CDU)	H. Lindrath CDU † 27.2.60; ab 8.4.60 H. Wilhelmi CDU	H. Krone CDU
4. K.:	W. Mischnick FDP	H.-J. v. Merkatz CDU	H. Lenz FDP	H. Krone CDU
5. K.:	W. Mischnick FDP	A. Niederalt CSU	W. Dollinger CSU	H. Krone CDU
6. K.:	K. H. Krüger CDU; ab 17.2.64 E. Lemmer CDU	A. Niederalt CSU	W. Dollinger CSU	H. Krone CDU; L. Westrick CDU [19] (ab 15.6.64) H. Krone CDU
7. K.:	J. B. Gradl CDU	A. Niederalt CSU	W. Dollinger CSU	L. Westrick CDU

[9] 1991 errichtet. – [10] 1949–61: Wohnungsbau, 1961–69: Wohnungswesen, Städtebau und Raumordnung, 1969–72: Städtebau und Wohnungswesen. – [11] gegründet am 20.10.1955, bis 1957: Atomfragen, 1957–62: Atomenergie und Wasserwirtschaft, 1962–69: Wiss. Forschung. – [12] 1949–53: Angelegenheiten des Marshall-Planes. – [13] 1949–69: gesamtdt. Fragen, 1991 aufgelöst. – [14] 1969 aufgehoben. – [15] 1949–57: Angelegenheiten des Bundesrates, 1969 aufgehoben. – [16] 1957–62: wirtsch. Besitz des Bundes, 1969 aufgehoben; [17] 1964–66: Sonderaufgaben und Verteidigungsrat. – [18] ausgeschieden bei Umbildung des Kabinetts am 16.10.1956. – [19] Chef des Bundeskanzleramts.

BUNDESREGIERUNG
Kabinette der Bundesrepublik Deutschland (seit 1949)
(Fortsetzung)

Kabinette	B.-Min. für Vertriebene, Flüchtlinge und Kriegsgeschädigte [14]	B.-Min. für Angelegenheiten des Bundesrates u. der Länder [15]	Bundesschatzministerium [16]	B.-Min. für besondere Aufgaben [17]
8. K.:	K.-U. v. Hassel CDU; ab 7.2.69 H. Windelen CDU	C. Schmid SPD	K. Schmücker CDU	
9. K.:				H. Ehmke SPD [19]
10. K.:				E. K. Bahr SPD u. W. Maihofer FDP
16. K.:				W. Schäuble CDU; ab 21.4.89 R. Seiters CDU [19] H. Klein CSU
17. K.:				R. Seiters CDU [19]; ab 26.11.91 F. Bohl CDU

Kabinette	B.-Min. für Umwelt, Naturschutz u. Reaktorsicherheit [20]
15. K.:	W. Wallmann CDU
16. K.:	W. Wallmann CDU, ab 7.5.87 K. Töpfer CDU
17. K.:	K. Töpfer CDU

[14] 1969 aufgehoben. – [15] 1949–57: Angelegenheiten des Bundesrates, 1969 aufgehoben. – [16] 1957–62: wirtsch. Besitz des Bundes, 1969 aufgehoben; [17] 1964–66: Sonderaufgaben und Verteidigungsrat. – [19] Chef des Bundeskanzleramts. – [20] ab 6.6.1986.

marer Republik 1919 und die Gründung der BR Deutschland 1949) entstehen. 2. auch Bez. für die Gliedstaaten des Gesamtstaats.

Bundesstrafprozeß, in der Schweiz das rechtlich geregelte Verfahren, in dem die der Gerichtsbarkeit des Bundes (Bundesassisen, Bundesstrafgericht, Bundesverwaltung) unterstellten Verbrechen, Vergehen und Übertretungen verfolgt und beurteilt werden.

Bundesstraßen, für den durchgehenden Überlandverkehr bestimmte Straßen, ↑Bundesfernstraßen.

Bundestag, im *Dt. Bund* (1815–66) Bez. für die ↑Bundesversammlung.
▷ (Dt. Bundestag) in der *BR Deutschland* die aus allg., freien, geheimen, unmittelbaren und gleichen Wahlen hervorgegangene Volksvertretung. Der B. wählt den Bundeskanzler und kann diesen stürzen, stellt die Hälfte der Mgl. der Bundesversammlung und $^2/_3$ der Mgl. des Gemeinsamen Ausschusses, ist zur Präs.anklage befugt, wählt die Hälfte der Bundesverfassungsrichter und entsendet Mgl. in den Richterwahlausschuß, der die Bundesrichter wählt. Er ist das zentrale Organ der polit. Willensbildung und oberste Gesetzgebungsorgan, ermächtigt die Reg. zum Erlaß von Rechtsverordnungen, stellt durch Gesetz den Haushaltsplan fest, erteilt die Zustimmung zu völkerrechtl. Verträgen (durch *Ratifikationsgesetz*) und entscheidet im Verteidigungsfall. Als oberstes Kontrollorgan hat er die Bundesregierung einschl. der ihr unterstellten Verwaltung zu überwachen. Er hat das Recht, jedes Mgl. der Bundesregierung einer Befragung zu unterziehen (Interpellationsrecht) sowie parlamentar. Untersuchungen durchzuführen. Der B. beruft den ↑Wehrbeauftragten. Die Abhörpraxis der Exekutive wird durch bes. Kontrollorgane überwacht. Bei der Kontrolle über das Haushaltsgebaren der Reg. wird der B. durch den Bundesrechnungshof unterstützt. Dem B. gehören (seit Dez. 1990) 662 Abg. an, die zur Hälfte direkt, zur Hälfte über Listen gewählt werden (zu mögl. Überhangmandaten ↑Wahlen). Die einer Partei zugehörigen Abg. bilden innerhalb der B. eine Fraktion, wenn ihre Zahl mindestens 5 % der Mgl. des B. beträgt (§ 10 Geschäftsordnung des B., ansonsten Gruppenstatus möglich). Die *Wahlperiode* dauert i. d. R. 4 Jahre, kann aber vorher durch Auflösung des B. enden. Der B. nimmt die Wahlprüfung vor, gibt sich eine Geschäftsordnung und wählt seine Organe (Präsident, Präsidium, Ältestenrat, Schriftführer, Ausschüsse). Das Plenum verhandelt öffentlich, die Ausschüsse dagegen tagen grundsätzlich nicht öffentlich. – ↑Übersicht S. 224. ↑Parlamentarismus.

Bundesterritorium, svw. ↑Bundesdistrikt.
Bundestreue ↑Bundesstaat.
Bundesurlaubsgesetz ↑Urlaub.
Bundesverband Bürgerinitiativen Umweltschutz e.V., Abk. BBU, 1972 in Mörfelden-Walldorf gegr. Zusammenschluß von rund 1 000 Bürgerinitiativen und zahlreichen Einzelmitgliedern, der die Erhaltung und Wiederherstellung der natürl. Lebensgrundlagen, den Schutz der Natur und der durch Umweltgefahren bedrohten öff. Gesundheit anstrebt; Sitz: Frankfurt am Main. Angeschlossen ist dem BBU das Umweltwiss. Inst. in Stuttgart.

Bundesverband der Deutschen Industrie e.V., Abk. BDI, Spitzenorganisation der Ind.fachverbände in der BR Deutschland; Sitz: Köln, gegr. 1949, vertritt die wirtsch. und wirtschaftspolit. Interessen der dt. Industrie.

Bundesverband für den Selbstschutz, Abk. BVS, bundesunmittelbare Körperschaft des öffentl. Rechts (seit 1960); Sitz: Köln; untersteht der Aufsicht des Bundesmin. des Innern; Aufgabe: Aufklärung der Bev. über die Wirkung von Angriffswaffen und über Schutzmöglichkeiten.

Bundesverdienstkreuz ↑Verdienstorden der Bundesrepublik Deutschland.

Bundesvereinigung der Deutschen Arbeitgeberverbände e.V., Abk. BDA, Spitzenorganisation der ↑Arbeitgeberverbände in der BR Deutschland; Sitz: Köln.

Bundesverfassungsgericht, Abk. BVerfG, BVG, ein allen übrigen Verfassungsorganen gegenüber selbständiger Gerichtshof des Bundes; errichtet am 7. 9. 1951; Sitz: Karlsruhe. Seine Entscheidungen binden alle anderen staatl. Organe, auch den Bundestag. Das B. ist selbst Verfassungsorgan. Die Zuständigkeiten des B. und die Grundzüge der Richterwahl sind im GG (Art. 93, 94) geregelt, die Rechtsstellung der Richter, die Verfassung und das Verfahren des Gerichts im Gesetz über das B. i. d. F. vom 12. 12. 1985. Am B. bestehen 2 Senate, die mit je 8 Richtern besetzt sind. Die beiden Senate zusammen bilden das Plenum des B., das zuständig ist, wenn ein Senat in einer Rechtsfrage von der Meinung des anderen Senats abweichen will. Die Richter werden je zur Hälfte vom Bundestag (indirekte Wahl) und

Bundes-Verfassungsgesetz

BUNDESTAG
Ergebnisse der Bundestagswahlen 1949–90 (bis 1987 ohne Berlin [West])

Wahlen:	14. Aug. 1949		6. Sept. 1953		15. Sept. 1957		17. Sept. 1961	
Wahlberechtigte (Mill.):	31,2		33,1		35,4		37,4	
Wahlbeteiligung (%):	78,5		85,8		87,8		87,7	
	Stimmen in %	Mandate	Stimmen in %	Mandate	Stimmen in %	Mandate	Stimmen in %	Mandate
CDU/CSU	31,0	139	45,2	243	50,2	270	45,3	242
SPD	29,2	131	28,8	151	31,8	169	36,2	190
FDP	11,9	52	9,5	48	7,7	41	12,8	67
DP, ab 1961 GDP	4,0	17	3,3	15	3,4	17	2,8	–
GB/BHE	–	–	5,9	27	4,6	–	–	–
Zentrum	3,1	10	0,8	3	0,3	–	–	–
Bayernpartei (BP)	4,2	17	1,7	–	0,5	–	–	–
KPD	5,7	15	2,2	–	–	–	–	–
DFU	–	–	–	–	–	–	1,9	–
DRP	1,8	5	1,1	–	1,0	–	0,8	–
sonstige	9,1	16	1,5	–	0,5	–	0,2	–
insgesamt	100	402	100	487	100	497	100	499

Wahlen:	19. Sept. 1965		28. Sept. 1969		19. Nov. 1972		3. Okt. 1976	
Wahlberechtigte (Mill.):	38,5		38,6		41,4		42,1	
Wahlbeteiligung (%):	86,8		86,7		91,1		90,7	
	Stimmen in %	Mandate	Stimmen in %	Mandate	Stimmen in %	Mandate	Stimmen in %	Mandate
CDU/CSU	47,6	245	46,1	242	44,9	225	48,6	243
SPD	39,3	202	42,7	224	45,8	230	42,6	214
FDP	9,5	49	5,8	30	8,4	41	7,9	39
GDP	–	–	0,1	–	–	–	–	–
Bayernpartei (BP)	–	–	0,2	–	–	–	–	–
DFU	1,3	–	–	–	–	–	–	–
DKP	–	–	–	–	0,3	–	0,3	–
NPD	2,0	–	4,3	–	0,6	–	0,3	–
sonstige	0,3	–	0,8	–	–	–	0,3	–
insgesamt	100	496	100	496	100	496	100	496

Wahlen:	5. Okt. 1980		6. März 1983		25. Jan. 1987		2. Dez. 1990[1]	
Wahlberechtigte (Mill.):	43,2		44,1		45,3		60,4	
Wahlbeteiligung (%):	88,6		89,1		84,3		77,8	
	Stimmen in %	Mandate	Stimmen in %	Mandate	Stimmen in %	Mandate	Stimmen in %	Mandate
CDU/CSU	44,5	226	48,8	244	44,3	223	43,8	319
SPD	42,9	218	38,2	193	37,0	186	33,5	239
FDP	10,6	53	7,0	34	9,1	46	11,0	79
Grüne	1,5	–	5,6	27	8,3	42	3,9	–
Bündnis '90/Grüne	–	–	–	–	–	–	1,2	8
PDS	–	–	–	–	–	–	2,4	17
DKP	0,2	–	0,2	–	–	–	–	–
NPD	0,2	–	0,2	–	0,6	–	–	–
sonstige	0,1	–	0,1	–	0,7	–	4,2	–
insgesamt	100	497	100	498	100	497	100	662

[1] Erste gesamtdeutsche Wahlen (Ergebnisse für den Wahlbereich Ost: CDU 41,8%, SPD 24,3%, FDP 12,9%, PDS 11,1%, Bündnis 90/Grüne 6,0%, DSU 1,0%, Die Grünen 0,1%)

Bundesrat (direkte Wahl mit Zweidrittelmehrheit) gewählt, vom Bundespräs. ernannt und vereidigt. 3 Richter jedes Senats werden aus der Zahl der Richter an den obersten Gerichtshöfen gewählt. Den Präs. des B. und seinen Stellvertreter wählen Bundestag und Bundesrat im Wechsel. Die Amtszeit der Richter dauert 12 Jahre; eine anschließende oder spätere Wiederwahl ist ausgeschlossen. – ↑Verfassungsgerichtsbarkeit.

Bundes-Verfassungsgesetz, Abk. B-VG, Bez. für die geltende östr. Verfassung (B-VG vom 1. 10. 1920 i. d. F. von 1929).

Bundesverkehrswacht e.V. ↑Verkehrswacht.

Bundesversammlung, im *Deutschen Bund* (1815–66; auch Bundestag gen.) Bundesorgan (Sitz Frankfurt am Main), das die auswärtigen, militär. und inneren Angelegenheiten des Bundes unter dem Bundespräsidium Österreichs besorgte. In der B. waren alle Gliedstaaten durch Bevollmächtigte im Range von Gesandten vertreten, die nur nach den Instruktionen ihrer Regierungen abstimmen konnten. – In der *BR Deutschland* ist die B. das Organ, das den Bundespräs. wählt (Art. 54 GG). Die B. besteht aus der Mgl. des Dt. Bundestages und einer gleichen Anzahl von

Mgl., die von den Volksvertretungen der Länder nach den Grundsätzen der Verhältniswahl gewählt werden. Sie wird vom Präs. des Bundestages einberufen. – Für *Österreich* und die *Schweiz* ↑Österreich (polit. System), ↑Schweiz (polit. System).

Bundesversicherungsamt ↑Bundesämter (Übersicht).
Bundesversicherungsanstalt für Angestellte, Abk. BfA, Körperschaft des öff. Rechts mit dem Recht der Selbstverwaltung, Träger der gesetzl. Rentenversicherung der Angestellten in der BR Deutschland; Sitz: Berlin. Die Organe der BfA sind *Vertreterversammlung* und *Vorstand,* die je zur Hälfte aus Vertretern der Versicherten und der Arbeitgeber bestehen.
Bundesversorgungsgesetz ↑Kriegsopferversorgung.
Bundesverteidigungsrat ↑Bundessicherheitsrat.
Bundesvertrag, das Abkommen von 1815, genehmigt von den Teilnehmern des Wiener Kongresses und beschlossen von den schweizer. Kantonen. Er stellte in der Schweiz den Staatenbund wieder her.
Bundesvertriebenengesetz, Abk. BVFG, Kurzbez. für das Gesetz über die Angelegenheiten der Vertriebenen und Flüchtlinge i. d. F. vom 3. 9. 1971 (↑Lastenausgleich, ↑Vertriebene).
Bundesverwaltung, im Recht der BR Deutschland 1. der Vollzug von BG und die sonstige, sog. „gesetzesfreie" Verwaltung durch eigene Behörden des Bundes **(bundesunmittelbare Verwaltung)** oder durch Körperschaften und Anstalten des öff. Rechts, die der Aufsicht des Bundes unterstehen **(mittelbare Bundesverwaltung);** 2. die Gesamtheit der Behörden des Bundes. Das GG weist das Schwergewicht der Verwaltung den Ländern zu; daher ist die B. eher die Ausnahme. Die B. im vorgenannten Sinne hat je nach Verwaltungszweig einen ein- bis dreistufigen Behördenaufbau. Die Zentralstufe besteht aus den **obersten Bundesbehörden,** die keiner anderen Behörde unterstellt sind (Bundespräsidialamt, Bundeskanzleramt, Bundesministerien und Bundesrechnungshof), und den **sonstigen Zentralbehörden,** die einer obersten Bundesbehörde unterstellt sind und deren örtl. Zuständigkeit sich auf das ganze Bundesgebiet erstreckt (Bundesoberbehörden, Bundesämter, Bundesstellen, nicht rechtsfähige Bundesanstalten). Im Gegensatz dazu erstreckt sich die örtl. Zuständigkeit der Behörden der **Mittelstufe** (z. B. Oberfinanzdirektion, Bundesbahndirektion) und **Unterstufe** (z. B. Hauptzollämter, Postämter) jeweils nur auf einen Teil des Bundesgebiets.
Nach *östr. Recht* ist B. die Vollziehung des Bundesrechts durch Verwaltungsbehörden. Man unterscheidet: 1. *unmittelbare B.,* deren Träger eigene Bundesbehörden sind (z. B. Finanzamt, Bundespolizei); 2. *mittelbare B.,* die vom Landeshauptmann und den ihm unterstellten Landesbehörden besorgt wird.
In der *Schweiz* ist B. die Staatstätigkeit auf dem Gebiet der öff. Verwaltung, soweit sie von Bundesbehörden ausgeübt wird; sie umfaßt: auswärtige, Militär-, Finanz-, Justiz- und innere Verwaltung.
Bundesverwaltungsgericht, Abk. BVerwG, BVG, oberster Gerichtshof des Bundes auf dem Gebiet der allg. Verwaltungsgerichtsbarkeit sowie der Disziplinargerichtsbarkeit des Bundes und der Wehrdienstgerichtsbarkeit; 1952 errichtet, Sitz Berlin.
Bundeswaffengesetz ↑Waffenrecht.
Bundeswahlausschuß ↑Bundeswahlleiter.
Bundeswahlgesetz, Gesetz vom 7. 5. 1956 i. d. F. vom 1. 9. 1975 mit der Bundeswahlordnung vom 28. 8. 1985 i. d. F. der Bekanntmachung vom 7. 12. 1989, in dem für die Bundestagswahlen das Wahlsystem, die Wahlorgane, Wahlrecht und Wählbarkeit, Vorbereitung der Wahl, Wahlhandlung, Feststellung des Wahlergebnisses, Erwerb und Verlust der Mitgliedschaft im Bundestag geregelt werden.
Bundeswahlleiter, vom Bundesmin. des Innern ernanntes Wahlorgan zur Vorbereitung und Durchführung von Wahlen zum Dt. Bundestag; der B. ist zugleich Vors. des *Bundeswahlausschusses,* dem weitere vom B. berufene Wahlberechtigte angehören.

Bundeswaldgesetz ↑Forstrecht.
Bundeswappen ↑Hoheitszeichen.
Bundeswasserstraßen, die gemäß Art. 89 GG in Eigentum und Verwaltung des Bundes stehenden schiffbaren Flüsse, Seen, Kanäle und Küstengewässer (Binnenwasserstraßen und Seewasserstraßen). Bau, Unterhaltung und Verwaltung der B. besorgen Behörden des Bundes.
Bundeswehr, Bez. für die Streitkräfte der BR Deutschland. Der Aufbau erfolgte nach dem 5. Mai 1955; die verfassungsrechtl. Voraussetzungen wurden durch Grundgesetzänderungen vom 26. 3. 1954 und vom 19. 3. 1956 geschaffen. Zunächst nur Freiwillige; ab 1956 allg. Wehrpflicht (Einberufung der ersten Wehrpflichtigen am 1. April 1957). Die Angehörigen der B. sind entweder Wehrpflichtige (Dauer des Grundwehrdienstes derzeit 12 Monate), Soldaten auf Zeit (SaZ; Verpflichtungsdauer 2–15 Jahre) oder Berufssoldaten. Die B. gliedert sich in Heer, Luftwaffe, Marine, Sanitäts- und Gesundheitswesen sowie Zentrale Militär. B.dienststellen. Befehls- und Kommandogewalt hat gemäß Artikel 65a GG der Bundesmin. der Verteidigung, im Verteidigungsfall der Bundeskanzler; ihm untersteht der Generalinspekteur der B. mit dem Führungsstab der Streitkräfte; bes. Aufgaben hinsichtlich der B. haben die B.verwaltung und der Wehrbeauftragte des Bundestages. Die Friedensstärke der B. betrug nach Wirksamwerden der Verringerung der Grundwehrdienstzeit von 15 auf 12 Monate zum Zeitpunkt der dt. Wiedervereinigung 435 000 Mann, durch die Übernahme der Angehörigen der ehem. Nationalen Volksarmee wuchs die Stärke auf 525 000 Mann an. Gegenwärtig ist die im Sommer 1990 angekündigte Reduzierung der B. auf 370 000 Mann in Gang; Ende 1994 soll sie abgeschlossen sein. Verbunden mit der Reduzierung ist ein tiefgreifender organisator. Umbau der deutschen Streitkräfte.
Dem *Führungsstab des Heeres (FüH)* im Bundesministerium der Verteidigung (BmVg) unterstehen künftig das Heeresführungskommando (zuständig für die operative Führung der Einsatzverbände), das Heereslogistikkommando (zuständig für Versorgung) und das Heeresamt (zuständig für die Schulen des Heeres und allg. Heeresangelegenheiten). Feld- und Territorialheer werden zusammengelegt. Ab 1995 gibt es nur noch 28 Brigaden, geführt von 8 Divisions-/Wehrbereichskommandos und 2 Divisionsstäben „zur besonderen Verwendung (zbV)". Diese wiederum unterstehen 3 Korps-/Territorialkommandos. Nach Auflösung der Verteidigungskreiskommandos (VKK) werden die Verteidigungsbezirkskommandos (VBK) die unterste militärische Ebene für die territorialen Belange bilden, jedes VBK erhält ein Jägerbataillon (Geräteeinheit). Die Gesamtstärke des Heeres wird 255 000 Mann betragen.
Dem *Führungsstab der Luftwaffe (FüL)* im BmVg werden das Luftwaffenführungskommando (zuständig v. a. für die nat. operative Führung der Einsatz- und Einsatzunterstützungskräfte), das Luftwaffenamt (zuständig für den Ausbildungsbereich) und das Kommando Logistik Luftwaffe unterstehen. Dem Luftwaffenführungskommando sind 2 regionale Luftwaffenkommandos (Nord und Süd) unterstellt, die wiederum 3 bzw. 2 Luftwaffendivisionen umfassen. Zu jeder Division gehören künftig sowohl Luftangriffs- als auch Luftverteidigungsverbände. Die Zahl der Kampfflugzeuge soll auf unter 500 Maschinen reduziert werden, die Personalstärke etwa 83 000 Mann betragen.
Dem *Führungsstab der Marine (FüM)* im BmVg werden wie bisher unterstehen: das Flottenkommando (zuständig für die Einsatzführung zur See und damit für alle schwimmenden Kampf- und Unterstützungseinheiten), das Marineamt (zuständig v. a. für den Ausbildungsbereich) und das Marineunterstützungskommando, dem die Aufrechterhaltung der materiellen Einsatzbereitschaft obliegt. Die Marine wird bis zum Jahr 2005 die Zahl der schwimmenden Einheiten auf 90 Stück, die der Luftfahrzeuge der Marineflieger etwa um ein Drittel reduzieren; die Personalstärke soll etwas mehr als 32 000 Mann betragen.
Der *Inspekteur des Sanitäts- und Gesundheitswesen* im BmVg ist verantwortlich für die mit dem Sanitätsdienst der

Bundeswehrhochschulen

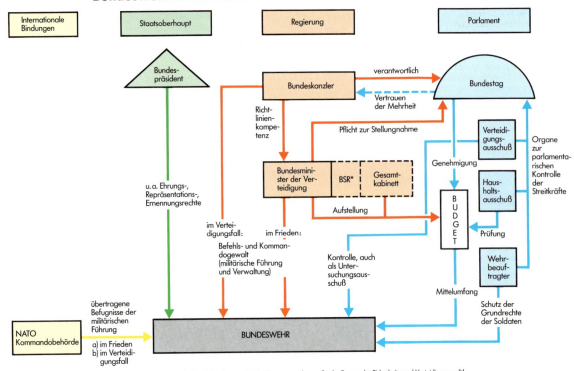

*BSR = Bundessicherheitsrat, ein Kabinettsausschuß unter Leitung des Bundeskanzlers zur Entscheidung ressortübergreifender Fragen der Sicherheits- und Verteidigungspolitik

Bundeswehr. Die Einbindung der Bundeswehr in das politische System der Bundesrepublik Deutschland und in die NATO

Robert Wilhelm Bunsen

Iwan Alexejewitsch Bunin

B. in Zusammenhang stehenden Fragen. Die *Zentralen Militär. B.dienststellen* (unter dem Kommando des stellvertretenden Generalinspekteurs) sind für streitkräftegemeinsame Aufgaben zuständig, so v. a. das Streitkräfteamt.

Bundeswehrhochschulen ↑ Universitäten der Bundeswehr.

Bundeswehrverwaltung, zivile, für alle Teilstreitkräfte der Bundeswehr zuständige, dem Verteidigungsmin. unterstehende Verwaltung. Die B. dient den Aufgaben des Personalwesens und der unmittelbaren Deckung des Sachbedarfs der Streitkräfte. Die Aufgaben der B. werden wahrgenommen vom **Bundeswehrverwaltungsamt,** mit nachgeordneten Behörden, von den **Wehrbereichsverwaltungen** I bis VII mit nachgeordneten Behörden der unteren Verwaltungsstufe, von der **Bundesakademie für Wehrverwaltung und Wehrtechnik** in Mannheim, vom **Bundessprachenamt** in Hürth, den **Bundeswehrverwaltungsschulen** I bis IV, vom **Bundesamt für Wehrtechnik und Beschaffung** in Koblenz und im Bereich der Streitkräfte von sog. „Abteilungen Verwaltung".

Bundeszentrale für politische Bildung, seit 1963 Bez. für die 1952 gegr. Bundeszentrale für Heimatdienst, eine dem Bundesmin. des Innern unterstellte, nicht rechtsfähige Bundesanstalt; betreibt insbes. finanzielle Unterstützung und Förderung von polit. Tagungen, Lehrgängen, Veröffentlichungen. Hg. der polit. Wochenzeitung „Das Parlament" und der „Informationen zur polit. Bildung".

Bundeszentralregister, zentrales Register für die BR Deutschland, das in Berlin vom Generalbundesanwalt beim Bundesgerichtshof geführt wird. In das B. werden u. a. eingetragen: strafgerichtl. Verurteilungen, Entmündigungen, bestimmte Entscheidungen von Verwaltungsbehörden, Vermerke über die Schuldunfähigkeit, Verurteilungen in Verbindung mit Betäubungsmittelabhängigkeit. In das **Erziehungsregister** werden Entscheidungen der Jugend- und Vormundschaftsgerichte aufgenommen, die keinen Strafcharakter haben (z. B. Fürsorgeerziehung). Das B. erteilt jeder Person auf Antrag ein Zeugnis über den sie betreffenden Inhalt des Zentralregisters (**Führungszeugnis**). Eintragungen über strafgerichtl. Verurteilungen werden nach Ablauf einer bestimmten Frist getilgt. Rechtsgrundlage für das B. ist das BundeszentralregisterG i. d. F. vom 21. 9. 1984. Eintragungen des beim Generalstaatsanwalt der DDR geführten Strafregisters werden in das B. übernommen.

Bundeszwang, in der BR Deutschland nach Art. 37 GG das Recht des Bundes, ein Land, das die ihm nach dem GG oder einem anderen Bundesgesetz obliegenden Bundespflichten nicht erfüllt, durch geeignete Maßnahmen mit Zustimmung des Bundesrats dazu zu zwingen, seinen Pflichten nachzukommen. Zur Durchführung des B. hat die Bundesreg. oder ihr Beauftragter das Weisungsrecht gegenüber allen Ländern und ihren Behörden. Gegen seine Durchführung kann das Bundesverfassungsgericht angerufen werden.

Bund Freier Demokraten, am 12. Febr. 1990 gegr. Wahlbündnis liberaler Parteien in der damaligen DDR (Liberal-Demokrat. Partei [LDP], Dt. Forumpartei [DFP] und DDR-FDP); das Wahlbündnis erreichte bei den Volkskammerwahlen am 18. März 1990 5,27 % der Stimmen; eine geplante anschließende Vereinigung zu einer Partei kam nicht zustande.

Bund Freier Demokraten – Die Liberalen, seit dem 27. März 1990 Name der Liberal-Demokrat. Partei in der DDR (vormals Liberal-Demokrat. Partei Deutschlands); ihm trat am 28. März 1990 kooperativ die National-Demokrat. Partei Deutschlands und im Juni 1990 endgültig auch die Dt. Forumpartei bei; am 11./12. Aug. 1990 Vereinigung mit der Freien Demokrat. Partei.

Bund für Umwelt und Naturschutz Deutschland e. V., Abk. BUND, Organisation zur Förderung des ökolog. Verständnisses, gegr. 1975, Sitz Bonn; rd. 185 000 Mgl. (1990).

bündig, in ein und derselben Ebene liegend, nicht überstehend.

bündische Jugend ↑ Jugendbewegung.

Bund-Länder-Kommission für Bildungsplanung und Forschungsförderung, Abk. BLK, 1970 durch Verwaltungsabkommen zw. Bund und Ländern errichtet; Sitz: Bonn. Mgl. sind die Länder und 7 Vertreter der Bundesregierung. Bis 1973 erarbeitete die Kommission den Bildungsgesamtplan und bis 1985 das Bildungsbudget.

Bündnis, völkerrechtl. Vertrag zw. souveränen Staaten über die Leistung von Beistand bzw. über eine wechselseitige Verteidigung im Falle eines Angriffs durch einen oder mehrere Drittstaaten.

Bündnisfall, Sonderfall des äußeren Notstands (↑Ausnahmezustand), der die Bundesreg. ermächtigt, ohne vorherige Einschaltung des Bundestages Notstandsrecht auf der Grundlage und nach Maßgabe eines Beschlusses anzuwenden, der von einem internat. Organ im Rahmen eines Bündnisvertrages mit Zustimmung der Bundesreg. gefaßt worden ist (Art. 80 a Abs. 3 GG). Im B. darf die Reg. die sog. einfachen Notstandsgesetze anwenden.

Bündnis 90, aus den Bürgerbewegungen der ehem. DDR hervorgegangene polit. Partei, gegr. im Sept. 1991. Bei den ersten gesamtdt. Wahlen am 2. Dez. 1990 hatten sich die Bürgerbewegungen als Wahlbündnis ↑Bündnis 90/Grüne ohne Parteicharakter zur Wahl gestellt und 8 Sitze im Dt. Bundestag gewonnen. Auf Grund des Einigungsvertrages vom 31. Aug. 1990 mußten die Bürgerbewegungen innerhalb eines Jahres nach der Vereinigung den Bedingungen des Parteiengesetzes Rechnung tragen, um als Partei anerkannt zu bleiben. 1992 wurde die Fusion mit den „Grünen" für 1993 vereinbart.

Buntbarsche. Pfauenaugenbuntbarsch

Bündnis 90/Grüne, Fraktion in der Volkskammer der DDR (März bis 2. Okt. 1990), bestehend aus den Abg. von „Neues Forum", „Demokratie Jetzt", „Initiative Frieden und Menschenrechte" sowie der „Grünen Partei". Bei den ersten gesamtdt. Bundestagswahlen am 2. Dez. 1990 erreichte das B. als Wahlbündnis von Bürgerbewegungen der ehem. DDR im Wahlbereich Ost 5,9 % (gesamtdt. 1,4 %) der abgegebenen Stimmen und bildete mit 8 Abg. im Bundestag eine parlamentar. Gruppe. Das Wahlbündnis wurde im Sept. 1991 gelöst (↑Bündnis 90).
▷ aus der Fusion zw. ↑Bündnis 90 und den ↑Grünen 1993 hervorgegangene polit. Partei.

Bundschuh, mit Riemen zu schnürende, knöchelbedeckende Fußbekleidung der Bauern des späten Mittelalters.
▷ in der 1. Hälfte 15. Jh. Name und Feldzeichen aufständ. Bauernverbände; erster großer B.aufstand 1493 in Schlettstadt, 1502 Bistum Speyer, 1513 Breisgau, 1517 Oberrhein (unter Führung von Joß Fritz).

Bungalow [...lo; ind.-engl.], freistehendes eingeschossiges Wohnhaus mit Flachdach.

Bunin, Iwan Alexejewitsch, *Woronesch 22. Okt. 1870, †Paris 8. Nov. 1953, russ. Dichter. – Emigrierte 1920 nach Frankreich. Schrieb Lyrik sowie Erzählwerke, mit denen er an die russ. Tradition Puschkins, Gontscharows und Turgenjews und den frz. realist. Roman anknüpfte. Im Spätwerk abstrakte, visionäre, pessimist. Eindrücke. Nobelpreis 1933. – *Werke:* Das Dorf (R., 1910), Suchodol (R., 1912), Die Grammatik der Liebe (En., 1915), Der Herr aus San Francisco (Nov., 1916), Im Anbruch der Tage. Arsenjews Leben (R., erschienen 1927–39).

Bunker [engl.], meist unterird. Schutzanlage für militär. Zwecke und für die Zivilbev. (heute vorwiegend aus Stahlbeton).

▷ großer Behälter zur Lagerung pulveriger, körniger oder flüssiger Stoffe (z. B. Bunkerkohle oder Bunkeröle auf Schiffen).

Bunsen, [Christian] Karl [Josias] Frhr. von, *Korbach 25. Aug. 1791, †Bonn 28. Nov. 1860, preuß. Diplomat und Gelehrter. – 1824–38 preuß. Gesandter beim Vatikan; wurde 1829 Generalsekretär des mit seiner Hilfe neu errichteten archäolog. Inst. in Rom; seit 1842 Botschafter in London; unterzeichnete 1852 das Londoner Protokoll über Schleswig-Holstein; erhielt 1854 seinen Abschied.
B., Robert Wilhelm, *Göttingen 30. März 1811, †Heidelberg 16. Aug. 1899, dt. Chemiker. – Prof. in Marburg, Breslau und Heidelberg; entwickelte 1859 zus. mit G. Kirchhoff die ↑Spektralanalyse, mit deren Hilfe ihnen die Entdeckung des Cäsiums (1860) und Rubidiums (1861) gelang; erfand das Eiskalorimeter (1870), die Wasserstrahlpumpe, das Fettfleckphotometer und den ↑Bunsenbrenner; begr. die Jodometrie. Ihm zu Ehren wurde 1901 die „Dt. Elektrotechn. Gesellschaft" in „Dt. Bunsengesellschaft für angewandte physikal. Chemie und Elektrochemie" umbenannt.

Bunsenbrenner [nach R. W. Bunsen], 1855 erfundener Leuchtgasbrenner, bei dem das aus einer Düse ausströmende Gas die Verbrennungsluft durch eine verstellbare Öffnung ansaugt.

Bunsen-Element [nach R. W. Bunsen], ein galvan. Element (Primärelement) mit amalgamierter Zinkanode, die in verdünnte Schwefelsäure taucht, und einer in Salpetersäure tauchenden Kohlekathode; Spannung bis 1,96 V je nach Säuregehalt.

Bunshaft, Gordon [engl. 'bʌnʃɑːft] ↑Skidmore, Owings & Merill.

Buntbarsche (Zichliden, Cichlidae), Fam. der Barschfische mit rund 600, etwa 3–60 cm langen Arten in S-, M- und im südl. N-Amerika, in Afrika sowie im südl. Indien; leben überwiegend im Süßwasser; häufig sehr bunt, mit ausgeprägtem Farbwechsel. Zahlr. Arten sind ↑Maulbrüter. Viele kleinere B. sind beliebte Aquarienfische, u. a. Tüpfelbuntbarsch, Streifenbuntbarsch, Zwergbuntbarsch, Segelflosser, Diskusfische, Prachtmaulbrüter und der Pfauenaugenbuntbarsch.

Buntblättrigkeit, durch Ausfall von Blattfarbstoffen oder bevorzugte Ausbildung bestimmter Blattfarbstoffkomponenten bedingte Verfärbung von Blättern oder Blatteilen. – ↑Panaschierung.

Buntbücher ↑Farbbücher.

Buntdruck ↑Drucken.

Buntkäfer (Cleridae), weltweit verbreitete Käferfam. mit über 3600, etwa 2–25 mm langen Arten; meist bunt gefärbt, oft metallisch blau bis grün mit roten, orangefarbenen oder gelben Querbändern auf den Flügeldecken. Einheim. Arten sind u. a. Immenkäfer, Borkenkäferwolf, Hausbuntkäfer.

Karl Freiherr von Bunsen

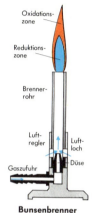

Bunsenbrenner

Bundschuh. Aufständische Bauern mit der Bundschuhfahne, Holzschnitt, 16. Jahrhundert

Buntmetalle

228

Buntspecht

Luis Buñuel

John Bunyan
(Kupferstich von William Sharp)

Carl Jacob Burckhardt

Jacob Burckhardt

Buntmetalle, Nichteisenmetalle, z. B. Kupfer, Blei, Zink, Zinn, Nickel, Kobalt und Cadmium. Der Name ist abgeleitet von der Farbe wichtiger Erze dieser Metalle, bes. von den oft sehr bunt gefärbten sekundären Erzen (Verwitterungsprodukte).

Buntsandstein, älteste Abteilung der german. Trias; überwiegend rote Sandsteine; liefert nährstoffarme Böden; Baustein.

Buntspecht, (Großer B., Dendrocopos major) etwa 25 cm langer Specht in Europa, N-Afrika sowie in Asien; Oberseite schwarz mit je einem großen, weißen Schulterfleck, ♂ mit rotem Nackenfleck; Unterseite bis auf die rote Unterschwanzregion weiß. Der B. ist ein Baumbewohner, er frißt Insekten, Kiefern- und Fichtensamen. Während der bereits im Winter beginnenden Balzzeit trommeln beide Geschlechter mit dem Schnabel an abgestorbenen Stämmen oder Ästen.

▷ (Mittlerer B.) svw. ↑Mittelspecht.
▷ (Kleiner B.) svw. ↑Kleinspecht.

Buñuel, Luis [span. bu'nuel], *Calanda (Prov. Teruel) 22. Febr. 1900, †Mexiko 29. Juli 1983, span. Filmregisseur. – Drehte anfangs surrealist. Filme („Der andalus. Hund", 1928), wandte sich dann (in Mexiko) realistisch-sozialkrit. Filmen zu (u. a. „Die Vergessenen", 1950). Weitere Filme sind u. a. „Der Weg, der zum Himmel führt" (1951), „Viridiana" (1961), „Der Würgeengel" (1962), „Tagebuch einer Kammerzofe" (1963), „Belle de jour" (1967), „Tristana" (1970), „Der diskrete Charme der Bourgeoisie" (1972), „Dieses obskure Objekt der Begierde" (1978). – Memoiren: „Mein letzter Seufzer" (1983).

Bunyan, John [engl. 'bʌnjən], *Elstow bei Bedford 28. Nov. 1628, †London 31. Aug. 1688, engl. Schriftsteller. – Laienpriester einer puritan. Gemeinschaft; mehrmals im Gefängnis wegen Mißachtung eines Predigtverbots der Stuarts. Dort schrieb er das Erbauungsbuch „The pilgrim's progress" (2 Teile, 1678 und 1684, dt. 1685 u. d. T. „Eines Christen Reise nach der Seeligen Ewigkeit ..."), in dem er allegorisch den Weg des Gläubigen zur Unsterblichkeit darstellt und die Kräfte, die die christl. Existenz zu bedrohen oder zu retten vermögen. Das Buch wurde eines der meistübersetzten Werke der Weltliteratur.

Bunzlau (poln. Bolesławiec), Stadt in Niederschlesien, Polen, am Bober, 43 000 E. Zentrum des Kupfererzbergbaus im nördl. Sudetenvorland, chem., keram. Ind. – 1202 erstmalig erwähnt, Mitte 13. Jh. Stadtrecht, gehörte bis 1309 zum piast. Hzgt. Glogau, kam 1392 an Böhmen, 1742 an Preußen; im 2. Weltkrieg stark zerstört. – Historisch getreuer Wiederaufbau der Altstadt.

Bunzlauer Gut, nach Bunzlau ben., seit dem 16. Jh. hergestellte Steingutgeschirr; bräunl. Scherben, außen braun und innen weiß glasiert.

Buol-Schauenstein, Karl Ferdinand Graf, *Wien 17. Mai 1797, †ebd. 28. Okt. 1865, östr. Diplomat und Minister. – 1852–59 Min. des Äußerern; Rücktritt nach Fehlschlag des Sardin.-Frz.-Östr. Krieges.

Buonaiuti, Ernesto, *Rom 24. April 1881, †ebd. 20. April 1946, italien. Theologe. – 1903 kath. Priester. Führender Vertreter des Modernismus (1921 exkommuniziert); verlor 1932 als Gegner des Faschismus seine Professur für Kirchengeschichte in Rom.

Buonaparte ↑Bonaparte.

Buonarroti ↑Michelangelo.

Buontalenti, Bernardo, *Florenz 1536, †ebd. 6. Juni 1608, italien. Baumeister. – Vertreter des florentin. Manierismus. Im Dienste der Medici v. a. in Florenz tätig. Obergeschoß der Uffizien, v. a. die Tribuna (1580–88); Grotte im Boboli-Garten (1583–88); Fassade von Santa Trinità (1593/94).

Buphthalmus [griech.], svw. ↑Hydrophthalmus.

Buraida, Oasenstadt im Innern Saudi-Arabiens, 350 km nw. von Ar Rijad, 184 000 E. Dattelpalmenhaine, Getreideanbau, Kamel- und Rindermärkte; Zementwerk; ⚐.

Buraimi, Al, Oasengruppe im O der Arab. Halbinsel (Abu Dhabi und Oman), am W-Fuß des Omangebirges, 275 m ü. d. M.; intensive Bewässerungslandwirtschaft.

Burano, Insel in der Lagune von Venedig, etwa 5 000 E; Spitzenherstellung, Fischerei.

Burckhardt, Carl, *Lindau bei Zürich 13. Jan. 1878, †Ligornetto (Tessin) 24. Dez. 1923, schweizer. Bildhauer. – Schuf v. a. Monumentalwerke in Stein und Bronze in Zürich und Basel (Reliefs und Freifiguren); auch Maler und Kunstschriftsteller.

B., Carl Jacob, *Basel 10. Sept. 1891, †Vinzel 3. März 1974, schweizer. Historiker, Schriftsteller und Diplomat. – Seit 1932 Prof. in Genf; 1937–39 Hoher Kommissar des Völkerbundes in Danzig; organisierte als Mgl. des IRK (seit 1934), dessen Präs. er 1944–48 war, zahlr. Hilfsaktionen vor und während des 2. Weltkrieges. 1945–49 Gesandter der Schweiz in Paris; verfaßte u. a. „Richelieu" (3 Bde., 1935–67), Erinnerungen „Meine Danziger Mission 1937–39" (1960). Erhielt 1954 den Friedenspreis des Dt. Buchhandels.

B., Jacob, *Basel 25. Mai 1818, †ebd. 8. Aug. 1897, schweizer. Kultur- und Kunsthistoriker. – 1855–58 Prof. in Zürich, seit 1858 in Basel; gilt als Begr. der wiss. Kunstgeschichte im heutigen Sinn und als Klassiker wiss. histor. Prosa; u. a. „Cicerone" (1855; eine „Anleitung zum Genuß der Kunstwerke Italiens"), „Die Cultur der Renaissance in Italien" (1860), „Griech. Kulturgeschichte" (4 Bde., 1898 bis 1902), deutete in den „Weltgeschichtl. Betrachtungen" (1905) von einem konservativen humanist. Standpunkt aus die polit., techn. und sozialen Tendenzen seiner Zeit.

Burdach, Konrad, *Königsberg (Pr) 29. Mai 1859, †Berlin 18. Sept. 1936, dt. Germanist. – 1887 Prof. in Halle/Saale, seit 1902 in Berlin; Vertreter einer stil- und geistesgeschichtl. Forschung in der Literatur- und Sprachwiss.; u. a. „Reimar der Alte und Walther von der Vogelweide" (1880), Hg. „Vom MA zur Reformation" (11 Bde., 1893–1934).

Burda GmbH ↑Verlage (Übersicht).

Burdigala, antike Stadt, ↑Bordeaux.

Burdon, Eric [engl. 'bɑːdn], *Newcastle 11. Mai 1941, brit. Rockmusiker (Sänger). – Bei „The Animals" 1962–66 einer der wichtigsten nichtschwarzen Soulmusik-Interpreten; widmete sich vorübergehend Acid- und Psychedelic-Rock.

Buren, Daniel [frz. by'rɛ̃], *Boulogne-sur-Seine 25. März 1938, frz. Maler und Bildhauer. – B. reduzierte die Malerei auf Grundstrukturen in Form regelmäßiger farbiger und weißer Streifen. Seit den 80er Jahren markiert er außer flächigen Objekten auch plast. Bildträger (Säulen).

B., Martin Van ↑Van Buren, Martin.

Buren [niederl. „Bauern"] (Boeren, Afrikaander, Afrikaners), Nachkommen der seit 1652 in Südafrika eingewanderten niederl. und dt. Siedler; etwa 3 Mill.; sprechen Afrikaans; zogen 1835–38 im Großen Treck nach N und gründeten mehrere kleine Republiken (↑Burenkrieg); urspr. Viehzüchter und Ackerbauern, heute bed. Teile der weißen Minderheit; Niederl.-Reformierte.

Büren, Stadt sw. von Paderborn, NRW, 17 500 E. Landesgehörlosenschule; Zement- und Möbelind. – Stadtrecht 1195. – Spätroman. Pfarrkirche Sankt Nikolai (13. Jh.), Jesuitenkirche (1754–71).

Büren an der Aare, Hauptort des schweizer. Bez. Büren, 10 km östl. von Biel (BE), 2 800 E. Fabrikation von Uhren und elektron. Geräten. – Spätgot. Kirche (um 1510), Landvogteischloß (1620–23), Rathaus (um 1500).

Burenkrieg, Konflikt zw. Großbritannien und den Burenrepubliken Oranjefreistaat und Südafrikan. Republik 1899–1902; verursacht durch die brit. Bestrebungen, ein geschlossenes Kolonialreich vom „Kap bis Kairo" zu errichten und die Gold- und Diamantenfelder S-Afrikas zu besitzen, verschärft durch die strenge Ausländergesetzgebung der Buren und die Verweigerung des vollen Bürgerrechts für eingewanderte Briten und Angehörige anderer Staaten (sog. „Uitlander"), durch den Jameson Raid (1895), die Krügerdepesche und das Bündnis zw. der Südafrikan. Republik und dem Oranjefreistaat (1897). Nach anfängl. Erfolgen der Buren 1900 brit. Besetzung und Annexion der Burenrepubliken; auf den folgenden Guerillakrieg der Buren antworteten die Briten mit der Taktik der verbrannten

Burg

Erde und der Internierung von Frauen und Kindern in Konzentrationslagern. Der Friede von Vereeniging (1902) machte die Burenrepubliken zu brit. Kolonien.

Bürette [frz.], mit geeichter Skala versehenes, durch einen Hahn verschlossenes Glasrohr, das in der Maßanalyse zum Bestimmen von Volumenmengen dient.

Burg, Landkr. in Sachsen-Anhalt.

Burg [urspr. „(befestigte) Höhe"], histor. Bauanlage mit der Doppelfunktion „Wohnen und Wehren"; diente der adeligen Führungsschicht als Residenz, Wohn-, Verwaltungs- und Amtssitz sowie als Schutzanlage. – I. w. S. auch alle ehem. bewohnbaren vor- und frühgeschichtl. Wehranlagen **(Wallburg)**, die vielfach eng mit Stadtbefestigungen, Palast- und Tempelbauten verbunden waren; i. e. S. die aus Stein errichtete **Feudalburg** des europ. MA vom 11.–16. Jh. In der Ebene oder auf der Talsohle wurde die *Wasser-B.* mit nassen oder die *Niederungs-* (auch *Tief-)B.* mit trockenen Schutzgräben erbaut. Auf oder an Berghöhen entstand die *Höhen-B.,* als *Gipfel-B.* auf der allseitig unangreifbaren Spitze oder Kuppe eines Berges, als *Hang-B.* auf einem Felsen am Berghang und als *Sporn-B.* auf einem auslaufenden Felsgrat oder Bergsporn. Die *Höhlen-* oder *Felsen-B.* besaß ganz oder teilweise in den Felsen gemeißelte Gemächer. Besitzrechtlich werden unterschieden *Allodial-B.* (volles Grundeigentum) und *Lehns-B.* Je nach gesellschaftl. Stand des Besitzers gab es *Reichs-B.* (Pfalzen), *Grafen-B., Ministerialen-B.,* geistl. oder weltl. *Landes-B., Dynastien-B., Bischofs-B., Kloster-B.* und *Amts-B.* Eine Sonderstellung nehmen die *Ordens-B.* in Spanien, die *Kreuzfahrer-B.* in Kleinasien und am östl. Mittelmeer sowie die *Kloster-B.* des Dt. Ordens und die *Kirchen-B.* ein. – Die Frühform der ma. B. war die *Turmhügel-B.* oder *Motte* des 9.–11. Jh., ein bewohnbarer hölzerner oder steinerner Turm auf einem künstl. Erdhügel, umgeben von Wall und Graben; im normann. Kulturbereich (N-Frankreich, England, S-Italien) entstand im 11./12. Jh. der *Donjon.* Die wehr- und bautechn. Erfahrungen des 12. und 13. Jh. führten zu einer verstärkten Entwicklung von Ringmauern mit Zwingern und Flankentürmen, von Schießscharten, Pechnasen, Wehrgängen mit Wurfschachtreihen (sog. Maschiculi) und von Schießkammern oder Kasemattengängen. In den roman. Ländern und in England setzte sich dabei seit dem 13.–15. Jh. überwiegend die Kastellform mit streng regelmäßig-rechteckigem Anlagesystem durch. In Deutschland und Skandinavien entwickelten sich zwei eigene Baukörper für die Wehr- und Wohnaufgabe: Bergfried und Palas. Ein Torturm mit Wehrerkern oder (seit etwa 1200) mächtige flankierende Doppeltürme sicherten den B.eingang; eisenbeschlagene Holztore, Fallgatter und Zugbrücken sowie Pechnasen oder Pecherker schützten das Tor. Die B.baukunst der Spätgotik

Konrad Burdach

Burg

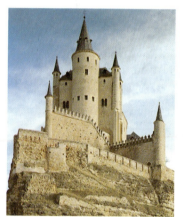

Oben links: Burg Eltz (Rheinland-Pfalz), 12–16. Jh. Oben rechts: Alkazar von Segovia (Spanien), 11., hauptsächlich 14./15. Jh. Unten links: Castel del Monte (Italien), erbaut 1240 ff. Unten rechts: Caerphilly Castle (Wales), Anfang des 13. Jahrhunderts

Burg a. d. Wupper

Burg. Schematische Darstellung einer Burganlage: 1 Bergfried; 2 Verlies; 3 Zinnenkranz; 4 Palas; 5 Kemenate (Frauenhaus); 6 Vorratshaus; 7 Wirtschaftsgebäude; 8 Burgkapelle; 9 Torhaus; 10 Pechnase; 11 Fallgitter; 12 Zugbrücke; 13 Wachturm; 14 Palisade (Pfahlzaun); 15 Wartturm; 16 Burgtor; 17 Ringgraben; 18 Torgraben

Gottfried August Bürger

Burgenland Landeswappen

(Ende 14.–Anfang 16. Jh.) führte in den roman. Ländern zu überwiegend typengleichen, sehr monumentalen Bauanlagen, in Deutschland und Skandinavien zu immer individuelleren Lösungen. Ab Mitte des 15. Jh. (Einsatz von Schießpulvergeschützen) wurden die Ringmauern dicker, niedriger und durch Schießkammern ausgehöhlt, den Bergfried ersetzten Bastions- und Batterietürme, mächtige Gräben und Wälle bildeten Abwehrringe; es begann die Epoche des Festungsbaus.

Burg a. d. Wupper, Ortsteil von ↑Solingen.
Burgas, bulgar. Hafenstadt am Golf von B. (Schwarzes Meer), 200 000 E. Hauptstadt und Zentrum des Verw.-Geb. B.; chemisch-techn. Hochschule, Museen; Theater; Erdölraffinerie, chem., Nahrungsmittel-, Textil-, holzverarbeitende Ind. Meersalzgewinnung. Fischereihafen; Seebad; internat. ✈.
Burg auf Fehmarn, Stadt auf Fehmarn, Schl.-H., 5 700 E. Der Hafen liegt 1,5 km südl. in **Burgstaaken** am Burger Binnensee. Ostseebad in **Burgtiefe** auf der 3 km entfernten Nehrung. – 1329 als Stadt genannt. – Nikolaikirche (12. Jh.).
Burg b. Magdeburg, Krst. am O-Rand der Elbniederung, Sa.-Anh., 28 000 E. Maschinenfabriken, Feinblechwalzwerk, Schuhfabrik, Knäckebrotfabrik. – 949 erstmals als Stadt belegt. – Spätroman. Unterkirche (12. Jh.), spätgot. Oberkirche (15. Jh.).
Burgdorf, Stadt, 20 km nö. von Hannover, Nds., 28 100 E. Elektronik-, Textil-, Getränke-, Metall-, Gummiind. – 1260 erwähnt, im 15. Jh. Stadt. – Klassizist. Stadtkirche (1809–15).
B., Hauptort des schweizer. Bez. B., Kt. Bern, 15 400 E. Technikum; Bibliothek, Museum; Markt- und Verwaltungsort des unteren Emmentals, Schuh- und Textilind. – Käsereien. – 1175 erstmals erwähnt, 1273 Stadtrecht. – Spätgot. Stadtkirche (1471–90), Burg (12. Jh., in der Kapelle Fresken, um 1330). – 1800–1803 wirkte Pestalozzi in Burgdorf.
Bürge ↑Bürgschaft.
Burgenland, östr. Bundesland, grenzt im O an Ungarn, im S an Slowenien; 3 965 km², 267 000 E (1989), Hauptstadt Eisenstadt.
Landesnatur: Eine nur 4,5 km breite Einengung westl. der ungar. Stadt Sopron scheidet das B. in 2 Teile: der S ist wald-, obst- und weinreiches Berg- und Hügelland (Günser Gebirge mit der höchsten Erhebung des B., dem Geschriebenstein, 888 m ü. d. M.); der N ist fruchtbare Ebene um den Neusiedler See, im NW grenzen Leitha und Leithagebirge an Niederösterreich.
Bevölkerung: Sie ist zu 91 % deutschsprachig, daneben gibt es kroat. (7 %) und ungar. (2 %) Minderheiten.
Wirtschaft: Das B. ist vorwiegend Agrarland (Getreide, Kartoffeln, Zuckerrüben, Wein, Obst, Feldgemüse, Tabak und Hanf). Neben traditionellen Ind.zweigen (Textil-, Nahrungs- und Genußmittelind.) Ansiedlung von Betrieben der Elektro- und chem. Ind. sowie des Maschinenbaus. An Bodenschätzen werden Antimon, Edelserpentin, Kalkstein und Basalt gewonnen. Der Fremdenverkehr konzentriert sich auf die Gemeinden um den Neusiedler See und einige Heilbäder (z. B. Bad Tatzmannsdorf).
Verkehr: Das B. wird von mehreren Eisenbahnlinien gequert. Zwischen dem B. und Wien besteht ein reger Pendlerverkehr.
Geschichte: Im Altertum Durchgangsland; geriet nach 907 unter ungar. Herrschaft; etwa vom 11. Jh. an als Bestandteil der Pannon. Mark des Ostfränk. Reiches dt. besiedelt. Vom 14. Jh. an kam fast das gesamte B. durch Verpfändungen an östr. Herren unter habsburg. Einfluß und fiel 1526 mit der ungar. Krone an das Haus Österreich. Die gegen Ende 19. Jh. einsetzende Magyarisierungspolitik des ungar. Staates führte zu schweren Spannungen mit der volksdt. Minderheit. Nach dem Frieden von Saint-Germain-en-Laye (1919) und dem Venediger Protokoll (1921) fiel das B. an Österreich (außer Ödenburg [Sopron]). 1938–45 auf Niederösterreich und der Steiermark aufgeteilt, 1945 wiederhergestellt. – Bez. B. wegen der dt. Namen der ehem. ungar. Komitate Wieselburg, Ödenburg, Preßburg und Eisenburg.
Bürgenstock, 1 128 m hoher Berg am S-Ufer des Vierwaldstätter Sees, Schweiz; auf ihn führt die erste elektr. Seilbahn der Welt (1888).
Bürger, Gottfried August, *Molmerswende (Landkr. Hettstedt) 31. Dez. 1747, †Göttingen 8. Juni 1794, dt. Dichter. – Stand dem „Göttinger Hain" nahe. Brachte, neben Goethe, mit seinen Balladen einen neuen, volkstüml. Ton in die dt. Dichtung (u. a. „Lenore", 1774). B. übersetzte und erweiterte die Münchhausen-Geschichten von R. E. Raspe (1786); auch Lyrik.
B., Max, *Hamburg 16. Nov. 1885, †Leipzig 5. Febr. 1966, dt. Internist. – Prof. in Bonn und Leipzig, arbeitete v. a. auf den Gebieten patholog. Physiologie, Stoffwechselkrankheiten und Alternsforschung; er begründete die neuzeitl. Geriatrie („Altern und Krankheit", 1947).
Bürger [urspr. „Burgverteidiger", dann „Burg-, Stadtbewohner"], im MA der freie, vollberechtigte Stadtbewohner, zunächst v. a. die Oligarchie der wohlhabenden „Geschlechter". Erst im ausgehenden MA erweiterte sich, oft unter langwierigen innerstädt. Kämpfen, der Kreis der B., die Anteil am polit. und sozialen Leben der Stadt hatten. Das B.recht war erblich und in erster Linie begründet auf städt. Grundbesitz. Kein B.recht besaßen Juden, Kleriker und v. a. unterbürgerl. Schichten (Gesellen, Gesinde, Arme). Im Zeitalter des Absolutismus entstand der Begriff des „exemten" B., der, frei von städt. dingl. oder steuerl. Lasten, dem Staat diente oder zum unternehmer. Großbürgertum zählte. Die Frz. Revolution brachte die Gleichsetzung des B. mit dem Staatsbürger. – ↑Bürgertum.
Bürgerantrag, in einigen Gemeindeordnungen (z. B. in Bad.-Württ.) zugelassener schriftl. Antrag von einem vorgeschriebenen Prozentsatz der Bürger auf Behandlung einer bestimmten Angelegenheit durch den Gemeinderat. Ist der B. zulässig, müssen die gemeindl. Gremien die Angelegenheit innerhalb von 3 Monaten behandeln.
Bürgerbegehren, in Bad.-Württ. Antrag der Bürger einer Gemeinde auf Durchführung eines ↑Bürgerentscheids. ▷ In Hessen schriftl. Antrag von mindestens 20 % der Bürger einer Gemeinde, daß das zuständige Gemeindeorgan über eine bestimmte Angelegenheit berät und entscheidet. Die Beratung ist binnen 6 Monaten und die Entscheidung binnen 6 weiteren Monaten herbeizuführen.
Bürgerentscheid, nur in Bad.-Württ. vorgesehene Entscheidung einer Gemeindeangelegenheit durch die Ge-

meindebürger. Ein B. ist durchzuführen, wenn der Gemeinderat dies mit Zweidrittelmehrheit beschließt oder auf Grund eines Bürgerbegehrens (muß von mindestens 15 % der Gemeindebürger unterzeichnet sein).

Bürgerhaus. Albrecht-Dürer-Haus in Nürnberg, Mitte des 15. Jahrhunderts

Bürgerforum (Občanské Forum, OF), am 19. Nov. 1989 in der ehem. ČSSR gegr. polit. Sammlungsbewegung. Das B., in dem sich verschiedene oppositionelle Vereinigungen und Initiativgruppen zusammenfanden (u. a. Charta 77, Tschechoslowak. Helsinki-Komitee, Kreis der unabhängigen Intelligenz, Bewegung für Bürgerfreiheit, unabhängige Friedensbewegung, unabhängige Studentengruppen, nationales Zentrum des P.E.N.-Clubs), setzte sich an die Spitze der Demokratiebewegung um den späteren Staatspräs. V. Havel und wurde zu deren Sprachrohr; es errang bei den Parlamentswahlen im Juni 1990 mit seiner slowak. Partnerorganisation **Öffentlichkeit gegen Gewalt** (Verejnost' Proti Nasilie, VPN) die absolute Mehrheit in der Föderativen Versammlung. Nach der Wahl von V. Klaus zum Vors. des B. im Okt. 1990 erfolgte bis Jan. 1991 die Umwandlung des B. zur polit. Partei. Nach dem Wegfall der Oppositionsrolle gegen das kommunist. Regime der ↑Tschechoslowakei kam es rasch zu Fraktionsbildungen, 1991 zum Zerfall des B., u. a. in die „Demokrat. Bürgerpartei" (ODS), die „Bürgerbewegung" (OH), die „Demokrat. Bürgerallianz" (ODA).

Bürgerhaus, das städt. Familienwohnhaus, das auch der Berufsausübung dienen kann (seit dem 12. Jh.). Das B. ist vom städt. Herrenhaus (Palais) und vom neuzeitl. Miethaus abzugrenzen. Zu unterscheiden sind der niederdt. und der oberdt. B.typus. Das **niederdeutsche Bürgerhaus** hat seinen Vorläufer im nordwesteurop. Hallenhaus (seit etwa 500 v.Chr. nachgewiesen). Der Einraum (Diele) diente der Berufsausübung ebenso wie dem Haushalt. Im Laufe der Entwicklung kamen niedrige Speichergeschosse dazu, der Einraum wurde unterteilt, gegen Ende des MA richtete man auch die oberen Geschosse zum Wohnen ein. Das **oberdeutsche Bürgerhaus** scheint von Beginn an auf Mehrräumigkeit angelegt gewesen zu sein. Vielfach findet sich als Ausgangsform das sog. „Zweifeuerhaus" mit einem Herdraum als Küche oder Werkstatt und mit einer heizbaren Stube. Mehrgeschossigkeit bildete sich früh heraus.

Bürgerinitiative, von polit. Parteien und anderen Verbänden unabhängiger Zusammenschluß gleichgesinnter Bürger zur Verfolgung bestimmter Interessen ihrer Mgl.,

einzelner Bev.gruppen oder der Bev. insgesamt. Die ersten B. entstanden 1968/69; inzwischen ist ihre Zahl auf mehrere Tausend gewachsen. Den Anstoß zur Bildung von B. gaben (wirkl. oder vermeintl.) Mängel, Mißstände oder Fehlplanungen v. a. auf den Gebieten der Bildung und Erziehung, des Verkehrs, der Stadtplanung und des Umweltschutzes. Am umfänglichsten ist die Aktivität von B. heute im Umweltschutz; die meisten der auf diesem Gebiet tätigen B. sind im „Bundesverband B. Umweltschutz e. V." zusammengeschlossen. Die Mehrzahl der B. verfolgt relativ eng umgrenzte, zeitlich befristete Ziele. Über den Charakter von B. hinausgehend ist die Kandidatur (v. a. von B. im Bereich des Umweltschutzes als **grüne Listen;** ab 1979 Teilnahme als Partei „Die Grünen") bei Wahlen auf Bundes-, Landes- und Gemeindeebene, womit sich eine unmittelbare Konkurrenz zu den „etablierten" Parteien ergibt. Die von den B. eingesetzten Mittel sind unterschiedlich (eigene Arbeitsleistungen, Eingaben an Parlamente, Reg. und v. a. Verwaltungsbehörden, Mobilisierung der Bev. u. a.) und bewegen sich im allg. im gesetzl. Rahmen. Gewalttätigkeiten werden nur von einer Minderheit ausgeübt. Sofern sich eine B. als Rechtspersönlichkeit konstituiert hat, kann sie Verwaltungsmaßnahmen auch gerichtlich anfechten.
▷ in Rhld.-Pf. schriftl., von einer festgelegten Prozentzahl der Einwohner einer Gemeinde unterzeichneter Antrag, daß der Bürgermeister dem Gemeinderat eine bestimmte Angelegenheit zur Beratung und Entscheidung vorlegt.

Bürgerkönig, Beiname des frz. Königs Louis Philippe.

Bürgerkrieg, eine bewaffnete Auseinandersetzung verschiedener Gruppen in einem Staat (z.B. von Aufständischen und Regierungstruppen), mit dem Ziel, die Herrschaft zu erringen oder zu bewahren. Die völkerrechtl. Stellung der Aufständischen hängt davon ab, ob sie von anderen Staaten bereits de facto oder de jure anerkannt worden sind. Bei der *De-facto-Anerkennung* können die Aufständischen, sofern sie einen bestimmten Teil des Staates tatsächlich beherrschen, mit dritten Staaten Verträge abschließen. Eine *De-jure-Anerkennung* verlangt die Beachtung der Genfer Konvention sowie des Kriegs- und Neutralitätsrechts durch die Aufständischen.

bürgerliche Ehrenrechte ↑Ehrenrechte.

Bürgerliches Gesetzbuch, Abk. BGB, das seit dem 1. 1. 1900 in Deutschland geltende Gesetzeswerk, in dem der größte Teil des allg. Privatrechts (d. h. bürgerl. Recht im engeren Sinn) geregelt ist; gilt seit 3. 10. 1990 auch in der ehem. DDR. Dem EinführungsG zum BGB vom 18. 8. 1896 wurde ein „sechster Teil" angefügt, der Regelungen aus

Bürgerhaus. Treppengiebelhäuser „Am Sande" in Lüneburg, 16. Jahrhundert

bürgerliches Recht

Anlaß der Einführung des BGB und des EinführungsG in den Ländern der ehem. DDR enthält.
Aufbau: Das BGB gliedert sich in 5 Bücher: 1. Der allg. Teil enthält die grundsätzl., für alle privatrechtl. Rechtsverhältnisse geltenden Regeln (z. B. über Rechts- und Geschäftsfähigkeit, Willenserklärungen, Verträge, Vertretung, Verjährung). 2. Das Recht der Schuldverhältnisse regelt die Rechtsbeziehungen zw. Gläubiger und Schuldner, und zwar in allg. Vorschriften und bes. Vorschriften, die sich mit einzelnen Arten von Schuldverhältnissen (wie Kauf, Miete, Gesellschaft) befassen. 3. Das Sachenrecht handelt von Besitz, Eigentum und anderen Rechten an Sachen. 4. Das Familienrecht ordnet die persönl. und vermögensrechtl. Beziehungen zw. Ehegatten, Eltern und Kindern und Verwandten sowie das Vormundschafts- und Pflegschaftsrecht. 5. Das Erbrecht regelt den Vermögensübergang im Todesfalle.
Entwicklung: Die urspr. Absicht, im BGB das gesamte Privatrecht (außer dem Handelsrecht) zu regeln, hatte sich nicht verwirklichen lassen. Weite Rechtsgebiete, wie das Höfe-, Berg-, Wasser-, Fischerei-, Forst- und Jagdrecht, waren der Landesgesetzgebung vorbehalten geblieben. Abzahlungskauf, Verkehrs-, Urheber- und Privatversicherungsrecht wurden in Reichsgesetzen außerhalb des BGB geregelt, ebenso weite Teile des Wohnungs-, Arbeits-, Siedlungs- und Pachtrechts. Seit 1945 geht die Rechtsentwicklung dahin, Sondergesetze abzubauen und das bürgerl. Recht durch Abänderung des BGB fortzuentwickeln. So wurde 1953 das Testamentsrecht wieder in das BGB eingegliedert. Die Gleichberechtigung von Mann und Frau, die Gleichstellung der nichtehel. mit den ehel. Kindern, das soziale Mietrecht und das Familienrecht wurden im Rahmen des BGB neu geregelt. In *Österreich* entspricht dem BGB das Allgemeine bürgerl. Gesetzbuch, in der *Schweiz* entsprechen diesem das Zivilgesetzbuch und das Obligationenrecht.
bürgerliches Recht, i. w. S. das gesamte Privatrecht im Ggs. zum öff. Recht; i. e. S. das im BGB und seinen Nebengesetzen geregelte allg. Privatrecht.
bürgerliches Trauerspiel, während der Aufklärung im 18. Jh. entstandene, das Schicksal von Menschen bürgerl. Standes gestaltende dramat. Gattung. G. E. Lessing („Miß Sara Sampson", 1755, und v. a. „Emilia Galotti", 1772) machte die Auseinandersetzung mit dem Adelsstand zum Grundthema und fand Vorbilder für es in der engl. Literatur (G. Lillo „Der Kaufmann von London", 1731). Das in Form und Sprache geschlossenste b. T. ist F. von Schillers „Kabale und Liebe" (1784). Im 19. Jh. stand die Kritik am bürgerl. Stand selbst im Mittelpunkt (C. F. Hebbel „Maria Magdalene", 1844). Die sozialkrit. Dramen des Naturalismus knüpften an das b. T. an (G. Hauptmann „Rose Bernd", 1903).
Bürgermeister, 1. Gemeindeverfassungsorgan mit unterschiedl. Zuständigkeit (↑Gemeindeverfassungsrecht); 2. in den Stadtstaaten Berlin, Bremen und Hamburg Verfassungsorgane, deren Stellung der eines Min.präs. in den übrigen Ländern der BR Deutschland entspricht.
Bürgermeistertestament ↑Testament.
Bürgermeisterverfassung ↑Gemeindeverfassungsrecht.
Bürgerministerium, das nach dem Abschluß des östr.-ungar. Ausgleichs 1867 in Zisleithanien 1867/70 amtierende Kabinett, das überwiegend aus Min. bürgerl. Abkunft (z. T. geadelt) bestand.
Bürger-Prinz, Hans, *Weinheim 16. Nov. 1897, †Hamburg 29. Jan. 1976, dt. Psychiater. – Prof. in Leipzig und Hamburg; arbeitete v. a. in den Bereichen Sexualpathologie und forens. Psychiatrie, gründete 1950 die Dt. Gesellschaft für Sexualforschung. Bekanntestes Werk ist „Ein Psychiater berichtet" (1971).
Bürgerrecht, bes. Rechtsstellung, die aus dem Status als Bürger eines Gemeinwesens im Unterschied zu dem als Einwohner erwächst. *Staats-B.* sind die jemandem als Bürger eines Staates zustehenden Rechte, insbes. das Wahlrecht und das Recht zur Bekleidung öff. Ämter. *Gemeinde-B.*

sind das aktive und passive Wahlrecht bei Gemeindewahlen. Das *östr. Recht* kennt nur die einheitl. Staatsbürgerschaft. In der *Schweiz* baut das B. auf dem Gemeinde-B. auf, das Kantons-B. und Schweizer B. vermittelt.
Bürgerrechtsbewegung, die Gesamtheit der organisierten Bemühungen um Durchsetzung von Menschen- und Bürgerrechten; insbes. die B. für Rechtsgleichheit der Farbigen und Beseitigung der Rassenvorurteile in den USA (↑Rassenfrage). Dem Versuch, auf gerichtl. Wege die gesetzl. Diskriminierung der farbigen Minderheit zu bekämpfen (seit 1910), folgten Demonstrations- und Boykottkampagnen, um Gleichberechtigung in den Schulen und Univ. des S der USA durchzusetzen. Protestmärsche führten zu einer Beschleunigung der Bürgerrechtsgesetzgebung, die im Juli 1964 in Kraft trat. Nach der Ermordung M. L. Kings im April 1968 kam es zur Radikalisierung und zur Abspaltung der Black-power-Bewegung. Für die Rechte der schwarzen Mehrheit kämpft die B. in Südafrika, während die B. in N-Irland für die politisch-soziale Gleichstellung der Minderheit der Katholiken eintritt. V. a. seit den 1970er Jahren bemühten sich in den europ. kommunist. Staaten oppositionelle Gruppen, die auch als B. bezeichnet werden, um die Durchsetzung von Menschen- und Bürgerrechten, häufig unter Berufung auf die KSZE-Schlußakte; in der DDR (z. B. Neues Forum), in der Tschechoslowakei (z. B. Bürgerforum) und anderen Staaten in Osteuropa wurden sie zur treibenden Kraft der Demokratiebewegungen, die nach dem Verzicht der UdSSR auf ihre bisherige Hegemonialpolitik die Möglichkeit erhielten, 1989 den Sturz der kommunist. Regime herbeizuführen und einen tiefgreifenden gesellschaftl. Reformprozeß einzuleiten. Auch in der Mongolei bewirkte die B. 1990 das Ende der Einparteienherrschaft der kommunist. MRVP.
Bürgerschaft, 1. Gesamtheit aller Bürger eines polit. Gemeinwesens; 2. die Volksvertretung (Landtag) in Bremen und Hamburg.
Bürgertum, Bez. für den in der Stadt ansässigen Bev.teil, der insbes. im europ. MA neben Adel und Kirche einen eigenen Stand bildete und bis Ende des 18. Jh. als soziale und gesellschaftl. Klasse eine polit. Vorrangstellung gewann. Unabhängig von antiken Vorläufern (B. in der griech. Polis und in der röm. Civitas) entwickelte sich das B. des MA in engem Zusammenhang mit der Entfaltung des europ. Städtewesens. Unter ihren Bewohnern traten die Fernhandelskaufleute als wirtsch. stärkste Gruppe hervor. Oft in Gilden organisiert, bildeten sie eigene Kaufmannsrechte aus. Sie übernahmen die Führung in dem im 11. Jh. einsetzenden Kampf der Stadtbewohner um kommunale Selbstverwaltung. Entscheidend wurde dabei das Phänomen des bürgerl. Schwurverbandes (coniuratio), das die verschiedenen Gruppen der städt. Bev., Kaufleute, die in Zünften zusammengeschlossenen Handwerker und die ansässigen Ministerialen der Stadtherrn, einte. Diese Kämpfe, das gemeinsame Stadtrecht, auch eine neue, positive Bewertung der manuellen Arbeit ließen ein für das B. charakterist. Gemeinschaftsbewußtsein entstehen, wenngleich es keineswegs eine homogene Bev.schicht war. Bis Ende des 13. Jh. erkämpfte sich das europ. B. weitgehend die kommunale Selbstverwaltung.
Die Bed. des ma. B. lag v. a. auf wirtsch. und kulturellem Gebiet. Es spielte als wirtsch. Träger des Nah- und Fernhandels die entscheidende Rolle bei der Intensivierung des Marktaustausches und der Verkehrswirtschaft, wobei es oft zu Bündnissen von Städten oder Zusammenschlüssen von Unternehmern kam (Hanse). Als Auftraggeber der bildenden Künste und Förderer der Literatur und humanist. Studien wurde das B. neben dem Adel zum bed. Träger einer Laienkultur, doch es war auch den religiösen Bewegungen der Zeit (Bettelorden, Mystik, Waldenser) eng verbunden. Im Zeitalter des Absolutismus begann sich die Bed. des Begriffs „Bürger" grundlegend zu wandeln: Als „Bürgerliche" wurden nun gerade auch Personen bezeichnet, denen das Hauptmerkmal des traditionellen Bürgers – die durch den Bürgereid bekräftigte Zugehörigkeit zu einer städt. Gemeinschaft – fehlte: Angehörige gelehrter Berufe, Beamte,

Hans Bürger-Prinz

Händler, Bankiers, Verleger, Manufakturisten. Das B. war nicht nur der vom absolutist. Staat geförderte Hauptträger des techn. und wirtsch. Fortschritts (Verlagswesen, Manufaktur), sondern auch der weiteren großen Emanzipationsbewegung der Neuzeit, der Aufklärung; zur klass. Ideologie des B. wurde der Liberalismus. Zw. der ökonom. und kulturellen Bed. des B. und seiner polit. Rolle klaffte jedoch ein eklatanter Widerspruch, v. a. in Frankreich. Die endgültige Überwindung des „Feudalsystems" durch die Frz. Revolution 1789 leitete das klass. Zeitalter des B. ein. Die Anerkennung allg. Menschen- und Bürgerrechte in der Unabhängigkeitserklärung der USA wie ihre programmat. Verkündung in der Frz. Revolution bedeutete jedoch nicht, daß das besitzende B. bereit gewesen wäre, die polit. Macht in die Hände der besitzlosen Volksmassen zu legen. Vielmehr sollten durch ein nach dem Steueraufkommen abgestuftes Wahlrecht und/oder durch institutionelle Korrektive (Gewaltenteilung) dem demokrat. Prinzip der Mehrheitsherrschaft Schranken gesetzt werden. In den großen westl. Demokratien – den USA, Großbritannien und Frankreich – hat sich jedoch das demokrat. Prinzip weit stärker durchgesetzt, als es den Intentionen des Frühliberalismus entsprach. In M-Europa dagegen, wo die Beamtenherrschaft des aufgeklärten Absolutismus als Katalysator bürgerl. Emanzipation wirkte, kam zunächst in der sozialen und polit. Revolution 1848 verspätet der Ggs. von „Bildungs-" und „Besitz-B." und vorindustrieller Machtelite zum Ausbruch. Ihr Verlauf und partielles Scheitern waren v. a. bestimmt von dem sozialen Frontwechsel, den das B. angesichts der polit. Emanzipationsbewegung des sich aus absinkendem Klein-B. und Manufakturarbeitern bildenden Proletariats vollzog und der in Deutschland nach 1866/71 eine teilweise „Refeudalisierung" zur Folge hatte. In der 2. Hälfte des 19. Jh. förderte dies den modernen Cäsarismus, der v. a. hinsichtlich seiner Technik der Massenbeeinflussung zu den Wegbereitern faschist. Bewegungen im 20. Jh. zu zählen ist. Faschist. Bewegungen waren erfolgreich in den Ländern, in denen sich das B. entweder sozioökonom. (Italien) oder polit. (Deutschland) nicht voll hatte entwickeln können. Die relative Unterentwicklung des B. bzw. des Mittelstandes in einer Reihe überwiegend agrar. Länder Europas, die in der Zwischenkriegszeit zu autoritären oder faschistoiden Regimen übergingen, wird als die wichtigste strukturelle Ursache für das Scheitern des demokrat. Regierungssystems angesehen. Auch in Rußland ist die polit. Entwicklung nicht ohne die traditionelle Schwäche des einheim. B. zu verstehen. Die histor. Bedingungen, unter denen sich das B. herausbildete, scheinen damit bis in die unmittelbare Gegenwart fortzuwirken.

Burgfriede, im MA die Sicherung verstärkten Schutzes und Friedens im Bereich ummauerter Anlagen (Burg, Stadt), innerhalb dessen jede Fehde untersagt war und Friedensbruch streng bestraft wurde.
▷ polit. Schlagwort für die verabredete Einstellung v. a. parteipolit. Auseinandersetzungen zur Überbrückung nat. Ausnahmesituationen; z. B. 1914–17 zw. den Fraktionen des Dt. Reichstags.

Burggraf (mittellat. burggravius, praefectus), mittelalterl. Amt in königl. sowie bischöfl. Städten und Burgen; später erbl. Titel; entstand aus dem Amt des Vogtes; urspr. mit den militär. und gerichtl. Befugnissen eines Grafen ausgestattet; trat in Konkurrenz zur Gewalt der Stadtherrn und wurde von diesen im 12. und 13. Jh. zurückgedrängt. Der B. stieg meist zum Stadtvogt oder zum Schultheiß ab.

Burggrafenamt, histor. Gebiet in Südtirol, zw. Bozen und Naturns, ehem. Gerichts- und Amtsbezirk des Burggrafen auf Burg Tirol, Kern des tirol. Landesfürstentums.

Burgh [engl. 'bʌrə], die dem engl. Borough entsprechende Gemeinde in Schottland.

Burghausen, bayer. Stadt, an der Salzach, 362 m ü. d. M., 16 700 E. Erdölraffinerie, Solarzellenforschung. – 1025 erwähnt, um 1130 als Stadt bezeichnet. – Burg, durch Gräben in sechs Höfe unterteilt (seit 1253 erbaut; mehrfach umgebaut), ist mit 1 100 m Länge die größte dt. Burganlage; spätgot. Pfarrkirche (1353–1500), got. Spitalkirche (nach 1504 erneuert). Wohnhäuser des 17. und 18. Jh., Stadtmauer.

Burghley (Burleigh), William Cecil, Baron [engl. 'bɜːlɪ], *Bourne (Lincolnshire) 18. Sept. 1520, †London 4. Aug. 1598, engl. Staatsmann. – Erster Min. und Berater Elisabeths I., in deren Auftrag er seit 1558 die engl. Politik leitete; hatte wesentl. Anteil an der vollen Durchsetzung des Protestantismus in England sowie am erfolgreichen Seekrieg gegen Spanien.

Burgiba, Habib (frz. Bourguiba; arab. Bu Rkiba), *Monastir 3. Aug. 1903, tunes. Politiker. – 1934 Begründer der Neo-Destur-Partei; zw. 1934 und 1954 mehrfach in frz. Haft; wurde 1956 Min.präs; seit 1957 Staatspräs.; modernisierte innenpolitisch durch sozialreformer. Programme das Land, suchte außenpolitisch enge Anlehnung an den Westen; im Nov. 1987 aus Altersgründen abgesetzt.

Burgin, Victor [engl. 'bɜːdʒɪn], *Sheffield 24. Juli 1941, engl. Künstler. – Vertreter der ↑Concept-art. Seit 1973 verbindet er Photos mit pointierten Texten.

Hans Burgkmair d. Ä. Johannes auf Patmos, Mitteltafel des Johannesaltars, 1518 (München, Alte Pinakothek)

Burgkmair, Hans, d. Ä., *Augsburg 1473, †ebd. 1531, dt. Maler, Zeichner und Holzschneider. – 1488–90 Lehre bei M. Schongauer in Colmar, mehrfach in Italien. Führender Maler der Augsburger Renaissance. Seine Hauptwerke sind der Johannesaltar (1518; München, Alte Pinakothek) und der Kreuzigungsaltar (1519; ebd.). Die späteren Werke (u. a. „Esther vor Ahasver", 1528; ebd.) zeigen manierist. Züge. Als Zeichner für den Holzschnitt war B. wesentlich an den Prunkhandschriften Kaiser Maximilians I. beteiligt (v. a. „Theuerdank", „Weißkunig").

Burglengenfeld, bayer. Stadt an der Naab, 347 m ü. d. M., 10 500 E. Zement-, Textilind. – 1250 Markt, 1542 Stadt. – Rathaus (1573), Pfarrkirche (18. Jh.), ausgedehnte Burganlage.

Bürglen (UR), schweizer. Gemeinde am Eingang des Schächentals, Kt. Uri, 551 m ü. d. M., 3 500 E. Tellmuseum; Fremdenverkehr. – Frühbarocke Pfarrkirche (1682–85); spätgot. Tellskapelle (1582 gestiftet).

Burgos

Burgos
Stadtwappen

Burgos, span. Prov.hauptstadt in der Nordmeseta, 856 m ü. d. M., 159 000 E. Erzbischofssitz; Ind.zentrum (Textil-, Chemie-, Gummi-, Papierind.). – 882 gegr.; wurde 932 Hauptstadt der Gft. und 1037 des Kgr. Kastilien. Erlangte im 15. Jh. eine Monopolstellung im Wollexport. Im Span. Bürgerkrieg bis 1939 Sitz der Reg. Franco. – Die frühgot. Kathedrale (begonnen 1221; ausgebaut im 14.–18. Jh.) mit zweigeschossigem got. Kreuzgang (14. Jh.), wurde von der UNESCO zum Weltkulturerbe erklärt; got. Kirche San Esteban (1280–1350) mit platereskser Innenausstattung; spätgot. Feldherrnpalast (15. Jh.), Casa de Miranda (1545; jetzt archäolog. Museum), Arco de Santa María (1535–53, ehem. maur. Stadttor), nahebei liegt das Kloster de las Huelgas (12. Jh. und später).

Bürgschaft, der [meist einseitig verpflichtende] Vertrag, in dem der Bürge dem Gläubiger eines anderen (des Hauptschuldners) verspricht, für die Erfüllung der [gegenwärtigen oder künftigen] Verbindlichkeit des anderen einzustehen; gesetzlich geregelt in den §§ 765–777 BGB. Zum gültigen Abschluß eines B.vertrages ist (von seiten des Bürgen) ein in allen wesentl. Teilen vollständiges, schriftl. B.versprechen erforderlich, außer wenn der Bürge Vollkaufmann und die B. für ihn ein Handelsgeschäft ist (§ 350 HGB). Die B. begründet eine neben die Hauptschuld tretende, selbständige Verbindlichkeit des Bürgen mit folgenden Besonderheiten: 1. Die Bürgenschuld ist vom jeweiligen Bestand der Hauptschuld abhängig. 2. Die Bürgenschuld ist der Hauptschuld nachgeordnet. Der Bürge darf seine Leistung verweigern, sofern der Gläubiger nicht die Zwangsvollstreckung gegen den Hauptschuldner ohne Erfolg betrieben und auch versucht hat, sich aus einem Pfand- oder Zurückbehaltungsrecht an einer bewegl. Sache zu befriedigen *(Einrede der Vorausklage).* Am wichtigsten sind Bank-B. und Bundes-B. (bes. zur Absicherung der Exportfinanzierung). *Arten:* 1. **Selbstschuldnerische Bürgschaft:** Die Einrede der Vorausklage ist ausgeschlossen. 2. **Ausfallbürgschaft:** Der Bürge muß erst bei völlig oder teilweise erfolgloser Zwangsvollstreckung gegen den Schuldner eintreten. 3. **Teilbürgschaft:** Für einen Teil der Hauptschuld. 4. **Höchst-(Limit)bürgschaft:** Sie erstreckt sich auf die gesamte Hauptschuld, ist aber auf einen Höchstbetrag beschränkt. 5. **Zeitbürgschaft:** Der Gläubiger muß den Schuldner innerhalb einer vereinbarten Zeit in Anspruch nehmen. Andernfalls wird der Bürge frei. 6. **Kreditbürgschaft, Kontokorrentbürgschaft:** Die B. sichert ein Kredit- oder Kontokorrentverhältnis. 7. **Mitbürgschaft:** Mehrere verbürgen sich [gleichzeitig oder nacheinander] für dieselbe Hauptschuld. Sie sind Gesamtschuldner. 8. **Nachbürgschaft** (After-B.): Eine B. dafür, daß der Vorbürge (Hauptbürge) die ihm obliegende Verpflichtung erfüllen wird. 9. **Rückbürgschaft:** Sie sichert den Rückgriffsanspruch des Bürgen gegen den Hauptschuldner. – In *Österreich* und in der *Schweiz* gilt eine im wesentlichen entsprechende Regelung.

Burgos. Westfassade der Kathedrale, 13.–15. Jahrhundert

Burgstaaken ↑ Burg auf Fehmarn.

Burgstädt, Stadt nw. von Chemnitz, Sa., 13 000 E. Textilmaschinenbau, Trikotagenherstellung. – Ende 13./Anfang 14. Jh. gegr. – Spätgot. Stadtkirche (16. Jh.), Barockrathaus (1761–63).

Burgtheater (bis 1918 Hofburgtheater), östr. Bundestheater in Wien; von Maria Theresia 1741 als *Theater nächst der Burg* am Michaelerplatz gegr.; von Joseph II. 1776 zum Nationaltheater erklärt. Das neue Haus am Ring (1884–88 erbaut von C. Frhr. von Hasenauer nach Ideen von G. Semper) wurde im 2. Weltkrieg weitgehend zerstört und 1953–55 wieder aufgebaut. Das B. pflegt seit Beginn neben dem klass. Repertoire (Höhepunkte unter J. Schreyvogel, H. Laube und F. von Dingelstedt) auch das zeitgenöss. Drama.

Burgtiefe ↑ Burg auf Fehmarn.

Burgund, Name mehrerer Dynastien: Pfalzgrafen *(gräfl. Haus)* in B. (Franche-Comté) waren um 980–1155 Nachkommen des Königs Berengar II. von Italien sowie 1248–1331 eine Seitenlinie. Im frz. Hzgt. B. folgten 963 auf einheim. Herzöge Angehörige der Kapetinger, 1032–1361 (ab 1331 auch in der Franche-Comté) in einer Nebenlinie des frz. Königshauses *(Haus Altburgund).* Nach ihrem Aussterben begründete 1363 der frz. Königssohn Philipp (II.), der Kühne, das *Haus Neuburgund* (erloschen 1477/91). Zwei burgund. Schwiegersöhne Alfons' VI. von Kastilien und León begründeten um 1095 das *portugies. Haus* (1139 Könige, 1383 erloschen) und das *kastil. Haus* (1126–1369 Könige), dem die Bastardlinie *B.-Trastámara* (1369–1516/55) folgte. Sie erbte 1412 auch die Krone Aragoniens.

Burgund (frz. Bourgogne), histor. Landschaft und Region in Frankreich zw. Saône und oberer Loire; 31 582 km², 1,61 Mill. E, Regionshauptstadt Dijon. B. erhielt seine historisch-landschaftl. Einheit als Durchgangsland und Verkehrsvermittler zw. Rhone-Saône-Gebiet und Pariser Becken einerseits sowie den Oberrheinlanden andererseits, aber auch als geistig-kulturelles Zentrum (Cluny, Cîteaux). B. ist überwiegend agrarisch orientiert. Am Fuß der Côte d'Or, im Mâconnais, Beaujolais und um Chablis liegt das zweitgrößte frz. Weinanbaugebiet. Ind.zentren sind Dijon, Chalon-sur-Saône und Le Creusot.

Königreich Burgund: 443 wurden die Reste der von den Hunnen geschlagenen Burgunder in Savoyen (Sapaudia) als Verbündete des Röm. Reiches angesiedelt (Hauptstadt seit

...

Burgund
Historisches Wappen

Burgtheater. Wiener Burgtheater, erbaut 1884–88, nach Zerstörung 1953–55 wiederhergestellt

461 Lyon). 532–34 eroberten die Franken das in sich uneinige Kgr. Bei der Teilung des Fränk. Reichs von 843 fiel B. mit Ausnahme der zum Westreich geschlagenen Gebiete des späteren Hzgt. B. an das Mittelreich Kaiser Lothars I., 855 als eigenes Teilreich (Kgr. Provence) an seinen Sohn Karl († 863). Graf Boso von Vienne begründete 879 das Kgr. Nieder-B. (Arelat) mit einem Herrschaftsgebiet von Lyon bis zur Rhonemündung. In der heutigen W-Schweiz und Franche-Comté errichtete 888 der Welfe Rudolf I. das Kgr. Hoch-B. König Konrad († 993) erwarb 950 auch Nieder-B. Dieses vereinigte Kgr. Arelat fiel nach dem Tod Rudolfs III. († 1032) an das Dt. Reich. 1365 ließ sich Kaiser Karl IV. als letzter dt. Herrscher in Arles zum König von B. krönen. Nach der Verselbständigung der schweizer. Eidgenossenschaft (1648) und dem Verlust der Franche-Comté an Frankreich (1679) verblieben als Teile des alten B. nur Savoyen, die württemberg. Gft. ↑Mömpelgard und das Bistum Basel bis Ende des 18. Jh. im Reichsverband.

Herzogtum Burgund: Westlich der Saône errichtete der Bruder Bosos von Nieder-B., Richard der Gerechte († 921), das Hzgt. B. Seit 963 in kapeting. Hand, wurde das Hzgt. 1032 Stammland des kapeting. Hauses Alt-B. Eine zentrale polit. und kulturelle Rolle in Europa errang B. dann unter dem Haus Neu-B. (1363–1477). Der auf vielerlei Weise zusammengebrachte Länderkomplex vom Zentralmassiv bis zur Zuidersee gehörte z. T. zum Hl. Röm. Reich, z. T. zu Frankreich, doch konnte beider Lehnshoheit kaum aufrechterhalten werden. Als Karl der Kühne versuchte, ein geschlossenes Kgr. B. zu schaffen, fiel er 1477 im ↑Burgunderkrieg. B. kam über seine Erbtochter Maria (* 1457, † 1482), der Gemahlin Maximilians I., größtenteils an die Habsburger, Frankreich erhielt 1493 das Hzgt. B. und die Picardie.

Burgunder (lat. Burgundiones, Burgundii, Burgunden), ostgerman. Volk; im 1. Jh. n. Chr. zw. Oder und Weichsel siedelnd, im 3. Jh. am Main nachweisbar, Anfang 5. Jh. in der Gegend von Worms und Speyer. Nachdem ein großer Teil 436 durch Hunnen vernichtet worden war (histor. Kern der Nibelungensage), wurde der Rest 443 am W-Rand der Alpen angesiedelt (↑Burgund).

Burgunderkrieg (1474–77), Bez. der Feldzüge der Schweizer Eidgenossen gegen Herzog Karl den Kühnen von Burgund mit den Entscheidungssiegen bei Grandson (1476), Murten (1476) und Nancy (1477).

Burgunderreben (Pinotreben), der *Blaue Spätburgunder* (Pinot noir; tiefdunkle Beeren) und von ihm abstammende Rebsorten. Die wichtigsten sind: ↑*Ruländer, Weißburgunder* (Pinot blanc), *Pinot meunier* (Müller-Rebe und Schwarzriesling) und *Samtrot* (Klonenzüchtung aus Pinot meunier). In Deutschland v. a. in Baden (Kaiserstuhl, Ortenau), in der Rheinpfalz, im Rheingau und an der Ahr angebaut.

Burgunderweine, Rot- und Weißweine, die in Burgund im Saônetal zw. Dijon und Lyon in vier Weinbaugebieten angebaut werden. Von N nach S: Côte d'Or, südwestlich von Dijon (unterteilt in Côte de Nuits und Côte de Beaune), Côte de Mâconnais, Côte de Chalonnais und Côte de Beaujolais.

burgundische Musik ↑niederländische Musik.

Burgundische Pforte, 20–30 km breite Senke zw. Vogesen und Jura, Frankreich; seit frühgeschichtl. Zeit wichtiges Durchgangsgebiet.

Burgundischer Reichskreis ↑Reichskreise.

burgundisches Kreuz, zwei nach Art des Andreaskreuzes schräg gekreuzte rote Äste (mit Ansätzen abgehauener Zweige); neben dem burgund. Wappen geführt und dem Orden vom Goldenen Vlies beigegeben; seit dem 16. Jh. auf Landsknechts- und Kriegsfahnen; von den belg.*Rexisten und span. Traditionalisten wieder aufgegriffen.

Burgus [german.-spätlat.], in der Spätantike kleineres Militärlager (Wehrturm bzw. kleines Kastell) mit eigener Rechtspersönlichkeit, zur Grenzsicherung eingerichtet.

Burgwald, Bergland nördlich von Marburg zw. Wetschaft, Ohm und Wohra, Hessen, im Wasserberg 412 m hoch.

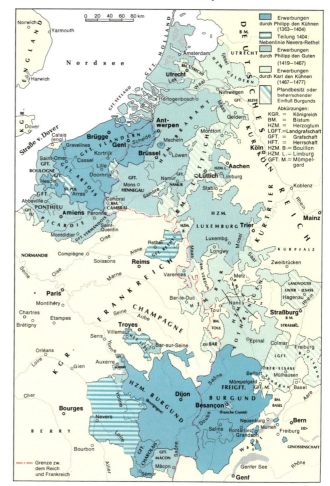

Burgund. Staatliche Entwicklung 1363–1477

Burgward (Burgwardei), im 10. und 11. Jh. der zu einer Burg gehörende Verwaltungs- und Gerichtsbezirk an der Ostgrenze des Hl. Röm. Reiches.

Buridan, Johannes, * Béthune (?) um 1295 (?), † nach 1366, frz. scholast. Philosoph. – Rektor der Univ. Paris 1328 und 1340; gemäßigter Nominalist. In der Moralphilosophie erkannte er eine gewisse Entscheidungsfreiheit des Individuums an (↑Buridans Esel).

Buridans Esel [nach J. Buridan], moralphilosoph. Gleichnis, nach dem ein Mensch nicht zw. zwei gleich großen Gütern wählen könne, ähnlich einem Esel, der sich für keinen von zwei gleich großen Heuhaufen entscheiden kann und deshalb verhungert.

Burjaten (Burjäten), mongol. Volk im S Sibiriens beiderseits des Baikalsees (Rußland), in der nördl. Mongolei und im nö. China, etwa 430 000; früher Hirtennomaden, auch seßhafte Ackerbauern, die in Filzjurten bzw. Holzhäusern wohnten; Schamanismus, später Lamaismus.

Burjatien, autonome Republik innerhalb Rußlands, am O- und S-Ufer des Baikalsees, 351 300 km², 1,04 Mill. E (1989), Hauptstadt Ulan-Ude. B. ist ein bis 3 491 m hohes Gebirgsland mit einem extremen Kontinentalklima; Bergbau (u. a. Braunkohle, Nichteisenerze), Viehzucht, im S Getreideanbau. B. wird im S von der Transsib, im N von der BAM durchquert.

Geschichte: Die Burjaten kamen im 12. und 13. Jh. in ihre heutigen Wohngebiete; Anschluß des Baikalgebietes an Rußland 1689; Errichtung der Sowjetmacht 1918; 1923

Burka

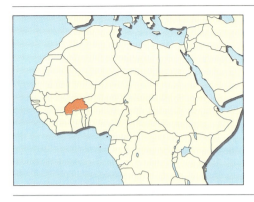

Burkina Faso
Fläche: 274 200 km²
Bevölkerung: 8,9 Mill. E (1990), 32 E/km²
Hauptstadt: Ouagadougou
Amtssprache: Französisch
Nationalfeiertag: 11. Dez.
Währung: 1 CFA-Franc (FC.F.A.) = 100 Centimes (c)
Zeitzone: MEZ −1 Stunde

Burkina Faso
Staatswappen

1970 1990   1970 1990
Bevölkerung   Bruttosozial-
(in Mill.)   produkt je E
          (in US-$)

☐ Stadt   ☐ Land

Bevölkerungsverteilung 1990

☐ Industrie
☐ Landwirtschaft
☐ Dienstleistung

Bruttoinlandsprodukt 1990

Bildung der Burjatisch-Mongol. ASSR; 1958 Umbenennung in Burjat. ASSR.

Burka [russ.], halbkreisförmig geschnittener Mantelumhang der Kaukasier aus dickem, rauhem Wollstoff.

Burke [engl. bə:k], Edmund, *Dublin 12. Jan. 1729, †Beaconsfield 9. Juli 1797, brit. Publizist und Politiker. – Seine Schrift „Betrachtungen über die Frz. Revolution" (1790), in der er die Ziele der Frz. Revolution und ihrer Parteigänger in Großbritannien verurteilte, wurde eine wesentl. theoret. Grundlage des europ. Konservatismus. Begründete eine psycholog. Ästhetik, die u. a. Kant und Lessing beeinflußte.

B., Robert O'Hara, *Saint Cleran's (Grafschaft Galway) 1821, †beim Cooper Creek (Queensland) 28. Juni 1861, brit. Australienforscher. – Durchquerte 1860/61 mit anderen als erster Europäer den austral. Kontinent in S–N-Richtung.

Burkhard, Paul, *Zürich 21. Dez. 1911, †Zell (Kt. Zürich) 6. Sept. 1977, schweizer. Komponist. – Bekannt v. a. durch musikal. Komödien, z. B. „Das Feuerwerk" (1948, darin das populäre Lied „O mein Papa").

B., Willy, *Leubringen bei Biel (BE) 17. April 1900, †Zürich 18. Juni 1955, schweizer. Komponist. – Aus seinem Werk, das alle Gattungen umfaßt, ragen die Oratorien „Das Gesicht Jesaias" (1935) und „Das Jahr" (1941) sowie die Oper „Die schwarze Spinne" (1949, 2. Fassung 1954) heraus.

Burkina Faso, Republik in Westafrika zw. 9° 30′ und 15° n.Br. sowie 2° 10′ ö.L. und 5° 30′ w.L. **Staatsgebiet:** Es grenzt im W an Mali, im NO an Niger, im SO an Benin, im zentralen S an Togo und Ghana, im westl. S an die Republik Elfenbeinküste. **Verwaltungsgliederung:** 30 Prov. **Internationale Mitgliedschaften:** UN, OAU, Conseil de l'Entente, ECOWAS, OCAM, UMOA, der EWG assoziiert.
Landesnatur: B. F. liegt größtenteils im Sudan und ist im wesentlichen eine in 200–300 m Höhe gelegene Fastebene, der zahllose Inselberge aufsitzen. Im Sandsteintafelland des SW werden Höhen von fast 750 m erreicht. Hier im SW entspringt der Schwarze Volta, der einzige ganzjährig wasserführende Fluß des Staates.
Klima: Der S und der zentrale Teil liegen in den wechselfeuchten Tropen mit einer Regen- und Trockenzeit. Der N ist trocken.
Vegetation: Entsprechend den klimatischen Gegebenheiten finden sich im S Feucht-, im Zentrum Trocken-, im N Dornstrauchsavanne.
Tierwelt: Antilopen, Löwen, Elefanten, Krokodile, Flußpferde sowie zahlr. Vogelarten.
Bevölkerung: Sie gliedert sich in rd. 160 Stammesgruppen, die zum größten Teil im sudan. Klassensprachen sprechen. Die bedeutendste Gruppe ist mit knapp 50 % die der Mossi. 45 % der Bev. sind Anhänger von traditionellen Religionen, 43 % Muslime, 12 % Christen. Das Schulsystem ist nach frz. Vorbild aufgebaut. Seit 1974 verfügt B. F. über eine Univ. in Ouagadougou.
Wirtschaft: B. F. ist ein Agrarland. Die Viehwirtschaft ist bedeutender als der Ackerbau, der weitgehend in Brandrodungswanderfeldbau betrieben wird. Angebaut werden u.a. Hirse, Mais, Reis, Süßkartoffeln, Jams, Maniok, Hülsenfrüchte, Erdnüsse, Sesam und Baumwolle. Die vorhandenen Bodenschätze sind nahezu ungenutzt. Die Ind. verarbeitet v.a. landw. Erzeugnisse. Wichtigster Ind.standort ist Bobo-Dioulasso.
Außenhandel: Ausgeführt werden Baumwolle, Erdnüsse, Vieh und -erzeugnisse, eingeführt Lebensmittel, Maschinen und Fahrzeuge, Erdölprodukte, Konsumgüter. Wichtigste Partner sind Frankreich u. a. EG-Staaten und die Elfenbeinküste.
Verkehr: B. F. verfügt über eine Eisenbahnstrecke von 517 km Länge. Das Straßennetz ist 13 134 km lang, davon sind rd. 1 500 km asphaltiert. B. F. ist Teilhaber an der Fluggesellschaft Air Afrique. Internat. ✈ in der Hauptstadt und in Bobo-Dioulasso.
Geschichte: Die Franzosen konnten die drei Reiche der Mossi von Ouagadougou, Yatenga und Tenkodogo 1896 ohne größere Kämpfe erobern. 1919 wurde das gesamte Territorium als Kolonie Obervolta konstituiert und Frz.-Westafrika eingegliedert, allerdings 1932 aufgelöst und unter die Kolonien Elfenbeinküste, Sudan und Niger aufgeteilt. Im Rahmen der Frz. Union wurde Obervolta 1947 als Territorium wiederhergestellt. 1958 konstituierte sich als autonome Republik Volta (1959 in Obervolta umbenannt) innerhalb der Frz. Gemeinschaft, sie erhielt am 5. Aug. 1960 die volle Unabhängigkeit. Vorwiegend wirtsch. Schwierigkeiten führten zur Jahreswende 1965/66 zu einem Militärputsch unter der Führung von General S. Lamizana (* 1916). 1974–77 waren alle polit. Parteien verboten. Nachdem 1976 eine Reg. überwiegend aus Zivilisten gebildet, im Nov. 1977 durch Volksentscheid eine neue demokrat. Verfassung angenommen und im April 1978 Parlamentswahlen durchgeführt worden waren, wurde General S. Lamizana (im 2. Wahlgang) im Mai 1978 zum Präs. wiedergewählt. Der von Oberst S. Zerbo (* 1932) geführte unblutige Putsch am 25. Nov. 1980 eröffnete eine Reihe von Militärputschen: am 7. Nov. 1982 unter J. B. Ouédraogo (* 1925), am 5. Aug. 1983 unter T. Sankara (* 1950). Am 4. Aug. 1984 Änderung des Landesnamens in B. F. Nach erneutem Militärputsch am 15. Okt. 1987 wurde B. Compaoré (* 1951 ?) Präsident. Im Juni 1991 wurde durch eine Volksabstimmung eine neu ausgearbeitete Verfassung angenommen. Bei den ersten demokrat. Präs.wahlen im Dez. 1991 wurde Compaoré im Amt bestätigt; im Mai 1992 errang bei Parlamentswahlen die Front Populaire die Mehrheit.
Politisches System: Seit dem Militärputsch vom Nov. 1980 war die Verfassung von 1977 außer Kraft gesetzt und alle Parteien verboten (bis 1987). Seit 1987 lag alle *legislative* und *exekutive* Macht bei der Front Populaire (gegr. 1987) unter Führung von Compaoré. Die am 11. Juni 1991 in Kraft getretene neue Verfassung sieht einen auf 7 Jahre gewählten Präs. vor, der den Reg.chef und die Minister ernennt. Diese sind einem auf 4 Jahre gewählten Einkammer-

parlament verantwortlich. Außerdem wird ein Mehrparteiensystem festgeschrieben. Neben der linksgerichteten Front Populaire bestehen 13 neugegründeten Parteien. Es bestehen mehrere *Gewerkschaftsverbände.* – Das *Rechtswesen* war nach frz. Vorbild organisiert und wurde 1985 grundlegend verändert. An die Stelle von Gesetzen traten weitgehend Proklamationen und Rechtshinweise des Präsidenten, nach denen Revolutionäre Volksgerichte aburteilten.

Burkitt-Tumor [ˈbəːkɪt...; nach dem brit. Tropenarzt D. Burkitt, *1911], bösartige Geschwulst (Non-Hodgkin-Lymphom, ↑Lymphom) des Kindesalters; tritt hauptsächlich in den trop. Gebieten Afrikas auf.

Burleigh, William Cecil, Baron [engl. ˈbəːli] ↑Burghley, William Cecil, Baron.

burlesk [italien.-frz.; zu lat. burrae „Possen"], als literar. Bez. seit der Mitte des 16. Jh. von Italien ausgehend für eine neue Stilart spaßhaften, grobsinnl. Spotts verwendet.

Burleske [nach burlesk], urspr. derb-komisches Improvisationsstück in der Art der Commedia dell'arte, dann auch ein Werk, das der Posse und Farce nahesteht.
▷ musikal. Komposition von ausgelassenem, heiterem Charakter.

Burljuk, David [engl. bəˈljuːk] (Burljuk), *Charkow 21. Juli 1882, †New York 10. Febr. 1967, russisch-amerikan. Maler. – 1910 gründete er mit Majakowski u. a. in Moskau eine Futuristengruppe (Manifest 1912) und entwickelte 1910 den „Kubofuturismus", in dem splittrige Formen zu Bewegungsabläufen geordnet sind. Seit 1922 in den USA.

Burma, Staat in Asien, ↑Birma.

Burnacini, Lodovico Ottavio [italien. burnaˈtʃiːni], *Mantua (?) 1636, †Wien 12. Dez. 1707, italien. Baumeister und Theateringenieur. – Seit 1652 in Wien in kaiserl. Diensten. Neben Bauaufträgen entwarf B. v. a. Dekorationen, Kostüme und Bühnenmaschinen für mehr als 100 Opern und Festspiele.

Edward Coley Burne-Jones. Das Schreckenshaupt der Medusa, Teil des Perseus-Zyklus, 1887 (Stuttgart, Staatsgalerie)

Burne-Jones, Sir Edward Coley [engl. ˈbəːn-ˈdʒoʊnz], eigtl. Jones, *Birmingham 28. Aug. 1833, †London 17. Juni 1898, engl. Maler und Zeichner. – Märchenhaft-verträumte Bilder nach ma. Stoffen; auch Glasfenster, Gobelins u. a.; illustrierte Chaucer (1896). Gilt als Vorläufer des Jugendstils.

Burnet, Sir (seit 1951) Frank MacFarlane [engl. ˈbəːnɪt], *Traralgon (Victoria) 3. Sept. 1899, †Melbourne 31. Aug. 1985, austral. Virologe und Serologe. – Bed. Forschungen auf dem Gebiet der Infektions- und Viruskrankheiten sowie über Gewebetransplantation. Er erhielt 1960 (mit P. B. Medawar) den Nobelpreis für Physiologie oder Medizin.

Burnham [engl. ˈbəːnəm], Daniel Hudson, Partner von John W. ↑Root.

B., James, *Chicago 22. Nov. 1905, †Kent (Conn.) 28. Juli 1987, amerikan. Soziologe und Publizist. – 1932–54 Prof. in New York; urspr. Trotzkist, übte später scharfe Kritik an der sowjet. Politik und deren totalitärer Entwicklung; bekannt durch seine Theorie der Managergesellschaft; u. a. „Das Regime der Manager" (dt. 1948).

Burns [engl. bəːnz], John, *London 20. Okt. 1858, †ebd. 24. Jan. 1943, brit. Gewerkschafter und Politiker. – Organisierte 1889 den Londoner Dockarbeiterstreik; 1905–14 Min. für Lokalverwaltung; legte 1914 als Handelsmin. aus Protest gegen den brit. Kriegseintritt sein Amt nieder.

B., Robert, *Alloway bei Ayr 25. Jan. 1759, †Dumfries 21. Juli 1796, schott. Dichter. – Bedeutendster schott. Dichter neben W. S. Scott, Vorläufer der Romantik. In volkstüml. lyr. und ep. Dichtungen verwertet er oft alte schott. Quellen. Viele seiner Lieder (u. a. „My heart's in the Highlands") wurden zu Volksliedern; balladeske Verserzählung „Tam o'Shanter" (1790).

Burnus [griech.-arab.-frz.], Übergewand der Beduinen mit Kapuze.

Büro [frz.; zu lat. burra „zottiges Gewand", urspr. grober Wollstoff (mit dem Schreib- und Arbeitstische überzogen wurden)], Arbeits-, Dienst- und Geschäftsstelle; auch die Gesamtheit der dort tätigen Personen.

Bürocomputer, zu den Arbeitsplatzcomputern zählender Computer; bestehend aus Mikrocomputer, Bildschirm, Drucker, Disketten- und Magnetplattenlaufwerken und ggf. weiteren peripheren Geräten. B. können über Datenfernverarbeitungssysteme an Großrechner oder Datenbanken angeschlossen werden. Außerdem sind sie im allg. mit den Postdiensten (z. B. Bildschirmtext) kompatibel.

Bürohaus ↑Verwaltungsbauten.

Bürokratie [frz.; zu ↑Büro und griech. krátos „Kraft, Macht"], Form staatl., polit. oder privat organisierter Verwaltung, die durch eine hierarch. Befehlsgliederung *(Instanzenweg)*, durch klar abgegrenzte Aufgabenstellungen, Befehlsgewalten, Zuständigkeiten und Kompetenzen, durch berufl. Aufstieg in festgelegten Laufbahnen, durch feste, an die jeweilige Funktion gekoppelte Bezahlung sowie durch genaue und lückenlose Aktenführung sämtl. Vorgänge gekennzeichnet ist. Der Begriff B. wurde bereits 1745 von V. Seignier de Gournay geprägt und war urspr. auf die zunehmend rationalisierte und vom Berufsbeamtentum durchgeführte staatl. Verwaltung bezogen. Diese Organisationsform ist jedoch universell anwendbar und wurde daher v. a. seit Beginn des 20. Jh. auch auf andere Verwaltungsformen, z. B. auf Parteien, Verbände und Wirtschaftsunternehmen übertragen, da sie als bes. leistungsfähig und rational angesehen wurde. Vor der Übernahme des B.modells auf alle Vorgänge in Staat, Gesellschaft und Wirtschaft **(Bürokratisierung)** wird heute jedoch verstärkt gewarnt, da bürokrat. Verwaltungen die Tendenz zur Verselbständigung und Eigengesetzlichkeit aufweisen, die ihre eigtl. Ziele, Prinzipien und Aufgaben vergessen läßt.

Büromaschinen, Sammelbez. für die im Bürobetrieb eingesetzten, meist elektr. oder elektron. betriebenen Maschinen und Maschinensysteme. Die wichtigsten B. sind: Schreibmaschinen, Diktiergeräte, Vervielfältigungsgeräte, Rechenmaschinen, Buchungsmaschinen und Fakturiermaschinen. Hilfsgeräte sind u. a. Falz-, Heft- und Klebemaschinen, Numerierungs- und Stempelmaschinen, Kuvertier-, Frankier- und Brieföffnungsautomaten, Schneidevorrichtungen unterschiedl. Art, Zähl- und Sortiermaschinen. – Die moderne Entwicklung ist durch den zunehmenden Einsatz von Arbeitsplatz- bzw. Personalcomputern bestimmt, die mit Hilfe von Textverarbeitungsprogrammen, Programmen zur Verwaltung von Dateien u. a., angeschlossenen Druckern und Telekommunikationsanlagen (für Telex, Telefax, Dateldienste, Bildschirmtext u. a.) einen grundlegenden Wandel in der Bürotechnik mit sich brachten.

Edmund Burke (Ausschnitt aus einem Gemälde von Joshua Reynolds, 1771)

Paul Burkhard

Frank MacFarlane Burnet

Robert Burns (Ausschnitt aus einer Miniatur von Alexander Nasmyth)

Burri, Alberto, *Città di Castello 12. März 1915, italien. Materialbildner. – Materialmontagen aus Sacklumpen, Blech und Kunststoffolien mit Deformierungen.

Burroughs [engl. 'bʌroʊz], Edgar Rice, *Chicago 1. Sept. 1875, †Los Angeles 19. März 1950, amerikan. Schriftsteller. – Verfaßte u. a. die „Tarzan"-Romane.

B., William S[eward], *Saint Louis (Mo.) 5. Febr. 1914, amerikan. Schriftsteller. – Vorbild der amerikan. ↑ Beat generation. Schreibt, beeinflußt u. a. von H. Melville, F. Kafka und v. a. J. Genet, schockierend-beißende Satiren auf die moderne Gesellschaft, u. a. „The naked lunch" (R., 1959), „Nova Express" (R., 1964), „Western Lands" (R., dt. 1988).

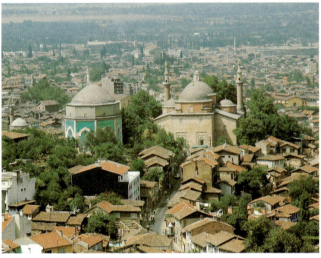

Bursa. Blick auf die Stadt, rechts die Grüne Moschee, 1419–23, links davon das grüne Mausoleum, 1419

Bursa (früher Brussa), türk. Stadt in NW-Anatolien, 614 000 E. Hauptstadt der Prov. B.; Univ. (gegr. 1975); Seidenwarenherstellung, Konserven-, Metallind.; Fremdenverkehr; Seilbahn auf den Ulu Dağ; Badeort (schwefel- und eisenhaltige Thermalquellen). – Um 184 v. Chr. als **Prusa** gegr., 74 v. Chr. an Rom, 1326 von Osmanen eingenommen; 1361–1453 deren Hauptstadt. – Große Moschee (14./15. Jh.), Grüne Moschee (1419–23), Moschee Murads II. (1447), Moschee Bajasids I. Yıldırım (um 1400), Grünes Mausoleum (1419).

Bursche [eigtl. „Angehöriger einer ↑ Burse"], allgemein: junger Mann, Jüngling, Halberwachsener.
▷ beim *Militär* früher ein zur Bedienung v. a. der Offiziere abkommandierter Soldat.
▷ das vollberechtigte aktive Mitglied einer student. Korporation (im Ggs. zum ↑ Fuchs).

Burschenschaft, eine farbentragende student. Korporation, mit anderen heute im Verband der Dt. B. zusammengeschlossen. Die Bestimmungsmensur bleibt seit 1971 der Entscheidung der einzelnen B. überlassen.
Der Begriff B. entstand als polit. Schlagwort im Freiheitskampf gegen Napoleon I. (F. L. Jahn, 1811), verstanden als Reform- und Einigungsbewegung der bisher in Landsmannschaften zersplitterten Studentenschaft. In Jena gaben am 12. Juni 1815 die Landsmannschaften ihre Selbständigkeit auf **(Jenaische Burschenschaft).** Ihre Farben Schwarz und Rot, mit goldener Einfassung, entlehnten sie vermutlich der Uniform des Lützowschen Freikorps. Die Einigung der Burschenschaft sollte als Vorbild für die polit. Einigung der dt. Nation wirken. Das Wartburgfest vom 18. Okt. 1817 vereinte über 400 Burschen von fast allen prot. dt. Hochschulen. Die Verfassung einer „Allgemeinen Dt. B." wurde am 18. Okt. 1818 von den Vertretern der B. von 14 Universitäten unterzeichnet. Die – schon vorher entstandene – Denkschrift „Die Grundsätze und Beschlüsse des 18. Oktobers" formulierte das liberal-nat. Programm der B.: staatl., wirtsch. und kirchl. Einheit Deutschlands, eine konstitutionelle Monarchie mit Ministerverantwortlichkeit, einheitl. Recht mit öff. Verfahren und Geschworenengerichten, Rede- und Pressefreiheit, Selbstverwaltung, allg. Wehrpflicht u. a. Eine radikale Strömung („Bund der Schwarzen", Gießen) forderte die Errichtung einer Republik mit Rechtsgleichheit und allg. Wahlen. Bes. infolge der Ermordung A. von Kotzebues durch den „Unbedingten" K. L. Sand (1819) konnte Metternich die auch gegen die B. zielenden ↑ Karlsbader Beschlüsse durchsetzen. Beim Hambacher Fest (1832) wurde das burschenschaftl. Schwarz-Rot-Gold zum erstenmal als Volksfahne gefeiert. – Die in den 1840er Jahren einsetzende sog. **Progreßbewegung** betrieb eine allg. „Demokratisierung" der Hochschulen (Aufhebung der Fakultäten, gebührenfreies Studium, student. Beteiligung bei der Besetzung der Lehrstühle und der Wahl der akadem. Behörden). Höhepunkt war das zweite Wartburgfest (Pfingsten 1848). – In Deutschland verlor nach der Gründung des Dt. Reiches die polit. Zielsetzung an Bedeutung, konservatives Gedankengut und student. Brauchtum prägten das Leben der B. 1883–1934 bestand als Gesamtverband der Allgemeine Dt. Burschenbund, daneben entfaltete sich seit 1902 die Dt. B. (DB), Nachfolgeorganisation älterer Convente. Nach dem 2. Weltkrieg kam es zu zahlr. Neugründungen, am 16. Juni 1950 in Marburg zur Wiedererrichtung der Dt. Burschenschaft.

burschikos [zu ↑ Bursche], sich jungenhaft gebend, betont ungezwungen, ungeniert; salopp, formlos.

Burse [zu griech.-mittellat. bursa „Beutel, (gemeinsame) Kasse"], im Spät-MA (14. Jh.) Bez. der Stiftungen getragenen Wohn- u. Kosthäuser für Studenten oder Handwerksgesellen. Heute gelegentlich Name für student. Wohnheime.

Bursfelde, ehem. Benediktinerabtei an der oberen Weser, 1093 gegr. und von der Abtei Corvey aus besiedelt; roman. Basilika aus dem 12. Jh.; in der Reformationszeit prot., in der Säkularisation aufgelöst. Den Titel „Abt von B." trägt jeweils der Senior der ev. theolog. Fakultät in Göttingen.

Bursitis [griech.], svw. ↑ Schleimbeutelentzündung.

Bürste, ein mit Borsten, kurzen Pflanzenfasern oder Drahtstücken *(Draht-B.)* bestecktes Reinigungsgerät (meist aus Holz oder Kunststoff).
▷ (Kohlebürste) klötzchenförmiger Preßkörper aus Elektrographit oder amorphem Kohlenstoff (urspr. z. B. Kupferdrahtbündel), der als federnd geführter Schleifkontakt bei elektr. Maschinen den Stromübergang zw. rotierenden stromführenden Teilen und feststehenden Leitern ermöglicht.

Burte, Hermann, eigtl. H. Strübe, *Maulburg bei Lörrach 15. Febr. 1879, †Lörrach 21. März 1960, dt. Schriftsteller. – Völkisch-nationalist. Roman „Wiltfeber, der ewig Deutsche" (1912), Preußendrama „Katte" (1914), daneben formal-konservative Lyrik, Mundartgedichte, Übersetzungen.

Burton [engl. bə:tn], Gary, *Andersen (Ind.) 23. Jan. 1943, amerikan. Jazzmusiker (Vibraphon). – Erreichte im Spiel mit vier Schlegeln große Virtuosität; er bevorzugt eine kammermusikal. Spielweise mit impressionist. Harmonik; schuf eine Synthese aus Elementen von Popmusik und Jazz.

Richard Burton

B., Richard, eigtl. R. Jenkins, *Pontrhydyfen (Wales) 10. Nov. 1925, †Genf 5. Aug. 1984, brit. Schauspieler. – 1964–74 ⚭ mit Elizabeth Taylor. Wurde als Filmstar in Hollywood-Filmen berühmt, u. a. „Blick zurück im Zorn" (1959), „Cleopatra" (1962), „Becket" (1963), „Wer hat Angst vor Virginia Woolf?" (1966), „Die Stunde der Komödianten" (1967), „Die Ermordung Trotzkis" (1971), „1984" (1984).

Burton upon Trent [engl. 'bə:tn ə'pɒn 'trɛnt], engl. Stadt am Trent, Gft. Staffordshire, 48 000 E. Brauereien.

Buru, indones. Insel der S-Molukken, 140 km lang, 90 km breit; bis 2 429 m hoch; Hauptort ist der Hafen Namlea.

Burundi

Fläche: 27 834 km²
Bevölkerung: 5,65 Mill. E (1990), 203 E/km²
Hauptstadt: Bujumbura
Amtssprachen: Französisch und Rundi
Nationalfeiertag: 1. Juli (Unabhängigkeitstag)
Währung: 1 Burundi-Franc (F. Bu.) = 100 Centimes (c)
Zeitzone: MEZ +1 Stunde

Burundi, (amtl. Vollform: Republika y'Uburundi, frz. République du Burundi), Republik in O-Afrika, zw. 2° 30' und 4° 30' s. Br. sowie 29° und 31° ö. L. **Staatsgebiet:** B. grenzt im O und SO an Tansania, im W an Zaire und im N an Rwanda. **Verwaltungsgliederung:** 15 Prov. Internat. **Mitgliedschaften:** UN, OAU, GATT, der EWG assoziiert. **Landesnatur:** Im W gehen die ausgedehnten, stark zerschnittenen Hochflächen (um 1 500 m ü. d. M.) in einen bis zu 2 670 m aufragenden Gebirgszug über, der verhältnismäßig steil zum Zentralafrikan. Graben (800 bis 1 100 m ü. d. M.) mit dem Tanganjikasee abfällt.
Klima: B. hat äquatoriales Regenklima mit zwei Regenzeiten.
Vegetation: In den feuchtesten Gebieten tritt stellenweise Nebelwald auf, sonst ist Feuchtsavanne weit verbreitet.
Bevölkerung: 83 % der Bev. gehören den Hutu (Bauern) an, 16 % dem Hirtenvolk der Tussi; 1 % Pygmäen. 86 % sind Christen, davon 78 % kath., 13 % Anhänger traditioneller Religionen, 1 % Muslime. Schulpflicht besteht von 6 bis 12 Jahren; 60 % der E sind Analphabeten. Univ. in Bujumbura.
Wirtschaft: B. ist ein Agrarland. 90 % der landw. Produktion dienen der Selbstversorgung. Die Ind. (wenige Betriebe in der Hauptstadt) ist kaum entwickelt.
Außenhandel: Kaffee ist das wichtigste Exportgut, mit großem Abstand gefolgt von Baumwolle und Tee. Eingeführt werden Nahrungsmittel, Fahrzeuge, Maschinen, Erdölprodukte. Wichtigste Handelspartner sind die EG-Länder, die USA, Frankreich, Japan u. a.
Verkehr: Das Straßennetz, meist Pisten, ist 6 400 km lang; im Binnenhafen von Bujumbura am Tanganjikasee erfolgt praktisch der gesamte Umschlag der Ein- und Ausfuhrgüter. Die Hauptstadt verfügt über einen internat. ✈.
Geschichte: Wahrscheinlich im 17. Jh. von den Tussi gegr.; ab 1890 Teil von Dt.-Ostafrika, wurde mit Ruanda 1919 als Völkerbundsmandat und 1946 als UN-Treuhandgebiet unter belg. Verwaltung gestellt. 1962 unabhängiges Kgr.; nach Staatsstreich 1966 Republik unter Staats- und Regierungschef M. Micombéro. 1972 blutige Niederschlagung eines Hutu-Aufstandes; 1976 Sturz Micombéros durch einen Militärputsch unter J.-B. Bagaza. Die Macht lag zunächst beim Obersten Revolutionsrat (30 Mgl., nur Offiziere), dessen Funktionen im Jan. 1980 an das im Dez. 1979 gewählte Zentralkomitee der Einheitspartei UPRONA übergingen. Bagaza wurde zum Parteipräs. und Leiter des Zentralkomitees gewählt; er war seit 1976 Staatspräsident. 1987 wurde Bagaza gestürzt, ein Militärrat für nat. Wohlfahrt (Comité Militaire pour le salut national, CMSN) unter P. Buoya übernahm die Macht. Die Nationalversammlung wurde aufgelöst, die Führung der UPRONA abgesetzt; der CMSN regierte per Dekret. 1988 heftige Kämpfe zw. den Stämmen der Hutu (Bev.mehrheit) und der Tussi (herrschende Oberschicht); im Okt. 1988 Kabinettsumbildung, bei der mehrheitlich Hutu Min. wurden (Premiermin. A. Sibomana). Auf einem Parteitag der UPRONA im Dez. 1990 konstituierte sich unter dem Vorsitz Buoyas ein neues ZK,

das die Machtbefugnisse des CMSN übernahm; eine dort verabschiedete „Charta der Nat. Einheit" legte Schritte zur Demokratisierung (u. a. Einführung eines Mehrparteiensystems, Verfassungsgebung) fest.
Politisches System: 1987 wurde die Verfassung von 1981 suspendiert und das Parlament aufgelöst. *Exekutive* und *Legislative* gingen an das Militärkomitee für die Nationale Errettung (CMSN) über, dessen Vors. als Präs. auch *Staatsoberhaupt* wurde. – Auf dem Parteitag der Union pour le Progrès National (UPRONA) im Dez. 1990 wurde ein ZK (80 Mgl., darunter 5 Militärs) unter Vorsitz des Staatspräs. gewählt, das die Aufgaben des CMSN übernahm. Im März 1992 fand ein Volksentscheid über eine neue Verfassung statt. *Gerichtswesen* nach belg. Vorbild.

Burundyk [russ.] (Eutamias sibiricus), etwa 15 cm körperlanges Erdhörnchen, v. a. in Rußland, N-Japan und in großen Teilen Chinas; Fell kurz, dicht und rauh; Rücken grau mit 5 breiten, schwarzen Längsstreifen.

Bury, John Bagnell [engl. 'bɛrɪ], * Monaghan (Irland) 16. Okt. 1861, † Rom 1. Juni 1927, ir. Althistoriker. – 1893 Prof. in Dublin, 1902 in Cambridge; einer der bedeutendsten Gelehrten auf dem Gebiet der spätantiken und byzantin. Geschichte; Hg. von E. Gibbons „History of the decline and fall of the Roman Empire" (7 Bde., 1896–1900).

B., Pol [frz. by'ri], * Haine-Saint-Pierre 26. April 1922, belg. Künstler. – Lebt seit 1961 in Paris. Seit 1953 entwickelte er, von A. Calder beeinflußt, Objekte, die u. a. durch Elektromotor, Lichtfühler, Magnetkraft in kaum sichtbare Bewegung versetzt werden.

Bury [engl. 'bɛrɪ], engl. Stadt 15 km nördl. von Manchester, 68 000 E. Textil-, Maschinenbau-, Papierindustrie.

Bury Saint Edmunds [engl. 'bɛrɪ snt 'ɛdməndz], engl. Stadt in der Gft. Suffolk, 29 000 E. Anglikan. Bischofssitz; Marktzentrum. – Klostergründung um 633; Wallfahrtsort. – Reste der Benediktinerabtei (11. Jh.); Kirche Saint James (12. und 15. Jh.).

Bürzel [zu althochdt. bor „Höhe"] (Sterz), Schwanzwurzel der Vögel.

Bürzeldrüse, paarige Hautdrüse der Vögel zw. den Spulen der Schwanzfedern. Das ölige Sekret der B. (**Bürzelöl**) dient der Einfettung des Gefieders.

Burzenland, Teil von Siebenbürgen; Zentrum Kronstadt.

bus, Einheitenzeichen für ↑ Bushel.

Bus, Kurzbez. für: Omnibus († Kraftwagen).

Bus [engl. bʌs], Sammelleitung zur Übertragung von Daten, Adressen und Steuersignalen zw. den Funktionseinheiten eines Computers, bei der Kopplung von Computern mit peripheren Geräten und zum Aufbau von Rechnernetzen.

Busch, Wilhelm, * Wiedensahl bei Stadthagen 15. April 1832, † Mechtshausen (Landkreis Hildesheim-Marienburg) 9. Jan. 1908, dt. Dichter, Zeichner und Maler. – B. verknüpfte epigrammatisch knappe Texte mit satir. Bilderfolgen. Er stellte in pessimistischer Weltsicht das Spießbürgertum in seiner Verlogenheit und Selbstzufriedenheit bloß, z. T. mit grotesken Übersteigerungen. Auch Prosawerke,

Burundi

Staatswappen

1970 1990   1970 1990
Bevölkerung   Bruttosozial-
(in Mill.)   produkt je E
                  (in US-$)

Bevölkerungsverteilung 1990

Bruttoinlandsprodukt 1990

Busch

Wilhelm Busch (Selbstporträt, 1894)

Büschelentladung

Ernst Buschor

George Herbert Walker Bush

Graphikblätter, zahlr. Gemälde (Genrebilder und Landschaften).
Werke: Max und Moritz (1865), Der Hl. Antonius von Padua (1870), Die fromme Helene (1872), Kritik des Herzens (Ged., 1874), Maler Klecksel (1884), Eduards Traum (Prosa, 1891), Der Schmetterling (E., 1895), Schein und Sein (Ged., 1909).

Busch, svw. ↑ Strauch.
▷ Dickicht aus Sträuchern in trop. Ländern; sperrige und dornige Sträucher bilden einen *Dorn-B.* (z. B. in Dornsavannen).

Büschelentladung, eine selbständige Gasentladung, die an Spitzen und Kanten hochspannungsführender Teile als Folge der dort bes. hohen elektr. Feldstärke auftritt. Sie zeigt sich in Form kleiner, fadenförmiger, leuchtender Entladungskanäle (Büschel). – ↑ Elmsfeuer.

Büschelkiemer (Syngnathoidei), Unterordnung fast ausschließl. mariner Knochenfische, bes. in trop. und subtrop. Gebieten; 2 Fam. ↑ Seenadeln und ↑ Röhrenmäuler.

Buschir, iran. Hafenstadt auf einer Halbinsel am Pers. Golf, 59 000 E, ✈.

Buschkatze, svw. ↑ Serval.

Buschklepper, [berittener] Strauchdieb, Wegelagerer.

Buschmänner (auch San), Volk in Namibia, Botswana und Angola, etwa 84 000; bildet mit den Hottentotten die khoisanide Rasse. Im Durchschnitt 144 cm groß (Männer); gelblichbraune Haut, spärl. Behaarung, Pfefferkornhaar (Filfil), Fettsteiß, breite, flache Nase. Die B. sind Wildbeuter; Waffen sind Bogen mit vergifteten Pfeilen, auch Speere. Die B. leben in Familien oder Lokalgruppen zus.; kein Häuptlingstum. Neben einem Glauben an Hochgottgestalten, Heilbringer und Schöpfergottheiten animist. und mag. Vorstellungen (Glaube an Tote).

Buschmannkunst, Bez. für die Felsbilder zw. N-Simbabwe und Kapland; bis ins 19. Jh. belegt. Die Schöpfer standen den heutigen Buschmännern zumindest nahe, es waren Jäger und Rinderhirten. Mehrfarbige, bewegte, rhythm. Kompositionen im Zentrum (Drakensberge, Kei River) sowie im W („White Lady" mit Perlschnüren). In der Südgruppe (Wilton) rote, langgezogene menschl. Figuren, Handdarstellungen. Mag., kult. und Jagdszenen herrschen vor.

Buschmannland, Landschaft in der nw. Kapprov., Republik Südafrika, südl. des Oranje; extensive Schafzucht.

Buschmannsprachen, in S-Afrika urspr. beheimatete Sprachen, die weder Bantu- noch Hottentottensprachen sind; von 6500–11 000 Menschen gesprochen. Die B. gehören der Khoi-San-Sprachfamilie an. Hervortretendes Merkmal in der Phonetik sind Schnalz- oder Klicklaute. Die B. sind Tonhöhensprachen.

Buschmeister (Lachesis muta), bis etwa 3,75 m lange Grubenotter, v. a. in den gebirgigen, trop. Regenwäldern des südl. M-Amerika; Oberseite gelbbraun bis rötlichgelb oder grau, mit hellgerandeten schwarzen Flecken längs der Rückenmitte; unterseits gelblichweiß. Gefährl. Giftschlange.

Buschneger (Maron), die Nachkommen von im 18. Jh. entlaufenen Sklaven in Frz.-Guayana und Surinam (etwa 35 000); sprechen eine europ.-afrikan. Mischsprache. Sie übernahmen den indian. Feldbau und vermitteln den Handel zw. Küstenbev. und Indianern.

Buschor, Ernst, *Hürben bei Krumbach (Schwaben) 2. Juni 1886, †München 11. Dez. 1961, dt. Archäologe. – 1921–29 Direktor des dt. Archäolog. Instituts in Athen, dann Prof. in München. Leitete Ausgrabungen auf Samos (1925–39). Verfaßte u. a. „Griech. Vasenmalerei" (1913), „Die Plastik der Griechen" (1936).

Buschwindröschen (Anemone nemorosa), bis 30 cm hohes Hahnenfußgewächs, v. a. in Laubwäldern und auf Wiesen Europas; ausdauernde Pflanze mit fiederschnittigen Blättern und einer bis 3 cm großen weißen (häufig rötlich bis violett überlaufenen) Blüte.

Busek, Erhard, *Wien 25. März 1941, östr. Politiker (ÖVP). – Jurist; seit 1991 Bundes-Vors. (Obmann) der ÖVP; seit 1989 Wiss.-Min.; seit 1991 Vizekanzler.

Wilhelm Busch. Max und Moritz, Bild 29 des Originalmanuskripts (Ausschnitt), 1865

Busen, die weibl. Brüste; auch svw. Brust, Herz als Sitz der Empfindung und des Gefühls.
▷ in der *Anatomie* die zw. den weibl. Brüsten gelegene Vertiefung.

Busenello (Businello), Giovanni Francesco, *Venedig 1598, †Legnaro (Padua) 1659, italien. Dichter. – Librettist Cavallis und Monteverdis.

Busento, Nebenfluß des Crati in Kalabrien (Unteritalien). – Im Bett des B. wurde der Westgotenkönig Alarich I. begraben (Ballade „Das Grab im B." von A. von Platen).

Buschmänner. Buschmannfrauen beim Wurzelstampfen

Bush [engl. bʊʃ], Alan Dudley, *London 22. Dez. 1900, brit. Komponist. – Studierte Komposition an der Royal Academy of Music in London und Klavier in Berlin; wurde 1925 Kompositionslehrer an der Royal Academy of Music. Schrieb Orchester-, Chor-, Bühnenwerke und Kammermusik.

B., George Herbert Walker, *Milton (Mass.) 12. Juni 1924, amerikan. Politiker (Republikaner), 41. Präs. der USA (1989 bis 1993). – Wirtschaftswissenschaftler; 1970–73 Botschafter bei den UN; 1974–75 Leiter des Verbindungsbüros der USA in Peking; 1975–76 Direktor der CIA; 1981–89 Vizepräs.; seine Wiederwahl scheiterte 1992 trotz außenpolit. Erfolge (Beendigung des Kalten Krieges, 2. ↑ Golfkrieg) an innenpolit. und wirtsch. Mißständen.

Bushel [bʊʃl], Hohlmaß bes. für rieselfähige Güter (z. B. Getreide); Einheitenzeichen bu oder bus; in Großbritannien: 1 bu = 36,3687 Liter, in den USA: 1 bu = 35,2393 Liter.

Business [engl. ˈbɪznɪs], engl. Bez. für Geschäftsleben, Geschäftstätigkeit, Unternehmen, Geschäftigkeit; **Big Business,** Großunternehmen, Großkapital.

Busiris, Name altägypt. Orte, ↑ Abu Sir.

Buskerud [norweg. ˌbʉskərʉː], Verw.-Geb. in SO-Norwegen, reicht vom Oslofjord und Dramsfjord bis zur Har dangervidda, 14 927 km², 225 000 E (1988), Hauptstadt Drammen. Holzverarbeitende, Zellulose-, Textilind., Maschinenbau, Wasserkraftwerke.

Buskonzept, Methode bei Entwicklung und Auslegung von Raumflugkörpern. Ein kombinierfähiges Grundbauteil (Bus) wird durch Zusatzelemente entsprechend der vorgesehenen Aufgaben zur spezialisierten Flugkörpern ergänzt.

Buson Yosa, eigtl. Taniguchi Yosa Buson, *Kema (Settsu) 1716, †Kyōto 1784, jap. Dichter und Maler. – Er erneuerte das ↑Haiku; einer der Begr. der Literatenmalerei.

Busoni, Ferruccio, *Empoli bei Florenz 1. April 1866, †Berlin 27. Juli 1924, italien.-dt. Komponist und Pianist. – Zunächst internat. Karriere als Konzertpianist. Im Mittelpunkt seines Schaffens stehen Werke für Klavier, in denen er teilweise die tonalen Schranken sprengt. Außer als Pianist und Komponist wurde er auch durch seine Transkriptionen und zahlr. stark revidierten Editionen (Bach, Mozart) bekannt. Komponierte auch Opern, u. a. „Turandot" (1917) und „Doktor Faust" (1925 von P. Jarnach vollendet).

Buß, Franz Joseph Ritter von (seit 1863), *Zell am Harmersbach 25. März 1803, †Freiburg im Breisgau 31. Jan. 1878, dt. Jurist und Politiker. – 1848 Präs. des 1. dt. Katholikentags, 1848/49 Mgl. der Frankfurter Nat.-Versammlung (großdt.) und 1874 MdR (Zentrum); forderte 1837 eine Arbeiterschutzgesetzgebung, verfocht einen kirchl. Sozialismus konservativ-ständ. Prägung.

Bussarde [lat.-frz.] (Buteoninae), mit über 40 Arten weltweit verbreitete Unterfam. bis 70 cm langer Greifvögel; mit meist langen, breiten, zum Segeln (bzw. Kreisen) geeigneten Flügeln, mittellangem bis kurzem abgerundetem Schwanz und relativ kurzen, doch scharfkralligen Zehen. Zu den B. gehören z. B. ↑Aguja, in M-Europa ↑Mäusebussard und ↑Rauhfußbussard.

Buße [urspr. „Nutzen, Vorteil"], *allgemein:* die für eine sittl., rechtl. oder religiöse Schuld zu leistende Sühne.
▷ *Religionsgeschichte:* das Bemühen um die Wiederherstellung eines durch menschl. Vergehen gestörten Verhältnisses zw. Menschen und der Gottheit. Die B. ist allen Religionen bekannt, sie kann stellvertretend durch einen ↑Sündenbock vollzogen werden oder sich der Mittel des Opfers und der Reinigungsriten bedienen, die häufig in sakralen Waschungen bestehen. Beichte, das Gelöbnis von Bußwerken und Askese sind meist Ausdruck einer subjektiven Bußgesinnung, der das Bewußtsein von Sünde zugrunde liegt und die echte Reue und Sinnesänderung erstrebt. – In der kath. Kirche ↑Bußsakrament.
▷ *Rechtsgeschichte:* In der älteren Rechtsprechung bedeutet B. Genugtuung, Leistung an den widerrechtlich Verletzten (meist in Geld).
▷ im *Strafrecht* bis 1974 eine mögl. Form des Ausgleichs für Beleidigung und Körperverletzung.

Bussen, weithin sichtbarer Berg im nördl. Oberschwaben, 767 m hoch; trug in der Spätbronzezeit eine Siedlung und einen Ringwall. Wallfahrtskirche (1516 und 1781 erneuert).

Büßerschnee, an Pilgergestalten erinnernde Formen von Schnee, Firn und Gletschereis in trop. Hochgebirgen (bes. Südamerikas); entsteht durch starke Sonneneinstrahlung bei geringer Luftfeuchtigkeit.

Bußgeld (Geldbuße), Mittel zur Ahndung von Ordnungswidrigkeiten, d. h. Verstößen gegen Ordnungsnormen, insbes. des Straßenverkehrs-, Luftverkehrs-, Wirtschafts- und Steuerrechts. Das **Bußgeldverfahren** ist v. a. im Gesetz über Ordnungswidrigkeiten i. d. F. vom 19. 2. 1987 geregelt. Der B.bescheid wird von der sachlich und örtlich zuständigen Verwaltungsbehörde erlassen (Höhe des B. grundsätzlich zw. 5 und 1 000 DM). Legt der Betroffene innerhalb von zwei Wochen gegen den B.bescheid *Einspruch* ein, entscheidet das Amtsgericht. Gegen seine Entscheidung ist in bestimmten Fällen die Rechtsbeschwerde zulässig.

Ferruccio Busoni

Büßerschnee

Bußsakrament, Sakrament der kath. und altkath. Kirche, mancher Ostkirchen u. a., in dem der Sünder Gottes Vergebung erlangt. Die heutige Form des B., die Ohrenbeichte, besteht im Bekenntnis der schweren Sünden, in der Reue sowie in der Annahme des auferlegten Bußwerkes. In der Lossprechung wird dem Sünder durch den Priester die Wiederversöhnung mit der Kirche zugesagt, die immer als von der Wiederversöhnung mit Gott begleitet gilt.

Buß- und Bettag, am vorletzten Mittwoch des Kirchenjahres in den dt. ev. Kirchen begangener Tag der Besinnung, in den Ländern der BR Deutschland gesetzl. Feiertag; in der Schweiz als Eidgenöss. Buß- und Bettag am 3. Sonntag im September.

Busta, Christine, eigtl. C. Dimt, *Wien 23. April 1915, †ebd. 3. Dez. 1987, öst. Lyrikerin. – Gestaltete moderne Lebensprobleme in einer herben, schlichten Sprache. – *Werke:* Der Regenbaum (1951), Lampe und Delphin (1955), Unterwegs zu älteren Feuern (1965), Inmitten aller Vergänglichkeit (1985).

Bustamante y Sirvén, Antonio Sánchez de [span. busta'mante i sir'ßen], *Havanna 13. April 1865, †ebd. 24. Aug. 1951, kuban. Jurist. – Prof. in Havanna, Mgl. des Haager Schiedsgerichtshofs (seit 1908) und des Internat. Gerichtshofs in Den Haag (1922–45). Sein Entwurf eines „Gesetzbuches für Internat. Privatrecht" trat 1931 als **Code Bustamante** in zahlr. mittel- und südamerikan. Staaten in Kraft.

Büste [italien.-frz.], plast. Darstellung eines Menschen in Halbfigur oder nur vom Kopf bis zur Schulter. – ↑Bildnis.

Bustelli, Franz Anton, *Locarno 11. April 1723, †München 18. April 1763, dt. Porzellanmodelleur italien.-schweizer. Herkunft. – B. arbeitete wahrscheinlich zuerst an der Wiener Porzellanmanufaktur, ehe er (1754) Model-

Franz Anton Bustelli. Isabella und Pantalone aus der Commedia dell'arte, Nymphenburg, um 1760 (München, Bayerisches Nationalmuseum)

Büstenhalter

leur an der Porzellanmanufaktur Nymphenburg wurde. Bed. Rokokofiguren, v. a. aus der Commedia dell'arte.

Büstenhalter, Abk. BH, um 1920 aufgekommen, Teil der weibl. Unterkleidung, als Stütze und zur Formung der Brust getragen.

Bustrophedon [griech. „in der Art der Ochsenkehre (beim Pflügen)"] (Furchenschrift), regelmäßiger Wechsel der Schreibrichtung von Zeile zu Zeile in altgriech. und altlat. Inschriften.

Busuki [neugriech.], griech. Lauteninstrument, in der Volksmusik verwendet; vermutlich türk.-arab. Herkunft.

Büsum, Gemeinde an der Meldorfer Bucht, Schl.-H., 5 000 E. Größter Fischereihafen an der schleswig-holstein. Nordseeküste; Werft; Seeheilbad.

Butadien [Kw.] (Butadien-(1,3)), ungesättigter Kohlenwasserstoff, $CH_2=CH-CH=CH_2$; wegen seiner Neigung zur Polymerisation ein wichtiger Ausgangsstoff für die Herstellung von synthet. Kautschuk (↑ Buna).

Butandiole [Kw.], vier strukturisomere zweiwertige Alkohole der allg. Formel $C_4H_8(OH)_2$. Techn. Verwendung als Lösungsmittel, Weichmacher und Zwischenprodukt bei der Herstellung von Tetrahydrofuran und Butadien.

Butane [griech.], zu den Alkanen gehörende Kohlenwasserstoffe der Bruttoformel C_4H_{10}; man unterscheidet das geradkettige n-Butan, $CH_3-CH_2-CH_2-CH_3$, und das verzweigte Isobutan (2-Methylpropan) der Formel $CH_3-CH(CH_3)-CH_3$. Man verwendet sie zur Herstellung von Butadien, Alkylatbenzin und als Heizgas.

Butanole [griech.; arab.] (Butylalkohole), in vier strukturisomeren Formen auftretende Hydroxylderivate des Butans, allg. Bruttoformel C_4H_9OH; werden in der chem. Ind. als Lösungsmittel verwendet.

Butanon, svw. ↑ Methyläthylketon.

Butansäuren, svw. ↑ Buttersäuren.

Butare, Stadt im S von Rwanda, 1 750 m ü. d. M., 25 000 E. Kulturelles Zentrum des Landes; kath. Bischofssitz; Univ. (gegr. 1963), Nationalmuseum. – Gegr. 1927 als Astrida.

Bute, John Stuart, Earl of [engl. bjuːt], * Edinburgh 25. Mai 1713, † London 10. März 1792, brit. Politiker. – Erzieher und danach Günstling des späteren Königs Georg III.; suchte als Premierminister. und Erster Schatzkanzler (1762/63) einen raschen Friedensschluß im Siebenjährigen Krieg, erneuerte den Subsidienvertrag mit Preußen nicht und verständigte sich 1762 mit Frankreich über den Abschluß des Krieges.

Buten, svw. ↑ Butylen.

Butenandt, Adolf [Friedrich Johann], * Lehe (= Bremerhaven) 24. März 1903, dt. Biochemiker. – Prof. in Danzig, Tübingen und München; 1960–71 Präs. der Max-Planck-Gesellschaft. B. schrieb mehrere grundlegende Arbeiten über Geschlechtshormone (entdeckte das Östron, das Androsteron und das Progesteron); erhielt 1939 (mit L. Ružička) den Nobelpreis für Chemie.

Butenland [niederdt.] ↑ Binnenland.

Buthelezi, Gatsha Mongosuthu [engl. buːtəˈleɪzɪ], * Mahlabatini (Kwazulu) 27. Aug. 1928, südafrikan. Stammesführer und Politiker. – 1953 als Häuptling der Buthelezi-Stammes eingesetzt; 1970 zum Leiter der Territorialbehörde der Zulu gewählt; seit 1972 Chefmin. des „Heimatlandes" Kwazulu und seit 1975 Führer der Inkatha; nahm im Jan. 1991 Gespräche mit dem ANC auf, um die jahrelangen blutigen Auseinandersetzungen zw. beiden Organisationen zu beenden.

Butjadingen, durch Seedeiche geschützte Marschhalbinsel zw. Jadebusen und Wesermündung; v. a. Pferde- und Rinderzucht.

Butler [engl. ˈbʌtlə], Josephine Elizabeth, * Milfield Hill (Northumberland) 13. April 1828, † Wooler (Northumberland) 30. Dez. 1906, brit. Sozialreformerin. – Unterstützte die Reformbewegung, die der Frau den Weg zum Universitätsstudium ebnen sollte; wurde bekannt v. a. durch die Initiative gegen die staatl. Reglementierung der Prostitution.

B., Nicholas Murray, * Elizabeth (N. J.) 2. April 1862, † New York 7. Dez. 1947, amerikan. Philosoph und Publizist. – Prof. an der Columbia University 1890–1902, seitdem bis 1945 deren Präs.; 1925–45 Präs. der Carnegiestiftung für den internat. Frieden; erhielt 1931 mit J. Addams den Friedensnobelpreis.

B., Reg[inald] Cotterell, * Buntingford (Hertford) 28. April 1913, † Berkhamstead (Hertford) 23. Okt. 1981, brit. Bildhauer und Zeichner. – Urspr. Architekt; spannt seine Bronzefiguren (weibl. Torsi) mit Hilfe eines Gerüsts im Raum auf.

B., Samuel, ≈ Strensham (Worcestershire) 8. Febr. 1612, † London 25. Sept. 1680, engl. Schriftsteller. – Sein Hauptwerk ist das von „Don Quijote" beeinflußte komisch-heroische Epos „Hudibras" (3 Bde., 1663–78), eine gegen die Schwächen des Puritanismus gerichtete Verssatire.

B., Samuel, * Langar (Nottinghamshire) 4. Dez. 1835, † London 18. Juni 1902, engl. Schriftsteller. – Durch Essays und Schriften zur Kunsttheorie von starkem Einfluß auf die nachviktorian. engl. Literatur. Schrieb den utop. Roman „Erewhon" (1872) und den autobiograph. Roman „Der Weg allen Fleisches" (1903).

Butler [ˈbʌtlə; engl.; zu altfrz. bouteillier „Kellermeister"], Chefdiener eines größeren Haushalts, bes. in England.

Buto, ägypt. Ort im nw. Nildelta, heute Tall Al Farain. Verehrungsstätte der unterägypt. Krongöttin Uto in Gestalt einer Kobra (Uräusschlange); von brit. Archäologen ausgegraben.

Buton ↑ Butung.

Butor, Michel [frz. byˈtɔːr], * Mons-en-Barœul (Dep. Nord) 14. Sept. 1926, frz. Schriftsteller. – Vertreter des ↑ Nouveau roman, auch Hörspiele, Essays zur Literatur und Malerei, Gedichte. – *Werke:* Paris – Passage de Milan (R., 1954), Der Zeitplan (R., 1956), Paris – Rom oder Die Modifikation (R., 1957), Stufen (R., 1960), Intervall (E., 1973), Matière de rêves (Prosa, 5 Bde., 1975–85), Boomerang (1978), Envois (Prosa, 1980), Fenster auf die innere Passage (Prosa, 1982), Exprès (Envoi 2, 1983), Die Alchemie und ihre Sprache (Essays, 1990).

Butsu ↑ Buddha.

Butte [engl. bjuːt], Stadt in SW-Montana, USA, in den Rocky Mountains, 1 760 m ü. d. M., 33 400 E. Bergakad. (gegr. 1893), bed. Erzbergbauzentrum.

Butte [zu niederdt. butt „stumpf, plump"] (Bothidae), Fam. der Plattfische mit zahlr. Arten, v. a. in den Flachwasserzonen des Atlantiks, Mittelmeers und Ind. Ozeans; Körper relativ langgestreckt, Augen fast ausschließlich auf der linken Körperseite; Speisefische, z. B. ↑ Lammzunge.

Bütte [zu mittellat. butina „Flasche, Gefäß"], oben offenes Daubengefäß, das sich nach unten verengt; zur Weinlese verwendet.

▷ in der Papierherstellung ein großer, ovaler Mischbehälter mit einem Rührwerk.

Büttel [zu althochdt. butil „Bekanntmacher"] (Fronbote, Gerichtsknecht), ehem. Bez. für einen Gerichtsboten; gehörte zu den niederen Vollstreckungsbeamten.

Büttenpapier, urspr. handgeschöpftes Papier mit ungleichmäßigen Rändern; die in Wasser aufgeschwemmten Papierfasern werden mit einem Sieb aus der Bütte geschöpft.

Büttenrede, launige Festrede oder närr. Vortrag beim Karneval aus einer „Bütte", erstmals 1827 in Köln gehalten.

Butter [zu griech. bútyron „Kuhquark"], ein aus Milch gewonnenes, etwa 80 % Milchfett und etwa 20 % Wasser enthaltendes Speisefett, dem Kochsalz oder amtlich zugelassene (pflanzl.) Farbstoffe zugesetzt sein können. Herstellung: Aus der Milch wird zunächst der Rahm gewonnen und einem Reifungsprozeß unterzogen. Beim Buttern wird der reife Rahm mechanisch bearbeitet, bis sich die Fettkügelchen zu einer kompakten und formbaren Masse vereinigen, die sich von der Hauptmenge der wäßrigen Phase, der Buttermilch, abtrennen läßt. Die dabei entstehende B.milch wird abgesiebt, die B.klümpchen gewaschen, mit etwas Salz geknetet und zu B.ballen geformt. 25 kg Milch liefern etwa 1 kg B. Die fertige B. kann bei Temperaturen unter 0 °C ohne Qualitätsminderung monatelang gelagert

Adolf Butenandt

Gatsha Mongosuthu Buthelezi

Nicholas Murray Butler

Michel Butor

werden. In ernährungsphysiolog. Hinsicht liegt der Wert der B. in der hohen Resorptionsgeschwindigkeit der Fettsäuren und im Gehalt an fettlösl. Vitaminen. Die Weltproduktion von B. betrug 1989 7,61 Mill. t; Hauptproduktionsländer (1989; Produktion in 1 000 t): Sowjetunion (1 780), Indien (840; einschl. Ghee), USA (572), Frankreich (539), BR Deutschland (359), DDR (313).

Butterbaum (Pentadesma butyraceum), Guttibaumgewächs an der Küste des Golfes von Guinea; bis 40 m hoher Baum, dessen dunkelbraune, melonenförmige Früchte sehr fetthaltige, kastaniengroße Samen (**Lamynüsse**) enthalten, aus denen Speisefett (**Kanyabutter**) gewonnen wird.

Butterberg, Bez. für die in der EG (auch als Folge der Subventionspolitik) über den Bedarf hinaus produzierte Butter. Sie wird auf Kosten der Gemeinschaft in Kühlhäusern gelagert und von Zeit zu Zeit mit finanziellen Einbußen (unter dem Weltmarktpreis) abgegeben.

Butterbirne, Sammelbez. für Birnensorten, die durch ihr schmelzend-weiches Fruchtfleisch gekennzeichnet sind; z. B. die Sorte Gellerts Butterbirne.

Butterblume, volkstüml. Bez. für Löwenzahn, Sumpfdotterblume und andere gelbblühende Pflanzen.

Butterfett (Butterschmalz), aus dem Fettbestandteil der Butter bestehendes, gelbes, haltbares Speisefett, das v. a. zum Kochen und Backen verwendet wird.

Butterfische (Pholididae), Fam. der Schleimfischartigen im nördl. Atlantik und Pazifik; Körper langgestreckt, schlank und seitlich abgeflacht, Rückenflosse sehr lang; Haut glatt mit tiefliegenden Schuppen.

Butterfische. Die nordatlantische Art Butterfisch (Länge bis 30 cm)

Butterflyschwimmen [engl. 'bʌtəflaɪ] ↑ Schwimmen.

Buttermilch, bei der Verbutterung zurückbleibende saure Magermilch, die noch alle wichtigen Vitamine und Mineralstoffe der Milch enthält.

Butterpilz (Butterröhrling, Suillus luteus), bis 10 cm hoher Röhrling mit gelb- bis schokoladebraunem, bei Feuchtigkeit schleimig glänzendem Hut mit zitronengelber Unterseite und Stielring; kommt v. a. in sandigen Kiefernwäldern vor; Speisepilz.

Butterröhrling, svw. ↑ Butterpilz.

Buttersäurebakterien, anaerobe, grampositive, sporenbildende Bakterien, die Kohlenhydrate zu Buttersäure vergären.

Buttersäuren (Butansäuren), zwei strukturisomere gesättigte Monocarbonsäuren der allg. Bruttoformel C_3H_7COOH; verursachen den Geruch ranziger Butter. Ihre fruchtartig riechenden Ester, die Butyrate, dienen als Duftstoffe und Fruchtessenz.

Butterschmalz, svw. ↑ Butterfett.

Buttigieg, Anton [bʊtɪ'dʒiːg], *auf Gozzo 19. Febr. 1912, † Kappara (Malta) 5. Mai 1983, maltes. Lyriker und Politiker (Labour Party). – Jurist; 1976–81 Staatspräs. der Republik Malta; förderte als Lyriker maßgeblich die Weiterentwicklung der maltes. Sprache.

Buttlar, Eva Margarethe von, *Eschwege Juni 1665, † Altona 27. April 1721, pietist. Schwärmerin. – Gründete 1702 die „Christl. und philadelph. Sozietät", die jede gesetzl. Ordnung ablehnte und als **Buttlarsche Rotte** verfolgt wurde.

Button [engl. bʌtn „Knopf"], Ansteckplakette (meist mit einer Aufschrift), der man seine (polit.) Meinung („Meinungsknopf") oder Einstellung zu erkennen gibt.

Butuan, philippin. Hafenstadt im NO von Mindanao, 172 000 E. Kath. Bischofssitz; Handelsstadt.

Butung (früher Buton), indones. Insel in der Bandasee, vor der sö. Halbinsel von Celebes, 150 km lang und 60 km breit, bis 1 190 m ü. d. M.; Hauptort: Baubau.

Butuntum ↑ Bitonto.

Butyl- [griech.], Bez. der chem. Nomenklatur für die Atomgruppierung $-CH_2-CH_2-C_2H_5$.

Butylalkohole, svw. ↑ Butanole.

Butylen [griech.] (Buten), ungesättigter gasförmiger Kohlenwasserstoff (C_4H_8); in der Kunststoffind. vielfach verwendet. Es existieren drei Strukturisomere.

Butylkautschuk ↑ Synthesekautschuk.

Butyrate [griech.], Salze und Ester der Buttersäuren.

Butzbach, Stadt am O-Abfall des Taunus zur Wetterau, Hessen, 20 600 E. Maschinen- und Apparate-, Klimaanlagenbau, Schuh- und Nahrungsmittelind. – Erstmals 773 erwähnt, 1321 Stadtrechte. – Viereckiger Markt inmitten der nahezu runden Anlage der Altstadt. Fachwerkhäuser (17./18. Jh.), Rathaus mit Uhr von 1630; spätgot. Markuskirche.

Butze [niederdt.] ↑ Alkoven.

Butzenscheiben, runde Fensterglasscheiben (etwa 10 cm Durchmesser) mit einseitiger Verdickung in der Mitte, dem Butzen; in Blei gefaßt (14.–16. Jh.; 19. Jh.).

Butzenscheiben

Butzenscheibenlyrik, von P. Heyse geprägte, abschätzige Bez. für ep.-lyr. Dichtungen in der Nachfolge V. von Scheffels. Thema ist das MA als unwirklich-künstl. Idylle, als heile Welt der Kaiserherrlichkeit, der Ritterkultur, des Minnesangs, der Wein- und Burgenromantik und eines freien Vagantentums.

Bützow ['bytso, 'bytso], Krst. an der Warnow, Meckl.-Vorp., 10 000 E. Zentrum eines landw. Umlandes; Trockenmilch-, Möbelwerk. – 1229 gegr., Hauptresidenz der Bischöfe von Schwerin bis zur Einführung der Reformation. – Pfarrkirche (13. Jh.).

B., Landkr. in Meckl.-Vorpommern.

Buwaihiden ↑ Bujiden.

Buxtehude, Dietrich, *Oldesloe (?) 1637 (?), † Lübeck 9. Mai 1707, dt. Komponist und Organist. – Seit 1668 Organist an der Marienkirche in Lübeck, wo er die „Abendmusiken" berühmt machte. Er komponierte u. a. mehr als 100 Kantaten, Klaviersuiten und -variationen sowie Orgelwerke, die J. S. Bach beeinflußten.

Buxtehude, Stadt 20 km sw. von Hamburg, Nds., 31 000 E. Fachhochschule (Architektur und Bauwesen), Metall-, Nahrungsmittel-, Baustoff- und Kunststoffind. – 959 gen., 1228 Stadtrecht. – Petrikirche (Backsteinbasilika, um 1300).

Buxton, Sir Thomas Fowell [engl. 'bʌkstən], *Castle Hedingham (Essex) 1. April 1786, † Norfolk 19. Febr. 1845, brit. Philanthrop. – Schwager von Elisabeth Fry; als Mgl. des Unterhauses (1818–37) Sprecher der Bewegung für die Abschaffung der Sklaverei in den brit. Kolonien und für die Humanisierung des Strafvollzugs.

Buxton [engl. 'bʌkstən], engl. Stadt und Kurort (radioaktive Quellen), 35 km sö. von Manchester, 21 000 E. Tagungs- und Kongreßstadt.

Buxus [lat.], svw. ↑ Buchsbaum.

Butterpilz

Buysse, Cyriel [niederl. 'bœysə], *Nevele bei Gent 20. Sept. 1859, † Deurle aan Lee 26. Juli 1932, fläm. Schriftsteller. – Urwüchsiger Schilderer des fläm. Volkes; realist. Romane und Erzählungen, u. a. „Ein Löwe von Flandern" (R., 1900), „Arme Leute" (En., 1901).

Büyük Menderes nehri (Mäander), Fluß in W-Anatolien, Türkei, entspringt in mehreren Quellflüssen sw. von Afyon, mündet sö. der Insel Samos in das Ägäische Meer, rd. 400 km lang, bildet zahlr. Mäander.

Buzău [rumän. bu'zəu], Hauptstadt des rumän. Verw.-Gebietes B., am S-Rand des O-Karpaten, 132 000 E. Metallurg., chem., Papier-, Zellstoffind., Erdölraffinerie (Pipeline von Ploieşti). – 1431 urkundlich erwähnt. Um 1500 Bistumssitz. – Bischofskirche (um 1500, 1650 erneuert).

Buzentaur [...'tau̯r; italien.] (Bucintoro), nach einem Untier der griech. Sage ben. Prunkbarke venezian. Dogen.

Buzzati, Dino, eigtl. D. B.-Traverso, *Belluno 16. Okt. 1906, † Mailand 28. Jan. 1972, italien. Schriftsteller. – Sein von Kafka und Maeterlinck beeinflußtes Erzählwerk behandelt das Phänomen der Angst und die Absurdität menschl. Existenz. – *Werke:* Die Männer vom Gravetal (R., 1933),

Dino Buzzati

Das Geheimnis des Alten Waldes (R., 1935), Die Festung (R., 1940), Das Haus der sieben Stockwerke (Dr., 1953), Amore (R., 1963), Orphi und Eura (Bildergeschichte, 1969).

BVG, Abk. für: **B**undes**v**erfassungs**g**ericht.
▷ **B**undes**v**ersorgungs**g**esetz.
▷ **B**undes**v**erwaltungs**g**ericht.

BWV, Abk. für: **B**ach-**W**erke-**V**erzeichnis: „Themat.-systemat. Verzeichnis der musikal. Werke von Johann Sebastian Bach" (⁵1973) hg. von W. Schmieder.

Byblos (akkad. Gubla, hebr. Gebal), bed. Hafenstadt des Altertums (heute Dschubail), 30 km nördlich von Beirut; früheste Besiedlung für das Neolithikum bezeugt; kommerzieller und religiöser Mittelpunkt der phönik. Mittelmeerküste; wichtige Funde zur Schriftentwicklung; nach noch unentzifferten Vorstufen älteste phönik. Texte auf dem Sarkophag des Königs Achiram (um 1000 v. Chr.↯). Erhalten u. a. Tempel der Balat Gubla (↑Baal), wohl 2. Hälfte 3. Jt. v. Chr.; aus der Römerzeit Reste eines Theaters, eines Nymphaeums sowie einer Säulenstraße; Burgruinen des 12. Jh. aus der Zeit der Kreuzzüge. Die Ruinen von B. wurden von der UNESCO zum Weltkulturerbe erklärt.

Bydgoszcz [poln. ˈbɪdgɔʃtʃ] ↑Bromberg.

Bygdøy [norweg. ˌbygdœi], norweg. Halbinsel im Oslofjord, mit Freiluftmuseum, Seefahrtsmuseum, Wikingerschiffen (u. a. Osebergschiff), F. Nansens Schiff „Fram", T. Heyerdahls Floß „Kon-Tiki" u. a.

Bylazora, antike Stadt, ↑Veles.

Bylinen [russ.], ep. Heldenlieder der russ. Volksdichtung; sie berichten, z. T. märchenhaft-phantastisch ausgeschmückt, über histor. Ereignisse und Personen (Wladimir d. Gr., Iwan den Schrecklichen, Peter d. Gr. u. a.). B. entstanden im 11./12. Jh. in Kiew, im 13./14. Jh. in Nowgorod und im 16. Jh. in Moskau; seit dem 17. Jh. als Volkskunst weitertradiert.

Bypass [engl. ˈbaɪpɑːs], allg. für Umführung [einer Strömung], Nebenleitung (z. B. in Turbinentriebwerken).
▷ Überbrückung eines krankhaft veränderten Blutgefäßabschnittes durch Einpflanzung eines Stückes einer (meist körpereigenen) Vene oder Arterie oder eines Kunststoffschlauchs.

Byrd [engl. bəːd], Richard Evelyn, * Winchester (Va.) 25. Okt. 1888, † Boston 11. März 1957, amerikan. Marineoffizier und Polarforscher. – Überflog am 9. Mai 1926 (nach eigenen Angaben; neuerdings angezweifelt) von Spitzbergen aus mit Floyd Bennet erstmals den Nordpol. Auf seiner 1. Antarktisexpedition (1928–30) glückte ihm 1929 der erste Flug über den Südpol. Auf dieser und drei weiteren Großexpeditionen (1933–36, 1939–41, 1946/47) gelang vom Flugzeug aus die Erforschung und Aufnahme fast der gesamten Küste und großer Inlandgebiete der Antarktis.

B. (Bird), William, * 1543, † Stondon Massey (Essex) 4. Juli 1623, engl. Komponist. – 1570–1618 Mgl. der königl. Kapelle, seit 1572 als Organist. Gilt als der erste bed. engl. Ma-

Byzantinische Kunst

Links: Hagia Sophia in Istanbul, 532–537, die Minarette stammen aus der Zeit nach 1453. Rechts: Kaiserin Theodora mit Gefolge, Ausschnitt aus dem Apsismosaik der Kirche San Vitale in Ravenna, 6. Jahrhundert

Links: Kreuzkuppelkirche in Dafni, Griechenland, 11. Jahrhundert. Rechts: Abraham und Melchisedek, Ausschnitt aus der Wiener Genesis, Buchmalerei, 6. Jh. (Wien, Österreichische Nationalbibliothek)

drigalkomponist, schrieb auch Sololieder und kirchenmusikal. Werke. Noch wichtiger wurde er durch seine Cembalomusik als Begründer der engl. Virginalistenschule.

Byrds, The [engl. ðə 'bə:dz; Phantasiename], amerikan. Rockmusikgruppe 1964 bis 1973, zu der u. a. die Sänger und Gitarristen Jim McGuinn (* 1942) und David Crosby (* 1941) gehörten; orientierte sich zunächst v. a. an der Folk-, später auch an der Countrymusik.

Byrnes, James Francis [engl. bə:nz], * Charleston (S. C.) 2. Mai 1879, † Columbia (S. C.) 9. April 1972, amerikan. Politiker (Demokrat). – Nahm 1945 an der Konferenz von Jalta teil; trat als Außenmin. (1945–47) seit 1946 für eine Verständigungspolitik gegenüber Deutschland ein; 1951–55 Gouverneur von South Carolina.

Byron [engl. 'baɪərən], George Gordon Noel Lord, * London 22. Jan. 1788, † Mesolongion (Griechenland) 19. April 1824, engl. Dichter. – Verließ 1816 nach einem gesellschaftl. Skandal England für immer, nachdem er schon vorher ein bewegtes Wanderleben geführt hatte; Reise in die Schweiz (Bekanntschaft mit Shelley), nach Italien, Griechenland, wo er im Dienst der griech. Freiheitsbewegung starb. B. stand, obwohl Romantiker, z. T. noch unter dem Einfluß der formalen Klarheit des Klassizismus. Die Mischung von Melancholie, stilist. und formaler Ironie, heiterem Witz und scharfer Satire wurde auch für die byronist. Modedichtung des 19. Jh. kennzeichnend. Lockere, oft sorglose Formung, sprachl. Virtuosität und Vorliebe für das Satanische waren Gründe für den Erfolg seiner Verserzählungen.

Werke: Ritter Harold's Pilgerfahrt (4 Cantos, 1812–19), Der Korsar (E., 1814), Manfred (Dr., 1817), Don Juan (ep. Fragment, 1819–1824), Cain (Dr., 1821), Die Vision des Gerichts (Ged., 1822), Himmel und Erde (Mysterium, 1823).

B., John, * Newstead Abbey (Nottinghamshire) 8. Nov. 1723, † London 10. April 1786, brit. Admiral und Entdecker. – Großvater von George Gordon Noel Lord B.; 1764–66 in die Südsee entsandt; entdeckte die Tokelau- und einige der Gilbertinseln.

Byronismus [baɪ...], nach dem engl. Dichter Lord Byron ben. Stil- und Lebenshaltung zu Beginn des 19. Jh. (Pessimismus, Skepsis, Weltschmerz, Lebensmüdigkeit).

Byrrangagebirge, Gebirgszug auf der Halbinsel Taimyr, im nördl. Sibirien, Rußland, etwa 1000 km lang, bis 1146 m hoch.

Byß, Johann Rudolf, * Solothurn 11. Mai 1660, † Würzburg 11. Dez. 1738, schweizer. Maler. – Dekorationsmalereien im Stil des italien.-v. a. röm. Barocks: u. a. in Pommersfelden, Stift Göttweig, Residenz Würzburg.

Byssus [griech.], in der Antike ein außerordentlich feines, durchschimmerndes, sehr haltbares Gewebe, heute ein feinfädiges, hochporöses, weiches und geschmeidiges v. a. Hemdengewebe in Dreherbindung.

▷ Sekretfäden, die bestimmte Muscheln aus einer Fußdrüse (B.drüse) ausscheiden; erhärten im Wasser und halten das Tier an Felsen u. a. fest. – ↑ Muschelseide.

Byssusseide, svw. ↑ Muschelseide.

Byte [engl. baɪt; Kw.], in der Datenverarbeitung die kleinste adressierbare Informationseinheit, Folge von 8 Bits. 1 B. ermöglicht die Verschlüsselung von $2^8 = 256$ verschiedenen Zeichen. 1024 B. = 1 Kilobyte (kByte, KB); 1 048 576 B. = 1 Megabyte (MByte, MB).

Bytom [poln. 'bɨtɔm] ↑ Beuthen O. S.

Byzantiner, Bewohner der Hauptstadt des Byzantin. Reiches, Konstantinopel (ehem. Byzantion); i. w. S. die Untertanen des Byzantin. Reiches.

byzantinische Kunst, sie erwuchs im 5./6. Jh. aus spätantiken und frühchristl. Traditionen, breitete sich im gesamten Byzantin. Reich aus und beeinflußte die Kunst der Nachbarvölker und des Abendlandes. Die Entwicklung der b. K. wird zweimal unterbrochen: durch den Bilderstreit (1. Phase: 726–780, 2. Phase: 815–842) und durch die Eroberung Konstantinopels durch die Kreuzfahrer (1204). 1453 endet sie mit dem Einzug der Osmanen.

Frühbyzantinische Zeit: Im Sakralbau entstanden verschiedene Kuppelbauten: Kuppelbasilika (Hagia Sophia in Konstantinopel), Kreuzkuppelkirche (Hagia Sophia in Saloniki). Erhalten blieben Mosaiken in Ravenna und Rom.

Mittelbyzantinische Zeit: Blüte unter der makedon. Dyn. In der Architektur wird die Kreuzkuppelkirche zum beherrschenden Typ; daneben entsteht ein neuer Typ, einem Quadrat mit 8 Stützen wird vermittels Trompen zum Rund übergeleitet (Osios Lukas, Dafni u. a.). Führende Kunstgattung ist die Malerei. Sie zeigt neben antikisierenden Werken der sog. makedon. Renaissance (Mosaiken der Hagia Sophia in Konstantinopel, Pariser Psalter, Handschriften auf dem Athos und dem Sinai, Ikonen auf dem Sinai und auf Zypern) eine stark linear bestimmte, flächengebundene Stilrichtung, die an Tendenzen der Spätantike anknüpft (Mosaiken der Hagia Sophia in Saloniki, Osios Lukas, Nea Moni auf Chios; Buchmalereien aus Klöstern in Konstantinopel; Wandmalerei: Krypta von Osios Lukas u. a.). In der Kleinkunst sind bes. die Elfenbeinschnitzereien, Gold- und Emailarbeiten, Gemmen, Intagli und Glaspasten als bezeichnende Produkte der b. K. zu nennen. Auch das Kunstgewerbe (Glas, Bergkristall, Textilien wie Seide und Brokat) blühte. – Um die Mitte des 11. Jh. unter den Komnenen ändert sich der Stil völlig; beide Stilrichtungen der makedon. Zeit gehen in einem neuen expressiven Stil auf. Typ. Denkmäler sind, neben ausgezeichneten Miniaturen, z. B. die Malereien in Nerezi und Kurbinovo (Jugoslawien) sowie in Kastoria (Griechenland) und die Mo-

Richard Evelyn Byrd

William Byrd

James Francis Byrnes

George Gordon Noel Lord Byron

Reliquienbeutel mit Perlstickerei, 11. Jh. (Nürnberg, Germanisches Nationalmuseum)

Gefäß aus rotschwarzem Glas mit mythologischen Darstellungen in Emailfarben, 11. Jh. (Venedig, Schatz von San Marco)

byzantinische Literatur

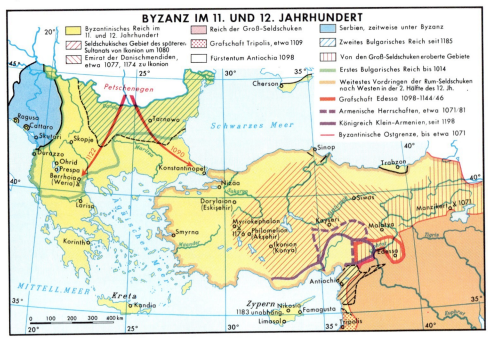

saiken von Dafni. Ende des 12. Jh. kommt daneben eine neue antikisierende Malerei auf (Wladimir, Rußland; Lagudera auf Zypern). Diese komnen. Stile werden in Nizäa und im Epirus nach 1204 weitergepflegt, während in Serbien byzantin. Maler die Hochblüte der serbischen Kunst einleiten und den paläolog. Stil der b. K. vorbereiten.

Spätbyzantinische Zeit: Der paläolog. Stil ist gekennzeichnet durch Gewinnung von Räumlichkeit, Bildtiefe und neue Körperlichkeit der Figuren (Mosaiken der Chorakirche in Konstantinopel und der Apostelkirche in Saloniki; die Malereien in Mistra und Saloniki sowie auf dem Athos; Ikonenmalerei). Die Eroberung durch die Osmanen 1453 hat diese Entwicklung auf Klöster abgedrängt, bes. auf dem Athos lebte der spätpaläolog. Stil fort.

byzantinische Literatur, alle literar. Schöpfungen in griech. Sprache 330–1453 n. Chr. (Eroberung Konstantinopels); in der Hauptsache Prosaliteratur, daneben aber auch christlich-kirchl. Hymnenpoesie. Innerhalb der sog. reinsprachl. Literatur, die hochsprachl. Schaffen fortsetzte, ragten im Bereich der Prosa zahlr. bed. Werke der **Geschichtsschreibung** heraus: im 6. Jh. Prokop von Caesarea und Agathias Scholastikos, im 12. Jh. Johannes Kinnamos und Niketas Choniates, im 13. Jh. Georgios Akropolites, im 14. Jh. Georgios Pachymeres, Johannes Kantakuzenos und Nikephoros Gregoras, im 15. Jh. Johannes Dukas und Demetrios Chalkokondyles. Daneben existierte eine umfangreiche chronist. Literatur. Den Hauptteil des Prosaschrifttums machten **theologische Werke** aus. Hauptvertreter waren Leontios von Byzanz (6. Jh.), Maximos Confessor (6./7. Jh.), Johannes von Damaskus (8. Jh.), Photios (9. Jh.), Michael Kerullarios (11. Jh.) und Gregorios Palamas (14. Jh.). Daneben sind die Werke der †byzantinischen Philosophie zu stellen, Kommentare zur griech. Geographie, griech. Grammatiken, Wörterbücher und Glossenwerke (u. a. von Photios sowie die „Suda"). Die **Poesie** war v. a. durch ein tiefes religiöses Empfinden bestimmt, das eine außerordentlich reiche ma. griech. Hymnodik hervorbrachte. Bedeutendster Vertreter war Romanos. Der größte Vertreter der weltl. Poesie war Georgios Pisides (7. Jh.). Das gedanklich originellste Lebenswerk byzantin. profaner Poesie hinterließ Theodoros Prodromos (12. Jh.); aus der spätbyzantin. Ära sei Manuel Philes (13./14. Jh.) als Verfasser insbes. geistreicher Epigramme genannt.

Zu den ältesten Beispielen der **volkssprachlichen Literatur** gehören die großen ep. Erzählungen (Belisarroman, Alexanderroman). Die berühmten rhod. Liebeslieder des 14. Jh. sind der Beginn neugriech. Literatur. Zum volkssprachl. Tierroman gehört der „Physiologus", der auch in lat. Versionen im MA weit verbreitet war. Aus der volkssprachl. Prosaliteratur ist v. a. der ma. Roman „Barlaam und Josaphat" zu nennen.

byzantinische Musik, vorwiegend im Dienste der Kirche stehende, streng vokale Musik. Sie ist in vielen Handschriften überliefert (die ältesten aus dem 10. Jh.). Sie war in ihrem Grundzug einstimmig. Die Liturgie der byzantin. Kirche beruht nicht nur auf der Hl. Schrift, sondern auch auf einem sehr breiten Repertoire religiöser Hymnendichtungen. Wichtige Hymnendichter sind der Melode Romanos († kurz nach 555), Andreas von Kreta (7./8. Jh.), Johannes von Damaskus (8. Jh.), Kosmas von Jerusalem (8. Jh.) und Theodoros Studites (*759, †826). Die b. M. übte etwa bis zur Jt.wende großen Einfluß auf die Kultur des O und des W aus. So haben die Südslawen und Russen bei ihrer Christianisierung im 9. bzw. 10. Jh. auch die byzantin. Gesänge übernommen, die ins Kirchenslawische übersetzt wurden. Von Byzanz hat der W die Lehre von den 12 Tonarten und die Choralnotation übernommen. Auch die weltl. Musik spielte eine große Rolle, hat sich aber bis auf einige Akklamationen zu Ehren der Kaiser nicht erhalten.

byzantinische Philosophie, die b. P. ist gekennzeichnet durch Versuche, die antiken philosoph. Traditionen bes. des Platonismus und des Aristotelismus dem christl. Glauben anzupassen. In der b. P. des 7.–10. Jh. knüpfen Stephanos von Alexandria (6./7. Jh.) und Arethas an den Neuplatonismus an, während Johannes von Damaskus zur Grundlegung seiner christl. Dogmatik die Aristotel. Philosophie benutzt. Auf dem Höhepunkt der b. P. im 11./12. Jh. stehen sich mit M. Psellos einerseits und mit Johannes Italos, der die abendländ. Dialektik in die b. P. einführt, sowie Eustratios von Nikaia andererseits Vertreter platon. bzw. aristotel. Denkrichtung gegenüber. Im 13. Jh. setzt mit Bekanntwerden der Philosophie im westl. Abendlandes, beginnend mit den Übersetzungen von M. Planudes aus dem Lat., eine Neuorientierung der b. P. ein. Das 14. Jh steht im Zeichen der Auseinandersetzung um die hesychast. Mystik († Hesychasmus).

Byzantinisches Reich

Byzantinisches Reich (Byzanz, Ostrom), abendländ. Bez. für die östl., griechisch-oriental. Hälfte des Röm. Reiches und den daraus entstandenen ma. Staat („Romania"); bis 476 angemessener **Oströmisches Reich** genannt.

Spätantik-frühmittelalterliche Zeit (330/395–610)

Das B. R. entstand nach der Einweihung Byzantions als neue röm. Hauptstadt Konstantinopel durch Konstantin I., d. Gr. (330), bei der endgültigen Teilung des Röm. Reiches (395). Das in seinen Anfängen den Balkan bis zur Donau, Kleinasien, Syrien, Ägypten und Libyen umfassende Ostreich wurde vorübergehend von Justinian I. (⚰ 527–565) ausgedehnt, u. a. Eroberung des von den Vandalen beherrschten N-Afrika (533/534), Vernichtung der Ostgoten in Italien durch die Feldherren Belisar und Narses (535–555). Unter Justinians Nachfolger gingen die Eroberungen großenteils wieder verloren (Italien 568 an die Langobarden).

Mittelbyzantinische Zeit (610–1204)

In der durch die Einfälle von Awaren und Slawen hervorgerufenen schweren Krise rettete Kaiser Herakleios (⚰ 610–641) das B. R. durch Verwaltungs- und Heeresreformen vor dem Untergang. Die Prov. im O gingen Anfang des 7. Jh. an das neupers. Reich, nach vorübergehender Rückeroberung ab 636 an die Araber verloren, die sogar 674–678 und 717/718 Konstantinopel belagerten. Die wechselvollen Auseinandersetzungen mit den Arabern und dem Ende des 7. Jh. entstandenen Bulgarenreich begleiteten jahrhundertelang die byzantin. Geschichte. In der 2. Hälfte des 11. Jh. eroberten die Seldschuken Kleinasien und schlugen die byzantin. Truppen 1071 bei Manzikert entscheidend. Die Petschenegen, die Mitte des 11. Jh. die Donau überschritten und 1090/91 Konstantinopel belagerten, konnten bis 1122 niedergeworfen werden. Die Niederlage von Myriokephalon 1176 im Kampf gegen die Rum-Seldschuken (Sultanat von Ikonion) beendete die Großmachtstellung des B. R. Entscheidend für sein Verhältnis zu den christl. Mächten des Abendlands war die zunehmende Entfremdung von der röm. Kirche, die sich v. a. im Streit um den päpstl. Primat gegenüber dem Patriarchen von Konstantinopel sowie im Bilderstreit (Ikonoklasmus) des 8./9. Jh. zeigte und 1054 in das ↑Morgenländische Schisma mündete. Die Kaiserkrönung Karls d. Gr. durch den Papst in Rom (800) bedeutete für das sich als einzigen legitimen Erben des antiken röm. Reiches betrachtende B. R. eine ungeheure Herausforderung (↑Zweikaiserproblem). Wenn der Ggs. zw. den beiden Kaiserreichen auch die weitere Entwicklung entscheidend bestimmte, bildete die Anerkennung des westl. Kaisertitels durch Michael I. (812) doch die Grundlage des künftigen Verhältnisses beider Reiche. Die Reste der byzantin. Herrschaft im W wurden schließlich durch die Normannen beseitigt (1071 Verlust Baris, des letzten süditalien. Stützpunkts des B. R.). Die Kreuzzüge, obgleich urspr. durch Hilferufe des byzantin. Kaisers gegen die Seldschuken initiiert, schufen neue Konflikte; schließlich waren es die Kreuzfahrer, die auf dem Weg zum 4. Kreuzzug erstmals Konstantinopel eroberten (17. Juli 1203 und 13. April 1204).

Spätbyzantinische Zeit (1204–1453)

Das B. R. wurde unter die Venezianer (v. a. bed. Häfen, Inseln, ein Teil Konstantinopels) und die übrigen Kreuzfahrer aufgeteilt (Entstehung des ↑Lateinischen Kaiserreichs von Konstantinopel, des Kgr. von Thessalonike, der Ft. Achaia und Athen). Eigenständige griech. Reiche bildeten sich in Trapezunt, Nizäa und Epirus. Nachdem Johannes III. Dukas Batatzes, Kaiser von Nizäa 1222–54, den größten Teil der lat. Besitzungen in Kleinasien sowie Thrakien und Makedonien erobert hatte, gelang dem Usurpator Michael VIII. Palaiologos (1259–82) neben der Rückeroberung großer westgriech. Landstriche die Wiedereroberung Konstantinopels (25. Juli 1261), doch wurde das B. R. unter seinen Nachfolgern unbedeutend; die Osmanen besetzten um die Wende zum 14. Jh. die byzantin. Besitzungen in Kleinasien, im NW drangen die Serben, in Thrakien die Bulgaren weiter nach S vor. Die durch Thronwirren und Bürgerkrieg (1341–54) bedingte militär. und finanzielle Zerrüttung des B. R. ermöglichte seit 1354 das Übergreifen der Osmanen auf das europ. Festland. Sie eroberten fast die ganze Balkanhalbinsel und belagerten 1394–1402 und 1422 Konstantinopel, mit dessen Einnahme (29. Mai 1453) das B. R. unterging.

Die innere Entwicklung des Reiches

Die Grundlage der byzantin. Staatsordnung war die unumschränkte Selbstherrschaft (Autokratie) des Kaisers, die nur an die Grundsätze der Religion und Sittlichkeit gebunden war. Einen entscheidenden Schritt zu der dem B. R. und seinem Kaisertum eigentüml. griech. Prägung ging Herakleios mit der Einführung des Griech. als Amtssprache und des alten griech. Herrschertitels Basileus. Andererseits wur-

Herrscherliste des Byzantinischen Reiches

324–337	Konstantin (I.) der Große	1025–1028	Konstantin VIII.
337–361	Konstantius	1028–1034	Romanos III. Argyros
361–363	Julian Apostata	1034–1041	Michael IV.
363–364	Jovian	1041–1042	Michael V.
364–378	Valens	1042	Zoe und Theodora
379–395	Theodosius I.	1042–1055	Konstantin IX. Monomachos
395–408	Arcadius	1055–1056	Theodora, 2. Regierungszeit
408–450	Theodosius II.	1056–1057	Michael VI.
450–457	Markian	1057–1059	Isaak I. Komnenos
457–474	Leon I.	1059–1067	Konstantin X. Dukas
474	Leon II.	1068–1071	Romanos IV. Diogenes
474–475	Zenon, 1. Regierungszeit	1071–1078	Michael VII. Dukas
475–476	Basiliskos	1078–1081	Nikephoros III. Botaneiates
476–491	Zenon, 2. Regierungszeit	1081–1118	Alexios I. Komnenos
491–518	Anastasios I.	1118–1143	Johannes II. Komnenos
518–527	Justin I.	1143–1180	Manuel I. Komnenos
527–565	Justinian I.	1180–1183	Alexios II. Komnenos
565–578	Justin II.	1183–1185	Andronikos I. Komnenos
578–582	Tiberios I. Konstantinos	1185–1195	Isaak II. Angelos
582–602	Maurikios	1195–1203	Alexios III. Angelos
601–610	Phokas	1203–1204	Isaak II. Angelos (2. Regierungszeit) und Alexios IV. Angelos
610–641	Herakleios		
641	Konstantin III. und Heraklonas		
641	Heraklonas	1204	Alexios V. Murtzuphlos
641–668	Konstans II.	1204–1222	Theodor I. Laskaris
668–685	Konstantin IV.	1222–1254	Johannes III. Dukas Batatzes (Vatatzes)
685–695	Justinian II., 1. Regierungszeit		
695–698	Leontios	1254–1258	Theodor II. Laskaris
698–705	Tiberios III.	1258–1261	Johannes IV. Laskaris
705–711	Justinian II., 2. Regierungszeit	1259–1282	Michael VIII. Palaiologos
711–713	Philippikos	1282–1328	Andronikos II. Palaiologos
713–715	Anastasios II.	1328–1341	Andronikos III. Palaiologos
715–717	Theodosius III.	1341–1391	Johannes V. Palaiologos
717–741	Leon III.	1347–1354	Johannes VI. Kantakuzenos
741–775	Konstantin V.	1376–1379	Andronikos I. Palaiologos
775–780	Leon IV.	1390	Johannes VII. Palaiologos
780–797	Konstantin VI.	1391–1425	Manuel II. Palaiologos
797–802	Irene	1425–1448	Johannes VIII. Palaiologos
802–811	Nikephoros I.	1449–1453	Konstantin XI. (Dragases) Palaiologos
811	Staurakios		
811–813	Michael I. Rangabe		
813–820	Leon V.		
820–829	Michael II.	**Dynastien**	
829–842	Theophilos	Bis 363	Konstantinische Dynastie
842–867	Michael III.	379–457	Theodosianische Dynastie
867–886	Basileios I.	457–518	thrakische Dynastie
886–912	Leon VI.	518–610	Justinianische Dynastie
912–913	Alexander	610–711	Dynastie des Herakleios
913–959	Konstantin VII. Porphyrogennetos	717–802	syrische Dynastie
		820–867	amorische Dynastie
920–944	Romanos I. Lekapenos	867–1056	makedonische Dynastie
959–963	Romanos II.	1059–1078	Dynastie der Dukas
963–969	Nikephoros II. Phokas	1081–1185	Dynastie der Komnenen
969–976	Johannes I. Tsimiskes (Tzimiskes)	1185–1204	Dynastie der Angeloi
		1204–1261	Dynastie der Laskaris
976–1025	Basileios II.	1259–1453	Dynastie der Palaiologen

Byzantinismus

den bed. röm. Traditionen durch das B. R. vermittelt, insbes. das röm. Recht, das in mehreren von byzantin. Kaisern veranlaßten Sammlungen zusammengefaßt wurde (v. a. Codex Theodosianus [438] Theodosius' II., ↑Corpus Juris Civilis Justinians I., Basilika Leons VI.).
Die kirchl. Fragen wurden in frühbyzantin. Zeit nach röm. Auffassung als Staatsangelegenheit behandelt, doch auch im B. R. setzte sich die Kirche im MA als eigener Machtfaktor durch.
Die gesamte Verwaltung lag in den Händen des Kaisers und seiner Beamten. Die Zentralverwaltung war seit der Reform des Herakleios in Logothesien (Ministerien) gegliedert. Die nach der diokletian.-konstantin. Ordnung streng in Zivil- und Militärverwaltung getrennte Provinzialverwaltung wurde von Herakleios durch die Einrichtung der Themen als Verwaltungseinheiten unter der militär. und (bis ins 11. Jh.) zivilen Leitung je eines Strategen grundlegend umgestaltet. Gleichzeitig schuf Herakleios eine Bauernmiliz, die allerdings im 11. Jh. zunehmend durch Söldner ersetzt wurde, da die Zahl der freien Bauern durch die Ausbildung des Feudalismus stark zurückging.

Byzantinismus [griech.], Bez. zunächst für das byzantin. Hofzeremoniell, dann abwertend für eine bes. unterwürfige Haltung und ein kriecher. bzw. schmeichler. Benehmen.

Byzantinistik [griech.] (Byzantinologie), wiss. Fachdisziplin, die sich mit Geschichte, Literatur, Kunst, Kultur des griech. MA (v. a. innerhalb der Gebiete des byzantin. Kaiserreichs von 330 n. Chr. bis 1453) sowie mit der Ausstrahlung byzantin. Kultur auf die westeurop. und Balkankulturen befaßt.

Byzantion ↑Istanbul.

Byzanz ↑Istanbul.

▷ Bez. für das ↑Byzantinische Reich.

B. Z., dt. Zeitung, ↑Zeitungen (Übersicht).

BZ am Abend, dt. Zeitung, ↑Zeitungen (Übersicht).

C

Sebastiano Caboto

C, der dritte Buchstabe des Alphabets. Im Altlat. hat C sowohl den Lautwert [g] als auch den Lautwert [k]. Im klass. Latein gibt C nur den Lautwert [k] wieder. Frühestens seit dem 5. Jh. setzte sich vor e und i der Lautwert [ts] durch, während vor a, o und u [k] beibehalten wurde. Im Engl., Französ., Katalan. und Portugies. wird C vor e und i [s], im Italien. und Rumän. [tʃ], im Span. [θ] ausgesprochen.

▷ in der *Informatik* maschinennahe höhere Programmiersprache, zeichnet sich durch große Flexibilität aus; dient u. a. zur Entwicklung von Betriebssystemen, z. B. basiert UNIX auf C.

▷ (c) in der *Musik* die Bez. für die 1. Stufe der Grundtonleiter C-Dur, durch ♯ (Kreuz) erhöht zu *cis,* durch ♭-(b) Vorzeichnung erniedrigt zu *ces.*

▷ *(Münzbuchstabe)* ↑Münzstätte.

C, chem. Symbol für ↑Kohlenstoff.

C, röm. Abk. für: **G**ajus (**C**aius), auch: u. a. **C**aesar, **C**alendae, **C**enturio, **C**ivitas, **C**olonia.

C, Einheitenzeichen für ↑Coulomb.

▷ Abk. für: Celsius, bei Temperaturangaben in Grad Celsius (°C).

▷ röm. Zahlzeichen für 100 (lat. centum).

c, Vorsatzzeichen für ↑Zenti...

C. (c.), Abk. für lat.: Canon (↑Kanon [im Kirchenrecht]).

C 14 (^{14}C) chem. Zeichen für das radioaktive Kohlenstoffisotop mit der Massenzahl 14; **C-14-Methode** ↑Altersbestimmung.

Ca, chem. Symbol für ↑Calcium.

▷ Abk. für: Carcinoma (↑Krebs).

ca., Abk. für lat.: circa („ungefähr, etwa").

c. a., Abk. für: ↑**c**oll'**a**rco.

Caacupé [span. kaaku'pe], Hauptstadt des paraguay. Dep. La Cordillera, 55 km ösö. von Asunción, 9 100 E. Wallfahrtsort. Gegr. 1770.

Caaguazú [span. kaayµa'su], Dep. in Paraguay, dessen O-Teil zum Amambayplateau, der W-Teil zum Paraguaytiefland gehört, 11 474 km², 462 500 E (1990), Hauptstadt Coronel Oviedo. Im N überwiegend subtrop. Regenwald; nahe der brasilian. Grenze Eisen- und Kupfererzvorkommen.

Caatinga [indian.-portugies. „weißer Wald"], Gehölzformation des semiariden NO-Brasilien, mit überwiegend regengrünen und teilweise dornigen Bäumen, Dornsträuchern und Sukkulenten.

Caazapá [span. kaasa'pa], Hauptstadt des paraguay. Dep. C., im Paraguaytiefland, 2 900 E. Zentrum eines land- und forstwirtsch. Gebietes. – Gegr. 1607.

C., Dep. in S-Paraguay, 9 496 km², 132 000 E. (1990), Hauptstadt C. Der größte Teil (SW) liegt im Paraguaytiefland, der NO gehört zum Amambayplateau; Anbau von Orangen und Zuckerrohr, Viehzucht.

Cabaletta [italien.], kurze Arie, Kavatine.

Caballero, Francisco Largo ↑Largo Caballero, Francisco.

Caballero [kabaʎ'jeːro, kava...; span., eigtl. „Reiter" (zu lat. caballus „Pferd")], im ma. Spanien Angehöriger des niederen Adels, dessen Sozialstatus urspr. auf dem Kriegsdienst zu Pferde beruhte; auch Bez. für Angehörige geistl. Ritterorden; seit der Neuzeit allg. span. Bez. für Herr.

Cabalministerium, abschätzige Bez. für den königl. Rat Karls II. von England 1667–73; nach den Anfangsbuchstaben der Namen seiner Mgl. (**C**lifford, **A**rlington, **B**uckingham, **A**shley, **L**auderdale) und wegen seiner Geheimdiplomatie (engl. cabal „Kabale, Intrige") so genannt.

Cabanatuan, Hauptstadt der philippin. Prov. Nueva Ecija, auf Luzon, 138 000 E. Wichtiger Marktort.

Cabaret Voltaire [frz. kabarɛvɔl'tɛːr] ↑Dada.

Cabell, James Branch [engl. 'kæbəl], * Richmond (Va.) 14. April 1879, † ebd. 5. Mai 1958, amerikan. Schriftsteller. – Stellt ironisierend eine myth. Scheinwelt dar; u. a. „Jürgen" (R., 1919).

Cabezón, Antonio de [span. kaβe'θon] (Cabeçon), * Castrillo de Matajudíos (bei Burgos) 1500, † Madrid 26. März 1566, span. Komponist. – Seit 1543 Hofmusiker Philipps II. Zu seinen Lebzeiten gedruckte Kompositionen erschienen in einem Sammelwerk von L. Venegas de Henestrosa („Cifra nueva", 1557).

Cabimas [span. ka'βimas], venezolan. Hafenstadt am NO-Ufer des Maracaibosees, 159 000 E. Sitz eines Bischofs; Zentrum der Erdölförderung im und am Maracaibosee. Gegr. 1936.

Cabinda [portugies. kɐ'βindɐ], Distrikt von Angola, Exklave am Atlantik zw. Zaire und Kongo, 7 270 km², 114 000 E (1988), Waldnutzung (wertvolle trop. Hölzer); Kaffee- und Kakaoplantagen; vor der Küste Erdölförderung. Hauptort und Verwaltungszentrum ist der Hafenort **Cabinda.**

Cable News Network [engl. 'keibl njuːz 'netwəːk], Abk. CNN, amerikan. Nachrichtenkanal, 1980 gegr., Sitz Atlanta (Ga.). CNN sendet aktuelle Nachrichten rund um die Uhr; aufsehenerregend waren seine Sendungen während des Golfkriegs 1991.

Cabochiens [frz. kabɔˈʃjɛ̃], frz. Aufständische unter Führung des Pariser Schlachters und Tierhäuters Simon Caboche, die sich im Kampf zw. den Häusern Burgund und Orléans 1411 und 1413 auf die Seite der Bourguignons schlugen und, gestützt auf die Unterschichten, ein Schreckensregiment führten, bis sie von den Parteigängern der Orléans (Armagnacs) niedergeworfen wurden.

Cabochon [kabɔˈʃõː; frz.], mugelig, d. h. gewölbt geschliffener Schmuckstein (Mondsteine, Opale u. a.).

Caboclo [brasilian. kaˈboklu; indian.-portugies.], Nachkomme aus einer Verbindung zw. frühen portugies. Siedlern und Indianerfrauen in Brasilien.

Cabora-Bassa-Staudamm [portugies. kɐˈβɔrɐ ˈβasɐ], Staudamm im unteren Sambesi (Moçambique), nw. von Tete; staut den Sambesi zu einem See von 2 800 km²; Baubeginn 1966, Inbetriebnahme der ersten Ausbaustufe 1977; nach Fertigstellung der letzten Ausbaustufe 1984 Gesamtleistung von 2 075 MW. Der Strom wird überwiegend in die Republik Südafrika geleitet.

Cabot [engl. ˈkæbət], John, italien. Seefahrer, ↑ Caboto, Giovanni.
C., Sebastian, italien.-engl. Seefahrer, ↑ Caboto, Sebastiano.

Cabotage [...ˈtaːʒə] ↑ Kabotage.

Cabot Lodge, Henry [engl. ˈkæbət ˈlɔdʒ], ↑ Lodge, Henry Cabot.

Caboto, Giovanni (John Cabot), *Genua um 1450, †um 1499, italien. Seefahrer in engl. Diensten. – Erhielt 1496 von Heinrich VII. ein Patent für die Suche eines Westweges nach Ostasien; stieß 1497 auf die O-Küste Nordamerikas (wahrscheinlich Neufundland oder Labrador), als dessen Wiederentdecker er gilt.
C., Sebastiano (Sebastian Cabot), *wahrscheinlich in Venedig spätestens 1484, † London 1557, italien.-engl. Seefahrer und Kartograph. – Sohn von Giovanni C.; erforschte 1526–30 in span. Diensten von der La-Plata-Mündung aus den Paraná und den Uruguay; entwarf 1544 eine berühmte Weltkarte; suchte seit 1545 in engl. Diensten nach der Nordöstl. Durchfahrt.

Cabo Verde [portugies. ˈkaβu ˈverdə] (República do C. V.), portugies. Name von ↑ Kap Verde.

Cabral [portugies. kɐˈβral], Luis de Almeida, *Bissau 11. April 1931 (nach anderen Angaben: 1929), Politiker von Guinea-Bissau. – Organisator und einer der Führer des Kampfes gegen die portugies. Kolonialverwaltung; 1973–80 (durch Militärputsch gestürzt) Vors. des Staatsrates und damit Staatspräsident.
C., Pedro Álvares, *Belmonte um 1468, †Santarém um 1520, portugies. Seefahrer. – Entdeckte 1500 die O-Küste Brasiliens, die er für die portugies. Krone in Besitz nahm; gründete später in Vorderindien bei Calicut portugies. Handelsniederlassungen.

Cabral de Melo Neto, João [brasilian. kaˈbral di ˈmɛlu ˈnɛtu], *Recife 9. Jan. 1920, brasilian. Lyriker. – Ab 1945 Diplomatenlaufbahn. Einer der wichtigsten Vertreter des um 1945 einsetzenden „Neomodernismo"; wendet sich in metaphernlosen, nüchternen Gedichten zunehmend sozialen Problemen seines Heimatstaates Pernambuco zu. – *Werke:* Der Hund ohne Federn (1959), A escola das facas (1980), Erziehung durch den Stein (portugies. und dt. 1990).

Cabrera ↑ Balearen.

Cabriolet ↑ Kabriolett.

Caccia [ˈkatʃa; lat.-italien. „Jagd"], italien. lyr.-musikal. Gattung des 14. und 15. Jh., die eine Jagd oder andere turbulente Szenen des Volkslebens nachahmt.

Caccini, Giulio [italien. katˈtʃiːni], gen. G. Romano, *Tivoli bei Rom um 1550, †Florenz 10. Dez. 1618, italien. Komponist und Sänger. – Mgl. der Florentiner Camerata; schrieb die Opern „Euridice" (1600) und „Dafne" (verloren), Solomadrigale, Arien.

Cáceres [span. ˈkaθeres], span. Prov.hauptstadt in Estremadura, 79 000 E. Bischofssitz, Univ.; Kleinind.; Handelszentrum für landw. Erzeugnisse. – Die von einer röm.-arab. Mauer umgebene Altstadt (von der UNESCO zum Weltkulturerbe erklärt) wird beherrscht vom Turm der got. Kirche San Mateo.

Cáceres. Über die Neustadt erhebt sich die ummauerte Altstadt

Cachenez [kaʃˈneː, kaʃəˈneː; frz., eigtl. „verbirg die Nase"], quadrat. Halstuch aus Seide u. ä.

Cachucha [kaˈtʃutʃa; span.], andalus. Solotanz im langsamen ³/₄-Takt mit Kastagnettenbegleitung.

Cäcilia, hl., legendäre Märtyrerin. Seit dem späten MA Patronin der Kirchenmusik. Abgebildet mit Orgel. – Fest: 22. November.

Cäcilien-Verband (Allgemeiner C.-V. für die Länder der dt. Sprache, Abk. ACV), Organisation zur Pflege der kath. Kirchenmusik in der BR Deutschland, in Österreich und in der Schweiz; 1868 von F. X. Witt gegründet und 1870 päpstlich bestätigt.

CAD ↑ Automatisierung.

Cadaverin ↑ Kadaverin.

Caddie [ˈkɛdi, engl.; zu ↑ Kadett], Berater und Helfer eines Golfspielers.
▷ zweirädriger Wagen zum Transportieren der Golfschläger.

Caddo [engl. ˈkædoʊ], i. w. S. indian. Sprachfamilie, i. e. S. Konföderation von mehreren Indianerstämmen (u. a. Pawnee) im südl. Prärigebiet der USA.

Cadenabbia, italien. Luftkurort am Comer See. – Nahebei die Villa Carlotta (18. Jh.) mit Kunstsammlung und Park.

Cádiz [span. ˈkaðiθ], span. Hafenstadt am Ende eines Strandwalls an der Bucht von C., außerdem durch eine

Cádiz. Die neue Kathedrale, 1722–1838, mit vergoldeter Vierungskuppel

Cádiz, Bucht von

Cádiz
Stadtwappen

Caen
Stadtwappen

Brücke mit dem Festland verbunden, 156 000 E. Verwaltungssitz der Prov. C.; Bischofssitz; Königl. Span.-Amerikan. Akad., Konservatorium, theolog. und medizin. Fakultät der Univ. Sevilla; Naturhafen; Schiffbau und -reparaturen; Flugzeugind., Maschinenbau.
Geschichte: Um 1100 v. Chr. von phönik. Kauffahrern gegr. **(Gadir);** seit etwa 500 v. Chr. bedeutendste Handelsstation Karthagos im Atlantikverkehr; schloß sich 206 v. Chr. freiwillig an Rom an **(Gades).** Cäsar verlieh ihr als erster Stadt außerhalb Italiens das Bürgerrecht; war in der Kaiserzeit nach Rom die zweitgrößte Stadt im W des Imperiums. 711 von den Arabern erobert, 843 von den Normannen zerstört; seit 1262 endgültig im Besitz Kastiliens; 1509–1778 (neben Sevilla) Handelsmonopol mit den span. Übersegebieten. In den Napoleon. Kriegen Zentrum des span. Widerstandes gegen die Franzosen. Die während der Belagerung von 1810–12 hier tagenden verfassunggebenden Cortes beschlossen 1812 die von nat. und liberalem Geist geprägte Verfassung von Cádiz.
Bauten: Alte Kathedrale (13. Jh.; 1596 zerstört, 1602 ff. wiederaufgebaut), neue Kathedrale (1722–1838), Altstadt mit weißen Häusern und charakterist. Aussichtstürmchen.

Cádiz, Bucht von [span. ˈkaðiθ], Teil des Golfes von Cádiz, durch eine Nehrung teilweise abgeschlossen, von einer 1 400 m langen Brücke überspannt.

Cádiz, Golf von [span. ˈkaðiθ], Bucht des Atlant. Ozeans an der SW-Küste der Iber. Halbinsel (Spanien und Portugal), zw. Kap Vicente und Kap Trafalgar, 280 km breit; Erdgasfunde.

Cadmium (Kadmium) [griech.]; von der Sage mit König Kadmos in Verbindung gebracht, der die Technik des Erzschmelzens erfunden haben soll], chem. Symbol Cd, metall. Element aus der II. Nebengruppe des Periodensystems der chem. Elemente, Ordnungszahl 48, relative Atommasse 112,4, Dichte 8,65 g/cm³, Schmelzpunkt 321 °C, Siedepunkt 765 °C. C. oxidiert an der Luft rasch; das weiche, silberweiße Metall läßt sich sehr gut zu dünnen Folien und Drähten ausziehen. In der Natur kommt es als Nebenbestandteil von Zinkmineralen vor.
C. erhält man hauptsächlich als Nebenprodukt bei der Zinkgewinnung. Es wird verwendet als korrosionshemmender Überzug, Elektrodenmaterial und Legierungszusatz sowie für Absorberstäbe von Kernreaktoren. – Von den ausnahmslos zweiwertigen Verbindungen des C. dienen das gelbe bis orangerote *Cadmiumsulfid* (CdS) und das feuerrote *Cadmiumselenid* (CdSe) als Farbpigmente; CdS dient außerdem als Photohalbleiter und Leuchtstoff; *Cadmiumsulfat* (CdSO₄) wird u. a. als Elektrolytflüssigkeit verwendet.

C. und seine Verbindungen sind für Mensch (↑Itai-Itai-Krankheit), Tier und Pflanze stark giftig. Eine krebserregende Wirkung wird vermutet. Der Reduzierung der C.emissionen und der Einschränkung der Verwendung kommt daher große Bed. zu. Der MAK-Wert ist auf 0,05 mg/m³ festgelegt.

Cadmiumchlorid, CdCl₂, wird u. a. im Druckwesen, in der Galvanotechnik und zur Herstellung von Farbpigmenten verwendet.

Cadmiumoxid, CdO, die Sauerstoffverbindung des Cadmiums; amorphes Pulver, das als Katalysator für Glasuren und galvan. Cd-Überzüge verwendet wird.

Caecum [lat.], svw. ↑Blinddarm.

Caedmon (Cadmon, Cädmon) [ˈkɛːtmɔn, engl. ˈkɛdmən], †um 680, erster bekannter christl. Dichter angelsächs. Sprache. – Verf. eines Schöpfungsliedes in Langzeilen.

Caelum [ˈtsɛːlʊm; lat.] ↑Sternbilder (Übersicht).

Caen [frz. kã], frz. Hafenstadt in der Normandie, an der Orne, 117 000 E. Verwaltungssitz des Dep. Calvados und der Region Basse-Normandie; Univ. (gegr. 1432); Metall-, Elektro-, chem., Textil- und Nahrungsmittelind.; ⚓. – 1025 erstmals erwähnt; Stadt seit 1203, 1204 erstmals in frz. Besitz, endgültig 1450. Im 2. Weltkrieg 1944 fast völlig zerstört; Wiederaufbau nach neuem Plan; erhalten blieben die von Wilhelm dem Eroberer gegr., für die Entstehung der got. Architektur bed. Kirchenbauten Sainte-Trinité (1059–66) und Saint-Étienne (1064–77).

Caere [ˈtsɛːre] (etrusk. Cisra), eine der ältesten (Anfang des 1. Jt. v. Chr.) und größten etrusk. Städte (heute Cerveteri), 40 km nw. von Rom am Tyrrhen. Meer, bed. Handelsplatz; 353 v. Chr. von Rom unterworfen.

Caernarvon [engl. kəˈnɑːvən] (Carnarvon), walis. Hafenstadt an der Menai Strait, 9 500 E. Verwaltungssitz der Gft. Gwynedd. – Sö. von C. lag das 75 n. Chr. angelegte röm. Kastell **Segontium.** Die Siedlung nahm ihre eine Kirche des 5. Jh.; 1284 Stadtrecht und Hauptstadt des Ft. Wales. – Normann. Burg.

Caesalpinie (Caesalpinia) [tsɛ…; nach A. Cesalpino], Gatt. der Caesalpiniengewächse mit etwa 120 Arten in den Tropen und Subtropen; Bäume und Sträucher mit in Rispen stehenden, gelben oder roten Blüten.

Caesalpiniengewächse [tsɛ…] (Caesalpiniaceae), Fam. trop. und subtrop. Holzpflanzen mit einseitig symmetr. Blüten und gefiederten Blättern. Zu den C. gehören u. a. die Gatt. ↑Afzelia, ↑Caesalpinie, ↑Johannisbrotbaum, ↑Judasbaum.

Caesar, Gajus Julius [ˈtsɛːzar] ↑Cäsar.

Caesar [ˈtsɛːzar] (Mrz. Caesares), Beiname im röm. Geschlecht der Julier; seit Augustus (dem Adoptivsohn Julius Cäsars) Name, der die Zugehörigkeit zum Kaiserhaus kennzeichnet, seit Claudius Bestandteil der kaiserl. Titulatur, seit Hadrian auch Titel des designierten Nachfolgers, in der Tetrarchie Diokletians Titel der Unterkaiser; blieb in Herrschertiteln erhalten (Kaiser, Zar).

Caesarea [tsɛ…], Name antiker Städte: C. (C. Palaestinae, C. Palaestina, C. am Meer), Ruinenstätte in der Scharonebene, 54 km nördl. von Tel Aviv; nach Ausbau durch Herodes den Großen als eine der bedeutendsten Städte Palästinas 6 n. Chr. Sitz der röm. Prokuratoren; 69 zur Kolonie erhoben, Hauptstadt der röm. Prov. Syria Palaestina, seit dem 2. Jh. Bischofssitz; um 640 von den Arabern und 1101 von den Kreuzfahrern erobert, 1265 von Sultan Baibars I. zerstört; Ausgrabungen des röm. C. seit 1956.
C. (C. in Kappadokien, C. Mazaca oder C. Eusebea) ↑Kayseri (Türkei).
C. (C. in Nordafrika, C. Mauretaniae) ↑Cherchell (Algerien).
C. Philippi in Palästina, ↑Banijas (Syrien).

Caesarius von Heisterbach [tsɛ…] ↑Cäsarius von Heisterbach.

Caesarius, Johannes [tsɛ…], *Jülich um 1468, †Köln 1550, dt. Humanist. – Bed. Gräzist, Verfasser von Lehrbüchern zur Grammatik und Rhetorik; Lehrer bed. Humanisten (Agrippa von Nettesheim, Bullinger u. a.).

Caen. Abteikirche Saint-Étienne, um 1064–77

Caesaromagus, antike Städte, ↑Beauvais, ↑Chelmsford.

Caesena, antike Stadt, ↑Cesena.

Caesium, svw. ↑Cäsium.

Caetani (Gaetani), italien. Adelsfamilie, seit dem 12. Jh. nachgewiesen.

Café [frz.], Gaststätte, die v. a. Kaffee und Kuchen anbietet. – ↑Kaffeehaus.

Cafeteria [span.], Imbißstube bzw. Restaurant mit Selbstbedienung.

Caffieri, aus Italien stammende, in Frankreich tätige Bildhauerfamilie, die sich im 17. und 18. Jh. v. a. durch kunstgewerbl. Bronzearbeiten einen Namen machte.

Cafuso [brasilian. ka'fuzu], Mischling in Brasilien, aus der Verbindung von Schwarzen und Indianern.

Cagayan de Oro [span. kaya'jan de 'oro], Hafenstadt an der N-Küste der philippin. Insel Mindanao; 227 000 E. Hauptstadt der Prov. Misamis Oriental; kath. Bischofssitz; Univ. (gegr. 1933); internat. ✈.

Cage, John [engl. keɪdʒ], *Los Angeles 5. Sept. 1912, †New York 12. Aug. 1992, amerikan. Komponist und Pianist. – Zunächst an der Zwölftontechnik orientiert, bezog C. seit den 50er Jahren den Zufall ein, was letztlich zur Aufhebung der Komposition als eines individuellen Werkes führte. Er komponierte u. a. Werke für Schlagzeug, „präpariertes Klavier" (1938), „Music for Piano" (1952–56), „Rozart Mix" (Tonband, 1965), aber auch Kammermusik (Streichquartett, 1984).

Cagliari [italien. 'kaʎʎari], italien. Stadt an der S-Küste von Sardinien, 222 000 E. Verwaltungssitz der autonomen Region Sardinien und der Prov. C.; Erzbischofssitz; Univ. (gegr. 1606), Ind.- und Handelszentrum der Insel, u. a. Meersalzsalinen, Erdölraffinerie, Hafen, Werften, Fischereistation; ✈. – Wahrscheinlich karthag. Gründung, wurde 238 v. Chr. röm. **(Carales),** fiel 454 an die Vandalen, wurde 534 byzantinisch, nach dem 7. Jh. vorübergehend sarazenisch, teilte dann die Geschicke Sardiniens. – Röm. Amphitheater (2. Jh.), romanisch-got. Dom (im 17. Jh. erneuert); Kuppelkirche Santi Cosma e Damiani (5. Jh.) mit Chor (11. Jh.). Reste der pisan. Befestigungsmauer.

Cagliostro, Alessandro Graf von [italien. kaʎ'ʎɔstro], eigtl. Giuseppe Balsamo, *Palermo 8. Juni 1743, †Schloß San Leone bei Urbino 26. Aug. 1795, italien. Abenteurer und Alchimist. – Trat v. a. in Deutschland, Großbritannien und Frankreich als Alchimist und Geisterbeschwörer auf, fand Zugang zu den höchsten Kreisen und erwarb großen Reichtum. 1786 in die ↑Halsbandaffäre verwickelt; 1789 in Rom zum Tode verurteilt, 1791 zu lebenslanger Haft begnadigt. Literar. Gestaltung seines Lebens u. a. bei Schiller, Goethe und A. Dumas d. Ä.

Cagnes-sur-Mer [frz. kaɲsyr'mɛːr], frz. Stadt an der Côte d'Azur, 35 200 E. Museen, u. a. das Haus des Malers Renoir; Pferderennbahn; keram. Ind.; Blumenzucht, Weinbau; Seebad Cros-de-Cagnes. – Über der Altstadt die Grimaldi-Burg (13./14. Jh., im 17. Jh. zum Schloß umgestaltet).

Cagney, James Francis [engl. 'kæɡnɪ], *New York 17. Juli 1904, †Stanfordville (N. Y.) 30. März 1986, amerikan. Schauspieler. – Neben H. Bogart einer der wichtigsten Darsteller in Filmen der „schwarzen Serie".

Cagniard de la Tour (Cagniard de Latour), Charles Baron (seit 1819) [frz. kaɲardaˈtuːr], *Paris 31. Mai 1777, †ebd. 5. Juli 1859, frz. Ingenieur und Physiker. – Erfand u. a. eine Lochsirene, mit der er die Schwingungszahl von Tönen bestimmte; stellte fest, daß Gase bei erhöhtem Druck flüssig werden und erkannte, daß an der alkohol. Gärung Mikroorganismen beteiligt sind.

Cagoule [frz. ka'gul „Mönchsrock"], 1932–40 frz. polit. Geheimorganisation mit faschist. Tendenz. Die von Kreisen der Wirtschaft und des Militärs unterstützten **Cagoulards** führten Terroraktionen und Attentate gegen linksgerichtete Politiker durch.

Cahiers de la Quinzaine [frz. kajedlakɛ̃'zɛn „vierzehntägige Hefte"], frz. literar. Reihe, in deren Heften C. Péguy 1900–14 außer eigenen Werken Autoren vorstellte wie R. Rolland, G. Sorel, J. Benda, Jean und Jérôme Tharaud, J. Schlumberger, A. Suarès.

Cahors [frz. ka'ɔːr], frz. Stadt im Quercy, am Lot, 20 800 E. Verwaltungssitz des Dep. Lot; Bischofssitz (seit dem 3. Jh.); erste staatl. frz. Kochhochschule. Marktzentrum eines Wein- und Tabakbaugebietes. – **Cadurcum,** Hauptort der kelt. Kadurker, hieß in röm. Zeit **Divona;** im 12. Jh. englisch, infolge der Albigenserkriege zur frz. Krone; im MA eine der reichsten frz. Städte. 1332 Gründung einer Univ. (1751 mit der von Toulouse zusammengelegt). – Kathedrale (geweiht 1119; 13.–15. Jh. umgestaltet).

CAI, Abk. für engl.: **c**omputer-**a**ssisted **i**nstruction („computerunterstützter Unterricht"), Vermittlung, Einübung, Prüfung und Bewertung von Wissen, Kenntnissen und Fähigkeiten mittels Computern und dialogorientierter Programme.

Caicosinseln [engl. 'kaɪkəs] ↑Turks- und Caicosinseln.

Caillié, René Auguste [frz. ka'je], *Mauzé (bei Niort) 19. Sept. 1799, †La Baderre (bei Paris) 17. Mai 1838, frz. Afrikaforscher. – Brach 1827, verkleidet als Ägypter, aus Sierra Leone nach Timbuktu auf, das er 1828 erreichte; mit seiner Weiterreise durch die westl. Sahara bis N-Marokko lieferte er erste Aufschlüsse über diese bislang unerkundete Region.

Caillois, Roger [frz. kaj'wa], *Reims 3. März 1913, †Paris 21. Dez. 1978, frz. Schriftsteller. – Bed. Essayist; u. a. „Poétique de Saint John Perse" (1954); „Pontius Pilatus. Ein Bericht" (1961).

Ça ira [frz. sa·i'ra „es wird gehen"], Lied der Frz. Revolution, ben. nach dem Refrain „Ah, ça ira, ça ira, ça ira, les aristocrates à la lanterne".

Cairdküste [engl. kɛəd] ↑Coatsland.

Cairn [engl. kɛən; gäl. carn], Bez. für die aus Steinen aufgeschütteten Hügel über Megalithgräber in Großbritannien.

Cairngorm Mountains [engl. 'kɛəŋɡɔːm 'maʊntɪnz], Gebirgsmassiv in den Highlands (Schottland), im Ben Macdhui 1 309 m hoch, mit dem größten Naturschutzgebiet Großbritanniens.

Caisson [kɛ'sõː, frz.], versenkbarer Kasten aus Stahl oder Stahlbeton, der nach dem Prinzip der Taucherglocke Arbeiten unter Wasser ermöglicht.

Caissonkrankheit [kɛ'sõː] ↑Druckfallkrankheit.

CAJ, Abk. für: **C**hristliche **A**rbeiter-**J**ugend.

Cajamarca [span. kaxa'marka], Hauptstadt des nordperuan. Dep. C., 2 860 m ü. d. M., 85 600 E. Sitz eines Bischofs; TU (gegr. 1965); Textil- und Lederind.; heiße Schwefelquellen; Ruinen eines Inkapalastes (Los Baños del Inca). – 1533 ließ F. Pizarro in C. den Inkaherrscher Atahualpa erdrosseln.

C., Dep. in NW-Peru, in der W-Kordillere der Anden, im N an Ecuador grenzend, 34 930 km², 1,22 Mill. E (1988). Hauptstadt Cajamarca.

Cajetan von Thiene, hl., eigtl. Gaetano da Tiene, *Vicenza Okt. 1480, †Neapel 7. Aug. 1547, italien. Ordensgründer. – Gründete 1524 den Orden der Theatiner. – Fest: 7. August.

Cajetan, Thomas (italien. Gaetano), eigtl. Jacobus de Vio, *20. Febr. 1469, †Rom 9. oder 10. Aug. 1534, italien. Kardinal (seit 1517). – Bedeutendster kath. Theologe der Reformationszeit, 1508 Generaloberer der Dominikaner, 1518 Erzbischof von Palermo, 1519 Bischof von Gaeta. Als Legat des Papstes verhandelte er nach Ende des Reichstages in Augsburg 1518 mit Luther.

Cajun [engl. 'keɪdʒən], westlich von New Orleans, USA, abgeschlossen lebende Volksgruppe, etwa 250 000; Nachkommen der von den Briten nach 1755 vertriebenen Bewohner ↑Akadiens; sprechen einen mit engl. Elementen durchsetzten frz. Dialekt.

Cakewalk [engl. 'keɪkwɔːk „Kuchentanz"], ein am Ende des 19. Jh. entstandener afroamerikan. Gesellschaftstanz mit Ragtime-Rhythmus.

cal, Einheitenzeichen für ↑Kalorie.

Calabar [engl. 'kæləbə], Hauptstadt des nigerian. Bundesstaates Cross River, im Mündungsgebiet des Cross

John Cage

Cagliari
Stadtwappen

Alessandro Graf von Cagliostro
(Stich von Christophe Guérin)

Calabria

River, 126 000 E. Sitz eines kath. Bischofs; Univ. (gegr. 1975), polytechn. College; landw. Marktzentrum; Zement-, Furnierwerk; Hochseehafen; ⚓.

Calabria, lat. und italien. für ↑ Kalabrien.

Calais [frz. kaˈlɛ], frz. Hafenstadt und Seebad an der schmalsten Stelle der Straße von Dover, Dep. Pas-de-Calais, 77 000 E. Fährverkehr nach Großbritannien; Maschinen-, Nahrungsmittel-, Woll- und Kunststoffind.; bei Fréthun beginnt der nach Folkstone führende Eisenbahntunnel unter dem Ärmelkanal; ⚓ in C.-Marck. – Die Unterstadt Saint-Pierre, 1885 mit C. vereinigt, bestand schon in röm. Zeit **(Petressa);** 1180 Stadtrecht; entwickelte sich im 13. Jh. zum Haupthafen für den Verkehr mit England mit bed. Fernhandel; nach Eroberung durch König Eduard III. von England (1347) wichtigster engl. Stützpunkt auf dem Festland bis 1558. Im 2. Weltkrieg stark zerstört, moderner Wiederaufbau. – Vor dem Rathaus (1910–22) die Plastik von A. Rodin „Die Bürger von C." (1884–86), die an die Belagerung durch die Engländer (1347) erinnert.

Calais, Straße von [frz. kaˈlɛ] ↑ Dover, Straße von.

Calais Stadtwappen

Calais. Das Rathaus, erbaut 1910–22, mit der von Auguste Rodin 1884–86 geschaffenen Plastik „Die Bürger von Calais" im Vordergrund

Calar Alto. In den fünf Kuppelgebäuden befinden sich die Spiegelteleskope der leistungsfähigsten Sternwarte Westeuropas

Calaküste [span./dt.], Typ der Steilküste des westl. Mittelmeerraumes, charakterisiert durch kleine halbrunde Buchten (Calas).

Calama, chilen. Prov.hauptstadt im Großen Norden, an der Bahnlinie und Straße von Antofagasta nach La Paz, 2 270 m ü. d. M., 109 000 E. Größte agrar. Siedlung in der Atacama; ⚓.

Calamagrostis [griech.], svw. ↑ Reitgras.

Calamus [griech.], svw. ↑ Rotangpalmen.

calando [italien.], musikal. Vortragsbez.: gleichzeitig an Tonstärke und Tempo abnehmend.

Calanthe [griech.], svw. ↑ Schönorchis.

Calapan, philippin. Hafenstadt an der N-Küste der Insel Mindoro, 67 000 E. Verwaltungssitz der Prov. Mindoro Oriental; Fährverbindung nach S-Luzon. – 1679 gegründet.

Calar Alto, höchste Erhebung der Sierra de los Filabres, in der span. Prov. Almería, 2 168 m ü. d. M. Observatorium des Max-Planck-Instituts für Astronomie (Teil eines dt.-span. astronom. Zentrums).

Calathea [griech.], svw. ↑ Korbmarante.

Calatrava, Orden von [span. kalaˈtraβa], ältester und bedeutendster span. Ritterorden; ben. nach dem Schloß Calatrava (Prov. Ciudad Real), begr. 1158.

Calau, Krst. westlich von Cottbus, Brandenburg, 6 500 E. Im nw. Teil des Niederlausitzer Braunkohlengebietes. – Wohl im Schutze der gleichnamigen dt. Burg (10. Jh.) in der Nähe einer älteren wend. Siedlung Anfang des 13. Jh. gegründet.

C., Landkr. in Brandenburg.

Calaverit [nach dem Vorkommen im County Calaveras (Calif.)], weißgelbes, monoklines Mineral, $AuTe_2$ (Goldtellurid), enthält durchschnittlich 41,5 % Gold und 1 % Silber; Mohshärte 2,5; Dichte 9,3 g/cm³.

Calbe/Saale, Ind.stadt am Rand der Magdeburger Börde, Sa.-Anh., 14 000 E. Metalleicht-, Förderanlagenbau; Hafen. – Entstand im 12. Jh. an einem 968 erwähnten Königshof. – Got. Stephanskirche.

Calcaneus [lat.] ↑ Ferse.

Calceolaria [lat.], svw. ↑ Pantoffelblume.

Calceus [...tse-ʊs; lat.], die zur Toga getragene Riemensandale der Römer.

Calciferole [Kw.], die ↑ Vitamine der D-Gruppe; man unterscheidet das **Ergocalciferol** (Vitamin D_2) und das **Cholecalciferol** (Vitamin D_3).

Calcit [lat.] (Kalkspat, Doppelspat), sehr häufiges, oftmals gesteinsbildendes, trigonales Mineral aus der Gruppe der Carbonate; $CaCO_3$; Färbung weiß bis gelblich, rötlich, grünlich und bräunlich, durchsichtig oder undurchsichtig. Klarer C. zeigt starke opt. Doppelbrechung, daher fanden große Kristalle **(Isländischer Doppelspat)** vielfach Verwendung in opt. Instrumenten; Mohshärte 3; Dichte 2,72 g/cm³. Eine metastabile Form des C. ist der ↑ Aragonit. – ↑ Kalkstein, ↑ Kreide, ↑ Marmor.

Calcitonin [lat.] (Kalzitonin, Thyreocalcitonin), in der Schilddrüse gebildetes Polypeptid mit Hormonwirkung, das als Gegenspieler des ↑ Parathormons wirkt, d. h., es senkt den Calcium- und Phosphatspiegel des Blutes und vermindert den durch das Parathormon gesteuerten Knochenabbau.

Calcium (Kalzium) [zu lat. calx „Kalkstein, Kalk"], chem. Symbol Ca, metall. Element aus der II. Hauptgruppe (Erdalkalimetalle) des Periodensystems der chem. Elemente; Ordnungszahl 20, relative Atommasse 40,08, Dichte 1,55 g/cm³, Schmelzpunkt 839 °C, Siedepunkt 1 484 °C. – C. ist ein silberglänzendes, sehr weiches Metall, das jedoch wegen seiner Reaktionsfähigkeit nur in Verbindungen vorkommt. Die wichtigsten C.minerale sind die Calciumcarbonate, ferner Gips und Flußspat. Gewonnen wird C. durch therm. Reduktion von Kalk mit Aluminium. Verwendet wird das reine Metall als Zusatz zu Legierungen und als Desoxidations- und Entschwefelungsmittel. Von den stets zweiwertigen Verbindungen dient der ↑ Kalkstickstoff als hochwertiger Stickstoffdünger, **Calciumsulfat,** $CaSO_4$, als Bau-, Modell- und Formgips sowie als Zusatz zu Kreiden und weißen Malerfarben. Letzteres tritt in der Natur als Anhydrit und Gips auf. – Von physiolog. Bed. ist der C.gehalt des Blutes (sog. Blutcalciumspiegel), der mit dem Stoffwechselsystem zusammenhängt. Der Mensch soll täglich etwa 0,8–1,1 g C. zu sich nehmen; diese Menge wird durch ausgewogene Ernährung erreicht.

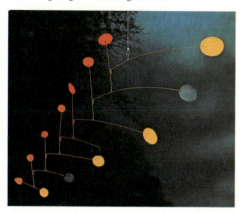

Alexander Calder. Disques jaunes, noirs, rouges, Mobile, 1972

Calciumcarbid (Karbid), CaC_2, wichtige Calciumverbindung, die aus Kalk und Koks elektrothermisch hergestellt wird; dient zur Herstellung von ↑ Acetylen und ↑ Kalkstickstoff.

Calciumcarbonat, $CaCO_3$, neutrales Calciumsalz der Kohlensäure; gesteinsbildend (Calcit, Aragonit, Marmor); in CO_2-haltigem Wasser geht C. langsam in Lösung unter Bildung des leichter lösl. **Calciumhydrogencarbonats**; beim Verdunsten des Wassers bildet sich unlösl. $CaCO_3$ zurück. Auf diesem Vorgang beruht in der Natur die Entstehung von Höhlen in Kalksteingebieten, ebenso die Abscheidung von Kesselstein.

Calciumhalogenide, Verbindungen des Calciums mit den Halogenen F, Cl, Br, J. **Calciumfluorid**, CaF_2, tritt in der Natur als Flußspat auf. Es dient u. a. als Flußmittel bei der Gewinnung vieler Metalle. Das hygroskop. **Calciumchlorid**, $CaCl_2$, findet Verwendung als Kühlmittel, Imprägniermittel von Holz u. a. Wasserfreies $CaCl_2$ ist ein sehr wirksames Trockenmittel. – ↑ Chlorkalk.

Calciumhydrogensulfit, $Ca(HSO_3)_2$, nur in wäßriger Lösung beständiges saures Calciumsalz der schwefligen Säure; die wäßrige Lösung dient als Lösungsmittel bei der Gewinnung von Zellstoff.

Calciumhydroxid (gelöschter Kalk), $Ca(OH)_2$, aus Calciumoxid durch Zugabe von Wasser entstehende Verbindung mit stark bas. Eigenschaften (↑ Kalk); die klare Lösung wird als **Kalkwasser**, die milchigtrübe, ungelöstes C. enthaltende Suspension als **Kalkmilch** bezeichnet. Der beim Verrühren von CaO mit Wasser entstehende **Kalkbrei** dient v. a. zur Herstellung von Mörtel.

Calciumoxid (Ätzkalk, gebrannter Kalk, Branntkalk, Luftkalk), CaO, Sauerstoffverbindung des Calciums, wird durch Brennen von Kalk gewonnen; dient hauptsächlich zur Herstellung von Mörtel und Düngemitteln.

Calciumphosphate, Calciumsalze der Phosphorsäuren; primäres C. (Calciumdihydrogenphosphat), $Ca(H_2PO_4)_2$ und sekundäres C. (Calciumhydrogenphosphat), $CaHPO_4$, sind Bestandteile vieler Phosphatdünger. Tertiäres C., $Ca_3(PO_4)_2$, bildet mit CaF_2 und $CaCl_2$ das Mineral Apatit. Die hydroxyl- und carbonathaltigen Formen Hydroxylapatit, $Ca_5OH(PO_4)_3$, bzw. ↑ Phosphorit sind Bestandteile der Knochen und Zähne.

Calciumstoffwechsel ↑ Stoffwechsel.

Calciumsulfat ↑ Calcium.

Calcutta [engl. kæl'kətə] ↑ Kalkutta.

Caldara, Antonio, *Venedig (?) um 1670, †Wien 26. Dez. 1736, italien. Komponist. – Seit 1716 Vizekapellmeister am Wiener Hof; komponierte über 90 Opern, Serenaden und dramat. Kantaten, mehr als 40 Oratorien, Kirchenmusik, Sinfonien, weltl. Vokalwerke.

C., Polidoro, italien. Maler, ↑ Polidoro da Caravaggio.

Caldas, Dep. in Z-Kolumbien, 7 888 km², 882 000 E (1985). Hauptstadt Manizales. Hauptagrargebiete sind die Gebirgshänge; in der Magdalenasenke Erdölförderung.

Caldas da Rainha [portugies. 'kaldɐʒ ðɐ rrɐ'iɲɐ], portugies. Heilbad, 75 km nördlich von Lissabon, 18 400 E. Museum moderner Kunst; Schwefelthermen; Porzellan-, Fayencenmanufaktur.

Calder, Alexander [engl. 'kɔːldə], * Lawton (Pa.) 22. Juli 1898, † New York 11. Nov. 1976, amerikan. Plastiker. – Auf bewegl. (motorgetriebene) Konstruktionen folgten seit den dreißiger Jahren die ersten vom Luftzug bewegten „Mobiles" aus Draht und farbigen Metallplatten; daneben z. T. mächtige, stehende „Stabiles".

Caldera, Rafael, *San Felipe 25. Jan. 1916, venezolan. Jurist und Politiker. – Gründete 1946 die Christl. Soziale Partei (COPEI); 1968–74 Staatspräsident.

Caldera (Mrz. Calderen) [span., eigtl. „Kessel"], Riesenkrater, entsteht durch Einbruch eines Vulkans nach Entleerung der oberflächennahen Magmakammer.

Calder Hall [engl. 'kɔːldə 'hɔːl], Standort eines Kernkraftwerks in der Gft. Cumbria, NW-England, an der Ir. See; in der Nähe die Wiederaufarbeitungsanlage ↑ Sellafield.

Calderón [span. kalde'rɔn], Rafael Angel, *Diriamba (Nicaragua) 14. März 1949, costarican. Politiker. – Jurist; 1978–80 Außenmin., seit 1989 Staatspräsident.

Calderón de la Barca, Pedro [span. kalde'rɔn de la 'βarka], *Madrid 17. Jan. 1600, †ebd. 25. Mai 1681, span. Dramatiker. – Neben Lope de Vega der bedeutendste span. Dramatiker des sog. Goldenen Zeitalters, der anders als jener die Inspiration zu seinem Werk nahezu ausschließlich aus der gelehrten Tradition von Antike und Christentum gewann. Entscheidender Beweggrund der Handlungen seiner Stücke ist die Ehre, die die in histor. oder allegor. Beispielhaftigkeit erstarrten Normen einer zum Untergang verurteilten aristokrat. Ordnung spiegelt. Von C. sind 120 weltl. Comedias und 80 Autos sacramentales (geistl. Dramen) sowie 20 kleinere Werke bekannt; sie erweisen immer wieder das Gespür ihres Verfassers für bühnenwirksame Strukturierung der Handlung, die die psycholog. Nuancierung bes. der weibl. Charaktere ebenso stützt wie der metaphernreiche Stil, dessen ostentative Strenge nicht selten in die Nähe scholast. Disputierens gerät.

Werke: Das Haus mit zwei Türen (entstanden 1629, gedruckt 1632), Die Andacht zum Kreuz (1634), Balthasars Nachtmahl (entstanden um 1634, gedruckt 1664), Der standhafte Prinz (1636), Das Leben ist Traum (1636), Der Arzt seiner Ehre (1637), Der wundertätige Magus (entstanden 1637, gedruckt 1663), Der Richter von Zalamea (entstanden 1642, gedruckt 1651), Die Tochter der Luft (uraufgeführt 1653, gedruckt 1664), Das Schisma von England (1672).

Caldwell [engl. 'kɔːldwəl], Erskine, *White Oak (Ga.) 17. Dez. 1903, † Paradise Valley (Ariz.) 11. April 1987, amerikan. Schriftsteller. – Stellte in realist., sozialkrit. Erzählwerken die Welt der Schwarzen und der „White nigger" (unterpriviligierte Weiße) dar, z. B. in dem Roman „Die Tabakstraße" (1932).

C., [Janet] Taylor, Pseud. Max Reiner, *Prestwich bei Manchester (England) 7. Sept. 1900, †Greenwich (Conn.) 30. Aug. 1985, amerikan. Schriftstellerin. – Erfolgreiche Unterhaltungsromane, u. a. „Mit dem Herzen eines Löwen" (1970).

Calembour [kalã'buːr; frz.], scherzhaftes Spiel mit der unterschiedl. Bed. gleich oder ähnlich lautender Wörter.

Calenberg, von der gleichnamigen Burg aus im 13./14. Jh. gebildetes welf. Territorium; umfaßte zunächst nur das heutige Calenberger Land zw. Leine und Deister; 1432–73 erstmals eigenständiges Ft. unter der Hauptlinie des Mittleren Hauses Braunschweig; seit 1463 Eingliederung des Ft. Göttingen (C.-Göttingen), ging später in Hannover auf.

Pedro Calderón de la Barca

1

2

3

Calcit.
1 Rhomboedrischer Kristall;
2 Kristalle;
3 stengelige Kristalle

Caligula

James Callaghan

Maria Callas

Rafael Leonardo Callejas Romero

Calenberger Land, Landschaft zw. Leinebogen und Deister, Niedersachsen.
Calendula [lat.], svw. ↑ Ringelblume.
Calf [kalf; engl. ka:f], Kalbsleder; für Bucheinbände und Schuhe.
Čalfa, Marian ['tʃalfa], *Trebišov 7. Mai 1946, slowak. Politiker. – Jurist; 1972–88 in der Rechtsabteilung des Amtes des Regierungschefs tätig. Seit 21. April 1988 Min. ohne Geschäftsbereich, seit 3. Dez. 1989 stellv. Min.präs., seit 7. Dez. 1989 Min.präs. eines „Kabinetts der nat. Verständigung". Mitte Jan. 1990 Austritt aus der KP. Nach dem ersten demokrat. Wahlen im Juni 1990 erneut Regierungschef; im Juli 1992 abgelöst.
Calgary [engl. 'kælgərı], kanad. Stadt im S der Prov. Alberta, im Vorland der Rocky Mountains, 671 000 E. Sitz eines kath. und eines anglikan. Bischofs; Univ. (gegr. 1945), Inst. für Technologie und Kunst, College; jährl. Rodeo (Stampede). Zentrum eines Farmgebiets sowie bed. Erdöl- und Erdgasfelder; Verkehrsknotenpunkt, ✈. – 1751–58 frz. Fort, 1876 in Fort C. umbenannt. Die Entwicklung begann, als die Canadian Pacific Railway C. erreicht hatte (1883). – 1988 Austragungsort der Olymp. Winterspiele.
Calhoun, John Caldwell [engl. kəl'hu:n], *bei C. Mills, Abbeville District (S.C.) 18. März 1782, †Washington 31. März 1850, amerikan. Politiker. – 1817–25 Kriegsmin., 1825–32 Vizepräs. und 1844/45 Außenmin.; schuf eine umfassende Theorie des amerikan. Regierungssystems und setzte sich für die Autonomie der Südstaaten ein.
Cali, Hauptstadt des Dep. Valle del Cauca in W-Kolumbien, im Tal des Río Cauca, 1014 m ü.d.M., 1,3 Mill. E (1985). Sitz eines Erzbischofs; zwei Univ. (gegr. 1945 bzw. 1958). Bahnknotenpunkt, drittwichtigster Ind.standort Kolumbiens; ✈. – Gegr. 1536.
Calicut [engl. 'kælıkət] (Kozhikode), ind. Stadt an der Malabarküste, Kerala, 394 000 E. Kath. Bischofssitz, Univ. (gegr. 1968); Baumwollverarbeitung, Kaffeeaufbereitung. – Seit dem 9. Jh. Hauptstadt eines Kgr.; am 20. Mai 1498 landete dort Vasco da Gama.
California [engl. kælı'fɔ:njə] ↑ Kalifornien.
Californium [nach der University of California (Berkeley), dem ersten Herstellungsort], chem. Symbol Cf; stark radioaktives, künstlich hergestelltes Metall aus der Gruppe der Actinoide; ein Transuran, Ordnungszahl 98.
Caliga [lat.], unter der Sohle genagelter, schienbeinhoher Riemenschuh der röm. Antike; bes. in der Soldatentracht.
Caligula (Gajus Julius Caesar Germanicus) [eigtl. „Soldatenstiefelchen" (die er als Kind trug)], *vermutlich Antium (= Anzio) 31. Aug. 12 n.Chr., †Rom 24. Jan. 41, röm. Kaiser (seit 37). – Sohn des Germanicus und Agrippinas d. Ä.; nach dem Tod des Tiberius zum Kaiser ausgerufen; machte sich durch Gewalttätigkeiten verhaßt; strebte eine monarch. Herrschaft im Stil hellenist. Könige an; durch Prätorianer ermordet.
Calima, archäolog. Kultur in Kolumbien, am Oberlauf des Río Calima, östlich von Buenaventura; datiert 500 v.Chr.; berühmt durch ihre zahlr. Goldobjekte.

Călimăneşti [rumän. kəlimə'neʃtj], rumän. Kurort am Fuß der Südkarpaten, am Alt, 8600 E. Heilquellen. – 3 km nördlich das Kloster **Cozia** (1387/88; Fassaden in byzantin. Stil, Fresken 14. und 18. Jh.).
Cälius Antipater ↑ Cölius Antipater.
Calixt, Georg, eigtl. Callisen, Kallissen, *Medelby bei Flensburg 14. Dez. 1586, †Helmstedt 19. März 1656, dt. ev. Theologe. – Seit 1614 Prof. in Helmstedt; Anhänger Melanchthons und konfessioneller Wiedervereinigung.
Calixtus ↑ Kalixt.
Calla [griech.], svw. ↑ Drachenwurz.
Callaghan, James, Baron C. of Cardiff (seit 1987) [engl. 'kæləhən], *Portsmouth 27. März 1912, brit. Gewerkschafter und Politiker (Labour Party). – 1967–70 Innen-, 1974–76 Außenmin.; 1976–79 Premiermin., 1979/80 Oppositionsführer; bis 1980 Parteiführer.
Callao [span. ka'jao], wichtigste peruan. Hafenstadt und Hauptstadt des Dep. C., 10 km westlich von Lima, 460 000 E. Meeresinstitut; Marinestützpunkt (auf der Isla San Lorenzo). U.a. Werften, Trockendock, Gießereien. Durch Eisenbahn (älteste Südamerikas, eröffnet 1851), Straßenbahn und Autostraßen mit Lima verbunden. – 1537 gegr., während der Kolonialzeit der führende Pazifikhafen des span. Amerika.
C., Dep. in Peru, 148 km², 560 000 E (1988). Hauptstadt Callao.
Callas, Maria, eigtl. M. Kalogeropoulos, *New York 2. Dez. 1923, †Paris 16. Sept. 1977, griech. Sängerin (Sopran). – Sang seit 1947 an den ersten Opernbühnen Europas und der USA; berühmt durch ihr weitgefächertes Repertoire und ihre virtuose Gesangskunst.
Callejas Romero, Rafael Leonardo [span. ka'jexas...], *Tegucigalpa 14. Nov. 1943, honduran. Politiker. – 1975–80 Min. für Bodenschätze; seit 1980 einer der einflußreichsten Parteiführer des Partido Nacional (PN), v.a. in der Wirtschaft tätig; nach Sieg bei den Präsidentschaftswahlen im Nov. 1989 seit Jan. 1990 Staatspräsident.
Callgirl [engl. 'kɔ:lgəːl], durch telefon. Anruf (engl. call) vermittelte Prostituierte.
Callimachus ↑ Kallimachos.
Callipteris [griech.], fossile Gatt. der Samenfarne vom Karbon bis zum Perm. Die Art **Callipteris conferta** ist Leitfossil des Rotliegenden; charakterisiert durch doppelt gefiederte, bis etwa 80 cm lange Blattwedel.
Callisto [nach Kallisto, der Geliebten des Zeus (lat. Jupiter)], einer der Galileischen Monde (IV) des Planeten Jupiter.
Callistus ↑ Kalixt.
call money [engl. 'kɔ:l'mʌnɪ], im Bankwesen svw. tägl. Geld.
Callot, Jacques [frz. ka'lo], *Nancy 1592 oder 1593, †ebd. 24. März 1635, frz. Zeichner und Radierer. – Darstellung von Massenszenen wie Einzelfiguren, die er in eine Art Bühnenraum stellte. Bes. berühmt sind die 2 Radierfolgen „Misères de la guerre" (1632–33), die die Greuel der Kriege gegen die Hugenotten schildern.
calmato (calmado) [italien.], musikal. Vortragsbez.: beruhigt (bzw. beruhigend).
Calmette, Albert [frz. kal'mɛt], *Nizza 12. Juli 1863, †Paris 29. Okt. 1933, frz. Bakteriologe. – Prof. am Institut Pasteur in Paris; entwickelte 1921 mit C. Guérin den BCG-Impfstoff gegen Tuberkulose.
Calonder, Felix, *Schuls (Graubünden) 7. Dez. 1863, †Chur 14. Juni 1952, schweizer. Politiker. – Rechtsanwalt; Führer der Freisinnig-Demokrat. Partei; 1918 Bundespräs. 1922–37 Vors. der zur Durchführung der Genfer Konvention über Oberschlesien eingesetzten dt.-poln. Völkerbundskommission.
Calor [lat.], Wärme, Hitze; in der Medizin eines der klass. Symptome der Entzündung.
Calque (Calque linguistique) [kalk (lẽgis'tik); frz. „(linguist.) Nachbildung"], sprachl. Lehnprägung, bei der fremdsprachl. Wort- oder Satzgut mit Mitteln der aufnehmenden Sprache nachgebildet wird (z.B. „Wolkenkratzer" nach engl. „skyscraper").

Jacques Callot. Plünderung eines Dorfes, Radierung aus der Folge Misères de la guerre, 1632–33

Caltanissetta, Prov.hauptstadt in Sizilien, 62 000 E. Bischofssitz; archäolog. Sammlungen, Bergbauschule; Schwefel-, Kali-, Steinsalzbergbau. – Dom (1570–1622).

Caltex [engl. 'kæltɛks], Abk. für: **Cal**ifornia **Tex**as Oil Corp., New York, Mineralölunternehmen, Tochtergesellschaft der Chevron Oil Co./Standard Oil of California, San Francisco, und der Texaco Inc., New York.

Calumet ↑ Kalumet.

Calvados, frz. Dep. in der Normandie.

Calvados, frz. Apfelbranntwein aus ↑ Cidre (urspr. aus der Normandie, Dep. C.).

Calvaert, Denys [niederl. 'kalva:rt], auch Dionisio Fiammingo, *Antwerpen zw. 1540 und 1545, †Bologna 16. April 1619, flämisch-italien. Maler. – Gründete eine einflußreiche Malerschule in Bologna, wo u. a. G. Reni und Domenichino seine Schüler waren.

Calvaria [lat.], in der *Anatomie* das knöcherne Schädeldach.
▷ in der *Theologie* ↑ Golgatha.

Calvarium [lat.], in der Anthropologie Bez. für den Schädel ohne Unterkiefer.

Calvin, Johannes [-'-; frz. kal'vɛ̃], eigtl. Jean Cauvin, *Noyon 10. Juli 1509, †Genf 27. Mai 1564, frz.-schweizer. Reformator. – Nach dem Studium der Rechte in Paris wurde er spätestens im Herbst 1533 ein offener Verfechter der Reformation, mußte deshalb Paris verlassen und ließ sich 1535 in Basel nieder. Hier schrieb er die erste Fassung seines theolog. Hauptwerkes, die „Institutio Christianae Religionis", eine kurze Zusammenfassung der ev. Lehre. 1536 wurde ihm auf der Durchreise in Genf ein kirchl. Lehramt angeboten, woraufhin C. bis zu seinem Tod das Ziel verfolgte, eine vollkommene Reformation. Durchgestaltung der Stadt zu erreichen. 1541 erließ der Rat eine von C. verfaßte Kirchenordnung, die sog. „Ordonnances ecclésiastiques". – Dem Aufbau einer gänzlich im Sinne der Reformation geformten kommunalen Kirchenordnung diente wahrscheinlich in erster Linie C. Tätigkeit als Prediger an der Kathedrale Saint-Pierre, als Lehrer (bes. an der 1559 gegr. Akad.) und als theolog. Schriftsteller. C. verfaßte Kommentare zu fast allen Büchern des A. T. und N. T., theolog. Traktate (meist Streitschriften zur Verteidigung der Gesamtreformation oder eigener Positionen). Immer wieder überarbeitete er jedoch die „Institutio", die bedeutendste Dogmatik der Reformationszeit. Er entwickelte v. a. den Gedanken der ↑ Prädestination: die Auserwähltheit des Menschen zeige sich auch an seinem (Arbeits-)Erfolg. C. selbst vermittelte in der Abendmahlslehre zw. M. Luther und U. Zwingli. – C. Aufbauwerk in Genf erfolgte nicht ohne Widerstand. Die strenge Lehr- und Kirchenzucht verwickelten ihn in zahlr. Prozesse (u. a. mit dem Antitrinitarier M. Servet [1553 auf Betreiben C. verbrannt]). Im Laufe der Jahre wurde C. auch zum anerkannten Reformator weiter Teile Westeuropas (Frankreich, Schottland, Niederlande) und Osteuropas (Polen, Ungarn, Siebenbürgen). C. universaler Geist hat auch viel zur Entwicklung der modernen Welt überhaupt beigetragen (bis zu M. Webers ↑ Protestantismusthese); unbestreitbar war C. Einfluß auf die Entwicklung neuer demokrat. Strukturen, des ↑ Widerstandsrechtes und des sozialen und wirtsch. Verhaltens in der Neuzeit (↑ Kalvinismus).

C., Melvin [engl. 'kælvɪn], *Saint Paul (Minn.) 8. April 1911, amerikan. Chemiker. – 1947–80 Prof. an der University of California in Berkeley. C. untersuchte den chem. Verlauf der ↑ Photosynthese, wobei Kohlendioxid in Kohlenhydrate umgewandelt wird (**Calvin-Zyklus**); erhielt 1961 den Nobelpreis für Chemie.

Calvino, Italo, *Santiago de las Vegas (Kuba) 15. Okt. 1923, †Siena 19. Sept. 1985, italien. Schriftsteller. – Anfangs politisch engagierte neorealist. Erzählwerke, dann eher märchenhaft utop. Romane (u. a. „Der geteilte Visconte", 1952; „Der Baron auf den Bäumen", 1957; „Der Ritter, den es nicht gab", 1959; „Palomar", 1983).

Calvisius, Sethus, eigtl. Seth Kalwitz, *Gorsleben an der Unstrut 21. Febr. 1556, †Leipzig 24. Nov. 1615, dt. Komponist und Musiktheoretiker. – Seit 1594 Thomaskantor in Leipzig; komponierte geistl. Werke; förderte mit seinen theoret. Schriften den Übergang vom linearen Kontrapunktstil zum harmonisch bestimmten Stil des 17. Jahrhunderts.

Calvodoktrin, auf den argentin. Juristen und Historiker Carlos Calvo (*1824, †1906) zurückgehende Völkerrechtstheorie von der Unverletzlichkeit der Gebietshoheit eines souveränen Staates sowie der rechtl. Gleichstellung des Fremden mit dem Inländer.

Calvo Sotelo, José [span. kalβo], *Túy (Galicien) 6. Mai 1893, †Madrid 13. Juli 1936, span. Politiker. – Cortesabg. seit 1919; 1925–30 Finanzmin.; während der ersten Jahre der 2. Republik im Exil; dann Propagandist und Wortführer der Rechten in den Cortes. Seine Ermordung 1936 war ein auslösendes Ereignis des Span. Bürgerkriegs.

Calw [kalf], Krst. in Bad.-Württ., im Nagoldtal, am O-Rand des Schwarzwalds. 21 000 E. Pädagog. Akademie; Textilind., Holz- und Lederwarenherstellung, elektrotechn. Ind., Motorenbau, feinmechan. Werkstätten. – Entstand als Burgweiler (1277 Civitas). 1975 mit **Hirsau** vereinigt (C.-Hirsau), seit 1976 wieder C. – 1075 erwähnt, bis 13. Jh., als es Stadtrecht erhielt, Residenz der Grafen von C. (1260 Hauptast erloschen). Im 16. Jh. herzoglich-württemberg. Sommersitz. 1692 von frz. Truppen zerstört. Die Siedlung entstand im 18. Jh. – In *Calw* Brückenkapelle Sankt Nikolaus (um 1400); zahlr. Fachwerkbauten (nach 1692), Marktbrunnen (1686). In *Hirsau* sind Teile der Basilika (1059–71) in der Pfarrkirche erhalten, die 1955 wiederhergestellt wurde; Ruinen der Klosterkirche (1082–91) und des Kreuzgangs.

C., Landkr. in Baden-Württemberg.

Calypso [ka'lɪpso, Herkunft unsicher], aus Jamaika stammender figurenreicher Modetanz im $^2/_2$- oder $^4/_4$-Takt.

Calzabigi, Ranieri [italien. kaltsa'bi:dʒi], *Livorno 23. oder 24. Dez. 1714, †Neapel im Juli 1795, italien. Dichter. – Librettist W. Glucks („Orpheus und Euridike", „Alceste").

CAM ↑ Automatisierung.

Camacho, Manuel Ávila [span. ka'matʃo] ↑ Ávila Camacho, Manuel.

Camagüey [span. kama'ɣu̯ei], Hauptstadt der Prov. C. im östl. Kuba, 260 000 E. Bischofssitz; Univ.; Zentrum eines ausgedehnten Rinderzuchtgebietes; Bahnknotenpunkt. ✈. – Gegr. 1514. – Altstadt mit kolonialzeitl. Charakter, Kathedrale (1617), Kirche La Merced (um 1750).

Camaieu [kama'jø; frz.], svw. ↑ Kamee.
▷ Malerei in einer einzigen Grundfarbe in verschiedenen Abtönungen.

Camaldoli, Teil der italien. Gemeinde Poppi, Toskana. Stammkloster der Kamaldulenser, 1012 gegr. (Kloster und Einsiedelei); hatte im 15. Jh. eine berühmte Akademie („Disputationes Camaldulenses").

Câmara, Hélder Pessôa (genannt „Dom Hélder") [brasilian. 'kɐmɐra], *Fortaleza (Ceará) 7. Febr. 1909, brasilian. kath. Theologe. – 1964–85 Erzbischof von Olinda und Recife; einer der profiliertesten Vertreter des progressiven Flügels der kath. Kirche Brasiliens; verlangt nachdrücklich eine gezielte Entwicklungs- und Bildungspolitik und tritt ein für einen im Evangelium begr. Sozialismus. – *Werke:* Revolution für den Frieden (1968), Es ist Zeit (1970), Die Spirale der Gewalt (1970), Gott lebt in den Armen (1986).

Camargo, Marie-Anne de Cupis de, *Brüssel 15. April 1710, †Paris 20. April 1770, frz. Tänzerin span. Herkunft. – Feierte 1726–36 und 1741–51 Triumphe an der Pariser Oper.

Camargue [frz. ka'marg], frz. Landschaft im Rhonedelta, zentraler Ort ist Arles. Insgesamt 72 000 ha, in Uferhöhe reich an Strandseen und Sumpfflächen, landwärts seit dem MA landw. Nutzung, Reis- und Weinanbau, Seesalzgewinnung. Kampfstier- und Pferdezucht; Naturschutzgebiet (13 000 ha), reiche Vogelwelt (Flamingos).

Camarguepferd [frz. ka'marg], in S-Frankreich (bes. in der Camargue) gezüchtete Rasse bis 1,45 m schulterhoher, halbwilder Ponys; meist Schimmel; ausdauernde Reitpferde.

Callipteris.
Fossiler Blattwedel von Callipteris conferta

Johannes Calvin (Kupferstich von H. Allardt)

Melvin Calvin

Italo Calvino

Hélder Pessôa Câmara

Camaro

Cambridge. Stadtzentrum mit der King's College Chapel im Vordergrund, erbaut 1446–1515, umgeben von Universitätsgebäuden

Cambridge
Stadtwappen

Jean-Jacques Régis de Cambacérès
(Stich des 18. Jh.)

Verney Lovett Cameron
(Stich von 1876)

Camaro, Alexander, * Breslau 27. Sept. 1901, † Berlin 20. Okt. 1992, dt. Maler. – Malte zarte, träumer. Szenen auf imaginären Bühnen.

Camars, antike Stadt, ↑ Chiusi.

Cambacérès, Jean-Jacques Régis de [frz. kãbase'rɛs], Herzog von Parma, * Montpellier 18. Okt. 1753, † Paris 8. März 1824, frz. Jurist und Politiker. – Wurde nach Robespierres Sturz 1794 Präs. des Konvents; seit Juli 1799 Justizmin., seit Nov. 1799 2. Konsul der Republik, als enger Mitarbeiter Napoleons I. seit 1804 Erzkanzler; maßgeblich an der Schaffung des Code Civil beteiligt.

Camberg, Bad ↑ Bad Camberg.

Cambert, Robert [frz. kã'bɛːr], * Paris um 1628, † London 1677, frz. Komponist. – Zusammen mit P. Perrin Begründer der frz. Oper (u. a. ,,Pomone", 1671). Von Lully verdrängt, ging C. 1673 nach London, wo er die Royal Academy of Music gründete.

Cambiata [italien.] ↑ Wechselnote.

Cambon, Paul [frz. kã'bõ], * Paris 20. Jan. 1843, † ebd. 29. Mai 1924, frz. Diplomat. – Bereitete als Min.resident in Tunis (1882–86) das frz. Protektorat vor; 1898–1920 Botschafter in London; Mitbegründer der Entente cordiale.

Camborne-Redruth [engl. 'kæmbɔːn'rɛdruːθ], engl. Stadt in der Gft. Cornwall, 46 000 E. Bergbauhochschule; Zentrum des fast erloschenen Zinnerzbergbaus, Leichtindustrie.

Cambrai [frz. kã'brɛ], frz. Stadt an der bis C. schiffbaren Schelde, 37 000 E. Textilind., Wollverarbeitung, Ölgewinnung. – Stadt der kelt. Nervier (**Cameracum**), seit etwa 400 Hauptstadt der **Civitas Nervicorum**, 445 eines Reichs der sal. Franken, um 500 zum merowing. Frankenreich (seitdem Sitz eines Bischofs, seit 1559 eines Erzbischofs; 1802–41 wieder eines Bischofs); gehörte später zum ostfränkisch-dt. Reich; kam 1677/78 zu Frankreich, im 1. und 2. Weltkrieg stark zerstört. – Stadttor Porte de Paris (1390), Kathedrale (18. Jh.) mit Barockausstattung, Kirche Saint-Géry (18. Jh.) mit Renaissancelettner, klassizist. Rathaus (19. Jh.). – Die **Liga von Cambrai,** 1508 zw. Kaiser Maximilian I. und Ludwig XII. von Frankreich geschlossen, durch den Beitritt v. a. des Papstes, Spaniens und Englands für Frankreich geweitet, verfolgte das Ziel, den Festlandsbesitz der Republik Venedig zu erobern und aufzuteilen. – Im **Frieden von Cambrai** (1529) zw. Kaiser Karl V. und König Franz I. von Frankreich, ausgehandelt durch Luise von Savoyen und Margarete von Österreich (daher auch **Damenfriede**), verzichtete die frz. Krone neben der Lehnshoheit über Flandern und Artois auf alle Ansprüche in Italien, erhielt aber das Hzgt. Burgund zurück.

Cambridge [engl. 'kɛɪmbrɪdʒ], engl. Stadt am Cam, 80 km nördlich von London, 90 000 E. Verwaltungssitz der Gft. Cambridgeshire; Univ.stadt (C. University, gegr. 1209; heute etwa 30 Colleges); zahlr. Museen; botan. Garten; bed. Ind.forschung; Forschungs- und Informationszentrum für die Polargebiete. Druckereien, Verlage, Herstellung von wiss. Instrumenten; ⚓. – Entstand aus einer frühgeschichtl. Siedlung; seit 1066 Hauptort einer Gft. – Im Perpendicular style u. a. Pfarrkirche Great Saint Mary (1487–1608), King's College Chapel (1446–1515). Eines der bedeutendsten Colleges ist das Corpus Christi College (1352) mit Kapelle (1579) und Bibliothek (Manuskripte des 10./11. Jh.). C., Stadt in Massachusetts, USA, im westl. Vorortbereich von Boston, 93 400 E. Sitz der Harvard University (gegr. 1636) und des Massachusetts Institute of Technology (gegr. 1861), Inst. für Orientforschung, Akad. für ma. Forschungen; Bibliotheken (v. a. John F. Kennedy Memorial Library), Museen; bed. Handels- und Ind.stadt.

Cambridgeshire [engl. 'kɛɪmbrɪdʒʃɪə], Gft. in SO-England.

Camcorder [kæm'kɔːdə], Abk. für engl. **cam**era und re**corder**, eine ↑ Videokamera mit integriertem Videorecorder.

Camden [engl. 'kæmdən], Stadt im sw. New Jersey, USA, am Delaware River, gegenüber Philadelphia, 85 000 E. Sitz eines kath. Bischofs; bed. Handels- und Industriezentrum.

Camellia, svw. ↑ Kamelie.

Camelopardalis [griech.] (Giraffe) ↑ Sternbilder (Übersicht).

Camelot [frz. kama'lo], Hof der Artussage, an dem der König residiert. Der Artushof wird in England an verschiedenen Orten vermutet, seit den archäolog. Ausgrabungen von 1967 in Cadbury Castle (South Cadbury/Somerset).

Camelots du Roi [frz. kamlody'rwa], 1908 gegr. Jugendorganisation der Action française.

Camelus [semit.-griech.], Gatt. der Kamele mit den Arten ↑ Kamel und ↑ Dromedar.

Camembert ['kamãbɛːr, kamã'bɛːr, kam'bɛːr; frz.]; nach dem gleichnamigen Ort in der Normandie (Dep. Orne)], Weichkäse, mit weißer Schimmelkultur bedeckt.

Camera obscura [lat., eigtl. ,,dunkle Kammer"], Urform der photograph. Kamera; ein innen geschwärzter Kasten mit transparenter Rückwand (Mattscheibe) oder davor

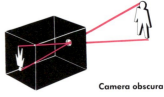

Camera obscura

eingeschobenem lichtempfindl. Aufnahmematerial; eine Sammellinse an der Vorderseite (anstelle der einfachen Lochblende bei der urspr. **Lochkamera**) erzeugt darauf ein kopfstehendes, seitenverkehrtes Bild.

Camerarius, Joachim, eigtl. J. Kammermeister, * Bamberg 12. April 1500, † Leipzig 17. April 1574, dt. Humanist. – Ev. Theologe; seit 1535 Prof. in Tübingen, seit 1541 in Leipzig; Schüler und Biograph Melanchthons (1566); beteiligt an der Abfassung des Augsburger Bekenntnisses.

Camerata [lat.-italien.], Name eines Kreises von Musikern, Dichtern, Philosophen und gelehrten Angehörigen des Adels Ende des 16. Jh. in Florenz, die um die Schöpfung einer einstimmigen, instrumentalbegleiteten [Sprech]gesangsmusik bemüht waren. Ergebnis waren der neue rezitativ. Stil und mit ihm die Anfänge der Oper.

Cameron, Verney Lovett [engl. kæmərən], * Radipole (Dorset) 1. Juli 1844, † Soulbury bei Leighton Buzzard 27. März 1894, brit. Marineoffizier und Afrikaforscher. – Ihm gelang als erstem Europäer 1873–75 die erste wiss. O–W-Durchquerung Z-Afrikas.

Cameron Highlands [engl. 'kæmərən 'haɪləndz], Bergland im Innern der Halbinsel Malakka, bis 2182 m ü. d. M.; trop. Höhenklima; Tee- und Kaffeeplantagen.

Camillo de Lellis, hl., *Bucchianico (Chieti) 25. Mai 1550, †Rom 14. Juli 1614, italien. Ordensgründer. – Stiftete den Orden der ↑Kamilianer. – Fest: 18. Juli.

Cammin, ehem. dt. Bistum und Territorium, entstand um 1176; umfaßte den größten Teil Pommerns sowie die Uckermark und Neumark bis Küstrin und reichte bis Güstrow in Mecklenburg; 1276 Verlegung des Bischofssitzes nach Kolberg, der Stiftsregierung 1266 nach Köslin; nach der Einführung der Reformation war das Stift seit 1556 praktisch Sekundogenitur des pommerschen Herzogshauses; 1648 säkularisiert, der Ostteil fiel an Brandenburg, der Westteil folgte 1679.

Cammin i. Pom. (poln. Kamień Pomorski), Stadt in der Woiwodschaft Stettin, Polen, 8000 E. Solbad und Erholungsort, Fischereihafen. – Im 12. Jh. Hauptstadt von Pommern und Sitz eines Bistums. Nach der Zerstörung durch Brandenburg (1273) 1274 nach lüb. Recht neu gegr.; 1648 unter schwed. Herrschaft, 1679 an Brandenburg. – Spätroman. Dom (12.–13. Jh., im 15. Jh. gotisch umgebaut).

Camões, Luís de [portugies. kamõiʃ], *Lissabon (oder Coimbra?) Dez. 1524 oder Jan. 1525, †Lissabon 10. Juni 1580, portugies. Dichter. – Unsteter Lebenswandel; mehrfach im Gefängnis. Erhielt für seine Kriegstaten (Malabar, Molukken) und literar. Verdienste einen bescheidenen königl. Ehrensold (lebte seit 1570 in Lissabon). 1572 wurden „Die Lusiaden" (dt. 1806) gedruckt, das bedeutendste portugies. Epos, in dem in 10 Gesängen (nach dem Vorbild von Vergils „Äneis") bes. die Fahrt Vasco da Gamas nach Indien in mytholog. Rahmen dargestellt ist. Chroniken, Tagebücher, Reiseberichte waren die Quellen dieses Werkes, dessen Held das portugies. Volk ist. Schuf als Lyriker v. a. vollendete Sonette und Redondillas.

Camorra [italien.], Name eines terrorist. polit. Geheimbundes in Neapel und S-Italien; bes. im 19. Jh. unter König Ferdinand II. einflußreich; 1911 weitgehend ausgeschaltet; lebte nach den Weltkriegen wieder auf und besaß v. a. in den USA bed. polit. Macht. – ↑Mafia.

Camouflage [kamu'flaːʒə; frz.], Täuschung, Tarnung. – Als publizist. Technik der Versuch, „zw. den Zeilen" zu schreiben, v. a. in Zeiten unterdrückter Meinungsfreiheit.

Camp [kɛmp, engl. kæmp; zu lat. campus „Feld"], Feld-, Zeltlager; Gefangenenlager.

Campagnola [italien. kampa'ɲɔːla], Domenico, *Padua oder Venedig vor 1500, †Padua 10. Dez. 1564, italien. Holzschneider. – Schüler von Giulio C.; von Tizian beeinflußt; auch Landschaftszeichnungen sowie Gemälde, Fresken, Kupferstiche.

– **C.**, Giulio, *Padua 1482, †Venedig zw. 1515 und 1518, italien. Kupferstecher. – Seit 1507 in Venedig tätig; v. a. von Giorgione beeinflußt; auch Maler.

Campanareliefs, nach ihrem ersten Sammler, Gianpietro Campana (*1808, †1880), ben. Terrakottaplatten mit bemaltem Flachrelief; 1. Jh. v. Chr. bis Mitte 2. Jh. n. Chr. hergestellt.

Campanella, Tommaso, *Stilo (Kalabrien) 5. Sept. 1568, †Paris 21. Mai 1639, italien. Philosoph und Utopist. – 1583 Dominikaner. Wurde 1591 in Rom der Ketzerei angeklagt und eingekerkert. Nach Freilassung 1598 Initiator eines Aufruhrs in Kalabrien gegen die span. Vorherrschaft; deswegen ab 1599 wieder Kerker. Verfaßte in Gefangenschaft sein berühmtestes Werk „La città del sole" (Der Sonnenstaat, 1602), sein philosophisch bedeutendstes Werk „Metafisica" (lat. 1638) und die „Theologia". 1634 Flucht nach Frankreich. Die Utopie des „Sonnenstaates" ist das idealisierte Programm der eigenen polit. Aktionen: Herrschaft priesterl. Philosophen und Wissenschaftler in einer streng organisierten Gesellschaft ohne Privateigentum.

Campanini, Barbara, italien. Tänzerin, ↑Barberina.

Campanula [lat.], svw. ↑Glockenblume.

Campari Wz [italien.], roter, bittersüßer italien. Aperitif mit Soda.

Campbell [engl. kæmbl], schott. Adelsfamilie, ↑Argyll.

Campbell, William Wallace [engl. kæmbl], *Hancock County (Ohio) 11. April 1862, †San Francisco 14. Juni 1938, amerikan. Astronom. – Erwarb sich große Verdienste um die Vermessung von Sternspektren und die Bestimmung der Radialgeschwindigkeiten von Fixsternen.

Campbell-Bannerman, Sir Henry [engl. kæmbl 'bænəmən], *Glasgow 7. Sept. 1836, †London 22. April 1908, brit. Politiker. – 1886 und 1892–95 Kriegsmin., Premiermin. 1905–08; leitete durch die Transvaal 1906 gegebene Autonomie und den Ausgleich mit den Buren die Bildung des burisch-brit. Gesamtstaates (Südafrika) ein.

Campbell Island [engl. kæmbl 'aɪlənd], südlichste der zu Neuseeland gehörenden Inseln, 114 km², meteorolog. und Radiotelegrafenstation. – 1810 entdeckt.

Campe, Joachim Heinrich, *Deensen bei Holzminden 29. Juni 1746, †Braunschweig 22. Okt. 1818, dt. Pädagoge. – Studierte ev. Theologie, war Hauslehrer in der Familie von Humboldt, Mitarbeiter von J. B. Basedow (am Philanthropin in Dessau), Leiter eigener Erziehungsanstalten, 1786–1805 Schulrat (Braunschweigische Schulreform). V. a. von Rousseau beeinflußt. Bes. erfolgreich waren seine Bearbeitung von J. Defoes „Robinson Crusoe" und die „Allgemeine Revision des gesamten Schul- und Erziehungswesens" (16 Bde., 1785–1792) sowie ein „Wörterbuch der dt. Sprache" (5 Bde., 1807–11).

Campeador [span. kampea'ðɔr „Kriegsheld"], Beiname des ↑Cid.

Campeche [span. kam'petʃe], Hauptstadt des mex. Staates C., an der W-Küste der Halbinsel Yucatán, 152000 E. Bischofssitz; Univ.; Handelszentrum, Fischerei; Hafen, ✈. – Schon von den Maya besiedelt.

– **C.**, Staat in Mexiko, im W der Halbinsel Yucatán, 50812 km², 617000 E (1989), Hauptstadt C.; Landwirtschaft; Holzgewinnung.

Campen, Jacob van [niederl. 'kampə], niederl. Baumeister, ↑Kampen, Jacob van.

Campendonk, Heinrich, *Krefeld 3. Nov. 1889, †Amsterdam 9. Mai 1957, dt. Maler und Graphiker. – 1911 Mgl. des Blauen Reiters; malte Landschaften, figürl. Kompositionen (u. a. Pierrots) und Stilleben von märchen- und traumhafter Stimmung; Hinterglasbilder, Holzschnitte.

Camper, Pieter, *Leiden 11. Mai 1722, †Den Haag 7. April 1789, niederl. Anatom. – Prof. in Amsterdam und Groningen, galt als einer der ersten anthropolog. Messungen vor (Gesichtswinkelbestimmung).

Camphausen, Ludolf, *Hünshoven (= Geilenkirchen) 10. Jan. 1803, †Köln 3. Dez. 1890, preuß. Politiker. – Gemäßigter Liberaler; gehörte als preuß. Min.präs. (März–Juni 1848) und preuß. Bevollmächtigter bei der provisor. Zentralgewalt in Frankfurt am Main (seit Juni 1848) vergeblich für die Kaiserwahl des preuß. Königs ein.

Camphen [mittellat.], $C_{10}H_{16}$, dem ↑Kampfer verwandter, in äther. Ölen vorkommender Kohlenwasserstoff.

Camphill-Bewegung [engl. 'kæmfɪl], internat. heilpädagog. Bewegung mit Heimschulen und Dorfgemeinschaften für Behinderte. Erste Heimgründung auf dem Landsitz Camphill in Schottland durch den Wiener Arzt Karl König (*1902, †1966) auf der Grundlage der Lehre von R. Steiner.

Campi, italien. Künstlerfamilie in Cremona z. Zt. des Manierismus und frühen Barock.

Campignien [kãpɪn'jɛ̃; frz.], nach Funden bei dem Campignyhügel bei Blangy-sur-Bresle (Seine-Maritime) ben. neolith. westeurop. Kultur, deren Kennzeichen geschlagene Feuersteingroßgeräte sind.

Campin, Robert [niederl. kam'pi:n], fläm. Maler, ↑Meister von Flémalle.

Campina Grande [brasilian. kɐm'pina 'grɐ̃di], brasilian. Stadt, 110 km westl. von João Pessoa, 248000 E. Bischofssitz; Univ.; wichtigster Ind.standort des nordostbrasilian. Binnenlandes.

Camping ['kɛmpɪŋ, 'kampɪŋ; zu lat. campus „Feld"], Leben im Freien (auf C.plätzen) in Zelten oder Wohnwagen während der Ferien und am Wochenende.

Luís de Camões (Gemälde von Fernando Gomez, 1570)

Tommaso Campanella (anonymer Stahlstich)

Joachim Heinrich Campe

Ludolf Camphausen (Lithographie)

Albert Camus

Campobasso, Hauptstadt der italien. Region Molise und der Prov. C., 170 km östlich von Rom, 700 m ü. d. M., 51 000 E. Bischofssitz; Kunsthandwerk. – Über der Altstadt das Castello Monforte (15. Jh.).

Campoformido, Dorf in der Prov. Udine, Italien. – Bekannt durch den 1797 zw. Frankreich und Österreich geschlossenen **Frieden von Campoformio** (so im einheim. Dialekt), in dem Österreich auf die östr. Niederlande, Mailand, Modena und Mantua verzichtete, in Geheimartikeln der Abtretung des linken Rheinufers von Basel bis Andernach an Frankreich zustimmte und dafür Venetien links der Etsch, Istrien und Dalmatien erhielt.

Campo Grande [brasilian. 'kɛmpu 'grɛndi], Hauptstadt des brasilian. Bundesstaates Mato Grosso do Sul, 292 000 E. Erzbischofssitz; Univ. (gegr. 1970); Handels- und Wirtschaftszentrum von Mato Grosso.

Campos [brasilian. 'kɛmpus], brasilian. Stadt am Rio Paraíba, 40 km oberhalb der Mündung in den Atlantik, 349 000 E. Bischofssitz; Ind.- und Handelszentrum des wichtigsten brasilian. Zuckerrohranbaugebiets.

Campos [brasilian. 'kɛmpus; zu lat. campus „Feld"], offene Vegetationsformation Innerbrasiliens, z. T. als lichtes Gehölz, als baumarme oder baumfreie Grasfluren.

Camposanto. Der von Arkaden umschlossene Hof des Camposanto neben dem Dom zu Pisa mit der Kapelle im Osten, seit 1278 errichtet

Camposanto [italien., eigtl. „heiliges Feld"], Bez. für den italien. Friedhof, häufig eine architekton. Anlage. Berühmt ist v. a. der **Camposanto von Pisa.**

Camposanto Teutonico, exterritoriales Gebiet in Rom, das neben dem Friedhof eine Kirche und ein wiss. Priesterkolleg umfaßt. Der C. T. geht zurück in fränk. Zeit („Schola Francorum"). Um 1450 wurde die Bruderschaft zur schmerzhaften Mutter Gottes (seit 1579 Erzbruderschaft) gegr., die Priesterhaus, Friedhof, Kirche, Herberge und Hospital führte. Seit 1887 auch Sitz des Röm. Instituts der Görres-Gesellschaft.

Campus [engl. 'kæmpus; zu lat. campus „Feld"], in den USA Bez. für das geschlossene Hochschulgelände mit Einrichtungen für Lehre und Forschung, Sport- und Erholungsanlagen, Wohngebäuden für Studenten und Dozenten.

Campus Majus [lat.] (Maifeld) ↑ Märzfeld.

Campus Martius [lat.] ↑ Marsfeld, ↑ Märzfeld.

Camulodunum ↑ Colchester.

Camus [frz. ka'my:], Albert, *Mondovi (Algerien) 7. Nov. 1913, † bei Villeblevin (Yonne) (Autounfall) 4. Jan. 1960, frz. Schriftsteller. – Mgl. der Résistance während des 2. Weltkriegs; 1952 Bruch mit J.-P. Sartre. 1957 Nobelpreis für Literatur. Sein Werk wird dem Existenzialismus zugerechnet, es umfaßt u. a. Romane, philosoph. Essays und Theaterstücke. Nach C. verlangt der Mensch nach einer sinnvollen Welt, findet aber keinen Sinn vor; gegen dieses Absurde revoltiert er. In der Revolte erfährt er die Möglichkeit der Solidarität im Kampf für ein besseres Dasein.
Werke: Hochzeit des Lichts (Essays, 1938), Der Mythos von Sisyphos (Essays, 1942), Der Fremde (R., 1942), Das Mißverständnis (Dr., 1944), Caligula (Dr., 1942), Die Pest (R., 1947), Der Belagerungszustand (Dr., 1948), Die Gerechten (Dr., 1950), Der Mensch in der Revolte (Essays, 1951), Heimkehr nach Tipasa (Essays, 1954), Der Fall (R., 1956), Das Exil und das Reich (En., 1957), Die Besessenen (Dr., 1959). Tagebücher aus den Jahren 1935–51, Der glückl. Tod (hg. 1971), Reisetagebücher (hg. 1978).

C., Marcel, *Chappes (Ardennes) 21. April 1912, † Paris 13. Jan. 1982, frz. Filmregisseur. – Wurde berühmt durch seinen in den Armenvierteln von Rio de Janeiro spielenden Film „Orfeu Negro" (1958).

Canabae [lat.], urspr. die Schenken und Buden in der Nähe röm. Militärlager, dann die sich daraus entwickelnden Siedlungen.

Canadian-Pacific-Gruppe [engl. kə'neɪdʒən pə'sɪfɪk], größtes privates Verkehrsunternehmen der Welt, Sitz Montreal. Die C.-P.-G. betreibt Schiffahrt, Luftfahrt, Straßengütertransport, Eisenbahnen (bes. die **Canadian Pacific Railway** mit einem Streckennetz von 37 000 km, von Montreal bis Vancouver) und Nachrichtenverkehr.

Canadian Press [engl. kə'neɪdʒən 'prɛs] ↑ Nachrichtenagenturen (Übersicht).

Çanakkale [türk. tʃa'nakka,lɛ], türk. Hafenstadt an der engsten Stelle der Dardanellen, auf asiat. Seite, Hauptstadt der Prov. C., 47 800 E. Landw. Handelszentrum; Fähre zum europ. Ufer (Halbinsel von Gelibolu).

Canal de l'Est [frz. kanaldə'lɛst], Kanal in Frankreich, zw. Maas und Saône; 419 km lang, 158 Schleusen. – Erbaut 1874–82.

Canal du Midi [frz. kanaldy'mi'di], Kanal in S-Frankreich, Verbindung zw. Atlantik und Mittelmeer, 241 km lang, 101 Schleusen. – Erbaut 1666–81.

Canaletto, eigtl. Giovanni Antonio Canal, *Venedig 18. Okt. 1697, † ebd. 20. April 1768, italien. Maler. – Lebte 1746–50 und 1751–53 in England, wo sich ein großer Teil seiner Werke befindet; erfolgreich v. a. mit venezian. Veduten.

C., italien. Maler, ↑ Bellotto, Bernardo.

Cañar [span. ka'ɲar], Prov. im südl. Z-Ecuador, in den Anden, 3 377 km^2, 202 000 E (1987), Hauptstadt Azogues.

Canaris, Wilhelm, *Aplerbeck bei Dortmund 1. Jan 1887, † KZ Flossenbürg 9. April 1945, dt. Admiral. – Seit 1935 Konteradmiral und Chef der Abwehrabteilung 1938–44 Leiter des Amtes Ausland/Abwehr im OKW; unterstützte bes. 1938–41 aktiv die Widerstandsbewegung gegen Hitler; nach dem 20. Juli 1944 verhaftet und hingerichtet.

Canasta [span., eigtl. „Korb"], aus Südamerika stammendes Kartenspiel; mit 104 Karten und 4 Jokern, von 2–6 Personen paarweise gespielt.

CanAug (CanA), Abk. für lat.: **Can**onici **Aug**ustiniani („Augustiner-Chorherren"). – ↑ Augustiner.

Canaletto. Die Piazzetta von Venedig gegen Süden, 1733–35 (Rom, Galleria Nazionale d'Arte Antica)

Canaveral, Kap [engl. kəˈnævərəl] (1963–73 Kap Kennedy), Kap an der O-Küste Floridas mit dem wichtigsten Raketenstartplatz der amerikan. Raumfahrtforschung.

Canberra [engl. ˈkænbərə], Hauptstadt Australiens, in den Ostaustral. Kordilleren, 250 km sw. von Sydney, etwa 140 km²; 268 000 E. Sitz eines kath. Erzbischofs und eines anglikan. Bischofs; Sitz des Austral. Akad. der Wiss., Nationalbibliothek und -archiv, Univ. (gegr. 1946) u. a. wiss. und kulturelle Einrichtungen; botan. Garten; ⚘. – 1913 gegründet. – In der Stadtmitte der Lake Burley Griffin mit den ihn im N bzw. S überragenden Zentren City Hill und Capital Hill; strenge räuml. Trennung der Funktionen, ausgedehnte Parks und Grünanlagen.

Cancan [kãˈkã:; frz.], galoppartiger Schautanz im ²/₄-Takt, um 1830 in Paris eingeführt.

Cancer [ˈkantsər; lat.] (Krebs) ↑ Sternbilder (Übersicht).

Cancer [ˈkantsər; engl. ˈkænsə; lat.], seltene Bez. für ↑ Krebs.

Canción [kanˈsi̯on; span. kanˈθi̯on; zu lat. cantio „Gesang"], span. lyr. Kunstformen. 1. Die ma. C. in Acht- oder Sechssilbern besteht meist aus einer einzigen Strophe, der ein kurzes Motto vorausgeschickt ist. 2. Die Renaissance-C. (auch „C. petrarquista") ist eine Nachahmung der italien. ↑ Kanzone.

Cancioneiro [portugies. kẽsi̯uˈnei̯ru (zu ↑ Canción)] (span. Cancionero), in der portugies. und span. Literatur Sammlung lyr. Gedichte.

cand., Abk. für lat.: **cand**idatus (Kandidat vor dem Abschlußexamen).

Candela, Felix, * Madrid 27. Jan. 1910, spanisch-mex. Ingenieur und Architekt. – 1939 Emigration nach Mexiko. Baut seit 1951 in Schalenbauweise; u. a. Überdachung des Strahlenlaboratoriums der Univ. Mexiko (1950–52) – *Weitere Werke:* Santa Maria Milagrosa in Mexiko (1954–58), stilistisch von Gaudí beeinflußt, Markthallen in Coyoacán (1956), Sankt-Vinzenz-Kapelle (1959/60) sowie Olymp. Sportpalast Mexiko (1968).

Candela [lat. „Talg-, Wachslicht"], SI-Einheit der ↑ Lichtstärke. 1 C. (Einheitenzeichen cd) ist die Lichtstärke in einer bestimmten Richtung einer Strahlungsquelle, die monochromat. Strahlung der Frequenz 540 THz aussendet und deren Strahlstärke in dieser Richtung (1/683) W/sr beträgt.

Louis Cane. Saint Damien parle à Saint François Nr. 52, 1976 (Privatbesitz)

Candelkohle, svw. ↑ Kännelkohle.

Candid, Peter, eigtl. Pieter de Witte (de Wit), * Brügge um 1548 (?), † München 1628, fläm. Maler. – In Florenz Mitarbeiter von Vasari, 1586 an den Münchner Hof berufen; spätmanierist. Altarbilder (Freisinger Dom, um 1600; Frauenkirche in München, 1620) und Fresken sowie Entwürfe für Wandteppiche.

Candida [lat.], Gatt. der Hefepilze, deren Vertreter auf Haut und Schleimhäuten vorkommen; können aber auch Infektionen, wie **Candidiasis** (↑ Soor), hervorrufen.

Candidamykose [lat./griech.], svw. ↑ Soor.

Candidose [lat.], svw. ↑ Soor.

Candilis, Georges [frz. kãdiˈlis], * Baku 11. April 1913, frz. Architekt griech. Abkunft. – Arbeitete 1945–51 bei Le Corbusier, 1951–54 in Tanger. Arbeitsschwerpunkte: sozialer Wohnungs- und Städtebau: 1956–61 Stadtanlage Bagnols-sur-Cèze, 1964–67 Stadtplanung Toulouse-Le Mirail; 1967–79 Freie Universität Berlin-Dahlem.

Cane, Louis [frz. ˈkaːn], * Beaulieu-sur-Mer 13. Dez. 1943, frz. Maler. – C. setzt sich in seiner Malerei mit den materiellen Eigenschaften des Bildes auseinander. Seit 1975 bezieht er auch Bildstrukturen aus Werken anderer Maler (Giotto, H. Matisse) ein.

Canelones, Hauptstadt des Dep. C. in S-Uruguay, 17 300 E. Bischofssitz; Industriefachschule. – Gegr. 1774. – **C.,** Dep. im südl. Uruguay, 4 536 km², 359 000 E (1985), Hauptstadt C. Bed. Agrargebiet; Badeorte an der Küste.

Canes Venatici [lat.] (Jagdhunde) ↑ Sternbilder (Übersicht).

Canetti, Elias, * Rustschuk (= Russe, Bulgarien) 25. Juli 1905, Schriftsteller. – Sohn spanisch-jüd. Eltern; studierte in Wien, 1938 Emigration nach Großbritannien. Schreibt in dt. Sprache prägnant-scharfsinnige Romane und Dramen mit meist satir. Unterton. Nobelpreis 1981. – *Werke:* Hochzeit (Dr., 1932), Die Blendung (R., 1936), Komödie der Eitelkeit (Dr., 1950), Masse und Macht (Essay, 1960), Die Befristeten (Dr., 1964), Der andere Prozeß. Kafkas Briefe an Felice (Essay, 1969), Das Gewissen der Worte (Essays, 1975), Die gerettete Zunge. Geschichte einer Jugend (1977), Fackel im Ohr. Lebensgeschichte 1921–1931 (1980), Das Augenspiel. Lebensgeschichte 1931–1937 (1985).

Caninus [lat.], svw. Eckzahn (↑ Zähne).

Canis [lat. „Hund"], Gatt. der Hunde mit etwa 8 Arten, darunter ↑ Schakale, ↑ Wolf, ↑ Haushund.

Canisius, Petrus, eigtl. Pieter Kanijs, * Nimwegen (Niederlande) 8. Mai 1521, † Freiburg (Schweiz) 21. Dez. 1597, der erste dt. Jesuit (seit 1543). – Widmete sich der kath. Erneuerung in Deutschland (2. Apostel Deutschlands gen.). Als Provinzial (1556–69) errichtete er Jesuitenkollegien in Ingolstadt, München, Dillingen und Innsbruck, lebte seit 1580 in Freiburg. Von großem Einfluß waren seine drei Katechismen (1555, 1556, 1558). – 1925 heiliggesprochen und zum Kirchenlehrer proklamiert. – Fest in Deutschland: 27. April (allgemein: 21. Dez.).

Canis Major [lat.] (Großer Hund) ↑ Sternbilder (Übersicht).

Canis Minor [lat.] (Kleiner Hund) ↑ Sternbilder (Übersicht).

Canities [kaˈniːtsi̯ɛs; lat.] (Poliose), das Ergrauen der Haare.

Canitz, Friedrich Rudolf Freiherr von, * Berlin 27. Nov. 1654, † ebd. 11. Aug. 1699, dt. Schriftsteller. – Verkörpert die Wende zur Aufklärung (Satiren, Oden u. a. nach dem Vorbild von N. Boileau-Despréaux).

Cankar, Ivan [slowen. ˈtsaŋkar], * Vrhnika bei Ljubljana 10. Mai 1876, † Ljubljana 11. Dez. 1918, slowen. Schriftsteller. – Stellt in Romanen und Erzählungen das Leiden der Menschen an ihrer Umwelt dar; auch Dramen. – *Werke:* Das Haus zur barmherzigen Mutter Gottes (E., 1904), Der Knecht Jernej (E., 1907), Aus dem Florianertal (Satire, 1908).

Canna [lat.], svw. ↑ Blumenrohr.

Cannabich, Christian, ≈ Mannheim 28. Dez. 1731, † Frankfurt am Main 20. Jan. 1798, dt. Komponist. – Bed. Vertreter der ↑ Mannheimer Schule; komponierte etwa 90 Sinfonien, Violinkonzerte, Kammermusik, zwei Opern und mehr als 40 Ballette.

Cannabinol (Kannabinol) [griech./arab.], Bestandteil des Haschisch. Absonderung aus den ♀ Blütenständen des Indischen Hanfs.

Cannabis [griech.], svw. ↑ Hanf.

Cannae, im Altertum apul. Ort am rechten Ufer des unteren Aufidus (Ofanto); berühmt durch die Umfassungsschlacht, in der 216 v. Chr. etwa 80 000 Römer und Bundesgenossen von etwa 50 000 karthag. Söldnern und Bundesgenossen unter Hannibal fast völlig vernichtet wurden.

Canberra
Stadtwappen

Canberra
Hauptstadt Australiens
(seit 1927)
·
268 000 E
·
gegr. 1913 nach
Beschluß zur
Errichtung einer
eigenständigen
Bundeshauptstadt
·
großzügige
Grünanlagen
·
Australian National
Gallery (1981)

Wilhelm Canaris

Elias Canetti

Petrus Canisius

Canterbury. Die Kathedrale wurde an der Stelle einer im 6. Jh. gegründeten Benediktinerklosterkirche gebaut, 1130 geweiht, nach Brand 1174 wiederhergestellt und mehrfach erweitert

Cannes Stadtwappen

Canterbury Stadtwappen

Cannery-Siedlungen [engl. 'kænərı „Konservenfabrik"], saisonal bewohnte Fischereisiedlungen in Nordamerika.

Cannes [frz. kan], frz. Stadt an der Côte d'Azur, Dep. Alpes-Maritimes, 73 000 E. Seebad; Internat. Filmfestspiele. Die Blumenzucht um C. bildet die Grundlage einer bed. Parfümind. – Geht auf das röm. **Castrum Marcellinum** zurück, kam im 14. Jh. zur Provence, mit dieser 1481 zu Frankreich. – Die *Konferenz des Obersten Rates der Alliierten* in C. 1922 erbrachte für die dt. Reparationen ein Teilmoratorium und führte zum Sturz Briands. – In der Altstadt die spätgot. Kirche Notre-Dame-de-l'Espérance (1521–1648) mit roman. Kapelle und der 20 m hohe Suquetturm (11.–14. Jh.).

Canning, George [engl. 'kænıŋ], *London 11. April 1770, †Chiswick (= London) 8. Aug. 1827, brit. Politiker. – 1807–09 und seit 1822 Außenmin.; förderte die Unabhängigkeitsbestrebungen der span. Kolonien in Südamerika, löste als Gegner Metternichs Großbritannien von der Heiligen Allianz.

Cannizzaro, Stanislao, *Palermo 13. Juli 1826, †Rom 10. Mai 1910, italien. Chemiker. – Prof. in Genua, Palermo und Rom. Die von ihm 1853 entdeckte **Cannizzarosche Reaktion** (Aldehyde gehen unter gewissen Bedingungen zur Hälfte in die entsprechenden Alkohole, zur anderen Hälfte in die entsprechenden Carbonsäuren über) eröffnete für die organ. Chemie neue präparative Möglichkeiten.

Cannstatt, Bad, Ortsteil von ↑Stuttgart.

Cano, Alonso, gen. el Granadino, ≈ Granada 19. März 1601, †ebd. 3. Sept. 1667, span. Bildhauer, Maler und Baumeister. – V. a. bekannt als Bildhauer barocker, bemalter Holzskulpturen in der Kathedrale von Granada, deren Fassade er 1667–1703 ausgeführt.

Cañon ['kanjɔn; span. „Hohlweg"] (Canyon), tief eingeschnittenes, schluchtartiges und steilwandiges Engtal in Gebirgen waagerechter Gesteinslagerung.

Canossa, Felsenburg 20 km sw. von Reggio nell'Emilia am nördl. Abhang des Apennin; um 940 errichtet; heute Ruine; berühmt v. a. durch den Bußgang Heinrichs IV., der hier nach dreitägigem Warten 1077 die Lossprechung vom päpstl. Bann erreichte (↑Investiturstreit); daher die Bez. **Canossagang** (Gang nach C.) für einen Bittgang, eine tiefe Demütigung.

Canova, Antonio, *Possagno (Treviso) 1. Nov. 1757, †Venedig 13. Okt. 1822, italien. Bildhauer. – Seit 1779 in Rom; Hauptvertreter des italien. Klassizismus. Er schuf neben monumentalen Grabmälern mytholog. Gruppen und Idealbildnisse von Napoleon I. und dessen Familie.

Cánovas del Castillo, Antonio [span. 'kanoβaz ðel kas'tiʎo], *Málaga 8. Febr. 1828, †Santa Águeda (Guipúzcoa) 8. Aug. 1897 (ermordet), span. Schriftsteller und Staatsmann. – 1874–97 wiederholt Min.präs.; schuf 1876 die bis 1923 bzw. 1931 geltende Verfassung; ging seit 1895 erfolglos gegen den kuban. Aufstand vor. Autor histor. Arbeiten.

Canstein, Carl Hildebrand Freiherr von, *Lindenberg bei Frankfurt/Oder 4. Aug. 1667, †Berlin 19. Aug. 1719, dt. pietist. Theologe. – Gründete 1710 die nach ihm ben. erste dt. ↑Bibelgesellschaft; erste Ausgabe des N. T. 1712, der ganzen Bibel 1713.

Cant [engl. kɛnt; zu lat. cantare „singen"], engl. Bez. für Rotwelsch, Jargon; auch für mit heuchler. Phrasen versehene Redeweisen.

cantabile [italien.], musikal. Vortragsbez.: gesanghaft.

Cantal [frz. kã'tal], Dep. in Frankreich.
C., größtes erloschenes Vulkangebiet Frankreichs im Zentralmassiv, zw. Mont Dore und Aubrac, im Plomb du C. 1858 m ü. d. M.

Cantemir, rumän. Fürstenfam. der Moldau, im 17. und frühen 18. Jh.; bed.:
C., Dimitrie, *Fălciu (Kreis Vaslui) 26. Okt. 1673, †Dimitrowka bei Charkow 21. Aug. 1723, Fürst der Moldau (1693 und 1710/11), humanist. Gelehrter und Schriftsteller. – Verbündete sich mit Peter dem Großen, um die Moldau von osman. Oberhoheit zu befreien; wurde mit diesem 1711 am Pruth besiegt, lebte danach als Vertrauter des Zaren im russ. Exil; erster rumän. Wissenschaftler von internat. Ruf; verfaßte u. a. eine der ersten Geschichten des Osman. Reiches, die erste geograph.-ethnograph. rumän. Monographie und den ersten rumän. Sittenroman „Istoria ieroglifică" (Hieroglyphengeschichte, 1705).

Canterbury [engl. 'kæntəbərı], engl. Stadt nw. von Dover, Gft. Kent, 34 000 E. Metropole des Erzbistums C. und Sitz des Primas der anglikan. Kirche; Univ. (gegr. 1965); Zentrum der Verarbeitung landw. Produkte, Leder- und Druckereiindustrie. – An der Stelle der Stadt der kelt. Cantier wurde 43 n. Chr. das röm. **Durovernum** angelegt; seit Ende 6. Jh. Hauptstadt des Kgr. Kent (**Cantwaraburh**); seit 597 Erzbischofssitz; 1942 starke Zerstörungen. – Reste aus der Römerzeit; Kathedrale (1130 geweiht; 1174 abgebrannt, Neubau), Langhaus und der 71 m hohe Zentralturm entstanden im Perpendicular style; Glasmalereien (12. und 13. Jh.); an das N-Schiff der Kathedrale angrenzend die Klostergebäude (14./15. Jh.). Die Kathedrale wurde von der UNESCO zum Weltkulturerbe erklärt.
C., Erzbistum, 597/601 von Augustinus von Canterbury gegr., bis heute eines der beiden Erzbistümer der anglikan. Kirche.

Antonio Canova. Paolina Borghese-Bonaparte als ruhende Venus, 1805–07 (Rom, Galleria Borghese)

Canth, Minna, eigtl. Ulrika Vilhelmina, geb. Johnsson, *Tampere 19. März 1844, †Kuopio 12. Mai 1897, finn. Schriftstellerin. – Sozialkrit. Erzählungen und einflußreiche Dramen, u. a. „Trödel-Lopo" (E., 1889).

Cantharidin (Kantharidin), Anhydrid der C.säure mit der Summenformel $C_{10}H_{12}O_4$, das u. a. im Blut von Weichkäfern und Ölkäfern vorkommt. Wegen der blasenziehenden Wirkung wurden C.pflaster früher auf Haut und Schleimhäuten medizinisch angewendet. Durch den Mund eingenommen, führt C. zu Verdauungsbeschwerden, Atemnot, Nierenschädigungen; schon 0,03 g C. sind für den Menschen tödlich. Die mit den eintretenden Harnwegsentzündungen verbundenen schmerzhaften Dauererektionen trugen C. den Ruf eines Aphrodisiakums ein.

Cantor, Georg, *Petersburg 3. März 1845, †Halle/Saale 6. Jan. 1918, dt. Mathematiker dän. Herkunft. – Prof. in Halle; Begründer der Mengenlehre („Grundlage einer allgemeinen Mannigfaltigkeitslehre", 1883).

Cantus [lat.], „Gesang"], in der mehrstimmigen Musik des MA Bez. für die vorgegebene Stimme, v. a. die Oberstimme. – **Cantus firmus** („feststehender Gesang"), urspr. (seit dem MA) Bez. für den einstimmigen Gregorian. Choral. Als Bez. seit dem 18. Jh. verwendet für die vorgegebene, meist in größeren Notenwerten geführte Melodiestimme einer mehrstimmigen Komposition. Für den C. firmus werden zunächst Melodien bzw. Melodieausschnitte des liturg. Chorals, später geistl. und weltl. Melodien verwendet.

Cantwaraburh [engl. 'kæntwærəburch] ↑ Canterbury.

Canyon [engl. 'kænjən], svw. ↑ Cañon.

Cão, Diogo [portugies. kɐu], †vermutlich 1486, portugies. Seefahrer. – Gründete auf seiner ersten Fahrt (1482/1483) Fort Elmina, entdeckte die Kongomündung und erreichte auf seiner 2. Fahrt (1485/86), an der M. Behaim teilnahm, Kap Cross (Südwestafrika).

Caodaismus [kaʊ...], eine neue vietnames. Religion, etwa 2 Mill. Anhänger. Namengebend ist eine Gottheit **Cao-Dai** (vietnames. „Großer Palast"). 1926 begr. von dem Mandarin Le-van-Trung in Tây Ninh, dem späteren Zentrum des C. Synkretist. Religion, die ostasiat., ind. und christl. Elemente vereinigt. Charakteristisch ist der Geisterglaube. Die Ethik des C. ist altruistisch.

Cao Zhan (Ts'ao Chan) [chin. tsaudʒan], auch Cao Xueqin gen., *Nanking um 1719, †Peking 12. Febr. 1763, chin. Dichter. – Mit „Der Traum der roten Kammer" (dt. gekürzt 1932) Verfasser des umfangreichsten chin. Romans (mehr als 400 individuell gestaltete Personen), der realistisch das Leben in einem reichen Bürgerhaus widerspiegelt.

Capa, Robert, *Budapest 22. Nov. 1913, †Thai-Binh (Vietnam) 25. Mai 1954, frz. Photograph. – Kriegsreporter u. a. im Span. Bürgerkrieg (1936), bei der japan. Invasion in China (1938), als Korrespondent von „Life" in Europa während des 2. Weltkrieges, in Israel (1948) und 1954 in Indochina.

Capa ↑ Cappa.

Cape [ke:p; engl. kɛip; zu ↑ Cappa], ärmelloser Umhang, oft mit Kapuze.

Cape Breton Island [engl. 'kɛip 'brɛtən 'ailənd], kanad. Insel an der Atlantikküste, zw. dem Sankt-Lorenz-Golf und dem offenen Ozean, durch die Strait of Canso von der Halbinsel der Prov. Nova Scotia getrennt, 10 311 km², bis 532 m ü. d. M.

Cape Coast [engl. 'kɛip 'koʊst], Stadt in Ghana, am Golf von Guinea, 57 000 E. Zentrum einer Verwaltungsregion und Sitz eines kath. Erzbischofs; Univ. (gegr. 1962); Handelsplatz für Kolanüsse u. a., Hafen.

Čapek [tschech. 'tʃapɛk], Josef, *Hronov 23. März 1887, †KZ Bergen-Belsen im April 1945, tschech. Maler und Schriftsteller. – Kubist., später sozial engagierte Großstadtbilder, bed. Buchillustrationen (Bücher seines Bruders Karel Č.). Polit. Karikaturen gegen die dt. Aggression; Zeichnungen aus Bergen-Belsen. Schrieb u. a. „Schatten der Farne" (R., 1930), Feuilletons.

Č., Karel, *Malé Svatoňovice 9. Jan. 1890, †Prag 25. Dez. 1938, tschech. Schriftsteller. – Zivilisationskrit. Romane „R. U. R.", 1920; „Das Absolutum oder die Gottesfabrik", 1922). Auch Reiseberichte, Kinderbücher, Feuilletons, eine Biographie Masaryks. – *Weitere Werke:* Krakatit. Die große Versuchung (R., 1924), Trilogie: Hordubal (R., 1933), Der Krieg mit den Molchen (1936), Die erste Kolonne (R., 1937), Die weiße Krankheit (Dr., 1937), Mutter (Dr., 1938), Vom Menschen (Feuilletons, hg. 1940).

Capella, Martianus ↑ Martianus Capella.

Capella [lat.], Hauptstern (α) im Sternbild Auriga; einer der hellsten Fixsterne.

Capellanus, Andreas ↑ Andreas Capellanus.

Capet ↑ Hugo Capet, König von Frankreich.

Cap-Haïtien [frz. kapai'sjɛ̃], Stadt in N-Haiti am Karib. Meer, 70 500 E. Bischofssitz; jurist. Fachschule; Handelszentrum; Hafen (offene Reede). – 1670 von frz. Piraten gegründet.

Capitano [italien.], kom. Figur der ↑ Commedia dell'arte, der prahlsüchtige Offizier (↑ Bramarbas).

Capito, Wolfgang, eigtl. W. Köpfel, *Hagenau Dez. 1478, †Straßburg 3. Nov. 1541, dt. Humanist und Reformator. – 1515 Münsterprediger in Basel, 1516 kurmainz. Domprediger und Rat. Ging 1523 nach Straßburg (1524 Heirat) und wirkte für die Reformation oberdt. Prägung; u. a. Verfasser eines Katechismus (1527).

Capitulare de villis [lat. „Erlaß über die Güter"], Verordnung Karls d. Gr. (Ende 8. Jh.) zur Verwaltung der karoling. Krongüter.

Capitularia ↑ Kapitularien.

Capodimonte, Schloß in Neapel, 1738–1839 erbaut, u. a. mit bed. Sammlung italien. Gemälde; 1743–59 Sitz einer bed. Porzellanmanufaktur.

Capogrossi, Giuseppe, *Rom 7. März 1900, †ebd. 9. Okt. 1972, italien. Maler. – Seine Bilder sind mit bogenförmigen, kammähnl. Zeichen bedeckt.

Capone, Al[phonse] oder Alfonso [italien. ka'po:ne, engl. kə'poʊn], gen. Scarface, *New York 17. Jan. 1899, †Miami (Fla.) 25. Jan. 1947, amerikan. Bandenchef. – Kontrollierte z. Z. der Prohibition das organisierte Verbrechen in Chicago; der Mitwirkung an zahlr. brutalen Bandenmorden beschuldigt, 1931 nur wegen nachweisl. Steuerdelikte zu elfjähriger Haft verurteilt; 1939 vorzeitig entlassen.

Caporal, Korporal; **le petit caporal,** „der kleine Korporal", Spitzname Napoleons I.

Capote, Truman [engl. kə'poʊtɪ], eigtl. T. Streckfus Persons, *New Orleans 30. Sept. 1924, †Los Angeles 25. Aug. 1984, amerikan. Schriftsteller. – Bed. Schilderer der exotisch-dekadenten Gesellschaft des amerikan. Südens. – *Werke:* Andere Stimmen, andere Räume (R., 1948), Baum der Nacht (Kurzgeschichten, 1949), Die Grasharfe (R., 1951, dramatisiert 1952), Frühstück bei Tiffany (R., 1958), Kaltblütig (R., 1966), Musik für Chamäleons (En., 1980), Eine Weihnacht (Memoiren, 1983).

Cappa (Capa) [lat.], Kapuze oder ärmelloser Kapuzenmantel; schon in der Antike gebräuchlich, noch im MA Alltagstracht der Geistlichen.

Cappadocia, röm. Prov., ↑ Kappadokien.

Cappella ↑ a cappella, ↑ Kapelle.

Cappella Sistina, nach der Sixtin. Kapelle ben. Sängerchor des päpstl. Hofes, bes. bed. vom 15. bis 17. Jahrhundert.

Cappelle (Capelle), Jan van de, *Amsterdam 1624 oder 1625, □ ebd. 22. Dez. 1679, niederl. Maler. – Seestücke und Küstenbilder in zartem, atmosphär. Licht.

Cappenberg, ehem. Prämonstratenserkloster (1122 bis 1802), 4 km nördlich von Lünen, NRW. Bed. Ausstattung und Kirchenschatz, u. a. das berühmte Kopfreliquiar mit dem idealisierten Porträt Friedrich Barbarossas (nach 1155). – Abb. S. 262.

Cappiello, Leonetto, *Mailand 9. April 1875, †Cannes 12. Febr. 1942, italienisch-frz. Graphiker. – Bed. Plakatkünstler.

Cappuccino [italien. kapu'tʃi:no; zu cappuccio „Kapuze"], heißer Kaffee mit aufgeschäumter Milch (auch Sahne), mit etwas Kakaopulver serviert.

Capra, Frank [engl. 'kæprə], *Palermo 19. Mai 1897, †Palm Springs (Calif.) 3. Sept. 1991, amerikan. Filmregisseur italien. Herkunft. – Drehte satir. und sozialkrit. Filme, u. a. „Es geschah eines Nachts" (1934), „Mr. Deeds geht in die Stadt" (1936), „Arsen und Spitzenhäubchen" (1943).

Georg Cantor

Karel Čapek

Truman Capote

Frank Capra

Caprarola

Caprarola, italien. Gemeinde 15 km sö. von Viterbo, 510 m ü. d. M., 5 000 E. – **Palazzo Farnese** (1559 ff.; heute Sommerresidenz des italien. Staatspräs.).

Caprera, italien. Insel vor der NO-Küste Sardiniens, 10 km lang, 15,8 km², im C. di Garibaldi 212 m hoch. – Wohnsitz Garibaldis.

Cappenberg. Kopfreliquiar Friedrich Barbarossas, nach 1155

Capri, italien. Insel vor dem S-Eingang des Golfes von Neapel, 10,4 km² groß, im Monte Solaro 589 m hoch, von unzugängl. Steilküsten umgeben. Mildes, ausgeglichenes Klima; immergrüne Vegetation, Zitrus-, Reb- und Ölbaumgärten; Höhlenbildungen **(Blaue Grotte);** Fremdenverkehr. Hauptorte **Capri** (7 500 E) und **Anacapri** (4 600 E). – Bereits in paläolith. Zeit besiedelt; Kaiser Augustus erwarb C. 29 v. Chr.; Kaiser Tiberius lebte hier 27–37. Später Verbannungsort.

Capriccio [ka'prɪtʃo; italien. „Laune, unerwarteter Einfall"], scherzhafte musikal. Komposition von freier Form, im 16. Jh. zunächst für Vokalkompositionen, später auch für Instrumentalstücke. Neben Capricci für mehrere Instrumente entstanden viele für Tasteninstrumente, seit dem 18. Jh. in größerer Zahl auch für virtuose Violine (u. a. Paganini, Kreutzer) und für Orchesterkompositionen und Solowerken des 19./20. Jh. Charakterstück mit originellen, überraschenden Wendungen.

Capricornus [lat.] (Steinbock) ↑ Sternbilder (Übersicht).

Caprinsäure [lat./dt.] (Decansäure), gesättigte Monocarbonsäure; farblose, ranzig riechende Masse; natürl. Vorkommen als Glycerinester v. a. in Kuh- und Ziegenbutter, in Palmkern- und Kokosöl. Die wohlriechenden Ester der C. *(Caprinate)* werden u. a. zur Herstellung von Parfüms verwendet.

Georg Leo Graf von Caprivi

Caprivi, Georg Leo Graf von C. de Caprera de Montecuccoli, * Berlin 24. Febr. 1831, † Skyren bei Crossen/Oder 6. Febr. 1899, dt. General und Politiker. – Wurde 1890 Nachfolger Bismarcks als Reichskanzler und (bis 1892) preuß. Min.präs. Seine Politik des „Neuen Kurses" umfaßte bed. Reformen in der Sozialpolitik und neue Handelsverträge u. a. mit Rußland, Italien und Österreich (1891–94) mit Senkung der dt. Landwirtschaftszölle. Außenpolitisch wirkte C. für den Ausgleich mit England (Helgoland-Sansibar-Vertrag, 1890) und Rußland (Nichterneuerung des Rückversicherungsvertrages ausgelöst durch die Beendigung des Handelskrieges mit Rußland). Stürzte 1894 auf Grund der Gegnerschaft der Agrarier und der Schwächung seiner Stellung in Preußen.

Caracas Stadtwappen

Caprivizipfel, Landstreifen im nö. Namibia, bis zum Sambesi, 450 km lang, nur 30–100 km breit. – Kam 1890 unter Reichskanzler Caprivi zu Deutsch-Südwestafrika.

Caprolactam [lat.] (6-Aminohexansäurelactam), cycl. Säureamid, Ausgangsmaterial zur Herstellung von Polyamid-6 (Perlon Ⓦ); ↑ Kunststoffe, ↑ Fasern (Übersicht).

Capronsäure [lat./dt.] (n-Hexansäure), gesättigte Monocarbonsäure; farblose ölige Flüssigkeit von stark ranzigem Geruch; als Glycerinester in Butter, Kokos- und Palmkernfett enthalten; ihre fruchtartig riechenden Ester *(Capronate)* finden Verwendung bei der Herstellung von Fruchtessenzen.

Caprylsäure [lat./griech./dt.] (Octansäure), gesättigte Fettsäure mit schleimhautreizendem Geruch und Geschmack; Insektenvernichtungsmittel und Antiseptikum.

Capsa, antike Stadt, ↑ Gafsa.

Capsanthin [lat./griech.], tief karminroter Farbstoff (Karotinoid) der Paprikaschoten, fettlösl. Lebensmittelfarbstoff.

Capsicum [lat.] ↑ Paprika.

Capsien [kapsi'ɛ̃:; frz.], nach Fundstellen in der Nähe von Gafsa, dem antiken Capsa, in Tunesien ben. mesolith. Kulturgruppe; anfangs Oberbegriff für alle spätsteinzeitl. Kulturen des Maghreb; jetzt nur noch Bez. (typ. C.) für eine im südl. Tunesien und im östl. Algerien vorkommende Fundgruppe (etwa 7. Jt. v. Chr.); Steinwerkzeuge (Klingen, Spitzen und Kratzer); Steinplatten mit Ritzungen.

Captatio benevolentiae [lat. „Haschen nach Wohlwollen"], Bez. für Redewendungen, mit denen um das Wohlwollen der Zuhörer geworben wird.

Capua, italien. Stadt 40 km nördlich von Neapel, in Kampanien, 18 000 E. Erzbischofssitz; Museum; Nahrungsmittel- und Glaswarenind. – Urspr. röm. Stadt **Casilinum;** nach Zerstörung durch die Sarazenen (840) Anlage einer neuen Ansiedlung mit dem Namen C. 856; 900–1134 selbständiges Ft., gehörte bis 1860 zum Kgr. Sizilien(-Neapel). 4 km sö. des heutigen C. lag das antike C., die ehem. reichste und größte Stadt Kampaniens (heute **Santa Maria Capua Vetere);** vermutlich 471 von Etruskern an der Stelle einer osk. Siedlung (neu) gegr. – Dom (11. Jh.; nach Zerstörungen im 2. Weltkrieg wiederhergestellt) mit Säulen antiker Tempel. Im antiken C. Amphitheater (1. Jh.); Triumphbogen des Hadrian, Mithräum.

Capuana, Luigi, * Mineo bei Catania 28. Mai 1839, † Catania 29. Nov. 1915, italien. Schriftsteller. – Begründer des verist. Romans in Italien, u. a. „Der Marchese von Roccaverdina" (R., 1901).

Capuchon [kapy'ʃõ:; lat.-frz.], Damenmantel mit Kapuze.

Caput [lat.], svw. ↑ Kopf.

Caput mortuum [lat. „Totenkopf" (nach einer Bez. in der Alchimie)] (Polierrot, Englischrot), bes. feinpulverisiertes rotes Eisen(III)oxid; Malerfarbe (Venezianischrot).

Carabinieri [italien.], italien. Polizeitruppe, Teil des Heeres; 1814 aufgestellt.

Carabobo, Staat in N-Venezuela, am Karib. Meer, 4 650 km², 1,497 Mill. E (1988). Hauptstadt Valencia; wichtiges Industriegebiet.

Carabus [griech.], Gatt. der ↑ Laufkäfer mit den bekannten Arten ↑ Goldschmied, Gartenlaufkäfer, ↑ Lederlaufkäfer.

Caracalla (Marcus Aurelius Antoninus), eigtl. Bassianus, * Lugdunum (= Lyon) 4. April 186, † bei Carrhae 8. April 217 (ermordet), röm. Kaiser (seit 211). – Sohn des Septimius Severus; 196 zum Caesar, 198 zum Augustus erhoben; unternahm zahlr. Kriegszüge gegen den Osten; 212 Verleihung des röm. Bürgerrechts an alle freien Reichsbewohner **(Constitutio Antoniniana).**

Caracallathermen (Thermae Antoninianae), kolossale Thermenanlage in Rom. Von Kaiser Caracalla seit 212 errichtet; bot mehr als 1 500 Badenden Platz; Einsturz 847 durch Erdbeben; Ausgrabungen seit 1824.

Caracas, Hauptstadt Venezuelas und eines Bundesdistriktes, in der Hochbeckenzone der Küstenkordillere, 1,25 Mill. E, städt. Agglomeration 3,18 Mill. E. Sitz eines Erzbischofs; fünf Univ. (älteste 1725 gegr.), mehrere wiss. Akademien und Gesellschaften, Forschungseinrichtungen, Goethe-Inst., dt. Schule, Musikakad., Konservatorien, Nationalarchiv, Bibliotheken, Nationalmuseum, Planetarium.

Nahrungsmittel-, Textil-, Leder-, Glasind., Reifenfabrik, chem. und pharmazeut. Ind.; U-Bahn; internat. ✈. – 1567 als Santiago de León de C. gegr., seit 1831 Hauptstadt Venezuelas.

Caracciola, Rudolf [kara'tʃoːla], *Remagen 30. Jan. 1901, †Kassel 28. Sept. 1959, dt. Automobilrennfahrer. – Gewann 3 dt. und 6 Europameisterschaften.

Caradoc [engl. kəˈrædək] ↑Caratacus.

Carafa (Caraffa, Carrafa), neapolitan. Adelsgeschlecht seit dem 12. Jahrhundert.
C., Gian Pietro ↑Paul IV., Papst.

Caragiale, Ion Luca [rumän. karaˈdʒale], *Haimanale (= Ion Luca Caragiale) bei Dîmboviţa 29. (30♀) Jan. 1852, †Berlin 22. Juni 1912, rumän. Schriftsteller. – Bedeutendster rumän. Dramatiker, ging 1904 ins Exil; heftige Angriffe gegen Bourgeoisie und nationalist. Engstirnigkeit.

Carales, antike Stadt, ↑Cagliari.

Caratacus, britann. König des 1. Jh. n. Chr. – Führer des Widerstands der Kelten gegen die röm. Eroberung Britanniens unter Claudius (43 n. Chr.); unter dem Namen **Caradoc** Ritter der Tafelrunde von König Artus.

Caravaggio [italien. karaˈvaddʒo], eigtl. Michelangelo Merisi (Amerighi), *Caravaggio bei Bergamo 28. Sept. 1573, †Porto Ercole bei Civitavecchia 18. Juli 1610, italien. Maler. – Nach Lehre in Mailand ging er um 1590 nach Rom. 1606 floh er nach Neapel, Malta und Sizilien. Sein krasser Naturalismus und die dramat. Helldunkelmalerei sind Ausdruck der Überwindung des herrschenden Manierismus. C. beeinflußte die gesamte europ. Barockmalerei. –

Caracas. Blick über die Stadt auf die nördliche Küstenkordillere mit dem Pico Ávila

Carbanion (Carbeniation) [lat./griech.], dreibindiges organ. Anion mit einsamem Elektronenpaar am Kohlenstoffatom, $R_3\ddot{C}^\ominus$; tritt als Zwischenprodukt bei chem. Reaktionen auf.

Carbazol [lat./griech.-frz./arab.] (Dibenzopyrrol), tricycl. heterocycl. Verbindung, $C_{12}H_9N$, Vorkommen im Steinkohlenteer; Ausgangsstoff zur Herstellung von Farbstoffen.

Carbene [lat.], sehr reaktionsfähige, kurzlebige Verbindungen mit zweibindigem Kohlenstoff, $R-\ddot{C}-R$, die nur intermediär bei gewissen Zersetzungs- und Eliminierungsreaktionen entstehen.

Carbeniumion [lat./griech.], dreibindiges organ. Kation mit positiv geladenem Kohlenstoffatom, $R_3C^\oplus$; **Carboniumion** mit fünfbindigem Kohlenstoffatom, $R_5C^\oplus$; treten als kurzlebige Zwischenprodukte bei Reaktionen auf.

Carbide [lat.], Sammelbez. für die binären Verbindungen von Elementen mit Kohlenstoff. Die *metall.* C. sind als legierungsartige Stoffe anzusehen, z. B. das technisch wichtige, sehr harte Eisencarbid Fe_3C (↑Zementit). Die *salzartigen C.,* die Metallverbindungen des Acetylens sind sehr instabil und sogar hoch explosiv, z. B. das Silberacetylid Ag_2C_2. Die *kovalenten C.,* z. B. Borcarbid B_4C und das Siliciumcarbid SiC (Carborundum) dienen zum Schleifen, Polieren und Bohren.

Carbo [lat.], wiss. Bez. für pflanzl. und tier. Kohle, z. B. *C. medicinalis,* medizin. Kohle, meist Aktivkohle, die als absorbierendes Mittel bei Darmstörungen verwendet wird.

Carboanhydrase [lat./griech.], wichtiges Enzym für den Gasaustausch in der Lunge, die Säureproduktion im Magen und die Wasserausscheidung in den Nieren.

carbocyclische Verbindungen ↑cyclische Verbindungen.

Carbohydrasen [lat./griech.], Sammelbez. für kohlenhydratspaltende Enzyme, z. B. ↑Maltase, ↑Lactase, ↑Zellulase u. a.

Carbol [lat.] (Carbolsäure), veraltete Bez. für ↑Phenol.

Carbonado, svw. ↑Ballas.

Carbonari ↑Karbonari.

Caravaggio. Madonna dei Palafrenieri, 1604–05 (Rom, Galleria Borghese)

Werke: Die Wahrsagerin (um 1590; Paris, Louvre), Der Lautenspieler (um 1595; Leningrad, Eremitage), Bacchus (um 1595; Florenz, Uffizien), Früchtekorb (1596; Mailand, Ambrosiana), Bekehrung des Saulus (1600/01; Rom, Santa Maria del Popolo), Berufung des hl. Matthäus (um 1600; Rom, San Luigi dei Francesi), Madonna dei Palafrenieri (1604/05, Rom, Galleria Borghese), Rosenkranzmadonna (1604/05; Wien, Kunsthistor. Museum), David mit dem Haupte Goliaths (1610; Rom, Galleria Borghese).

Caravan [ˈka(ː)ravan; engl. ˈkærəvæn; zu italien. caravana „Karawane"], Wohnwagen; Verkaufswagen. **Caravaning,** das Reisen, das Leben im Caravan.

Carbamate [Kw.] ↑Carbamidsäure.

Carbamidsäure [Kw.], Monoamid der Kohlensäure, $H_2N-COOH$; Salze und Ester der C. werden als *Carbamate* (die Ester auch als ↑Urethane) bezeichnet.

Caracas

Hauptstadt Venezuelas (seit 1831)

1,25 Mill. E

wichtigster Ind.standort des Landes

fünf Universitäten (älteste 1725 gegr.)

gegr. 1567

Rudolf Caracciola

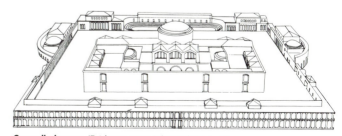

Caracallathermen (Zeichnung einer Rekonstruktion im Museo della Civiltà Romana, Rom)

Carbonate

Geronimo Cardano

Cardiff
Hauptstadt von Wales
·
an der Mündung des
Taff in den
Bristol-Kanal
·
274 000 E
·
1350 Stadtrecht
·
im 19. Jh. bed.
Kohlenexporthafen

Cardiff
Stadtwappen

Carbonate (Karbonate) [lat.], Salze und Ester der Kohlensäure, allg. Formel Me_2CO_3 (z. B. K_2CO_3 oder $CaCO_3$). Die C. sind eine der häufigsten Verbindungsklassen der unbelebten Natur, z. B. $CaCO_3$ (↑ Calcit, ↑ Calciumcarbonat, ↑ Kalk) oder $MgCa(CO_3)_2$ (↑ Dolomit). Die Ester der C. haben die allg. Formel $O=C(OR)_2$, wobei R ein Alkyl- oder Arylrest ist. – ↑ Hydrogencarbonate.

Carboneria [lat.-italien.] ↑ Karbonari.

Carboneum [lat.], ältere Bez. für ↑ Kohlenstoff.

Carboniumion ↑ Carbeniumion.

Carbonsäuren [lat./dt.], chem. Verbindungen mit der Gruppe —COOH (Carboxylgruppe). Nach der Anzahl der COOH-Gruppen im Molekül unterscheidet man ↑ Monocarbonsäuren, ↑ Dicarbonsäuren und ↑ Polycarbonsäuren. Die C. treten in der Natur in freier Form und als Ester oder Salze in vielen pflanzl. und tier. Organismen auf.

Carbonyle [lat./griech.], Verbindungen von Schwermetallen (reine C.) oder Metallsalzen (salzartige C.) mit Kohlenmonoxid, CO. Beim Erwärmen zersetzen sich die C. unter CO-Abspaltung wieder in die Metalle; diese Eigenschaft wird beim **Carbonylverfahren** zur Gewinnung sehr reiner Metalle (Eisen oder Nickel) ausgenutzt.

Carbonylgruppe (Ketogruppe, Oxogruppe), in der organ. Chemie die sehr reaktionsfähige, zweiwertige Gruppe $\geq C=O$; Charakteristikum der Aldehyde und Ketone.

Carbonylierung [lat./griech.], Verfahren der Acetylenchemie zur Herstellung von Carbonsäuren und Carbonsäurederivaten durch Reaktion des Acetylens mit Kohlenmonoxid (CO) und Wasser, Alkoholen oder Aminen.

Carborundum ⓦ [Kw. aus engl. **carbon** „Kohlenstoff" und co**rundum** „Korund"] (Karborund), Verbindung aus Silicium und Kohlenstoff (↑ Siliciumcarbid).

Carboxylase [lat./griech.], Enzym, das die bei der alkohol. Gärung entstehende Brenztraubensäure unter CO_2-Abspaltung (Decarboxylierung) zu Acetaldehyd abbaut.

Carboxylgruppe [lat./griech./dt.], die für alle Carbonsäuren charakterist. funktionelle Atomgruppe —COOH; Strukturformel:

$$-C\!\!\begin{array}{c}\nearrow O\\ \searrow OH\end{array}$$

Carboxylierung [lat./griech.], die Einführung der Carboxylgruppe in organ. Verbindungen, z. B. im menschl. und tier. Stoffwechsel die durch Enzyme bewirkte C. von Brenztraubensäure zu Oxalessigsäure.

Carcassonne [frz. karka'sɔn], frz. Stadt, sö. von Toulouse, 42 000 E. Verwaltungssitz des Dep. Aude; Bischofssitz (seit dem 6. Jh.); Kunst- und Altertumsmuseum; Weinhandel, Landmaschinenbau, Gummiind. – In der Oberstadt („Cité") mit doppelter Ringmauer und zahlr. Türmen (5./6.–13. Jh.) liegt die ehem. Burg (12. Jh.) sowie die Basilika Saint-Nazaire (11.–14. Jh.), in der Unterstadt die got. Kirche Saint-Vincent (14. Jh.) und die Kathedrale Saint-Michel (13. Jh.).

Carcer [lat.], Kerker, Karzer.

Carcer Mamertinus (Mamertin. Gefängnis), vermutlich im 3. Jh. v. Chr. erbautes röm. Staatsgefängnis am Ostabhang des Kapitols; im 14. Jh. zur Kirche **San Pietro in Carcere** umgestaltet.

Carchi [span. 'kartʃi], Prov. in N-Ecuador, 3 701 km², 142 000 E (1990). Hauptstadt Tulcán.

Carcinoma [griech.] ↑ Krebs.

Cardamomes, Chaîne des [frz. ʃɛːndekarda'mɔm], über 150 km langer Gebirgszug im sw. Kambodscha, bis 1 744 m hoch; Kardamomgewinnung.

Cardamom Hills [engl. 'ka:dəmɔm 'hɪlz], Gebirgshorst in S-Indien, bis 1 922 m hoch; Kautschuk-, Tee-, Gewürzplantagen (Kardamom).

Cardano, Geronimo (Girolamo), latinisiert Hieronymus Cardanus, * Pavia 24. Sept. 1501, † Rom 21. Sept. 1576, italien. Mathematiker, Arzt und Naturforscher. – Prof. in Mailand, Pavia und Bologna; befaßte sich als erster mit der mathemat. Wahrscheinlichkeit, beschrieb die schon vor ihm erfundene kardanische Aufhängung und das Kardangelenk.

Cardarelli, Vincenzo, * Tarquinia 1. Mai 1887, † Rom 15. Juni 1959, italien. Dichter. – 1919 Mitbegr. der Zeitschrift „La Ronda", vertrat einen strengen Klassizismus.

Cardenal, Ernesto [span. karðe'nal], * Granada (Nicaragua) 1925, nicaraguan. Lyriker. – Kath. Priester; lebte 1978/79 im Exil; Juli 1979–1990 Kultusminister. Mitbegründer der Schule der Naiven Malerei von Solentiname. Verbindet in seinen Dichtungen religiöses Empfinden mit polit. Engagement. Erhielt 1980 den Friedenspreis des Dt. Buchhandels. – *Werke:* Zerschneide den Stacheldraht (Ged., 1964), Für die Indianer Amerikas. Lateinamerikan. Psalmen (1969), Orakel über Managua (1973), Heimweh nach der Zukunft (Ged. 1981), Ketten aus Muscheln und Jade (Ged., 1988).

Cárdenas, Lázaro [span. 'karðenas], * Jiquilpan (Michoacán) 21. Mai 1895, † Mexiko 19. Okt. 1970, mex. General und Politiker. – 1931 Innen- und 1933 sowie 1943–45 Kriegsmin. Als Staatspräs. (1934–40) führte er eine Bodenreform durch; sozialisierte verschiedene Unternehmen und enteignete 1938 die meisten brit. und nordamerikan. Erdölgesellschaften.

Cardiff [engl. 'ka:dɪf], Hauptstadt von Wales, Verwaltungssitz der Gft. South Glamorgan, an der Mündung des Taff in den Bristolkanal, 274 000 E. Kath. und anglikan. Erzbischofssitz; College der University of Wales (gegr. 1883), TH; Nationalmuseum (gegr. 1907); Eisen-, Stahl- und Autoind., Erdöl-, Textil-, Papierind., Hafen und ⚓. – 75 n. Chr. bis Ende des 4. Jh. röm. Lager, 1090–93 Bau einer normann. Burg; 1350 Stadtrecht.

Cardin, Pierre [frz. kar'dɛ̃], * Sant'Andrea di Barbarana bei Treviso 7. Juli 1922, frz. Modeschöpfer. – Zunächst Mitarbeiter von C. Dior; vertritt eine junge, elegante, oft auffallende, extravagante Linie.

Cardinale, Claudia, * Tunis 15. April 1939, italien. Filmschauspielerin. – Spielte u. a. in „Cartouche, der Bandit" (1961), „Der Leopard" (1962) und „Das rote Zelt" (1969), „Claretta" (1984), „L'Été prochain" (1985).

Carducci, Giosuè [italien. kar'duttʃi], Pseud. Enotrio Romano, * Valdicastello (= Pietrasanta, Toskana) 27. Juli 1835, † Bologna 16. Febr. 1907, italien. Lyriker. – In feierl., pathet. und schwungvoller Sprache verherrlichte er die Größe einer held. Vergangenheit, „Odi barbare" (1877–89); auch Literarhistoriker; Nobelpreis 1906.

Cardy [...di; lat.], svw. ↑ Kardone.

CARE [engl. kɛə; Abk. für engl.: **C**ooperative for **Am**erican **R**emittances to **E**urope (nach 1958 **C**ooperative for **Am**erican **R**emittance for **e**verywhere)], in den USA 1946 entstandene Hilfsorganisation, v. a. von privater Seite getragen; organisierte Hilfssendungen (**CARE-Pakete**) zur Linderung der wirtsch. Not in Europa nach dem 2. Weltkrieg. Ihre Aktion wurde in der BR Deutschland bis 1960, in Berlin (West) bis 1963 fortgesetzt. Seit dem Koreakrieg wurde

Carcassonne. Die von einer doppelten Ringmauer und zahlreichen Türmen umgebene Oberstadt

diese Hilfe auch auf asiat., später auf weitere Länder ausgedehnt.

care of [engl. 'kɛər əv], Abk. c/o, bei, per Adresse, zu Händen (in Anschriften).

Cargados-Carajos-Inseln [engl. kaːˈgaːdoʊs kəˈraːʒoʊs] ↑ Mauritius.

Cargo ↑ Kargo.

Cargo-Kulte [zu lat.-engl. cargo „Ladung, Frachtgut"], religiöse Bewegungen oder Kulte in Melanesien, die im 19. Jh. in Konfrontation mit westl. Zivilisation entstanden, oft wieder erloschen, z. T. aber bis heute bestehen und Hoffnungen auf das baldige Kommen einer Heilsperiode enthalten. Sie hatten wohl auch religiöse oder polit. Aspekte, richteten sich jedoch v. a. auf den Gewinn von Gütern europ. Herkunft, die zunächst als Schiffsladung bekannt geworden waren und, angeblich von den Ahnen zugesandt, unrechtmäßig durch die Weißen vorenthalten werden.

Cariboo Mountains [engl. ˈkærɪbuː ˈmaʊntɪnz] ↑ Columbia Mountains.

Carica [griech.-lat.], svw. ↑ Melonenbaum.

CARICOM, Abk. für: **Cari**bbean **com**munity, die ↑ Karibische Gemeinschaft.

Caries [...i-ɛs] ↑ Karies.

Carillon [kariˈjɔ̃; frz.; zu lat. quaternio „Vierzahl" (von Glocken)], mit Klöppeln geschlagenes oder mit einer Tastatur gespieltes Turmglockenspiel; auch das Metallstabglockenspiel im Orchester.

Carina [lat.] (Kiel des Schiffes) ↑ Sternbilder (Übersicht).

Carina [lat.], in der *Zoologie* svw. Brustbeinkamm der Vögel.

Carissimi, Giacomo, ≈ Marino 18. April 1605, † Rom 12. Jan. 1674, italien. Komponist. – 1628/29 Kirchenkapellmeister in Assisi, 1630 an San Apollinare in Rom. C. hatte mit seinen Oratorien (16 Werke erhalten) über Italien hinaus großen Einfluß auf die Komponisten in Frankreich und Deutschland bis zur Mitte des 18. Jahrhunderts.

Caritas ↑ Karitas.

Carl, Karl, eigtl. Karl von Bernbrunn, * Krakau 7. Nov. 1787, † Bad Ischl 14. Aug. 1854, östr. Theaterdirektor und Volksschauspieler. – War 1827–45 Direktor des Theaters an der Wien und des Josefstädter Theaters in Wien. Schuf die Hanswurstfigur des Staberl.

Carl XVI. Gustav, König von Schweden ↑ Karl XVI. Gustav.

Carlisle [engl. kɑːˈlaɪl], Hauptstadt der Gft. Cumbria, NW-England, am Eden, 72 000 E. Anglikan. Bischofssitz; Nahrungsmittel-, Textil-, Metallind. Eisenbahnknotenpunkt; ⌖. – Bis zum Ende des 4. Jh. röm. Lagerstadt **Luguvallium** am Hadrianswall. – Röm. Mauerreste; Kathedrale (11. und 15. Jh.).

Carlisten ↑ Karlisten.

Carlone, zu den ↑ Comasken gehörende Künstlerfamilie des 17. und 18. Jh. – Vermittlung der italien. Barockkunst nach Deutschland und den Alpenländern; bed.:
C., Carlo Antonio, * Scaria (= Lanzo d'Intelvi-Scaria, Como) um 1635, † Passau 3. Mai 1708, Baumeister. – Sein Hauptwerk ist die Stiftskirche und der Entwurf der Klosteranlage von Sankt Florian (1686–1708) in Kremsmünster.

Carlos, Infanten von Spanien:
C., Don C., * Valladolid 8. Juli 1545, † Madrid 24. Juli 1568, Sohn König Philipps II. aus seiner 1. Ehe mit Maria von Portugal. – Von Kindheit an körperlich und geistig zurückgeblieben, später psychopathisch; sollte von der Nachfolge ausgeschlossen werden; 1568 gefangengesetzt, als er seine Flucht aus Spanien vorbereitete. – Literarisch häufig unhistorisch dargestellt, so u. a. in Schillers Drama „Don C." (1787); Oper Verdis: „Don C." (1867).
C., Don C., María Isidro de Borbón, Herzog von Molina, * Madrid 29. März 1788, † Triest 10. März 1855, Thronprätendent (Karl V., 1833–45). – Sohn König Karls IV.; nahm nach dem Tode seines Bruders Ferdinand VII. den Königstitel an und verursachte den – für ihn erfolglosen – 1. Karlistenkrieg 1833–39; verzichtete 1845 auf seine Ansprüche zugunsten seines Sohnes.

Carlow [engl. kɑːlou], südostir. Stadt am Barrow, 12 000 E. Verwaltungssitz der Gft. C. Kath. Bischofssitz; Verarbeitung landw. Produkte, Maschinenbau, Elektroindustrie.

Carlsbad [engl. ˈkɑːlzbæd], Stadt und Kurort auf der O-Abdachung der Rocky Mountains, N. Mex., USA, 25 500 E. Mineralquellen; Zentrum eines Kalibergbaugebiets. – Die **Carlsbad Caverns**, etwa 40 km sw. der Stadt, im S-Teil der Rocky Mountains, gehören zu den größten Tropfsteinhöhlen der Erde.

Carlsbergrücken ↑ Arabisch-Indischer Rücken.

Carlsson, Ingvar Gösta, * Borås 9. Nov. 1934, schwed. Politiker (Sozialdemokrat. Arbeiterpartei). – Ab 1969 mehrfach Min., seit 1982 auch stellv. Min.präs.; nach der Ermordung O. Palmes 1986 dessen Nachfolger als Parteivors. und Ministerpräsident (bis 1991).

Carlyle, Thomas [engl. kɑːˈlaɪl], * Ecclefechan (Dumfries) 4. Dez. 1795, † London 4. Febr. 1881, schott. Essayist und Geschichtsschreiber. – Wollte die brit. Nation in neuer ethisch-religiöser Bindung zu sittlich-patriot. Bewährung führen. Hauptwerke sind „Sartor Resartus oder Leben und Meinungen des Herrn Teufelsdröckh" (1834), eine von J. W. von Goethes „Wilhelm Meister" beeinflußte Schrift, und die Vortragsreihe „Über Helden, Heldenverehrung und das Heldentümliche in der Geschichte" (1841).

Carl-Zeiss-Stiftung, von E. Abbe 1889 in Jena gegr. Stiftung, der er am 1. Juli 1891 die auf ihn übergegangene Firma Carl Zeiss und seine Anteile an der Firma Jenaer Glaswerke Schott & Gen. übertrug; seit 1919 ist die C.-Z.-S. Alleininhaberin beider Firmen. Nach der Enteignung in der SBZ wurden 1949 die Firmensitze nach Heidenheim an der Brenz und Mainz (Schott) verlegt; unter dem Dach der C.-Z.-S. (Sitz in Heidenheim und Jena) finden sich seit 1991 die Unternehmen „Carl Zeiss" (Oberkochen), „Schott Glaswerke" (Mainz) sowie, unter Beteiligung des Landes Thüringen bzw. der Jenoptik GmbH und als Tochterunternehmen der westdt. Unternehmen, die „Jenaer Glaswerk GmbH" (Jena) und die „Carl Zeiss Jena GmbH" (Jena); ihre Tätigkeit erstreckt sich auf die Branchen Optik, Feinmechanik, Glastechnik und Elektronik. Die C.-Z.-S. hat seit 1891 vorbildl. Arbeitsbedingungen geschaffen (bezahlter Urlaub, Gewinnbeteiligung; Pensionsanspruch, ab 1900 Achtstundentag). – ↑ Zeiss-Werke.

Carmagnole [frz. karmaˈɲɔl; nach der italien. Stadt Carmagnola], 1792/93 allgemein verbreitetes anonymes frz. Revolutionslied; von Napoleon I. verboten.

Carmarthen [engl. kəˈmɑːðən], Hauptstadt der Gft. Dyfed, SW-Wales, 12 000 E. Marktzentrum. – 1227 Stadtrecht.

Carmer, Johann Heinrich Casimir Graf von, * Bad Kreuznach 29. Dez. 1720, † Rützen (Schlesien) 23. Mai 1801, preuß. Jurist und Minister. – Seit 1763 Präs. der preuß. Reg. in Breslau; seit 1768 Justizmin. in Schlesien; oberster Justizmin. und Großkanzler (1779–95); 1779 von Friedrich II. mit der Neuordnung des Justizwesens beauftragt; schuf die Grundlage für die Preuß. Allg. Gerichtsordnung von 1793.

Carmichael, Stokeley [engl. kɑːˈmaɪkl], * Port of Spain (Trinidad) 29. Juni 1941, Führer der Black-Power-Bewegung. – Zunächst aktiv in der Bürgerrechtsbewegung, lehnte aber jede Zusammenarbeit mit ihr ab und forderte den revolutionären Befreiungskampf der Farbigen in den USA; 1967–69 Vors. der Black Panther Party.

Carmina Burana [mittellat. „Lieder aus Beuren"], ma. Anthologie mit überwiegend lat. Texten des (11.) 12. und 13. Jh., überliefert in einer Pergamenthandschrift des frühen 13. Jh., die 1803 im bayr. Kloster Benediktbeuern entdeckt wurde; sie befindet sich heute in der Bayer. Staatsbibliothek München. Rund 250 Texte (moralisch-satir. Dichtungen, Liebes-, Tanz- und Frühlingslieder; Lieder von Trunk und Spiel; geistl. Schauspiele, dazwischen wenige lat.-dt. und lat.-frz. Mischtexte, außerdem 45 mittelhochdt. Strophen, von denen einige in anderen Handschriften Dietmar von Aist, Reinmar von Hagenau, Heinrich von Morungen, Walther von der Vogelweide, Neidhart [von Reuen-

Ernesto Cardenal

Claudia Cardinale

Thomas Carlyle
(Gemälde von John Everett Millais)

Don Carlos
(Ausschnitt aus einem Gemälde von Alonso Sánchez Coello)

Carmina Cantabrigiensia

thal] zugewiesen sind. Die C. B. gelten als Inbegriff der ma. Vagantendichtung (nur für einen Teil der Texte zutreffend). Eine Auswahl aus den C. B. wurde von C. Orff vertont (1937).

Carmina Cantabrigiensia [mittellat. „Lieder aus Cambridge"] (Cambridger Lieder), Sammlung von 50 lat., meist aus dem 10. und 11. Jh. stammenden Texten, die Teil (10 Blätter) eines in der Universitätsbibliothek Cambridge aufbewahrten Kodex ist.

Carmona, António Oscar de Fragoso [portugies. kɐr'monɐ], *Lissabon 24. Nov. 1869, †ebd. 18. April 1951, portugies. General und Politiker. – Führend am Militärputsch von 1926 beteiligt; 1926–28 Min.präs. und 1928–51 Staatspräsident.

Carmona, span. Stadt, 30 km onö. von Sevilla, 23 000 E. Mittelpunkt eines Agrargebiets. – Das röm. **Carmo** war auch unter westgot. und maur. Herrschaft als Festung wichtig.

Carnac [frz. kar'nak], frz. Gemeinde an der breton. S-Küste, 13 km sw. von Auray, Dep. Morbihan, 4 000 E. Austernzucht; Seebad C.-Plage. – Bekannt durch prähistor. Monumente aus der 2. Hälfte des 3. Jt. v. Chr.; zwei Grabhügel (Saint-Michel und Le Moustoir), die als **Carnacgruppe** bezeichnet werden und neolithisch-frühbronzezeitl. Gräber einer gehobenen Bev.schicht sind; kilometerlange Steinalleen (in Reihen angeordnete Menhire) von Ménec, Kermario und Kerlescan.

Carnallit, svw. ↑ Karnallit.

Carnap, Rudolf, *Ronsdorf (= Wuppertal) 18. Mai 1891, †Santa Monica (Calif.) 14. Sept. 1970, dt.-amerikan. Philosoph. – 1931 Prof. in Prag, 1936 in Chicago, 1952 in Princeton (N. J.), 1954–61 in Los Angeles; einer der Hauptvertreter des ↑Wiener Kreises, Mitbegründer des ↑logischen Empirismus (↑analytische Philosophie), wendet die formale Logik erstmals auf die empir. Wissenschaften (bes. Physik) an. – *Werke:* Der log. Aufbau der Welt (1928), Log. Syntax der Sprache (1934), Einführung in die symbol. Logik (1954), Induktive Logik und Wahrscheinlichkeit (1959), Einführung in die Philosophie der Naturwissenschaften (1966).

Carnaubawachs ↑Karnaubawachs.

Carné, Marcel [frz. kar'ne], *Paris 18. Aug. 1909, frz. Filmregisseur. – Mitbegr. des „poet. Realismus" im Film, v. a. mit „Hafen im Nebel" (1938) und seinem klass. Hauptwerk „Kinder des Olymp" (1945). Drehte auch „Les Assassins" (1971), „La Merveilleuse" (1974), „La Bible" (1976).

Carnegie, Andrew [engl. kɑː'neɡɪ], *Dunfermline 25. Nov. 1835, †Lenox (Mass.) 11. Aug. 1919, amerikan. Industrieller schott. Herkunft. – Erwarb sich in der Stahlind. in den USA ein großes Vermögen, das er in Stiftungen für die wiss. Forschung, die Unterstützung internat. Friedensbestrebungen und Weiterbildung anlegte; auch die Konzerthalle **(Carnegie Hall)** in New York ist eine seiner Stiftungen.

Rudolf Carnap

Lazare Carnot
(Kupferstich von Johann Daniel Laurens)

Sadi Carnot
(Zeichnung von Louis Léopold Boilly)

Carnac. Steinalleen aus in Reihe angeordneten Menhiren

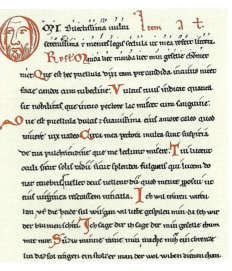

Carmina Burana. Die erste Seite der Handschrift, 2. Hälfte des 13. Jh. (München, Bayerische Staatsbibliothek)

Carnegie Endowment for International Peace [engl. 'kɑːneɡɪ ɪn'daʊmənt fə ɪntə'næʃənəl 'piːs „Carnegiestiftung für den internat. Frieden"], 1910 durch A. Carnegie errichtete Stiftung zur Friedenssicherung und zur Völkerverständigung durch Kriegsursachen- und Kriegsverhütungsforschung, Förderung des Völkerrechts und der polit. Bildung; Sitz: New York, Außenstelle Genf.

Carneol (Karneol) ↑Chalzedon.

Carner, Josep [katalan. kar'ne], *Barcelona 5. Febr. 1884, †Uccle bei Brüssel 4. Juni 1970, katalan. Lyriker. – Unter dem Eindruck des frz. Symbolismus einflußreichster Vertreter des katalan. Modernismo.

Carney, Harry Howell [engl. 'kɑːnɪ], *Boston 1. April 1910, †New York 10. Okt. 1974, amerikan. Jazzmusiker. – Wichtigster Baritonsaxophonist des Swingstils.

Carnivora, svw. ↑Karnivoren.

Carnot [frz. kar'no], Lazare, *Nolay (Dep. Côte-d'Or) 13. Mai 1753, †Magdeburg 2. Aug. 1823, frz. Politiker und Mathematiker. – Ingenieuroffizier; 1793 in den Wohlfahrtsausschuß berufen, organisierte die frz. Militärwesen; gilt als Schöpfer des Revolutionsheeres; Mgl. des Direktoriums seit 1795; 1815 Innenmin.; nach der Rückkehr der Bourbonen verbannt. Wichtige Beiträge v. a. zur Geometrie.

C., Marie François Sadi, *Limoges 11. Aug. 1837, †Lyon 24. Juni 1894 (ermordet), frz. Politiker und Ingenieur. – 1871 als Abg. der linken Mitte Mgl. der Nationalversammlung; seit 1887 Präs. der Republik.

C., Sadi, *Paris 1. Juni 1796, †ebd. 24. Aug. 1832, frz. Ingenieur und Physiker. – Sohn von Lazare C.; entwickelte die physikal. Grundlagen der Dampfmaschine unter Benutzung eines Gedankenversuchs, des ↑Carnot-Prozesses, und vertrat die Auffassung, daß Wärme aus der Bewegung der kleinsten Teilchen resultiert; berechnete lange vor J. R. Mayer das mechan. Wärmeäquivalent.

Carnotit [nach dem frz. Chemiker und Mineralogen M.-A. Carnot, *1839, †1920], grünlichgelbes, monoklines Mineral aus der Gruppe der Uranglimmer; chemisch $K_2[(UO_2/VO_4)_2] \cdot 3 H_2O$, Uran- und Vanadiumerz; Mohshärte 2–2,5; Dichte 4–5 g/cm³.

Carnot-Prozeß [frz. kar'no; nach S. Carnot], idealisierter, zw. zwei Wärmebehältern unterschiedl. Temperatur T_1 und $T_2 < T_1$ erfolgender umkehrbarer Kreisprozeß mit dem höchstmögl. therm. Wirkungsgrad **(Carnotscher Wirkungsgrad)** η:

$$\eta = 1 - T_2/T_1$$

Der C.-P. bildet die theoret. Grundlage für Wärmekraftmaschinen.

Carnotum, antike Stadt, ↑Chartres.

Carnuntum, röm. Ruinenstadt bei Petronell und Bad Deutsch Altenburg (Niederösterreich); seit 15 n. Chr. röm. Hauptstützpunkt an der pannon. Donaugrenze, 106 Hauptort der Prov. Pannonia superior, um 400 von Germanen zerstört. Seit 1885 wurden zwei Amphitheater, Ruinen eines Palastes und von Wohnhäusern, Thermen, Heiligtümern u. a. ausgegraben.

Caro, Anthony [engl. ˈkɑːrəʊ], *New Malden (Surrey) 8. März 1924, engl. Bildhauer. – C. brach 1959 mit der figurativen Plastik. Er löst das Volumen in rein abstrakte Flächen und Linien auf. Anreger für eine Richtung jüngerer engl. Stahlplastiker.

Carol, rumän. Könige, ↑Karl.

Carolina (Constitutio Criminalis C.) [lat.], Abk. C. C. C., Peinl. Gerichtsordnung, die 1532 von Kaiser Karl V. auf dem Reichstag von Regensburg zum Reichsgesetz erhoben wurde; stellt das erste allg. dt. Strafgesetz mit Strafprozeßordnung dar; blieb bis zur Mitte des 18. Jh. (in Norddeutschland bis 1871) in Kraft.

Carolina [engl. kærəˈlainə], alter Name des Gebietes der heutigen US-Staaten ↑North Carolina und ↑South Carolina.

Carolus Magnus ↑Karl der Große.

Carosche Säure [nach dem dt. Chemiker H. Caro, *1834, †1910] ↑Schwefelsauerstoffsäuren.

Carossa, Hans, *Bad Tölz 15. Dez. 1878, †Rittsteig bei Passau 12. Sept. 1956, dt. Schriftsteller. – Arzt; gestaltete vorwiegend eigenes Erleben in stilistisch eleganten Gedichten, Romanen und autobiograph. Werken (u. a. „Verwandlungen einer Jugend", 1928; „Der Tag des jungen Arztes", 1955).

Carothers, Wallace Hume [engl. kəˈrʌðəz], *Burlington (Iowa) 27. April 1896, †Philadelphia 29. April 1937 (Selbstmord), amerikan. Chemiker. – Stellte 1932 die erste Chemiefaser aus Polyamiden her (Nylon).

Carotin ↑Karotin.

Carotinoide ↑Karotinoide.

Carotis ↑Halsschlagader.

Carpaccio, Vittore [italien. karˈpattʃo], *Venedig 1455 oder 1465, †ebd. zw. Okt. 1525 und Juni 1526, italien. Maler. – Bed. Vertreter der venezian. Renaissancemalerei, angeregt v. a. von G. Bellini. Schuf warmtonige Zyklen in subtiler Lichtbehandlung (u. a. Szenen aus dem Leben der hl. Ursula, etwa 1490–95, für die Scuola di Sant'Orsola, heute Galleria dell'Accademia).

Carlo Carrà. Das Oval der Erscheinungen, 1918 (Rom, Galleria Nazionale d'Arte Moderna)

Carpeaux, Jean-Baptiste [frz. karˈpo], *Valenciennes 11. Mai 1827, †Schloß Bécon bei Asnières 11. Okt. 1875, frz. Bildhauer, Maler und Radierer. – Schüler von F. Rude. Schuf u. a. Giebelskulpturen am Florapavillon des Louvre (1863–66).

Carpe diem [lat. „pflücke den Tag"], Zitat aus Horaz, Oden I, 11,8 mit der Bed.: nutze den Tag, genieße den Augenblick.

Carpentariagolf [engl. kɑːpənˈtɛərɪə], Meeresbucht an der N-Küste Australiens, greift bis 750 km (im O) weit ins Landesinnere ein, im W durch Arnhemland, im O durch die Kap-York-Halbinsel begrenzt.

Vittore Carpaccio. Ausschnitt aus dem Ursulazyklus, etwa 1490–95 (Venedig, Galleria dell'Accademia)

Carpenter-Effekt [engl. ˈkɑːpɪntə], die 1873 von dem brit. Physiologen William Benjamin Carpenter (*1813, †1885) beschriebene Gesetzmäßigkeit, nach der die Wahrnehmung oder Vorstellung einer Bewegung den Antrieb zur Ausführung der gleichen Bewegung erregt.

Carpentier, Alejo [span. karpenˈtiɛr], *Havanna 26. Dez. 1904, †Paris 24. April 1980, kuban. Dichter frz.-russ. Herkunft. – Vertreter eines „mag. Realismus"; Allegorien und Archetypen bestimmen die Struktur seiner sonst realistisch angelegten Werke; u. a. „Explosion in der Kathedrale" (R., 1962), „Die Harfe und der Schatten" (R., 1979).

Carpentras [frz. karpɑ̃ˈtra], frz. Stadt 20 km nö. von Avignon, Dep. Vaucluse, 26 000 E. Marktzentrum. – Im Altertum **Carpentoracte.** Im 3. Jh. Bischofssitz (bis 1789). – Gallo-röm. Monumentaltor.

Carpi, italien. Stadt, Region Emilia-Romagna, 61 000 E. Bischofssitz; Nahrungsmittelind., traditionelles Handwerk (geflochtene Hüte, seit dem 15. Jh.). – 1530 kam C. (seit 1535 Ft.) an die Este und teilte die Geschicke Modenas. – Alter Dom (12. Jh.; 1515 erneuert), Neuer Dom (1514–1667).

Carpzov, Benedict [ˈkarptso], *Wittenberg 27. Mai 1595, †Leipzig 21. (30. ⸘) Aug. 1666. – Gilt als einer der Begr. der dt. Rechtswissenschaft; schuf das erste vollständige System des prot. Kirchenrechts.

Carrà, Carlo [italien. karˈra], *Quargnento (Prov. Alessandria) 11. Febr. 1881, †Rom 13. April 1966, italien. Maler und Kunstschriftsteller. – Mitbegründer des Futurismus und neben Chirico Hauptvertreter der Pittura metafisica (bis 1920): Bilder mit perspektiv., leerem Raum und plast., schneiderpuppenartigen Figuren.

Carracci [italien. karˈrattʃi], italien. Malerfamilie aus Bologna; Wegbereiter des Barock. Bed. Vertreter:
C., Agostino, *Bologna 15. Aug. 1557, †Parma 23. Febr. 1602, Maler und Kupferstecher. – 1583–94 Freskoarbeiten

Hans Carossa

Carrara

in Bologneser Palästen; 1597–1600 Mitarbeiter seines Bruders Annibale am Freskenzyklus des Palazzo Farnese, Rom. Kühle und rhetor. Aufwand kennzeichnen sein Werk und machen es zum Schulbeispiel des „akadem. Carraccismus".
C., Annibale, ≈ Bologna 3. Nov. 1560, † Rom 15. Juli 1609, Maler. – Fresken in Bologneser Palästen in Zusammenarbeit mit seinem Bruder Agostino. Sein Hauptwerk sind die Fresken im Palazzo Farnese, Rom (begonnen 1595). Wegweisend seine Landschaftsdarstellungen („Christus und die Samariterin", Wien, Kunsthistor. Museum).

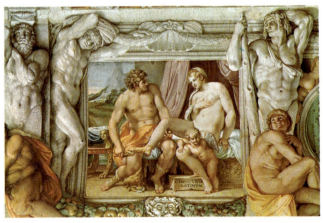

Annibale Carracci. Venus und Anchises, Fresko, 1596–1600 (Rom, Palazzo Farnese)

C., Lodovico, ≈ Bologna 21. April 1555, † ebd. 13. Nov. 1619, Maler. – Vetter von Annibale und Agostino C.; begr. 1585 in Bologna eine Akademie und damit die Zusammenarbeit der Carracci.

Carrara, italien. Stadt 45 km nw. von Pisa, Region Toskana, 70 000 E. Bildhauerakad.; Schule für Marmorverarbeitung; berühmteste der toskan. Marmorstädte mit zahlr. Marmorsägen, -schleifereien und Bildhauerwerkstätten. 10 km entfernt an der ligur. Küste der Badeort **Marina di Carrara.** – Bereits die Römer sowie die Baumeister des Spät-MA und der Renaissance begründeten die Marmorind. Romanisch-got. Dom (12.–14. Jh.), Palazzo Ducale (16. Jh.).

Carrauntoohil [engl. kærən'tu:əl], höchster Berg Irlands, in den Macgillycuddy's Reeks, 1 041 m hoch.

Carrel, Alexis, * Sainte-Foy-lès-Lyon (Rhône) 28. Juni 1873, † Paris 5. Nov. 1944, frz. Chirurg und Physiologe. – Entwickelte ein Verfahren, mit dem Gewebskulturen in Nährflüssigkeit längere Zeit lebensfähig erhalten werden können; 1912 Nobelpreis für Physiologie oder Medizin.

Carrell, Rudi, eigtl. Rudolf Wijbrand Kesselaar, * Alkmaar 19. Dez. 1934, niederl. Entertainer. – Seit 1951 im Showgeschäft, seit 1965 als Showmaster im dt. Fernsehen (u. a. „Am laufenden Band", 1974–79; „Herzblatt", 1987 bis 1993); auch Filmschauspieler und Sänger.

Carrera, Rafael, * Guatemala 24. Okt. 1814, † ebd. 14. April 1865, Präs. von Guatemala (seit 1847). – Übernahm 1837 die Führung des Aufstands gegen die zentralamerikan. Union; proklamierte 1839 die Unabhängigkeit der Republik Guatemala; 1854 Präs. auf Lebenszeit; herrschte als Diktator, gestützt auf Militär und Kirche.

Carreras, José, * Barcelona 5. Dez. 1946, span. Sänger (Tenor). – Tritt an allen führenden Opernhäusern Europas und der USA sowie bei Festspielen (Salzburg) auf; profilierte sich bes. mit Partien des italien. Opernrepertoires.

Carrero Blanco, Luis, * Santoña (Santander) 3. März 1903, † Madrid 20. Dez. 1973 (Attentat), span. Offizier und Politiker. – Engster Vertrauter Francos, leitete 1941–67 die Präsidialkanzlei; 1967–73 stellv. Min.präs., 1973 Ministerpräsident.

Carrhae (Carrhä) ↑ Charran.

Carriacou Island [engl. kɛriə'ku aɪlənd] ↑ Grenada.

Carriera, Rosalba, * Venedig 7. Okt. 1675, † ebd. 15. April 1757, italien. Malerin. – Miniaturbildnisse und Pastelle im Rokokostil; in den letzten Lebensjahren erblindet.

Carrière, Eugène [frz. ka'rjɛːr], * Gournay-sur-Marne (Seine-Saint-Denis) 29. Jan. 1849, † Paris 27. März 1906, frz. Maler und Lithograph. – Familienporträts und Einzelstudien (Paul Verlaine [1891, Louvre]); Farbgebung von eigenartiger Monochromie.

Carriers [engl. 'kærəz; lat.-engl.], stoffübertragende Substanzen. In der Biochemie [koenzymartige] Verbindungen, die Elektronen oder Ionen (bes. Protonen, H^+, aber auch ganze funktionelle Gruppen) von einem Molekül auf ein anderes übertragen.

Carrillo, Santiago [span. kar'riʎo], * Gijón 18. Jan. 1915, span. Politiker. – Redakteur; baute ab 1942 eine Geheimorganisation der KP in Spanien auf; 1960–82 Generalsekretär der KP Spaniens, nach deren Wiederzulassung 1977 entschiedener Verfechter eines eurokommunist. Kurses.

Carrington, Peter Alexander [engl. 'kærɪŋtən], Baron of C., * London 6. Juni 1919, brit. Politiker. – 1970–74 Verteidigungsmin.; 1974–79 Führer der konservativen Opposition im Oberhaus; 1979–82 Außenmin. und 1984–88 Generalsekretär der NATO; 1991/92 Sonderbeauftragter der EG zur Vermittlung im Jugoslawienkonflikt.

Peter Alexander Carrington

Carrión-Krankheit [span. ka'rrjon; nach dem peruan. Medizinstudenten D. A. Carrión, * 1850, † 1885], svw. ↑ Oroyafieber.

Carroll, Lewis [engl. 'kærəl], eigtl. Charles Lutwidge Dodgson, * Daresbury (Cheshire) 27. Jan. 1832, † Guildford 14. Jan. 1898, engl. Schriftsteller. – Mathematiker; berühmt durch seine grotesk-phantasiereichen Romane „Alice im Wunderland" (1865) und „Alice hinter den Spiegeln" (1871), verfremdete die log. Struktur seiner Werke mittels Nonsenstechniken.

Carson City [engl. 'ka:sn 'sɪtɪ], Hauptstadt von Nevada, USA, in der Sierra Nevada, 40 km ssö. von Reno, 1 420 m ü. d. M., 39 400 E. Handelszentrum eines Viehzucht- und Bergbaugebietes. – 1858 gegründet.

Carstens, Asmus Jakob, * Sankt Jürgen bei Schleswig 10. Mai 1754, † Rom 25. Mai 1798, dt. Maler. – Ging 1792 nach Rom, wo er v. a. in Raffael und Michelangelo seine Vorbilder fand. C. ist ein bed. Vertreter des dt. Klassizismus; er gestaltete seine allegor. und mytholog. Themen in monumentalen strengen Kompositionen; u. a. „Die Nacht mit ihren Kindern" (1795; Kreidezeichnung; Weimar, Staatl. Kunstsammlungen).

C., Karl, * Bremen 14. Dez. 1914, † Meckenheim bei Bonn 30. Mai 1992, dt. Jurist und Politiker (CDU). – 1960–66 Staatssekretär im Auswärtigen Amt, 1966/67 im Verteidigungsministerium, 1968/69 im Bundeskanzleramt; 1972 bis 1979 MdB; 1973–76 Fraktionsvors. der CDU/CSU; 1976–79 Bundestagspräs.; 1979–84 Bundespräsident.

Cartagena [span. karta'xena], span. Hafenstadt am Mittelmeer, 169 000 E. Bischofssitz; Hauptkriegshafen Spaniens, Garnison; Handels- und Passagierhafen. Hüttenwerke, Werften, Textil-, Elektro-, Glas-, Düngemittel- und Nahrungsmittelind. – Urspr. **Mastia,** kam 237 v. Chr. in karthag. Besitz, als **Carthago Nova** karthag. Machtzentrum auf der Iber. Halbinsel; ab 209 v. Chr. römisch (Hauptstadt der röm. Prov. Hispania Citerior); 425 durch die Vandalen zerstört, seit 534 unter byzantin. Herrschaft; seit 624 westgotisch; 711 arabisch; 1269 zu Aragonien.

C., Hauptstadt des Dep. Bolívar in N-Kolumbien, am Karib. Meer, 560 000 E. Sitz eines Erzbischofs; Univ. (gegr. 1827), Histor. Akad.; Nahrungsmittel- und Textilind., keram. und chem. Ind., Erdölraffinerien, Hafen, ✈. – 1533 gegr., erklärte sich 1811 für selbständig (Republik von C.); 1815–21 erneut spanisch. Stadtbefestigung (17./18. Jh.) mit Toren und Forts, Kathedrale (1577–85, 1600–07 nach Einsturz z. T. neu gebaut), Palast der Inquisition (um 1706; Portal 1770). Hafen und kolonialzeitl. Befestigungen wurden von der UNESCO zum Weltkulturerbe erklärt.

Cartago [span. kar'tayo], Hauptstadt der Prov. C. in Costa Rica, 1 440 m ü. d. M., 28 600 E. – Gegr. 1563.

José Carreras

Cartan, Élie [Joseph] [frz. kar'tā], *Dolomieu (Isère) 9. April 1869, † Paris 6. Mai 1951, frz. Mathematiker. – Seine Arbeiten zur Theorie kontinuierl. Gruppen und zur Differentialgeometrie waren von großem Einfluß auf die moderne Mathematik.

Carte blanche [frz. kartə'blā:ʃ „weiße Karte"], unbeschränkte Vollmacht.

Cartellverband der katholischen deutschen Studentenverbindungen, Abk. CV, 1856 gegr.; einer der größten dt. Korporationsverbände; Neugründung für die BR Deutschland 1950 in Mainz.

Carter [engl. 'ka:tə], Bennett Lester („Benny"), *New York 8. Aug. 1907, amerikan. Jazzmusiker. – Einer der vielseitigsten Instrumentalisten des Swing-Stils, auch Arrangeur und Komponist.

C., Howard, *Swaffham (Norfolk) 9. Mai 1873, † London 2. März 1939, brit. Archäologe. – Entdeckte im Tal der Könige 1922 das Grab des Tutanchamun.

C., James (Jimmy) Earl, *Plains (Ga.) 1. Okt. 1924, amerikan. Politiker (Demokrat), 39. Präs. der USA (1977–81). – Farmer; 1970–74 Gouverneur von Georgia; konnte bei den Wahlen im Nov. 1976 Präs. G. R. Ford knapp schlagen; stellte zunächst die Themenbereiche „Menschenrechte" und „Energieeinsparungen" in den Vordergrund der Politik; vermittelte den israelisch-ägypt. Friedensvertrag (1979); unterlag bei den Präsidentschaftswahlen 1980 deutlich dem Republikaner R. W. Reagan.

Carteret, John [engl. 'ka:tərɛt], Earl of Granville, ↑ Granville, John Carteret, Earl of.

cartesisch ↑ kartesisch.

Carthago Nova, antike Stadt, ↑ Cartagena (Spanien).

Cartier, Jacques [frz. kar'tje], *Saint-Malo 1491, † ebd. 1. Sept. 1557, frz. Seefahrer und Kolonisator. – Erreichte auf der Suche nach dem nordwestl. Seeweg nach Asien 1534 Neufundland und nahm es für Frankreich in Besitz; gelangte auf zwei weiteren Reisen 1535 und 1541 zum Sankt-Lorenz-Strom; gilt als Begr. des frz. Kolonialreiches in Nordamerika.

Cartier-Bresson, Henri [frz. kartjebrɛ'sõ], *Chanteloup (Seine-et-Marne) 22. Aug. 1908, frz. Photograph. –

Henri Cartier-Bresson. Sonntag am Marneufer, 1938

Cartoon von Marie Marcks, 1979

Photoreporter und Porträtphotograph; Mitbegr. der Photoagentur „Magnum"; veröffentlichte u. a. die Bildbände „China gestern und heute" (1955), „Meisteraufnahmen" (1964), „Sowjetunion" (1974).

Cartier Island [engl. ka:tjɛɪ 'aɪlənd] ↑ Ashmore and Cartier Islands.

Cartilago [lat.], svw. ↑ Knorpel.

Cartoon [engl. ka:'tu:n], künstlerisch-graph. Form pointierter satir. Darstellung einer sozialen, auch gesellschaftlich-polit. Situation; an der Grenze zw. Karikatur und freier Graphik. In seiner spezif. Bild-Text-Verbindung begann sich der C. seit dem 18. und v. a. im 19. Jh. aus der allg. satir. Kunst zu differenzieren. Satir. Zeitschriften, wie „La Caricature" (Paris, 1830–35) und „Punch" (London, 1841–1992), bildeten den Charakter des C. als populäre Reproduktionsgraphik aus.

Cartwright, Edmund [engl. 'ka:traɪt], *Marnham (Nottinghamshire) 24. April 1743, † Hastings 30. Okt. 1823, brit. Erfinder. – Pfarrer und Domherr in Lincoln; konstruierte 1784 einen mechan. Webstuhl. Erfand u. a. auch eine Wollkämmaschine, eine Seilwickelmaschine und einen Dreifurchenpflug.

Cärularius, Michael ↑ Michael Kerullarios.

Carus, Carl Gustav, *Leipzig 3. Jan. 1789, † Dresden 28. Juli 1869, dt. Mediziner, Naturwissenschaftler, Maler und Philosoph. – 1814 Prof. für Medizin in Dresden. Anhänger einer umfassenden kosmolog. Naturphilosophie; für die Theorie des Unbewußten im Seelenleben und zur Ausdruckskunde wegweisende Schriften. – In Dresden förderte und beeinflußte ihn C. D. Friedrich. C. malte v. a. dämmrige Waldszenerien oder Landschaften im Mondlicht. – *Werke:* Vorlesungen über Psychologie (1831), Psyche. Zur Entwicklungsgeschichte der Seele (1846), Symbolik der menschl. Gestalt (1853), Natur und Idee (1861).

Caruso, Enrico, *Neapel 27. Febr. 1873, † ebd. 2. Aug. 1921, italien. Sänger (Tenor). – Wirkte in Neapel, Mailand und London sowie seit 1903 an der New Yorker Metropolitan Opera; C. besaß sowohl eine strahlende, technisch hervorragend geführte Stimme als auch große darsteller. Begabung. Er war außerdem ein talentierter Karikaturist.

Cary, [Arthur] Joyce [engl. 'kɛərɪ], *Londonderry 7. Dez. 1888, † Oxford 29. März 1957, ir. Schriftsteller. – Verf. skurril-kom. und doch melanchol. Werke, u. a. der Romantrilogie „Frau Mondays Verwandlung" (1941), „Im Schatten des Lebens" (1942) und „Des Pudels Kern" (1944).

Casa, Lisa della, *Burgdorf (Kt. Bern) 2. Febr. 1919, schweizer. Sängerin (Sopran). – Trat v. a. mit Mozart- und Strauss-Partien hervor; auch bed. Lied- und Konzertsängerin.

Casablanca (arab. Dar Al Baida), wichtigste marokkan. Hafenstadt, am Atlantik, 2,5 Mill. E. Verwaltungssitz der Prov. C.; Univ.; Ozeanograph. Inst. mit Aquarium, Schule für bildende Künste, Goethe-Institut. Wirtschaftszentrum und Hauptindustriezentrum des Landes. Internat. Messe (alle zwei Jahre), Handels- und Fischereihafen; zwei ⚓. – Im 16. Jh. von Portugiesen gegr.; 1755 fast völlig durch Erdbeben zerstört und von den Portugiesen geräumt; 1757–90 wieder aufgebaut; 1907 frz. besetzt. Elendsviertel („Bidonvilles") am Stadtrand. – Auf der **Konferenz von Casablanca** (1943) vereinbarten Roosevelt und Churchill die Landung in Sizilien im Sommer 1943, die Invasion in Frankreich 1944 und die Forderung nach der bedingungslosen Kapitulation Deutschlands, Italiens und Japans. – Abb. S. 270.

Casablancastaaten, Gruppe afrikan. Staaten (Ghana, Guinea, Mali, Marokko, VAR [Ägypten], die alger. Exilregierung und bis Mai 1961 Libyen), die in Casablanca 1961 (bis 1963) die Bildung eines gemeinsamen militär. Oberkommandos und einer afrikan. Konsultativversammlung beschlossen; erstrebten im Ggs. zu den Brazzavillestaaten wirtsch. und polit. Unabhängigkeit von den beiden Weltblöcken.

Casa d'Austria [italien.] ↑ Österreich, Haus; ↑ Habsburger.

Karl Carstens

James (Jimmy) Earl Carter

Carl Gustav Carus

Enrico Caruso

Casablanca

Wirtschaftszentrum Marokkos

• 2,5 Mill. E

• zweitgrößter Handelshafen Afrikas

• Wiederaufbau nach Erdbeben 1757–90

• Tagungsort der Konferenz von Casablanca (1943)

Casadesus

Casablanca. Platz der Vereinten Nationen, links der Justizpalast, rechts die Präfektur mit Turm

Casadesus, Robert [frz. kazad'sy], * Paris 7. April 1899, † ebd. 19. Sept. 1972, frz. Pianist und Komponist. – Internat. bekannt v. a. als Mozart-Interpret; komponierte Orchester-, Kammer- und Klaviermusik.

Casals, Pablo (katalan. Pau), *Vendrell (Katalonien) 29. Dez. 1876, † San Juan de Puerto Rico 22. Okt. 1973, span. Cellist, Dirigent und Komponist. – Galt als größter Violoncellist seiner Zeit; gründete 1919 in Barcelona das Orquesta Pau Casals, ließ sich nach Ende des Span. Bürgerkrieges in Prades (Pyrénées-Orientales, Frankreich) nieder (seit 1950 alljährl. Festspiele).

Casamari, Zisterzienserabtei 25 km östlich von Frosinone, Mittelitalien; gegr. im 11. Jh., seit 1152 Zisterzienserkloster.

Casanova, Giacomo Girolamo, nannte sich Giacomo Girolamo C., Chevalier de Seingalt, *Venedig 2. April 1725, † Schloß Dux (Nordböhm. Bez.) 4. Juni 1798, italien. Abenteurer und Schriftsteller. – Bereiste in wechselnden Diensten ganz Europa, 1755 in Venedig wegen Atheismus eingekerkert, 1756 Flucht aus den Bleikammern. 1785 Bibliothekar des Grafen Waldstein in Dux, wo er seine zahlr. erot. Abenteuer enthaltenden Lebenserinnerungen „Histoire de ma vie" (1960–62; dt. 1964–67, „Geschichte meines Lebens") schrieb. Verfaßte einen utop. Roman „Eduard und Elisabeth oder die Reise in das Innere des Erdballs" (1787). – Um C. bildeten sich zahlr. Legenden, er wurde Hauptgestalt vieler literar. Werke, einer Oper und im Film.

Cäsar (Gajus Julius Caesar), * Rom 13. Juli 100, † ebd. 15. März 44, röm. Staatsmann, Feldherr und Schriftsteller. – Kam als Neffe des Gajus Marius 87–84 in engen Kontakt zum Führer der Popularen, Lucius Cornelius Cinna (um 85 ∞ mit dessen Tochter Cornelia). 62 Prätor, 61/60 Proprätor in Spanien. Nach Rom zurückgekehrt, verbündete C. sich mit Gnaeus ↑ Pompejus Magnus († 48) und Marcus Licinius ↑ Crassus Dives im 1. Triumvirat (60–53) gegen den Senat und verwirklichte 59 als Konsul die Pläne der Triumvirn mit Gewalt und unter Rechtsbruch (Übergehen des Senats und des 2. Konsuls). Sein Prokonsulat in Gallia Cisalpina und Transalpina mit dem Oberbefehl über vier Legionen sicherte seine Machtstellung als Voraussetzung für die Eroberung ganz Galliens (58–51): 58 Sieg über die Helvetier bei Bibracte und über den Swebenkönig Ariovist, 57 Eroberung der heutigen Normandie und Bretagne, 56 Aquitaniens. Weitere Unternehmungen: zwei Rheinübergänge (55 und 53 im Neuwieder Becken), zwei Züge nach Britannien (55/54). 52 mußte C. die ganz Gallien erfassende Erhebung unter Vercingetorix niederwerfen. Der Senatsbeschluß vom 7. Jan. 49, der von C. die Entlassung des Heeres verlangte, veranlaßte C. zur Überschreitung (10./11. Jan.) des Rubikon (Grenze zum röm. Bürgergebiet Italiens), womit der Bürgerkrieg (49–45) begann. C. ließ sich zum Konsul für 48 wählen, unterwarf Spanien (49) und schlug Pompejus am 9. Aug. 48 bei Pharsalos in Thessalien. Den ägypt. Thronstreit entschied er zugunsten Kleopatras VII. Nach Siegen über die Pompejaner in N-Afrika (bei Thapsus, 6. April 46) und in Spanien (bei Munda, 17. März 45) hatte C. die Alleinherrschaft erlangt (Febr. 44 Diktator auf Lebenszeit). Diese Macht und sein Streben nach der Königswürde führten zur Verschwörung des Brutus und Cassius, der C. an den Iden des März 44 im Senat zum Opfer fiel. – Literar. Schaffen: u. a. 7 Bücher über den Gall. Krieg, 3 Bücher über den Bürgerkrieg.

Cäsarea ↑ Caesarea.

Cäsarenwahnsinn, Bez. für krankhafte Übersteigerung des Macht- und Aggressionstriebs bei Herrschern und Diktatoren, oft verbunden mit Wahnzuständen (Zwangsvorstellungen u. a.). Der Begriff geht auf Verhalten und Handlungspraxis von Mgl. des jul.-claud. Kaiserhauses (den Caesares) zurück.

Cäsarion ↑ Kaisarion.

Cäsarismus, von Julius Cäsar abgeleitete, zw. 1800 und 1830 aufgekommene Bez. für eine Herrschaftstechnik; Kennzeichen: Vereinigung der polit. Macht in den Händen eines einzelnen, Legitimation durch Plebiszite und [schein]demokrat. Institutionen, Stützung des Regimes durch bewaffnete Macht und Beamtenapparat.

Cäsarius von Heisterbach, * Köln um 1180, † Heisterbach (= Königswinter) nach 1240, Zisterzienser, mittellat. Schriftsteller und Geschichtsschreiber. – Sein „Dialogus miraculorum" (1219–23) enthält etwa 750 kultur- und sittengeschichtlich bed. Erzählungen; verfaßte auch die Lebensbeschreibung der hl. Elisabeth von Thüringen sowie Werke zur Geschichte Kölns.

Casaroli, Agostino, *Castel San Giovanni (Prov. Piacenza) 24. Nov. 1914, italien. Theologe, Kardinal (seit 1979), päpstl. Diplomat. – 1937 Priester, seit 1940 im päpstl. diplomat. Dienst, 1979–90 Kardinalstaatssekretär und Präfekt des „Rates für die Öff. Angelegenheiten der Kirche", seit 1984 Stellvertreter des Papstes in der Kirchenverwaltung.

Cäsaropapismus [lat.], die Vereinigung der höchsten weltl. und geistl. Gewalt in einer, der weltl. Hand, die dann unbeschränkte Macht auch im Bereich der Kirche besitzt; zunächst polemisch gebraucht, ist der C. charakteristisch für das Byzantin. Reich sowie für das russ. Staatskirchentum 1721–1917.

Casas Grandes, archäolog. Fundort und Kultur in N-Chihuahua, Mexiko, 20 km sw. von Nueva C. G.; drei Perioden: 1. Viejo (500–1000), 2. Medio (1000–1300), 3. Tardío (1300–1500).

Cascade Range [engl. kæsˈkeɪd ˈreɪndʒ], Gebirgszug im W der USA, von N-Kalifornien über Oregon und Washington bis in das südl. British Columbia (Kanada) reichend, über 1100 km lang, im vergletscherten Mount Rainier 4392 m hoch. Bed. Holzwirtschaft. Aktive Vulkane z. B. Mount ↑ Saint Helens.

Cascais [portugies. kɐʃˈkajʃ], portugies. Seebad westlich von Lissabon, 29 000 E.

Casein ↑ Kasein.

Case Law [engl. ˈkeɪs ˈlɔː], Fallrecht; das im angloamerikan. Recht durch Entscheidungen (Urteile) höherer Gerichte (Präjudizien, engl.: *precedents*) gebildete Recht im Unterschied zum Gesetzesrecht (*statute law, statutory law*). Das C. L. ist in Fallsammlungen zusammengefaßt und bindet die Gerichte.

Casement, Sir (seit 1911) Roger David [engl. ˈkeɪsmənt], Dublin 1. Sept. 1864, † London 3. Aug. 1916, ir. Freiheitskämpfer. – 1892–1911 im brit. Konsulardienst, suchte 1914 in Deutschland Unterstützung für die Unabhängigkeit Irlands; wurde von einem dt. U-Boot in Irland abgesetzt; von brit. Behörden verhaftet; wegen Hochverrat hingerichtet.

Pablo Casals

Giacomo Girolamo Casanova (Kupferstich von Johann Berka)

Caserta, italien. Prov.hauptstadt in Kampanien, nördlich von Neapel, 67 000 E. Bischofssitz; Tabak-, Chemie-, Glasind. – Entstand im 18. Jh.; **Caserta Vecchia,** eine langobard. Gründung (8. Jh.), liegt 5 km nö. der neuen Stadt. – Planmäßige Anlage, barocker Palazzo Reale (1752–74). In C. Vecchia Reste eines Kastells (13. Jh.), roman. Dom (12. Jh.).

Casework [engl. ˈkeɪswəːk] ↑Sozialarbeit.

Cash, Johnny [engl. kæʃ], *Kingsland (Ark.) 26. Febr. 1932, amerikan. Sänger. – Gehört seit 1954 zu den bedeutendsten Vertretern der amerikan. „Country music".

Cash and carry [engl. ˈkæʃ ənd ˈkærɪ „in bar bezahlen und mitnehmen"], Vertriebsform des Groß- und Einzelhandels, bei der die aus dem Verzicht auf Service (z. B. Bedienung) resultierenden Kostenersparnisse an die Abnehmer weitergegeben werden.

Cash-and-carry-Klausel [engl. ˈkæʃ ənd ˈkærɪ], amerikan. Waffenlieferungsklausel von 1939, nach der Kriegsmaterial an kriegführende Staaten nur gegen Barzahlung und auf nichtamerikan. Schiffen geliefert werden durfte; 1941 durch das Leih- und Pachtgesetz aufgehoben.

Cashewnuß [engl. ˈkɑʃuː; indian.-portugies./dt.] (Acajounuß), nierenförmige, einsamige Frucht des Nierenbaums; mit giftiger Schale, aus der Cashewnußschalenöl (Verarbeitung zu techn. Harzen) gewonnen wird, sowie mit verdicktem, eßbarem Fruchtstiel und eßbarem, etwa 21 % Eiweiß und über 45 % Öl (Acajouöl) enthaltendem Samen.

Cash-flow [engl. kæʃ ˈfloʊ „Geldfluß"], Kennziffer zur Beurteilung der finanziellen Struktur eines Unternehmens, die den Reinzugang an verfügbaren Mitteln ausdrückt.

Casilinum, antike Stadt, ↑Capua.

Casinum, antike Stadt, ↑Casino.

Cäsium [zu lat. caesius „blaugrau"] (chemisch-fachsprachlich Caesium), chem. Symbol Cs, metall. Element aus der I. Hauptgruppe des Periodensystems der chem. Elemente (↑Alkalimetalle); Ordnungszahl 55, relative Atommasse 132,91, weißglänzendes, sehr dehnbares und weiches Leichtmetall, Dichte 1,87 g/cm³, Schmelzpunkt 28,4 °C, Siedepunkt 669 °C. Das C. tritt nur in Verbindungen auf. Gewonnen wird C. vorwiegend durch Reduktion von C.verbindungen oder elektrolytisch. Chemisch stellt C. das unedelste und reaktionsfähigste Metall dar; in seinen Verbindungen ist es einwertig. Es dient zur Herstellung von Photozellen und anderen elektron. Bauelementen, das radioaktive Isotop Cs 137 zur Strahlenbehandlung von Krebs.

Cäsiumuhr, die zur Zeit genaueste und deshalb als Frequenznormal zur Neudefinition der Sekunde als Zeiteinheit angewendete Atomuhr.

Casona, Alejandro, eigtl. A. Rodríguez Álvarez, *Besullo (Asturien) 23. März 1903, †Madrid 17. Sept. 1965, span. Dramatiker. – 1937–62 in der Emigration (Buenos Aires); Verfasser bühnenwirksamer lyrisch-poet. Volksstücke: „Frau im Morgengrauen" (1944), „Bäume sterben aufrecht" (1949).

Cassadó, Gaspar [span. kasaˈðo, katalan. kəsəˈðo], *Barcelona 30. Sept. 1897, †Madrid 24. Dez. 1966, span. Cellist und Komponist. – Schüler von P. Casals; komponierte Kammer-, Orchester- und Vokalmusik.

Cassander ↑Kassandros.

Cassandre, A. M. [frz. kaˈsã:dr], eigtl. Adolphe Mouron, *Charkow 24. Jan. 1901, †Paris 19. Juni 1968, frz. Werbegraphiker. – Schuf bedeutende Plakatentwürfe, u. a. „L'Étoile du Nord" (1927) und „Dubonnet" (1932).

Cassatt, Mary [engl. kəˈsæt], *Pittsburg (Pa.) 22. Mai 1845, †Le Mesnil-Théribus (Oise) 14. Juni 1926, amerikan. Malerin. – Stellte zusammen mit den frz. Impressionisten aus; ihr Hauptmotiv war das Thema Mutter und Kind.

Cassave [indian.], svw. ↑Maniok.

Cassavetes, John [engl. kəsəˈveti:s], *New York 9. Dez. 1929, †Los Angeles 3. Febr. 1989, amerikan. Schauspieler und Regisseur. – Bed. ist v. a. sein Film „Eine Frau unter Einfluß" (1974), drehte auch „Gloria" (1980), „Big Trouble" (1987).

Cassettenrecorder ↑Kassettenrecorder.

Cassia, svw. ↑Kassie.

Cassianus ↑Johannes Cassianus.

Cassin, René [frz. kaˈsɛ̃], *Bayonne 5. Okt. 1887, †Paris 20. Febr. 1976, frz. Jurist und Politiker. – 1924–39 Mgl. der frz. Delegation beim Völkerbund; maßgeblich an der Abfassung der Menschenrechtserklärung der UN beteiligt; Präs. des Europ. Gerichtshofs für Menschenrechte 1965–68; erhielt 1968 den Friedensnobelpreis.

Cassinari, Bruno, *Piacenza 29. Okt. 1912, italien. Maler. – Um 1948 bildner. Auseinandersetzung mit dem orph. Kubismus (↑Orphismus); seit 1950 Einflüsse Picassos.

Cassini, Giovanni Domenico (Jean Dominique), *Perinaldo bei Nizza 8. Juni oder Juli 1625, †Paris 14. Sept. 1712, frz. Astronom italien. Herkunft. – Entdeckte die ersten vier Saturnmonde und die nach ihm ben. Teilung des Saturnringes.

Cassino, italien. Stadt in Latium, 50 km osö. von Frosinone, 45 m ü. d. M., 31 000 E. Landw.- und Handelszentrum. – Entstand aus der volsk., dann samnit. Stadt **Casinum,** die röm. Munizipium wurde. Im 2. Weltkrieg fast völlig zerstört. – Oberhalb der Stadt das Benediktinerkloster ↑Montecassino.

Cassiodor (Flavius Magnus Aurelius Cassiodorus), *Scylaceum (= Squillace, Kalabrien) um 490, †Kloster Vivarium bei Squillace um 583, röm. Staatsmann, Gelehrter und Schriftsteller. – Hatte unter Theoderich d. Gr. verschiedene hohe Staatsämter inne; gründete nach 550 das Kloster Vivarium, wo er die selbst gesammelten Handschriften abschreiben ließ und so zum Retter bed. Schriften der Antike wurde; schrieb u. a. eine Geschichte der Goten.

Cassiopeia (Kassiopeia) [nach der griech. Sagengestalt Kassiopeia] ↑Sternbilder (Übersicht).

Cassirer, Bruno, *Breslau 12. Dez. 1872, †Oxford 29. Okt. 1941, dt. Verleger. – Vetter von Ernst und Paul C.; gründete 1898 mit letzterem in Berlin Verlagsbuchhandlung und Kunstsalon Bruno und Paul C. und übernahm 1901 den Verlag Bruno C. Emigrierte 1933.

C., Ernst, *Breslau 28. Juli 1874, †New York 13. April 1945, dt. Philosoph. – Vetter von Bruno und Paul C.; 1899 Promotion bei H. Cohen und P. Natorp, 1919 Prof. in Hamburg, 1933 entlassen, im gleichen Jahr Prof. in Oxford, 1935 in Göteborg, 1941 an der Yale University, 1945 an der Columbia University in New York. – Seine Philosophie ist der Transzendentalphilosophie Kants verpflichtet, dessen Vernunftskritik er auf alle Gebiete menschl. Kultur ausweitet. – Werke: Das Erkenntnisproblem in der Philosophie und Wiss. der neueren Zeit (4 Bde., 1906–57), Die Philosophie der symbol. Formen (1923–29), Zur Logik der Kulturwissenschaften (1942), Was ist der Mensch? Versuch einer Philosophie der menschl. Kultur (engl. 1944, dt. 1960), Vom Mythos des Staates (engl. 1946, dt. 1949).

C., Paul, *Görlitz 21. Febr. 1871, †Berlin 7. Jan. 1926 (Selbstmord), dt. Kunsthändler und Verleger. – Vetter von Ernst und Bruno C.; verheiratet mit Tilla Durieux. Übernahm 1901 den Kunstsalon Paul C. und unterstützte die Berliner Sezession. 1908 gründete er den Verlag Paul C., in dem er H. Mann und v. a. Werke des literar. Expressionismus herausgab.

Cassislikör [frz.], Fruchtsaftlikör aus schwarzen Johannisbeeren. **Cassisgeist** ist Branntwein aus schwarzen Johannisbeeren.

Cassiterit [griech.], svw. ↑Zinnstein.

Cassius, Name eines römisch-plebej. Geschlechtes; bekannt:

C., Gajus C. Longinus, †bei Philippi (Makedonien) im Okt. 42 v. Chr., Prätor (44). – Im Bürgerkrieg 49/48 Flottenkommandant des Pompejus; nach der Schlacht von Pharsalos durch Cäsar begnadigt; seit 47 dessen Legat; wurde mit seinem Schwager Brutus 44 Haupt der Verschwörung gegen Cäsar; beging, bei Philippi geschlagen, Selbstmord.

Cassone [italien.], Prunkmöbel (Truhe) der italien. Renaissance.

Cassou, Jean [frz. kaˈsu, Pseud. Jean Noir, *Deusto (= Bilbao) 9. Juli 1897, †Paris 15. Jan. 1986, frz. Schriftsteller und Kunsthistoriker. – Seine Werke, u. a. „Das

Cashewnuß. Oben: verdickter roter Fruchtstiel mit Samen. Unten: geschälter Samen

Cäsar (Marmorkopf, Rom, Vatikanische Sammlungen)

Gaspar Cassadó

Ernst Cassirer

Castagno

Schloß Esterhazy" (R., 1926), sind von der dt. Romantik und dem Surrealismus beeinflußt; literatur- und kunstkrit. Essays und Monographien. „Une vie pour la liberté" (Autobiogr., 1981).

Castagno, Andrea del [italien. kas'taɲɲo], *Castagno oder San Marino a Corella um 1423, †Florenz 19. Aug. 1457, italien. Maler. – Bed. Vertreter der florentin. Frührenaissance; Fresken im Refektorium der ehem. Benediktinerinnenklosters Sant'Apollonia (1445–50), Florenz (heute C.-Museum); ebd. 9 Fresken berühmter Persönlichkeiten aus der Villa Carducci in Legnaia (nach 1450). Bed. auch die Fresken in 2 Seitenkapellen der Kirche Santissima Annunziata (um 1455) und das Reiterdenkmal des Niccolò da Tolentino (1456) im Dom.

Andrea del Castagno. Christus und der heilige Julianus, Fresko, um 1455 (Florenz, Santissima Annunziata)

Casteau [frz. kas'to], Ortsteil der belg. Stadt Soignies, 45 km sw. von Brüssel, seit 1967 Sitz des NATO-Hauptquartiers (SHAPE).

Castelar y Ripoll, Emilio, *Cádiz 8. Sept. 1832, †San Pedro del Pinatar (Prov. Murcia) 25. Mai 1899, span. Schriftsteller und Politiker. – 1873 Außenmin., 1873/74 Präs., vertrat einen konservativen Republikanismus. Einer der glänzendsten Redner seiner Zeit; hinterließ ein umfangreiches, vielfältiges literar. Werk.

Castel del Monte, Stauferburg in Apulien, S-Italien, südlich von Andria, 1240ff. unter Kaiser Friedrich II. als Jagdschloß erbaut; oktogonaler Grundriß.

Castel Gandolfo, italien. Stadt am Albaner See, Latium, 426 m ü. d. M., 6 400 E. Weinbau, Fischfang. – Kastell der Familie Gandolfi (12. Jh.), 1596 von der Apostol. Kammer übernommen; Bau des Palazzo Papale (1624–29). Sommerresidenz der Päpste, seit 1929 exterritorialer Besitz des Hl. Stuhls.

Castellammare di Stabia, italien. Hafenstadt und Kurort am Golf von Neapel, Kampanien, 69 000 E. Bischofssitz; archäolog. Museum; Schiffbau, Nahrungsmittel-, Papier- und Baustoffind., Fischfang; Fremdenverkehr, zahlr. schwefelhaltige Mineralquellen (u. a. „Terme Stabiane"). – **Stabiae** wurde 89 v. Chr. von Sulla zerstört; beim Vesuvausbruch 79 n. Chr. verschüttet (seit 1950 Ausgrabungen).

Castellón de la Plana [span. kaste'ʎɔn de la 'plana], Hauptstadt der span. Prov. C., 130 000 E. Bischofssitz; Textil- und Keramikind., Eisenverhüttung, Erdölraffinerie. Hafen und Seebad 5 km vor der Stadt.

Castelnuovo-Tedesco, Mario, *Florenz 3. April 1895, †Los Angeles 16. März 1968, italien. Komponist. – Seit 1939 in den USA; vertrat eine gemäßigte moderne Richtung, komponierte u. a. die Oper „La mandragola" (1926) sowie Oratorien, Ballette, Orchester-, Klavier- und Kammermusik; daneben zahlr. Lieder.

Castelo Branco, Camilo [portugies. keʃ'tɛlu'breŋku], Visconde de Correia Botelho (seit 1885), *Lissabon 16. März 1825, †São Miguel de Seide (Minho) 1. Juni 1890 (Selbstmord), portugies. Schriftsteller. – Seine späten romantisch-satir. Romane bilden den Übergang zu realist. Dichtung; auch Lyriker und Literarhistoriker.

C. B., Humberto de Alencar [brasilian. kas'tɛlu 'breŋku], *Messejana (Ceará) 20. Sept. 1900, †bei Fortaleza (Flugzeugabsturz) 18. Juli 1967, brasilian. General und Politiker. – Generalstabschef der Armee; nach Militärputsch 1964–67 Interimspräsident.

Castelseprio, italien. Stadt in der Lombardei, 1 100 E. – War langobard. Zentrum. – Die Datierung der Fresken in der Kirche Santa Maria ist umstritten.

Castelvetro, Lodovico *Modena um 1505, †Chiavenna 21. Febr. 1571, italien. Gelehrter. – Seine Übersetzung mit Kommentar der „Poetik" des Aristoteles (1570) ist eine Hauptquelle für die Theorien der frz. Klassik.

Castiglione, Baldassarre Graf [italien. kastiʎ'ʎo:ne], *Casatico bei Mantua 6. Dez. 1478, †Toledo (Spanien) 7. Febr. 1529, italien. Staatsmann und Schriftsteller. – Humanistisch gebildet, lebte an den Höfen von Urbino und Mantua. Sein Hauptwerk „Il libro del cortegiano" (1528, dt. 1565 u. d. T. „Der Hofmann") ist eine humanistisch-höf. Bildungslehre; bed. v. a. als kulturhistor. Quelle. Als Zeitdokument von Interesse ist sein Briefwechsel („Lettere", 2 Bde., hg. 1769–71).

Castiglioni, Niccolò [italien. kastiʎ'ʎo:ni], *Mailand 7. Juli 1932, italien. Komponist. – Studierte in Mailand und Salzburg, lebt in den USA; komponierte u. a. unter Verwendung vielseitiger, neuester Prinzipien, u. a. „Tropi" für fünf Instrumente und Schlagzeug (1959), Radiooper „Attraverso lo specchio" (1961), „Concerto per orchestra" (1967), Flötenkonzert (1971), „Couplets" für Cembalo und Orchester (1979).

Castilho, João de [portugies. kaʃ'tiʎu], *Santander 1490, †1553 (?), portugies. Baumeister. – Hauptvertreter des ↑Emanuelstils. Sein Hauptwerk ist das Hieronymitenkloster (1517–51) in Belém (= Lissabon).

Castilla, Ramón [span. kas'tiʎa], *Tarapacá 31. Aug. 1797, †Arica 30. Mai 1867, peruan. Politiker. – Mestize, polit. Aufstieg im Unabhängigkeitskampf gegen die Spanier; 1845–51 und 1855–62 Präs. von Peru; konservativ, gab Peru erstmals inneren Frieden und durch Reformen wirtsch. Aufschwung; beseitigte Sklaverei und Indianertribut.

Castilla [span. kas'tiʎa], span. für ↑Kastilien.

Castillo [span. kas'tiʎo], Bernal Díaz del ↑Díaz del Castillo, Bernal.

C., Jorge, *Pontevedra (Galicien) 16. Juli 1933, span. Zeichner, Maler, Graphiker. – Zeichnungen und Aquarelle mit mytholog. Szenerien und kunsthistor. Zitaten.

C., Michel del, *Madrid 3. Aug. 1933, frz. Schriftsteller frz.-span. Herkunft. – Als Kind im KZ Mauthausen; schildert die erschütternden Erlebnisse seiner Jugend in „Elegie der Nacht" (1953), es folgen Romane über schwere menschl. Schicksale, u. a. „Der Plakatkleber" (1958), „Le démon de l'oubli" (1987).

Casting [engl.] (Turniersport), Form des Sportfischens mit Ziel- und Weitwerfen an Land.

Castle [engl. kɑːsl; lat.], engl. für: Burg, Schloß.

Castle-Faktor [engl. kɑːsl; nach dem amerikan. Internisten W. B. Castle, *1897], svw. ↑Intrinsic factor.

Castlereagh, Henry Robert Stewart, Viscount [engl. 'kɑːslrɛɪ], Marquess of Londonderry (seit 1821), *Mount Stewart (Irland) 18. Juni 1769, †North Gray Farm (Kent) 12. Aug. 1822 (Selbstmord), brit. Staatsmann. – 1805/06 und 1807–09 Kriegsmin.; bestimmte als Außenmin. 1812–22 die antinapoleon. Politik Großbritanniens und

Baldassarre Graf Castiglione (Ausschnitt aus einem Gemälde von Raffael, um 1514/15; Paris, Louvre)

seit 1814 zunehmend Europas; erreichte auf dem Wiener Kongreß die Wiederherstellung des Gleichgewichts der europ. Mächte.

Castoreum [griech.], svw. ↑Bibergeil.

Castorf, Frank, *Berlin (Ost) 17. Juli 1951, dt. Regisseur. – Bevorzugt unkonventionelle Versionen von Stücken, u. a. nach W. Shakespeare, Sophokles, G. E. Lessing, und provoziert mit seinem „fessellosen" Inszenierungsstil und dem Bruch von Tabus spontane Reaktionen und Assoziationen; wirkte u. a. in Anklam, Karl-Marx-Stadt, ab 1986 Regisseur in Halle, ab 1990 Oberspielleiter am Dt. Theater, Berlin.

Castor und Pollux ↑Dioskuren.

Castra [lat.], in der röm. Republik mit Wall und Graben befestigte Marschlager oder bei Belagerungen vorübergehend angelegte Lager in quadrat. Form; später entstanden ähnl. Standlager zur Verteidigung der Reichsgrenzen. Bekannte C. u. a.: C. Batava (= Passau), C. Regina (= Regensburg), C. Vetera (= Xanten).

Castres [frz. kastr], frz. Ind.stadt, Dep. Tarn, 65 km östlich von Toulouse, 47 000 E. – Römisch **Castra Albiensium.** Das Edikt von Nantes (1598) machte die seit 1561 prot. Stadt zum Sicherheitsplatz für Hugenotten; 1629 von königl. Truppen erobert. – Ehem. Kathedrale (17. und 18. Jh.), Rathaus (17. Jh.), zahlr. Renaissancehäuser.

Castries [engl. ˈkaːstrɪs, kaːˈstriː], Hauptstadt des Inselstaats Saint Lucia, Kleine Antillen, 52 900 E. Handelsplatz, Hafen, ⚓.

Castro, Cipriano [span. ˈkastro], *Capacho (Táchira) 12. Okt. 1858, †San Juan (Puerto Rico) 5. Dez. 1924, venezolan. Politiker. – Revoltierte 1899 gegen Präs. Andrade, nach dessen Sturz Diktator bis 1908.

C., Emilio Enrique [span. ˈkastro], *Montevideo 2. Mai 1927, uruguayischer methodist. Theologe. – 1985–92 Generalsekretär des Ökumen. Rates der Kirchen; sozial engagiert, Anhänger der Befreiungstheologie.

C., Eugénio de [portugies. ˈkaʃtru] (Castro e Almeida), *Coimbra 4. März 1869, †ebd. 17. Aug. 1944, portugies. Schriftsteller. – Bed. portugies. Symbolist; seine ästhet. Auffassungen beeinflußten auch die span. Literatur.

C., Fidel ↑Castro Ruz, Fidel.

C., Inês de [portugies. ˈkaʃtru], *um 1320, †Coimbra 1355, galicische Adlige. – Hofdame der 1. Gemahlin des Infanten Dom Pedro von Portugal, die er nach deren Tod 1354 heimlich heiratete. König Alfons IV. lehnte diese Verbindung ab und ließ Inês de C. ermorden. Nach seiner Thronbesteigung nahm Dom Pedro an den Mördern grausame Rache. – Das Schicksal der Inês de C. lieferte den Stoff für rd. 200 literar. Bearbeitungen.

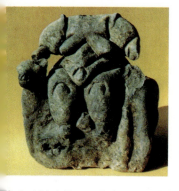

Çatal Hüyük. Auf zwei katzenartige Tiere gestützte Göttin, die ein Kind gebiert, gebrannter Ton, um 5800 v. Chr.

C., José Maria Ferreira de [portugies. ˈkaʃtru], *Salgueiros (Distrikt Aveiro) 24. Mai 1898, †Porto 29. Juni 1974, portugies. Schriftsteller. – Bekannt v. a. durch den Roman „Die Auswanderer" (1928), in dem er das Leben der Emigranten am Amazonas schildert.

C., Juan José [span. ˈkastro], *Avellaneda bei Buenos Aires 7. März 1895, †Buenos Aires 3. Sept. 1968, argentin. Komponist und Dirigent. – Bed. Vertreter der neueren argentin.

Musik; u. a. Opern („Die Bluthochzeit", 1956), Ballette und Orchesterwerke.

C., Raúl ↑Castro Ruz, Raúl.

C., Rosalía de [span. ˈkastro], *Santiago 21. Febr. 1837, †Padrón (Prov. La Coruña) 15. Juli 1885, span. Dichterin. – Schwermütige, innige Gedichte, z. T. in galic. Mundart. Vorläuferin des span. Modernismo.

Castro Alves, Antônio de [brasilian. ˈkastru ˈalvis], *bei Muritiba (Bahia) 14. März 1847, †Bahia (= Salvador) 6. Juli 1871, brasilian. Dichter. – Setzte sich in bildstarker Sprache in romant. Gedichten und Dramen für die Abschaffung der Sklaverei ein.

Castrop-Rauxel, Stadt im östl. Ruhrgebiet, NRW, 53–135 m ü. d. M., 77 000 E. Westfäl. Landestheater; Ind.stadt mit chem., Grundstoffind., Maschinen- und Apparatebau; Hafen am Rhein-Herne-Kanal. – Das 834 zuerst genannte Castrop kam vor 1236 zur Gft. Kleve; 1926 Zusammenlegung u. a. mit dem 1266 erstmals genannten Rauxel.

Castro Ruz [span. ˈkastro ˈrus], Fidel, *Mayarí (Oriente) 13. Aug. 1926, kuban. Politiker. – Urspr. Rechtsanwalt; nach mißglücktem Putschversuch 1953 polit. Haft und Exil in den USA, Rückkehr 1956 mit wenigen Anhängern; nach erfolgreichem Guerillakrieg gegen den Diktator Batista y Zaldívar 1959 Min.präs.; seit 1965 1. Sekretär der KP Kubas; seit 1976 auch Vors. des Staatsrats (Staatsoberhaupt); führte seit 1959 ein Verstaatlichungs- und Reformprogramm (Bodenreform, Schulreform) durch; dem durch Enteignung amerikan. Unternehmen ausgelösten Konflikt mit den USA suchte er durch militär. Aufrüstung und enge polit. sowie wirtsch. Anlehnung an die Sowjetunion (Höhepunkt: ↑Kuba-Krise) zu begegnen. Seit Mitte der 70er Jahre unterstützte er, auch militärisch, u. a. die revolutionären Bewegungen in Angola (bis 1989) und Moçambique. Trotz wachsender wirtsch. Schwierigkeiten hält C. R. auch nach den Veränderungen in Mittel- und Osteuropa am Einparteiensystem fest.

C. R., Raúl, *Mayarí (Oriente) 3. Juni 1931, kuban. Politiker. – Bruder von Fidel C. R.; 1959 Befehlshaber der Streitkräfte und seit 1960 Verteidigungsmin.; 1960–76 (1972–76 erster) stellv. Min.präs.; seit 1976 1. Vizepräs. des Staatsrates und des Ministerrats.

Casus [lat.], Fall, Zufall.

Casus belli [lat.], Kriegsfall, unmittelbarer Anlaß, der zum Kriegszustand führt.

Casus foederis [ˈføːdɛrɪs; lat.], ein in einem Bündnisvertrag umschriebenes Ereignis, dessen Eintritt ein Recht auf Inanspruchnahme von Hilfe der einen und eine entsprechende Hilfeleistungspflicht der anderen Vertragsseite auslöst.

Casus obliquus [lat.], in der Grammatik abhängiger (eigtl. schiefer) Fall; *oblique Kasus* sind der Genitiv, Dativ und Akkusativ im Ggs. zum Nominativ, dem *Casus rectus,* d. h. dem unabhängigen (eigtl. geraden) Fall.

CAT [engl. ˈsiːɛɪˈtiː, kæt], Abk. für: ↑Clear-Air-Turbulenz.

▷ Abk. für: engl. **C**omputerized **a**xial **t**omography, ↑Computertomographie.

Catalaunorum Civitas ↑Châlons-sur-Marne.

Çatal Hüyük [türk. tʃaˈtal hyˈjyk „Gabelhügel"], vorgeschichtl. Ruinenhügel in der Türkei, 52 km sö. von Konya. Brit. Ausgrabungen 1961–65 erbrachten zwölf Schichten einer frühneolith. Großsiedlung (von vor 6500 bis etwa 5500 bzw. etwa 5000 bis 4000).

Catamarca, Hauptstadt der argentin. Prov. C., am Rand der Anden, 88 600 E. Bischofssitz, Univ. (gegr. 1972); Thermalquellen, Wallfahrtskirche. – Gegr. 1683.

C., Prov. in NW-Argentinien, 100 967 km², 230 000 E (1986), Hauptstadt Catamarca.

Catanduanes, philippin. Insel, östlich der O-Küste SO-Luzons, 1 430 km²; Reis, Kopra und Manilahanf werden angebaut. – 1573 von Spaniern erobert.

Catania, italien. Prov.hauptstadt an der sizilian. O-Küste, 372 000 E. Erzbischofssitz; vulkanolog. Inst., Observatorium; Univ. (gegr. 1434); Nahrungs- und Genußmittel-, Textil- u. a. Ind.; Exporthafen; ⚓. – C. (lat. **Catina**) wurde

Henry Robert Stewart Viscount Castlereagh (Radierung nach einem Gemälde von Thomas Lawrence)

Fidel Castro Ruz

Catania Stadtwappen

Catanzaro

um 729 v. Chr. gegr.; seit 263 v. Chr. römisch, im 9. Jh. von Arabern, 1061 von Normannen erobert; durch Vulkanausbrüche (123 v. Chr., 1169) und Erdbeben (1693) zerstört; nach 1693 neu erbaut. – Röm. Odeion und Amphitheater; in der Altstadt das „Castello Ursino" (um 1240) und der barocke Dom (nach 1693).

Catanzaro, Hauptstadt der italien. Region Kalabrien und der Prov. C., 103 000 E. Erzbischofssitz; Textilind. – Entstand im 10. Jh. als byzantin. Festung. Vom 11.–17. Jh. bed. Seidenherstellung.

Cataracta [griech.-lat.], svw. ↑ Katarakt.

Catargiu, Lascăr [rumän. katarˈdʒiu], * Jassy im Nov. 1823, † Bukarest 11. April 1899, rumän. Politiker. – Hatte maßgebl. Anteil an der Vertreibung des Fürsten Cuza und der Thronbesteigung Karls I. (1866); 1866–95 mehrmals Min.präs.; profiliertester konservativer Politiker Rumäniens im 19. Jh.

Catay ↑ Kathei.

Catbalogan [span. kaðβaˈloɣan], philippin. Prov.hauptstadt an der W-Küste der Insel Samar, 58 700 E. Fischereihafen.

Catboot [engl. kæt], kleines, einmastiges Segelboot, nur mit Gaffel oder Hochsegel.

Catch [engl. kætʃ „das Fangen"; zu lat. captare „fangen"], im England des 17. und 18. Jh. beliebter, metrisch freier Rundgesang, meist heiteren, oft derben Inhalts, als Kanon dargeboten.

Catch-as-catch-can [engl. ˈkætʃ əz ˈkætʃ ˈkæn „greifen, wie man nur greifen kann"] (Catchen), seit 1900 von Berufsringern (**Catchern**) ausgeübte Art des Freistilringens, bei der fast alle Griffe erlaubt sind.

Cateau-Cambrésis, Friede von [frz. katokɑ̃breˈzi], geschlossen 1559 zw. Philipp II. von Spanien und Heinrich II. von Frankreich; beendete den um Italien und Burgund seit Beginn des 16. Jh. geführten Kampf; Frankreich mußte bei Verlust aller Rechte auf die burgund. Territorien die erheblich gestärkte Position der burgund. (niederl.) Herrschaft Spaniens anerkennen. Spanien festigte seine Herrschaft über die Apenninenhalbinsel.

Catechine [malai.], in vielen Pflanzen vorkommende, farblose, kristalline Naturstoffe; Bestandteile natürl. Gerbmittel.

Catechismus Romanus [lat.], als Antwort auf die Katechismen der Reformatoren vom Konzil von Trient angeordnete, zusammenfassende Darstellung des kath. Glaubens, 1566 in Rom in lat. und italien. Sprache veröffentlicht.

Catenaverbindungen [lat./dt.] (Catenane), chem. Verbindungen aus ineinandergreifenden Molekülringen (wie die Glieder einer Kette: lat. catena „Kette").

Catene ↑ Katene.

Cathedra [griech.-lat. „Armsessel"], in der Antike sesselartiges Gestühl in Grabanlagen für den Totenkult, auch Sitzmöbel des Lehrers, später für den Bischofssitz (Bischofsthron) im Kirchenraum verwendet, dann übertragen für Bischofssitz allgemein. Lehrentscheidungen des Papstes, die er **ex cathedra** (etwa „aus der Vollmacht der höchsten Lehrautorität heraus") trifft, gelten in der kath. Kirche als unfehlbar.

Cather, Willa [engl. ˈkæðə], * Winchester (Va.) 7. Dez. 1876, † New York 24. April 1947, amerikan. Schriftstellerin. – Bed. v. a. ihr aus kath. Glauben (Konvertitin) lebender Roman „Der Tod kommt zum Erzbischof" (1927).

Catilina, Lucius Sergius, * um 108, ✕ bei Pistoria (= Pistoia) im Jan. 62, röm. Prätor (68). – Aus altem patriz. Geschlecht; bereitete 63 einen Staatsstreich vor, der mit der Ermordung des Konsuls Cicero beginnen sollte; Cicero erreichte die Erklärung des Staatsnotstandes durch den Senat und mit der ersten seiner 4 Catilinar. Reden, daß C. Rom verließ und offen den Kampf begann; seine Anhänger in Rom wurden z. T. hingerichtet; C. fiel in der Schlacht bei Pistoria.

Catina, antike Stadt, ↑ Catania.

Catlett, Sidney („Big Sid") [engl. ˈkætlɪt], * Evansville (Ind.) 17. Jan. 1910, † Chicago 24. März 1951, amerikan. Jazzmusiker. – Bed. Schlagzeuger des Swing und modernen Jazz.

Catlin, George [engl. ˈkætlɪn], * Wilkes-Barre (Pa.) 26. Juli 1796, † Jersey City (N. J.) 23. Dez. 1872, amerikan. Sachbuchautor. – Stellte z. T. satirisch, aber mit ethnograph. Interesse und Präzision das Leben der Indianer in Wort und Bild dar.

Catlinit [nlat., nach G. Catlin], rötl., verfestigter Ton, aus dem die nordamerikan. Indianer Pfeifenköpfe herstellten; auch als Schmuckstein verwendet.

Cato, röm. Beiname, v. a. im Geschlecht der Porcier. Bed. v. a.:
C., Marcus Porcius C. Censorius (C. Maior, Cato d. Ä.), * Tusculum (= Frascati) 234, † 149, röm. Staatsmann und Schriftsteller. – 195 Konsul; richtete sich u. a. gegen Korruption und das Vordringen hellenist. Lebensart auf Kosten der altröm. Sitten; trat in seinen letzten Lebensjahren dafür ein, Karthago völlig zu vernichten („Ceterum censeo Carthaginem esse delendam"); schrieb u. a. das annalist. Geschichtswerk „Origines" (Ursprünge).
C., Marcus Porcius C. Uticensis (C. Minor, Cato d. J.), * 95, † Utica (Nordafrika) im April 46, röm. Staatsmann. – Urenkel des C. Censorius; Stoiker, überzeugter Republikaner, bekämpfte erfolglos die überragende Stellung von Pompejus und Cäsar; nahm nach deren Zerwürfnis 49/48 auf der Seite des Pompejus am Bürgerkrieg teil, beging nach der Niederlage der Pompejaner bei Thapsus (46) Selbstmord.

Cattell, Raymond Bernard [engl. kæˈtɛl], * West Bromwich (Devon) 20. März 1905, brit. Psychologe. – Prof. an der University of Illinois (USA); trug wesentlich zur Entwicklung der experimentell orientierten Persönlichkeitsforschung bei (u. a. zahlr. Testverfahren).

Cattenom [frz. katˈnõ], frz. Gem. in Lothringen, an der Mosel, 2 200 E. Kernkraftwerk mit 4 Blöcken (insgesamt 5 200 MW elektr. Leistung) im Bau; Block I wurde im Okt. 1986, Block II 1988, Block III 1990 in Betrieb genommen.

Cattleya [nach dem brit. Botaniker W. Cattley, † 1832], Gatt. der Orchideen mit etwa 65 Arten im trop. Amerika mit meist 1–2 dicklederigen Blättern und großen, prächtig gefärbten Blüten. C.arten und -züchtungen sind beliebte Gewächshausorchideen.

Catull (Gajus Valerius Catullus), * Verona um 84, † Rom um 54, röm. Dichter. – Gehörte in Rom zum Kreis der Neoteriker (moderne Dichter; Vorbild ist hellenist. Dichtung). Seine Lyrik (116 Gedichte sind überliefert) ist zum ersten Mal in der röm. Literatur von persönl. Erleben bestimmt. Bes. die Liebeslieder auf Lesbia (wohl die von C. verehrte Clodia, die Frau des Metellus) drücken die persönl. Leidenschaft des Dichters aus.

Cau, Jean [frz. ko], * Bram (Aude) 8. Juli 1925, frz. Schriftsteller. – 1945–57 Sekretär Sartres; Literaturkritiker der Zeitschrift „Les Temps modernes"; schrieb „Das Erbarmen Gottes" (R., 1961) und „Sevillanes" (Prosa, 1987).

Cauca [span. ˈkauka], Dep. in SW-Kolumbien, am Pazifik, 29 308 km², 849 000 E (1985). Hauptstadt Popayán.

Cauca, Río [span. ˈrrio ˈkauka], linker und bedeutendster Zufluß des Río Magdalena, entspringt in der Zentralkordillere, mündet im nordkolumbian. Tiefland, rd. 1 000 km lang.

Cauchy, Augustin Louis Baron [frz. koˈʃi], * Paris 21. Aug. 1789, † Sceaux 23. Mai 1857, frz. Mathematiker und Physiker. – Prof. an der École polytechnique und Sorbonne. Über 800 Veröffentlichungen u. a. aus folgenden Gebieten: Differentialgleichungen (**Cauchy-Riemannsche Differentialgleichung**), Theorie unendl. Reihen (**Cauchysches Konvergenzkriterium**), Funktionentheorie (**Cauchysche Integralformel**), Zahlen-, Wahrscheinlichkeitstheorie und Elastizitätslehre, Himmelsmechanik.

Caucus [engl. ˈkɔːkəs; indian.], in den USA Bez. für inoffizielle Parteiversammlungen, in denen die Kandidatenaufstellung für Wahlen zu den polit. Ämtern (bis zum Beginn des 20. Jh.; ↑ Primary) oder allg. polit. Richtlinien abgesprochen wurden.

Cauda [lat. „Schwanz"], in der *Anatomie* Bez. für das schwanzförmig auslaufende Ende (C. equina) des Rücken-

Marcus Porcius Cato Censorius (römische Büste, Rom, Kapitolinisches Museum)

Cattleya. Laeliocattleya Varycolor

Catenaverbindungen

Caudillo [kauˈdɪljo; span.], urspr. Bez. für Häuptling, im ma. Spanien auch für Heerführer; in Lateinamerika seit dem 19. Jh. Bez. für einen polit. Machthaber, bes. für einen militär. Diktator; offizieller Titel des span. Staatschefs Franco Bahamonde.

Cauer, Minna, geb. Schelle, verw. Latzel, * Freyenstein bei Wittstock 1. Nov. 1842, † Berlin 3. Aug. 1922, dt. Frauenrechtlerin. — 1895 Führerin des linken Flügels der bürgerl. Frauenbewegung im Kampf für das Frauenstimmrecht (u. a. „Die Frau im 19. Jh.", 1898).

Caulaincourt, Armand Augustin Louis Marquis de [frz. kolɛ̃ˈkuːr], Herzog von Vicenza (seit 1808), * Caulaincourt (Aisne) 9. Dez. 1773, † Paris 19. Febr. 1827, frz. General und Politiker. — 1801 und 1807–11 Gesandter in Petersburg, nahm 1812 am Rußlandfeldzug teil; unterzeichnete als Außenmin. (seit 1813) den Vertrag von Fontainebleau über die Abdankung Napoleons I.; 1815 während der „Hundert Tage" erneut Außenminister.

Caulfield, Patrick [engl. ˈkɔlfiːld], * London 29. Jan. 1936, engl. Maler. — Steht der Pop-art nahe. Landschaften, Interieurs und Stilleben in streng linearer Stilisierung und plakativen Farben.

Causa [lat. „Grund, Ursache"], in der *scholast. Philosophie* Begriff für Ursache. Entsprechend den vier Ursachen des Aristoteles unterschied die Scholastik die beiden **Causae internae:** die **Causa materialis,** das, woraus ein Ding entsteht, und die **Causa formalis,** das, wodurch ein Ding seine Eigenschaften erhält, und die beiden **Causae externae:** die **Causa efficiens** (Wirkursache), das, was durch sein (äußeres) Wirken ein Ding hervorbringt, und die **Causa finalis** (Zweckursache), das, um dessentwillen ein Ding hervorgebracht wird. Ferner war in der Scholastik bedeutsam die Platonische **Causa exemplaris,** das Muster, nach dem ein Ding durch eine (vernünftige) **Causa efficiens** hervorgebracht wird.
▷ im geltenden *Recht* der Rechtsgrund; der typisch von beiden Vertragsparteien gewollte Zuwendungszweck (= Zuwendungserfolg), z. B. der Erwerbs- oder Austauschzweck, der Schenkungszweck, der Erfüllungszweck. Die C. gehört bei den meisten Verpflichtungen zum Inhalt des Rechtsgeschäfts.

Cause célèbre [frz. kozseˈlɛbr], aufsehenerregender Rechtsfall.

Causses [frz. koːs], Landschaft im südl. Zentralmassiv, Frankreich, nw. der Cevennen; durch zahlr., meist schluchtartig eingeschnittene Täler in einzelne Plateaus gegliedert. Extensive Weidewirtschaft (v. a. Schafhaltung); Herstellung von Roquefortkäse.

Cauvery [engl. ˈkɔːvəri], Fluß in S-Indien, entspringt in den Westghats, spaltet sich 130 km oberhalb seiner Mündung in den Golf von Bengalen in mehrere Arme zu einem großen Delta; wichtigster Mündungsarm ist der **Coleroon**, Länge 760 km; den Hindus heilig.

Caux [frz. ko], heilklimat. Kurort im schweizer. Kt. Waadt, Teil der Gemeinde Montreux, 1050 m ü. d. M., Konferenzzentrum der Stiftung für ↑Moralische Aufrüstung.

Cavaco Silva, Anibal, * Loulé 15. Juli 1939, portugies. Politiker. — Wirtschaftswissenschaftler; seit 1985 Vors. der Sozialdemokrat. Partei und Ministerpräsident.

Cavaillé-Coll, Aristide [frz. kavajeˈkɔl], * Montpellier 4. Febr. 1811, † Paris 13. Okt. 1899, frz. Orgelbauer. — Bedeutendster Orgelbauer seiner Zeit; baute u. a. die Orgel von Notre-Dame in Paris.

Cavalcanti, Guido, * Florenz um 1255, † ebd. 27. 28. ?) Aug. 1300, italien. Dichter. — Neben Dante der bedeutendste Dichter des Dolce stil nuovo und ein von Aristoteles und der oriental. Philosophie beeinflußter Denker. Gedichte von überraschender Gefühlsintensität.

Cavalieri, Emilio de' (E. del Cavaliere), * Rom um 1550, † ebd. 11. März 1602, italien. Komponist. — Mgl. der Camerata in Florenz; maßgeblich an der Ausbildung des monod. Stils beteiligt. Sein Hauptwerk ist das geistl. Drama „Rappresentazione di anima e di corpo" (1600, mit D. Isorelli).

C., [Francesco] Bonaventura, * Mailand 1598 (?), † Bologna 30. Nov. 1647, italien. Mathematiker. — In seinem Hauptwerk „Geometria indivisibilibus ..." (1635) knüpfte C. an Archimedes' und Keplers Körperberechnungen an. Er formulierte das C.sche Prinzip.

Cavalierisches Prinzip [nach B. Cavalieri], mathemat. Lehrsatz: Werden zwei Körper von zwei parallelen Ebenen begrenzt und haben sie sowohl in diesen als auch in allen dazwischen verlaufenden Parallelebenen inhaltsgleiche Schnittfiguren, so haben sie gleiches Volumen.

Cavalli, Francesco, eigtl. Pier-F. Caletti-Bruni, * Crema 17. Febr. 1602, † Venedig 14. Jan. 1676, italien. Komponist. — Mit seinen 42 Opern (u. a. „Il Giasone", 1649) prägte er den venezian. Opernstil.

Cavallini, Pietro, eigtl. P. Cerroni, * Rom um 1250, † ebd. um 1330, italien. Maler. — Wegweisender Mosaizist und Freskenmaler der röm. Schule. Führt über die formelhafte Raumandeutung byzantinisch geprägter Malerei hinaus. Die Fresken von San Paolo fuori le mura (1277–90) sind 1823 verbrannt (Nachzeichnungen aus dem 17. Jh. erhalten); um 1291 vollendete er die Mosaikenfolge „Szenen aus dem Marienleben" für Santa Maria in Trastevere; um 1295–1300 das Fresko des Jüngsten Gerichts in Santa Cecilia in Rom.

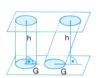

Cavalierisches Prinzip
(*h* Höhe und *G* Grundfläche der Körper)

Pietro Cavallini. Seraphim, Ausschnitt aus dem Fresko des Jüngsten Gerichts, um 1295–1300 (Rom, Santa Cecilia)

Cavation (Kavation) [italien.-frz.], im Fechtsport die Lösung aus der gegner. Bindung durch Umgehen der gegner. Faust mit Streckung des Waffenarms und spiralförmiger Bewegung der Waffe.

Cavea [lat.], im Halbkreis angelegter, ansteigender Zuschauerraum in röm. Theatern.

cave canem! [lat. „hüte dich vor dem Hund"], Warnung vor Hunden an altröm. Häusern; übertragen: hüte dich!

Cavendish [engl. ˈkævəndɪʃ], engl. Adelsfamilie; führt seit dem 17. Jh. die Herzogtitel von Devonshire und Newcastle; seit der Einheirat in das Geschlecht der Bentinck (Herzöge von Portland) **Cavendish-Bentinck.**

Cavendish, Henry [engl. ˈkævəndɪʃ], * Nizza 10. Okt. 1731, † London 24. Febr. 1810, brit. Naturforscher. — Bestimmte die spezif. Wärmekapazität zahlr. Stoffe, die Gravitationskonstante und die Zusammensetzung der Luft.

Cavendish-Bentinck

Camillo Benso Graf
von Cavour
(Gemälde von
Francesco Hayez;
Mailand, Pinacoteca di
Brera)

William Caxton.
Druckermarke

Nicolae Ceaușescu

Durch Verbrennen von Wasserstoff mit Sauerstoff zu Wasser konnte er zeigen, daß Wasser kein chem. Element ist.
Cavendish-Bentinck, Lord William Henry [engl. 'kævəndɪʃ 'bentɪŋk], *Portland 14. Sept. 1774, † Paris 17. Juni 1839, brit. General und Politiker. – Wurde 1803 Gouverneur von Madras und 1827 von Bengalen; 1833–35 1. Generalgouverneur von Indien.
Cavite, philippin. Prov.hauptstadt auf Luzon, 15 km südlich von Manila, 87 700 E. Basis der philippin. Marine und amerikan. Flottenstützpunkt; Werften.
Cavour, Camillo Benso, Graf von [italien. ka'vur], *Turin 10. Aug. 1810, † ebd. 6. Juni 1861, italien. Staatsmann. – Als liberal-konservativer Realpolitiker seit 1852 Min.präs.; erstrebte die italien. Einheit von einem liberal reformierten Sardinien aus im europ. Rahmen und gegen Österreich. Das Bündnis mit Frankreich (gegen Abtretung Savoyens mit Nizza) sicherte ihm den Erfolg im Sardinisch-Frz.-Östr. Krieg (1859). 1860 gelang C. der Anschluß M-Italiens. Sein diplomat. Spiel beflügelte die Freischarenzüge Garibaldis, deren revolutionäre Impulse C. aber auffing. 1861 erweiterte C. das sardin. zum italien. Parlament; Italien (ohne Rom) wurde konstitutionelle Monarchie.
Caxton, William [engl. 'kækstən], *in Kent um 1422, † London 1491, engl. Buchdrucker. – Gründete 1476 in London die erste Druckerei Englands. Bed. Verdienste um die engl. Schriftsprache.
Cayatte, André [frz. ka'jat], *Carcassonne 3. Febr. 1909, † Paris 6. Febr. 1989, frz. Filmregisseur. – Drehte gesellschafts- und sozialkrit. Filme um Justizprobleme: „Schwurgericht" (1950), „Wir sind alle Mörder" (1952), „Die schwarze Akte" (1955), „Das Urteil" (1974), „Les avocats du diable" (1980).
Cayenne [frz. ka'jɛn], Hauptstadt von Frz.-Guayana, Hafen an der Mündung des Cayenne in den Atlantik, 38 100 E. Institut Français d'Amérique Tropicale, geolog. und bergbautechn. Forschungsinst., medizin. Inst., Bibliothek, Museum, botan. Garten. Zentrum eines Agrargebiets, internat. ⚓. – 1604 frz. Niederlassung; 1854–1938 Zentrum einer Strafkolonie.
Cayennepfeffer [frz. ka'jɛn] ↑ Paprika.
Cayes, Les [frz. le'kaj] (auch Aux Cayes), Hafenstadt in Haiti, 36 500 E. Verwaltungssitz des Dep. Sud, Bischofssitz; wichtigster Hafen an der SW-Küste. – Gegr. 1786.
Caymangraben [engl. 'keɪmən], Tiefseegraben im Karib. Meer, größte Tiefe 7 680 m.
Cayman Islands [engl. 'keɪmən 'aɪləndz], Inselgruppe im Karib. Meer, südlich von Kuba, brit. Kronkolonie, 259 km², 25 300 E (1990), Hauptstadt Georgetown auf Grand Cayman Island. – Von Kolumbus 1503 entdeckt; von Spanien 1670 an England abgetreten; 1734 erste Siedler; seit 1962 eigene Kolonie.
Caytoniales [kaɪ..., ke...: nach dem ersten Fundort Cayton Bay (Yorkshire)], fossile Ordnung hochentwickelter Samenfarne.
Cayuga [engl. kɛɪ'juːgə] ↑ Irokesen.
CaZ, Abk für Cetanzahl († Cetan).
CB-Funk (Abk. für engl.: **C**itizen **B**and „Bürgerfrequenzband"; Jedermann-Funk), Sprechfunk in einem bestimmten Frequenzbereich (11-m-Band; 26,960 bis 27,410 MHz; 40 Kanäle), der ohne bes. Funklizenz von jedermann betrieben werden kann. Voraussetzung für das Errichten und Betreiben einer „Sprechfunkanlage kleiner Leistung" ist eine (je nach Gerät bzw. DBP-Prüfnummer) allg. oder Einzelgenehmigung der Dt. Bundespost.
CBS [engl. 'siːbiːˈɛs], Abk. für: ↑ **C**olumbia **B**roadcasting **S**ystem.
CC. (cc.). Abk. für lat.: **C**anones (Mrz. von Canon), ↑ Kanon [im Kirchenrecht].
C. C. (CC), Abk. für frz.: **C**orps **c**onsulaire („konsular. Korps").
C. C. C., Abk. für: **C**onstitutio **C**riminalis **C**arolina († Carolina).
CCD [Abk. für engl.: **c**harge-**c**oupled **d**evice „ladungsgekoppeltes Bauelement"] (Ladungsverschiebeelement), ein Halbleiterbauelement, das u. a. als digitaler Speicher und als Strahlungsempfänger für sichtbare und infrarote Strahlung verwendet wird, z. B. in *CCD-Bildwandlern,* die in *CCD-Kameras* eingebaut sind (Umwandlung von Licht in elektr. Signale, die magnetisch gespeichert werden). In der Astronomie eignen sich *CCD-Detektoren* wegen ihrer hohen Empfindlichkeit im Bereich von 400 bis 1 000 nm Wellenlänge zum Nachweis extrem lichtschwacher Objekte; sie besitzen eine hohe photometr. Genauigkeit und sind bes. geeignet zur Spektroskopie ausgedehnter Objekte.
cd, Einheitenzeichen für: ↑ Candela.
Cd, chem. Symbol für: ↑ Cadmium.
c. d., Abk. für: ↑ **c**olla **d**estra.
CD, Abk. für: **C**ompact **d**isc (↑ Schallplatte).
C. D. (CD), Abk. für frz.: **C**orps **d**iplomatique (↑ diplomatisches Korps).
CD-ROM [Abk. für engl.: **c**ompact **d**isc **r**ead-**o**nly **m**emory], Speicherplatte (Festwertspeicher) für Personalcomputer, die nach dem Prinzip der Compact disc mit Laserabtastung arbeitet.
CDU, Abk. für: ↑ **C**hristlich-**D**emokratische **U**nion.
Ce, chem. Symbol für: ↑ Cer.
Ceará [brasilian. sja'ra], nordostbrasilian. Bundesstaat, 145 694 km², 6,36 Mill. E (1989), Hauptstadt Fortaleza. C. liegt im Bereich der nö. Abdachung des Brasilian. Berglandes. Landw. im Küstenbereich; das von Dürren bedrohte Innere wird v. a. durch extensive Weidewirtschaft genutzt; daneben auch Sammelwirtschaft; im S Wolframerzbergbau, im N Gipsgewinnung.
Ceaușescu, Nicolae [rumän. tʃeau'ʃesku], *Scorniceşti (Kr. Olt) 26. Jan. 1918, † 25. Dez. 1989, rumän. Politiker. – Seit 1945 im ZK der KP, 1952 Kandidat und seit 1955 Mgl. des Politbüros; Erster Sekretär (später Generalsekretär) der Partei seit 1965, 1967–74 auch Vors. des Staatsrats (Staatsoberhaupt), seit 1974 Staatspräs. Seine außenpolit. „nat. Linie", bes. Unabhängigkeit von der UdSSR, führte zur Isolierung. Innenpolitisch von zunehmendem Personenkult, Byzantinismus und Nepotismus sowie Unterdrückung jegl. Opposition und ethn. Minderheiten (bes. Rumäniendeutsche und -ungarn seit 1988) geprägte Diktatur, gestützt auf die ↑ Securitate; trieb das Land in Not und Verelendung. Am 22. Dez. 1989 durch einen Aufstand gestürzt und verhaftet, nach einem Geheimprozeß gemeinsam mit seiner Frau **Elena Ceaușescu** (*1919, seit 1980 stellv. Min.präs.) hingerichtet.
Cebu, philippin. Hafenstadt an der O-Küste der Insel Cebu, 490 000 E. Kath. Erzbischofssitz; sechs Univ., Museen; nach Manila das wichtigste Zentrum der Philippinen, internat. ⚓. – 1565 erste span. Siedlung auf den Philippinen.
C., Insel im Zentrum der philippin. Inselwelt, 4 422 km², 220 km lang, bis 36 km breit. Neben Landw. und Fischerei Abbau von Kupfererzen.
Cech, Thomas Robert [engl. setʃ], *Chicago (Ill.) 8. Dez. 1947, amerikan. Chemiker. – Prof. an der University of Colorado (Boulder); erhielt für die Entdeckung der katalyt. Aktivität von Ribonukleinsäuren den Nobelpreis für Chemie 1989 (mit S. Altman).
Čechy [tschech. 'tʃɛxi], histor. Gebiet im Westteil der ČR, ↑ Böhmen.
Cecil [engl. sɛsl], berühmte engl. Familie, deren Einfluß William C. Baron Burghley begründete; durch seine Söhne erlangte die Familie C. 1605 die Titel eines Earl of Exeter und eines Earl of Salisbury. Bed.:
C., Edgar Algernon Robert, Viscount [engl. C. of Chelwood, *Salisbury 14. Sept. 1864, † Tunbridge Wells (Kent) 24. Nov. 1958, brit. Politiker und Diplomat. – 1923–46 Präs. des Völkerbunds; erhielt 1937 den Friedensnobelpreis.
C., William, Baron Burghley, engl. Staatsmann, ↑ Burghley, William Cecil, Baron.
Cedille [se'diːj(ə); frz.; zu span. zedilla „kleines Z"] (frz. cédille), kommaartiges diakrit. Zeichen unter einem Buchstaben, in frz. maçon („Maurer") zeigt die C. an, daß wie [s] auszusprechen ist. Auch in anderen Sprachen zur Kennzeichnung unterschiedl. Lautwerte.

Cedmon ['ke:tmɔn] ↑ Caedmon.
Cefalù [italien. tʃefa'lu], italien. Hafenstadt an der N-Küste von Sizilien, 14 000 E. Bischofssitz; Fremdenverkehr. – 254 von den Römern erobert; nach byzantin. Herrschaft 858 sarazenisch; 1063 von den Normannen zerstört, im 12. Jh. neu aufgebaut. – Normann. Dom (1131–48).
Ceilometer [silo..., lat./griech.], Gerät zur Messung von Wolkenhöhen durch Bestimmung der Laufzeit eines an der Wolkenbasis reflektierten Lichtimpulses.
Čelakovský, František Ladislav [tschech. 'tʃɛlakɔfski:], * Strakonice 7. März 1799, † Prag 5. Aug. 1852, tschech. Philologe. – Sammelte und bearbeitete nach dem Vorbild Herders slaw. literar. Volksgut.
Celan, Paul [tse'la:n], eigtl. P. Antschel, * Tschernowzy 23. Nov. 1920, † Paris Ende April 1970 (Selbstmord), deutschsprachiger Lyriker. – 1942/43 Arbeitslager in Rumänien, lebte seit 1948 in Paris. Hervorragender Übersetzer (A. Rimbaud, P. Valéry, R. Char, A. Blok, O. Mandelschtam). Anfangs unter dem Einfluß des frz. Symbolismus und Surrealismus, ist seine „Sprachgitter" (1959) logisch nur schwer erfaßbare Aussage. – *Werke:* Mohn und Gedächtnis (1952), Von Schwelle zu Schwelle (1955), Die Niemandsrose (1963), Atemwende (1967), Fadensonnen (1968), Lichtzwang (hg. 1970), Schneepart (hg. 1971).
Cela Trulock, Camilo José [span. 'θela tru'lɔk], * Iria Flavia bei La Coruña 11. Mai 1916, span. Schriftsteller. – Begann mit surrealist. Lyrik, schrieb dann experimentelle, naturalist. Romane; gilt als Neuschöpfer des span. Romans nach dem Bürgerkrieg. 1989 Nobelpreis. – *Werke:* Pascual Duartes Familie (1942), Der Bienenkorb (1951), Geschichten ohne Liebe (1962), Mazurca para dos muertos (1983); auch Reiseberichte.

Celebes. Traditionelles Gehöft (Wohnhaus und Reisspeicher) im Zentrum der Insel

Celebes [tse'lebes, 'tselǝbes] (indones. Sulawesi), drittgrößte der Großen Sundainseln, Indonesien, zw. Borneo und den Molukken, 189 216 km² (einschl. kleiner Inseln). Der zentrale Teil der Insel wird durch hohe Gebirgsketten im Rantekombola bis 3 458 m) mit tief eingeschnittenen Tälern bestimmt. Nach N, O und S schließen sich gebirgige Halbinseln mit z. T. aktiven Vulkanen an. Im allg. erhält C. ganzjährig starke Niederschläge. Fast 50 % der Insel sind von immergrünen trop. Tieflands- und Bergwäldern bedeckt. – Die malaiische Bev. hat im dünnbesiedelten Innern ihre traditionellen Lebensformen vielfach bewahrt; in den Städten haben sich u. a. Chinesen angesiedelt.
Geschichte: Der S und O gehörten seit dem 14. Jh. zum ostjavan. Reich Madjapahit, der N kam Mitte 16. Jh. unter die Herrschaft des muslim. Sultanats Ternate (1683 niederländisch); Vertreibung der Portugiesen 1660–69 und Eroberung des Reichs Makasar durch die Niederländer; 1942–45 japanisch besetzt, seit 1949 zu Indonesien.

Celebessee (Sulawesisee), Teil des Australasiat. Mittelmeeres nördlich von Celebes.
Celentano, Adriano [italien. tʃe...], * Mailand 6. Jan. 1938, italien. Schauspieler, Schlager- und Rocksänger. – Auch Regisseur und Produzent; erfolgreich mit „Azzurro", „Una festa sui prati"; beim Film u. a. in Komödien: „Yuppi Du" (1975), „Der gezähmte Widerspenstige" (1980), „Bingo Bongo" (1983), „Joan Lui" (1986).
Celesta [tʃe'lɛsta, ital.-italien.], ein 1886 in Paris erfundenes, äußerlich dem Klavier ähnliches, zartklingendes Tasteninstrument, das zur Tonerzeugung Stahlplatten und abgestimmte röhrenförmige Resonatoren benutzt.
Celibidache, Sergiu [rumän. tʃelibi'dake], * Roman 28. Juni 1912, rumän. Dirigent. – Leitete 1945–52 die Berliner Philharmoniker, seit 1979 Chefdirigent der Münchner Philharmoniker und Generalmusikdirektor der Stadt München; komponierte u. a. Sinfonien sowie ein Klavierkonzert.
Céline, Louis-Ferdinand [frz. se'lin], eigtl. Destouches, * Courbevoie 27. Mai 1894, † Meudon 1. Juli 1961, frz. Schriftsteller. – Arzt im Armenviertel von Paris; Antisemit und Faschist. Pessimismus und Menschenverachtung, Nihilismus und die Überzeugung von der Absurdität des Lebens bestimmen sein Werk, u. a. die Romane „Reise ans Ende der Nacht" (1932), „Tod auf Kredit" (1936). – *Weitere Werke:* Von einem Schloß zum andern (R., 1957), Norden (R., 1960), Rigodon (R., hg. 1969).
Celio [italien. 'tʃɛ:lio], Enrico, * Ambri (Tessin) 19. Juni 1889, † Lugano 23. Febr. 1980, schweizer. Politiker (kath.-konservative Partei.). – 1940–50 Bundesrat für Post- und Eisenbahn, 1943 und 1948 Bundespräsident.
C., Nello, * Quinto (Tessin) 12. Febr. 1914, schweizer. Politiker. – 1962–66 Präs. der Freisinnig-demokrat. Partei; 1966–73 Bundesrat (Leiter des Militär-, seit 1968 des Finanzdepartements); 1972 Bundespräsident.
Cella [lat.], Hauptraum im antiken Tempel, Standort des Kultbildes.
▷ früher Bez. für die Mönchszelle, auch für ein kleines Kloster.
Celle, Krst. an der Aller, am S-Rand der Lüneburger Heide, Nds., 71 200 E. Verwaltungssitz des Landkr. C.; Bundesforschungsamt für Kleintierzucht, Landesinstitut für Bienenforschung, Fachschulen (u. a. Deutsche Bohrmeisterschule), Bomann-Museum, Schloßtheater, Landessozialgericht; Landesgestüt; Maschinenbau, Bohr- und Erdöltechnik, elektron., Nahrungsmittelind. – 990 erstmals erwähnt; stand früher an der Stelle des Dorfes **Altencelle,** das vor 1249 Stadt war; 1292 Neugründung 3 km allerwärts bei der bereits bestehenden Burg; 1301 Stadtrecht; bis 1705 Residenz von Braunschweig-Lüneburg; 1524 Einführung der Reformation. – Im NW-Turm des Schlosses (13.–18. Jh.) liegt das Schloßtheater (1674). Das Alte Rathaus wurde 1561–79 im Stil der Renaissance ausgebaut; das Neue Rathaus erhielt 1785 eine klassizist. Fassade; zahlr. Fachwerkhäuser.
C., Landkr. in Niedersachsen.
C., das Ft. Lüneburg der Welfen, entstanden durch die nach 1371 erfolgte Verlegung der Residenz von Lüneburg nach Celle; nach 1569 die abgespaltene jüngere Linie des Hauses Lüneburg und das von ihr regierte Fürstentum.
Cellini, Benvenuto [italien. tʃel'li:ni], * Florenz 1. Nov. 1500, † ebd. 14. Febr. 1571, italien. Goldschmied, Medailleur und Bildhauer des Manierismus. – Seit 1523 in päpstl. Diensten, 1540–45 am Hof Franz' I. in Frankreich, dann im Dienst Cosimos I. de'Medici in Florenz (Bronzestandbild des Perseus, 1545–54; Loggia dei Lanzi). C. Autobiographie wurde von Goethe übersetzt. – Abb. S. 278.
Cello ['tʃɛlo; italien.], Kurzbez. für ↑ Violoncello.
Cellophan Ⓦ [lat./griech.], glasklare, feste, etwas dehnbare Folie aus Zelluloseregenerat; Verpackungsmaterial.
Celluloid ↑ Zelluloid.
Cellulose ↑ Zellulose.
Celsius-Skala, von dem schwed. Astronomen Anders Celsius (* 1701, † 1744) 1742 eingeführte Temperaturskala, bei der der Abstand zw. dem Gefrierpunkt (0 °C) und dem

Edgar Algernon Robert Viscount Cecil of Chelwood

Paul Celan

Camilo José Cela Trulock

Sergiu Celibidache

Celsus

Siedepunkt des Wassers (100 °C) in 100 gleiche Teile (**Celsius-Grade**) unterteilt ist.

Celsus, Aulus Cornelius, † Mitte des 1. Jh. n. Chr., röm. Schriftsteller. – Verf. enzyklopäd. Schriften, erhalten 8 Bücher über die Medizin, einziges Zeugnis der klass. röm. Medizin.

Celtis (Celtes), Konrad, eigtl. K. Pickel oder Bickel, * Wipfeld bei Schweinfurt 1. Febr. 1459, † Wien 4. Febr. 1508, dt. Humanist. – Schüler R. Agricolas in Heidelberg, 1486/87 Magister in Leipzig. Seine „Ars versificandi et carminum" (1486) ist die erste Poetik des dt. Humanismus. 1487 als erster Deutscher zum Dichter gekrönt. 1497 von Kaiser Maximilian I. als Prof. für Dichtkunst nach Wien berufen. Er reformierte die Lehrpläne, gab Tacitus' „Germania" (1500) und von ihm wiederentdeckte Werke (u. a. Hrotsvit von Gandersheim, 1501) heraus. Schrieb u. a. Liebeslyrik nach dem Vorbild Ovids („Quatuor libri amorum", 1502), Oden und Epigramme.

Cembalo [ˈtʃɛmbalo; italien., Kurzbez. für Clavicembalo (zu mittellat. clavis „Taste" und griech.-lat. cymbalum „Schallbecken") (Kielflügel, frz. Clavecin), Tasteninstrument mit Zupfmechanik in Flügelform. Die Tonerzeugung im C. erfolgt durch Anzupfen von dünnen Messing-, Bronze- oder Stahlsaiten unterschiedl. Länge und Stärke, die über einen Resonanzboden mit Stegen gespannt sind. Beim Drücken einer Taste zupft der im Springer beweglich angebrachte Kiel (meist aus Leder oder Kunststoff) die Saite an. Im Ggs. zum Klavier ist die Lautstärke und somit die Dynamik nicht durch die Anschlagstärke beeinflußbar. Um eine Klangänderung während des Spielens zu ermöglichen, besitzen deshalb größere Cembali 2 terrassenartig angeordnete Klaviaturen (Manuale) und mehrere in Tonlage und Klangcharakter verschiedene Register (16-, 8- und 4-Fuß, Lautenzug), die während des Spielens durch Pedale oder Knie- und Handhebel zu- oder abschaltbar sind (Umfang der Klaviatur 4½ bis 5 Oktaven).

Blaise Cendrars

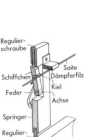

Cembalo. Mechanik

Benvenuto Cellini. Salzgefäß für Franz I. von Frankreich, 1539–43 (Wien, Kunsthistorisches Museum)

Cénacle [frz. seˈnakl; zu lat. cenaculum „Speisezimmer"], urspr. frz. Dichterkreis um die literar. Zeitschrift „La Muse française" (1823/24). 1827/28–30 bestand der zweite romant., von V. Hugo gegr. C. (u. a. A. de Vigny, A. de Musset, C. A. Sainte-Beuve, T. Gautier, P. Mérimée, G. de Nerval).

Cendrars, Blaise [frz. sãˈdraːr], eigtl. Frédéric Sauser, * La Chaux-de-Fonds 1. Sept. 1887, † Paris 21. Jan. 1961, frz. Schriftsteller schweizer. Herkunft. – Schrieb suggestive Lyrik mit zwingenden Bildern und anarchist., rauschhafte Romane. Sein stark autobiograph., avantgardist. Werk gab bed. Anstöße. – *Werke:* Poèmes élastiques (Ged., 1919), Gold (R., 1925), Moloch (Prosa, 1926), Madame Thérèse (R., 1956).

Ceneri, Monte [italien. ˈmonte tʃeˈneːri], Paß im schweizer. Kt. Tessin, 554 m ü. d. M., verbindet das Tal des Tessin mit dem des Vedeggio; Standort des italienischsprachigen Mittelwellensenders der Schweiz.

Cenis, Mont [frz. mõsˈni] ↑ Alpenpässe (Übersicht).

Cenotes [span. seˈnotes], Dolinen im N der Halbinsel Yucatán; oft einzige Möglichkeit der Wasserversorgung; daher Kristallisationspunkt voreurop. Besiedlung.

Censor ↑ Zensor.

Census ↑ Zensus.

Cent [(t)sɛnt; engl.; zu lat. centum „hundert"], Untereinheit ($\frac{1}{100}$) der Währungseinheiten *Dollar* (USA, Kanada u. a.), *Gulden* (Niederlande, Curaçao u. a.), *Rand* (Republik Südafrika u. a.), *Leone* (Sierra Leone), *Rupie* (Indien u. a.) *Shilling* (Kenia, Tansania, Uganda).

Centaurus [Kentaur) [griech.] ↑ Sternbilder (Übersicht).

Centavo [sɛnˈtaːvo; span. und portugies.; zu lat. centum „hundert"], Untereinheit ($\frac{1}{100}$) der Währungseinheiten *Austral* (Argentinien), *Boliviano* (Bolivien), *Peso* (Chile, Kuba, Kolumbien u. a.), *Sol de Oro* (Peru), *Córdoba* (Nicaragua), *Lempira* (Honduras), *El-Salvador-Colón, Cruzeiro* (Brasilien), *Sucre* (Ecuador), *Quetzal* (Guatemala) und dem portugies. *Escudo*.

Center [ˈsɛntə; engl.], 1. Großeinkaufsanlage [mit Selbstbedienung], 2. Geschäftszentrum.

Centesimo [tʃɛnˈteːzimo; italien.; zu lat. centesimus „der hundertste"], Untereinheit ($\frac{1}{100}$) der Währungseinheiten *Lira* (Italien u. a.).

Centésimo [sɛnˈteːzimo; span.; zu lat. centesimus „der hundertste"], Untereinheit ($\frac{1}{100}$) der Währungseinheiten *Balboa* (Panama) und des uruguayischen *Peso*.

Centi... ↑ auch Zenti...

Centime [sãˈtiːm; frz.; zu lat. centum „hundert"], Untereinheit ($\frac{1}{100}$) der Währungseinheiten *Franc* (Frankreich, Belgien u. a.) und *Gourde* (Haiti).

Céntimo [ˈsɛntimo; span.; zu lat. centum „hundert"], Untereinheit ($\frac{1}{100}$) der Währungseinheiten *Peseta* (Spanien u. a.), *Bolívar* (Venezuela) und des *Costa-Rica-Colón*.

Cembalo. Einmanualiges Cembalo von Hans Ruckers d. J., 1627 (Berlin, Musikinstrumenten-Museum)

Geschichte: Das C. entstand in der 2. Hälfte des 14. Jh. Vom 16.–18. Jh. stand es als Tasteninstrument etwa gleichberechtigt neben Orgel und Klavichord; als Soloinstrument wurde es in der 2. Hälfte des 18. Jh. allmählich vom Hammerklavier verdrängt.

Cenabum, antike Stadt, ↑ Orléans.

cent nouvelles nouvelles, Les [frz. lesãnuvɛlnu'vɛl], älteste (anonyme) frz. Novellensammlung, entstanden um 1462, gedruckt 1486 (dt. 1907 u. d. T. „Die 100 neuen Novellen"), meist frivole Stoffe.

Cento [lat. „Flickwerk"], aus Versen bekannter Dichter zusammengesetztes Gedicht.

CENTO ['tsɛnto, engl. 'sɛntou], Abk. für engl.: **Cen**tral **T**reaty **O**rganization, Nachfolgeorganisation des Bagdadpaktes, Sitz seit 1960 Ankara. Nachdem Iran im März 1979 die Mitarbeit in der CENTO eingestellt hatte, beschlossen Pakistan, die Türkei, Großbritannien sowie die USA die Auflösung des Pakts zum 28. Sept. 1979.

centr..., Centr... ↑auch zentr..., Zentr...

Central [span. sen'tral], Dep. in Paraguay, an der argentin. Grenze, 2 465 km², 572 500 E (1985); Hauptstadt Ypacaraí.

Central, Cordillera [span. kɔrðiˈʎera θenˈtral] ↑ Kastilisches Scheidegebirge.

C., C., [span. kɔrðiˈjera senˈtral] Gebirgszug im zentralen Costa Rica mit noch tätigen Vulkanen, im Irazú 3 432 m hoch.

C., C., [span. kɔrðiˈjera senˈtral] die Hauptgebirgskette in Puerto Rico, erstreckt sich im S des Landes in O–W-Richtung, im Cerro de Punta 1 338 m hoch.

C., C., [span. kɔrðiˈjera senˈtral] Gebirge im Zentrum von Hispaniola, in der Dominikan. Republik, im Pico Duarte (früher Pico Trujillo) 3 175 m ü. d. M. (höchste Erhebung der Antillen).

Central Criminal Court [engl. ˈsɛntrəl ˈkrɪmənəl ˈkɔːt] (Old Bailey), Schwurgericht für schwere Straftaten, die in London und Umgebung begangen wurden; ein C. C. C. besteht auch in Irland.

Centrale Marketing-Gesellschaft der deutschen Agrarwirtschaft mbH ↑CMA.

Central Intelligence Agency [engl. ˈsɛntrəl ɪnˈtelɪdʒəns ˈeɪdʒənsi] ↑CIA.

Central Pacific Railroad [engl. ˈsɛntrəl pəˈsɪfɪk ˈreɪlroʊd], der westl. Teil der ersten Eisenbahnlinie, die den nordamerikan. Kontinent durchquerte; 1869 mit dem östl. Teil, der **Union Pacific Railroad** am N-Ufer des Great Salt Lake vereint.

Central Region [engl. ˈsɛntrəl ˈriːdʒən], Region in Schottland.

Central Standard Time [engl. ˈsɛntrəl ˈstændəd ˈtaɪm], Zonenzeit in Z-Kanada (Manitoba), in den Zentralstaaten der USA, Mexiko (ausgenommen westl. Teile), in Belize, Guatemala, Honduras, El Salvador, Nicaragua und Costa Rica; gegenüber MEZ 7 Stunden zurück.

Centre [frz. sã:tr], Region im mittleren Frankreich, 2,37 Mill. E. Umfaßt die Dep. Cher, Eure-et-Loir, Indre, Indre-et-Loire, Loir-et-Cher und Loiret, Regionshauptstadt ist Orléans.

Centre Beaubourg [frz. sãtrəboˈbuːr], svw. Centre Georges-Pompidou, Paris, ↑Museen (Übersicht).

Centre Georges-Pompidou [frz. sãtrəʒɔrʒpõpiˈdu] ↑Museen (Übersicht).

Centula, ehem. Benediktinerabtei (heute Saint-Riquier bei Abbeville), gegr. im 7. Jh., von Abt Angilbert wieder errichtet. Die damals (790–99) erbaute Kirche gehörte zu den bedeutendsten Bauten der Karolingerzeit.

centum [lat.], hundert.

Centumcellae ↑Civitavecchia.

Centurie ↑Zenturie.

Centurio ↑Zenturio.

Cephal... ↑Zephal...

Cephalgie [griech.], svw. ↑Kopfschmerz.

Cephalopoda [griech.], svw. ↑Kopffüßer.

Cephalosporine [griech.], Antibiotika mit breitem Wirkungsspektrum, die sich von dem aus Cephalosporium acremonium gewonnenen **Cephalosporin C** ableiten; chemisch dem Penicillin verwandt.

Cephalothorax [griech.] (Kopfbrust), Verschmelzung von Brustsegmenten mit dem Kopf bei Krebsen und Spinnentieren.

Cephalus ↑Kephalos.

Cepheiden [griech.], in ihrer Helligkeit, ihrem Durchmesser, ihrer Dichte u. a. period. Schwankungen unterliegende Sterne, ben. nach dem Prototyp der Klasse, dem Stern δ Cephei. Perioden zw. 2 und 50 Tagen. Aus der Perioden-Leuchtkraft-Beziehung läßt sich die Entfernung eines C. bestimmen. Danach wurden die Entfernungen der nächsten extragalakt. Systeme bestimmt.

Cepheus (Kepheus) [griech.] ↑Sternbilder (Übersicht).

Cer (Cerium, Zer) [lat., nach dem Planetoiden Ceres], chem. Symbol Ce; chem. Element aus der Reihe der Lanthanoide im Periodensystem der Elemente; Ordnungszahl 58, relative Atommasse 140,12; Dichte 6,77 g/cm³; graues, gut verformbares und chemisch sehr reaktionsfähiges Seltenerdmetall; Schmelzpunkt 798 °C, Siedepunkt 3 257 °C. Kommt in der Natur v. a. in Monazit und Cerit vor. Wird meist als C.mischmetall gewonnen und verwendet, z. B. als Legierungszusatz und für Zündsteine.

cer..., Cer... ↑zer..., Zer...

Ceram, C. W., eigtl. Kurt W. Marek, *Berlin 20. Jan. 1915, †Hamburg 12. April 1972, dt. Schriftsteller. – Schrieb erfolgreiche archäolog. Sachbücher, u. a. „Götter, Gräber und Gelehrte" (1949), „Der erste Amerikaner" (1972).

Ceram (indones. Seram), Insel der S-Molukken, Indonesien, 340 km lang, bis 70 km breit, von einer zentralen bewaldeten Gebirgskette durchzogen, bis 3 019 m hoch. – Seit Anfang des 16. Jh. unter der Herrschaft des muslim. Sultanats Ternate (1650 an die Niederländer abgetreten); gehörte 1950 zur Republik der Südmolukken.

Ceramsee, Teil des Australasiat. Mittelmeeres im O des Malaiischen Archipels.

Ceratites [zu griech. kéras „Horn"], Gatt. der Ammoniten, Leitfossil für den oberen Muschelkalk (Ceratitenkalk) der german. Trias M-Europas; Durchmesser der Tiere zw. 4 und 26 cm. Kennzeichnend für die C. ist die **ceratitische Lobenlinie**, bei der die Sättel ganzrandig, die Loben dagegen fein zerteilt sind.

Ceratium [griech.], Algengatt. der Dinoflagellaten mit etwa 80 v. a. im Meer vorkommenden Arten; der Zellkörper ist von einem Zellulosepanzer umhüllt und hat meist 1–4 horn- bis stachelförmige Schwebefortsätze und viele Poren.

Cerberus ↑Zerberus.

Cercle [frz. sɛrkl; zu lat. circulus „Kreis"], vornehmer Gesellschaftskreis, Empfang, geschlossene Gesellschaft.

Cerealien ↑Zerealien.

Cerebellum [lat.], svw. Kleinhirn (↑Gehirn).

cerebral ↑zerebral.

Cerebrum [lat.], svw. ↑Gehirn.

Cereme [indones. tʃeˈreme] (Tjereme), tätiger Vulkan auf W-Java, 3 078 m hoch.

Ceres, röm. Göttin der Feldfrucht. Früh mit der griech. Demeter identifiziert. Am 19. April fanden die ihr geweihten **Cerealia** statt.

Ceres [lat., nach der röm. Göttin C.], einer der größten Planetoiden im Sonnensystem; Durchmesser etwa 1 000 km.

Ceresin [lat.] ↑Erdwachs.

Cergy-Pontoise [frz. sɛrʒipõˈtwaːz], neue Stadt in Frankreich, nw. von Paris, 130 000 E; gebildet aus Cergy (Verwaltungssitz des Dep. Val-d'Oise), Pontoise und einigen ländl. Gemeinden; Univ. (gegr. 1991), Hochschule für Wirtschafts- und Sozialwiss., Internat. Inst. für Umwelt und Städtebau; Museum.

Cerha, Friedrich [ˈtʃɛrha], *Wien 17. Febr. 1926, östr. Komponist. – Gründete 1958 mit K. Schwertsik das Ensemble für zeitgenöss. Musik „die reihe"; schrieb Orchesterwerke, Kammermusik und Bühnenwerke, u. a. die Opern „Baal" (1981; nach B. Brecht), „Der Rattenfänger" (1987); vollendete den 3. Akt von A. Bergs Oper „Lulu" (UA 1979).

Ceriterden [lat./dt.], Sammelbez. für die Oxide des Lanthans, Cers, Praseodyms, Neodyms, Samariums und Europiums, die meist zus. in Mineralen auftreten, z. B. Cerit und Monazit.

Cerium, svw. ↑Cer.

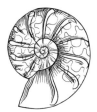

Ceratites. Ceratites nodosus (etwa ⅕ der natürlichen Größe)

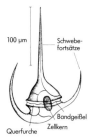

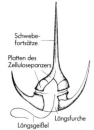

Ceratium. Ceratium tripos (schematische Darstellung von verschiedenen Seiten)

Friedrich Cerha

Cerro de las Mesas.
Räuchergefäß in Form
des Feuergottes,
3.–1. Jh. v. Chr.
(Mexiko, Museo
Nacional)

Aimé Césaire

**Miguel de Cervantes
Saavedra**

Cermet ↑ Keramik.
CERN [frz. sɛrn], Abk. für frz.: Organisation (vor 1954: Conseil) Européenne pour la **R**echerche **N**ucléaire (dt. Europ. Organisation für Kernforschung), 1952 gegr. Organisation für Kern- und Elementarteilchenphysik mit Sitz in Genf und Forschungszentrum in Meyrin bei Genf. Dort befinden sich mehrere Teilchenbeschleuniger und Speicherringe sowie großvolumige Detektoren und Blasenkammern. Bedeutsam war u. a. die Entdeckung der Feldquanten der schwachen Wechselwirkung bei CERN (1982/83).
Černik, Oldřich [tschech. 'tʃɛrnjiːk], * Ostrau 27. Okt. 1921, tschechoslowak. Politiker. – 1963 stellv. Min.präs., 1966 Mgl. im Parteipräsidium, 1968–70 Min.präs.; 1970 als Vertreter des Reformkommunismus aus der Partei ausgeschlossen.
Cernunnus, kelt. Gott, Spender von Fruchtbarkeit und Reichtum.
Cerro de las Mesas [span. 'sɛrɔ ðe laz 'mesas], archäolog. Stätte im mex. Staat Veracruz; 50 km ssö. von Veracruz Llave, besiedelt 300 v. Chr.–600 n. Chr. und 1200–1500; Blütezeit 300–600.
Cerro de Pasco [span. 'sɛrɔ ðe 'pasko], Hauptstadt des zentralperuan. Dep. Pasco, 170 km nnö. von Lima, 4 330 m ü. d. M., 72 100 E. Univ. (gegr. 1965); Abbau verschiedener Erze seit dem 17. Jahrhundert.
Cerro Largo [span. 'sɛrɔ 'laryo], Dep. im nö. Uruguay, an der Grenze gegen Brasilien, 13 648 km², 78 000 E (1985), Hauptstadt Melo; Viehzuchtgebiet.
Certaldo [italien. tʃer'taldo], italien. Stadt in der Toskana, 16 000 E. In der mit Wehrmauern umgebenen Oberstadt befindet sich das Wohn- und Sterbehaus Boccaccios (Museum).
Certosa [italien. tʃer'toːza, eigtl. „Kartause"], auf dem Gelände eines Klosters des Kartäuserordens gelegenes etrusk. Gräberfeld bei Bologna, namengebend für die C.stufe (5./4. Jh.), deren Kennzeichen, die C.fibel, für die Chronologie der La-Tène-Zeit im nordalpinen Gebiet bed. ist.
Certosa [italien. tʃer'toːza] ↑ Kartause.
Certosa di Pavia [italien. tʃer'toːza di pa'viːa], italien. Gemeinde in der Lombardei, nördlich von Pavia, 3 000 E. – Die Kartause (C. di P.) wurde 1396 gegr. – Kirche mit Marmorfassade (1491 bis um 1540); Klosterbauten (15. und v. a. 17. Jh.).
Cerumen, svw. ↑ Ohrenschmalz.
Cerussit ↑ Zerussit.
Cervantes Saavedra, Miguel de [sɛr'vantɛs, span. θɛr'βantɛs saa'βeðra], * Alcalá de Henares vielleicht 29. Sept. 1547, ≈ 9. Okt. 1547, † Madrid 23. April 1616, span. Dichter. – Verfaßte in seinem abenteuerl. und schweren Leben (1571 Verstümmelung der linken Hand bei Lepanto, 1575–80 Gefangener alger. Piraten, 1598 und 1602 Gefängnishaft) ein alle literar. Gattungen umfassendes Werk, das seine Spannung aus der Auseinandersetzung mit Geist und Geschichte der Epoche und deren Überhöhung ins Überzeitliche gewinnt. Während seine Lyrik und seine Dramen nur geringere Bed. besitzen, gehören seine Novellen („Exemplarische Novellen", 1613) und Romane, insbes. sein „Don Quijote" zur Weltliteratur. Vor dem Hintergrund einer sowohl eigentüml. span. (J. de Montemayor) als auch übernat., höfisch-arkad. und neuplaton. Tradition entwarf C. in seinem Hirtenroman „Galathea" (1585) Möglichkeiten von Rationalisierung und Moralisierung der Liebe. „Leben und Taten des scharfsinnigen Edlen Don Quijote von La Mancha" (I 1605, II 1615) waren als Satire auf die zeitgenöss. Ritterromane gedacht. C. S. erzählt die tragikom. Abenteuer Don Quijotes, eines armen Adligen, der in einer Traumwelt verflossener Ritterherrlichkeit lebt, und seines treuen, pfiffigen, bäuerlich-nüchternen Waffenträgers Sancho Pansa; in ihnen ist der Ggs. zw. weltfremdem Idealismus und prakt. Vernunft verkörpert. – *Weitere Werke:* Numancia (Dr., 1584), Die Reise zum Parnaß (ep. Ged., 1614), Die Leiden des Persiles und der Sigismunda (phantast. Abenteuer-R., 1617).
Cerveteri [italien. tʃer'vɛːteri] ↑ Caere.

Cervix (Zervix) [lat.], in der Anatomie Bez. für: 1. Hals, Nacken; 2. halsförmiger Abschnitt eines Organs, z. B.: **Cervix uteri,** Gebärmutterhals.
Cervus [lat.], Gatt. der Hirsche mit etwa 10 Arten in Eurasien; u. a. ↑ Rothirsch, ↑ Sikahirsch, ↑ Sambarhirsch, ↑ Zackenhirsch.
Ces, Tonname für das um einen chromat. Halbton erniedrigte C.
Césaire, Aimé [frz. se'zɛːr], * Basse-Pointe (Martinique) 25. Juni 1913, frz. Dichter. – Verf. polit. Essays. Sein Werk vereinigt frz. Kultur und afrikan. Erbe. Bed. Vertreter der ↑ Négritude. – *Werke:* Zurück ins Land der Geburt (Ged., 1947), An Afrika (Ged., dt. Ausw. 1968), Ein Sturm (Dr., 1969), Gedichte (1982).
Cesalpino, Andrea [italien. tʃezal'piːno], latinisiert Andreas Caesalpinus, * Arezzo um 1519, † Rom 23. Febr. 1603, italien. Philosoph, Botaniker und Mediziner. – Leibarzt Papst Klemens' VIII.; beschäftigte sich u. a. mit der Bewegung des Blutes, die er bereits als Zirkulation beschrieb. Verfaßte ein auf Früchten und Blüten basierendes Pflanzensystem.
Cesar [span. se'sar], Dep. in N-Kolumbien, 22 905 km², 646 000 E (1985), Hauptstadt Valledupar. Ackerbau und Viehzucht.
César [frz. se'zaːr], frz. Filmpreis. Verleihung durch die frz. Filmakademie seit 1976 jährlich in Form einer von dem Bildhauer C. geschaffenen Statuette.
César [frz. se'zaːr], eigtl. C. Baldaccini, * Marseille 1. Jan. 1921, frz. Bildhauer. – Vertreter des ↑ Nouveau réalisme. Anfangs geschweißte Metallskulpturen aus Fertigteilen, ab 1960 zusammengepreßte Autoteile („Kompressionen"), 1966 folgen Abgüsse von Körperformen und „Expansionen" aus dehnungsfähigem Kunststoff.

César.
Compression
d'automobile,
1960 (Genf,
Galerie Sonia
Zannettacci)

Cesarotti, Melchiorre [italien. tʃeza'rɔtti], * Padua 15. Mai 1730, † Selvazzano bei Padua 4. Nov. 1808, italien. Gelehrter. – Seine Nachdichtung des Ossian (1763–72) übte großen Einfluß aus, bes. auf Alfieri.
Cesena [italien. tʃe'zɛːna], italien. Stadt in der östl. Emilia-Romagna, 30 km südlich von Ravenna, 90 000 E. Bischofssitz; Gemäldegalerie, „Biblioteca Malatestiana", ein dreischiffiger gewölbter Raum (1447–52) mit wertvollen Handschriften; Nahrungs- und Genußmittelind. – 1357 kam C. (in röm. Zeit **Caesena**) an den Kirchenstaat. – Die Stadt wird beherrscht von der Rocca Malatestiana (v. a. 15. Jh.).
Česká Republika [tschech. 'tʃɛska 'rɛpublika], Abk. ČR, amtl. Name der ↑ Tschechischen Republik.
České Budějovice [tschech. 'tʃɛskɛ 'budjɛjɔvitsɛ] ↑ Budweis.

Český Krumlov [tschech. 'tʃɛski: 'krumlɔf] (dt. [Böhmisch-]Krumau), Stadt in der ČR, 20 km sw. von Budweis, an der Moldau, 13 500 E. Holzverarbeitende, Textil- und Bekleidungsind. – 1278 als Stadt genannt. – Spätgot. Kirche Sankt Veit (1407–39); zahlr. Häuser der Renaissance; über der Stadt liegt das Schloß (13./14. Jh.).

Český Těšín [tschech. 'tʃɛski: 'tjɛʃi:n] (dt. Teschen), Stadt in der ČR, am linken Ufer der Olsa, gegenüber der poln. Stadt Cieszyn, 25 km sö. von Ostrau, 25 400 E. Schwerind., Nahrungsmittel- und holzverarbeitende Ind. – 1155 zuerst erwähnt, im 13. Jh. Ansiedlung von Deutschen; 1281 Hauptort des piast. Hzgt. Teschen, 1292 Stadtrecht; 1327 böhmisch; 1920 in das tschech. Č. T. und das poln. Cieszyn geteilt; 1938–45 als Cieszyn, zunächst unter poln. Oberhoheit, nochmals vereinigt.

Çeşme [türk. 'tʃɛʃmɛ], türk. Ort an der Küste des Ägäischen Meeres, 70 km wsw. von Izmir, 6 500 E. Tabakbau, Reb- und Feigenkulturen. – Hier lag **Erythrai**, einer der 12 ion. Stadtstaaten Kleinasiens; 191 v. Chr. unter röm. Oberhoheit; im MA seldschukisch, dann osmanisch; später verlassen, Anfang des 19. Jh. als **Litri** wiedergegründet.

Céspedes, Alba de [italien. 'tʃɛspedes], * Rom 11. März 1911, italien. Schriftstellerin. – Legt einfühlsam v. a. die Probleme der Frau in Familie und Beruf dar, u. a. „Allein in diesem Haus" (R., 1952), „Die Bambolona" (R., 1967).

Cesti, Pietro Antonio [italien. 'tʃɛsti], gen. Marc Antonio C., ≈ Arezzo 5. Aug. 1623, † Florenz 14. Okt. 1669, italien. Komponist. – Einer der bedeutendsten Opernkomponisten des 17. Jh. (u. a. die Hochzeitsoper für Kaiser Leopold I., „Il pomo d'oro", 1667).

Cestius, Gajus C. Epulo, † 12 v. Chr., röm. Volkstribun, Prätor und Septemvir. – Bekannt durch sein Grabmal, die an der Straße nach Ostia errichtete 37 m hohe **Cestiuspyramide** (heute neben der Porta San Paolo).

c'est la guerre [sɛlaˈgɛːr], frz. „das ist der Krieg"], Redensart; das bedeutet Krieg, hat Krieg zur Folge.

Cetan [griech.] (Hexadecan), $C_{16}H_{34}$, ein gesättigter Kohlenwasserstoff; er zeigt optimales techn. Betriebsverhalten als Dieselkraftstoff und dient als Eichkraftstoff zur Ermittlung der **Cetanzahl** (Abk. **CaZ**; Maß für die Zündwilligkeit eines Dieselkraftstoffs). Dem sehr zündwilligen C. schreibt man die Cetanzahl 100, dem zündträgen α-Methylnaphthalin die Cetanzahl 0 zu. Die Cetanzahl gibt dann an, wieviel Volumenprozent C. sich in einem Gemisch mit α-Methylnaphthalin befinden, das in einem Prüfmotor dieselbe Zündwilligkeit aufweist wie der untersuchte Dieselkraftstoff. Für Ottomotoren ist die ↑Oktanzahl maßgebend.

Ceterum censeo Carthaginem esse delendam [lat. „im übrigen meine ich, daß Karthago zerstört werden muß"], stehende Schlußformel in den Senatsreden des älteren Cato, daher sprichwörtlich für eine hartnäckig wiederholte Forderung.

Cetinje [serbokroat. ˌtsɛtinjɛ], Stadt westlich von Titograd, Montenegro, 14 000 E. Sitz eines serbisch-orth. Metropoliten; Nationalmuseum. – 1440 erstmals genannt, 1878 bis 1918 Hauptstadt des Kgr. Montenegro.

Četnici [serbokroat. 'tʃɛtni:tsi] (Tschetniks), serb. Freischärler, die sich zum Schutz der serb. Bev. in Makedonien Ende des 19. Jh. zusammenfanden. Unter dem Namen Č. kämpften im 2. Weltkrieg serb. Partisanengruppen gegen die dt. Besatzung in Bosnien und Herzegowina sowie in den serbisch besiedelten Gebieten Kroatiens gegen die Ustaša; 1944 von kommunist. Partisanen Titos aufgerieben. Im serb.-kroat. Bürgerkrieg 1990/91 kämpften serb. Freischärler unter dem Namen Č. an der Seite der jugoslaw. Volksarmee.

Cetus [griech.-lat.] (Walfisch) ↑Sternbilder (Übersicht).

Ceulen, Ludolph van [niederl. 'køːlə], eigtl. Ackermann (♂), latinisiert Colonus, * Hildesheim 28. Jan. 1540, † Leiden 31. Dez. 1610, dt.-niederl. Mathematiker. – Berechnete die Zahl π (nach ihm auch **Ludolphsche Zahl**) auf 36 Stellen genau.

Ceuta [span. 'θeuta], span. Hafenstadt an der marokkan. Mittelmeerküste, 19 km², 71 000 E. Schiffsreparatur, Fischverarbeitung. – Schon im Altertum Festung mit Hafen, 715 von Arabern erobert, 1415 portugiesisch, seit 1580 bei Spanien.

Cevennen [se...], äußerster SO-Rand des Zentralmassivs, Frankreich, mit steilem Abfall zum Languedoc und zur Rhonesenke sowie allmähl. Abdachung zur atlant. Seite, im Mont Lozère 1702 m hoch, z. T. Nationalpark.

Ceylon, Insel im Ind. Ozean, ↑Sri Lanka.

Ceylonbarbe (Puntius cumingi), bis etwa 5 cm lange Zierbarbenart in Bergwaldbächen Ceylons; Warmwasseraquarienfisch.

Paul Cézanne. Die großen Badenden, 1900–05 (Philadelphia, Museum of Art)

ceylonesische Kunst, in ihren wesentlichen Zeugnissen der buddhist. Kunst zugehörig. Von der ersten Hauptstadt und einst buddhist. Zentrum Anuradhapura ist heute ein großes Ruinenfeld freigelegt mit Überresten bedeutender architekton. Leistungen, Bauplastik (Mondsteine) und Großplastik aus dem 3. Jh. v. Chr. – 10. Jh. n. Chr. Seit Mitte des 8. Jh. wurde des öfteren Polonnaruwa Hauptstadt. In diesem Ort finden sich relativ gut erhaltene Ziegelbauten und eine Großplastik aus dem 12. Jahrhundert.

Ceylonmoos (Gracilaria lichenoides), im Ind. Ozean weitverbreitete, stark gabelig verzweigte Rotalge.

Ceylonzimt, svw. Kaneel (↑Zimt).

Cézanne, Paul [frz. seˈzan], * Aix-en-Provence 19. Jan. 1839, † ebd. 22. Okt. 1906, frz. Maler. – Wandte sich Ende der 1870er Jahre vom Impressionismus ab und widmete sich in seinen reiferen Arbeiten (v. a. Stilleben, Landschaften) einer am Farbwert orientierten Malerei, die als Vorstufe zur Abstraktion gilt; C. erhöhte die Bedeutung geometr. Formen für die Komposition; dadurch Vorläufer der Kubisten. Oft wiederholte Motive sind bes. der Mont Sainte-Victoire (1883 ff., 11 Fassungen, u. a. New York, Washington, Philadelphia, Basel) und Badende (u. a. 1890–94, Paris, Louvre; 1900–05, Chicago, Art Institute).

Cf, chem. Symbol für: ↑Californium.

cf. (cfr., conf.), Abk. für: lat. confer! („vergleiche!").

c. f., Abk. für: Cantus firmus (↑Cantus).

CFA-Franc [frz. seɛfˈafra:], Währungseinheit afrikan. Staaten, die der Communauté Financière Africaine angehören.

CFK, Abk. für: Carbonfaser-Kunststoffe (↑Verbundwerkstoffe).

CFLN, Abk. für: Comité français de libération nationale (↑Französisches Komitee der Nationalen Befreiung).

CGB, Abk. für: Christl. Gewerkschaftsbund Deutschlands (↑Gewerkschaften).

C. G. T. (CGT) [frz. seʒeˈte], Abk. für: Confédération Générale du Travail (↑Gewerkschaften [Übersicht; Europa]).

C. H. (CH), Abk. für: lat. ↑Confoederatio Helvetica.

Chaban-Delmas, Jacques Michel Pierre [frz. ʃabādɛl-ˈmaːs], eigtl. J. Delmas, *Paris 7. März 1915, frz. gaullist. Politiker. – Seit 1940 führendes Mgl. in der Résistance (Deckname „Chaban"); 1947–77 und seit 1983 Bürgermeister von Bordeaux; 1954–58 Min. in verschiedenen Ressorts (u. a. 1957/58 Verteidigungsmin.); 1958–69, 1978–81 und 1986–88 Präs. der Nat.versammlung; 1969 bis 1972 Premierminister.

Chac-Mool auf der Plattform des Kriegertempels in Chichén Itzá, zwischen 900 und 1200

Chabarowsk [russ. xaˈbarɛfsk], Hauptstadt der russ. Region C., im Fernen Osten, an der Mündung des Ussuri in den Amur, 601 000 E. Mehrere Hochschulen; Schiff- und Maschinenbau, Erdölraffinerie u. a. Ind.; Hafen am Amur, Bahnstation der Transsib, internat. ✈. – Entstand 1858 als Militärstützpunkt, seit 1880 Stadt, seit 1884 Sitz eines Gouverneurs, 1922 sowjetisch.

Chablais [frz. ʃaˈblɛ], nördlichstes Massiv der frz. Voralpen, südlich des Genfer Sees, im Mont Buet 3 099 m hoch.

Chabrol, Claude [frz. ʃaˈbrɔl], *Paris 24. Juni 1930, frz. Filmregisseur und -kritiker. – Von F. Lang und A. Hitchcock beeinflußt; galt seit seinem Film „Die Enttäuschten" (1958) als Exponent der „Neuen Welle". – *Weitere Filme:* Schrei, wenn du kannst (1959), Die untreue Frau (1968), Die Phantome des Hutmachers (1982), Der Schrei der Eule (1988), Dr. M. (1989), Stille Tage in Clichy (1990).

Chac [tʃak], Regengott der Mayakultur; sein Kult verlangte Kinderopfer.

Cha-Cha-Cha [ˈtʃatʃatʃa], Modetanz aus Kuba, in den 1950er Jahren aus dem Mambo entwickelt.

Chac-Mool [ˈtʃak moˈɔl], Steinskulpturentyp des präkolumb. Mexiko (mit der Kultur der Tolteken und Azteken verbunden).

Chaco [span. ˈtʃako], nordargentin. Prov. im südl. Gran Chaco, 99 633 km², 824 000 E (1989), Hauptstadt Resistencia.

Chacokrieg [span. ˈtʃako], Krieg zw. Bolivien und Paraguay (1932–35), der um das durch Erdölfunde wirtsch. interessant gewordene nördl. Chacogebiet (sog. Chaco boreal) und das Problem des Meereszugangs Boliviens über den Paraguay ausbrach. 1938 erhielt das siegreiche Paraguay den größten Teil des umstrittenen Gebiets, Bolivien einen Korridor zum Paraguay.

Chaconne [ʃaˈkɔn; frz.] (span. Chacona; italien. Ciaccona), mäßig bewegter Tanz im ³⁄₄-Takt, wahrscheinlich aus Spanien; eine der Hauptformen des frz. Ballet de cour und der frz. Oper des 17./18. Jh. In der Instrumentalmusik erscheint die C. als Variationskomposition über einem meist viertaktigen ostinaten (ständig wiederholten) Baßthema (J. S. Bach, C. in der Solo-Partita d-Moll für Violine).

chacun à son goût [frz. ʃakœasõˈgu], Redensart: jeder nach seinem Geschmack.

Chadatu [xa...], assyr. Provinzhauptstadt, ↑Arslan Taş.

Jacques Michel Pierre Chaban-Delmas

Claude Chabrol

Chadidscha [xaˈdidʒa], *Mekka um 560, †ebd. 619, erste Gemahlin des Propheten Mohammed. – Kaufmannswitwe, die Mohammed die Heirat anbot. Der Ehe entstammt ↑Fatima.

Chadir, Al [arab. alˈxadɪr „der Lebendige"], legendäre Heiligengestalt im Islam; die Chadirlegende knüpft an Sure 18, Vers 59 ff. des Korans an und enthält verschiedene Sagenmotive.

Chadli Bendjedid [ˈʃaːdli bəndʒəˈdid], *Bouteldja 14. April 1929, alger. Politiker. – Seit 1955 im Befreiungskampf aktiv; danach maßgeblich am Aufbau der Streitkräfte beteiligt. Seit 1979 Staatspräs. (1984, 1988 und 1989 im Amt bestätigt); Rücktritt Jan. 1992.

Chadwick [engl. ˈtʃædwɪk], George, *Lowell (Mass.) 13. Nov. 1854, †Boston 4. April 1931, amerikan. Komponist. – Schrieb Werke im nachromant. Stil (u. a. Opern, Sinfonien, Chorwerke), die in Amerika sehr erfolgreich waren.
C., Sir (seit 1945) James, *Manchester 20. Okt. 1891, †Cambridge 23. Juli 1974, brit. Physiker. – Entdeckte 1932 das Neutron. Nobelpreis für Physik 1935.
C., Lynn, *London 24. Nov. 1914, brit. Bildhauer. – Schuf vorwiegend mantelumhüllte Figuren und Tierplastiken, die auf dünnen Stäben stehen (z. B. „Zwei Figuren", 1956; Kunsthalle Mannheim).

Chafadschi [xa...], altorientalische. Ruinenstätte im Irak, 15 km östlich von Bagdad am Unterlauf der Dijala. Amerikan. Ausgrabungen (1930–38 und 1957 ff.) fanden drei Siedlungen, in Tell A eine des 3. Jt., in Tell B und C ein Fort des 17. Jh. Tell D ist das alte Tutub (2. Jt.; Fund altbabylon. Texte).

Chafre [ˈça...], ägypt. König, ↑Chephren.

Chagall, Marc [frz. ʃaˈgal], *Liosno bei Witebsk 7. Juli 1887, †Saint-Paul-de-Vence 28. März 1985, russ. Maler und Graphiker. – 1910–14 in Paris Studium der Malerei (Einfluß des Orphismus), seit 1949 in Vence. Wichtige Bildelemente sind in Erinnerung an seine Heimat gemalte dörfl. Szenen, Tiere, Liebespaare sowie legendenhafte Motive aus

Lynn Chadwick. Zwei Figuren, 1956 (Mannheim, Kunsthalle)

der Welt des russisch-jüd. Volkslebens und des Chassidismus. Auch bed. Buchillustrationen, u. a. Radierungen zu Gogol (1926), La Fontaine (1928–31) und zur Bibel (1931–39, 1952–56). Daneben Wandbilder, Glasfenster (u. a. St. Stephan in Mainz), Bühnenbilder, Teppiche.

Chagas-Krankheit [ˈʃaːgas; nach dem brasilian. Bakteriologen C. Chagas, *1879, †1934], in M- und S-Amerika auftretende Infektionskrankheit, deren Erreger, Trypanosoma cruzi, durch den Stich von Raubwanzen, bes. auf Kinder, übertragen wird. Symptome sind Fieber, Lymphknotenschwellung, Milz- und Lebervergrößerung, beschleunigte Herztätigkeit und Blutdruckabfall; bei Erwachsenen meist chron. Verlauf; Vorbeugung durch Raubwanzenbekämpfung und Verbesserung der Wohnverhältnisse.

Chagos Islands [engl. ˈtʃɑːgoʊs ˈaɪləndz], Gruppe von Koralleninseln im Ind. Ozean, südlich der Malediven; auf der Hauptinsel **Diego Garcia** amerikan. Militärstützpunkt. – Gehörte bis 1965 zu Mauritius, bildet das British Indian Ocean Territory.

Chagrin [ʃaˈgrɛ̃; türk.-frz.], Leder aus Pferde- oder Eselshäuten mit typ. Erhöhungen auf der Narbenseite.

Chailley, Jacques [frz. ʃaˈjɛ], *Paris 24. März 1910, frz. Musikforscher und Komponist. – Seit 1953 Prof. für Musikwiss. an der Sorbonne, seit 1962 auch Leiter der Schola Cantorum in Paris. Komponierte Opern, das Ballett „Die Dame und das Einhorn" (1953, nach J. Cocteau), Orchester-, Kammermusik, Chorwerke, Lieder, Bühnen- und Filmmusiken. Veröffentlichte u. a. „Histoire musicale du moyen âge" (1950), „Les passions de J. S. Bach" (1963), „Eléments de philologie musicale" (1986).

Chailly, Riccardo [ʃaˈji], *Mailand 20. Febr. 1953, italien. Dirigent. – Debütierte 1978 an der Mailänder Scala; ist mit breitem Repertoire als Opern- und Konzertdirigent erfolgreich; u. a. seit 1988 Chefdirigent des Concertgebouworkest Amsterdam.

Chain, Sir Ernst Boris [engl. tʃeɪn], *Berlin 19. Juni 1906, †Castlebar (Irland) 12. Aug. 1979, brit. Biochemiker russ. Herkunft. – Prof. in Rom und London; klärte zusammen mit H. W. Florey die chemotherapeut. Wirkung und die Struktur des Penicillins auf. Nobelpreis für Physiologie oder Medizin 1945 mit A. Fleming und H. W. Florey.

Chair Ad Din [ˈxaɪɐ aˈdiːn] (Cheireddin), gen. Barbarossa C. Ad D., *Lesbos um 1467, †Konstantinopel 4. Juli 1546, islamisierter Grieche, Herrscher in Algier und türk. Admiral. – Folgte 1518 seinem Bruder Horuk in der Herrschaft über Algier, das er 1519 osman. Oberhoheit unterstellte; 1535 auf frz. Seite von Kaiser Karl V. bei Goletta geschlagen; 1533 Oberbefehlshaber der türk. Flotte.

Chairman [engl. ˈtʃɛəmən; zu chair „Stuhl"], in Großbritannien und in den USA Bez. des Vorsitzenden einer öff. oder sonstigen Körperschaft oder eines Gremiums.

Chaironeia [çaɪ...] (lat. Chaeronea), antike griech. Stadt in W-Böotien; bekannt durch den Sieg Philipps II. von Makedonien über die Koalition der Griechen unter Führung Athens und Thebens (338 v. Chr.); das bekannte Löwendenkmal erinnert an die Schlacht. 551 n. Chr. durch Erdbeben zerstört; einzelne Baudenkmäler (u. a. Theater) sind erhalten.

Chaise [ˈʃɛːzə; frz.], zwei- oder vierrädriger Wagen mit Verdeck.

Chaiselongue [ʃɛzˈlõː; frz., eigtl. „langer Stuhl"], gepolsterte Liegestatt mit Kopfpolster.

Chakassen [xa...] (Abakan-Tataren), Turkvolk in Rußland, bes. im Autonomen Gebiet der C., etwa 74000; Ackerbauern und Viehzüchter. Sprechen Chakassisch.

Chakassen, Autonomes Gebiet der [xa...], autonomes Gebiet innerhalb der Region Krasnojarsk, Rußland, in Südsibirien, 61 900 km², 569 000 E; Hauptstadt Abakan. Überwiegend waldreiches Gebirgsland; Bergbau (Steinkohle, Erze, Nephelin u. a.); Holzverarbeitung, Nahrungsmittelind. – 1930 errichtet.

Chalap [ˈxa...] (Chalapa), ↑Aleppo.

Chalat [xa...; arab.], mantelartiges Gewand, von einem breiten Gürtel gehalten; bes. in M- und Z-Asien; früher oriental. Ehrenkleid.

Marc Chagall. Über Witebsk, 1922 (Zürich, Kunsthaus)

Chalaza [ˈça:..., ˈka:...; griech.], svw. ↑Hagelschnur (bei Vogeleiern),
▷ svw. ↑Nabelfleck (bei Samenanlagen von Blütenpflanzen).

Chalazion [ça...; griech.], svw. ↑Hagelkorn.

Chalcedon [çal...], ehem. Stadt am Bosporus, ↑Chalkedon.

Chalcedon [kal...], svw. ↑Chalzedon.

Chalcidius [çal...] (Calcidius), röm. Neuplatoniker griech. Herkunft, um 400 n. Chr. Verfasser eines umfangreichen Kommentars zu Platons „Timaios" nebst lat. Übersetzung, einer wichtigen Quelle für die Wissenschaftsgeschichte der Spätantike.

Chaldäa [kal...], Land der Chaldäer, eigtl. Teil S-Babyloniens, in griechisch-röm. Quellen meist allg. Name für Babylon.

Chaldäer [kal...], wichtigster Großstamm der Aramäer in Babylonien; seit Anfang des 1. Jt. v. Chr. in S-Babylonien seßhaft und an babylon. Kultur und Sprache angepaßt; übernahmen 626 v. Chr. die Macht. Unter der Dynastie der C. erlebte Babylonien seine letzte kulturelle Blüte, bis es 539 v. Chr. von Kyros II., dem Großen, erobert wurde.

chaldäische Kirche [kal...], die mit Rom unierten Teile der alten ostsyr. (assyr.) Kirche; heute etwa 200 000 Christen, das Oberhaupt der c. K. residiert in Bagdad.

Chalder [ˈkal...], ↑Urartäer.

Chalet [ʃaˈleː, ʃaˈlɛ; frz.], Sennhütte, Schweizer Häuschen; v. a. für den Tourismus.

Chalid, Ibn Abd Al Asis Ibn Saud [arab. ˈxaːlɪt], *Ar Rijad 1913, †Taif bei Mekka 13. Juni 1982, König von Saudi-Arabien (seit 1975). – Halbbruder König Sauds und König Faisals; seit 1965 Kronprinz; übertrug die eigtl. Regierung an Kronprinz Fahd.

Chalid Ibn Al Walid [ˈxaːlɪt...], †Medina oder Homs 642, arab. Heerführer. – Nach seinem Übertritt zum Islam 629 einer der erfolgreichsten Feldherrn („Schwert des Islams"); 633–636 maßgeblich an der Eroberung des Irak und Syriens beteiligt.

Chalkedon [çal...] (Kalchedon; Chalcedon, Chalzedon), bed. Stadt in der Antike (heute Kadıköy [Stadtteil von Istanbul]). 685 v. Chr. von Megara gegr.; seit 74 v. Chr. römisch, 365 von Kaiser Valens zerstört, seit dem 5. Jh. wieder aufgebaut; Tagungsort des 4. ökumen. Konzils (451); 7.–14. Jh. von Persern, Arabern und Türken oft belagert und zerstört.

Chalkedon, Konzil von [çal...], das 4. ökumen. Konzil; 451 von dem byzantin. Kaiser Markian (⚭ 450–457) einberufen. Das vom Konzil verabschiedete Glaubensbekenntnis (in der einen Person Christus sind zwei Naturen, die göttl. und die menschl., *ungetrennt* und *unvermischt* enthalten) ist verbindlich geblieben für die orth. und die kath. Kirche sowie für die ev. Kirchen.

Chalkidike [çal...], Halbinsel in Makedonien, N-Griechenland, reicht vom Festland etwa 110 km in das nördl. Ägäische Meer hinein; in drei schmale, langgestreckte Halb-

James Chadwick

Ernst Boris Chain

Chalkis

Arthur Neville Chamberlain

Joseph Austen Chamberlain

Chamäleons. Gewöhnliches Chamäleon

Chalzedon. Chrysopras

inseln aufgefächert: **Kassandra, Sithonia** und **Ajion Oros**; im Athos 2033 m hoch. – Urspr. von Thrakern besiedelt; 8.–6. Jh. Einwanderung von Griechen aus Euböa; seit 348 makedonisch. Im MA beim Byzantin. Reich; seit dem 15. Jh. osmanisch; seit 1913 zu Griechenland.

Chalkis [çal...], griech. Stadt an der W-Küste von Euböa, 55 km nördlich von Athen, 45 000 E. Hauptort des Verw.-Geb. Euböa; orth. Erzbischofssitz; über eine Zugbrücke mit dem Festland verbunden; zwei Häfen. In archaischer Zeit eine bed. Handelsstadt.

Chalkogene [çal...; griech.] (Erzbildner), Sammelbez. für die Elemente der VI. Hauptgruppe des Periodensystems der chem. Elemente: Sauerstoff, Schwefel, Selen und Tellur.

Chalkogenidgläser [çal...], glasartige Produkte aus amorphen, nichtstöchiometr. Verbindungen der Chalkogene v. a. mit Silicium, Germanium, Arsen und/oder Antimon. Die meisten C. besitzen Halbleitereigenschaften, wobei mehrkomponentige C. Schalt- und Memoryeffekte zeigen; sie werden in der Elektronik als Material für Glashalbleiterbauelemente verwendet.

Chalkolithikum [çal...; griech.] (Kupfersteinzeit, Eneolithikum), v. a. in der prähistor. Archäologie Vorderasiens gebräuchl. Bez. für das jüngere Neolithikum, in dem neben Steingeräten bereits Kupfergegenstände auftreten.

Chalkopyrit [çal...; griech.], svw. ↑Kupferkies.

Chalkosin [çal...; griech.], svw. ↑Kupferglanz.

Challenger [engl. 'tʃælɪndʒə], Name eines ↑Raumtransporters (Space shuttle) der NASA; erster Start am 4. April 1983; bei seinem 10. Start am 28. Jan. 1986 in rd. 16 000 m Höhe explodiert.

Chalmers, Thomas [engl. tʃɑːməz], *East Anstruther (Fife) 17. März 1780, †Edinburgh 30. Mai 1847, schott. Theologe. – Prof. in Saint Andrews und Edinburgh. Das von ihm aufgebaute kirchl. Sozialwerk (Armenpflege) beeinflußte u. a. T. Carlyle und J. Wichern.

Chalmersit [tʃal...], svw. ↑Cubanit.

Chalone, zelleigene Mitosehemmstoffe.

Châlons-sur-Marne [frz. ʃalõsyr'marn], frz. Stadt an der Marne, 55 000 E. Verwaltungssitz des Dep. Marne; Bischofssitz; Maschinenbau, Elektro- und Textilind. Champagnerkellereien. – Hauptort der kelt. Katalauner, als **Catalaunorum Civitas** der röm. Prov. Belgica II erwähnt; entwickelte sich im 12./13. Jh. zu einem der bedeutendsten frz. Handelsplätze, v. a. für das Tuchgewerbe. In der Neuzeit Verwaltungsmittelpunkt der Champagne. – Zahlr. Kirchen, u. a. Kathedrale Saint-Étienne (13. Jh.) mit barocker Fassade, Saint-Alpin (12., 15. und 16. Jh.), Rathaus (18. Jh.).

Chalon-sur-Saône [frz. ʃalõsyr'soːn], frz. Stadt an der Saône, Dep. Saône-et-Loire, 58 000 E. Weinhandelszentrum und Marktort der westl. Bresse; Maschinenbau, Glas-, Elektroind.; Flußhafen. – **Cabillonum**, ein Ort der Äduer, kam 471 an Burgund und wurde 534 fränkisch; seit dem 5. Jh. Bischofssitz (bis 1801). – Frühgot. Kathedrale Saint-Vincent (12.–15. Jh.), ehem. Bischofspalast (15. Jh.), zahlr. Häuser des 16. und 17. Jahrhunderts.

Chaluz [hebr. „Pionier, gerüstet"], Name der Mgl. der zionist. Jugendorganisation **He-Chaluz** (Anfang des 20. Jh. in Rußland gegr., breitete sich schnell über viele Länder aus), kämpften beim Aufstand im Warschauer Ghetto 1943 gegen die SS.

Chalwatijja [xal...] (Chalwetije), Derwischorden, benannt nach dem legendären Stifter Umar Al Chalwati († Täbris 1397); breitete sich im 16. und 17. Jh. über das ganze Osman. Reich aus. Im 18./19. Jh. bestanden nur noch mehrere Gruppen.

Chalzedon ↑Chalcedon.

Chalzedon (Chalcedon) [kal...; griech., nach der Stadt Chalkedon], Mineral, kryptokristalliner Quarz, SiO_2; als C. i. e. S. gilt der durchscheinende, oft schön gefärbte Schmuckstein mit traubiger, glaskopfartiger Oberfläche. Dichte 2,59 bis 2,61 g/cm³, Mohshärte 6,5–7. Zahlr. Varietäten: rot gefärbter C. wird als **Karneol**, grüner als **Chrysopras**, brauner, rot durchscheinender als **Sarder** bezeichnet. – ↑Achat, ↑Jaspis, ↑Onyx.

Cham [tʃam], indones. Volk, gründete das Reich Champa; heute nur noch Minderheiten in Kambodscha und Vietnam.

Cham [kaːm], Krst. in Bayern, am Regen, in der C.-Further Senke, 16 700 E. Elektro- und Textilind., Holzverarbeitung; Fremdenverkehr. – 1135 ist die Siedlung Altenmarkt belegt, 1210 eine Neustadt C.; 1293 Stadtprivilegien. – Reste der Stadtbefestigung; Rathaus (15. Jh.), Stadtpfarrkirche (18. Jh., auf Fundamenten des 13. Jh.).

C., Landkr. in Bayern.

Chamaeleon (Chamäleon) [kaˈmɛː...; griech.] ↑Sternbilder (Übersicht).

Chamäleonfliege [ka...] (Stratiomyia chamaeleon), etwa 15 mm große einheim. Waffenfliege mit wespenähnl. schwarz-gelber Zeichnung; häufig auf Doldenblütlern.

Chalzedon (traubig)

Chamäleons [ka...; griech.] (Wurmzüngler, Chamaeleonidae), seit der Kreidezeit bekannte Fam. 4–75 cm körperlanger Echsen mit etwa 90 Arten in Afrika, S-Spanien, Kleinasien und Indien; Körper seitlich abgeplattet mit Greifschwanz; die klebrige Zunge wird zum Beutefang hervorgeschleudert. Die Fähigkeit zum Farbwechsel dient nicht zur Tarnung, sondern ist stimmungsabhängig und kann durch verschiedene Faktoren (u. a. Angst, Hunger, Wärme, Änderung der Lichtverhältnisse) beeinflußt werden. In Europa (S-Spanien) kommt nur das **Gewöhnliche Chamäleon** (Chamaeleo chamaeleon) vor, 25–30 cm lang, Färbung in wechselnder Anordnung gelb, grün, braun, grau und schwarz.

Chamaven [ça...] (lat. Chamavi; Chamaver), german. Volksstamm am Niederrhein zw. Lippe und IJssel; erhob sich im 4. n. Chr. mit den Cheruskern gegen Rom.

Chamberlain [engl. 'tʃeɪmbəlɪn], Arthur Neville, *Edgbaston bei Birmingham 18. März 1869, †Heckfield bei Reading 9. Nov. 1940, brit. Politiker. – Sohn von Joseph C., Halbbruder von Joseph Austen C.; seit 1918 konservativer Abg., 1923, 1924–29 und 1931 Gesundheitsmin., 1923/24 und 1931–37 Schatzkanzler; versuchte als Premiermin. (1937–40) durch persönl. Diplomatie eine Politik des Einvernehmens (Appeasement) mit den faschist. Regierungen Europas durchzusetzen; glaubte, durch Nachgeben gegenüber den Forderungen Hitlers (u. a. Münchner Abkommen 1938) einen Krieg verhindern zu können; erkannte erst 1939 die Fehler seiner Politik. Erfolglose Kriegsführung führte zu seinem Rücktritt.

C., Houston Stewart, *Portsmouth 9. Sept. 1855, †Bayreuth 9. Jan. 1927, brit. Kulturphilosoph und Schriftsteller. – ∞ mit R. Wagners Tochter Eva in Bayreuth; Verehrer R. Wagners; seit 1916 dt. Staatsangehörigkeit; verkündete in seinen kulturphilosoph. Schriften, bes. in seinem Hauptwerk „Die Grundlagen des 19. Jh." (1899) eine völkischmyst. Ideologie, die auf einer unkrit. Verschmelzung naturwiss. und philosoph. Ideen beruhte; starker Einfluß auf die nat.-soz. Rassenideologie.

C., Joseph, *London 8. Juli 1836, †ebd. 2. Juli 1914, brit. Politiker. – Industrieller; 1873–76 Bürgermeister von Birmingham; trat als Handelsmin. Gladstones (1880–85) für weitgehende soziale Reformen ein; wechselte aus Protest gegen die Homerulevorlage für Irland mit den „Liberalen Unionisten" zur Konservativen und Unionist. Partei; 1895–1903 Kolonialmin.; führender Repräsentant des liberalen Imperialismus, der in einem Schutzzollsystem innerhalb des brit. Empires, Übersee-Expansion und sozialen Reformen im Mutterland ein Heilmittel gegen alle sozialen Erschütterungen sah.

C., Sir (seit 1925) Joseph Austen, *Birmingham 16. Okt. 1863, †London 16. März 1937, brit. Politiker. – Sohn von Joseph C.; 1903–05 und 1919–21 Schatzkanzler, 1921/1922 Parteiführer der Konservativen; als Außenmin. 1924–29 wesentlich am Zustandekommen des Locarnopaktes 1925 beteiligt; Friedensnobelpreis 1925 (mit C. Dawes).

C., Owen, *San Francisco 10. Juli 1920, amerikan. Physiker. – Prof. in Berkeley; entdeckte 1955 mit E. Segrè das Antiproton. Nobelpreis 1959.

C., Richard, *Los Angeles 31. März 1935, amerikan. Schauspieler. – Spielt v. a. in TV-Serien; internat. Kinoerfolg mit „Petulia" (1968); trat Ende der 60er Jahre in England in Shakespeare-Stücken auf. – *Weitere Filme:* Julius Cäsar (1970), Der Graf von Monte Christo (1974), Shogun (1980), Die Dornenvögel (Fernsehserie, 1984), Quatermain (1986), Island Son (Fernsehserie, 1989).

Chamberlain [engl. ˈtʃeɪmbəlɪn] (Chamberer), Kammerherr; vor der Eroberung Englands durch die Normannen Bez. für den Verwalter der Finanzen; später erbl. Ehrentitel. Heute ist der Lord C. Vorsteher des königl. Hofstaates.

Chambéry [frz. ʃãbeˈri], Stadt in den nördl. frz. Voralpen, 55 000 E. Verwaltungssitz des Dep. Savoie; Erzbischofssitz; Univ.; Museen. Textil-, Glas-, Zement-, Druckerei-, Aluminiumind., 🐘. – Got. Kathedrale (15. und 16. Jh.), Schloß der Hzg. von Savoyen (13. Jh.–15. Jh.).

Chambi, Djebel [frz. dʒebɛlʃamˈbi], höchster Berg Tunesiens, im W des mitteltunes. Gebirgsrückens, 1 544 m hoch.

Chambonnières, Jacques Champion de [frz. ʃãbɔˈnjɛːr], *Paris zw. 1601 und 1611, †ebd. vor dem 4. Mai 1672, frz. Cembalist und Komponist. – Begründer der frz. Klaviermusik (2 Bücher „Pièces de Clavecin", 1670).

Chambord, Henri Charles de Bourbon, Graf von [frz. ʃãˈbɔːr], Herzog von Bordeaux, *Paris 29. Sept. 1820, †Frohsdorf bei Wiener Neustadt 24. Aug. 1883, frz.-bourbon. Thronprätendent. – Enkel Karls X.; die Legitimisten versuchten 1836, 1848 und 1870–73 vergeblich, ihn auf den Thron zu bringen.

Chambord [frz. ʃãˈbɔːr], frz. Ort im Dep. Loir-et-Cher, 15 km östlich von Blois, 230 E. Bed. Renaissanceschloß (1519–38), von der UNESCO zum Weltkulturerbe erklärt. – In C. wurde 1552 zw. der dt. Fürstenverschwörung unter Moritz von Sachsen und König Heinrich II. von Frankreich ein Vertrag gegen Kaiser Karl V. geschlossen.

Chambre [ˈʃãːbrə; frz.; zu lat. camera „Gewölbe"], für Zimmer; abgesonderter kleiner Raum in Restaurants. ▷ frz. für Kammer, polit. Körperschaft, Richterkollegium; z. B. **Chambre civile,** Zivilkammer, **Chambre de commerce,** Handelskammer, **Chambre des pairs,** 1814–48 die 1. Kammer des frz. Parlaments, **Chambre des députés,** 1814–48 und 1875–1940 die Abg.kammer, **Chambre ardente,** frz. Sondergericht des 16. und 17. Jahrhunderts.

Chamfort [frz. ʃãˈfɔːr], eigtl. Sébastien Roch Nicolas, *bei Clermont (= Clermont-Ferrand) 6. April 1741, †Paris 13. April 1794, frz. Schriftsteller. – Schrieb Gedichte, Fabeln, Komödien, Aphorismen, die Tragödie „Mustapha et Zéangir" (1776), Ballette und literaturkrit. Arbeiten.

Cham-Further Senke [ˈkaːm], durchschnittlich 400 m hoch gelegene Einmuldung am S-Rand des Oberpfälzer Waldes, von Cham und Regen durchflossen.

Chamisso, Adelbert von [ʃaˈmiso], eigtl. Louis Charles Adélaïde de C. de Boncourt, *Schloß Boncourt (Champagne) 30. Jan. 1781, †Berlin 21. Aug. 1838, dt. Dichter und Naturforscher. – Aus lothring. Adelsgeschlecht; 1790 Flucht vor der Revolution nach Preußen. 1815–18 als Naturforscher Teilnahme an einer Weltumsegelung („Reise um die Welt ...", 1821/36), danach Adjunkt am Berliner Botan. Garten. Seine Lyrik schloß sich an Goethe, Uhland und P. J. de Beranger an; er griff auch soziale Themen auf (Balladen „Die alte Waschfrau", „Der Invalide"); errang Weltruhm durch die romant. Geschichte des Mannes, der seinen Schatten verkaufte („Peter Schlemihls wundersame Geschichte", 1814).

Chammurapi [xa...] ↑ Hammurapi.

chamois [ʃamoˈa; frz. „gemsfarben"], Bez. für die gelbl. Färbung des Papieruntergrundes bei bestimmten Photopapieren.

Chamois [ʃamoˈa; frz. „Gemse"], bes. weiches Gemsen-, Ziegen- oder Schafleder.

Chamonix-Mont-Blanc [frz. ʃamɔnimɔ̃ˈblã], frz. Klimakurort, Wintersport- und Alpinistenzentrum am N-Fuß des Montblanc, Dep. Haute-Savoie, 1 035 m ü. d. M., 9 300 E. 1924 Austragungsort der 1. Olymp. Winterspiele. Der 11,6 km lange **Montblanctunnel** verbindet C.-M.-B. mit Courmayeur und dem italien. Aostatal.

Chamoun, Camille [frz. ʃaˈmun] ↑ Schamun, Kamil.

Champa [ˈtʃampa], seit dem 2./3. Jh. nachweisbares histor. Reich der Cham im Küstengebiet des heutigen Vietnam; Blüte im 8./9. Jh., 1471 von Annam erobert.

Champagne [frz. ʃãˈpaɲ], aus Kreidekalken aufgebaute Plateaulandschaft im östl. Pariser Becken, erstreckt sich bis zu den Ardennen bzw. Argonnen; Anbau von Weizen und Raps, bis ins Altertum zurückreichender Weinbau sowie Weideland. – 486 fränkisch, seit 814 Gft. C., die 923 an das Haus Vermandois fiel; im 10. Jh. um Meaux sowie einige Lehen des Erzbistums Reims erweitert; 1023 erbte das Haus Blois die C.; 1314/61 der frz. Krondomäne einverleibt. – Die Prov. C. (Hauptstadt Châlons-sur-Marne seit 1635) wurde 1790 im wesentlichen auf die Dep. Aube, Marne, Ardennes, Yonne, Seine-et-Marne und Haute-Marne aufgeteilt; im 1. Weltkrieg durch schwere Schlachten verwüstet.

Champagne-Ardenne [frz. ʃãpaɲˈdɛn], Region in NO-Frankreich, umfaßt die Dep. Ardennes, Aube, Marne und Haute-Marne, 25 606 km², 1,36 Mill. E (1986); Hauptstadt Reims.

Champagner [ʃamˈpanjɐ] (frz. champagne), Schaumwein, der aus Pinottrauben (Pinot noir, Chardonnay) der Champagne durch zwei Gärungen hergestellt wird.

Champagnerbratbirne [ʃamˈpanjɐ] ↑ Birnen (Übersicht).

Champagnerrenette [ʃamˈpanjɐ] ↑ Äpfel (Übersicht).

Champaigne (Champagne), Philippe de [frz. ʃãˈpaɲ], *Brüssel 26. Mai 1602, †Paris 12. August 1674, flämisch-frz. Maler. – Seit 1621 in Paris; bevorzugter Maler Ludwigs XIII. und Richelieus, von denen er vorzügl. Porträts malte. Anhänger der Jansenisten und „peintre de Port-Royal"; daneben zahlr. religiöse Bilder, u. a. „Ex voto von 1662" (Louvre). – Abb. S. 286.

Owen Chamberlain

Champagne
Historisches Wappen

Adelbert von Chamisso

Chambord. Nordwestfront des Renaissanceschlosses, erbaut 1519–38

Champignon

Philippe de Champaigne. Ex voto von 1662 (Paris, Louvre)

Champignon. Oben: Wiesenchampignon. Unten: Waldchampignon

Jean-François Champollion (Gemälde von Léon Cogniet, 1831; Paris, Louvre)

Champignon [ˈʃampɪnjõ, ʃãˈpɪnjõ; frz.; zu lat. campania „flaches Feld"] (Egerling, Agaricus), Gatt. der Lamellenpilze mit etwa 30 Arten hauptsächlich in den gemäßigten Breiten, davon rd. 20 Arten in Deutschland; Hut des weißl. bis bräunl. Fruchtkörpers meist von Hautfetzen bedeckt, in der Jugend stärker gewölbt, im Alter flacher werdend; unterseits durch die reifenden Sporen zunächst rosarot, zuletzt schokoladenbraun (im Unterschied zu den ähnl., giftigen Knollenblätterpilzen). Bekannte einheim. eßbare Arten sind u. a. der auf Wiesen und in Gärten vorkommende **Gartenchampignon** (Agaricus bisporus) mit graubraunem Hut und kurzem, dickem, weißem, innen hohlem Stiel; nußartiger Geschmack. Seine bes. auf Pferdemist in Kellern, C.zuchtbetrieben u. a. gezüchteten Formen sowie die des Wiesen-C. werden als **Zuchtchampignons** bezeichnet. Auf Humus in Laub- und Nadelwäldern von Juni bis zum Herbst wächst der **Schafchampignon** (Agaricus arvensis) mit bis 15 cm breitem, glockigem, später flach ausgebreitetem, schneeweißem bis cremefarbenem Hut. Bes. auf Kalkböden der Wälder von Juli bis Okt. kommt der bis 9 cm hohe **Waldchampignon** (Agaricus silvaticus) mit zimtbraunem, bis 8 cm breitem Hut vor; Fleisch weiß, beim Anschneiden karminrot werdend. Oft in Ringen auf gedüngten Wiesen, Weiden und in Gärten wächst vom Sommer bis zum Herbst der **Wiesenchampignon** (Agaricus campestris) mit weißseidigem, bis 12 cm breitem Hut. Leicht zu verwechseln mit dem Schafchampignon ist der schwach giftige **Tintenchampignon** (Karbol-C., Agaricus xanthoderma), der vom Hochsommer bis zum Spätherbst auf Kalk- und Lehmböden, auf Wiesen und an Waldrändern vorkommt; Stiel und Hut färben sich bei Verletzung sofort intensiv chromgelb.

Champion, Jacques [frz. ʃãˈpjõ] ↑ Chambonnières, Jacques Champion de.

Champion [engl. ˈtʃæmpjən; galloroman.; zu lat. campus „Schlachtfeld"], der jeweilige Meister in einer bestimmten Sportart; auch übertragen gebraucht; **Championat,** Meisterschaft.

Champlain, Samuel de [frz. ʃãˈplɛ̃], *Brouage (bei Rochefort) um 1570, †Quebec 25. Dez. 1635, frz. Entdecker. – Bereiste 1599–1609 Westindien und Mexiko; erforschte seit 1603 auf mehreren Reisen Nordamerika, gründete 1604 Port Royal, 1608 Quebec; entdeckte 1609 den Lake Champlain, 1615 den Huronsee; seit 1633 erster Gouverneur von Kanada. Die von ihm entwickelten Karten blieben maßgebend für das gesamte 17. Jahrhundert.

Champlain, Lake [engl. ˈleɪk ʃæmˈpleɪn], buchten- und inselreicher See in den nö. USA und der kanad. Prov. Quebec, etwa 200 km lang, bis 18 km breit; entwässert zum Sankt-Lorenz-Strom und ist nach S durch den **Champlain Canal** mit dem Hudson River verbunden.

Champollion, Jean-François [frz. ʃãpɔˈljõ], *Figeac (Lot) 23. Dez. 1790, †Paris 4. März 1832, frz. Ägyptologe. – Entzifferte als erster die ägypt. Hieroglyphen.

Champs-Élysées [frz. ʃãzeliˈze, „elysäische Gefilde"], 1880 m lange Prachtallee in Paris zw. Place Charles de Gaulle (früher Place de L'Étoile) und Place de la Concorde.

Chamsin ↑ Kamsin.

Chan ↑ Khan.

Chance [ˈʃãːs(ə); frz.; zu lat. cadere „fallen"], urspr. der glückl. „Fall" des Würfels beim Glücksspiel; Glücksfall, günstige Gelegenheit, Aussicht.

Chancelier [frz. ʃãsəˈlje; zu lat. cancellarius „Kanzleidirektor"], in Frankreich im 12. und 13. Jh. entstandenes Hofamt. Heute lediglich Titel des Großkanzlers (Grand Chancelier) der Ehrenlegion.

Chancellor, Richard [engl. ˈtʃɑːnsələ], †an der Küste von Aberdeenshire (Schottland) 10. Nov. 1556, engl. Entdecker. – Suchte die Nordöstl. Durchfahrt; erreichte von Archangelsk aus Moskau; kam bei einer zweiten Moskaureise (1555/56) ums Leben.

Chancellor [engl. ˈtʃɑːnsələ], Kanzler, Rektor einer Universität. In den USA auch Richter eines Gerichts, welches nach den Grundsätzen der Billigkeit entscheidet (Chancery court).

Chancellor of the Exchequer [engl. ˈtʃɑːnsələ əv ði ɪksˈtʃɛkə], seit dem 18. Jh. Titel des brit. Schatzkanzlers (Finanzminister).

Chancengleichheit [ˈʃãsən-], gesellschafts- und kulturpolit. Forderung, nach der alle Bürger gleiche Lebens- und Sozialchancen in Ausbildung und Beruf haben sollen; in liberaler Sicht, v. a. als **Chancengerechtigkeit,** die Ermöglichung (auch mit materieller Unterstützung) des allg. Zugangs zu allen Bildungswegen, dessen Wahrnehmung von der Tüchtigkeit des einzelnen abhängt.

Chan-Chan [span. ˈtʃanˈtʃan], Ruinenstadt in NW-Peru, 6 km nw. von Trujillo. Gegr. um 800 n. Chr., wurde es 1250 Hauptstadt des Reiches der Chimú; 1463 von den Inka erobert. Eine Gliederung der Stadtanlage in zehn rechteckige ummauerte Viertel jeweils mit Tempelanlage mit kleiner Stufenpyramide ist erkennbar. – Von der UNESCO zum Weltkulturerbe erklärt.

Chanchiang ↑ Zhanjiang.

Chanchito [tʃanˈtʃiːto; span.] (Cichlasoma facetum), bis etwa 30 cm langer Buntbarsch aus dem trop. S-Amerika; rote Augen, bläul. bis schwarze senkrechte Streifen auf graugelbl. Grund; Aquarienfisch.

Chanchito

Chandigarh [ˈtʃʌn...], Hauptstadt des 1947 entstandenen Bundesstaates Punjab in NW-Indien, zugleich vorläufige Hauptstadt des Bundesstaates Haryana sowie ind. Unionsterritorium mit 114 km², 451000 E. Univ. (gegr. 1947); Verkehrsknotenpunkt im nordind. Bahnnetz. – Da die alte Hauptstadt des Pandschab an Pakistan gefallen war, wurde C. 1950/51 als Hauptstadt des Staates Punjab nach dem von Le Corbusier konzipierten Gesamtplan gegr.: 36 rechteckige Sektoren, davon 30 Wohnsektoren („Nachbarschaften"), Palast des Gouverneurs (1965), Parlament (1959–62).

Chandler, Raymond Thornton [engl. ˈtʃɑːndlə], *Chicago 23. Juli 1888, †La Jolla (Calif.) 26. März 1959, amerikan. Kriminalschriftsteller. – Klassiker des Detektivromans;

seine karge, dichte Prosa, v. a. in „Der tiefe Schlaf" (1939), „Das hohe Fenster" (1942), „Die kleine Schwester" (1949), vermittelt eindringlich die Verlorenheit seines Detektivs Marlowe (in klass. Filmen der schwarzen Serie von H. Bogart verkörpert); auch Drehbücher.

Chandrasekhar, Subrahmanyan [engl. tʃændrəˈʃeɪkə], * Lahore 19. Okt. 1910, amerikan. Astrophysiker ind. Herkunft. – Prof. in Chicago. Bed. Arbeiten zum inneren Aufbau der Sterne und zur Sternentstehung sowie über die Theorie des Strahlungstransports und die Stabilität von Plasmen. Erhielt 1983 (zus. mit W. A. Fowler) den Nobelpreis für Physik.

Chanel, Coco [frz. ʃaˈnɛl], eigtl. Gabrielle Chasnel, * Saumur 19. Aug. 1883, † Paris 10. Jan. 1971, frz. Modeschöpferin. – Kreierte das „kleine Schwarze" und das *C.-Kostüm* sowie ein bes. Parfüm.

Changaigebirge, Gebirge im Innern der Mongolei, etwa 700 km lang, bis 200 km breit, bis 4031 m (Otchon-Tengri) hoch.

Changbai Shan (Tschangpaischan) [chin. tʃaŋbaiʃan], Plateaubergland mit zahlr. Vulkanen und Kraterseen in NO-China, an der korean. Grenze; im ↑Baitou Shan 2744 m hoch.

Changchiakou ↑Zhangjiakou.

Changchun (Tschangtschun) [chin. tʃaŋtʃuon], Hauptstadt der chin. Prov. Jilin, 1,91 Mill. E. Univ. (gegr. 1958), Fachhochschulen und Forschungsinstitute; Waggon-, Maschinen-, Lokomotivbau, chem., pharmazeut. Ind. – Ende des 18. Jh. von chin. Siedlern gegr.; 1933–45 als **Xinjing** (Sinking) Hauptstadt des von Japan abhängigen Staates Mandschukuo.

Chang Ch'un-ch'iao ↑Zhang Chunqiao.

changieren [ʃãˈʒiːrən; frz.], veraltet für: wechseln, verändern.
▷ [verschieden]farbig schillern.

Chang Jiang ↑Jangtsekiang.

Changkiakow ↑Zhangjiakou.

Changsha (Tschangscha) [chin. tʃaŋʃa], Hauptstadt der chin. Prov. Hunan, am Xian Jiang, 1,19 Mill. E Univ. (gegr. 1959), Fachhochschulen und Institute; Handels- und Umschlagplatz an der Eisenbahnlinie Kanton–Peking, Flußhafen; Papierfabrik, Textil-, chem. Ind., Herstellung von Stikkereien und Porzellan; ⚒. – Erstmals in der Qinzeit erwähnt; seit 1664 Hauptstadt der Prov. Hunan.

Changzhou (Tschangtschou) [chin. tʃaŋdʒou], chin. Industriestadt am Kaiserkanal, 513 000 E. Agrar- und Textilzentrum.

Chankasee [ˈxa...], See im Fernen Osten, N-Teil zu China gehörend, Hauptteil in Rußland, 4190 km², 95 km lang, bis 70 km breit und 11 m tief, 68 m ü. d. M.; Abfluß durch die **Sungatscha** (Grenzfluß zw. Rußland und China) in den Ussuri.

Chankiang ↑Zhanjiang.

Channel Islands [engl. ˈtʃænl ˈaɪləndz], Inselgruppe im Kanal, ↑Kanalinseln.

Chanoyu [jap. tʃ-], jap. Teezeremonie, die sich unter dem Einfluß des Zen-Buddhismus entwickelt hat; urspr. eine der inneren Sammlung dienende Zusammenkunft, später vorwiegend von ästhet. Gesichtspunkten bestimmt. Die von den Teemeistern in langer Tradition ausgebildeten Regeln und Normen wurden richtungweisend für Geschmack und Stil in vielen Bereichen des jap. Lebens.

Chanson [ʃaˈsõː; frz. „Lied"; zu lat. canere „singen"], 1. in der frz. Literatur des MA jedes singbare volkssprachl. ep. oder lyr. Gedicht. I. e. S. das Minnelied der Trouvères (*Canso*). – 2. Zum einstimmigen C. des Hoch-MA tritt gegen Ende des 13. Jh. das mehrstimmige C. (teils mit Refrain) neben Ballade, Rondeau und Virelai; seit dem 17. Jh. vermehrt politisch akzentuiert, v. a. „Ça ira" und „La Carmagnole" aus der Frz. Revolution. – 3. Heute eine literarisch-musikal. Vortragsgattung, meist nur von einem Instrument begleitet; starke Strophengliederung und Vorliebe für den Refrain. Das C. behandelt Themen aus allen Lebensbereichen.

Chanson baladée [frz. ʃãsõbalaˈde] ↑Virelai.

Chanson de geste [frz. ʃãsõdˈʒɛst], frz. Heldenepos des MA, in dem Stoffe aus der nat. Geschichte, insbes. aus der Karolingerzeit, gestaltet sind. Insgesamt sind etwa 80 C. d. g. überliefert, die meisten anonym; die erhaltenen Zeugnisse stammen aus dem 11.–13./14. Jh.; wichtigstes Werk: „Rolandslied".

Chansonnette [ʃãsɔˈnɛt(ə); frz.], kleines Lied kom. oder frivolen Inhalts; auch Bez. für Chansonsängerin.

Chansonnier [ʃãsɔˈnieː; frz.], Bez. für den frz. Liederdichter des 12.–14. Jh. (Trouvère); heute Bez. für Chansonsänger.
▷ Liedersammlung, z. B. der berühmte „C. du roi" (13. Jh.), eine Handschrift mit provenzal. Troubadourliedern.

Chanten [ˈxa...] (Ostjaken), finno-ugr. Volk am mittleren und unteren Ob, sprechen Ostjakisch; überwiegend Fischer, Jäger und Renzüchter; etwa 21 000.

Chanten und Mansen, Autonomer Kreis der, autonomer Kreis im Gebiet Tjumen, Rußland, 523 100 km², 1,27 Mill. E (1989), Hauptstadt Chanty-Mansisk. Im mittleren Teil des Westsibir. Tieflands am unteren Irtysch und mittleren Ob gelegen. Kontinentalklima mit sehr kalten Wintern. Erdölförderung (Samotlor, Surgut, Ust-Balyk), Erdgasgewinnung; Renzucht, Fischfang, Pelztierjagd und -zucht. – Am 10. Dez. 1930 gebildet.

Chantilly [frz. ʃãtiˈji], frz. Gemeinde in der Picardie, Dep. Oise, nördlich von Paris, 10 000 E. Pferderennen (seit 1834). – Schloßanlage der Renaissance; Musée Condé.

Subrahmanyan Chandrasekhar

Chantilly. Blick auf die Stallungen der Schloßanlage, 1719–35

Chantillyspitze [frz. ʃãtiˈji; nach der Gemeinde Chantilly] ↑Klöppelspitze.

Chanty-Mansisk [xa...], Hauptstadt des Autonomen Kr. der Chanten und Mansen, in Rußland, am Irtysch, 25 000 E. Fischkonservenindustrie.

Chanukka [xa...; hebr. „Einweihung"], jüd. Fest, das im Dez. gefeiert wird zur Erinnerung an die 165 v. Chr. von Judas Makkabäus veranlaßte Wiederaufnahme des Jerusalemer Tempeldienstes. Charakteristisch für das achttägige Fest ist das täglich fortschreitende Anzünden der Lichter des achtarmigen C.leuchters (Menora); daher auch „**Lichterfest**". – Abb. S. 288.

Chao Meng-fu ↑Zhao Mengfu.

Chaos [ˈkaːɔs; griech., eigtl. „klaffende Leere (des Weltraums)"], in der antiken Vorstellung der mit ungeformtem und unbegrenztem Urstoff gefüllte Raum als Vorstufe des endl. und wohlgeordneten Kosmos. – Im allg. Sprachgebrauch s. v. w. Durcheinander, totale Verwirrung, Auflösung jeder Ordnung.

Chaosforschung, wiss. Disziplin, die sich mit Systemen befaßt, denen zwar determinist. Gesetzmäßigkeiten zugrunde liegen, deren Verhalten jedoch irregulär (Ausbildung „chaot. Strukturen") und langfristig nicht vorhersag-

Coco Chanel

bar ist („determinist. Chaos"). Die C. spielt für viele naturwiss. und techn., aber auch wirtsch. und ökolog. Probleme eine wichtige Rolle.

Chanukka. Chanukkaleuchter mit acht nebeneinanderliegenden Öllämpchen, das darüberhängende neunte Lämpchen („Schammasch" oder „Diener der Lichter") dient zum Anzünden der acht Lämpchen, Messing, 18. Jahrhundert

Chao Tzu-yang ↑ Zhao Ziyang.
Chapadas [ʃa...; portugies. „Ebenen"], langgestreckte, einförmige, von Flüssen zerschnittene Abdachungsflächen in Brasilien.
Chaparral [span. tʃapaˈrral], niedrige immergrüne Strauchformation; aus Hartlaubgehölzen und Kakteen, im subtrop. Winterregengebiet des sw. Nordamerika.
▷ lichte Savannenformation mit krüppelhaften Bäumen im nördl. Südamerika.
Chapeau claque [frz. ʃapoˈklak], zusammenklappbarer Zylinder.
Chapelain, Jean [frz. ʃaˈplɛ̃], * Paris 4. Dez. 1595, † ebd. 22. Febr. 1674, frz. Kritiker und Dichter. – Mitbegr. der Académie française, deren erste Statuten er erarbeitete und deren Wörterbuch er veranlaßte; wichtig seine Sonette, Madrigale und Briefe.
Chapiru [ˈxaːpiru, xaˈpiːru] (Chabiru, Habiru), Name bestimmter nichtseßhafter Bev.gruppen in Keilschrifttexten des 2. Jt. v. Chr.; ein Zusammenhang mit dem Namen der Hebräer (Ibri) der A. T. ist sehr fraglich.
Chaplin, Charlie [engl. ˈtʃæplɪn], eigtl. Charles Spencer C., * London 16. April 1889, † Vevey 25. Dez. 1977, brit. Filmschauspieler, Drehbuchautor und Produzent. – Seit 1914 Filmkomiker in Hollywood; begr. 1918 die Charles C. Film Corporation, 1919 mit M. Pickford, D. Fairbanks und D. W. Griffith die United Artists Corporation, für die er seit 1923 alle seine Filme drehte. Differenziert die groteske Situationskomik der Slapstickcomedies mit Hilfe pantomim., mim. und psychol. Mittel zur Tragikomödie des „kleinen Mannes"; später auch sozialkrit. Akzente. Bed. v. a. „The tramp" (1915), „Der Vagabund und das Kind" (1921), „Goldrausch" (1925), „Moderne Zeiten" (1936), „Der große Diktator" (1940); sein amerikakrit. Film „Ein König in New York" (1956/57) stellt die Gründe für seine Abkehr von den USA dar.
C., Geraldine, * Santa Monica 31. Juli 1944, amerikan. Filmschauspielerin. – Tochter von C. Chaplin. Spielte in „Doktor Schiwago" (1966), „Les Uns et les Autres" (1981), „La vie est un roman" (1983), „L'Amour par terre" (1984).
Chapman, George [engl. ˈtʃæpmən], * bei Hitchin (Hertford) 1559 (?), † London 12. Mai 1634, engl. Dramatiker. – Verf. histor. Schauertragödien (mit komplizierter, zeitbezogener Handlung) und dialogorientierter realist. Komödien; Übersetzer Homers.
Chapultepec [span. tʃapulteˈpek], Schloß und Park in der Stadt Mexiko; das hier 1945 geschlossene Abkommen

Charlie Chaplin in seinem Film „Goldrausch", 1925

(C.-Akte) sollte die Zusammenarbeit aller Staaten des amerikan. Kontinents verstärken.
Char, René [frz. ʃaːr], * L'Isle-sur-la-Sorgue (Vaucluse) 14. Juni 1907, † Paris 19. Febr. 1988, frz. Lyriker. – Zunächst Surrealist, dann eigenständige Gedichte mit kühner dunkler Metaphorik.
Chara [ˈçaː...; lat.] ↑ Armleuchteralgen.
Charade [frz. ʃaˈradə] ↑ Clermont-Ferrand.
Charakter [ka...; griech., eigtl. „eingeprägtes Zeichen" (bes. Schriftzeichen)], 1. die Eigentümlichkeit eines Dinges oder komplexen Gebildes. – 2. In der *Psychologie* das strukturelle Gefüge ererbter Anlagen und erworbener Einstellungen und Strebungen, das nach außen als relative Stetigkeit von Verhaltensmustern die individuelle Eigenart eines Menschen bestimmt.
Charakterart [ka...], Pflanzen- oder Tierart, die fast ausschließlich in einem bestimmten Lebensraum vorkommt.
Charaktere [ka...], allg. Bez. für Persönlichkeitstypen.
▷ Schriftzüge und Zeichen, die magisch wirken sollen.
charakterisieren [ka...; griech.], kennzeichnen, treffend schildern.
Charakteristik [ka...; griech.], Kennzeichnung, treffende Schilderung einer Person oder Sache.
▷ svw. ↑ Kennlinie.
Charakteristikum [ka...; griech.], bezeichnende, hervorstechende Eigenschaft.
Charakterkunde [ka...] (Charakterologie), die Lehre vom einzelmenschlich wie vom gruppen- bzw. stammes- und volksmäßig ausgeprägten Charakter; wiss. seit etwa hundert Jahren im Rahmen der Seelenkunde einzelthematisch wie auch in Gesamtentwürfen einer Charakterlehre ausgearbeitet. Als psychol. Disziplin stellt sich die C. die Aufgabe, die Erscheinungsformen des einzelnen Charakters zu beschreiben, die charakterl. Einzelfunktionen zu erfassen, den inneren Zusammenhang zw. Körperbau und Charakter aufzuzeigen, den strukturellen Aufbau des Charakters zu entwerfen, die Grundzüge einer Charakterdiagnostik zu erarbeiten und die charakterl. Fehlentwicklungen an ihre ursächl. Herkunft hin zu untersuchen und Wege zu ihrer Verhütung aufzuzeigen. Bed. Wegbereiter der C. und Forscher auf diesem Gebiet waren L. Klages, E. Kretschmer, W. H. Sheldon, C. G. Jung, E. Rothacker, P. Lersch und E. Spranger. Nach 1945 trat die angloamerikan. Persönlichkeitsforschung und die differentielle Psychologie weitgehend die Nachfolge der C. an. Innerhalb dieser beiden Disziplinen der Psychologie bemüht man sich, bei der Erforschung der Persönlichkeit quantitative Methoden anzuwenden und nur solche Aussagen zu machen, die sich empirisch nachprüfen lassen.
Charakterrolle [ka...], Theaterrolle, bei der die Darstellung eines Charakters gefordert ist (z. B. Othello, Hamlet).
Charakterstück [ka...], kürzeres Musikstück, v. a. für Klavier; kennzeichnend ist der häufig im Titel (z. B. Nocturne [„Nacht"]) bezeichnete Stimmungsgehalt.
Charan ↑ Charran.
Charbin ↑ Harbin.
Charcot, Jean Martin [ʃarˈko], * Paris 29. Nov. 1825, † beim Stausee Settons (Nièvre) 16. Aug. 1893, frz. Neurologe. – Prof. in Paris; wichtige Arbeiten auf allen Gebieten der Nervenpathologie (insbes. Arbeiten über Hysterie, Neurosen, Hypnotismus und Rückenmarkserkrankungen)
Chardin, Jean-Baptiste Siméon [frz. ʃarˈdɛ̃], * Paris 2. Nov. 1699, † ebd. 6. Dez. 1779, frz. Maler. – Bed. Stillebenmaler, seit 1732 auch figürl. Szenen. In seinen Farbharmonien und Lichteffekten erscheint er als Vorläufer des Impressionismus, während die Gegenstände fest und plastisch gesehen sind.
Chardin [frz. ʃarˈdɛ̃], Teilhard de ↑ Teilhard de Chardin.
Charente [frz. ʃaˈrãːt], Dep. in Frankreich.
C., Fluß in SW-Frankreich, entspringt im westl. Limousin mündet bei Rochefort in den Golf von Biskaya; 360 km lang.
Charente-Maritime [frz. ʃarãtmariˈtim], Dep. in Frankreich.

Chares von Lindos [ˈça...], griech. Bildhauer um 300 v. Chr. – Schüler des Lysipp; schuf etwa 302 bis 290 den „Koloß von Rhodos", die über 32 m hohe Bronzestatue des Helios beim Hafen von Rhodos, die zu den Sieben Weltwundern gerechnet wurde (stürzte 224/23 um, nicht erhalten).

Charga, Al [alˈxaːrga], ägypt. Oase in der Libyschen Wüste, ssw. von Asjut, in einem langgestreckten Becken von 3 000 km², etwa 50 000 E. Über 100 artes. Brunnen; ⚔. – Al C. ist die **Oasis magna** des Altertums. – Nördlich von Al C. ein von Darius I. erbauter Tempel; nahebei ein christl. Kloster.

Charge [ˈʃarʒə; frz., eigtl. „Bürde"], Nebenrolle mit meist einseitig gezeichnetem Charakter; **chargieren**, mit Übertreibung spielen.
▷ Bez. für (militär.) Dienstgrad; auch für die Person.
▷ (Chargierter) einer der drei Vorsitzenden einer student. Verbindung.
▷ Beschickungsmenge und Material bei techn. Anlagen.

Chargé d'affaires [frz. ʃarʒedaˈfɛr] ↑Geschäftsträger.

Charidschiten [xa...; zu arab. charidschi „außerhalb Befindliche"], Anhänger der ältesten islam. Sekte. Die C. versagten 657 dem 4. Kalifen Ali den Gehorsam und unternahmen ständig Aufstände, die bis in das 9. Jh. andauerten. Noch heute gibt es in N-Afrika und Oman einige C. Charakteristisch sind ihre strengen eth. Forderungen.

Charisma [ˈça...; griech. „Gnadengabe"], im *theolog. Sprachgebrauch* bes. Geistes- und Gnadengaben zum Dienst an der christl. Gemeinde, z. B. Predigt, Lehre, Prophetie. Für Paulus war die Liebe das größte christl. Charisma.
▷ in der *Soziologie* wesenhafte außergewöhnl. Begabung zu einem bestimmten Dienst, v. a. zur Übernahme einer Führerrolle und einer damit verbundenen irrationalen Herrschaft.
▷ *übertragen* persönl. Ausstrahlungskraft eines Menschen.

Charismatiker [ça...], Träger von Charismata.
▷ eine ev. Gruppierung (↑Pfingstbewegung).

Charité [frz. ʃariˈte „Barmherzigkeit" (zu ↑Karitas)], früher Bez. für kirchlich oder staatlich geführte Kranken- und Pflegeanstalten für Bedürftige; die **Berliner Charité** (Berlin; gegr. 1710) umfaßt den medizin. Hochschulbereich der Humboldt-Universität zu Berlin.

Chariten [ça...], in der griech. Mythologie (nach Hesiod) die drei „anmutigen" segenspendenden Töchter des Zeus und der Eurynome, **Aglaia** (Glanz), **Euphrosyne** (Frohsinn) und **Thalia** (Blüte), denen bei den Römern die drei *Grazien* entsprechen.

Jean-Baptiste Siméon Chardin. Stilleben mit Rauch- und Trinkutensilien, um 1762 (Paris, Louvre)

Charivari [frz. ʃariva'ri „Katzenmusik, Lärm"], illustrierte frz. satir. Zeitschrift, erschien 1832–93, 1929–37 und seit 1957. Zu den berühmtesten Karikaturisten des C. zählten H. Daumier, Grandville, P. Gavarni.

Charkow [russ. ˈxarjkɛf], Gebietshauptstadt im NO der Ukraine, 1,6 Mill. E. Eines der bed. Wirtschafts- und Verkehrszentren der Ukraine. Univ. (gegr. 1805), zahlr. Hochschulen; Museen, Planetarium; 6 Theater, Philharmonie; Maschinen-, Traktorenbau, Metallverarbeitung, Textil-, Leder-, chem. und Nahrungsmittelind., U-Bahn, ⚔. – Entstand um 1655/56 als Militär-Grenzstützpunkt; 1765 Gouvernementsstadt. Nach 1917 vorübergehend und 1919–34 Hauptstadt der Sowjetukraine. Im 2. Weltkrieg v. a. 1943 hart umkämpft. – Kloster und Kathedrale Mariä Schutz- und Fürbitte (seit 1689), Mariä-Himmelfahrtskathedrale (um 1780); frühklassizist. Palast.

Charleroi [frz. ʃarlə'rwa], belg. Stadt an der Sambre, 50 km südlich von Brüssel, 212 000 E. Museum der Glasindustrie, Kunstgalerie. Elektrotechn., Nahrungsmittel-, Fahrzeugind. Ausgangspunkt des 73 km langen **Charleroi-Brüssel-Kanals**. ⚔. – Das Dorf Charnoy wurde 1666 von den Spaniern zur Festung ausgebaut, 1667/68 von Vauban vollendet.

Charleroi Stadtwappen

Jacques Alexandre César Charles in seiner Charlière, zeitgenössischer Stich, 1783

Charles, Prince of Wales (seit 1958) [engl. tʃaːlz], * London 14. Nov. 1948, brit. Thronfolger. – Ältester Sohn von Königin Elisabeth II. und Prinz Philip, Herzog von Edinburgh. Heiratete am 29. Juli 1981 Diana Frances Spencer (* 1961), von der er seit 1992 getrennt lebt.

Charles, Jacques Alexandre César [frz. ʃarl], * Beaugency (Loiret) 12. Nov. 1746, † Paris 7. April 1823, frz. Physiker. – Entdeckte noch vor L. Gay-Lussac das nach diesem ben. Gasgesetz; stieg mit dem von ihm erfundenen Wasserstoffballon (**Charlière**) 1783 in Paris auf, erreichte Höhen bis 3 000 m.

C., Ray [engl. tʃaːlz], eigtl. Ray Charles Robinson, * Albany (Ga.) 23. Sept. 1932, amerikan. Jazzmusiker. – Blinder Sänger, Pianist und Orchesterleiter v. a. des Rhythm and Blues und Soul.

Charleston [engl. 'tʃaːlstən], Stadt in South Carolina, USA, an der Atlantikküste, 81 000 E. Sitz eines kath. und eines anglikan. Bischofs; Militärakad. (seit 1842), College. Bed. Hafen für den Küsten- und Überseehandel; Schiffbau, Erdölraffinerie. Fremdenverkehr, ⚔. – 1670 gegr. Hier begann im April 1861 der amerikan. Sezessionskrieg mit der Beschießung und Kapitulation der Unionsgarnison von Fort Sumter, einer Inselfestung in der Hafeneinfahrt.

C., Hauptstadt des Bundesstaates West Virginia, USA, 59 000 E. Sitz eines anglikan. und eines methodist. Bischofs; College, Konservatorium, Kunsthochschule; chem. und Glasind., Druckereien; ⚔. – Gegr. 1794.

Charleston ['tʃaːlstən; nach der gleichnamigen Stadt in South Carolina], nordamerikan. Modetanz der 1920er Jahre mit stark synkopiertem Grundrhythmus.

Charleville-Mézières [frz. ʃarləvilme'zjɛːr], frz. Stadt an der Maas, 61 000 E. Verwaltungssitz des Dep. Ardennes; Ardennenmuseum; Metallind.; Flußhafen. – Charleville wurde 1606 gegr.; seit 1966 mit dem benachbarten Mézières vereinigt.

René Char

Charles, Prince of Wales

Charlière

Charlière [frz. ʃarliˈɛːr] ↑ Charles, Jacques Alexandre César.

Charlotte [ʃar...] (Marie C.), *Laeken (= Brüssel) 7. Juni 1840, †Bouchoute bei Brüssel 19. Jan. 1927, Kaiserin von Mexiko (1864–67). – Tochter Leopolds I. von Belgien; seit 1857 ⚭ mit dem östr. Erzherzog Maximilian (seit 1864 Kaiser von Mexiko); verfiel 1866 in geistige Umnachtung.

Charlotte [ʃar...; frz.], warme oder kalte Süßspeise aus Biskuits mit verschiedenen Füllungen.

Charsamarder

Charlotte Amalie [engl. ˈʃɑːlət əˈmɑːljə], Hauptstadt der Virgin Islands of the United States, auf Saint Thomas, Kleine Antillen, 52 700 E. Seehafen; Fremdenverkehr. – 1755–1917 dänisch, dann an die USA.

Charlottetown [engl. ˈʃɑːləttaʊn], Hauptstadt der kanad. Prov. Prince Edward Island, 15 800 E. Sitz eines kath. und eines anglikan. Bischofs; kath. Univ. (gegr. 1955); Haupthandelszentrum und Haupthafen der Insel; Fremdenverkehr. – 1720 frz. Handelsposten, 1763 britisch, 1768 nach der Gattin Georgs III. ben.; 1875 City.

Charm [engl. tʃɑːm], in der Elementarteilchenphysik Bez. für eine ladungsartige Quantenzahl, die dem sog. c-Quark und seinem Antiteilchen zugeordnet wird.

Charme [ʃarm; frz.; zu lat. carmen „Gesang, Zauberformel"], Anmut, Zauber, Liebreiz; **charmant**, anmutig, bezaubernd; **Charmeur**, Schmeichler, liebenswürdiger Mensch.

Charms, Daniil Iwanowitsch [russ. xarms], eigtl. D. I. Juwatschow, *Petersburg (= Leningrad) 12. Jan. 1906, †ebd. (in Haft) 2. Febr. 1942, russ. Schriftsteller. – Wichtiger Vertreter der absurden Kunst; experimentierte mit Lyrik, verfaßte kleine Dramen und näherte sich mit „Elisabeth Bam" (dt. Auswahl „Fälle", 1970) dem absurden Theater. 1956 (nur) als Kinderdichter rehabilitiert. In dt. Sprache erschienen: „Geschichten von Himmelkumov und anderen Persönlichkeiten" (1983), „Briefe aus Petersburg" (1988), „Zwischenfälle" (1990).

Charollais [frz. ʃarɔˈlɛ] (Charolais), frz. Landschaft am NO-Rand des Zentralmassivs. Weidewirtschaft und Zucht von Fleischrindern. – 1316 zur Gft. erhoben, seit 1684 im Besitz der Fürsten von Condé, kam 1761 zur frz. Krondomäne.

Charon [ˈça...], Fährmann der Toten in der griech. Mythologie, der die Verstorbenen über den Unterweltsfluß Acheron zum Reich des Hades übersetzt. Er weist Unbestattete zurück. Den Fährlohn, das **Charonsgeld**, legte man den Toten in Form einer Münze unter die Zunge. – Dem griech. C. entsprach der etrusk. **Charun**.

Charonton, Enguerrand [frz. ʃarɔ̃ˈtɔ̃] ↑ Quarton, Enguerrand.

Charpak, Georges [frz. ʃarˈpak], *Dabrowica 1. Aug. 1924, frz. Physiker poln. Herkunft. – Seit 1959 Mitarbeiter des ↑CERN; erhielt 1992 für seine Ideen zu der sog. Vieldrahtproportionalkammer (Nachweis hochenerget. Teilchen) den Nobelpreis für Physik.

Charpentier, Marc-Antoine [frz. ʃarpɑ̃ˈtje], *Paris zw. 1645 und 1650, †ebd. 24. Febr. 1704, frz. Komponist. – In Rom Schüler Carissimis, Kapellmeister in Paris; bed. ist v. a. seine geistl. Musik; u. a. über 20 Oratorien, Messen, Motetten, Psalmen und Cantica, Hymnen (4 Tedeums), Antiphonen, Litaneien und Sequenzen; Bühnenwerke, u. a. Oper „Médée" (1693), Divertissements.

Charran [xa...] (Haran, lat. Carrhae, Carrae; Harran, Charan, Karrhai, Carrhä), ehem. Stadt etwa 35 km sö. von Urfa in der SO-Türkei; als bed. Handelsstadt des alten Orients seit dem 18. Jh. v. Chr. bezeugt, nach dem A.T. kurze Zeit Sitz der Familie Abrahams; assyr. Prov.hauptstadt und Residenz einiger letzter assyr. Königs; bekannt v. a. durch den Kult des Mondgotts von C. (Bel; Sin; Kuschuch); Ausgrabungen 1951–56.

Charrat, Janine [frz. ʃaˈra], *Grenoble 24. Juli 1924, frz. Tänzerin und Choreographin. – Gründete 1951 in Paris „Les Ballets J. C." (später „Ballets de France"); leitete ab 1970 eine Ballettschule, seit 1980 Direktorin für Tanz am Centre Georges-Pompidou in Paris.

Charrière, Henri-Antoine [frz. ʃaˈrjɛːr], *Saint-Étienne-de-Lugdarès (Ardèche) 16. Nov. 1906, †Madrid 29. Juli 1973, frz. Schriftsteller. – Hatte Welterfolge mit den Sträflingsromanen „Papillon" (1969) und „Banco" (1972).

Charsamarder [ˈtʃar...; çar...; Mandschu-tungus./dt.] (Martes flavigula), bis über 70 cm körperlanger Marder in S- und SO-Asien; Kopf mit Ausnahme der weißen Kehle braunschwarz bis schwarz.

Charta (Charte, Carta) [ˈkarta; griech.-lat.], urspr. Blatt aus dem Mark der Papyrusstaude, dann verallgemeinert für alle Arten von Schreibmaterialien und für Buch. – Im MA bes. neben Diplom in der Bed. von „Urkunde" (z.B. Magna Carta libertatum), im heutigen Staats- und Völkerrecht für eine Urkunde (Satzung, Staatsgrundgesetz) gebraucht, die für das Rechtsleben bestimmt ist (z.B. die C. der Vereinten Nationen [↑UN-Charta], in Frankreich die oktroyierte Verfassung [Charte] von 1814 bzw. 1830).

Charta 77 [ˈkarta], am 1. Jan. 1977 in der Tschechoslowakei gegr. Bürgerrechtsgruppe; setzte sich für „die Respektierung der Bürger- und Menschenrechte" ein; zu ihren Sprechern gehörte u.a. V. Havel; wirkte seit Nov. 1989 im †Bürgerforum mit; löste sich im Nov. 1992 auf.

Charta von Paris [ˈkarta], Schlußdokument der KSZE-Sondergipfelkonferenz, unterzeichnet am 21. Nov. 1990 in Paris. Die 34 Teilnehmerstaaten verpflichten sich u. a., die *Demokratie* als die einzige Regierungsform in ihren Ländern aufzubauen, zu festigen und zu stärken; die *Menschenrechte* und Grundfreiheiten zu schützen und zu fördern; die *Rechtsstaatlichkeit,* freie Meinungsäußerung und Toleranz gegenüber allen gesellschaftl. Gruppen durchzusetzen; die wirtschaftl., sprachl. und religiöse *Identität* nat. *Minderheiten* zu schützen; *Marktwirtschaften* aufzubauen, die wirtsch. Freiheit, soziale Gerechtigkeit und Verantwortung für die Umwelt einschließen; freundschaftl. und auf *Zusammenarbeit* beruhende Beziehungen zw. den Völkern in ihnen zu entwickeln; eine neue Qualität gegenseitiger *Sicherheitsbeziehungen* anzustreben und die *UN* zu unterstützen und zu stärken bei der Förderung von Frieden, Sicherheit und Gerechtigkeit in der Welt; den *Abrüstungsprozeß* fortzusetzen, Streitfälle friedlich zu regeln und den *Kulturaustausch* zu fördern. Zugleich enthält die C. v. P. den Beschluß, die KSZE stärker zu institutionalisieren, einen Rat der Außenminister als Forum für polit. Konsultationen zu bilden, ein *Sekretariat* in Prag, ein *Konfliktverhütungszentrum* in Wien und ein *Büro für freie Wahlen* in Warschau einzurichten. Die C. v. P. dokumentiert das Ende der Konfrontation der Nachkriegszeit und der Teilung Europas.

Chartepartie [ˈʃart(ə); lat.-frz.], dem Frachtbrief entsprechende Urkunde über einen Chartervertrag im Seefrachtgeschäft.

Charter [ˈtʃar..., ˈʃar...; engl.; zu lat. chartula „kleine Schrift"], Urkunde, Freibrief.
▷ Miete eines Verkehrsmittels oder von Teilen seines Laderaums zur Beförderung von Gütern oder Personen.

Charterflug [ˈtʃar..., ˈʃar...], Flug mit einem von einer privaten Gesellschaft o. ä. [für eine Reise] gemieteten Flugzeug.

Chartergesellschaft [ˈtʃar..., ˈʃar...], ehem. Form der Handelsgesellschaft für Export und Import mit eigenen Hoheitsrechten in den überseeischen Niederlassungen.
▷ Gesellschaft, die Personen oder Güter mit gemieteten oder gepachteten Verkehrsmitteln befördert (v. a. mit Schiff oder Flugzeug).

Chartervertrag [ˈtʃar..., ˈʃar...], im *Seeverkehr:* Frachtvertrag über die Miete eines Schiffes (Vollcharter) ode

Charlotte, Kaiserin von Mexiko

Janine Charrat

Georges Charpak

einzelner Laderäume (Teilcharter) für eine Reise mit bestimmtem Ziel (Reisecharter) oder für eine bestimmte Zeit (Zeitcharter). Ein C. kann auch über ein (ganzes) Flugzeug abgeschlossen werden. Vertragspartner sind der Verfrachter (Vermieter) und der oder die Befrachter (Mieter). Im *Luftverkehr* heißen die Vertragspartner Carrier (Vermieter) und Charterer (Mieter).

Chartier, Émile [frz. ʃarˈtje:]: ↑Alain.

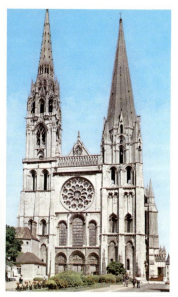

Chartres. Westfassade der Kathedrale, Anfang des 12. Jh. begonnen

Chartismus [tʃarˈtismʊs, ʃa...; lat.-engl.], erste brit. organisierte Arbeiterbewegung; entstand seit 1836; legte ihre Forderungen in der „People's Charter" (1838) nieder: u. a. Einführung der allg. Stimmrechts, geheime Abstimmung, Abschaffung aller aus dem Besitz abgeleiteten polit. Vorteile, Gesetzgebung gegen wirtsch. und polit. Ausbeutung und Entrechtung; 1839 Aufstand in Birmingham; verlor nach 1848 ihre Massenbasis und bald auch jeden polit. Einfluß auf die Arbeiterschaft; Einfluß auf Marx und Engels.

Chartres [frz. ʃartr], frz. Stadt und Wallfahrtsort an der Eure, 39 000 E. Verwaltungssitz des Dep. Eure-et-Loir; kath. Bischofssitz, Marktzentrum mit Nahrungs- und Futtermittelind.; Maschinenbau, elektrotechn. Ind.; ⚔. – In der Antike **Autricum,** als eine Hauptstadt der kelt. Carnuten auch **Carnotum.** Seit dem 4. Jh. Bischofssitz (außer 1793 bis 1821); 849, 1124, 1146 und 1300 Konzilstagungsort. Seit dem 10. Jh. Hauptstadt einer Gft., die 1286 an den frz. König verkauft, 1528 zum Hzgt. erhoben wurde und seit 1623 eine Apanage der Orléans war. Seit 1790 Hauptstadt des Dep. Eure-et-Loir. – Die Kathedrale (Anfang des 12. Jh. begonnen) brannte 1194, mit Ausnahme der Türme im W, ab. Die jetzige Basilika mit dreischiffigem Querhaus und Chor mit Kapellenkranz wurde 1260 geweiht; bed. farbige Glasfenster (12. und 13. Jh.). Die etwa 1800 Bildwerke am Außenbau sind wegweisend für die got. Kathedralen der Folgezeit, insbes. für Reims und Amiens. Das früheste Portal ist das Königsportal, dessen Gewändefiguren von bes. kunsthistor. Bed. sind. Die Kathedrale wurde von der UNESCO zum Weltkulturerbe erklärt.

Chartres, Schule von [frz. ʃartr], bed. Schule von Philosophen und Theologen im 11. und 12. Jh. Ihr Gründer war Fulbert von Chartres († 1028), Hauptvertreter waren die Brüder Bernhard und Thierry von Chartres, Gilbert von Poitiers, Wilhelm von Conches, Clarenbaldus von Arras und Johannes von Salisbury. Charakteristisch für die Schule ist ein durch das Studium der Klassiker geprägter Humanismus. In der Philosophie galt das Interesse im Anschluß an Platon, Aristoteles und Boethius vorwiegend kosmolog.

und mathemat. Fragen. In der Theologie war man um eine Synthese von weltl. Wissen und Offenbarungslehre bemüht.

Chartreuse [frz. ʃarˈtrø:z] (La Grande C.), nach dem frz. Bergmassiv ↑Grande Chartreuse nördlich von Grenoble ben. Kartäuserkloster, das Bruno von Köln 1084 gründete; seither Mutterkloster des Kartäuserordens. 1792 säkularisiert, 1816–1903 und seit 1940 wieder von Mönchen besiedelt.

Chartreuse Ⓦ [frz. ʃarˈtrø:z], urspr. von den Mönchen des gleichnamigen Klosters hergestellter Kräuterlikör.

Charts [engl. tʃa:ts „Tabellen"], Listen der beliebtesten Schlager bzw. der meistverkauften Schallplatten, die, durch Umfrage ermittelt, wöchentlich oder vierzehntäglich zusammengestellt werden.

Charybdis [ça...], Seeungeheuer der griech. Mythologie. Tochter des Poseidon und der Gäa. An einer Meerenge (später oft mit der von Messina identifiziert), der ↑Skylla gegenüber, schlürft sie dreimal am Tag das Wasser ein und speit es wieder aus; Jason und Odysseus müssen sie passieren.

Chasaren [xa...], halbnomad. Turkstamm, beherrschte vom 4.–11. Jh. zw. Dnjepr, Wolga und Kaukasus weite Gebiete; im 8. Jh. Blütezeit; Ende seiner Vorherrschaft im 9./10. Jh.; nach 1223 nicht mehr bezeugt.

Chase Manhattan Corp. [engl. ˈtʃeːs mænˈhætən], amerikan. Finanzkonzern, Sitz New York; wichtigste Beteiligung ist **The Chase Manhattan Bank National Association,** eines der größten Kreditinstitute der USA mit Niederlassungen in über 50 Ländern, gegr. 1877 (seit 1955 heutiger Name).

Chasini, Al [alˈxaːzini], arab. Physiker griech. Abstammung aus der 1. Hälfte 12. Jh. in Merw (Turkestan). – Neben Alhazen der bedeutendste Experimentalphysiker des MA; faßte das physikal. Wissen seiner Zeit in dem Handbuch „Waage der Weisheit" zusammen.

Chaskowo [ˈxas...], Hauptstadt des bulgar. Verw.-Geb. C., südlich von Dimitrowgrad, 91 000 E. Tabak-, Textil-, Lebensmittelind.; histor. Museum.

Chasmogamie [ças...; griech.] (Offenblütigkeit), bei den Samenpflanzen eine Form der Blütenbestäubung, bei der im Ggs. zur ↑Kleistogamie die Blüte geöffnet ist.

Chasséen [ʃaseˈɛ̃; frz.]: ↑Chasseykultur.

Chasselas [ʃaˈsla], svw. ↑Gutedel.

Chassériau, Théodore [frz. ʃaseˈrjo], *Sainte-Barbe-de-Samana (Dominikan. Republik) 20. Sept. 1819, †Paris

Chartres Stadtwappen

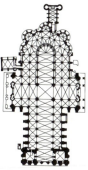

Chartres. Grundriß der Kathedrale

Théodore Chassériau. Die Toilette der Esther, 1841 (Paris, Louvre)

Chasseurs

8. Okt. 1856, frz. Maler. – Schüler von J. A. D. Ingres, dessen klassizist. Strenge er mit dem maler. Stil von E. Delacroix verband; malte mytholog. oder allegor. Szenen, v. a. Frauenakte.

Chasseurs [frz. ʃaˈsœːr], Bez. für die Jägertruppenteile der frz. Armee: reitende Jäger (**Chasseurs à cheval**), Jäger zu Fuß (**Chasseurs à pied**), reitende afrikan. Jäger (**Chasseurs d'Afrique**), Alpenjäger (**Chasseurs alpins**) und Fallschirmjäger (**Chasseurs parachutistes**).

Chasseykultur [frz. ʃaˈsɛ] (Chasséen), nach Funden auf der vorgeschichtl. Höhensiedlung Camp-de-Chassey (Dep. Saône-et-Loire) ben. mittel-, süd- und westfrz. neolith. Kulturgruppe (etwa Anfang des 3. Jt. v. Chr.); kennzeichnend v. a. qualitätvolle rundbodige Keramik, Steingeräte, Schieferarmringe u. a.

Chassidim [xa...; hebr. „Fromme"], Anhänger verschiedener Bewegungen im Judentum. 1. mystisch-esoter. Strömung in Mitteleuropa 1150–1250, deren Ideal ein Leben in Askese, Gleichgültigkeit gegenüber Freud und Leid, Hinwendung zum Nächsten, selbst gegen das Religionsgesetz, war. 2. Anhänger des ↑Chassidismus.

Chassidismus [xa...; zu hebr. Chassidim „Fromme"], volkstüml. Richtung des Judentums, die die Liebe Gottes betont und eine Verinnerlichung des religiösen Lebens erstrebt, begr. in Galizien von Israel Ben Elieser, gen. Baal Schem Tov. Wesentlich an der Frömmigkeit des C. ist, daß der Fromme (der Chassid) die Allgegenwart Gottes erkennt und sich mit ihr auf myst. Weise vereinigen kann. Studium der Bibel, Gebet, aber auch Musik und Tanz gehören zur Vorbereitung dieser Vereinigung. Innerhalb des C. entstanden mehrere Gruppierungen, die vom orth. Judentum und von der jüd. Aufklärung bekämpft wurden. Der Leiter der Gemeinden des C. ist der Zaddik (der „Gerechte"); er verhilft durch sein Vorbild den Mitmenschen zum rechten Umgang mit Gott. – Der C. ist typisch für das osteurop. Judentum (Podolien, Galizien, Litauen), wo er im 18. Jh. entstand und im 18./19. Jh. auch seine Blüte erlebte; seit 1945 nur noch in den USA und Palästina vertreten.

Chassis [ʃaˈsiː; frz.; zu lat. capsa „Behältnis"], in der *Fahrzeugtechnik* svw. Fahrgestell.

▷ Montagegestell für elektr. oder elektron. Bauelemente, z. B. in Rundfunkempfängern.

Château [frz. ʃaˈto; zu lat. castellum „Festung"], Schloß, Herrenhaus, Landgut, Weingut.

Chateaubriand, François René Vicomte de [frz. ʃatobriˈɑ̃], *Saint-Malo 4. Sept. 1768, †Paris 4. Juli 1848, frz. Schriftsteller und Politiker. – Lebte 1793–1800 als Emigrant in Großbritannien. Nach dem Sturz Napoleons I. trat er in den Dienst der Bourbonen, war u. a. Botschafter und 1823/24 Außenmin. – Bedeutendster und einflußreichster Vertreter der frz. Frühromantik. Sein Essay „Der Genius des Christentums" (mit der Novelle „René" 1802 veröffentlicht) ist eine romant. Verklärung des Christentums; gestaltete auch andere Themen mit sprachl. Eleganz. – *Weitere Werke:* Atala (Nov., 1801), Die Märtyrer (R., 1809), Tagebuch einer Reise von Paris nach Jerusalem (Reisebericht, 1811), Denkwürdigkeiten nach dem Tode (1849; dt. auch [gekürzt] u. d. T. Erinnerungen).

François René Vicomte de Chateaubriand (Lithographie)

Château-d'Oex [frz. ʃatoˈde, ʃatoˈdɛ], Kurort und Wintersportplatz im schweizer. Kt. Waadt, 20 km östlich von Montreux, 970 m ü. d. M., 2 800 E. – Savoyisches Lehen, seit 1555 bern. Untertanenort; verzichtete 1798 auf die bern. Herrschaft.

Châteaudun [frz. ʃatoˈdœ̃], frz. Marktstadt in der Beauce, Dep. Eure-et-Loir, 45 km wnw. von Orléans, 15 000 E. Maschinenbau. – Seit 1281 Stadt; 1870 im Deutsch-Frz. Krieg großenteils zerstört. – Schloß (12. bis 16. Jh.; restauriert 1948–51) mit Donjon (12. Jh.) und Sainte-Chapelle (1451–64).

Châteauroux [frz. ʃatoˈru], frz. Industriestadt an der Indre, 100 km sö. von Tours, 54 000 E. Verwaltungssitz des Dep. Indre; Museum. Maschinenbau, Textilind. – 1230 Stadtrecht; seit 1790 Hauptstadt des Dep. Indre.

Château-Thierry [frz. ʃatotjɛˈri], frz. Stadt an der Marne, Dep. Aisne, 15 000 E. Museum; Herstellung von landw. Maschinen und Geräten, Musikinstrumenten u. a. – 1231 Stadtrecht, 1361 zur frz. Krondomäne. 1814 besiegte Napoleon I. bei C.-T. die Preußen unter Blücher.

Châtellerault [frz. ʃatɛlˈro], frz. Ind.stadt im Poitou, an der Vienne, Dep. Vienne, 37 000 E. Elektrotechn., elektron. und Luftfahrtindustrie.

Châtelperronien [ʃatɛlperoniˈɛ̃; frz.], nach einer nahe Châtelperron (Dep. Allier) gelegenen Höhlenstation ben., v. a. in S- und M-Frankreich verbreitete frühe jungpaläolith. Kulturgruppe; kennzeichnend die sog. C.spitzen mit gebogenem, eng retuschiertem Rücken.

Chatham, William Pitt, Earl of [engl. ˈtʃætəm] ↑Pitt, William, d. Ä., Earl of Chatham.

Chatham [engl. ˈtʃætəm], engl. Hafenstadt am Medway, Gft. Kent, 62 000 E. Bildet mit Rochester und Gillingham eine städt. Agglomeration. – Unter Heinrich VIII. und Elisabeth I. wurden Hafen und Arsenal angelegt; 1890 Stadtrecht.

Chatham House [engl. ˈtʃætəm ˈhaʊs], ehem. Wohnhaus des Earl of Chatham in London, heute Sitz des 1920 gegr. Royal Institute of International Affairs.

Chatib [xa...; arab. „Sprecher"], islam. Kultbeamter, der am Freitagmorgen als Vorbeter (Imam) den Gebetsgottesdienst in der Hauptmoschee (Dschami) leitet und die zu Beginn stattfindende Predigt (Chutba) hält.

Chatichai Choonhavan, *Bangkok 5. April 1922, thailänd. Politiker und General. – Seit 1973 mehrmals Min., wurde 1986 Vors. der Partei Chart Thai; Min.präs. 1988–91 (durch Militärputsch gestürzt).

Châtillon-sur-Seine [frz. ʃatijɔsyrˈsɛn], frz. Stadt an der oberen Seine, Dep. Côte-d'Or, 7 600 E. – Entstand aus den zwei Orten Chaumont (Stadtrecht 1213) und Bourg (Stadtrecht 1423). – Im **Kongreß von Châtillon** (5. Febr.–19. März 1814) boten die Verbündeten Napoleon I. einen Friedensschluß auf der Grundlage der frz. Grenzen von 1792 an, doch lehnte dieser ab.

Chat-Noir [frz. ʃaˈnwaːr „schwarze Katze"], erstes literar. Künstlerkabarett auf dem Montmartre; gegr. 1881, bestand bis 1896; in ihm trat A. Bruant auf.

Chatschaturjan, Aram Iljitsch [russ. xɛtʃɛtuˈrjan], *Tiflis 6. Juni 1903, †Moskau 1. Mai 1978, armen. Komponist. – Seine Werke sind durch die Volksmusik seiner Heimat bestimmt, u. a. Sinfonien, Konzerte für Klavier, Violine und Violoncello, Ballette (u. a. „Gajaneh", darin der „Säbeltanz"), Bühnen- und Filmmusiken.

Aram Iljitsch Chatschaturjan

Chatten [ˈxa..., ˈça...] (lat. Chatti), den Cheruskern benachbarter westgerman. Volksstamm zw. Eder, Fulda und Schwalm; fielen wiederholt in röm. Gebiet ein; 203 zum letzten Male erwähnt. Im 7. Jh. treten im ehem. Gebiet der C. zuerst die Namen Hassii, Hessi, Hessones (später Hessen) auf.

Chatterton, Thomas [engl. ˈtʃætətn], *Bristol 20. Nov. 1752, †London 24. oder 25. Aug. 1770, engl. Dichter. – Vorläufer der Romantik; verfaßte aus originärer, schöpfer. Phantasie Gedichte im Stil des MA, die er als Werke eines fiktiven Thomas Rowley ausgab; beging, entlarvt, Selbstmord.

Chatti [ˈxati], akkad. Name des altkleinasiat. Hattus, der inneranatol. Landschaft im Bogen des Kızılırmak (des antiken Halys) um die gleichnamige Stadt und spätere Hauptstadt des Hethiterreiches (↑Boğazkale).

Chattuarier [xa...] (lat. Chattuarii), german. Stamm. ↑Attuarier.

Chattusa [ˈxa...] (Chattuscha, Hattusa), alte hethit. Hauptstadt, ↑Boğazkale.

Chattuschili [xa...] (Chattusili), Hethiterkönig, ↑Hattusili.

Chaucer, Geoffrey [engl. ˈtʃɔːsə], *London um 1340, †ebd. 25. Okt. 1400, engl. Dichter. – Entstammt dem aufstrebenden Bürgertum. Steht, in der Sprache noch dem MA verpflichtet, an der Schwelle zur Renaissance, bes. mit seinem unvollendeten Hauptwerk „The Canterbury tales" (1387 ff., gedruckt um 1478; dt. 1827 u. d. T. „Canterbury sche Erzählungen"), eine Sammlung von Versnovellen mit Rahmengeschichte. – *Weitere Werke:* Das Parlament de

Geoffrey Chaucer (Miniatur von seinem Schüler Th. Occleve)

Vögel (Verdichtung, entstanden um 1382), Troilus and Criseyde (Epos, entstanden 1385).

Chaudet, Paul [frz. ʃoˈdɛ], *Rivaz (Kt. Waadt) 17. Nov. 1904, †Lausanne 7. Aug. 1977, schweizer. Politiker. – 1943–54 als Mgl. der Freisinnig-demokrat. Partei Nationalrat; 1954–66 Bundesrat (Leiter des Militärdepartements); 1959 und 1962 Bundespräsident.

Chavín de Huantar. Relieffigur eines Jaguarmischwesens

Chauffeur [ʃɔˈføːr; frz., urspr. „Heizer"], Kraftwagenfahrer; **chauffieren,** einen Kraftwagen lenken.

Chauken [ˈçaʊkən] (lat. Chauci), german. Stamm. Die C. siedelten urspr. an der Nordseeküste zw. unterer Ems und Elbe, seit 58 n. Chr. bis zum Rhein; Fischer und Seefahrer; seit dem 4. Jh. n. Chr. nicht mehr erwähnt, gingen vermutlich im sächs. Stammesverband auf.

Chaulmoograöl [tʃoːlˈmuːgra; Bengali/dt.], gelbbraunes, eigenartig riechendes, zähflüssiges Öl oder weiches Fett aus den Samen von Chaulmoograsamenbaumarten (im indomalaiischen Bereich heimisch); wirksam bei Lepra und Hauttuberkulose.

Chaumont [frz. ʃoˈmõ], Stadt in Ostfrankreich, 29 600 E. Verwaltungssitz des Dep. Haute-Marne; Metall-, lederverarbeitende Ind., Verkehrsknotenpunkt. – Kam im 14. Jh. zur frz. Krondomäne; seit 1790 Hauptstadt des Dep. Haute-Marne. – Got. Kirche Saint-Jean-Baptiste (13.–16. Jh.). – Am 1. März 1814 wurde der **Bündnisvertrag von Chaumont** geschlossen (↑Quadrupelallianz).

Chaumont-sur-Loire [frz. ʃomõsyrˈlwaːr], frz. Ort an der Loire, Dep. Loir-et-Cher, 842 E. – Schloß (1466–1510); bed. v. a. der festungsartige spätgot. Amboiseturm und der Ehrenhof im Frührenaissancestil.

Chautauqua Institution [engl. ʃəˈtɔːkwə ɪnstɪˈtjuːʃən], amerikan. Erwachsenenbildungseinrichtung; am *Chautauqua Lake* (N. Y.) entstanden; seit 1874 nach und nach feste Unterkünfte, Unterrichtsräume, ein Amphitheater (1893), Bibliotheken, Theater, Konzertsäle. Heute nehmen jährlich etwa 40 000 Besucher an den verschiedenen Programmen der C. I. teil.

Chauvinismus [ʃoviː...; frz.; nach der (vielleicht auf ein histor. Vorbild zurückgehenden) Gestalt des extrem patriot. Rekruten Chauvin, die durch das Lustspiel „La cocarde tricolore" von C. T. Cogniard (*1806, †1872) und seinem Bruder H. Cogniard (*1807, †1882) populär wurde], exzessiver Nationalismus, meist militarist. Prägung; bezeichnet seit der 3. Republik über seinen frz. Ursprung hinaus jede extrem patriot. und blind nationalist. Haltung. – Die Bez. **männl. Chauvinismus** zielt auf übertriebenes männl. Selbstwertgefühl und gesellschaftl. Bevorzugung des männl. Geschlechts.

Chauviré, Yvette [frz. ʃoviˈre], *Paris 22. April 1917, frz. Tänzerin. – 1941–72 Primaballerina an der Pariser Oper; ihre berühmtesten Interpretationen waren „Giselle" und „Schwanensee".

Chaux-de-Fonds, La [frz. laʃodˈfõ], Bezirkshauptort in schweizer. Kt. Neuenburg, 15 km nw. von Neuenburg, 994 m ü. d. M., 36 300 E. Uhrmachereimuseum, Mittelpunkt der schweizer. Uhrmacherei (seit 1705). – Das planmäßige Stadtbild mit rechtwinkligem Straßennetz entstand beim Wiederaufbau nach einem Großbrand (1794).

Chávez Ramírez, Carlos [span. ˈtʃaβes], *Mexiko 13. Juni 1899, †ebd. 2. Aug. 1978, mex. Komponist. – Von mex.-aztek., motor. Formelementen bestimmte Werke, u. a. Indioballett „Los cuatro soles", Arbeiterballett „Horsepower", „Sinfonía proletaria".

Chavín de Huantar [span. tʃaˈβin de u̯anˈtar], Ruinenstätte eines Heiligtums im westl. Z-Peru, am O-Abhang der Cordillera Blanca; erhalten sind Mauerreste eines Tempelkomplexes mit versenktem Innenhof. Der Reliefstil verbindet kurvige und lineare Elemente. Hauptmotiv der nach C. de H. benannten **Chavínkultur** (9.–4./3. Jh.), die sich bis an die N-Küste Perus ausbreitete, sind göttl. Mischwesen, v. a. eine vermenschlichte Raubvogelgottheit mit Raubtierattributen (z. B. auf der Raimondi-Stele in Lima). Kennzeichnend sind weiterhin ornamentaler Darstellungsstil, einfarbig rote oder braune, dekorierte Keramik. – Von der UNESCO zum Weltkulturerbe erklärt.

Cheb [tschech. xɛp] ↑Eger.

Chechaouen [frz. ʃeʃaˈwɛn] (arab. Schifschawan), marokkan. Prov.hauptstadt im westl. Rifatlas, 24 000 E. Hl. Stadt der Muslime. – 1471 gegr., mit aus Granada vertriebenen Mauren besiedelt, 1920–56 von Spanien besetzt. – Geschlossenes maur. Stadtbild.

checken, svw. ↑abchecken.

Checkpoint [engl. ˈtʃɛkpɔɪnt], Kontrollpunkt; u. a. 1961–90 an den Grenzübergängen im geteilten Berlin, z. B. der *C. Charlie.*

Cheddarkäse [ˈtʃɛdər; nach der engl. Ortschaft Cheddar (Somerset)], gut ausgereifter, fetter Hartkäse mit nußähnl. Geschmack.

Cheder [ˈxɛ...; hebr. „Zimmer"], traditionelle Grundschule des osteurop. Judentums für Knaben vom vierten Lebensjahr an.

Chedive [çɛ..., xɛ...] ↑Khedive.

cheerio! [engl. tʃɪərɪˈoʊ; zu cheer „Heiterkeit" (ältere Bed. „Gesicht"; letztlich zu griech. kára „Haupt")] (cheers!), angloamerikanisch für: prost!, zum Wohl!

Cheeseburger [engl. tʃiːzbɜːgə], mit Käse überbackener Hamburger.

Chef [ʃɛf; frz.; zu lat. caput „Kopf"], Haupt, Leiter, Anführer, bes. in Wirtschaft und Verwaltung der Vorgesetzte; häufig Bestimmungswort von Zusammensetzungen mit der Bed. „Haupt..., Ober...". In *Gastronomie und Hotelwesen:* **Chef de cuisine,** Küchen-C.; **Chef de rang,** Abteilungskellner; **Chef de service,** 1. Oberkellner; **Chef de partie,** Leiter einer Kochabteilung; **Chef d'étage,** Etagen- und Zimmerkellner; **Chef de réception,** Empfangschef. –

Yvette Chauviré

Chechaouen. Minarett einer Moschee am Marktplatz der Altstadt

Chef d'œuvre

Geschichte der Chemie (Auswahl)		
rd. 8000 v. Chr.		erste Keramik
rd. 7000 v. Chr.		Ziegel
rd. 4000 v. Chr.		Kalk, Bleiweiß, Holzkohle, Grünspan, Mennige, Zinnober, Bleisulfid, Kupfer
rd. 3500 v. Chr.	Ägypten	Bier, Wein
rd. 3000 v. Chr.		Bronze
rd. 2800 v. Chr.	Sudan	Eisen
rd. 2400 v. Chr.	Ägypten	Indigofärbung
rd. 2000 v. Chr.	Ägypten	Gerberei
rd. 2000 v. Chr.	Nubien	Gold
rd. 2000 v. Chr.	Ägypten	Blei
rd. 2000 v. Chr.	Sumer	Seife
rd. 1600 v. Chr.	Ägypten	Glas
rd. 600 v. Chr.	Thales von Milet	„Wasser ist der Urstoff aller Dinge"
rd. 500 v. Chr.	Rom	Destillation; Zinn rein, Purpur, Krapp, Soda, Pottasche, Gips, Mörtel, Alaun, Ätzkali
rd. 450 v. Chr.	Empedokles	Feuer, Wasser, Luft, Erde als „Grundelemente"
rd. 200 v. Chr.	Griechenland	Ultramarin
rd. 160 v. Chr.	Demokrit	„Atomtheorie"
rd. 80 v. Chr.	Gallien	Salmiak
rd. 600 n. Chr.	China	Herstellung von Porzellan
Von der Zeitenwende bis etwa 1500 Entwicklung, Blüte und Niedergang der Alchimie		
1619	Sennert	Begründung der neuen Atomtheorie
1620	England	Koks
1630	Jungius	Begründung des modernen
1661	Boyle	Elementbegriffs
1669	Brand	Phosphor
1693	Tschirnhaus	Hartporzellan
1697	Stahl	Phlogistontheorie
1738	D. Bernoulli	kinetische Gastheorie
1747	Marggraf	Zucker aus Rüben
1750	Watson	Platin
1750	Roebuck	Schwefelsäure
1751	Cronstedt	Nickel
1771	Scheele, Priestley	Entdeckung des Sauerstoffs
1772	D. Rutherford	Stickstoff
1774	Scheele	Chlor
1776	Scheele	Oxalsäure
1777	Wenzel, Richter	Gesetz von den konstanten Gewichtsverhältnissen, damit Beginn der wiss. Chemie
1783	Lavoisier	richtige Deutung des Verbrennungsprozesses
1783	Cavendish	erste genaue Analyse der Luft
1789	Klaproth	Uran
1789	Lavoisier	erste Elementaranalysen
1798	Ritter	wiss. Grundlagen der Elektrochemie
1799	Proust	konstante Verbindungsgewichte
1808	Dalton	Gesetz von den multiplen Proportionen, Atomtheorie
1811	Avogadro	Aufstellung des Avogadroschen Gesetzes
1811	Biot, Arago	Entdeckung der opt. Aktivität organ. Stoffe
1814	v. Berzelius	erste Atomgewichtstafel
1824	Wöhler	Synthese der Oxalsäure; Begründung der synthet. organ. Chemie
1825	Faraday	Entdeckung des Benzols
1826	Unverdorben	Darstellung von Anilin aus Indigo
1828	Wöhler	Harnstoffsynthese
1830	v. Berzelius	Begriff der Isomerie
1836	v. Berzelius	Begriff der Katalyse
1839	Daguerre	offizielle Verkündung des ersten photograph. Verfahrens (Daguerreotypie)
1840	v. Liebig	Begründung der künstl. Düngung
1842	J. R. v. Mayer	Gesetz von der Erhaltung der Energie
1844	C. Goodyear	erste Vulkanisation von Kautschuk
1856	Perkin	erster synthet. organ. Farbstoff (Mauvein)
1857	Kekulé v. Stradonitz	Entdeckung der Vierwertigkeit des Kohlenstoffs; Begründung der organ. Strukturchemie
1858	Grieß	erste Azofarbstoffe
1860	Bunsen, Kirchhoff	Entwicklung der Spektralanalyse
1861	Bunsen	Entdeckung des Rubidiums
1861	Crookes, Lamy	Entdeckung des Thalliums
1861	Graham	Begründung der Kolloidchemie
1865	Kekulé v. Stradonitz	Aufstellung der ringförmigen Benzolformel; Begründung der modernen organ. Chemie

Im *Militärwesen:* 1. die Führer von Kompanien, Batterien (früher auch Schwadronen): **Kompaniechef, Batteriechef** (früher Schwadron-C.). 2. **Chef des Stabes**, Offizier im Stabe eines Korps, einer Division und eines Wehrbereichskommandos, mit der Leitung und Koordination der Stabsarbeit beauftragt. 3. **Chef des Generalstabs**, bis 1945 dienstältester Generalstabsoffizier im Stabe eines höheren Truppenführers. 4. **Chef eines Regiments**, bis 1914 (vereinzelt bis 1945) ein mit einem Regiment „beliehener" Fürst bzw. verdienter General. 5. Bei der Marine **Flottenchef, Geschwaderchef, Flottillenchef** usw. – In *[Wirtschafts]unternehmen:* **Chefarzt**, leitender Arzt in einem Krankenhaus. **Chefdramaturg**, der erste Dramaturg. **Chefredakteur**, der Leiter einer Redaktion. – **Chef de mission**, Leiter einer sportl. Delegation, v. a. bei den Olymp. Spielen. – **Chef des Protokolls:** hoher Beamter eines Außenministeriums; zuständig für die Betreuung des diplomat. Korps, verantwortlich für das Zeremoniell bei offiziellen Begegnungen staatl. Repräsentanten.

Chef d'œuvre [frz. ʃɛfˈdœːvr], Hauptwerk, Meisterwerk, Meisterstück.

Chefren [ˈçeː...], ägypt. König, ↑Chephren.

Che Guevara [span. tʃeɣeˈβara] ↑Guevara Serna, Ernesto.

Cheilanthes [çaɪ...; griech.] (Keuladerfarn, Lippenfarn), Gatt. kleiner Tüpfelfarngewächse mit etwa 30 Arten in wärmeren Trockengebieten aller Erdteile.

Cheilitis [çaɪ...; griech.], unterschiedlich ausgeprägte Entzündung der Lippen (Rötung, Schuppung, Rhagaden, Erosionen) durch Witterungseinflüsse, Fieber, Eisenmangel oder andere schwere Erkrankungen.

Cheilon [ˈçaɪ...] ↑Chilon.

Cheiloplastik [çaɪ...; griech.] (Lippenplastik), plastischchirurg. Verfahren zur Beseitigung einer Lippenspalte.

Cheiloschisis [çaɪ...; griech.], svw. ↑Hasenscharte.

Cheiranthus [çaɪ...; griech.], svw. ↑Goldlack.

Cheireddin [xaɪ...] ↑Chair Ad Din.

Cheiron [ˈçaɪ...] (Chiron), Kentaur der griech. Mythologie, urspr. alter thessal. Heilgott. Sohn des Titanen Kronos und der Nymphe Philyra. Freundlich und weise, Meister der Heilkunde, des Leierspiels und der Jagdkunst sowie Erzieher der berühmtesten Helden.

Cheironomie [çaɪ...; griech.], in der *Tanzkunst* die mim. Bewegung und Gebärdensprache der Hände; ihr Ursprung liegt sehr wahrscheinlich im fernen Orient; in Südasien und Ostasien wird sie noch heute gepflegt.

▷ in der *altgriech.* und *frühchristl. Musik* die Handbewegungen, mit denen dem Sängerchor melod. Verlauf, Rhythmus und Tempo eines Gesanges angezeigt wurden.

Cheju [korean. tʃedʒu], südkorean. Insel und Prov. im Ostchin. Meer, 72 km lang, 30 km breit, 1 825 km², 489 000 E, Hauptort Cheju (203 000 E); im Halla-san 1 950 m hoch.

Chelate [çe...; zu griech. chēlḗ „Krebsschere"], Komplexverbindungen, bei denen ein zentrales Atom (bes. Metallion) unter Ausbildung mehrerer Bindungen von einem oder mehreren Molekülen oder Ionen ringartig umgeben ist. C. spielen u. a. in der analyt. Chemie, bei der Wasserenthärtung und bei der Metallrückgewinnung aus Abwässern eine Rolle; wichtige natürl. C. sind z. B. Chlorophyll Hämoglobin, Zytochrom.

Chelčický, Petr [tschech. ˈxɛltʃitski:] (Peter von Cheltschitz), *Chelčice bei Wodňan um 1380, †ebd. nach 1452 tschech. hussit. Laientheologe und Sozialtheoretiker. – Geistiger Vater der Böhmischen Brüder; verwarf Mönchtum und Kriegsdienst, lehnte jede weltl. Obrigkeit und die Ständeordnung ab.

Chélia, Djebel [frz. dʒɛbɛlʃeˈlja] ↑Aurès.

Chelidonium [çe...; griech.] ↑Schöllkraut.

Cheliff [ʃeˈlif], längster Fluß Algeriens, entspringt im Saharaatlas, mündet nnö. von Mostaganem ins Mittelmeer; 725 km lang. Im Mittellauf Talsperren, am Unterlau Bewässerungsgebiet.

Chelizeren [çe...; griech.], vorderes Mundgliedmaßenpaar der Spinnentiere zum Ergreifen der Beute.

Chelléen [ʃɛle'ɛ̃; frz.], nach der frz. Stadt ↑ Chelles ben. altpaläolith. Kulturphase; in der „klass." frz. Periodisierung des Paläolithikums die älteste; in neuerer Zeit nur noch in Afrika für die älteste Phase der dortigen Faustkeilkulturen gebräuchlich. – ↑ Acheuléen.

Chelles [frz. ʃɛl], frz. Stadt östl. von Paris, Dep. Seine-et-Marne, 42 000 E. Nahrungsmittel- und Ziegeleiind. – In der Nähe der merowing. Pfalz **Cala** wurde um 650 ein Benediktinerinnenkloster gegründet.

Chełm [poln. xɛum] (dt. Cholm), Hauptstadt der Woiwodschaft C., Polen, osö. von Lublin, 63 000 E. Zementfabriken, Glashütte.

Chełmno [poln. 'xɛumnɔ], Stadt in Polen, ↑ Culm.

Chelmsford, Frederick John Napier Thesiger Viscount (seit 1921) [engl. 'tʃɛlmsfəd], * London 12. Aug. 1868, † Ardington House (bei Oxford) 1. April 1933, brit. Politiker. – 1905–09 Gouverneur von Queensland, 1909–13 von Neusüdwales; Vizekönig von Indien 1916–21.

Chelmsford [engl. 'tʃɛlmsfəd], Stadt in SO-England, 58 000 E. Verwaltungssitz der Gft. Essex; anglikan. Bischofssitz; Maschinenbau, elektrotechn., Mühlenind. – Röm. Gründung (**Caesaromagus**).

Chelsea [engl. 'tʃɛlsɪ], ehem. engl. Stadt, heute zu Groß-London.

Chelseaporzellan [engl. 'tʃɛlsɪ], in Chelsea von etwa 1745–84 hergestelltes Weichporzellan mit bunter Bemalung.

Cheltenham [engl. 'tʃɛltnəm], engl. Stadt, Gft. Gloucester, 73 000 E. Anglikan. Bischofssitz; Schulzentrum; Leichtind. – Nach der Entdeckung der Mineralquellen (1715) beliebter Badeort.

Chemiatrie, svw. ↑ Iatrochemie.

Chemical Mace [engl. 'kɛmɪkəl 'mɛɪs], engl. Bez. für ↑ chemische Keule.

Chemie [çe...; arab.; bis um 1800 Chymie; vermutlich Rückbildung aus ↑ Alchimie], Naturwiss. vom Aufbau, den Eigenschaften und Umwandlungen von Stoffen. Sie befaßt sich mit den ↑ chemischen Elementen und ↑ chemischen Verbindungen und den ↑ Reaktionen zw. ihnen. Abstrakter formuliert ist die C. die Naturwiss., die sich mit Elektronenabgabe, -aufnahme und -verteilung zw. Atomen und Molekülen befaßt. Innerhalb der **reinen Chemie** gibt es zunächst die beiden großen Gebiete der anorgan. und der organ. C. Die **anorganische Chemie** beschäftigt sich mit denjenigen Elementen, Legierungen und Verbindungen, die keinen Kohlenstoff enthalten. Eine Ausnahme bilden hierbei einige einfache Kohlenstoffverbindungen wie Kohlenmonoxid, Kohlendioxid und Schwefelkohlenstoff sowie die von ihnen abgeleiteten Verbindungen. In der modernen C. wird die Grenze zur organ. C. zunehmend unschärfer. Das zweite größere Teilgebiet, die **organische Chemie**, umfaßt die Verbindungen des Kohlenstoffs (bis auf die Oxide der Kohlensäure und ihrer Salze). Obwohl sich der überwiegende Teil der organ. Verbindungen nur aus wenigen Elementen (C, H, O, N, S, P) zusammensetzt, sind sie u. a. wegen der Vierbindigkeit der Kohlenstoffatome und wegen ihrer Fähigkeit, sich untereinander zu mehr oder weniger langen Kettenmolekülen oder Ringen zu verbinden und der sich daraus ergebenden zahllosen Kombinationsmöglichkeiten – wesentlich zahlr. als die anorgan. Verbindungen (über 7 Mill.). Die organ. C. wird in zahlr. Fachgebiete unterteilt, wie z. B. Farbstoffchemie, Lebensmittelchemie, Polymerchemie. – ↑ Biochemie, ↑ Naturstoffchemie. – Alle anderen Zweige der reinen C. sind von der Methode her begründet und befassen sich sowohl mit anorgan. als auch mit organ. Stoffen. Die **analytische Chemie** beschäftigt sich mit dem Nachweis und der quantitativen Bestimmung von chem. Elementen und Verbindungen. Die **präparative** oder **synthetische Chemie** befaßt sich mit der künstl. Herstellung chem. Stoffe. Die **physikalische Chemie** (Physikochemie) untersucht chem. Vorgänge vorwiegend mit physikal. Methoden und beschreibt und erklärt sie mit physikal. Theorien. Wichtige Zweige sind u. a. Elektrochemie, Kolloidchemie, Kristallchemie, Reaktionskinetik. Die physikal. C. liefert auch die theoret. Grundlagen

Chemie

	Geschichte der Chemie (Fortsetzung)	
1867	Nobel	Dynamit
1867	Guldberg, Waage	mathemat. Formulierung des Massenwirkungsgesetzes
1869	L. Meyer, Mendelejew	Periodensystem der chem. Elemente
1874	van't Hoff, Le Bel	Begründung der Stereochemie
1884	Ostwald, Arrhenius, van't Hoff	Ionentheorie
1884	Chardonnet de Grange	Begründung der Chemiefaserind.
1885	Auer v. Welsbach	Entdeckung der Elemente Praseodym und Neodym
1886	Winkler	Entdeckung des Germaniums und damit Bestätigung des Periodensystems
1895	Ramsay, Rayleigh u. a.	Entdeckung der Edelgase in der Luft
1896	Becquerel	erste Beobachtung radioaktiver Erscheinungen
1898	M. und P. Curie	Entdeckung von Radium und Polonium
1900	M. Planck	Einführung des Planckschen Wirkungsquantums
1902	E. Fischer	Beginn der systemat. Analyse der Eiweißstoffe
1904	Bayliss, Starling	Einführung des Begriffs „Hormon"
1907	Baekeland	Begründung der Kunstharzind.
1909	Hofmann	erster Synthesekautschuk
1909	Haber, Bosch	Ammoniaksynthese
1911	E. Rutherford	Theorie der Atomstruktur
1912	Pregl	Entwicklung der quantitativen organ. Mikroanalyse
1913	Thomson	erstmalige Zerlegung eines Elements in seine Isotope
1913	Bergius	erstes Patent zur Benzinsynthese durch Kohlehydrierung (Kohleverflüssigung)
1913	Bohr	Aufstellung des Atommodells des Wasserstoffatoms
1913	Bragg	Erforschung des Gitteraufbaus der Kristalle durch Röntgenstrahlen
1913	v. d. Broek	Erkenntnis der Übereinstimmung der Ordnungszahl im Periodensystem mit der entsprechenden Rutherfordschen Kernladungszahl
1916	Lewis, Kossel	Entwicklung der modernen Elektronentheorie der Valenz (Edelgaskonfiguration, Oktettprinzip)
1919	E. Rutherford	erste Kernumwandlung (Stickstoff)
1920	Staudinger	Aufklärung der Polymerisation; Begründung der makromolekularen Chemie
1923	Lowry, Brønsted	Säure-Base-Definition auf der Grundlage des Protonenaustausches
1928	Szent-Györgyi, Karrer, Hirst, Reichstein	Isolierung des Vitamins C
1928	Fleming	Entdeckung des Penicillins
1932	Wieland, Dane, Rosenheim, King	Strukturaufklärung des Cholesterins
1932	Urey, Brickwedde, Murphy	Entdeckung des schweren Wassers
1933	Ingold, Pauling	Erklärung der Stabilität einiger organ. Verbindungen durch den Mesomerie-Begriff
1934	Butenandt, Marker, Pincus	Isolierung des Sexualhormons Progesteron
1935	Domagk	Entdeckung der Heilwirkung der Sulfonamide
1935	Laqueur, Butenandt, Ruzicka	Isolierung des Sexualhormons Testosteron
1937	Segrè, Perrier	künstl. Darstellung des Elements Technetium
1938	Schlack, Carothers	erste Synthesefasern aus Polyamiden
1939	Hahn, Straßmann	Spaltung von Urankernen mit Hilfe von Neutronen
1939	Perey	künstl. Darstellung des Elements Francium
1940	Corson, MacKenzie, Segrè	künstl. Darstellung des Elements Astat
1941	Seaborg, McMillan, Kennedy, Wahl	künstl. Darstellung des Elements Plutonium
1941	Rochow, Müller	techn. Synthese der Silicone
1944	Avery	Desoxyribonukleinsäure wird als Träger genet. Information erkannt; Begründung der Molekulargenetik
1945	Marinsky, Glendenin, Coryell	künstl. Darstellung des Elements Promethium
1946	Libby	Altersbestimmung organ. Stoffe mit radioaktivem ^{14}C
1950	Pauling, Corey	Helixmodell der Proteine
1952	Gates, Tschudi	Totalsynthese des Alkaloids Morphin
1953	Watson, Crick, Wilkins	Helixmodell der Nukleinsäuren
1953	Ziegler	Niederdruckpolyäthylen
1955	Sanger, Crowfoot-Hodgkin	vollständige Sequenzanalyse des Insulins

Chemiefasern

Geschichte der Chemie (Fortsetzung)

Jahr	Person	Ereignis
1956	Calvin, Witt	Aufklärung der Photosynthese
1960	Bartlett	Edelgasverbindungen
1961	Hoppe, Matthei, Nirenberg, Ochoa	Entzifferung des Basencodes der Nukleinsäuren
1962	Kendrew, Perutz	Strukturermittlung des Hämoglobins und Myoglobins durch Beugung von Röntgenstrahlen
1965	Holley u. a.	erste Sequenzermittlung einer Nukleinsäure
1966	Khorana, Nirenberg	Teilsynthese der DNS
1969	Hirschmann, Merrifield, Moore, Stein, Anfinsen	erste Synthese eines Enzyms
1970	Khorana	erste Totalsynthese eines Gens
1970	Temin, Baltimore	Entdeckung der reversen Transkriptase
1972	Woodward, Eschenmoser	Synthese des Vitamins B_{12}
1973	Kim	erste Röntgenstrukturanalyse einer Transfer-RNS
1975	Henderson, Unwin	erste Bestimmung der dreidimensionalen Struktur eines Proteins unter dem Elektronenmikroskop
1976	Sänger	Strukturaufklärung der Viroide
1976	Bahl	erste Synthese einer DNS mit nachweisbarer biolog. Aktivität
1981	Binnig, Rohrer	erste Abbildungen von atomaren Oberflächenstrukturen mit dem Rastertunnelmikroskop
1986	Herschbach, Lee, Polanyi	Dynamik chem. Elementarprozesse
1988	Deisenhofer, Huber, Michel	Bestimmung der dreidimensionalen Struktur eines photosynthet. Reaktionszentrums
1989	Altman, Cech	Entdeckung der katalyt. Eigenschaften der RNS

der chem. Technologie und der Verfahrenstechnik. Die **theoretische Chemie** befaßt sich mit der Aufklärung der ↑chemischen Bindung und des Reaktionsverhaltens von Molekülen und versucht, diese mit Hilfe von physikal. Vorstellungen, insbes. mit quantenmechanisch begründeten Elektronenmodellen, zu beschreiben. Viele Teilgebiete der **angewandten Chemie** untersuchen chem. Vorgänge in anderen Wissensgebieten, z. B. in der Landw. (Agrikultur-C.), bei der Untersuchung von Lebensmitteln (Nahrungsmittel-C.), bei der Entwicklung neuer Heilmittel (pharmazeut. C.), bei der Analyse von Mineralen und Gesteinen (Mineral-C.), bei der Aufklärung von Straftaten (Gerichts-C., forens. C.), bei der Entwicklung techn. Produktionsverfahren (techn. Chemie).
Geschichte: In der Antike wurden chem. Kenntnisse v. a. bei der Arzneimittelherstellung und Gewinnung von Giften angewandt. Noch im 17. und 18. Jh. spielte die ↑Alchimie eine große Rolle und wurde nur langsam von der eigtl. C. abgelöst, die sich ausschließlich der Untersuchung der Materie und ihrer Umwandlungen widmete. Die Unterscheidung anorganisch – organisch stammt aus dem 17. Jh. Die angewandte C. ist gekennzeichnet durch die Entstehung der chem. Ind. Den Abschluß der Entwicklung der C. zur Systemwiss. bildete die Formulierung des Periodensystems der chem. Elemente (1869). Eine Vereinheitlichung der chem. Nomenklatur wurde 1892 auf einer Konferenz in Genf erreicht.

Chemiefasern [çe...] (Synthesefasern, Kunstfasern), Sammelbez. für alle auf chem. Wege erzeugten Fasern. Man unterscheidet *vollsynthet. Fasern*, deren Makromoleküle durch Polymerisation, Polykondensation oder Polyaddition entstanden sind, und Fasern auf *Naturstoffbasis*, z. B. Zelluloseregenerate. Die Herstellung der C. aus den Rohstoffen kann nach mehreren Verfahren erfolgen. Beim *Trockenspinnverfahren* werden die Makromoleküle in leicht verdampfbaren Lösungsmitteln wie Aceton oder Schwefelkohlenstoff gelöst und bei 5–15 bar durch Spinndüsen gepreßt; das rasch verdampfende Lösungsmittel wird abgesaugt und das Fadenkabel auf Spulen aufgerollt. Beim *Naßspinnverfahren* wird die Polymerlösung durch Düsen in ein Fällbad gepreßt *(Viskose).* Beim *Schmelzspinnverfahren* werden v. a. thermoplast. Makromoleküle wie Polyäthylen, Polyamide und Polyester aus der Schmelze verarbeitet. Die Abkühlung nach dem Pressen und Verspinnen erfolgt durch Einblasen von Kühlgasen. Durch anschließendes Verstrecken orientieren sich die Makromoleküle parallel zur Faserrichtung, wobei sich Nebenvalenzen ausbilden (z. B. Wasserstoffbrückenbindungen zw. Carbonyl- und Aminogruppen). C. besitzen gegenüber Naturfasern eine höhere Reiß- und Scheuerfestigkeit, sie sind knitterarm und vielfach auch wasser-, licht-, wetter- und chemikalienfest (↑Kunststoffe).

Chemieunterricht [çe...], C. wurde vereinzelt in Verbindung mit Mineralienkunde im 18. Jh. in den sog. „Realschulen" eingeführt; in den Gymnasien wurde er 1892 als Teil der Physik in den Lehrplan der Untersekunda aufgenommen, aber erst 1925 – zunächst in Preußen – an allen Gymnasien eingeführt. In der BR Deutschland wird der C. in der Hauptschule im Rahmen der Naturkunde, in der Realschule wie im Gymnasium als selbständiges Fach erteilt, nicht selten in einer Koppelung mit Biologie- und Physikunterricht.

Chemikalien [çe...; arab.], industriell hergestellte chem. Stoffe.

Chemikaliengesetz, Gesetz zum Schutz vor gefährl. Stoffen vom 16. 9. 1980, in Kraft seit 1. 1. 1982, dessen Regelungen dem vorbeugenden Schutz der Menschen und der Umwelt vor schädl. Auswirkungen von gefährl. chem. Stoffen dienen sollen. Das C. legt u. a. eine Anmeldepflicht für neue Stoffe, für die Prüfungsnachweise verlangt werden können, fest.

Chemilumineszenz (Chemoluminiszenz) [çe...; arab./lat.], die durch bestimmte Reaktionen bewirkte Aussendung von sichtbarem oder ultraviolettem Licht ohne wesentl. Temperaturerhöhung; z. B. leuchtet weißer Phosphor bei der langsamen Oxidation an der Luft schon bei Zimmertemperatur. Die C. von Organismen wird als **Biolumineszenz** bezeichnet. Dieses Leuchten beruht auf der Oxidation bestimmter Leuchtstoffe (Luciferine) unter katalyt. Wirkung des Enzyms Luciferase (u. a. bei Tiefseefischen, Glühwürmchen und Einzellern [Ursache des Meeresleuchtens] sowie bei faulendem Holz).

Chemin [frz. ʃəˈmɛ̃], Weg, Straße.

Chemin-Petit, Hans [frz. ʃəmɛ̃ˈti], * Potsdam 24. Juli 1902, † Berlin (West) 12. April 1981, dt. Komponist und Dirigent. – Komponierte u. a. Opern, Chorwerke, Orchesterwerke in polyphonem Stil.

Chemins des Dames [frz. ʃəmɛ̃deˈdam] ↑Damenweg.

chemische Analyse [ˈçe:...], die Auftrennung von Stoffgemischen in ihre Einzelkomponenten und deren anschließende Identifizierung; weiter die Ermittlung der eine Verbindung aufbauenden Elemente sowie Ermittlung der strukturellen Anordnung der Atome oder Atomgruppen in den Molekülen. Die *qualitative Analyse* vermittelt die Zusammensetzung einer Verbindung oder eines Stoffgemisches, die *quantitative Analyse* stellt die Menge der Bestandteile fest, die eine Verbindung aufbauen oder die in einem Stoffgemisch enthalten sind.
Die urspr. rein chem. Methoden der c. A. werden in zunehmendem Maße durch physikal. oder physikalisch-chem. Verfahren (Spektroskopie, Chromatographie u. a.) ergänzt oder ersetzt. Mit Verfahren und Reagenzien hoher Empfindlichkeit ermöglicht die c. A. auch den Nachweis und die Bestimmung von Stoffen in Mengen von 10^{-2} g *(Halbmikroanalyse)* bis zu weniger als 10^{-10} g *(Mikroanalyse).*

chemische Bindung [ˈçe:...], Art des Zusammenhalts von Atomen in Molekülen und Kristallen; die bindenden Kräfte sind elektr. Natur, da alle Atome durch Elektronenabgabe oder -aufnahme versuchen, die energiemäßig günstigere und stabilere Edelgasschale des im Periodensystem der chem. Elemente nächsten Edelgases auszubilden. Nach der Elektronenverteilung unterscheidet man: **Atombindung (kovalente** oder **homöopolare Bindung, Elektro-**

$:\ddot{\underline{C}}l\cdot + \cdot\ddot{\underline{C}}l: \rightarrow :\ddot{\underline{C}}l:\ddot{\underline{C}}l:$
oder
$|\overline{\underline{C}}l\cdot + \cdot\overline{\underline{C}}l| \rightarrow |\overline{\underline{C}}l - \overline{\underline{C}}l|$
vereinfacht
$Cl\cdot + \cdot Cl \rightarrow Cl - Cl$

$:\dot{N}\cdot + \cdot\dot{N}: \rightarrow :N\vdots\vdots N:$
oder
$|\dot{N}\cdot + \cdot\dot{N}| \rightarrow |N\equiv N|$

Chemische Bindung. Oben: Atombindung beim Chlormolekül Cl_2; durch ein gemeinsames Elektronenpaar erreichen beide Cl-Atome die Edelgasschale. Unten: Atombindung beim Stickstoffmolekül N_2; durch drei gemeinsame Elektronenpaare wird die Edelgasschale erreicht, die drei Bindungen sind aber nicht gleichwertig

Chemnitz

nenpaarbindung), bei der ein oder mehrere Elektronen den beteiligten Atomen gemeinsam angehören; sie tritt v. a. bei Molekülen nichtmetall. Elemente auf. **Ionenbindung**

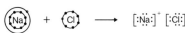

Chemische Bindung. Ionenbindung bei Natriumchlorid NaCl; das Natrium erreicht durch Abgabe, das Chlor durch Aufnahme eines Elektrons Edelgaskonfiguration

(heteropolare, elektrostatische, polare Bindung), bes. bei Salzen auftretende Bindungsart, bei der Metalle Elektronen abgeben (Kationenbildung) und Nichtmetalle Elektronen aufnehmen (Anionenbildung); die c. B. wird hier durch die elektr. Ladung bewirkt. Die **Koordinationsbindung (koordinative, dative** oder **semipolare Bindung)** steht der Atombindung nahe, unterscheidet sich aber von dieser dadurch, daß das gemeinsame Elektronenpaar nur von einem Atom gestellt wird, während das andere über eine besetzbare Elektronenlücke verfügen muß. Die **metallische Bindung** ist eine spezif. Bindung der Metalle und Legierungen, bei der die Elektronen im Gitter der Metallionen frei beweglich sind. Zw. allen Arten der c. B. sind Übergänge möglich.

chemische Elemente ['çe:...], Grundstoffe, die sich chemisch nicht weiter zerlegen lassen, bestehend aus Atomen mit gleicher Ordnungs- bzw. Kernladungszahl. Die chem. Eigenschaften eines c. E. sind bestimmt durch den Aufbau der Elektronenhülle seiner Atome. Unterscheiden sich die Atome eines Elements in ihrer Atommasse (bzw. Neutronenzahl), so spricht man von Isotopen eines Elements. Die meisten natürl. c. E. haben mehrere Isotope; neben diesen **Mischelementen** gibt es ↑anisotope Elemente. Von den zur Zeit bekannten 109 Elementen sind 11 Elemente gasförmig (bei 20 °C: Argon, Chlor, Fluor, Helium, Krypton, Neon, Radon, Sauerstoff, Stickstoff, Wasserstoff, Xenon, zwei Elemente sind flüssig (Brom, Quecksilber), die übrigen Elemente sind fest. Die chem. Elemente mit den Ordnungszahlen 95 bis 106 sowie das Element Technetium (Ordnungszahl 43) sind nur durch Kernreaktionen künstlich darstellbar (↑superschwere Elemente, ↑Transurane). 93 Elemente kommen in der Natur vor. Die Elemente mit niedrigeren Ordnungszahlen sind wesentlich häufiger in der Erdkruste; so sind die Elemente mit den Ordnungszahlen 1 bis 29 etwa 1 000mal häufiger vertreten als der Rest. Die häufigsten Elemente der oberen Erdkruste einschl. der Ozeane und der Atmosphäre sind der Sauerstoff mit 49,5, das Silicium mit 28,8, das Aluminium mit 7,57, das Eisen mit 4,7 und das Calcium mit 3,4 Massenprozenten, so daß diese fünf Elemente bereits einen Masseanteil von mehr als 90 % ausmachen. – Jedem c. E. ist ein Symbol zugeordnet. – ↑Periodensystem der chemischen Elemente, ↑Radioaktivität.

chemische Formeln ['çe:...], internat. vereinbarte Schreibweise, bei der man die allg. Zusammensetzung, die Teil- oder Gesamtstruktur von Verbindungen mit Hilfe von Elementsymbolen, Zahlen, Bindungsstrichen bzw. Punkten darstellt. Die **stöchiometrische Formel** gibt an, welche Arten von Atomen in der betreffenden Verbindung vorliegen und in welchem Zahlenverhältnis die Atome der Verbindungsbestandteile am Aufbau der Verbindung beteiligt sind; z. B. NaCl, $(NH_4)_2CO_3$ (Angabe mehrfachen Vorkommens als Index). – Die **Bruttoformel (Summenformel)** gibt Art und Anzahl der am Aufbau eines Moleküls beteiligten Atome an; die Verbindung $CH_2Cl-CHOH-CH_2Cl$, 1,3-Dichlor-2-propanol hat die Bruttoformel $C_3H_6Cl_2O$. – In der **Strukturformel** werden alle am Aufbau des betreffenden Moleküls beteiligten Atome einzeln durch ihre Symbole und alle Atombindungen durch Valenzstriche angegeben. Zugleich wird dargestellt, in welcher Reihenfolge die Atome im Molekül miteinander verknüpft sind und wieviele Atombindungen jeweils zwei Atome miteinander eingehen. Einfachbindungen werden durch einen, Doppelbindungen durch zwei, Dreifachbindungen durch drei Valenzstriche angezeigt. Werden in der Strukturformel nicht nur die Atombindungen, sondern auch die nicht an Bindungen beteiligten Außenelektronen der Atome dargestellt, so erhält man die **Elektronenformel**. Die Außenelektronen werden durch zusätzl. Punkte oder Punktpaare (bzw. Striche) gekennzeichnet. – Die räuml. Anordnung der Atome in einem Molekül zeigt die **Konfigurationsformel** (wichtig für die Darstellung von cis-trans-Isomeren).

chemische Geräte ['çe:...] (Laborgeräte), im chem. Laboratorium verwendete Arbeitsgeräte und Apparate, die möglichst aus chemisch und thermisch widerstandsfähigen Materialien (v. a. Glas, Porzellan, Kunststoffe) angefertigt sein müssen, z. B. Kolben, Meßzylinder, Pipetten.

chemische Gleichung ['çe:...], Beschreibung chem. Reaktionen mit Hilfe chem. Formeln. Die chem. Reaktionsgleichungen bestehen immer aus zwei quantitativ gleichwertigen Seiten, die durch einen den Reaktionsablauf anzeigenden Richtungspfeil getrennt werden. Die Gleichheitsbedingung bezieht sich auf die Zahl und die Art der Atome der Ausgangs- und Endprodukte; z. B.

$KCl + HClO_4 \rightarrow KClO_4 + HCl$.

chemische Industrie ['çe:...], der die industrielle Herstellung von anorgan. und organ. Chemikalien sowie von chem. Spezialerzeugnissen umfassende Ind.zweig. In der c. I. arbeiteten 1990 in den alten Bundesländern rd. 594 000 Beschäftigte. Der Umsatz der c. I. betrug 1990 in den alten Bundesländern rd. 195 Mrd. DM, davon gingen Produkte für 83 Mrd. DM in den Export.

chemische Keule ['çe:...] (Chemokeule, engl. Chemical Mace), v. a. bei polizeil. Einsätzen verwendetes Sprühgerät für Reizstoffe; Einsatz umstritten, da körperl. Dauerschäden nicht ausgeschlossen sind.

chemische Reaktion ['çe:...] ↑Reaktion.

chemische Reinigung ['çe:...] (Trockenreinigung), die Reinigung von Textilien, Leder und Pelzen durch Eintauchen in organ. Lösungsmittel, v. a. Perchloräthylen; das Lösungsmittel wird destillativ abgetrennt und wiederverwendet.

Chemischer Ofen ['çe:...] ↑Sternbilder (Übersicht).

chemische Sedimente ['çe:...] ↑Gesteine.

chemisches Gleichgewicht ['çe:...], Zustand einer chem. Reaktion, bei dem Ausgangs- und Endprodukte in bestimmten, stets gleichbleibenden Konzentrationen vorliegen. Kennzeichnung mit Doppelpfeil (⇌).

chemische Sinne ['çe:...], zusammenfassende Bez. für Geruchssinn und Geschmackssinn bei Tier und Mensch.

chemische Technologie ['çe:...], anwendungsorientierte Wiss. von den Verfahrensweisen, die zur Herstellung chem. Produkte notwendig sind. Ziel ist die rationellste, den jeweiligen Bedingungen (Ausgangsrohstoffe, zur Verfügung stehende Energie) und den Bedürfnissen des Marktes am besten angepaßte Produktionsweise.

chemische Verbindungen ['çe:...], Stoffe, die aus zwei oder mehreren chem. Elementen aufgebaut sind, wobei die Anzahl der beteiligten Atome eines Elements durch die Gesetze der ↑Stöchiometrie festgelegt ist und durch eine chem. Formel ausgedrückt wird. Eine c. V. zeigt völlig andere Eigenschaften als die einzelnen Elemente selbst. Von den rd. 7 Mill. bekannten c. V. sind nur etwa 1 % von Bedeutung. – ↑chemische Bindung.

chemische Waffen ['çe:...] ↑ABC-Waffen.

Chemise [ʃəˈmiːzə; frz. ʃaˈmiːz „Hemd"], das typ. Kleid des ↑Directoire, ein hochgegürtetes Kleid in hemdartigem Schnitt aus leichtem Stoff.

Chemisette [ʃəmiˈzɛt(ə); frz.], gestärkte Hemdbrust (zu Frack und Smoking).

Chemismus [arab.], Gesamtheit der chem. Vorgänge zw. Ausgangsstoff und Endprodukt einer chem. Reaktion, bes. im pflanzl. und tier. Stoffwechsel.

Chemisorption (Chemosorption) [çe...; arab./lat.], Anlagerung von Atomen oder Molekülen an Stoffe unter Bildung einer chem. Verbindung **(Adsorptionsverbindung)**.

Chemnitz ['kɛm...], Bogislaw Philipp von, *Stettin 9. Mai 1605, † auf Gut Hallstad (Schweden) 17. Mai 1678, dt.

Elektronengas

⊕ ⊖ ⊕ ⊖ ⊕
⊖ ⊕ ⊖ ⊕ ⊖
⊕ ⊖ ⊕ ⊖ ⊕

Atomrümpfe

Chemische Bindung. Metallische Bindung

H   H
| |
H—C—C—C⭨O
| | \OH
H   H

CH_3-CH_2-COOH

Chemische Formeln. Strukturformel (oben) und Summenformel (unten) der Propionsäure

Chemnitz

Historiker und Publizist. – Enkel von Martin C.; arbeitete seit 1642 in schwed. Auftrag an der Geschichte des „Königlich schwed. in Teutschland geführten Kriegs" (1648 ff.); 1644 offizieller schwed. Reichshistoriograph; schrieb unter dem Pseudonym **Hyppolithus a Lapide** (1640–47) ein gegen das Haus Österreich und das Zusammengehen von Kaiser und Reichsständen gerichtetes Pamphlet.

C., Martin, *Treuenbrietzen 9. Nov. 1522, †Braunschweig 8. April 1586, dt. ev. Theologe. – Schüler Melanchthons, seit 1567 Superintendent in Braunschweig; vermittelte im Streit zw. Philippisten und Lutheranern. Zehn Jahre arbeitete er an der Konkordienformel.

Chemnitz Stadtwappen

Chemnitz ['kɛm...] (1953–90 Karl-Marx-Stadt), kreisfreie Stadt im Erzgebirg. Becken an der C., Sa., 305 000 E. TU, Museen, Oper und Theater. Vielseitiger Maschinen-, Fahrzeug- und Motorenbau, chem. und Textilind. – Um 1165 wurde in der Nähe des wohl 1136 gestifteten Benediktinerklosters (1143 Marktrecht) die Stadt C. gegr. (1216 als Stadt bezeichnet), zunächst Reichsstadt, 1254 bis 1308 unter der Herrschaft der Wettiner (1485 Albertin. Linie). Die Entstehung zahlr. Ind.zweige (ab Mitte 18. Jh.) bewirkte, daß C. seit Mitte 19. Jh. zu einem Zentrum der dt. Arbeiterbewegung wurde. 1952–90 Hauptstadt des gleichnamigen DDR-Bezirks. – Erhalten oder wieder aufgebaut u. a. die Schloßkirche (15./16. Jh.), das Alte Rathaus (15.–17. Jh.), der Rote Turm (12. Jh.). Nach 1960 Neubau und Neugestaltung des kriegszerstörten Stadtzentrums.

Martin Chemnitz

Chemolumineszenz [çe...], svw. ↑Chemilumineszenz.
Chemonastie [çe...; arab./griech.] ↑Nastie.
Chemoresistenz [çe...; arab./lat.] (Chemotherapieresistenz), bei der Behandlung von Infektionen entstehende Unempfindlichkeit mancher Erregerstämme gegen urspr. wirksame Chemotherapeutika (u. a. Sulfonamide).
Chemorezeptoren [çe...; arab./lat.], Sinneszellen oder Sinnesorgane, die der Wahrnehmung chem. Reize dienen, v. a. die Geruchs- und Geschmackssinneszellen bzw. -organe.
Chemosis [çe...; griech.], ödemartige Schwellung der Bindehaut des Augapfels v. a. bei schwerer Bindehautentzündung.
Chemosorption [çe...], svw. ↑Chemisorption.
Chemosterilanzien [çe...; arab./lat.], chem. Verbindungen, die bei Tieren Unfruchtbarkeit bewirken; sie hemmen die Keimdrüsenentwicklung, z. B. bei Schadinsekten.
Chemosynthese [çe...; arab./griech.], Form der Kohlenstoffassimilation (↑Assimilation) bei autotrophen, farblosen Bakterien. Die zum Aufbau von Kohlenhydraten aus Kohlendioxid und Wasser benötigte Energie wird aus der (exergon.) Oxidation anorgan. Verbindungen gewonnen, nicht wie bei der Photosynthese durch Lichtabsorption.

Richard Bruce Cheney

Chemotaxis [çe...; arab./griech.] ↑Taxie.
Chemotherapeutika [çe...; arab./griech.], Gruppe von Arzneimitteln, die lebende Krankheitserreger (Bakterien, Pilze, Viren, Protozoen, Würmer) im Organismus schädigen oder abtöten. Der **chemotherapeutische Index** (therapeut. Breite) ist das Verhältnis der Menge eines Chemotherapeutikums, die schädlich wirkt, zu der Dosis, die Krankheitserreger im Wachstum hemmt oder sie abtötet; je höher der Index, desto besser die Anwendbarkeit.
Chemotherapie [çe...; arab./griech.], Behandlung von Infektionskrankheiten und Krebserkrankungen mit chem. Mitteln (Chemotherapeutika), z. B. Sulfonamide, Antibiotika und Virusmittel; begründet 1910 von P. Ehrlich.
Chemotropismus [çe...; arab./griech.] ↑Tropismus.
Chemurgie [çe...; arab./griech.], Gewinnung und/oder Herstellung chem. Produkte aus land- und forstwirtsch. Erzeugnissen, z. B. Holz (Zelluloseester).
Chenab ['tʃe...], einer der 5 Pandschabflüsse, entsteht auf ind. Boden im Himalaja (zwei Quellflüsse), durchbricht in tiefen Schluchten das Gebirge und tritt in die Ebene des Pandschab (Pakistan) ein. Der gemeinsame Lauf von C., Jhelum und Ravi bis zur Einmündung des Sutlej wird **Trinab** genannt; etwa 1 100 km lang.
Chen Boda (Ch'en Po-ta) [chin. tʃənbɔda], *Hui'an (Prov. Fujian) 1904, †Peking 20. Sept. 1989, chin. Politiker und marxist. Theoretiker. – 1937–56 Privatsekretär Mao Zedongs; ab 1949 Direktor des Instituts für Marxismus-Leninismus, 1958–71 Chefredakteur des offiziösen Parteiorgans „Rote Fahne"; neben Mao führender Parteiideologe; 1966–71 Mgl. des Politbüros; im Jan. 1981 (Prozeß gegen die „Viererbande") zu 18 Jahren Haft verurteilt.
Chen Cheng (Tschen Tscheng, Ch'en Ch'eng) [chin. tʃəntʃən], *Jingdian (Zhejiang) 1898, †Taipeh 5. März 1965, chin. General und Politiker. – Kämpfte mit Chiang Kai-shek gegen die Japaner und die chin. Kommunisten; 1944/45 Kriegsmin.; 1946–48 Generalstabschef der nationalchin. Armee; organisierte 1949/50 als Gouverneur von Taiwan die Flucht der Nationalreg. nach Taipeh; 1950–54 und 1958–63 Ministerpräsident.
Cheney, Richard Bruce [engl. 'tʃeɪnɪ], *Lincoln (Nebr.) 30. Jan. 1941, amerikan. Politiker. – 1975–77 Stabschef im Weißen Haus; 1978–89 republikan. Abg. des Repräsentantenhauses; 1989–93 Verteidigungsminister.
Chengchow ↑Zhengzhou.
Chengde (Chengteh) [chin. tʃəŋdʌ], chin. Stadt, 180 km nö. von Peking, 200 000 E. Textil-, Schwerind. – Seit 1703 zur kaiserl. Sommerresidenz ausgebaut, bis 1860 Sitz der chin. Reg.zentrale vom 5.–9. Monat eines jeden Jahres; in Europa als **Jehol** bekannt.
Chengdu (Chengtu, Tschengtu) [chin. tʃəndu], Hauptstadt der chin. Prov. Sichuan, am Min Jiang, 2,64 Mill. E. Univ., wiss. Institute, Museen; Elektronik-, feinmechan. Ind. – Zentraler Palastbezirk aus der Yuan- (14. Jh.) und Mingdynastie (17. Jh).
Chénier [frz. ʃe'nje], André [de], *Konstantinopel 30. Okt. 1762, †Paris 25. Juli 1794, frz. Lyriker. – Verf. polit. Aufsätze; seine Gedichte („Hymne à la France", „Le jeu de Paume", „Iambes", „La jeune captive"), erweisen ihn als bedeutenden frz. Lyriker des 18. Jh. Als Monarchist hingerichtet.
C., Marie-Joseph [de], ≈ Konstantinopel 11. Febr. 1764 (*2. Febr. 1764?), †Paris 10. Jan. 1811, frz. Schriftsteller. – Bruder von André C.; Anhänger der Revolution und Napoleons; Verf. patriot. Hymnen und zeitgebundener, histor. Tragödien.
Chenonceaux [frz. ʃənõ'so], frz. Ort am Cher, Dep. Indre-et-Loire, 30 km östlich von Tours, 314 E. Das elegante Renaissanceschloß wurde 1515–22 in das Flußbett hineingebaut. Sitz der Diane de Poitiers, seit 1560 der Katharina von Medici.
Chen Yi (Ch'en Yi) [chin. tʃən-i], *Leshan (Prov. Sichuan) 1901, †Peking 6. Jan. 1972, chin. Marschall (seit 1955) und Politiker. – Kommandierte 1937–47 die 4. Armee, die in O-China die Truppen Chiang Kai-sheks vernichtend schlug; 1956–69 Mgl. des Politbüros der KP; forcierte

Chenonceaux. Renaissanceschloß im Flußbett des Cher, 1515–22 erbaut, mit den ornamental angelegten Rasenflächen der weitläufigen Gärten

als Außenmin. 1958–70/72 die Aufrüstung Chinas mit Kernwaffen.

Cheops ['çe:...] (ägypt. Chufu), ägypt. König der 4. Dyn. (gräzisierte Namensform). – Regierte 23 Jahre, um 2530 v.Chr.; Erbauer der Cheopspyramide.

Cheopspyramide ['çe:...], größte Pyramide Ägyptens, gehört zu der bei Gise gelegenen Pyramidengruppe mit Chephren- und Mykerinospyramide. Urspr. 146,6 m, jetzt 137 m hoch; Seitenlänge der quadrat. Grundfläche 230,38 m, jetzt 227,5 m. Im Innern mehrere Gänge und drei Sargkammern. An der Ostseite Reste des Totentempels.

Chephren ['çe...] (ägypt. Chafreʿ; Chefren), ägypt. König der 4. Dyn. (gräzisierte Namensform). – Sohn des Cheops; regierte um 2500, erbaute die Chephrenpyramide; auf ihn geht auch der große Sphinx von Gise zurück.

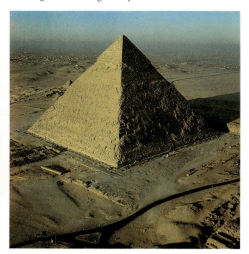

Chephrenpyramide (Luftaufnahme)

Chephrenpyramide ['çe...], zweithöchste ägypt. Pyramide, gehört zu der Pyramidengruppe mit ↑Cheopspyramide. Urspr. 143,5 m, jetzt 136,5 m hoch; Seitenlänge der quadrat. Grundfläche 210 m. An den Wänden des zugehörigen Tempels standen ehemals 23 überlebensgroße Königsstatuen (einige heute in Kairo, Ägypt. Museum).

Chepre ['çe:...], in der ägypt. Mythologie der Sonnengott in der Gestalt der Morgensonne.

Chequers [engl. 'tʃɛkəz] (C. Court), Landsitz 50 km nw. von London; seit 1921 Landsitz des brit. Premierministers.

Cher [engl. tʃɛr], eigtl. Cherilyn LaPiere Sarkisían, * El Centro (Calif.) 20. Mai 1946, amerikan. Popsängerin und Schauspielerin. – Gemeinsam mit ihrem damaligen Ehepartner S. Bono (* 1940) als „Sonny & Cher" zahlr. Hits, seit den 1970ern Solokarriere; auch Filmdarstellerin, u.a. in „Silkwood" (1983), „Die Maske" (1985), „Mondsüchtig" (1988).

Cher [frz. ʃɛ:r], Dep. in Frankreich.

C., linker Nebenfluß der Loire, Frankreich, entspringt im nördl. Zentralmassiv, mündet wenige km unterhalb von Tours, 350 km lang.

Cherbourg [frz. ʃɛr'bu:r], frz. Hafenstadt an der N-Küste der Halbinsel Cotentin, Dep. Manche, 30 000 E. Nat. Kriegs- und Befreiungsmuseum; Schiffbau und -reparaturen; petrochem. und elektrotechn. Ind. – Seit dem 17. Jh. einer der wichtigsten frz. Kriegshäfen. 1944 durch die Alliierten schwer zerstört.

Cherchell [frz. ʃɛr'ʃɛl], alger. Fischereihafen an der zentralen Küste, wsw. von Algier, 12 000 E. – Nachfolgesiedlung des von Juba II. zu Ehren des Augustus ben. **Caesarea;** entstanden an der Stelle des karthag. Handelsplatzes **Iol;** gilt als größte antike Stadt N-Afrikas; verfiel nach der arab. Eroberung des Landes (7./8. Jh.).

cherchez la femme! [frz. ʃɛrʃela'fam „sucht nach der Frau"], sprichwörtl. Ausdruck für: dahinter steckt sicher eine Frau!

Chéreau, Patrice [frz. ʃe:'ro:], * Lézigné (Maine-et-Loire) 2. Nov. 1944, frz. Regisseur. – Avantgardist. Inszenierungen 1966–69 in Paris-Sartrouville, seit 1972 in Lyon-Villeurbanne, 1982–90 Leiter eines Theaters im Pariser Vorort Nanterre; Gastinszenierungen u. a. in Bayreuth („Der Ring des Nibelungen", 1976).

Chergui [frz. ʃɛr'gi] ↑Kerkennainseln.

Cherkassky, Shura [engl. tʃə'kæski], * Odessa 7. Okt. 1911, amerikan. Pianist russ. Herkunft. – V. a. erfolgreich mit Interpretationen von Werken Liszts und Rachmaninows.

Cherokee [engl. tʃɛrɔki:], Gruppe nordamerikan. Indianer in den südl. Appalachen, USA; sprechen eine irokes. Sprache; eine der „Fünf Zivilisierten Nationen". Die C. lebten in befestigten Dörfern und betrieben intensiven Ackerbau. Anfang des 19. Jh. entwickelten sie eine Silbenschrift. 1835 wurden die meisten C. nach Oklahoma deportiert (heute leben dort etwa 45 000; etwa 6 000 leben in North Carolina).

Cherrapunji [tʃɛrə'pʊndʒi], ind. Ort im W von Assam, am S-Hang der Khasi Hills; regenreichstes Gebiet der Erde; langjähriges Jahresmittel 14 250 mm.

Cherry, Donald („Don") [engl. tʃɛri], * Oklahoma City 18. Nov. 1936, amerikan. Jazzmusiker. – Einer der wichtigsten Trompeter des Free Jazz.

Cherry Brandy [engl. tʃɛri 'brændi], Kirschlikör; Alkoholgehalt 25–30 Vol.-%.

Cherson, Gebietshauptstadt in der Ukraine, am Dnjepr, nahe seiner Schwarzmeermündung, 355 000 E. Drei Hochschulen, Museen; Schiff-, Landmaschinenbau, Baumwoll-, Zelluloseind; See- und Flußhafen. – 1778 gegründet.

Chersones (Chersonesos, Cherson) [çɛr...], Name einer im 6. Jh. v. Chr. gegr. ion. Kolonie auf der Krim, 5 km sw. vom heutigen Sewastopol; Teil des Byzantin. Reichs, 998 durch das Kiewer Reich erobert; im 14. Jh. verlassen.

C. (Chersonesos), antiker Name mehrerer Halbinseln, v. a. die **Thrakische Chersones,** heute Gelibolu (Türkei) und die **Taurische Chersones,** heute Krim (Ukraine).

Cherub ['çe:rʊp, 'ke:rʊp] (Mrz. Cherubim) [hebr.], im Alten Orient Schutzgeist, im A. T. geflügelter Engel mit menschl. Antlitz.

Cherubini, Luigi [italien. keru'bi:ni], * Florenz 8. (14.?) Sept. 1760, † Paris 15. März 1842, italien. Komponist. – Lebte ab 1788 in Paris und war dort 1821–42 Direktor des Conservatoire. Von den traditionellen italien. Oper und den Grundlagen der Klassik ausgehend, führte er die frz. Oper zu neuer Höhe („Démophoon", 1788; „Lodoïska", 1791; „Médée", 1797; „Les deux journées", 1800, sein bekanntestes Werk). Seine kirchenmusikal. Werke sind durch eine für die Zeit ungewöhnlich sensible Verfeinerung des kontrapunkt. Stils geprägt.

Cherubinischer Wandersmann [kerʊ..., çerʊ...] ↑Angelus Silesius.

Cherysker (lat. Cherusci) [çe...], german. Volksstamm, nördlich des Harzes zw. Weser und Elbe siedelnd; 12 und 9 v. Chr., dann 4 n. Chr. unterworfen, erhoben sich gegen Rom und erlangten nach der Schlacht im Teutoburger Wald (9 n. Chr.) die Freiheit wieder; im 1. Jh. n. Chr. von den Chatten unterworfen; gingen wahrscheinlich im sächs. Stammesverband auf.

Chesapeake Bay [engl. tʃɛsəpi:k 'beɪ], flache, z. T. stark gegliederte Bucht des Atlantiks in SO-Maryland und O-Virginia, USA, 320 km lang, mit bed. Hafenstädten, u. a. Baltimore.

Cheshire [engl. tʃɛʃə], Gft. in Großbritannien.

Chester [engl. tʃɛstə], Stadt in NW-England, am Dee, 58 000 E. Verwaltungssitz der Gft. Cheshire; anglikan. Bischofssitz; Museum; Marktzentrum eines landw. Umlands; Maschinenbau, Metallind. ⚓. – Röm. Legionslager **Castra Cevana;** 1238 Stadtrecht. – Reste eines röm. Amphiteaters; Kathedrale (13.–15. Jh.). Zahlr. Fachwerkbauten (16./17. Jh.); vollständig erhaltener Mauerring (14. Jh.).

André Chénier

Chen Yi

Luigi Cherubini

Chester Stadtwappen

Chesterfield

Gilbert Keith Chesterton

Maurice Chevalier

Chiang Kai-shek

Francis Chichester

Chesterfield, Philip Dormer Stanhope, Earl of [engl. 'tʃɛstəfi:ld], *London 22. Sept. 1694, †ebd. 24. März 1773, brit. Politiker und Schriftsteller. – 1745/46 Vizekönig von Irland; 1747 Staatssekretär; wurde berühmt durch die „Briefe an seinen Sohn Philip Stanhope" (6 Bde., dt. 1774–77), die skrupellos Ratschläge erteilen, wie man gesellschaftlich avanciert.

Chesterfield [engl. 'tʃɛstəfi:ld], engl. Ind.stadt, Gft. Derbyshire, 71 000 E. Maschinenbau, Glas-, elektrotechn., chem. Industrie.

Chesterkäse ['tʃɛstər; nach der engl. Stadt Chester] ↑ Käse.

Chesterton, Gilbert Keith [engl. 'tʃɛstətən], *London 29. Mai 1874, †ebd. 14. Juni 1936, engl. Schriftsteller. – Bekannt v. a. durch die den herkömml. Kriminalroman parodierenden Pater-Brown-Geschichten, z. B. „Das Geheimnis des Pater Brown" (1927); Essays.

Chetumal [span. tʃɛtu'mal], Hauptstadt des mex. Staats Quintana Roo, an der O-Küste der Halbinsel Yucatán, 90 000 E. Holzwirtschaft; Hafen, ✈. – 1898 gegr.

Chevalier, Maurice [frz. ʃəva'lje], *Paris 12. Sept. 1888, †ebd. 1. Jan. 1972, frz. Chansonnier und Filmschauspieler. – Erfolgreicher Chansonnier; spielte in zahlr. Filmen, u. a. in „Schweigen ist Gold" (1947), „Ariane – Liebe am Nachmittag" (1956), „Gigi" (1957).

Chevalier [frz. ʃəva'lje; eigtl. „Reiter" (zu lat. caballus „Pferd")], Bez. des berittenen Kriegers (dt. Ritter, italien. cavaliere, span. caballero), später Mgl. eines Ritterordens.

Chevalerie, ritterl. Lebensform und Haltung; auch Reiterei (Kavallerie).

Chevallaz, Georges-André [frz. ʃəva'la], *Lausanne 7. Febr. 1915, schweizer. Politiker. – Mgl. der Freisinnig-demokrat. Partei; 1974–83 Bundesrat (bis 1979 Finanz- und Zolldepartement, 1980–83 Militärdepartement); Bundespräs. 1980.

Chevallier, Gabriel [frz. ʃəva'lje], *Lyon 3. Mai 1895, †Cannes 5. April 1969, frz. Schriftsteller. – Berühmt v. a. seine satir. „Clochemerle"-Trilogie (1934, 1951, 1963).

Chevetogne [frz. ʃəv'tɔɲ], belg. Gemeinde 15 km osö. von Dinant, 430 E. – Das Benediktinerpriorat C. wurde 1926 in Amay (Prov. Lüttich) gegr. und 1939 nach C. verlegt; Zentrum des kath. Ökumenismus, wobei die Bemühungen bes. der Wiedervereinigung der Ostkirchen mit der kath. Kirche gelten.

Cheviot Hills [engl. 'tʃɛviət'hɪlz], Bergland an der englisch-schott. Grenze, bis 816 m hoch, Wasserscheide zw. Tweed und Tyne.

Chevreau [ʃə'vro; 'ʃɛvro; lat.-frz.], weiches Ziegenleder mit feinen Narben.

Chevrolet Motor Co. [engl. 'ʃɛvroʊlɛɪ 'moʊtə 'kʌmpəni], amerikan. Unternehmen der Automobilind., Sitz Detroit (Mich.), gegr. 1911; gehört seit 1917 zu der General Motors Corp.

Chevron [ʃə'vrõ:; frz.], Bez. für Gewebe in typ. Fischgratmusterung.

Cheyenne [engl. ʃaɪ'ɛn], Hauptstadt des Bundesstaates Wyoming, USA, am Fuß der Laramie Range, 1 850 m ü. d. M., 58 000 E. Kath. Bischofssitz; Erdölraffinerie, Viehhandelsplatz; ✈. – 1862 gegründet.

Cheyenne [engl. ʃaɪ'ɛn], Prärieindianerstamm der Algonkin-Sprachgruppe; Nordgruppe in SO-Montana, etwa 3 100, Viehzüchter; Südgruppe vorw. Farmer in Oklahoma.

Cheyne-Stokes-Atmung [engl. 'tʃeɪnɪ 'stoʊks; nach dem brit. Mediziner J. Cheyne, *1777, †1836, und dem ir. Arzt W. Stokes, *1804, †1878], krankhafte Atmung mit period. An- und Abschwellen der Atemtiefe; tritt bei Schädigung des Atemzentrums auf und gilt als Anzeichen für Lebensgefahr.

Chi, zweiundzwanzigster Buchstabe des griech. Alphabets, Χ, χ.

Chia, Sandro [italien. 'ki:a], *Florenz 20. April 1949, italien. Maler und Bildhauer. – Die Bewegungen seiner in leuchtenden Farben gemalten Figuren wie seine Plastiken bringen Pathos und Ekstase zum Ausdruck.

Chiang Ch'ing ↑ Jiang Qing.

Chiang Ching-kuo ↑ Jiang Jingguo.

Chiang Kai-shek [tʃɪaŋkaɪ'ʃɛk] (chin. Jiang Jieshi, Tschiang Kai schek), eigtl. Chiang Chung-cheng, *Xigou (Prov. Zhejiang) 31. Okt. 1887, †Taipeh 5. April 1975, chin. Politiker und Marschall. – Schloß sich nach der Revolution 1911 der Reformbewegung Sun Yat-sens an; nach dessen Tod (1925) führender General und Politiker der Kuomintang-Regierung in Kanton; brach 1927 mit den Kommunisten und mit der UdSSR; kontrollierte 1926–28 ganz S-China; Präs. der chin. Republik ab 1928; floh nach Kapitulation der Kuomintang-Truppen Ende 1949 mit den Resten seiner Armee nach Taiwan (dort ab 1950 Staatspräsident).

Chiang Mai (Chiengmai) [tʃɪaŋ'maɪ], Stadt in N-Thailand, am Ping, 102 000 E. Kath. Bischofssitz; Univ. (gegr. 1964); Teakholzhandel; Herstellung von Seidengeweben, Töpfer-, Silber- und Lackwaren; ✈. – 1296 gegr. Hauptstadt des Teilkgr. Lan Na. – Zahlr. Tempel (13.–16. Jh.), Monument der Weißen Elefanten (um 1200).

Chiang Mai. Tempel Wat Phra Singh, 14.–16. Jahrhundert

Chiang Tse-min ↑ Jiang Zemin.

Chianti [italien. 'kjanti], italien. Landschaft in der Toskana, in den Monti del C. bis 893 m hoch; Reb- und Ölbaumanbau.

Chianti [italien. 'kjanti; nach der gleichnam. italien. Landschaft], kräftiger, herber italien. Rotwein.

Chiapas ['tʃiapas], Staat in S-Mexiko, 73 887 km², 3,2 Mill. E (1990), Hauptstadt Tuxtla Gutiérrez. Erstreckt sich vom Pazifik über die Sierra Madre de C. bis in das Golfküstentiefland; u. a. Kaffeeanbau. – Ruinenstätten der Maya, u. a. Palenque.

Chiasma [çi...; griech.], in der Genetik die Überkreuzung je einer väterl. und einer mütterl. Chromatide; erfolgt beim Crossing-over während der Prophase der Reduktionsteilung.

Chiasma opticum [çi...; griech.], in der Schädelhöhle gelegene Kreuzungsstelle der beiden Sehnerven.

Chiasmus [çi...; griech., nach der Form des griech. Buchstabens Chi: χ], rhetor. Figur; kreuzweise syntakt. Stellung, z. B. „Eng ist die Welt und das Gehirn ist weit" (Schiller, „Wallenstein").

Chiasso [italien. 'kjasso], Gemeinde im schweizer. Kt. Tessin, 8 600 E. Grenzübergang an der Strecke Zürich – Mailand.

Chiastolith [çia...; griech.], Andalusit mit dunkel pigmentiertem Kern.

Chiavenna [italien. kja'venna], italien. Stadt in der Region Lombardei, nördlich des Comer Sees, 7 700 E. Sportartikelfabrikation; Verkehrsknotenpunkt an der Vereinigung der Straßen von Malojapaß und Splügenpaß.

Chiaveri, Gaetano [italien. 'kja:veri], *Rom 1689, †Foligno 5. März 1770, italien. Baumeister. – Baute u. a. die barocke Hofkirche in Dresden (1739–55; 1945 ausgebrannt, wiederhergestellt).

Chiba [jap. tʃ...] (Tschiba), jap. Stadt auf Honshū, an der Bucht von Tokio, 800 000 E. Verwaltungssitz der Präfektur C.; mehrere Forschungsinst.; petrochem. Ind., Erdölraffinerien, Metallverarbeitung; Hafen und Zentrum des Keoyo-Ind.gebietes.

Chibcha ['tʃiptʃa], bed. indian. Sprachfamilie im nördl. S-Amerika (Kolumbien, Ecuador) und im südl. M-Amerika (Panama, Costa Rica). Sie umfaßt etwa 45 Sprachen.

Chibinen, höchstes Bergmassiv auf der Halbinsel Kola, Rußland, bis 1 191 m ü. d. M.; Apatitbergbau.

chic [frz. ʃik] ↑ schick.

Chica ['tʃi:ka; span.] (Chicarot), roter Farbstoff aus den Blättern des brasilian. Bignoniengewächses *Arrabidaea chica;* diente den Indianern zum Bemalen des Körpers und zum Färben von Baumwollstoffen.

Chicago [engl. ʃɪ'ka:goʊ], 1967 (als C. Transit Authority) gegr. amerikan. Rockmusikgruppe; wurde mit der Fusion von Jazz und Rockmusik zu sozialkrit. Texten erfolgreich.

Chicago [engl. ʃɪ'ka:goʊ], Stadt in Illinois, USA, am SW-Ufer des Michigansees, 3,0 Mill. E (Metropolitan Area 7,1 Mill.). Sitz eines kath. Erzbischofs, eines anglikan. und methodist. Bischofs; geistiges und wirtsch. Zentrum des Mittleren Westens: mehrere Univ., etwa 200 Colleges, Kunsthochschule; Planetarium; Bibliotheken, Museen, Oper; Zoo. C. ist eines der größten Handelszentren der Erde mit Schlachthöfen, Großmühlen, Getreidesilos. Bed. Konsumgüterind., vielseitige Leichtind., Schwerind. am S-Rand des Michigansees. C. ist der größte Eisenbahnknotenpunkt sowie der größte Binnenhafen der Erde, durch den Sankt-Lorenz-Seeweg für Seeschiffe erreichbar; der internat. ⚙ O'Hare Field ist der frequentierteste ⚙ der Erde. Die Stadt erstreckt sich mit Vororten etwa 100 km am Michigansee entlang. Fast alle ethn. und sozialen Gruppen der Bev. haben ihre eigenen Wohnviertel.

Geschichte: Vorläufer war das 1803 errichtete Fort Dearborn; 1833 Town, 1837 City; 1871 durch Feuer weitgehend zerstört; nach dem Ende des Sezessionskriegs verstärkt einsetzender Ausbau der Ind. und wachsende Zahl von Einwanderern; C. wurde Schauplatz sozialer Auseinandersetzungen (Streiks, Gangsterunwesen und Rassenkonflikte).

Bauten: Unter Denkmalschutz steht der alte Wasserturm, der das Feuer von 1871 überdauerte. 1884/85 wurde in C. das erste Hochhaus in Stahlskelettbauweise errichtet; höchstes Gebäude: Sears Tower (1973) mit 443 m und 110 Stockwerken.

Chicagoer Schule [ʃi'ka:gər], Architekturschule in Chicago, ↑ Hochhaus.

Chicago-Schule [ʃi'ka:go], neoliberale Richtung der Volkswirtschaftslehre (u. a. M. Friedman), die von der Überlegenheit des privat-marktwirtsch. Systems gegenüber staatl. Wirtschaftsregulierung überzeugt ist.

Chicagostil [ʃi'ka:go], im Jazz Bez. für eine zu Anfang der 20er Jahre in Chicago entwickelte Variante des ↑ Dixieland.

Chichén Itzá [tʃi'tʃen it'sa „am Brunnen der Itzá"], Ruinenstadt der Maya im N der Halbinsel Yucatán, 110 km osö. von Mérida. Älteste Siedlungsreste stammen aus der spätformativen Zeit (300–100); Bauten erst für die spätklass. Zeit (600–900) nachweisbar; um 918 durch die Itzá besetzt, um 987 durch Tolteken; bis etwa 1200 bedeutendster Ort in Yucatán; „Heiliger Brunnen" als Wallfahrtsort; zahlr. bed. Bauten: sog. Nonnenkloster mit Anbau und „Kirche", „Caracol", sog. Grab des Hohenpriesters, Ballspielplatz mit Tempeln, Tausendsäulenkomplex. Von der UNESCO zum Weltkulturerbe erklärt.

Chichester, Francis Sir (seit 1967) [engl. 'tʃitʃistə], * Devon 17. Sept. 1901, † Plymouth 26. Aug. 1972, brit. Segler. – Segelte 1966 als Einhandsegler in 107 Tagen von Plymouth nach Sydney und um Kap Hoorn zurück.

Chichester [engl. 'tʃitʃistə], engl. Stadt, 20 km östlich von Portsmouth, 24 000 E. Verwaltungssitz der Gft. West Sussex; anglikan. Bischofssitz; theolog. Hochschule; Marktstadt. – Röm. Gründung **(Noviomagus Regnensium),** in sächs. Zeit Hauptstadt Englands. – Kathedrale Holy Trinity (1085) mit Kampanile (14. Jh.), Guildhall (13. Jh.).

Chichicastenango [span. tʃitʃikaste'naŋgo], Wallfahrtsort im westl. Hochland von Guatemala, 2 070 m ü. d. M., 2 600 E. Museum (Mayakultur); Handels- und religiöses Zentrum der etwa 20 000 Indianer der Umgebung. – 1524 gegründet.

Chicago. Das Hauptgeschäftszentrum mit den beiden Rundtürmen der Marina City, erbaut 1963/64 von Bertrand Goldberg (Höhe 168 m) und dem Sears Tower im Hintergrund, erbaut 1973 von dem Architekturbüro Skidmore, Owings und Merrill, mit 443 m eines der höchsten Gebäude der Erde

Chichimeken [tʃitʃi...], Sammelbez. für Nomadenstämme aus N-Mexiko und Texas, überlebt haben etwa 490 Uzaa in Guanajuato.

Chickasaw [engl. 'tʃɪkəsɔ:], Muskogeestamm, eine der „Fünf Zivilisierten Nationen" im nördl. Mississippi, USA; etwa 8 500.

Chiclayo [span. tʃi'klajo], Hauptstadt des peruan. Dep. Lambayeque, 660 km nw. von Lima, 395 000 E. Bischofssitz; Univ. (gegr. 1970); Handels- und Verarbeitungszentrum in einem Bewässerungsfeldbaugebiet; ⚙.

Chicle [span. 'tʃikle; indian.-span.], Milchsaft des Sapotillbaums; Rohstoff für die Kaugummiherstellung.

Chicorée ['ʃikore; ʃikoʻre:; griech.-frz.], svw. ↑ Salatzichorie.

Chiemgau ['ki:m...], Landschaft um den Chiemsee, Bayern, umfaßt i. w. S. das Moränenland zw. Salzach und Inn.

Chiemgauer Alpen ['ki:m...], zw. Inn und Salzach gelegener Teil der Bayer. Voralpen, im Sonntagshorn bis 1 960 m hoch.

Chicago
Stadtwappen

Chichén Itzá. Kriegertempel und Tausendsäulenkomplex, zwischen 900 und 1200

Chile

Fläche: 756 626 km²
Bevölkerung: 13 Mill. E (1990), 17,2 E/km²
Hauptstadt: Santiago de Chile
Amtssprache: Spanisch
Nationalfeiertag: 18. Sept. (Unabhängigkeitstag)
Währung: 1 Chilen. Peso (chil$) = 100 Centavos
Zeitzone: MEZ −5 Stunden

Chile

Staatswappen

RCH

Internationales
Kfz-Kennzeichen

Chiemsee ['kiːm...], größter See des bayr. Alpenvorlandes, 518 m ü. M., 80,1 km², bis zu 73,6 m tief; Entwässerung durch die Alz. Im westl. Teil die 3,28 km² große Herreninsel (Schloß ↑ Herrenchiemsee) und die 0,15 km² große Fraueninsel (Benediktinerinnenabtei ↑ Frauenchiemsee).

Ch'ien Hsüan ↑ Qian Xuan.

Ch'ien-lung ↑ Qianlong.

Chiesa, Francesco [italien. 'kiɛːza], * Sagno bei Mendrisio (Tessin) 5. Juli 1871, † Lugano 13. Juni 1973, schweizer. Schriftsteller italien. Sprache. – Heimatgebundener Erzähler („Schicksal auf schmalen Wegen", E., 1941).

Chieti [italien. 'kiɛːti], italien. Prov.hauptstadt, Region Abruzzen, 56 000 E. Erzbischofssitz; Univ. (1965 gegr.); archäolog. Museum; Papier- und Bekleidungsind. – **Teate Marrucinorum** war Hauptort der Marrukiner, 335 v. Chr. römisch, 802 von König Pippin erobert. Im 15. Jh. Hauptstadt der Abruzzen. – Reste eines röm. Theaters; Dom (11. Jh.).

Chiffon [ʃi'fõː; frz.], feines Gewebe aus Seide oder Chemiefaserstoffen für Schals, Kleider und Blusen.

▷ sehr feiner Batist.

Chiffoniere [ʃifoni'ɛːr(ə); frz.], schweizerisch für Kleiderschrank.

Chiffre ['ʃifər; frz.; zu mittellat. cifra „Null" (von arab. sifr „leer")], Ziffer, Zahlzeichen, Namenszeichen, Kennziffer; Zeichen, das bei der Übermittlung einer Nachricht zur Verkürzung oder/und Verschlüsselung (meist zur Geheimhaltung) verwendet wird. ↑ Code.

Als metaphys. Begriff zuerst 1758 bei J. G. Hamann, für den das Buch der Natur und der Geschichte nur C., „verborgene Zeichen", sind, die der Auslegung bedürfen; von bes. Bedeutung bei K. Jaspers: C. ist Sprache der Transzendenz, Träger „schwebender", Subjekt und Objekt umgreifender, daher weder method. objektivierbarer noch in einem System darstellbarer Bedeutung. In der Literatur, v. a. der modernen Lyrik, Wort mit verschlüsselter Bed., knapp angedeutetes Bild.

Chigi [italien. 'kiːdʒi], aus Siena stammendes italien. Adelsgeschlecht; urkundlich bezeugt seit dem 13. Jh.; 1377 in den Adelsstand erhoben; berühmt durch den Bankier und Geldgeber mehrerer Päpste *Agostino C.,* gen. „il Magnifico" (* 1465, † 1520), und *Fabio C.,* der 1655 als Alexander VII. den päpstl. Thron bestieg. 1712 wurden die C. Marschälle der röm. Kirche und damit Hüter des Konklaves. – Der **Palazzo Chigi** in Rom (1562 ff.) war von 1923 an Sitz des Außenministeriums und ist seit 1961 Amtssitz des italien. Min.präsidenten.

Chignon [ʃin'jõː; frz.], im Nacken getragener, geschlungener oder auch geflochtener Haarknoten.

Chihuahua [span. tʃi'uaua], Hauptstadt des. mex. Staates C., 1 400 m ü. d. M., 407 000 E. Erzbischofssitz; Univ. (gegr. 1954), Museen; Hüttenwerke u. a. Ind.zweige; Bahn- und Straßenknotenpunkt, ✈. – 1639 gegr. – Barocke Kathedrale (1717–89).

C., Staat in NW-Mexiko, 247 087 km², 2,44 Mill. E (1990), Hauptstadt C. C. umfaßt den NW des nördl. Hochlandes von Mexiko; Landwirtschaft und Bergbau (Blei, Mangan, Kupfer, Gold). – 1562 spanisch; bildete mit Durango die Prov. Neugalizien.

Chihuahua [span. tʃi'uaua] (Mexikan. Zwergterrier), seit der vorkolumb. Zeit bekannte Rasse bis 20 cm schulterhoher Haushunde; kleinster Hund mit übergroßen, fledermausartigen, aufrichtbaren Ohren, spitz zulaufender Schnauze und großen Augen.

Chikamatsu Monzaemon [jap. tʃika'matsu ˌmonzaemon], eigtl. Sugimori Nobumori, * in der Präfektur Fukui 1653, † Ōsaka 22. Nov. 1724, jap. Dichter. – Entstammte einer Samuraifamilie. Meister des Puppenspiels (Jōruri); schuf rd. 160 romant.-histor. und bürgerl. Schauspiele, u. a. die Liebestragödie „Der Tod als Herzenskünder zu Sonezaki" (1703).

Child, Lydia Maria [engl. tʃaɪld], * Medford (Mass.) 11. Febr. 1802, † Wayland (Mass.) 20. Okt. 1880, amerikan. Schriftstellerin. – Veröffentlichte eine der ersten Schriften gegen die Sklaverei: „An appeal in favour of that class of Americans called Africans" (1833); auch pädagog. Schriften.

Childebert I. ['çɪl...], * um 497, † 23. Dez. 558, fränk. König (Merowinger). – Sohn Chlodwigs I., erhielt 511 den NW des Frankenreichs (Hauptstadt: Paris), dann den SW Aquitaniens, nach Chlodomers I. Tod (524) den N von dessen Reichsteil; konnte in Kämpfen gegen Westgoten und Ostgoten seine Macht bis zu den Pyrenäen und in die Provence ausdehnen; errang 534 den Mittelteil von Burgund, übernahm die innen- und kirchenpolit. Führung des Frankenreichs.

Childerich I. ['çɪl...], † um 482, König der sal. Franken (seit etwa 456). – Kämpfte mit den Römern gegen Westgoten und Sachsen; bereitete die Großreichsbildung seines Sohnes Chlodwig I. vor. – Sein Grab, das **Childerichsgrab,** wurde 1653 in Tournai (Belgien) entdeckt; wegen des feststellbaren Todesjahres ein Fixpunkt in Archäologie und Kunstgeschichte des frühen MA. Die erhaltenen Beigaben zeigen gotisch-hunn. Einflüsse; sie befinden sich heute in der Bibliothèque Nationale in Paris.

Children of God [ˈtʃɪldrən ʌv ˈɡɔd; engl. „Gotteskinder"] ↑ Family of Love.

Chile [ˈçiːle; ˈtʃiːle] (amtl. Vollform: República de Chile), Staat im sw. S-Amerika, zw. 17° 15' und 56° s. Br. sowie 67° und 76° w. L. **Staatsgebiet:** Umfaßt den schmalen, langgestreckten Festlandstreifen (einschl. vorgelagerter Inseln) von den Anden bis zum Pazifik sowie mehrere weiter entfernte Inseln; grenzt im N an Peru, im NO an Bolivien, im O an Argentinien. **Verwaltungsgliederung:** 13 Regionen. **Internat. Mitgliedschaften:** UN, OAS, ALADI, SELA, GATT.

Landesnatur: Alle drei Großformen des rd. 4 300 km langen und 90–400 km breiten Landes verlaufen in meridionaler Richtung: die Hochkordillere der Anden, die von N (Ojos del Salado, 6 880 m) nach S an Höhe und Breite abnimmt, die Längssenke, die im mittleren C. am deutlichsten ausgeprägt (Chilen. Längstal) ist, sowie das bis etwa

2 000 m hohe Küstengebirge, das im S in Inseln aufgelöst ist und dem z. T. Küstenebenen vorgelagert sind. Von N nach S lassen sich folgende Landschaftsräume unterscheiden: 1. Der Große Norden (bis zum Río Ruasco), der im wesentlichen aus der Nordchilen. Wüste oder Atacama besteht; 2. der Kleine Norden (bis zum Río Aconcagua), wo Hochkordillere und Küstengebirge unmittelbar aneinandergrenzen; 3. Zentralchile (bis zur Wasserscheide zw. Río Bío-Bío und Río Imperial) mit dem von Hochkordillere und Küstengebirge eingefaßten Chilen. Längstal; 4. der Kleine Süden (bis zum Golf von Ancud und der Insel Chiloé) mit dem noch heute von Araukanern bewohnten Gebiet der Frontera im N und der Chilen. Schweiz (Chilen. Seengebiet) im S; 5. der Große Süden, der die Patagon. Kordillere mitsamt den vorgelagerten Halbinseln und Inseln (d. h. Westpatagonien) sowie, an der Magellanstraße, den südlichsten Teil von Ostpatagonien und schließlich den chilen. Anteil am Feuerlandarchipel umfaßt. C. erhebt seit 1940 Anspruch auf den Sektor der Antarktis zw. 53° und 90° w. L., ein Gebiet, das z. T. von Großbritannien in Besitz genommen worden ist, z. T. von Argentinien reklamiert wird.

Klima: Der Längserstreckung entsprechend ergibt sich eine Klimaabfolge von N nach S von einer subtrop. Zone mit spärl. Sommerregen über eine subtrop. Trockenzone im Großen Norden, sommertrockene Subtropen im Kleinen Norden zur kühlgemäßigten immerfeuchten Zone im Kleinen Süden sowie dem hochozean., kühlgemäßigten Westwindklima des Großen Südens.

Vegetation: Die Vegetationszonen entsprechen dem Klima: xerophyt. Strauch- und Polstervegetation in der Hochkordillere, die im Innern vegetationslose Wüstenzone der Atacama mit Sukkulenten und Zwergsträuchern an der Küste, Zwergstrauchsteppe sowie Dornstrauch- und Sukkulentenvegetation im Kleinen Norden, der heute fast völlig in Kulturland umgewandelte Hartlaubwald in Z-Chile, der sommergrüne Laubwald im Kleinen Süden, der immergrüne Regenwald im Großen Süden und die ostpatagon. Steppe. Charakteristisch sind Lama, Alpaka und Vikunja.

Bevölkerung: Die Bev. setzt sich zus. aus etwa 70 % Mestizen, 25 % Weißen, 5 % Indianern und sonstigen Bev.gruppen. Rd 90 % sind röm.-kath. Glaubens. Reinrassige Indianer sind die Araukaner in der Frontera. Schulpflicht besteht von 7–15 Jahren, die Analphabetenquote betrug 1982 rd. 8 %. C. verfügt über 24 Universitäten.

Wirtschaft: Die chilen. Wirtschaft ist seit dem 19. Jh. vom Bergbau abhängig; bis zum 1. Weltkrieg war der in der Atacama gewonnene Salpeter das wichtigste Produkt. C. liefert den größten Teil des Weltbedarfs an Jod und ist größter Kupferproduzent der Erde. In Ostpatagonien und auf Feuerland werden Erdöl und Erdgas gefördert. – Seit Anfang der 80er Jahre weist C. ein durchschnittl. Wirtschaftswachstum von mehr als 5 % auf. Nur 23 % der Landfläche können landw. genutzt werden; 80 % der Anbaufläche konzentrieren sich auf Z-Chile sowie den N des Kleinen Südens. Die Produktion reicht nicht zur Selbstversorgung aus. Von wachsender Bedeutung ist der v. a. für den Export bestimmte Obstbau. Nadelholz- und Eukalyptusbestände werden forstwirtsch. genutzt. Die Fischerei dient der Selbstversorgung und der Fabrikation von Fischmehl (größter Exporteur der Welt).

Verkehr: Die staatl. Eisenbahn unterhält ein Streckennetz von 4302 km; es bestehen Verbindungen nach Argentinien und Bolivien. Von den 79 089 km Straßen sind 9 800 km asphaltiert. V. a. im unwegsamen S kommt der Küstenschiffahrt große Bed. zu. Neben der staatl. Línea Aérea Nacional de C. bestehen private Fluggesellschaften. Internat. ✈ bei Santiago de Chile.

Außenhandel: C. exportiert v. a. Kupfer, Eisenerze und deren Konzentrate, Fischmehl, Zellstoff, Papier und Chilesalpeter. Importiert werden techn. und elektr. Ausrüstungen, Nahrungsmittel u. a. Wichtigste Partner sind die USA, Japan, Brasilien, die BR Deutschland und Großbritannien.

Geschichte: Die z. Z. bekannten ältesten Funde stammen aus Calama (Prov. Antofagasta). Der dortige Chuquikomplex wird vor oder um 12 000 v. Chr. datiert. In Nord-C. bildeten sich seit 4000 v. Chr. Fischerkulturen heraus. Keramik und Kulturpflanzen treten in Nord-C., aus Peru kommend, erst gegen 300 v. Chr. auf. Während der mittleren keram. Periode (700–1000) verstärkten sich die Einflüsse aus dem N. Um 1480 unterwarf Topa Inca Yupanqui Nord- und Mittel-C. und gliederte es dem Inkareich an. Die span. Eroberung begann, als F. Pizarro 1539 P. de Valdivia von Peru nach S entsandte. Dieser gründete 1541 das heutige Santiago de Chile, bei seinem weiteren Vordringen nach S 1550 das heutige Concepción, doch konnte südlich des Río Bío-Bío der Indianerstamm der Araukaner in wechselvollen Kämpfen lange seine Unabhängigkeit behaupten. Im Frieden von Negrete (1726) erkannten die Araukaner die Oberhoheit der Spanier an, bei deren Verzicht auf jedes Vordringen südlich des Río Bío-Bío. Ab 1606 besaß das span. C. eine Audiencia mit Sitz in Santiago de Chile. 1778 wurde es Generalkapitanat, unabhängig von Peru.

Chile. Wirtschaft

Chilefichte

Chile. Hauptlandwirtschaftsgebiet des Landes in Zentralchile

1811 führte eine erste Erhebung gegen Spanien unter J. M. Carrera (seit 1812 erster chilen. Präs.) zur Unabhängigkeit. Doch die Spanier eroberten C. ab 1813 von S her zurück. 1817 überschritt eine argentin.-chilen. Armee unter J. de San Martín und B. O'Higgins die Anden und schlug die span. Armee bei Chacabuco entscheidend. Am 1. Jan. 1818 wurde die Unabhängigkeit formell ausgerufen und O'Higgins zum „director supremo" ernannt. Der S wurde erst später erobert. In den folgenden inneren Wirren bis 1831 setzten sich die Konservativen durch (Verfassung von 1833). Um die Mitte des 19. Jh. begann C. die Eroberung, Erschließung und Besiedlung der Frontera, südlich des Río Bío-Bío, und unterwarf die Araukaner. Chilen. Unternehmer begannen, die Salpetervorkommen in der Atacama in großem Maße abzubauen. Im sog. Salpeterkrieg 1879–83 gewann C. mit dem Sieg über Peru und Bolivien Antofagasta und Arica. Wirtsch. Aufschwung und polit. Expansion führten nach einer Revolution 1891 zur Errichtung eines liberalen, parlamentar. Systems. In der Zeit nach dem 1. Weltkrieg geriet C. in eine wirtsch. und soziale Krise, weil das chilen. Salpetermonopol durch die Gewinnung von Stickstoff aus der Luft wertlos geworden war. Unter Beteiligung des Militärs gelang es konservativen Kräften, die Lage zu stabilisieren. Ein erneuter wirtsch. Aufschwung im 2. Weltkrieg beruhte auf dem Export wichtiger Rohstoffe, v. a. in die USA. Das Abklingen der Nachfrage führte nach Kriegsende zu einer schweren wirtsch. Krise, die eine polit. Krise zur Folge hatte, in der die Arbeiterschaft immer nachdrücklicher soziale Reformen forderte. Eine zusätzl. Verschlechterung der allg. Lage wurde durch schwere Naturkatastrophen (v. a. das Erdbeben von 1960) herbeigeführt. Nach dem Wahlsieg von E. Frei (Christdemokrat) 1964 wurde ein umfassendes Reformprogramm in Angriff genommen, u. a. eine Landreform und die Übernahme der Kapitalmehrheit an den großen Kupferminen, die zuvor im Besitz amerikan. Unternehmen waren. 1970 übernahm der Sozialist Salvador Allende Gossens, der als Kandidat von mehrere linksgerichtete Parteien umfassenden Volksfront mit knapper Mehrheit gewählt worden war, die Präsidentschaft. Sein Versuch einer Verbesserung der wirtsch. und sozialen Situation (Verstaatlichung ausländ. Unternehmen, Fortführung der Landreform) wurde durch konservative Kräfte bekämpft und schließlich durch den Militärputsch vom Sept. 1973, bei dem Allende ums Leben kam, beendet. Eine Militärjunta unter Vorsitz von General A. Pinochet Ugarte übernahm die Reg.gewalt, verhängte den Belagerungszustand und setzte große Teile der Verfassung außer Kraft. Führende Volksfrontpolitiker wurden verhaftet, zahlr. Funktionäre und Parteigänger mußten außer Landes fliehen oder wurden in Lagern gefangengehalten oder erschossen. Im Juli 1977 kündigte Pinochet die stufenweise Rückkehr zur Zivilregierung bis 1985 an und löste darauf die 1974 geschaffene Geheimpolizei DINA (Dirección de Intelegencia Nacional) auf. 1978 schaltete Pinochet Kräfte in der chilen. Luftwaffe aus (insbes. den Oberbefehlshaber der Luftwaffe, General G. Leigh), die für eine baldige Rückkehr zu verfassungsmäßigen Zuständen in C. eintraten. Im März 1978 wurde der Belagerungszustand aufgehoben (der Ausnahmezustand blieb jedoch aufrechterhalten). Die 1980 angenommene neue Verfassung beruhte auf Präsidialsystem und Zweikammerparlament mit direkt gewählter Abg.kammer; sie untersagte jedoch die Tätigkeit von Parteien und sicherte Pinochet die Präsidentschaft bis 1989. Eine seit Mitte der 80er Jahre anwachsende Oppositionsbewegung (Protestkundgebungen, Streiks) richtete sich bes. gegen die anhaltenden Menschenrechtsverletzungen unter dem diktator. Reg.system Pinochets und erwirkte die Einleitung eines polit. Reformprozesses. 1987 wurde ein neues Parteiengesetz verabschiedet, das die Bildung von Parteien und deren Tätigkeit legalisierte. In einem vom Militärregime angesetzten Plebiszit im Okt. 1988 sprachen sich 54,6 % der Bev. gegen eine weitere achtjährige Amtszeit von Präs. Pinochet aus. In einer weiteren Volksabstimmung wurde Ende Juli 1989 eine Reihe von Verfassungsänderungen angenommen, u. a. die einmalige Verkürzung der Amtszeit des Präs., die Einschränkung seiner Kompetenzen und die Aufhebung des Verbots totalitärer Parteien. Die Präsidentschaftswahlen im Dez. 1989 gewann der Christdemokrat Patricio Aylwin Azócar als gemeinsamer Kandidat des Oppositionsbündnisses „Concertación de Partidos Politicos por la Democracia"; er trat sein Amt im März 1990 an und bemüht sich seitdem um eine fortschreitende Demokratisierung.

Chile. Die Magellanstraße im Süden des Landes

Politisches System: Nach der Verfassung von 1980, die 1981–89 z. T. suspendiert war und 1989 geändert wurde, ist C. eine präsidiale Republik. *Staatsoberhaupt* und oberster Inhaber der *Exekutivgewalt* ist der Präs., der vom Volk direkt gewählt wird. Seine Amtszeit beträgt 4 Jahre, und er ist einmal wiederwählbar. *Legislativorgan* ist der Kongreß, bestehend aus Abgeordnetenkammer (120 Mgl., für 4 Jahre gewählt) und Senat (38 Mgl. gewählt, 9 vom Präs. ernannt). Wichtige *Parteien* sind u. a. Partido Demócrata Cristiano (PDC); Partido Socialista Almeyda (PSA), eine in mehrere Fraktionen gespaltene sozialist. Partei; Partido por la Democracia (PPD), ein Forum verschiedener linker Strömungen. Das *Recht* ist an frz. und span. Vorbild orientiert. Neben dem Obersten Gericht bestehen 17 Appellationsgerichtshöfe.

Chilefichte ['çi:..., 'tʃi:...] (Chilen. Araukarie, Araucaria araucana), bis 45 m hohe, pyramidenförmige Araukarie in Chile und SW-Argentinien.

chilenische Literatur [çi..., tʃi...], als bedeutendstes Werk der Kolonialzeit gilt das Epos von P. de Oña „Arauco domado" (1596). A. Bello (*1781, †1865) und J. V. Lastarria (*1817, †1888) sind die Protagonisten einer nat. Literatur im Gefolge der europ. Romantik. Landesspezif. Züge gewinnt die chilen. Prosa unter dem Einfluß von Realismus (A. Blest Gana [*1830, †1920]) und Naturalismus (B. Lillo [*1867, †1923]). Die noch zur Zeit des Modernismo unbedeutende Lyrik erreicht Weltrang mit G. Mistral, V. Huidobro, P. de Rokha (*1894, †1968) und P. Neruda. Mit den Romanen M. Rojas' wird gegenüber der Regionalistenschule M. Latorres (*1886, †1955), dem psychologisierenden Naturalismus von J. Edwards Bello (*1887, †1968) oder E. Barrios (*1884, †1963) eine symbolhaft vertiefte, erzählerisch modern strukturierte Prosa eingeleitet. In individuell prägnanter Thematik wird diese Linie von C. Droguett (*1912), F. Alegría (*1918), J. Donoso (*1925), E. Lafourcade (*1927), A. Dorfman (*1940), A. Skármeta (*1940), I. Allende (*1942), die ihr literar. Schaffen seit dem Militärputsch von 1973 im Ausland fortsetzten, weitergeführt. Die Verbindung von Volkslied und politisch engagierter Lyrik in der Bewegung des „Neuen Chilen. Liedes" gelang v. a. V. Jara (*1938, †1973).

Chilenische Schweiz [çi..., tʃi...], Seengebiet im Kleinen Süden Chiles, von z. T. noch tätigen, vergletscherten Vulkanen umgeben.

Chilenisches Längstal [çi..., tʃi...], eine von N nach S verlaufende Senke in Z-Chile und im Kleinen Süden, wichtigstes Siedlungs- und Wirtschaftsgebiet Chiles.

Chilesalpeter [ˈçi:..., ˈtʃi:...] ↑ Salpeter.

Chili [ˈtʃi:li; indian.-span.], svw. Cayennepfeffer (↑ Paprika).

Chiliasmus [çi...; zu griech. chílioi „tausend"], die Lehre von einer tausendjährigen Herrschaft Christi auf Erden (auch lat. *Millennium* „Jahrtausend") am Ende der geschichtl. Zeit. Sie beruht auf Aussagen der Johannesapokalypse (Apk. 20, 1–10), wo von einer Fesselung Satans für eine Zeit von tausend Jahren gesprochen wird. Die Lehre des C. ist im MA am deutlichsten und nachhaltig wirksam von ↑ Joachim von Fiore formuliert worden, der eine umfassende Geschichtstheologie entwickelte: auf das Zeitalter des Vaters (Zeitalter des A. T.) folgt die Zeit des Sohnes (des N. T.), deren Ende er für das Jahr 1260 erwartete. Danach sollte das tausendjährige Zeitalter des Geistes anbrechen. – Den C. übernahmen im 16. Jh. der radikale Flügel der Reformation (T. Müntzer, Täufer), im 17./18. Jh. verschiedene amerikan. und europ. prot. Erweckungsbewegungen, im 19. und 20. Jh. u. a. die Adventisten, Mormonen, Zeugen Jehovas sowie religiöse Bewegungen v. a. in der dritten Welt.

Chililabombwe [tʃi:...], Bergbauort im NW des Kupfergürtels von Sambia, 1360 m ü. d. M., 79 000 E. Kupfermine.

Chillán [span. tʃiˈjan], Hauptstadt der Prov. Nuble in Z-Chile, 149 000 E. Bischofssitz; wichtiges landw. Handelszentrum; Bahnstation. – Gegr. etwa 1580.

Chillida, Eduardo [span. tʃiˈʎiða], *San Sebastián 10. Jan. 1924, span. Metallbildner. – Konstruktivist., geschmiedete Plastiken, auch zahlr. Zeichnungen.

Chillon [frz. ʃiˈjõ], stark befestigtes Schloß auf einer Insel des Genfer Sees bei Montreux (12. und 13. Jh.). Um 1150 war C. im Besitz der Grafen von Savoyen, 1536–1733 bern. Landvogtei. Diente als Gefängnis.

Chilon [ˈçi:...] (Cheilon), spartan. Staatsmann des 6. Jh. v. Chr. – 556/555 Ephor; auf ihn wird die Militarisierung spartan. Lebens zurückgeführt; nach Platon einer der ↑ Sieben Weisen.

Chilpancingo de los Bravo [span. tʃilpanˈsingo ðe lɔs ˈβraβo], Hauptstadt des mex. Staates Guerrero, 1360 m ü. d. M., 57 000 E. Univ. (gegr. 1867). – 1591 gegr.; 1902 schwere Erdbebenschäden.

Chilperich I. [ˈçıl...], fränk. König (Merowinger), *539, †bei Chelles 584 (ermordet). – Sohn Chlothars I., erhielt bei der Reichsteilung von 561 den N (Hauptstadt: Soissons) und den S von Aquitanien; ließ seine westgot. Gemahlin Galswintha ermorden, um seine Nebenfrau ↑ Fredegunde heiraten zu können; gab damit den Anlaß zum Krieg mit seinem Bruder Sigibert I. von Austrasien und dessen Frau Brunhilde (Schwester Galswinthas).

Chimära [çi...; griech.], in der griech. Mythologie ein dreigestaltiges (Löwe, Schlange, Ziege), feuerschnaubendes Ungeheuer.

Chimäre [çi...; griech.], in der *Botanik* ein Organismus oder einzelner Trieb, der aus genetisch verschiedenen Zellen aufgebaut ist. Die C. entsteht entweder bei Pfropfungen (Pfropf-C.), wenn sich an der Verwachsungsstelle des eingesetzten Zweiges mit der Unterlage aus Zellen beider Partner ein Vegetationspunkt bildet, oder aber durch natürl. oder künstl. Mutation einer Meristemzelle eines Sproßvegetationspunktes (Zyto-C.). Bei der Periklinal-C. liegen die Zellen des einen Typs im Inneren des Vegetationspunktes und die des anderen als einheitl., ein- oder mehrschichtige Decke darüber.

Chimären [çi...; griech.], svw. ↑ Seedrachen.

Chimborasso [tʃim...], Andenvulkan mit vielen erloschenen Kratern und 16 Gletschern, höchster Berg Ecuadors (6310 m).

Chimborazo [span. tʃimboˈraso], Prov. in Z-Ecuador, in den Anden, 5556 km², 360 000 E (1990). Hauptstadt Riobamba.

Chimbote [tʃim...], peruan. Hafenstadt an der Bahía de C., 253 000 E. Zentrum der peruan. Schwerind.; Fischerei, Fischmehlfabriken. – 1970 durch Erdbeben zerstört.

Chimú. Figurengefäß der Chimúkultur, schwarze Keramik

Chimú. Totenmaske der Chimúkultur, Gold-Silber-Legierung mit Kupferteilen und Resten der ursprünglichen Bemalung

Chimú [span. tʃiˈmu] (auch Chimor), Indianerstamm in NW-Peru, Gründer des ersten bed. Reiches in S-Amerika (12.–15. Jh. n. Chr.), dessen Kerngebiet in den Tälern des Río Chicama, Río Virú und Río Moche mit der Hauptstadt Chan-Chan lag. Das Reich war wahrscheinlich nur eine Verbindung relativ selbständiger Stadtstaaten. – In der **Chimúkultur** werden Motive und Formen aus der Kunst der Mochekultur wiederbelebt; Keramik meist schwarzgrundig, daneben rote Gebrauchskeramik; bed. Goldschmiedekunst.

Chillon. Die auf einer Insel des Genfer Sees gelegene Schloßanlage, 12. und 13. Jahrhundert

Chin

China
Fläche: 9 560 980 km²
Bevölkerung: 1,13 Mrd. E (1990), 118 E/km²
Hauptstadt: Peking
Amtssprache: Chinesisch
Nationalfeiertag: 1. Okt. (Gründung der VR)
Währung: 1 Renminbi Yuan (RMB. Y) = 10 Jiao = 100 Fen
Zeitzonen (von W nach O): MEZ +5, +7, +8 Stunden

China

Staatswappen

Chin, svw. Jin, ↑chinesische Geschichte.
Chin [tʃin], tibeto-birman. Volksgruppe im westl. Birma; primitiver Rodungsfeldbau; etwa 400 000; animist. Religion, z. T. Christen.
Ch'in, svw. Qin, ↑chinesische Geschichte.
China ['çi:na] (amtl. Vollform: Zhonghua Renmin Gongheguo [Chung-hua Jen-min Kung-ho-kuo]; deutsch: VR China), VR in O-Asien, zw. 18° und 53° 57′ n. Br. sowie 71° und 135° ö. L. **Staatsgebiet:** Erstreckt sich mit einer O–W-Ausdehnung von rd. 4500 km und einer maximalen N–S-Ausdehnung von 4200 km vom Pamir bis zum Pazifik; im N gemeinsame Grenzen mit der UdSSR und der Mongolei, im NO mit Nord-Korea, im W mit Afghanistan (Wakhan) und Pakistan, im SW und S mit Indien (Grenzverlauf umstritten), Nepal, Bhutan, Birma, Laos und Vietnam, im SO mit Macau und Hongkong. C. beansprucht die im Südchin. Meer gelegenen Paracel- und Spratlyinseln, auf die auch Vietnam bzw. Taiwan und die Philippinen Besitzrechte geltend machen, sowie die Pratasinseln und die Macclesfield-Bank. **Verwaltungsgliederung:** 3 regierungsunmittelbare Stadtgebiete, 5 autonome Regionen, 22 Provinzen. **Internat. Mitgliedschaften:** UN; Beobachterstatus im GATT.

Landesnatur und Klima

Große Teile des Landes sind gebirgig, fast ⅔ der Gesamtfläche liegen höher als 1000 m ü. d. M. Charakteristisch ist ein Abfall der Landoberfläche in mehreren Staffeln zum Pazifik hin. Im SW stellt das Hochland von Tibet mit Kunlun bzw. Qilian Shan im N und Himalaja im S mit einer mittleren Höhe von 4500 m ü. d. M. die höchstgelegene Landmasse der Erde dar. Die Gebirgsumrandung des Hochlandes weist Erhebungen von 7000 und 8000 m auf (im Kunlun bis 7723 m ü. d. M.). Der auf dem Hauptkamm des Himalaja auf der Grenze gegen Nepal gelegene Mount Everest (tibet. Qomolangma) erreicht 8872 m. Im Bereich der nächstfolgenden Landstaffel schließen nördlich von Kunlun und Qilian Shan die abflußlosen Hochbecken und die Hochländer Z-Asiens an mit dem Tarimbecken (mit der Wüste Takla-Makan) und der Dsungarei, getrennt durch den Tian Shan, in dessen östl. Ausläufern die Turfansenke (154 m u. d. M.) liegt, sowie dem Hochland der Inneren Mongolei. Nördl. des Qin Ling, der C. in Fortsetzung von Kunlun und Qilian Shan von W nach O als wichtigstes Scheidegebirge des Landes durchzieht, erstrecken sich die Lößbergländer der Prov. Shaanxi und Shanxi, südlich des Gebirges das Becken von Sichuan und das verkarstete Yunnan-Guizhou-Plateau. Östlich einer stellenweise bis über 2000 m aufragenden Landstufe, die vom O-Abfall des Großen Chingan im N über den Abbruch des Qin Ling bis zum O-Rand des Yunnan-Guizhou-Plateaus hinzieht, folgt die niedrigste Landstaffel. Sie umfaßt die Bergländer im SO (im Nan Ling bis 1922 m) sowie die ausgedehnten Tieflandgebiete Ost-C., Nordöstl. Ebene, Große Ebene (größtenteils unter 50 m ü. d. M.), zentralchin. Tiefebene (im Mittel 45–180 m) am Jangtsekiang, und die Küstenebene Südchinas. Der teilweise stark gegliederten Küste sind etwa 2900 Inseln vorgelagert, unter denen Hainan die größte ist. Mit Ausnahme größerer Gebiete des zentralasiat. Raumes wird C. nach O entwässert, der NO durch die Hauptströme Liao He, Songhua Jiang und Amur, das mittlere C. durch Hwangho und Jangtsekiang, der SO durch den Xi Jiang.

Auf Grund seiner großen Längen- und Breitenerstreckung liegt C. in verschiedenen Klimazonen, von den kühlgemäßigten hochkontinentalen, extrem winterkalten Gebieten NO-C. und Hochasiens und den wüstenhaft trockenen Zonen Z-Asiens bis zu den subtrop.-trop. Gebieten im S. Ein großer Teil, v. a. der dicht bevölkerte O, liegt im Bereich warmgemäßigten Klimas. Im äußersten N der Inneren Mongolei und NO-C. sind Dauerfrostböden verbreitet. Die sommerl. Temperaturen sind im ganzen Land annähernd gleich.

Vegetation und Tierwelt

Nur etwa 12 % der Gesamtfläche sind bewaldet. Nadelwälder reichen in den osttibet. Randgebirgen bis auf 3000–4000 m ü. d. M. Die sommergrünen Laubwälder zw. Amur und Jangtsekiang sowie die subtrop. immergrünen Lorbeerwälder des S mußten z. T. der Landw. weichen. Weite Teile des Hochlands von Tibet liegen oberhalb der Baumgrenze; hier finden sich Zwergsträucher, Hochsteppen und hochalpine Matten. Die Vollwüsten des Tarimbeckens, der östl. Dsungarei und der westl. Gobi werden von Halbwüsten und Trockensteppen umschlossen. An der Küste der Prov. Guangdong und auf Hainan findet sich trop. Vegetation.

In den Tiefländern ist die urspr. Tierwelt durch den Menschen stärker dezimiert worden als in den Hochländern und Gebirgen, in denen u. a. Wildjak, Braunbär, Wildschaf, Wolf, Gazellen- und Antilopenarten vorkommen. Unter Naturschutz steht der Bambusbär.

Bevölkerung

Über 93 % der Bev. gehören zur Gruppe der Han, daneben 55 nat. Minderheiten in C. (u. a. Uiguren, Kasachen, Tibeter, Mandschu, Mongolen). Vorherrschend ist ein von Konfuzianismus und Daoismus beeinflußter Buddhismus; in Tibet und der Inneren Mongolei ist der lamaistische Buddhismus (rd. 100 Mill. Buddhisten), in Sinkiang und Ningxia der Islam verbreitet (20 Mill. Muslime); etwa 10 Mill. Chinesen sind Christen (nach offiziellen Angaben; tatsächlich dürfte es 50 Mill. Christen geben). Dicht besiedelt sind die östl. und südl. Landesteile, am mittleren und unteren Jangtsekiang leben sogar über 2000 E/km², in Tibet dagegen weniger als 2 E/km². Die Einführung der Familienplanung soll das starke Bevölkerungswachstum (1989: 1,4 %) mindern. Die Gesundheitsfürsorge ist v. a. auf dem Land grundlegend verbessert worden; für den städt. Bereich gibt es ein Sozialversicherungssystem. Der Ausbau

1130,0 — 370
759,6 — 303
1970 1990 — 1970 1990
Bevölkerung (in Mill.) — Bruttosozialprodukt je E (in US-$)

☐ Stadt   Land ☐
56% 44%
Bevölkerungsverteilung 1990

☐ Industrie
☐ Landwirtschaft
☐ Dienstleistung
42% 31%
27%
Bruttoinlandsprodukt 1990

des Schulwesens und die Vereinfachung der chin. Schrift auf nur 3 000–4 000 Wortzeichen ermöglichten die Einführung der allg. Schulpflicht. Die durchschnittl. Schulzeit liegt gegenwärtig bei 5 Jahren, da viele Schüler vorzeitig von der Schule abgehen. Die Anzahl der Analphabeten wird auf über 200 Mill. geschätzt. Für die höhere Ausbildung stehen 1 016 Hochschulen und Universitäten zur Verfügung.

Wirtschaft und Verkehr

Kennzeichnend ist eine Ende 1978 begonnene Liberalisierung in der Wirtschaft, u. a. im Bereich der Landw. und des Handels die Zulassung privatwirtsch. Initiativen, bei Unternehmen die Förderung der Eigenverantwortung, die Gründung von Gemeinschaftsunternehmen, der Aufbau exportorientierter Wirtschaftssonderzonen und die Öffnung von Küstenstädten für den Welthandel („sozialist. Marktwirtschaft").

Grundlage ist die Landw.; ihr Anteil am Nationaleinkommen beläuft sich auf über 30 %. Zur Sicherung der Agrarproduktion gegen Dürren und Überschwemmungen haben Wasserbauarbeiten seit 1949 eine große Rolle gespielt (Deich- und Brunnenbau, künstl. Seen, Terrassierung des Geländes). Die Aufforstung eines Waldgürtels von 3 000 km Länge in NW-, N- und NO-C. dient dem Schutz der Ackerflächen vor der Wüste. C. ist der größte Reisproduzent der Erde; wichtig ist auch der Anbau von Weizen, Mais, Hirse, Baumwolle, Zuckerrohr und -rüben, Ölsaaten, Obst, Gemüse, Heilpflanzen, Tee und Tabak; die Seidenraupenzucht wurde intensiviert. In der Viehhaltung spielen Schweinezucht und Geflügelhaltung die Hauptrolle. Die Forstwirtschaft bemüht sich v. a. um umfangreiche Wiederaufforstung. Die Binnenfischerei dient der Selbstversorgung. – C. ist reich an Bodenschätzen. Steinkohle deckt rd. 70 % des chin. Energiebedarfs. Bed. Erdölvorkommen befinden sich u. a. auf dem Schelf sowie in den Prov. Shandong, Guangdong und in NO-C.; hier verläuft vom Erdölfeld Daqing eine 1 152 km lange Pipeline zum Exporthafen Qinhuangdao bzw. nach Peking. In der Prov. Sichuan liegen die wichtigsten Erdgaslagerstätten. Eisen-, Zinn-, Wolfram-, Antimon- und Uranerzvorkommen sind bed. Die Ind. ist v. a. im O-Teil des Landes konzentriert, obwohl die Volkskommunebewegung von 1958 auch zu einer gewissen Verdichtung der Kleinind. in den ländl. Gebieten geführt hat. Parallel zum steigenden Ausstoß der Eisen- und Stahlind. erfolgt der Ausbau der Maschinen-, Fahrzeug-, elektrotechn. und elektron. Ind. Erdölraffinerien und petrochem. Werke sind entstanden. Seit 1978 hat sich auch die Leichtind. stark entwickelt. Der wirtsch. und technolog. Austausch mit dem Ausland wird gefördert. Dazu trägt insbes. der Aufbau von Wirtschaftssonderzonen (u. a. Insel Hainan, Xiamen, Shantou, Shenzhen) seit 1980 bei. Insgesamt haben sich in den letzten 10 Jahren bei über 20 000 Unternehmen ausländ. Firmen beteiligt.

Der Fremdenverkehr erbrachte 1989 bei 24,5 Mill. Besuchern einen Erlös von 1,86 Mrd. US-$.

Exportiert werden v. a. Erdöl, Zinn und andere Bergbauprodukte, Textilien, pflanzl. und tier. Rohstoffe. Die Importe setzen sich aus Investitionsgütern (Maschinen, Fabrikanlagen), Rohstoffen (Pflanzenfasern, Naturkautschuk, NE-Metalle), Eisen und Stahl, Nahrungsmitteln und Kunstdüngern zusammen.

Außer Tibet sind alle Landesteile an das Eisenbahnnetz (Streckenlänge 52 100 km) angeschlossen. Die Gesamt-

China

länge des Straßennetzes betrug 1989 1 014 300 km, davon fast die Hälfte Allwetterstraßen; v. a. im westl. C. spielt der Kraftfahrzeugverkehr über Fernstraßen eine große Rolle. Die Binnenwasserstraßen (109 300 km) sind z. T. auch für Hochseeschiffe befahrbar. Die Küstenschiffahrt ist ebenfalls ein wichtiger Verkehrsträger. Wegen des gestiegenen Außenhandels werden die Seehäfen ausgebaut. Die staatl. CAAC (Civil Aviation Administration of China) fliegt 90 Städte des Inlands sowie Auslandsflughäfen in Asien, Afrika, Amerika und Europa an. Internat. Flughäfen befinden sich in Peking, Schanghai und Kanton.

Politisches System

Nach der Verfassung von 1982 ist die VR C. ein „sozialist. Staat unter der demokrat. Diktatur des Volkes, der von der Arbeiterklasse geführt wird und auf dem Bündnis der Arbeiter und Bauern beruht". Als die „vier Grundprinzipien" werden bekräftigt: Sozialismus, demokrat. Diktatur des Volkes, Marxismus-Leninismus/Mao-Zedong-Ideen, Führung der Kommunist. Partei.

Legislative und „höchstes Organ der Staatsmacht" ist der Nat. Volkskongreß, dessen rd. 3 000 Abg. für 5 Jahre indirekt in den Prov., autonomen Gebieten, regierungsunmittelbaren Stadtgebieten und in der Volksbefreiungsarmee gewählt werden. Der Nat. Volkskongreß soll einmal jährlich zusammentreten. Zw. den Sitzungen nimmt sein Ständiger Ausschuß (z. Z. 135 Mgl.) die legislativen Funktionen wahr, der auch den Staatspräsidenten (seit 1993 Jiang Zemin) und weitere führende Mgl. des Staatsapparates wählt.

Exekutive und zentrales Verwaltungsorgan ist der Staatsrat („zentrale Volksregierung") mit dem Min.präs. an der Spitze. Der Min.präs., die Min. und die sonstigen Mgl. des Staatsrats werden auf Vorschlag des ZK der KPCh vom Nat. Volkskongreß bestellt und abberufen. Einzig entscheidende *Partei* ist die KPCh mit über 40 Mill. Mgl. Ihre wichtigsten Führungsgremien sind: das vom Parteitag gewählte Zentral-

China

Oben links: Eine der Schluchten, in denen der Jangtsekiang die Gebirge um das Becken von Sichuan durchbricht. Oben rechts: In den mächtigen Lößschichten Nordchinas haben die Bauern vielfach Höhlenwohnungen angelegt. Unten links: traditionelle Teestube in Kunming, Yunnan. Unten rechts: Wandzeitungen in Peking

China

komitee (ZK) mit 175 Vollmgl. und 110 Kandidaten; das Politbüro mit 23 Vollmgl.; der Ständige Ausschuß des Politbüros mit 7 Mgl. Neben der KPCh existieren noch mehrere unbed. nichtkommunist. Parteien, die sich der KPCh untergeordnet haben und mit ihr die Nat. Front bilden.

Gewerkschaften: Dachverband der 15 Ind.gewerkschaften und 29 lokalen Gewerkschaftsräte mit insgesamt rd. 74 Mill. Mgl. ist der 1925 gegr. Allchin. Gewerkschaftsbund. Den Gewerkschaften steht weder Tarifautonomie noch Streikrecht zu.

Mittlere, direkt der Zentralreg. unterstehende *Verwaltungseinheiten* der VR C. sind die 22 Prov. und die 5 autonomen Gebiete, die jeweils in Präfekturen, Kreise und Bez. unterteilt sind, sowie die 3 regierungsunmittelbaren Stadtgebiete, die in Stadtbez. gegliedert sind. Die autonomen Gebiete wurden zur gesetzlich geschützten Selbstverwaltung der nat. Minderheiten geschaffen. Auf allen Verwaltungsebenen bestehen gewählte lokale Volkskongresse, die als ihre ständigen Organe lokale Volksreg. bestellen. Die *Rechtsprechung* wird durch das Oberste Volksgericht, die lokalen Volksgerichte aller Ebenen und die bes. Volksgerichte ausgeübt. Die Volksgerichte aller Ebenen sind den Volkskongressen der entsprechenden Ebenen und deren ständigen Organen verantwortlich. In zunehmendem Maße wurden Funktionen der Gerichtsbarkeit auf die Partei übertragen und rechtl. Sanktionen durch polit. ersetzt. Der Oberbefehl über die chin. *Streitkräfte* liegt seit der Verfassung von 1982 bei einem Zentralen Militärrat, dessen Vorsitzender dem Nationalen Volkskongreß verantwortlich ist. Im Unterschied zu den Streitkräften der meisten anderen Länder ist die „Chin. Volksbefreiungsarmee" nicht nur eine Kampftruppe, sondern gleichzeitig eine Arbeits- und Produktionstruppe. Es besteht allg. Wehrpflicht für Männer; die Dienstzeit beträgt im Heer 3, in der Luftwaffe und Marine 5 Jahre. Neben den regulären Streitkräften mit rd. 2,3 Mill. Soldaten (1991) besteht eine bewaffnete Volksmiliz mit rd. 12 Mill. Männern und Frauen. – Karte S. 310; Tab. S. 311. Zur Geschichte ↑ chinesische Geschichte.

Oben links: Tee-Ernte in der Provinz Anhui, im östlichen Mittelchina. Oben rechts: Reisfelder bei Juchuan, in der südchinesischen autonomen Region Guangxi. Unten links: Himmelstempel mit der sogenannten „Halle der Jahresgebete" in Peking, 1420, 1754 und 1892 erneuert. Unten rechts: Chinesische Mauer nordöstlich von Peking

Chinakohl

China. Wirtschaft

Chinakohl

Chinakohl ['çi:...] (Brassica chinensis; Pekingkohl), Kohlart aus Ostasien; alte chin. Kulturpflanze, in den gemäßigten Zonen Europas und N-Amerikas zunehmend kultiviert; mit lockerem, strunklosem Kopf aus aufrechten, schmalen oder spateligen Blättern, die als Salat oder Gemüse gegessen werden; die Samen liefern ein Speise- und Brennöl.
▷ svw. ↑Schantungkohl.
Chinamensch ['çi:...], ↑Mensch (Abstammung).
Chinampas [tʃi'nampas; mex.-span.], im alten Mexiko Flöße aus Flechtwerk, die als „schwimmende Gärten" an den Ufern der flachen (heute ausgetrockneten) Seen verankert wurden. Sie lieferten 3 bis 4 Ernten im Jahr. Heute lange, schmale Felder, von engen Kanälen durchzogen (bei Xochimilco).
Chinapapier ['çi:...], svw. ↑Reispapier.
Chinarinde ['çi:...] (Fieberrinde, Cortex Chinae); Rinde von Bäumen der Gatt. Chinarindenbaum; enthält etwa 25 Alkaloide, bes. Chinin und Chinidin; Anwendung als Fieber-, Malaria- und Bittermittel sowie bei Herzrhythmusstörungen.
Chinarindenbaum ['çi:...] (Fieberrindenbaum, Cinchona), Gatt. der Rötegewächse mit etwa 16 Arten im trop. Amerika; meist hohe Bäume mit großen ellipt. oder fast eiförmigen Blättern und rosafarbenen oder gelblichweißen Blüten in großen Blütenrispen.
Chinaseide ['çi:...], Naturseidenstoffe mit Unregelmäßigkeiten in der Garnstärke.
Chinchilla [tʃɪnˈtʃɪl(j)a; span.], svw. Wollmäuse (↑Chinchillas).
▷ (Chinchillakaninchen) Hauskaninchenrasse, die vermutlich aus Kreuzungen von Blauen Wienern mit Russenkaninchen hervorgegangen ist; Fell oberseits bläulich aschgrau, unterseits weiß, bes. dicht und weichhaarig, liefert gute Pelze (Chinchillakanin).
▷ Bez. für die aus Fellen von Chinchillas gewonnenen, bes. edlen Pelzwaren.
Chinchillaratten [tʃɪnˈtʃɪl(j)a] (Abrocomidae), Fam. der Meerschweinchenarten mit der einzigen Gatt. Abrocoma; von S-Peru über Bolivien und Chile bis NW-Argentinien; etwa 15–25 cm körperlang, Gestalt rattenähnlich, Fell dicht, lang und weich, ähnlich den Chinchillas, aber nicht so wollig; leben gesellig in Erdhöhlen.
Chinchillas [tʃɪnˈtʃɪl(j)as; span.], (Chinchillidae) Fam. der Nagetiere mit drei Gatt. im westl. und südl. S-Amerika: Große C. (↑Viscacha), Chinchillas i. e. S. (siehe unten) und ↑Hasenmäuse; Körper etwa 22–65 cm lang, von dichtem meist weichem und langhaarigem Fell bedeckt.

Chinchillas. Langschwanzchinchilla

▷ (Wollmäuse, Chinchilla) Gatt. der Chinchillidae mit den beiden Arten **Kurzschwanzchinchilla** (Chinchilla chinchilla) und **Langschwanzchinchilla** (Chinchilla laniger von dem die meisten heutigen Farmtiere abstammen) i den Anden Perus, Boliviens und N-Chiles; in freier Wildbahn weitgehend ausgerottet; etwa 22–35 cm körperlang, Fell außerordentlich weich und dicht, begehrte Pelztiere; überwiegend bläulich bis bräunlichgrau, Schwanz häufig dunkler; Tasthaare sehr lang, Augen groß, schwarz.

Chindwin, Fluß in Birma, entsteht in den Patkai Hills und in der Kumon Range (mehrere Quellflüsse); mündet in den Irawadi bei Myingyan; rd. 800 km lang.

Chinesen (Selbstbez. Han [xan], Hanchinesen), mongolides Volk in Ostasien, Hauptbevölkerung Chinas und Taiwans; etwa 1,02 Mrd. Jahrtausendalte hohe Kultur; aus mehreren, Anfang des 2. Jt. v. Chr. am unteren Hwangho lebenden Stämmen entstanden, später mit ansässigen und eindringenden Völkern verschmolzen. Seit dem 19. Jh. starke Auswanderung nach Südostasien und in die USA. Es gibt z. Z. ca. 20 Mill. Auslandschinesen.

Chinesisch [çi...] ↑ chinesische Sprache.

chinesische Geschichte [çi...], die China in seinen wechselnden Ausdehnungen beschreibende Geschichte.

Vorgeschichte

Grabungen bei Zhoukoudian (Choukoutien) in der Nähe von Peking und Dingzun (Ting-tsun, Prov. Shanxi) brachten neben Steinwerkzeugen auch menschl. Skelettreste (Homo erectus, Sinanthropus) aus dem mittleren Pleistozän (ca. 500 000 v. Chr.) zutage. Die vollneolith. Yangshaokultur (6.–4. Jt.) lag im Flußgebiet des Hwangho (rotgrundige Tongefäße mit schwarzer Bemalung). Die folgende Longshan(Lungshan)kultur (3. Jt. und Anfang des 2. Jt.) leitet in die bronzezeitl. Anyangperiode der Shangzeit über.

Kaiserreich

Shangdynastie (16. Jh. bis 1050 [traditionell 1122] v. Chr.): Das Herrschaftsgebiet beschränkte sich auf M-China; eine feste Residenz gab es nicht. Die ersten schriftl. Zeugnisse sind die sog. Orakeltexte auf Schildkrötenschalen oder Knochen. Bekannt waren Bronzeguß, Streitwagen, wallgeschützte Städte und eine Kalenderrechnung. Höchste Gottheit war der Shangdi (Shang-ti), der Ahnengeist der Herrscherfamilie.

Zhou(Chou)dynastie (1050 [traditionell 1122] bis 256 v. Chr.): Im Tal des Wei He (Weiho) bildete sich eine Föderation der Sippengemeinschaft der Zhou, die im 11. Jh. v. Chr. die damalige Hauptstadt Yin eroberte und zerstörte. Die neue Dyn. organisierte sich in der Form eines Lehnstaates; seit 770 repräsentierte das Herrscherhaus nur noch. Die *Frühling-und-Herbst-Periode* (771–481, nach anderen Angaben 771–476) – so ben. nach einer von Konfuzius redigierten Chronik des Staates Lu – ist durch die Kämpfe der Lehnsherren gegeneinander charakterisiert. Aus diesen Kämpfen ging gegen Ende der *Zeit der Streitenden Reiche* (481 [475]–221) der Staat Qin (Ch'in) durch eine Reihe von Reformmaßnahmen (freie Verkäuflichkeit von Grund und Boden, zentralisierte und militarisierte Staatsführung, Aufstellung von Gesetzen) unter Prinz Zheng (Cheng) als Sieger hervor, und China wurde vereint. Die Zerfallsphase der Zhoudynastie brachte eine Hochblüte des Geisteslebens hervor (Konfuzius, Laozi [Laotse], Zhuang Zi [Chuang Tzu]).

Qin(Ch'in)dynastie (221–206 v. Chr.): König Zheng von Qin nahm 221 den Kaisertitel Shi Huangdi (Shih Huang-ti [„Erhabener Kaiser des Anfangs"]) an. Sein Grab, eine riesige Anlage mit Tausenden von Tonplastiken, wurde 1974 bei ↑Xi'an entdeckt. In dem geeinten Staatsgebiet wurde die Vereinheitlichung der Maße, des Geldes und der Schrift durchgesetzt. Die noch bestehenden Lehnsdomänen wurden umgewandelt in Bezirke und Kreise, die der Zentrale direkt unterstanden. Die Opposition der Konfuzianer und Vertreter der untergegangenen feudalist. Gesellschaftsordnung wurde durch die Bücherverbrennung von 213 und andere Zwangsmaßnahmen unterdrückt. Nach außen wurde das Reich durch Feldzüge nach N (Ordosgebiet) und nach S vorübergehend bis in die Gegend des heutigen Kanton erweitert. Nach dem Tode Shi Huangdis kam es zu Bauernaufständen, die zum Fall der Dyn. führten.

Handynastie (206 v. Chr.–220 n. Chr.): Unter dem Gründer der Dyn. Liu Bang (Liu Pang), einem aus dem Volk aufgestiegenen Heerführer, entstand zunächst eine Art Mischstaat aus Feudaldomänen und staatl. Verwaltungsgebieten, später ein Beamtenstaat mit einer neuen Klasse von Groß-

Verwaltungsgliederung (Stand: 1990)			
Verwaltungseinheit	Fläche (1 000 km²)	E (in Mill.)	Hauptstadt
regierungsunmittelbare Stadtgebiete			
Peking	16,8	10,8	
Schanghai	6,2	13,3	
Tientsin	11,3	8,8	
Provinzen			
Anhui	139,0	56,1	Hefei
Fujian	120,0	30,0	Fuzhou
Gansu	450,0	22,4	Lanzhou
Guangdong	186,0	62,8	Kanton (Guangzhou)
Guizhou	170,0	32,4	Guiyang
Hainan	34,0	6,6	Haikou
Hebei	190,0	61,1	Shijiazhuang
Heilongjiang	469,0	35,2	Harbin
Henan	167,0	85,5	Zhengzhou
Hubei	187,4	53,9	Wuhan
Hunan	210,0	60,7	Changsha
Jiangsu	102,6	67,1	Nanking
Jiangxi	166,6	37,7	Nanchang
Jilin	187,4	24,7	Changchun
Liaoning	145,7	39,5	Shenyang
Qinghai	720,0	4,5	Xining
Shaanxi	205,0	32,8	Xi'an
Shandong	153,3	84,4	Jinan
Shanxi	156,0	28,8	Taiyuan
Sichuan	570,0	107,2	Chengdu
Yunnan	394,0	36,9	Kunming
Zhejiang	101,8	41,4	Hangzhou
autonome Regionen			
Guangxi	236,0	42,2	Nanning
Innere Mongolei	1 183,0	21,5	Hohhot
Ningxia	66,4	4,6	Yinchuan
Sinkiang (Xinjiang)	1 600,0	15,5	Ürümqi
Tibet	1 220,0	2,2	Lhasa

Chinesische Geschichte. Krieger und Pferd, überlebensgroße Tonplastiken aus der 1974 bei Xi'an entdeckten Grabanlage des Kaisers Shi Huangdi, 3. Jh. v. Chr.

chinesische Geschichte

grundbesitzern. Unter Kaiser Wudi (Wu-ti, 141–86) erfuhr China seine bislang größte Ausdehnung. Kriege gegen die Xiongnu endeten mit deren Niederlage. Das Interregnum Wang Mangs (9–23) und seine Versuche, die Institutionen der Zhouzeit zu restaurieren, fanden ein rasches Ende durch den Aufstand der *Roten Augenbrauen,* einer Organisation der durch Verschuldung und Überschwemmungen heimatlos gewordenen Landarbeiter. Die zunächst erfolgreiche Wiedererrichtung der Hanregierung durch die Kaisersippe Liu scheiterte am Aufstand der *Gelben Turbane,* einer Volksbewegung messian. Charakters. Im Verlauf der Unterdrückung der Aufstandsbewegungen ging die Macht an Heerführer über, die den Staat schließlich aufteilten.
Spaltung des Reiches (Zeit der Drei Reiche): Das Reich löste sich in 3 Staaten auf: Wei (220–265), Shu (221–263) und Wu (222–280). Der N und NW ging durch den Einbruch von Fremdvölkern verloren. Die **Jin(Chin)dynastie** (265–420) einte das Reich vorübergehend. Während der nun folgenden Spaltung (südl. und nördl. Dyn.; 420 bis 589) wurde der Buddhismus unter Zurückdrängung des einheim. Daoismus (Taoismus) zur führenden Religion und erlangte eine beherrschende gesellschaftl. Stellung.
Suidynastie (581/89–618) und **Tang(T'ang)dynastie** (618–907): Nach der kurzlebigen Suidynastie, in deren Verlauf die Reorganisation der Verwaltung und der Wiederaufbau des Landes in Angriff genommen wurden (u. a. Ausbau des Kaiserkanals), entstand mit der von Li Yuan (Li Yüan, kanonisiert als Gaozu [Kao-tsu]) begr. Tangdynastie der konfuzian. Bürokratismus, der bis 1911 bestehen blieb. Die höf. Kultur des Reiches erlebte ihren Höhepunkt und wirkte bis nach Japan als Vorbild. Die Notlage der unteren Schichten führte zu einem Aufstand unter Huang Chao (Huang Ch'ao), in dessen Verlauf die Prov.gouverneure so erstarkten, daß der Tangstaat sich prakt. auflöste. Es folgte die **Zeit der „5 Dynastien"** (Wudai [Wu-tai]; 907–960).
Song(Sung)dynastie (960–1279): Die Songdynastie mußte den chin. Raum mit anderen Staaten teilen, von denen der Liao(Kitan)staat (907–1125) der bedeutendste war, bis er von dem Jin(Dschurdschen)staat (Chin[Tschurtschen]staat; 1115–1234) abgelöst wurde. Der während

chinesische Geschichte

dieser Dyn. erreichte wirtsch. und auch kulturelle Höhepunkt (Verbreitung des Drucks) wurde jäh durch den Einbruch der Mongolen beendet.

Yuan(Yüan)dynastie (1271/79–1368): China wurde Teil des mongol. Weltreiches. Die Gefahr einer Vernichtung der chin. Kultur wurde erst beseitigt, als der letzte Yuankaiser – durch Volksaufstände gezwungen – sich in die Mongolei zurückzog.

Mingdynastie (1368–1644): Die in der Songzeit erreichte Machtstellung der Bürokratie wurde reduziert; der Kaiser (Gründungskaiser Taizu [T'ai-tsu], 1368–98) übernahm die Kontrolle der Ministerien und errichtete eine absolute Monarchie. Übersee-Expeditionen des Eunuchen Zheng He (Cheng Ho) führten bis nach Ostafrika. Europäer gelangten an den Kaiserhof (Matteo Ricci) und verbreiteten die Kenntnis des Christentums und der abendländ. Wissenschaften.

Qing(Ch'ing)dynastie (1644–1911/12): Heereseinheiten verschiedener Teilstämme der Mandschuren, eines halbnomad. Volks und Nachfahren der Dschurdschen, gelang es durch Zusammenschluß unter Nurhachi (Nurhatschi, 1559–1626), chin. Gebiete nördlich und nö. der Großen Mauer zu erobern. Gleichzeitig wurde das Reich im Innern durch Aufstände der von Li Zicheng (Li Tzu-ch'eng, 1605–45) geführten Bauernarmeen erschüttert. Im Jahre 1644 eroberte Li Zicheng mit seinen Truppen Peking. Der letzte Mingkaiser beging Selbstmord. Durch den Verrat des Minggenerals Wu Sangui (Wu San-kuei, 1612–78), der mit seinen Truppen zur Qingarmee überlief, kam es im Mai 1644 zum Einmarsch der Mandschu in die Hauptstadt und zur Errichtung der Mandschudynastie. Bis zum Ende des Kaiserreiches im Jahre 1911 stand China damit unter einer Fremdherrschaft.

Die Mandschu übernahmen den Verwaltungsapparat im wesentlichen so, wie sie ihn von der Mingdynastie vorgefunden hatten. In die Reg.zeit von Shengzu (Sheng-tsu, Herrschername Kangxi [K'ang Hsi], 1662–1722), des bedeutendsten Herrschers der Dynastie, fiel der Vertrag von Nertschinsk (1689), der erste Vertrag mit einem europ. Staat (Regelung des chin.-russ. Grenzverlaufs). Die Annexion Tibets wurde abgeschlossen. Kunst und Wiss. erlebten unter Kangxi eine neue Blüte. Unter Kaiser Gaozong (Kao-tsung, 1736–96) weitere Gebietsausdehnungen in Z-Asien. Birma und Annam wurden 1788 bzw. 1789 tributpflichtig. Das Reich erfuhr damit die größte territoriale Ausdehnung seiner Geschichte.

Seit den 30er Jahren des 19. Jh. verstärkten die westl. Mächte ihre militärisch-wirtsch. Intervention in China. Die Ausdehnung des von der brit. Ostind. Kompanie betriebenen Opiumhandels führte zu einer rapiden Verschlechterung der chin. Außenhandelsbilanz und dem Abfluß großer Silbermengen ins Ausland. Zur Durchsetzung eines vom Kaiser Dao Guang (Tao Kuang) im Jahre 1839 erlassenen totalen Opiumverbots wurde Lin Zexu (Lin Tse-hsü, *1785, †1850) nach Kanton entsandt. Nach der chin. Niederlage in dem dadurch ausgelösten Opiumkrieg mit Großbritannien wurde 1842 zu Nanjing der erste der *Ungleichen Verträge* abgeschlossen: u. a. Abtretung Hongkongs an Großbritannien, Öffnung von fünf Vertragshäfen. Im Verlauf neuer krieger. Auseinandersetzungen drang eine brit.-frz. Flotte nach N vor; Truppen marschierten in Peking ein (1860 Plünderung und Zerstörung des Sommerpalastes). Die Verträge von Tientsin zwangen den Chinesen weitere Zugeständnisse ab: u. a. die Errichtung ausländ. Gesandtschaften in Peking, Öffnung weiterer Häfen, Handelsfreiheit für brit. Kaufleute. Ähnl. Konzessionen wurden auch Frankreich, Rußland und den USA eingeräumt. An Rußland verlor China bis 1860 die Gebiete nördlich des Amur und östlich des Ussuri. Zusätzlich zur ausländ. Aggression wurde das Reich seit 1850 durch schwerste innenpolit. Unruhen erschüttert. Die von Hong Xiuquan (Hung Hsiuch'üan) geführte *Taiping-Rebellion* sammelte im Laufe der Zeit über 1 Mill. Aufständische und wurde zur größten chin. Bauernbewegung, deren Ideologie teils auf chin., teils auf abendländ.-christl. Vorstellungen beruhte. Der Aufstand konnte erst 1864 mit Hilfe ausländ. Truppen endgültig niedergeschlagen werden.

Unter dem Eindruck der Aufteilung Chinas in Interessensphären durch die imperialist. Großmächte im letzten Jahrzehnt des 19. Jh. wurde 1898 unter Kang Youwei (K'ang Yu-wei) eine Reformbewegung ins Leben gerufen, die jedoch am Widerstand der konservativen Partei unter Führung der Kaiserinwitwe Cixi (Tz'u Hsi) und der Intervention des Truppenführers Yuan Shikai (Yüan Shih-k'ai) scheiterte.

Als die 1899 ausgebrochene fremdenfeindl. *Boxerbewegung* die Interessen der ausländ. Mächte gefährdete, wurde Peking im Herbst 1900 von der *Vereinigten Armee der acht Staaten* (darunter auch Deutschland) besetzt (↑ Boxer). Angesichts der sich verschärfenden wirtsch. Krise und des Ausgangs des Russ.-Jap. Krieges (1905), in dem zum erstenmal eine modernisierte asiat. Macht eine europ. Großmacht besiegt hatte, konnte sich auch der Kaiserhof der Notwendigkeit von Reformen nicht länger verschließen. Die konfuzian. Staatsprüfungen, aus denen seit fast 2000 Jahren die Beamtenschaft hervorging, wurden abgeschafft, die Ausarbeitung einer Verfassung und die Errichtung eines Parlaments nach europ. Muster geplant. Überholt wurde diese Entwicklung jedoch durch die von Sun Yat-sen (*1866, †1925) geführte revolutionäre Bewegung, deren Programm in Suns Lehre von den 3 Volksprinzipien niedergelegt war: Nationalismus, Demokratie und Volkswohlstand. Aufstände unter Bildung einer Gegenregierung in Nanjing (1. Präs. war Sun Yat-sen) führten 1912 zur Abdankung der Qingdynastie (letzter chin. Kaiser: Pu Yi [P'u I]) und zur Gründung der Republik China.

Das republikanische China

Republik China (1912–49): Die 1912 von Sun Yat-sen gegr. *Nationalpartei* (Kuomintang [Guomindang]) konnte sich zunächst nicht gegen das von Yuan Shikai geführte Militärregime behaupten. Nach Yuan Shikais vergebl. Versuch, sich zum Kaiser einer neuen Dynastie zu erklären, und seiner Ermordung 1916 herrschte in China bis 1927 Bürgerkrieg zw. regionalen Militärführern.

Am 4. Mai 1919 demonstrierten die Studenten von Peking, unterstützt durch Solidaritätsstreiks von Arbeitern und Kaufleuten in anderen Städten, gegen die im Friedensvertrag von Versailles (1919) beschlossene Übertragung der Privilegien in China an Japan. Im Verlauf der auch kulturelle Erneuerung anstrebenden *Vierter-Mai-Bewegung* ersetzten Sprachreformen die klass. chin. Schriftsprache durch die moderne chin. Hochsprache. Seit der Mitte der 1920er Jahre polarisierten sich die innenpolit. Kräfte in der Auseinandersetzung zw. der Kommunist. Partei (gegr. in Shanghai, 1. Parteitag am 20. Juli 1921) und den von Chiang Kai-shek geführten Nationalisten (Kuomintang). Von Chiang Kai-shek gegen kommunist. Stützpunktgebiete in Jiangxi (Kiangsi) geführte Feldzüge zwangen die *Rote Armee* auf den sog. *Langen Marsch* (Okt. 1934–Okt. 1935), einen strateg. Rückzug durch 11 Prov. Hier setzte sich Mao Zedong (Mao tse-tung) als Führer der KP durch, deren zentraler Stützpunkt Yan'an [Yenan] in der Prov. Shaanxi [Schensi]) wurde. Schon 1931 besetzte Japan die Mandschurei, rief den unter seinem Protektorat stehenden Staat „Mandschukuo" aus und proklamierte ihn 1933 zum Kaiserreich unter dem letzten Qingkaiser Pu Yi. Die während des chin.-jap. Krieges (1937–45) gebildete Einheitsfront der Kommunisten und Nationalisten zerbrach endgültig im Aug. 1945 nach der bedingungslosen Kapitulation Japans und führte bis 1949 zu neuem Bürgerkrieg. Die kommunist. Truppen eroberten das gesamte Festland. Chiang Kai-shek mußte nach Taiwan fliehen.

Volksrepublik China (seit 1949): Am 1. Okt. 1949 verkündete Mao Zedong die Gründung der VR China. Die zw. 1950 und 1953 durchgeführte Verteilung von Grund und Boden an die Bauern war Vorstufe zu der 1953–57 betriebenen Kollektivierungspolitik, die ihren Höhepunkt in dem 1958 angestrebten *Großen Sprung nach vorn* und der Bil-

Kaiserinwitwe Cixi

Pu Yi

Sun Yat-sen

Chiang Kai-shek

chinesische Geschichte

Deng Xiaoping

dung von *Volkskommunen* fand. Die hierdurch ausgelösten Schwierigkeiten (die *Drei Bitteren Jahre* 1960–62) erzwangen die erste Revision des von Mao Zedong vertretenen Leitprogramms der Mobilisierung der Massen zugunsten einer dem sowjet. Entwicklungsmodell verpflichteten Politik, deren führende Vertreter Liu Shaoqi und Deng Xiaoping wurden. Dieser sog. *Kampf zweier Linien* führte in der Partei zu sich verschärfenden Macht- und Richtungskämpfen, die sich in der *Kulturrevolution* von 1966–69, aus der die Armee als Sieger hervorging, der Lin-Biao-Krise von 1971 und der Übergangskrise von 1973–77 entluden.

Das Bündnis mit der UdSSR, die China zw. 1950 und 1960 beim Aufbau des Landes unterstützt hatte, zerbrach und ließ in der von Zhou Enlai geführten Außenpolitik China die Aufnahme von Beziehungen zum Westen suchen (Aufnahme der VR China in die UN 1971, Besuch Nixons 1972, diplomat. Anerkennung durch die USA 1978).

Auf den Tod Mao Zedongs am 9. Sept. 1976 folgte die Ausschaltung der sog. *Viererbande,* der radikalen Fraktion um Maos Witwe Jiang Qing. Mit Unterstützung der Armee übernahm Hua Guofeng die Nachfolge Mao Zedongs als Vors. des ZK der KPCh. Gegen seinen Willen erzwangen regionale Militärkommandeure und Funktionärsveteranen im Mai 1977 die erneute Rehabilitierung Deng Xiaopings und die Wiedereinsetzung in seine Ämter (1. Stellv. Ministerpräs., stellv. Vors. des ZK der KPCh). In der Parteiführung wurde Hua Guofeng 1981 von Hu Yaobang abgelöst, diesem folgte 1987 Zhao Ziyang. Die 1978 unter maßgebl. Einfluß Deng Xiaopings eingeleitete Politik wirtsch. Reformen und der Öffnung nach außen war nicht von einer umfassenden polit. Reform begleitet. Die anvisierte Modernisierung Chinas („Sozialismus chin. Prägung") orientiert sich an den parteidoktrinären Auffassungen von der führenden Rolle der KPCh, der Diktatur des Proletariats und dem Primat des Marxismus-Leninismus in Verbindung mit den Mao-Zedong-Ideen. Die Partei wandte sich wiederholt energisch gegen jegl. „bürgerl. Liberalisierung". Die Wirtschaftspolitik war geprägt von einer deutl. Herabsetzung des Kollektivierungsniveaus in der Landw. (u. a. Auflösung der Volkskommunen), Bemühungen um eine breite Einführung von Herstellungsverfahren aus dem Westen und der vorsichtigen Zulassung kleinerer privatwirtsch. Initiativen. Widerstände in der KPCh gegen die Reformpolitik beantwortete die Führung zw. 1983 und 1986 mit einer Säuberung der Partei von „radikalen" Mitgliedern. Zu den restriktiven Maßnahmen des Reformkurses zählten die Streichung des Streikrechts aus der Verfassung (1982) und die administrativ verordnete Ein-Kind-Ehe zur Eindämmung des starken Bevölkerungszuwachses.

In der 2. Hälfte der 80er Jahre zeichneten sich erhebl., im Zusammenhang mit der Wirtschaftsreform entstandene Probleme ab (hohe Inflationsraten, steigende Auslandsverschuldung, wirtschaftsstrukturelle Disproportionen, steigende Preise). Beträchtl. personelle Veränderungen in den obersten Führungsgremien der KPCh gab es 1985 und 1987. Deng Xiaoping zog sich aus fast allen Partei- und Staatsämtern zurück, er behielt lediglich das einflußreiche Amt des Vors. der staatl. Militärkommission (bis 1990). Außenpolitisch betreibt die chin. Führung seit 1982 eine vorsichtige Entspannungspolitik gegenüber der Sowjetunion. Mit Großbritannien einigte sich die VR China über den zukünftigen Status der brit. Kronkolonie Hongkong nach Ablauf der Pachtfrist 1997. Nachdem die Sowjetunion ihr Engagement in Afghanistan 1989 beendet und ihr Truppenaufgebot an der sowjet.-chin. Grenze reduziert hatte, kam der sowjet. Staats- und Parteichef M. Gorbatschow im Mai 1989 nach Peking zum ersten sowjet.-chin. Gipfeltreffen nach 30 Jahren. Eine zunächst von Studenten getragene friedl. Demonstration für Demokratie und Freiheit auf dem „Platz des Himml. Friedens" in Peking, die sich zu einer wochenlang anhaltenden Protestbewegung großer Bevölkerungsteile entwickelte (Massenkundgebungen bis zu 1 Mill. Teilnehmer) und auch auf andere Städte übergriff, wurde von Kampftruppen der chin. Armee am 3./4. Juni 1989 blutig niedergeschlagen. In der Folgezeit waren u. a. die führenden Teilnehmer der staatlicherseits kriminalisierten Protestaktionen repressiven Maßnahmen bis hin zur Vollstreckung von Todesurteilen ausgesetzt. Der Parteichef Zhao Ziyang, der gegen die Militäraktion auftrat, wurde durch den konservativen Führungskern um Min.präs. Li Peng und Deng Xiaoping entmachtet; er verlor sein Amt als Generalsekretär der KPCh an Jiang Zemin. Im Nov. 1989 verabschiedete die KPCh ein ökonom. Stabilisierungsprogramm („Politik der Sparsamkeit und Regulierung") und betonte das Festhalten an der Wirtschaftsreform und Öffnung. Dieser Kurs wird von Maßnahmen zur polit.-ideolog. Disziplinierung und Gleichschaltung der Bev. begleitet (Wiederaufleben maoist. Erziehungskampagnen). Die außenpolit. Isolierung seit der brutalen Niederschlagung der Demokratiebewegung versucht China durch verstärktes diplomat. und außenwirtsch. Engagement, insbes. im asiat. Raum, zu überwinden (u. a. Ausrichtung der Asienspiele im Sept. 1990, Beitritt zum Atomwaffensperrvertrag, Grenzabkommen mit Rußland, Europareise Li Pengs im Febr. 1992, Auf-

Chinesische Geschichte. Mao Zedong verkündet am 1. Oktober 1949 die Gründung der Volksrepublik China

Chinesische Geschichte. Demonstration der Roten Garden 1966 während der Kulturrevolution

nahme diplomat. Beziehungen mit Südkorea im Aug. 1992). Im März 1993 wählte der Nat. Volkskongreß Jiang Zemin zum Staatspräsidenten.

chinesische Kunst [çi...], **Frühzeit** (ab ca. 6000 v. Chr.): Die Buntkeramik der Yangshaokultur (Höhepunkt in Gansu [Kansu]) weist in ihrem rhythm. Linienspiel bereits ein Merkmal chin. Kunst auf, ebenso originär die unbemalte graue Ware mit Formen wie Dreifuß, spitz- und kugelförmigen Gefäßböden. Die in NO-China vorkommende unbemalte schwarze polierte Longshan(Lungshan)-keramik ist schon mit der Töpferscheibe gedreht.
Shang-, später **Yinzeit** (etwa 16.–11. Jh. v. Chr.): In die Epoche der ältesten histor. Dynastie fällt die erste Blüte einer hohen Kunst mit großartigen Bronzen (Kultgefäße). Das Hauptmotiv der von plast. (Tier)ornamentik geprägten Anyangbronzen ist eine die obere Kopfpartie eines Tierdämons darstellende Maske (Tao tie; Tao-t'ieh).
Zhou(Chou)zeit (ca. 11. Jh.–256 v. Chr.): Bronzegefäße (aus dem Huaital) zeigen jetzt eine verschlungene (Tier)ornamentik. Ebenfalls neu ist die Tauschierungstechnik. Erhalten sind profane Gebrauchsgegenstände einer hochentwickelten feudalen Hofkultur (Spiegel, Jadeschmuck). Die Keramik der Shang und Zhou zeigt in Form und Ornament Anlehnung an die Bronzen. In Anyang gefundener weißer Scherben enthält bereits Kaolin. Neu zum Ende der Zhouzeit ist das Aufkommen von Glasuren, insbes. einer dunkel- bis hellgrünen Bleiglasur auf Irdenware, sowie die Erfindung des Steinzeugs, des sog. Protoporzellans. Bei Xi'an (Grabanlage des Kaisers Shi Huangdi [Shih Huang-ti], †210) wird seit 1974 eine ganze Armee (über 7 000 lebensgroße Terrakottafiguren) ausgegraben.
Hanzeit (206 v. Chr.–220 n. Chr.): Nach vereinzelten Beispielen einer figürl. Keramik mit Lacküberzug in zhouzeitl. Gräbern nehmen unter den Han die tönernen, glasierten Grabbeigaben einen breiten Raum ein. Den künstler. Höhepunkt bilden die Statuetten (Tänzerinnen, Musikanten, Krieger und Pferde). Die glatten Bronzen der Hanzeit sind durch Tauschierungen belebt. Bed. in der Hankunst die schönen Lacke, die, ebenso wie die Seidenmalerei, schon in der späten Zhouzeit gepflegt wurden. Die von Palastwerkstätten der Hankaiser hergestellten Handelswaren (Lackgegenstände, Seidenstoffe) wurden v. a. in den Randgebieten des Reiches gefunden: Nordmongolei (Noin Ula) und Korea (Lolang), u. a. ein Lackkorb (Grab des Wang Guang [Wang Kuang]), dessen Figurenmalerei von konfuzian. Ethik inspiriert ist. Ähnl. Motive finden sich an den Wänden der Grabkammern wieder (Shandong).
Die Jahrhunderte der Reichstrennung (220–589): In den neugegr. buddhist. Höhlenklöstern (Dunhuang [Tunhwang], Longmen [Lungmen]) entstehen zahllose Buddhaskulpturen sowie Wandmalereien. Die höf. Kunst von Gu Kaizhi (Ku K'ai-chih; *344, †406) besticht durch Raumgefühl (Gruppierung der Figuren). Die schön geschwungene kalligraph. Linie, die für das „Knochen"gerüst wichtige Pinseltechnik, zählt der Theoretiker Xie He (Hsieh Ho, um 500) zu den obersten Regeln der Malkunst.
Tang(T'ang)zeit (618–907): Der städt. Kultur der Tang entspricht die klass. Phase der chin. Kunst mit höf. Figurenmalerei (u. a. Wu Daozi [Wu Tao-tzu]; Yan Liben [Yen Lipen]; Han Kan, berühmt als Pferdemaler). Als Vorläufer der Song-Landschaftsmalerei gelten Li Sixun (Li Szu-Hsün, N-Schule) und Wang Wei (S-Schule). Tuschemalerei und lyr. Dichtung gehen eine spezifisch chin. Synthese ein (auf der Bildrolle erscheint zusätzlich ein Gedicht mit gleichem themat. Bezug); bed. auch die feine Grabplastik aus Ton.
Wudai(Wu-tai)periode, Song(Sung)- und **Yuan(Yüan)zeit** (907–1368): Blüte der Landschaftsmalerei; Ferne und Raumtiefe werden durch einen freien Raum zw. Vorder- und Hintergrund erzeugt (Luftperspektive). Li Cheng (Li Ch'eng), Fan Kuan (Fan K'uan) und Guo Xi (Kuo Hsi) wirken im N, Dong Yuan (Tung Yüan) im S. Neben der S-Schule (kaiserl. Malakademie in Nanjing; Blüte des „Eineckstils" im 12. Jh., u. a. Ma Yuan [Ma Yüan] und Xia Gui [Hsia Kuei]) formiert sich die antiakadem. „Gesellschaft des Westgartens" (1087), sie legt den Grundstein der „Lite-

Chinesische Geschichte. Blutige Niederschlagung der Massendemonstrationen in Peking durch Teile der Volksbefreiungsarmee. Demonstranten setzen einen Panzer in Brand

ratenmalerei" (Blüte im 13. Jh.). Die monochrome Tuschemalerei des Chan-Buddhismus beeinflußte die jap. Zen-Malerei.
Ming- (1368–1644) und **Qing(Ch'ing)zeit** (1644 bis 1911/12): Die Traditionen der Songepoche werden weitergeführt (Landschaftsmalerei; Seladonware). Aus dem elfenbeinweißen Steinzeug der Tang und dem schon durchscheinenden Tingyao (T'ing-yao) der Song mit monochromer Glasur und reliefartig eingeschnittenem Dekor entwickelt sich das eigtl. Porzellan (Höhepunkt unter den Qing). Unter den Ming (Peking) werden zahlr. Bauten in tradierten Formen errichtet (Breithalle in Holzkonstruktion auf steinernem Sockel; das konkav geschwungene Dach auf Pfosten). Die älteste Form des Ziegelbaus ist die buddhist. Pagode, in der sich bodenständige chin. Elemente (Turm mit Studio [„Lou"]) und solche der ind. Stupa vermischt haben. Im monumentalen Steinbau sind die Balken- und Bogenbrücken (die älteste aus dem Jahre 550) von erstaunl. techn. Vollkommenheit und hoher ästhet. Wirkung. Im 17. und 18. Jh. Blüte des Farbholzschnitts; in Shanghai westl. Einflüsse.
Moderne (seit 1911/12): Nach der Revolution von 1911 werden die Traditionen in Kunst und Architektur nicht abrupt abgebrochen, sondern zunehmend neuen Inhalten verpflichtet (Arbeits- und Bauernleben, Geschichte der Revolution, v. a. in der tradierten Tuschetechnik, im Holzschnitt sowie auch als [westl.] Ölmalerei) und auch für neue Bauaufgaben zweckmäßige Formen (unter Einfügung traditioneller Elemente) entwickelt. Nach dem Ende der Kulturrevolution (1969), in der zahlr. Kunstwerke und Bauten zerstört wurden, hat die Archäologie einen bedeutenden Aufschwung erlebt; auch wurden vielerorts histor. Baudenkmäler restauriert. Es entwickelte sich eine breite Laienmalerbewegung, bes. der Bauernmaler aus Hu Xian (Hu-hsien, Prov. Shaanxi). – Abb. S. 316/317.

chinesische Literatur [çi...], in der Zhou(Chou)zeit (11. Jh.–256 v. Chr.) entstehen die ersten literar. Werke: Das „Shijing" (Shih-ching"; Buch der Lieder; Sammlung von 305 Volks- und Hofliedern sowie Ritualgesängen) und das „Yijing" (Iching; Das „Buch der Wandlungen"; Weissagebuch mag. und naturphilosoph. Inhalts). Während der Chunqiu(Ch'un-ch'iu)zeit (771–481), so genannt nach dem „Chunqiu" (den Frühlings- und Herbstannalen des Staates Lu, dem ältesten Geschichtswerk Chinas, und der Zeit der Streitenden Reiche (481–221) entstehen als Reaktion auf die unruhigen polit. Verhältnisse die „Hundert Philosophenschulen" (↑chinesische Philosophie). Die Konfuzianer redigieren die Fünf kanon. Bücher, „Shijing", Yijing", „Chunqiu" sowie „Shu-jing" (Shu-ching; Buch der Urkunden der Shang-Dyn.) und „Liji" (Li-chi) (Aufzeichnungen über die gesellschaftl. Normen) und die vier klass.

chinesische Literatur

Bücher „Lunyu" (Lun-yü) (Gespräche des Konfuzius), „Mengzi" (Meng-tzu) (Buch des Mengzi [Meng-tzu]), „Zhongyong" (Chung-yung; Innehalten der Mitte) und „Daxue" (Ta-hsüeh; Die erhabene Lehre). Diese Werke bilden ab der Hanzeit (206 v.–220 n. Chr.) bis zum 19. Jh. den Prüfungsstoff für die Staatsprüfungen, wodurch der für China charakterist. Gesellschaftsstand der „Beamtenliteraten" geformt wird: Der Staatsbeamte ist Dichter und Gelehrter, dem Dichter und Gelehrten steht als einziger Berufsweg der des Staatsbeamten offen. Das schriftunkundige Volk bleibt von der Literatur ausgeschlossen. Der erste namentlich bekannte Dichter Chinas ist Qu Yuan (Ch'ü Yüan) (*332, †295?) mit seinen „Chuci" (Ch'u-tzu; Elegien aus Chu). Der Konfuzianismus wird in der Hanzeit zur Staatsdoktrin. Die Historiker Sima Qian (Ssu-ma Ch'ien, *145, †um 86) und Ban Gu (Pan Ku, *32, †92) begründen die bis ins 17. Jh. fortgeführte Tradition der Vierundzwanzig dynast. Geschichtswerke, die jede untergegangene Dynastie vom Standpunkt der nächsten schildern. In der Poesie entstehen das vorklass. Lied Yuefu (Yüeh-fu) und das Fu (poet. Beschreibung, eine Art lyr. Prosa), bes. vertreten von Sima Xiangru (Ssu-ma Hsiang-ju, †117 v. Chr.). Bis zur Tang(T'ang)zeit (618–907) entfaltet sich das Kunstgedicht (Shi [Shih]) in verschiedenen Formen. Berühmt ist die Bukolik des Tao Yuanming (T'ao Yüan-ming, *365, †427). Der kaiserl. Kronprinz Xiao Tong (Hsiao T'ung, *501, †531) stellt die wichtigste Quelle der chin., nicht durch die konfuzian. Dogmatik beeinflußten Literatur zus.: das „Wenxuan" (Wen-hsüan; Auswahl aus der Literatur). In der Tang(T'ang)zeit erreicht die Verskunst ihren Höhepunkt: Die später (18. Jh.) zusammengestellte „Quan Tangshi" (Ch'üan T'ang-shih"; gesammelte Gedichte der Tangzeit) umfaßt über 48 000 Gedichte von mehr als 2 200 Autoren. Hervorragend sind: Li Bo (Li Po, *699, †762), vom Daoismus beeinflußt, und Du Fu (Tu Fu, *712, †770), der dem Konfuzianismus nahesteht. Neben ihnen Wang Wei (*699, †759), Meng Haoran (Meng Hao-jan, *689, †740) und Bo Juyi (Po Chü-i, *772, †846). Die kunstvoll verfeinerte und mit gelehrten Anspielungen überladene Prosa der früheren Jahrhunderte (Bianwen [P'ien-wen], „Parallelprosa") wird durch Han Yu (Han Yü, *768, †824) und Liu Zongyuan (Liu Tsung-yüan, *773, †819) reformiert: Klar verständliche, an den Prosaklassikern des 4. und 3. Jh. orientierte literar. Prosa (Guwen [Ku-wen]). Während

Chinesische Kunst

Oben links: Opfergefäß aus Bronze, späte Shangzeit, um 1100–1000 (Paris, Sammlung S. E. M. Naggiar). Oben rechts: Figuren in den Longmen-Grotten bei Luoyang, um 676 n. Chr. Unten links: Schale in Rot- und Gelblack, um 300 v. Chr. (Washington, Freer Gallery of Art). Unten rechts: Porzellangefäß mit kobaltblauer Malerei unter der Glasur, 16. Jh. (Köln, Museum für Ostasiatische Kunst)

chinesische Literatur

man die Tangzeit als Höhepunkt des Gedichts (Shi) ansprechen kann, ist die Song(Sung)zeit (960–1279, nördl. und südl. Song) Höhepunkt des klass. Liedes (Ci [T'zu]). Das Ci ist Synthese von Poetik, Prosodie und Musik. Größter Ci-Dichter ist Li Yu (Li Yü, *937, †978; „Die Lieder des Li Yu"), letzter Herrscher der südl. Tang. Außerdem, auch als Prosaisten ersten Ranges, Ouyang Xiu (Ou-yang Hsiu, *1007, †1072) und Su Dongpo (Su Tung-p'o, *1036, †1101). Unter mongol. Herrschaft 1127–1368 entstehen unter dem Einfluß der nördl. Steppenvölker die literar. Formen des Qu (Ch'ü; nachklass. Lied, Arie im Drama), die umgangssprachl. volkstüml. Erzählung und der umgangssprachl. Roman. Sieht man von den Gaukel- und Possenspielen der Han- und Tangzeit ab, hat das chin. Drama seinen Ursprung in den Schauspielen der mongol. Yuan(Yüan)zeit (1271/79–1368). Es bilden sich das nördl. und südl. Drama heraus, das eine mit Prolog, 4 Akten und Intermezzi, in den Arien (Qu) vorgeschriebene Prosodie, das andere mit nicht vorgeschriebener Anzahl der Akte und freier Prosodie. Zu nennen sind für das erste „Das Westzimmer" von Wang Shifu (Wang Shih-fu; um 1300) und für das letztere „Die Laute" von Gao Ming (Kao Ming; um 1350). Die folgende Mingzeit (1368–1644) ist die Blütezeit des chin. Romans, der früheste ist „Die Räuber vom Liangshan Moor" von ↑Shi Nai'an (Shih Nai-an; *1296 [?], †1370 [?]). Der Roman „Xiyouji" (Hsi-yuchi) (Die Reise nach dem Westen [Indien]) von Wu Cheng'en (Wu Ch'engen, *1510, †1580) ist ein satir. Roman gegen Volksaberglauben und Buddhismus. Das „Jinpingmei" (Chin-p'ingmei; Pflaumenblüten in der Goldvase) und seine Fortsetzung „Gehenhuaying" (Ko-lien-hua-ying; Blumenschatten hinter dem Vorhang), beide anonym, sind Höhepunkte des sozialkrit., stark mit erot. Motiven durchwobenen Gesellschaftsromans. Auf dem Gebiet der Novelle, die im Ggs. zum in Umgangssprache verfaßten Roman in klass. Literatursprache abgefaßt ist, ragt Pu Songling (P'u Sung-ling, *1640, †1715) mit dem „Liaozhaizhiyi" (Liao-chai-chi-hi; Denkwürdige Begebenheiten aus der Studierstube Liao-zhai [Liao-chai]) hervor. Das südl. Drama wird weitergepflegt mit Tang Xianzus (T'ang Hsien-tsu) Schauspiel „Mudan ting" (Mu-tan t'ing; 1588; Der Päonienpavillon; dt. u. d. T. „Die Rückkehr der Seele"). Die folgende Fremddyn. der Mandschus (Qing[Ch'ing]zeit, 1644–1911/12) bildet den Höhepunkt der klass.-philolog. wiss. Literatur. Der Roman

Links oben: Die 64 m hohe Große-Wildgans-Pagode in Xi'an, 652 n. Chr. erbaut, im 8. Jh. aufgestockt. Links unten: Zwei Eunuchenfiguren, Grabbeigaben aus der Tangzeit (Höhe 34,5 cm). Rechts: Fan Kuan, Reise zwischen Bergen und Flüssen, undatiert (Taipeh, Nationales Palastmuseum)

erreicht seinen Gipfel in Cao Zhans (Ts'ao Chan, *um 1715, †1764) „Traum der roten Kammer", dem umfangreichsten und philosophisch tiefsten Roman Chinas. Bemerkenswert außerdem das „Rulin waishi" (Ju-lin waishih; Das Privatleben der Gelehrten) von Wu Jingzi (Wu Ching-tzu, *1701, †1754), ein zeitkrit. Werk. Das Drama im Stil der Ming wirkt weiter: v. a. Li Yu (Li Yü, *1611, †1677¿), der ebenfalls bedeutendster Theaterkritiker Chinas ist, und Hong Sheng (Hung Sheng, *1659, †1704). Im 19. Jh. gewinnen die Pekingoper (Jingxi [Ching-hsi]) im Norden und die Guangdong(Kuang-tung)oper (Yuexi [Yüeh-hsi]) im Süden an Einfluß. Beide sind moralisierende Unterhaltungsstücke mit Musik und farbenprächtigen Kostümen; die Fabel geht auf histor. Ereignisse zurück. Die typisierten Rollen werden im chin. Theater seit der Regierungszeit Kaiser Gaozongs (Kao-tsung, 1736–96) nur von Männern gespielt, die gleichzeitig auch akrobat. und taschenspieler. Einlagen vorführen. Durch die gesamte Qingzeit war die Weiterentwicklung oder Neubesinnung der Literatur durch die wiederholten Bücherverbrennungen und das rigorose Verbot staatskrit. Literatur gehemmt. Folge war in vieler Hinsicht Erstarrung in Formalismus und bloße Kopie alter Vorbilder. Die polit. Revolution von 1911/12 zog die literar. nach sich. Angeführt von Hu Shi (Hu Shih, *1891, †1962) und Lu Xun (Lu Hsün, *1881, †1936) fordern die fortschrittl. Literaten den totalen Bruch mit der dogmat. literar. Tradition, insbes. eine verständl. Umgangssprache (Baihua [Pai-hua]) statt der nur Gelehrten zugängl. klass. Literatursprache (Wenyan [Wen-yen]). Das fordern u. a. auch Ba Jin (Pa Chin, *1904), Lao She (*1898, †1966) und v. a. der Historiker und Literat Guo Moruo (Kuo Mo-jo, *1892, †1978), der wie Lu Xun europ. Literatur übersetzt. In den Gedichten und Liedern Mao Zedongs (Mao Tsetung, *1893, †1976) im klass. Stil sowie im lyr. Werk von Zhu De (Chu Teh, *1886, †1975) und Chen Yi (Ch'en I, *1901, †1972) findet eine Synthese von literar. Erbe und revolutionärem Gedankengut statt. Die zeitgenöss. Literatur steht im Geist der Reden in Yan'an (Yenan [Mao Zedong, 1942]) mit Richtlinien für eine sozialistisch-realist. Literatur. Neben den neuen literar. Formen Kurzgeschichte, Reportage und Gedicht in Umgangssprache sind wie nach vor Lyrik im klass. Stil und Kunstprosa lebendig. Bedeutsam v. a. der sog. Dichter der Bauern, Hao Ran (Hao Jan), mit „Yanyangdian" (Yen-yang t'ien; Frühlingshimmel; 1964), Yang Mos „Qingchun zhi ge" (Ch' ing-ch'un chih ke; Frühlingslied; 1958), Yao Xueyins (Yao Hsüeh-yin) Biographie (1976) des Rebellen Li Zicheng (Li Tzu ch'eng; 1606–45), und Zhang Tianmins (Chang T'ien-min) Roman „Chuanye" (Ch'uan-yeh; Die Pioniere; 1977). Die moderne Lit. wird in literar. Zeitschriften mit hoher Auflage diskutiert. In Kampagnen wurden Autoren wie Ai Qing (Ai Ch'ing) und Zhou Libo (Chou Li-po) verfemt, erhielten Publikations- und Schreibverbot. Auf dem Gebiet des Dramas wurde während der Kulturrevolution (1966–69, Nachwirkungen bis 1976) die alte Pekingoper zu einer Kunstform mit revolutionärem und propagandist. Inhalt umgestaltet. Bekannt sind „Hongseniangzijun" (Hung-se-niang-tzuchün; Das rote Frauenbataillon), „Baimaonü" (Pai-mao-nü; Das weißhaarige Mädchen) und „Zhiquweihushan" (Chihch'u-weihu-shan; Mit taktischem Geschick den Tigerberg erobern). Seit dem Sturz der „Viererbande" 1976 und der Rehabilitierung vieler Autoren (Lao She, Zhao Shuli [Tschao Schu-li], Wang Meng) traten zahlreiche neue Literaten hervor, u. a. Lu Xinhua (Lu Hsin-hua, *1954), Zhang Jie (Chang Chieh, *1939), Wang Tuo (Wang Duo, *1944), Sheng Rong (Scheng Jong, *1935).

chinesische Mathematik [çi...], die in chin. Kulturreich etwa ab 2000 v. Chr. entwickelte und bis ins 16. Jh. betriebene eigenständige Mathematik. Schon 1000 v. Chr. besaßen die Chinesen ein Zahlensystem auf dezimaler Basis. Das älteste erhaltene Werk der c. M. ist die „Mathematik in neun Büchern" (Jiuzhang suanshu [Chiu-chang suanshu]) aus der Hanzeit (3. Jh. v. Chr.). Es enthält Probleme der Unterhaltungsmathematik, gibt Anweisungen über das Rechnen mit Brüchen und negativen Zahlen und behandelt Aufgaben der Vermessungstechnik. Lineare Gleichungssysteme wurden mit Hilfe einer Matrizenrechnung gelöst. Auch die Berechnung rechtwinkliger Dreiecke und die näherungsweise Berechnung der Kreisfläche waren bekannt. Ein Algorithmus ermöglichte es, Quadrat- und Kubikwurzeln beliebig genau zu berechnen. Im 13. Jh. erreichte die c. M. einen Höhepunkt.

Chinesische Mauer [çi...] (Große Mauer), in N-China errichtete Schutzmauer, erstreckt sich vom chin. Turkestan bis zum Pazifik (von Gansu bis zum Golf von Liaodong); mißt in ihrer Gesamtlänge etwa 6 250 km; ab Ende des 3. Jh. errichtet, während der Herrschaft der Mingdyn. (1368–1644) in die heutige Form gebracht; Mauerhöhe bis zu 16 m, Breite am Fuß rd. 8 m, an der Krone rd. 5 m; besteht aus einem Geröllkern, mit Steinen oder Ziegeln ummantelt, im W und S meist aus gestampfter Erde (Löß), besitzt Wachttürme und befestigte Tore. – Von der UNESCO zum Weltkulturerbe erklärt.

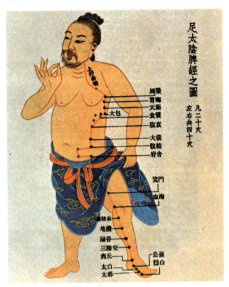

Chinesische Medizin. Akupunkturkarte der Mingdynastie (1368–1644)

chinesische Medizin [çi...], die traditionelle chin. Heilkunde, die neben der westl. naturwiss. Medizin, dieser gleichrangig, praktiziert und erforscht wird. Das heute noch wichtige Standardwerk der inneren Medizin, „Neijing" („Nei-ching"; innere Krankheiten), wird bereits dem legendären „gelben Kaiser" Huangdi (Huang-ti) zugeschrieben. Die ältesten medizin. Texte sind im „Zuozhuan" („Tso-chuan") enthalten (etwa 540 v. Chr.). Die aus dem 4. vorchristl. Jh. bekannte Sammlung von Krankheitsbeschreibungen „Nanjing" („Nan-ching"; Buch der Leiden) wird Bian Que (Pien Ch'üeh) zugeschrieben. Die Hanzeit brachte eine Reihe klass. Werke hervor, die jedoch bis auf das „Neijing" verlorengegangen sind. Das klass. Werk über Akupunktur schrieb Huangfu Mi (*215, †282), die klass. Pulslehre, die im MA auch ins Lat. übersetzt wurde, Wang Shuhe (Wang Shu-ho; 3. Jh.).
Durch die naturphilosophisch beeinflußten Schulen des Daoismus (Taoismus) konstituierte sich in der Zeit vom 3.–7. Jh. die klass. c. M. Die Chirurgie kannte den Starstich und die orthopäd. Behandlung von Knochenbrüchen. Die Verwendung von Quecksilberamalgam für Zahnfüllungen, die in Europa erst im 19. Jh. aufkam, war gebräuchlich. Durch die weit verbreitete „Materia medica" („Bencao gangmu" [„Pen-ts'ao-Kang-mu"], grundlegende Übersicht über Wurzeln und Kräuter) von Li Shizhen (Li Shih-chen, *1518, †1593) wurde die c. M. in Europa und den anderen Ländern des Ostens bekannt. Eine bis heute maßgebl. En-

zyklopädie der Akupunktur schrieb Lis Zeitgenosse Yang Jizhou (Yang Chi-chou). In der späteren Mandschuzeit drang die westl. Medizin in weite Bereiche vor. Die traditionalist. c. M. baut auf der Grundlage des Daoismus, bes. der Elementen- und der Yin-Yang-Lehre, sowie einigen Elementen indisch-buddhist., lamaist., iran. und arab. Herkunft auf. Die intensive klin. Untersuchung umfaßt die grundsätzl. Maßnahmen Inspektion (wang), Abhorchen und Riechen (wen), Befragung (wen) und Palpation (jie [chieh]). Die Inspektion erstreckt sich auf alle Teile des Körpers und die Ausscheidungen, für das Abhorchen sind u. a. auch Klangfarbe der Stimme, Lachen, Weinen, Schluchzen und Husten wichtig. Die Therapie benutzt in wechselnder Kombination Arzneien, Diät, Heilgymnastik, psychosomat. Techniken, Massage und Akupunktur, die v. a. Eingang in die westl. Medizin fand.

chinesische Musik [çi...], die Herausbildung der chin. Musikkultur muß um die Mitte des 3. vorchristl. Jt. unter dem Einfluß älterer Kulturzentren Z-Asiens erfolgt sein. Der Mythos spricht davon, daß auf Veranlassung von Huangdi (Huang-ti) das Maß des Grundtons Huangzhong (Huang-chung; die gelbe Glocke) des chin. Tonsystems aus dem Westen ins chin. Reich geholt wurde, daß damals sogar schon die 12 Halbtöne (Lü) innerhalb der Oktave erfunden worden seien, die sich in je 6 männl. (Yang) und weibl. (Yin) teilen. Die Herausbildung der im 2. Jh. v. Chr. allg. bekannten zwölfstufigen Materialleiter absoluter Tonhöhen war ein langwieriger Prozeß, dem die Ableitung des pentaton. Gebrauchsleiter durch 4 Quintschritte vom Ton Huangzhong (Huang-chung [f']) aus vorangegangen sein muß. Die daraus resultierende Tonqualitätenreihe im Sinne unserer Solmisationssilben führte zur halbtonfreie pentaton. Gebrauchsleiter f-g-a-c-d („gong-shang-jiao-zhi-yu" [kung-shang-chiao-chih-yü]), die in bezug auf die Tonhöhe relativ und bis heute für die Melodiebildung c. M. fundamental ist. Da jeder der 5 Töne Grundton eines Modus sein kann, ließen sich aus dieser Leiter bereits 5 Tonarten bilden, die auch für die ältesten uns bekannten sakralen Hymnen bestimmend sind. Erst die aus 12 Halbtönen bestehende Skala ermöglichte es, die 5 Modi auf allen Halbtonstufen zu errichten und somit 60 halbtonfreie Modi („Diao" [Tiao]) zu bilden, die Himmelsrichtungen, Jahreszeiten, Gemütserregungen usw. zugeordnet waren. Konfuzius, der die musiktheoret. Kenntnisse der Zhou(Chou)zeit (11. Jh.–256 v. Chr.) zusammenfaßte und 300 Hymnen und Lieder sammeln ließ, überlieferte in den „Jiayu" (Chiayü, Hausgespräche) das alte Gesetz, wonach die 12 Lü auch jeweils für einen Monat den Stammton der Fünftonleiter zu stellen hätten. Als am Ende der Zhouzeit unter dem Einfluß nördl. und westl. Völker siebentönige Melodien nach China eindrangen, wurden die pentaton. Leitern durch zwei Halbtöne „Bian" (Pien) erweitert, die indes erst in der Suidynastie (581/89–618 n. Chr.) endgültig akzeptiert wurden, so daß nun die Bildung von 84 Modi möglich war. Nach 1500 v. Chr. setzte nicht nur eine Entwicklung ein, die den Aufbau eines Rituals sakraler und höf. Zeremonien bewirkte, sondern auch zu einer mathemat. Durchdringung der musikal. Materie führte, die 1596 in der exakten Temperierung der Lü gipfelte. Die Reinhaltung der Musik für das Wohlergehen des einzelnen wie auch des Staates war stets ein primäres Anliegen der chin. Herrscher; es kam darum schon in der Zhouzeit zur Gründung eines Musikministeriums. Die zentralist. Lenkung der Musik blieb auch dann typisch für die chin. Musikkultur, als der aufkommende Buddhismus neue Musikarten bewirkte, als der dramat. Bühnentanz aufkam und sich die chin. Oper als Synthese von Gesang, Mimik und Tanz im 13. Jh. herausbildete. Ein reiches Repertoire an Volksmusik bildet heute die Basis allen neuen Musikschaffens.

Chinesische Nachtigall [çi...], svw. ↑Chinesischer Sonnenvogel.

chinesische Naturwissenschaft [çi...], die chin. Naturbeschreibung ist nicht nur bildhaft und mehrdeutig, sondern auch praxis- und menschbezogen; es fehlt der Wunsch nach einer menschenunabhängigen, objektiven Naturerkenntnis. Allerdings war man den prakt. Auswirkungen solcher Erkenntnisse gegenüber stets aufgeschlossen. Vermutlich aus dem 13. Jh. v. Chr. stammt die Bestimmung der Jahreslänge zu 365¼ Tagen. Der Zeitbestimmung dienten Sonnen- und Wasseruhren. Die ältesten Nachtuhren stammen aus der Mitte des ersten Jt. v. Chr., die ältesten bekannten Sonnenuhren aus dem 5. Jh. n. Chr. Schon in vorchristl. Zeit war die Eisenhütten- und Gußtechnik weit fortgeschritten. Die Erfindung des Papiers fällt ins 2. Jh., der Buchdruck von geschnitzten Holzplatten folgte bald (das älteste erhaltene datierbare Druckwerk stammt aus dem Jahre 868). Im 8. Jh. war das Schießpulver bekannt. Weitere Erfindungen, die das Abendland übernahm oder später erneut machte, sind u. a. das Porzellan und der Kompaß, Schubkarren, Kolbengebläse, wassergetriebene Blasebälge.

chinesische Philosophie [çi...], die c. P. ist mit ihrem Grundanliegen, die Stellung des Menschen in der Gesellschaft zu bestimmen, durch große Wirklichkeitsnähe gekennzeichnet. In der ersten Blütezeit der c. P. (5.–3. Jh.) entwickelten sich die „Hundert Philosophenschulen", die unterschiedl. gesellschaftl. Bedingungen widerspiegeln. Bed. ist hier der **Konfuzianismus,** der ab dem 2. Jh. in seiner Ausprägung durch Dong Zhongshu (Tung Chung-shu, *179, †104) bis ins 20. Jh. zur orth. Staatstheorie wurde. Der konfuzian. Humanismus löste verschiedene Gegenreaktionen aus: Die **Schule der Legalisten** um Shang Yang (†338) und Han Feizi (Han Fei-Tzu, *um 280, †233) betonte die Unabdingbarkeit positiver „Gesetze" für die Regierbarkeit eines Staates. Im Unterschied dazu predigte die **mohistische Schule** des Mo Di (Mo Ti, *468, †376) eine „allumfassende Menschenliebe". Die **Schule der Daoisten** (Taoisten), begr. von Laozi (Lao-tzu, Laotse, 4./3. Jh. v. Chr.), sah das Ziel in „sich widerspruchslosen Einfügen in das im Kosmos waltende dualist. Prinzip". Ähnlich die **Yin-Yang-Schule** unter Zou Yan (Tsou-Yen, 4. Jh. v. Chr.), die naturphilosophisch orientiert war. Der seit dem 1. Jh. verstärkt nach China eindringende Mahajana-Buddhismus entwickelte sich (gebrochen v. a. am Daoismus) in der **Schule der drei Abhandlungen** des Seng Zhao (Seng Chao, *384, †414), der **Fa-Xiang-Schule** (Fa-hsiang), der **Tiantai-Schule** (T'ien-t'ai) und der **Huayan-Schule** (Huayen) des Fa Shun (†640) weiter. Wesentl. Einfluß erlangte seit dem 7. Jh. der **Chan-Buddhismus** (Chian, jap.: Zen-Buddhismus). In der orth. Philosophie setzte sich mit Zhu Xi (Chu Hsi, *1130, †1200) in „realist." und mit Cheng Hao (Ch'eng Hao, *1032, †1085) in „idealist." Ausprägung der **Neokonfuzianismus** durch, der erst im 17. Jh. durch eine v. a. philologisch orientierte Kritik angegriffen wurde, u. a. von Dai Zhen (Tai Chen, *1724, †1777). In diesem Prozeß gelangte im 19. Jh. zunehmend Ideengut des europ. Kulturkreises in die c. P. Sun Yat-sen (*1866, †1925) vertrat (daran anknüpfend) seine polit. Theorie der „Drei Prinzipien" (Nationalismus, Demokratie, Wohlfahrt des Volkes). Die „Vierter-Mai-Bewegung" von 1919 brachte eine zunehmende Beschäftigung mit der europ. (bes. marxist.) Philosophie mit sich. Mao Zedong (Mao Tse-tung, *1893, †1976) versuchte, den Marxismus unter die spezif. Bedingungen der chin. Gesellschaft anzuwenden. Insbes. nach der von ihm ausgelösten „Kulturrevolution" (1966–69), die für China verheerende Folgen hatte, sind (wie schon zu Beginn des 20. Jh.) erneut Diskussionen aufgelebt, die sich mit der Bewertung der traditionellen c. P., ihrem Verhältnis zum Marxismus und zu philosoph. Gedankengut beschäftigen, das durch chin. Auslandsstudenten in die VR China gelangt.

Chinesische Rose [çi...] (Rosa chinensis), Rosengewächs aus China; niedriger, meist kaum bestachelter Strauch mit langgestielten, rosafarbenen, dunkelroten oder gelbl. Blüten. – ↑Zwergrose.

Chinesischer Sonnenvogel [çi...] (Chin. Nachtigall, Leiothrix lutea), vom Himalaja bis SO-China verbreitete, etwa 15 cm große Timalienart; Oberseite grauolivgrün, Kehle gelb, gegen die gelblichgraue Unterseite zu orangefarben; Flügel mit gelber, gelbroter und blauer Zeichnung, Schwanz leicht gegabelt.

chinesische Schrift [çi...], eine Wortschrift, die kein Spiegelbild des Lautkomplexes, sondern graph. Darstellung zur Vermittlung eines komplexen Inhalts ist. Die chin. Schriftzeichen haben alle die gleiche Größe und die quadrat. Form. Sie werden bis in die jüngste Zeit hinein von oben nach unten und von rechts nach links angeordnet, in der VR China von links nach rechts in horizontalen Zeilen. Die c. S. ist von der Aussprache unabhängig.
Unter den chin. Zeichen lassen sich 6 Kategorien unterscheiden (vgl. Tabelle Schriftzeichenklassen der chin. Schrift). Die ältesten überlieferten Zeichen werden *alte Schrift* genannt. Ihre Weiterentwicklung führt zur *Großen Siegelschrift*. Sie ist in der Gestaltung komplizierter. In der Hofkanzlei der Qin(Ch'in)dyn. wird die *Kleine Siegelschrift* verwendet, die bei gleichbleibendem Duktus die Strichzahl vermindert. Mit der Einigung Chinas (221 v. Chr.) verbreitet sie sich im ganzen Lande. Seit dieser Zeit hat die c. S. keine wesentl. Änderungen erfahren. Aus der damals gebräuchl. *Kurialschrift* geht im 4. Jh. n. Chr. die mustergültige *Normalschrift* hervor. Schon frühzeitig bilden sich im Ausgleich zu den eckigen Formen der Kurialschrift die fließenden Formen der *Kursivschrift* und die *Schnellschrift* heraus. Zur Zeit der Song(Sung)dyn. (960–1280) wird eine zierl. Nebenform der Normalschrift gepflegt, die *Songschrift*.
Wann die c. S. aufgekommen ist, läßt sich nicht mit Gewißheit sagen. Die frühesten inschriftl. Zeugnisse reichen bis in die Mitte des 2. Jt. v. Chr. zurück. Sie sind auf Tierknochen und Schildkrötenschalen sowie auf kultischen Gefäßen zu finden. Sie lassen erkennen, daß die Schrift bereits damals voll ausgebildet war. Schon 1892 suchte man eine Lautschrift einzuführen, die sich wie die mit lat. Buchstaben geschriebene Lautschrift von 1926 nicht durchsetzte. Die letzten umwälzenden Reformen fanden in der VR China statt. Die Schriftzeichen wurden zwar vereinfacht, man sah aber von der Einführung einer Lautschrift ab, weil man fürchtete, das Alphabet könnte die selbständige Ausbildung der Dialekte begünstigen und so die Einheit des Volkes gefährden. Die 1957 eingeführte latein. Umschrift (Pinyin) wurde 1979 zur offiziellen Umschrift für chin. Worte in fremdsprachigen chin. Publikationen erklärt.

Chinesische Schriftzeichen

alte Form	moderne Form	Bedeutung	Erklärung
虫	手	Hand	Unterarm mit fünf Fingern
米	木	Baum	Stamm mit Zweigen und Wurzeln
옷	子	Kind	
⿱	心	Herz	
🌧	雨	Regen	Himmelsgewölbe mit Regentropfen
⿱	貝	Kostbarkeit, Reichtum	Kaurischnecke

Schriftzeichenklassen der chinesischen Schrift

1. Einfache Bilder

   木 Baum　子 Kind　人 Mensch
   山 Berg　女 Frau　日 Sonne

2. Symbolische Bilder

   Sonne 日 über dem Horizont ＿ = „früh" 旦
   Sonne 日 hinter dem Baum 木 = „Osten" 東

3. Symbolische Zusammensetzungen

   zwei Bäume 木　　　　　= „Wald" 林
   Sonne 日 und Mond 月　 = „hell" 明
   Frau 女 und Kind 子　　 = „gut", „lieben" 好
   Frau 女 unter dem Dach ⼧ = „Friede" 安

4. Umkehrung

   Fürst 后 umgekehrt = „Beamter" 司

5. Entlehnte Zeichen

   之 chi „gehen" = Objektspronomen der 3. Person oder Genitiv- bzw. Attributpartikel
   安 an „Friede" = Fragepartikel „ob, wie, wieso"

6. Zeichen mit sinnangebendem und tonangebendem Element

   Insekt 虫, das lautet wie 堂 t'ang
   „Halle" = „Fangheuschrecke" 螳

chinesische Sprache [çi...], zu den sinotibet. Sprachen gehörende Sprache der Chinesen, die von der Sprecherzahl her die größte Sprache der Erde ist. Sie kommt in zwei Formen vor: der Umgangssprache und der klass. Sprache. Hauptbestandteil des stets einsilbigen Wortes ist ein Vokal, dem ein Konsonant vorausgehen und ein Nasal [n, ŋ] folgen kann; drittes Element ist der Tonfall, der für die Identität des Wortes entscheidend ist. Das Wort erfährt im Satz grundsätzlich keine Veränderung. Die Sprache macht die Wortbeziehung durch ein komplexes Verfahren kenntlich: bestimmte Stellung im Satz, Neubildung vielsilbiger Wörter aus den einsilbigen, wobei jedoch die Bedeutung der einsilbigen Wörter stets gewahrt und dem Sprechenden auch bewußt bleibt. – Die *Umgangssprache* gliedert sich in eine nördl. und eine südl. Dialektgruppe, zw. denen eine gegenseitige Verständigung nicht möglich ist. Zur südl. Gruppe zählen Wu, Min und Yue (Yüeh), zur nördl. der Dialekt von Peking (Mandarin), auf dessen Grundlage sich eine allg. Hochsprache herausgebildet hat (Beamtensprache, *Hochchinesisch*), die gesamtchin. Einheitssprache werden soll. In dieser Sprache werden seit der literar. Revolution von 1917 sowohl literar. als auch wiss. Texte verfaßt. Sie tritt so das Erbe der Beamtensprache an und wird *Reichssprache* bzw. *Nationalsprache* genannt. Die klass. Sprache wird nur gelesen und geschrieben, aber nicht im tägl. Gespräch gebraucht. Um 100 v. Chr. löste sich die Umgangssprache von der Schriftsprache. Die klass. Sprache hat einen sakralen Charakter: sie ist die Sprache der Konfuzian. Schriften, der Throneingaben und der kaiserl. Annalen; heute nur noch an Universitäten gepflegt.

Ch'ing, svw. Qing, ↑chinesische Geschichte.

Chingola [tʃɪŋ...], Stadt im N des Kupfergürtels von Sambia, nw. von Kitwe, 187 000 E. ※. Im N von C. bed. Kupfermine.

Chinin [çi...; indian.], wichtigstes Chinarindenalkaloid, erstmals 1820 von P. J. Pelletier und J. B. Caventou aus der Chinarinde isoliert; heute fast ausschließlich vollsynthetisch hergestellt; dient als fiebersenkendes Mittel und als Malariamittel; C. ist in hohen Dosen giftig. – Chem. Bruttoformel: $C_{20}H_{24}O_2N_2$.

Chinkiang ↑Zhenjiang.

Chino [ˈtʃiːno; span.], span. Bez. für Mischling zw. Indianer(in) und Neger(in).

Chinois [ʃinoˈa; frz., eigtl. „chinesisch"], kandierte, kleine, unreife Pomeranzen oder Zwergorangen.

Chinoiserie [ʃinoazəˈriː; frz.], Dekorationsstil des 18. Jh. mit chin. Motiven.

Chinolin [çi...; indian.], C_9H_7N, aromat. Stickstoffverbindung, aus Steinkohlenteer gewonnen oder synthetisch hergestellt; Ausgangsstoff für viele Arzneimittel und die Chinolinfarbstoffe (z. B. Chinolingelb für Druckfarben und Buntpapier).

Chinon [frz. ʃiˈnõ], frz. Stadt, Dep. Indre-et-Loire, 40 km sw. von Tours, 8 600 E. Zentrum eines Weinbaugebiets. Die Nachbargemeinde **Avoine** ist Standort von 3 Kern

Chiricahua

Chios. Zwei Heilige, Mosaikfresko aus dem Kloster Nea Moni, um 1054

kraftwerken. – Kelt. Gründung; kam 1205 zur frz. Krondomäne. – Über C. die Ruinen von drei Burgen aus dem 12.–15. Jahrhundert.

Chinone [çi...; indian.], sehr reaktionsfähige cycl. Dioxoverbindungen, die sich vom Benzol, Naphthalin oder Anthracen ableiten lassen. Kennzeichen ist das **chinoide Bindungssystem** (zwei Carbonylgruppen bilden mit mindestens zwei Kohlenstoffdoppelbindungen ein System konjugierter Doppelbindungen). Viele natürlich vorkommende oder synthetisch hergestellte C. dienen als Farbstoffe (Indanthrenfarbstoffe).

Chinook [engl. tʃɪˈnʊk], i. w. S. eine indian. Sprachfamilie, Untergruppe des Penuti. I. e. S. ein ausgestorbener Indianerstamm im nördl. Mündungsgebiet des Columbia River.

Chinoiserie. Seidendamast mit Chinoiserie, Frankreich, um 1850 (Köln, Kunstgewerbemuseum)

Chinook [engl. tʃɪˈnʊk; nach den Chinook-Indianern], warmer, trockener, föhnartiger Fallwind an der Ostseite der Rocky Mountains, meist mit rascher Schneeschmelze verbunden.

Chinwangtao ↑ Qinhuangdao.

CHIO [frz. seaʃiˈo], Abk. für: **C**oncours **H**ippique **I**nternational **O**fficiel, offizielles internat. Reitturnier mit den Disziplinen Dressur, Springen und Viererzugfahren; in der BR Deutschland traditionell in Aachen. – ↑ CSIO.

Chioggia [italien. ˈkjɔddʒa], italien. Stadt in Venetien, am S-Ende der Lagune von Venedig, auf Pfählen erbaut, 54 000 E. Bischofssitz; Fischereihafen. – Dom (11. Jh.; 1662–74 erneuert), spätgot. Kirche San Martino (14. Jh.).

Chios [ˈçiːɔs], Stadt auf der griech. Insel C., 24 000 E. Hauptstadt des Verw.-Geb. C.; orth. Bischofssitz; Museen; Fischfang. ✈. – 9 km von C. entfernt liegt das Frauenkloster Nea Moni (1042–54) mit bed. Goldmosaiken (um 1054; restauriert).

C., griech. Insel im Ägäischen Meer, durch einen 8 km breiten Sund von der türk. Küste getrennt, 806 km², Hauptstadt C.; bis 1 267 m hoch. Agrarisch intensiv genutzt ist v. a. das Hügelland im SO-Teil. Abbau von Marmor, Schwefel und Antimon.

Geschichte: Von Ioniern besiedelt; ab Mitte 6. Jh. v. Chr. unter pers. Herrschaft; später Mgl. des Att.-Del. Seebunds; in hellenist. Zeit und unter. röm. Herrschaft (ab 190 v. Chr.) weitgehend autonom; ab 1304 unter genues., ab 1566 unter osman. Herrschaft; erst seit 1912 griechisch.

Chip [engl. tʃɪp], dünnes Halbleiterplättchen (Größe meist einige mm²) als Träger integrierter Schaltungen (IC). Herstellung (jeweils einer Vielzahl gleicher C.) auf sog. *Wafers,* meist Siliciumeinkristallscheiben von rund 12 cm Durchmesser, durch gezieltes Aufbringen elektrisch leitender, halbleitender und isolierender Schichten sowie von Dotierungsstoffen, genauestes Bearbeiten (z. B. Ätzen kleinster „Fenster"), Anbringen von Kontakten, Einbringen bzw. Vergießen in Gehäusen. C. können Millionen elektron. Schaltelemente enthalten und komplizierteste Funktionen ausführen. C. dienen auch als Datenspeicher in Computern, wobei der sog. *Megabit-C.* 1 Mill. Bit (entspricht etwa 100 Schreibmaschinenseiten) speichern kann.

Ch'i Peng-fei, chin. Politiker, ↑ Qi Bengfei.

Chipkarte [engl. tʃɪp], einen Chip enthaltende, programmierbare Kunststoffkarte z. B. für bargeldlosen Geldverkehr, Bedienung von Zugangskontrollsystemen.

Chipmunks [engl. ˈtʃɪpmʌŋks; indian.], Gruppe nordamerikan. Erdhörnchen mit rd. 20 Arten; Körper etwa 8–16 cm lang, häufig mit hellen und dunklen Längsstreifen; Schwanz meist knapp körperlang mit starker Behaarung; vorwiegend bodenbewohnend.

Chippendale, Thomas [engl. ˈtʃɪpəndɛɪl], ≈ Otley (Yorkshire) 5. Juni 1718, □ London 13. Nov. 1779, engl. Kunsttischler. – Schuf einen von guten Proportionen und Zweckmäßigkeit geprägten neuen engl. Möbelstil (**Chippendalestil**). Berühmt wurde sein Vorlagenbuch „The gentleman and cabinet maker's director" (1754). – Abb. S. 322.

Chips [engl. tʃɪps], kalte knusprige Kartoffelscheibchen (roh in Fett gebacken).
▷ beim Roulett die Spielmarken.

chir..., Chir... (chiro..., Chiro...) [griech.], Bestimmungswort von Zusammensetzungen mit der Bedeutung „Hand...".

Chirac, Jacques René [frz. ʃiˈrak], * Paris 29. Nov. 1932, frz. Politiker. – 1972–74 Landwirtschaftsmin., 1974 Innenmin.; 1974–76 und 1986–88 Premiermin.; 1974/75 Generalsekretär der gaullist. UDR und seit 1976 Vors. des RPR; seit 1977 Bürgermeister von Paris.

Chiragra [ˈçiː...; griech.], Gicht in den Hand- und Fingergelenken.

Chiricahua [engl. tʃɪrɪˈkaːwə], Apachenstamm in SO-Arizona, USA; wegen der Kämpfe gegen Mexikaner und Amerikaner unter ihren Anführern Cochise, Victorio, Loco und Geronimo auch in der populären Literatur über den Westen bekannt geworden.

Jacques René Chirac

Chirico

Chirico [italien. 'ki:riko], Andrea de (De) ↑Savinio, Alberto.

C., Giorgio de (De), *Wolos (Griechenland) 10. Juli 1888, †Rom 20. Nov. 1978, italien. Maler. – Bruder von A. de Savinio. Studierte 1906–09 in München, lebte 1911–15 in Paris, entwickelte 1917 mit Carlo Carrà die ↑Pittura Metafisica, die er jedoch bereits 1919/20 zugunsten einer akadem. Malweise wieder aufgab. Zu seinen Hauptwerken zählen: „Die Vergeltung der Wahrsagerin" (1913; Philadelphia Museum of Art), „Melancholie und Geheimnis einer Straße" (1914; Privatsammlung), „Der große Metaphysiker" (1917; New York, Museum of Modern Art), „Die beunruhigenden Musen" (1916; Mailand, Gianni-Mattiolo-Stiftung), „Großes metaphys. Interieur" (1917). Sein Frühwerk ist eine Parallelerscheinung zum Surrealismus.

Chirimoya [tʃi...; indian.] (Rahmapfel), grüne, kugelige bis eiförmige, bis 20 cm große Sammelfrucht des amerikan. Annonengewächses Annona cherimola, das in den Tropen und Subtropen angebaut wird. Das weiße, zarte Fruchtfleisch schmeckt leicht säuerlich und ähnlich wie Erdbeeren oder Ananas.

Chiriquí [span. tʃiri'ki], höchster Berg Panamas, ein erloschener Vulkan, 3 475 m.

Chirographum [çi...; griech. „Handschreiben"] (Charta partita, Charta indentata, Zerter), im ma. Recht: Urkundenart, vorwiegend im privaten Rechtsverkehr gebräuchlich; zw. die doppelte oder dreifache Ausfertigung eines Vertrags auf einem Pergamentblatt wurden Buchstaben oder Worte geschrieben, die durchschnitten wurden. Jeder Partner erhielt so eine Urkunde, deren Echtheit durch Zusammenfügen mit dem Gegenstück bewiesen werden konnte.

Chirologie [çi...] (Cheirologie, Chirognomie), svw. ↑Handlesekunst.

▷ die Hand- und Fingersprache der Taubstummen (↑Taubstummensprache).

Chiromantie [çi...; griech.], svw. Handwahrsagekunst (↑Handlesekunst).

Chiron ['çi...] ↑Cheiron.

Chironja [tʃi'rɔnxa; span.], Zitrusfrucht aus Puerto Rico mit gelber, leicht zu lösender Schale; sehr saftig und von zartem Aroma; vermutlich aus einer natürl. Kreuzung zw. Grapefruit und Orange entstanden.

Chiropraktik [çi...], manuelles Einrichten „verschobener" Wirbelkörper und Bandscheiben durch ruckartige Drehung der Wirbelsäule oder direkte Einwirkung auf die Dornfortsätze, um den zu Schmerzen führenden Druck auf Nerven zu beheben. Voraussetzung ist weitgehende Entspannung der Muskulatur (Massage, Einleitung einer Narkose). – 1895 von D. Palmer in Amerika entwickelt, als sog. **Chirotherapie** vorwiegend von Ärzten ausgeführt. Die C. setzt eine gründl. diagnost. und röntgenolog. Untersuchung voraus.

Giorgio de Chirico. Die beunruhigenden Musen, 1916 (Mailand, Gianni-Mattiolo-Stiftung)

Chirripó Grande [span. tʃirri'po 'ɣrande], höchster Berg Costa Ricas und höchster nichtvulkan. Berg M-Amerikas, 3 920 m.

Chirurg [çi...; griech., eigtl. „Handwerker"], Facharzt für ↑Chirurgie.

Chirurgenfische, svw. ↑Doktorfische.

Chirurgie [çi...; griech.], Fachgebiet der Medizin, das sich mit der Heilung von Wunden, Knochenbrüchen und von mechanisch verursachten Organerkrankungen sowie mit der operativen Behandlung von Geschwülsten, Mißbildungen und eitrigen Infektionen befaßt. Die C. gliedert sich in viele Spezialfächer, wie Thorax-C. (Brustkorb), Bauch-C., Neuro-C. (Gehirn, Rückenmark und Nerven), Herz-C., Gefäß-C., plast. C. (Wiederherstellungs-C.), sept. C. (Infektionen), Traumatologie (Unfall-C.). Moderne Geräte und Instrumente ermöglichen große operative Eingriffe. Voraussetzung dafür sind Narkosen, Bluttransfusionen und Asepsis.

Geschichte: Die C. ist einer der ältesten medizin. Bereiche. Die Behandlung von Knochenbrüchen, die Schädeltrepanation (Schädelöffnung) und der Kaiserschnitt wurden vermutlich bereits in vorgeschichtl. Zeit durchgeführt (hochstehende chirurg. Leistungen schon im alten Ägypten). Im MA wurden Aderlaß, Zahnextraktion, Steinschnitt bei Blasensteinen, Starstich u. a. von umherziehenden Chirurgen, Badern und Feldschern ausgeführt. Im 18. Jh. wurde die C. ein medizin. Universitätsfach. Im 19. Jh. nahm die C. ihren größten Aufschwung mit der Einführung der Antisepsis und der Asepsis, der Entdeckung der Mikroben als Krankheitserreger sowie der Entwicklung der Anästhesie. Im 20. Jh. kamen neue Methoden und Hilfsmittel wie Röntgendiagnostik, künstl. Beatmung, Bluttransfusionen, Wiederbelebungsmethoden, die Herz-Lungen-Maschine, Intensivtherapie, ferner Sulfonamide und Antibiotika dazu.

Chişinău [rumän. kiʃi'nəʊ] (bis 1991 Kischinjow), Hauptstadt Moldawiens, am Byk, 665 000 E. Univ. (gegr 1945), 6 Hochschulen, Moldawische Akad. der Wiss.; mehrere Museen und Theater. Weinkellerei, Obst- und Gemüsekonservenind., Tabak-, Textil-, Leder-, metallverarbeitende Ind.; ⚒. – 1466 erstmals erwähnt, 1812 an Rußland 1918–40 und 1941–44 bei Rumänien.

Thomas Chippendale. Armlehnenstuhl mit gewirktem Bezug der Manufaktur Soho, um 1745 (Privatbesitz)

Chloralkalielektrolyse

Chissano, Joaquim Alberto, *Chibuto 22. Okt. 1939, moçambiquan. Politiker. – 1962 Mitbegr. der FRELIMO, seit Nov. 1986 deren Vors. und Staatspräs. Moçambiques.

Chitarrone [ki...; italien.; zu griech. kithára „Zither"], italien. Baßlaute mit über den 1. Wirbelkasten geradlinig verlängertem Hals, an dessen Ende ein zweiter Wirbelkasten für die Bordunsaiten sitzt.

Chitin [çi...; griech.], stickstoffhaltiges Polysaccharid, bildet den Gerüststoff im Außenskelett der Gliederfüßer (auch in Zellmembranen von Pilzen).

Chiton [çi...: griech.], Gatt. der Käferschnecken mit dicken, stark gerippten Schalenplatten; an den europ. Küsten.

Chiton [çi...; griech.], griech. ärmelloses Gewand aus einem Stück, über einer Schulter zusammengehalten durch eine Fibel.

Chittagong [ˈtʃi...], Hafenstadt in Bangladesch, an der Mündung des Karnafuli in den Golf von Bengalen, 1,84 Mill. E. Kath. Bischofssitz; mehrere Colleges, Banken und Handelsniederlassungen; Stahlwerk, Erdölraffinerien, Werften, Papierind.; Eisenbahnendpunkt, Exporthafen, ✈. – Mit Unterbrechungen ab 1287 zum Kgr. von Arakan; 1666 zum Mogulreich, 1760 zur brit. Ostind. Kompanie.

Chiusa [italien. ˈkjuza] ↑ Klausen.

Chiusi [italien. ˈkjusi], italien. Stadt in der Region Toskana, 40 km westlich von Perugia, 9100 E. Bischofssitz; Etrusk. Museum. – Das antike **Camars** (lat. **Clusium**) war eine bed. Stadt der Etrusker; Hauptstadt eines langobard. Hzgt. – Dom (12. Jh.) mit Kampanile.

Chiwa [ˈçi...], Stadt in einer Oase am unteren Amudarja, Usbekistan, 26 000 E. Baumwollentkörnung, Teppichweberei. – Als Stadt im 10. Jh. erwähnt; 1511 Hauptstadt des Khanats von C., 1873 an Rußland, 1924 zur Usbek. SSR. – Oriental. Altstadt, von einer Mauer umgeben, mit zahlr. Baudenkmälern, u. a. Amin-Khan-Medrese (1851/52), Minarett Kelte-Minar (1852–55)

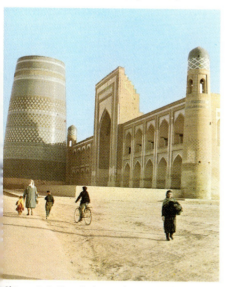

Chiwa. Amin-Khan-Medrese, erbaut 1851/52, links daneben das mit farbigen Kacheln verkleidete, offensichtlich unvollendete Minarett Kelte-Minar, erbaut 1852–55

Chladni, Ernst Florens Friedrich [ˈkla...], *Wittenberg 30. Nov. 1756, †Breslau 3. April 1827, dt. Physiker. – Begründer der experimentellen Akustik; untersuchte die mechan. Schwingungen zahlr. Körper und entdeckte die nach ihm benannten C.-Figuren.

Chladni-Figuren (Klangfiguren; nach E. F. F. Chladni), Bez. für die Gesamtheit derjenigen Linien bzw. Flächen, die bei Erregung stehender Wellen in elastisch schwingenden Medien ständig in Ruhe bleiben.

Chlamydien [çla...; griech.] (Bedsonien, Chlamydiales, Bedsoniales), Ordnung der Bakterien mit etwa 10 Arten; 0,2 bis 0,7 μm große, innerhalb der Zellen lebende Parasiten bei Vögeln und Säugetieren; beim Menschen Erreger der ↑Papageienkrankheit und des ↑Trachoms.

Chlamydomonas [çla...; griech.], Gatt. einzelliger Grünalgen v. a. in Süßwasser und feuchter Erde; Zellen meist ellipsoidisch, 15 bis 18 μm groß. Die frei bewegl. Arten tragen zwei gleich lange Geißeln.

Chlamydosporen [çla...; griech.], Dauersporen der niederen und höheren Pilze.

Chlamys [ˈçla:mys, çlaˈmys; griech.], kurzer griech. Schultermantel aus einer rechteckigen Tuchbahn; über dem Chiton getragen und über der rechten Schulter festgesteckt.

Chlebnikow, Welimir (eigtl. Wiktor) Wladimirowitsch [russ. ˈxljebnikɛf], *Malyje Derbety (Gouv. Astrachan) 9. Nov. 1885, †Santalowo (Gouv. Nowgorod) 28. Juni 1922, russ. Lyriker. – 1912 Mitunterzeichner des futurist. Manifests; neben semantisch klarer Prosa experimentelle Lyrik.

Chloasma [klo...; griech.], bräunl. Pigmentierung im Gesicht, die während der Schwangerschaft (*C. uterinum*), bei Einnahme von Ovulationshemmern oder durch Kosmetika auftritt, jedoch rückbildungsfähig ist.

Chlodio [ˈklo:...], †um 460, fränk. König. – Erster historisch bezeugter Merowinger, König eines sal. Teilstammes im heutigen Brabant; eroberte ein Gebiet bis zur Somme; 432 von Aetius geschlagen.

Welimir Chlebnikow

Chlodomer I. [ˈklo:...], *495, ⚔ 524, fränk. König (seit 511). – Sohn Chlodwigs I., erhielt bei der Teilung von 511 den S des älteren Reichsbestandes (Hauptstadt: Orléans), bald auch den N Aquitaniens; fiel im Kampf (seit 523) gegen Burgund.

Chlodwig I. [ˈklo:tvɪç], *um 466, †Paris 27. Nov. (♀) 511, fränk. König (Merowinger). – Sohn Childerichs I., dem er um 482 als König der sal. Franken folgte. Beseitigte allmählich durch List, Verrat und Gewalt alle fränk. Gaukönige und dehnte das Fränk. Reich, zu dessen Mittelpunkt er 508 Paris machte, durch Eroberung des römisch gebliebenen Teils Galliens (Sieg über Syagrius bei Soissons 486/487) sowie eines großen Teils Alemanniens (496/506) und Aquitaniens (d. h. des östl. Teils des westgot. Tolosan. Reiches; 507) aus. Mit seiner Taufe (wohl 498) durch Bischof Remigius in Reims geriet er in Ggs. zu dem arian. Ostgotenkönig Theoderich d. Gr. C. übernahm das zentralist. Verwaltungssystem der Römer, bewahrte aber auch die german. Tradition (1. Kodifizierung der Lex Salica).

Chlor [kloːr; zu griech. chlōrós „gelblichgrün"], chem. Symbol Cl, nichtmetall. Element aus der VII. Hauptgruppe (↑Halogene) des Periodensystems der chem. Elemente; Ordnungszahl 17, relative Atommasse 35,453; ein stechend riechendes, zweiatomiges, gelbgrünes Gas, Schmelzpunkt −100,98 °C, Siedepunkt −34,6 °C, Dichte 3,214 g/l; unter Druck leicht verflüssigbar, in Wasser löslich. C. gehört zu den chem. reaktionsfähigsten Elementen, reagiert bes. heftig mit Alkalimetallen (unter Lichterscheinung) und mit Wasserstoff (↑Chlorknallgas). C. kommt in großen Mengen in Form seiner Salze (↑Chloride) in der Erdkruste und im Meerwasser vor. Die techn. Gewinnung erfolgt v. a. durch die ↑Chloralkalielektrolyse. Verwendung findet C. zur Herstellung anorgan. und organ. C.verbindungen (Chloride, Hypochlorite, Chlorate, Bleichmittel, Kunststoffe, Farbstoffe) und zur Desinfektion von Wasser. – K. W. Scheele stellte 1774 C. her, indem er Salzsäure auf Braunstein einwirken ließ; 1810 wurde es als Element erkannt.

Chloralkalielektrolyse [ˈkloːr...], wichtiges großtechn. Verfahren zur Gewinnung von Alkalilaugen (v. a. Natronlauge), Chlor und Wasserstoff aus Alkalichloriden unter Einwirkung des elektr. Stroms. – Beim **Quecksilber-** oder **Amalgamverfahren** laufen Anoden- und Kathodenvorgang in zwei getrennten Zellen ab; in der einen Zelle wird

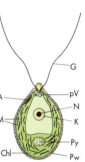

Chlamydomonas. Schematische Darstellung vom Aufbau einer Zelle: A Augenfleck; M Mitochondrien; Chl Chloroplast; G Geißel; pV pulsierende Vakuole; N Nukleolus; K Kern; Py Pyrenoid; Pw Polysaccharidwand

Chloramine

an der Anode Chlor abgeschieden, während sich an der Quecksilberkathode Natriumamalgam (NaHg$_x$) bildet, das in der zweiten Zelle, dem Amalgamersetzer, an Graphitkohle mit Wasser zu bes. reiner (chloridfreier) Natronlauge und Wasserstoff zersetzt wird:

$$NaHg_x + H_2O \rightarrow NaOH + xHg + 1/2 H_2.$$

Beim **Diaphragmaverfahren** sind Anoden- und Kathodenraum durch ein Diaphragma getrennt, das den Stromtransport ermöglicht, eine Wiedervereinigung der Elektrolyseerzeugnisse jedoch verhindert.

Chloramine [klo...], Verbindungen des Ammoniaks bzw. der Amine, bei denen Chloratome direkt an den Stickstoff gebunden sind. Grundkörper der Verbindungsgruppe ist das **Chloramin**, Cl−NH$_2$, das u. a. bei der Einwirkung von Hypochlorit auf Ammoniak entsteht. Techn. Bed. haben bes. die organ. C., RNHCl bzw. R$_2$NCl (R Alkyl- und/oder Arylreste), die als Chlorierungs-, Oxidations- und Bleichmittel sowie als Desinfektionsmittel verwendet werden.

Chloramphenicol [klo...; Kw.], Breitbandantibiotikum mit sehr guter bakteriostat. Wirkung bei Typhus, Paratyphus, Keuchhusten u. a. C. wurde 1947 aus verschiedenen Streptomyzesarten isoliert und wird seit 1949 vollsynthetisch hergestellt.

Chlorargyrit [ˈkloːr...; griech.] (Chlorsilber, Silberhornerz, Kerargyrit), graues bis gelbes oder schwarzes bis braunes kubisches Mineral, AgCl; Silbergehalt bis zu 75 %; wichtiges Silbererz. Mohshärte 1,5; Dichte 5,5 g/cm^3.

Chlorate [klo...; griech.], Salze der Chlorsäure (↑Chlorsauerstoffsäuren), allg. Formel Me^{I}ClO$_3$; leicht wasserlösl. Verbindungen, die als Oxidationsmittel für Sprengstoffe und Feuerwerkskörper verwendet werden.

Chlordan [kloːr...; Kw.], als Insektizid verwendete aromat. Verbindung.

Chlorella [klo...; griech.], weltweit verbreitete Gatt. der Grünalgen mit etwa 10 Arten in Gewässern, feuchten Böden und als Symbionten in Flechten und niederen Tieren.

chloren [ˈkloːrən] ↑chlorieren.

Chlorfluorkohlenstoffe ↑Fluorchlorkohlenwasserstoffe.

Chloride [klo...; griech.], Verbindungen des Chlors mit Metallen und Nichtmetallen, z. B. Salze der Salzsäure. In der Natur treten C. in Form zahlr. Minerale (z. B. Steinsalz, Sylvin, Karnallit) auf; in der organ. Chemie sind die C. wichtige Alkylierungsmittel.

chlorieren [klo...; griech.], in einer chem. Verbindung bestimmte Atome oder Atomgruppen durch Chloratome ersetzen.

▷ (chloren) mit Chlor[gas] behandeln und dadurch keimfrei machen, z. B. Trinkwasser.

Chlorite [klo...; griech.], meist unbeständige Salze der Chlorsäure(III), allg. Formel Me^{I}ClO$_2$; richtiger Nomenklaturname: Chlorate(III). C. dienen in saurer Lösung vielfach als Bleich- und Oxidationsmittel.

Chlorkalk [ˈkloːr...] (Bleichkalk), Formel CaCl(OCl), ein ↑Hypochlorit; zum Bleichen, als Desinfektionsmittel und zum Sterilisieren von Trinkwasser verwendet.

Chlorkautschuk [ˈkloːr...], durch Chlorierung von Synthese- und Naturkautschuk gewonnenes Produkt.

Chlorknallgas [ˈkloːr...], aus gleichen Teilen Chlorgas und Wasserstoff bestehendes Gemisch; setzt sich bei Wärmezufuhr oder Lichteinstrahlung explosionsartig zu Chlorwasserstoff um: $H_2 + Cl_2 \rightarrow 2 HCl$ ($\Delta H = -184,8$ kJ/Mol).

Chlorkohlenwasserstoffe [ˈkloːr...], aliphat. oder aromat. ↑Kohlenwasserstoffe, in denen ein oder mehrere H-Atome durch Cl-Atome ersetzt sind. Eine spezielle Gruppe von C. wurde v. a. als Insektizide (↑Schädlingsbekämpfungsmittel) bekannt, die biochemisch nur sehr langsam abgebaut werden und in die Nahrungskette gelangen können. In den westl. Ind.ländern hat man deshalb weitgehend die Anwendung dieser Verbindungen verboten.

Chlorobakterien [klo...; griech.] (Grüne Schwefelbakterien, Chlorobiaceae), Fam. der Bakterien mit etwa 10 Ar-

ten, v. a. in sauerstofffreien, durch Faulprozesse schwefelwasserstoffhaltigen Süß- und Meeresgewässern.

Chloroform [klo...; Kw. aus *Chlor*kalk und lat. acidum *form*icicum „Ameisensäure"] (Trichlormethan), CHCl$_3$, leicht flüchtige, nicht brennbare Flüssigkeit; Verwendung v. a. als Lösungsmittel, früher als Inhalationsanästhetikum.

Chlorom [klo...; griech.] (Chlorosarkom), bei akuter Leukämie selten auftretende, meist sehr bösartige Geschwulst, die bes. im Knochenmark und in anderen blutbildenden Organen vorkommt.

Chlorophyll [klo...; zu griech. chlōrós „gelblichgrün" und phýllon „Blatt"] (Blattgrün), Bez. für eine Gruppe biologisch äußerst bedeutsamer Pigmente, die den typ. Pflanzenzellen ihre grüne Farbe verleihen und sie zur ↑Photosynthese befähigen. Der Grundbaustein eines C.moleküls ist das Pyrrol. Im C. vereinigen sich vier Pyrrolkerne über Methinbrücken (−CH=) zu einem ringförmigen Porphingerüst. Das Zentrum des Porphinrings ist von einem komplexgebundenen Magnesiumatom besetzt. Am dritten Pyrrolring setzt ein fünfgliedriger, isocyclischer Ring an, dessen Carboxylgruppe (−COOH) mit Methylalkohol (CH$_3$OH) verestert ist. Als Seitenketten sind vier Methyl- (−CH$_3$), eine Äthyl- (−C$_2$H$_5$) und eine Vinylgruppe (CH$_2$=CH−) sowie ein Propionsäurerest (−C$_2$H$_4$COOH) vorhanden. Der Propionsäurerest ist mit einem langkettigen Alkohol verestert. Typisch für alle assimilierenden Pflanzenzellen ist das blaugrüne *Chlorophyll a*. In allen Blütenpflanzen und in zahlr. Klassen der Kryptogamen (Grünalgen, Moose, Farne u. a.) wird es vom gelbgrünen *Chlorophyll b* begleitet, bei dem die Methylgruppe des zweiten Pyrrolrings durch eine Aldehydgruppe (−CHO) ersetzt ist. Bei verschiedenen Algenklassen treten an die Stelle des C. b die *Chlorophylle c, d* und *e*. Die Fähigkeit der C.moleküle zur Absorption sichtbaren Lichtes beruht wesentlich auf dem Vorhandensein der zahlr. konjugierten Doppelbindungen. Es wird v. a. rotes und blaues Licht absorbiert.

Chlorophyll. Strukturformel des Chlorophylls a; in der Formel des Chlorophylls b ist die Methylgruppe (−CH$_3$) durch eine Formylgruppe $\left(-C{\lessgtr}^O_H\right)$ ersetzt

Zus. mit verschiedenen Karotinoiden bilden die C. die Pigmentsysteme I und II (↑Photosynthese). In der *Medizin* findet **Chlorophyllin**, ein Verseifungsprodukt des C., Anwendung als Medikament in Form von Dragees, Salben oder Pulvern gegen Geschwüre, Ekzeme, Abszesse, Furunkel sowie zur Wundheilung; außerdem wird es auch bei allg. Schwächezuständen, niedrigem Blutdruck und zur Stoffwechselsteigerung angewendet. Eine weitere Bed. hat

C. als Färbemittel für Spirituosen, Fette, Seifen, Wachse und kosmet. Präparate.

Chloroplasten [klo...; griech.] ↑ Plastiden.

Chloropren [klo...; Kw.] (2-Chlor-1,3-butadien), $CH_2 = CH - C(Cl) = CH_2$, ein Chlorkohlenwasserstoff, hergestellt aus Butadien durch Chlorieren; farblose, sehr reaktionsfähige, giftige Flüssigkeit; dient zur Herstellung von C.kautschuk (↑ Synthesekautschuk).

Chloropsie [klo...; griech.], vergiftungsbedingtes „Grünsehen", z. B. bei ↑ Botulismus.

Chloroquin [klo...; griech./indian.], Chinolinderivat, wichtig als Medikament zur Behandlung und Vorbeugung gegen Malaria und Rheumatismus.

Chlorosarkom [klo...; griech.], svw. ↑ Chlorom.

Chlorose [griech.], (Bleichsucht) ↑ Anämie.
▷ bei Pflanzen fehlende oder gehemmte Ausbildung des Blattgrüns; u. a. durch Eisen- und Lichtmangel bedingt.

Chlorpromazin ['klo:r...; Kw.], farbloses, bitter schmeckendes Derivat des Phenothiazins; dient als Neuroleptikum.

Chlorsauerstoffsäuren ['klo:r...], durch Einleiten von Chloroxiden in Wasser entstehende Verbindungen. Man unterscheidet: hypochlorige Säure, *Chlorsäure(I)*, HClO, chlorige Säure, *Chlorsäure(III)*, HClO$_2$, Chlorsäure, *Chlorsäure(V)*, HClO$_3$, und Perchlorsäure, *Chlorsäure(VII)*, HClO$_4$.

Chlorsilber [klo:r], svw. ↑ Chlorargyrit.

Chlorwasserstoff ['klo:r...] (Salzsäuregas), HCl, farbloses, stechend riechendes, unbrennbares Gas, das sich in Wasser zu Salzsäure löst; raucht stark an feuchter Luft. Entsteht als Nebenprodukt bei der Chlorierung organ. Substanzen.

Chlorwasserstoffsäure ['klo:r...], svw. ↑ Salzsäure.

Chlothar ['klo:tar], fränk. Könige aus dem Hause der Merowinger:
C. I., *um 500, † Compiègne 29. Nov. (Dez.?) 561. – Sohn Chlodwigs I., erhielt bei der Reichsteilung 511 das altsal. Land im N (Hauptstadt: Soissons), dazu den S Aquitaniens, 524 Tours mit Poitiers; übernahm 558 das Gesamtreich.
C. II., *584, † Ende 629. – Sohn Chilperichs I., König in Neustrien seit 584 (zunächst unter der Regentschaft seiner Mutter Fredegunde); vereinigte 613 das ganze Frankenreich; mußte 614 dem Adel im „Edictum Chlotharii" Zugeständnisse machen.
C. III., *649, † 673. – Sohn Chlodwigs II., folgte diesem 657 in Neustrien unter der Regentschaft seiner Mutter; kurze Zeit auch König in Austrien, das er 662 seinem Bruder Childerich II. überlassen mußte.

Chlysten ['xlystən; russ. „Geißler"], Mgl. einer Mitte des 17. Jh. entstandenen russ. Gemeinschaft (Selbstbez. „christy" [Christen] oder „boschji ljudi" [Gottesleute]) mit durch myst. und ekstat. Züge gekennzeichneter Frömmigkeit. Heutiger Bestand ungeklärt.

Chmelnizki (Chmielnizki), Sinowi Bogdan Michailowitsch [russ. xmılj'nitskij], *um 1595, † Tschigirin (Ukraine) 6. Aug. 1657, Hetman der Kosaken (seit 1648) und ukrain. Nationalheld. – Leitete, unterstützt von den Krimtataren, 1648 den ukrain. Kosakenaufstand gegen die poln. Magnaten; strebte für die Kosaken eine Autonomie in der Ukraine an, leistete 1654 den Eid auf den Moskauer Zaren Alexei Michailowitsch, der diesen Akt als Unterwerfung und „Wiedervereinigung der Ukraine mit Rußland" auslegte.

Chmelnizki [russ. xmılj'nitskij], Gebietshauptstadt im W der Ukraine, am Südl. Bug, 237 000 E. Maschinenbau-, Nahrungsmittel- u. a. Industrie.

Chňoupek, Bohuslav [slowak. 'xnjɔupɛk], *Preßburg 10. Aug. 1925, slowak. Politiker. – 1971–88 Außenminister.

Chnum [xnu:m], ägypt. Gott in Gestalt eines Widders oder eines Menschen mit Widderkopf; vielerorts verehrt als Gott, der auf der Töpferscheibe die Menschen formte.

Choanen [ço...; griech.], paarige Öffnungen der Nasenhöhle in den Nasenrachenraum bei vierfüßigen Wirbeltieren (einschl. Mensch) und fossilen Quastenflossern.

Chocó [span. tʃo'ko], Dep. in W-Kolumbien, am Pazifik und Karib. Meer, 46 530 km², 297 000 E (1985). Hauptstadt Quibdó.

Choctaw [engl. tʃɔktɔ:], volkreichster Stamm der westl. Muskogee; die meisten Großsiedlungen lagen in Z- und SO-Mississippi, USA; heute etwa 19 500 in Oklahoma und 5 000 in Louisiana.

Choden ['xo:dən], tschech. Bevölkerungsgruppe an der böhm. W-Grenze, im 11. und 12. Jh. als Wehrbauern angesiedelt.

Choderlos de Laclos, Pierre Ambroise François [frz. ʃɔdɛrlodla'klo] ↑ Laclos, Pierre Ambroise François Choderlos de.

Chodowiecki, Daniel [kodovi'ɛtski, ço..., xo...], *Danzig 16. Okt. 1726, † Berlin 7. Febr. 1801, dt. Kupferstecher, Zeichner und Maler poln. Abkunft. – 1764 Mgl. der Akademie in Berlin, 1797 deren Direktor. Seine Radierungen, vorwiegend Illustrationen zu Almanachen und Kalendern, auch zu literar. Werken, und Handzeichnungen schildern das zeitgenöss. bürgerl. Alltagsleben in Preußen.

Daniel Chodowiecki

Daniel Chodowiecki. Die Kinderstube, Radierung, 1764

Chodschent ↑ Chudschand.

Choiseul-Amboise, Étienne-François, Marquis von Stainville, Herzog von [frz. ʃwazœlã'bwa:z], *Nancy 28. Juni 1719, † Paris 8. Mai 1785, frz. Staatsmann. – War seit 1758 Min. des Auswärtigen, 1761–66 Kriegsmin., beherrschte bis 1770 die frz. Außenpolitik; setzte 1762 das Verbot des Jesuitenordens in Frankreich durch; 1770 gestürzt.

Choke [engl. tʃoʊk; zu to choke „würgen"] (Starterklappe), im Lufteintrittsrohr des Vergasers sitzende Klappe, bei deren Betätigung der Luftzutritt in den Vergaser gedrosselt wird, so daß eine Verfettung (Anreicherung mit Kraftstoff) des Kraftstoff-Luft-Gemischs eintritt und der kalte Motor leichter anspringt.

Chol [tʃɔl], Indianerstamm der Maya-Sprachgruppe, leben in den trop. Wäldern des mex. Staates Chiapas; etwa 90 000.

chol..., Chol... ↑ chole..., Chole...

Cholagoga [ço...; griech.], galletreibende Mittel; dabei werden **Cholekinetika** (bewirken eine Entleerung der Gallenblase) und **Choleretika** (bewirken eine erhöhte Galleproduktion in den Leberzellen) unterschieden.

Cholämie [ço...; griech.], Übertritt von Gallebestandteilen ins Blut, u. a. bei Verschluß der ableitenden Gallenwege oder Leberschaden; bewirkt Gelbsucht.

Cholangiographie [ço...; griech.] ↑ Cholezystographie.

Cholangitis [ço...; griech.] ↑ Gallenblasenentzündung.

chole..., Chole... (selten: cholo..., Cholo...; vor Vokalen: chol..., Chol...) [griech.], Bestimmungswort von Zusammensetzungen mit der Bed. „Galle..., Gallenflüssigkeit...".

Étienne-François, Herzog von Choiseul-Amboise (zeitgenössischer Stich)

Choledochus

Choledochus [çoleˈdɔxʊs, griech.], svw. ↑Ductus choledochus (↑Gallengang).
Choleinsäuren [ço...; griech./dt.] ↑Gallensäuren.
Cholekinetika [ço...; griech.] ↑Cholagoga.
Cholelith [ço...; griech.], svw. ↑Gallenstein.
Cholelithiasis [ço...; griech.], svw. ↑Gallensteinkrankheit.
Cholelithotripsie [ço...; griech.], Zertrümmerung von Gallensteinen, mechanisch bei operativem Eingriff oder durch Ultraschall.
Cholera [ˈkoː...; griech., zu cholḗ „Galle"] (C. asiatica, C. epidemica), in Asien und Afrika epidemisch und endemisch auftretende, meist schwere, akute Infektionskrankheit mit Erbrechen, heftigen Durchfällen und raschem Kräfteverfall. Erreger ist das Bakterium *Vibrio cholerae,* das durch infizierte Lebensmittel und Trinkwasser übertragen wird; es vermehrt sich hauptsächlich im Darm der Erkrankten und wird mit dem Stuhl ausgeschieden. Nach einer Inkubationszeit von 1–4 Tagen setzt die Krankheit plötzlich mit Erbrechen und heftigen, reiswasserähnl. Durchfällen ein. Die großen Flüssigkeitsverluste führen innerhalb kurzer Zeit zum spitzen, verfallen aussehenden C.gesicht, zu Kollaps mit Blauverfärbung und Erkalten der Gliedmaßen, zu allg. Untertemperatur, verminderter Harnausscheidung, Anurie und raschem Kräfteverfall. Unbehandelt fallen bis zu 70 % der Erkrankten dem ersten C.anfall zum Opfer. Die Behandlung der C. besteht in möglichst rascher, reichl. Flüssigkeitszufuhr, am wirksamsten in Form intravenöser Infusionen steriler Salzlösungen, und in der Applikation von Breitbandantibiotika. Zur Vorbeugung der C. werden Impfungen mit abgetöteten Erregern durchgeführt. Die C. gehört weltweit zu den quarantäne- und meldepflichtigen Erkrankungen.
Geschichte: Im 19. Jh. wurden weite Gebiete von mehreren, ein bis zwei Jahrzehnte dauernden C.pandemien heimgesucht. 1892 starben bei einer Epidemie in Hamburg etwa 8 000 Menschen innerhalb zwei Wochen. Der Erreger der C. wurde 1883 von Robert Koch isoliert.
Choleretika [ço...; griech.] ↑Cholagoga.
Choleriker [ko...; griech.], unter den hippokrat. Temperamentstypen der zu starken Affekten neigende Mensch.
Cholesteatom [ço...; griech.] (Perlgeschwulst), gutartige, mit entzündl. Reaktionen verbundene Plattenepithelgeschwulst des Mittelohrs, die zur Knochenaufzehrung und eventuell Infektionsüberleitung vom Innenohr und Gehirn führt; die Behandlung erfolgt operativ.
Cholesterin [ço...; zu griech. cholḗ „Galle" und stereós „fest, hart"] (Cholesterol), wichtigstes, in allen tier. Geweben vorkommendes Sterin. C. kann in allen Geweben gebildet werden, jedoch entstehen im menschl. Körper etwa 92 % in Leber und Darmtrakt. Im Blut liegt C. zu etwa 65 % mit Fettsäuren verestert vor; die Gesamtmenge ist hier abhängig von Alter und Geschlecht und der Ernährung; sie steigt von etwa 200 mg pro 100 ml im Alter von 20 Jahren auf 250–290 mg mit 60 Jahren an. Ein zu hoher C.spiegel im Blut kann die Entstehung von Arterienverkalkung fördern, bei der C.ester auf den Gefäßwänden abgelagert werden, die später verkalken. C.reiche Nahrungsmittel sind u. a. Eigelb, Butter und fettes Fleisch. Eine Verringerung des C.spiegels wird durch eine Ernährung mit hochungesättigten pflanzl. Fetten erreicht. Abbau und Ausscheidung des C. finden in der Leber statt. Das mengenmäßig wichtigste Abbauprodukt sind die Gallensäuren. Ein weiteres Abbauprodukt wird in die Haut transportiert und geht dort bei Sonnenbestrahlung in das Vitamin D$_3$ über. Etwa $\frac{1}{4}$ des täglich gebildeten C. wird v. a. in der Nebennierenrinde und den Keimdrüsen zu Steroidhormonen umgebaut.
Cholezystektomie [ço...; griech.], das operative Entfernen der Gallenblase.
Cholezystitis [ço...; griech.], svw. ↑Gallenblasenentzündung.
Cholezystographie [ço...; griech.], Röntgendarstellung der Gallenblase nach Einnahme oder Einspritzung jodhaltiger Kontrastmittel, häufig sind auch die Gallenwege in die Untersuchung einbezogen **(Cholangiographie);** dient v. a. der Feststellung von Gallensteinen, entzündl. Herden und Geschwülsten der Gallenblase und Gallengänge; auch zur Leber- und Gallenblasenfunktionsprüfung geeignet.
Choliambus [ço...; griech. „Hinkjambus"], antikes Versmaß; jamb. ↑Trimeter, dessen letzter Halbfuß durch einen Trochäus ersetzt ist:

∪–∪– | ∪–∪– | –∪–∪.

Cholin [ço...; griech.] (2-Hydroxyäthyl-trimethylammonium-hydroxid), in der Natur, meist als Bestandteil des ↑Lezithins, weit verbreitete organ. Base von großer physiolog. Bedeutung. C. wird als Mittel bei Leberschäden verwendet; zudem wirkt es auf die Tätigkeit der glatten Muskulatur (Blutgefäße, Darm, Uterus). – ↑Acetylcholin.
Cholm [xɔlm] ↑Chełm.
cholo..., Cholo... ↑chole..., Chole...
Cholos [ˈtʃoːloːs; span.], Mischlinge aus Indianern und Mestizen in Südamerika.
Cholsäure [ˈçoːl...] ↑Gallensäuren.
Choltitz, Dietrich von [ˈkɔl...], *Schloß Wiese bei Neustadt O. S. 9. Nov. 1894, †Baden-Baden 4. Nov. 1966, dt. General. – Lehnte als Wehrmachtsbefehlshaber von Paris 1944 die Durchführung von Hitlers Befehl ab, ohne Rücksicht auf Wohnviertel und Kunstdenkmäler alle Brücken und wichtigen Einrichtungen zu zerstören und übergab die Stadt kampflos.
Cholula de Rivadabia [span. tʃoˈluladɛrriβaˈðaβia], mex. Stadt im Staat Puebla, im zentralen Hochland, 2 149 m ü. d. M., 20 000 E. – Um 800 n. Chr. von einer Gruppe von Mixteken, Azteken u. a. erobert, wurde Hauptort eines Reiches; auf dem Gipfel der aus 4 stufenförmig übereinandergesetzter Pyramiden gebildeten Hauptpyramide (160 000 m² Grundfläche, 55 m Höhe) die Kapelle Nuestra Señora de los Remedios (18. Jh.); Mitte 15. Jh. von den Azteken erobert; wichtiger Handelsplatz und berühmtes Töpferzentrum des aztek. Reiches; 1519 durch die Spanier weitgehend zerstört; nach Wiederaufbau 1537 Stadtrecht.

Ruhollah Chomaini

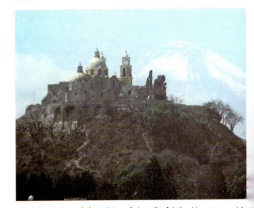

Cholula de Rivadabia. Die auf dem Gipfel der Hauptpyramide gelegene Kapelle Nuestra Señora de los Remedios (18. Jh.), im Hintergrund der Popocatépetl

Chomaini, Ruhollah [pers. xomeiˈniː] (Chomeini, Khomeini), *Chomain 17. Mai 1900, †Teheran 3. Juni 1989, iran. Schiitenführer (Ajatollah) und Politiker. – Sammelte im Exil in Irak und Paris die Gegner des Schahs um sich. Nachdem Schah Mohammad Resa Pahlawi im Jan. 1979 Iran verlassen hatte, kehrte C. im Febr. 1979 nach Teheran zurück und setzte die letzte vom Schah ernannte Reg. ab. Ohne ein offizielles polit. Amt zu bekleiden, stand er an der Spitze der von ihm im April 1979 ausgerufenen Islam. Republik Iran; baute eine streng islamisch orientierte Gesellschaftsordnung auf und ging kompromißlos gegen religiös und politisch Andersdenkende vor. Zunächst Vertreter eines harten Kurses im Krieg gegen Irak (seit 1980), willigte er 1988 in einen Waffenstillstand ein.

Chomjakow, Alexei Stepanowitsch [russ. xɛmɪˈkɔf], *Moskau 13. Mai 1804, †Iwanowskoje (Gebiet Lipezk) 5. Okt. 1860, russ. Schriftsteller. – Bed. Theoretiker der Slawophilen; Verf. religiöser und polit.-nat. Lyrik und Dramen.

Chomsky, Noam [engl. ˈtʃɔmskɪ], *Philadelphia 7. Dez. 1928, amerikan. Sprachwissenschaftler. – 1955 Prof. für Linguistik in Cambridge (Mass.); Begründer der generativen Transformationsgrammatik. – *Werke:* „Strukturen der Syntax" (1957), „Aspekte der Syntax-Theorie" (1965).

Chomutov [ˈxo...] ↑ Komotau.

chondr..., Chondr... ↑ chondro..., Chondro...

Chondriosomen [çɔn...; griech.], svw. ↑ Mitochondrien.

Chondrite [çɔn...; griech.] ↑ Meteorite.

Chondritis [çɔn...; griech.], Entzündung des Knorpelgewebes.

chondro..., Chondro... (selten auch chondri..., Chondri...; vor Vokalen meist chondr..., Chondr...) [griech.], Bestimmungswort von Zusammensetzungen mit der Bed. „Knorpel..., Knorpelgewebe...".

Chondrodermatitis [çɔn...], Ausbildung linsengroßer, weißgelber, sehr druck- und kälteempfindl. Knötchen am oberen Rand der Ohrmuschel; wahrscheinlich verursacht durch Verletzungen oder Erfrierungen mit nachfolgender entzündl. Degeneration der Knorpelhaut; kommt fast nur bei Männern am Kopf vor.

Chondrodystrophie [çɔn...] (Chondrodysplasie), erbbedingte Knorpelbildungsstörung bei Tier und Mensch. Die C. führt zur Verminderung des Längenwachstums der Gliedmaßen und zu Zwergwuchs. Eine Behandlung ist bislang nicht möglich.

Chondroitinschwefelsäure [çondro-i...; griech./dt.], aus Glucuronsäure, Chondrosamin und Schwefelsäure bestehendes ↑ Mukopolysaccharid; Hauptbestandteil der menschl. und tier. Binde- und Stützgewebe.

Chondrom [çɔn...; griech.], gutartige Geschwulst des Knorpelgewebes, v. a. an Fingern und Zehen.

Chondrosarkom [ˈçɔn...], vom Knorpelgewebe ausgehende bösartige Geschwulst; häufig befallen sind die langen Röhrenknochen, aber auch Becken, Rippen und Wirbelsäule.

Chondrozyten [ˈçɔn...] ↑ Knorpel.

Chongqing [chin. tʃʊŋtɕɪŋ] (Chungking, Tschungking), chin. Stadt an der Mündung des Jialing Jiang in den Jangtsekiang, 2,83 Mill. E. Univ., Fachhochschulen und Forschungsinst. (u. a. für Zitrusfrüchteanbau), Museum; elektron. Schwerind., Maschinenbau, Seiden-, Baumwollind. Erdölraffinerie; größter Binnenhafen SW-Chinas, ✈. – Vermutlich zu Beginn der Zhouzeit gegr.; 1876 zum Vertragshafen erklärt; 1937/38–1946 Sitz der Zentralregierung Chinas.

Choniates, Michael [ço...], *Chonai um 1138, †Munitnitsa um 1222, griech. Theologe und Schriftsteller. – Seit 1182 Metropolit von Athen, 1204 vertrieben, seit 1217 in Munitnitsa nahe den Thermopylen; hinterließ v. a. Predigten, hagiograph. Arbeiten und Briefe.

Chons [xɔns; ägypt. „Wanderer"], ägypt. Gott des Mondes; menschengestaltig, mit Sonnenscheibe und Mondsichel auf dem Kopf dargestellt.

Chopin, Fryderyk (Frédéric) [frz. ʃɔˈpɛ̃], *Żelazowa-Wola bei Warschau 22. Febr. 1810 (laut Taufurkunde; nach eigenen Angaben am 1. März 1810), †Paris 17. Okt. 1849, poln. Komponist und Pianist. – Trat bereits achtjährig in Konzerten auf. 1831 ließ er sich in Paris nieder, wo er Aufnahme in die Kreise der das Kunstleben beherrschenden Musiker (Liszt, Berlioz, Meyerbeer) sowie Literaten (Heine, Balzac) und durch sie Zugang zu den aristokrat. Salons fand. C. war als Pianist und Komponist ebenso geschätzt wie als Lehrer. Liszt vermittelte C. Verbindung mit der Dichterin George Sand, die ihn im Winter 1838 nach Mallorca begleitete, wo er Heilung einer aufgebrochenen Lungentuberkulose suchte. Von einer Konzertreise nach London und Schottland kehrte er 1848 todkrank zurück. Seine Kompositionen wurzeln in der poln. Volksmusik und verbinden geistvolle Intellektualität mit stark gefühlsbetonter Ausdruckskraft. C. romant.-poet. Klavierkunst hat die Klaviermusik stark beeinflußt.

Werke: Für Klavier und Orchester: Klavierkonzerte e-Moll op. 11 (1830) und f-Moll op. 21 (1829); Große Fantasie über poln. Weisen op. 12 (1828); Konzertrondo „Krakowiak" op. 14 (1828); Große Polonaise Es-Dur op. 22 (1831/32). – Klaviertrio op. 8 (1828/29) und Stücke (u. a. Sonate op. 65) für Violoncello und Klavier. – Für Klavier: 16 Polonaisen, 60 Mazurken, 22 Walzer, 3 Sonaten, 20 Nocturnes, 27 Etüden, 4 Balladen, 25 Préludes, 4 Impromptus, 4 Scherzi, Variationen, Fantasien und weitere Einzelstücke.

Chopper [engl. ˈtʃɔpə], (Chopping tool), Hauer bzw. Hauwerkzeug, aus einer Geröllknolle oder einem Steinbrocken geschlagen; gehören zu den frühesten menschl. Werkzeugen; als C.-(Chopping-tool-)Kreis werden die altpaläolith. Fundgruppen O-Asiens von der Faustkeilkultur abgegrenzt.

▷ (Zerhacker) mechan., elektr. oder elektron. Vorrichtung zum „Zerhacken" eines Licht- oder Teilchenstrahles oder einer Gleichspannung in einzelne Impulse.

▷ aus Teilen verschiedener Modelle zusammengebautes Motorrad.

Chor [koːr; griech.], urspr. der [kult.] Tanzplatz, dann auch der mit Gesang verbundene Tanz und die ausführende Personengruppe *(Theater)*. – Der altgriech. C. bestand aus einem C.führer und den einzelnen C.sängern (Choreuten). Älteste Form einer chor. Aufführung war der Vortrag durch den C.führer, unterbrochen durch die refrainartigen Rufe des C. Bei Aischylos noch fest in die Handlung integriert, steht der C. bei Sophokles außerhalb des dramat. Geschehens und hat nur noch deutend-betrachtende und allenfalls mahnende, warnende und bemitleidende Funktion. Im geistl. Spiel des MA ist der C. Bestandteil des festl. liturg. Rahmens. Die Chöre im Drama des 16. Jh. (↑ Humanistendrama) dienen der Aktgliederung.

▷ in der *Musik* die Gemeinschaft von Sängern im gemeinsamen Vortrag einer Komposition bei mehrfacher Besetzung der Einzelstimme, in der einstimmigen Musik (z. B. im Gregorian. Gesang) ebenso wie in der Mehrstimmigkeit. Von der Sängergruppe wurde die Bez. auch auf die für sie bestimmte Komposition übertragen. Eine Differenzierung der Chöre erfolgt durch die Nennung der beteiligten Gruppen (z. B. Männer-, Knaben-, Frauen-, Mädchen-, Kinder-C.), der Stimmenzahl (z. B. vierstimmiger C.) oder im Blick auf ihre Bestimmung als Kirchen-, Kammer- oder Opernchor.

▷ in der *kirchl. Baukunst* der für die Sänger (den C.) bestimmte Ort in der Kirche. In der altchristl. Basilika war C. der Platz vor dem Altar; dieser Platz wurde in größeren Bauten durch das Querhaus erweitert. Im frühen MA wurde nördlich der Alpen der C. bzw. die Vierung vom Schiff durch C.schranken abgetrennt. Der C. konnte ins Langhaus verlängert werden. Da die Errichtung von Nebenaltären ebenfalls C.räume erforderlich machte, entstanden C.kapellen, die beiderseits des Hauptaltarraumes oder diesen umgebend angeordnet wurden. Etwa seit der Mitte des 14. Jh. wurde der C. aus der Vierung verlegt und jenseits des Querhauses mit dem Altarraum zu einem Raum vereinigt, der fortan als C. bezeichnet wurde (vgl. auch die Bez. ↑ Chorumgang). – **Doppelchörige Anlagen** (Kirchenbauten mit zwei gegenüberliegenden Chören) wurden v. a. wegen des Kults eines Nebenpatrons, einer wichtigen Grabanlage oder einer angeschlossenen Kongregation gebaut.

Choral [ko...; zu mittellat. (cantus) choralis „Chorgesang"], seit dem Spät-MA gebrauchte Bez. für den ↑ Gregorianischen Gesang.

▷ seit dem Ende des 16. Jh. verwendete Bez. für das volkssprachige ev. ↑ Kirchenlied.

Choralnotation [ko...], die zur Aufzeichnung der Melodien des Gregorian. Gesangs aus den ↑ Neumen entwickelte Notenschrift. Es gibt zwei Formen: die *Quadratnotation* (röm. C.), die an der quadrat. Form der Noten erkennt-

Noam Chomsky

Fryderyk Chopin

Chons

Chorasan

bar ist, und die got. oder dt. C. (auch *Hufnagelnotation*), die in Parallele zur got. Schrift rautenförmige Noten ausbildet.

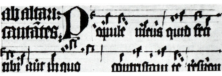

Choralnotation. Oben: Quadratnotation aus einem Missale des 14./15. Jh. Unten: gotische Notation (Hufnagelnotation) aus einem Benediktionale des 15. Jahrhunderts

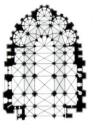

Chorumgang und Kapellenkranz am Beispiel des Grundrisses von Querhaus und Chor der Kathedrale von Reims, 1211 ff.

Chorasan [xo...] (Chorassan, Khorasan), Gebiet, das den NO Irans umfaßt, als Verw.-Geb. 313 337 km², 5,3 Mill. E (1986). Hauptstadt Meschhed; wird im N von Ketten des Gebirgsbogens zw. Elbursgebirge und Paropamisus durchzogen, hat im W Anteil an den großen inneriran. Wüsten, die nach O in ein arides Hochland (2 000 – 2 700 m ü. d. M.) übergehen. Die Bev. konzentriert sich in den fruchtbaren Tälern im N sowie in Gebirgsfußoasen. Der N ist Durchgangsland nach Afghanistan (Fernstraße Teheran – Herat – Kabul). – Größtenteils mit dem antiken Baktrien ident., bildete nach der Eroberung durch die muslim. Araber 651 eine Prov. des Kalifenreichs; kam in den folgenden Jh. unter die Herrschaft der Abbasiden, Tahiriden, Samaniden, Ghasnawiden und Seldschuken; 1220 Invasion der Mongolen; seit 1598 endgültig in pers. Hand. Im 19. Jh. gingen die N und O von C. verloren; 1863 kam Herat an Afghanistan. 1884 mußte Merw (heute Mary) an Rußland abgetreten werden.

Chorasan [xo...] (Chorassan) ↑ Orientteppiche (Übersicht).

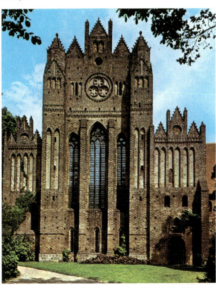

Chorin. Westfassade der Backsteinbasilika, 1273–1334

Chorda dorsalis [ˈkɔrda; griech./lat.] (Rückensaite, Achsenstab, Notochord), elast., unsegmentierter Stab, der den Körper der ↑ Chordatiere als Stützorgan vom Kopf bis zum Schwanzende (außer bei Manteltieren) durchzieht; besteht aus blasigen, durch hohen Innendruck stark aneinandergepreßt liegenden Zellen **(Chordazellen)**. Embryonal stets angelegt, wird die C. d. bei den erwachsenen, höher entwickelten Chordatieren mehr und mehr reduziert und durch die ↑ Wirbelsäule ersetzt.

Chordatiere [ˈkɔrda] (Chordaten, Chordata), Stamm bilateral-symmetr. ↑ Deuterostomier, die zeitlebens oder nur in frühen Entwicklungsstadien die Chorda dorsalis als Stützorgan besitzen. Die C. umfassen drei Unterstämme: ↑ Schädellose, ↑ Manteltiere und ↑ Wirbeltiere.

Chordienst [koːr], der tägl. gemeinsame Gottesdienst, zu dem die Mgl. eines Stifts, Mönche und Nonnen, verpflichtet sind.

Chorditis [kɔr...; griech.], svw. ↑ Stimmbandentzündung; **Chorditis nodosa**, svw. ↑ Sängerknötchen.

Chordophone [kɔr...; griech.], Musikinstrumente, bei denen der Ton durch Streichen und Schlagen gespannter Saiten erzeugt wird, z. B. Violine, Gitarre, Klavier.

Chordotomie [kɔr...; griech.], operative Durchtrennung der die Schmerz- und Temperaturempfindungen leitenden Vorderseitenstrangbahnen des Rückenmarks bei schweren, anhaltenden Schmerzzuständen im Bereich der unteren Extremitäten, z. B. bei inoperablen bösartigen Geschwülsten.

Chordotonalorgane [kɔr...; griech.] (Saitenorgane), mechan. Sinnesorgane der Insekten, die saitenartig zw. zwei gegeneinander bewegl. Teilen des Chitinskeletts ausgespannt sind. Die C. registrieren Lageveränderungen der Körperteile (und damit auch Erschütterungen) und kommen daher v. a. in den Fühlern, Beinen, Flügeln, Mundgliedmaßen und zw. den Rumpfsegmenten vor. – Ggs. ↑ Tympanalorgane.

Chorea [ko...; griech.], ma. Bez. für Tanzlied, Reigen. ▷ svw. ↑ Veitstanz.

Choreograph [ko...; griech.; ehem.] Tänzer, der sich mit der künstler. Gestaltung und Einstudierung von Tänzen und Tanzwerken befaßt.

Choreographie [ko...; griech.], Tanzschrift, mit der Stellung und Haltung der Tänzer, auch Bewegungsabläufe eines Tanzes festgehalten werden; seit dem 18. Jh. auch die als Regie eines Balletts festgehaltene Ordnung von Schritten, Figuren und Ausdruck.

Choresmien [xo...] (arab. Chwarism), Stammesgebiet der ostiran. Choresmier, südl. des Aralsees um das heutige Chiwa am Unterlauf des Amudarja (Oxus). Im Altertum war der König von C. Vasall der Perserkönige; im 2. Jh. n. Chr. selbständig, aber bald abhängig von den türk. Hephthaliten. 712 durch muslim. Araber erobert, 998 durch Mahmud von Ghazni und 1043 von den Seldschuken, von denen sich 1100 der Chwarism-Schah selbständig machte. Seine Nachfolger brachten fast ganz Iran unter ihre Herrschaft, wurden aber 1220 von den Mongolen vernichtend geschlagen. C., 1379 von Timur-Leng verwüstet, kam 1484 kurze Zeit an Persien; bildete dann das usbek. Khanat Chiwa.

Choresmisch [xo...] ↑ Chwaresmisch.

Chorgestühl [ˈkoːr...], im 13. Jh. entwickelte Form gestufter Sitzreihen an beiden Längsseiten des Chores für die Geistlichkeit (Domkapitel oder Mönche); meist hohe Rückwand *(Dorsale).* Unter den Klappsitzen befinden sich Gesäßstützen *(Misericordien).* C. sind oft mit Schnitzereien verziert.

Chorherren [ˈkoːr...] (lat. Canonici Regulares, Abk. CanR[eg], dt. Kanoniker), Ordensleute, die nicht nach einer Mönchsregel, sondern nach den Richtlinien (Canones) für Kleriker leben, z. B. Augustiner-C. (Abk. Can A[ug]), Prämonstratenser. Sie entstanden im Gefolge der Gregorian. Reform. Wichtigste Aufgabe ist der gemeinsame Chordienst neben Seelsorge, Unterricht, Wissenschaft.

Chorin [ko...], Gemeinde in der Uckermark, Brandenburg, 700 E. – Ehem. Zisterzienserkloster (gegr. 1258, seit 1272 in C.) mit frühgot. Backsteinbasilika (1273–1334). Teile der Klostergebäude erhalten.

Chorioidea [ko...; griech.], svw. Aderhaut (↑ Auge).

Chorioiditis [korio-i...; griech.], svw. ↑ Aderhautentzündung.

Chorion [ˈko:...; griech.], äußere Embryonalhülle der Amnioten (↑ Serosa).

Chorionepitheliom [ˈko:...] (Zottenkrebs), bösartige Geschwulstbildung nach Blasenmole, Fehlgeburt oder Geburt aus in der Gebärmutterhöhle zurückgebliebenen Chorionzotten.

Chorismos [ço...; griech. „Trennung"], ein v. a. von neukantian. Philosophiehistorikern verwendeter Begriff zur Kennzeichnung des Verhältnisses der Ideen zu den Einzeldingen in der Philosophie Platons.

C-Horizont, unentmischter Rohboden, ↑ Bodenkunde.

Chorjambus [ço...; griech.], antiker Versfuß der Form ‒‿‿‒, gedeutet als Zusammensetzung aus einem Choreus (= Trochäus: ‒‿) und einem Jambus (‿‒).

Chorknaben [ˈko:r...] ↑ Ministranten.

Chow-Chow

Chorog [russ. xaˈrɔk], Hauptstadt des Autonomen Gebietes Bergbadachschan in Tadschikistan, im sw. Pamir, 2 200 m ü. d. M., 15 000 E. Botan. Garten; 🐾.

Chorologie [ço...; griech.], svw. ↑ Arealkunde.

Choromański, Michał [poln. xɔrɔˈmaĩski], * Jelisawetgrad (= Korowograd) 22. Juni 1904, † Warschau 24. Mai 1972, poln. Schriftsteller. – Lebte 1939–58 v. a. in Kanada. Realist. Romane mit strukturellen Neuerungen; bed. v. a. „Die Eifersüchtigen" (1932).

Chorramabad [pers. xorræmɑˈbɑːd] (Khorramabad), iran. Stadt im nördl. Sagrosgebirge, 1 310 m ü. d. M., 209 000 E. Hauptstadt des Verw.-Geb. Lorestan; 🐾.

Chorramschahr [pers. xorræmˈʃæhr] (Khorramshar), Hafenstadt in SW-Iran, an der Mündung des Karun in den Schatt Al Arab, 150 000 E. Endpunkt der transiran. Eisenbahn.

Chorsabad [xɔr...], Ort in N-Irak, 20 km nö. von Mosul bei den Ruinen der assyr. Stadt Dur-Scharrukin („Sargonsburg"), die der assyr. König Sargon II. 713–708 erbaute. Die Stadt, von einer Mauer mit 183 vorspringenden Türmen und 7 Toren umgeben, hatte fast quadrat. Grundriß. An ihrem NW-Rand lag erhöht die Zitadelle, in ihr der Nabutempel und der Königspalast. Funde bed. Werke der assyr. Kunst.

Chorschranken [ˈkoːr...], die den Chor einer Kirche abschließenden Schranken aus Stein, meist schon im MA entfernt.

Chorschwestern [ˈkoːr...], Nonnen, die in Klöstern Chordienst versehen, im Ggs. zu den Laienschwestern.

Chorumgang [ˈkoːr...] (lat. Deambulatorium), Weiterführung der Seitenschiffe einer Kirche um den Chor (Altarraum und Chor im engeren Sinn), oft mit strahlenförmig angeordneten Kapellen; zum Hauptaltar durch Bogenstellungen geöffnet.

Chorus [ˈkoːrʊs; griech.], im *Jazz* Bez. für das einer Komposition zugrundeliegende Form- und Akkordschema, das zugleich die Basis für die Improvisation bildet.

Chorzów [poln. ˈxɔʒuf] ↑ Königshütte.

Chosrau [pers. xosˈroʊ] (Chosroes), Name pers. Könige:

C. I. Anoscharwan; mittelpers. Anoschagruwan [„mit der unsterbl. Seele"], † im Febr. 579, König (seit 531) aus der Dyn. der Sassaniden. – Führte nach der Revolution des Masdak Staatsreformen durch und bekämpfte das Oström. Reich unter Justinian I.

C. II. Aparwes [„der Siegreiche"], † 628, pers. König (seit 590) aus der Dyn. der Sassaniden. – Enkel von C. I.; eroberte 608 Teile Kleinasiens, 614 Palästinas, 619 N-Ägyptens; 627 von Herakleios bei Ninive besiegt; durch seinen Sohn ermordet; Held pers. Sagen und Dichtungen.

Chosrau Pascha [xɔs...] ↑ Chusrau Pascha.

Chosrew Pascha [xɔs...] ↑ Chusrau Pascha.

Chosroes [ˈçɔsro-ɛs], Name von Perserkönigen, ↑ Chosrau.

Chotan ↑ Hotan.

Chota Nagpur Plateau [engl. ˈtʃoʊtə ˈnɑːgpʊə ˈplætoʊ], Bergland in Indien, nö. Ausläufer des Hochlands von Dekhan, durch das Damodarbecken zweigeteilt.

Chotek, Sophie Gräfin [ˈxɔtɛk], Herzogin von Hohenberg (seit 1909), * Stuttgart 1. März 1868, † Sarajewo 28. Juni 1914. – Hofdame der Kaiserin Elisabeth. Seit 1900 ⚭ mit dem österreichischen Thronfolger Franz Ferdinand in morganat. Ehe; mit ihrem Gemahl ermordet.

Chotjewitz, Peter Otto [ˈkɔtjəvɪts], * Berlin 14. Juni 1934, dt. Schriftsteller. – Bekannt durch parodistisch-iron., experimentelle, z. T. provozierende Prosatexte, Gedichte und Hörspiele, u. a. „Hommage à Frantek, Nachrichten für seine Freunde" (1965), „Trauer im Auge des Ochsen" (En., 1972), „Mein Mann ist verheiratet" (E., 1985), „Tod durch Leere" (R.studien, 1986).

Chou, svw. Zhou, ↑ chinesische Geschichte.

Chouans [frz. ʃwɑ̃], die royalist. Gegner der Frz. Revolution in Maine, der Normandie und der Bretagne; erhoben sich 1792 (1796 unterworfen), 1799 und gegen den zurückkehrenden Napoleon I. 1815.

Chou En-lai ↑ Zhou Enlai.

Choukoutien ↑ Zhoukoudian.

Chow-Chow [ˈtʃaʊ tʃaʊ; chin.-engl.], seit etwa 2 000 Jahren in China gezüchtete Rasse bis 55 cm schulterhoher, kräftiger Haushunde mit dichtem, meist braunem Fell und blauschwarzer Zunge.

Chrennikow, Tichon Nikolajewitsch [russ. ˈxrjennikəf], * Jelez 10. Juni 1913, russ. Komponist. – Komponierte Opern, u. a. „Im Sturm" (1939), „Die Mutter" (1957, nach M. Gorki), „Rasputin" (1967), „Der Junge als Riese" (1970, Kinderoper), ferner Sinfonien, Konzerte, Klavierwerke sowie zahlr. Bühnen- und Filmmusiken.

Sophie Gräfin Chotek

Peter Otto Chotjewitz

Chrétien de Troyes. König Artus jagt den Weißen Hirsch, Miniatur aus Érec et Énide, Pergamenthandschrift, 13. Jh. (Paris, Bibliothèque Nationale)

Chrétien (C[h]restien) **de Troyes** [frz. kretjɛ̃dəˈtrwa], * Troyes (?) um 1140, † vor 1190, altfrz. Epiker. – Lebte vermutlich am Hofe Heinrichs I. von Champagne und später des Grafen Philipp von Flandern. C. verfaßte bed. höf. Versepen, deren Stoff er dem breton. Sagenkreis entnahm und mit höf. und phantast. Elementen sowie mit Themen aus dem provenzal. Frauendienst verband. Den Stoff psycholog. durchdringend, gestaltete C. in leichter Vers- und

Chrisam

Reimführung und konsequentem Aufbau seine Werke. In seinen Romanen „Érec et Énide" (um 1170), „Cligès" (um 1176), „Lancelot" (um 1177–81), „Yvain" (um 1177–81) und „Perceval" (1181–88, unvollendet) geht C. z. T. über die höf. Ideale hinaus.

Chrisam ['çri:zam; griech.] (Chrisma), durch den Bischof geweihtes Salböl, in der kath. und der orth. Liturgie v. a. bei Taufe, Firmung, Bischofsweihe und Priesterweihe verwendet.

Chrismon ['çris...; griech.] ↑Urkunde.

Christ, Lena [krist], *Glonn bei Rosenheim 30. Okt. 1881, †München 30. Juni 1920 (Selbstmord), dt. Schriftstellerin. – Populäre, stark autobiogr. Romane (u. a. „Mathias Bichler", 1914; „Madam Bäuerin", 1919) über den sozialen Aufstieg Besitzloser.

Christbaum [krist...] ↑Weihnachtsbaum.

Christchurch [engl. 'kraɪsttʃɜ:tʃ], größte Stadt auf der Südinsel von Neuseeland, 302 000 E (städt. Agglomeration). Sitz eines anglikan. Erzbischofs und eines kath. Bischofs, Univ.; Nahrungsmittel-, Textil-, Leder- und chem. Ind.; internat. ✈. Durch einen 2 km langen Straßentunnel mit dem Hafen *Lyttelton* verbunden. – Erste europ. Siedlung 1843, planmäßig besiedelt seit 1850.

Christdorn ['krɪst...] (Paliurus spina-christi), Art der Gatt. Stechdorn; 2–3 m hoher Dornstrauch mit 2–4 cm langen, asymmetr., eiförmigen Blättern und zu einem Dornpaar umgewandelten Nebenblättern; Blüten etwa 2 mm groß, gelb, in kleinen Blütenständen.

Christelijke Volkspartij [niederl. 'krɪstələkə 'volkspɑrtɛi], Abk. CVP (frz. Parti Social Chrétien, Abk. PSC), belg. polit. Partei; ging 1945 aus der seit 1830 bestehenden Kath. Partei hervor; 1949–54 und seit 1958 an der Reg. beteiligt; seit 1968 in einen fläm. und einen wallon. Flügel geteilt.

Christelijk-Historische Unie [niederl. 'krɪstələk hɪs-'to:risə 'y:ni:], Abk. CHU, zweite große kalvinist.-konservative Partei der Niederlande; entstand 1908; ging im ↑Christen Democratisch Appèl auf.

Christen, Ada ['krɪstən], eigtl. Christiane von Breden, geb. Frederik, *Wien 6. März 1844, †ebd. 19. Mai 1901, östr. Schriftstellerin. – Übte mit erot. und sozialer Lyrik bed. Einfluß auf den frühen Naturalismus aus.

Christen Democratisch Appèl, Abk. CDA, 1980 gegr. niederl. Sammelpartei; Zusammenschluß von Anti-Revolutionaire Partij, Christelijk-Historische Unie und Katholieke Volkspartij.

Christengemeinschaft ['krɪs...], 1922 von dem ev. Pfarrer F. Rittelmeyer gegr. Religionsgemeinschaft; vertritt im Anschluß an die Anthroposophie R. Steiners eine eigene Auffassung des Evangeliums und des christl. Gottesdienstes; feiert sieben Sakramente; Mittelpunkt des Kultes bildet die sog. „Menschenweihehandlung". Die C. hat etwa 100 000 Mgl. in der BR Deutschland.

Christentum ['krɪs...], die auf *Jesus Christus,* sein Leben und seine Lehre gegründete Weltreligion. Allen *Christen* gemeinsam ist das Bekenntnis zu Gott in Jesus Christus, die Bibel sowie die Sammlung in Gemeinden (Kirchen), ein eigener – konfessionell gegliederter – Kult, eine eigene Weltdeutung sowie das Bewußtsein einer eigenen Ethik (tätige Gottes- und Nächstenliebe, erweitert bis zur Feindesliebe); ihre Zahl wird heute auf etwa 1,55 Mrd. geschätzt. Die größten organisierten christl. Gemeinschaften sind die kath. Kirche (etwa 906 Mill. Gläubige), die aus der Reformation hervorgegangenen prot. (ev.) Kirchen (etwa 300 Mill.), die anglikan. Kirche (etwa 68 Mill.) und die orth. Kirchen (etwa 130 Mill.); des weiteren existieren zahlr. kleinere Gemeinschaften („Sekten"), Freikirchen, Organisationen und Bewegungen (insgesamt etwa 172 Mill.).

Das C. ist seinem Wesen nach Offenbarungs- und Erlösungsreligion. Kennzeichnend für den christl. Glauben ist die Lehre von der ↑Trinität; zentraler Inhalt ist Jesus, der Sohn Gottes und der verheißene Messias (Christus), der mit seinem Tod am Kreuz und seiner Auferstehung von den Toten die Menschen von ihrer Sünde erlöst hat; des weiteren auch die im Evangelium des N. T. verkündete „frohe Botschaft" Jesu vom Reich Gottes, das, bereits im A. T. verheißen, in seiner Person begonnen hat und das Heil für alle Menschen, den Zugang zum wahren „ewigen" Leben bedeutet. Da der Mensch auch in seinem positiven Streben als Sünder gilt, kann die „Rechtfertigung" des Sünders und das Reich Gottes nur von Gott her kommen. Auch der vom Menschen gewollte Glaube vermag die Distanz zw. Gott und den Menschen nicht zu überwinden.

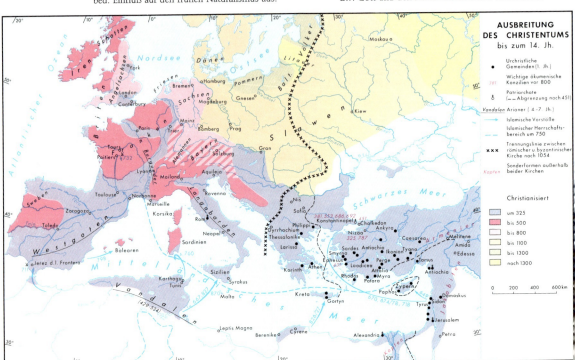

Die Grundaussagen des christl. Glaubens sind im ↑Apostolischen Glaubensbekenntnis formuliert; sie werden unterschiedlich interpretiert, so daß keine einheitl. Organisationsform gibt, in der sich alle Christen zusammengeschlossen hätten. Es besteht jedoch die Grundauffassung, daß die Christen insgesamt – unabhängig von ihrer Organisationsform – eine Einheit bilden. Sichtbares Zeichen für die Zugehörigkeit zur Gemeinschaft der Christen ist die *Taufe*. Das Leben als Christ besteht im wesentlichen darin, die Offenbarung Gottes in Form der Aussagen der Bibel des A. T. und des N. T. ernst zu nehmen und davon auszugehen, daß die Liebe Gottes, die Gott durch seine Offenbarung den Menschen erwiesen hat, im Leben der Menschen miteinander deutlich und bewußt gemacht werden soll. Es ist unter Christen umstritten, ob ein *Austritt* aus dieser Gemeinschaft, die über die Grenzen der christl. Kirchen und Gemeinschaften hinweg besteht, überhaupt möglich ist. Das aus dem ↑Judentum hervorgegangene C. steht geistesgeschichtlich in Verbindung mit der Christuslehre jüd.-eschatolog. Herkunft, (meist) oriental. Mysterien- und Erlösungskulten (Gnosis), von denen es sich abgrenzte, sowie der spätgriech. Philosophie und Kultur, der es ein neues Menschenbild entgegensetzte. Es entstand zuerst in Jerusalem (Judenchristen) und breitete sich nach teilweiser Vertreibung aus Jerusalem durch Mission (bes. ↑Paulus) über Palästina bis nach Kleinasien auf hellenist. Boden aus, wo es auch Heiden (Heidenchristen) aufnahm.

Die **Geschichte** des C. umfaßt die Auswirkungen des Glaubens an Person und Wirken Jesu Christi, wie er von den christl. Kirchen und Gemeinschaften in der Auseinandersetzung mit fremden Religionen, den geistigen und weltanschaul. Strömungen der verschiedenen Zeiten sowie mit den polit. Mächten entwickelt worden ist.

Die *erste Epoche*: Die christl. Gemeinde galt im Röm. Reich zunächst als eine jüd. Sekte. Der röm. Staat entzog dieser schnell wachsenden Gemeinschaft bald die religiösen und rechtl. Privilegien, die er dem Judentum eingeräumt hatte. Die Auseinandersetzung mit dem Röm. Reich wurde intensiv seit der Mitte des 3. Jh. geführt. Kaiser Konstantin d. Gr. stellte die ↑Christenverfolgungen ein und machte das C. zu der mit allen zeitgenöss. Kulten gleichberechtigten und schließlich zur alleinberechtigten Religion im Reich (Toleranzedikt von 313). Damit hatte er eine Entwicklung eingeleitet, die zur Entstehung der Reichskirche als einer von dem Reich letztlich abhängigen Einrichtung führte. Durch den oström. Kaiser Theodosius I. wurde 380 die christl. Kirche zur Staatskirche erhoben.

Die *zweite Epoche* in der Geschichte des C. beginnt mit dem Übergang des christl. Glaubens auf die german., roman. und slaw. Völker. Bei den Germanen, bes. im Frankenreich, wurde es zum Träger der Reichseinheit. Aus dem Amt des Bischofs in Rom hatte sich im 5./6. Jh. das Amt des *Papstes* als Oberhaupt des C. entwickelt; die hinsichtlich seiner Oberhoheit in Ost und West so unterschiedlich entwickelten Auffassungen führten 1054 zur bis heute bestehenden Spaltung der Kirche (Morgenländ. Schisma) in östl.-orth. und röm.-kath. Kirche. Im MA, und darüber hinaus bis heute, prägte das C. ganz entscheidend die europ. Kultur. Wie der Kirche allmählich die Hoheit über den Staat zufiel und der Papst als der Herr der Welt erscheinen konnte, der die Fürsten und die Bischöfe als seine Untergebenen betrachtete, so schien der christl. Glaube in geistiger Hinsicht die eine Weltanschauung zu sein, mit der alle Probleme des Lebens gelöst werden sollten. Im Zusammenhang mit dieser monopolartigen Machtstellung stellten sich in der Kirche Verfallserscheinungen ein, die den Ruf nach einer Reform an „Haupt und Gliedern" (d. h. an Papst und Klerus) laut werden ließen.

Die *dritte Epoche* war die Zeit der Reformation und Gegenreformation, sie umfaßt das 16. und 17. Jh., in denen es zur Umbildung der gesamten Kirche kam. An die äußeren Formen des christl. Glaubens hat Luther die Kriterien der Bibel und des biblisch begr. Glaubens angelegt; er konnte aber infolge der auf dem Reichstag zu Worms (1521) bekundeten Haltung Kaiser Karls V. die Reform der Kirche für das Reich nicht durchführen. Diese mußte nun den Weg über die Länder nehmen, so daß es zur Entstehung territorial und nat. begrenzter Landeskirchen kam. Auf dem Reichstag zu Augsburg (1530) legten diese Landeskirchen ein erstes grundlegendes Bekenntnis ab, das Augsburg. Bekenntnis, und sie fanden im Augsburger Religionsfrieden (1555) ihre reichsrechtl. Anerkennung. Die Reformation in der Schweiz vollzog sich zunächst unter dem Einfluß Zwinglis, dann aber v. a. Calvins. Calvin gab den hier entstehenden Kirchen Lehre, Verfassung und kirchl. Ordnungen. In England kam es durch die Verwerfung der obersten Leitungsgewalt (Suprematie) des Papstes zur Entstehung der anglikan. Kirche. Im dt. und schweizer. Protestantismus trennten sich die Täufer und die Spiritualisten von den reformator. Kirchen, wobei sie schließlich wegen ihrer z. T. radikalen Versuche, das Reich Gottes auf Erden zu verwirklichen, von den offiziell anerkannten Kirchen verfolgt wurden.

Die Reformation löste die Gegenreformation aus. Im Mittelpunkt dieser Erneuerung steht das Konzil von Trient (1545–63, ↑Tridentinum), auf dem die Lehren des Katholizismus gegenüber denen der ev. oder prot. Kirchen fixiert wurden.

Die *vierte Epoche* der Geschichte des C. ist in der neuzeitl. Ausbreitung des C. zu sehen, die im Anschluß und im Zusammenhang mit der polit. Expansion der europ. Mächte (Kolonialismus und Imperialismus) geschah. Dabei kam es sowohl zur religiösen Legitimation des Kolonialismus wie auch zum reflekt. Widerstand der Missionen gegen kolonialist. Unterdrückung und Ausbeutung. Im Zuge der missionar. Ausbreitung des C. fanden vielfach Begegnungen mit fremden, einheim. Religionen statt, und auf der Grundlage von durch Missionare und Reisende erhobenen Tatsachen aus fremden Religionen entstand das Bewußtsein einer religiösen Vielfalt, die im 19. Jh. zur wiss. Beschäftigung mit fremden Religionen und damit zur Entstehung einer neuzeitl. Religionswiss. führte. Neben dieser Auseinandersetzung und Beschäftigung mit fremden religiösen Gedankengut mußte sich das C. in der Neuzeit zudem mit antireligiösen Ideologien und Weltanschauungen auseinandersetzen. Bes. diese Auseinandersetzung hat die Besinnung auf das Gemeinsame unter den christl. Konfessionen gefördert und in den letzten Jahren wesentl. Impulse für die ↑ökumenische Bewegung geliefert (↑konziliarer Prozeß).

Christenverfolgungen ['krıs...], allg. der Versuch, das Christentum zu unterdrücken oder zu beseitigen, i. e. S. die Verfolgungen durch den röm. Staat, die v. a. durch die Weigerung der Christen, am Kaiserkult teilzunehmen, ausgelöst wurden. Die ersten C. blieben örtlich begrenzt (Jerusalem, dann 64 Nero in Rom, 96 Domitian). Die erste staatl. Regelung zu C. erfolgte durch Kaiser Trajan (um 112). Systemat. C. gab es erst im 3./4. Jh. unter Decius (249), Valerian (257) und Diokletian (308 ff.); sie erreichten ihr Ziel nicht. Kaiser Galerius (311) und Konstantin d. Gr. (313) gewährten den Christen in Toleranzedikten staatl. Anerkennung.

Christian ['krıs...], Name von Herrschern:
Anhalt-Bernburg:
C. I., * Bernburg/Saale 11. Mai 1568, † ebd. 17. April 1630, Fürst (seit 1603), kurpfälz. Diplomat. – Stellte die konfessionelle Idee in den Mittelpunkt seiner Politik und aktivierte die kalvinist.-prot. Opposition gegen das kath. Kaisertum; betrieb die Gründung der prot. Union (1608); 1620 geächtet, unterwarf sich 1624 dem Kaiser.
Dänemark:
C. I., * 1426, † Kopenhagen 21. Mai 1481, König von Dänemark (seit 1448), Norwegen (seit 1450), Schweden (seit 1457), Herzog von Schleswig und Graf von Holstein (seit 1460). – Begr. des oldenburg. Königshauses in Dänemark; erreichte 1450 eine Vereinigung Dänemarks mit Norwegen; begr. 1460 die Personalunion Schleswigs und Holsteins mit Dänemark.
C. II., * Nyborg 1. Juli 1481, † Kalundborg 25. Jan. 1559, König von Dänemark und Norwegen (1513–23), König von Schweden (1520–23), Herzog von Schleswig und Holstein. – Enkel von C. I.; setzte sich erst nach langjährigen

Christian

blutigen Kämpfen (Stockholmer Blutbad, 1520) in Schweden durch; 1523 von Gustav Wasa vertrieben; mußte nach 1522 auch Dänemark verlassen.

C. III., *Gottorf 12. Aug. 1503, †Koldinghus bei Kolding (Jütland) 1. Jan. 1559, König von Dänemark und Norwegen (seit 1534), Herzog von Schleswig und Holstein (seit 1536). – Sohn Friedrichs I.; führte 1536 in Dänemark und Norwegen die Reformation ein; hob 1537 die norweg. Selbstverwaltung auf.

C. IV., *Frederiksborg 12. April 1577, †Kopenhagen 28. Febr. 1648, König von Dänemark und Norwegen, Herzog von Schleswig und Holstein (seit 1588). – Enkel von C. III., Sohn Friedrichs II.; Initiator zahlr. Renaissancebauten in Kopenhagen; im Dreißigjährigen Krieg 1626 von Tilly geschlagen; 1643–45 schwere Niederlagen gegen Schweden; volkstümlichster König Dänemarks.

C. VII., *Kopenhagen 29. Jan. 1749, †Rendsburg 13. März 1808, König von Dänemark und Norwegen, Herzog von Schleswig und Holstein (seit 1766). – Sohn Friedrichs V.; früh geisteskrank; überließ die Regierungsgeschäfte seinen Günstlingen, von denen v. a. Struensee bed. Macht gewann.

C. VIII., *Kopenhagen 18. Sept. 1786, †ebd. 20. Jan. 1848, König von Dänemark, Herzog von Schleswig und Holstein (seit 1839). – 1814 kurzzeitig König von Norwegen; erklärte 1846 in seinem berühmten „Offenen Brief", daß auch Schleswig in der Erbfolge dem dän. Königsgesetz von 1665 unterliege.

C. IX., *Gottorf 8. April 1818, †Kopenhagen 29. Jan. 1906, König von Dänemark (seit 1863). – Sohn Herzog Wilhelms von Schleswig-Holstein-Sonderburg-Glücksburg, zum Nachfolger Friedrichs VII. bestimmt; bestätigte die sog. Eiderdän. Verfassung, durch die Schleswig Dänemark einverleibt werden sollte, was 1864 zum Dt.-Dän. Krieg führte.

C. X., *Charlottenlund 26. Sept. 1870, †Kopenhagen 20. April 1947, König von Dänemark (seit 1912) und Island (1918–1943). – Bestätigte 1915 eine neue demokrat. Verfassung; bewahrte im 1. Weltkrieg die Neutralität; übergab 1940 nach erfolglosem Widerstand das Land den dt. Truppen.

Mainz:
C. I. (C. von Buch), *um 1130, †Tusculum (= Frascati) 25. Aug. 1183, Erzbischof von Mainz (seit 1165). – 1162 von Friedrich I. Barbarossa zum Kanzler ernannt; nahm an den Italienzügen teil, siegte 1167 mit Rainald von Dassel bei Tusculum über die Römer; energ. Vertreter der kaiserl. Interessen; erfolgreicher Vermittler zw. Papst Alexander III. und dem Kaiser.

Schleswig-Holstein-Sonderburg-Augustenburg:
C. [Karl Friedrich] August, *Kopenhagen 19. Juli 1798, †Primkenau (Niederschlesien) 11. März 1869, Herzog (seit 1814). – Hielt am Erbrecht auf Schleswig und Holstein fest; schloß sich der Bewegung gegen die dän. Einverleibungsbestrebungen an; 1851 verbannt; 1852 Thronverzicht.

Christian, Charles („Charlie") [engl. 'krıstjən], *Dallas (Tex.) 20. Jan. 1916, †New York 2. März 1947, amerikan. Jazzmusiker. – Bed. Gitarrist; gilt als einer der Anreger des Bebop.

C., Johann Joseph ['krıs...], *Riedlingen (Landkr. Donauwörth) 12. Febr. 1706, †ebd. 22. Juni 1777, dt. Bildhauer. – Bed. Vertreter des schwäb. Rokoko; u. a. Chorgestühle und Bauskulpturen der Klosterkirchen Zwiefalten und Ottobeuren.

Christian Endeavor ['krıstjən ın'dɛvə; engl. „christl. Streben"] (Young People's Society of C. E.), 1881 in Portland (Maine, USA) begr. Jugendbewegung; ging aus der Erweckungsbewegung hervor; 1894 auch in Deutschland (in der ref. Gemeinde in Bad Salzuflen), konstituierte sich 1905 als dt. Verband der „Jugendbünde für Entschiedenes Christentum"; Hauptstelle für Deutschland in Kassel; über 3 Mill. Mgl.

Christiania [krıs...], 1624–1924 Name von ↑Oslo.
christianisieren [krıs...; griech.], für das Christentum gewinnen.

Christian Science ['krıstjən 'saıəns; engl. „christl. Wissenschaft"], von Mary Baker-Eddy (*1821, †1910) begr. Lehre des „geistigen Heilens". Sie beruht auf der Anschauung, daß der Mensch in Wirklichkeit Ausdruck des vollkommen göttl. Wesens ist und daß Disharmonien des menschl. Lebens, Krankheiten eingeschlossen, nicht zu seinem gottgegebenen Wesen gehören. Um dieses göttl. Heilsein zu erleben, wird eine Umwandlung von einer materiellen zu einer geistigen Gesinnung gefordert. Die C. S. zählt über 3200 Zweigkirchen (120 in der BR Deutschland) in 57 Ländern; Tageszeitung **„The Christian Science Monitor"** (Boston 1908 ff.).

Christie [engl. 'krıstı], Dame (seit 1971) Agatha, geb. Miller, *Torquay 15. Sept. 1890, †Wallingford (bei Oxford) 12. Jan. 1976, engl. Schriftstellerin. – Verfasserin zahlr. erfolgreicher Detektivromane, häufig um Miss Marple und den belg. Detektiv Hercule Poirot; auch Kurzgeschichten und Dramen. – *Werke u. a.:* Der Mord auf dem Golfplatz (1923), Letztes Weekend (1939; als Dr. u. d. T. „Zehn kleine Negerlein"), Die Mausefalle (R., 1949, dramatisiert 1952), Zeugin der Anklage (Dr., 1956), Alter schützt vor Scharfsinn nicht (1973).

C., Julie, *Assam 14. April 1940, brit. Filmschauspielerin. – Spielte u. a. in „Fahrenheit 451" (1966), „Doktor Schiwago" (1966), „Der Himmel soll warten" (1978).

Christie's [engl. 'krıstı:z] (Christie, Manson and Woods Ltd.), von James Christie (*1730, †1803) 1766 gegr. Kunstauktionshaus in London.

Christine [krıs...], *Stockholm 17. Dez. 1626, †Rom 19. April 1689, Königin von Schweden (1632–54). – Tochter Gustavs II. Adolf; regierte bis 1644 unter der Vormundschaft des Reichsrates unter Führung des Reichskanzlers Axel Graf Oxenstierna, trat dann selbst die Regierung an; förderte die Wiss. und zog ausländ. Gelehrte (u. a. Descartes und Grotius) an ihren Hof; dankte 1654 zugunsten ihres Vetters Karl Gustav von Pfalz-Zweibrücken ab; konvertierte heimlich zum Katholizismus, lebte in Rom.

Christkatholische Kirche ['krıst...], die altkath. Kirche der Schweiz (25000 Anhänger); gehört der ↑Utrechter Union an.

Christkönigsfest ['krıst...], Fest der kath. Kirche, 1925 eingeführt, seit 1965 am letzten Sonntag des Kirchenjahres gefeiert; Inhalt: das universale Königtum Jesu Christi.

Christlich-Demokratische Union (Christl.-Demokrat. Union Deutschlands) ['krıst...], Abk. CDU, als christl. Sammelbewegung 1945 entstandene dt. Partei. Die regionalen, zunächst nur lose verbundenen Parteigründungen hatten dabei unterschiedl. Ausrichtung: „christl. Sozialismus" (Berlin), interessensausgleichende Volkspartei unter Betonung des konfessionellen Unionsgedankens (Köln), nat.liberale und nat.konservative bzw. dt.nat. Prägung (NW-Deutschland); für Bayern ↑Christlich-Soziale Union. In der SBZ/DDR wurde die CDU im Rahmen der „Blockpolitik" seit 1948 völlig von der SED abhängig. Nach den polit. Umwälzungen im Spätherbst 1989 profilierte sie sich zunehmend als eigenständige polit. Kraft; aus den ersten demokrat. Wahlen in der DDR am 18. März 1990 ging die CDU im Rahmen der „Allianz für Deutschland" als stärkste Partei hervor und stellte den Min.präs. (L. de Maizière). Am 1./2. Okt. 1990 erfolgte die Vereinigung mit der bundesdeutschen CDU.

In den Westzonen konnte die CDU in den Landtagswahlen große Wählergruppen ansprechen und 1947 die Führung im Wirtschaftsrat der Bizone übernehmen. In Abkehr vom Ahlener Programm, das 1947 bei Kritik am Kapitalismus u. a. die Vergesellschaftung von Schlüsselind. und die Mitbestimmung gefordert hatte, wandte sich die CDU L. Erhards Konzept der sozialen Marktwirtschaft zu. Zugleich setzten sich die außenpolit. Ansichten K. Adenauers in der CDU durch. Die Bundestagswahl 1949 brachte 25,2 % der Stimmen (mit CSU 31 %). Bundeskanzler Adenauer, seit dem 1. Bundesparteitag 1950 Parteivors., förderte das Selbstverständnis der CDU als große staatstragende Reg.-partei. In den Bundestagswahlen 1953 und 1957 weitete die CDU ihre Wählerschaft, nicht zuletzt durch Aufnahme

Christian III.,
König von Dänemark
und Norwegen
(Holzschnitt nach
Lucas Cranach d. Ä.)

Christian IV.,
König von Dänemark
und Norwegen
(Ausschnitt aus einem
Gemälde auf Schloß
Gripsholm, Schweden)

Agatha Christie

Julie Christie

kleinerer konservativer Parteien (u. a. DP), stark aus (1953: 36,4 %, mit CSU 45,2 %; 1957: 39,7 %, mit CSU 50,2 %). Die Bundestagswahlen kurz nach dem Bau der Berliner Mauer 1961 brachten der CDU starke Einbußen (35,8 %, mit CSU 45,4 %). Der Erfolg in der Bundestagswahl 1965 (38 %, mit CSU 47,6 %) unter der Führung Erhards (Bundeskanzler 1963–66, Parteivors. 1966/67) überdeckte für die innen-, außen- und wirtschaftspolit. Auseinandersetzungen innerhalb der Union. Erhard wurde im März 1967 auch im Parteivorsitz durch den neuen Bundeskanzler K. G. Kiesinger ersetzt. Nach der Bundestagswahl 1969 (36,6 %, mit CSU 46,1 %) wurde die CDU/CSU erstmals in die Opposition verwiesen. R. Barzel wurde als Parteivors. (1971–73) nach der verlorenen Bundestagswahl von 1972 (35,2 %, mit CSU 44,9 %) von H. Kohl abgelöst. Nachdem auch die Bundestagswahl 1976 (CDU/CSU 48,6 %) nicht die Rückkehr an die Reg. gebracht hatte, wurde die Krise in der Zusammenarbeit mit der CSU mit deren – bald widerrufener – Aufkündigung der Fraktionsgemeinschaft deutlich. Bei der Wahl 1980 mit F. J. Strauß als Kanzlerkandidat mußte die CDU beträchtl. Einbußen hinnehmen (34,2 %, mit CSU 44,5 %). Der Koalitionswechsel der FDP ermöglichte im Okt. 1982 die Bildung einer christlich-liberalen Reg. unter H. Kohl. Bei den Wahlen vom März 1983 errang die CDU 38,2 % (mit CSU 48,8 %), im Jan. 1987 34,5 % (mit CSU 44,3 %). Bei den ersten gesamtdt. Wahlen vom Dez. 1990 erzielte die CDU 36,7 % (mit CSU 43,8 %), eine Bestätigung ihrer Politik zur schnellen Herbeiführung der dt. Einheit.

Programmatik: Das derzeitige Grundsatzprogramm der CDU (beschlossen auf dem Ludwigshafener Parteitag 1978) geht aus von den Grundwerten „Freiheit, Solidarität und Gerechtigkeit". Die CDU versteht sich als Volkspartei und begründet ihre Politik auf dem christl. Menschenbild. Sie bekennt sich zur sozialen Marktwirtschaft und zu den „festen sozialen Lebensformen" (Ehe, Familie, Staat, Kirche). Im Vereinigungsmanifest vom Okt. 1990 wurden diese Grundsätze für die gesamtdt. CDU bekräftigt; derzeit arbeitet eine Kommission an einem neuen, für 1993 erwarteten Parteiprogramm.

Organisation: Der Parteitag wählt den Bundesvorstand. Bis 1990 gehörten der Vors., die 7 stellv. Vors., der Schatzmeister und der Generalsekretär dem Parteipräsidium an. Seit der Vereinigung mit der früheren Ost-CDU gibt es nur noch einen stellv. Vors.; in den neuen Vorstand und in das Parteipräsidium wurden auch ehem. DDR-Politiker gewählt. Die CDU hatte 1991 rd. 750 000 Mgl. Nach wie vor beruht die Parteifinanzierung zu einem beträchtl. Teil auf Spenden von Firmen und Verbänden (1990: 72,4 Mill. DM). Von den Vereinigungen der CDU sind v. a. die Wirtschaftsvereinigung und die Sozialausschüsse von Bedeutung. Die **Junge Union** ist die gemeinsame Jugendorganisation von CDU und CSU.

Christlichdemokratische Volkspartei der Schweiz ['krɪst...], Abk. CVP, seit 1970 Name der 1912 konstituierten „Schweizer. Konservativen Volkspartei", 1957–70 „Konservativ-christlichsoziale Volkspartei der Schweiz"; tritt für die christl. Weltanschauung ein und versucht, seit den 1970er Jahren unter Verzicht auf ausgesprochen konfessionspolit. Forderungen als „dynam. Mitte" stärker nach links zu profilieren.

Christliche Arbeiter-Jugend ['krɪst...], Abk. CAJ, 1947 gegr. dt. kath. Jugendorganisation innerhalb der „Jeunesse Ouvrière Chrétienne" (J. O. C.); Mgl. des Bundes der Dt. Kath. Jugend.

Christliche Friedenskonferenz ['krɪst...], Abk. CFK, im Juni 1958 in Prag gegr. Friedensbewegung christl. Kirchen Osteuropas, die für Abrüstung eintritt.

christliche Gewerkschaften ['krɪst...], in Deutschland Ende des 19. Jh. aus der christl.-sozialen Bewegung hervorgeg. Arbeitnehmerorganisationen, die den Klassenkampf und eine parteipolit. Bindung ablehnten. 1901 wurde der „Gesamtverband c. G." gegr. (150 000 Mgl.). 1908 entstand die „Allg. christl. Internationale", die Deutschland, die Schweiz, Österreich, die Niederlande, Schweden, Italien und Polen umschloß. Nach dem 1. Weltkrieg waren die c. G. im christl.-nat. „Dt. Gewerkschaftsbund" bestimmend. 1949 gingen die 1933 aufgelösten c. G. in dem als Einheitsgewerkschaft 1949 neugegr. „Dt. Gewerkschaftsbund" (DGB) auf. Interne Spannungen im DGB führten 1955 zur Neugründung der „Christl. Gewerkschaftsbewegung Deutschlands" (CGD), seit 1959 „Christl. Gewerkschaftsbund Deutschlands" (CGB); weltweiter Zusammenschluß ist der „Internat. Bund C. G." (IBCG).

christliche Kunst ['krɪst...], jede dem Christentum verpflichtete bildende Kunst; sie existiert seit etwa 200 (↑ frühchristliche Kunst).

christliche Literatur ['krɪst...], 1. im engsten Sinn: das Schrifttum, das die Inhalte christl. Glaubens darlegt oder zum christl. Leben anleitet; 2. im weiteren Sinn auch die Dichtung mit christl. Thematik. Thematik aus Bibel, Heiligenviten und Legende (z. B. geistl. Spiele); 3. im weitesten Sinn auch Schrifttum unterschiedlichster Thematik oder Gattung, das aus christl. Verständnis von Welt und Mensch entsteht.

christliche Parteien ['krɪst...], seit dem 19. Jh. in Reaktion auf Säkularisierung, Liberalisierung und Demokratisierung zunächst in Europa entstandene konfessionelle Parteien. Der anfänglich dominierende Charakter der c. P. als konfessionell-kirchl. Interessenvertretungen trat im 20. Jh. zugunsten einer Betonung gemeinsamer interkonfessioneller Interessen zurück. Das Ideal einer christl.[-ständ.] Staats- und Wirtschaftsgesellschaft wich der Anerkennung des modernen polit.-gesellschaftl. Pluralismus. Seit 1823 bildete sich in Irland eine kath. Partei mit nat. und sozialemanzipator. Charakter. In Deutschland kam es – nach Vorformen seit 1848 – in der Auseinandersetzung mit dem Liberalismus 1869 zur Gründung kath. Parteiorganisationen in Baden (Kath. Volkspartei) und Bayern (Patriotenpartei) und 1870 zur Bildung des Zentrums (in Bayern 1918 Gründung der Bayer. Volkspartei), das bis zu seiner Auflösung 1933 die bedeutendste c. P. war. In Österreich-Ungarn wurde 1891 die Christlichsoziale Partei gegr., in der Schweiz 1894 die kath. Konservative Volkspartei, in den Niederlanden 1896 die Röm.-Kath. Staatspartei. Infolge des päpstl. Verbots polit. Tätigkeit für die italien. Katholiken 1868 kam es in Italien erst 1918 zur Gründung des Partito Popolare Italiano, der 1926 von den Faschisten aufgelöst wurde und seit 1941/43 in der Democrazia Cristiana eine Nachfolgeorganisation fand. In Frankreich entwickelte sich erst in der Résistance im 2. Weltkrieges heraus eine c. P., der Mouvement Républicain Populaire. In Lateinamerika entstanden c. P. nur in Ländern mit entwickeltem Vielparteiensystem (Chile, Kolumbien, Venezuela). Auf prot. Seite kam es bes. im Kalvinismus zur Bildung c. P. Erste Parteibildung des dt. Protestantismus war 1878 die Christlichsoziale Arbeiterpartei. Unter den heute bestehenden c. P. nehmen die CDU, die CSU und der ↑ Christen Demokratisch Appèl als bikonfessionelle Parteien eine Sonderstellung ein.

Christliche Pfadfinderschaft Deutschlands ['krɪst...] ↑ Pfadfinder.

christliche Philosophie ['krɪst...], Grundrichtung abendländ. Denkens und Philosophierens, deren Gehalt durch die christl. Offenbarung und die Auseinandersetzung mit ihr geprägt ist. – Die innere wissenschafts- und erkenntnistheoret. Problematik c. P. besteht darin, daß sie zwei grundsätzlich nicht miteinander zusammenhängende Bereiche, den des Glaubens bzw. der Offenbarung und den der Vernunft, (weltimmanenten) Wissens und Erfahrung, zu einer widerspruchsfreien Einheit und Synthese verbinden müßte.

Geschichte: Grundlage der c. P. zur Zeit des frühen Christentums war der Platonismus und der Neuplatonismus. Enge sachl. und formale Berührungen bes. im Gottes- und Logosbegriff trugen zur Entwicklung der trinitar. und christolog. Dogmas bei. Nach ersten Ansätzen in der alexandrin. Schule (Klemens, Origenes) baute Augustinus in seinem philosoph.-theolog. Denkgebäude eine c. P. auf, die den Höhepunkt und Abschluß dieser Periode darstellte und im Augustinismus im MA, z. T. sogar bis in die Neuzeit (z. B. bei Descartes), weiterwirkte. – Die Scholastik war ge-

Christine,
Königin von Schweden
(Kupferstich von
Jan van de Velde d. J.,
17. Jh.)

Christlicher Gewerkschaftsbund Deutschlands

Christo. The Pont Neuf wrapped, 1976–85 (Paris)

kennzeichnet durch eine zunehmend schärfere Unterscheidung von Philosophie und Theologie und durch Verwendung aristotel. Denkelemente. Anselm von Canterbury leitete in Anknüpfung an Augustinus dabei eine neue Phase der c. P. des MA ein: Als Kriterium galt die Vereinbarkeit mit dem Glauben. Abälard gestand der Vernunft eine selbständige Entscheidungsbefugnis in Zweifelsfällen zu. Thomas von Aquin unterschied zwei Erkenntnisquellen: die der Vernunft bzw. der Philosophie und die der Theologie und entwickelte auf dieser Grundlage seine Synthese christl.-aristotel. Philosophie und Theologie. – In der Neuzeit sind die Grenzen zw. christl. und säkularer Philosophie häufig nicht scharf zu ziehen. Scholast. Denken wurde u. a. von Suárez und Melanchthon weiterentwickelt und wirkte bis ins 18. Jh. Descartes und Leibniz suchten die Übereinstimmung ihrer Philosophie mit christl. Denken. Bei Pascal, der – in Hinwendung zur konkreten menschl. Existenz – die „Logik des Herzens" (Liebe, Glaube) zum Erkenntnisprinzip erhebt, werden Denkansätze sichtbar, die bei Kierkegaard und M. Scheler wieder ins Bewußtsein treten. Der dt. Idealismus ist wie die Existenzphilosophie (Jaspers, Heidegger) ohne die christl. Denktradition nicht denkbar.

Christlicher Verein Junger Menschen

Christlicher Gewerkschaftsbund Deutschlands [ˈkrɪst...] ↑ christliche Gewerkschaften.
Christlicher Verein Junger Menschen [ˈkrɪst...] (seit 1876), Abk. CVJM, in Deutschland 1883 nach dem engl. Vorbild *Young Men's Association* (YMCA, gegr. 1844 in London) unter dem Namen **Christlicher Verein Junger Männer** gegr. ev. Gemeinschaft, die das soziale Engagement junger Christen fördert. Sitz der dt. Zentrale des CVJM ist Kassel, Sitz des Weltbundes der YMCA Genf.
Christliche Volkspartei [ˈkrɪst...], Abk. CVP, 1945 gegr. saarländ. Partei, die ein von Deutschland unabhängiges und unter frz. Protektorat stehendes Saarland propagierte und sich für enge wirtsch. und kulturelle Kontakte mit Frankreich einsetzte; hatte 1946–55 die absolute Mehrheit der Wählerstimmen im Saarland; schloß sich 1965 der CDU an.
Christliche Welt [ˈkrɪst...], Abk. CW, prot. Zeitschrift, 1886–1941, von M. Rade, F. Loofs u. a. gegr., spielte eine bed. Rolle im sog. „Freien Protestantismus".
Christliche Wissenschaft [ˈkrɪst...] ↑ Christian Science.
Christlichsoziale Arbeiterpartei [ˈkrɪst...] (1881 bis 1918 Christlichsoziale Partei), 1878 von A. Stoecker in Berlin gegr. konservativ-soziale dt. Partei; 1881–96 selbständige Gruppe in der Dt. konservativen Partei; nach Neugründung 1896 nahezu bedeutungslos; ging 1918 in der DNVP auf.
christlich-soziale Bewegungen [ˈkrɪst...], im 19. Jh. in den christl. Kirchen als Antwort auf die sozialen Probleme im Übergang zur Industriegesellschaft entstandene Bewegungen. 1. Erste theoret. Ansätze zu einem *sozialen*

Christusmonogramm

Katholizismus finden sich seit den 1830er Jahren bei F. von Baader. F. J. von Buß und P. F. Reichensperger kritisierten bes. die ungebundene Konkurrenzwirtschaft mit ihren Folgen und forderten staatl. Unterstützung von Handwerk und Landw., Arbeitsschutz, Sozialversicherung, Dezentralisation der Kapitalien und Maschinen, Wiederherstellung des „korporativen Geistes". 1849 gründete A. Kolping den ersten kath. Gesellenverein. Seit 1864 entstanden die v. a. von W. E. von Ketteler geprägten christlich-sozialen Arbeitervereine. Seit 1880 kam es zu einer bed. kath. Sozialbewegung. Bes. die seit 1891 in verschiedenen päpstl. Enzykliken formulierte kath. Soziallehre hat den sozialen Katholizismus geprägt. Dieser ist bis heute in kath. Verbänden wie auch in den Sozialausschüssen der CDU wirksam.
2. Der *soziale Protestantismus* begann im 19. Jh. in Deutschland unter pietist. Einfluß mit der Gründung von „Rettungsanstalten" u. a. für Waisen, Arbeitslose und mit der Erneuerung der weibl. Diakonie. 1848 forderte J. H. Wichern die „christlich-soziale Aufgabe" für die „Innere Mission". Sein „christl. Sozialismus" sollte die sittl. und sozialen Verhältnisse verbessern und die Revolution bekämpfen. Ev.-soziale Parteibildungen waren 1878 die Christlichsoziale Arbeiterpartei und 1896 der Nationalsoziale Verein. Im 20. Jh. ist der soziale Protestantismus theologisch vertieft und nach 1945 in der EKD institutionell verankert worden. Die Vielfalt der im 19. Jh. in Europa entstandenen c.-s. B. konzentriert sich seit 1945 v. a. in der ökumen. Arbeit.
Christlichsoziale Partei [ˈkrɪst...], Abk. CP, östr. kath. Partei, gegr. 1891, entstanden aus einem Zusammenschluß des Christl. Sozialen Vereins und des konservativen Liechtensteinclubs mit kleinbürgerl. Gruppen um K. Lueger; 1907–11 stärkste Fraktion im Reichsrat; vertrat eine antiliberale und protektionist. Politik; erste größere antisemit. Partei Europas; 1919–34 Regierungspartei; unter dem wachsenden Einfluß der Heimwehren ging die CP in den 1930er Jahren immer mehr zu einem autoritären Kurs über; 1934 von ihren Führern aufgelöst.
Christlich-Sozialer Volksdienst [ˈkrɪst...], Abk. CSVD, 1929 gegr. prot. konservative Partei; ging aus verschiedenen prot. Erneuerungen hervor; errang 1930 14 Mandate und hatte während der Regierung Brüning einigen Einfluß auf die Reichspolitik; strebte einen autoritären Staat an; 1933 freiwillige Gleichschaltung und Selbstauflösung.
Christlich-Soziale Union [ˈkrɪst...], Abk. CSU, 1945/46 als christl.-konservative Partei von A. Stegerwald, F. Schäffer, J. Müller und A. Hundhammer in Bayern gegründet. Stellt sich bisher nur in Bayern zur Wahl und bildet mit der CDU im Bundestag eine gemeinsame Fraktion, in der sie erhebl. Einfluß hat. Insgesamt konservativer als die CDU, vertritt die CSU u. a. folgende Grundsätze: Betonung des Föderalismus, Schutz der Familie und des Eigentums, Förderung der Klein- und Mittelbetriebe. Außer 1954–57 führte die CSU seit 1946 stets die bayr. Landesregierung. Die Wochenzeitung „Bayernkurier" ist das publizist. Organ der CSU, die 1992 rd. 183 000 Mgl. hatte und bei der Bundestagswahl 1980 mit F. J. Strauß den (unterlegenen) Kanzlerkandidaten von CDU/CSU stellte. Stimmenanteile bei Bundestagswahlen (in % des Bundesergebnisses): 1949 5,8 %, 1953 8,8 %, 1957 10,5 %; 1961 9,6 %; 1965 9,6 %; 1969 9,5 %; 1972 9,7 %; 1976 10,6 %; 1980 10,3 %; 1983 10,6 %; 1987 9,8 %, 1990 7,1 %. Vors.: 1945–49 J. Müller, 1949–55 H. Ehard, 1955–61 H. Seidel, 1961–88 F. J. Strauß, seit 1988 T. Waigel.
Christmas [engl. ˈkrɪsməs, „Christmesse"], Kurzwort Xmas, im Engl. Bez. für Weihnachten und die Weihnachtszeit bis zum 6. Jan.; **Christmas Day,** der erste Weihnachtsfeiertag (25. Dez.), **Christmas Eve,** Heiliger Abend.
Christmas Island [engl. ˈkrɪsməs ˈaɪlənd], austral. Insel im östl. Ind. Ozean, 140 km², bis 357 m ü. d. M., Hauptort Flying Fish Cove. Abbau von Kalkphosphat. – Am Weihnachtsabend 1643 entdeckt; 1888 brit., 1958 an Australien.
C. I., früherer Name der Insel ↑ Kiritimati.

Chrom

Christmette [ˈkrɪst...], eigtl. die Matutin (dt. Mette) des kath. Stundengebets zu Weihnachten. Die C. wird heute – auch in manchen ev. Kirchen – zw. den Abendstunden des Hl. Abends und den Morgenstunden des 1. Weihnachtstages gefeiert.

Christo [engl. ˈkrɪstoʊ], eigtl. C. Javacheff, *Gabrowo 13. Juni 1935, amerikan. Künstler bulgar. Herkunft. – Bekannt durch „Verpackungen" von Großobjekten (Gebäude, Straßenzüge, Küste); verhüllte den Pariser Pont-Neuf mit Polyamidbahnen (1976–85), im Okt. 1991 wurden in Japan und Kalifornien in der Landschaft installierte Schirme entfaltet.

Christologie [krɪs...; griech.], die Lehre der christl. Kirchen von ↑Jesus Christus.

Christoph, Name von Herrschern:

Dänemark:
C. III., *26. Febr. 1418, †Hälsingborg 5. oder 6. Jan. 1448, Pfalzgraf bei Rhein, König von Dänemark, (als C. I.) von Schweden und Norwegen. – 1439 vom dän. Reichsrat zum Reichsvorstand und 1440 zum König gewählt (1441 in Schweden, 1442 in Norwegen); bestätigte 1442 eine neue Fassung des schwed. Landrechts **(Kristofers landslag).**

Württemberg:
C., *Urach 12. Mai 1515, †Stuttgart 28. Dez. 1568, Herzog (seit 1550). – Sohn Herzog Ulrichs; erließ als Lutheraner die sog. Große Kirchenordnung von 1559; bemühte sich um Ausgleich zw. den prot. Parteien und um Annäherung an den Katholizismus.

Christophe, Henri [frz. krisˈtɔf], *auf Grenada (Kleine Antillen) 16. Okt. 1767, †Port-au-Prince (Haiti) 8. Okt. 1820 (Selbstmord), König von Haiti. – Urspr. Sklave; später zum General ernannt; wurde 1807 Präs.; ließ sich 1811 als **Henri I.** zum König krönen.

Christopher, Warren [engl. ˈkrɪstəfər], *Scranton (N. Dak.) 27. Okt. 1925, amerikan. Politiker (Demokrat. Partei). – Rechtsanwalt; 1977–81 stellv. Außenmin., seit Jan. 1993 Außenminister.

Christophorus [krɪs...; griech. „Christusträger"], legendärer, unhistor. Märtyrer aus der Ostkirche; im Abendland als Träger des Christuskindes verehrt. Die Legende geht auf die „Acta Bartholomaei" (5. Jh.) zurück. Im 12. Jh. entwickelte sich in Süddeutschland die bekannte Christusträgerlegende: C. trägt das Christuskind über einen Fluß, wird von der Last des Kindes unter Wasser gedrückt und getauft. Das Legendenmotiv wurde von der *bildenden Kunst* immer wieder behandelt. Die Popularität des Heiligen bezeugen großflächige Außenwandfresken an Kirchen, bes. des alpenländ. Raumes. Im *Volksglauben* ist C. als vielseitiger Schutzpatron bekannt. Das Spät-MA zählte ihn zu den 14 ↑Nothelfern. C. gilt als Patron der Pilger, Reisenden, Fuhrleute, Schiffer, Kraftfahrer (seit etwa 1900), Gärtner sowie gegen den „jähen Tod", die Pest, Augenleiden u. a. – Fest: 25. Juli (orth. Kirche: 9. Mai).

Christophskraut [ˈkrɪs...; nach Christophorus] (Actaea), Gatt. der Hahnenfußgewächse mit etwa 7 Arten auf der nördl. Halbkugel; Stauden mit kleinen weißen Blüten in aufrechten Trauben und mehrsamigen Beerenfrüchten.

Christrose [ˈkrɪst...] (Schneerose, Schwarze Nieswurz, Helleborus niger), geschütztes Hahnenfußgewächs in den Kalkalpen, Karpaten und im Apennin, mit weißen, später purpurfarben getönten Blüten; blüht im Garten oft schon im Dezember.

Christstollen [ˈkrɪst...] ↑Stollen.

Christ und Welt [krɪst], 1948 gegr. prot. Wochenzeitung, ging 1971 in der „Deutschen Zeitung", mit dieser 1979 im „Rheinischen Merkur" auf (↑Zeitungen [Übersicht]).

Christus [ˈkrɪstʊs; griech.-lat. „der Gesalbte"] ↑Jesus Christus.

Christus, Petrus [ˈkrɪstʊs], *Baarle (Nordbrabant) um 1420, †Brügge 1472 oder 1473, niederl. Maler. – Vermutl. Schüler Jan van Eycks, dessen maler. und perspektiv. Techniken er weiterentwickelte. Hauptwerk: „Hl. Eligius" (New York, Sammlung R. Lehmann).

Christusbild [ˈkrɪstʊs...], das erste C. ist für gnost. Sekten bezeugt. Im 4. Jh. erscheinen zwei Grundtypen: bartloser Jüngling (bes. als Guter Hirte nach Joh. 10, 1–16) bzw. Mann mit kurzem Vollbart und langem Haar (seit dem 6. Jh. vorherrschender Typus). In Byzanz („Pantokrator") und in der abendländ. Romanik („Majestas Domini") wird der Herrscher und König der Welt, in der Gotik der Passions-Christus Hauptthema. Seit der Renaissance wirkte sich die Wiederentdeckung des schönen Körpers aus. Barock und Rokoko betonten den Himmelskönig. Dem 20. Jh. ist der Passions-Christus näher.

Christusdorn [ˈkrɪstʊs...] (Euphorbia milii), Wolfsmilchgewächs aus Madagaskar; bis 2 m hoher Strauch mit kurzgestielten Blättern, schwarzbraunen Dornen und kleinen, gelben, in Trugdolden stehenden Scheinblüten, die jeweils von einem Paar zinnoberroter oder hellgelber Hochblätter umgeben sind; Zimmerpflanze.

Christus-Johannes-Gruppe [ˈkrɪstʊs], Andachtsbild (Christus und Johannes der Abendmahlszene).

Christusmonogramm [ˈkrɪstʊs...] (Christogramm), symbol. Zeichen für den Namen Christus, gebildet aus den griech. Anfangsbuchstaben (XP); üblich seit dem 3. Jh., häufig ergänzt durch ↑Alpha und Omega. Im 15. Jh. verbreitete Bernhardin von Siena das Zeichen IHS (auch gedeutet als „Iesus hominum salvator" [Jesus, Erlöser der Menschen], volksetymologisch: „Jesus, Heiland, Seligmacher").

Christusorden [ˈkrɪstʊs...], portugies. Ritterorden, 1317 nach Auflösung des Templerordens gestiftet und mit dessen Gütern ausgestattet; 1797 säkularisiert.
▷ päpstl. Auszeichnung, ↑Orden.

Chrodegang [ˈkro...], hl., *im Haspengau um 715, †Metz 6. März 766, Bischof von Metz (seit 742). – Gehört mit Bonifatius zu den Reformern der karoling.-fränk. Kirche. – Fest: 6. März.

Chrom [kroːm; zu griech. chrôma „Farbe"] (chemischfachsprachlich Chromium), chem. Symbol Cr, metall. Element aus der VI. Nebengruppe des Periodensystems der chem. Elemente; Ordnungszahl 24, relative Atommasse 51,996, sehr hartes und sprödes Gebrauchsmetall, Mohshärte 7 bis 9, Dichte 6,93 g/cm³, Schmelzpunkt 1 857 °C, Siedepunkt 2 672 °C. Es kommt (außer als Bestandteil von Meteoriten) in der Natur nicht gediegen vor. Wichtigstes Erz ist der ↑Chromit. Verwendet wird C. v. a.

Christusbild. Maiestas Domini, Wandmalerei aus Santo Clemente de Tahull, Ende des 12. Jh. (Barcelona, Katalonisches Museum)

Christophskraut. Ähriges Christophskraut

Christrose

Christusdorn

chromaffin

als Legierungsbestandteil korrosionsbeständiger C.stähle und als Oberflächenschutz. In seinen Verbindungen tritt C. zwei-, drei-, vier-, fünf- und v. a. sechswertig auf. Die **Chrom(III)-salze** finden Verwendung als Beiz- und Ätzmittel in der Färberei und Gerberei (C.leder). Die giftigen **Chromate(VI)**, allg. Formel $Me_2^I CrO_4$, sowie die **Dichromate**, $Me_2^I Cr_2O_7$, dienen als Oxidationsmittel; – ↑ Chromgelb. Die Gesamtförderung an C.erzen betrug 1989 12,7 Mill. t. Hauptförderländer waren Südafrika (4,275 Mill. t), die Sowjetunion (3,8 Mill. t), Indien (1,003 Mill. t).

chromaffin [krom-a...; griech./lat.], mit Chromsalzen anfärbbar; gesagt von Zellen (v. a. im Mark der Nebennieren, in den Paraganglien an der Gabelung der Kopfschlagader) in histolog. Präparaten, die sich nach Behandlung mit kaliumdichromathaltigen Reagenzien braun färben.

chromat..., Chromat... ↑chromo..., Chromo...
Chromate [kro...; griech.] ↑Chrom.
Chromatiden [kro...; griech.] ↑Chromosomen.
Chromatik [kro...; zu griech. chrõma „Farbe"], die „Verfärbung" (↑ Alteration) diaton. Tonstufen, d. h. der Ersatz einer diaton. Stufe (↑Diatonik) durch einen oberen oder unteren Halbton. Urspr. neben Diatonik und ↑Enharmonik Grundlage des griech. Tonsystems, wurde die C. in der abendländ. Musik seit der Mitte des 16. Jh. als Mittel der Textausdeutung bedeutsam und führte im 19. Jh. zur chromat. Alterationsharmonik (R. Wagner). **Chromatische Tonleiter**, die aus 12 gleichen Halbtönen innerhalb der Oktave gebildete Tonleiter.
Chromatin [kro...; griech.], der mit Kernfarbstoffen anfärbbare Teil des Zellkerns während der ↑Interphase.
chromatische Aberration [kro...] ↑Farbfehler.
chromato..., Chromato... ↑chromo..., Chromo...
Chromatogramm [kro...], Schaubild, das bei der chromatograph. Stofftrennung entsteht und das qualitative und quantitative Trennergebnis als Kurvenzüge, Zahlenkolonnen oder Farbflecke sichtbar macht.
Chromatographie [kro...], Verfahren zur analyt. und präparativen Trennung eines Stoffgemisches, wobei durch wiederholte Verteilung des Stoffgemisches in einer relativ großen Grenzschicht zw. zwei nicht mischbaren, gegeneinander bewegten Phasen von Hilfsstoffen die verschiedenen Bestandteile unterschiedl. stark in ihrer Bewegung gehemmt (verzögert) und so getrennt werden. Man unterscheidet die ↑Dünnschichtchromatographie, die ↑Gaschromatographie, die ↑Papierchromatographie und die ↑Säulenchromatographie.
Chromatophoren [kro...; griech.], (Farbstoffträger) bei *Tieren* pigmentführende Zellen der Körperdecke (bei Krebsen, Tintenfischen, Fischen, Amphibien, Reptilien), die den ↑Farbwechsel dieser Tiere bewirken.
▷ bei *Pflanzen* ↑Plastiden.

Chromatopsie [kro...; griech.] (Chromopsie), Sehstörung, bei der ungefärbte Gegenstände in bestimmten Farbtönen, aber auch Farbtöne bei geschlossenen Augen (subjektiv) wahrgenommen werden.
Chromatose [kro...; griech.] (Dyschromie), Hautverfärbung durch abnorme Ablagerung unterschiedl. Pigmente, z. B. Melanin, Bilirubin, Arsen, Silber, bei verschiedenen Krankheiten.
Chromdioxid ['kro:m...] ↑Chromoxide.
Chromfarbstoffe ['kro:m...], eine Gruppe von Beizenfarbstoffen, die mit Chromsalzen naßechte, gut haftende, waschechte Farblacke auf Fasern bilden.
Chromgelb ['kro:m...] (Bleichromat), gelbes Pigment (für Ölfarben, Drucke und Lacke), chem. $PbCrO_4$, meist vermischt mit Bleisulfat.
Chromit [kro...; griech.] (Chromeisenerz, Chromeisenstein), eisen- bis bräunlichschwarzes kub. Mineral, $(Fe,Mg)Cr_2O_4$; ein ↑Spinell; wichtigstes Chromerz; Mohshärte 5,5; Dichte 4,5 bis 4,8 g/cm³.
Chromleder ['kro:m...], mit Chromsalzen gegerbtes Leder.
Chromnickelstahl ['kro:m...], nicht rostender, kaum magnetisierbarer und sehr korrosionsbeständiger Stahl mit etwa 18 % Chrom und mindestens 8 % Nickel.
chromo..., Chromo... (chromato..., Chromato...; vor Vokalen und h meist: chrom..., Chrom...; chromat..., Chromat...) [kro:mo...; griech.], Bestimmungswort mit der Bed.: „Farbe", „Pigment", z. B. Chromosom.
Chromogene [kro...; griech.] ↑Farbstoffe.
Chromomeren [kro...; griech.], anfärbbare Verdichtungen der Chromosomenlängsachsen.
Chromoplasten [kro...] ↑Plastiden.
Chromoproteide [kro...], zusammengesetzte Eiweißstoffe, die neben der Proteinkomponente eine nichtproteinartige Gruppe enthalten, die Farbstoffcharakter besitzt; z. B. Hämoglobine und andere Blutfarbstoffe, Flavoproteide, Katalasen, Peroxidasen.
Chromopsie [kro...], svw. ↑Chromatopsie.
Chromosomen [kro...; griech. eigtl. „Farbkörper" (so ben., weil C. durch Färbung sichtbar gemacht werden können)] (Kernschleifen), fadenförmige Gebilde im Zellkern jeder Zelle (mit Ausnahme der Prokaryonten – Bakterien und Blaualgen –), die die aus DNS bestehenden Gene tragen und für die Übertragung der verschiedenen, im Erbmaterial festgelegten Eigenschaften von der sich teilenden Zelle auf die beiden Tochterzellen verantwortl. sind. Chemisch gesehen bestehen sie hauptsächlich aus kettenartig hintereinandergeschalteten, die DNS-Stränge bildenden Nukleotiden, bas. Proteinen (↑Histone) und nicht bas. Proteinen mit Enzymcharakter. Vor jeder Zellteilung werden die C. in Form ident. Längseinheiten (**Chromatiden**) verdoppelt (iden-

Chromit

Chromosomen. Menschlicher Chromosomensatz (links männlich, rechts weiblich) nach der Nomenklatur von Denver; autosomale Gruppen A, B, C, ... mit den Chromosomen 1, 2, 3, ... (z. B. A 1–3, B 4–5, C 6–12) und die Geschlechtschromosomen X, Y

tisch redupliziert). Während der Kernteilungsphase verdichten sie sich durch mehrfache Spiralisation zu scharf begrenzten, durch bas. Farbstoffe anfärbbaren, unter dem Mikroskop deutlich sichtbaren Gebilden. Die Längseinheiten werden dann bei der Kernteilung voneinander getrennt und exakt auf die beiden Tochterkerne verteilt. – Die Gesamtheit der C. eines Kerns bzw. einer Zelle heißt **Chromosomensatz.** Man unterscheidet normale C. *(Autosomen)* und Geschlechts-C. *(Heterosomen).* Meist sind von jedem C. zwei ident. Exemplare im Zellkern jeder Zelle vorhanden. Diese beiden C. eines Paares werden *homologe C.* genannt. Die diploiden Körperzellen des Menschen enthalten 46 C., die sich nach Form und Genbestand in 22 Autosomenpaare (Chromosom 1–22, aufgeteilt in die Gruppen A–G) und ein Paar Geschlechts-C. (XX bei der Frau, XY beim Mann) unterteilen lassen. Die durch Reduktionsteilung entstehenden (haploiden) Keimzellen (Eizellen, Spermien) enthalten 22 Autosomen und 1 Geschlechts-C. (X- oder Y-Chromosom). – Die graph. Darstellung der Genorte mit der Angabe der Reihenfolge der Gene auf einem C. und ihrer relativen Abstände zueinander heißt **Chromosomenkarte.** Die Werte erhält man u. a. aus der Häufigkeit des Faktorenaustauschs zw. gekoppelten Genen.

Chromosomenaberration [kro...] (Chromosomenmutation), Veränderung in der Chromsomenstruktur durch Verlust, Austausch oder Verdopplung eines Chromosomenstückes, wodurch die Anzahl oder die Art der Gene auf einem Chromosom verändert werden.

Chromosomenanomalien [kro...], durch Genom- oder Chromosenaberration entstandene Veränderungen in der Zahl (numer. C.) oder Struktur (strukturelle C.) der ↑Chromosomen, die sich als Komplex von Defekten äußern können und beim Menschen die Ursache für viele klin. Syndrome bilden. Da mindestens 0,5 % aller Neugeborenen C. aufweisen, kommt ihnen große Bed. in der Medizin zu (↑Chromosomendiagnostik). – Numer. C. entstehen durch Fehlverteilung eines Chromosoms bei einer Zellteilung. Daraus resultiert eine **Monosomie** (Fehlen eines von zwei homologen Chromosomen) oder **Trisomie** (ein Chromosom liegt statt als Paar in dreifacher Form vor). Individuen mit Monosomie sind i. d. R. nicht lebensfähig. Die Monosomie eines X-Chromosoms (XO) führt beim Menschen zum ↑Turner-Syndrom. Häufige Trisomien sind das ↑Klinefelter-Syndrom (XXY) und das ↑Down-Syndrom. Weitere Trisomien sind das ↑Edwards-Syndrom und das ↑Patau-Syndrom. Die Häufigkeit der Trisomien steigt an, wenn die Schwangere älter als 35 Jahre ist.

Chromosomendiagnostik [kro...], Feststellung von Chromosomenanomalien auf Grund zytolog. Befunde; wichtig für die genet. Beratung, um zu verhindern, daß mißgebildete Kinder geboren werden.

Chromosomenmutation [kro...], svw. ↑Chromosomenaberration.

Chromosphäre [kro...], eine Schicht der Sonnenatmosphäre; ihre Strahlung ist schwach und nur für die Dauer einer totalen Sonnenfinsternis als farbiger Saum sichtbar.

Chromoxide ['kro:m...], Verbindungen des Chroms mit Sauerstoff; *Chrom(III)-oxid,* Cr_2O_3, dient als Pigment (Chromoxidgrün), das stark ferromagnet. *Chrom(IV)-oxid* **(Chromdioxid)** zur Herstellung von Tonbändern, *Chrom(VI)-oxid* zum Verchromen sowie als Oxidations- und Bleichmittel.

Chrompigmente ['kro:m...], Chromverbindungen, die wegen ihrer Farbe, guten Deckkraft und leichten Streichbarkeit vielfach Verwendung als Pigmente finden (Chromgelb, Chromorange, Chromgrün, Chromoxidgrün und Chromoxidhydrat).

Chromschwefelsäure ['kro:m...], zur Reinigung von Glasgefäßen verwendetes Gemisch von Schwefelsäure und Chromtrioxid.

Chromstahl ['kro:m...], Stahl, dem Chrom zulegiert wurde zur Erhöhung von Festigkeit, Härte und Schneidkraft; hochwertiger Bau-, Werkzeug- und Dauermagnetstahl; bei polierter Oberfläche rostfrei.

chron..., Chron... ↑chrono..., Chrono...

Chronaxie [kro...; griech.], Zeitmaß für die elektr. Erregbarkeit von Muskel- oder Nervenfasern; Zeitspanne, in der ein elektr. Strom von der doppelten Intensität der Langzeitschwelle (↑Rheobase) auf eine Muskel- oder Nervenfaser einwirken muß, um gerade noch eine Erregung hervorzurufen.

Chronik ['kro:nɪk; griech.; zu chrónos „Zeit"], Form der Geschichtsschreibung (bes. im MA und im 16./17. Jh.), die sachl. und ursächl. Zusammenhänge zw. den Ereignissen und chronolog. Phasen herzustellen versucht. C. gehen oft von den Anfängen (der Welt, des bestimmten Klosters, der bestimmten Stadt) aus und ordnen die Geschehnisse in den Rahmen der Heilsgeschichte ein. Die Grenzen zu den ↑Annalen und der ↑Historie sind fließend.

Chronikbücher ['kro:...], zwei Geschichtsbücher des A. T., wahrscheinlich um 300 v. Chr. niedergeschrieben; sie stellen ausführlich die Zeit Davids, Salomos und der Könige von Juda dar.

Chronique scandaleuse [frz. krɔnikskãda'lø:z], Sammlung von Skandal- und Klatschgeschichten; zuerst Titel einer von J. de Roy um 1488 verfaßten Schrift über Ludwig XI. von Frankreich und die gesellschaftl. Zustände Mitte 15. Jh.

chronisch ['kro:...; zu griech. chrónos „Zeit"], im Ggs. zu ↑akut sich langsam entwickelnd und lange dauernd.

Chronist [kro...; griech.], Verfasser einer Chronik; auch jemand, der ein Ereignis o. ä. genau beobachtet und darüber berichtet.

chrono..., Chrono... (chron..., Chron...) [griech.], Bestimmungswort mit der Bed. „Zeit...", z. B. Chronometer.

Chronobiologie [kro...], Wiss. von den zeitl. Gesetzmäßigkeiten des Ablaufes der Lebensprozesse.

Chronogramm [kro...], ein Satz in lat. Sprache, in dem hervorgehobene lat. Großbuchstaben als Zahlzeichen gelesen die Jahreszahl eines bestimmten histor. Ereignisses ergeben. In Versform als **Chronostichon** (ein Vers) oder als **Chronodistichon** (zwei Verse).

Chronograph des Jahres 354 [kro...], 354 n. Chr. entstandene Ausgabe eines für die Bev. Roms bestimmten Kalenderwerkes und Staatshandbuches; enthält einen Kalenderteil, Konsularfasten (509/508 v. Chr.–354 n. Chr.); Ostertafeln (312–354, ergänzt bis 411); eine Liste der röm. Stadtpräfekten (254–354); einen Katalog der Bischöfe Roms mit Angabe ihrer Amtsdauer (230–354), ein Verzeichnis ihrer Todestage (255–352) und der Märtyrer Roms; eine Weltchronik; eine Stadtchronik Roms (bis 325); eine Beschreibung der Stadtregionen Roms.

Chronologie [kro...] ↑Zeitrechnung.

chronologisch [kro...], zeitlich (geordnet).

Chronometer [kro...], urspr. eine hochpräzise mechan. Uhr mit amtl. Prüfbedingungen, v. a. für Navigationsaufgaben in der Schiffahrt, heute alle Uhren hoher Ganggenauigkeit.

Chronophotographie [kro...], photograph. Aufzeichnung verschiedener Bewegungsphasen in einer Serie von Aufnahmen in gleichmäßigen kurzen Zeitabständen auf demselben Negativ.

Chronos ['krɔnɔs], bei den Griechen die Personifikation der Zeit. Durch die Namensähnlichkeit früh mit Kronos vermengt.

Chronostichon [kro...; griech.] ↑Chronogramm.

chronotrop [kro...; griech.], die Frequenz der Herztätigkeit beeinflussend.

Chrotta ['krɔta] ↑Crwth.

Chruschtschow, Nikita Sergejewitsch [russ. xru'ʃtʃɔf], * Kalinowka (Gouv. Kursk) 17. April 1894, † Moskau 11. Sept 1971, sowjet. Politiker. – 1934–66 Mgl. des ZK der KPdSU und 1939–64 des Politbüros; Erster Parteisekretär von Moskau (Stadt 1935–38, Gebiet 1949–53) und der Ukraine (1938–49, mit kurzer Unterbrechung 1947) sowie ZK-Sekretär (1949–53); im 2. Weltkrieg Politkommissar bei den sowjet. Streitkräften; nach dem Tod Stalins, zu dessen engerem Führungskreis er fast 20 Jahre gehörte, 1953 Erster ZK-Sekretär und – nach Ausschaltung der Malenkow-Molotow-Kaganowitsch-Gruppe – 1958 auch Min.

Chromosomen. Mikroaufnahme der Speicheldrüsenchromosomen der Taufliege

Nikita Sergejewitsch Chruschtschow

Chrysalis

präs.; versuchte, der sowjet. Innen- und Außenpolitik neue Impulse zu geben (v. a. Entstalinisierung nach seiner sog. „Geheimrede" auf dem XX. Parteitag 1956), konnte seine weitgesteckten polit. Ziele aber nicht erreichen; auf Grund zunehmender wirtsch. Mißerfolge und der Verschärfung des Konflikts mit der VR China 1964 als Partei- und Reg.-chef gestürzt.

Chrysalis [ˈçry:...; griech.], svw. ↑ Puppe (bei Insekten).

Chrysander [çry...], Friedrich, *Lübtheen 8. Juli 1826, †Bergedorf (= Hamburg) 3. Sept. 1901, dt. Musikforscher. – Begründete die Händelforschung auf der Basis systemat. Quellenforschung mit seiner Händelbiographie (1858–67, nicht abgeschlossen) und der Händelgesamtausgabe (1858–94).

Chrysanthemen [çry..., kry...; griech.] (Winterastern), allg. Bez. für die als Zierpflanzen kultivierten Arten, Unterarten, Sorten und Hybriden aus der Gatt. Chrysanthemum (↑ Wucherblume).

Chrysanthemum [çry...; griech.], svw. ↑ Wucherblume.

chryselephantin [çry...; griech.], in Gold-Elfenbein-Technik gearbeitet, d. h. eine Figur (Holzkern) wird mit Elfenbeinplättchen und Goldblech verkleidet. Am berühmtesten waren im antiken Griechenland Athena Parthenos und Zeus des Phidias sowie Hera des Polyklet in Argos (alle 5. Jh. v. Chr.).

Chrysippos [çry...], Gestalt der griech. Mythologie. Sohn des Pelops und einer Nymphe; wird von seinen Halbbrüdern Atreus und Thyestes erschlagen, die daraufhin der Fluch des Pelops trifft.

Chrysippos [çry...], *281/277, †208/204, Philosoph aus Soloi in Kilikien. – Kam 260 nach Athen; gilt als „zweiter Gründer" der ↑ Stoa, deren vage formuliertes theoret. System er vollendete.

Chrysler Corporation [engl. ˈkraɪzlə kɔːpəˈreɪʃən], bed. amerikan. Automobilkonzern, Sitz Detroit (Mich.), gegr. 1925. Bekannte Marken: Chrysler, Dodge, Imperial, Plymouth, Rootes, Eagle, bis 1978 auch Simca; 1988 Expansion auf den dt. Markt.

Chryso... [griech.], Bestimmungswort mit der Bed. „Gold...".

Chrysoberyll [çry...], rhomb. Berylliummineral, Al_2BeO_4; Mohshärte 8,5; Dichte 3,7 g/cm³; Schmucksteine: **Chrysoberyll** i. e. S. (blaß- bis honiggelb), **Cymophan** (gelblichgrün) und **Alexandrit** (tiefgrün bis rot).

Chrysographie [çry...], die Kunst, mit Goldtinktur aus Blattgold (alte Handschriften, Ikonen) zu schreiben oder zu malen.

Chrysokoll [çry...; griech.] (Kieselkupfer, Kieselmalachit, Kupfergrün), grünes oder blaues Kupfererz, $CuSiO_3 \cdot nH_2O$; Dichte 2,0–2,3 g/cm³; Mohshärte 2–4; bildet traubige oder stalaktit. Krusten.

Chrysologus, Petrus [çry...] ↑ Petrus Chrysologus.

Chrysophyllum [çry...; griech.], Gatt. der Seifenbaumgewächse mit etwa 90 Arten in den Tropen und Subtropen, darunter das ↑ Goldblatt.

Chrysopras [çry...; griech.] ↑ Chalzedon.

Chrysostomos [çry...] ↑ Johannes I. Chrysostomos.

Chrysostomosliturgie [çry...], seit dem 11. Jh. Liturgie in allen orth. und mit Rom unierten Ostkirchen mit byzantin. Ritus, Johannes I. Chrysostomos zugeschrieben.

Chryssa, Vardea [ˈkrɪsə], *Athen 31. Dez. 1933, amerikan. Bildhauerin griech. Herkunft. – Lebt seit 1955 in New York. Seit 1956 verwendet sie Buchstaben als serielle Bildelemente, in den 60er Jahren entwickelte sie Objekte und Environments mit Leuchtröhren.

chthonisch [ˈçto:...; zu griech. chthṓn „Erde"], der Erde angehörend, unterirdisch.

chthonische Mächte [ˈçto:...], der Erde verhaftete Götter und Geister im Ggs. zu *uran.* (himml.) Gottheiten. Sie können Fruchtbarkeit und Leben spenden, sind aber auch düstere Mächte der Unterwelt und des Totenreichs.

Chuang Tzu ↑ Zhuang Zi.

Chubut [span. tʃuˈβut], argentin. Prov. in Patagonien, 224 686 km², 328 000 E (1989). Hauptstadt Rawson.

Chuquicamata. Kupfererztagebaubetrieb

Chubut, Río [span. ˈrrio tʃuˈβut], Fluß in Patagonien, Argentinien; entspringt in den Anden südlich von San Carlos de Bariloche, mündet bei Rawson in den Atlantik, rd. 800 km lang.

Chuci (Ch'u-tz'u) [chin. tʃutsi „Elegien von Chu"], chin. Anthologie, im 2. Jh. n. Chr. aus lyr. Dichtungen zusammengestellt, die in der Zeit vom 3. Jh. v. Chr. bis zum 1. Jh. n. Chr. im Kgr. Chu in Mittelchina entstanden; aus schamanist. Beschwörungsliedern entwickelt, daher stark mytholog. Züge.

Chuckwalla [engl. ˈtʃʌkwaːlə; indian.] (Sauromalus ater), etwa 30–45 cm lange Leguanart in trockenen, felsigen Wüstengebieten des sw. Nordamerika; Pflanzenfresser.

Chuckwalla

Chudschand [xu...] (Chodschent, 1936–90 Leninabad), Gebietshauptstadt am Sysdarja, Tadschikistan, 160 000 E. PH, Museum; Theater; botan. Garten; Seidenwerk; Baumwollentkörnung, Nahrungsmittelind.; Kunstgewerbe. – Am Platz des heutigen C. gründete Alexander d. Gr. 329 v. Chr. die Stadt *Alexandreia Eschate.* C. hatte im MA Bed. durch die Lage am Karawanenhandelsweg nach China. 1866 von Rußland annektiert.

Chukiang ↑ Perlfluß.

Chulpa (Chullpa) [ˈtʃʊlpa; indian.], präkolumb. Bauwerk (zw. 1100 und 1532) im Hochland von Bolivien und S-Peru; meist in Gruppen oder Zeilen stehend; aus Stein, luftgetrockneten Lehmziegeln oder einer Kombination von beiden, oft turmartig mit rundem oder eckigem Grundriß; diente als Totenhaus; den Aymará zugeschrieben.

Chums, Al [alˈxʊms] (Homs), Bez.hauptort an der Syrtenküste, Libyen, 150 000 E. Küstenoase, Ölmühle; Zementfabrik. – Im 16. Jh. von Türken gegr.; 3 km östlich liegen die Ruinen von ↑ Leptis Magna.

Chun, Carl [kuːn], *Höchst (= Frankfurt am Main) 1. Okt. 1852, †Leipzig 11. April 1914, dt. Zoologe. – Prof. in Königsberg, Breslau und Leipzig; arbeitete über Meerestiere; 1898/99 Leiter der wiss. bed. dt. Tiefsee-Expedition „Valdivia" im Atlant. und Indischen Ozean.

Chrysoberyll. Oben: Chrysoberyll-Katzenauge. Mitte: Chrysoberyll gelb. Unten: Chrysoberyll grün (Cymophan)

Churriguerismus

Chunchon [korean. tʃhuntʃhʌn], korean. Stadt, 163 000 E. Verwaltungssitz der Prov. Kangwon-do; Handelszentrum für Agrarprodukte; Endpunkt einer Stichbahn von Seoul.

Chungking ↑ Chongqing.

Chung-yung ↑ Zhongyong.

Chuquicamata [span. tʃukika'mata], chilen. Ort im Großen Norden, 3 180 m ü. d. M., 220 km nö. von Antofagasta, 30 500 E. Einer der größten Kupfererztagebaubetriebe der Erde (18 Stufen).

Chuquisaca [span. tʃuki'saka], Dep. in Bolivien, 51 524 km², 486 000 E (1987). Hauptstadt Sucre. In Tälern und Hochbecken (2 000–4 000 m ü. d. M.) Anbau von Mais, Kartoffeln; im SW Weinbau.

Chuquitanta [span. tʃuki'tanta], großes vorspan. Zeremonialzentrum im Tal des unteren Río Chillón, nahe der Küste Zentralperus. Erste große Tempelanlage in Peru (2500–1850).

Chur [ku:r], Hauptstadt des schweizer. Kt. Graubünden, unterhalb der Vereinigung von Vorder- und Hinterrhein, 595 m ü. d. M., 31 000 E. Kath. Bischofssitz; Theolog. Hochschule; Dommuseum; Kunsthaus; metallverarbeitende, Nahrungsmittel-, Textilind. – Als röm. **Curia Rhaetorum** seit dem 4. Jh. nachweisbar; spätestens seit 451 Bischofssitz; die Siedlung C. kam im 10. Jh. aus königl. Besitz in den des Bischofs, der 1299 auch die Reichsvogtei erhielt; seit 1464 freie Reichsstadt, 1498 zugewandter Ort der Eidgenossenschaft; Übertritt der Stadt zur Reformation 1526; seit 1820 Kantonshauptstadt. – Roman.-got. Kathedrale (12./13. Jh.); Bischöfl. Schloß (17. Jh.; im 18. Jh. barock umgestaltet), Rathaus (15. und 16. Jh.).

C., Bistum, im 4./5. Jh. gegr., gehörte bis 843 zur Kirchenprov. Mailand, dann bis 1803 zu Mainz; 1803 direkt dem Hl. Stuhl unterstellt. – ↑ katholische Kirche (Übersicht).

Church [engl. tʃə:tʃ], Frederic Edwin, *Hartford (Conn.) 4. Mai 1826, †New York 7. April 1900, amerikan. Maler. – Mgl. der ↑ Hudson River School; schuf großflächige Landschaftsbilder, die Ausdruck naturwiss. orientierter Wahrnehmung sind.

C., Richard, *London 26. März 1893, †Cranbrook (Kent) 4. März 1972, engl. Schriftsteller. – Naturlyriker in der Nachfolge von Wordsworth; psycholog. Romane über existentielle Probleme; u. a. „Die Nacht der Bewährung" (1942).

Churchill [engl. 'tʃə:tʃɪl], engl. Familie, die mit John C., Herzog von Marlborough (seit 1702), berühmt wurde; die Nachkommen seiner Tochter Anna, seit 1700 ∞ mit C. Spencer, nahmen den Namen **Spencer Churchill** an; bed.:

C., John, Herzog von Marlborough, ↑ Marlborough, John Churchill, Herzog von.

C., Randolph Henry Spencer Lord, *Blenheim Palace, Woodstock (Oxford) 13. Febr. 1849, †London 24. Jan. 1895, brit. Politiker. – Vater von Sir Winston C.; 1883 Mitbegr. der Primrose League; einer der Führer der Konservativen Partei.

C., Sir (seit 1953) Winston [Leonard Spencer], *Blenheim Palace, Woodstock (Oxford) 30. Nov. 1874, †London 24. Jan. 1965, brit. Staatsmann. – Sohn von Lord Randolph Henry Spencer C.; Kavallerieleutnant. Ab 1900 konservativer Unterhausabg., trat 1904 zur Liberalen Partei über und begann als Freund Lloyd Georges einen steilen polit. Aufstieg; 1908 Handels-, 1910 Innenmin., 1911 1. Lord der Admiralität (Rücktritt 1915). Wurde nach einem Frontkommando 1917 Munitions-, 1918 Heeres- und Luftwaffenmin., 1921 Kolonialmin. (bis 1922). Kehrte angesichts des Zerfalls der Liberalen Partei und aus antisozialist. Motiven zur Konservativen und Unionist. Partei zurück, 1924–29 Schatzkanzler. Seine Kritik an der mangelnden Rüstung und an der Appeasement-Politik N. Chamberlains brachten ihn in Ggs. zu seiner Partei. Bei Kriegsausbruch 1939 wieder 1. Lord der Admiralität und am 10. Mai 1940 unter öff. Druck Premier- und Verteidigungsmin. einer großen Kriegskoalition. C. wurde zum Motor des brit. Widerstands gegen Hitler und zum Symbol des brit. Durchhaltewillens und war der maßgebl. Initiator der „Grand Alliance" zw. Großbritannien, den USA und der UdSSR. Seine Vorstellungen, die die Zurückdrängung des sowjet. Einflusses in Nachkriegseuropa bezweckten, konnte er gegenüber Stalin und Roosevelt nicht durchsetzen. Durch eine Wahlniederlage im Juli 1945 als Premiermin. abgelöst; plädierte für ein westl. Verteidigungsbündnis sowie die westeurop. Einigung (allerdings ohne Großbritannien); 1951–55 erneut Premiermin. C. trat auch als histor. Schriftsteller (Nobelpreis für Literatur 1953) und Maler hervor.

Werke: Marlborough (4 Bde., 1933–38), Der Zweite Weltkrieg (6 Bde., 1948–53).

Churchill [engl. 'tʃə:tʃɪl], kanad. Hafenort an der W-Küste der Hudsonbai, 1 600 E. Kath. Bischofssitz; Eskimomuseum, meteorolog. Station.

Churchill River [engl. 'tʃə:tʃɪl 'rɪvə], Fluß in Kanada, entfließt dem Lac La Loche, mündet bei Churchill in die Hudsonbai, 1 609 km lang.

C. R. (früher Hamilton River), Zufluß zum Atlantik in Labrador, entfließt dem Sandgirt Lake, 335 km lang, bildet u. a. die 75 m hohen **Churchill Falls** (in der Nähe ein Kraftwerk mit 5 225 MW Leistung).

Church of England [engl. 'tʃə:tʃ əv 'ɪŋglənd] ↑ anglikanische Kirche.

Church of God ['tʃə:tʃ əv‿ɡɔd; engl. „Kirche Gottes"], Name verschiedener religiöser Gruppen, bes. in den USA, die seit dem 19. Jh. v. a. aus der ↑ Pfingstbewegung und der ↑ Heiligungsbewegung hervorgegangen sind. Sie sind am Ideal des urchristl. Gemeindelebens orientiert.

Churfirsten ['ku:r...], Bergkette nördlich des Walensees, Schweiz, im Hinterrugg bis 2 306 m hoch.

Churriguera, José de [span. tʃurri'yera], *Madrid 21. März 1665, †ebd. 2. März 1725, span. Bildhauer und Baumeister. – Bed. Vertr. des nach ihm ben. ↑ Churriguerismus. Von G. Guarini beeinflußt, bes. beim Rathaus von Salamanca (1722/23). In Madrid ist San Cajetano (vollendet 1776) erhalten, von zahlr. Altären u. a. drei in San Esteban in Salamanca (1693).

Churriguerismus [tʃʊrɪɡe'rɪsmʊs], nach J. de Churriguera ben., in ganz Spanien verbreiteter Barockstil (etwa 1650–1798) mit reichen, oft überladenen Dekorationen. Vertreten von Mitgl. der Fam. Churriguera.

Chur Stadtwappen

Winston Churchill

José **Churriguera.** Hauptretabel in San Esteban in Salamanca, 1693

Churriter

Churriter [xʊ...] (Hurriter), altoriental. Volk im 3.–2. Jt. in N-Mesopotamien und N-Syrien; urspr. südlich des Vansees beheimatet, traten erstmals um 2200 in N-Assyrien, um 2000 im O-Tigrisland auf; bildeten im Euphratbogen mit einer Oberschicht von Ariern gegen 1500 v. Chr. das zeitweise mächtige Reich Mitanni (auch Chanigalbat bzw. „Land Churri" genannt; Hauptstadt Wassukanni), das bis an die Grenzen des Hethiterreichs und des ägypt. Reichs in NO-Syrien reichte und um 1350 v. Chr. während innerer Wirren dem Angriff der Hethiter erlag. Die Nennung der C. im A. T. (Horiter) meint wohl eine Restgruppe. – Die *Religion* der C. war in Kleinasien und Syrien weit bekannt. V. a. der Mythenkreis um den Göttervater Kumarbi mit dem Motiv der Göttergenerationen wurde von Phönikern und Griechen aufgenommen. Das Gesellschaftssystem war ritterlich-feudal mit einer schmalen Schicht von Streitwagenkämpfern an der Spitze.

Churritisch [xʊ...], Sprache der Churriter, die mit keiner bekannten Sprache des Alten Orients verwandt ist außer mit dem späteren ↑ Urartäischen. Sie ist agglutinierend und heute erst z. T. verständlich. Churrit. Texte sind aus Mari, Ugarit und v. a. der Hethiterhauptstadt Hattusa bekannt. Dazu kommen zahllose churrit. Personennamen in akkad. Texten.

Chusestan [pers. xuzes'tɑːn] (Chusistan/Khusistan), Gebiet in SW-Iran, als Verw.-Geb. 67 282 km², 2,68 Mill. E (1986), Hauptstadt Ahwas; erstreckt sich vom versumpften Tiefland nördlich des Pers. Golfes zu den anschließenden Sagrosvorbergen; bed. Erdölfördergebiet; künstl. Bewässerung ermöglicht landw. Nutzung; zentraler Ort im gebirgigen N ist Chorramabad. Während des Golfkrieges (1980–88) Zerstörung vieler Siedlungen und Erdölanlagen.

Chusrau Pascha ['xʊsraʊ] (türk. Hüsrev; Chosrau, Chosrew), * um 1756, † bei Konstantinopel 26. Febr. 1855, osman. Politiker. – Urspr. Sklave; seit 1801 Kommandant von Alexandria, Wesir und Statthalter von Ägypten; unterlag 1804 Mehmet Ali; seit 1827 Serasker (Kriegsmin.) mit fast unbegrenzter Macht; 1836 gestürzt; 1838 Chef des Kabinetts und Reformer der Zivilverwaltung, 1839 Großwesir; 1840 abgesetzt und (bis 1841) verbannt; 1846/47 nochmals Serasker.

Chu Teh ↑ Zhu De.

Chutney [engl. 'tʃʌtnɪ; Hindi], Paste aus zerkleinerten, aber nicht passierten Früchten mit Gewürzen (Ingwer, Zukker); Beigabe zu (asiat.) Fischgerichten und kaltem Fleisch.

Ch'u-tz'u ↑ Chuci.

Ch'ü Yu ↑ Qu You.

Ch'ü Yüan ↑ Qu Yuan.

Chuzpe ['xʊtspə; hebr.-jidd.], verächtlich für: Dreistigkeit, Unverschämtheit.

Chvostek-Zeichen ['xvɔstɛk; nach dem östr. Militärarzt F. Chvostek, * 1835, † 1884] (Fazialisphänomen), blitzartige Zusammenziehung der Gesichtsmuskulatur beim Beklopfen des Fazialisstamms unmittelbar vor dem Ohrläppchen; charakteristisch bei Tetanie.

Chwaresmisch [xva...] (Choresmisch), die im äußersten Norden des iran. Sprachgebiets, am Unterlauf des Amudarja bis in islam. Zeit gesprochene mitteliran. Sprache, die v. a. dem Sogdischen nahesteht.

Chwarism [xva'rɪzəm], altertüml. Namensform von ↑ Choresmien.

Chwarismi, Al [alxva'rɪsmi], Abu Abd Allah Muhammad Ibn Ahmad (Khowarezmi, Khwarazmi), arab. Enzyklopädist der 2. Hälfte des 10. Jh. – Verfasser der ältesten arab. Enzyklopädie „Mafātih al'ulūm" (Die Schlüssel zu den Wissenschaften).

C., Al, Muhammad Ibn Musa (pers. Al Charesmi, Mohammad Ebn Musa; Al Charismi), * in Choresmien um 780, † Bagdad nach 846, pers.-arab. Mathematiker und Astronom. – Verf. der ältesten systemat. Lehrbücher über Gleichungslehre (die Begriffe Algebra und Algorithmus leiten sich von einem Werktitel bzw. dem Namen Al C. her), über das Rechnen mit ind. Ziffern und über die jüd. Zeitrechnung. Er schrieb ferner ein astronom. und trigonometr. Tafelwerk.

Chwarism-Schah [xva'rɪzəm], Titel der von etwa 1100 bis 1220 in Choresmien herrschenden Fürsten.

Chylurie [çy... ; griech.], Ausscheidungen von ↑ Chylus im Harn; wird u. a. bei Parasitenbefall (z. B. bei Filariose) verursacht; Symptome: getrübter Harn ohne Anzeichen einer Nieren- oder Harnwegerkrankung.

Chylus ['çyːlus; griech.], Milchsaft, weißlichtrübe Flüssigkeit in den Lymphgefäßen des Dünndarms nach Aufnahme fetthaltiger Nahrung. Der C. wird von den Dünndarmzotten über den Milchbrustgang in die venöse Blutbahn geleitet.

Chymosin [çy...; griech.], svw. ↑ Labferment.

Chymotrypsin [çy...; griech.], eiweißspaltendes Enzym, das im Darm durch Trypsin aus einer Vorstufe (Chymotrypsinogen) aktiviert wird; spaltet bes. bei zykl. Aminosäuren die Peptidbindungen.

Chymus ['çyːmus; griech.], svw. ↑ Speisebrei.

Chytilová, Věra ['xitjilɔva], * Ostrau 2. Febr. 1929, tschech. Filmregisseurin. – Drehte sozialkrit. Filme; vom neuen Stil, u. a. des Cinéma-vérité, beeinflußt. – *Filme:* Von etwas anderem (1963), Tausendschönchen (1966), Die Frucht der Paradiesbäume (1970), Geschichte der Wände (1979), Die Wolfsbande (1987), Hin und Her (1988).

Ci, Einheitenzeichen für ↑ Curie.

CIA [engl. 'siːaɪˈɛɪ], Abk. für: **C**entral **I**ntelligence **A**gency, Zentralamt des amerikan. Geheimdienstes, 1947 in der Nachfolge des „Office of Strategic Services" (OSS) gleichzeitig mit dem National Security Council gegr. und diesem unterstellte oberste Geheimdienstbehörde der USA. Fragwürdige Unternehmungen im In- und Ausland (u. a. ↑ Watergate-Affäre, Beteiligung an Staatsstreichen u. a. in Chile) führten 1978 zur Einschränkung der Kompetenzen der CIA; unter der Reagan-Administration erhielt sie seit 1981 wieder größeren Handlungsspielraum.

Ciaccona [italien. tʃaˈkoːna] ↑ Chaconne.

CIAM [frz. seiaˈɛm, sjam], Abk. für: **C**ongrès **I**nternational **d'A**rchitecture **M**oderne, in der Schweiz in La Sarraz 1928 gegr. internat. Vereinigung moderner Architekten. Leitsätze (bes. von Le Corbusier) wurden in der „Charta von Athen" festgehalten (1933). Es fanden bis zur Auflösung des CIAM (1959) 10 Kongresse statt.

Ciano, Galeazzo [italien. 'tʃaːno], Graf von Cortellazzo, * Livorno 18. März 1903, † Verona 11. Jan. 1944 (hingerichtet), italien. Diplomat und Politiker. – Seit 1925 im diplomat. Dienst; heiratete 1930 Mussolinis Tochter Edda; 1934 Leiter des Staatssekretariats (seit 1935 Ministeriums) für Presse und Propaganda; begr. als Außenmin. (seit 1936) die Achse Berlin–Rom, war mitverantwortlich für die italien. Intervention im Span. Bürgerkrieg und die Besetzung Albaniens 1939; trat zu Beginn des 2. Weltkriegs für die Neutralität Italiens ein und distanzierte sich nach den italien. Niederlagen 1942/43 offen von der Kriegspolitik Mussolinis; 1943 entlassen, stimmte im Faschist. Großrat (Mgl. seit 1935) für den Sturz Mussolinis; flüchtete nach Deutschland, später ausgeliefert, zum Tod verurteilt und erschossen.

CIBA-GEIGY AG, größter schweizer. Chemiekonzern, Niederlassungen in rd. 60 Ländern, Sitz Basel, entstanden 1970 durch Fusion der CIBA AG (gegr. 1859, seit 1884 AG) mit der J. R. Geigy AG (gegr. 1758, seit 1901 AG); Produktion von Pharmazeutika, Agrochemikalien und Farbstoffen.

Ciborium ↑ Ziborium.

Cibulka, Hanns, * Jägerndorf (= Krnov; Nordböhmen) 20. Sept. 1920, dt. Schriftsteller. – Schreibt meist reimlose Lyrik nach klass. Stilvorbildern („Märzlicht", 1954; „Der Rebstock", 1980; Auswahl „Losgesprochen", 1985), Berichte und Tagebücher („Swantow", 1982; „Seedorn", 1985; „Nachtwache", 1989), Übersetzungen.

CIC, Abk. für: ↑ **C**odex **I**uris **C**anonici.

Cicer [lat.], Gatt. der Schmetterlingsblütler mit der kultivierten Art ↑ Kichererbse.

Cicero, Marcus Tullius, * Arpinum (= Arpino) 3. Jan. 106, † bei Caieta (= Gaeta) 7. Dez. 43, röm. Staatsmann, Redner und Philosoph. – Erfolgreicher Anwalt (berühmt v. a. Prozeß und Anklage gegen Verres, 70); Prätor (66) und

Galeazzo Ciano, Graf von Cortellazzo

Hanns Cibulka

Konsul (63). Bes. durch die Aufdeckung und energ. Unterdrückung der Verschwörung des Catilina (vier Reden gegen Catilina) gelang es ihm, den Führungsanspruch des Senats ein letztes Mal durchzusetzen. Von dem Volkstribun Clodius Pulcher zum Exil gezwungen (März 58–Sept. 57). Danach entstanden seine Hauptwerke „De oratore" („Über den Redner"; 55), „De re publica" („Über den Staat"; 54–51), „De legibus" („Über die Gesetze"; postum veröffentlicht). Trotz Cäsars Werben schloß C. sich im Bürgerkrieg zögernd Pompejus an (Juni 49), blieb aber passiv und wurde von Cäsar begnadigt (25. Sept. 47). An der Verschwörung gegen Cäsar war er nicht beteiligt, begrüßte aber dessen Ermordung (15. März 44) als Chance zur Wiederherstellung der alten Verfassung. Im Kampf gegen Antonius wurde C. noch einmal zum Führer des Senats (seit Dez. 44; 14 Philipp. Reden gegen Antonius), wobei er sich mit den Konsuln und dem jungen Oktavian verband. Der Tod der Konsuln (April 43), der Staatsstreich Oktavians (Aug. 43) und dessen Verständigung mit Antonius und Lepidus (Okt. 43) machten seine Pläne illusorisch. C. wurde geächtet und auf der Flucht ermordet. – Die Verbreitung der griech. Philosophie in der röm. Welt ist die eigtl. Leistung seiner zahlr. philosoph. Schriften, die das Denken der christl. Spätantike (Hieronymus, Augustinus) und des Abendlandes (seit Petrarca) nachhaltig beeinflußten.

Roman Ciestewicz. Zoom contre la pollution de l'œil, undatiert (Paris, Musée des Arts Décoratifs)

Cicero, veraltete Bez. für den ↑Schriftgrad von 12 Punkt, etwa 4,55 mm Schriftgröße.

Cicerone [tʃitʃeˈroːnə; italien.; so ben. auf Grund eines scherzhaften Vergleiches mit der Beredsamkeit Marcus Tullius Ciceros], Bez. für einen [redseligen] Fremdenführer.

Cichlidae [ˈtsɪçlidɛ; griech.], svw. ↑Buntbarsche.

Cichorium [tsɪˈçoː...; griech.-lat.], svw. ↑Wegwarte.

Cicisbeo [tʃitʃɪsˈbeːo; italien.] (Cavaliere servente), der Hausfreund in Italien im 18. Jh., vom Ehemann geduldet, gelegentlich sogar im Heiratsvertrag rechtlich verbrieft; sollte die Ehefrau in der Kirche, auf Spaziergängen, ins Theater und bei Besuchen begleiten.

Cicognani, Amleto Giovanni [italien. tʃikoɲˈɲaːni], *Brisighella bei Ravenna 24. Febr. 1883, †Rom 17. Dez. 1973, italien. Theologe, Kurienkardinal (seit 1958). – 1933–58 Apostol. Delegat in den USA, 1961–69 Kardinalstaatssekretär; 1972 Bischof von Ostia und Dekan des Kardinalskollegiums.

Ciconia [lat.], Gatt. der Störche in Eurasien und Afrika mit vier Arten; am bekanntesten der Weiße Storch und der Waldstorch.

Cicuta [lat.], Gatt. der Doldenblütler mit der bekannten Art Wasserschierling.

Cid, el [tsiːt, siːt; span. θið; frz. sid; von arab. saijid „Herr"], gen. el Campeador („der Kämpe"), eigtl. Rodrigo (Ruy) Díaz de Vivar, *Vivar del Cid bei Burgos um 1043, †Valencia 10. Juli 1099, span. Ritter und Nationalheld. – Diente König Sancho II. im Kampf um das Erbteil des Bruders, Alfons VI. von León; nach der Ermordung Sanchos II. (1072) von dessen Nachfolger Alfons VI. dennoch in seine Dienste genommen und mit einer Verwandten, Jimena Díaz, vermählt; trat 1081 auf die Seite des maur. Fürsten von Zaragoza. Eroberte 1094 Valencia, das er bis zu seinem Tode gegen die Almoraviden behauptete. – Das älteste erhaltene span. Heldenepos um die Gestalt des C. ist das um 1140 entstandene, nur in einer Kopie von 1307 überlieferte „Poema del C." (auch „Cantar de mio C.", hg. 1779); zahlr. weitere Dichtungen des Abendlandes, u.a. von P. Corneille (Dr., 1637).

Cidaris [griech.], Gatt. der Lanzenseeigel mit nur wenigen Arten; am bekanntesten die von Norwegen über das Mittelmeer bis zu den Kapverd. Inseln verbreitete Art **Cidaris cidaris:** bis etwa 6,5 cm groß, graugelb, grünlich oder rötlich, mit großen, bis 13 cm langen Stacheln.

Cidre [frz. sidr] (engl. Cider), Apfelwein aus der Normandie und Bretagne (im Geschmack dem Most nahe).

Cie., Abk. für frz.: **C**ompagn**ie**.

Ciechanów [poln. tɕɛˈxanuf], Hauptstadt der poln. Woiwodschaft C., nw. von Warschau, 130 m ü.d.M., 41 000 E. Metall- und Baustoffind., Zuckerfabrik.

Ciechocinek [poln. tɕɛxɔˈtɕinɛk], poln. Stadt sö. von Thorn, 35 m ü.d.M., 11 000 E. Einer der ältesten Kurorte Polens (Solquelle [36,5 °C]; Gradierwerke).

Ciego de Ávila [span. ˈsi̯eɣo ðe ˈaβila], Stadt in M-Kuba, 80 500 E. Verwaltungssitz einer Provinz; Theater; Handelszentrum eines Agrargebietes.

Cienfuegos [span. si̯enˈfu̯eɣɔs], kuban. Hafenstadt sw. von Santa Clara, 109 000 E. Verwaltungssitz einer Provinz; Bischofssitz; Observatorium; bed. Exporthafen.

Cieplice Śląskie Zdrój [poln. tɕɛˈplitsɛ ˈɕlɔ̃skjɛ ˈzdruj] ↑Bad Warmbrunn.

Ciestewicz, Roman [poln. tɕɛsˈtɛvitʃ], *Lemberg 13. Jan. 1930, poln. Graphiker und Illustrator. – Lebt seit 1963 in Paris. C. arbeitet auf den Gebieten der Buchillustration, der Kunst- und Werbegraphik. Er erlangte v.a. mit Plakatentwürfen internat. Ansehen.

Cieszyn [poln. ˈtɕɛʂɨn] (dt. Teschen), poln. Stadt sw. von Kattowitz, 310 m ü.d.M., 37 000 E. Metall- und Holzverarbeitung, Elektroind.; Grenzübergang zur ČR. – C. ist der älteste bekannte Name von **Teschen,** 1920 geteilt in das poln. C. und das tschech. ↑Český Těšín.

Cignani, Carlo [italien. tʃiɲˈɲaːni], *Bologna 15. Mai 1628, †Forlì 6. Sept. 1719, italien. Maler. – In der Carracci-Tradition stehender bolognes. Maler (u.a. Ausmalung der Kuppel des Doms von Forlì, 1686–1706).

Cigoli, Ludovico [italien. ˈtʃiːgoli], eigtl. L. Cardi da C., *Cigoli (= San Miniato) 12. Sept. 1559, †Rom 8. Juni 1613, italien. Maler und Baumeister. – Begr. des Barockstils in Florenz; malte u.a. das „Martyrium des hl. Stephanus" (1597; Florenz, Palazzo Pitti). Als Baumeister entwickelte er sich unter dem Einfluß des Palladianismus. C. war auch als Zeichner bedeutend.

Cikker, Ján [slowak. ˈtsikɛr], *Neusohl (= Banská Bystrica) 29. Juli 1911, †Preßburg 21. Dez. 1989, slowak. Komponist. – Komponierte v.a. Opern, u.a. „Auferstehung" (1962, nach L. Tolstoi); auch Orchester- und Kammermusik.

Cilacap [indones. tʃiˈlatʃap] (Tjilatjap), Hafenstadt auf Java, Indonesien, 290 km sö. von Jakarta, 60 000 E. Erdölraffinerien; einziger bed. Hafen an der S-Küste der Insel.

Cilèa, Francesco [italien. tʃiˈlɛːa], *Palmi 23. Juli 1866, †Varazze bei Genua 20. Nov. 1950, italien. Komponist. – Komponierte verist. Opern (↑Verismus), u.a. „Adriana Lecouvreur" (1902), sowie Orchester- und Kammermusik.

Ciliata [lat.], svw. ↑Wimpertierchen.

CIM ↑Automatisierung.

Cima [italien. ˈtʃiːma], svw. Bergspitze.

Cima da Conegliano [italien. ˈtʃiːma dakoneʎˈʎaːno], eigtl. Giovanni Battista C., *Conegliano um 1460, †ebd. 3. Sept. 1517 oder 1518, italien. Maler. – Bed. Vertreter der venezian. Frührenaissance, v.a. von Antonello da Messina beeinflußt; u.a. „Taufe Christi" (1494; Venedig, San Giovanni in Bragora).

Marcus Tullius Cicero (Rom, Kapitolinisches Museum)

Cimabue

Cimabue [italien. tʃima'buːe], eigtl. Cenni di Pepo, * Florenz um 1240, † Pisa 1302 (?), italien. Maler. – Erfüllte die noch byzantin. Formen mit warmem menschl. Ausdruck. Um 1265 entstand wohl der gemalte Kruzifixus in Arezzo, San Francesco, nach 1270 wohl der Kruzifixus von Santa Croce in Florenz, um 1280 die Madonna aus San Trinità, Florenz (Uffizien) und die Fresken der Oberkirche in Assisi.

Cimarosa, Domenico [italien. tʃima'rɔːza], * Aversa 17. Dez. 1749, † Venedig 11. Jan. 1801, italien. Komponist. – Von seinen nahezu 80 Opern wird „Die heiml. Ehe" (1792) noch heute gespielt; daneben u. a. auch Oratorien, Sinfonien und Klaviersonaten.

Domenico Cimarosa

Cimbalom [ungar. 'tsimbɔlɔm; griech.-lat.] ↑ Hackbrett.

Cimiotti, Emil [tʃimi'ɔti], * Göttingen 19. Aug. 1927, dt. Bildhauer. – Schöpfer bewegter, völlig ineinander verschmolzener Figurengruppen, später neorealist. Plastik

Cîmpulung [rumän. kîmpu'luŋ], rumän. Stadt 50 km nnö. von Pitești, 41 000 E. Automobil- und Bekleidungsind.; Luftkurort. – 1300 erstmals erwähnt. Nach 1330 Residenz der Fürsten der Walachei.

Cinchonin [sɪntʃo...; span.], ein Chinarindenalkaloid; wirkt schwächer als Chinin.

Cinch-Steckverbinder [engl. sɪntʃ „Sattelgurt, fester Halt"], zweipoliger Steckverbinder für Koaxialkabel; Stecker mit zentr. Stift und ihn koaxial umgebender Hülse als 2. Pol.

Cincinnati [engl. sɪnsɪ'næti], Stadt in SW-Ohio, USA, am rechten Ufer des mittleren Ohio, 160 m ü. d. M., 370 000 E; Metropolitan Area 1,67 Mill. E. Sitz eines kath. Erzbischofs und eines anglikan. Bischofs; zwei Univ. (gegr. 1819 bzw. 1831), mehrere kath. Colleges, Hebrew Union College – Jewish Institute of Religion (gegr. 1875), Kunstakad.; bed. Zentrum u. a. der Werkzeugmaschinen- und Seifenherstellung; Verkehrsknotenpunkt, 2 ⚒. – 1788 am Übergang mehrerer Indianerwege über den Ohio errichtet.

Cincinnatus, Lucius Quinctius, röm. Staatsmann des 5. Jh. v. Chr. aus patriz. Geschlecht. – Soll 458 vom Pflug weggeholt und zum Diktator ernannt worden sein, um das von den Äquern eingeschlossene Heer des Konsuls Lucius Minucius Esquilinus zu befreien; legte nach Sieg und Triumph die Diktatur nieder; 439 erneut Diktator.

Emil Cimiotti. Tischlein-Deck-Dich-leergegessen, Bronze, 1978 (Privatbesitz)

Cinderella [engl. sɪndə'rɛlə], engl. für Aschenputtel.

Cineast [sine'ast; griech.-frz.], Filmkenner, -forscher, -schaffender; auch Filmfan.

Cinemagic [engl. sɪnə'mædʒɪik; griech.-engl.], Verfahren der Trickfilmtechnik, das Real- und Trickaufnahmen mischt.

Cinemascope Ⓦ [sinema'skoːp; griech.-engl.] ↑ Breitbildverfahren.

Cinemathek [si...] ↑ Kinemathek.

Cinéma-vérité [frz. sinemaveri'te, „Kino-Wahrheit"], Stilrichtung der Filmkunst, in Frankreich u. a. von J. Rouch und E. Morin in den 50er Jahren entwickelt. Durch spontanes Spiel und den Einsatz von Stilmitteln des Dokumentarfilms soll beim Zuschauer die Illusion unverfälschter Wirklichkeit entstehen.

Cimabue. Thronende Madonna mit Engeln und Propheten, um 1280 (Florenz, Uffizien)

Cineol, svw. ↑ Eucalyptol.

Činggis Khan ['tʃɪŋɪs 'kaːn] ↑ Dschingis-Khan.

Cingulum [lat.], (C. militiae) im röm. Heer im 1. Jh. n. Chr. eingeführter Ledergürtel, der über die Hüften getragen wurde; endete in einem Schurz aus metallbeschlagenen Lederriemen zum Schutz des Unterleibes.

▷ ↑ Zingulum.

Cinna, röm. Familienname, v. a. im patriz. Geschlecht der Cornelier und im plebej. Geschlecht der Helvier:

C., Lucius Cornelius, † Ancona 84 v. Chr., röm. Konsul. – Gegen Sullas Willen zum Konsul für 87 gewählt; aus Rom vertrieben, verband sich mit Marius und eroberte die Stadt; jährlich wiedergewählter Konsul 86–84; von meuternden Soldaten getötet.

C., Lucius Cornelius, röm. Prätor (44 v. Chr.). – Lobte die Mörder Cäsars, weshalb ihn das erbitterte Volk lynchen wollte, wegen einer Verwechslung aber den Volkstribunen Gajus Helvius Cinna tötete (März 44).

Cinnabarit [griech.], svw. ↑ Zinnober.

Cinnamomum [griech.-lat.], svw. ↑ Zimtbaum.

Cinquecento [tʃɪŋkve'tʃento; italien.], italien. Bez. für das 16. Jahrhundert.

Cinque Ports [engl. 'sɪŋk 'pɔːts „fünf Häfen"], Bez. für den Bund der engl. Hafenstädte Hastings, Romney, Hythe, Dover, Sandwich, später noch Winchelsea und Rye, denen 30 Städte in Kent und Sussex assoziiert waren; entstanden wohl im 11. Jh.; stellten als Leistung für außerordentl. Privilegien bis ins 14. Jh. den Kern der engl. Flotte.

Cinqueterre [italien. tʃɪŋkue'tɛrre], italien. Küsten- und Vorgebirgslandschaft in Ligurien, westlich von La Spezia.

Cinto, Monte [italien. 'monte 'tʃinto], höchste Erhebung auf Korsika, 2 706 m über dem Meeresspiegel.

CIO [engl. 'siːaɪ'oʊ], Abk. für engl.: **C**ongress of **I**ndustrial **O**rganizations (↑ Gewerkschaften [Übersicht; Amerika]).

▷ Abk. für frz.: **C**omité **I**nternational **O**lympique (↑ Internationales Olympisches Komitee).

Cione [italien. 'tʃoːne] ↑ Orcagna, Andrea di Cione Arcangelo.

C., Nardo di ↑ Nardo di Cione.

Cioran, Emile [frz. sjɔ'rã, rumän. tʃo'ran], * Rășinari (Kreis Sibiu) 8. April 1911, Essayist rumän. Herkunft. – Lebt in Paris; schreibt frz.; u. a. „Geschichte und Utopie" (1960) über die Absurdität der Geschichte, „Der Absturz in die Zeit" (1964), „Der zersplitterte Fluch" (Aphorismen 1987).

circa [lat.], Abk. ca., häufige Schreibung für: zirka, ungefähr.

Circe, Zauberin der griech. Mythologie. Tochter des Sonnengottes Helios und der Perse. Fremde, die ihre Insel Aia betreten, werden von ihr in Tiere verwandelt.

Circinus [lat.] (Zirkel) ↑ Sternbilder (Übersicht).

Circlaere, Thomasin von ↑ Thomasin von Circlaere.

Circuittraining [engl. 'sə:kɪt,treɪnɪŋ; zu circuit „Kreis-, Umlauf"], Trainingsmethode; besteht aus einer Kombination von 10–20 verschiedenen [Kraft]übungen, die mehrmals hintereinander wiederholt werden.

Circulus vitiosus [lat. „fehlerhafter Kreis"], im allg. Sprachgebrauch der „Teufelskreis" von unangenehmen Situationen, aus dem jemand nicht herausfindet, i. e. S. ein Beweisfehler, bei dem die zu beweisende Aussage für den Beweis vorausgesetzt wird.

▷ in der *Medizin* das gleichzeitige Auftreten zweier oder mehrerer Störungen, die einander ungünstig beeinflussen (z. B. Diabetes mellitus und Bluthochdruck).

circum..., Circum... ↑ zirkum..., Zirkum...

Circus maximus [lat.], größter und ältester Zirkus Roms, urspr. 621 m lang und 118 m breit; angebl. schon in der Königszeit gegr., seit dem 4. Jh. v. Chr. mehrmals umgebaut; soll zuletzt 385 000 Zuschauer gefaßt haben; Ort der ↑ zirzensischen Spiele.

Cirebon [indones. tʃirəbɔn] (Tjirebon), Stadt an der N-Küste W-Javas, Indonesien, 224 000 E. Islam. Univ.; chem., Textil- und Tabakind.; Bahnknotenpunkt; Fischerei; Hafen.

Cirencester [engl. 'saɪərənsɛstə], engl. Marktsiedlung am SO-Rand der Cotswold Hills, Gft. Gloucester, 16 000 E. Landw. Hochschule (gegr. 1845). – 1403 Stadtrecht. – Normann. Kirche (1515 umgestaltet). – Nahebei befand sich die zweitgrößte Stadt des röm. Britannien (**Corinium Dobunnorum**).

Cirksena ['tsɪrksəna], ostfries. Häuptlingsgeschlecht; begründete seine Herrschaft von Greetsiel aus; 1464 mit der Reichsgrafschaft Ostfriesland belehnt; 1654 in den Fürstenstand erhoben; 1744 erloschen.

Cirta, antike Stadt, ↑ Constantine.

Cis, Tonname für das um einen chromat. Halbton erhöhte C.

cis..., Cis... ↑ zis..., Zis...

Cisalpinische Republik ↑ Zisalpinische Republik.

Ciskei, Autonomstaat der Xhosa in der östl. Kapprovinz, Republik Südafrika, 9 421 km², 1,14 Mill. E (1987), Hauptstadt Bisho. Amtssprachen sind Englisch, Afrikaans und Xhosa. Erhielt 1972 als 3. Bantuheimatland Selbstregierung, wurde im Dez. 1981 formell unabhängig (internat. nicht anerkannt).

Cisleithanien ↑ Zisleithanien.

Cismar, Gemeindeteil von Grömitz, Schl.-H., auf der Halbinsel Wagrien; ehem. Benediktinerkloster und Wallfahrtsort. Der einschiffige Backsteinbau der Klosterkirche entstand um 1250, der Ostchor gegen 1270, das Langhaus um 1400.

Cisneros, Francisco Jiménez de ↑ Jiménez de Cisneros, Francisco.

Cispadanische Republik ↑ Zispadanische Republik.

Cisrhenanische Republik ↑ Zisrhenanische Republik.

Cissus ['sɪ...; griech.], svw. ↑ Klimme.

Cister [lat.-frz.] (im 18./19. Jh. auch Sister, in Deutschland auch Cither oder Zitter), seit dem MA bekanntes Zupfinstrument mit einem charakterist. birnenförmigen Korpus und 4–14 Metallsaitenpaaren; als Volksinstrument unter dem Namen **Harzer Zither** oder **Thüringer Zither** bis heute erhalten.

Cistercienser ↑ Zisterzienser.

cis-trans-Isomerie [lat./griech.], Bez. für die bei Molekülen mit Doppelbindungen (bei denen im Ggs. zu Einfachbindungen keine freie Drehbarkeit mehr mögl. ist) auftretende ↑ Isomerie. Wenn an beiden an der Doppelbindung beteiligten Atomen verschiedene Substituenten vorhanden sind, ergeben sich zwei räuml. Isomere (cis- und trans-Form).

Cistron [engl.], Bez. für die Untereinheit eines Gens (in der Bakterien- und Bakteriophagengenetik oft mit Gen gleichgesetzt); in der Molekularbiologie Bez. für einen Ribonukleinsäure- oder Desoxyribonukleinsäureabschnitt, der die Information für die Synthese einer Polypeptidkette enthält.

Cistus [griech.], svw. ↑ Zistrose.

cit..., Cit... ↑ zit..., Zit...

Cité [frz. si'te], frz. für Stadt, v. a. Bez. der Altstadt im Ggs. zu den neueren Vororten. Die **Île de la Cité** in Paris war die Keimzelle der späteren Stadt.

Cîteaux [frz. si'to], frz. Kloster in Burgund, Dep. Côte-d'Or, 23 km südl. von Dijon. – 1098 von Robert von Molesme und Alberich gegr. Reformkloster, Mutterkloster des Zisterzienserordens. Die ma. Klosteranlage ist nicht mehr erhalten; einige Bauten aus dem 15., 16. und 18. Jh. bestehen noch.

Cîteaux. Das ehemalige Skriptorium des Zisterzienserklosters, einziges erhaltenes älteres Gebäude, aus dem 15. Jahrhundert

Citicorp. [engl. 'sɪtɪkɔ:peɪʃn], amerikan. Finanzkonzern (Holdinggesellschaft), gegr. 1968 als *First National City Corporation* seit 1976 jetziger Name), Sitz: New York. Wichtigste Beteiligung: *Citibank National Association* (eine der größten Banken der USA; Sitz: New York, gegr. 1812; firmierte 1955–76 als *First National City Bank*).

citius, altius, fortius [lat. „schneller, höher, stärker"], Leitmotiv der Olymp. Spiele der Neuzeit.

Citlaltépetl [span. sitlal'tepetl] (Pico de Orizaba), der höchste Berg Mexikos, am O-Rand der Cordillera Volcánica, 5 700 m hoch; Vulkan, 1687 letzter Ausbruch.

Citoyen [sitoa jɛ̃; lat.-frz.], Bürger; urspr. der stimm- und wahlberechtigte Bürger der Cité („Stadt"); *C.* und *Citoyenne* waren 1792–1804 und 1848 in Frankreich allg. Anreden an Stelle von Monsieur und Madame.

Citrate (Zitrate), die Salze und Ester der ↑ Zitronensäure.

Citrin (Zitrin) ↑ Amethyst.

Citrine, Walter McLennan, Baron (seit 1946) C. of Wembley [engl. sɪ'tri:n], *Liverpool 22. Aug. 1887, †Brixham 22. Jan. 1983, brit. Gewerkschaftsführer. – 1926–46 Generalsekretär des Trades Union Congress (TUC), 1928–45 Präs. des Internat. Gewerkschaftsbundes, 1945/46 des Weltgewerkschaftsbundes.

Citroën S. A., Société des Automobiles [frz. sɔsje'te dezɔtɔmɔ'bil sitrɔ'ɛn ɛs'a], frz. Unternehmen der Automobilind., Sitz Paris, gegr. 1915; 1976 Fusion mit der Peugeot S. A.

Citronensäure ↑ Zitronensäure.

Citrullus [lat.], svw. ↑ Wassermelone.

Citrus [lat.], svw. ↑ Zitruspflanzen.

Città del Vaticano [italien. tʃit'tadelvati'ka:no] ↑ Vatikanstadt.

City [sɪti; engl.; zu lat. civitas „Bürgerschaft, Gemeinde"], im engl. Sprachbereich urspr. ein historisch-rechtl. Begriff, eine Stadt mit eigener Verwaltung und beschränkter Gesetzgebungsgewalt; heute – im Ggs. zu Town – jede größere Stadt.

Cister

Ciudad

▷ Bez. für eine bestimmte Kategorie der Stadtmitte, gekennzeichnet durch Konzentration von Dienstleistungsbetrieben, Geschäften und Büros, hohe Arbeitsplatz- und Verkehrsdichte, hohe Bodenpreise und Mieten; starker Rückgang der Wohnbevölkerung. Im Erscheinungsbild fallen v. a. die Geschoßüberhöhung, moderne Sacharchitektur, durchgehende Ladenfronten, z. T. Fußgängerzonen und die Massierung von Reklame auf. – In der BR Deutschland lassen sich zwei Typen unterscheiden: 1. Die C. ist identisch mit der Altstadt (Bremen, Nürnberg). 2. Die C. liegt zw. Altstadt und Hauptbahnhof (Stuttgart, München).

Ciudad [span. θi̯u'ðað; zu lat. civitas „Gemeinde"], span. Bez. für Stadt.

Ciudad Bolívar [span. si̯u'ðað βo 'liβar], Hauptstadt des venezolan. Staates Bolívar am Orinoko (seit 1967 1678 m lange Hängebrücke), 183 000 E. Erzbischofssitz; Handels- und Ind.zentrum, mit Ciudad Guayana Organisationszentrum des neuen Wirtschaftsgebietes *Guayana;* der Hafen ist für Ozeanschiffe erreichbar. ⚓. – 1764 als Santo Tomás de la Nueva Guayana gegr.; der hier 1819 von S. Bolívar einberufene Kongreß erklärte die Unabhängigkeit Großkolumbiens von Spanien; 1846 in C. B. umbenannt.

Ciudad Guayana [span. si̯u'ðað -] (früher Santo Tomé de Guayana), Stadt im O Venezuelas, 314 000 E. Zus. mit San Felix, Puerto Ordaz und Ciudad Bolívar Leitzentrum der wirtsch. Erschließung des eisenerz- und bauxitreichen venezolan. *Guayana;* Energiezentrum Guri-Wasserkraftwerk.

Ciudad Juárez [span. si̯u'ðað xu̯ares], mex. Stadt am Rio Grande, durch drei Brücken mit der gegenüberliegenden Stadt El Paso (Texas, USA) verbunden, 1 100 m ü. d. M., 567 000 E. Bischofssitz, Univ. (gegr. 1973); Fremdenverkehr; Eisenbahnendpunkt, ⚓. – Gegr. 1659.

Ciudad Real [span. θi̯u'ðar rrɛ'al], span. Stadt in der Mancha, 626 m ü. d. M., 51 000 E. Verwaltungssitz der Prov. C. R.; Bischofssitz; landw. Marktzentrum. – 1255 von Alfons X. gegr.; 1420 Stadt.

Ciudad Trujillo [span. si̯u'ðað tru'xijo] ↑Santo Domingo.

Ciudad Victoria [span. si̯u'ðað βik'tori̯a], Hauptstadt des mex. Staates Tamaulipas, am Fuß der Sierra Madre Oriental, 153 000 E. Bischofssitz; Univ. (gegr. 1950/51); Marktort eines Agrargebietes; nahebei Gold-, Silber-, Blei- und Kupfererzbergbau; Bahnstation, ⚓. – Gegr. 1750.

Cividale del Friuli [italien. tʃivi'daːle del fri'uːli], italien. Stadt in Friaul-Julisch-Venetien, 15 km onö. von Udine, 11 300 E. Archäolog. Museum. – Röm. **Forum Iulii**, 569–774 Sitz langobard. Herzöge; seit etwa 737–1238 Residenz der Patriarchen von Aquileja. Nach 774 als **Civitas Austriae** Sitz fränk. Markgrafen; im 9. und 10. Jh. zerstört; 1419/20 an Venedig. – Der Dom wurde nach 1502 im Frührenaissancestil umgebaut. Bei der Porta Brossana liegt der Bau des „Tempietto Longobardo" (8. Jh.) mit Wandmalereien, Stuckreliefs und -figuren; Wahrzeichen der Stadt ist der Ponte del Diavolo (Mitte des 15. Jh.).

Civilis, Gajus Julius, german. Freiheitskämpfer aus vornehmem Geschlecht der Bataver im 1. Jh. n. Chr. – Stand in röm. Dienst; zettelte 69 n. Chr. einen Befreiungskrieg gegen Rom an, der 69/70 zum Abfall gall. Gebiete, german. Föderierter und röm. Legionen führte; mußte 70 kapitulieren.

Civil Rights [engl. 'sɪvɪl 'raɪts], in den USA Bürgerrechte, die darauf abzielen, daß alle Bürger ohne Rücksicht auf Rassenzugehörigkeit, Hautfarbe, nat. Herkunft, Religion und Geschlecht im staatl. und gesellschaftl. Leben die gleichen Rechte genießen und nicht diskriminiert werden sollen (in Bürgerrechtsgesetzen geregelt). Die C. R. gehen über die klass. Grundrechte **(Civil Liberties)** hinaus, die dem Bürger lediglich eine staatsfreie Sphäre sichern, d. h. ihn davor bewahren, daß die staatl. Gewalt ohne zwingenden Grund seine Freiheit beschränkt (z. B. Schutz des Eigentums und der Vertragsfreiheit). Die erste C. R. Act wurde nach dem amerikan. Bürgerkrieg im Jahre 1866 erlassen. Die Einhaltung der C.-R.-Gesetzgebung wird vom Generalstaatsanwalt und bes. Bundesbehörden überwacht.

Pieter Claesz. Stilleben (Amsterdam, Rijksmuseum)

Civil service [engl. 'sɪvɪl 'səːvɪs], in Großbritannien und in den USA Bez. für den öff. Dienst.

Civis [lat.], im antiken Rom ein Angehöriger der röm. Bürgerschaft *(civitas Romana).*

Civitali, Matteo [italien. tʃi...], * Lucca 5. Juni 1436, † ebd. 12. Okt. 1501, italien. Bildhauer und Baumeister. – Von der florentin. Frührenaissance beeinflußt, tätig v. a. in Lucca: Grabdenkmäler, Statuen und Reliefs; kleiner Tempel für den „Volto Santo" im Dom (1482–84), Palazzo Pretorio (1501).

Civitas (Mrz. Civitates) [lat.], im *Röm. Reich* Bez. für jede Art Staatswesen mit den Voraussetzungen bürgerl. Selbstverwaltung; auch Bez. für die röm. Bürgergemeinde.
▷ das für das Mgl. einer C. gültige Bürgerrecht.
▷ die geschlossenen, politisch selbständigen german. Volksgemeinden, seit der Völkerwanderungszeit Bez. für die ummauerten Städte.

Civitas Austriae ↑Cividale del Friuli.

Civitas Dei [lat. „Stadt (Gemeinde) Gottes"], Titel eines der Hauptwerke des Aurelius Augustinus und Zentralbegriff seiner Geschichtstheologie. Der C. D. gehören v. a. Engel und Menschen im Himmel an, sie verwirklicht sich aber auch schon in dem auf Erden wandernden Gottesvolk; die **Civitas terrena** („die ird. Stadt"), ihr Gegenbegriff, hat ihre Hauptrepräsentanten in den heidn. Staatsgebilden von Babylon und Rom. Umstritten ist, inwieweit Augustinus die sichtbare Kirche mit der C. D. identifiziert.

Civitavecchia [italien. tʃivita'vekki̯a], italien. Hafenstadt in Latium, 60 km wnw. von Rom, 50 000 E. Bed. Ind.standort, Fischerei- und Handelshafen. – 106/107 n. Chr. als Hafen **(Centumcellae)** angelegt. Im 15. Jh. fiel C. an den Kirchenstaat, Heimathafen der päpstl. Kriegsflotte. – Am Hafen das Forte Michelangelo (1508–57).

Cixous, Hélène [frz. sik'sus], * Oran 1937, frz. Schriftstellerin. – Schreibt feministisch engagierte Romane, u. a. „Innen" (1969), „Portrait du soleil" (1974), „Illa" (1980), und Dramen, z. B. „L'histoire terrible mais inachevée de N. Sihanouk, roi du Cambodge" (1985).

Čižek, Franz [tʃiʒɛk], * Leitmeritz (= Litoměřice) 12. Juli 1865, † Wien 17. Dez. 1946, östr. Kunstpädagoge. – Seine „Methode der kindl. Selbsttätigkeit" im Zeichnen und Malen gewann großen Einfluß auf den Kunstunterricht in der Schule.

Cl, chem. Symbol für ↑Chlor.

Claassen Verlag GmbH ↑Verlage (Übersicht).

Clactonien [klɛktoni'ɛː; nach einer bei Clacton-on-Sea (Gft. Essex) gelegenen Fundstelle], altpaläolith. Fundgruppe in NW-Europa ohne Faustkeile; kennzeichnend sind u. a. vielseitig verwendbare Abschläge.

Cladocera [griech.], svw. ↑Wasserflöhe.

Cladophora [griech.], svw. ↑Zweigfadenalge.

Claes, Ernest André Jozef [niederl. klaːs], Pseud. G. van Hasselt, * Zichem bei Diest 24. Okt. 1885, † Brüssel 2. Sept. 1968, fläm. Schriftsteller. – Schrieb gemütsbetonte, realist. Prosa, u. a. „Flachskopf" (R., 1920).

Hélène Cixous

Claesz, Pieter [niederl. kla:s], *Burgsteinfurt 1596 oder 1597, □ Haarlem 1. Jan. 1661, niederl. Maler. – Seit etwa 1617 in Haarlem tätig; Stilleben in heller, allmählich monochrom werdender Farbgebung.

Clair, René [frz. klɛ:r], eigtl. R. Chomette, *Paris 11. Nov. 1898, †Neuilly-sur-Seine 15. März 1981, frz. Filmregisseur und Drehbuchautor. – Drehte seine ersten Stummfilme („Paris qui dort", 1923; „Entr' acte", 1924) in impressionist. Stil („cinéma pur"). Die für seine Spielfilme typ. Spannung zw. Realität und Phantasie, Poesie und distanzierter Ironie beherrscht bereits seinen ersten Tonfilm „Unter den Dächern von Paris" (1930). Weitere bed. Filme sind u.a. „Die Schönen der Nacht" (1952), „Die Mausefalle" (1957). Schrieb auch filmtheoret. Werke.

Clairaut, Alexis Claude [frz. klɛ'ro] (Clairault), *Paris 7. Mai 1713, †ebd. 17. Mai 1765, frz. Mathematiker, Physiker und Astronom. – Neben Untersuchungen zur Theorie der Differentialgleichungen befaßte sich v.a. mit Problemen der Geodäsie, deren Begründer er ist. 1759 schloß er aus Bahnstörungen des Halleyschen Kometen auf die Existenz des Planeten Uranus.

Clairette [frz. klɛ'rɛt; lat.-frz.], Bez. für eine in S-Frankreich weitverbreitete Rebsorte; auch für den aus ihr gekelterten, leichten, säurearmen Weißwein mit geringem Bukett.

Clair-obscur [klɛrɔps'ky:r; frz.] (italien. Chiaroscuro) ↑ Helldunkelmalerei.

Clairon [klɛ'rõ:; lat.-frz.], frz. Signalhorn; seit 1822 Signalinstrument in der frz. Armee.
▷ Zungenstimme der Orgel (auch Clarino).

Clairvaux: Bernhard von Clairvaux.

Clairvaux [frz. klɛr'vo], ehem. Zisterzienserabtei in der Champagne, Dep. Aube, Frankreich; 55 km osö. von Troyes. – Das Kloster wurde 1115 von Bernhard von C. als 3. und berühmtestes Tochterkloster von Cîteaux gegr., 1792 aufgehoben; seit 1808 Gefängnis.

Claisen, Ludwig, *Köln 14. Jan. 1851, †Bad Godesberg 5. Jan. 1930, dt. Chemiker. – Prof. in Aachen, Kiel und Berlin; arbeitete über organ. Synthesen, u. a. die Herstellung von β-Ketocarbonsäureestern (z. B. Acetessigsäureäthylester) durch Kondensation von zwei Molekülen Carbonsäureestern in bas. Medium (**Claisen-Kondensation**).

Clam, östr. Adelsgeschlecht aus dem Raum Wallersee (Salzburg); 1655 Reichsfreiherrn, 1759 östr. Grafen; 1759 wurde die Linie **Clam-Gallas,** 1792 die Linie **Clam-Martinic** begr.; bed.:
C.-Martinic (C.-Martinitz) [...nɪts], Heinrich Karl Maria Graf, *Wien 1. Jan. 1863, †Schloß Clam bei Grein 7. März 1932, Politiker. – Freund des Erzherzogs Franz Ferdinand; seit 1894 einer der führenden Vertreter des Großgrundbesitzer im böhm. Landtag und östr. Herrenhaus; 1916/17 östr. Ministerpräsident.

Clan [klɑ:n; engl. klæn; gäl. „Abkömmling"], Sippen- oder Stammesverband im inselkelt. Bereich (heute noch v. a. im schott. Hochland). Die Farben der C., in Stoff eingewebte Karomuster (Tartan), wurden erst im 18. Jh. zu festen Abzeichen. In der Völkerkunde ↑ Klan.

Claparède, Édouard [frz. klapa'rɛd], *Genf 24. März 1873, †ebd. 29. Sept. 1940, schweizer. Psychologe und Pädagoge. – Seit 1908 Prof. in Genf; Arbeiten v. a. zur Kinderpsychologie und pädagog. Psychologie.

Clapeyron, Benoît Paul Émile [frz. klapɛ'rõ], *Paris 26. oder 21. Febr. 1799, †ebd. 28. Jan. 1864, frz. Ingenieur. – War maßgeblich an der Planung und Ausführung der ersten Eisenbahnlinien in Frankreich beteiligt. Entwickelte die Thermodynamik S. Carnots weiter und wandte sie vorwiegend auf den Bau von Dampfmaschinen an.

Clapperton, Hugh [engl. 'klæpɛtn], *Annan (Dumfries) 18. Mai 1788, †bei Sokoto (Nigeria) 13. April 1827, brit. Afrikaforscher. – Erreichte von Tripolis aus 1822/23 den Tschadsee und Bornu; dann Kano, Katsina, Sokoto und Zaria.

Clapps Liebling ↑ Birnen (Übersicht).

Clapton, Eric [engl. 'klɛptən], eigtl. E. Patrick Clapp, *Ripley (Surrey) 30. März 1945, brit. Rockmusiker (Gitarrist). – Spielte u. a. bei „The Yardbirds", „Cream", „Blind Faith"; einer der bed. Gitarristen der Rockmusik.

Claque [frz. klak], bestellte, mit Geld oder Freikarten bezahlte Gruppe von Beifallklatschern (**Claqueure**).

Clare, John [engl. klɛə], *Helpston bei Peterborough 13. Juli 1793, †Northampton 20. Mai 1864, engl. Dichter. – Verfaßte reizvolle, beschreibende Naturlyrik mit bäuerl. Thematik.

Clarendon [engl. 'klærəndən], Adelstitel (Earl of C.) in der engl. Familie *Hyde* (1661–1753) und in der Familie *Villiers* (seit 1776). Bed.:
C., Edward Hyde, Earl of (seit 1661), *Dinton (Wiltshire) 18. Febr. 1609, †Rouen 9. Dez. 1674, engl. Staatsmann. – Festigte als Lordkanzler Karls II. (1660–67) die Restauration der Staatskirche; 1667 gestürzt und des Hochverrats angeklagt; mußte nach Frankreich fliehen; zahlr. bed. histor. Schriften.
C., George William Frederick Villiers, Earl of (seit 1838), *London 12. Jan. 1800, †27. Juni 1870, brit. Politiker und Diplomat. – Schlug als Vizekönig von Irland (1847–52) den ir. Aufstand 1848 nieder; Außenmin. 1853–58, 1865/66 und 1868–70.

Clarendon Press, The [engl. ðə 'klærəndən 'prɛs], Verlag der Oxford University.

Clarholz, Ortsteil von Herzebrock, 8 km nw. von Rheda-Wiedenbrück, NRW, ehem. Prämonstratenserkloster (1138/39–1803). Ehem. Klosterkirche (Mitte des 12. Jh.), in der 1. Hälfte des 14. Jh. zur got. Hallenkirche umgebaut.

Clarino [italien.; zu lat. clarus „hell, klar"], Bez. für die hohen Trompetenpartien, bes. im 17./18. Jh., von diesen abgeleitet auch als Instrumentenname gebraucht. Als Bachtrompete wird heute eine speziell für die C.-Passagen der Bachzeit gebaute hohe Ventiltrompete bezeichnet.
▷ im 18. Jh. italien. Bez. für die Klarinette, sonst für deren Mittellage gebräuchlich.

Clark [engl. klɑ:k], Joseph, *High River (Alberta) 5. Juni 1939, kanad. Politiker (Progressive Conservative Party). – 1979–80 Premiermin., 1984–91 Außenminister.
C., Mark Wayne, *Madison Barracks (N.Y.) 1. Mai 1896, †Charleston 17. April 1984, amerikan. General. – 1941/42 Stabschef in N-Afrika; nahm 1944 Rom ein; 1945–47 Hoher Kommissar in Wien; 1952/53 Oberbefehlshaber in Korea.

Clarke [engl. klɑ:k], Arthur Charles, *Minehead (Somerset) 16. Dez. 1916, engl. Schriftsteller. – Urspr. Radarspezialist; Verf. anspruchsvoller Science-fiction-Romane, die sich mit dem Weltraumflug beschäftigen.
C., Austin, *Dublin 9. Mai 1896, †ebd. 20. März 1974, ir. Schriftsteller. – U. a. Begr. der Irish Lyric Theatre Group. Schrieb oft humorist., ep. und lyr. Gedichte, Versdramen und Erzählungen, z. T. mit gäl. Stoffen.
C., Kenneth Spearman („Kenny"), gen. Klook, muslim. Name Liaqat Ali Salaam, *Pittsburgh 9. Jan. 1914, †Montreuil-sous-Bois 27. Jan. 1985, amerikan. Jazzmusiker. – Bedeutender Schlagzeuger des modernen Jazz; beteiligt an der Entwicklung des Bebop.
C., Marcus Andrew Hislop, *London 24. April 1846, †Melbourne 2. Aug. 1881, austral. Schriftsteller. – Sein Hauptwerk, der Roman „Deportiert auf Lebenszeit" (1874), behandelt das Leben in austral. Sträflingskolonien.

Clary und Aldringen, Manfred Graf ['klɑ:ri], *Wien 30. Mai 1852, †Schloß Hernau bei Salzburg 12. Febr. 1928, östr. Politiker. – 1896/97 Landespräs. im östr. Schlesien; 1898–1918 (mit kurzer Unterbrechung) letzter Statthalter der Steiermark; 1899 kurzfristig östr. Ministerpräsident.

Claß, Heinrich, Pseud. Einhart; Daniel Frymann, *Alzey 29. Febr. 1868, †Jena 16. April 1953, dt. Publizist und Politiker. – Verbandsvors. der Alldeutschen 1908–39. Seine Konzeption einer „völk. Diktatur" war eine wesentl. Vorform der NS-Ideologie; nach 1933 einflußlos.
C., Helmut, *Geislingen an der Steige 1. Juli 1913, dt. ev. Theologe. – 1967 Prälat von Stuttgart, 1969–79 Landesbischof der ev. Landeskirche in Württemberg, 1973–79 Vors. des Rates der EKD.

René Clair

Alexis Claude Clairaut

Clathrate

Albert Claude

Paul Claudel

Claudius
(Rom, Vatikanische Sammlungen)

Matthias Claudius

Clathrate [griech.-lat.] ↑ Einschlußverbindungen.
Clauberg, Johann, *Solingen 24. Febr. 1622, †Duisburg 31. Jan. 1665, dt. Philosoph. – Seit 1651 Prof. in Duisburg; Vorläufer des ↑Okkasionalismus. Hauptwerk „Elementa Philosophiae sive Ontosophia" (1647).
Claude [frz. klo:d], Albert, *Longlier (heute zu Neufchâteau) 23. Aug. 1899, †Brüssel 22. Mai 1983, belg. Biochemiker. – Seit 1949 Direktor des Jules-Bordet-Instituts in Brüssel. Entwickelte neue Präparationstechniken (Ultramikrotomie und fraktionierte Zentrifugierung von Geweben), die bei der elektronenmikroskop. Untersuchung von Leberzellen und Fibroblastenkulturen zur Entdeckung der Mitochondrien führten. 1974 erhielt er (mit C. de Duve und G. B. E. Palade) den Nobelpreis für Physiologie oder Medizin.
C., Georges, *Paris 24. Sept. 1870, †ebd. 23. Mai 1960, frz. Physiker und Chemiker. – Entwickelte 1902 ein Verfahren zur Luftverflüssigung *(Claude-Verfahren)* und 1917 ein Ammoniaksyntheseverfahren.
C., Jean, *La Sauvetat-du-Dropt (Lot-et-Garonne) 1619, †Den Haag 13. Jan. 1687, frz. ref. Theologe. – Seit 1654 Pfarrer und Prof. in Nîmes; verteidigte die kalvinist. Auffassung vom Abendmahl („La défense de la réformation", 1673). 1685 nach der Aufhebung des Edikts von Nantes ausgewiesen, ging C. nach Den Haag; bed. Schriften über die Hugenotten.
Claudel [frz. klo'dεl], Camille, *Fère-en-Tardenois (Aisne) 8. Dez. 1864, †Montfavet (bei Avignon) 19. Okt. 1943, frz. Bildhauerin. – Schwester von Paul C. 1883–98 Schülerin, Werkstattgehilfin und Geliebte A. Rodins. Ihr dramat.-dynam. Werk, das sich v. a. nach der Trennung von Rodin (1898) in einem eigenständigen Stil entfaltete, dokumentieren ausdrucksstarke Arbeiten wie „Die Flehende" oder die „Walzer"-Variationen. Die letzten 30 Jahre ihres Lebens verbrachte sie in einer psychiatr. Anstalt.
C., Paul, *Villeneuve-sur-Fère (Aisne) 6. Aug. 1868, †Paris 23. Febr. 1955, frz. Dichter. – Bruder von Camille C. Diplomat; sein dichter. Werk lebt aus seinem kath. Glauben. Strömende Lyrismen, großartige Bilder, mehrzeilige reimlose Prosa in freien Rhythmen kennzeichnen seinen Stil nicht nur der Lyrik, sondern auch seiner Dramen. Hauptthema ist der Konflikt zw. Körper und Geist. Das Hauptwerk des Dichters des Renouveau catholique ist „Der seidene Schuh" (Dr., 1930). – *Weitere Werke:* Goldhaupt (Dr., 1891), Mittagswende (Dr., 1906), Fünf große Oden (1910), Verkündigung (Dr., 1912), Dramentrilogie: Der Bürge (1911), Das harte Brot (1918), Der erniedrigte Vater (1920).
Claudianus, Claudius, *Alexandria um 375, †nach 404, röm. Dichter. – Seit 395 am Hofe des Kaisers Honorius; stand in der Gunst Stilichos; schrieb politisch-zeitgeschichtl. Epen und Schmähgedichte.
Claudicatio intermittens [lat.], svw. ↑intermittierendes Hinken.
Claudische Straße ↑Römerstraßen.
Claudius, Name röm. Kaiser:
C. (Tiberius Claudius Nero Germanicus), *Lugdunum (= Lyon) 1. Aug. 10 v. Chr., †Rom 13. Okt. 54, röm. Kaiser (seit 41). – Sohn des Nero Claudius Drusus; Nachfolger Caligulas; 43 Eroberung des SO Britanniens, Befestigung der Donaugrenze. Stand unter dem Einfluß seiner Gattinnen, bes. der dritten, Valeria ↑Messalina, und Agrippinas d. J., die ihn ermorden ließ.
C. II. Gothicus (Marcus Aurelius Valerius Claudius), †Sirmium (= Sremska Mitrovica) 270, röm. Kaiser (seit 268). – Siegte über die Alemannen am Gardasee und über die Goten bei Naissus (= Niš).
Claudius, Name eines altröm. Patriziergeschlechtes (seit dem 4. Jh. v. Chr. auch eines plebej. Zweiges); bekannt v. a.:
C., Appius C. Caecus, röm. Zensor (312 v. Chr.) und Konsul (307 und 296). – Führte Neuerungen im Bauwesen (u. a. Straßenbau: Via Appia), im religiösen und im polit. Bereich (u. a. Ergänzung des Senats mit Söhnen von Freigelassenen) ein. Kämpfte als Konsul (296) und als Prätor (295) in Samnium und Etrurien.

Claudius, Eduard, eigtl. E. Schmidt, *Buer (= Gelsenkirchen) 29. Juli 1911, †Potsdam 13. Dez. 1976, dt. Schriftsteller. – 1932 KPD-Mgl., 1933–45 in der Emigration (Teilnahme am Span. Bürgerkrieg, autobiograph. Roman „Grüne Oliven und nackte Berge", 1945); ging 1947 in die SBZ; beschrieb den „sozialist. Aufbau" in der DDR, u. a. „Menschen an unserer Seite" (R., 1951).
C., Hermann, *Langenfelde bei Hamburg 19. Okt. 1878, †Hamburg 8. Sept. 1980, dt. Schriftsteller. – Urenkel von M. Claudius; sozial engagierter „Arbeiterdichter"; auch innige, von tiefer Frömmigkeit erfüllte Lyrik; Kinderlieder, Biographien.
C., Matthias, Pseud. Asmus, *Reinfeld (Holstein) 15. Aug. 1740, †Hamburg 21. Jan. 1815, dt. Dichter. – Pfarrersohn, studierte Theologie und Jura. 1771–76 Hg. des „Wandsbecker Boten", der ersten dt. Volkszeitung mit polit., wiss., literar. und belehrenden Beiträgen; seine eigenen Beiträge erschienen 1775 gesammelt unter dem Pseud. Asmus. Seine volksliedhafte, schlichte Lyrik erlangte in ihrer Frömmigkeit, kindl. Gläubigkeit und persönl. Färbung zeitlose Gültigkeit (u. a. „Der Mond ist aufgegangen", „Stimmt an mit hellem Klang", „Der Tod und das Mädchen").
Clauren, Heinrich, eigtl. Karl Gottlieb Heun, *Dobrilugk (= Doberlug-Kirchhain) 20. März 1771, †Berlin 2. Aug. 1854, dt. Schriftsteller. – Pseudoroman. Unterhaltungsschriftsteller, u. a. „Mimili" (R., 1816); von W. Hauff im „Mann im Mond" parodiert.
Claus, Prinz der Niederlande, Jonkheer van Amsberg, *Hitzacker 6. Sept. 1926. – 1961–65 im dt. diplomat. Dienst, seit 1966 ⚭ mit Beatrix der Niederlande (seit 1980 Königin).
Claus, Carl [Friedrich], *Kassel 2. Jan. 1835, †Wien 18. Jan. 1899, dt. Zoologe. – Prof. in Marburg, Göttingen und Wien; arbeitete über Polypen, Medusen und Krebstiere; schrieb das zoolog. Standardwerk „Grundzüge der Zoologie" (1868).
C., Carlfriedrich, *Annaberg (= Annaberg-Buchholz) 4. Juni 1930, dt. Zeichner, Graphiker und Schriftsteller. – C. entwickelte als Autodidakt eine eigenständige intermediäre Kunst, die eine phantasievolle Synthese von Dichtkunst und Bildfindung darstellt („Sprachblätter").
C., Hugo, *Brügge 5. April 1929, fläm. Schriftsteller. – Schrieb realist. Dramen, Erzählungen, Drehbücher und Gedichte, u. a. „Die Reise nach England" (Dr., 1955), „Zukker" (Dr., 1958), „Der Kummer von Flandern" (R., 1983).
C., Karl Ernst, *Dorpat 22. Jan. 1796, †ebd. 24. März 1864, russ. Chemiker. – Urspr. Apotheker, seit 1837 Prof. der Chemie in Kasan, seit 1852 Prof. der Pharmazie in Dorpat; arbeitete u. a. über Platinmetalle, wobei er 1845 das Ruthenium entdeckte.
Clausewitz, Carl Philipp Gottfried von, *Burg bei Magdeburg 1. Juni 1780, †Breslau 16. Nov. 1831, preuß. General und Militärtheoretiker. – Schloß sich 1808 dem Kreis der Reformer um Scharnhorst, Gneisenau und Boyen an; 1812–15 in russ. Diensten; 1815–18 Stabschef beim Generalkommando in Koblenz, dann als Generalmajor Verwaltungsdirektor der Allg. Kriegsschule in Berlin; 1831 Chef des Generalstabes der preuß. Observationsarmee. Sein Hauptwerk „Vom Kriege" (1832–34) machte C. zum Begr. der modernen Kriegslehre. Seine Auffassungen über Strategie basieren, abgesehen vom theoretisch-philosoph. Aspekt, auf Untersuchungen der Feldzüge Friedrichs d. Gr. und Napoleons I.
Clausius, Rudolf [Julius Emanuel], *Köslin 2. Jan. 1822, †Bonn 24. Aug. 1888, dt. Physiker. – Prof. in Zürich, Würzburg, Bonn; Mitbegr. der mechan. Wärmetheorie, stellte den zweiten Hauptsatz der Thermodynamik auf und führte den Begriff der ↑Entropie ein; Mitbegr. der statist. Mechanik.
Clausius-Clapeyronsche Gleichung [frz. klapε'rõ; nach R. Clausius und B. P. É. Clapeyron], thermodynam. Gleichung zur Angabe der Druckabhängigkeit des Siedepunkts einer Flüssigkeit. Der Siedepunkt ist um so höher, je höher der äußere Druck ist.

Clausiussches Prinzip, von R. Clausius formuliertes, experimentelle Erfahrungen zusammenfassendes Prinzip der Wärmelehre: „Es ist unmöglich, Wärme ohne Nebenwirkungen (d. h. ohne gleichzeitig Arbeit aufzuwenden oder an den beteiligten Körpern irgendwelche Veränderungen herbeizuführen) von einem niedrigeren auf ein höheres Temperaturniveau zu heben."

Claussen, Sophus [dän. 'klau̯sən], * Helletofte (Langeland) 12. Sept. 1865, † Gentofte bei Kopenhagen 11. April 1931, dän. Dichter. – Symbolist. Lyrik, von Baudelaire und Verlaine beeinflußt; schrieb auch Novellen, Reiseberichte.

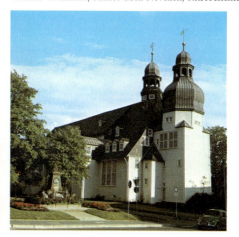

Clausthal-Zellerfeld. Die hölzerne Pfarrkirche zum Heiligen Geist, 1638–42

Clausthal-Zellerfeld, Bergstadt im W-Harz, Nds., 540–604 m ü. d. M., 15 800 E. TU (gegr. 1775 als Bergakad.), Berg- und Hüttenschule; Oberharzer Bergwerks- und Heimatmuseum; Luftkurort und Wintersportgebiet. – Entstand 1924 aus der Vereinigung von Clausthal und Zellerfeld. 1526 wurde der Bergbau in Zellerfeld, 1530 in Clausthal aufgenommen (bis 1930). – Hölzerne Pfarrkirche zum Hl. Geist in Clausthal (1638–42).

Clausula rebus sic stantibus [lat. „Vorbehalt dafür, daß die Dinge so bleiben, wie sie sind"], 1. seit den ↑Postglossatoren der [vereinbarte oder als vereinbart geltende] Vorbehalt, kraft dessen ein Schuldversprechen (später jedes Geschäft) bei Veränderung der Verhältnisse seine bindende Wirkung verliert; 2. im Völkerrecht eine Doktrin der Staatenpraxis, mit der die vorzeitige Auflösung von völkerrechtl. Verträgen begründet wird, wenn Voraussetzungen oder Umstände, die bei Vertragsabschluß gegeben waren, sich in der Folgezeit geändert haben.

Clausula Teutonica, Ausnahmeregelung im Codex Iuris Canonici von 1983, die in der BR Deutschland den Einzug der Kirchensteuer durch staatl. Behörden einräumt.

Claus-Verfahren [nach K. E. Claus], ein Verfahren zur Gewinnung von Schwefel aus Schwefelwasserstoff oder Sulfiden.

Clavecin [frz. klav'sɛ̃], svw. ↑Cembalo.

Clavel [frz. kla'vɛl], Bernard, * Lons-le-Saunier 29. Mai 1923, frz. Schriftsteller. – Schildert realistisch das Leben der Menschen seiner burgund. Heimat, oft aus der Erinnerung der Kriegs- und Nachkriegszeit; u. a. „Das offene Haus" (R., 1958), „Der Fremde im Weinberg" (R., 1959); der Romanzyklus „La grande patience" (1962–68), ferner „Le royaume du Nord" (R.-Zyklus, 1982–87).

C., Maurice, * Frontignan (Hérault) 10. Nov. 1920, † Asquins bei Vézelay 23. April 1979, frz. Schriftsteller. – Schrieb Bühnenwerke, in denen er die Erneuerung des klass. frz. und des Shakespeare-Dramas erstrebte; u. a. auch gesellschaftskrit. Romane.

Clavelina [lat.], Gatt. kleiner Seescheiden mit der in allen europ. Meeren (mit Ausnahme der Ostsee) verbreiteten, in der Küstenzone, v. a. auf Felsen, lebenden Art **Clavelina lepadiformis:** etwa 2–3 cm lang, keulenförmig, glashell durchsichtig; koloniebildend.

Claver, Petrus [span. kla'βer], hl., * Verdú (Katalonien) 1580, † Cartagena (Kolumbien) 8. Sept. 1654, span. Jesuit, Patron der kath. Schwarzenmissionen. – Betreute 40 Jahre lang in Cartagena die Sklaven afrikan. Herkunft. 1851 selig-, 1888 heiliggesprochen. – Fest: 9. September.

Clavicembalo [klavi'tʃɛmbalo; italien.], svw. ↑Cembalo.

Claviceps [lat.], Gatt. der Schlauchpilze, zu der der ↑Mutterkornpilz gehört.

Clavichord ↑Klavichord.

Clavicula [lat.], svw. ↑Schlüsselbein.

Clavijo y Fajardo, José [span. kla'βixo i fa'xarðo], * auf Lanzarote 19. März 1727, † Madrid 3. Nov. 1806, span. Schriftsteller und Gelehrter. – Mit Voltaire und Buffon befreundet; Vertr. der Aufklärung. Sein Liebesverhältnis mit der Schwester von Beaumarchais regte Goethe zur Tragödie „Clavigo" (1774) an.

Clavis [lat. „Schlüssel"], lexikograph. Werk, bes. zur Erläuterung antiker Schriften oder der Bibel.

Clavus ↑Hühnerauge.

Clay [engl. kleɪ], Cassius, amerikan. Boxer, ↑Muhammad Ali.

C., Henry, * Hanover County (Va.) 12. April 1777, † Washington 29. Juni 1852, amerikan. Politiker. – Republikaner; 1811 in das Repräsentantenhaus gewählt, dessen Sprecher er fünfmal war; 1825–29 Außenmin.; überbrückte in der Innenpolitik durch Kompromisse die regionalen Gegensätze: Missourikompromiß (1820), Zollkompromiß (1833), Kompromiß zw. N und S (1850).

C., Lucius D[uBignon], * Marietta (Ga.) 23. April 1897, † Chatham (Mass.) 16. April 1978, amerikan. General. – 1947–49 Militärgouverneur in der amerikan. Besatzungszone Deutschlands; Organisator der Luftbrücke während der Berliner Blockade; 1961/62 Sonderbotschafter Präs. Kennedys in Berlin.

Lucius D. Clay

Clayton, Wilbur („Buck") [engl. kleɪtn], * Parsons (Kans.) 12. Nov. 1911, † New York 8. Dez. 1991, amerikan. Jazzmusiker. – Trompeter des Swing; führender Solist und Arrangeur bei Count Basie (1936–43).

Claytonie (Claytonia) [kle...; nach dem brit. Botaniker J. Clayton, * 1685, † 1773], Gatt. der Portulakgewächse mit etwa 20 Arten in N-Amerika und in der Arktis; kahle, fleischige Stauden mit langgestielten, grundständigen Blättern; Blüten meist klein, weiß oder rosarot, in Blütenständen. Als Zierpflanze wird v. a. **Claytonia virginica** mit dunkelrot geaderten Blüten kultiviert.

Clear-Air-Turbulenz [engl. 'klɪəɛə „klare Luft"], Abk. CAT, Turbulenz (Böigkeit) im wolkenfreien Raum, die insbes. für schnelle Flugzeuge gefährlich werden kann.

Clearance [engl. 'klɪərəns „Aufräumen"; zu lat. clarus „hell"], Reinigung einer bestimmten Blutplasmamenge von körpereigenen oder künstl. eingebrachten Substanzen durch ein Ausscheidungsorgan (z. B. Nieren oder Leber). – Als **renale Clearance** (medizin. kurz C. genannt) bezeichnet man die Blutplasma- oder Serummenge, die beim Durchfluß durch die Nieren je Minute von Harnstoff oder einer anderen harnfähigen Substanz vollständig befreit wird. Der bei der Nierenfunktionsprüfung ermittelte **Clearancewert** (Klärwert) ist das Maß für die Ausscheidungsfähigkeit der Nieren.

Carl Philipp Gottfried von Clausewitz

Clearing [engl. 'klɪərɪŋ; zu clear „frei von Schulden" (von lat. clarus „hell")], Abrechnungsverfahren, das auf Grund einer Vereinbarung zw. den Mgl. eines begrenzten Teilnehmerkreises angewendet wird, um im Wege der Aufrechnung (Saldierung) den Ausgleich von gegenseitigen Verbindlichkeiten und Forderungen vorzunehmen. Zur Durchführung dient eine Abrechnungsstelle (in der BR Deutschland bei den Landeszentralbanken), bei der sämtl. Teilnehmer Konten unterhalten, deren Salden nach erfolgter Abrechnung in bar oder bargeldlos beglichen werden. Im internat. Zahlungsverkehr werden auf Grund von Verrechnungsabkommen die im Wirtschaftsverkehr zw. zwei

Rudolf Clausius

Cleistocactus

Joos van Cleve. Tod Mariä, um 1523 (München, Alte Pinakothek)

Clermont-Ferrand Stadtwappen

Georges Benjamin Clemenceau

Edith Clever

oder mehreren Ländern entstandenen Forderungen und Verbindlichkeiten aufgerechnet, entweder als bilaterales C. über die Notenbanken oder als multinat. C. über die Bank für Internat. Zahlungsausgleich (BIZ).

Cleistocactus [griech.], Gatt. strauchig wachsender Kakteen mit etwa 25 Arten in S-Amerika; zuweilen 2–3 m hoch. Am bekanntesten ist die **Silberkerze** (Cleistocactus strausii) mit dicht von schneeweißen, borstenartigen Dornen und weißfilzigen Areolen eingehüllten Trieben und bis 9 cm langen, dunkelkarminroten Blüten; als Zierpflanze beliebt.

Cleland, John [engl. 'klɛlənd], * 1709, † London 23. Jan. 1789, engl. Schriftsteller. – Schrieb Dramen und Romane, darunter den klass. Roman der erot. Literatur „Die Memoiren der Fanny Hill" (2 Bde., 1748/49, dt. 1963).

Clematis ['kle:matɪs, kle'ma:tɪs; griech.], svw. ↑ Waldrebe.

Clemen, Carl, * Sommerfeld bei Leipzig 30. März 1865, † Bonn 8. Juli 1940, dt. ev. Theologe und Religionswissenschaftler. – Seit 1910 Prof. in Bonn; bed. Vertreter der religionsgeschichtl. Schule. – *Werke:* Religionsgeschichtl. Erklärung des N.T. (1909), Religionsgeschichte Europas (2 Bde., 1926–31), Altgerman. Religionsgeschichte (1934).

Clemenceau, Georges Benjamin [frz. klemã'so], * Mouilleron-en-Pareds (Vendée) 28. Sept. 1841, † Paris 24. Nov. 1929, frz. Politiker. – Republikaner; im 2. Kaiserreich wiederholt inhaftiert; als Abg. (seit 1876) Führer der radikalsozialist. Linken. In den Panamaskandal verwickelt, verlor sein Abg.mandat 1893 sein Abg.mandat, wurde aber nach seinem Einsatz gegen die Rechte in der Dreyfusaffäre 1902 Senator. Min.präs. 1906–09 und (mit diktator. Vollmachten) 1917–20. Überzeugt von der dt. Kriegsschuld, trat er für harte Friedensbedingungen ein. Bei den Präsidentschaftswahlen 1920 unterlegen, zog sich C., wohl die stärkste polit. Persönlichkeit der 3. Republik, aus der Politik zurück.

Clemens, Päpste, ↑ Klemens, Päpste.

Clemens, Titus Flavius C. Alexandrinus ↑ Klemens von Alexandria.

Clemens non Papa, Jacobus, eigtl. Jacques Clément, * Middelburg (?) zw. 1510 und 1515, † Dixmuiden (Westflandern) um 1555, franko-fläm. Komponist. – Bed. Komponist der niederl. Schule. Seine Werke (Messen, Motetten, Chansons, Souterliedekens) zeichnen sich durch Melodik und großen Wohlklang aus.

Clementi, Muzio, * Rom 23. Jan. 1752, † Evesham (Worcestershire) 10. März 1832, italien. Komponist. –

Lebte seit 1766 in England, unternahm als Klaviervirtuose zahlr. Konzertreisen; seine Sonatinen und 106 Sonaten werden noch heute im Unterricht verwendet.

Clerici, Fabrizio [italien. 'klɛːritʃi], * Mailand 15. Mai 1913, italien. Maler, Zeichner und Graphiker. – Phantasievolle, an den röm. Manierismus anknüpfende bizarre Landschaften und Bauwerke; auch Bühnenbilder.

Clermont-Ferrand [frz. klɛrmõfɛ'rã], frz. Stadt im Zentralmassiv, 151 000 E. Verwaltungssitz des Dep. Puy-de-Dôme und der Region Auvergne; kath. Bischofssitz; Univ. (gegr. 1810); Observatorium, Museen; Oper, Theater; botan. Garten; Grand-Prix-Rennstrecke **Charade** (8 km lang). Markt- und Handelszentrum der Auvergne, Gummi- und Reifenind., Maschinen- und Fahrzeugbau; Druckerei der Bank von Frankreich; ⚒. – Clermont, seit dem 4. Jh. Bischofssitz, hieß im MA **Mons clarus.** 1731 mit der Nachbarstadt **Montferrand** (gegr. im 11. Jh.) zu C.-F. vereinigt. – Got. Kathedrale (1248; W-Fassade und Türme 19. Jh.; Glasmalerei 13. Jh.), Notre-Dame-du-Port (11./12. Jh.) im roman.-auvergnat. Stil.

Clerodendrum [griech.], svw. ↑ Losbaum.

Cleve, Joos van [niederl. 'kle:və] (eigtl. J. van der Beke), * Kleve um 1490 (?), † Antwerpen vor dem 13. April 1541, fläm. Maler. – Er malte zunächst in altniederl. Tradition und wurde später ein wichtiger Vermittler der Kunst Leonardos. Allgemein wird heute der anonyme „Meister des Todes Mariä" (Flügelaltäre in Köln, Wallraf-Richartz-Museum [1515] und München, Alte Pinakothek [kurz vor 1523]) mit J. van C. identifiziert.

C., Per Teodor [schwed. ˌkle:və], * Stockholm 10. Febr. 1840, † Uppsala 18. Juni 1905, schwed. Chemiker. – Prof. in Uppsala; entdeckte 1878 die Elemente Thulium und Holmium.

Cleve, Herzogtum, ↑ Kleve.

Cleveland, Stephen Grover [engl. 'kli:vlənd], * Caldwell (N.J.) 18. März 1837, † Princeton (N.J.) 24. Juni 1908, 22. und 24. Präs. der USA (1885–89 und 1893–97). – Demokrat; trat in der Tarifreform von 1894 als Gegner der Schutzzollpolitik hervor; zwang 1895 Großbritannien zu einer friedl. Regelung des Grenzkonfliktes mit Venezuela; sorgte in der Hawaii- (1893) und in der Kubakrise (1895) für friedl. Lösungen.

Cleveland [engl. 'kli:vlənd], Stadt in Ohio, USA, am S-Ufer des Eriesees, 546 000 E (Agglomeration 2,8 Mill. E). Sitz eines kath. Bischofs; drei Univ. (gegr. 1886, 1964 und 1968), Colleges, Konservatorium, Kunstschule; NASA-Forschungszentrum; Museen, Bibliothek. Bed. Hafen, Standort der Schwer-, Kraftfahrzeug-, petrochem., elektron. Ind.; bed. Handels- und Verkehrsknotenpunkt, auch für die Schiffahrt auf den Großen Seen; drei ⚒. – 1796 gegründet.

C., 1974 gebildete Gft. in NO-England.

Cleveland Orchestra ['kli:vlənd 'ɔːkɪstrə], 1918 gegr. Sinfonieorchester, das sich unter der Leitung von G. Szell (1946–70) zu einem der amerikan. Spitzenorchester entwickelte.

clever [engl.], klug, listig, geschickt; **Cleverneß,** Klugheit, Erfahrung.

Clever, Edith, * Wuppertal 13. Dez. 1940, dt. Schauspielerin. – Gehört zu den großen dt. Charakterdarstellerinnen; v. a. an der Berliner Schaubühne tätig; auch Filmrollen.

Cliburn, Van [engl. 'klaɪbən], eigtl. Harvey Lavan C., * Shreveport (La.) 12. Juli 1934, amerikan. Pianist. – Interpret v. a. Tschaikowskys, Liszts, Chopins Rachmaninows.

Clifford [engl. 'klɪfəd], Thomas, Baron C. of Chudleigh (seit 1672), * Ugbrooke bei Exeter 1. Aug. 1630, † ebd. 18. Aug. 1673, engl. Politiker. – Seit 1667 Mgl. des ↑ Cabalministeriums; 1672 Lord Treasurer, trat als Katholik nach Annahme der Testakte zurück.

C., William Kingdon, * Exeter 4. Mai 1845, † Madeira 3. März 1879, brit. Mathematiker und Philosoph. – Prof. in London; Arbeiten über nichteuklid. Geometrie, Vektor- und Tensoranalysis und Geometrie zweidimensionaler Mannigfaltigkeiten. Methodologisch von Kant ausgehend, entwickelte C. später eine H. von Helmholtz und E. Mach nahestehende wissenschaftstheoret. Position.

Clift, Montgomery, *Omaha (Nebr.) 17. Okt. 1920, †New York 24. Sept. 1966, amerikan. Schauspieler. – Sensibler Darsteller zahlr. Charakterrollen, u. a. „Verdammt in alle Ewigkeit" (1953), „Plötzlich im letzten Sommer" (1959), „Nicht gesellschaftsfähig" (1961).

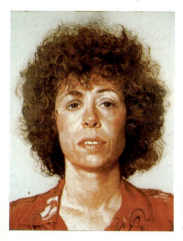

Chuck Close. Linda, Acryl auf Leinwand, 1975–76 (Privatbesitz)

Climacus [griech.-lat.], ma. Notenzeichen, ↑ Neumen.
Clinch [engl. klɪn(t)ʃ], Umklammern und Festhalten des Gegners im Boxkampf.
Clinton, Bill [engl. 'klɪntn], eigtl. William Jefferson C., *Hope (Ark.) 19. Aug. 1946, amerikan. Politiker (Demokrat), 42. Präs. der USA (seit 1993). – Jurist; Gouverneur von Arkansas seit 1979 (mit Unterbrechung 1982); leitete nach seinem Sieg bei den Präs.wahlen 1992 ein innenpolit. Reformprogramm ein.
Clipper ↑ Klipper.
Clique ['klɪkə; frz.; eigtl. „Klatschen, beifällig klatschende Masse"], Sippschaft, Gruppe, Bande, Klüngel, Partei; meist in abschätzigem Sinn gebraucht. In der *Soziologie* alle informellen Gruppen innerhalb einer Organisation, die deren bestehende Ordnung aufzulösen versuchen.
Clitoris [griech.], svw. ↑ Kitzler.
Clive, Robert [engl. klaɪv], Baron C. of Plassey (seit 1762), *Styche (Shropshire) 29. Sept. 1725, †London 22. Nov. 1774 (Selbstmord), brit. General und Staatsmann. – Sein Sieg über den Nabob von Bengalen bei Plassey 1757 wurde Basis der brit. Macht in Ostindien; als Gouverneur und Oberbefehlshaber der brit. Streitkräfte in Ostindien (1764–67) gelang es ihm 1765, mit dem Großmogul für die Ostind. Kompanie Verwaltungsverträge für die Prov. Bengalen, Bihar und N-Orissa abzuschließen; 1772 wegen Amtsmißbrauchs angeklagt, aber rehabilitiert.
Clivia, svw. ↑ Klivie.
Clivis [mittellat.] (Flexa), ma. Notenzeichen, ↑ Neumen.
Cloaca maxima [lat.], der älteste, vom 6.–1. Jh. gebaute, zugleich bedeutendste Entwässerungskanal Roms.
Clochard [frz. klɔ'ʃaːr], frz. Bez. für Bettler, Landstreicher, Herumtreiber.
Clodius Pulcher, Publius, *um 92 v. Chr., †bei Bovillae (vor Rom) 20. Jan. 52, röm. Volkstribun (58). – Setzte die Verbannung Ciceros durch; gestützt auf die röm. Plebs, terrorisierte er mit gedungenen Banden Rom; im Straßenkampf erschlagen.
Cloete, Stuart [engl. kloʊ'iːtɪ, 'kluːtɪ], *Paris 23. Juli 1897, †Kapstadt 19. März 1976, südafrikan. Schriftsteller engl. Sprache. – Lebte 1925–35 und nach 1945 in Transvaal; schrieb nat. geprägte Abenteuerliteratur, u. a. „Wandernder Wagen" (R., 1937).
Cloisonné [kloazɔ'neː, lat.-frz.], Zellenschmelz (bei Goldemaillearbeiten); auf eine Platte aufgelötete Stege bilden Zellen für die mehrfarbige Schmelzmasse (Glasfluß).
Clonmacnoise [engl. klɔnmək'nɔɪz], ir. Ort am Shannon, Gft. Offaly. – C. war eine der berühmtesten ir. Klosterstädte des MA. Das Bistum (Klosterbistum, gegr. 544/548) wurde 1568 mit dem von Meath vereinigt, das Kloster 1729 aufgelöst. – Von 12 Kirchen (10.–15. Jh.) sind noch 7 erhalten, darunter die 904 begonnene Kathedrale (im 14. Jh. erneuert).
Cloos, Hans, *Magdeburg 8. Nov. 1885, †Bonn 26. Sept. 1951, dt. Geologe. – Prof. in Breslau und Bonn; Forschungsreisen durch Europa, Nordamerika, Südafrika und Indonesien; arbeitete über Tektonik, Vulkanismus und Plutonismus.
Cloppenburg, Krst. in Nds., an der Soeste, 22 300 E. Marktort für ein überwiegend landw. orientiertes Umland; Nahrungsmittel- und Textilind., Fahrradfabrik. – Die Grafen von Tecklenburg errichteten vor 1297 die Burg C., die Burgsiedlung erhielt 1435 Stadtrechte. – Das *Museumsdorf C.* ist das älteste dt. Freilichtmuseum (gegr. 1934). C., Landkr. in Niedersachsen.
Cloqué [klo'keː; frz.] (Blasenkrepp), Gewebe aus normalgedrehten Garnen und scharf überdrehten Kreppfäden. Letztgenannte Fäden springen in der nachfolgenden Veredlung ein und bilden Blasen und Muster.
Close, Chuck [engl. kloʊs], *Monroe (Wash.) 5. Juli 1940, amerikan. Maler. – Malt und zeichnet ausschließlich überdimensionale Porträts.
Closed shop [engl. 'kloʊzd 'ʃɔp „geschlossener Betrieb"], ein Betrieb, in dem auf Grund eines Abkommens zw. Gewerkschaften und Unternehmen nur organisierte Arbeitnehmer eingestellt werden; in der BR Deutschland nicht zulässig.
Clostridium [griech.], Gatt. stäbchenförmiger, anaerober, grampositiver Bakterien; knapp 100, meist im Boden lebende und von dort gelegentlich in den menschl. und tier. Körper sowie in Nahrungsmittel übertragbare Arten. Manche Arten bilden außerordentl. giftige, für Mensch und Tier lebensgefährl. Exotoxine, v. a. *C. botulinum* (↑ Botulismus), *C. tetani* (↑ Wundstarrkrampf), *C. perfringens* und andere Arten (↑ Gasbrand).
Clou [kluː; frz., eigtl. „Nagel"], Glanz-, Höhepunkt; Zugstück, Schlager.
Clouet [frz. kluˈɛ], François, *Tours (?) zw. 1505 und 1510, †Paris 22. Sept. 1572, frz. Maler. – Sohn von Jean C.; dessen Nachfolger als Bildnismaler am frz. Hof. Die Zuschreibungen (etwa 50 Porträtzeichnungen sowie einige Bildnisse) sind auf signierte Werke, u. a. das Porträt des Apothekers Pierre Quthe (1562; Louvre) gestützt.
C., Jean, *in Flandern (?) vermutlich um 1480, †Paris 1540 oder 1541, frz. Zeichner und Maler. – Seit 1516 Hofmaler König Franz' I. in Tours, seit etwa 1522 in Paris; beinflußt von der flandr. und niederrhein. Schule, v. a. von J. Gossaert.

Bill Clinton

Clonmacnoise. Klosterkirchhof mit Steinkreuzen, 10. oder 11. Jahrhundert

Clymenia.
Versteinerter Kern eines Gehäuses der Gattung Clymenia

Cluny.
Grundriß der zweiten, 981 geweihten Kirche

Clough, Arthur Hugh [engl. klʌf], * Liverpool 1. Jan. 1819, † Florenz 13. Nov. 1861, engl. Schriftsteller. – Begann mit humorvollen und idyll. Gedichten, kam später zu einem ausweglosen Skeptizismus. – *Werke:* The bothie of Tober-na-Vuolich (Idylle, 1848), Dipsychus (Dr., 1850).

Clouzot, Henri Georges [frz. klu'zo], * Niort (Deux-Sèvres) 20. Nov. 1907, † Paris 12. Jan. 1977, frz. Filmregisseur. – Wurde berühmt als Regisseur harter Thriller, u. a. „Lohn der Angst" (1953), „Die Teuflischen" (1955).

Cloviskomplex [engl. 'kloʊvɪs], paläoindian. Kultur in den USA (9500–8500), ben. nach der Stadt Clovis in New Mexico (eigtl. Llanokultur), v. a. Mastodontenjagd; verbreitet im SW und in den Prärien der USA; Steingeräte; kennzeichnend die **Clovisspitzen,** Projektilspitzen aus Stein mit Auskehlung an einer, selten an beiden Seiten.

Clown [klaʊn; engl. (wohl zu lat. colonus „Bauer")], urspr. der kom. „Bauerntölpel" im Elisabethan. Theater Englands, trat nicht nur in Komödien, sondern auch in Tragödien auf, zunächst in kom. Zwischenspielen, später als Kontrastfigur vom hohen Pathos des Helden; im 18. bzw. 19. Jh. vom Theater in den Zirkus verbannt. Berühmt u. a. C. Rivel, Grock, O. Popow.

Club of Rome, The [engl. ðə 'klʌb əv 'roʊm], 1968 gegr., lockere Verbindung von Wissenschaftlern und Industriellen. Ziele: Untersuchung, Darstellung und Deutung der „Lage der Menschheit" (sog. „Weltproblematik") sowie Aufnahme und Pflege von Verbindungen zu nat. und internat. Entscheidungszentren zum Zweck der Friedenssicherung, wobei „Frieden" verstanden wird als menschl. Zusammenleben auf der Grundlage sozialer Gerechtigkeit und Achtung vor den anderen Menschen sowie der Harmonie der Natur (globaler Rohstoffhaushalt und Umweltschutz). Seit 1972 („Die Grenzen des Wachstums") zahlr. Veröffentlichungen; Friedenspreis des Dt. Buchhandels 1973.

Cluj-Napoca [rumän. kluʒ] ↑ Klausenburg.

cluniacensische Reform ↑ kluniazensische Reform.

Cluny [frz. kly'ni], frz. Ort in Burgund, Dep. Saône-et-Loire, 20 km nw. von Mâcon, 4 700 E. – C. entstand bei der zw. 908 und 910 gegr. Benediktinerabtei, die zum bed. Reformzentrum für das abendländ. Mönchtum und die Gesamtkirche wurde (↑ kluniazensische Reform); 1790 Aufhebung der Abtei. – Nach zwei Vorgängerbauten wurde 1088 unter Abt Hugo der Bau der größten ma. Kirche des Abendlandes begonnen (vollendet 1225; in der Frz. Revolution fast völlig zerstört). Sie besaß ein fünfschiffiges Langhaus, zwei Querschiffe mit Apsiden, runden Chorschluß mit Umgang und fünf Kapellen, im W eine dreischiffige Vorkirche. Die Basilika war in allen Teilen gewölbt.

Clusium, antike Stadt, ↑ Chiusi.

Clusius-Dickelsches Trennrohr [nach den dt. Physikochemikern K. Clusius, * 1903, † 1963, und G. Dickel, * 1913], Gerät zur Isotopenanreicherung bzw. -trennung. Von zwei senkrechten, koaxialen Rohren, in deren Zwischenraum sich das gasförmige Isotopengemisch befindet, wird das innere beheizt, das äußere gekühlt. Durch Thermodiffusion reichern sich die leichteren Isotope an der warmen Innenwand an und steigen infolge ihrer Erwärmung nach oben (z. B. Anreicherung des für Kernreaktoren und Kernwaffen benötigten Uran 235).

Cluster [engl. 'klʌstə „Klumpen, Traube"], in der *Physik* Bez. für eine als einheitl. Ganzes zu betrachtende Menge von zusammenhängenden Einzelteilchen.
▷ in der *Musik* eigtl. „tone-cluster", von H. Cowell 1930 eingeführte Bez. für einen aus großen oder kleinen Sekunden (oder kleineren Intervallen) geschichteten Klang von konstanter oder beweglicher Breite. C. werden z. B. auf dem Klavier mit der ganzen Hand oder dem Unterarm hervorgebracht; **Flageolett-Clusters** entstehen, wenn zu den stumm niedergedrückten Tasten tiefere Töne angeschlagen werden.

Cluster-Modell [engl. 'klʌstə], ein Kernmodell, das davon ausgeht, daß Alphateilchen und andere leichte Atomkerne großer Bindungsenergie teilweise als Unterstrukturen in schwereren Kernen auftreten.

Cluytens, André [frz. klɥi'tɛ̃s, niederl. 'klœytəns], * Antwerpen 26. März 1905, † Neuilly-sur-Seine 3. Juni 1967, belg.-frz. Dirigent. – 1949–60 Leiter des Orchesters der Pariser Société des Concerts du Conservatoire, dann des Orchestre National de Belgique in Brüssel; Interpret von Debussy und Ravel, frz. Opern sowie R. Wagners.

Clwyd [engl. kloːd], Gft. in Wales.

Clyde [engl. klaɪd], längster Fluß Schottlands, entsteht im südschott. Bergland, mündet bei Dumbarton in den rd. 100 km langen, 1,5–60 km breiten **Firth of Clyde;** 171 km lang, am schiffbaren Unterlauf Schwer- und Schiffbauindustrie.

Clymenia [griech.], ausgestorbene Gatt. flacher, scheibenförmiger Ammoniten mit einfacher Lobenlinie; wichtiges Leitfossil aus dem jüngeren Oberdevon.

Clypeaster [lat./griech.], Gatt. der zu den Irregulären Seeigeln zählenden ↑ Sanddollars mit zahlr. Arten in trop. und subtrop. Gewässern.

Cm, chem. Symbol für ↑ Curium.

CMA, Abk. für: **C**entrale **M**arketing-Gesellschaft der deutschen **A**grarwirtschaft mbH, Gesellschaft zur Erschließung und Pflege von Märkten im In- und Ausland; gegr. von Verbänden der Land- und Forstwirtschaft sowie der Ernährungsindustrie 1969, Sitz in Bonn-Bad Godesberg. Die CMA hat die Aufgabe, finanziert durch einen ihr zur Verfügung gestellten (öff.-rechtl.) **Absatzfonds,** zur Absatzförderung der dt. Agrarwirtschaft beizutragen.

C+M+B, Abk. für: **C**aspar, **M**elchior, **B**althasar, die Namen der Hl. Drei Könige (urspr. Abk. für lat.: **C**hristus **m**ansionem **b**enedicat [„Christus möge dies Haus segnen"]); wird bes. in ländl. kath. Gegenden mit der Jahreszahl zum Dreikönigsfest als Segensformel auf den Türbalken geschrieben.

C-14-Methode ↑ Altersbestimmung.

CMOS-Technologie [Abk. für engl.: **c**omplementary **m**etal**o**xide **s**emiconductor], Herstellungsverfahren für integrierte Schaltungen auf der Basis von MOS-Feldeffekttransistoren.

Cn., Abk. für den altröm. Vornamen Gnaeus.

CNC [Abk. für engl.: **c**omputerized **n**umerical **c**ontrol], computergestützte numer. Steuerung von Werkzeugmaschinen.

Cnidaria [griech.], svw. ↑ Nesseltiere.

CNN, Abk. für: ↑ **C**able **N**ews **N**etwork.

Cluny. In der Bildmitte der noch erhaltene Teil der Klosterkirche mit dem „Clocher de l'eau bénite", einem oktogonalen Turm, vor 1225

CNT [span. θeene'te], Abk. für: **C**onfederación **N**acional del **T**rabajo (↑ Spanien, Geschichte).
Co, chem. Symbol für ↑ Kobalt.
Co., Abk. für frz.: **Co**mpagnie bzw. engl.: **Co**mpany.
c/o, Abk. für engl.: ↑ **c**are **o**f.
Co A, Abk. für: **Co**enzym **A** (↑ Koenzym A).
Coach [kɔtʃ, engl. koutʃ], Sportlehrer; Trainer und Betreuer eines Sportlers oder einer Mannschaft.
Coahuila [span. koa'ųila], Staat in N-Mexiko, 151 571 km², 1,97 Mill. E (1990), Hauptstadt Saltillo; umfaßt den NO des nördl. Hochlandes von Mexiko mit Anteil an der Sierra Madre Oriental; Feldbau (mit künstl. Bewässerung), Viehzucht. Wichtigstes mex. Kohlenbergbaugebiet; auch Abbau von Blei-, Zink-, Kupfer-, Eisenerzen, Erdgasförderung.
Geschichte: Seit Mitte des 16. Jh. von span. Konquistadoren durchzogen; seit 1575 kolonisiert; bildete 1824 einen Staat, dem 1830–36 Texas angeschlossen war.
Coase, Ronald [engl. koʊs], *Willesden (= London) 29. Dez. 1910, brit. Volkswirtschaftler. – Prof. an der University of Chicago; erhielt 1991 für seine Verdienste um die Erweiterung der konventionellen Mikroökonomie den sog. Nobelpreis für Wirtschaftswissenschaften.
Coast Ranges [engl. 'koʊst 'reɪndʒɪz], äußerer Bogen der pazif. Küstenketten in den USA, Fortsetzung der Außenkette Kanadas, reicht bis nördl. von Los Angeles; 80 km breit, im Thompson Peak bis 2 744 m hoch.
Coating [engl. 'koʊtɪŋ], Beschichtung von Werkstücken zum Schutz vor Verschleiß.
Coatsland [engl. koʊts], von Inlandeis bedeckter Teil der Ostantarktis zw. Filchner-Eisschelf und Königin-Maud-Land. Der westl. Küstenabschnitt wird **Prinzregent-Luitpold-Küste,** der östl. **Cairdküste** genannt.
Coatzacoalcos, Stadt im Bundesstaat Vera Cruz, Mexiko, am Golf von Campeche; 186 000 E. Zentrum eines Erdölind.gebietes; Ausfuhrhafen für Erdöl und Erdölprodukte der Raffinerie von Minatitlán.
Cobaea [nach dem span. Naturforscher B. Cobo, *1582, †1657], svw. ↑ Glockenrebe.
Cobalamine [Kw.], die Vitamine der B₁₂-Gruppe.
Cobalt, svw. ↑ Kobalt.
Cobaltin, svw. ↑ Kobaltglanz.
Cobán [span. ko'βan], Hauptstadt des Dep. Alta Verapaz in Z-Guatemala, im nördl. Bergland, 44 000 E. Kaffeeanbau.
Cobbett, William [engl. 'kɔbɪt], *Farnham (Surrey) 9. März 1763, †bei Guildford 18. Juni 1835, brit. Politiker. – 1792–1800 und 1817–19 als Emigrant in den USA; wurde dort bed. der amerikan. Parteipresse. Als Anwalt des sozialen und polit. Rechts der verelendeten Land- und Fabrikarbeiter seit 1815 Führer der unorganisierten brit. Arbeiterschaft; ab 1832 Mgl. des Unterhauses.
Cobden, Richard, *Dunford Farm bei Midhurst (Sussex) 3. Juni 1804, †London 2. April 1865, brit. Nationalökonom und Wirtschaftspolitiker. – Vertreter eines wirtschaftspolit. Liberalismus (Manchestertum). Initiierte 1838 die ↑Anti-Corn-Law-League und erreichte 1846 die Abschaffung der Getreidezölle; schloß 1860 den auf freihandler. Grundsätzen beruhenden brit.-frz. Handelsvertrag (**C.-Vertrag**) ab.
Cobden-Sanderson, Thomas [James] [engl. 'sɑːndəsn], *Alnwick (Northumberland) 2. Dez. 1840, †Hammersmith (= London) 7. Sept. 1922, engl. Buchkünstler. – Gründete 1893 die Doves Bindery und 1900 die Doves Press. Sein Einbandstil hatte bed. Einfluß auf die dt. „Pressen".
Cobenzl, Ludwig Graf von, *Brüssel 21. Nov. 1753, †Wien 22. Febr. 1809, östr. Diplomat und Politiker. – Unterzeichnete 1797 den Frieden von Campoformio, führte 1801 die Friedensverhandlungen von Lunéville; 1801–05 Hof- und Staatsvizekanzler sowie Außenminister.
C., Philipp Graf von, *Ljubljana 28. Mai 1741, †Wien 30. Aug. 1810, östr. Politiker. – Vetter von Ludwig Graf von C.; schloß 1779 den Frieden von Teschen ab; 1792/93 Hof- und Staatskanzler sowie Außenminister.

Cobla ['koːbla; katalan. 'kɔbblə], volkstüml. katalan. Tanzkapelle, die v. a. den Reigentanz (Sardana) spielt; heute übl. Besetzung: Einhandflöte, Trommel, Schalmeien, Kornette, Flügelhörner, Posaune und Kontrabaß.
COBOL, Abk. für: **Co**mmon **b**usiness **o**riented **l**anguage, problemorientierte Programmiersprache für kommerzielle Anwendungen.
Cobra, eine 1949 gegr., sich nach den Anfangsbuchstaben ihrer Ausstellungsstädte **Co**penhagen, **Br**üssel, **Am**sterdam nennende niederl.-skand. Künstlervereinigung. P. Alechinsky, K. Appel, Constant, Corneille, A. Jorn sind Vertreter des ↑abstrakten Expressionismus.

Cobra. Asger Jorn, Lustige Vorgänge, 1957/58 (München, Galerie van de Loo)

Coburg, Stadt im sw. Vorland des Thüringer Waldes, Bayern, 297 m ü. d. M., 42 900 E. Verwaltungssitz des Landkr. C.; Landesbibliothek; Kunstsammlungen Veste Coburg, Museum Schloß Ehrenburg, Naturwiss. Museum; Theater; Maschinenbau, Holz-, Papier- und Bekleidungsindustrie. – 1231 Stadtrecht, fiel 1347 an die Markgrafen von Meißen; nach 1543 Residenz; 1920 nach Volksentscheid an Bayern. – Got. Pfarrkirche Sankt Moriz, mit Chor (um 1320) und zwei Türmen (15. Jh.). Die Ehrenburg entstand seit 1543 als dreiflügeliges, an die Stadtmauer anschließendes Renaissanceschloß, nach Brand (1690) z. T. neu erbaut; Rathaus (1578–80); zahlr. Häuser aus dem 16. Jh. Die **Veste Coburg** entstand als ma. Ringburg auf einer Bergnase, im 16. und 17. Jh. zur Landesfestung ausgebaut.
C., Landkr. in Bayern.
Coburger Convent, Abk. CC., 1951 als Zusammenschluß der Dt. Landsmannschaft und des Verbandes der Turnerschaften gegr. Konvent. Alljährl. Pfingsttreffen in Coburg.
Coca-Cola Company [engl. 'koʊkə'koʊlə 'kʌmpəni], führender Erfrischungsgetränkeproduzent der Welt, Sitz Atlanta (Ga.), gegr. 1886; auch in der Nahrungsmittelproduktion, im Film- und Fernsehgeschäft aktiv; zahlr. Tochtergesellschaften, u. a. Columbia Pictures Industries Inc.
Cocceji, Samuel Freiherr von (seit 1749) [kɔk'tseːji], *Heidelberg 20. Okt. 1679, †Berlin 4. Okt. 1755, preuß. Jurist. – Prof. in Frankfurt/Oder; bed. Reformer des preuß. Justizwesens, schuf u. a. eine neue Prozeßordnung (1747–49).
Cocceius, Johannes [kɔk'tseːjʊs], eigtl. J. Koch, *Bremen 9. Aug. 1603, †Leiden 5. Nov. 1669, dt. ref. Theologe. – 1630 Prof. in Bremen, 1650 in Leiden; bemühte sich um die Bestimmung des Verhältnisses von A. T. und N. T.; die Heilsgeschichte ist nach ihm eine Folge von Bundesschlüssen Gottes mit den Menschen (**Föderaltheologie**).
Coccidia ↑Kokzidien.
Coccioli, Carlo [italien. 'kɔttʃoli], *Livorno 15. Mai 1920, italien. Schriftsteller. – Schreibt seit 1951 auch in frz. Sprache; psycholog. Romane, u. a. „Himmel und Erde" (1950), „Manuel der Mexikaner" (1956), „La casa di Tacubaya" (1982).

Coburg Stadtwappen

André Cluytens

Ronald Coase

Cochabamba

Cochabamba [span. kotʃaˈβamba], Hauptstadt des bolivian. Dep. C., am Río Rocha, 2 560 m ü. d. M., 317 000 E. Erzbischofssitz; Univ. (gegr. 1832), landw. Handelszentrum; Erdölraffinerie, Kfz-Bau; internat. ✈.
C., Dep. in Z-Bolivien, 55 631 km², 1,04 Mill. E (1987), Hauptstadt C.; im W und S Anteil am Ostbolivian. Bergland mit agrarisch bedeutenden dichtbesiedelten Hochbekken (2 400–2 800 m).
Cochabamba, Cordillera de [span. kɔrðiˈxera ðe kotʃaˈβamba], östl. Zweig der Ostkordillere, in Z-Bolivien, bis 5 200 m hoch (Tunari).
Cochem, Krst. in Rhld.-Pf., an der unteren Mosel, 86–380 m ü. d. M., 5 200 E. Verwaltungssitz des Landkr. C.-Zell; Weinbau und -handel. – 866 zuerst genannt; um 1020 Bau der Burg C., seit 1332 Stadt; 1689 von frz. Truppen zerstört. – Stadtbefestigung (1332) z. T. erhalten.
Cochem-Zell, Landkreis in Rheinland-Pfalz.
Cochin, Charles Nicolas, d. Ä. [frz. kɔˈʃɛ̃], *Paris 29. April 1688, †ebd. 16. Juli 1754, frz. Kupferstecher. – Bed. Reproduktionsstecher (Watteau und Chardin); mit seinem Sohn *Charles Nicolas C. d. J.* (* 1715, † 1790) v. a. Illustrator und Porträtstecher.
Cochin [ˈkotʃin], ind. Hafenstadt im Bundesstaat Kerala, an der Malabarküste, 556 000 E. Kath. Bischofssitz, Univ. (gegr. 1971); Erdölraffinerie, Werften. – 1341 nach einer Flutkatastrophe als Hauptstadt des Ft. Cochin neu erbaut; seit 1502 in portugies., 1603–1795 in niederl. Besitz, seit 1795 bed. Handelshafen von Brit.-Indien, ✈. – Mattanchari-Palast (16. Jh.), Synagoge (1568).
Cochinchina [...tʃ...] (Kotschinchina), der aus dem Mekongdelta und den südl. Ausläufern der Küstenkette von Annam bestehende S-Teil Vietnams. Die durch zahlr. Wasserarme gegliederte flache Schwemmlandebene des Mekongdeltas ist größtenteils landw. erschlossen (Reisanbau). – Gehörte in der Frühzeit teilweise zum Reich der Cham (↑ Champa); seit dem 16. Jh. unter der Herrschaft des vietnames. Feudalgeschlechts der Nguyễn von Huê, bis Anfang des 18. Jh. unter der Oberhoheit der Kaiser aus der Lê-dynastie (↑ Vietnam, Geschichte); 1858–67 von Frankreich erobert und seit 1887 Bestandteil der Indochines. Union; kam 1945/49 zu Vietnam.
Cochise [engl. ˈkoʊtʃiːz, kɔˈtʃiːz], † 1874, Indianerhäuptling. – Erfolgreicher Anführer des Kampfes der Apachen gegen weiße Siedler und Soldaten in Arizona.
Cochisekultur [engl. ˈkoʊtʃiːz, kɔˈtʃiːz], vorgeschichtl. Kulturfolge im SW der USA (Staaten Arizona und New Mexico); ben. nach dem eiszeitl. Lake Cochise in SO-Arizona; Grundlage der Anasazitradition, Hohokamkultur und Mogollonkultur; drei Phasen: Sulphur Springs (7000–5000); Chiricahua (5000–2000); San Pedro (2000–200).
Cochläus, Johannes [kɔx...], eigtl. Dobneck, Dobeneck, *Wendelstein bei Schwabach 10. Jan. 1479, †Breslau 11. Jan. 1552, dt. Humanist und kath. Theologe. – Gab 1512 die Kosmographie des Pomponius Mela heraus, der er die 1. selbständige Beschreibung Deutschlands von einem Deutschen beifügte. Seit 1528 Hofkaplan Georgs von Sachsen, 1540 in Augsburg; Mitverfasser der kath. „Confutatio" gegen das Augsburger Bekenntnis; an den Religionsgesprächen in Hagenau, Worms und Regensburg (1540/41 und 1546) beteiligt. Seine Lutherbiographie (1549) hat bis ins 20. Jh. das kath. Lutherbild bestimmt.
Cochlea [ˈkɔxlea; griech.-lat.], svw. Schnecke (des Innenohrs; ↑ Gehörorgan).
▷ Gehäuse der Schnecken.
Cockcroft, Sir (seit 1948) John Douglas [engl. ˈkoʊkrɔft], *Todmorden (Yorkshire) 27. Mai 1897, † Cambridge 18. Sept. 1967, brit. Physiker. – Entwickelte mit E. T. S. Walton den ↑ Kaskadengenerator *(C.-Walton-Generator)*, mit dem beide 1932 die erste Kernumwandlung mit künstlich beschleunigten Protonen durchführten. Nobelpreis für Physik 1951 (zus. mit Walton).
Cocker, John Robert „Joe" [engl. ˈkɔkə], *Sheffield 20. Mai 1944, brit. Rockmusiker. – Von Blues und Soulvorbildern geprägter Sänger, der nach zahlr. Krisen mehrere Comebacks feierte.

Cockerspaniel [engl.; zu to cock „Waldschnepfen (woodcocks) jagen"], in England urspr. für die Jagd gezüchtete Rasse etwa 40 cm schulterhoher, lebhafter, lang- und seidenhaariger Haushunde mit ziemlich langer Schnauze, Schlappohren und kupierter Rute.

Cockerspaniel

Cockney [engl. ˈkɔkni], volkstüml., weithin als ungebildet geltende engl. Mundart der alteingesessenen Londoner Bevölkerung; i. e. S. die für diese Mundart typ. Aussprache; auch Bez. für eine C. sprechende Person.
Cockpit [engl., eigtl. „Hahnengrube" (vertiefte Einfriedung für Hahnenkämpfe)], Pilotenkanzel im Flugzeug.
▷ im *Automobilsport* Platz des Fahrers in Sport- und Rennwagen.
▷ (Plicht) vertiefter, ungedeckter Sitzraum für die Besatzung auf Segel- und Motorbooten; zumeist selbstlenzend.
Cocktail [engl. ˈkɔkteɪl; eigtl. „Hahnenschwanz"], alkohol. Mixgetränk.
Cocléphasen [span. koˈkle], voreurop. Kulturabschnitte in der Prov. Coclé (Panama): frühe Phase: 500–800, späte Phase: 900–1100.
Coco, Río [span. ˈrrio ˈkoko], längster Fluß Z-Amerikas, entspringt im äußersten S von Honduras, bildet im Mittel- und Unterlauf die Grenze zw. Nicaragua und Honduras, mündet in das Karib. Meer; 750 km lang.
Cocos [span.], Gatt. der Palmen mit der ↑ Kokospalme als einziger Art.
Cocos Islands [ˈkoʊkoʊs ˈaɪləndz] ↑ Kokosinseln.
Cocteau, Jean [frz. kɔkˈto], *Maisons-Laffitte bei Paris 5. Juli 1889, † bei Milly-la-Forêt bei Paris 11. Okt. 1963, frz. Dichter, Filmregisseur und Graphiker. – In verschiedenen Stilrichtungen experimentierender Künstler und Kritiker. Seine Entwicklung führte von neuromant. Anfängen über futurist. und dadaist. Versuche zu originellem Surrealismus. C. gab allen avantgardist. Strömungen der Kunst entscheidende Impulse. Dichter. Virtuosität, Leichtigkeit und eleganter Stil machten ihn zu einer der interessantesten Gestalten des literar. Frankreich. Vielfach schöpfte C. aus der Mythologie. *Romane:* „Der große Sprung" (1923), „Kinder der Nacht" (1929); *Dramen:* „Orpheus" (1927), „Höllenmaschine" (1934); *Filme:* „Das Blut eines Dichters" (1930) ein Hauptwerk des Surrealismus. Berühmt sind „Es war einmal" („La belle et la bête"; 1946) und „Orphée" (1950) C. schrieb auch Libretti, u. a. für Strawinski und Milhaud Förderer des Musiklebens; Illustrator, Maler und Bildhauer seit 1955 Mgl. der Académie française.
Cod., Abk. für: **Cod**ex (↑ Kodex).
Coda ↑ Koda.
Code [koːt; lat.-frz.], Gesetzeswerk, Gesetzbuch (↑ Kodex), v. a. die fünf napoleon. Gesetzbücher: 1. **Code civi** (C. civil des Français, **Code Napoléon**), das frz. Zivilge setzbuch vom 21. 3. 1804, das trotz zahlr. Änderunger heute noch gültig ist. Der C. civil übernahm Grundgedan ken der Frz. Revolution (Gleichheit vor dem Gesetz, Aner kennung der Freiheit des Individuums und des Eigentums Trennung von Staat und Kirche durch Einführung der obli gator. Zivilehe); er gilt auch in Belgien und Luxemburg. – 2 **Code de procédure civile**, die frz. Zivilprozeßordnun von 1806; führte die Grundsätze der Mündlichkeit, der Ö

Johannes Cochläus
(nach einem Stich von Theodor de Bry)

John Douglas
Cockcroft

Jean Cocteau

fentlichkeit, der freien Beweiswürdigung und des Parteibetriebes in den Zivilprozeß ein. – 3. **Code de commerce,** die Kodifikation des gesamten frz. Handelsrechts von 1807. – 4. **Code d'instruction criminelle,** die frz. Strafprozeßordnung von 1808. Sie schaffte den geheimen schriftl. Inquisitionsprozeß ab und ersetzte ihn durch ein mündl., öffentl., durch eine Anklage der Staatsanwaltschaft eingeleitetes Verfahren. – 5. **Code pénal** von 1810, das frz. Strafgesetzbuch.

Code [ko:t; frz. und engl.; von lat. codex „Buch, Verzeichnis"], (Kode, Informationscode) System von Regeln und Übereinkünften, das die Zuordnung von Zeichen (oder auch Zeichenfolgen) zweier verschiedener Alphabete erlaubt; auch Bez. für die konkreten Zuordnungsvorschriften selbst.
Neben den C. zur Nachrichtenübertragung (z. B. Morsealphabet) spielen C. zur Informationsdarstellung und zur Datenverarbeitung eine große Rolle. Wegen der binären Arbeitsweise von Computern sind alle in der Datenverarbeitung benutzten C. ↑Binärcodes.
▷ in der *Sprachwissenschaft* ein vereinbartes Inventar von Sprachzeichen und Regeln zu ihrer Verknüpfung: *semant. C.* (Zeichen, die den Vorstellungen des Sprechers inhaltlich entsprechen), *syntakt. C.* (Regeln zur Kombination der Zeichen) und *phonolog. C.* (Regeln zur Kombination der Laute, welche die Inhalte repräsentieren). In der ↑Soziolinguistik eine schichtenspezif. Weise der Sprachverwendung: *elaborierter C.* (Sprechweise der Ober- und Mittelschicht), *restringierter C.* (Sprechweise der Unterschicht).

Code Bustamante [ko:t] ↑Bustamante y Sirvén, Antonio Sánchez de.

Code civil [frz. kɔdsi'vil] ↑Code.

Codein ↑Kodein.

Code Napoléon [frz. kɔdnapɔle'õ] ↑Code.

Coder [lat.-engl.], elektron. Schaltung, die eine Verschlüsselung (Codierung) von Signalen zur Optimierung der Informationsübertragung oder -verarbeitung vornimmt.

Codex ↑Kodex, ↑Kodifikationen.

Codex argenteus [lat. „silberner Kodex" (nach dem Einband des 17. Jh.)], Evangeliar in got. Sprache; enthält Fragmente aus den vier Evangelien. Urspr. 336, heute 186 Blätter (etwa 20 × 24 cm). Der Kodex ist die Abschrift der got. Bibelübersetzung des ↑Ulfilas und wurde um 500 in Norditalien geschrieben; seit 1669 in der Universitätsbibliothek Uppsala.

Codex aureus [lat. „goldener Kodex"], Bez. für mehrere kostbare Handschriften des MA mit Goldschrift oder goldenem Einband, z. B. für das Evangeliar aus dem Regensburger Kloster Sankt Emmeram, 870 von den Mönchen Liuthard und Berengar im Stil der Reimser Schule im Auftrag Karls des Kahlen geschrieben und illuminiert (heute in der Bayer. Staatsbibliothek, München).

Codex Dresdensis [nlat. „Dresdner Kodex" (nach dem Aufbewahrungsort)], die älteste und am besten erhaltene der drei Mayahandschriften aus vorkolumb. Zeit, vermutlich aus dem 14. Jh. Der Inhalt bezieht sich auf den Kalender und auf Wahrsagerei.

Codex Euricianus [lat.] ↑Eurich, König der Westgoten.

Codex Iuris Canonici [lat. „Gesetzbuch des Kanon. Rechts"], Abk. CIC, Gesetzbuch der kath. Kirche für den Bereich der lat. Kirche; es enthält die Grundlagen des kath. Kirchenrechts: Personen-, Sachen-, Prozeß- und Strafrecht. Auf Anordnung Pius' X. (19. März 1904) erarbeitet und am 27. Mai 1917 amtlich veröffentlicht; am 19. Mai 1918 in Kraft getreten. Die Reform des CIC oblag einer Kardinalskommission, die von Johannes XXIII. 1963 eingesetzt und von Paul VI. erweitert wurde. Im Jan. 1983 wurde eine Neufassung verkündet.

Codex Justinianus [lat.] ↑Corpus Juris Civilis.

Codex Sinaiticus (Sinaiticus) [lat.], Sigel ℵ, wichtige Pergamenthandschrift der Bibel aus dem 4. Jh.; 1844 von K. von Tischendorf im Katharinenkloster auf der Sinaihalbinsel (daher der Name) entdeckt.

Codex Vaticanus (Vaticanus) [lat. (nach dem Aufbewahrungsort)], Sigel B, wichtigste und bedeutendste Pergamenthandschrift der Bibel, die v. a. das griech. N. T., den Barnabasbrief und den „Hirten des Hermas" enthält, wohl um 350 in Ägypten entstanden.

Codices Madrid [nlat.], 1973 veröffentlichte Ausgabe von Handschriften mit Zeichnungen Leonardo da Vincis.

codieren [lat.-frz.], allg. eine Nachricht verschlüsseln; i. e. S. ein Programm in die Maschinensprache einer Datenverarbeitungsanlage übersetzen.

Codon [lat.-frz.] (Triplett), in der Molekularbiologie Bez. für die drei aufeinanderfolgenden Basen (Nukleotide) einer Nukleinsäure (DNS, RNS), die den Schlüssel (Codierungseinheit) für eine Aminosäure im Protein darstellen.

Codreanu, Corneliu Zelea, *Jassy 13. Sept. 1899, †Bukarest-Jilava 30. Nov. 1938, rumän. Politiker. – Begr. 1923 die Liga Christlicher Nat. Verteidigung, die er 1927 in die Legion Erzengel Michael (seit 1930 †Eiserne Garde) umbildete; 1938 wegen Hoch- und Landesverrats verurteilt; in der Haft ermordet.

Coducci, Mauro [italien. ko'duttʃi], gen. il Moretto, *Lenna (Bergamo) um 1440, †Venedig im April 1504, italien. Baumeister. – Bed. Vertreter der lombard.-venezian. Renaissance; schuf in Venedig u. a. San Michele auf der Isola di San Michele (1469 ff.), Torre dell'Orologio (1496), San Giovanni Crisostomo (1497), Fassade von San Zaccaria (1483).

Codex aureus. Goldener Einbanddeckel der Handschrift aus Sankt Emmeram in Regensburg, 870 (München, Bayerische Staatsbibliothek)

Cody, William Frederick [engl. 'koʊdɪ], amerikan. Pionier, ↑Buffalo Bill.

Coecke van Aelst, Pieter [niederl. 'kuːkə vɑn 'aːlst], *Aalst 14. Aug. 1502, †Brüssel 6. Dez. 1550, fläm. Holzschneider, Maler und Publizist. – Steht in der Nachfolge seines Lehrers B. van Orley; Künstlerwerkstatt in Antwerpen (u. a. Lehrer P. Bruegels d. Ä.). Holzschnittfolge mit türk. Szenen (nach 1534; als Wandteppich geplant); Stuckarbeiten (u. a. Rathaus, Antwerpen).

Coecum ['tsø:kum; lat.], svw. ↑Blinddarm.

Coel... ↑Zöl...

Coelenterata [tsø...; griech.], svw. ↑Hohltiere.

Coelho, Francisco Adolfo [portugies. 'kuɐʎu], *Coimbra 15. Jan. 1847, †Carcavelos 9. Febr. 1919, portugies. Philologe. – Gilt mit seinen sprachgeschichtl. Arbeiten als Begründer der portugies. Philologie; Hg. der ersten Sammlung portugies. Märchen (1879).

Coelius Antipater ['tsø:...] ↑Cölius Antipater.

Coello, Alonso Sánchez ↑Sánchez Coello, Alonso.

Coen

354

Coimbra. Hof der Universität (seit 1540 im ehemaligen Königlichen Schloß untergebracht) mit dem Uhrturm, erbaut 1728–33

Leonard Cohen

Stanley Cohen

Helmut Coing

Coen, Jan Pieterszoon [niederl. kuːn], * Hoorn (Nordholland) 8. Jan. 1587, † Batavia (= Jakarta) 21. Sept. 1629, niederl. Kolonialpolitiker. – Begr. die niederl. Kolonialmacht in SO-Asien; 1618–23 und 1627–29 Generalgouverneur von Niederl.-Indien; gründete 1619 die Stadt Batavia.
Coen... ↑Zön...
Coena Domini ['tsøːna; lat. „Mahl des Herrn"], svw. ↑Gründonnerstag.
Coenobit [tsø...] ↑Zönobit.
Coenobium [tsø...; griech.-lat.], svw. ↑Zellkolonie.
Coenurosis [tsø...; griech.-lat.], svw. ↑Drehkrankheit.
Coenzym [ko-ɛ...] (Koenzym) ↑Enzyme.
Coesfeld ['koːsfɛlt], Krst. in NRW, am Rand der Baumberge, 80 m ü. d. M., 31 800 E. Maschinen- und Apparatebau, Textil- und Möbelind. – 1197 Stadtrecht. – Pfarrkirche Sankt Lamberti (1473–1524).
C., Kreis in Nordrhein-Westfalen.
Cœur [køːr; lat.-frz.], dem Herz oder Rot der dt. Karte entsprechende frz. Spielkarte.
Coffea [engl.], svw. ↑Kaffeepflanze.
Coffein ↑Koffein.
Coggan, Donald [engl. 'kɔgən], * London 9. Okt. 1909, engl. anglikan. Theologe. – 1937–44 Prof. für N. T. in Toronto, seit 1956 Bischof von Bradford, 1961–74 Erzbischof von York, 1974–80 Erzbischof von Canterbury.
Cogito ergo sum [lat. „ich denke, also bin ich"], Grundsatz der theoret. Philosophie Descartes' als Ergebnis eines radikalen Zweifels an allem bisherigen Wissen und Ausdruck der Selbstgewißheit des Denkenden.
Cognac [frz. kɔ'pak], frz. Stadt 40 km westlich von Angoulême, Dep. Charente, 21 000 E. Zentrum der frz. Cognac-Erzeugung (seit dem 17. Jh.). – 1215 Stadtrecht, 1308 zur Krondomäne. – Kirche Saint-Léger (12. und 15. Jh.); Häuser des 15. und 16. Jh.; Stadttor (15. Jh.). – In der **Liga von Cognac** schloß König Franz I. von Frankreich 1526 mit Papst Klemens VII., Mailand, Florenz und Venedig ein Bündnis zur Wiederaufnahme des Kampfes gegen Kaiser Karl V.; führte 1527 zum ↑Sacco di Roma.
Cognac ['kɔnjak; frz. kɔ'pak], aus Weinen der Charente (Zentrum die Stadt Cognac) hergestellter frz. Weinbrand.
Cohen, Hermann ['koːhən, koˈheːn], * Coswig 4. Juli 1842, † Berlin 4. April 1918, dt. Philosoph. – Seit 1876 Prof. in Marburg, seit 1912 an der Lehranstalt für die Wiss. des Judentums in Berlin; einflußreicher Vertreter des Neukantianismus der Marburger Schule; faßte im Unterschied zu Kant das Denken als nicht auf die Sinnlichkeit angewiesen auf. Seine Ethik zielt auf die Verwirklichung eines eth. Sozialismus ab. – *Werke:* Kants Theorie der Erfahrung (1871), Kants Begründung der Ethik (1877), System der Philosophie (1902–12), Die Religion der Vernunft aus den Quellen des Judentums (1919), Jüd. Schriften (1924).
C., Leonard [Norman] [engl. 'koʊɪn], * Montreal 21. Sept. 1934, kanad. Schriftsteller, Komponist und Sänger. – Schrieb u. a. Gedichte um Liebe, Angst, Einsamkeit; Sänger seiner selbstkomponierten Lieder; auch Romanautor, u. a. „Schöne Verlierer" (1966).
C., Stanley [engl. 'koʊɪn], * New York 17. Nov. 1922, amerikan. Biochemiker. – Seit 1976 Prof. an der Vanderbilt-Univ. in Nashville (Tenn.). Für seine Entdeckung des „Epidermal Growth Factor" (EGF), eine das Zellenwachstum der Haut steuernde hormonähnl. Substanz, erhielt C. 1986 (zus. mit R. Levi-Montalcini) den Nobelpreis für Physiologie oder Medizin.
Cohn, Ferdinand [Julius], * Breslau 24. Jan. 1828, † ebd. 25. Juni 1898, dt. Botaniker und Bakteriologe. – Arbeiten v. a. über die Biologie und Systematik der Bakterien; gilt als einer der Begründer der modernen Bakteriologie.
Cohnheim, Julius, * Demmin 20. Juli 1839, † Leipzig 15. Aug. 1884, dt. Pathologe. – Prof. in Kiel, Breslau und Leipzig; Arbeiten über den Entzündungsvorgang und über Embolie.
Cohunepalme [indian./dt.] (Corozopalme, Orbignya cohune), bis 20 m hohe schlankstämmige Palme in M-Amerika; die eßbaren Samen liefern Öl, das als Speiseöl, techn. Öl und zur Seifenherstellung verwendet wird.
Coimbatore ['kɔɪmbəˌtɔː], Stadt im ind. Bundesstaat Tamil Nadu, am Noyil, 920 000 E. Kath. Bischofssitz, landw. Hochschule; Textil-, Zement- und Nahrungsmittelindustrie.
Coimbra [portugies. 'kuimbrɐ], portugies. Stadt am Mondego, 74 000 E. Verwaltungssitz des Distrikts C.; kath. Bischofssitz, älteste portugies. Univ. (gegr. 1290 in Lissabon, 1308 nach C. verlegt); Papier- und Nahrungsmittelind.; Freilichtmuseum. – Das röm. **Aeminium** war noch in westgot. Zeit bed.; 878 den Mauren entrissen, danach von Einwohnern und dem Bischof des antiken **Conimbriga** (Ausgrabungen) besiedelt. 1064 endgültig in christl. Hand; im 12. und 13. Jh. Residenz der portugies. Könige. – Roman. Alte Kathedrale (etwa 1170; erneuert im 16. Jh.), mit frühgot. Kreuzgang (13. Jh.); Neue Kathedrale (16. Jh.); Universität, seit 1540 im ehem. Königl. Schloß untergebracht.
Coincidentia oppositorum [ko-ɪn...; lat. „Zusammenfall der Gegensätze"], philosoph. Grundbegriff bei Nikolaus von Kues: Gegensätze und Widersprüche gelten als im Unendlichen (in Gott) aufgelöst; wieder aufgenommen bei Schelling.
Coing, Helmut, * Celle 28. Febr. 1912, dt. Jurist. – Prof. in Frankfurt am Main (seit 1940); seit 1980 Vize-Präs. der Max-Planck-Gesellschaft; Hg. des „Handbuches der Quellen und Literatur der neueren europ. Privatrechtsgeschichte" (1972 ff.).
Coitus [lat.], svw. ↑Geschlechtsverkehr.
Cojedes [span. kɔˈxeðes], Staat in N-Venezuela, 14 800 km², 166 000 E (1985). Liegt in den Llanos, nur im N von Ausläufern der Küstenkordillere durchzogen.
Coke, Sir Edward [engl. kʊk], * Mileham (Norfolk) 1. Febr. 1552, † Stoke Poges bei Slough 3. Sept. 1634, engl. Jurist und Politiker. – Führte 1620–29 die Opposition des Unterhauses gegen absolutist. Ansprüche der Königsmacht und nahm nachhaltigen Einfluß auf die ↑Petition of Right; verfaßte eine systemat. Darstellung des Common Law.
Cola [afrikan.], svw. ↑Kolabaum.
Cola di Rienzo ↑Rienzo, Cola di.
Colbert, Jean-Baptiste [frz. kɔlˈbɛːr], Marquis de Seignelay (seit 1658), * Reims 29. Aug. 1619, † Paris 6. Sept. 1683, frz. Staatsmann. – Seit 1661 Oberintendant der Finanzen, später auch der königl. Bauwerke, der schönen Künste, der Fabriken und der Marine; schuf durch grundlegende administrative, wirtsch. und finanzielle Reformen im Innern die

Voraussetzungen für die Außen- und Kolonialpolitik Ludwigs XIV.; bedeutendster Vertreter des Merkantilismus (**Colbertismus**). Förderte Ind., Außenhandel und Schiffahrt; betrieb eine systemat. Kolonialpolitik und wurde der eigtl. Schöpfer der frz. Seemacht; begr. 1666 die Académie des sciences.

Colchester [engl. 'koʊltʃɪstə], engl. Hafenstadt am Colne, Gft. Essex, 80 km nö. von London, 82 000 E. Univ. (gegr. 1961); Marktzentrum, Maschinenbau, Leichtind. – Erste röm. Niederlassung (43 n. Chr.) auf den Brit. Inseln (**Camulodunum**); um 1080 Bau einer normann. Burg; 1189 Stadtrecht. – Röm. Stadttor; Reste der röm. Ummauerung; Augustinerabtei Saint Botolph (Ende des 11. Jh.); Kirche Holy Trinity (1050).

Colchicin [griech.], svw. ↑ Kolchizin.

Colchicum [griech.-lat.], svw. ↑ Zeitlose.

Cold Rubber [engl. 'koʊld 'rʌbə „kaltes Gummi"], ein ↑ Synthesekautschuk.

Cole [engl. koʊl], Nat („King"), eigtl. Nathaniel Coles, * Montgomery (Ala.) 17. März 1917, † Santa Monica (Calif.) 15. Febr. 1965, amerikan. Jazzmusiker und Schlagersänger. – Zunächst Jazzpianist; seit den 50er Jahren Schlagersänger der „weichen Welle".

C., Thomas, * Bolton-le-Moors (heute Bolton, Lancashire) 1. Febr. 1801, † Catskill (N. Y.) 11. Febr. 1848, amerikan. Maler. – Vertreter der ↑ Hudson River School; Führer der romant. Landschaftsmalerei Amerikas; malte auch große allegor. und religiöse Kompositionen.

Coleman, Ornette [engl. 'koʊlmən], * Forth Worth (Tex.) 19. März 1930, amerikan. Jazzmusiker. – Altsaxophonist, auch Trompeter, Violinist und Komponist; einer der Initiatoren des ↑ Free Jazz.

Colemanit [nach dem amerikan. Bergwerksunternehmer W. T. Coleman, * 1824, † 1893], in durchsichtigen bis weißen, monoklinen Kristallen auftretendes Mineral, $Ca[B_3O_4(OH)_3] \cdot H_2O$; wichtiges Bormineral; Mohshärte 4,5, Dichte 2,42 g/cm³.

Coleopter [griech.], senkrecht startendes und landendes Flugzeug mit einem Ringflügel, der den Rumpf und das Antriebssystem umschließt. Der C. setzte sich u. a. wegen der geringen Flugsicherheit beim Start nicht durch.

Coleoptera [griech.], svw. ↑ Käfer.

Coleraine [engl. 'koʊlreɪn], Distrikt in Nordirland.

Coleridge, Samuel Taylor [engl. 'koʊlrɪdʒ], * Ottery Saint Mary (Devonshire) 21. Okt. 1772, † London 25. Juli 1834, engl. Dichter. – Einer der Hauptvertreter der engl. Romantik; Freundschaft mit Wordsworth. Sein wenig umfangreiches poet. Werk wirkte nachhaltig auf die engl. Literatur. Das Erscheinen der „Lyrical ballads" (1798), die in Zusammenarbeit mit Wordsworth entstanden, markiert den Beginn der literar. Romantik in England. Die Ballade „The ancient mariner" (1798; dt. 1898 u. d. T. „Der alte Matrose") ist eine suggestive, myst. Dichtung von großer Klangschönheit, in der C. Übersinnliches in bildhafter Darstellung wiederzugeben sucht. Auch Literaturkritiker und -theoretiker.

Coleridge-Taylor, Samuel [engl. 'koʊlrɪdʒ 'teɪə], * London 15. Aug. 1875, † ebd. 1. Sept. 1912, engl. Komponist. – Sohn eines farbigen Arztes. Kompositionen teilweise auf dem Hintergrund afrikan. Musik (Orchester-, Kammermusik, Chorwerke, Lieder, u. a. „Song of Hiawatha" für Soli, Chor und Orchester [1898–1900]).

Coleroon [engl. koʊl'ruːn], Mündungsarm des ↑ Cauvery.

Cölestin, Name von Päpsten:

C. I., hl., Papst (10. Sept. 422 bis 27. Juli 432). Römer; verurteilte die Lehren des Nestorius auf einer röm. Synode 430 und durch seine drei Legaten auf dem Konzil von Ephesus 431. – Fest: 4. April.

C. V., hl., * Isernia 1215, † Schloß Fumone bei Anagni 19. Mai 1296, vorher Petrus von Murrone, Papst (5. Juli bis 13. Dez. 1294). – Einsiedler in den Abruzzen, wo um seine Zelle die Eremitengemeinde der **Cölestiner** entstand. Dankte freiwillig ab; 1313 heiliggesprochen. – Fest: 19. Mai.

Colette [frz. kɔ'lɛt], eigtl. Sidonie Gabrielle C., * Saint-Sauveur-en-Puisaye (Yonne) 28. Jan. 1873, † Paris 3. Aug. 1954, frz. Schriftstellerin. – Nach ihren erfolgreichen „Claudine"-Romanen (1900–03) als Artistin, Kritikerin, Schriftleiterin tätig. Internat. Erfolge waren „Mitsou" (R., 1919), „Chéri" (R., 1920), „Gigi" (R., 1945).

Colhuacán [span. kolua'kan] (Culhuacán), bed. vorspan. Stadt im Hochtal von Mexiko, am Rande des ehem. Sees, heute Teil von Mexiko. Im 10. Jh. zeitweise Sitz der Tolteken; seit 1160 Hauptstadt des wichtigsten toltek. Nachfolgestaates, der bis 1350 das westl. Hochtal beherrschte. C., 1413 von den Tepaneken erobert, war später eine Stadt des aztek. Reiches.

Coligny, Gaspard de [frz. kɔli'ɲi], Seigneur de Châtillon, * Châtillon-sur-Loing (= Châtillon-Coligny, Dep. Loiret) 16. Febr. 1519, † Paris 24. Aug. 1572, frz. Hugenottenführer. – 1552 frz. Admiral; trat in span. Gefangenschaft (1557–59) zum Kalvinismus über; übernahm neben Condé die Führung der Hugenotten; gewann großen Einfluß auf Karl IX.; versuchte, Frankreich in die prot. Front gegen Spanien einzugliedern; in der Bartholomäusnacht ermordet.

Colijn [niederl. ko:'lɛin], Alexander ↑ Colin, Alexander.

C., Hendrikus, * Haarlemmermeer 22. Juni 1869, † Ilmenau 16. Sept. 1944, niederl. Politiker. – Seit 1922 Vors. der Anti-Revolutionaire Partij; mehrmals Min., 1925/26 und 1933–39 Min.präs.; 1941 von den dt. Besatzungsbehörden interniert.

Colima, Hauptstadt des mex. Staates C., in den südl. Ausläufern der Cordillera Volcánica, 71 000 E. Bischofssitz; Univ. (gegr. 1867). – C. war Hauptort eines Indianerreiches, das 1521 von den Spaniern erobert wurde. Erhalten sind zahlr. aus Grabfunden stammende Skulpturen und Gegenstände aus Ton.

C., Staat in W-Mexiko, am Pazifik, 5 455 km², 424 000 E (1990), Hauptstadt C.; liegt im sw. Randgebiet der Cordillera Volcánica und in der vorgelagerten Küstenebene. – 1522 von Spaniern durchquert, seit 1523 kolonisiert; seit 1857 Staat.

Colima, Nevado de [span. ne'βaðo ðe], Vulkan in einem w. Ausläufer der Cordillera Volcánica in W-Mexiko, 4 340 m über dem Meeresspiegel.

Colin (Colijn), Alexander, * Mecheln 1527 oder 1529, † Innsbruck 17. Aug. 1612, fläm. Renaissancebildhauer. – Schuf Figuren und Reliefarbeiten, u. a. 1558 ff. Teile des dekorativen Schmuckes für den Ottheinrichsbau des Heidelberger Schlosses.

Colitis [griech.], svw. ↑ Dickdarmentzündung.

Cölius Antipater, Lucius (lat. Coelius A.; Cälius A.), * vor 180 und 170, † nach 121, röm. Geschichtsschreiber. – Verfaßte eine Monographie über den 2. Pun. Krieg in 7 Büchern (nur Fragmente erhalten).

colla destra [italien.], Abk. c. d., in der Musik Spielanweisung: mit der rechten Hand [zu spielen] (Klavier u. a.).

Collage [kɔ'la:ʒə; frz. „das Leimen" (von griech. kólla „Leim")], Kunstform des 20. Jh., ganz oder teilweise aus Papierausschnitten geklebtes Bild. Die ersten C. waren kubist. Zeichnungen mit eingeklebten Papierstreifen (z. B. Zeitungsausschnitten und Tapetenresten) von J. Gris, Braque und Picasso. Die Aufnahme außerkünstler. Alltagsmaterialien wird Gestaltungsprinzip weiterer neuer, heute unter „Objektkunst" zusammengefaßter Realisationsformen (Readymade, Assemblage, Environment) und wirkte noch auf die Pop-art der 1970er Jahre.
▷ in der *Literatur* seit Ende der 1960er Jahre Bez. der Technik der zitierenden Kombination von oft heterogenem vorgefertigten sprachl. Material; Bez. für derart unmittelbar entstandene literar. Produkte. Der Begriff C. wurde zunächst synonym zu Montage gebraucht; erste C. als ausgesprochene Mischformen im Futurismus, Dadaismus und Surrealismus. Diese futurist.-dadaist. Techniken sind z. B. Romane von J. Dos Passos, A. Döblin, J. Joyce verpflichtet.
▷ in der *Musik* eine Komposition, die aus einer Verschränkung vorgegebener musikal. Materialien besteht (im Unterschied zum musikal. Zitat, das innerhalb einer Komposi-

Jean-Baptiste Colbert

Nat King Cole

Samuel Taylor Coleridge

Colette

Gaspard de Coligny

colla parte

tion auftritt). Entscheidend ist dabei nicht die Gegenüberstellung bzw. das Aufeinanderprallen der heterogenen Materialien, sondern zugleich die Deformation des diesen Materialien urspr. innewohnenden Sinns.

Collage von Kurt Schwitters, 1921 (Privatbesitz)

Wilkie Collins

colla parte [italien.], in der Musik Spielanweisung für die Begleitung, mit der Hauptstimme zu gehen bzw. sich dieser im Tempo anzupassen.

coll'arco [italien.] (arco), Abk. c.a., in der Musik Spielanweisung für Streicher, mit dem Bogen zu spielen, nach vorausgegangenem ↑ pizzicato.

colla sinistra [italien.], Abk. c.s., in der Musik Spielanweisung: mit der linken Hand [zu spielen] (Klavier u.a.).

colla voce [ˈvoːtʃe; italien.], in der Musik Spielanweisung für Instrumente, die Vokalstimmen mitzuspielen, z. B. von A-cappella-Sätzen.

College [engl. ˈkɔlɪdʒ; zu lat. collegium „Gemeinschaft"], in *Großbritannien* 1. eine höhere private Schule mit Internat, in der Lehrer und Zöglinge eine Lebensgemeinschaft bilden. Die größte und berühmteste Anstalt dieser Art ist das Eton C. (seit 1440). 2. einer Univ. angegliederte Wohngemeinschaft von Dozenten und Studenten mit Selbstverwaltung und häufig eigenem Vermögen. Die Tradition des C. reicht bis ins 13. Jh. zurück. 3. Fachschule und Fachhochschule. C. mit Hochschulcharakter können selbständig oder Teil einer Univ. sein.

▷ im Bildungswesen der *USA* die Eingangsstufe des Hochschulwesens. Das **Liberal Arts College** bietet das 4jährige Grundstudium („undergraduate study") an, das zum Bachelor's degree (B. S.; B. A.) führt. Auf die „lower division" (2jähriges allgemeinbildendes Studium) folgt die „upper division" mit „junior" und „senior year", es besteht die Wahl zw. Weiterführung der allgemeinbildenden Fächer („liberal arts") und Spezialisierung auf zahlr. Fachrichtungen. Das 2jährige **Junior College** bietet entweder das Grundstudium des Liberal Arts C. an oder als höhere berufsbildende Schule (Berufsfachschule) einen Kursus mit eigenem Abschluß (Associate in Arts oder Associate in Science degree). Das **Teachers College** (das oft nur die Bez. C. führt) bildet Lehrer und Verwaltungsangestellte für Schulen der Elementar- und Sekundarstufe aus. – Univ. haben z. T. den Namen C. beibehalten, manche Liberal Arts C. führen die Bez. Universität.

Collège [frz. kɔˈlɛːʒ (↑ College)], in *Frankreich* v. a. Bez. für 4jährige Schulen der Sekundarschulstufe. Diese **Collèges d'enseignement secondaire** sind in 3 Typen (sections) gegliedert: ein im Lehrstoff der Unterstufe der Lyzeen (lycées) entsprechender Typ, ein „allgemeinbildender" Typ (gibt es auch als selbständige Schulen: **Collèges d'enseignement général**) und ein prakt. Typ. Auch Lehrerbildungsanstalten heißen C. In *Belgien* bezeichnet C. eine nichtstaatl. Schule der Sekundarstufe. In der französischsprachigen *Schweiz* ist C. die Bez. für höhere Schule (6.–12. Klasse) oder deren Unterstufe (6.–9. Klasse).

Collège de France [frz. kɔlɛʒdəˈfrɑ̃ːs], wiss. Institut in Paris, gegr. 1530, heute mit einem Kollegium von 50 Gelehrten aus allen Sparten der Geistes- und Naturwissenschaften. Am C. de F. können keine Prüfungen abgelegt werden; alle Vorlesungen und Übungen sind frei.

Collegium ↑ Kollegium.

Collegium Germanicum ↑ Germanicum.

Collegium musicum [lat.], aus den Kantoreien des 16. Jh. hervorgegangene freie Vereinigung von Musikliebhabern zur Pflege der Musik.

col legno [kɔl ˈlɛnjo; italien.], in der Musik Spielanweisung für Streicher, die Saiten mit der Bogenstange anzustreichen oder zu schlagen.

Colleoni, Bartolomeo, * Solza (= Rivera d'Adda bei Bergamo) 1400, † Malpaga bei Venedig 4. Nov. 1475, italien. Kondottiere. – Zunächst in neapolitan., dann in venezian. und mailänd. Diensten; 1454 von Venedig zum Generalkapitän ernannt, das sein reiches Erbe erhielt und ihm von A. del Verrocchio das berühmte Reiterstandbild errichten ließ.

Collett, Jacobine Camilla, * Kristiansand 23. Jan. 1813, † Kristiania 6. März 1895, norweg. Schriftstellerin. – Frauenrechtlerin; gilt mit ihren sozial engagierten Tendenzromanen als Begründerin des norweg. Realismus, u. a. „Die Amtmanns-Töchter" (R., 1855).

Colli, Mrz. von Collo (↑ Kollo).

Collico Ⓦ [Kw.], zusammenlegbare Metall-Transportkiste (Faltkiste); wird von der Dt. Bundesbahn vermietet.

Collider [engl. kəˈlaɪdə] ↑ Teilchenbeschleuniger.

Collie [...li; engl.], svw. ↑ Schottischer Schäferhund.

Collier [kɔliˈeː] ↑ Kollier.

Collin, Heinrich Joseph von (seit 1803), * Wien 26. Dez. 1771, † ebd. 28. Juli 1811, östr. Dichter. – Verfaßte patriot. Lyrik und Balladen gegen Napoleon sowie pathet. Dramen; zu seinem Trauerspiel „Coriolan" (1804) schrieb Beethoven die Ouvertüre.

Collins [engl. ˈkɔlɪnz], Judy, * Seattle (Washington) 1 Mai 1939, amerikan. Popmusikerin (Gitarristin und Sängerin). – Zählt zu den bed. Folkmusic-Interpreten; wie J. Baez engagierte Bürgerrechtlerin und Pazifistin.

C., Michael, * bei Clonakilty (Cork) 16. Okt. 1890, † be Bandon (Cork) 22. Aug. 1922, ir. Politiker. – Als Mgl. de Sinn-Féin-Bewegung unter de Valera Innen- und Finanz

Bartolomeo Colleoni. Reiterstandbild auf dem Campo di Santi Giovanni e Paolo in Venedig von Andrea del Verrocchio, 1480 ff.

min. (1919) sowie Chef für Organisation und Nachrichtenwesen der irisch-republikan. Armee; unterzeichnete den Vertrag über den Dominionstatus Irlands 1921; Mgl. der provisor. ir. Reg.; fiel im Bürgerkrieg als Oberbefehlshaber der Reg.truppen.

C., Phil, * London 31. Jan. 1951, engl. Popmusiker. – Als Schlagzeuger (seit 1970) und Sänger (seit 1974) bei „Genesis"; seit 1981 daneben Solokarriere, auch als Filmdarsteller („Buster", 1988).

C., [William] Wilkie, * London 8. Jan. 1824, † ebd. 23. Sept. 1889, engl. Erzähler. – Schrieb vielgelesene, spannende Romane mit Horroreffekten und kriminalist. Einschlag. – *Werke:* Die Frau in Weiß (1860), Der rote Schal (1866), Der Monddiamant (1868).

C., William, * Chichester 25. Dez. 1721, † ebd. 12. Juni 1759, engl. Dichter. – Formvollendete Lyrik von großer Schlichtheit („Persian eclogues", 1742); erst die Nachwelt erkannte seine Dichtung als wegbereitend für die Romantik.

Collo ↑ Kollo.

Collodi, Carlo, eigtl. Carlo Lorenzini, * Florenz 24. Nov. 1826, † ebd. 26. Okt. 1890, italien. Schriftsteller. – Berühmt durch sein in sehr viele Sprachen übersetztes Kinderbuch „Die Abenteuer des Pinocchio" (1883).

Colloquium ↑ Kolloquium.

Colloredo, weitverzweigtes östr. Adelsgeschlecht, dessen Ahnherr Wilhelm von Mels 1302 Burg C. bei Udine erbaute; 1591 Vereinigung mit den Freiherren **von Waldsee (Wallsee);** 1629 und 1724 in den Reichsgrafenstand erhoben; der fürstl. Zweig (1763 Erhebung in den Reichsfürstenstand) nannte sich seit 1789 **Colloredo-Mannsfeld.**

Collot d'Herbois, Jean Marie [frz. kɔlɔdɛr'bwa], * Paris 19. Juni 1749, † Sinnamary (Frz.-Guayana) 8. Jan. 1796, frz. Revolutionär. – Nach 1789 Volksredner und Mgl. des Konvents; ließ in Lyon Massenhinrichtungen vornehmen; nach dem Ende der Schreckensherrschaft deportiert.

coll'ottava [italien.], in der Musik die Vorschrift, eine Stimme in der oberen Oktave mitzuspielen (zu oktavieren).

Collum [lat.], in der Anatomie Bez. für: 1. Hals; 2. halsförmig verengter Abschnitt eines Organs, z. B. **Collum femoris** (Oberschenkelhals).

Colman, George [engl. 'koʊlmən], d. J., † London 21. Okt. 1762, † ebd. 17. Okt. 1836, engl. Schriftsteller. – Schrieb Possen und Komödien (u. a. „John Bull", 1802); auch Opernlibrettist.

Colmar ['kɔlmar, frz. kɔl'maːr], frz. Stadt im Oberelsaß, am Fuß der Vogesen, 64 000 E. Verwaltungssitz des Dep. Haut-Rhin; technolog. Universitätsinst.; Zentrum des elsäss. Weinbaus, bed. Ind.standort; Kanalverbindung zum Rhein-Rhone-Kanal. – 823 erstmals erwähnt (**Colum-**

barium), karoling. Königshof; 1278 Stadtrecht; reichsunmittelbar; seit 1282 zu einer der stärksten Festungen des Reichs ausgebaut; 1575 Einführung der Reformation; seit 1673/97 frz.; 1871–1918/19 Hauptstadt des Bez. Oberelsaß im dt. Reichsland Elsaß-Lothringen. – Das ehem. Dominikanerinnenkloster Unterlinden beherbergt seit 1850 das Unterlindenmuseum mit Werken der oberelsäss. Kunst, u. a. den Isenheimer Altar des Mathias Grünewald (1513–15) und Werke Martin Schongauers; Stiftskirche Sankt Martin (1237 bis Ende 15. Jh.) mit Schongauers „Maria im Rosenhag" (1473); erhalten sind zahlr. Bürgerbauten, u. a. das Pfisterhaus (1537).

Colmar
Stadtwappen

Colombo. Davatagaha Moschee, die älteste Moschee in der Stadt

Colmarer Liederhandschrift, aus Colmar stammende, jetzt in der Bayer. Staatsbibliothek München aufbewahrte Handschrift, die um 1460 in Mainz geschrieben wurde und über 900 Lieder (v. a. Minnesang) enthält, davon 105 mit Melodien.

Colomb-Béchar [frz. kɔlɔ̃be'ʃaːr] ↑ Béchar.

Colombe, Michel [frz. kɔ'lõːb], * in der Bourgogne um 1430, † Tours zw. 1512/14, frz. Bildhauer. – Bed. Vertreter der Spätgotik, im Stil z. T. der Renaissance nahe; u. a. „Grabmal Franz' II. von der Bretagne und seiner Gemahlin" (1502–07; Nantes, Kathedrale).

Colombey-les-deux-Églises [frz. kɔlõbɛledøzeˈgliːz], frz. Ort im Dep. Haute-Marne, 690 E. – Landsitz General de Gaulles, der hier auch begraben wurde (1970).

Colombina, Figur der ↑ Commedia dell'arte.

Colombo, Cristoforo ↑ Kolumbus, Christoph.

C., Emilio, * Potenza 11. April 1920, italien. Politiker (Democrazia Cristiana). – Trug als Schatzmin. 1963–70 entscheidend dazu bei, die wirtsch. Krisen in Italien zu überwinden; Mitgestalter der EWG; 1970–72 Min.präs.; 1977–79 Präs. des Europ. Parlaments; 1980–83 und seit 1992 Außenmin., 1988/89 Finanzminister.

Colombo, Hauptstadt von Sri Lanka, 660 000 E. Erzbischofssitz; zahlr. Forschungsinst. und wiss. Gesellschaften; 2 Univ., mehrere Colleges; Museen und Bibliotheken, Theater; wirtsch. und kultureller Mittelpunkt des Landes; einer der bedeutendsten Häfen im Weltverkehr, am Schnittpunkt aller Seewege im Ind. Ozean. Verstärkte Ind.entwicklung (Nahrungs- und Genußmittel, Metallverarbeitung, Erdölraffinerie) seit Einrichtung einer Freihandelszone (1977). ✈ 35 km nördlich von C. – Seit 949 bezeugt; liegt in nächster Nähe des buddhist. Wallfahrtsortes **Kelaniya** (heute zu C.). **Kotte,** ein anderer Vorort, war Residenz der Könige Ceylons im 15./16. Jh. Im 16. Jh. wichtigster Stützpunkt der Portugiesen auf Ceylon; seit 1656 unter niederl., seit 1796 unter brit. Herrschaft (Verwaltungssitz). – Charakteristisch für das Stadtbild ist das Nebeneinander fernöstl. und westl. Architektur; zahlr. Hindutempel sowie buddhist. Tempel, Moscheen und Basare, bed. christl. Kirchen, repräsentative Profanbauten im niederl.-

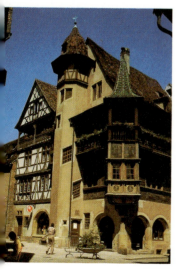

Colmar. Pfisterhaus, erbaut 1537

Emilio Colombo

Colombo
Hauptstadt von Sri Lanka

660 000 E

bed. Hafen am Schnittpunkt aller Seewege im Ind. Ozean

bezeugt seit 949

im Stadtbild Nebeneinander fernöstl. und westl. Architektur

Colombo-Plan

angelsächs. Kolonialstil; Eingeborenen-Basarviertel „Pettah". Die alten niederl. Befestigungen wurden 1872 geschleift; Nationalmuseum (1873).

Colombo-Plan, 1950 in Colombo bei einer Konferenz der Außenmin. der Commonwealth-Staaten gefaßter, seit 1951 in Kraft stehender Beschluß zur Koordinierung und Förderung der finanziellen, techn. und wirtsch. Entwicklung der Länder S- und SO-Asiens; nicht auf Mgl. des Commonwealth beschränkt.

Colon [griech.], svw. Grimmdarm (↑ Darm).
▷ ↑ Kolon.

Colón, Cristóbal ↑ Kolumbus, Christoph.

Colón, Hauptstadt der Prov. C. in Panama, 59 000 E. Freihandelszone; der Hafen für C. ist Cristobal. – 1850 gegr.; hieß bis 1890 **Aspinwall.**

Colón, Bez. für die Währungseinheiten in Costa Rica und El Salvador.

Colonel [frz. kɔlɔˈnɛl; engl. kəːnl; span. koloˈnɛl; frz., eigtl. „Kolonnenführer" (zu lat. columna „Säule")], Stabsoffizier im Rang eines Obersten.

Colonia (Mrz. Coloniae) [lat. „Ansiedlung"], in der Antike Bez. für Siedlungen außerhalb Roms und des röm. Bürgergebietes, z. B. **Colonia Agrippinensis** = Köln; **Colonia Iunonia** = Karthago; **Colonia Ulpia Traiana** = Xanten. – ↑ Kolonie.

Colonia del Sacramento, Hauptstadt des Dep. Colonia in SW-Uruguay, Hafen am Río de la Plata, 19 000 E. – 1680 als erste europ. Dauersiedlung in Uruguay von Portugiesen gegr., 1750 an Spanien abgetreten.

Colonna, seit dem frühen 12. Jh. erwähntes röm. Adelsgeschlecht; meist auf der Seite der Ghibellinen; Rivalen der Orsini, neben denen sie auch bis zum 16. Jh. in der röm.-päpstl. Geschichte eine wichtige Rolle spielten; bed.:

C., Oddo (Oddone, lat. Odo) ↑ Martin V., Papst.

C., Vittoria, * Castello di Marino bei Rom 1492, † Rom 25. Febr. 1547, Dichterin. – Mittelpunkt eines Gelehrten- und Künstlerkreises; Freundschaft mit Michelangelo. Sonette und Kanzonen im Stil Petrarcas.

Color [lat. „Farbe"], ma. musikal. Bez. für Verzierung, auch für Wiederholung; in der Notation Bez. für die Anwendung farbiger Noten (in ma. Handschriften), um eine Änderung ihres Wertes anzuzeigen.
▷ ↑ Farbladung.

Color... [lat.], Bestimmungswort in Zusammensetzungen mit der Bed. „Farbe.... Farb...", z. B. Colorphoto (Farbphoto).

Colorado [koloˈraːdo, engl. kɔləˈraːdou], B.staat der USA, 269 596 km², 3,3 Mill. E (1990); 12 E/km², Hauptstadt Denver. C. umfaßt 63 Counties.

Landesnatur: C. hat Anteil an zwei nordamerikan. Großlandschaften, den Great Plains und den Rocky Mountains. Die Schichtstufenlandschaft der Great Plains mit lehmigsandigen Böden ist bei ausreichender Bewässerung sehr fruchtbar. Von den Great Plains setzen sich die Rocky Mountains mit einer kräftigen Stufe ab. Sie bilden keinen einheitl. Gebirgskörper, zwei große N-S-verlaufende Kettensysteme stehen durch einzelne kurze Quergebirge miteinander in Verbindung, dazwischen liegen Becken, sog. „Parks". Die Wasserscheide zw. Pazifik und Atlantik wird von der Sawatsch Range (Mount Elbert mit 4 402 m) im W gebildet. Im W schließt das Colorado Plateau an.

Klima, Vegetation: Die Rocky Mountains wirken als Klimascheide; sie trennen das sommertrockene C. Plateau von den wintertrockenen Great Plains. – Die urspr. Vegetation der Great Plains besteht aus Kurzgrassteppe, in feuchten Tälern finden sich einzelne Waldstücke. In den Rocky Mountains überwiegt Nadelwald, über 3 500 m Höhe alpine Latschenvegetation.

Bevölkerung, Wirtschaft, Verkehr: Die Bev. konzentriert sich in den städt. Gebieten am O-Fuß des Gebirges. Sie besteht überwiegend aus Weißen. Der Anteil der Schwarzen beträgt weniger als 4 %, der der Indianer und anderer rd. 7 % der Gesamt-Bev. C. verfügt neben zahlr. Colleges über 5 Univ. – An erster Stelle der Wirtschaft steht der Bergbau. Abgebaut werden Molybdän (in der Sawatsch Range), Erdöl und Erdgas (im NW), Uran, Kohle, Silber, Zink, Vanadium, Bleierz und Gold. Die Landw. konzentriert sich in den Great Plains. Im N wird Bewässerungsfeldbau betrieben, im S Viehzucht. Intensiv agrar. genutzt werden auch die Parks. Auf Bergbau und Landw. basiert die Ind.: Stahlerzeugung, metallverarbeitende Betriebe, Elektronik- sowie Nahrungsmittelind. Nationalparks und Staatswälder sowie schneesichere Wintersportgebiete ziehen ganzjährig den Fremdenverkehr an. – Das Eisenbahnnetz hat eine Länge von rd. 7 240 km. Das Straßennetz beträgt 129 500 km, davon sind 15 000 km Fernstraßen. Internat. ⚓ in Denver.

Geschichte: Seit dem 16. Jh. von Spaniern erforscht; bis 1763 zw. Spanien und Frankreich umstritten; durch den Verkauf von Louisiane ganz in span. Besitz. Der östl. Teil wurde 1800 wieder frz.; die USA kauften ihn 1803 mit dem gesamten Louisiane; der westl., span. Teil kam 1821 an Mexiko, der O dieses Gebietes (1835 von Texas annektiert) 1845 zu den USA. 1848 war ganz C. in amerikan. Besitz; 1861 selbständiges Territorium; seit 1876 38. Bundesstaat der USA.

C., Fluß im SW der USA, entspringt im Middle Park, durchquert in tief eingeschnittenen Schluchten das Colorado Plateau, u. a. die Schlucht des **Grand Canyon** (350 km lang, 6–30 km breit, bis 1 800 m tief; zum größten Teil Nationalpark; Fremdenverkehr), fließt durch ein wüstenhaftes Gebiet und mündet südlich von Yuma auf mex. Territorium mit einem Delta in den Golf von Kalifornien, 2 334 km lang, Einzugsgebiet über 676 000 km². Stark schwankende Wasserführung; zur Energiegewinnung, Wasserversorgung (z. B. von Los Angeles) und zur Bewässerung Errichtung großer Stauanlagen (↑ Hoover Dam).

Colorado Desert [engl. kɔləˈraːdou ˈdɛzət], Trockengebiet in S-Kalifornien, USA.

Colorado Plateau [engl. kɔləˈraːdou ˈplætou], semiarides Tafelland im SW der USA, zw. 1 800 und 3 000 m hoch, mit tief eingekerbten Schluchten und ausgedehnten Plateaus; v. a. vom Colorado entwässert.

Colorado River [engl. kɔləˈraːdou ˈrıvə], Fluß in Texas, entspringt am O-Rand des Llano Estacado, mündet in den Golf von Mexiko, 1 352 km lang; zahlr. Stauwerke.

Colorado Springs [engl. kɔləˈraːdou ˈsprıŋz], Stadt in Z-Colorado, am O-Abfall der Rocky Mountains, 1 800 m ü. d. M., 248 000 E. Luftwaffenakad.; Hauptquartier des North American Air Defense Command; Teil der Univ. of Colorado; neues Weltraumkontrollzentrum im Aufbau; Fremdenverkehr. – Gegr. 1871 als **Fountain Creek.**

Color-field-painting [engl. kʌləˈfiːldˌpeıntıŋ] ↑ Farbfeldmalerei.

Colosseum [engl. kɔləˈsiːəm], brit. Popmusikgruppe 1968–71; schuf durch Integration von Elementen aus Jazz, Blues, Rockmusik und klass. Musik eine Art konzertanten Jazz-Rock; instrumental eine der bedeutendsten Gruppen.

Colosseum [lat.] ↑ Kolosseum.

Coloureds [engl. ˈkʌlədz; zu lat. color „Farbe"], allg. svw. Farbige; i. e. S. in Südafrika die Mischlinge und die Nachkommen der eingewanderten Inder.

Colourladung [engl. ˈkʌlə], svw. ↑ Farbladung.

Colt ⓦ [engl. koʊlt; nach dem amerikan. Industriellen S. Colt, * 1814, † 1862], Bez. für die von S. Colt entwickelten und hergestellten Revolver mit Kipplauf.

Coltrane [engl. koʊlˈtreın], Alice, * Detroit (Mich.) 27. Aug. 1937, amerikan. Jazzmusikerin. – Pianistin, Organistin; ⚭ seit 1966 mit John C., mit dem sie bis zu dessen Tod gemeinsam auftrat; gründete danach eigene Gruppen.

C., John [William], * Hamlet (N. C.) 23. Sept. 1926, † Huntington (N. Y.) 17. Juli 1967, amerikan. Jazzmusiker. – Tenor- und Sopransaxophonist, zunächst Vertreter des Hard Bop, dann Mitbegr. des ↑ Free Jazz.

Colum, Padraic [engl. ˈkɔləm], * Longford (Irland) 8 Dez. 1881, † Enfield (Conn.) 11. Jan. 1972, ir. Dichter. – Verfasser schlichter Naturlyrik; sammelte ir. Volkserzählungen („Der Königssohn von Irland", 1920) und arbeitete über hawaiische Folklore; Dramatiker.

Columba [lat.] (Taube) ↑ Sternbilder (Übersicht).

Vittoria Colonna (Ausschnitt aus einem Gemälde von Girolamo Muziano)

Columban (Columba) d. Ä., hl., gen. Columcille („Kirchentaube"), *Donegal 7. Dez. um 520, †auf Hy (= Iona) 9. Juni 597, ir. Missionar und Abt. – Errichtete um 563 das westschott. Inselkloster Hy, von wo aus er die Pikten in Schottland missionierte. – Fest: 9. Juni.
C. d. J., hl., *Leinster (Irland) um 530, †Bobbio bei Piacenza 23. Nov. 615, ir. Missionar und Abt. – Verließ um 590 mit 12 Gefährten das Kloster Bangor, predigte im Frankenreich, wo er die Klöster Anegray, Fontaine und Luxeuil gründete. – Fest: 23. November.
Columbia [engl. kəˈlʌmbɪə], Hauptstadt des B.staates South Carolina, USA, am Congaree River, 95 000 E (Agglomeration 1988: 465 000). Sitz eines anglikan. und eines methodist. Bischofs; Univ. (gegr. 1801), Textilfabriken, Cottonölgewinnung, elektron. Ind., Verkehrsknotenpunkt, ☒.
Columbia [engl. kəˈlʌmbɪə], ↑Raumtransporter, ↑Raumfahrt (Übersicht).
Columbia, Kap [engl. kəˈlʌmbɪə], Kap auf Ellesmere Island, der nördlichste Punkt Kanadas.
Columbia Broadcasting System [engl. kəˈlʌmbɪə ˈbrɔːdkɑːstɪŋ ˈsɪstɪm], Abk. CBS, private Rundfunkorganisation in den USA; gegr. 1928; betreibt Hörfunk- und Fernsehsender und produziert für kleinere Rundfunkgesellschaften Programme.
Columbia Icefield [engl. kəˈlʌmbɪə ˈaɪsfiːld], das größte Vergletscherungsgebiet der kanad. Rocky Mountains, zw. Mount Columbia (3 747 m ü. d. M.) und Mount Athabasca (3 491 m ü. d. M.); 337 km².
Columbia Mountains [engl. kəˈlʌmbɪə ˈmaʊntɪnz], Gebirgssystem im S der kanad. Kordilleren. Die C. M. umfassen im N die **Cariboo Mountains** (im Mount Sir Wilfried Laurier 3 581 m hoch), im S verbreitern sie sich zu drei parallelen Gebirgszügen: **Monashee Mountains, Selkirk Mountains, Purcell Mountains.**
Columbia Plateau [engl. kəˈlʌmbɪə ˈplætoʊ], Großlandschaft im NW der USA, Becken zw. Cascade Range im W, Rocky Mountains im O und N; im S Übergang in das Great Basin, etwa 500 000 km², mit ausgedehnten Lavadecken. Das Klima ist semiarid bis arid, extensive Weidewirtsch. (Rinder und Schafe); Bewässerungsfeldbau in den Tälern des Columbia River und Snake River.
Columbia River [engl. kəˈlʌmbɪə ˈrɪvə], Strom in Nordamerika, entspringt im SO der kanad. Prov. British Columbia, mündet bei Astoria, Oreg., in einem 15 km breiten Ästuar in den Pazifik; 1 953 km lang, Einzugsgebiet 671 000 km²; bis 650 km oberhalb der Mündung schiffbar.
Columbit ↑Kolumbit.
Columbus, Christoph ↑Kolumbus, Christoph.
Columbus [engl. kəˈlʌmbəs], Hauptstadt des Bundesstaates Ohio, USA, 230 m ü. d. M., 566 000 E. Kath. Bischofssitz; 3 Univ. (gegr. 1850, 1870 bzw. 1911); Waggon- und Maschinenbau, Fahrzeug-, Flugzeugbau. – 1797 als **Franklinton** gegründet.
Columella [lat. „Säulchen"], (C. auris) säulenförmiges Gehörknöchelchen im Mittelohr der Lurche, Kriechtiere und Vögel; dient als schalleitendes Element zw. Trommelfell und häutigem Labyrinth und wird bei den Säugetieren (einschl. Mensch) zum Steigbügel.
▷ Gewebesäule der Sporenbehälter bzw. Sporenkapseln von Algenpilzen und Laubmoosen; bei letzteren dient die C. als Nährstoffleiter und Wasserspeicher für die sich entwickelnden Sporen.
Columna [lat. „Säule"], Bez. für den Stiel der Seelilien.
▷ (C. vertebralis) svw. ↑Wirbelsäule.
Columnea [nach dem italien. Gelehrten F. Colonna (latinisiert: Columna), *1567, †1650], Gatt. der Gesneriengewächse mit etwa 160 Arten im trop. Amerika; Sträucher, Halbsträucher oder immergrüne Kräuter, oft kletternd oder kriechend, mit gegenständigen Blättern und einzeln oder zu mehreren stehenden Blüten.
Colville, Alex [ˈkɒlvɪl], *Toronto 24. Aug. 1920, kanad. Maler. – An die realist. Malerei der 1920er Jahre in den USA anknüpfend, stellte er die Verbindung zu jüngsten Tendenzen des Realismus her. Die scheinbar banalen Situationen von Menschen und Tieren in typ. Lebensräumen deuten auf die Absurdität der modernen Zivilisation hin.

Alex Colville. Tankstelle, 1966 (Köln, Museum Ludwig)

Coma Berenices [griech., nach der ptolemäischen Königin Berenike] (Haupthaar der Berenike) ↑Sternbilder (Übersicht).
Comanche [engl. kəˈmæntʃi] (dt. Komantschen), krieger. Indianerstamm der südl. Great Plains, USA; gehört zur utoaztek. Sprachgruppe; die C. spezialisierten sich auf die Büffeljagd und verbreiteten das Pferd in den nördl. Great Plains; etwa 3 600 (früher 12 000).
Comasken [italien.], Baumeister und Steinbildhauer aus der Gegend des Luganer Sees (ehemals zum Bistum Como gehörend), die vom frühen MA an (643 schon erwähnt) bis in die Barockzeit in Italien, aber auch nördlich der Alpen wirkten.
Comayagua [span. komaˈjaɣua], Hauptstadt des Dep. C. in Z-Honduras, 28 800 E. Bischofssitz; holzverarbeitende und Nahrungsmittelind. – Gegr. 1540 als **Valladolid la Nueva;** bis 1880 Hauptstadt von Honduras.
Combe-Capelle [frz. kɔ̃bkaˈpɛl], wichtiges Abri (vorgeschichtl. Wohnstätte unter einem Felsüberhang) 38 km osö. von Bergerac (Dordogne) mit mehreren paläolith. Kulturschichten; Bestattung eines etwa 40–50 Jahre alten Mannes.
Combes, Émile [frz. kɔ̃:b], *Roquecourbe (Tarn) 6. Sept. 1835, †Pons (Charente-Maritime) 25. Mai 1921, frz. Politiker. – Führte als Min.präs. 1902–05 die radikale Trennung von Staat und Kirche durch.
Combo [zu lat.-engl. combination „Zusammenstellung"], kleines Jazz- oder Tanzmusikensemble, in dem die einzelnen Instrumente nur einmal vertreten sind.
Comeback [kamˈbɛk, engl. ˈkʌmbæk „Zurückkommen"], [erfolgreiches] Wiederauftreten nach längerer Pause, bes. von Künstlern, Sportlern, Politikern.
COMECON (Comecon), Abk. für engl.: **Co**uncil for **M**utual **Econ**omic Assistance (seltener: Aid), dt.: Rat für gegenseitige Wirtschaftshilfe (Abk. RGW), Organisation zur wirtsch. Integration Ost- und Ostmitteleuropas auf der Basis der Koordination der nat. Volkswirtschaftspläne und der Spezialisierung und Kooperation der industriellen Produktion innerhalb der internat. sozialist. Arbeitsteilung; gegr. am 25. Jan. 1949, Sitz Moskau. Gründungsmitglieder: UdSSR, Polen, Tschechoslowakei, Ungarn, Rumänien, Bulgarien; weitere Mgl.: DDR (1950), Mongol. VR (1962), Kuba (1972), Vietnam (1978), Albanien (1949; stellte 1962 seine Mitarbeit ein). Mit Jugoslawien (1965), Finnland (1973), Irak, Mexiko (1975) u. a. Ländern entstanden Formen der Zusammenarbeit auf vertragl. Grundlage. Der C. wurde unter dem Eindruck der ersten Erfolge des Marshall-

Comedia

plans und als Gegenstück zur OEEC (heute OECD) gegr. mit dem übergreifenden Ziel der Durchsetzung des sowjet. Planwirtschaftssystems in den ost-, mittel- und südosteurop. Ländern auf der Grundlage polit. Gleichschaltung und Bindung an die UdSSR und seit 1971 der schrittweisen Integration der einzelnen Volkswirtschaften. Die UdSSR war von Anfang an für alle C.-Länder der wichtigste Handelspartner als Hauptlieferant von Energie und Rohstoffen. Als Gegenleistung bezog sie hauptsächlich industrielle Erzeugnisse. Der Warenaustausch innerhalb des C. erfolgte Ende der 80er Jahre immer nicht überwiegend zweiseitig, d. h., ein Ausgleich der Handelsinteressen (und Zahlungsverpflichtungen) wurde im direkten Gegengeschäft gesucht (Bilateralismus) und nicht auch indirekt über ein drittes Land (Multilateralismus). Soweit Zahlungsverkehr zw. den C.-Ländern nötig war, wurde er über die **Internationale Bank für wirtschaftliche Zusammenarbeit** (COMECON-Bank, gegr. 1963, Sitz Moskau) mit Hilfe eines nicht frei konvertierbaren Verrechnungsrubels (seit 1964) abgewickelt. Im Zusammenhang mit der Ende der 80er Jahre einsetzenden Umgestaltung der Devisen-, Finanz- und Kreditbeziehungen im C. wurde auch die Forderung erhoben, nat., konvertierbare Währungen für Verrechnungen zu nutzen. Der Finanzierung gemeinsamer Investitionsprojekte diente die **Internationale Investitionsbank** (gegr. 1970, Sitz Moskau).

Oberstes Organ des C. war die Mgl.versammlung, die sog. RGW-Tagung, zw. diesen das Exekutivkomitee. Die paritätisch zusammengesetzten C.-Organe waren keine supranat. Behörden mit einer übergeordneten Entscheidungsfunktion; anders als die Europ. Gemeinschaften konnten sie nur auf Grund einstimmiger Beschlüsse Empfehlungen geben.

Diese bedurften der Bestätigung durch nat. Instanzen, was einem Vetorecht jedes Mgl. gleichkam. Eine Änderung dieser Regelung wurde aus Sorge vor einer noch stärkeren ökonom. und polit. Bevormundung durch die UdSSR von den kleineren Mgl.staaten strikt abgelehnt. So blieben die Ergebnisse des C. ständig beträchtlich hinter den gesteckten Zielen zurück. In den 80er Jahren verstärkten sich die Krisenerscheinungen, und im Zusammenhang mit den revolutionären demokrat. Veränderungen in verschiedenen Mgl.staaten war die weitere Existenz auch eines reformierten C. mehr und mehr in Frage gestellt. Am 28. Juni 1991 löste sich der C. auf seiner 46. Konferenz in Budapest formell auf.

Comedia [griech.-span.], span. dreiaktiges Versdrama ernsten oder heiteren Inhalts.

Comedian Harmonists [engl. kəˈmiːdjən ˈhɑːmənɪsts], berühmte dt. Gesangsgruppe (1927–35) mit internat. Erfolg; ihre brillante Technik, Stimmen instrumental einzusetzen, wirkte auf den Kleinchorgesang.

Comédie [frz. kɔmeˈdi; griech.-frz.], frz. Schauspiel ernsten oder heiteren Charakters.

Comédie-Française [frz. kɔmedifrɑ̃ˈsɛːz], das frz. Nationaltheater; 1680 von Ludwig XIV. durch Zusammenschluß der verschiedenen frz. Schauspieltruppen gegr.; 1804 unter Napoleon I. neu organisiert, der der C.-F. ihr teilweise heute noch geltendes Statut gab (Okt. 1812). Kennzeichnend sind ein stark konservatives Repertoire (klass. frz. Tragödien, Komödien von Molière, Marivaux u. a.) und traditioneller Inszenierungs- und Spielstil.

Comédie larmoyante [frz. kɔmedilarmwaˈjɑ̃t], „Rührstück", frz. Variante eines in der 1. Hälfte des 18. Jh. verbreiteten Typus der europ. Aufklärungskomödie; gilt als wichtiger Vorläufer des ↑bürgerlichen Trauerspiels; Hauptvertreter war P. C. Nivelle de La Chaussée („Mélanide", 1741).

Comedy of manners [engl. ˈkɔmɪdɪ ɔv ˈmænəz] ↑ Sittenstück.

Comenius, Johann Amos, eigtl. Jan Amos Komenský, * Nivnice (Südmähr. Gebiet) 28. März 1592, † Amsterdam 15. Nov. 1670, tschech. Theologe und Pädagoge. Studierte ev. Theologie, wurde Lehrer und 1616 Prediger, 1631 Bischof der Böhm. Brüder; zahlr. Reisen. Verstand die Schöpfung als Weltgeschichte, an der der Mensch im Auftrag Gottes mitwirken soll. Dafür bedarf es der Einsicht in die Schöpfung, also einer universalen Bildung („formatio"). Sie soll allen Menschen gleichermaßen offenstehen; C. forderte eine allg. Schulpflicht (auch für Mädchen). Es sollen nicht nur Sprache (Muttersprache, ab dem 13. Jahr Latein), sondern auch Weltinhalte („verba et res") gelehrt werden („Pampaedia", hg. 1566; dt. 1960). Die Unterrichtsmethode muß dem Lernprozeß, der eher dem Spielen als dem Arbeiten verwandt ist, angepaßt werden („Didactica magna", 1627–32, dt. ²1960 u. d. T. „Große Didaktik"). Sprach- und Sachunterricht sind aufeinander zu beziehen. Außerdem verfaßte C. religiöse Traktate, oft mit stark myst. Einflüssen, und Schriften philosoph. und philolog. Inhalts.

Comenius-Institut, ev. Arbeitsstätte für Erziehungswissenschaft e. V., Münster (Westf.), gegr. 1954; Tätigkeitsgebiete: Studienkommissionen und Expertentagungen zu Fragen der allg. Erziehungswiss., Sozialpädagogik und Religionspädagogik.

Comer See, oberitalien. See, 51 km lang, bis zu 4,5 km breit, 198 m ü. d. M.; im S in die Arme von Como und Lecco gespalten; mildes Klima, mediterrane Pflanzenwelt.

Comes (Mrz. Comites) [lat. „Begleiter"], in der Antike zunächst Bez. für Mgl. der Stäbe röm. Statthalter und Feldherren; seit Augustus in kaiserl. Dienst und mit amtsähnl. Funktionen betraut.
▷ im Früh-MA der Gefolgsmann, dann auch der Graf; **Comes stabuli** ↑ Konnetabel; **Comes palatinus** ↑ Pfalzgraf.
▷ Musik: in der ↑ Fuge der dem ↑ Dux folgende 2. Einsatz des Themas.

Comic strips [engl. „komische Streifen"] (Comics), Bilderfortsetzungsgeschichten, die Bildkästchen („panels")

Comic strips. Oben: Szene aus „Peanuts" von Charles M. Schulz. Unten: Szenenfolge aus „Asterix und die Trabantenstadt", Text von René Goscinny, Zeichnungen von Albert Uderzo

und Sprechblasen („balloons") integrierend verbinden, wobei das Bild aber dominiert. Nach Vorformen in Europa (u. a. Bilderbogen und -geschichten) entstanden die ersten eigtl. C. um 1900 in amerikan. Tageszeitungen. Die erste große Erfolgsserie schuf R. Dirks mit „The Katzenjammer Kids" (1897 ff.), 1929 entstanden „Popeye", 1930 „Blondie". Mit „Mickey Mouse" (1930 ff.) und „Donald Duck" (1938 ff.) u. ä. Tiercomics kam W. Disney, v. a. auch über den Zeichentrickfilm, zu weltweitem Erfolg. Seit den frühen 1930er Jahren eroberten Comicbooks (Comic-Hefte) als Nachfolger der Groschenhefte in den USA („pulps") ein Massenpublikum; Helden sind u. a. „Tarzan", „Phantom", „Superman" und „Batman", Personifikationen unterschwelliger Wunschbilder, aufgeladen durch Zukunftsvision oder dunkle, myth. Vergangenheit. In den 1950er und 1960er Jahren erfolgte der Anschluß an die Horrorwelle des Films und die Science-fiction-Literatur. Comics drangen auch in die Werbung wie in die Kunst ein (R. Lichtenstein). Verschiedene C. versuchen, das Trivialgenre durchlässig zu machen für revoltierende Selbstdarstellung und polit. Satire (z. B. die Undergroundserien „Head Comix" und „Fritz the Cat" von R. Crumb, andererseits die historisierenden „Asterix"-Serien von R. Goscinny und A. Uderzo). Liebenswürdig und psychologisch orientiert sind die „Peanuts" von C. Schulz. Zw. C. und anderen Medien (v. a. Film, Fernsehen und Hörfunk) bestehen enge Wechselbeziehungen. Eine ernsthafte Auseinandersetzung mit dem Massenmedium C. v. a. unter pädagog. und ästhet.-künstler. Gesichtspunkten begann seit den 50er Jahren mit dem Angebot zeichnerisch veredelter C. für Erwachsene.

Comines, Philippe de [frz. kɔ'min] ↑Commynes, Philippe de.

Comité français de libération nationale [frz. kɔmitefʀɑ̃sɛdliberasjɔ̃nasjɔ'nal] ↑Französisches Komitee der Nationalen Befreiung.

Comité International Olympique [frz. kɔmite ɛ̃tɛrnasjɔ'nal ɔlɛ'pik], svw. ↑Internationales Olympisches Komitee.

Comitia imperii [...ri-i; lat.], Bez. für den alten dt. ↑Reichstag (bis 1806).

Comma Joanneum (C. Johanneum) [lat. „Johanneischer Abschnitt"], eine im 4. Jh. vorgenommene Erweiterung der Worte „Drei sind, die Zeugnis geben", 1. Joh. 5, 7, durch „im Himmel: der Vater, das Wort und der Hl. Geist und diese drei sind eins; und drei sind, die Zeugnis geben auf Erden". Dieser Zusatz wurde von Luther als unecht nicht in die Bibelübersetzung aufgenommen, die kath. Kirche bestreitet seit 1897 seine Echtheit nicht.

Commedia dell'arte [italien.], um die Mitte des 16. Jh. in Italien entstandene, von Berufsschauspielern aufgeführte Stegreifkomödie, die nur Handlungsverlauf und Szenenfolge vorschrieb. Es bestand u. a. ein Repertoire an vorgefertigten Monologen und Dialogen, die, in den Aufführungen vielfältig variiert, immer wiederkehrten. Die Schauspieler verkörpern Typen. Dem jungen Liebespaar („amorosi") standen die kostümierten und maskierten kom. Figuren gegenüber, der „Dottore", der leer daherschwatzende gelehrte Pedant aus Bologna, und „Pantalone", der geizige Kaufmann und unermüdl. Schürzenjäger aus Venedig, sowie die Diener (der eine, „Zani", entwickelte sich zum Harlekin; „Arlecchino"). Zu ihnen gesellten sich der prahlsüchtige Militär „Capitano" und die kokette Dienerin „Colombina". Goldonis Reform des italien. Theaters (Mitte des 18. Jh.) bedeutete ihr Ende. Seit 1947 setzt sich das Piccolo Teatro in Mailand erfolgreich für eine Wiederbelebung der C. d. a. ein.

comme il faut [frz. kɔmil'fo], wie sich's gehört, vorbildlich, musterhaft.

Commercial Banks [engl. kə'mə:ʃəl 'bæŋks], zum Geschäftsbankensystem der USA gehörende Depositenbanken. Sie nehmen Depositen an, gewähren kurzfristige Kredite, wickeln den Zahlungsverkehr ab.

Commerzbank AG, dt. Großbank, Sitz Düsseldorf, gegr. 1870 als Commerz- und Disconto-Bank, Hamburg, seit 1940 heutige Firma. Die C. AG betreibt alle Bankgeschäfte; sie kooperiert internat. mit der Crédit Lyonnais, Paris, und der Banco di Roma, Rom.

Commines, Philippe de [frz. kɔ'min] ↑Commynes, Philippe de.

Commissariat à l'Énergie Atomique [frz. kɔmisar'ja: alenɛr'ʒi atɔ'mik], Abk. C. E. A., 1945 gegr. frz. Atomenergiebehörde mit Sitz in Paris. Der Institution unterstehen Forschungs- und Entwicklungslaboratorien, sie unterhält Anlagen zur Erzeugung spaltbaren Materials.

Commodianus, lat. christl. Dichter syr. Herkunft, dessen Lebensdaten umstritten sind (3., 4. oder 5. Jh.). – Urspr. Heide; verf. u. a. das „Carmen apologeticum", eine in vulgärlat. Hexametern abgefaßte Verteidigung des Christentums gegen Juden und Heiden.

Commodity terms of trade [engl. kəmɔditi 'tə:mz əv 'treɪd] ↑Terms of trade.

commodo ↑comodo.

Commodus, Marcus Aurelius C. Antoninus (seit 191 Lucius Aelius Aurelius C.), * bei Lanuvium (?) 31. Aug. 161, † Rom in der Nacht zum 1. Jan. 193, röm. Kaiser (seit 180). – Sohn Mark Aurels und Faustinas der Jüngeren; 166 Caesar, 177 Augustus; Willkürherrschaft, Günstlingswirtschaft, Ausschweifungen sowie sich steigernde Vorstellungen von eigener Göttlichkeit führten zu seiner Ermordung.

Common Law [engl. 'kɔmən lɔ:], 1. [urspr.] das im ganzen engl. Königreich für alle Personen einheitlich geltende Recht im Unterschied zu den nur örtlich geltenden Gewohnheitsrechten; 2. das in England entwickelte und später in vielen Ländern, dem angelsächs. Rechtskreis (↑angelsächsisches Recht), übernommene gemeine Recht im Unterschied zum Civil Law, d. h. dem aus dem röm. Recht abgeleiteten Rechtsordnungen; 3. das von den Gerichten geschaffene Fallrecht im Gegensatz zum Gesetzesrecht.

Common Prayer Book ['kɔmən 'preɪəbʊk; engl. „Buch des gemeinsamen Gebets"] (Book of Common Prayer), in den Jahren 1541–49 entworfenes, 1549 unter Eduard VI. eingeführtes, mehrfach revidiertes liturg. und katechet. Buch der anglikan. Kirche.

Commons [engl. 'kɔmənz „die Gemeinen"; zu lat. communis „gemein"], in England Vertreter der Ritter, Städte und Boroughs, 1265 erstmals mit dem feudalen Hochadel zu einem Parlament zusammengerufen; seit dem 14. Jh. Bez. für die Mgl. des brit. Unterhauses (House of Commons).

Common sense [engl. 'kɔmən 'sɛns] (lat. sensus communis; frz. bon sens), wörtl. „allg. Sinn, Gemeinsinn", entspricht etwa dem „gesunden Menschenverstand".

Commonwealth [engl. 'kɔmənwɛlθ], engl. Bez. für öffentl. Wohl, Gemeinwesen; Name der engl. Republik 1649–60. – ↑Britisches Reich und Commonwealth.

Commonwealth of the Northern Mariana Islands [engl. 'kɔmənwɛlθ əv ðə 'nɔ:ðən mɛəri'ænə 'aɪləndz] ↑Marianen.

Commotio ↑Kommotio; **Commotio cerebri,** svw. ↑Gehirnerschütterung.

Communauté de Taizé [frz. kɔmynotedə'tɛ:ze] ↑Taizé.

Commune ↑Kommune.

Commune Sanctorum [lat. „das Gemeinsame der Heiligen"], in der kath. Liturgie eine Sammlung von Meß- und Breviergebetsformularen der christl. Kirchen.

Communicatio in sacris [lat. „Verbindung in heiligen (Dingen)"], Teilnahme an gottesdienstl. Handlungen andersgläubiger Religionsgemeinschaften, auch Gottesdienst- und Sakramentengemeinschaft der christl. Kirchen.

Communio [lat. „Gemeinschaft"], Begleitgesang zur Kommunion des Volkes in der kath. Eucharistiefeier.

Communio Sanctorum [lat.] ↑Gemeinschaft der Heiligen.

Communis opinio [lat.], die allgemeine Auffassung, herrschende Meinung.

Commynes (Comines, Commines), Philippe van den Clyte, Seigneur de [frz. kɔ'min], * Schloß Renescure bei Hazebrouck (Dep. Nord) um 1447, † Schloß Argenton (= Argenton-Château, Deux-Sèvres) 18. Okt. 1511, frz. Diplo-

Commedia dell'arte. Typische Figuren. Oben: Capitano. Mitte: Colombina. Unten: Arlecchino.

Johann Amos Comenius

Como

mat und Geschichtsschreiber. – Diente seit 1464 Karl dem Kühnen, seit 1472 König Ludwig XI. von Frankreich; seine seit 1489 verfaßten „Mémoires" (Erstdruck 1524) sind das erste Beispiel moderner polit. Geschichtsschreibung.

Como, italien. Stadt in der Lombardei, am SW-Ufer des Comer Sees, 202 m ü. d. M., 91 000 E. Bischofssitz; traditionelle Seidenfabrikation (seit 1510); Fremdenverkehr. – Das antike **Comum** wurde 196 v. Chr. röm.; unter fränk. Herrschaft Mittelpunkt einer Gft.; 1127 von den Mailändern zerstört, von Friedrich I. Barbarossa wieder aufgebaut, 1451 endgültig an Mailand. – Roman. Klosterkirche Sant' Abbondio (1013–95); Dom (1396 begonnen, 1487–1596 im Renaissancestil vollendet).

Como
Stadtwappen

Como. Fassade der romanischen Kirche Sant' Abbondio, erbaut 1013–95

comodo (commodo) [italien.], musikal. Vortragsbez.: gemächlich, behaglich, ruhig.

Comodoro Rivadavia [span. komoˈðoɾo rriβaˈðaβja], argentin. Stadt am Atlantik, wichtigste Stadt Patagoniens, 99 000 E. Bischofssitz; Univ. (gegr. 1961); Zentrum der bedeutendsten argentin. Erdöl- und Erdgasvorkommen. – Gegr. 1901.

Compact disc [engl. kəmˈpækt ˈdɪsk] ↑ Schallplatte.

Compagnie [kɔmpaˈni: (↑ Kompanie)], Handelsgesellschaft.

Company [engl. ˈkʌmpənɪ (↑ Kompanie)], Abk. Comp., Handelsgesellschaft; die **limited company** entspricht etwa der dt. GmbH, die **jointstock company** der AG (Großbritannien) bzw. der KG auf Aktien (USA).

Compaoré, Blaise, *1915, Politiker in Burkina Faso. – Mossi; beteiligte sich an den Putschen unter T. Sankara (1982, 1983); putschte am 15. Okt. 1987 gegen Sankara und ist seit 31. Okt. 1987 Präsident.

Compendium [lat.] ↑ Compiègne.

Compenius, dt. Orgelbauerfamilie des 16. und 17. Jh. Als bedeutendster Vertreter gilt Esaias C. (*1560, †1617), der M. Praetorius bei dessen „Organographia" beriet. Von seinen Orgeln ist die auf Schloß Frederiksborg in Dänemark erhalten.

Compiègne [frz. kõˈpjɛn], frz. Stadt in der Picardie, Dep. Oise, 43 000 E. TU; chem., Reifen-, Nahrungsmittelind. Naherholungsgebiet von Paris (Wald von C., 14 450 ha groß). – Erstmals 561 erwähnt (Merowingerpfalz **Compendium**); 1153 Stadtrecht. Am 11. Nov. 1918 wurden im Wald von C. der Waffenstillstand zw. dem Dt. Reich und den Alliierten, am 22. Juni 1940 der dt.-frz. Waffenstillstand geschlossen. – Got. Kirche Saint-Jacques (13. und 15. Jh.), spätgot. Rathaus (16. Jh.) und klassizist. Schloß (18. Jh.).

Compiler [kɔmˈpailər; engl.] (Übersetzer), Programm eines Computers, das ein vollständiges, in einer höheren Programmiersprache formuliertes „Quellprogramm" in das Maschinenprogramm (als „Zielprogramm") übersetzt. Im Ggs. zum ↑ Interpreter wird das Programm erst nach der Übersetzung aller Anweisungen abgearbeitet. Ein C. ist wesentlich umfangreicher als ein ↑ Assembler.

Complet [kõˈple:] ↑ Komplet.

Completorium [lat.] ↑ Komplet.

Compound... [kɔmˈpaʊnt; lat.-engl.], Bestimmungswort in Zusammensetzungen mit der Bed. „Verbund...".

Compoundkern [kɔmˈpaʊnt] (Verbundkern, Zwischenkern), der bei Beschuß eines Atomkerns mit energiereichen Teilchen (Nukleonen, Alphateilchen) entstehende hochangeregte Atomkern, der gegenüber der sonst für Kernreaktionen übl. Zeit relativ lange existiert und dann zerfällt.

Compoundtriebwerk [kɔmˈpaʊnt] (Verbundtriebwerk), Verbindung eines Flugmotors mit einer Abgasturbine zur Leistungssteigerung.

Comprehensive school [engl. kɔmprɪˈhɛnsɪv ˈskuːl], Gesamtschule im Sekundarschulbereich Großbritanniens. Sie bietet die Fächer des altsprachl., neusprachl. und naturwiss. Zweiges an.

Compton, Arthur Holly [engl. ˈkʌmptən], *Wooster (Ohio) 10. Sept. 1892, †Berkeley (Calif.) 15. März 1962, amerikan. Physiker. – Prof. in Chicago und Washington; entdeckte 1922/23 den ↑ Compton-Effekt und wies die vollständige Polarisation der Röntgenstrahlen sowie ihre Beugung an opt. Gittern nach. Nobelpreis für Physik zus. mit C. T. R. Wilson 1927.

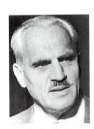

Arthur Holly
Compton

Compton-Burnett, Dame (seit 1967) Ivy [engl. ˈkʌmptən bəˈnɛt], *London 5. Juni 1884, †ebd. 27. Aug. 1969, engl. Schriftstellerin. – Romane aus dem viktorian. England oder der Zeit vor dem 1. Weltkrieg; u. a. „Eine Familie und ein Vermögen" (1939).

Compton-Effekt [engl. ˈkʌmptən], von A. H. Compton entdeckte, mit einer richtungsabhängigen Vergrößerung der Wellenlänge verbundene Streuung von Photonen (speziell von Röntgenstrahlen) an freien oder schwach gebundenen Elektronen. Ein Photon überträgt dabei einen Teil seiner Energie auf das Elektron und wird gegenüber der Einfallsrichtung abgelenkt bzw. gestreut. Der C. ist ein Beweis für die Quantennatur der elektromagnet. Strahlung sowie für die Gültigkeit von Energie- und Impulssatz im atomaren Bereich.

Computer [kɔmˈpjuːtər; engl.; zu lat. computare „berechnen"] (Rechenautomat, Rechner, Datenverarbeitungsanlage), durch gespeicherte Programme gesteuerte elektron. Anlage zur ↑ Datenverarbeitung sowie zum Steuern von Geräten, Anlagen und Prozessen. Der Begriff C. umfaßt dabei den weiten Bereich vom fest programmierten C., der als Steuergerät z. B. in Haushaltgeräten verwendet wird, bis hin zum frei programmierbaren universellen Großrechner und darüber hinaus zum „Supercomputer" für kompliziertesten mathemat. Aufgaben. Auch versteht man unter C. meist ↑ Digitalrechner im Unterschied zum ↑ Analogrechner. Eine systemat. Klassifizierung von C. ist wegen ihrer sehr unterschiedl. Leistungs- und Anwendungsmöglichkeiten, der Ausstattung mit peripheren Geräten und ihres Preises problematisch. Die fortschreitende Miniaturisierung der elektron. Bauelemente und die Entwicklung der ↑ Mikrocomputer führten zu einer Vielzahl von kleineren C.typen, z. B. ↑ Heimcomputer, ↑ Bürocomputer, ↑ Personalcomputer. Die elektron. und mechan. Teile eines C. werden als *Hardware,* die Programme als *Software* bezeichnet. Alle C. besitzen eine *Zentraleinheit* (meist ↑ Mikroprozessor) mit Steuer- und Rechenwerk sowie dem Arbeits- oder Hauptspeicher, die über Kanäle mit *peripheren Geräten* (z. B. Eingabe-/Ausgabegeräte, externe Speicher) verbunden ist. Die *Eingabe* von Daten geschieht normalerweise über die Tastatur; Programme und Daten werden auch von Speichern eingelesen oder über Telekommunikation in einen C. eingegeben. Die *Ausgabe* von Daten geschieht i. d. R. auf dem Bildschirm bzw. auf Druckern oder Plottern. Wesentliches Funktionsprinzip ist die Programmsteuerung über in den C. eingegebene Programme, die nach dem Start automatisch ablaufen. – Die Idee eines programmgesteuerten Digitalrechners stammt von C. Babbage, das Konzept der internen Programmspeicherung von J. von Neumann. Den ersten programmgesteuerten Rechner baute K. Zuse. Nach den verwendeten Bauelementen werden C.generationen unterschieden: Die erste Generation enthielt Elektronenröhren und Magnettrommelspeicher, die zweite Transistoren und Ferritkernspeicher, die dritte integrierte Schaltungen und Halbleiterspeicher, die vierte hoch- bzw. höchstintegrierte Schaltkreise (Chips). Mit der nächsten Generation soll der Übergang von der Informations- zur Wissensverarbeitung erfolgen.

Computerblitz [kɔm'pju:tər] ↑ Elektronenblitzgerät.

Computerdichtung [kɔm'pju:tər], mittels Rechenanlagen erzeugte literar. Texte, v.a. Lyrik; angeregt wurden Computertexte u.a. durch die informationstheoret. Ästhetik M. Benses Ende der 60er Jahre. Die Computer erhalten Programme mit einem Repertoire von Wörtern, grammatikal. Regeln, Versregeln, Reimmöglichkeiten und arbeiten mit sog. Zufallsgeneratoren. Die entstehenden überraschenden Wendungen, Bilder oder Metaphern sind Zufallsprodukte. Die C. steht in der Tradition der Zufalls- und Würfeltexte (↑ aleatorische Dichtung). Mit ihr eröffnen sich Möglichkeiten, neue literar. Texttypen entwickeln und traditionelle Vorstellungen von Autorschaft, künstler. Absicht und ästhet. Wert verändern zu können.

Computergeld [kɔm'pju:tər], eine Weiterentwicklung des Giralgeldes, bei der die Aufzeichnungen der Banken in den Magnetspeichern von Datenverarbeitungsanlagen erfolgen.

Computergraphik [kɔm'pju:tər] (graph. Datenverarbeitung), computerunterstützte graph. Darstellung von Daten und Informationen, z.B. in Konstruktions- und Architekturbüros. Bei der C. können Datenstrukturen und Algorithmen nach der Verarbeitung durch einen Computer als ein-, zwei- oder dreidimensionale Darstellung, auch farbig, mittels Drucker ausgedruckt, mittels Plotter gezeichnet oder mittels Bildschirm ausgegeben werden. Darstellungen auf dem Bildschirm können bei Verwendung geeigneter [Graphik]software gedreht, vergrößert, verkleinert und anderweitig im Dialog verändert werden. C. wird bes. bei CAD und CAM (↑ Automatisierung), bei der visuellen Darstellung statist. Daten sowie in der Computerkunst verwendet.

Computerkriminalität [kɔm'pju:tər], Teilbereich der Wirtschaftskriminalität; Straftaten, die als *Computerbetrug* (Schädigung des Vermögens eines anderen durch Beeinflussung des Ergebnisses eines Datenverarbeitungsvorgangs in Bereicherungsabsicht) und *Computersabotage* (Unbrauchbarmachen einer Datenverarbeitungsanlage oder eines Datenträgers, um einen fremden Datenverarbeitungsvorgang zu stören) strafrechtl. geahndet werden; es wird Freiheitsstrafe bis zu fünf Jahren oder Geldstrafe angedroht.

Computerkunst [kɔm'pju:tər], mit Hilfe von Computern hergestellte ästhet. Objekte (graph. Blätter, Musikkompositionen, Texte); z.T. mit Hilfe von sog. Zufallsgeneratoren wird eine vorgegebene Reihe von Zeichen durch die verschiedenen Operationen (Vertauschung, Verknüpfung u.a.) zufällig oder nach Regeln variiert.

Computersatz [kɔm'pju:tər] ↑ Setzerei.

Computer science [kɔm'pju:tər 'saɪəns], svw. ↑ Informatik.

Computertomographie [kɔm'pju:tər], Abk. CT, ein 1972 eingeführtes Verfahren der Röntgenuntersuchung, das in seinen Grundzügen von A. M. Cormack und G. N. Hounsfield entwickelt wurde und eine direkte Darstellung von Weichteilstrukturen des menschl. Körpers auf dem Bildschirm eines Monitors oder Datensichtgeräts ermöglicht. Bei der C. werden mit einem dünnen, fächerartigen Röntgenstrahlbündel die zu untersuchenden Körperregionen schichtweise aus allen Richtungen und in gegeneinander versetzten, bei der **Computeraxialtomographie (CAT)** senkrecht zur Körperlängsachse verlaufenden Schichten (Schichtdicke einige Millimeter) mit einem Auflösungsvermögen von etwa 0,5 mm abgetastet, wobei die jeweilige Röntgenstrahlabsorption in den verschiedenen Volumenelementen mit Strahlendetektoren gemessen wird; die Meßdaten dieser Detektoren werden an einen angeschlossenen Computer weitergegeben, der sie aufbereitet und aus einigen Millionen Einzeldaten bereits nach wenigen Sekunden ein Fernsehbild **(Computertomogramm)** aufbaut. Bei der C. des Gehirns **(Gehirn-CT)** lassen sich geringe Veränderungen des Hirngewebes infolge Durchblutungsstörungen, Ödemen, Blutungen, Tumorbildungen u.a. erkennen und darstellen, während man bei der C. des Körpers **(Ganzkörper-CT)** v.a. Tumoren der Nieren, Oberbauchorgane sowie des Lymphystems im Brustraum frühzeitig nachweisen kann. Die C. hat die medizin. Diagnostik entscheidend bereichert, zahlr. belastende Röntgenuntersuchungen wurden überflüssig.

Comsat [engl. 'kɔmsæt], Abk. für engl.: **Com**munications **Sat**ellite Corporation („Nachrichtensatelliten-Gesellschaft"), 1962 gegr. Betriebsgesellschaft der ↑ INTELSAT.

Comte, Auguste [frz. kõ:t], * Montpellier 19. Jan. 1798, † Paris 5. Sept. 1857, frz. Mathematiker und Philosoph. – C., Schüler Saint-Simons, gilt als Begründer des Positivismus, der jede Metaphysik ablehnt. Die von C. so benannte „Soziologie" untersucht die Gesetze, denen auch die Gesellschaft unterliegt. Nach seinem „Dreistadiengesetz" deutete er die gesellschaftl. Entwicklung als Fortschritt von der theologischen zur metaphysischen und zur positiven Weltdeutung.

Die Politik wird der „positiven Moral" untergeordnet, die die Selbstverwirklichung durch Sozialgebundenheit ersetzt. Seine Wissenschaftsauffassung, die wesentlich das moderne Verständnis der Naturwissenschaften prägte, gründete sich auf die Beschreibung von Tatsachen und deren Beziehungen. – *Werke:* Cours de philosophie positive (1830–46), Rede über den Geist des Positivismus (1846), Système de politique positive ... (1851–54), Catéchisme positiviste ... (1852).

Comte [frz. kõ:t; zu lat. ↑ comes], frz. Bez. für Graf; dem Rang nach zw. dem Baron und dem Marquis stehend.

Auguste Comte

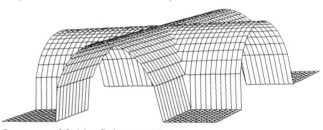

Computergraphik. Schnittfläche zweier Zylinder

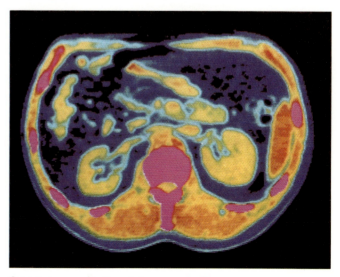

Computertomographie. Computertomogramm der Nieren

Comtesse

Comtesse [frz. kõ'tɛs], frz. Bez. für Gräfin (↑ Comte). – ↑ Komteß.

Comum, antike Stadt, ↑ Como.

Comuneros [lat.-span.], Anhänger des kastil. Aufstandes von 1520/21 gegen König Karl I., König von Spanien (Kaiser Karl V.).
▷ Kurzname für den span. Geheimbund „Confederación de Caballeros C." (auch „Söhne des Padilla") mit demokrat. Zielsetzung; nach 1823 rücksichtslos verfolgt.

con..., Con... ↑ kon..., Kon...

con affetto [italien.], musikal. Vortragsbez.: mit Leidenschaft, ausdrucksvoll bewegt.

Conakry [frz. kɔna'kri], Hauptstadt der Republik Guinea, auf der *Île de Tumbo* (4 km²) und der Halbinsel *Kaloum* (durch einen Damm verbunden), 800 000 E. Kath. Erzbischofssitz; Univ. (gegr. 1984), polytechn. Hochschule, Nationalmuseum. Ind.- und Handelszentrum sowie wichtigster Hafen des Landes; Eisenbahnlinien nach Fria und ins Landesinnere; internat. ⚓. – 1887 nahm Frankreich die Île de Tumbo offiziell in Besitz.

con anima [italien.], musikal. Vortragsbez.: mit Seele, mit Empfindung, beseelt.

Conant, James Bryant [engl. 'kɔnənt], *Dorchester (Mass.) 26. März 1893, †Hanover (N. H.) 11. Febr. 1978, amerikan. Chemiker und Politiker. – Seit 1929 Prof. an der Harvard University (1933–53 Präs.); 1953–55 Hochkommissar, 1955–57 erster Botschafter der USA in Bonn; zahlr. Arbeiten zur organ. Chemie und zur Bildungspolitik.

con brio [italien.] ↑ brio.

Concarneau [frz. kõkar'no], Hafenstadt an der breton. S-Küste, Dep. Finistère, 18 000 E. Fischereimuseum mit Aquarium, Fischereihafen, Fischverarbeitung. – Um 692 gegr.; 1557 Stadtrecht. – Ummauerte Altstadt auf einer Insel im Hafen.

Concentus [lat.], die in der Liturgie der kath. und prot. Kirche vom rezitativen ↑ Accentus unterschiedenen Gesänge (z. B. Antiphonen, Responsorien, Hymnen).

Concepción [span. kɔnsep'sjɔn], Hauptstadt des Dep. C., Paraguay, 26 000 E. Bischofssitz; Binnenhafen am Paraguay (Freihafen für Brasilien); ⚓. – Gegr. 1773.
C., Stadt am Río Bío-Bío in Z-Chile, 294 000 E. Erzbischofssitz; Univ. (gegr. 1919), frz.-chilen. Kulturinst., dt. Schule; zweitwichtigstes Ind.zentrum Chiles, Handelsstadt; Freihafen für den Handelsverkehr mit Brasilien. – Gegr. 1550.

Concept-art [engl. 'kɔnsɛpt,a:t] ↑ Konzeptkunst.

Conceptio [lat.], svw. Konzeption (↑ Empfängnis).

Conceptio immaculata [lat.] ↑ Unbefleckte Empfängnis.

Concertgebouworkest [niederl. kɔn'sɛrtxəbou-ɔr-,kɛst], 1888 gegr., nach einem Konzertsaal in Amsterdam ben. niederl. Orchester; entwickelte sich unter der Leitung W. Mengelbergs (1895–1945) zu einem der führenden europ. Orchester. Spätere Dirigenten waren u. a. E. van Beinum, E. Jochum, K. Kondraschin, B. Haitink, R. Chailly (seit 1988).

Concertino [kɔntʃer'ti:no; italien.], (Konzertstück) meist einsätzige Komposition für Soloinstrument[e] und Orchester.
▷ die Solistengruppe im ↑ Concerto grosso.

Concerto grosso [kɔn'tʃɛrto; italien. „großes Konzert"], (Concerto) das Gesamtorchester im Ggs. zum solistisch besetzten ↑ Concertino.
▷ Hauptgattung des barocken Instrumentalkonzerts mit dem ihm eigentüml. Wechsel von vollem Orchester zu der einfach besetzten Solistengruppe des ↑ Concertino. Bed. Vertreter waren A. Stradella, A. Corelli, A. Vivaldi, im 20. Jh. u. a. von Křenek, Hindemith, Strawinski wiederaufgegriffen.

Concerts spirituels [frz. kõsɛrspiri'tɥɛl „geistl. Konzerte"], Name der ersten 1725 in Paris gegründeten öff. Konzertreihe in Frankreich.

Concetto [kɔn'tʃɛto; lat.-italien.], Sinnfigur, überraschendes (verrätseltes) Bild, eine scheinbar scharfsinnige Metapher, die aber oft logisch nicht auflösbar ist. Literar. Technik im span. Conceptismo, dem Marinismus in Italien,

James Bryant Conant

Louis II., Fürst von Condé

Antoine Marquis de Condorcet

dem engl. Euphuismus, dem frz. Preziösentum und dem dt. Barock.

Concierge [frz. kõ'sjɛrʒ; zu lat. conservus „Mitsklave"], frz. für: Hausmeister[in], Portier[sfrau].

concitato [kɔntʃi'ta:to; italien.], musikal. Vortragsbez.: erregt, aufgeregt.

Conclusio ↑ Konklusion.

Concord [engl. 'kɔŋkɔ:d], Hauptstadt des Bundesstaates New Hampshire, USA, 37 000 E. Anglikan. Bischofssitz; Textil-, Lederindustrie.

Concorde [frz. kõ'kɔrd „Eintracht"], vierstrahliges brit.-frz. Überschallverkehrsflugzeug (Reisegeschwindigkeit rd. 2 200 km/h) für bis zu 128 Passagiere. Erstflug 1969, im Linieneinsatz seit 1976. Der Serienbau wurde nach 16 Flugzeugen 1979 eingestellt.

Concordia [lat.], bei den Römern die als göttl. Person gedachte „Eintracht".

Condamine, La [frz. lakõda'min] ↑ Monaco.

Condé [frz. kõ'de], Seitenlinie des Hauses Bourbon (Mitte des 16. Jh. bis 1830); bed.:
C., Henri, Fürst von, *La Ferté-sous-Jouarre (Seine-et-Marne) 29. Dez. 1552, †Saint-Jean-d'Angély (Charente-Maritime) 5. März 1588. – Übernahm nach dem Tod seines Vaters Louis I. die Führung der Hugenotten; floh nach der Bartholomäusnacht nach Deutschland und organisierte 1574–81 die polit.-staatl. Machtbasis der Hugenotten.
C., Louis I., Fürst von, *Vendôme 7. Mai 1530, †Jarnac (Charente) 13. März 1569 (erschossen). – Als Hugenottenführer Haupt der gescheiterten Verschwörung von Amboise (1560).
C., Louis II., Fürst von, gen. „Le Grand Condé", *Paris 8. Sept. 1621, †Fontainebleau 11. Dez. 1686. – Schlug sich 1651 auf die Seite der Fronde und trat in den Dienst des span. Königs; kämpfte 1659 nach Frankreich zurückgekehrt, siegreich in den Niederlanden und als Oberbefehlshaber in der Pfalz.

Condillac [kõdij'ak], Étienne Bonnot de, frz. Philosoph und Volkswirtschaftler, *Grenoble 30. 9. 1714, †Flux (bei Beaugency) 3. 8. 1780. – War befreundet mit J.-J. Rousseau und D. Diderot; vertrat einen an der Aufklärung orientierten und von J. Locke beeinflußten nichtmaterialist. Sensualismus („Traité des sensations", 1754). Verfaßte Schriften zur Ökonomie; wurde 1758 in die Académie française aufgenommen.

Conditio sine qua non [lat. „Bedingung, ohne die nicht"], notwendige Bedingung, unerläßl. Voraussetzung, ohne die etwas anderes nicht eintreten kann.

Condom ↑ Kondom.

Condon, Edward Uhler [engl. 'kɔndən], *Alamogordo (N. Mex.) 2. März 1902, †Boulder (Colo.) 26. März 1974, amerikan. Physiker. – Gab eine wellenmechan. Begründung des sog. Franck-Condon-Prinzips und erklärte den Alphazerfall mit dem Tunneleffekt.

Condorcet, [Marie Jean] Antoine [Nicolas de Caritat], Marquis de [frz. kõdɔr'sɛ], *Ribemont bei Saint Quentin 17. Sept. 1743, †Clamart (Hauts-de-Seine) 29. März 1794, frz. Mathematiker, Philosoph, Politiker. – Einer der Enzyklopädisten; als Mathematiker bed. Arbeiten über Integralrechnung (1756) und zur Theorie der Kometen (1777). Schloß sich 1789 der Frz. Revolution an; entwickelte das Ideal des demokrat. Liberalismus und in einem seiner Entwurf einer „Nationalerziehung" die Beseitigung der Klassenunterschiede im Bildungswesen, Autonomie gegenüber Kirche und Staat sowie eine Erwachsenenfortbildung. Seit 1792 Präs. der Gesetzgebenden Nationalversammlung; wurde als Girondist am 27. März 1794 verhaftet; starb durch Erschöpfung oder Gift.

Condoribaum (Indischer Korallenbaum, Adenanthera pavonina), südasiat. Mimosengewächs; großer Baum mit glänzend roten, eßbaren Samen (Korallenerbsen).

Condottiere ↑ Kondottiere.

Conductus [lat.], 1. einstimmiges lat. Lied des MA. – 2. eine Hauptform der mehrstimmigen Musik (meist zwei- und drei-, seltener vierstimmig) des MA (12./13. Jh.) neben Organum und Motette.

Condylus [griech.], svw. ↑ Gelenkhöcker.
con espressione [italien.], musikal. Vortragsbez.: mit Ausdruck.
conf., Abk. für: ↑ **confer**!
Confederación Nacional del Trabajo [span. kɔnfeðeraˈθion naθioˈnal dɛl traˈβaxo], Abk. CNT, span. Gewerkschaft, ↑ Spanien (Geschichte).
Confédération Générale du Travail [frz. kõfederaˈsjõ ʒeneral dytraˈvaj], Abk. C.G.T., frz. Gewerkschaft, ↑ Gewerkschaften (Übersicht).
Confederation of British Industry [engl. kənfɛdəˈreɪʃən əv ˈbrɪtɪʃ ˈɪndəstrɪ], Abk. CBI, Spitzenverband der brit. Arbeitgeberverbände; entstand 1965, Sitz London.
Confédération Suisse [frz. kõfederasjõˈsɥis], amtl. frz. Name der Schweiz.
Confederazione Generale dell'Industria Italiana [italien. komfederatˈtsjoːne dʒeneˈraːle dellinˈdustria itaˈliaːna], Kurzbez. Confindustria, italien. Arbeitgeberorganisation, neugegr. 1944, Sitz Rom.
Confederazione Generale Italiana del Lavoro [italien. komfederatˈtsjoːne dʒeneˈraːle itaˈliaːna del laˈvoːro], Abk. C.G.I.L., italienische Gewerkschaft, ↑ Gewerkschaften (Übersicht).
Confederazione Svizzera [italien. komfederatˈtsjoːneˈzvittsera], amtl. italien. Name der Schweiz.
confer! [lat. „vergleiche!"], Abk. cf., cfr., conf., in wiss. Arbeiten Hinweis auf Belegstellen.
Conférencier [kõferãsiˈeː; nlat.-frz.], [witzig unterhaltender] Ansager in Kabarett, Varieté, öff. Veranstaltungen;
Conférence, die entsprechende Ansage.
Confessio [lat.], das Glaubensbekenntnis, die Konfession; die Bekenntnisschrift; allg. oder individuelles Sündenbekenntnis.
▷ Vorraum eines Märtyrergrabes unter dem Altar v. a. altchristl. Kirchen. Bekannt sind v. a. die Confessiones der röm. Basiliken, z. B. von Alt-Sankt-Peter in Rom; Vorform der ↑ Krypta.
Confessio Augustana [lat.] ↑ Augsburger Bekenntnis.
Confessio Belgica [lat.] (Belgische Konfession), Bekenntnisschrift der ref. Gemeinden in den span. Niederlanden (1561).
Confessio Bohemica [lat.], Bekenntnisschrift der ↑ Böhmischen Brüder (1609).
Confessio Gallicana [lat.] (La confession de foy des Églises reformées du Royaume de France), Bekenntnisschrift der ref. Gemeinden Frankreichs (1559).
Confessio Helvetica [lat.], Name zweier reformator. Bekenntnisschriften. 1. **Confessio Helvetica prior** (1536), in 27 (bzw. im 28) Artikeln über Glaube, Kirche und Ethos ein Bekenntnis über die ref. Lehre von Calvin. 2. **Confessio Helvetica posterior** (1566), urspr. als eine Privatarbeit von dem Züricher Theologen H. Bullinger verfaßt, der die schweizer. Städte (außer Basel), später auch ref. Kirchen im Ausland zustimmten.
Confessio tetrapolitana [lat. „Vier-Städte-Bekenntnisschrift"], reformator. Bekenntnisschrift der Städte Straßburg, Memmingen, Lindau und Konstanz (1530).
Confessor [lat.] ↑ Bekenner.
Confiteor [lat. „ich bekenne"], in der kath. Kirche allg. Sündenbekenntnis u. a. zu Beginn der Messe und vor der Komplet.
Confoederatio Helvetica [...fø...; lat.], Abk. C.H. oder CH, Bez. der Schweizer. Eidgenossenschaft. Die Abk. werden v. a. auf Geldstücken und als Nationalitätskennzeichen der schweizer. Kfz verwendet.
Conformists [engl. kənˈfɔːmɪsts] ↑ Konformisten.
con forza [italien.], musikal. Vortragsbez.: mit Kraft, wuchtig.
Confrérie de la passion [frz. kõfreˈri dlapaˈsjõ], Laienspielgemeinschaft, sorgte zur Aufführung geistl. Spiele, erhielt 1402, erneut 1518–1675 das Spielmonopol in Paris, dehnte es auf andere Gattungen aus. Auf das Verbot, weiter im Hôpital de la Trinité zu spielen, reagierte sie mit dem Bau des Hôtel de Bourgogne (1548 vollendet, zugleich aber Verbot, geistl. Spiele aufzuführen).

con fuoco [italien.], musikal. Vortragsbez.: mit Feuer, feurig bewegt.
Conga [span.], mit der Hand geschlagene einfellige, faß- oder kegelförmige, längl. Trommel, wohl kuban. Herkunft; bei lateinamerikan. Tänzen und im Jazz verwendet.
▷ nach der C.trommel ben. afrokuban. Tanz in raschem Tempo und geradem Takt.
Congar, Yves (Taufname Marie-Joseph) [frz. kõˈɡaːr], * Sedan 13. April 1904, frz. Theologe, Dominikaner. – 1931–54 Prof. für Fundamentaltheologie in Étiolles bei Paris. Auf dem 2. Vatikan. Konzil einer der führenden frz. Konzilstheologen.
Congelatio [lat.], svw. ↑ Erfrieren.
Congress of Industrial Organizations [engl. ˈkɔŋɡres əv ɪnˈdʌstrɪəl ɔːɡənaɪˈzeɪʃənz], Abk. CIO, amerikan. Gewerkschaftsverband, 1938 gegr.; seit 1955 mit der American Federation of Labor (AFL) zur AFL-CIO zusammengeschlossen. – ↑ Gewerkschaften (Übersicht).
Congreve, William [engl. ˈkɔŋɡriːv], ≈ Bardsey bei Leeds 10. Febr. 1670, † London 19. Jan. 1729, engl. Komödiendichter. – Sein Werk stellt den Höhepunkt des engl. Sittenstücks dar, u. a. „Der Arglistige" (1694), „Love for love" (1695), „Der Lauf der Welt" (1700), „Miscellaneous poems" (1710).
Coniferae [lat.], svw. ↑ Nadelhölzer.
Coniin ↑ Koniin.
Conimbriga ↑ Coimbra.
Coninxloo, Gillis van, * Antwerpen 24. Jan. 1544, □ Amsterdam 4. Jan. 1607, niederl. Maler. – Emigrierte 1585 als Reformierter nach Frankenthal (Pfalz), lebte ab 1595 in Amsterdam. Seine Waldlandschaften wirkten richtungweisend für die niederl. Landschaftsmalerei des 17. Jahrhunderts.
Conjunctiva [lat.], svw. Konjunktiva (↑ Bindehaut).
Conjunctivitis [lat.], svw. Konjunktivitis (↑ Bindehautentzündung).
con moto [italien.], musikal. Vortragsbez.: mit Bewegung, bewegt.
Connacht [engl. ˈkɔnɔːt] (Connaught), histor. Prov. in NW-Irland, umfaßt die Gft. Galway, Leitrim, Mayo, Roscommon und Sligo, 17 122 km², 431 400 E (1988). – Im MA eines der ir. Königreiche, reichte vom Atlantik bis zu Shannon und Erne; Anfang 13. Jh. wurde der W von Anglonormannen erobert; der NO blieb als Kgr. Brefni unabhängig; 1576 in die heutigen Gft. aufgeteilt.
Connaught [engl. ˈkɔnɔːt], histor. Prov. in Irland, ↑ Connacht.
Connecticut [engl. kəˈnɛtɪkət], Bundesstaat im NO der USA, am Atlantik, südlichster der Neuenglandstaaten, 12 997 km², 3,3 Mill. E (1990), 253 E/km², Hauptstadt Hartford; 8 Counties.
Landesnatur: Das Staatsgebiet wird durch das z. T. über 30 km breite Tal des Connecticut River unterteilt. Im O besteht ein flachwelliges Hochland, das von etwa 300 m im N zur Küste hin abfällt und größtenteils vom Thames River entwässert wird. Im W ist ein stärkeres Relief ausgebildet. Es erreicht im Mount Frissell mit 725 m die größte Höhe.
Klima, Vegetation: Gemäßigtes Klima mit schneereichen Wintern. Die natürl. Vegetation besteht aus Wald; es dominieren Eichen, Hickorybäume, Birken und Ahorn.
Bevölkerung, Wirtschaft, Verkehr: 92 % der Bev. sind europ. Herkunft bzw. der Nachkommen europ. Einwanderer, rd. 7 % Schwarze; hinzu kommen indian. und asiat. Minderheiten. C. verfügt über mehrere Colleges und sieben Univ. – Die Landw. ist auf die Versorgung der Großstädte ausgerichtet: Milchviehhaltung, Hühnerzucht, Anbau von Gemüse und Obst, im Tal des Connecticut River auch Tabak. Die wichtigsten Ind.zweige sind Rüstungs-, Raumfahrtind., Werften. – C. verfügt über ein Eisenbahnnetz von 1 060 km Länge, ein Straßennetz von 6 400 km Länge, 68 ⌘. Bed. Seehäfen sind u. a. New Haven und Bridgeport; Hartford besitzt einen Binnenhafen.
Geschichte: Besiedlung seit Anfang des 17. Jh. durch die Niederländer, später auch Engländer; wurde 1654 engl.; erhielt 1662 eine Verfassung; erklärte sich 1776 zu einer un-

Conga

Connecticut River

abhängigen Kolonie, billigte 1788 als fünfter Staat die Verfassung der USA.

Connecticut River [engl. kəˈnɛtɪkət ˈrɪvə], Fluß in den Neuenglandstaaten, USA, entspringt in den Connecticutseen, mündet in den Long Island Sound, etwa 650 km lang; schiffbar bis Hartford; zahlr. Stauwerke.

Connery, Sean [ˈkɔnərɪ], eigtl. Thomas C., * Edinburgh 25. Aug. 1930, schott. Filmschauspieler. – Internat. Durchbruch in der Rolle des Geheimagenten James Bond (1962–82); daneben u. a. in „The Untouchables" (1986), „Der Name der Rose" (1987).

Connétable [frz. kɔneˈtabl] ↑ Konnetabel.

Conolly, John [engl. ˈkɔnəlɪ], * Market Rasen (Lincolnshire) 27. Mai 1794, † Hanwell (heute zu London) 5. März 1866, brit. Psychiater. – Begründete die nach ihm ben. Methode, die die Anwendung von mechan. Zwangsmaßnahmen bei der psychiatr. Therapie von Psychosen nur in Ausnahmefällen gestattet.

Conques [frz. kõːk], frz. Ort im sw. Zentralmassiv, Dep. Aveyron, 404 E. – Benediktinerkloster erstmals im 6./7. Jh., erneut 755 gegr., Reliquienstätte der hl. Fides, Wallfahrtsort an der Pilgerstraße nach Santiago de Compostela. Die Abteikirche Sainte-Foy (begonnen im 11. Jh.) ist ein Hauptwerk der Baukunst der Auvergne.

Conrad, Joseph [engl. ˈkɔnræd], eigtl. Józef Teodor Konrad Korzeniowski, * Berditschew 3. Dez. 1857, † Bishopsbourne (Kent) 3. Aug. 1924, engl. Schriftsteller poln. Abkunft. – Kapitän der engl. Handelsflotte v. a. auf Routen im Fernen Osten, der Schauplatz vieler seiner Erzählungen und Romane ist. Seine stilistisch hervorragenden Werke behandeln mit psycholog. Akribie Menschen im Augenblick der Bewährung in einer ihnen fremden Welt. – *Werke:* Almayers Wahn (R., 1895), Der Verdammte der Inseln (R., 1896), Der Nigger von der Narzissus (R., 1897), Lord Jim (R., 1900), Herz der Finsternis (Novelle, 1902), Jugend (E., 1902), Nostromo (R., 1904), Der Geheimagent (R., 1907), Mit den Augen des Westens (R., 1911), Sieg (R., 1915).

C., Michael Georg [ˈ– –] * Gnodstadt bei Ochsenfurt 4. April 1846, † München 20. Dez. 1927, dt. Schriftsteller. – Kritiker und Erzähler des frühen Naturalismus, seit 1885 Hg. der Zeitschrift „Die Gesellschaft".

Conradi, Hermann, * Jeßnitz 12. Juli 1862, † Würzburg 8. März 1890, dt. Schriftsteller. – Vorkämpfer des Naturalismus; wurde wegen des Romans „Adam Mensch" (1889) des Vergehens gegen die öff. Sittlichkeit angeklagt (postum freigesprochen).

Conrad-Martius, Hedwig, * Berlin 27. Febr. 1888, † Starnberg 15. Febr. 1966, dt. Philosophin. – Schülerin E. Husserls, seit 1955 Prof. in München; versuchte den Aufbau einer „Realontologie", in der sie durch Annahme eines vor- bzw. transphys. Bereichs u. a. die Erkenntnisse der modernen Physik, Biologie, Psychologie begründen wollte. – *Werke:* Realontologie (1923), Der Selbstaufbau der Natur (1944), Das Sein (1957), Der Raum (1958), Schriften zur Philosophie (1963–65).

Conrad von Hötzendorf, Franz Graf (seit 1918), * Penzing (= Wien) 11. Nov. 1852, † Bad Mergentheim 25. Aug. 1925, östr.-ungar. Feldmarschall. – Seit 1906 Chef des Generalstabs; trat 1908/09 für einen Präventivkrieg gegen Italien und Serbien ein; arbeitete im 1. Weltkrieg strateg. und polit. eng mit der dt. Obersten Heeresleitung zusammen; trat 1917 als Chef des Generalstabs aus polit. Gegensatz zu Kaiser Karl I. zurück.

Conring, Hermann, * Norden 9. Nov. 1606, † Helmstedt 12. Dez. 1681, dt. Gelehrter. – Prof. der Naturphilosophie (1632), Medizin (1636) und Politik (1650) in Helmstedt; begr. mit seiner Schrift „De origine iuris Germanici" (1635) die dt. Rechtsgeschichte als selbständige Disziplin.

Consalvi, Ercole Marchese, * Rom 8. Juni 1757, † ebd. 24. Jan. 1824, päpstl. Diplomat. – Seit 1800 Kardinal und Staatssekretär Pius' VII.; führte 1801 die Konkordatsverhandlungen mit Napoleon I., der 1806 seine Entlassung durchsetzte; seit 1814 wieder Staatssekretär; vertrat die päpstl. Interessen auf dem Wiener Kongreß und erreichte die Wiederherstellung des Kirchenstaates.

Conscience, Hendrik [frz. kõˈsjãːs], * Antwerpen 3. Dez. 1812, † Brüssel 10. Sept. 1883, fläm. Schriftsteller. – Verfaßte mehr als 100 v. a. histor. Romane sowie Erzählungen mit Schilderungen des fläm. Volkslebens seiner Zeit (u. a. „Der arme Edelmann", 1851; „Der Löwe von Flandern", R., 1838).

Consecutio temporum [lat.], Zeitenfolge in Haupt- und Nebensätzen; sie gibt an, wie mehrere Handlungen zeitlich aufeinander bezogen sind.

Conseil [frz. kõˈsɛj; zu lat. consilium „Rat"], Rat, Ratsversammlung, Ratschlag; in Frankreich Mensteil zahlr. Institutionen; u. a. **Conseil constitutionnel,** Verfassungsrat (seit 1958); **Conseil de la République,** die 2. Kammer des Parlaments (1948–58); **Conseil d'État,** Staatsrat (seit 1806 oberstes Verwaltungsgericht); **Conseil municipal,** Gemeinderat.

Conseil Européen pour la Recherche Nucléaire [frz. kõˈsɛj œrɔpeˈɛ̃ pur la rəˈʃɛrʃ nykleˈɛːr] ↑ CERN.

Conseil National du Patronat Français [frz. kõˈsɛj nasjɔˈnal dy patrɔˈna frãˈsɛ], Abk. C. N. P. F., Spitzenorganisation der frz. Arbeitgeber; gegr. 1946, Sitz Paris.

Consejo [span. kɔnˈsɛxo (↑ Conseil)], Ratsversammlung bzw. Ratsbehörde in Spanien; bes. **Consejo de Estado** (Staatsrat).

Consensus [lat. „Übereinstimmung"], Begriff der Theologie, mit dem die Gültigkeit oder Rechtmäßigkeit eines Sachverhalts behauptet wird, z. B. **Consensus communis,** die Übereinstimmung der (kath.) Gläubigen, gilt im kath. Verständnis als Beweismittel für die Wahrheit eines Dogmas.

Consensus gentium [lat.], Übereinstimmung aller; Schluß von der allg. Geltung eines Satzes auf dessen begründeten Charakter.

Consentia, antike Stadt, ↑ Cosenza.

Conservative and Unionist Party [engl. kənˈsəːvətɪv ənd ˈjuːnjənɪst ˈpɑːtɪ] ↑ Konservative und Unionistische Partei.

Conservatoire [frz. kõsɛrvaˈtwaːr (↑ Konservatorium)], 1795 gegr. staatl. frz. Musik[hoch]schule in Paris.

Considérant, Victor [frz. kõsideˈrã], * Salins-les-Bains (Jura) 12. Okt. 1808, † Paris 27. Dez. 1893, frz. Sozialist. – Widmete sich der Verbreitung der sozialist. Ideen von C. Fourier; nach aktiver Teilnahme an der Februarrevolution 1848 Mgl. der Verfassungsgebenden Nat.versammlung.

Consilium ↑ Konsilium.

Consistorium ↑ Konsistorium.

Consolatio [lat.], Trostschrift oder -rede (antike literar. Gattung), die zu einem aktuellen Trauerfall geschrieben wurde oder allg. Trost und Hilfe bieten sollte.

Consolfunkfeuer [Kw.], im Langwellenbereich (190 kHz–370 kHz) arbeitendes Funkfeuer, das über Entfernungen bis zu 3 000 km Radialstandlinien zu Navigationszwecken in der Schiffahrt liefert. Bordseitig werden ledigl. ein Empfänger und eine spezielle Navigationskarte benötigt. Eine Sendeanlage erzeugt ein stark aufgefächertes Richtdiagramm, dessen Sektoren abwechselnd durch Punkt- oder Strichkennung charakterisiert werden. Durch Abzählen der Punkte bzw. Striche nach der Stationskennung wird die gesuchte Radialstandlinie gefunden. Der Schnittpunkt der Radialstandlinien, ermittelt aus den Signalen zweier C., ist der Standort.

Consols [engl. kənˈsɔlz], Abk. für engl.: „**consol**idated **stocks**", staatl. meist niedrig verzinste Rentenanleihen zur Konsolidierung von kurzfristigen öff. Schulden.

Consommé [kõsɔˈmeː; lat.-frz.] (Konsommee), Kraftbrühe aus Rindfleisch und Suppengemüse, auch aus Fisch (**Consommé de poisson**), Wild (**Consommé de gibier**) oder Geflügel (**Consommé de volaille**).

con sordino [italien.], musikal. Vortragsbez.: mit Dämpfer (zu spielen).

Consort [engl. ˈkɔnsɔːt; lat.], im ausgehenden 16. und 17. Jh. in England gebrauchte Bez. für eine kleine kammermusikal. Instrumentalgruppe; heute Bez. für ein Ensemble, das alte Musik auf alten Instrumenten spielt.

Joseph Conrad

Franz Graf Conrad von Hötzendorf

Hendrik Conscience

John Constable (Selbstbildnis)

con spirito (spirituoso) [italien.], musikal. Vortragsbez.: mit Geist, geistvoll, feurig.

Constable, John [engl. ˈkʌnstəbl], * East Bergholt (Suffolk) 11. Juni 1776, † London 31. März 1837, brit. Maler. – Seine 1824 im Pariser Salon ausgestellten Landschaftsbilder wirkten durch ihre atmosphär. Frische, die Naturstimmung und ihren spontanen Bildaufbau revolutionierend, bes. auf die Maler der Schule von ↑ Barbizon. Seine Hauptwerke besitzt die National Gallery in London, u. a.: „Malvern Hall" (1809), „Die Kathedrale von Salisbury" (um 1829).

Constable [engl. ˈkʌnstəbl; zu lat. comes stabuli „Oberstallmeister"], in England und Schottland seit dem 12. Jh. bezeugter hoher Amtsträger der Krone mit vorwiegend militär. Funktionen; heute in Großbritannien ein beamteter Polizist, in den USA ein gewählter kommunaler Amtsträger zur Wahrung der öff. Ordnung. – ↑ Konnetabel.

Constans, röm. Kaiser, ↑ Konstans.

Constant [niederl. ˈkɔnstənt], eigtl. C. Anton Nieuwenhuys, * Amsterdam 21. Juli 1920, niederl. Maler. – Mgl. der Gruppe ↑ Cobra.

Constanța [rumän. kɔnˈstantsa] ↑ Konstanza.

Constant de Rebecque, Henri Benjamin [frz. kõstɑ̃drəˈbɛk], * Lausanne 25. Okt. 1767, † Paris 8. Dez. 1830, frz. Schriftsteller. – Aus schweizer. Hugenottenfamilie; wurde 1794 Franzose, hatte seit 1799 einen Sitz im Tribunat; 1802 von Napoleon I. verbannt, reiste er mit Madame de Staël; seit 1816 wieder in Paris, Abg. der liberalen Opposition (Abhandlung „Über die Gewalt" 1814). Plädierte für eine konstitutionelle Monarchie nach engl. Muster. Seine literar., z. T. autobiograph. Hauptwerke sind „Adolphe" (R., 1816) und der Roman „Cécile" (hg. 1951). C. gilt als Vorläufer des psycholog. Romans des 19. Jahrhunderts.

Constantia ↑ Konstanz.

Constantine [frz. kõstɑ̃ˈtin], alger. Wilayat-Hauptstadt, 580–640 m ü. d. M., in maler. Lage über einer Schlucht, 450 000 E. Kath. Bischofssitz; Univ. (gegr. 1961), islam. Hochschule (gegr. 1895); Nahrungsmittel-, Lederind., Motoren- und Traktorenwerk; internat. ✈. – Von Konstantin d. Gr. an der Stelle des numid. **Cirta** 313 erbaut.

Constantinus, Päpste, ↑ Konstantin, Päpste.

Constantinus, röm. Kaiser, ↑ Konstantin.

Constantinus Africanus, * Karthago um 1020, † Montecassino 1087, italien. Medizinschriftsteller arab. Herkunft. – Übersetzte und bearbeitete neben Hippokrates und Galen als bedeutendsten Werke der arab. Mediziner.

Constantius, röm. Kaiser, ↑ Konstantius.

Constituante [frz. kõstiˈtɥɑ̃t] ↑ Konstituante.

Constitutio [lat.], Verordnung, Gesetz.

Constitutio Antoniniana [lat.] ↑ Caracalla.

Constitutio Criminalis Carolina ↑ Carolina.

Constitution [engl. kɔnstɪˈtjuːʃən, frz. kõstityˈsjõ: lat.], svw. ↑ Verfassung.

Consuetudines [...sue...; lat. „Gewohnheiten"], ma. Vorschriften zum Mönchsleben.

Consul ↑ Konsul.

Consulares (Konsularen) [lat.] ↑ Konsul.

Contadora-Gruppe, Bez. für die Staaten Mexiko, Venezuela, Kolumbien und Panama, deren Regierungen seit Jan. 1983 Konferenzen zur Wiederherstellung des Friedens in Mittelamerika abhielten (erstmals auf der Insel Contadora im Golf von Panama); löste sich im März 1990 auf.

Container [kɔnˈteːnər; engl.-lat.; zu engl. to contain „enthalten"], internat. genormter Transportbehälter für die rationale Beförderung von Gütern. Als Transportmittel dienen Eisenbahnwaggons, Sattelschlepper (Trailer), Flugzeug und C.-Schiff. Das Umschlagen von C. auf ein anderes Verkehrsmittel erfolgt in sog. **Containerterminals** (*C.-Bahnhöfe, C.-Häfen*) mit Hilfe spezieller Hebevorrichtungen; bei **Containerschiffen** auch mit schiffseigenen Portalkränen.
▷ (Müllcontainer, Glascontainer), mehrere Kubikmeter fassende Behälter für Haus- und Ind.müll bzw. zum Sammeln von Glas zum Zwecke der Wiederverwertung (Recycling).

Containment [engl. kənˈteɪnmənt; zu lat. continere „zurückhalten"], Bez. für Eindämmungspolitik; von G. F.

Contarini

Container. Containerterminal von Rotterdam

Kennan 1946/47 entworfenes außenpolit. Konzept, das davon ausging, daß die UdSSR den Status quo in Europa und Asien nicht durch militär. Aktionen ändern würde, wenn jeder sowjet. Druck mit Gegendruck beantwortet und der sowjet. Einflußbereich „eingedämmt" würde; vornehmlich durch die Errichtung militär. Paktsysteme (NATO, SEATO, CENTO) praktiziert.

Contarini, venezian. Patrizierfamilie, aus der 8 Dogen hervorgingen; u. a. **Domenico Contarini** (1043–70), der die Markuskirche errichten ließ, und **Gaspare Contarini** (* 1483, † 1542), als Politiker und Gelehrter gleich bed.; 1535 zum Kardinal berufen; Mgl. der päpstl. Reformkommission und Gegner Luthers; 1541 auf dem Regensburger

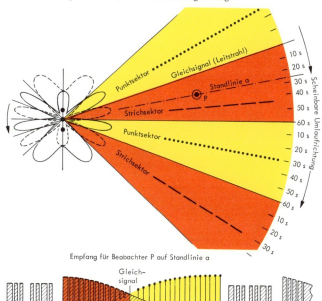

Consolfunkfeuer. Prinzip und Zeichenfolge für einen auf der Standlinie a befindlichen Beobachter P

Conte

Reichstag (vergebl.) um Erhaltung der kirchl. Einheit in Deutschland bemüht.

Conte, italien. Bez. für Graf (Gräfin: **Contessa**).

Contergan Ⓦ [Kw.], Handelsname für ↑ Thalidomid.

Conterganprozeß, Strafverfahren (1967–70) gegen führende Angehörige der Chemie Grünenthal GmbH wegen des Vertriebs des 1957–61 frei erhältl. Schlaf- und Beruhigungsmittels Contergan und anderer thalidomidhaltiger Präparate, die bei Erwachsenen Nervenschäden, bei Kindern, deren Mütter während der Schwangerschaft in der sensiblen Phase der Organentwicklung Contergan genommen hatten, schwerste Mißbildungen (z. B. Fehlen von Armen und Beinen) bewirkt hatten. Das Verfahren wurde eingestellt. Die Herstellerfirma verpflichtete sich, für die mißgebildeten Kinder 100 Mill. DM zur Verfügung zu stellen (↑ Hilfswerk für behinderte Kinder).

Conwy. Im Vordergrund die zur Burg führende, 1826 gebaute Hängebrücke (Spannweite 127 m)

Contergansyndrom, svw. ↑ Thalidomidembryopathie.

Contessa [italien.] ↑ Conte.

Continental Gummi-Werke AG, dt. Unternehmen der Gummiwaren erzeugenden Ind., Sitz Hannover, gegr. 1871, seit 1929 heutiger Name. Hauptprodukte: Reifen und Kfz-Zubehör, techn. Gummiwaren und Kunststoffartikel.

Continuo [italien.], Kurzform für: Basso continuo (↑ Generalbaß).

contra ↑ kontra.

Contract [engl. 'kɔntrækt; lat.], im angloamerikan. Recht ein rechtl. verbindl., gerichtlich durchsetzbarer Vertrag im Ggs. zu einem rechtlich nicht bindenden Agreement.

Contradictio in adjecto [lat. „Widerspruch im Hinzugefügten"], rhetor. Figur; Widerspruch im beigefügten Adjektiv, z. B. „viereckiger Kreis".

contra legem [lat.], gegen den [reinen] Wortlaut des Gesetzes (z. B. bei richterl. Entscheidungen).

Contrat social [frz. kɔ̃trasɔ'sjal], der Gesellschaftsvertrag, bes. in der polit. Theorie von J.-J. Rousseau von Bedeutung.

Contrecoup [kɔ̃trə'ku:; frz. „Gegenstoß"], in der Medizin Bez. für die bei einem heftigen Aufprall entstehende Gegenkraft, die Quetschungen auch an der der Aufprallstelle gegenüberliegenden Seite hervorrufen kann (z. B. Gehirnquetschung bei Schädelverletzungen).

Contredanse [frz. kɔ̃trə'dãːs „Gegeneinandertanz"], im 18. Jh. in Frankreich und Deutschland (dort als **Contretanz, Kontertanz**) beliebter Gesellschaftstanz, kontinentale Form des engl. ↑ Country-dance; entwickelte sich zu einem Tanz für vier Paare (Quadrille); gehörte zu den wichtigsten Tanzformen der Wiener Klassik. Der C. ist geradtaktig und besteht aus zwei wiederholten Achttaktern, oft mit Trio.

Frederick Albert Cook

James Cook

Contusio [lat.], svw. Kontusion (↑ Quetschung); **Contusio cerebri,** svw. ↑ Gehirnquetschung.

Conubium [lat.], das Recht, eine gültige Ehe einzugehen; die Ehe selbst (röm. Recht).

Conurbation [engl. kɔnə:'beɪʃən; lat.] ↑ Agglomeration.

Convento di Praglia [italien. 'praʎʎa] ↑ Abano Terme.

Convertible-bonds [engl. kən'vəːtɪbl'bɔndz], engl. Bez. für Schuldverschreibungen, die den dt. Wandelschuldverschreibungen vergleichbar sind.

Conwy [engl. 'kɔnweɪ], walis. Hafenstadt und Seebad an der Irischen See, Gft. Gwynedd, 13 000 E. Kunstakad. – 7 km südlich das Römerkastell **Canovium** (1926/27 ausgegraben). C. entstand um ein 1186 gegr. Zisterzienserkloster. 1284 Stadtrecht. – Burg (1283–87); Stadtmauer (1284).

Conze, Alexander, ✱ Hannover 10. Dez. 1831, † Berlin 19. Juli 1914, dt. Archäologe. – 1887–1905 erster Generalsekretär des Dt. Archäolog. Instituts. Leiter der Ausgrabungen in Samothrake (1873–75) und Pergamon (1878–86 und 1900–12). Verfaßte u. a. „Die att. Grabreliefs" (4 Bde., 1893–1922).

C., Werner, ✱ Neuhaus (Elbe) 31. Dez. 1910, † Heidelberg 28. April 1986, dt. Historiker. – Prof. in Posen 1944, Münster 1952, Heidelberg seit 1957; Mitbegr. der modernen Sozialgeschichtsforschung in der BR Deutschland.

Cook [engl. kʊk], Frederick Albert, ✱ Callicoon (N.Y.) 10. Juni 1865, † New Rochelle (N.Y.) 5. Aug. 1940, amerikan. Forschungsreisender. – Behauptete, 1906 den Mount McKinley, Alaska, bestiegen und am 21. April 1908 (noch vor R. E. Peary) den Nordpol erreicht zu haben.

C., James, ✱ Marton-in-Cleveland (York) 27. Okt. 1728, † Hawaii 14. Febr. 1779, brit. Entdecker. – Im Auftrag der brit. Admiralität und der Königl. Geograph. Gesellschaft unternahm C. drei Forschungsreisen: 1. *1768–71:* Beobachtete am 3. Juni 1769 auf Tahiti den Durchgang der Venus vor der Sonne zur Bestimmung der Entfernung Erde–Sonne. C. nannte die umliegenden Inseln Gesellschaftsinseln, stellte den Doppelinselcharakter Neuseelands fest und erreichte die austral. O-Küste (April 1770). – 2. *1772–75* wies C. die Nichtexistenz der legendären Terra australis nach. Er überquerte 1773/74 zweimal den südl. Polarkreis und erreichte die Osterinsel, die Neuen Hebriden, Neukaledonien, die Süd-Sandwich-Inseln und Kap Bouvet. – 3. *1776–79* suchte C. eine nördl. Durchfahrt zw. Atlantik und Pazifik. Er entdeckte im Jan. 1778 die Hawaii-Inseln, mußte aber seine Fahrt nach N bei 70° n. Br. wegen Treibeis abbrechen; wurde auf Hawaii bei der Vermittlung in einem Streit mit Eingeborenen erschlagen. – Verfaßte mehrere Reiseberichte.

C., Thomas, ✱ Melbourne (Derbyshire) 22. Nov. 1808, † Bergen (Norwegen) 19. Juli 1892, brit. Unternehmer. – Begr. des modernen Reisebüros mit Vermittlung von Gesellschaftsreisen, Unterkünften u. a. im In- und Ausland.

Cook, Mount [engl. 'maʊnt 'kʊk], höchster Berg Neuseelands, auf der Südinsel, 3764 m hoch, mit dem 29 km langen **Tasmangletscher.** Erstbesteigung 1894.

Cooke, Sir William Fothergill [engl. kʊk], ✱ Ealing (= London) 4. Mai 1806, † Farnham (Surrey) 25. Juni 1879, brit. Elektrotechniker. – Stellte Telegrafenapparate her und veranlaßte den Bau der ersten engl. Telegrafenlinie.

Cookinseln [engl. kʊk], Gruppe mehrerer Inseln im südl. Pazifik, zw. Tonga- und Gesellschaftsinseln, zus. 234 km²; Hauptstadt ist Avarua auf der Hauptinsel Rarotonga. – 1773 von J. Cook erkundet, seit 1888 brit., seit 1901 zu Neuseeland, 1965 volle innere Selbstverwaltung bei neuseeländ. Staatsangehörigkeit der Bevölkerung.

Cookstown [engl. 'kʊkstaʊn], Distrikt in Nordirland.

Cookstraße [engl. kʊk], Meeresstraße im Pazifik, zw. Nord- und Südinsel von Neuseeland, an der engsten Stelle 18 km breit. – 1769 von J. Cook entdeckt.

cool [engl. kuːl „kühl, gelassen"], leidenschaftslos, nüchtern-sachlich, kühl im Handeln; von Drogenabhängigen gebraucht für: unter Drogeneinfluß glückselig.

Cooley, Charles Horton [engl. 'kuːlɪ], ✱ Ann Arbor (Mich.) 17. Aug. 1864, † ebd. 8. Mai 1929, amerikan. So-

Coolidge [engl. 'ku:lidʒ], Calvin, * Plymouth (Vermont) 4. Juli 1872, † Northampton (Mass.) 5. Jan. 1933, 30. Präs. der USA (Republikaner). – 1919/20 Gouverneur in Massachusetts: ab 1921 Vizepräs., nach W. G. Hardings Tod (1923) Präs. (bis 1929); führte die amerikan. Ind. zur Prosperität und betrieb eine gemäßigt isolationist. Außenpolitik.

C., William David, * Hudson (Mass.) 23. Okt. 1873, † Schenectady (N.Y.) 3. Febr. 1975, amerikan. Physiker. – Verbesserte durch die Entwicklung verformbarer Wolframdrähte die Glühlampe und konstruierte die **Coolidge-Röhre** (↑ Röntgenröhre).

Cool Jazz [engl. 'ku:l 'dʒæs, „kühler Jazz"], Jazzstil der 50er Jahre, Reaktion weißer Jazzmusiker auf den von farbigen Musikern entwickelten Bebop; gekennzeichnet durch eine dynam. wenig differenzierte Legato-Spielweise. Vertreter sind u. a. L. Tristano, G. Mulligan und S. Getz.

Coombs-Test [engl. ku:mz; nach dem brit. Pathologen R. Coombs, * 1921] (Antiglobulintest, Antihumanglobulintest), serolog. Methode zum Nachweis bestimmter Antikörper, 1945 entwickelt. Der C. hat besondere Bedeutung für das Neugeborene bei der Feststellung von Blutgruppenunverträglichkeiten zw. Mutter und Kind.

Cooper [engl. 'ku:pə], Alfred Duff, Viscount Norwich (seit 1952), * London 22. Febr. 1890, † an Bord eines Schiffes vor Viego (Spanien) 1. Jan. 1954, brit. konservativer Politiker und Schriftsteller. – 1935–37 Kriegsmin., wurde 1937 Lord der Admiralität; trat aus Protest gegen das Münchner Abkommen 1938 zurück. Unter Churchill Informationsmin. (1940/41); 1943–48 Botschafter bei der frz. Regierung. Schrieb u. a. „Talleyrand" (1932), „Haig" (1935/36; 2 Bde.) und „Operation Heartbreak" (1951).

C., Gary, eigtl. Frank J. C., * Helena (Mont.) 7. Mai 1901, † Hollywood 13. Mai 1961, amerikan. Filmschauspieler. – Verkörperte den unkompliziert-tatkräftigen Heldentypus, v. a. in Abenteuer- und Wildwestfilmen, u. a. in „Mr. Deeds geht in die Stadt" (1936), „Wem die Stunde schlägt" (1943), „12 Uhr mittags" (1952), „Vera Cruz" (1954), „Ariane" (1957).

C., Dame (seit 1967) Gladys, * London 18. Dez. 1888, † Henley 17. Nov. 1971, brit. Schauspielerin. – Bis 1971 am Haymarket Theater, daneben zahlr. Filmrollen („Rebecca", 1940; „My fair Lady", 1964).

C., James Fenimore, * Burlington (N. J.) 15. Sept. 1789, † Cooperstown (N.Y.) 14. Sept. 1851, amerikan. Schriftsteller. – Geschätzt als Schöpfer des „Lederstrumpf", als Verf. von Indianer- und Grenzer-, von See- und von histor. Romanen, bed. Aufarbeitungen der amerikan. Geschichte; übte zunehmend Kritik an amerikan. Sitten und Zuständen. – Werke: Der Spion (1821), Lederstrumpf-Erzählungen und -Romane (Der Hirschtöter, 1841; Der Letzte der Mohikaner, 1826; Der Pfadfinder, 1840; Die Ansiedler, 1824; Die Prairie, 1827), Conanchet (R., 1826), Der rote Freibeuter (R., 1827), The sea lions (R., 1849).

C., Leon N., * New York (N.Y.) 28. Febr. 1930, amerikan. Physiker. – Zus. mit J. Bardeen und J. R. Schrieffer entwickelte er 1957 eine quantenmechan. Theorie der Supraleitung (BCS-Theorie), für die diese Forscher 1972 den Nobelpreis für Physik erhielten.

Cooperative for American Remittances to Europe [engl. koʊ'ɔpərətɪv fə ə'merɪkən rɪ'mɪtənsɪz tə 'jʊərəp] ↑ CARE.

Cooperit [kup...; nach R. A. Cooper, 19./20. Jh.], bräunl. bis graues, metallisch glänzendes tetragonales Mineral, PtS; wichtiges Platinerz; Mohshärte 4; Dichte etwa 9,5 g/cm^3.

Cooper-Paare [engl. 'ku:pə; nach L. N. Cooper], Bez. für die im supraleitenden Zustand eines Metalls auftretenden gebundenen Zustände von jeweils zwei Elektronen entgegengesetzten Spins.

Coornhert, Dirck Volckertszoon, * Amsterdam 1522, † Gouda 29. Okt. 1590, niederl. Schriftsteller. – Kämpfte für religiöse Toleranz; „Dolinghe van Ulysse" (1561; nach Homer) ist das erste bed. Epos der niederl. Literatur; Sittenlehre „Zedekunst, dat is wellevenskunst" (1586).

Copacabana, südl. Stadtteil von Rio de Janeiro, mit 5 km langem Badestrand.

Copán. Der kultische Ballspielplatz, umgeben von Stelen und Altären, um 775 n. Chr.

Copán, bed. Ruinenstätte (Zeremonialzentrum) der Maya, bei Santa Rosa de C., W-Honduras. Entdeckt 1576; Ausgrabungen 1891–95 und 1937–42. Älteste Keramiken um 800 v. Chr. Wichtigster Teil ist die „Akropolis" mit Pyramiden, Tempeln usw. Die Stelen und Altäre werden zw. 485 und 800 datiert. C. entwickelte in der Skulptur einen eigenen, fast vollplast. Stil. Lange „Hieroglyphentreppe". Von der UNESCO zum Weltkulturerbe erklärt.

Copeau, Jacques [frz. kɔ'po], * Paris 4. Febr. 1879, † Beaune 20. Okt. 1949, frz. Regisseur. – Leitete 1913–24 das Théâtre du Vieux-Colombier, seit 1940 die Comédie-Française; setzte gegen den traditionellen rhetor. Stil einen pantomimisch-choreograph. angelegten Inszenierungsstil, strebte Einfachheit und z. T. Volkstümlichkeit an; auch Dramatiker.

Copernicus, Nicolaus ↑ Kopernikus, Nikolaus.

Copiapó, chilen. Stadt im Großen Norden, 79 500 E. Bischofssitz; Bergakademie; Zentrum des Eisen-, Gold-, Kupfer- und Silberbergbaus. – 1540 gegründet.

Ćopić, Branko [serbokroat. 'tɕɔːpitɕ], * Hašani 1. Jan. 1915, † Belgrad 26. März 1984, serb. Schriftsteller. – Schildert mit Humor das bäuerl. Leben und v. a. den bosn. Befreiungskampf; auch Jugendbücher.

Copla [span.], 1. (Cantar) span. volkstüml. Strophenform: Vierzeiler aus achtsilbigen oder kürzeren Versen. 2. meist acht-, zehn- oder zwölfzeilige Strophenform, in der Mehrzahl aus Achtsilbern (15. Jahrhundert).

Copland, Aaron [engl. 'kɔplənd], * New York 14. Nov. 1900, † ebd. 2. Dez. 1990, amerikan. Komponist. – Seine Bühnen-, Film- und Konzertmusik ist von Einflüssen des Neoklassizismus, des Jazz und der Zwölftontechnik geprägt.

Copley, John Singleton [engl. 'kɔplɪ], * in oder bei Boston 3. Juli 1738, † London 9. Sept. 1815, amerikan. Maler. – Die Bildnisse und Gemälde aus der Zeit, bevor C. nach England ging (1774), zeichnen sich durch Frische und Natürlichkeit aus. – Abb. S. 370.

Copolymerisate [lat./griech.], svw. Kopolymerisate (↑ Polymerisation).

Coppée, François [frz. kɔ'pe], * Paris 12. Jan. 1842, † ebd. 23. Mai 1908, frz. Dichter. – Zuerst als Dramatiker bekannt, populär durch Gedichte, deren Thema die Kleinbürger sind („Les intimités", 1868).

Copper Belt [engl. 'kɔpə 'bɛlt] ↑ Kupfergürtel.

James Fenimore Cooper

Leon N. Cooper

Coppo

Coppo di Marcovaldo, *Florenz zw. 1225/30, †ebd. nach Jan. 1276, italien. Maler. – Beeinflußt von Cimabue; arbeitete mit starken Kontrasten von Licht und Schatten.

Coppola, Francis Ford [engl. ˈkɔpələ], *Detroit (Mich.) 7. April 1939, amerikan. Filmregisseur, -produzent, Drehbuchautor. – Erfolgreiche Filme waren „Der Pate" (1971; 2. Teil 1974, 3. Teil 1990), eine Schilderung der amerikan. Mafia, und „Apocalypse now" (1979). – *Weitere Filme:* Cotton Club (1984), Peggy Sue hat geheiratet (1986), Gardens of stone (1987), Tucker (1988), Dracula (1993).

Copyright [ˈkɔpiraɪt; engl. „Vervielfältigungsrecht"], das Urheberrecht des brit. und des amerikan. Rechts. Das *brit.* Urheberrecht beruht hauptsächlich auf dem mehrmals novellierten C. Act 1956 (Schutzfrist bis 50 Jahre nach dem Tod des Urhebers). In den *USA* gilt der C. Act vom 19. 10. 1976, der für nach seinem Inkrafttreten geschaffene Werke eine Schutzfrist von 50 Jahren nach dem Tod des Urhebers festlegt (bereits bestehende Werke genießen eine Schutzdauer von 75 Jahren nach Erstveröffentlichung). Die Schutzfähigkeit von Computerprogrammen wird in Großbritannien und den USA anerkannt.

Coques, Gonzales [niederl. kɔk], *Antwerpen 8. Dez. 1614, †ebd. 18. April 1684, fläm. Maler. – Bed. Porträtist; kleine Einzel- und Gruppenbildnisse als Genrebilder.

Coquilhatville [frz. kɔkijatˈvil] ↑Mbandaka.

Coquilla [lat.-portugies.] (Steinkokos), dickholzige, harte, braune Steinschalen, v. a. der Früchte der Pindowapalmenart *Attalea funifera;* werden zu Pfeifenmundstücken, Schirm- und Stockgriffen verarbeitet.

Cor [lat.], svw. ↑Herz.

coram publico [lat.], öffentlich, in aller Öffentlichkeit.

Corbie [frz. kɔrˈbi], nordfrz. Stadt an der Somme, 15 km östlich von Amiens, 6 200 E. Das 657/661 gegr. Kloster C., das später die Benediktregel übernahm, erlebte im 9. Jh. seine Blütezeit (nord. Mission, begr. u. a. das Kloster Corvey); 1792 aufgehoben.

Corbière, Tristan [frz. kɔrˈbjɛːr], eigtl. Édouard Joachim C., *Schloß Coatcongar bei Morlaix (Bretagne) 18. Juli 1845, †Morlaix 1. März 1875, frz. Dichter. – F. Villon verwandter Lyriker und Erzähler, Vorbild u. a. für P. Verlaine. – *Werke:* Die gelben Liebschaften (Ged., 1873, vollständig 1891), Casino des trépassés, L'Américaine (Prosa, hg. 1941).

Corbinianus, latinisiert für ↑Korbinian.

Corbusier, Le ↑Le Corbusier.

Corcovado [brasilian. korkoˈvadu], Berg in Rio de Janeiro, 5 km westlich des Zuckerhutes, 704 m, auf dem Gipfel eine 1931 errichtete 38 m hohe Christusstatue.

Cord ↑Kord.

Corda [griech.-italien.], Saite; **una corda:** Anweisung für Klavierspieler, das Pianopedal zu bedienen.

Cordaitales, svw. ↑Kordaiten.

Cork
Stadtwappen

Córdoba
Stadtwappen

John Singleton Copley. Nathaniel Hurd, 1765/66 (Cleveland, Ohio, Museum of Art)

Corday d'Armont, Charlotte de [frz. kɔrdɛdarˈmõ], *Saint-Saturnin-des-Ligneries (Orne) 27. Juli 1768, †Paris 17. Juli 1793, frz. Republikanerin. – Erstach 1793 aus Protest gegen den Blutterror ↑Marat im Bad; wenige Tage später guillotiniert.

Cordeliers [frz. kɔrdəˈlje, eigtl. „Strickträger", Bez. für Franziskanermönche], 1790 von radikalen Jakobinern (v. a. Danton, Desmoulins, Brissot, Marat, Hébert) gegr., zunächst im ehem. Franziskanerkloster in Paris tagender polit. Klub zur Mobilisierung der hauptstädt. „menu peuple" („kleine Leute"); löste sich 1794 auf.

Cordillera, La [span. la kɔrðiˈjera], Dep. in Z-Paraguay, 4 948 km², 222 200 E (1990). Hauptstadt Caacupí; erstreckt sich von der Cordillera de los Altos bis ins Paraguaytiefland.

Córdoba, Gonzalo de ↑Fernández de Córdoba y Aguilar, Gonzalo.

Córdoba, span. Stadt in Niederandalusien, am Guadalquivir, 298 000 E. Verwaltungssitz der Prov. C.; Bischofssitz; Akad. der Wiss., Literatur und Schönen Künste, Univ. (gegr. 1972), Hochschule für Musik und dramat. Kunst; archäolog. Museum, Kunstmuseum; Ind.- und Fremdenverkehrszentrum, Markt für Wein und Olivenöl, Buntmetallverhüttung, Gießereien, Maschinenbau, Gold- und Silberschmuckfertigung, bed. Leder-, Baumwoll- und Nahrungsmittelind. – Entstand als iber. Stadt **Karta Tuba** (Große Stadt); 169 v. Chr. von den Römern besetzt (**Corduba**) und der Prov. Baetica eingegliedert; seit 572 westgot.; 711 von den Arabern erobert, seit 756 Sitz des **Emirats,** 929–1030 des **Kalifats von Córdoba;** entwickelte sich als eine der reichsten Städte des ma. Europa zu einem geistigen und kulturellen Zentrum des Islam; galt im 10. Jh. als das Mekka des Westens. Nach der Reconquista (1236) Niedergang und Verfall. – Reste der maur. Stadtmauer und des Alkazars. Röm. Brücke. Die Gesamtanlage der Omaijaden-Moschee „La Mezquita" (785–10. Jh.), deren Umbau in eine im wesentlichen platereske und barocke Kathedrale 1236 begann, wurde von der UNESCO zum Weltkulturerbe erklärt. Zahlr. mudejar. und got. Kirchen sowie ehem. Klöster. Im Judenviertel Synagoge (1314/15) im Mudejarstil, umgeben von oriental. Gassen.

C., Hauptstadt der Prov. C. in Z-Argentinien, am NW-Rand der Pampa, 969 000 E. Sitz eines Erzbischofs, einer wiss. Akademie, zweier Univ. (gegr. 1613 bzw. 1956); dt. Schule; Sternwarte, Museen, Theater, Zoo. Zentrum der

Córdoba. Innenraum der ehemaligen Omaijaden-Moschee

chem. Ind. und des Fahrzeugbaus; Fremdenverkehr. Verkehrsknotenpunkt, internat. ✈. – 1573 gegr., bed. als eines der geistigen und wirtsch. Zentren des span. Kolonialreiches. – Kathedrale (um 1687–1729), Kirche La Compañia (um 1650–71).

C., zentralargentin. Prov., 168 766 km², 2,75 Mill. E (1989), Hauptstadt C.; liegt zum größten Teil in der Pampa. Ackerbau, Rinderhaltung. Abbau von Glimmer, Beryll, Mangan-, Wismut- und Wolframerz. Fremdenverkehr.

C., Dep. in N-Kolumbien, am Karib. Meer, 25 020 km², 998 000 E (1985), Hauptstadt Montería; erstreckt sich vom nördl. Tiefland bis in die bewaldeten Ausläufer der Anden.

Córdoba, Abk. C$; Währungseinheit in Nicaragua; 1 C$ = 100 Centavos (c, cts).

Córdoba, Sierra de, Gebirgszug in Argentinien, die südöstlichste der Pampinen Sierren, im Champaquí 2 883 m ü. d. M.

Córdoba-Durchmusterung, an der Sternwarte zu Córdoba (Argentinien) aufgestellte Durchmusterung des Südhimmels; vervollständigt die ↑Bonner Durchmusterung; sie besteht aus einem Katalog sowie Sternkarten und enthält genäherte Örter für 613 953 Sterne der südl. Hemisphäre.

Cordon bleu [frz. kɔrdōˈblø], mit gekochtem Schinken und [Schweizer] Käse gefülltes, paniertes Kalbsschnitzel.

Cordon sanitaire [frz. kɔrdɔsaniˈtɛːr], Bez. für den 1919/20 errichteten Staatengürtel von Finnland bis Rumänien zum Schutz vor einer von Sowjetrußland ausgehenden ideolog. und militär. Bedrohung Europas durch eine propagierte „bolschewist. Weltrevolution".

Cordovero, Mose Ben Jakob, * 1522, † 1570, jüd. Mystiker und Kabbalist. – Lebte in Safed (Palästina). In seinem Hauptwerk „Granatäpfelgarten" systematisierte er Grundlehren der Kabbala.

Lovis Corinth. Ostern am Walchensee, 1922 (New York, Privatbesitz)

Corduba, röm. Stadt, heute ↑Córdoba.

Cordus, Euricius, eigtl. Heinrich (Ritze) Solden, * Simtshausen bei Marburg a. d. Lahn 1486, † Bremen 24. Dez. 1535, dt. Humanist. – Arzt; Anhänger Luthers, den er 1521 nach Worms begleitete; einer der Begründer der dt. Botanik als Wiss. Griff in nlat. Epigrammen die Scholastiker an.

C., Valerius, * Kassel 18. Febr. 1515, † Rom 25. Sept. 1544, dt. Naturwissenschaftler. – Schüler von Melanchthon; verfaßte das erste offizielle Arzneibuch.

Core [engl. kɔː], zentraler Teil eines Kernreaktors; Zone, die den Kernbrennstoff enthält und in der die Kettenreaktion abläuft.

Corea, Armando Anthony („Chick") [engl. kɔˈriə], * Chelsea (Mass.) 12. Juni 1941, amerikan. Jazzmusiker. – Bed. Pianist v. a. des Rock-Jazz; spielte u. a. mit H. Mann und M. Davis zusammen.

Corelli, Arcangelo, * Fusignano bei Ravenna 17. Febr. 1653, † Rom 8. Jan. 1713, italien. Komponist. – Gründer der italien. Violinistenschule. Einer der Schöpfer des Concerto grosso und einer der einflußreichsten Musiker für die europ. Musik in den ersten Jahrzehnten des 18. Jh.; u. a. Triosonaten, Violinsonaten und Concerti grossi.

Coreṣi, Diaconul, rumän. Drucker und Übersetzer des 16. Jh. – Veröffentlichte zw. 1556/83 in Kronstadt v. a. Übersetzungen bibl. und liturg. Texte, wodurch er zum Wegbereiter der rumän. Schriftsprache wurde.

Corey, Elias James [engl. ˈkɔːrɪ], * Methuen (Mass.) 12. Juli 1928, amerikan. Chemiker. – Seit 1959 Prof. für Chemie an der Harvard University in Cambridge; erhielt für die Auffindung von Synthesewegen bei komplizierten organ. Verbindungen 1990 den Nobelpreis für Chemie.

Cori, Carl Ferdinand, * Prag 5. Dez. 1896, † Cambridge (Mass.) 20. Okt. 1984, dt.-amerikan. Biochemiker. – Prof. in Saint Louis; erhielt für die Aufklärung der katalyt. Vorgänge beim Glykogenstoffwechsel 1947 den Nobelpreis für Physiologie oder Medizin (zusammen mit seiner Frau G. T. Cori und B. A. Houssay).

C., Gerty Theresa, geb. Radnitz, * Prag 15. Aug. 1896, † Saint Louis (Mo.) 26. Okt. 1957, dt.-amerikan. Biochemikerin. – Seit 1931 Prof. in Saint-Louis. ∞ mit C. F. Cori ab 1920. Wichtige Arbeiten zum Glykogenstoffwechsel. Beschrieb eine Form der Glykogenspeicherkrankheit bei Kindern (C.-Krankheit). Nobelpreis für Physiologie oder Medizin 1947 (zusammen mit ihrem Mann und B. A. Houssay).

Corinium Dobunnorum ↑Cirencester.

Corinth, Lovis, * Tapiau bei Königsberg (Pr) 21. Juli 1858, † Zandvoort 17. Juli 1925, dt. Maler und Graphiker. – 1915 Präs. der Berliner Sezession. Neben zahlr. Porträts, Akten, Landschaften (Walchenseebilder seit 1918), Stilleben, mytholog. und religiösen Darstellungen auch Radierungen, Lithographien und Buchillustrationen. Seine anfangs dunkle und schwere Malweise wandelte sich in helle Farbigkeit, bei locker-impressionist., sehr kraftvoller Pinselführung, die später ekstat. Formen annahm.

Coriolanus, Gnaeus Marcius, sagenhafter röm. Held des 5. Jh. v. Chr. – Erobert nach der Überlieferung in den Volskerkriegen die Stadt Corioli (493), nach der er seinen Beinamen erhält; muß wegen seiner starren Haltung gegen die Plebs Rom verlassen und führt das volsk. Heer gegen seine Vaterstadt; soll auf die Bitten von Mutter und Gattin die Belagerung Roms aufgegeben haben und deshalb von den Volskern ermordet worden sein.

Coriolis-Kraft [nach dem frz. Physiker G. G. Coriolis, * 1792, † 1843], eine Trägheitskraft, die ein Körper, der sich in einem rotierenden Bezugssystem bewegt, senkrecht zu seiner Bahn und senkrecht zur Drehachse erfährt. Die C.-K. existiert nur für einen mit dem Bezugssystem mitrotierenden Beobachter. Für einen feststehenden Beobachter tritt sie nicht auf. Durch die C.-K. werden Meeres- und Luftströmungen abgelenkt (auf der Nordhalbkugel nach rechts).

Corium [lat.], svw. Lederhaut (↑Haut).

Cork [engl. kɔːk], Stadt an der ir. S-Küste, 130 000 E. Verwaltungssitz der Gft. C.; anglikan. Bischofssitz; College. Handels- und Ind.zentrum (Werft, Stahlwerk, chem. und Textilind., Erdölraffinerie); Naturhafen **Cork Harbour** im Mündungstrichter des Lee, Außenhafen **Cobh;** Fährverkehr mit Rotterdam und Fishguard (Wales). – Im 10. Jh. von Normannen bei einem Kloster gegr.; kam 1177 in den Besitz der engl. Krone.

C., ir. Gft., 7 459 km², 412 000 E (1988), Verwaltungssitz C.; bis über 600 m hohes Berg- und Hügelland. Überwiegend agrar. genutzt.

Cormack, Allen MacLeod [engl. ˈkɔːmæk], * Johannesburg 23. Febr. 1924, amerikan. Physiker südafrikan. Herkunft. – Analysierte 1963/64 die theoret. Voraussetzungen für die Gewinnung radiograph. Querschnitte von biolog. Systemen und schuf somit die Grundlagen der Computertomographie; Nobelpreis für Physiologie oder Medizin (1979; zus. mit G. N. Hounsfield).

Corn Belt [engl. ˈkɔːn ˈbɛlt], Maisbauzone im nördl. Teil des Zentralen Tieflandes, USA, erstreckt sich von W-Ohio bis NO-Kansas.

Cornea [lat.], svw. Hornhaut (↑Auge).

Corned beef [engl. ˈkɔːnd ˈbiːf], gepökeltes, gekochtes Fleisch von jungen Rindern.

Charlotte de Corday d'Armont

Elias James Corey

Carl Ferdinand Cori

Gerty Theresa Cori

Allen MacLeod Cormack

Corneille

Joseph Cornell. Habitant Group for a Shooting Gallery, Holzschränkchen mit ausgeschnittenen Papageien, Postkarten und buntem Papier hinter gesprungenem Glas, 1943 (Privatbesitz)

Pierre Corneille

John Warcup Cornforth

Corneille [frz. kɔr'nɛj], eigtl. Cornelis G. van Beverloo, * Lüttich 3. Juli 1922, niederl. Maler. – Mitbegr. der Gruppe ↑ Cobra.

C., Pierre, * Rouen 6. Juni 1606, † Paris 1. Okt. 1684, frz. Dramatiker. – Seinen ersten großen Erfolg hatte er 1636 mit der Tragikomödie „Der Cid", die einen Markstein in der Entwicklung der klass. frz. Dramas und einen Höhepunkt in der frz. Literatur des 17. Jh. bildet, obwohl C. in der berühmten, lange währenden „Querelle du Cid" (1637) u. a. inkonsequente Benutzung der 3 Einheiten sowie psycholog. Unwahrscheinlichkeit vorgeworfen wurden. In den folgenden Tragödien, u. a. „Horace" (1640), „Cinna ou la clémence d'Auguste" (1640/41) und „Polyeucte" (1641) verbannte C. den Zufall aus der Handlung, die sich nunmehr aus innerer und äußerer Notwendigkeit und aus den Charakteren der handelnden Personen ergab. Die Helden sind heroische Willensmenschen, sie tragen den Konflikt zw. Pflicht und Leidenschaft in sich, der stets zugunsten einer idealen sittl. Ordnung entschieden wird. Von den späteren Schauerstücken wurde „Rodogune" (1644) einer der größten Bühnenerfolge C. 1647 wurde C. Mgl. der Académie française. Er schrieb auch mehrere Abhandlungen zur Dramenlehre. Seine letzten Jahre wurden verdunkelt durch den Konflikt mit Racine, dessen Tragödie „Bérénice" 1670 bei einem Wettstreit den Sieg über C. Tragödie „Tite et Bérénice" (1670) davontrug.

Weitere Werke: La Mort de Pompée (Trag., 1642/43), Der Lügner (Kom., 1643), Don Sanche d'Aragon (Kom., 1649), Nicomède (Trag., 1651), Œdipe (Trag., 1659), Othon (Trag., 1664), Suréna (Trag., 1674).

Cornelia, † nach 121 v. Chr., altröm. Patrizierin. – Eine der bedeutendsten Frauengestalten ihrer Zeit; Tochter des Scipio Africanus d. Ä., Mutter der beiden Volkstribunen Tiberius und Gajus Gracchus.

Cornelisz. [niederl. kɔr'ne:lɪs], Cornelis, gen. Cornelis van Haarlem, * Haarlem 1562, † ebd. 11. Nov. 1638, niederl. Maler. – Einer der führenden Vertreter des Manierismus in den Niederlanden. Neben Porträts und Schützenstücken mytholog. und bibl. Bilder, u. a. „Der bethlehemit. Kindermord" (von 1590: Amsterdam, Rijksmuseum; von 1591: Haarlem, Frans-Hals-Museum).

C., Jacob, gen. Jacob van Amsterdam, * Oostzaan (Nordholland) vor 1470, † Amsterdam vor dem 18. Okt. 1533, niederl. Maler und Zeichner für den Holzschnitt. – Kennzeichnend sind die Fülle der Details und die Kostbarkeit der Stoffe.

Cornelius, Peter von (seit 1825), * Düsseldorf 23. Sept. 1783, † Berlin 6. März 1867, dt. Maler und Zeichner. – Schloß sich 1811–19 in Rom den Nazarenern an (1815 Fresken im Palazzo Zuccari, jetzt Berlin, Museumsinsel). 1819 Akademiedirektor in Düsseldorf, 1824 in München (Fresken u. a. in der Ludwigskirche, 1836–39). Seit 1840 in Berlin. C. suchte durch die monumentale Freskomalerei die dt. Kunst zu erneuern, vermochte aber einen akadem. Klassizismus nicht zu überwinden.

C., Peter, * Mainz 24. Dez. 1824, † 26. Okt. 1874, dt. Komponist. – Neffe von Peter von C. Stand in enger Verbindung zu Liszt und Wagner; komponierte Opern („Der Barbier von Bagdad", 1858; „Der Cid", 1865), Lieder, Chöre und Kirchenmusik.

Cornell, Joseph [engl. kɔː'nɛl], * Nyack (N. Y.) 24. Dez. 1903, Flushing (N. Y.) 29. Dez. 1972, amerikan. Künstler. – Schuf seit den 30er Jahren „Assemblagen", Objekte in Kastenform, entweder mit einem „Environment" hinter Glas und/oder mit sparsam beklebter und bemalter Glasplatte.

Corner [engl. 'kɔːnə], durch gezielte Käufe herbeigeführter Kursanstieg an Effekten- und Warenbörsen, um die auf Baisse Spekulierenden in Schwierigkeiten zu bringen.

Corn-flakes [engl. 'kɔːnflɛɪks] (Maisflocken), knusprige Flocken aus zerkleinertem, geröstetem Mais.

Cornforth, John Warcup [engl. 'kɔːnfəθ], * Sydney 7. Sept. 1917, austral.-brit. Chemiker. – Befaßte sich v. a. mit der stereochem. Untersuchung von enzymkatalysierten Reaktionen biolog. Systeme mit Hilfe der Indikatormethode. Erhielt 1975 (mit V. Prelog) den Nobelpreis für Chemie.

Cornichons [kɔrni'ʃõːs; frz.], kleine, in Essigmarinade eingelegte Gurken.

Cornouaille [frz. kɔr'nwa:j], sw. Teil der Bretagne.

Cornu, Alfred [frz. kɔr'ny], * Orléans 6. März 1841, † Romorantin-Lanthenay (Loir-et-Cher) 11. April 1902, frz. Physiker. – Zahlr. Arbeiten zu opt., elektr. und astronom. Problemen, u. a. Untersuchungen der UV-Strahlung der Sonne.

Cornwall [engl. 'kɔːnwəl], südwestengl. Grafschaft.

Cornwall, Halbinsel [engl. 'kɔːnwəl], Halbinsel im SW Englands, zw. Kanal und Bristolkanal; weidewirtsch. genutztes Agrargebiet mit wenigen städt. Zentren: Plymouth, Exeter und Torbay. An der klimatisch begünstigten S-Küste Intensivkulturen und zahlr. Seebäder.

Cornwallis, Charles [engl. kɔːn'wɔlɪs], Marquis (1793) of, * London 31. Dez. 1738, † Ghazipur (Uttar Pradesh) 5. Okt. 1805, brit. General und Politiker. – Im nordamerikan. Unabhängigkeitskrieg zur Kapitulation gezwungen; 1786–93 und 1805 Generalgouverneur in Ostindien; unterdrückte 1798 als Vizekönig von Irland den ir. Aufstand und leitete die Union mit Großbritannien (1800) ein; unterzeichnete den Frieden von Amiens (1802).

Coro, Hauptstadt des venezolan. Staates Falcón, zw. dem Golf von C. und dem Karib. Meer, 96 000 E. Bischofssitz (seit 1531); Handelszentrum; Erdöl ind. – 1527 gegr., bis 1578 Hauptstadt der span. Kolonien in Venezuela; 1528–46 Hauptstadt der Welserkolonie. – Kathedrale (1583–1617).

Corona [lat.] ↑ Korona.

Corona Australis [lat.] (Südl. Krone) ↑ Sternbilder (Übersicht).

Corona Borealis [lat.] (Nördl. Krone) ↑ Sternbilder (Übersicht).

Corot, Camille [frz. kɔ'ro], * Paris 16. Juli 1796, † ebd. 22. Febr. 1875, frz. Maler. – 1825–28, erneut 1834 und 1843 in Italien, wo er zu seiner schlichten Landschaftsauffassung fand mit freier, aber straffer Komposition, atmosphär. Lichteffekten und gedämpfter Farbigkeit. Nach 1850 malte C. reine Stimmungslandschaften. Schuf ebenfalls Bildnisse (bed. auch die Vorzeichnungen). C. hat die Entwicklung des Impressionismus entscheidend beeinflußt.

Corpora, Antonio, *Tunis 15. Aug. 1909, italien. Maler. – Vertreter des abstrakten Expressionismus; typisch die dicke Farbschicht, die zusammengeschoben oder ausgekratzt wird.

Corpora cavernosa [lat.], svw. ↑Schwellkörper.

Corporale [mittellat.], in der kath. Liturgie ein quadrat., geweihtes Leinentuch als Unterlage für Hostie, Kelch und Patene.

Corporation [engl. kɔːpəˈreɪʃən; lat.], auf dem Recht der einzelnen Bundesstaaten basierende Kapitalgesellschaft in den USA; entspricht im wesentlichen der dt. AG.

Corps [koːr; frz.] ↑Korps.

Corps de ballet [frz. kɔrdəbaˈlɛ], die Gruppentänzer des Ballettensembles.

Corps diplomatique [frz. kɔrdiplɔmaˈtik], Abk. CD, ↑diplomatisches Korps.

Corpus (Korpus; Mrz. Corpora) [lat. „Körper"], in der *Anatomie* Hauptteil eines Organs oder Körperteils.
▷ in der *Sprachwissenschaft* ↑Korpus.

Corpus catholicorum [lat.] ↑Corpus evangelicorum.

Corpus Christi [engl. ˈkɔːpəs ˈkrɪstɪ], Stadt in Texas, USA, in der Golfküstenebene, 258 000 E. Kath. Bischofssitz; Univ. (gegr. 1971); Zentrum eines Erdöl- und Erdgasgebietes; Überseehafen, ⚓. – Gegr. 1838.

Corpus Christi mysticum [lat. „geheimnisvoller Leib Christi"], aus dem N.T. hergeleitete Bez. der kath. Theologie für das Wesen der Kirche.

Corpus delicti [lat.], Gegenstand der Straftat; Beweisstück für eine Straftat.

Corpus evangelicorum [lat.], die polit. Vertretung der ev. dt. Reichsstände auf dem Reichstag nach 1648, dem das **Corpus catholicorum** unter Kurmainz als Vertretung der kath. Reichsstände gegenübertand. 1653 formierte sich in Regensburg das C. e. als gemeinsames Organ aller ev. Stände unter der Leitung von Kursachsen.

Corpus Inscriptionum Latinarum [lat.], Abk. CIL, maßgebl. Sammlung und Edition der lat. Inschriften. – ↑Epigraphik.

Camille Corot. Der Belfried von Douai, 1871 (Paris, Louvre)

Corpus Iuris Canonici [mittellat.], seit 1580 offizielle Bez. für eine Gruppe kirchl. Rechtssammlungen und Gesetzbücher, die vom 12. bis 15. Jh. entstanden: 1. ↑*Decretum Gratiani*; 2. *Liber Extra* (eigtl. Liber decretalium extra Decretum Gratiani): nach Gratian entstandene, private Kirchenrechtssammlungen; 1234 amtlich publiziert; 3. *Liber Sextus*: 1298 als 6. Buch des Liber Extra verkündete Sammlung der seit 1234 entstandenen Konzilsbeschlüsse und päpstl. Erlasse; 4. *Klementinen:* Gesetzessammlung Papst Klemens' V.; 5. *Extravaganten:* außerhalb der amtl. Sammlungen umlaufende Dekretalen. – Das C.I.C. war bis 1918, als es vom ↑Codex Iuris Canonici abgelöst wurde, die wichtigste Rechtsquelle der kath. Kirche.

Corpus Juris Civilis [lat.], seit 1583 (krit. Ausgabe von D. Gothofredus) übl. Bez. für die im Auftrag des oström. Kaisers Justinian I. 528–534 vorgenommene Sammlung des damals geltenden Rechts. Das C.J.C. besteht aus vier Teilen: 1. *Institutionen* (4 Bücher): ein amtl. Lehrbuch auf der Grundlage des gleichnamigen Werkes des klass. Juristen Gajus; 2. *Digesten* oder *Pandekten* (50 Bücher): eine Sammlung von Auszügen aus den Werken von etwa 40 jurist. Schriftstellern vorwiegend der klass. Zeit (1.–3. Jh.); 3. *Codex Justinianus* (12 Bücher): eine Sammlung von Gesetzen der Kaiser Hadrian bis Justinian I.; 4. *Novellen:* eine [moderne] Sammlung von 168 aus der Zeit nach der Publikation der übrigen Teile (533/534) stammenden Gesetzen. – Das C.J.C. in bearbeiteter Fassung galt in Deutschland als Kern des gemeinen Rechts, z.T. bis 1900.

Corpus luteum [lat.], svw. ↑Gelbkörper.

Corpus vitreum [lat.], svw. Glaskörper (↑Auge).

Correggio. Verlöbnis der heiligen Katharina mit dem Jesuskind, Ausschnitt, um 1520 (Paris, Louvre)

Correggio [italien. korˈreddʒo], eigtl. Antonio Allegri, gen. il C., *Correggio um 1489, †Reggio nell'Emilia 5. März 1534, italien. Maler. – Wegbereiter der Barockmalerei. C. schuf religiöse („Anbetung der Hirten", um 1527/1530; Dresden, Gemäldegalerie) und mytholog. („Io, 1530[?]; Wien, Kunsthistor. Museum) Darstellungen, für die raffinierte Verkürzung, lichtreiche Atmosphäre, stimmungsvolle Landschaften und eine zarte Bewegtheit der Figuren charakteristisch sind. Fresken von kühner perspektiv. Übersicht (Kuppelfresken des Doms von Parma, 1526–30).

Corregidor [korexiˈdoːr; lat.-span.], Repräsentant der königl. Zentralgewalt in der span. Gemeinde ab Anfang 14. Jh.; wurde wichtigster städt. Amtsträger.

Correns, Carl Erich, *München 19. Sept. 1864, †Berlin 14. Febr. 1933, dt. Botaniker. – Prof. in Leipzig und Münster, seit 1914 Direktor am Kaiser-Wilhelm-Institut für Biologie in Berlin-Dahlem; wies (um 1900) erneut die Mendelschen Vererbungsregeln nach. Außerdem untersuchte er bes. das Problem der Geschlechtsbestimmung.

Corrente [italien.] ↑Courante.

Corrèze [frz. kɔˈrɛːz], Dep. in Frankreich.

Corrida de toros [span.], span. Bez. für Stierkampf.

Corrientes, Hauptstadt der Prov. C. in Argentinien, am Paraná, 181 000 E. Erzbischofssitz; Univ. (gegr. 1957); Handelszentrum für land- und forstwirtsch. Produkte. Hafen. – 1588 gegründet.

Carl Erich Correns

Corriere della Sera

C., argentin. Prov., 88 199 km², 749 000 E (1989), Hauptstadt C.; liegt im nördl. Zwischenstromland.

Corriere della Sera [italien. „Abendkurier"], italien. Zeitung, ↑Zeitungen (Übersicht).

Corrigan, Mairead [engl. ˈkɔrɪgən], * Belfast 27. Jan. 1944, nordir. Friedenskämpferin. – Eine der beiden Führerinnen der von B. Williams organisierten „Friedensmärsche gegen Terror und Gewalt", deren Ziel die Versöhnung der Protestanten und Katholiken in Nordirland ist; erhielt 1977 zus. mit B. Williams nachträglich den Friedensnobelpreis des Jahres 1976.

Mairead Corrigan

Corrigenda ↑Korrigenda.

Corrigens [lat.], Arzneimittelzusatz, der geschmacksverbessernd wirkt.

corriger la fortune [frz. kɔriʒeɫɔrˈtyn „das Glück verbessern"], dem Glück nachhelfen, falschspielen.

Corse [frz. kɔrs] ↑Korsika.

Corse, Kap [frz. kɔrs], Kap an der N-Spitze der Insel Korsika; Leuchtturm.

Cortaillodkultur [frz. kɔrtaˈjo], nach Funden in Cortaillod (Kt. Neuenburg, Schweiz) ben. neolith. Kulturgruppe in der W- und M-Schweiz mit Verbindungen zu O-Frankreich und Oberitalien (1. Hälfte des 3. Jt. v. Chr.); kennzeichnend u. a. eine dünnwandige Keramik und geschnitzte Erntegeräte.

Cortázar, Julio, * Brüssel 26. Aug. 1914, † Paris 12. Febr. 1984, argentin. Schriftsteller. – Lebte seit 1951 in Paris. Bed. seine Romane „Die Gewinner" (1960), eine Analyse des Verhaltens und der Psychologie des argentin. Bürgertums, „Rayuela" (1963), „Album für Manuel" (1973).

Julio Cortázar

Cortemaggiore [italien. kortemadˈdʒɔːre], italien. Gemeinde in der Poebene, Emilia Romagna, 4 900 E. In einem Erdöl- und Erdgasfeld gelegen; bed. Raffineriezentrum.

Cortes [zu lat. cohors „(den Praetor in der Prov. umgebendes) Gefolge"], in den Ländern der Pyrenäenhalbinsel bis Anfang 19. Jh. die Versammlung der Landstände, danach in Spanien (bis 1936/39 und seit 1978) und in Portugal (1822–1911) die Volksvertretung; unter Franco in Spanien korporatives Organ ohne Autonomie im Gesetzgebungsverfahren.

Cortés, Hernán, * Medellín (Prov. Badajoz) 1485, † Castilleja de la Cuesta bei Sevilla 2. Dez. 1547, span. Konquistador. – Entstammte dem niederen Adel; nahm 1511 unter dem Kommando von D. de Velázquez an der Eroberung Kubas teil; leitete in dessen Auftrag 1519 eine Expedition zur Erkundung des Reichs der Azteken. Vom Río Tabasco aus, wo er im April 1519 landete, die Schiffe zerlegen ließ und Villa Rica de Vera Cruz (= Veracruz Llave) gründete, brach C. ins Landesinnere auf, gelangte am 8. Nov. in die Hauptstadt Tenochtitlán (= Mexiko), nahm den Aztekenherrscher Moctezuma II. Xocoyotzin gefangen (14. Nov.) und nötigte ihn zur Anerkennung der span. Oberhoheit. Ein Aufstand der Azteken (30. Juni/1. Juli 1520), bei dem Moctezuma II. durch Steinwürfe der Aufständischen getötet wurde, zwang die Spanier zum Rückzug. Nach der 2. Eroberung unterwarf C. das Reich vollständig. 1522 zum Generalkapitän und (bis 1528) zum Statthalter von Neuspanien ernannt; zeigte bei der polit. Neugestaltung der Kolonie außergewöhnl. Fähigkeiten. 1525 Expedition nach Honduras, 1528–30 und seit 1540 Aufenthalt in Spanien.

Hernán Cortés

Cortex [lat.], in der *Botanik* svw. ↑Rinde.

▷ in der *Anatomie* die äußere Zellschicht bzw. das äußere Schichtengefüge (die „Rinde") eines Organs, bes. *C. cerebri,* die Großhirnrinde (↑Gehirn).

Corti, Egon Cäsar Conte, * Zagreb 2. April 1886, † Klagenfurt 17. Sept. 1953, östr. Schriftsteller. – Schrieb populär-histor. Biographien: „Das Haus Rothschild" (1927/28), „Elisabeth, die seltsame Frau" (1934).

Corticoide ↑Kortikosteroide.

Corticosteroide ↑Kortikosteroide.

Corticosteron ↑Kortikosteron.

Cortina d'Ampezzo, Hauptort des italien. Valle d'Ampezzo in der Region Venetien, in den östl. Dolomiten, 1 224 m ü. d. M., 8 500 E. Kurort und Wintersportplatz; 1956 Austragungsort der 7. Olymp. Winterspiele.

Corti-Organ [nach dem italien. Anatomen A. Corti, * 1822, † 1876] ↑Gehörorgan.

Cortisol [Kw.], svw. ↑Hydrokortison.

Cortison ↑Kortison.

Cortona, italien. Stadt in der Region Toskana, 25 km sö. von Arezzo, 23 000 E. Bischofssitz; Museum der 1726 gegr. Accademia Etrusca. – Eine der ältesten und bedeutendsten etrusk. Städte, erhielt z. Z. des Bundesgenossenkriegs röm. Bürgerrecht. – Dom (1456–1502 umgestaltet), Stadtmauern (z. T. etruskisch).

Cortot, Alfred [Denis] [frz. kɔrˈto], * Nyon bei Genf 26. Sept. 1877, † Lausanne 15. Juni 1962, frz. Pianist und Dirigent. – Interpret der Klavierwerke Chopins, Schumanns, Debussys sowie zeitgenöss. Komponisten; edierte Klaviermusik (u. a. von Chopin).

Coruña, La [span. la koˈruɲa], span. Hafen- und Ind.stadt an der NW-Küste Galiciens, 242 000 E. Verwaltungssitz der Prov. La C.; Königl. Galic. Akad.; Theater. Schiff- und Maschinenbau, Eisen- und Stahlerzeugung, Erdölraffinerie. – Im MA **Coronium,** geht auf den antiken Handelsplatz **Flavium Brigantium** zurück, seit dem 15. Jh. als Stadt bezeichnet. – Aus röm. Zeit stammt der Herkulesturm (Leuchtturm); in der Altstadt die Kirchen Santiago und Santa María del Campo (beide 12./13. Jh.); in der Neustadt zahlr. Häuser mit Fenstergalerien.

Corvey [...vaɪ], ehem. Benediktinerabtei im östl. Teil von Höxter, NRW, als **Nova Corbeia** 822 von Corbie in der Picardie aus begründet; entwickelte sich zu einem bed. kulturellen Zentrum und zum Stützpunkt für die Christianisierung des Nordens. 1803 wurde C. säkularisiert. – Von der alten karoling. Abteikirche ist das Westwerk (873–885; im 12. Jh. geringfügig umgestaltet) erhalten.

Corvey. Westwerk der Abteikirche, 873–885, Glockenhaus und Turmerhöhung aus dem 12. Jahrhundert

Corvina [nlat.] (Bibliotheca Corviniana), die ehem. Bibliothek des ungar. Königs Matthias I. Corvinus, die erste humanist. Fürstenbibliothek nördlich der Alpen. V. a. kostbare Handschriften; u. a. Meisterwerke der italien. Buchmalerei. Charakteristisch sind vergoldete Renaissanceeinbände mit königl. Wappen. 1526 in türk. Besitz, die Bücher wurden zerstreut, von den 2 000–2 500 Bänden sind 172 erhalten (Corvinen).

Corvinus, Matthias ↑Matthias I. Corvinus, König von Ungarn.

Corvin-Wiersbitzki, Otto von [kɔrˈviːnvɪɛrs...], * Gumbinnen 12. Okt. 1812, † Wiesbaden 1. März 1886, dt. Publizist. – Entschiedener Demokrat, nahm 1848 am Aufstand in Baden teil; berichtete für verschiedene Zeitungen aus den USA, Großbritannien und vom Dt.-Frz. Krieg zahlr. Schriften, u. a. die „Histor. Denkmale des christl. Fanatismus" (1845, seit 1891 u. d. T. „Pfaffenspiegel").

Corvo [portugies. 'korvu], Insel der Azoren.

Corvus [lat.] (Rabe) ↑ Sternbilder (Übersicht).

Corvus [lat.], mit Ausnahme von S-Amerika weltweit verbreitete Gatt. meist schwarzer Rabenvögel. Von den etwa 30 Arten kommen in Europa vor: ↑ Kolkrabe, ↑ Aaskrähe, ↑ Saatkrähe und ↑ Dohle.

Coryell, Larry [engl. kɔrɪ'el], * Galveston (Tex.) 4. Febr. 1943, amerikan. Jazzmusiker. – Brillanter Jazz-Rockgitarrist; spielte u. a. zus. mit G. Burton, J. McLaughlin und C. Corea; begr. 1973 die Gruppe „Eleventh House".

Coryza ['ko:rytsa, ko'ry:tsa; griech.], svw. ↑ Schnupfen.

cos, Funktionszeichen für: Kosinus (↑ trigonometrische Funktionen).

Cosa, Juan de la, * Santoña (Prov. Santander) 1449 oder 1460, † Cartagena (Kolumbien) 28. Febr. 1510, span. Seefahrer und Kartograph. – Begleiter von Kolumbus auf dessen beiden Fahrten, dann Ojedas und Vespuccis; berühmt ist seine Karte von 1500, die neben eigenen die Entdeckungen von Kolumbus und Ojeda, die Ergebnisse der Fahrten G. Cabotos sowie die wirkl. Gestalt Afrikas verzeichnet.

Cosa Nostra [italien. „unsere Sache"], kriminelle Organisation in den USA, deren Mgl. v. a. Italiener oder Italoamerikaner sind; gegr. zur Kontrolle der illegalen finanziellen Erwerbsquellen (v. a. Prostitution, Rauschgifthandel und illegale Glücksspiele). – ↑ Mafia.

Cosby, Bill [engl. 'kɔzbi], * Philadelphia (Pa.) 12. Juli 1937, amerikan. Schauspieler und Entertainer. – Avancierte in zahlr. Fernsehreihen (u, a. „The Cosby Show", seit 1984) mit z. T. gesellschaftspolit. Anliegen zu einem der bestbezahlten Showstars der USA.

cosec, Funktionszeichen für: Kosekans (↑ trigonometrische Funktionen).

Cosel (Cossel, Cossell), Anna Konstanze Reichsgräfin von (seit 1707), * Depenau bei Plön 17. Okt. 1680, † Stolpen bei Pirna 31. März 1765. – Mätresse Augusts II., des Starken, auf den sie gewissen Einfluß ausübte; 1712 fiel sie in Ungnade und wurde ab 1716 auf Schloß Stolpen in Haft gehalten.

Cosel (poln. Koźle), ehem. selbständige Stadt ssö. von Oppeln, Polen, seit 1975 Teil von Kędzierzyn-Koźle. Oderhafen; Metallind., Apparatebau. – Erstmals 1104 als piast. Grenzburg erwähnt; Gründung der Stadt vermutlich Ende 13. Jh.; 1742–1945 preußisch.

Cosenza, italien. Stadt in der Region Kalabrien, 106 000 E. Hauptstadt der Prov. C.; Erzbischofssitz; Univ. (gegr. 1972), Museum, Bibliothek, Accademia Cosentina (gegr. im 16. Jh.). – Als **Consentia** Hauptstadt der Bruttier, 204 v. Chr. römisch. Bei C. wurde 410 Alarich im Flußbett des Busento begraben. – Dom (1185–1222).

Cosgrave, William Thomas [engl. 'kɔzgreɪv], * Dublin 6. Juni 1880, † ebd. 16. Nov. 1965, ir. Politiker. – Nahm am Osteraufstand 1916 teil; 1919 Mgl. der ersten republikan. Reg.; konsolidierte mit Hilfe seiner Partei, der Fine Gael, als Min.präs. 1922–32 die polit. Verhältnisse Irlands; führte 1932–44 die Opposition.

cosh, Funktionszeichen für: Hyperbelkosinus (↑ Hyperbelfunktionen).

Cosinus (Kosinus) [lat.] ↑ trigonometrische Funktionen.

Cosmas von Prag, * um 1045, † Prag 21. Okt. 1125, böhm. Geschichtsschreiber. – Verfaßte 1119/22–1125 als Domdekan (ab 1099) unter Verwendung älterer Quellen (auch von Sagen zur böhm. Frühgeschichte) die erste zusammenfassende Chronik Böhmens.

Cosmas und Damian, zwei Heilige, ↑ Kosmas und Damian.

Cosmaten, Bez. für mehrere italien. Künstlerfamilien, die vom 12. bis 14. Jh. v. a. in Rom tätig waren und in denen der Vorname Cosmas häufig war. Die C. schufen insbes. Einlegearbeiten in Marmor (Altäre, Kanzeln, Ambonen, Chorschranken, Grabmäler), Marmorfußböden (Lateran) und Fassadenverkleidungen sowie kleinteilige mosaikartige Verzierungen. Vereinzelt auch figürl. Plastik (Wandgrabmal des Bischofs Durandus, † 1296, Santa Maria sopra Minerva, Rom).

Cossa, Francesco del ↑ Del Cossa, F.

Cossiga, Francesco, * Sassari 26. Juli 1928, italien. Jurist und Politiker (Democrazia Cristiana; bis 1985). – 1975–78 Innenmin., 1979/80 Min.präs., 1985–92 Staatspräsident.

Costa, Afonso Augusto da [portugies. 'koʃtɐ], * Seia bei Guarda 6. März 1871, † Paris 11. Mai 1937, portugies. Jurist und Politiker. – Erster republikan. Justizmin. 1910/11; zw. 1913 und 1917 viermal Min.präs.; 1926 Präs. der Versammlung des Völkerbundes.

C., Gabriel da [portugies. 'koʃtɐ], jüd. Religionsphilosoph, ↑ Acosta, Uriel.

C., Isaac da [niederl. 'kɔsta:], * Amsterdam 14. Jan. 1798, † ebd. 28. April 1860, niederl. Dichter. – Trat 1822 zum Kalvinismus über und gehörte der Réveil-Bewegung an, die sich gegen die Ideen der Frz. Revolution und den Rationalismus wandte; gefühlsbetonte heroische Dichtungen.

C., Lorenzo [italien. 'kɔsta], * Ferrara um 1460, † Mantua 5. März 1535, italien. Maler. – Beeinflußt von Giovanni Bellini, malte er religiöse und allegor. Bilder in einem warmen Kolorit; seit 1506 Hofmaler in Mantua.

C., Lúcio [brasilian. 'kɔsta], * Toulon 27. Febr. 1902, brasilian. Architekt und Stadtplaner. – Mit O. Niemeyer baute er 1936–43 das Erziehungsministerium in Rio de Janeiro (Entwurf Le Corbusier), 1939 den brasilian. Pavillon auf der Weltausstellung in New York, 1955 den Pavillon für den Weltkirchenkongreß in Rio de Janeiro. Neben seiner Stadtplanung für Brasília (1956) sind die Appartementhäuser am Eduardo-Guinle-Park in Rio de Janeiro (1948–54) bes. hervorzuheben.

C., Nino [italien. 'kɔsta], * Rom im Okt. 1826, † Marina di Pisa 31. Jan. 1903, italien. Maler. – Wirkte mit seinen frischen, z. T. von den Nazarenern beeinflußten Landschaften aus der röm. Campagna anregend auf die Macchiaioli in Florenz, wo C. 1859–69 lebte.

Costa Blanca, die südostspan. Mittelmeerküste nö. von Kap Gata; Ferienlandschaft mit den Zentren Alicante, Benidorm und dem Mar Menor.

Costa Brava, die nordostspan. Mittelmeerküste zw. Blanes und der span.-frz. Grenze; Ferienlandschaft.

Costa Cabral, Antonio Bernardo da [portugies. 'koʃtɐ kɐ'βral], Graf (seit 1845) von Thomar, * Fornos de Algodres 9. Mai 1803, † São João da Foz (= Porto) 1. Sept. 1889, portugies. Politiker. – Seit 1839 Justizmin., erstmals kurzfristig 1842 Min.präs.; amtierte anschließend bis 1846 als Innenmin. mit diktator. Gewalt; 1849–51 erneut Min.präsident.

Costa de la Luz [span. 'kɔsta ðe la 'luθ], Abschnitt der andalus. Küste am Atlantik zw. Guadianamündung und Tarifa; Fischereisiedlungen und Badestrände.

Costa del Azahar [span. 'kɔsta ðel aθa'ar], Teil der ostspan. Mittelmeerküste am Golf von Valencia; zahlr. Seebäder.

Costa del Sol, die andalus. Mittelmeerküste zw. Kap Gata und Tarifa; Ferienlandschaft mit außerordentlich mildem Klima; beiderseits Málaga, der wichtigsten Stadt der C. d. S., zahlr. Seebäder.

Costa Dorada, Bez. für den Abschnitt der nordspan. Mittelmeerküste zw. Blanes und Alcanar südl. des Ebrodeltas; zahlr. Seebäder.

Costa do Sol [portugies. 'koʃtɛ ðu 'sɔl], südl. Küstenabschnitt der Halbinsel von Lissabon; mehrere Seebäder.

Costa-Gavras ['kɔstaga'vra], eigtl. Constantin Gavras, * Athen 13. Febr. 1933, frz. Filmregisseur griech.-russ. Herkunft. – Lebt in Frankreich. Seinem realist. ersten Film „Mord im Fahrpreis inbegriffen" (1965) folgten politisch engagierte Werke: „Z" (1968), „Die Liebe einer Frau" (1979), „Vermißt" (1981), „Conseil de famille" (1987), „Music Box" (1990).

Costa i Llobera [katalan. 'kɔstɐ i ʎu'βerɐ], Miguel, * Pollensa (Mallorca) 4. Febr. 1854, † Palma de Mallorca 16. Okt. 1922, katalan. Dichter. – An den antiken Klassikern geschulter Lyriker Kataloniens, schrieb spanisch und katalanisch.

Francesco Cossiga

Alfred Cortot

Otto von Corvin-Wiersbitzki

Costa Rica

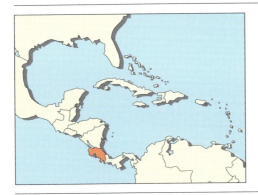

Costa Rica
Fläche: 51 100 km²
Bevölkerung: 3,03 Mill. E (1990), 59,3 E/km²
Hauptstadt: San José
Amtssprache: Spanisch
Nationalfeiertag: 15. Sept. (Unabhängigkeitstag)
Währung: 1 Costa-Rica-Colón (C) = 100 Céntimos
Zeitzone: MEZ −7 Stunden

Staatswappen

Internationales
Kfz-Kennzeichen

Costa Rica (amtl. Vollform: República de Costa Rica), Republik in Zentralamerika zw. 8° und 11° n. Br. sowie 83° und 86° w. L. **Staatsgebiet:** C. R. erstreckt sich vom Karib. Meer zum Pazifik, es grenzt im N an Nicaragua, im O an Panama. Zu C. R. gehört die pazif. Insel Isla del Coco. **Verwaltungsgliederung:** 7 Prov. **Internat. Mitgliedschaften:** UN, OAS, MCCA, SELA.
Landesnatur: Im N liegt das bis zu 200 km breite karib. Tiefland. Es wird vom pazif. Raum getrennt durch die von NW nach SO verlaufenden Gebirgszüge der Kordilleren, die in der Cordillera de Talamanca 3 920 m Höhe erreichen. Hier finden sich zahlr., z. T. noch tätige Vulkane. Im Zentrum liegt das Hochbecken die Valle Central mit der Hauptstadt. Im pazif. Raum folgen auf eine Senkungszone niedrigere Bergländer.
Klima: Durch die zentralen Gebirgszüge wird das ganzjährig beregnete karib. Tiefland vom wechselfeuchten pazif. Raum geschieden. Die Temperaturen liegen ganzjährig zw. 26–27 °C im Tiefland und unter 10 °C in Höhen über 3 000 m.
Vegetation: Dem immergrünen trop. Regenwald des karib. und südl. pazif. Tieflands stehen der regengrüne Trocken- und Feuchtwald des übrigen pazif. Raumes gegenüber. Oberhalb 500–600 m folgen immer- bzw. regengrüner Bergwald sowie Nebelwald.
Bevölkerung: Fast 90 % der Bev. sind Weiße meist altspan. Herkunft, 6 % Mestizen, weiterhin Schwarze, Asiaten und Indianer. Im Valle Central leben auf 5 % der Landesfläche ⅔ der gesamten Bev. Verglichen mit dem übrigen Lateinamerika sind die Bildungsverhältnisse günstig (Analphabetenquote: 10 %). Univ. in San José (gegr. 1843, 1976, 1977) und Heredia (gegr. 1973).
Wirtschaft: Die Landw. ist der wichtigste Wirtschaftszweig. Es überwiegen kleine und mittlere Betriebe; sie bauen u. a. für die Selbstversorgung Mais, Reis, Bohnen, Maniok und Kartoffeln an. Großplantagen liegen v. a. im Küstentiefland und im trockenen NW. Sie erzeugen Bananen, Zuckerrohr, Kaffee, Kakao und Baumwolle für den Export. Die Bodenschätze sind relativ gering, die bedeutenderen (Bauxit, Schwefel) werden noch nicht ausgebeutet. Die Ind., meist Kleinbetriebe, verarbeitet v. a. landw. Produkte. Daneben werden Kraftfahrzeuge und Elektrogeräte montiert, Düngemittel, Pharmazeutika, Zement u. a. hergestellt.
Außenhandel: Exportiert werden v. a. Bananen, Kaffee, Fleisch und Zucker; die wichtigsten Importe sind Maschinen, Textilien, Kraftfahrzeuge, Erdölerzeugnisse. Handelspartner sind v. a. die USA, die EG (v. a. die BR Deutschland) und Guatemala.
Verkehr: Das Eisenbahnnetz ist 828 km lang; das Straßennetz hat eine Länge von 35 000 km; wichtigste Verbindung ist die Carretera Interamericana. Die wichtigsten Überseehäfen sind Limón am Karib. Meer, Puntarenas am Pazifik; internat. ✈ bei San José.
Geschichte: Der älteste bekannte archäolog. Fund in C. R. wird um 9000 v. Chr. datiert, genauere Kenntnisse beginnen um 300 v. Chr. In Nicoya entstand in der mittelpolychromen Periode (800–1200) wahrscheinlich ein größeres Staatsgebilde nördl. mittelamerikan. Prägung. Erst während der spätpolychromen Periode (1200–1550) löste sich das zentrale Hochland aus dieser Bindung und entwickelte sich selbständig. Außerhalb dieser Entwicklung und unbeeinflußt von ihr blieb Süd-C. R. Als Teil der Region „Groß-Chiriquí" spiegelte es südl. Kulturströme wider. In der Zeit zw. 1100/1550 erfolgte die Invasion der chibchasprechenden Stämme in diesen Teil Z-Amerikas. Die Küste von C. R. wurde von Kolumbus 1502 auf seiner 4. Reise entdeckt. Die eigtl. Eroberung durch die Spanier erfolgte erst in den 1560er Jahren. Trotz der Zugehörigkeit zur Audiencia von Guatemala war die Handelsverbindung zum nahen Panama von größter Wichtigkeit. Dauernde Kämpfe gegen die Indianer und die damit verbundenen Ausgaben machten C. R. zu einer der ärmsten Prov. Die Loslösung von Spanien erfolgte ohne Kämpfe 1821 im Verband des Generalkapitanats Guatemala, das sich 1821 dem unabhängigen Kaiserreich Mexiko unter Itúrbide anschloß. Nach dessen Sturz (1823) löste sich das Generalkapitanat von Mexiko; seine Prov. bildeten als autonome Staaten die Zentralamerikan. Föderation. 1825 gab sich C. R. seine 1. Verfassung, aber erst 1848 konstituierte sich die Republik C. R. Bis zum Ende des 19. Jh. wechselten Revolutionen, Bürgerkriege und Kriege mit den Nachbarstaaten einander ab. In dem Maße, wie der polit. und wirtsch. Einfluß der USA in Z-Amerika zunahm, beruhigte sich die innen- und außenpolit. Lage des Landes. V. a. wirtschaftlich geriet C. R. in den Bannkreis der USA, so durch die Niederlassung amerikan. Bananenpflanzungsgesellschaften. Der bürgerkriegsartige Konflikt 1948, der die jüngere polit. und wirtsch. Entwicklung des Landes prägte, brachte die Grundlagen für den Aufbau eines sozial orientierten demokrat. Verfassungsstaates. Nach den Wahlen von 1974 löste D. Oduber Quirós als Präs. J. Figueres Ferrer ab. Die 1978–82 regierende konservativ-rechtsliberale Koalition „Partido Unidad Opositora" (PUO) wurde im Mai 1982 wieder von der PLN abgelöst; zum Präs. wurde Luis Alberto Monge (* 1925), 1986 O. Arias Sánchez gewählt. Bei den Wahlen vom Febr. 1990 siegte die bis dahin oppositionelle PUSC, ihr Kandidat Rafael Angel Calderón Fournier (* 1949) wurde Präsident.
Politisches System: Nach der Verfassung von 1949 ist C. R. eine zentralistisch verwaltete Republik mit präsidialem Regierungssystem. *Staatsoberhaupt* und als Regierungschef oberster Inhaber der *Exekutive* ist der Präs., vom Volk auf 4 Jahre gewählt. Die von ihm ernannten Min. des Kabinetts sind nur ihm verantwortlich. Die *Legislative* liegt beim Kongreß, dessen Mgl. (z. Z. 57 Abg.) auf 4 Jahre gewählt werden. Die wichtigsten *Parteien* sind die sozialdemokratisch orientierte Partido Liberación Nacional (PLN) und die konservativ-rechtsliberale Partido Unidad Social Cristiana (PUSC). Es gibt vier nat. *Gewerkschafts*dachverbände. Das *Recht* ist am frz. und span. Vorbild orientiert.

Costello, John Aloysius [engl. kɔsˈteloʊ] (ir. Séan Ua Coisdealbha), * Dublin 20. Juni 1891, † ebd. 5. Jan. 1976, ir. Politiker. – 1944–59 Führer der Fine Gael. 1948–51 und

1954–57 Min.präs.; unter seiner Reg. trat Irland 1949 aus dem Commonwealth aus.

Coster, Charles De ↑De Coster, Charles.

Costner, Kevin [engl. 'kɔstnə], *Compton/Los Angeles (Calif.) 18. Jan. 1955, amerikan. Schauspieler. – Internat. Durchbruch mit „No Way Out" (1986), „Der mit dem Wolf tanzt" (1989; auch Regie) und „J. F. K." (1992).

Coswig [...vɪç], Stadt nw. von Dresden, Sa., 27 000 E. Vielseitige Metallind. – 1349 erstmals urkundlich erwähnt. – Spätgot. Pfarrkirche (um 1497).

Coswig/Anhalt [...vɪç], Stadt am rechten Elbufer, Sa.-Anh., 10 000 E. Chemie-, Papier-, Tonwarenind.; Elbhafen. – 1315 Stadtrecht belegt. – Frühgot. Pfarrkirche Sankt Nikolai (13. Jh.), Rathaus (um 1500).

cot, Funktionszeichen für: Kotangens (↑trigonometrische Funktionen).

Cotangens (Kotangens) [lat.] ↑trigonometrische Funktionen.

Côte [frz. ko:t; lat.-frz.], frz. Bez. für Abhang, Hügel, Küste.

Côte, La [frz. la 'ko:t], schweizer. Landschaft am NW-Ufer des Genfer Sees; v. a. Wein- und Obstbaugebiet.

Côte d'Argent [frz. kotdar'ʒã], die frz. Küste zw. Gironde- und Bidassoamündung.

Côte d'Azur [frz. kotda'zy:r], die über 100 km lange frz. Mittelmeerküste zw. Menton und Marseille; wichtigstes Fremdenverkehrsgebiet mit zahlr. Seebädern; u. a. Blumenzucht und Parfümindustrie.

Côte d'Ivoire [frz. kotdi'vwa:r], frz. Bez. für ↑Elfenbeinküste.

Côte d'Or [frz. kot'dɔ:r], Höhenzug zw. Dijon und Santenay, Frankreich, eine etwa 200 m hohe, steil nach O einfallende Bruchstufe, die das Pariser Becken gegen das Saônebecken abgrenzt; bedeutendstes Weinbaugebiet Burgunds.

Côte-d'Or [frz. kot'dɔ:r], Dep. in O-Frankreich.

Cotentin [frz. kɔtɑ̃'tɛ̃], Halbinsel in der westl. Normandie, Frankreich, zw. dem Golf von Saint-Malo und der Seinebucht, im N mit steiler Kliffküste. Bocagelandschaft; Milchwirtschaft. – Das C. war in der Römerzeit das Siedlungsgebiet der kelt. Veneller mit der Hauptstadt Constantia (Coutances); kam 1204 zur frz. Krondomäne. Im 2. Weltkrieg landeten amerikan. Truppen 1944 und begannen von hier aus ihren Vormarsch.

Côtes-d'Armor [frz. kotdar'mɔr], Dep. in N-Frankreich (bis Febr. 1990 Côtes-du-Nord).

Côtes-du-Nord [frz. kotdy'nɔ:r], im Febr. 1990 umbenannt in Côtes-d'Armor.

Côte Vermeille [frz. kotvɛr'mɛj], der südl., buchtenreiche Küstenabschnitt des Roussillon, S-Frankreich.

coth, Funktionszeichen für: Hyperbelkotangens (↑Hyperbelfunktionen).

Cotoneaster [lat.], svw. ↑Steinmispel.

Cotonou [frz. kɔtɔ'nu], Stadt in Benin, auf einer Nehrung, 487 000 E. Wirtschafts- und Ind.zentrum des Landes. Sitz der meisten Ministerien, einer Prov.verwaltung und eines kath. Erzbischofs sowie einer Univ. Wichtigster Hochseehafen des Landes mit Freihafen für die Republik Niger; Eisenbahnlinien ins Hinterland. Internat. ✈. – Gegr. 1830.

Cotopaxi, Prov. in Z-Ecuador, in den Anden, 5028 km², 283 000 E (1990), Hauptstadt Latacunga; Weidewirtsch., Anbau u. a. von Kaffee, Kakao, Reis.

C., Andenvulkan in Ecuador, 50 km ssö. von Quito, 5897 m; Kegel; ständig rauchend.

Cotta, [Johann] Heinrich, *Klein-Zillbach bei Meiningen 30. Okt. 1763, †Tharandt 25. Okt. 1844, dt. Forstmann. – Gründete 1794 eine Forstlehranstalt in Zillbach, aus der die Forstakad. in Tharandt hervorging; einer der Begründer der modernen Forstwissenschaft.

Cottage [engl. 'kɔtɪdʒ], engl. Bez. für ein kleines, meist einstöckiges Haus auf dem Lande; auch für ein einfaches Ferienhaus.

Cotta von Cottendorf, Johann Friedrich Freiherr (seit 1822), *Stuttgart 27. April 1764, †ebd. 29. Dez. 1832, dt. Verleger. – Übernahm 1787 die Leitung der **Cotta'schen Buchhandlung** in Tübingen, deren Aufschwung er durch die Herausgabe von Schillers „Horen" (1795) begründete. Er wurde zum Verleger Goethes und Schillers und brachte die Werke Schellings, Pestalozzis, Herders, Hölderlins, Kleists heraus. Gründete 1798 die „Allgemeine Zeitung". 1810 übersiedelte er mit dem Verlag nach Stuttgart (seit 1889 J. G. Cotta'sche Buchhandlung Nachf.; 1977 Übernahme durch den Verlag E. Klett).

Cottbus, kreisfreie Stadt in der Niederlausitz, Brandenburg, an der Spree, am SO-Rand des Spreewalds, 128 000 E. TU; Museum, Stadttheater. Textil-, Elektro-, Nahrungs- und Genußmittelind.; bei C. Braunkohlenbergbau. – 1156 zuerst erwähnt, planmäßig angelegte Marktsiedlung, ab 1190 unter böhm. Lehnshoheit; Anfang des 13. Jh. Magdeburger Stadtrecht. 1952–90 Hauptstadt des gleichnamigen DDR-Bezirks. – Teile der Stadtbefestigung (15. Jh.), ehem. Franziskaner-Klosterkirche (14. Jh.), spätgot. Oberkirche (15./16. Jh.), klassizist. Bürgerhäuser, Jugendstiltheater (1908, 1981–86 restauriert). Nahebei Schloß Branitz (1772).

C., Landkr. in Brandenburg.

Cottbus
Stadtwappen

Cottbus. Wieckhäuschen in der alten Stadtmauer

Cotte, Robert de [frz. kɔt], *Paris 1656, †ebd. 15. Juli 1735, frz. Baumeister. – Hauptmeister des Régencestiles, der von dem schweren Barock Ludwigs XIV. zum eleganten Rokoko überleitet. Zahlr. Innenausstattungen des Schlosses von Versailles, bes. der Kapelle (1708–10), Chordekoration von Notre Dame in Paris (1708–14), Entwurf für Schloß Poppelsdorf (1715), Pläne für Schloß Brühl (1715–24), Entwurf des Palais Rohan in Straßburg (1730).

Cotte [frz. kɔt], im MA (seit dem 12. Jh.) das lange Untergewand v. a. der Frau.

Cottische Alpen (frz. Alpes Cotiennes, italien. Alpi Cozie), Teil der Westalpen beiderseits der frz.-italien. Grenze, im Monte Viso 3841 m hoch.

Cotton, Aimé [frz. kɔ'tõ], *Bourg-en-Bresse 9. Okt. 1869, †Sèvres 16. April 1951, frz. Physiker. – Entdeckte gemeinsam mit H. Mouton die Doppelbrechung von Flüssigkeiten in starken Magnetfeldern **(Cotton-Mouton-Effekt).**

Cotton [engl. kɔtn; arab.], engl. Bez. für Baumwolle.

Cotton Belt [engl. 'kɔtn 'bɛlt], früher wichtigstes geschlossenes Baumwollanbaugebiet der USA, erstreckt sich von Texas bis North Carolina.

Cottonöl ['kɔtn...] ↑Baumwollsaat.

Coty, René [frz. kɔ'ti], *Le Havre 20. März 1882, †ebd. 22. Nov. 1962, frz. Politiker. – Rechtsanwalt; 1935–40 Senator der republikan. Union, 1949–53 Vizepräs. des Rates der Republik; 1953–59 Staatspräsident.

Coubertin, Pierre Baron de [frz. kubɛr'tɛ̃], *Paris 1. Jan. 1863, †Genf 2. Sept. 1937, frz. Pädagoge und Histori-

Johann Friedrich
Cotta von
Cottendorf

Couch

Pierre Baron de Coubertin

Émile Coué

Charles Augustin de Coulomb

François Couperin

ker. – Initiator der modernen Olymp. Spiele; 1894–96 Generalsekretär und 1896–1916 sowie 1919–25 Präs. des Internat. Olymp. Komitees.

Couch [kaʊtʃ; frz.-engl.], im 20. Jh. aufgekommene Form des Liegesofas.

Coudenhove-Kalergi, Richard Nicolas Graf (C.-K.-Balli) [kuːdənˈhoːvə], * Tokio 16. Nov. 1894, † Schruns (Vorarlberg) 27. Juli 1972, Politiker und polit. Schriftsteller. – Begr. der Paneuropa-Bewegung (1923); emigrierte 1938 (Schweiz/USA), 1940–46 Prof. für Geschichte in New York; ab 1947 Generalsekretär der von ihm gegr. Europ. Parlamentarier-Union; 1952–65 Ehrenpräs. der Europ. Bewegung; 1950 Karlspreis.

Coué, Émile [frz. kwe], * Troyes 26. Febr. 1857, † Nancy 2. Juli 1926, frz. Apotheker. – Entwickelte ein auf Autosuggestion beruhendes psychotherapeut. Heilverfahren **(Couéismus).**

Cougnac [frz. kuˈɲak], 1952 entdeckte, 95 m tiefe Höhle bei Payrignac (Lot, Frankreich) mit jungpaläolith. Wandmalereien.

Couleur [kuˈløːr; lat.-frz.], Verbindungsfarben bzw. aus den Verbindungsfarben bestehende Abzeichen einer student. Korporation, gehören zur Festtracht.

Couloir [kulˈwaːr; lat.-frz.], im Kreis angelegter, eingezäunter Sprunggarten zum Einspringen junger Pferde ohne Reiter.

▷ in der *Alpinistik* Schlucht, auch schluchtartige Rinne.

Coulomb, Charles Augustin de [frz. kuˈlõ], * Angoulême 14. Juni 1736, † Paris 23. Aug. 1806, frz. Physiker. – Fand u. a. das nach ihm benannte elektrostat. Grundgesetz und das entsprechende Gesetz des Magnetismus, Er führte den Begriff des magnet. Moments ein, begr. die Theorie der Polarisation und bewies, daß sich elektr. Ladungen nur auf der Oberfläche eines Leiters ansammeln.

Coulomb [frz. kuˈlõ; nach C. A. de Coulomb], SI-Einheit der elektr. Ladung (Elektrizitätsmenge). 1 Coulomb (Einheitenzeichen C) ist gleich der Elektrizitätsmenge, die während der Zeit 1 s bei einem zeitlich unveränderl. elektr. Strom der Stärke 1 Ampere (A) durch den Querschnitt eines Leiters fließt. 1 C = 1 A · s.

Coulomb-Anregung [frz. kuˈlõ; nach C. A. de Coulomb], Anregung eines Atomkerns durch das elektr. Feld eines vorbeifliegenden geladenen Teilchens.

Coulomb-Barriere [frz. kuˈlõ], svw. ↑Coulomb-Wall.

Coulomb-Kraft [frz. kuˈlõ] ↑Coulombsches Gesetz.

Coulombmeter [frz. kuˈlõ], svw. ↑Voltameter.

Coulomb-Potential [frz. kuˈlõ] ↑Coulomb-Wall.

Coulombsches Gesetz [frz. kuˈlõ], von C. A. de Coulomb 1785 aufgefundene Gesetzmäßigkeit der Elektrizitätslehre: Der Betrag F der zw. zwei punktförmigen Ladungen Q_1 und Q_2 wirkenden Kraft **(Coulomb-Kraft)** ist dem Produkt der Einzelladungen direkt proportional, dem Quadrat ihres Abstandes r umgekehrt proportional: $F \sim Q_1Q_2/r^2$.

Coulomb-Streuung [frz. kuˈlõ] ↑Coulomb-Wechselwirkung.

Coulomb-Wall (Coulomb-Barriere) [frz. kuˈlõ; nach C. A. de Coulomb], Bez. für den jeden Atomkern umgebenden Potentialwall, der sich infolge Überlagerung der Potentiale der anziehenden Kernkräfte und der abstoßenden elektrostat. Kräfte **(Coulomb-Potential)** ergibt. Der C.-W. erschwert das Eindringen positiver Teilchen in den Kern und ihre Emission aus dem Kern.

Coulomb-Wechselwirkung [frz. kuˈlõ; nach C. A. de Coulomb], durch das Coulombsche Gesetz und das Coulomb-Potential beschriebene Wechselwirkung zw. geladenen Teilchen. Die hierauf beruhende Streuung von geladenen Teilchen durch andere, gleichartig oder entgegengesetzt geladene Teilchen heißt **Coulomb-Streuung.**

Coulometer [ku...], svw. ↑Voltameter.

Coulometrie [ku...; frz./griech.], hochempfindl. elektrochem. Analysenverfahren, bei dem sich aus der verbrauchten Elektrizitätsmenge mit Hilfe des Faradayschen Gesetzes die Menge des umgesetzten Stoffes ergibt.

Council [engl. kaʊnsl; zu lat. consilium „Rat"], Beratung, Ratsversammlung; **Privy Council,** in Großbritannien der Geheime Rat des Königs; **National Security Council,** in den USA der Nat. Sicherheitsrat.

Council for Mutual Economic Assistance [engl. kaʊnsl fə ˈmjuːtjʊəl iːkəˈnɒmɪk əˈsɪstəns] ↑COMECON.

Count [engl. kaʊnt], Grafentitel; im Ggs. zum engl. Earl nur für nichtbrit. Grafen.

Countdown [engl. ˈkaʊnt daʊn; zu engl. to count „zählen" und down „hinab"], bis zum Zeitpunkt Null (Startzeitpunkt) zurückschreitende Ansage der Zeiteinheiten, z. B. vor dem Start von Raketen; während des C. werden die letzten Kontrollen durchgeführt; bei Störungen Unterbrechung, nach Behebung Weiterführung des Countdown.

Counter [engl. ˈkaʊntə], Schalter im Flughafen zur Abfertigung der Reisenden.

Counter Intelligence Corps [engl. ˈkaʊntə ɪnˈtɛlɪdʒəns kɔː], Abk. CIC, 1945–65 Behörde der amerikan. Streitkräfte für militär. Abwehr, Gegenspionage und geheimen Nachrichtendienst.

Counterpart funds [engl. ˈkaʊntəpɑːt ˈfʌndz], Gegenwertmittel auf Konten bei den Notenbanken der an dem amerikan. Hilfsprogramm nach dem 2. Weltkrieg teilnehmenden Länder, insbes. für Warenlieferungen im Rahmen des Marshallplans.

Countess [ˈkaʊntɛs; engl.], engl. Bez. für eine nichtbrit. Gräfin.

Country and western [engl. ˈkʌntri ənd ˈwɛstən], aus der Country-music des S und Mittel-W der USA seit den 40er Jahren entwickelter Schlagerstil; melodisch und harmonisch unkomplizierte Songs. Die Instrumentierung mit Banjo, Fidel, Dobro (akust. Gitarre, die mit Glissando-Effekten gespielt wird), Schlagzeug und die hohe, etwas nasale Singstimme sind typisch für den sog. **Nashville Sound.**

Country-dance [engl. ˈkʌntrɪ daːns „ländl. Tanz"], engl. Gesellschaftstanz des 16. bis 18. Jh., mit Rund- (Rounds) und Fronttänzen (Longways), kam Ende des 17. Jh. als ↑Contredanse auf den Kontinent.

Country-music [engl. ˈkʌntrɪmjuːzɪk „ländl. Musik"], Volksmusik im S und Mittel-W der USA.

County [engl. kaʊnti; zu mittellat. comitatus „Grafschaft"], in Großbritannien und den USA Bez. für Gerichts- und Verwaltungsbezirk.

Coup [kuː; frz.; zu vulgärlat. colpus „Faustschlag, Ohrfeige"], Schlag, freches Unternehmen; **Coup d'état,** Staatsstreich; **Coup de main,** Handstreich; gelungener Angriff.

Coupé [kuˈpeː; frz.], veraltete Bez. für Eisenbahnwagenabteil.

▷ geschlossene, zweisitzige Kutsche.

▷ geschlossener Pkw mit anfänglich kutschenartiger, später sportl. Karosserie.

Couperin, François [frz. kuˈprɛ̃], * Paris 10. Nov. 1668, † ebd. 11. Sept. 1733, frz. Komponist. – 1693 Organist am kgl. Hof; komponierte Motetten, Chansons, drei Bed. „Leçons de ténèbres" (Lektionen aus dem Offizium der letzten Kartage), zwei Orgelmessen (1690), über 240 Cembalostücke (1713–30) und zahlr. kammermusikal. Werke; gewann mit der Vollendung der von der Laute auf das Cembalo übertragenen „kleinen Form" entscheidende Bed. für den galanten Stil des 18. Jahrhunderts.

Couplet [kuˈpleː; lat.-frz.], scherzhaft-satir. Strophenlied mit Kehrreim, meist aktuellen [polit.] oder pikanten Inhalts.

Coupon [kuˈpõː; frz.] ↑Kupon.

Cour [kuːr; frz.; zu lat. cohors „(den Prätor in der Prov. umgebendes) Gefolge"], frz. Bez. für Hof, Hofhaltung, übertragen für Aufwartung *(jemanden die C. machen).*

▷ frz. Bez. für Gerichtshof.

Courage [kuˈraːʒ(ə); lat.-frz.], Mut, Tapferkeit, Schneid.

Courant [kuˈrant, kuˈrɑ̃] ↑Kurant.

Courante [kuˈrɑ̃ːt; zu frz. courir „laufen"] (italien. Corrente), alter frz. Tanz in raschem, ungeradem Takt, bekannt seit der Mitte des 16. Jh.; seit der 2. Hälfte des 17. Jh. nur noch in stilisierter Form; gehört in der Form der gravität. C. oder der schnellen Corrente zum Grundbestand der ↑Suite.

Courbarilbaum [frz. kurbaˈril...] (Hymenaea courbaril), Caesalpiniengewächs in M- und S-Amerika; bis etwa

25 m hoher Baum mit süßen, eßbaren Früchten. – ↑ Hölzer (Übersicht).

Courbet, Gustave [frz. kurˈbɛ], *Ornans (Doubs) 10. Juni 1819, † La-Tour-de-Peilz bei Vevey (Schweiz) 31. Dez. 1877, frz. Maler. – Kam 1840 nach Paris; Autodidakt. Er malte in kräftigen, vorwiegend dunklen, fein abgestuften Braun-, Grau- und Grüntönen und wählte schlichte Landschaftsmotive und Genreszenen (bes. des arbeitenden Volkes); auch Bildnisse, Tierbilder, Stilleben. Seine realist. Bildauffassung und sein soziales Engagement waren für das 19. Jh. wegweisend. Zu seinen bed. Werken zählen „Die Steinklopfer" (1849; Dresden, Städt. Kunstsammlungen; 1945 verbrannt), „Begräbnis in Ornans" (1849; Louvre).

Courbette [kurˈbɛtə] ↑ Kurbette.

Cour d'honneur [frz. kurdɔˈnœːr], frz. Bez. für ↑ Ehrenhof.

Courmayeur [frz. kurmaˈjœːr], italien. Gemeinde im westl. Aostatal, 25 km westl. von Aosta, 1228 m ü. d. M., 2800 E. Fremdenverkehr, italien. Endpunkt des Montblanctunnels von Chamonix-Mont-Blanc.

Cournand, André Frédéric [frz. kurˈnã], *Paris 24. Sept. 1895, † Great Barrington (Mass.) 2. Febr. 1988, frz.-amerikan. Mediziner. – Prof. in New York; arbeitete u. a. über Lungenchirurgie und Kardiologie auf der Grundlage der Herzkatheterisierung W. Forßmanns, die er klinisch allg. einführte; Nobelpreis für Physiologie oder Medizin 1956 (mit Forßmann und D. W. Richards).

Cournot, Antoine Augustin [frz. kurˈno], *Gray 28. Aug. 1801, † Paris 31. März 1877, frz. Nationalökonom, Mathematiker und Philosoph. – 1835–38 Rektor der Akademie in Grenoble, 1848–62 in Dijon; arbeitete auf den Gebieten der Analysis und der Wahrscheinlichkeitstheorie; gilt als Begründer der mathemat. Schule der Nationalökonomie, insbes. der Ökonometrie.

Courrèges, André [frz. kuˈrɛːʒ], *Pau 9. März 1923, frz. Couturier. – Seine seit 1963 eigenwilligen Kreationen initiierten u. a. den Minirock und machten die lange Damenhose gesellschaftsfähig.

Cours d'amours [frz. kurdaˈmuːr], in Südfrankreich aus dem Kreis ma. Hofgesellschaften gebildete „Minnegerichtshöfe", die über richtiges Minneverhalten entschieden.

Court [engl. kɔ:t (↑Cour)], engl. Bez. für Gerichtshof.

Courtage [kʊrˈtaːʒə; frz.], Vermittlungsgebühr, die beide Vertagspartner an den Makler zu zahlen haben.

Courths-Mahler, Hedwig [ˈkʊrts], geb. Mahler, *Nebra/Unstrut 18. Febr. 1867, † Rottach-Egern 26. Nov. 1950, dt. Schriftstellerin. – Schrieb seit ihrem 17. Lebensjahr mehr als 200 Unterhaltungsromane, denen immer dasselbe Klischee von Aufstieg, Reichtum und Glück sozial Niedriggestellter zugrunde liegt, u. a. „Ich will" (1916), „Meine Käthe" (1917), „Der Scheingemahl" (1919), „Eine ungeliebte Frau" (1918), „Die schöne Unbekannte" (1918).

Courtoisie [kʊrtoaˈziː; frz. (zu ↑Cour)], feines, ritterl. Benehmen, Höflichkeit.
▷ in der *Heraldik* ↑Wappenkunde.

Courtrai [frz. kurˈtrɛ] ↑Kortrijk.

Cousin [frz. kuˈzɛ̃], Jean, d. Ä., *Soucy bei Sens um 1490, † Paris 1560 oder 1561, frz. Maler und Holzschneider. – Angesehener manierist. Künstler („Eva Prima Pandora", nach 1549 [?]; Louvre). Steht der Schule von Fontainebleau nahe. C. war auch Buchillustrator, schuf Entwürfe für Teppiche, Glasfenster und Grabmäler; Schriften zur Kunsttheorie.

C., Victor, *Paris 28. Nov. 1792, † Cannes 13. Jan. 1867, frz. Philosoph und Politiker. – Seit 1828 Prof. an der Sorbonne, 1834 Direktor der École Normale, 1840 Unterrichtsmin. C. versuchte in seiner Philosophie eine Synthese von Empirismus und dt. Idealismus. – *Werke:* De la métaphysique d'Aristote (1835), Cours d'histoire de la philosophie moderne (8 Bde., 1846–47).

Cousin [kuˈzɛ̃; lat.-frz.], im 17. Jh. aus dem Frz. übernomme Verwandtschaftsbez., heute v. a. in der Hochsprache von „Vetter" zurückgedrängt; dagegen konnte sich das Wort **Cousine,** das im 18. Jh. entlehnt wurde, gegenüber Muhme und Base durchsetzen.

Gustave Courbet. Hängematte, 1844 (Winterthur, Sammlung Oskar Reinhart)

Cousinet, Roger [frz. kuziˈnɛ], *Paris 30. Nov. 1881, † ebd. 5. April 1973, frz. Pädagoge. – Prof. für pädagog. Psychologie an der Sorbonne; faßte die Schüler an seiner Modellschule in Arbeitsgruppen zus., die auch ihre Themen selbst erarbeiteten.

Cousteau, Jacques Yves [frz. kusˈto], *Saint-André-de-Cubzac (Gironde) 11. Juni 1910, frz. Marineoffizier und Meeresforscher. – Konstruierte das erste Preßlufttauchgerät („Aqualunge") sowie verschiedene Tauchfahrzeuge und Unterwasserlaboratorien. Seine ozeanograph. Expeditionen wurden durch zahlr. Veröffentlichungen und Fernsehserien bekannt. 1957–88 war C. Leiter des ozeanograph. Museums von Monaco.

Coustou [kurˈtuː], Guillaume, d. Ä., *Lyon 25. April 1677, † Paris 20. Febr. 1746, frz. Bildhauer. – Bruder von Nicolas C., mit ihm zus. Schüler seines Onkels A. Coysevox und in Rom. Werke u. a. für Versailles und Marly (u. a. „Die Rossebändiger von Marly", 1740–45; heute Place de la Concorde in Paris).

C., Guillaume, d. J., *Paris 19. März 1716, † ebd. 13. Juli 1777, frz. Bildhauer. – Sohn von Guillaume C. d. Ä.; arbeitete u. a. für Madame de Pompadour und Friedrich II.

C., Nicolas, *Lyon 8. Jan. 1658, † Paris 1. Mai 1733, frz. Bildhauer. – Bruder von Guillaume C. d. Ä.; schuf u. a. allegor. Figuren und Figurengruppen für Versailles und Marly.

Coutances [frz. kuˈtɑ̃s], frz. Stadt auf der Halbinsel Cotentin, Dep. Manche, 13400 E. Bischofssitz, Marktort mit Lederind. – Die Kathedrale Notre-Dame (13. Jh.) ist ein bed. Bauwerk der normann. Gotik. – Abb. S. 380.

Coutumes [frz. kuˈtym; zu lat. consuetudo „Gewohnheit"], in Frankreich nach Verfall der Kapitularien im 10. Jh. die Gewohnheitsrechte territorialer Geltung; etwa 700 verschiedene C. sind bekannt; seit Ende 11. Jh. schriftlich aufgezeichnet; 1454 veranlaßte König Karl VII. ihre Kodifikation und Bearbeitung; z. T. bis ins 19. Jh. gültig.

Couturat, Louis [frz. kutyˈra], *Paris 17. Jan. 1868, † bei Ris-Orangis bei Paris 3. Aug. 1914 (Unfall), frz. Logiker und Philosoph. – Seit 1905 Prof. am Collège de France in Paris; wandte sich nach Arbeiten über den Unendlichkeitsbegriff der Mathematik und über die Mythen in Platons Dialogen der Leibnizforschung zu und publizierte erstmals Fragmente von Leibniz zur Logik und Sprachphilosophie. Auf dessen Vorstellung einer „lingua universalis" gehen C. Bemühungen um eine künstl. internat. Verkehrs- und Wissenschaftssprache zurück. – *Werke:* De Platonicis mythis (1896), La logique de Leibniz (1901), Histoire de la langue universelle (1903; zus. mit L. Léon), Les principes des mathématiques (1905).

André Frédéric Cournand

Hedwig Courths-Mahler

Jacques Yves Cousteau

Coutances. Blick von Osten auf die Kathedrale Notre-Dame, 13. Jh., Länge 95 m

Noël Coward

Antoine Coysevox
(Selbstbildnis, 1678, Paris, Louvre)

Coventry
Stadtwappen

Couture, Thomas [frz. ku'ty:r], *Senlis (Oise) 21. Dez. 1815, †Villiers-le-Bel bei Paris 29. März 1879, frz. Maler. – Schuf u. a. monumentale Historienbilder, auch Porträts. Aus seiner Schule gingen u. a. A. Feuerbach, Puvis de Chavannes und É. Manet hervor.

Couturier [frz. kuty'rje], Meister der ↑ Haute Couture.

Couvade [frz. ku'va:də; zu lat. cubare „liegen"] (Männerkindbett), in primitiven Gesellschaften verbreitete Sitte, nach der der Vater die Rolle der Wöchnerin übernimmt.

Couve de Murville, Maurice [frz. kuvdəmyr'vil], *Reims 24. Jan. 1907, frz. Politiker. – 1950–58 Botschafter (u. a. 1956–58 in Bonn); vertrat als Außenmin. (1958–68) die außenpolit. Konzeption de Gaulles bei der Beendigung des Algerienkriegs, in den Fragen der EWG-Integration und der NATO-Politik, bei der Aussöhnung mit Deutschland und der Ostorientierung der frz. Außenpolitik; 1968/69 Ministerpräsident.

Couveuse [ku'vø:z; frz.], svw. Brutkasten (↑ Inkubator).

Covadonga [span. koβa'ðɔŋga], nordspan. Marienwallfahrtsort in der Prov. Oviedo mit einem Augustiner-Chorherren-Stift aus dem 16. Jh. und der Kirche „Virgen de las Batallas" (Jungfrau der Schlachten) aus dem 19. Jh. – Der erste Sieg gegen die Muslime in der **Schlacht von Covadonga** (wahrscheinlich Mai 722) unter Führung Pelayos bezeichnet den Beginn der ↑ Reconquista.

Covenant ['kʌvənənt; engl. „Bund"; zu lat. convenire „zusammenkommen"], 1. theol. Lehre, die auf Grund alttestamentl. Anschauungen das Verhältnis zw. Gott und der Kirche als Bund auffaßt. 2. Zusammenschlüsse schott. Presbyterianer im 16. und 17. Jh. zum Zweck der Verteidigung ihrer religiösen Rechte.

Covent Garden [engl. 'kɔvənt 'ga:dn], früher der Klostergarten der Westminster Abbey, heute Gemüse-, Obst- und Blumenhauptmarkt in London (seit dem 17. Jh.). In der Nähe liegt das königl. Opernhaus C. G., 1858 von Sir C. Barry erbaut.

Coventry [engl. 'kɔvəntrɪ], Stadt in der Metropolitan County West Midlands, 30 km sö. von Birmingham, 314 000 E. Anglikan. Bischofssitz; Univ., TH; Museum und Kunstgalerie; Kfz-, Flugzeug-, Textil-, chem. und Uhrenind.; Juwelierhandwerk. – Entwickelte sich bei einer Benediktinerabtei; 1140 Stadtrecht, bis Ende 15. Jh. Zentrum des Wollhandels. Im 2. Weltkrieg wurde die Altstadt fast völlig zerstört. – Von der Alten Kathedrale (14. Jh.) stehen nur noch der 92 m hohe Turm und die Außenmauern, an sie wurde die Neue Kathedrale 1954–62 angebaut.

Cover [engl. kʌvə], Titelbild einer Illustrierten.
▷ Schallplattenhülle.

Covercoat [engl. 'kʌvəkout], nach dem Stoff (dichter, diagonal gewebter Kammgarnstoff) benannter, gerade geschnittener Mantel mit Knopfleiste (Regen-, Sportmantel).

Covergirl [engl. 'kʌvəgə:l], auf der Titelseite einer Illustrierten abgebildetes Mädchen.

Covilhã, Pêro da (Pedro de) [portugies. kuvi'ʎɛ̃], *Covilhã um 1450, †in Äthiopien nach 1526, portugies. Entdecker. – Reiste im Auftrag König Johanns II. von Portugal über Ägypten nach Indien, das er als erster Portugiese erreichte; von der Reise nach Äthiopien (1492) kehrte er nicht zurück.

Covilhã [portugies. kuvi'ʎɛ̃], portugies. Stadt, 80 km östl. von Coimbra, 22 000 E. Zentrum der portugies. Textilind. – In 1 500 m Höhe das Wintersportzentrum **Penhas da Saúde.**

Coward, Sir (seit 1970) Noël [Pierce] [engl. 'kauəd], *Teddington (= London) 16. Dez. 1899, †Port Maria (Jamaika) 26. März 1973, engl. Dramatiker, Komponist, Regisseur und Schauspieler. – Schrieb, inszenierte und spielte erfolgreiche Lustspiele, auch Revuen, Musicals. Bekannt v. a. „Gefallene Engel" (Kom., 1925), „Intimitäten" (Kom., 1930), „Geisterkomödie" (1941), „Akt mit Geige" (Kom., 1956).

Cowboy ['kaubɔɪ; engl. „Kuhjunge"], berittener Rinderhirte im W N-Amerikas; die Bez. C. war bereits um 1000 n. Chr. in Irland gebräuchlich. Seit etwa 1830 wurden von den Begleitern der Rinderherden die Methoden und die Ausrüstung der in Texas bzw. Kalifornien lebenden mex. Hirten **(Vaqueros)** übernommen.

Cowell, Henry Dixon [engl. 'kauəl], *Menlo Park (Calif.) 11. März 1897, †Shady (N. Y.) 10. Dez. 1965, amerikan. Komponist. – Wurde seit 1912 bekannt mit der Verwendung von ↑ Clusters; komponierte u. a. Sinfonien, Werke für Klavier und Orchester, Kammer- und Klaviermusik, Chöre, Ballette, eine Oper.

Cowley, Abraham [engl. 'kaulɪ], *London 1618, †Chertsey (Surrey) 28. Juli 1667, engl. Dichter. – Verf. von Oden (in neuentwickelter Odenform), eleg. und anakreont. Gedichten, des Epos „Davideis" (1656, unvollendet) sowie von Essays.

Cowper, William [engl. 'kaupə], *Great Berkhamstead (Hertford) 26. Nov. 1731, †East Dereham (Norfolk) 25. April 1800, engl. Dichter. – Schwermütige, humorvolle Versdichtungen, u. a. „The task" (1785; darin die heitere Ballade „John Gilpin", 1782) und „The castaway" (1799 ?) sowie die „Olney hymns" (1779), die z. T. als Kirchenlieder lebendig geblieben sind.

Crabnebel. Die rötlichen Gebiete sind Filamente aus ionisierten Gasen

Cowper-Drüsen [engl. 'kaupə, 'ku:pə; nach dem engl. Anatomen und Chirurgen W. Cowper, *1666, †1709] (Glandulae bulbourethrales), meist paarig angelegte Anhangsdrüsen des männl. Geschlechtsapparates bei manchen Säugetieren (einschl. Mensch); beim Mann einpaarige, erbsengroße Drüsen, die beiderseits der Harnröhre liegen und in den vorderen Teil der Harnröhre münden. Ihr fadenziehendes, schwach bas. Sekret wird vor der Ejakulation entleert und erzeugt ein neutrales Milieu in der Harnröhre.

Coxa [lat.], svw. ↑Hüfte.
▷ svw. ↑Hüftbein.
Cox' Orange ['kɔks o'rã:ʒə; nach dem brit. Züchter R. Cox] ↑Äpfel (Übersicht).
Coxsackie-Viren [engl. kʊk'sɔkɪ; nach dem Ort Coxsackie (N.Y.)], Gruppe der Enteroviren mit etwa 30 bekannten Typen; Verbreitung weltweit, können epidemisch auftreten; sind Erreger meist leichterer katarrhal. und fiebriger Infekte.
Coyote [aztek.], svw. Kojote (↑Präriewolf).
Coypel [frz. kwa'pɛl], Antoine, *Paris 11. April 1661, †ebd. 7. Jan. 1722, frz. Maler. – Sohn von Noël C.; bed. Vorläufer des Rokoko; Dekorationen (1702–05) für das Palais-Royal in Paris (Grande Galerie, zerstört) und die Kapelle von Versailles (1708).
C., Noël, *Paris 25. Dez. 1628, †ebd. 24. Dez. 1707, frz. Maler. – Vater von Antoine C. Steht in der Tradition von Poussin und Le Brun (Fresken und große Historienbilder).
Coysevox, Antoine [frz. kwaz'vɔks], *Lyon 29. Sept. 1640, †Paris 10. Okt. 1720, frz. Bildhauer. – Ab 1678 einer der maßgebenden Künstler in Versailles, u.a. Kriegssaal (1677–85), zahlr. Parkfiguren. Auch ausdrucksstarke Porträtbüsten (Bernini, Le Nôtre, de Cotte), Bronzestatue Ludwigs XIV.
Cozens, John Robert [engl. kʌznz], *London 1752, †ebd. Dez. 1797, engl. Maler. – C. war 1776–79 und 1782–83 in Italien. Wandte sich von der idealen Landschaftsmalerei ab und schuf bed. atmosphär. Landschaftsaquarelle; Wegbereiter T. Girtins und W. Turners.
CP/M, Abk. für engl.: **C**ontrol **P**rogram for **M**icrocomputers, weit verbreitetes Betriebssystem für Mikrocomputer; besteht aus Eingabe- und Ausgabesystem, Diskettenbetriebssystem für die Dateiverwaltung und Kommandoverarbeitungsprogramm.
CPT-Theorem, grundlegender Satz der Elementarteilchenphysik und Quantenfeldtheorie, nach dem die Gesetzmäßigkeiten und Prozesse in mikrophysikal. Systemen invariant gegenüber gleichzeitiger Ausführung der Ladungskonjugation C, der Paritätstransformation (Raumspiegelung) P und der Zeitumkehrtransformation T sein sollen **(CPT-Invarianz).**
CPU ↑Zentraleinheit.
Cr, chem. Symbol für: ↑Chrom.
ČR [tʃɛː'ɛr], Abk. für: **Č**eska **R**epublika, ↑Tschechische Republik.
Crabnebel [engl. kræb] (Krebsnebel), ein im Sternbild Stier befindl. Gasnebel, expandierender Überrest einer Supernova, die laut chin. Annalen im Jahre 1054 aufleuchtete. Der C. ist Ausgangspunkt starker Radio- und Röntgenstrahlung.
Crack [engl. kræk], urspr. bestes Pferd eines Rennstalles, dann bes. aussichtsreicher Sportler, auch Sportler mit Starallüren.
Crack [kræk; engl.], seit Mitte der 1980er Jahre bekanntes Rauschmittel, das aus mit Wasser und Backpulver vermengtem, zu Klümpchen verbackenem Kokain besteht und das geraucht wird. Im Unterschied zu Kokain tritt die Wirkung bei C. innerhalb von Sekunden ein; das Suchtpotential ist so hoch, daß die meisten Erstverbraucher zu Dauerkonsumenten werden.
Crackers [engl. 'krɛkəs], knuspriges, pikant gewürztes Kleingebäck.
Cracovienne [krakoviˈɛn; frz.], svw. ↑Krakowiak.
Cragun, Richard [engl. 'kreɪgən], *Sacramento 5. Okt. 1944, amerikan. Tänzer. – Seit 1965 Solotänzer in Stuttgart; ständiger Partner der Ballerina M. Haydée; bekannt u.a. durch „Der Widerspenstigen Zähmung" (1969) und „Endstation Sehnsucht" (1983).
Craig, Gordon Alexander [engl. kreɪg], *Glasgow (Schottland) 26. Nov. 1913, brit.-amerikan. Historiker. – 1950 Prof. an der Princeton University, ab 1961 an der Stanford University. Schrieb u.a. „Geschichte Europas im 19. und 20. Jh." (1971, dt. 2 Bde., 1978/79), „Dt. Geschichte 1866–1945" (1978, dt. 1980), „Über die Deutschen. Ein historisches Porträt" (dt. 1982).

Crailsheim, Stadt in Bad.-Württ., an der Jagst, in der Hohenloher Ebene, 412 m ü.d.M., 26 100 E. Textil-, elektrotechn., Maschinenind.; Bahnknotenpunkt. – Vermutlich eine fränk. Gründung des 6. Jh., Marktrecht 1316, als Stadt 1323 genannt. 1945 zu über 80% zerstört. – Pfarrkirche ursprünglich romanisch, 1398 spätgotisch erneuert.
Craiova, Hauptstadt des rumän. Verw.-Geb. Dolj, 180 km westl. von Bukarest, 270 000 E. Univ. (gegr. 1966), mehrere Forschungsinst.; Nationaltheater, Staatsphilharmonie; Museen. Maschinen- und Fahrzeugbau, chem., elektrotechn. Ind.; Verkehrsknotenpunkt. – Reste eines Römerkastells. Urkundlich erstmals 1475 erwähnt.
Cram, Donald James [engl. kræm], *Chester (Vt.) 22. April 1919, amerikan. Chemiker. – Prof. für Chemie in Los Angeles; entwickelte spezielle Einschlußverbindungen, mit denen sich biolog. Prozesse simulieren lassen (z.B. Transportvorgänge durch Biomembranen); Nobelpreis für Chemie 1987 (zus. mit C. J. Pedersen und J.-M. Lehn).
Cramer, Gabriel, *Genf 31. Juli 1704, †Bagnols-sur-Cèze 4. Jan. 1752, schweizer. Mathematiker. – Gab ein Verfahren zur Lösung linearer Gleichungssysteme mittels Determinanten an *(Cramersche Regel).*
C., Heinz [Tilden] von, *Stettin 12. Juli 1924, dt. Schriftsteller. – Zeitkrit. Romane, insbes. Kritik an den Intellektuellen („Die Kunstfigur", 1958), auch Science-fiction- u.a. Romane, Opernlibretti, Essays, Hörspiele.
C., Johann Andreas, *Jöhstadt 27. Jan. 1723, †Kiel 12. Juni 1788, dt. Dichter. – Schrieb geistl. Oden und Kirchenlieder; war Mitarbeiter der „Bremer Beiträge" und Hg. der moral. Wochenschrift „Der Nord. Aufseher".
Cramer-Schiene [nach dem dt. Chirurgen F. Cramer, *1847, †1903], biegsame, leiterförmige Schiene; dient der Ruhigstellung der Gliedmaßen, z.B. bei Knochenbrüchen.
Cramm, Gottfried Freiherr von, *Nettlingen bei Hannover 7. Juli 1909, †Gise bei Kairo 9. Nov. 1976 (Unfall), dt. Tennisspieler. – Vielfacher dt. und internat. Meister; gilt als einer der erfolgreichsten dt. Tennisspieler.
Cranach, Hans, *Wittenberg um 1513, †Bologna 9. Okt. 1537, dt. Maler. – Sohn von Lucas C. d. Ä.; ihm werden nur einige Werke zugeschrieben, u.a. „Herkules unter den Dienerinnen der Königin Omphale" (1537).

Gordon Alexander Craig

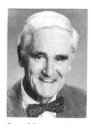

Donald James Cram

Lucas Cranach d. Ä. Ruhe auf der Flucht, 1504 (Berlin, Staatliche Museen)

C., Lucas, d. Ä., *Kronach 1472, †Weimar 16. Okt. 1553, dt. Maler, Zeichner (für den Holzschnitt) und Kupferstecher. – Hauptmeister der dt. Renaissancemalerei neben Dürer. Faßbar ab 1500 in Wien. Die Frühwerke sind von starker Ausdruckskraft: „Kreuzigung" (1503; München,

Cranach-Presse

Alte Pinakothek), Humanistenbildnisse; auffallend die Landschaftsmotive (Donauschule). 1505 Hofmaler in Wittenberg, wo er eine Werkstatt gründete (1508 Reise in die Niederlande). Sein Stil wandelte sich zur höf. Repräsentationskunst. C. prägte das Lutherporträt und die Buchkunst der Reformation. Aus der humanist. Gedankenwelt entwickelte er eine profane Tafelmalerei, bes. Aktdarstellungen (Venus, Nymphen). – Als Wappenzeichen führte C. eine geflügelte Schlange. 1525 trat C. als Brautwerber und Trauzeuge Luthers auf.

Weitere Werke: Katharinenaltar (1506; Dresden, Gemäldegalerie), Torgauer Altar (1509; Frankfurt am Main, Städel), Venus mit Cupido (1509; Holzschnitt; Tafelbild Leningrad, Eremitage), Urteil des Paris (um 1513; Köln, Wallraf-Richartz-Museum), Kurfürst Friedrich der Weise (1519/20; Zürich, Kunsthaus), Kardinal Albrecht von Brandenburg, vor dem Gekreuzigten kniend (um 1520/30; München, Alte Pinakothek), Der Jungbrunnen (1546; Berlin-Dahlem), Das goldene Zeitalter (Oslo, Nationalmuseum).

Lucas Cranach d. Ä.
Monogramm mit geflügelter Schlange

C., Lucas, d. J., *Wittenberg 4. Okt. 1515, †Weimar 25. Jan. 1586, dt. Maler und Zeichner für den Holzschnitt. – Sohn von Lucas C. d. Ä., führte die Werkstatt nach dessen Tod weiter; v. a. Bildnisse.

Cranach-Presse, von Harry Graf Keßler in Weimar gegr. Privatpresse (1912–31), für die eigene Schrifttypen und Papierarten geschaffen wurden; bibliophile Ausgaben.

Crane [engl. krɛɪn], [Harold] Hart, *Garrettsville (Ohio) 21. Juli 1899, †im Golf von Mexiko 27. April 1932 (Selbstmord), amerikan. Lyriker. – Seine Gedichte in „White buildings" (1926) bestehen aus Ketten von Assoziationen. Der Band „The bridge" (1930) ist eine Symphonie über die Großstadt und die amerikan. Geschichte.

C., Stephen, *Newark (N. J.) 1. Nov. 1871, †Badenweiler 5. Juni 1900, amerikan. Schriftsteller. – Schrieb naturalist. Erzählungen und Romane in farbiger Sprache: „Maggie, das Straßenkind" (Kurz-R., 1892), „Das Blutmal" (R., 1895) sowie Kurzgeschichten, u. a. „Im Rettungsboot" (1898).

C., Walter, *Liverpool 15. Aug. 1845, †Horsham (Sussex) 17. März 1915, engl. Maler, Kunstgewerbler und Illustrator. – Den Präraffaelismus verpflichtet; bed. wurde v. a. seine Buchkunst. Beeinflußt von W. Morris, verband C. mit seinen künstler. Ideen über das Gesamtkunstwerk eth. und soziale Ideen, die er auch in pädagog. Schriften darlegte.

Crangon [griech.], Gatt. der Zehnfußkrebse, zu der die Nordseegarnele gehört.

Cranium (Kranium) [griech.], der knöcherne ↑ Schädel in seiner Gesamtheit.

Cranko, John [engl. ˈkræŋkoʊ], *Rustenburg (Südafrika) 15. Aug. 1927, †Dublin 26. Juni 1973, brit. Tänzer und Choreograph. – Ab 1961 Leiter des Württemberg. Staatsballetts in Stuttgart. Sein choreograph. Einfallsreichtum reichte von zartester lyr. Partien bis zu derbburlesken Szenen, umfaßte das abstrakte und das Nonsense-Ballett wie das abendfüllende klass. Handlungsballett.

Benedetto Craxi

Cranmer, Thomas [engl. ˈkrænmə], *Aslacton (Nottingham) 2. Juli 1489, †Oxford 21. März 1556, engl. Reformator und Erzbischof. – 1533 zum Erzbischof von Canterbury ernannt, hob C. den päpstl. Dispens der Ehe Heinrichs VIII. mit Katharina von Aragonien auf und erklärte sie damit für nichtig; annullierte 1535 auch die Ehe mit Anna Boleyn und 1540 die mit Anna von Kleve. C. ließ die Bibel in engl. Sprache verbreiten, publizierte das erste Common Prayer Book (1549) und die 42 Artikel der anglikan. Kirche. Unter der Herrschaft Marias I., der Katholischen, 1553 eingekerkert, als Häretiker verbrannt.

Cranz (russ. Selenogradsk), Stadt und Ostseebad im Gebiet Kaliningrad, Rußland, 7 000 E. – Bei **Wiskiauten**, 3 km südl. von C., Hügelgräberfeld (wohl Handelsplatz der Wikinger).

Craquelé [kraˈkleː; frz.] (Krakelee), feine Haarrisse in der Glasur von Keramiken; auch Rißbildung in Mal-Schichten.

Crassus [lat. „der Dicke"], röm. Beiname, bes. im plebej. Geschlecht der Licinier; bed.:

Thomas Cranmer

C., Marcus Licinius C. Dives [„der Reiche"], *etwa 115, †53, röm. Konsul und Triumvir. – Beeinflußte mit seinem (sprichwörtl.) Reichtum die röm. Politik nachhaltig; schlug 71 den Aufstand des Spartakus blutig nieder; wurde 70 zus. mit Pompejus Konsul; schloß 60 mit Cäsar und Pompejus das 1. Triumvirat (56 erneuert), überwarf sich 58 mit Pompejus; 55 mit Pompejus 2. Konsulat; fiel als Prokonsul von Syrien aus in das Partherreich ein; 53 von den Parthern bei Carrhae geschlagen und wenig später getötet.

Crater [griech.] (Becher) ↑ Sternbilder (Übersicht).

Crau [frz. kro], frz. Landschaft östlich des Hauptmündungsarmes der Rhone, ausgedehnte Schotterebene.

Craxi, Benedetto (Bettino) [italien. ˈkraksi], *Mailand 24. Febr. 1934, italien. Politiker. – Journalist; 1976–93 Generalsekretär des PSI; 1983–87 Ministerpräsident.

Crazy Horse [engl. ˈkreɪzɪ ˈhɔːs] (indian. Tashunca-Uitco), *um 1840 (?), †5. Sept. 1877 (erschossen), Siouxhäuptling. – Galt als geistiger Führer der Indianer in den Kämpfen 1875–77; hatte maßgebl. Anteil am Sieg über Custer am Little Bighorn River.

Creangă, Ion [rumän. ˈkreaŋɡə], *Humuleşti (Moldau) 1. März 1837, †Jassy 31. Dez. 1889, rumän. Schriftsteller. – Seine Märchen sind durch die Nähe zum Volksmärchen sehr populär, Autor von Geschichten und Jugenderinnerungen („Der Lausejunge aus Humuleşti", 1880).

Creatio ex nihilo [lat. „Schöpfung aus dem Nichts"], die Schöpfung der Welt durch einen Willensakt Gottes ohne die vorherige Existenz eines zweiten, von der Schöpfung unabhängigen Prinzips; wird von der christl. Theologie auf Grund des alttestamentl. Schöpfungsberichts (1. Mos. 1) vertreten.

Crébillon [frz. krebiˈjõ], Claude Prosper Jolyot de, d. J., *Paris 14. Febr. 1707, †ebd. 12. April 1777, frz. Schriftsteller. – Schrieb beliebte frivole kleine Romane, gilt als Vorläufer des analyt. Romans, u. a. „Das Sofa" (R., 1742).

C., Prosper Jolyot de, d. Ä., eigtl. P. J. Sieur de Crais-Billon, *Dijon 13. Jan. 1674, †Paris 17. Juni 1762, frz. Dramatiker. – Vater von Claude Prosper Jolyot de C.; Verf. sehr erfolgreicher Horrordramen, u. a. „Rhadamist und Zenobia" (Trag., 1711).

Crécy-en-Ponthieu [frz. kresiɑ̃põˈtjø], frz. Ort im Dep. Somme, 1 600 E. – Hier besiegten 1346 die Engländer unter Eduard III. mit neuer Taktik das zahlenmäßig überlegene frz. Ritterheer Philipps VI.

Credé-Prophylaxe [kreˈdeː; nach dem dt. Gynäkologen K. S. F. Credé, *1819, †1892], gesetzlich vorgeschriebene vorbeugende Behandlung der Augenbindehaut Neugeborener gegen eine Gonokokkeninfektion bei der Geburt; früher mit schwacher Silbernitratlösung, inzwischen mit Penizillinlösung.

Credo [lat. „ich glaube"] ↑ Glaubensbekenntnis.

Credo quia absurdum [lat. „ich glaube, weil es widersinnig ist"], ein bestimmtes Verständnis der göttl. Offenbarung, die so sehr aus dem Zusammenhang des vernünftigen Denkens herausgerissen wird, daß die Absurdität und Paradoxie zum Kennzeichen ihrer göttl. Herkunft wird.

Credo, ut intelligam [lat. „ich glaube, um zu verstehen"], Satz des Anselm von Canterbury, in dem dieser seine Auffassung über das Verhältnis von Glaube und Verstehen programmatisch formuliert. Ausgangspunkt dafür war ihm der Glaube selbst, der dem menschl. Verstand erst die Augen öffnet für die Erkenntnis Gottes und seiner Offenbarung.

Cree [engl. kriː], große, weit verbreitete Gruppe von Algonkinstämmen, die in Kanada westl. der unteren Hudson Bay bis fast zu den Rocky Mountains leben; heute ca. 70 000; meist Jäger und Fallensteller.

Creek [engl. kriːk], Konföderation von Muskogee sprechenden Indianerstämmen in Georgia und Alabama, USA; etwa 45 000; Mgl. der „Fünf Zivilisierten Nationen"; nach ihrer Vertreibung bildeten sie ihre polit. Organisation nach dem Vorbild der amerikan. Bundesregierung um.

Creek [engl. kriːk], engl. Bez. für kleinen Flußlauf (v. a. in N-Amerika), periodisch fließenden Wasserlauf (v. a. in Australien), kleine Küstenbucht (u. a. in O-Afrika).

Creglingen, Stadt in Bad.-Württ., an der Tauber, 278 m ü. d. M., 5000 E. Holzind., Kunstblumenherstellung. – 1045 erstmals genannt; 1349 Stadtrecht. – Pfarrkirche (1508 und 1725 umgebaut). Südl. der Stadt die Herrgottskirche (1399 geweiht) mit Marienaltar von Riemenschneider (um 1502–05).

Creglingen. Mittelschrein des Marienaltars von Tilman Riemenschneider, um 1502–05, Gesamthöhe 7 m

Crema, italien. Stadt in der Region Lombardei, 40 km osö. von Mailand, 34 000 E. Kath. Bischofssitz; Landmaschinenbau, Schreibmaschinenherstellung. – 1159 von Friedrich I. Barbarossa zerstört, 1185 wiederhergestellt. – Dom (1281–1341) in gotisch-lombard. Stil.

Creme [krɛːm, kreːm; frz.] (Krem), salbenartige, streichfähige, wasserhaltige Zubereitung (Öl-in-Wasser- oder Wasser-in-Öl-Emulsion) als äußerlich anzuwendender Träger von Arzneimitteln oder als Hautpflegemittel.
▷ kalte geschmeidige Süßspeise aus Milch (Sahne), Eiern, Zucker, Stärke und Aromastoffen.
▷ (Buttercreme) Masse aus Butter (oder Margarine) und Zucker in verschiedenen Geschmacksrichtungen.
▷ dickflüssiger, süßer Likör.
▷ übertragen für: gesellschaftl. Oberschicht.

Cremer, Fritz ['– –], *Arnsberg 22. Okt. 1906, dt. Bildhauer. – 1946–50 Prof. in Wien, wurde 1950 Leiter eines Meisterateliers der Akad. der Künste in Berlin (Ost). Mit verhaltenen, eindringl. Gesten Barlach und Käthe Kollwitz folgend; Einzelfiguren, Porträts; bed. Mahnmale in Auschwitz (1947), Wien (1947/48), Buchenwald (1952–58), Ravensbrück (1959–60); auch Graphiker, u. a. „Ungarn-Visionen" (1956).

C., Sir (seit 1907) William Randal [engl. 'kriːmə], *Fareham (Hampshire) 18. März 1838, †London 22. Juli 1908, brit. Politiker und Arbeiterführer. – Trat als Gründer der Interparlamentar. Friedenskonferenz (1887) für die Schlichtung internat. Streitigkeiten durch ein Schiedsgericht ein; erhielt 1903 den Friedensnobelpreis.

Cremona, italien. Stadt in der Region Lombardei, am Po, 45 m ü. d. M., 77 000 E. Hauptstadt der Prov. C.; kath. Bischofssitz; Museen, Gemäldegalerie, Bibliothek; Lebensmittel- und Musikinstrumentenmesse; Landmaschinenbau und Textilind.; Erdgasförderung, Erdölraffinerie; Bahnknotenpunkt. – 218 v. Chr. als röm. Kolonie gegr., im 12. Jh. freie Kommune; 1815–59 östr. – Im MA und in der frühen Neuzeit war die Terrakottenind., im 16.–18. Jh. der Geigenbau berühmt. – Roman. Dom (1130 ff.) mit Fassade aus rotem und weißem Marmor (12.–15. Jh.), eine Renaissancehalle verbindet ihn mit seinem Kampanile (13./14. Jh.), der als der höchste Italiens gilt (111 m).

Creodonta [griech.], svw. ↑ Urraubtiere.

Creole Jazz [engl. 'kriːoʊl 'dʒæz], Stilvariante des ↑ New-Orleans-Jazz mit Elementen lateinamerikan. Musik.

Crêpe [krɛp; frz.; zu lat. crispus „kraus"], Gewebe (↑ Krepp); **Crêpe chiffon** (Feinkrepp), hauchdünnes seidenes oder kunstseidenes Kreppgewebe; **Crêpe de Chine** (Chinakrepp), Seiden- oder Kunstseidengewebe in Taftbindung, Schuß: Kreppgarn; **Crêpe Georgette** (Hartkrepp), wie C. de Chine, auch Kette mit Kreppgarn; **Crêpe Jersey** (Rippenkrepp), dichtes, wie Maschenware aussehendes Gewebe; **Crêpe Satin,** wie C. de Chine, aber in Atlasbindung.

Crêpes [frz. krɛp], gerollte oder gefaltete sehr dünne Eierkuchen mit Füllung.

Crepitatio [lat.], svw. ↑ Krepitation.

Crepuscolari [zu lat.-italien. crepuscolare „zwielichtig"], italien. Lyriker des beginnenden 20. Jh., die – im Ggs. zu D'Annunzio – in prosanaher Form die Welt der unscheinbaren Dinge beschrieben. Vertreter: M. Moretti, F. M. Martini, C. Chiave, S. Corazzini, G. Gozzano, C. Govoni, A. Palazzeschi.

Crépy [frz. kre'pi], frz. Ort im Dep. Aisne, 10 km nw. von Laon, 1500 E. – Im **Frieden von Crépy** (1544) zw. Kaiser Karl V. und König Franz I. von Frankreich verzichtete der frz. König erneut auf Mailand und die Lehnshoheit über Flandern sowie den Artois; in einem zusätzl. Geheimvertrag verpflichtete er sich zur Unterstützung des Kaisers gegen die Protestanten.

Cres [serbokroat. tsrɛs], drittgrößte kroat. Adriainsel zw. Istrien und der Insel Krk, 404 km², im N bis 638 m hoch; Hauptort C. (3500 E). Fischerei, Fremdenverkehr.

crescendo [krɛ'ʃɛndo; italien.], Abk. cresc., musikal. Vortragsbez.: an Tonstärke zunehmend, lauter werdend. Zeichen <.

Crescentius, Name von Vertretern der röm. Adelsfamilie der **Crescentier (Crescenzier),** die im 10. und 11. Jh. in Rom zu bed. Macht aufstieg; standen als Führer der röm.-nat. Politik in Rivalität zu den kaiserfreundl. Tuskulanern; bed.:
C., †Rom 7. Juli 984, Patricius von Rom. – Stürzte 973 Papst Benedikt VI. und setzte den Gegenpapst Bonifatius VII. ein; unterwarf sich 980 Kaiser Otto II. und wurde Mönch.
C., Johannes C. Nomentanus, †Rom 29. April 998, Patricius von Rom. – Sohn von C.; ergriff nach dem Tode Kaiser Ottos II. in Rom die Macht; nach dem Sieg Kaiser Ottos III. hingerichtet.

Crespi, Giuseppe Maria, gen. lo Spagnuolo, *Bologna 16. März 1665, †ebd. 16. Juli 1747, italien. Maler. – Bed. Vertreter des Bologneser Barock; beeinflußt von venezian. Malerei und von Correggio; mytholog., bibl. und Genreszenen in einem lebendigen Realismus und starkem Hell-dunkel.

Cresson, Édith [frz. krɛ'sõ], *Boulogne-sur-Seine 27. Jan. 1934, frz. Politikerin (Parti Socialiste, PS). – Agraringenieurin; seit 1984 Mgl. der Nationalversammlung. Seit 1983 Bürgermeisterin von Chatellerault; Min. für Landwirtschaft 1981–83, für Außenhandel und Tourismus 1983–86, für Europafragen 1988–90; Mai 1991 bis April 1992 Premierministerin.

Crestien de Troyes [frz. krɛtjɛ̃a'trwa] ↑ Chrétien de Troyes.

Crêt de la Neige [frz. krɛdla'nɛːʒ], höchste Erhebung des Jura, in Frankreich, 1718 m hoch.

Creuse [frz. krøːz], Dep. in Frankreich.
C., rechter Nebenfluß der Vienne, Frankreich, entspringt im Zentralmassiv, mündet bei Port-de-Piles, 255 km lang.

Creusot, Le [frz. ləkrø'zo], frz. Ind.stadt in einem Becken des nö. Zentralmassivs, Dep. Saône-et-Loire, 32 000 E. Eisen- und Stahlind., Maschinenbau; in der Umgebung Steinkohlen- und Erzlager.

Édith Cresson

Cremona
Stadtwappen

Creuzer (Creutzer), Georg Friedrich, *Marburg a. d. Lahn 10. März 1771, †Heidelberg 16. Febr. 1858, dt. Philologe. – 1800 Prof. in Marburg, seit 1804 in Heidelberg; Hauptwerk: „Symbolik und Mythologie der alten Völker, bes. der Griechen" (4 Bde., 1810–22).

Crèvecœur, Michel Guillaume Jean de [frz. krɛv'kœːr], Pseudonym J. Hector St. John, *Caen 31. Jan. 1735, †Sarcelles bei Paris 12. Nov. 1813, amerikan. Schriftsteller frz. Herkunft. – Lebte im Staat New York als Farmer, kehrte 1780, endgültig 1790 nach Frankreich zurück. Seinen Nachruhm begründeten die Essays über das Entstehen der amerikan. Nation, die als „Letters from an American farmer" 1782 pseudonym erschienen.

Crew [kruː; engl.; zu lat. crescere „wachsen"], Mannschaft, Besatzung eines Schiffes oder eines Flugzeugs; im Sport v. a. die Mannschaft eines Ruderbootes.

Cribbage [engl. 'krɪbɪdʒ], altes engl. Kartenspiel zw. meist zwei Personen mit frz. Whistkarten (52 Blatt).

Crick, Francis Harry Compton, *Northampton 8. Juni 1916, brit. Biochemiker. – Arbeitete v. a. auf dem Gebiet der Molekularbiologie und Genetik; entwickelte mit J. D. Watson ein Modell für die räuml. Struktur der DNS-Moleküle (**Watson-Crick-Modell**); 1962 mit J. D. Watson und M. H. F. Wilkins Nobelpreis für Physiologie oder Medizin.

Cricket [engl. 'krɪkɪt], svw. ↑Kricket.

Crime [frz. krim, engl. kraim (↑Crimen)], im *frz. Strafrecht* schwerste Straftaten, für deren Aburteilung das Schwurgericht zuständig ist; im *anglo-amerikan.* Strafrecht heute allg. Straftaten; im *Völkerrecht* schwerste Rechtsverstöße, die als **International crimes** bezeichnet werden.

Crimen [lat. „Beschuldigung"], im röm. Recht das Verbrechen.

Crimen laesae maiestatis [lat. „Verbrechen der verletzten Majestät"] ↑Majestätsverbrechen.

Crimmitschau, Stadt an der Pleiße, Sa., 210–310 m ü. d. M., 24 000 E. Mittelpunkt des westsächs. Textilgebiets mit Tuchfabriken, Spinnereien, Trikotagenwerk, Textilmaschinenbau. – 1222 erstmals erwähnt, 1414 Stadtrecht; im 19. Jh. ein Zentrum der sozialdemokrat. Arbeiterbewegung.

Crinoidea [griech.], svw. ↑Haarsterne.

Crinoidenkalke [griech./dt.], oft in mächtigen Bänken vorkommende Ablagerungen fossiler Haarsterne (v. a. ihrer Stengelglieder), bes. im Silur, Devon und Karbon.

Francis Harry Compton Crick

Cro-Magnon-Typus. Schädel des „Alten Mannes" mit erkennbaren Spuren altersbedingten Zahnausfalls

Cripps, Sir Richard Stafford, *London 24. April 1889, †Zürich 21. April 1952, brit. Anwalt und Politiker. – Trat 1929 der Labour Party bei; 1931–50 Abg. im Unterhaus; gründete 1932 die Socialist League; 1939 aus der Labour Party ausgeschlossen (bis Kriegsende), als er eine gemeinsame Front mit den Kommunisten gegen Hitler forderte; Botschafter in Moskau 1940–42; 1942 Lordsiegelbewahrer und Führer des Unterhauses; 1942–45 Min. für Flugzeugherstellung; Handelsmin. 1945–47; Schatzkanzler 1947–50; maßgebl. Vertreter der Politik der ↑Austerity.

Criş [rumän. kriʃ] ↑Körös.

Crispi, Francesco, *Ribera (bei Agrigent) 4. Okt. 1819, †Neapel 11. Aug. 1901, italien. Politiker. – Wirkte führend an der Expedition Garibaldis nach Sizilien mit; seit 1861 Abg. der äußersten Linken im Parlament, 1876 Kammerpräs., 1877/78 Innenmin., leitete als Min.präs. 1887–91 und 1893–96 (zugleich Innen- und Außenmin.) eine scharfe Unterdrückungspolitik gegen die beginnende sozialist. Bewegung ein und strebte die Gewinnung von Kolonien in NO-Afrika an (Eritrea 1890); gilt als Begr. des italien. Imperialismus.

Crispinus und Crispinianus, legendar. Heilige und Märtyrer, Brüder; sollen im 4. Jh. in Soissons gepredigt und das Schuhmacherhandwerk ausgeübt haben. Patrone der Gerber, Sattler und Schuhmacher. – Fest: 25. Oktober.

Crista [lat.], in der Anatomie: Leiste; leistenartige Erhebung an Knochen u. a. Organen.

Cristea, Miron ↑Miron, Cristea.

Cristiani Burkard, Alfredo Felix, *San Salvador 22. Nov. 1947, salvadorian. Politiker. – Seit 1984 in der ARENA aktiv, seit 1985 im Parlament. Siegte bei den Präsidentschaftswahlen im März 1989.

Cristóbal [engl. krɪs'toʊbəl], Hafenstadt am N-Ausgang des Panamakanals (O-Ufer), Panama, mit Colón zusammengewachsen; Containerhafen, Reparaturdocks.

Cristobalit [nach San Cristóbal] ↑Quarz.

Cristofori, Bartolomeo, *Padua 4. Mai 1665, †Florenz 27. Jan. 1732, italien. Klavierbauer. – Erfand 1698 das Hammerklavier.

Crivelli, Carlo, *Venedig zw. 1430 und 1435, †Ascoli Piceno (?) um 1495, italien. Maler. – Floh 1457 aus Venedig; seit 1468 in den Marken. Von F. Squarcione und Mantegna beeinflußte Altar- und Madonnenbilder mit prunkvollen Details. U. a. Polyptychon im Dom von Ascoli Piceno (1473).

Crna gora [serbokroat. 'tsrːna ˌɡora], serbokroat. Name für ↑Montenegro.

Croce, Benedetto [italien. kroːtʃə], *Pescasseroli (L'Aquila) 25. Febr. 1866, †Neapel 20. Nov. 1952, italien. Philosoph, Historiker, Literaturwissenschaftler und Politiker. – C., der 1925 ein antifaschist. Manifest verfaßt hat, begr. 1943 die Liberale Partei neu. Als bedeutendster Vertreter des italien. Neuidealismus wandte er sich bes. gegen den italien. Positivismus des 19. Jh. Die Philosophie ist für C. zum einen Methodologie zur Geschichte, zum anderen betrachtet sie die individuellen histor. Taten unter den universalen Kategorien des Schönen, Wahren, Nützlichen und Sittlichen. – *Werke:* Materialismo storico ed economia marxista (1900), Ästhetik... (1902), Logik... (1909), Philosophie der Praxis (1909), Goethe (1919), Geschichte Europas im 19. Jh. (1932), Die Geschichte als Gedanke und als Tat (1938).

Croisé [kroa'zeː; lat.-frz.], Baumwoll- oder Zellwollgewebe in Köperbindung.

Croix de feu [frz. krwad'fø] (dt. Feuerkreuz), 1927 gegr. frz. Frontkämpferorganisation mit nationalist., antiparlamentarisch-autoritärer Zielsetzung; 1936 verboten; zählte zu den halbfaschist. Organisationen.

Cro-Magnon [frz. kroma'ɲɔ̃], Teil der frz. Gemeinde Les Eyzies-de-Tayac (Dordogne). In einer Höhle wurden 1868 fünf jungpaläolith., dem Aurignacien zuzurechnende Homo-sapiens-[sapiens-]Skelette gefunden. – ↑Cro-Magnon-Typus.

Cro-Magnon-Typus [frz. kroma'ɲɔ̃], nach dem „Alten Mann" von Cro-Magnon benannte europ. jungpaläolith. Homo-sapiens-[sapiens-]Menschenform; Körperhöhe etwa 170 cm, grobwüchsiger Körperbau, langförmiger massiger Schädel mit kräftigen Überaugenbögen, niedrigen, breiten Augenhöhlen und breiter Nasenöffnung. Ein weiterer wichtiger Fundort ist Oberkassel (= Bonn).

Cromargan Ⓦ [Kw.], hochwertiger korrosionsbeständiger Chromnickelstahl.

Crome, John [engl. kroʊm], *Norwich (Norfolk) 22. Dez. 1768, †ebd. 22. April 1821, engl. Maler. – Malte schlichte, stimmungsvolle Landschaften, mit denen er ein Wegbereiter der engl. realist. Landschaftsmalerei ist.

John Crome. Die Poringland-Eiche, 1818 (London, Tate Gallery)

Cromer, Evelyn Baring, Earl of (seit 1901) [engl. 'kroʊmə], *Cromer Hall (Norfolk) 26. Febr. 1841, †London 29. Jan. 1917, brit. Politiker. – 1883–1907 brit. Generalbevollmächtigter und Generalkonsul in Kairo; 1904 maßgeblich beteiligt am Abschluß der Entente cordiale.

Cromlech ↑ Kromlech.

Crommelynck, Fernand [frz. krɔm'lɛ̃:k], *Paris 19. Nov. 1886, †Saint-Germain-en-Laye (Yvelines) 17. März 1970, belg. Dramatiker. – Schrieb Theaterstücke mit derben und poet., heiteren und trag., realist. und irrealen Elementen. Berühmt wurde er mit der lyr. Farce „Der Hahnrei" (1921).

Cromwell [engl. 'krɔmwəl], Name mehrerer engl. Staatsmänner:
C., Oliver, *Huntingdon (= Huntingdon and Godmanchester) 25. April 1599, †London 3. Sept. 1658, Staatsmann und Heerführer. – Gehörte dem Landadel an; strenger Puritaner; 1640 Mgl. des Langen Parlaments, organisierte nach Ausbruch des Bürgerkriegs das Heer des Parlaments. Nach dem Sieg über die mit Karl I. verbündeten Schotten (1648) vertrieb er die Presbyterianer aus dem Unterhaus und veranlaßte die Hinrichtung des Königs (1649). In der Republik wurde C. 1. Vors. des Staatsrats. Nach blutigen Feldzügen in Irland (1649) besiegte er die Schotten bei Dunbar (1650) und den nach England eingedrungenen Karl II. bei Worcester (1651). 1653 Lordprotektor mit diktator. Vollmachten; lehnte die ihm angebotene Krone 1657 ab. Seine außenpolit. Erfolge im 1. engl.-niederl. Seekrieg (1652–54) und im See- und Kolonialkrieg gegen Spanien (1655–58) begründeten die Weltmachtstellung Englands.
C., Richard, *Huntingdon (= Huntingdon and Godmanchester) 4. Okt. 1626, †Cheshunt (Hertford) 12. Juli 1712, – Sohn von Oliver C., 1658/59 Nachfolger seines Vaters als Lordprotektor; 1659 zur Abdankung gezwungen, lebte 1660–80 in Paris.
C., Thomas, Earl of Essex (1540), *Putney (= London) um 1485, †London 28. Juli 1540, Staatsmann. – Leitender Min. Heinrichs VIII.; führte ab 1532 u. a. Reformen für ein Staatskirchentum durch; 1540 gestürzt und hingerichtet.

Cronin [engl. 'kroʊnɪn], Archibald Joseph, *Cardross (Dumbarton) 19. Juli 1896, †Montreux 6. Jan. 1981, engl. Schriftsteller. – Arzt; seine spannend erzählten Romane zeigen sozialkrit. Tendenz. C. bevorzugte das Ärztemilieu („Die Zitadelle", R., 1937).
C., James Watson, *Chicago 29. Sept. 1931, amerikan. Physiker. – Entdeckte 1964 mit V. L. Fitch die Verletzung einer grundlegenden Symmetrie (CP-Invarianz) beim Zerfall neutraler K-Mesonen, wofür beide 1980 den Nobelpreis für Physik erhielten.

Crookes, Sir (seit 1897) William [engl. krʊks], *London 17. Juni 1832, †ebd. 4. April 1919, brit. Chemiker und Physiker. – Entdecker des Thalliums und Konstrukteur des Radiometers; erkannte 1903 die Szintillationswirkung der Alphastrahlen und erforschte elektr. Entladungen in verdünnten Gasen.

Croquet [krɔˈkɛt] ↑ Krocket.

Croquis [krɔˈki:; frz.], Skizze, Entwurf.

Crosby, Bing [engl. 'krɔsbɪ], eigtl. Harry Lillis C., *Tacoma (Wash.) 2. Mai 1904, †Madrid 14. Okt. 1977, amerikan. Sänger und Filmschauspieler. – Bekannt durch den Film „Die oberen Zehntausend" (1956) und v. a. durch das Lied „White Christmas".
Crosby, Stills, Nash & Young [engl. 'krɔsbɪ 'stɪls 'næʃnd 'jʌŋ], amerikan. Rockmusikgruppe 1968–71, 1974 reorganisiert; wichtigste Mgl.: die Gitarristen und Sänger David Crosby (*1941), Stephen A. Stills (*1945), Graham Nash (*1942), Neil Young (*1945); einflußreiche und populäre Folk-Rockgruppe.

Cross [engl. krɔs], im *Tennis* diagonal in die gegner. Spielfeldhälfte gespielter Ball.
▷ im *Boxen* die gegner. Deckung überkreuzender Schlag.

Crosscheck [engl. 'krɔstʃɛk], im Eishockey regelwidrige Körperattacke mit quergehaltenem Stock.

Cross-Country [krɔsˈkʌntrɪ; engl.], Querfeldeinwettbewerb (Lauf, Pferderennen, Rad- und Motorradrennen).

Crossed cheque [engl. krɔst 'tʃɛk] (gekreuzter Scheck), auf der Vorderseite durch zwei parallel laufende Striche gekennzeichneter Scheck für einen begrenzten Kreis von Begünstigten; gilt im dt. Zahlungsverkehr als Verrechnungsscheck.

Crossen (Oder) (poln. Krosno Odrzańskie), Krst. in Polen, 30 km nw. von Grünberg i. Schlesien, 12 000 E. Nahrungsmittel-, Metall-, Holzind.; Oderhafen. – Um eine den Oderübergang schützende Burg (1005 erwähnt) entwickelte sich eine Handelssiedlung; 1233/1317 Stadtrecht. Seit 1378 Hauptstadt des Hzgt. Crossen, 1482–1945 bei Brandenburg/Preußen.

Cross Fell [engl. krɔs'fɛl], mit 893 m die höchste Erhebung im nördl. Abschnitt der Pennines, England.

Cross-field-Technik [engl. 'krɔs'fi:ld], Verfahren zur Erweiterung des Frequenzbereichs von Tonbandgeräten. Eine Aufteilung des Aufnahmekopfes in Aufsprechkopf und Vormagnetisierungskopf ergibt eine Verbesserung der Aufzeichnung hoher Frequenzen.

Crossing-over [engl. 'krɔsɪŋ'oʊvə „Überkreuzung"] (Cross-over), svw. ↑ Faktorenaustausch.

Cross trade [engl. 'krɔstreɪd „Kreuzhandel"], regelmäßiger Verkehr von Charter- oder Linienschiffen ausschließlich für ausländ. Versender und ausländ. Empfänger.

Croton [griech.], Gatt. der Wolfsmilchgewächse mit etwa 600 Arten, v. a. in den Tropen; Kräuter, Sträucher oder Bäume mit Kapselfrüchten; die auf Java und in China kultivierte Art Croton eluteria liefert die **Kaskarillrinde** (mit den Bitterstoffen Cascarillin und Cascarin), die als Aromatikum und als Kräftigungsmittel verwendet wird.

Crotone, italien. Hafenstadt in der Prov. Catanzaro, 60 000 E. Kath. Bischofssitz; chem. Ind.; Seebad. – C. liegt an der Stelle der um 710 v. Chr. gegr. achäischen Kolonie **Kroton,** die nach 510 die Vorherrschaft in Großgriechenland übernahm. 277 von den Römern erobert. – Dom und Kastell (beide 16. Jh.).

Crotus Rubianus (C. Rubeanus), eigtl. Johannes Jäger (bis 1509 Venator[ius]), *Dornheim bei Arnstadt um 1480, †Halberstadt um 1545, dt. Humanist. – Hauptverfasser

Archibald Joseph Cronin

James Watson Cronin

Oliver Cromwell (Brustbild auf einem Crown-Stück, Durchmesser 40 mm)

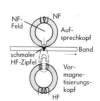

Cross-field-Technik. HF Hochfrequenz, NF Niederfrequenz

Crown. Letzte britische Silber-Crown von 1937, Durchmesser 38 mm (Vorder- und Rückseite)

Oswaldo Cruz

des 1. Teiles der „Epistolae obscurorum virorum" („Dunkelmännerbriefe"); 1520 Rektor der Univ. Erfurt. 1524 trat C. R. in den Dienst Albrechts von Preußen in Königsberg, 1530 Rat und Domherr zu Halle, wo er sich wieder dem kath. Bekenntnis zuwandte („Apologia", 1531).

Croupier [krupi'e:; frz.; eigtl. „Hintermann" (zu croupe „Hinterteil")], Angestellter einer Spielbank, der den äußeren Ablauf des Spieles überwacht.

Croupon [kru'põ; frz.], Kernstück (Rückenteil) einer gegerbten Rindshaut von fester, gleichmäßiger Struktur.

Croûtons [frz. kru'tõ], geröstete Weißbrotstücke oder -würfel als Beilage oder Suppeneinlage.

Crow [engl. krou] (Kräheindianer), zum nördl. Teil der Sioux-Sprachfamilie gehörender Indianerstamm am Yellowstone River, Montana, USA; etwa 6000.

Crown [engl. kraʊn] (Krone), engl. Gold- und Silbermünze zu 5 Schilling. Die Goldmünze wurde 1526 eingeführt, 1663 durch die Guinea (↑ Guineamünzen) ersetzt; die Silbermünze vermehrt seit dem 17. Jh., letztmalig 1951 (allerdings in Kupfer-Nickel) geprägt.

Croy [krɔy], aus der Gft. Ponthieu stammendes, Anfang 12. Jh. erstmals erwähntes Adelsgeschlecht; 1598 Herzogswürde; im 15. Jh. Aufspaltung in 2 Hauptlinien mit den Nebenlinien Roeulx (1702 erloschen), Chimay, Havré (1839 erloschen) und C.-Solre (noch bestehend); die Familie erhielt 1803 als Ersatz für die linksrhein. Verluste das Amt Dülmen; seitdem in Westfalen ansässig; bed.:

C., Wilhelm von, Herr von Chièvres, *Chièvres (Hennegau) 1458, †Worms 28. Mai 1521, Herzog von Arschot. – Erzieher und Ratgeber Karls V.; 1505 Generalstatthalter für alle burgund. Besitzungen; gewann ab 1509 als Großkämmerer zunehmend Einfluß auf den späteren Kaiser Karl V.

Crozetinseln [frz. kro'zɛ], vulkan. Inselgruppe im südl. Ind. Ozean, 476 km²; gehört zum frz. Überseeterritorium Terres Australes et Antarctiques Françaises.

Cru [frz. kry], zuerst in Bordeaux übl., später auf andere frz. Weine zur Güteklassifikation ausgedehnte Bez. für Lage, Wachstum.

Cruciger (Creu[t]zi[n]ger), Caspar, *Leipzig 1. Jan. 1504, †Wittenberg 16. Nov. 1548, dt. ev. Theologe. – 1528 Prof. und Prediger an der Schloßkirche in Wittenberg, Helfer Luthers bei der Bibelübersetzung. 1539 führte er in Leipzig die Reformation durch.

Crüger, Johann, *Großbreesen 9. April 1598, †Berlin 23. Febr. 1663, dt. Komponist. – Einer der bedeutendsten ev. Melodienschöpfer, u. a. von „Nun danket alle Gott", „Fröhlich soll mein Herze springen", „Jesu meine Freude".

Cruikshank, George [engl. 'krʊkʃæŋk], *London 27. Sept. 1792, †ebd. 1. Febr. 1878, engl. Graphiker. – Sozialkritisch stark engagierter Karikaturist und Illustrator.

Cruise, Tom [engl. kru:z], eigtl. Thomas Cruise Mapother IV., *Syracuse (N. Y.) 3. Juli 1962, amerikan. Filmschauspieler. – Seit „Top Gun" (1986) Star des amerikan. Films. – *Weitere Filme:* Die Farbe des Geldes (1986), Rain Man (1988), Geboren am 4. Juli (1989), In einem fernen Land (1992).

Cruise-Missile [engl. 'kru:z 'mɪsaɪl] (Marschflugkörper), in den USA entwickeltes unbemanntes Waffensystem mit Düsenantrieb (zusätzl. Startraketen) und konventionellem oder nuklearem Gefechtskopf. Die Mindestflughöhe im Geländefolgflug beträgt je nach Gelände zw. 15 und 150 m, so daß die Radarerfassung unterflogen werden kann. Die Reichweite beträgt je nach Verwendung zw. 500 und 5000 km.

Crush-Syndrom [engl. krʌʃ; zu to crush „zerquetschen"], akute, lebensbedrohl. Nierenschädigung durch Zutritt von Muskelfarbstoff ins Blut infolge ausgedehnter Muskelquetschung bei schweren Unfällen, auch nach schweren Verbrennungen. Symptome sind Schwellung der betroffenen Muskelbereiche, Rückgang der Harnausscheidung sowie Kreislaufschwäche mit drohendem Nierenversagen.

Crusoe, Robinson ↑ Robinson Crusoe.

Crustacea [lat.], svw. ↑ Krebstiere.

Crux [lat.] (Kreuz [des Südens]) ↑ Sternbilder (Übersicht).

Crux [lat. „Kreuz"], unerklärte Textstelle, in krit. Ausgaben durch ein Kreuz markiert; deshalb übertragen für: unlösbare Frage.

Cruz, Sor Juana Inés de la ↑ Juana Inés de la Cruz, Sor.

Cruz, San Juan de la ↑ Juan de la Cruz, hl.

Cruz, Oswaldo [brasilian. krus], *São Luis do Paraitinga (São Paulo) 5. Aug. 1872, †Rio de Janeiro 11. Febr. 1917, brasilian. Hygieniker. – Leitete das erste brasilian. Institut für Serumtherapie. C. gelang die Ausrottung des Gelbfiebers in Rio de Janeiro.

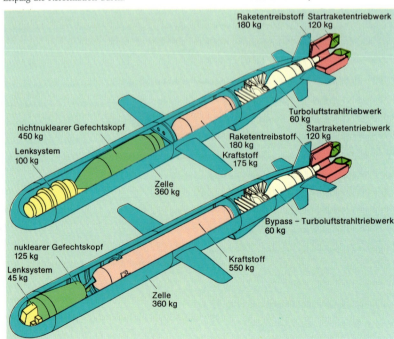

Cruise-Missile. Oben: taktischer Marschflugkörper mit etwa 500 km Reichweite. Unten: strategischer Marschflugkörper mit etwa 2500 km Reichweite; Länge jeweils 6 m, Durchmesser 53 cm

Cruzado [portugies. kruˈzaðu „Kreuzer"], portugies. Münzen; als *C. de ouro* (Afonso de ouro) Goldmünze seit dem 15. Jh., als *C. de prata* ab 1643 geprägter Silbertaler.

Cruz Cano y Olmedilla, Ramón de la [span. ˈkruθ ˈkano i olmeˈðiʎa], * Madrid 28. März 1731, † ebd. 5. März 1794, span. Dramatiker. – Schrieb über 300 kurze, possenhafte Bühnenstücke (meist Sainetes) voll lebendiger Szenen und drast. Sittenbilder aus dem Madrider Volksleben.

Enzo Cucchi. Ein gesunkenes Schiff mit gekappten Masten liegt auf dem Grund des Meeres, 1985 (Privatbesitz)

Cruz-Díez, Carlos [span. ˈkrus ˈdjes], * Caracas 17. Aug. 1923, venezolan. Maler. – Vertreter der kinet. Kunst, übersiedelte 1960 nach Paris. C. schuf Metallreliefs aus farbigen Lamellen auf farbigem Grund, die sich durch Perspektivwechsel zu neuen Farbornamenten mischen („Physichromics"). In den 70er Jahren auch Environments und Errichtung chromat. Architekturfassaden.

Cruzeiro [brasilian. kruˈzeiru], Abk. Cr$; Währungseinheit in Brasilien; 1 Cr$ = 100 Centavos.

Crwth [engl. kruːθ; walis.] (Crott, Chrotta, Crowd), Leier mit Griffbrett und ovalem, achtförmigem oder viereckigem Korpus, deren Saiten zunächst gezupft und wohl seit dem 11. Jh. mit einem Bogen gestrichen wurden. Der C. war das Instrument der kelt. Barden.

Cryptocoryne [griech.], Gatt. der Aronstabgewächse mit etwa 40 Arten in S- und SO-Asien; kleine Sumpf- und Wasserpflanzen. Verschiedene Arten sind (unter der Bez. „Wasserkelch") Aquarienpflanzen.

Cs, chem. Symbol für ↑ Cäsium.

Csárdás [ˈtʃardaʃ; ungar.], von Zigeunermusik begleiteter ungar. Nationaltanz; auf einen ruhigen Kreistanz der Männer *(„lassu")* folgt der schnelle, sich im Tempo steigernde Haupttanz der Paare *(„friss"* oder *„friska")* im geraden Takt.

C-Schlüssel, in der Musik das aus dem Tonbuchstaben C entwickelte Zeichen, mit dem im Liniensystem die Lage des eingestrichenen c (c¹) festgelegt wird. Unterschieden werden: Sopran-, Mezzosopran-, Alt- oder Bratschen-, Tenor- und Baritonschlüssel. – ↑ Schlüssel.

Csepel, Insel [ungar. ˈtʃɛpɛl], Donauinsel unterhalb von Budapest, 257 km², Freihafen. – Schon in vorgeschichtl. und röm. Zeit besiedelt; hier errichtete nach der Landnahme (896) Fürst Árpád seine Residenz.

ČSFR [tʃɛːˈɛsˈɛfˈɛr], Abk. für: Česká a Slovenská Federatívní Republika als tschech. bzw. Česká a Slovenská Federatívna Republika als slowak. nat. Bez. der ↑ Tschechoslowakei (1990–92).

CSIO, Abk. für: Concours de Saut d'Obstacles International Officiel, offizielles internat. Springturnier im Pferdesport.

Csokor, Franz Theodor [ˈtʃɔkor], * Wien 6. Sept. 1885, † ebd. 5. Jan. 1969, östr. Schriftsteller. – 1938 Emigration, 1946 Rückkehr. Von Strindberg beeinflußter expressionist. Dramatiker mit humanist. Grundhaltung, gab dem Zeitgeschehen symbol. Dimensionen. Auch Gedichte und Balladen, Novellen, Memoiren u. a. – *Werke:* 3. Nov. 1918 (Dr., 1923 und 1936), Gesellschaft der Menschenrechte (Dr., 1926), Ballade von der Stadt (Dr., 1928).

ČSSR [tʃɛːˈɛsˈɛsˈɛr], Abk. für: Československá Socialistická Republika, ↑ Tschechoslowakei (Geschichte).

CSU, Abk. für: ↑ Christlich-Soziale Union.

CSVD, Abk. für: ↑ Christlich-Sozialer Volksdienst.

CT, Abk. für: ↑ Computertomographie.

c. t., Abk. für lat.: cum tempore, akadem. Viertel (Beginn der Lehrveranstaltungen 15 Min. nach der angegebenen vollen Stunde).

ČTK [tschech. tʃɛːtɛːˈkaː] ↑ Nachrichtenagenturen (Übersicht).

Cu, chem. Symbol für ↑ Kupfer.

Cuando, Fluß in Angola, ↑ Kwando.

Cuanza, Fluß in Angola, ↑ Kwanza.

Cuauhtémoc ↑ Quauhtemoc.

Cuba ↑ Kuba.

Cubango [portugies. kuˈβɐŋgu], Oberlauf des ↑ Okawango.

Cubanit [nach Kuba] (Chalmersit), bronzefarbenes und stark magnet., rhomb. Mineral, $CuFe_2S_3$. Vorkommen in vielen Kupfer- und Eisenerzlagerstätten. Mohshärte 3,5; Dichte 4,1 g/cm³.

Cube, Hellmut von, * Stuttgart 31. Dez. 1907, † München 29. Sept. 1979, dt. Schriftsteller. – Bevorzugte die kleine Form; schrieb amüsante, z. T. surrealist. Lyrik, Erzählungen, Hörspiele; auch Kinderbücher.

Cubiculum [lat.], Schlafkammer im röm. Haus.
▷ Grabkammer in den Katakomben.

Cucchi, Enzo [italien. ˈkukki], * Morra d'Alba (bei Ancona) 14. Nov. 1950, italien. Maler und Zeichner. – Dynamisch bewegte (Kohle-)Zeichnungen und Ölbilder von kräftiger, oft pastoser Farbigkeit, häufig mit mytholog. Themen.

Cucumis [lat.], Gatt. der Kürbisgewächse mit etwa 40 Arten v. a. in der Alten Welt; einhäusige, mit Ranken kletternde Kräuter; etwa 10 Arten werden als Gemüse-, Obst- und Heilpflanzen genutzt, darunter ↑ Gurke und ↑ Melone.

Cucurbita [lat.], svw. ↑ Kürbis.

Cúcuta (eigtl. San José de C.), Hauptstadt des Dep. Norte de Santander in N-Kolumbien, 443 000 E. Kath. Bischofssitz; Univ. (gegr. 1962); Handelszentrum eines Kaffeeanbaugebietes; Kaffeeversand größtenteils über Maracaibo (Venezuela); ⚒. – Gegr. 1733.

Cucutenikultur [rumän. kukuˈtɛnj], nach dem Ort Cucuteni (Verw.-Geb. Jassy, Rumänien) ben. jungneolith. Kulturgruppe (um 3000 v. Chr.); in der Moldau und in Siebenbürgen verbreitet, der benachbarten südruss. Tripoljekultur eng verwandt; typisch u. a. qualitätvolle, polychrom bemalte Keramik mit Wellen- und Spiralverzierung.

Cudworth, Ralph [engl. ˈkʌdwəːθ], * Aller (Somerset) 1617, † Cambridge 26. Juni 1688, engl. Philosoph. – Vertrat eine rationale Theologie (die Übereinstimmung von Vernunft und Glauben) im Sinne eines um Positionen von Descartes ergänzten christl. Platonismus. – *Hauptwerk:* The true intellectual system of the universe (1678; Nachdruck 1977).

Cuenca [span. ˈkweŋka], Prov.hauptstadt in Neukastilien, Spanien, 920 m ü. d. M., 42 000 E. Kath. Bischofssitz; Nahrungsmittelind., Teppichwebereien, Wollspinnereien und -webereien. – 912–1177 maurisch; 1257 Stadtrecht. – Got. Kathedrale (13. Jh.); Altstadt mit sog. „hängenden Häusern".

C., Hauptstadt der Prov. Azuay im südl. Ecuador, 2 543 m ü. d. M., 272 000 E. Sitz eines kath. Erzbischofs, Univ. (gegr. 1868), Kunstakad.; Textilind.; Herstellung von Strohhüten (Panamahüte), Handelszentrum; ⚒. – Gegr. 1557. – Kloster und Kirche La Concepción (gegr. 1599).

Cuernavaca [span. kwɛrnaˈβaka], Hauptstadt des mex. Staates Morelos, 1 540 m ü. d. M., 232 000 E. Kath. Bischofssitz; Univ. (gegr. 1939); Zuckerraffinerie, Textil-, Zementind.; Fremdenverkehr; ⚒. – War vermutlich Hauptstadt der Tlahuica. 1439 durch die Azteken unterworfen,

Cruzado de prata aus der 2. Hälfte des 17. Jh. (Vorder- und Rückseite)

Cucutenikultur. Gefäßständer (Piatra Neamț, Archäologisches Museum)

Franz Theodor Csokor

Cueva

1521 von den Spaniern erobert. Seit 1834 Stadt. – Palast des H. Cortés (um 1530; heute Regierungsgebäude), Kathedrale (1529 ff.). Im O der Stadt liegt die zweistufige Tempelpyramide Teopanzolco aus aztek. Zeit.

Cueva, Juan de la [span. 'kueβa], * Sevilla um 1550 (?), † ebd. um 1610, span. Dichter. – Schrieb Liebesgedichte im Stile Petrarcas; in seinem dramat. Werk verwendete er erstmals volkstüml. Romanzen und Stoffe aus der span. Geschichte.

Cugnot, Nicolas Joseph [frz. ky'ŋo], *Void (Meuse) 25. Febr. 1725, † Paris 10. Okt. 1804, frz. Ingenieur. – Baute 1765 und 1770 die ersten (mit Dampfkraft betriebenen) Automobile.

Nicolas Joseph Cugnot. Dampfwagen, um 1771

Cui, Cesar Antonowitsch ↑ Kjui, Zesar Antonowitsch.

Cuiabá, Hauptstadt des brasilian. Bundesstaates Mato Grosso, 213 000 E. Sitz eines kath. Erzbischofs; Univ. (gegr. 1970), wiss. Akad.; Handelszentrum am Rio Cuiabá; ⚓. – Anfang des 18. Jh. gegründet.

Cui bono? [lat.], „wem zum Vorteil?", Zitat in Ciceros Reden „Pro Milone" und „Pro Roscio Amerino".

Cuicuilco [span. kui'kuilko], älteste Tempelpyramide im Hochtal von Mexiko, am Nordrand der heutigen Stadt Tlalpan; die vierstufige Rundpyramide (Grundflächendurchmesser 115 m) war Mittelpunkt einer größeren Siedlung von 600 bis 200 v. Chr.

Cuius regio, eius religio [lat. „wessen das Land, dessen die Religion"], Prinzip des Augsburger Religionsfriedens von 1555, das den Landesherren, auch den geistl. Fürsten, das Recht zusprach, das Bekenntnis ihrer Untertanen zu bestimmen (Jus reformandi).

Cukor, George [engl. 'kju:kɔ:], *New York 7. Juli 1899, † Los Angeles 24. Jan. 1983, amerikan. Filmregisseur. – Seit 1931 in Hollywood. Drehte „David Copperfield" (1935), „Die Kameliendame" (1936), „Ein neuer Stern am Himmel" (1954), „Machen wir's in Liebe" (1960), „My fair Lady" (1963).

Çukurova [türk. 'tʃukurɔ,va], Tiefebene im südl. Anatolien, westlich und nördlich des Golfes von İskenderun. Dicht besiedeltes Agrargebiet, u. a. Anbau von Baumwolle; zentraler Ort ist Adana.

Cul de Paris

Cul de Paris [frz. kydpa'ri „Pariser Gesäß"], Bez. für das etwa 1880–1900 unterhalb der Taille hinten getragene Kleiderpolster.

Culex [lat.] ↑ Stechmücken.

Culham [engl. 'kʌləm], brit. Kernforschungszentrum südl. von Oxford; Standort des EG-Kernfusionszentrums JET.

Culiacán, Hauptstadt des mex. Staates Sinaloa, in der Küstenebene, 560 000 E. Kath. Bischofssitz; Univ. (gegr. 1873); Leder- und Textilind., Zementfabrik; nahebei Gold-, Silber- und Kupfererzbergbau. – Gegr. 1531 als **San Miguel de Culiacán.**

Cullinan [engl. 'kʌlinən], zeitweilig größter bekannter Diamant (1905 gefunden, vor dem Schneiden 3 106 Karat), aus dem über 100 Steine geschliffen wurden. Die zu Brillanten geschliffenen Hauptsteine gehören zum brit. Kronschatz.

Culm (Kulm, poln. Chełmno), poln. Stadt nö. von Bromberg, 21 000 E. Nahrungsmittel-, Holz- und Metallind. – 1065 erstmals erwähnt; 1215 Sitz eines Missionsbistums; 1233 Stadtprivileg (Culmer Handfeste); Mgl. der Hanse, 1466 an Polen, 1772 an Preußen, 1920 wieder an Polen. – Mehrere got. Kirchen, u. a. ehem. Kathedrale (13./14. Jh.), ehem. Franziskanerklosterkirche (13. Jh.), Renaissancerathaus (1567–72), Wehrmauern.

Culmer Handfeste, den Städten Culm und Thorn 1233 verliehenes Recht, das v. a. die Rechtsstellung der landbesitzenden Bürger regelte; bildete die Grundlage des Culmer Rechts, eines ma. Stadt- und Landrechts (vorwiegend im Deutschordensland).

Culmer Land (Kulmer Land), histor. Landschaft östl. der unteren Weichsel, Polen, innerhalb des Weichselbogens. – Das C. L. war polnisch besiedelt und wurde von den Pruzzen beherrscht, die ab 1231 durch den Dt. Orden christianisiert wurden; im 13./14. Jh. dt. Besiedlung (u. a. Gründung der Stadt Culm). Nach 1309 wurde das C. L. immer stärker in den Staat des Dt. Ordens eingegliedert; fiel im 2. Thorner Frieden (1466) an Polen und wurde in der Folgezeit weitgehend polonisiert. Kam 1772 zu Preußen und gehört seit 1919/20 zu Polen, der östl. Teil seit 1945.

Culpa [lat.], Schuld, Verschulden.

Culteranismo [span.], svw. ↑ Gongorismus.

Cultismo [span.], svw. ↑ Gongorismus.

Cultural lag [engl. 'kʌltʃərəl 'læg], kulturelle Verschiebung; von W. F. Ogburn geprägter Begriff, der die verspätete soziokulturelle Anpassung an die tatsächl. (v. a. vom techn. Fortschritt bestimmte) Entwicklung bzw. den unterschiedlich schnellen Wandel einzelner Kulturelemente bezeichnet.

Cumae (italien. Cuma), älteste, nach der Überlieferung um 750 v. Chr. gegr. griech. Kolonie in Italien (in der heutigen Prov. Neapel); erlebte um 500 seine Blütezeit; zw. 424 und 421 von den Samniten erobert; geriet 338 unter röm. Einfluß. – Zahlr. antike Reste; 1930 Freilegung der Orakelhöhle der ↑ Sibylle (wahrscheinl. 5. Jh. v. Chr.).

Cumaná, Hauptstadt des Staates Sucre in NO-Venezuela, 180 000 E. Bischofssitz; Univ. (gegr. 1958); Fischkonservenind.; Baumwollverarbeitung; Hafen. – 1520 als **Nueva Córdoba** gegr., seit 1569 C.; 1766, 1797 und 1929 von Erdbeben betroffen.

Cumberland [engl. 'kʌmbələnd], engl. Herzogstitel; 1644 erstmals Prinz Ruprecht von der Pfalz verliehen, 1689 an Prinz Georg von Dänemark; seit 1799 im Haus Hannover erblich; bed.:

C., Ernst August Herzog von C. und zu Braunschweig-Lüneburg, *Hannover 21. Sept. 1845, †Gmunden 14. Nov. 1923. – Einziger Sohn König Georgs V. von Hannover; hielt am Widerspruch gegen die preuß. Annexion Hannovers fest; 1884 im Hzgt. Braunschweig erbberechtigt, jedoch durch Beschluß des Bundesrats 1885 von der Nachfolge ausgeschlossen.

C., Wilhelm August Herzog von, *London 15. April 1721, † ebd. 31. Okt. 1765. – Sohn des brit. Königs Georg II.; warf 1746 den Stuartaufstand Karl Eduards nieder; im Siebenjährigen Krieg Oberbefehlshaber der britisch-hannoverschen Armee; 1757 bei Hastenbeck geschlagen.

Cumberland Plateau [engl. 'kʌmbələnd 'plætoʊ], S-Teil der Appalachian Plateaus, USA; erstreckt sich über 700 km lang von NO nach SW, durchschnittlich 80 km breit, mit den tiefeingeschnittenen Tälern des Ohio und des Tennessee River.

Cumberland River [engl. 'kʌmbələnd 'rivə], linker Nebenfluß des Ohio, USA, entspringt auf dem Cumberland Plateau, mündet bei Smithland, 1 158 km lang; Schleusen und Staudämme.

Cumberlandsoße [engl. 'kʌmbələnd] (Sauce à la Cumberland), kalte Soße aus Johannisbeergelee, Portwein oder

Madeira, Senf, Zucker, Salz, Streifen von Zitronen- und Orangenschalen sowie Saft beider Früchte, Schalotten, Ingwer und Pfeffer; zu [kaltem] Wild oder Braten.

Cumbernauld [engl. 'kʌmbənɔːld], schott. Stadt (New Town) in der Region Strathclyde, 48 000 E. – 1955 zur Entlastung von Glasgow gegründet.

Cumbria [engl. 'kʌmbrɪə], Gft. in NW-England.

Cumbrian Mountains [engl. kʌmbrɪən 'maʊntɪnz] (Kumbr. Bergland), bis 978 m hohes Gebirgsland in NW-England mit zahlr. Seen im zentralen Teil (**Lake District**; Nationalpark).

cum grano salis [lat. „mit einem Körnchen Salz"], mit entsprechender Einschränkung, nicht ganz wörtlich zu nehmen.

cum infamia [lat.], mit Schimpf und Schande.

cum laude [lat. „mit Lob"], nach summa c. L. und magna c. L. die drittbeste Note in der Doktorprüfung.

Cummings, E[dward] E[stlin] [engl. 'kʌmɪŋz], * Cambridge (Mass.) 4. Okt. 1894, † Nord Conway (N. H.) 3. Sept. 1962, amerikan. Schriftsteller. – Radikaler Individualist und Pazifist, der in dem Roman „Der endlose Raum" (1922) aus eigener Erfahrung Gewalt und Menschenverachtung schildert. Bed. experimentelle Lyrik.

Cumol [griech.-lat.] (Isopropylbenzol), aus Benzol und Propen hergestellte organ. Verbindung, deren oxidative Zersetzung Aceton und Phenol liefert (C.-Phenol-Verfahren).

Cumont, Franz [frz. ky'mõ], * Aalst 3. Jan. 1868, † Brüssel 19. Aug. 1947, belg. Archäologe und Religionshistoriker. – 1896 Prof. der klass. Philologie in Gent, 1899 Museumskonservator in Brüssel, seit 1912 Privatgelehrter; verfaßte grundlegende Arbeiten zur antiken Religionsgeschichte. – *Werke:* Die Mysterien des Mithra (dt. 1903), Die oriental. Religionen im röm. Heidentum (dt. 1910), Doura-Europos (1926), L'Égypte des astrologues (1927), Les mages hellénisés (2 Bde., 1938; mit J. Bidez), Lux perpetua (hg. 1949).

Cumulonimbus ↑Wolken.

Cumulus ↑Wolken.

Cuna, Indianerstamm der Chibcha-Sprachfam. in O-Panama, der seine eigenständige Kultur weitgehend bewahrt hat; ca. 2 500.

Cunard Steam-Ship Co. Ltd. [engl. kjuːˈnɑːd 'stiːmʃɪp 'kʌmpəni 'lɪmɪtɪd], engl. Schiffahrtsgesellschaft, gegr. 1810 von Sir Samuel Cunard (* 1787, † 1865), Sir George Burns (* 1795, † 1890) u. a., bekannt geworden als Cunard Line, Sitz Liverpool.

Cundinamarca, Dep. in Z-Kolumbien, 22 623 km², 1,48 Mill. E (1985); Hauptstadt Bogotá; liegt in der Ostkordillere und reicht nach W bis zum Río Magdalena.

Cunei formia, Kurzbez. für Ossa cunei formia (↑Keilbein).

Cunẹne, Fluß in SW-Angola, entspringt im Hochland von Bié, mündet als Grenzfluß gegen Namibia in den Atlantik, rd. 1 000 km lang; Wasserfälle und Kraftwerke.

Cuneo, italien. Stadt in der Region Piemont, 75 km ssw. von Turin, 543 m ü. d. M., 56 000 E. Hauptstadt der Prov. C.; Bischofssitz; Baustoff- und Textilind., Seidenraupenzucht; internat. Jagdmesse. – Entstand im 12. Jh., kam 1382 zu Savoyen.

Cunha, Euclides da [brasilian. 'kuɲa], * Santa Rita do Rio Negro 20. Jan. 1866, † Rio de Janeiro 15. Aug. 1909 (ermordet), brasilian. Schriftsteller. – Autor stilistisch glänzender, soziolog. und geograph. Bedingungen durchleuchtender Abhandlungen über brasilian. Probleme, u. a. „Os sertões" (1902).

Cunhal, Álvaro Barreirinhas [portugies. ku'ɲal], * Sé Nova (bei Coimbra) 10. Nov. 1913, portugies. Politiker. – Rechtsanwalt; 1936 Mgl. des ZK der portugies. KP (KPP); 1949 verhaftet; 1960 Flucht ins Ausland, bis 1974 im Exil; seit 1961 Generalsekretär der KPP, Min. ohne Geschäftsbereich 1974/75.

Cunnilingus [lat.], Form des oral-genitalen Kontaktes, bei die die äußeren Geschlechtsorgane der Frau mit Mund und Zunge stimuliert werden. – ↑Fellatio.

Cuno, Wilhelm, * Suhl 2. Juli 1876, † Aumühle bei Hamburg 3. Jan. 1933, dt. Wirtschaftsfachmann und Politiker. – Ab 1917 Mgl. des Direktoriums, 1918–22 Generaldirektor, nach 1923 Aufsichtsratsvors. der HAPAG; Teilnehmer an den Friedensverhandlungen 1918/19 und an internat. Konferenzen; bildete als Reichskanzler 1922 ein konservatives Kabinett; versuchte vergeblich, die Währung zu stabilisieren; beantwortete die frz. Ruhrbesetzung mit der Politik des passiven Widerstandes.

Cuoxamverfahren, svw. ↑Kupferoxid-Ammoniak-Verfahren.

Cup [kap, engl. kʌp; zu lat. cupa „Tonne"], im Sport Pokal, Ehrenpreis, z. B. *Davis-Cup* (Tennis), *Europa-Cup* (Fußball, Handball u. a.), *World-Cup* (Fußball); bei allen C.-Wettkämpfen scheidet der Verlierer eines Durchgangs aus, während der Sieger die nächste Runde erreicht.

Cupido, dem griech. Gott Eros entsprechender röm. Gott der Liebe.

Cupressus [griech.-lat.], svw. ↑Zypresse.

Cuprit [lat.] (Rotkupfererz), rotbraunes bis metallgraues kub. Mineral, Cu_2O, Kupfer(I)-oxid; bildet oft wichtige Kupfererzlager (Kupfergehalt 88 %) und geht leicht in Malachit über. Mohshärte 3,5 bis 4,0; Dichte etwa 6 g/cm³.

Cupro [lat.], alle nach dem ↑Kupferoxid-Ammoniak-Verfahren auf Zellulosebasis hergestellten Chemiefasern.

Cuprum, lat. Name des Kupfers.

Cupula [lat.], svw. ↑Fruchtbecher.

Curaçao [kyra'saːo], Hauptinsel der Niederl. Antillen, dem venezolan. Festland im W vorgelagert, 444 km², 152 000 E. Hauptort Willemstad. C. ist gegliedert durch 2 flache Kuppen; trop. Trockenklima und dürftige Dornstrauch- und Sukkulentensavanne. 90 % der Bev. sind Schwarze. Amtssprache ist Niederländisch. Das Wirtschaftsleben wird von der Erdölind. beherrscht, daneben Abbau von Phosphaten; Fremdenverkehr. – 1499 von Alonso de Ojeda und Amerigo Vespucci entdeckt; 1634 an die niederl. Westind. Kompanie. 1800–03 und 1807–16 brit. besetzt.

Curaçao Ⓦ [kyra'saːo], Likör aus den Schalen unreifer Pomeranzen, Brandy und Zucker.

Curare ↑Kurare.

Curcumin ↑Kurkumin.

Curé [ky're; frz.], der kath. Pfarrer in Frankreich.

Curepipe [frz. kyr'pip], Stadt auf der Insel Mauritius, südl. von Port Louis, 65 000 E. Nahrungsmittelind.; in der Umgebung große Teepflanzungen.

Curia [lat.], allg. „Hof" (Gebäude), seit der Königszeit Versammlungsraum des röm. Senats; **curia regis:** Hoftag des Königs als oberster Lehnsherr, i. e. S. seine Verwaltungsbehörde *(magna curia);* später auch der Reichstag *(curia imperialis).*
▷ ↑Kurie.

Curia Rhaetorum, antike Stadt, ↑Chur.

Curiatier (lat. Curiatii) ↑Horatier.

Curie [frz. ky'ri], Marie (Maria), geb. Skłodowska, * Warschau 7. Nov. 1867, † Sancellemoz (Savoyen) 4. Juli 1934, frz. Chemikerin und Physikerin poln. Herkunft. – Prof. in Paris; erhielt für die Untersuchung der radioaktiven Strahlung 1903 zusammen mit ihrem Mann Pierre C. und ihrem Lehrer A. H. Becquerel den Nobelpreis für Physik. Ihre grundlegenden Arbeiten auf dem Gebiete der Radiochemie, die Entdeckung des Radiums und Poloniums und Reindarstellung des Radiums trugen ihr 1911 auch den Nobelpreis für Chemie ein.

C., Pierre, * Paris 15. Mai 1859, † ebd. 19. April 1906, frz. Physiker. – Entdeckte 1880 die Piezoelektrizität, 1894/95 die Temperaturunabhängigkeit des Diamagnetismus und das nach ihm benannte ↑Curiesche Gesetz, ferner die bei der *C.-Temperatur (C.-Punkt)* stattfindende Umwandlung des Ferromagnetismus in Paramagnetismus. Durch magnet. Ablenkversuche wies er nach, daß die radioaktiven Strahlen aus elektrisch positiven und negativen Teilchen und einer neutralen Komponente bestehen müssen und beobachtete ihre physiolog. Auswirkungen. Nobelpreis für Physik 1903 (zus. mit seiner Frau Marie C. und A. H. Becquerel).

Cuprit (Kristallaggregat)

Marie Curie

Pierre Curie

Curie

Heinrich Curschmann

Curie [ky'ri:; nach M. und P. Curie], Einheitenzeichen Ci, im amtl. Verkehr nicht mehr zugelassene Einheit der Aktivität eines radioaktiven Strahlers; 1 Ci entspricht $3{,}7 \cdot 10^{10}$ Zerfällen pro Sekunde ($= 3{,}7 \cdot 10^{10}$ Becquerel).

Curiesches Gesetz [ky'ri:], von P. Curie experimentell gefundenes Gesetz, nach dem bei vielen paramagnet. Stoffen die magnet. ↑ Suszeptibilität χ der absoluten Temperatur T umgekehrt proportional ist: $\chi = C/T$ (C: Curiesche Konstante).

Curie-Temperatur [ky'ri:] (Curie-Punkt) ↑ Curie, Pierre.

Curitiba, Hauptstadt des brasilian. Bundesstaates Paraná, 1,29 Mill. E. Sitz eines Erzbischofs; zwei Univ. (gegr. 1912 bzw. 1959), Forsthochschule; Zentrum des Mate- und Holzhandels; bed. Ind.standort; Bahnverbindung mit dem Exporthafen Paranaguá; ⚓. – Entstand aus einer 1654 angelegten Goldsuchersiedlung; Hauptstadt seit 1854.

Curium [zu Ehren von M. und P. Curie], chem. Symbol Cm; künstlich dargestelltes, metall. Element aus der Gruppe der Actinoide; Ordnungszahl 96; bis heute sind Isotope mit den relativen Atommassen 238 bis 251 bekannt, die alle radioaktiv sind.

Curling [ˈkøːrlɪŋ, ˈkœr...; engl.], aus Schottland stammende, dem Eisstockschießen ähnl. Sportart. Zielschießen zw. Vierermannschaften mit 16 bis 20 kg schweren Spielsteinen.

Ernst Robert Curtius

Curriculum [engl.; zu lat. curriculum „Ablauf des Jahres, Weg"], Lehrplan, insbes. auf Grundlage von erstellten Lernzielen detailliert ausgearbeitete Unterrichtspläne mit Angabe der Teilziele, Unterrichtsmittel und -methoden sowie Erfolgskontrollen für ein Schul- bzw. Universitätsfach. Die heute übl. C.entwicklung wurde modellhaft von S. B. Robinsohn konzipiert: 1. Erfassung der Lebenssituationen, in denen die Lernenden zukünftig stehen; 2. Ermittlung der zu deren Bewältigung nötigen Qualifikationen; 3. Auswahl der zur Ausbildung dieser Qualifikation geeigneten Lerninhalte.

Curriculum vitae [lat.], Lebenslauf.

Curry [ˈkari, ˈkœri; zu Tamil kari „Tunke"] (Currypulver), dunkelgelbe, scharfpikante Gewürzmischung ind. Herkunft; Hauptbestandteile sind: Kurkuma, Kardamom, Paprika, Koriander, Ingwer, Kümmel, Muskatblüte, Nelken, Pfeffer und Zimt.

Curschmann, Heinrich, *Gießen 28. Juni 1846, †Leipzig 6. Mai 1910, dt. Mediziner. – Prof. in Leipzig; bed. Internist, entdeckte 1892 die nach ihm ben. **Curschmann-Spiralen** (spiralig gedrehte Schleimfäden) im Auswurf bei Bronchialasthma.

Ludwig Curtius
(Bronzebüste von T. Fiedler)

Cursor [engl. ˈkəːsə], steuerbare Leuchtmarkierung auf dem Bildschirm eines Computers, die die augenblickl. Schreibposition anzeigt.

Curtain-wall [engl. ˈkəːtɪnˌwɔːl „Vorhangwand"], in der Bautechnik der vor das tragende Skelett gehängte Fassade. Sie besteht aus Einheitselementen (z. B. großen Platten, Glasscheiben).

Curtea de Argeș [rumän. ˈkurtea de ˈardʒeʃ], rumän. Stadt am Argeș, 29 500 E. Orth. Bischofssitz; kulturelles und polit. Zentrum der Großen Walachei; Keramikfertigung. – Im 14. Jh. Residenz der Fürsten der Walachei. – Bischofskirche (1512–17); Fürstenkirche (Mitte 14. Jh.) mit Wandmalereien aus der Erbauungszeit.

Curtis, King [engl. ˈkəːtis], eigtl. Curtis Ousley, *Fort Worth (Texas) 7. Febr. 1934, †New York 13. Aug. 1971 (erstochen), amerikan. Rockmusiker (Saxophonist, Gitarrist, Sänger). – Zunächst hervorragender Begleitmusiker zahlr. Popmusikgruppen und -interpreten; leitete später eine Soulmusik-Band.

Curtis [mittellat.], der Herrenhof im frühen MA; meist unbefestigt.

Curtis-Turbine [engl. ˈkəːtis; nach dem amerikan. Konstrukteur C. Curtis, *1860, †1953] ↑ Dampfturbine.

Curtius, Ernst, *Lübeck 2. Sept. 1814, †Berlin 11. Juli 1896, dt. Historiker und Archäologe. – 1844 Prof. in Berlin, 1855–67 in Göttingen, seit 1868 in Berlin; Leiter der ersten Ausgrabungskampagne in Olympia.

Curtea de Argeș. Die Bischofskirche, 1512–17 errichtet, im 19. Jh. stark verändernd restauriert

C., Ernst Robert, *Thann (Elsaß) 14. April 1886, †Rom 19. April 1956, dt. Romanist. – Enkel von Ernst C.; u. a. Prof. in Heidelberg und Bonn. In seinem Standardwerk „Europ. Literatur und lat. MA" (1948) untersucht er das Weiterleben antiker literar. Formen.

C., Julius, *Duisburg 7. Febr. 1877, †Heidelberg 10. Nov. 1948, dt. Jurist und Politiker. – Rechtsanwalt; 1920–32 MdR (DVP); 1926–29 Reichswirtschaftsmin., 1929–31 (als „Testamentsvollstrecker" Stresemanns) Reichsaußenmin., erreichte die Durchsetzung des Youngplanes und die Rheinlandräumung.

C., Ludwig, *Augsburg 13. Dez. 1874, †Rom 10. April 1954, dt. Archäologe. – U. a. Direktor des Dt. Archäolog. Instituts in Rom (1928–37). Arbeiten v. a. zur antiken Kunst: „Die Wandmalerei Pompejis" (1929), „Das antike Rom" (1944), „Dt. und antike Welt" (Lebenserinnerungen, 1950).

C., Theodor, *Duisburg 27. Mai 1857, †Heidelberg 8. Febr. 1928, dt. Chemiker. – Prof. in Kiel, Bonn und Heidelberg; entdeckte den nach ihm ben. C.-Abbau von Carbonsäureaziden zu primären Aminen.

Curtius Rufus, Quintus, röm. Geschichtsschreiber der Kaiserzeit. – Verfaßte eine „Geschichte Alexanders d. Gr." in 10 Büchern, von denen die letzten 8 fast vollständig erhalten sind.

Curtiz, Michael [engl. ˈkəːtɪz], eigtl. Mihaly Kertész, *Budapest 24. Dez. 1888, †Hollywood 10. April 1962, amerikan. Filmregisseur ungar. Herkunft. – Drehte seit 1925 in Hollywood über 100 Filme, darunter sein Meisterwerk „Casablanca" (1942).

Curzon, Sir (seit 1977) Clifford, *London 18. Mai 1907, †ebd. 1. Sept. 1982, brit. Pianist. – Berühmt als Konzertpianist und Kammermusiker.

George Nathaniel Curzon

C., George Nathaniel, Marquess C. of Kedlestone (1921), *Kedlestone Hall (Derbyshire) 11. Jan. 1859, London 20. März 1925, brit. Politiker. – Vizekönig und Generalgouverneur von Indien 1898–1905; 1916 Mgl. des Kriegskabinetts; bemühte sich als Außenmin. 1919–24 um eine poln.-russ. Grenzregelung (↑ Curzon-Linie).

Curzon-Linie [engl. ˈkəːzn], Demarkationslinie zw. Sowjetrußland und Polen, die die interalliierte Konferenz von Spa 1920 in einer vom brit. Außenmin. G. N. Curzon unterzeichneten Depesche zur Annahme vorschlug; verlief der Bahnlinie Dünaburg-Wilna-Grodno nach Brest, von dort längs des Bug bis über Krylów, quer durch Galizien über Rawa Ruska nach Przemyśl und weiter nach S; kam erst 1945 zur Geltung, als die Sowjetunion im wesentlichen auf der Basis der C.-L. ihre Grenze zu Polen festlegte.

Cusanus, Nicolaus ↑ Nikolaus von Kues.

Cusanuswerk, Bischöfliche Studienförderung, 1956 gegr. Förderungswerk für kath. Studierende. Neben Stipendien werden Bildungsveranstaltungen und wissenschaftl. Fachtagungen geboten; Sitz: Bonn.

Cusco ↑ Cuzco.
Cushing, Harvey [engl. 'kʊʃɪŋ], *Cleveland (Ohio) 8. April 1869, †New Haven (Conn.) 7. Okt. 1939, amerikan. Gehirnchirurg. – Prof. u. a. an der Harvard University. Er beschrieb das **Cushing-Syndrom,** ein Krankheitsbild, das bei übermäßiger Ausschüttung von Nebennierenrindenhormonen auftritt. Symptome: u. a. Fettleibigkeit, hoher Blutdruck mit abnormer Vermehrung der Erythrozyten, Leukozyten und Thrombozyten.
Custardapfel [engl. 'kʌstəd], die apfelgroßen Früchte der ↑ Netzannone.
Custer, George Armstrong ['kʌstə], *New Rumley (Oh.) 5. Dez. 1839, ✗ am Little Bighorn River (Mont.) 25. Juni 1876, amerikan. Offizier. – Als Adjudant General Sheridans militärisch erfolgreich im Sezessionskrieg; 1863 Brigadegeneral; 1874 im Auftrag des Kriegsministeriums auf erfolgreicher Goldsuche in den Black Hills; erlitt als Kommandeur des 7. Kavallerieregiments 1876 in einem Gefecht mit den Sioux unter Sitting Bull eine vernichtende Niederlage und fiel.
Custodia (Kustodie) [lat.], in der kath. Kirche Behältnis zur Aufbewahrung der geweihten großen Hostie.
Custoza (fälschl. Custozza), Teil der italien. Gemeinde Sommacampagna, Prov. Verona; bekannt durch zwei östr. Siege: 1848 siegte Radetzky über König Karl Albert von Sardinien, 1866 während des Dt. Krieges Erzherzog Albrecht über A. F. La Marmora.
Cutaway ['kœtəve; engl. 'kʌtəweɪ] (Kurzform Cut), als offizieller Gesellschaftsanzug am Vormittag getragener, vorn abgerundet geschnittener Sakko mit steigenden Revers.
Cuthbert, hl., †auf den Farne Islands 687, angelsächs. Mönch, Bischof von Lindisfarne (684–686). – C. gilt als „Wundertäter von Britannien"; starb als Einsiedler; sein Grab ist seit 999 in der Kathedrale von Durham. – Fest: 20. März.
Cuticula ↑ Kutikula.
Cutis (Kutis) [lat.], svw. ↑ Haut.
Cuttack [kʌ'tæk], ind. Stadt im Bundesstaat Orissa, 269 000 E. Verwaltungssitz eines Distrikts; Colleges, Reisforschungsinst.; wichtigster Ind.standort des Mahanadideltas. – Bis 1956 Hauptstadt von Orissa.
Cutter ['kʌtər; engl.], Schnittmeister bei Filmen aller Art und beim Hörfunk. Der C. (oder die **Cutterin**) schneidet die verwendbaren Abschnitte heraus und montiert sie in Zusammenarbeit mit dem Regisseur.
▷ Feinstzerkleinerungsmaschine für tier. Gewebe (Fleisch, Fisch, Fett).
Cuvée [ky've; lat.-frz.], Mischung (Verschnitt) verschiedener Weine, bes. bei der Herstellung von Schaumweinen.
Cuvier, Georges Baron de [frz. ky'vje], *Montbéliard 23. Aug. 1769, *Paris 13. Mai 1832, frz. Naturforscher. – Prof. in Paris; begr. die vergleichende Anatomie und teilte das Tierreich in die vier Gruppen Wirbel-, Weich-, Gliederund Strahltiere ein („Le règne animal", 4 Bde., 1817). Auf der Grundlage vergleichender Osteologie (Knochenkunde) versuchte er Wirbeltiere zu rekonstruieren, wodurch er zu einem der Begr. der Paläontologie wurde; vertrat eine ↑ Katastrophentheorie.
Cuvilliés, François de, d. Ä. [kyvi'je:], *Soignies (Hennegau) 23. Okt. 1695, †München 14. April 1768, dt. Baumeister, Bildhauer und Stukkator fläm. Herkunft. – Ausbildung bei J. Effner und bei F. Blondel d. J. in Paris. C. schuf symmetr. Bauten mit formenreicher Innendekoration, Höhepunkte des dt. Rokokos. U. a. Ausbau von Schloß Brühl (1728–40), Ausstattung der Reichen Zimmer der Münchner Residenz (1729–34), Bau der Amalienburg in Nymphenburg (1734–39) und des [Alten] Residenz-(C.-)Theaters (1751–55) in München.
Cuxhaven [...fən], Krst. in Nds., am linken Ufer der Elbmündung, 56 000 E. Staatl. Seefahrtsschule. C. zählt zu den größten Fischereihäfen der BR Deutschland, Standort einer Hochseefischereiflotte; Schiffsmeldestation für Hamburg und den Nord-Ostsee-Kanal, Überseehafen, Fährverkehr nach Helgoland, den Nordfries. Inseln und Brunsbüttel. Seefischmarkt, Fischverarbeitung, Werften, Löschanlagen und Zulieferbetriebe. Fremdenverkehr (Seeheilbad). – Entstand aus einer Neusiedlung von Lotsen, Gastwirten und Kaufleuten als sog. Kooghafen („Kuckeshaven" 1570). Ab 1890 Bau des Fischereihafens, ab 1896 des „Neuen Hafens"; 1907 Stadt.
C., Landkr. in Niedersachsen.
Cuyp, Aelbert [niederl. kœyp], *Dordrecht Okt. 1620, □ ebd. 15. Nov. 1691, niederl. Maler. – Erlangte Bedeutung mit seinen lichtdurchfluteten Stimmungslandschaften mit Vordergrundstaffage und verschwimmendem Horizont.
Cuypers, Petrus [Josephus Hubertus] [niederl. 'kœypərs], *Roermond 16. Mai 1827, †ebd. 3. März 1921, niederl. Architekt. – Seine Hauptwerke sind das Rijksmuseum (1876–85) und der Hauptbahnhof (1881–89) in Amsterdam, im Renaissancestil.
Cuza, Alexandru Ioan [rumän. 'kuza], *Bîrlad 20. März 1820, †Heidelberg 15. Mai 1873, erster gewählter Fürst Rumäniens. – 1848 an der revolutionären Bewegung in der Moldau beteiligt; nahm am Kampf für die Vereinigung der Moldau und der Walachei teil; 1859 zum Fürsten der Moldau bzw. der Walachei gewählt; 1862 nahmen die unter ihm (als Alexander Johann I. von Rumänien) zusammengeschlossenen Vereinigten Fürstentümer den Namen Rumänien an; führte grundlegende liberale Reformen durch; 1866 zur Abdankung gezwungen.
Cuzco [span. 'kusko] (Cusco), Hauptstadt des Dep. C. im südl. Z-Peru, 600 km sö. von Lima, 3 380 m ü. d. M., 255 000 E. Kath. Erzbischofssitz; Universität (gegr. 1962), Musik-, Kunsthochschule, archäolog. und histor. Museum, Handelszentrum; Textilind., Düngemittelfabrik, Zuckerraffinerie; Fremdenverkehr; ✈. – Ende des 12. Jh. vom ersten

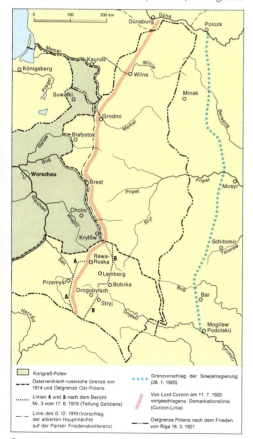

Curzon-Linie

Harvey Cushing

George Armstrong Custer

Georges Baron de Cuvier

Cuxhaven
Stadtwappen

Cuzco. Außenansicht der Kathedrale, 1560–1654 erbaut

Inka gegr. Nach der Eroberung von Chan-Chan (1460) die bedeutendste Stadt des präkolumb. S-Amerika; 1533 von F. Pizarro erobert. 1535 Brand; Wiederaufbau unter Beibehaltung des Stadtgrundrisses und Neubau einer Stadtmauer. – Von den im 16. und 17. Jh. z. T. überbauten Gebäuden der Inkazeit sind erhalten: Teile des Tempelkomplexes Coricancha (15. Jh.). Das ehem. Haus der Sonnenpriesterinnen (Acclai Huasi) ist heute Unterbau des Catalinaklosters; Kathedrale an der Plaza de Armas (1560–1654). Die Altstadt von C. wurde von der UNESCO zum Weltkulturerbe erklärt.

C. (Cusco), Dep. im südl. Z-Peru, 76 225 km², 1,04 Mill. E (1990). Hauptstadt Cuzco.

CVJM, Abk. für: ↑Christlicher Verein Junger Menschen.

CVP, Abk. für: Christlichdemokrat. Volkspartei der Schweiz.

▷ Abk. für: Christl. Volkspartei.

Cwmbran [engl. kʊmˈbrɑːn], walis. Stadt (New Town) in der Gft. Gwent, 45 000 E. – Gegr. 1949 als neues Ind.-zentrum.

cwt, Einheitenzeichen für ↑Hundredweight.

Cyan [griech.] (Zyan), in der Farbenlehre und Farbenind. Kurzbez. für **Cyanblau** (grünstichiges Blau). C. ist einer der Grundfarbtöne für die Farbmischung.

Cyanate [griech.], Salze und Ester der Cyansäure (HO−C≡N); einige Salze finden u. a. Verwendung als Herbizide.

Cyanide [griech.], Salze der Blausäure; bes. die Alkali- und Erdalkalicyanide sind sehr giftig.

Cyanidin [griech.] (Cyanidinchlorid), in der europ. Pflanzenwelt (z. B. bei Mohn oder Kornblume) am häufigsten vorkommender Farbstoff aus der Gruppe der Anthocyanidine.

Cyanidlaugung, Gold- und Silbergewinnungsverfahren, bei dem aus gemahlenem Erz die Edelmetalle als Cyanokomplexe gelöst und elektrolytisch abgeschieden werden.

Cyanit [griech.], svw. ↑Disthen.

Cyanophyta [griech.], svw. ↑Blaualgen.

Cyanwasserstoffsäure, svw. ↑Blausäure.

Cyatheagewächse [tsyaˈteːa, tsyˈaːtea; griech./dt.] (Cyatheaceae), Fam. der Farnpflanzen mit etwa 700 Arten in 5 Gatt. in den Tropen und Subtropen Amerikas, Afrikas und Australiens; Baumfarne mit sehr großen, bis vierfach gefiederten Blättern; bekannte Gatt. sind ↑Becherfarn, ↑Hainfarn.

Cyclamen [griech.], svw. ↑Alpenveilchen.

cyclisch ↑zyklisch.

cyclische Verbindungen (Cycloverbindungen), Sammelbez. für alle chem. Verbindungen, in denen drei oder mehr Atome zu ringförmigen Strukturen verknüpft sind. C. V. haben v. a. in der organ. Chemie Bed.; man unterscheidet **isocyclische Verbindungen** (carbocycl. Verbindungen, deren Ringe nur C-Atome enthalten) und **heterocyclische Verbindungen** (in deren Ringen ein oder mehrere C-Atome durch andere Elemente, z. B. Stickstoff, ersetzt sind). – ↑makrocyclische Verbindungen.

Cycloalkane, svw. ↑Cycloparaffine.

Cycloalkene, svw. ↑Cycloolefine.

Cyclo-AMP (cAMP, cycl. AMP, Adenosin-3′,5′-monophosphat) [griech.], zu den Adenosinphosphaten zählende Substanz, die v. a. als Vermittler für die Wirkung vieler Hormone (Adrenalin, Glucagon, Vasopressin u. a.) auftritt. Entsteht aus dem als universeller Überträger chem. Energie fungierenden ATP unter Abspaltung von Pyrophosphat durch das (an den Membranen gebundene) Enzym Adenylatcyclase.

Cyclohexan [griech.] (Hexahydrobenzol, früher Naphthen), C_6H_{12}, gesättigter Kohlenwasserstoff; farblose, leicht brennbare Flüssigkeit; Vorkommen in Erdölen; C. wird, ebenso seine Derivate **Cyclohexanol** ($C_6H_{11}OH$) und **Cyclohexanon** ($C_6H_{10}O$), als Lösungsmittel für Fette, Harze, Wachse verwendet, zur Herstellung von Adipinsäure und Caprolactam.

Cycloolefine [Kw.] (Cycloalkene), ringförmige, ungesättigte Kohlenwasserstoffe mit einer Doppelbindung; allg. chem. Formel: C_nH_{2n-2}.

Cycloparaffine (Cycloalkane), ringförmige, gesättigte Kohlenwasserstoffe; allg. chem. Formel: C_nH_{2n}.

Cyclopolymerisation [griech.], Polymerisation von Acetylen und dessen Derivaten unter dem Einfluß selektiv wirkender Katalysatoren zu cycl. Kohlenwasserstoffen.

Cyclops [griech.], Gatt. 0,6–5,5 mm langer Ruderfußkrebse mit vielen Arten in den Süßgewässern; wichtige Fischnahrung.

Cyclostomata [griech.], svw. ↑Rundmäuler.

Cygnus [griech.-lat.] (Schwan) ↑Sternbilder (Übersicht).

Cymbala [griech.-lat.], in der antiken und ma. Musik etwa handtellergroße, flache oder glockenförmige Becken, meist aus Metall.

▷ im MA ein Glockenspiel.

▷ (Cymbal, Cimbalom), svw. ↑Hackbrett. – ↑Zimbel.

Cymol [griech.-lat.] (p-Cymol), Toluolderivat (Isopropyltoluol), das in der Natur als Grundkörper vieler ↑Terpene auftritt und Bestandteil vieler äther. Öle ist.

Cymophan ↑Chrysoberyll.

Cynara [griech.], Gatt. der Korbblütler mit etwa 10 Arten, darunter die ↑Artischocke.

Cynewulf [kyːnəvʊlf, engl. ˈkɪnɪwʊlf] (Kynewulf), altengl. Dichter der 2. Hälfte des 8. Jh. – Verf. von vier christl. Legendendichtungen („Juliana", „The ascension", „The fates of the Apostles" und „Elene").

Cynodon [griech.], svw. ↑Hundszahngras.

Cyperaceae [griech.], svw. ↑Riedgräser.

Cyprianus, Thascius Caecilius, hl., * Karthago um 200, † ebd. 14. Sept. 258, Bischof von Karthago (seit 248/49) und Kirchenschriftsteller. – Leitete die Kirche in zwei schweren Verfolgungen (Decius und Valerian). – Fest: 16. September.

Cypripedium [griech.], svw. ↑Frauenschuh.

Cyproteronacetat [Kw.], synthet. Antiandrogen, das die Wirkung von Androgenen, v. a. des männl. Keimdrüsenhormons Testosteron aufhebt; wird in der Medizin u. a. zur Behandlung des Prostatakarzinoms verwendet.

Cyrankiewicz, Józef [poln. tsiraŋˈkjɛvitʃ], * Tarnów (Galizien) 23. April 1911, † Warschau 20. Jan. 1989, poln. Politiker. – Im 2. Weltkrieg Widerstandskämpfer, 1941–45 KZ-Häftling in Auschwitz und Mauthausen; als Generalsekretär der Poln. Sozialist. Partei (seit 1946) maßgeblich an deren 1948 vollzogener Vereinigung mit den Kommunisten zur Vereinigten Poln. Arbeiterpartei beteiligt; 1947–52 und 1954–70 Min.Präs.; 1970–72 Vors. des Staatsrats.

Cyrano de Bergerac, Savinien de [frz. siranodbɛrʒəˈrak], eigtl. Hector Savinien de Cyrano, * Paris 6. März 1619, † ebd. 28. Juli 1655, frz. Schriftsteller. – Als typ. Vertreter des „esprit gaulois" kleidete er seine Satiren („Mondstaaten und Sonnenreiche", 1656, „Reise in die Sonne", 1662), mit denen er das Ideengut der frz. Aufklärung vorbereitete, in das Gewand burlesker Phantasie. Dramat. Bearbeitung durch E. Rostand (1897).

Cyrenaika (arab. Barka), Landschaft O-Libyens, erstreckt sich von der Küste bis in die Libysche Wüste.

Cyrillus und Methodius ↑ Kyrillos und Methodios.

Cyrus, Name altpers. Könige, ↑ Kyros.

Cys, Abk. für: ↑ Cystein.

Cysat, Johann Baptist ['tsiːzat], * Luzern 1588 (?), † ebd. 3. (17. ?) März 1657, schweizer. Astronom. – 1618 machte er die ersten Kometenbeobachtungen mit dem Fernrohr und entdeckte den Orionnebel.

Cyst... ↑ Zyst...

Cystein [griech.] (2-Amino-3-mercaptopropionsäure), Abk. Cys, lebenswichtige schwefelhaltige Aminosäure; kann leicht zum Disulfid ↑ Cystin oxidiert werden, was für die Struktur von Eiweißkörpern von großer Bed. ist, da durch diesen Mechanismus verschiedene Peptidketten über ↑ Disulfidbrücken verbunden werden können (z. B. beim Insulin). C. ist auch therapeutisch wirksam bei Schwermetallvergiftungen und Strahlungsschäden. Chem. Strukturformel:

$$HS-CH_2-CH-COOH$$
$$|$$
$$NH_2$$

Cystin [griech.], Disulfid des Cysteins; für den Aufbau vieler Proteine wichtige schwefelhaltige Aminosäure, die bes. in den Keratinen vorkommt.

Cystis ↑ Zyste.

cyto..., Cyto... ↑ zyto..., Zyto...

Czartoryski [poln. tʃartɔˈriski], litauisch-poln. Adelsschlecht, seit dem 15. Jh. nachgewiesen; gewann 1623 den Reichsfürstentitel; stand im 18. Jh. an der Spitze einer prorussisch orientierten Adelspartei; bed.:
C., Adam Jerzy (Georg) Fürst, * Warschau 14. Jan. 1770, † Montfermeil bei Paris 15. Juli 1861. – Gehörte seit 1801 zum engsten Freundes- und Beraterkreis des Kaisers Alexander I., verfolgte 1804–06 als russ. Außenmin. den Plan einer Wiederherstellung der poln. Einheit in Personalunion mit Rußland; 1831 von der russ. Reg. zum Tode verurteilt, weil er sich dem Aufstand seiner Landsleute als Präs. einer poln. Nationalreg. zur Verfügung gestellt hatte.

Czech, Ludwig [tʃɛç], * Lemberg 14. Febr. 1870, † Theresienstadt 20. Aug. 1942, sudetendt. Politiker. – Seit 1920 Vors. der sudetendt. Dt. Sozialdemokrat. Arbeiterpartei; 1929–38 Min. in mehreren tschechoslowak. Kabinetten; 1941 im KZ Theresienstadt inhaftiert.

Czechowski, [Karl] Heinz [tʃ...], * Dresden 7. Febr. 1935, dt. Schriftsteller. – Schreibt v. a. von seiner sächs. Heimat geprägte Natur- und Gedankenlyrik, auch Essays, Übers. – *Werke:* Nachmittag eines Liebespaares (Ged., 1962), Schafe und Sterne (Ged., 1974), An Freund und Feind (Ged., Ausw. 1983), Ich und die Folgen (Ged., 1987), Gegenlicht (Ged. und Prosa, 1990).

Czenstochau ['tʃɛnstɔxau] ↑ Tschenstochau.

Czernin von und zu Chudenitz, Ottokar Theobald Graf ['tʃɛrniːn, tʃɛrˈniːn; ˈkuːdənits], * Dimokur (= Dymokury) 26. Sept. 1872, † Wien 5. April 1932, östr. Politiker. – Arbeitete als Außenmin. (1916–18) auf einen Verständigungsfrieden hin; bekämpfte den Plan Karls I., der einen nach Nationalitäten geordneten Bundesstaat vorsah.

Czernowitz [tʃɛr...] ↑ Tschernowzy.

Czerny ['tʃɛrni], Carl, * Wien 20. Febr. 1791, † ebd. 15. Juli 1857, östr. Komponist und Klavierpädagoge. – Schüler von Beethoven, Lehrer von Liszt; von seinen mehr als 1 000 Kompositionen behielten die didakt. Werke für Klavier bis heute Bedeutung.
C., Vinzenz, * Trautenau 19. Nov. 1842, † Heidelberg 3. Okt. 1916, dt. Chirurg. – Prof. in Freiburg im Breisgau und Heidelberg; bed. Krebschirurg; Begründer des Krebsforschungsinst. Heidelberg.

Częstochowa [tʃɛstɔˈxɔva] ↑ Tschenstochau.

Czibulka, Alfons Freiherr von ['tʃiːbʊlka, tʃiˈbʊlka], * Schloß Radborsch in Böhmen 28. Juni 1888, † München 22. Okt. 1969, östr. Schriftsteller. – Schrieb humorvollvolkstüml. Romane, Erzählungen und Biographien; u. a. „Prinz Eugen" (Biogr., 1927), „Das Abschiedskonzert" (Haydn-R., 1944), „Mozart in Wien" (1962).

Cziffra [ungar. ˈtsifrɔ], Géza von, * Arad (Rumänien) 19. Dez. 1900, † Dießen a. Ammersee 28. April 1989, östr. Filmregisseur ungar. Herkunft. – Bekannt durch Unterhaltungs- und Revuefilme, u. a. „Der weiße Traum" (1943), „Die Dritte von rechts" (1950).
C., György, * Budapest 5. Nov. 1921, ungarisch-frz. Pianist. – Emigrierte 1956 nach Frankreich; internat. geschätzter Interpret (v. a. Chopin, Liszt).

Czinner, Paul ['tsınɐr], * Wien 30. Mai 1890, † London 22. Juni 1972, östr. Regisseur. – Berühmt durch Filme mit seiner Frau E. Bergner, u. a. „Fräulein Else" (1929), „Der träumende Mund" (1932).

Adam Jerzy Fürst Czartoryski

Carl Czerny

Alfons Freiherr von Czibulka

D

D, der vierte Buchstabe des Alphabets, im Griech. δ (Delta), im Nordwestsemit. (Phönik.) Δ, Δ (Daleth).
▷ (d) in der *Musik* die Bez. für die 2. Stufe der Grundtonleiter C-Dur, durch ♭-(b-)Vorzeichnung erniedrigt zu *des,* durch ♯ (Kreuz) erhöht zu *dis.*
▷ (Münzbuchstabe) ↑ Münzstätten.
D, chem. Symbol für ↑ Deuterium.
D, Abk.:
▷ für lat. **D**atum, **D**ebet, **D**ecimus, **D**ecuria, **D**eus, **D**evotus, **D**ictator, **D**igesta, **D**ivis, **D**ominus u. a.
▷ (D, d) für ↑ dextrogyr.
D, röm. Zahlzeichen für 500.
d, physikal. Symbol für das ↑ Deuteron.
d, Einheitenzeichen für die Zeiteinheit Tag.
d, Vorsatzzeichen für ↑ Dezi...

d, mathemat. Zeichen für das Differential (↑ Differentialrechnung).

D., Abk.:
▷ für **D**octor theologiae (Ehrendoktor der ev. Theologie).
▷ für span. **D**on (Herr).

da, Vorsatzzeichen für ↑ Deka...

d. a., Abk. für lat.: **d**icti **a**nni („besagten Jahres").

DAAD, Abk. für: ↑ **D**eutscher **A**kademischer **A**ustauschdienst.

DAB, Abk. für: **D**eutsches **A**rzneibuch (↑ Arzneibuch).

Dabie Shan (Tapie Shan) [chin. dabiɛʃan] (Hwaiyangschan), rd. 500 km langer, von NW nach SO verlaufender Gebirgszug im mittleren China, zw. der Großen Ebene und dem mittel- und südchin. Bergland, östl. Fortsetzung des Qinling Shan, bis 1 900 m hoch.

Dabit

Dachs

Satteldach

Walmdach

Krüppelwalmdach

Zeltdach Turmdach

Kreuzdach

Pultdach

Sheddach

Mansardendach

Dach. Dachformen

Dabit, Eugène [frz. dabi], * Paris 21. Sept. 1898, † Sewastopol 21. Aug. 1936, frz. Schriftsteller. – Sein Roman „Hôtel du Nord" (1929) gilt als das Meisterwerk des [naturalist.] Populismus.

Dąbrowa Górnicza [poln. dɔmˈbrɔva gurˈnitʃa] (dt. Dombrowa), poln. Stadt im oberschles. Ind.gebiet, 15 km nö. von Kattowitz, 300 m ü. d. M., 140 000 E. Bergbauschule; Steinkohlenbergbau; Eisen-, Glashütte.

Dąbrowska, Maria [poln. dɔmˈbrɔfska], geb. Szumska, * Russowie bei Kalisz 6. Okt. 1889, † Warschau 19. Mai 1965, poln. Schriftstellerin. – Setzte die Tradition der poln. realist. Romans mit einfachen, lebensechten Familien- und Bauernromanen fort; u. a. „Die Landlosen" (R., 1925), „Nächte und Tage" (R., 4 Bde., 1932–34).

Dąbrowski (Dombrowski), Jan Henryk [poln. dɔmˈbrɔfski], * Pierzowice bei Krakau 2. oder 29. Aug. 1755, † Winnogóra bei Posen 6. Juni 1818, poln. General. – Teilnahme am Aufstand Kościuszkos (1794); kämpfte unter Napoleon I. für die Wiederherstellung Polens.

da capo [italien.], Abk. d. c., Anweisung, ein Musikstück vom Anfang zu wiederholen und bis zu dem Zeichen „fine" (⌒ oder 𝄋, d. c. al fine) zu spielen.

Dacca [engl. ˈdækə] ↑ Dhaka.

Dach, Simon, * Memel 29. Juli 1605, † Königsberg (Pr) 15. April 1659, dt. Dichter. – Prof. für Poesie an der Univ. Königsberg; schrieb schlichte Lieder (vertont von H. Albert) und Gedichte; von D. stammt vermutl. das Lied „Anke van Tharaw".

Dach, oberer Abschluß eines Gebäudes zum Schutz gegen Witterungseinflüsse, bestehend aus der tragenden Dachkonstruktion (**Dachstuhl**) und der Dachhaut. **Formen:** Nach der Art der *D.fläche* unterscheidet man ungebrochene, gebrochene, gebogene und runde Dächer, nach der *D.neigung* das Terrassen-D., das Flach-D. und das Schräg- oder Steil-D. Hinsichtlich der *D.form* unterscheidet man das **Sattel-** oder **Giebeldach** (häufigste D.form); die an den Schmalseiten des Hauses entstehenden Dreiecke werden als *Giebel* bezeichnet; das **Walmdach,** mit einer auf gleicher Höhe ringsum verlaufenden D.traufe; das **Krüppelwalm-** oder **Schopfwalmdach,** bei dem die Traufen der Giebelwalme höher liegen als die Traufen der Hauptdachflächen; das **Mansardendach;** das **Kreuzdach,** bei dem quer zum Haupt-D. ein weiteres Giebel-D. angesetzt ist; das **Pult-** oder **Halbdach** (halbes Sattel-D.); das **Schleppdach** sowie das **Shed-** oder **Sägedach,** bes. bei Industriebauten; das **Zelt-** oder **Pyramidendach.** Weitere D.formen sind das **Turmdach,** die **Dachhaube** (Zwiebel-D. oder welsche Haube), das **Flachdach** sowie das **Kegel-** und das **Kuppeldach.** Daneben gibt es noch das Ringpult, das Graben-, das Zwerg-D., das Rhomben-, das Falt- und das Glocken-D. Eine moderne D.form ist das durchhängende oder gekrümmte **Hängedach. Dachkonstruktionen** aus Holz, Stahlbetonfertigteilen, Stahl oder Leichtmetall und Stahl- bzw. Spannbeton. Zimmermannsmäßige D.konstruktionen sind das Kehlbalkensparren-D. und das Pfetten-D. Beim **Kehlbalkensparrendach** dienen je zwei durch Scherzapfen verbundene Sparren und im Deckenbalken (D.balken) als Träger. Beim **Pfettendach** liegen die mit Scherzapfen verbundenen Sparren auf parallel zum First verlaufenden Balken, den *Pfetten.* Bei Stahlbetonbauten werden Wände und D. aus demselben Baustoff hergestellt. Hier ist v. a. das Schalendach eine moderne Ausführungsart. Man unterscheidet Tonnen- und Shedschalen sowie einfach und doppelt gekrümmte Schalen. Mit doppelt gekrümmten Schalen können größte Kuppelbauten ausgeführt werden. D.konstruktionen aus Spannbeton werden für bes. große Spannweiten oder für weit auskragende Überdachungen (beispielsweise von Stadiontribünen) verwendet.

▷ Gebirgsschichten, die unmittelbar über einem Abbauraum anstehen.

Dachau, Krst. in Bayern, am N-Rand des Dachauer Mooses, 505 m ü. d. M., 33 800 E. Bezirksmuseum; Maschinen-, elektrotechn., Papierind. – 805 erstmals erwähnt; seit 1937 Stadt. Am Ortsrand befand sich eines der ersten nat.soz. KZ (seit 1933; seit 1940 hin zahlr. Außenstellen). 1933–45 waren im KZ rd. 206 000 Menschen interniert, von denen zw. 1940–45 mindestens 32 000 umkamen. – Pfarrkirche (1625); Gedenkstätten beim KZ: Karmelitinnenkloster Kapelle der Todesangst Christi (1960), Sühnekloster Hl. Blut (1963/64), jüd. Gedenkstätte (1964), ev. Versöhnungskirche (1965–66).

D., Landkr. in Bayern.

Dachauer Moos, Niedermoorgebiet zw. Amper und Isar, auf der Münchner Ebene, Bayern. Das D. M. wurde seit etwa 1800 kultiviert.

Dachdeckung, die auf der Dachkonstruktion liegende, zur Abdichtung des Gebäudeinneren gegen Witterungseinflüsse dienende Dachhaut; auch Bez. für das Aufbringen dieser Dachhaut. Man unterscheidet *ableitende D.* (mit Dachziegeln u. a.) und *abdichtende D.* (mit Dachpappe, Folien u. a.); nach dem Material *harte* (aus Dachziegeln, Schiefer u. a.) und *weiche Eindeckungen* (aus Schilfrohr, Holz). Dachziegeleindeckungen sind am weitesten verbreitet. Wellplatten werden aufgeschraubt. Vorgefertigte Dachplatten aus Bims-, Gas- oder Spannbeton u. a. werden sowohl auf Holz- als auch Stahldachkonstruktionen verlegt. Dachpappe oder Glasfaservlies wird auf Holz genagelt oder geklebt. Bei der Metalleindeckung werden Bleche aus Blei, Zink, Kupfer, verzinktem Eisen auf Holzschalungen oder Beton verlegt. Bei Dächern aus Spannbeton dient häufig die tragende Konstruktion gleichzeitig als Dachhaut.

Dachfirst (First, Firstlinie), oberste waagerechte Kante des geneigten Daches.

Dachgaupe (Dachgaube), Dachaufbau für stehendes Dachfenster.

Dachgesellschaft, Unternehmen, meist in der Rechtsform einer AG oder GmbH, das der einheitl. Lenkung und Kontrolle eines Konzerns oder Trusts dient; besitzt regelmäßig Beteiligungen (oft mit Kapitalmehrheit) an den angeschlossenen Unternehmen.

Dachpappe, mit Teer oder Bitumen getränkte und beschichtete Rohfilzpappe, die mit Sand, Kies o. ä. bestreut ist.

Dachreiter, schlankes, oft hölzernes Türmchen auf dem Dachfirst, v. a. Bestandteil von Zisterzienserkirchen.

Dachs (Meles), Gatt. der Marder mit der einzigen Art *Meles meles* in großen Teilen Eurasiens; etwa 70 cm körperlang, plump, relativ kurzbeinig, mit 15–20 cm langem Schwanz; Rücken grau, Kopf schwarzweiß gezeichnet, sehr langschnäuzig; gräbt einen Erdbau mit zahlr. Ausgängen an lichten Waldrändern oder Feldgehölzen; Allesfresser.

Dachsbracke, aus hochläufigen ↑ Bracken gezüchtete Rasse bis etwa 40 cm schulterhoher Jagdhunde.

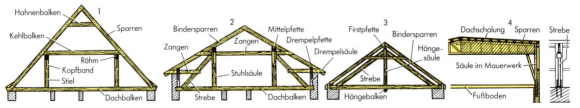

Dach. Dachkonstruktionen: 1 Kehlbalkensparrendach; 2 Pfettendach mit doppelt stehendem Stuhl und Drempel (Kniestock); 3 Pfettendach mit einfachem Hängewerk; 4 freitragende Dachkonstruktion für große Weiten mit Holzvollwandnagelbindern

Dachstein, Hochgebirgsstock in den Nördl. Kalkalpen, Österreich, zw. dem Pötschenpaß im N und der Ramsau (Ennstal) im S, im Hohen D. 2995 m hoch, mit Karrenfeldern, Höhlen und kleineren Gletschern.

Dachsteinhöhlen, Höhlensystem im Dachstein, sö. von Hallstatt, Österreich; am bekanntesten die 25 km lange **Mammuthöhle** (in mehreren Stockwerken, 800 bzw. 1800 m erschlossen) und die 2 km lange **Rieseneishöhle** (Eisbildungen).

Dachstuhl ↑ Dach.

Dachziegel, aus Lehm oder Ton geformte, durch Brennen verfestigte, wasserundurchlässige Bauelemente zur Eindeckung von Steildächern; man unterscheidet der Form nach Flach-, Hohl- und Falzziegel. Zu den ebenen **Flachziegeln** gehören *Biberschwanz* sowie *Schwalbenschwanzziegel.* Zu den **Hohlziegeln** *(Pfannen)* mit stark gekrümmten Flächen zählen: 1. rinnenförmige, kon. *Nonnen-* oder *Rinnenziegel* und *Mönch-* oder *Deckziegel;* 2. S-förmig gekrümmte *Hohlpfannen* mit rechts- oder linksseitiger Krempe, die über den Nachbarziegel greift (beiderseitige Krempe bei *Doppelkrempern*). 3. *First-* und *Gratziegel* zur Eindeckung der Firste und Grate. Zu den **Falzziegeln** (ebene oder gekrümmte Querschnitte; einfache oder doppelte Falze am Kopf und/oder an den Seiten) zählen: 1. die flache *Falzplatte* und die hohlpfannenförmige *Flachdachpfanne* (beide mit doppelten Kopf- und Seitenfalzen, für flache Dachneigungen geeignet); 2. die schwach gewölbten *Flachdachziegel* und *Flachpfannen;* 3. die mit zwei muldenförmigen Vertiefungen sowie zwei Kopf- und Seitenfalzen versehenen *Muldenfalzziegel;* 4. die *Klosterpfannen,* kombinierte Mönch-Nonnen-Ziegel mit Kopf- und Seitenfalz.

Dada. Hannah Hoech, Das schöne Mädchen, Collage, 1920 (Privatbesitz)

Dacia ↑ Dakien.

Dackel [urspr. oberdt. für Dachshund] (Dachshund, Teckel), urspr. bes. zum Aufstöbern von Fuchs und Dachs im Bau gezüchtete Rasse bis 27 cm schulterhoher, sehr kurzbeiniger ↑ Bracken; mit ziemlich langgestrecktem Kopf, Schlappohren, langem Rücken und langem Schwanz; nach der Haarbeschaffenheit unterscheidet man: **Kurzhaardackel** (Haare kurz, anliegend), **Langhaardackel** (Haare lang, weich, glänzend), **Rauhhaardackel** (Haare rauh, etwas abstehend).

Dackellähme, Erkrankung der Wirbelsäule bei Hunden, bei der es durch Vorfall der Zwischenwirbelscheiben zu Quetschungen des Rückenmarks kommt. Als Folge treten Lähmungserscheinungen in den Hinterbeinen auf. Die D. wird vorwiegend bei solchen Hunderassen beobachtet, die ein ungünstiges Verhältnis zw. Körperhöhe und Rumpflänge aufweisen (Dackel, Pekinese, Frz. Bulldogge).

Dachstein. Blick von der Ramsaualm auf die Große Bischofsmütze (2459 m ü. M.)

Dacko, David [frz. da'ko], *Bouchiq 24. März 1930, zentralafrikan. Politiker. – 1959–66 Min.präs., 1960–66 gleichzeitig auch Präs. der Zentralafrikan. Republik; durch J.-B. Bokassa entmachtet, nach dessen Sturz 1979 erneut Staatspräs., 1981 abgesetzt.

Da-Costa-Syndrom [nach dem amerikan. Internisten J. Da Costa, *1838, †1900], svw. ↑ Effort-Syndrom.

Dada [frz.; zu kindersprachl. dada „Pferd"], internat. Kunst- und Literaturrichtung, entstanden unter dem Eindruck des 1. Weltkrieges. In Zürich (1916–18) gründeten H. Arp, H. Ball, R. Huelsenbeck, M. Janco, T. Tzara u. a. das „Cabaret Voltaire", Podium des Protestes gegen den „Wahnsinn der Zeit" (Arp); für „die grandiosen Schlachtfeste und kannibal. Heldentaten" (Ball) machte man das (Bildungs)bürgertum verantwortlich. Gegen dessen Kunstformen und ästhet. Wertmaßstäbe wurden provokative Anti-Programme veranstaltet mit Geräuschkonzerten, Lautgedichten und literar. ↑ Montagen. Dabei ließen die Dadaisten den Zufall walten, ebenso z. B. auch in der Namenswahl (Zufallsfund im Wörterbuch) oder bei den beliebten unkonventionellen Materialmontagen und Collagen. Ein häufiges bildner. Element ist die zeitkrit. Darstellung des Menschen als Maschine. Der *Berliner D.* (1918–20 mit Huelsenbeck, W. Herzfelde und J. Heartfield, G. Grosz, R. Hausmann, H. Hoech, W. Mehring und J. Baader) veranstaltete im „Club D." eine „Internat. D.-Messe" (Juni 1920). Die Zeitschrift „Der D." pendelte zw. anarchist. und kommunist. Argumentation. Der *Kölner D.* (1919/20 mit M. Ernst, J. Baargeld und Arp) gipfelte in der polizeilich geschlossenen Ausstellung „D.-Vorfrühling" im April 1920, die dann doch gezeigt werden durfte („D. siegt"). In Hannover proklamierte K. Schwitters eine D.version unter dem Namen „Merzkunst". Der *Pariser D.* (mit Tzara, Arp, L. Aragon, A. Breton, P. Éluard u. a.) ging im Surrealismus auf.

Dädalus [griech. „der Kunstfertige"] (Daidalos), in der griech. Mythologie kunstreicher Handwerker, Erfinder u. Baumeister. Wegen der Ermordung seines Neffen und Lehrlings Talos (oder Perdix) muß er nach Kreta zu König Minos fliehen, für den er bei Knossos das Labyrinth als Wohnstätte des Minotauros erbaut. D. wird zus. mit seinem Sohn Ikarus gefangengehalten, entkommt jedoch mit Hilfe kunstvoller Flugmaschinen, die er für sich und seinen Sohn verfertigt hat. Dieser stürzt bei der nach ihm ben. Insel Ikaria in die Agäis.

Daddi, Bernardo, *Florenz zw. 1290/95, †um 1350, italien. Maler. – Führte den von Duccio geschaffenen Typus des „Andachtsbildes" in Florenz ein. Bed. Tafeln kleinen Formates, z. B. „Thronende Maria zw. Engeln und Heiligen" (1334; Uffizien).

Dachziegel.
1 Biberschwanz;
2 Nonnenziegel;
3 Mönchziegel;
4 Flachdachpfanne,
5 Klosterpfanne

Dadra and Nagar Haveli

Dahlie. Kaktus- oder Edeldahlie

Friedrich Christoph Dahlmann

Felix Dahn

Lil Dagover

Dadra and Nagar Haveli [engl. 'dædrə ənd 'nægə hə-'veli], zweitkleinstes der Unionsterritoriens Indiens, 491 km², 138 400 E (1991). Am S-Ausgang des Golfes von Cambay gelegen; Hauptstadt Silvassa.

Daffinger, Moritz Michael, *Wien 25. Jan. 1790, †ebd. 22. Aug. 1849, östr. Miniaturmaler. – Bevorzugter Porträtist des östr. Hofes und Adels.

Dafni, griech. Gemeinde 10 km westl. von Athen, mit ehem. Klosterkirche (um 1080, 1960 restauriert); im Innern bed. Goldmosaiken (um 1100; z. T. restauriert).

Dafydd ap Gwilym [walis. 'davið ab 'gwɪlɪm], *Bro Gynin (Cardiganshire) um 1320, †um 1380, walis. Dichter. – Verfaßte in der gebildeten Umgangssprache Natur- und Liebeslyrik; zählt zu den großen Dichtern des europ. Mittelalters.

DAG, Abk. für: ↑**D**eutsche **A**ngestellten-**G**ewerkschaft.

Dagens Nyheter [schwed. „Tagesneuigkeiten"], schwed. Zeitung, ↑Zeitungen (Übersicht).

Dagerman, Stig Halvard, eigtl. Jansson, *Älvkarleby bei Uppsala 5. Okt. 1923, †Danderyd bei Stockholm 4. Nov. 1954 (Selbstmord), schwed. Schriftsteller. – Im Mittelpunkt seines erzähler. und dramat. Werks stehen Menschen in verzweifelten Situationen, u. a. „Der zum Tode Verurteilte" (Dr., 1947), „Spiele der Nacht" (Nov., 1947), „Schwed. Hochzeitsnacht" (R., 1949).

Dagestan, autonome Republik innerhalb Rußlands, zw. dem Großen Kaukasus im W und dem Kasp. Meer im O, 50 300 km², 1,82 Mill. E (1990), v. a. Awaren, Darginer, Kumücken, Lesgier, Russen; Hauptstadt Machatschkala. – Trockenes subtrop. Klima. Häufig Gebirgssteppenvegetation, im N Halbwüsten. – In geschützten Tälern und an Gebirgsflanken Wein- und Obstanbau, in den Gebirgsvorland Anbau von Gemüse, ferner Weizen, Mais und Sonnenblumen, Schafzucht oft als Wanderweide. – Erdöl- und Erdgasfelder (als Grundlage der Ind.) am Küstensaum des Kasp. Meeres.

Geschichte: Im 7. Jh. Eindringen der Araber (Ausbreitung des Islams); Anschluß an Rußland 1813; Bildung der Dagestan. ASSR am 20. Jan. 1921.

Dagestan ↑Orientteppiche (Übersicht).

Dagö (estn. Hiiumaa), zweitgrößte estn. Ostseeinsel, 965 km², Hauptort Kärdla; bis 63 m ü. d. M., im Inneren Moore und Wald. Seit 1237 im Besitz des Dt. Ordens; 1560 dän., 1582 schwed. und 1721 russ.; kam 1918 zur Rep. Estland.

Dagoba [singhales.], Bez. für den ↑ Stupa auf Sri Lanka.

Dagobert, Name fränk. Könige aus dem Hause der Merowinger:

D. I., *zw. 605 und 610, †19. Jan. 639. – Sohn Chlothars II.; 623 König von Austrien, seit 629 des Gesamtreiches; mußte 633 in Austrien seinen Sohn Sigibert III. als König einsetzen.

D. II., *652, †bei Stenay (bei Verdun) 23. Dez. 679 (ermordet). – Sohn Sigiberts III.; König von Austrien (656–661 und 676–679); vom austras. Hausmeier Grimoald, der in einem Staatsstreich seinen Sohn Childebert zum König erhob, 662 nach Irland verbannt; 676 vom austras. Adel zurückgeholt.

Dagover, Lil [...vər], eigtl. Marie Antonia Sieglinde Marta Seubert, in 1. Ehe verh. Daghofer, *Madiun (auf Java) 30. Sept. 1887, †Grünwald bei München 23. Jan. 1980, dt. Schauspielerin. – Star des dt. Stummfilms; auch an Berliner Bühnen; zahlr. Filmrollen, u. a. in „Die Buddenbrooks" (1959), „Die seltsame Gräfin" (1961).

Daguerreotypie [dagero...; frz./griech.], 1837 von dem frz. Maler Louis Jacques Daguerre (*1787, †1851) erfundenes photograph. Verfahren; eine lichtempfindl. Silberjodidschicht wird in der Camera obscura längere Zeit belichtet und mit Quecksilberdämpfen sichtbar gemacht. Nichtbelichtetes Silberjodid wird durch Fixieren in Natriumthiosulfat entfernt. Man erhält ein positives seitenverkehrtes Bild.

Dahl, Johan Christian Clausen, *Bergen 24. Febr. 1788, †Dresden 14. Okt. 1857, norweg. Maler. – Zus. mit seinem Freund C. D. Friedrich sowie C. G. Carus Vertreter der romant. Landschaftsschule in Dresden; neigte jedoch mehr zum Realismus als diese; Lehrer u. a. von K. Blechen und T. Fearnley.

D., Roald, *Llandaff (Glamorgan) 13. Sept. 1916, †Oxford 23. Nov. 1990, brit. Schriftsteller norweg. Abstammung. – Begann mit realist. Erzählungen; bekannt wurde er als Meister des Makabren und des schwarzen Humors durch Kurzgeschichtensammlungen wie „,... und noch ein Küßchen" (1953), „Kuschelmuschel" (1974), „Hexen lauern überall" (1983); auch Gedichte, Kinderbücher, Drehbücher.

Dahlakarchipel, äthiop. Inselgruppe im Roten Meer, 2 große und über 100 kleine, meist unbewohnte Inseln.

Dahlem, Franz, *Rohrbach (Lothringen) 13. Jan. 1892, †Berlin (Ost) 17. Dez. 1981, dt. Politiker. – Seit 1920 Mgl. der KPD; 1928–33 MdR; nach 1933 Emigrant; Teilnehmer am Span. Bürgerkrieg; 1941–45 im KZ Mauthausen; gehörte als Kaderleiter der KPD bzw. SED in der SBZ bzw. DDR bis 1952 den höchsten Parteigremien an; 1953 aller Parteifunktionen enthoben; 1956 rehabilitiert; 1957 erneut Mgl. des ZK.

Dahlerus, Birger, *Stockholm 6. Febr. 1891, †ebd. 8. März 1957, schwed. Industrieller. – Als Bekannter H. Görings übermittelte er 1939, kurz vor Kriegsausbruch, zw. Großbritannien und Deutschland persönl. Botschaften, die neben den offiziellen diplomat. Verhandlungen liefen und zur friedl. Lösung der poln. Frage beitragen sollten.

Dahlhaus, Carl, *Hannover 10. Juni 1928, †Berlin (West) 13. März 1989, Musikwissenschaftler. – War Editionsleiter der R.-Wagner-Gesamtausgabe und Hg. der Ergänzungsbände zum Riemann-Musiklexikon; zahlr. Publikationen insbes. zur Musik des 19. und 20. Jahrhunderts.

Dahlie [nach dem schwed. Botaniker A. Dahl, *1751, †1780] (Georgine, Dahlia), Gatt. der Korbblütler mit etwa 15 Arten in den Gebirgen Mexikos und Guatemalas; Stauden mit knollig verdickten Wurzeln, gegenständigen, fiederteiligen Blättern und großen, flachen, verschiedenfarbenen Blütenköpfchen. Die nicht winterharten **Gartendahlien** (Dahlia variabilis) sind beliebte Garten-, Schnitt- und Topfblumen.

Dahlke, Paul, *Streitz (Pommern) 12. April 1904, †Salzburg 24. Nov. 1984, dt. Schauspieler. – 1933–44 Engagement am Dt. Theater Berlin, danach in München; bekannt durch zahlr. Film- und Fernsehrollen.

Dahlmann, Friedrich Christoph, *Wismar 18. Mai 1785, †Bonn 5. Dez. 1860, dt. Politiker und Historiker. – 1813 Prof. in Kiel, seit 1829 in Göttingen, 1837 als Führer der ↑Göttinger Sieben des Landes verwiesen; 1842 Prof. in Bonn; trat als einer der Führer der kleindt. Partei in der Frankfurter Nationalversammlung hervor; wurde zum geistigen Vater der preuß. Schule in der dt. Historiographie; Hauptwerk: „Quellenkunde der dt. Geschichte" (1830, fortgesetzt von G. Waitz u. a., ¹⁰1965 ff., bisher 6 Bde. erschienen, Bd. 7 in Vorbereitung).

Dahn, Felix, *Hamburg 9. Febr. 1834, †Breslau 3. Jan. 1912, dt. Schriftsteller. – Prof. für Rechtswiss. in Würzburg, Königsberg (Pr) und Breslau; schrieb u. a. „Kleine Romane aus der Völkerwanderung" (13 Bde., 1882–1901) und den Roman „Ein Kampf um Rom" (4 Bde., 1876).

Dahn, Stadt in Rhld.-Pf., im **Dahner Felsenland,** einer durch bizarre Felsen ausgezeichneten Landschaft zw. Queich und Wieslauter, 202 m ü. d. M., 4 800 E. Schuh- und Holzind.; Fremdenverkehr. – D. entstand wohl im 10. Jh.; seit 1963 Stadt.

Dahome (frz. Dahomey [frz. daɔ'mɛ]), ehem. Reich der Guineaküste, östl. des Reiches der Aschanti; seit Mitte des 17. Jh. ein Staatswesen, in dem eine Anzahl verwandter Stämme zusammenlebte; Militärdespotie; 1892 von den Franzosen erobert.

Dahomey [da(h)o'mɛ:] ↑ Benin.

Dahrendorf, Ralf, *Hamburg 1. Mai 1929, dt. Soziologe und Politiker. – Seit 1958 Prof. in Hamburg, 1960 in Tübingen, 1966 in Konstanz; 1967–70 Präs. der Dt. Gesellschaft für Soziologie; 1974–84 Direktor der London School of Economics; 1969/70 als MdB parlamentar. Staatssekretär im Außenmin., 1970–74 dt. Vertreter bei der Kommission der Europ. Gemeinschaften in Brüssel; 1982–88 Vorstandsvors. der Friedrich-Naumann-Stiftung. Seit 1988 Rektor am St. Anthony's College in Oxford. Arbeiten v. a. zur theoret., zur polit., zur Ind.- und Bildungssoziologie.

Dahschur [dax'ʃuːr], altägypt. Ruinenstätte auf dem Westufer des Nils, 25 km südl. von Kairo, mit zwei Pyramiden des Königs Snofru, ferner drei Pyramiden der 12. Dynastie aus Nilschlammziegeln.

Daidalos ↑ Dädalus.

Dáil Éireann [engl. daɪl'ɛərən], Name des Unterhauses der Republik Irland.

Daily Express [engl. 'deɪlɪ ɪks'prɛs „tägl. Expreß"], brit. Zeitung, ↑ Zeitungen (Übersicht).

Daily Mail [engl. 'deɪlɪ 'mɛɪl „Tagespost"], brit. Zeitung, ↑ Zeitungen (Übersicht).

Daily Mirror [engl. 'deɪlɪ 'mɪrə „Tagesspiegel"], brit. Zeitung, ↑ Zeitungen (Übersicht).

Daily Telegraph, The [engl. ðə 'deɪlɪ 'tɛlɪgrɑːf „Tägl. Telegraph"], brit. Zeitung, ↑ Zeitungen (Übersicht).

Daily-Telegraph-Affäre [engl. 'deɪlɪ 'tɛlɪgrɑːf], Verfassungskrise um Kaiser Wilhelm II., ausgelöst durch die Veröffentlichung seiner Gespräche mit brit. Freunden (1907) im „Daily Telegraph" vom 28. Okt. 1908. Der Kaiser hatte demnach gesagt, er stehe als Freund Englands in Deutschland allein; während des Burenkriegs (1899–1902) habe er ein antibrit. Bündnis verhindert und Königin Victoria einen Feldzugplan zukommen lassen. In Großbritannien wurden die Äußerungen als Provokation, in Deutschland trotz vorheriger (unzureichender) Überprüfung durch Reichskanzler und Auswärtiges Amt als Ausdruck des „persönl. Regiments" scharf kritisiert. Die Affäre trug dazu bei, die Schwäche des monarch. Regiments sichtbar zu machen, und stärkte die Tendenz zur Parlamentarisierung des dt. Verfassungslebens.

Daimler, Gottlieb [Wilhelm], *Schorndorf 17. März 1834, † Bad Cannstatt (heute zu Stuttgart) 6. März 1900, dt. Maschinenbauingenieur und Erfinder. – Entwickelte 1872 bei der Gasmotorenfabrik Deutz den Otto-Viertaktmotor zur Serienreife, 1882 mit W. Maybach in Cannstatt einen Einzylinder-Viertakt-Benzinmotor mit Glührohrzündung. In weiterentwickelter Form baute D. ihn 1885 in ein Zweirad ein, 1886 in eine Kutsche und ein Boot. Schuf 1892 den Zweizylinder-Reihenmotor, baute seit 1899 auch Vierzylindermotoren.

Daimler-Benz AG, dt. Konzern des Kfz- und des Motorenbaus, Sitz Stuttgart, 1926 durch Zusammenschluß der **Daimler-Motoren-Gesellschaft** (gegr. 1890 in Cannstatt) und der **Benz & Cie., Rheinische Gasmotorenfabrik Mannheim** (gegr. 1883, seit 1899 AG) entstanden; seit 1900 Verwendung des Namens **Mercedes** (nach dem Vornamen der Tochter von Emil Jellinek (1853–1918), der die Konstruktion eines Daimler-Rennwagens anregte). Nach der Übernahme der (Aktien)mehrheiten von AEG, Dornier GmbH und MTU sowie der Fusion mit MBB (1989) neu gegliedert.

Daimyō, im feudalen Japan Bez. für die dem Ritterstand (Buke) angehörenden Großgrundbesitzer; hatten in ihren Gebieten die Gerichtshoheit und übten Zivil- sowie Militärverwaltung aus.

Dainos [litauisch], alttauische anonyme Volkslieder; den D. verwandt sind die lett. **Dainas**.

Dairy Belt [engl. 'dɛərɪ 'bɛlt], Milchwirtschaftszone im NO der USA, reicht von den Großen Seen bis zur Atlantikküste.

Daisne, Johan [frz. dɛn], eigtl. Herman Thiery, *Gent 2. Sept. 1912, † Brüssel 9. Aug. 1978, fläm. Schriftsteller. – Seine Romane und Novellen spielen in Traumwirklichkeiten und sind dem mag. Realismus verpflichtet. D. verfaßte auch Lyrik und Dramen.

Dajak, zusammenfassender Name der altmalaiischen Stämme auf Borneo; etwa 2 Mill. Die Dörfer liegen an Flüssen und bestehen z. T. aus bis zu 200 m langen, rechteckigen Pfahlbauten. Weitverbreitet ist die Ahnenverehrung; früher kam Kopfjagd vor.

Daktyloskopie

Dakar. Im Vordergrund der ehemalige Palast des Generalgouverneurs, heute Präsidentenpalast

Dakar, Hauptstadt der Republik Senegal, im W der Halbinsel Kap Vert, 1,4 Mill. E. Wirtschafts-, Kultur- und Verkehrszentrum des Landes; Sitz eines kath. Erzbischofs, Univ. (gegr. 1957), Forschungsinstitute, Museen, Nationaltheater mit Nationalballett. V. a. Nahrungsmittelind., kunststoffverarbeitende sowie Textilind. Wichtigster Hafen des Landes; Fischereihafen; internat. ✈. – 1857 gegr., seit 1904 Hauptstadt von Frz.-Westafrika, seit 1958 von Senegal.

Daker (lat. Daci; Geten), indogerman. Volk, nördlichster Zweig der thrak. Volksgruppe; bewohnten seit dem 2. Jt. v. Chr. im Donau-Karpaten-Raum ein Gebiet, das etwa dem heutigen Rumänien entsprach.

Dakien (lat. Dacia; Dazien), Bez. der Gebiete zw. Donau, Theiß und Karpatenbogen, die seit dem 2. Jt. v. Chr. von den Dakern bewohnt wurden; von Trajan in zwei schweren Kriegen (101/102, 105/106) erobert, seit 106 röm. Prov. 271 unter dem Druck der Goten und freien Daker aufgegeben.

Dakisch, die indogerman. Sprache der thrak. Daker, die in der Antike im Gebiet etwa des heutigen Rumänien gesprochen wurde; verwandt mit dem Thrakischen. D. ist nur aus spärl. Überresten bekannt.

Dakka ↑ Dhaka.

Dakoromanismus [nlat.], rumän. Nationalbewegung, im 18. Jh. entstanden; propagierte 1848/49 die Schaffung eines „Großdak. Reiches" (Großrumänien); erreichte in den Friedensverträgen 1919/20 ihr Ziel.

Dakota, größte Gruppe der Siouxstämme im nördl. Prärie- und Plainsgebiet; urspr. seßhaft, danach Bisonjäger; heute etwa 70 000 in Reservaten.

Dakota Territory [engl. dəˈkoʊtə ˈtɛrɪtərɪ], histor. Verwaltungsgebiet der USA, 1861 eingerichtet: durch die Schaffung der Territorien Montana (1864) und Wyoming (1868) reduziert, 1889 in die neuen Bundesstaaten North Dakota und South Dakota aufgeteilt.

Dakryoadenitis [griech.], svw. ↑ Tränendrüsenentzündung.

Dakryozystitis [griech.], svw. ↑ Tränensackentzündung.

Daktliothek [griech.], Sammlung von Gemmen, Kameen und ähnlichem.

Daktylologie [griech.] (Daktylophasie, Chirologie), Finger- und Gebärdensprache der Taubstummen und Gehörlosen.

Daktyloskopie [griech.], Fingerabdruckverfahren, vergleichende Untersuchung des Hautreliefs der Finger. Jeder Mensch hat eine für ihn charakterist., während des ganzen Lebens unveränderl. Struktur der Hautleisten an den Innenhandflächen und den Fußsohlen. Dies ließ die D. u. a. zu einer wichtigen kriminalist. Methode zur Erkennung und Überführung von Straftätern werden. – ↑ genetischer Fingerabdruck.

Dakar
Stadtwappen

Dakar
Hauptstadt von
Senegal (seit 1958)
·
1,4 Mill. E
·
größter Seehafen
Westafrikas
·
gegr. 1857
·
1902–58 Hauptstadt
Französisch-West-
afrikas
·
Univ. (seit 1957)

Gottlieb Daimler

Daktylus

Daktylus [griech.], antiker Versfuß, der aus einer langen (betonten) und zwei kurzen (unbetonten) Silben besteht:

Dal, Wladimir Iwanowitsch, Pseud. Kasak Luganski, *Lugansk 22. Nov. 1801, †Moskau 4. Okt. 1872, russ. Schriftsteller. – Hg. einer Sammlung von etwa 30 000 Sprichwörtern (1861/62) und des ersten erläuternden Wörterbuches der russ. Sprache (1863–66).

Daladier, Édouard [frz. dala'dje], *Carpentras (Vaucluse) 18. Juni 1884, †Paris 10. Okt. 1970, frz. Politiker (Radikalsozialist. Partei). – Seit 1924 mehrfach Min.; 1933, 1934 sowie 1938–40 Min.präs.; betrieb zunächst eine Politik des ↑Appeasements gegenüber Deutschland (Unterzeichnung des Münchner Abkommens); erklärte Deutschland 1939 den Krieg; 1940 verhaftet und vor Gericht gestellt; 1943–45 in Deutschland interniert; 1947–54 Präs. der Linksrepublikan. Sammlungsbewegung; 1953–58 Bürgermeister in Avignon.

Der 14. Dalai-Lama Tenzin Gyatso

Dalai-Lama [zu mongol. dalai „Ozean (des gelehrten Wissens)" und tibet. bla-ma „der Obere"], Titel des bedeutendsten tibet. Priesterfürsten im hierarch. System des ↑Lamaismus. Er residierte in Lhasa. Im März 1959 floh der gegenwärtige 14. D.-L. Tenzin Gyatso (* 1935, 1940 inthronisiert) vor den Chinesen nach Indien; Friedensnobelpreis 1989 für sein Bemühen, Tibet auf friedl. Weg aus der Herrschaft der VR China zu lösen.

Dalälv, Hauptfluß der Landschaft Dalarna, Schweden, 520 km lang, entsteht aus der **Österdalälv,** der den Siljansee durchfließt, und dem **Västerdalälv;** mündet in die Ostsee (Bottn. Meerbusen). Kraftwerke; Flößerei; holzverarbeitende Ind., bes. bei Skutskär im Mündungsgebiet.

Dalarna, histor. Prov. im Übergangsbereich zw. M- und N-Schweden mit Bergbau (Kupfer und Eisen) und Holzwirtschaft; Fremdenverkehr; eigenständige Volkskunst, die sich sowohl in der Holzarchitektur als auch in Trachten und in der Gebrauchskunst bewahrt hat.

Dalasi, Abk.: D; Währungseinheit in Gambia; 1 D = 100 Bututs (b).

Dalayrac, Nicolas [frz. dalɛ'rak] ↑Alayrac, Nicolas d'.

Dalben [niederl.] (Duckdalben), Bündel von Pfählen, die, in den Meeres- oder Hafenboden gerammt, zum Festmachen von Schiffen und zum Schutz der Einfahrten dienen.

Nils Gustaf Dalén

Dalberg, seit 1132 nachweisbares mittelrhein. Uradelsgeschlecht, 1653 in den Reichsfreiherrenstand erhoben; im 17. Jh. Teilung in eine Mainzer (D.-Dalbergsche Linie, 1848 erloschen) und eine Mannheimer Linie (D.-Herrnsheim, 1833 erloschen); bed.:

Salvador Dalí

D., Emmerich Josef Herzog von (seit 1810), *Mainz 30. Mai 1773, †Herrnsheim (= Worms) 27. April 1833, bad. bzw. frz. Diplomat. – Sohn von Wolfgang Heribert Reichsfreiherr von D.; vermittelte die Heirat Napoleons I. mit Erzherzogin Marie Louise; unterzeichnete auf dem Wiener Kongreß die Ächtung Napoleons I.

D., Karl Theodor Reichsfreiherr von ↑Karl Theodor (Reichsfreiherr von Dalberg), Kurfürst von Mainz.

D., Wolfgang Heribert Reichsfreiherr von, *Herrnsheim (= Worms) 13. Nov. 1750, †Mannheim 27. Sept. 1806, Theaterintendant. – Bruder des Kurfürsten Karl Theodor; 1778–1803 Intendant des Mannheimer Nationaltheaters; ließ Schillers erste Dramen uraufführen („Die Räuber" 1782, „Die Verschwörung des Fiesko zu Genua", „Kabale und Liebe" 1784).

Dalbergie (Dalbergia) [nach dem schwed. Arzt N. Dalberg, *1736, †1820], Gatt. der Schmetterlingsblütler mit etwa 200 Arten in den Tropen; Bäume oder Sträucher mit unpaarig gefiederten Blättern; einige Arten liefern wertvolle Hölzer (Palisander, Cocobolo, Rosenholz).

d'Albert, Eugen [frz. dal'bɛːr] ↑Albert, Eugen d'.

Dale, Sir (seit 1932) Henry Hallett [engl. deɪl], *London 5. Juni 1875, †Cambridge 22. Juli 1968, brit. Physiologe und Pharmakologe. – Leiter des Nationalen Instituts für medizin. Forschung in London; erforschte die Wirkungsweise der in der Gynäkologie verwendeten Mutterkornalkaloide; erhielt für die Entdeckung der chem. Übertragung von Nervenimpulsen 1936 zus. mit O. Loewi den Nobelpreis für Physiologie oder Medizin.

d'Alembert, Jean Le Rond [frz. dalã'bɛːr] ↑Alembert, Jean Le Rond d'.

Daleminzier, sorb. Stamm, wohnte an der Elbe um Meißen, 929 von König Heinrich I. endgültig unterworfen.

Dalén, Nils Gustaf, *Stenstorp (Västergötland) 30. Nov. 1869, †Stockholm 9. Dez. 1937, schwed. Ingenieur. – Entwickelte ein Gerät zur Erzeugung von Acetylenlichtblitzen (*D.-Blinklicht*) für Leuchtbojen und Leuchtfeuer; 1912 Nobelpreis für Physik.

Dalfinger (Alfinger), Ambrosius, *Ulm vor 1500, †in Venezuela 1532, dt. Konquistador. – Seit 1526 Leiter einer Handelsniederlassung der Welser im heutigen Haiti; erster span.-kastil. Statthalter Venezuelas.

Dalhousie, James Andrew Broun Ramsay [engl. dæl-ˈhaʊzɪ], Marquess of (1849), *Dalhousie Castle bei Edinburgh 22. April 1812, †ebd. 19. Dez. 1860, brit. Politiker. – Generalgouverneur von Indien 1848–56; erweiterte den brit. Besitz in Indien durch Annexionen von Fürstentümern, in denen es keine männl. Erben gab.

Dalí, Salvador, *Figueras (Katalonien) 11. Mai 1904, †ebd. 23. Jan. 1989, span. Maler. – 1929–34 Mitglied der Surrealistengruppe in Paris, 1940–48 in den USA, lebte in Port-Lligat (= Cadaqués; Costa Brava). Seine in einer virtuos-akadem. Technik ausgeführten, von einer surrealist. Irrationalität getragenen Bildphantasien sind assoziative Darstellungen von traumähnl. Situationen. Die aus bewußt nachvollzogenen, paranoiden Vorgängen gewonnenen Einzelbilder setzte D. mittels seiner „paranoisch-krit." Methode des simulierten Wahnsinns im Simultanbild um. Er bevorzugte monarchist., religiöse und sexuelle Themen. Zahlr. exzentr. und exhibitionist. Auftritte. D. hat Anteil an Buñuels Filmen „Der andalus. Hund" und „L'âge d'or". Zahlr. Schriften.

Dalian [chin. daːˈljɛn] (Talien; früher Lüta, Lüda), chin. Stadt und größter Seehafen im N Chinas, an der S-Spitze der Halbinsel Liaodong, Prov. Liaoning, am Gelben Meer, entstanden aus den Städten *Lüshun* (früher *Port Arthur*) und *Talien* (jap. *Dairen,* chin. *Dalian*), 1,48 Mill. E. TU, Fachhochschulen. Bildet seit 1984 eine der rd. 20 chin. Sonderwirtschaftszonen mit Schiffbau, Petrochemie, elektron., Metall-, Leicht-, Textilind.; internat. ⚓. – Port Arthur 1894 von den Japanern erobert, wurde 1898 mit Talien für 25 Jahre an Rußland verpachtet, 1904/05 erneut von Japan besetzt und im Vertrag von Portsmouth (1905) mit Talien Japan zugesprochen; bis 1945 unter jap. Verwaltung. Der durch den chin.-sowjet. Freundschaftsvertrag der Sowjet-

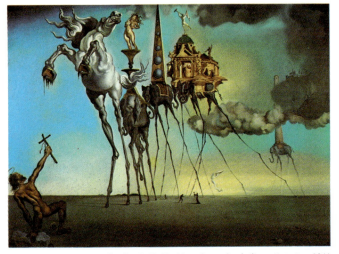

Salvador Dalí. Die Versuchung des heiligen Antonius, 1946 (Brüssel, Musées Royaux des Beaux-Arts)

union zugesicherte Flottenstützpunkt Port Arthur wurde 1955 an China zurückgegeben.

Dalila [da'li:la, dali'la:] ↑Delila.

Dalimilchronik, alttschech. Reimchronik aus dem 14. Jh., als Verf. wurde fälschlich ein Kanoniker Dalimil aus Ostböhmen angenommen; reicht bis zum Jahr 1310.

Dalin, Olof von, *Vinberg (Halland) 29. Aug. 1708, †Drottningholm bei Stockholm 12. Aug. 1763, schwed. Schriftsteller und Geschichtsschreiber. – Hauptführer der älteren schwed. Aufklärung; verfaßte 1747–62 die erste bed. schwed. Geschichtsdarstellung in schwed. Sprache.

Dalmatiner. Rüde

Dall'Abaco, Evaristo Felice, *Verona 12. Juli 1675, †München 12. Juli 1742, italien. Komponist und Violoncellist. – Seine Werke (u. a. Violinsonaten und -konzerte, Concerti grossi) gelten als vollendete Ausprägung des italien. Barock.

Dallapiccola, Luigi, *Pazin (Istrien) 3. Febr. 1904, †Florenz 19. Febr. 1975, italien. Komponist. – Bed. italien. Vertreter der Zwölftonmusik; komponierte u. a. Opern („Nachtflug", 1940; „Ulisse", 1968), das geistl. Drama „Job" (1950), das Ballett „Marsia" (1948), Vokal-, Orchesterwerke, Kammer- und Klaviermusik.

Dallas [engl. 'dæləs], Stadt im nördl. Texas, am Trinity River, 974 000 E (Metropolitan Area 3,3 Mill. E). Sitz eines anglikan., eines kath. und eines methodist. Bischofs; zwei Univ. (gegr. 1911 bzw. 1956); eines der führenden Finanz-, Versicherungs- und Handelszentren im SW der USA, Sitz von Erdölgesellschaften; Erdölverarbeitung, Baumwoll-, elektron., Raumfahrtind.; Modezentrum; Verkehrsknotenpunkt mit drei ⚐. – 1841 gegründet.

Dalmacija [serbokroat. „dalma:tsija] ↑Dalmatien.

Dalmatia, röm. Prov., ↑Dalmatien.

Dalmatica ↑Dalmatika.

Dalmatien (serbokroat. Dalmacija), Landschaft in Kroatien, mit kleineren Teilen im S zu Montenegro und Bosnien und Herzegowina, umfaßt die Küstenstreifen des Adriat. Meeres sowie die über 800 **Dalmatinischen Inseln,** reicht von der Insel Pag im NW bis zur Bucht von Kotor im SO (Luftlinie etwa 400 km, Küstenlinie über 1000 km). Die Küste, reich an Inseln ist Häfen, ist durch das steile Dinar. Gebirge vom Hinterland stark isoliert. Lediglich das Tal der Neretva reicht tief ins Binnenland hinein. Bed. ist neben der Landw. (u. a. Reben, Oliven, Feigen, Zitronen, Orangen) der Fischfang und der Fremdenverkehr.

Geschichte: Das im 1. Jh. v. Chr. **Dalmatia** bezeichnete Gebiet zw. Cetina und Neretva wurde urspr. von illyr. Dalmatern bewohnt. Die röm. Intervention (ab 229 v. Chr.) endete 9 n. Chr. mit der Errichtung der Prov. Dalmatia. Bei der Teilung des Röm. Reiches (395) kam D. zum Westreich, 535 zum Byzantin. Reich. Slawen und Awaren eroberten im 7. Jh. große Teile. Im 11. Jh. versuchte Venedig, die Küstenstädte zu erobern (später griffen auch Ungarn, Bosnien und Serbien ein); im 15. Jh. wurden die Inseln und Küstenstädte von Venedig beherrscht (bis 1797). Im 16. Jh. eroberten die Osmanen einen Teil von D. 1815 kam es endgültig an Österreich (seit 1816 Kgr.), durch den Vertrag von Rapallo (1920) an Jugoslawien (ohne Zadar [Zara], Rijeka [Fiume] und einige Inseln). Im 2. Weltkrieg annektierte Italien den größten Teil von D., mußte es aber 1945 einschl. seiner Erwerbungen aus dem 1. Weltkrieg wieder an Jugoslawien abtreten.

Dalmatik ↑Dalmatika.

Dalmatika (Dalmatica) [lat.], röm. (seit dem 2. Jh. n. Chr.✧), nach Dalmatien bezeichnetes weites Obergewand mit roten Streifen, über der Tunika getragen. Gehörte seit dem 3. Jh. bis 1960 zu den christl. liturg. Gewändern **(Dalmatik);** im MA Teil des Krönungsornats.

Dalmatiner (Bengal. Bracke), Rasse bis 60 cm schulterhoher ↑Bracken, gekennzeichnet durch weiße Grundfärbung mit kleinen schwarzen oder braunen Flecken.

Dalmatiner, Wein aus Dalmatien; v. a. schwere, samtige Rotweine. Weißwein: trockener *Žilavka.*

Dalmatinische Inseln ↑Dalmatien.

Dalmau, Lluis [katalan. dəl'mau], katalan. Maler des 15. Jh. – Nachweisbar 1428–60, schuf die Haupttafel des Altares de los Concelleres (1445; Barcelona, Museo de Bellas Artes de Cataluña); Vermittler der fläm. (van Eyck) Kunst nach Spanien.

Daloa, Hauptstadt der Region Westl. Zentrum der Republik Elfenbeinküste, 227 m ü. d. M., 100 000 E. Kath. Bischofssitz; Handelsplatz für Kaffee, Kakao; ⚐.

Dalou, [Aimé-]Jules [frz. da'lu], *Paris 31. Dez. 1838, †ebd. 15. April 1902, frz. Bildhauer. – Realist. Porträtbüsten, Denkmäler und Reliefs; pathetisch ist das Bronzemonument „Der Triumph der Republik" (1899; Paris, Place de la Nation, Entwurf 1879).

dal segno [italien.], Abk. dal S., Anweisung in der Notenschrift, ein Musikstück „vom Zeichen" 𝄋 ab zu wiederholen.

Dalsland, histor. schwed. Prov. zw. dem Vänersee im O und Bohuslän im W; größter Ort ist Åmål.

Dalton, John [engl. 'dɔltən], *Eaglesfield bei Cockermouth (Cumberland) um den 6. Sept. 1766, †Manchester 27. Juli 1844, brit. Naturforscher. – Entdeckte 1801 das Gesetz über den ↑Partialdruck. 1803 stellte er seine chem. Atomtheorie auf, deren entscheidend neuer Gedanke war, daß die Atome verschiedener Elemente verschiedenes Atomgewicht, aber alle Atome eines Elementes das gleiche Atomgewicht haben.

Daltonismus [nach J. Dalton, der ihn an sich selber beobachtete und als erster beschrieb] (Rot-Grün-Blindheit), Form der ↑Farbenfehlsichtigkeit.

Dalton-Modell [engl. 'dɔltən; nach J. Dalton] ↑Atommodell.

Daltonplan [engl. 'dɔltən], Bez. einer Unterrichtsmethode, die Helen ↑Parkhurst seit 1903 entwickelte, später v. a. in New York auf der von ihr gegr. „Children's University" anwendete; fand auch in Europa und Japan Resonanz. Der D. ist ein Arbeitsunterricht und eine Vorform des programmierten Unterrichts.

Daltonsches Gesetz [engl. 'dɔltən; nach J. Dalton] ↑Partialdruck, ↑Stöchiometrie.

Dalwigk, Carl Friedrich Reinhard D., Freiherr zu Lichtenfels, *Darmstadt 19. Dez. 1802, †ebd. 28. Sept. 1880, hess. Politiker. – Seit 1850 Außenmin., Min. des Großherzogl. Hauses und des Innern, 1852–71 Min.präs.; vertrat eine an Maßstäben des Systems Metternichs orientierte reaktionäre Politik; Gegner eines preuß. Führungsanspruchs in Deutschland und einer kleindt. Lösung.

Dam, [Carl Peter] Henrik, *Kopenhagen 21. Febr. 1895, †ebd. 17. April 1976, dän. Biochemiker. – Prof. in Kopenhagen und am Rockefeller-Institut in New York; arbeitete über Vitamine, Sterine (insbes. Cholesterin), Fette und Lipide sowie über Probleme des Stoffwechsels und der Ernährung. 1934 entdeckte er mit A. E. Doisy das Vitamin K, wofür beide 1943 den Nobelpreis für Physiologie oder Medizin erhielten.

Damanhur, ägypt. Stadt im nw. Nildelta, 225 000 E. Verwaltungssitz des Governorats Al Buhaira; Pharma- und Textilind.; Bahnknotenpunkt. – Die altägypt. „Stadt des Horus" war in pharaon. Zeit eine politisch und religiös wichtige Stadt.

Henry Hallett Dale

John Dalton

Henrik Dam

Daman und Diu

Damaskus
Hauptstadt Syriens
•
1,3 Mill. E
•
7./8. Jh. und 12./16. Jh. als Residenzstadt Zentrum arabisch-islam. Politik und Kultur
•
Altstadt mit Omaijaden-Moschee
•
traditionelles Kunsthandwerk (Klingenverarbeitung)

Daman und Diu, ind. Unionsterritorium, bestehend aus den territorial getrennten Teilen *Daman,* nördl. von Bombay, und *Diu,* an der S-Spitze der Halbinsel Kathiawar; 113 km², 80 000 E; Hauptort Moti Daman (21 000 E). – ↑Goa.

Damas, Léon-Gontran, *Cayenne (Frz.-Guayana) 28. März 1912, †Washington 22. Jan. 1978, guayan. Dichter. – Kam in den 1930er Jahren nach Paris; Mitbegr. der ↑Négritude; nahm als erster afrikan. Tanzrhythmen in seine Lyrik auf.

Damascenus, Johannes ↑Johannes von Damaskus.

Damaschke, Adolf, *Berlin 24. Nov. 1865, †ebd. 30. Juli 1935, dt. Sozialpolitiker und Nationalökonom. – Kämpfte v. a. als Vors. des Bundes Dt. Bodenreformer (seit 1898) für eine Reform der Besteuerung von Grund und Boden; schrieb „Die Bodenreform" (1902).

Damaskus, Hauptstadt Syriens, am O-Fuß des Antilibanon, 1,3 Mill. E. Sitz des griech.-orth. und des melchit. Patriarchen von Antiochia, eines syr.-kath. Erzbistums, eines maronit. Bistums, eines lat. Titularerzbistums, eines jakobit. Bistums und eines Archimandriten der armen. Kirche; Univ. (gegr. 1923), arab. Akad. (1919), Nationalbibliothek und -museum; Musikakad., Polytechnikum. Nahrungsmittel- und Textilind. (v. a. Brokatwebereien), daneben Klingenherstellung und Zementfabrikation; Handel und Handwerk (jährlich internat. Messe). Straßenknotenpunkt, Bahnstation, internat. ✈.
Geschichte: Besteht seit dem 4. Jt. v. Chr.; um 1470 v. Chr. erstmals erwähnt. Nach häufigem Besitzwechsel 64 v. Chr. röm. (222 n. Chr. Colonia, unter Diokletian Prov.hauptstadt). Seit dem 4. Jh. (griech.-orth.) Bischofssitz, 6.–16. Jh. Sitz eines jakobit. Metropoliten, wurde im 7. Jh. nestorian. Bistum, seit 1317 auch kath. Bistum, 635/636 von den Arabern erobert, 661–744 Residenz der omaijad. Kalifen, stand nach deren Sturz 750 meist unter der Herrschaft der in Kairo residierenden Tuluniden und Fatimiden; im 12. Jh. Zentrum des Kampfes der Atabeken von Mosul gegen die Kreuzfahrer. Nach neuer Blütezeit unter den Aijubiden (v. a. Saladin) Prov.hauptstadt der ägypt. Mamelucken nach 1260; 1399 von Timur-Leng geplündert; 1516 osman.; 1920 Hauptstadt des frz. Völkerbundmandats Syrien. – D. ist weitgehend von einer Mauer mit 7 Toren umgeben. Exzentr. Mittelpunkt ist die Omaijaden-Moschee (8. Jh.), die an der Stelle des röm. Jupitertempels steht; Palast Asim aus ottoman. Zeit (18. Jh.). Die Altstadt von D. wurde von der UNESCO zum Weltkulturerbe erklärt.

Damaskusschrift, eine 1896 in Kairo entdeckte (daher Cairo Document, Abk. CD) und 1910 von S. Schechter veröffentlichte titellose Schrift aus der Zeit vor 68 v. Chr. in hebr. Sprache, der man in ↑Kumran Bruchstücke zahlr. Handschriften gefunden hat. Der Titel D. geht auf die Erwähnung eines „Landes Damaskus" zurück.

Damast [italien.; nach Damaskus], jacquardgemustertes Gewebe aus Baumwoll- oder Chemiefaserstoffen für Bett- und Tischwäsche; meist mit eingewebten Mustern in Kettatlasbindung.

Damaszieren [griech.; nach Damaskus], Verwinden und Ausschmieden zusammengeschweißter Stäbe aus verschiedenem härtbarem Stahl, wodurch dieser neben der Härte hohe Elastizität erhält. Die Oberfläche daraus gefertigter Gegenstände, bes. Waffen *(Damaszener Klingen),* zeigen nach dem Ätzen eine dem Damastgewebe ähnl. Zeichnung.
▷ fälschlich svw. ↑Tauschieren.

Damawand [pers. dæma'vænd] ↑Demawend.

Dame [frz.; zu lat. domina „Hausherrin"], höfl. Bez. für Frau, bes. in der Anrede; um 1600 entlehnt, kam im 17. Jh. als Bez. für die feingebildete Geliebte, die „Herrin" auf; erst seit Ende des 18. Jh. auch in der Sprache der bürgerl. Gesellschaft. Im ma. Frankreich war die „dame" die Frau des Ritters (die des Knappen die „damoiselle"), sie überhaupt die Frau hohen Ranges. In Großbritannien ist „dame" die Anrede für die Frau oder Witwe eines Barons oder Ritters („knight") sowie Titel der Trägerinnen des Ordens des British Empire.
▷ wirkungsvollste Figur im Schachspiel.

▷ frz. Spielkarte; entspricht dem Ober der dt. Spielkarte; in der Rangfolge an 3. Stelle.
▷ ↑Damespiel.

Damenbrett (Schachbrett, Agapetes galathea), etwa 4,5 cm spannender, auf den Flügeloberseiten schwarz und weiß (bis gelblich) gefleckter Augenfalter in M-Europa.

Damenstift, seit dem ausgehenden MA Bez. für 1. ein adliges Nonnenkloster oder Kanonissenstift, das das klösterl. Leben aufgegeben hat; 2. ehemals kath. Frauenkloster, das in der Reformation in eine Versorgungsanstalt für (adlige) unverheiratete Frauen umgewandelt wurde; 3. von Anfang an als D. errichtete adlige Frauengemeinschaft.

Damenweg (frz. Chemin des Dames), etwa 30 km langer Weg auf einem Höhenrücken zw. den Flüssen Aisne und Ailette im frz. Dep. Aisne, nw. von Reims, urspr. von Ludwig XV. für seine Töchter angelegt. – Schauplatz schwerer Kämpfe im 1. Weltkrieg.

Damespiel (Damspiel, Dame), altes Brettspiel, das auf einem gewöhnlich aus 64 abwechselnd weißen und schwarzen Feldern bestehenden Brett von 2 Spielern mit je 12 Steinen gespielt wird.

Damgarten ↑Ribnitz-Damgarten.

Damhirsch. Europäischer Damhirsch

Damhirsch [zu lat. dam(m)a, urspr. Bez. für rehartige Tiere] (Dama dama), etwa 1,5 m körperlanger und 1 m schulterhoher Hirsch in Kleinasien und S-Europa; im Sommer meist rotbraun mit weißl. Fleckenlängsreihen, im Winter graubraun mit undeutlicherer Fleckung; Unterseite weißlich; ♂ mit Schaufelgeweih; in M- und W-Europa eingeführt.

Damian ↑Kosmas und Damian.

Damiani, Petrus ↑Petrus Damiani.

Damiette [dami'ɛt(ə)], Governoratshauptstadt in Ägypten, im Nildelta, 121 000 E. Textil-, Lebensmittelind., Schuhherstellung; Eisenbahnendpunkt, Schiffsverbindung nach Port Said. – Im 12. Jh. befestigt, 1219 und 1249 von den Kreuzrittern erobert.

Damiettearm [dami'ɛt(ə)], der östliche der beiden großen Mündungsarme des Nil.

Damm, ein meist aufgeschütteter, langgestreckter Erd- oder Steinkörper von trapezförmigem Querschnitt. **Erddämme** werden aus Erde, Sand oder Kies erstellt, **Steinschüttdämme** aus Steinen, Schotter, Geröll und gebrochenem Felsmaterial. Als Dichtungsmaterialien werden Ton oder Lehm, Beton und Asphaltbeton verwendet. – Dämme dienen entweder als Unterbau von Verkehrswegen, als Deich oder Stau-D. bei Talsperren.

▷ (Perineum) durch Muskulatur und Bindegewebe unterlagerter Hautabschnitt zw. After und Scheide bzw. Hodensack.

Dammagruppe, Gebirgsstock in den östl. Berner Alpen, Schweiz, Wasserscheide zw. Rhone, Aare und Reuß, im *Dammastock* 3 630 m hoch; an seiner SW-Flanke der rd. 17 km² große **Rhonegletscher.**

Dammarafichte [malai.; dt.] (Agathis alba), immergrünes Araukariengewächs in SO-Asien; hoher Baum, dessen Harz als Manilakopal in den Handel kommt.

Dammer Berge, waldbedeckter Endmoränenzug in Niedersachsen; im Signalberg 146 m hoch.

Dämmerschlaf, mit stark eingeschränktem Wachbewußtsein verbundener schlafähnl. Zustand, hervorgerufen durch monotone Reize (Eisenbahnfahrt), z. T. auch gezielt durch Medikamente herbeigeführt, v. a. zur Schmerzbekämpfung.

Dammertz, Viktor Josef, *Schaephuysen (heute zu Rheurdt) 8. Juni 1929, dt. kath. Theologe. – 1977–92 Abtprimas der Benediktiner, seit Jan. 1993 Bischof von Augsburg.

Dämmerung, die Übergangszeit zw. der vollen Tageshelligkeit und der vollständigen Nachtdunkelheit bei Sonnenaufgang **(Morgendämmerung)** bzw. bei Sonnenuntergang **(Abenddämmerung).** Ihre Dauer ist von der geograph. Breite des Beobachtungsortes abhängig. Die **astronomische Dämmerung** beginnt bzw. endet, wenn die Sonne 18° unter dem Horizont steht.

Dämmerungssehen (skotopisches Sehen), Anpassung der Netzhaut des Auges an herabgesetzte Lichtintensitäten; da Stäbchen die Sehfunktion übernehmen, werden keine Farben gesehen, jedoch geringste Lichtintensitäten wahrgenommen; die Sehschärfe ist auf etwa $\frac{1}{10}$ der Tagessehschärfe vermindert.

Dämmerungstiere, hauptsächlich während der abendl. und morgendl. Dämmerungszeit aktive Tiere mit bes. leistungsfähigen Augen, z. B. Mäuse.

Dämmerzustand, Stunden oder Tage, selten länger anhaltende Bewußtseinstrübung, u. a. durch Epilepsie, Gehirnentzündung oder einen Gehirntumor ausgelöst oder psychisch bedingt.

Dammfluß, Fluß, der sein Bett auf der Talsohle so weit erhöht hat, daß er zw. selbst aufgeschütteten Dämmen über dem Niveau der Talsohle fließt; z. B. Po, Mississippi.

Dämmplatten ↑Dämmstoffe.

Dammriß (Scheidendammriß), Einreißen des ↑Damms während des Geburtsvorganges, insbes. bei Durchtritt des kindl. Kopfes; bei 20–25 % aller Geburten. Um einen D. zu verhindern, werden die äußeren Dammuskeln der Mutter von der Scheide aus durchschnitten **(Dammschnitt).**

Dämmstoffe, Materialien, die zur Kälte-, Wärme- und Schalldämmung verwendet werden oder mit denen eine Ausbreitung von Feuchtigkeit verhindert werden kann. Wärme- und Schall-D. werden in loser Form (pulvrige oder körnige Schüttungen aus Kieselgur, Kunstharzschaumstoff-Flocken u. a.), als Wolle (Glas-, Schlacken-, Mineralwolle) oder Gespinst (aus Glasfasern u. a.) sowie in Form von Steinen, Matten, Platten **(Dämmplatten)** oder angepaßten Formstücken verwendet; Hohlräume können mit Kunststoffschäumen ausgefüllt werden. Zur Dämmung gegen Feuchtigkeit eignen sich wasserdichte Zwischenschichten (meist im Mauerwerk, im Boden oder auf Dächern) aus nichtkorrodierendem Metall (z. B. Blei), bituminösen D., Kunststoffen oder speziellen Mörtel.

Damnum [lat. „Schaden, Nachteil"], Differenz zw. Rückzahlungs- und dem niedrigeren Ausgabebetrag bei Verbindlichkeiten, die nicht Anleihen sind.

Damodar, rechter, rd. 590 km langer Nebenfluß des Hooghly, Indien, entspringt am N-Rand des Chota Nagpur Plateaus, mündet 55 km südl. von Kalkutta. Staudämme garantieren gesicherte Flutkontrolle, Bewässerung und Stromgewinnung, wichtige Verkehrstrasse für Eisenbahn und Straße. – Im oberen D.tal reiche Kohlevorkommen.

Damokles, Höfling Dionysios' I. oder II. von Syrakus (4. Jh. v. Chr.). Nach einer antiken Anekdote ließ Dionysios D., der ihn als glücklichsten Menschen gepriesen hatte, unter einem an dünnem Faden aufgehängten Schwert speisen, um ihm das Geschick der Tyrannen drastisch zu zeigen (daher **Damoklesschwert** sprichwörtlich für eine stets drohende Gefahr).

Dämon [griech., eigtl. wohl „Verteiler, Zuteiler" (des Schicksals)], in der modernen Religionswiss. Bez. für eine bes. Klasse übermenschl., aber nicht göttl. Mächte, die von den meisten Religionen als real und das menschl. Schicksal negativ [aber auch positiv] beeinflussend aufgefaßt werden.

Dämonismus [griech.], wiss. Bez. für den Glauben an Dämonen; auch Begriff für eine dem Animismus nahestehende religionsgeschichtl. Theorie, die im Glauben an Dämonen den Ursprung der Religion sieht.

Dämonologie [griech.], Lehre von den Dämonen.

Damon und Phintias, nach der Überlieferung ein Freundespaar aus dem Kreis der Pythagoreer am Hofe Dionysios' I. oder II. von Syrakus (4. Jh. v. Chr.), deren beispielhafte Freundestreue Schiller in der Ballade „Die Bürgschaft" behandelt.

Damophon, griech. Bildhauer der 2. Hälfte des 2. Jh. v. Chr. aus Messene. – Z. T. erhalten ist eine kolossale Kultgruppe aus dem Heiligtum der Despoina bei Lykosura in Arkadien (Athen, Nationalmuseum).

Da Mosto (Ca' da M., Cademosto), Alvise, *Venedig 1432, †ebd. 18. Juli 1488, italien. Seefahrer in portugies. Diensten. – Entdeckte vier der Kapverd. Inseln; sein Werk „Navigazioni" (1507) ist die einzige ausführl. wirtschaftsgeschichtl. Quelle der Zeit.

Dampf, gasförmiger Aggregatzustand eines Stoffes, der mit der flüssigen oder festen Phase des gleichen Stoffes in thermodynam. Wechselwirkung steht; zumeist versteht man darunter Wasserdampf. D. ist als Gas unsichtbar, sichtbarer Wasser„dampf" enthält bereits fein verteiltes, tröpfchenförmiges Wasser; ein solches Gemisch, das in der Energietechnik **Naßdampf** heißt, ist auch der Nebel. Steht der gasförmige Aggregatzustand im Gleichgewicht mit seiner flüssigen oder festen Phase, so spricht man von **gesättigtem Dampf (Sattdampf). Ungesättigter Dampf (Heißdampf)** entsteht aus gesättigtem D. durch Temperaturerhöhung, wenn die Nachlieferung von D. aus der Flüssigkeit verhindert wird.

Dampfbad, 10–20 Min. dauerndes Schwitzbad in mit Wasserdampf gesättigter Luft von 37 bis 60 °C. Der Dampf wird durch Düsen kontinuierlich (im Ggs. zur Sauna) zugeführt. Das D. bewirkt eine massive Wärmezufuhr und Schweißabsonderung. Anwendung erfolgt z. B. bei chron. Bronchitis und chron. rheumat. Erkrankungen.

Dampfdom, an der höchsten Stelle des Dampfkessels (bes. bei Lokomotiven) angebrachter kuppelförmiger Raum zum Sammeln des erzeugten Dampfes.

Dampfdruck, der Druck von gesättigtem Dampf.

Dampfdruckerniedrigung, die Herabsetzung des Partialdruckes eines Dampfes durch Fremdstoffe, die sich in gelöster Form in der flüssigen Phase des verdampfenden Stoffes befinden. Der Dampfdruck der Lösung ist dadurch kleiner als der des reinen Lösungsmittels. Eine Folge der D. ist die Siedepunktserhöhung und die Gefrierpunktserniedrigung, die eine Lösung gegenüber dem reinen Lösungsmittel zeigt.

Dampfdrucktopf, svw. ↑Dampfkochtopf.

Dämpfen, das Einwirkenlassen von Dampf auf Textilien, damit sich u. a. Spannungen innerhalb des Gewebes ausgleichen und der Stoff nicht mehr eingeht.
▷ Holzbehandlung mit feuchtem Dampf, um es vor dem Schälen und Biegen geschmeidig zu machen.
▷ Garen von Lebensmitteln durch heißen Wasserdampf. Die Nährstoffverluste sind geringer als beim Kochen.

Dampfer, svw. ↑Dampfschiff.

Dämpfer, allg. eine Einrichtung zum Abschwächen von Stößen und Erschütterungen (Stoßdämpfer), von Schwingungen (Schwingungsdämpfer), der Schallerzeugung (Schalldämpfer, Abgasschalldämpfer) und anderem.
▷ (Sordino) bei *Musikinstrumenten* die Vorrichtung zur Abschwächung der Tonschwingungen, wodurch die Klangfarbe oder auch die Tonhöhe verändert werden kann, z. B. bei Streichinstrumenten (Holzkamm), Blechblasinstrumen-

Dämpfigkeit

ten (Kegel aus Holz oder Leichtmetall), Trommel (Filztuch), Klavier (Filzkeile, -streifen).

Dämpfigkeit (Hartschlägigkeit), vorwiegend bei Pferden auftretende chron., unheilbare Erkrankung der Lunge oder des Herzens.

Dampfkessel (Dampferzeuger), Anlage zur Erzeugung von Dampf (meist Wasserdampf) bestimmter Temperatur und bestimmten Druckes zur Gewinnung von Sekundärenergie (in Dampfturbinen oder Dampfmaschinen) oder zur Heizung von Gebäuden oder verfahrenstechn. Anlagen. Aufbau und Größe von D. sind unterschiedlich für Kraftwerke, Schiffe u. a. spezielle Anwendungen. Den Hauptteil der Dampferzeugungsanlage bilden neben der Feuerung ein mehr oder weniger großer Wasserraum und Rohre sowie ein Überhitzer. In diesen Hauptteilen herrscht gleicher Druck. Bes. in kleineren Kesseln wird der große Wasserraum über die in diesem angeordneten Rohre beheizt, die von Rauchgasen durchströmt werden (**Rauchrohrkessel**), z.T. findet die Verbrennung in diesen Rohren statt (**Flammrohrkessel**). Bei größeren D. werden Wasserraum (Trommel) und Rohre meist von außen beheizt. In den Rohren verdampft das Wasser ganz oder teilweise (**Wasserrohrkessel**), während es sie in *natürl. Umlauf* durchströmt oder in *Zwangsumlauf* oder *Zwangsdurchlauf* gepumpt wird. Anschließend wird dieser Sattdampf in den Überhitzer geleitet, wo seine Temperatur ohne Drucksteigerung weiter erhöht wird. Weitere Einrichtungen, in denen der Druck von dem im Hauptteil verschieden ist, sind der Zwischenüberhitzer und der Speisewasservorwärmer (Ekonomiser). Im **Zwischenüberhitzer** wird Naßdampf, nachdem er in dem ersten Teil der Turbine teilweise entspannt ist, wieder erwärmt und damit erhitzt. Im **Speisewasservorwärmer** wird aus dem Kondensator kommendes Kondensat oder Frischwasser erwärmt, bevor es durch die Kesselspeisepumpe in den Hauptteil befördert wird. Die wichtigste Kenngröße eines D., die seine Abmessungen bestimmt, ist die Dampfmenge, angegeben in 10^3 kg/h (früher t/h). Der Wirkungsgrad eines D. wird ausgedrückt in kg Dampf je 1 kg Brennstoff.

Dampfkochtopf (Dampfdrucktopf), ein mit Dampfüberdruck arbeitender Schnellkochtopf, in dem Speisen in bed. kürzerer Zeit als in gewöhnl. Kochtöpfen gar werden; außerdem schonende Behandlung der Vitamine.

Dampfkompresse (Dampfumschlag), feuchtwarmer bis heißer Umschlag, der mit einem trockenen Flanelltuch abgedeckt wird; wirkt örtlich durchblutungsfördernd, auf innere Organe krampflösend, entspannend auf die Muskulatur.

Dampflokomotive ↑ Eisenbahn.

Dampfmaschine (Dampfkraftmaschine), Wärmekraftmaschine zum Umsetzen der Energie gespannter Dämpfe (meist Wasserdampf) in Bewegungsenergie (mechan. Energie). Bei der **Kolben-Dampfmaschine** wirkt der Druck des aus dem Dampferzeuger in den Zylinder geleiteten Dampfes periodisch abwechselnd auf beide Seiten eines Kolbens, so daß dieser im Zylinder hin- und hergeschoben wird (Doppelwirkung); die Bewegung wird über ein Schubkurbelgetriebe (Kolbenstange, Kreuzkopf, Pleuelstange, Kurbelwelle) in eine drehende umgewandelt. D. werden als *Ein-* oder *Mehrzylinder-D.* gebaut. Bei einer **Tandem-Dampfmaschine** liegen die Zylinder hintereinander. Bei einer **Einfachexpansions-Dampfmaschine** wird das gesamte Druckgefälle des Dampfes in einem Zylinder in einer Stufe verarbeitet. **Verbund-Dampfmaschinen (Compound-Dampfmaschinen)** sind zwei- oder dreistufige Expansions-D., bei denen das Druckgefälle des Dampfes in mehreren Stufen nacheinander in Zylindern verschiedener Abmessungen (Hoch-, Mittel-, Niederdruckzylinder) verarbeitet wird.

Geschichte: 1690 konstruierte D. Papin eine atmosphär. Kolbenmaschine, die 1712 von T. Newcomen entscheidend verbessert wurde. Die erste Niederdruck-D. wurde 1769 von J. Watt gebaut (1784 doppeltwirkend). Eine brauchbare Hochdruck-D. wurde 1798 von R. Trevithick entwickelt. 1892 baute W. Schmidt die erste Heißdampfmaschine.

Dampfnebel (Verdampfungsnebel), Nebelart, die durch Verdunstung entsteht, wenn sehr kalte Luft über eine relativ warme Wasserfläche streicht („Rauchen" der Wasseroberfläche, arktischer Seerauch). Im Sommer bildet sich eine Art D. häufig nach Gewittern über warmen, feuchten Oberflächen (regennasse Wiesen, Wälder, Straßen).

Dampfnudeln, Hefeteigklöße, die in Milch- oder Wasserdampf gegart werden.

Dampfschiff (Dampfer), Abk. D oder SS (engl. steamship), ein durch eine oder mehrere Dampfmaschinen oder Dampfturbinen angetriebenes Schiff. Die Dampfmaschinen wirken direkt auf die Antriebswelle von Schaufelrädern (bei [Schaufel]raddampfern, veraltet) oder Schiffspropellern (bei Schraubendampfern), während die heute vorherrschenden Dampfturbinen (bei *Turbinenschiffen*) nur unter Zwischenschaltung mechan. oder hydraul. Getriebe (zur Herabsetzung der Drehzahl) auf die Schraubenwelle[n] wirken. Gegenüber dem Dieselmotor hat die Dampfturbine die Vorteile geringeren Verschleißes und Schmiermittelverbrauchs sowie größerer Laufruhe. Bei Turbinenantrieb sind bes. Turbinen für die Rückwärtsfahrt erforderlich. Die Dampfkessel haben überwiegend Ölfeuerungen (früher Kohle).

Geschichte: Die ersten praktisch brauchbaren D. waren der in England 1802 von Symington gebaute Heckraddampfer „Charlotte Dundas" und der von R. Fulton gebaute Seitenraddampfer „Clermont", der 1807 von New York bis Albany fuhr (Geschwindigkeit 4 kn, Maschinenleistung 20 PS), danach als Passagier-D. eingesetzt (Beginn der Dampfschiffahrt). Das erste Schiff, das zumindest teilweise

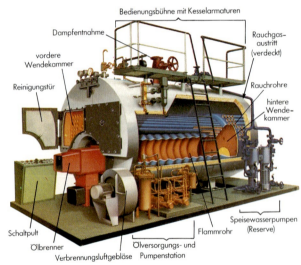

Dampfkessel. Flammrohr-Rauchrohrkessel in Dreizugbauart mit einem Flammrohr und zwei nachgeschalteten Rauchgaszügen, zur Erzeugung von Hochdruck-Sattdampf, Dampfmenge $14 \cdot 10^3$ kg/h

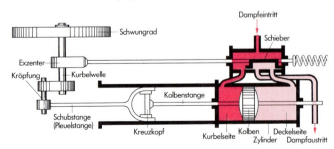

Dampfmaschine. Schematische Darstellung einer Kolben-Dampfmaschine mit Schiebersteuerung

mit Dampfkraft den Atlantik überquerte, war der dreimastige Dampfsegler „Savannah" (Stapellauf 1818, New York). Ab 1836 Bau des ersten Schraubendampfers in England; Schiffsschraube und stählerne Schiffsrümpfe setzten sich durch. Ab 1900 mußte die Kolbendampfmaschine der Dampfturbine weichen: 1897 baute C. A. Parsons mit einer 2 000-PS-Radialturbine angetriebene Versuchsschiff „Turbinia" (Höchstgeschwindigkeit 34 kn). Von diesem Zeitpunkt an wurden v. a. die großen Überseeschiffe mit Dampfturbinen angetrieben.

Dampfstrahlpumpe ↑ Pumpen.

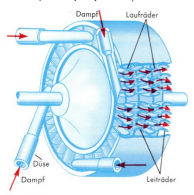

Dampfturbine. Schematische Darstellung einer Gleichdruckdampfturbine. Der Dampf strömt aus den Düsen in Richtung der Achse durch die Laufräder und treibt sie dabei an

Dampfturbine, Wärmekraftmaschine, in der die Druckenergie von hochgespanntem Heißdampf beim Durchströmen von Schaufelrädern in mechan. Arbeit umgewandelt wird. Bei den **Gleichdruckdampfturbinen (Aktionsdampfturbinen)** wird die Druckenergie nur in der Leiteinrichtung (Leitraddüsen) in kinet. Energie umgesetzt, vor und hinter dem nachfolgenden Laufrad bleibt der Druck gleich, was konstante Strömungsgeschwindigkeit relativ zur Laufradschaufel und damit konstanten Querschnitt im Laufradschaufelkanal bedeutet. Bei **Überdruckturbinen (Reaktionsturbinen)** wird die Druckenergie an Leit- und Laufrad abgebaut, d. h. am Laufrad findet ein Druckabfall statt. Nach dem Dampfeintritt unterscheidet man **Axialdampfturbinen** und **Radialdampfturbinen.** Letztere arbeiten mehrstufig mit feststehendem Leitrad, aber auch als **Gegenlaufturbine** mit zwei in entgegengesetztem Drehsinn umlaufenden Rädern ohne feststehende Leitschaufeln in ihrem radialen Teil **(Ljungström-Turbine).** D. teilt man auch nach ihrem Beaufschlagungsgrad ein in D. mit **Teil-** und **Vollbeaufschlagung** und nach ihrer Arbeitsweise in **Laval-Turbinen** (einstufige Gleichdruck-D. mit einkranzigem Laufrad), **Curtis-Turbinen** (einstufige Gleichdruckaxial-D. mit Geschwindigkeitsstufung in einem zwei- oder dreikranzigen Laufrad mit Umlenkschaufeln) und mehrstufige D. Der Wirkungsgrad einer D. beträgt bis zu 40 %.

Dampfturbosatz, ein aus Dampfkessel, Dampfturbine und elektr. Generator bestehendes Maschinenaggregat in Dampfkraftwerken.

Dämpfung, durch Energieverlust verursachte Abnahme der Amplitude einer Schwingung (zeitl. D.) oder Welle (räuml. D.). Maß für die D. ist der Quotient zweier aufeinanderfolgender Amplituden. Man bezeichnet ihn als **Dämpfungsverhältnis,** seinen natürl. Logarithmus als **Dämpfungsdekrement (logarithmisches Dekrement).** Häufig erfolgt die D. so, daß für die Amplitude zum Zeitpunkt t gilt: $A(t) = A_0 \cdot e^{-\delta t}$ (A_0 Amplitude zum Zeitpunkt $t = 0$). δ bezeichnet man als **Dämpfungskonstante (Abklingkonstante).**

▷ das Verhältnis von Eingangs- zu Ausgangsgröße einer elektron. Schaltung bei Signalübertragungen.

▷ bei *Musikinstrumenten* ↑ Dämpfer.

Dampfwalze, früher im Straßenbau verwendete, mit einer Dampfmaschine angetriebene Straßenwalze.

Dampier, William [engl. 'dæmpjə], * East Coker (Somerset) Mai (?) 1652, † London März 1715, engl. Seefahrer und Südseeforscher. – Erreichte 1688 die W-Küste Australiens; gelangte 1699 erneut nach Australien, erforschte die nw. Küste Neuguineas, entdeckte u. a. Neubritannien.

Dampier [engl. 'dæmpjə], Hafenort in Westaustralien, wsw. von Port Hedland, 2 500 E. Anreicherung und Export des Eisenerzes vom Mount Tom Price (392 km lange Erzbahn), Meerwasserentsalzungsanlage. – D. wurde 1966 ff. angelegt (urspr. Planung für 100 000 E.).

Damwild [lat./dt.], wm. Bez. für die ♀ und ♂ Damhirsch.

Dan, kleiner israelit. Stamm, als dessen Stammvater nach dem A. T. (1. Mos. 30, 3–6) D., der 5. Sohn Jakobs, gilt.

Dan [jap.], Leistungsstufe in allen Budosportarten (↑ Budo); es gibt 10 Grade, die zum Tragen des zugeordneten Gürtels berechtigen (10 und 9 rosa oder rot, 8–6 rot-weiß, 5–1 schwarz).

Dana, James [engl. 'deɪnə], * Utica (N. Y.) 12. Febr. 1813, † New Haven (Conn.) 14. April 1895, amerikan. Geologe. – Nahm an der „U. S. Exploring Expedition" um die Erde (1838–42) teil; Vertreter der Theorie, die die Gebirgsbildung auf eine Kontraktion der Erde zurückführt.

Danae ['daːna-e], Gestalt der griech. Mythologie. Ihr Vater Akrisios, dem ein Orakel den Tod von der Hand eines Enkels prophezeit hat, sperrt D. in einen Turm, wo Zeus ihr in Gestalt eines Goldregens beiwohnt und den Perseus zeugt. Mutter und Kind werden darauf in einem Kasten dem Meer übergeben und landen auf der Insel Seriphos.

Danaer, in den Epen Homers Bez. für die Griechen in ihrer Gesamtheit.

Danaergeschenk, unheilbringendes Geschenk, ben. nach dem hölzernen („Trojanischen") Pferd, mit dessen Hilfe die Danaer (Griechen) Troja eroberten.

Danaiden, in der griech. Mythologie die 50 Töchter des Danaos, die auf Befehl ihres Vaters ihre Männer in der Hochzeitsnacht erdolchen. Alle außer Hypermnestra, die Lynkeus verschont, müssen in der Unterwelt Wasser in ein löchriges Faß **(Danaidenfaß)** schöpfen.

Danaiden (Danaidae) [griech.], v. a. in den Tropen und Subtropen verbreitete Fam. der Tagschmetterlinge. Ein bekannter Wanderfalter ist der etwa 9 cm lange **Monarch** (Danaus plexippus), der zur Überwinterung in großen Schwärmen von S-Kanada und den nördl. USA nach Mexiko fliegt.

Danakil (Afar), äthiopider Stamm in N-Äthiopien, eine kuschit. Sprache sprechende muslim. Nomaden (ca. 110 000).

Danakilberge, Gebirgszug in N-Äthiopien und Dschibuti, verläuft über etwa 250 km parallel zur Küste des Roten Meeres, 20–80 km breit, bis 2 225 m hoch.

Danakiltiefland, Senkungsfeld in NO-Afrika, in Äthiopien und Dschibuti, vom Roten Meer durch die Danakilberge getrennt; umschließt zwei Depressionsgebiete.

Da Năng, Stadt in Vietnam, Hafen am Südchin. Meer, 492 000 E. Kath. Bischofssitz. Ind.zentrum; im Vietnamkrieg bed. Marine- und Luftstützpunkt der USA.

Danatbank, Kurzbez. für: ↑ **D**armstädter und **Nationalbank.**

Danckelman, Eberhard Frhr. von (seit 1695), * Lingen (Ems) 23. Nov. 1643, † Berlin 31. März 1722, brandenburg. Politiker. – Seit 1663 Erzieher, 1674 Ratgeber des Thronfolgers Prinz Friedrich III., nach dessen Reg.antritt (1688) praktisch leitender Min.; 1697 gestürzt und verhaftet; trotz erwiesener Unschuld bis 1707 gefangengehalten.

Dandin, ind. Dichter des 7./8. Jh. – Verfaßte in kunstvollem Sanskrit den Roman „Die Abenteuer der zehn Prinzen" (R., dt. 1902) sowie eine für die klass. ind. Literatur bed. Poetik (dt. 1890).

Dandolo, seit dem 10. Jh. nachweisbare Patrizierfamilie in Venedig, aus der vier Dogen hervorgingen; *Giovanni D.* (1280–89) und *Francesco D.* (1328–39); außerdem:

William Dampier

Dandong

Dänemark
Fläche: 43 069 km²
Bevölkerung: 5,13 Mill. E (1989), 119 E/km²
Hauptstadt: Kopenhagen
Amtssprache: Dänisch
Nationalfeiertag: 5. Juni
Währung: 1 Dänische Krone (dkr) = 100 Øre
Zeitzone: MEZ

Dänemark

Staatswappen

Internationales
Kfz-Kennzeichen

1970 1990   1970 1990
Bevölkerung   Bruttosozial-
(in Mill.)   produkt je E
             (in US-$)

Bevölkerungsverteilung
1990

Bruttoinlandsprodukt
1990

D., Andrea, *Venedig 30. April 1306, †ebd. 1354. – Seit 1343 Doge; gewann den Türken einen günstigen Frieden ab und kämpfte gegen Genua.
D., Enrico, *Venedig um 1110, †Konstantinopel 14. Juni 1205. – Als Doge (seit 1192) bemüht, die Vormachtstellung Venedigs im östl. Mittelmeer zu festigen; erreichte im Verlauf des 4. Kreuzzugs die Eroberung Dalmatiens und Konstantinopels (1204).
Dandong (Tantung, bis 1965 Andong [Antung]), chin. Stadt am Yalu, Prov. Liaoning, gegenüber der nordkorean. Stadt Sinuiju, etwa 500 000 E. Museum; Papierind., Seidenweberei; Grenzbahnhof, Hafen.
d'Andrade, Francisco ↑Andrade, Francisco d'.
Dandy [ˈdɛndi, engl. ˈdændi], Vertreter des Dandyismus; heute allg. im Sinne von Stutzer, Geck, Modenarr gebraucht.
Dandyismus [dɛndi-ˈis...], gesellschaftl. Erscheinung in der brit. Aristokratie seit Mitte des 18. Jh., im 19. Jh. auch in Frankreich; charakterisiert durch eine gleichgültig-überlegene Haltung und eine müßigänger. Ziellosigkeit des Handelns. Berühmteste Vertreter: G. B. ↑Brummell; literar. Vertreter u. a. O. Wilde.
Danebrog (Danebroge) [dän.], Bez. für die dän. Flagge (weißes Kreuz in rotem Feld).
Danebrogorden, dän. ↑Orden.
Dänemark (amtl. Vollform: Kongeriget Danmark), parlamentar. Monarchie in Nordeuropa, zw. 54° 34′ und 57° 45′ n. Br. sowie 8° 05′ und 12° 35′ (Ostseeinsel Bornholm 15° 12′) ö. L. **Staatsgebiet:** Bis auf die gemeinsame Landgrenze mit der BR Deutschland im S ist D. allseitig von Wasser umgeben. Im W stößt das Land an die Nordsee, im NW und NO an Skagerrak bzw. Kattegatt; der östl. Landesteil mit den Hauptinseln Seeland, Fünen, Lolland und Bornholm liegt in der westl. Ostsee. Zum Staatsgebiet gehören auch die ↑Färöer und ↑Grönland. **Verwaltungsgliederung:** 14 Amtskommunen. **Internat. Mitgliedschaften:** UN, NATO, EG, OECD, Nord. Rat, Europarat, GATT.
Landesnatur: D. besteht aus der Halbinsel Jütland und 474 Inseln (etwa 100 bewohnt). Einer Landgrenze von nur 68 km im S steht eine Küstenlänge von rd. 7 400 km gegenüber. Mit Ausnahme von Teilen Bornholms ist D. geomorphologisch der Fortsetzung des Norddt. Tieflands; landschaftsprägend war v. a. die letzte Eiszeit: im W liegen die aus Geestinseln und eingeebneten Grundmoränenflächen bestehenden flachen jütländ. Heidegebiete, im O die stärker reliefierten Grundmoränenlandschaften (bis 173 m). Bes. differenziert sind der Küstenformen: An die Watten- und Marschküste des sw. Jütland schließt sich eine Ausgleichsküste mit dünenbesetzten Nehrungen und Moränenkliffs an. Die Küsten der Inseln haben vielfach Bodencharakter; an der O-Küste Jütlands entsteht sich die Fördenküste Schleswig-Holsteins mit zahlr. guten Naturhäfen nach N fort.
Klima: Das Klima ist maritim-kühlgemäßigt; die Niederschläge variieren zw. 750 mm in SW-Jütland und etwa 450 mm im Bereich der Inseln.

Vegetation: Das Land gehört der Region des mitteleurop. Laubwaldes an. Typisch ist der Buchenwald (überwiegend in O-Jütland und auf den Inseln).
Tierwelt: Die Tierwelt unterscheidet sich kaum von der M-Europas. Auch hier ist der menschl. Eingriff deutlich bemerkbar. An Reh- und Rotwild sind größere Bestände erhalten geblieben.
Bevölkerung: Den größten Teil der Bev. bilden Dänen, neben einer dt. und schwed. Minderheit. Rd. 95 % gehören der ev.-luth. Kirche an. D. ist relativ dünn besiedelt. Mehr als ¼ der Gesamtbev. lebt im Raum Kopenhagen. Allg. Schulpflicht besteht von 7–16 Jahren, soll aber unter Einschluß der vorschul. Erziehung auf insgesamt 12 Jahre ausgedehnt werden. Von bes. Bed. ist wie in allen skand. Ländern die Volkshochschule. Univ. befinden sich in Kopenhagen (gegr. 1479), Århus (gegr. 1928) und Odense (gegr. 1964), Univ.-Zentren in Roskilde und Ålborg sowie eine TU und weitere Hochschulen in Kopenhagen.
Wirtschaft: Die landw. Nutzfläche nimmt nahezu 70 % der gesamten Fläche ein. Der Anbau verlagert sich vom Hackfruchtanbau (v. a. Zuckerrüben) zum Getreideanbau (v. a. Gerste). Die Viehwirtschaft erbringt rd. 45 %, die Produktion von Milchprodukten und Eiern 24 % des Gesamtwertes der landw. Erzeugung. Bed. Fischerei in der Nordsee (Plattfische, Kabeljau, Heringe und Makrelen). Wichtigster Fischereihafen ist Esbjerg. Die Energiewirtschaft ist von Importen abhängig. Die Förderung aus Offshore-Bohrungen auf dem Nordseeschelf ist relativ gering. Ballungsschwerpunkt der Ind. ist der Raum Kopenhagen, doch werden Ind.ansiedlungen in der Prov. staatlich gefördert. Eine große Rolle spielt die Verarbeitung von Fleisch, Obst, Gemüse und Fisch, gefolgt von den Brauereien, Milchdauerwaren und Schnapsbrennereien. Wichtig sind die eisenschaffende und -verarbeitende Ind., der Schiffbau, die chem. Ind., die Holzverarbeitung (Möbel) sowie der Fremdenverkehr (hauptsächlich Touristen aus Schweden und der BR Deutschland).
Außenhandel: Wichtigste Handelspartner sind die EG-Länder sowie die nord. Nachbarländer Schweden, Finnland und Norwegen. Hauptexportgüter sind Textilien, Maschinen und Fahrzeuge sowie landw. Erzeugnisse. Importiert werden u. a. Kohle, Erdöl, Straßenfahrzeuge, Eisen und Stahl sowie Maschinen.
Verkehr: Die Insel- und Halbinsellage erfordert bes. für den Transitverkehr erhebl. Aufwendungen in Form von Brücken, Dämmen und Fähranlagen. Das Eisenbahnnetz hat eine Länge von 2 838 km; das Straßennetz ist 70 488 km lang, davon 599 km Autobahnen. Von den Fährverbindungen mit der BR Deutschland ist die Vogelfluglinie die wichtigste. Bed. Häfen sind Kopenhagen, Ålborg, Århus und Esbjerg. D. ist an der Fluggesellschaft Scandinavian Airlines System (SAS) beteiligt. Größter ✈ ist Kastrup (Kopenhagen); außerdem 11 weitere ✈.
Geschichte: Als eigtl. Staatsgründer gilt Gorm der Alte. Unter seinem Sohn Harald Blåtand, der D. und Norwegen vereinte, fand das Christentum endgültig Eingang. Vom

Dänemark

9. Jh. bis 1050 unternahmen dän. Wikinger ausgedehnte Beutezüge im Frankenreich, in Asturien, Portugal, auf den Balearen, in der Provence, in Italien und eroberten England. Knut II., d. Gr., war schließlich König von D., England und Norwegen. Das Nordseegroßreich brach jedoch nach Knuts Tod (1035) zusammen. D. selbst geriet zeitweise durch Erbvertrag unter norweg. Herrschaft; es wurde von Aufständen und Thronwirren heimgesucht. Erst 1157 vermochte sich Waldemar I., d. Gr., als Alleinherrscher durchzusetzen. D. eroberte Rügen (1169), Pommern (1184) und Estland (1219), verlor diese Gebiete aber nach der Schlacht bei Bornhöved (1227) zum großen Teil wieder. Nach 100 Jahren (1241–1340) des Niederganges gelang es Waldemar IV. Atterdag, D. erneut zu einen. 1387 wurde seiner Tochter Margarete I. zugleich in D. und Norwegen als Königin gehuldigt, zwei Jahre später auch in Schweden-Finnland. Formal bestand die 1397 geschlossene Kalmarer Union zwar bis 1523, faktisch brach aber Schweden-Finnland bereits 1448 aus. Friedrich III. von D. führte gegen Schweden den Dreikronenkrieg (bis 1570). Sein Sohn Christian IV. unternahm 2 schwed. Feldzüge (1611–13 und 1643–45); als Haupt des niedersächs. Reichskreises griff er erfolglos in den Dreißigjährigen Krieg ein. Zw. 1643 und 1660 vollzog sich die machtpolit. Gewichtsverlagerung in Skandinavien zugunsten Schwedens. D. verlor die Prov. Jämtland und Härjedalen, Bohuslän, Halland, Schonen und Blekinge sowie die Inseln Gotland und Ösel. 1536 war in D. die luth. Reformation durchgeführt worden. 1660 wurde D. in eine Erbmonarchie umgewandelt, 1665 der monarch. Absolutismus verfassungsrechtlich fixiert.

In der 2. Hälfte des 18. Jh. leiteten tatkräftige Min., die Grafen von Bernstorff und Struensee, D. im Geiste der Aufklärung durch eine große Reformperiode (Ständeausgleich, Bauernbefreiung 1788). Während der Napoleon. Kriege auf seiten Frankreichs mußte D. 1814 Helgoland an Großbritannien, Norwegen an Schweden abtreten.

Der Konflikt zw. der dän. (Eiderdänen) und der dt. Nationalbewegung in Schleswig-Holstein führte zum Dt.-Dän. Krieg 1845–50, nach einer Zwischenlösung zum Dt.-Dän. Krieg 1864, in dem D. besiegt wurde; Schleswig, Holstein und Lauenburg gingen verloren. 1849 wurde die absolute durch die konstitutionelle Monarchie abgelöst; 1901 setzte sich der Parlamentarismus in D. endgültig durch.

Nach einer Abstimmung 1920 kam der nördl. Teil von Nordschleswig zu dem im 1. Weltkrieg neutrale D. Eine moderne soziale Reformpolitik brachte D. den Ruf eines Wohlfahrtsstaates ein.

1939 schloß D. mit dem Dt. Reich einen Nichtangriffspakt, wurde aber dennoch am 9. April 1940 von dt. Truppen besetzt (dän. Reg. blieb weiter im Amt). Auf Grund des zunehmenden Widerstandes erklärte die Besatzungsmacht am 29. Aug. 1943 den Ausnahmezustand. Die Führer des Widerstandes organisierten sich in London im „Dän. Rat". Island, seit 1918 in Personalunion mit D., proklamierte sich 1944 zur unabhängigen Republik. Obwohl D. vergleichsweise geringe Kriegsschäden erlitten hatte, konnte die Wirtschaft nach der Kapitulation 1945 durch die Marshallplanhilfe wieder in Gang kommen. D. trat zwar 1960 der EFTA bei, ist jedoch seit 1973 Mgl. der EG.

Im Jan. 1972 folgte die älteste Tochter Friedrichs IX. ihrem Vater als Margarete II. auf den Thron. Nach Minderheitsreg. ab 1973 besaß D. 1978/79 eine Koalitionsreg. aus Sozialdemokraten und Liberalen (Venstre) mit A. Jørgensen als Min.präs., der nach den Wahlen 1979 und 1981 eine sozialdemokrat. Minderheitsreg. bildete. Im Sept. 1982 folgte eine Koalitionsreg. aus Konservativer Volkspartei, Venstre, Zentrumsdemokraten und Christl. Volkspartei unter P. Schlüter; 1988–90 regierte er mit einer Koalition aus Konservativer Volkspartei, Venstre und Sozialliberaler Partei. Trotz des Wahlerfolgs der Sozialdemokraten (37,4 %) im Dez. 1990 blieb er zunächst im Amt; nach seinem Rücktritt bildete im Jan. 1993 P. Rasmussen eine Mitte-Links-Reg. Im Juni 1992 entschieden sich die Dänen in einem Referendum gegen die Annahme des Maastrichter Vertragswerks (zurückgenommen im Mai 1993). – Die Färöer wurden 1948 eine „Selbstverwaltete Bev.gruppe im Kgr. D.". 1953 wurde Grönland gleichberechtigter Teil von D., 1979 erhielt es innere Autonomie.

Politisches System: Nach der Verfassung von 1953 ist D. eine parlamentar. Demokratie mit einer konstitutionellen Erbmonarchie (Haus Schleswig-Holstein-Sonderburg-Glücksburg, Thronfolgegesetz von 1953 mit der Gestattung weibl. Thronfolge).

Staatsoberhaupt ist der König. Seine Befugnisse sind auf formell-repräsentative Rechte und Aufgaben beschränkt: Er vertritt den Staat nach außen und führt im Staatsrat (bestehend aus König und Ministern) formell die Regierungsgeschäfte, für die die Regierungs-Mgl. durch ihre Gegenzeichnung tatsächlich die Verantwortung tragen. Die *gesetzgebende Gewalt* liegt beim Parlament (Folketing), das in der Höchstzahl 179 Abg. umfaßt (darunter je zwei Abg. aus Grönland und den Färöern), die im Proporzsystem auf vier Jahre gewählt werden. Seit 1978 beginnt das aktive und passive Wahlrecht mit 18 Jahren. Vom Parlament verabschiedete Gesetze müssen dem Volk zur Abstimmung vorgelegt werden, wenn mindestens ein Drittel der Abg. dies verlangt. Die *Exekutive* liegt in den Händen des Kabinetts (Ministerrat) mit dem vom König ernannten Premier-Min. an der Spitze. Das Kabinett ist dem Parlament verantwortlich, das jedem einzelnen Min. das Vertrauen entziehen und ihn somit zum Rücktritt zwingen kann. Einer Kontrolle des Staatsapparates durch das Parlament dient ein „Ombudsmann".

Parteien: Die (seit 1990) im Folketing vertretenen Parteien sind die 1871 gegr. Sozialdemokrat. Partei, die Konservative Volkspartei, die 1872 gegr. Liberale Partei (Venstre), die 1959 gegr. Sozialist. Volkspartei, die 1972 entstandene Fortschrittspartei, die Zentrumsdemokraten und die 1905 gegr. Sozialliberale Partei (Radikale Venstre) sowie die Christliche Volkspartei.

Dachverband der etwa 40 *Gewerkschaftsverbände* (bei etwa 8000 Einzelgewerkschaften) ist die sog. „Landsorganisationen i Danmark".

Verwaltung: D. ist in 14 Amtskommunen gegliedert, die durch einen gewählten Amtsrat verwaltet werden. Die rd. 275 Primärgemeinden haben Selbstverwaltungsrecht. Die Färöer haben einen weitgehend autonomen Status, eigene Legislative und Exekutive, Amtssprache und Währung. Seit 1979 hat Grönland einen Autonomiestatus. Die Rechte der

Dänische Könige

Göttrik (Godfred)	† 810
Gorm der Alte	† um 940
Harald Blåtand (= Blauzahn)	† um 986
Svend Gabelbart	986–1014
Harald	1014–1018
Knut II., d. Gr.	1018–1035
Hardknut	1035–1042
Magnus der Gute	1042–1047
Svend Estridsen	1047–1076
Harald Hein	1076–1080
Knut der Heilige	1080–1086
Olaf Hunger	1086–1095
Erich I. Ejegod	1095–1103
Niels	1104–1134
Erich II. Emune	1134–1137
Erich III. Lam	1137–1146
Svend, Knut, Waldemar (Nachfolgekriege)	1146–1157
Waldemar I., d. Gr.	1157–1182
Knut VI.	1182–1202
Waldemar II., der Sieger	1202–1241
Erich IV. Plovpenning	1241–1250
Abel	1250–1252
Christoph I.	1252–1259
Erich V. Klipping	1259–1286
Erich VI. Menved	1286–1319
Christoph II.	1319–1326
	und 1330–1332
Waldemar III.	1326–1330
(Interregnum)	1332–1340
Waldemar IV. Atterdag	1340–1375
Olaf	1375–1387
Margarete I.	1376/87–1412
Erich VII.	1412–1439
Christoph III.	1440–1448
Haus Oldenburg	
Christian I.	1448–1481
Johann	1481–1513
Christian II.	1513–1523
Friedrich I.	1523–1533
Christian III.	1534–1559
Friedrich II.	1559–1588
Christian IV.	1588–1648
Friedrich III.	1648–1670
Christian V.	1670–1699
Friedrich IV.	1699–1730
Christian VI.	1730–1746
Friedrich V.	1746–1766
Christian VII.	1766–1808
Friedrich VI.	1808–1839
Christian VIII.	1839–1848
Friedrich VII.	1848–1863
Haus Glücksburg	
Christian IX.	1863–1906
Friedrich VIII.	1906–1912
Christian X.	1912–1947
Friedrich IX.	1947–1972
Margarete II.	seit 1972

Dänemarkstrade

Dänemark. Wirtschaft

dt. Minderheit in D. wurden wie die der dän. in der BR Deutschland 1955 durch gegenseitige Erklärungen der beiden Reg. gesichert.

Recht: Es gibt 85 Untergerichte, als Appellationsinstanz für Verfahren der Untergerichte und erste Instanz für schwere Fälle 2 Landgerichte. Das Oberste Gericht (Højesteret) in Kopenhagen ist Berufungsinstanz für die Landgerichte. Außerdem gibt es ein Schiffahrts- und Handelsgericht sowie ein Arbeitsgericht.

Landesverteidigung: Die in die NATO integrierten Streitkräfte umfassen rd. 33 200 Mann (Heer 17 000, Luftwaffe 9 200, Marine 7 000).

Dänemarkstrade, Meeresteil des nördl. Atlantiks zw. Grönland und Island, etwa 300 km breit; reiche Fischgründe.

Dänische Kunst. Das Renaissanceschloß Frederiksborg bei Hillerød, 1602–22 erbaut

Danewerk (Dannewerk, dän. Danevirke), frühgeschichtl. und ma. Befestigungsanlagen, die die Halbinsel Jütland an der Schleswiger Landenge (zw. Treene und Schlei) nach S abriegeln; entstand wohl seit Anfang des 9. Jh.; 1859/60 z. T. erneut für Verteidigungszwecke hergerichtet.

Danican [frz. daniˈkɑ̃] ↑ Philidor.

Daniel, Hauptgestalt des alttestamentl. **Danielbuches,** das von einem Anhänger der Makkabäer um 165 v. Chr. geschrieben wurde. Die Kapitel 1–6 berichten von einem D., der in Babylon am Hof Nebukadnezars II. in der Mitte des 6. Jh. gelebt haben soll. Die Kapitel 7–12 bringen Visionen: die in Tiergestalt auftretenden Reiche der Babylonier, Meder, Perser und Diadochen (Griechen) werden durch Gottes Weltgericht vernichtet. Der Verfasser ruft mit dem D.buch Israel zu Treue und Glauben auf und kündigt die Errettung der Frommen, zum ersten Mal die Auferstehung der Toten und das Kommen des Reiches Gottes an.

Daniel (russ. Daniil) **Alexandrowitsch,** *1261, †1303, Fürst (seit 1276) von Moskau. – Sohn Alexander Newskis; machte Moskau zur ständigen Residenz; Stammvater der Moskauer Dyn. Danilowitsch, die Rußland im 14. und 15. Jh. einigte und bis zum Ende des 16. Jh. regierte.

Daniel, Juli Markowitsch [russ. dɐniˈjelj], *Moskau 15. Nov. 1925, †ebd. 30. Dez. 1988, russ. Schriftsteller und Übersetzer. – Veröffentlichte unter dem Pseud. Nikolai Arschak im Ausland; Verurteilung zu Zwangsarbeit (1966–1970). Dt. erschien u. a. 1967 „Hier spricht Moskau" (Erzählungen).

Daniel-Lesur [frz. danjɛlaˈsyːr] ↑ Lesur, Daniel.

Daniélou, Jean [frz. danjeˈlu], *Neuilly-sur-Seine 14. Mai 1905, †Paris 20. Mai 1974, frz. Jesuit und Kardinal (seit 1969). – Prof. für Dogmatik in Paris; führender frz. Konzilstheologe auf dem 2. Vatikan. Konzil. – *Werke:* Platonisme et théologie mystique (1944), L'église des apôtres (1970), Pourquoi l'église (1972).

Daniel-Rops [frz. danjɛlˈrɔps], eigtl. Jean Charles Henry Petiot, *Épinal 19. Jan. 1901, †Chambéry 27. Juli 1965, frz. Schriftsteller. – Kath. Romancier, Essayist und Historiker; schrieb u. a. „Das flammende Schwert" (R., 1935), eine „Geschichte des Gottesvolkes" (1943), eine Studie über das Alltagsleben z. Z. Christi („Er kam in sein Eigentum", 1961) sowie Essays.

Däniken, Erich von, *Zofingen 14. April 1935, schweizer. Schriftsteller. – Schrieb sehr erfolgreiche, wissenschaftlich unbestätigte Bücher über Zeugnisse vom Besuch der Erde durch außerird. intelligente Wesen, u. a. „Erinnerungen an die Zukunft" (1968), „Zurück zu den Sternen" (1969), „Strategie der Götter" (1982), „Habe ich geirrt?" (1985).

Danilewski, Nikolai Jakowlewitsch [russ. dɐniˈljɛfskij], *Oberez (Gouv. Orel) 10. Dez. 1822, †Tiflis 19. Nov. 1885, russ. Kulturhistoriker. – Wegbereiter des jüngeren, militanten Panslawismus durch sein Werk „Rußland und Europa" (1869), in dem er Rußland die Aufgabe der polit. Vereinigung aller Slawen und dem slaw. Kulturtyp unter russ. Führung die welthistor. Mission der Ablösung des alternden, vom germanisch-roman. Kulturtyp bestimmten Europa zuwies.

Dänische Krone, Abk.: dkr; Währungseinheit in Dänemark; 1 dkr = 100 Øre.

dänische Kunst, die Kunst Dänemarks, in der bis in die Neuzeit hinein norddt., niederl. und frz. Einflüsse bestimmend waren: *im MA* Backsteinbau seit dem 12. Jh. (Kirchen von Ringsted und Kalundborg, Dom in Roskilde, Knudskirche in Odense). Hauptwerke der Lübecker Bildschnitzer der Spätgotik befinden sich in Århus (Bernt Notke) und Odense (Claus Berg). Baukunst und Plastik der *Renaissance* standen unter dt. und niederl. Einfluß (Schloß Kronborg in Helsingør, 1574–85; Schloß Frederiksborg bei Hillerød, 1602–22). Der *Barock* setzte mit dem Ausbau Kopenhagens als Festungsstadt ein. 1732–40 entstand Schloß Christiansborg (1794 abgebrannt, wiederaufgebaut), an dessen Ausstattung N. Eigtved beteiligt war, nach dessen Plänen weitgehend das Stadtviertel Amalienborg erbaut wurde.

C. F. Harsdorff (Kolonnaden am Amalienborgplatz, 1795) und C. F. Hansen (Frauenkirche, 1811–29) prägten die Stadt mit Bauten im Stil des *Klassizismus.* Die kühlen, glatten Marmorskulpturen des Bildhauers B. Thorvaldsen gehö-

Dänische Kunst. Bertel Thorvaldsen, Ganymed mit dem Adler, 1817 (Kopenhagen, Thorvaldsens Museum)

ren zu den Hauptwerken des europ. Klassizismus. Eigenständige Leistungen der dän. Malerei sind v. a. die dem Klassizismus bzw. Naturalismus verpflichteten Landschafts- und Architekturbilder sowie Porträts bes. N. A. Abildgaards, C. W. Eckersbergs, J. Juels. Zw. 1780 und 1800 erlebte das Kopenhagener Porzellan eine Blütezeit. *Ende des 19. Jh.* traten v. a. die Maler V. Hammershøi sowie P. S. Krøyer hervor, der wie M. Ancher in der Künstlerkolonie Skagen arbeitete. Neue Wege in der Architektur suchten M. Nyrop (Neues Rathaus in Kopenhagen, 1892–1905), P. V. Jensen-Klint (Grundtvigkirche in Kopenhagen, 1921–26).
Nach dem 2. Weltkrieg erlangte die dän. Architektur (A. Jacobsen, J. Utzon) sowie das Kunsthandwerk mit Möbeln, Silber- und Edelstahlgeräten in hervorragendem Design internat. Rang. Neben den Bildhauern R. Jacobsen und H. Heerup wirkten die Maler F. W. C. Freddie, R. Mortensen, C.-H. Pedersen und A. Jorn. Vertreter neuerer zeitgenöss. Kunstrichtungen sind u. a. die Bildhauer J. H. Sørensen (* 1934), E. Sørensen (* 1940) und B. Nørgaard (* 1947) sowie die Maler P. Janus-Ipsen (* 1936), H. C. Rylander (* 1939), A. Kierkegaard (* 1946).

dänische Literatur,
Mittelalter, Reformation und Barock: Aus den „Gesta Danorum" des Saxo Grammaticus und den von A. S. Vedel († 1616) gesammelten *Folkeviser* lassen sich altdän. bzw. altnord. Heldenlieder rekonstruieren. Das Jütische Recht (1241) sowie eine Reimchronik (gedruckt 1495) sind die ersten Zeugnisse in dän. Sprache; die dän. Schriftsprache begr. der Humanist C. Pedersen, als Begründer der d. L. gilt A. C. Arrebo mit seinem „Hexaëmeron" (1630 ff.).
Aufklärung und Empfindsamkeit: Die Zentralfigur der frühen Aufklärung, L. Baron von Holberg, begründet unter dem Einfluß des frz. und engl. Rationalismus die dän. Komödie und erhebt in seinen histor., satir. und moral. Werken das Dän. zur Literatursprache. Um 1760 entwickelt sich in Kopenhagen im Kreis um Klopstock und Gerstenberg eine an der Ästhetik der dt. Empfindsamkeit orientierte Literatur. Der Klopstockschüler J. Ewald leitet die sog. *nord. Renaissance* ein. Sie umfaßt die Vertreter eines nationaldän., empfindsamen Rationalismus wie P. A. Heiberg und den Kritiker K. L. Rahbek sowie die Romantiker der nachfolgenden Generation. Der kosmopolit. J. I. Baggesen bleibt außerhalb dieser neu. Bewegung.
Romantik: H. Steffens stellt in seinen Kopenhagener Vorlesungen von 1802/03 Schellings Naturphilosophie und die Ideen der Jenaer Romantik vor. Diese neue Ästhetik findet v. a. in A. G. Oehlenschlägers Frühwerk bed. Niederschlag. Auf der Basis eines gemeinskand. und christl. Geschichtsbewußtseins wandelt N. F. S. Grundtvig die Univer-

salromantik zur Nationalromantik, die u. a. auch B. S. Ingemanns Romane prägt.
Realismus: Der rasche Verfall der Romantik wird durch Oehlenschlägers Hinwendung zum klass.-humanist. Dramentyp Schillerscher Prägung begünstigt. Der Hegelianer J. L. Heiberg bestimmt die literar. Strömungen der folgenden Jahrzehnte maßgeblich. Mit H. Hertz belebt er das dän. Theater durch die neue Gattung des Vaudevilles. Gleichzeitig entwickelte sich eine realist. Prosakunst, die in den Märchen und Romanen H. C. Andersens und in den Schriften S. Kierkegaards weltliterar. Bed. erreicht. F. Paludan-Müller versteht sein Werk ebenso wie Kierkegaard und Grundtvig als Abrechnung mit dem nihilist. Zeitgeist.
Naturalismus, Impressionismus und Symbolismus: G. Brandes, beeinflußt vom frz. Positivismus und vom Darwinismus, übernimmt mit seinen Vorlesungen 1871 Heibergs Funktion als richtungweisender Literaturästhetiker. Er fordert eine Einheit von Gesellschaft, Leben und Literatur. Es vollzieht sich ein Wandel vom Naturalismus zum Impressionismus, der in der Prosa bei J. P. Jacobsen erkennbar wird, in der Dekadenzdichtung von H. J. Bang gipfelt und von K. A. Gjellerup bis zum Symbolismus weitergeführt wird. Unter dem Einfluß der frz. Symbolisten steht die Lyrik von J. Jørgensen, V. Stuckenberg und S. Claussen.
Expressionismus, Neorealismus und Gegenwartsdichtung: Die Lyriker E. Bønnelycke, T. Kristensen, P. la Cour oder N. J. Petersen finden ebenso zu eigenen Formen wie die (Roman-)Schriftsteller M. Andersen-Nexø, K. Bekker, W. Heinesen oder J. Paludan. Die neuere dän. Dramatik vertreten K. Abell, C. E. M. Soya und K. Munk, dessen Schlüsseldramen als bed. Beitrag zur dän. Widerstandsliteratur gelten. Einen klass. Erzählstilen orientierte Prosakunst entwickelte T. Blixen. Nach dem 2. Weltkrieg traten insbes. die Romanschriftsteller H. C. Branner, H. Scherfig und M. A. Hansen hervor.
Die meisten Lyriker, u. a. O. Wivel, O. Sarvig, J. G. Brandt sammeln sich um die kulturkrit. Zeitschrift „Heretica" (1948–53). V. Sørensen, S. A. Madsen, K. Rifbjerg greifen Impulse des internat. Modernismus mit neuen literar. Formen auf. Neorealismus (C. Kampmann und A. Bodelsen), Dokumentationsliteratur (D. Trier Mørch's Gegenwartsdokumentarismus, T. Hansen), Bekenntnisliteratur (Vertreterinnen der Frauenbewegung) und gesellschaftskrit. „Gebrauchslyrik" sind kennzeichnend für die Tendenz zu Versachlichung und engerem Wirklichkeitsbezug seit den 70er Jahren.

dänische Musik, aus dem 12. Jh. sind Hymnen und Sequenzen überliefert, doch bedeutender sind die ep. berichtenden Volkslieder (Balladen). In den folgenden Jh. standen v. a. ausländ. Musiker im Vordergrund, unter ihnen A. P. Coclico, J. Dowland und H. Schütz, der 1633–44 zeitweise am dän. Hof tätig war. Als Organist wirkte D. Buxtehude in Helsingborg (1657) und Helsingør (1660). C. E. F. Weyse war Lehrer der bedeutendsten dän. Komponisten: J. P. E. Hartmann und N. W. Gade. Zu nennen sind auch F. Kuhlau, P. A. Heise, der Norweger J. S. Svendsen und als einer der wichtigsten skand. Komponisten nach Grieg C. A. Nielsen. Bed. Komponisten des 20. Jh.: K. Riisager, F. Høffding, O. Mortensen, J. Jersild und N. V. Bentzon sowie P. R. Olsen, J. Maegaard, J. Plaetner, J. Nørholm und P. Nørgård.
dänische Sprache, zur östl. Gruppe des nordgerman. Zweiges gehörende indogerman. Sprache, in Dänemark mit etwa 5 Mill. Sprechern. Sie gliederte sich im frühen MA aus dem Altnord. aus und durchlief drei Epochen: **Runendänisch** (800–1100): Diese Epoche deckt sich zeitlich weitgehend mit der der Wikingerzeit. Wichtigstes sprachl. Quellenmaterial dieser Zeit bilden die Runeninschriften im sog. jüngeren ↑ Futhark. – **Altdänisch** (1100–1500): Die ersten schriftl. Denkmäler – Landschaftsrechte aus dem 13. Jh. – zeigen noch deutl. dialektale Eigenheiten. – **Neudänisch** (ab 1500): Seit der dän. Union mit Norwegen (1380) wuchs der Einfluß der d. S. in Norwegen. Andererseits gingen mit dem Frieden von Roskilde 1658 die schwed. Prov. Dänemarks verloren, der südl. Teil Schleswigs ist seit der Reformation deutschsprachig.

Erich von Däniken

Dannecker

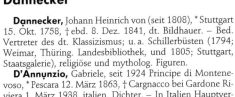

Johann Heinrich von Dannecker (Selbstbildnis)

Gabriele D'Annunzio

Dante Alighieri (Federzeichnung von Raffael)

Georges Jacques Danton

Dannecker, Johann Heinrich von (seit 1808), * Stuttgart 15. Okt. 1758, † ebd. 8. Dez. 1841, dt. Bildhauer. – Bed. Vertreter des dt. Klassizismus; u. a. Schillerbüsten (1794; Weimar, Thüring. Landesbibliothek, und 1805; Stuttgart, Staatsgalerie), religiöse und mytholog. Figuren.

D'Annunzio, Gabriele, seit 1924 Principe di Montenevoso, * Pescara 12. März 1863, † Cargnacco bei Gardone Riviera 1. März 1938, italien. Dichter. – In Italien Hauptvertreter der Neuromantik und Dekadenzdichtung. Führte ein affärenreiches Leben, das ebenso wie die Nähe zum Faschismus sein virtuoses Werk ins Zwielicht brachte. Bekannt ist seine Beziehung zu Eleonora Duse. Propagierte Italiens Kriegseintritt, nahm als Flieger am 1. Weltkrieg teil, besetzte 1919 für 16 Monate als Anführer einer Freischar Fiume im Widerspruch zum Waffenstillstandsabkommen. In Mussolini sah er den Erfüller seiner polit. Ideen. – Sein lyr. Hauptwerk sind die drei ersten Bücher der „Laudi" („Maia", „Elettra", „Alcyone", 1903/04), das 4. Buch erschien 1911 u. d. T. „Merope", das 5. 1933 u. d. T. „Canti della guerra latina". In seiner Lyrik stehen Geschmeidigkeit und Wohlklang neben hohem Pathos. Von seinen Dramen ist das Mysterienspiel „La figlia de Jorio" (1904) am bedeutendsten. Die Romane (u. a. „Lust", 1889) verherrlichen Sinnlichkeit und Übermenschentum.

Dante Alighieri, * Florenz Mai 1265, † Ravenna 14. Sept. 1321, italien. Dichter. – Sein literar. Werk reflektiert in einzigartiger Weise individuelles Leiden sowie Bildungshorizont und geistige Ordnung des späten MA. Lehrer des früh Verwaisten war der enzyklopädisch gebildete Brunetto Latini (* um 1220, † um 1294). 1302 wurde Dante von den wieder an die Macht gelangten Guelfen (Papsttreue) als Führer der Ghibellinen (Kaisertreue) aus Florenz verbannt und lebte u. a. in Verona am Hof der Scaliger, zuletzt in Ravenna. Seine kleineren Werke sind teils italien., teils lat. geschrieben und umfassen u. a. „La vita nuova" („Das neue Leben", entstanden zw. 1292–95), eine lyr. Darstellung seiner Jugendliebe zu Beatrice, „Il convivio" („Das Gastmahl", entstanden zw. 1303–08), eine unvollendete Enzyklopädie und frühes Beispiel wiss. italien. Prosa. Spätestens 1305 schließt er die Sammlung „Le rime" („Il canzoniere"; darunter die „Petrosen" an Donna Pietra) ab, die sich von den literar. Konventionen des Dolce stil nuovo weitgehend befreit haben. Sie dienen der unmittelbaren Vorbereitung des Hauptwerkes, der „Göttl. Komödie" („Divina Commedia"), deren Abfassung der Dichter wohl seit 1290 geplant und nach 1313 in der jetzigen Form bearbeitet und 1321 vollendet hat (das von G. Boccaccio stammende Beiwort „divina" tauchte erstmals 1555 auf). Das Epos ist in dem von D. geschaffenen Dreireim der Terzine geschrieben. Es besteht aus 100 Gesängen: drei Teile („Inferno", „Purgatorio", „Paradiso") mit je 33 Gesängen und ein einleitender Gesang. Er schildert eine visionäre Wanderung des Dichters als eines sündigen Menschen durch die drei Reiche des Jenseits: Hölle (Inferno), Fegefeuer (Purgatorio) und Himmel (Paradiso). Dabei findet er Hilfe in Vergil, Vertreter von Vernunft und Philosophie und antiker Bildung, der ihn durch Hölle und Läuterungsberg begleitet, und in Beatrice, Sinnbild der Offenbarung, des Glaubens und der Theologie, die die Führung des Dichters bis zur unmittelbaren Schau Gottes übernimmt.

Weitere Werke: Il fiore (Sonettzyklus, entstanden um 1300, Zuweisung umstritten), De vulgari eloquentia („Über die Volkssprache"; philolog.-poetolog. Traktat, entstanden zw. 1304/08), De monarchia (polit.-philosoph. Traktat, entstanden zw. 1310/15), Le epistole (Briefe unterschiedl. Abfassungszeit, Ausgabe 1921), Quaestio de aqua et terra (naturphilosoph. Abhandlung, entstanden 1320).

Dante-Gesellschaften, 1. Vereinigungen zur Förderung des Verständnisses der Dichtung Dante Alighieris; u. a. wurde in Florenz 1888 die „Società Dantesca Italiana" gegr. In Dresden bestand 1865–78 eine D.-G., 1914 neugegr., Sitz Weimar („Dt. Dante-Jahrbuch", 1928 ff.); 2. ↑ Società Dante Alighieri.

dantesk [italien.], in der Art Dantes, leidenschaftlich, großartig.

Danton, Georges Jacques [frz. dã'tõ], * Arcis-sur-Aube 28. Okt. 1759, † Paris 5. April 1794, frz. Revolutionär. – Zunächst Advokat; 1790 Mitbegr. des Klubs der Cordeliers, wo er sein Rednertalent entfaltete; seit 1791 Mgl. der Pariser Stadtverwaltung, trug wesentlich zur Erstürmung der Tuilerien und zum Sturz des Königtums bei; wurde als Justizmin. ab Aug. 1792 zur beherrschenden Figur in Frankreich; organisierte den revolutionären Terror, mobilisierte den frz. Widerstandsgeist und Patriotismus gegen die Intervention europ. Mächte; ab April 1793 führend im Wohlfahrtsausschuß; schlug eine kompromißbereitere Politik ein, wodurch er in scharfen Gegensatz zu Robespierre geriet; 1794 verhaftet, verurteilt und guillotiniert. – Sein Schicksal wurde mehrfach literarisch gestaltet, u. a. in G. Büchners Drama „Dantons Tod" (1835).

Danubius (Danuvius), aus dem Kelt. stammender lat. Name zunächst des oberen und mittleren Laufes der Donau, seit etwa Mitte des 1. Jh. v. Chr. des gesamten Flusses.

Danzi, Franz Ignaz, * Schwetzingen 15. Juni 1763, † Karlsruhe 13. April 1826, dt. Komponist. – Hofkapellmeister in Stuttgart und Karlsruhe. Mit Bühnenwerken (u. a. 16 Opern, Ballette) beeinflußte er seinen Freund C. M. von Weber.

Danzig (poln. Gdańsk), poln. Hafenstadt an der W-Küste der Danziger Bucht, 10 m ü. d. M, wuchs mit Zoppot und Gdingen zur „Dreistadt" zusammen. 469 000 E. Hauptstadt der Woiwodschaft D.; Univ., TU, mehrere Hochschulen; Staatsarchiv; Museum, Theater. D., von jeher Umschlagplatz im Fernhandel, erstreckt sich v. a. mit seinen Hafenanlagen im Stadtteil **Neufahrwasser** an der Mündung der Toten Weichsel und Ind.vierteln zur Küste und ins Weichseldelta. Wichtigste Wirtschaftszweige sind die hafenbezogene Ind. (große Werft) sowie Fischverarbeitung; Fremdenverkehr.

Geschichte: Erstmals erwähnt 980; Sitz der slaw. Fürsten von D. Neben der slaw. Siedlung entstanden vermutlich um 1178 die dt. Marktsiedlung und eine dt. Gemeinde (um 1240 Stadtrecht). Häufig war D. Streitobjekt zw. Polen, Brandenburg und dem Dt. Orden, der sich 1301/08 durchsetzte. Seit Ende 13. Jh. unterhielt D. ausgedehnte Handelsbeziehungen und arbeitete seit 1361 in der Hanse mit. Durch starken Zustrom stieg die Bev. bis 1400 auf etwa 10 000 meist dt. E an. Aufstände gegen den Dt. Orden zw. 1361/1416 wurden blutig niedergeschlagen. Unter poln. Oberhoheit (ab 1454/57) erhielt D. weitgehende Privilegien. D. wurde um 1600 zum größten Produktionszentrum (Schiffbau, Textilien, Möbel, Waffen) in Polen. Während der Reformationszeit wurde D. auf Dauer ev. 1793 kam es an Preußen und war 1807–14 Freistaat. 1814–24 und 1878–1919 Hauptstadt der preuß. Prov. Westpreußen. 1919/20 wurde D. Freie Stadt († Danzigfrage) mit Parlament (Volkstag) und Reg. (Senat). Die wirtsch. und polit. Isolierung und die Konkurrenz Gdingens verschlechterten D. Wirtschaftslage, v. a. nach 1929. 1933 errang die NSDAP die Mehrheit im Volkstag. Mit Kriegsbeginn am 1. Sept. 1939 wurde D. dem Dt. Reich angegliedert. Kam 1945 unter poln. Verwaltung. Seine Zugehörigkeit zu Polen wurde 1950 durch den Görlitzer Vertrag und 1990 durch den Dt.-Poln. Grenzvertrag anerkannt.

Nach dem 2. Weltkrieg teilweise Wiederherstellung der historisch bed. **Bauten,** v. a. der got. Kirchen, u. a.: Pfarrkirche Sankt Katharinen (13. Jh.; umgebaut im 15. Jh.), spätgot. Oberpfarrkirche Sankt Marien (1343–1502), spätgot. Kirche Sankt Nikolai (14./15. Jh.) sowie zahlr. Renaissanceprofanbauten. Die ehem. bürgerl. Wohnbauten des 16.–18. Jh. wurden nach ihrer Zerstörung unter Verwendung erhaltener Bauteile z. T. originalgetreu wiederaufgebaut; von den zahlr. ma. Torbauten ist das got. Krantor (1444) wiederaufgebaut und jetzt Schiffahrtsmuseum.

D., 1925 gegr., exemtes Bistum, das 1972 der Kirchenprov. Gnesen angegliedert wurde; zählte damals 508 000 Katholiken.

Danziger Bucht (poln. Zatoka Gdańska), Bucht der Ostsee zw. der Halbinsel Samland im O und der Halbinsel Hela im W, mit der Hafengemeinschaft Danzig-Gdingen.

Danzig. Links: Oberpfarrkirche Sankt Marien in Backsteingotik, erbaut 1343–1502. Rechts: das 1961 nach Kriegszerstörung wieder aufgebaute Krantor (ursprünglicher Bau von 1444)

Danziger Goldwasser, wasserheller Gewürzlikör (u. a. Kardamom, Koriander, Pomeranzenschalen, Kümmel), in dem feine Blattgoldstückchen schwimmen.

Danzigfrage, polit. Probleme, die durch die Sonderstellung Danzigs im Versailler Vertrag von 1919 entstanden. Die Errichtung eines poln. Staates mit freiem Zugang zum Meer führte zur Ausgliederung Danzigs aus dem Dt. Reich. Danzig wurde zur „Freien Stadt" erklärt und unter den Schutz des Völkerbundes gestellt. Dieser entsandte einen Hohen Kommissar (1937–39 C. J. Burckhardt) zur Schlichtung von Streitfällen mit Polen. Im Ausland wurde Danzig von Polen vertreten, zu dessen Zollgebiet es gehörte. Während die Eisenbahn von Polen verwaltet wurde, unterstunden Hafen und Wasserwege einem parität. Ausschuß. 1939 nahm Hitler die D. zum Vorwand für den Krieg gegen Polen.

Danzig-Westpreußen, 1939 aus dem Gebiet der Freien Stadt Danzig, dem ostpreuß. Reg.-Bez. Westpreußen (dann Marienwerder), dem 1919 polnisch gewordenen Teil der Prov. Westpreußen und dem poln. Gebiet um Bromberg gebildeter Reichsgau; bestand bis 1945.

Daodejing [dao..., daʊ...], eine ↑ Laozi zugeschriebene philosoph. Aphorismensammlung („Buch von Dao und De"), die teilweise auf das 3. Jh. v. Chr. zurückgeht.

Daoismus [dao..., daʊ...] (Taoismus), religiös-philosoph. Richtung in China, als deren Begründer ↑ Laozi gilt. Der philosoph. D. ist um Harmonie zw. Mensch und Kosmos bemüht. Seine Metaphysik und Ethik basiert auf den Begriffen **Dao** (dem Anfang, dem Absoluten, das alle Dinge der Welt hervorbringt) und **De** (dem Wirken des Dao in der Welt der Hervorbringung und die Erhaltung des Universums in vollkommener Güte). Das De des Dao ist für den Menschen Norm seines polit. und eth. Handelns. Da das Dao aber „ohne Handeln" ist, wird die Angleichung an das Nichtstun des Dao zur Handlungsnorm.

Daphne, Nymphe der griech. Mythologie. Auf der Flucht vor der Liebe des Apollon wird sie von ihrer Mutter Gäa (Erde) verschlungen und in einen Lorbeerbaum (dáphnē „Lorbeer") verwandelt. Die literar. Ausgestaltung erhielt der Stoff durch Ovids „Metamorphosen", der auch als Thema für mehrere Opern diente, u. a. von J. Peri (1598), H. Schütz (1627) und R. Strauss (1938).

Daphne [griech.], svw. ↑ Seidelbast.

Daphnia [griech.], Gatt. der Wasserflöhe mit 4 einheim. Arten, von denen der **Große Wasserfloh** (D. magna; bis 6 mm groß) und der **Gemeine Wasserfloh** (D. pulex; bis 4 mm groß) vorwiegend in Tümpeln vorkommen; Verwendung als Fischfutter.

Daphnis, sizil. Hirte und Jäger der griech. Mythologie. Sohn des Hermes und einer Nymphe; myth. Erfinder der bukol. Dichtung. D. ist Urbild des Hirten in der Literatur der Antike und der Schäferdichtung des 17. und 18. Jahrhunderts.

Da Ponte, Lorenzo, eigtl. Emanuele Conegliano, *Ceneda (= Vittorio Veneto) 10. März 1749, †New York 17. Aug. 1838, italien. Schriftsteller. – War u. a. kaiserl. Theaterdichter in Wien (1781–91); schrieb Libretti zu Mozarts Opern „Die Hochzeit des Figaro", „Don Giovanni", „Cosi fan tutte".

Daqing [chin. daːtʃiŋ] (Taching), 1980 gegr. Stadt in Chinas größtem Erdölrevier, Prov. Heilongjiang, 540 000 E. Petrochemie. Im Gebiet D. (5 500 km²) Förderung von über 50 % des chin. Erdöls; Pipelines zu den Häfen Dalian und Qinhuangdao sowie nach Peking und Nord-Korea.

DARA, Abk. für: **D**eutsche **A**gentur für **R**aumfahrt**a**ngelegenheiten, im Frühjahr 1989 von der Bundesregierung beschlossene Einrichtung einer nat. Raumfahrtagentur, die am 17. 7. 1989 ihre Arbeit in Bonn-Bad Godesberg aufnahm. Aufgaben: Erstellung der dt. Raumfahrtplanung, Management der Durchführung der dt. Weltraumprogramme einschl. Verteilung der Haushaltsmittel, Wahrnehmung der dt. Raumfahrtinteressen im internat. Bereich.

Darboven, Hanne, *München 19. April 1941, dt. Künstlerin. – Unter dem Einfluß von S. le Witt ab 1966/67 Zeichnungen von Zahlensystemen; ab 1971 weitete sie ihre Methode auf literar. Texte aus und bezog auch die Collage ein („Vier Jahreszeiten", 1981).

Darbysten [darˈbɪstən], 1826 in Plymouth gegr. christl. Gemeinschaft, die man „Plymouth-Brüder" nannte. Unter Führung von J. N. Darby (* 1800, † 1882) erfolgte die Trennung von der anglikan. Staatskirche. Zum allsonntägl. Abendmahl werden nur die Würdigen zugelassen, die die baldige Wiederkunft Christi erwarten (rd. 400 000 Mgl.).

Dardanellen [nach der antiken Stadt Dardanos], Meerenge in der Türkei, zw. Marmarameer und Ägäischem Meer, 65 km lang, 4–5 km (engste Stelle 1,3 km) breit. **Geschichte:** In der Antike und im MA **Hellespont** gen., waren spätestens seit dem 3. Jt. v. Chr. Landbrücke zw. Europa und Asien sowie Seeverbindung zw. Ägäis und Schwarzem Meer. Im 8./7. Jh. dichte Besiedlung im Zuge der griech. Kolonisationsbewegung; 480 v. Chr. setzte das Heer Xerxes' auf einer Schiffsbrücke über die D., die nach den Perserkriegen unter die Kontrolle Athens gerieten, 405 v. Chr. jedoch wieder abgegeben werden mußten. 1354 osman. besetzt; nach der Eroberung Konstantinopels (1453) Befestigung der D. (Bau von ↑ Çanakkale). Der **Dardanellenvertrag** von 1841 untersagte allen nichttürk. Schiffen die Durchfahrt. Obwohl die D. befestigungen zu Beginn des 1. Weltkriegs veraltet waren, konnten die Türken 1915/16 die Angriffe der Alliierten zurückschlagen. 1920 unter Kontrolle einer Meerengenkommission gestellt; 1923 entmilitarisiert; nach dem Meerengenabkommen (1936) Neubefestigung durch die Türkei. – Karte S. 410.

Dardaner, aus der „Ilias" bekanntes, offenbar thrak. Volk; wird auf Dardanos zurückgeführt und mit den Trojanern gleichgesetzt.

Danzig Stadtwappen

DARA

Dareikos

Dardanellen

Dareikos
mit dem Bild des
Großkönigs im
Knielauf

Daressalam

größte Stadt in
Tansania

1,1 Mill. E

Ind.zentrum

wichtigster Hafen
Ostafrikas

gegr. 1862 vom Sultan
von Sansibar

1964–73 Hauptstadt
von Tansania (heute
noch Reg.sitz bis zur
Fertigstellung von
Dodoma)

Rubén Darío

D., illyr. Volk der Antike, siedelte zu beiden Seiten des Vardar um Scupi (Skopje); drang später bis zur Adria vor; 217 von Philipp V. von Makedonien unterworfen; seit 1. Jh. v. Chr. röm., im 1. Jh. n. Chr. zur Prov. Moesia; ab 297 eigene Prov. Dardania.

Dareikos [pers.-griech., nach Darius I.], meist bohnenförmige Münze der pers. Goldwährung, von 515 v. Chr. bis in die Zeit Alexanders d. Gr. geprägt.

Dareios, Name altpers. Könige, ↑Darius.

Dar-el-Beïda, Ind.ort 20 km sö. von Algier mit dessen internat. ✈.

Daressalam (Dar-es-Salaam), größte Stadt von Tansania, an der Küste des Ind. Ozeans, 1,1 Mill. E. Kultur-, Wirtschafts- und Verkehrszentrum Tansanias; kath. Erzbischofssitz, Univ. (gegr. 1961); pädagog. und techn. Colleges, Nationalmuseum. Größtes Ind.zentrum des Landes und wichtigster Hafen (auch für die benachbarten Länder) mit Ölpier und Erdölpipeline in den Kupfergürtel Sambias; Fischereihafen; Eisenbahn ins Hinterland, internat. ✈. – Gegr. 1862 vom Sultan von Sansibar; wurde 1896 Verwaltungssitz von Dt.-Ostafrika; 1916 von brit. Truppen erobert. 1964–73 Hauptstadt von Tansania.

Darfur, Plateaulandschaft im zentralen W der Republik Sudan, 500–1 000 m ü. d. M., mit dem Vulkanmassiv des Gabal Marra; zentraler Ort ist Al Faschir; Regenfeldbau und Rinderhaltung. – Das Reich von D. wurde um 350 n. Chr. gegr.; ab 13. Jh. im Einflußbereich von Kanem-Bornu; ab 1603 selbständiges Sultanat; 1874 ägypt., 1898 angloägypt. Protektorat; seit 1916 sudanes. Provinz.

Dargomyschski, Alexander Sergejewitsch, *Troizkoje (heute im Gebiet Tula) 14. Febr. 1813, †Sankt Petersburg 17. Jan. 1869, russ. Komponist. – Mit seinen Opern (Hauptwerk „Russalka", 1856) beeinflußte er die Entwicklung des melod. Rezitativs; zus. mit Glinka ein Wegbereiter der russ. Nationalmusik.

Dari (Neupersisch, Kabulisch), die in der Gegend um Kabul gesprochene lokale Abart des Persischen, die in Afghanistan neben dem Paschtu Amtssprache ist.

Darío, Rubén, eigtl. Félix Rubén García y Sarmiento, *Metapa (= Ciudad Darío, Nicaragua) 18. Jan. 1867, †León (Nicaragua) 6. Febr. 1916, nicaraguan. Dichter. – Diplomat; angeregt von den frz. Parnassiens und Symbolisten, wurde er ein Hauptvertreter des Modernismo mit nachhaltigem Einfluß auf die gesamte span. und hispanoamerikan. Dichtung; klassisch reine Formen, bildhafte Sprache, neue metrisch-rhythm. und melod. Elemente brachten eine Erneuerung span. Sprache und Dichtung. – *Werke:* Azul (Prosa und Verse, 1888), Prosas profanas (Ged., 1896), Cantos de vida y esperanza (Ged., 1905), Canto a la Argentina (Ged., 1910).

Darius (Dareios; altpers. Darajawausch „der das Gute festhält"), Name von Großkönigen der altpers. Dyn. der Achämeniden:
D. I., d. Gr., *550, †486, Großkönig (seit 522). – Schuf eine einheitl. Reichsverwaltung (Steuerordnung; Schaffung einer Währung; Bau eines Straßennetzes, „Königsstraße" von Susa nach Sardes); konnte Thrakien und Makedonien in den pers. Machtbereich eingliedern; seinen Versuch, nach Abfall der kleinasiat. Griechen (Ion. Aufstand 499–493) Griechenland zu unterwerfen (↑Perserkriege), konnte Athen in der Schlacht bei Marathon abwehren (490).
D. II. Nothus, eigtl. Ochus, †Babylon 404 v. Chr., Großkönig (seit 423). – Seine Herrschaft war innenpolitisch eine Zeit des Verfalls des Perserreiches; zahlr. Aufstände mußten niedergeschlagen werden; für die Einmischung zugunsten Spartas im Peloponnes. Krieg erhielt Persien Konzessionen in Kleinasien; 405 Abfall Ägyptens.
D. III. Codomannus, *um 380 v. Chr., †bei Hekatompylos (beim heutigen Damghan, Iran) im Juli 330, Großkönig (seit 336). – Nach mehreren Niederlagen (334 am Granikos; 333 bei Issos, 331 bei Gaugamela) gegen Alexander d. Gr. auf der Flucht ermordet.

Darjeeling [daːˈdʒiːlɪŋ], ind. Stadt in West Bengal, 2 185 m ü. d. M., 56 900 E. Hauptstadt eines Distrikts (mit Teeplantagen). Wegen seines milden Klimas und der günstigen topograph. Lage entwickelte sich D. zum Kur- und Erholungsort Britisch-Indiens; heute Touristenzentrum; kath. Bischofssitz.

Darlan, François [frz. darˈlã], *Nérac (Lot-et-Garonne) 7. Aug. 1881, †Algier 24. Dez. 1942, frz. Admiral. – Wurde 1939 Oberbefehlshaber der frz. Marine, 1940 Handels- und Marinemin. der Vichy-Reg.; 1941/42 zusätzlich Vizepräs. des Min.rats, Außen- und Informationsmin., kurzzeitig 1941 auch Innenmin. und anschließend Verteidigungsmin.; ab 1942 Oberkommandierender der frz. Streitkräfte; schloß bei der Landung der Alliierten in N-Afrika im geheimen Einverständnis mit Pétain (offiziell seiner Ämter enthoben) einen Waffenstillstand; von einem Anhänger de Gaulles ermordet.

Darlegung (Vortrag, Partei[en]vortrag), im Prozeßrecht der von den Parteien in den Prozeß eingeführte Tatsachenstoff, ohne daß es darauf ankommt, ob dieser im einzelnen wahr oder unwahr, beweisbar oder nicht beweisbar ist. Ist in Verfahren mit Verhandlungsgrundsatz die D. des Klägers schlüssig und die des Beklagten erheblich, muß der Richter dem Klageantrag stattgeben.

Darlehen, Kreditgeschäft, bei dem der D.geber dem D.nehmer die **Darlehensvaluta,** ein bestimmtes Kapital (Geld oder andere vertretbare Sachen), zur zeitweiligen Nutzung überläßt. Der D.nehmer verpflichtet sich, Sachen der gleichen Art, Güte und Menge zurückzugewähren (§ 607 BGB). Das D. kann unentgeltlich oder gegen Entgelt (Zinsen) gewährt werden.

Darlehnskassen, (meist staatl.) Institutionen, errichtet zu dem Zweck, die Kreditgewährung in Krisenzeiten oder während eines Krieges nach bestimmten Richtlinien zu übernehmen. Die D. gewährten Kredit gegen Verpfändung von Waren, Wertpapieren u. a. – ↑ Spar- und Darlehnskassen.

Darling [engl. ˈdaːlɪŋ], rechter Nebenfluß des Murray in SO-Australien, längster Fluß Australiens mit stark schwankender Wasserführung; entspringt als **Macintyre River** in den Ostaustral. Kordilleren, im Oberlauf **Barwon** genannt, 2 720 km lang; mehrere Staustufen für die Bewässerung.

Darling [engl. ˈdaːlɪŋ], Liebling.

Darling Ranges [engl. ˈdaːlɪŋ ˈreɪndʒɪz], Gebirge im äußersten SW Westaustraliens, 320 km lang, im Mount Cook 582 m hoch; Bauxittabbau.

Darlington, Cyril Dean [engl. ˈdaːlɪŋtən], *Chorley (Lancashire) 19. Dez. 1903, †Oxford 26. März 1981, brit. Botaniker. – Widmete sich der Erforschung der Chromosomen und ihrem Verhalten bei der Meiose und studierte die Zusammenhänge zw. Vererbung, Entwicklung und Infektion.

Darlington [engl. 'dɑːlɪŋtən], engl. Ind.stadt in der Gft. Durham, 85 000 E. Marktzentrum, Maschinen- und Fahrzeugbau. – Zw. D. und Stockton-on-Tees verkehrte 1825 die erste öffentl. Dampfeisenbahn der Erde.

Darm (Intestinum, Enteron), Abschnitt des Darmtraktes zw. Magenausgang (Pylorus) und After bei den Wirbeltieren (einschl. Mensch). Die D.länge beträgt beim erwachsenen Menschen (im natürl. Spannungszustand) etwa 3 m. Zur Vergrößerung der inneren (resorbierenden) Oberfläche weist der D. Zotten (**Darmzotten**), Falten und Schlingen auf.

Die **Darmwand** besteht aus mehreren Schichten, aus der Darmschleimhaut, der Unterschleimhaut sowie aus der aus (glatten) Ring- und Längsmuskeln bestehenden glatten Muskelschicht. Über den D.kanal verlaufen von vorn nach hinten wellenförmige, autonome Muskelkontraktionen (**Darmperistaltik**), die den D.inhalt in Richtung After befördern und seine Durchmischung bewirken. Im D. erfolgt zum überwiegenden Teil die Aufschließung der Nahrung (↑Verdauung) sowie nahezu die gesamte Resorption.

Der D. ist anatomisch und funktionell in einen vorderen (Dünn-D.) und einen hinteren Abschnitt (Dick-D.) gliedert. Im **Dünndarm** (Intestinum tenue), der sich an den Magenausgang anschließt, wird die Nahrung verdaut und resorbiert. Bei Säugetieren (einschl. Mensch) verläuft der Dünn-D. in zahlr. Schlingen und gliedert sich in die folgenden Abschnitte: **Zwölffingerdarm** (Duodenum, Intestinum duodenum; beim Menschen etwa 30 cm lang, hufeisenförmig, mit ringförmigen Querfalten [Kerckring-Falten] und mit Zotten); **Leerdarm** (Jejunum, Intestinum jejunum; mit Kerckring-Falten, Zotten und Darmschleimhautdrüsen [Lieberkühn-Drüsen]); **Krummdarm** (Ileum, Intestinum ileum; ohne Kerckring-Falten). Leer- und Krumm-D. sind beim Menschen zus. etwa 1,5 m lang, ihr Mesenterium ist wie eine Kreppmanschette gekräuselt *(Gekröse).* – In den Anfangsteil des Dünn-D. mündet außer dem Ausführungsgang der Bauchspeicheldrüse auch der Gallengang, der eine Verbindung zur Leber herstellt. Der **Dickdarm** (Intestinum crassum), der vom Dünn-D. durch eine Schleimhautfalte *(Bauhin-Klappe)* abgegrenzt ist und Lieberkühn-Drüsen aufweist, dient v. a. der Resorption von Wasser, der Koteindickung und -ausscheidung. Er ist beim Menschen etwa 1,1–1,4 m lang. Der Endabschnitt des Dick-D. ist der **Mastdarm** (Rektum, Intestinum rectum; beim Menschen 10–20 cm lang, mit ampullenartiger Auftreibung als Kotbehälter), der davor liegende Dickdarmanteil wird auch als **Grimmdarm** (Colon, Intestinum colon) bezeichnet. Letzterer hat beim Menschen einen rechtsseitig aufsteigenden (**aufsteigender Dickdarm,** Colon ascendens), einen querlaufenden (**Querdickdarm,** Colon transversum), einen linksseitig nach unten führenden (**absteigender Dickdarm,** Colon descendens) und (vor dem Übergang in den Mast-D.) einen S-förmig gekrümmten Abschnitt (**Sigmoid,** Colon sigmoideum). Die an Magen und Querdick-D. ansetzenden Anteile des Mesenteriums sind beim Menschen stark verlängert, miteinander verklebt und durchlöchert. Sie hängen als **großes Netz** (Omentum majus) schürzenartig über die ganze Darmvorderseite herab. – Am Übergang vom Dünn- zum Dick-D. findet sich häufig ein **Blinddarm** (oder mehrere).

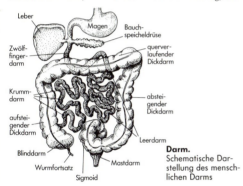

Darm. Schematische Darstellung des menschlichen Darms

Darmalge (Darmtang, Enteromorpha intestinalis), bis 2 m lange, sack- oder röhrenförmige Grünalge mit weltweiter Verbreitung im oberen Litoral (Uferbereich) der Meeresküsten; auch in Binnengewässern, die im Brackwasser, durch Kochsalz verunreinigt sind (z. B. Rhein und Werra).

Darmbad (subaquales Darmbad, Sudabad), ausgiebige Spülung des Dickdarms z. B. mit 10 bis 40 Litern warmer 0,9 %iger Kochsalzlösung; Anwendung erfolgt z. B. bei chron. Verstopfung.

Darmbakterien ↑Darmflora.

Darmbein ↑Becken.

Darmblutung, Blutung in das Darminnere, z. B. aus Schleimhautgefäßen und Darmgeschwüren, oder aus Hämorrhoidalknoten nach außen. Bei D. aus oberen Darmabschnitten ist der Stuhl schwarz gefärbt, bei Blutungen im Bereich von Dickdarm, Mastdarm oder After ist er durch hellrotes Blut gekennzeichnet.

Darmbrand (Darmgangrän), Absterben eines Darmabschnittes infolge Absperrung der versorgenden Blutgefäße (u. a. bei Brucheinklemmung, Darmverschlingung); führt zur Bauchfellentzündung, u. U. zum Darmdurchbruch.

Darmbruch, svw. ↑Enterozele.

Darmeinstülpung, svw. ↑Darminvagination.

Darmentzündung (Darmkatarrh, Enteritis), entzündl. Erkrankung des Darmkanals, meist des Dünndarms. Geht die Erkrankung vom Magen aus, spricht man von einer **Gastroenteritis** (Magen-Darm-Katarrh), bei Beteiligung des Dickdarms von **Enterokolitis.** – Die D. ist meist eine akute bis subakute Erkrankung mit dem Hauptsymptom Durchfall, u. U. mit Übelkeit und Erbrechen. Ursache der D. sind v. a. allerg. Vorgänge, Gifte, Bakterien und Viren.

Darmfistel (Fistula intestinalis), bes. im Dünn- und Dickdarmbereich vorkommende, angeborene oder krankhaft (z. B. durch Perforation, Verletzung) entstandene bzw. operativ (↑Kunstafter) angelegte röhrenförmige Verbindung zw. einem Darmteil und der Körperoberfläche *(äußere D.)* oder zw. einzelnen Darmschlingen bzw. zw. Darm und anderen Hohlorganen *(innere D.,* z. B. bei Durchbruch einer Darmgeschwulst in die Blase).

Darmflora, Gesamtheit der im Darm von Tieren und dem Menschen lebenden Pilze und (v. a.) Bakterien (**Darmbakterien**). Die wichtigsten Vertreter der menschl. D. sind Enterokokken und Arten der Gatt. Bacteroides, Lactobacillus, Proteus, Escherichia, Clostridium. Etwa $\frac{1}{3}$ des Gewichts der Fäkalien besteht aus toten und lebenden Bakterien. Die wichtigsten Funktionen der D. sind die Lieferung der Vitamine B_{12} und K, die Unterdrückung von Krankheitserregern (z. B. Cholera, Ruhr) durch Konkurrenz und die Hilfe beim Aufspalten einiger Nahrungsbestandteile (z. B. Zellulose).

Darmgangrän, svw. ↑Darmbrand.

Darmgeschwülste, gut- oder bösartige Neubildungen (Tumoren) des Darms. Bösartige D. (**Darmkrebs**) machen etwa 13 % aller Krebsgeschwülste aus. Sie treten vorwiegend im 6. Lebensjahrzehnt auf. Befallen werden v. a. der Mastdarm und der gekrümmte untere Dickdarm. Sie führen zu Darmverengung, oft bis zum vollständigen Darmverschluß, mitunter auch zum Darmdurchbruch oder zu einer Darmfistel. Die Beschwerden sind anfangs wenig auffallend (z. B. Schleimabgang und häufiger Stuhldrang, Wechsel von Durchfall und Verstopfung); später mengt sich dem Stuhl Blut bei. Erst im vorgerückten Stadium der Erkrankung stellen sich Schmerzen ein. Bei frühzeitiger Diagnose ist eine Operation aussichtsreich.

Darmgeschwür (Darmulkus), Geschwür im Bereich des Darmkanals, meist als Folgeerscheinung entzündl. Darmerkrankungen wie Kolitis, Ruhr (im Dickdarm), Typhus (im unteren Dünndarm) und Darmtuberkulose (im Dünn- und Dickdarm).

Darmgrippe ↑Grippe.

Darminvagination (Darmeinstülpung), Einstülpung eines Darmabschnittes in den nächstbenachbarten (meist

Darminvagination

Darmkatarrh

Darmstadt
Stadtwappen

Charles Robert
Darwin

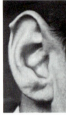

Darwin-
Ohrhöckerchen

Einstülpung des unteren Dünndarms in den Blinddarm); häufigste Ursache von Darmverschluß bei Kindern und Greisen.

Darmkatarrh, svw. ↑Darmentzündung.

Darmkoliken (Darmkrämpfe), akut auftretende, heftige, krampfartige Schmerzen im Darmbereich; u. a. bei Blähsucht und Hindernissen in der Darmpassage.

Darmkrebs ↑Darmgeschwülste.

Darmparasiten, im Darmkanal von Tier und Mensch schmarotzende Parasiten, die große Nahrungsmengen verbrauchen und unvollständig abgebaute, giftige Stoffwechselprodukte ausscheiden (z. B. Bandwürmer).

Darmpech, svw. ↑Kindspech.

Darmperistaltik ↑Darm.

Darmresektion, operative Entfernung von Darmteilen bei Darmerkrankungen oder -verletzungen.

Darmsaft, v. a. von der Dünndarmschleimhaut abgesonderte wasserklare bis hellgelbe, stark enzymhaltige, alkal. (bis etwa pH 8,3) Flüssigkeit, die die Verdauung vollendet; beim Menschen täglich etwa 3 Liter.

Darmschleimhaut, aus dem drüsen- und schleimzellenreichen Darmepithel, einer Bindegewebsschicht und einer dünnen Schicht glatter Muskulatur (bewirkt die Zottenkontraktion) bestehende innere Wandschicht des Darms, deren Oberfläche meist durch Falten und Darmzotten stark vergrößert ist.

Darmstadt, Stadt in Hessen, am NW-Rand des Odenwaldes, 144 m ü. d. M., 134 300 E. Verwaltungssitz des Reg.-Bez. D. und des Landkr. D.-Dieburg, Sitz der Kirchenleitung der Ev. Landeskirche in Hessen und Nassau und der Gesellschaft für Schwerionenforschung; Europ. Raumfahrtbetriebszentrum mit dem Europ. Weltraumdaten- und Weltraumrechenzentrum; Dt. Rechenzentrum; Dt. Akad. für Sprache und Dichtung, P.E.N.-Zentrum der BR Deutschland; TH (gegr. 1836); Museen, u. a. Landesmuseum, Hess. Staatsarchiv, Staatstheater. Verlage, Druckereien, Chemie-, Pharma-, Elektroind. u. a. – Gehörte urspr. zum geschlossenen Reichsgut um Frankfurt am Main. Nach mehreren Besitzwechseln wurde 1256 die Gft. Bessungen mit D. an die Grafen von Katzenelnbogen verlehnt. Diese verlegten ihre Residenz nach D. und erhielten 1330 für die bei der Wasserburg entstandene Siedlung das Recht zur Stadterhebung und das Marktrecht. Blühte nach 1567 als Residenz der Landgrafen von Hessen-D. auf. – D. erlitt im 2. Weltkrieg starke Zerstörungen; wiederaufgebaut wurden u. a. die Renaissancebauten der Schloßanlage mit dem barocken Neuschloß (1716–26), das Rathaus (1588–90),

Klassizist. Ludwigskirche (1828–38), auf dem Luisenplatz die Ludwigssäule (1844). Die Mathildenhöhe wurde seit 1830 gestaltet, erhielt 1898/99 die Russ. Kapelle und wurde seit 1899 zur ↑Darmstädter Künstlerkolonie ausgebaut. Hess. Landesmuseum (1897 bis 1902, Erweiterungsbau 1980–84).

D., Reg.-Bez. in Hessen.

Darmstadt-Dieburg, Landkr. in Hessen.

Darmstädter Kreis, „empfindsamer" Freundeskreis in Darmstadt (etwa 1769–73); Mgl. waren neben J. H. Merck und F. M. Leuchsenring u. a. Herders Braut C. Flachsland. Kontakt mit vielen Vertretern der zeitgenöss. Kultur, u. a. mit Herder und Goethe. Der Kreis gab Anregungen zu zahlr. Übersetzungen (z. B. europ. Volkslieder durch Herder) sowie zu eigener literar. und literaturkrit. Produktion.

Darmstädter Künstlerkolonie, von Großherzog Ernst Ludwig 1899 ff. nach Darmstadt berufene Architekten und Gebrauchsgraphiker, u. a. Hans Christiansen (* 1866, † 1945), Rudolf Bosselt (* 1871, † 1938), Paul Bürck (* 1878, † 1947), L. Habich, Patriz Huber (* 1878, † 1902), P. Behrens und J. M. Olbrich. Olbrich entwarf für die Ausstellungen auf der Mathildenhöhe die wichtigsten Bauten: Ernst-Ludwig-Haus, 7 Ausstellungsvillen (Wohnhäuser der Künstler), Ausstellungsgebäude mit dem Hochzeitsturm; durch die D. K. wurde Darmstadt zu einem Zentrum des Jugendstils.

Darmstädter und Nationalbank, Abk. Danatbank, dt. Kreditinstitut, entstanden 1922 durch Fusion der Nationalbank für Deutschland (gegr. 1881) mit der Bank für Handel und Industrie (Darmstädter Bank; gegr. 1853); ging 1932 in der Dresdner Bank AG auf.

Darmsteifung, besonders heftige, sehr schmerzhafte, durch die Bauchdecken hindurch tastbare oder äußerlich sichtbare Darmkontraktionen oberhalb einer vom Darmverschluß betroffenen Stelle.

Darmsteine, svw. ↑Kotsteine.

Darmstenose, svw. ↑Darmverengung.

Darmträgheit, svw. ↑Verstopfung.

Darmtrakt (Darmkanal), den Körper teilweise oder ganz durchziehendes, der Nahrungsaufnahme und Verdauung dienendes Organ bei vielzelligen Tieren und beim Menschen. Der D. beginnt mit der Mundöffnung und endet mit dem After. Meist weist der D. eine deutl. Dreigliederung auf: Der **Vorderdarm** (häufig mit Mundhöhle, Schlund, Speiseröhre) hat die Aufgabe, die Nahrung aufzunehmen, evtl. zu zerkleinern, aufzuweichen, auch vorzuverdauen und weiterzubefördern. Im **Mitteldarm** (Magen, Dünndarm, Anhangsorgane) wird die Nahrung enzymatisch in einfache Verbindungen gespalten, die resorbiert werden. Im **Enddarm** werden die Nahrungsreste eingedickt (durch Resorption, v. a. von Wasser) und über den After ausgeschieden. Zum Enddarm wird auch die bei vielen Tieren ausgebildete ↑Kloake gezählt.

Darmtuberkulose ↑Tuberkulose.

Darmulkus, svw. ↑Darmgeschwür.

Darmverengung (Darmstenose), krankhafte Verengung der Darmlichtung mit erschwerter Passage des Darminhaltes durch mechan. Hindernisse (v. a. Geschwülste, Narben nach Geschwüren und Operationen, auch Fremdkörper und Kotsteine); verursacht Aufstoßen und Erbrechen, Verstopfung, Blähungen und kolikartige Leibschmerzen und kann schließlich zum Darmverschluß führen.

Darmverschlingung (Volvulus), selten auftretende Drehung einer Darmschlinge um ihre eigene Achse, um die Achse ihres Gekröses oder um eine andere Darmschlinge mit Abschnürung der Darmlichtung und Strangulation der Darmgefäße; kommt am Dünn- und Dickdarm (v. a. an dessen S-förmigem Abschnitt) vor. Folgen der D. sind Darmverschluß und Darmbrand.

Darmverschluß (Ileus), starke Verengung bzw. Verschluß der Lichtung eines Darmabschnitts, z. B. durch Gallensteine, Abschnürung durch eingeklemmten Bruch oder Abknickung durch Verwachsungsstränge; führt u. a. zu Kotrückstau, allg. Vergiftung und Bluteindickung, Herz- und Kreislaufschwäche mit den Symptomen Stuhl- und Wind-

Darmstadt. Im Hintergrund der zu den Gebäuden der Darmstädter Künstlerkolonie gehörende Hochzeitsturm von Joseph Maria Olbrich (1907/08), davor die Russische Kapelle von Leontij Nikolajewitsch Benois (1898/99) auf der Mathildenhöhe

verhaltung, Unruhe, Schweiß, Durst, u. U. auch Kolikschmerz, Kollaps, Schock und Koterbrechen.

Darmvorfall ↑ Mastdarmvorfall.

Darna, Bez.hauptstadt in der Cyrenaika, Libyen, am Mittelmeer, etwa 50 000 E. – Das antike **Karnis** war eine griech. Gründung und die östlichste Stadt der Pentapolis. – Moschee mit 42 Kuppeln (1600).

Darnley, Lord Henry Stewart (Stuart) [engl. 'da:nlı], * Temple Newsam (Yorkshire) 7. Dez. 1545, † Edinburgh 10. Febr. 1567, 2. Gemahl der Königin Maria Stuart (seit 1565). – Entstammte einer Seitenlinie des schott. Königshauses; ermordete 1566 Riccio, den Sekretär seiner Gemahlin; von einer Verschwörergruppe unter J. H. Bothwell umgebracht.

Darre, baul. Anlage zum Trocknen (Dörren) von Körnern, Samen, Hopfen usw.

Darré, Richard Walther, * Belgrano bei Buenos Aires 14. Juli 1895, † München 5. Sept. 1953, dt. Agrarpolitiker. – 1933 Reichsleiter der NSDAP; schuf als Reichsernährungsmin. (1933–42) den Reichsnährstand; veranlaßte das Reichserbhofgesetz von 1933; Verfechter einer rassist. Sozialromantik; 1934–42 Reichsbauernführer; 1945 verhaftet, 1949 zu 7 Jahren Haft verurteilt, 1950 entlassen.

Darwin-Finken. Mittlerer Grundfink

Darrieus-Rotor [frz. da'rjø] ↑ Windkraftwerke.

Darrieux, Danielle [frz. da'rjø], * Bordeaux 1. Mai 1917, frz. Schauspielerin. – Verkörpert den Typ der charmanten, eleganten Pariserin, u. a. in den Filmen „Der Reigen" (1950), „Rot und Schwarz" (1954), „24 Stunden im Leben einer Frau" (1969), „Le lieu du crime" (1986).

Darß, etwa 80 km² große Halbinsel an der Ostsee, nö. von Rostock, Meckl.-Vorp., durch die 10 km lange Nehrung **Fischland** mit dem Festland verbunden; bewaldet; Ostseebäder (Ahrenshoop). Die Fortsetzung nach O ist die Halbinsel **Zingst** mit gleichnamigem Seebad. Der D. ist Teil des Nat.parks Vorpommersche Boddenlandschaft.

darstellende Geometrie, Teilgebiet der angewandten Mathematik, das sich mit den Abbildungen des dreidimensionalen Raumes in eine Ebene, die Zeichenebene, befaßt. Wichtige Verfahren der d. G. sind: Zentral- und Parallelprojektion, Ein- und Zweitafelverfahren sowie die Axonometrie.

Zu den wichtigsten Vorstufen der d. G. gehört A. Dürers „Underweysung der Messung mit dem Zirckel und Richtscheydt in Linien, Ebenen und gantzen Corporen" (1525), in der Abbildungsfragen und räuml. Darstellungen konstruktiv behandelt werden. Als eigtl. Begründer der d. G. gilt G. Monge, der in seinen „Leçons de géometrie descriptive" (1795) die Abbildung von Punkten, Linien sowie Flächen und deren Schnitte und Schatten untersuchte.

darstellende Kunst, Schauspiel- und Tanzkunst, Pantomimik. – Mitunter werden zur d. K. auch noch (die traditionelle) Malerei und Plastik gezählt (bildende Kunst).

Darstellungsfunktion, nach K. Bühler Funktion der Sprache, die Sachwelt (Sachverhalt, Gegenstände der Rede) darzustellen; im Ggs. zur **Ausdrucksfunktion** (Kundgabefunktion), in der der Sender (Sprecher, Schreiber) sich selber zum Ausdruck bringt, und im Ggs. zur **Appellfunktion,** die den Empfänger (Hörer, Leser) anspricht.

Dartmoor [engl. 'da:tmʊə], Bergland in der Gft. Devon, SW-England, gegliedert in 3 Verebnungsflächen, von einzelnen Granitkanzeln („tors") überragt, bis 622 m hoch; mit Zwergstrauchvegetation, Moor und Heide; Fundamente prähistor. Wohnstätten, Straßen und Steinkreise; alte Schmelzöfen (12. Jh.) zeugen von der ehem. Bed. des Zinn- und Kupfererzbergbaus. – Das D. war seit sächs. Zeit ein königl. Forst, gehörte seit 1337 zu Cornwall und wurde 1951 ein Nationalpark. Das Gefängnis D. bei Princetown wurde während der Napoleon. Kriege für frz. Gefangene gebaut.

Darwen [engl. 'da:wın] ↑ Blackburn.

Darwin [engl. 'da:wın], Sir (seit 1942) Charles Galton, * Cambridge 19. Dez. 1887, † ebd. 31. Dez. 1962, brit. Physiker. – Entwickelte 1914 eine dynam. Theorie der Streuung von Röntgenstrahlen an Kristallgittern; wichtige Arbeiten auf dem Gebiet der Optik, statist. Mechanik und Quantenmechanik.

D., Charles Robert, * Shrewsbury (Shropshire) 12. Febr. 1809, † Down bei Beckenham (= London) 19. April 1882, brit. Naturforscher. – Sammelte für seine Naturforschung wegweisende Erfahrungen bei der Teilnahme an der Weltumsegelung der „Beagle" vom 27. Dez. 1831 bis zum 2. Okt. 1836, die ihn nach S-Amerika, auf die Galápagosinseln, nach Tahiti, Neuseeland, Australien, Mauritius und Südafrika führte. Berühmt wurde D. durch seine ↑ Selektionstheorie („Die Entstehung der Arten durch natürl. Zuchtwahl", 1859). Tiergeograph. Beobachtungen an der südamerikan. Küste, bes. die Entdeckung von Varietäten einer Tiergruppe wie des Darwin-Finken auf den einzelnen Galápagosinseln, ließen ihn an der bis dahin unangefochtenen Vorstellung der Konstanz der Arten zweifeln. Er entwickelte die Hypothese der gemeinsamen Abstammung und der allmähl. Veränderung der Arten.

Darwin [engl. da:wın], Hauptstadt des austral. Nordterritoriums auf einer Halbinsel der Küste von Arnhemland, 76 000 E. Sitz eines anglikan. und eines kath. Bischofs; über den Hafen Verschiffung von Erz; internat. ✈. – 1974 durch Wirbelsturm zerstört.

Darwin-Finken [nach C. R. Darwin] (Galápagosfinken, Geospizini), 1835 von C. R. Darwin entdeckte Gattungsgruppe der Finkenvögel (Unterfam. Ammern) mit 14 Arten in 5 Gatt., die wahrscheinlich alle auf eine Ausgangsform auf dem südamerikan. Festland zurückgehen und nur auf den Galápagos- und Kokosinseln vorkommen. Durch unterschiedl. Ernährungsweisen entwickelten sich typ. Körner-, Weichfutter- und Insektenfresser, was sich in den unterschiedl. Schnabelformen äußert.

Darwinismus, von C. R. Darwin zur wiss. Fundierung der ↑ Deszendenztheorie entwickelte Theorie des Überlebens der an die Umwelt am besten angepaßten Individuen (↑ Selektionstheorie). Wirkungsgeschichtlich gewann diese Theorie Einfluß auf Kulturwiss. und (popular-)philosoph. Denker des 19. Jh., die sich an naturwiss. Methoden und Denkmodellen orientierten. – ↑ Sozialdarwinismus.

Darwin-Ohrhöckerchen [nach C. R. Darwin], vereinzelt auftretender kleiner Höcker am oberen Innenrand der menschl. Ohres, der stammesgeschichtlich aus der Spitze des Säugetierohres entstanden sein soll und als Atavismus gedeutet wird.

Das, Insel im S des Pers. Golfes, 110 km vom Festland entfernt, 2,5 km², gehört zu Abu Dhabi; große Erdöltanklager.

Dascht e Kawir (dt. auch Große Kawir), Salzwüste, die das nördl. Zentrum und den zentralen Osten Irans einnimmt.

1

2

3 **Darmverschluß.**
1 Verlegung durch Gallensteine;
2 Abschnürung durch eingeklemmten Bruch;
3 Abknickung durch Verwachsungsstränge

Pflanzenesser-Baumfink
(Pflanzenfresser)

Großer Grundfink
(Gemischtköstler mit hauptsächlich pflanzlicher Nahrung)

Mittlerer Baumfink
(Gemischtköstler mit hauptsächlich aus Insekten bestehender Nahrung)

Spechtfink
(Insektenfresser)

Darwin-Finken
mit unterschiedlichen Schnabelformen

Dasein, insbes. in der Existenzphilosophie verwendeter Begriff, v. a. wichtig bei Heidegger. Für ihn kennzeichnet D. als „Erschlossenheit des Seins" die Einzigartigkeit des Menschen, d. h. seine Fähigkeit, ein Verständnis von sich, seinem und allem anderen Sein zu haben.

Daseinsanalyse, Bez. L. Binswangers für die von ihm im Anschluß an E. Husserls Phänomenologie und M. Heideggers Fundamentalontologie entwickelte *tiefenpsycholog.* Konzeption; sie versucht, von einem apriorisch entworfenen Verstehenshorizont her den hinter Symptomen verborgenen Vollzug (Geschehen) aufzuzeigen, in dem es dem menschl. Dasein in seinem Sein wesenhaft um sich selbst geht (Daseinsvollzug). In bezug auf die *Psychiatrie* rückt daher bei Binswanger nicht nur der Krankheitsverlauf einschließlich seiner Symptome, sondern der gesamte bisher erfahrene Daseinsvollzug als Feld der Entstehung von Krankheitserscheinungen in den Blickpunkt.

Dass, Petter, *Nord-Herøy 1647, †Alstahaug (Nordland) im Aug. 1707, norweg. Dichter. – Pfarrer; schrieb ep., lyr. und religiöse Gedichte; am bekanntesten ist die realist. Verserzählung „Die Trompete des Nordlands" (hg. 1739).

Dassault, Marcel [frz. da'so], eigtl. M. Bloch, frz. Unternehmer, *Paris 22. Jan. 1892, †Neuilly-sur-Seine 18. April 1986; seit 1951 mit Unterbrechungen Abg. der frz. Nationalversammlung, seit 1958 für die Neogaullisten (RPR); gründete 1930 die Société des Avions Marcel D., aus der 1971 durch Fusion das größte frz. Luftfahrzeugunternehmen, die **Avions Marcel Dassault-Bréguet Aviation** hervorging. D. baute u. a. das Kampfflugzeug „Mirage".

Dassel, Rainald von ↑Rainald von Dassel.

Dasselbeulen ↑Dassellarvenkrankheit.

Dasselfliegen. Rinderdasselfliege (Länge 13–15 mm)

Dasselfliegen (Dasseln, Biesfliegen), zusammenfassende Bez. für Fliegen der Fam. Magendasseln und Oestridae, letztere mit den Unterfam. Rachendasseln, Nasendasseln und Hautdasseln. Etwa 10–18 mm große, oft hummelähnlich behaarte, überwiegend in Eurasien verbreitete Fliegen. Die Larven leben entoparasitisch in Körperhöhlen oder in der Unterhaut (wo sie Dasselbeulen verursachen) von Säugetieren, v. a. Huftieren, selten auch des Menschen.

Dassellarvenkrankheit, durch Befall mit Dasselfliegen ausgelöstes Krankheitsbild bei Paarhufern. Die von den Fliegen am Grund der Haare abgelegten Eier entwickeln sich zu Larven, die zur Unterhaut des Rückens wandern und dort **Dasselbeulen** verursachen. Volkswirtsch. Verluste beim Rind durch Häuteschäden und Leistungsminderung.

Dassin, Jules [engl. dɑ:'sæn, frz. da'sɛ̃], *Middletown (Conn.) 18. Dez. 1912, amerikan.-frz. (seit 1954) Filmregisseur. – ∞ mit Melina Mercouri; bekannt v. a. durch die Filme „Stadt ohne Maske" (1948), „Rififi" (1955), „Sonntags nie" (1960), „Phaedra" (1962), „Topkapi" (1963), „Black power" (1968) und „Die Probe" (1974).

Daszyński, Ignacy [poln. da'ʃiɲski], *Sbarasch (Galizien) 26. Okt. 1866, †Bystra (bei Bielitz-Biala) 31. Okt. 1936, poln. Politiker. – 1892 Mitbegr. der Poln. Sozialdemokrat. Arbeiterpartei (PPSD); Abg. im östr. Reichsrat 1897–1918; 1918 kurze Zeit Chef der 1. [provisor.] poln. Reg.; 1920/21 stellv. Min.präs.; 1921–34 Vors. der Poln. Sozialist. Partei (PPS); 1928–30 Parlamentspräsident.

Dat, Donat, Dedicat [lat. „er gibt, weiht, widmet"], Abk. D. D. D., stereotype Widmungsformel, bes. auf lat. Inschriften bei Weihungen an Götter.

Date [engl. deɪt], Verabredung, Rendezvous.

Datei [lat.] (engl. [Data] file), für die Aufbewahrung geeignete Menge sachlich zusammengehörender Belege oder Dokumente, die nach mindestens einem Kriterium geordnet sind. D. herkömml. Art sind z. B.: Karteien, Belegordner und geordnete Bücherbestände. In der elektron. Datenverarbeitung werden die D. in eine maschinenlesbare Form gebracht und gespeichert. Sie sind aus Datensätzen (↑ Daten) aufgebaut und können sowohl Programme als auch nur die zu verarbeitenden Daten enthalten; sie werden im allg. vom Betriebssystem des Computers verwaltet. Bei *sequentiellen D.* sind die Datensätze in der Reihenfolge ihrer Eingabe gespeichert und können nur in dieser Folge abgerufen werden. Bei *direkten D.* erfolgt der Zugriff mit Hilfe eines Schlüsselwertes. Eine Mischform aus beiden bilden die *indexsequentiellen Dateien.*

Dateldienste [aus engl. **da**ta **tel**ecommunication], Bez. für das Dienstleistungsangebot der Dt. Bundespost zur elektron. Datenübertragung: neben dem Telefonnetz das integrierte Text- und Datennetz (IDN), das das TELEX-, das DATEX-L-, das DATEX-P- und das Direktrufnetz umfaßt.

Daten (Data) [lat], Mrz. von ↑ Datum.
▷ urspr. svw. geschichtl. Zeitangaben; heute allg. Bez. für aus Statistiken, Messungen, Beobachtungen u. ä. gewonnene Angaben, Tatsachen, Informationen. In der *Informatik* versteht man unter D. Zeichenfolgen *(digitale D.)* oder kontinuierl. Funktionen *(analoge D.),* die zum Zweck der Verarbeitung Informationen darstellen; sie werden durch Computer oder Analogrechner verarbeitet und erzeugt. I. e. S. sind D. nur Buchstaben, Ziffern und Sonderzeichen, i. w. S. auch Texte, Bilder und Sprache. Eine Zeichenfolge mit selbständiger Bed. wird als **Datenwort** bezeichnet; mehrere D.wörter bilden einen **Datensatz,** wenn sie im Sinne einer gegebenen Definition als Einheit aufgefaßt werden können.

Datenbank (Datenbanksystem), Speicher, in dem wichtige Daten eines großen Arbeitsgebietes gesammelt und mit Hilfe eines Computers auf dem neuesten Stand gehalten werden. Eine D. besteht aus ↑ Dateien (als Komponenten) und Programmen (für die Anwendung). D. bieten umfassende Möglichkeiten zur Durchführung von Steuerungs-, Kontroll- und Planungsaufgaben; sie dienen der Bereitstellung von physikal. und chem. Datensammlungen, der Literatursuche sowie der Einsichtnahme in Vorschriftensammlungen, Patente, Verwaltungsunterlagen, Verbrecherkarteien u. a. Es existieren internat. D.-Verbundsysteme.

Datenerfassung, Vorgänge vom Erkennen und Aufnehmen von Daten (z. B. bei der opt. Zeichenerkennung eines Strichcodes) bis zur Übertragung auf Datenträger. Die Eingabe in den Computer erfolgt über ein D.system von dem als Zwischenspeicher dienenden Datenträger oder direkt über eine Tastatur.

Datenfeld, kleinste adressierbare log. Einheit innerhalb einer aus Datensätzen bestehenden Datei, die für die Computerisierung einer Datenverarbeitungsaufgabe geschaffen wurde; z. B. bei der kommerziellen Datenverarbeitung Artikelnummer, Preis einer Ware oder ein Wort der Umgangssprache (etwa ein Kundenname in einer Adreßdatei).

Datenfernübertragung ↑ Datenübertragung.

Datenfernverarbeitung ↑ Datenverarbeitung.

Datenflußplan, graph. Darstellung der an einem Programmablauf beteiligten Datenträger bzw. Speicher und Geräte.

Datennetz, System von Übertragungswegen (z. B. Breitbandübertragungswege) für den Datenverkehr zw. räumlich weit getrennten Datenstationen und Datenverarbeitungsanlagen; vorhandene Dienste werden durch das integrierte D. (ISDN) ersetzt.

Datensatz ↑ Daten.

Datenschutz, die verschiedenen Rechte einer natürl. Person an den über sie ermittelten, gespeicherten, verarbeiteten und weitergegebenen Daten (Persönlichkeitsrechte des Bürgers). Die Rechtsgrundlage hierfür findet sich in Art. 2 Abs. 1 GG, wonach jeder Bürger das Recht auf freie Entfaltung seiner Persönlichkeit besitzt. Eine komplexe Regelung von Fragen des D. wurde im Gesetz zur Fortentwicklung der Datenverarbeitung und des D. vom 20. 12. 1990 vorgenommen. Es enthält als Art. 1 das BundesdatenschutzG (BDSG; gültig ab 1. 6. 1991), als Art. 2 das BundesverfassungsschutzG, als Art. 3 das Gesetz über den Militär. Abschirmdienst sowie als Art. 4 das Gesetz über den Bundesnachrichtendienst. Nach dem BDSG ist die Verarbeitung personenbezogener Daten und deren Nutzung nur zulässig, wenn eine Rechtsvorschrift sie erlaubt oder anordnet und der Betroffene einwilligt. Den bei der Datenverarbeitung Beschäftigten ist untersagt, personenbezogene Daten unbefugt zu verarbeiten oder zu nutzen (Datengeheimnis). Der Bundesbeauftragte für den D. und die D.beauftragten in nichtöff. Stellen sind verpflichtet, den D. in organisator. und rechtl. Hinsicht sicherzustellen. Der Bürger hat gegenüber den Betreibern von Computern und Datenbanken 1. ein Recht auf Auskunft über die gespeicherten Daten; 2. das Recht auf Datenberichtigung; 3. ein Recht auf Datensperrung, wenn sich z. B. weder die Richtigkeit noch die Unrichtigkeit der gespeicherten Daten feststellen läßt; 4. ein Recht auf Datenlöschung, wenn sich die Speicherung als rechtlich unzulässig herausgestellt hat. – ↑Datensicherung.

In *Österreich* ist das Grundrecht auf D. in der Verfassung fixiert. In der *Schweiz* ist der D. auf privatrechtl. und auf öff. Ebene zu unterscheiden.

Datensicherung, alle Maßnahmen zum Schutz von gespeicherten oder übertragenen Daten vor unbeabsichtigten Änderungen durch Hard- oder Softwarefehler, Fehlbedienung und vor unberechtigter Benutzung. – Zur D. gegen techn. Störungen werden die Daten durch prüfbare Codes dargestellt. Man verwendet dazu fehlererkennende und fehlerkorrigierende Codes, die beide auf dem Vorhandensein von Redundanz beruhen. – Als D. gegen versehentl. Verändern gespeicherter Daten dient die Schreibsperre. Techn. Kontrollen ist z. B. die Zuweisung eines Paßworts an jeden Benutzer, das den Zugang nur zu gewissen Datenbereichen freigibt; techn. Sperren sind Adressen- und Schlüsselsperren an der Benutzerstation (Terminal).

Datensichtgerät, svw. ↑Bildschirmgerät.

Datenspeicher ↑Speicher.

Datenträger, zur Aufbewahrung und Bereitstellung von Daten dienende Trägermaterialien, z. B. Magnetplatte, -band, -karte, Diskette, Lochkarte, -streifen, Markierungsbogen, maschinell lesbare Schriftstücke (Buchungsbelege).

Datenübertragung, Transport von Daten zw. zwei oder mehreren räumlich beliebig weit voneinander entfernten Geräten (Datenstationen). Von **Datenfernübertragung** spricht man, wenn die beteiligten Datenstationen etwa mehr als 1 km voneinander entfernt sind. Jede Datenstation besteht aus einer Datenendeinrichtung (Datenendgerät und Fernbetriebseinheit) und einer **Datenübertragungseinrichtung** (z. B. Modem oder Akustikkoppler für D. über das Telefonnetz), die den (meist öff.) Übertragungsweg über eine genormte Schnittstelle mit der Datenendeinrichtung verbindet. Bevor zwei Datenstationen Daten austauschen können, sind zahlr. Vereinbarungen über techn. Aspekte (z. B. verwendete Codes, Betriebsart, D.geschwindigkeit) und über die *Übertragungsprozedur* zu treffen (z. B. welche Station wann und wie lange sendet, wie empfangene Daten quittiert werden, was bei Übertragungsfehlern geschieht). Die **Datenübertragungsrate** ist gegeben durch die Zahl der pro Sekunde übertragenen Bits; ihre Maßeinheit ist das Baud (= 1 Bit/s). – ↑Dateldienste.

Datenverarbeitung (Informationsverarbeitung), i. w. S. jeder Prozeß, bei dem aus gegebenen Eingangsdaten durch Erfassung, Aufbereitung, Speicherung und Bearbeitung Ausgangsdaten gewonnen werden; i. e. S. die Gesamtheit der in einem ↑Computer auf Grund log. bzw. mathemat. Verknüpfungen ablaufenden Prozesse, wobei sowohl die Eingangsdaten sowohl aus numer. als auch von nichtnumer. Charakter sein können. Man unterscheidet ferner zw. der früheren **maschinellen Datenverarbeitung,** bei der z. B. mechan. oder elektromechan. Büromaschinen bzw. Lochkartenmaschinen eingesetzt wurden, und der heutigen **automatischen** oder **elektronischen Datenverarbeitung** (Abk. **EDV**), die mit Hilfe elektron. D.anlagen erfolgt. Die Eingangs- bzw. Ausgangsdaten können jede darstellbare Information (z. B. Zahlenwerte, Texte, Bilder, elektr. Signale, physikal. Meßwerte) beschreiben. Werden diese Informationen durch kontinuierlich veränderl. physikal. Größen dargestellt, so spricht man von **analoger Datenverarbeitung;** sie wird mit Analogrechnern durchgeführt. Bei der **digitalen Datenverarbeitung** wird die Information durch Folgen von Zeichen aus einem endl. Zeichenvorrat dargestellt. Dabei wird jedes Datenelement, das nur endlich viele Werte annehmen kann, durch digital dargestellte Informationen, d. h. durch endl. Zeichenfolgen be-

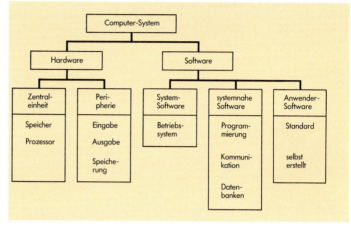

Datenverarbeitung. Gliederung eines Computersystems (schematische Darstellung)

schrieben. Für die digitale D. mit Computern wird ausschließlich die *Binärdarstellung* (mit den beiden *Binärzeichen* 0 und 1) wegen ihrer einfachen techn. Realisierbarkeit verwendet.

Die zu verarbeitenden Daten können durch Datenerfassungsgeräte erfaßt werden, bzw. die Daten kommen aus geeigneten Meß- und Aufzeichnungsgeräten. Werden diese Meßwerte unmittelbar verwertet und greifen die Ergebnisse steuernd in einen Vorgang ein, so spricht man von **Prozeß-Datenverarbeitung.** Die Verarbeitung erfolgt auf der **Datenverarbeitungsanlage (Computer).** Dieses techn. System wird als **Hardware** bezeichnet. Funktionell gesehen besteht jede D.anlage aus 5 Einheiten: Die **Eingabeeinheit** (z. B. Tastatur oder Belegleser) ist das erste Verbindungsglied zw. Mensch und Computer bzw. zw. Prozeß und Computer. Die **Ausgabeeinheit** (z. B. Bildschirm oder Drucker) liefert die Ergebnisse zur weiteren Verwendung. Die Geräte der Eingabe- und Ausgabeeinheit bezeichnet man als periphere Geräte. Das **Rechenwerk (arithmetisch-logische Einheit)** führt die einzelnen Schritte durch, wie sie in der Verarbeitungsvorschrift (d. h. im Programm) definiert sind. Die **Speichereinheit** dient zur Speicherung des Programms, der Daten, der Zwischenergebnisse und der Ergebnisse. Durch das **Steuerwerk** werden die Einheiten bei der Durchführung der Verarbeitungsschritte koordiniert. Es kann den Verarbeitungsablauf auf Grund eines fest verdrahteten Schemas oder auf Grund spezieller Programmierung steuern. Rechen- und Steuerwerk bilden einen **Prozessor,** ein oder mehrere Prozessoren zusammen mit dem Arbeitsspeicher die **Zentraleinheit.**

Die Programme, die auf einer D.anlage verarbeitet werden können, bilden die **Software.** Neben den Übersetzungsprogrammen (Assembler, Compiler, Interpreter), die verschiedenen ↑Programmiersprachen in die zur D.anlage gehörende Maschinensprache übersetzen, existiert zu jeder D.anlage ein Programmsystem, das für den Ablauf und die Koordinierung der gesamten Anlage verantwortlich ist **(Betriebssystem).**

Wird eine D.anlage in der Weise betrieben, daß die Zentraleinheit räumlich getrennt von den Eingabe- und Ausgabegeräten der Benutzer aufgestellt ist, so spricht man von **Datenfernverarbeitung,** wobei die Daten und Programme nicht durch phys. Transport der Speichermedien, sondern über Datennetze zur Zentraleinheit gelangen.

Die elektron. D. hat in den letzten Jahren (v. a. durch die Entwicklung relativ kleiner, leistungsfähiger Computer) in nahezu allen Bereichen des tägl. Lebens Eingang gefunden. Das Anwendungsspektrum reicht von der privaten Nutzung eines Heimcomputers über die Anwendung bes. von Personalcomputern zur Textverarbeitung, Kalkulation, Lagerverwaltung u. a. im geschäftl. Bereich (kommerzielle

Datenwart

D.), über die Verwaltung großer Datenmengen in Behörden, Banken, Versicherungen u. ä., die computergestützte Konstruktion (CAD) und Fertigung (CAM) im industriellen Bereich, den Einsatz in der medizin. Diagnostik (z. B. bei der Computertomographie), die automat. Regelung und Steuerung von Produktionsabläufen, die Automation von Überwachungs-, Steuerungs- und Navigationsvorgängen in der Luft- und Raumfahrt sowie in der Waffentechnik bis zu den vielfältigen Anwendungen in Wissenschaft und Forschung. Andererseits werden die Anwendungen der D. begrenzt durch den theoret. Begriff der Berechenbarkeit, durch die jeweils verfügbare Technologie und durch gesellschaftspolit. Bindungen (Datenschutz).

Datenwart ↑ Daten.

DATEX [Kw. aus engl.: data exchange „Datenaustausch"], Kurzbez. für ein Dienstleistungsangebot der Dt. Bundespost zur schnellen elektron. Datenübertragung; beim *DATEX-L-Netz* (L für Leitungsvermittlung) wird ein Leitungsweg vom Sender bis zum Empfänger durchgeschaltet, die Daten werden in kontinuierl. Folge digital übertragen (bis 9 600 bit/s), beim *DATEX-P-Netz* (P für Paketvermittlung) erfolgt die Übertragung in Form kleiner „Datenpakete" (Übertragungsgeschwindigkeit zwischen den DATEX-P-Vermittlungsstellen 64 000 bit/s).

Datis, pers. Feldherr zu Beginn des 5. Jh. v. Chr. – Leitete im Auftrag Darius' I. 490 mit Artaphernes die Flottenexpedition gegen Griechenland, die zur Eroberung von Delos und Eretria, schließlich jedoch zur Schlacht bei Marathon führte.

Dativ [zu lat. (casus) dativus „Gebefall"], 3. Fall in der Deklination, Wemfall, gibt an, wem sich die Handlung zuwendet oder zu wem eine Beziehung hergestellt wird.

dato [lat.], heute.

Datong (Tatung) [chin. datʊŋ], chin. Stadt in der Prov. Shanxi, 1 Mill. E. Ein Zentrum des Kohlenbergbaus; Eisenbahnknotenpunkt. – Im W der Stadt liegen 2 in der Liaozeit gegr. Tempelklöster. Das Obere Kloster wurde rekonstruiert; die Haupthalle des Tempels ist mit Figuren aus der Mongolenzeit (oder später) reich ausgestattet. Vom Unteren Kloster ist die Klosterbibliothek (erbaut 1038) erhalten. Nahebei die Felsgrotten von Yungang (Yünkang) mit buddhist. Kolossalstatuen und Reliefs (5. Jh. n. Chr.).

Datowechsel, auf einen bestimmten Zeitpunkt nach dem Ausstellungstag zahlbar gestellter Wechsel.

Datscha [russ.] (Datsche), russ. Bez. für ein Landhaus [für den Sommeraufenthalt].

Dattel [griech.], [Beeren]frucht der ↑ Dattelpalme.

Datteln, Stadt am NO-Rand des Ruhrgebiets, NRW, 50–60 m ü. d. M., 36 000 E. Maschinenbau und Zinkverarbeitung, Kunststoff- und chem. Ind.; Wasserstraßenkreuz des Dortmund-Ems-, Datteln-Hamm- und Wesel-Datteln-Kanals, Hafen. – 1147 erstmals erwähnt, Stadtrecht seit 1935.

Dattelpalme, (Phoenix) Gatt. der Palmen mit etwa 13 Arten im trop. und subtrop. Afrika und Asien. Bekannteste Arten sind die Echte D. und die in Europa als Zierbaum gepflanzte, auf den Kanar. Inseln endemische **Kanarische Dattelpalme** (Phoenix canariensis), Stamm dick, hell; Früchte klein, gelbgold.

▷ (**Echte Dattelpalme,** Phoenix dactylifera) von den Kanar. Inseln über Afrika und Indien bis Australien und Amerika (v. a. Kalifornien) verbreitete Kulturpflanze; wichtigster Oasenbaum Afrikas und SW-Asiens; wird 10–30 m hoch und über 100 Jahre alt, mit unverzweigtem, von Blattnarben rauhem Stamm, 3–8 m langen, kurzgestielten, gefiederten Blättern sowie nicht verzweigten, langgestielten ♂ und ♀ Blütenrispen. Die kugel- bis walzenförmigen, 3–8 cm langen, gelbgrünen oder rötl. bis dunkelbraunen Beerenfrüchte (**Datteln**) reifen nach 5–6 Monaten heran; sie enthalten einen längl., sehr harten Samen (**Dattelkern**) mit tiefer Längsfurche, sind reich an Kohlenhydraten (bis 70 % des Trockengewichts Invertzucker), Eiweiß, Mineralsalzen, Vitamin A und B und werden frisch oder getrocknet, gekocht oder gebacken (**Dattelbrot**) verzehrt, ihr Saft wird zu **Dattelsirup** und **Dattelhonig** eingedickt oder zu

Dattelpalme.
Oben: Baum.
Unten: Fruchtrispen

Alphonse Daudet

Dattelschnaps (Arrak) vergoren. Die Kerne enthalten bis 10 % Öl (**Dattelkernöl**; goldgelb) und 6 % Eiweiß und werden aufgequollen und zerkleinert als Futtermittel verwertet.

Geschichte: Mindestens seit dem 4. Jt. v. Chr. war die Echte D. sowohl in Babylonien wie in Ägypten bekannt, ebenso ihre Kultivierung durch künstl. Bestäubung. Im alten Ägypten wurde sie als heiliger Baum verehrt, war auch Symbol des Friedens, diente als Vorbild für die Palmensäule und seit der 4. Dyn. als Wappenpflanze Oberägyptens. Griechen und Römern galten die Zweige als Siegessymbol; diese Bed. wurde durch das Christentum übernommen.

Datteltrauben, volkstüml. Bez. für mehrere Weintraubensorten mit großen, fleischigen Beeren.

Datum [lat. „gegeben"], die Zeit- bzw. Tagesangabe nach dem Kalender; die Angabe von Tag, Monat und Jahr eines vergangenen oder zukünftigen Ereignisses.

Datumsgrenze, eine ungefähr dem 180. Längengrad östlich bzw. westlich von Greenwich folgende Linie, bei deren Überschreitung eine Datumsdifferenz von einem Tag auftritt. Von O nach W wird ein Kalendertag übersprungen, in umgekehrter Richtung wird ein Kalendertag doppelt gezählt.

Datumsgrenze — Historische Datumsgrenze bis 1845 — Gegenwärtige Datumsgrenze

Dau (Dhau, Dhaw) [arab.], meist zweimastiges arab. Segelschiff mit schrägen langen Rahen und dreieckigen oder trapezförmigen Segeln; Tragfähigkeit bis 400 t.

Dauben, zugeschnittene und gehobelte, durch Dämpfen gewölbte Bretter zur Herstellung von Fässern.

Daubigny, Charles François [frz. dobi'ɲi], * Paris 15. Febr. 1817, † ebd. 19. Febr. 1878, frz. Maler. – Mgl. der Schule von Barbizon, Einflüsse von Courbet und Millet. Melanchol.-herbe Landschaften in dunklen, erdigen Farben.

Däubler, Theodor, * Triest 17. Aug. 1876, † Sankt Blasien 13. Juni 1934, dt. Dichter. – Expressionist. Werk, geprägt von Formenreichtum, rauschhaft-visionären Bildern, pathet.-hymn. Ausdruckskraft, bes. in dem großen Epos „Das Nordlicht" (1910), einem kosm.-mytholog. Lehrgedicht. – *Weitere Werke:* Hesperien (Ged., 1915), Hymne an Italien (Ged., 1916), Der neue Standpunkt (Essays, 1916), Sparta (1923), Die Göttin mit der Fackel (R., 1931).

Daudet [frz. do'dɛ], Alphonse, * Nîmes 13. Mai 1840, † Paris 16. Dez. 1897, frz. Schriftsteller. – Vater von Léon D.; humorvoller Erzähler seiner Heimat, der Provence, v. a. mit den „Briefen aus meiner Mühle" (En., 1869). Weltruhm erlangte er v. a. durch seinen heiteren und doch melanchol. Roman „Wundersame Abenteuer des edlen Tartarin von Tarascon" (R., 1872). Bekannt auch die Autobiographie „Der kleine Dingsda" (1868).

D., Léon, Pseud. Rivarol, *Paris 16. Nov. 1867, †Saint-Rémy-de-Provence 1. Juli 1942, frz. Schriftsteller. – Einflußreichster Vertreter der Action française. Seine autobiograph. Schriften gewähren Einblicke in die literar. und polit. Strömungen seiner Zeit. Romane mit sozialer Tendenz.

Daud Khan, Mohammed [da'u:t], *Kabul 18. Juli 1908, †ebd. 28. April 1978, afghan. Politiker. – Vetter des Königs Mohammed Sahir; Min.präs. 1953–63; stürzte 1973 die Monarchie, rief die Republik aus und amtierte seitdem als Staatsoberhaupt, Reg.chef, Verteidigungs- und Außenmin.; kam beim Militärputsch 1978 ums Leben.

Dauerauftrag, bes. Form des Überweisungsauftrages bei regelmäßig (monatl. oder vierteljährl.) zu leistenden, dem Betrag nach feststehenden Zahlungen.

Dauerausscheider (Bazillenausscheider, Bazillenträger, Keimträger, Virusträger), klinisch gesunde Personen, die nach einer überstandenen Infektion dauernd *(permanente D.)* oder zeitweilig *(temporäre D.)* Krankheitserreger mit dem Stuhl, dem Harn oder mit dem Speichel bzw. mit Hustentröpfchen ausscheiden. Nach dem Bundes-SeuchenG besteht Meldepflicht für Dauerausscheider.

Dauerbruch ↑ Bruch.

Dauerdelikt, Straftat, durch die ein rechtswidriger Zustand begründet und willentlich aufrechterhalten wird; die Tathandlung ist zwar „beendet", das Delikt rechtlich jedoch noch nicht „vollendet" (z. B. bei Freiheitsberaubung). Beim **Zustandsdelikt** genügt die bloße Herbeiführung des rechtswidrigen Erfolges (z. B. Körperverletzung).

Dauereier (Latenzeier), dotterreiche, relativ große Eier mit fester Hülle zum Überdauern ungünstiger Lebensbedingungen (Kälte, Trockenheit). D. bilden u. a. Strudelwürmer und Insekten.

Dauerfeldbau, ohne Einschränkungen durch den Jahreszeitenrhythmus erfolgender Anbau von Nutzpflanzen, v. a. in den Tropen.

Dauerformen, oft fälschlicherweise auch als „lebende Fossilien" bezeichnete Organismen, die sich über erdgeschichtlich lange Zeiträume mehr oder minder unverändert bis heute erhalten haben, z. B. Ginkgobaum, Pfeilschwanzkrebse.

▷ svw. ↑ Dauerstadien.

Dauerfrostboden (ewige Gefrornis, Pergelisol, Permafrost), ständig tiefgründig gefrorener, nur im Sommer oberflächlich auftauender Boden im nivalen Klimabereich, in Sibirien 300–600 m, maximal 1500 m, in Alaska und Kanada bis zu 600 m mächtig.

Dauergewebe, Verbände pflanzl. Zellen, die ihre Fähigkeit zur Zellteilung verloren haben und je nach ihrer Funktion verschiedl. ausgebildet sind, z. B. Grund-, Abschluß-, Absorptions-, Leit-, Festigungs- und Absonderungsgewebe.

Dauergrünland, landw. Nutzfläche, die im Ggs. zum Wechselgrünland (= Feld-Gras-Wirtschaft) ständig als Wiese, Weide oder Mähweide genutzt wird.

Dauerkulturen, Kulturen von mehrjährigen Nutzpflanzen, v. a. Baum- und Strauchkulturen, z. B. Kaffee, Dattelpalme, Hopfen.

Dauerlauf, längerer Lauf in gleichmäßigem, nicht allzu schnellem Tempo.

Dauerlaute, alle Laute, die keine Verschlußlaute sind (z. B. Vokale, Reibelaute).

Dauermagnetwerkstoffe, hartmagnet. Werkstoffe, weisen eine hohe Koerzitivfeldstärke auf und sind dauerhaft magnetisierbar.

Dauermarken, Briefmarken, die gewöhnl. über mehrere Jahre in unbegrenzter Auflage an allen Postschaltern eines Landes erhältl. sind.

Dauermodifikationen, durch Umwelteinflüsse bedingte Veränderungen (Modifikationen) an Pflanzen und Tieren, die auch in den Nachkommen der nächsten Generationen noch auftreten können.

Dauernutzungsrecht, das veräußerl. und vererbl., beschränkte dingl. Recht zur Nutzung von nicht zu Wohnzwecken dienenden Räumen.

Dauerpräparate ↑ Präparate.

Dauerprüfung, Prüfung von Materialeigenschaften bei Dauerbeanspruchung. Man unterscheidet: 1. Zeitstandversuch oder Standversuch unter stat. Beanspruchung, 2. Dauerschwingversuch unter period. wechselnder Beanspruchung.

Dauerschuldverhältnisse, Schuldverhältnisse, bei denen die Leistung nicht in einer einmaligen Handlung (z. B. Kauf), sondern (wie bei Miete, Arbeitsverhältnis) in einem fortlaufenden Verhalten oder in wiederkehrenden einzelnen Leistungen besteht.

Dauerstadien (Dauerformen), gegen ungünstige Umweltbedingungen (Kälte, Hitze, Nahrungsmangel) bes. widerstandsfähige Stadien von Organismen. Die Bildung von D. beginnt meist mit einer starken Entwässerung der Zellen, oft wird eine feste Schale ausgebildet. Sie haben nur einen äußerst geringen, meist kaum meßbaren Stoffwechsel. Zu den D. zählen u. a. die meisten Pflanzensamen, bei den Tieren die Dauereier.

Dauerwaren, Lebensmittel, die durch Trocknen, Einsalzen, Räuchern, Sterilisieren, Konservieren, Gefrieren oder kurzzeitiges Erhitzen lange Haltbarkeit besitzen.

Dauerwelle, künstl. Wellung der Haare, die durch Einwirkung bestimmter Chemikalien (z. B. Thioglykolsäure) auf das über kleine Spulen (Wickler) gewickelte Haar erreicht wird **(Kaltwelle);** bei der **Heißwelle** wurden anfangs Brennscheren, später elektrisch beheizte Wickler verwendet.

Dauerwohnrecht, das veräußerl. und vererbl. beschränkte dingl. Recht, eine bestimmte Wohnung eines Gebäudes zu bewohnen oder sonstwie zu nutzen (§§ 31 ff. WohnungseigentumsG). Vom Wohnungsrecht unterscheidet es sich durch Veräußerlichkeit, Vererblichkeit und die Befugnis zur Weitervermietung und -verpachtung, vom Dauernutzungsrecht dadurch, daß es sich auf eine Wohnung (nicht auf andere Räume) bezieht. Das D. erlischt mit Fristablauf (falls entsprechend vereinbart) sowie durch Aufhebung.

Dauha, Ad (Doha), Hauptstadt des Scheichtums Katar auf der Arab. Halbinsel, an der O-Küste der Halbinsel Katar, 217 000 E. Univ. (gegr. 1973); Hafen, ⚓. – 1823 erstmals belegt, seit 1916 Hauptstadt.

Daume, Willi, *Hückeswagen 24. Mai 1913, dt. Sportfunktionär. – 1950–70 Präs. des Dt. Sportbundes; 1956–91 Mitglied des Internat. Olymp. Komitees (IOC) für die BR Deutschland, 1961–92 Präs. des Nat. Olymp. Komitees für Deutschland.

Daumen [zu althochdt. thumo, eigtl. „der Dicke, Starke"] (Pollex), erster Finger der Hand, der zur Oppositionsbewegung gegenüber den anderen Fingern befähigt und daher unerläßlich für die Greifbewegung ist.

Daumenfurche ↑ Lebenslinie.

Daumenlutschen ↑ Fingerlutschen.

Willi Daume

Honoré Daumier. Der gesetzgebende Bauch, Lithographie, 1834

David. Marmorstatue von Michelangelo, 1501–04 (Florenz, Galleria dell'Accademia)

Dauphiné Historisches Wappen

Jean Dausset

Clinton Joseph Davisson

Daumer, Georg Friedrich, *Nürnberg 5. März 1800, †Würzburg 13. Dez. 1875, dt. Religionsphilosoph und Dichter. – Zeitweise Erzieher Kaspar Hausers; schrieb unter dem Pseudonym Eusebius Emmeran; verfaßte von oriental. Formkunst bestimmte Gedichte und Erzählungen. – *Werke:* Hafis (1846–52), Die Religion des neuen Weltalters (1850), Enthüllungen über Kaspar Hauser (1859).

Daumier, Honoré [frz. do'mje], *Marseille 26. Febr. 1808, †Valmondois (Val-d'Oise) 11. Febr. 1879, frz. Maler und Karikaturist. – Zeichnete als leidenschaftl. Republikaner polit. Karikaturen für die satir. Zeitschriften „La Caricature", seit 1837 für „Charivari". Insgesamt erschienen rund 4 000 Lithographien und etwa 1 000 Holzschnitte von ihm. Als Maler wurde D. erst im 20. Jh. entdeckt. Seine Bilder stehen in der barocken Tradition mit starken Helldunkeleffekten; die bekanntesten sind „Das Drama" (um 1856–60; München, Staatsgemäldesammlungen) und „Die Wäscherin" (1862; Paris, Louvre). – Abb. S. 417.

Däumling, daumengroße Märchenfigur von überlegener Schlauheit.

Daun (Dhaun), seit Mitte 15. Jh. nachweisbares mittelrhein. Adelsgeschlecht; 1655 Erhebung in den Reichsgrafenstand; übersiedelte nach Österreich; 1896 ausgestorben; bed.:
D., Leopold Graf von, Fürst von Thiano, *Wien 24. Sept. 1705, †ebd. 5. Febr. 1766, östr. Feldmarschall. – Kämpfte erfolgreich im Östr. Erbfolgekrieg; reorganisierte nach 1748 die östr. Armee; brachte im Siebenjährigen Krieg Friedrich II. die erste große Niederlage bei (Kolin, 1757) und erfocht 1758 den Sieg bei Hochkirch; bei Torgau 1760 geschlagen; 1762 Präs. des Hofkriegsrats.

Daun, Krst. in Rhld.-Pf., am S-Fuß der Hohen Eifel, 450–500 m ü. d. M., 7 400 E. Heilbad, Kneipp- und Luftkurort. – Urkundl. erstmals 1107 gen.; seit 1951 Stadt. – Pfarrkirche (13. und 15. Jh.).
D., Landkr. in Rhld.-Pfalz.

Daunen, svw. ↑Dunen.

Dauphin [do'fɛ̃; frz.], seit etwa 1130 Titel der Grafen von Vienne, Herren der Dauphiné; nach deren Erwerb durch die frz. Krone (1349) Titel des frz. Thronfolgers bis 1830.

Dauphiné [frz. dofi'ne], histor. Landschaft in SO-Frankreich, erstreckt sich von der mittleren Rhone bis in die Hochalpen, zentraler Ort ist Grenoble. – In kelt. Zeit lebten hier v.a. die Allobroger mit der Hauptstadt Vienna (= Vienne) und die Vocontier. 121 v. Chr. wurde das Land röm., 933 kam es zum Kgr. Burgund. 1349–1460 war die D. Apanage des frz. Thronfolgers (daher Dauphin); 1560 kam sie zur frz. Krondomäne.

Daus [zu lat. duo „zwei"], zwei Augen im Würfelspiel; As der Spielkarte.

Dausset, Jean [frz. do'sɛ], *Toulouse 19. Okt. 1916, frz. Hämatologe. – Prof. in Paris; bed. Arbeiten zur Hämatologie; entdeckte Blutgruppenmerkmale bei den weißen Blutkörperchen und bei den Blutplättchen; erhielt 1980 den Nobelpreis für Physiologie oder Medizin (zus. mit G. Snell und B. Benacerraf) für grundlegende Arbeiten auf dem Gebiet der Immungenetik.

Dauthendey, Max[imilian] ['daʊtəndaɪ], *Würzburg 25. Juli 1867, †Malang (Java) 29. Aug. 1918, dt. Schriftsteller. – Begann mit formstrenger Lyrik im Stil Georges, dann sinnhaft-impressionist. Lyrik mit klangl. Malerei; gestaltete in lebendigen Farben in Romanen und Novellen mit Vorliebe exot. Stoffe; auch Dramen. – *Werke:* Lusamgärtlein (Ged., 1909), Die acht Gesichter am Biwasee (Nov., 1911), Raubmenschen (R., 1911).

DAV, Abk. für: **D**eutscher **A**lpen**v**erein e. V. (↑Alpenvereine).

Davao [span. daˈβao], philippin. Stadt an der S-Küste Mindanaos, 611 000 E. Hauptstadt der Prov. D.; Univ. (1946 gegr.); Verarbeitung und Verschiffung von Manilahanf und Nutzholz; Fischereihafen, Perlfischerei.

Davenant (D'Avenant), Sir (seit 1643) William [engl. 'dævɪnənt], ≈ Oxford 3. März 1606, †London 7. April 1668, engl. Schriftsteller. – Wahrscheinlich Patensohn (oder unehel. Kind) von Shakespeare; rettete die engl. Theatertradition über die Zeit des puritan. Verbots durch Privataufführungen. Begründete mit der musikal. Tragödie „The siege of Rhodes" (1656) die engl. Oper.

David ['daːfɪt, 'daːvɪt], erster eigtl. König von Israel-Juda (etwa 1000–970) und Gründer der judäischen Dynastie. – 1. Sam. 16 bis 2. Sam. 5 schildern seinen Aufstieg (Sagen und Berichte). D. eroberte mit List die Kanaanäerstadt Jerusalem, wohin er die Bundeslade als Zeichen der Gegenwart Gottes überführte, vereinigte die eroberten Gebiete der Kanaanäer, Philister, Syrer, Moabiter, Edomiter zu einem Großreich, schlug eine Revolte seines Sohnes Absalom nieder und setzte Salomo zu seinem Nachfolger ein.
Themen literar. Bearbeitung waren der Kampf D. mit dem Riesen Goliath, die Verfolgung durch König Saul und v. a. die Liebe zu Bathseba und Abisag. – In der *bildenden Kunst* wird D. dargestellt als königl. Sänger und Psalmist, als Prophet und als Vorfahre Christi in der Wurzel Jesse. Am berühmtesten wurden die Darstellungen von Donatello (um 1430; Florenz, Bargello), Verrocchio (um 1473–75; ebd.) und Michelangelo (1501–04; Symbol der städt. Freiheit in Florenz vor dem Palazzo Vecchio; Original in der Galleria dell'Accademia).

David, Gerard [niederl. 'daːvɪt], *Oudewater bei Gouda um 1460, †Brügge 13. Aug. 1523, fläm. Maler. – Tätig in Brügge in der Nachfolge A. Memlings; 1511–15 wohl in Italien. Altarbilder, u. a. „Madonna mit weibl. Heiligen" (1509; Rouen, Musée des Beaux-Arts), „Vermählung der hl. Katharina" (London, National Gallery).
D., Jacques Louis [frz. daˈvid], *Paris 30. Aug. 1748, †Brüssel 29. Dez. 1825, frz. Maler. – 1774–80 in Italien, wo er stilist. Durchbruch zum Klassizismus erfolgte. Trug mit moral. Pathos den Anspruch des Bürgertums auf polit. Rechte vor („Schwur der Horatier", 1784; Paris, Louvre).

Jacques Louis David. Der ermordete Marat, 1793 (Brüssel, Musées Royaux des Beaux-Arts)

„Der ermordete Marat", 1793; Brüssel, Musées Royaux des Beaux-Arts). Als Hofmaler Napoleons I. meisterhafte Porträts („Madame Récamier", 1800; Louvre).
D., Johann Nepomuk ['daːfɪt, 'daːvɪt], *Eferding 30. Nov. 1895, †Stuttgart 22. Dez. 1977, östr. Komponist. – Seine stark kontrapunkt. Kompositionen (v. a. für Orgel [„Choralwerke"] und Chor sowie Kammermusik und Sinfonien) erweisen seine enge Bindung an die Musik des Barock (Bach) und Bruckners.

David [span. daˈβið], Hauptstadt der Prov. Chiriquí in Panama, im pazif. Tiefland. 50 600 E. Kath. Bischofssitz; Handelszentrum.

David d'Angers, Pierre-Jean [frz. david dã'ʒe], *Angers 12. März 1788, †Paris 5. Jan. 1856, frz. Bildhauer. – Sein Hauptwerk ist das Denkmal des Grand Condé für den Ehrenhof von Schloß Versailles (1817–27); 1830–48 Porträtstatuen, bed. Porträtbüsten und -medaillons.

Davidstern ['da:fit, 'da:vit; nach König David] (Davidschild, hebr. Magen Dawid), Symbol in der Form eines Hexagramms (Sechsstern); im Judentum unter der Bez. D. erst vom MA an verbreitet; seit dem 19. Jh. religiöses Symbol des Judentums, seit 1897 Wahrzeichen des Zionismus. – Im Dritten Reich [meist gelbes] Erkennungszeichen mit der Aufschrift „Jude" (**Judenstern**); mußte von Juden im Reichsgebiet seit 1941, in Frankreich, den Niederlanden und in Belgien seit 1942 getragen werden. – 1948 in die Staatsflagge Israels aufgenommen; auch Emblem der jüd. Schwesterorganisation des Roten Kreuzes (Roter Davidstern).

Davie, Alan [engl. 'dɛɪvɪ], *Grangemouth 28. Sept. 1920, schott. Maler. – Hauptvertreter des abstrakten Expressionismus in England.

Davis [engl. 'dɛɪvɪs], Bette, eigtl. Ruth Elizabeth D., *Lowell (Mass.) 5. April 1908, †Paris 6. Okt. 1989, amerikan. Schauspielerin. – Erlangte in zahlr. Charakterrollen durch sensiblen Spielstil internat. Ruhm, u. a. in den Filmen „Jezebel" (1938), „Alles über Eva" (1950), „Wiegenlied für eine Leiche" (1964), „Right of the way" (1983).

D., Sir (seit 1979) Colin, *Weybridge (Surrey) 25. Sept. 1927, brit. Dirigent. – U. a. 1971–86 Musikdirektor der Königl. Oper Covent Garden in London; seit 1983 Chefdirigent des Sinfonieorchesters des Bayer. Rundfunks; v. a. Mozart- und Berlioz-Interpret.

D., Jefferson, *Fairview (Ky.) 3. Juni 1808, †New Orleans (La.) 6. Dez. 1889, amerikan. Politiker (Demokrat. Partei). – 1853–57 Kriegsmin.; 1861 zum Präs. der Konföderierten Staaten von Amerika gewählt; führte die Südstaaten in den Sezessionskrieg; der Mitwisserschaft an der Ermordung Lincolns beschuldigt, 1865 gefangengenommen, bis 1867 inhaftiert.

D., John, *Sandridge Park bei Dartmouth (Devonshire) um 1550, †vor Sumatra 27. Dez. 1605, engl. Seefahrer. – Drang auf der Suche nach der Nordwestpassage auf drei Reisen zw. 1585/87 durch die später nach ihm ben. Straße in das Baffinmeer vor (73° n. Br.); entdeckte 1592 die Falklandinseln.

D., Miles, *Alton (Ill.) 25. Mai 1926, †Santa Monica (Calif.) 28. Sept. 1991, amerikan. Jazzmusiker. – Neben D. Gillespie einer der wichtigsten stilbildenden Trompeter des Modern Jazz; gründete, vom Bebop ausgehend, 1948 eine der einflußreichsten Formationen des Cool Jazz („Capitol Band").

D., Sammy, jun., *New York 8. Dez. 1925, †Beverly Hills (Calif.) 16. Mai 1990, amerikan. Tänzer, Sänger und Schauspieler. – Feierte seit 1956 Erfolge als Broadway-Star (u. a. „Porgy and Bess", 1959; „Golden boy", 1965), gehörte zu den begehrtesten Entertainern der USA.

Davis-Cup [engl. 'dɛɪvɪskʌp] (Davis-Pokal), von Dwight Filley Davis (*1879, †1945) gestifteter Wanderpokal für Herrenländermannschaften im Tennis. Der Wettbewerb wird seit 1900 (mit Ausnahmen) jährlich ausgetragen. Jede Begegnung besteht aus vier Einzelspielen und einem Doppel.

Davisson, Clinton Joseph [engl. 'dɛɪvɪsn], *Bloomington (Ill.) 22. Okt. 1881, †Charlottesville (Va.) 1. Febr. 1958, amerikan. Physiker. – Entdeckte 1927 zus. mit L. H. Germer die Elektronenbeugung an Kristallgittern und erbrachte damit den Beweis für den 1923 von L. de Broglie postulierten Wellencharakter des Elektrons. Nobelpreis für Physik 1937 zus. mit Sir G. P. Thomson.

Davits ['de:vits; engl.], ausschwenkbare, paarweise angeordnete Hebevorrichtung für Arbeits- bzw. Rettungsboote auf Schiffen (auch Boots-D. gen.); gelegentlich einzeln (Davit).

Davos, Stadt im schweizer. Kt. Graubünden, in einem Hochtal in den Rät. Alpen, 1556 m ü. d. M., 11 100 E. Schweizer. Forschungsinst. für Hochgebirgsklima und Tuberkulose; Ernst-Ludwig-Kirchner-Museum; Physikalisch-Meteorologisches Observatorium; Luftkurort (seit 1865) mit zahlr. Sanatorien (Lungenkrankheiten). – Kirche Sankt Johann Baptista in *Davos-Platz* (13.–16. Jh.), spätgot. Kirche Sankt Joder in *Davos-Dorf* (1514).

Davout, Louis Nicolas [frz. da'vu], Herzog von Auerstaedt (1808), Fürst von Eckmühl (Eggmühl; 1809), *Annoux (Yonne) 10. Mai 1770, †Paris 1. Juni 1823, frz. Marschall (seit 1804). – Siegte 1806 bei Auerstedt und trug 1809 wesentl. zu den östr. Niederlagen bei Eggmühl und Wagram bei.

Davy [engl. 'dɛɪvɪ], Gloria, *New York 29. März 1931, amerikan. Sängerin (Sopran). – Singt seit 1956 in der New Yorker Metropolitan Opera sowie in den europ. Musikzentren. Wurde als Interpretin der Bess in Gershwins Oper „Porgy and Bess" internat. bekannt; auch Liedsängerin.

D., Sir (seit 1812) Humphry, *Penzance (Cornwall) 17. Dez. 1778, †Genf 29. Mai 1829, brit. Chemiker und Physiker. – Begründer der Elektrochemie; isolierte die Elemente Kalium und Natrium durch Schmelzflußelektrolyse und wies die elementare Natur des Chlors nach. Er entwarf eine Theorie der Elektrolyse, entdeckte den Lichtbogen (1812) und konstruierte eine Gruben-Sicherheitslampe (1815).

Dąwa ↑ Juba (Fluß).

Dawes, Charles Gates [engl. dɔːz], *Marietta (Ohio) 27. Aug. 1865, †Evanston (Ill.) 23. April 1951, amerikan. Finanzpolitiker (Republikaner). – Rechtsanwalt und Bankier; 1925–29 Vizepräsident der USA, dann bis 1932 Botschafter in London. Erhielt zus. mit Sir J. A. Chamberlain 1925 den Friedensnobelpreis für die Ausarbeitung des **Dawesplans** vom 16. Aug. 1924, der die Zahlungen der dt. Reparationen nach dem 1. Weltkrieg regelte. Zunächst wurde die dt. Währung durch einen 800-Mill.-Kredit (Goldmark) stabilisiert, nach einer Anlaufzeit sollten die Reparationszahlungen in Höhe von etwa 2,4 Mrd. Goldmark pro Jahr beginnen. Der Plan wurde nach seinem Scheitern 1928 durch den Youngplan ersetzt.

Dawid Garędscha, Komplex von mehreren hundert auf einer Strecke von 25 km in Felsen eingehauener Höhlenklöster südlich von Tiflis, Georgien. Die ältesten entstanden im 6. Jh. Einige Klöster des 10.–13. Jh. (u. a. Udabno, Bertubani) sind mit Wandmalereien, u. a. auch Porträts, geschmückt.

Dawson [engl. dɔːsn] (früher D. City), kanad. Stadt an der Mündung des Klondike River in den Yukon River, 700 E. Museum, Varieté. – 1896 nach Entdeckung der Goldfelder gegr., hatte während des Goldrauschs am Klondike River und Bonanza Creek 30 000 E.

Dawson Creek [engl. dɔːsn'kriːk], kanad. Stadt 500 km wnw. von Edmonton, 11 000 E. Erdölraffinerie; Ausgangspunkt des Alaska Highway, Bahnstation, ⌇.

Dax, frz. Stadt im Dep. Landes, 40 km nö. von Bayonne, 19 000 E. Archäolog. Museum; Thermalbad; Verarbeitung von Harz, Elektro- und Konservenind. – In der Römerzeit **Aquae Tarbellicae**; 1154 engl. Lehen, kam 1442 zur frz. Krondomäne; im 17. Jh. hugenott. Sicherheitsplatz. Vom 3. Jh. bis 1801 Bischofssitz. Kathedrale (Ende 17. Jh.; vollendet 1894, mit W-Portal aus dem 13. Jh.).

Day, Doris [engl. dɛɪ], eigtl. D. Kappelhoff, *Cincinnati 3. April 1924, amerikan. Filmschauspielerin und Sängerin dt. Abstammung. – Spielte u. a. in „Der Mann, der zuviel wußte" (1956), „Bettgeflüster" (1959).

Dayan, Moshe [hebr. da'jan], *Deganya 20. Mai 1915, †Tel Aviv 16. Okt. 1981, israel. General und Politiker. – Als Generalstabschef der israel. Armee Oberbefehlshaber des Sinaifeldzugs 1956; 1959–64 als Mgl. der Mapai Landwirtschaftsmin.; 1964 Mitbegr. der Rafi-Partei (später in der Arbeiterpartei aufgegangen); 1967–74 Verteidigungsmin.; 1977–79 (nach Austritt aus der Arbeiterpartei) Außenminister.

Day-Lewis, Cecil [engl. 'dɛɪ'luːɪs], *Ballintogher (Irland) 27. April 1904, †London 22. Mai 1972, engl. Schriftsteller ir. Herkunft. – Gedankl., z. T. politisch engagierte Lyrik und Versepen, später auch Naturgedichte; Romane („Child of misfortune", 1939), Essays.

Davos
Wappen

Davidstern

Davits.
Patentdavit

Charles Gates
Dawes

Moshe Dayan

Dayton [engl. deɪtn], Stadt in Ohio, USA, am Miami River, 181 000 E. Metropolitan Area 930 000 E. Zwei Univ. (gegr. 1850 und 1967); Maschinenbau, Kautschukverarbeitung, Herstellung von Flugzeug- und Autoteilen, Präzisionswerkzeugen u. a.; Druckereien und Verlage. – Gegr. 1796; Wirkungsstätte der Brüder O. und W. Wright.

dB, Kurzzeichen für: Dezibel (↑ Bel).

DB, Abk. für: ↑ **D**eutsche **B**undesbahn.

Death Valley

D-Banken, Bez. für die früher bestehenden vier Berliner Großbanken nach ihren Anfangsbuchstaben: Dt. Bank, Disconto-Gesellschaft, Dresdner Bank, Darmstädter und Nationalbank.

dBase [engl. ˈdiːbeːs], verbreitetes Datenbankbetriebssystem für Mikrocomputer; mit ihm kann man leicht Dateien aufbauen und verwalten, Datensätze und einzelne Inhalte abfragen sowie druckfähige Datenlisten erzeugen.

DBB, Abk. für: **D**eutscher **B**eamten**b**und.

DBGM, Abk. für: **D**eutsches **B**undes**g**ebrauchs**m**uster.

DBP, Abk.,
▷ für: **D**eutsche **B**undes**p**ost.
▷ für: **D**eutsches **B**undes**p**atent.

DBPa, Abk. für: **D**eutsches **B**undes**p**atent **a**ngemeldet.

DC [italien. ditˈtʃi], Abk. für: ↑ **D**emocrazia **C**ristiana.

d. c., Abk. für: ↑ **d**a **c**apo.

D. C. [engl. ˈdiːˈsiː], Abk. für: ↑ **D**istrict of **C**olumbia (Verwaltungsbezirk der USA).

DD, Abk. für: **D**octor **D**ivinitatis, engl. **D**octor of **D**ivinity; akadem. Grad eines Doktors der Theologie im engl. Sprachraum; wird dem Namen nachgestellt.

D-Day [engl. ˈdiːdeɪ] (D-Tag), im engl. Sprachbereich Bez. für den Tag, an dem ein größeres militär. Unternehmen beginnt.

DDC [engl. ˈdiːdiːˈsiː], Abk. für engl.: **D**irect **d**igital **c**ontrol, direkte digitale Regelung mit Hilfe eines Prozeßrechners.

ddp ↑ Nachrichtenagenturen (Übersicht).

DDR, Abk. für: **D**eutsche **D**emokratische **R**epublik.

DDT, Abk. für: **D**ichlor**d**iphenyl**t**richloräthan, ein hochwirksames Kontaktgift, das als universelles Schädlingsbekämpfungsmittel inzwischen in den meisten Ländern verboten ist. Es wird im Organismus der Lebewesen nicht abgebaut, sondern im Fettgewebe gespeichert. Im Verlauf der Nahrungskette kann es zu einer Anreicherung im tier. Organismus kommen. DDT führte weltweit zu resistenten Insektenstämmen, Gefährdung der Vögel (Sterilität und zu dünne Eierschalen) u. a. Beim Menschen führen 0,5 g zu Übelkeit und Kopfschmerzen.

De- [lat.], Vorsilbe mit der Bedeutung weg-, ent-, ab-; in der Chemie steht sie für die Eliminierung von Verbindungsbestandteilen, z. B. Dehydrierung.

Deadline [engl. ˈdɛdlaɪn]. 1. letzter [Ablieferungs]termin für [Zeitungs]artikel, Redaktions-, Anzeigenschluß; 2. Stichtag; 3. äußerste Grenze (in bezug auf die Zeit).

Ferenc Deák

James Dean

Deadweight [ˈdɛdweɪt, engl. „totes Gewicht"], Abk. dw, internat. verwendete Bez. für die Tragfähigkeit von Schiffen, angegeben in tons deadweight (1 tdw = 1 016 kg), auch in metr. Tonnen.

Deák, Ferenc (Franz) [ungar. ˈdɛaːk], * Söjtör 17. Okt. 1803, † Budapest 28. Jan. 1876, ungar. Politiker. – Führer der gemäßigten Reformer; im Reichstag Mitverfasser des liberalen Programms von 1847/48; 1848 Justizmin.; Symbol des passiven Widerstandes gegen Wien; sein „Osterartikel" (1865) und die von ihm gegr. gemäßigte Partei führten zum östr.-ungar. Ausgleich von 1867.

Dealer [engl. ˈdiːlə], illegal arbeitender Verteiler, v. a. von Drogen.

De Amicis, Edmondo [italien. de aˈmiːtʃis], * Oneglia (= Imperia) 21. Okt. 1846, † Bordighera 11. März 1908, italien. Schriftsteller. – Journalist. Seine „Skizzen aus dem Soldatenleben" (1868) wie seine Novellen (u. a. „Herz", 1886) waren vielgelesen.

Dean, James [engl. diːn], eigtl. James Byron D., * Fairmont (Ind.) 8. Febr. 1931, † Salinas (Calif.) 30. Sept. 1955 (Autounfall), amerikan. Schauspieler. – Wurde durch die Filme „Jenseits von Eden" (1955), „... denn sie wissen nicht was sie tun" (1955), „Giganten" (1955) zum Idol der Jugend.

Dearborn [engl. ˈdɪəbɔːn], Stadt in Mich., USA, im sw. Vorortbereich von Detroit, 91 000 E. Eines der wichtigsten Zentren des Autobaues in den USA; Henry-Ford-Museum, Freilichtmuseum Greenfield Village.

Death Valley [engl. ˈdɛθ ˈvælɪ], abflußloses Becken in O-Kalifornien, USA, etwa 220 km lang, bis 25 km breit, bis 86 m u. d. M., tiefster Punkt Nordamerikas mit sehr trockenem und heißem Klima (bis 57 °C).

Deauville [frz. doˈvil], frz. Seebad an der Normandieküste, Dep. Calvados, 4 700 E. Festspiele; Pferderennbahn.

Debakel [frz.], Zusammenbruch, Auflösung.

De Bakey, Michael Ellis [engl. dəˈbeɪkɪ], * Lake Charles (La.) 7. Sept. 1908, amerikan. Chirurg. – Spezialist für Blutgefäß- und Herzchirurgie, implantierte 1966 erstmals ein „künstl. Herz".

De Barbari, Iacopo ↑ Barbari, Iacopo de'.

Débat [frz. deˈba], frz. Bez. für die im MA verbreitete Form des ↑ Streitgedichts.

Debatte [frz.; eigtl. „Wortschlacht" (letztl. zu lat. battuere „schlagen")], öff., geregelte Aussprache in Rede und Gegenrede, v. a. in Parlamenten Mittel zur Darlegung, Klärung und gegebenenfalls Korrektur der Standpunkte der Fraktionen und zur Beeinflussung und Information der Öffentlichkeit.

De Beers Consolidated Mines Ltd. [engl. dəˈbɪəz kənˈsɔlɪdeɪtɪd ˈmaɪnz ˈlɪmɪtɪd], größter Konzern für die Förderung und den Verkauf von Diamanten, Sitz Kimberley, Südafrika, entstanden 1891.

Debet [lat.], Soll-Seite der Konten und Journale; Ggs. ↑ Kredit.

debil [lat.], leicht schwachsinnig.

Debilität [lat.] (Debilitas mentalis), leichter Grad einer angeborenen oder frühkindl. erworbenen Intelligenzstörung. – ↑ Oligophrenie.

Debitoren [lat.], Schuldner, die Waren oder Dienstleistungen auf Kredit bezogen haben. Der Gläubiger führt ein D.konto, auf dem die Forderungen aus Lieferungen und Leistungen verbucht werden.

Debora, israelit. Seherin, Prophetin und Richterin.

Deborin, Abram Moissejewitsch, eigtl. A. M. Ioffe, * Kaunas 16. Juni 1881, † Moskau 8. März 1963, sowjet. Philosoph. – In den 1920er Jahren führender marxist. Philosoph in der UdSSR, wurde 1931 wegen „trotzkist." Abweichung verfemt; 1961 rehabilitiert.

Debré, Michel [frz. dəˈbre], * Paris 15. Jan. 1912, frz. Jurist und Politiker. – Im 2. Weltkrieg in der frz. Widerstandsbewegung; 1948–58 Senator; 1958/59 Justizmin.; 1959–62 Min.präs.; 1966–68 Wirtschafts- und Finanz-, 1968/69 Außen-, 1969–73 Verteidigungsminister.

Debrecen [ungar. ˈdɛbrɛtsɛn] (dt. Debreczin), ungar. Stadt, im östl. Alföld, 220 000 E. Drei Univ. (gegr. 1868,

1912 und 1951); Bibliothek, Museum, Theater, Zoo; Sternwarte. Kultur- und Wirtschaftszentrum eines reichen Agrargebietes; Maschinen- und Fahrzeugbau; Thermalheilbad (67 °C heiße kochsalz-, jod- und bromhaltige Quelle). – Schon in vorgeschichtl. Zeit besiedelt. 1211 erstmals belegt; 1360 Stadtrechte; die Stadt wuchs zu einem bed. wirtsch., kulturellen und religiösen („kalvinist. Rom") Zentrum heran. – Klassizist. Große Kirche der Reformierten (1805), Kleine Kirche der Reformierten (1719–23), Sankt-Anna-Kirche (1721–45).

Debrecziner [...tsi:nər; nach der Stadt Debrecen], grobe, herzhaft gewürzte Würstchen aus Schweinefleisch und Speck.

Debreu, Gerard [frz. dəˈbrø], * Calais 4. Juli 1921, amerikan. Wirtschaftswissenschaftler und Mathematiker frz. Herkunft. – Ab 1962 Prof. für Wirtschaftswissenschaft, ab 1975 auch für Mathematik an der University of California, Berkeley. Für die „Einführung neuer analyt. Methoden in die volkswirtsch. Theorie und für eine rigorose Neuformulierung der Theorie des allg. Gleichgewichts" wurde D. 1983 mit dem sog. Nobelpreis für Wirtschaftswissenschaften ausgezeichnet. – *Hauptwerk:* Werttheorie (1959, Neuaufl. 1972, dt. 1976).

De-Broglie-Wellen [frz. deˈbrɔj], svw. ↑Materiewellen.

Debt management [engl. ˈdɛt mænɪdʒmənt], Schuldenpolitik öff. Planträger.

Debugging [engl. diˈbʌgɪŋ], in der Datenverarbeitung Bez. für die Suche und Beseitigung von Fehlern in Computerprogrammen oder elektron. Baugruppen.

Debussy, Claude [frz. dəbyˈsi], * Saint-Germain-en-Laye 22. Aug. 1862, † Paris 25. März 1918, frz. Komponist. – In seinen Anfängen zeigt D. Verbindungen zur dt. Romantik, zu Chopin und (in der Harmonik) zu Wagner, daneben aber auch Einflüsse russ. und oriental. Musik. Für den von ihm geschaffenen impressionist. Stil ist eine neue Klangsinnlichkeit charakteristisch, mit noch tonaler Harmonik, in der aber traditionelle Bindungen in eine fließende Klangfarblichkeit aufgelöst werden. Seine bekanntesten Werke sind neben der Oper „Pelléas et Mélisande" (1902), das Mysterienspiel „Le martyre de Saint-Sébastien" (1911) sowie die Orchesterwerke „Prélude à l'après-midi d'un faune" (1894), „La mer" (1905), „Images" (darin die dreisätzige Suite „Ibéria", 1912).

Debüt [deˈby;; frz.], erstes öff. Auftreten; **Debütant**, erstmals öff. Auftretender, Anfänger; **debütieren,** zum erstenmal öff. auftreten.

Debye, Peter (Petrus) [niederl. dəˈbɛiə], * Maastricht 24. März 1884, † Ithaca (N. Y.) 2. Nov. 1966, amerikan. Physiker und Physikochemiker niederl. Herkunft. – Prof. in Zürich, Utrecht, Göttingen, Leipzig, Berlin und Ithaca. 1912 stellte er u. a. seine Theorie der spezif. Wärme fester Körper (Debyesche Theorie) auf. 1915/16 entwickelte er mit P. Scherrer das **Debye-Scherrer-Verfahren** zur Strukturuntersuchung von Kristallen in Pulverform durch Röntgenstrahlen. 1923 stellte er mit E. Hückel eine Theorie der Dissoziation und Leitfähigkeit starker Elektrolyte auf (**Debye-Hückelsche Theorie**). Nobelpreis für Chemie 1936.

Decamerone, Il [italien.; zu griech. déka „zehn" und hēméra „Tag"], zw. 1348/53 entstandene Novellensammlung von G. Boccaccio.

Decarboxylasen, zu den Lyasen (↑Enzyme) gehörende große Gruppe von Enzymen, die aus Carboxylgruppen von organ. Verbindungen CO_2 abspalten; kommen in Bakterien, Pflanzen und (meist auch) im Organismus von Mensch und Tier vor.

Decarboxylierung, Abspaltung von CO_2 aus der Carboxylgruppe einer organ. Säure nach dem Reaktionsschema:

$$\ce{>C-C(=O)OH -> >C-H + CO_2}$$

Die D. spielt beim Abbau von Amino- und Ketosäuren in lebenden Zellen mit Hilfe von Enzymen (Decarboxylasen) eine wichtige Rolle (Bildung der biogenen Amine).

Decca-Navigator-System [engl. ˈdɛkəˌnævɪgeɪtə] ↑Funknavigation.

DECHEMA, Abk. für: **D**eutsche Gesellschaft für **chem**isches **A**pparatewesen und Biotechnologie e. V.; 1926 gegr., Sitz in Frankfurt am Main; fördert den Erfahrungsaustausch zw. Chemikern und Ingenieuren sowie chem. Technologie und Verfahrenstechnik. Die D. veranstaltet alle drei Jahre in Frankfurt am Main eine Ausstellung für chem. Apparatewesen (ACHEMA).

dechiffrieren [deʃi...; frz.], entziffern, entschlüsseln.

De Chirico [italien. deˈkiːriko], Andrea ↑Savinio, Alberto.

De C., Giorgio ↑Chirico, Giorgio de.

Decidua [lat.] (Siebhaut), obere Schleimhautschicht der Gebärmutter bei vielen Säugetieren (einschl. des Menschen); wird bei der Geburt (bzw. Menstruation) abgestoßen, wobei es zu größeren Blutungen kommt.

Děčín [tschech. ˈdjɛtʃiːn] ↑Tetschen.

deciso [deˈtʃiːzo; italien.], musikal. Vortragsbez.: bestimmt, entschieden.

Decius, Gajus Messius Quintus Trajanus, * Budalia bei Sirmium (= Sremska Mitrovica) um 200, ⚔ bei Abrittus (= Rasgrad) Juni 251, röm. Kaiser (seit 249). – Ordnete die erste systemat. und sich auf das ganze Reich erstreckende Christenverfolgung an; fiel bei militär. Unternehmungen auf dem Balkan gegen Goten und Karpen.

Decius, Name eines seit dem 5. Jh. v. Chr. nachweisbaren röm. plebej. Geschlechts; bekannt durch 3 Mgl. (Vater, Sohn und Enkel) mit Namen Publius D. Mus, die als Konsuln mit ihrem Opfertod durch Devotion jeweils den Ausgang einer Schlacht zu beeinflussen versucht haben sollen (⚔ 340, 295, 279 v. Chr.).

Deck [niederdt.], waagerechte Fläche, die den Rumpf von Wasserfahrzeugen nach oben hin abschließt und bei größeren Schiffen auch unterteilt (Zwischen-D.). Jedes D. besteht aus Stahlplatten (mit Holz-, Kunststoff- oder Steinholzbelag) bzw. bei hölzernen Fahrzeugen aus Planken, die von den querschiffs eingesetzten *D. balken* (Formstahlträger) getragen werden. Die D. sind über Treppen, Aufzüge und Luken erreichbar, bei Roll-on-roll-off-Schiffen auch über Heckrampen und Seitenpforten.

Arten: Jedes Schiff hat ein darüber durchlaufendes D. (*Ober-* oder *Haupt-D.*), das den oberen Festigkeitsverband bildet und auf das der Freibord bezogen wird. Haupt-D. und alle darüberliegenden D. besitzen eine Wölbung (*Decksbucht*) zum Wasserablauf. Die darunterliegenden Zwischen-D. sind beim Frachtschiff *Ladungs-D.* und beim Fahrgastschiff *Wohn-D.* Über dem Ober-D. befinden sich die *Aufbau-D.* mit Verhol- und Ankereinrichtungen. Im Brückenaufbau gibt es das *Boots-D.* mit den Rettungsbooten, das *Brücken-D.* mit Navigationszentrale und Steuerstand sowie das *Peil-D.* als oberer Abschluß des Brückenaufbaus. Fahrgastschiffe haben ein *Promenaden-D.* – ↑Schiff.

Deckbiß ↑Kieferanomalien.

Deckblatt, das äußerste Blatt der Zigarre.
▷ svw. ↑Braktee.

Decke, abgemessenes Gewebe in verschiedenen Größen und zu verschiedenen Zwecken. Die Schlaf- oder Reise-D. (Plaid) wird als Zudecke verwendet.
▷ im *Bauwesen* Bez. für den oberen Abschluß eines Raumes bzw. eines Stockwerkes; meist Tragkonstruktion für den Fußboden des darüberliegenden Raumes. Neben Holz- und Stahl-D. gibt es Massivdecken aus Mauerwerk, Beton oder Stahlbeton. Die fertige D. besteht aus Roh-D. (stat. wirksamer Teil), Unter-D. (z. B. Putz, Gipsplatten) und Ober-D. (z. B. Estrich, Bodenbelag).
▷ Straßendecke, Fahrbahndecke.
▷ (Reifendecke) ↑Reifen.
▷ (vulkan. D.) ausgedehnte Gesteinsmasse, die beim Austritt bas. Schmelzen oder durch Anhäufung von vulkan. Tuff entsteht.
▷ (tekton. D.) in der *Geologie* eine flache Überschiebung; die Gesteine können von ihrem Ursprungsgebiet, der sog. Wurzelzone, viele km weit bewegt sein. Der Außenrand wird als **Deckenstirn** bezeichnet.

Gerard Debreu

Gajus Messius Quintus Trajanus Decius
(Rom, Kapitolinisches Museum)

Claude Debussy

Peter Debye

Deckelkapsel

▷ bei Streich- und Zupfinstrumenten die obere Abdeckung des Korpus.
▷ wm. Bez. für: 1. die Haut aller Hirscharten; 2. das Fell von Bär, Wolf, Luchs, Wildkatze.

Deckelkapsel ↑ Kapselfrucht.

Deckelschildläuse (Diaspididae), sehr artenreiche, weit verbreitete Fam. der Schildläuse; der Rückenschild wird bei der Häutung nicht abgeworfen; viele Arten sind Schädlinge an Obstbäumen, z.B. ↑ Maulbeerschildlaus, ↑ San-José-Schildlaus.

Deckelschlüpfer (Cyclorrhapha), Unterordnung der Fliegen mit etwa 30 000 Arten. Zu den D. gehören u.a. Schwebfliegen, Echte Fliegen, Schmeißfliegen, Dasselfliegen, Halmfliegen, Tauffliegen.

decken (belegen), svw. begatten bei Haustieren. Bei Pferd und Esel spricht man von **beschälen**, bei Geflügel und anderen Vögeln von **treten**.

Deckengebirge ↑ Gebirge.

Deckenmalerei, Ausgestaltung der Decken oder Kuppeln von Sakral- und Profanbauten mit dekorativer und figürl. Malerei (in der byzantin. Kunst mit Mosaiken) als Raumabschluß (Antike, MA, Renaissance, Klassizismus) oder illusionist. Raumöffnung (Hellenismus, z.T. Manierismus, Barock und Rokoko). Beispiel roman. D.: Holzdecke der Michaelskirche in Hildesheim (um 1200). D. der Renaissance: Santuario dela Santa Casa in Loreto (Signorelli, um 1480); Santa Maria del Popolo in Rom (Pinturicchio, 1505); in den Stanzen des Vatikans (Raffael, 1509–17); neuartige Betonung des Plastischen in Michelangelos Decke der Sixtin. Kapelle (1508–12). Der Illusionismus bei Giulio Romano (Palazzo del Tè in Mantua, um 1530), bei A. Mantegna und v.a. Corregio (Dom von Parma, 1526–30), P. Tibaldi (Palazzo Poggi in Bologna, nach 1552), Tintoretto (Venedig, Scuola di San Rocco, 1577–81), Veronese (Dogenpalast, 1580–85) ist ein Vorgriff auf den Barock, der die Forderungen der Zentralperspektive und der Liniendynamik erfüllt: P. da Cortona (Rom, Palazzo Barberini, 1632–39), A. Pozzo (Rom, Sant' Ignazio, um 1685). Von hier erfolgten wesentl. Einwirkungen auf den glanzvollen Abschluß illusionist. D. im östr. und südt. Spätbarock: u.a. C. Carlone und G. Fanti (Wien, Oberes Belvedere, 1721/22), C.D. Asam (Ingolstadt, Sankt Mariä Victoria, 1734), J.B. Zimmermann (Schloß Nymphenburg, 1756/1757). Tiepolos Deckenfresken in der Würzburger Residenz (1751–53) sind ein einziger Zusammenklang von Plastizität, Raum, Farbe und Licht. Auch der Klassizismus schuf noch große D., z.B. M. Knoller (Neresheim; 1771–75), A.R. Mengs (Rom, Villa Albani, 1761).

Deckennetzspinnen (Linyphiidae), bes. in den gemäßigten Regionen verbreitete Fam. bis 1 cm großer Spinnen mit etwa 850 Arten, davon knapp 100 einheimisch. Die meisten der in der Strauchregion lebenden Arten spinnen komplizierte Fangnetze.

Deckenschotter, Schotterablagerungen von den Schmelzwässern der Günz- und Mindeleiszeit im Alpenvorland; v.a. im Iller-Lech-Gebiet als Terrassen erhalten.

Deckentheorie, Theorie, die den Aufbau eines Gebirges erklärt, das zahlr. Überschiebungsdecken aufweist. 1883 für das südbelg. Kohlengebirge aufgestellt und schon bald auf die Alpen übertragen.

Deckfarbe, in Leim gebundene, wasserlösl. Farbe mit starkem Pigmentanteil und guter Deckfähigkeit.

Deckfedern, verhältnismäßig kurze Konturfedern des Vogelgefieders, die eine feste, mehr oder minder glatte Decke um den Vogelkörper bilden.

Deckflügel (Flügeldecken, Elytren), pergamentartig bis hart sklerotisiertes Vorderflügelpaar bei vielen Insekten, das v.a. dem Schutz der zarten Hinterflügel dient.

Deckfrucht (Überfrucht), landw. Bez. für eine Feldfrucht, in die eine Zwischenfrucht (Untersaat) eingesät ist. Die D. (z.B. Gerste, Winterroggen, Raps, Mohn, Lein) soll der jungen Untersaat (z.B. Möhren, Klee, Kümmel) Schutz (z.B. vor austrocknenden Winden) geben.

Deckgebirge ↑ Grundgebirge.

Deckgewebe, svw. ↑ Epithel.

Deckhaar (Oberhaar), das Unterhaar überragender Anteil des Haarkleides der Säugetiere; besteht aus relativ steifen, borsten- bis stachelartigen Haaren.

Deckhengst, der zur Zucht eingesetzte Hengst.

Deckinfektionen, durch den Deckakt übertragbare Tierkrankheiten, v.a. Beschälseuche, Brucellosen sowie Scheidenkatarrh und Bläschenausschlag.

Deckknochen (Hautknochen, Belegknochen, Bindegewebsknochen, sekundäre Knochen), Knochen, die (im Unterschied zu den ↑ Ersatzknochen) ohne knorpeliges Vorstadium direkt aus dem Hautbindegewebe hervorgehen **(desmale Knochenbildung)**; meist flächige, plattenförmige Knochen, die im allg. nahe der Körperoberfläche liegen. Zu den D. gehören bei den rezenten Wirbeltieren (einschl. Mensch) u.a. Stirn-, Scheitel-, Nasenbein.

Deckname, fingierter Name, der die eigtl. Identität von Personen verdecken soll.

Decksbalken ↑ Deck.

Deckung, in der *Wirtschaft* die Vermögenswerte, die zur Sicherung des Gläubigers dienen; insbes. die Sicherung des Banknotenumlaufs (Noten-D.) durch Reservehaltung in Form von Gold, Devisen, Handelswechseln u.a.

Deckenmalerei. Ausschnitt aus dem Gewölbefresko von Michelangelo in der Sixtinischen Kapelle (1508–12)

▷ im *Sport* bei Mannschaftsspielen die verteidigenden Teile der Mannschaft; im Boxen das Schützen des Körpers gegen Schläge des Gegners.

Deckungsauflage, in der Verlagskalkulation die Auflage eines Verlagswerkes, die verkauft werden muß, damit die Einzelkosten und die anteiligen Gemeinkosten gedeckt werden.

Deckungsbeitrag, Überschuß des Erlöses aus dem Verkauf eines Gutes über die variablen Stückkosten; dieser Überschuß ist der Bruttogewinn; er heißt D., weil er zur Deckung der fixen Kosten beiträgt, die gemäß dem Kostenverursachungsprinzip dem Gut nicht direkt zugeordnet werden können.

Deckungsfähigkeit, haushaltsrechtl. Zulässigkeit der Ausgleichung von Ausgaben, die zu Lasten eines erschöpften Haushaltstitels gemacht werden, mit Mitteln aus einem anderen Haushaltstitel.

Deckungsgeschäft, 1. beim *Handelskauf* das wegen Nichterfüllung der dem einen Vertragsteil obliegenden Leistung durch den anderen Vertragsteil mit einem Dritten vorgenommene Ersatzgeschäft, beim Verkäufer der Deckungsverkauf, beim Käufer der Deckungskauf; 2. im *Börsenterminhandel* ein zur Erfüllung (Deckung) eines Blankogeschäftes getätigtes Geschäft, z. B. Erwerb von Wertpapieren, die vorher verkauft wurden, ohne im Besitz des Verkäufers zu sein (Leer- oder Blankoverkauf).

Deckungsgleichheit, svw. ↑ Kongruenz.

Deckungsrücklage (Deckungskapital), in der BR Deutschland die nach dem VersicherungsaufsichtsG bei Lebens-, Unfall-, Haftpflicht- und Krankenversicherungen in die Bilanz aufzunehmende Rückstellung für künftig fällig werdende Versicherungsleistungen. Die D. wird durch verzinsl. Ansammlung eines Teiles der Prämien gebildet (daher *Prämienreserve*).

Deckungsstock, in der Versicherungswirtschaft auf der Aktivseite der Bilanz der Gegenposten zur Deckungsrücklage, für dessen Anlage und Gliederung das VersicherungsaufsichtsG bes. Vorschriften enthält.

Deckungszusage, vorläufiges Rechtsverhältnis, in dem der Versicherer vor Abschluß eines Vertrages einen vorläufigen Versicherungsschutz gewährt.

Deckwerk, im Wasserbau Böschungsschutz, z. B. aus Steinschüttung, Pflasterung.

Déclaration des droits de l'homme et du citoyen [frz. deklara'sjõ de drwa dlɔm e dy sitwa'jɛ̃], von der frz. Nat.versammlung 1789 angenommene Erklärung der Menschen- und Bürgerrechte, die der Verfassung von 1791 vorangestellt wurde und auf die sich fast alle späteren europ. Verfassungen stützen. – ↑ Menschenrechte.

Declaration of human rights [engl. dɛklə'reɪʃən əv 'hjuːmən 'raɪts] ↑ Menschenrechte.

Declaration of Independence [engl. dɛklə'reɪʃən əv ɪndɪ'pɛndəns], Unabhängigkeitserklärung; am 4. Juli 1776 vom Kongreß der 13 brit. Kolonien in Amerika, den späteren Vereinigten Staaten, angenommen.

Declaration of Rights [engl. dɛklə'reɪʃən əv 'raɪts], Erklärung beider Häuser des engl. Parlaments mit Feststellung der Grundrechte des Bürgers (1689); Vorstufe zur ↑ Bill of Rights.

Decoder, Gerät zur Rückgewinnung von verschlüsselten Nachrichten, Daten oder Informationen; auch elektron. Schaltung zum Wiedergewinnen von Einzelsignalen aus (modulierten) Summensignalen.

decodieren (dekodieren), eine Nachricht mit Hilfe eines Codes entschlüsseln.

Decorated style [engl. 'dɛkəreɪtɪd 'staɪl], Stilphase der engl. Gotik um 1250–1350, z. T. auch später angesetzt; mit reichen Schmuckformen (Netz- und Sterngewölbe) und Betonung der Horizontalen. Bes. in der Kirche der Westminster Abbey in London sowie in Bauteilen der Kathedralen von Exeter, Ely, Lincoln, Wells und York ausgeprägt.

De Coster, Charles, * München 20. Aug. 1827, † Ixelles 7. Mai 1879, belg. Schriftsteller. – Sein bedeutendstes Prosaepos „Tyll Ulenspiegel und Lamm Goedzak ..." (abgeschlossen 1867 nach zehnjähriger Arbeit) greift auf flandr. Erzählgut zurück. Mit dieser Darstellung des Freiheitskampfes der Niederlande begründete De C. die moderne frz.sprachige Literatur Belgiens.

decrescendo [dekre'ʃɛndo; italien.], Abk. decresc., musikal. Vortragsbezeichnung: an Tonstärke abnehmend, leiser werdend. Zeichen >; Ggs. ↑ crescendo.

Decretum Gratiani, um 1140 von dem Kamaldulensermönch Gratian in Bologna verfaßtes Lehrbuch des Kirchenrechts; bildet den ersten Teil des Corpus Iuris Canonici.

Decumates agri [lat.] ↑ Dekumatland.

Dedecius, Karl, * Łódź 20. Mai 1921, dt. Übersetzer, Schriftsteller. – Gründer (1980) und Leiter des Dt. Polen-Instituts in Darmstadt; zahlr. Übersetzungen aus slaw. Sprachen und Arbeiten zur Theorie des Übersetzens („Vom Übersetzen", 1986). 1990 Friedenspreis des Dt. Buchhandels.

Karl Dedecius

Dedekind, Friedrich, * Neustadt am Rübenberge um 1525, † Lüneburg 27. Febr. 1598, dt. Schriftsteller. – Bekannt sein in lat. Distichen geschriebenes satir. Jugendwerk „Grobianus" (1549) über die Derbheit seines Zeitalters; ins Dt. übersetzt, vergröbert und erweitert von K. Scheidt; dann von D. selbst umgearbeitet: „Grobianus et Grobiana" (1554).

D., Richard, * Braunschweig 6. Okt. 1831, † ebd. 12. Febr. 1916, dt. Mathematiker. – Einer der Begründer der modernen Algebra; lieferte wichtige Beiträge zur Idealtheorie und zur Theorie der algebraischen Zahlen, entwickelte eine Theorie der reellen Zahlen und gab einen Existenzbeweis für unendl. Mengen sowie eine bes. Definition der Endlichkeit.

Dedekindscher Schnitt [nach R. Dedekind], Zerlegung der Menge aller rationalen Zahlen in zwei nichtleere Klassen, so daß jede Zahl der unteren Klasse kleiner als jede Zahl der oberen Klasse ist. Ein D. S. bestimmt genau eine reelle Zahl.

Dedikation [lat.], bei den Römern urspr. die Zueignung einer Sache, v. a. einer Kultstätte, an eine Gottheit; später christianisiert; auch die Widmungsinschrift (D.titel) an einem Gebäude oder in einem Buch.

Dedikationsbild, v. a. in der Buchmalerei Darstellung der Überreichung eines Buches an eine lebende (hochgestellte) Person oder einen Heiligen.

Richard Dedekind

De-Dion-Achse [frz. də'djõ; nach dem frz. Industriellen A. de Dion, * 1856, † 1946] ↑ Fahrwerk.

dedizieren [lat.], widmen, schenken.

Deduktion [lat.], Ableitung einer Aussage aus anderen Aussagen (Hypothesen) mit Hilfe von log. Schlußregeln. Sind die Hypothesen wahre Aussagen, so heißt die D. ein deduktiver Beweis.

de Duve, Christian ↑ Duve, Christian de.

Dee [engl. diː], Fluß in NO-Schottland, entspringt in den Cairngorm Mountains, mündet bei Aberdeen in die Nordsee; 140 km lang.

Deeping, [George] Warwick [engl. 'diːpɪŋ], * Southend-on-Sea 28. Mai 1877, † Weybridge 20. April 1950, engl. Schriftsteller. – Schrieb über 60 Unterhaltungsromane, u. a. „Hauptmann Sorrell und sein Sohn" (R., 1925).

Deep Purple [engl. diːp pəːpl „tiefer Purpur"], brit. Rockmusikgruppe (1968–76), die in der Spannung zw. den musikal. Konzepten des Pianisten und Organisten Jon Lord (* 1941) und des Gitarristen Richard Blackmore (* 1945) mit Classic-Rock und Hard-Rock erfolgreich war; Comeback Mitte der 80er Jahre.

Deere & Co. [engl. 'dɪə ənd 'kʌmpəni], amerikan. Weltunternehmen des Nutzfahrzeugbaus (Traktoren, Land- und Baumaschinen, gegr. 1868 von John D. (* 1804, † 1886), Sitz Moline (Ill.); zahlr. Tochtergesellschaften.

Deesis [griech. „Bitte"], in Byzanz entstandene Darstellung des (im Jüngsten Gericht) thronenden Christus zw. Maria und Johannes dem Täufer als „Fürbittern"; seit Ende des 10. Jh. (Gebetbuch Ottos III., Schloß Pommersfelden) in die westl. Kunst übernommen.

Charles De Coster

DEFA, Abk. für: **De**utsche **F**ilm-**A**G, 1946 in der SBZ als dt.-sowjet. AG gegr., ab 1952 VEB. Juli 1990 Umwandlung

de facto

der Filmbetriebe in eine GmbH; 1992 Übernahme durch den frz. Konzern Compagnie Générale des Eaux. Das DEFA-Gelände ist auch Standort des Ostdt. Rundfunks Brandenburg (ORB).

de facto [lat.], tatsächlich; den gegebenen Tatsachen bzw. der ihnen beigemessenen Bedeutung zufolge und gerade nicht in Übereinklang mit der ↑ de jure gegebenen Rechtslage.

De-facto-Regierung, im Völkerrecht eine Regierung, die unter Bruch der innerstaatl. Ordnung, d. h. durch Revolution, Staatsstreich oder militär. Besetzung durch einen Drittstaat zur Macht gelangt ist. Sie vertritt völkerrechtl. den Staat nach außen, schließt für ihn Verträge ab und kann Verpflichtungen übernehmen wie auch Rechte erwerben. Ein diplomat. Verkehr kann jedoch nur mit jenen Staaten fortgesetzt oder aufgenommen werden, welche sie anerkannt haben.

Defäkation [lat.], svw. ↑ Stuhlentleerung.

Defätismus (Defaitismus) [zu lat.-frz. défaite „Niederlage"], in Frankreich während des 1. Weltkriegs entstandene Bez. für eine Stimmung des Zweifels am militär. Sieg und die Bereitschaft zu einem Verständigungs- und Kompromißfrieden.

Defekt [lat.], Mangel, Schaden, Fehler, Ausfall; **defekt,** fehlerhaft, schadhaft.

▷ in der *Psychologie* der Ausfall körperl. oder psych. Funktionen, der eng umschriebene Störungen im Bereich des Bewußtseins, der Intelligenz oder des Handlungsvollzugs zur Folge hat.

▷ in der *Medizin* das Fehlen oder der Ausfall von Gewebeteilen oder Organen, auch von Sinnesfunktionen; ferner Bez. für Anomalien von Körperteilen oder -funktionen.

Defektelektronen ↑ Bändermodell, ↑ Halbleiter.

defektiv [lat.], svw. fehlerhaft, unvollständig.

Defektivum [lat.], nicht in allen Formen auftretendes oder an allen syntakt. Möglichkeiten seiner Wortart teilnehmendes Wort, z. B.: Leute (Substantiv ohne Singularform).

Defensionale [lat. „zur Verteidigung dienend(e Ordnung)"], erste umfassende Heeresordnung der schweizer. Eidgenossenschaft; Mitte 17.–18. Jahrhundert.

Defensivallianz, Verteidigungsbündnis, das im Falle des [nichtprovozierten] Angriffs eines oder mehrerer Staaten auf einen der Vertragspartner oder generell im Verteidigungsfall zu gegenseitigen Beistand verpflichtet.

Defensive [zu lat. defendere „wegstoßen"], Abwehr, Verteidigung.

Defensor fidei ['fi:de-i; lat. „Verteidiger des Glaubens"], bis heute geführter Ehrentitel engl. Könige, 1521 von Papst Leo X. an Heinrich VIII. von England für dessen antiluth. Schrift verliehen.

Defereggener Alpen, Teil der Zentralalpen, Österreich und Italien, mit dem **Defereggen,** dem 40 km langen Talschaft des Defereggenbaches; Viehzucht; Fremdenverkehr.

Deferent [lat.], ↑ Epizykloide.

Gaston Defferre

Defferre, Gaston [frz. dəˈfɛːr], *Marsillargues (Hérault) 14. Sept. 1910, †Marseille 7. Mai 1986, frz. Politiker (Sozialist). – 1944/45 und 1953–86 Bürgermeister von Marseille; 1945–58 und seit 1962 Abg. der Nat.versammlung; Präsidentschaftskandidat 1964/ 1965 und 1969; Innenmin. 1981–84.

Defibrillation [lat.], Beseitigung des lebensbedrohenden Herzkammerflimmerns durch Stromstöße (600–1 000 Volt).

Defibrinieren [lat.], Entziehen des Fibrins aus frisch entnommenem Blut; z. B. durch Schütteln mit Glasperlen oder Rühren mit einem Stäbchen, wobei sich Fibrinfasern bilden und absetzen; dient zur Herstellung von Suspensionen weißer Blutkörperchen.

deficiendo [defiˈtʃendo; italien.], musikal. Vortragsbez.: an Tonstärke und Tempo nachlassend, abnehmend.

Deficit-spending [engl. ˈdɛfɪsɪtˌspɛndɪŋ], in der Finanzwirtschaft die Erhöhung der öff. Ausgaben, obwohl die laufenden Deckungsmittel zur Finanzierung nicht ausreichen. Das entstehende Budgetdefizit wird wie beim Deficit-without-spending durch einen Kredit der Zentralbank gedeckt. Maßnahme der Konjunkturpolitik in einer Phase der Depression.

Deficit-without-spending [engl. ˈdɛfɪsɪtwɪˈðaʊtˌspɛndɪŋ], in der Finanzwirtschaft die Verminderung der öff. Einnahmen durch eine Steuersenkung bei gleichbleibenden Ausgaben.

Defilee [lat.-frz.], Vorbeimarsch an hochgestellten Persönlichkeiten, Parade; **defilieren,** vorbeimarschieren.

Definition [lat.], bereits bei Platon verwendetes log. Verfahren zur Bestimmung des Wesens von Dingen, Beziehungen, Eigenschaften bzw. zur Festlegung des Inhalts oder der Bed. von Begriffen (Termini), Wörtern und Zeichen. Als *log. Gleichung* setzt sich die D. aus dem zu Definierenden *(Definiendum)* und dem Definierenden *(Definiens)* zusammen. Folgende D.arten werden unterschieden: Die für die traditionelle Logik gebräuchlichste D. ist die **Realdefinition (Sachdefinition);** sie richtet sich auf Gegenstände und Eigenschaften (oder deren Klassen) und erfaßt deren Wesen; zu ihrer Aufstellung werden der Gattungsbegriff *(Genus proximum)* und der artbildende Unterschied *(Differentia specifica)* angegeben. Die **Nominaldefinition (Begriffsdefinition)** gibt die Bed. der Dinge und ihrer Eigenschaften an; ausgesagt wird über sprachl. Zeichen (Symbole, Wörter, Sätze) bzw. über ihre gedankl. Abbilder (Begriffe). In der neueren Wissenschaftstheorie wird die Nominal-D. auf der Grundlage von Sprachphilosophie und formaler Logik in syntakt. und semant. D. unterteilt. Bei der **syntaktischen Definition** wird ein Zeichen (oder eine Gruppe davon) durch ein anderes Zeichen ersetzt; im Unterschied dazu wird bei der **semantischen Definition** der Sinn eines Zeichens oder Wortes festgelegt. Die semant. D. wird wiederum in analyt. und synthet. D. unterteilt. Die **analytische Definition** gibt den implizit in einem Wort enthaltenen Sinn explizit wieder. Die **synthetische Definition** bildet aus schon geläufigen Begriffen einen neuen oder aus einem unscharfen Begriff einen scharf abgegrenzten. Die **Zuordnungsdefinition** stellt durch Festsetzungen bestimmte Relationen zw. verschiedenen Zusammenhängen her. V. a. im Bereich des Aussagenlogik findet die **induktive Definition** Anwendung.

Definitionsbereich, die Menge der Urbilder (Originalpunkte) bei einer Abbildung bzw. die Menge der Argumentwerte bei einer Funktion.

definitiv [lat.], endgültig.

De Fiori, Ernesto, *Rom 12. Dez. 1884, †São Paulo 24. April 1945, italien. Bildhauer. – Lebte seit 1914 in Deutschland, ging 1936 nach Brasilien. Herbe, stark vereinfachte Akte und Porträtbüsten.

Defizienz [zu lat. deficere „abnehmen"], Endstückverlust bei einem Chromosom.

Defizit [frz.; zu lat. deficit „es fehlt"], im Haushaltsrecht ein Ausgabenüberschuß; in der Buchführung ein Fehlbetrag auf einem Kassenkonto.

Deflation [lat.], Abnahme des Preisniveaus infolge Verminderung des Geldumlaufs und Verlangsamung der Umlaufgeschwindigkeit. Ursache: Die Gesamtnachfrage (inländ. und ausländ. Nachfrage nach Konsum- und Investitionsgütern) ist geringer als das in der Volkswirtschaft verfügbare Güterangebot (**deflatorische Lücke**). Eine D. kann u. a. herbeigeführt werden durch Maßnahmen der Fiskalpolitik (z. B. Steuererhöhung, Ausgabensenkungen), der Geldpolitik (z. B. Erhöhung der Mindestreservesätze, der Diskontsätze, der Abgabesätze am offenen Markt), der Außenwirtschaftspolitik (z. B. Erhöhung der Zölle, der Kontingente, Aufwertung). Konsequenzen der D. sind Rückgang der Produktion und der Beschäftigung.

▷ (Abblasung) abtragende Tätigkeit des Windes und Transport des lockeren, verwitterten Gesteinsmaterials durch ihn. Wo die D. bes. stark wirkt, bleiben Fels-, Stein- oder Kieswüsten zurück. Bei nachlassender Windkraft Ablagerung des Sandes zu Dünen.

Deflexionslage [lat.], Geburtslage, bei der der Kopf des Kindes gestreckt oder nach hinten gebogen wird, im Unterschied zur normalen Hinterhauptslage; verursacht durch

Formanomalien des mütterl. Beckens oder des kindl. Kopfes.

Defloration [zu lat. deflorare „die Blüten abpflücken"] (Entjungferung), Einreißen des Jungfernhäutchens (Hymen) durch Einführen des Penis in die Scheide beim ersten Geschlechtsverkehr (auch durch instrumentelle oder manuelle Manipulation).

Deflorationsanspruch (Kranzgeld), Anspruch der verlassenen Braut auf Schadenersatz. Voraussetzungen: 1. früheres gültiges Verlöbnis; 2. Rücktritt seitens des Mannes ohne oder seitens der Frau aus wichtigem Grund; 3. Unbescholtenheit der Braut; 4. Geschlechtsverkehr; 5. ein immaterieller Schaden, z. B. verminderte Heiratsaussichten, der nach billigem Ermessen in Geld zu ersetzen ist (§ 1300 BGB).

Defoe, Daniel [de'fo:; engl. dəˈfou], eigtl. D. [De] Foe, *London Ende 1659 oder Anfang 1660, †ebd. 26. April 1731, engl. Schriftsteller. – Gründete mehrere Zeitschriften; verfaßte Flugschriften und Pamphlete zu aktuellen polit. und religiösen Fragen, was ihn 1703 an den Pranger und zuweilen ins Gefängnis brachte; auch Geheimagent für die Regierung. Mit 60 Jahren veröffentlichte er seinen ersten Roman „The life and strange surprising adventures of Robinson Crusoe of York, mariner ..." (3 Teile, 1719/20, dt. 3 Teile, 1720/21; 1947 u. d. T. „Robinson Crusoe" [Teil 1 und 2]), der ihn schlagartig berühmt machte. Die Erlebnisse des schott. Seemanns Alexander Selkirk, der 4 Jahre auf einer einsamen Insel lebte, regten D. an, in Form eines Tagebuches das Leben eines Menschen außerhalb der Zivilisation zu beschreiben. Seine puritan. Geisteshaltung und moralisch-didakt. Absicht wird durch spannende Darstellung überdeckt. – *Weitere Werke:* Moll Flanders (R., 1722), Die Pest zu London (Bericht, 1722), Roxana (R., 1724).

Deformation [lat.] (Verformung), Gestalts- oder Volumenänderung eines Körpers unter Krafteinwirkung. Bei *elast. D.* werden die Atome oder Moleküle des betreffenden Körpers aus ihren Gleichgewichtslagen entfernt und kehren bei Aufhören der Kraftwirkung wieder dorthin zurück; *plast. D.* sind bleibende Verformungen; die Atome des Materials gelangen in neue Gleichgewichtslagen.
▷ in der *Medizin* Vorgang und Ergebnis (**Deformität**) bleibender Formveränderungen des menschl. Körpers oder seiner Teile (Wirbelsäule, Gelenke, Organe u. a.); kann krankheitsbedingt, durch Unfall, Entwicklungsstörungen (Mißbildung) oder durch künstl. Maßnahmen herbeigeführt sein.

deformieren [lat.], die Gestalt oder Form ändern, verunstalten, entstellen.

deformierte Kerne, Atomkerne, die in den verschiedenen Kernachsen verschieden große Durchmesser besitzen; d. K. treten bes. bei den Seltenerdmetallen auf.

Deformierung [lat.], in der *Völkerkunde* Bez. für die Veränderung der natürl. Form von Körperteilen durch künstl. Einwirkung, aus rituellen oder mag. Motiven, z. B. Durchbohren von Ohrläppchen, Nasenflügeln u. ä. zur Aufnahme von Schmuckstücken oder das Einschnüren von Hals oder Füßen.

Defraudant [lat.], veraltet für: Betrüger, Schmuggler.

Defregger, Franz von, *Ederhof (Tirol) 30. April 1835, †München 2. Jan. 1921, östr. Maler. – Schuf Genrebilder, Historienbilder vom Tiroler Freiheitskampf gegen die Franzosen („Das letzte Aufgebot", 1872; München, Staatsgemäldesammlungen).

Degagement [degaʒəˈmã; frz.], Zwanglosigkeit; Befreiung [von Verbindlichkeiten].

Degas, Edgar [frz. dəˈga], *Paris 19. Juni 1834, †ebd. 26. Sept. 1917, frz. Maler. – Wichtig wurden Einflüsse jap. Kunst und der Impressionisten. Seine Vorliebe galt den Reitplätzen, dem Ballett, der Frau bei der Toilette. Erfaßt wird eine flüchtige Bewegungsgeste. Seit den 1880er Jahren Pastellmalerei. D. schuf auch Zeichnungen, Radierungen und Statuetten.

De Gasperi, Alcide, *Pieve Tesino 3. April 1881, †Sella di Valsugana 19. Aug. 1954, italien. Politiker. – Trat 1919 dem Partito Popolare Italiano bei und wurde 1924 dessen Generalsekretär; nach dessen Verbot 1927–29 inhaftiert; Mitbegr. der Democrazia Cristiana; Mgl. des Befreiungskomitees nach 1943; 1945–53 Min.präs., 1944–46 und 1951–53 auch Außenmin.; schloß 1946 mit dem östr. Außenmin. Gruber ein Abkommen über die Autonomie Südtirols und gewann im Frieden von Paris 1947 die Souveränität für Italien zurück; prägte entscheidend das Bild der italien. Nachkriegspolitik; Vorkämpfer der wirtsch. und polit. Einigung W-Europas.

de Gaulle, Charles ↑Gaulle, Charles de.

De Geer, Louis Gerhard Freiherr [schwed. dəˈjæːr], *Finspång 18. Juli 1818, †Hanaskog 24. Sept. 1896, schwed. Politiker. – Justizstaatsmin. 1858–70 und 1875/76; gab den entscheidenden Anstoß zur Umwandlung des schwed. Vierständereichstags in ein Zweikammersystem (Ende 1865); als Min.präs. 1876–80 schuf er das erste konstitutionelle Ministerium; führte die Religionsfreiheit ein und humanisierte 1864 das Strafrecht.

Degen, Helmut, *Aglasterhausen (Kraichgau) 14. Jan. 1911, dt. Komponist. – Komponierte Orchester-, Kammer-, Chormusik und Bühnenwerke, u. a. „Concerto sinfonico" (1947), „Johannes-Passion" (1962), „Genesis-Offenbarung" (1973; szen. Oratorium).

D., Jakob, *Liedersweil (Basel-Land) 17. Febr. 1760, †Wien 28. Aug. 1848, östr. Flugpionier schweizer. Herkunft. – Urspr. Uhrmacher. Stellte 1808 ein von Muskelkraft angetriebenes, mit einem Wasserstoffballon verbundenes Schlagflügelflugzeug vor; baute auch ein flugfähiges Hubschraubermodell.

Degen [italien.-frz.], Hieb- und Stichwaffe mit langer, schmaler und (seit dem 16. Jh.) gerader Klinge; im 16. und 17. Jh. vorwiegend als Kavaliers- und Duellwaffe; seit Anfang 19. Jh. nur noch von Offizieren getragen. – ↑Fechten. – Abb. S. 426.

Degeneration [lat.] (Entartung), in der *Biologie* und *Medizin* die Abweichung von der Norm im Sinne einer Verschlechterung in der Leistungsfähigkeit und im Erscheinungsbild bei Individuen, Organen, Zellverbänden oder Zellen. Die D. kann auf einer Änderung der Erbanlagen auf Grund von Mutationen, Inzuchtschäden, Domestikation, Abbauerscheinungen (durch natürl. Verschleiß, Nichtgebrauch bestimmter Organe, Altern, Krankheiten) beruhen.

Degenfechten ↑Fechten.

Degenhardt, Franz Josef, *Schwelm 3. Dez. 1931, dt. Schriftsteller und Liedersänger. – Rechtsanwalt; schreibt zeitkrit. Chansons, u. a. Sammlungen „Spiel nicht mit den Schmuddelkindern" (1967), „Laßt nicht die roten Hähne flattern" (1974), „Kommt an den Tisch unter Pflaumenbäu-

Daniel Defoe

Alcide De Gasperi

Edgar Degas. Ballettprobe auf der Bühne, um 1878 (New York, Metropolitan Museum)

Deggendorf

Franz Josef Degenhardt

men" (1979) sowie Hörspiele und Features; ferner die Romane „Zündschnüre" (1973), „Brandstellen" (1975), „Die Abholzung" (1985).

D., Johannes Joachim, * Schwelm 31. Jan. 1926, dt. kath. Theologe. – Vetter von Franz Josef D.; seit 1974 Erzbischof von Paderborn.

Deggendorf, Stadt in Bayern, an der Donau, 314 m ü. d. M., 28 600 E. Verwaltungssitz des Landkr. D.; Textilind., Schiffswerft. – Die Altstadt entstand aus einer um 1002 von den Babenbergern angelegten Siedlung; seit 1316 Stadtrecht. – Barocke Pfarrkirche (1655–57), spätgot. Hl.-Grab-Kirche (1337–60), Rathaus (1535).

D., Landkr. in Bayern.

Degorgement [degɔrʒəˈmã:; frz.] ↑ Schaumwein.

Degout [deˈguː; lat.-frz.], Ekel, Widerwille, Abneigung; **degoutant,** ekelhaft; **degoutieren,** anwidern, etwas ekelhaft finden.

Degradation [lat.], der teilweise oder gänzl. Verlust der charakterist. Merkmale eines Bodentyps.

▷ im *kath. Kirchenrecht* der Entzug der Amtsvollmachten und die Zurückversetzung in den Laienstand als schwerste Strafe für Kleriker.

Georg Dehio

Degradierung [lat.] (Dienstgradherabsetzung), in der Wehrdisziplinarordnung (§ 57) vorgesehene Disziplinarmaßnahme bei Dienstpflichtverletzungen von Soldaten. Mit der D. (um einen oder mehrere Dienstgrade) ist eine i. d. R. dreijährige Beförderungssperre verbunden.

Degrelle, Léon [frz. dəˈgrɛl], * Bouillon 15. Juni 1906, belg. Publizist und Politiker. – Gründete 1930 die rechtsradikale Rexbewegung; arbeitete seit 1940 mit den Deutschen zusammen, gründete und befehligte die Wallon. Legion an der O-Front; in Belgien zum Tode verurteilt, floh 1945 nach Spanien.

Degression [lat.] (Steuer-D.), die Abnahme des Durchschnittssteuersatzes bei abnehmendem zu versteuerndem Einkommen.

de Gruyter & Co., Walter [dəˈgrɔytər] ↑ Verlage (Übersicht).

Thomas Dehler

Degussa, dt. Unternehmen für das Schmelzen und Scheiden von edelmetallhaltigen Vorstoffen, von Edel- und anderen Metallen sowie zur Herstellung von metall. und chem. Erzeugnissen; Sitz Frankfurt am Main; gegr. 1873 als **D**eutsche **G**old- **u**nd **S**ilber-**S**cheideanstalt vormals Roessler.

de gustibus non est disputandum [lat.], Sprichwort: „Über den Geschmack kann man nicht streiten".

degustieren [lat.], svw. kostend prüfen.

Dehaene, Jean-Luc [niederl. dəˈhaːnə], * Montpellier 7. Aug. 1940, belg. Politiker. – Wirtschaftswissenschaftler und Jurist; Mgl. Christl. Volkspartei (CVP) Flanderns; 1981–91 Min. für Sozialpolitik und institutionelle Reformen; seit März 1992 Premierminister.

Dehio, Georg, * Reval 22. Nov. 1850, † Tübingen 19. März 1932, dt. Kunsthistoriker. – U. a. Prof. in Straßburg; Verf. grundlegender Werke, v. a. zur dt. Kunst: u. a. „Handbuch der dt. Kunstdenkmäler" (5 Bde., 1905–12; bekannt als „der Dehio", seither mehrmals neu aufgelegt).

Richard Dehmel

Dehler, Thomas, * Lichtenfels 14. Dez. 1897, † Streitberg 21. Juli 1967, dt. Jurist und Politiker. – 1924 Mitbegr. des Reichsbanners Schwarz-Rot-Gold; als aktiver Gegner des NS 1944 in ein Zwangsarbeitslager eingewiesen; Mitbegr. der FDP; 1949–67 MdB, 1949–53 Bundesjustizmin., 1953–56 Fraktionsvors. der FDP im Bundestag, 1954–57 Vors. der FDP, 1960–67 Vizepräs. des Bundestages.

Dehmel, Richard, * Wendisch-Hermsdorf 18. Nov. 1863, † Blankenese (= Hamburg) 8. Febr. 1920, dt. Dichter. – Pathetiker eines sozial betonten Naturalismus, zugleich geprägt vom Impressionismus und Vorläufer sowie Wegbereiter des Expressionismus. Pries die Macht des Eros, bes. in seiner leidenschaftl. Lyrik („Weib und Welt", 1896) und im Versepos „Zwei Menschen" (1903). Auch Dramen sowie Kindergeschichten und -gedichte (zus. mit seiner Frau Paula).

Hans-Georg Dehmelt

Dehmelt, Hans-Georg, * Görlitz 9. Sept. 1922, amerikan. Physiker dt. Herkunft. – Leistete einen bed. Beitrag zur Entwicklung der atomaren Präzisionsspektroskopie (bes. „Ionenkäfigtechnik"), wofür er 1989 mit W. Paul und N. F. Ramsey den Nobelpreis für Physik erhielt.

Degen. Links: Golddegen Maximilians II., um 1550. Rechts: Prunkdegen mit imitiertem Steinschnitt aus dem 17. Jh. (beide Wien, Kunsthistorisches Museum)

Dehn, Günther Karl, * Schwerin 18. April 1882, † Bonn 17. März 1970, dt. ev. Theologe. – 1911–30 Pfarrer in Berlin-Moabit, 1931–33 Prof. für prakt. Theologie in Halle, 1941/42 inhaftiert; 1946 Prof. in Bonn; bemühte sich v. a. um die großstädt. Arbeiterjugend. – *Werke:* Proletar. Jugend (1929), Gesetz oder Evangelium? (1934), Die Amtshandlungen der Kirche (1950).

Dehnung, Längenänderung eines festen Körpers (z. B. Draht) unter dem Einfluß von Zugkräften; auch Quotient ε aus Längenänderung Δl und urspr. Länge l des Körpers: $\varepsilon = \Delta l / l$. Mit der Längenänderung ist eine Querschnittsverminderung *(Querkontraktion)* verbunden, bei Druckbeanspruchung *(Stauchung)* entsprechend eine Querschnittszunahme *(Querdehnung).*

Dehnungsfugen, Trennfugen (Bewegungsfugen) in Mauerwerk, in Beton- oder Stahlbauwerken zur Aufnahme der durch Temperaturunterschiede auftretenden Ausdehnungsänderungen von Baustoffen sowie zum Ausgleich von Spannungen, die infolge Temperaturschwankungen entstehen.

Dehnungsmeßstreifen, Meßfühler für Feindehnungsmessungen, dessen Meßelement z. B. aus einem dünnen Widerstandsdraht besteht, der schleifen- oder zickzackförmig auf einem dehnbaren Papier- oder Kunststoffstreifen aufgekittet ist. Wird der D. auf einen verformbaren Körper geklebt, so macht er die bei Belastung an der Meßstelle auftretenden Dehnungen (oder Stauchungen mit, was zu einer Längenzunahme [mit Querkontraktion] oder Verkürzung [mit Querstauchung] des Widerstandsdrahtes und als Folge davon zu einer Änderung des elektr. Widerstands führt, die zur Dehnung proportional ist.

Dehors [frz. dəˈoːr], äußerer Schein, gesellschaftl. Anstand.

Dehra Dun, Stadt im ind. Bundesstaat Uttar Pradesh, 200 km nördl. von Delhi, 212 000 E. Forstakad., ind. Landesvermessungsamt; Militärakad.; Museen.

Dehydrasen, veraltet für: ↑ Dehydrogenasen.

Dehydratasen (Hydratasen, Hydrolyasen), zu den Lyasen gehörende Gruppe von Enzymen, die die Abspaltung von Wasser aus organ. Hydroxyverbindungen bzw. Anlagerung von Wasser durch Aufbrechen von Doppelbindungen bewirken.

Dehydrierung, Abspaltung von Wasserstoff aus chem. Verbindungen und dessen Übertragung auf oxidierende Substanzen.

Dehydrogenasen [lat./griech.], wasserstoffabspaltende Enzyme mit großer Bed. für den Energiestoffwechsel der Organismen.

Deianira [daja..., deia...] (Deianeira), Gestalt der griech. Mythologie. Gemahlin des Herakles, der unter Qualen stirbt, nachdem D. an ihm arglos einen vermeintl. Liebeszauber vollziehen will, indem sie ihm ein mit dem Blute des von Herakles getöteten Nessus bestrichenes Hemd reicht.

Deich [zu niederdt. dik „Deich", eigtl. „Ausgestochenes"], aufgeschütteter Erddamm längs eines Flusses oder einer Meeresküste *(Fluß-D.* oder *See-D.)* zum Schutz tief liegenden Geländes gegen Überschwemmung, v. a. durch Hochwasser, an der Küste oft auch zur Landgewinnung. Das Land hinter dem D. wird als *Binnen[deich]land, Polder, Groden* oder *Koog* bezeichnet; das zw. D. und Wasser verbleibende Land nennt man *Außen[deich]land, Butenland* oder *Vorland.* Die Grundfläche eines D. wird als *D.basis, D.sohle* oder als *Maifeld* bezeichnet.
Sturmflutfeste See-D. haben erhebl. größere Höhe und Breite als Fluß-D.; ihre Höhe ist durch den maßgebenden *Sturmflutwasserstand* festgelegt. Die höchste Stelle eines D. ist die *D.krone* oder *-kappe.* Die Außenböschung bes. bei See-D. ist flach geneigt, um die Wucht der auflaufenden Wellen weitgehend abzufangen. An den Füßen beider Böschungen befinden sich bei See-D. Bermen und an der Binnenseite ein *D.graben* (zur Fortleitung des abfließenden Niederschlagswassers); bei scharfliegenden See-D. (ohne Vorland) wird die Außenberme durch das Deckwerk gesichert.

Deichrecht, die Vorschriften, die sich mit den Rechtsverhältnissen der Deiche befassen. Zum D. gehört insbes. die Regelung der **Deichlast,** d. h. der Verpflichtung zur Herstellung und Unterhaltung von Deichen, die Regelung des Eigentums an den Deichen und der Deichverbände. In der BR Deutschland ist das D. teils in Wassergesetzen, teils in Deichgesetzen der Länder geregelt. Zur Deicherhaltung verpflichtet sind die Eigentümer aller im Schutze der Deiche gelegenen Grundstücke **(Deichpflicht).** Die polizeil. Befugnisse zum Schutz der Deiche und sonstigen Anlagen üben die Aufsichtsbehörden der Deichverbände aus **(Deichpolizei).** Ist eine Deichanlage gefährdet, so haben alle Bewohner der bedrohten und nötigenfalls der benachbarten Gegend bei den Schutzarbeiten Hilfe zu leisten **(Wasserwehr).**

Deichsel, stangenförmiger Teil an Fahrzeugen zum Anhängen an Zugmaschinen oder zum Einspannen der Zugtiere.

Deichverbände, Zusammenschlüsse von Grundstückseigentümern (Körperschaften des öff. Rechts), denen es obliegt, die Deiche herzustellen und in ordnungsgemäßem Zustand zu erhalten.

Deichvorland, vor einem Hauptdeich zw. Uferlinie und Küstenlinie liegendes, durch parallele Gräben entwässertes, begrüntes Land.

Deidesheim, Stadt in Rhld.-Pf., am Fuße der Haardt, 117 m ü. d. M., 3 500 E. Weinbau und -handel. – Besiedlung und Weinbau seit röm. Zeit; 1395 Stadtrecht. – Spätgot. Pfarrkirche (1440–80); Rathaus (16.–18. Jh.).

Dei gratia [lat. „von Gottes Gnaden"], Formel, mit der Kleriker ihre Briefe ausschließl. Abhängigkeit von Gott ausdrückten. Im Früh-MA von den europ. Herrschern aufgegriffen, wurde die Formel Ausdruck des Gottesgnadentums der Monarchen.

deiktisch [griech.], Bez. für die sprachl. Ausdrücke mit hinweisender Funktion, z. B. im Dt. „dies" und „hier".

Deimos, griech. mythol. Gestalt, Sohn des Ares; begleitet mit seinem Bruder Phobos seinen Vater, D. als Personifikation der Furcht, Phobos als die des Grauens.

Deimos [griech.], nach dem gleichnamigen Begleiter des Ares (lat. Mars), einer der beiden Marsmonde; mittlere Entfernung vom Mars 23 460 km. D. ist unregelmäßig geformt; der maximale Durchmesser beträgt 16 km.

Deisenhofer, Johann, *Zusamaltheim (Landkr. Dillingen) 30. Sept. 1943, dt. Biophysiker. – Forschungen zu Grundlagen der Photosynthese; Nobelpreis für Chemie 1988 zus. mit R. Huber und H. Michel.

Deismus [zu lat. deus „Gott"], eine bes. in England zu Ende des 17. und im 18. Jh. begr. Religionsauffassung, die Gott zwar als Urgrund der Welt anerkennt, ihm aber als einem außerhalb der Geschichte existierenden Wesen jeden Eingriff in die Geschichte abspricht. Der D. propagierte eine sog. natürl. Religion, wonach jeder Mensch auf Grund eines naturgegebenen Vermögens (d. h. ohne die Institution der Kirche) Gott erkennen könne. Hauptvertreter war der engl. Religionsphilosoph H. von Cherbury.

Deißmann, Adolf, *Langenscheid (Unterlahnkreis) 7. Nov. 1866, †Wünsdorf b. Berlin 5. April 1937, dt. ev. Theologe. – 1897 Prof. in Heidelberg, 1908–34 in Berlin; Forschungen zur Sprache des N. T. und zur Theologie des Paulus; Mitbegr. der ökumen. Bewegung. – Werke: Bibelstudien (1895), Licht vom Osten (1908), Paulus (1911), Una Sancta (1937).

Deister, NW-SO verlaufender Höhenzug des Weserberglandes, Nds., sw. von Hannover, im Höfeler Berg bis 405 m hoch.

Déjà-vu-Erlebnis [frz. deʒaˈvy „schon gesehen"], eine Form der Erinnerungstäuschung, bei der der Eindruck entsteht, man habe das in einer an sich völlig neuen Situation Gesehene und Erlebte in gleicher Weise und in allen Einzelheiten schon einmal gesehen und erlebt; kommt in Erschöpfungszuständen, bei Psychosen, Neurosen und organ. Hirnleiden vor.

de jure [lat.], rechtlich betrachtet; von Rechts wegen; der formellen Rechtslage zufolge.

Johann Deisenhofer

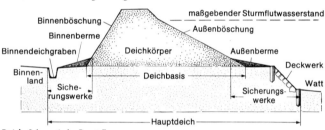

Deich. Schematische Darstellung

Deka... [griech. „zehn"], Vorsatzzeichen da, Vorsatz vor Einheiten, bezeichnet das 10fache der betreffenden Einheit, z. B. 1 dag (Dekagramm) = 10 g.

Dekabristen [russ.] (Dezembristen), Teilnehmer eines nach dem Tod Alexanders I. im Dez. 1825 in Petersburg versuchten und gescheiterten Militärputsches gegen die Selbstherrschaft des Zaren, dem 1826 ein ebenfalls vergebl. Aufstandsversuch in S-Rußland folgte. Die D. waren mit liberalen Reformideen erfüllte Adlige, meist jüngere Gardeoffiziere, die seit 1822 in 2 Geheimbünden vereinigt waren. Die schlecht vorbereitete Aktion konnte rasch unterdrückt werden.

Dekade [zu griech. déka „zehn"], eine Größe oder Anzahl von 10 Einheiten; ein Zeitraum von 10 Tagen, Wochen oder Jahren. Im frz. Revolutionskalender wurde jeder der 12 Monate (zu je 30 Tagen) in drei D. *(décades)* unterteilt.

Dekadenz [lat.-frz.], kultur- und geschichtsphilosoph. Terminus zur Bez. histor. Entwicklungen, von denen behauptet wird, sie bedeuteten einen stetigen Verfall. – Nach Ansätzen im 17. Jh. wurde durch Rousseau richtungweisend der Gegensatz zw. Natur und Zivilisation als Inhalt der D. thematisiert. Für Nietzsche ist D. ein notwendiges Stadium des Entwicklungsprozesses des Lebens schlechthin („Der Fall Wagner", 1888). In der Folgezeit wurde der Begriff hauptsächlich als ästhet. Kategorie verwendet, v. a. zur Kennzeichnung einer Entwicklungsrichtung innerhalb der europ. Literatur gegen Ende des 19. Jh. (Fin de siècle), der **Dekadenzdichtung.** Sie entstand aus dem Bewußtsein überfeinerter Kultur als Zeichen einer späten Stufe kulturellen Verfalls und gilt als letzte Übersteigerung der subjektiv-individualist. Dichtung des 19. Jh. (Lord Byron, E. A.

Dehnungsmeßstreifen. Oben: Anordnung des Widerstandsdrahtes in einem einachsigen Dehnungsmeßstreifen. Unten: Deltarosette mit drei um 120° versetzten Dehnungsmeßstreifen

Poe, C. Baudelaire). Sie verabsolutiert die Welt des Sinnlich-Schönen, des moralisch freien Kunsthaften gegenüber einer Welt festgefügter bürgerl. Moral- und Wertvorstellungen, das Seelische, das traumhaft Unbestimmte, übersteigerte Feinfühligkeit und das angekränkelt Rauschhafte. In Frankreich wird die D. in Auseinandersetzung mit dem Naturalismus von J.-K. Huysmans („Da unten", 1891) proklamiert. Die übrigen frz. Symbolisten werden ihr ebenfalls zugerechnet (z. B. S. Mallarmé, P. Verlaine). Bed. ist auch der östr. Beitrag (P. Altenberg, A. Schnitzler, der frühe Hofmannsthal und der junge Rilke). In den anderen Ländern werden oft nur einzelne Autoren oder Werke der D. zugerechnet, so A. P. Tschechow (Rußland), H. Bang (Dänemark), O. Wilde (England), M. Maeterlinck und E. Verhaeren (Belgien), G. D'Annunzio (Italien), E. von Keyserling, S. George, T. Mann (Deutschland).

dekadisch [griech.], auf die Zahl 10 bezogen.

dekadisches System ↑Dezimalsystem.

Dekaeder [griech.], ein Körper, der von zehn [regelmäßigen] Vielecken begrenzt wird.

Dekalog [zu griech. déka „zehn" und lógos „Wort"], die zehn Gebote, die Moses nach dem Bericht des A. T. (2. Mos. 20, 2–17; 5. Mos. 5, 6–21) auf dem Sinai empfing.

Dekan [zu lat. decanus „Führer von zehn Mann"], in der kath. Kirche 1. der Vorsteher des Kardinalkollegiums; 2. der dienstälteste Richter der Sacra Romana Rota; 3. ein Würdenträger in Dom- und Stiftskapiteln. – In einigen ev. Landeskirchen und in der kath. Kirche („Dechant") ein Vorgesetzter von Pfarrern, meist dem Kreispfarrer entsprechend.

▷ der aus dem Kreis der Prof. für ein Jahr gewählte und mit der Geschäftsführung betraute Leiter einer Fakultät (einer Univ.).

Dekanat [lat.], Amtszeit, Amtsbezirk und Dienststelle eines Dekans.

dekantieren [frz.], Flüssigkeit vom Bodensatz abgießen.

Dekapolis [griech.], Bez. für Verbände griech. Städte in Lykien sowie Palästina. Die D. in Palästina, wohl 62 v. Chr. gegr., umfaßte eine wechselnde Zahl von Städten östl. des Jordans, die ihre Selbstverwaltung beibehielten; bestand bis Ende 2. Jh. n. Chr.

▷ Bez. für den 1354 geschlossenen Elsässer Zehnstädtebund, Zusammenschluß der Reichsstädte Colmar, Hagenau, Schlettstadt, Oberehnheim, Rosheim, Mülhausen (an seiner Stelle seit 1511 Landau), Kaysersberg, Münster, Türkheim und Weißenburg zum Schutz ihrer Reichsunmittelbarkeit.

Dekartellisierung [frz.] (Entkartellisierung), das Rückgängigmachen von Unternehmenszusammenschlüssen (in Form von Kartellen) und das Verbot neuer Kartellbildung. In Deutschland nach 1945 zeitweilig Politik der Alliierten.

Dekeleia [dekeˈlaɪa, deˈkeːlaɪa] (neugriech. Dekelia [neugriech. ðɛˈkɛlja]), alter Ort in Attika; 30 km nördl. von Athen am S-Hang des Parnes gelegen; gehört zu den 12 ältesten Orten der Halbinsel; Reste der 413 v. Chr. zur Befestigung gegen Athen angelegten Mauern sind erhalten (**Dekeleischer Krieg** ↑Peloponnesischer Krieg).

Dekhan, die eigtl. Halbinsel von Vorderindien. Der N ist durch ein lebhaftes Schollenmosaik mit W–O-verlaufenden Tälern gekennzeichnet. Der D. besteht aus flachgewellten Hochflächen und weiten Mulden, in denen die Flüsse alle in den Golf von Bengalen entwässern. Die Ränder sind zu küstenparallelen Gebirgen aufgewölbt. Die **Westghats**, die den W-Rand des D. über der Konkan- und Malabarküste bilden, sind rd. 1 800 km lang und bis über 2 600 m hoch. Dagegen sind die **Ostghats** der im Mittel nur 500 m hohe O-Rand des D. gegen den Golf von Bengalen. Vorkommen von Eisenerz, Kupfer und Kohle. Der W und NW ist auf einer Fläche von rd. 500 000 km^2 von vulkan. Dekkenergüssen (Trapp) überzogen.

Dekker, Eduard Douwes [niederl. ˈdɛkər], niederl. Schriftsteller, ↑Multatuli.

D., Thomas [engl. ˈdɛkə], *London um 1572, □ ebd. 25. Aug. 1632 (?), engl. Schriftsteller. – Verf. von Sitten-

Willem De Kooning. Vorort in Havanna, 1958 (Privatbesitz)

stücken und Satiren über das Londoner Alltagsleben; „Schuster seines Glücks" (1600) ist eine seiner besten Komödien; seine Tragödie „The honest whore" (1604) gilt als Vorläuferin des bürgerl. Trauerspiels.

Deklamation [lat.], kunstgerechter Vortrag, bes. von Dichtungen; in der *Musik* die ausdruckshafte Wiedergabe eines Vokalwerkes; in der Instrumentalmusik die expressive Gestaltung einer Melodielinie; **deklamieren,** [kunstgerecht] vortragen; **Deklamatorik,** Vortragskunst.

Deklaration [lat.], im *Post-, Steuer-* und *Zollwesen:* Inhalts-, Wertangabe, Steuer-, Zollerklärung.

▷ im *Völkerrecht* polit. und rechtl. bedeutsame Grundsatzerklärung eines Völkerrechtssubjekts.

deklaratorische Wirkung [lat./dt.], die Wirkung einer Rechtshandlung oder eines Behördenaktes, durch die das Bestehen eines Rechtsverhältnisses festgestellt wird. Die **konstitutive Wirkung** eines Rechtsaktes erzeugt ein Recht oder Rechtsverhältnis.

Deklassierung [lat.-frz.], in der Soziologie Bez. für den sozialen Abstieg (↑Mobilität) von einer sozial bzw. ökonom. bestimmten Klasse in eine niedriger bewertete.

De Klerk, Frederik Willem, *Johannesburg 18. März 1936, südafrikan. Politiker. – Jurist; ab 1978 mehrfach Min., zuletzt Erziehungsmin. (1984–89). Seit Febr. 1989 Vors. der National Party und seit Aug. 1989 Staatspräs.; leitete den Abbau der Apartheid-Gesetzgebung ein und verband diesen Reformprozeß im Referendum vom März 1992 mit seiner Person.

Deklination [lat.], der Winkelabstand eines Gestirns vom Himmelsäquator.

▷ (Mißweisung) Abweichung einer Magnetnadel von der geograph. Nordrichtung.

▷ in der *Sprachwissenschaft* Formveränderung der deklinierbaren Wortarten (Substantiv, Artikel, Adjektiv, Pronomen, Numerale). Die einzelnen D.formen drücken sich im Kasus (Fall) und Numerus (Zahl) aus, z. B.: des Hauses (= Genitiv Singular).

dekodieren ↑decodieren.

Dekokt (Decoctum, Abkochung, Absud), durch Kochen hergestellter wäßriger Auszug aus zerkleinerten [Arznei]pflanzenteilen (z. B. Eichenrinde).

Dekolleté [dekɔlˈteː; frz.; zu lat. collum „Hals"], tiefer Halsausschnitt am Kleid.

Dekolonisation ↑Entkolonisation.

Dekompensation, das Zutagetreten einer latenten Organstörung durch den Wegfall einer Ausgleichsfunktion. So kommt es bei Herzklappenfehlern durch Mehrarbeit und verstärktes Wachstum des Herzmuskels zunächst nicht zum Herzversagen; dieser kompensator. Ausgleich ist jedoch nur bis zu einem gewissen Grad von Belastung möglich: Alter, körperl. Belastung oder eine Verstärkung der Organstörung führen zur Überlastung und schließlich zur D. des Herzens.

Dekomposition, Auflösung, Zersetzung.

Dekompositum, sprachl. Neu- oder Weiterbildung aus einer Zusammensetzung (Ableitung, z. B. *wetteifern* aus *Wetteifer,* oder mehrgliedrige Zusammensetzung, z. B. *Armbanduhr*).

Dekompression, in der *Technik* Bez. für den Druckabfall in einem techn. System.
▷ in der *Medizin* [allmähl.] Druckentlastung für den Organismus nach längerem Aufenthalt in Druckkammern (z. B. bei Tauchern). – Als D. wird auch die Senkung eines krankhaft erhöhten Hirndruckes (z. B. durch Eröffnung des Schädels) bezeichnet.

Dekompressionskrankheit, svw. ↑Druckfallkrankheit.

Dekontamination, Maßnahmen, durch die ein radioaktiv, biologisch oder chemisch verseuchtes Gebiet oder Objekt entgiftet wird, so daß Mensch und Tier ohne Schutzvorrichtung sich dort aufhalten bzw. mit ihm in Berührung kommen können.

De Kooning, Willem [engl. də ˈkoʊnɪŋ, niederl. də ˈkoːnɪŋ], *Rotterdam 24. April 1904, amerikan. Maler niederl. Herkunft. – Lebt seit 1926 in New York; bed. Vertreter des Action painting.

Dekor [lat.-frz.], Verzierung, Muster (z. B. auf Porzellan).

Dekoration [lat.], Schmuck, Ausschmückung, Ausstattung; die Gesamtheit der angewandten schmückenden Formen (z. B. einer Festtafel, eines Festsaals), in der Architektur die schmückende Gliederung einer Fassade, in der Innen-D. u. a. die Ausgestaltung der Wände und Decken durch Malerei, Stuck u. a.; das Bühnenbild (und die Kostüme) einer Inszenierung; die Gestaltung von Schaufenstern.

Dekorationsstoffe (Dekostoffe), Gewebe oder Gewirke für Vorhänge und ähnliches.

Dekorierung [lat.-frz.], Verleihung von Orden, Ehrenzeichen oder Medaillen, auch die Auszeichnungen selbst.

Dekort [auch: deˈkoːr, zu lat. decurtare „verkürzen"], Abzug vom Rechnungsbetrag, z. B. wegen Qualitätsmangel.

Dekorum [lat.], äußerer Anstand, Schicklichkeit *(das D. wahren).*

Dekostoffe ↑Dekorationsstoffe.

Dekrement [lat.], in der *Biologie* die Abnahme der Erregungshöhe von passiv (elektronisch) fortgeleiteten Aktionspotentialen in Sinnes-, Nerven- und Muskelzellen mit zunehmender Entfernung vom Entstehungsort.
▷ (logarithmisches D.) ↑Dämpfung.

Dekret (Decretum) [lat.], Entscheidung, Erlaß, richterl. Verfügung; **dekretieren,** anordnen, verordnen.

Dekretalen [mittellat.], in der Geschichte des kath. Kirchenrechts päpstl. Entscheidungen zu Rechtsfällen; heute bes. feierl. Erlasse des Papstes, z. B. Heiligsprechungsbullen.

Dekubitus [lat.] (Wundliegen), Druckschädigung der Haut mit entzündl. Veränderungen, bes. bei langer Bettlägerigkeit. Vorbeugend wirken Hautpflege, Lagewechsel, Wasserkissen und Abreibungen mit Franzbranntwein.

Dekumatland [lat./dt.] (lat. decumates agri), bei Tacitus vorkommende Bez. für das zw. Rhein, Neckar und Main liegende, seit Ende 1. Jh. n. Chr. durch den Limes eingegrenzte Gebiet; gehörte zur Prov. Germania superior; wichtigste Siedlungen: Sumelocenna (Rottenburg am Neckar), Lopodunum (Ladenburg), Arae Flaviae (Rottweil).

Dekurio [lat.], Bez. 1. für Mgl. des Rates (curia; daher auch curiales, bes. in späterer Zeit) in Städten röm. und latin. Rechts im Röm. Reich; 2. Vorsteher einer aus zehn Mann (decuria) gebildeten Einheit bes. in der Reiterei des röm. Heeres.

dekuvrieren [frz.], aufdecken, entlarven.

del., Abk.:
▷ für: ↑**del**eatur.
▷ für: ↑**del**ineavit.

Delacroix, Eugène [frz. dəlaˈkrwa], *Saint-Maurice bei Paris 26. April 1798, †Paris 13. Aug. 1863, frz. Maler. – Hauptvertreter der frz. Romantik mit Bildern wie „Dante und Vergil" (1822), „Das Massaker von Chios" (1824). Eine stärkere Berücksichtigung der Lichtwirkungen und die Betonung der Farbe nach Kennenlernen von J. Constables Werk: „Tod des Sardanapal" (1827), „Die Freiheit führt das Volk an" (1830; beide Louvre). Ergebnis einer Reise nach Marokko (1832) sind u. a. seine „Alger. Frauen im Harem" (1832; Louvre). Später Wand- und Deckengemälde, auch zahlr. Zeichnungen, einige Lithographien, nur wenige Porträts. Illustrator von Goethes Faust, Verf. von Tagebüchern und krit. Schriften.

Eugène Delacroix
(Ausschnitt aus einem Selbstporträt, um 1837)

De la Gardie, Magnus Gabriel [...di], *Reval 15. Okt. 1622, †Venngarn (Uppland) 26. April 1686, schwed. Kanzler. – Günstling und Berater der Königin Christine bis 1653; seit 1660 Reichskanzler und (bis 1672) Mgl. der Vormundschaftsregierung für Karl XI.; 1682 aus allen Ämtern entlassen; bed. Förderer von Wiss. und Kunst.

Delalande, Michel-Richard [frz. dəlaˈlɑ̃ːd], *Paris 15. Dez. 1657, †Versailles 18. Juni 1726, frz. Komponist. – Beherrschte nach Lully das Musikleben am Hofe Ludwigs XIV.; komponierte rd. 80 Motetten sowie Ballette und Divertissements.

de la Mare, Walter John [engl. dələˈmɛə], Pseud. W. Ramal, *Charlton (Kent) 25. April 1873, †Twickenham (= London) 22. Juni 1956, engl. Schriftsteller. – Kinder- und Nonsensverse sowie phantast.-visionäre Gedichte, Romane und Erzählungen aus Bereichen jenseits der sinnl. Erfahrung.

Eugène Delacroix. Die Freiheit führte das Volk an, 1830 (Paris, Louvre)

de la Motte Fouqué [frz. dəlamˈɔtfuˈke], Friedrich Baron, dt. Schriftsteller, ↑Fouqué, Friedrich Baron de la Motte.

Delaney, Shelagh [engl. dəˈleɪnɪ], *Salford (Lancashire) 25. Nov. 1938, brit. Dramatikerin. – Behandelt in ihren an J. Osborne orientierten Dramen das Leben in den nordengl. Slums; u. a. „Bitterer Honig" (1958).

de la Roche, Mazo [engl. dələˈrɔʃ], *Newmarket (Ontario) 15. Jan. 1879, †Toronto 12. Juli 1961, kanad. Schriftstellerin. – Schrieb die aus 16 Romanen bestehende Familienchronik der Kolonistenfamilie der Whiteoaks (auch dramatisiert).

Delaroche, Paul [frz. dəlaˈrɔʃ], *Paris 17. Juli 1797, †ebd. 4. Nov. 1856, frz. Maler. – Einer der bekanntesten Historienmaler des 19. Jh.; auch beliebter Porträtist.

delatorisch [lat.], verleumderisch, angeberisch.

Paul Delaroche

Delaunay

Robert **Delaunay.** Hommage à Blériot, 1914 (Privatbesitz)

Hans Delbrück

Max Delbrück

Grazia Deledda

Delaunay, Robert [frz. dəloˈnɛ], * Paris 12. April 1885, † Montpellier 25. Okt. 1941, frz. Maler. – Ausgehend vom Kubismus zerlegt er die Farbeindrücke in reine Farben (↑ Orphismus): Fensterserie (1912/13), „Sonnenscheiben" (1912 ff.), „Endlose Rhythmen" (1934 ff.). Er stellte in München mit dem ↑ Blauen Reiter und im „Sturm" (Berlin 1913) aus. Auch seine Frau *Sonia D.-Terk* (* 1885, † 1979) schuf bed. orphist. Bilder.

Delaune (Delaulne, De Laune), Étienne [frz. dəˈloːn], * Orléans um 1518, † Paris oder Straßburg 1583 (oder 1595), frz. Kupferstecher. – Einer der wichtigsten manierist. Kleinmeister mit mytholog. und allegor. Themen.

De Laurentiis, Dino [delauˈrɛnti-is], * Torre Annunziata (Prov. Neapel) 8. Aug. 1919, italien.-amerikan. Filmproduzent. – Welterfolge waren „Bitterer Reis" (1948) und „La strada" (1954); später spektakuläre Großproduktionen wie „Krieg und Frieden" (1956), „Die Bibel" (1966).

Delavigne [frz. dəlaˈviɲ], [Jean François] Casimir, * Le Havre 4. April 1793, † Lyon 11. Dez. 1843, frz. Schriftsteller. – Patriot. Gedichte, u.a. Elegiensammlung „Messen. Lieder" (1818–30), auch Dramen, u.a. „Die Sicilian. Vesper" (1819).

D., Germain, * Giverny (Eure) 1. Febr. 1790, † Montmorency bei Paris 30. Nov. 1868, frz. Schriftsteller. – Verf. von Vaudevilles, Komödien und Opernlibretti, u.a. zu Aubers Oper „Die Stumme von Portici" (1828).

Delaware [engl. ˈdɛləwɛə], Bundesstaat im O der USA, an der Atlantikküste, 5 295 km², 666 000 E (1990), Hauptstadt Dover.
Landesnatur: D. liegt im O der Delmarva Peninsula. Der größte Teil wird von Küstenebenen eingenommen, Hügel erreichen 134 m ü.d.M. Die Küste weist neben langen Sandstränden z.T. versumpfte Nehrungen auf.
Klima: D. liegt in der Übergangszone zw. subtrop. und kontinentalem Klimabereich.
Bevölkerung, Wirtschaft, Verkehr: Rd. 83 % der Bev. sind Weiße, rd. 17 % Schwarze, daneben indian. und asiat. Minderheiten. Neben der Univ. in Newark (gegr. 1833) besteht ein State College in Dover (gegr. 1891). Die Bev. konzentriert sich im N im stark industrialisierten Raum Wilmington-Newark. – V. a. im S liegen die agrar. genutzten Gebiete. Hauptanbauprodukte sind Mais und Sojabohnen. Führender Ind.zweig ist die petrochem. Ind., gefolgt von der Stahlind. Der Fremdenverkehr spielt v. a. an der Küste eine Rolle. – Das Eisenbahnnetz hat eine Länge von rd. 466 km, das Straßennetz von rd. 10 600 km. Wichtigster Hafen ist Wilmington.
Geschichte: Die Küste von D. wurde u. a. von G. Caboto (1498) entdeckt. Im 17. Jh. errichteten Engländer, Holländer und Schweden in dem von Indianern beherrschten Gebiet Siedlungen. 1664 wurde D. engl. Kolonie; 1682–92 zus. mit Pennsylvania verwaltet; erklärte sich 1776 zum selbständigen Staat. D. ratifizierte als erster Staat am 7. Dez. 1787 die Verfassung der USA.

Delaware [engl. ˈdɛləwɛə] (Eigen-Bez.: Lenape), Stammesverband der Küsten-Algonkin in New Jersey, Manhattan und im westl. Long Island, USA; betreiben Feldbau und Fischfang; heute weitgehend assimiliert; ca. 8 000.

Delaware River [engl. ˈdɛləwɛə ˈrivə], Fluß im O der USA; entspringt auf der W-Abdachung der Catskill Mountains; mündet in die **Delaware Bay** (Atlantik), 451 km lang; für Hochseeschiffe bis Trenton befahrbar.

Delbrück, weitverzweigte, vermutlich aus Osnabrück stammende Familie; bed.:
D., Berthold, * Putbus 26. Juli 1842, † Jena 3. Jan. 1922, Sprachwissenschaftler und Indogermanist. – Großneffe von Rudolf von D., Vetter von Clemens von D.; seit 1870 Prof. in Jena. Hauptwerk „Vergleichende Syntax der indogerman. Sprachen" (1893–1900).
D., Clemens von (seit 1916), * Halle/Saale 19. Jan. 1856, † Jena 17. Dez. 1921, Politiker. – Großneffe von Rudolf von D.; preuß. Min. für Handel und Gewerbe (seit 1905); als Staatssekretär des Innern (1909–16) und Vizepräs. des preuß. Staatsministeriums eigtl. Leiter der dt. Innenpolitik unter Bethmann Hollweg.
D., Hans, * Bergen/Rügen 11. Nov. 1848, † Berlin 14. Juli 1929, Historiker. – Großneffe von Rudolf von D.; seit 1896 Prof. in Berlin; 1882–85 freikonservatives Mgl. des preuß. Abg.hauses, 1884–90 MdR; seit 1883 Mit-Hg. der „Preuß. Jahrbücher", vertrat er als Allein-Hg. (seit 1889) liberal-fortschrittl. Auffassungen; stand den Kathedersozialisten nahe. – *Werke:* Histor. und polit. Aufsätze (1886/87), Geschichte der Kriegskunst im Rahmen der polit. Geschichte (Bde. 1–4, 1900–1920, fortgef. v. E. Daniels u. a.), Weltgeschichte (5 Bde., 1923–28).
D., Max, * Berlin 4. Sept. 1906, † Pasadena (Calif.) 9. März 1981, amerikan. Biophysiker und Biologe dt. Herkunft. – Sohn von Hans D.; seit 1947 Prof. in Pasadena; legte zus. mit S. Luria die Grundlage für die Bakteriengenetik. 1946 entdeckte D. (mit W. T. Bailey jr.) die genet. Rekombination bei Bakteriophagen. Dafür erhielt er 1969 zus. mit Luria und A. D. Hershey den Nobelpreis für Physiologie oder Medizin.
D., Rudolf von (seit 1896), * Berlin 16. April 1817, † ebd. 1. Febr. 1903, Politiker. – Leitete seit 1849 die auf wirtsch. Vormachtstellung im Dt. Bund abzielende preuß. Zolleinspolitik; 1867 Präs. des Bundeskanzleramts des Norddt. Bundes, 1871–76 des Reichskanzleramts; MdR 1878–81.

Delfter Fayencen. Teller aus dem 18. Jahrhundert

Delcassé, Théophile [frz. dɛlkaˈse], * Pamiers (Ariège) 1. März 1852, † Nizza 22. Febr. 1923, frz. Politiker. – Als Kolonialmin. 1894/1895 Repräsentant des europ. Imperialismus; leitete als Außenmin. (1898–1905) die Entente cordiale ein und betrieb parallel eine Entspannung gegenüber Italien; 1911–13 Marinemin.; 1913/14 Botschafter am Zarenhof, 1914/15 erneut Außenminister.

Del Cossa, Francesco, *Ferrara 1436, †Bologna um 1478, italien. Maler. – Zunächst in Ferrara, dann in Bologna tätig. Hauptwerk sind die Fresken der Monatsbilder März, April und Mai im Palazzo Schifanoia (Ferrara).

deleatur [lat. „es werde getilgt"], Abk. del., zeigt auf Korrekturbogen, meist mit dem Zeichen ⸗ an, daß etwas getilgt werden soll.

Deledda, Grazia, *Nuoro (Sardinien) 30. Sept. 1871, †Rom 15. Aug. 1936, italien. Schriftstellerin. – Schilderte in Romanen und Novellen mit plast. Anschaulichkeit das harte Leben der Menschen ihrer sard. Heimat; Nobelpreis 1926. – *Werke*: Fior di Sardegna (R., 1892), Sard. Geschichten (1894), Elias Portolu (R., 1903), Der Efeu (R., 1906), Schilf im Wind (R., 1913), Marianna Sirca (R., 1915).

Delegation [lat.], Abordnung, Vertretung. 1. Im *öff. Recht* die Übertragung einer Kompetenz durch ein staatl. Organ auf ein anderes; grundsätzlich nur zulässig, wenn sie rechtlich vorgesehen ist. Die Übertragung von Rechtssetzungsbefugnissen auf die Exekutive ist z. B. in Art. 80 I GG geregelt. 2. Im *Völkerrecht* die Bevollmächtigten eines Staates, die zu Unterhandlungen ins Ausland oder zu einer bestimmten Konferenz entsandt werden.

de lege ferenda [lat.], vom Standpunkt des künftigen (zu erlassenden) Gesetzes aus; im Hinblick auf das künftige Gesetz.

de lege lata [lat.], vom Standpunkt des erlassenen Gesetzes, des geltenden Rechts aus.

Delegierter [lat.], Mitglied einer Delegation, Abgeordneter, Beauftragter; **delegieren,** abordnen, beauftragen.

Delémont [frz. dale'mõ, Delsberg], Hauptstadt des schweizer. Kt. Jura und des Bez. D., 431 m ü.d.M., 11 300 E. Zentraler Ort einer industriereichen Beckenlandschaft. – 1289 Stadtrecht; seit Okt. 1978 Kt.hauptstadt. – Kirche Saint-Marcel (1762–66), ehem. Bischöfl. Schloß (1716–21), Rathaus (1742–45) und Präfektur (1717).

Delft, niederl. Stadt 8 km sö. von Den Haag, 88 000 E. TH (gegr. 1842), Wasserbauversuchsanstalt, Niederl. Inst. für Flugzeugentwicklung; Sitz des Topograph. Dienstes, Museen; Kabelfabrik, Metallwalzwerk, Maschinen-, elektrotechn., chem. Ind.; Fayencenmanufaktur. – Erhielt 1246 Stadtrechte; im 17. Jh. blühende Handelsstadt. – Got. Oude Kerk (13. Jh.); got. Nieuwe Kerk (14./15. Jh.) mit Glockenspiel und 108 m hohem Turm, Rathaus (1618) mit got. Belfried.

Delfter Fayencen [fajã:sn], Tonwaren mit bemalter Zinnglasur aus Delft, seit Anfang des 17. Jh. ist Blauweißdekor nach ostasiat. Vorbild und Nachahmung chin. Geschirrformen charakterist.; Blütezeit Mitte des 17. Jh. bis Mitte des 18. Jahrhunderts.

Delhi [ˈdeːli], Unionsterritorium und Hauptstadt Indiens, besteht aus Alt-D., Neu-D. und D.-Cantonment, 1 483 km², 6,22 Mill. E. – D. liegt in 215 m Höhe im Bereich der Wasserscheide zw. Indus- und Gangestiefland mit feuchten Sommern und kühlen, extrem trockenen Wintern. – Polit. Zentrum (eigtl. Hauptstadt ist der südl. Stadtteil **Neu-Delhi** [272 000 E]), Verwaltungsmittelpunkt von Indien sowie bed. Handels- und Wirtschaftszentrum im N des Landes. Kath. Erzbischofssitz, Sitz zahlr. wiss. Gesellschaften und Inst.; hier Univ. mit zahlr. Colleges; mehrere Museen (u. a. Ethnolog. Museum) und Bibliotheken. – Neben dem weit verbreiteten traditionellen Handwerk in der Altstadt Kleinmetall-, Nahrungsmittel- und Textilind. v. a. in den Vororten. – Zw. den Außenbezirken liegen agrarisch genutzte Areale; wichtigster Verkehrsknotenpunkt N-Indiens mit dem internat. ✈ Palam.

Geschichte: Im Gebiet von D. sind etwa 15 aufeinanderfolgende Stadtsiedlungen (etwa seit dem 5. Jh. v. Chr.) bekannt. Die Tradition unterscheidet 7 Städte: Lalkot oder Kila Raj Pithora (Rest einer im 8./9. Jh. von Tomar-Radschputen gegr. Stadt), Siri (gegr. von Ala Ad Din Childschi [⚭ 1296–1316]), Tughlukabad (gegr. von Ghijath Ad Din Tughluk [⚭ 1320–25]), Dschahanpanah (entstanden durch Ummauerung von Lalkot und Siri unter Muhammad Ibn Tughluk [⚭ 1325–51]), Firusabad (erbaut von Firus Schah Tughluk [⚭ 1351–88]), die Stadt Scher Schahs (nach völliger Zerstörung der Stadt durch Timur-Leng 1398 und Verlegung der Residenz nach Agra z. Z. der Lodidynastie durch Scher Schah Sur [⚭ 1540–45] erneuert) und Schahdschahanabad (erbaut von Schah Dschahan [⚭ 1628–58]). 1803–1947 unter brit. Herrschaft (seit 1911 Sitz der Reg. Brit.-Indiens, bis 1858 Residenz der Moguln. D. ist reich an **Bauten** verschiedener Epochen: Aus der Maurjazeit (320–185) stammen zwei „Säulen des Aschoka", aus dem 12.–14. Jh. die Kuwwat-Al-Islam-Moschee und der Kutub Minar. Aus der Mogulepoche sind erhalten das Grabmal von Humajun (um 1564), das Rote Fort, eine Festungs- und Palastanlage (1639–48), die große Freitagsmoschee Dschami Masdschid (1650–56) und das Safdar-Dschang-Mausoleum (um 1750). Neu-D. ist großzügig als Gartenstadt gestaltet.

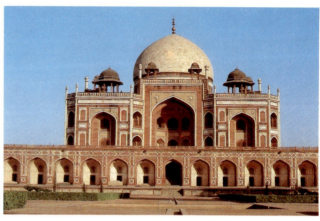

Delhi. Grabmal von Humajun, um 1564 errichtet

Deli, Gebiet in N-Sumatra in der östl. Küstenebene um den Hauptort Medan; bed. Landw. (Plantagen und bäuerl. Betriebe). – Das Ft. D. stand vom 16. Jh. an unter der Oberhoheit von Aceh und wurde 1814 Sultanat.

Deliberativstimme [lat./dt.], Stimme, die bei einer Abstimmung in einer polit. Körperschaft nicht mitgezählt wird, deren Träger jedoch an der Beratung aktiv teilnehmen darf.

Delibes, Léo [frz. dəˈlib], *Saint-Germain-du-Val (= La Flèche, Sarthe) 21. Febr. 1836, †Paris 16. Jan. 1891, frz. Komponist. – Seine bekanntesten Werke sind die Oper „Lakmé" (1883) sowie die Ballette „Coppélia (1870) und „Sylvia" (1876).

D., Miguel [span. deˈliβes], *Valladolid 17. Okt. 1920, span. Schriftsteller. – Schreibt poet. Romane und Erzählungen, u. a. „Und zur Erinnerung Sommersprossen" (R., 1950), „Tagebuch eines Jägers" (R., 1955), „Die heiligen Narren" (1987).

Delicious [deˈliːtsiʊs, engl. dɪˈlɪʃəs], svw. Golden Delicious, ↑Apfel (Übersicht).

Delijannis, Theodoros, *Kalavryta (Peloponnes) 1826, †Athen 13. Juni 1905 (ermordet), griech. Jurist und Politiker. – Zw. 1885 und 1903 viermal Min.präs.; seine aggressive Politik führte 1897 zum Krieg mit der Türkei.

delikat [lat.-frz.], auserlesen, lecker, wohlschmeckend (v. a. von Speisen); bis an die Grenzen des Schicklichen gehend, heikel; **Delikatesse,** Leckerbissen; Zartgefühl.

Delikt [lat.], rechtswidriges, schuldhaftes Verhalten, das im *Zivilrecht* eine Schadenersatzpflicht begründet (unerlaubte Handlung) und im *Strafrecht* mit einer Straffolge bedroht ist (Straftat). Je nachdem, ob das rechtswidrige Verhalten in einem Tun oder Unterlassen besteht, unterscheidet man im Strafrecht zw. **Begehungs-** und **Unterlassungsdelikt.** Dem **Tätigkeitsdelikt** steht das **Erfolgsdelikt** gegenüber, bei dem nicht nur das aktive Tun, son-

Delft
Stadtwappen

Delhi
Stadtwappen

Delhi

Hauptstadt Indiens

6,22 Mill. E

Verwaltungszentrum

bis 1858 Residenz der Moguln

1911–47 Sitz der Reg. Brit.-Indiens

im Stadtbild Trennung der Altstadt von der modernen Geschäfts- und Verwaltungsstadt

Deliktsfähigkeit

F. C. Delius

Mario Del Monaco

Alain Delon

Jacques Delors

dern ein durch die Handlung verursachter Erfolg zur D.verwirklichung gehört. Während bei dem **Gefährdungsdelikt** bereits die Gefährdung eines geschützten Rechtsguts genügt, setzt das **Verletzungsdelikt** eine Rechtsgutverletzung voraus. Im *Völkerrecht* ist „D." ein Tun oder Unterlassen, durch das ein Völkerrechtssubjekt in Ausübung seiner Hoheitsfunktion gegen eine Norm des Völkerrechtes verstößt und einem anderen Völkerrechtssubjekt dadurch Schaden zufügt.

Deliktsfähigkeit, im *Strafrecht* die Fähigkeit, eine Straftat zu begehen und für sie verantwortlich zu sein (Strafmündigkeit); setzt in der BR Deutschland mit Vollendung des 14. Lebensjahres ein. Bis zur Vollendung des 18. Lebensjahres kommt das Jugendstrafrecht, danach das allg. Strafrecht zur Anwendung (bei Heranwachsenden wird im Einzelfall geprüft, nach welchem Strafrecht abgeurteilt wird).

▷ im *Zivilrecht* die Verantwortlichkeit für einen aus einer unerlaubten Handlung entstandenen Schaden. Deliktsunfähig sind v. a. Kinder unter 7 Jahren und Geisteskranke. Wer das 7., aber noch nicht das 18. Lebensjahr vollendet hat oder taubstumm ist, ist nicht verantwortlich, wenn er bei Auslösung des Schadens nicht die zur Erkenntnis der Verantwortlichkeit erforderl. Einsicht besitzt.

Delila [de'li:la, deli'la:] (Dalila), Philisterin, Geliebte des ↑Simson, den sie an ihre Landsleute verriet (Richter 16, 4 ff.).

delineavit [lat. „er (sie) hat gezeichnet"], Abk. del., bezeichnet auf alten Kupferstichen den Zeichner.

Delinquent [lat.], Missetäter, Verbrecher.

Delirium [lat.] (Delir, delirantes Syndrom), schwere Bewußtseinstrübung, die sich in Sinnestäuschungen, Wahnvorstellungen, opt. Halluzinationen, ängstl. Erregung und Verwirrtheit (Desorientiertheit) mit Bewegungsunruhe äußert. Delirien können bei akuter Vergiftung (z. B. mit Alkohol), bei verschiedenen schweren Krankheiten (z. B. Hirnhautentzündung), auftreten. Eine Sonderform ist das **Delirium tremens** (Alkoholdelir, Säuferwahn), eine durch chron. Alkoholismus, aber auch durch erzwungene Alkoholabstinenz *(Entziehungsdelir)* ausgelöste akute Alkoholpsychose.

delisches Problem [nach einem würfelförmigen Apollonaltar auf Delos, der angeblich nach einem Orakelspruch verdoppelt werden sollte], das Problem, die Kantenlänge eines Würfels zu konstruieren, der das doppelte Volumen eines gegebenen Würfels haben soll. Diese Konstruktion ist mit Zirkel und Lineal allein nicht möglich.

Delisle, Guillaume [frz. dəˈlil], * Paris 28. Febr. 1675, † ebd. 25. Jan. 1726, frz. Kartograph. – Einer der Begründer der neuzeitl. Kartographie durch Entwurf von auf astronom. Ortsbestimmungen beruhenden Karten.

Delitzsch, Franz, * Leipzig 23. Febr. 1813, † ebd. 4. März 1890, dt. luth. Theologe. – Vater von Friedrich D.; 1844 Prof. in Leipzig, 1846 in Rostock, 1850 in Erlangen, 1867 wieder in Leipzig, Bed. exeget. Arbeiten zum A. T.; gründete 1886 das *Institutum Judaicum [Delitzschianum]*. – *Werke:* Bibl. Commentar über das A. T. (1864–75; zus. mit C. F. Keil), Jesus und Hillel (1866).

D., Friedrich, * Erlangen 3. Sept. 1850, † Langenschwalbach (= Bad Schwalbach) 19. Dez. 1922, dt. Altorientalist. – Sohn von Franz D.; 1877 Prof. in Leipzig, 1893 in Breslau, seit 1899 in Berlin. D. schuf die Grundlagen für die Assyriologie. Altorientalistik („Assyr. Lesestücke", 1876; „Assyr. Grammatik", 1889; „Assyr. Handwörterbuch", 1894–96).

Delitzsch, Krst. in Sa., 98 m ü. d. M., 28 000 E. Edelstahlziehwerk, Zucker-, Schokoladenind.; bei D. Braunkohlenbergbau. – 1145 erstmals genannt (**Delce**); um 1200 Stadtrecht. – Stadtpfarrkirche (15. Jh.), Schloß (16. Jh.).

D., Landkr. in Sachsen.

Delius, Frederick [engl. ˈdiːljəs], * Bradford 29. Jan. 1862, † Grez-sur-Loing (Seine-et-Marne) 10. Juni 1934, brit. Komponist. – Seine Kompositionen sind von einem harmon.-esoter. Stil getragen; u. a. Oper „Romeo und Julia auf dem Dorfe" (1907, nach G. Keller), Chorwerk „Eine Messe des Lebens" (1909, nach F. Nietzsches „Zarathustra"), sinfon. Dichtungen, Konzerte.

D., F[riedrich] C[hristian], * Rom 13. Febr. 1943, dt. Schriftsteller. – Schreibt gesellschaftskrit. Lyrik und Prosa, mit satir. provokativ; „Kerbholz" (Ged. 1965), „Adenauerplatz" (R., 1984), „Die Birnen von Ribbeck" (E., 1991).

deliziös [lat.-frz.], köstlich, fein.

Delkredere [lat.-italien.], vertraglich übernommene Garantie für den Eingang einer Forderung aus Handelsgeschäften, bes. durch den Kommissionär gegenüber dem Kommittenten bzw. den Handelsvertreter gegenüber dem Unternehmer.

▷ Wertberichtigung für voraussichtl. Ausfälle von Außenständen (uneinbringl. und zweifelhafte Forderungen).

Delkredereprovision, bes. (zusätzl.) Provision, die dem Handelsvertreter bzw. Kommissionär auf Grund der Übernahme des sie bes. belastenden Delkrederes zusteht.

Dell'Abate, Nicolò, * Modena zw. 1509 und 1512, † Fontainebleau 1571, italien. Maler. – Aus Modena und Bologna brachte er 1552 den italien. Manierismus nach Fontainebleau (u. a. Ausmalung des Ballsaales nach Entwurfsskizzen Primaticcios).

della Casa, Lisa ↑Casa, Lisa della.

della Mirandola, Giovanni Pico ↑Pico della Mirandola, Giovanni.

Della Porta, Giacomo, * Rom um 1540, † ebd. 1602, italien. Baumeister. – Vollendete nach Michelangelos Plänen die Paläste des Kapitolplatzes (1563 ff.) sowie 1573 ff. den Kuppelbau der Peterskirche (erhöhte die Kuppel) und schuf bed. frühbarocke Fassaden u. a. für die Kirche Il Gesù (1576 ff.).

D. P., Giambattista, * Neapel im Okt. oder Nov. 1535, † ebd. 4. Febr. 1615, italien. Gelehrter. – Sein Hauptwerk „Magia naturalis sive..." enthält u. a. eine Beschreibung der Camera obscura; schrieb sprachgewandte Komödien nach lat. Vorbild.

D. P., Guglielmo, * Porlezza (Prov. Como) um 1500, † Rom Febr. 1577, italien. Bildhauer. – In Genua tätig, seit 1537 in Rom. Sein Hauptwerk ist das Grabmal für Papst Paul III. in der Peterskirche in Rom (1574).

Della Quercia, Iacopo ↑Iacopo della Quercia.

Della Robbia, Luca, * Florenz 1400, † ebd. 14. Febr. 1482, italien. Bildhauer. – Vertreter der Florentiner Frührenaissance; Schöpfer der bed. marmornen Sängerkanzel für den Dom (1431–38, heute Dommuseum); für den Kampanile schuf er 5 Marmorreliefs (1437 ff.); sonst vorwiegend Terrakottareliefs in der sog. (jedoch nicht von ihm erfundenen) **Della-Robbia-Technik.** Die Terrakotten sind mehrfarbig oder in Weiß auf blauem Grund gehalten und mit Zinnglasur überzogen; v. a. Madonnen.

Delmenhorst, Stadt in Nds., 10 km westlich von Bremen, 72 100 E. Textil-, chem., Kunststoff-, verarbeitende Ind. – Die Burg D. wird 1254 erstmals erwähnt; die Burgsiedlung (seit 1285 belegt) erhielt 1371 Stadtrechte.

Del Monaco, Mario, * Florenz 27. Juli 1915, † Mestre bei Venedig 16. Okt. 1982, italien. Sänger (Tenor). – War einer der erfolgreichsten Heldentenöre seiner Zeit.

Delon, Alain [frz. dəˈlõ], * Sceaux b. Paris 8. Nov. 1935, frz. Filmschauspieler. – Verkörpert oft den Typ des Zynikers; erfolgreich in den Filmen „Rocco und seine Brüder" (1960), „Der eiskalte Engel" (1967), „Vier im roten Kreis" (1970), „Der Chef" (1972), „Monsieur Klein" (1976), „Eine Liebe von Swann" (1984), „Nouvelle vague" (1990).

Delorme (de l'Orme), Philibert [frz. dəˈlɔrm], * Lyon zw. 1510 und 1515, † Paris 8. Jan. 1570, frz. Baumeister. – Begründer der zweiten frz. Renaissance; Erbauer von Schloß Anet (um 1544–55); erhielt von Heinrich II. 1547 den Auftrag für das Grabmal Franz' I. in Saint-Denis (Entwurf von D.); v. a. in Fontainebleau tätig.

Delors, Jacques [frz. dəˈlɔːr], * Paris 20. Juli 1925, frz. Politiker. – Wirtschaftswissenschaftler; ab 1969 Berater von Chaban-Delmas; schloß sich 1974 dem Parti Socialiste an; 1981–84 Wirtschafts- und Finanzmin.; ab 1985 Präs. der EG-Kommission. Karlspreis 1992.

Delos, griech. Insel sw. von Mikonos, eine der Kykladen; 3,6 km²; unbewaldet und vegetationsarm. Größtes Ruinenfeld Griechenlands; Fremdenverkehr.

Geschichte: Älteste Siedlungsspuren reichen bis ins 3. Jt. v. Chr. zurück; seit dem 2. Jt. ist die Stadt D. nachweisbar. Kultstätten der großen Vegetations- und Fruchtbarkeitsgöttin (später mit Artemis identifiziert) und der hyperboreischen Jungfrauen; seit etwa 1000 Einführung des Apollonkults, spätestens seit dem 7. Jh. religiöses Zentrum der ion. Inselgriechen; seit dem 6. Jh. wachsender Einfluß Athens, seit 477 Zentrum des Att.-Del. Seebundes; eine der wichtigsten hellenist. Handelsstädte; 166 von Rom zum Zollfreihafen erklärt und an Athen zurückgegeben; entwickelte sich zum größten Sklavenmarkt der Ökumene; 88 von der Flotte Mithridates' VI. von Pontus geplündert, 69 von Piraten verwüstet. Seit 1873 wird D. ausgegraben und erforscht.

Kunst und Archäologie: Apollonheiligtum an der W-Küste (3 Tempel des 6. und 5. Jh., Schatzhäuser, monumentale Votive), Artemisbezirk mit Tempel (2. Jh.); nördl. vom Apollonheiligtum der Letotempel (6. Jh.) mit Löwenterrasse. Gut erhaltene hellenist. Häuser, z. T. mit bed. Mosaiken; Theater. Am Hang des Kinthos Tempel syr. und ägypt. Götter.

de los Ángeles, Victoria ↑ Ángeles, Victoria de los.

Delp, Alfred, *Mannheim 15. Sept. 1907, †Berlin-Plötzensee 2. Febr. 1945, dt. kath. Theologe und Soziologe. – 1926 Jesuit; seit 1942 Mitarbeit am Entwurf einer christl. Sozialordnung für Deutschland, im Juli 1944 verhaftet, vom Volksgerichtshof zum Tode verurteilt und später hingerichtet. – *Werke:* Trag. Existenz (1935), Der Mensch und die Geschichte (1943), Christ und Gegenwart (hg. 1949, 3 Bde.).

Delos. Löwensulpturen an der Prozessionsstraße zwischen dem Letotempel (6. Jh. v. Chr.) und dem heiligen See

Delphi. Apollontempel, 369–323 v. Chr.

Delphi, griech. Dorf 120 km wnw. von Athen, 570–650 m ü. d. M., 2 400 E. Archäolog. Museum.
Geschichte: Seit dem 2. Jt. v. Chr. Siedlung und Kultstätte (urspr. Verehrung der Erdmutter Gäa, seit dem 9./8. Jh. Apollonkult). Das Apollonheiligtum, die Pyth. Spiele, v. a. aber das Orakel, machten D. zu einer der bedeutendsten Kultstätten der Antike. Das Orakel, das wichtige polit. Entscheidungen treffen half und sozial- und individual-eth. Normen verkündete, wirkte in der griech. Kleinstaatenwelt als verbindendes Element. – Das Verbot der heidn. Kulte durch Kaiser Theodosius I. (um 390) bedeutete das Ende des Heiligtums und die Entvölkerung der Siedlung; 1892–1903 ausgegraben; von der UNESCO zum Weltkulturerbe erklärt.
Kunst und Archäologie: Durch die im 6. Jh. v. Chr. ummauerte Anlage des Apollonheiligtums führt die einst von Schatzhäusern (restauriert: Schatzhaus der Athener, 5. Jh.) gesäumte hl. Straße zum Apollontempel (369–323 v. Chr.) empor, oberhalb davon weitere hl. Bezirke (u. a. der Athena, die Kastalische Quelle) sowie Theater (4. und 2. Jh. v. Chr.), Stadion (4.–3. Jh. v. Chr.).
Kult und Mythologie: Nach der griech. Mythologie erschlug hier Apollon den Drachen Python. Im Apollontempel befanden sich der Omphalos (↑ Nabel der Erde) und der Erdspalt, dem ein Luftstrom entstieg, der die Orakelpriesterin Pythia zur Prophetie anregte. Die von Apollon eingegebenen Äußerungen der Pythia wurden von der Priesterschaft in Form metr., meist mehrdeutiger Sprüche verkündet.

Delphin [griech.] ↑ Sternbilder (Übersicht).

Delphinarium [griech.], Salzwasseranlage zur Haltung von Delphinen.

Delphine, (Delphinidae) Fam. 1–9 m langer Zahnwale mit etwa 30 Arten in allen Meeren. Schnauze meist mehr oder weniger schnabelartig verlängert; Rückenfinne meist kräftig entwickelt. Die geselligen, oft in großen Gruppen lebenden D. sind sehr lebhaft und flink und außerordentl. intelligent; sie verständigen sich durch akust. Signale. – Der bis 2,5 m lange, in allen warmen und gemäßigten Meeren vorkommende **Gemeine Delphin** (Delphinus delphis) hat einen dunkelbraunen bis schwarzen Rücken, hellere, wellige Flankenbänder, einen weißen Bauch und eine schnabelartige, deutl. von der Stirn abgesetzte Schnauze. Vertreter der Gatt. **Tümmler** (Tursiops) leben v. a. in warmen Meeren. Am bekanntesten ist der **Große Tümmler** (Tursiops truncatus), bis 3,6 m lang, Oberseite bräunlich-grau bis schwarzviolett, Unterseite hellgrau bis weißlich. Die Unterfam. **Glattdelphine** (Lissodelphinae) hat je eine Art im N-Pazifik und in den südl. Meeren; 1,8–2,5 m lang, Oberseite blauschwarz bis schwarz, Unterseite weiß, Schnauze nach unten abgekrümmt, Rückenfinne fehlt. Die drei 3,6–8,5 m langen Arten der Gatt. **Grindwale** (Globicephala) kommen in allen Meeren vor; Körper schwarz, oft mit weißer Kehle, kugelförmig vorgewölbter Stirn und langen, schmalen Brustfinnen. Der **Große Schwertwal** (Mörderwal, Orcinus orca) ist 4,5–9 m lang, hat eine hohe, schwertförmige, häufig über die Wasseroberfläche ragende Rückenfinne; Oberseite schwarz, Unterseite und ein längl. Überaugenfleck weiß.

Delmenhorst Stadtwappen

Delphine. Gemeiner Delphin, Länge 2,1–2,5 m

Der Delphin galt als heiliges Tier Apollons, der den Beinamen Delphinos führte, sowie des Dionysos und der Aphrodite, die nach ihrer Geburt von einem Delphin ans Land gebracht wird. Poseidon setzt ihn zum Dank für seine Hilfe als Sternbild an den Himmel. – D. wurden in der kretisch-

Delphinin

myken. Kultur und bei den Griechen auf Fresken, Vasen, Schalen und Münzen dargestellt; in der frühchristl. Kunst Symbol Christi.
▷ ↑ Flußdelphine.

Delphinin [griech.], blauer Pflanzenfarbstoff aus der Gruppe der Anthozyane; besteht aus dem Aglykon Delphinidin und zwei Glycoseresten; z. B. in den Blüten des Rittersporns (Gattungsname Delphinium).

Delphinschwimmen ↑ Schwimmen.

Delphinus [griech.] (Delphin) ↑ Sternbilder (Übersicht).

Delta [griech.], vierter Buchstabe des griech. Alphabets: Δ, δ.

Delta [nach der Form des griech. Buchstabens Delta: Δ] (Flußdelta), von vielen Armen zerschnittener, meist fächerförmiger Mündungsbereich eines Flusses, der durch fortwährende Schwebstoffablagerungen in das Meer (oder den See) hineinwächst.

Deltaflügel ↑ Flugzeug.

Deltametall, Sondermessing aus 54 bis 56 % Kupfer, 40 bis 42 % Zink und je 1 % Blei, Eisen, Mangan; gegen Meerwasser beständig, Verwendung v. a. im Schiffbau.

Deltamuskel, das Schultergelenk kappenförmig umgebender, zw. Schultergürtel und Oberarmbein liegender Muskel.

Deltaplan, größtes, auf Gesetz von 1957 beruhendes Wasserbauprojekt in den Niederlanden: Abriegelung der Meeresarme im Küstenbereich des Rhein-Maas-Deltas und der Oosterschelde zw. dem Nieuwe Waterweg bei Rotterdam und Walcheren im S als Schutz gegen Flutkatastrophen und zur Verkehrserschließung der Inseln in der Prov. Seeland; 1986 mit Fertigstellung des Sturmflutwehrs in der Oosterschelde abgeschlossen.

Deltoid [griech.] (Windvogelviereck), nichtkonvexes Viereck mit zwei Paaren gleich langer Nachbarseiten; häufig wird auch das Drachenviereck als D. bezeichnet.

del Valle-Inclán, Ramón Maria, span. Schriftsteller, ↑ Valle-Inclán, R. M. del.

Delvaux, Paul [frz. dɛl'vo], * Antheit bei Huy 23. Sept. 1897, belg. Maler. – Surrealist; schuf träumerisch-halluzinator. Figurenbilder in klass. Landschaften und Architekturen.

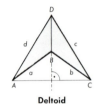

Deltoid

Delta. Das Nildelta, in der Bildmitte der Suezkanal, im Hintergrund die Halbinsel Sinai

Paul Delvaux. Die Treppe, 1946 (Gent, Museum voor Schone Kunsten)

Delwig, Anton Antonowitsch Baron [russ. 'djelvik], * Moskau 17. Aug. 1798, † Petersburg 26. Jan. 1831, russ. Dichter. – Schulfreund Puschkins, Dichter des L'art pour l'art; erhielt Anregungen aus der griech. Antike und der Volksdichtung.

Demagoge [zu griech. dēmagōgós „Volksführer"], seit dem 5. Jh. v. Chr. Bez. für Personen, deren Bed. für die Politik einzelner griech. Staaten weniger auf Amtsbefugnissen als sonstigen Möglichkeiten der Einflußnahme auf den Willen des Volkes beruhte.
▷ polit. Schlagwort für „Volksverführer", Volksaufwiegler.

Demagogenverfolgung, die reaktionären Maßnahmen der Gliedstaaten des Dt. Bundes, bes. Preußens, im Vollzug der 1819 angenommenen Karlsbader Beschlüsse gegen die nat. und liberale Bewegung; u. a. verschärfte Zensur polit. Druckschriften.

Demagogie [griech.], Volksverführung in verantwortungsloser Ausnutzung von Gefühlen, Ressentiments und Vorurteilen durch Phrasen, Hetze oder Lügen.

Demarch [griech.], in Athen der jährl. gewählte Vorsteher eines Demos, dessen Beschlüsse er auszuführen und den er gegenüber dem Staat zu vertreten hatte.

Demarche [de'marʃ[ə]; frz.], diplomat. Schritt, [mündl.] vorgetragener diplomat. Einspruch.

De Maria, Walter [engl. dəmɛˈriːa], * Albany (Calif.) 1. Okt. 1935, amerikan. Künstler. – Arbeitet auf den Gebieten der Minimal-art, der Concept-art und Land-art („A computer which will solve every problem in the world", 1985; Rotterdam, Museum Boymans-van-Beuningen).

Demarkationslinie, eine meist durch einen Demarkationsvertrag festgelegte Grenzlinie zw. Staaten oder Bürgerkriegsparteien, die völkerrechtl. nicht als Staatsgrenze gilt, sondern als vorläufige Abgrenzungslinie von gegenseitigen Hoheitsbefugnissen.

Demarkationsvertrag, im Wirtschaftsrecht Vertrag zw. zwei Unternehmen (bzw. mit einer Gebietskörperschaft), durch den die Absatzgebiete von Produkten (z. B. bei elektr. Strom) genau festgelegt werden.

demaskieren [frz.], die Maske abnehmen, entlarven.

Demawend (pers. Damawand), höchster Berg des Elbursgebirges, Iran, 5 671 m hoch, ständig schneebedeckt.

Demedts, André [niederl. daˈmɛts], * Sint-Baafs-Vijve (Westflandern) 8. Aug. 1906, fläm. Schriftsteller. – Schrieb v. a. realist., psycholog. motivierte Romane, u. a. „Das Leben treibt" (1936), „Die Herren von Schoendaele" (1947–51), „Eine Nußschale voll Hoffnung" (1961).

Dementi [lat.-frz.; zu frz. démentir „ableugnen"], [amtl.] Richtigstellung; Widerruf; **dementieren,** eine Behauptung oder Nachricht [offiziell] berichtigen oder widerrufen.

Demenz [lat.] (Dementia), erworbene, auf organ. Hirnschädigungen beruhende dauernde Geistesschwäche.

Demeter [griech., vielleicht „Erdmutter"], griech. Göttin des Ackerbaus und der Feldfrucht, Schwester des Zeus, Mutter der Persephone. Bei den Römern entsprach ihr Ceres. Das Fest der D., die z. Z. der Aussaat gefeierten **„Thesmophorien",** an denen nur Frauen teilnehmen durften, war das am weitesten verbreitete Fest in Griechenland.

Demeter, Dimitrije, * Zagreb 21. Juli 1811, † ebd. 24. Juni 1872, kroat. Schriftsteller. – Schöpfer des kroat. Nationaltheaters, für das er Dramen, Libretti und Übersetzungen schrieb.

Demetrios, Name von Herrschern Makedoniens und Syriens in hellenist. Zeit; bed.:
D. I. Poliorketes („der Städtebelagerer"), * etwa 336, † Apameia am Orontes um 282. – Mit seinem Vater Antigonos I. Herrscher (seit 306 König) über dessen asiat. Diadochenreich, König von Makedonien (seit 294); konnte Megara und Athen (307) gewinnen und errang 306 einen Seesieg über Ptolemaios bei Salamis (Zypern); scheiterte bei der Belagerung von Rhodos (305/304). Starb in der Gefangenschaft (seit 285) seines Schwiegersohns Seleukos I.
D. I. Soter („der Retter"), ✕ bei Antiochia am Orontes (= Antakya) 150, König des Seleukidenreiches in Syrien (seit 162). – Sohn Seleukos' IV.; warf den Makkabäeraufstand (160) nieder; fiel im Kampf gegen Alexander Balas.
Demetrios von Phaleron (D. Phalereus), * etwa 350, † in Ägypten um 280, athen. Philosoph und Staatsmann. – Durch Demetrios I. Poliorketes vertrieben (307), danach Ratgeber am Hofe Ptolemaios' I.; regte die Gründung der Alexandrin. Bibliothek an; verfaßte philosoph., histor. und polit. Schriften.
Demetrius, russ. Großfürsten und Herrscher, ↑ Dmitri.
De Michelis, Gianni [demi'kɛːlɪs], * Venedig 26. Nov. 1940, italien. Politiker (Partito Socialista Italiano); – Chemiker; mehrmals Min. (u. a. 1983–88 Min. für Arbeit und Soziales), 1988/89 stellv. Min.präs., 1989–92 Außenminister.
Demilitarisierung ↑ Entmilitarisierung.
De Mille, Cecil B[lount] [engl. də'mɪl], * Ashfield (Mass.) 12. Aug. 1881, † Hollywood 21. Jan. 1959, amerikan. Filmregisseur und Produzent. – Drehte vorwiegend monumentale Ausstattungsfilme mit bibl. bzw. antiken Themen, u. a. „Die Zehn Gebote" (1923, Remake 1956), „Cleopatra" (1934).
Demimonde [frz. dəmi'mõːd], svw. ↑ Halbwelt.
Deminutiv, svw. ↑ Diminutiv.
demi-sec [frz. dəmi'sɛk], halbtrocken.
Demission [lat.-frz.], der freiwillige oder erzwungene Rücktritt einer Regierung oder hoher Staatsdiener.
Demirel, Süleyman, * İslâmköy bei Isparta 6. Okt. 1924, türk. Politiker. – 1964 bis 1980/81 Vors. der Gerechtigkeitspartei; 1965–71, 1975–77, 1977 und 1979/80 Min.präs.; durch Militärputsch gestürzt; erneut Min.präs. seit Nov. 1991.
De Mita, Ciriaco, * Monte Fusco (Prov. Avellino) 2. Febr. 1928, italien. Politiker (Democrazia Cristiana) – Jurist; mehrfach Min.; 1982–89 polit. Sekretär der DC; 1989/90 Parteipräs.; Min.präs. 1988/89.
Demiurg [zu griech. dēmiurgós „Handwerker"], urspr. der Handwerker oder Gewerbetreibende; bei Platon ist der D. der „Baumeister" der Welt, der die chaot. Materie nach ewigen Ideen zum geordneten Kosmos formt. In der Religionswissenschaft kann mit D. eine Schöpfergestalt bezeichnet werden, die im Auftrag eines höheren Wesens den Schöpfungsplan ausführt.
Demmin, Krst. in Meckl.-Vorp., an der Peene, 16 000 E. Möbel-, Zuckerfabrik. – Bereits um 1070 urkundl. erwähnt, um 1249 lüb. Stadtrecht; kam 1648 an Schweden, 1720 an Preußen. – Got. Pfarrkirche (14. Jh.).
D., Landkr. in Mecklenburg-Vorpommern.
Democrazia Cristiana [italien. demokra'tsiːa kris'tjaːna], Abk. DC, christl.-demokrat. Partei Italiens; Nachfolgeorganisation der 1926 verbotenen Partito Popolare Italiano (PPI); ging 1942/43 unter Führung De Gasperis aus dem antifaschist. Widerstand hervor; hatte als kath. Massenpartei in allen italien. Nachkriegsreg. den bestimmenden Einfluß und stellte zumeist den Min.präs. (Ausnahmen 1981/82, 1983–87 und seit 1992). Ihre breite politischsoziale Grundlage führte zur Bildung verschiedener innerparteil. Flügel („Correnti"), die finanziell und organisatorisch relativ selbständig sind.
Demodikose [griech.] (Demodexräude, Haarbalgmilbenausschlag, früher Akarusräude), v. a. bei Säugetieren (insbes. bei Hunden) auftretende Hautkrankheit, die durch Balgmilben der Gatt. Demodex verursacht wird. Es kommt zu Haarausfall und ausgedehnten schuppigen oder eitrigen Hautausschlägen.

Demodulation (Empfangsgleichrichtung), in der Nachrichtentechnik die Trennung der niederfrequenten Schwingung von der hochfrequenten Trägerschwingung. – ↑ Modulation, ↑ Quadrophonie.
Demographie [griech.], Untersuchung und Beschreibung von Zustand und zahlenmäßiger Veränderung einer Bevölkerung.
Demoiselle [frz. dəmoa'zɛl; zu lat. domina „Herrin"], veraltet für: Fräulein.
Demokratie [griech. „Volksherrschaft"], die Staatsform, die in der Antike als Alternative zur Monarchie und zur Aristokratie gesehen wurde, heute v. a. als Ggs. zur Diktatur begriffen wird. Der Begriff D. wird von allen polit. Richtungen in Anspruch genommen, auch von radikalen Strömungen.

Grundprinzipien

Der D.begriff ist an Prinzipien wie Volkssouveränität und Gleichheit gebunden. Prinzipien und Elemente der D. stehen bei ihrer Verwirklichung miteinander in Konkurrenz, was vielfach Konflikte hervorruft. In der D. ist das Volk Inhaber der Staatsgewalt (*Volkssouveränität*). Die Reg. wird nach allg., freien und geheimen Wahlen direkt oder indirekt für eine bestimmte Zeitdauer gewählt (*Volkswahl*). Bei der Ausübung der ihr anvertrauten Macht wird die Reg. durch das Volk oder durch von ihm befugte Organe kontrolliert. Alle Handlungen des Staates müssen mit der Mehrheit des Volkswillens (*Mehrheitsprinzip*) sowie mit der Verfassung und den Gesetzen übereinstimmen (*Rechtsstaatsprinzip*). Der Staat hat die Menschen- und Bürgerrechte als Grundrechte des Bürgers zu achten, zu gewährleisten und zu schützen.
Gewaltenteilung und Unabhängigkeit der Gerichte gelten ebenso als Merkmale der D. wie eine wirksame Opposition als Alternative zur Reg., Meinungs- und Organisationsvielfalt (*Pluralismus*) und vom Staat unabhängige Organe der öffentl. Meinung (*Pressefreiheit*). Zw. den Elementen der D. herrscht ein Spannungsverhältnis. D. verlangt einerseits die Durchsetzung des Mehrheitswillens, andererseits sucht sie durch Grundrechte, Minderheitenschutz, Gewaltenteilung, Rechts- und Sozialstaatlichkeit die Folgen von Mehrheitsentscheidungen zu mildern. Zahlr. Verfassungen suchen dies zusätzl. zu erreichen durch die Errichtung von Teilgewalten (*Föderalismus*), Differenzierung der Volkssouveränität (*Mehrkammersystem*) sowie durch eine unabhängige Verfassungsgerichtsbarkeit.

Formen

In der *direkten* D. übt das Volk in Gestalt einer Volksversammlung die Staatsgewalt unmittelbar aus. Es entscheidet in Volksabstimmungen (*Plebeszit*) über alle Gesetze und polit. Maßnahmen sowie über die Bestallung aller wichtigen Amtsträger; diese sind weisungsgebundene Vollstreckungsorgane (*imperatives Mandat*). Das Volk übt zugleich die richterl. Gewalt aus; es gibt keine Aufspaltung der Staatsgewalt auf verschiedene unabhängige Staatsorgane. Die moderne D. ist überwiegend eine *repräsentative D.*, in der das souveräne Volk die Herrschaft im Staat mittelbar (indirekt) über Abg. ausübt. Die Abg. sind in freier, geheimer und allg. Wahl bestimmt, sie sind Repräsentanten des Volkes und handeln für dieses gemäß eigener Verantwortung (*freies Mandat*). Die Zeit ihres Wirkens ist begrenzt, ihr Auftrag muß periodisch in Wahlen erneuert werden. Auf der Grundlage von Verfassungsnorm und Rechtsstaatlichkeit kontrollieren die Abg. die Reg. und beschließen Gesetze und polit. Maßnahmen. In der *Präsidial-D.* besteht eine strenge Gewaltenteilung zw. Exekutive (Regierungsgewalt) und Legislative (gesetzgebende Gewalt). Die Ämter des Staatsoberhaupts und des Reg.-chefs sind meist in einer Person vereinigt; er wird vom Volk frei gewählt und besitzt so neben dem Parlament eine eigene Legitimation durch das Volk. Der Präs. kann gegenüber dem Parlament ein Vetorecht in Anspruch nehmen, besitzt aber im Parlament

Demetrios I. Soter (Vorderseite einer antiken Silbermünze, Durchmesser 30 mm)

Demosthenes
(Rhetor).
Marmorkopie einer
griechischen
Bronzestatue
(Kopenhagen, Ny
Carlsberg Glyptothek)

Demokrit.
(Stich nach einer
Zeichnung von
Peter Paul Rubens)

keine Gesetzesinitiative. Regierungs-Mgl. dürfen nicht zugleich Mgl. des Parlaments sein (*Inkompatibilität* von Amt und Mandat). In der *parlamentar. D.* ist die Reg. vom Vertrauen des Parlaments abhängig. Das Amt des Staatsoberhaupts ist von dem des Reg.chefs getrennt. Dieser wird vom Parlament gewählt und stützt sich auf die Mehrheit des Parlaments, das ihm das Vertrauen aussprechen oder entziehen kann. Ein Abgeordneter kann hier zugleich Mgl. der Reg. sein.

Viele Verfassungen demokrat. Staaten sind eine Mischung verschiedener D.formen. Die Verfassung der Schweiz und ihrer Kantone ist eine Verbindung direkter und indirekter Demokratie. In der Verfassung des Dt. Reichs von 1919 (Weimarer Reichsverfassung) ergänzten plebiszitäre Elemente das repräsentative Grundmuster. Das System der V. Republik in Frankreich mit einem vom Volk gewählten Präs. unter Beibehaltung einer dem Parlament verantwortl. Reg. ist eine Mischform aus Präsidial-D. und parlamentar. D. Eine wesentl. Rolle bei allen Formen der repräsentativen D. spielen die polit. Parteien *(Parteien-D.).* Neben diesen D.formen bestehen heute eine Reihe anderer Formen, die auf einem dynam., auf soziale Veränderungen gerichteten Konzept beruhen. In der *Basis-D.* soll die Trennung von Gesellschaft und Staat, Privatheit und Öffentlichkeit, Alltagsfragen und Politik überwunden werden. Die Gesamtheit der Bev. soll im Rahmen eines umfassenden Austausches von Wünschen und Meinungen über alle wesentl. Fragen der Gesellschaft an der Willensbildung teilhaben. Basis-D. ist der Versuch, eine allg. Kommunikation im Rahmen einer repräsentativen D. und unter Beibehaltung der rechtsstaatl. Sicherung und der Parteien-D. in Gang zu setzen. Dabei ist das Rechtsstaatsprinzip der Basis, d. h. der im Willensbildungsprozeß begriffenen Bürgerschaft, untergeordnet. Auf der Basis einer für alle Bürger verbindl. Weltanschauung und Definition des Staatszwecks sowie unter Berufung auf die Einheitlichkeit des Volkswillens betrachteten sich Diktaturen – v. a. im 20. Jh. – als D. und traten in Gewand demokrat. Verfassungen auf. Im Rätesystem sowjet. Prägung verband sich ein diktator. Reg.system mit Elementen der direkten D., in der ↑Volksdemokratie vieler Staaten Osteuropas mit dem ↑Repräsentativsysteme.

Demokratie Jetzt, Abk. DJ, am 12. Sept. 1989 gegr., aus kirchl. Kreisen hervorgegangene Bürgerbewegung in der DDR; maßgeblich beteiligt am demokrat. Umbruch in der DDR im Herbst 1989. Schloß sich am 6. Febr. 1990 mit anderen Bürgerbewegungen zum „Bündnis 90" zus. und bildete mit weiteren Oppositionsgruppen die Volkskammerfraktion „Bündnis 90/Grüne" (seit Dez. 1990 parlamentar. Gruppe im B.tag). 1991 im ↑Bündnis 90 aufgegangen.

Demokratische Allianz (Alliance Démocratique), frz. antiklerikale Mitte-Rechts-Partei, gegr. 1901; spielte in der Dritten Republik eine wichtige Rolle als „Partei der Staats- und Min.präs."; gehörte nach 1945 dem Rassemblement des Gauches Républicaines an.

Demokratische Bauernpartei Deutschlands, Abk. DBD, 1948 in der SBZ gegr. Partei, die die bäuerl. Bevölkerung der SBZ, später der DDR, für die (Agrar)politik der SED gewinnen sollte, politisch aber bedeutungslos war. Erst mit den gesellschaftl. Veränderungen seit Herbst 1989 wurde eine gewisse eigene Profilierung der Partei möglich. Im Sept. 1990 schloß sich die CDU an.

Demokratische Partei (Democratic Party), polit. Partei in den USA. Geht zurück auf die Antiföderalisten, die als Gegner der Verfassung von 1787 die Kompetenzen der Einzelstaaten stärken wollten, als deren Nachfolger die Republikaner (nicht ident. mit den heutigen Republikanern) unter T. Jefferson; bildete sich 1828 unter Führung von A. Jackson. Die Vorherrschaft der (1854 gegr.) Republikan. Partei 1860–1932 konnte die D. P. nur vorübergehend brechen: 1885 und 1893 unter Präs. S. G. Cleveland, 1913 unter Präs. T. W. Wilson. Erst die große Wirtschaftskrise ab 1929 brachte den Umschwung. Die Präs. F. D. Roosevelt, H. S. Truman, J. F. Kennedy, L. B. Johnson und J. E. Carter kennzeichnen die demokrat. Vorherrschaft bis 1980. 1933–80 besaß die D. P. fast ununterbrochen die Mehrheit im Kongreß; 1980 verlor sie die Mehrheit im Senat, gewann sie 1986 jedoch wieder. Seit 1993 stellt sie mit B. Clinton wieder den Präsidenten. Die D. P., die kein einheitl. polit. Programm hat, weist kaum ideolog. Unterschiede zu den Republikanern auf. Sie zeigt größere Bereitschaft zur nat. Sozial-, Schul- und Wirtschaftspolitik auch im Interesse der unteren Schichten der amerikan. Gesellschaft, die einen großen Teil ihrer Anhängerschaft stellen.

Demokratische Partei Saar, Abk. DPS, 1945 gegr. Partei; seit 1957 Landesverband der FDP.

Demokratischer Aufbruch, im Dez. 1989 gegr. polit. Partei in der DDR, hervorgegangen aus einer im Juli 1989 gegr. kirchl. Initiative; eine der Bürgerbewegungen des Herbstes 1989. Bildete bei den Volkskammerwahlen am 18. März 1990 mit CDU und DSU die „Allianz für Deutschland". Aug. 1990 Beitritt zur CDU-Ost, mit dieser am 1./2. Okt. 1990 Vereinigung mit der bundesdt. CDU.

Demokratischer Frauenbund Deutschlands, Abk. DFD, polit. Frauenorganisation der DDR, 1947 aus den 1945 gegr. antifaschist. Frauenausschüssen entstanden; bis Herbst 1989 politisch bedeutungslos, seitdem Versuche zur Neuprofilierung als Demokrat. Frauenbund; bestand in der BR Deutschland 1951–57 (verboten).

demokratischer Zentralismus, marxist.-leninist., seit 1917/20 für alle kommunist. Parteien verbindl. Leit- und Organisationsprinzip: Wählbarkeit aller leitenden Organe von unten nach oben und deren period. Rechenschaftslegung vor ihren Organisationen, Unterordnung der Minderheit unter die Mehrheit, unbedingte Verbindlichkeit der Beschlüsse der höheren für die unteren Organe; gilt in kommunistisch regierten Ländern auch für Staatsorgane.

Demokratisches Rußland, im Okt. 1990 in Moskau gegr. Bewegung verschiedener Organisationen und Parteien Rußlands als Opposition zur KPdSU; erklärte Prinzipien: Humanismus, Gewaltlosigkeit, Respektierung der Menschenrechte und Ablehnung des Totalitarismus; erklärte sich im Jan. 1991 zu einer polit. Partei.

Demokratische Volkspartei, Abk. DVP, 1945 in Württemberg gegr. liberal-demokrat. Partei; ab 1948 für Württemberg und Baden FDP/DVP.

Demokrit, *Abdera (Thrakien)(?) 470, †um 380, griech. Philosoph. – D. arbeitete eine Atomtheorie aus, derzufolge alle Eigenschaften der Dinge auf Form, Lage und Größe von undurchdringl., unsichtbaren und unveränderl. Atomen zurückgeführt werden, die sich im leeren Raum bewegen. Auf den Atomismus D.s greifen Epikur und in der Neuzeit P. Gassendi zurück.

demolieren [lat.], zerstören.

Demonstration [lat.], anschaul. Beweisführung; [polit.] Kundgebung; **demonstrieren,** veranschaulichen, eine Kundgebung veranstalten bzw. an ihr teilnehmen; **demonstrativ,** beweisend, darlegend, hinweisend.

Demonstrationsdelikte, gebräuchl. Bez. für Straftaten und Ordnungswidrigkeiten, die sich des öfteren im Zusammenhang mit Demonstrationen ereignen (z. B. Landfriedensbruch § 125 StGB, Widerstand gegen die Staatsgewalt §§ 113, 114 StGB).

Demonstrationsrecht (Demonstrationsfreiheit), das Recht, seine [polit.] Meinung in einer Veranstaltung (Versammlung, Kundgebung) unter freiem Himmel kundzutun. Es sind nur friedl. Versammlungen erlaubt und grundrechtl. geschützt (↑Versammlungsgesetz).

Demonstrativadverb [lat.], hinweisendes Pronominaladverb, kann einen Ort (dort, her), eine Zeit (da, dann), die Art und Weise (so) oder den Grund angeben (daher, darum).

Demonstrativpronomen (Demonstrativum) [lat.], hinweisendes Fürwort, kennzeichnet ein Orts- oder Zeitverhältnis, z. B.: dieser, jener, derjenige, derselbe, solcher.

Demontage [...'taːʒə; frz.], Abbau von Anlagen, Maschinen; gradweiser Abbau von etwas Bestehendem (z. B. „soziale D."; D: einer Persönlichkeit).

demoralisieren [frz.], zersetzen, entmutigen, die Sitte untergraben.

de mortuis nil nisi bene [lat.], „von den Toten [soll man] nur gut [reden]".

Demos [griech.] (Mrz. Demoi; dt. Demen), griech. Bez. für das Volk; in vorklass. und klass. Zeit die durch die Volksversammlung repräsentierte Gesamtgemeinde, ferner eine Unterabteilung des Staates (Dorfgemeinde, Stadtbezirk).

Demoskopie [griech.] (Umfrageforschung) ↑ Meinungsforschung; **demoskopisch**, durch Meinungsforschung ermittelt, Meinungsforschung betreffend.

Demosthenes, † Syrakus 413 v. Chr., athen. Feldherr. – Fügte im Peloponnes. Krieg mit der Landung an der W-Küste der Peloponnes (425) den Lakedämoniern schweren Schaden zu; brachte 413 Nikias, der Syrakus belagerte, Hilfstruppen; beim Rückzug eingeschlossen und gefangengenommen; mit Nikias in Syrakus hingerichtet. – D., *Paiania (Attika) 384, † auf Kalaureia (= Poros) 322 (Selbstmord), att. Rhetor und Staatsmann. – Urspr. Verfasser von Gerichtsreden. Trat etwa 355 als Politiker auf (61 z. T. gefälschte Reden erhalten); verfolgte stets das Ziel, die Poliswelt gegen die sich unter Philipp II. herausbildende makedon. Großmacht zu verteidigen (1., 2., 3. und 4. Philippika 349, 343, 341; Olynth. Reden 349/348). Als athen. Gesandter 346 notgedrungen am Frieden mit Makedonien beteiligt; klagte anschließend seine Mitgesandten an und brachte 339 einen Bund Athens mit Theben u. a. zustande, der jedoch 338 von Philipp bei Chaironeia vernichtet wurde. In Athen wegen Verwicklung in einen Bestechungsprozeß zum Tode verurteilt.

Demotike [griech.] ↑ neugriechische Sprache.

demotische Schrift, die jüngste Phase (etwa zw. 600 v. Chr. und 400 n. Chr.) der altägypt. Schrift (↑ ägyptische Schrift) und die entsprechende Sprachstufe (demot. Sprache).

Dempf, Alois, *Altomünster 2. Jan. 1891, † Eggstätt bei Prien a. Chiemsee 15. Nov. 1982, dt. Philosoph. – 1926 Prof. in Bonn, 1937 in Wien, 1949 in München; veröffentlichte zahlr. bed. Analysen der ma. und patrist. Philosophie. Versuchte eine Synthese von philosoph. Anthropologie, Soziologie und vergleichender Philosophiegeschichte.

Dempo, aktiver Vulkan im S Sumatras, Indonesien, im Barisangebirge, 3 159 m hoch.

Dempster, Arthur Jeffrey [engl. 'dɛmpstə], *Toronto 14. Aug. 1886, † Stuart (Fla.) 11. März 1950, kanad. Physiker. – Bed. Arbeiten zur Entwicklung der Massenspektroskopie; entdeckte 1935 das Uranisotop U^{235}.

Demulgator [lat.], ein Stoff, der eine Emulsion entmischt; v. a. Sulfonsäuren.

Demus, Jörg, *Sankt Pölten 2. Dez. 1928, östr. Pianist. – Solist und Kammermusiker; auch Liedbegleiter.

Demut [eigtl. „Gesinnung eines Dienenden"], in der Antike wurde D. in Ggs. zur Hybris, der Selbstüberhebung, gesetzt und als ehrfurchtsvolle Selbstbescheidung des Menschen gegenüber den Göttern und dem Schicksal verstanden. In der christl. Auslegung akzeptiert der Mensch in D. seine eigenen Grenzen und stellt sich unter das Gebot der Gottes- und Nächstenliebe.

Demutsgebärde (Demutsstellung), Körperhaltung, die ein Tier annimmt, wenn es sich – z. B. im Rivalenkampf – geschlagen gibt. D. verhindern die ernsthafte Schädigung oder gar Tötung von Artgenossen. Sie sind angeboren und zeigen Haltungen, die den Körperumfang kleiner erscheinen lassen oder bes. verwundbare Körperstellen ungeschützt darbieten. – Auch in menschl. Verhaltensweisen zeigt sich die D., ritualisiert z. B. in bestimmten Begrüßungsformen: Verbeugung, Niederknien, Niederwerfen.

den, Abk. für: **Den**ier (↑ Garnnumerierung).

Denar [zu lat. denarius, eigtl. „je zehn enthaltend"], 209 v. Chr. eingeführte wichtigste röm. Silbermünze; 16 Assen entsprechend, seit Mitte des 3. Jh. durch den sog. Antoninianus (215 bis etwa 293) verdrängt. 25 D. = 1 ↑ Aureus.
▷ seit der Karolingerzeit lat. Name für den Silberpfennig, der bis in das 13. Jh. fast alleiniges Zahlungsmittel war.

denaturalisieren [lat.], einer Person die Staatsangehörigkeit entziehen.

denaturieren [lat.], bestimmte Waren für den Menschen ungenießbar machen, meist als staatl. Maßnahme aus steuerl. Gründen: z. B. wird das Brennsprit bestimmte Äthanol durch Zusatz von 0,2 bis 2 % Pyridin, Benzol, Methanol, Petroläther usw. ungenießbar gemacht **(vergällt)**.
▷ Lebensmittel durch chem., physikal. oder mechan. Vorgänge verändern.

Dendera (arab. Dandarah), Ort in Oberägypten, am linken Ufer des Nil, 6 km westl. von Kina, 21 500 E. Seit dem 3. Jt. v. Chr. bedeutendster Kultort der Göttin Hathor, deren Tempel aus dem 1. Jh. v. Chr. sehr gut erhalten ist. Die Decke einer Osiriskapelle mit dem berühmten Tierkreis auf dem Dach ist heute im Louvre, Paris, andere Funde sind v. a. im Ägypt. Museum in Kairo.

Dendermonde (frz. Termonde), belg. Stadt, 25 km nw. von Brüssel, 42 500 E. Kabel-, Gummi-, Textil-, Papierind. – 1233 Stadtrecht; seit 1572 zur neuzeitl. Festung ausgebaut (1704 geschleift). – Got. Onze-Lieve-Vrouwkerk (14.–16., 17. und 18. Jh.), Rathaus (1330, nach Brand 1914 erneuert), Belfried (1376).

Dendriten [zu griech. déndron „Baum"], verästelte, moos-, strauch- oder baumförmige Kristallbildungen auf Schichtfugen von Gesteinen (z. B. Solnhofener Plattenkalken) aus eisen- und manganhaltigen Lösungen (oft fälschl. für Pflanzenabdrücke gehalten).
▷ kurze, stark verzweigte Fortsätze einer ↑ Nervenzelle.

Dendrochronologie [griech.] (Jahresringnumerierung), Anfang des 20. Jh. in den USA entwickeltes Verfahren zur Datierung von Holz durch Vergleich seiner Jahresringmuster mit einem Baumringkalender, wodurch viele Hölzer z. T. mit hoher Sicherheit bis in prähistor. Zeit datiert werden können. Für Eichen bestehen Baumringkalender, die fast bis ins Jahr 8000 v. Chr. zurückreichen.

Denar. Römischer Denar aus einer spanischen Münzstätte, 19–15 v. Chr. Vorderseite mit Kopfbild des Augustus, Rückseite mit Victoria in Quadriga

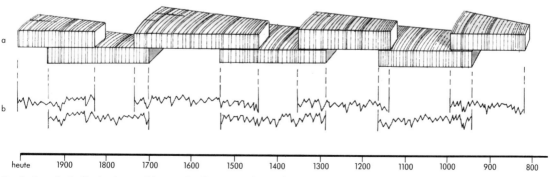

Dendrochronologie. Überbrückungsverfahren zur Erstellung einer Jahresringchronologie: a Holzproben alter Gegenstände mit einer ausreichenden Anzahl von Jahresringen ergeben ein für sie typisches Kurvenbild; b Kurvenlinien, deren Anfang und Ende mit denen anderer Hölzer übereinstimmen, ergeben aneinandergefügt einen Kalender

Dendrologie

Denga.
Kleine Denga (Deneschka) von 1855 in Originalgröße (Vorder- und Rückseite)

Deng Xiaoping

Denier.
Französisches 3-Denier-Stück von 1792 (Vorder- und Rückseite)

Dendrologie [griech.] (Gehölzkunde), Wissenschaftszweig der angewandten Botanik, der sich v. a. mit Fragen der Züchtung und des Anbaus von Nutz- und Ziergehölzen befaßt.

Deneb [arab. „Schwanz"], hellster Stern (α) im Sternbild Cygnus (Schwan); scheinbare Helligkeit 1,26, Entfernung 1500 Lichtjahre; bildet mit Atair und Wega das Sommerdreieck.

Denervierung [lat.] (Denervation), Ausschaltung der Verbindung zw. Nerv und dazugehörendem Organ.

Deneuve, Cathérine [frz. də'nø:v], eigtl. C. Dorléac, * Paris 22. Okt. 1943, frz. Filmschauspielerin. – Ihre Wandlungsfähigkeit kam bes. zum Ausdruck in „Belle de jour – Schöne des Tages" (1966), „Straßen der Nacht" (1975), „Die letzte Metro" (1980), „Indochine" (1991).

Denga [russ.], seit etwa 1380 geprägte russ. Silbermünze; 1700–1828 (mit Unterbrechung 1719–30) in Kupfer, als Zehndengastück in Silber; „kleine D." (Deneschka): das 1849–67 geprägte ½-Kopekenstück.

dengeln [zu althochdt. tangol „Hammer"], Sensen und Sicheln durch Hämmern auf einen kleinen Amboß oder mit Dengelmaschinen dünnschlagen (schärfen).

Denghoog ['dɛŋho:k], prähistor. Fundort bei der Gemeinde Wenningstedt (Sylt); Hügelgrab mit Ganggrab aus dem 3. Jt. v. Chr.

Denguefieber ['dɛŋɡə] (span./dt.] (Siebentagefieber), Viruskrankheit in den Tropen und Subtropen, die durch Stechmücken der Gattung Aedes übertragen wird. Die Erreger, Dengueviren, gehören zur Gruppe der Arboviren. Nach einer Inkubationszeit von 5–8 Tagen treten hohes Fieber und Schüttelfrost sowie Muskel-, Gelenk- und Kreuzschmerzen, später masernähnl. Hautausschlag auf.

Deng Xiaoping (Teng Hsiao-p'ing) [chin. dəŋçiaupin], * Guang'an (Prov. Sichuan) 22. Aug. 1904, chin. Politiker. – Seit 1924 Mgl. der KPCh; nahm am „Langen Marsch" (1934/35) teil; wurde 1952 stellv. Min.präs., 1955 Mgl. des Politbüros der KPCh und 1956 des Ständigen Ausschusses des Politbüros (seit 1954 zugleich Generalsekretär des ZK); während der Kulturrevolution 1967 politisch ausgeschaltet; 1973 rehabilitiert, ab 1975 stellv. Vors. des ZK und 1. stellv. Min.präs.; als „Anhänger eines kapitalist. Weges" 1976 aller Ämter enthoben; 1977 erneut rehabilitiert, seitdem führender chin. Politiker; u. a. 1977–80 stellv. Min.-präs. und 1981–89 Vors. der Zentralen Militärkommission des ZK der KPCh; reformierte die chin. Wirtschaft und betrieb eine Politik der „Öffnung"; legte 1987 seine Parteiämter nieder. Trotzdem weiterhin politisch einflußreich; mitverantwortlich für die brutale Niederschlagung der Demokratiebewegung im Juni 1989; gab im März 1990 sein letztes offizielles Amt, den Vorsitz der staatl. Zentralen Militärkommission, ab.

Den Haag ↑ Haag, Den.

Den Helder ↑ Helder, Den.

Denier [dani'e:; lat.-frz.] ↑ Garnnumerierung.

Denier [frz. dǝ'nje; lat.], frz. Silbermünze im MA, 1575 umgewandelt zur Kupfermünze und in dieser Form geprägt bis zur Zeit Ludwigs XIV., mehrfach Stücke bis Ludwig XVI.; auch frz. Bez. des Denars.

Denifle, Heinrich, eigtl. Josef Anton D., * Imst 16. Jan. 1844, † München 10. Juni 1905, östr. kath. Theologie- und Kulturhistoriker. – 1870 Dozent für Philosophie, später für Theologie in Graz, 1883 Unterarchivar im Vatikan. Archiv. Wichtige Arbeiten über Luther und dessen theolog. Quellen sowie zur Mystik und Universitätsgeschichte. – *Werke:* Die Universitäten des MA bis 1400 (1885), Luther und Luthertum in der ersten Entwicklung quellenmäßig dargestellt (1904–09).

Denikin, Anton Iwanowitsch [russ. dɪ'nikin], * bei Warschau 16. Dez. 1872, † Ann Arbor (Mich.) 8. Aug. 1947, russ. General. – 1917 Oberbefehlshaber der Westfront; brachte im russ. Bürgerkrieg als Führer eines antibolschewist. Kampfverbandes Lenins Sowjetregime 1918/19 in Bedrängnis; emigrierte nach Niederlage seiner Truppen.

De Niro, Robert [engl. dǝ'naıǝrǝʊ], * New York 17. Aug. 1943, amerikan. Schauspieler. – Zunächst an kleinen Broadwaybühnen und Tourneetheatern; internat. Durchbruch in Filmen von F. F. Coppola und M. Scorsese. – *Filme:* Der Pate II (1974), Taxi Driver, Der letzte Tycoon, 1900 (1976), Die durch die Hölle gehen (1978), Es war einmal in Amerika (1983), Mission, Angel Heart (1986), Good Fellas – Dreißig Jahre in der Mafia (1990).

Denis, Maurice [frz. də'ni], * Granville 25. Nov. 1870, † Saint-Germain-en-Laye 13. Nov. 1943, frz. Maler und Graphiker. – Mitbegründer und maßgebl. Theoretiker der ↑ Nabis; malte Figurenkompositionen in heller Farbskala, darunter zahlr. Wand- und Deckenbilder, u. a. in der Kirche in Le Vésinet (1901–03) und im Théâtre des Champs-Élysées (1912/13); bed. Jugendstil-Bildillustrationen.

Denissow, Edisson Wassiljewitsch, * Tomsk 6. April 1929, russ. Komponist. – Seit 1961 Dozent für Instrumentation am Konservatorium in Moskau. Komponierte zahlr. Orchesterwerke, Kammermusik und Opern („Soldat Iwan", 1959; „Der Schaum der Tage", 1986), „Gesang der Vögel" für präpariertes Klavier und Tonband (1970), Bratschenkonzert (1986), Vokalwerke u. a., verwendet dabei Zwölftontechnik und Aleatorik.

Denitrifikation [lat./ägypt.-griech.] (Nitratatmung), in Böden und Gewässern von bestimmten Bakterienarten durchgeführte Atmung, bei der statt Sauerstoff Nitrate, Nitrite oder Stickstoffoxide verwendet werden; führt in schlecht durchlüfteten Böden zu erhebl. Stickstoffverlusten.

Denizli [türk. dɛ'nizli, ‿‒‒], türk. Stadt, 190 km sö. von Izmir, 415 m ü. d. M., 171 000 E. Hauptstadt der Prov. D. Handelszentrum; Baumwollspinnerei; Lederverarbeitung. – Nördl. von D. liegen ↑ Pamukkale und das antike **Hierapolis,** nahebei das antike **Laodikeia am Lykos.**

Denkart ['de:n-kart; mittelpers. „Werk über die Religion"], das wichtigste und umfangreichste erhaltene Werk der mittelpers. zoroastr. Literatur, etwa im 9. Jh. entstanden.

Denken, die den Menschen auszeichnende psych. Fähigkeit bzw. Tätigkeit, sich mit der Menge der aus Wahrnehmungen gewonnenen oder durch Sprache vermittelten Informationen über Wirklichkeiten (Realitäten) auseinanderzusetzen, sie unter bestimmten Gesichtspunkten und zu bestimmten Zwecken zu unterscheiden, sie miteinander und mit [in vorausgegangenen Denk- und Lernprozessen verarbeiteten und im **Gedächtnis** gespeicherten] Informa-

Denkmal. Reiterdenkmal des Großen Kurfürsten von Andreas Schlüter, Bronze, 1697–1700 (Berlin, Ehrenhof von Schloß Charlottenburg)

Denkmalpflege

Denkmalpflege. Die Westfassade des Doms in Limburg a. d. Lahn vor (links) und nach der 1969 begonnenen Wiederherstellung des ursprünglichen Anstrichs (rechts)

tionen zu vergleichen, zu werten und zu ordnen, um durch weitere analyt. und synthet. Denkoperationen (z. B. Abstraktion, Generalisation) das jeweils Wesentliche, Allgemeingültige, Zusammenhängende und Gesetzmäßige auszusondern. Dabei ist zu unterscheiden zw. dem auf Erkenntnis ausgerichteten **spekulativen** bzw. **reflexiven Denken** und dem **konstruktiven Denken,** das ein bereichsspezif. Instrumentarium entwirft, um Handlungen zu planen, Handlungsnormen zu entwickeln und gesetzte Handlungsziele zu erreichen.

Denktypen: Intuitives Denken ist sprunghaft und durch plötzl. Einfälle gekennzeichnet, steht unter geringer Bewußtseinskontrolle, ist teils unbewußt; bei **diskursivem** (zergliederndem) **Denken** erfolgen die vom Bewußtsein kontrollierten Denkoperationen planvoll, method. und systemat.: **divergentes** (produktives bzw. schöpfer.) **Denken** kommt zu neuartigen, vom Gewohnten abweichenden (divergierenden) Erkenntnissen; **konvergentes Denken** ist ein reproduktives D.: Probleme werden durch Übernahme bzw. Anwendung von bereits Gedachtem gelöst. **Denken als psych. Prozeß** setzt die Darstellung der eingegangenen Information als Denkgegenstand oder -inhalt voraus. Die Form unterschiedl. leistungsfähiger Codes. Beim **vorsprachlichen Denken** erfolgen Codierung und Speicherung von situationsbezogenen Handlungsmustern durch sensomotor. Codes; durch Übertragung auf neue Situationen oder Veränderung schon bestehender Handlungsmuster sind bereits einfache Denkleistungen (z. B. bei den Primaten) möglich; im **anschaulichen Denken** werden die Denkinhalte in Form bildhafter Vorstellungen dargestellt. Im **abstrakten** (begriffl.) **Denken** erfolgt die Darstellung der Denkgegenstände durch symbol. (sprachl., numer.) Codes bzw. Zeichen[systeme], die relativ frei nach bestimmten Regelsystemen kombiniert werden können. Über den Ablauf der Denkprozesse im einzelnen sind unterschiedl. philosoph. und psycholog. Theorien entwickelt worden.

Denkendorf, Gemeinde im Ldkr. Esslingen, 14 km sö. von Stuttgart, Bad.-Württ., 274 m ü. d. M., 9 700 E. Ehem. Chorherrenstift (gegr. 1129) mit roman. ehem. Stiftskirche (um 1200).

Denkmal, i. w. S. jedes Objekt, das von der Kulturentwicklung Zeugnis ablegt (Bau-, Boden-, Kultur-, literar. D.); i. e. S. Erinnerungsmal an eine Person bzw. an ein Ereignis (z. B. Säule, Obelisk, Triumphbogen, Standbild, Monument, Gedenkstätte, Relief, Inschrift).

Denkmalpflege (Denkmalschutz), ihre Aufgabe ist es, den erhaltenen Besitz an kulturellen Gütern („Boden-, Bau- und Kulturdenkmäler") zu sichern und Mittel und Wege zu finden, diese gegen zuwiderlaufende Interessen (z. B. Stadt- und Verkehrsplanung) zu sichern bzw. einen Ausgleich zu erreichen. Die Authentizität von histor. Bauten, Bauensembles oder Stadtvierteln kann nach heutiger Erkenntnis nur bewahrt werden, wenn der historisch funktionale Zusammenhang gesichert wird.

Organisation: In der *BR Deutschland* wird die D. von den Bundesländern wahrgenommen. Ein zentrales Landesamt für D. mit dem Landeskonservator an der Spitze ist in der Regel direkt dem betreffenden Kultusministerium unterstellt. – Auch internat. Organisationen befassen sich mit der D., v. a. der Europarat, speziell dessen Rat für kulturelle Zusammenarbeit (CCC), die UNESCO sowie der 1965 auf Anregung der UNESCO gegr. International Council of Monuments and Sites (ICOMOS).

Recht: Die durch den Einsatz *hoheitl. Mittel* bewirkte D. besteht zunächst in gewissen Beschränkungen für den Eigentümer des Denkmals: er bedarf der Genehmigung, wenn er den Gegenstand verändern, beseitigen oder zerstören will; Veräußerungen sind anzeigepflichtig. Gegenstände, die diesen Beschränkungen unterliegen, werden in ein amtl. Verzeichnis **(Denkmalbuch, Denkmalliste)** eingetragen.

In der BR Deutschland ist der Denkmalschutz durch Bundes- und Landesgesetze sichergestellt. Bundesrechtl. wird die Beschädigung öff. Denkmäler nach § 304 StGB bestraft. Das Gesetz zum Schutz dt. Kulturgutes gegen Abwanderung vom 6. 8. 1955 bestimmt, daß Kunstwerke, anderes Kulturgut bzw. Archivgut in ein Verzeichnis nat. wertvollen Kultur- bzw. Archivgutes aufgenommen werden und zur Ausfuhr der Genehmigung des Bundesministers des Innern bedürfen. *Völkerrechtl. Verpflichtungen* ergeben sich für die BR Deutschland aus ihrem Beitritt zur Haager Konvention zum Schutze der Kulturgüter im Falle eines bewaffneten Konfliktes vom 14. 5. 1954.

Im *östr. Recht* ist die D. im Denkmalschutzgesetz vom 25. 9. 1923 geregelt; sie wird vom Bundesdenkmalamt wahrgenommen.

In der *Schweiz* weist Art. 24^{sexies} der Bundesverfassung die D. den Kantonen zu, behält dem Bund jedoch bestimmte Kompetenzen vor.

Geschichte: Denkmalpfleger. Bemühungen um Baumonumente gehen bis in die Antike zurück. Der moderne Begriff

Cathérine Deneuve

Robert De Niro

Denver. Blick auf die Stadt mit dem Colorado State Capitol und seiner vergoldeten Kuppel (1887–95) im Vordergrund

der D. bildete sich als Ergebnis kulturphilosoph. Erkenntnisse bes. der Aufklärung. Einen neuen Anstoß gab im 19. Jh. das Nationalbewußtsein der europ. Länder. Nach dem 2. Weltkrieg mußte sich die D. neu orientieren, insbes. um bei der Raumordnung, der Stadt- und der Verkehrsplanung mitzuwirken. Heute treten dazu noch spezif. konservator. Probleme, die sich durch die Begleiterscheinungen der Industrialisierung (Abgase, Erschütterungen u. a.) ergeben. – ↑ Restaurierung.

Denkmalschutz, svw. ↑ Denkmalpflege.

Denkökonomie, wissenschaftstheoret. Prinzip, das darauf zielt, wiss. Gegenstände möglichst vollständig auf einfachste Weise mit dem geringstmögl. Aufwand an Denkvorgängen zu erfassen und darzustellen.

Denkpsychologie, 1. Teilgebiet der allg. Psychologie, in dem auf experimentellem Wege das Denken analysiert wird; 2. Bez. für eine von O. Külpe begr., von der sog. Würzburger Schule fortgeführte psycholog. Richtung.

Denkschrift, amtl. oder in amtl. Form abgefaßter Bericht über eine polit. oder private Angelegenheit zur Vorlage bei einer zuständigen Instanz.

Denktaş, Rauf Raşit [türk. dɛnkˈtaʃ], * Ktimna (bei Baf) 27. Jan. 1924, zypr. Politiker. – 1958–60 Vors. der Vereinigung türk. Institutionen auf Zypern; 1960 Präs. der türk. Kommunalkammer (Wiederwahl 1970); 1964–68 im Exil in der Türkei; 1973 Vizepräs. Zyperns, seit 1976 Präs. des „Türk. Föderationsstaates von Zypern", seit 1983 der „Türk. Rep. N-Zypern".

Rauf Raşit Denktaş

Denner, Balthasar, * Hamburg 15. Nov. 1685, † Rostock 14. April 1749, dt. Maler. – Tätig u. a. in Kopenhagen, London, Hamburg. Schuf detailtreue Porträts im Rokokostil.

Denomination [lat.], aus dem angelsächs. Sprachraum kommende Bez. für die einzelnen christl. Religionsgemeinschaften (v. a. in den USA), entspricht dem Dt. übl. Begriff „Konfession".

Denominativum [lat.], von einem Substantiv oder Adjektiv abgeleitetes Wort.

Denotation [lat.], die Bedeutung, die ein Wort für alle Sprachteilhaber hat; die formale Beziehung zw. dem Zeichen **(Denotator)** und dem bezeichneten Gegenstand in der außersprachl. Wirklichkeit **(Denotat).**

Denpasar [indones. dɛmˈpasar], Hauptstadt von Bali, Indonesien, 261 000 E. Univ. (gegr. 1962); Fremdenverkehr; internat. ✈.

Dens (Mrz. Dentes) [lat.], svw. Zahn.

Densitometer [lat./griech.] (Dichtemesser), ein Photometer, das zur Bestimmung der opt. Dichte einer belichteten und entwickelten photograph. Schicht dient.

dental [lat.], zu den Zähnen gehörend, die Zähne betreffend; in der Phonetik auch von Lauten gesagt, die mit Zunge und Zähnen erzeugt werden, z. B. [t, d] (Dentale).

Gérard Depardieu

Dentale [lat.], bei Wirbeltieren einziger zahntragender Unterkieferknochen.

Dentalgie [lat.], der Zahnschmerz.

Dent & Sons Ltd., J. M. [engl. ˈdʒeɪəm ˈdɛnt ənd ˈsʌnz ˈlɪmɪtɪd] ↑ Verlage (Übersicht).

Dentin [lat.], svw. ↑ Zahnbein.

Dentist [frz.; zu lat. dens „Zahn"], früher Berufsbez. für einen Zahnheilkundigen ohne akadem. Ausbildung.

D'Entrecasteauxinseln [frz. dãtrəkasˈto], zu Papua-Neuguinea gehörende Inselgruppe vulkan. Ursprungs vor der SO-Spitze von Neuguinea, etwa 3 110 km² und 35 000 Bewohner.

Denudation [lat.], im Ggs. zur Erosion mit ihrer Tiefenwirkung die flächenhafte Abtragung der Erdoberfläche durch Abspülung (Regen) und Massenselbstbewegung (Solifluktion, Bergsturz u. a.).

Denunziation [lat.], *allgemein:* svw. Namhaftmachung [polit.] Mißliebiger aus unehrenhaften Beweggründen; *strafrechtl.:* svw. falsche bzw. polit. Verdächtigung.

Denver [engl. ˈdɛnvə], Hauptstadt des Bundesstaates Colorado, USA, am O-Abfall der Rocky Mountains, 1 609 m ü. d. M., 505 000 E. Sitz eines kath. Erzbischofs, eines anglikan. und eines methodist. Bischofs; Univ. (gegr. 1864), Teil der University of Colorado (gegr. 1861); bed. Handels- und Ind.zentrum mit Erdölraffinerie, elektron. Ind.; Verkehrsknotenpunkt, internat. ✈. – D. entstand 1858 als Goldsucherlager; Hauptstadt des Territoriums Colorado seit 1867, des Bundesstaates seit 1881.

Denzinger, Heinrich, * Lüttich 10. Okt. 1819, † Würzburg 19. Juni 1883, dt. kath. Theologe. – 1848 Prof. für Exegese des N.T., 1854 für Dogmatik in Würzburg; sein Hauptwerk ist „Enchiridion Symbolorum et Definitionum ..." (1854), eine Sammlung der dogmat. Entscheidungen.

Deodorant [lat.-engl.], svw. ↑ Desodorant.

Deo gratias [lat. „Gott sei Dank"], Dankesformel aus jüd. und frühchristl. Zeit.

Depardieu, Gérard [frz. dəparˈdjø], * Châteauroux 27. Dez. 1948, frz. Filmschauspieler. – *Filme:* Die Ausgebufften (1974), Die letzte Metro (1980), Die Wiederkehr des Martin Guerre (1982), Danton (1983), Cyrano de Bergerac (1990), 1492 – Die Eroberung des Paradieses (1992).

Departamento [lat.-span.], Verwaltungseinheit in mehreren lateinamerikan. Staaten.

Departement [deparˈtəmãː; schweizer. ...mɛnt; lat.-frz.], Abteilung, Geschäftsbereich. In *Frankreich* seit 1740 svw. Verwaltungsbezirk unter einem von der Reg. bestellten Commissaire de la République (bis 1982 Préfet) mit einem gewählten Generalrat (conseil général). In der *Schweiz* nach Sachgebieten gegliederte Verwaltungseinheiten der staatl. Verwaltung. Der **Departementsvorsteher** ist als Chef des D. stets Reg.-Mgl. († Schweiz, polit. System).

Departementalsystem [lat./griech.], im Ggs. zum Ministerialsystem die unmittelbare Leitung der staatl. Verwaltung durch die oberste vollziehende Gewalt (Regierung).

Departementsvorsteher ↑ Departement.

Department [engl. dɪˈpɑːtmənt; lat.], in den USA 1. Bez. für Ministerium; 2. an Univ. svw. Fachbereich.

Dépendance [frz. depãˈdãːs; lat.], Nebengebäude, bes. bei Hotels gebräuchlich.

Dependenzgrammatik [lat./griech.] (Abhängigkeitsgrammatik), Richtung der modernen Linguistik, die die verborgenen strukturellen Beziehungen (Konnexionen) zw. den einzelnen Elementen im Satz darzustellen sucht (meist als ↑ Stemma). Als regierendes Element des Satzes wird dabei gewöhnlich das Prädikat angesetzt, von dem unmittelbar oder mittelbar alle anderen Elemente abhängen (Abhängigkeitshierarchie). Beispiel: Äußere Erscheinungsform eines Satzes (lineare Redekette):

Peter besucht Michael

Innere Struktur (Abhängigkeitshierarchie):

    besucht   besucht
                  oder
Peter Michael   Peter Michael

Die D. ist neben der ↑generativen Grammatik die bedeutendste der modernen Grammatiktheorien.

Depersonalisation [lat.] (Entpersönlichung), Zustand der Entfremdung gegenüber dem eigenen Ich und seiner Umwelt. Die Handlungen und Erlebnisse des Ich werden wie aus einer Zuschauerrolle beobachtet; tritt v. a. bei psych. Erschöpfung, Neurosen und bei beginnender Schizophrenie auf.

Depesche [frz.], ältere Bez. für die Schriftstücke (Instruktionen und Berichte), die meist durch Kurier oder telegraphisch als Eilbotschaft zw. einem Außenministerium und seinen diplomat. Vertretern gewechselt werden.

Depigmentierung [lat.], in der Medizin Bez. für den angeborenen oder erworbenen Schwund des Farbstoffs von Körperzellen, speziell in der Haut (↑Albinismus).

Depilation [lat.] ↑Enthaarung.

deplaciert [depla'si:rt, ...'tsi:rt; frz.], fehl am Platz, unangebracht.

Depolarisation, (D. des Lichts) die Aufhebung des Polarisationszustands des Lichts, z. B. durch diffuse Reflexion.
▷ in der *Biologie* und *Physiologie* jede Verminderung des Membranpotentials (Ruhepotentials) einer Nerven- oder Muskelzelle.

Deponens [lat.], Klasse von Verben in einigen indogerman. Sprachen, bes. im Lat. und Griech., mit passiven Formen, aber aktiver Bedeutung.

Deponent [lat.], im Recht: Hinterleger einer Sache.

deponieren [lat.], hinterlegen, zur Aufbewahrung geben; **Deposition,** Hinterlegung, Niederlegung einer bewegl. Sache; **Deponie,** Lagerplatz, zentraler Müllablageplatz.

Deport [lat.-frz.], Kursabschlag in Höhe des Unterschieds zw. Tages- und Lieferungskurs von *Effekten* im Termingeschäft; im *Devisenterminhandel* der Unterschied zw. dem Kassakurs und dem Terminkurs einer Währung, wenn diese per Termin unter dem Kassakurs gehandelt wird (Ggs. Report).

Deportation [zu lat. deportare „wegbringen"], die zwangsweise Verschickung von Menschen in vorbestimmte Aufenthaltsorte außerhalb des geschlossenen Siedlungsgebietes ihres Volkes durch ihren eigenen Staat oder eine fremde Besatzungsmacht. Die Deportierten verbleiben im Machtbereich des deportierenden Staates.
Als *strafweise Verbannung* ist die D. nach antiken Vorbildern seit dem 17. Jh. von den europ. Kolonialmächten angewandt worden (z. B. nach den Strafarbeitskolonien Australien und Frz.-Guayana). In Rußland bzw. der UdSSR wurde und wird die D. bei gewöhnl. und v. a. polit. Delikten verwendet. D., die nicht auf gesetzl. Grundlage beruht, ist unzulässig und verstößt, wenn sie mit Zwangsarbeit verbunden ist, gegen die Europ. Menschenrechtskonvention. Gegenüber *nat., rass.* oder *polit. Minderheiten* wird die D. sowohl im Frieden als bes. auch im Krieg angewandt (vor und während des 2. Weltkriegs in großem Umfang durch die UdSSR [z. B. Wolgadeutsche, Krimtürken, Ukrainer] und das nat.-soz. Deutschland [D. von über 4,5 Mill. Juden und 1 Mill. Polen]). Im Statut des Internat. Militärtribunals von Nürnberg (Art. 6c) wird die D. der Zivilbevölkerung vor oder während des 2. Weltkriegs als Verbrechen gegen die Menschlichkeit bezeichnet. Das IV. Genfer Abkommen zum Schutze von Zivilpersonen in Kriegszeiten von 1949 verbietet die D. (Art. 49). Die *D. zur Zwangsarbeit* hat nach ihrer kolonialen Epoche in der kommunist. Planwirtschaft neuen Auftrieb erhalten, bes. während der Stalinschen Ära nach 1930. Das nat.-soz. Deutschland hat im 2. Weltkrieg etwa 5 Mill. Menschen zum Arbeitseinsatz deportiert (Displaced persons).

Depositen [zu lat. depositum „das Niedergelegte"], allg. bei einem Verwahrer (z. B. einem Kreditinstitut) hinterlegte Wertsachen und -schriften. Im Bankwesen Bez. für ↑Einlagen.

Depositenbanken, Banken, die neben der Besorgung des Zahlungsverkehrs vorrangig das Einlagengeschäft und das kurzfristige Kreditgeschäft betreiben.

Depositenkassen, Zweigstellen eines Kreditinstituts (auch als Wechselstube, Zahlstelle, Nebenstelle bezeichnet) mit beschränkten Aufgaben und Vollmachten.

Depositenversicherung, Form der Einlagensicherung, die dem Schutz der bei Kreditinstituten eingelegten Gelder dient.

Deposition ↑deponieren.

Depositum fidei [...de-i; lat.] (Glaubenshinterlegung), Bez. der kath. Theologie (nach 1. Tim. 6, 20; 2. Tim. 1, 12 und 14) für das der Kirche anvertraute Glaubensgut („heilige Schriften und göttl. Tradition").

Depot [de'po:; zu lat. depositum „das Niedergelegte"], *allgemein:* Aufbewahrungsort von bewegl. Sachen, insbes. von wertvollen Gegenständen; Lager, Magazin.
▷ bei einem *Kreditinstitut* bankmäßig verwahrte Wertsachen und -schriften. Hier sind zu unterscheiden: Das **verschlossene Depot** umfaßt 1. verschlossene Verwahrstücke irgendwelcher Art, die der Bank von ihrem Kunden zur Verwahrung im Tresor übergeben worden sind. 2. gemietete Schrank- und Schließfächer zur Aufbewahrung von Wertgegenständen (Tresorgeschäft). Im **offenen Depot** werden nur Wertpapiere verwahrt, die der Bank unverschlossen übergeben worden sind (mit Unterscheidungen nach den Rechten an den eingelegten Wertpapieren).
Bei der **Sonderverwahrung** muß der Verwahrer die Wertpapiere jedes Hinterlegers gesondert und auch von seinen eigenen Beständen getrennt aufbewahren. Der Hinterleger bleibt Eigentümer seiner Papiere. Jedoch ist der Verwahrer berechtigt, die Wertpapiere unter seinem Namen einem anderen anzuvertrauen (Drittverwahrung). Bei der **Sammelverwahrung** darf das Kreditinstitut vertretbare Wertpapiere ein und derselben Art ungetrennt von seinen eigenen Effektenbeständen und denen anderer Hinterleger aufbewahren oder einem Dritten zur Sammelverwahrung anvertrauen. Der Hinterleger verliert bei Übergabe seiner Papiere das Eigentum an den betreffenden Stücken und erwirbt statt dessen Miteigentum zu Bruchteilen an dem Sammelbestand derselben Art.
▷ Ablagerungen, die der Wein beim Gären im Faß oder in der Flasche absetzt.

Depotfett [de'po:], bei Überangebot von Fett und Kohlenhydraten gespeichertes Reservefett, hauptsächlich im Unterhautfettgewebe und in der Bauchhöhle von Mensch und Wirbeltieren.

Depotfunde [de'po:], vorgeschichtl. Sammelfunde von Gegenständen, die aus unterschiedl. Material (Stein, Metall, Ton) sein können, nach ihrer Zusammensetzung auch Hort-, Verwahr-, Massen-, Garnitur-, Schatz- oder Votivfunde genannt; als wichtige vorgeschichtl. Quellengattung für die Zeit vom Neolithikum bis zum frühen MA bekannt.

Depotgesetz [de'po:], Bez. für das Gesetz über die Verwahrung und Anschaffung von Wertpapieren vom 4. 2. 1937.

Depotpräparate [de'po:], Arzneimittel mit langer Wirkungsdauer; diese kann erreicht werden entweder durch verzögerte Resorption (z. B. aus öligen oder kristallinen Zubereitungen) oder verlangsamte Ausscheidung.

Depotstimmrecht [de'po:] (Bankenstimmrecht), Bevollmächtigung eines Kreditinstituts, das Stimmrecht aus den bei ihm im Depot befindl. Aktien für den Kunden in der Hauptversammlung auszuüben.

Depotunterschlagung [de'po:], nach § 34 Depotgesetz mit Freiheitsstrafe bis zu fünf Jahren oder mit Geldstrafe bedrohte Straftat (rechtswidrige Verfügung eines Kaufmanns über ihm zur Verwahrung übergebene Wertpapiere).

Depravation [lat.], Verschlechterung, z. B. bei Krankheiten, des Edelmetallgehalts von Münzen; Entartung.

Depression [frz.; zu lat. depressio „das Niederdrücken"], in der *Psychiatrie* als häufigste Form der psych. Störung Zustand gedrückter Stimmungslage, die u. a. mit verminderter Reizansprechbarkeit verbunden ist. Zu unterscheiden ist zw. einer **reaktiven Depression,** die durch äußere Anlässe ausgelöst wird und im allg. mit dem Wegfall der Ursache abklingt, und einer unabhängig von äuße-

Depretis

André Derain. Collioure, 1904/05 (Essen, Museum Folkwang)

ren Anlässen auftretenden, bei ↑ Psychosen vorkommenden Form der **endogenen Depression**.
▷ in der *Wirtschaft* Konjunkturphase, die durch bes. starke Abnahme der Produktion, der Beschäftigung, der Einkommen einschl. der Gewinne und evtl. auch der Preise gekennzeichnet ist (↑ Rezession).
▷ in der *Astronomie* die negative Höhe eines unter dem Horizont befindl. Sterns.
▷ in der *Geomorphologie* Bez. für eine in sich geschlossene Hohlform der Landoberfläche, speziell für eine unter dem Meeresspiegelniveau liegende Einsenkung.

Depretis, Agostino, *Mezzana Corti Bottarone (= Verrua Po-Bottarone bei Pavia) 31. Jan. 1813, †Stradella (Lombardei) 29. Juli 1887, italien. Politiker. – 1876–78, 1878/79 und 1881–87 Min.präs. der italien. Linken; führte Italien 1882 in den Dreibund.

Deprez, Marcel [frz. dəˈpre], *Aillant-sur-Milleron (Loiret) 19. Dez. 1843, †Vincennes 16. Okt. 1918, frz. Elektrotechniker. – Ab 1890 Prof. am Conservatoire des Arts et Métiers in Paris; entwickelte verschiedene elektr. Instrumente. 1885 gelang ihm die Übertragung von 45 kW bei 5 000 Volt über eine Freileitungsstrecke von 112 km mit einem Wirkungsgrad von 45 %.

deprimieren [lat.], entmutigen, niederdrücken.

Deprivation [lat.], in der Psychologie Bez. für Mangel, Verlust, Entzug von etwas Erwünschtem. Die D. elementarer Funktionen (z. B. Bewegungsmangel) und Bedürfnisse (z. B. Liebesentzug) kann zu Entwicklungsstörungen führen.

Depside [griech.], intermolekulare Ester aromat. Hydroxycarbonsäuren, besitzen meist Gerbstoffeigenschaften; Vorkommen bes. in Flechten.

Deputat [lat.], lohnsteuer- und sozialversicherungspflichtiges Arbeitsentgelt in Form von Sachleistungen, sog. Naturallohn. D. wird vorwiegend im Bergbau (D.kohle) und in der Land- und Forstwirtschaft (Vieh, Getreide, Holz u. a.) gewährt.
▷ die Anzahl der Pflichtstunden, die eine Lehrkraft zu geben hat.

Deputation [lat.], Abordnung, Entsendung einiger Mgl. aus einem Kollegium, einer größeren Versammlung, Körperschaft oder Genossenschaft zur Erledigung einzelner Angelegenheiten in deren Auftrag.

Deputierter [lat.-frz.], Mgl. einer Abordnung (Deputation), in verschiedenen Ländern auch Bez. für Mgl. der Volksvertretung.

De Quincey, Thomas [engl. dəˈkwɪnsɪ], *Manchester 15. Aug. 1785, †Edinburgh 8. Dez. 1859, engl. Schriftsteller. – Wurde bekannt mit seinen „Bekenntnissen eines engl. Opiumessers" (1822, erweitert 1856), einer sensiblen autobiograph. Studie, die zu den ersten exakten und systemat. Darstellungen von Rausch- und Traumerlebnissen gehört. Verfaßte auch bed. Essays (u. a. zur Literatur, Psychologie und polit. Ökonomie).

DER, Abk. für: **D**eutsches **R**eisebüro GmbH.

Derby Stadtwappen

Derbyporzellan. Fischerin, um 1785 (Hamburg, Museum für Kunst und Gewerbe)

Derain, André [frz. dəˈrɛ̃], *Chatou bei Paris 10. Juni 1880, †Garches bei Paris 8. Sept. 1954, frz. Maler. – Mitbegr. des ↑ Fauvismus; beeinflußt von Cézanne und dem Kubismus; nach 1918 Vertreter eines klass. Realismus. Schuf auch Illustrationen, Kostümentwürfe (1919 für Diaghilews „Ballets Russes") sowie Plastiken.

derangieren [derãˈʒiːrən; frz.], durcheinanderbringen, verwirren, verschieben.

Derbent [russ. dɪrˈbjɛnt], Stadt am W-Ufer des Kasp. Meeres, Dagestan, 85 000 E. Weinbau, Wollspinnerei, Fischkonservenfabrik. – 438 n. Chr. von den Sassaniden als Festung gegr.; kam 1813 endgültig an Rußland.

Derbent ↑ Orientteppiche (Übersicht).

Derbholz, forstwirtsch. Bez. für Stamm- oder Astholz von mehr als 7 cm Durchmesser.

Derby [engl. ˈdɑːbɪ], engl. Grafenwürde; 1138–1266 im Besitz der Familie de Ferrers, dann innerhalb der königl. Familie (Haus Lancaster) vergeben, 1485 an die Familie *Stanley* verliehen, die sie noch innehat; bed.:
D., Edward Geoffrey Smith Stanley, Earl of, *Knowsley (Lancashire) 29. März 1799, †ebd. 23. Okt. 1869, konservativer Politiker. – Vater von E. H. S. Stanley, Earl of D.; 1852, 1858/59 und 1866–68 Premierm.; setzte die große Parlamentsreform durch.
D., Edward George Villiers Stanley, Earl of, *London 4. April 1865, †Knowsley (Lancashire) 4. Febr. 1948, konservativer Politiker. – 1916–18 und 1922–24 Kriegsmin.; führte im 1. Weltkrieg die allg. Wehrpflicht ein.
D., Edward Henry Smith Stanley, Earl of, *Knowsley (Lancashire) 21. Juli 1826, †ebd. 21. April 1893, Politiker. – 1848–69 konservatives Mgl. des Unterhauses, 1858/59 Kolonialmin., 1866–68 und 1874–78 Außenmin., trat 1880 zur Liberal Party über; 1882–85 erneut Kolonialminister.

Derby [engl. ˈdɑːbɪ], engl. Stadt 70 km nö. von Birmingham, 216 000 E. Verwaltungssitz der Gft. D.; anglikan. Bischofssitz; Maschinenbau, Flugzeugmotorenbau (Rolls-Royce); Porzellanmanufaktur. – Bei D. befand sich das röm. Lager *Derventio*; 868 von den Dänen, 918 von Wessex erobert; 1204 Stadt.

Derby [ˈdɛrbi, engl. ˈdɑːbɪ], nach dem 12. Earl of Derby, dem Veranstalter des ersten Rennens (1780) ben. Flachrennen für dreijährige Pferde in ↑ Epsom and Ewell; urspr. über 1 800 m, seit 1784 über 2 400 m; später auch in anderen Ländern; z. B. in Deutschland (seit 1869 in Hamburg-Horn). Der Begriff D. wurde auch für andere pferdesportl. Wettkämpfe übernommen (Traber-D., Fahr-D., Dressur-D., Spring-D.), übertragen für einen sportl. Wettkampf von z. B. Ortsrivalen (Lokalderby).

Derbyporzellan [ˈdɛrbi, engl. ˈdɑːbɪ], Porzellan einer um 1750 in Derby gegr. Manufaktur, 1769 mit der Manufaktur von Chelsea vereinigt; in der Blütezeit 1770–1800 wurden Geschirre in antikisierenden Formen hergestellt; die reiche Figurenproduktion hat ihren künstler. Höhepunkt im Rokoko.

Derbyshire [engl. ˈdɑːbɪʃɪə], Gft. in M-England.

DERD, Abk. für: **D**arstellung **e**xtrahierter **R**adar**d**aten. Radaranzeige, bei der [Sekundärradar]signale digitalisiert auf Fernsprechleitungen zu den Regionalstellen der Flugsicherung übertragen und dort von einer Datenverarbeitungsanlage in eine für den Fluglotsen am Radarschirm interpretierbare Form umgewandelt werden. Auf diese Weise können Kontrolldaten (z. B. Rufzeichen, Flughöhe) auf dem Radarbildschirm eingeblendet werden.

Đerdap [serbokroat. ˈdʒɛrdaːp] ↑ Eisernes Tor.

Dereliktion [lat.], 1. im *Zivilrecht* die Besitzaufgabe in der Absicht, auf das Eigentum zu verzichten (↑ herrenlose Sachen). 2. im *Völkerrecht* die Aufgabe eines Territoriums durch einen Staat in der Absicht, auf die territoriale Souveränität über dieses endgültig zu verzichten. Die D. führt dazu, daß das Gebiet zur **terra nullius** („niemandes Land") wird.

Derfflinger, Georg Freiherr von (seit 1674), *Neuhofen an der Krems 20. März 1606, †Gusow bei Frankfurt/Oder 14. Febr. 1695, brandenburg. Generalfeldmarschall (seit

1670). – 1655 zum rangältesten Generalwachtmeister ernannt; reorganisierte Nachschubwesen, Reiterei und baute eine Artillerie auf; Siege bei Fehrbellin (1675) und Tilsit (1679) über die Schweden.

Derivat [lat.], in der *Chemie* Abkömmling einer Verbindung, bei der ein oder mehrere Atome durch andere Atome oder Atomgruppen ersetzt sind.
▷ in der *Grammatik* ein durch ↑Ableitung entstandenes Wort.

Derivation [lat.], in der Sprachwissenschaft ↑Ableitung.

Derketo, griech. Namensform der syr. Göttin ↑Atargatis.

Dermoplastik. Plastik einer Löwin ohne (oben) und mit Fellüberzug (unten)

Derkovits, Gyula [ungar. 'dɛrkovitʃ], * Szombathely 13. April 1894, † Budapest 18. Juni 1934, ungar. Maler. – Autodidakt, beeinflußt von expressionist., nachexpressionist. und futurist. Ausdrucksmitteln; sein Thema ist der von Not und Gewalt bedrängte (proletar.) Mensch.

Derleth, Ludwig, * Gerolzhofen 3. Nov. 1870, † San Pietro di Stabio (Tessin) 13. Jan. 1948, dt. Dichter. – Streitbarer Katholik; zeitweise im George-Kreis; sein Hauptwerk ist das 15 000 Verse umfassende myst. Epos „Der Fränk. Koran" (1. Teil 1933).

Derma [griech.], svw. ↑Haut.

dermal [griech.], die Haut betreffend.

Dermatitis [griech.] (Hautentzündung), akute entzündl. Reaktion der Haut mit Rötung, Wärme, Hautödem, u. U. auch Juckreiz, Bläschen- und Schuppenbildung.

Dermatologe [griech.], Facharzt für Haut- und Geschlechtskrankheiten.

Dermatologie [griech.], Lehre von den Hautkrankheiten, i. w. S. einschl. der Lehre von den sich oft an der Haut manifestierenden Geschlechtskrankheiten **(Venerologie).** Teil- oder Grenzgebiete, die auch von Dermatologen betreut werden, sind die **Phlebologie** (Venenkunde) und die **Andrologie** (Männerheilkunde).

Dermatom [griech.], in der *Chirurgie* Gerät zur Entnahme von Hautlappen zur Transplantation.
▷ in der *Neurologie* Hautbezirk, der von den sensiblen Nervenfasern einer Rückenmarkswurzel versorgt wird.
▷ in der *Pathologie* Hautgeschwulst.

Dermatomykosen [griech.], svw. ↑Hautpilzerkrankungen.

Dermatoplastik (Dermoplastik) [griech.], svw. ↑Hautplastik.

Dermatosen [griech.], svw. ↑Hautkrankheiten.

Dermatozoonose (Epizoonose) [griech.], durch tier. Parasiten (Milben, Insekten, Würmer) hervorgerufene Hautkrankheit.

Dermographismus [griech.] (Dermographie, Hautschrift), durch Gefäßreaktionen bedingte, vorübergehende Verfärbung der Haut nach mechan. Reizung (z. B. Bestreichen mit dem Fingernagel).

Dermoid [griech.], hautartiges bzw. mit Haut ausgekleidetes, Talg, auch Haare, Knorpel oder Zähne enthaltendes Fehlgebilde, meist in Form einer Zyste **(Dermoidzyste);** häufig im Bereich der Augenlider, an den Eierstöcken und in der Steißgegend.

Dermoplastik [griech.], Verfahren zur möglichst naturgetreuen Nachbildung von Tieren für Ausstellungszwecke unter Benutzung eines Modells, das mit der gegerbten Tierhaut überzogen wird.
▷ (Dermatoplastik) svw. ↑Hautplastik.

Dermota, Anton, * Kropa (Slowenien) 4. Juni 1910, † Wien 22. Juni 1989, öster. Sänger (lyr. Tenor). – Wurde bes. als Mozart-Sänger (u. a. bei den Salzburger Festspielen) bekannt; auch Liedinterpret.

Dernbach (Dermbach), Balthasar von, * 1548, † 15. März 1606, Fürstabt von Fulda (1570–76 und seit 1602). – Setzte mit Hilfe der Jesuiten die kath. Restauration seines Stifts durch.

Dernbacher Schwestern (Arme Dienstmägde Jesu Christi), 1851 in Dernbach bei Montabaur gegr. kath. Schwesterngenossenschaft; arbeitet auf sozial-karitativem und pädagog. Gebiet; etwa 1 600 Schwestern.

Dernburg, Bernhard, * Darmstadt 17. Juli 1865, † Berlin 14. Okt. 1937, dt. Politiker. – Leitete seit 1906 die Kolonialabteilung des Auswärtigen Amtes; 1907–10 Staatssekretär des neugebildeten Reichskolonialamts; 1919 Reichsfinanzmin. und Vizekanzler; 1919–30 MdR und führendes Mgl. der DDP.

Dernier cri [frz. dɛrnje'kri „letzter Schrei"], letzte Neuheit, v. a. in der Mode.

Derogation [lat.], die teilweise Aufhebung oder Ersetzung eines Gesetzes durch ein späteres ranggleiches oder ranghöheres Gesetz.

Déroulède, Paul [frz. deru'lɛd], * Paris 2. Sept. 1846, † Montboron (= Nizza) 30. Jan. 1914, frz. Schriftsteller und Politiker. – Militanter Nationalist, Antisemit und Antirepublikaner; gründete 1882 die Ligue des patriotes; 1899 an einem Versuch beteiligt, Truppen zum Putsch zu überreden; 1900–05 verbannt; Verf. patriot. Kriegs- und Soldatenlieder.

Derra, Ernst, * Passau 6. März 1901, † Weihermühle (heute Haag in Obb.) 9. Mai 1979, dt. Chirurg. – Prof. in Düsseldorf; Pionier der modernen Herz- und Lungenchirurgie unter Verwendung der Herz-Lungen-Maschine.

Derris [griech.], Gatt. der Schmetterlingsblütler mit etwa 100 Arten, v. a. im trop. und subtrop. Afrika und Asien; die Wurzeln **(Derriswurzeln, Tubawurzeln)** einiger Arten enthalten u. a. den Giftstoff ↑Rotenon.

Derry ['dɛri] (1613–1984 amtl. Londonderry), Stadt in Nordirland, 51 200 E. Verwaltungssitz des Distr. D., Univ. College (gegr. 1965), Sitz eines anglikan. und eines kath. Bischofs. Textil- und Möbelind., Schiffbau, Erdölraffinerie, Nahrungsmittelind.; Hafen am Foyle. – Um 546 gründete der hl. Columban das Kloster Derry, das Sitz eines Bistums wurde; der Ort bildete bis 1568 eine der Hauptfestungen gegen die Iren; 1604 Stadtrecht; kam 1613 in den Besitz der Stadt London, die danach in Londonderry umbenannt und City. – Anglikan. Kathedrale (1633 und 19. Jh.), kath. Kathedrale (1873); Stadtmauer mit Bastionen und Toren (1614). – ↑Blutsonntag.

Derschawin, Gawrila Romanowitsch [russ. dɪr'ʒavin], * im Gouv. Kasan 14. Juli 1743, † Gut Swanka (Gouv. Nowgorod) 20. Juli 1816, russ. Dichter. – Schrieb Oden auf Katharina d. Gr. und ihre Heerführer (u. a. „Gott", 1784); trotz Pathos charakterisieren Ironie, Humor und Innerlichkeit seine Lyrik.

Dertinger, Georg, * Berlin 25. Dez. 1902, † Leipzig 21. Jan. 1968, dt. Journalist und Politiker. – 1945 Mitbegr. der CDU in der SBZ; Außenmin. der DDR 1949–53; 1954 wegen „Spionage" und „Verrat" zu 15 Jahren Zuchthaus verurteilt, 1964 begnadigt.

Agostino Depretis

Thomas De Quincey

Georg Freiherr von Derfflinger

Bernhard Dernburg

Derwall

Tibor Déry

Morarji Ranchhodji Desai

René Descartes
(Ausschnitt aus einem Gemälde von Frans Hals, 1655; Paris, Louvre)

Derwall, Jupp (eigtl. Josef), *Würselen 10. März 1927, dt. Fußballtrainer. – 1978–84 Trainer der dt. Fußballnationalmannschaft (Europameister 1980).

Derwisch [pers. „Bettler"] (arab. Fakir), Angehöriger eines religiösen islam. Ordens. Lehren und Anschauungen der D. beruhen auf der islam. Mystik (↑Sufismus). Die D. suchen teils durch geistige Versenkung, teils durch asket. Übungen, Tänze und andere Exerzitien die myst. Vereinigung mit Gott.

Derwischorden, Zusammenschluß von Derwischen in ordensmäßigen Gemeinschaften (arab. „tarika"), die seit dem 12. Jh. nachweisbar sind. Die wichtigsten sind die Orden der Rifaije, Mewlewije, Bektaschi und Senussi. In der Vergangenheit mit erhebl. polit. und sozialem Einfluß, sind die D. heute teilweise verboten bzw. unter Regierungskontrolle (Ägypten).

Déry, Tibor [ungar. 'de:ri], *Budapest 18. Okt. 1894, †ebd. 18. Aug. 1977, ungar. Schriftsteller. – 1919 Mgl. der KP in der Räterepublik, 1953 aus der Partei ausgeschlossen, 1957 als Mgl. des Petőfi-Kreises verurteilt, 1961 begnadigt. Der Roman „Der unvollendete Satz" (1947) schildert den Weg eines jungen Mannes aus großbürgerl. Haus zum Kommunismus. Satir. zu verstehen sind die utop. Romane „Herr G. A. in X." (1964) wie auch „Ambrosius" (1966).

Des, Tonname für das um einen chromat. Halbton erniedrigte D.

des., Abk. für: ↑designatus.

des..., Des... [frz.; zu lat. dis- „auseinander"], Vorsilbe von Zusammensetzungen mit der Bed. „ent..., Ent...", z. B. Des-illusion.

De Sabata, Victor, *Triest 10. April 1892, †Santa Margherita Ligure 11. Dez. 1967, italien. Dirigent. – 1927–57 an der Mailänder Scala, zuletzt als Chefdirigent; v. a. Interpret der Werke Verdis, Puccinis und Wagners; auch Komponist (u. a. sinfon. Dichtungen).

Desaguadero, Río [span. 'rrio ðesaɣua'ðero], einziger Ausfluß des Titicacasees, W-Bolivien, durchfließt den Altiplano, mündet in den Poopósee, über 300 km lang.

Desai, Morarji Ranchhodji, *Bhadeli (Prov. Gujarat) 29. Febr. 1896, ind. Politiker. – Schloß sich 1930 Gandhi und der Kongreßpartei an; 1956–69 mehrmals Min., Führer des oppositionellen Parteiflügels der Kongreßpartei seit 1969; 1975–77 in Haft; bildete die Janata-Partei; 1977–79 Premierminister.

De Sanctis, Francesco, *Morra Irpina (= Morra De Sanctis bei Avellino) 28. März 1817, †Neapel 29. Dez. 1883, italien. Literarhistoriker. – Seit 1871 Prof. in Neapel; mit seiner „Geschichte der italien. Literatur" (2 Bde., 1870–72) leitete er die moderne italien. Literaturkritik ein.

Desargues, Gérard (Girard) [frz. de'zarg], ≈ Lyon 2. März 1591, †ebd. 8. Okt. 1662, frz. Mathematiker und Ingenieur. – Freund von R. Descartes. Entwickelte die Grundzüge einer projektiven Geometrie. – **Desargues-Satz:** Gehen die Verbindungslinien entsprechender Ecken zweier Dreiecke durch einen Punkt, so liegen die Schnittpunkte der Verlängerungen entsprechender Seiten auf einer Geraden.

Desaster [italien.-frz.], Mißgeschick, Unglück, Zusammenbruch.

desavouieren [dezavu'i:rən; frz.], verleugnen, im Stich lassen, bloßstellen.

Desbordes-Valmore, Marceline [frz. debɔrdval'mɔ:r], *Douai 20. Juni 1786, †Paris 23. Juli 1859, frz. Lyrikerin. – Verse von hoher Musikalität; sie sind ein Spiegelbild ihres schweren Lebens. – *Werke:* Élégies et romances (Ged., 1818), Les pleurs (Ged., 1833), Pauvres fleurs (Ged., 1839).

Descartes, René [frz. de'kart], latinisiert Renatus Cartesius, *Descartes (Touraine) 31. März 1596, †Stockholm 11. Febr. 1650, frz. Philosoph, Mathematiker und Naturwissenschaftler. – 1614–29 Reisen durch Europa; lebte seit 1629 in den Niederlanden, seit 1649 in Stockholm. D. geht es in seiner Philosophie zunächst um die erkenntnistheoretisch eindeutig gesicherten Grundlagen menschl. Erkenntnisse. Als unbezweifelbar gewiß gilt die durch method. Zweifel gewonnene Einsicht des ↑„Cogito ergo sum" (ich

Derwisch. Tanzender Derwisch auf dem Nemrut Dağı in der Türkei

denke, also bin ich), d. h. die Selbstgewißheit und Selbständigkeit im Denken. Sie wird durch zwei Gottesbeweise und den Nachweis gesichert, daß Gott (den Menschen) nicht täuscht. Die Annahme angeborener Ideen, d. h. einer erfahrungsunabhängigen Erkenntnisquelle, führt D. zum Begriff angeborener bzw. ewiger Wahrheiten, die schließlich einer apriorisch orientierten Erklärung auch erfahrungsbestimmter Vorgänge dienen sollen. – Die Unterscheidung zweier Substanzen: „Res extensa" (Ausdehnung, Körper, Außenwelt) und „Res cogitans" (Geist, Innenwelt), der sog. metaphys. Dualismus D., wird im neuzeitl. Denken zur Grundlage der (idealist.) Unterscheidung von Subjekt und Objekt. In der Physik formuliert D. zur Erklärung der sog. Korpuskularbewegung, auf die er alles Geschehen zurückführt, einen der ersten Erhaltungssätze der Physik überhaupt. In der Optik ist D. u. a. Mitentdecker des Brechungsgesetzes. Von größter Wirkung sind die Leistungen D. in der Mathematik, insbes. seine Grundlegung der ↑analytischen Geometrie. Als erster sieht er die Leistungsfähigkeit einer Gleichstellung von Geometrie und Algebra; bed. im einzelnen sein Beitrag zur Theorie der Gleichungen.

Werke: Discours de la méthode (Abhandlung über die Methode; 1637), Meditationes de prima philosophia (Meditationen über die erste Philosophie; 1641), Principia philosophiae (Grundlagen der Philosophie; 1644), De homine (Über den Menschen; 1662).

Deschamps, Eustache [frz. de'ʃã], *Vertus (Marne) um 1344, †um 1404, frz. Dichter. – Diplomat. Schrieb v. a. Balladen, oft mit zeitgeschichtl. Thematik; verfaßte die älteste frz. Poetik (1392).

Deschnjow, Semjon Iwanowitsch [russ. dɪʒ'njɔf], *1605, †Anfang 1673, russ. Kosak und Seefahrer. – Durchfuhr erstmals die Beringstraße und widerlegte damit die Auffassung, daß zw. Amerika und Asien eine Landverbindung bestehe.

Deschnjow, Kap, NO-Spitze Asiens und östlichster Punkt Rußlands, auf der Tschuktschenhalbinsel, an der Beringstraße, bei 66° 05′ n. Br. und 169° 40′ w. L.

Desdemona, bei Shakespeare Gemahlin Othellos; von Jago verleumdet, von Othello getötet.

Desensibilisatoren, chem. Substanzen, die die Empfindlichkeit von photograph. Materialien herabsetzen, um sie bei relativ hellem Licht zu entwickeln.

Desensibilisierung (Hyposensibilisierung), Schwächung oder Aufhebung der allerg. Reaktionsbereitschaft eines Organismus durch stufenweise gesteigerte Zufuhr des die Allergie auslösenden Allergens.

Deserteur [...'tø:r; lat.-frz.], Fahnenflüchtiger; ein Soldat, der seine Truppe oder militär. Dienststelle eigenmächtig verläßt oder ihr fernbleibt; **Desertion,** Fahnenflucht.

Desertifikation [lat.], räuml. Ausdehnung wüstenhafter Bedingungen durch den Eingriff des Menschen, bes. in Wüstenrandgebieten (↑Sahel).

Gérard Desargues.
Desargues-Satz

Desful, Stadt in Iran, unterhalb des Austritts des Des aus dem Sagrosgebirge, 200 m ü. d. M., 151 000 E. Handelszentrum eines Agrargebietes. – Brücke (260 n. Chr.).

Déshabillé [dezabi'je:; frz.], eleganter Morgenrock, auch -kleid (18. Jahrhundert).

De Sica, Vittorio, * Sora 7. Juli 1902, † Paris 13. Nov. 1974, italien. Schauspieler und Regisseur. – Drehte in Zusammenarbeit mit C. Zavattini Filme des italien. Neorealismus: „Fahrraddiebe" (1948), „Das Wunder von Mailand" (1950), „Umberto D." (1952), „Das Dach" (1956), „Die Eingeschlossenen" (1962; nach J.-P. Sartre).

Desiderat [zu lat. desiderare „wünschen"], vermißtes und zur Anschaffung in Bibliotheken vorgeschlagenes Buch; allg. Lücke, Mangel.

Desiderata, vermuteter Name der Tochter des Langobardenkönigs ↑ Desiderius. – Wurde 770 mit Karl d. Gr. vermählt, 771 zu ihrem Vater zurückgeschickt.

Desiderio da Settignano, * Settignano (= Florenz) zw. 1428 und 1431, † Florenz 16. Jan. 1464, italien. Bildhauer. – Schuf Marmorskulpturen von bes. Zartheit, v. a. Kinder- und Mädchenbüsten (u. a. „Marietta Strozzi", um 1460–64, Berlin-Dahlem; Mädchenbüste, Florenz, Nationalmuseum Bargello). Sein Hauptwerk ist das Grabmal des Carlo Marsuppini (Florenz, Santa Croce, 1455–66).

Desiderium [lat.], Wunsch, Verlangen; **pium desiderium,** frommer Wunsch.

Desiderius, † Corbie 774, Herzog von Tuszien, letzter König der Langobarden (757–774). – Versuchte das fränk.-päpstl. Bündnis zu sprengen; nachdem Karl d. Gr. 771 seine Ehe mit ↑ Desiderata aufgelöst hatte, von diesem bei Pavia besiegt und in ein fränk. Kloster verbannt.

Design [engl. dɪˈzaɪn; zu lat. designare „bezeichnen"], Entwurf, Entwurfszeichnung. Gestaltgebung und die so erzielte Form eines Gebrauchsgegenstandes (einschließl. Farbgebung); bezeichnet insbes. die moderne, zweckmäßige, funktional-schöne Formgebung industrieller Produkte (↑ Industriedesign).

Designation [lat.], Bestimmung einer Person für ein Amt, das erst mit Ausscheiden des Inhabers übernommen werden kann.

designatus [lat.], Abk. des., designiert; für ein Amt, eine Würde bestimmt.

Designer [engl. dɪˈzaɪnə (↑ Design)], Kurzbez. für Graphikdesigner, Industriedesigner oder Modedesigner.

Desillusion, Enttäuschung, Ernüchterung.

Desinfektion (Desinfizierung, Entseuchung), Maßnahmen zur Abtötung oder zur Behinderung des Wachstums krankheitserregender Bakterien und krankheitsübertragender Kleinlebewesen. Die gebräuchlichste Art der D. ist die Anwendung geeigneter Chemikalien, die die Bakterien durch ihre oxidierende (Chlorkalk, Wasserstoffperoxid, Kaliumpermanganat, Ozon u. a.) oder reduzierende Wirkung (z. B. Schwefeldioxid) bzw. durch Eingriff in den Stoffwechsel (Sulfonamide, gewisse Antibiotika) der betreffenden Mikroorganismen abtöten oder aber ihre Vermehrung behindern. Weiterhin wirken Schwermetallverbindungen, v. a. des Quecksilbers und des Silbers, Derivate des Phenols und Alkohol in höheren Konzentrationen in der gleichen bakteriostat. Weise. Neben chem. gibt es auch physikal. Methoden (Ultraschall, ultraviolettes Licht, Hitze).

Desinfestation, svw. Entwesung.

Desintegration, Auflösung eines Ganzen in seine Teile, Auflösung von Zusammenhängen; z. B. Auflösung der Struktur innerhalb der Familie.

Desinteressement [dɛzɛ̃tɛrɛs(ə)ˈmɑ̃; lat.-frz.], Uninteressiertheit, Unbeteiligtheit.

Désirée, Eugénie Bernardine, geb. Clary, * Marseille 8. Nov. 1777, † Stockholm 17. Dez. 1860, schwed. Königin. – Zunächst mit Napoleon Bonaparte verlobt; heiratete 1798 Jean-Baptiste Bernadotte, den späteren König Karl XIV. Johann von Schweden.

Deskription [lat.], allg. svw. Beschreibung; speziell die verbale oder numer. Beschreibung eines Sachverhaltes mit Hilfe neutraler, nicht wertender Ausdrücke; **deskriptiv,** beschreibend, z. B. d. Psychologie.

deskriptive Grammatik ↑ Grammatik.

Desktop publishing [ˈpʌblɪʃɪŋ; engl. „Publizieren vom Schreibtisch"], mit Hilfe einer Datenstation und eines Laserdruckers vorgenommene Text- und Bildverarbeitung einschl. Layout für kleinere Auflagen.

Deslandres, Henri Alexandre [frz. deˈlɑ̃:dr], * Paris 24. Juli 1853, † ebd. 15. Jan. 1948, frz. Astrophysiker. – Er leistete bahnbrechende Arbeiten zur Physik der Sonne.

Desmarets de Saint-Sorlin, Jean [frz. demarɛdəsɛ̃sɔrˈlɛ̃], * Paris 1595, † ebd. 28. Okt. 1676, frz. Dichter. – Im Epos „Clovis ou la France chrétienne" (1657 und 1673) wandte er sich gegen den Vorbildcharakter der heidn. Antike.

Desmodont [griech.], svw. Wurzelhaut (↑ Zähne).

Des Moines [engl. dɪˈmɔɪn], Hauptstadt von Iowa, USA, am D. M. River, 244 m ü. d. M., 191 000 E. Sitz eines kath. und eines anglikan. Bischofs; Univ. (gegr. 1881); Versicherungen, Druckereien und Verlage; Maschinenbau, Nahrungsmittelind.; ⚐. – 1843 als Fort gegründet.

Desmond, Paul [engl. ˈdɛzmənd], * San Francisco 25. Nov. 1924, † New York 30. Mai 1977, amerikan. Jazzmusiker. – Einer der wichtigsten Altsaxophonisten des Cool Jazz.

Desmoulins, Camille [frz. demuˈlɛ̃], * Guise (Aisne) 2. März 1760, † Paris 5. April 1794, frz. Revolutionär und Schriftsteller. – Einer der Anstifter des Sturms auf die Bastille (1789); Hg. einflußreicher Pamphlete und Zeitschriften; radikaler Jakobiner, 1790 Mitbegr. des Klubs der Cordeliers; trat seit Ende 1793 der jakobin. Schreckensherrschaft entgegen; auf Betreiben Robespierres mit Danton guillotiniert.

Desna, linker Nebenfluß des Djnepr, entspringt in den Smolensk-Moskauer Höhen, mündet nördlich von Kiew, 1 130 km lang; größtenteils schiffbar.

Desnos, Robert, * Paris 4. Juli 1900, † Theresienstadt 8. Juni 1945, frz. Dichter. – Schrieb surrealist. Lyrik, u. a. „Die Abenteuer des Freibeuters Sanglot" (Ged., 1927), später Widerstandsgedichte. Starb kurz nach der Befreiung aus dem KZ Theresienstadt.

Desodorant (Deodorant) [frz./lat.], Stoff, der unangenehme Gerüche überdeckt oder beseitigt.

Desodorierung [frz./lat.], Geruchsbeseitigung; erfolgt u. a. durch Oxidation der Geruchsstoffe (z. B. mit Chlorkalk), durch Adsorption (Aluminiumhydroxid), bei der Körperpflege durch Mittel, die schweißzersetzende Bakterien hemmen.

desolat [lat.], öde, trostlos, miserabel.

Desorganisation, Zerrüttung; **desorganisieren,** zerrütten, in Unordnung bringen.

Desorientierung, Unfähigkeit, sich räumlich, zeitlich sowie bezogen auf die eigene Person zurechtzufinden; Begleitsymptom v. a. bei Bewußtseinsstörungen.

Desorption ↑ Sorption.

Desoxidation, Entzug von Sauerstoff aus chem. Verbindungen oder Metallschmelzen durch Desoxidationsmittel.

Desoxidationsmittel, chem. Elemente, Verbindungen oder Legierungen, die aus anderen Verbindungen oder Metallschmelzen Sauerstoff entfernen.

Desoxy-, Bez. in chem. Namen; besagt, daß die vorliegende Verbindung durch Entfernung von Sauerstoff aus der Stammverbindung entstanden ist.

Desoxykortikosteron, Nebennierenrindenhormon mit Wirkung v. a. auf den Salzhaushalt.

Desoxyribonukleinsäure ↑ DNS.

despektierlich [lat.], geringschätzig, verächtlich, unehrerbietig, respektlos.

Desperado [lat.-span. „Verzweifelter"], das sich außerhalb jegl. Gesetze stellende Mgl. einer polit. extrem radikalen Gruppe; polit. Umstürzler.
▷ Gesetzloser, Bandit.

desperat [lat.], hoffnungslos, verzweifelt.

Despériers (Des Périers), Bonaventure [frz. depeˈrje], * Arnay-le-Duc (Côte-d'Or) um 1500, † in SW-Frankreich Winter 1543/44 (Selbstmord), frz. Schriftsteller. – Schrieb

Vittorio De Sica

Desiderio da Settignano. Büste eines jungen Mädchens (Florenz, Nationalmuseum Bargello)

Camille Desmoulins

Despiau

Charles Despiau.
Mädchenfigur, Bronze,
1937
(Antwerpen-
Middelheim,
Openluchtmuseum
voor Beeldhouwkunst)

90 Schwänke (z. T. aus dem überlieferten Erzählgut) und vier freigeistige, kirchenfeindl. Dialoge („Cymbalum mundi...", um 1537).

Despiau, Charles [frz. dɛsˈpjo], * Mont-de-Marsan (Landes) 4. Nov. 1874, † Paris 28. Okt. 1946, frz. Bildhauer. – 1907–14 Gehilfe Rodins; schuf harmon., klass. Figuralplastik, auch Porträts.

Desportes [frz. deˈpɔrt], François, * Champigneul-Champagne (Dep. Marne) 24. Febr. 1661, † Paris 20. April 1743, frz. Maler. – Glänzender Porträt- und Tiermaler; 1695/96 am Hof des poln. Königs Johann III. Sobieski; schuf Gobelinentwürfe.

D., Philippe, * Chartres 1546, † Bonport (Eure) 5. Okt. 1606, frz. Dichter. – Seine Gedichte stehen im Zeichen Ronsards und der Pléiade sowie italien. und span. Dichter; bed. Psalmenübers. (1603).

Despot [griech.], urspr. griech. Bez. für das Familienoberhaupt in patriarchal. Gesellschaftsstruktur; daneben Bez. des Herrn; umschreibt als polit.-eth. Schlagwort bes. den unrechtmäßigen Gewaltherrscher; abwertend für einen tyrann. Menschen.

Despotie [griech.], urspr. griech. Herrschaftsbez., heute Bez. für eine Regierungsform, in der die persönl. unumschränkte Wille des Machthabers entscheidet; in der klass. Staatsphilosophie neben der Tyrannis Entartungsform der Monarchie bzw. aller Staatsformen; **Despotismus,** Zustand und System schrankenloser Gewaltherrschaft.

Desprez, Josquin ↑ Josquin Desprez.

Desquamation [lat.] (Abschuppung), Absprengung von Gesteinsschuppen oder -schalen durch starke Tag-Nacht-Temperaturgegensätze, Salzsprengung oder Druckentlastung.

Dessalines, Jean Jacques [frz. desaˈlin], * Goldküste (Afrika) vor 1758, † Jacmel (Haiti) 17. Okt. 1806 (ermordet), Kaiser von Haiti. – Bis 1789 Sklave auf Hispaniola; beteiligte sich als General der haitian. Truppen an der Vertreibung der Briten 1797 und am Aufbau eines unabhängigen Staates; erklärte sich 1804 zum Kaiser.

Dessau, Paul, * Hamburg 19. Dez. 1894, † Berlin (Ost) 28. Juni 1979, dt. Komponist. – Emigrierte 1933, lebte zuerst in Paris, seit 1939 in New York und Hollywood, seit 1948 wieder in Berlin (Ost). Vertonte Texte seines Freundes Brecht, u. a. „Deutsches Miserere" (1944–47), Bühnenmusik zu „Mutter Courage und ihre Kinder" (1946), Opern „Die Verurteilung des Lukullus" (1951, Neufassung 1968) und „Puntila" (1966); auch Kantaten, Chöre und Lieder sowie Filmmusiken, Orchesterwerke und Kammermusik.

Dessau, kreisfreie Stadt in Sa.-Anh., an der Mündung der Mulde in die Elbe, 62 m ü. d. M., 104 000 E. Staatl. Galerie; Landestheater; naturkundl. und vorgeschichtl. Museum. Maschinen- und Waggonbau, elektrotechn. Ind.; Bahnknotenpunkt, Elbhafen. – 1213 erstmals als Marktflecken genannt; nach der anhalt. Teilung von 1603 Hauptstadt von Anhalt-D. und Residenz, 1863 Hauptstadt des vereinigten Anhalt. 1925 siedelte sich in D. das Bauhaus unter W. Gropius an (bis 1932). – Stadtkern im 2. Weltkrieg stark zerstört, Wiederaufbau der Georgenkirche (1712–17) und Johanniskirche (1688–93); im NW von D. Schloß Georgium (1781), bei D. Schloß **Mosigkau** (1754–56) von G. W. von Knobelsdorff.

Dessau
Stadtwappen

Dessauer, Friedrich, * Aschaffenburg 19. Juli 1881, † Frankfurt am Main 16. Febr. 1963, dt. Biophysiker und Philosoph. – 1921 Prof. in Frankfurt am Main; 1924–30 MdR (Zentrum), aus polit. Gründen zur Aufgabe seines Lehrstuhls gezwungen, 1934 Prof. in Istanbul, 1937 Freiburg (Schweiz), 1953 Frankfurt. D. war einer der Pioniere der Röntgenmedizin und Strahlenbiophysik; widmete sich zahlr. philosoph. Fragen, insbes. der Stellung des Menschen zu Technik und Religion; u. a. „Lehrbuch der Strahlentherapie" (1925), „Philosophie der Technik" (1926), „Religion im Lichte der heutigen Naturwissenschaften" (1951), „Was ist der Mensch?" (1959).

Friedrich Dessauer

Dessertweine [dɛˈsɛːr], hochwertige süße Weine (wie Madeira, Portwein, Samos); auch svw. ↑ Likörweine.

Dessì, Giuseppe, * Cagliari, 7. Aug. 1909, † Rom 6. Juli 1977, italien. Schriftsteller. – Seine psycholog. Erzählungen und Romane sind von seinen sard. Erfahrungen geprägt; u. a. „Das Lösegeld" (R., 1961).

Dessin [dɛˈsɛ̃; lat.-frz.], Plan, Entwurf; fortlaufendes Stoffmuster, Mustervorlage.

Dessoir, Max [dɛsoˈaːr], * Berlin 8. Febr. 1867, † Königstein i. Ts. 19. Juli 1947, dt. Philosoph und Psychologe. – Seit 1897 Prof. der Philosophie in Berlin; arbeitete v. a. über Ästhetik, daneben auch über Grenzgebiete zw. Psychologie und Physiologie (führte den Begriff „Parapsychologie" ein). – *Werke:* Ästhetik und allgemeine Kunstwissenschaft (1906), Vom Jenseits der Seele (1918), Das Ich, der Traum, der Tod (1947).

Dessous [dɛˈsuː; frz. „darunter"], Damenunterwäsche.

Destillat [lat.], wiederverflüssigter Dampf bei der ↑ Destillation.

Destillation [lat.], ein Verfahren zur Trennung oder Reinigung von Flüssigkeitsgemischen. Sie umfaßt die Verdampfung einer Flüssigkeit und die Kondensation der Dämpfe zum Destillat, das zus. **(einfache Destillation)** oder nacheinander nach Siedebereichen getrennt **(fraktionierte Destillation)** aufgefangen wird. Die fraktionierte D. erlaubt durch wiederholtes Destillieren der bei verschiedenen Temperaturen aufgefangenen Teildestillate eine Reinigung von Gemischen bis zu einer Siededifferenz von 0,5–1 °C. Erst viele hintereinander ablaufende D.schritte ermöglichen eine exakte Auftrennung **(Rektifikation)**. Temperaturempfindl. Stoffe werden bei Unterdruck destilliert **(Vakuumdestillation)**. Bei der **Azeotropdestillation** werden azeotrope Gemische durch Zugabe einer geeigneten dritten Komponente zerlegt. Bei der **Trokkendestillation** werden feste Stoffe unter völligem Luftabschluß erhitzt und die flüchtigen Zersetzungsprodukte aufgefangen.

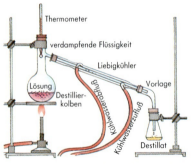

Destillation. Schematische Darstellung einer einfachen Destillation

destilliertes Wasser [lat./dt.], svw. ↑ Aqua destillata.

Destouches, Philippe [frz. deˈtuʃ], eigtl. P. Néricault, * Tours 9. April 1680, † Schloß Fortoiseau bei Villiers-en-Bière (Seine-et-Marne) 4. Juli 1754, frz. Dramatiker. – Verf. erfolgreicher Charakterstücke, zunehmend lehrhaft; u. a. „Der Ruhmredige" (1732) und „Der Verschwender" (1736).

Destruktion [lat.], Zerstörung; **destruktiv,** zerstörend, zersetzend.

Destruktionstrieb, Drang nach Zerstörung (auch der eigenen Person); nach S. Freud eine Komponente des lebensfeindl. Todestriebes, der sich als Aggression oder als Lust am Zerstören äußert.

Destur [arab. „Verfassung"], nationalist. Unabhängigkeitsbewegung in Tunesien; 1920 formte sich die **Destur-Partei,** die Autonomie verlangte. Der 1934 unter der Führung von H. Burgiba abgespaltetene radikale Flügel, die **Neo-Destur-Partei,** wurde von den Franzosen unterdrückt. Nach der Unabhängigkeitserklärung Tunesiens 1956 wurden D.-Partei und Neo-D.-Partei als **Parti Socialiste Destourien** (PSD) 1964 neu gegründet.

▷ nationalist. Partei (Constitutional Union Party) im Irak 1949–58, als monarchist. Sammlungspartei von Nuri As Said gegründet.

Destutt de Tracy, Antoine Louis Claude Graf [frz. dɛstyt dɑtraˈsi], * Paris 20. Juli 1754, † ebd. 9. März 1836, frz. Philosoph und Politiker. – Vertrat eine psychologisch-sensualist. Ideenlehre; nach polit. Karriere 1789 als Adelsvertreter in die Generalstände.

Desultoren [lat.], röm. Kunstreiter, die während des Wettreitens von einem Pferd aufs andere sprangen; **desultorisch,** unbeständig, wankelmütig.

DESY [ˈdeːzy, ˈdeːzi], Abk. für: ↑ **D**eutsches **E**lektronen-**Sy**nchrotron.

deszendent (deszendierend) [lat.], absteigend.

Deszendent [lat.], in der *Astronomie* Gestirn im Untergang; auch Untergangspunkt eines Gestirns.

▷ in der *Genealogie* Nachfahre (Abkömmling) einer Person; Ggs.: Aszendent; **Deszendenz,** Verwandtschaft in absteigender Linie; Zusammenstellung aller Nachkommen einer Person: **Deszendenztafel.** – ↑ Stammtafel.

Deszendenztheorie (Abstammungslehre, Evolutionstheorie), Theorie über die Herkunft der zahlr. unterschiedl. Pflanzen- und Tierarten einschl. des Menschen, nach der die heute existierenden Formen im Verlauf der erdgeschichtl. Entwicklung aus einfacher organisierten Vorfahren entstanden sind. Über die Entstehung des Lebens selbst vermag die D. nichts auszusagen, steht aber im Ggs. zur Vorstellung der Unveränderlichkeit bzw. Konstanz der Arten, die von einem göttl. Schöpfungsakt (oder mehreren) ausgeht. Nach der D. vollzog sich in langen Zeiträumen ein Artenwandel, wobei Mutation, Rekombination, die natürl. Auslese und die Isolation als wichtigste Evolutionsfaktoren wirksam waren.
Die Vorstellung einer kontinuierl. Entwicklung der Organismen auf der Erde ist schon sehr alt. Bereits griech. Naturphilosophen des Altertums (u. a. Empedokles, Anaximander von Milet, Demokrit) hatten Ansätze des Abstammungsdenkens in ihren Lehren. Als eigtl. Begründer der D. gilt J.-B. de Lamarck (↑ Lamarckismus). Wissenschaftl. untermauert wurde die D. dann von C. Darwin mit der von ihm aufgestellten ↑ Selektionstheorie. In Deutschland gehörten E. Haeckel und A. Weismann zu den führenden Vertretern der D.

Détaché [detaˈʃeː; frz.], beim Spiel von Streichinstrumenten eine Strichart, bei der die einzelnen Töne sowohl durch den Wechsel von Ab- und Aufstrich als auch durch eine merkl. Zäsur beim Strichwechsel voneinander abgesetzt werden.

Detachement [detaʃ(ə)ˈmãː; frz.], veraltete Bez. für eine nur zeitweilig aufgestellte Truppenabteilung gemischter Waffen.

Detail [deˈtaɪ; frz.], Teile eines Ganzen, Einzelheiten, das einzelne; **detaillieren** oder **ins Detail gehen,** im einzelnen darlegen.

Detailhandel [deˈtaɪ; frz.], in der Schweiz svw. Einzelhandel.

Detektiv [engl.; zu lat. detegere „aufdecken"] (Privatdetektiv), jemand, der gewerbsmäßig Informationen beschafft und Auskunft erteilt über die geschäftl. und/oder persönl. Angelegenheiten anderer. Für den Betrieb von D.büros (Detekteien) haben in der BR Deutschland die Länder der RVO erlassen.
Im *östr. Recht* unterliegt die Betätigung als D. der gewerbl. Konzessionierung. – In der *Schweiz* auch Bez. für Angehörige kriminalpolizeil. Ermittlungsbehörden.

Detektivroman, Sonderform des ↑ Kriminalromans.

Detektor [lat.-engl.], allg. svw. Nachweis- oder Anzeigegerät, z. B. zum Nachweis von Strahlungen oder von [Elementar]teilchen.

▷ (Kristalldetektor) nicht mehr gebräuchl. Form einer Spitzendiode zur Hochfrequenzdemodulation.

▷ nach einem elektro-pneumat., Induktions-, Ultraschall- oder Radarprinzip arbeitendes Gerät in Verkehrssignalanlagen zur zahlenmäßigen Erfassung des Verkehrsflusses und selbsttätigen Meldung an eine Zentrale.

Detektorempfänger, einfachste Form des Funkempfängers für Amplitudenmodulation; er besteht aus der Antenne, einem abstimmbaren Schwingkreis, Detektor und Kopfhörer.

Détente [deˈtãːt; frz.; zu lat. tendere „spannen"], im polit. Sprachgebrauch svw. Entspannung. – ↑ Entspannungspolitik.

Deterding, Sir (seit 1920) Henri [Wilhelm August] [niederl. ˈdeːtərdɪŋ, engl. ˈdetədɪŋ], * Amsterdam 19. April 1866, † Sankt Moritz 4. Febr. 1939, niederl. Industrieller. – Schloß als Generaldirektor 1907 die Royal-Dutch-Petroleum-Company mit der brit. Shell-Company zum zweitgrößten Erdölkonzern der Welt (Royal Dutch/Shell) zusammen.

Detergenzien [engl.; zu lat. detergere „abwischen"], svw. ↑ Tenside.

Determinante [lat.], mathemat. Ausdruck zur Auflösung linearer Gleichungssysteme. Die einfachste Form einer D. ist die aus 2^2 Zahlen bestehende *zweireihige D.* Es gilt:

$$\begin{vmatrix} a & b \\ c & d \end{vmatrix} = ad - bc$$

Determination [lat.], in der *Entwicklungsphysiologie* die Entscheidung darüber, welche genet. Potenzen einer zunächst embryonalen Zelle bei der anschließenden Differenzierung realisiert werden.

▷ in der *Psychologie* Bez. für das Bedingtsein aller psych. Phänomene durch physiolog., soziale (z. B. Milieu) oder innerseel. (z. B. Motivation) Gegebenheiten.

Determinismus [lat.], 1. allg. die Lehrmeinung, nach der alles Geschehen in der Welt durch Gesetzmäßigkeiten (↑ Kausalität) oder göttl. Willen (↑ Prädestination) [vorher] bestimmt ist; 2. i. e. S. die Auffassung, daß der menschl. Wille immer durch (innere oder äußere) Ursachen vorbestimmt (determiniert) sei, es also keine Freiheit des Willens gebe.

Detmold, Hauptstadt des Reg.-Bez. D. und des Kr. Lippe, in NRW, an der oberen Werre, 125–402 m ü. d. M., 65 500 E. Musikhochschule, Bundesforschungsanstalt für Getreideverarbeitung, Inst. für Schul- und Volksmusik, Landestheater; Staatsarchiv, Landesbibliothek, Landes-, Freilichtmuseum; u. a. Möbel-, Metall-, Elektroind. – 783 zuerst erwähnt; vermutlich Mitte 13. Jh. als Stadt neu gegr. (Stadtrecht 1305 belegt). Seit etwa 1470 Residenz der Grafen zur Lippe, Hauptstadt des Landes Lippe bis 1945. - Spätgot. Stadtkirche (1547); das Residenzschloß, im Stil der Weserrenaissance 1549 ff. erbaut, geht auf eine 1366 urkundlich erwähnte Wasserburg zurück.

D., Reg.-Bez. in Nordrhein-Westfalen.

Detonation [lat.], chem. Reaktion explosiver Gemische (auch Kernreaktion), die sich – im Ggs. zur Explosion – mit extrem hoher Geschwindigkeit im Gemisch fortpflanzt (1 000 bis 10 000 m/s) und eine Stoßwelle bildet.

Detektorempfänger. Induktive Ankopplung der Antenne A an einem abstimmbaren Parallelschwingkreis; D Detektor, K Kopfhörer

Detmold Stadtwappen

Detmold. Eingangsfront des fürstlichen Residenzschlosses im Stil der Weserrenaissance, 1549 begonnen

detonieren

detonieren [lat.], schlagartig auseinanderplatzen (↑ Detonation).
▷ in der *Musik:* die angeschlagene Stimmung verlassen, unrein singen oder spielen.
Detoxikation, svw. ↑ Entgiftung.
Detritus [lat.], frei im Wasser schwebende, allmähl. absinkende, unbelebte Stoffe aus abgestorbenen, sich zersetzenden Tier- oder Pflanzenresten.
Detroit [engl. dɪˈtrɔɪt], Hafenstadt in Mich., USA, am Detroit River, (1990) 1,027 Mill. E (1980: 1,2 Mill. E, 1970: 1,5 Mill. E.), Metropolitan Area: 4,6 Mill. E. Sitz eines kath. Erzbischofs, eines anglikan. und eines methodist. Bischofs; zwei Univ. (gegr. 1877 bzw. 1933), kath. Institute of Technology, Kunsthochschule, College; Bibliothek, Museen; Zoo, Aquarium. D., als ehemals größte Automobilindustriestadt der Erde, ist ein Eisenbahn- und Straßenknotenpunkt an den Großen Seen. Der Binnenhafen kann von Seeschiffen bis zu 25 000 t angelaufen werden. Dem Verkehr mit Kanada (Windsor) dienen Eisenbahnfähren, Tunnels und eine Brücke; ✈. – 1701 wurde von Franzosen das **Fort Pontchartrain du Détroit** gegr.; 1760 von den Briten erobert; 1796 an die USA abgetreten; 1805–47 Hauptstadt des Staates Michigan.
Detroit River [engl. dɪˈtrɔɪt ˈrɪvə], Fluß in Nordamerika, verbindet den Lake Saint Clair mit dem Eriesee, Grenze zw. den USA und Kanada, 50 km lang; bed. Wasserstraße.
Dettingen a. Main, Ortsteil von Karlstein a. Main, Bay. – In der **Schlacht bei Dettingen** 1743 während des östr. Erbfolgekrieges wehrte die „Pragmat." Armee unter Führung Georgs II. von Großbritannien einen Angriff des frz. Heeres siegreich ab.
Detumeszenz [lat.], Abschwellung; Rückgang einer Geschwulst.
Deukalion, Gestalt der griech. Mythologie; Sohn des Prometheus. Entrann mit seiner Gemahlin Pyrrha der Sintflut und gilt als Stammvater der Hellenen.
Deus absconditus [lat. „der verborgene Gott"], in der ma. Theologie und bei Luther Bez. für den absolut transzendenten Gott, dessen Vorhaben unerforschlich sind und der mit menschl. Kategorien nicht zu erfassen ist.
Deus ex machina [lat. „der Gott aus der Maschine"], Bez. für eine Form der Lösung eines dramat. Knotens, die künstl. durch ein unerwartetes, manchmal unmotiviertes Eingreifen meist einer Gottheit oder anderer Personen erfolgt. – Bez. nach der kranänl. Maschine des antiken Theaters, die das Herabschweben der Gottheit ermöglichte.
Deut (Doit, Duit) [niederl.], kleinste niederl. Kupfermünze des 16. Jh. im Wert von 2 Pfennig = $^1/_8$ Stüver; wegen der vielen Nachprägungen 1701 verboten; dann neu geprägt, bes. für Ostindien: 100 D. = 1 Rupie oder 1 Gulden.
deuter..., Deuter..., deutero..., Deutero... [griech.], Bestimmungswort von Zusammensetzungen mit der Bedeutung „zweiter, nächster, später"; gelegentl. zu **deut...,** **Deut...** verkürzt.
Deuterium [griech.], Zeichen D oder ^{2}H, schwerer Wasserstoff, Wasserstoffisotop mit der Massenzahl 2; sein Kern (Deuteron) besteht aus einem Proton und einem Neutron. Die wichtigste Verbindung ist das ↑ schwere Wasser.
deutero..., Deutero... ↑ deuter...
deuterokanonische Schriften, Bücher der Septuaginta, die im hebr. A. T. nicht enthalten sind; sie haben in der kath. Theologie kanon. Ansehen, in der ev. Theologie gelten sie als unkanon. und werden Apokryphen genannt.
Deuteromyzeten [griech.] (Deuteromycetes, Fungi imperfecti), in der zur Zeit diejenigen Pilze (rd. 20 000 aller bisher bekannten Pilzarten; ohne Rücksicht auf ihre Verwandtschaft) zusammengefaßt werden, die fast nur noch die ungeschlechtl. Nebenfruchtformen ausbilden. Viele D. haben prakt. Bed. u. a. in der techn. Mikrobiologie, indem sie Antibiotika liefern; bekannt sind D. auch als Parasiten bei Mensch, Tier und Pflanze.
Deuteron [griech.], physikal. Zeichen d; Atomkern des ↑ Deuteriums; besteht aus einem Proton und einem Neutron; Masse 3,3433 · 10^{-24} g, Spin 1 und magnet. Moment 0,8574 Kernmagnetonen. Das D. ist der einfachste zusammengesetzte Atomkern.
Deuteronomium [griech. „zweites Gesetz"], in der Vulgata und allg. in der Bibelwiss. Bez. für das 5. Buch Mose, das in seinem Hauptteil (Kapitel 12–27) Gesetze enthält, die auf Moses zurückgeführt wurden. Das D. bildete im 7. Jh. v. Chr. die Grundlage für die Kultreform des Königs Josia (⚰ 639–609).

Detroit. Das Renaissance Center, 1977 nach einem Entwurf von John Calvin Portman jr. errichtet

Deuterostomier [griech.] (Zweitmünder, Neumünder, Deuterostomia), Stammgruppe der bilateralsymmetrisch gebauten Tiere, bei denen der Urmund im Verlauf der Keimesentwicklung zum After wird, während die Mundöffnung als Neubildung am anderen Ende des Urdarms nach außen durchbricht. D. besitzen eine sekundäre Leibeshöhle. Zu den D. zählen u. a. die Tierstämme ↑ Stachelhäuter, ↑ Chordatiere. – Ggs. ↑ Protostomier.
Deutsch, Ernst, * Prag 16. Sept. 1890, † Berlin 22. März 1969, dt. Schauspieler. – Von M. Reinhardt 1917 nach Berlin verpflichtet, wo er als Charakterschauspieler auftrat; 1933 Emigration in die USA; auch Filmrollen.
D., Julius, * Lackenbach (Burgenland) 2. Febr. 1884, † Wien 17. Jan. 1968, östr. Politiker. – Sozialdemokrat; organisierte 1918–20 die Volkswehr, gründete 1923 den Republikan. Schutzbund, dessen Obmann bis 1934; leitete den geschleiterten Februaraufstand 1934; Flucht in die ČSR.
D., Karl Wolfgang, * Prag 21. Juli 1912, † Cambridge (Mass.) 1. Nov. 1992, amerikan. Politikwissenschaftler östr. Herkunft. – Seit 1967 an der Harvard University; übertrug kybernet. Modelle auf die Analyse polit. Prozesse.
D., Niklaus Manuel, schweizer Maler und Dichter, ↑ Manuel, Niklaus.
D., Otto Erich, * Wien 5. Sept. 1883, † ebd. 23. Nov. 1967, östr. Musikforscher. – Seine Arbeiten galten der Wiener Klassik, bes. aber F. Schubert.
deutsch, Volks- und Sprachbez., als einzige in Europa nicht von einem Stammes- oder Landesnamen abgeleitet. Etymologisch geht das Adjektiv d. (mittelhochdt. *diut[i]sch,* althochdt. *diutisc)* auf das german. Substantiv *thiot* („Volk") zurück und bedeutet also „zum Volk gehörig".
Geschichte: Das altfränk. *theudisk* („dem eigenen Stamm zugehörig") kam im 7. Jh. auf, Ggs. war *walhisk,* „welsch, romanisch". In der mittellat. Form *theodiscus* wurde das Wort auf die Sprache bezogen, *theodisca lingua* war unter Karl d. Gr. amtl. Bez. für die altfränk. Volkssprache. Im 9. Jh. begann die althochdt. Form *diutisc* mittellat. *theodiscus* zu verdrängen und wurde Gesamtbez. für die Stammessprachen im Ostfränk. Reich. Das Wort wurde

Ernst Deutsch

Deut der Vereinigten Ostindischen Kompanie, geprägt 1773 in Utrecht (Vorder- und Rückseite)

dann auch noch mit *teutonicus,* dem man dieselbe Bed. gab (eigtl. „gallisch"), in Verbindung gebracht, so daß d. später die Gesamtheit aller dt. Stämme bezeichnen konnte. – Das Wort d. bezeichnete also in erster Linie die Sprache, es wurde dann (erstmals im „Annolied", wahrscheinlich zw. 1080 und 1085) auf die Träger der Sprache, das Volk, übertragen; ein Substantiv für das polit. Staatswesen dieses Volkes wurde erst spät (15. Jh.) gebildet und selten verwendet. – ↑ deutsche Sprache.

Deutsch Altenburg, Bad ↑ Bad Deutsch Altenburg.

Deutschbalten (Balten), aus dem 19. Jh. stammende Bez. für die dt. Bewohner Livlands, Estlands und Kurlands bzw. der Staaten Estland und Lettland; bildeten seit ersten Siedlungen unter dem Dt. Orden im 13. Jh. eine ständisch verfaßte Oberschicht. Russifizierungsversuche des späten Zarenreichs veranlaßten einige zur Übersiedlung nach Deutschland. Nach Verträgen zw. Estland bzw. Lettland mit dem Dt. Reich 1939 wurden zahlr. D. ins Dt. Reich umgesiedelt.

Deutsch-Britisches Flottenabkommen 1935, Abkommen, in dem sich Großbritannien mit einer maritimen Aufrüstung Deutschlands bis zu 35 % (Unterseebootstonnage bis zu 100 %) der Gesamttonnage der brit. Kriegsflotte einverstanden erklärte; 1939 von Hitler gekündigt.

Deutsch-Dänischer Krieg, 1848–50, entzündete sich an dem Versuch Dänemarks, das mit Holstein verbundene, nicht zum Dt. Bund gehörende Hzgt. Schleswig zu annektieren. – ↑ Schleswig-Holstein (Geschichte).
▷ 1864 Krieg Preußens und Österreichs gegen Dänemark; führte nach dem Fall der starken Befestigungen von Düppel 1864 zum Frieden von Wien (preuß.-östr. Kondominium über Schleswig-Holstein bis 1866).

Deutsche, nach Herkunft und Sprache Teil der Germanen, die sich von S-Schweden, Dänemark und Schleswig-Holstein nach M-Europa ausbreiteten.
Geschichte: Für das MA sind als D. die in M-Europa ansässigen westgerman. Stämme zu bezeichnen. Die Wahl eines gemeinsamen Königs der dt. Stämme (seit 919) und die daraus folgende Unteilbarkeit des Ostfränk. Reiches waren Ausdruck eines polit. Zusammengehörigkeitsbewußtseins (↑ deutsch). Die dt. Bev., die seit der Karolingerzeit zahlenmäßig ständig angewachsen war (um 1000 rd. 10 Mill., um 1340 rd. 13 Mill.), wurde Mitte des 14. Jh. um 20–30 % durch die Pest dezimiert. Die im 16. Jh. einsetzende relative Überbevölkerung entwickelte sich trotz Seuchen, Hungersnöten und Bauernkrieg, der mindestens 100 000 Menschen das Leben kostete. Mit 30–50 % (bei rd. 15 Mill. 1620) lagen die Bev.verluste im Dreißigjährigen Krieg wesentlich höher. Um 1800 zählte die dt. Bev. (in den Grenzen von 1914) rd. 24,5 Mill., 1850 35,4 Mill., 1913 schon 67 Mill. Gemindert wurde die rapide Bev.zunahme durch die Auswanderungen: 1830–70 allein nach Übersee (bes. nach Nordamerika) über 2,5 Mill. D., zw. 1871 und 1910 2,7 Mill. (nach Übersee, auch teilweise in die dt. Kolonien); die Zahl der illegalen Auswanderer war etwa ebenso hoch. Der steile Wirtschaftsaufschwung, v. a. nach 1870/71, minderte die Bed. der Auswanderung und lockte viele Einwanderer in die dt. Ind.reviere. Folge der Bev.zunahme und der Industrialisierung war eine wachsende Verstädterung. Während um 1800 fast 90 % der D. auf dem Lande oder in Kleinstädten unter 5 000 E lebten, belief sich der Anteil der Stadtbev. 1871 auf etwa 36 %, 1900 sogar auf 60 %. Der Bev.verlust durch den 1. Weltkrieg betrug mehr als 5,5 Mill. (militär. Verluste rd. 2,4 Mill.). In den auf Grund des Versailler Vertrages abgetretenen Gebieten lebten 1910 etwa 3,5 Mill. Menschen (von rd. 6,5 Mill.), die Deutsch als ihre Muttersprache angaben; viele von ihnen kehrten in das Dt. Reich zurück; 1925 gab es 1,1 Mill. D. im Reichsgebiet, die vor 1914 außerhalb der Nachkriegsgrenzen gelebt haben. Erst Mitte der 30er Jahre wurde die Bev.zahl von 1913 erreicht, obwohl schon ab 1925 die Einwanderung überwog, v. a. auch durch dt. Rückwanderer aus Übersee (1925–33 rd. 350 000). Die Verlangsamung des Bev.wachstums führte nach 1933 zu verschiedenen bevölkerungspolit. Maßnahmen und zu großen Umsiedlungsaktionen (sog. „Heimführung" dt. Bev.gruppen aus O- und SO-Europa) während des 2. Weltkrieges (etwa 960 000 D.). Nach dem 2. Weltkrieg lebten 1950 in der BR Deutschland und der DDR etwa 12,3 Mill. Vertriebene (etwa 2 Mill. hatten bei der ↑ Vertreibung den Tod gefunden), davon 9 Mill. aus den ehem. dt. Ostgebieten und Polen sowie rd. 3 Mill. aus der Tschechoslowakei; darüber hinaus in der BR Deutschland 122 700 Westvertriebene (fast 67 000 aus Österreich, 5 700 aus dem Saargebiet, 2 500 aus der Schweiz, 36 000 aus dem übrigen Europa und 11 500 aus Übersee). Der Zustrom der Vertriebenen und Flüchtlinge aus den 1939 nicht zum Dt. Reich gehörenden Gebieten vermochte die Verluste durch den 2. Weltkrieg (rd. 7,6 Mill., davon 3,8 Mill. militär.) nicht auszugleichen. Die Zuwanderung der Heimatvertriebenen und Flüchtlinge bedeutete für die SBZ bzw. DDR mit rd. 4,4 Mill. bis 1950 zwar einen relativ stärkeren Zuwachs, dagegen flüchteten in den Jahren 1945–49 rd. 1,3 Mill. in die Westzonen. 1950–61 wanderten über 3 Mill. DDR-Bewohner in die BR Deutschland ab, 1961–Ende Jan. 1990 waren es über 1 Mill., von Jan. bis Okt. 1990 etwa 390 000 Übersiedler. 1951–69 kamen rd. 310 000 dt. Aussiedler (sowie rd. 100 000 aus O- und SO-Europa), 1969–91 über 2 Mill. Aussiedler in die BR Deutschland. Außer den in den Grenzen des Dt. Reiches wohnenden D. **(Reichsdeutsche)** lebten seit dem MA verschiedene dt. Volksgruppen außerhalb des Reiches (**Auslandsdeutsche,** im NS ↑ **Volksdeutsche** gen.): Sudetendeutsche, Deutschbalten, Banater Schwaben, Siebenbürger Sachsen, Wolgadeutsche. Heutige Auslands-D. sind v. a. die ↑ Polendeutschen, die ↑ Rumäniendeutschen, die ↑ Ungarndeutschen und die ↑ Wolgadeutschen. Dt. Siedlungen gibt es durch starke Auswanderung in Kanada (seit 1750), den USA (bes. seit dem 19. Jh.), Brasilien (seit 1824), Argentinien (seit 1836), Chile (seit 1850), Australien (seit 1838).

Deutsche Akademie, 1925–45 mit Sitz in München bestehende Einrichtung zur Erforschung und Pflege des Deutschtums; Nachfolgeinstitution: ↑ Goethe-Institut.

Deutsche Akademie der Naturforscher Leopoldina, 1652 gegr. älteste naturwiss.-medizin. Gesellschaft; befindet sich seit 1878 in Halle/Saale.

Deutsche Akademie der Wissenschaften zu Berlin, 1946 als Nachfolgerin der Preuß. Akademie der Wissenschaften gegr.; 1972 Umbenennung in Akademie der Wissenschaften der DDR; 1991 aufgelöst.

Deutsche Akademie für Sprache und Dichtung, Vereinigung dt. Schriftsteller, Sprach- und Geisteswissenschaftler zur Pflege und Vermittlung dt. Sprache und Dichtung; gegr. 1949; Sitz Darmstadt. Die Akademie verleiht u. a. den ↑ Georg-Büchner-Preis.

Deutsche Allgemeine Zeitung, Abk. DAZ, bis 1945 in Berlin erschienene dt. Tageszeitung; ging auf die 1861 gegr. **Norddeutsche Allgemeine Zeitung** zurück, die bis 1918 als „Kanzlerblatt" galt; seit 1918 u. d. T. DAZ nat. ausgerichtet; nach 1933 gleichgeschaltet.

Deutsche Angestellten-Gewerkschaft, Abk. DAG, dt. Gewerkschaftsverband für Angestellte, Sitz Hamburg; 1949 gegründet, in Berufsgruppen (kaufmänn. Banken und Sparkassen, öff. Dienst u. a.) und Landesverbände mit Bezirksgeschäftsstellen gegliedert; rd. 580 000 Mgl. (1992).

Deutsche Angestellten-Krankenkasse, Abk. DAK, zweitgrößte Ersatzkasse der BR Deutschland (1990 rd. 4,6 Mill. Mgl.; rd. 1,8 Mill. mitversicherte Familienangehörige); Name seit 1930; Sitz Hamburg.

Deutsche Arbeiterpartei ↑ Nationalsozialistische Deutsche Arbeiterpartei.

Deutsche Arbeitsfront, Abk. DAF, nat.-soz. Organisation, die 1933 an die Stelle der aufgelösten Gewerkschaften trat. Der NSDAP angeschlossener Verband, unter dem Reichsorganisationsleiter R. Ley. Die Mitgliedschaft war formell freiwillig, jedoch wurde starker Druck auf die Arbeitnehmer ausgeübt, der DAF beizutreten. Gesetzlich anerkannte ständ. Organisationen konnten der DAF korporativ angehören (Reichskulturkammer, Organisation der gewerbl. Wirtschaft, Reichsnährstand). Mgl. konfessioneller

Deutsche Bank AG

Arbeiter- oder Gesellenvereine konnten der DAF nicht beitreten; 1936 etwa 20 Mill. Mgl. War, gestützt auf das Vermögen der zwangsaufgelösten Gewerkschaften, Trägerin der „Nat.-soz. Gemeinschaft ‚Kraft durch Freude'" (KdF), des Heimstättensiedlungswerks, der Bank der Dt. Arbeit A.G., des Versicherungsringes der Dt. Arbeit GmbH und einiger Verlage. 1945 aufgelöst.

Deutsche Bank AG, größte dt. private Kreditbank, gegr. 1870, Sitz Frankfurt am Main, Niederlassungen in ganz Deutschland. Universalgroßbank im nat. und im internat. Bankgeschäft; bed. Beteiligungen (u. a. Daimler-Benz AG, Karstadt AG, Dt. Herold AG).

Deutsche Bergwacht ↑ Bergwacht.

Deutsche Bibliographie, von der ↑ Deutschen Bibliothek seit 1953 hg. Bibliographie des deutschsprachigen Schrifttums in mehreren Reihen.

Deutsche Bibliothek, die nationale Bibliothek der BR Deutschland, die 1991 aus der Vereinigung der Frankfurter D. B. und der Deutschen Bücherei in Leipzig unter Beibehaltung beider Standorte (Hauptsitz in Frankfurt am Main) hervorgegangen ist.
Geschichte: Die **Deutsche Bücherei** wurde 1912 als Einrichtung des Börsenvereins der Dt. Buchhändler zu Leipzig als Gesamtarchiv des deutschsprachigen Schrifttums eröffnet. Seitdem sammelte und verzeichnete sie das gesamte seit 1913 in Deutschland erscheinende Schrifttum und die Musikalien mit dt. Titeln und Texten (seit 1943), die Übersetzungen deutschsprachiger Werke (seit 1941) sowie fremdsprachige Werke über Deutschland, die internat. Literatur auf dem Gebiet des Buch- und Bibliothekswesens, die Druckerzeugnisse der Kartographie, ferner die dt. Patentschriften (seit 1945) und dt. literar. Schallplatten (seit 1959). Hg. u. a. des „Dt. Bücherverzeichnisses" (1911 bis 1990) und der „Deutschen Nationalbibliographie" (1931 bis 1990). In die Deutsche Bücherei war seit 1950 das Deutsche Buch- und Schriftmuseum eingegliedert. 1991 wurde ein Zentrum für Bestandschutz (Restaurierung, Übertragung der Originaltexte auf andere Medien) am Leipziger Standort der D. B. eingerichtet. – Die **Deutsche Bibliothek** war die 1947 gegr. zentrale Archivbibliothek in Frankfurt am Main (seit 1969 Anstalt des öff. Rechts). Sie sammelte und verzeichnete die nach dem 8. Mai 1945 in Deutschland verlegten und die im Ausland erschienenen deutschsprachigen Veröffentlichungen, die Übersetzungen dt. Werke in andere Sprachen und fremdsprachige Werke über Deutschland sowie die dt. Emigrantenliteratur 1933–45. – Musiknoten und -tonträger werden durch die Außenstelle der D. B., das **Deutsche Musikarchiv** in Berlin, verzeichnet. Ablieferungspflicht der Verleger der BR Deutschland (vor 1969 freiwillig). Die D. B. ist eine Präsenzbibliothek; Hg. der „Dt. Bibliographie, Bücher und Karten" (seit 1951), „Dt. Bibliographie, Zeitschriftenverzeichnis" (seit 1945).

Deutsche Buchhändlerschule, zentrale Ausbildungsstätte des dt. Buchhandels, gegr. 1946 in Köln, seit 1962 in Frankfurt am Main; unterhalten vom Börsenverein des Dt. Buchhandels e. V.

Deutsche Bucht, Teil der sö. Nordsee zw. der W-Küste Jütlands und den Westfries. Inseln, besitzt seewärts keine natürl. Grenzen; Anrainer sind Dänemark, die BR Deutschland und die Niederlande. Ihren festländ. Küsten sind Wattengebiete, Dünen-, Marsch- und Geestinseln vorgelagert. Im Zentrum der bis 38 m tiefen D. B. liegt Helgoland. – Die D. B. unterliegt hohen Gezeiten und starken Gezeitenschwankungen; der Höchstwert des Gezeitenhubs wird in Wilhelmshaven mit 4,1 m zur Zeit der Springtide erreicht.

Deutsche Bundesakte, die Verfassung des ↑ Deutschen Bundes.

Deutsche Bundesbahn (Kurzbez.: Bundesbahn), Abk. DB, größtes Verkehrsunternehmen in der BR Deutschland. Unter dem Namen „DB" verwaltet die BR Deutschland das Bundeseisenbahnvermögen als nicht rechtsfähiges Sondervermögen des Bundes mit eigener Wirtschafts- und Rechnungsführung (§ 1 BundesbahnG vom 13. 12. 1951). Gegr. wurde die DB am 11. Okt. 1949 durch Erlaß des Bundes-

Deutsche
Bundespost

Deutsche
Bundesbahn

Deutsche Bundesbahn Bestände, Betriebs- und Verkehrsleistungen 1990	
Streckenlänge in km	26 965
elektrifiziert	11 686
mehrgleisig	9 498
Bahnhöfe	2 438
Personalbestand	245 960
Beamte und Angestellte	144 946
Arbeiter	87 448
Fahrzeugbestand	
Triebfahrzeuge	8 120
elektr. Lokomotiven	2 533
Diesellokomotiven	3 417
Personenwagen	11 390
Güterwagen des öff. Verkehrs	203 520
private Güterwagen	52 098
Verkehrsleistungen in Mill.	
geleistete Personen-km	43 560
geleistete Tariftonnen-km	62 515
Verkehrseinnahmen in Mill. DM	
Personen- und Gepäckverkehr	5 654
Expreßgut- und Güterverkehr	7 746

min. für Verkehr (gemäß Art. 87 Abs. 1 GG), als wirtsch. Einheit entstand sie 1951 durch Zusammenschluß der in der brit.-amerikan. und der frz. Besatzungszone getrennt verwalteten Teile des Vermögens der Dt. Reichsbahn. Der Sitz des Vorstandes und der Hauptverwaltung ist Frankfurt am Main (seit 1. Okt. 1953). Die techn. und organisator. Zusammenführung mit der ↑ Deutschen Reichsbahn und Ansätze zu einer Unternehmensreform (Überführung in eine marktorientierte Deutsche Eisenbahn AG [DEAG]) sind im Gange.
Rechtliche und wirtschaftliche Struktur: Die DB kann im Rechtsverkehr unter ihrem Namen handeln, klagen und verklagt werden. Für die Verbindlichkeiten der DB haftet der Bund nur mit dem Bundeseisenbahnvermögen. Die DB ist wie ein Wirtschaftsunternehmen nach kaufmänn. Grundsätzen so zu führen, daß die Erträge die Aufwendungen einschl. der erforderl. Rückstellungen decken. Trotz der Sonderstellung der DB sind die Bundesbahnbeamten unmittelbare Bundesbeamte.
Organe der DB sind der Vorstand, dem die laufende Geschäftsführung obliegt, und der Verwaltungsrat, der u. a. über wesentl. wirtsch. Abläufe, über Bau- und Streckenstillegungsmaßnahmen sowie Tarife beschließt. Der Bundesminister für Verkehr verfügt jedoch über weitgehende Rechte in der Tarifgestaltung.

Deutsche Bundesbank, Zentralnotenbank der BR Deutschland, begründet durch das Gesetz über die D. B. (BundesbankG) vom 26. 7. 1957, Sitz Frankfurt am Main. Die D. B. ging aus der Bank deutscher Länder hervor. Sie ist eine bundesunmittelbare jurist. Person des öff. Rechts. Ihr Grundkapital steht dem Bund zu. Sie unterhält als Hauptverwaltungen Landeszentralbanken (LZB) in den Bundesländern, daneben Zweiganstalten (Hauptstellen und Zweigstellen). Ihre Tätigkeit nahm sie am 1. Aug. 1957 auf.
Organe der D. B. sind der Zentralbankrat, das Direktorium und die Vorstände der Landeszentralbanken. Der Präsident und der Vizepräsident sowie die weiteren Mitglieder des Direktoriums werden vom Bundespräsidenten auf Vorschlag der Bundesregierung bestellt. Die Bundesregierung hat bei ihren Vorschlägen den Zentralbankrat (Direktorium und Präs. der Landeszentralbanken) anzuhören.
Aufgaben: Die D. B. regelt mit Hilfe der währungspolit. Befugnisse den Geldumlauf und die Kreditversorgung der Wirtschaft mit dem Ziel, die Währung zu sichern, und sorgt für die bankmäßige Abwicklung des Zahlungsverkehrs im Inland und mit dem Ausland. Sie ist verpflichtet, unter Wahrung ihrer Aufgaben die allg. Wirtschaftspolitik der Bundesregierung zu unterstützen. Sie ist bei der Ausübung ihrer Befugnisse von Weisungen der Bundesregierung unabhängig. Die Mgl. der Bundesregierung haben das Recht, an den Beratungen des Zentralbankrates teilzunehmen.

Geschäftskreis: Die D. B. darf mit *Kreditinstituten* in der BR Deutschland u. a. folgende Geschäfte betreiben: Handel mit Zahlungsmitteln u. Wechseln, Schecks u. a., das Lombardgeschäft, Annahme von Giroeinlagen; Verwahrung und Verwaltung von Wertgegenständen; Bankgeschäfte mit dem Ausland. Mit *öff. Verwaltungen* darf sie u. a. folgende Geschäfte betreiben: Gewährung kurzfristiger Kredite an den Bund, die Bundesbahn, die Bundespost, die Länder.

Währungspolitische Befugnisse: Die D. B. hat das ausschließl. Recht, Banknoten in der BR Deutschland auszugeben. Mit Hilfe der *Diskont-, Kredit-, Offenmarkt-* und *Mindestreservepolitik* beeinflußt sie den Geldumlauf und die Kreditgewährung. Die *Einlagenpolitik* betrifft die öff. Verwaltungen; sie gibt der D. B. die Möglichkeit, die flüssigen Mittel des Bundes, des Ausgleichsfonds, des ERP-Sondervermögens und der Länder auf zinslosen Girokonten zu halten. Auf den Handel mit ausländ. Zahlungsmitteln im Rahmen des Devisentermingeschäfts nimmt die D. B. durch ihre Festsetzung von Swapsätzen *(Swappolitik)* Einfluß.

Deutsche Bundespost (Kurzbez.: Bundespost), Abk. DBP. Unter der Bez. „DBP" wird die Verwaltung des Post- und Fernmeldewesens in der BR Deutschland als Bundesverwaltung von dem Bundesminister für das Post- und Fernmeldewesen (seit 1988 Post und Telekommunikation) unter Mitwirkung eines Verwaltungsrates geleitet. Gegr. wurde die DBP am 1. April 1950, nachdem 1947 im Vereinigten Wirtschaftsgebiet die Hauptverwaltung für das Post- und Fernmeldewesen errichtet worden war. Die DBP kann im Rechtsverkehr unter ihrem Namen handeln, klagen und verklagt werden. Die Beamten der DBP sind unmittelbare Bundesbeamte. Die DBP soll nach den Grundsätzen der Verkehrs-, Wirtschafts-, Finanz- und Sozialpolitik verwaltet werden; den Interessen der dt. Volkswirtschaft ist Rechnung zu tragen. Diese im Vergleich zur Dt. Bundesbahn stärkere Bindung an die polit. Instanzen der BR Deutschland hat ihren Grund im historisch begründeten Postregal und im ↑ Postzwang. Die DBP ist in erster Linie Trägerin des Nachrichtenverkehrs in der BR Deutschland. Daneben treten andere Dienstleistungsbereiche wie Kleingutverkehr, Postreisedienst, Postgirodienst, Postsparkassendienst.

Mit dem Gesetz zur Neuordnung der DBP (Postreform) wurde die DBP 1988 neu geordnet. Sie gliedert sich danach in drei organisatorisch selbständige öff. Unternehmen „D. B. Postdienst" („gelbe Post" für Briefe, Päckchen und Pakete), „D. B. Postbank" und „D. B. Telekom" (Fernmeldepostwesen), die jeweils von einem selbständigen Management geleitet werden. Alle drei Unternehmen stehen weiterhin unter dem Dach des für die politisch-hoheitl. Aufgaben zuständigen Bundesministeriums für Post und Telekommunikation (BMPT). Die Unter- oder Überdeckung der Kosten dieser drei Unternehmen soll durch einen Finanzausgleich geregelt werden. Im Fernmeldenetz, dem Telefonverkehr und bei den Briefdiensten bleibt das Postmonopol bestehen, dagegen wird es bei den neuen Diensten der Telekommunikation sowie bei den Endgeräten aufgegeben. Damit steht die DBP im Wettbewerb mit privaten Anbietern.

Deutsche Burschenschaft ↑ Burschenschaft.
Deutsche Centralbodenkredit AG, dt. Hypothekenbank, gegr. 1870, Sitz Berlin und Köln; gehört zum Konzernbereich der Dt. Bank AG.
Deutsche Christen, kirchenpolit. Strömung, von verschwommenen Vorstellungen über Beziehungen zw. Christentum und völk. Ideen geprägt, mit rassistisch bestimmter Ablehnung des A. T. Die **Kirchenbewegung Deutsche Christen,** auch „Thüringer D. C." genannt, bereits 1927 von den Pfarrern Siegfried Leffler (* 1900, † 1983) und Julius Leutheuser (* 1900, ⚔ 1942) gegr., sah im Nationalsozialismus ein Ergebnis des Heilshandelns Gottes. – Die **Glaubensbewegung Deutsche Christen,** 1932 durch den Berliner Pfarrer Joachim Hossenfelder (* 1892, † 1976) gegr., versuchte, in einer „Reichskirche" die vom landesfürstl. Territorialismus überkommene Zersplitterung des

Deutsche Demokratische Republik

dt. Protestantismus durch das „Führerprinzip" zu überwinden. Die Aufnahme von sog. Nichtariern in die Gemeinde wurde ausgeschlossen. – Nachdem die NSDAP die D. C. nicht mehr unterstützte, zerfiel die Bewegung.

Deutsche Christlich-soziale Volkspartei, Abk. DCSVP, 1919 gegr. sudetendt. Partei zur Organisation der dt. kath. Mittelschichten in der Tschechoslowakei; wollte die Gleichberechtigung für die Deutschen durch konstruktive Mitarbeit im Staat erreichen; 1938 aufgelöst.

Deutsche Demokratische Partei, Abk. DDP, 1918 gegr. linksliberale Partei; sprach sich für die parlamentar., unitar. Republik, für Privatwirtschaft mit sozialer Bindung und Einheitsschule aus. Maßgebl. Einfluß auf die Weimarer Verfassung; war 1919–32 (außer 1927/28) in allen Reichskabinetten vertreten. Die DDP stützte sich v. a. auf das mittelständ. städt. Bürgertum bei starkem Einfluß führender Bankiers. Nach Rückgang ihres Stimmenanteils von 18,6 % (1919) auf 4,8 % (1928) fusionierte ihre Mehrheit 1930 u. a. mit dem Jungdt. Orden zur erfolglosen **Deutschen Staatspartei,** die sich nach Zustimmung zum Ermächtigungsgesetz 1933 selbst auflöste.

Deutsche Demokratische Republik, Abk. DDR, Staat in M-Europa, bestand 1949–90 aus den heutigen Ländern Brandenburg, Mecklenburg-Vorpommern, Sachsen, Sachsen-Anhalt und Thüringen, die am 3. Okt. 1990 nach Art. 23 GG der Bundesrepublik Deutschland beigetreten sind. – ↑Deutschland, ↑deutsche Geschichte.

Politische Struktur (bis zum 2. Okt. 1990): Die DDR war von ihrer Gründung an ein Staat, der sich als Diktatur des Proletariats verstand und nach sowjet. Modell eine sozialist. Gesellschaft unter Führung der Staatspartei SED zu verwirklichen suchte. Diese Politik führte zum Ausbau eines bürokratisch-administrativen Systems, das alle gesellschaftl. Bereiche (Politik, Wirtschaft, Kultur, Sport) durchdrang. In der Verfassung vom 6. April 1968 verankerte die SED auch verfassungsrechtlich ihre führende Rolle in Staat und Gesellschaft, die sich in zunehmende Maße gegen die Interessen aller demokrat. Kräfte richtete. Ökonom. Basis war die weitgehend verstaatlichte Wirtschaft mit einem zentralistisch gelenkten Mechanismus der Planung und Leitung, die oft ohne Rücksicht auf wirtsch. Erfordernisse staatspolit. Machtinteressen diente. Auf dem Gebiet von Kultur und Wiss. wurde der Marxismus/Leninismus herrschende Ideologie, verbunden mit Unterdrückung und Verfolgung Andersdenkender.

Regierungssystem: Kollektives Staatsoberhaupt war der von der Volkskammer gewählte und ihr verantwortl. Staatsrat. Der Min.rat, die Regierung der DDR, war oberstes Organ der Exekutive. Ihm oblag die unmittelbare Durchführung der Staatspolitik im Auftrag der Volkskammer. Der Vors. des Min.rats wurde von der stärksten Fraktion der Volkskammer (SED-Fraktion) vorgeschlagen und erhielt von ihr den Auftrag zur Bildung des Min.rats, der daraufhin in seiner Gesamtheit für 5 Jahre von der Volkskammer gewählt wurde. Nach der Verfassung war die Volkskammer das oberste staatl. Machtorgan der DDR; bei ihr lag die Legislative. Sie bestand aus 500 Abg., die Ostberliner Abg. wurden seit 1979 ebenfalls von der wahlberechtigten Bev. gewählt. Die Volkskammer wählte den Vors. und die Mgl. des Staatsrats und des Min.rats, den Vors. des Nat. Verteidigungsrats, den Präs. und die Richter des Obersten Gerichts sowie den Generalstaatsanwalt.

Parteien und Massenorganisationen: Es gab bis 1989 5 Parteien: die Sozialist. Einheitspartei Deutschlands (SED), die Christl.-Demokrat. Union Deutschlands (CDU), die Liberaldemokrat. Partei Deutschlands (LDPD), die Demokrat. Bauernpartei Deutschlands (DBD) und die Nationaldemokrat. Partei Deutschlands (NDPD). Alle Parteien bekannten sich in ihrem Programm zur sozialist. Gesellschaftsordnung. Die Aufgabe der vier unter der Führung der SED wirkenden (Block)parteien bestand darin, die durch sie repräsentierten Bev.schichten in die polit. Entwicklung der Gesellschaft einzubeziehen. Der Zusammenschluß der Parteien und Massenorganisationen (u. a. Freier Deutscher Gewerkschaftsbund [FDGB], Freie Deutsche Jugend [FDJ]) in

Staatsflagge

Staatswappen

Deutsche Dogge

der Nat. Front der DDR war eine Konsequenz des Führungsanspruchs der SED. In der Zeit der polit. Umwälzungen im Herbst 1989 bildeten sich eine Vielzahl neuer polit. Parteien und Bürgerbewegungen, u. a. Demokrat. Aufbruch, Sozialdemokrat. Partei Deutschlands, Dt. Soziale Union, Neues Forum, die für die Volkskammerwahlen im März 1990 z. T. Wahlbündnisse schlossen.

Verwaltung: In den Bezirken, Kreisen, Städten, Stadtbezirken, Gemeinden und Gemeindeverbänden wurden Volksvertretungen gewählt; die als Exekutive gebildeten Räte waren ihrer Volksvertretung und dem nächsthöheren Rat verantwortlich.

Rechtswesen: Das Recht und seine Institutionen, insbes. das Strafrecht, wurden in den Dienst der Machterhaltung des Regimes und der Durchsetzung staatlich gewünschter Verhaltensweisen der Bürger gestellt. Die Rechtsprechung erfolgte durch das Oberste Gericht, die Bezirks- und Kreisgerichte sowie die gesellschaftl. Gerichte. Der Wählbarkeit aller Richter, Schöffen und Mgl. gesellschaftl. Gerichte durch die Volksvertretung oder unmittelbar durch die Bürger entsprach ihre Abberufbarkeit durch die Wähler bei Verstößen gegen die Verfassung oder die Gesetze sowie bei gröbl. Pflichtverletzung.

Landesverteidigung: Es bestand allg. Wehrpflicht mit 18-, später 12monatiger Dienstzeit in der Nat. Volksarmee (NVA). Die Gesamtstärke der NVA betrug (1989) 172 000 Mann (Heer 120 000, Luftwaffe 37 000, Marine 15 000) zuzüglich 47 000 Mann Grenztruppen.

Deutsche Dogge, Rasse bis 90 cm schulterhoher Doggen; Körper dicht und kurz behaart, kräftig, mit langgestrecktem, eckig wirkendem Kopf, deutl. Stirnabsatz, und eckiger Schnauze mit Lefzen; Schwanz ziemlich lang, rutenförmig; zahlr. Farbvarietäten; Wach-, Schutz- und Begleithund.

Deutsche Einigungskriege, Bez. für die drei Kriege, deren nat. integrierende Wirkung wesentlich zur kleindt. Einigung beitrug; Dt.-Dän. Krieg 1864, Dt. Krieg 1866, Dt.-Frz. Krieg 1870/71.

deutsche Farben, die im Zusammenhang mit der dt. Einheitsbewegung im 19. Jh. entstandenen Farben der dt. Fahne. Den Anstoß gaben die Farben des Paniers der Jenaer ↑Burschenschaft, vielleicht in Anlehnung an Uniformen der Befreiungskriege 1815 festgelegt als Schwarz-Rot. Die Verbreitung als **Schwarz-Rot-Gold** in Form einer republikan. Trikolore erfolgte nach dem Wartburgfest von 1817 in der irrigen Identifikation mit den Farben des ma. dt. Reichs (schwarz-roter Adler auf goldenem Grund). Trotz Verbot und Verfolgung erwies das Hambacher Fest 1832 deren nat. Symbolkraft und Volkstümlichkeit; so wurden sie 1848/49 zu den Bundesfarben und Farben des künftigen dt. Nationalstaats erklärt. Der Norddt. Bund wählte Schwarz-Weiß-Rot, angeblich gebildet aus den Farben Preußens (Schwarz-Weiß) und der Hansestädte (Weiß-Rot), nach heftigem „Farbenstreit" auf das Dt. Reich übertragen. Im Nov. 1918 wurden Schwarz-Rot-Gold die Reichsfarben der Republik; die Handelsflagge war ab 1919 Schwarz-Weiß-Rot (Reichsfarben im inneren oberen Geviert). Die Nationalsozialisten führten 1933 die schwarz-weiß-rote Fahne wieder ein, neben der Hakenkreuzfahne (Parteifahne), die 1935 alleinige Nationalflagge wurde. Die Staatsfarben der BR Deutschland sind wieder Schwarz-Rot-Gold.

Deutsche Forschungsanstalt für Luft- und Raumfahrt e. V., Abk. DLR, bis 1989 Deutsche Forschungs- und Versuchsanstalt für Luft- und Raumfahrt e. V., Abk.

Deutsche Farben. 1 Fahne der Deutschen Burschenschaft (1816); 2 Kriegsflagge des Deutschen Bundes, ohne Abzeichen National- und Handelsflagge (1848–66); 3 Handelsflagge des Norddeutschen Bundes und des Deutschen Reiches, 1892–1919 Nationalflagge, 1933–35 National- und Handelsflagge (zusammen mit der Hakenkreuzflagge); 4 Kriegsflagge des Norddeutschen Bundes und des Deutschen Reiches; 5 Nationalflagge des Deutschen Reiches 1919–33; 6 National- und Handelsflagge des Deutschen Reiches 1935–45, 1933–35 zusätzlich neben der schwarz-weiß-roten Flagge; 7 Kriegsflagge des Deutschen Reiches 1935–45; 8 National- und Handelsflagge der Bundesrepublik Deutschland; 9 Staats- und Handelsflagge der Deutschen Demokratischen Republik

DFVLR, 1968 gegr., wiss. Institution mit dem Ziel, die Flug- und Raumfahrtwiss. zu fördern sowie Forschungseinrichtungen zu unterhalten. Sitz Köln.

Deutsche Forschungsgemeinschaft e. V., Abk. DFG, gemeinnützige Einrichtung der dt. Wiss. zur Förderung der Forschung in Deutschland sowie zur Sicherung der internat. Zusammenarbeit auf wiss. Gebiet; gegr. 1951. Sie gewährt finanzielle Unterstützungen für Forschungsvorhaben oder -einrichtungen, entwickelt Schwerpunktprogramme und richtet Sonderforschungsbereiche an Hochschulen ein.

Deutsche Fortschrittspartei (1861 bis 1884), Abk. DFP, in Preußen durch verschiedene linksliberale und demokrat. Gruppen gegr. liberale Partei, in deren Führung Rittergutsbesitzer und Bildungsbürgertum dominierten; 1866 spaltete sich der rechte Flügel ab und wurde Kern der Nationalliberalen Partei; fusionierte 1884 mit der Liberalen Vereinigung in der Dt. Freisinnigen Partei, die als einzige bürgerl. Partei in Opposition zum System Bismarck blieb.

Deutsche Dogge. Rüde

Deutsche Forumpartei, Abk. DFP, im Jan. 1990 als Abspaltung aus dem Neuen Forum gegr. polit. Partei der DDR; trat vor der Volkskammerwahl (18. März 1990) dem „Bund Freier Demokraten" (mit LDP und DDR-FDP) bei. Mit ihm im Aug. 1990 mit der bundesdt. FDP vereinigt.

deutsche Frage, 1. die Probleme der territorialen, polit., wirtsch. und gesellschaftl. Organisation der bis 1806 im Hl. Röm. Reich verbundenen Territorien. 1848 setzte das offene Ringen zw. Kleindeutschen und Großdeutschen ein. Der preuß.-östr. Dualismus spitzte sich zu. Preußen gelang es, nach drei Kriegen 1864–71 die d. F. kleindeutsch zu lösen. – 2. Nach 1918 stellte sich die d. F. wieder im Hinblick auf einen Anschluß Österreichs an das Dt. Reich, der vom nat.-soz. Deutschland 1938 schließlich gewaltsam durchgeführt wurde. – 3. 1945–90 wurde die d. F. als Problem der Teilung Deutschlands wieder primär zur internat. Frage, vertieft durch die W- bzw. O-Integration der beiden dt. Staaten. Die d. F. ist seit der Wiedervereinigung Deutschlands (3. Okt. 1990) als gelöst zu betrachten.

Deutsche Freischar, Abk. DF, seit 1927 Name eines 1926/27 aus Wandervogel- und Pfadfindergruppen zusammengeschlossenen mitgliederstarken, christlich und kulturell orientierten Bundes der bündischen Jugend.

Deutsche Freisinnige Partei, dt. Partei, entstand 1884 durch Zusammenschluß der Deutschen Fortschrittspartei mit der Liberalen Vereinigung; vertrat Interessen von Bank- und Handelskreisen und bed. Teilen des gewerbl. Mittelstandes; spaltete sich 1893 in die Freisinnige Vereinigung und die Freisinnige Volkspartei.

Deutsche Friedensgesellschaft – Vereinigte Kriegsdienstgegner e. V., Abk. DFG-VK, Sitz Essen; 1892 gegr. pazifist. Vereinigung (Dt. Friedensgesellschaft); 1933 aufgelöst, nach 1945 in den Westzonen und den Westsektoren Berlins wiedergegr.; 1968 Vereinigung mit der „Internationale der Kriegsdienstgegner" (IDK), 1974 mit dem „Verband der Kriegsdienstverweigerer" (VK).

Deutsche Friedensunion, Abk. DFU, 1960 gegr. Linkspartei, trat für Verständigung mit den Staaten Osteuropas und mit der DDR ein und forderte die Abrüstung der BR Deutschland; trat seit 1969 bei Wahlen direkt nicht mehr in Erscheinung.

Deutsche Front, 1933 gegr. Arbeitsgemeinschaft saarländ. Parteien vom Zentrum bis zur NSDAP; organisierte sich 1934 nach Auflösung der beteiligten Parteien als Einheitspartei, ging 1935 in der wiedergegr. NSDAP auf.

Deutsche Genossenschaftsbank, durch BG vom 22.12.1975 gebildete Körperschaft des öff. Rechts, Sitz Frankfurt am Main. Zentralbank zur Förderung des gesamten Genossenschaftswesens mit dem Recht, Zweigniederlassungen zu errichten. Vorgänger waren die **Deutsche Zentralgenossenschaftskasse** (Deutschlandkasse; 1932–45) bzw. die **Deutsche Genossenschaftskasse** (1949–75).

deutsche Geschichte, zur Vorgeschichte ↑ Europa (Vorgeschichte).

Entstehung des deutschen Regnums

Aus den zahlr. german. Kleinstämmen der Zeit um Christi Geburt bildeten sich größere Stammesverbände *(gentes)* neu (z.B. Franken, Sachsen, Alemannen). Sie besetzten auch die Gebiete innerhalb der röm. Reichsgrenze und übernahmen Grundelemente der lat. Kultur sowie Reste der spätantiken Verwaltungs- und Wirtschaftsstrukturen. Die dt. Stämme, mit anderen Völkerschaften im Reichsverband Karls d. Gr. vereinigt, lösten sich aus diesem Verband in den Verträgen der Reichsteilungen (↑ Fränkisches Reich) von Verdun (843), Meerssen (870) und Ribemont (880). *Ludwig der Deutsche* erhielt 843 das Ostfränk. Reich, 880 war mit dem Erwerb auch der W-Hälfte Lothringens im wesentlichen die (bis 1648 gültige) Grenze zw. Frankreich und Deutschland festgelegt. Während des späten 9. und frühen 10. Jh. erstarkten im Abwehrkampf gegen Ungarn und Slawen die dt. Stammesherzogtümer: Franken, Schwaben, Bayern und Sachsen. Mit der Wahl eines gemeinsamen Königs der dt. Stämme, *Konrad I.* (⚭ 911–918), wurde die Unteilbarkeit des Ostfränk. Reiches festgelegt. 920 tauchte der Begriff *Regnum teutonicum* auf. Seit dem 11. Jh. wurde der noch nicht zum Röm. Kaiser gekrönte Herrscher *Rex Romanorum* (Röm. König) gen. Staatsrechtlich war durch die Nachfolge der im dt. Regnum gewählten Königen im röm. Kaisertum das *(Sacrum) Romanum Imperium* (Hl. Röm. Reich) entstanden und innerhalb dessen das Regnum als eine davon verfassungsrechtl. Fixierung in mittelhochdt. Zeit der Name „das deutsche Land" (endgültig seit dem 16. Jh. „Deutschland") einbürgerte.

Zeit der Ottonen und Salier (919–1137)

Heinrich I. (⚭ 919–936), nur von Sachsen und Franken zum König erhoben, erlangte allmählich dank seiner Erfolge nach außen (Sieg über die Ungarn bei Riade 933) die Anerkennung auch in Schwaben und Bayern. *Otto I., d. Gr.* (⚭ 936–973) führte das Werk seines Vaters in der Sicherung des Reiches nach außen und innen fort: An der O-Grenze wurden zwei Marken gegen die Slawen errichtet (936/937); die Slawen wurden zinspflichtig und dem christl. Glauben gewonnen. Gegen die Ungarn gelang 955 auf dem ↑ Lechfeld bei Augsburg ein entscheidender Sieg, im gleichen Jahr auch gegen die Slawen, die bayr. Ostmark (Österreich) wurde wiederhergestellt. 950 mußte Böhmen unterworfen. 963 mußte Polen die Oberhoheit des Reiches anerkennen. Stütze des Königs im Innern war der Episkopat (↑ Reichskirchensystem). 951/952 zog Otto erstmals nach Italien und nannte sich nach der Krönung *Rex Francorum et Langobardorum;* auf einem 2. Italienzug 961–965 wurde er in Rom zum *Röm. Kaiser* (Imperator Romanorum) gekrönt. Das Regnum Italiae umfaßte Ober- und Mittelitalien mit Ausnahme des päpstlichen Herrschaftsgebiets. *Otto II.* (⚭ 973–983) war um die Sicherung des vom Vater Erreichten bemüht, doch beim großen Slawenaufstand 983 gingen

deutsche Geschichte

Deutsche Könige und Kaiser

Dynastie		
Karolinger	Ludwig II., der Deutsche*	843–876
	Karlmann (von Bayern)*	876–880
	Ludwig III., der Jüngere*	876–882
	Karl III., der Dicke	876/881–887
	Arnulf (von Kärnten)	887/896–899
	Ludwig IV., das Kind*	900–911
Konradiner	Konrad I., der Jüngere*	911–918
Liudolfinger	Heinrich I.*	919–936
	Otto I., d. Gr.	936/962–973
	Otto II., der Rote	(961) 973/967–983
	Otto III.	983/996–1002
	Heinrich II., der Heilige	1002/1014–1024
Salier	Konrad II.	1024/1027–1039
	Heinrich III.	1039/1046–1056
	Heinrich IV.	1056/1084–1106
Rheinfeldener	(Rudolf von Rheinfelden [G]	1077–1080
Lützelburger	(Hermann von Salm [G]	1081–1088
Salier	(Konrad, Sohn Heinrichs IV. [G]	1087–1098
	Heinrich V.	1106/1111–1125
Supplinburger	Lothar III. (von Supplinburg)	1125/1133–1137
Staufer	Konrad III.*	1138–1152
	Friedrich I. Barbarossa	1152/1155–1190
	Heinrich VI.	1190/1191–1197
	Philipp (von Schwaben)*	1198–1208
Welfen	Otto IV. (von Braunschweig)	1198/1209–1218
Staufer	Friedrich II.	1212/1220–1250
	(Heinrich [VII.] [G]	1220–1235)
Ludowinger	(Heinrich Raspe von Thüringen [G]	1246–1247
Staufer	Konrad IV.*	1250–1254
Holland	Wilhelm*	1247–1256
Plantagenets	Richard von Cornwall*	1257–1272
Burgunder	Alfons (X. von Kastilien und León)*	1257–1273
Habsburger	Rudolf I.*	1273–1291
Nassauer	Adolf*	1292–1298
Habsburger	Albrecht I.*	1298–1308
Luxemburger	Heinrich VII.	1308/1312–1313
Habsburger	Friedrich III., der Schöne*	1314–1330
Wittelsbacher	Ludwig (V.) IV., der Bayer	1314/1328–1347
Luxemburger	Karl IV.	1346/1355–1378
Schwarzburger	(Günther [G]	1349)
Luxemburger	Wenzel*	1378–1400
Wittelsbacher	Ruprecht von der Pfalz*	1400–1410
Luxemburger	Jobst (von Mähren)*	1410–1411
	Sigismund	1410/1433–1437
Habsburger	Albrecht II.*	1438–1439
	Friedrich III.	1440/1452–1493
	Maximilian I.	1493/1508–1519
	Karl V.	1519/1530–1556
	Ferdinand I.	1531/1556–1564
	Maximilian II.	1564–1576
	Rudolf II.	1576–1612
	Matthias	1612–1619
	Ferdinand II.	1619–1637
	Ferdinand III.	1637–1657
	Leopold I.	1657–1705
	Joseph I.	1705–1711
	Karl VI.	1711–1740
Wittelsbacher	Karl VII. Albrecht	1742–1745
Habsburg-Lothringer	Franz I. Stephan	1745–1765
	Joseph II.	1765–1790
	Leopold II.	1790–1792
	Franz II.	1792–1806
Hohenzollern	Wilhelm I.	1871–1888
	Friedrich (III.)	1888
	Wilhelm II.	1888–1918

Die Herrschertitel lauteten:
1. **König der Franken (Rex Francorum),** hier des Ostfränk. Reiches seit 843. – 2. **Römischer König (Rex Romanorum),** seit dem 11. Jh. zunehmend gebräuchlich für den noch nicht zum Kaiser gekrönten Herrscher. – 3. **Römischer Kaiser (Imperator Romanorum)** für das Deutschland, Italien und ab 1032/33 Burgund (von letzterem später nur noch Teile) umfassende Hl. Röm. Reich. – 4. **Erwählter Römischer Kaiser (Imperator Romanorum electus),** seit 1508 für den regierenden Kaiser (nur in Verbindung mit diesem Herrschertitel seit 1508 auch Rex Germaniae). – 5. **Deutscher Kaiser,** 1871–1918.

Zeichen: { = Doppelwahl; * = nur König; [G] = Gegenkönig/König nur zu Lebzeiten des Vaters; Jahresangaben: Königs-/Kaiserkrönung – Ende der Herrschaftszeit.

deutsche Geschichte

Mitteleuropa 919–1125

die billung. Mark und die Ostmark verloren. *Otto III.* (✠ 983–1002) vermochte sein Ziel einer Erneuerung (Renovatio) des Röm. Reiches (Deutschland und Italien sollten von Rom aus regiert werden) nicht zu verwirklichen. *Heinrich II.* (✠ 1002–24) wandte sich von den universalist. Plänen Ottos III. ab, konnte die kaiserl. Oberhoheit freilich weder gegen Polen noch gegen Ungarn behaupten. Innenpolitisch stützte er sich verstärkt auf die Reichskirche. *Konrad II.* (✠ 1024–39), erster Angehöriger des fränk. oder sal. Herrscherhauses, gelang 1033 die Erwerbung der Kgr. Burgund (Arelat). Sein Sohn, *Heinrich III.* (✠ 1039–56), von der kluniazens. Erneuerungsbewegung stark geformt, nahm Einfluß auf die Reform von Kirche und Papsttum, das er aus der Abhängigkeit röm. Adelsfamilien befreite. Böhmen und Ungarn wurden unterworfen und zu Reichslehen erklärt. In der Zeit *Heinrichs IV.* (✠ 1056–1106) verstärkte sich die Gegnerschaft des Papsttums gegen jede Art des Einflusses von Laien auf kirchl. Angelegenheiten, schließlich auch gegen die königl. Kirchenherrschaft. Im Innern, wo er sich auf Ministerialen und das Bürgertum der aufstrebenden Städte stützte, geriet Heinrich in Gegensatz zu den Fürsten. Diese Entwicklung führte zum ↑ Investiturstreit (1075 Verbot der Laieninvestitur, 1076 Kirchenbann über Heinrich, 1077 Gang nach ↑ Canossa). Erst *Heinrich V.* (✠ 1106–25) erreichte nach vergebl. Versuch 1111 im Wormser Konkordat 1122 die Beendigung des Investiturstreits mit unterschiedl. Regelung in Deutschland und Italien, wo der König praktisch jeden Einfluß auf die Besetzung kirchl. Ämter verlor. Die im 12. Jh. erfolgte Auflösung der Großgrundherrschaften und ihrer Villikationen besserte die persönl. Ggs. begründet. Rechtsstellung der Bauern (statt weitgehender Bindung an die Scholle relative Freizügigkeit). Neben die altadlige Reichsaristokratie traten seit dem 11. Jh. zunehmend Ministerialen; die Reichsministerialen wurden zur Hauptstütze des sal. und stauf. Königtums bei der Verwaltung des Reichsgutes. Seit dem 12. Jh. wurden die aufblühenden Städte zum wichtigen Instrument des Königtums und der dt. Dynasten beim Aufbau der Landesherrschaft, das Bürgertum wurde zum Träger der weiteren wirtsch. Entwicklung des MA.

Erstmals in freier Wahl, in Abkehr von Geblütsrecht und Designation, wurde *Lothar III.* von Supplinburg (✠ 1125–37) nach dem Aussterben der Salier zum König erhoben; der 1127 zum Gegenkönig ausgerufene Staufer Konrad (III.) unterwarf sich 1135.

Zeit der Staufer (1138–1254)

Von der kirchl. Partei wurde der Staufer *Konrad III.* (✠ 1138–52) gegen den von Lothar designierten Welfen Heinrich den Stolzen zum König gewählt; damit wurde der staufisch-welf. Ggs. begründet. Konrads Neffe, *Friedrich I. Barbarossa* (✠ 1152–90), ließ bald eine neue Politik erkennen, die die alte Größe des röm. Kaisertums (1155 Kaiserkrönung in Rom) zum Ziel hatte, einschl. der Beherrschung Italiens. In Deutschland wurde der mächtige Heinrich der Löwe von Friedrich 1178–81 seiner Lehen enthoben und unterworfen. Seine größte territoriale Ausdehnung fand das Reich unter *Heinrich VI.* (✠ 1190–97), als diesem das Kgr. Sizilien zufiel. Doch das Mißlingen seines Reichsplans und sein früher Tod 1197 führten zur Doppelwahl 1198 zw. dem jüngsten Sohn Friedrich Barbarossas, *Philipp von Schwaben,* und *Otto IV.* von Braunschweig, dem Sohn Heinrichs des Löwen. Als Philipp, mit Frankreich verbündet, den von Innozenz III. unterstützten Otto zu besiegen schien, wurde er 1208 ermordet. Otto IV., 1209 zum Kaiser gekrönt, suchte die stauf. Politik wieder aufzunehmen; dagegen erfolgte 1212 die Erhebung des Sohnes Heinrichs VI.: Der engl.-frz. Gegensatz v. a. war ausschlaggebend für die Entscheidung des dt. Thronstreits zugunsten *Friedrichs II.* (✠ 1212–50). Obwohl Friedrich nur 1212–20, 1235/36 und 1237 in Deutschland war, nahm er keinen geringen Einfluß auf die dt. Politik. Seine Bemühungen um Wiederherstellung und Ausbau des Reichsgutes wurden durch die Fürstenprivilegien (1220, 1231/32) zwar eingeschränkt, aber auch der Territorialpolitik der Reichsfürsten wurden damit Grenzen gesetzt. Die Wiederaufnahme der stauf. Politik in Oberitalien führte zur Entstehung der Parteien von Guelfen und Ghibellinen, die erneute Auseinandersetzung mit dem Papsttum zur Wahl der Gegenkönige *Heinrich Raspe* (1246) und *Wilhelm von Holland* (1247). Der Sohn Friedrichs, *Konrad IV.* (✠ 1250–54), starb im Kampf um das sizilian. Erbe; der letzte Staufer, *Konradin,* wurde 1268 in Neapel hingerichtet.

Das stauf. Zeitalter vermochte in eindrucksvoller Kraftentfaltung das „hohe MA" zu verwirklichen. Ein neues Element der Gesellschaft des Hoch-MA wurde das Rittertum bes. im Deutschland Friedrichs I. Minnesang und höfische Dichtung verliehen dem neuen Seinsgefühl des christl. Laien überzeitl. Ausdruck und durchdachten die diesseitige Erfahrungswelt mit metaphys. Ernst.

Spätmittelalter (1254–1517)

Nach einer Doppelwahl (1257 *Richard von Cornwall* und *Alfons X.* von Kastilien und León) vermochte erst *Rudolf I.* von Habsburg (✠ 1273–91), der gegen Ottokar II. von Böhmen gewählt wurde und diesen 1278 besiegen konnte, die Königsmacht wiederherzustellen. Er legte mit dem Erwerb der Hzgt. Österreich, Steiermark und Krain im O den Grund der habsburg. Hausmacht. *Heinrich VII.* von Luxemburg (✠ 1308–13) gelang 1310 den Erwerb Böhmens für seinen Sohn Johann; der Versuch, 1310–13 die Reichsmacht in Italien wiederherzustellen, brachte ihm die Kaiserkrone (1312), scheiterte jedoch mit seinem Tod. In einer Doppelwahl 1314 wurden die Wittelsbacher *Ludwig IV., der Bayer,* (✠ 1314–47) und der Sohn Albrechts I., *Friedrich III., der Schöne,* von Österreich (✠ 1314–30) gewählt, den Ludwig 1322 bei Mühldorf am Inn bezwingen konnte. Ludwigs Ausgreifen nach Italien (1323) führte zur letzten großen Auseinandersetzung zw. Kaisertum und Papsttum; bei seinem Romzug 1327/28 erlangte Ludwig die Kaiserkrone aus der Hand des röm. Volkes. Die Ansprüche auf päpstl. Bestätigung ihrer Königswahl wiesen die Kurfürsten im Kurverein zu Rhense 1338 zurück. Der Luxemburger *Karl IV.* (✠ 1346–78), gegen den die rigorose Hausmachtpolitik Ludwigs gewählt, machte Böhmen zu einem Kernland des Reiches. Durch Erwerbung der Oberpfalz, Schlesiens und Brandenburgs stärkte er seine Hausmacht. 1355 wurde er zum Kaiser gekrönt. Die Goldene Bulle (1356) gewährleistete unzweifelhafte Königswahlen und schuf mit der Sicherung der Vorzugsstellung der Kurfürsten eine starke Klammer des Reichsverbandes. Im Laufe des 13./14. Jh. bildete sich die Stadtverfassung voll aus (↑ freie Städte, ↑ Reichsstädte). Seit dem 12. Jh. begannen die dt. Kaufleute intensiver am europ. Handel teilzunehmen; die bedeutendste Stellung nahmen die 1157–58 zur ↑ Hanse zusammengeschlossenen Kaufleute ein. Der Ritterstand verlor mit dem Ende der Kreuzzüge, der Festigung der Landesherrschaft und dem Aufblühen der Städte seine ständ. und kulturelle Bed. Doch waren ritterl. Ideale, Literatur und Lebensstil Leitbilder auch für das aufstiegsbeflissene Bürgertum. Spät-ma. Religiosität und religiöse Literatur erlangten ihren Höhepunkt in der dt. Mystik. Demgegenüber stagnierten die Wiss. infolge der scholast. Richtungsstreitigkeiten, die schnell in den unter landesherrl. Patronage errichteten Univ. Deutschlands (Prag 1348, Wien 1365, Heidelberg 1386, Köln 1388, Erfurt 1392) Eingang fanden.

Unter König *Wenzel* (✠ 1378–1400), Sohn Karls IV., ging die Lenkung der Reichspolitik vom königl. Hof an die Reichstage über; unter seinem Nachfolger *Ruprecht von der Pfalz* (✠ 1400–10) erfolgte eine weitere Schwächung der Königsmacht. Nach der Doppelwahl der beiden Luxemburger (Jobst von Mähren und Brandenburg und Sigismund von Ungarn) verhalf nur Jobsts jäher Tod *Sigismund* (✠ 1410–37) zur allg. Anerkennung als Röm. König. Er war entschieden der Reichspflicht ergeben. Die auch im persönl. Einsatz Sigismunds gelungene Überwindung des Abendländ. Schismas, die Berufung des Konstanzer und des Basler Konzils, schließlich die Kaiserkrönung 1433

Friedrich I. Barbarossa (Teil eines Reliefs im Kreuzgang des ehemaligen Klosters Sankt Zeno in Bad Reichenhall, 12. Jh.)

Friedrich II. (Miniatur aus seiner Schrift über die Falkenjagd, Rom, Vatikanische Sammlungen)

deutsche Geschichte

Friedrich III.
(Gemälde eines
unbekannten
steirischen Meisters,
um 1450)

Maximilian I.
(Bildnis aus dem
Statutenbuch des
Ordens vom Goldenen
Vlies, 1512)

Martin Luther
(Holzschnitt von
Lucas Cranach d. Ä.,
um 1545)

Maximilian II.
(Ausschnitt aus einem
Wachsmedaillon von
Antonio Abondio,
1575)

führten jedoch nicht zur Stärkung der Königsgewalt. Eine schwere Belastung war zudem die dem Konstanzer Konzil zugefallene, Sigismund als künftigen König von Böhmen unmittelbar berührende Entscheidung über die der Ketzerei verdächtigen Lehren des Prager Magisters J. Hus. Seine Verurteilung und Verbrennung lösten den bewaffneten Aufstand der Hussiten gegen Sigismund aus (Hussitenkriege 1419–36). Wegen der benötigten Hilfe des Reiches, insbes. der Kurfürsten, für seine Politik mußte er Reichsbefugnisse preisgeben. Auf Grund der Bestrebungen des Kurfürstenkollegs, seinen steilen Machtanstieg im Reich zu konservieren, wurde das Königtum auf den Reichstagen 1434, 1435 und 1437 erstmals mit Vorstellungen einer Reichsreform (↑Reformatio Sigismundi) konfrontiert. Kaiser *Friedrich III.* (⚭ 1440–93) war untätig im Reich, sperrte sich aber gegen jede Minderung der kaiserl. Gewalt und damit gegen eine Reichsreform. Die gegen Türken und Ungarn erforderl. Reichshilfen führten unter seinem Sohn *Maximilian I.* (⚭ 1493–1519), Röm. König 1486, und dessen sofort einsetzender Italienpolitik zu direkten Verhandlungen mit den Reichsständen. Neben dem Ewigen Landfrieden (1495) war die Übernahme der Friedensgewalt im Reich durch die Reichsstände die wichtigste Änderung. Durch die Errichtung eines vom König unabhängigen Reichskammergerichts, die Einteilung des Reiches in zehn Reichskreise und die reichsständ. Exekution der Wahrung des Landfriedens verblieb dem König nur die Friedenshoheit im Reich. An die Landesherrschaften war gleichzeitig die Rechtspflege übergegangen. Der Versuch, die Reichsreformgesetze auch für die Eidgenossenschaften verbindlich zu machen, brachte dem Reich den Verlust der Schweiz. Im O sicherte Maximilian durch Eheverbindungen seiner Enkel den Anspruch auf künftigen Erwerb Böhmens und Ungarns für sein Haus. Aus der Ehe seines Sohnes Philipp des Schönen mit der span. Prinzessin Johanna der Wahnsinnigen entstand die habsburg. span. Machtausdehnung.

Im Gefolge der Pestepidemien kam es seit 1348 zu beträchtlichen Bev.verlusten, zur Verödung zahlr. Siedlungen (Wüstungen) und zu einer langanhaltenden Agrardepression. Die wirtsch. Entwicklung des 15. und 16. Jh. wurde jedoch in gleicher Weise gekennzeichnet durch organisator. wie techn. Neuerungen (u. a. Erfindung des Buchdrucks durch J. Gutenberg), die allmähl. Ausbildung der Gutsherrschaft im O des Reiches, den Niedergang der Hanse gegenüber engl. und niederl. Konkurrenten und den Aufstieg einer weltweit operierenden Kaufmannschaft in den oberdt. Städten (Fugger, Welser). Für eine Blüte von Kunst und Wissenschaft sorgte der Einfluß der italien. Renaissance und des Humanismus. Die erste dt. Universität war 1348 von Karl IV. in Prag gegr. worden; es folgten Wien (1365), Heidelberg (1386) und Köln (1388).

Reformation und Gegenreformation (1517–1648)

Den Ausgangspunkt der Reformation bildeten Luthers 95 Thesen vom 31. Okt. 1517, zu deren rascher Verbreitung v. a. die Luther anfangs fast durchgängig zustimmenden Humanisten beitrugen. Indirekt setzte Luthers Landesherr, Kurfürst Friedrich der Weise von Sachsen, durch, daß Luther vor dem Reichstag in Worms 1521 begründen konnte, weshalb er den Widerruf seiner Lehren verweigerte; er wurde im Wormser Edikt als Ketzer in die Reichsacht erklärt, von seinem Landesherrn aber auf der Wartburg in Sicherheit gebracht. Kaiser *Karl V.* (⚭ 1519–56) wurde durch seine vier Kriege gegen Franz I. von Frankreich (1521–26, 1527–29, 1534–36 und 1542–44) und die Abwehr der Türken gehindert, der dt. Reformation machtvoll entgegenzutreten. Der 1524/25 bes. in S-Deutschland und Thüringen um sich greifende und von den Fürsten mit Billigung Luthers niedergeworfene Aufstand der rechtlich, sozial und wirtsch. bedrängten Bauern leitete die Abtrennung der reformator. Bewegung von den auch auf polit. wie soziale Umgestaltung zielenden Tendenzen ein. Zur Durchführung des Wormser Edikts schlossen sich die kath. Stände im Bündnis von Regensburg (1524) und dem von Dessau (1525), die ev. dagegen im Gotha-Torgauer Bündnis (1526) zusammen. Gegen den Beschluß der Durchführung des Wormser Edikts auf dem Reichstag zu Speyer 1529 unterzeichneten die ev. Reichsstände unter Führung Philipps I. von Hessen eine Protestation (nach der die Evangelischen seither Protestanten gen. wurden). Neben der Lehre Luthers breitete sich im oberdt. Raum die Zwinglis aus. Nach der Rückkehr des 1530 in Bologna vom Papst zum Kaiser gekrönten Karl V. nach Deutschland wurde 1530 der Reichstag in Augsburg abgehalten (↑Augsburger Bekenntnis, ↑Confessio tetrapolitana), dessen Ausgang den letzten Ausschlag zum Abschluß des Schmalkald. Bundes (1531) der prot. Stände gab. Die sich verfestigenden luth. Landeskirchen grenzten sich scharf gegen radikale Strömungen, seit 1527 bes. gegen das Täufertum ab. Karl V. entschloß sich 1546 zum militär. Vorgehen gegen die im Schmalkald. Bund geeinten luth. Reichsstände. Obwohl der Schmalkald. Krieg für ihn in der Schlacht bei Mühlberg (24. April 1547) siegreich endete, vermochte er diesen Erfolg politisch nicht zu nutzen. Einer monarch. Reichsreform widersetzten sich auch die kath. Reichsstände. Der ↑Augsburger Religionsfriede von 1555 brachte die endgültige konfessionelle Spaltung Deutschlands. Karl V. zog sich 1555/56 resignierend zurück; die Kaiserwürde ging an seinen Bruder *Ferdinand I.* (⚭ 1531/56–64).

Gegen den in Lutheraner und Kalvinisten geteilten Protestantismus erfolgte die Ausbildung der Gegenreformation, als deren polit. Zentrum Österreich und Bayern einen geschlossenen Block im S des Reiches bildeten. Unter führender Beteiligung der Jesuiten wurde sie politisch nur allmählich wirksam, da Ferdinand I. durch die Türkengefahr außenpolit. beschäftigt war und *Maximilian II.* (⚭ 1564–76) dem Protestantismus zuneigte. Erst in der Regierungszeit *Rudolfs II.* (⚭ 1576–1612) verschärfte der Katholizismus seine Maßnahmen. Im Anschluß an den Reichstag von 1608 bildete sich unter kurpfälz. Leitung die prot. Union, der 1609 – unter bayr. Führung – die kath. Liga gegenübertrat. Auch Kaiser *Matthias* (⚭ 1612–19) konnte die konfessionellen Gegensätze nicht abbauen, und die entschieden kath. Haltung *Ferdinands II.* (⚭ 1619–37), seit 1617 König von Böhmen, führte mittelbar zum Ausbruch des ↑Dreißigjährigen Krieges. Beendet wurde er durch den 1648 unter Garantie Frankreichs und Schwedens geschlossenen Westfäl. Frieden, der v. a. darin besagt, daß die Territorialisierung des Reiches in fast 300 landeshoheitl. Einzelstaaten legalisiert wurde. Die Gewalt des Kaisers blieb fortan auf die formelle Lehnshoheit, einzelne Reg.- und Privatrechte beschränkt.

Zeitalter des Absolutismus (1648–1789)

Der Überwindung der sozialen und wirtsch. Katastrophe, insbes. der Bev.verluste des Dreißigjährigen Krieges, dienten u. a. staatlich gelenkte Bev.politik, landw. Förderungsprogramme, Wiederbelebung des Handwerks in den Städten und verbesserte Möglichkeiten für den Handel; der Wiederaufbau leitete unmittelbar in kameralist. und merkantilist. Wirtschaftsformen über. Parallel dazu war in den dt. Territorien die Tendenz zur Ausbildung des absolutist. Fürstenstaats zu beobachten, die allerdings nicht einheitlich verlief. Der moderne, zentral regierte, anständ. Staat fand in Brandenburg seit *Friedrich Wilhelm, dem Großen Kurfürsten,* (⚭ 1640–88) seine Verwirklichung. Die Militarisierung des sozialen und polit. Lebens in Brandenburg-Preußen ermöglichte den Aufstieg dieses Staates zunächst zu führender Stellung in Norddeutschland und schließlich zur Großmacht, die in konsequenter Ausnutzung wechselnder Bündnismöglichkeiten in dem labilen Staatensystem Europas expandierte und dadurch den preuß.-östr. Dualismus im Reich begr. Der Frieden von Oliva (1660) garantierte die Souveränität des Kurfürsten von Brandenburg im Hzgt. Preußen. 1701 erhob sich Friedrich III. von Brandenburg als *Friedrich I.* zum König in Preußen (⚭ bis 1713). Gleichzeitig stieg Österreich nach dem Sieg über die Türken 1683 zur europ. Großmacht auf. Damit war die Ausgangsbasis für

deutsche Geschichte

das europ. Gleichgewichtssystem des 18. Jh. und seine kriegerischen Verwicklungen erreicht. In der Zeit Kaiser *Leopolds I.* (⚭ 1657–1705) wurde das Reich durch die Wechselwirkung zw. der Türkengefahr und der Expansionspolitik König Ludwigs XIV. von Frankreich (↑ Rheinbund [1658–68]) bedroht. Nach dem niederl.-frz. Krieg, 1672 durch einen frz. Angriff von dt. Boden aus eingeleitet und 1674 zum Reichskrieg ausgeweitet, mußten sich Kaiser und Reich 1679 dem Frieden von Nimwegen anschließen, die Augsburger Allianz (1686) richtete keinen Damm gegen die Ausbreitung Frankreichs auf (Reunionen, 1681 Wegnahme Straßburgs). Nach dem Pfälz. Erbfolgekrieg konnte es vielmehr 1697 im Frieden von Rijswijk den erreichten Besitzstand in der Hauptsache wahren, die Eroberung des Elsaß wurde sanktioniert. Der säkulare Gegensatz Bourbon-Habsburg erreichte im Span. Erbfolgekrieg (1701–13/14) und im Poln. Thronfolgekrieg (1733–35) gesamteurop. Ausmaß und mündete nach dem Erlöschen des habsburg. Mannesstamms (↑ Pragmatische Sanktion) in den Östr. Erbfolgekrieg (1740–48). Behielt schließlich das habsburg. Erbhaus durch die Kaiserwahl des Gemahls der Maria Theresia, *Franz I. Stephan* (⚭ 1745–65), auch die vornehmste Stellung im Reich, so verfestigte sich der preuß.-östr. Dualismus im Siebenjährigen Krieg (1756–63) und brach im Fürstenbund von 1785 und in den Poln. Teilungen erneut aus. Im friderizian. Preußen, im Österreich Kaiser *Josephs II.* (⚭ 1765–90), im Bayern des Kurfürsten Maximilian III. Joseph, in der Kurpfalz und in Bayern unter Karl Theodor sowie im Baden des Markgrafen Karl Friedrich, aber auch in zahlr. anderen Territorialstaaten prägte sich die Verbindung von Absolutismus und Aufklärung aus. Das letzte Drittel des 18. Jh. brachte eine geistige Blütezeit Deutschland.

Das Ende des Reiches, die Napoleonische Epoche und die Gründung des Deutschen Bundes (1789–1815)

Angesichts der polit.-sozialen Bedrohung durch die Frz. Revolution trat der preuß.-östr. Gegensatz zurück. Kaiser *Leopold II.* (⚭ 1790–92) und König *Friedrich Wilhelm II.* von Preußen (⚭ 1786–97) vereinbarten 1791 die Pillnitzer Konvention, die zur Intervention in Frankreich aufrief und am 20. April 1792 zur frz. Kriegserklärung führte. Unter dem Druck der Koalitionskriege (das linke Rheinufer fiel 1801 im Frieden von Lunéville an Frankreich) wurde die Auflösung des Reiches eingeleitet, dessen polit. und rechtl. Grundlagen, schon 1795 von Preußen im Basler Frieden preisgegeben, der Reichsdeputationshauptschluß 1803 weitgehend zerstörte: Durch Säkularisation und Mediatisierung wurden Kurköln und Kurtrier beseitigt, als neue Kurfürstentümer entstanden Hessen (-Kassel), Baden, Württemberg und Salzburg. Die auf die östr. Niederlage von 1805 folgende Aushöhlung der Reichsidee mit der Er-

Joseph II.
(Ausschnitt aus einem Gemälde von Pompeo Batoni, 1769)

Deutsche Geschichte

Links: Krönungsinsignien der deutschen Könige: Reichskrone, Reichsschwert, Reichskreuz und Reichsapfel (Wien, Kunsthistorisches Museum). Rechts oben: Albrecht von Wallenstein auf einer zeitgenössischen Medaille. Rechts unten: Friedrich II., der Große, Gemälde von Anton Graff, 1781 (Potsdam, Sanssouci)

hebung Bayerns und Württembergs zu Kgr., Badens und Hessen-Darmstadts zu Groß-Hzgt., alle von verbunden mit Frankreich, gipfelte in der Gründung des Rheinbunds (1806). Das frz. Ultimatum, das *Franz II.* (⚭ 1792–1806) zur Niederlegung der Kaiserkrone zwang (6. Aug. 1806), bedeutete das Ende des Hl. Röm. Reiches. Nach dem 4. Koalitionskrieg (1806/07), mit der Katastrophe Preußens bei und nach Jena und Auerstedt und dem Frieden von Tilsit, sah sich der Großteil Deutschlands der europ. Hegemonie Frankreichs unterworfen. In Österreich erlebte die Reformpolitik der Erzherzöge Karl und Johann und des Min. J. P. von Stadion nur eine kurze Phase der Erfüllung bis zur militär. Niederlage (1809) und dem Aufstieg Metternichs. In den ↑ preußischen Reformen wurde ein bruchstückhafter Umbau von Staat und Gesellschaft verwirklicht. Auf die militärisch erfolgreichen Befreiungskriege folgte im Wiener Kongreß (1815) zwar eine Neuordnung Mitteleuropas, aber statt der nat.-staatl. Einigung nur eine völkerrechtlich lose Vereinigung im Dt. Bund.

Restauration und Revolution (1815–49)

Mit den Ideen der Restauration, der Grundlage des sozialkonservativen „Systems" Metternichs, verhinderten die monarchisch-konservativ orientierten Politiker des Dt. Bundes die Mitbestimmung des Bürgertums. Typisch für das Spannungsfeld von Staat und Gesellschaft im dt. Vormärz wurde der Frühkonstitutionalismus. Der Gedanke der nat. Einheit und der Ruf nach Verwirklichung des Rechts- und Verfassungsstaats wurden durch die Karlsbader Beschlüsse (1819) unterdrückt, erhielten aber durch die frz. Julirevolution (1830) neue Impulse. Bildeten sich in dieser Situation die ersten Ansätze dt. Parteien, so gingen die meisten sozialen und wirtsch. Initiativen (Errichtung des Dt. Zollvereins 1833/34) vom Staat und seiner Bürokratie aus. Das Übergreifen der mit der frz. Februarrevolution 1848 einsetzenden Bewegung auf Deutschland in Gestalt der v. a. vom bürgerl. Mittelstand getragenen Märzrevolution ließ das Metternichsche System einstürzen und mündete in die ↑ Frankfurter Nationalversammlung. Die Ablehnung der Kaiserkrone durch König Friedrich Wilhelm IV. von Preußen bedeutete das Scheitern der bürgerl. Revolution, die Aufstände in Sachsen, Baden und der Pfalz wurden niedergeworfen.

Industrialisierung, bürgerliche Nationalbewegung und Reichsgründung (1850–71)

In der auf die Revolutionszeit folgenden Reaktionsperiode wurden die alten verfassungsrechtl. Zustände des Dt. Bundes nach dem Scheitern der Paulskirche und dem preuß. Rückzug vor dem östr. Ultimatum (Olmützer Punktation) wiederhergestellt. Während v. a. in den süddt. Staaten die Reaktion nur zögernd einsetzte, wurde in der Habsburgermonarchie der Scheinkonstitutionalismus von 1849 annulliert und ein Neoabsolutismus errichtet. In dieser Situation gingen entscheidende Änderungsimpulse von der Wirtschaftsentwicklung und dem zw. Preußen und Österreich erneut aufbrechenden dt. Dualismus aus. Die Führung in der dt. Frage beanspruchte auf Grund seines wirtsch. und militär. Potentials Preußen, wo das Erstarken des Liberalismus im Kampf um die Reorganisation der preuß. Armee zum preuß. Verfassungskonflikt zw. Krone und Abg.haus führte. Auf dem Höhepunkt der Krise wurde 1862 Bismarck als Kandidat der Militärpartei zum Min.präs. berufen. Er zielte auf den Bruch des Dt. Bundes und eine Neugründung durch Preußen. Den von Österreich einberufenen Frankfurter Fürstentag 1863 (zur Beratung des östr. Bundesreformplans) brachte er zum Scheitern. Die Schleswig-holstein. Frage und der Dt.-Dän. Krieg 1864 führten die beiden dt. Vormächte noch einmal zusammen. Preußens Vorgehen im Konflikt um Schleswig-Holstein (Besetzung Holsteins) und das von Bismarck dem B.tag vorgelegte Reformprogramm (Neubildung des Bundes ohne Österreich) führte zum Dt. Krieg 1866, zu dessen wichtigsten innerdt. Folgen die Ausschließung Österreichs aus dem dt. Staatenverband und die Bildung des Norddt. Bundes gehörten. Eine diplomat. Prestigefrage, die span. Thronkandidatur eines Hohenzollernprinzen, gab im Juli 1870 Anlaß zum Dt.-Frz. Krieg 1870/71 (↑ Emser Depesche), der die kleindt. Reichsbildung durch Beitritt der süddt. Staaten (Kaiserproklamation 18. Jan. 1871) vollendete.

Kaiserreich (1871–1918)

Die Wirtschafts- und Innenpolitik nach 1871 setzte den Weg der liberalen Kompromisse fort. Bismarck regierte mit den liberal-konservativen Mehrheiten im Reichstag und im preuß. Abg.haus, ohne von ihnen abhängig zu werden. Der Kulturkampf gegen den polit. Katholizismus sollte die Liberalen ideologisch auf das System Bismarcks festlegen. Die große Depression seit 1873 brachte die organisierten Interessen des Großgrundbesitzes und der Schwerind. hinter Bismarcks Kurs der Orientierung auf ein konservative Preußen, der Abwehr von Liberalismus und Parlamentarismus und der repressiven Lösung der sozialen Frage (Sozialistengesetz, 1878; Annahme [1879] eines gemäßigten, bis 1890 rasch steigenden Schutzzolls). Bezahlt wurde diese Lösung des dt. Verfassungsproblems durch eine strukturelle Schwächung von Parlament und Parteien und durch Entfremdung der Arbeiterbewegung vom preuß.-dt. Obrigkeitsstaat, die auch die konstruktive Sozialpolitik der 80er Jahre († Sozialversicherung) nicht mehr rückgängig machte. Dem Tod Kaiser *Wilhelms I.* folgten die Reg. der 99 Tage *Friedrichs III.* und die Thronbesteigung *Wilhelms II.* (1888). Der Sturz Bismarcks (1890) markierte v. a. außenpolitisch das Ende einer Epoche. Grundlage seiner Außenpolitik war die Idee des Gleichgewichts der europ. Mächte, wechselseitiger Sicherheit und des Interessenausgleichs. Auf dieser Basis ist sein Bündnissystem zu verstehen (Dreikaiserbund 1873 und 1881, Zweibund 1879, Dreibund 1882, Mittelmeerabkommen und Rückversicherungsvertrag 1887).
Die große Verfassungskrise der 90er Jahre, gekennzeichnet durch die Diskussion um das „persönl. Regiment" Wilhelms II., verwies auf jenen unbewältigten gesellschaftl. Wandlungsprozeß, den der Übergang vom Agrar- zum Ind.staat hervorrief. Ein konstruktiver Ansatz zu innerer Entspannung lag anfangs in dem „Neuen Kurs" der Innenpolitik (Fortsetzung staatl. Sozialpolitik zur Lösung der Arbeiterfrage, sozialpolit. Versöhnungskurs). Caprivis Politik traf auf den Widerspruch des agrar. Konservatismus, der, da Wilhelm II. Caprivi auch wegen seiner Sozialpolitik das Vertrauen entzog, wesentlich zu seinem Sturz (1894) beitrug. Der 2. Phase der Innenpolitik des Neuen Kurses fehlte die klare Grundlinie. Der Widerspruch zw. dem konservativen Kurs des preuß. Staatsministeriums (Miquel) und der Notwendigkeit, im Reich die Kräfte der allg. Stimmrechts (Zentrum) zu berücksichtigen, vermehrte die Schwierigkeiten der Reg. Während der innenpolit. Ära Posadowsky-Wehner wurde das Zentrum – mit Ausnahme der Phase der Bülowschen Blockpolitik – Reg.partei, doch ohne daß die enge Abhängigkeit der Reg. von der Sammlungsmehrheit die Tendenz fortschreitender Parlamentarisierung annahm. Die Folgen des Rückgangs der polit.-demokrat. gegenüber der wirtsch.-techn. Entwicklung gewannen an Intensität. Das persönl. Regiment Wilhelms II. wurde mehr und mehr eingeschränkt, ohne daß Parlament und Parteien in das Vakuum nachstießen. Der Reichstagsauflösung 1906 folgte das Experiment des Bülow-Blocks, das aber an dem ungelösten Problem einer Reform des preuß. Wahlrechts und an der Reichsfinanzreform scheiterte (1909). T. von Bethmann Hollwegs Innenpolitik als Reichskanzler 1905–14 war gekennzeichnet von Reformansätzen, die jedoch entweder zu spät kamen oder nur zu Teilreformen führten. Dem Scheitern der preuß. Wahlrechtsreform (1910) stand der Aufstieg der Sozialdemokratie zur stärksten Reichstagsfraktion 1912 gegenüber. Die Zabern-Affäre 1913 erhellte die realen Machtverhältnisse und den Primat der Militärmacht im preußisch-dt. Staat. Unter dem Druck handels- und finanzpolit. Interessen gab die dt. Außenpoli-

Franz II.
(Stahlstich von Jakob Hyrtl, um 1820)

Klemens Wenzel Fürst Metternich
(Kreidezeichnung von Anton Graff)

Otto von Bismarck

Wilhelm II.

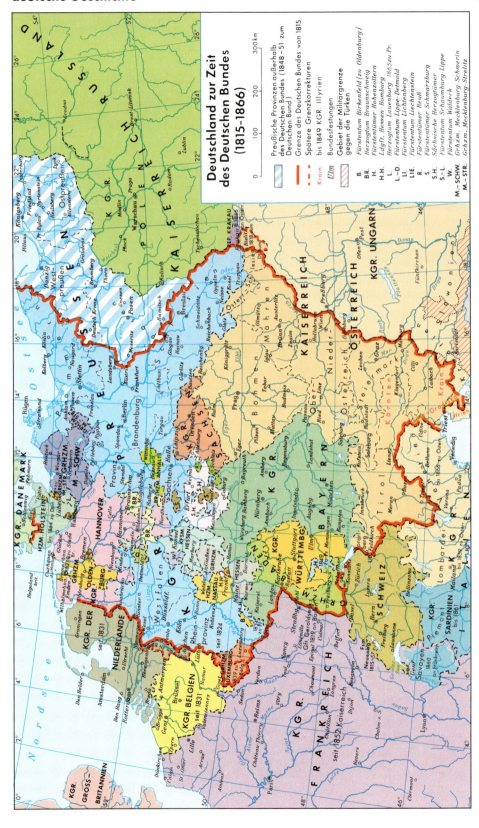

deutsche Geschichte

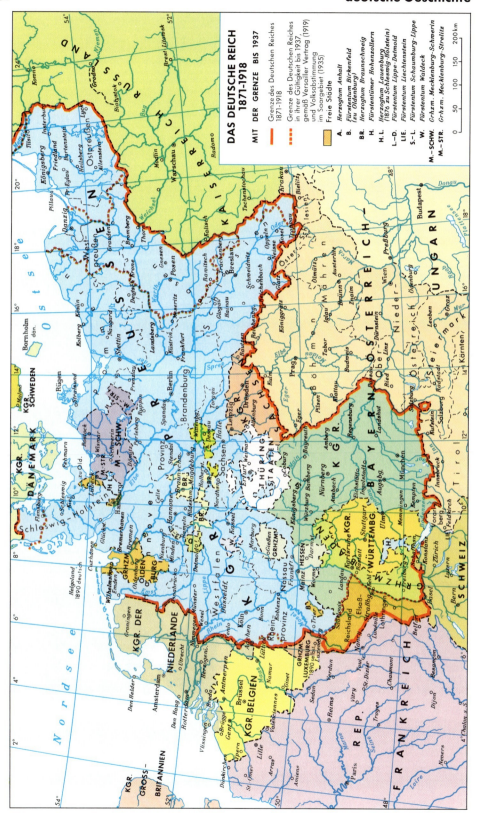

deutsche Geschichte

Gustav Stresemann

Friedrich Ebert

Paul von Hindenburg

Heinrich Brüning

tik endgültig die kontinentaleurop. Orientierung der Bismarck-Ära auf. Der Ruf nach dem „Platz an der Sonne" (Bülow) wurde zum Ausdruck des Anspruchs auf Gleichberechtigung als überseeische Weltmacht. Die weltpolit. Gruppierung wurde seit der Jh.wende v. a. durch die Einbeziehung Großbritanniens und Deutschlands (dt.-brit. Flottenrivalität; ↑Krügerdepesche) in zwei gegensätzl. Lager gekennzeichnet: Entente (später Tripelentente) bzw. Zweibund (der Dreibund wurde durch die stille Teilhaberschaft Italiens am Dreiverband zur hohlen Form). Die Marokkokrisen 1905 und 1911 erwiesen Projekte eines dt.-russ.-frz. Kontinentalbundes als Illusion und zeigten die Isolierung der dt. Diplomatie. Mit weitreichenden Folgen scheiterte 1912 in der Haldane-Mission der letzte Versuch dt.-brit. Verständigung. Seit 1911 sah das Dt. Reich seinen Entwicklungsspielraum auf den SO eingeschränkt, wo die bosn. Annexionskrise (1908/09) das Überlappen der Einflußsphären der europ. Großmächte erwies und über die Balkankriege (1912/13) zu der Krisensituation führte, aus der nach dem Mord von Sarajevo der 1. Weltkrieg (1914–18) ausgelöst wurde. Nach dem Scheitern der Siegstrategien der Mittelmächte und der Alliierten 1915/16 führten auch in Deutschland die wachsende Kluft zw. Kriegsbelastung und Friedenschancen seit dem Frühjahr 1916 zum Ende des Burgfriedens. Während die parlamentar. Linke die Beendigung des Krieges verlangte und auf Einlösung des Versprechens verfassungspolit. „Neuorientierung" pochte, sahen die Gruppierungen der Rechten bis in das Zentrum hinein in der innenpolitisch höchst aktiven, halbdiktator. 3. Obersten Heeresleitung (Hindenburg, Ludendorff) die Alternative zum Kurs innerer Reform. Schließlich führte die Ausweglosigkeit der militär. Lage, verbunden mit den Friedensversprechungen der Vierzehn Punkte des amerikan. Präs. W. Wilson, Ende Sept. 1918 zur Bildung einer erstmals aus Parlamentariern bestehenden Reg. unter Prinz Max von Baden, deren Hauptaufgabe die Beendigung des Krieges wurde. Die Novemberrevolution war Ergebnis des Zusammenbruchs und beschleunigte nur in geringem Maß dessen Verlauf. Die Hohenzollernmonarchie war diskreditiert durch die Führungsschwäche des Obrigkeitsstaats im Krieg und die Flucht Wilhelms II. in die neutralen Niederlande. Auf der Grundlage gegenseitiger Absicherung mit der Armee schaltete der Rat der Volksbeauftragten nach der Ausrufung der Republik (9. Nov. 1918) die konkurrierende polit. Willensbildung durch das System der Arbeiter-und-Soldaten-Räte aus, verzichtete aber auf rigorosen Austausch der Beamtenschaft in Staatsverwaltung und Justiz und überließ Gewerkschaften und Unternehmern die Neuordnung des sozialpolit. Bereichs. Entscheidend war, daß die Mehrheitssozialisten konsequent auf Errichtung des bürgerlich-parlamentar. Verfassungsstaats abzielten. In den Wahlen zur Nat.versammlung erhielten die Partner der Weimarer Koalition, die die Reg. übernahm, eine ¾-Mehrheit und konnten weitgehend die Kompromißstruktur der Weimarer Reichsverfassung (11. Aug. 1919) festlegen.

Weimarer Republik (1918–33)

Im Ablauf der Geschichte der ersten dt. Republik lassen sich 3 Phasen unterscheiden: 1. Die Periode der Rekonstruktion, im Innern geprägt von der Schwäche der Republik tragenden Parteien und von bürgerkriegsähnl. Angriffen auf die Republik von links (1919–23) und rechts (Kapp-Putsch 1920, Hitlerputsch 1923), begleitet von (seit 1922) galoppierender Inflation, Kapitalmangel und Zerrüttung der Wirtschaft. Außenpolitisch bestimmte der Versailler Vertrag (28. Juni 1919) die Behandlung des besiegten Deutschland. Angesichts der frz. Ruhrbesetzung 1923 kam es zum offenen brit.-frz. Gegensatz. Das Verhältnis zu Sowjetrußland wurde im Rapallovertrag 1922 bereinigt. 2. Die Periode der Stabilisierung auf der Grundlage der Währungsneuordnung im Nov. 1923 (Rentenmark) und der Neuordnung der Reparationen entsprechend der wirtsch. Leistungsfähigkeit Deutschlands (Dawesplan 1924). 1925 schuf der Locarnopakt (G. Stresemann) die Basis eines Systems kollektiver Sicherheit, 1926 konnte der Eintritt in den Völkerbund folgen, doch hat insgesamt die Außenpolitik der Republik, zw. O und W schwankend, die Dynamik des extremen Nationalismus im Innern nicht auffangen können. Nach Eberts Tod (1925) wurde Hindenburg (Kandidat der Rechten) Reichspräs. Der als endgültige Regelung der Reparationen gedachte Youngplan 1929 führte zur verschärften Aktion des Rechtsradikalismus. 3. Die Periode der Auflösung der Republik 1930–33, gekennzeichnet durch autoritäre, auf das Notverordnungsrecht des Reichspräs. gestützte, parlamentarisch zunächst durch Sozialdemokraten und Zentrum tolerierte (H. Brüning), ab 1932 allein vom Vertrauen Hindenburgs und durch die Unterstützung der Reichswehr und der organisierten Interessen des Großgrundbesitzes getragene Reg. (F. von Papen und K. von Schleicher). Verlauf und Ergebnis dieser Staats- und Gesellschaftskrise standen vor dem Hintergrund der Weltwirtschaftskrise, die seit 1929 das dt. Wirtschaftsleben und die Investitionen lähmte, die Zahl der Arbeitslosen auf über 6 Mill. hinaufschnellen ließ und die Radikalisierung der polit. Gegensätze vorantrieb. Nachdem Schleichers Pläne einer „Front der Gewerkschaften" unter Einschluß einer von ihm intendierten Spaltung der NSDAP über G. Strasser gescheitert waren, wurde Hitler am 30. Jan. 1933 Chef eines Präsidialkabinetts.

Das Dritte Reich (1933–45)

Legitimiert von einer obrigkeitsstaatlich orientierten Staatsrechtslehre, wurde das Präsidialkabinett Hitler mit Hilfe scheinlegaler Maßnahmen und offener Rechtsbrüche in 3 Stufen zur Einparteien- und Führerdiktatur: 1. enorme Machtsteigerung der Exekutive mit Mitteln des Präsidialregimes: u. a. erneute Auflösung des Reichstags; Einschränkung der Pressefreiheit; endgültige Gleichschaltung Preußens; Ausnahmezustand und Aufhebung der Grundrechte nach dem Reichstagsbrand; staatsstreichförmige Unterwerfung der Länder nach den noch halbfreien Reichstagswahlen vom 5. März 1933; Ermächtigungsgesetz vom März 1933 als Legalitätsfassade. 2. Liquidierung des Rechtsstaats: u. a. „Säuberung" des Beamtenapparats und der Justiz von Demokraten und Deutschen jüd. Abstammung; Zerschlagung der Gewerkschaften, demokrat. Berufsverbände und aller nichtnationalsozialist. Parteien; gesetzl. Verankerung des Einparteienstaats. 3. Aufbau des totalitären Staats. Der Reichswehr gelang es, ihr Monopol als Waffenträger gegen die SA durchzusetzen, wobei der von ihr gedeckten Abrechnung Hitlers mit der SA im sog. Röhm-Putsch (30. Juni 1934) auch frühere Widersacher des Regimes zum Opfer fielen. Die seit Hindenburgs Tod (1934) auf Hitler vereidigten Streitkräfte (seit 1935 Wehrmacht) wurden nach der von Hitler und Himmler inszenierten Führungskrise 1938 (W. von Fritsch) weitgehend Instrument nat.-soz. Kriegs- und Vernichtungspolitik. Am kompromißlosesten manifestierte sich das totalitäre System im SS-Staat, dessen Kern das System von Judenverfolgung und KZ war. Demütigung, Entrechtung, Verfolgung der Juden (Judengesetze; Kristallnacht, 9./10. Nov. 1938), ihre Vertreibung und schließlich planvolle, bestial. Vernichtung (sog. Endlösung der Judenfrage) war unverblümt proklamiertes Kampfziel. Die nat.-soz. Wirtschaftspolitik ging zunächst davon aus, die traditionelle kapitalist. Struktur und effiziente Wirtschaftsbürokratie nutzend, alle Kräfte auf Kriegsvorbereitung und Sicherung der Nahrungsmittelbasis zu lenken, erweiterte aber seit 1936 durch Gründung weitverzweigter Reichsunternehmen, Vierjahresplan und (seit 1941/42) Mobilisierung für Kriegswirtschaft den staatskapitalist. Bereich. Methoden, Motive und Ziele des Widerstandes waren verschieden, teils gegensätzlich. Neben den alten Gegnern des NS auf der polit. Linken standen desillusionierte Konservative. Opposition wurde auch innerhalb der Kirchen wirksam (Bekennende Kirche). 1938 und seit 1942/43 standen Militärs im Zentrum konspirativer Planungen zur Beseitigung des Systems (Attentat vom 20. Juli 1944). Die Rückgewinnung des Saargebiets (1935), die

deutsche Geschichte

Besetzung der entmilitarisierten Rheinlandzone (1936) und die Schaffung der Achse Berlin–Rom (1936; Stahlpakt 1939), im Antikominternpakt (1936) mit Japan ergänzt (1940 durch den Dreimächtepakt zur „Achse Berlin–Rom–Tokio" erweitert), täuschten im Innern eine erfolgreiche Außenpolitik vor, die (eingeleitet vom Austritt aus dem Völkerbund 1933) in ihrem wesentlichen Kriegspolitik war und seit 1935 in unverhüllt aggressive Politik überleitete, begünstigt durch die v. a. brit. Politik des Appeasement. Die Einführung der Wehrpflicht (16. März 1935), der Anschluß Österreichs (Einmarsch 12. März 1938) und die Einverleibung des Sudetenlands, sanktioniert durch das Münchner Abkommen 1938, gehörten bereits zur unmittelbaren Kriegsvorbereitung. Hinter der Annexion der Tschechoslowakei (16. März 1939) wurde der Expansionswille des NS-Regimes unübersehbar deutlich. Mit dem trotz brit. Garantieerklärung (31. März 1939), aber mit Rückendeckung durch den Dt.-Sowjet. Nichtangriffspakt (23. Aug. 1939) unternommenen Angriff auf Polen entfesselte Hitler den 2. ↑Weltkrieg. Der Kriegsausgang (Gesamtkapitulation der dt. Wehrmacht am 7./8. Mai 1945 nach Hitlers Selbstmord am 30. April 1945) besiegelte das Ende des dt. Nationalstaats in der Form, die er 1867–71 erhalten hatte. Ermordung von 5,5 Mill. Juden, etwa 28 Mill. Tote in der UdSSR, 4,5 Mill. in Polen, 1,7 Mill. in Jugoslawien, 800 000 in Frankreich, 400 000 in Großbritannien, 7,6 Mill. Tote in Deutschland, mehr als doppelt so viele Flüchtlinge, Verstümmelung und Teilung des Landes – das war die Bilanz der NS-Diktatur.

Die Teilung Deutschlands (1945–49)

Gemäß den Vereinbarungen der Jalta-Konferenz (Febr. 1945) verkündete die Berliner Viermächteerklärung vom 5. Juni 1945 die „Übernahme der obersten Reg.gewalt hinsichtlich Deutschlands" durch die USA, die UdSSR, Großbritannien und Frankreich, die Einteilung in 4 Besatzungszonen und die Bildung des Alliierten Kontrollrats als oberstes Organ der Reg. Deutschlands durch die 4 Siegermächte. Österreich wurde in seine Eigenstaatlichkeit zurückgeführt. Berlin bildete eine bes. Einheit unter Viermächteverwaltung. Die Grundlinien der alliierten Deutschlandpolitik legte das ↑Potsdamer Abkommen (2. Aug. 1945) fest, in dem die USA, die UdSSR und Großbritannien die Abtrennung der dt. Ostgebiete festlegten, in Abkehr von früheren Zerstückelungsplänen aber vereinbarten, Deutschland westlich der Oder-Neiße-Linie als wirtsch. Einheit zu behandeln und einige dt. zentrale Verwaltungsstellen zu bilden, wozu es jedoch nicht kam. Bestimmend wurde der sich verschärfende Ost-West-Gegensatz, der in den kalten Krieg mündete und ab 1945 zur Entstehung zweier getrennter sozioökonom. Systeme in der SBZ und in den Westzonen führte. Er verhinderte letztendlich auch ein einheitl. deutschlandpolit. Konzept der Alliierten. Eine schwere Belastung für den wirtsch. Wiederaufbau stellten v. a. in den ersten Nachkriegsjahren Reparationen und Demontagen dar, bes. in der SBZ. Die Folgen von Flucht und Vertreibung 16,5 Mill. Deutscher aus Osteuropa, v. a. aus den dt. Ostgebieten, warfen weittragende Probleme der Eingliederung, v. a. in die westdt. Gesellschaft, auf. Dem Potsdamer Abkommen gemäß leiteten die Siegermächte zur Bestrafung des NS und zur Ausschaltung seines Fortlebens sowie in ein im Volk begünstigenden Kräfte die Nürnberger Prozesse sowie Entnazifizierung und Reeducation ein. Zur innenpolit. Grundlage der Spaltung Vierzonendeutschlands wurde die Entstehung auf gegensätzl. Wertvorstellungen beruhender Parteiensysteme, Hand in Hand mit dem Neuaufbau von Verwaltung und Regierung. In der SBZ leitete die Sowjet. Militäradministration in Deutschland (SMAD) im Juni/Juli 1945 die Bildung eines Blocksystems ein mit der Zulassung von 4 Parteien (KPD, CDU, LDPD, SPD), denen sich die Gründungen kommunist., christl., liberaler und sozialdemokrat. Parteien in allen Zonen noch 1945 zuordneten, ohne daß es zur Entstehung gesamtdt. Parteienorganisationen gekommen wäre. Auch in der Aufgliederung der Besatzungszonen in Länder machte die SBZ den Anfang (1945), die Westzonen folgten 1945–47. Im April 1946 erfolgte, teils von der Basis getragen, teils unter Zwang, die Vereinigung von KPD und SPD der SBZ zur Sozialist. Einheitspartei Deutschlands (SED). In den Westzonen entstand ein pluralist. Parteiensystem, in dem die CDU/CSU und SPD dominierten. Nach dem Scheitern des Versuchs, gemeinsame Maßnahmen der Siegermächte zur Bewältigung der dt. Wirtschaftsprobleme zu vereinbaren, schritten die USA und Großbritannien zur wirtsch. Vereinigung ihrer Besatzungszonen in Gestalt der Bizone (1. Jan. 1947; am 8. April 1949 durch Anschluß der frz. Besatzungszone zur Trizone erweitert), die durch Konstituierung eines Wirtschaftsrats (25. Juni 1947), später eines Exekutiv- und eines Länderrats, Elemente der Staatlichkeit verliehen wurden. Auf Gründung und Ausbau der Bizone antwortete die SED im Dez. 1947 mit dem Dt. Volkskongreß für Einheit und gerechten Frieden, der zur verfassunggebende Körperschaft den Dt. Volksrat (März 1948) bildete; mit der Dt. Wirtschaftskommission (14. Juni 1947) war in der SBZ bereits ein zentrales Exekutivorgan geschaffen worden. Der Konflikt um die im Juni in W und O separat durchgeführte Währungsreform steigerte sich bis zur Berliner Blockade und wirkte als Katalysator des Vollzugs der Staatsgründungen unter Führung der Siegermächte. Das von dem im Sept. 1948 konstituierten Parlamentar. Rat am 8. Mai 1949 verabschiedete, am 12. Mai von den Militärgouverneuren genehmigte Grundgesetz (GG) für die BR Deutschland wurde am 23. Mai 1949 verkündet. Die vom Verfassungsausschuß der Dt. Volksrats ausgearbeitete Verfassung der DDR wurde vom 3. Dt. Volkskongreß angenommen (30. Mai 1949) und vom 2. Dt. Volksrat verabschiedet (7. Okt. 1949). Von 1949–90 vollzog sich die d. G. wegen der Zweistaatlichkeit Deutschlands in getrennten Bahnen.

Deutsche Demokratische Republik (1949–90)

Die DDR war zunächst ein Produkt der Besatzungspolitik. Wichtige Veränderungen in der sozioökonom. Struktur waren bereits vor Gründung der DDR vorgenommen worden (Bodenreform, Schulreform, Justizreform, Aufbau einer neuen Verwaltung und Zentralverwaltungswirtschaft, Enteignung und Verstaatlichung großer Teile der Ind.). Die

Adolf Hitler

Deutsche Geschichte. Auf dem Reichstagsgebäude in Berlin wird am 2. Mai 1945 die sowjetische Fahne gehißt

Deutsche Geschichte. Proklamation der Deutschen Demokratischen Republik durch den Deutschen Volksrat am 7. Oktober 1949, am Mikrophon Wilhelm Pieck

Walter Ulbricht

SED war das entscheidende polit. Herrschaftsinstrument, um aus der SBZ die DDR zu entwickeln; mit der Dt. Wirtschaftskommission (1947) und dem 2. Dt. Volksrat (1949) entstanden bereits die Vorläufer eines Reg.- und eines parlamentar. Organs. Die Konstituierung des Dt. Volksrats als Provisor. Volkskammer und die Annahme der Verfassung (7. Okt. 1949) sowie die Bildung der Reg. Grotewohl (11. Okt. 1949) schlossen die „antifaschistisch-demokrat. Umwälzung" ab. Mit der „Schaffung der Grundlagen des Sozialismus" begann dann die Periode der „sozialist. Revolution". Eine Verfassung bürgerlich-demokrat. Charakters wurde in Kraft gesetzt, zugleich wurde die Gesellschaft mehr und mehr nach dem sowjet. „Grundmodell des Sozialismus" organisiert. Die erste Zäsur war dabei der Beschluß der Parteien und Massenorganisationen, für die Volkskammerwahlen im Okt. 1950 eine Einheitsliste der Nat. Front zur völligen Gleichschaltung der bürgerl. Parteien aufzustellen, die nach offiziellem Wahlergebnis 99,7 % Zustimmung fand. Für die Phase des sozialist. Aufbaus, die mit dem Mai 1952 mit der Aufstellung nat. Streitkräfte, zunächst als kasernierte Volkspolizei, das entscheidende Machtmittel gegeben wurde, markierte die 2. Parteikonferenz der SED (Juli 1952) im Sinne des sowjet. Grundmodells die Zielpunkte: vorrangige Entwicklung der Schwerind., Bildung von landw. Produktionsgenossenschaften, verschärfter Klassenkampf gegen bürgerl. Mittelstand und Intelligenz, gegen Bauern und gegen die Kirchen. Im Zuge der Verwaltungsreform vom 23. Juli 1952 wurden die 5 Länder Sachsen, Sachsen-Anhalt, Thüringen, Brandenburg und Mecklenburg aufgelöst und durch 14 Bezirke ersetzt. Die Politik des sozialist. Aufbaus wurde weder durch den Neuen Kurs (9. Juni 1953) noch durch den Aufstand des ↑Siebzehnten Juni 1953 entscheidend verlangsamt. Auch die Konsequenzen der Entstalinisierung 1955/56 wurden in der DDR 1957/58 in Aktionen gegen „revisionist. Abweichler" (Prozesse gegen die Gruppe um W. Harich, W. Janka, E. Wollweber und K. Schirdewan) gewendet, die Parteiführung dadurch entscheidend stabilisiert. Ab 1956 beschleunigte die polit. Führung die Sozialisierung des Mittelstandes (Produktionsgenossenschaften des Handwerks, staatl. Beteiligung an Privatbetrieben, Kommanditgesellschaften des Handels) und verstärkte die Integration in den COMECON. Die ungünstigen Ausgangsbedingungen (schmale Energie- und Rohstoffbasis, Reparationen, Demontagen), zu hoch gesteckte Planziele v. a. in der Schwerind., die bürokrat. Wirtschaftsordnungspolitik,

die einseitige Ausrichtung des Außenhandels auf die „sozialist. Staatengemeinschaft" und polit. Faktoren hatten den 1. Fünfjahrplan (1951–55) mit erhebl. Rückständen abschließen lassen und den 2. Fünfjahrplan so belastet, daß er abgebrochen und durch einen Siebenjahrplan (1959–65) ersetzt werden mußte. Mit der 1960 abgeschlossenen „Vollkollektivierung" der Landw. und der Abriegelung Ost-Berlins (13. Aug. 1961; Bau der Berliner Mauer) und damit der DDR gegenüber der BR Deutschland insgesamt infolge der Massenflucht aus der DDR sah W. Ulbricht, der 1960 größte Machtfülle erlangt hatte, die Voraussetzungen für den Sieg „der sozialist. Produktionsverhältnisse" gegeben. Mit der Akzeptierung der Oder-Neiße-Linie im Görlitzer Abkommen (6. Juli 1950), der Mitgliedschaft im COMECON (29. Sept. 1950) und der Mitbegründung des Warschauer Paktes (14. Mai 1955) gewann die DDR an polit. Gewicht im Rahmen der Ostblockstaaten. Dem entsprach die schrittweise Aufwertung der DDR durch die UdSSR: Die sowjet. Kontrollkommission wurde (28. Mai 1953) durch einen Hochkommissar ersetzt; am 25. März 1954 und 20. Sept. 1955 wurde die Souveränität der DDR von der UdSSR anerkannt (mit Ausnahme der den alliierten Berlinverkehr betreffenden Fragen) und am 12. März 1957 der Vertrag über die Stationierung der sowjet. Besatzungstruppen unterzeichnet; dem 1962 die Einführung der Wehrpflicht in der DDR folgte. Gleichzeitig wurde die Zweistaatentheorie formuliert, die die Deutschland- und Außenpolitik der DDR und der sozialist. Staaten lange geprägt hat. Seit dem VI. Parteitag der SED 1963 begann mit dem sog. Neuen Ökonom. System der Planung und Leitung der Volkswirtschaft (NÖSPL) eine Phase v. a. wirtsch. Reformexperimente; dadurch wurde die DDR eine Art Modell für die sozialist. Nachbarländer und stieg zur stärksten Ind.macht des Ostblocks nach der UdSSR auf. Die Verfassung vom April 1968 glich mit mehreren Gesetzeswerken einer sozialist. Rechtsreform (1961–68) das bis dahin weitgehend noch bürgerlich-demokrat. Verfassungsrecht der Verfassungswirklichkeit in der DDR an, v. a. wurde die Einparteienherrschaft der SED verfassungsmäßig verankert. Parallel zur Integration in das sozialist. Bündnissystem entwickelte die DDR ein System bilateraler „Freundschaftsverträge" (1964 mit der UdSSR, 1967 mit Polen, der Tschechoslowakei, Ungarn und Bulgarien), auf deren Grundlage weitere Abkommen über Handel, Verkehr, wiss. und kulturelle Verbindungen geschlossen worden sind. Internat. diplomat. Anerkennung blieb der DDR trotz einzelner Erfolge bis zum Ende der 60er Jahre v. a. wegen der Hallsteindoktrin versagt. Am 3. Mai 1971 übernahm E. Honecker anstelle von W. Ulbricht das Amt des 1. Sekretärs der SED (seit Okt. 1976 auch Vors. des Staatsrates). An der in den Jahren zuvor entwickelten Konzeption wurden einschnei-

Deutsche Geschichte. 17. Juni 1953, Ostberliner bewerfen sowjetische Panzer mit Steinen

deutsche Geschichte

dende Veränderungen vorgenommen. In der Wirtschaftspolitik wurde die „immer bessere Befriedigung der wachsenden Bedürfnisse der Bev." propagiert, in der Innenpolitik aber zugleich ein zunehmend härterer Kurs gegen Kritiker eingeschlagen, der im Verlauf der 70er Jahre zu zahlr. Hausarresten (z. B. R. Havemann), Verurteilungen (z. B. R. Bahro) und Abschiebungen (z. B. W. Biermann) in die BR Deutschland führte. Immer mehr Künstler, Schriftsteller, Schauspieler u. a. verließen die DDR.

Im Zuge der neuen Ostpolitik der BR Deutschland (Dt.-Sowjet. und Dt.-Poln. Vertrag 1970; Viermächteabkommen über Berlin 1971) kam es zu intensiven Kontakten zw. der DDR und der BR Deutschland. Nach Abschluß des Grundvertrags (1972) wurde die DDR von fast allen Staaten diplomatisch anerkannt und 1973 zus. mit der BR Deutschland in die UN aufgenommen. Die von der DDR letztlich auch in Reaktion auf die neue Ostpolitik und im Bestreben, die nat. Eigenständigkeit zu betonen, verstärkt verfolgte Politik der Abgrenzung von der BR Deutschland führte schließlich zum Verzicht auf den Begriff „dt. Nation" in der Verfassungsänderung von 1974, in der auch die unwiderrufl. Verbindung der DDR mit der UdSSR festgeschrieben wurde. Nach dem sowjet. Einmarsch in Afghanistan (Dez. 1979) und im Zusammenhang mit der Entwicklung um die freien Gewerkschaften in Polen seit Aug. 1980 verschlechterte sich das Klima in den dt.-dt. Beziehungen, obwohl die DDR-Führung negative Auswirkungen zu begrenzen suchte. Auch nach dem Reg.wechsel in Bonn im Okt. 1982 wurden Begegnungen auf der zwischenstaatl. Ebene – z. T. verstärkt – weitergeführt. In der Ost-West-Auseinandersetzung um die Mittelstreckenraketen in Europa wurde das Bemühen der DDR deutlich, gegenüber der Sowjetunion eigene Interessen geltend zu machen sowie das Verhältnis zur BR Deutschland möglichst wenig durch diese Auseinandersetzung zu belasten. Im Inneren hatte die internat. Rüstungsdiskussion das Entstehen von autonomen Friedensgruppen zur Folge, die – z. T. im Konflikt mit dem DDR-Regime – für Abrüstung in Ost und West eintraten.

Zahlr. Rahmen- und Einzelvereinbarungen zeigten die Weiterentwicklung des dt.-dt. Verhältnisses (Kulturabkommen, hohe Kredite an die DDR, Verkauf der S-Bahn an den Senat von Berlin [West], Ausbau der Straßenverbindung Berlin-Hamburg usw.). Der Staatsbesuch des Staatsratsvors. und SED-Generalsekretärs E. Honecker in der BR Deutschland im Sept. 1987 wurde weithin als endgültige Anerkennung der Eigenstaatlichkeit gewertet.

Ausreisewünsche von DDR-Bürgern führten immer wieder zu Konflikten mit den Behörden. Z. T. nahm sich die ev. Kirche der Ausreisewilligen an und zog damit die Gegnerschaft des Staates auf sich. Die Kirche bot als einzige große gesellschaftl. Organisation Freiräume auch für alternative polit. Strömungen. Die in der Sowjetunion unter den Schlagworten Glasnost und Perestroika von Staats- und Parteichef M. Gorbatschow vorangetriebenen gesellschaftl. und kulturellen Veränderungen lehnte die Führung in der DDR ab und ließ Andersdenkende weiter systematisch überwachen und verfolgen. Sie konnte jedoch nicht verhindern, daß die oppositionelle Bewegung an Breite gewann und das Ende des „vormundschaftl. Staates" (J. Henrich) sowie die tatsächl. Beteiligung der Bürger an der Gestaltung von Staat und Gesellschaft auf wahrhaft demokrat. Grundlage forderte.

Das innenpolit. Klima in der DDR verschlechterte sich rapide nach den Kommunalwahlen vom Mai 1989, die offensichtlich manipuliert worden waren, und nach Erklärungen von DDR-Führung und Volkskammer, in denen im Widerspruch zur Meinung der Bev. die brutale Niederschlagung der Demokratiebewegung in China im Juni 1989 gebilligt wurde. Als Reaktion darauf sowie durch die offenkundige Verschärfung der wirtsch. Schwierigkeiten und eine Fluchtwelle bisher nie gekannten Ausmaßes über die ungarisch-österr. Grenze und Botschaften der BR Deutschland in Prag, Budapest und Warschau erhielten im Frühsommer und Sommer 1989 Forderungen nach polit. Reformen bes.

Nachdruck, doch die DDR-Führung blieb uneinsichtig. Als sich ab Sept. 1989 in Leipzig und bald auch in anderen Großstädten (Berlin, Dresden, Halle, Magdeburg u. a.) Menschen zu Demonstrationen zusammenfanden, gingen Sicherheitskräfte z. T. brutal gegen die Demonstranten vor; bes. an den Tagen um den 7. Okt., an dem mit großem Aufwand das 40jährige Bestehen der DDR gefeiert werden sollte, kam es in mehreren Städten zu Übergriffen. Am 9. Okt. 1989 verlief die Leipziger Montagsdemonstration (70 000 Teilnehmer) trotz eines starken Aufgebots bewaffneter Kräfte nach einem von sechs bekannten Leipziger Bürgern (u. a. K. Masur) verbreiteten Aufruf zu Besonnenheit und Gewaltlosigkeit friedlich. Unter dem Druck der Lage erfolgte am 18. Okt. 1989, auch auf Betreiben des Politbüros, der Rücktritt E. Honeckers als Parteichef, wenig später auch als Staatschef. Sein Nachfolger in allen Ämtern wurde E. Krenz (18. Okt. Generalsekretär, 24. Okt. Vors. des Staatsrates und des Nat. Verteidigungsrates). Dennoch weiteten sich v. a. die Montagsdemonstrationen in Leipzig zu Massenprotesten aus. Am 4. Nov. demonstrierten in Ost-Berlin rd. 1 Mill., am 6. Nov. rd. 500 000 Menschen u. a. für Reisefreiheit, freie Wahlen, Aufgabe des Machtmonopols der SED und die Auflösung des Staatssicherheitsdienstes. Der anhaltende Druck der Demonstrationen, die fortdauernde Fluchtbewegung und das Scheitern eines neuen Reisegesetzes führten zur Öffnung der Grenzen zur BR Deutschland am 9. Nov. 1989. Die Berliner Mauer wurde abgerissen (seit Juli 1990). In der Folgezeit entwickelte sich eine z. T. kontrovers geführte Debatte um die Frage der dt. Einheit, die v. a. ab Dez. auch die Montagsdemonstrationen prägte. Mit der Erfüllung der Reisefreiheit stellte sich für die DDR das Problem der Devisen und Umtauschkurses von Mark der DDR zur DM; es galt den endgültigen Kollaps der schwer geschädigten DDR-Wirtschaft zu verhindern. Die beiden dt. Reg. vereinbarten einen vorläufigen Umtauschkurs von 1 : 3 ab 1. Jan. 1990. Die Volkskammer wählte am 13. Nov. 1989 den SED-Bezirkschef von Dresden, H. Modrow, zum Nachfolger W. Stophs als Vors. des Min.rats. Er führte eine Reg.koalition aus SED und den bisherigen Blockparteien CDU (bis Jan. 1990), LDPD, NDPD und DBD, die sich zunehmend aus der polit. und organisator. Abhängigkeit von der SED lösten und neu profilierten; die Politik der Reg. Modrow zielte v. a. auf eine Wirtschaftsreform, die im Rahmen einer Vertragsgemeinschaft mit der BR Deutschland erfolgen sollte.

Am 1. Dez. 1989 strich die Volkskammer die führende Rolle der SED aus der Verfassung der DDR. Weitreichende Vorwürfe wegen Korruption und Amtsmißbrauch gegen ehem. Spitzenfunktionäre der SED führten seit Okt. 1989 mehrfach zu Umbildungen des Politbüros. Schließlich traten am 3. Dez. das ZK und das Politbüro der SED geschlossen zurück. Auf einem Sonderparteitag (8./9. und 16./17. Dez. 1989) gab sich die SED ein neues Statut und benannte sich in SED – Partei des Demokrat. Sozialismus (SED-PDS) um; seit Febr. 1990 nennt sie sich nur noch PDS. Mit einer neuen Führung unter G. Gysi suchte sie sich programmatisch zu profilieren.

E. Krenz trat am 6. Dez. 1989 auch als Vors. des Staatsrats und des Nat. Verteidigungsrats zurück; amtierender Staatsratsvors. wurde M. Gerlach (LDPD), der Nat. Verteidigungsrat wurde aufgelöst. Zur Kontrolle der Reg.arbeit konstituierten sich am 7. Dez. Vertreter der Oppositionsgruppen (u. a. Neues Forum, Demokrat. Aufbruch, Sozialdemokrat. Partei [SDP]), der Blockparteien und der SED unter der Gesprächsleitung der Kirchen zu einem zentralen sog. Runden Tisch (analog wurde bald auch auf kommunaler Ebene verfahren). Dieses Gremium setzte Volkskammerwahlen für 6. Mai 1990 fest (später vorgezogen auf 18. März). Der Runde Tisch vermochte die (bereits Ende 1989 unter wachsendem Druck der demokrat. Öffentlichkeit und unter Beteiligung örtl. Bürgerkomitees begonnene) Auflösung des im Nov. 1989 in Amt für Nat. Sicherheit umbenannten Ministeriums für Staatssicherheit durchzusetzen und verhinderte die von der Reg. beabsichtigte

Erich Honecker

deutsche Geschichte

Gründung eines DDR-Verfassungsschutzes. Gemeinsam mit der Reg. erarbeitete der Runde Tisch einen Katalog wirtsch. Maßnahmen und Positionspapiere für die Verhandlungen zw. den beiden dt. Regierungen. Anfang Febr. 1990 nahm H. Modrow acht Vertreter der Oppositionsgruppen als Min. ohne Geschäftsbereich in die Reg. auf. Gespräche in Dresden (19. Dez. 1989) und Bonn (13./14. Febr. 1990) hatten die Ausgestaltung der dt.-dt. Beziehungen zum Gegenstand.

Die großen Parteien der BR Deutschland unterstützten im Wahlkampf zu den ersten freien Wahlen in der DDR ihre Schwesterorganisationen in der DDR massiv. Insgesamt stellten sich 24 Parteien zur Volkskammerwahl am 18. März 1990. Überlegener Sieger wurde die Allianz für Deutschland (CDU, DSU, Demokrat. Aufbruch [DA]). Bei einer Wahlbeteiligung von 93,4 % erreichte die CDU 40,8 % und 163 Mandate, die DSU 6,3 % (25 Mandate) und der DA 0,9 % (4 Mandate); die Anfang Febr. in SPD umbenannte SDP erhielt 21,9 % (88 Mandate), die PDS 16,4 % (66 Mandate), der Bund Freier Demokraten 5,3 % (21 Mandate). Das Bündnis 90 (Neues Forum, Demokratie Jetzt, Initiative Frieden und Menschenrechte), die in der Bürgerrechtsbewegung der 80er Jahre gegründeten Oppositionsgruppen, die den Protest gegen die SED-Herrschaft ausgelöst hatten, erhielten nur 2,9 % (12 Mandate) und bildeten mit der Grünen Partei und dem Unabhängigen Frauenverband (2,0 %; 8 Mandate) eine gemeinsame Fraktion. Eine weitere Fraktion bildeten die DBD (2,2 %; 9 Mandate) und der DFD (0,2 %; 1 Mandat). Die NDPD erhielt 0,4 % (2 Mandate), das Aktionsbündnis Vereinigte Linke – Die Nelken 0,2 % (1 Mandat). Dem Vors. der CDU, L. de Maizière, gelang es, auch die SPD in eine Koalition aus Liberalen und Allianz für Deutschland einzubinden. Am 12. April 1990 wählte ihn die Volkskammer zum neuen Vors. des Min.rats sowie das neue Kabinett. Als Ziel seiner Politik stellte der neue Min.präs. die dt. Einheit auf der Grundlage des Art. 23 GG in den Mittelpunkt. Im April 1990 begannen Verhandlungen über eine Wirtschafts-, Währungs- und Sozialunion mit der BR Deutschland, die am 18. Mai 1990 mit dem Abschluß eines Staatsvertrages geschlossen wurden; am 1. Juli 1990 trat sie in Kraft. Damit endete auch die Notaufnahme der Übersiedler aus der DDR (Jan. bis Juli 1990: 190 100). Gleichzeitig wurden Rechtsvorschriften der BR Deutschland für das Gebiet der DDR übernommen, um die Rechtsnormen den Erfordernissen der sozialen Marktwirtschaft anzupassen und wichtige Voraussetzungen für ein geeintes Deutschland innerhalb Europas zu schaffen (bes.

Konrad Adenauer

Staatsoberhäupter

Deutsches Reich – *Reichspräsidenten:*
Friedrich Ebert	1919–25
Paul von Hindenburg	1925–34
Adolf Hitler („Führer und Reichskanzler")	1934–Apr. 45
Karl Dönitz	Apr./Mai 1945

Deutsche Demokratische Republik
Wilhelm Pieck *(Präsident)*	1949–60

Vors. des Staatsrats:
Walter Ulbricht	1960–73
Willi Stoph	1973–76
Erich Honecker	1976–Okt. 89
Egon Krenz	Okt.–Dez. 1989
Manfred Gerlach	Dez. 1989–März 1990

amtierendes Staatsoberhaupt
Sabine Bergmann-Pohl	Apr.–Okt. 1990

BR Deutschland – *Bundespräsidenten:*
Theodor Heuss	1949–59
Heinrich Lübke	1959–69
Gustav W. Heinemann	1969–74
Walter Scheel	1974–79
Karl Carstens	1979–84
Richard Frhr. von Weizsäcker	seit 1984

im Bereich des Geld- und Kreditwesens, des Wirtschafts- und Sozialrechts, Treuhandgesetz). Nach Ablehnung des Verfassungsentwurfes des Runden Tisches durch die Volkskammer wurde als Übergangsregelung die weiterhin gültige DDR-Verfassung von 1968 durch „Verfassungsgrundsätze" auf Rechtsstaatlichkeit und marktwirtsch. Grundlagen ausgerichtet. Die rapide Verschlechterung der wirtsch. Verhältnisse und der innenpolit. Situation veranlaßte die Reg., die dt. Einheit zu einem früheren als urspr. geplanten Zeitpunkt anzustreben. Mit ihrer Vollendung durch den Einigungsvertrag, unterzeichnet am 31. Aug. 1990, und dem darauf basierenden Beitritt der DDR zur BR Deutschland am 3. Okt. 1990 *(Tag der dt. Einheit)* endete die histor. Existenz der DDR am 2. Okt. 1990. Die auf dem Territorium der DDR bis 1952 bestehenden fünf Länder wurden nach den Landtagswahlen vom 14. Okt. 1990 (in Mecklenburg-Vorpommern, Sachsen-Anhalt, Thüringen und Sachsen seitdem von der CDU, in Brandenburg von der SPD geführte Reg.) wiederhergestellt. Strukturanpassung der Wirtschaft (unter Wahrung sozialer Aspekte), Beseitigung der schwerwiegenden Umweltschäden, Aufbau einer modernen Infrastruktur sowie Wohnungsbau und Städtesanierung sind die vordringlichsten Aufgaben in den fünf neuen Bundesländern.

Bundesrepublik Deutschland (1949–90)

Wichtigste Schritte zur Gründung der aus der frz., brit. und amerikan. Besatzungszone gebildeten BR Deutschland waren die Währungsreform (20. Juni 1948) und die Konstituierung des ↑Parlamentarischen Rates (1. Sept. 1948), der das als provisor. Verfassung gedachte „Grundgesetz" (GG) ausarbeitete, das am 23. Mai 1949 verkündet wurde. Nach der 1. B.tagswahl (14. Aug. 1949; ↑Übersicht) war die gemeinsame Fraktion von CDU und CSU stärkste Fraktion, die unter ihrem Parteivors. K. Adenauer als erstem B.kanzler mit der FDP und der Dt. Partei (DP) eine bürgerl. Koalition bildete. Die UdSSR reagierte auf die Gründung der BR Deutschland am 7. Okt. 1949 mit der Gründung der DDR.

Außenpolitisch erstrebte Adenauer die feste Integration der BR Deutschland in W-Europa und im Bündnissystem des W, um v. a. die volle Souveränität zu erreichen und gleichzeitig durch Stärkung des westl. Bündnisses die UdSSR zur Herausgabe der DDR zu zwingen *(Politik der Stärke)*, und machte zur Erreichung dieser Ziele erhebl. Vorleistungen (z. B. Eintritt in die Internat. Ruhrbehörde, Lösung der Saar-

Deutsche Geschichte. Der Parlamentarische Rat bei der Verkündung des Grundgesetzes am 23. Mai 1949

deutsche Geschichte

frage, Angebot einer dt. Wiederaufrüstung). Etappen der Erlangung der Souveränität im Zuge der Westintegration waren das Petersberger Abkommen (1949), die Revision des Besatzungsstatuts (1951), der Beitritt zur Europ. Gemeinschaft für Kohle und Stahl (Montanunion, 1951/52) sowie die Unterzeichnung des Vertrages über die Europ. Verteidigungsgemeinschaft (EVG) und des Deutschlandvertrags (1952), die die UdSSR mit Hilfe eines am 10. März 1952 unterbreiteten Friedensvertragsvorschlages, der die Wiedervereinigung Deutschlands in einem blockfreien, neutralen Staat vorsah, vergeblich zu verhindern suchte. Erst auf Grund der 1955 in Kraft getretenen ↑ Pariser Verträge, die u. a. die Mitgliedschaft in der Westeurop. Union und in der NATO vorsahen, erhielt die BR Deutschland die durch Vorbehaltsrechte der Westmächte eingeschränkte Souveränität. Mitte der 50er Jahre erreichte die Verfestigung der dt. Zweistaatlichkeit ein Stadium, das die Anläufe der Siegermächte im Zuge der Viermächteverantwortung scheitern ließ. Der *innenpolit.* Einfluß Adenauers wurde in der 2. (1953) und 3. (1957, absolute Mehrheit der CDU/CSU) B.tagswahl entscheidend gegenüber der SPD gestärkt, die das Wirtschaftssystem, die Westorientierung sowie die Wiederbewaffnung der BR Deutschland ablehnte. Darüber hinaus führten Verbote der rechtsextremen Sozialist. Reichspartei (SRP, 1952) und der KPD (1956), die Einführung der Fünfprozentklausel (1953) sowie der Mindestanzahl von drei Direktmandaten (1956) als Voraussetzung zum Einzug einer Partei in den B.tag zur Verringerung des Parteienspektrums und zu einem Dreiparteiensystem (CDU/CSU, SPD, FDP). Wichtigste Ursache der Wahlerfolge der CDU/CSU und der innenpolit. Stabilität war ein durch die Marshallplanhilfe in Gang gesetzter und durch die Währungsreform unterstützter wirtsch. Aufschwung, der sich in einem privatkapitalist. Wirtschaftssystem, der *sozialen Marktwirtschaft,* entwickelte und in den Jahren des Wiederaufbaus zu einem bedeutenden quantitativen Wachstum („dt. Wirtschaftswunder") und relativem Wohlstand breiter Schichten, aber auch zu neuer einseitiger Vermögensverteilung und Anhäufung privater wirtsch. Macht führte. Der Wirtschaftsaufschwung der 1950er Jahre erleichterte jedoch die soziale Eingliederung der Vertriebenen und Flüchtlinge, die Beseitigung der Kriegsfolgelasten (↑ Lastenausgleich) sowie die Rentenreform 1957 (dynam. Rente) und bewirkte, daß sich die SPD in ihrem ↑ Godesberger Programm 1959 marktwirtsch. Argumenten öffnen mußte.

Adenauer beharrte auf dem Alleinvertretungsanspruch der BR Deutschland für alle Deutschen, erkannte die DDR nicht an, verhinderte mit Hilfe der ↑ Hallsteindoktrin die Aufnahme diplomat. Beziehungen der DDR mit westl. Staaten, blockierte aber gleichzeitig eine Öffnung der BR Deutschland gegenüber östl. Staaten. V. a. die 2. Berlinkrise 1958–61 und der von der BR Deutschland und den westl. Alliierten hingenommene Bau der Berliner Mauer (13. Aug. 1961) waren Konsequenzen dieser Politik; auch die Europapolitik (↑ Europäische Gemeinschaften) blieb ohne die erhofften Erfolge.

Bei den B.tagswahlen 1961 verlor die CDU/CSU ihre absolute Mehrheit, 1963 erzwang ihr Koalitionspartner, die FDP, Adenauers Rücktritt. Sein Nachfolger als B.kanzler wurde der als Wirtschaftsmin. populäre L. ↑ Erhard (CDU), dem jedoch eine Überwindung der innen- und außenpolit. Stagnation nicht gelang und der bereits im Nov. 1966 durch den Rücktritt der FDP-Min. scheiterte. Der polit. Ausweg aus dieser Situation wurde in der Bildung einer *Großen Koalition* aus CDU/CSU und SPD unter K. G. ↑ Kiesinger (CDU) als B.kanzler und W. ↑ Brandt (SPD) als Außenmin. gesucht, die jedoch eine Schwächung der parlamentar. Opposition mit sich brachte und zur Bildung der ↑ außerparlamentarischen Opposition (APO) führte, einer Protestbewegung, die eine umfassende Diskussion um die Revision des GG, eine Reform des Parlamentarismus und eine allg. Demokratisierung von Staat und Gesellschaft einforderte. Gegen den Widerstand der APO und der FDP verabschiedete die Große Koalition 1968 die Notstandsgesetz-

gebung; die seit 1966 bestehende Rezession, die einen bedenkl. Zulauf zur NPD nach sich gezogen hatte, wurde u. a. durch das ↑ Stabilitätsgesetz bewältigt. Die Große Koalition stellte bereits 1966 die Weichen für eine neue, der amerikan. Entspannungspolitik angemessene Außenpolitik dem Osten gegenüber *(Ostpolitik).* Doch erst die nach der B.tagswahl vom 28. Sept. 1969 gebildete Koalitionsreg. von SPD und FDP unter W. Brandt als B.kanzler *(sozialliberale Koalition)* überwand die außenpolit. Stagnation, indem sie gegen den erbitterten Widerstand v. a. der CDU/CSU-Opposition auf Alleinvertretungsanspruch und Hallsteindoktrin verzichtete, die Grenzen zu Polen bzw. zw. der BR Deutschland und der DDR respektierte, woraufhin ihr 1970 der Abschluß des ↑ Deutsch-Sowjetischen Vertrags und des ↑ Deutsch-Polnischen Vertrags sowie das ↑ Viermächteabkommen über Berlin gelangen. Darüber hinaus kam es zu intensiveren Kontakten zw. den beiden dt. Staaten, die zu

Deutsche Geschichte. Egon Bahr (rechts) und Michael Kohl, die Verhandlungsführer der Bundesrepublik Deutschland und der Deutschen Demokratischen Republik, bei der Paraphierung des Grundvertrages am 8. November 1972

Vertragsverhandlungen über den 1972 abgeschlossenen und am 21. Juni 1973 in Kraft getretenen ↑ Grundvertrag führten. Im Sept. 1973 wurden daraufhin die BR Deutschland und die DDR in die UN aufgenommen. Im Dez. 1973 wurde der Dt.-Tschechoslowak. Vertrag unterzeichnet. Innenpolitisch bemühte sich die Reg. Brandt um Reformen, die das Wirtschafts- und Gesellschaftssystem sozial gerechter gestalten sollten. Die meisten Vorhaben (v. a. Bildungsreform) scheiterten jedoch v. a. an den erneuten wirtsch. Schwierigkeiten; erfolgreich waren die Bemühungen um die Reform des Betriebsverfassungsgesetzes (1972). Nachdem Abg. von SPD und FDP zur CDU/CSU übergewechselt waren, versuchte die Opposition die Reg. Brandt durch ein konstruktives Mißtrauensvotum am 24. April 1972 zu stürzen; ihr Kandidat, R. Barzel, erreichte jedoch am 27. April die erforderl. absolute Mehrheit nicht. Bei der daraufhin vorgezogenen B.tagswahl am 19. Nov. 1972 wurde die SPD erstmals stärkste Fraktion. Die sich verschlechternde wirtschaftliche Situation (steigende Inflationsrate und Arbeitslosenquote) sowie der sog. Extremistenbeschluß von 1972 (später zum ↑ Radikalenerlaß erhoben) verschärften die innenpolit. Situation. Am 7. Mai 1974 trat Brandt zurück, nachdem ein wichtiger Mitarbeiter im B.kanzleramt als DDR-Spion entlarvt worden war *(Guillaume-Affäre).* Neuer B.kanzler wurde H. Schmidt, der zus. mit H. D. Genscher eine stärker pragmatisch ausgerichtete Politik verfolgte und v. a. Wirtschaftskrise, Inflation und Arbeitslosigkeit zu bekämpfen suchte. Die B.tagswahlen am 3. Okt. 1976 gewann die SPD/FDP-Koalition nur knapp, bildete aber wiederum eine Koalitionsreg. unter Schmidt, die sich 1977 auf dem Höhepunkt des nat. und internat. ↑ Terrorismus (Ermordung H. M. Schleyers, Geisel-

Willy Brandt

deutsche Geschichte

Deutsche Geschichte. Ost- und Westberliner Bürger auf der Berliner Mauer nach der Grenzöffnung am 9. November 1989

Helmut Schmidt

Helmut Kohl

befreiung in Mogadischu) mit der Gewährleistung der inneren Sicherheit konfrontiert sah. Innenpolit. Streitfelder ergaben sich zudem bei den Auseinandersetzungen um die Nutzung der Kernenergie und die Bewältigung der weltweiten Wirtschaftsrezession. Die zunehmende Unzufriedenheit und Enttäuschung in der Bevölkerung zeigte sich bei den meisten Landtagswahlen auch in einer Stärkung der CDU/CSU, was u. a. zur Folge hatte, daß 1979 mit K. Carstens zum ersten Mal in der Geschichte der BR Deutschland ein Kandidat der B.tagsopposition zum B.präsidenten gewählt wurde. Nach der Nominierung von F. J. Strauß zum Kanzlerkandidaten der CDU/CSU (Juli 1979) konnte die SPD allerdings bei den Landtagswahlen 1980 im Saarland und in NRW bemerkenswerte Erfolge erzielen. Außenpolitisch suchte die B.regierung die Auswirkungen der durch den sowjet. Einmarsch in Afghanistan ausgelösten Ost-West-Krise so gering wie möglich zu halten. Die B.tagswahlen vom 5. Okt. 1980 bestätigten bei einer deutl. Stärkung der FDP die sozialliberale Koalition unter H. Schmidt. Angesichts der sich verschärfenden Wirtschaftskrise (1981: 1,3 Mill. Arbeitslose; 1982: 1,8 Mill.) ergaben sich in der Wirtschafts-, Finanz- und Sozialpolitik zunehmend Konflikte zw. den Koalitionspartnern, die im Herbst 1982 zum Bruch der Koalition führten. Am 1. Okt. 1982 stürzte der B.tag H. Schmidt durch ein konstruktives Mißtrauensvotum und wählte den CDU-Vors. H. Kohl zum B.kanzler; seine christlich-liberale Koalition wurde durch die vorgezogene B.tagswahl am 6. März 1983 bestätigt, bei der auch die Grünen als neue Partei in den B.tag kamen. Der im Wahlkampf versprochene wirtsch. Aufschwung zeigte sich am Jahresende 1983 nur in bescheidenen Ansätzen; die Arbeitslosigkeit nahm weiter erheblich zu. Die erklärte Politik der Koalition, die Überwindung der Krise weitgehend den „Selbstheilungskräften des Marktes" zu überlassen, rief den massiven Protest von Gewerkschaften und SPD hervor. Zur Belastung der Reg. entwickelte sich zw. 1984 und 1987 die sog. Parteispendenaffäre. – Außenpolitisch betonte die Koalition die Kontinuität der Außen-, Deutschland- und Sicherheitspolitik. Sie verfolgte den weiteren Abbau von Spannungen zw. den beiden dt. Staaten.
Im Gefolge des ↑ NATO-Doppelbeschlusses von 1979 waren seit Nov. 1981 amerikanisch-sowjet. Verhandlungen geführt worden. Nach deren Scheitern billigte im Nov. 1983 der B.tag, begleitet von zahlr. Protesten der Friedensbewegung, die Stationierung amerikan. Mittelstreckenraketen. Die Annäherung zw. den USA und der Sowjetunion machte den Verzicht auf die Pershing-I-A-Raketen und das Mittelstreckenwaffenabkommen möglich (Dez. 1987).
Die B.tagswahlen im Jan. 1987 bestätigten trotz größerer Stimmenverluste die Reg.koalition und H. Kohl als B.kanz-

ler. Nach erhebl. Auseinandersetzungen mit der Opposition und innerhalb der Koalition sowie zw. Bund und Ländern wurde die Steuerreform im Juni 1988 vom B.tag verabschiedet. Trotz weiteren Wachstums der Wirtschaft und einer steigenden Zahl von Erwerbstätigen blieb die Zahl der Arbeitslosen hoch. Die durch den Popularitätsverlust 1988/89 in der Koalition wachsenden Spannungen suchte H. Kohl durch eine Kabinettsumbildung im April 1989 zu beseitigen. Der Besuch des SED-Generalsekretärs E. Honecker 1987 wurde als Impuls für eine Verbesserung der innerdt. Beziehungen gewertet, die jedoch bald neuen Belastungen ausgesetzt waren. Im Sommer 1989 wurden die Botschaften der BR Deutschland in Prag, Budapest, Warschau und die Ständige Vertretung in Berlin (Ost) von DDR-Flüchtlingen besetzt, die so ihre Ausreise erzwingen wollten; nach dem Öffnen der Grenze durch Ungarn und einem Einlenken der DDR konnten die Flüchtlinge im September ausreisen (insgesamt 15 000). Mit der Öffnung der Grenze zw. der DDR und der BR Deutschland am 9. Nov. 1989 begann eine neue Phase in den dt.-dt. Beziehungen, die zuerst durch innenpolit. Veränderungen in der DDR und schließlich durch die Wiederherstellung der Einheit Deutschlands geprägt wurde.

Die Wiederherstellung der Einheit Deutschlands (1989/90)

Über den von der „sanften Revolution" in der DDR und der Öffnung der Grenze am 9. Nov. 1989 in Gang gesetzten dt.-dt. Einigungsprozeß entwickelte sich in beiden dt. Staaten eine z. T. kontrovers geführte Debatte. Im Unterschied zu H. Modrows (seit 13. Nov. 1989 Vors. des Min.rats) Vorstellungen von einer engen Vertragsgemeinschaft zw. der BR Deutschland und der DDR hatte H. Kohl am 28. Nov. 1989 einen *Zehn-Punkte-Plan* vorgestellt, der die Einheit über die Ausprägung konföderativer Strukturen in einem längeren Zeitraum anstrebte. Zur Ausgestaltung der dt.-dt. Beziehungen fanden am 19. Dez. 1989 in Dresden und am 13./14. Febr. 1990 in Bonn Gespräche zw. Kohl und Modrow statt. In der Folgezeit erreichte der Prozeß der dt.-dt. Annäherung eine hohe Eigendynamik, getragen auch von den Erwartungen der Menschen in der DDR und gefördert von dem weiterhin hohen Strom von Übersiedlern in die BR Deutschland (1989–Okt. 1990: 700 000). Nachdem die „Allianz für Deutschland" die ersten freien Wahlen in der DDR am 18. März 1990 gewonnen hatte, konnte die schnellstmögl. Herbeiführung der dt. Einheit in Angriff genommen werden. Den schon im Febr. 1990 noch mit der Reg. Modrow aufgenommenen Gesprächen über eine Währungsunion folgten die ersten Verhandlungen über eine *Wirtschafts-, Währungs- und Sozialunion*, die am 18. Mai 1990 mit der Unterzeichnung eines *Staatsvertrages* (über die Grundzüge einer Vereinigung beider dt. Staaten) beendet wurden; am 1. Juli 1990 trat sie in Kraft. Die B.regierung war bestrebt, den Einigungsprozeß außenpolitisch abzusichern und die BR Deutschland als verläßl. Vertragspartner ihrer Nachbarstaaten darzustellen. Der Einbettung in einen gesamteurop. Prozeß im Rahmen der KSZE dienten die Verhandlungen der beiden dt. Staaten mit den ehem. Siegermächten des 2. Weltkrieges (sog. *Zwei-plus-vier-Gespräche*); sie wurden am 12. Sept. 1990 in Moskau mit dem Abschluß des „Vertrages über die abschließende Regelung in bezug auf Deutschland" beendet. Zuvor schon hatte der B.tag in zwei Erklärungen (8. Nov. 1989, 8. März 1990) die Endgültigkeit der poln. Westgrenze erklärt, die durch eine gleichlautende Entschließung von B.tag und Volkskammer am 21. Juni 1990 bekräftigt wurde. Die staatl. Vollendung der dt. Einheit durch den *Einigungsvertrag*, abgeschlossen am 31. Aug. 1990, wurde begleitet von der Wiederherstellung der vollen Souveränität Gesamtdeutschlands („*Suspendierungserklärung*" der Alliierten vom 1. Okt. 1990 über den Verzicht auf noch bestehende Rechte in bezug auf Berlin und Deutschland), so daß es seit dem Beitritt der DDR zur BR Deutschland am 3. Okt. 1990 wieder ein souveränes geeintes Deutschland gibt. Das Beitrittsgebiet wurde am 22. Okt. 1990 in die EG einbezogen.

deutsche Geschichte

Das vereinigte Deutschland (seit 1990)

Am 4. Okt. 1990 fand die erste Sitzung des gesamtdt. B.tages im Berliner Reichstagsgebäude, am 9. Nov. 1990 die erste Sitzung des B.rates in Berlin statt. Nach den Landtagswahlen vom 14. Okt. 1990 wurden die auf dem Territorium der DDR 1952 aufgelösten, nunmehr wiederhergestellten Länder in die föderale Struktur der BR Deutschland eingegliedert.
Erste außenpolit. Maßnahmen des neuen vereinigten Staates waren der Abschluß zweier Grundsatzverträge mit der UdSSR (9. Nov. 1990) und Polen (14. Nov. 1990). Der dt.-sowjet. Vertrag über gute Nachbarschaft, Partnerschaft und Zusammenarbeit (Generalvertrag) steckte den Rahmen für eine weitreichende wirtsch. Zusammenarbeit ab, machte die BR Deutschland zum wichtigsten westl. Bündnispartner der UdSSR und bot auch den Sowjetdeutschen rechtl. Sicherheiten. Auf dem Weg zu Aussöhnung und Vertrauen wurde im Dt.-Poln. Grenzvertrag der Verzicht auf die dt. Ostgebiete und die Anerkennung der Oder-Neiße-Grenze festgeschrieben. Angesichts des weltpolit. Wandels und der veränderten Sicherheitslage gewinnt das Ziel der europ. Integration eine zusätzl. Dimension. Innenpolitisch steht die Beseitigung der gesellschaftl., histor. und wirtsch. Folgen der Teilung sowie die Herstellung gleichwertiger Lebensverhältnisse in allen B.ländern im Zentrum der Politik. Vorrangige Bed. haben dabei die Probleme der Auflösung des Ministeriums für Staatssicherheit der ehem. DDR, die Ankurbelung der Wirtschaft in den fünf neuen Ländern sowie die Bewältigung der sozialen Folgen des Umbruchs.
Die ersten gesamtdt. Wahlen am 2. Dez. 1990 bestätigten die CDU/CSU-FDP-Koalitionsreg. unter B.kanzler H. Kohl. Die CDU/CSU erreichte 43,8 % der Zweitstimmen sowie 319 Mandate (CDU: 36,7 % [Wahlbereich Ost: 41,8 %, Wahlbereich West: 35,5 %]; CSU: 7,1 % [Wahlbereich West: 8,8 %]), die SPD 33,5 % (Ost: 24,3 %, West: 35,7 %) sowie 239 Mandate, die FDP 11,0 % (Ost: 12,9 %, West: 10,6 %) sowie 79 Mandate, die PDS 2,4 % (Ost: 11,1 %, West: 0,3 %) sowie 17 Mandate und Bündnis 90/Grüne 1,2 % (Ost: 6,0 %) sowie 8 Mandate; die Grünen schieden mit nur 3,9 % (Ost: 0,1 %, West: 4,8 %) aus dem B.tag aus. Am 20. Juni 1991 entschied der B.tag mehrheitlich die Verlegung des Regierungssitzes nach Berlin.

Wirtschafts- und Sozialgeschichte

Während der Völkerwanderung setzten sich auf dem Gebiet von Deutschland größere Stammesverbände fest. Diese zahlenmäßig geringe Bev. (um 500 n. Chr. etwa 2,8 E pro km²) lebte von der Landw., wobei die Viehzucht gegenüber dem Ackerbau überwog. Neben den (anfängl. überwiegenden) freien Bauern gab es Unfreie in unterschiedlich stark ausgeprägten Abhängigkeitsverhältnissen. Die Bev. lebte fast ausschließlich in kleinen Dörfern mit gemeinschaftl. Grundeigentum, das zwar im Prozeß der Herausbildung und Festigung des Feudalismus stark abgebaut wurde, sich aber in Resten (z. B. Allmende) bis in neuere Zeit hielt. In der Zeit von 600 bis 1200 vermehrte sich die Bev. um etwa das 20fache, was eine wesentl. Intensivierung der Landw. zur Voraussetzung hatte. Mit dem Übergang zur Dreifelderwirtschaft verschob sich das Schwergewicht der Produktion zum Getreideanbau. Auch techn. Verbesserungen der landw. Geräte in diesem Zeitraum trugen zur Steigerung des Bodenertrags bei. Darüber hinaus mußte weitere Nutzfläche durch Rodung gewonnen werden. Für die Veränderung der Sozialstruktur in dieser Zeit, die v. a. in der endgültigen Durchsetzung der Grundherrschaft bestand, waren mehrere Faktoren maßgebend, ausschlaggebend war die mit der landw. Produktion notwendig einhergehende Bindung an den Boden, die eine Unterbrechung der Arbeit durch Kriegsdienst erschwerte. Dies sowie die Entwicklung der Kriegstechnik erzwang eine Art „Arbeitsteilung" zw. Produzenten und Kriegern, die von den Produzenten miternährt werden mußten (Entstehung eines „Militäradels").

Deutsche Geschichte. Feiernde Menschenmenge vor dem Berliner Reichstag am 3. Oktober 1990 anläßlich der deutschen Vereinigung

In den ersten Jh. des 2. Jt. fanden große wirtsch. und soziale Umgestaltungen statt. In den rasch aufblühenden Städten lebten bald 10 bis 15 % der Bev., die Bed. des Geldes (Handel) stieg gegenüber dem Naturaltausch. Voraussetzung war eine solche Erhöhung der agrar. Produktion, daß auch ein entsprechend höherer Anteil der Gesamtbev., der nicht in der Landw. tätig war, mit Nahrungsmitteln versorgt werden konnte. In diesem Jh. wurde Ertragssteigerung durch Nutzbarmachung von Mooren, Verbesserung der Düngung, zunehmenden Einsatz von Eisengerätschaften u. a. erreicht. Der Ertrag stieg zum ersten Mal deutlich über das für die Ernährung selbst unmittelbar erforderl. Quantum. Da die von den Bauern zu leistenden Abgaben traditionell festlagen, ergab sich daraus eine Steigerung des Lebensniveaus der Bauern, während die Grundherren v. a. über die Belastung von Märkten und Handel mit Zöllen und Abgaben ihr Einkommen zu erhöhen suchten. Durch die Möglichkeit, Überschüsse auf dem Markt zu verkaufen, konnten sich die Bauern von den Frondiensten durch Geldleistungen an die Grundherren freikaufen. Auch die Abgaben wurden zunehmend von Naturalien in Geld umgewandelt. Dies hatte wiederum belebende Rückwirkungen auf den Handel und auch auf die Städte, in denen das Handwerk einen raschen Aufschwung nahm. Ergebnis dieser Prozesse war die faktisch weitgehende Auflösung der Leibeigenschaft sowie das Entstehen eines lebhaften Binnen- und Fernhandels (↑ Hanse). Auch die Städte konnten größere Selbständigkeit gegenüber den (weltl. und geistl.) adligen Stadtherrn erringen.
Im 12. und 13. Jh. entstanden die Zünfte. Die Handwerker waren mit der Aufgabe eigener landw. Produktion darauf angewiesen, kontinuierlich hinlängl. Absatzbedingungen auf den Märkten vorzufinden. Deshalb war die Beschränkung des Zugangs zu den einzelnen Handwerkszweigen für sie lebensnotwendig (Einschränkung der Konkurrenz durch Zunftzwang). V. a. in Städten, die Umschlagplätze des Fernhandels waren, insbes. in den Hansestädten, hatten die Kaufleute bzw. ihre Gilden jedoch größeren wirtsch. und damit auch polit. Einfluß als die Handwerker. Die ökonom. Entwicklung des 14. und 15. Jh. wurde durch die Pest stark negativ beeinflußt. Die Bev.zahl ging v. a. in den Städten rasch zurück. Handel und Arbeitskräfte fielen zunächst wieder hinter den erreichten Stand zurück. Diese Entwicklung führte, neben dem Aufblühen des Silberbergbaus, wieder zu einem raschen Aufschwung v. a. des Handels gegen Ende des 15. Jh. In ersten Ansätzen zur Einführung des Verlagssystems entstanden wichtige Keimformen des Kapitalismus; reiche Kaufleute begannen ab dem 15. Jh. – in teilweiser Übernahme von Erfahrungen in den italien. Stadtstaaten – über die reinen Handelsgeschäfte

deutsche Geschichte

hinaus Finanzgeschäfte vorzunehmen, die ihnen auch zu großem polit. Einfluß verhalfen (z. B. Fugger). Der Bev.rückgang (vom letzten Viertel des 14. Jh. bis zum letzten Viertel des 15. Jh. etwa 15–20 %) führte auf dem Land zwar zur Schrumpfung der landw. genutzten Fläche und zur Aufgabe von Siedlungen auf ungünstigen Böden, aber auch zu einem Preisverfall für Getreide (bei gleichbleibenden oder steigenden Preisen der gewerbl. Erzeugnisse). Von dieser Agrarkrise waren auch die Grundherren betroffen, die zur Erhöhung bzw. Wiedereinführung der Frondienste überzugehen suchten, was v. a. in den ostelb. Gebieten mit der sog. „zweiten (jüngeren) Grundherrschaft" (auch „zweite" oder „Realleibeigenschaft" gen.) gelang. Der wachsende Druck auf die Bauern führte zu einer umfangreichen Landflucht („Stadtluft macht frei"). Damit konnte zwar der Bev.rückgang in den Städten rasch wieder ausgeglichen werden, auf dem Land aber festigte sich, zumal nach dem Scheitern des Bauernkriegs 1525, das Feudalsystem, das bis zur Bauernbefreiung im 19. Jh. fortbestand.

Für die Entwicklung des 16.–18. Jh. spielten die Auswirkungen der geograph. Entdeckungen eine zumindest beschleunigende Rolle. Der Handel nahm starken Aufschwung, die Menge der verfügbaren Edelmetalle erhöhte sich sprunghaft, was einen raschen Anstieg des gesamten Preisgefüges zur Folge hatte. Die davon ausgehenden belebenden Wirkungen für die Entwicklung des Handwerks und die Herausbildung kapitalist. Verhältnisse durch die Akkumulation größerer Vermögen waren in Deutschland, bedingt durch die territoriale Zersplitterung, die Verlagerung der Handelswege und den Dreißigjährigen Krieg jedoch weit schwächer als in anderen Ländern. Die Überwindung der Kriegsfolgen, aber auch das Interesse an der Erhöhung der militär. Stärke waren wesentl. Triebkräfte für eine in der zweiten Hälfte des 17. Jh. einsetzende merkantilist. Wirtschaftspolitik der Fürsten (↑Merkantilismus). Insbes. die gewerbl. Warenproduktion wurde durch Schutzzölle und Subventionen gefördert. In der Landw. dauerte es, je nach Ausmaß der Verwüstungen durch den Dreißigjährigen Krieg, bis weit in das 18. Jh., bis der „Vorkriegsstand" in der Zahl der Bauernhöfe wieder erreicht war; insgesamt ging die Erhöhung der landw. Produktion (trotz Einführung neuer Früchte, v. a. der Kartoffel, und Intensivierung der Bodennutzung) vom Ende des Dreißigjährigen Krieges bis 1800 nicht über das Wachstum der Bev. hinaus. Die Grundherrschaft hielt sich, z. T. noch gestärkt durch zunehmende Bodenknappheit, wenn auch in regional unterschiedl. Formen (in Ostelbien als Gutsherrschaft).

Auch in Deutschland entstanden während des 18. Jh. Voraussetzungen für die industrielle Revolution durch die Förderung der gewerbl. Warenproduktion, z. T. auch in Form von staatl. Manufakturen, und durch die Lockerung der Bindung der Landbev. an den Boden. Um 1800 wurde jedoch insgesamt das Gewerbe etwa zur Hälfte noch durch Handwerker betrieben; rd. 43 % entfielen auf die Produktion im Verlagssystem, nur rd. 7 % auf Manufakturen. Gegenstand der Produktion waren zu mehr als der Hälfte Textilien. Die techn. Neuerungen, durch deren Anwendung die industrielle Revolution v. a. kennzeichnet, bzw. die mit ihrer Anwendung verbundene Einführung des Fabriksystems kamen in Deutschland erst mit Beginn des 19. Jh. zur Wirkung. Verstärkt wurde dieser Rückstand v. a. durch die Zollschranken, die die Herausbildung eines aufnahmefähigen Binnenmarktes nahezu unmöglich machten; sie wurden aber (z. B. durch die Bildung des Dt. Zollvereins 1834) zunehmend überwunden. Seitens der Fürsten kam dieser Entwicklung das Interesse an einer letztlich nur auf ökonom. Stärke zu gründenden militär. Stärke entgegen; aus dieser Interessenübereinstimmung zw. dem aufblühenden Unternehmertum und Teilen des Adels entstand die spezif. Form der Industrialisierung Deutschlands (oft als „Revolution von oben" bezeichnet). Die industrielle Revolution, die sich im wesentlichen in der ersten Hälfte des 19. Jh. vollzog, bedeutete für die Bev. die rascheste und einschneidendste Veränderung ihrer Lebensbedingungen in der gesamten dt. Wirtschafts- und Sozialgeschichte. Einerseits wurde die Landbev. nach und nach aus den feudalen Abhängigkeitsverhältnissen befreit – wobei sich dieser Prozeß am längsten in den ostelb. Gebieten hinzog –, andererseits wurden durch ihre Einbeziehung als Lohnarbeiter in das Fabriksystem die traditionellen Bindungen zerstört. Die Verarmung der Landbev. erreichte in Deutschland zwar nicht die Ausmaße wie zuvor in Großbritannien, doch führte auch hier der Wegfall der mit der alten Sozialstruktur auf dem Dorf verbundenen sozialen Sicherung zur Verelendung großer Teile der Bev. und zu der die Innenpolitik stark beeinflussenden sog. sozialen Frage.

Mit den Agrarreformen, der Verbesserung des Transportwesens v. a. durch den Eisenbahnbau in den 1840er Jahren, der Vereinheitlichung des Rechts waren durch staatl. Maßnahmen die wesentl. Voraussetzungen für einen raschen industriellen Aufschwung Deutschlands gegeben, der durch die Reichsgründung, indirekt auch durch die frz. Reparationen nach dem Dt.-Frz. Krieg 1870/71 starke Impulse erhielt. Trotz der auf die sog. Gründerzeit folgenden tiefen Wirtschaftskrise von 1873, die in eine bis 1894/95 andauernde Depression mündete, erhöhte sich das reale Volkseinkommen in Deutschland von 1871 bis 1914 um etwa 200 %. Bes. rasch entwickelten sich Maschinen-, Stahl-, Elektro- und chem. Ind. Den durch die Industrialisierung entstandenen sozialen Problemen wurde früh (wiederum „von oben") durch eine beispielhafte Sozialgesetzgebung Rechnung getragen (↑Sozialversicherung). Bei Ausbruch des 1. Weltkrieges war Deutschland eines der stärksten industrialisierten Länder. Daß der ökonom. Aufschwung vergleichsweise spät erfolgt war, Deutschland deshalb bei der Aufteilung der Welt unter die Ind.staaten durch Bildung von Kolonien „zu spät" gekommen war, wird z. T. als eine der Ursachen für den 1. Weltkrieg angesehen. Ökonomisch führte der 1. Weltkrieg für alle beteiligten Ind.staaten (mit Ausnahme der USA), v. a. für Deutschland zu einem Rückschlag. Der Abzug von Arbeitskräften aus der Produktion bzw. der Verlust arbeitsfähiger Männer durch die Kriegsereignisse, die Konzentration auf die Produktion militär. Güter, verbunden mit der ökonom. Schwächung durch die auf Grund des Versailler Vertrages zu leistenden Reparationen und die Gebietsverluste, führten zu einer anhaltenden Schwächung der dt. Wirtschaft. Nur mühsam gelang es, das schon durch die Staatsschuldverschreibungen während des Krieges in Unordnung geratene Geldsystem mit der anschließenden galoppierenden Inflation wieder unter Kontrolle zu bekommen (Einführung der Rentenmark im Okt. 1923). Der kurze Aufschwung von 1926/27 mündete in eine noch größere Depression, die in Deutschland nicht nur durch ausländ. Einflüsse der Weltwirtschaftskrise verursacht war. Die Arbeitslosenzahlen stiegen sprunghaft an. Im Mai/Juli 1931 brach das Bankensystem zusammen. 1932 lag die Ind.produktion in Deutschland um 40 % unter der von 1929. Im Winter 1932/33 überstieg die Zahl der Arbeitslosen 6 Mill., obwohl der konjunkturelle Tiefpunkt bereits im Sommer 1932 überwunden war. Der vorher eingeleitete wirtsch. Aufschwung beschleunigte sich nach der nat.-soz. Machtergreifung durch eine waghalsige Wirtschaftspolitik, die durch starke Staatsverschuldung die Nachfrage stärkte und ab 1935 v. a. auf die Vollbeschäftigung gerichtet war (bis 1937 erreicht). Anfang 1939 stand der Staatshaushalt mit einer Verschuldung von über 40 Mrd. RM vor dem Bankrott.

Mit den Eroberungen zu Beginn des 2. Weltkrieges nahm die industrielle Produktion einen starken Aufschwung, der zu einem guten Teil von der Ausbeutung der Rohstoffe und Arbeitskräfte der besetzten Gebiete getragen wurde. Der Ausfall von als Soldaten eingesetzten Arbeitskräften konnte bis 1943/44 durch die Arbeit von Frauen und die Zwangsarbeit von Kriegsgefangenen weitgehend ausgeglichen werden. Ab 1943 begann sich jedoch der Verlust an Menschen und der Ausfall von Produktionsanlagen durch Bombeneinwirkung bemerkbar zu machen. Die völlige Konzentration auf die Erfordernisse der Kriegführung bedeutete für die Bev. eine rapide Verschlechterung ihrer Versorgung. Am

Ende des 2. Weltkrieges waren in Deutschland rd. ein Drittel der Produktionsmittel vernichtet, fast alle größeren Städte durch Luftangriffe in Mitleidenschaft gezogen, die Häuser teilweise bis zu 90 % zerstört, das Geldwesen völlig zerrüttet. Die Versorgung der Bev. mit Nahrungsmitteln sank 1945 (und weiter in den ersten Jahren danach) unter das Existenzminimum.
Zur weiteren Entwicklung ↑Deutschland (Wirtschaft), zur Bev.geschichte ↑Deutsche.

Deutsche Gesellschaften, im 18. Jh. entstandene Vereine zur Pflege der Poesie und Sprache; getragen von aufklär. Impulsen. Richtunggebend war die Leipziger „Dt. Gesellschaft" (gegr. 1717); bes. berühmt die D. G. Mannheim (gegr. 1775).

Deutsche Gesellschaft für chemisches Apparatewesen und Biotechnologie e. V. ↑DECHEMA.

Deutsche Gesellschaft für Luft- und Raumfahrt e. V., Abk. DGLR, 1967 durch Zusammenschluß der Wiss. Gesellschaft für Luft- und Raumfahrt und der Dt. Gesellschaft für Raketentechnik und Raumfahrt e. V. entstandene Fachvereinigung zur Förderung von [Groß]forschungsprojekten auf den Gebieten der Luft- und Raumfahrt; Sitz Berlin, Geschäftsstelle Bonn.

Deutsche Gesellschaft für Soziologie, dt. wiss. Gesellschaft, gegr. 1909 (u. a. von M. Weber, W. Sombart, F. Tönnies), aufgelöst 1933, 1945 wieder ins Leben gerufen; Sitz München.

Deutsche Gesellschaft zur Rettung Schiffbrüchiger, Abk. DGzRS, 1865 gegr. Gesellschaft, die alleinige Trägerin des zivilen Seenotrettungsdienstes an der Nord- und Ostseeküste der BR Deutschland ist; Sitz Bremen.

deutsche Gewerkschaften, die wichtigsten Gewerkschaften in der BR Deutschland sind der ↑Deutsche Gewerkschaftsbund (DGB), die ↑Deutsche Angestellten-Gewerkschaft (DAG) und der ↑Deutsche Beamtenbund (DBB). – Zur Geschichte und Programmatik ↑Gewerkschaften.

Deutsche Gildenschaft ↑Gildenschaft.

Deutsche Girozentrale – Deutsche Kommunalbank, dt. Kreditinstitut, Anstalt des öff. Rechts, gegr. 1918, Sitz Frankfurt am Main. Zentralinstitut der dt. Sparkassenorganisation.

Deutsche Glaubensbewegung ↑deutschgläubige Bewegungen.

Deutsche Hochschule für Körperkultur, Abk. DHfK, 1950–91 in Leipzig ansässige Lehrstätte zur Ausbildung von Sportlehrern, Sportwissenschaftlern und Trainern.

Deutsche Journalisten-Union, Abk. dju, 1951 gegr. gewerkschaftl. Berufsgruppe der Journalisten; heute Fachgruppe Journalismus (dju) in der IG Medien.

Deutsche Jugendkraft e. V., Abk. DJK, katholisch geprägter, aber offener sportl. Bundesverband, Mgl. im Dt. Sportbund (Anschlußorganisation); Sitz Düsseldorf.

Deutsche Jungdemokraten, bis 1982 FDP-nahe Jugendorganisation.

Deutsche Katholische Jugend ↑Bund der Deutschen Katholischen Jugend.

Deutsche Kolonialgesellschaft, Abk. DKG, im Dt. Reich einflußreiche Organisation zur Propagierung der kolonialen Expansion; entstand 1887 durch Vereinigung der **Gesellschaft für dt. Kolonisation** mit der 1882 durch Ind. und Banken gegr. **Dt. Kolonialverein.**

deutsche Kolonien, Bez. für den (zeitgenössisch meist Schutzgebiete gen.) überseeischen Besitz des Dt. Reiches. Als 1. Kolonie entstand **Deutsch-Südwestafrika,** das 1884 zum Schutzgebiet erklärt und ab 1898 von einem Gouverneur verwaltet wurde. Der 1. Gouverneur von **Kamerun** und **Togo** wurde 1885 ernannt (getrennte Verwaltung seit 1891), von **Deutsch-Ostafrika** 1891. Weitere Kolonien: **Deutsch-Neuguinea** (Kaiser-Wilhelms-Land [Nordostneuguinea] und **Bismarckarchipel)** und die **Marshallinseln** (1885), **Nauru** (1888) sowie die **Marianen, Karolinen, Palauinseln** und ein Teil der Samoainseln (1899). **Kiautschou** wurde 1898 für 99 Jahre von China gepachtet. Nach dem 1. Weltkrieg waren die d. K. rechtl. Mandatsgebiete des Völkerbundes, faktisch jedoch Kolonialbesitz der Mandatsmächte. Dt.-Ostafrika wurde britisch (Tanganjika, seit 1964 [zus. mit Sansibar] Rep. Tansania) und belgisch (Ruanda-Urundi, seit 1962 Rep. Rwanda bzw. Rep. Burundi), Dt.-Südwestafrika ging an die Südafrikan. Union und war bis 1989 (zunächst als Südwestafrika, seit 1968 Namibia) von diesem annektiert (seit 1990 unabhängig als Rep. Namibia). Kamerun kam unter frz. (östl. Teil) und brit. Verw. (seit 1972 Vereinigte Rep. Kamerun). Der Westteil Togos wurde 1920 brit. (seit 1952 zu Ghana), der Ostteil frz. Mandat (seit 1960 Rep. Togo). Nordostguinea mit dem Bismarckarchipel wurde 1920 austral. (seit 1975 zu Papua-Neuguinea), die übrigen Inseln jap. (seit 1947 amerikan.) Treuhandgebiet. Australien, Neuseeland und Großbritannien waren Mandatsmächte für Nauru (seit 1968 Rep.) und das heutige Westsamoa. Kiautschou kam 1922 wieder zu China.

Deutsche Kommunistische Partei, Abk. DKP, von Funktionären der (seit 1956) verbotenen KPD 1968 gegr. kommunist. Partei in der BR Deutschland; wollte sich von der KPD durch die Anerkennung der Verfassungsordnung des GG sowie durch den Verzicht auf die vom Bundesverfassungsgericht als mit dem GG unvereinbar bezeichneten polit. und organisator. Prinzipien unterscheiden; Parteivors. 1973–89 Herbert Mies (* 1929); löste sich, beschleunigt durch die Veränderungen in der DDR, 1990 faktisch auf.

deutsche Kunst, aufgrund der polit. Zersplitterung entwickelte die d. K. nicht die Geschlossenheit etwa der italien. oder frz. Stilfolgen. Häufig im Spätstil vermittelte die d. K. aber deren Inhalte nach N- und O-Europa.

Deutsche
Gesellschaft zur
Rettung
Schiffbrüchiger

Mittelalter

Die Anfänge der d. K. formten sich mit der Reichsbildung unter den Ottonen heraus. Die **ottonische Kunst** löste sich weitgehend von spätantiken Traditionen, führte aber Elemente der karoling. Kunst weiter und stellte den ersten Höhepunkt der Romanik dar. Die Baukunst der **Romanik** übernahm den bis ins got. Zeit verbindl. karoling. Kirchentypus der dreischiffigen Basilika, oft mit Doppelchoranlagen und Zweiturmfassade (Westbau). Charakteristisch sind die ausgewogene Gruppierung der Bauteile, die Rhythmisierung durch Stützenwechsel (Sankt Michael in Hildesheim; geweiht 1033) und die Vorliebe für geschlossene Wandflächen; eine neue Erfindung war das Würfelkapitell. Hervorragend war auch die otton. Buch- und Wandmalerei (Reichenauer Schule), die Goldschmiedekunst und die Bronzebildnerei (Bernwardstür, 1015 [↑bernwardinische Kunst]). Auch in der Epoche der Salier war Deutschland in der Baukunst führend. Mit dem Speyerer Dom (begonnen 1030) entstand ein bed. roman. Bau von bisher unbekanntem Ausmaß. Bahnbrechend war die techn. Leistung der Einwölbung (Kreuzgratgewölbe) des breiten Mittelschiffs (um 1080 ff.). Die Tendenz zur Monumentalisierung zeigte sich auch in der Plastik der Romanik (Imad-Madonna in Paderborn, um 1060). In der Baukunst der Stauferzeit blieb die Geschlossenheit des Baukörpers bestehen (Wormser Dom, 1171 ff.), das Rippengewölbe wurde um 1230 aus Frankreich übernommen. Bereits im Übergang von der Romanik zur **Gotik** steht die spätstauf. Plastik: Figurenzyklus in Straßburg (Südportal und Engelspfeiler, um 1230), Bamberg (Adamspforte, Bamberger Reiter, vor 1237) und Naumburg (Stifterfiguren und Lettner, um 1249 ff.). In der Baukunst fand die frz. Gotik nur langsam Eingang. Die Trierer Liebfrauenkirche und die Marburger Elisabethkirche (beide um 1235 ff.) waren die ersten Kirchen in Deutschland in rein got. Formensprache, jedoch nicht an der frz. Hochgotik, sondern an der Frühgotik orientiert; vom frz. Vorbild wich die Raumkonzeption sowohl der Trierer (Zentralbau) als auch der Marburger Kirche ab, die als erste got. Hallenkirche für die dt. Spätgotik bedeutungsvoll war. Um die Mitte des 13. Jh. wurde mit den Neubauten des Kölner Doms und des Straßburger Münsters auch in Deutschland die frz. Kathedralgotik aufgegriffen und ver-

Deutsche Kunst.
Peter Parler,
Konsolbüste einer
jungen Frau,
um 1390 (Köln,
Schnütgen-Museum)

deutsche Kunst

breitet (Freiburger Münster), begleitet von einer Blüte der dt. Glasmalerei (v. a. im 14. Jh.), der auch die großen Hallenkirchen der Bettelorden Raum gaben (Regensburg, 1248 ff., Erfurt, Freiburg im Breisgau, Colmar, Greifswald). Der Ostseeraum wurde im 13./14. Jh. v. a. von der Backsteingotik geprägt (Lübecker Marienkirche, Stralsund, Doberan, Schwerin, Chorin, Neubrandenburg, Prenzlau, Danzig). Die westfäl. Hallenkirchen nahmen ihren Ausgang in Soest (1331 ff.), die südd. Baukunst von dem Hallenchor der Heiligkreuzkirche in Schwäbisch Gmünd (H. Parler, 1351 ff.), Landshut (St. Martin, 1387 ff.) und in der 2. Hälfte des 15. Jh. Dinkelsbühl, Nördlingen, München (Frauenkirche). Baumeister werden nun namentlich faßbar. P. Parler schuf das erste monumentale Netzgewölbe der dt. Baukunst (Prager Dom). U. von Ensingen führte den Bau des Ulmer Münsters weiter. – Neben sakralen Bauaufgaben gewann die profane Baukunst zunehmend an Bed. Städt. Repräsentationsbauten (Patrizierhäuser, Zunft- und Rathäuser, Tore, Türme und Stadtmauern) sind Zeugen aufstrebender Bürgerkultur (Aachen, Braunschweig, Breslau, Lüneburg, Stralsund, Tangermünde, Thorn u. a.). Die got. Plastik des 13./14. Jh. übernahm die Portalprogramme der frz. Kathedralen (Straßburg, Köln, Regensburg, Freiburg im Breisgau). Andachtsbild (z. B. Pieta) und Gabelkruzifix sind eng verbunden mit der Mystik des 13. und 14. Jh. In der 2. Hälfte des 14. Jh. brach sich ein neuer Wirklichkeitssinn Bahn, am deutlichsten in den Werken der Prager Dombauhütte unter Peter Parler. Den Übergang zum 15. Jh. bestimmte die internat. Strömung des „Weichen Stils" (Schöne Madonnen). Das 15. Jh. wurde zu einer der produktivsten Epochen der u. a. von C. Sluter und N. Gerhaert beeinflußten Bildhauerei. Der geschnitzte Flügelaltar erlebte in Süddeutschland eine Hochblüte (H. Multscher, M. Pacher, N. Hagnower, V. Stoß, T. Riemenschneider, G. Erhart und Meister H. L., im Norden B. Notke); neben Grabmal und Bauskulptur (A. Pilgram, A. Krafft) fanden

Deutsche Kunst

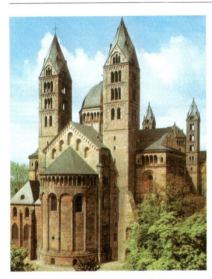  

Links: Außenansicht des Speyerer Doms, begonnen 1030. Mitte: Innenansicht des Speyerer Doms mit dem Kreuzgratgewölbe des Mittelschiffs, begonnen um 1080. Rechts: Eckehard und Uta, Stifterfiguren am Naumburger Dom, um 1250

Links: Tilman Riemenschneider, Mittelschrein des Heiligblutaltars, 1505 (Rothenburg ob der Tauber, St. Jakob). Rechts: Hans Holbein d. J., Die Gesandten, 1533 (London, National Gallery)

deutsche Kunst

sich vereinzelt profane Motive (E. Grasser). Die Flügel der spätgot. Schnitzaltäre waren häufig mit Tafelgemälden geschmückt. Bes. Bed. hatte in der 2. Hälfte des 14. Jh. die böhm. Tafelmalerei (Meister Theoderich), die auf das gesamte dt. Gebiet einwirkte, z. B. auf Meister Bertram in Hamburg. Den internat. Stil vertrat Konrad von Soest. Der entscheidende Durchbruch zum Realismus der Spätgotik erfolgte unter niederl. Einfluß seit etwa 1430 am Oberrhein (K. Witz; erste örtlich bestimmbare Landschaft der europ. Malerei im Petrusaltar, 1444) und in Schwaben (L. Moser). Das Vorbild der niederl. Malerei (R. van der Weyden, D. Bouts) wurde dann in der 2. Hälfte des 15. Jh. bestimmend (S. Lochner, Meister des Marienlebens, M. Wolgemut, M. Schongauer, H. Pleydenwurff). M. Pacher brachte Elemente der oberitalien. Renaissance ein. Einen wichtigen Beitrag lieferte die d. K. mit der Entwicklung der Druckgraphik (Meister der Spielkarten, Hausbuchmeister, Meister E. S. und v. a. M. Schongauer).

Renaissance

Der Begriff Renaissance wird für die d. K. des 16. Jh. i. d. R. mit Vorbehalt gebraucht, da die Kunst auch weiterhin stark von got. Stilelementen durchsetzt blieb und vielfach manierist. Züge trug, z. B. in der profanen Baukunst (Rat- und Bürgerhäuser). Als einer der reinsten Renaissancebauten gilt der Ottheinrichsbau (1556–66) des Heidelberger Schlosses, in der Bildhauerkunst das Sebaldusgrab von P. Vischer d. Ä. in Nürnberg (Sebalduskirche, 1507–19); daneben wirkten A. Pilgram und H. Daucher. Grünewald schuf Altarwerke von visionärer Ausdrucksgewalt, die noch stark aus der got. Vorstellungswelt erwuchsen. Dürer brachte von seinen Italienreisen die neuartige Auffassung von Kunst und Künstlertum mit, wie sie sich in seinen zahlr. Selbstbildnissen manifestiert. Er beherrschte souverän alle Gattungen der Malerei und der Graphik, die

Links: Dresdner Zwinger, 1711–28 von Matthäus Daniel Pöppelmann erbaut, Wallpavillon (Mitte) und Mathematisch-Physikalischer Salon (links). Rechts: Caspar David Friedrich, Kreidefelsen auf Rügen, 1818 (Winterthur, Stiftung Oskar Reinhart)

Links: Emil Nolde, Reife Hagebutten, undatiert (Neukirchen, Stiftung Seebüll). Rechts: Anselm Kiefer, Sulamith, 1983 (London, Saatchi Collection)

deutsche Kunst

er zu einer unerreichten Formvollendung führte. Zahlr. weitere Künstler sorgten für den künstler. Reichtum der ersten Jahrzehnte des 16. Jh. (L. Cranach d. Ä., H. Baldung, H. Holbein d. J. und A. Altdorfer, das Haupt der sog. Donauschule). Niederl. und italien. Strömungen waren Grundlage der dt. manierist. Malerei an den Höfen von München (F. Sustris, P. Candid) und Prag (H. von Aachen, J. Heintz, B. Spranger), auch der im Übergang vom **Manierismus** zum Frühbarock stehenden Plastik (H. Gerhard, H. Reichle, J. Zürn und L. Münstermann).

Barock

Deutsche Kunst.
Adolf Hildebrand,
Der Netzträger,
Marmor, 1887
(München, Neue
Pinakothek)

Schöpfer. Ansätze dt. Barockkunst im frühen 17. Jh. – u. a. in der Architektur durch E. Holl (Augsburger Rathaus, 1615 bis 1620), in der Plastik durch G. Petel, in der Malerei durch A. Elsheimer (Landschaften), J. Liss, J. H. Schönfeld (Figurenbild), G. Flegel (Stilleben) – wurden durch den Dreißigjährigen Krieg unterbrochen. Erst seit 1680, als im übrigen Europa bereits der Spätbarock begann, entwickelte sich der dt. Barock nun kontinuierlich fort, getragen durch das absolutist. Fürstentum und die kath. Kirche. Beherrschende Gattung war die Architektur. Die Bauten der östr. Baumeister J. B. Fischer von Erlach (Karlskirche in Wien, 1716–22), J. L. von Hildebrandt (Oberes Belvedere in Wien, 1721–23), J. Prandtauer (Stift Melk, 1702 ff.) sowie in Berlin A. Schlüters Berliner Schloß (1698 ff.) entstanden in Auseinandersetzung mit dem röm. Hochbarock. C. und K. I. Dientzenhofer prägten das barocke Stadtbild Prags (Sankt Nikolaus auf der Kleinseite, 1703 ff.), J. Dientzenhofer erbaute die Klosterkirche Banz (1710–19). J. B. Neumann schuf in der Würzburger Residenz eine der großartigsten Treppenhausanlagen; für den Kirchenbau fand er unübertroffene Lösungen in der Durchdringung von Lang- und Zentralbau (Vierzehnheiligen, 1743 ff.; Neresheim, 1745 bzw. 1770 ff., das man wegen seiner klassizist. Elemente dem Spätbarock zurechnen kann). Bed. Barockbaumeister waren außerdem die Brüder Asam (Weltenburg, 1716–18, Johann-Nepomuk-Kirche, München, 1733 ff.), J. M. Fischer (Zwiefalten 1739 ff., Ottobeuren, 1748 ff.), D. Zimmermann (Steinhausen bei Schussenried, 1727–33).

Dem **Rokoko** zuzurechnen sind das von G. W. von Knobelsdorff 1745–47 errichtete Schloß Sanssouci bei Potsdam, die Wieskirche von D. Zimmermann (1745 ff.) und die Amalienburg von F. Cuvilliés d. Ä. (1734–39). Die barocken Bauwerke verbanden sich mit Plastik und Malerei zu grandiosen Gesamtkunstwerken (Dresdner Zwinger von D. Pöppelmann, 1711 ff., plast. Schmuck von B. Permoser). Einige Baumeister waren auch als Bildhauer tätig, z. B. A. Schlüter. Im süddt. Raum widmeten sich zahlr. Künstler dem Stuckdekor (J. B. Zimmermann, E. Q. Asam, R. Egell, J. M. Feuchtmayer, J. B. Straub, I. Günther) und der Deckenmalerei (u. a. J. M. Rottmayr, F. A. Maulpertsch, C. D. Asam, J. Zick, J. B. Zimmermann). Die bedeutendste Deckenmalerei schuf der Italiener G. B. Tiepolo im Treppenhaus der Würzburger Residenz (1715–53). Neben dem Rokoko wurden frühklassizist. Strömungen deutlich (G. R. Donner, Wien, Neumarktbrunnen, 1737 ff.; A. R. Mengs, „Parnaß", Rom, Villa Albani, 1760/61).

19. Jahrhundert

Deutsche Kunst.
Jörg Immendorf,
Quadriga 11, bemaltes
Holz, 1981 (Köln,
Galerie Michael
Werner)

F. W. von Erdmannsdorff, sein Schüler F. Gilly (Entwürfe), C. G. Langhans (Brandenburger Tor, 1788 ff.) bereiteten in Berlin den **Klassizismus** vor. In München wirkte L. von Klenze, in Karlsruhe F. Weinbrenner. K. F. Schinkel in Berlin verwendete beliebig klassizist. oder got. Formverkleidungen für seine Bauten, womit er bereits Vertreter des **Historismus** ist, der für die weitere 19. Jh. charakteristisch blieb. Neue Bauaufgaben wurden das Theater und das Museum. Die Plastik beschränkte sich auf Porträtbüsten, Grab- und Denkmäler (G. von Schadow, C. D. Rauch und A. von Hildebrand). Für die Malerei (z. B. die Nazarener) wurde Rom Ausbildungs- und Wirkungszentrum. Die Malerei im Umkreis von C. D. Friedrich und P. O. Runge wurde durch ein von der literar. Romantik beeinflußtes Naturgefühl getragen. Bei M. von Schwind zeigte sich **Romantik** märchenhaft, bei L. Richter und C. Spitzweg biedermeierlich. In der Mitte des Jh. setzten realist. Auffassungen ein (A. von Menzel, W. Leibl, H. Thoma, F. Krüger, K. Blechen, F. von Rayski, W. Trübner). Idealist. und symbolist. Tendenzen überwogen bei A. Böcklin, A. Feuerbach, H. von Marées. Gegen Jh.ende entwickelten Maler wie M. Slevogt, M. Liebermann und L. Corinth einen dt. **Impressionismus**.

20. Jahrhundert

Der **Jugendstil** vollzog mit seiner einheitl. künstler. Durchformung des gesamten menschl. Lebensraums eine entschiedene Abwendung vom Historismus. Jugendstilarchitekten wie A. Loos, P. Behrens, J. M. Olbrich, J. Hoffmann, B. Pankok, R. Riemerschmid und der in Deutschland arbeitende Belgier H. C. van de Velde bereiteten durch ihre funktionale Auffassung die Voraussetzungen für die Skelett-Glas-Bauweise des Bauhauses (1919–33) vor, mit dessen Ideen die dt. Architektur nach dem 1. Weltkrieg internat. Bed. errang. W. Gropius, B. Taut u. a. hatten bereits vor dem 1. Weltkrieg die Grundlagen der Bauhaus-Architektur entwickelt (Werkbundausstellung Köln, 1914). Den Anschluß an den internat. Standard fand die dt. Architektur erst wieder mit H. B. Scharoun (Berliner Philharmonie, 1960–63), G. Böhm, F. Otto und G. Behnisch. Die dt. Malerei vollzog zu Beginn des Jh. durch den **Expressionismus** eine entscheidende Wendung, getragen v. a. von der „Brücke" (E. L. Kirchner, E. Heckel, K. Schmidt-Rottluff, M. Pechstein, O. Mueller, E. Nolde) und dem „Blauen Reiter" (F. Marc, W. Kandinsky, G. Münter). Die expressionist. Bildhauerei vertraten E. Barlach, K. Kollwitz, W. Lehmbruck. Kandinsky vollzog erstmals den Schritt zur abstrakten Kunst (um 1910). Auf breiterer Basis etablierte sich die dt. abstrakte Malerei jedoch erst nach dem 1. Weltkrieg, als sich nicht zuletzt aus internat. Anregungen (de Stijl, Suprematismus und Konstruktivismus) eine systemat. Bildtektonik, u. a. im Bauhaus, ausprägte (L. Feininger, O. Schlemmer, P. Klee; C. Buchheister, F. Vordemberge-Gildewart, W. Dexel, W. Baumeister u. a.). Gleichzeitig arbeiteten Künstler wie G. Grosz, O. Dix, M. Beckmann, K. Hubbuch, auch K. Kollwitz einen gesellschafts- und sozialkrit. Realismus aus. Auf die Verunsicherung bürgerl. Denkens zielten die Dada-Künstler mit gattungssprengenden Collagen und Materialbildern, Nonsenslyrik und Aktionen (H. Arp, M. Ernst, R. Hausmann, K. Schwitters, H. Höch, anfangs auch J. Heartfield). Der aus Dada hervorgehende **Surrealismus** (Arp, Ernst) wirkte sich v. a. in Paris kontinuierlich bis in die zweite Jh.hälfte aus (in der d. K. u. a. von R. Oelze, H. Bellmer und M. Zimmermann weitergeführt). Die Vielfalt der künstler. Richtungen wurde im Dritten Reich zugunsten eines ideolog. Neoklassizismus unterdrückt, die abstrakte Kunst als „entartet" verfemt und eine Vielzahl von abstrakten bzw. sozialkrit.-realist. Künstlern in die Illegalität bzw. Emigration getrieben.

Nach 1945 wurden in der BR Deutschland verschiedene Traditionen der 20er Jahre wieder aufgenommen: Die abstrakte Kunst entwickelte sich – unter frz. und amerikan. Einfluß – im Tachismus oder Informel weiter (H. Hartung, Wols, E. Schuhmacher, K. R. H. Sonderborg u. a.). Daneben wurden in den 60er und 70er Jahren Elemente des Surrealismus und Dadaismus in der Malerei und Graphik der Popart, im Environment und in der Aktionskunst (W. Vostell, H. A. Schult [* 1939], J. Beuys) aufgegriffen. Der Auseinandersetzung mit Op-art, Kinetik und monochromer Malerei stellten sich u. a. die Künstler der Gruppe Zero (G. Uecker, R. Girke, G. Graubner u. a.), mit Neokonstruktivismus u. a. R. Geiger und G. Fruhtrunk, mit Minimal art u. a. B. Palermo (* 1943, † 1977). Nach der Hinwendung zu neuen Formen des Realismus (K. Klapheck, J. Grützke, G. Richter, P. Wunderlich, K. Staeck u. a.) gelangte die d. K. in den 80er Jahren mit der Generation der ↑ Neuen Wilden (R. Fetting, W. Dahn [* 1954], H. Middendorf [* 1953], E. Bach [* 1951],

Salomé, G. J. Dokoupil), die ihre wichtigsten Anreger in G. Baselitz, M. Lüpertz (* 1941) und A. Kiefer gefunden hatten, zu internat. Anerkennung. In der Malerei der DDR wurde der krit. Realismus der Nachkriegszeit v. a. von ehemaligen Mgl. der Künstlervereinigung Asso getragen (O. Nerlinger, O. Nagel, W. Lachnit, H. und L. Grundig, C. Querner). Beiträge zur Graphik leisteten H. Sandberg, J. Hegenbarth, H. T. Richter und E. Hassebrauk. Aufbauthemen und Arbeiterdarstellung erhielten in den ersten Jahren vorrangige Bed., v. a. auch in der Denkmalskunst (F. Cremer, W. Lammert [* 1892, † 1957], W. Grzimek). Von den Zielsetzungen des ↑ Bitterfelder Wegs, die die Welt der Arbeit zur wichtigsten Grundlage eines geforderten sozialist. Realismus machten, distanzierten sich bereits in den 60er Jahren einige, bes. jüngere Künstler (A. R. Penk, C. Weidensdorfer, M. Uhlig), womit eine zunehmende Erweiterung der maler. Mittel und Motive eingeleitet wurde. Es entwickelte sich eine realistisch geprägte Malerei mit einer deutl. Orientierung am Expressionismus (S. Gille [* 1941], B. Heisig, W. Sitte, W. Peuker [* 1945]), an der Neuen Sachlichkeit (W. Mattheuer, V. Stelzmann [* 1940], A. Rink) oder am Manierismus (W. Tübke). Doch trotz eines proklamierten Stilpluralismus konnten sich experimentelle Richtungen (F. Heinze [* 1950], O. Wegewitz [* 1949], H. Grimmling [* 1947], L. Dammbeck [* 1948], G. Firit [* 1947], E. Göschel [* 1943], P. Herrmann [* 1937]) nur schwer behaupten.

Deutsche Landwirtschafts-Gesellschaft, Abk. DLG, Vereinigung von Landwirten und Wissenschaftlern zur Förderung der Entwicklung der dt. Landwirtschaft; gegr. 1885 in Berlin, 1947 in Stuttgart neu gegründet.

Deutsche Lebens-Rettungs-Gesellschaft e.V., Abk. DLRG, gegr. 1913 in Leipzig, Sitz Bonn; gemeinnützige Einrichtung mit freiwilligen Helfern; Aufgaben: Schaffung und Förderung aller Möglichkeiten zur Bekämpfung des Todes durch Ertrinken (Ausbildung von Rettungsschwimmern, Rettungswachtdienst u. a.).

Deutsche Legion (The King's German legion), aus Angehörigen der 1803 von Napoleon I. aufgelösten hannoverschen Armee gebildeter Freiwilligenverband in brit. Diensten; 1808–14 vorwiegend auf der Pyrenäenhalbinsel eingesetzt, 1815 an der Schlacht bei Belle-Alliance beteiligt, 1816 aufgelöst.

deutsche Literatur, umfaßt im weitesten Sinne alles in dt. Sprache Geschriebene; in der heute übl. engeren Bed. bezeichnet der Begriff die schriftlich überlieferte dt. Dichtung.

Frühes Mittelalter

Aufeinander folgen Karolingik (750–900), Ottonik (900–1050) und Salik (1050–1150). Der Verfall der Laienschulen in der Zeit der letzten Merowinger führte zum Bildungsmonopol der röm. Kirche; die Autoren der folgenden Epoche waren v. a. Mönche, bevorzugte Literatursprache war das Latein. Schriften in althochdt. Sprache entstanden als Glossare zur antiken und zeitgenöss. lat. Literatur und als Versuche, christl. Gedankengut zu vermitteln („Wessobrunner Gebet", 770–90; altsächsisch „Heliand", um 830). Nur das „Ältere Hildebrandslied" (810–20), das einzige überlieferte Heldenlied aus frühfeudaler Zeit, ist noch weitgehend unberührt vom neuen Glauben. Mit Otfrid von Weißenburgs „Evangelienbuch" (863–71) erfolgte der Übergang vom Stab- zum Endreim. Für die folgenden 200 Jahre fehlt die dt.sprachige Überlieferung, die erst mit dem „Ezzolied" (1063) und dem „Annolied" (wahrscheinlich zw. 1080 und 1085) wieder einsetzt. Volkssprachl. Stoffe gestalten in lat. Hexametern das „Waltharilied" und der als erster ma. Roman geltende, fragmentarisch überlieferte „Ruodlieb" (Mitte des 11. Jh.). Das Aufblühen der Städte und die Bildung des Rittertums führte zur Entstehung vorhöf. Epen („Kaiserchronik", zw. 1135 und 1155; „Alexanderlied" des Pfaffen Lamprecht, um 1150; „Rolandslied" des Pfaffen Konrad, um 1170) und der Spielmannsepen („Herzog Ernst", um 1180).

Hohes Mittelalter

Während der Staufik (ritterl. oder höf. Epoche, 1170–1250/1300) ermöglichten sozialer Aufstieg und geistig-kultureller Austausch durch die Kreuzzüge (seit 1096) dem Ritterstand Emanzipation von kirchl. Vorherrschaft und Ausbildung einer eigenen weltl. Kultur; religiöse Weltkritik und Diesseitsbejahung spiegeln die Auseinandersetzungen zw. geistl. und weltl. Feudalmacht. Die feudalhöf. Dichtung erlebte ihren Höhepunkt in den Epen Heinrichs von Veldeke („Eneit", 1170/90), Hartmanns von Aue („Iwein", um 1200), Wolfram von Eschenbachs („Parzifal", 1200–10) und Gottfrieds von Straßburg („Tristan und Isolt", um 1210) sowie im „Nibelungenlied" (um 1200)

Deutsche Literatur. Die Ermordung Siegfrieds, Illustration einer Szene aus dem Nibelungenlied in einer Bilderhandschrift des 15. Jh. (Berlin, Staatsbibliothek Preußischer Kulturbesitz)

und im „Kudrun"-Epos (zw. 1210 und 1220). Unter dem Einfluß der provenzal. Troubadourdichtung entwickelte sich der hohe Minnesang in der Lyrik Hartmanns von Aue, Heinrichs von Morungen, Reinmars des Alten und v. a. mit Walther von der Vogelweide, der neben Lied und Leich die Spruchdichtung weiterentwickelte, dessen Wendung zur niederen Minne aber neben den Parodien von Neidhart (von Reuenthal) Hinweise auf den Niedergang ritterl. Idealkultur liefert. Die didakt. und satir. Spruch-, Fabel- und Schwankdichtung kritisierte geistl. und weltl. Mißstände (Freidanks Sprichwortsammlung „Bescheidenheit" und Hugo von Trimbergs Moralkompendium „Der Renner", beide 13. Jh.).

Spätes Mittelalter (1300–1500)

Dem weiteren Aufstieg der Städte in dieser Zeit der Umschichtungen entsprach eine Verbürgerlichung der Kultur (Kennzeichen: Stilmischungen, Hinwendung zum Realen und Nützlichen). Die Lyrik erstarrte im silbenzählenden Meistersang (Hans Folz) oder lockerte die überkommenen

deutsche Literatur

Formen (Oswald von Wolkenstein) zugunsten eines aufkommenden Individualismus und Realismus. Wichtigste Leistung der Epoche war die Ausbildung einer dichter. Prosa, die ihren spätma. Höhepunkt im „Ackermann aus Böhmen" (um 1400) erlebte und durch Verbreiterung der Schicht der Lesekundigen sowie die Erfindung des Buchdrucks (um 1440) begünstigt wurde und entscheidende Impulse durch die Predigten der Mystiker (Eckhart, Seuse, Tauler) erhielt. An dramat. Formen entstanden geistl. und Fastnachtsspiele.

Renaissance, Humanismus und Reformation (1470–1600)

Die bereits im MA erkennbare Sehnsucht nach geistl. Erneuerung fand in der „humanitas" der röm. Antike ihr Vorbild. Bed. Vertreter des Humanismus sind Erasmus von Rotterdam, J. Reuchlin und U. von Hutten („Dunkelmännerbriefe", 1517). M. Luthers Bibelübersetzung (1522–1534) wirkte als fundamentaler Beitrag zur Herausbildung einer einheitl. neuhochdt. Schriftsprache. Die sog. Volksbücher „Till Eulenspiegel" (1515), „Historia von D. Johann Fausten" (1587) und „Lalebuch" (1598) wurden weitverbreitete Lektüre.

Barock (1600–1700)

Die auf Rhetorik sich gründende normative Poetik des höfisch bestimmten Barock (v. a. M. Opitz: „Buch von der deutschen Poeterey", 1624) ermöglichte den Anschluß der d. L. an das Niveau der europ. Nationalliteraturen. Bedeutendste Figur der literar. Epik des Barock war J. J. Grimmelshausen, der im „Simplicissimus" (1669) die heroisch-galante Romantradition des 17. Jh. einem bürgerl. Realismus öffnete. A. Gryphius gab nicht nur wichtige Anstöße für das dt. Trauerspiel (u. a. „Leo Armenius", 1650), sondern begründete mit seinen „Scherz- und Schimpfspielen" v. a. auch das Lustspiel. Die Lyrik lebte v. a. durch das geistl. Lied (M. Opitz, S. Dach, P. Fleming, J. von Rist, P. Gerhardt, A. Gryphius); das weltl. Lied hatte seine Zentren in Leipzig und Königsberg (S. Dach); Gryphius und Fleming fanden darüber hinaus im Sonett die Idealform der antithet. Aussage.

Aufklärung, Empfindsamkeit und Sturm und Drang

Seit etwa 1700 betonte die d. L. als Teil der gesamteurop. Aufklärung ihre Funktion zur „Erziehung des Menschengeschlechts" (Lessing, 1780); die idealisierte Antike wurde zum Vorbild eines harmon. Menschenbildes (J. J. Winckelmann). Die Poetik entwickelte sich mit ihrer Forderung nach Einfachheit und Natürlichkeit im Widerspruch zur höf. Kultur. Die Stilideale sah J. C. Gottsched in der klass. frz. Literatur („Versuch einer kritischen Dichtkunst vor die Deutschen ...", 1730), die auch nach der Kritik durch J. J. Bodmer und J. J. Breitinger (1740) von Bedeutung für die Ausbildung einer nat. dt. Kultur blieben. In „Miß Sara Sampson" (1775) stellte Lessing zum ersten Mal eine bürgerl. Heldin auf die Bühne; dem Dogmatismus der kirchl. Orthodoxie setzte er das Toleranzgebot seines „Nathan der Weise" (1779) entgegen. Die in freien Rhythmen geschriebenen Oden F. G. Klopstocks beeinflußten nachhaltig die jüngere Generation (Göttinger Hainbund um L. H. C. Hölty, C. und F. L. Graf zu Stolberg). Nach engl. und frz. Vorbild bestimmte der Subjektivismus der Empfindsamkeit die „weinerl. Lustspiele" und die Briefromane in der Mitte des Jh. (C. F. Gellert, S. von Laroche, der junge Wieland); auch die Dichtung des Sturm und Drang war stark subjektiv geprägt, betonte die schöpfer. Kraft und Herrschaft des Genies und war dabei antifeudal ausgerichtet. Aktuelle polit.-soziale Stoffe wurden auf die Bühne gebracht (J. M. R. Lenz), die Dichter orientierten sich an der Volksdichtung und an Shakespeare. Geistiger Anreger des Sturm und Drang war Herder, herausragende Vertreter waren der junge Goethe, F. M. Klinger, G. A. Bürger, C. F. D. Schubart und F. Schiller.

Zeit der Klassik und Romantik

Als Weimarer Klassik wird das Werk von Goethe und Schiller zw. 1786 und 1832 bezeichnet. Es ist geprägt von den Idealen des aufsteigenden Bürgertums (Vervollkommnung des Menschengeschlechts) und dem Humanitätsideal einer allseitigen harmon. Entwicklung des Menschen und der Gesellschaft durch die ästhet. Erziehung des einzelnen (Goethe: „Egmont", „Faust", „Wilhelm Meister", „Wahlverwandtschaften", Lyrik; Schiller: „Don Carlos", „Wallenstein", „Wilhelm Tell", Lyrik, kunsttheoretisch-ästhet. Schriften). Die v. a. 1797 entstandenen Balladen (Goethe: „Die Braut von Korinth", „Der Zauberlehrling" u. a.; Schiller: „Der Taucher", „Die Kraniche des Ibykus", „Die Bürgschaft" u. a.) sind Gipfelpunkte der Gattung. F. Hölderlin versuchte v. a. im „Hyperion" (1797–99) eine Einheit zu bilden von Kunst, Religion, Wissenschaft und Philosophie. J. Paul leitete in seinem umfangreichen Prosawerk eine Erzählweise ein, die – in der Tradition des humorist. engl. Romans stehend – als experimentell bezeichnet werden kann. Aufklärerisch-demokrat. Positionen vertraten u. a. G. C. Lichtenberg, G. Forster, J. G. Seume. – Die Romantik, geprägt von der Desillusionierung infolge der Frz. Revolution, artikulierte ihren Protest durch Betonung der Subjektivität in Analogie zur ma. christlich-german. Welt. Die Jenaer (Früh-)romantiker (Novalis, L. Tieck, H. Wakkenroder, A. W. und F. Schlegel) proklamierten eine neue Theorie (Poetisierung der Welt) und Kunstprogrammatik (sog. „Athenäumsfragmente"). Die Heidelberger (Spät-)romantik (A. von Arnim, C. Brentano, J. Görres) wandte sich der Volksliteratur zu („Des Knaben Wunderhorn", 1806–08). Romant. und realist. Tendenzen verbinden sich im Werk H. von Kleists. In märchenhaft-phantast. Werken schildern E. T. A. Hoffmann, A. von Chamisso und B. von Arnim außergewöhnl. Schicksale und merkwürdige Persönlichkeiten. Viele Anregungen gingen von der Volksdichtung aus (Kunstmärchen von W. Hauff, Volksmärchensammlungen der Brüder Grimm); in der Lyrik bei J. von Eichendorff, L. Uhland, W. Müller, H. Heine. Die kunsttheoret. Ansätze der Romantik wurden wesentlich für die Moderne. Demokrat. Patriotismus bestimmte das publizist. Werk L. Börnes und die Lyrik A. von Platens.

19. Jahrhundert

Mit den Begriffen **Biedermeier** und **Junges Deutschland** werden zwei verschiedene literar. Reaktionen auf die Restauration des Absolutismus umschrieben. Der Dualismus von Anspruch und Wirklichkeit wurde von den biedermeierl. Autoren (F. Raimund, F. Grillparzer, A. von Droste-Hülshoff, N. Lenau, E. Mörike, A. Stifter) als unüberwindbar dargestellt. Melanchol. Resignation, Beschränkung auf den engeren Bezirk des Alltags waren der Preis für das Festhalten am harmon. Ideal. Die Jungdeutschen stellten sich dagegen dem polit. und sozialen Kampf, für dessen literar. Ausgestaltung die romant. Ironie ein ihm weiterentwickelt wurde (H. Heine). Konsequenter Realismus und Materialismus kennzeichnen die großen Dramen von C. D. Grabbe und G. Büchner („Dantons Tod", 1835), deren Illusionslosigkeit sie von den Jungdeutschen trennt. Diese ist auch Kennzeichen des bürgerl. **Realismus** (1850–90) nach dem Fehlschlagen der Märzrevolution. Er zielte auf unparteiische Schilderung der Wirklichkeit auf der Grundlage der Fortschritte in Naturwissenschaft und Technik. Geeignete Gattung waren Novelle (T. Storm, G. Keller, C. F. Meyer) und Roman (Keller, T. Fontane, Meyer, W. Raabe). Einziger bed. Dramatiker dieser Zeit war F. Hebbel. Der **Naturalismus** (1880–1900) versuchte mit sozialkämpfer. Einstellung die Distanz zw. Kunst und „Natur" zu verringern. Der Mensch wurde dargestellt als Produkt materieller Kräfte. Großstadtmilieu, die Welt der Arbeiter wurden für die Dichtung erschlossen (L. Anzengruber, J. Schlaf, G. Hauptmann). Der Bruch mit dem Formenkanon wurde in der Lyrik von A. Holz bes. fruchtbar.

deutsche Literatur

Deutsche Literatur. Wilhelm Raabes Roman „Die Chronik der Sperlingsgasse", Titelholzstich der 1857 unter dem Pseudonym Jacob Corvinus erschienenen Ausgabe

20. Jahrhundert

Noch gleichzeitig mit dem Naturalismus wurden Gegenströmungen maßgeblich, für die Bez. wie Impressionismus, Neuromantik, literar. Jugendstil verwendet worden sind. Sie lassen sich mit der großen internat. Strömung des **Symbolismus** vergleichen. Die Diskussion der Kunst als Form stand im Vordergrund. Die Lyrik der frz. Symbolisten wurde in Übersetzungen zugänglich gemacht (R. Dehmel, S. George). Auf konservative Erneuerung zielte die Lyrik von George, der aber ebenso wie R. M. Rilke und H. von Hofmannsthal die ästhetizist. Linie verließ und der Dichtung eth. und quasi-religiöse Aufgaben zuwies. Für die Epik gelang T. Mann die Synthese von neueren Tendenzen und realist. Tradition, die auch in den psycholog. Erzählungen von A. Schnitzler wirksam blieb. Die naturalist. Anklage der bürgerl. Moral fand ihre Fortsetzung in den Dramen F. Wedekinds wie in der Dramatik des **Expressionismus** (1910–25; E. Barlach, G. Kaiser, C. Sternheim, E. Toller, der frühe Brecht). Kulturpessimist. Ansätze verwandelten sich z. T. in eine tiefe Skepsis gegenüber dem Glauben an die aufklärer. Vernunft. „Menschheitsdämmerung" hieß der bezeichnende Titel einer Lyriksammlung, deren Stil Ellipse, Interjektion, Assoziation bestimmten (G. Benn, G. Trakl). Der Dadaismus führte die Wort- und Wertauflösung noch weiter, proklamierte einen freien Umgang mit den Elementen der Wirklichkeit (Laute, Geräusche, erlebte Umwelt usw.). In den epocheübergreifenden Romanen von H. Mann, A. Döblin, H. H. Jahnn und F. Kafka blieb expressionist. Erbe wirksam. Die vielen, sich individuell ausprägenden literar. Stile lassen sich immer weniger mit verallgemeinernden Begriffen erfassen, auch der Begriff **Neue Sachlichkeit** (C. Zuckmayer, E. Jünger) umfaßt nur wenige Aspekte des literar. Spektrums. Die Revolutionierung des physikal. Weltbildes, das Mißbehagen an den bestehenden Organisationsformen der Gesellschaft, die Bedrohungen, Verfolgungen und Kriege zumindest nicht verhinderten, führte zur Erkenntnis existentiellen Ausgesetztseins (Kafka in Österreich), dem Ästhetisierung des Lebens (T. Mann, R. Musil, H. Broch, H. von Doderer), romantisierende Utopien (H. Hesse) oder Parteinahme für die Arbeiterklasse (B. Brecht) entgegengesetzt wurden. In den Jahren des **Dritten Reiches** ist die Tradition einer die Staatsgrenzen überschreitenden dt.sprachigen Kulturnation zerstört worden. Die Geschichte der dt.sprachigen Literatur war in den Jahren 1933–45 im wesentlichen eine Geschichte der ↑Exilliteratur. Insgesamt gingen schätzungsweise 1500 Schriftsteller in die Emigration; ein nicht unerhebl. Teil ist seitdem vergessen; nicht wenige wurden von den Faschisten getötet oder begingen auf der Flucht vor ihnen Selbstmord. Zu den Schriftstellern, die den Weg der sog. inneren Emigration wählten, gehören u.a. Reinhold Schneider, M. Fleißer, E. Langgässer, R. Hagelstange, E. Kästner.
Die Aufteilung Deutschlands in Besatzungszonen nach dem Krieg und die sich daran anschließende Zweistaatlichkeit führte zur getrennten Entwicklung der d. L. in beiden Staaten.

Literatur in der BR Deutschland

Unter dem Begriff des „Kahlschlags" (W. Weyrauch) suchte man nach 1945 im Anschluß an die Traditionen von vor 1933 und an neue geistige Strömungen einen literar. Neubeginn. Mit Krieg (Heimkehrerproblematik) und Faschismus setzten sich u. a. W. Borchert (im Drama), P. Celan (in der Lyrik), H. Böll (in der Prosa) und G. Eich (im Hörspiel) auseinander. Bedeutung erlangte in dieser Zeit die „Gruppe 47" um H. W. Richter. Später wurde in der Prosa zunehmend bundesdt. Wirklichkeit gestaltet (W. Koeppen), ausgehend von einer krit. Analyse der Vergangenheit (A. Andersch, G. Grass, S. Lenz, L. Rinser, M. Walser). Dabei nutzte man auch neue künstler. Ausdrucksmittel (U. Johnson, W. Hildesheimer, A. Schmidt). Die Lyrik reichte von der Naturlyrik bis zur „konkreten Poesie" (H. Heißenbüttel, E. Gomringer). Wiederbelebt wurde die polit. Lyrik (F. J. Degenhardt, K. Wecker) und das sozial engagierte Volksstück (F. X. Kroetz) in den späten 60er Jahren. Dokumentar. Mittel setzten in der Dramatik H. Kipphardt und R. Hochhuth sowie in der Prosa G. Wallraff ein. Mit Beginn der 70er Jahre jedoch wurden politisch-soziale Themen von einer „neuen Sensibilität" und Betonung der Subjektivität in der Prosa von G. Wohmann, in der Lyrik von J. Theobaldy und W. Wondratschek oder aber von biograph. und geschichtl. Themen (P. Härtling, W. Hildesheimer) verdrängt.

Literatur in der DDR

Die Literatur der DDR war bereits früh von der internat. Moderne abgeschottet und ist darüber hinaus in einen inneren Zwiespalt geraten: einerseits geistiger Aufbruch, Bekenntnis zu bürgerl. Humanismus und Auseinandersetzung mit der NS-Zeit (A. Seghers, S. Hermlin, S. Heym), andererseits allmähl. Ideologisierung, die auf der Bitterfelder Konferenz von 1959 ihre literaturpolit. Programmatik (↑Bitterfelder Weg) fand, getragen von der Hoffnung, mit literar. Mitteln direkt zur Erziehung des Volkes beitragen zu können (W. Bredel, J. R. Becher). B. Brechts Konzept eines Theaters der Vernunft spielte dabei eine bed. (und umstrittene) Rolle; seitdem war der Konflikt zw. Anpassung und Widerstreit bestimmendes Charakteristikum. Ähnl. Bed. erlangten die – z. T. offiziöse – Liedlyrik (L. Fürneberg, Kuba, auch B. Brecht) und die sog. Produktionsstücke (P. Hacks, H. Baierl [* 1926], H. Müller). Unliebsame bzw. hartnäckige Kritiker der Verhältnisse wurden immer wieder zum Verlassen der DDR veranlaßt (G. Zwerenz, U. Johnson u. a.). In einer Anfang der 60er Jahre beginnenden neuen Phase wurden zunächst Romane von C. Wolf, E. Strittmatter, H. Kant sowie Dramen von V. Braun, H. Müller u. a. bed., die konflikthafte Prozesse der sozialist. Entwicklung gestalteten. Ep., lyr. und dramat. Werke Ende der 60er Jahre (C. Wolf, W. Heiduczek [* 1936], A. Wellm, P. Hacks, G. Kunert u. a.) fragten nach Möglichkeiten und Defiziten

Deutsche Lufthansa AG

individueller Lebensentwicklung in der bereits als existent behaupteten „sozialist. Menschengemeinschaft". Neue Autorengenerationen betraten in den 60er (V. Braun, H. Czechowski [* 1935], A. Endler, K. Mickel, S. Kirsch) und in den 70er und 80er Jahren (U. Kolbe, R. Pietraß [* 1946], G. Papenfuß-Gorek [* 1956]) die literar. Szene. Parallel dazu war eine „ästhet. Emanzipation" der Literatur und Differenzierung ihrer Formen und Schreibweisen (u. a. dokumentar., phantast., histor. Literatur), eine verstärkte Rezeption von Mythologie und Moderne (F. Fühmann, C. Wolf), ein wachsender Anteil weibl. Autoren (I. Morgner, H. Königsdorf [* 1938]) und die Hinwendung zu den Konflikten des alltägl. Lebens zu beobachten (G. de Bruyn, U. Plenzdorf). Die Ausbürgerung des Liedermachers W. Biermann 1976 und die sich daran anschließende Übersiedlung bed. Autoren in die BR Deutschland (u. a. G. Kunert, J. Fuchs, S. Kirsch, K.-H. Jakobs, E. Loest) machte die tiefe Krise der DDR auch auf geistigem Gebiet sichtbar. – ↑österreichische Literatur, ↑schweizerische Literatur.

Deutsche Lufthansa AG

Deutsche Lufthansa AG, Abk. DLH, dt. Luftverkehrsunternehmen, Sitz Köln; 1926 aus der Junkers Luftverkehrs AG und der Aero Lloyd-AG entstanden; 1953 als AG für Luftverkehrsbedarf (Luftag) wieder gegr., seit 1954 heutige Firma; Grundkapital zu 51,4 % im Besitz des Bundes. Eine der Tochtergesellschaften ist die **Condor Flugdienst GmbH,** Sitz Neu-Isenburg (Durchführung von Charterflügen). In der ehem. DDR wurde die DLH 1954 neugegr., am 1. 9. 1963 von der ↑Interflug übernommen.

Deutsche Mark, Abk. DM, Währungseinheit der BR Deutschland, die nach der Währungsreform (20. Juni 1948) an die Stelle der Reichsmark trat. Die DM hat 100 Dt. Pfennige. Eine bestimmte Relation der DM zum Feingold wurde gesetzlich nicht vorgeschrieben. Mit Wirkung vom 1. Juli 1990 wurde mit der Wirtschafts- und Währungsunion zwischen der BR Deutschland und der DDR als Währungseinheit die DM auch in der damaligen DDR eingeführt. – Die Bez. „D. M." galt 1948–64 zugleich für die Währungseinheit der DDR (DM der Deutschen Notenbank).

Deutsche Merkur, Der („Der Teutsche Merkur"), 1773–89 von C. M. Wieland in Weimar hg. literar. Monatsschrift; 1790–1810 fortgeführt u. d. T. „Der Neue Teutsche Merkur".

deutsche Messe (ev. Messe), auf Grund einer Schrift M. Luthers (1526) üblich gewordene Bez. für in dt. Sprache verfaßte ev. Gottesdienstordnungen der Reformationszeit.

deutsche Mundarten, das dt. Sprachgebiet ist in viele kleine oder größere Mundarträume untergliedert. Gegenüber der Hochsprache spielen sie v. a. im oberdt. Raum (Süddeutschland, Österreich und Schweiz) noch eine größere Rolle; eine scharfe Trennung zw. Hochsprache und Mundart findet man im Niederdt., ebenso in der Schweiz, wo die Mundart auch im öff. Leben verwendet wird. Manche mitteldt. Mundarten nähern sich sehr stark der Hochsprache, während in Österreich sich immer mehr ein oft auch als literar. Stilmittel benutzter fließender Übergang zw. Hochsprache und Mundart herausbildet.

Entstehung der deutschen Mundarten

Die Ursprünge der heutigen Mundartlandschaften sind in der Völkerwanderungszeit zu suchen, als sich die großen Stämme der Franken, Alemannen, Sachsen, Thüringer und Baiern herausbildeten. Die alten Stammeslandschaften stimmen aber mit den heutigen Mundartlandschaften nicht mehr überein. Die wichtigste Grenze zw. den d. M. entstand durch die 2. oder hochdt. ↑Lautverschiebung. Sie ist das wichtigste Einteilungsprinzip der Mundarten: die *niederdeutschen* haben die Lautverschiebung nicht mitgemacht, die *mitteldeutschen* wurden nur z. T. von ihr betroffen, die *oberdeutschen* haben sie vollständig durchgeführt. Die Grenze zw. Niederdt. und Mitteldt. verläuft nördlich Aachen, Köln, Kassel, Nordhausen, Dessau, Wittenberg, Frankfurt/Oder. Mitteldt. und Oberdt. werden durch die Linie nördlich Zabern, Karlsruhe, Heilbronn, südlich Heidelberg, Würzburg, Meiningen, Coburg, Plauen, Eger getrennt. Eine weitere großräumige Erscheinung, die die dt. Dialektlandschaft gestaltet hat, ist die binnenhochdt. (oder binnendt.) Konsonantenschwächung, durch die p und b, t und d, k und g zusammengefallen sind. Sie ist v. a. im Ostmitteldt. verbreitet und kennzeichnet das Obersächs. und Schlesische. – Die neuhochdt. Diphthongierung nahm im äußersten SO des dt. Sprachraums ihren Anfang und erfaßte die ober- und mitteldt. Mundarten mit Ausnahme des Alemannischen. – Die heutigen Mundartlandschaften reichen über die Staatsgrenzen hinaus, Niederfränkisch wird in N-Deutschland und den Niederlanden, Alemannisch in SW-Deutschland, der Schweiz und W-Österreich, das Bairisch in Bayern, Österreich und Südtirol gesprochen. Ein großer Teil der ostdt. Mundarten ist seit 1945 verschwunden.

Die deutschen Mundartlandschaften

Das **Niederdeutsche** läßt sich grob in drei große Räume gliedern: Niederfränkisch, Niedersächsisch und Ostniederdeutsch. Das *Niederfränkische* wird am Niederrhein gesprochen und hat sich im 13.–16. Jh. zu einer eigenen Schriftsprache entwickelt. Das *Niedersächsische* (oder Westniederdt.) wird in Westfälisch, Ostfälisch und Nordniedersächsisch unterteilt. Kennzeichnend für das Westfälische sind die Diphthonge (z. B. haun „Huhn") und die Aussprache von sch als sk oder s-ch. Das Ostfälische wurde stark vom angrenzenden Ostmitteldt. beeinflußt. Zum Nordniedersächsischen gehören die friesisch-nordniedersächs. Mischsprache in Ostfriesland, Holsteinisch und Schleswigisch, wobei sich das Holsteinische u. a. durch stimmhaft gesprochenes b, d, g für p, t, k, klarer abhebt. Beim *Ostniederdeutschen* zeigt das Märkisch-Brandenburg. sehr viele sprachl. Bezüge zur Heimat der Siedler, die im 12. Jh. aus dem niederl. Raum, bes. Südbrabant, kamen. Das westl. der Oder gelegene Mittelpommerische geht immer mehr ins Märkisch-Brandenburgische über. Das Mecklenburgische mit dem Vorpommerschen bildet einen relativ scharf abgegrenzten Mundartraum (Zusammenhang mit dem Westfälischen durch Siedlungsbewegungen erklärbar). Das Pommersche (Ostpommersche) östlich der Oder hat im nördl. Teil die Formen heff „habe" und brauder „Bruder", im südl. Teil hebb und brooder. Ost- und Westpreußen gehören (mit Ausnahme des Hochpreußischen) zum Niederpreußischen, wobei der östl. Teil starke schriftsprachl. Einflüsse zeigt.

Niederdeutsch sprachen auch die seit etwa 1200 in das Baltikum eingewanderten Deutschen (Baltendeutsch). Nach 1600 wurde bei den Deutschbalten als Kanzleisprache das Hochdeutsche eingeführt, das dann in den mündl. Gebrauch überging.

Das **Mitteldeutsche** enthält sowohl nieder- als auch oberdt. Merkmale, stellt aber einen selbständigen Sprachraum mit auch eigenen Merkmalen dar, z. B. Entwicklung von -nd- zu -ng- (hingen „hinten"). Beim *Westmitteldeutschen* hat das Mittelfränkische mit dem Ripuarischen um Köln und dem Moselfränkischen um Trier-Koblenz und in Luxemburg die Lautverschiebung am wenigsten mitgemacht; das Rheinfränkische hat sie weiter durchgeführt (statt *dat,* unverschoben *pund* und *appel*). Vom westl. Rheinfränkischen, dem Rheinpfälzischen, das die Rheinpfalz, das Saarland, den Mainzer Raum und den Odenwald umfaßt, unterscheidet sich das Hessische im nördl. Teil um Fulda dadurch, daß es die neuhochdt. Diphthongierung nicht durchgeführt hat. Die westmitteldt. Landschaften sind im wesentlichen altes Siedelland, während das *Ostmitteldeutsche* durch die ostdt. Kolonisation entstanden ist; Ausnahme ist Thüringisch (mit dem Obersächsischen fast zu einer Einheit zusammengewachsen). Gemeinsam mit dem Obersächsischen hat es z. B. das anlautende f- statt pf- (z. B. *fund* „Pfund"), zugleich eines der wichtigsten Kennzeichen des Ostmitteldeutschen. Stärker ausgeprägte Landschaften innerhalb des Obersächsischen sind das Osterländische und das Erzgebirgische. Östlich an das Obersächsische schließt sich das Schlesische und Lausitzische an. Eine Sonderstellung nimmt das Niederländische im Gebiet der (heute) poln. Städte Glogau und Fraustadt ein; es ist durch die vielen Diphthonge gekennzeichnet. Eine weitere mitteldt. Mundart ist das Hochpreußische im südl. West- und Ostpreußen.

Beim **Oberdeutschen** unterscheidet die Verschiebung des p zu pf das *Südfränkische* (oder Südrheinfränkische) um Karlsruhe-Heilbronn vom Rheinfränkischen; dies gilt auch für das *Ostfränkische* (oder Mainfränkische) um Würzburg, Bayreuth, Nürnberg und Bamberg. Das *Bairische* nimmt den gesamten SO des dt. Sprachraums ein und erstreckt sich über Bayern (ohne Franken und Schwaben), Österreich (ohne Vorarlberg), Südtirol sowie einige Sprachinseln. Gemeinsame Merkmale des Bairischen sind z. B. alte, über das Gotische aus dem Griechischen kommende Wörter wie Ergetag „Dienstag" und Pfinztag „Donnerstag". Das Südbairische hat als einzige dt. Mundart die hochdt. Lautverschiebung vollständig durchgeführt, so daß k als Affrikata kch ausgesprochen wird. Die im Südbairischen nicht durchgeführte Konsonantenschwächung erscheint im Mittelbairischen und im Nordbairischen. *Schwäbisch-Alemannisch* spricht man in Schwaben, Württemberg, Südbaden, im dt. sprachigen Elsaß, der dt.sprachigen Schweiz und Vorarlberg. Kennzeichnend für das Schwäbische sind die starke Näselung und die nur halb diphthongierten Zwielaute, für das Niederalemannische die Monophthonge. Das Hochalemannische wird im dt. sprachigen Teil der Schweiz und in Vorarlberg gesprochen; charakteristisch ist die Aussprache des anlautenden k als ch (z. B. chind „Kind"). Die Mundart der S-Schweiz, insbes. des Kt. Wallis, bezeichnet man als Höchstalemannisch. Es ist die altertümlichste dt. Mundart. Durch die Siedlungsbewegungen („Walserwanderungen") verbreitete sich diese Mundart in verschiedene Gegenden der Schweiz (bes. Graubünden), Norditaliens und ins östr. Vorarlberg.

deutsche Musik, allg. die Musik und die Musikpflege im dt.sprachigen Raum. Die Anfänge der d. M. sind Ergebnisse der Auseinandersetzung heidnisch-german. mit der christlich-mittelmeer. Musik.

Mittelalter und Reformation

Mit der Kunst der ↑Troubadours und ↑Trouvères wurde die Grundlage für die um 1150 einsetzende höf. Kunst des ↑Minnesangs geschaffen, dessen Höhepunkt um und kurz nach 1200 lag, u. a. mit Heinrich von Morungen, Reinmar dem Alten und Walther von der Vogelweide. Der Übergang der Kunst der Minnesänger zu der Kunst der im 15./16. Jh. hervortretenden Meistersinger kennzeichnet die Wende von der Hof- zur Stadtkultur; Zentren waren u. a. Mainz, Colmar, Augsburg, Nürnberg (H. Sachs). Der Dichter und Sänger Oswald von Wolkenstein stellte die Verbindung zur westl. Chansonkunst her. – Bereits seit dem MA läßt sich eine lebhafte Praxis der Instrumentalmusik v. a. bei den sog. Spielleuten nachweisen. Eine bes. Bedeutung hatte v. a. das Orgelspiel. Als Liedkomponisten traten um und nach 1500 u. a. Adam von Fulda, H. Isaac, H. Finck und P. Hofhaimer hervor. Meister der Reformationszeit waren u. a. L. Senfl, S. Dietrich und J. Walter, der zus. mit Luther mit dem „Geystl. gesangk Buchleyn" (1524) das erste große Werk ev. Kirchenmusik schuf. In Leipzig druckte M. Vehe das erste kath. Gesangbuch („New Gesangbuchlein", 1537). Die ganze europ. Musik des 16. Jh. war von der Vorherrschaft der ↑Polyphonie geprägt, doch trat allmählich eine Wandlung des Satzprinzips in Richtung der Monodie ein.

Barock

Noch in der Spannung zw. (niederl.) polyphoner und (italien.) homophoner Gestaltung standen die Kompositionen der 2. Hälfte des 16. Jh., u. a. von L. Lechner und Orlando di Lasso, italien. Musik beeinflußte die Werke von H. Haßler. Die Herrschaft der Vokalpolyphonie ging um 1600 zu Ende. Als erster dt. Beitrag zu der in Florenz entstandenen Oper gilt die verlorengegangene szen. Komposition „Dafne" (1627) von H. Schütz. In den südt. Musikzentren Wien und München, aber auch in Dresden (J. A. Hasse) beherrschte die italien. Oper weitgehend die Bühnen. In Mittel- und Norddeutschland war man dagegen um die Ausbildung einer nat. dt. Oper bemüht. Wichtige Vertreter waren J. Theile, J. S. Kusser, R. Keiser und J. Mattheson. – Eine spezif. dt. Eigenleistung war im 17. Jh. die Orchester-Tanzsuite. Hauptvertreter waren J. H. Schein, M. Franck und S. Scheidt. Die Orgelmusik nahm entscheidenden Aufschwung durch den Niederländer J. P. Sweelinck, auf dessen Schüler sich die norddt. Schule mit J. Praetorius, S. Scheidt, H. Scheidemann gründetet. Über D. Buxtehude und G. Böhm wirkte diese Schule ebenso wie J. Pachelbel auf J. S. Bach. Bereits in der ersten Hälfte des 17. Jh. waren neue Einflüsse vom Cembalospiel der engl. Virginalisten und bes. von G. Frescobaldi gekommen, dessen Schüler J. J. Froberger eine eigene süddt. Tradition des Orgel- und Klavierspieles ausbildete. Weitere Vertreter waren J. K. Kerll, Georg und Gottlieb Muffat sowie J. C. F. Fischer.
Die Wende vom 17. zum 18. Jh. brachte für die d. M. einen Höhepunkt mit den Werken von J. S. Bach (Kirchenkantaten, Passionen, Instrumentalmusik), G. F. Händel (Opern, Oratorien, Instrumentalmusik) und G. P. Telemann (Kantaten, Passionen, Instrumentalmusik).

Vorklassik

Die Abwendung vom Pathos des Barock vollzog sich im Bereich der Oper auf dem Boden der italien. Tradition, so v. a. bei J. A. Hasse und N. Jommelli. Bei C. W. Gluck führte der Weg in seinem reformierenden Schaffen zur frz. Oper, in der die Musik der dramat. Idee unterworfen wird. Das dt. Singspiel (mit gesprochenen Dialogen) gewann größere Bedeutung. J. A. Hiller gilt als eigtl. Schöpfer dieser Gattung, die zum Ausgangspunkt der dt. Spieloper wurde und mit dem sich u. a. noch die Namen von G. A. Benda, K. Ditters von Dittersdorf und Mozart verbinden. Das Liedschaffen rückte nach der „liederlosen" Zeit zw. 1620 und 1730 wieder in den Vordergrund. Die „erste Berliner Liederschule" 1750–80 stand unter Führung von C. G. Neefe und Ch. G. Krause. Eine „zweite Berliner Liederschule" führte mit J. A. P. Schulz, J. F. Reichardt und C. F. Zelter in das 19. Jh. hinüber.
Bereits in der ersten Hälfte des 18. Jh. wurde der traditionelle Kompositionsstil aufgegeben. Grundlage des neuen Stils waren Formen und Kompositionstechniken der italien. und frz. Musik, denen sich Züge zu einem allgemeineurop. „vermischten Geschmack" verbanden. Führende Zentren waren die Höfe von Wien (u. a. mit G. C. Wagenseil, G. Reutter, G. M. Monn), Mannheim (mit J. und C. Stamitz, F. X. Richter, I. Holzbauer) sowie der Hof Friedrichs II. in Berlin (mit J. J. Quantz, C. P. E. Bach, J. G. und C. H. Graun und F. Benda).

Klassik

Mit der Wiener Klassik übernahm die d. M. erstmals die unangefochtene Vorherrschaft in Europa. Sie ist verbunden mit den Namen von J. Haydn, W. A. Mozart und L. van Beethoven. Hauptverdienst von Haydn war die Ausbildung der klass. Sonatensatzform, die v. a. die Gattungen Streichquartett, Sinfonie und Klaviersonate bestimmte. Mozart, der seit frühester Jugend Reisen in alle europ. Musikzentren unternahm, verband die verschiedensten Einflüsse bei vollendeter Gleichgewichtigkeit aller musikal. Elemente. Er schuf auf allen Gebieten der Musik Werke von höchstem Rang: Kammermusik, Orchesterwerke, Instrumentalkonzerte und kirchenmusikal. Werke. In seinen Bühnenwerken führte er die Gattungen Opera seria, Opera buffa und Singspiel auf ihren Höhepunkt. Beethoven gelangte v. a. in der Instrumentalmusik durch stärkste formale Konzentration zu musikal. Aussagen von ungewöhnl. Tiefe und Intensität.

Deutsche Nationalbibliographie

Romantik

Abseits des aristokrat. Musiklebens arbeitete in Wien F. Schubert, der Hauptmeister des dt. romant. Liedes. Das dt. Liedschaffen des 19. Jh. bis ins 20. Jh. hinein basiert nahezu vollständig auf seinen Werken. In seiner Instrumentalmusik (Sinfonien, Kammermusik, Sonaten) stand er dagegen in der Tradition Beethovens. C. M. von Webers „Freischütz" brachte 1821 mit der romant. Oper die völlige Lösung von fremden Einflüssen. Neben Weber sind L. Spohr und H. Marschner, als Vertreter der kom. Oper A. Lortzing, O. Nicolai, F. von Flotow und P. Cornelius zu nennen. – In der ersten Hälfte des 19. Jh. wurde erstmals deutlich die ernste von der heiteren Musik geschieden. Während den Klassikern die Tanzkomposition durchaus noch vertraut war, nahm sie als tieferstehende Gattung ihren eigenen Weg, in den Anfängen hervorragend vertreten durch J. Lanner sowie Johann Strauß Vater und Sohn, denen der Walzer seine Blüte verdankte.

Im Bereich der Instrumentalmusik blieben klassizist. Tendenzen auch nach der Wiener Klassik noch lange wirksam; so bei F. Mendelssohn Bartholdy, in dessen Werk sich klass. und romantisch-lyr. Elemente verbinden. R. Schumanns von phantast. und lyr. Stimmungen geprägten Klavierstücke verkörpern am deutlichsten die romant. „Zerrissenheit" der Musiker jener Zeit. In stark klassizist. Bindung stand J. Brahms, dessen Werke zu den bedeutendsten jener Epoche gehören. Bei F. Liszt erfolgte die allmähl. Auflösung der Sonatensatzform, v. a. in seinen sinfon. Dichtungen. In der Oper hob R. Wagner das Prinzip der Nummernopern zugunsten des durchkomponierten Musikdramas auf. Sehr stark von Wagner beeinflußt war A. Bruckner; M. Reger gelangte zu einer Synthese spätromant. Harmonik mit Formen des Barock und der Klassik. In der direkten Nachfolge von Liszt und Wagner ist R. Strauss zu sehen, der das große Musikdrama Wagners weiterentwickelte. Neben Strauss ist v. a. der Bruckner-Schüler G. Mahler zu nennen, dessen sinfon. Werk die Tradition seines Lehrers weiterführte.

Moderne

Den Übergang bildete die „Wiener Schule", deren Begründer A. Schönberg die Grenzen der Tonalität verließ und zum System der Zwölftonmusik gelangte. Aus seinem Schülerkreis traten hs. A. Berg, A. Webern und H. Eisler hervor. Während Berg in bewußtem Anschluß an die Wiener Traditionen nach neuen Wegen suchte und eine eigene Bedeutung v. a. im Bereich der Opernmusik gewann, wurde Webern in Fortsetzung und stilist. Vollendung der Techniken seines Meisters zum Mentor einer Generation, die sich hauptsächlich der seriellen Musik verschrieb. Eisler dagegen entwickelte v. a. in der Vokalmusik neue Formen und Mittel und wurde (neben P. Dessau) zum wichtigsten Repräsentanten einer Musik mit revolutionärem Inhalt. Eine Ausnahmestellung nahm P. Hindemith ein, der Atonalität und Zwölftonmusik mied und an Bach und Reger orientiert war. In ähnl. Richtung verlief das Schaffen von C. Orff, J. N. David, H. Reutter, W. Egk, K. Höller, G. Bialas und H. Genzmer. Der im Stil der Wiener Schule beginnende Webern-Schüler K. A. Hartmann fand nach 1945 unter dem Einfluß Strawinskis zu einer expressionist. Tonsprache. Sein Altersgenosse W. Fortner wandte sich nach 1945 der Zwölftontechnik zu, während sein Schüler H. W. Henze bei traditioneller Verpflichtung über die ganze Vielfalt der Techniken von der tonalen bis zur seriellen Musik verfügt. B. Blachers „variable Metren" wurden von seinem Schüler G. Klebe übernommen, der sich, wie B. A. Zimmermann, auch Webern und der seriellen Musik anschloß. Der völlige Bruch mit jeder Tradition kennzeichnet das Schaffen von K. Stockhausen und des in Deutschland wirkenden argentin. Komponisten M. Kagel. In neuester Zeit werden neben der Fortführung experimenteller Ansätze und der Verarbeitung außereurop. Einflüsse vermehrt Tendenzen einer Rückkehr zu einer musikal. Ausdruckssprache sichtbar.

Außer Stockhausen seien als Vertreter heutiger d. M. genannt H. U. Engelmann, H. Otte, W. Killmayer, D. Schnebel, H. Lachenmann, A. Reimann, H.-J. Hespos, J. G. Fritsch, P. M. Hamel, W. Rihm, H.-J. von Bose, W. Heider, V. D. Kirchner, R. Gehlhaar, Y. Höller, N. A. Huber sowie die Komponisten der ehem. DDR F. Geißler, S. Matthus, T. Medek, R. Kunad, U. Zimmermann und P. H. Dittrich.

Deutsche Nationalbibliographie, das Neuerscheinungsverzeichnis der Dt. Bücherei in Leipzig; 1990 eingestellt. – ↑ Deutsche Bibliographie.

Deutsche Nationalpartei ↑ deutschnationale Bewegung.

Deutschenspiegel, um 1275 verfaßtes Rechtsbuch, dem die Umarbeitung einer oberdt. Übersetzung des Sachsenspiegels zugrunde liegt; verwendet vorwiegend Augsburger sowie röm. und kanon. Recht.

Deutsche Olympische Gesellschaft, Abk. DOG, gegr. 1951, Sitz Frankfurt am Main; tritt für Pflege, Vertiefung und Verbreitung des olymp. Gedankens ein.

deutsche Ostgebiete, die Gebiete des Dt. Reiches in den Grenzen von 1937, die 1945 von der UdSSR und Polen annektiert wurden (↑ Potsdamer Abkommen): Ostpreußen, Posen-Westpreußen sowie die östlich der Oder-Neiße-Linie gelegenen Teile von Pommern, Brandenburg, Schlesien und Sachsen; 24 % des Reichsgebietes von 1937 mit einer Bev. von rd. 9,8 Mill. (1944). – Die Endgültigkeit der poln. Westgrenze wurde im ↑ Deutsch-Polnischen Grenzvertrag 1990 festgeschrieben.

deutsche Ostsiedlung, die Verbreitung dt. Volkstums und dt. Kultur in den Gebieten östlich der als Folge der Völkerwanderung entstandenen ethn. Grenzen zw. german. (später dt.) und slaw. Stämmen in M-Europa im MA und in der Neuzeit. Die d. O. setzte um die Mitte des 8. Jh. im O-Alpengebiet ein, getragen vom Stammes-Hzgt. und der Kirche Bayerns. Im NO hatte das Karolingerreich westlich von Elbe und Saale die eingewanderten Slawen integriert; die Marken jenseits der Flüsse gingen um 900, endgültig nach ihrer Erneuerung durch die Ottonen im N infolge der Slawenaufstände (983/1066) verloren. Im S konnte sich die Markenorganisation zw. Saale und Bober bzw. Queis halten. Bäuerl. Siedlung allerdings nur im O-Alpengebiet und an der Donau weiter. Östlich der Saale begann die d. O. erst im 12. Jh., eingeleitet bes. durch die wettin. Markgrafen, die Verwalter des stauf. Reichsgutes im Vogtland, die Bischöfe und Klöster. Im N folgten dem Gebietserwerb der Erzbischöfe von Magdeburg, der Grafen von Holstein und der Markgrafen von Brandenburg im 12. Jh. rasche Siedlungswellen. Die sich dem Reich anschließenden Fürsten von Mecklenburg und Rügen öffneten im 13. Jh. ihre Länder dt. Siedlern. Weiter im O waren es einheim. Fürsten, die durch polit. und familiäre Anlehnung an Deutschland ihre Herrschaft und Selbständigkeit zu sichern suchten (Pommern, Schlesien). Im stets dem Reich zugerechneten Böhmen, seit dem 11. Jh. von Deutschen besiedelt, erfolgte im 13. Jh. eine neue Siedlungswelle. In Polen und Ungarn, die schon im 11. Jh. die dt. Oberhoheit abschütteln konnten, fand erst im 13. Jh. ein starker Zustrom dt. Bürger und Bauern statt (in Ungarn die sog. Zipser und Siebenbürger Sachsen). Durch Hzg. Konrad I. von Masowien wurde 1225 der Dt. Orden ins Culmer Land gerufen; im eigtl. Preußen folgte die d. O. der militär. Inbesitznahme durch den Dt. Orden. Die d. O. wurde in den Anfängen als eine Art Gruppenlandnahme realisiert, die östlich der Elbe der militär. Eroberung folgte. Vom 12. Jh. ab war sie ein partnerschaftlich-vertragsrechtl. Unternehmen, vereinbart zw. Landgeber (Landes- bzw. Grundherr) und Siedler bzw. Bürger. Siedlungsunternehmer (Lokatoren) holten gegen bes. Vergünstigungen bäuerl. oder bürgerl. Siedler, organisierten die Ansiedlung und leiteten das Gemeinwesen. Die Ansiedlung erfolgte „nach dt. Recht" (noch bevor es im Reich ein gesamtdt. Recht gab), das persönl. Freiheit, weitgehende Verfügbarkeit des Besitzes, feste Zinsabgaben statt Dienstleistungen und eigene Gerichtsbarkeit beinhaltete. Mit Beginn der Neuzeit wurde die Besiedlung des dt. NO von Brandenburg-Preußen aus planmäßig staatlich gelenkt,

DEUTSCHE OSTGEBIETE IN DEN GRENZEN VON 1937

- ■ Landes- und Provinzhauptstadt
- ⊙ Sitz des Reg. Präsidiums
- —··— Staatsgrenze
- ········ Oder-Neiße-Linie u. Grenze zwischen den sowj. und poln. verwalteten Gebieten Ostpreußens
- — — Provinzgrenze
- —·—·— Regierungsbezirksgrenze

v. a. unter dem Großen Kurfürsten (Havelland, Pommern, Ostpreußen) und Friedrich d. Gr. (Schlesien, Westpreußen; Urbarmachung des Oder-, Warthe- und Netzebruchs). Bes. Bed. kam der Aufnahme von Glaubensflüchtlingen zu (Hugenotten, Schweizer, Pfälzer, Salzburger).
In Ungarn löste das Zurückweichen der Türken nach 1718 eine großangelegte staatl. Siedlungspolitik aus (dt. Siedlungen in der sog. Schwäb. Türkei zw. unterer Drau und Donau sowie im Gebiet um Satu Mare und Carei [Sathmarer Schwaben]). Weitaus planmäßiger war seit den 1760er Jahren das große Siedlungswerk Maria Theresias und Josephs II. im Banat (Banater Schwaben), wo neben Bauern auch ein städt. Bürgertum Fuß fassen konnte. Weitere Siedlungsaktionen wurden in der Batschka (etwa 1748–70 und 1784–87), in O-Galizien (seit 1781) und danach in der Bukowina durchgeführt. Nach Rußland (Wolgagebiet um Saratow, Schwarzes Meer, Krim, Kaukasus, später Bessarabien u. a.) zogen viele Bauern, nachdem Katharina II. mit ihrem Ansiedlungsmanifest (1763) Kolonisten große Vergünstigungen zugesagt hatte (Wolgadeutsche).
Deutsche Partei, Abk. DP, Name der Nationalliberalen Partei in Württemberg 1866–1918.

Deutsche Partei, Abk. DP, nat. konservative Partei, bildete sich 1947 aus der 1945 gegr. Niedersächs. Landespartei; in Schleswig-Holstein und Hamburg an Koalitionen mit CDU, FDP und BHE beteiligt, stellte in Niedersachsen 1955–59 den Min.präs.; 1949–60 in der Bundesregierung vertreten; 1957 Zusammenschluß mit der Freien Volkspartei; 1961 Aufgehen der Rest-DP in der Gesamtdt. Partei.
Deutsche Pfandbriefanstalt, führende dt. Grundkreditanstalt des öff. Rechts zur Förderung des Wohnungsbaus und zur Finanzierung öff. Investitionen beim Wohnungs- und Städtebau; Sitz Wiesbaden und Berlin; 1922 als **Preußische Landespfandbriefanstalt** gegründet.
deutsche Philologie, 1. i. w. S. Begriff für dt. Sprach- und Literaturgeschichte, Literaturwissenschaft und Volkskunde (als nationalsprachlich und historisch begrenzter Teil der german. Philologie). Als Universitätsdisziplin unterteilt in ältere d. P. (MA) und neuere d. P. (seit dem 16. Jh.); 2. i. e. S. als ausgesprochene Textwissenschaft (Textphilologie, Textkritik) verstanden (↑Germanistik).
Deutsche Post, Abk. DP, 1. Träger des Post- und Fernmeldewesens im Vereinigten Wirtschaftsgebiet bis 1949; 2. Träger des Post- und Fernmeldewesens in der DDR; ging

Deutscher
Caritasverband e. V.

1

2

3

4

5

6

7

8

mit der Herstellung der dt. Einheit 1990 in der Dt. Bundespost auf.

Deutsche Presse-Agentur GmbH ↑ Nachrichtenagenturen (Übersicht).

Deutscher Akademischer Austauschdienst e. V., Abk. DAAD, Selbstverwaltungsorganisation der dt. wiss. Hochschulen und Vereinigungen der Kunst-, Musik- und theolog. Hochschulen zur Förderung des internat. Austauschs von Wissenschaftlern und Studenten; Sitz Bonn.

Deutscher Alpenverein e. V. ↑ Alpenvereine.

Deutscher Anwaltverein e. V., Abk. DAV, seit 1871 bestehender (1947 neugegr.) Verein zur Wahrung aller berufl. und wirtsch. Interessen der Rechtsanwaltschaft; Sitz Bonn. Der DAV ist gegliedert in örtl. **Anwaltvereine.**

Deutscher Bauernbund, Abk. DB, 1885 gegr. wirtschaftspolit. Organisation zur Vertretung der bäuerl. Interessen, ging 1893 im Bund der Landwirte auf; 1909 wiederbegr., zerfiel 1927.

Deutscher Bauernverband e. V. (Vereinigung der dt. Bauernverbände), Abk. DBV, freiwillige Vereinigung der landw. Erzeuger unter Wahrung der parteipolit. und konfessionellen Neutralität, Sitz Bonn; Spitzenverband der Landesbauernverbände und der landw. Fachverbände. Aufgaben: Förderung, Beratung und Betreuung seiner Mgl. in wirtsch. und wirtschaftspolit. Fragen, Wahrung der Interessen gegenüber staatl. Stellen, Pflege der Beziehungen zu landw. Berufsvertretungen im Ausland.

Deutscher Beamtenbund (Bund der Gewerkschaften des öffentlichen Dienstes), Abk. DBB, gewerkschaftl. Spitzenorganisation der Beamten, Beamtenanwärter und Ruhestandsbeamten der BR Deutschland, Sitz Bonn-Bad Godesberg; rd. 1 Mill. Mgl. (1992).

Deutscher Bildungsrat, ein von Bund und Ländern der BR Deutschland 1965 eingesetztes Gremium (Regierungskommission mit 4 Bundes- und 11 Ländervertretern, 3 Vertretern kommunaler Spitzenverbände und einer **Bildungskommission** von 18 Experten) zur Bildungsplanung. 1975 aufgelöst.

Deutscher Bücherbund GmbH & Co., dt. Buchgemeinschaft, 1876 gegr.; Tochtergesellschaft der Holtzbrinckgruppe; von G. von Holtzbrinck 1937 übernommen; 1948–59 „Stuttgarter Hausbücherei".

Deutscher Bühnenverein Bundesverband deutscher Theater, Kartellverband dt. Bühnenleiter und Bühnenrechtsträger, Sitz Köln: bestand 1846–1935, wieder gegr. 1945. Vertritt die Interessen der Arbeitgeber gegenüber der Genossenschaft Deutscher Bühnen-Angehöriger.

Deutscher Bund, Zusammenschluß der souveränen dt. Fürsten und freien Städte zu einem Staatenbund; gegr. auf dem Wiener Kongreß 1815. Organ des Bundes war die in Frankfurt am Main unter östr. Vorsitz tagende Bundesversammlung aller Gesandten, deren Arbeitsfähigkeit in der Praxis von der östr.-preuß. Zusammenarbeit abhängig war. Unter dem Einfluß Metternichs und preuß. Zustimmung unterdrückte der D. B. seit 1819, verstärkt nach 1830, die Einheits- und Verfassungsbewegung. Als Institution von der Revolution 1848 überrollt, 1850 wiederhergestellt. Zerbrach 1866 am östr.-preuß. Gegensatz.

Deutscher Bundesjugendring, Abk. DBJR, 1949 gegr. gemeinnützige Arbeitsgemeinschaft von 22 großen, auf Bundesebene tätigen Jugendverbänden, 3 Anschlußverbänden und 16 Landesjugendringen; Sitz Bonn; Aufgaben: v. a. Vertretung der Interessen der Jugend, insbes. gegenüber Parlament und Reg., Bekämpfung militarist., nationalist., rassendiskriminierender und totalitärer Tendenzen.

Deutscher Bundestag ↑ Bundestag.

Deutscher Bundeswehrverband e. V., 1956 gegr. Organisation zur Wahrnehmung der allg., sozialen und berufl. Interessen aller Bundeswehrangehörigen, ehem. Soldaten sowie ihrer Familienangehörigen und Hinterbliebenen.

Deutscher Caritasverband e. V., Abk. DCV, die von den dt. kath. Bischöfen anerkannte institutionelle Zusammenfassung und Vertretung der kath. Karitas in Deutschland; Sitz Freiburg im Breisgau; 1897 in Köln gegr.; föderativ aufgebaut; widmet sich allen Aufgaben sozialer und karitativer Hilfe v. a. in Krankenhäusern, Heimen und ca. 20 000 anderen Einrichtungen. Der DCV hat rd. 190 000 hauptberuflich Tätige und 600 000 Helferinnen und Helfer.

Deutscher Depeschen Dienst AG ↑ Nachrichtenagenturen (Übersicht).

Deutsche Rechtspartei, Abk. DR, 1946 gegr. kleine Sammelpartei konservativ-monarchist., antidemokrat. Gruppen, die sich formell vom NS distanzierten; zerfiel 1949/50 durch Übertritt der Mgl. in die Sozialist. Reichspartei bzw. Deutsche Reichspartei.

Deutsche Reichsbahn, Abk. DR, 1. öff., alle Ländereisenbahnen umfassendes Verkehrsunternehmen im Dt. Reich. Die DR entstand als Reichseisenbahn am 1. April 1920 durch Staatsvertrag mit den acht Ländern mit Staatsbahnbesitz. 1924 kam es zu der Umwandlung der DR zum selbständigen Wirtschaftsunternehmen. Die DR hatte den Status des Sondervermögens und führte ihren Betrieb unter Aufsicht des Reichsverkehrsmin. unter Wahrung der Interessen der dt. Volkswirtschaft nach kaufmänn. Gesichtspunkten. 1939 erneute Eingliederung der DR als Bestandteil der Reichsverwaltung. Der Generaldirektor wurde Reichsverkehrsminister. Die Besatzungsmächte übernahmen 1945 die Leitung des Eisenbahnwesens. Die Strecken der DR (Betriebslänge 1936: 55 491 km) befanden sich zu über 50 % auf dem Gebiet der BR Deutschland, zu knapp 30 % auf dem Gebiet der ehem. DDR und zu rund 18 % in den dt. Ostgebieten. 2. in der DDR vom Ministerium für Verkehrswesen geleitetes staatl. Unternehmen des öff. Eisenbahnverkehrs. Art. 26 des Einigungsvertrages vom Aug. 1990 legt fest, daß Dt. Bundesbahn und DR auf das Ziel hinzuwirken haben, beide Bahnen technisch und organisatorisch zusammenzuführen.

Deutsche Reichsbahn Bestände, Betriebs- und Verkehrsleistungen 1990	
Streckenlänge in km	14 308
elektrifiziert	4 025
mehrgleisig	3 145
Bahnhöfe	1 787
Personalbestand	258 376
Fahrzeugbestand	
Triebfahrzeuge	6 633
elektr. Lokomotiven	1 313
Diesellokomotiven	4 325
Personenwagen	7 742
Güterwagen des öff. Verkehrs	160 770
Verkehrsleistungen in Mill.	
geleistete Personen-km	17 397
geleistete Tariftonnen-km	40 163

Deutsche Reichspartei, Abk. DRP, 1946 gegr. rechtsradikale Partei (1949: 5 Bundestagsmandate); schloß sich 1950 mit Teilen der Dt. Rechtspartei zus.; ab 1952 größte rechtsradikale Organisation in der BR Deutschland mit Zentren in Niedersachsen und Rheinland-Pfalz, ging 1964 (rd. 10 000 Mgl.) in der ↑ Nationaldemokratischen Partei Deutschlands auf.

Deutsche Reichspost, seit 1871 Trägerin des Postwesens im Dt. Reich mit Ausnahme der Postreservate Bayern und Württemberg, deren Postverwaltungen bis 1919 ihre Selbständigkeit behielten. Nachfolgeorganisationen wurden nach 1945 die Deutsche Bundespost und die Deutsche Post.

Deutscher Entwicklungsdienst, Abk. DED, gemeinnützige, 1963 gegr. GmbH mit Sitz in Berlin; stellt staatl. und privaten Organisationen Fachkräfte für Entwicklungshilfeprogramme zur Verfügung.

Deutscher Gewerkschaftsbund. 1 Deutscher Gewerkschaftsbund; 2 Industriegewerkschaft Bau–Steine–Erden; 3 Industriegewerkschaft Bergbau und Energie; 4 Industriegewerkschaft Chemie–Papier–Keramik; 5 Industriegewerkschaft Medien; 6 Gewerkschaft der Eisenbahner Deutschlands; 7 Gewerkschaft Erziehung und Wissenschaft; 8 Gewerkschaft Gartenbau, Land- und Forstwirtschaft

Deutscher Evangelischer Kirchentag, Bez. für Großveranstaltungen der ev. Kirchen, die seit 1949 in der Regel alle 2 Jahre (abwechselnd mit dem Dt. Katholikentag) stattfinden. Der D. E. K. ist v. a. Organ der Laienbewegung und wurde Forum für theolog., gesellschaftspolit. und ökumen. Gespräche.

Deutscher Flottenverein, Abk. DFV, 1898 gegr. Verein, versuchte den Seemachtgedanken zu verbreiten und den Reichstag zu umfassenden finanziellen Bewilligungen zu bestimmen; 1914 rd. 1,1 Mill. Mgl.; nach 1918 bedeutungslos; 1934 aufgelöst.

Mitglieder der Einzelgewerkschaften (in Tsd., Stand 1991)	
IG Bau–Steine–Erden	790,7
IG Bergbau und Energie	608,0
IG Chemie–Papier–Keramik	875,0
Gewerkschaft der Eisenbahner Deutschlands	533,3
Gewerkschaft Erziehung und Wissenschaft	340,0
Gewerkschaft Gartenbau, Land- und Forstwirtschaft	135,6
Gewerkschaft Handel, Banken und Versicherungen	735,9
Gewerkschaft Holz und Kunststoff	247,0
Gewerkschaft Leder	62,6
IG Medien – Druck und Papier, Publizistik und Kunst	242,9
IG Metall	3700,0
Gewerkschaft Nahrung–Genuß–Gaststätten	420,0
Gewerkschaft Öffentliche Dienste, Transport und Verkehr	2000,0
Gewerkschaft der Polizei	205,6
Deutsche Postgewerkschaft	603,0
Gewerkschaft Textil–Bekleidung	402,3
DGB insgesamt	11 902,1

Deutscher Fußball-Bund, Abk. DFB, für die BR Deutschland zuständiger Sportverband für die Belange des Fußballs, gegr. 1900 in Leipzig, Sitz Frankfurt am Main. Nach Beitritt des Nordostdeutschen Fußball-Verbandes (Abk. NOFV) 1991 etwa 4,72 Mill. Mitglieder.

Deutscher Gemeindetag ↑kommunale Spitzenverbände.

Deutscher Genossenschafts- und Raiffeisenverband, Abk. DGRV, 1972 durch Fusion des Dt. Genossenschaftsverbands (Schulze-Delitzsch) e. V. und des Dt. Raiffeisenverbands e. V. entstandener Dachverband, Sitz Bonn. – ↑Genossenschaften.

Deutscher Gewerkschaftsbund, Abk. DGB, 1919 bis 1933 Dachorganisation der christl.-nat. Gewerkschaften; Sitz Berlin; 1930 rund 1,4 Mill. Mitglieder.

Deutscher Gewerkschaftsbund, Abk. DGB, gewerkschaftl. Dachverband (nicht rechtsfähiger Verein) mit sechzehn Einzelgewerkschaften; umfaßt rd. 11,8 Mill. Mgl. (1992); Sitz Düsseldorf. 1949 durch Zusammenschluß der Gewerkschaftsbünde der amerikan., brit. und frz. Besatzungszonen (↑Gewerkschaften) mit der Maßgabe gegr., an die Stelle der Richtungsgewerkschaften der Weimarer Zeit eine einheitl. und kampfstarke parteipolitisch unabhängige Gewerkschaftsbewegung treten zu lassen, die nach dem Industrieverbandsprinzip (ein Betrieb – eine Gewerkschaft) gegliedert sein sollte.
Oberstes Organ ist der alle 3 Jahre stattfindende **Bundeskongreß** („Parlament der Arbeit"), der die 9 Mgl. des Geschäftsführenden Bundesvorstands wählt, die zus. mit den Vors. der Einzelgewerkschaften den Bundesvorstand bilden, der den DGB nach innen und außen vertritt. Höchstes Gremium zw. den Kongressen ist der **Bundesausschuß**, der aus 100 von den Einzelgewerkschaften zu entsendenden Mgl., dem Bundesvorstand und den Landesbezirksvorsitzenden besteht. Der **Bundesvorstand** ist an die Satzung sowie die Beschlüsse von Bundeskongreß und -ausschuß gebunden. Vors. ist seit 1990 H.-W. Meyer. Regional ist der DGB in Landesbezirke gliedert. Hauptaufgabenbereich der 16 Einzelgewerkschaften ist die Tarifpolitik; sie entscheiden auch – nach Urabstimmungen – über Streiks. Die wichtigsten *Publikationsorgane* des DGB sind die „Welt der Arbeit", die „Gewerkschaftl. Monatshefte", die „WSI-Mitteilungen" des von ihm unterhaltenen „Wirtschafts- und Sozialwiss. Instituts des Dt. Gewerkschaftsbunds GmbH", Sitz Düsseldorf, sowie die Funktionärszeitschrift „Die Quelle". – ↑Gewerkschaften.

Deutscher Handwerkskammertag, Abk. DHKT, Spitzenverband der Handwerkskammern in der BR Deutschland, Sitz Bonn; oberste Koordinierungsstelle der Handwerksorganisation, handwerkl. Gesamtvertretung.

deutscher Idealismus, die von Kant ausgehende und u. a. durch J. G. Fichte, Schelling, Hegel ausformulierte philosoph. Bewegung zw. 1790 und 1830. Kennzeichnend ist die Bemühung, die gesamte Wirklichkeit aus einem geistigen Prinzip metaphysisch abzuleiten. Der d. I. verlor mit dem Tode Hegels (1831) seine beherrschende Stellung, hat aber bis heute Einfluß auf die Geisteswissenschaften.

Deutscher Industrie- und Handelstag, Abk. DIHT, Dachorganisation der Industrie- und Handelskammern in der BR Deutschland, Sitz Bonn. *Aufgaben:* Förderung und Sicherung der Zusammenarbeit der Industrie- und Handelskammern, Vertretung der Belange der gewerbl. Wirtschaft, Repräsentation der dt. Wirtschaft im Ausland. 1861 als Dt. Handelstag gegr.; 1935 Eingliederung in die Reichswirtschaftskammer; 1949 wiedergegründet.

Deutscher Journalisten-Verband e. V., Abk. DJV, Dachorganisation der tariffähigen Journalistenverbände in der BR Deutschland; Sitz Bonn; 1949 gegr.; Aufgabe: Wahrnehmung und Förderung aller berufl. rechtl. und sozialen Interessen der hauptberuflich tätigen Journalisten.

Deutscher Jugendliteraturpreis, Literaturpreis, der seit 1956 jährlich von einer vom „Arbeitskreis für Jugendliteratur" (München) eingesetzten Jury vergeben wird; Träger ist das Bundesministerium für Frauen und Jugend.

Deutscher Juristentag e. V., Vereinigung dt. Juristen zur Förderung des Erfahrungsaustauschs und zur Erhaltung und Ergänzung der dt. Rechtsordnung; 1860 gegr., 1949 neu gegr.; Sitz Bonn; Veranstalter der Dt. Juristentage.

Deutscher Kinderschutzbund e.V., Abk. DKSB, 1953 als Nachfolgeorganisation des „Vereins zum Schutze der Kinder vor Ausnützung und Mißhandlung" (1898–1933) gegr. Verein, Sitz Hannover; Landes- und Ortsverbände in allen Bundesländern; Aufgaben: Beratung bei Erziehungs- und Familienproblemen; Mithilfe bei Unterbindung von Kindesmißhandlungen und sexuellem Mißbrauch von Kindern sowie das Einwirken auf Gesetzgebung und Öffentlichkeit zur Schaffung einer kindergerechten Umwelt.

Deutscher Krieg 1866, Krieg Preußens mit Italien und einigen norddt. Kleinstaaten gegen Österreich mit Hannover, Sachsen, beiden Hessen, Nassau und allen süddt. Staaten im Juni/Juli 1866. Die Auseinandersetzungen um Schleswig-Holstein und die Bundesreform führten zu dem von Preußen beabsichtigten und vorbereiteten Krieg um die Vorherrschaft in Deutschland. Die Entscheidung fiel durch den preuß. Sieg über die östr. Nordarmee bei Königgrätz (3. Juli 1866). Österreich wurde aus der dt. Politik ausgeschlossen; Schleswig-Holstein, Hannover, Kurhessen, Nassau und Frankfurt wurden von Preußen annektiert.

Deutscher Kulturbund e. V. ↑Kulturbund.

Deutscher Künstlerbund e. V., Interessenverband von Künstlern, der durch jährl. Ausstellungen einen repräsentativen Querschnitt der dt. Kunstszene zeigen will; 1903 gegr.; Sitz Berlin.

Deutscher Kunstverlag GmbH ↑Verlage (Übersicht).

Deutscher Lehrerverband, Abk. DLV, 1969 gegr. Dachorganisation allgemeiner Lehrerverbände, Sitz Bonn-Bad Godesberg; dem DLV gehören u. a. der Dt. Philologenverband, der Verband Dt. Realschullehrer, der Dt. Verband der Gewerbelehrer und der Bayer. Lehrer- und Lehrerinnenverband an.

9

10

11

12

13

14

15

16

17

Deutscher Gewerkschaftsbund. 9 Gewerkschaft Handel, Banken und Versicherungen; 10 Gewerkschaft Holz und Kunststoff; 11 Gewerkschaft Leder; 12 Industriegewerkschaft Metall; 13 Gewerkschaft Nahrung–Genuß–Gaststätten; 14 Gewerkschaft Öffentliche Dienste, Transport und Verkehr; 15 Gewerkschaft der Polizei; 16 Deutsche Postgewerkschaft; 17 Gewerkschaft Textil–Bekleidung

deutscher Michel

deutscher Michel, spött. Bez. für den Deutschen; in der Karikatur weist bes. das Kennzeichen der Zipfelmütze auf seine Verschlafenheit; erstmals in Sebastian Francks „Sprichwörtersammlung" (1541) in der Bed. eines ungebildeten, einfältigen Menschen erwähnt; seit den 30er und 40er Jahren des 19. Jh. in die polit. Auseinandersetzungen übernommen und als Spottname für den gutmütigen, aber obrigkeitsgläubigen und einfältgläubigen Deutschen gebraucht.

Deutscher Mieterbund e. V., Abk. DMB, Organisation zur Wahrung der Interessen von Wohnungsmietern; gegr. 1900 als „Verband dt. Mietervereine", Sitz Köln, 1991 mehr als 1 Mill. Mgl. Der DMB berät seine Mgl. in Mietrechtsfragen, gewährt ihnen Rechtsschutz und nimmt auf die kommunale Wohnungsbaupolitik im Interesse der Mieter Einfluß.

Deutscher Naturschutzring e.V. – Bundesverband für Umweltschutz, Abk. DNR, 1950 gegr. Dachverband (Sitz München), der sich mit Naturschutz, Landschaftsschutz, Landschaftspflege und der Erhaltung der natürl. Umwelt befassende Organisationen in der BR Deutschland zusammenfaßt, ihre Arbeit und Zielsetzung koordiniert und mit ihnen gemeinsame Aktionen durchführt. Dem DNR sind rd. 100 Verbände mit 2,5 Mill. Mgl. angeschlossen.

Deutscher Normenausschuß, Abk. DNA, ↑DIN Deutsches Institut für Normung e.V.

Deutscher Orden (Dt. Ritter-Orden, Deutschherren), 1198/99 gegr. geistl. Ritterorden, entstand aus einer 1190 während der Belagerung von Akko durch Lübecker und Bremer Bürger gestifteten Hospitalgenossenschaft (Ordenszeichen: schwarzes Kreuz auf weißem Mantel). 1291 wurde der Sitz des Hochmeisters von Akko nach Venedig verlegt, 1309 nach Marienburg (Westpr.). Unter dem bed. Hochmeister Hermann von Salza (1209–39) war der Grund zum Deutschordensstaat gelegt worden, als Hzg. Konrad I. von Masowien dem D.O. 1225 als Gegenleistung für die Bekämpfung der heidn. Pruzzen (Preußen) das Culmer Land schenkte. Durch Vereinigung mit dem Schwertbrüderorden (1237) faßte der D.O. auch in Livland Fuß. 1309 erwarb er Pomerellen mit Danzig, 1346 Estland, 1398 Gotland, 1402 die Neumark. Zugleich entwickelte er sich zu einem bed. Großhändler im Ostseeraum (Getreide, Holzerzeugnisse, Bernstein). Infolge der polnisch-litauischen Personalunion (1386) geriet der D.O. in zunehmende Feindschaft zu Polen, dem das Ordensheer bei Tannenberg (15. Juli 1410) unterlag (Abtretung des Landes Dobrzyń und Schamaitens im 1. Thorner Frieden 1411). Im Innern verschärfte sich die Opposition der großen Handelsstädte (1454 Abfall des Preuß. Bundes). Der 2. Thorner Friede (1466) beschränkte das der poln. Lehnshoheit unterstellte Ordensterritorium auf den östl. Teil Preußens (Hochmeistersitz Königsberg [Pr]); 1525/61 in die zum poln. Lehnsverband gehörigen weltl. (prot.) Hzgt. Preußen und Kurland umgewandelt. Im Hl. Röm. Reich bestanden die Ordensbesitzungen (v. a. in der Pfalz, im Elsaß, in Franken, Thüringen und Schwaben) unter dem Deutschmeister bis zur Aufhebung des D.O. durch Napoleon I. 1809 weiter; 1834 in Österreich erneuert, 1929 in einen geistl. Orden umgewandelt, 1938–45 durch den NS aufgehoben, nach 1945 in Österreich und in der BR Deutschland wiederhergestellt.

Aufbau: Oberhaupt des D. O. war der auf Lebenszeit gewählte *Hochmeister*, den Beirat bildeten 5 *Großgebietiger*. Diese waren der *Großkomtur* (i. d. R. Statthalter und Vertreter des Hochmeisters), der oberste *Marschall* (zuständig für das Heerwesen), der *Treßler* (Schatzmeister), der *Trapier* (Leiter des Bekleidungswesens) und der *Spittler* (Vorsteher des Spitalwesens). Politisch dem Hochmeister vielfach nebengeordnet waren die Provinzialoberen: der *Deutschmeister* (seit 1494 Reichsfürst, seit 1525 Administrator des Hochmeisteramts, daher später – seit 1834 offiziell – *Hoch- und Deutschmeister* gen.) sowie der *Landmeister* in Livland und (bis 1309) in Preußen. Größere Ordensgebiete waren als *Balleien* unter einem *Landkomtur* zusammengefaßt, kleinste Einheit war die *Kommende (Komturei)* unter einem *Komtur*. – ↑Deutschordensburgen, ↑Deutschordensdichtung.

Deutscher Paritätischer Wohlfahrtsverband e. V., Abk. DPWV, 1924 gegr., konfessionell und polit. neutrale Dachorganisation der freien Wohlfahrtspflege, Sitz Frankfurt am Main; Mgl. sind rd. 5 000 rechtlich selbständige Organisationen in den verschiedenen Bereichen sozialer Hilfen.

Deutscher Presserat, Organ der freiwilligen Selbstkontrolle der dt. Presse, gegr. 1956; Sitz Bonn-Bad Godesberg; paritätisch von Journalistenorganisationen und Verlegerverbänden besetzt; Aufgaben: Schutz der Pressefreiheit gegenüber polit. und wirtsch. Institutionen, Beseitigung von Mißständen im Pressewesen und Vertretung der Presse gegenüber Regierung, Parlament und Öffentlichkeit.

Deutscher Reformverein, als Gegengewicht zum kleindt.-liberal bestimmten Nationalverein 1862 in Frankfurt am Main gegr. polit. Organisation zur Reform des Dt. Bundes im östr.-großdt. Sinne; blieb ohne große Wirkung, 1866 aufgelöst.

Deutscher Richterbund, Abk. DRB, Spitzenorganisation der Vereine von Richtern und Staatsanwälten in der BR Deutschland, Sitz Düsseldorf. Ziele des 1909 gegr. und nach Unterbrechung durch die NS-Zeit 1949 neu ins Leben gerufenen DRB sind die Förderung der Gesetzgebung, der Rechtspflege, die Wahrung der richterl. Unabhängigkeit sowie die Förderung der berufl. und sozialen Belange der Richter und Staatsanwälte.

Deutscher Ritter-Orden ↑Deutscher Orden.

Deutscher Sängerbund e. V., Abk. DSB, 1862 in Coburg gegr. Vereinigung von Laienchören, nach 1945 verboten, 1949 in Göppingen neu gegr., Sitz Köln; 1991 rd. 20 000 Bundeschöre mit etwa 1,8 Mill. Mitgliedern.

Deutscher Schäferhund, Rasse bis 65 cm schulterhoher, wolfsähnl. Schäferhunde mit kräftigem, langgestrecktem Körper, langer, keilförmiger Schnauze, dreieckig zugespitzten Stehohren und buschig behaartem Schwanz; Färbung unterschiedlich; Schutz-, Polizei-, Blindenhund.

Deutscher Schutzbund, 1919–33 zusammenfassende Organisation der grenz- und auslandsdt. Verbände (1929 rd. 120) mit revisionistisch-großdt. Zielsetzung; wirkte v. a. bei den Grenzabstimmungen im Gefolge des Versailler Vertrags.

Deutscher Sparkassen- und Giroverband e. V., Spitzenverband der dt. Sparkassenorganisation, Sitz Bonn. 1924 entstanden durch Zusammenschluß des Dt. Zentralgiroverbandes (gegr. 1916), des Dt. Sparkassenverbandes (gegr. 1884) und des 1921 gegr. Dt. Verbandes der Kommunalen Banken; 1953 neu gegründet. Der Verband unterstützt die allg. Grundsätze der Geschäftspolitik dt. Sparkassen, vertritt die Interessen der Sparkassenorganisation gegenüber der Öffentlichkeit und den behördl. Stellen und übernimmt die Aus- und Fortbildung des Sparkassenpersonals.

Deutscher Sportbund, Abk. DSB, Dachorganisation des Sports in Deutschland, gegr. 1950 in Hannover, Sitz Berlin.

Deutscher Sportbund

Deutscher Sprachatlas, Abk. DSA, zunächst Forschungsinst. für dt. Sprache an der Univ. Marburg a. d. Lahn, gegr. 1876 von G. Wenker, seit 1956 „Forschungsinst. für dt. Sprache – D. S.". Unternehmungen zur Erforschung der gesprochenen dt. Sprache auf der Basis der Dialekte sind: 1. Der „Laut- und Formenatlas der dt. Mundarten", begonnen von F. Wrede, fortgeführt von M. Mitzka und B. Martin, kurz D. S. genannt (1927–56 veröffentlicht); 2. der „Dt. Wortatlas" (Abk. DWA), von W. Mitzka 1939/40 begr., verzeichnet das regional begrenzte Vorkommen von Wörtern (1951–80; 22 Bde.); dazu „Regionale Sprachatlanten".

Deutscher Sprachverein (Allg. Dt. Sprachverein), 1885 gegr.; strebte Normbildung für Reinheit, Richtigkeit, Schönheit der dt. Sprache an; nicht frei von nationalist. Übertreibungen (gegen „Verwelschung") und Pedanterie (Fremdwortbekämpfung). Der D. S. gab die „Zeitschrift des

Allg. D. S." heraus (seit 1886, seit 1925 unter dem Titel „Muttersprache"). Neugründung 1947 in Lüneburg als **Gesellschaft für deutsche Sprache**.
Deutscher Städtetag ↑kommunale Spitzenverbände.
Deutscher Taschenbuch Verlag GmbH & Co. KG ↑Verlage (Übersicht).

Deutsches Eck

Deutscher Tierschutzbund e. V., Abk. DTSchB, 1948 gegr. Spitzenorganisation aller Tierschutzvereine in der BR Deutschland; Sitz Bonn.
Deutscher Turn- und Sportbund der DDR, Abk. DTSB der DDR, Dachorganisation vieler Sportfachverbände in der DDR; bestand 1957–90.
Deutscher und Österreichischer Alpenverein ↑Alpenvereine.
Deutsche Rundschau, kulturpolit. Monatsschrift; 1874 von J. Rodenberg in Berlin gegr.; 1919–42 (aufgelöst) von R. Pechel geleitet, der ihr Hg. auch 1946–61 war; 1964 eingestellt.
Deutscher Verein für Kunstwissenschaft, gegr. 1908 in Berlin mit dem Ziel, die Forschungen zur dt. Kunst zu fördern; zahlr. Publikationen.
Deutscher Werkbund, Abk. DWB, 1907 in München gegr. zur Förderung von moderner Architektur und Design; Ausstellungen u. a. 1914 in Köln, 1927 in Stuttgart (Weißenhofsiedlung), 1930 in Paris. 1947 wiedergegr., Sitz Düsseldorf.
Deutscher Wetterdienst, Abk. DWD, seit 1952 bestehende, zum Geschäftsbereich des Bundesmin. für Verkehr gehörende Bundesanstalt, Sitz Offenbach am Main; mit der Wahrnehmung aller öff. wetterdienstl. Aufgaben betraut. Der DWD unterhält Wetterbeobachtungs- und -meldedienst, Vorhersagedienste (synopt. Dienst, Wirtschafts-, Flug-, Seewetterdienst), Klimadienste, einen medizinmeteorolog. und einen agrarmeteorolog. Dienst. Regionale Aufgaben werden vom Seewetteramt Hamburg und 11 weiteren Wetterämtern sowie den nachgeordneten meteorolog. Stationen wahrgenommen. Ferner stehen Observatorien, mehrere Beratungs- und Forschungsstellen, 6 aerolog. Stationen, rd. 450 Klimastationen und 2 Instrumentenämter zur Verfügung.
Deutscher Wissenschaftsrat ↑Wissenschaftsrat.
Deutscher Zollverein, handelspolit. Zusammenschluß dt. Bundesstaaten mit dem Ziel einer wirtsch. Einigung. Nach Vorstufen (preuß. Zollgesetz 1818, bayer.-württemberg. Zollverein, Zollverein zw. Preußen und Hessen-Darmstadt, Mitteldt. Handelsverein zw. Sachsen, Hannover, Kurhessen und den thüring. Staaten [alle 1828]) trat 1834 der D. Z. in Kraft (Gründungs-Mgl.: Preußen, Hessen-Darmstadt, Bayern, Württemberg, Kurhessen, Sachsen und die thüring. Staaten). Der östr. Versuch einer großdt. Zollvereinigung (1849/50) scheiterte. Der D. Z. (seit 1868 mit einem Zollparlament) wurde eine Vorstufe des Dt. Reichs von 1871, mit dessen Zollhoheit die Eigenständigkeit des D. Z. endete.

Deutsches Archäologisches Institut, Abk. DAI, wiss. Korporation und Bundesbehörde in der Zuständigkeit des Auswärtigen Amtes, Sitz Berlin; gegr. 1874. Das DAI vergibt Stipendien und führt Grabungen durch (u. a. Olympia, Pergamon); es hat Zweigstellen in Rom, Athen, Istanbul, Kairo, Madrid, Bagdad, Sana, Damaskus, Teheran.
Deutsches Arzneibuch, Abk. DAB, ↑Arzneibuch.
Deutsches Atomforum e. V., 1959 gegr. Verein zur Förderung der Forschungs- und Entwicklungsarbeit auf dem Gebiete der Kernenergie und ihrer Anwendung für friedl. Zwecke sowie der Information der Öffentlichkeit; Sitz Bonn.
Deutsches Bundespatent ↑Patentrecht.
Deutsche Schillergesellschaft, literarisch-wiss. Vereinigung; Sitz Marbach am Neckar. 1895 als „Schwäb. Schillerverein" (ab 1946 „D. S.") gegr.; 1903 Gründung eines Schillermuseums und -archivs, das 1955 im Schiller-Nationalmuseum/Dt. Literaturarchiv aufging.
Deutsche Schlafwagen- und Speisewagen-Gesellschaft m. b. H., Abk. DSG, gegr. 1949, Sitz Frankfurt am Main; Stammkapital voll im Besitz der Dt. Bundesbahn. Betrieb von Schlaf- und Liegewagen, Speisewagen, Bahnhofsgaststätten, Verpflegung von Reisenden in den fahrenden Zügen.
deutsche Schrift ↑Fraktur, ↑Sütterlin, Ludwig.
Deutsches Eck, Landzunge in Koblenz am Zusammenfluß von Rhein und Mosel, Rhld.-Pf., benannt nach einem Deutschordenshaus; früher mit Kaiser-Wilhelm-Denkmal (1897), heute Mahnmal für die dt. Einheit.
Deutsches Elektronen-Synchrotron (DESY), Forschungszentrum für Grundlagenforschung auf dem Gebiet der Elementarteilchenphysik in Hamburg; gegr. 1959 als Stiftung der BR Deutschland und der Freien und Hansestadt Hamburg. Seit 1965 Betrieb eines 7,5-GeV-Elektronen-Synchrotrons (**DESY**), seit 1974 eines 2 × 5-GeV-**D**oppel**r**ing**s**peichers (**DORIS**), seit 1978 einer 2 × 23,5-GeV-**P**ositron-**E**lektron-**T**andem-**R**ingbeschleuniger-**A**nlage (**PETRA**; Umfang 2,3 km), seit 1991 einer Elektron-Proton-Speicherringanlage (**H**adron-**E**lektron-**R**ing**a**nlage, **HERA**), in der Elektronen von 30 GeV und Protonen von 820 GeV gespeichert und dann zur Kollision gebracht werden (Umfang 6,3 km).
Deutsches Gesundheitsmuseum, 1949 in Köln neu gegr. Museum, an Stelle des zerstörten **Städtischen Hy-**

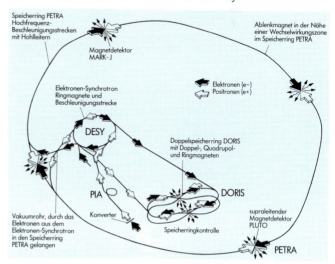

Deutsches Elektronen-Synchrotron. Die in je vier Teilchenpaketen umlaufenden Elektronen und Positronen werden an vier Stellen des Speicherrings PETRA, den Wechselwirkungszonen, aufeinander geschossen. Die dabei entstehenden Kollisionsprodukte werden mit verschiedenartigen Detektoren registriert, z. B. mit dem Magnetdetektor (MARK-J) und dem supraleitenden Magnetdetektor (PLUTO)

Deutsche Shakespeare-Gesellschaft

giene-Museums, hieß dann **Zentralinstitut für Gesundheitserziehung e. V.**, heute als Bundeszentrale für gesundheitl. Aufklärung tätig.

Deutsche Shakespeare-Gesellschaft [ˈʃeːkspiːr], gegr. 1864 mit Sitz in Weimar. Ziele sind die Erforschung und Pflege von Shakespeares Werk, die Förderung der engl. Sprache und Kultur. 1963 Gründung der D. S.-G. West, Sitz Bochum; bis 1993 ist die Zusammenführung der beiden D. S.-G. geplant.

Deutsches Historisches Institut ↑ historische Institute.

Deutsches Hydrographisches Institut, Abk. DHI, 1945 in Hamburg gegr. Institut für ozeanograph. und meteorolog. Forschungen zur Sicherung der Schiffahrt. Aufgaben u. a.: Bearbeitung von Seekarten, Stromatlanten, Leucht- und Funkfeuerverzeichnissen, Berechnung von Gezeitentafeln, Überprüfung naut. Instrumente; unterhält Sturmflutwarndienst für die dt. Küsten und Eismeldedienst für die Schiffahrt. Gibt das „Naut. Jahrbuch" heraus.

Deutsches Hygiene-Museum, 1930 in Dresden eröffnetes Museum, das inzwischen das größte Spezialmuseum über Gesundheitspflege in der Welt geworden ist; heute zugleich zentrales Leitinst. für Gesundheitserziehung. Themat. Schwerpunkte der Ausstellungen sind Aufbau und Funktionen des menschl. Organismus, Schutz der Gesundheit und Geschichte der Medizin.

Deutsches Institut für Fernstudien, Abk. DIFF, ↑ Fernstudium.

Deutsches Institut für Internationale Pädagogische Forschung, Abk. DIPF, von den Ländern finanzierte Stiftung öff. Rechts, Sitz Frankfurt am Main; gegründet 1964; empir. pädagog. Forschungen.

Deutsches Institut für Wirtschaftsforschung (DIW), Institut (e. V.) zur Erforschung wirtsch. Zustände und Entwicklungen im In- und Ausland; gegr. 1925 als *Institut für Konjunkturforschung,* Sitz Berlin.

Deutsches Jugendherbergswerk ↑ Jugendherbergen.

Deutsches Krebsforschungszentrum, Abk. DKFZ, als Stiftung des öff. Rechts 1964 gegr. Forschungsstätte in Heidelberg. Aufgabe ist die Erforschung von Ursachen, Entstehung, Verhütung und Bekämpfung der Krebskrankheiten.

Deutsches Literaturarchiv ↑ Schiller-Nationalmuseum.

Deutsches Museum von Meisterwerken der Naturwissenschaft und Technik (Dt. Museum) ↑ Museen (Übersicht).

Deutsches Nachrichtenbüro GmbH, Abk. DNB, 1933 durch Zusammenlegung von Continental Telegraphen Compagnie, Wolffs Telegraphen-Büro und Telegraphen Union gegr.; verbreitete bis April 1945 alle amtl. Nachrichten.

Deutsche Soziale Union, Abk. DSU, am 20. Jan. 1990 aus 12 christl., konservativen und liberalen Oppositionsgruppen gebildete polit. Partei der DDR; setzte sich v. a. für die schnellstmögl. Einigung Deutschlands ein. Erreichte im Rahmen der „Allianz für Deutschland" 6,3 % der Stimmen bei den Volkskammerwahlen am 18. März 1990. Von der CSU unterstützt, durch die Einbußen bei den Landtagswahlen vom 14. Okt. 1990 (überall unter 5 %) und bei den gesamtdt. Wahlen vom 2. Dez. 1990 (0,2 % [Wahlbereich Ost 1,0 %]) politisch bedeutungslos geworden.

Deutsches Patentamt ↑ Bundesämter (Übersicht).

Deutsche Sporthilfe ↑ Stiftung Deutsche Sporthilfe.

Deutsche Sporthochschule Köln, 1947 als „Sporthochschule Köln" von C. Diem gegr.; seit 1970 wiss. Hochschule.

deutsche Sprache, zur german. Gruppe der indogerman. Sprachen gehörende Sprache, die außer in der BR Deutschland, in Österreich und der dt.sprachigen Schweiz auch in Südtirol, im Elsaß, in Luxemburg und kleineren Gebieten Belgiens gesprochen wird, zudem gibt es auch in O-Europa noch Gebiete mit dt.sprachiger Bev.; auch bei Auswanderergruppen hat sich die d. S. z. T. erhalten, z. B. in N-Amerika (Pennsylvaniadeutsch), Mittel- und S-Amerika (Mexiko, Brasilien, Paraguay, Chile, Argentinien), in Australien und Afrika (eine der Amtssprachen in Namibia); die Zahl der Sprecher beträgt heute rd. 100 Mill.

Bis zum 8. Jh. erstreckte sich das Dt. im O nur bis etwa an die Elbe und die Saale. Im S gehörten die langobard. Teile Oberitaliens zum dt. Sprachgebiet, große Teile des westl. Frankreich waren dt. oder gemischt romanisch-deutsch. In der althochdt. Zeit breitete sich die d. S. nach S und W, mit Beginn der dt. Ostsiedlungen weit nach O aus. Seit dem 12. Jh. wurde in Schleswig und in den nördl. Gebieten östlich der Elbe deutsch gesprochen. Seit dem 13. Jh. kamen Deutsche nach Ostpreußen und ins Baltikum. Auch in Böhmen drang das Dt. vor, bes. im Sudetenland. Das Niederländische bildete bis zum 16. Jh. eine eigene Hochsprache und spaltete sich vom Dt. ab. An der Westgrenze (z. B. in Metz) sowie z. T. in der Schweiz wird jetzt frz. gesprochen. Die größten Einbußen erlitt das dt. Sprachgebiet durch die Folgen des 2. Weltkriegs.

Zur Struktur der deutschen Sprache

Entwicklung der Laute:

Vokale

westgerman.	althochdt.	mittelhochdt.	neuhochdt.
kurz:			
a	a	a	a
e (Umlaut)	e	e	e, ä
ë	e	e	e
i	i	i	i
o	o	o	o
u	u	u	u
lang:			
ā	â	â	a
ē	ia	ie, î	ie (gespr. î)
ī	î	î	ei
ō	uo	uo	u
ū	û	û	au
ǖ	û	û	(u)
ai	ei	ei	ei, ai
ai	ê	ê	e
au	ou	ou	au
au	ô	ô	o
eu	iu	iu (gespr. û)	eu
eo	io	ie	ie (gespr. î)

Konsonanten

stimmhafte Verschlußlaute:

d	d	t	t
b	b (p)	b, p (Auslaut)	b
g	g (k)	g, c (Auslaut)	g
g, w	g, w	g, w	g, w

stimmlose Verschlußlaute:

t	z, tz, zz	z, tz, zz	z, tz, ss, ß, s
p	pf (p), f (ff)	pf (p), ff (f)	pf (p), ff (f)
k	k, c, hh	k, ch	k, ch
qu, k	qu, k	qu, k	qu, k

stimmlose Reibelaute:

s	s	s, sch	s, sch
þ	þ	d, t (Auslaut)	d
v	v, f	v, f	v, f
h	h	h, ch	h, ch
h, w, f, hw	h, w, f	h, w, f	h, w, f

stimmhafte Reibelaute:

r, s	r, s	r, s, sch	r, s, sch
d	d	t	t
ƀ	ƀ, b	b, p (Auslaut)	b
g	g, g	g, c (Auslaut)	g
g, w	g, w	g, w	g, w

Sonore:

r, l, m, n, w, j (unverändert)

deutsche Sprache

Die Epochen der deutschen Sprachgeschichte

Früher teilte man in eine althochdt. (750–1100), mittelhochdt. (1100–1500) und neuhochdt. Periode (ab M. Luther). Heute sieht man meist Spät-MA und Reformationszeit als selbständige Epoche an und läßt das Neuhochdt. erst mit M. Opitz oder dem Westfäl. Frieden beginnen.

Althochdeutsch (750–1050): Die Voraussetzungen für die Entstehung der d. S. aus mehreren german. Dialekten wurde durch das Frankenreich unter Karl d. Gr. geschaffen, den Rahmen bildete der Ostteil des Frankenreiches, der die german. sprechenden Stämme umfaßte. Die Bildungsreform Karls d. Gr. schloß auch eine Reform des Kirchen- und Schulwesens ein. Um eine christl. Durchdringung des ganzen Volkes zu erreichen, mußte die Kluft zw. lat. Bildungs- und fränk. Volkssprache überwunden werden; es entstanden viele althochdt. Übersetzungen kirchl. Texte. Die Christianisierung des dt. Wortschatzes ist die große Leistung der Mönche, die in althochdt. Zeit die sprachl. Mittel für den lat. Wortschatz erarbeiten mußten. Den neuen Wortschatz erhielt man durch Wortentlehnungen aus dem Lat. oder Griech., häufiger durch Lehnbildungen (Neuprägungen mit Hilfe von Bestandteilen dt. Wörter nach dem Vorbild der lat. Kirchensprache). Klöster wie Fulda (Hrabanus Maurus), Lorsch, Weißenburg im Elsaß (Otfrid), Sankt Gallen, Reichenau, Wessobrunn, Murbach, Sankt Emmeran, Mondsee sowie die Bischofssitze Salzburg, Regensburg und Freising spielten dabei die größte Rolle. – In der sprachl. Form des Althochdt. ist die Klangfülle der Wörter auffallend, die durch die volltönenden Vokale der Nebensilben bedingt ist und eine Vielfalt im Formensystem ermöglicht. Das wichtigste Ereignis in der althochdt. Lautentwicklung war die 2. oder hochdt. Lautverschiebung, die das Dt., bes. das Hochdt., von den anderen german. Sprachen abhebt.

Mittelhochdeutsch (1050–1350): Es erfolgte die Festigung der in den voraufgehenden Jh. entstandenen Sprache und ihre Ausgestaltung zu einer Kultursprache, die bereits den Anforderungen der verschiedenen Literaturgattungen und Sozialschichten angepaßt werden konnte. Hauptträger dieser Sprache waren der Geistliche in der Gemeinde und der Volksprediger, v. a. aber der weltl. Dichter und Ritter. Voraussetzung war das neue Selbstbewußtsein des Deutschsprechenden, das den polit. Verhältnissen des Hoch-MA, in dem die erfolgreiche Politik der Kaiser, bes. der Sachsen- und Staufenkaiser, zur nat. Hochstimmung führte, entsprach. Diese Blüte dauerte jedoch nur kurze Zeit, denn der Zerfall des Reiches im Interregnum und im Spät-MA zog auch den Zerfall der mittelhochdt. schriftsprachl. Einheit nach sich. Die Idee einer gemeinsamen d. S. blieb aber bei aller polit. Zersplitterung erhalten. – Für die Sprachentwicklung waren in dieser Zeit das höf. Rittertum und die Mystik von bes. Bedeutung. Die engen Beziehungen zum frz.-provenzal. Rittertum und die Kreuzzüge förderten die Übernahme einer großen Zahl von Lehnwörtern (Lanze, Tanz, Flöte, Turnier) und frz. Wortbildungselemente, z. B. die Suffixe -ieren und -ie (parlieren, Partie). Die Mystiker mußten erst für das „Unsagbare", das Verhältnis des Menschen zu Gott, sprachl. Mittel finden, um ihre Gedanken und Erlebnisse verständlich machen zu können, z. B. Wörter wie Einkehr, Einfluß, einförmig, gelassen. Bes. die Abstraktbildungen mit -heit, -keit, -ung und -lich sowie Substantivierungen (das Sein) haben die d. S. stark beeinflußt. – Die sprachl. Struktur des Mittelhochdt. weist deutl. Unterscheidungsmerkmale gegenüber dem Althochdt. auf. Die Vokale der Nebensilben wurden zu -e- abgeschwächt (geban: geben); die Vokale der Tonsilben wurden umgelautet, wenn i oder j folgt (mahtig: mähteg „mächtig"). Im Konsonantismus trat die Auslautverhärtung der weichen Verschlußlaute ein (Genitiv leides: Nominativ leit). Durch die Abschwächung der Nebensilbenvokale konnten viele Flexionsformen nicht mehr unterschieden werden. Die Funktion der Endungen ging nun auf den Artikel und das Pronomen über.

Frühneuhochdeutsch (1350–1650): In den Territorien des Reiches entstanden fürstl. Kanzleien, die durch die zunehmende Umstellung der Verwaltung und Rechtsprechung auf schriftl. Urkunden an Bed. gewannen. Von der Kanzleisprache gingen Impulse zu einer neuen schriftsprachl. Einheit aus. Die großen Kanzleien wurden langsam zu Vorbildern, so daß einige Schreibsprachen entstanden, die wenigstens in ihrem Bereich überregionale Geltung hatten, bes. die Prager Kanzlei der Luxemburger, die kaiserl. Kanzlei der Habsburger, deren Sprache man unter Maximilian das „Gemeine Dt." nannte, die sächs. oder meißn. Kanzlei der Wettiner sowie die Kanzleien von Nürnberg, Augsburg, Köln, Trier usw. Der städt. Bürger war Hauptträger der frühneuhochdt. Sprache, die vom nüchternen Stil der Geschäftswelt geprägt war und keine ritterl. Ideale mehr spüren ließ. Für die Verbreitung der neuen Sprachformen war die Erfindung des Buchdrucks entscheidend. Auf der Höhe der frühneuhochdt. Zeit brachte Luther seine Bibelübersetzung heraus. Wenn Luther auch viele oberdt. Elemente aufnahm, so war seine sprachl. Heimat doch das Ostmitteldeutsche. Das meißn. Dt. hatte die Führung übernommen. Die mittelhochdt. Literatursprache beruhte auf dem Oberdt., die Grundlage für das Frühneuhochdt. und das Neuhochdt. bildete dagegen das Ostmitteldeutsche. –

Deutsche Sprache. Titelblatt der ersten vollständigen Ausgabe der von Martin Luther ins Deutsche übersetzten Bibel, 1534 in Wittenberg mit Holzschnitten von Lucas Cranach d. Ä. gedruckt

Die sprachl. Struktur des Frühneuhochdt. unterscheidet sich vom Mittelhochdt. durch einige Lautveränderungen: Die neuhochdt. Diphthongierung der alten Längen (mîn: mein; hûs: Haus); die Monophthongierung der alten Diphthonge (guot: gut; güetec: gütig); die Vokale der kurzen offenen Stammsilben wurden gedehnt (lëben: lēben). Durch die Abschwächung der Endsilbenvokale wurden die Deklinationsklassen immer mehr verwischt, was zu einer Vernachlässigung der Kasus (Fälle), bes. des Genitivs, zugunsten präpositionaler Fügungen führte.

Neuhochdeutsch (seit 1650): Schon im 16. Jh. begannen die bes. von Pädagogen angeregten Versuche, die sprachl. Struktur neu zu erforschen. Die ersten Grammatiken waren die „Teutsche Sprachkunst" (1641) und die „Ausführl. Arbeit von der Teutschen Haubt Sprache" (1663) von J. G. Schottel. Die Grammatiker des 17. und 18. Jh., außer Schottel bes. Gottsched und J. Bödiker, versuchten, Regeln für die dt. Gemeinsprache aufzustellen und sie durch die Schule weiterzuverbreiten. Die Lexikographen, bes. J. C. Adelung und J. H. Campe, trugen zur Vereinheitlichung der Wortformen und der Rechtschreibung bei. Trotzdem blieb das Oberdt. bis ins ausgehende 18. Jh. weitgehend selbständig in seiner sprachl. Entwicklung. Als die Aufklärung die konfessionellen Gegensätze zurücktreten ließ und mit Wieland, Lessing, Klopstock und Goethe nord- und mitteldt. Dichter eine allg. angesehene Literatur schufen, setzte sich die von ihnen gebrauchte Sprachform durch. Die sich die ganze Neuzeit hinziehenden Bemühungen um eine Regelung der dt. Rechtschreibung hatten erst 1901 Erfolg, nachdem K. Duden mit seinem Wörterbuch bahnbrechend gewirkt hatte. Durch T. Siebs erfolgte die Regelung der Aussprache. – Die Strukturveränderungen des Neuhochdt. gegenüber dem Frühneuhochdt. betrafen v. a. die Flexionsformen, während die Laute nahezu unverändert blieben bzw. nur orthographisch anders wiedergegeben wurden. Die Entwicklung im Frühneuhochdt. fortsetzend, stand beim Substantiv die Unterscheidung Singular-Plural weiter im Vordergrund, ebenso der Ersatz des Genitivs und Dativs durch die Akkusativ- oder Präpositionalgefüge. Beim Verb schwanden die Konjunktivformen immer mehr; wo der Konjunktiv nötig war, z. B. bei unsicherer Aussage, wurde er durch Modalverben ausgedrückt. Die schwache Konjugation trat in den Vordergrund.

Eigenarten

Rechtschreibung: Die dt. Rechtschreibung, Anliegen erst der neuhochdt. Epoche, ergibt in ihrer Mischung von histor. und phonolog. Schreibung viele Inkonsequenzen. Hauptprobleme sind die Kennzeichnung der Vokallänge (Verdopplung, -ie, unbezeichnet), Vokalkürze (Verdopplung des folgenden Konsonanten, unbezeichnet) und Vokalqualität (z. B. -e oder -ä), die Großschreibung der Substantive und die Zusammenschreibung von Wörtern.
Morphologie: Im Dt. gibt es vier Fälle und zwei Numeri (Singular und Plural). Für die *Deklination* des Substantivs gibt es drei Gruppen, eine sog. *starke, schwache* und *gemischte* Deklination. Die Deklinationsklassen des Substantivs reichen zur Kennzeichnung der Funktion des Wortes im Satz nicht mehr aus, diese Aufgabe haben daher die Artikel und Attribute übernommen. Bei den Verben unterscheidet man sog. *starke, schwache* und *unregelmäßige* Verben. Die starken Verben verändern im Präteritum den Stammvokal und bilden das 2. Partizip auf -en, die schwachen bilden bei gleichbleibendem Stammvokal das Präteritum mit -t und das 2. Partizip auf -(e)t.
Syntax: Im Dt. können mehrere Hauptsätze als Satzreihe nebengeordnet werden, wobei freie Satzmorpheme (z. B. denn, aber) den Zusammenhang klären können. Es können aber auch Nebensätze in einem Satzgefüge einem Hauptsatz oder einem anderen Nebensatz untergeordnet werden; das Abhängigkeitsverhältnis wird dabei von der Konjunktion und nicht mehr – wie z. B. im Lat. – von der Verbform unterzeichnet.
Die ↑deutschen Mundarten, aus denen die Hochsprache hervorgegangen ist, liefern der Hochsprache immer neues Wortgut und tragen so zur Erweiterung des Wortschatzes und der Ausdrucksmittel bei, andererseits übernehmen sie von der Hochsprache v. a. moderneres Wortgut. Aus Fachbereichen gelangen oft Wörter in die Allgemeinsprache (bes. in Politik, Sport).
Allg. ist das Dt. durch eine große Neigung gekennzeichnet, fremdes Wortgut aufzunehmen; früher wurde deshalb oft die Forderung nach „Reinheit der Sprache" erhoben. Die Diskussion um die Fremdwörter ist bis heute ein Hauptproblem der dt. Sprachpflege.

deutsches Recht, das etwa seit dem 10. Jh. aus dem Kreis der dt. Stämme hervorgegangene, durch zahllose Einflüsse aus verschiedensten, einander überlagernden Kulturen und gesellschaftl. Bereichen geprägte und durch Rezeption röm. Rechts fortentwickelte Recht; auf dem Gebiet des Privatrechts im engeren wiss. Sprachgebrauch Gegensatz zum röm. Recht; Glied der german. Rechtsfamilie.
Im Mittelalter entwickelten sich die Stammesrechte durch die Gesetzgebung der Landesfürsten und Städte (bekannt sind v. a. die Stadtrechte von Köln, Lübeck, Magdeburg) zu Land- und Stadtrechten weiter. Insbes. in den Stadtrechten der *Hanse* wurden die auf eine bäuerlich-adlige Gesellschaft zugeschnittenen alten Volksrechte zu Verkehrs- und Handelsrechten fortgebildet. Die Schwäche des Reiches bewirkte eine große Rechtszersplitterung. Die Reichsgesetzgebung mußte sich aus polit. Gründen auf die Sicherung des Landfriedens (Strafrecht) und die Regelung von Verfassungsfragen (bedeutsamstes Gesetz: die Goldene Bulle von 1356) beschränken.
Im 15. und 16. Jh. kam es auf dem Gebiet des *Privat- und Prozeßrechts* zur Rezeption des röm.-italien. und kanon. Rechts (Corpus Juris Civilis). Eine eigenständige dt. *Staatsrechtswissenschaft* entstand anläßlich der Auseinandersetzung zw. Reich und Papsttum im 15. Jh. Im *Strafrecht* wirkte seit dem 15. Jh. oberitalien. Recht auf Deutschland und führte zur Entstehung des gemeinen dt. Strafrechts (Peinl. Halsgerichtsordnung [Carolina] Kaiser Karls V. von 1532).
Im 18./19. Jh. führten Aufklärung und der Einfluß des Naturrechts zu einer „Gegenrezeption", die dem d. R. wieder stärkere Geltung verschaffte. Das Allgemeine Landrecht [für die preuß. Staaten] löste sich fast völlig vom röm. Recht. Im 19. Jh. gelangte das röm. Recht durch die „Romanisten" der histor. Rechtsschule (F. C. von Savigny, B. Windscheid) noch einmal zu großem Ansehen, während die „Germanisten" dieser Schule (G. Beseler, O. von Gierke) sich u. a. große Verdienste um die Herausarbeitung eines „gemeinsamen dt. Privatrechts" erwarben. Die durch die Reichsgründung von 1871 gewonnene weitgehende Rechtseinheit leitete die Phase der großen Kodifikationen ein (Strafgesetzbuch, Reichsjustizgesetze, Bürgerl. Gesetzbuch). *Prozeß-* und *Strafrecht* dieser Epoche sind dem Liberalismus verpflichtet (Öffentlichkeit und Mündlichkeit des Verfahrens, Schwurgerichte), das *Staats-* und *Verwaltungsrecht* der konstitutionellen Monarchie. Die wirtsch. und sozialen Umwälzungen des 20. Jh. haben im *Privatrecht* neue Rechtsgebiete, wie Arbeits- und Wirtschaftsrecht, entstehen lassen und alte, wie das Boden- und Mietrecht, mit starken sozialen Bindungen versehen. Das *öff. Recht* hat v. a. im Bereich des Sozialrechts, des Wirtschafts-, Kultur-, Sozialverwaltungs- und Planungsrechts eine beträchtl. Ausdehnung erfahren. Im *Staatsrecht* spiegelte sich der Übergang zum demokrat. Sozial- und Rechtsstaat. Das *Strafrecht* ist in der Loslösung von alten Wertvorstellungen begriffen. Alle Rechtsgebiete werden fortschreitend von supranat. Recht beinflußt und z. T. überlagert.

Deutsches Reich, fälschl. Bez. für ↑Heiliges Römisches Reich (bis 1806).
▷ amtl. Bez. des dt. Staates von 1871 bis 1945. – ↑deutsche Geschichte.
Deutsches Reisebüro GmbH, Abk. DER, Sitz Frankfurt am Main, Tochtergesellschaft der Dt. Bundesbahn, gegr. 1917; Verkauf von Fahrausweisen und Flugscheinen sowie sämtl. Reisebürogeschäfte; Vertretungen im In- und Ausland.
Deutsches Reiterabzeichen, Abk. DRA, 1931 gestiftetes Leistungsabzeichen, in mehreren Klassen und Altersstufen, von der Dt. Reiterl. Vereinigung vergeben.
Deutsches Rotes Kreuz ↑Rotes Kreuz.
Deutsches Sportabzeichen, vom Dt. Sportbund als Auszeichnung für gute, vielseitige körperl. Leistungsfähigkeit in mehreren Klassen und Stufen verliehenes Leistungsabzeichen (als „Dt. Sportabzeichen", „Dt. Jugendsportabzeichen" und „Dt. Schülersportabzeichen").
Deutsches Studentenwerk e. V., Abk. DSW, Dachverband der ↑Studentenwerke und Hochschulsozialwerke; gegr. 1921 als „Verband dt. Studentenwerke"; Sitz Bonn.

Deutsches Reiterabzeichen

Deutsches Sportabzeichen

Deutsche Staatsbibliothek, Bibliothek in Berlin, ↑ Bibliothek (Übersicht).

Deutsches Theater, seit 1883 Bez. des Theaters in der Berliner Schumannstraße, 1894 von O. Brahm übernommen (unpathet. Ensemblekunst, v. a. zeitgenöss. naturalist. Dramatik), 1905–32 von M. Reinhardt geleitet, Weltruhm (Shakespeareinszenierungen, auch naturalist. Dramen) v. a. in der Zeit bis zum 1. Weltkrieg. 1934–44 war H. Hilpert, seit 1926 Regisseur unter Reinhardt, Intendant. Heute als **Deutsches Theater Berlin** bed. (Neuinterpretationen von Klassikern, zeitgenöss. Dramatik); Intendanz 1946–63 W. Langhoff, 1963–70 W. Heinz, 1970–72 H. A. Perten, 1972–82 G. Wolfram, 1982–84 R. Rohmer, 1984–90 D. Mann, seit 1991 T. Langhoff.

Deutsches Volkskundemuseum ↑ Museen (Übersicht).

Deutsches Volksliedarchiv, wiss. Zentralinstitut in Freiburg im Breisgau für die Sammlung, Dokumentation, Erforschung und Edition des dt.sprachigen Volksliedes und seiner internat. Bezüge in textl. und musikal. Hinsicht. 1914 von J. Meier ins Leben gerufen, seit 1953 staatl. Institut.

Deutsches Weinsiegel, Gütezeichen auf Weinflaschen; von der Dt. Landwirtschafts-Gesellschaft (DLG) seit 1950 verliehen. Siegel in Rot und Grün für halbtrocken, in Gelb für trocken.

Deutsches Weintor ↑ Deutsche Weinstraße.

Deutsches Wörterbuch, von J. und W. Grimm begonnenes Wörterbuch aller dt. Wörter seit dem 16. Jh. mit Bedeutungsangaben, Etymologien und Belegstellen. Urspr. auf 16 Bde. angelegt (1. Lieferung 1852), seit 1908 von der Preuß. Akademie der Wissenschaften herausgegeben, ab 1929 von A. Hübner auch methodisch nach neuen Prinzipien histor. Lexikographie umgestaltet. Seit 1946 von der Dt. Akad. der Wiss. zu Berlin (in Berlin [Ost]) und einer Arbeitsstelle in Göttingen bearbeitet. 1961 mit 32 Bänden beendet. Schon vor Fertigstellung wurde die Neubearbeitung der Bände A–F begonnen.

Deutsches Zentralarchiv, ehemaliges zentrales Staatsarchiv der DDR; wurde 1990 in das Bundesarchiv übernommen.

Deutsche Turnerschaft ↑ Turnbewegung.

Deutsche Verkehrs-Kredit-Bank AG, Abk. DVKB, Tochtergesellschaft der Dt. Bundesbahn und zugleich deren Hausbank, Sitz Frankfurt am Main und Berlin; Erledigung aller bankmäßigen Geschäfte für die DB, Durchführung des Frachtstundungsverfahrens, Unterhalten von Wechselstellen an Bahnhöfen u. a.

Deutsche Verlags-Anstalt GmbH ↑ Verlage (Übersicht).

Deutsche Volkspartei, Name von Parteien:
▷ (1868–1910: Südd. Volkspartei), Abk. DtVP, dt. Partei mit demokrat., antipreuß. und föderalist. Zielsetzung, auf Württemberg, Bayern und Baden beschränkt; 1910 in der Fortschrittl. Volkspartei aufgegangen.
▷ 1896 aus der Dt. Nationalpartei und dt. Parteien entstandene östr. Partei; bezeichnete sich als deutschnat. und sozialreformerisch. – ↑ deutschnationale Bewegung.
▷ (1918–33), Abk. DVP, 1918 von G. Stresemann als Nachfolgerin der Nationalliberalen Partei gegr. rechtsliberale Partei; v. a. von Schwer- und Exportind., Banken und Reichslandbund gestützt; kämpfte zunächst v. a. gegen Rätesystem und Sozialisierung; vertrat im Sinne des „Primats der Außenpolitik" und der nat. Machtstaatsidee die Revision des Versailler Friedensvertrags; betrieb bis 1930 eine konstruktive Koalitionspolitik (u. a. in der Großen Koalition 1923 und 1928–30), verlor nach 1929 einen großen Teil ihrer Wähler und die Unterstützung der Großind.; mußte sich 1933 auflösen.

Deutsche Weinstraße, Straße von Bockenheim an der Weinstraße bis zum **Deutschen Weintor** bei Schweigen, Rhld.-Pf., erste dt. Touristikstraße (1936).

Deutsche Welle ↑ Rundfunkanstalten (Übersicht).

Deutsch Eylau (poln. Iława), Stadt sw. von Allenstein, Polen, am Geserichsee, 195 m ü. d. M., 30 000 E. Holzverarbeitung. – 1305 vom Dt. Orden gegr., gehörte zum Ordensstaat bzw. endgültig ab 1660 zu Brandenburg.

Deutsche Zentralbücherei für Blinde, 1894 in Leipzig gegr. erste öff. dt. Blindenbibliothek. Wurde bis 1945 aus Spendenmitteln finanziert; Träger war 1946–90 das Kulturministerium der DDR; ab 1991 der Freistaat Sachsen. – Zum Bestand gehören (1991) rd. 37 000 Bde. in Punktdruck (rd. 12 300 Werke) sowie rd. 80 000 Tonbandkassetten (rd. 4 700 Hörliteraturtitel); der D. Z. f. B. ist ein Verlag (für Punktdruck) angeschlossen.

Deutsche Zentrumspartei ↑ Zentrum.

Deutsch-Französischer Krieg 1870/1871, aus diplomat. Anlaß (span. Thronkandidatur eines Hohenzollern, Emser Depesche) entsprungener, letztlich um das Übergewicht in Europa geführter Krieg (frz. Kriegserklärung: 19. Juli 1870). Der dt. Sieg von Sedan (2. Sept. 1870) bedeutete das Ende des Frz. Kaiserreiches. Gegen die nach Ausrufung der frz. Republik (4. Sept.) aufgebotenen Massenheere fiel die militär. Entscheidung erst im Jan. 1871 vor Paris. In Paris erhob sich März–Mai 1871 die ↑ Kommune. Vorfriede von Versailles (26. Febr. 1871); am 10. Mai 1871 Frankfurter Friedensvertrag: frz. Kriegsentschädigung von 5 Mrd. Francs, Abtretung von Elsaß und Lothringen. Die dt. Reichsgründung unter preuß. Führung ging unmittelbar aus dem D.-F. K. hervor.

Deutsch-Französischer Vertrag (Élysée-Vertrag), 1963 von Adenauer und de Gaulle im Zuge der von beiden betriebenen Verständigungspolitik unterzeichneter Freundschaftsvertrag; legt im einzelnen u. a. fest: regelmäßige Konferenzen der Außenmin. und zuständigen Behörden beider Staaten, Konsultationen der Außenmin. vor jeder Entscheidung in allen wichtigen außenpolit. Fragen, Zusammenarbeit in der Wirtschaftspolitik, Bemühung um eine gemeinsame militär. Konzeption, Verstärkung des Jugendaustausches. Im Rahmen des D.-F. V. unterzeichneten Staatspräs. F. Mitterrand und Bundeskanzler H. Kohl 1988 ein Zusatzprotokoll über die Errichtung eines dt.-frz. Rates für Verteidigung und Sicherheit. Ferner wurde das Protokoll über die Gründung eines dt.-frz. Finanz- und Wirtschaftsrates unterzeichnet.

Deutsch-Französisches Jugendwerk, Abk. DFJW, auf Grund des Dt.-Frz. Vertrages 1963 errichtete Organisation zur Förderung des dt.-frz. Jugendaustausches.

deutschgläubige Bewegungen, Sammelbez. für Gruppen, Organisationen oder Strömungen, die das Christentum als der dt. „Wesensart" fremd ablehnen oder völkisch einengen. Erste Gruppenbildung durch F. Lange 1894 (Deutschbund). M. Ludendorff gründete 1926 den Tannenbergbund (1937 Bund für Dt. Gotterkenntnis; 1961 als Tannenbergbund verboten). 1933 versuchten J. W. Hauer und E. Graf Reventlow mit der Dt. Glaubensbewegung erfolglos den Durchbruch zur Massenbewegung; nach 1945 bedeutungslos.

Deutsch-Hannoversche Partei, Abk. DHP, konservativ-föderalist. Partei 1869–1933; strebte nach der preuß. Annexion von Hannover (1866) die Restauration der welf. Dyn. (daher Welfenpartei gen.), nach 1918 ein selbständiges Hannover bzw. Niedersachsen an. Nachfolger 1945: Niedersächs. Landespartei, Dt. Partei.

Deutschherren (Dt. Herren) ↑ Deutscher Orden.

Deutschkatholizismus, von dem suspendierten kath. Kaplan Johannes Ronge (* 1813, † 1887) 1844 aus Protest gegen die Wallfahrt zum hl. Rock in Trier ins Leben gerufene Bewegung mit dem Ziel der Bildung einer dt. Nationalkirche: romfreie Kirche, kein Zölibat, Einigung aller dt. Stämme, ob ev. oder kath., in einer Kirche, Tilgung des Erbsündedogmas, Reduktion der Sakramente. Nach der Revolution von 1848 von der Reaktion zerschlagen; Reste sammelten sich 1859 in den Freireligiösen Gemeinden.

Deutschkonservative Partei, Abk. DKP, 1876 gegr. Partei; agrarisch-christlich, monarchistisch und antiliberal orientierte Standesvertretung des preuß. Großgrundbesitzes; polit. Einfluß v. a. im preuß. Abg.haus; im Reichstag 1887–90 („Kartell") mit 80 Mandaten vertreten; 1918 waren führende Mgl. der DKP Mitbegr. der DNVP.

Deutsch Krone

Deutschland
Fläche: 357 042 km²
Bevölkerung: 79,35 Mill. E (1990), 222 E/km²
Hauptstadt: Berlin
Regierungssitz: Bonn (bis zur Verlegung nach Berlin)
Amtssprache: Deutsch
Nationalfeiertag: 3. Okt. (Tag der Einheit)
Währung: 1 Deutsche Mark (DM) = 100 Pfennige
Zeitzone: MEZ (mit Sommerzeit)

Deutschland

Staatswappen

Internationales Kfz-Kennzeichen

Deutsch Krone (poln. Walcz), Stadt westl. Schneidemühl, Polen, 120 m ü. d. M., 26 000 E. Verarbeitung agrar. Produkte, ferner Metallindustrie.

Deutsch Kurzhaar, Rasse bis 70 cm schulterhoher, kurzhaariger, temperamentvoller Jagdhunde (Gruppe Vorstehhunde); Kopf mit deutl. Stirnabsatz, kräftiger Schnauze und Schlappohren; Schwanz kurz kupiert, waagerecht abstehend; Fell meist grauweiß mit braunen Platten und Abzeichen oder hell- bis dunkelbraun.

Deutschland (amtliche Vollform: Bundesrepublik Deutschland), Bundesstaat in Mitteleuropa, zw. 47° und 55° n. Br. sowie 6° und 15° ö. L. **Staatsgebiet:** Erstreckt sich von Nord- und Ostsee bis zu den Alpen, grenzt im NW an die Niederlande, Belgien und Luxemburg, im W an Frankreich, im S an die Schweiz und Österreich, im O an die ČR und an Polen, im N an Dänemark sowie an Nord- und Ostsee; zu Deutschland gehören u. a. die Ostfries. Inseln, Helgoland, der überwiegende Teil der Nordfries. Inseln, Fehmarn, Rügen, der größte Teil der Insel Usedom und andere kleinere Ostseeinseln. **Verwaltungsgliederung:** 16 Bundesländer. **Internat. Mitgliedschaften:** UN, EG, Europarat, WEU, OECD, GATT, NATO.

Landesnatur und Klima

Deutschland hat Anteil an vier breitenparallel verlaufenden Naturräumen: Norddeutsches Tiefland, Mittelgebirgsschwelle, Alpenvorland und Alpen. Das Norddt. Tiefland umfaßt Marschen und die Geest sowie das Jungmoränengebiet des Balt. Höhenrückens mit zahlr. Seen (Mecklenburg. Seenplatte). Dieses geht nach S in das Altmoränengebiet mit Niederungen, Urstromtälern und trockenen Hochflächen (Platten, Ländchen) über. Begrenzt wird dieser Raum vom Südl. Landrücken, zu dem Lüneburger Heide, Altmark und Fläming gehören. Mit weiten Buchten (Niederrhein. Tiefland, Münsterland) greift das Norddt. Tiefland in den Niederungen von Rhein, Ems und Weser tief in die Mittelgebirgsschwelle ein, deren N-Fuß von der Bördenzone, einem Gürtel mächtiger Lößaufwehungen, begleitet wird. Die auf die varisk. Gebirgsbildung zurückgehenden Mittelgebirge zerfallen in eine vielzahl kleinerer Landschaftseinheiten. Einen ausgedehnten Grundgebirgskörper stellt das Rhein. Schiefergebirge dar, das in der Eifel und im Westerwald durch tertiären Vulkanismus überprägt wurde. Ihm gliedern sich im O die kleingekammerten, von Senken und jungen Vulkangebieten (Vogelsberg, Rhön) durchsetzten Einheiten des Hess., des Weser- und des Leineberglandes an. Östlich der Leine liegt der Harz, südlich davon (östlich der Werra) der Thüringer Wald, zw. diesen beiden Gebirgen die Schichtstufenlandschaft des Thüringer Beckens. Die sw. Fortsetzung des Thüringer Waldes sind Thüringer Schiefergebirge und Frankenwald. Die östl. Gebirgsumrandung Deutschlands bilden das Fichtelgebirge, der Oberpfälzer und der Bayer. Wald sowie Teile des Böhm. Massivs, das Elster- und Erzgebirge, Elbsandsteingebirge mit dem Durchbruchstal der Elbe, zw. Elbe und Lausitzer Neiße das Lausitzer Bergland und das Lausitzer Gebirge. In den von den östl. Randhöhen des Oberrheingrabens (Spessart, Odenwald, Schwarzwald) schwach einfallenden Schichten des postvarisk. Deckgebirges bildete sich auf Grund der Wechsellagerung verschieden widerstandsfähiger Gesteine eine bis zur Donau und zu den altkristallinen Massiven im O reichende Schichtstufenlandschaft aus, die jenseits des Rheins ihre Fortsetzung in der Haardt und im Pfälzer Wald findet; dieser wird durch das Nordpfälzer und Saar-Nahe-Bergland vom Rhein. Schiefergebirge getrennt. Zw. Alb, Bayer. Wald und der Gebirgsmauer der Nördl. Kalkalpen, die als südlichste Großlandschaft Deutschlands einen markanten Abschluß setzen, erstreckt sich der westl. Abschnitt des Alpenvorlandes, dessen Landschaftsbild von der Eiszeit geprägt wurde. Donau, Rhein, Weser und Elbe mit ihren Nebenflüssen entwässern das Land.

Das Klima zeigt den Übergang vom ozean. feucht-gemäßigten W zum kontinentalen O mit seinen wärmeren Sommern und kälteren Wintern. Die Temperaturen verzeichnen ein Maximum im Juli und ein Minimum im Jan. Die Wintertemperaturen nehmen nach O ab, Niederschläge fallen zu allen Jahreszeiten.

Vegetation und Tierwelt

Deutschland liegt in der mitteleurop. Zone der sommergrünen Laubwälder. In NW-Deutschland herrschen, abgesehen von den Hochmooren, Eichen-Birken-Wälder vor. Auf sandigen Böden des Norddt. Tieflands dominiert ein Kiefern-Eichen-Wald. Von Menschen zerstörte Waldgebiete werden heute weitgehend von Heidegebieten eingenommen (Lüneburger Heide). Die Waldgebiete der Mittelgebirge zeigen eine starke Artendifferenzierung. Vielfach folgen auf Buchenwälder Mischwälder (v. a. Buchen und Fichten). Die Kammlagen, vereinzelt mit Hochmoorbildung, sind vielfach waldfrei. Zum Typ der Bergmischwälder zählt die Vegetation des von zahlr. Niedermooren durchsetzten Alpenvorlandes; auf Kalkschottern findet sich hier auch die Kiefer. Die Mischwälder setzen sich in den Nördl. Kalkalpen fort mit Buche, Bergahorn und Fichte, die bis zur natürl. Waldgrenze in etwa 1 800 m Höhe immer mehr in den Vordergrund tritt. Über dem Krummholzgürtel folgt die Zwergstrauchstufe, darüber alpine Matten.

Der urspr. Bestand hat sich weitgehend verändert. Viele Großtiere sind ausgerottet (Auerochse), auf wenige Individuen beschränkt oder werden nur noch in Naturschutzgebieten gehegt (Elch, Adler, Uhu, Luchs, Fischotter). Gemsen wurden im Schwarzwald, Muffelwild in vielen Gegenden Deutschlands erfolgreich angesiedelt. Jagdbar sind u. a. Hirsch, Reh, Wildschwein und Feldhase. Sehr vielfältig ist die Vogelwelt; zahlr. Kulturflüchter wurden durch Kulturfolger ersetzt. Der Fischbestand ging durch Verschmutzung und Erwärmung der Gewässer zurück. Von denjenigen Tierarten, die durch Einwanderung und Einschleppung in den Bereich Deutschlands gelangt sind, wurden viele zu Schädlingen.

Deutschland

Bevölkerung

Das kontinuierl. Wachstum der Bev. in den westl. Bundesländern war nach dem 2. Weltkrieg neben einem anfängl. Geburtenüberschuß v.a. auf Zuzug von außen zurückzuführen. 9,7 Mill. Heimatvertriebene und Flüchtlinge kamen aus ehem. dt. Ostgebieten und den angrenzenden Staaten O- und SO-Europas. Bis 1961 war die Zuwanderung aus der DDR maßgeblich am Wachstum beteiligt. Seit den 60er Jahren spielte die konjunkturbedingte Zuwanderung ausländ. Arbeitskräfte die größte Rolle; die Bev. selbst verzeichnete seit 1972 sogar einen Überschuß der Sterbefälle. Die Bev.abnahme nach 1973 ist auch durch Abwanderung ausländ. Arbeitnehmer und ihrer Familien bedingt. 1991 lebten rd. 5,9 Mill. Ausländer in der BR Deutschland. Die Bev.zahl steigt derzeit durch Zuzug von Aus- und Übersiedlern; zwischen 1968 und 1991 kamen etwa 2 Mill. Aussiedler in die BR Deutschland. Die Geburtenrate war 1978 eine der niedrigsten aller europ. Länder (0,94 %); für den ausländ. Bev.teil errechnete sich eine Geburtenziffer von 1,87 %, für den dt. nur von 0,87 %. 1980 stieg die Gebur-

Deutschland. Karte von Deutschland mit den (rot unterstrichenen) Landeshauptstädten

Deutschland

Oben: Affensteine, Sächsische Schweiz. Unten links: Hochmoor Großer Trauben im Pfrunger Ried, Oberschwaben. Unten rechts: Donautal bei Beuron, Blick auf Schloß Werenwag

Oben links: Spreewald, Landschaft am Lehde Fließ. Oben rechts: Lüneburger Heide, der Tote Grund bei Wilsede. Unten: Kreidesteilküste auf der Insel Rügen

Deutschland

Deutschland. Flaggen und Wappen der Bundesländer

Baden-Württemberg

tenrate erstmals seit 1972 wieder über 1 %. – Die Bev.verteilung ist recht unterschiedlich, v. a. bedingt durch das seit rd. 100 Jahren anhaltende Wachstum der wirtsch. und städt. Ballungsgebiete. Der älteste Ballungsraum ist das Ruhrgebiet; weitere Räume der Bev.konzentration sind das Rhein-Neckar-Gebiet, das Rhein-Main-Gebiet, das Saarland, Hannover, München und Nürnberg/Fürth. Unter den Städten haben nach dem 2. Weltkrieg v. a. die Großstädte ein überdurchschnittl. Wachstum erfahren; erst in der jüngsten Gegenwart sind hier fast ausnahmslos Bev.verluste zu verzeichnen, in erster Linie verursacht durch Abwanderung in die Stadtrandgebiete. – 42,9 % der Bev. gehören der kath. Kirche, 41,6 % den ev. Kirchen an. Das *Bildungswesen* unterliegt der Kulturhoheit der Länder. Die allg. Schulpflicht beträgt 9 Jahre, ein 10. Schuljahr wird angestrebt. Einer Grundschule (4 Jahre) schließen sich die Hauptschule (5 Jahre) bzw. Realschule (6 Jahre) bzw. Gymnasium (9 Jahre) oder Gesamtschule an. In verschiedenen Ländern sind Erprobungs-, Orientierungs-, Beobachtungs- oder Förderstufen zwischengeschaltet. Auf die allg. Schulpflicht folgt eine dreijährige Berufsschulpflicht, falls keine weiterführende Fach- oder Hochschule besucht wird. 1991/92 gab es 249 Hochschulen, darunter 64 Univ. und 7 Gesamthochschulen. – Die Bev. auf dem Gebiet der ehem. DDR nahm nach Kriegsende infolge des Flüchtlingszustroms und der Umsiedlung aus dem O zunächst zu, dann aber bis in die 2. Hälfte der 70er Jahre ständig ab. Kriegsverluste und die starke Abwanderung von Arbeitskräften in die BR Deutschland bis 1961 hatten einen extrem hohen Anteil an älteren Jahrgängen sowie einen Frauenüberschuß zur Folge, was einen starken Geburtenrückgang nach sich zog. Bei einer zweiten Abwanderungswelle vom Sept. 1989 bis Okt. 1990 verließen fast 0,7 Mill. Menschen, insgesamt 1961–90 2 Mill., das Land. Die regionale Verteilung der Bev. ist ungleichmäßig: Etwa nördlich der Linie Magdeburg – Dessau – Görlitz wird das Land vorwiegend agrarisch genutzt, die Bev.dichte liegt in den meisten Kr. unter 100 E/km². Im stark industrialisierten S ragen drei Ballungsräume heraus: Halle–Leipzig, Chemnitz–Zwickau und der Raum Dresden. Hier leben bis 500 E/km². In der Lausitz wohnt eine sprachl., kulturell weitgehend autonome Minderheit, die Sorben. – Den ev. Landeskirchen gehören 47,5 %, der kath. Kirche rd. 7,1 % der Bev. an (1989). – 1959 wurde die 10jährige Schulpflicht und polytechn. Bildung eingeführt (polytechn. Oberschule). Die erweiterte Oberschule umfaßte zwei Jahre und führte zum Abitur. 1991/92 gab es in den neuen Bundesländern 36 Hochschulen und 27 Universitäten. Seit 1991 erfolgt eine Umstrukturierung des Bildungssystems.

Wirtschaft

Deutschland ist eine der führenden Ind.nationen der Erde. Nach seinem wirtsch. Bruttosozialprodukt steht es an vierter Stelle in der Welt. In den westl. *Bundesländern* weist die regionale wie auch die sektorale Entwicklung erhebl. Wachstumsunterschiede auf. Zunächst wurden die traditionellen Zentren des Bergbaus und der Schwerind., das Ruhrgebiet und der Raum Hannover–Braunschweig–Salzgitter–Peine, sowie die Handelszentren Hamburg und Bremen begünstigt. Seit den 60er Jahren entwickelten sich dagegen die Verdichtungsräume Rhein–Main, Rhein–Neckar, München, Nürnberg–Erlangen und Stuttgart als Standorte zumeist wachstumsstarker Ind.zweige (Chemie, Elektrotechnik/Elektronik, Maschinen, Straßenfahrzeugbau) deutlich schneller als die übrigen Teilräume; die norddt. Küstenländer Schl.-H. und Nds., ausgenommen Agglomerationsräume um Hannover, Hamburg, Bremen, ebenso wie NRW nur noch unterdurchschnittlich. – Die Bed. der *Landwirtschaft* für die gesamtwirtsch. Entwicklung nahm ständig ab, 1991 betrug der Anteil der Land- und Forstwirtschaft (einschl. der Fischerei) nur noch rd. 1,25 % am Bruttoinlandsprodukt. Die landw. Nutzfläche umfaßte (1990) 11,773 Mill. ha (47,5 % des Bundesgebietes). Angebaut werden: Weizen, Gerste, Hafer, Roggen, Zuckerrüben, Futterrüben, Kartoffeln, Hopfen (größter Hopfenproduzent der Welt), Gemüse, Obst und Wein (Hauptanbaugebiete in Rhld.-Pf. und Bad.-Württ.). Unter den EG-Staaten steht Deutschland bei der Fleischerzeugung und Milchproduktion an zweiter Stelle. – *Forstwirtschaft:* Die Waldfläche betrug (1990) 5,4 Mill. ha (knapp $\frac{1}{3}$ der Gesamtfläche), davon rd. $\frac{2}{3}$ Nadelwälder (v. a. Fichten und Kiefern) und $\frac{1}{3}$ Laubwälder (v. a. Buchen). 64 % der Bäume weisen Schäden auf (↑ Waldsterben). – Die Fangmenge der *Fischerei* ging zurück; dies wird z. T. auf Abwanderungen von Fischschwärmen, v. a. aber auf die Schaffung nat. Fischereizonen (200-Seemeilen-Zonen) und die Beschränkung der Fanggrößen im Nordatlantik zurückgeführt. – Die westl. Bundesländer sind rohstoffarm; zu den wenigen bed. Bodenschätzen zählen: Steinkohlevorkommen im Rheinisch-Westfäl. Industriegebiet, im Aachener Raum und im Saarrevier, Braunkohlelager in der Rhein. Bucht, im Raum Helmstedt, in der Westhess. Senke und in der Oberpfalz, Eisenerzvorkommen im Rhein. Schiefergebirge, im O der Fränk. Alb und im nördl. Harzvorland, Erdöllager in Nordwestdeutschland, Erdgasvorkommen im Norddt. Tiefland, im Oberrhein. Tiefland und im bayer. Alpenvorland, Steinsalzlager in Nds. und Bayern sowie Kalisalze in Nds., Hessen und in

Deutschland. Oben: Allgäuer Alpen bei Oberstdorf. Unten: Rhein bei Bacharach, im Vordergrund Burg Stahleck

Südbaden. – Der Anteil der Energieträger an der Primärenergieerzeugung betrug 1991 bei Mineralöl 41,2 %, bei Steinkohle 18,6 %, bei Erdgas 18,1 %, bei Kernenergie 11,6 %, bei Braunkohle 8,0 % und bei Wasserkraft und sonstigen Energieträgern 2,5 %. Der Primärenergieverbrauch besteht zu über 60 % aus Importen.

Die Wirtschaft der *östl. Bundesländer* beruhte bis 1989 vorwiegend auf staatl. und genossenschaftl. Eigentum und einem weitgehend zentralistisch gelenkten Mechanismus der Planung und Leitung. Die Planwirtschaft mit ihrer ungenügenden Effektivität führte zunehmend seit Anfang der 80er Jahre zu erhebl. wirtsch. Krisenerscheinungen. Fehleinschätzungen und -prognosen, zu geringe und einseitige Investitionen, teilweise Beseitigung der Kleinbetriebe und der privaten Betriebe im mittelständ. Bereich einschl. des Handwerks vergrößerten die ökonom. und technolog. Probleme. Die Ignoranz des Staates gegenüber ökolog. Erfordernissen verschlechterte die Umweltsituation spürbar. – Wichtigster Wirtschaftszweig ist die *Industrie,* die vor allem in den Bundesländern Berlin, Sa., Sa.-Anh., Thür. sowie im südl. Brandenburg konzentriert ist. Nach dem Ende der sozialist. Herrschaft 1989 begann 1990 der Prozeß der Umstrukturierung von Betrieben (Entflechtung von Kombinaten und Überführung in privatrechtl. Eigentumsformen, Reprivatisierung der 1972 zwangsverstaatlichten Unternehmen) und der Firmenneugründungen, vor allem im mittelständ. Bereich. Wegen der fehlenden Konkurrenzfähigkeit vieler Betriebe kam es bes. nach Einführung der DM zu zahlr. Betriebsschließungen und zu einem erhebl. Anstiegen der Arbeitslosigkeit, z. T. sind ganze Ind.zweige in ihrer Existenz bedroht (z. B. Textilind.). Unter Einbeziehung westdeutscher und anderer Unternehmen wird nach Integration in die EG und vollzogener staatl. Einheit in immer stärkerem Maße eine Anpassung der Betriebe an die Bedingungen der Marktwirtschaft sowie der Aufbau leistungsstarker und auf den internat. Weltmarkt konkurrenzfähiger Unternehmen versucht. – Die bergbaul. Produktion wird durch die Braunkohlenförderung (z. Z. etwa ¼ der Weltförderung) in der Lausitz und Leipziger Tieflandsbucht bestimmt, daneben Gewinnung von Stein- und Kalisalzen sowie von Baurohstoffen. Die zu (1989) 85 % auf Braunkohle beruhende Elektroenergieerzeugung in veralteten Kraftwerken bewirkt eine sehr hohe Schadstoffbelastung der Luft. Das einzige Kernkraftwerk Lubmin bei Greifswald (bei Rheinsberg Forschungsreaktor von 70 MW), das bis 1989 11 % der Elektroenergie der ehem. DDR erzeugte, wurde stillgelegt. – Die chem. Ind. ist bes. in Sa.-Anh. (Leuna, Schkopau [Buna], Bitterfeld, Wolfen, Zeitz, Wittenberg) sowie in Sa. an der Weißer S/Oder konzentriert. Aus Umweltgründen erfolgt seit 1990 die Stillegung von Betrieben bes. der Braunkohlenchemie. Die Eisenhüttenind. hat ihre Hauptstandorte im Land Brandenburg, in Riesa und Unterwellenborn, die Buntmetallurgie in Hettstedt und Freiberg/Sa. Der Schwermaschinenbau ist bes. in Magdeburg, der allg. Maschinenbau in Sa. und Berlin, der Fahrzeugbau in Eisenach, Zwickau, Zschopau, Suhl und Ludwigsfelde angesiedelt; Schiffbau wird an der Ostseeküste (Meckl.-Vorp.) betrieben. Werke der elektrotechn.-elektron. Ind. befinden sich in Berlin, Sa., Thür. und Staßfurt, der feinwerktechn.-opt. Ind. in Jena, Rathenow, Erfurt und Sömmerda. Die Textil- und Bekleidungsind. ist in Sa., Thür. und in der Niederlausitz (Brandenburg) verbreitet. Die Glasind. ist in Jena, im Thüringer Wald und in der Niederlausitz, die keram. Ind. in Meißen sowie in Thür., die Holzverarbeitung im Erzgebirge und Thüringer Wald konzentriert. Sonneberg ist Hauptstandort der Spielwarenherstellung. – Die *Landwirtschaft* war bis 1990 durch Großproduktion der landw. Produktionsgenossenschaften (LPG) gekennzeichnet. Ihre Produkte können sich nach Einführung der Währungsunion aus Qualitäts- und Kostengründen nur schwer gegen die Konkurrenz der westl. Bundesländer und der EG-Staaten behaupten. – Die landw. Nutzfläche umfaßt in den östl. Bundesländern etwa 57 % der Gesamtfläche. Von ihr sind 76 % Acker- und 20 % Grünland. Angebaut werden Getreide (51 % der Anbaufläche; Weizen, Gerste, Roggen, Hafer), Kartoffeln (9 %), Zuckerrüben (4 %) und Futterpflanzen (24 %). Hauptbereiche des Gemüse- und Obstbaus sind das Havelland. Obstbaugebiet (1991 stark verkleinert), Oderbruch, Spreewald. Die ertragreichen Ackerbaugebiete befinden sich am Nordrand der Mittelgebirge (Magdeburger Börde, Thüringer Becken, Goldene Aue, Leipziger Tieflandsbucht, Lommatzscher Pflege und Lausitzer Hügelland) sowie in Meckl.-Vorp. auf fruchtbaren Grundmoränenflächen. – Die vielfach industriemäßig durchgeführte Massenviehhaltung führte auch zu Umweltschäden. Rinderzucht wird bes. in Meckl.-Vorp. und in der Mittelgebirgszone, Schweinemast in den mittleren und südl. Teilen der östl. Bundesländer betrieben. – Die *Hochsee- und Küstenfischerei* erfolgt an der Ostseeküste. – *Forstwirtschaft:* Die Fläche der östl. Bundesländer ist zu 29 % bewaldet (⁴⁄₅ der Waldfläche sind Nadelwald). Durch umfangreiche Waldschäden an (1991) 73 % der Bäume erleidet die Forstwirtschaft Verluste.

Außenhandel

Nach dem Anteil am Welthandel liegt Deutschland hinter den USA an zweiter Stelle. Dem schon traditionellen Defizit der Dienstleistungs- und Übertragungsbilanz steht ein positiver Saldo der Handelsbilanz gegenüber. Sowohl in der Warenstruktur der Importe als auch der Exporte dominieren eindeutig die industriellen Produkte (Straßenfahrzeuge, Maschinen, chem. und elektrotechn. Erzeugnisse). Der Anteil der importierten Nahrungsmittel und Rohstoffe verringerte sich weiter zugunsten von Ind.erzeugnissen. – Von der ehem. DDR wurden v. a. Rohstoffe importiert und überwiegend Fertigwaren, bes. der Investitionsgüterindustrie, exportiert. Veränderte Weltmarktbedingungen, bes. seit Mitte der 70er Jahre, und die sinkende Konkurrenzfähigkeit der Waren führten in zunehmendem Maße zu unrentablen Exporten, die Auslandsverschuldung nahm zu. Die wichtigsten Handelspartner waren bis zur Einführung der DM die COMECON-Länder, darunter v. a. die UdSSR.

Verkehr

Der Güterverkehr wird zum Teil auf Schiene und Wasser abgewickelt, beim Personenverkehr steht der Individualverkehr auf der Straße bei weitem an der Spitze. Auch beim öff. Personenverkehr überwiegt der Straßenverkehr. Durch Neubauten v. a. bei Autobahnen wurde das *Straßennetz* des überörtl. Verkehrs der westl. Bundesländer bis 1991 auf 8 959 km Bundesautobahnen, 30 860 km Bundesstraßen, 63 162 km Landesstraßen und 71 014 km Kreisstraßen erweitert. Hinzu kommen weitere rd. 325 000 km Gemeindestraßen. Dennoch ergibt sich beim Straßenverkehr zu Stoßzeiten häufig eine Überlastung des Straßennetzes an bes. neuralg. Punkten. 1991 waren 36,5 Mill. Kraftfahrzeuge zugelassen. Das *Schienennetz* der Dt. Bundesbahn betrug 1990 – nach Verringerungen in den letzten Jahren – 26 965 km. Der Neu- bzw. Ausbau von Schnelltrassen ist in Arbeit, die Strecken Kassel–Fulda und Stuttgart–Mannheim sind bereits in Betrieb. Durch die *Binnenschiffahrt* werden v. a. Sand und Kies sowie Heizöl und Kraftstoffe befördert; wichtigster Binnenhafen ist Duisburg, wichtigste Binnenwasserstraße ist der Rhein. Die *Handelsflotte* umfaßte 1990 1 812 Schiffe mit 5,822 Mill. BRT. Größter Überseehafen ist Hamburg. Der *Luftverkehr* wird v. a. von der „Dt. Lufthansa AG" bestritten; größter Flughafen ist Frankfurt am Main. – Auf dem Territorium der ehem. DDR, wo die meisten Hauptverkehrslinien als Verbindungslinien zw. O und W des Dt. Reiches verliefen, mußte nach dem 2. Weltkrieg das Verkehrsnetz umstrukturiert werden. Die Entwicklung der infrastrukturellen Bereiche (Verkehr, Post- und Fernmeldewesen u. a.) wurde stark vernachlässigt. Wichtigster Verkehrsknotenpunkt ist hier Berlin, weitere bed. Sammelpunkte sind Leipzig und Dresden. Kennzeichnend für den Gesamtverkehr ist die Vorrangstellung der Eisenbahn. Das stark sanierungsbedürftige Schienennetz

Deutschland.
Flaggen und Wappen
der Bundesländer

Bayern

Brandenburg

Hessen

Mecklenburg-
Vorpommern

Niedersachsen

Deutschland

Deutschland.
Flaggen und Wappen
der Bundesländer

Nordrhein-Westfalen

Rheinland-Pfalz

Saarland

Sachsen

Sachsen-Anhalt

der Dt. Reichsbahn hatte 1990 eine Länge von 14 308 km. Die ehem. DDR verfügte 1989 über ein Straßennetz von 13 170 km Staatsstraßen und 34 031 km Bezirksstraßen (1960: 12 335 km bzw. 33 144 km). Zum Zeitpunkt der dt. Einheit waren 45 % der Autobahnen (gesamtes Netz 1989: 1 850 km; 1960: 1 378 km), 22 % der Fern- und 41 % der Bezirksstraßen nur bedingt befahrbar. Die geringe Bed. der Binnenschiffahrt ist auf den sanierungsbedürftigen Zustand der Wasserstraßen und ihre ungünstige Lage zurückzuführen. Die wichtigsten Kanäle sind der Oder-Spree-Kanal (83,7 km), der Oder-Havel-Kanal (82,8 km) und der Mittellandkanal (62,6 km); wichtigste schiffbare Flußstrecke ist die Elbe. Die Handelsflotte umfaßte 1989 163 Schiffe mit 1,293 Mill. BRT. Bedeutendster Überseehafen ist Rostock. Im Luftverkehr beflog die Luftverkehrsgesellschaft „Interflug" (1988) 66 Linien mit einer Länge von 161 881 km. Im Güterverkehr der östl. Bundesländer war am Gesamtgüteraufkommen die Eisenbahn mit 35,6 %, der öff. Straßengüterverkehr mit 56,8 % beteiligt; bei der Personenbeförderung lag die Eisenbahn mit 36,3 % der Beförderungsleistung gegenüber dem Kraftverkehr (49,7 %) an zweiter Stelle.

Politisches System

Staatsform und Gesellschaftsordnung: Deutschland ist ein demokrat., sozialer und föderativer B.staat, der 1992 die Länder Baden-Württemberg, Bayern, Brandenburg, Hessen, Mecklenburg-Vorpommern, Niedersachsen, Nordrhein-Westfalen, Rheinland-Pfalz, Saarland, Sachsen, Sachsen-Anhalt, Schleswig-Holstein, Thüringen sowie die Stadtstaaten Berlin, Bremen und Hamburg umfaßte. Die staatl. Ordnung wird durch das ↑Grundgesetz festgelegt. Staatsform ist die parlamentar. Demokratie. Alle Staatsgewalt geht vom Volke aus *(Volkssouveränität);* sie wird vom Volke in Wahlen und Abstimmungen und durch bes. Organe der Gesetzgebung *(Legislative),* der vollziehenden Gewalt *(Exekutive)* und der Rechtsprechung *(Judikative)* ausgeübt. Eine strikte Trennung der drei Staatsgewalten (↑Gewaltentrennung) sieht das GG nicht vor, so daß verschiedene Formen der Gewaltenüberschneidung möglich sind. Die Festlegung des GG auf diese Staatsform, auf das Mehrparteienprinzip, auf die Gewähr der Chancengleichheit für alle polit. Parteien und ihr Recht auf verfassungsmäßige Bildung und Ausübung einer Opposition wird zusammenfassend als *freiheitliche demokratische Grundordnung* bezeichnet, wobei diese Ordnung jedoch auf kein bestimmtes Wirtschaftssystem festgelegt ist. Allen Bürgern werden vom GG wichtige ↑Grundrechte, insbes. das Recht auf Leben, auf körperl. Unversehrtheit und die Freiheit der Person, garantiert. Obwohl die B.länder Staaten mit eigener Staatsgewalt und eigenem Staatsgebiet sind, liegt die höchste Staatsgewalt, die ↑Souveränität, allein beim Bund; B.recht bricht Landesrecht (Art. 31 GG). Die Länder können zur Erfüllung ihrer verfassungsrechtl. oder gesetzl. B.pflichten von der B.reg. angehalten werden (Art. 37 GG). Die verfassungsmäßige Ordnung in den Ländern muß den Grundsätzen des republikan., demokrat. und sozialen Rechtsstaates entsprechen. Den Gemeinden und Gemeindeverbänden steht das Recht der kommunalen Selbstverwaltung zu (Art. 28 GG). Eine Staatskirche besteht nicht.

Regierungssystem: Staatsoberhaupt ist der B.präsident (seit 1984 R. von Weizsäcker). Er wird von der ↑Bundesversammlung auf 5 Jahre gewählt. Die ↑Bundesregierung ist neben dem B.präs. oberstes Organ der *vollziehenden (exekutiven) Gewalt.* Sie besteht aus dem ↑Bundeskanzler und den Bundesministern. *Rechtsetzende (legislative) Gewalt* haben auf Grund der föderalist. Struktur der ↑Bundestag als Bundesparlament sowie die Länderparlamente. Das GG unterscheidet ausschließl., konkurrierende und Rahmengesetzgebung (↑Gesetzgebung); der B.reg. steht ein Initiativrecht *(Gesetzesinitiative)* zu. Der B.tag ist das einzige B.organ, das unmittelbar vom Volk gewählt wird. Durch den ↑Bundesrat wirken die Länder bei der Gesetzgebung und Verwaltung des Bundes mit (Art. 50 GG).

Parteien und Verbände: Nach dem GG sollen die polit. Parteien bei der polit. Willensbildung des Volkes mitwirken; ihre innere Ordnung muß demokrat. Grundsätzen entsprechen; über die Herkunft ihrer Mittel müssen sie öffentlich Rechenschaft ablegen (Art. 21 GG). Zw. 1961 und 1983 waren im B.tag nur die Christl. Demokrat. Union (CDU) und die Christl.-Soziale Union (CSU), die seit 1949 eine gemeinsame Fraktion bilden, die Sozialdemokrat. Partei Deutschlands (SPD) und die Freie Demokrat. Partei (FDP) vertreten. Zusätzlich zu diesen gab es 1983–90 auch eine Fraktion der Grünen im B.tag. Seit 1990 sind das Bündnis 90/Grüne und die PDS mit Abg. im B.tag (ohne Fraktionsstatus) vertreten. Andere Parteien scheiterten jeweils an der Fünfprozentklausel. Nur die Wahl zum 3. B.tag (1957) ergab eine absolute Mehrheit für eine Fraktion – die der CDU/CSU –, ansonsten mußten jeweils Koalitionsregierungen gebildet werden.
Wenngleich sie im GG nicht erwähnt werden, nehmen neben den Parteien verschiedene *Interessenverbände* Einfluß auf die individuelle Meinungs- u. die polit. Willensbildung. Die Kanäle des Verbandseinflusses sind je nach Art der anstehenden Entscheidungen die Parteien, das Parlament oder die Reg. Wichtigste Spitzenverbände sind der B.verband der Dt. Industrie e. V. (BDI), der Dt. Ind.- und Handelstag (DIHT) sowie die Bundesvereinigung der Dt. Arbeitgeberverbände e.V. (BDA), denen als zentrale Organisationen der Arbeitnehmer der Dt. Gewerkschaftsbund (DGB) als Dachorganisation von 16 Einzelgewerkschaften der Arbeiter, Angestellten und Beamten sowie die Dt. Angestellten-Gewerkschaft (DAG) und der Dt. Beamtenbund (DBB) u. a. kleinerer Organisationen gegenüberstehen. Ein starker, direkter und unkontrollierbarer Einfluß der Verbände auf Parteien, Fraktionen und Landes- bzw. B.reg. wird gelegentlich als die im GG verankerte Volkssouveränität und demokrat. Ordnung unterlaufend kritisiert.
Die *Verwaltung* geschieht durch Behörden des Bundes (↑Bundesverwaltung) und der Länder (↑Landesverwaltung).
Rechtswesen: Durch die Verankerung des *Rechtsstaatsprinzips* wird in Deutschland staatl. Handeln den Gesetzen unterworfen und diese *Gesetzmäßigkeit* staatl. *Handelns* durch eine umfassende Rechtsschutzgarantie und durch die Unabhängigkeit der Gerichte sichergestellt. Die Stellung der Justiz wurde durch die Möglichkeit, zur Überprüfung polit. Entscheidungen und Vereinigungen auf ihre Verfassungsmäßigkeit das B.verfassungsgericht anzurufen, erheblich verstärkt. Seit 1949 wurden die größtenteils Ende des 19. Jh. kodifizierten Gesetze den neuen Bestimmungen des GG angepaßt. – Für die BR Deutschland am 3. Okt. 1990 (nach Art. 23 GG) beigetretenen Länder der ehem. DDR gilt B.recht mit bestimmten Ausnahmen, die in der Anlage I zum Einigungsvertrag vom 31. Aug. 1990 festgelegt worden sind.

Verwaltungsgliederung (Stand 1990)			
Land	Fläche (km²)	E (in 1000)	Hauptstadt
Baden-Württemberg	35 751	9 286	Stuttgart
Bayern	70 553	10 903	München
Berlin	883	3 274	Berlin
Brandenburg	29 059	2 612	Potsdam
Bremen	404	660	Bremen
Hamburg	755	1 593	Hamburg
Hessen	21 114	5 508	Wiesbaden
Mecklenburg-Vorpommern	23 838	1 945	Schwerin
Niedersachsen	47 439	7 162	Hannover
Nordrhein-Westfalen	34 068	16 712	Düsseldorf
Rheinland-Pfalz	19 848	3 631	Mainz
Saarland	2 569	1 056	Saarbrücken
Sachsen	18 337	4 842	Dresden
Sachsen-Anhalt	20 445	2 922	Magdeburg
Schleswig-Holstein	15 728	2 554	Kiel
Thüringen	16 251	2 654	Erfurt

Deutsch-Polnischer Vertrag

Landesverteidigung: Es besteht allgemeine Wehrpflicht, die in der ↑Bundeswehr abgeleistet werden kann; unter bestimmten Voraussetzungen ist auch ein ↑Zivildienst möglich. Daneben bestehen als paramilitär. Kräfte die Truppen des ↑Bundesgrenzschutzes.

Soziales: Das GG verpflichtet den Staat, für einen Ausgleich sozialer Gegensätze und eine gerechte Sozialordnung zu sorgen *(Sozialstaatsprinzip);* es garantiert die Koalitionsfreiheit, freie Berufswahl, verpflichtet zum gemeinnützigen Gebrauch des Eigentums und ermöglicht die Verstaatlichung von Boden, Naturschätzen und Produktionsmitteln. Auf dieser Grundlage entstand ein weitgehendes System der *sozialen Sicherung,* durch das Kündigungsschutz, Tarifvertragsrecht, Mutterschutz, Betriebsverfassung, Personalvertretung, Mitbestimmung, Lastenausgleich, die verschiedenen Sozialversicherungen, Sozialhilfe, Arbeitsförderung und -beschaffung, Vermögensbildung u. a. geregelt werden. Zur Geschichte ↑deutsche Geschichte.

Deutschlandlied („Deutschland, Deutschland über alles ..."), Text von Hoffmann von Fallersleben (1841), Melodie von J. Haydn (1797). 1922–45 dt. Nationalhymne; seit 1952 wird in der BR Deutschland als offizielle Hymne nur die 3. Strophe („Einigkeit und Recht und Freiheit ...") gesungen.

Deutschlandsberg, Bezirkshauptstadt im östr. Bundesland Steiermark, am Fuß der Koralpe, 7 600 E. Elektroind., Schuhfabrik, holzverarbeitende Ind.; in der Umgebung Weinbau (Schilcherrebe).

Deutschlandsender, dt. Rundfunksender; 1927 bei Königs Wusterhausen in Betrieb genommen; 1933 konstituiert mit der Aufgabe, ein Repräsentativprogramm des dt. Rundfunks zu verbreiten; Neugründung 1949 in der DDR; 1971 umbenannt in „Stimme der DDR", seit 1990 wieder Deutschlandsender.

Deutschlandvertrag (Generalvertrag, auch Bonner Konvention), Vertrag über die Beziehungen zw. der BR Deutschland und den drei westl. Besatzungsmächten, abgeschlossen am 26. Mai 1952 in Bonn. Der D. löste das ↑Besatzungsstatut ab und gab der BR Deutschland die Rechte eines souveränen Staates. Er entstand im Zusammenhang mit den amerikan. Bemühungen um einen dt. Militärbeitrag. Die drei Mächte sicherten sich die sog. ↑Besatzungsvorbehalte. Der D. verpflichtete alle Unterzeichner auf das gemeinsame Ziel der Wiedervereinigung Deutschlands in Freiheit und eines frei vereinbarten Friedensvertrages für ganz Deutschland. Der D. wurde ergänzt durch den *Truppenvertrag* (Rechte und Pflichten der ausländ. Streitkräfte), den *Finanzvertrag* (Unterhalt dieser Streitkräfte) sowie den *Überleitungsvertrag* (Regelung aus Krieg und Besatzung entstandener Fragen). Der D. trat mit dem Beitritt der BR Deutschland zur NATO am 5. Mai 1955 in Kraft; seit der Wiedervereinigung Deutschlands am 3. Okt. 1990 hinfällig.

Deutsch Langhaar, Rasse bis 70 cm schulterhoher, kräftiger und langhaariger Jagdhunde (Gruppe Vorstehhunde) mit langgestrecktem Kopf, Schlappohren und lang behaartem Schwanz; Fell meist einfarbig braun (z. T. mit hellem Brustfleck) oder weiß mit braunen Platten oder Flecken.

Deutschmeister ↑Deutscher Orden.

deutschnationale Bewegung, der v. a. am dt. Nationalgedanken ausgerichtete uneinheitl. polit. Gruppen in Österreich-Ungarn, die sich nach 1866/71 von großdt. Ideen ab- und radikaleren nat. Vorstellungen zuwandten. Das Linzer Programm der d. B. entstand 1882 unter maßgebl. Einfluß G. von Schönerers, dessen sich radikalisierende Anhänger bald als **Alldeutsche** bezeichnet wurden. Die liberal beeinflußte (dt.-freiheitl.) Mehrheit bildete die Dt. Nationalpartei (1887 bis um 1895) und die Dt. Volkspartei (1896 gegr.), 1910 den Dt. Nationalverband, der 1920 hauptsächlich in der Großdt. Volkspartei aufging.

Deutschnationaler Handlungsgehilfenverband, Abk. DHV, 1893 gegr. bürgerl., nat., antisemit. Berufsverband; seit 1918/19 als Angestelltengewerkschaft stärkste Gewerkschaftsorganisation der kaufmänn. Angestellten; führend im Gesamtverband Dt. Angestellten-Gewerkschaften innerhalb des DGB; näherte sich immer mehr der NSDAP; 1933 gleichgeschaltet, 1934 aufgelöst.

Deutschnationale Volkspartei, Abk. DNVP, im Nov. 1918 als Sammelbecken verschiedener rechter Gruppierungen (Dt.konservative, Freikonservative, Christlichsoziale Partei, Dt. völk. Partei) gegr. nat.konservative Partei. Ihre Programmatik war autoritär-monarchisch, christlich-nat., industriell und großagrarisch geprägt; Anhängerschaft: v. a. Bauern, Beamte und ehem. Offiziere, Ärzte, Rechtsanwälte, prot. Pfarrer, Professoren. Die Partei hatte einen weitgefächerten Presse- und Propagandaapparat. 1924–28 stärkste bürgerl. Reichstagsfraktion; Beteiligung an bürgerl. Kabinetten. Ab 1928 unter Führung Hugenbergs völk. Radikalisierung im Sog des NS, 1931 Bündnis mit Hitler (Harzburger Front). Nach dem Eintritt in das Kabinett Hitler im Jan. 1933 löste sich die Partei im Juni 1933 selbst auf.

Deutschordensburgen, zunächst im Weichselbereich angelegte Burgen des Dt. Ordens (u. a. Nessau bei Thorn 1230, Thorn 1231, Marienwerder 1233, Marienburg [Westpr.] 1274 [1309–1457 Hochmeistersitz]), dann in Ostpreußen (u. a. Heilsberg 1242, Memel 1252, Königsberg 1255, Allenstein 1348, Neidenburg 1382) und in Kurland, Livland und Estland (u. a. Riga 1330, Reval 1346). Blütezeit war das 14. Jh.; Burg und Kloster bildeten eine Einheit, an die Kirche schloß das Geviert des „Konventhauses" an; hinzu kamen Wehrtürme, Ringmauern, Torbefestigungen und der Dansker (Aborttum). – Abb. S. 498.

Deutschordensdichtung, mittelhochdt. und lat. Dichtungen von Angehörigen des Dt. Ordens oder ihm nahe stehenden Verfassern. Blüte Ende des 13. Jh. bis etwa 1400. Höhepunkt: „Kronike von Pruzinlant" von Nikolaus von Jeroschin (14. Jh.).

Deutsch-Ostafrika ↑deutsche Kolonien.

Deutschösterreich, das geschlossene dt. Siedlungsgebiet (später auch mehrheitlich dt. bewohnt) der zisleithan. Reichshälfte. 1918 konstituierte sich die provisor. dt.-östr. Nationalversammlung nach dem nat. Selbstbestimmungsrecht D. (Nieder-, Oberösterreich, Salzburg, Vorarlberg, Tirol, Kärnten und Steiermark) und erklärte den Anschluß an die dt. Republik. Die Siegermächte diktierten demgegenüber im Frieden von Saint-Germain-en-Laye 1919 die Bildung der Republik Österreich.

Deutsch-Polnischer Grenzvertrag, im Zusammenhang mit dem Friedensvertrag der DDR zur BR Deutschland und den sog. Zwei-plus-vier-Verhandlungen am 14. Nov. 1990 in Warschau abgeschlossener Vertrag zw. der Republik Polen und der BR Deutschland. Der D.-P. G. bestätigt die im Görlitzer Abkommen vom Juli 1950 und Folgevereinbarungen zw. der damaligen DDR und der damaligen VR Polen getroffenen Grenzmarkierungen an Oder und Neiße. Der Grenzverlauf wird von beiden Vertragspartnern als unverletzlich betrachtet, beide Seiten verpflichten sich zur Wahrung der territorialen Integrität und verzichten auf gegenseitige Gebietsansprüche.

Deutsch-Polnischer Nichtangriffspakt 1934, von Hitler persönlich herbeigeführtes Verständigungsabkommen vom 26. Jan. 1934, das die Vertragspartner zunächst auf 10 Jahre zum direkten friedl. Ausgleich der dt.-poln. Differenzen verpflichtete; ermöglichte dem Dt. Reich eine erfolgreiche Taktik zweiseitiger Allianzen; von Hitler am 28. April 1939 gekündigt.

Deutsch-Polnischer Vertrag (Warschauer Vertrag), im Zusammenhang mit dem Dt.-Sowjet. Vertrag geschlossener, am 7. Dez. 1970 unterzeichneter Vertrag über „die Grundlagen der Normalisierung" der Beziehungen zw. der BR Deutschland und der damaligen VR Polen, demzufolge die Oder-Neiße-Linie die „westl. Staatsgrenze der VR Polen" bildet, in dem die „Unverletzlichkeit" der „bestehenden Grenzen" der beiden Staaten „jetzt und in Zukunft" bekräftigt wird und der die Vertragspartner „zur uneingeschränkten Achtung ihrer territorialen Integrität" verpflichtet und erklärt, daß beide Parteien „gegeneinander keinerlei Gebietsansprüche haben und solche auch in Zukunft nicht erheben werden"; enthält eine Gewaltver-

Deutschland.
Flaggen und Wappen der Bundesländer

Schleswig-Holstein

Thüringen

Berlin

Bremen

Hamburg

Deutschrömer

Deutschordensburgen. Die Marienburg an der Nogat (Westpreußen), 1274 gegründet; nach der Zerstörung im Zweiten Weltkrieg wiederaufgebaut

zichtsklausel, die Bereitschaftserklärung zur „vollen Normalisierung und umfassenden Entwicklung ihrer gegenseitigen Beziehungen", und die Feststellung, daß früher geschlossene zwei- oder mehrseitige Verträge der Partner von diesem Vertrag nicht berührt werden. Trat nach der Ratifizierung durch den Bundestag am 3. Juni 1972 in Kraft.

Deutschrömer, Bez. für eine Gruppe dt. Künstler, die in der 1. Hälfte des 19. Jh. in Rom arbeitete. Im Mittelpunkt stand J. A. Koch; Treffpunkt war das Casino Massimo, das sie 1817 ff. mit Fresken ausstatteten (u. a. P. von Cornelius, Koch, J. F. Overbeck, J. Schnorr von Carolsfeld). Zur „2. Generation" gehören A. Böcklin, A. Feuerbach, H. von Marées.

Deutsch-Sowjetischer Nichtangriffspakt, am 23. Aug. 1939 in Moskau für 10 Jahre abgeschlossener und sofort in Kraft gesetzter Vertrag mit geheimem Zusatzprotokoll; beinhaltete auch wechselseitige Neutralität bei einem Angriff auf einen Dritten. Das geheime Zusatzprotokoll beinhaltete die Möglichkeit der Teilung Polens, der Einbeziehung Finnlands, Estlands, Lettlands und Bessarabiens in die sowjet., der Litauens mit Wilna in die dt. Macht- und Interessensphäre. Erleichterte Hitler die Entfesselung des 2. Weltkrieges und öffnete der UdSSR den Weg nach M-Europa.

Deutsch-Sowjetischer Vertrag (Moskauer Vertrag), am 12. Aug. 1970 in Moskau im Zuge der Entspannungspolitik mit der Zielsetzung der europ. Sicherheit abgeschlossener, 1972 in Kraft getretener Gewaltverzichtvertrag zw. der BR Deutschland und der UdSSR. Die Vertragspartner verpflichten sich in Übereinstimmung mit der UN-Charta zum Verzicht auf Gewaltanwendung und -androhung „in ihren gegenseitigen Beziehungen" wie in Fragen, „die die Sicherheit in Europa und die internat. Sicherheit berühren". Sie stellen fest, daß sie „die territoriale Integrität aller Staaten in Europa in ihren heutigen Grenzen uneingeschränkt" achten, „keine Gebietsansprüche gegen irgend jemand haben und solche in Zukunft auch nicht erheben werden"; ausdrücklich wird die Unverletzlichkeit der Oder-Neiße-Linie als der W-Grenze Polens sowie der Grenze zw. der BR Deutschland und der DDR deklariert. Früher abgeschlossene zwei- und mehrseitige Verträge und Vereinbarungen sollen unberührt bleiben. Die polit. Bed. des Vertrages liegt darin, daß er die nach 1945 geschaffenen territorialen Verhältnisse in O- und M-Europa faktisch anerkennt und die BR Deutschland aus der Frontstellung gegen die UdSSR herausführte. Er bot der BR Deutschland die polit. Grundlage für den Abschluß der Verträge mit Polen, der DDR und der ČSSR sowie für das ↑ Berlinabkommen.

Deutsch-Südwestafrika ↑ deutsche Kolonien.

Deutschunterricht, Unterricht in der dt. Sprache und Literatur. Seit dem frühen 19. Jh. zentraler Bestandteil des Unterrichts an allen allgemeinbildenden Schulen des dt. Sprachraums und an den dt. Auslandsschulen; als fremdsprachl. Unterricht in den höheren Schulen der meisten europ. Länder üblich. Die *Sprachbildung* erfolgt durch Anleitung zum Lesen und Schreiben, Vermittlung von Grammatik, Rechtschreibung und Zeichensetzung, Förderung der mündl. und schriftl. Ausdrucksfähigkeit (Diskussion, Aufsatz) durch Sprachreflexion. Die *literar. Bildung* erfolgt in Auseinandersetzung mit Texten jegl. Art, durch Lektüre und Interpretation mittels Sprachanalyse und soziolog. Betrachtungen mit dem Ziel, literar. und textkrit. Verständnis zu entwickeln.

deutschvölkische Bewegung, polit. Bewegung mit antisemit. Tendenzen; die 1914 gegr. **Deutschvölkische Partei** (DvP) ging 1918 in der Deutschnationalen Volkspartei auf; gleichzeitig entstand der **Deutschvölkische Bund,** aus diesem 1920 der **Deutschvölkische Schutz- und Trutzbund,** dem nach dem Verbot 1922 die **Deutschvölkische Freiheitspartei** folgte. Nach dem Hitler-Putsch bildete diese mit den Nationalsozialisten die **Nationalsozialistische Freiheitspartei,** von der sich die **Deutschvölkische Freiheitsbewegung** abspaltete. Die d. B. gehörte zu den geistigen Wegbereitern des Nationalsozialismus.

Deutsch-Wagram, Marktgemeinde in Niederösterreich, 20 km nö. von Wien, 5 100 E. – Um 1260 als **Wagrain** erstmals genannt, seit Mitte des 16. Jh. heutiger Name; Schlachtort in den Napoleon. Kriegen (5./6. Juli 1809). Zw. Floridsdorf (= Wien) und D.-W. wurde 1838 die erste östr. Eisenbahnlinie eröffnet.

Deutung, auf wenigen Anhaltspunkten beruhende, nicht sichere Schlußfolgerung aus einer Beobachtung oder einem Tatbestand.

Deutz, seit 1888 Stadtteil von Köln.

Deutzie (Deutzia) [nach dem Amsterdamer Ratsherrn J. van der Deutz, *1743, †1788(?)], Gatt. der Steinbrechgewächse mit etwa 60 Arten in O-Asien und dem südl. N-Amerika; Sträucher mit behaarten Blättern; Blüten weiß oder rötlich in Blütenständen oder einzeln; z. T. beliebte Gartensträucher in vielen Zuchtformen.

Deux-Sèvres [frz. døˈsɛːvr], Dep. in Frankreich.

de Valera, Eamon ↑Valera, Eamon de.

Devalvation (Devaluation) [lat.], svw. ↑Abwertung.

Devardasche Legierung [nach dem italien. Chemiker A. Devarda, *1859, †1944], Legierung aus 50 % Cu, 45 % Al und 5 % Zn; Reduktionsmittel.

Development Assistance Committee [engl. dɪˈvɛləpmənt əˈsɪstəns kəˈmɪtɪ], Abk. DAC, 1961 gegr. Unterorganisation der OECD mit Sonderstatus; Sitz: Paris. Aufgabe: Koordinierung und Prüfung der Entwicklungshilfe der Hauptgeberländer.

Deventer, niederl. Stadt an der IJssel, 66 400 E. Altkath. Bischofssitz; städt. Museum; Spielzeugmuseum; Marktstadt; Druck-, chem., Metallwaren-, kunststoffverarbeitende Ind.; Herstellung von Honigkuchen (D.-Koek); Flußhafen. – Erstmals 956 als Stadt erwähnt; im 13./14. Jh. bed. Handels- und Hansestadt. – Spätgot. Sankt-Lebuinus-Kirche (mit roman. Krypta, 11. Jh.), spätgot. Gebäude „De Waag" (1528–31, heute Museum) mit Freitreppe (1643/1644).

Deventer
Stadtwappen

Deverbativum [lat.], Substantiv oder Adjektiv, das von einem Verb abgeleitet ist, z. B.: *Eroberung* von erobern.

Deviation [lat.], Abweichung der Magnetnadel eines Schiffsmagnetkompasses von der magnet. N-Richtung, verursacht durch schiffseigene magnet. Störfelder. Zur Berichtigung des Kompaßkurses in bezug auf die D. dient eine *Deviationstabelle.*

▷ die Abweichung der Flugbahn eines Geschosses von der theoret. Bahnkurve.

▷ in der *Biologie* die (erbl. festgelegte) Abweichung vom typ. Entwicklungsprozeß der entsprechenden systemat. Gruppe während der Individualentwicklung einer Art.

▷ in der *Medizin* Abweichung eines Organs oder Körperteils von der normalen Lage oder Verlaufsrichtung, z. B. Septum-D., seitl. Verbiegung der Nasenscheidewand.

▷ (Devianz) in der *Psychologie* und *Soziologie* Abweichung von der Norm.

Devise [frz., eigtl. „abgeteiltes Feld eines Wappens", in dem ein Spruch stand], Denk-, Sinn- oder Wahlspruch.

▷ *(Heraldik)* ↑Wappenkunde.

Devisen [zu ↑ Devise, da auf den ersten Auslandswechseln ein Spruch stand], auf fremde Währung lautende, von Inländern unterhaltene Guthaben einschl. in fremder Währung ausgeschriebener Wechsel und Schecks, jedoch ohne ausländ. Münzen und Banknoten **(Sorten).** Der D.handel findet auf dem D.markt, insbes. an den D.börsen statt. Der sich dabei herausbildende Kurs **(Devisenkurs),** Wechselkurs) ist meist definiert als Preis der Inlandswährung für eine Einheit ausländ. Währung **(Preisnotierung),** seltener (z. B. in Großbritannien) als die für eine Einheit inländ. Währung zu zahlende Menge ausländ. Währung **(Mengennotierung).** Da D.geschäfte als ↑ Kassageschäfte und ↑ Termingeschäfte abgeschlossen werden können, bietet sich die Möglichkeit zu *D.spekulation* und zur Kurssicherung durch ein ↑ Swapgeschäft. Zw. dem D.kurs und dem Ex- und Import besteht ein enger Zusammenhang, da vom D.kurs die Preise der Exportgüter (Importgüter) auf den ausländ. (inländ.) Märkten abhängen, durch *D.kursänderungen* (↑ Wechselkurs) also die Export- und Importmengen beeinflußt werden, umgekehrt Devisenzu- und -abflüsse mit den Export-(Import-)Mengen zu- bzw. abnehmen. Exportüberschuß führt bei der in der Zahlungsbilanz enthaltenen Gegenüberstellung von Devisenzu- und -abgängen **(Devisenbilanz)** zu einem Überwiegen der Zugänge *(aktive D.bilanz),* ein Importüberschuß zu höheren D.abgängen *(passive D.bilanz).* Dabei ist eine aktive (passive) D.bilanz gleichbedeutend mit einer Erhöhung (Verminderung) des Bestandes einer Volkswirtschaft an internat. Zahlungsmitteln **(Devisenreserven,** Währungsreserven).

Deventer. Das spätgotische Gebäude „De Waag", 1528–31 erbaut (heute Museum), am „Brink", dem Hauptplatz der Stadt

Devolutionskrieg [lat./dt.], erster Eroberungskrieg Ludwigs XIV. von Frankreich (1667/68) mit dem Ziel, einen Teil der span. Niederlande zu annektieren; benannt nach dem sog. Devolutionsrecht (erbrechtl. Vorrang der Kinder aus 1. Ehe), demgemäß Ludwig XIV. nach dem Tod seines Schwiegervaters Philipp IV. von Spanien 1665 Ansprüche auf die südl. Niederlande erhob; mußte sich im Aachener Frieden 1668 mit Eroberungen im Hennegau und in Flandern begnügen.

Devon [nach der engl. Gft. Devon], geolog. System des Paläozoikums.
Devon [engl. 'dɛvn], Gft. in SW-England.
Devonshire [engl. 'dɛvnʃɪə], Adelstitel der engl. Familie Cavendish, seit 1618 Träger des Titels eines Earls of D., seit 1694 eines Herzogs von D.; bed.:
D., Spencer Compton Cavendish, Herzog von, * Holker Hall (Lancashire) 23. Juli 1833, † Cannes 24. März 1908, Politiker. – 1882–85 Kriegsmin.; führte ab 1875 die Liberalen, ab 1886 die liberalen Unionisten.
devot [lat.], unterwürfig, demütig, gottergeben, fromm.
Devotio moderna [lat. „neue Frömmigkeit"], eine der dt. Mystik verwandte religiöse Erneuerungsbewegung des 14./15. Jh. Die D. m. zielte auf eine persönl., innerl. Frömmigkeit und prakt. Nächstenliebe. Von Deventer in den Niederlanden aus verbreitete sich die Bewegung über ganz Europa. Wichtigstes Werk aus dem Geist der D. m. ist Thomas von Kempens „Nachfolge Christi" (um 1420).
Devotion [lat.], Unterwürfigkeit, Ergebenheit, Frömmigkeit, Andacht.
▷ bei den Römern bes. die Weihung der eigenen Person und die des Feindes an die unterird. Götter (Manen, Tellus); die geweihte Person suchte im Kampf den Opfertod.
Devotionalien [lat.], Gebrauchsgegenstände der persönl. Frömmigkeit, z. B. Heiligenbilder, Rosenkränze.
Devrient [de'fri:nt, de'frint, dəvri'ɛ:], dt. Schauspielerfamilie fläm. Herkunft.
D., Eduard, * Berlin 11. Aug. 1801, † Karlsruhe 4. Okt. 1877, Schauspieler und Theaterleiter. – Regisseur am Dresdner, 1852–70 Intendant am Karlsruher Hoftheater; schrieb „Geschichte der dt. Schauspielkunst" (1848–74).
D., Ludwig, * Berlin 15. Dez. 1784, † ebd. 30. Dez. 1832, Schauspieler. – Spielte seit 1805 auf zahlr. dt. Bühnen, von Iffland 1814 an das Berliner Nationaltheater engagiert. Berühmter Charakterdarsteller.
Dewa [Sanskrit], in der wed. Religion allg. Bez. für „Gottheit".
Dewanagari [Sanskrit], wohl im 17. Jh. aufgekommene Bez. (älter ↑ Nagari) für die für Hindi und andere neuind. Sprachen und meist für das Sanskrit verwendete Schrift. – ↑ indische Schriften.
Dewar, Sir (seit 1904) James [engl. dju:ə], * Kincardine on Forth (Fife) 20. Sept. 1842, † London 27. März 1923, brit. Chemiker und Physiker. – Bed. Arbeiten zur Verflüssigung der permanenten Gase.
Dewar-Gefäß [engl. 'dju:ə; nach Sir J. Dewar], innen verspiegeltes, doppelwandiges Gefäß mit evakuiertem Zwischenraum zur Aufbewahrung tiefgekühlter Materialien; auch als Thermosgefäß zum Warm- oder Kalthalten von Lebensmitteln verwendet.
Dewet (de Wet), Christiaan Rudolph, * Leeuwkop bei Smithfield (Oranjefreistaat) 7. Okt. 1854, † Klipfontein (De Wetsdorp) 3. Febr. 1922, Burengeneral. – Berühmter Oberbefehlshaber der Truppen des Oranjefreistaats (1900–02) im Burenkrieg.
Dewey [engl. dju:ɪ], John, * Burlington (Vt.) 20. Okt. 1859, † New York 1. Juni 1952, amerikan. Philosoph, Pädagoge und Psychologe. – 1894 Prof. in Chicago, 1904 in New York; gilt als bedeutendster Vertreter des amerikan. ↑ Pragmatismus. Ausgehend von darwinist. und materialist. Vorstellungen, stellt D. die Wiss. radikal in den Dienst der Verbesserung der sozialen Verhältnisse. Philosophie (Denken, Erfahrung, Erkenntnis) entsteht nach D. aus sozialen Konflikten, dient als Instrument zu ihrer Bewältigung und soll zum theoret. Teil einer sozial orientierten Pädagogik werden. Als Psychologe gilt D. zus. mit W. James u. a. als einer der Begründer des frühen, darwinistisch orientierten Funktionalismus. Als Sozialkritiker befürwortete er die Sozialisierung der kapitalist. Wirtschaft. – *Werke:* Psychology (1887), Wie wir denken (1910), Demokratie und Erziehung (1916), Die menschl. Natur (1922), Logic (1938).
D., Thomas Edmund, * Owosso (Mich.) 24. März 1902, † Bal Harbour (Fla.) 16. März 1971, amerikan. Jurist und Politiker. – Bekannt wegen seines erfolgreichen Vorgehens als Staatsanwalt 1935–37 gegen das organisierte Verbrechen in New York.
De Witt, Johan ↑ Witt, Johan de.
Dewnja, Ind.stadt in O-Bulgarien, westlich von Warna, 15 000 E. Hauptstandort der bulgar. Chemieindustrie.
Dexel, Walter, * München 7. Febr. 1890, † Braunschweig 8. Juni 1973, dt. Maler und Gebrauchsgraphiker. – Konstruktivistische Arbeiten; Gestalter von Leuchtreklamen (Erfinder des beleuchteten Verkehrszeichens).

Eduard Devrient

Ludwig Devrient

John Dewey

Dexiographie

Dhaka. Das Prunkgrabmal der Bibi Pari (gestorben 1684) im unvollendeten, 1678 begonnenen Lal Bagh Fort

Dexiographie [griech.], Schreibrichtung von links nach rechts.

Dextrane [lat.], schleimartige hochmolekulare Polysaccharide, die durch enzymat. Polymerisation von Glucose unter Einwirkung bestimmter Bakterien der Gattung Leuconostoc entstehen; werden u. a. zur Herstellung von synthet. Blutplasma verwendet.

Dextrine [lat.], Sammelbez. für höhermolekulare Kohlenhydrate, die beim unvollständigen Abbau von Stärke, Zellulose u. a. Polysacchariden entstehen; in Wasser meist löslich. Sie werden heute technisch v. a. aus Kartoffeln (Stärkegummi) durch Rösten gewonnen; sie dienen v. a. als Klebstoffe und Verdickungsmittel für Druckfarbe.

dextrogyr [lat.; griech.], Zeichen d, D oder D, die Ebene des polarisierten Lichts nach rechts drehend.

Dextrose [lat.], svw. ↑Glucose.

Dézaley [frz. deza'lɛ], Spitzenlage feiner, trockener, würziger Weißweine der Schweiz aus der Fendantrebe (↑Gutedel).

Dezember [lat., zu decem „zehn"], der 12. Monat des Jahres, hat 31 Tage, urspr. der 10. Monat der röm. Jahresordnung. Der Name D. ist im Dt. seit Mitte des 16. Jh. belegt.

Dezemberverfassung, die vom Verfassungsausschuß des zisleithan. Reichsrats ausgearbeiteten, 1867 von Kaiser Franz Joseph in Kraft gesetzten (bis 1919 gültigen) sieben liberalen Grundgesetze; führte endgültig das konstitutionelle Reg.system in Österreich ein.

Dezemvirn [zu lat. decemviri „zehn Männer"], im antiken Rom Beamten- oder Priesterkollegium von 10 Mgl.; insbes. *Decemviri legibus scribundis:* nach unsicherer annalist. Überlieferung 451 v. Chr. zur Aufzeichnung des geltenden Gewohnheitsrechtes (Zwölftafelgesetz) eingesetzt.

Dezennium [lat.], Jahrzehnt, Zeitraum von 10 Jahren.

dezent [lat.], zurückhaltend, unauffällig; zart; gedämpft.

Dezentralisation, 1. in der Verwaltung die Übertragung von staatl. Verwaltungsaufgaben auf Körperschaften mit Selbstverwaltungsrecht, z. B. auf Gemeinden; 2. in der Betriebswirtschaftslehre Übertragung von Entscheidungs- und Anordnungsbefugnissen auf verschiedene untergeordnete Funktionsträger, um sachnahe Entscheidungen zu ermöglichen.

Dezernat [zu lat. decernat „er (der Sachbearbeiter) soll entscheiden"], Bez. für einen organisator. abgegrenzten Teil einer Behörde mit bes. Sachzuständigkeit; Leiter/-in: **Dezernent/-in.**

Dezi... [zu lat. decem „zehn"], Vorsatz vor Einheiten, Vorsatzzeichen d; bezeichnet das 10^{-1}fache (den 10. Teil) der betreffenden Einheit.

Dezibel [... 'bɛl, ...'be:l] ↑Bel.

dezidieren [lat.], entscheiden, bestimmen; **dezidiert,** entschieden, bestimmt.

dezimal [lat.], auf die Grundzahl 10 bezogen.

Dezimalbruch, Bruch, dessen Nenner 10 oder eine Potenz von 10 ist; z. B. $\frac{3}{10}, \frac{12}{1000}$; man kann ihn mit Hilfe eines Kommas als Dezimalzahl schreiben (z. B. 0,3; 0,012).

Dezimale [lat.], eine Ziffer, die rechts vom Komma einer Dezimalzahl steht.

Dezimalklassifikation, Abk. DK, von dem amerikan. Bibliothekar Melvil Dewey (*1851, †1931) 1876 für Bibliotheken entwickelte Systematik zur Klassifizierung von Schrifttum nach dem Prinzip der Zehnerteilung (0–9). 10 Hauptklassen (0 Allgemeines, 1 Philosophie, Psychologie, 2 Theologie, 3 Sozialwiss., Recht, Verwaltung, 4 Sprachwiss., 5 Mathematik, Naturwiss., 6 exakte Wiss., angewandte Wiss., Medizin, Technik, 7 Kunst, Spiel, Sport, 8 Belletristik, Literaturwiss., 9 Geographie, Geschichte) mit jeweils bis zu 10 Abteilungen usw. Ein alphabet. Index erschließt die Schlagwörter. Weiter entwickelt zur *Internat. D.* (engl. **Universal Decimal Classification,** Abk. UDC, dt. Abk. DK).

Dezimalsystem (dekad. System, Zehnersystem), Stellenwertsystem mit der Grundzahl 10, in dem die Zahlen mit Hilfe der zehn Zahlzeichen (Ziffern)

$$0, 1, 2, 3, 4, 5, 6, 7, 8, 9$$

dargestellt werden; jede dieser Ziffern hat außer ihrem Eigenwert *(Ziffernwert)* noch einen von ihrer Stellung abhängigen *Stellenwert;* diese Stellenwerte nehmen von rechts nach links jeweils um den Faktor „Zehn" zu; ganz rechts stehen (bei ganzen Zahlen) die Einer, links davon die Zehner, die Hunderter usw.; z. B.

$$2057 = 7 \cdot 1 + 5 \cdot 10 + 0 \cdot 100 + 2 \cdot 1000.$$

Die dezimale Schreibweise kann man auf alle reellen Zahlen ausdehnen; man setzt dazu rechts von den Einern ein Komma und schreibt die Bruchteile der Zahlen als Zehntel, Hundertstel usw. auf der ersten, zweiten usw. Stelle rechts vom Komma; z. B.

$$5{,}708 = 5 \cdot 1 + 7 \cdot 10^{-1} + 0 \cdot 10^{-2} + 8 \cdot 10^{-3}.$$

Dezimalzahl, im Dezimalsystem dargestellte Zahl.

Dezime [lat.], Strophenform aus 10 trochäischen Vierhebern.

▷ in der *Musik* ein Intervall von 10 diaton. Stufen (Oktave und Terz).

Dezimeterwellen, elektromagnet. Wellen mit Wellenlängen zw. 1 m und 10 cm bzw. mit Frequenzen zw. 300 MHz und 3 GHz (Ultrahochfrequenz, UHF); sie werden v. a. bei Fernsehübertragungen, Richtfunk und Radar verwendet.

dezimieren [lat.], bei den Römern für Feigheit oder Meuterei geübte Strafe, jeden 10. Mann hinzurichten; das Wort wurde im 17./18. Jh. aus dem Lat. mit derselben Bed. entlehnt; später allg.: große Verluste zufügen, verringern.

Dezisionismus [zu lat. decisio „Entscheidung"], philos. Lehre, nach der nicht äußere Normen, sondern eigenes Wollen das Handeln bestimmen. D. beinhaltet die Forderung, Entscheidungen zu treffen, ohne sie weiterer Kritik zugänglich zu machen („Legitimation durch Verfahren").

Dezisivstimme [lat./dt.], entscheidende Stimme; allg. jede Stimme, die bei einer Abstimmung mitgezählt wird. I. e. S. die Stimme, meist des Vors. eines Abstimmungsgremiums, die bei Stimmengleichheit den Ausschlag gibt.

Dezitonne, Einheitenzeichen dt, Maßeinheit der Masse. 1 dt = 0,1 t = 100 kg (veraltet Doppelzentner, dz).

DFB, Abk. für: ↑**D**eutscher **F**ußball-**B**und.

DFG, Abk. für: ↑**D**eutsche **F**orschungs**g**emeinschaft e. V.

DFU, Abk. für: ↑**D**eutsche **F**riedens**u**nion.

DGB, Abk. für: ↑**D**eutscher **G**ewerkschafts**b**und.

d. H., nach Jahreszahlen Abk. für: „**d**er **H**edschra". ↑Zeitrechnung.

Dhahran [dax'ra:n], Stadt in Saudi-Arabien, an der Küste des Pers. Golfes, 40 000 E. Zentrum der Erdölfelder an der O-Küste Saudi-Arabiens; Hochschule für Erdöl- und Montanwiss.; internat. ✈. – Bed. Beispiele moderner Architektur sind das Empfangsgebäude des Flughafens (1962;

Architekt M. Yamasaki) sowie die Gebäudegruppe der Hochschule (Candill, Rowlett, Scott).

Dhaka (Dacca, Dakka), Hauptstadt von Bangladesch, im Ganges-Brahmaputra-Delta, 4,77 Mill. E. Kath. Erzbischofssitz; zwei Univ. (gegr. 1921 bzw. 1970), TU (gegr. 1961), Colleges, Forschungsinst. (u. a. für Malaria-, Atomenergie-, Juteforschung, Goethe-Inst.; Museen; Bibliotheken. Ind.- und Wirtschaftszentrum, größter Binnenhafen des Landes; internat. ✈. – Hauptstadt O-Bengalens (1608–39, 1660–1704), seit 1947 Hauptstadt Ost-Pakistans, seit Jan. 1972 Hauptstadt von Bangladesch. – Bed. Bauwerke sind u. a. das unvollendete Lal Bagh Fort (1678 ff.) mit dem Grabmal der Bibi Pari († 1684), die sog. Kleine und die sog. Große Karawanserei (1663, 1664). Daneben besitzt D. u. a. über 700 Moscheen (älteste 1456 erbaut), einige Hindutempel; portugies. Kirche (1677).

Dharma [Sanskrit „Halt, Gesetz"] (Pali Dhamma), zentraler Begriff ind. Religionen und Philosophie. 1. Im Hinduismus sind der D. die in der Religion begr. sittl. Gebote, bes. die Pflichten der einzelnen Kasten. 2. Nach der Lehre des Buddhismus besteht die Erscheinungswelt aus einer Anzahl von Dingen (den *dharmas*), die einem natürl. Gesetz unterliegen. D. ist auch die Lehre des Buddha.

Dhau (Dhaw), svw. ↑Dau.

d'Hondtsches Höchstzahlverfahren (d'Hondtsches System) [niederl. tɔnt], von dem Prof. der Rechtswissenschaft an der Univ. Gent, Victor d'Hondt (* 1841, † 1901), entwickelter Berechnungsmodus für die Verteilung der Sitze in Vertretungskörperschaften (Parlamenten, Gemeindevertretungen) bei der Verhältniswahl. Dabei werden die für die einzelnen Wahlvorschläge (Parteien, Listen) abgegebenen gültigen Stimmen nacheinander durch 1, 2, 3 usw. geteilt, bis aus den gewonnenen Teilungszahlen so viele Höchstzahlen ausgesondert werden können, wie Sitze zu vergeben sind. Jeder Wahlvorschlag erhält so viele Sitze, wie Höchstzahlen auf ihn entfallen. Dieser Verteilungsmodus begünstigt in gewissem Umfange die größeren Parteien. Seit 1985 gilt für die Bundestagswahlen in der BR Deutschland das ↑Hare-Niemeyer-Verfahren. *Beispiel:* Im Wahlkreis sind 10 Abg. zu wählen. Bei der Wahl werden für die Partei A 4160, die Partei B 3380 und für die Partei C 2460 Stimmen abgegeben:

Teiler	Partei A	Partei B	Partei C
1	4160 (1)	3380 (2)	2460 (3)
2	2080 (4)	1690 (5)	1230 (7)
3	1386 (6)	1126 (8)	820
4	1040 (9)	845 (10)	615
5	832	676	492

Demgemäß erhalten die Parteien A und B je 4, die Partei C erhält 2 Sitze.

Dhul Fikar [ðʊlfiˈkaːr] (türk. Zulfikar), Name eines Schwertes des Propheten Mohammed, das als Reliquie gehütet wurde.

Dhünntalsperre ↑Stauseen (Übersicht).

di- [griech.], Bez. der chem. Nomenklatur mit der Bedeutung zwei.

Dia, Kurzwort für ↑Diapositiv.

dia..., Dia... (di..., Di...) [griech.], Vorsilbe mit der Bedeutung „durch, hindurch, zwischen (räumlich bzw. zeitlich), auseinander".

Diabas [griech.], dem Basalt entsprechendes altes Erguß- und Ganggestein; Hauptbestandteile sind Plagioklas und Augit, durch Chloritisierung grünlich gefärbt; als Schotter und Architekturstein verwendet.

Diabelli, Anton, * Mattsee bei Salzburg 5. Sept. 1781, † Wien 8. April 1858, östr. Komponist und Musikverleger. – Komponierte u. a. 2 Opern, 17 Messen und andere Kirchenmusik, Orchester- und zahlr. bis heute v. a. für den Unterricht benutzte Klavierstücke.

Diabetes [griech., eigtl. „die Beine spreizend" (wegen des verstärkten Harnflusses)] (Harnruhr), vermehrte Ausscheidung von Harn, die unterschiedl. Ursachen haben kann (D. mellitus, D. insipidus, D. renalis); **Diabetiker,** an Zuckerkrankheit Leidender.

Diabetes insipidus [griech./lat.] (Wasserharnruhr), krankhafte Steigerung (Ursache ist eine Schädigung oder Fehlfunktion des Hypothalamus-Hypophysenhinterlappen-Systems, der Produktionsstelle des antidiuret. Hormons Vasopressin) der Harnausscheidung bis auf 5–20 l täglich mit einem Harn, der im Ggs. zum Diabetes keine patholog. Bestandteile enthält, sondern (infolge verminderter osmot. Konzentrationsleistung der Niere) bis zu einem spezif. Gewicht von höchstens 1,005 g/cm³ verdünnt ist.

Diabetes mellitus [griech./lat.] (Zuckerkrankheit, Zuckerharnruhr), chron. Stoffwechselstörung, bei der es durch unzureichende Insulinproduktion in den Langerhans-Inseln (B-Zellen) der Bauchspeicheldrüse zu einer Erhöhung des Blutzuckerspiegels, gewöhnlich auch zum Anstieg des Harnzuckers kommt. Gleichzeitig ist der Fett- und Eiweißstoffwechsel gestört.
Formen und Auswirkungen: Die Weltgesundheitsorganisation (WHO) unterscheidet zw. einem durch Insulinmangel gekennzeichneten **Typ-I-Diabetes,** der v. a. im Jugendalter auftritt, und einem durch verminderte Insulinwirkung gekennzeichneten **Typ-II-Diabetes,** der bevorzugt im Erwachsenenalter manifest wird. Der Entstehung von Typ I liegt eine Schädigung der B-Zellen durch eine entzündl. Reaktion des Inselgewebes zugrunde, die zum absoluten Insulinmangel führt. Die Spätmanifestation (nach dem 65. Lebensjahr), bei der eine altersspezif. Degeneration der B-Zellen mitspielen dürfte, wird als **Altersdiabetes** bezeichnet. Das wichtigste Krankheitszeichen des D. m. ist der erhöhte Harnzucker. Traubenzucker ist ein normaler Bestandteil des Blutes. Der Blutzuckerspiegel liegt im nüchternen Zustand bei 60–110 mg % (60–110 mg/100 cm³). Da die Niere normalerweise nur als Überlaufventil fungiert und mehr als 99 % des abgefilterten Zuckers wieder zurückgewinnt, erscheinen nüchtern nur minimale Zuckerspuren im Harn. Erst bei einem Blutzuckerspiegel von über 170 mg % kommt es zur Überschreitung der Nierenschwelle und damit zur Zuckerausscheidung. Für die Konstanterhaltung des Blutzuckerspiegels sorgen außer der Niere eine zentralnervöse Steuerung, verschiedene Hormone, die über das Blut auf das Glykogendepot Leber und die zuckerkonsumierenden Muskeln einwirken. Dadurch können außergewöhnl. Belastungen. (z. B. eine Zuckermahlzeit) rasch ausgeglichen werden.
Während verschiedene Hormone den Zuckerspiegel erhöhen, ist nur das Bauchspeicheldrüsenhormon Insulin imstande, ihn zu senken; daher führt Insulinmangel zum Blutzuckeranstieg und damit auch zur Vermehrung des Harnzuckers. Neben einem absoluten Insulinmangel gibt es auch einen relativen Insulinmangel infolge unzureichender Hormonwirkung.
Neben dem charakterist. Blutzuckeranstieg kommt es bei Insulinmangel v. a. zu einer Beeinträchtigung des Fettstoffwechsels. Der Fettaufbau ist gestört, und anstelle von Zucker werden Fette und Eiweiße abgebaut, bis größere Mengen kurzkettiger organ. Säuren aus dem Fettstoffwechsel ins Blut übertreten, die nicht weiter verbrannt werden können. Solche Säuren (wie die Betaoxybuttersäure und die Acetessigsäure) führen zu einer gefährl. Übersäuerung des Bluts und der Gewebe (↑Azidose). Große Atmung, fruchtartiger Mundgeruch und zuletzt tiefe Bewußtlosigkeit kennzeichnen dieses sog. diabet. Koma (**Coma diabeticum**). Der starke Zuckeranstieg und Zuckerverlust schwemmt mit dem Harn täglich bis zu 8 Liter Flüssigkeit und entsprechend viele Salze aus. Dadurch kommt es bei fortdauerndem Insulinmangel zu einer gefährl. Verstärkung des Komas mit Blutdruckabfall und Kreislaufzusammenbruch. Manche Früherscheinungen der Zuckerkrankheit sind unmittelbar auf die Stoffwechselstörung, andere auf die Zucker- und Wasserverluste zurückzuführen (vermehrter Durst, häufiges Wasserlassen, auch nachts, Müdigkeit und Abgeschlagenheit, Juckreiz und Neigung zu Hautinfektionen). Fettleibigkeit geht dem D. m. in rund 50 % der

Dhaka
Hauptstadt von Bangladesch (seit 1972)

• 4,77 Mill. E

• größter Binnenhafen des Landes

• Hauptstadt O-Bengalens im 17./18. Jh.

• zahlr. Moscheen

Diabetes renalis

Diagonale
in einem Fünfeck

Diabolo.
Scherenschnittdarstellung von 1835

Serge Diaghilew

Fälle voraus, und nicht selten werden anfangs auch Zeichen einer vorübergehenden Unterzuckerung durch gesteigerte Zuckerverwertung beobachtet (Heißhunger, Schweißausbrüche, Schwäche und Zittern, Kopfschmerz, Schwindel, Leistungsabfall und Konzentrationsschwäche).
Die *Behandlung* des D. m. erfolgt entweder allein mit Diät (etwa ein Drittel aller Diabetiker) oder medikamentös mit Antidiabetika in Form von Tabletten oder Insulininjektionen. In 10–15 % der Fälle führt Insulin zu allerg. Reaktionen. Die wichtigste Nebenwirkung ist jedoch die Unterzuckerung (Hypoglykämie). Sinkt der Blutzucker unter 40 mg %, so kommt es nach Kopfschmerzen, Schwächegefühl, Abnahme der Konzentrationsfähigkeit, Schläfrigkeit und Sehstörungen über Zittern, Heißhunger und Schwitzen schließlich zu Krämpfen und Bewußtlosigkeit. Abhilfe können Kohlenhydrate schaffen, in ernsten Fällen eine intravenöse Glucoseinjektion. Diät und geregelte Lebensweise sind für alle Diabetiker, auch für die latent kranken, von entscheidender Bedeutung. Die *Diät* des Diabetikers soll v. a. kalorien- und fettarm sein. Um stoßartige Belastungen des Stoffwechsels und der Blutzuckerregelung zu vermeiden, sollten 6 Mahlzeiten über den Tag verteilt werden.

Diabetes renalis [griech./lat.], Zuckerausscheidung im Harn ohne erhöhten Blutzuckergehalt infolge einer Funktionsstörung der Nieren.

diabolisch [griech.], teuflisch; **Diabolie,** teufl. Verhalten, gemeine Bosheit.

Diabolo, Geschicklichkeitsspiel, bei dem man einen sanduhrförmigen Körper mit einer an zwei Handgriffen befestigten Schnur in Rotation versetzt, in die Höhe schnellen läßt und wieder aufzufangen versucht.

Diabolus [griech. „Verleumder"], der ↑Teufel.

DIAC [Abk. für engl. **Di**ode **a**lternating **c**urrent switch], Halbleiterbauelement, das bei bestimmter Spannung vom Sperr- zum Durchlaßzustand übergeht.

Diacetale ↑Acetale.

Diachronie [griech.], Darstellung der histor. Entwicklung einer Sprache; Ggs. ↑Synchronie.

Diadem [griech.], einem offener Stirn- oder Kopfreif aus Edelmetall, meist mit Edelsteinen und Perlen geschmückt. Altes Herrschafts-, Hoheits- und Siegeszeichen (urspr. ein Band).

Diadochen [zu griech. diádochos „Nachfolger"], Bez. für die Alexander d. Gr. folgenden Mgl. der ersten hellenist. Herrschergeneration (Antipater, Antigonos, Ptolemaios, Perdikkas, Eumenes, Seleukos, Lysimachos, Kassander, Demetrios Poliorketes) im Unterschied zu den folgenden Epigonen. Ihre Rivalitäten führten ab 323 zu den **Diadochenkriegen** und zur Schaffung voneinander unabhängiger Monarchien (seit 306), der sog. **Diadochenreiche**; Ende der D.zeit 301 bzw. 281.

Diadumenos [griech.], in der Antike Statue eines jungen Mannes, der sich zum Zeichen des Sieges die Stirnbinde (Diadem) umlegt; insbes. die Statue des Polyklet von Argos (um 425 v. Chr.).

Diagenese, Umbildung lockerer Sedimente in feste Gesteine durch Druck, Temperatur, chem. Lösung ohne wesentl. Änderung des urspr. Gefüges und Mineralbestands; nicht immer scharf zu trennen von der ↑Metamorphose.

Diaghilew, Serge [frz. djagi'lɛf], eigtl. Sergei Djagilew, * Kaserne Selistschew (Gouv. Nowgorod) 31. März 1872, † Venedig 19. Aug. 1929, russ. Ballettimpresario. – Gründete 1909 die in Paris und Monte Carlo stationierten weltberühmten „Ballets Russes", bei deren Aufführungen bed. Tänzer und Choreographen (Nijinski, Balanchine), Komponisten (Debussy, Strawinsky, R. Strauss, Milhaud, Prokofjew), Maler (Picasso, Matisse, Utrillo) und Autoren (Cocteau) mitwirkten.

Diagnose [griech.], in der *Medizin* die Erkennung und systemat. Bez. einer Krankheit durch den Arzt.
▷ in der *Psychologie* die Feststellung und Klassifikation von Verhaltensmerkmalen, emotionalen Zuständen sowie Art und Ausmaß von Symptomen zum Zweck von Entwicklungsprognosen und Therapiewahl.

▷ in der *Biologie* kurze Beschreibung der charakterist. Merkmale einer systemat. Einheit.

Diagnostik [griech.], in der Medizin die Lehre und Kunst von der Erkennung (Diagnosestellung) und systematischen Benennung der Krankheiten.

Diagonale [griech.], im Vieleck (Polygon) die Verbindungsstrecke zweier nicht benachbarter Ecken; bei Vielflächnern (Polyedern) unterscheidet man **Raumdiagonalen,** durch das Innere eines Körpers verlaufende Verbindungslinien zweier Ecken, und **Flächendiagonalen,** die D. einer Begrenzungsfläche.

Diagonalgang ↑Fortbewegung.

Diagonalreifen ↑Reifen.

Diagramm [griech.], graph. Darstellung von Größen(werten) (Zahlenwerten) in leicht überblickbarer Form, z. B. als **Stab-** oder **Säulendiagramm** (nebeneinandergestellte, in ihrer Länge den zu vergleichenden Größen proportionale Strecken oder Rechtecke) oder als **Kreisdiagramm** (in Sektoren unterschiedl. Größe unterteilter Kreis). Als D. bezeichnet man auch die graph. Darstellung einer funktionalen Abhängigkeit in einem Koordinatensystem **(Kurvendiagramm).**
▷ in der *Botanik* Bez. für einen schemat. Blütengrundriß und eine schemat. Abbildung der Blattstellung in einer Ebene.

Diagraph [griech.] (Perigraph), Gerät zum Zeichnen von Umrissen beliebiger Körper (z. B. von Schädeln) in der Ebene.

Diakon ['---, -'--; zu griech. diákonos „Diener"], im N. T. (Apg. 6, 1–6; Phil. 1, 1; 1. Tim. 3, 8–13) und in der altchristl. Kirche dem Bischof untergeordneter Gehilfe beim Gottesdienst und Armenpfleger, verliert seit dem 5. Jh. an Bedeutung. Seit der Reformation erfolgte in den ev. Kirchen eine Neubelebung des diakon. Amtes. Entscheidend für die Stellung des D. als Laiengehilfe in der Inneren Mission, in karitativer und sozialer Arbeit war das Wirken des ev. Theologen J. H. Wichern, der 1842 seinem bei Hamburg 1833 errichteten „Rauhen Haus", einer Anstalt für sittlich gefährdete Jugendliche, ein „Gehilfeninstitut" zur Ausbildung von D. anschloß. In der kath. Kirche ist das Amt des D. nach dem 2. Vatikan. Konzil erneuert worden: es können nun auch verheiratete Männer zum D. geweiht werden (nach einer Diakonatsweihe ist die Eheschließung eines D. ausgeschlossen). Voraussetzungen für die Weihe sind theolog. Grundkenntnisse, dreijährige Mitgliedschaft in einem Diakonatskreis, Kurse und Praktika. Befugt, alle liturg. Handlungen selbständig vorzunehmen, mit Ausnahme der dem priester vorbehaltenen Eucharistiefeier und der Spendung des Bußsakraments.

Diakonikon [griech.], Sakristeiraum in orthodoxen Kirchen.

Diadumenos.
Römische Marmorkopie des um 425 v. Chr. entstandenen Originals aus Bronze von Polyklet von Argos (Athen, Archäologisches Nationalmuseum)

Diakonisches Werk der Evangelischen Kirche in Deutschland e. V., 1957 durch Fusion von Hilfswerk der EKD und Innerer Mission entstanden. – Der 1849 gegr. „Centralausschuß für Innere Mission der dt. ev. Kirche" einigte mehrere Vereine und Anstalten mit christlich-sozialer Zielstellung und betreute die sozialen Felder, die die Kirche mit ihren geordneten Ämtern nicht erreichte. 1945 wurde das Hilfswerk der EKD gegr.; Aufgaben: Gemeindediakonie; Anstaltsdiakonie; ökumen. Diakonie (Dienste in Übersee, „Brot für die Welt" usw.); Mitarbeit in der Sozialpolitik als Spitzenverband der Bundesarbeitsgemeinschaft der freien Wohlfahrtspflege. Dem Diakon. Werk gehören (1989) etwa 263 000 hauptberufl. Mitarbeiter (Voll- und Teilzeitkräfte) an, die in rd. 3 800 Krankenhäusern, über 7 000 Kindergärten, 8 300 Einrichtungen der sog. „halboffenen Hilfe" (Sozialarbeit i. w. S.) und 568 Aus- und Fortbildungsstätten arbeiten.

Diakonisse [griech.], eigtl. die weibl. Entsprechung zu Diakon; heute: sozialpflegerisch ausgebildete, in Schwesterngemeinschaft lebende Frau. Seit 1947 gibt es einen „Weltbund von Diakonissengemeinschaften, Diakonia".

diakritisches Zeichen (Diakritikum), Zeichen über, unter oder innerhalb eines geschriebenen Zeichens zur weiteren Unterscheidung bes. von Buchstaben in Alphabetschriften und von Lautsymbolen in Lautschriften.

Dialekt [griech.], Mundart (im Ggs. zur Standardsprache). Zu den dt. Dialekten ↑ deutsche Mundarten.

Dialektgeographie, philolog. Fachgebiet, das die räuml. Verbreitung verschiedener Mundartformen einer Sprache erforscht. Ergebnis der Forschungen auf dem Gebiet der D. sind die Dialekt- oder Sprachatlanten.

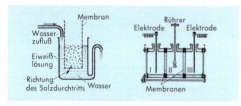

Dialyse. Schematische Darstellung der Dialyse einer Eiweißlösung (links) und einer Elektrodialyse (rechts); I und III Außenzellen mit fließendem Spülwasser, II Mittelzelle mit der zu dialysierenden Lösung

Dialektik [griech., eigtl. „Kunst der Unterredung"], die Logik des Widerspruchs oder Methode kritischen, Gegensätze bedenkenden Philosophierens, die in der Philosophiegeschichte unterschiedl. Bestimmungen erfuhr. In der griech. Philosophie die Kunst, durch geschickte Unterscheidungen auch widersprüchlich erscheinende Lehren akzeptabel zu machen. Bei Aristoteles bezeichnet D. die Methode, über die Wahrheit oder Falschheit der für wahr gehaltenen Meinungen zu entscheiden. Ähnlich ist auch die Methode in der ma. Scholastik. Im ausgehenden MA werden D. und Logik dagegen im allg. gleichgesetzt. Für Kant ist die D. die „Logik des Scheins", da sie durch das In-Beziehung-Setzen bereits bekannter Begriffe, ohne die Erfahrung zu berücksichtigen, zu Erkenntnissen gelangen wolle. Schelling verbindet als erster explizit das Wort „D." mit dem schon von Fichte eingeführten dialekt. Dreischritt von **These** über die **Antithese** zu der sie beide aufhebenden **Synthese.** Hegel erklärt D. zur der Metaphysik entgegengesetzten, absoluten Methode des Erkennens als innerer Gesetzmäßigkeit der Selbstbewegung des Denkens und der Wirklichkeit (Identität von Denken und Sein). Marx griff das Hegelsche Verständnis der D. auf, befreite sie jedoch ihres idealist. Gehaltes und wandte sie zur Deutung der ökonom. und gesellschaftl. Verhältnisse an. Engels stellt der **„subjektiven Dialektik"** des Begreifens eine **„objektive Dialektik"** der Dinge selbst entgegen. Hieraus entwickelte er einen dialekt. Materialismus, der zur Grundlehre des ↑ Marxismus wurde. Die ↑ kritische Theorie bestimmte D. als D. der Nichtidentität und richtete sich damit gegen jede Auffassung der Identitätssetzung von Denken und Sein bzw. Subjekt und Objekt.

dialektischer Materialismus ↑ Marxismus, ↑ Materialismus.

dialektische Theologie, theolog. Richtung im Protestantismus, die nach dem 1. Weltkrieg von K. Barth, F. Gogarten, E. Brunner, E. Thurneysen und R. Bultmann begr. wurde. Sie beruht auf der These von der absoluten Transzendenz Gottes, die von keinem theolog., philosoph., eth. oder religiösen Bemühen des Menschen begrifflich erfaßt und erreicht werden kann. Im Anschluß an die Existenzphilosophie S. Kierkegaards wird der unaufhebbare Gegensatz zw. Gott und Mensch, Zeit und Ewigkeit hervorgehoben.

Dialektologie [griech.], svw. ↑ Mundartforschung.

Dialog [griech.], von 2 oder mehreren Personen schriftlich oder mündlich geführte Rede und Gegenrede; auch Zwiegespräch, Wechselrede, im Ggs. zu Monolog. Als *literar. Gestaltungselement* ist der D. von wesentl. Bed. für Bühnenwerke, v. a. für das Drama, wo er Aufbau und Fortgang der Handlung bestimmt; in ihm werden Personen charakterisiert, Konflikte entwickelt und ausgetragen; im Film als wichtiger Bestandteil des Drehbuchs oft von sog. D.autoren verfaßt. In der Epik gehört der direkt oder als Bericht wiedergegebene D. zu den Grundformen des Erzählens. Als *literar. Kunstform* wurde der D. in der griech. und röm. Literatur v. a. von Sophisten und Sokratikern (u. a. Platon, Cicero, Seneca, Lukian) entwickelt. Bes. üblich im MA war das Lehrgespräch aus längeren, nur gelegentlich von Zwischenfragen unterbrochenen Abhandlungen. Schriftl., in der Volkssprache überlieferte D.form aus dem MA ist das Streitgedicht. Häufige Verwendung der D.form bei den Humanisten, in der europ. Aufklärung, im Sturm und Drang, in der dt. Klassik, seltener im 19./20. Jahrhundert.

Dialogbetrieb, Betriebsart einer Datenverarbeitungsanlage, bei der es einem oder mehreren Teilnehmern möglich ist, über Ein- und Ausgabegeräte im Wechsel von Frage und Antwort direkt mit dem Computer Informationen und Daten auszutauschen. Auf eine Anfrage des Benutzers reagiert der Computer mit der Ausgabe der gewünschten Informationen. Anwendungsschwerpunkte des D. sind computerunterstützter Entwurf (CAD) sowie Textverarbeitung.

Dialogisierung [griech.], Aufteilung eines fortlaufenden essayist. Textes auf mehrere Sprecher zum Zweck der Belebung des Vortrags, bes. im Rundfunk (↑ Feature); szen. Bearbeitung eines ep. Textes.

Dialysator, svw. ↑ künstliche Niere.

Dialyse [griech.], Abtrennung niedermolekularer Stoffe von hochmolekularen aus Lösungen mit Hilfe einer halbdurchlässigen Membran. Die Lösung wird in eine *Dialysierzelle* gebracht, in der sie durch die Membran von daran vorbeifließendem Wasser getrennt ist. Die niedermolekularen Stoffe können durch die Membran in das Wasser diffundieren, die hochmolekularen Stoffe bleiben zurück.
▷ in der *Medizin* svw. Blut-D. (↑ künstliche Niere).

Dialysegerät, svw. ↑ künstliche Niere.

Diamagnetismus ↑ Magnetismus.

Diamant [zu griech. adámas „Stahl, Diamant" (eigtl. wohl „Unbezwingbarer")], härtestes und sehr wertvolles Mineral, chem. die kub. Modifikation des reinen Kohlenstoffs; kristallisiert in Oktaedern, Rhombendodekaedern, aber häufig auch in krummflächigen Formen; Mohshärte 10,0, Dichte 3,52 g/cm³. Unter Luftabschluß wird D. bei 1 650 bis 1 800 °C ohne zu schmelzen in Graphit umgewandelt. Die wertvollsten D. sind völlig durchsichtige, farblose und stark lichtbrechende Kristalle. Neben den farblosen D. finden sich auch bräunlich, grau, grünlich, seltener auch blau oder rot gefärbte D.; die bekanntesten gefärbten sind die dunkelgrau bis schwarz gefärbten sog. **Karbonados.** Die Masseeinheit ist das **Karat** (= 200 mg). Der größte bisher gefundene D. ist der ↑ Cullinan (530 Karat) neben dem „Centenary" (noch ungeschliffen; 599 Karat). Weitere berühmte D. sind der ↑ Kohinoor und der ↑ Orlow. Zur Verwendung als Schmuckstein wird der D. mit Brillantschliff (↑ Brillant) versehen. Der weitaus größte Teil der

Diakonisches Werk der Evangelischen Kirche in Deutschland e. V.

Kurvendiagramm

Stabdiagramm

Säulendiagramm

Kreisdiagramm
Diagramm

Diamantbarsche

natürl. D. ist wegen mangelnder Klarheit als Schmuckstein nicht zu verwenden. Diese, als **Bort** bezeichneten Sorten, machen etwa 95 % der gewonnenen D. aus und finden wegen ihrer Härte vielfache Verwendung als Bohr- und Schneidmaterialien. Bei Drücken von etwa 10 Gigapascal (rund 100 000 atm) und Temperaturen bis zu 3 000 °C werden künstl. Bortkristalle (Ind.-D., synthet. D.) hergestellt, die eine Masse von 20 mg erreichen und wegen ihrer großen Sprödigkeit und rauheren Oberfläche dem geschürften Bort in der industriellen Verwendung überlegen sind. Die Welterzeugung an Roh-D. (Ind.- und Schmuck-D.) betrug 1991 99,2 Mill. Karat. Die Hauptförderländer waren Australien (36,0 Mill. Karat), Zaire (19,0 Mill. Karat), Botswana (16,5 Mill. Karat), die ehem. UdSSR (13,0 Mill. Karat) und Südafrika (8,0 Mill. Karat).

Diamant. Links: Rohdiamant (Oktaeder). Rechts: geschliffener Diamant (Brillant)

Diamantfink

Vorkommen und Gewinnung: Die primären Lagerstätten (Südafrika, Zaire, Sibirien) sind in großen Erdtiefen bei Temperaturen von 900–1300 °C und sehr hohem Druck als Frühausscheidung ultrabas. Magmen (↑ Kimberlit, Peridotit) entstanden. In den sekundären Lagerstätten kommt der D. in losen und verfestigten Ablagerungen (**Edelsteinseifen**) vor, die durch Verwitterung primärer Vorkommen entstanden (Namibia, Ghana u. a.); hier werden D. oft zus. mit anderen Edelsteinen sowie Gold durch Aufgraben und Auswaschen gewonnen. Zur Gewinnung von 1 g D. müssen 10–100 t Gestein gefördert und aufbereitet werden.
Geschichte: Seit dem 4. Jh. v. Chr. werden D. in Griechenland erwähnt; Herkunftsland war Indien. Seit dem 6. Jh. war D.pulver als Schleifmittel in Gebrauch. Das Schleifen und Polieren kam nach 1330 in Venedig auf. Um 1530/40 wurde das Schneiden der Steine eingeführt. Der Brillantschliff wurde um 1650 entwickelt. – ↑ Schmucksteine.

▷ zweitkleinster ↑ Schriftgrad von 4 Punkt. In Großbritannien und in den USA bezeichnet man den 4½-Punkt-Schriftgrad als **Diamond**.

1

2

3

4

5

6

7

Diamantbarsche (Enneacanthus), Gatt. bis etwa 10 cm langer Sonnenbarsche in klaren Gewässern des östl. und sö. N-Amerikas; Körper kurz, hochrückig, seitlich stark zusammengedrückt; als Kaltwasseraquarienfisch beliebt ist der **Diamantbarsch** (Enneacanthus obesus) mit großem, schwarzem, beim ♂ golden umrahmtem Fleck auf den Kiemendeckeln.

Diamantbörse, Börse, an der v. a. geschliffene Diamanten gehandelt werden; Träger der D. sind Diamantenschleifer, der Handel und Börsenmakler. Im Ggs. zu anderen Warenbörsen werden Diamanten körperlich gehandelt; jeder Stein erhält seinen eigenen Preis.

diamantene Hochzeit, Bez. für den 60. Hochzeitstag.

Diamantfahrzeug, eine der Hauptrichtungen des Buddhismus.

Diamantfink (Steganopleura guttata), etwa 12 cm großer Prachtfink, v. a. in SO-Australien; Rücken graubraun, Kopf hellgrau mit schwarzem Augenstreif; Schnabel und Bürzel rot; Unterseite weiß mit schwarzem Brustband, das sich an den Flanken mit weißen Flecken fortsetzt; beliebter Stubenvogel.

Diamanttinte, Ätztinte aus Flußsäure, Bariumsulfat, Fluoriden zum Beschriften von Glas.

Diamat, Abk. für: **dia**lektischer **Mat**erialismus (↑ Marxismus, ↑ Materialismus).

Diameter [griech.-lat.], svw. ↑ Durchmesser.

diametral [griech.], an den Endpunkten eines Durchmessers durch einen Kreis oder eine Kugel gelegen; entgegengesetzt, gegenüberliegend.

Diamine, organ. Verbindungen mit zwei Aminogruppen ($-NH_2$) im Molekül.

Diamond, Neil [engl. ˈdaɪəmənd], *Coney Island (N. Y.) 24. Jan. 1945, amerikan. Popmusiker (Gitarrist und Sänger). – Hatte v. a. 1966–72 mit bluesartigen Songs zahlr. Hits; schrieb auch Filmmusik.

Diana, röm. Göttin der Jagd, der griech. Artemis gleichgesetzt.

Diana [engl. daɪˈænə], Princess of Wales, urspr. Lady Diana Frances Spencer, *Sandringham 1. Juli 1961; ∞ mit dem brit. Thronfolger Charles seit 29. Juli 1981; seit 1992 getrennt lebend.

Diane de Poitiers [frz. djandəpwaˈtje], *3. Sept. 1499, †Schloß Anet (Eure-et-Loir) 22. April 1566, Herzogin von Valentinois (seit 1547). – Seit 1536 Mätresse des späteren Königs Heinrich II. von Frankreich mit großem Einfluß auf diesen; nach seinem Tod (1559) vom Hof verwiesen.

Diapason [griech.], in der antiken griech. und ma. Musik Bez. für die ↑ Oktave.

▷ in Frankreich Bez. für ↑ Mensur (Musikinstrument), Stimmton, Stimmgabel; in England für das Prinzipalregister der Orgel.

Diapause, meist erblich festgelegter, jedoch durch äußere Einflüsse (u. a. Temperaturerniedrigung, Abnahme der Tageslänge) ausgelöster Ruhezustand (stark herabgesetzter Stoffwechsel, Einstellung sämtl. äußerer Lebenserscheinungen) während der Entwicklung vieler Tiere.

Diapedese [griech.], Durchtritt, v. a. von weißen Blutkörperchen durch die Wandung der Blutkapillaren ins umgebende Gewebe als Abwehrreaktion bei Entzündungen.

diaphan [griech.], durchscheinend.

Diaphanradierung ↑ Glasklischee.

Diaphora [griech.], 1. in der antiken Rhetorik der Hinweis auf die Verschiedenheit zweier Dinge; 2. rhetor. Figur: Wiederholung desselben Wortes oder Satzteiles mit meist emphat. Verschiebung der Bedeutung.

Diaphorese [griech.], das Schwitzen i. e. S.; svw. ↑ Schweißsekretion.

Diaphoretika [griech.], svw. ↑ schweißtreibende Mittel.

Diaphragma [griech.], in der *Anatomie* muskulöse oder sehnige Scheidewand in Körperhöhlen, z. B. ↑ Zwerchfell.

▷ in der *Chemie* 1. poröse, stromdurchlässige Trennwand, die in Elektrolysezellen oder galvan. Elementen die Vermischung von Lösungen verhindert; 2. halbdurchlässige Membran, für Dialysen und Diffusionsverfahren.

▷ Scheidenpessar (↑ Empfängnisverhütung).

Diaphragmaverfahren ↑ Chloralkalielektrolyse.

Diaphyse [griech.] (Knochenschaft), Mittelteil der Röhrenknochen bei Wirbeltieren.

Diapir [griech.] ↑ Salzstock.

Diapositiv (Dia), transparentes photograph. Positiv zur Projektion oder Betrachtung in durchfallendem Licht.

Diaprojektor ↑ Projektionsapparate.

Diärese (Diäresis) [griech. „Trennung"], Bez. für die getrennte Aussprache von zwei nebeneinanderstehenden, scheinbar einen Diphthong bildenden Vokalen, gelegentlich mit Trema, z. B. naiv, Noël.

▷ in der griech.-röm. *Verslehre* Verseinschnitt, der mit dem Ende eines Fußes bzw. einer ↑ Dipodie zusammenfällt. – Ggs. ↑ Zäsur.

Diarrhö [griech.], svw. ↑ Durchfall.

Diarthrose (Diarthrosis), svw. ↑ Gelenk.

Diaspor [griech.], farbloses oder rötlich glänzendes, durchscheinendes Mineral, AlO(OH). Dichte 3,3 bis 3,5 g/cm³; Mohshärte 6,5 bis 7. D. ist ein wesentl. Bestandteil des Bauxits.

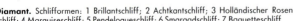

Diamant. Schliffformen: 1 Brillantschliff; 2 Achtkantschliff; 3 Holländischer Rosenschliff; 4 Marquiseschliff; 5 Pendeloqueschliff; 6 Smaragdschliff; 7 Baquetteschliff

Diaspora [zu griech. diasporá „Zerstreuung"], Bez. für eine religiöse (auch nationale) Minderheit sowie für deren Situation.

Diasporajudentum, die Gesamtheit der außerhalb des Staates Israel (sowohl des alttestamentl. als auch des modernen Staates) lebenden Juden.

Diastasen [griech.], svw. ↑ Amylasen.

Diastema [griech.], svw. ↑ Affenlücke.

Diastole [...'sto:lə; griech.], in der antiken Metrik Bez. für die metrisch bedingte Dehnung einer kurzen Silbe am Wortanfang.

▷ die mit der ↑ Systole rhythmisch wechselnde Erschlaffung der Herzmuskulatur (↑ Herz).

Diät [zu griech. díaita „Lebensweise"], von der normalen Ernährung mehr oder weniger stark abweichende Kostform, die bei bestimmten körperl. Zuständen, wie Krankheit, Rekonvaleszenz, Übergewicht u. a., verordnet wird, um das Stoffwechselgeschehen therapeutisch zu beeinflussen.

Diäten [frz., zu mittellat. dieta „festgesetzter Tag, Versammlung" (zu lat. dies „Tag")], finanzielle Entschädigung der Parlaments-Abg. Die D. sind kein Entgelt und Gehalt, sondern eine [zu versteuernde] pauschalierte Aufwandsentschädigung, die den Verdienstausfall ausgleichen und die Unabhängigkeit der Abg. sichern soll. In der BR Deutschland sind die D. durch das AbgeordnetenG vom 18. 2. 1977 geregelt. Nach *östr. Recht* ergibt sich die Höhe der D. der Mgl. des Nationalrats aus §§ 3,7 ff. BezügeG. Da die *Schweiz* keine Berufsparlamentarier kennt, erhalten die Mgl. des Nationalrats und des Ständerats nur eine geringfügige Entschädigung.

Diätetik [griech.], Ernährungslehre.

Diatexis [griech.], fortgeschrittenes Stadium der ↑ Ultrametamorphose, in dem auch die dunklen Minerale (z. B. Biotit, Hornblende) aufgeschmolzen werden.

diatherman [griech.], für Infrarotstrahlen (Wärmestrahlen) durchlässig.

Diathermie [griech.] (Hochfrequenzwärmebehandlung), therapeut. Anwendung hochfrequenter Wechselströme zur intensiven Erwärmung bestimmter Gewebsabschnitte im Körperinneren; wird zur Schmerzlösung, zur Behandlung von Krampfzuständen an inneren Organen und zur Anregung des Stoffwechsels eingesetzt.

Diathese [griech.], in der Medizin gesteigerte Bereitschaft des Organismus zu bestimmten krankhaften Reaktionen.

Diäthyläther (Äthyläther, Äther, Ether), wasserhelle Flüssigkeit von süßl. Geruch, die leicht verdunstet und sich leicht entzündet bzw. mit Luft hochexplosive Gemische bildet (↑ Äther). Chem. Formel: $C_2H_5-O-C_2H_5$.

Diäthylenglykol (Diglykol), farblose, süßlich schmeckende Flüssigkeit; wird u. a. als Feuchthaltemittel (z. B. für Tabak), als Lösungsmittel und als Bestandteil von Gefrierschutzmitteln verwendet. Chem. Formel:

$$HO-C_2H_4-O-C_2H_4-OH.$$

Diatomeenschlamm, biogenes Sediment, Ablagerungen von Schalen der Kieselalgen (Diatomeen) in der Tiefsee.

Diatonik [griech.], Ordnungsprinzip, nach dem eine Tonleiter aus Ganz- und Halbtönen aufgebaut ist; seit der griech. Antike eines der Tongeschlechter neben Chromatik und Enharmonik. Seit dem MA bildet die Oktave den Rahmen für diaton. Skalen; in ist die Oktave grundsätzlich in fünf Ganz- und zwei Halbtöne unterteilt (Dur-, Molltonleiter, Kirchentonarten). Als **diatonische Intervalle** werden Intervalle bezeichnet, die aus den diaton. Skalen abgeleitet sind: reine Quarte, Quinte, Oktave, große und kleine Sekunde, Terz, Sexte, Septime.

Diatretglas [zu griech.-lat. diatretus „durchbrochen"], Prunkglas, das von einem Glasnetz überzogen ist.

Diatribe [griech. „Zeitvertreib, Unterhaltung"], antike Bez. für eine Art der volkstüml. Moralpredigt, die in unsystemat., witziger Weise ein breites Publikum ermahnen und belehren will.

Diatryma [griech.]. Gatt. ausgestorbener, bis 2 m hoher, flugunfähiger, räuber. Riesenvögel aus dem Eozän N-Amerikas und M-Europas; gewaltiger Schädel mit einem bis 40 cm langen Schnabel.

Diätsalz, natrium- und kaliumchloridarmes Salzgemisch mit kochsalzähnl. Geschmack als Ersatz bei kochsalzarmer Diät.

Diaz, Armando [italien. 'di:ats], * Neapel 5. Dez. 1861, † Rom 29. Febr. 1928, italien. Marschall (seit 1924). – Leitete 1918 die italien. Schlußoffensive (Schlacht bei Vittorio Veneto); 1922–24 Kriegsminister.

D. (Dias), Bartolomeu [portugies. 'dieʃ], * um 1450, † nahe dem Kap der Guten Hoffnung Ende Mai 1500, portugies. Seefahrer. – Umsegelte 1487/88 die von ihm Kap der Stürme gen. S-Spitze Afrikas (Kap der Guten Hoffnung); begleitete Vasco da Gama 1497/98 auf dessen erster Indienfahrt; befehligte unter Cabral ein Schiff, das auf dem Weg nach Indien unterging.

Díaz, Porfirio [span. 'dias], * Oaxaca de Juárez 15. Sept. 1830, † Paris 2. Juli 1915, mex. Politiker. – Mestize; kämpfte gegen Klerikale und Franzosen; führend in den folgenden Bürgerkriegen; 1877–80 und 1884–1911 Präs., mit diktator. Macht ausgestattet; begünstigte Großgrundbesitzer und amerikan. Großkapital, was 1910 zur Revolution führte und ihn 1911 zur Abdankung zwang.

Díaz del Castillo, Bernal [span. 'diað ðel kas'tiʎo], * Medina del Campo zw. 1492 und 1500, † in Mexiko um 1560 oder um 1582, span. Soldat und Chronist. – Nahm als Vertrauter von Cortés an der Eroberung Mexikos (1514–21) teil, über die er ein bed. Werk schrieb (hg. 1632).

Diazo- [Kw.], Bez. der chem. Nomenklatur für die Atomgruppierung $-N=N-$ bzw. $-N_2$.

Diazomethan, CH_2N_2, einfachste, aliphat. Diazoverbindung; sehr giftiges und explosives, zu den krebserzeugenden Arbeitsstoffen zählendes gelbes Gas; in Form äther. Lösungen als Methylierungsmittel u. a. für Carbonsäuren und Phenole verwendet.

Diazoniumverbindungen (Diazoniumsalze), Gruppe salzartiger organ. Verbindungen, die sich bei ↑ Diazotierung primärer aromat. Amine ergeben; allg. chem. Formel: $[R-N^{\oplus}\equiv N]^+X^-$, wobei R meist ein Arylrest und X^- ein negativ geladenes Ion ist. D. werden u. a. zur Herstellung von Azofarbstoffen verwendet.

Díaz Ordaz, Gustavo [span. 'dias 'orðas], * San Andrés Chalchicomula (= Ciudad Serdán [Puebla]) 12. März 1911, † Mexiko 15. Juli 1979, mex. Politiker. – 1958–64 Innenmin.; 1964–70 Staatspräsident.

Diazotierung [Kw.], die Umsetzung primärer aromat. Amine mit salpetriger Säure zu Diazoniumverbindungen.

Diazotypie [Kw.] (Ammoniak-Kopierverfahren, Ozalidverfahren), Lichtpausverfahren für transparente Strichvorlagen, das die Lichtempfindlichkeit von Diazoverbindungen nutzt.

Diazoverbindungen [Kw.], organ. Verbindungen, die eine endständige, formal zweiwertige Diazogruppe, $=N_2$, an ein Kohlenstoffatom gebunden, enthalten. Zu den D. gehört u. a. ↑ Diazomethan.

Díaz Rodríguez, Manuel [span. 'diar rrɔ'ðriγes], * Caracas im Febr. 1871, † New York 24. Aug. 1927, venezolan. Schriftsteller. – Modernist der lateinamerikan. Literatur; gesellschaftskrit. Romane, Novellen, krit. Essays, Reiseberichte und Erzählungen.

Dibbelmaschine ['dɪbl; engl. dibble „Pflanzholz, Setzholz"], Sämaschine, die das Saatgut in Reihen mit größeren Abständen (häufchenweise) ablegt.

dibbeln, mit der Dibbelmaschine säen.

Dibbets, Jan, eigtl. Gerardus Johannes Maria D., * Weert 9. Mai 1941, niederl. Künstler. – D. stellt u. a. Photosequenzen zus., mit denen er zeitl. Abläufe oder perspektiv. Veränderungen dokumentiert, und photographiert Naturstrukturen.

Dibelius, Martin, * Dresden 14. Sept. 1883, † Heidelberg 11. Nov. 1947, dt. ev. Theologe. – 1915 Prof. für N.T. in Heidelberg. Begründer neutestamentl. ↑ Form-

Diana, Princess of Wales

Bartolomeu Diaz

Porfirio Díaz

Diboran

Otto Dibelius

geschichte. – *Werke:* Die Formgeschichte des Evangeliums (1919), Jesus (1939), Botschaft und Geschichte (2 Bde., hg. 1953–56).

D., Otto, *Berlin 15. Mai 1880, †ebd. 31. Jan. 1967, dt. ev. Theologe. – 1921 Mgl. des Oberkirchenrats, 1925 Generalsuperintendent der Kurmark; 1933 als Mgl. der Bekennenden Kirche suspendiert; 1945–66 Bischof der Ev. Kirche von Berlin-Brandenburg, 1949–61 Vorsitzender des Rates der EKD, 1954–61 einer der fünf Präsidenten des Ökumen. Rates der Kirchen. – *Werke:* Das Vaterunser (1903), Grenzen des Staates (1949), Vom ewigen Recht (1950), Obrigkeit (1963).

Diboran ↑ Borane.

Dibrachys [griech.], in der griech.-röm. Metrik Folge zweier kurzer Silben (⌣⌣).

Dibranchiata [griech.] ↑ Kopffüßer.

Dicalciumphosphat ↑ Calciumphosphate.

Dicarbonsäuren, organ. Säuren mit zwei COOH-Gruppen im Molekül, z. B. ↑ Adipinsäure.

Dicenta y Benedicto, Joaquín [span. di'θenta i βene-'ðikto], ≈ Calatayud (Aragonien) 3. Febr. 1863, † Alicante 20. Febr. 1917, span. Schriftsteller. – Stellte in erfolgreichen Dramen erstmals die Probleme der span. Arbeiterschaft dar, z. B. „Juan José" (1895).

Dichlormethan (Methylenchlorid), durch Chlorieren von Methan gewonnene farblose, stabile, unbrennbare Flüssigkeit, dient als Lösungsmittel, Kühlmittel und war früher lokales Betäubungsmittel in der Medizin.

dichotom [griech.], gabelig (z. B. d. Verzweigung); zweiwertig, in zweierlei Art auftretend (z. B. d. elektr. Ladung).

Dichotomie [griech.] (Gabelung, dichotome Verzweigung), im allg. Sprachgebrauch svw. Zweiteilung, Gliederung in zwei Begriffe oder Bereiche. In der *Biologie* die gabelige Verzweigung der Sproßachse, bei der sich der Vegetationspunkt in zwei neue, gleichwertige Vegetationspunkte aufteilt.

Dichroismus [dikro...; griech.] ↑ Pleochroismus.

dichrom [griech.], zweifarbig.

Dichromasie (Dichromatopsie) [griech.], Form der ↑ Farbenfehlsichtigkeit, bei der nur zwei der drei Grundfarben wahrgenommen werden.

Dichromate ↑ Chrom.

dicht, in der *Mineralogie* bezeichnet d. Mineralaggregate aus feinen, nicht einzeln erkennbaren Körnern.

Dichte (Massendichte), Formelzeichen ϱ, der Quotient aus Masse m und Volumen V eines Körpers: $\varrho = m/V$. Außer vom Material des Körpers hängt die D. auch von Druck und Temperatur ab (insbes. bei Gasen und Flüssigkeiten). SI-Einheit der D. ist das Kilogramm durch Kubikmeter (kg/m³). Weitere Einheiten sind g/cm³, für Gase häufig g/l. Als *Normdichte* ϱ_N bezeichnet man die auf den Normzustand (0 °C und 1,013 25 bar = 760 Torr) bezogene Dichte.

▷ (Densität) Maß für die Schwärzung bzw. Farbdichte einer entwickelten photograph. Schicht.

▷ (Dichtezahl, Dichteziffer) Angabe in der *Statistik*, die das Verhältnis von statist. Massen zu Flächeneinheiten oder anderen Einheiten im Mittel angibt (z. B. *Bevölkerungs-D.* als Einwohnerzahl je km², *Kraftfahrzeug-D.* als Zahl der Kfz je 1 000 E).

Dichtemesser, svw. ↑ Densitometer.

Dichterakademie, Vereinigungen zur Pflege der Sprache und Literatur. Frühe Gründungen waren z. B. die Académie française (1635) oder die Accademia dell'Arcadia (Rom, 1690); erste dt. Gründung 1926 in Berlin als „Abteilung für Dichtung" der Preuß. Akad. der Künste. 1949 Gründung der Dt. Akad. für Sprache und Dichtung, Darmstadt, 1950 der Sektion „Dichtkunst und Sprachpflege" der Dt. Akad. der Künste, Berlin (Ost).

Dichterkreis, lockerer, gegenüber der Dichterschule weiter gespannter Zusammenschluß von Dichtern zu einer Gruppe, z. B. die beiden *Halleschen D.,* der *Göttinger Hain.* Zur umfassenderen Dichterschule zählten das *Junge Deutschland* und die *Schwäb. Dichterschule.* In ihrer Bed.

z. T. noch ungeklärt sind die vielen neuen D. seit 1945, z. B. die *Gruppe 47,* der *Darmstädter Kreis,* die *Stuttgarter Schule,* die *Gruppe 61,* der italien. *Gruppo 63* oder der *Werkkreis Literatur der Arbeitswelt.*

Dichterkrönung, seit dem 14. Jh. offizielle Auszeichnung eines Dichters und Ernennung zum „poeta laureatus", „poeta caesareus", „poeta imperialis" durch Papst, Kaiser oder König. In England (seit Eduard IV.) war die D. mit einem dotierten Hofpoetenamt verbunden, im dt. Bereich (seit 1487, Friedrich III.) berechtigte sie zu Vorlesungen über Dichtkunst und Rhetorik an einer Universität. Die Tradition hielt sich bis ins 18. Jahrhundert.

Dichtezahl ↑ Dichte (Statistik).

Dichteziffer ↑ Dichte (Statistik).

Dichtung, allg. die Dichtkunst; speziell das einzelne Sprachkunstwerk. Zunehmende Verwendung dieses Begriffs seit dem 18. Jh.; zunächst in der Bed. „Fiktion" (Goethe, „D. und Wahrheit"); die geläufigere Verdeutschung von „ars poetica" war damals noch Poesie oder Dichtkunst, Poesie wurde jedoch im 19. Jh. zunehmend auf lyr. Werke eingeschränkt. Seit der Neuzeit werden neben „D." verwendet: Dichtkunst, Sprachkunst[werk], Wortkunst[werk], literar. Kunstwerk, Poesie (z. B. konkrete Poesie), schöne Literatur (Belletristik). Von den anderen Künsten unterscheidet sich die D. dadurch, daß sie an das Medium Sprache gebunden ist. Zur Eigenart der D. gehören Metaphorik, Mehrdeutigkeit, Vieldimensionalität, Tiefenschichtung der Sprachgestalt. Die Vielfalt der D. erschwert auch ihre *literaturwiss. Klassifikation.* Die seit dem 18. Jh. (Gottsched) übl. Dreiteilung der Dichtungsgattungen in Lyrik, Epik und Dramatik wird immer wieder durch grenzüberschreitende Formen in Frage gestellt. Daneben tritt eine Unterscheidung nach inhaltsbezogenen Begriffen: lyrisch, episch, dramatisch; der Versuch, D. auf diese „Naturformen" (Goethe) oder „Grundbegriffe" (Staiger) zurückzuführen, erfolgte aus der Erkenntnis, daß es keine gattungstyp. Reinformen gebe, sondern immer nur Mischformen verschiedener Grundhaltungen (z. B. lyr. oder episches Drama, dramat. oder lyr. Roman). Für die Abgrenzung zw. dichter. und anderen literar. Formen impliziert der Begriff „Literatur" die schriftl. Fixierung (Geschriebenes, Gedrucktes) im Ggs. zur D., die es auch unabhängig von der Niederschrift geben kann (Volks-D.). Nach der Definition der D. als fiktionaler Sprachschöpfung sind Didaktik, Rhetorik (Predigt, Rede) und Kritik reine Zweckformen und keine D. Die *Wirkung* einer D. kann sich je nach Zeit und Publikum verändern, z. B. kann das soziale oder gesellschaftl. Anliegen eines Werkes als entscheidender oder unwesentl. Faktor betrachtet werden. Die *Sprache* der D. kann sich mehr oder weniger von der Alltagssprache entfernen; Zeiten mit einer bes. ausgeprägten D.sprache (mittelhochdt. Blütezeit, Barock, Goethezeit) wurden von Perioden abgelöst, in denen die möglichst getreue Anlehnung an die Umgangssprache, an Dialekte (Dialekt-D., Mundart-D.) dichter. Wahr-

Dichtung (Technik). 1 Wellendichtung; 2 Flachdichtung; 3 Dichtring; 4 Stopfbuchsdichtung

Dichte einiger fester und flüssiger Stoffe in g/cm³ bei 20 °C	
Aluminium 2,699	Holz (trocken) 0,4–0,8
Beton 1,5–2,4	Quecksilber 13,54
Blei 11,35	Sand (trocken) 1,5–1,6
Eis (bei 0 °C) 0,917	Schaumstoff 0,02–0,05
Eisen 7,86	Uran 18,7
Fette 0,90–0,95	Wasser 0,998
Gold 19,3	Wasser (bei 4 °C) 1,000

Dichte einiger Gase in g/l bei 1,01325 bar = 760 Torr und 0 °C (Normdichte)	
Helium 0,1785	Sauerstoff 1,42895
Luft 1,2930	Stickstoff 1,2505
Methan 0,7168	Wasserstoff 0,0899

heit gewährleisten sollte. Die *Entstehung* von D. wurde in verschiedenen Zeiten verschieden erklärt: Durch Inspiration (Sturm und Drang, Romantik) oder mit Hilfe von lehr- und lernbaren Regeln (Meistersang, Barock, Aufklärung).

Dichtung, in der Technik Vorrichtung zur Verhinderung des Übertritts von gasförmigen, flüssigen oder festen Stoffen durch Fugen oder Risse. *Lager-* und *Wellen-D.* sollen Schmiermittelaustritt und Zutritt von Fremdstoffen verhindern. Zum Abdichten ruhender Teile werden **Berührungsdichtungen** als ebene *Flach-D.* (*Weich-D.* z. B. aus Gummi, Kunststoff, Asbest, Leder; *Hart-D.* z. B. aus Blei, Kupfer, Aluminium, Kupferasbest) verwendet. Benennung nach abzudichtenden Teilen (z. B. *Zylinderkopf-D., Gehäuse-D.*). Zum Abdichten von Wellen benutzt man z. B. **Stopfbuchsdichtungen,** bei denen ein Ring eine Packung aus D.material in axialer Richtung so stark preßt, daß sich der Packungsring radial an die bewegte Stange oder Welle ab dichtend anlegt (z. B. Hydraulikzylinder). **Radialdichtringe** (für drehbewegte Teile) besitzen Manschetten aus Gummi oder Kunststoff, deren Dichtlippen durch Schlauchfedern radial an die abzudichtende Welle gepreßt werden (**Simmerringe**).

Dichtungsmittel, Zusatzstoffe zum Beton *(Beton-D.)*, Mörtel oder Putz, die diese Baustoffe wasser- oder gasabweisend machen.

Dick, Eisik Meir, eigtl. Isaac Meir D., *Wilna 1807, †ebd. 24. Jan. 1893, jidd. Schriftsteller. – D. gilt mit seinen Romanen (über das jüd. Volksleben) als erster bed. Vertreter der weltl. jidd. Literatur.

Dickblatt (Crassula), Gatt. der Dickblattgewächse mit etwa 300 Arten, v. a. in S-Afrika (in M-Europa 3 Arten); Kräuter, Stauden oder bis 3 m hohe Sträucher, mit meist dickfleischigen, gegenständigen Blättern und kleinen Blüten in Blütenständen; beliebte Zierpflanzen.

Dickblattgewächse (Crassulaceae), Fam. der zweikeimblättrigen Pflanzen mit über 400 Arten, v. a. in trockenen Gebieten, bes. S-Afrikas, Mexikos und der Mittelmeerländer; in M-Europa etwa 20 Arten in den Gatt. ↑Dickblatt, ↑Fetthenne, ↑Hauswurz; viele beliebte Zierpflanzen, z. B. ↑Brutblatt, ↑Echeveria, ↑Kalanchoe, ↑Äonium.

Dickdarm ↑Darm.

Dickdarmentzündung (Kolitis, Colitis), mit Durchfall verbundene, meist durch Bakterien verursachte Entzündung des Dickdarms.

Dickdarmklappe, svw. ↑Bauhin-Klappe.

Dicke Berta (nach Bertha Krupp von Bohlen und Halbach, *1886, †1957), volkstüml. Bez. des Kruppschen 42-cm-Mörsers *(Gamma-* und *M-Geräte)*.

Dickens, Charles [engl. ˈdɪknz], Pseud. Boz, *Landport bei Portsmouth 7. Febr. 1812, †Gadshill Place bei Rochester 9. Juni 1870, engl. Schriftsteller. – Begann als Journalist und schrieb ausgezeichnete Reportagen; berühmt wurde er durch die humorist. „Pickwick papers" (1836/37 in Fortsetzungen erschienen, dt. u. d. T. „Die Pickwickier ..."); 1841 und 1867/68 unternahm er Amerikareisen. Seine Vorliebe für Originale (Schulung an Smollett und Fielding), sein Eintreten für die sozial Benachteiligten, seine oft pathet., sympathisch-simple Erzählweise machten ihn zu einem beliebten Autor seiner Zeit. D. gilt auch als der erste Vertreter des sozialen Romans, der mit der Anprangerung sozialer Mißstände in seinen Werken Anlaß zu verschiedenen Reformen gab. – *Weitere Werke:* Oliver Twist (R., 1838), Leben und Schicksale Nikolas Nickelby's und der Familie Nickelby (R., 1838/39), Der Raritätenladen (R., 1841), Ein Weihnachtslied (E., 1843), Leben und Abenteuer Martin Chuzzlewits (R., 1843/44), David Copperfield (R., 1850), Bleakhaus (R., 1853), Harte Zeiten (R., 1854), Zwei Städte (R., 1859), Große Erwartungen (R., 1861).

Dickenwachstum, Bez. für die Vergrößerung des Durchmessers von Sproß und Wurzeln der Pflanzen. Das *primäre D.* beruht auf zeitlich begrenzten Zellteilungen, die vom Vegetationspunkt ausgehen und die Sproßachse verbreitern. – *Sekundäres D.* schließt sich stets an das primäre D. an und endet erst mit dem Absterben der Pflanze. Es beruht auf der Tätigkeit eines (im Querschnitt) ringförmig angeordneten Bildungsgewebes, das durch Zellteilungen nach innen und außen neue Zellen abgibt. Die nach innen abgegebenen Zellen verholzen und bilden das Festigungsgewebe, während die nach außen abgeschnürten Zellen den Bast bilden.

Dickfilmtechnik ↑Mikroelektronik.

Dickfußröhrling (Roßpilz, Boletus calopus), Röhrenpilz; Fruchtkörper (im Sommer und Herbst) bitter, ungenießbar (schwach giftig), mit hell- bis olivgrauem Hut (Durchmesser 5–20 cm); Röhren bei Druck blau anlaufend; Stiel nach oben zu gelb, unten dunkelkarminrot mit gelblichweißem bis rötl. Adernetz.

Dickhäuter (Pachydermata), veraltete Sammelbez. für Elefanten, Nashörner, Tapire und Flußpferde.

Dickinson, Emily [Elizabeth] [engl. ˈdɪkɪnsn], *Amherst (Mass.) 10. Dez. 1830, †ebd. 15. Mai 1886, amerikan. Lyrikerin. – Ihr durch streng puritan. Denken geprägtes Werk lebt aus naiver, undogmat. Gläubigkeit, läßt jedoch auch Skepsis und Verzweiflung erkennen. Nur sieben Gedichte erschienen zu ihren Lebzeiten, postum: „Poems" (3 Bde., hg. 1890, 1891 und 1896) u. a. Ausgewählte Gedichte in dt. Übers. erschienen 1956 („Der Engel in Grau"), 1959 („Gedichte") und 1970 („Gedichte"); bed. Briefwechsel.

Dickkolben, svw. ↑Amorphophallus.

Dickkopffalter (Dickköpfe, Hesperiidae), mit etwa 3 000 Arten weltweit verbreitete Fam. meist 2–3 cm spannender Schmetterlinge; Flügel meist grau, braun, bräunlichgelb bis rötlich, mit weißen Flecken oder dunkler Zeichnung.

Dickkopffliegen (Blasenkopffliegen, Conopidae), mit etwa 500 Arten weltweit verbreitete Fam. häufig wespenartig gezeichneter Fliegen; Hinterleib am Ende häufig etwas eingerollt, oft mit Wespentaille.

Dickmilch, svw. ↑Sauermilch.

Dick-Read, Grantly [engl. dɪkˈriːd], *Beccles (Suffolk) 26. Jan. 1890, †Wroxham (Norfolk) 11. Juni 1959, brit. Gynäkologe. – Propagierte die körperlich-seel. Vorbereitung der schwangeren Frau auf die Entbindung zur Erleichterung des Geburtsvorganges, u. a. mit seinem Buch „Der Weg zur natürl. Geburt" (1944).

Dickrübe, volkstüml. Bez. für verschiedene Rübensorten, v. a. für die Runkelrübe.

Dickschichttechnik ↑Mikroelektronik.

Dick und Doof (engl. Laurel and Hardy), berühmtes amerikan. [Stumm]filmkomikerpaar (Dick: Oliver [Norvelle] Hardy [*1892, †1957], Doof: Stan Laurel, eigtl. Arthur Stanley Jefferson [*1890, †1965]); decken durch naivkonsequentes Verhalten das Chaos des Alltäglichen auf.

Dickung, in der Forstwirtschaft Bez. für eine natürl. Wuchsklasse eines Waldbestandes: junger Kulturwaldbestand, bei dem die Bäumchenkronen sich berühren und die ersten unteren Äste absterben.

Dicotyledoneae [griech.], svw. ↑Zweikeimblättrige.

Dictum [lat.], Spruch, Ausspruch, Wort.

Dicyandiamid (Cyanoguanidin),

$$H_2N-C(=NH)-NH-CN,$$

ungiftiges Vorprodukt bei der Herstellung von Melamin, das z. B. zu Melaninharzen weiterverarbeitet wird.

Didache [griech.] (Apostellehre, Zwölfapostellehre), älteste urchristl. „Gemeindeordnung" mit Bestimmungen über Leben, Gottesdienst und Leitung der Gemeinde; das griech. Original entstand wohl im 2. Jh. im syrisch-palästinens. Grenzgebiet.

Didaktik [griech.], allg. Wissenschaft und Lehre vom Lehren und Lernen überhaupt, i. e. S. Theorie der Lehr- bzw. Bildungsinhalte, ihrer Struktur, Auswahl und Zusammensetzung.

didaktische Dichtung ↑Lehrdichtung.

didaktischer Apparat, die für den Unterricht benötigten Hilfsmittel.

Didaskalia [griech. „Unterweisung"], eine Art Kirchenordnung aus dem frühen 3. Jh., in griech. Sprache abgefaßt.

Dickfußröhrling

Emily Dickinson

Grantly Dick-Read

Charles Dickens (Ausschnitt aus einem Gemälde von Ary Scheffer)

Didaskalien

Didaskalien [griech.], die seit dem 5. Jh. v. Chr. angelegten chronolog. Listen über die Aufführungen chor. Werke, mit Angaben über „Chorführer" (Chorege oder Didaskalos), Schauspieler, Beurteilung u. a.

Diderot, Denis [frz. di'dro], * Langres 5. Okt. 1713, † Paris 31. Juli 1784, frz. Schriftsteller und Philosoph. – Sohn eines Messerschmieds; Autodidakt, vermittelte als Herausgeber und Autor der frz. „Encyclopédie" (1751–72) insbes. durch seine programmat. Artikel der Aufklärung wesentl. Impulse. D. war stark beeinflußt durch engl. Traditionen (Shaftesbury, Locke), später durch den krit. Skeptizismus Bayles. Neben ästhet. und literaturtheoret. Schriften schrieb D. zahlr. philosoph. Abhandlungen und Dialoge. D. war auch ein Meister der Erzählkunst, bes. in kleinen Genrebildern und in erot. Romanen, u. a.: „Die indiskreten Kleinode" (1748), „Die Nonne" (1796), „Jacob und sein Herr" (hg. 1796; auch u. d. T. „Jacques, der Fatalist"). Mit seinen im bürgerl. Milieu spielenden Schauspielen „Der natürl. Sohn" (1757), „Der Hausvater" (1758) schuf D. in Frankreich die Gatt. des Rührstücks und des bürgerl. Trauerspiels. Umfangreiche Briefkorrespondenz (u. a. mit Zarin Katharina II. und der mit ihm befreundeten Louise-Henriette [gen. Sophie] Volland [* 1716, † 1784]).

Denis Diderot (Ausschnitt aus einem Gemälde von L. M. van Loo)

Dido (Elissa), Gestalt der röm. Mythologie, Prinzessin von Tyros in Phönikien; aus der Heimat vertrieben, gelangt sie nach Nordafrika, wo sie die Burg Byrsa, das spätere Karthago, errichtet. Gab sich selbst den Tod, um sich der Werbung des Lyderkönigs Iarbas zu entziehen, nach anderer Version, als sie von ↑ Äneas verlassen wird.

Didot [frz. di'do], frz. Buchdrucker-, Verleger- und Schriftgießerfamilie des 18. und 19. Jh. – Der Begründer war *François Didot* (* 1689, † 1757). Sein Sohn *François Ambroise Didot* (* 1730, † 1804) gilt als Schöpfer der **Didotantiqua**, einer Schrift mit dicken Grund- und feinen Haarstrichen; er vervollkommnete das System der typograph. Punkte (**Didotsystem**). Dessen Sohn *Pierre Didot* (* 1761, † 1853) schuf Prachtausgaben lat. und frz. Klassiker. Sein Bruder *Firmin Didot* (* 1764, † 1836) gab der D.antiqua die endgültige Gestalt und verbesserte 1795 die Stereotypie.

Didyma, antike Ruinenstätte (W-Türkei) eines zu Milet gehörenden Apollonheiligtums (**Didymaion**) mit berühmtem Orakel; bis 494 v. Chr. (Zerstörung durch die Perser) unter der dynast. Priesterkaste der Branchiden. Der riesige Tempelneubau, unter Seleukos I. um 300 v. Chr. begonnen, blieb im 2. Jh. unvollendet und wurde als Festung und Kirche benutzt (1453 Einsturz durch ein Erdbeben); Ausgrabungen seit 1872.

Didymos, alexandrin. Philologe der Mitte des 1. Jh. v. Chr. – Faßte die textkrit., erklärenden und lexikal. Arbeiten der alexandrin. Philologen zus. (angebl. 3 500 Bücher).

Diebenkorn, Richard Clifford [engl. 'di:bənkɔ:n], * Portland (Oreg.) 22. April 1922, amerikan. Maler. – Großzügig angelegte Landschaften und Figurenbilder.

Johann Graf Diebitsch (zeitgenössischer Stahlstich)

Diebitsch, Johann Graf (seit 1829), russ. Iwan Iwanowitsch Dibitsch-Sabalkanski, * Groß Leipe (Schlesien) 13. Mai 1785, † Kleczewo bei Pułtusk 10. Juni 1831, russ. Feldmarschall (seit 1829). – Trat 1801 aus preuß. in russ. Offiziersdienste, schloß 1812 mit General Yorck von Wartenburg die Konvention von Tauroggen.

Diebskäfer (Ptinidae), mit etwa 600 Arten weltweit verbreitete Fam. 1–5 mm großer, meist rotbrauner bis brauner, nachtaktiver Käfer mit auffallend langen Fühlern und Beinen; Schädlinge v. a. an Getreide, Lebensmitteln und Textilien; am bekanntesten der ↑ Messingkäfer.

Diebstahl, Wegnahme einer fremden bewegl. Sache in der Absicht, sie sich rechtswidrig zuzueignen. Der **einfache Diebstahl** (§ 242 StGB) ist mit Freiheitsstrafe bis zu fünf Jahren oder mit Geldstrafe bedroht. Ein **besonders schwerer Diebstahl** (§ 243 StGB) – Freiheitsstrafe von drei Monaten bis zu zehn Jahren – liegt i. d. R. vor, wenn der Täter in einen umschlossenen Raum einbricht (**Einbruchdiebstahl**), einsteigt (**Einsteigediebstahl**), mit einem falschen Schlüssel (**Nachschlüsseldiebstahl**) eindringt, eine Sache stiehlt, die durch eine Schutzvorrichtung bes. gesichert ist, gewerbsmäßig stiehlt, einen **Kirchendiebstahl** oder einen **Ausstellungsdiebstahl** begeht, Hilflosigkeit, einen Unglücksfall oder eine allg. Notlage ausnutzt. – Als bes. Form des D. werden der **Bandendiebstahl** und der D. unter **Mitführung einer Waffe** mit einer Freiheitsstrafe von sechs Monaten bis zu zehn Jahren (§ 244 StGB), die **Energieentziehung** (Stromentwendung) mit Geld- oder Freiheitsstrafe bis zu fünf Jahren (§ 248 c StGB) bedroht. Der **Gebrauchsdiebstahl**, z. B. eines Kraftfahrzeuges (§ 248 b StGB) sowie der **Haus-** und **Familiendiebstahl** (§ 247 StGB) werden nur auf Antrag verfolgt. Als Verbrechen wird der **räuberische Diebstahl** bestraft (§ 252 StGB). **Feld-** und **Forstdiebstahl** werden nach landesrechtl. Feld- und Forstpolizeigesetzen geahndet. Ähnl. rechtl. Bestimmungen gelten in *Österreich* und in der *Schweiz*.

Diebstahlversicherung ↑ Einbruchdiebstahlversicherung.

Dieburg, Stadt in Hessen, an der Gersprenz, 144 m ü. d. M., 13 400 E. Fachhochschule der Bundespost, Ind.betriebe. – Röm. Straßenknotenpunkt; bei der 1169 erstmals erwähnten Wasserburg D. entstand die heutige Vorstadt Altenstadt; 1277 erhielt D. Stadtrecht. – Wallfahrtskirche (13. und 14. Jh.).

Dieckmann, Johannes, * Fischerhude bei Bremen 19. Jan. 1893, † Berlin 22. Febr. 1969, dt. Politiker. – Seit 1919 Funktionär der DVP, enger Mitarbeiter Stresemanns; Mitbegr. der LDPD in der SBZ; 1948–50 sächs. Justizmin.; seit 1949 Präs. der Volkskammer der DDR, stellv. Vors. der LDPD, 1960–69 Stellvertreter des Vors. des Staatsrats.

Diedenhofen ↑ Thionville.

Diederichs, Eugen, * Gut Löbitz bei Naumburg/Saale 22. Juni 1867, † Jena 10. Sept. 1930, dt. Verleger. – Gründete 1896 einen Verlag, seit 1904 mit Sitz in Jena. Buchkünstlerisch anspruchsvolle Ausgaben; große Sammlungen auf philosoph., kulturphilosoph., histor. und belletrist. Gebiet.

D., Helene ↑ Voigt-Diederichs, Helene.

D., Luise ↑ Strauß und Torney, Lulu von.

Diederichs Verlag, Eugen ↑ Verlage (Übersicht).

Diefenbaker, John George [engl. 'di:fənbeɪkə], * Normanby Township (Ontario) 18. Sept. 1895, † Ottawa 16. Aug. 1979, kanad. Politiker. – Jurist; 1956–67 Vors. der Progressive Conservative Party; löste als Premierminister (1957–63) die langjährige Herrschaft der Liberalen ab.

Dieffenbachia (Dieffenbachie) [nach dem östr. Botaniker J. Dieffenbach, * 1796, † 1863], Gatt. der Aronstabgewächse mit rd. 30 Arten im trop. und subtrop. Amerika; zahlreiche buntblättrige Arten und Kulturformen sind beliebte Blattpflanzen; meist sehr giftig.

Diego Cendoya, Gerardo [span. 'di̯eɣo θen'doja], * Santander 3. Okt. 1896, † Madrid 8. Juli 1987, span. Lyriker. – Einer der maßgebenden Vertreter der modernen span. Lyrik; dt. Auswahl „Gedichte" (span. und dt. 1965).

Didyma. Ruine des Didymaions, begonnen um 300 v. Chr.

Diego Garcia [span. 'dieɣo gar'θia] ↑ Chagos Islands.
Diégo-Suarez (frz. djegosya'rɛːz] ↑ Antsiranana.
Diehards [engl. 'daɪhɑːdz; etwa: „wehrt Euch bis zum letzten Atemzug"], Bez. für politisch extrem konservative Gruppen; zuerst 1910/11 auf den rechten Flügel der brit. Konservativen angewandt.
Diehl, Hans Jürgen, *Hanau 22. Mai 1940, dt. Maler. – Polit. und gesellschaftskrit. Engagement (Berliner krit. Realismus), v. a. gemalte Photomontagen.
Diekirch, luxemburg. Stadt an der Sauer, 5 500 E. Verwaltungssitz d. Kt. D.; Großbrauerei. – Stadtrecht seit 1260. – Reste röm. Thermen; Pfarrkirche (10., 15./16. Jh.).
Dieldrin [Kw. nach O. Diels und K. Alder], ein chloriertes Naphthalinderivat, das als Insektizid gegen Bodenschädlinge, Malariamücken, Heuschrecken u. a. angewandt wird. Seit 1977 in der BR Deutschland verboten.
Diele, langes, schmales [Fußboden]brett.
▷ hinter der Haus- oder Wohnungstür gelegener Vorraum.
▷ kleines Lokal, Tanzdiele.
▷ (niederdt. Däle, Deele) Hauptraum des niederdt. Bauern- und Bürgerhauses.
Dielektrikum [di-e'lɛk...; griech.], elektrisch isolierender Stoff, in dem ein äußeres elektr. Feld durch elektr. Polarisation ein Gegenfeld aufbaut. Ein D. zw. den Platten eines Kondensators vergrößert dessen Kapazität um einen Faktor ε_r, der **relativen Dielektrizitätskonstante** oder **Dielektrizitätszahl** (ε_r für Luft: 1,000 59; Wasser: 81; keram. Stoffe: bis 10 000). Die Kapazität C eines Kondensators im Vakuum ist: $C = \varepsilon_0 A/d$ (Plattenfläche A, Plattenabstand d); $\varepsilon_0 = 8{,}86 \cdot 10^{-12}$ F/m (Farad/Meter) ist eine Naturkonstante und wird als **Dielektrizitätskonstante des Vakuums, Influenzkonstante** oder **elektrische Feldkonstante** bezeichnet.
Dielektrometrie [di-e...; griech.], ein auf der Messung der Dielektrizitätskonstanten beruhendes Verfahren der chem. Analyse, insbes. zu Wassergehaltsbestimmungen.
Diels, Hermann, *Biebrich (= Wiesbaden-Biebrich) 18. Mai 1848, †Berlin 4. Juni 1922, dt. klass. Philologe. – Seit 1882 Prof. in Berlin; bed. Übersetzer und Hg. antiker Texte.
D., Ludwig, *Hamburg 24. Sept. 1874, †Berlin 30. Nov. 1945, dt. Botaniker. – Sohn von Hermann D.; Direktor des Botan. Gartens und Museums und Prof. in Berlin; arbeitete über Systematik und Pflanzengeographie.
D., Otto, *Hamburg 23. Jan. 1876, †Kiel 7. März 1954, dt. Chemiker. – Prof. in Berlin und Kiel; entdeckte u. a. das Kohlensuboxid (1906) und das Grundskelett der Steroide. 1928 entwickelte er mit K. Alder die für die Synthese carbocycl. Verbindungen wichtige ↑Diensynthese, wofür beide 1950 den Nobelpreis für Chemie erhielten.
Diels Butterbirne [nach dem dt. Arzt A. Diel, *1756, †1839] ↑Birnen (Übersicht).
Diem, Carl, *Würzburg 24. Juni 1882, †Köln 17. Dez. 1962, dt. Sportwissenschaftler. – Mitbegründer der Dt. Hochschule für Leibesübungen Berlin (1920), Begründer der Dt. Sporthochschule Köln (1947); Generalsekretär des Organisationskomitees der Olymp. Spiele 1936 in Berlin. Verfaßte u. a. „Weltgeschichte des Sports" (2 Bde., 1960).
Diemel, linker Nebenfluß der Weser, entspringt im Hochsauerland, mündet bei Bad Karlshafen; 105 km lang; am Oberlauf gestaut (beliebtes Erholungsgebiet).
Diemeltalsperre ↑Stauseen (Übersicht).
Điện Biên Phủ [vietnames. diən biən fu], Ort in Vietnam, im Bergland des westl. Tonkin. – Die Kapitulation der hier von den Vietminh eingeschlossenen frz. Truppen 1954 gilt als die entscheidende frz. Niederlage in der ersten Phase des Vietnamkriegs.
Diencephalon (Dienzephalon) [di-ɛn...], svw. Zwischenhirn (↑Gehirn).
Diene [griech.] (Diolefine), ungesättigte aliphat. oder cycl. Kohlenwasserstoffe, die im Molekül zwei C=C-Doppelbindungen enthalten; allg. Formel C_nH_{2n-2}. – ↑Alkadiene.
Dienst, allg. die Erfüllung von Pflichten; im religiösen Bereich der Gottes-D.; im karitativen Bereich der D. am Nächsten; im berufl. Bereich die Verrichtung der zu erbringenden Leistung.
▷ in der got. *Baukunst* dünnes Säulchen oder Halbsäulchen, das, einzeln oder zu mehreren gebündelt, der Wand oder einem Pfeiler vorgelagert ist.
Dienstadel, Gruppe des Adels, die ihre soziale Stellung dem Dienstverhältnis zu einem übergeordneten Dienstherrn (z. B. dem König) verdankt und sich gesellschaftlich dem „alten" Adel annähert und dann ihm einfügt (Erbadel wird).
Dienstag, die dt. Bez. für den zweiten Tag der Woche (lat. dies Martis „Tag des Mars"): abgeleitet vom niederrhein., latinisiert als Mars Thingsus bezeugten Beinamen des german. Kriegsgottes (als Heger des Things).
Dienstalter, die von einem Beamten im öff. Dienst oder einem Soldaten zurückgelegte Dienstzeit. Das **allgemeine Dienstalter** beginnt mit der ersten Verleihung eines Amtes (Anstellung), das **Besoldungsdienstalter** i. d. R. am Ersten des Monats, in dem der Beamte das 21. Lebensjahr vollendet.
Dienstaufsicht, in der öff. Verwaltung der BR Deutschland das Recht und die Pflicht der höheren Behörde und des Dienstvorgesetzten, die Tätigkeit der nachgeordneten Behörde bzw. den ihm unterstellten Angehörigen des öff. Dienstes zu überwachen.
Dienstaufsichtsbeschwerde (Aufsichtsbeschwerde), in der BR Deutschland ein formloser, außergerichtl. ↑Rechtsbehelf (ohne aufschiebende Wirkung), der sich gegen eine behördl. Maßnahme oder das Verhalten eines Beamten richten kann (bei der übergeordneten Behörde einzulegen).
Dienstbarkeit (Servitut), dingl. Recht zur [zeitlich oder inhaltlich] beschränkten Nutzung eines fremden Grundstücks, beim **Nießbrauch** auch einer fremden bewegl. Sache oder eines Rechts. Bei der **beschränkten persönlichen Dienstbarkeit** (§§ 1090–1093 BGB) handelt es sich um eine bes. Form der Grund-D., die jedoch nicht dem Eigentümer eines anderen Grundstücks, sondern einer bestimmten anderen Person zusteht; deshalb sind Übertragung und Belastung sowie Vererbung grundsätzlich ausgeschlossen. Weitere Arten der D. sind die **Grunddienstbarkeit** (ein dem jeweiligen Eigentümer eines Grundstücks zustehendes Recht zur begrenzten Nutzung eines anderen Grundstücks), Dauerwohnrecht und Dauernutzungsrecht. Die D. des *östr.* und *schweizer. Rechts* entspricht im wesentlichen der dt. Regelung.
Dienstbeschädigung, 1. im *Beamtenrecht* gesundheitl. Schädigung, die sich ein Beamter bei Ausübung oder aus Veranlassung des Dienstes zuzieht. Hat die D. seine Dienstunfähigkeit zur Folge, so ist der Beamte in den Ruhestand zu versetzen und hat Anspruch auf Ruhegehalt; 2. im *Wehrrecht* gesundheitl. Schädigung eines Soldaten während der Ausübung des Wehrdienstes *(Wehr-D.)*; es besteht Anspruch auf Versorgung.
Dienstbezüge der Beamten ↑Besoldung.
Dienstbier, Jiří, *Kladno 20. April 1937, tschech. Politiker. – Journalist. 1958–69 Mgl. der KP; seit 1969 wegen Kritik an der Reorganisation der stalinist. Systems mehrfach inhaftiert. 1977 Mitunterzeichner der „Charta 77". Als deren Sprecher 1979–82 inhaftiert. Im Nov. 1989 Mitbegründer des Bürgerforums; 1989–92 Außenminister der ČSFR.
Diensteid ↑Amtseid.
Dienstenthebung ↑vorläufige Dienstenthebung.
Dienstfindungen ↑Arbeitnehmererfindungen.
Dienstflagge, das amtl. Hoheitszeichen einer Behörde oder anderen staatl. Institution (z. B. Streitkräfte); in der BR Deutschland sind zu unterscheiden Bundes-D. (schwarz-rot-gold, in der Mitte goldener Schild mit Bundesadler) und D. der Länder.
Dienstflucht ↑Fahnenflucht.
Dienstgeheimnis ↑Amtsgeheimnis.
Dienstgerichte, bes. Verwaltungsgerichte zur Ausübung der Disziplinargerichtsbarkeit über Richter und Staatsanwälte sowie zur Entscheidung über die Versetzung

Dieffenbachia. Kulturform

Otto Diels

Carl Diem

Jiří Dienstbier

Dienstgrad

von Richtern im Interesse der Rechtspflege, über die Nichtigkeit oder Rücknahme ihrer Ernennung, über ihre Entlassung, ihre Versetzung in den Ruhestand wegen Dienstunfähigkeit u. a. Zuständig für die *Richter im Bundesdienst* mit Ausnahme der Richter des Bundesverfassungsgerichts ist das als bes. Senat des Bundesgerichtshofs gebildete D. *des Bundes.* In den *Ländern* bestehen D. bei den Land- bzw. Oberlandesgerichten (werden in den Ländern der ehem. DDR aufgebaut).

Dienstgrad, militär. Rangbez.; entstand im 17. Jh. mit den stehenden Heeren. Heute werden zur Kennzeichnung des D. **Dienstgradabzeichen** (Rangabzeichen) aus Metall und Stoff verwendet, die an verschiedenen Stellen der Uniform angebracht sind.

Dienstgradherabsetzung, svw. ↑Degradierung.

Dienstherr, jurist. Person des öff. Rechts, der das Recht zusteht, Beamte zu haben: u. a. Bund, Länder, Gemeinden und Gemeindeverbände sowie sonstige Körperschaften, Anstalten.

Diensthunde, svw. ↑Polizeihunde.

Dienstleistungen, ökonom. Güter, die wie Waren (Sachgüter) der Befriedigung menschl. Bedürfnisse dienen. Im Unterschied zu den Sachgütern sind D. jedoch nicht lagerfähig; Produktion und Verbrauch von D. fallen zeitlich zusammen. Diese „unsichtbaren" Leistungen werden von privaten Unternehmen und öff. Stellen erbracht **(Dienstleistungsbetriebe).** Im Rahmen der volkswirtsch. Gesamtrechnung werden D. neben den Sektoren Land- und Forstwirtschaft und warenproduzierendes Gewerbe als dritter Wirtschaftsbereich erfaßt (tertiärer Sektor). Zu den D. gehören Handel und Verkehr, private D. (z. B. Banken, Versicherungen, Beherbergungsgewerbe, Wissenschaft, Kunst, Gesundheitswesen, Sport) und die öff. Verwaltung. Der Beitrag des tertiären Sektors insgesamt (einschl. Handel und Verkehr) zum Bruttoinlandsprodukt hat in den letzten Jahren in der BR Deutschland ständig zugenommen; 1990 rd. 6,6 Mill. Erwerbstätige.

Dienstleistungsabend, umgangssprachl. Bez. für die seit 1. Okt. 1989 eingeführte, bis 20.30 Uhr verlängerte Öffnungszeit von Verkaufsstellen an Donnerstagen (Ausnahme Gründonnerstag). – ↑Ladenschlußgesetz.

Dienstleistungsbilanz, Teilbilanz der Zahlungsbilanz, in der die Einnahmen einer Volkswirtschaft aus Dienstleistungsverkäufen an ausländ. Wirtschaftssubjekte (unsichtbare Exporte) und die Ausgaben der Volkswirtschaft für Dienstleistungskäufe von ausländ. Wirtschaftssubjekten (unsichtbare Importe) für eine Periode erfaßt werden (Reiseverkehr, Transporte, Lizenzen, Patente u. a.).

Dienstleistungsfreiheit, in Art. 59 ff. EWG-Vertrag formuliertes Recht von Angehörigen der Mitgliedsstaaten, Dienstleistungen (gewerbl., kaufmänn., handwerkl., freiberufl. Tätigkeiten) gelegentlich in einem Staat der Gemeinschaft außerhalb des Heimatstaates zu erbringen.

Dienstleistungsgeschäft, kapital- und vermögensmäßig indifferente Geschäfte eines Kreditinstitutes, die auf Grund von Kundenaufträgen teils entgeltlich (gegen Provisionen oder Gebühren), teils unentgeltlich abgewickelt werden (z. B. Überweisungen, Depotgeschäft, Vermögensverwaltungsgeschäft, An- und Verkauf von Edelmetall, Devisen).

Dienstleistungsmarke, dem Warenzeichen entsprechende Marke (Wort- oder Bildzeichen) eines Dienstleistungsunternehmens, das die eigenen Dienstleistungen von denen anderer Unternehmen unterscheiden soll.

Dienstleute ↑Ministerialen.

Dienstmannen ↑Ministerialen.

Dienstmarke, Briefmarke, die von der Post ohne Bezahlung oder gegen Verrechnung an Behörden zur Freimachung der Dienstpost ausgegeben wird.

Dienst nach Vorschrift, Wahrnehmung der dienstl. Obliegenheiten unter peinlich genauer Beachtung der dienstl. Vorschriften mit der Folge, daß die Leistungen sinken und Verzögerungen eintreten („Bummelstreik"). Die Zulässigkeit des D. n. V. ist umstritten (bes. wegen des Streikverbots für Beamte).

Dienstsiegel (Amtssiegel), von einer Behörde verwendetes Siegel zur Beglaubigung von Schriftstücken (↑Bundessiegel).

Dienststrafe ↑Disziplinarmaßnahmen.

Dienstunfähigkeit, die durch ein körperl. Gebrechen oder durch Schwäche der körperl. oder geistigen Kräfte hervorgerufene dauernde Unfähigkeit eines Beamten, Richters oder Soldaten, seine Dienstpflichten zu erfüllen; kann Versetzung in den Ruhestand nach sich ziehen.

Dienstvereinbarung, öff.-rechtl. Vertrag (nach herrschender Meinung) zw. einer öff. Dienststelle und der Personalvertretung über soziale Angelegenheiten.

Dienstvergehen, schuldhafte Verletzung der einem Beamten, Richter oder Soldaten obliegenden Dienstpflichten; kann mit Disziplinarmaßnahmen geahndet werden.

Dienstverhältnis, Inbegriff der personenrechtl. Beziehung zw. Dienstnehmer (Arbeitnehmer, öff. Bediensteter) und Dienstgeber (Arbeitgeber, Dienstherr). Zu unterscheiden sind privatrechtl. D., die auf Vertrag beruhen und vorbehaltlich gesetzl. und tarifl. Regelungen auch inhaltlich durch Vertrag bestimmt werden, und öff.-rechtl. D., die nur durch Verwaltungsakt begründet und auch inhaltlich nicht durch Vertrag bestimmt werden können.

Dienstverpflichtung, durch Art. 12 a GG im Rahmen der Notstandsverfassung vorgesehene Inanspruchnahme unterschiedl. Personenkreise zu bestimmten Diensten. *Zu jeder Zeit* können Männer vom vollendeten 18. Lebensjahr an zum Dienst in den Streitkräften, im Bundesgrenzschutz oder in einem Zivilschutzverband verpflichtet werden. *Im Verteidigungsfall* können Wehrpflichtige, die weder Wehr- noch Ersatzdienst geleistet haben, auf Grund eines Gesetzes zu zivilen Dienstleistungen für die Verteidigung einschließ. des Schutzes der Zivilbevölkerung in privatrechtl. Arbeitsverhältnisse eingewiesen werden. Frauen vom vollendeten 18. bis zum 55. Lebensjahr können zu Dienstleistungen, unter Ausschluß des Dienstes mit der Waffe, herangezogen werden. Zur Sicherstellung des Bedarfs an Arbeitskräften in bestimmten Bereichen kann jeder Deutsche verpflichtet werden, seinen Arbeitsplatz nicht aufzugeben.

Dienstvertrag, der gegenseitige Vertrag, durch den der eine Partner zur Leistung körperl. oder geistiger Arbeit, der andere zur Entrichtung einer Vergütung verpflichtet (§ 611 BGB). – *Hauptarten:* 1. der freie D., bei dem der Vertragspartner (z. B. Arzt) im wesentlichen frei seine Tätigkeit gestalten und seine Arbeitszeit bestimmen kann; 2. der Arbeitsvertrag zur Leistung abhängiger, weisungsgebundener Arbeit in einem fremden Betrieb; 3. der D., der eine Geschäftsbesorgung zum Gegenstand hat. – Vom D. zu unterscheiden sind: 1. ↑Werkvertrag; 2. Dienstverschaffungsvertrag (jemand verpflichtet sich, einem anderen die Dienste eines Dritten zu verschaffen); 3. Dienstleistungen von Familienangehörigen auf Grund familienrechtl. Mitarbeitspflicht; 4. öff.-rechtl. Dienstverhältnisse. – *Rechte und Pflichten:* 1. Der zum Dienst Verpflichtete hat die Arbeit persönlich zu leisten, die Weisungen des Dienstherrn zu beachten und ist bei dauernden Dienstverhältnissen zur Treue verpflichtet. Bei schuldhafter Nichterfüllung der Dienstungs- oder der Treuepflicht kann der Dienstherr die Lohnzahlung ganz oder teilweise verweigern, auf Erfüllung klagen, Schadenersatz verlangen und u. U. fristlos kündigen. – 2. Bei Verletzung der Fürsorgepflicht des Dienstherrn kann der Dienstverpflichtete auf Erfüllung klagen, Arbeit verweigern, bei Verschulden des Dienstherrn Schadenersatz verlangen, in schweren Fällen fristlos kündigen. – *Beendigung:* Das Dienstverhältnis endet mit: 1. Ablauf der vereinbarten Zeit oder Erreichung des Zwecks; 2. einverständl. Aufhebung; 3. Kündigung.

Nach *östr.* Recht ist D. der gemäß § 1 151 ABGB zw. einem Dienstnehmer und einem abgeschlossene Vertrag. In der *Schweiz* gibt es den D. nach dt. Vorbild nicht. Dessen Funktion übernehmen der Arbeitsvertrag (Art. 319 ff. OR) und der Auftrag (Art. 394 ff. OR).

Dienstvorschriften, 1. im *Militärrecht* Vorschriften des Bundesministers der Verteidigung über die Ausführung des militär. Dienstes. 2. im *Arbeitsrecht* svw. Arbeitsordnung.

Dienstgradabzeichen

Bundesrepublik Deutschland (Heer/Luftwaffe)

Gefreiter (Gefreiter UA[1]/OA[2]) · Obergefreiter · Hauptgefreiter · Unteroffizier/Fahnenjunker[2] · Stabsunteroffizier · Feldwebel/Fähnrich[2] · Oberfeldwebel · Hauptfeldwebel (Oberfähnrich[3]) · Stabsfeldwebel · Oberstabsfeldwebel

Leutnant · Oberleutnant · Hauptmann · Major · Oberstleutnant · Oberst · Brigadegeneral · Generalmajor · Generalleutnant · General

Bundesrepublik Deutschland (Marine)

Gefreiter[4] · Obergefreiter · Hauptgefreiter · Maat/Seekadett[4] · Obermaat · Bootsmann/Fähnrich zur See[4] · Oberbootsmann · Hauptbootsmann · Stabsbootsmann · Oberstabsbootsmann · Oberfähnrich zur See

Leutnant zur See · Oberleutnant zur See · Kapitänleutnant · Korvettenkapitän · Fregattenkapitän · Kapitän zur See · Flottillenadmiral · Konteradmiral · Vizeadmiral · Admiral

1) Die Unteroffizieranwärter (UA) vom Schützen UA bis zum Hauptgefreiten UA tragen zusätzlich zu den Dienstgradabzeichen einen quergestellten Streifen.

2) Die Offizieranwärter (OA; Mannschaften OA, Fahnenjunker, Fähnrich, Oberfähnrich) tragen zusätzlich zu den Dienstgradabzeichen an allen Schulterklappen und Aufschiebeschlaufen eine silberfarbene Kordel als Überziehschlaufe.

3) Beim Oberfähnrich ist die silberfarbene Kordel nur an der Kampfbekleidung anzubringen, da die Ausführung seiner Schulterklappe, abgesehen von den Dienstgradabzeichen selbst, derjenigen der Offiziere entspricht.

4) Die Offizieranwärter der Marine (Mannschaften OA, Seekadett, Fähnrich zur See) tragen zusätzlich zu den Dienstgradabzeichen einen Stern.

Österreich

Gefreiter · Korporal · Zugsführer · Wachtmeister · Oberwachtmeister · Stabswachtmeister · Oberstabswachtmeister · Offiziersstellvertreter · Vizeleutnant

Fähnrich · Leutnant · Oberleutnant · Hauptmann · Major · Oberstleutnant · Oberst · Brigadier · Divisionär · Korpskommandant · General

Schweiz

Gefreiter · Korporal · Wachtmeister · Fourier · Feldweibel · Adjutant-Unteroffizier

Leutnant · Oberleutnant · Hauptmann · Major · Oberstleutnant · Oberst · Brigadier · Divisionär · Korpskommandant · General

Dienstweg, im *öff. Recht* der für die Weiterleitung amtl. Mitteilungen und Weisungen vorgeschriebene Weg innerhalb von Behörden und von Behörde zu Behörde (vertikaler Ablauf von oben nach unten). Entwürfe, Berichte, Vorlagen, Meinungsäußerungen sind dem nächsten Vorgesetzten zuzuleiten und vorzutragen, wenn der Weitergebende nicht selbst entscheidet (Berichtsweg).

Dienstwohnung ↑ Werkwohnung.

Diensynthese (Diels-Alder-Reaktion), eine v. a. zur Synthese carbocycl. Verbindungen angewendete chem. Reaktion zw. einer Dienkomponente und einem Partner mit einer Mehrfachbindung, die durch benachbarte Gruppen, z. B. Carbonylgruppen, aktiviert ist *(dienophile Komponente)*:

Dienkomponente   dienophile   Addukt
                 Komponente

Dientzenhofer, Baumeisterfamilie des 17./18. Jh. aus Bayern, die die letzte Phase des barocken Sakralbaues in Süddeutschland prägte. Bed. Vertreter sind neben Kilian Ignaz die Brüder:

D., Christoph, * Sankt Margarethen bei Rosenheim 7. Juli 1655, † Prag 20. Juni 1722. – Einer der ersten dt. Baumeister, der von der barocken Bauweise Guarinis und Borrominis ausging; u. a. Langhaus der Nikolauskirche auf der Prager Kleinseite (1703–11).

D., Georg, * Bad Aibling 1643, † Waldsassen 2. Febr. 1689. – Sein Hauptwerk ist die Wallfahrtskapelle „Kappel" bei Waldsassen.

D., Johann, * Sankt Margarethen bei Rosenheim 25. Mai 1663, † Bamberg 20. Juli 1726. – Errichtete 1704–12 den Neubau des Fuldaer Doms, 1707–13 die fürstäbtl. Residenz, 1711–16 das Schloß Weißenstein in Pommersfelden, 1710–19 die Klosterkirche in Banz. Sein römisch beeinflußter Hochbarock war von großem Einfluß auf B. Neumann.

D., Johann Leonhard, * Sankt Margarethen bei Rosenheim 20. Febr. 1660, † Bamberg 26. Nov. 1707. – Schuf 1695–1703 die bischöfl. Residenz in Bamberg. Auch Konventsbauten: Ebrach (1686 ff.), Schöntal (1700 ff.), Banz (1698–1705); Kirche Sankt Michael in Bamberg (1696–1702).

D., Kilian Ignaz, * Prag 1. Sept. 1689, † ebd. 18. Dez. 1751. – Sohn von Christoph D.; angeregt von Fischer von Erlach und L. von Hildebrandt; Villa Amerika (1730) und Sankt Johann am Felsen in Prag (1731 ff.), Sankt Maria Magdalena in Karlsbad (1732–35), Ursulinenklosterkirche in Kuttenberg (1737 ff.), Chor, Kuppel und Turm von Sankt Nikolaus auf der Kleinseite in Prag (1737–52).

Diepgen, Eberhard, * Berlin 13. Nov. 1941, dt. Politiker (CDU). – Rechtsanwalt; seit 1971 Mitglied des Berliner Abgeordnetenhauses und des Landesvorstandes, seit Dez. 1980 Vorsitzender der CDU-Fraktion, seit Dez. 1983 CDU-Landesvorsitzender; 1984–89 Regierender Bürgermeister von Berlin (West), seit Jan. 1991 von Berlin.

D., Paul, * Aachen 24. Nov. 1878, † Mainz 2. Jan. 1966, dt. Medizinhistoriker. – Prof. in Berlin und Mainz; veröffentlichte u. a. eine 5bändige „Geschichte der Medizin" (1913–28).

Diepholz, Krst. in Niedersachsen, an der Hunte, 39 m ü. d. M., 14 500 E. Verwaltungssitz des Landkr. D.; Kunststoffverarbeitung, Bau von Diesellokomotiven. – Die Burg D. wurde zw. 1120 und 1160 erbaut, die Siedlung D. erhielt 1380 Stadtrechte; 1929 erneute Stadtrechtsverleihung. – Burg (12. Jh.; im 17. Jh. wiederhergestellt).

D., Landkr. in Niedersachsen.

Dieppe [frz. djɛp], frz. Hafenstadt und Seebad an der Normandieküste, Dep. Seine-Maritime, 36 000 E. Fährverkehr nach England; Werften, Pharma- und fischverarbeitende Ind. – D. ist seit dem 10. Jh. belegt, erhielt um 1200 Stadtrecht. Im 14.–16. Jh. wichtiger Seefahrer-, Hafen- und Handelsplatz, im 16. Jh. eines der Zentren des frz. Protestantismus. Bei D. fand am 19. Aug. 1942 ein verlustreicher, von dt. Truppen sofort zurückgeschlagener Landungsangriff von 5 000 Mann alliierter Truppen statt. – Kathedrale Saint-Jacques (13.–16. Jh.) mit Renaissanceausstattung und Hl.-Grab-Kapelle (15. Jh.); Schloß (14.–17. Jh.).

Diergole [di-ɛr...; griech.], Raketentreibstoffe aus zwei getrennt gehaltenen flüssigen Komponenten, die erst zur Reaktion zusammengeführt werden.

Diervilla [diɛr...; nach dem frz. Arzt M. Dierville (18. Jh.)], Gatt. der Geißblattgewächse mit 3 Arten im östl. N-Amerika; sommergrüne Sträucher mit grünl. bis schwefelgelben Blüten in Trugdolden. Anspruchslose, winterharte Garten- und Parksträucher.

Dies [lat.], der Tag, in der Rechtsprache Termin, Zeitpunkt; **Dies academicus,** an der Univ. vorlesungsfreier Tag; **Dies ad quem,** Endtermin; **Dies a quo,** Anfangstermin; **Dies ater,** Unglückstag; **Dies dominica,** Sonntag (Tag des Herrn); **Dies ferialis** oder **feriatus,** Feier-, Festtag; **Dies natalis,** Geburtstag; **Dies supremus,** Jüngster Tag.

Diesdorf, Gemeinde in Sa.-Anh., sw. von Salzwedel, etwa 1 100 E. – Die Kirche des 1161 gegr. Augustinerchorfrauenstifts ist eine gut erhaltene spätroman. Backsteinbasilika (Anfang 13. Jh.) mit reichem Südportal und frühgot. Westbau.

Johann Dientzenhofer. Dom zu Fulda, 1704–12

Diesel, Rudolf, * Paris 18. März 1858, † 29. Sept. 1913 (ertrunken im Ärmelkanal), dt. Ingenieur. – Erhielt an der TH München die Anregung zur Konstruktion einer Wärmekraftmaschine mit hohem Nutzeffekt; entwickelte 1893–97 den Dieselmotor. Er baute den ersten Kleindieselmotor sowie Dieselmotoren für LKW, Lokomotiven und Schiffe.

Dieselkraftstoff [nach R. Diesel], Gemisch aus schwer entflammbaren Kohlenwasserstoffen, die bei der Erdöldestillation zw. 170 und 360 °C ausdestillieren; Cetanzahl mindestens 45.

Diesellokomotive ↑ Eisenbahn.

Dieselmotor [nach R. Diesel], Verbrennungskraftmaschine, die mit Dieselkraftstoff betrieben wird; hohe Verdichtung der Luft im Zylinder (bis 25:1) erzeugt Temperaturen von 700–900 °C. In die erhitzte Luft wird zerstäubtes Schweröl eingespritzt, das sich sofort entzündet und den Kolben abwärts treibt. D. können sowohl als Vier- wie

Verdichten

Einspritzen, Selbstzünden, Arbeiten

Spülen

Dieselmotor. Kolben-, Pleuel- und Kurbelwellenstellung beim Zweitaktverfahren, bei dem die Ventile durch Überström- und Auslaßkanäle ersetzt sind; ein Arbeitsspiel umfaßt eine Umdrehung der Kurbelwelle (entsprechend zwei Takten des Kolbens)

als Zweitakter arbeiten. Der D. ist die Wärmekraftmaschine mit dem höchsten therm. Wirkungsgrad (35 bis 46 %). Unterschiede in der Konstruktion ergeben sich bes. durch die unterschiedl. Zusammenführungen von Kraftstoff und Luft (Direkteinspritzung, Wirbelkammer-, Vorkammermotoren u. a.).

Dies fasti [lat.], in der altröm. Religion Tage, an denen das göttl. Recht (fas) eine profane Tätigkeit zuließ.

Dies irae, dies illa [lat. „Tag des Zornes, jener Tag"], Sequenz in Totenmessen.

Diesis [griech.], in der Musik Bez. für das Vorzeichen Kreuz (♯) bzw. für die vorzunehmende Erhöhung um einen Halbton, die dadurch angezeigt wird.

Dies nefasti [lat.], in der altröm. Religion Bez. für die Tage, an denen keine weltl. Geschäfte und bes. keine Gerichtsverhandlungen stattfinden durften.

Dießen a. Ammersee, Marktgemeinde in Bayern, am SW-Ufer des Ammersees, 538–600 m ü. d. M., 8 300 E. Verlage, Kunsthandwerk. – Um 1100 Gründung des Frauenklosters Sankt Stephan, um 1122/32 des Chorherrenstifts. Der Ort erhielt 1326 Marktrechte; 1803 wurde das Stift säkularisiert. – Kirche des ehem. Augustinerchorherrenstifts (1732–39); Kirche Sankt Georgen (15. Jh.).

Diessenhofen, Hauptort des Bez. D. im schweizer. Kt. Thurgau, am Hochrhein, 406 m ü. d. M., 3 000 E. – 1178 gegr. und mit Stadtrecht versehen; 1803 wurde D. erst Schaffhausen, später dem Thurgau zugeteilt. – Pfarrkirche (15. Jh.), zahlr. spätgot. Häuser, Reste der ma. Stadtbefestigung.

Diestel, Peter-Michael, * Prora 14. Febr. 1952, dt. Politiker. – Jurist. Mitbegr. und von Jan.–Juni 1990 Generalsekretär der DSU; seit Aug. 1990 Mgl. der CDU. April–Okt. 1990 stellv. Min.präs. und Innenmin. der DDR; 1992 Mitbegr. des „Komitees für Gerechtigkeit".

Diesterweg, Adolph, * Siegen 29. Okt. 1790, † Berlin 7. Juli 1866, dt. Pädagoge. – Von Pestalozzi beeinflußt, trat er für eine Verbesserung der Volksschulwesens ein. 1847 aus polit. Gründen vom Dienst (als Seminardirektor) suspendiert und 1850 in den Ruhestand versetzt; seit 1858 als Mgl. der Fortschrittspartei im preuß. Abgeordnetenhaus, wo er insbes. gegen die volksschulfeindl. preuß. Regulative von 1854 den Kampf aufnahm. Sein „Wegweiser zur Bildung für Lehrer und die Lehrer werden wollen" (1834/35; 1838 u. d. T. „Wegweiser für dt. Lehrer") war ein Standardwerk.

Diesterweg, Verlag Moritz ↑ Verlage (Übersicht).

Dieterich, Johann Christian, * Stendal 25. Mai 1722, † Göttingen 18. Juni 1800, dt. Verleger. – Gründete 1766 in Göttingen die **Dieterich'sche Verlagsbuchhandlung,** in der der „Göttinger Musenalmanach", Werke u. a. von Lichtenberg, G. A. Bürger, des Göttinger Hains, von C. F. Gauß, A. L. Schlözer und den Brüdern Grimm erschienen. Das Unternehmen befindet sich heute in Leipzig (seit 1897) und Wiesbaden (seit 1946).

Dieterle, Wilhelm (William), * Ludwigshafen am Rhein 15. Juli 1893, † Hohenbrunn bei München 8. Dez. 1972, amerikan. Schauspieler und Regisseur dt. Herkunft. – Seit 1921 beim Film, seit 1927 auch als Regisseur u. a. „Fräulein Julie" (1922), „Menschen am Wege" (1923), „Das Wachsfigurenkabinett" (1924), „Faust" (1926), „Die Heilige und ihr Narr" (1929); ging 1930 in die USA; nach Rückkehr in die BR Deutschland u. a. Gastregisseur an zahlr. Bühnen.

Diether von Isenburg, * um 1412, † Aschaffenburg 6. Mai 1482, Erzbischof und Kurfürst (seit 1459) von Mainz. – Seine Wahl zum Erzbischof wurde vom Papst nicht anerkannt; er unterlag in der Mainzer Stiftsfehde dem Erzbischof Adolf von Nassau und trat 1463 zurück; nach dessen Tod wurde D. als Erzbischof bestätigt; 1477 gründete er die Univ. Mainz.

Dietkirchen ↑ Limburg a. d. Lahn.

Dietl, Helmut, * Bad Wiessee (Obb.) 22. Juni 1944, dt. Regisseur. Zahlr. Fernsehserien, u. a. „Monaco-Franze" (1982), „Kir Royal" (1985); auch beim Film, u. a. „Schtonk" (1992).

Dietmar von Aist (Eist), mittelhochdt. Minnesänger des 12. Jh. – Das überlieferte Werk reicht themat. von den für den frühen Minnesang charakterist. Frauenklagen bis zu ritterl. Werbestrophen des hohen Minnesangs.

Dietmar von Merseburg ↑ Thietmar von Merseburg.

Dietramszell, bayr. Gemeinde bei Bad Tölz, 4 200 E. – Ehem. Augustinerchorherrenstift (1102 gegr.). – Barocke Klosterkirche (1729–41), Fresken und Stukkaturen von J. B. Zimmermann; außerdem barocke Pfarrkirche (1722 geweiht), Wallfahrtskirchen Maria im Elend (1690; 1791 erneuert) und Sankt Leonhard (1769–74).

Dietrich, Name von Herrschern:
Magdeburg:
D. von Portitz, gen. Kagelwit, * 1300, † 17. (18. ?) Dez. 1367, Erzbischof (seit 1361), Kanzler und Ratgeber Kaiser Karls IV. – In dessen Dienst seit 1347; seit 1362 Stellvertreter des Kaisers im Reich und Mitregent in Brandenburg.
Meißen:
D. (II.) der Bedrängte, † 17. Febr. 1221, Markgraf von Meißen. – Erwarb 1210 die Ostmark und die Niederlausitz; gilt als Schöpfer des wettin. Territorialstaats.

Dietrich von Bern, german. Sagengestalt, überliefert in trag. Umdichtung des Schicksals des Ostgotenkönigs Theoderich d. Gr.; in zahlr. Epen Idealgestalt des Rittertums.

Dietrich von Niem (Nieheim), * Brakel bei Höxter um 1340, † Maastricht Ende März 1418, dt. kirchenpolit. Schriftsteller. – Verfaßte mehrere Schriften über das abendländ. Schisma und den Konzilsgedanken. Auf dem Konstanzer Konzil veröffentlichte er verschiedene Gutachten.

Dietrich, Adolf, * Berlingen (Thurgau) 9. Nov. 1877, † ebd. 4. Juni 1957, schweizer. naiver Maler. – Tierbilder, Landschaften und [Selbst]porträts.

D., Albert, * Schweidnitz 4. März 1873, † Stuttgart 1. Sept. 1961, dt. Pathologe. – Prof. in Köln und Tübingen; Forschungen auf dem Gebiet der bösartigen Geschwulstbildungen, der Infektionskrankheiten und der Thrombose.

D., Hermann Robert, * Oberprechtal bei Hornberg 14. Dez. 1879, † Stuttgart 6. März 1954, dt. Politiker. – 1918–20 bad. Außenmin.; 1919–33 Mgl. der Weimarer Nationalversammlung bzw. MdR; Reichsernährungsmin. 1928–30, Wirtschafts- bzw. Finanzmin. 1930–32, zugleich Vizekanzler; leitete 1946/47 den Zweizonen-Ausschuß für Ernährung und Landwirtschaft.

D., Marlene, eigtl. Maria Magdalena von Losch, * Berlin 27. Dez. 1901 (nach anderen Angaben 1904), † Paris 6. Mai 1992, dt.-amerikan. Filmschauspielerin und Sängerin. – Wurde berühmt als Lola-Lola mit dem Chanson „Ich bin von Kopf bis Fuß auf Liebe eingestellt" in dem Film „Der blaue Engel" (J. von Sternberg, 1930). Ging danach in die USA, wo sie zum Weltstar wurde. Später auch Charakterrollen, z. B. in „Zeugin der Anklage" (1957), „Das Urteil von Nürnberg" (1961). Lehnte 1934 das Angebot Goebbels' zur Rückkehr nach Deutschland ab; seit 1937 amerikan. Staatsbürgerschaft; trat vielfach öff. gegen den NS auf. In den 50er und 60er Jahren weltweite Tourneen mit Chansons und Antikriegsliedern (u. a. P. Seegers „Sag' mir, wo die Blumen sind"); übernahm nach über 15jähriger Pause 1978 eine Rolle in D. Hemmings' „Schöner Gigolo, armer Gigolo". – Abb. S. 514.

D., Otto, * Essen 31. Aug. 1897, † Düsseldorf 22. Nov. 1952, dt. Politiker. – Journalist; wurde 1931 Pressechef der NSDAP; seit 1938 Pressechef der Reichsregierung; im Krieg Leiter der Pressestelle im Führerhauptquartier; 1949 zu 7 Jahren Gefängnis verurteilt, 1950 begnadigt.

Dietterlin, Wendel, eigtl. W. Grapp, * Pfullendorf 1550 oder 1551, † Straßburg 1599, dt. Maler. – Sein Vorlagenstichwerk für Fassaden[malerei] beeinflußte die dt. manierist. Architektur des Frühbarock.

Dietz, Ferdinand (F. Tietz), ≈ Holschitz (= Holešice, Nordböhm. Gebiet) 5. Juli 1708, † Memmelsdorf bei Bamberg 17. Juni 1777, dt. Bildhauer. – Bekannt für seine Rokokogarten- und -brunnenplastiken für die Schlösser See-

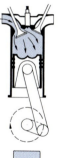

Ansaugen

Verdichten

Einspritzen, Selbstzünden, Arbeiten

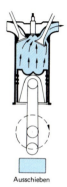

Ausschieben

Dieselmotor. Ventil-, Kolben-, Pleuel- und Kurbelwellenstellung beim Viertaktverfahren; ein Arbeitsspiel umfaßt zwei Umdrehungen der Kurbelwelle

Marlene Dietrich

Ferdinand Dietz. Amerika, Skulptur im Schloßpark Veitshöchheim, 1763–68

hof bei Bamberg (1747 ff.) und Veitshöchheim bei Würzburg (1763–68; Originale im Mainfränk. Museum in Würzburg).

Dietze, Constantin von, *Gottesgnaden (= Schwarz-Gottesgnaden) bei Calbe/Saale 9. Aug. 1891, † Freiburg im Breisgau 18. März 1973, dt. Nationalökonom. – In der NS-Zeit als Mgl. der Bekennenden Kirche wiederholt verhaftet; 1955–61 Präses der Synode der EKD; Prof. in Freiburg seit 1937; Hauptarbeitsgebiet: Agrarpolitik.

Dietzenschmidt, Anton, urspr. Schmidt, *Teplitz (= Teplice) 21. Dez. 1893, † Esslingen am Neckar 17. Jan. 1955, dt. Schriftsteller. – Schrieb v. a. Legendenspiele.

Dietzfelbinger, Hermann, *Ermershausen (Ufr.) 14. Juli 1908, † München 15. Nov. 1984, dt. ev. Theologe. – 1955 Landesbischof der Ev.-Luth. Kirche in Bayern. 1967–73 Vorsitzender des Rates der EKD.

Dieu et mon droit [frz. djøemö'drwa „Gott und mein Recht"], auf Richard Löwenherz zurückgehende Devise im brit. Königswappen.

Diez, Friedrich Christian, *Gießen 15. März 1794, † Bonn 29. Mai 1876, dt. Romanist. – Prof. in Bonn; Arbeiten über die Troubadours; bewies in seiner „Grammatik der roman. Sprachen" (1836–44), daß alle roman. Sprachen auf das Vulgärlat. zurückgehen. Bed. auch sein „Etymolog. Wörterbuch der roman. Sprachen" (1853).

Diez, Stadt in Rhld.-Pf., an der Mündung der Aar in die Lahn, 110 m ü. d. M., 9 000 E. Kunststoffverarbeitende, elektron. und chem. Ind. – 790 erstmals bezeugt; erhielt mit der Burg D. 1329 Stadtrecht; bis 1968 Kreisstadt. – Schloß (14./15. Jh., der Bergfried 11. Jh.); Fachwerkhäuser (16./17. Jh.). Über der Lahn Schloß **Oranienstein** (1672–84).

Diez, ehem. dt. Gft. in Rhld.-Pf., an der unteren Lahn; geht auf das im Hoch-MA entstandene Territorium der Grafen von D. (1386 erloschen) zurück; fiel an die Grafen von Nassau, 1506/15 an das Hzgt. Nassau.

Diffamierung (Diffamation) [lat.], Verleumdung; Verbreitung übler Nachrede; **diffamieren,** in übles Gerede bringen.

Differdingen (amtl. Differdange), luxemburg. Stadt, 20 km sw. von Luxemburg, 16 100 E. Eisenverhüttung und Walzwerke.

different [lat.], verschieden; ungleich.

Differential [lat.] ↑ Differentialgetriebe.

▷ ↑ Differentialrechnung.

Differentialdiagnose, in der Medizin die Unterscheidung einander ähnl. Krankheitsbilder auf Grund bestimmter, charakterist. Symptome.

Differentialgeometrie, Teilgebiet der Mathematik, in dem die Beschreibung und Untersuchung geometr. Sachverhalte mit Hilfe der Differentialrechnung sowie der Vektor- und Tensoranalysis erfolgt.

Differentialgetriebe, ein Getriebe, bei dem aus zwei gleichzeitig eingegebenen [verschieden schnell erfolgenden] Drehbewegungen eine dritte Drehbewegung resultiert. Einen Sonderfall des D. stellt das in Kraftfahrzeugen verwendete **Ausgleichgetriebe (Differential)** dar, ein Kegelrad- oder Stirnradplanetengetriebe zur gleichmäßigen Verteilung des Eingangsdrehmoments (vom Motor) auf beiden zur selben Achse gehörenden Antriebsräder unabhängig von deren Drehzahl. Damit können die Antriebsräder bei Kurvenfahrt trotz unterschiedl. Wegs schlupffrei abrollen.

Wirkungsweise: Das Antriebskegelrad treibt ein großes Tellerrad an, das lose auf der einen Halbachse sitzt, aber fest mit dem Käfig verbunden ist, in dem Treibräder und Ausgleichsräder gelagert sind. Bei *Geradeausfahrt* sind diese *Ausgleichsräder* gegenüber dem Käfig *in Ruhe*, so daß beide Halbachsen mitgenommen werden und sich mit gleicher Drehzahl wie das große Tellerrad drehen. Bei *Kurvenfahrt* ändert das eine Treibrad seine Umfangsgeschwindigkeit gegenüber dem der anderen Halbwelle; die Ausgleichsräder drehen sich um die eigene Achse. Das D. ist dann von Nachteil, wenn sich ein Antriebsrad auf glattem, das andere auf griffigem Untergrund befindet. Rutscht beim Anfahren

Differentialgetriebe. Ausgleichsgetriebe: 1 Antriebskegelrad; 2 Tellerrad; 3 Ausgleichskegelräder; 4 Kegelräder für den Radantrieb; 5 Radantriebswellen

ein Rad durch, so bewegt sich das auf griffigem Boden stehende Rad nicht. Diesen Nachteil beseitigt die **Differentialsperre** (bes. bei geländegängigen Fahrzeugen üblich). Sie verbindet entweder beide Halbachsen miteinander oder kuppelt eine Antriebswelle fest mit dem Käfig. Bei Mehrachsantrieb oder Allradantrieb findet man häufig auch **Verteilergetriebe** mit Ausgleichsgetriebe zw. den einzelnen Antriebsachsen, wobei sich durch entsprechende Zahnradabmessungen das Drehmoment zu den einzelnen Achsen entsprechend der Achslast verteilen läßt. Hierbei ist eine D.sperre unbedingt erforderlich, da sonst ein einziges durchdrehendes Antriebsrad alle anderen Antriebsräder stillegen würde.

Differentialgleichung, Bestimmungsgleichung für eine Funktion, in der außer der gesuchten Funktion selbst mindestens eine ihrer Ableitungen vorkommt. Handelt es sich um eine Funktion einer Variablen ($y = f(x)$), so spricht man von *gewöhnl. D.,* bei Funktionen mehrerer Veränderlicher von *partiellen D.* Die höchste auftretende Ableitungsordnung der gesuchten Funktion ist die Ordnung der Differentialgleichung. Beispiele für D. sind die gewöhnl. D. erster Ordnung $y' = y$ und die gewöhnl. D. zweiter Ordnung $y'' + k^2 y = 0$.

Differentiallohnsystem ↑ Prämienlohnsystem.

Diez. Das Schloß über der Altstadt (14./15. Jh.) mit dem Bergfried aus dem 11. Jahrhundert

Differentialrechnung, Teilgebiet der Analysis, neben der analyt. Geometrie und der linearen Algebra die wichtigste Grundlage der höheren Mathematik. Eine Vielzahl mathemat. Probleme und physikal. Fragestellungen führt auf Gleichungen, in denen Quotienten von Differenzen (Differenzenquotienten) auftreten, wobei der Nenner bzw. Zähler und Nenner gegen Null streben (↑ Grenzwert). Ein einfaches Beispiel ist die Berechnung der Geschwindigkeit in einem bestimmten Zeitpunkt. Eine reellwertige Funktion $y = f(x)$ der reellen Variablen x, die in der Umgebung von x_0 definiert ist, nennt man an der Stelle x_0 *differenzierbar,* wenn der Grenzwert

$$\lim_{x \to x_0} \frac{f(x) - f(x_0)}{x - x_0}$$

existiert. Man bezeichnet diesen Grenzwert als **Differentialquotienten** oder **Ableitung** der Funktion $f(x)$ für $x = x_0$ und schreibt dafür

$$f'(x_0) \text{ oder } y' \text{ oder } \frac{df}{dx} \text{ oder } \frac{dy}{dx}$$

(gesprochen dy nach dx).

Den im Intervall $\Delta x = x - x_0$ linearen Anteil des Zuwachses bezeichnet man als **Differential** df der Funktion f. Die Ableitungen wichtiger Funktionen sind:

$$c' = 0 \quad (c = \text{const}),$$
$$(x^r)' = rx^{r-1} \quad (r \text{ reell})$$
$$(e^x)' = e^x,$$
$$(\ln|x|)' = \frac{1}{x} \quad (x \neq 0),$$
$$(\sin x)' = \cos x,$$
$$(\cos x)' = -\sin x,$$
$$(a^x)' = a^x \cdot \ln a \quad (a > 0).$$

Da $f'(x)$ selbst wieder eine Funktion ist, kann f' gegebenenfalls weiter differenziert werden. Das führt auf die zweite Ableitung $f''(x) = y''$ und schließlich auf die n-te Ableitung

$$f^{(n)}(x) = y^{(n)} = \frac{d^n y}{dx^n}.$$

Geometrisch läßt sich $f'(x)$ deuten als die Steigung der Tangente des Graphen von $y = f(x)$ an der Stelle x gegen die Abszissenachse. Hat man reelle Funktionen zweier reeller Veränderlicher ($z = f(x, y)$) zu differenzieren, so bildet man *partielle Differentialquotienten*, indem man jeweils eine Veränderliche bei der Ableitung als konstant betrachtet. Für die *partiellen Ableitungen* der Funktion $z = f(x, y)$ an der Stelle $P_0 = (x_0, y_0)$ schreibt man:

$$f_x(P_0) = \lim_{x \to x_0} \frac{f(x, y_0) - f(x_0, y_0)}{x - x_0} = \frac{\partial f}{\partial x}(P_0)$$

$$f_y(P_0) = \lim_{y \to y_0} \frac{f(x_0, y) - f(x_0, y_0)}{y - y_0} = \frac{\partial f}{\partial y}(P_0)$$

Als *vollständiges (totales) Differential* bezeichnet man dabei den Ausdruck

$$df = \frac{\partial f}{\partial x} dx + \frac{\partial f}{\partial y} dy.$$

Die Grundlagen der D. gehen zurück auf G. W. Leibniz, I. Newton und J. Gregory.

Differentialrente, zusätzl. Einkommen, das auf Grund unterschiedl. Produktionskosten den Produzenten mit den geringeren Durchschnittskosten zufließt, sofern der Marktpreis gleich den Grenzkosten des am ungünstigsten produzierenden Unternehmens ist. Die D. wurde erstmals als D. des Bodens (Bonitätsrente) von D. Ricardo analysiert.

Differentialsperre ↑Differentialgetriebe.

Differentialtransformator, hauptsächlich in der Meßtechnik verwendeter Transformator mit zwei auf der Sekundärwicklung symmetr. angeordneten Wicklungen auf der Primärseite. Die beiden Wicklungen sind so geschaltet, daß sie in entgegengesetzter Richtung von Strömen durchflossen werden. Sind die Stromstärken der in ihnen fließenden Ströme gleich groß, so ist die Sekundärwicklung spannungslos; andernfalls ist die an der Sekundärspule abgreifbare Spannung ein Maß für die Differenz der Stromstärken.

Differentiation [lat.], in der Petrologie Entmischung eines Magmas infolge fortschreitender Kristallisation, z. T. mit Anreicherung von Erzen.

Differentiator, svw. ↑Differenziergerät.

differentielle Psychologie [lat./griech.], von W. Stern eingeführte Bez. für den Bereich der Psychologie, der das Erleben und Verhalten des Individuums vorwiegend unter dem Aspekt der individuellen Unterschiede (persönl. Eigenheiten, soziale Herkunft u. a. spezif. Merkmale) betrachtet. Eine bed. Rolle spielt dabei die vergleichende Betrachtung verschiedener sozialer Gruppen (Alter, Geschlecht, soziale Schicht).

Differenz [lat.], Meinungsverschiedenheit; Uneinigkeit; Streit.
▷ Ergebnis einer Subtraktion; mathemat. Ausdruck der Form $a - b$.

Differenzarbitrage ↑Arbitrage.

Differenzenquotient, Bez. für den Quotienten

$$\left(\frac{\Delta y}{\Delta x}\right)_{x = x_0} = \frac{y_1 - y_0}{x_1 - x_0} = \frac{f(x_0 + h) - f(x_0)}{h},$$

wobei $y = f(x)$ eine in der Umgebung von x_0 stetige Funktion ist; läßt man h gegen 0 streben, wird der D. zum Differentialquotienten

$$\frac{dy}{dx},$$ falls der Grenzwert existiert.

Differenzenrechnung, Teilgebiet der Mathematik, das sich v. a. mit den Grundlagen und Methoden der Approximation, der näherungsweisen numer. Differentiation und Integration von Funktionen und mit der näherungsweisen Lösung von Differentialgleichungen, Anfangs- und Randwertproblemen befaßt.

Differenzgeschäft, ein Geschäft über Waren oder Wertpapiere, das nicht durch Lieferung erfüllt werden soll, sondern durch Zahlung des Unterschiedsbetrags zw. dem vereinbarten Preis und dem Börsen- oder Marktpreis, den die Waren oder Wertpapiere zu einem bestimmten Zeitpunkt haben. Sofern nicht berechtigte wirtsch. Interessen mit ihm verfolgt werden (z. B. nach §§ 50 ff. BörsenG für den Börsenterminhandel), ist es *Spielgeschäft* (vgl. § 764 BGB).

differenzierbar [lat.] ↑Differentialrechnung.

differenzieren [lat.], unterscheiden; abstufen, trennen; verfeinern.
▷ den Differentialquotienten einer Funktion bilden.

Differenziergerät (Differentiator), Gerät zur Bestimmung der Tangente oder zum Zeichnen der Differentialkurven einer gezeichnet vorliegenden Kurve.

Differenzierung [lat.], allg.: Unterscheidung, Abweichung, Abstufung, Verfeinerung.
▷ in der *Entwicklungsphysiologie* Bez. für den Vorgang während des Wachstums eines Lebewesens, durch den sich zwei gleichartige embryonale Zellen, Gewebe oder Organe in morpholog. und physiolog. Hinsicht in verschiedene Richtungen entwickeln.
▷ in der *Entwicklungspsychologie* der Vorgang einer zunehmenden Ausbildung psych. Merkmale aus einem „einfachen" Ausgangszustand.
▷ (soziale D.) Prozeß der Auflösung eines mehr oder weniger homogenen Gesellschaftsganzen in eine Vielzahl heterogener Teilsysteme, die spezielle Funktionen erfüllen; gründet in der modernen Industriegesellschaft auf der ökonom. Arbeitsteilung.

Differenzmenge, zu zwei Mengen A, B die Menge $A \setminus B$ aller Elemente aus A, die nicht zu B gehören.

Differenzton, beim gleichzeitigen Hören zweier etwa gleich starker Töne mit den Frequenzen f_1 und f_2 hörbarer ↑Kombinationston der Frequenz $f_1 - f_2$.

Differenzträgerverfahren, beim Fernsehen angewandtes Verfahren zur Gewinnung des Tonträgers, dessen Frequenz um 5,5 MHz über der des Bildträgers liegt (CCIR-Norm). Beim Empfang werden Bild- und Tonträgersignale gemeinsam verstärkt, die Differenzfrequenz von 5,5 MHz ausgesiebt, als frequenzmodulierte Tonträgerfrequenz weiter verstärkt und schließlich demoduliert.

differieren [lat.], verschieden sein, einen Unterschied zeigen, voneinander abweichen.

diffizil [lat.-frz.], schwierig, peinlich, heikel.

Diffraktion [lat.], svw. ↑Beugung.

diffus [lat.], unregelmäßig zerstreut, nicht scharf begrenzt, ohne bevorzugte Ausbreitungs- oder Strahlenrichtung, z. B. **diffuses Licht** bei dunstiger Atmosphäre oder indirekter Beleuchtung, gekennzeichnet durch fehlende Schattenbegrenzungen.

Diffusion [lat.], physikal. Ausgleichsprozeß, in dessen Verlauf Teilchen (Atome, Moleküle, Kolloidteilchen) infolge ihrer Wärmebewegung von Orten höherer Konzentration zu solchen niederer Konzentration gelangen, so daß Dichte- bzw. Konzentrationsausgleich erfolgt. So diffundieren zwei Gase ineinander, bis die Teilchen jeder Sorte gleichmäßig im Raum verteilt sind. Die D. von Teilchen

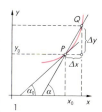

Differentialrechnung. 1 Tangente als Grenzlage der Sekanten; 2 stetige, aber nicht differenzierbare Funktion

Differenziergerät. 1 Spiegellineal, schräg zur Kurve angelegt; 2 rechtwinklig zur Kurve angelegt; t_p zum Punkt P gehörende Tangente

Diffusionsatmung

tritt auch – etwa 10^5 mal langsamer – in Flüssigkeiten und – noch langsamer – in festen Körpern auf sowie als **Oberflächendiffusion** an ihrer Oberfläche, allg. an der Grenze zweier Phasen **(Grenzflächendiffusion)**. Ein Ortsaustausch gleicher Teilchen, der z. B. anhand von radioaktiven Isotopen nachgewiesen werden kann, wird als **Selbstdiffusion** bezeichnet. Bei der ↑ Osmose oder bei der ↑ Dialyse tritt eine einseitige D. *(Transfusion* bzw. *Effusion)* durch eine poröse Wand zw. zwei Lösungen auf. – ↑ Thermodiffusion.
In der Technik wird die D. v. a. zur Gas- und Isotopentrennung genutzt.
▷ in der *Biologie* spielt die D. bei vielen Lebensvorgängen eine entscheidende Rolle, insbes. werden Stoffaufnahme oder -abgabe (Wasseraufnahme bei Pflanzen, Sauerstoffaufnahme und Kohlendioxidabgabe in der Lunge) und Sauerstofftransport oft durch D. bzw. ↑ Osmose durchgeführt.
▷ in den *Sozialwissenschaften* Bez. für den Verbreitungsprozeß neuer Kulturelemente (Ideen, Wertvorstellungen, Produkte u. a.) in einer Gesellschaft oder Gruppe.
Diffusionsatmung, Gasaustausch bei Lebewesen durch Diffusionsvorgänge (z. B. bei Pflanzen).
Diffusionspotential, an der Phasengrenze zweier Elektrolytlösungen verschiedener Konzentration oder Zusammensetzung auftretende Potentialdifferenz, deren Ursache die unterschiedl. Ionenbeweglichkeiten sind.
Diffusionspumpe ↑ Vakuumtechnik.
Diffusionsspannung, elektr. Spannung, die an Festkörpergrenzflächen (pn- oder Metall-Halbleiter-Übergang) dadurch entsteht, daß Ladungsträger infolge von Konzentrationsunterschieden durch die Grenzflächen diffundieren und Raumladungen aufbauen; die D. wächst so lange, bis sie die weitere Diffusion von Ladungsträgern verhindert.
Diffusor [lat.], Abschnitt eines Strömungskanals, dessen Querschnitt sich allmählich erweitert, so daß die vom engen zum weiten Querschnitt erfolgende Strömung eine Geschwindigkeitsverminderung bei gleichzeitigem Druckanstieg erfährt (Umkehrung einer Düse).
Digamma, doppeltes Gamma, sechster Buchstabe des älteren griech. Alphabets (Ϝ).
Digenea (Digena) [griech.], etwa 4800 Arten umfassende Ordnung bis 40 mm langer Saugwürmer.
Digenie [griech.], svw. ↑ Amphigonie.
Digenis Akritas, Held eines byzantin. volkstüml. Versromans aus dem 11./12. Jh.; Schauplätze sind die mit den Arabern umkämpften Reichsgrenzen in Kappadokien und im Euphratgebiet; die Handlung spielt im 10. Jh. (Urfassung verlorengegangen).
Digerieren [lat.], Ausziehen lösl. Bestandteile eines Stoffgemisches durch Übergießen mit einem geeigneten Lösungsmittel und anschließendes Dekantieren.
Digest [engl. ˈdaɪdʒest; zu lat. digesta, eigtl. „eingeteilte (Schriften)"], period. erscheinende Veröffentlichung, die durch Nachdruck von Aufsätzen, Artikeln und Buchauszügen einen Überblick über ein bestimmtes Fach oder Wissensgebiet gibt.
Digesten [lat.] ↑ Corpus Juris Civilis.
Digestion [lat.], svw. ↑ Verdauung.
▷ in der *Pharmazie* ↑ Extraktion.
Diggelmann, Walter Matthias, *Zürich 5. Juli 1927, † ebd. 29. Nov. 1979, schweizer. Schriftsteller. – Verf. von Erzählungen und melancholisch-iron. gesellschaftskrit. Romanen; auch Bühnenstücke, Hör- und Fernsehspiele. – *Werke:* Freispruch für Isidor Ruge (R., 1967), Die Vergnügungsfahrt (R., 1969), Ich heiße Thomy (R., 1973), Reise durch Transdanubien (En., 1974), Aber den Kirschbaum, den gibt es (R., 1975), Der Reiche stirbt (R., 1977), Stephan (R., 1978).
Digger [engl.], urspr. Bez. für Indianer, die v. a. von ausgegrabenen Wurzeln lebten, i. w. S. Ausgräber, Goldgräber, „Spatenforscher".
digital [lat.], in der *Medizin* die Finger (auch die Zehen) betreffend, mit Hilfe des Fingers (z. B. Untersuchungen).
▷ in der *Datenverarbeitung* oder *Meßtechnik* Daten oder Meßwerte stufenförmig, quantisiert, d. h. in Schritten darstellend; im Ggs. zu analog, stufenlos, stetig.
Digital-Analog-Umsetzer (Digital-Analog-[Um]wandler), Gerät zur Umwandlung eines in Form einer digitalen Ziffernfolge vorliegenden Wertes in eine ihm proportionale Analoggröße (z. B. eine Winkelstellung).
Digitaldarstellung, in der Informationsverarbeitung die Darstellung veränderl. Größen durch Zeichengruppen, die durch einen Code den darzustellenden Größen zugeordnet sind. Bes. wichtig sind die D. durch Zeichenpaare *(binär),* durch Ziffern *(numerisch)* und durch Ziffern und Zeichen *(alphanumerisch).*
Digitalempfänger ↑ Hörfunk.
Digitalis [lat.], svw. ↑ Fingerhut (Pflanzengattung).
Digitalisglykoside, starke, herzwirksame Stoffe aus den Blättern verschiedener Arten des Fingerhuts, die zus. mit den ↑ Digitaloiden als **Herzglykoside** bezeichnet werden; D. verbessern die Kontraktionskraft des Herzmuskels.
Digitaloide [lat./griech.], in ihrer chem. Struktur und Wirkung den Digitalisglykosiden ähnliche pflanzliche Substanzen, die u. a. in Strophantusarten, im Maiglöckchen und in der Meerzwiebel vorkommen. Die D. dienen zur Behandlung von Herzkrankheiten.
Digitalrechner (Ziffernrechner), jedes Gerät zur Lösung mathematisch formulierbarer Aufgaben, in dem Rechengrößen ziffernmäßig (digital) dargestellt werden (im Ggs. zum ↑ Analogrechner) und ihre Verknüpfung in schrittweisen (diskreten) Operationen erfolgt. Heute werden fast ausschließlich programmgesteuerte elektron. D. verwendet, bei denen sowohl die Daten als auch die Programme digital dargestellt werden. – ↑ Computer.
Digitalschallplatte ↑ Schallplatte.
Digitaltechnik, Technik der digitalen Signalverarbeitung, meist mit mikroelektron. Bauelementen.
Digitaluhr, elektron. Uhr, die die Uhrzeit ziffernmäßig und in Schritten anzeigt (Ggs.: Analogdarstellung auf herkömml. Uhren).
digitigrad [lat.], auf den Zehen gehend; von Tieren *(Zehengängern; Digitigrada)* gesagt, die den Boden nur mit den Zehen berühren; z. B. Hunde, Katzen.
Digitoxin [lat./griech.], $C_{41}H_{64}O_{13}$, wichtiges therapeutisch genutztes Digitalisglykosid; bewirkt eine Verstärkung der Herzleistung.
Digitus [lat.], in der Anatomie Bez. für Finger bzw. Zehe.
Diglossie [griech.], Zweisprachigkeit.
Diglykol, svw. ↑ Diäthylenglykol.
Digne [frz. diɲ], frz. Stadt 55 km ssö. von Gap, 15 000 E. Verwaltungssitz des Dep. Alpes-de-Haute-Provence; Bischofssitz; Holzind. – Als **Dinia** Hauptort der kelt. Bodontier, in röm. Zeit **Dea Augusta;** seit dem 4. Jh. Bistum. – Ehem. Kathedrale Notre-Dame-du-Bourg (um 1200 bis 14. Jh.).
Dihang, ein Quellfluß des ↑ Brahmaputra.
DIHT, Abk. für: ↑ **D**eutscher **I**ndustrie- und **H**andelstag.
dihybrid, sich in zwei erbl. Merkmalen unterscheidend.
Dihydroxyaceton (1,3-Dihydroxypropan-2-on), Monosaccharid mit 3 C-Atomen (sog. Ketotriose); dient in der kosmet. Ind. zur künstl. Hautbräunung. Chem. Strukturformel:

$$OH-CH_2-CO-CH_2-OH.$$

Dijodtyrosin (3,5-Dijod-4-hydroxyphenylalanin, Jodgorgosäure), als Vorstufe von ↑ Thyroxin und Trijodthyronin in der Schilddrüse vorkommende Aminosäure; Arzneimittel bei Schilddrüsenüberfunktion.
Dijon [frz. diˈʒɔ̃], frz. Stadt im westl. Saônebecken, 141 000 E. Verwaltungssitz des Dep. Côte-d'Or; Hauptstadt der Region Burgund; Bischofssitz; Univ. (gegr. 1722), TH für Landw.; Akad. der Wiss. und Literatur (gegr. 1740); Museen, Bibliothek, botan. Garten; gastronom. Messe. – Wichtiger Verkehrsknotenpunkt, Handels- und Marktzentrum mit Nahrungsmittel-, Fahrzeug-, Flugzeug- und Musikinstrumentenind.; Hafen am Kanal von Burgund, ⚒. – Das galloröm. **Divio** ist seit dem 2. Jh. nachweisbar; kam

Dijon
Stadtwappen

Dillingen a. d. Donau

Dijon. Kirche Saint-Michel aus dem 15. und 16. Jahrhundert

1016 an die Herzöge von Burgund, die es zu ihrer Hauptstadt (1182 Stadtrecht) machten; seit 1477 französisch. – Got. Pfarrkirche Notre-Dame (Baubeginn um 1230), Kathedrale Saint-Bénigne (1281–1394), Kirche Saint-Michel (15./16. Jh.), ehem. Palais der Hzg. von Burgund (1682 ff., heute Kunstmuseum).

Dike [griech.], bei den Griechen die Personifikation von Recht und Ordnung.

Diklinie [griech.], Getrenntgeschlechtigkeit bei Blüten, die nur Staubblätter oder nur Fruchtblätter tragen, d. h. eingeschlechtig sind. – ↑Monoklinie.

dikotyl [griech.], zwei Keimblätter aufweisend, zweikeimblättrig; von Pflanzen gesagt. – ↑Zweikeimblättrige.

Diktat [lat.], Niederschrift, Nachschrift; aufgezwungene, harte Verpflichtung.

Diktator [lat., zu dictare „befehlen"], im republikan. Rom außerordentl. Magistrat zur Überwindung von Notstandssituationen; wurde von einem der beiden Konsuln ernannt; hatte unbeschränkte Vollmachten für 6 Monate.
▷ der Inhaber diktator. Gewalt (↑Diktatur).

Diktatur [lat.], Amt des altröm. ↑Diktators.
▷ die Konzentration der öff. Gewalt in der Hand eines Mannes (Diktator) oder einer Personengruppe (z. B. Partei) als befristete verfassungsmäßige Institution zur Überwindung einer inneren oder äußeren Krisenlage oder als Form unbeschränkter Herrschaft ohne zeitl. Grenzen, u. a. gekennzeichnet durch Unterdrückung der Opposition, Einschränkung der Bürgerrechte, Instrumentalisierung der Bürokratie. Beide Typen entwickelten sich in klass. Form in der röm. Republik. Die moderne Entwicklung der D. setzt mit der Frz. Revolution ein, zunächst als zeitweilige Aufhebung der Gewaltentrennung; seit Napoleon I. erscheint D. als selbständige Form der Herrschaft (↑Cäsarismus, ↑Bonapartismus). Die modernen Verfassungsstaaten haben für Kriegszeiten ihren Reg.chefs diktator. Vollmachten übertragen (Notstandsgewalt).

Diktatur des Proletariats, Form der polit. Herrschaft der Arbeiterklasse; von L. A. Blanqui 1837 geprägter Begriff; von K. Marx zur Kennzeichnung der Übergangsphase zw. der proletar. Revolution und der klassenlosen, herrschaftsfreien Gesellschaft benutzt (↑Marxismus).

Diktiergerät [lat./dt.], einfaches Magnettongerät für gesprochene Texte. Die Schallaufzeichnung erfolgt über Mikrophon auf magnet. Tonträgern, die nach Löschen eines aufgenommenen Textes (durch Entmagnetisieren) wieder neu und sehr oft besprechbar sind. Das Abhören erfolgt über Kopfhörer oder Lautsprecher. Das D. ist meist mit verschiedenen Schaltmöglichkeiten (Schnell- und Langsamgang für Rück- und Vorlauf, Fußhebelschaltung) und Zusatzeinrichtungen (z. B. Fernsprechanschluß) versehen.

Diktion [lat.], Ausdrucks-, Schreibweise.

Diktum [lat.], pointierter Ausspruch.

Diktys von Kreta, angebl. Verf. eines Tagebuchs über den Trojan. Krieg, dessen lat. Bearbeitung (von L. Septimius, 4. Jh.) eine Hauptquelle der ma. Trojaromane wurde.

Đilas, Milovan [serbokroat. 'dʑilas], * Polja bei Kolašin (Montenegro) 12. Juni 1911, jugoslaw. Politiker und serb. Schriftsteller. – Ab 1932 in der KPJ, ab 1938 Mgl. des ZK, ab 1940 des Politbüros, organisierte im 2. Weltkrieg den Partisanenkrieg in Montenegro; 1945 Min., Sekretär und 1953 Vizepräs. des Politbüros; 1954 Haft und Verlust aller Ämter wegen öff. Kritik am jugoslaw. Weg zum Kommunismus; Publikationsverbot; für das Buch „Die neue Klasse" (engl., 1957), in dem er sich vom Kommunismus abwandte, erhielt er 7 Jahre Gefängnis; 1961 entlassen, kurz darauf erneut zu 5 Jahren Haft verurteilt, weil er in einem ins Ausland geschafften Manuskript („Gespräche mit Stalin", engl., 1962) „Staatsgeheimnisse" veröffentlicht hatte; 1966 begnadigt.
Weitere Werke: Der Krieg der Partisanen (engl., 1977); Tito (dt., 1980); Ideen sprengen Mauern (1984); Menschenjagd. Vier Romane (1985); Welten und Brücken (R., 1987).

Milovan Đilas

Dilatation [lat.], svw. Dehnung.
▷ in der *Medizin* 1. die normale (physiolog.) Erweiterung eines Hohlorgans zur Anpassung an einen erhöhten Füllungsdruck; 2. die krankhafte, dauernde Erweiterung eines Hohlorgans (Herz, Magen, Blutgefäße) durch Muskelwanderschlaffung bei erhöhter Belastung; 3. die künstl. Erweiterung eines Kanals (Harnröhre, Gebärmutterhalskanal) zu diagnost. oder therapeut. Zwecken, meist mittels eines ↑Dilatators.

Dilatator [lat.], in der *Anatomie* Kurzbez. für einen Muskel (Musculus dilatator), der die Erweiterung von Organöffnungen bewirkt.
▷ v. a. in der *Gynäkologie* gebrauchtes stiftförmiges Instrument verschiedener Stärke zur künstl. Dehnung bzw. Erweiterung von Hohlorganen oder Organkanälen.

dilatorisch [lat.], aufschiebend, schleppend, hinhaltend.

dilatorische Einrede ↑Einrede.

Dildo, svw. ↑Godemiché.

Dilemma [griech.], Zwangslage, Wahl zw. zwei [unangenehmen] Möglichkeiten.

Dilettant [italien. zu lat. delectare „ergötzen"], Nichtfachmann, Laie; zunächst (18. Jh.) Bez. für den nicht beruflich geschulten Künstler bzw. Kunstliebhaber aus Zeitvertreib, dann auf alle Bereiche ausgedehnt; heute meist in negativem Sinn. **Dilettantismus,** Oberflächlichkeit, Spielerei, auch Pfuscherei; **dilettantisch,** unfachmännisch, unzulänglich.

DIL-Gehäuse [Abk. für engl.: **D**ual **i**n **l**ine], Gehäuse zur Verkappung integrierter Schaltkreise mit Anschlußfahnen, die in 2 Reihen angeordnet sind.

Dill, rechter Nebenfluß der Lahn, entspringt nw. von Dillenburg, mündet bei Wetzlar, 68 km lang.

Dill (Anethum), Gatt. der Doldengewächse mit 2 vom Mittelmeer bis Indien verbreiteten Arten, darunter der als Gewürz- und Heilpflanze häufig angebaute **Echte Dill** (Anethum graveolens) aus SW-Asien, stark duftendes Kraut mit 3- bis 4fach fein gefiederten Blättern, gelbl. Blüten mit großen Dolden und [Spalt]früchten.

Dillenburg, Stadt in Hessen, im Dilltal, 218–300 m ü. d. M., 23 500 E. Oranien-Nassauisches Museum; Hess. Landesgestüt; u. a. Edelstahlwerk, Maschinenbau. – Stadt seit 1344; Schutz durch die um 1240 errichtete Burg (im 16. Jh. Festung; 1760 zerstört). – Wahrzeichen der Stadt ist der historisierende Wilhelmsturm (1872–75, an Stelle der Burg); Stadtkirche (1489–1501) mit Fürstengräbern.

Dillenia [nlat.], svw. ↑Rosenapfelbaum.

Dillingen a. d. Donau, Stadt in Bayern, am N-Rand des Donaurieds, 433 m ü. d. M., 15 800 E. Verwaltungssitz des gleichnamigen Landkr.; Akad. für Lehrerfortbildung; Museum. Herstellung von Haushaltgeräten und Werkzeug. – 1111 erstmals erwähnt (Burg 1220), 1257 befestigte Stadt. 1258 an das Bistum Augsburg; Univ. (1554–1804, bis 1971 Philosoph.-Theolog. Hochschule); 1803 an Bayern. – Studienkirche (1610–17), Franziskane-

Dill.
Echter Dill
(Höhe 60–120 cm)

Dillingen/Saar

rinnen-Klosterkirche (1736–38), Schloß (vom 15.–18. Jh. mehrfach umgebaut).

D. a. d. D., Landkr. in Bayern.

Dillingen/Saar, Stadt im Saarland, an der Mündung der Prims in die Saar, 182 m ü. d. M., 21 300 E. Hüttenwerke; Binnenhafen an der Saar. – Bis zum 16. Jh. im Besitz der Herren von Siersberg; 1766 an Frankreich, 1816 an Preußen.

Dilthey, Wilhelm, *Biebrich (= Wiesbaden-Biebrich) 19. Nov. 1833, †Seis bei Bozen 1. Okt 1911, dt. Philosoph. – 1866 Prof. in Basel, 1868 in Kiel, 1871 in Breslau, 1882 in Berlin; Begründer der Erkenntnistheorie der Geisteswiss. und einer der Hauptvertreter der hermeneut. Wiss. („histor. Schule"). D. versuchte, eine „Erfahrungswiss. der geistigen Erscheinungen" (1910) aufzubauen und method. zu sichern: Im Unterschied zu den Naturwiss., in denen unabhängig vom menschl. Handeln gegebene Ereignisse durch theoret. Entwürfe (Hypothesen) systematisiert und erklärt werden, muß der Geisteswissenschaftler seinen Gegenstandsbereich, die symbol. Zusammenhänge der gesellschaftl. und geschichtl. Wirklichkeit des Menschen, in denen er selbst steht, durch Nachvollziehen dieser Lebensäußerungen verstehen.

Werke: Einleitung in die Geisteswiss. (1883), Ideen über eine beschreibende und zergliedernde Psychologie (1894), Das Erlebnis und die Dichtung (1906), Der Aufbau der geschichtl. Welt in den Geisteswiss. (1910), Von dt. Dichtung und Musik (hg. 1933).

Dilution [lat.], in der Homöopathie aus den Urtinkturen durch (in Dezimalpotenzen fortschreitende) Verdünnung gewonnene Arzneimittellösung.

diluvial [lat.], das Diluvium betreffend.

Diluvium [lat. „Überschwemmung, Sintflut"], ältere Bez. für das ↑Pleistozän.

Dilwara, Ruinenstätte auf dem Guru Sikhar (höchster Berg der Aravalli Range), Rajasthan, Indien. Berühmt wegen der Dschainatempel aus weißem Marmor mit filigranartigem Dekor (11.–13. Jh.).

dim, Abk. für: ↑Dimension.

dim. (dimin.), Abk. für: ↑diminuendo.

Dimension [lat.], allg. Ausdehnung, Ausmaß; Bereich. ▷ in der *Geometrie* die kleinste Anzahl von Koordinaten, mit denen die Punkte der geometr. Grundgebilde beschrieben werden können; ein Punkt hat die D. Null, eine Linie die D. 1, eine Fläche die D. 2, der gewöhnl. Raum die D. 3; die Punkte eines n-dimensionalen Raumes benötigen n Koordinaten zu ihrer Beschreibung. In einem Vektorraum versteht man unter einer D. die Maximalzahl linear unabhängiger Vektoren.
▷ (Dimensionsprodukt) die qualitative Darstellung einer *physikal. Größe* aus den für die Beschreibung des betreffenden Teilgebiets der Physik gewählten Grundgrößenarten in der Form eines Potenzproduktes mit [meist] ganzzahligen Exponenten. Wählt man z. B. als Grundgrößenarten die Länge (L), die Masse (M) und die Zeit (T), dann ergibt sich für die kinet. Energie W gemäß ihrer Definitionsgleichung $W = \frac{1}{2}mv^2$ das Dimensionsprodukt:

$$\dim [W] = M \cdot L^2 \cdot T^{-2}.$$

dimer [griech.], zweiteilig, zweigliedrig.

Dimerisation (Dimerisierung) [griech.], Vereinigung von zwei gleichen Molekülen.

Dimeter [griech.], Vers, der aus zwei metr. Einheiten gebildet ist.

Dimethyläther, svw. ↑Methyläther.

Dimethylsulfat, $SO_2(O \cdot CH_3)_2$, farbloses, sehr giftiges Öl, wichtiges Methylierungsmittel in der organ. Chemie.

Dimethylsulfoxid, DMSO,

$$CH_3 - SO - CH_3,$$

farb- und geruchlose, ungiftige Flüssigkeit, die sich durch ein hohes Lösungsvermögen u. a. für organ. Stoffe und Kunststoffe auszeichnet; wird v. a. als Lösungsmittel verwendet.

diminuendo [italien.], Abk. dim., musikal. Vortragsbez.: an Tonstärke abnehmend. Zeichen >; Ggs.: ↑crescendo.

Diminution [lat.], in der *Musik* 1. die Verkürzung einer Note in der ↑Mensuralnotation. 2. die proportionale Verkürzung der Notendauern einer Melodie, eines Themas u. ä., z. B. im Kanon oder in der Fuge (meist Verkürzung um die Hälfte). 3. die Verzierung einer Melodie durch Zerlegen größerer Notenwerte in eine Folge von kleineren.

Diminutiv (Diminutivum, Deminutiv[um]) [lat.], Verkleinerungsform eines Substantivs, in der dt. Hochsprache gebildet durch die Suffixe „...chen" und „...lein".

Dimitrijević, Dragutin (serbokroat. di͡mitrijeviʨ), gen. Apis, *Belgrad 17. Aug. 1876, †bei Saloniki 26. Juni 1917, serb. Offizier und Verschwörer. – Als Verfechter eines radikalen großserb. Nationalismus maßgeblich beteiligt an der Ermordung des serb. Königs Alexander I. Obrenović und seiner Frau Draga (1903); als Chef des Geheimbundes „Schwarze Hand" (ab 1911) Organisator des Attentats auf den östr.-ungar. Thronfolger Franz Ferdinand in Sarajevo 1914; später verhaftet, 1917 hingerichtet.

Dimitrow, Georgi Michailowitsch, *Kowatscheviza bei Radomir 18. Juni 1882, †Moskau 2. Juli 1949, bulgar. Politiker. – Ab 1902 Mgl. der Sozialdemokrat. Partei; 1919 Mitbegr. der bulgar. KP; 1933 in Berlin in den Prozeß um den Reichstagsbrand verwickelt, mußte 1934 jedoch freigesprochen werden; 1935–43 Generalsekretär der Komintern in Moskau, 1937–45 Abg. des Obersten Sowjets; ließ 1946 die VR Bulgarien ausrufen; 1946–49 Min.präs.; 1948 Generalsekretär der bulgar. KP.

Dimitrowgrad (bis 1972 Melekess), Stadt im Gebiet Uljanowsk, in Rußland, am Samaraer Stausee, 124 000 E. Forschungsinst. für Kernreaktoren; Maschinenbau, Textil- und Nahrungsmittelind.; Kernkraftwerk. – 1714 gegr., seit 1919 Stadt.

D., bulgar. Stadt am Mittellauf der Maritza, 78 000 E. – Nach 1947 entstandener bed. Ind.standort (Zement-, Asbest-, Chemie- und Konservenfabriken). Braunkohlenbergbau.

Dimmer [engl.], svw. ↑Helligkeitsregler.

Dimona, Stadt im Negev, Israel, 26 500 E. Chem. und metallverarbeitende Ind., Kernkraftwerk. – 1955 gegr., planmäßige Anlage.

Dimorphie [griech.] ↑Polymorphie.

Dimorphismus [griech.], das Auftreten derselben Tier- oder Pflanzenart in zwei verschiedenen Formen (Morphen); z. B. ↑Geschlechtsdimorphismus, ↑Saisondimorphismus.

DIN ↑DIN Deutsches Institut für Normung e. V.

Dinant [frz. di'nã], belg. Stadt an der Maas, in deren Durchbruchstal durch die Ardennen, 12 000 E. Textilind., traditionelles Kupferschmiedehandwerk (**Dinanderie**). –

Wilhelm Dilthey

Dinant. Das Maasufer mit der frühgotischen Liebfrauenkirche aus dem 13. Jahrhundert

Dingo

Die zum Bistum Lüttich gehörende Stadt war seit dem 14. Jh. Mgl. der Hanse. – Frühgot. Liebfrauenkirche (13. Jh.).

Dinar [arab.; zu ↑ Denar], urspr. die Goldeinheit der verschiedenen arab. Münzsysteme in Asien, Ägypten, Nordafrika und Spanien bis zum 13. und 15. Jh.; seit etwa 695 bekannt.
▷ pers. Rechnungsmünze des 17.–19. Jh.
▷ in Zusammensetzungen Bez. für Währungseinheiten in Algerien, Bahrain, Irak, Jemen, Jordanien, Jugoslawien, Kuwait, Libyen, Tunesien.

Dinariden (Dinarische Alpen), verkarstetes Gebirgssystem in Slowenien, Kroatien, Bosnien und Herzegowina, Montenegro und Albanien, erstreckt sich von Ljubljana bis zum Drin, im Durmitor 2522 m hoch; Fortsetzung der Ostalpen.

dinarische Rasse, in den Gebirgen M- und S-Europas, in den östl. Alpen, im Karpatenbogen und in der W-Ukraine verbreitete Menschenrasse. Charakterist. Merkmale sind schlanker, hagerer, hoher Körperwuchs, braune Augen und Haare, Hoch- und Kurzköpfigkeit, abgeflachtes Hinterhaupt, Adler- oder Hakennase, mittelhelle Haut.

Johann Melchior Dinglinger. Zwei Orientalen, die Hand des Kekrops präsentierend; Gruppe aus dem „Hofhalt des Großmoguls zu Delhi", 1701–08 (Dresden, Grünes Gewölbe)

DIN Deutsches Institut für Normung e. V., von 1926 bis 1975: Dt. Normenausschuß (Abk. DNA); Sitz Berlin; legt durch Gemeinschaftsarbeit aller Beteiligten Normen – v. a. im Bereich der Technik – fest, veröffentlicht sie und vertritt sie in Deutschland und dem Ausland (u. a. dt. Vertreter in der International Organization for Standardization). Organe sind u. a. Fachnormen- und Arbeitsausschüsse, die mit Zustimmung der beteiligten Fachkreise gebildet werden und die Normungsarbeit durchführen. Nach Prüfung bezügl. bereits bestehender Normen und nach vereinheitlichender Überarbeitung verabschiedet die Normenprüfstelle die aufgestellten Normen unter dem DIN-Zeichen (DIN) in Form von Normblättern; das DIN-Zeichen darf nur zur Kennzeichnung von Erzeugnissen verwendet werden, die den DIN-Normen in allen Punkten entsprechen.

Dine, Jim [engl. 'daın], * Cincinnati (Ohio) 16. Juni 1935, amerikan. Maler. – Übermalte Assemblagen mit „Fundstücken"; auch als Graphiker z. T. der Pop-art nahe; außerdem Happeningkünstler.

Diner [frz. di'ne:; zu vulgärlat. disjejunare „zu fasten aufhören"], frz. Bez. für die Hauptmahlzeit, im allg. abends eingenommen. Im dt. Sprachgebrauch Bez. für ein festl. Essen.

Diners Club Inc. [engl. 'daınəz 'klʌb ın'kɔ:pəreıtıd], älteste und weltweit verbreitete Kreditkartenorganisation, Sitz New York, gegr. 1951.

Dinescu, Mircea, * Slobazia 11. Dez. 1950, rumän. Lyriker. – Schreibt an R. M. Rilke und T. S. Eliot orientierte, nonkonformist. Verse mit sachl. Aussage (in dt. Auswahl „Exil im Pfefferkorn", 1989); stand während der Ceausescu-Diktatur unter Hausarrest und rief am 22. Dez. 1989 über Radio Bukarest den Sturz Ceausescus aus; wurde Vors. des Schriftstellerverbandes.

DIN-Formate ↑ Papierformate.

Ding ↑ Thing.

Ding, allg. svw. Gegenstand, Objekt; im philosoph. Sprachgebrauch i. e. S. der Träger (Substanz) von Eigenschaften.

Ding an sich, in der Philosophie Kants der Begriff von einem Sein, das als Grund der Erscheinungen unabhängig von der sinnl. Wahrnehmung nicht erkannt, wohl aber gedacht werden kann.

Dingel (Dingelorchis, Limodorum), Gatt. der Orchideen in M- und S-Europa mit der einzigen kalkliebenden Art **Limodorum abortivum;** Erdorchidee ohne grüne Blätter, mit dunkelviolettem Stengel und bis 4 cm breiten, langgespornten, hellvioletten Blüten in mehrblütiger Traube.

Dingelstedt, Franz Freiherr von (seit 1876), * Halsdorf (Hessen) 30. Juni 1814, † Wien 15. Mai 1881, dt. Theaterleiter und Schriftsteller. – Intendant des Münchner und Weimarer Hoftheaters, ab 1870 in Wien an Hofoper und Burgtheater. Bed. Shakespeare- und Hebbelinszenierungen. Polit.-satir. Gedichte; auch Romane und Dramen.

Dinggedicht, im Ggs. v. a. zur Stimmungslyrik eine lyr. Ausdrucksform, der in Gegenstand und Lebewesen Anlaß zu distanziert betrachtender Darstellung gibt, wodurch symbol. oder metaphor. Deutung des „Dings" möglich wird. Erste Vertreter der Gattung: Mörike und C. F. Meyer, dann v. a. Rilke.

Dinghofer, Franz, * Ottensheim bei Linz 6. April 1873, † Wien 12. Jan. 1956, östr. Politiker. – 1918 Präs. der provisor. Nationalversammlung Deutschösterreichs; ab 1920 Führer der Großdt. Volkspartei; 1926/27 Vizekanzler, 1927/28 Justizmin.; 1928–38 Präs. des östr. Obersten Gerichtshofs.

Dingi (Dinghi) [Hindi], kleinstes Beiboot (Ruderboot) von Schiffen.
▷ kleines Sportsegelboot (↑ Finn-Dingi).

Ding La, 5885 m hoher Gebirgspaß in SW-Tibet; über ihn führt der höchste Karawanenweg des Transhimalaja.

Dingler, Hugo, * München 7. Juli 1881, † ebd. 29. Juni 1954, dt. Philosoph und Wissenschaftstheoretiker. – 1920 Prof. in München, 1932–34 in Darmstadt. Entfaltete eine method. Begründung der exakten Naturwiss. (Mathematik, Physik) mit einer operationalist. Theorie (↑ Operationalismus), der zufolge Gegenstände der Wiss. nicht beschrieben werden, sondern Regeln gefordert werden, unter deren Befolgung diese Gegenstände erzeugt werden können. – *Werke:* Die Grundlagen der Naturphilosophie (1913), Die Grundlagen der Physik (1919), Der Zusammenbruch der Wissenschaft (1926), Geschichte der Naturphilosophie (1932), Grundriß der method. Philosophie (1949), Aufbau der exakten Fundamentalwissenschaft (hg. 1964).

dinglicher Anspruch ↑ dingliche Rechte.

dinglicher Arrest ↑ Arrest.

dingliche Rechte (Sachenrechte), Vermögensrechte, die eine unmittelbare Herrschaft über eine Sache (ausnahmsweise ein Recht) gewähren. Im Ggs. zu den ↑ obligatorischen Rechten sind sie [von jedermann zu achtende] absolute Rechte (z. B. Eigentum). Ihre Verletzung begründet einen **dinglichen Anspruch,** bei Verschulden des Verletzers auch einen Schadenersatzanspruch wegen unerlaubter Handlung.

Dinglinger, Johann Melchior, * Biberach an der Riß 26. Dez. 1664, † Dresden 6. März 1731, dt. Goldschmied. – Meister des Dresdner Barocks; schuf u. a. „Das Goldene Kaffeezeug" (1701), „Der Hofhalt des Großmoguls zu Delhi" (1701–08, die erste große Chinoiserie in Deutschland mit 132 Figuren) und die Gruppe „Bad der Diana" (1704) sowie Juweliergarnituren für August den Starken (alle Dresden, Grünes Gewölbe).

Dingo [austral.] (Warragal, Canis familiaris dingo), austral. Wildhund von der Größe eines kleinen Dt. Schäferhundes mit ziemlich kurzem, meist rötlich- bis gelbbraunem Fell. Der D. ist vermutlich eine verwilderte primitive Haushundeform; heute in freier Wildbahn fast ausgerottet.

Dinar. Ägyptischer Dinar, geprägt 1226/27 in Kairo (Vorder- und Rückseite)

Franz Freiherr von Dingelstedt

Mircea Dinescu

Dingolfing

Diode.
Prinzip und Schaltbild einer Röhrendiode mit indirekter Heizung der Kathode

Diode.
Schaltzeichen und prinzipieller Aufbau einer Halbleiterdiode

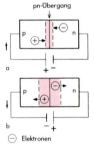

Diode.
Schaltung einer Halbleiterdiode:
a bei Durchlaßschaltung;
b bei Sperrschaltung

Dingolfing, Stadt in Bayern, an der unteren Isar, 364 m ü. d. M., 13 900 E. U. a. Automobilind. – 769/771 erstmals erwähnt; im 13. Jh. Burg mit Burgsiedlung; erhielt 1274 Stadtrechte. – Pfarrkirche (1467 ff.), Herzogsburg (15. Jh.), Reste der Stadtmauer.

Dingolfing-Landau, Landkr. in Bayern.

Dingwort, svw. ↑ Substantiv.

Din Ilahi ↑ Akbar.

Dinis (Diniz) [portugies. dəˈniʃ] ↑ Dionysius, König von Portugal.

Dinitrokresol (4,6-Dinitroorthokresol), sehr giftiges Kresolderivat; dient zur Schädlings- und Unkrautbekämpfung; Holzimprägnierungsmittel.

Dinitrophenol (2,4-Dinitrophenol), Phenol mit zwei Nitrogruppen; wichtiges Holzkonservierungsmittel.

Dinka, Nilotenstamm in S-Sudan, am oberen Nil; 1–2 Mill.; Hirtennomaden mit Feldbau (Hirse) und Fischer.

Dinkel (Spelt[weizen], Spelz, Schwabenkorn, Triticum spelta), anspruchslose, winterharte Weizenart mit meist unbegrannter **(Kolbendinkel),** aber auch begrannter Ähre **(Grannendinkel)** und brüchiger Spindel (wird daher oft grün geerntet; ↑Grünkern); Körnerfrucht fest von Spelz umschlossen, liefert Mehl von hohem Backwert.

Dinkelsbühl, Stadt in Bayern, an der Wörnitz, 442 m ü. d. M., 10 600 E. Museum; Pinselherstellung, Holz-, Leder- und Textilind.; Fremdenverkehr. – 1188 als stauf. Stadt belegt; ab 1273 Reichsstadt (bis 1803). 1541 trat D. der Augsburger Konfession bei. – Ma. Stadtbild: Stadtmauer mit Wehrgang, 4 Toren, Mauertürmen, Doppelgraben und Zwinger; Fachwerkhäuser (16. und 17. Jh.), altes Rathaus (14. Jh.), Adlerapotheke (1747), Deutschordenshaus (1761–64); Stadtpfarrkirche Sankt Georg (1448–99).

DIN-Leistung, bei einer Verbrennungskraftmaschine die am Schwungrad unter normalen Betriebsbedingungen verfügbare Nutzleistung, wobei alle Ausrüstungsteile (Lüfter, Wasserpumpe bzw. Kühlluftgebläse, Kraftstoffpumpe, Kraftstoffansaug- bzw. -einspritzanlage, unbelastete Lichtmaschine, Auspuffanlage) vom Motor selbst betrieben werden müssen (DIN 70 020).

Dinner [engl. ˈdɪnə (zu ↑Diner)], engl. Bez. für die Hauptmahlzeit (im allg. abends).

Dinnerjacket [engl. ˈdɪnəˌdʒækɪt], engl. Bez. für Smoking.

Dinoflagellaten [griech./lat.] (Pyrrhophyceae), Klasse der Algen; meist einzellige, mit zwei unterschiedlich langen Geißeln ausgestattete Organismen, v. a. im Plankton des Meeres, aber auch im Süßwasser.

Dinosaurier [zu griech. deinós „gewaltig" und saũros „Eidechse"] (Riesensaurier, Dinosauria), zusammenfassende Bez. für die beiden ausgestorbenen Kriechtierordnungen Saurischier und Ornithischier. Die D. sind seit der Trias bekannt; ihre größte Verbreitung hatten sie zur Jura- und Kreidezeit; gegen Ende der Kreidezeit starben sie aus. Sie waren bis 35 m lang und 60 t schwer. Zu den D. gehören die größten Landtiere aller Zeiten. Der Körper hatte meist einen kleinen Kopf sowie langen Hals und Schwanz. – Die D. waren urspr. räuber. Fleischfresser, die sich auf den Hinterbeinen fortbewegten. Erst im späteren Verlauf der Entwicklung wurden viele Arten zu Pflanzenfressern, die sich wieder auf vier Beinen fortbewegten.

Dinosaurier. Modell eines Triceratops (Pflanzenfresser)

Dinotherium [zu griech. deinós „gewaltig" und thērion „Tier"], Gatt. bis elefantengroßer Rüsseltiere in Eurasien, seit dem Miozän bekannt, im Pleistozän ausgestorben.

Dinslaken, Stadt in NRW, an der Emschermündung in den Rhein, 12–68 m ü. d. M., 62 500 E. Burghofbühne, Trabrennbahn; Steinkohlenbergbau, Metall- und Textilind. – D. erhielt 1273 Stadtrecht. Mit Kleve kam D. 1609/66 an Brandenburg. – Reste einer Hallenkirche (um 1490).

Dinkelsbühl mit Rothenburger Tor, um 1380

Diode [griech.], elektron. Bauelement, dessen Widerstand in so hohem Grade von der Polarität der angelegten elektr. Spannung abhängt, daß ein Stromfluß praktisch nur in einer Richtung erfolgen kann. D. dienen als elektr. Ventile; techn. Ausführung: Hochvakuumröhren oder Halbleiterbauelemente mit (mindestens) einer Sperrschicht. **Hochvakuumdioden** (Röhrendioden) benutzen die Glühemission einer geheizten Kathode zur Aussendung von Elektronen in einen evakuierten Raum, aus dem sie dann bei Anlegen einer Spannung über eine kalte Gegenelektrode (Anode) abgeführt werden können. Der so entstehende Strom kann nur in einer Richtung fließen, und zwar von der Kathode (Minuspol) zur Anode (Pluspol). **Halbleiterdioden** nutzen die elektr. Eigenschaften von pn-Übergängen, bei denen die Stromstärke I von der anliegenden Spannung U gemäß der **Diodengleichung**

$$I = I_{Sp} \left[\exp\left(\frac{eU}{kT}\right) - 1\right]$$

abhängt. Der Sperrsättigungsstrom I_{Sp} ist von den Dotierungsverhältnissen in den einzelnen Schichten und von der Temperatur abhängig.

Diodor (Diodorus Siculus), griech. Geschichtsschreiber des 1. Jh. v. Chr. aus Sizilien. Dann z. Z. Cäsars in Rom, schrieb eine Weltgeschichte in 40 Büchern, von denen 15 erhalten sind; wertvoll wegen der sonst nicht überlieferten benutzten Quellen.

Diogenes von Sinope, gen. der „Kyniker", * um 400, † wohl zw. 328 und 323, griech. Philosoph. – Vertreter des ↑Kynismus; durch zahlreiche Anekdoten bekannt (D. in der Tonne); kritisierte in seinem provokatorisch einfachen und asket. Leben unreflektierte Bedürfnisbefriedigung, unvernünftige Konventionen und gesellschaftl. Zwänge.

Diogenes Laertios, griech. Philosoph des 2./3. Jh. – Sein Hauptwerk „Über Leben und Meinungen berühmter Philosophen" (10 Bücher) ist die einzige erhaltene Geschichte der Philosophie in der Antike.

Diogenes Verlag ↑Verlage (Übersicht).

Diokles, syrakusan. Politiker im 5. Jh. v. Chr. – Auf sein Betreiben wurde 412 der Staat in eine radikale Demokratie umgewandelt; wegen militär. Versagens 408 (Verlust von Himera) verbannt; später kultisch verehrt.

D., griech. Mathematiker um 100 v. Chr. – Behandelte das ↑delische Problem mittels der von ihm erfundenen Zissoide.

Diokletian (Gajus Aurelius Valerius Diocletianus), * in Dalmatien etwa 240, † Salona (= Solin bei Split) 313/316, röm. Kaiser (seit 284). – Bis 298 Sicherung der röm. Position am Rhein und Donau, NW-Gallien und England, Ägypten und Persien. Ergriff zugleich Maßnahmen zur inneren Stabilisierung des Reiches, u. a.: 1. 285 Ernennung Maximians zum Mitkaiser, 293 Bildung der ↑Tetrarchie, daneben ideolog. Fundierung des Kaisertums (Dominat); 2. Vollendung des Steuersystems von „iugatio" (für Bodenbesitz) und „capitatio" (für anderen Besitz); Einführung des 5- bzw. 15jährigen Steuerzyklus (Indiktion); Münzreform; Festsetzung von Höchstpreisen für Waren und Dienstleistungen (301); 3. Aufteilung der bestehenden Prov.; 4. endgültige takt. Gliederung der Armee in Grenztruppen und mobile Reichsarmee; Verbot des Christentums und des Manichäismus (303). Am 1. Mai 305 Rücktritt mit Maximian.

-diol, Bez. der chem. Nomenklatur, die in organ. Verbindungen das Vorhandensein von zwei Hydroxylgruppen kennzeichnet.

Diolen ⓦ [Kw.], sehr reißfeste Polyesterfaser.

Diomedes, zwei Gestalten der griech. Mythologie. 1. Sohn des Tydeus, König von Argos. D. ist vor Troja einer der stärksten Kämpfer der Griechen. – 2. Sohn des Ares, König von Thrakien. Besitzt menschenfressende Rosse, denen er von Herakles zum Fraß vorgeworfen wird.

Dion, *409, †354 (ermordet), syrakusan. Politiker. – Schwager und Schwiegersohn Dionysios' I., Anhänger und Freund Platos seit 388; versuchte nach 367 mit dessen Hilfe eine innere Reform des Staates herbeizuführen, scheiterte aber; 366–357 verbannt; nach seiner Rückkehr zum Strategen gewählt, geriet er immer mehr auf die Bahn der Tyrannis.

-dion, Bez. der chem. Nomenklatur, die das Vorhandensein von zwei Carbonylgruppen kennzeichnet.

Dione, Titanin der griech. Mythologie. Tochter des Uranos und der Gäa, nach anderer Tradition Nymphe, Tochter des Okeanos und der Tethys. Mutter der Aphrodite.

Dione [griech., nach der gleichnamigen Titanin], ein Mond des Planeten Saturn. Entfernung vom Planeten 377 500 km, Umlaufzeit $2,737^d$, Durchmesser 1 120 km.

Dionissi, * um 1440, † nach 1502, russ. Maler. – D., seine Werkstatt und seine Söhne stehen in der Tradition A. Rubljows; seine Figuren sind langgestreckt und graziös. U. a. Fresken, Ikonen und Ikonostase im Theraponoskloster (Bezirk Wologda; 1500–02).

Dionysios, Name von Herrschern:
D. I., *etwa 430, † im Frühjahr 367, Tyrann von Syrakus (seit 405). – Setzte 406 seine Ernennung zum obersten Heerführer und 405 die offizielle Zuerkennung tyrannenähnl. Macht durch; brachte in Krieg gegen Karthago (398–392; weitere Karthagerkriege 382–374 und 367) zwei Drittel Siziliens in seine Hand; dehnte bis 386 seinen Machtbereich auf S-Italien aus; suchte seinen Hof zum geistigen Mittelpunkt der griech. Welt zu machen.
D. II., *etwa 397, Todesjahr unbekannt, Tyrann von Syrakus (seit 367). – Überließ die Regierungsgeschäfte ↑Dion; zunächst von Platon unterwiesen, 361/360 Bruch mit diesem wegen der Verbannung Dions; ging, von Timoleon 344 vertrieben, nach Korinth ins Exil.

Dionysios der Perieget [peri-e'ge:t], griech. Schriftsteller der 1. Hälfte des 2. Jh. n. Chr. aus Alexandria. – Seine „Erdbeschreibung" war noch im MA als Schulbuch im Gebrauch.

Dionysios von Halikarnassos, griech. Rhetor und Geschichtsschreiber des 1. Jh. v. Chr. – Lebte seit 30 v. Chr. in Rom; schrieb u. a. „Antiquitates Romanae", eine Geschichte des röm. Altertums von der Frühzeit bis zum Beginn des 1. Pun. Krieges (264 v. Chr.).

Dionysios Areopagita, angeblich erster Bischof von Athen (im 1. Jh.). – Gab sich als von Paulus bekehrtes Mgl. des Areopags aus. – Unter dem Namen D. A. und unter Berufung auf Apg. 17, 34 veröffentlichte ein griechisch schreibender christl. Schriftsteller des 5. oder 6. Jh., der *Pseudo-D. A.,* eine Reihe theologisch-myst. Schriften und Briefe.

Dionysios Thrax, griech. Grammatiker des 2. Jh. v. Chr. – Schuf die älteste bekannte griech. Grammatik mit Einfluß auf den Lehrbetrieb bis in das 18. Jahrhundert.

dionysisch ↑apollinisch-dionysisch.

Dionysius (Diniz, Dinis), *Lissabon 9. Okt. 1261, †Santarém (Estremadura) 7. Jan. 1325, König von Portugal (seit 1279). – Sohn Alfons' III.; förderte Rechtspflege und Wiss. (Stiftung der Univ. Lissabon 1290; 1308 nach Coimbra verlegt); schuf die Grundlagen der Nationalsprache.

Dionysos (auch Bakchos; lat. Bacchus), griech. Gott des Weines und der Fruchtbarkeit, Sohn des Zeus und der Semele. Sein Attribut ist der mit Efeu und Reben umkränzte Thyrsosstab. In seinem ekstat. und orgiast. Kult zerreißen seine Verehrerinnen, die Mänaden, junge Tiere und verzehren deren rohes Fleisch. – D. wird gerne in der griech. Vasenmalerei dargestellt, bis ins 5. Jh. v. Chr. bärtig und in langem Gewand, dann als jugendl. Gott. In der Renaissance Thema von Skulptur (Michelangelo, „Trunkener Bacchus", 1497/98; Florenz, Bargello) und Malerei (Tizian, „Bacchus und Ariadne", 1523; London, National Gallery). – Die berühmteste der Opern zur D.sage ist „Ariadne auf Naxos" von R. Strauss (1912).

diophantische Gleichung [nach Diophantos von Alexandria], eine Gleichung $f(x_1, x_2, ..., x_n) = 0$, für die nur ganzzahlige Lösungen $x_1, x_2, ..., x_n$ gesucht werden.

Diophantos von Alexandria, griech. Mathematiker der 2. Hälfte des 3. Jh. n. Chr. – Bedeutendster Algebraiker der Antike. Er leitete allg. Regeln zum Rechnen mit Potenzen und zum Lösen von Gleichungen mit mehreren Unbekannten ab und begründete die mathemat. Symbolik.

Dioptas [griech.], smaragdgrünes, durchscheinendes, trigonales Mineral, Dichte 3,3 g/m³, Mohshärte 5,0; oft von Edelsteinqualität; Formel: $Cu_6(Si_6O_{18}) \cdot 6 H_2O$.

Diopter [griech.], Vorrichtung zur Bestimmung einer Ziellinie, besteht aus Blende und Zielmarke.

Dioptrie [griech.], Einheitenzeichen dpt, gesetzl. Einheit der Brechkraft von opt. Systemen. 1 Dioptrie (dpt) ist gleich der Brechkraft eines opt. Systems mit der Brennweite 1 m in einem Medium mit der Brechzahl 1.

dioptrisch, nur brechende Elemente (Linsen, Prismen) enthaltend.

Dior, Christian [frz. djɔ:r], *Granville 21. Jan. 1905, †Montecatini 24. Okt. 1957, frz. Couturier. – Gründete 1946 einen Salon in Paris. Er lancierte die lange Mode, den „New Look", die A- und die H-Linie.

Diorama [griech.], plastisch wirkendes Schaubild, bei dem Gegenstände vor einem gemalten oder photographier-

Dionysos. Darstellung auf einer Spitzamphora, um 500 v. Chr.

Dioskurides von Samos. Umherziehende Musiker, Fußbodenmosaik aus der „Villa des Cicero" in Pompeji, wohl 1. Jh. v. Chr. (Neapel, Nationalmuseum)

Diorit

ten Rundhorizont aufgestellt sind und teilweise in diesen übergehen.

Diorit [griech.], körniges, meist helles, grünlichgraues Tiefengestein; Hauptbestandteile sind Plagioklas, Hornblende, Biotit, Quarz und Augite.

Dioskuren [griech. Dióskouroi „Söhne des Zeus"], in der griech. Mythologie die göttl. Zwillinge Kastor (lat. Castor) und Polydeukes (lat. Pollux). Bei dem Versuch, die Töchter des Leukippos zu rauben, wird Kastor getötet; um die Zwillinge nicht zu trennen, gestattet ihnen Zeus, gemeinsam je einen Tag in der Unterwelt und im Olymp verbringen. Der überaus populäre Kult der D., die man v. a. als Helfer in Seenot anrief, war, von Sparta ausgehend, in ganz Griechenland und Italien verbreitet.

Dioskurides, Pedanios, griech. Arzt und Pharmakologe des 1. Jh. n. Chr. aus Anazarbos (Kilikien). – Verf. einer Arzneimittellehre („Materia medica") in fünf Büchern, in der die in jener Zeit verwendeten Arzneipflanzen (etwa 600) beschrieben wurden.

Dioskurides von Samos, griech. Mosaikkünstler wohl des 1. Jh. v. Chr. – Wurde bekannt durch seine Signatur auf zwei pompejan. Mosaikbildchen mit Komödienszenen aus der „Villa des Cicero". – Abb. S. 521.

Diouf, Abdou [frz. djuf], *Louga 7. Sept. 1935, senegales. Politiker. – 1970–80 Min.präs.; Staatspräs. seit 1981.

Dioxan [griech.], farblose, brennbare Flüssigkeit, ein cyclischer Äther; wichtiges Lösungsmittel für Zelluloseprodukte, Fette, Öle.

Dioxide, Verbindungen, in deren Molekülen jeweils ein Atom eines Metalls oder Nichtmetalls mit zwei Atomen Sauerstoff verbunden ist, z. B. CO_2 (Kohlendioxid).

Dioxine [griech.], stark giftige organ. Substanzen, die sich vom Dioxin, einer hypothet. heterocycl. Verbindung, ableiten. D. werden in der Luft, im Boden, im Wasser und in Organismen gefunden. Sie gelangen mit Rauchgasen, Verbrennungs- und Produktionsrückständen in die Umwelt. Symptom einer Vergiftung beim Menschen durch hohe D.konzentration ist z. B. die Chlorakne, eine schwere Hautkrankheit. Am giftigsten ist das als **Sevesogift** bekannt gewordene 2,3,7,8-**T**etra**c**hlor**d**ibenzo**d**ioxin (kurz TCDD), das im Tierversuch stärkste bekannte krebserzeugende Substanz. Aufgrund von Tierversuchen wird angenommen, daß der Mensch nur zw. 1 und 10 Pikogramm TCDD pro Kilogramm Körpergewicht und Tag aufnehmen darf (um Schäden auszuschließen). TCDD ist wie viele Chlorkohlenwasserstoffe chemisch und thermisch äußerst beständig und wird auch biochemisch praktisch nicht abgebaut. Die Entsorgung ist durch Verbrennung in Spezialanlagen bei über 1 000 °C und ausreichender Brenndauer möglich.

diözesan [griech.], zu einer Diözese gehörig, die Diözese betreffend: **Diözesan**, Angehöriger einer Diözese.

Diözese [zu griech. dioíkēsis „Verwaltung(sbezirk)"], röm. Regionalbezirk; durch die Reformen Diokletians der zw. (verkleinerten) Prov. und Präfektur eingeschaltete Verwaltungsbezirk (insgesamt 12).

▷ (Bistum) als Organisationsform der röm.-kath. Kirche des lat. Westens eine von einem Bischof geleitete Gemeinschaft von Gläubigen, die wesentl. Teil der Kirche ist und, durch den Bischof mit dem Papst und den Gliedern des Bischofskollegiums verbunden, in ihrem Bereich die Kirche repräsentiert. Zu den D. im deutschsprachigen Raum ↑ katholische Kirche (Übersicht).

Diözie [griech.] (Zweihäusigkeit), Form der Getrenntgeschlechtigkeit (Diklinie) bei [Blüten]pflanzen: die Ausbildung der ♂ und ♀ Blüten auf zwei verschiedene Individuen einer Art verteilt (die Pflanzen sind *diözisch* oder *zweihäusig*); z. B. bei Eibe und Weiden. – ↑ Monözie.

Dipeptidasen, Enzyme, die gewisse Dipeptide hydrolytisch in die beiden Aminosäuren spalten.

Diphenyl, $C_6H_5-C_6H_5$, neuere Bez. Biphenyl, Kohlenwasserstoff, der bei der Destillation des Steinkohlenteers anfällt; u. a. Konservierungsmittel für Zitrusfrüchte.

Diphenyläther (Diphenyloxid), $C_6H_5-O-C_6H_5$, in der Parfümerie sehr viel verwendeter, billiger Riechstoff.

Abdou Diouf

Diphtherie [zu griech. diphthéra „(präparierte) Tierhaut, Leder" (wohl wegen der hautartigen Beläge)] (Halsbräune, Rachenbräune), anzeigepflichtige akute Infektionskrankheit (bes. bei Kindern) mit charakterist., entzündl., membranartigen Belägen auf den Schleimhäuten v. a. des Nasen-Rachen-Raums, toxischen Allgemeinerscheinungen (Blässe, Erbrechen, Ödeme) und Neigung zu Herzkomplikationen, bei Kleinkindern zum Ersticken. – *Erreger* der D. ist das Corynebacterium diphtheriae. Seine hochgiftigen Stoffwechselprodukte (D.toxin) können zur *tox.* D. mit hohem Fieber, schnellem und regelmäßigem Puls und Kreislaufkollaps führen. Bei dieser seltenen Form der D. ist der Hals durch entzündl. Schwellungen im Bereich der Lymphknoten unförmig verdickt.

Die Ansteckung erfolgt gewöhnlich durch Tröpfcheninfektion. Nach einer Inkubationszeit von 2–5 Tagen beginnt die D. mit allg. Krankheitsgefühl, leichtem Fieber und Schluckbeschwerden. Bei der *lokalisierten* D. kommt es zu umschriebenen Entzündungserscheinungen an den Mandeln, im Rachen und in den oberen Luftwegen (Rachen- und Kehlkopf-D.).

Zu den *Spätfolgen* der D. zählen v. a. die häufigen Herzmuskelschäden in der zweiten bis dritten Krankheitswoche, die bei Rekonvaleszenten zum plötzl. Herztod führen können, ferner Nierenschäden und Nervenlähmungen. Bei einer frühzeitigen Behandlung kann das freie D.toxin mit antitox. D.heilserum neutralisiert werden. Vorbeugung ist durch aktive Immunisierung mit entgiftetem Toxin möglich (↑ Impfkalender). – Krankheitsbilder mit Rachenentzündungen und Membranbildungen hat erstmals der röm. Arzt Galen (2. Jh. n. Chr.) beschrieben. Der D.erreger wurde 1873 erstmals von E. Klebs beobachtet. 1890 isolierte E. von Behring das D.heilserum, 1907 führte T. Smith die aktive Immunisierung ein.

Diphthong [griech.] (Zwielaut, Doppellaut), Verbindung zweier unmittelbar aufeinanderfolgender Vokale derselben Silbe, z. B. der D. au [au̯] in Haut [haut̯].

Diphyodontie [griech.], einmaliger Zahnwechsel der Säugetiere und des Menschen.

Dipl., Abk. für: ↑ **Dipl**om (bei Titeln).

Diplegie [griech.], doppelseitige Lähmung des gleichen Körperabschnitts.

Diplodocus [griech.], Gatt. bis 30 m langer und bis 5 m hoher Dinosaurier im obersten nordamerikan. Jura; Körper mit sehr langem Schwanz, langem Hals und kleinem, langgestrecktem Schädel.

Diploe [griech.], schwammartige Knochensubstanz zw. den beiden kompakten Tafeln der platten Schädelknochen.

diploid [griech.], mit doppeltem Chromosomensatz versehen, einen Chromosomensatz aus Paaren homologer Chromosomen besitzend (nämlich denen der mütterl. und väterl. Keimzelle). Ggs. ↑ haploid; ↑ polyploid.

Diplokokken (Diplococcus) [griech.], Gatt. der (grampositiven) Milchsäurebakterien; paarweise auftretende Kugelbakterien. – ↑ Pneumokokken.

Diplom [zu griech. díplōma „Handschreiben auf zwei zusammengelegten Blättern"], 1. in der *Geschichtswiss.* ↑ Urkunde; 2. heute v. a. die Urkunde über die Verleihung eines akadem. Grades bzw. dieser Grad selbst (sowie einiger nicht akadem. staatl. und privater Abschlüsse). Urspr. Abschlußexamen techn. Hochschulen, dann allg. Hochschulabschluß naturwiss.-techn., wirtschafts- und sozialwiss. u. a. Studiengänge.

Diplomat [griech.-frz., zu frz. diplomatique „urkundlich" (wegen des Beglaubigungsschreibens)], höherer Beamter des auswärtigen Dienstes bzw. des diplomat. Dienstes, der im allgemeinen auf Auslandsmissionen die Interessen seines Staates bei einem anderen Staat bzw. internat. Organisationen (bzw. die Interessen internat. Organisationen) vertritt oder im Außenministerium (bzw. den Zentralbehörden internat. Organisationen) bei der Vorbereitung internat. Entscheidungen mitwirkt.

Diplomatie [griech.-frz.], i. w. S. Bez. für internat. Beziehungen oder Außenpolitik; i. e. S. 1. Tätigkeit, die der Vorbereitung außenpolit. Entscheidungen und ihrer Durchführung auf friedl. Wege dient; 2. Methode und Lehre der Wahrnehmung außenpolit. Interessen; 3. Gesamtheit der Diplomaten; 4. berufl. Laufbahn des Diplomaten. – Etwa seit 1400 v. Chr. lassen sich für den Vorderen Orient „diplomat." Beziehungen nachweisen. In der griech. und röm. Antike entwickelte sich ein ausgedehntes Gesandtschaftswesen, im Byzantin. Reich ein spezieller diplomat. Dienst mit ausgefeiltem Protokoll. Italien. Stadtstaaten schufen im 15. Jh. ständige diplomat. Vertretungen. Aus der beginnenden Neuzeit stammen auch die Bez. für Diplomaten (einheitl. Klassifikation 1815/18), die Ausbildung des Gesandtschaftsrechts und der diplomat. Korrespondenzformen. Während die „klass. D." vor dem 1. Weltkrieg allein den zwischenstaatl. Beziehungen diente, spielt im 20. Jh. die diplomat. Vertretung in internat. Organisationen (↑Völkerbund, ↑UN) eine wachsende Rolle. – ↑Auswärtiges Amt.

Diplomatik [griech.-frz.] ↑Urkundenlehre.

diplomatisch, die Diplomatik betreffend, urkundlich; die Diplomatie, den Diplomaten betreffend; klug berechnend, geschickt handelnd.

diplomatische Beziehungen, im Völkerrecht der ständige Kontakt zw. Völkerrechtssubjekten durch diplomat. Vertretungen. Inhalt der d. B. ist die Vertretung der auswärtigen Politik der Staaten untereinander im weitesten Sinne, so daß darin auch handelspolit., militär. und kulturpolit. Kontakte enthalten sind. Die Aufnahme von d. B. kann ein Akt der Anerkennung, aber auch ein Ausdruck der Verbesserung der polit. oder – nach Beendigung des Kriegszustandes – der wieder beginnenden friedl. Beziehungen (Friedenszustand) zw. den Staaten sein. Der Abbruch der d. B. erfolgt durch eine entsprechende einseitige Erklärung und Rückberufung des diplomat. Vertreters bzw. bei Eintritt des Kriegszustandes automatisch.

diplomatischer Dienst, Bez. für den Teil der Staatsorganisation, der die auswärtigen Angelegenheiten wahrzunehmen hat *(auswärtiger Dienst).*

diplomatischer Schutz, im Völkerrecht jene Tätigkeit, durch welche einem Staatsangehörigen, gewöhnlich durch seinen Heimatstaat, Hilfe bei völkerrechtswidrigem Handeln eines anderen Staates gewährt wird. Die Ausübung des d. S. bedeutet keine Einmischung in die inneren Angelegenheiten des anderen Staates.

diplomatisches Korps [ko:r] (frz. Corps diplomatique, Abk. C. D.), seit der Zeit Maria Theresias (1754) gebräuchl. Bez. für die Gesamtheit der bei einem Staatsoberhaupt akkreditierten (beglaubigten) Chefs diplomat. Missionen. Das d. K. tritt bei bestimmten zeremoniellen Anlässen oder im Falle von Kollektivdemarchen (z. B. bei der Verletzung von Privilegien eines seiner Mgl.) geschlossen auf. An seiner Spitze steht der rangälteste Missionschef als ↑Doyen, wenn dieses Amt nicht kraft Tradition oder Konkordat dem Apostol. Nuntius zusteht.

Diplonten (Diplobionten) [griech.], Bez. für Tiere und Pflanzen, deren Zellen mit Ausnahme der haploiden Gameten zeitlebens einen diploiden Chromosomensatz aufweisen; D. sind fast alle tier. Mehrzeller und Blütenpflanzen. Ggs. ↑Haplonten.

Diplophase [griech.], Entwicklungsphase bei Organismen, die vom befruchteten Ei bis zur Reduktionsteilung der Meiose reicht. Während dieser Phase haben alle Körperzellen den doppelten (diploiden) Chromosomensatz.

Diplopie [griech.], svw. ↑Doppelsehen.

Dipodie [griech.], zwei zu einer metr. Einheit zusammengefaßte Versfüße.

Dipol, allg. eine Anordnung zweier gleich großer elektr. Ladungen *(elektr. D.)* oder magnet. Pole *(magnet. D.)* entgegengesetzter Polarität in geringem Abstand voneinander. Ein magnet. D. wird z. B. durch einen stabförmigen Permanentmagneten gebildet. Als D. wird auch eine stabförmige Antenne bezeichnet (Dipolantenne).

Dipolstrahlung, von einem schwingenden elektr. oder magnet. Dipol ausgehende elektromagnet. Strahlung; verhält sich in großer Entfernung vom Dipol wie eine Kugelwelle. Die von einem angeregten Atom emittierte Strahlung ist meist Dipolstrahlung.

dippen [engl.], die Schiffsflagge (Nationalflagge) zur Begrüßung eines anderen Schiffes oder einer Flagge an Land etwa halb niederholen und, nachdem der Gruß erwidert worden ist, wieder aufziehen.

Dippoldiswalde, Krst. in Sa., im Osterzgebirge, 360 m ü. d. M., 6 500 E. Ingenieurschule für Lebensmittelind.; Hydraulikanlagenbau. – Vor 1218 in planmäßiger Anlage zur Stadt ausgebaut. – Nikolaikirche (wohl 13. Jh.), Schloß (16./17. Jh.), spätgot. Rathaus. – Bei D. Talsperren: Malter (8,8 Mill. m^3) an der Roten Weißeritz, Lehnmühle (21,9 Mill. m^3) an der Wilden Weißeritz.
D., Landkr. in Sachsen.

Dipsomanie [griech.] (Quartalstrinken), periodisch auftretende, u. U. Tage oder Wochen anhaltende Trunksucht. ↑Alkoholismus.

Diptam [mittellat.] (Brennender Busch, Dictamnus albus), von M- und S-Europa bis N-China verbreitetes, in Deutschland nur selten auf Trockenhängen und in lichten Wäldern vorkommendes Rautengewächs; bis 1 m hohe, zitronenartig duftende Staude mit etwa 5 cm großen, weißen bis rötl. rotgeaderten Blüten in Trauben.

Diptera (Dipteren) [griech.], svw. ↑Zweiflügler.

Dipteros [griech.], griech. Tempeltypus des ion. Bereichs, bei dem die Cella von doppelter Säulenreihe umgeben ist.

Diptychon [griech. „doppelt gefaltet"], zusammenklappbares Paar von Schreibtäfelchen aus Elfenbein, Holz oder Metall, deren Innenseiten mit Wachs zum Einritzen der Schrift überzogen waren. Prachtexemplare mit Reliefs auf den Außenseiten (spätröm. und frühchristl. Kunst).
▷ seit dem MA Bez. für einen zweiflügeligen, reliefierten oder bemalten kleinen Altar.

Dipylon [griech. „Doppeltor"], das Haupttor im NW des alten Athens, überlagert Teile der Kerameikosnekropole (8.–6. Jh.), Fundort der **Dipylonvasen.**

Dirac, Paul Adrien Maurice [engl. dɪˈræk], *Bristol 8. Aug. 1902, †Tallahassee (Fla.) 20. Okt. 1984, brit. Physiker. – Führend an der Begründung und dem Ausbau der Quantentheorie beteiligt. Von W. Heisenbergs Ansätzen ausgehend, gelangte er 1925 zu einer sehr allg. Form der Quantenmechanik. Mit der D.-Gleichung gelang ihm die Formulierung einer relativist. Quantenmechanik des Elektrons. Nobelpreis für Physik 1933 zus. mit E. Schrödinger.

Dirac-Gleichung [engl. dɪˈræk], die von P. A. M. Dirac 1928 aufgestellte relativist. Bewegungsgleichung des Elektrons. Sie erfaßt auch dessen Spin und damit sein magnet. Moment. Im Ggs. zur nichtrelativist. Schrödinger-Gleichung erklärt sie die Feinstruktur des Wasserstoffspektrums. Die Lösungen der D.-G. mit negativer Energie führten Dirac zur Voraussage des Positrons.

Directoire [frz. dirɛkˈtwaːr], frz. Kunst- und Modestil während des Direktoriums (1795–99). Sparsame antike Ornamentik, die Kombinationen von weiß und rot zeigt, große freie Flächen in der Innenarchitektur; in der Mode: hochgegürtete Taille, Chemiseschnitt, fließende helle Stoffe, der Anzug besteht aus Pantalons, Rock und Redingote.

Diredaua (Dire Dawa), Stadt in O-Äthiopien, an der Eisenbahnlinie Addis-Abeba–Dschibuti, Hauptstadt der autonomen Region D., 98 000 E. Landw. Handelszentrum; Textil-, Zementind.; ✈.

direkte Aktion (frz. action directe), vom revolutionären Syndikalismus und Anarchosyndikalismus seit Ende des 19. Jh. propagierte Methode des sozialen und polit. Kampfes; durch eine Taktik des permanenten Konflikts (passiver Widerstand, Boykott, Demonstration, Streik) sollte der Klassencharakter der bürgerl. Gesellschaft enthüllt werden; spielt in der polit. Taktik der Neuen Linken eine wesentl. Rolle.

direkte Rede (Oratio recta), unmittelbare und unveränderte Wiedergabe der Aussage eines Sprechenden, durch Anführungszeichen gekennzeichnet.

direkte Steuern, Steuern, die direkt von derjenigen Person erhoben werden, die nach dem Willen des Gesetzgebers die Steuer auch tragen soll (z. B. Einkommensteuer, Vermögensteuer, Erbschaftsteuer).

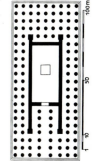

Diptam.
Gemeiner Diptam

Dipteros.
Grundriß des Artemistempels in Ephesus, 550 v. Chr.

Paul Adrien Maurice Dirac

Direktionsrecht

Direktionsrecht (Weisungsrecht), Recht des Arbeitgebers, dem Arbeitnehmer hinsichtlich des Inhalts der Arbeitsleistung (Art, Umfang, Ort und Zeit) und der Ordnung des Betriebes Weisungen zu erteilen, soweit nicht eine Regelung durch Gesetz, Tarifvertrag, Betriebsvereinbarung oder Arbeitsvertrag erfolgt ist.

Direktive [lat.-frz.], Weisung, Verhaltensregel.

Direktmandat, nach dem Bundeswahlrecht der BR Deutschland das durch Erststimmen erlangte Bundestagsmandat.

Direktor [lat.], 1. Bez. für den Stelleninhaber der obersten Instanz einer Unternehmensleitung, wobei es sich um einen alleinigen Leiter oder um das Mgl. eines Direktoriums handeln kann. In Großbetrieben ist dem *Werks-D.* bzw. *Abteilungs-D.* ein *General-D.* übergeordnet. – 2. im *Schulwesen* Amtsbez. für die Leiter von Gymnasien, berufl. Schulen u. a. – 3. Amtsbez. von Beamten.

▷ in der *Nachrichtentechnik* vor einer Dipolantenne (in Empfangsrichtung) angeordnete Stäbe zur Vergrößerung der Richtwirkung.

Direktorium [lat.] (frz. Directoire), oberste Reg.behörde in Frankreich, die nach dem Sturz Robespierres 1795 bis zum Staatsstreich Napoléon Bonapartes 1799 bestand. Die Verfassung von 1795 führte erstmals eine Legislative mit zwei Kammern (Rat der Alten, Rat der 500) ein, die das fünfköpfige D. wählten.

Direktschnittplatte ↑ Schallplatte.

Direktzugriffsspeicher ↑ Halbleiterspeicher.

Direttissima [lat.-italien.], direkte Falllinie eines Gipfels oder einer Wand.

Dirham [arab. (zu ↑ Drachme)], Abk. DH, Währungseinheit in Marokko; 1 DH = 100 Centimes.

Dirichlet, Peter [diriˈkleː], eigtl. Lejeune-D., *Düren 13. Febr. 1805, †Göttingen 5. Mai 1859, dt. Mathematiker frz. Abstammung. – D. untersuchte u. a. die Primzahlverteilung in arithmet. Folgen und führte analyt. Methoden in die Zahlentheorie ein. Weitere grundlegende Arbeiten betrafen die Variationsrechnung und Potentialtheorie, die Funktionentheorie, die Theorie der unendl. Reihen und der Fourier-Reihen sowie die bestimmten Integrale.

Peter Dirichlet

Dirigent [lat.], Leiter eines Chores, Orchesters oder der Aufführung eines musikal. Bühnenwerkes.

Dirigismus [lat.], Wirtschaftsordnung, die Eingriffe des Staates zuläßt; i. e. S.: ein System mit nicht marktgerechten Lenkungsmaßnahmen; i. w. S. (etwa im Neoliberalismus) spricht man schon von D., wenn der Staat auch nur marktgerechte Mittel zur Wirtschaftspolitik einsetzt (Interventionismus im Ggs. zur freien Marktwirtschaft). Instrumente des D. sind z. B. Preispolitik (Lohn und Preisstopp), Devisenbewirtschaftung.

Walter Dirks

Dirks, Walter, *Hörde (= Dortmund) 8. Jan. 1901, †Wittnau/Freiburg 30. Mai 1991, dt. Publizist. – Erhielt als Gegner des NS zeitweise Schreibverbot; arbeitete 1935–43 für die „Frankfurter Zeitung"; Vertreter eines christl. Sozialismus; nach 1945 Mitbegr. und Mithg. der „Frankfurter Hefte"; 1956–67 Leiter der Hauptabteilung Kultur am Westdt. Rundfunk.

Dirschau ↑ Tczew.

Dirt-Track-Rennen [engl. ˈdəːtræk „Schlackenbahn", eigtl. „Schmutzbahn"] ↑ Speedwayrennen.

Dis, Tonname für das um einen chromat. Halbton erhöhte D.

dis..., Dis... [lat.], Vorsilbe mit der Bedeutung „zwischen, auseinander, weg", auch in verneinendem Sinn gebraucht.

Disaccharide ↑ Kohlenhydrate.

Disagio [disˈaːdʒo; italien.] (Abgeld, Abschlag), Spanne, um den ein Kurs von dem Nennbetrag oder der Parität nach unten abweicht, z. B. als Emissions-D. bei der Ausgabe von Schuldverschreibungen.

Disciples of Christ [diˈsaiplz əv ˈkraist; engl. „Jünger Christi"], 1811 von dem presbyterian. Pfarrer T. Campbell in den USA gegründete Freikirche, die den Baptisten in der Lehre von der Erwachsenentaufe nahesteht. Die D. o. C. orientieren sich allein am Bibeltext. Die Gemeinschaft, die Mgl. des Ökumen. Rates der Kirchen ist, zählt rd. 2,5 Mill. Mgl. in etwa 50 Ländern.

Discountgeschäft [disˈkaunt; zu engl. discount „Preisnachlaß"], Einzelhandelsgeschäft, das den Verkauf nicht preisgebundener Produkte, insbes. von Lebensmitteln, mit hohen Rabatten unter Fortfall des Kundendienstes betreibt.

Discovery [engl. disˈkʌvəri] ↑ Raumtransporter.

Disengagement [engl. disinˈgeidʒmənt], schlagwortartige Bez. aller Pläne, die seit Ende der 1950er Jahre ein Auseinanderrücken der westl. und östl. Streitkräfte in M-Europa bewirken sollen.

Disentis (amtl. Disentis/Mustér), Kurort im schweizer. Kt. Graubünden, im Tal des Vorderrheins, 1 143 m ü. d. M., 2 200 E. Radioaktive Quelle; Wintersportplatz; Ausgangspunkt zum Oberalp- und Lukmanierpaß. – Das im 7. Jh. gegr. Paßkloster D. ist die älteste bestehende, noch heute bed. Benediktinerabtei der Schweiz. Es erhielt 1048 von Heinrich III. die Reichsunmittelbarkeit, der Abt die Reichsfürstenwürde. – Barocke Abteikirche (1696–1712) nach Plänen von K. Moosbrugger.

Diseuse [diˈzøːzə; lat.-frz.], Sprecherin, Vortragskünstlerin im Kabarett; männl. Form: *Diseur.*

disjunkt [lat.] (elementfremd), d. Mengen haben kein Element gemeinsam.

Disjunktion [lat.], in der Logik Verknüpfung zweier Aussagen durch „oder"; ist dann wahr, wenn mindestens eine der beiden Aussagen wahr ist.

▷ Trennung eines tier- oder pflanzengeograph. Verbreitungsgebietes in mehrere, nicht zusammenhängende Teilgebiete.

disjunktiv [lat.], ausschließend.

Diskant [mittellat.], vom 15. Jh. bis zum beginnenden 17. Jh. gebräuchl. Bez. für die oberste Stimme eines mehrstimmigen Vokalsatzes.

Diskantschlüssel, Sopranschlüssel, der C-Schlüssel auf der untersten Notenlinie.

Diskette [zu engl. disk „Scheibe, Platte"] (Floppy disk), bei kleineren Computern sowie bei der Datenerfassung und Textverarbeitung als externer Massenspeicher verwendete flexible, mit einer magnetisierbaren Schicht überzogene Kunststoffscheibe von 8, 5¼ oder 3½ Zoll Durchmesser; Speicherkapazität zw. 100 kByte und mehreren MByte. Für D. sprechen hohe Speicherdichte und günstiger Preis, gegen sie die längere Zugriffszeit zu den Daten.

Diskjockey [ˈdiskdʒɔke; engl.], jemand, der in Rundfunk oder Fernsehen und bes. in Diskotheken Schallplatten präsentiert.

Disko [dän. ˈdisgo], grönländ. Insel vor der W-Küste der Hauptinsel, 8 578 km², bis über 1 900 m hoch, z. T. vergletschert. Hauptort ist Godhavn.

Disko, Kurzform von ↑ Diskothek.

Diskographie [griech.], Schallplattenverzeichnis mit allen zur Ermittlung einer Schallplatte nötigen Daten.

diskoidal [...ko-i...; griech.], scheibenförmig.

Diskont [italien.; zu mittellat. discomputare „abrechnen"], der beim Verkauf einer zu einem späteren Zeitpunkt fälligen Forderung vom Nominalbetrag vorweg abgezogene Zinsbetrag. Er stellt eine spezielle Form des Zinses dar, der dem Käufer in Form des Abzugs vom Nominalwert sofort gutgeschrieben wird, v. a. beim Verkauf bzw. Ankauf (**Diskontierung**) von Wechseln, Schatzwechseln, unverzinsl. Schatzanweisungen und Währungsschecks. Der von den Banken in Rechnung gestellte Diskontsatz liegt meistens 0,5 % bis 1,5 % über dem D.satz der Landeszentralbank. – ↑ Diskontpolitik.

Diskonten (Diskontpapiere), inländ. Handels- oder Warenwechsel bzw. Bankakzepte, die von Kreditinstituten gekauft oder am Geldmarkt gehandelt werden.

Diskonthäuser (Diskontbanken), Spezialbanken, die vornehmlich das Diskontgeschäft betreiben. Während D. in der BR Deutschland unbekannt sind, erlangten sie in Großbritannien (discount houses) Bedeutung.

diskontinuierlich, unzusammenhängend, unterbrochen; mit zeitl. oder räuml. Unterbrechungen aufeinanderfolgend.

Diskontinuität, Zusammenhangslosigkeit; räumlich oder zeitlich unterbrochener, unsteter Zusammenhang; Unstetigkeit.
▷ (ungeschriebener) Grundsatz des Parlaments- und Verfassungsrechts der BR Deutschland und Österreichs, wonach im Parlament (Bundestag, Landtag) eingebrachte, in der Legislaturperiode nicht erledigte Gesetzesvorlagen, Anträge, Anfragen usw. im neu gewählten Parlament nicht weiterbehandelt werden, sondern erneut formgerecht eingebracht werden müssen. Im Unterschied hierzu sind sie in der Schweiz vom neugewählten Rat zu übernehmen und zu Ende zu führen. Im Dt. Bundesrat gilt der Grundsatz der D. ebenfalls nicht.

Diskontinuitätsflächen, in der *Meteorologie* Bez. für Unstetigkeits- oder Grenzflächen in der Atmosphäre, an denen sich bestimmte meteorolog. Elemente (Temperatur, Feuchte, Wind) sprunghaft ändern.

Diskontinuum, allg. etwas nicht lückenlos Zusammenhängendes; auch ein in viele Einzelbestandteile auflösbares Ganzes, z. B. die raumgitterartige Anordnung der Atome in Kristallen.

Diskontpolitik, wirtschaftspolit. Instrument der Zentralbank, durch Veränderung des Diskontsatzes und der Höhe des den Banken eingeräumten Diskontkredits die volkswirtschaftlich verfügbare Geldmenge zu beeinflussen. Erhöhung des Diskontsatzes und Einschränkung der Diskontkredite **(restriktive Diskontpolitik)** verteuert für die Banken die Kredite, führt damit zu einem geringeren Umfang der Kreditvergabe durch die Banken und bewirkt so eine Einschränkung der verfügbaren Geldmenge und entsprechend auch der effektiven Nachfrage. Im umgekehrten Fall spricht man von einer **expansiven Diskontpolitik.**

Diskordanz [lat.], in der *Genetik* das Nichtübereinstimmen von Merkmalen und Verhaltensweisen bei Zwillingen, auf Grund dessen eine Eineiigkeit ausgeschlossen werden kann.
▷ ungleichförmige (diskordante) Auflagerung eines Sedimentgesteins auf seinem Liegenden.
▷ in der *Musik* svw. Mißklang.

Diskos von Phaistos, 1908 im Palast von Phaistos auf Kreta gefundene Tonscheibe (Durchmesser 15,8 bis 16,5 cm, Dicke 1,6–2,1 cm). Seite A enthält 123 Stempelungen in 31 Zeichengruppen, Seite B 119 Stempelungen in 30 „Wörtern" in spiraliger Anordnung. Nicht entziffert, datiert um 1600 v. Chr.; vermutlich kretisch-minoischer Herkunft.

Diskos von Phaistos. Seite B mit 119 Stempelungen in 30 „Wörtern" (Iraklion, Archäologisches Museum)

Diskothek [zu griech. *dískos* „Scheibe" und *thḗkē* „Behältnis"], Schallplattensammlung, -archiv, auch Tonbandsammlung.
▷ (Disko) Tanzlokal, bes. für Jugendliche, mit Schallplatten- bzw. Tonbandmusik.

diskreditieren [lat.-frz.], in Verruf bringen, verdächtigen.

Diskrepanz [lat.], Unstimmigkeit.

diskret [lat.-frz.], verschwiegen; rücksichtsvoll, taktvoll; **Diskretion,** Verschwiegenheit, Takt, Rücksichtnahme.
▷ in *wiss. Terminologie:* durch endl. Intervalle voneinander getrennt (im Ggs. zu kontinuierlich).

Diskriminante [lat.], mathemat. Ausdruck, der Auskunft über einen bestimmten mathemat. Sachverhalt gibt; z. B. bezüglich des Lösungsverhaltens von Bestimmungsgleichungen.

Diskriminator [lat.], Gerät (oder elektron. Schaltung), das zw. mehreren ihm zugeleiteten [elektr.] Größen eine Auswahl trifft. Ein **Spannungsdiskriminator** unterscheidet z. B. verschieden hohe Spannungsimpulse, von denen nur solche, die einen bestimmten Schwellenwert übersteigen, weitergeleitet oder registriert werden (**Schwellen-** oder **Einseitendiskriminator**).
▷ (Modulationswandler) in der *Hochfrequenztechnik* eine elektron. Schaltung zur Umwandlung frequenzmodulierter Hochfrequenzspannung in amplitudenmodulierte Spannungen.

diskriminieren [lat.], herabsetzen, verächtlich machen; **Diskriminierung,** Herabwürdigung, Verächtlichmachung.
▷ in den *Sozialwissenschaften* die (auf Grund polit., ökonom., rass. oder ethn. Unterscheidungsmerkmale) negative Beurteilung und Behandlung sozialer Minderheiten, denen Eigenschaften und Verhaltensweisen zugeschrieben werden, die nicht notwendig tatsächlich gegeben sind. Diskriminierung bedient sich verschiedener Strategien, wodurch diskriminierte Gruppen in sozialer Distanz gehalten werden.

Diskriminierungsverbot, Verbot der ohne sachl., von der Rechtsordnung gebilligten Grund vorgenommenen nachteiligen Ungleichbehandlung. Nach Art. 3 GG sind alle Menschen vor dem Gesetz gleich. Niemand darf wegen seines Geschlechts, seiner religiösen oder polit. Anschauungen, seiner Abstammung, Rasse, Sprache, Heimat und Herkunft und seines Glaubens benachteiligt werden. In zahlr. völkerrechtl. Verträgen ist D. festgelegt worden, deren Durchsetzung jedoch häufig fraglich ist. Wirtschaftl. D. spricht das Kartellgesetz aus. – Nach dem Recht der Europ. Gemeinschaft ist jede Diskriminierung wegen der Staatsangehörigkeit verboten. – Für das *östr.* und *schweizer. Recht* gilt im wesentlichen dem dt. Recht Entsprechendes.

Diskurs [lat.], erörternder Vortrag; i. e. S. Bez. für eine methodisch aufgebaute Abhandlung.

diskursiv [lat.], Bez. für ein methodisch fortschreitendes, das Ganze aus seinen Teilen aufbauendes Denken und Reden. – Ggs.: intuitiv.

Diskus [griech.], scheibenförmiges Wurfgerät, heute ein Holzkörper mit Metallreifen und Metallkern (Durchmesser etwa 22 cm, Gewicht 2 kg für Herren, bzw. etwa 18 cm und 1 kg für Damen). Beim **Diskuswurf** wird der D. aus einem Wurfkreis (Durchmesser 2,50 m, durch 70 bis 80 mm hohen Metallring begrenzt) geschleudert. – Der Wurf mit dem D. war in der Antike eine beliebte sportl. Disziplin und Bestandteil des ↑Pentathlons.
▷ (Discus) in der *Anatomie* Faserknorpelscheibe, die die Bewegung des Gelenks erleichtert, z. B. der Meniskus im Kniegelenk. – **Discus intervertebralis,** svw. ↑Bandscheibe.

Diskusfische (Diskusbuntbarsche, Pompadourfische, Symphysodon), Gatt. bunt gefärbter Buntbarsche von nahezu scheibenförmiger Körpergestalt in fließenden Gewässern S-Amerikas; anspruchsvolle Warmwasseraquarienfische. Bekannt u. a. **Diskus (Echter Diskus,** Symphysodon discus), im Amazonas und Nebenflüssen, bis 20 cm lang.

Diskusprolaps, svw. ↑Bandscheibenvorfall.

Dislokation [lat.], Störung der urspr. Lagerung von Gesteinen.
▷ räuml. Verschiebung, Versetzung von Atomen in einem Kristallgitter.
▷ in der *Medizin* Bez. für die Veränderung einer normalen Lage (Verschiebung oder Verdrehung), insbes. von Knochen nach Verrenkung oder Bruch.

Dislozierung [lat.], Festlegung der Verteilung von Truppenteilen, Stäben und militär. Dienststellen in einem Raum.

Dismembration [lat.], im Völkerrecht die Verselbständigung von Staatsteilen durch Aufgliederung (Auflösung)

Verwerfung 1

2

Feinsand
Grob- und Feinsand
Lehm
Mergel
Tonstein
Sandstein
Kalkstein
Gips

Diskordanz. Oben: Diskordanz über verworfenen und tektonisch verstellten Schichten. Unten: Diskordanz über gefalteten Schichten

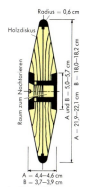

Diskus (Wurfgerät). Aufbau und Abmessungen

Disney

Walt Disney

eines Staates (etwa durch Umwandlung eines Bundesstaates in einen Staatenbund), wobei das bisherige Völkerrechtssubjekt untergeht.

Disney, Walt [engl. ˈdɪznɪ], eigtl. Walter Elias D., *Chicago 5. Dez. 1901, † Burbank (Calif.) 15. Dez. 1966, amerikan. Filmproduzent. – Machte ab 1922 Zeichentrickfilme; begann 1928 (mit „Steamboat Willie") die Mickey-Mouse-Serie, der „Donald Duck" (seit 1937), „Bambi" (1941) u. a. folgten; seit 1932 auch Farbfilme; erfolgreich mit Dokumentarfilmen „Die Wüste lebt" (1953), „Wunder der Prärie" (1954) und Spielfilmen wie „Mary Poppins" (1964). Das Disney-Studio arbeitete nach D. Tod weiter. 1955 wurde der Vergnügungspark **Disneyland** nach seinen Plänen in Anaheim bei Los Angeles eröffnet; 1992 bei Paris **Euro Disney.**

Dispache [frz. disˈpaʃ(ə)], die Berechnung der Anteile der Beteiligten an einer großen ↑Havarie zum Ersatz des Schadens.

disparat [lat.], verschieden, unvereinbar, sich widersprechend; **Disparität,** Ungleichheit.

Dispatcher [dɪsˈpɛtʃər; engl.], Verantwortlicher einer bes. Koordinations-, Kontroll- und Steuerungsfunktion oder -stelle in Großbetrieben. Die Aufgabe des D. besteht z. B. darin, den Arbeitskräfte- und Betriebsmitteleinsatz laufend zu überwachen, den Produktionsprozeß unter Einschluß der Materialbereitstellung termingerecht zu planen und zu steuern sowie Engpässe und Leerläufe möglichst schnell zu beseitigen.

Dispens [lat.], 1. (Dispensation) in der Schule die Befreiung eines Schülers von der Teilnahme am Unterricht. 2. im Recht die Befreiung von zwingenden Vorschriften (Verboten) im Einzelfall (z. B. im Baurecht).
▷ in der röm.-kath. Kirche die durch die zuständige Autorität erteilte Befreiung von der Verpflichtungskraft einer rein kirchl. Rechtsnorm in begründetem Sonderfall.

Dispensairemethode [frz. dispäˈsɛːr; lat./griech.], Verfahren der vorbeugenden ärztl. Beobachtung und Betreuung bestimmter Bevölkerungsgruppen; v. a. in osteurop. Ländern praktizierte Form des Gesundheitsschutzes.

dispensieren [lat.], befreien, beurlauben.
▷ eine Arznei zubereiten und abgeben.

dispergieren [lat.], zerstreuen, verbreiten, fein verteilen.

Dispergierung [lat.], Herstellung einer Dispersion aus gemahlenen Mineralgemischen in einem flüssigen Medium (Wasser) zur Flotation; die dabei verwendeten **Dispergatoren** sind Zusätze von Wasserglas, Natronlauge oder ähnl. zur Flotationstrübe.

Dispermie [griech.] ↑Polyspermie.

Dispersion [lat.], (disperses System) ein aus zwei oder mehreren Phasen bestehendes Stoffsystem (Mischung), bei dem ein Stoff (das **Dispergens,** die **disperse Phase**) in einem anderen (dem **Dispersionsmittel**) in feinster Form verteilt (dispergiert) ist. Sowohl die Teilchen der dispersen Phase als auch das D.mittel können dabei fest, flüssig oder gasförmig sein. Beispiele für D. sind Suspensionen, Emulsionen, Aerosole (Nebel) und Rauch.

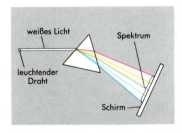

Dispersion (Wellentheorie). Links: Aufspaltung von weißem Licht. Unten: kontinuierliches Spektrum bei normaler Dispersion

Display. 7-Segment-Anzeige; jedes Bildelement hat eine eigene Zuleitung

▷ in der Wellentheorie i. e. S. Bez. für die Abhängigkeit der Ausbreitungsgeschwindigkeit einer Wellenbewegung (und damit auch der zugehörigen Brechzahl des Ausbreitungsmediums) von der Wellenlänge bzw. von der Frequenz; z. B. die D. des Lichtes, die sich bei der Brechung von Licht als eine Zerlegung in einzelne Spektralfarben (sog. Brechungs-D.) äußert. I. w. S. auch die Wellenlängenabhängigkeit einer beliebigen physikal. Größe bzw. Erscheinung.

Walt Disney. Minnie, Mickymaus und Donald Duck vor der Kulisse von Euro Disney bei Paris

Dispersionsfarben (Binderfarben), Anstrichstoffe, die dispergierte Kunststoffteilchen als Bindemittel enthalten.

Dispersionsfarbstoffe, wasserunlösl. Farbstoffe, die mit Dispergiermitteln eine Dispersion bilden und Chemiefasern durch Bildung fester Lösungen in der Faser färben.

Dispertpräparate [lat.], im Trockenverfahren hergestellte, pulverförmige Auszüge aus Pflanzenteilen oder tier. Organen.

Displaced persons [engl. dɪsˈpleɪst ˈpəːsnz „verschleppte Personen"], Abk. DP (D. P.), Personen nichtdeutscher Staatsangehörigkeit, die während des 2. Weltkriegs von den Deutschen oder deren Verbündeten in das Gebiet des dt. Reiches verschleppt wurden oder dorthin geflüchtet waren (etwa 8,5 Mill.). Sie wurden nach Kriegsende von Hilfsorganisationen der UN betreut und zum größten Teil repatriiert oder in andere Staaten umgesiedelt. Die in der BR Deutschland verbliebenen DP genießen einen bes. Rechtsstatus als heimatlose Ausländer, soweit sie nicht eingebürgert wurden.

Display [engl. dɪsˈpleɪ; zu lat. displicare „entfalten"], Aufsteller; Dekorationsmittel zur Schaufenstergestaltung.
▷ in der Datenverarbeitung und Meßtechnik Gerät oder Bauteil zur opt. Darstellung einer Information in Form von Ziffern, Buchstaben, Zeichen oder graph. Elementen. – ↑Bildschirm.

Disponenden [lat.], unverkauftes Kommissionsgut, dessen weiterer Lagerung beim Sortimentsbuchhändler der Verleger zustimmt.

Disponent [lat.], mit begrenzter Vollmacht ausgestatteter kaufmänn. Angestellter, der z. B. für die termingerechte Abwicklung von Aufträgen eigenverantwortlich ist.

disponieren [lat.], verfügen, anordnen; **disponibel,** verfügbar.

Dispositio [lat.] ↑Urkunde.

Dispositio Achillea, hohenzoller. Hausgesetz, 1473 von Kurfürst Albrecht Achilles erlassen, das die Nachfolge regelte; brachte, 1541 zur Norm erhoben, das Prinzip der Unteilbarkeit Brandenburgs im Hause Hohenzollern.

Disposition [lat.], allg. Anordnung, Gliederung; Verfügung; Neigung, Anlage, Fähigkeit; (jemanden) **zur Disposition stellen,** in den einstweiligen Ruhestand versetzen.

▷ in der *Psychologie* allg. Bez. für jede relativ dauerhafte Neigung eines Individuums, auf bestimmte Umweltbedingungen in einer bestimmten Art und Weise zu reagieren.
▷ in der *Medizin* svw. Anfälligkeit, d.h. vom Alter, Geschlecht, Ernährungszustand u. a. Faktoren abhängige Neigung des Organismus für bestimmte Erkrankungen.
▷ im *wirtsch.* Sinne die Verfügung bzw. Entscheidung über den Einsatz von Arbeitskräften, Maschinen, Material usw. (allg. über die Verwendung von Produktionsfaktoren).
▷ bei der *Orgel* Bez. für die Art und Anordnung der den Manualen und dem Pedal zugeordneten Register sowie die verschiedenen Registerkombinationen.

Dispositionsfonds, im Staatshaushalt eingesetzter Ausgabenposten, der ohne nähere Angabe des Verwendungszwecks veranschlagt ist (z. B. Repräsentationsfonds) und über den der Berechtigte (z. B. Min.) frei verfügen kann.

Dispositionskredit, Kontokorrentkredit auf einem Lohn- oder Gehaltskonto.

Dispositionsmaxime (Verfügungsgrundsatz), die Prozeßmaxime, nach der die Parteien über Beginn, Gegenstand und Ende des Prozesses bestimmen (bes. im Zivilprozeß). Das Gericht wird nur tätig, wenn (durch Klageerhebung), soweit (im Rahmen der gestellten Anträge) und solange (nicht mehr nach Klage- oder Rechtsmittelrücknahme, Vergleich, beiderseitiger Erledigungserklärung) die Parteien Rechtsschutz begehren.

Dispositionspapiere (Traditionspapiere), durch Indossament übertragbare Wertpapiere (Konnossemente, Lade-, Lagerscheine), in denen der Anspruch auf Herausgabe einer Sache verbrieft wird und mit denen das Eigentum an der Ware übertragen wird.

dispositives Recht [lat./dt.] (nachgiebiges Recht; ius dispositivum), Rechtsvorschriften, von denen Anordnungen im Ggs. zum zwingenden Recht durch Vertrag abgewichen werden kann, sofern nicht gegen die guten Sitten verstoßen wird, z. B. die Vorschriften über die gesetzl. Erbfolge.

Disproportion, Mißverhältnis.

Disproportionierung [lat.], chem. Reaktion, bei der ein Element mit mittlerer Oxidationszahl gleichzeitig zu einer höheren und einer tieferen Oxidationszahl übergeht.

Disput [lat.], Wortwechsel.

Disputation [lat.; zu disputare „nach allen Seiten erwägen"], gelehrtes [öff.] Streitgespräch v. a. im MA.

Disqualifikation, Ausschluß von sportl. Wettkämpfen wegen regelwidrigen Verhaltens; **disqualifizieren,** [vom Wettkampf] ausschließen.

Disraeli, Benjamin [engl. dɪzˈreɪli], Earl of Beaconsfield (seit 1876), * London 21. Dez. 1804, † ebd. 19. April 1881, brit. Schriftsteller und Politiker. – Seit 1837 als Tory im Unterhaus; 1852, 1858/59 und 1866–68 Schatzkanzler. D. bedeutendste innenpolit. Leistung war die weitreichende Wahlrechtsreform von 1867. Seine Amtszeit als Premiermin. (1868 und 1874–80) stand im Zeichen des aufkommenden Imperialismus: Sicherung Indiens und des Seewegs dorthin, Widerstand gegen die russ. Ansprüche auf dem Balkan, Erwerb Zyperns. In seinen Tendenzromanen (u. a. „Coningsby oder die neue Generation", 1844) vertrat er Toleranz und sozialen Fortschritt.

Dissens [lat.], die mangelnde Einigung der Parteien beim Vertragsschluß (Ggs.: Konsens); der Vertrag gilt grundsätzlich als nicht zustande gekommen.

Dissenters [engl. dɪˈsɛntəz „Andersgläubige"] (Nonconformists), im 17. und 18. Jh. in Großbritannien ev. Religionsgemeinschaften, die sich nach der Restauration der Stuarts der Wiedereingliederung in die Kirche von England widersetzten (Baptisten, Kongregationalisten, Methodisten, Presbyterianer, Quäker u. a.). Nach anfängl. Verfolgung erlaubte ihnen die Toleranzakte (1689) mehrheitlich die freie Gottesdienstausübung.

Dissertation [lat.] (Inauguraldissertation), zur Erlangung des Doktorgrades verfaßte wiss. Abhandlung. Erster Teil der Promotion (es folgt eine mündl. Prüfung, „Rigorosum"). Die D. ist vor Aushändigung des Doktordiploms gedruckt bzw. vervielfältigt und gebunden vorzulegen.

Dissidenten [lat.], Getrennte, Andersdenkende; diejenigen, die sich außerhalb einer Religionsgemeinschaft stellen, Religionslose; allg. diejenigen, die von einer offiziellen Meinung abweichen; ehem. v. a. Bez. für Menschen, die in kommunistisch regierten Staaten für die Verwirklichung der Bürger- und Menschenrechte eintraten.

Dissimilation [lat.], in der *Biologie* energieliefernder Abbau körpereigener Substanz in lebenden Zellen der Organismen. Biochemisch handelt es sich um die stufenweise Zerlegung hochmolekularer organ. Stoffe (z. B. Fette) zu niedermolekularen Endprodukten (z. B. zu CO_2, Wasser). Die dabei freiwerdende Energie wird zu verschiedenen Lebensprozessen benötigt (z. B. Synthesen, Bewegungen, Wärmeerzeugung). Laufen die D.prozesse in Gegenwart von Sauerstoff ab, so bezeichnet man sie als ↑Atmung, bei Sauerstoffabwesenheit dagegen als ↑Gärung.
▷ in der *Soziologie* Bez. für den zur Assimilation gegenläufigen Prozeß der Aufrechterhaltung oder Wiedergewinnung eigenen Gruppenbewußtseins bei ethn. oder rass. Minderheiten, die größeren Einheiten eingegliedert waren; führt i. d. R. zur Bildung von Kulturinseln, die den Keim für umfassendere soziale Konflikte in sich bergen können.
▷ in der *Phonetik* lautl. Vorgang: zwei gleiche oder ähnl. Laute werden sich unähnlicher.

Dissipation [lat.], Übergang irgendeiner Energieform in Wärmeenergie.

Dissipationssphäre, äußerste Schicht der Atmosphäre (in über 800 km Höhe).

dissipative Strukturen, Strukturen, die in thermodynam. Systemen entstehen, die weit vom Gleichgewicht entfernt sind und mit ihrer Umgebung ständig Energie und Stoff austauschen. D. S. spielen bes. bei der Strukturbildung in biolog. Systemen eine Rolle.

Dissonanz [lat.], eine [charakterist.] Tonverbindung, im Ggs. zur Konsonanz in der tonalen Musik und in der überlieferten Harmonielehre ein Zusammenklang, der eine Auflösung fordert. Die atonale Musik des 20. Jh. versucht, den qualitativen Unterschied von Konsonanz und D. aufzuheben, indem sie Konsonanz und D. gleichwertig behandelt.

Dissoziation [lat.], in der *Chemie* Aufspaltung von Molekülen in kleinere Moleküle, Radikale, Ionen und Atome. Bei der **elektrolytischen Dissoziation** zerfallen die Moleküle in elektrisch verschieden geladene Bestandteile (Ionen); **thermische Dissoziation:** Aufspaltung der Moleküle durch Wärmezufuhr.
▷ in der *Psychologie* Bez. für den Prozeß der Auflösung bzw. des Zerfalls von assoziativen Denk-, Vorstellungs- und Verhaltensverbindungen durch Vergessen bzw. Verlernen.

distal [lat.], in der Anatomie: von der Rumpfmitte entfernt liegend. Ggs.: proximal.

Distalbiß ↑Kieferanomalien.

Distanz [lat.], Abstand, Entfernung; v. a. in sportl. Wettbewerben gebräuchlich, in der Leichtathletik, im Pferderenn- und Radsport Bez. für die zurückzulegende Strecke; im Boxsport: vorgesehene Rundenzahl eines Kampfes, auch der Abstand zw. den Boxern im Kampf, wie er von der Reichweite bestimmt wird; übertragen gebraucht für: Reserve, Zurückhaltung; **distanzieren,** [im Wettkampf] überbieten, hinter sich lassen; [von etwas] abrücken.
▷ (soziale Distanz) in der *Sozialpsychologie* Einstellung zu Objekten, v. a. Personen, die sich gegen einen zu engen Kontakt richtet.

Distanztiere, in der Verhaltensforschung Tiere, die einen bestimmten Abstand *(Individualabstand)* voneinander halten **(Distanzierungsverhalten),** der jedoch triebabhängig ist und in bes. Situationen (z. B. bei der Balz, in einer Gefahr) aufgegeben werden kann. – Ggs.: Kontakttiere.

Di Stefano, Giuseppe, * Motta Sant'Anastasia bei Catania 24. Juli 1921, italien. Sänger (Tenor). – Trat an allen bed. Opernhäusern der Welt (u. a. New Yorker Metropolitan Opera, Mailänder Scala) auf; hervorragender Interpret lyr. italien. Partien.

Distel, (Carduus) Gatt. der Korbblütler mit etwa 100 Arten in Eurasien (6 Arten in Deutschland) und Afrika;

Benjamin Disraeli

Giuseppe Di Stefano

Distel. Nickende Distel (Höhe 30–100 cm)

Distelfalter

0,3–2 m hohe Kräuter oder Stauden mit stacheligen Blättern und purpurfarbenen oder weißen Röhrenblüten in meist großen Blütenköpfen; Früchte mit Haarkelch; häufigste Art in M-Europa ist die **Nickende Distel** (Carduus nutans) mit purpurfarbenen Blüten.

Distelfalter (Vanessa cardui), mit Ausnahme von S-Amerika weltweit verbreiteter, etwa 5 cm spannender Fleckenfalter mit brauner, schwarzer und weißer Fleckung auf den gelbbraunen Flügeln.

Distelfink, svw. ↑Stieglitz.

Distelorden (The Most Ancient and Most Noble Order of the Thistle), brit. Orden, ↑Orden (Übersicht).

Disthen [griech.] (Cyanit), meist blaues, triklines Mineral, $Al_2[O|SiO_4]$; Dichte 3,5 bis 3,7 g/cm³; Mohshärte 4,5 bis 7,0; kommt v. a. in kristallinen Schiefern vor.

Distichon [griech.], Gedicht oder Strophe von zwei Zeilen, v. a. das **elegische Distichon,** die Verbindung eines daktyl. Hexameters mit einem daktyl. Pentameter. „Ím Hexámeter stéigt des Spríngquells flüssige Säule, Ím Pentámeter dráuf fällt sie melódisch heráb" (Schiller, „Das D.").

distinguiert [...'giːrt; lat.-frz.], ausgezeichnet, vornehm; **Distinktion,** Auszeichnung, Ansehen, [hoher] Rang.

Distler, Hugo, *Nürnberg 24. Juni 1908, †Berlin 1. Nov. 1942 (Selbstmord), dt. Komponist und Organist. – Seine Vokalkompositionen sind stilistisch durch die Vereinigung von Prinzipien vorwiegend barocker Vokalmusik mit einer rhythmisch und tonal neuartigen Schreibweise geprägt; u. a. „Dt. Choralmesse" (1932), „Mörike-Chorliederbuch" (1939); auch Instrumentalmusik.

Distorsion [lat.], svw. ↑Verstauchung.
▷ ↑Abbildungsfehler.

Distribution [lat.], Verteilung, Aufteilung; Auflösung.
▷ (distributive Aufmerksamkeit) in der *Psychologie* verteilte oder aufgespaltene Aufmerksamkeit, die es erlaubt, mehrere Reize oder Vorstellungsinhalte gleichzeitig aufzunehmen.
▷ in der *Mathematik* verallgemeinerte Funktion; erklärt durch ein Funktional, d. h. durch ihre Wirkung bei Verknüpfung mit gewöhnl. Funktionen. Die für die Physik wichtige *(Diracsche) Deltafunktion* ist eine D., die einer Funktion $f(x)$ den Wert $f(0)$ zuordnet.
▷ in der *Volkswirtschaftslehre* die Einkommens- und Vermögensverteilung.

Distributionsformel, die Worte, mit denen in den christl. Kirchen und Gemeinschaften das Abendmahl (die Eucharistie) gespendet wird.

Distributionskosten (Verteilungskosten), Bez. für Vertriebskosten und Rabatte.

distributiv [lat.], verteilend, zerlegend.
▷ in der *Mathematik* Eigenschaft einer zweistelligen Operation bezüglich einer zweiten, mit dieser das **Distributivgesetz** zu erfüllen; z. B. für Addition und Multiplikation reeller Zahlen die Eigenschaft, daß stets gilt:

$$a \cdot (b+c) = a \cdot b + a \cdot c.$$

Distributivum [lat.], Zahlwort, das das sich wiederholende Herausnehmen aus einer größeren Anzahl bezeichnet; im Dt. gekennzeichnet durch „je".

District of Columbia [engl. 'dɪstrɪkt əv kə'lʌmbɪə] (Abk. D. C.), dem Kongreß der USA unmittelbar unterstehender Verwaltungsbez. am linken Ufer des unteren Potomac River, USA, 178 km², 610 000 E (1990). 1791 als neutrales, zu keinem Bundesstaat gehörendes Territorium geschaffen, in Form eines Quadrats, Seitenlänge 10 Meilen (etwa 16 km), dessen Diagonalen N–S und W–O gerichtet sind. Seit 1846 bildet der Potomac River die südl. Grenze des D. C., der heute identisch mit der Stadt Washington ist. Erst seit 1961 dürfen die Bewohner an Präs.wahlen teilnehmen.

Distrikt [lat.], Bezirk, Abteilung; abgeschlossener Bereich.

Disulfidbrücke (Cystinbrücke), Bez. für eine durch zwei Schwefelatome vermittelte Bindung der Form –S–S– **(Disulfidbindung)** von Polypeptidketten in zahlr. Eiweißstoffen.

Distelfalter

Disthen.
Lange, blaue Kristalle

Hugo Distler

Disziplin [lat.], Wissenszweig, Fachgebiet, im 14./15. Jh. aus lat. disciplina („Schule, Wissenschaft, schul. Zucht") entlehnt.
▷ [innere] Zucht, Beherrschtheit, Selbstzucht, die jemanden zu bes. Leistungen befähigt.

Disziplinargerichtsbarkeit [lat./dt.], Sondergerichtsbarkeit in Angelegenheiten des Disziplinarrechts. Die D. über Beamte obliegt den Verwaltungsgerichten, den Disziplinargerichten, über Richter wird sie von den ↑Dienstgerichten ausgeübt. Die Disziplinargerichte sind zuständig für die Entscheidungen im förml. Disziplinarverfahren und für die richterl. Nachprüfung der auf Grund der Disziplinarordnungen ergangenen Entscheidungen der Dienstvorgesetzten. Sie können sämtl. gesetzlich vorgesehenen Disziplinarmaßnahmen verhängen. Die D. über Bundesbeamte wird ausgeübt in erster Instanz durch das **Bundesdisziplinargericht** in Frankfurt am Main, Rechtsmittelgericht ist das Bundesverwaltungsgericht (Disziplinarsenate; Sitz Berlin). In den Ländern ist i. d. R. das Verwaltungsgericht erste Instanz und das Oberverwaltungsgericht (Verwaltungsgerichtshof) zweite Instanz. – ↑Wehrdisziplinarordnung.
Im *östr. Recht* ist eine eigtl. D. nur für Richter eingerichtet. Über Dienstvergehen von Beamten entscheiden bes. Disziplinarkommissionen. In der *Schweiz* besteht auf Bundesebene nur eine beschränkte D. durch das Bundesgericht; im übrigen entscheiden über Disziplinarstrafen gegen Beamte die Verwaltungsbehörden des Bundes und der Kantone.

disziplinarisch [lat.], die [dienstl.] Zucht, Strafgewalt betreffend.

Disziplinarmaßnahmen [lat./dt.] (früher: Disziplinarstrafen, Dienststrafen), Erziehungsmittel, die dazu dienen, die Integrität, das Ansehen und die Funktionsfähigkeit einer Einrichtung oder eines Berufsstandes zu erhalten. D. nach der Bundesdisziplinarordnung sind: Verweis (Tadel eines bestimmten Verhaltens), Geldbuße (bis zur Höhe der einmonatigen Dienstbezüge), Gehaltskürzung (um höchstens ein Fünftel und auf längstens 5 Jahre), Versetzung in ein Amt derselben Laufbahn mit geringerem Endgrundgehalt, Entfernung aus dem Dienst, Kürzung oder Aberkennung des Ruhegehalts. Verweis und Geldbuße können auch vom Dienstvorgesetzten, die schwereren D. nur von den Disziplinargerichten ausgesprochen werden.

Disziplinarrecht [lat./dt.], der Teil des Beamtenrechts, der die Dienstvergehen und die zu verhängenden Disziplinarmaßnahmen regelt *(materielles D.)* sowie das Verfahren bei der Aufklärung und Ahndung von Dienstvergehen festlegt *(formelles D.).*

Disziplinarverfahren [lat./dt.], Verfahren zur Aufklärung und Ahndung von Dienstvergehen von Beamten, Richtern und Soldaten, das in ein Vorermittlungsverfahren und ein förml. D. umfaßt. Werden Tatsachen bekannt, die den Verdacht eines Dienstvergehens rechtfertigen, veranlaßt der Dienstvorgesetzte die erforderl. Ermittlungen. Als Ergebnis dieser Vorermittlungen kann das D. eingestellt, durch den Dienstvorgesetzten in leichteren Fällen eine Disziplinarmaßnahme ausgesprochen oder durch schriftl. Einleitungsverfügung der Behörde das förml. D. eingeleitet werden. Auch der Beamte selbst kann die Einleitung des förml. D. gegen sich beantragen, um sich von dem Verdacht eines Dienstvergehens zu befreien. Gleichzeitig mit oder nach Einleitung des förml. D. kann die Einleitungsbehörde den Beamten vorläufig seines Dienstes entheben. Die Hauptverhandlung ist grundsätzlich nicht öffentlich. Das gerichtl. Verfahren endet mit einem Urteil, das auf eine Disziplinarmaßnahme, Freispruch oder Einstellung des Verfahrens lautet.
In *Österreich* wird das D. gegen Richter vom Oberlandesgericht, gegen höhere Richter vom Obersten Gerichtshof, gegen Beamte von Disziplinarkommissionen durchgeführt. Das Verfahren entspricht der dt. Regelung. In der *Schweiz* führen auf Bundesebene die eidgenöss. Gerichte für ihre Beamten, der Bundesrat und die von diesem bezeichneten nachgeordneten Amtsstellen für die übrigen Bundesbeamten sowie das Bundesgericht (verwaltungsrechtl. Kammer) das D. durch.